**Reader's Digest**

# UNIVERSAL LEXIKON

# UNIVERSAL LEXIKON

1

A-ASI

DEUTSCHLAND · SCHWEIZ · ÖSTERREICH

**Redaktionelle Leitung**
Dr. Beate Varnhorn

**Projektkoordination**
Dr. Ulrike Hönsch

**Redaktion**
Christian Adams · Dr. Gisela Benecke · Ursula Blombach-Schäfer · Gesine Brumby · Dieter Christoph ·
Wolf-Eckhard Gudemann · Antonia Hansmeier · Dr. Manfred Hoffmeister · Dr. Ulrike Hönsch ·
Dr. Hans Leuschner · Hans-Georg Michel · Petra Niebuhr-Timpe · Ingrid Peia · Rosemarie Quirll · Susanne Reckmann ·
Claudia Renner · Karl Römer † · Ursula Rzepka · Thekla Sielemann · Irmelis Steinsiek · Monika Unger ·
Ulrich Vossieck · Peter Wassen · Inge Weißgerber · Claudia Wullenkord

**Redaktionelle Mitarbeit**
Renate Arzberger · Petra Bischof · Heike Linnemannstöns · Dr. Martin-Andreas Schulz · Inga Westerteicher

**Layout**
Dirk Bischoff · Jo. Pelle Küker-Bünermann · JOSCH

**Datenaufbereitung, Satz**
Dirk Bischoff · Olaf Braun · Peter Göddecke · Ulrich Kreidner · Daniela Wuttke

**Grafik**
Dr. Matthias Herkt · Jo. Pelle Küker-Bünermann · BÖCKING & SANDER · IMPULS

**Bilddokumentation**
Ursula Franz · Elisabeth Lezius · Ursula Nöll-Kaske · Ilona Rudolph · Edeltraud Siebart · Carola Wessolek

Das Werk wurde in neuer Rechtschreibung verfasst.

Alle Rechte vorbehalten. Nachdruck, auch auszugsweise, verboten.
Das Werk, einschließlich aller seiner Teile, ist urheberrechtlich geschützt.
Jede Verwendung außerhalb der engen Grenzen des Urheberrechtsgesetzes ist ohne Zustimmung des Verlages
unzulässig und strafbar. Das gilt insbesondere für Vervielfältigungen, Übersetzungen, Mikroverfilmungen
und die Einspeicherung und Verarbeitung in elektronischen Systemen.

Autorisierte Sonderausgabe für Reader's Digest Deutschland, Schweiz, Österreich
Erster Nachdruck 2002
© 2000 Bertelsmann Lexikon Verlag GmbH, Gütersloh/München

Druck und Bindung: MOHN Media · Mohndruck GmbH
Printed in Germany

ISBN 3-87070-880-8

# Hinweise für die Benutzung

## Lexikografische Elemente

Über den Stichwortteil von A bis Z hinaus bietet das UNIVERSAL LEXIKON eine Vielzahl von Sonderelementen, die wichtige Stichwörter und Themengebiete vertiefend darstellen:

**Farbige Übersichtskarten zu Staaten und Kontinenten** ermöglichen die rasche Einordnung von Fakten und Entwicklungen aus den Bereichen Geographie, Bevölkerung, Geschichte und Kultur.

**Doppelseiten zu den UNESCO-Denkmälern des Welterbes** enthalten eine repräsentative Auswahl der bekanntesten Kulturdenkmäler und Naturparadiese, die in der UNESCO-Liste versammelt und als besonders schützenswertes Kultur- und Naturerbe der Menschheit deklariert worden sind.

**Mehrseitige tabellarische Übersichten** z. B. zur Weltgeschichte oder zur deutschen Grammatik ermöglichen einen schnellen Zugriff auf wichtige Themen der Schul- und Allgemeinbildung.

Die bedeutendsten Persönlichkeiten der Weltgeschichte werden in 100 ausführlichen **Lebensdatentabellen** gesondert biografisch vorgestellt.

Ausgewählte Themen aus Wissenschaft und Kultur werden auf **Fotorama-Seiten** mit hochwertigem Bildmaterial großzügig illustriert.

**Zooschilder** mit ausgewählten Fotos stellen die interessantesten Tiere vor.

## Alphabetische Ordnung der Stichwörter

Die Reihenfolge der Stichwörter richtet sich streng nach der Schreibweise. Stichwörter, die aus mehreren selbständigen oder durch Bindestrich verknüpften Wörtern bestehen, werden wie ein zusammenhängendes Wort behandelt.

Die Umlaute ä, ö, ü werden behandelt wie die Buchstaben a, o, u (z. B. folgt **Blüte** auf **Blutdruck**); ß wird wie ss eingeordnet. Buchstaben mit Sonderzeichen (zum Beispiel å, á, ą, é, ğ, ț) werden wie solche ohne Sonderzeichen behandelt. Die Buchstabenfolgen ae, oe, ue werden, auch wenn sie wie ä, ö, ü gesprochen werden, wie getrennte Buchstaben behandelt (zum Beispiel **Goethe**).

Arabische Ziffern bleiben bei der Alphabetisierung unberücksichtigt.

Beispiele:

**Superdividende**
**Super-8-Film**
**Superinfektion**

Das gilt auch, wenn die arabischen Ziffern am Anfang des Stichworts stehen.

Beispiele:

**Dichlorethylen**
**2.4-Dichlorphenoexyessigsäure**
**Dichlorpropan**

Römische Ziffern werden wie Buchstaben alphabetisiert.

Beispiele:

**Kwinna**
**KWU**
**K-XVIII-Rücken**
**Ky**

Mehrgliedrige Stichwörter werden möglichst in der natürlichen Stellung der Wortteile aufgeführt und eingeordnet. Die Artikel *La, Le, Las, Les, Los* vor geographischen und Personennamen werden mitalphabetisiert. Geographische Namen, die mit *Sankt, Saint, San, São, Fort, Port* oder *Porto* beginnen, suche man unter diesem Bestandteil.

Nicht berücksichtigt wird bei geographischen Namen ein allgemeiner Bestandteil wie *Bad, Ciudad de, Djebel, Golf von, Kap, Mount, Piz* u. Ä., ferner nicht der Artikel *Al* in arabischen Namen.

In allen Fällen, wo das Stichwort auf diese Art oder sonst wie zu einem Schlagwort verkürzt ist, wird die vollständige Form in Kursivsetzung angeschlossen, z. B.
**Aibling,** *Bad Aibling*
**Everest,** *Mount Everest*
**Panama,** *Golf von Panama*

Bei Personennamen werden Adelsprädikate und vergleichbare Bestandteile wie üblich nachgestellt. Personen, die hauptsächlich unter ihrem Vornamen bekannt sind, findet man unter diesem (zum Beispiel **Franz von Assisi, Walther von der Vogelweide**).

In allen Zweifelsfällen wird das Auffinden eines Artikels durch entsprechende Verweise (→) erleichtert. Stimmen mehrere Stichwörter in der Schreibweise völlig überein, so stehen an erster Stelle die Sachbegriffe, dann die geographischen Namen, dann die Personennamen.

Gleich lautende Sachbegriffe sind untereinander nach der alphabetischen Reihenfolge der betreffenden Fachgebiete geordnet; gleich lautende Personennamen stehen in der Reihenfolge:
– Namenerklärungen
– Päpste
– Heilige und Bischöfe
– Fürsten nach Ländern geordnet
– Familiennamen, nach Vornamen geordnet.

Beispiele:

**Adler,** 1. *Astronomie:* ... (Sternbild) ...
2. *Heraldik:* ... (Wappentier) ...
3. *Zoologie:* ... (Vogel) ...
**Adler,** linker Nebenfluss der Elbe ...
**Adler,** 1. Alfred ...
2. Friedrich ...
3. Guido ...

**Albert,** männl. Vorname ...
**Albert,** Gegenpapst ...
**Albert,** Bischof ...
**Albert,** Fürsten. Belgien: 1. ...
2. ...
Großbritannien: 3. ...
Österreich: 4. ...
Sachsen: 5. ...
6. ...
**Albert,** 1. [al'bɛːr], Eugen d' ...
2. Hans ...
3. Heinrich ...
4. Hermann ...

## Typografische Hervorhebungen

Hauptstichwörter sind **fett** gedruckt.

Eine Raute ✦ vor dem fett gedruckten Stichwort zeigt, dass dem Artikel eine Abbildung oder Tabelle zugeordnet ist.

Fachgebietsbezeichnungen nach dem Stichwort sind *g e s p e r r t - k u r s i v* gedruckt. Fachgebiete sind in der Regel immer dann mit angegeben, wenn es für gleich lautende (homonyme) Begriffe Bedeutungsunterschiede gibt und das Sachgebiet aus dem Artikel nicht eindeutig hervorgeht.

G e s p e r r t e r Druck dient der Gliederung und besseren Übersicht.

*Kursiv*-Setzung erfolgt in den folgenden Fällen:

1. zur Wiedergabe der sinnverwandten Wörter (Synonyme) und orthographischen Varianten; sie stehen hinter dem Hauptstichwort,
2. zur Unterscheidung von Unter-Stichwörtern im Artikel,
3. zur Hervorhebung von wesentlichen Begriffen und Namen.

## Schreibweise der Stichwörter

Wenn für ein und dasselbe Stichwort unterschiedliche Schreibweisen geläufig sind, so ist für das UNIVERSAL LEXIKON jene Form gewählt worden, von der anzunehmen ist, dass der Leser hier zuerst nachschlagen wird; andere mögliche Schreibweisen (orthographische Varianten) stehen kursiv hinter dem Hauptstichwort.

Namen aus Sprachen, die die Lateinschrift verwenden, werden in der Regel in der landesüblichen Form, mit allen eventuellen Sonderzeichen, wiedergegeben. Bei Namen und Begriffen aus fremden Schriftsystemen ist diejenige Umschrift gewählt, von der angenommen werden kann, dass sie am bekanntesten und somit auch dem Leser am ehesten vertraut ist. Ist keine eingebürgerte deutsche Form vorhanden, dann ist das Stichwort in einer einfachen lautlichen Transkription wiedergegeben. Bei Begriffen und Biografien aus bestimmten asiatischen Sprachen ist der international verbreiteten englischen Transkription der Vorzug gegeben worden. Für Wörter aus dem Chinesischen wird die offiziell eingeführte Pinyin-Transkription verwendet. Die Schreibung in einer wissenschaftlichen Umschrift wird häufig als Nebenform angegeben. Wo immer sich eine vom gewählten Umschriftsystem abweichende Schreibweise so weit durchgesetzt hat, dass sie als allgemein üblich gelten kann, wird ihr jedoch der Vorzug gegeben.

Chemische und biochemische Begriffe werden einheitlich so geschrieben, wie es dem wissenschaftlichen Gebrauch entspricht, auch dann, wenn dieser von der allgemein üblichen Schreibweise abweicht. Beispiel: *Ethanol*, nicht *Äthanol, Calciumoxid*, nicht *Kalziumoxid*.

In allen Zweifelsfällen wird das Auffinden eines Artikels wiederum durch Verweise erleichtert.

Stichwörter, die man unter C vermisst, suche man unter K oder Z und umgekehrt; ähnlich bei Č, Ch und Tsch, bei V und W, bei J und I, bei J und Dsch, bei Ae und Ä, bei F und Ph, bei Y und J.

## Angaben zum Sprachgebrauch

Wo es nötig oder von Interesse ist, stehen hinter dem Stichwort in eckigen Klammern [ ] Angaben zum Sprachgebrauch: Aussprache, Geschlecht, grammatische Besonderheiten sowie Sprachherkunft.

Beispiele:
**Cello** ['tʃɛ-; ital.], ...
**Schokolade** [indian., span., ndrl.], ...
**Pluviograph** [lat. + grch.], ...
**Äquator** [lat., „Gleicher"], ...
**Bilanz** [ital. *bilancia*, „Waage"], ...
**Aerophon** [aːero-; das; grch., „Lufttöner"], ...

Die A u s s p r a c h e eines Stichworts wird nach den Regeln der *Association Phonétique Internationale* angegeben. Dazu wird ein für deutsche Verhältnisse vereinfachtes System verwendet. Die verwendeten Zeichen sind in der Lautschrifttabelle auf S. 10 zusammengefasst. Wird nur für einen Teil des Stichworts die Aussprache angegeben, dann steht vor und/oder hinter der Aussprachebezeichnung ein Trennstrich.

Die B e t o n u n g eines Stichworts wird in möglichen Zweifelsfällen durch einen Punkt unter dem zu betonenden Vokal (z. B. Abadạn, ...), bei zwei Buchstaben, die als ein Laut zu sprechen sind (z. B. ae, oe, ue als Umlaute ä, ö, ü oder ie als langes i) und bei einem Diphtong (ai, au, ei, eu, oi, ey) durch einen Punkt mit darunter gesetztem Bogen (z. B. **Achilleion**, ...) gekennzeichnet. Innerhalb der Lautschrift wird die Betonung durch einen Akzent vor der zu betonenden Silbe angegeben (z. B. **Albacete** [-'θetə], ...).

G r a m m a t i s c h e Angaben werden nur sparsam gemacht. Im Allgemeinen wird nur eine unregelmäßige Bildung des Plurals angegeben. In Zweifelsfällen wird das Geschlecht des Stichworts mitgeteilt.

Bei Fremdwörtern oder Lehnwörtern ist die s p r a c h l i c h e H e r k u n f t angegeben, im Allgemeinen nur die Sprache, aus der das Wort stammt. Wenn die deutsche Entsprechung des Ursprungswortes für das Verständnis des Stichworts hilfreich ist, wird diese genannt. Sie steht innerhalb der eckigen Klammer, die die sprachlichen Angaben zusammenfasst.

## Statistische Angaben

Statistische Angaben wie Bevölkerungs- und Wirtschaftszahlen sind, sofern verfügbar, der amtlichen Statistik entnommen. Hauptsächlich werden die Veröffentlichungen des Statistischen Bundesamts, Wiesbaden, verwendet. Gesicherte und zuverlässige Daten können in der Regel nur für eine Zeit angegeben werden, die zwei oder mehrere Jahre vor der Veröffentlichung des Lexikons liegt. Die meisten Länder verfügen nicht über amtliche Statistiken; hier musste auf Schätzungen zurückgegriffen werden. Der Angabe aus einem älteren Jahr wurde aber immer dann der Vorzug gegenüber geschätzten Daten aus Sekundärquellen gegeben, wenn es sich bei ersteren um gesicherte, durch die amtliche Statistik belegbare Angaben handelte.

## Staatenkästen

Die Artikel über die unabhängigen Staaten beginnen jeweils mit einem farbigen „Kasten", der folgende Informationen in Wort und Bild enthält:
- Offizieller Name des Landes
- Autokennzeichen
- Staatsfläche
- Einwohnerzahl
- Hauptstadt
- Landessprache
- Währung
- Bruttosozialprodukt/Einw.
- Regierungsform
- Religion
- Nationalfeiertag
- Zeitzone
- Grenzen
- Lebenserwartung

## Daten

Für neuzeitliche Daten gilt, wie üblich, in der Regel der gregorianische Kalender; nur bei Doppelangaben aus der Zeit der Umstellung und in allen Zweifelsfällen steht eigens der Hinweis *n. St.* („neuer Stil", d.h. nach dem gregorianischen Kalender) bzw. *a. St.* („alter Stil" d.h. nach dem julianischen Kalender).
Geburtsdaten sind durch *, Sterbedaten durch † gekennzeichnet. Biografische Daten ohne diese Zeichen beziehen sich auf Regierungs- oder Amtszeiten. Eine Angabe wie *1470/80 bedeutet, dass das Geburtsdatum nicht genau bekannt ist und zwischen den beiden genannten Jahren liegt.

## Werkangaben

Bei Schriftstellern, Gelehrten, Künstlern, Komponisten usw. sind die Titel der von ihnen geschaffenen Werke entweder im laufenden Text genannt oder am Artikelende nach der Abkürzung Hptw. = Hauptwerk(e) zusammengefasst. Die Jahreszahlen hinter Werktiteln geben, wenn nichts anderes vermerkt ist, das Jahr der Erstveröffentlichung oder Uraufführung an, nicht den Zeitraum der Ausarbeitung oder den Zeitpunkt der Fertigstellung. Fremdsprachige Werke werden meist mit dem Titel der deutschen Übersetzung zitiert, wenn eine solche vorliegt; dabei werden häufig das Erscheinungsdatum der fremdsprachigen Ausgabe und das der deutschen Übersetzung angegeben, z.B. „Tom Sawyer" 1876, dt. 1876.

## Verweise

Neben den Verweisen zum Auffinden eines Stichworts, dessen Schreibweise oder alphabetische Einordnung fraglich sein könnte, werden Verweise von einem Stichwort auf ein anderes möglichst sparsam verwendet.
Der direkte Verweis (→) deutet an, dass der Gedankengang eines Artikels unter dem so gekennzeichneten Stichwort weitergeführt wird. Der Gesamtzusammenhang, in dem die Stichwörter stehen, wird auf diese Weise verständlich.
Der Siehe-auch-Verweis (Auch →) gibt an, unter welchen Stichwörtern zusätzliche und weiterführende Informationen zu der angeschnittenen Thematik zu finden sind, um das Verständnis des größeren Zusammenhangs zu erleichtern.

# Abkürzungsverzeichnis

Im UNIVERSAL LEXIKON werden Abkürzungen nur so verwendet, dass der Lesefluss und das Verständnis nicht beeinträchtigt werden.

Im Allgemeinen ist das Stichwort, wenn es in demselben Artikel wiederholt wird, mit seinem ersten Buchstaben abgekürzt. Um eine gute Lesbarkeit des Artikels zu gewährleisten, gilt dies nicht für gebeugte Stichwörter oder solche die mit anderen Wörtern zusammengesetzt sind.

Besteht das Stichwort aus zwei Wörtern, die durch Bindestrich verbunden sind, so wird nur der erste Buchstabe als Abkürzung verwendet. Besteht ein Stichwort aus mehreren selbständigen Wörtern, so ist jedes Wort für sich abgekürzt. Gibt es für ein Stichwort eine allgemein übliche Abkürzung, so wird diese im Text verwendet.

Die Endung -isch ist oft weggelassen, die Endung -lich durch -l. abgekürzt.

Daneben werden nur noch solche Abkürzungen verwendet, die im Abkürzungsverzeichnis genannt sind oder ein eigenes Stichwort im Lexikon haben (z. B. Staaten der USA).

## A

| | |
|---|---|
| Abg. | Abgeordneter |
| Abk. | Abkürzung |
| Abs. | Absatz |
| Abt. | Abteilung |
| Adj. | Adjektiv |
| allg. | allgemein |
| Apg. | Apostelgeschichte |
| Art. | Artikel |
| AT | Altes Testament |
| ausschl. | ausschließlich |

## B

| | |
|---|---|
| baden-württ. | baden-württembergisch |
| Bd., Bde. | Band, Bände |
| Bearb. | Bearbeiter |
| Begr. | Begründer |
| bes. | besonders |
| betr. | betreffend |
| Bez. | Bezeichnung |
| Bez. | Bezirk |
| Bibliogr. | Bibliografie |
| BR Dtschld. | Bundesrepublik Deutschland |
| bzw. | beziehungsweise |

## D

| | |
|---|---|
| d. Ä. | der Ältere |
| Dep. | Departement, Departamento |
| Dép. | Département |
| dgl. | dergleichen, desgleichen |
| d. Gr. | der Große |
| d. h. | das heißt |
| d. i. | das ist |
| Diss. | Dissertation |
| d. J. | der Jüngere |
| dt. | deutsch |
| Dtschld. | Deutschland |

## E

| | |
|---|---|
| ehem. | ehemalig, ehemals |
| einschl. | einschließlich |
| entspr. | entsprechend |
| europ. | europäisch |
| ev. | evangelisch |
| ev.-luth. | evangelisch-lutherisch |
| ev.-ref. | evangelisch-reformiert |
| Ew. | Einwohner |

## F

| | |
|---|---|
| f., ff. | folgende Seite[n], folgendes Jahr, folgende Jahre |
| Frhr. | Freiherr |

## G

| | |
|---|---|
| geb. | geboren |
| gegr. | gegründet |
| gen. | genannt |
| Gen. | Genesis |
| ggf. | gegebenenfalls |
| gleichn. | gleichnamig |

## H

| | |
|---|---|
| h | Stunde |
| hl., hll. | heilig[e] |
| Hptst. | Hauptstadt |
| Hptw. | Hauptwerk(e) |
| hrsg., Hrsg. | herausgegeben, Herausgeber |

## I

| | |
|---|---|
| i. e. S. | im engeren Sinn |
| im Allg. | im Allgemeinen |
| insbes. | insbesondere |
| insges. | insgesamt |
| i. w. S. | im weiteren Sinn |

## J

| | |
|---|---|
| Jb., Jbb. | Jahrbuch, Jahrbücher |
| Jer. | Jeremia |
| Jes. | Jesaja |
| Jg. | Jahrgang |
| Jh. | Jahrhundert |

## K

| | |
|---|---|
| kath. | katholisch |
| Krs. | Kreis |

## L

| | |
|---|---|
| Ldkrs. | Landkreis |
| Losebl. | Loseblattausgabe |
| luth. | lutherisch |

## M

| | |
|---|---|
| MA | Mittelalter |
| MdB | Mitglied des Bundestags |
| MdL | Mitglied des Landtags |
| MdR | Mitglied des Reichstags |
| Mio. | Millionen |
| min | Minute |
| Min. | Minister |
| Min.-Präs. | Ministerpräsident |
| Mitgl. | Mitglied |
| Mrd. | Milliarden |
| m. V. | mit Vororten |

## N

| | |
|---|---|
| N | Norden |
| Nachdr. | Nachdruck |
| Nachf. | Nachfolger |
| nat.-soz. | nationalsozialistisch |
| n. Br. | nördliche Breite |

| | | | | | |
|---|---|---|---|---|---|
| n. Chr. | nach Christus | R | | u. M. | unter dem Meeresspiegel |
| Neudr. | Neudruck | | | ü. M. | über dem Meeresspiegel |
| NO | Nordosten | rd. | rund | u. ö. | und öfter (erschienen) |
| NT | Neues Testament | reform. | reformiert | usw. | und so weiter |
| NW | Nordwesten | Reg.-Bez. | Regierungsbezirk | u. U. | unter Umständen |
| | | Rep. | Republik | | |
| O | | röm.-kath. | römisch-katholisch | V | |
| O | Osten | S | | v. Chr. | vor Christus |
| Offb. | Offenbarung des Johannes | | | Verw. | Verwaltung |
| o. J. | ohne (Erscheinungs-)Jahr | s | Sekunde[n] | Verw.-Bez. | Verwaltungsbezirk |
| ö. L. | östliche Länge | S | Süden | v. H. | von Hundert (%) |
| o. O. | ohne (Erscheinungs-)Ort | s. Br. | südliche Breite | Vize-Präs. | Vizepräsident |
| o. O. u. J. | ohne (Erscheinungs-)Ort u. Jahr | schweiz. | schweizerisch | Vors. | Vorsitzender |
| | | Sg. | Singular | | |
| op. | Opus | Slg. | Sammlung | W | |
| orth. | orthodox | SO | Südosten | | |
| österr. | österreichisch | sog. | so genannt | W | Westen |
| | | stellvertr. | stellvertretend | Westf. | Westfalen |
| P | | SW | Südwesten | w. L. | westliche Länge |
| Pl. | Plural | U | | Z | |
| Präs. | Präsident | | | | |
| Prof. | Professor | u. | und | z. B. | zum Beispiel |
| prot. | protestantisch | u. a. | und andere[s] | z. T. | zum Teil |
| Prov. | Provinz | | unter anderem | Ztschr. | Zeitschrift |
| Ps. | Psalm | | unter andern | z. Z. | zur Zeit |
| | | u. Ä. | und Ähnliche[s] | | |
| | | Übers. | Übersetzer, Übersetzung | | |

## Im Lexikon verwendete Abkürzungen zur Angabe der sprachlichen Herkunft

| | | | | | |
|---|---|---|---|---|---|
| afgh. | afghanisch | hind. | hindustanisch | norw. | norwegisch |
| afrik. | afrikanisch | isl. | isländisch | phön. | phönizisch |
| ahd. | althochdeutsch | ital. | italienisch (nicht für italisch) | polyn. | polynesisch |
| alb. | albanisch | jak. | jakutisch | portug. | portugiesisch |
| amerik. | amerikanisch | jap. | japanisch | prov. | provençalisch |
| aram. | aramäisch | jav. | javanisch | rätorom. | rätoromanisch |
| austroas. | austroasiatisch | lat. | lateinisch | rom. | romanisch |
| babyl. | babylonisch | lit. | litauisch | sanskr. | sanskritisch |
| birm. | birmanisch | mal. | malaiisch | serbokr. | serbokroatisch |
| bulg. | bulgarisch | melan. | melanesisch | singhal. | singhalesisch |
| chin. | chinesisch | mhd. | mittelhochdeutsch | skand. | skandinavisch |
| eskim. | eskimoisch | mlat. | mittellateinisch | tibetochin. | tibetochinesisch |
| frz. | französisch | ndrl. | niederländisch | turktat. | turktatarisch |
| germ. | germanisch | ndt. | niederdeutsch | ukr. | ukrainisch |
| grch. | griechisch | nhd. | neuhochdeutsch | ung. | ungarisch |
| hebr. | hebräisch | nlat. | neulateinisch | | |

# Lautschrifttabelle

Im Lexikon ist für Fremdwörter, fremdsprachliche Eigennamen und für alle Wörter, bei denen es notwendig erscheint, die korrekte Aussprache in eckigen Klammern angegeben. Der Einheitlichkeit und Genauigkeit halber wird ein vereinfachtes System der internationalen Lautschrift verwendet, mit der die Aussprache der in den europäischen Ländern vorkommenden Laute genau bezeichnet werden kann. Siehe dazu auch die „Angaben zum Sprachgebrauch" in den Benutzerhinweisen.

Vokale und Diphthonge
: bezeichnet die Länge eines Vokals
a kurzes a (wie in *kann;* französ. *lac* [lak])
aː langes a (wie in *Magen;* französ. *Lesage* [ləˈsaːʒ])
æ sehr offenes kurzes ä (wie in engl. *Gangway* [ˈgæŋwɛi])
ʌ kurzes dumpfes a (wie in *Butler* [ˈbʌtlə])
ã nasaliertes a (wie in *Mont Blanc* [mɔ̃ ˈblã])
ai Diphthong (wie in *Mai, Brei;* engl. *like* [laik])
au Diphthong (wie in *Baum;* engl. *Mount* [maunt])
e halblanges geschlossenes e (wie in *gebt;* französ. *élan* [elã])
eː langes geschlossenes e (wie in *Kehllaut, Beere*)
ə kurzes dumpfes e (wie in *Masse, Linie;* engl. *the* [ðə], französ. *le* [lə])
əː langes dumpfes e (wie in *Churchill* [ˈtʃəːtʃil])
ɛ kurzes offenes e (wie in *Fest, Gänse;* engl. *let* [lɛt])
ɛː langes offenes e (wie in *ordinär;* französ. *Molière* [mɔlˈjɛːr])
ɛi Diphthong (wie im engl. *cake* [kɛik]; portugies. *Beira* [ˈbɛira]; niederländ. *IJmuiden* [ɛiˈmœidəː])
ɛ̃ nasaliertes e (wie in französ. *jardin* [ʒarˈdɛ̃], *Pointe* [pwɛ̃t])

i kurzes i (wie in *bin;* engl. *Wilson* [ˈwilsən])
iː langes i (wie in *Bibel, Lied;* engl. *Leeds* [liːdz])
ɔ kurzes offenes o (wie in *Ross;* engl. *what* [wɔt])
ɔː langes offenes o (wie in engl. *Wall Street* [ˈwɔːlstriːt])
ɔ̃ nasaliertes o (wie in *Mont Blanc* [mɔ̃ ˈblã])
ɔi Diphthong (wie in *heute;* engl. *boil* [bɔil])
ɔu Diphthong (wie in engl. *Bowling* [ˈbɔuliŋ], *Coldcream* [kɔuld kriːm])
o halblanges geschlossenes o (wie in *Obst;* französ. *Barrault* [baˈro])
oː langes geschlossenes o (wie in *Moos;* französ. *de Gaulle* [də ˈgoːl])
œ kurzes offenes ö (wie in *Köln;* französ. *Châteauneuf* [ʃatoˈnœf])
ø halblanges geschlossenes ö (wie in *Fischöl;* französ. *neveu* [nəˈvø])
øː langes geschlossenes ö (wie in *nervös;* französ. *Chartreuse* [ʃarˈtrøːz])
œ̃ nasaliertes ö (wie in *Verdun* [vɛrˈdœ̃])
u kurzes u (wie in *kurz;* engl. *full* [ful])
uː langes u (wie in *Gruß;* französ. *rouge* [ruːʒ])
y kurzes ü (wie in *schützen;* französ. *Tartuffe* [tarˈtyf])
yː langes ü (wie in *führen, lyrisch;* französ. *Saussure* [soˈsyːr])

Für Konsonanten werden neben b, d, g, h, p, t, k, l, r, m, n und f noch folgende Zeichen verwendet:
ç ch (wie in *ich;* griech. *Chios* [ˈçiɔs])
x ch (wie in *machen;* russ. *Chruschtschow* [xruˈʃtʃɔf])
ŋ ng (wie in *Länge, Bank;* engl. *long* [lɔŋ])
s stimmloses s (wie in *essen, weiß;* engl. *Gaitskell* [ˈgɛitskəl])
z stimmhaftes s (wie *Saal, Waise;* engl. *Elizabeth* [iˈlizəbəθ])
ʃ stimmloser sch-Laut (wie in *schaffen;* engl. *Shakespeare* [ˈʃɛikspiə])
ʒ stimmhafter sch-Laut (wie in französ. *Journal* [ʒurˈnaːl], *Etage* [eˈtaːʒə])
dʒ stimmhafter dsch-Laut (wie in engl. *just* [dʒʌst], indones. *Jakarta* [dʒaˈkarta])
θ stimmloser Lispellaut (wie in engl. *Commonwealth* [ˈkɔmənwɛlθ])
ð stimmhafter Lispellaut (wie in engl. *father* [ˈfaːðə])
v w (wie in *Wasser, Venedig*)
w mit starkt gewölbten Lippen gesprochenes w (wie in engl. *Wells* [wɛlz])

Buchstaben, die zwei Laute wiedergeben, werden in der Lautschrift durch zwei Zeichen dargestellt:

ts wie z in *reizen*
ks wie x in *Hexe*

# Zeichentabelle

| | | | | | |
|---|---|---|---|---|---|
| * | geboren | ± | plus oder minus | ≦ | kleiner oder gleich |
| † | gestorben | · | mal (Multiplikationszeichen) | ≪ | sehr klein gegen |
| §, §§ | Paragraph[en] | × | mal (nur bei Maßangaben z. B. 3m × 4m); kreuz (Vektormultiplikation) | > | größer als (z. B. 5 > 0) |
| & | und | | | ≧ | größer oder gleich |
| % | Prozent | | | ≫ | sehr groß gegen |
| ‰ | Promille | :, /, | geteilt durch (Divisionszeichen) | ∞ | unendlich |
| / | je, pro, durch (z. B. km/h) | = | gleich | π | pi (Ludolf'sche Zahl, = 3,14159...) |
| + | plus (Additionszeichen und Vorzeichen positiver Zahlen) | ≡ | identisch, gleich | √ | Wurzel aus (z. B. √8) |
| | | ≠ | nicht gleich, ungleich | ∧ | und (Konjunktion) |
| − | minus (Subtraktionszeichen u. Vorzeichen negativer Zahlen) | ≈ | angenähert, nahezu gleich | ∨ | oder (Disjunktion) |
| | | < | kleiner als (z. B. 3 < 7) | | |

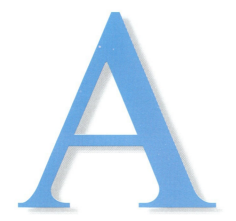

**a, A,** erster Buchstabe des dt. u. latein. Alphabets; griech. α, A *(Alpha)*; aus semit. *aleph*, das sich seinerseits vielleicht aus einer ägypt. Hieroglyphe herleitet; eine der heutigen ähnliche Form hatte der Buchstabe schon im 5. vorchristl. Jh.
**a,** 1. *allg.*: Abk. für → anno.
2. *Maße*: 1. Abk. für → Ar. – 2. Kurzzeichen für → Atto.
3. *Musik:* ursprüngl. der 1. Ton der Grundskala, dann 6. Stufe der C-Dur-Tonleiter (a-Moll ist deren Paralleltonart). Das eingestrichene a (a¹) ist der → Kammerton.
**à** [frz.], je, zu (je), für (je); vor Preisangaben.
**@,** Sonderzeichen auf den Tastaturen vieler Datensichtgeräte mit der Bedeutung „kaufmännisches à". @ wird umgangssprachl. oft auch als „Klammeraffe" bezeichnet. Wegen seiner geringen sonstigen Verwendung wird es in der EDV u. a. als Steuerzeichen u. als Trennzeichen für E-Mail-Adressen benutzt.
**a.,** Abk. für *ante* [lat., „vor"].
**a...,** 1. [grch.], Vorsilbe, die eine Verneinung ausdrückt; wird vor Vokalen u. h zu *an...*; z. B: amorph.
2. [lat.] → ab...
**A,** 1. *Münzwesen:* Münzbuchstabe der Münzstätten Berlin, Paris u. Wien; vorwiegend für neuere Münzen zutreffend.
2. *Physik:* Zeichen für → Ampere; auch für Fläche.
**Å,** Zeichen für → Ångströmeinheit.
**A.,** Kurzzeichen für → acre (Flächeneinheit in den USA u. Großbritannien).
**A.,** Ruben, portugies. Schriftsteller, Pseudonym von Ruben Alfredo Andresen Leitão, * 26. 5. 1920 Lissabon, † 26. 9. 1975 London; in seinem Werk sucht A. Antwort auf die Frage nach einer portugies. Identität; verfasste Romane, Essays, Tagebücher u. Lyrik. Hptw.: „Caranguejo" 1954, „A torre da Barbela" 1964, „Silencio para 4" 1973.
**A 1,** *A 2, A 3,* usw., Bez. für die Generalstabsabteilungen bzw. deren Leiter bei der Luftwaffe (Air Staff) u. Marine (Admiralstab); → Generalstab.
**āā,** auf Rezepten Zeichen für *ana (partes aequales)* [grch. (u. lat.)], zu gleichen Teilen.
**Aa,** *Ach, Ache* [verwandt mit lat. *aqua*, „Wasser"], Name vieler Flüsse in Mitteleuropa.

**AA,** 1. Abkürzung für → Auswärtiges Amt.
2. Abk. für den latein. Ordensnamen *Augustiniani ab Assumptione,* → Assumptionisten.
**AA,** Abk. für *American Airways,* Luftverkehrsgesellschaft in den USA.
**A.A.A.,** Abk. für engl. *American Accounting Association,* Sarasota, Florida (USA) 1916 gegründeter Zusammenschluss US-amerikan. Hochschullehrer des Rechnungswesens mit rd. 12 000 Mitgliedern; gibt die auf dem Gebiet des Rechnungswesens international führende Ztschr. „Accounting Review" heraus.
**Aachen,** ♦ 1. kreisfreie Stadt in Nordrhein-Westfalen, zwischen den Ausläufern des Hohen Venn, an der niederländ.-belg. Grenze, 173 m ü. M., 248 000 Ew.; Heilbad (warme Schwefel-Kochsalz-Quellen, bis 75 °C); Wallfahrtsort *(Aachener Heiligtumsfahrt);* Münster (→ Aachener Münster), got. Rathaus, klassizist. Elisenbrunnen; techn. Hochschule (mit philosoph. u. medizin.

Aachen (1)

Fakultät; Klinikum); Bischofssitz; Bundeswehrstandort; Herstellung von Nähmaschinennadeln u. Tuchen; Maschinen-, Elektro-, Glas- u. Gummireifenindustrie, Printen- u. Schokoladenfabriken, Brauereien; internationales Reitturnier in der *Aachener Soers;* seit 1950 Verleihung des → Karlspreises.
*Geschichte:* In der Römerzeit Badeort *(Aquisgranum);* seit 794/795 ständige Residenz (Pfalz) Karls d. Gr.; 936–1531 Krönungsort der dt. Könige; 1166 Markt- u. Münzprivileg durch Kaiser Friedrich I., seither befestigte Reichsstadt; 1794–1814 französ.; 1815–1945 preußisch; im 2. Weltkrieg schwer beschädigt.
2. Ldkrs. in Nordrhein-Westfalen, Reg.-Bez. Köln, 547 km², 303 000 Ew., Verw.-Sitz ist *A.* (1).
**Aachen,** *Aken, Achen,* Hans (Johann) von, dt. Maler, * 1552 Köln, † 4. 3. 1615 Prag; ausgebildet in Italien, tätig in München, seit 1592 Hofmaler Kaiser Rudolfs II. in Prag, dort entscheidend von B. *Spranger* beeinflusst; malte religiöse u. mytholog. Szenen. Seine Bildnisse zählen zu den besten des Manierismus.
**Aachener Friede,** 1. A. F. am 2. 5. 1668, beendete den Devolutionskrieg; 2. A. F. am 18. 10. 1748, beendete den Österr. Erbfolgekrieg mit Verzicht Österreichs auf Schlesien u. brachte für die italien. Staatenwelt eine Ordnung, die bis 1796 dauerte.
**Aachener Kongress,** Kongress der europ.
*Fortsetzung S. 14*

Aachen (1): Stadtbild mit Dom (links) und St.-Foillan-Kirche; im Vordergrund der Elisenbrunnen

# Aachener Münster

 **Aachener Münster**

**Kulturdenkmal:** Aachener Münster mit karolingischer Pfalzkapelle
**Kontinent:** Europa
**Land:** Deutschland, Nordrhein-Westfalen
**Ort:** Aachen, Innenstadt
**Ernennung:** 1978
**Bedeutung:** eines der großen Vorbilder für sakrale Architektur und ein einmaliges Zeugnis religiöser Kunst bis zur Zeit der Staufer

**Zur Geschichte:**

*8. Jh.* Bau der Pfalzkapelle unter Karl dem Großen

*813–1531* Krönung von 32 Kaisern des Heiligen Römischen Reiches

*nach 935* »Karlsthron«

*seit 1215* ruhen die Gebeine von Karl dem Großen im vergoldeten Karlsschrein

*1350* Anbau eines Turms an die Pfalzkapelle

*1355–1414* Anbau des Chores

*1664* barocker Kuppelaufsatz auf der Pfalzkapelle

*1719* weitere Barockisierung

*nach 1879* Umgestaltung im Sinne des Historismus

*im 2. Weltkrieg* Kriegsschäden

*bis 1966* umfassende Restaurierung

*bis 2000* Beseitigung statischer Probleme wie das Abdriften des Chores

Aus der ursprünglichen Pfalzkapelle entwickelte sich im Laufe der Jahrhunderte ein beeindruckendes Ensemble, das sich zu diesem mächtigen Dom fügt

Den »Mythos der Antike« im Dienste seiner Reichsidee ließ Karl in der ersten, der karolingischen Renaissance wiederauferstehen. Seither durchweht die zeitlose Eleganz des Zentralbaus die Etagen rund um das zentrale Oktogon der Aachener Pfalzkapelle. Der neue »Caesar des Westreiches« konzentrierte sowohl Verwaltungszentrum als auch zukünftige Krönungsstätte in einem bis dato unbedeutenden ehemaligen römischen Thermalbad.

Das Zentrum des Frankenreiches hatte für jedermann sichtbar als Anknüpfungspunkt an die Tradition des römischen Imperiums zu gelten. Die fränkische Bautradition, eben erst den hölzernen Langhäusern und palisadenverstärkten Erdwällen entwachsen, stand nun vor der Aufgabe, durch einen programmatisch wirksamen Bau die Fortführung der »Antike germanischer Nation« neu zu definieren. Auf der Suche nach einer geeigneten, vorbildhaften Antike sah sich Karl als fränkischer König, zukünftiger Kaiser und erste Schutzmacht des katholischen Roms in der Nachfolge der germanischen Reichsverweser des spätrömischen Westreiches. Stilicho, Alarich und natürlich der große Theoderich waren seine Vorbilder. Das »Wunder«, dem Aachen seine schicksalhafte Bedeutung als steinerne Reliquie zweier zentraleuropäischer Nationen verdankt, geht auf die geradezu geniale Gabe der Baumeister Karls des Großen zurück, Anmutungen zu transportieren und bestimmte Motive in einem sorgsam kalkulierten Rückgriff zu vereinen. In der prächtigen Kuppelkirche San Vitale zu Ravenna, Theoderichs Residenz, fanden Karls gewiefte Baufachleute den »fehlenden Schlüssel« für den Bau der geplanten Aachener Pfalzkapelle. San Vitale war byzantinisch up to date, erinnerte als Zentralbau an die Jerusalemer Grabeskirche und gemahnte – wenigstens ein bisschen – an das römische Pantheon, unerreichbares Vorbild perfekter Architektur.

Die Pfalzkapelle funktionierte von Beginn an als großzügig dimensionierte »Reliquienkapsel«. Der statisch überflüssige Säulenschleier im Inneren präsentierte gleichsam steinerne Zeitzeugen. Originale aus Rom oder Ravenna mussten her, so zumindest die Überlieferung. Der Transport war bei dem verwahrlosten Zustand der Straßen des alten Imperiums allerdings ein fast unmögliches Ansinnen. Aber römisch mussten sie sein ... Ob nun original oder nicht, das Ganze war weit mehr als nur ein frommer Betrug, vielmehr der Nachweis, dass die Wertschätzung alles »Römischen« letztlich vor allem eine Frage des herrschenden Zeitgeistes war. Karl dem Großen gelang es, zentrale Spielregeln des europäischen Mittelalters im Vorhinein festzulegen. Er selbst, Aachen und das Oktogon seiner Pfalzkapelle erhielten den Status von »Reliquien des ersten vollwertigen Antikenrevivals«. Die Motive der genialen Pfalzkapelle wurden vielfach zitiert, variiert oder schlicht und ergreifend nachgeahmt. In Aachen selbst entstand eine einzigartige Kreation mit über tausendjähriger Baugeschichte. Jedes Zeitalter war bemüht, seine Visitenkarte zu hinterlassen.

Aus der Pfalzkapelle entwickelte sich ein mächtiger Dom, der als Gebäude-Ensemble mehr oder minder behutsam den Mythos seiner Keimzelle umschließt. Natürlich war sich auch der vorerst letzte deutsche Kaiser des Potenzials dieser steinernen Reliquie nur zu bewusst. Über den künstlerischen Wert des historisierenden Marmorpanzers, den Wilhelm II. der kostbaren karolingischen Substanz ebenso bewundernd wie besitzergreifend überstülpte, lässt sich trefflich streiten. Bedenklicher war der Wunsch des Kaisers, den Dom zu einem nationalstaatlichen Heiligtum zu erheben. Dieses Ansinnen stand in auffallendem Gegensatz zu Karls Visionen und zur europäischen Dimension des Aachener Münsters, der man sich heute erfreulicherweise stark verbunden fühlt.

*Hendrik Kersten*

In der hohen Kunst gotischer Goldschmiede entstand das edelsteinverzierte Büstenreliquiar Karls des Großen

Die Altarfront aus der Zeit um 1020 zeigt Christus auf dem Thron, umgeben von den vier Evangelistensymbolen

Der vergoldete Karlsschrein birgt die Gebeine Karls des Großen

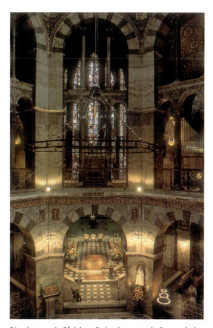

Die oktogonale Pfalzkapelle ist das zentrale Bauwerk des Aachener Münsters

# Aachener Münster

Großmächte vom 29. 9. bis 21. 11. 1818, auf dem Frankreich den sofortigen Abzug der alliierten Besatzungstruppen aus seinem Territorium u. die Ermäßigung der restl. Kriegsschulden erreichte.

✦ **Aachener Münster,** Domkirche des 1929 neu gegr. Bistums Aachen mit der Pfalzkapelle Karls d. Gr. (von Odo von Metz um 792–805 erbaut) u. späteren Anbauten, von denen der nach dem Vorbild der Sainte-Chapelle in Paris zwischen 1355 u. 1414 errichtete Marienchor der bedeutsamste ist. Der ursprüngl. Bau ist ein oktogonaler Zentralbau mit doppelgeschossigem Umgang u. Kuppelwölbung. Der Westbau, ein von zwei runden Treppentürmen eingefaßter hoher Block mit halbrunder Nische, enthielt im Obergeschoss die Kaiserloge mit Thron. Die Einflüsse der Antike werden sichtbar in den spätantiken Säulen der Emporenöffnungen u. in dem Bronzegitter. Vorbild waren die byzantin. Palastkirchen, u. a. S. Vitale in Ravenna. Bis 1531 war das A. M. Krönungskirche der dt. Könige. Zum A. M. gehört eine kostbare Ausstattung: Ambo Heinrichs II. (um 1002), Karlsschrein (1200–1215), Marienschrein (1220), Radleuchter (1160 bis 1170), Chorstatuen (2. Hälfte des 14. Jh.) u. eine Schatzkammer (Lotharkreuz, um 990, illuminierte Handschriften, Reliquiare u. a.). → Seite 12.

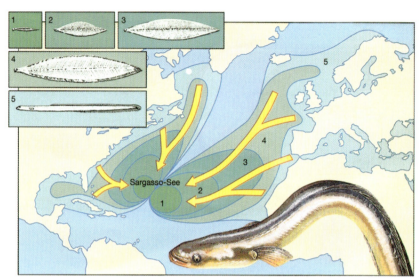

Aale: Der Europäische Aal und der Amerikanische Aal legen einen langen Weg zu ihrem Laichgebiet, der Sargassosee, zurück (gelbe Pfeile). Die geschlüpften Aallarven treiben mit den Strömungen langsam wieder nach Norden und wandeln sich dabei von der Weidenblattlarve zum Glasaal (1–5) um

Aachener Münster: Karlsschrein (Detail), staufische Goldschmiedearbeit; um 1200–1215

**AAFCE,** Abk. für engl. *Allied Air Forces Central Europe,* Alliierte Luftstreitkräfte Europa Mitte. Dieser Stab führte im Verteidigungsfall die der NATO unterstellten (assignierten) Luftwaffenverbände. Heute → AIRCENT.

**Aaiún,** *Al A., Aiun, Ayum, Lâayoum,* Hauptort der Westsahara (ehem. span. Überseeprovinz Spanisch-Sahara), am Trockental Saguia Al Hamra, m. V. 139 000 Ew.; in der Nähe Phosphatabbau.

**Aakjær** [ˈɔːkɛːr], Jeppe, eigentl. *J. Jensen,* dän. Schriftsteller, *10. 9. 1866 Aakjær bei Skive, †22. 4. 1930 Hof Jenle bei Skive; schrieb volkstüml. Romane aus seiner jütländ. Heimat: "Die Kinder des Zorns" 1904, dt. 1912; "Gärende Kräfte" 1916, dt. 1929; auch Lyrik in jütländ. Dialekt u. Memoiren.

**Äakus,** *Aiakos,* griech. Heros, König der Myrmidonen, Sohn des Zeus u. der Nymphe Ägina; später Richter in der Unterwelt. Er war der Vater von Telamon u. Peleus.

**Aal,** *Fluss-Aal, Europ. Aal, Anguilla anguilla,* einziger europ. Vertreter der → Aale.

**Aaland** [ˈoː-], finn. Provinz, → Åland.

**Aa-Lava** [hawaiisch], blockartige Lava mit rauer Oberfläche; charakteristisch für ozean. Schildvulkane u. kontinentale Basaltdecken; auch → Blocklava.

**Aalborg** [ˈɔlbɔr], dän. Hafenstadt in Jütland, → Alborg.

✦ **Aale,** *Echte Aale, Fluss-Aale, Anguillidae,* Familie der *Aalfische,* die mit 16 Arten an allen Meeresküsten u. in den dort einmündenden Flüssen mit Ausnahme der Westküste Amerikas u. den Küsten des Südatlantiks heimisch ist; die bekanntesten u. wirtschaftl. bedeutendsten Arten sind: *Europ. Aal, Anguilla anguilla; Amerikan. Aal, Anguilla rostrata; Japan. Aal, Anguilla japonica.* A. leben zeitweilig im Süßwasser am Gewässergrund, wo sie sich tagsüber gern zwischen Steinen versteckt halten u. in der Dunkelheit auf Nahrungssuche gehen. Als Allesfresser ernähren sie sich von Schnecken, Muscheln, Krebsen, Insektenlarven u. Würmern, aber auch von kleinen Fischen. Sie sind jedoch keine Aasfresser. Eine Besonderheit der A. ist, dass sie zum Laichen ins Meer wandern. So legt der Europ. Aal Strecken von rd. 6000–7000 km zurück, bis er sein Laichgebiet in der Sargassosee vor der nordamerikan. Ostküste erreicht, um nach dem Laichakt zu sterben. Hier schlüpfen die weidenblattförmigen u. gläsern-durchsichtigen Aallarven (*Leptocephalus*). Sie werden passiv mit dem Golfstrom in 3 Jahren bis zum europ. Kontinentalsockel transportiert u. wandeln sich hier in die eigentl. Aalform um. Diese zunächst noch durchsichtigen u. als *Glasaale* bezeichneten Jungaale wandern in großen Schwärmen in die Flussmündungen ein (Frankreich: Januar–März; Dtschld.: April–Juni) u. färben sich allmählich auf ihrem Weg flussaufwärts dunkel. Sie werden nun *Gelbaale* genannt. Während sich die Männchen im Unterlauf der Flüsse u. in Küstennähe aufhalten, wandern die Weibchen weit stromaufwärts. Mit 1–1,5 m Länge werden sie wesentlich größer als die Männchen mit 40–50 cm Länge. Nach neun bis fünfzehn Jahren im Süßwasser verändern sich die A. erneut: Der Rücken wird dunkel, die Seiten u. der Bauch schimmern silbrigweiß. Die Augen vergrößern sich, u. die A. stellen das Fressen ein. Das Fleisch der nun als *Blankaale* bezeichneten A. ist fest u. sehr fetthaltig. Damit sind sie für ihre lange Reise stromabwärts u. ins Meer zu ihren Laichgründen in der Sargassosee gerüstet, die sie im Spätsommer u. Herbst antreten, um ihren Lebenszyklus zu vollenden.

*Wirtschaftliche Bedeutung:* Aale sind wertvolle Speisefische. Um ihnen das Überwinden von Stauwehren zu ermöglichen, hat man vielerorts spezielle Aalleitern

Aale: Europäischer Aal, Anguilla anguilla

angelegt. Außerdem werden in Dtschld. zur Unterstützung der Fischerei alljährl. Glasaale. ein- bis zweijährige Gelbaale (sog. Satzaale) in abgeschlossenen Binnengewässern ausgesetzt. Herangewachsene Blankaale werden bei uns vorzugsweise zu Räucheraalen verarbeitet. In anderen Ländern wie in Italien u. Japan werden kleinere A. bevorzugt u. gekocht oder gebacken zubereitet. In Japan u. Taiwan, aber auch in Italien werden A. in großen Mengen in Teichwirtschaften gehalten. Die Aalteichwirtschaft ist in Japan der bedeutendste Zweig der Binnenfischerei. Auch in Dtschld. wird mancherorts diese Form der Aalzucht betrieben.

**Aalen,** *Aalénial, Aalenium,* stratigraph. Einheit; nach der Stadt Aalen (Baden-Württemberg) benannt; ältester Abschnitt des mittleren Jura.

◆ **Aalen,** Kreisstadt in Baden-Württemberg, am Kocher, 429 m ü. M., 66 300 Ew.; maler. Stadtkern mit Fachwerkhäusern aus dem 17. Jh.; St. Johanneskirche (2./3. Jh., auf röm. Fundamenten erbaut), Limesmuseum; Eisenbahnwerkstätte, Eisen-, Textil-, optische Industrie; 1360–1803 Freie Reichsstadt. Verwaltungssitz des *Ostalbkreises.*

Aalen

**Aalfische,** *Anguilliformes,* Ordnung der *Echten Knochenfische* (→ Knochenfische) mit schlangenähnlich gestrecktem Körper; Rücken mit niedrigem Flossensaum, Bauchflossen fehlen; Schuppen sehr klein oder unter einer Schleimhaut oder fehlend. Hierzu gehören u. a. die *Echten Aale* (→ Aale), *Muränen, Meeraale* u. *Schlangenaale.* Die *Nackt-* u. *Zitteraale* sind *Karpfenfische.*

**Aall** [o:l], Anathon, norweg. Philosoph, * 15. 8. 1867 Nesseby, † 9. 1. 1943 Oslo; vertrat eine kritisch-pluralist. Wirklichkeitsphilosophie auf psycholog. Grundlage. Werke: „Der Logos" 2 Bde. 1896 u. 1899; „Macht u. Pflicht" 1902; „Henrik Ibsen als Dichter u. Denker" 1906.

**Aalmolche,** *Fischmolche, Amphiumidae,* lang gestreckte aalförmige Schwanzlurche mit 4 winzigen Beinen u. verkümmerten Augen; einzige Art: *Aalmolch, Amphiuma means,* bis 1 m lang, im SO der USA in Sümpfen.

**Aalmutter,** *Zoarces viviparus,* Küstenfisch aus der Familie der *Gebärfische,* der bis 300 lebende Junge zur Welt bringt; Paarung im Sommer, Geburt der Jungen im Winter; Krebse, Mollusken, Fischlaich u. kleine Fische dienen als Nahrung. Die A. dringt bis ins Brackwasser vor. Vorkommen: Küstengewässer Nordeuropas von Nordnorwegen bis Südengland einschl. Ostsee. In der Ostsee im Beifang in Reusen gefangen, auch von Anglern (von diesen manchmal fälschlich als „Quappe" bezeichnet). Die A. wird

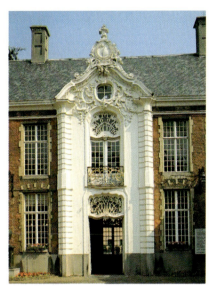

Aalst: Barockportal am Rathaus

frisch, gesalzen oder geräuchert gegessen. Die Gräten sind wie beim Hornhecht durch unschädl. Farbstoff *(Vivianit)* grün gefärbt.

**Aalquappe,** ein Fisch, → Quappe.

◆ **Aalst,** Stadt in der belg. Prov. Ostflandern, an der schiffbaren Dender, mit Eingemeindungen 76 300 Ew., eine der 14 Regionalstädte Belgiens; Textilindustrie: Spinnereien, Webereien, Strumpfwirkerei, Teppichherstellung; Gummi-, Maschinenindustrie, Brauereien, Möbel- u. Schuhfabrikation, Hopfenmarkt, Blumenhandel. – Erste Nennung als Burg 870.

**Aalstrich,** artbedingter schmaler, meist heller oder dunkler Längsstreifen auf dem Rücken bei Pferden (z. B. Falben), Rindern (z. B. Braunvieh), Ziegen u. a. Säugetieren; in der Jägersprache auch bei Gämse (Gams) u. Hirsch für den *Aalstreifen* auf dem Rücken verwendet. Auch → Abzeichen.

**Aalsuppe,** *Hamburger A.,* norddt. Spezialität bes. im Hamburger Raum, Suppengericht mit Stücken kleiner Aale, Kartoffeln, diversen Gewürzen u. Kräutern; eine Variante ist die ähnlich zubereitete holländ. u. die kurländ. A.

**Aaltierchen,** *Älchen,* Gruppe von *Fadenwürmern* von aalförmiger Gestalt, die meist in Pflanzen, aber auch in Tieren schmarotzend leben. Zu den A. gehören: *Rübenälchen, Heterodera schachtii; Weizenälchen, Anguillulina tritici; Essigälchen, Turbatrix aceti.*

◆ **Aalto,** (Hugo Henrik) Alvar, finn. Architekt u. Designer, * 3. 2. 1898 Kuortane, † 11. 5. 1976 Helsinki; führender Vertreter des *organischen Bauens;* sein architekton. Konzept besteht darin, Baukörper ihrer landschaftl. Umgebung anzugleichen, wobei nicht nur streng geometrische,

Alvar Aalto; 1970

sondern auch freie Formen verwendet werden; Nutzung einheimischer, möglichst natürl. Baustoffe (vor allem Holz). Seit 1922 war A. tätig als Architekt von Wohn- u. Krankenhäusern, Schulen, Bibliotheks-, Ausstellungs- u. Fabrikgebäuden in Finnland, bes. in Sunila; 1932 entwickelte er das Artek-Möbel aus gebogenem Sperrholz; seit 1945 wirkte er auch außerhalb seines Landes. Hptw.: Bibliothek in Viipuri, Finnland, 1927–1935; Massachusetts Institute of Technology in Cambridge, Mass., USA, 1947–1949; Wohnhaus der Interbau-Ausstellung Berlin, 1955 bis 1957: Hansaviertel in Berlin, 1957; Maison Carré, Bazoches bei Paris, 1956 bis 1958; Kulturzentrum in Wolfsburg, 1958 bis 1962; Kongress- und Konzertzentrum „Finlandia" in Helsinki, 1971.

**Aaltonen,** Wäinö, finn. Bildhauer, * 8. 3. 1894 Marttila, † 30. 5. 1966 Helsinki; Porträtplastiken (z. B. Sibelius) u. Denkmäler, oft aus natürl. Material (Holz, Granit). Hptw.: Bronzestandbild des Läufers P. Nurmi, Helsinki, Ateneum.

**AAM,** 1. *Militär:* Abk. für *Air-to-Air-*

Alvar Aalto: Auditorium der Technischen Hochschule in Otanijemi, Helsinki; 1955–1964

*Missile*, Rakete, die von Flugzeugen zur Bekämpfung von gegnerischen Flugzeugen abgeschossen wird.
2. *Verhaltensforschung:* Abk. für → angeborener Auslösemechanismus.
**Aanrud** [´o:nryd], Hans, norweg. Schriftsteller, *3. 9. 1863 Oslo, †9. 1. 1953 Oslo; schrieb humorvolle Bauernromane u. -erzählungen („Eine Winternacht" 1886, dt. 1928) u. die Komödie „Der Storch" 1895, dt. 1911.
**a. a. O.**, Abk. für *am angeführten Ort.*
**Aar**, poet. u. in der Heraldik: → Adler (2).
**AAR**, Abk. für → Antigen-Antikörper-Reaktion.
**Aarau**, Hptst. des schweiz. Kantons *Aargau*, an der Aare, als Stadt 15 900, als Agglomeration 73 800 Ew.; Verkehrsknotenpunkt; vielseitige Industrie: Geräte- u. Apparatebau, Schuh-, Metallverarbeitungs-, graf. Industrie; Kunsthaus mit der Kantonsbibliothek (u. a. die Bibel Zwinglis mit handschriftl. Bemerkungen), Aargauer Museum für Natur- u. Heimatkunde, Tierpark, Ober-, Handels- u. Verwaltungsgericht; mittelalterl. Stadtkern, Stadtkirche (13. Jh., 1471–1479 neu erbaut), Rathaus (vor 1520, 1762 barockisiert), Altes Zeughaus (18. Jh.). *Geschichte:* 1273 an Habsburg, 1415 an Bern, 1798 vorübergehend Hptst. der Helvet. Republik, seit 1803 Hptst. des neu gegr. Kantons Aargau, in der Folge zunehmend zentralörtl. Funktionen.
**Aarberg**, schweiz. Städtchen im Kanton Bern, an der Aare, östl. des Bieler Sees, 3400 Ew.; mittelalterl. Stadtkern, Holzbrücke (1568); Zuckerfabrik.
**Aarburg**, Stadt im schweiz. Kanton *Aargau*,

Aargau: Karikatur aus der Zeitschrift „Der Guckkasten" über den Aargauer Klosterstreit 1841: Regierung gegen Klerus

an der Aare, 5700 Ew.; Textilindustrie, Kreuzungspunkt von Bahnen u. Straßen; Burg (11. Jh.).
**Aare**, größter Fluss der nördl. Schweiz, 295 km; entspringt in den Gletschern des Finsteraarmassivs, nahe dem Grimselpass, treibt die Kraftwerke im Oberhaslital, durchströmt Brienzer u. Thuner See, ist mit dem Bieler See durch den *Aare-Hagneck-Kanal* verbunden u. mündet nahe Waldshut in den Rhein; Zuflüsse: links u. a. Simme, Saane; rechts Emme, Reuss, Limmat. – Die *Aareschlucht* ist eine 1400 m lange, bis 120 m tiefe Klamm der A. südöstl. von Meiringen.

◆ **Aargau**, Kanton in der Nordschweiz beiderseits der unteren Aare, Reuss u. Limmat bis zum Rhein. Der Kanton umfasst im S die unteren Gebiete der flachhügeligen Täler von Wigger, Suhre, Wyna, Hallwiler Aa, Bünz, Reuss u. Limmat mit dem Hallwiler

Kanton Aargau

See als bedeutendstem Gewässer, ferner das breite Aaretal u. im N die Ketten u. Tafeln des östl. *Jura* mit dem Fricktal als zentraler Landschaft sowie das Südufer des Rheins. – Der Kanton gehört zu den am stärksten industrialisierten der Schweiz (Maschinen-, Apparatebau, Metallverarbeitung, Textil- u. Bekleidungsindustrie, Holzverarbeitung, Chemie-, Baustoffindustrie, Kraftwerke) u. hat eine intensive Landwirtschaft mit Ackerbau u. Viehwirtschaft. Mineralquellen sind die Grundlage bedeutender Badeorte *(Baden, Bad Schinznach, Zurzach).*
*Geschichte:* Bereits in vorröm. u. röm. Zeit viel begangener u. dicht besiedelter Raum; im frühen MA als *Aaregau* (erhebl. größer als heutiges Kantonsgebiet) Teil des Karolingerreichs; im hohen MA Herrschaftsgebiet der Lenzburger Grafen, der

Aargau: Blick auf den mittelalterlichen Stadtkern der Kantonshauptstadt Aarau

Kyburger u. der Habsburger (nach 1264 dominierende Landesherren); nach 1415 eidgenöss. Untertanenland (ohne das bis 1801 vorderösterr. Fricktal); seit 1803 schweiz. Kanton; 1831 Einführung einer liberalen Verfassung; 1841 führte der Aargauer Klosterstreit zur Aufhebung der Klöster (Frauenklöster kurz darauf wieder hergestellt); im 20. Jh. entwickelte sich der Kanton A. in polit., konfessioneller u. gesellschaftlicher Hinsicht zum schweiz. „Durchschnittskanton".

**Aarhus,** ostdän. Stadt u. Amtskommune, → Århus.

Aaskäfer: Totengräber, Necrophorus

**Aaron,** Aron, Aharon, Bruder Moses, der diesem als Sprecher beigegeben wurde, sich aber mehrfach seinen Anordnungen widersetzte. Er gilt im AT als Ahnherr der Opferpriesterschaft des Jerusalemer Tempels (2. Mose 4, 14–31; öfters in 2.–5. Mose).

**Aaron,** Pietro, italien. Musiktheoretiker, \* um 1490 Florenz, † 1545 Florenz oder Venedig; wurde um 1523 Domherr an der Kathedrale von Rimini, ab 1536 Mönch. In seinen Schriften befasste er sich u. a. mit Fragen der Stimmung u. der *Dissonanzen*.

**Aas** [das], der tote Körper eines Tieres.

**AAS,** Abk. für → Atomabsorptionsspektrometrie.

◆ **Aasblume,** *Ordenskaktus, Stapelia,* Gattung der südafrikan. *Seidenpflanzengewächse* (*Asclepiadaceae,* 100 Arten) mit typischem Aasgeruch, durch den Käfer u. a. Insekten angelockt werden. Sukkulente mit großen trübfarbigen Blüten u. fleischigem, blattlosem, mehrkantigem Spross.

Aasblume: Stapelia hirsuta verströmt – wie andere Vertreter dieser südafrikanischen Gattung – einen typischen Aasgeruch

**Aasen** [ˈoːsən], Ivar, norweg. Sprachforscher u. Dichter, \* 5. 8. 1813 Sunnmøre, † 23. 9. 1896 Kristiania (Oslo); schuf um 1850 unter Benutzung bäuerl. Dialekte das *Landsmål* als neunorweg. Sprache im Gegensatz zum bisherigen dän. beeinflussten *Riksmål,* das jedoch als *Bokmål* neben dem Landsmål weiterbesteht. Hptw.: „Ordbog over de norske folkesprog" 1850.

**Aasfliegen** → Schmeißfliegen.

**Aasfliegenblumen,** Ekelblumen, verschiedene Pflanzen, die durch den fauligen Geruch ihrer Blüten vorwiegend Aasfliegen zur Bestäubung anlocken, z. B. *Efeu, Aronstabgewächse.*

**Aasfresser,** *Saprophagen,* Tierarten, die sich auf Nahrung spezialisiert haben, die aus totem tierischem Material besteht.

**Aasgeier** → Schmutzgeier.

◆ **Aaskäfer,** *Silphidae,* Familie mittelgroßer Käfer von sehr verschiedenartiger Gestalt; gemeinsame Merkmale: Fühler eingliedrig mit Endknopf, Eiablage vor allem an verwesenden Stoffen wie Aas, Pilzen, selten an Pflanzen; in vielen Arten über die ganze Erde verbreitet. Zu den Aaskäfern gehören die europ. *Totengräber* u. der schädliche *Rüben-Aaskäfer.*

**Aaskrähe** → Krähen.

**AAV,** Abk. für *adeno-associated virus,* Adenosatellitenvirus, kleinste DNA-Viren mit Ikosaeder-Symmetrie. Sie kommen beim Menschen u. Affen, gelegentlich auch bei Schweinen, Hunden, Geflügel u. Mäusen vor. Serologisch werden AAV 1–4 unterschieden. Die Infektionen verlaufen symptomlos. Sie können aber als *Helferviren* fungieren. Sie nehmen innerhalb der *Parvoviren* als „defektive Viren" eine Sonderstellung ein.

**ab...** [lat.], den dt. Vorsilben *ab..., weg..., ent..., miss...* entsprechende Vorsilbe, z. B. in *absolut, Abusus;* wird vor t u. z zu *abs...,* z. B. in *abstrakt, Abszisse.*

**Ab,** Aw, der 11. Monat des jüd. Kalenders (Juli/August).

**Aba** [die; arab.], *Abâjeh,* Hauptobergewand der Araber; fast sackförmiger, vorne offener Umhang mit Armschlitzen, dessen extreme Weite die Arme bedeckt; aus Schafwolle (Aba) oder Kamelhaar; von Frauen über den Kopf gelegt getragen.

**Aba,** Stadt im südöstl. Nigeria, zwischen Port Harcourt u. Enugu, 277 000 Ew.; Handelszentrum am Nigerdelta, vielseitige Industrie.

**Ababde,** arab. sprechender osthamit. Hirtenstamm der *Bedja* in Oberägypten, östl. von Assuan.

**Abachi,** tropisches Laubholz (Liberia, Kamerun, Kongo); weißlich-gelb bis hell olivbraun; leicht, gering schwindend, nicht witterungsfest; für Innenausbau, insbes. Sperrholz, verwendet.

**Abaco,** Evaristo Felice → Dall'Abaco.

**Abaco Islands** [ˈæbəkou ˈailəndz], *Great* u. *Little Abaco Island,* die zwei nördlichsten,

Paul Abadie d. J.: Basilika Sacré-Cœur in Paris; ab 1874 im romanisch–byzantinischen Stil erbaut

durch einen Meeresarm voneinander getrennten Inseln der → Bahamas, zusammen 2006 km², 10 100 Ew.

**Abadan,** iran. Industriestadt u. früher bedeutender Erdölausfuhrhafen am Persischen Golf, 310 000 Ew.; eine der größten Ölraffinerien der Welt, petrochem. Industrie; Übersee- u. Flusshafen, Flugplatz. – Im iranisch-irak. Krieg (1980–1988) wurde A. schwer zerstört.

◆ **Abadie** [abaˈdi], Paul d. J., französ. Architekt u. Konservator, \* 9. 11. 1812 Paris, † 3. 8. 1884 Paris; Sohn des Architekten Paul A. d. Ä. (\* 1783, † 1868); seit 1845 unter E. E. Viollet-le-Duc an der Restaurierung der Notre-Dame-Kirche zu Paris beteiligt, seit 1874 Architekt der Diözese Paris. Restaurierungen: u. a. Kathedrale von Périgueux; sein Hauptwerk ist die im roman.-byzantin. Stil erbaute Kirche *Sacré-Cœur* zu Paris (seit 1874, von A. nicht vollendet).

**Abâjeh** → Aba.

**Abakan,** bis 1931 *Ust-Abakanskoje,* Hptst. der Rep. Chakassien in Russland, an der Mündung des A. in den Jenissei, 161 000 Ew.; Industriezentrum: Textil-, Nahrungsmittel-, Holz-, Baustoffindustrie; Güterwagen- u. Maschinenbau; Eisenerz- u. Barytabbau, Steinkohlenlager in der Nachbarschaft. Eisenbahnknotenpunkt an der Südsibir. Bahn.

**Abakanowicz** [-ˈkanovitʃ], Magdalena, poln. Textilkünstlerin, \* 20. 6. 1930 Falenty bei Warschau; begann als Malerin u. wandte sich dann der Kelim- u. Gobelinwirkerei zu. Sie schuf als Erste dreidimensionale Textilobjekte, die sie „Abakans" nennt.

**Abakus** [der; lat., „Platte"], **1.** *Architektur:* die quadratische Deckplatte zwischen

# Abälard

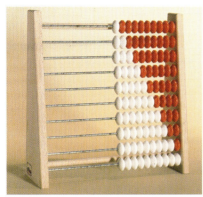

Abakus (2): Ein Abakus ist ein uraltes Recheninstrument für die vier Grundrechenarten

*Architrav* u. *Echinus* bei der dorischen Säulenordnung; auch das entspr. Element in anderen Baustilen (ion., korinth., Komposit-Stil u. a.).
◆ 2. *M a t h e m a t i k:* aus dem Altertum stammendes Rechenbrett, auf dem mit verschiebbaren Rechensteinen gerechnet wurde; in China *(suan pan),* Japan *(Soroban),* Südostasien u. weiten Teilen Russlands heute noch in Gebrauch.
3. *S p i e l e:* in Felder eingeteiltes Spielbrett der Antike.
**Abälard** [abɛ'lar], *Abélard, Abaelard, Abaillard,* Peter, Philosoph u. Theologe der Frühscholastik, * 1079 Le Pallet bei Nantes, † 21. 4. 1124 Kloster St. Marcel (Saône); vermittelte durch den *Konzeptualismus* im Universalienstreit; wurde mit seiner Schrift „Sic et non" (1121/22) beispielgebend für die scholast. Methode. Er unterscheidet scharf zwischen Glauben u. Vernunft u. trennt damit zwischen Theologie u. Philosophie. Der Ethik gab A. neue Maßstäbe, indem er Gesinnung u. Gewissen als die ausschlaggebenden Kriterien bezeichnete. Seine theolog. Lehren, insbes. seine *Trinitätslehre,* wurden kirchlich verurteilt (1121, 1141). A. führte ein unruhiges Leben, unterrichtete an mehreren Schulen u. lebte in verschiedenen Klöstern. Berühmt wurde sein Liebesverhältnis zu seiner Schülerin Heloise, für das er mit Entmannung bestraft wurde. Er schilderte es in einer autobiograf. Schrift u. einem fingierten Briefwechsel. Die Liebesgeschichte ist oft literarisch behandelt worden.
**Abänderungsklage,** die Klage gemäß § 323 ZPO auf Abänderung eines rechtskräftigen Urteils, durch das der Schuldner zu wiederkehrenden Leistungen (Unterhalts- u. Rentenzahlungen) verurteilt ist, für die Zukunft, wenn sich die für das Urteil maßgebenden Umstände wesentlich geändert haben (z. B. Erhöhung der Lebenshaltungskosten). Die Änderung muss nach der letzten mündl. Verhandlung eingetreten sein.
**Abandon** [abã'dõ; der; frz.], 1. *B ö r s e n w e s e n:* Verzicht auf ein Recht, um sich von entsprechende Pflichten zu befreien; im Börsentermingeschäft: der Rücktritt vom Kauf bzw. von der Lieferung der kontrahierten Aktien; im Aktienrecht: bei Umwandlung einer GmbH in eine AG Rückgabe der neuen Aktie durch einen Aktionär. Dieser erhält den Erlös aus Versteigerung oder Verkauf der Aktie.
2. *G e s e l l s c h a f t s r e c h t:* die freiwillige Preisgabe der Mitgliedschaft mit haftungsbefreiender Wirkung in bestimmten Gesellschaften: bei der GmbH mit unbeschränkter Nachschusspflicht u. bei der bergrechtlichen Gewerkschaft, wenn ein *Nachschuss* bzw. eine *Zubuße* angefordert wird (§ 27 GmbHG, § 130 Preuß. Allg. Berggesetz); bei der Reederei, wenn die Mitreeder bestimmte haftungserhöhende Maßnahmen beschließen (§ 501 HGB).
3. *S e e v e r s i c h e r u n g:* 1. *Abandon des Versicherungsnehmers:* Hingabe der versicherten Sache u. Übertragung der daran bestehenden Rechte an den Versicherer zwecks Erlangung der Versicherungssumme; zulässig nur bei Verschollenheit, Verfügung von hoher Hand oder Wegnahme durch Seeräuber nach Ablauf bestimmter Fristen (§§ 861 ff. HGB, §§ 72, Abs. 3, 73 ADS). – 2. *Abandon des Versicherers:* Zahlung der vollen Versicherungssumme nach Eintritt des Versicherungsfalls zwecks Befreiung von allen weiteren Verbindlichkeiten (§§ 841, 842 HGB, § 38 ADS).
**abandonnieren** [abãdɔ'ni:-; frz.], verzichten.
**Abano Terme,** italien. Badeort südwestl. von Padua am Rand der Euganeen, 16 300 Ew.; radioaktive Thermalquellen, Schlammbäder.
**Aba-Novák** ['ɔbɔ'nɔva:k], Vilmos, ungar. Maler, * 15. 3. 1894 Budapest, † 29. 9. 1941 Budapest; beeinflusst vom italien. *Novecento,* malte monumentale Wandbilder in leuchtenden Farben; bedeutendes graf. Werk; 1937 Grand Prix der Pariser Weltausstellung.
**Abanten,** frühgeschichtl. Stamm auf der griech. Insel Euböa, bei Homer u. Hesiod erwähnt.
**Abarbanel,** Isaak → Abrabanel.
**ABAS,** Abk. für Ausschuss für Biologische Arbeitsstoffe.
**Abashiri,** japan. Bez.-Hptst. an der Nordküste Hokkaidos, am Ochotskischen Meer, 44 000 Ew.; Fischereihafen, Fischfang.

Claudio Abbado

**Abasie** [grch.], psychich bedingte krankhafte Unfähigkeit zu gehen, meist verbunden mit *Astasie,* Unfähigkeit zu stehen; vor allem bei neurot. Erkrankungen (→ Konversionsstörung).
**Abasiyanik** [abas'ǝjanǝk], Sait Faik, türk. Schriftsteller, * 23. 11. 1906 Adapazari, † 11. 5. 1954 Istanbul; Klassiker der türk. Kurzgeschichte; porträtierte in unverwechselbar lyrisch-impressionist. Stil die Welt der kleinen Leute Istanbuls; schrieb auch Gedichte u. Romane. Roman: „Verschollene gesucht" dt. 1993; Erzählungen: „Ein Punkt auf der Landkarte" dt. 1991; „Der Samowar" 1936, dt. 1996.
**Abastumani,** Kurort im Kleinen Kaukasus, Georgien, 3600 Ew.; Thermen; astrophysikal. Observatorium.
**Abate,** Nicolò dell' → Dell'Abate.
**Aba-Thembu,** Bantuvolk, → Tembu.
**Abay,** *Abbai,* Oberlauf des Blauen Nil in Äthiopien, entspringt im Hochland von Godscham, durchfließt den Tanasee u. bildet kurz nach Austritt mächtige, 50 m hohe Wasserfälle, die in einem Kraftwerk genutzt werden. Kennzeichnend für den A. sind große Wasser- u. Schlammführung zur Hochwasserzeit im Sommer, daher im Sudan der Name „Blauer Nil".
**Abayasee,** See in der Grabenzone des südl. Hochlands von Äthiopien, 1285 m ü. M., 1162 km², größte Tiefe 13 m.
**Abb.,** Abk. für Abbildung.
**Abba** [aram., hebr.], ursprünglich ein Wort der Kindersprache (Papa), im NT an drei Stellen Anrede Gottes (Galater 4, 6; Römer 8, 15; Markus 14, 36) als Ausdruck kindl. Vertrauens; kann auf Jesus selbst zurückgehen. Davon abgeleitet wird *Abbas,* Abt, frz. *Abbé.*
◆ **ABBA,** schwed. Popgruppe, seit dem Gewinn des Grand Prix Eurovision 1974 mit ihrem Song „Waterloo" international bekannt. Die Gruppe löste sich Mitte der 1980er Jahre auf.
**Abbach,** *Bad Abbach,* Markt in Nieder-

Die schwedische Popgruppe ABBA

bayern, im Ldkrs. Kelheim, an der Donau, 336–425 m ü. M., 8700 Ew.; Schwefelbad.

**Abbadie,** Antoine d', französ. Afrikareisender, *3. 1. 1810 Dublin, †19. 3. 1897 Abbadia, Pyrenäen; bereiste 1838–1848 mit seinem Bruder Arnaud-Michel das Hochland von Äthiopien; linguist. u. ethnograph. Forschungen.

◆ **Abbado,** Claudio, italien. Dirigent, *26. 6. 1933 Mailand; 1968–1986 leitender Dirigent der Mailänder Scala, 1979–1983 Chefdirigent u. 1983–1988 Musikdirektor des London Symphony Orchestra, 1986–1991 Musikdirektor der Wiener Staatsoper, seit 1990 Chefdirigent u. künstler. Leiter der Berliner Philharmon. Orchesters, seit 1994 Leiter der Salzburger Osterfestspiele. A. veranstaltete mit L. Nono u. M. Pollini Konzerte für Werktätige; erhielt 1994 den Siemens-Musikpreis.

**Abbagnano** [abba'nja:no], Nicola, italien. Existenzphilosoph u. Philosophiehistoriker, *15. 7. 1901 Salerno, †9. 9. 1990 Mailand; 1939 Prof. in Turin. Hptw.: „La struttura dell' esistenza" 1939; „Philosophie des menschlichen Konflikts" 1942, dt. 1957; „Fra il tutto e il nulla" 1973.

**Abbai,** Oberlauf des Blauen Nil, → Abay.

**Abbala,** die nomad. Kamelzüchter unter den Sudanarabern.

**abbandono** [ital. *abbandonare,* „preisgeben"], musikal. Vortragsbezeichnung: langsamer einfach.

**Abbas,** ORIENTAL. HERRSCHER:

**1. Abbas I.**, **Abbas der Große,** Schah von Persien aus der Safawiden-Dynastie 1587 bis 1629, *27. 1. 1571, †19. 1. 1629 Prov. Masandaran; dehnte das Reich gegen Osmanen u. Usbeken aus; besetzte Georgien u. gewann die Inseln im Pers. Golf; widmete sich bes. dem Ausbau der Städte u. Straßen. Sein Urenkel *A. II.* (1642–1666) entriss den Großmoguln Kandahar.

**2. Abbas II. Hilmi,** Vizekönig (Khedive) von Ägypten 1892–1914, *14. 7. 1874 Alexandria, †20. 12. 1944 Genf; 1914 wegen seiner Deutschfreundlichkeit von der brit. Regierung abgesetzt u. durch Hussain Kamil als Sultan ersetzt.

◆ **Abbas,** Ferhat, alger. Politiker, *24. 10. 1899 Taher, †24. 12. 1985 Algier; 1946 Mitgl. der französ. Nationalversammlung, 1948 des alger. Parlaments; trat 1956 zur alger. Nationalen Befreiungsfront (FLN) über, wurde ihr Sprecher, 1958–1961 Min.-Präs. der alger. Exilregierung u. 1962/63 Präs. der Nationalversammlung.

**Abbasi,** altpers. Gewicht, 1 A. = 5 *Sihr* = 368 g.

Ferhat Abbas

**Abbasiden,** Kalifendynastie, 750–1258 in Bagdad, bis 1517 noch als Scheinkalifen in Kairo; Nachkommen von Mohammeds Onkel *Abbas.* Die bedeutendsten Abbasidenherrscher waren: Mansur (754–775), Mahdi (775–785), Harun Ar Raschid (786–809), Mamun (813–833), Mutasim (833–842), Nasir (1180–1225).

**Abbate** [der; ital.] → Abbé.

**Abbau, 1.** *Bergbau:* bergbaul. Gewinnung nutzbarer Mineralien; auch der Grubenbau, in dem das Mineral gewonnen wird; → Bergbau.

**2.** *Botanik:* Ertragsrückgang bei Nutzpflanzen, die ohne züchter. Auslese angebaut werden. Ursachen: Befruchtung durch andere Sorten, genetische → Degeneration, Krankheitsbefall. Der A. bei der Kartoffel wird durch Viruskrankheiten hervorgerufen. Gegenmaßnahmen: regelmäßiger Wechsel des Saatguts u. der Fruchtfolge.

**3.** *Chemie:* die biologisch, chemisch oder physikalisch bewirkte Zerlegung von chem. Verbindungen in Bruchstücke von geringerem Molekulargewicht. Der A. kann unter Einwirkung von Enzymen (enzymat. A.), ionisierender Strahlung oder rein mechan., etwa durch Walzen, Mahlen oder durch Ultraschall, erfolgen. In der organ. Chemie ist die Spaltung von Kohlenstoffketten (C-C-Bindungen) eine typ. Abbaureaktion (→ cracken). Weitere typ. chem. Abbaureaktionen sind *Hydrolyse* u. *Decarboxylierung.* In der Chemie wird gelegentlich unter A. der Übergang von einer höheren in eine niedere Oxidationsstufe verstanden (z. B. Cu Cl$_2$ →510 °C →Cu Cl + ½ Cl$_2$). Als *biolog.* oder *biochem. A.* bezeichnet man die Abbauleistungen von Organismen (→ Destruenten), die chem. Verbindungen (z. B. Eiweiße, Fette, Kohlenhydrate, aber auch Schadstoffe) zerlegen. Ein Teil dieser Abbauprodukte wird zum Aufbau der körpereigenen Substanz verwertet. Die übrigen Abbauprodukte werden dem Stoffkreislauf zugeführt, meist in Form einfacher Verbindungen wie Wasser, Kohlendioxid oder Methan (→ Remineralisierung). Der biolog. A. wird bei der → Abwasserreinigung u. → Wasseraufbereitung großtechnisch genutzt. Allg. ist die *Abbaubarkeit* einer Substanz eine wichtige Kenngröße, insbes. im Zusammenhang mit ihrer möglichen → Umweltgefährdung, ist für die Art der → Abfallbehandlung von bes. Bedeutung. Hohe Beständigkeit gegenüber Abbauprozessen nennt man *Persistenz.*

**Abbaubarkeit,** *Umweltschutz:* der Grad der natürlich oder technisch bewirkten Zerlegung unverwertbarer u. ggf. umweltbelastender chem. Stoffe u. Substanzen in einfachere Verbindungen. Der A. kann durch biolog. (z. B. Stoffwechselvorgänge in Mikroorganismen) oder abiot. chem. (z. B. → Hydrolyse) oder physikal. (Licht, Wärme) Prozesse erfolgen. Als biolog. leicht abbaubar werden chemische Substanzen bezeichnet, die anerkannte Testverfahren durchlaufen haben, aus denen auf vollständige A. im aquatischen Milieu unter aeroben Bedingungen geschlossen wird. Auch → Kompostierung, → Waschmittel.

**Abbauförderung,** *Bergbau:* Transport des gewonnenen Minerals unter Tage innerhalb des *Abbaus* u. aus ihm heraus in die Hauptförderstrecke.

**Abbaufortschritt,** *Bergbau:* die Weglänge, um die der → Abbau während einer bestimmten Zeit (Schicht, Tag, Monat) fortschreitet.

**Abbauhammer,** mit Druckluft betriebenes mechan. Spitzeisen mit stoßender Arbeitsweise; vor Einführung von → Walzenschrämlader u. → Kohlenhobel das am weitesten verbreitete Gewinnungswerkzeug des Steinkohlenbergmanns. Heute benutzt man den A. nur noch für Nebenarbeiten beim → Abbau u. im Streckenvortrieb; im Straßenbau auch zum Aufreißen von Beton, Asphalt u. a. Auch → Druckluft.

**Abbauland,** Begriff der steuerl. Einheitsbewertung. Zum A. gehören die Betriebsflächen, die durch Abbau der Bodensubstanz überwiegend für den Betrieb nutzbar gemacht werden (Sand-, Ton-, Kiesgruben, Steinbrüche, Torfstiche u. dgl.).

**Abbaustrecke,** *Bergbau:* eine Strecke, die das Baufeld in für den Abbau geeignete Abschnitte unterteilt.

**Abbauverfahren,** *Bergbau:* die Methode, nach der man den → Abbau einer Lagerstätte oder eines Teils davon im Einzelnen gestaltet. Die wichtigsten Unterscheidungsmerkmale für A. sind → Bauweise u. → Dachbehandlung.

**Abbauverlust,** *Bergbau:* der Teil einer Lagerstätte, den man aus Gründen der Wirtschaftlichkeit oder der Sicherheit nicht abbaut, z. B. eine Partie mit zu geringer Mächtigkeit oder zu geringem Gehalt, ferner eine → Bergfeste, die zur Unterstützung des Hangenden stehen bleibt.

**abbauwürdig** → bauwürdig.

Ernst Abbe

◆ **Abbe,** Ernst, dt. Physiker, Industrieller u. Sozialreformer, *23. 1. 1840 Eisenach, †14. 1. 1905 Jena; 1870 Prof. in Jena, 1877 bis 1889 Direktor der dortigen Sternwarte; übernahm 1867 die wissenschaftl. Leitung der opt. Werkstätten von Carl *Zeiss,* wurde 1875 Mitinhaber u. verwandelte bis 1891 nach dem Tod von Zeiss die Firma, deren Alleininhaber er seit 1889 war, in die *Carl-Zeiss-Stiftung* (→ Zeiss). A. erwarb sich große Verdienste durch Verbesserung u. Neuentwicklung optischer Instrumente, bes. des Mikroskops, des Prismenfernrohrs u. der fotograf. Linsen; er entwickelte 1873 die *Abbe'sche Theorie* der Abbildung des Mikroskops unter Berücksichtigung der Beugung des Lichts.

**Abbé** [-'be:; der; frz.], ital. *Ab(b)ate,* Abt; Weltgeistlicher.

**abbeizen,** eine Oxidschicht oder einen alten Anstrich mit Hilfe von Chemikalien entfernen, bevor ein neuer aufgetragen wird.

**Abbeizmittel,** Mittel zum Erweichen von Farb- u. Lackanstrichen, um sie durch Abschaben entfernen zu können. Man unterscheidet *ätzende* A. (z. B. Natronlauge, Ätzkalk, Soda) u. *lösende* A. (z. B. Aceton, Benzol).

**Abbe-Refraktometer** [nach E. *Abbe*], opti-

19

# Abbesee

Abbevillien: typische Faustkeile

sches Messinstrument zur Bestimmung von Brechungsindizes an Mineralien.

**Abbesee**, *Lac Abbé*, abflussloser Salzsee auf der Grenze von Djibouti u. Äthiopien, Durchmesser 25 km; Endsee des Awasch.

**Abbeville** [ab'vi:l], Kreisstadt in Nordfrankreich, im Dép. Somme, an der Somme, alte Hptst. des Ponthieu, 24 600 Ew.; Hafen für kleinere Schiffe; Zuckerfabriken, Brauereien, Textilindustrie.

◆ **Abbevillien** [-vil'jɛ̃; das; frz.], alte Bez. für die älteste Stufe der Altsteinzeit Westeuropas (früher *Chelléen*), benannt nach der Fundstelle *Abbeville* im Dép. Somme; → Acheuléen.

**Abbey**, John Albert, französ. Orgelbauer, *1. 9. 1843 Le Chesnay, †1930 Versailles; renovierte u. a. die Orgel in der Kathedrale von Châlons-sur-Marne.

**Abbiegemaschine**, *Abkantmaschine*, Maschine zum Biegen von Holz oder (meist) von Blechen (Abkanten). Das Werkstück wird bis zur gewünschten Biegelinie (Biegeachse) zwischen zwei Spannwangen eingeklemmt. Der überstehende Teil wird durch die schwenkbare Wange abgebogen. Es können sehr kleine Biegeradien erzielt werden. Auch → Abkantpresse.

**Abbildtheorie**, *Erkenntnistheorie*: Auffassung, wonach beim Erkenntnisprozess ein Abbild des Erkannten im Bewusstsein entsteht. Voraussetzung jeder A. ist die Annahme, dass der Gegenstand der Erkenntnis unabhängig vom erkennenden Subjekt als objektive Realität existiert u. entweder ideell durch gedankl. Nachkonstruieren oder sensitiv durch Einwirkung auf die Sinnesorgane im Bewusstsein abgebildet wird. Die antiken Atomisten *Leukipp* u. *Demokrit* nahmen an, dass sich kleinste, unsichtbare materielle Bildchen von den Dingen ablösen u. durch die Sinnesorgane in die Seele gelangen. Seit *Aristoteles* herrscht dagegen die Auffassung vor, dass die äußeren Dinge über den affektiven Wahrnehmungsvorgang Abdrücke in der Seele (im Bewusstsein) erzeugen. Dabei haben Sensualisten vor allem Abbilder einzelner Dinge im Auge, während Vertreter anderer philosoph. Richtungen mehr die Bedeutung der allg. Formen hervorheben.

**Abbildung,** ◆ 1. *Mathematik*: Zuordnung zwischen den Elementen zweier Mengen X u. Y. Interessant sind hauptsächlich die *eindeutigen Abbildungen* (gelegentlich auch kurz Abbildungen genannt). Eine eindeutige A. *aus* X *in* Y ist die Menge aller geordneten Paare $(x,y)$, wobei jedem $x$ der Menge X höchstens ein $y$ der Menge Y zugeordnet ist. Die Elemente $x$, die einen Partner $y$ (ein *Bild*) in Y haben, heißen *Urbilder*. Die Teilmenge U von X aller Urbilder heißt *Urbildmenge*. Stimmt U mit X überein, so spricht man von einer eindeutigen A. *von* U *in* Y. Bei einer eindeutigen A. *von* U *auf* B hat jedes $y$ aus B mindestens ein Urbild, B heißt *Bildmenge*. Hat bei einer eindeutigen A. jedes $y$ aus Y höchstens ein Urbild $x$ aus U, so ist die A. *umkehrbar eindeutig* oder *eineindeutig*. Bei einer eindeutigen A. *von* U *auf* B (Bijektion) hat jedes Element $x$ aus U genau ein Bild in B, u. jedes $y$ aus B hat genau ein Urbild in U. In der Analysis heißt eine eindeutige A. → Funktion.

Bei Abbildungen in der *Geometrie* sind Urbild- u. Bildmenge Punktmengen oder Mengen von Geraden, Kreisen u. a. Bes. wichtig sind Abbildungen einer Ebene auf sich selbst, vor allem die Kongruenz-Abbildungen, die Ähnlichkeitsabbildungen, die affinen u. die projektiven Abbildungen (→ Kongruenz, → Ähnlichkeit, → Affinität). Diese bilden eine *Gruppe* mit dem Nacheinanderausführen zweier Abbildungen als *Verknüpfung*, der *identischen A.* als

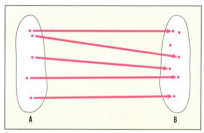

Abbildung (1): Abbildung von der Urbildmenge A in die Abbildmenge B

neutralem u. der *Gegen-Abbildung* als inversem Element. Die *Abbildungsgeometrie* untersucht Eigenschaften von Figuren mit Hilfe von Abbildungen, bes. ihrer Invarianten (→ Erlanger Programm).

**2.** *Optik*: optische A. → Bild (2).

**Abbildungsfehler, 1.** *Augenheilkunde*: → Bildfehler (1).

◆ **2.** *Optik*: *Bildfehler*, alle Verzerrungen, Unschärfen u. Ä. des Bildes, die bei der Abbildung durch eine Linse (Spiegel, Linsensystem) auftreten. Die wichtigsten A. sind (in Klammern die korrigierten Objektive): chromat. Abweichung (Achromat für zwei, Apochromat für drei Farben korrigiert), sphär. Abweichung (Doppel-Achromat = Aplanat, auch für Koma u. Verzeichnung korrigiert), *Koma* u. *Verzeichnung* (Periskop, dieses jedoch mit allen vorhergehenden Abbildungsfehlern behaftet), *Astigmatismus* (Petzval-Objektiv) u. *Bildfeldwölbung* (Anastigmate u. Doppel-Anastigmate, Apo-Objektive auch für drei Farben korrigiert). Die Verzeichnung ist tonnenförmig, falls die Blende vor, kissenförmig, falls sie hinter dem Objektiv angeordnet ist; dieser A. tritt auch bei Verwendung von Vorsatzlinsen auf. Auch → Aberration (4), → Astigmatismus, → Fotoobjektive, → Koma, → Linsensystem.

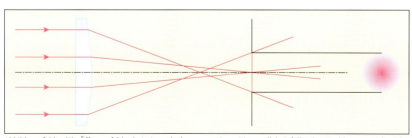

Abbildungsfehler (2): Öffnungsfehler bei einer plankonvexen Linse. Die parallel einfallenden Strahlen sammeln sich nicht in einem Punkt

**Abbildungsgleichungen,** bei der geometrisch-optischen Abbildung für achsennahe Strahlen geltende Beziehungen zwischen folgenden Größen: Objektweite $g$, Bildweite $b$, Brennweite $f$, Objektgröße $G$ u. Bildgröße $B$ (bei dünnen Linsen werden $g$, $b$ u. $f$ von der Linsenmitte aus gemessen, bei Spiegeln vom Spiegelscheitel aus): $1/g + 1/b = 1/f$; $g/b = G/B$.

**Abbindebeschleuniger,** Zusatzmittel für Mörtel u. Beton zur Verkürzung der Abbindezeit.

**abbinden,** *Holzbau:* Bauhölzer einer Holzkonstruktion auf dem Werkplatz zusammenfügen.

**Abbinden,** *Bauwesen:* i.e.S. Bez. für das Festwerden von Bindemitteln (Gips, Mörtel u. Zement); i.w.S. das Festwerden von Bindemitteln durch chem. (Hydratation, Oxidation, Polymerisation) oder physik. (Verdunsten von Lösungsmitteln aus Klebstoffen) Prozesse.

**abbinden,** *Medizin:* Notfallmaßnahme zur Unterbrechung des Blutstroms bei stark blutenden Verletzungen durch Abschnürung oberhalb der Wunde; aufgrund dabei

Lemuel Francis Abbott: Horatio Nelson; 1797. London, National Portrait Gallery

möglicher Nervenschädigung veraltet. Als geeignete Sofortmaßnahme bei blutenden Verletzungen gilt heute der → Druckverband.

**Abbindezeit,** Dauer des Erstarrens eines Bindemittels für Mörtel u. Beton.

**Abbiss,** *Forstwirtschaft:* 1. auf dem Boden liegende kurze Zweigspitzen von Fichten u. Tannen, von Eichhörnchen abgebissen. 2. Abbissstelle u. am Boden liegender Rest eines vom Wild abgeästen Pflanzenteils.

**abblasen,** die Jagd durch Hornsignale beenden; daher auch: eine Veranstaltung abbrechen oder absagen.

**Abblatten,** Abweichen des Schultergelenks,

des Oberarms u. des Ellenbogengelenks vom Körper weg bei belasteter Vordergliedmaße. Das A. ist eine Erscheinung, die bes. bei der Herzbeutelentzündung der Rinder beobachtet wird.

**abblenden,** die Beleuchtung eines Kraftfahrzeugs von Fern- auf *Abblendlicht* umschalten. Rechtzeitiges Abblenden ist u.a. vorgeschrieben, wenn ein Fahrzeug entgegenkommt oder mit geringem Abstand vorausfährt. Ausschließlich Abblendlicht ist beim Fahren auf Straßen zu benutzen, die durchgehend ausreichend beleuchtet sind. *Standlicht* ist beim Fahren verboten.

**Abblendlicht,** Betriebsart des Kfz-Scheinwerfers, die eine Fahrbahnbeleuchtung ohne Blendung des Gegenverkehrs möglich macht. Bei asymmetr. Abblendung wird bei Rechtsverkehr die rechte Fahrbahnseite weiter ausgeleuchtet als die Fahrbahnmitte.

**Abbotsholme** ['æbətshoum], engl. Landerziehungsheim bei Derby (gegründet von C. *Reddie*), an dem Hermann *Lietz* 1896/97 tätig war u. Anregungen für die von ihm später gegründeten Landerziehungsheime in Deutschland erhielt.

**Abbott** ['æbət], 1. Lawrence, US-amerikan. Nationalökonom, *9. 7. 1902 Cornwall, N.Y.; entwickelte eine allg. Theorie der Wettbewerbsmärkte unter Einschluss des Qualitätswettbewerbs, der Produktvariation u. der Werbung; Hptw.: „Quality and competition" 1955; „Economics and the modern world" [2]1967.

◆ **2.** Lemuel Francis, engl. Maler, *ca. 1760 Grafschaft Leicestershire, †5. 12. 1802 London; Porträtmaler in Kreisen der Marine. Er malte verschiedene Versionen eines Porträts von Lord Nelson.

**Abbrand,** 1. *Hüttenwesen:* 1. Materialverlust durch Verbrennen u. Oxidieren beim Schmelzen u. Warmverarbeiten von Metallen u. Legierungen. – 2. Rückstand nach dem Rösten sulfid. Erze.

**2.** *Kerntechnik:* durch Kernreaktion verursachte Umwandlung der spaltbaren Atomkerne beim Betrieb eines Reaktors. Das Verhältnis der zu A. freigesetzten Energie zur ursprünglich vorhandenen Brennstoffmenge heißt *spezif. A.* (Maßeinheit: MWd/t [Megawatt-Tage-pro-Tonne]).

**3.** *Technische Chemie:* in der Raketentechnik die Verbrennung von Feststoffen.

**abbrechen,** ein Schiff(swrack) zu Schrott oder zur Teilverwertung zerlegen; auch → abwracken.

**Abbremsung,** das Verhältnis zwischen der am Umfang aller Räder eines Fahrzeugs wirkenden Bremskraft u. dem Fahrzeuggewicht (Gewichtskraft) oder der Bremsverzögerung u. der Erdbeschleunigung; wird in Prozent angegeben.

**abbrennen,** 1. *Kochkunst:* einen Grieß- oder Mehlbrei so lange bei ständiger Hitzezufuhr rühren, bis die zugegebene Flüssigkeit, die zum Aufquellen benötigt wird, verkocht ist u. die Masse sich als Kloß vom Topfboden löst.

**2.** *Metallurgie:* Öl, Fett oder Harz auf heißen Stahl aufstreichen u. verbrennen; e. Art des Anlassens; auch → anlassen (2).

**Abbreviatur** [die; lat.], 1. *allg.:* Abkürzung.

**2.** *Musik:* Abk. für bestimmte Teile der Notenschrift, z.B. bei vielfachen Wiederholungen eines Einzeltons oder schnellem Wechsel zweier Töne; auch → Notation.

**abbreviieren,** abkürzen (von Schrift).

**abbringen,** ein Schiff von seiner Strandungsstelle mit Hilfe von Schleppern in freies Wasser bringen.

**Abbruch,** 1. *Bauwesen:* das Beseitigen von Gebäuden u. baulichen Anlagen oder Bauteilen, um für Neu-, Um- u. Anbauten sowie für Freiflächen oder Straßen Platz zu schaffen.

**2.** *Völkerrecht:* A. der diplomat. Beziehungen bei schweren polit. Spannungen zwischen zwei Staaten; häufig in folgender Form: Überreichen eines Abberufungsschreibens – lettre de récréance – durch den scheidenden Diplomaten in einem feierl. Empfang bei dem fremden Staatsoberhaupt. Der A. erfolgt durch Abberufung des eigenen diplomat. Vertreters u. meist auch des konsular. Vertreters des einen Staates, verbunden mit dessen Aufforderung an den anderen Staat, seine diplomat. u. konsular. Vertreter ebenfalls zurückzurufen. Durch einen solchen A. wird aber die einmal erfolgte → Anerkennung als Staat nicht berührt. A. liegt auch in der Auflösung der diplomat. Vertretung u. „Zustellung der Pässe" an den diplomat. Vertreter des anderen Staats u. stets im Kriegsausbruch. Dieser schließt immer auch den A. der konsular. Beziehungen u. die Rückberufung der Konsuln ein. In anderen Fällen können konsular. Vertretungen bestehen bleiben. Da die Staaten schon nach Völkergewohnheitsrecht verpflichtet sind, die Tätigkeit fremder diplomat. u. konsular. Vertretungen anderer Staaten zu gestatten, ist der A., wenn kein spezieller Rechtfertigungsgrund gegeben ist, ein rechtswidriger Eingriff in das Recht des Absendestaates auf Fürsorge für seine Angehörigen u. friedl. Verkehr mit dem Empfangsstaat. Der A. ist zugleich ein gegen den betreffenden Staat gerichteter Zwangsakt, gegen den Gegenmaßnahmen zulässig sind.

**Abbruchblutung,** *Gynäkologie:* Untergang (Abbruch) u. Ausstoßung der Gebärmutterschleimhaut mit einer Blutung bei → anovulatorischem Zyklus oder nach einer Hormonbehandlung oder im Rahmen hormonaler Empfängnisverhütung (Einnahme der Antibabypille) durch Absinken der Hormonkonzentration *(Hormonentzugsblutung).*

**Abbruchgebot,** 1. baupolizeil. Anordnung an den Eigentümer, ein Gebäude abzureißen, weil es den Vorschriften des öffentl. Baurechts zuwider errichtet wurde. Ein A. ist nur zulässig, wenn auf andere Weise (z.B. nachträgl. Genehmigung, Umbau) die Einhaltung der Vorschriften nicht zu erreichen ist. – 2. Anordnung an den Eigentümer, den Abbruch seines Gebäudes durch die Gemeinde zu dulden. Das A. ist gemäß § 179 Baugesetzbuch in der Fassung vom 27. 8. 1997 zur Durchsetzung eines Bebauungsplans, zur Herstellung gesunder Wohn- u.

Arbeitsverhältnisse u. zur Beseitigung verkommener Bausubstanz zulässig. Die Gemeinde muss Eigentümern u. Mietern zum Ausgleich von Nachteilen eine Entschädigung zahlen.

**Abbruchsieg,** *Boxen:* engl. *Referee Stops Contest* (RSC), Sieg eines Boxers nach vorzeitiger Beendigung des Kampfes durch den Schiedsrichter wegen zu großer Überlegenheit eines Kämpfers oder Verletzung des Gegners.

**abbuffen,** *Lederindustrie:* die Narbenseite des Leders bei der Herstellung von Velvetleder oder zur Beseitigung von Narbenbeschädigungen leicht trocken abschleifen; auch → Schleifbox.

**Abbund,** Zurichten u. Zusammenfügen einer Holzkonstruktion (z. B. Dachstuhl, Fachwerkwand auf dem Werkplatz), bevor die Konstruktion auf der Baustelle aufgestellt (gerichtet) wird.

**Abc,** Abece, Abk. für das → Alphabet, nach den ersten 3 Buchstaben.

**ABC** [abese], 1905 gegr. große span. Tageszeitung in Madrid; Auflage 280 000.

**ABC** [εibisi], Abk. für → American Broadcasting Company.

**ABC-Abwehrtruppe,** Waffengattung des Heeres, die die anderen Truppen durch Aufklärung u. Erkundung sowie durch bes. Maßnahmen gegen die Wirkung von *ABC-Kampfmitteln* schützen, entstandene Schäden an Personen u. Material beheben u. verseuchtes, verstrahltes oder vergiftetes Gelände u. Material wieder benutzbar machen soll *(Dekontamination).*

**Abcdarier** → Abecedarier.

**Abchasen,** abchas. *Apsua,* ein Tscherkessenstamm an der Schwarzmeerküste der Abchas. Autonomen Rep., bei Suchumi (Georgien).

**Abchasische Autonome Republik,** autonomes Territorium in Georgien, das Schwarzmeerküstenland an der Südseite des Kaukasus; 8600 km², 506 000 Ew., davon 47 % in Städten, Hptst. *Suchumi;* subtropischfeucht, Buchen- u. Eichenwälder an den unteren Gebirgshängen, Sommerweiden, in den Tälern u. der Küstenniederung Obst- u. Ackerbau (Zitrusfrüchte, Wein, Tee, Tabak, Eukalyptus zur Gewinnung äther. Öle), Seidenraupenzucht; bei Tkwartscheli Steinkohlenabbau; Wärmekraftwerk; Badeorte. – Nach der Unabhängigkeitserklärung (1992) kam es zu blutigen Auseinandersetzungen mit den Georgiern bis zum Waffenstillstandsabkommen (1994).

**abchasische Sprache,** zur kaukas. Sprachfamilie gehörende, von rd. 85 000 Menschen in der Abchas. Autonomen Rep. gesprochene Sprache; wird mit georg. Buchstaben geschrieben.

**ABC-Kampfmittel,** zusammenfassende Bez. für → atomare Kampfmittel, → biologische Kampfmittel u. → chemische Kampfmittel bzw. Waffen (z. B. Gas), durch die der Feind vernichtet oder kampfunfähig gemacht werden soll.

**ABC-Schutzmaske,** Weiterentwicklung der *Gasmaske,* die gegen das Einatmen atomarer (radioaktiver), biolog. u. chem. Kampfstoffe schützen soll.

**ABC-Staaten,** die drei südamerikan. Staaten Argentinien, Brasilien u. Chile.

**Abd** [arab. „Knecht"], häufiger Bestandteil von arab. Personennamen, z. B. *Abdallah (Abdullah,* „Knecht Gottes").

**Abdachung,** Neigung einer Geländeoberfläche, eines Plateaus, einer Gebirgsflanke oder größerer räuml. Einheiten zu einem horizontalen Bezugsniveau. Der A. folgen → Folgeflüsse.

**Abdalaziz,** osman. Sultan, → Abd ül-Aziz.

**Abd Al Ilah,** *Abd ul-Ilah,* Regent des Irak 1939–1953 als Vormund König Feisals II., * 24. 11. 1913 Taif, † 14. 7. 1958 Bagdad (bei einem Staatsstreich getötet); Bruder König Ghasis I.

**Abd Al Kader,** Führer der Araber in Algerien, * 1808 Mascara, † 26. 5. 1883 Damaskus; einigte die alger. Stämme zum Kampf gegen die Franzosen 1835–1847; 1847–1852 in Frankreich gefangen, lebte dann in Bursa u. Damaskus; beschützte dort beim Drusen-Aufstand 1860 die Christen.

Mohammed Abd Al Krim; 1921

◆ **Abd Al Krim,** Mohammed, Führer des Rifkabylenaufstands, * 1882 Ajdir, † 6. 2. 1963 Kairo; leitete 1921 den Aufstand in Span.-Marokko, 1922 Emir des Rif; als der Aufstand 1925 auf Französ.-Marokko übergriff, musste er sich im Mai 1926 ergeben; nach Réunion verbannt, 1947 freigelassen; 1950 Präsident des nordafrikan. Freiheitskomitees in Kairo.

**Abdallah,** *Abderemane,* Ahmed, ostafrikan. Politiker (Komoren), * um 1919, † 26. 11. 1989 Moroni (ermordet); Geschäftsmann u. Parteiführer („Parti pour L'indépendance et l'unité des Comores"); 1975 erster Präs. der unabhängigen Republik Komoren, im selben Jahr gestürzt, seit 1978 erneut Präs.; fiel einem Putschversuch zum Opfer.

**Abdallah As Salim As Sabah,** *Abdullah As Salim As Sabah,* Scheich von Kuwait 1950–1965, * 1905, † 24. 11. 1965; regierte als unumschränkter Herrscher; erhielt 1951 die Hälfte der bedeutenden Öleinnahmen; behauptete die 1961 erlangte Unabhängigkeit Kuwaits gegenüber irak. Ansprüchen.

**Abdallah Ibn Hussain,** JORDANISCHE KÖNIGE:
**1. Abdullah Ibn Hussein I.,** Emir von Transjordanien 1921–1946, König von Jordanien 1946–1951, * 1882 Mekka, † 20. 7. 1951 Jerusalem (ermordet); Sohn König Hussains von Hedjas; nahm 1948 am Krieg gegen Israel teil u. annektierte die von ihm eroberten Teile Palästinas, suchte aber den Ausgleich mit Israel; fiel in Jerusalem einem Attentat arabischer Extremisten zum Opfer.
**2. Abdullah Ibn Hussein II.,** seit 1999 König von Jordanien, Urenkel von 1), * 30. 1. 1962 Amman; Sohn König Hussains II.; erhielt in Großbritannien u. den USA eine militär. Ausbildung u. war dann als Berufsoffizier in der jordan. Armee tätig (seit 1994 Generalmajor).

**Abd Al Malik,** *Abdelmelik, Abd ul-Malik,* Omajjadenkalif 685–705, Sohn Merwans I., * 646 oder 647, † Okt. 705; beseitigte 692 den Gegenkalifen Abdullah ibn Az Zubair in Mekka u. stellte die Einheit des islam. Reichs wieder her; führte anstelle des Griechischen u. (im Osten) des Persischen die arab. Verwaltungssprache ein.

**Abd Al Mumin,** 1. Kalif (1130–1163) u. Begründer der Almohaden-Dynastie, * 1094 bei Tlemcen, † Mai 1163 Salé; eroberte Marokko u. dehnte sein Reich über Nordafrika u. nach Spanien aus.

**Abdampf,** aus einem technolog. Prozess freiwerdender u. in die Atmosphäre abgeführter Wasserdampf. Obwohl A. im Sinne des Bundes-Immissionsschutzgesetzes keine Luftverunreinigung darstellt, können die Auswirkungen der Wärme- u. Feuchteemission als → Umweltbeeinträchtigung gewertet werden. Folgen der Abdampfemission sind lokale u. regionale Klimaveränderungen.

**abdampfen,** *Chemie: eindampfen,* gelöste Stoffe durch Verdampfen des Lösungsmittels trennen oder abscheiden; bei gewöhnl. Temperatur spricht man von *abdunsten.* Soll das Lösungsmittel erhalten bleiben, muss eine → Destillation durchgeführt werden. Das teilweise Abdampfen zur Erhöhung der Konzentration bezeichnet man als *Einengen.*

**Abdampfturbine,** eine Turbine, die Abdampf von Kolbenmaschinen auf Kondensatordruck entspannt. Energie aus dem Wärmegefälle zwischen Atmosphärendruck u. dem im Kondensator erzeugten Vakuum gewinnt; auch → Turbine.

**Abdankung,** *Abdikation,* Niederlegung eines öffentl. Amtes; förml. Verzicht eines Monarchen auf die Krone *(Thronentsagung).*

**Abd Ar Rahman** [-rax-], **1. Abd Ar Rahman ibn Abd Allah,** Statthalter in Spanien 730–732; unternahm 732 einen Feldzug nach Südfrankreich, besiegte den Herzog von Aquitanien, wurde aber 732 in der Schlacht zwischen Tours u. Poitiers von Karl Martell besiegt u. fiel.
**2. Abd Ar Rahman I.,** Omajjadenfürst, * um 731, † Okt. 788 Córdoba; brachte nach dem Sturz der Omajjadenkalifen im Osten durch die Abbasiden seine Dynastie in das arab. Spanien wieder an die Macht u. herrschte 756–788 in Córdoba. Seine Nachfahren regierten bis 1031.
**3. Abd Ar Rahman III.,** bedeutendster Omajjadenherrscher des arab. Spanien (seit 912), * 889, † 15. 10. 961 Córdoba; legte sich 929 den Titel Kalif zu.

**Abdecker,** *Wasenmeister,* befasst sich gewerbsmäßig mit der unschädl. Beseitigung von *Tierkadavern* in der → Abdeckerei, in der die Kadaver zu Tierkörpermehl, Leim, Tierfutter, Schmierfett u. a. Nebenprodukten verarbeitet werden.

**Abdeckerei,** *Tierkörperbeseitigungsanstalt,* ein Betrieb, in dem die unschädl. Beseitigung. Verwertung von Tierkörpern u. a. Materialien, die Träger von Ansteckungsstoffen sein können, durchgeführt wird. In der A. erfolgt die Gewinnung von wirtschaftl. wertvollen Erzeugnissen u. Rohstoffen wie Futtermittel, Fette, Häute, Felle u. verschiedener tier. Nebenprodukte, soweit tierseuchengesetzl. Bestimmungen nicht entgegenstehen. Abdeckereien sind unverzüglich, spätestens innerhalb von 48 Stunden, zur Abholung der ihnen gemeldeten Tierkörper verpflichtet. Bei Katastrophen u. Seuchenfällen ist sofortige Abholung zu gewährleisten. Den Abdeckereien obliegt die Meldepflicht bei Aufdeckung unerkannt gebliebener Seuchenfälle bei der Zerlegung der Tierkörper. Abdeckereien werden durch die Organe des Veterinärwesens u. in hygien. Hinsicht durch die Organe des staatl. Gesundheitswesens überwacht.

**Abdeckmittel**, Stoffe, die auf die Oberfläche metall. Schmelzen aufgebracht werden u. eine Trennschicht zwischen Metallbad u. Gasatmosphäre bilden, um die Aufnahme von Gasen in das Metallbad sowie einen übermäßigen Temperaturverlust des Metallbades durch Strahlung zu verhindern.

**Abdeckung**, *Bauwesen: Abdeckschicht*, der obere Abschluss einer Mauer, eines Vorsprungs oder einer Auskragung mit Mauerziegeln, Dachpfannen, Werkstein, Zink- oder Kupferblechen, der das Eindringen von Wasser verhindern soll.

**Abd El Kader** → Abd Al Kader.
**Abd El Krim** → Abd Al Krim.
**Abdelmelik** → Abd Al Malik.
**Abdera**, altgriech. Stadt an der Küste Thrakiens; nach missglücktem Versuch im 7. Jh. v. Chr. Mitte des 6. Jh. v. Chr. gegr.; Heimat des Philosophen *Demokrit* u. *Protagoras*; im 5. Jh. v. Chr. Mitglied des 1. Attischen Seebundes, später unter makedon. Herrschaft. Auch → Abderiten.

Emil Abderhalden

◆ **Abderhalden**, Emil, schweiz. Physiologe u. Chemiker, * 9. 3. 1877 Oberuzwil, Kanton St. Gallen, † 5. 8. 1950 Zürich; 1911–1945 Prof. in Halle (Saale); er entdeckte spezif. Abwehrproteinasen *(Abderhalden'sche Abwehrfermente)* gegen körperfremde Eiweiße, auf deren Nachweis die von A. angegebene, durch hormonale Tests ersetzte Abwehrproteinase-Reaktion zur Schwangerschaftsfeststellung *(Abderhalden'sche Schwangerschaftsreaktion)* beruht; beschrieb das sog. Fanconi-Syndrom (Aminosäurediabetes); Hptw.: „Lehrbuch der physiolog. Chemie" 1906; „Lehrbuch der Physiologie" 1925/26; grundlegende Arbeiten über Sozialhygiene u. Sozialphysiologie; „Hdb. der biolog. Arbeitsmethoden" 10 Bde. 1920–1939.

**Abderiten**, Bewohner von *Abdera*, seit dem 3. Jh. v. Chr. als die „Schildbürger" des Altertums betrachtet.
**Abdias**, Prophet des AT, → Obadja.
**Abdichtung**, Maßnahmen gegen Eindringen von Wasser u. Feuchtigkeit oder Zugluft in einen Gebäudeteil oder zwischen Bauteile aus gleichen oder verschiedenen Baustoffen. 1. A. gegen drückendes Wasser: Mehrlagige Bitumenbahnen mit oder ohne Einlage oder Kunststoffbahnen werden auf das Bauteil geklebt u. mit einer Schutzschicht versehen, oder man fertigt das Bauteil als Sperrbeton. 2. A. gegen nicht drückendes Wasser: Sperrputz u. Schutzanstriche. 3. A. gegen Zugluft: spritzbare Dichtungsmassen aus Kunststoff, Bänder oder Schnüre aus Natur-, Mineral- oder Kunststofffasern.

**Abdichtungsstoffe**, Baustoffe zur → Abdichtung von Bauteilen u. Fugen gegen Wasser u. Zugluft; Anstriche, Beschichtungen, Dichtungsbahnen, Spachtelmassen, Sperrschichten, Bekleidungen, Fugenvergussmassen, Fugenbänder, Fugenfüller, Kittstoffe, Fugendichtmassen.

**Abdikation** [lat.] → Abdankung.
**Abdimstorch** → Störche.
**Abdingbarkeit**, die Möglichkeit zur Abweichung von Bestimmungen, vor allem zuungunsten derer, in deren Interesse sie erlassen sind; spielt eine Rolle insbes. im *Tarifrecht*, wo sie grundsätzl. nicht zulässig ist, u. im *Versicherungsvertragsrecht*; auch → Unabdingbarkeit.

**Abdomen** [das, Pl. *Abdomina*; lat.], **1.** der Bauch und/oder Unterleib des Menschen u. der Wirbeltiere.
**2.** der Hinterleib der Gliederfüßer *(Arthropoden)*. Im strengen Sinn bezeichnet man nur den Teil des Körpers als A., dessen Segmente im ursprüngl. Bauplan der jeweiligen Gliederfüßerklasse den Hinterleib gebildet haben. Bei Abänderungen des Grundbauplans (vor allem Verkürzungen) spricht man vom *Hinterkörper* (bei Spinnentieren z. B. vom *Opisthosoma*, bei Ameisen von der → Gaster).

**Abdominalgravidität** [lat.], Bauchhöhlenschwangerschaft, eine Form der → Extrauteringravidität.
**Abdominalsegmente** [lat.], die äußerlich als Einschnürungen zu erkennenden Körperabschnitte der Gliederfüßer (Insekten, Spinnen, Krebse), die im ursprüngl. Bauplan den Hinterleib *(Abdomen)* bilden.
**Abdominaltyphus** [lat. + grch.], *Bauchtyphus, Typhus abdominalis* → Typhus.
**Abdrift** → Abtrift.
**Abdruck**, *Paläontologie:* → Fossilien.
**Abdruckkeramik**, neolithische Keramikgattung im Mittelmeerraum, wird von einigen Forschern als Oberbegriff für Erscheinungen im Westmittelmeer, der Adria (→ Impressokeramik) u. Ostmittelmeer (→ Mersin) verwendet, denen nur gemeinsam ist, dass u. a. Muster durch Abdrücke von Cardiummuschelrändern (→ Cardialkeramik) auftreten. Der Begriff A. i. e. S. wird vor allem für die frühesten neolith. Keramikerscheinungen im Westmittelmeergebiet u. in Nordafrika verwendet; hier treten vor allem teppichartige Muster auf rundbogigen Gefäßen auf, die vorwiegend durch Abdruck der Cardiummuschel hergestellt wurden; die Funde stammen zumeist aus Höhlen u. küstennahen Gebieten. Ihr Ursprung wird in Nordafrika gesucht. Nach der C-14-Methode datiert man die Abdruckkeramik in Südfrankreich auf 6500–3700 v. Chr.

**Abduktion** [lat.], das Wegziehen, -führen; Gegensatz: → Adduktion.
**Abduktor** [der; lat.], vom Körper weg ziehender Muskel; Gegensatz: → Adduktor.
**Abd ül-Aziz**, *Abdalaziz*, osman.-türk. Sultan 1861 bis 1876, * 9. 2. 1830, † 4. 6. 1876 Istanbul (ermordet); erklärte 1875 den Staatsbankrott der Türkei.
**Abd ül Hamid**, OSMAN.-TÜRK. SULTANE:
**1. Abdul Hamid, Abd ül Hamid I.**, Sultan 1774–1789, * 20. 3. 1725, † 7. 4. 1789; schloss den Frieden von Kütschük-Kainardschi (1774) mit Russland, wurde seit 1787 von diesem u. Österreich erneut besiegt.

Abd ül Hamid II.

◆ **2. Abdul Hamid, Abd ül Hamid II.**, Sultan 1876–1909, * 21. 9. 1842 Istanbul, † 10. 2. 1918 Istanbul; wahrte seit 1882 den Bestand des Reichs d. straffe Autokratie; wurde wegen d. Verweigerung von Reformen 1909 von den Jungtürken abgesetzt.

**Abdullah**, *Abdallah*, arab. Herrscher.
**Abdullah**, Mohammed, Scheich, kaschmir. Politiker, * 5. 12. 1905 Sura, † 8. 9. 1982 Srinagar; Führer der *National Conference Party* (NCP); 1947–1953 Regierungschef des ind. Teils von Kaschmir. Nachdem er sich anfängl. für den Anschluss Kaschmirs an Indien eingesetzt hatte, trat er seit 1953 für die Unabhängigkeit des Landes ein („Löwe von Kaschmir"), wurde daraufhin gestürzt u. bis 1964 in ind. Haft gehalten. 1972 kehrte A. nach Kaschmir zurück; seit 1975 war er Chef-Min. des ind. Unionsstaates Jammu and Kashmir.

**Abd ül-Medschid, 1. Abd ül-Medschid I.**, osman.-türk. Sultan 1839–1861, * 25. 4. 1823, † 25. 6. 1861 Istanbul; setzte die Reformen seines Vaters Mahmud II. fort u. führte sein Land im Krimkrieg zusammen mit den Westmächten zum Sieg über Russland.
**2. Abd ül-Medschid II.**, osman.-türk. Prinz, * 30. 5. 1868, † 23. 8. 1944 Paris; Sohn des Sultans *Abd ül-Aziz*; 1922–1924 letzter Kalif, von K. Atatürk abgesetzt u. des Landes verwiesen.

**Abdul Rahman** [-rax-], Tunku („Prinz"), malaiischer Politiker, * 8. 2. 1903 Alor Star, † 6. 12. 1990 Kuala Lumpur; Angehöriger der Sultansfamilie von Kedah; 1951 Führer der Unabhängigkeitsbewegung *United Malay's National Organization*, bildete 1953 ein Parteibündnis mit der *Malaysian Chinese Association*; 1953–1963 Chef-Min. bzw. Premier-Min. der Malaiischen Föderation; 1963–1970 Premier-Min. von Malaysia; Rücktritt nach Stimmverlusten u. Rassenunruhen; 1970–1973 Generalsekretär der Islamischen Weltkonferenz.

**Abd ur-Rahman** [-rax-], Emir von Afghanistan 1880–1901, * um 1844, † 1. 10. 1901 Kabul; wurde von den Engländern eingesetzt; schuf, gestützt auf sein stehendes Heer, eine straffe Zentralverwaltung u. verbesserte die Staatseinnahmen; dehnte seine Herrschaft über Kandahar u. Herat aus; die Außenpolitik stand jedoch unter engl. Aufsicht.

**Abduzenslähmung** [lat.], Lähmung des VI. Gehirnnervs *(Nervus abducens)*, der den (den Augapfel nach außen drehenden) geraden, seitl. Augenmuskel versorgt. Bei der A. weicht der betr. Augapfel also nach innen, zur Nase hin, ab, u. es entstehen ungekreuzte Doppelbilder.

**Abe**, Kobo, japan. Schriftsteller, *7. 3. 1924 Tokyo, †22. 1. 1993 Tokyo; schilderte, an Kafka u. Sartre geschult, in seinen Werken den Menschen in der Massengesellschaft („Die vierte Zwischeneiszeit" 1959, dt. 1975; „Der Schachtelmann" 1973, dt. 1992); verfaßte auch Kurzgeschichten, in denen fantast. Ereignisse in den Alltag einbrechen, u. Theaterstücke („Freunde" 1967, dt. 1971; „Der Mann, der zum Stock wurde" 1969, dt. 1971).

**ABE**, Abk. für *Allgemeine Betriebserlaubnis*, eine vom Kraftfahrtbundesamt erteilte Betriebserlaubnis für alle Einzelfahrzeuge bzw. betriebserlaubnispflichtigen Fahrzeugteile einer Serie.

**Abecedarier**, *Abcdarier, Abecedarius* [lat.], Abc-Schütze, Schulanfänger.

**Abecedarium**, im MA Aufzeichnungen in alphabet. Folge, bes. rechtl. Inhalts, z. B. Kurzfassungen kanonist. oder dt. Rechtsbücher; alphabet. geordnetes Schulbuch, Vorläufer unserer *Fibel*.

**Abecedarius**, *Abcdarius*, **1.** → Abecedarier. **2.** Gedicht oder Hymnus, dessen Vers- oder Strophenanfänge dem Abc folgen.

**Abéché** [abeˈʃɛ], *Abesche*, Hptst. des ehem. Reiches *Ouadaï* im mittleren Sudan (im O der Rep. Tschad), 547 m ü. M., 188 000 Ew.; Viehmarkt; Schnittpunkt ehem. Handelswege, Sammelort von Mekkapilgern; Flugplatz.

**Abegg**, Richard, dt. Physikochemiker, *9. 1. 1869 Danzig, †3. 4. 1910 Tessin bei Köslin; ab 1899 Prof. an der TH in Breslau; stellte 1904 die Lehre von der *Elektronenaffinität* auf, arbeitete über Komplexionen, Oxidationspotenziale u. nichtwässrigen Lösungsmitteln u. entwickelte eine Theorie zum Vorgang der Gefrierpunktserniedrigung.

**Abel**, Sohn Adams u. Evas, Bruder Kains, der ihn aus Eifersucht erschlug (Gen. 4).

**Abel**, **1.** Adolf, dt. Architekt u. Stadtplaner, *27. 11. 1882 Paris, †3. 11. 1968 Bruckberg; Schüler von T. *Fischer* u. P. *Bonatz* in Stuttgart; 1925–1930 Stadtbaudirektor in Köln; A. verband neue Motive mit traditionellen baul. Formen; nach dem Krieg zukunftsorientierte Stadtplanung durch konsequente Trennung von Fußgängern u. Verkehr; errichtete zahlreiche öffentl. Bauten (Universität in Köln 1929–1934; Neue Liederhalle in Stuttgart 1954–1956).
**2.** [ɛibl], Sir Frederick Augustus, brit. Chemiker, *17. 7. 1827 Woolwich, †6. 9. 1902 London; bekannt durch den *Abel'schen Flammpunktprüfer* für Petroleum; entwickelte ein Verfahren zur Nitrocelluloseherstellung.
**3.** [ɛibl], John Jacob, US-amerikan. Biochemiker, *19. 5. 1857 Cleveland, †26. 5. 1938 Baltimore; Prof. in Ann Arbor u. Baltimore; arbeitete über die Nebennierenrindenhormone; erste kristalline Darstellung des Insulins 1926.
**4.** Karl Friedrich, dt. Komponist u. Gambenvirtuose, *22. 12. 1723 Köthen, †20. 6. 1787 London; schrieb Sinfonien, Ouvertüren, Sonaten, Streichquartette u. Solokonzerte, die sich dem Stil der Mannheimer Schule anschließen.
**5.** Ludwig, dt. Violinist, *14. 1. 1834 Eckartsberga, Thüringen, †13. 8. 1895 Pasing; studierte in Weimar u. Leipzig; war Konzertmeister in Basel u. München, wo er auch an der Königl. Musikhochschule unterrichtete; schrieb Violinkonzerte u. veröffentlichte eine Violinschule.

Niels Henrik Abel

◆ **6.** Niels Henrik, norweg. Mathematiker, *5. 8. 1802 Findö bei Stavanger, †6. 4. 1829 Froland bei Arendal; arbeitete vor allem an algebraischen u. funktionentheoret. Fragen.
**7.** Othenio, österr. Paläontologe, *20. 6. 1875 Wien, †4. 7. 1946 Mondsee; Prof. in Wien (1907) u. Göttingen (1935); begründete den neuen Wissenschaftszweig der Paläobiologie (→ Paläontologie), die aus der Fossilüberlieferung die Lebensweise vorweltlicher Tiere zu ergründen sucht. Hptw.: „Lebensbilder aus der Tierwelt der Vorzeit" 1922; „Paläobiologie u. Stammesgeschichte" 1929.

**Abelam**, Pflanzervolk (ca. 30 000) in der Ost-Sepik-Provinz von Papua-Neuguinea. Sie bauen Yams, Taro, Bananen u. Zuckerrohr an u. halten Hausschweine, die nur zu zeremoniellen Anlässen geschlachtet werden. Die A. sind berühmt für ihren Yams-Kult u. ihre kunstvoll gebauten Kulthäuser *(tambaran)*.

**Abélard** [abeˈlaːr], Pierre → Abälard.

**Abell**, Kjeld, dän. Dramatiker, *25. 8. 1901 Ribe, †5. 3. 1961 Kopenhagen; schaffte mit K. *Munk*, C. E. M. *Soya* u. S. *Borberg* das moderne dän. Theater; Antinaturalist, beeinflusst von J. *Giraudoux*. „Die Melodie, die verschwand" 1935; Reisebuch „Fußnoten im Staub" 1951, dt. 1957.

**Abelmoschus** → Okra.

**Abel'sche Gruppe**, nach N. H. *Abel*, kommutative → Gruppe (3).

**Abelson** [ˈɛiblsn], Philip Hauge, US-amerikan. Chemiker u. Physiker, *27. 4. 1913 Tacoma, Washington; Entdecker des Transurans Neptunium zusammen mit E. M. *McMillan*, Arbeiten zur Isotopentrennung des Urans.

**Abenberg**, Stadt in Mittelfranken (Bayern), im Ldkrs. Roth, südl. von Nürnberg, im Rangau, 430 m ü. M., 5200 Ew.; mittelalterl. Stadtbild, Pfarrkirche St. Jakob (13.–18. Jh.); Burg A.; Spitzenklöppelei. Nahebei Kloster Marienburg (1488 gegr.). – Stadtrecht 1299.

**Abencerragen** [avɛnθɛˈraxən], maurisches Adelsgeschlecht, das nach der sagenhaften Geschichte von Granada in den letzten Jahren der arab. Herrschaft in Spanien im 15. Jh. eine Rolle gespielt hat u. dessen letzte Angehörige in der Alhambra von Granada ermordet worden sein sollen.

**Abendgymnasium**, Schule für Berufstätige, die in 3–6-jährigem Besuch im Abendunterricht an fünf Wochentagen auf die Reifeprüfung vorbereitet werden. Die Schüler können in dieser Zeit voll in ihrem Beruf tätig sein. Der Besuch ist von einer Aufnahmeprüfung abhängig; Voraussetzung ist außerdem, dass der Schüler einen Realschulabschluss oder einen gleichwertigen Abschluss besitzt. In den meisten Großstädten sind Abendgymnasien als kommunale Einrichtungen vorhanden.

◆ **Abendkleid**, modisch geschnittenes Festkleid, früher Ball-, Theater- u. Soiree-Toilette genannt. Die Bez. A. kam in Dtschld. um 1900 auf, bürgerte sich jedoch erst nach dem 1. Weltkrieg ein.

**Abendland**, *Okzident* [lat. *occidens*, „Sonnenuntergang, Westen"], ursprüngl. die westl. Welt, von Italien aus gesehen; später allg. der west- u. mitteleurop. Kulturkreis. Das Wort A. ist in Analogie zu Luthers Übersetzung von lat. *oriens* mit „Morgenland" im 16. Jh. gebildet worden.
*Begriffsgeschichte:* Der heutige Begriffsinhalt entwickelte sich zu Beginn des 19. Jh. Er ist gekennzeichnet 1. durch die Behauptung einer besonderen abendländ. Kultureinheit aufgrund der Verbindung von Christentum u. antikem Erbe u. ihrer Weiterentwicklung durch die west- u. mitteleurop. Völker; 2. durch die unterschiedlich stark ausgeprägte These vom Gegensatz zwischen dem A. u. der östl. Welt. In diesem Sinne wird bereits der Kampf der Griechen

Abendkleid von Hervé Leger aus der Winterkollektion 1995/96

gegen die Perser im 5. Jh. v. Chr. als „Geburt des Abendlands" interpretiert. Wichtigste Voraussetzung für ein auch den Zeitgenossen bewusstes Zusammengehörigkeitsgefühl des Abendlands war jedoch die Teilung des Röm. Reichs, die Spaltung der Kirche in eine abendländisch-latein. u. eine morgenländisch-griech. u. der Anspruch der röm. Päpste u. der fränk. Könige, Erben des Röm. Reiches zu sein. Die ursprünglich gegen Byzanz gerichtete Idee einer polit. Einheit des Abendlands scheiterte am sich ausschließenden Herrschaftsanspruch des Kaisertums u. des Papsttums einerseits und am Widerstand der sich herausbildenden Nationalstaaten andererseits.

Das Bewusstsein einer religiösen u. kulturellen Zusammengehörigkeit des Abendlands trat zum ersten Mal in den gemeinsam von den europ. Völkern durchgeführten Kreuzzügen gegen die „Ungläubigen" (u. Byzanz) zu Tage, blieb in polit. Hinsicht aber folgenlos. Nach der Entstehung der modernen Nationalstaaten, nach der Verdrängung des Islam aus Europa u. mit der europ. Ausdehnung nach Übersee gewann der Begriff des Abendlands eine bes. Bedeutung als Grundbegriff der Geschichtsphilosophie u. als Schlagwort in der polit. Ideologie u. Propaganda. In der Geschichtsphilosophie der Aufklärung, Herders, Hegels u. der dt. Romantik galt das A. als letzte u. höchste Stufe der Menschheitsentwicklung.

Die unter dem Eindruck der Weltkrisen u. Weltkriege des 20. Jh. entwickelten Kulturkreislehren von O. *Spengler* u. A. J. *Toynbee* lehnten diese Auffassung als eurozentrisch ab u. betrachteten das A. lediglich als eine – noch dazu im Verfallzustand der Spätzeit befindliche – Hochkultur unter zahlreichen anderen. Gegen diese Auffassung der Kulturmorphologie haben andere Geschichtsphilosophen (z. B. A. u. M. *Weber*) eingewandt, dass die abendländ. Kultur seit der Zeit der Entdeckungen einen Einfluss auf andere Erdteile u. Kulturen ausgeübt habe wie keine Hochkultur zuvor. Als Grundideen des Abendlands gelten in diesem Zusammenhang: Freiheit u. Selbstverantwortung des Menschen, Humanität u. Bindung an das Recht als Richtschnur für soziales Verhalten, die Autonomie des wissenschaftl. Denkens u. die Beherrschung der Natur durch Erforschung ihrer Gesetze. Wird einerseits in der wissenschaftl. Grundlegung der modernen Industriekultur u. -gesellschaft u. ihrer Ausbreitung auf alle außereurop. Erdteile ein bes. Verdienst des Abendlands gesehen, so erblicken Kulturkritiker andererseits in den Verhaltensweisen u. Lebensformen, die diese Industriekultur u. -gesellschaft den Menschen aufzwingt, eine Gefahr für den Bestand u. die Geltung der Leitideen des Abendlands. Als Schlagwort der polit. Ideologie u. Propaganda spielte der Begriff des Abendlands seit dem 19. Jh. eine große Rolle: Die Kolonialpolitik u. der Imperialismus der europ. Mächte wurden mit der kulturellen (vor allem wissenschaftlich-technischen) Überlegenheit des Abendlands gerechtfertigt. In der Auseinandersetzung mit dem Bolschewismus wurde der Begriff seit 1917 oft als Gegenbild eingesetzt. Auch an Versuchen, die Idee des Abendlands als Grundlage u. Überhöhung der westeurop. Einigungsbemühungen nach 1945 zu nutzen, hat es nicht gefehlt. Auch → Europa (Geschichte).

**Abendländisches Schisma** → Schisma.

Abendmahl: Altarbild von Jaime Serra

♦ **Abendmahl**, in der Christenheit d. nach der Überlieferung (Matth. 26, 26–30; Markus 14, 17–26; Lukas 22, 14–20; 1. Kor. 11, 23–25) von Jesus anlässl. seines letzten Mahls mit seinen Jüngern gestiftete Kulthandlung, bei der Brot u. Wein, als Leib u. Blut Jesu gedeutet, gereicht werden. Zur Zeit der Abfassung der neutestamentlichen Schriften wurde das A. noch im Zusammenhang mit einem Liebesmahl (→ Agape) der Gemeinde begangen, hat sich aber wahrscheinl. schon früh verselbständigt (1. Kor. 11, 20 ff.). Manche Züge der Feier knüpfen offensichtl. an solche des jüd. Passahmahls an. Das macht wahrscheinl., dass d. letzte Mahl Jesu ein Passahmahl gewesen ist, bei dem er Brot u. Weinkelch mit einem Deutewort versah. Die wissenschaftl. Auslegung der Handlung u. der Worte Jesu anlässl. seines letzten Mahls ist umstritten. Einigkeit besteht darin, dass das Mahl (Brot u. Wein) Jesus selbst repräsentiert, d. h. Träger seiner Gegenwart ist. Im Genuss der „Elemente" empfängt der Glaubende das „Für Euch" des Christusgeschehens, das Matthäus als Gabe der Sündenvergebung (26,28), Johannes als „Leben" (6,54) bezeichnet.

Das hellenist. Christentum u. mit ihm Paulus brachten das A. mit entsprechenden hellenist. Kultmahlen in Verbindung (hellenist. Einflüsse zeigen auch die Einsetzungsberichte der Evangelisten), wehrte aber nahe liegende Missbräuche ab (1. Kor. 11, 22.27 ff.): Gemeinschaft m. d. Kultherrn heißt für Paulus nicht Befreiung von der Verantwortung zur Liebe. In nachapostolischer Zeit gelang es den Christen jedoch nicht mehr, solche Missverständnisse abzuwehren. So nannte z. B. Ignatius von Antiochia (Epheser 20, 2) das A. ein „Heilmittel zur Unsterblichkeit". Zwischen den christl. Konfessionen, für die das A. Sakrament ist, bestehen in der Abendmahlsfrage Unterschiede.

Nach *kath. Lehre* wird das A. als Messopfer gefeiert, d. h. als vergegenwärtigende Gedächtnisfeier des Todes (u. der Auferstehung) Jesu Christi, in der er unter den Zeichen von Brot u. Wein seinen Leib u.

sein Blut, d. h. sich selbst schenkt. Die reale Gegenwart Christi *(Realpräsenz)* im A. ist gegeben durch die *Transsubstantiation*, d. h. durch die kraft der Konsekrationsworte sich vollziehende Wandlung der Substanzen von Brot u. Wein in den Leib u. das Blut Jesu unter Verbleiben der äußeren Gestalten. Aus ehrfürchtiger Scheu, vom Wein etwas zu verschütten, wird den Gläubigen in der Kommunion im Allg. nur das Brot gereicht. Die *luth. Dogmatik* lehrt, wie die kath., die leibhaftige Gegenwart Christi im A., lehnt aber die Verwandlung der Elemente ab; Leib u. Blut Jesu werden als „in, mit und unter" Brot u. Wein gegenwärtig *(Konsubstantiation)* verstanden. Den Kommunizierenden werden Brot u. Wein gereicht. Der Nachdruck liegt dabei auf der Austeilung der Gabe des Abendmahls, nämlich der Sündenvergebung, die Christus mit seinem Tod erworben hat.

Die *reform. Kirche* spricht dem A. nur eine geistl. Wirkung zu, die darin besteht, dass der Heilige Geist den Glaubenden im A. seines Glaubens gewiss macht u. ihn zu Christus in seiner verherrlichten Leibhaftigkeit erhebt.

In der *bildenden Kunst* wurde Christi A. mit den Jüngern am Vorabend der Passion mit der Ankündigung des Verrats durch Judas u. der Einsetzung des Sakraments erst seit dem 6. Jh. dargestellt (Mosaik in S. Apollinare Nuovo, Ravenna). Frühere Abendmahlszenen in der christlichen Katakombenmalerei eher stattdessen meist Totenmähler. Seit dem 14. Jh. entstanden monumentale Abendmahldarstellungen vor allem in Italien (Hptw.: A. des Leonardo da Vinci 1496/97, Mailand, Sta. Maria delle Grazie).

**Abendmahlsgemeinschaft** → Interkommunion.

**Abendmesse**, Feier der Messe am Abend (oder späten Nachmittag). In der urchristl. Gemeinde war die *Eucharistiefeier* am Abend üblich. Im 2. Jh. rückte sie auf den Morgen vor; dies wurde später kirchl. Gesetz. Erst im 2. Weltkrieg wurden wieder Abendmessen erlaubt, verbunden mit Erleichterungen des Nüchternheitsgebots. Heute ist die Messfeier zu jeder Tagesstunde möglich. Bes. Bedeutung hat die A. vor Sonn- u. Feiertagen.

**Abendmusik** → Serenade.

**Abendpfauenauge**, *Smerinthus ocellata*, in Mitteleuropa häufiger *Schwärmer*, der aber nur nachts aktiv ist; mit auffälliger Augenzeichnung auf den Hinterflügeln, die in der Ruhestellung verborgen ist u. als Abschreckreaktion plötzlich gezeigt wird. Bei der Raupe handelt es sich um eine charakterist. „Sphinx-Raupe" mit Gesicht u. Schwänzchen. Sie frisst an Obstbäumen, aber auch an Pappeln u. Weiden.

**Abendrennen**, *Pferdesport:* Trabrennen im Rahmen einer Abendveranstaltung unter Flutlicht.

**Abendrot**, Rotfärbung des Himmels u. ggf. der Wolken am abendl. Westhimmel kurz vor oder nach Sonnenuntergang. Die tief stehende Sonne erscheint rot, weil auf dem langen Weg durch dichte Atmosphärenschichten (bis zu 30fach gegenüber hoch stehender Sonne) der kurzwellige, blaue Anteil der Strahlung durch Streuung verloren geht (→ Himmelsstrahlung). A. hat keine einheitl. Bedeutung als Anzeichen für gutes oder schlechtes Wetter.

**Abendroth, 1.** Hermann, dt. Dirigent u. Musikpädagoge, *19. 1. 1883 Frankfurt a. M., †29. 5. 1956 Jena; kam über Lübeck, Essen, Köln (Gürzenichkonzerte, Direktor des Konservatoriums) 1934 nach Leipzig (Gewandhauskonzerte), 1945 nach Weimar. **2.** Walter, dt. Komponist, Musikschriftsteller u. -kritiker, *29. 5. 1896 Hannover, †30. 9. 1973 Hausham, Oberbayern; seit 1930 in Berlin, 1945–1955 Feuilletonredakteur der „Zeit" in Hamburg. Hptw.: „H. Pfitzner" 1935, Nachdr. 1970; „Vier Meister der Musik" 1952; „Kleine Geschichte der Musik" 1959; „Selbstmord der Musik?" 1963; Erinnerungen „Ich warne Neugierige" 1966; komponierte u. a. 5 Sinfonien, Kammermusik u. Lieder.

Wolfgang Abendroth

◆ **3.** Wolfgang, dt. Politikwissenschaftler u. Staatsrechtslehrer, *2. 5. 1906 Wuppertal-Elberfeld, †15. 9. 1985 Frankfurt a. M.; 1933 aus dem Staatsdienst entlassen, Promotion in Bern, Rückkehr nach Dtschld. u. Widerstandstätigkeit, polit. Haft; 1948 Prof. in Jena, 1950–1973 Prof. für wissenschaftl. Politik in Marburg; Marxist; 1961 aus der SPD ausgeschlossen. Hptw.: „Aufstieg u. Krise der dt. Sozialdemokratie" 1964; „Arbeiterklasse, Staat u. Verfassung" 1975.

Abendsegler, Nyctalus noctula

◆ **Abendsegler**, *Nyctalus*, Gattung der *Glattnasen-Fledermäuse* Eurasiens; Waldbewohner, gewandte u. schnelle Flieger (bereits in der Dämmerung). In Dtschld. leben der *Große A., Nyctalus noctula*, der auf der roten Liste der gefährdeten Arten steht, u. seltener der *Kleine A., Nyctalus leisleri*, der bei uns als stark gefährdet eingestuft wird; in Süd- u. Osteuropa kommt der *Riesen-Abendsegler, Nyctalus maximus*, vor mit 17 cm Länge u. bis zu 50 cm Spannweite. – Der A. verbringt den Tag in Wäldern, wo er in Baumhöhlen ruht, um bereits am frühen Abend hoch über den Baumwipfeln, oft gemeinsam mit Mauerseglern u. Schwalben, nach Insekten zu jagen. Ihren Winterschlaf verbringen die A. in Höhlen, wo sie oft zu Hunderten in dichten Trauben an der Decke hängen.

**Abendstern**, *Hesperos*, volkstüml. Bez. für den Planeten → Venus, wenn er am Abendhimmel erscheint; auch → Morgenstern.

**Abendweite**, Winkelabstand eines Gestirns bei seinem Untergang vom Westpunkt des Horizonts; auch → Morgenweite.

**a bene placito** [a ˈbɛːne ˈplaːtʃito; ital.],

Aberdeen: Stadtbild mit Hafen

musikal. Vortrags-Bez.: nach Belieben; auch → ad libitum.

**Abengourou** [-gu'ru], Stadt im O der Rep. Côte d'Ivoire, 30 000 Ew., Handels- u. Verwaltungszentrum eines Kaffee- u. Kakaoanbaugebietes.

**Abenrå** [ɔbənˈrɔː], dän. Stadt, → Apenrade.

**Abensberg**, Stadt in Niederbayern, Ldkrs. Kelheim, an der *Abens*, 370 m ü. M., 11 900 Ew.; Brauerei.

**Abenteuerroman**, volkstümlich-realistischer Reise-, Schelmen- oder Wanderroman mit meist spannender Handlung; aus den ritterl. Artusepen seit dem 16. Jh. entwickelt, durch französ. u. span. Vorbilder bereichert. Höhepunkt ist H. J. C. *Grimmelshausens* „Simplicissimus" 1669. Im 18. Jh. belebte D. *Defoes* „Robinson" die Gattung (J. G. *Schnabel*: „Die Insel Felsenburg" 1731 bis 1743), die sich um 1800 im Ritter- u. Räuberroman, später im exot. Roman (C. *Sealsfield*, F. *Gerstäcker*) fortsetzte u. bis ins 20. Jh. (B. *Traven*, M. *Dauthendey*, K. *May*), verbunden mit techn. Utopien (J. *Verne*, B. *Kellermann*) lebendig geblieben ist.

**Abenteuerspielplätze**, auch *Aktivspielplätze* oder *Robinsonspielplätze*, seit 1943 von dän. Landschaftsarchitekten am Rande dän. Großstädte entwickelte Spielplätze für Kinder u. Jugendliche, die mit Blockhütten, Aussichtstürmen, alten Autos ausgestattet sind, auch mit Abfallmaterial (Holz u. a.). A. sollen den Kindern ermöglichen, ihre eigene Welt zu schaffen u. sich kreativ zu betätigen. Häufig sind sie in eine natürl. Landschaft mit Wald, Wasser, Sand eingebettet. In der BR Dtschld. u. a. westl. Industriestaaten wurden seit etwa 1960 in zahlreichen größeren Städten A. eingerichtet.

**Abeokuta**, Handels- u. Industriezentrum des Egbagebiets (Nigeria), am Ogun, 396 000 Ew.

**Aber** [a'bɛr], breton. Bez. für die fjordähnl. Einschnitte in die breton. Küsten, die sich teilweise bis weit in das Landesinnere ziehen u. damit geschützte Hafenstandorte ermöglichen (z. B. *Quimper*, *Hennebont*, *Auray* u. a.).

**Aberacht** → Acht.

**Abercorn** [æbəˈkɔːn], *Mbala*, Ort im N von Sambia, 1650 m ü. M., 11 200 Ew., Forschungsstation.

**Abercrombie** [ˈæbəkrʌmbi], Lascelles, engl. Dichter u. Kritiker, *9. 1. 1881 Ashton-upon-Mersey, †27. 10. 1938 London; trat mit realist. Dramen, Gedankenlyrik u. literarästhet. Schriften hervor. „Emblems of love" 1912.

**Aberdaregebirge** [ˈæbədɛə-], Bergland in Kenia, höchster Teil des Ostrands des ostafrikan. Grabens, im *Ol Doinyo Lesatima* 3994 m; im Zentrum der *Aberdare-Nationalpark*.

◆ **Aberdeen** [æbəˈdiːn], schottische Hafenstadt, Verwaltungssitz der *Grampian Region* u. des Distrikts A., an der Nordsee zwischen den Mündungen von Dee u. Don gelegen, 216 000 Ew.; Universität (gegr. 1494) mit der ältesten medizin. Fakultät der Welt, techn. Hochschule, Kathedrale (15. Jh.), Seebad; Schiffbau, Fischerei, Fremdenverkehr, Maschinen-, Textil-, Papier-, chem. u. Düngemittelindustrie, Granitabbau; Zentrum der Gewinnung von Erdöl u. Erdgas in der Nordsee.

**Aberdeen** [æbəˈdiːn], seit 1682 Grafentitel der schott. Familie *Gordon*, Earls of A. – George *Hamilton-Gordon*, 4. Earl of A., brit. Politiker, *28. 1. 1784 Edinburgh, †14. 12. 1860 London; 1813 als brit. Sonderbevollmächtigter am Ausbau der Koalition gegen Napoleon beteiligt (Vertrag von Teplitz); 1828–1830 Außen-Min. im Kabinett Wellington; 1834 Kriegs- u. Kolonialminister im 1. Kabinett Peel; 1841–1846 Außen-Min. im 2. Kabinett Peel, konnte durch seine Freundschaft mit Guizot die Beziehungen zwischen England u. Frankreich verbessern; regelte 1842 u. 1846 den Streit mit den USA über den Verlauf der Grenze zu Kanada; wurde nach Peels Tod Führer der „Peeliten"; 1852–1855 Premier-Min., trat wegen der Fehler der brit. Kriegführung im Krimkrieg zurück, nachdem das Unterhaus einen Untersuchungsausschuss eingesetzt hatte.

**Aberdepot**, Form der Verwahrung von Wertpapieren gemäß § 700 BGB durch eine Bank, wobei der Depotkunde im Gegensatz zur üblichen Wertpapierverwahrung nur einen schuldrechtl. Anspruch auf Wertpapiere derselben Art u. Menge hat.

**Aberg** [ˈoːbærj], Nils, schwed. Prähistoriker, *24. 7. 1888 Norrköping, †28. 2. 1957 Stockholm; seit 1915 in Uppsala Dozent, seit 1949 Prof. für nord. u. vergleichende Vorgeschichte in Stockholm, schrieb grundlegende Arbeiten zur europ. Ur- u. Frühgeschichte, bes. zur Bronzezeit. Hptw.: „Bronzezeitl. u. früheisenzeitl. Chronologie", 5 Bde. 1930–1935; „The occident and the orient in the art of the seventh century", 3 Bde. 1943–1947.

**Aberglaube** [etymologisch nicht sicher geklärt, wahrscheinl. im Sinn von *Afterglaube* gemeint], eine Glaubenshaltung, die vom Standpunkt einer bestimmten Religion oder einer wissenschaftl. Überzeugung aus für irrig gehalten wird. Diese Deutung von A. ist also relativistisch; was die eine Religion für Wahrheit ansieht, hält eine andere für Aberglauben. Ein objektiver Sinngehalt des Aberglaubens ist feststellbar, weil in ihm Reste frühzeitl. religiösen Denkens bewahrt werden, durch die ein magischer Zusammenhang aller Dinge angenommen wird, so dass die verschiedenartigsten Dinge u. Ereignisse in einen Kausalzusammenhang gebracht werden (z. B. der morgens begegnende Schornsteinfeger u. das Glück des betr. Tages). An solchen u. ähnl. Vorstellungen halten auch bei uns noch sehr viele Menschen fest; oft lassen sie sich von Hellsehern, Astrologen, Rutengängern beraten; sie hoffen, dass sie so ihr Bedürfnis nach Lebensglück befriedigen u. ihre Angst vor der als sinnleer empfundenen, übertechnisierten Welt überwinden können. Der Begriff „Volksglaube" darf nicht ohne weiteres mit A. gleichgesetzt werden. Man versteht religionswissenschaftl. darunter die innerhalb einer Universalreligion in bestimmten Schichten der Gläubigen fortdauernden Glaubensformen versunkener alter Volksreligionen. Er wird jedoch zum Aberglauben, wenn aus solchen Glaubensformen erwachsene Praktiken magischen Charakter annehmen. Auch → Volksglaube.

**Aberkennung**, 1. A. der bürgerl. Ehrenrechte, früher → Ehrenstrafe, seit dem 1. 4. 1970 abgeschafft, → Amtsunfähigkeit; 2. A. der Eidesfähigkeit, früher Nebenstrafe bei Meineid, seit 1. 4. 1970 abgeschafft; 3. A. der Wählbarkeit und u. U. auch des aktiven Wahlrechts als Nebenstrafe (§ 45 StGB; zeitl. begrenzt).

◆ **Abernathy** [æbəˈnæθi], Ralph David, Geistlicher u. Führer der Farbigen in den USA, *11. 3. 1926 Linden, Ala., †17. 4. 1990 Atlanta; Weggefährte u. Nachfolger von M. L. King, Mitbegründer u. langjähriger Präs. der Southern Christian Leadership Conference (Abk. SCLC).

Ralph David Abernathy; 1969

**Aberration** [lat., „Abirrung"],

◆ *1. Astronomie*: die Tatsache, dass die Richtung, in der ein Gestirn durch ein Fernrohr gesehen wird, von der wahren Richtung abweicht (A. des Lichts); hervorgerufen durch die Bewegung der Erde in Verbindung mit der Fortpflanzungsgeschwindigkeit des Lichts. Die *jährliche A.*, infolge der Erdbewegung um die Sonne (30 km/s), ruft eine Verschiebung der Gestirnsorte bis zu 20,5 Bogensekunden (*Aberrationskonstante*) hervor. Sie wurde 1728 von J. *Bradley* entdeckt. Die *tägliche A.*, infolge der Rotation des Erdkörpers (am Äquator 465 m/s), ist entspr. kleiner, bis 0,3 Bogensekunden. Die *säkulare A.* entsteht durch die Bewegung des gesamten Planetensystems durch den Raum.

*2. Augenheilkunde:* chromatische A. → Bildfehler (1).

*3. Genetik:* bei Chromosomen spricht man von A. (*Chromosomenaberration*), wenn vor der Reduplikation der Chromosomen chromosomale Strukturveränderungen auftreten. Auch Abweichungen von der normalen Chromosomenzahl werden als Chromo-

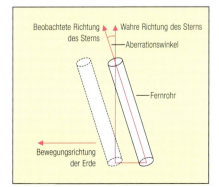

Aberration (1): Aberrationswinkel, wie er einem Beobachter durch ein Fernrohr erscheint

somenaberration bezeichnet; in der Regel durch Störungen der Meiose bedingt u. von meist pathologischen Folgen begleitet (Turner-Syndrom, Klinefelter-Syndrom). Auch die Vervielfältigung des Chromosomensatzes (→ Polyploidie) ist Folge einer A.
**4.** *Optik:* bei Linsen (Linsensystemen) auftretender Fehler, wobei die von einem Dingpunkt ausgehenden Lichtstrahlen sich nicht in einem Bildpunkt vereinigen *(sphärische A., Kugelabweichung);* infolge Dispersion des weißen Lichts haben die Bilder farbige Ränder *(chromatische A., Farbabweichung).*
**5.** *Strafrecht: aberratio ictus,* das Fehlgehen der Tat in der Weise, dass diese nicht an der gemeinten, sondern an einer anderen Person oder gleichartigen Sache zur Auswirkung gelangt; z. B., wenn der Schuss nicht das Opfer, sondern einen Danebenstehenden trifft. Bestrafung wegen Versuchs der beabsichtigten Tat, u. U. auch wegen fahrlässiger Verursachung des tatsächl. eingetretenen Erfolgs.
**Aberrationszeit,** die Zeit, die das Licht aufgrund der Endlichkeit der Lichtge-

Abfahrtslauf: Bodenwellen in der Strecke werden von den Rennläufern durch Sprünge in der aerodynamisch günstigen Körperhocke gemeistert

schwindigkeit benötigt, um von einem Himmelskörper zur Erde zu gelangen.
**Abert, 1.** Anna Amalie, Tochter von 2), dt. Musikwissenschaftlerin, *19. 9. 1906 Halle, †4. 1. 1996 Kiel; studierte u. a. bei F. *Blume* u. H. J. *Moser;* 1943–1971 Prof. in Kiel; wichtige Arbeiten zu C. W. Gluck, W. A. Mozart, R. Strauss; „Geschichte der Oper" 1994.
**2.** Hermann, dt. Musikwissenschaftler, *25. 3. 1871 Stuttgart, †13. 8. 1927 Stuttgart; 1920 Nachfolger H. *Riemanns* in Leipzig, 1923 in Berlin; „Die Lehre vom Ethos in der griech. Musik" 1899; „W. A. Mozart" 2 Bde. 1919–1921.
**Aberystwyth** [æbərˈistwiθ], Stadt in der Grafschaft Dyfed, an der *Cardigan Bay* in Westwales (Großbritannien), 8700 Ew.; Seebad u. Hafenstadt; A. ist Sitz eines der 4 Colleges der 1872 hier gegr. Waliser Universität; Waliser Nationalbibliothek,

normann. Burgruine aus dem 13. Jahrhundert.
**Abessinien,** veralteter Name für → Äthiopien.
**Abessinierbrunnen** → Rammbrunnen.
**Abessinierkatze,** in England gezüchtete Hauskatze, ähnelt der abessin. Wildkatze.
**Abessinische Banane,** *Musa ensete* → Banane.
**Abessinische Kirche** → äthiopische Kirche.
**Abessinisches Gold** → Talmi.
**Abetone,** italien. Pass, 1388 m, im nördl. Apennin zwischen Modena u. Pistoia. – In einem ausgedehnten Forst liegt der kleine Ort A.: Sommerfrische u. Wintersport.
**A-Betrieb,** Betriebsart in einer Elektronenröhre oder einem Transistor, bei der die → Aussteuerung mit einem Wechselstrom in einem → Arbeitspunkt erfolgt, in dem ein ständiger Ruhestrom fließt.
**ABF,** Abk. für → Arbeiter-und-Bauern-Fakultät.
**Abf.,** Abk. für *Abfahrt.*
**abfackeln,** überschüssiges Gas aus Industrieöfen verbrennen, für das zeitweilig keine Verwendung besteht.
**Abfahrtsgeld** → Abschoss.
◆ **Abfahrtslauf,** Ski-Schnelligkeitswettbewerb über Strecken, die keine Anstiegsu. Flachlaufteile enthalten dürfen u. ohne Stockhilfe gelaufen werden können; Höhendifferenzen für Männer 500–1100 m, für Frauen 500–800 m; Markierung der Männer-Abfahrtsstrecken durch rote Pflichttore, bei den Frauen abwechselnd einem rote u. blaue Pflichttore (für beide mindestens 8 m breit; Flaggenbreite 1 m, Höhe 70 cm). 3 Vorläufer kontrollieren die Strecke. Sturzhelme sind vorgeschrieben. – Der erste bedeutende A. in den Alpen war das *Arlberg-Kandahar-Rennen* in St. Anton 1928.
**Abfall, 1.** *allg.:* alle beweglichen Sachen, deren sich der Besitzer entledigt, entledigen will oder entledigen muss (entspricht europ. Abfallbegriff). Mit der Entledigung wird die Sachherrschaft über den A. unter Wegfall jeder weiteren Zweckbestimmung aufgegeben. Feste Abfälle werden auch als → Müll bezeichnet. A. entsteht während Produktions- oder Bearbeitungsvorgängen, nach dem Gebrauch von Produkten oder durch natürliche ablaufende Prozesse in besiedelter Umwelt. Die Abfallarten werden nach ihrer Herkunft durch eine Abfallbezeichnung in kommunalen A. (Siedlungs-Abfall), Gewerbe-Abfall, landwirtschaftl. A. u. branchenspezifischen Industrie-Abfall unterschieden u. einem sechsstelligen → Abfallschlüssel zugeordnet. Der seit 1996 geltende Abfallbegriff (→ Kreislaufwirtschafts- und Abfallgesetz) umfasst unabhängig von einer durch die Verwertbarkeit schöpfbaren Wert sowohl alle in der Produktion anfallenden Reste als auch alle Stoffe oder Gegenstände, für die ihr Besitzer keinen Verwendungszweck findet. Ausgenommen vom allgemeinen Abfallrecht sind Sachen, die nach spezielleren Rechtsvorschriften zu beseitigen sind (z. B. Kernbrennstoffe, Kampfmittel, Tierkörper). A. wird nach seiner potenziellen Umweltgefährlichkeit in die

Kategorien „bes. überwachungsbedürftig", „überwachungsbedürftig" u. „nicht überwachungsbedürftig" unterschieden. Die Beseitigung der bes. überwachungsbedürftigen Abfälle ist bes. Pflichten unterworfen, eine schadlose Verwertung bleibt dennoch zulässig. Vorrangig soll eine anlageninterne Kreislaufführung, die abfallarme Produktgestaltung sowie ein auf den Erwerb abfall- und schadstoffarmer Produkte gerichtetes Konsumverhalten Abfälle vermeiden helfen. Unvermeidlicher A. kann, wenn dieses schadlos erfolgt, stofflich bzw. energetisch verwertet werden (→ Abfallverwertung), andernfalls ist er zu beseitigen (→ Abfallbeseitigung). Die gesamte Abfallentsorgung muss im Einklang mit anderen Rechtsvorschriften stehen, z. B. mit der → Chemikalien-Verbots-Verordnung oder der → Klärschlammverordnung, insbes. wenn bes. überwachungsbedürftiger A. zur Verwertung kommt. Der Verwertung oder Beseitigung kann oder muss eine → Abfallbehandlung vorausgehen. Voraussetzung hierfür ist eine sortenreine Sortierung u. Getrennthaltung. Siedlungsabfälle z. B. dürfen ab dem Jahr 2005 nur noch deponiert werden, wenn der organ. Anteil minimiert wurde (TA Siedlungsabfall, → Kalte Rotte). Besondere Regelungen gelten z. B. auch für die Umhüllung von Waren (→ Verpackungsverordnung) oder für Kraftfahrzeuge (→ Altauto-Verordnung). Hierfür trägt der jeweilige Hersteller eine auf die Kreislaufwirtschaft bezogene Produktverantwortung. Die Abfalleigenschaft wird erst mit dem Inverkehrbringen eines aus A. hergestellten neuen Produkts oder mit der Verbrennung aufgegeben. In Deutschland fielen im Jahr 1993 insgesamt 338,5 Mio. t A. an, davon 43,5 Mio. t Haus- und Sperrmüll.
*EU:* Die → Abfallentsorgung wird durch die Richtlinie des Rats über Abfälle (75/442/EWG) vom 15. 7. 1975 europaweit geregelt u. mit der Richtlinie zur Änderung der Abfallrichtlinie (91/156/EWG) vom 18. 3. 1991 fortgeschrieben. Diese → Abfallrahmenrichtlinie wird durch speziellere Richtlinien ergänzt.
**2.** *Ökologie:* organ. Material (Laub- u. Nadelstreu, Totholz, Aas, Detritus u. a.), das durch *Abfallfresser* (→ Destruenten) abgebaut wird.
**Abfallbeauftragter,** ein nach den Anforderungen des Kreislaufwirtschafts- und Abfallgesetzes vom Betreiber einer bestimmten Anlage zu bestellender Berater, der für alle Fragen der → Abfallvermeidung u. → Abfallentsorgung Lösungswege erarbeitet, auch hinsichtlich der ordnungsgemäßen u. schadlosen Wiederverwertbarkeit oder die Möglichkeit der umweltverträgl. Beseitigung der hergestellten Produkte. Ebenso kann für den Betrieb von ortsfesten Sortier-, Verwertungs- oder Abfallbeseitigungsanlagen ein A. gefordert werden. Der A. ist zudem verpflichtet, den Weg der Abfälle von ihrer Entstehung oder Anlieferung bis zu ihrer Verwertung oder Beseitigung zu überwachen.
**Abfallbehälter,** bewegl. Gefäß (Kasten, Eimer, Tonne) oder ortsfeste gemauerte oder

betonierte Anlage zur vorübergehenden Aufbewahrung fester Abfallstoffe.

**Abfallbehandlung,** verfahrenstechn. Teil der → Abfallentsorgung. Die A. umfasst jede physikal. (mechan.), chem. oder biolog. Maßnahme, die vorbereitend oder abschließend auf die Wiederverwendung, die stoffl. oder energet. Verwertung oder die Ablagerung bzw. die therm. Zerstörung (Beseitigung) ausgerichtet ist. Abfälle, die auch durch entsprechende A. nicht schadlos verwertbar sind oder für die eine A. wirtschaftlich nicht vertretbar ist, sind zu beseitigen. Im Interesse des Umweltschutzes, der Schonung von Ressourcen u. der Volumenverringerung sind als wichtigste Abfallbehandlungsarten zu nennen: Sortierung (ggf. Getrennthaltung), → Kalte Rotte, → Kompostierung (Bioabfallverordnung), Vorbereitung zur stoffl. oder energet.→ Abfallverwertung, thermische A. für → Sonderabfälle (→ Abfallverbrennung). Die ordnungsgemäße A. wird in der EU durch die Rahmenrichtlinie 91/156/EWG u. in Dtschld. seit 1997 durch das → Kreislaufwirtschafts- und Abfallgesetz geregelt.

**Abfallbeseitigung,** Form der → Abfallentsorgung für nicht verwertbare Abfälle mit dem Ziel, sich der Abfälle auf Dauer zu entledigen, im Sinn des → Kreislaufwirtschafts- und Abfallgesetzes das Ausschleusen von → Abfall aus der Kreislaufwirtschaft durch → Abfallverbrennung u. sich anschließender Verwertung oder → Ablagerung der dabei entstehenden Abfälle. Die Endlagerung in bergbaul. Hohlräumen als bergsicherheitstechn. Maßnahme ist dagegen eine → Abfallverwertung. Abfälle, die nicht schadlos verwertet werden können, sind beseitigungspflichtig. Die A. umfasst das Bereitstellen, Überlassen, Einsammeln, die Beförderung, die Behandlung u. die Ablagerung. Vorrang hat dabei das umweltschonendste Verfahren mit dem Ziel, bestehende u. künftige Umweltgefahren oder Störungen der öffentl. Sicherheit u. Ordnung zu vermeiden. Zu beseitigende Abfälle sind bes. überwachungsbedürftig, wenn sie in der Bestimmungsverordnung bes. überwachungsbedürftiger Abfälle aufgeführt sind, sonst jedenfalls überwachungsbedürftig, d. h. es bestehen entsprechende Nachweispflichten. Da die z. T. erhebl. Kosten für die A. grundsätzlich vom Abfallbesitzer zu tragen sind, ist der Anreiz für die unerlaubte Verbringung schadstoffbelasteter Abfälle bes. groß. Festgestellte Verstöße sind als Straftat zu ahnden. Die meisten bes. überwachungsbedürftigen Abfälle (→ Sonderabfälle) unterliegen einem EU-weiten Exportverbot u. sind im Sinne der geforderten Entsorgungsautarkie im eigenen Land zu beseitigen.

**Abfallbeseitigungsanlage** → Abfallverbrennung.

**Abfallbeseitigungsgesetz,** *Gesetz über die Vermeidung und Entsorgung von Abfällen (Abfallgesetz),* in der Neufassung vom 27. 9. 1994, Abk. *AbfG,* regelt als Teil der Umweltgesetzgebung des Bundes zusammen mit nachfolgenden Rechtsverordnungen die Vermeidung von Abfällen, die ordnungsgemäße Beseitigung u. die Kontrolle über den Verbleib von Abfällen ohne Beeinträchtigung des Wohls der Allgemeinheit. Die Bundesländer haben nach überörtl. Gesichtspunkten Abfallbeseitigungspläne aufzustellen u. die Abfallbeseitigungspflicht mit Ausnahme bes. überwachungsbedürftiger Abfälle (→ Sonderabfälle) auf die kommunalen Körperschaften zu übertragen. Die Beseitigung darf nur in zugelassenen Anlagen erfolgen. Für die Beseitigung bes. überwachungsbedürftiger Abfälle bleibt der Besitzer verantwortl. u. nachweispflichtig. Vertreiber bestimmter Erzeugnisse werden zur Vermeidung von Abfällen verpflichtet (Rücknahme- u. Pfandsysteme).

**Abfallbezeichnung,** die herkunftsorientierte Zuordnung eines Abfalls nach Branchen bzw. Wirtschafts- u. Industriezweigen, nach Prozessarten oder sonstigen Herkunftsbereichen. Es ist jeweils die speziellere A. auszuwählen. Hierdurch soll eine getrennte Erfassung u. Entsorgung von Abfällen verschiedener Zusammensetzng u. Eigenschaften erreicht werden. Die vollständige A. wird durch einen → Abfallschlüssel ergänzt.

**Abfallbilanz,** betriebsinterne Dokumentation der bes. überwachungsbedürftigen Abfälle (→ Sonderabfälle) für jeweils ein Kalenderjahr als Grundlage für ein → Abfallwirtschaftskonzept mit Daten zum Abfallerzeuger, zu den getroffenen oder zu treffenden Maßnahmen hinsichtlich der Vermeidung, Verwertung oder Beseitigung sowie zum Entsorgungsweg einschl. der jeweiligen Begründung. Die A. ist den zuständigen Behörden auf Anforderung vorzulegen. Grundlage hierfür ist das → Kreislaufwirtschafts- und Abfallgesetz.

**Abfall-Börse,** internationale Initiative der Industrie zur Vermittlung von Produktions- u. Warenrückständen mit dem Ziel der stoffl. → Abfallverwertung. Die Vermittlung übernehmen u. a. die Industrie- u. Handelskammern (IHKs) bzw. der Verband der chemischen Industrie (VCI).

**Abfalleinbringung,** Endlagerung in bergbaul. Hohlräumen als Form der → Abfallverwertung, wenn es berg- oder sicherheitstechnisch begründet ist. An die untertägige Verwertung werden mindestens gleiche Anforderungen wie an die → Abfallbeseitigung gestellt. Einsatzmaterialien sind z. B. Abfälle aus Betrieben, die der Bergaufsicht unterstehen, Aschen aus Kraftwerken, Gips aus Rauchgasreinigungsanlagen oder gebundene Asbestabfälle.

**abfallen,** *abfallen vom Wind,* (bes. beim Segeln), den Kurs eines Schiffes ändern, so dass der Bug vom Wind weggedreht wird.

**Abfallentsorgung,** seit In-Kraft-Treten des → Kreislaufwirtschafts- und Abfallgesetzes (1996) Oberbegriff für → Abfallverwertung u. → Abfallbeseitigung. Im Gegensatz zum früheren Abfallrecht werden auch Rest- oder Wertstoffe wie ungebrauchte Produktionsreste oder recyclingfähiges Altpapier vom Abfallbegriff erfasst. Die A. schließt alle Maßnahmen u. techn. Verfahren bis zur Verwertung oder Beseitigung einer Sache ein. Vorrangig sollen Abfälle ohne weitere Prioritätensetzung stofflich oder energetisch verwertet werden, die Beseitigung wird auf das unvermeidl. Maß reduziert. Die Grenzen zwischen energet. Verwertung u. therm. Behandlung (Beseitigung) sind fließend (→ Abfallverbrennung).

**Abfallgesetz,** seit 1996 Kreislaufwirtschafts- und Abfallgesetz.

**Abfallkatalog,** ein von der Europäischen Kommission in Erfüllung der → Abfallrahmenrichtlinie zu erstellendes Verzeichnis über Abfälle, das eine gemeinsame Terminologie beinhaltet u. somit die grenzüberschreitende Verbringung u. die Überwachung vereinfachen soll. Erfasst werden sollen darin alle Abfälle, die zur Verwertung oder zur Beseitigung anfallen, auch um den Nutzeffekt der Abfallentsorgung zu erhöhen. Der A. ist regelmäßig fortzuschreiben u. nach Entscheidung der Kommission (94/3/EG vom 20. 12. 1993) von allen Mitgliedsstaaten durch Verordnung in nationales Recht umzusetzen.

**Abfallrahmenrichtlinie,** *Richtlinie des Rates über Abfälle (75/442/EWG) und Richtlinie zur Änderung der Abfallrichtlinie (91/156/EWG),* EU-weiter Rahmen für die Abfallentsorgung. Die A. konkretisiert die Eigenschaft → Abfall, fordert u. a. Maßnahmen zur Begrenzung der Entstehung von Abfällen durch saubere Technologien u. die Herstellung wiederverwertbarer u. wiederverwendbarer Produkte bzw. die Wiederverwendbarkeit als Sekundärrohstoffe. Sie benennt das Ziel der Entsorgungsautarkie eines jeden Mitgliedsstaates (Abfälle sollen in der am nähesten gelegenen Anlage entsorgt werden), die Verbringung von Abfällen soll durch geeignete planer. Maßnahmen vermindert werden, die vorgenannten Ziele sollen in einem → Abfallwirtschaftskonzept festgelegt werden. Eine Reihe von speziellen Richtlinien u. Entscheidungen, die zu festgelegten Terminen in das jeweilige nationale Recht umzusetzen sind, enthalten weiter konkretisierte Vorgaben. Die Bundesregierung hat diese Vorgaben mit dem→ Kreislaufwirtschafts-und Abfallgesetz umgesetzt.

**Abfallschlüssel,** ein der herkunftsbezogenen → Abfallbezeichnung zugeordneter sechsstelliger Zahlencode für die exakte Benennung gefährl. Abfälle. Der A. wird in den Mitgliedsstaaten der EU einheitlich angewendet.

**Abfalltechniker,** *Abfalltechnikerin,* Beruf der Umweltschutztechnik; Ausbildungsdauer 4 Semester; Voraussetzung: einschlägige Berufsausbildung (z. B. Biologielaborant) u. 2–3 Jahre Berufspraxis. A. sind in Abfall- u. Entsorgungseinrichtungen tätig. Sie führen u. überwachen Betriebe der Abfallverwertung, -ablagerung, überprüfen Herkunft u. Zusammensetzung des Abfalls sowie die Immissionswirkungen. Auch → Umweltschutztechniker.

**Abfalltourismus,** umgangssprachlich für die Verbringung von entsorgungspflichtigen Abfällen in andere Staaten mit dem Ziel, Kosten für die → Abfallbehandlung oder Gebühren für die → Ablagerung zu sparen.

**Abfallverbrennung,** Verfahren der energet. Abfallverwertung als → Brennstoff oder therm. Abfallbehandlung (→ Abfallbeseiti-

## Abfallvermeidung

gung). Die A. ist nur in Anlagen erlaubt, die auf der Grundlage des → Bundes-Immissionsschutzgesetzes u. den hierzu erlassenen Verordnungen genehmigt wurden. Zur Energiegewinnung dürfen Abfälle bis zu einem Anteil von 20 % der Regelbrennstoffe als Ersatzbrennstoff mitverbrannt werden, wenn die Feuerungsanlage hierfür technisch geeignet ist u. die Abgaswerte (→ Emissionswerte) eingehalten werden. Werden → Sonderabfälle für die Energiegewinnung verwertet (z. B. teerölimprägnierte Bahnschwellen oder sonstiges schadstoffbelastetes Altholz), gelten für die zu erwartenden Schadstoffemissionen die gleichen Auflagen wie für reine Abfallverbrennungsanlagen. Bisher werden gefährl. Sonderabfälle überwiegend speziellen Verbrennungsanlagen zugewiesen, in denen z. B. auch flüssige Abfälle vernichtet werden können. Diese dienen vorrangig der Vernichtung von Schadstoffpotenzialen. Auch bei der Hausmüllverbrennung ist der Hauptzweck auf die Beseitigung u. nicht auf die Energiegewinnung gerichtet. Da bei allen Verbrennungsprozessen Schadstoffe freigesetzt werden (etwa Dioxine aus chlorhaltigen Abfällen), ist die A. in Misskredit geraten, obwohl moderne Anlagen mit einer sehr wirksamen Filter- u. Abgas-Reinigungstechnik ausgestattet sind. Ggf. muss für die Steuerung des Verbrennungsprozesses Fremdenergie zugeführt werden, um schon die Entstehung gefährl. Emissionen zu vermeiden.
Die bis 1990 alternativ durchgeführte Sonderabfallverbrennung auf hoher See ohne Abgasreinigungstechnik ist seitens der BR Dtschld. verboten. Bis Ende 1991 war auf Beschluss der Oslo-Kommission die Hohe-See-Verbrennung grundsätzlich einzustellen.
Als Folge der Getrenntsammlung (Zeitungspapier, Kunststoffe) ist der Heizwert von Siedlungsabfall („Hausmüll") gesunken, weshalb der Verbrennungsprozess u. U. gestützt werden muss. Trotz des sinkenden Aufkommens an nicht verwertbarem Siedlungsabfall werden zusätzl. Verbrennungskapazitäten benötigt, weil die bisherige Ablagerung auf Hausmülldeponien ab dem Jahre 2005 strengen Begrenzungen hinsichtlich des aktiven organ. Anteils unterliegt. Hiermit soll das Ausgasen der Deponien verringert werden u. eine Nachsorge vermieden werden. Ein alternatives Verfahren der Mineralisierung des organ. Anteils bildet die dem Verfahren der → Kompostierung vergleichbare → Kalte Rotte. In privaten Haushaltsfeuerungen dürfen außer unbehandeltem Holz u. Papier keine Abfälle verbrannt werden (Kleinfeuerungsanlagen-Verordnung). Seit 1994 ist der Betrieb von Anlagen zur therm. Behandlung von gefährl. Abfällen hinsichtlich einer Begrenzung der Luftverschmutzung durch die EU-Richtlinie 94/67/EG geregelt. Sie ist im Sinne eines integrierten Umweltschutzes um Anforderungen zum Schutze des Bodens sowie des Oberflächen- u. Grundwassers, insbes. für die Ableitung von Abwässern aus der Abgasreinigung, zu ergänzen. Die durch EU-Richtlinie über die Verhütung der Luftverunreinigung durch neue Anlagen für Siedlungsmüll (89/369/EWG) vom 8. 6. 1989 festgelegten Emissionsgrenzwerte bleiben teilweise hinter den schärferen Anforderungen in Dtschld. zurück.

**Abfallvermeidung,** Reduzierung des Abfallaufkommens. Die A. ist ein vorrangiges Ziel der Kreislaufwirtschaft und geht der → Abfallverwertung voran. Maßnahmen zur A. sind insbes. die anlageninterne Kreislaufführung von Stoffen, die abfallarme Produktgestaltung sowie ein auf den Erwerb abfall- u. schadstoffarmer Produkte gerichtetes Konsumverhalten. Der Grundsatz der A. ist europaweit durch die → Abfallrahmenrichtlinie der EU festgelegt.

**Abfallverwertung,** Form der → Abfallentsorgung durch Gewinnung von Sekundärrohstoffen, Nutzung der stoffl. Eigenschaften für den ursprüngl. oder einen anderen Zweck mit Ausnahme der unmittelbaren Energierückgewinnung sowie der stoffl. Nutzung als Ersatz-Brennstoff. Die Grundsätze der A. regelt seit 1996 das → Kreislaufwirtschafts- und Abfallgesetz. Vorrang hat die stoffliche gegenüber der energetischen Verwertungsart. Die Erzeuger oder Besitzer von Abfällen sind zur A. verpflichtet, soweit dies technisch möglich u. wirtschaftlich zumutbar ist. Die Verwertung ist auch dann technisch möglich, wenn eine → Abfallbehandlung vorausgehen muss. Die wirtschaftl. Zumutbarkeit ist gegeben, wenn für einen Stoff oder die entstehende Energie ein Markt vorhanden ist u. die entstehenden Kosten nicht außer Verhältnis zu den Kosten einer alternativen → Abfallbeseitigung stehen. Die A. hat ordnungsgemäß u. schadlos zu erfolgen. Sie muss damit im Einklang mit anderen öffentl.-rechtl. Vorschriften stehen u. darf das Wohl der Allgemeinheit, insbes. durch Schadstoffanreicherungen im Wertstoffkreislauf, nicht beeinträchtigen.

**Abfallwirtschaft,** die Summe aller durch die Bundesregierung unter Beteiligung der Länder ab 1975 eingeleiteten Maßnahmen zur umwelträgl. → Abfallentsorgung. Die Zielsetzung wird seit 1997 durch die Anforderungen des → Kreislaufwirtschafts- und Abfallgesetzes bestimmt u. schließt Entsorgungssicherheit u. Entsorgungsautarkie mit ein. Als Prognoseinstrument für das Abfallaufkommen dient die Abfallwirtschaftsplanung. Die Abfallentsorgung muss schadlos u. ordnungsgemäß, d. h. in Übereinstimmung mit anderen Rechtsvorschriften erfolgen.

**Abfallwirtschaftskonzept,** betriebsinternes Planungsinstrument für Maßnahmen zur Erfüllung der Anforderungen des Kreislaufwirtschafts- und Abfallgesetzes für die → Abfallentsorgung. Das A. beruht auf der → Abfallbilanz u. erstellt eine Prognose zur künftigen Entsorgungssicherheit nach dem Stand der Technik u. der wirtschaftl. Entwicklung. Das A. muss der zuständigen Behörde auf Anforderung vorgelegt werden u. dient der Abfallwirtschaftsplanung des jeweiligen Bundeslandes.

**abfangen, 1.** *Bauwesen:* Bauteile bei Unterkellerungen oder benachbarten Gründungen nachträglich unterstützen; → unterfangen.
**2.** *Jagd:* angeschossenes, gehetztes oder krankes Wild mit Hirschfänger oder Saufeder töten.
**3.** *Luftfahrt:* ein Flugzeug aus dem Sturz-, Gleit- oder Landeanflug in den Horizontal- oder Steigflug überführen.
**4.** *Militär:* das Eindringen von Feindflugzeugen oder Raketen in den eigenen Bereich verhindern. Flugzeuge sollen identifiziert u. ggf. abgedrängt oder bekämpft, Raketen zerstört werden. Diese Aufgabe übernehmen → Abfangjäger bzw. → ABM.

**Abfangjäger,** engl. *Interceptor,* Jagdflugzeug mit guten Geschwindigkeits- u. Steigleistungen zum *Abfangen* gegnerischer Flugzeuge. Die ersten A. wurden im 2. Weltkrieg speziell für diese Aufgabe gebaut. Heute sollen Jagdflugzeuge grundsätzl. Abfangaufgaben erfüllen können.

**abfasen,** *fasen,* scharfe Kanten abschrägen.

**abfedern,** Vögel durch Einstechen eines harten Federkieles oder eines Messers in das Genick töten.

**Abfertigung,** in Österreich einmalige größere Geldleistung des Arbeitgebers bei Beendigung eines länger dauernden Arbeitsverhältnisses, bes. für Angestellte, Hausgehilfen u. ähnl. Berufe (auch arbeitsrechtlich geregelt). In Dtschld. nur teilweise ähnlich die → Abfindung (2).

**Abfertigungsdienst,** *Eisenbahn:* die Abfertigung von Personen, Gepäck, Expressgut, Stückgut, Wagenladungen u. lebenden Tieren sowie die damit verbundenen Kassengeschäfte; außerdem die Annahme u. Ausgabe des Gepäcks, des Expressgutes u. der Güter.

**Abfindung, 1.** *Aktienrecht:* im Falle des Abschlusses eines *Beherrschungs-* oder *Gewinnabführungsvertrages* ist gemäß § 305 AktG u. im Falle der Eingliederung gemäß § 320 AktG an die ausscheidenden Aktionäre eine angemessene A. zu leisten, deren Höhe sich nach der Ertrags- u. Vermögenslage ihrer Gesellschaft richtet. Die A. ist in der Regel als Barabfindung, im Fall der Übernahme der Aktien durch eine wirtschaftlich selbständige AG in Form neuer Aktien zu leisten.
**2.** *Arbeitsrecht:* bei sozial ungerechtfertigter Kündigung verurteilt das Arbeitsgericht den Arbeitgeber zur Zahlung einer A., wenn dem Arbeitnehmer die Fortsetzung des Arbeitsverhältnisses nicht zuzumuten ist (§ 9 Abs. 1 Satz 1 Kündigungsschutzgesetz). Die Unzumutbarkeit liegt in der Regel dann vor, wenn die Vertrauensgrundlage zwischen Arbeitgeber u. Arbeitnehmer so weit zerstört ist, dass eine vertrauensvolle Zusammenarbeit nicht mehr möglich ist.
Darüber hinaus ist bei sozial ungerechtfertigter Kündigung auf Antrag des Arbeitgebers eine A. zu gewähren, wenn Gründe vorliegen, die eine den Betriebszwecken dienliche Zusammenarbeit nicht erwarten lassen (§ 9 Abs. 1 Satz 2 KSchG). Als A. ist ein Betrag bis zu zwölf Monatsverdiensten festzusetzen, bei älteren Arbeitnehmern u. langjähriger Betriebszugehörigkeit bis zu 18 Monatsverdiensten.

**3.** *bürgerliches Recht:* einmalige Geldleistung anstelle wiederkehrender (Renten-)Leistungen, vor allem in gewissen Fällen bei → Unterhalt u. → Schadensersatz.
**4.** *Sozialversicherung:* A. von berechtigten Ansprüchen durch einmalige Zahlungen: in der *Krankenversicherung*, wenn der Versicherte nach Eintritt des Versicherungsfalles seinen Aufenthalt im Inland aufgibt; in der *Rentenversicherung* für Höherversicherungsrenten, sofern daneben keine andere Rente anfällt, ferner wird bei Wiederverheiratung einer Witwe (eines Witwers) für die bisherige Witwenrente (Witwerrente) als A. das Zweifache des Jahresbetrages der bisher bezogenen Witwenrente (Witwerrente) gewährt; in der *Unfallversicherung* bei vorläufigen Renten u. bei kleinen Dauerrenten von weniger als 40 %; bei höheren Dauerrenten zum Erwerb oder zur Entschuldung von Grundstücken, zum Erwerb eines Dauerwohnrechts u. Ä. Letztere sind zweckgebunden hinsichtl. ihrer Verwendung u. sollen der wirtschaftl. Stärkung dienen.

**Abfindungsbilanz**, Bilanz zur Ermittlung der wahren Vermögenswerte bei Fortbestand des Unternehmens zur Abfindung eines ausscheidenden Gesellschafters (§ 738 BGB).

**Abfindungserklärung**, die Erklärung des Versicherungsnehmers, dass er mit einer → Abfindung (4) einverstanden ist.

**abflammen**, *absengen*, Haare, kleine Federn u. Reste von Federkielen bei gerupftem Geflügel über offener Flamme entfernen.

**abfluchten**, *Bauwesen:* eine geforderte Richtung oder Ebene abstecken (ausmessen).

**Abfluss, 1.** *Geographie:* der Vorgang, durch den das Wasser der Niederschläge in Seen, vor allem aber in das Weltmeer gelangt. Die Abflussmenge von Flüssen wird in m³/s gemessen. Auch → Einzugsgebiet.
**2.** *Wasserwirtschaft:* die Wassermenge, die in der Sekunde einen bestimmten Querschnitt durchfließt. Die *Abflusshöhe* bezieht den A. auf das zugehörige Einzugsgebiet. Die *Abflussspende* ist der auf die Fläche eines entwässernden Gebietes bezogene A. Das Verhältnis zwischen Abflusshöhe u. mittlerer Regenhöhe ergibt den *Abflussbeiwert*. Dieser hängt von Jahreszeit, Wetter, Klima, Bewaldung, Geländeform, Bodenbeschaffenheit u. a. des Einzugsgebiets ab. Aus der *Abflusskurve* ist die Beziehung zwischen Wasserstand u. A. an einer bestimmten Pegelstelle zu ersehen; aus der Pegellinie ist die *Abflussganglinie* zu gewinnen. Die Abflusskurve wird aufgrund von Abflussmessungen mit dem hydrometr. Flügel bei verschiedenen Wasserständen gewonnen. Die Abfluss-Ganglinie dient zur Ermittlung der *Abfluss-Mengendauerlinie*. Diese gibt die Zahl der Tage an, an denen ein bestimmter A. verfügbar ist. Sie bildet die Grundlage wichtiger wasserwirtschaftl. Untersuchungen, z. B. der Festlegung der Ausbauwassermenge für Wasserkraftanlagen. Bei Betrachtungen zum Wasserhaushalt ist A. der Teil des Niederschlags, der in oberird. Bächen u. Flüssen in die Ozeane u. die abflusslosen Becken fließt.

**abflusslose Gebiete**, festländ. Bereiche, die aus klimat. oder tekton. Gründen keinen Abfluss zum Weltmeer haben. Sie liegen im ariden Klimabereich, in dem die Verdunstung größer als der Niederschlag ist. Deshalb kommt es oft nicht zur Bildung von eigenen Flüssen. Die größeren Flüsse dieser Gebiete sind meist *Fremdlingsflüsse*, die aus niederschlagsreicheren Gebieten kommen. Sie enden durch Verdunstung u. Versickerung oder in Endseen. Kennzeichnend für diese Gebiete ist der Schuttreichtum, da der Schutt nicht völlig abtransportiert werden kann. Im Inneren der abflusslosen Becken breiten sich Salztonebenen aus (z. B. die zentralasiat. Wüsten, die Becken der nordamerikan. Hochgebirge). Eine typ. Form der abflusslosen Becken sind die → Bolsone.

**Abflussrohre**, Rohre zur Gebäude- u. Grundstücksentwässerung aus verschiedenen Materialien, Steinzeug, Gusseisen, Stahl, Asbestzement u. bes. zugelassene u. gekennzeichnete Kunststoffrohre.

**Abführmittel**, *Purgantia, Purgativa, Purgiermittel, Laxantia, Laxativa*, Mittel gegen Verstopfung (Darmträgheit); wirken osmotisch, durch Erweichen u. Gleitfähigmachen der Kotmassen u. durch Anregung der Darmbewegung. Gleitmittel sind Paraffin u. pflanzl. Öle (z. B. Leinöl); osmotisch wirksame u. chem. reizende Dünndarmmittel sind Mineralsalze wie Glauber- u. Bittersalz u. die natürl. Quellsalze (Karlsbader Salz), Milchzucker, Schwefel, Rizinusöl u. a.; auf den Dickdarm wirken die Anthrachinone der Faulbaumrinde, Sennesblätter, Rhabarberwurzel u. a., auch synthet. Stoffe wie das Istizin. Die Gleitmittel können auch durch Einlauf verabfolgt werden (z. B. Glycerinlauf). A. sollen nicht über längere Zeit genommen werden, da sie die normale Darmtätigkeit beeinträchtigen können. Bei Neigung zu Darmträgheit wird eine ballaststoffreiche Ernährung empfohlen.

**Abg.**, Abk. für *Abgeordneter*, → Abgeordnete.

**ABG**, Abk. für → Allgemeines Berggesetz.

**Abgaben**, Leistungen, die eine öffentl. Körperschaft kraft ihrer Finanzhoheit von den ihr Unterworfenen erheben kann: Steuern, Beiträge, Gebühren u. a.

**Abgabenordnung**, vom 16. 3. 1976, Abk. *AO 1977*, am 1. 1. 1977 in Kraft getretenes Grundgesetz des Steuerrechts, hat die A. von 1919 in der Fassung vom 22. 5. 1931 (*Reichsabgabenordnung*) abgelöst. Die AO 1977 enthält steuerl. Begriffsbestimmungen, regelt die Zuständigkeit der Finanzbehörden, umfasst das Steuerschuldrecht, allg. Verfahrensvorschriften, regelt die Durchführung der Besteuerung, das Erhebungsverfahren, die Vollstreckung u. enthält Angaben über außergerichtl. Rechtsbehelfsverfahren, Straf- u. Bußgeldvorschriften.

**Abgabesatz** → Offen-Markt-Politik.

**Abgas**, die bei Verbrennungsprozessen entstehenden Gase einschließlich ihrer Verunreinigungen mit festen, flüssigen oder gasförmigen Stoffen. Typ. Schadstoffe sind Stickstoffoxide, Schwefeloxide, Kohlenmonoxid, Kohlendioxid, Kohlenwasserstoffe, Staub, Schwermetalle u. Ruß. Zum Schutz der menschl. Gesundheit u. der Umwelt wurden → Emissionswerte u. → Immissionswerte festgelegt, die die Freisetzung bestimmter Inhaltsstoffe der Abgase begrenzen. Die Einhaltung dieser Normen erfordert eine entsprechende Auswahl der Einsatzstoffe oder eine dem Verbrennungsprozess nachgeschaltete → Abgasreinigung. Soweit Grenzwerte durch die EU festgelegt wurden, sind alle Mitgliedsstaaten zur Einhaltung verpflichtet, das gilt auch für → Kraftfahrzeugabgase.

**Abgasanlage**, Einrichtung zur Abführung der entstehenden Abgase einer Gasfeuerstätte ins Freie.

**Abgasentgiftung** → Abgasreinigung.

**Abgasgrenzwerte**, *Abgasnormen*, Vorschriften über die höchstzulässige Emission von Schadstoffen. → Emissionswerte, → Kraftfahrzeugabgase.

**Abgaskatalysator** → Katalysator (2).

**Abgasreinigung**, techn. Verfahren zur Entstaubung u. Verringerung umweltschädl. gasförmiger Stoffe im → Abgas. Ziel der A. ist die Rückgewinnung von Haupt- u. Nebenprodukten der Produktion sowie die Erfüllung der Forderungen des Umweltschutzes. Eingesetzt werden u. a. Gewebefilter, Elektrofilter u. Anlagen zur Rauchgaswäsche u. → Rauchgasentschwefelung; im Kfz-Bereich → Katalysator (2).

◆ **Abgasturbolader**, eine Vorrichtung, welche die in den Abgasen eines Verbrennungsmotors enthaltene kinet. Energie nutzt, um dem Motor die Frischluft (Ansaugluft) unter erhöhtem Druck (bis 0,8 bar üblich) zuzuführen u. so die Füllung des Zylinders zu verbessern. Auf einer Welle befinden sich eine Turbine, die von den Abgasen durchströmt wird u. damit angetrieben wird, u. ein Verdichter, der die Ladeluft verdichtet. Schmierungsprobleme entstehen wegen hoher Temperaturen u. hoher Drehzahlen. Auch → Aufladegebläse. *Bild S. 32*

**ABGB**, Abk. für → Allgemeines Bürgerliches Gesetzbuch für Österreich.

**abgenicken**, *abnicken*, Schalenwild u. Auerhähne mit einem Messer (*Knicker* oder *Nickfänger*) töten. Dabei wird das Rückenmark zwischen Kopf u. 1. Halswirbel durchstoßen.

**Abgeordnete**, Abk. *Abg.*, gewählte Mitglieder eines *Parlaments* (z. B. Bundestag, Länderparlamente, Europäisches Parlament). Im Zeitalter des Ständestaates waren die Abgeordneten an Weisungen der Wählenden gebunden (*imperatives Mandat*) u. abberufbar. In der repräsentativen Demokratie sind sie als Vertreter des ganzen Volkes bei der Ausübung ihres Mandats an Aufträge u. Weisungen nicht gebunden (*freies Mandat*) u. nur ihrem Gewissen unterworfen (Art. 38 GG u. entspr. Regelungen der Länderverfassungen). Das freie Mandat sichert ihnen rechtl. Unabhängigkeit gegenüber ihrer Partei bzw. Fraktion; es bestehen jedoch vielfältige tatsächliche Bindungen, u. U. auch an Interessengruppen

**Abgeordnetenhaus**

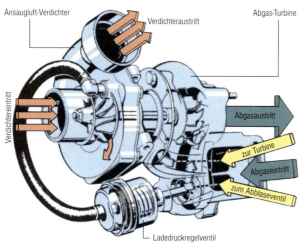

Abgasturbolader: Abgase treiben die Turbine an und die angesaugte Luft wird im Kompressor verdichtet

(→ Lobby). Die Abgeordneten können während der Wahlperiode weder von den Wählern noch von ihrer Partei abberufen werden. Die Abgeordneten genießen bes. Rechte: → Immunität (2) u. → Indemnität; sie erhalten als Entschädigung für ihren Aufwand → Diäten. Abgeordnetenmandat u. Ausübung eines öffentl. Amtes schließen sich aus (→ Inkompatibilität). Die Rechtsverhältnisse der Mitglieder des Deutschen Bundestages sind im *Abgeordnetengesetz* in der Fassung vom 21. 2. 1996 geregelt.

**Abgeordnetenkammer,** *Abgeordnetenkammer,* Bez. für ein Parlament oder eine Kammer eines Parlaments; 1855–1918 die zweite Kammer des preuß. Landtags u. seit 1950 die Volksvertretung in Berlin; in Österreich 1861–1865 u. 1867–1918 die zweite Kammer des Reichsrats.

**abgepasste Gewebe,** im Gegensatz zur Meterware, die eine durchlaufende Musterung aufweist, Gewebestücke wie Handtücher, Taschentücher, Kopftücher oder Teppiche mit um alle Ränder laufendem Muster (Mittelstück u. Bordüren).

**Abgesang** → Aufgesang und Abgesang; auch → Epode (2).

**Abgeschlagenheit,** *Abspannung,* das Empfinden von körperl. Erschöpfung u. Mattigkeit. Ursachen können sein: ungewohnte körperliche oder seelische Belastungen, Fehlernährung, Infektionen, Blutarmut, Tumorerkrankungen, → Depressionen oder das → Müdigkeitssyndrom.

**abgeschlossene Menge,** *Mathematik:* eine Punktmenge, die alle Randpunkte u. damit auch alle → Häufungspunkte enthält. Z. B. ist die Menge der reellen Zahlen mit $a \leqq x \leqq b$ eine abgeschlossene Menge.

**abgetretene Gebiete** → Versailler Vertrag, → Pariser Vorortverträge.

**abgewandelte Naturstoffe,** halbsynthet. Kunststoffe; Gewinnung durch chem. Behandlung von *Holz, Cellulose* u. *Casein;* älteste Gruppe der → Kunststoffe (Pergamentpapier, Vulkanfiber) mit sehr unterschiedl. Eigenschaften, zu der auch Cellulose-Ether, Cellulosehydrat u. a. zählen.

**abgießen,** eine Form mit flüssigem Metall füllen.

**abgleichen,** *Messtechnik:* i. e. S. eine Messbrücke auf Nullstellung einstellen; i. w. S. die Betriebsdaten elektron. Geräte optimal einstellen.

◆ **Abgottschlange,** *Königsschlange, Boa constrictor,* bis 4 m lange *Riesenschlange,* Mexiko bis Nordargentinien, Bodenbewohner; Beute: Ratten u. a. kleine Säugetiere, Vögel; → Boaschlangen.

**abgraten,** abstehende Kanten u. Grate entfernen, die bei Gussstücken, gesenkgeschmiedeten Werkstücken oder bei der Metallbearbeitung entstanden sind.

**Abgrenzung, 1.** *Politik:* von der DDR seit Herbst 1970 gebrauchtes Schlagwort zur Kennzeichnung ihrer Politik gegenüber der BR Dtschld. Die DDR verneinte damit den Fortbestand der dt. Nation u. die Existenz eines historisch begründeten Sonderverhältnisses zwischen den beiden dt. Staaten. Die Abgrenzungspolitik wurde mit der Gegensätzlichkeit der Gesellschaftssysteme der beiden Staaten begründet u. als „objektiver Prozess" bezeichnet. Sie diente dem Zweck, die im Rahmen d. Entspannungs- u. Vertragspolitik gewachsenen westl. Einflüsse auf die Bevölkerung der DDR abzuwehren.

**2.** *Rechnungswesen:* → Rechnungsabgrenzungsposten.

**Abguss,** Abformung eines Naturgegenstands oder eines plast. Kunstwerks (Skulptur, Relief) in Gips oder Metall (Bronze). Der A. setzt eine vom Original abgenommene Negativform voraus, in die das Material für den A. hineingegossen wird. Der A. war in allen naturalist. eingestellten Kunstepochen beliebtes Hilfsmittel des Bildhauers. Im *Klassizismus* waren unbemalte Gipsabgüsse von antiken Plastiken zu Sammelzwecken so beliebt, dass eigene Museen oder Museumsabteilungen dafür eingerichtet wurden (Paris, Dresden, Kopenhagen). Das Interesse daran hat heute zugunsten von *Replikaten* nachgelassen.

**Abhandenkommen,** der Sachverhalt, dass eine Sache dem Eigentümer ohne oder gegen seinen Willen aus dem unmittelbaren Besitz gelangt ist, z. B. durch Diebstahl, Unachtsamkeit, höhere Gewalt. A. führt dazu, dass gutgläubiger Erwerb nicht möglich ist; Ausnahme lediglich bei Geld, Inhaberpapieren sowie bei Sachen, die im Wege öffentl. Versteigerung veräußert werden (§ 935 BGB).

**Abhänger,** Rund- oder Bandstahl zum Anhängen von Tragkonstruktionen einer Unter- oder Zwischendecke.

**abhängige Gebiete,** engl. *non self-governing territories,* ehemals *Kolonien* oder *Kolonialgebiete* genannte Territorien, die treuhänderisch unter Aufsicht der Vereinten Nationen von Mitgliedstaaten der UN bis zur völligen Selbstständigkeit verwaltet werden. Diese Gebiete wurden früher oft gewaltsam erobert u. wirtschaftlich wie kulturell untergeordnet. Heute – unter Veränderung des polit. Bewusstseins – werden sie als *assoziierte Gebiete* oder als a. G. mit verschiedenem Grad von Selbstverwaltung behandelt. In den meisten Fällen ist das Mutterland für Verteidigungsfragen u. für die Außenpolitik

Abgottschlange, Boa constrictor

dieser Gebiete allein zuständig. Laut UN-Charta Art. 73 u. 74 sind die verwaltenden Staaten verpflichtet, die Selbstregierung in den abhängigen Gebieten zu entwickeln u. zu unterstützen. Im 19. Jh. wurden die *Protektorate* mit eingeborenen Herrschern, nach dem 1. Weltkrieg die *Völkerbundsmandate* als a. G. bezeichnet.

**Abhängigkeit, 1.** *Medizin:* Sammelbez. für verschiedene Formen des Missbrauchs von Drogen, Medikamenten und anderen chemischen Substanzen. Die Weltgesundheitsorganisation (WHO) definiert A. als einen seel., evtl. auch körperl. Zustand, der dadurch charakterisiert ist, dass ein dringendes Verlangen oder unbezwingbares Bedürfnis besteht, sich die entsprechende Substanz fortgesetzt u. periodisch zuzuführen. Durch zunehmende Gewöhnung (Abstumpfung) besteht die Tendenz, die Dosis zu steigern. Einer A. liegt der Drang zugrunde, die psych. Wirkungen der Substanz zu erfahren, manchmal auch das Bedürfnis, unangenehme Auswirkungen ihres Fehlens (Entzugserscheinungen wie Unruhe, Schlafstörungen, Kopfschmerzen, Angstzustände, Schweißausbrüche) zu vermeiden. Je nach Grad der psychischen u. körperl. A. definiert die WHO verschiedene Abhängigkeitstypen. Typische Abhängigkeiten sind Alkoholabhängigkeit (→ Alkoholkrankheit), Medikamenten-, Nikotin- und Drogenabhängigkeit. A. wird heute als Krankheit angesehen u. mit therapeutisch begleitetem, meist klin. Entzug behandelt. Vor allem umgangssprachlich bestehen fließende Übergänge zwischen der Gewohnheit (dem nicht zwingenden Wunsch nach Einnahme), der A. u. der → Sucht, die bes. die körperl. Entzugserscheinungen betont werden.
**2.** *Soziologie:* → Dependenztheorie.
**3.** *Psychologie:* phys. oder psych. Angewiesensein auf einen anderen, eine Sache oder einen Zustand.

**Abhängigkeitsgrammatik** → Grammatik.

**Abhängling,** *Baukunst:* der herunterhängende Schlussstein eines got. Gewölbes oder der Knauf einer Renaissance-Balkendecke.

**Abhärtung, 1.** *allg.:* Steigerung der Widerstandsfähigkeit gegen ungünstige Umweltbedingungen.
**2.** *Botanik:* allmähliche Gewöhnung an tiefere Temperaturen (erhöht die Frostresistenz der Pflanzen); Entwicklung bei anhaltender Trockenheit (verstärkt die Trockenresistenz).
**3.** *Medizin:* planmäßige Gewöhnung des Körpers an anstrengende Umwelteinflüsse (Luft, Sonne, Kälte, Wärme, Wind, Nässe, grobe Nahrung u. a.), um die natürl. Abwehrfunktionen des Organismus zu stärken. Zweckentsprechende Kleidung, Luftbäder, Kaltwasseranwendungen, Sport u. kräftige, natürliche Nahrung dienen der A. Die A. darf nicht überstürzt werden, die Anforderungen sollen allmählich gesteigert werden.

**abheuern,** einen → Heuervertrag kündigen.

**Abhidharma** (der; sanskr.), *Abhidhamma, Abhidhamma-Pitaka,* der dritte systemat. Teil des → Tripitaka (buddhist. Kanons).

**Abhitze** → Abwärme.

**Abholzen,** *Forstwirtschaft:* das Fällen des gesamten Holzbestandes auf einer Waldfläche. Auch → Abtrieb, → Hiebsart, → Kahlschlag.

**abholzig,** *Forstwirtschaft:* Schlankheitsgrad eines Baumstammes, dessen Durchmesser nach oben (dem Zopf zu) rasch abnimmt; meist bei Randbäumen. Gegensatz: *vollholzig.*

**abhören,** *Medizin:* abhorchen → Auskultation.

**abhorreszieren** [lat.], ablehnen; zurückschrecken; verabscheuen.

**Abhörverbot,** strafrechtliches Verbot (§ 201 StGB), das nicht öffentl. gesprochene Wort eines anderen mit einem Abhörgerät abzuhören (z. B. mit Wanzen, Richtmikrofonen oder durch „Anzapfen" eines Telefonanschlusses). Nur die Strafverfolgungs- u. Verfassungsschutzbehörden haben die Befugnis, Telefongespräche abzuhören (bei Verdacht schwerer Straftaten oder verfassungsfeindl. Betätigung), §§ 100a, b StPO, Gesetz zu Art. 10 GG vom 13. 8. 1968; durch die Gesetze vom 26. 3. 1998 u. 4. 5. 1998 zum sog. großen Lauschangriff erweitert. – *Österreich:* Missbrauch von Ton- u. Aufnahmegeräten ist strafbar nach § 120 StGB.

**Abi,** Kurzwort für → Abitur.

**Ab-i-Diz,** rechter Nebenfluss des *Karun* im südwestl. Iran; oberhalb von Desful wird der A. durch einen 194 m hohen Damm zu einem 60 km langen See von 3,5 Mrd. m³ Wasser aufgestaut, der der Verbesserung des Bewässerungsfeldbaues in Khusestan dient.

◆ **Abidjan** [-'dʒaːn], ehem. Hptst. der Rep. Côte d'Ivoire in Westafrika, See- u. Flughafen u. modernes Wirtschaftszentrum an der Ebriélagune, als Agglomeration 2,8 Mio. Ew.; Universität (gegr. 1963); Erdölraffinerie; elegante Villenvororte, internationaler Tagungsort; Fremdenverkehr.

**Abies** [-iːs] → Tanne.

**Abietinsäure** [abie-], *Sylvinsäure,* $C_{20}H_{30}O_2$, hydroaromatische Harzsäure, die gemeinsam mit der isomeren *Lävopinarsäure* im Fichtenharz vorkommt; Hauptbestandteil des *Kolophoniums* u. aus diesem destilliert; als Lackzusatz, für Seifen u. als Zusatz bei der Milchsäuregärung verwendet.

**Abigajil,** *Abigail,* eine der Frauen Davids, vorher des reichen Nabal (1. Samuel 25).

**Abildgaard** ['abilgɔːr], Nicolai Abraham, dän. Maler, getauft 11. 9. 1743 Kopenhagen, † 4. 6. 1809 Frederiksdal; nach Ausbildung in Kopenhagen u. Italien als klassizistischer Dekorationsmaler, zeitweilig auch als Architekt in Dänemark tätig, seit 1789 war er Direktor der Kopenhagener Akademie. Hptw. sind historisch-allegorische Malereien im Schloss Christianborg (1794 verbrannt) u. Gemälde nach Themen der antiken Literatur.

**Abilene** ['æbəliːn], Stadt in Westtexas (USA), 570 m ü. M., 107 000 Ew.; bedeutender landwirtschaftl. Markt (Baumwolle, Weizen), altes Viehzuchtzentrum (Rinder, Schafe), Lebensmittelindustrie, Erdölraffinerie; Universität; Luftwaffenstützpunkt. – Gegr. 1881 als Büffeljäger- u. Viehzüchterstützpunkt.

**Abimelech** [semit., „der Vater (Gott) ist König"], im AT: 1. Name heidn. Stadtkönige in Palästina (1. Mose 20; 21; 26). – 2. Sohn Gideons, vorübergehend König von Sichem (Richter 9); unternahm im 11. Jh. v. Chr. einen ersten, missglückten Versuch zur Gründung eines israelit.-kanaanäischen Königreichs.

**Abimpfung,** Nachkultur durch Abnehmen *(Abimpfen)* von Mikroorganismen aus einer

Abidjan: Blick auf das moderne Geschäftsviertel

**Abiogenese**

bereits vorhandenen Kultur, z. B. mittels einer Impföse oder -nadel.

**Abiogenese** [grch.] → chemische Evolution.

**abiotisch** [grch.], *Ökologie:* unbelebt; der *abiot. Teil* eines Ökosystems (→ Biotop) umfasst sämtl. unbelebten Komponenten u. Einflüsse der Erzbahn Kiruna–Narvik; Zentrum des gleichnamigen Naturschutzgebiets; Ausgangspunkt vieler Bergwanderpfade.

**Abipon**, ausgestorbener südamerikan. Indianerstamm der *Guaikuru* im Gran Chaco Nordargentiniens, entwickelte sich durch Übernahme des Pferdes von Wildbeutern zu einem krieger. Stamm höherer Jäger.

**Abisko**, schwed. Station u. Touristenort an der Erzbahn Kiruna–Narvik; Zentrum des gleichnamigen Naturschutzgebiets; Ausgangspunkt vieler Bergwanderpfade.

**Abitibi** [æbəˈtibi], Fluss im nördl. Ontario (Kanada), mündet nahe Moosonee in den Moose River, 547 km.

**Abitur** [das; lat.], in Deutschland die Abschlussprüfung der gymnasialen Oberstufe. Auch → Reifeprüfung.

**Abiturient** [lat.], jemand, der das Abitur abgelegt hat.

**Abiturprüfung für Nichtschüler** → Begabtenprüfung.

**Abjudikation** [lat.], gerichtl. Aberkennung eines Rechts.

**Abjuration** [lat.] → Abschwörung.

**Abkantpresse**, Maschine zum scharfkantigen Abbiegen *(Abkanten)* von Blechen. Das auf einem v-förmigen Gesenk aufliegende Blech wird durch einen messerförmigen Stempel in das Gesenk gepresst. Auch → Abbiegemaschine.

**Abkehren**, das Ausscheiden eines Bergmanns aus dem Arbeitsverhältnis.

**Abklatsch**, *Klatschdruck*, ein feuchtes Abzugsverfahren, bei dem von Schrift oder Zeichnung durch Klatschen u. Klopfen mit der Bürste (Bürstenabzug) auf Papier oder Lithographenstein übertragen wird; insbes. bei der Farblithographie zur Übertragung der Konturen auf die Steine. Diese Konturen dienen zur Abgrenzung der Farben u. werden dann mit Lithographiekreide oder -tusche ausgefüllt.

**abklatschen**, *Mikrobiologie:* → Abklatschpräparat, → Abklatschspange.

**Abklatschpräparat**, durch leichtes Aufdrücken eines sterilen Objektträgers oder Deckglases auf z. B. Lebensmittel (Fleisch, Butter) hergestelltes Präparat für die mikroskop., meist mikrobiol. Untersuchung.

**Abklatschspange**, ein Gerät mit einem dünnen sterilen Agarfilm, das bei mikrobiolog. Untersuchungen verwendet wird. Durch Abdrücke *(Abklatschen)* werden Keime auf die Agarschicht übertragen u. können nach dem Bebrüten ausgezählt werden.

**Abklatschung**, Kaltwasseranwendung zur Anregung des Blutkreislaufs; wird wie die → Abreibung durchgeführt, nur tritt anstelle des Reibens das Klopfen und Klatschen des Körpers, bis das Tuch trocken ist.

**Abkommen**, 1. *allg.:* Vereinbarung, Vertrag, insbes. internationaler Vertrag. A. bezeichnet im *Völkerrecht* auch schon die Einigung über die wichtigsten Bestimmungen eines Vertrages (z. B. durch die Außen-Min. der beteiligten Staaten), der zur rechtl. Wirksamkeit noch des formellen Abschlusses durch die Staatsoberhäupter oder (und) der Genehmigung durch die Parlamente bedarf. Die A. werden dann als Zeichen des Einverständnisses mit dem Inhalt von den vorbereitenden Kontrahenten mit den Anfangsbuchstaben ihrer Namen *(Paraphen)* gezeichnet.

2. *Militär:* bei Übungen mit Feuerwaffen die Meldung des Schützen, auf welchen Punkt der Schießscheibe die Visierlinie beim Abfeuern der Waffe gezeigt hat; zum Beispiel „7 hoch rechts abgekommen". Bei den Schießübungen wird oft die billigere u. sicherere *Abkomm-* oder *Exerziermunition* verwendet.

**Abkömmling**, 1. *Deszendent, Nachkomme* → Verwandtschaft.

2. *Abkömmlinge* (Derivate), chem. Stoffe, die aus einem bestimmten Ausgangsstoff hergestellt werden oder sich formal davon ableiten.

**abkröpfen**, *kröpfen,* einen Profil- oder Stabstahl örtlich aus seiner ursprüngl. Ebene in eine (innerhalb der Konstruktion) versetzte Ebene biegen.

**Abkühlgeschwindigkeit**, Temperaturabnahme (in °C) pro Sekunde. Die A. ist für die Härtbarkeit der Stähle von Bedeutung. Stahl muss mit einer bestimmten Geschwindigkeit abgekühlt werden, um hart zu werden (krit. A.). Erfolgt die Abkühlung zu langsam, bleibt der Stahl bzw. das Werkstück weich. Bei zu schneller Abkühlung können Härterisse entstehen.

**Abkühlungsgröße**, *Meteorologie:* die einem Messkörper mit der konstant zu haltenden Temperatur von 36,5 °C in der Zeiteinheit pro Flächeneinheit unter der Einwirkung von atmosphär. Größen entzogene Wärmemenge. Zu diesen Größen gehören Wind, Lufttemperatur, Luftfeuchtigkeit, Ein- u. Ausstrahlung. Die Messung erfolgt mit dem *Katathermometer,* bei dem nach vorheriger Erwärmung die Zeit gemessen wird, die während seiner Abkühlung zwischen dem Durchlaufen der Marken 38 °C u. 35 °C verstreicht. Aus dieser Zeit wird die A. berechnet.

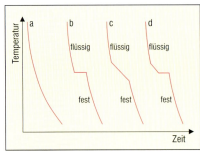

Abkühlungskurve

◆ **Abkühlungskurve**, bei der thermischen Analyse von Metallen gemessene Kurve. Der Temperaturabfall bei der Abkühlung aus dem schmelzflüssigen Zustand verläuft stetig, solange keine Umwandlungen erfolgen, bei denen Energie frei wird (Kurve a im Bild). Haltepunkte treten auf, wenn sich ein Stoff bei konstanter Temperatur umwandelt (Kurve b). Dies trifft für die Erstarrung reiner Elemente oder eutektischer Legierungen (→ Eutektikum) sowie die Umwandlung eutektoider Legierungen zu. Knickpunkte (Kurve c) werden zu Beginn u. Ende von Ausscheidungsvorgängen beobachtet. Knick- u. Haltepunkte treten gemeinsam auf, wenn eine Legierung nicht rein eutektisch oder eutektoid ist, ferner bei peritektischen Legierungen (Kurve d). Die Aufzeichnung von Abkühlungskurven dient der Aufstellung von Zustandsdiagrammen.

**Abl.**, Abk. für → Ablativ.

**Abl. abs.**, Abk. für → Ablativus absolutus.

**Ablagerung**, 1. *Sediment,* durch Wasser (aquatisch, marin, limnisch, fluviatil), Eis (glazial) oder Wind (äolisch) transportierte u. abgesetzte Verwitterungsprodukte der Erdkruste; auch chem. (Salzlager), vulkan. (Tuffe u. Ä.) u. biogene (Pflanzen, Tiere) auch → Sedimentation.

2. *Umweltschutz:* die Verbringung von Abfällen auf eine hierfür zugelassene → Deponie. Zur schadlosen A. kann oder muss eine → Abfallbehandlung vorausgehen. Die A. ist in Dtschld. über die TA Abfall u. die TA Siedlungsabfall geregelt. Eine Verdünnung oder Vermischung der Abfälle zur Erfüllung der darin enthaltenen Anforderungen ist grundsätzlich untersagt. Die Anwendung des Verursacherprinzips macht die A. kostenpflichtig. Die A. wurde in die Aktionsprogramme der EU als Gemeinschaftsaufgabe zur Harmonisierung der Entsorgungsinfrastruktur aufgenommen, um den Gefahren einer kostengünstigen Deponierung ohne die ggf. erforderl. Abfallbehandlung entgegenzuwirken. Eine A. kann auf Dauer oder vorübergehend mit dem Ziel einer späteren Verwertung oder Beseitigung erfolgen. Die Ausbringung von → Klärschlamm zur Düngung oder die Deponieabdeckung mit nicht verunreinigtem Boden gilt nicht als Ablagerung.

**Ablaktation**, [lat.] → Abstillen.

**Ablaktion** [lat.], *Gartenbau: Ablaktation, Ablaktieren,* eine Veredelungsart, bei der man das *Edelreis* erst nach Verwachsung mit der Unterlage von der Mutterpflanze abtrennt. A. wird auch benutzt, um kranke Stellen eines wertvollen Baums zu überbrücken.

**ablandig**, bei Winden: vom Land her auf das Meer wehend; Gegensatz: *auflandig.*

**ablängen**, 1. *Betonbau:* Bewehrungsstäbe vor dem Biegen auf die notwendige Länge abschneiden.

2. *Holzbau:* Rund- oder Schnittholz auf bestimmte Längen schneiden.

**Abläng- und Zentriermaschine**, eine Kreissäge, die Schmiederohlinge (zur Weiterbearbeitung) auf genaue Länge absägt u. beidseitig mit einer Zentrierbohrung versieht.

**Ablass**, in der kath. Kirche seit dem 6. Jh. der Nachlass öffentl. Kirchenbußen, seit dem 11. Jh. auch die Tilgung zeitl. Sündenstrafen bei vorangehender Bußgesinnung des Sünders. Als bibl. Grundlage für den A. wird gewöhnl. 2. Kor. 2, 5–11 genannt. Der vollkommene A. löscht alle, der unvollkommene nur einen Teil der zeitl. Sündenstrafen. Im Spät-MA trat an die Stelle einer nachgelassenen Bußstrafe oft eine Almosenspende, die dann von der Kirche als Geldquelle missbraucht u. theolog. missdeutet wurde *(Ablasshandel)*. Daran entzündete sich die Kritik der Reformation, die den A. schlechthin verwarf. – Haben auch bereits Papst Leo X. u. das Trienter Konzil (1545–1563) die Missstände der Ablasspraxis abzustellen versucht, so ist die grundsätzl. Stellung zum A. in der kath. Theologie nach wie vor noch nicht geklärt. Erst in jüngster Zeit wird der jurist. Aspekt des Ablasses preisgegeben, eine nur theolog. Wertung versucht u. damit die Überwindung eines die Konfessionen immer noch belastenden Streitpunkts angestrebt. – Die heute gültigen Bestimmungen für den A. sind niedergelegt i. d. Konstitution „Indulgentiarum doctrina" Papst Pauls VI. (1967).

**Ablassstreit,** 1517 der äußere Anlass der → Reformation durch die Veröffentlichung der 95 Thesen M. *Luthers*, zugleich der symbolhafte Ausdruck für die Notwendigkeit kirchl. Erneuerung im 16. Jh. Im A. wurden von den Reformatoren nicht nur der Fiskalismus der Kurie u. der Missbrauch der Ablasspraxis kritisiert, sondern vor allem, wie Luthers Resolutionen von 1518 zeigen, die dem Ablass zugrunde liegende Auffassung bestritten, dass Christi Heilshandeln sich mit menschlichen, in Sachwerten geltend zu machenden Werken verrechnen u. sogar für Verstorbene anwenden ließe.

**Ablation** [lat.], Sammelbegriff für alle Prozesse (Sublimation, Schmelzen, Verdunsten), durch die ein Gletscher, Inlandeis, Eisberg oder eine Schneemasse an der Oberfläche an Substanz verliert. Die dazu notwendige Wärmeenergie liefern Sonnenstrahlung, Rückstrahlung vom Fels, warme Luft (Wind), Regenwärme u. Schmelzwasser über 0 °C. Durch die A. entstehen typ. Formen wie Büßerschnee u. Gletschertische. Die A. wird verstärkt, wenn das Eis von dunklen Gesteinen oder Staub bedeckt wird, die das kurzwellige Sonnenlicht in Wärme umwandeln.

**Ablationskühlung,** Kühlung für thermisch hochbelastete Oberflächen durch Verdampfung geeigneter Materialien; angewendet bei Raketentriebwerken u. bei Hitzeschilden von Wiedereintrittskörpern.

**Ablatio retinae** [lat.], *Amotio retinae*, die → Netzhautablösung.

**Ablativ** [der; lat.], Abk. *Abl.*, der 5. Fall im Lateinischen u. in anderen Sprachen, ursprüngl. ein Kasus mit separativer (trennender) Funktion („von – her"), später auch mit instrumentaler Bedeutung („mit", „durch").

**Ablativus absolutus** [der; lat.], Abk. *abl. abs.*; eine latein. Partizipialkonstruktion im Ablativ, gleichwertig mit den verschiedensten Typen konjunktionaler Nebensätze, deren Subjekt von dem des zugehörigen Hauptsatzes verschieden ist.

**Ablauf,** mit einem Rost versehener Bestandteil einer Entwässerungsanlage zur Aufnahme des abzuführenden Wassers.

**Ablaufbahn,** Gleitbahn für den Stapellauf eines Schiffes.

**Ablaufberg,** *Eisenbahn: Rangierberg, Eselsrücken*, mit Gefälle verlegte Rangiergleise zum Ablaufen lassen u. Verteilen von Wagen in verschiedene Richtungsgleise; dient zum Zusammenstellen einzelner Wagen zu Zügen. Auch → rangieren.

**Ablaufdiagramm,** *Datenverarbeitung:* ein Diagramm, das den zeitl. Ablauf einzelner Arbeitsgänge sowie die Abhängigkeit verschiedener Arbeitsfolgen voneinander übersichtlich darstellt.

**ablaufen,** *Schifffahrt:* 1. eine bestimmte Fahrstrecke von einer Position aus zurücklegen. – 2. vom → Stapel laufen.

**Ablauforganisation,** Begriff aus der → Organisation für die Regelung der zeitlichen Arbeitsfolge, bes. in Industriebetrieben; Gegensatz zur → Strukturorganisation.

**Ablaufplansteuerung,** eine Steuerung, bei der der Ablauf der einzelnen Arbeitsvorgänge eines Arbeitszyklus, also ihre Reihenfolge, festlegt; Gegensatz: → Zeitplansteuerung.

**ablaugen** → abbeizen.

**Ablaut,** seit J. *Grimm* Bez. für den systemat. Wechsel *(Alternieren)* einer Reihe von Vokalen *(Ablautreihe)* in sonst ident. Morphemen (Stamm- oder Ableitungssilben). Im Deutschen beschränkt sich der A. auf die Stammsilben u. ist das Hauptmerkmal in der Stammbildung der „starken" Verben (z. B. springe, sprang, gesprungen). In manchen Sprachen wird unterschieden zwischen *quantitativem A.* (Abstufung, z. B. ei-i) u. *qualitativem A.* (Abtönung, z. B. e-o).

**ablegen,** *Schifffahrt:* ein Schiff von der Pier lösen u. in Bewegung setzen.

**Ableger, 1.** *Botanik:* eine junge Pflanze, die sich durch vegetative Fortpflanzung aus Brutknospen oder Brutsprossen der Mutterpflanze entwickelt (z. B. bei der Erdbeere aus den Seitenknospen der Ausläufer oder bei der Zahnwurz aus Achselknospen). Der A. bleibt im Unterschied zum *Steckling* mit der Mutterpflanze im Zusammenhang, bis er sich selbst ernähren kann.
2. *Gartenbau: Absenker*, vegetative Vermehrungsart bei schwer bewurzelbaren Gehölzarten u. Stauden. Seitentriebe werden abgebogen, befestigt, mit Erde bedeckt u. nach der Bewurzelung von der Mutterpflanze getrennt.

**Ablehnung,** *Recht:* die A. des Richters, Rechtspflegers, Protokollführers, Dolmetschers oder Sachverständigen wegen Besorgnis der Befangenheit in gerichtlichen Verfahren. Die Besorgnis der Befangenheit ist begründet, wenn vom Standpunkt des Ablehnenden aus bei vernünftiger Wertung Zweifel an der Unvoreingenommenheit (Unparteilichkeit) bestehen. Auch Gründe, die zur → Ausschließung des Richters führen, berechtigen zur A. Der Gerichtsbeschluss, der dem Ablehnungsgesuch stattgibt, bewirkt das Ausscheiden des Richters aus dem betreffenden Verfahren.

**ableitende Mittel,** *Medizin:* schweiß- u. harntreibende, hautreizende, abführende u. brecherregende Mittel; auch → Ableitung (3).

**Ableitung, 1.** *Elektrotechnik:* 1. die Verbindung von Teilen elektr. Anlagen mit Erde, meist über Schutzeinrichtungen, die im Störungsfall ansprechen (→ Erdung). – 2. die Verbindung zwischen Generator u. Blocktransformator *(Generator-Ableitung)*; meist dicke Kupferschienen, oft zu Paketen verschraubt.
2. *Mathematik:* der Differenzialquotient einer Funktion $f$ an der Stelle $x_0$, Zeichen: $f'(x_0)$; → Differenzialrechnung.
3. *Medizin:* 1. Verteilung von Kreislaufstauungen, z. B. Blutüberfüllungen in Kopf, Rumpf oder Gliedmaßen durch Arm-, Fuß-, Sitzbäder, Wickel oder Packungen. – 2. ausleitende Maßnahmen, durch die Krankheitsstoffe über Niere, Haut, Darm durch Reizung dieser Organe ausgeschieden werden. – 3. Art der Elektrodenanlegung bei der → Elektrokardiographie.
4. *Sprachwissenschaft:* → Derivation.

**Ableitungsverlust,** von der Spannung abhängiger Energieverlust bei Hochspannungsleitungen, setzt sich zusammen aus Isolations- u. dielektr. Verlusten. Ableitungsverluste sind bei normalen Bedingungen in der Regel zu vernachlässigen.

**Ablenkung,** *Fernsehtechnik:* Auslenkung des Elektronenstrahls in einer Kathodenstrahlröhre durch ein elektr. oder magnet. Feld. In Fernsehkameras u. Fernsehempfängern wird gleichzeitig eine horizontale u. vertikale A. durch zwei magnet. Felder durchgeführt, die von zeitlinear sich ändernden Ablenkströmen in bes. Ablenkspulen erzeugt werden. Auch (→ Kathodenstrahlen).

**abliegen,** *Drucktechnik:* Bez. für das unerwünschte Abfärben frischer, übereinander liegender Druckbogen auf der Rückseite.

**ablöschen, 1.** *Hüttentechnik:* glühende Metallstücke schnell abkühlen, um sie zu härten.
2. *Kochkunst:* Flüssigkeit zugießen, z. B. bei Braten oder Einbrenne.

**Ablösesumme,** ein Geldbetrag, den ein Verein an einen anderen für den Vereinswechsel (→ Transfer) eines Sportlers zahlt. Nach einem Urteil des Europ. Gerichtshofes Ende 1995 können Ablösesummen nur noch gefordert werden, wenn Sportler aus laufenden Verträgen herausgelöst werden sollen. Innerhalb der EU können Sportler nach Ablauf des Vertrages ablösefrei wechseln.

**Ablösung, 1.** *bürgerliches Recht:* Aufhebung von rechtl. Verpflichtungen *(Befriedigungsrecht)* gegen verschiedenartige Entschädigungsleistungen, so in der Zwangsvollstreckung (§ 268 BGB), bei der Hypothek (§ 1142, 1150 BGB), bei der Rentenschuld (§ 1201 BGB), im Faustpfandrecht (§ 1249 BGB).
2. *Sozialversicherung:* → Abfindung (4).

**Abluft,** die bei einem Lüftungsverfahren aus einem Raum abgeführte Luft.

**ABM, 1.** Abk. für engl. *Anti-Ballistic-Missile*, Rakete zur Bekämpfung interkontinentaler ballist. Feindraketen. Die USA u. die UdSSR schlossen 1972, dann 1974 einen modifizierten, zeitlich unbefristeten *ABM-Vertrag*, in dem sie sich gegenseitig die Errichtung von je einem ABM-System mit bis zu 100 Startrampen u. 100 Abfangraketen zugestanden. Der ABM-Vertrag gewährleistete die gegenseitige *Abschreckung.* Im Dezember 2001 kündigten die USA das Vertragswerk. – **2.** Abk. → Arbeitsbeschaffungsmaßnahmen.

**Abmagerung,** Substanzabnahme des Körpers durch Hunger, Unterernährung, Fehlernährung oder Erkrankungen, die die Nahrungsaufnahme beeinträchtigen, den Stoffwechsel stören oder einen erhöhten Stoffverbrauch oder Gewebsabbau verursachen.

**Abmagerungsdiät,** Kostform zur Herabsetzung des Körpergewichts durch verminderte Energieaufnahme mit der Nahrung; auch: → Reduktionsdiät.

**Abmagerungskuren** → Reduktionsdiät.

**Abmahnung, 1.** *Arbeitsrecht:* die an einen nachgeordneten Mitarbeiter gerichtete ernsthafte Aufforderung des Arbeitgebers oder Vorgesetzten (Abteilungsleiter, Meister), ein genau bezeichnetes Fehlverhalten zu ändern bzw. aufzugeben, verbunden mit dem Hinweis, dass im Wiederholungsfalle Bestand oder Inhalt des Arbeitsverhältnisses gefährdet sei. Die A. ist gesetzlich nicht geregelt; durch sie soll der abgemahnte Mitarbeiter darauf hingewiesen werden, dass ein bestimmtes Verhalten oder ein bestimmter Zustand gegen arbeitsvertragl. Pflichten verstößt (Hinweisfunktion) u. bei Fortsetzung oder Wiederholung des vertragswidrigen Verhaltens ernsthaft mit einer Änderung oder Beendigung des Arbeitsverhältnisses durch Kündigung rechnen muss (Androhungsfunktion). Durch die A. soll dem Arbeitgeber darüber hinaus im Kündigungsschutzprozess der Nachweis erleichtert werden, dass der Kündigung des Arbeitsverhältnisses ein vertragswidriges Verhalten des Arbeitnehmers vorangegangen ist (Dokumentationsfunktion). Gegen eine nach seiner Ansicht zu Unrecht erfolgte A. kann der Arbeitnehmer im Wege der Beschwerde beim Betriebsrat vorgehen. Zudem hat er das Recht, vom Arbeitgeber im Rahmen einer arbeitsgerichtl. Klage die Beseitigung oder Zurücknahme einer ungerechtfertigten A. zu verlangen. – **2.** *Wettbewerbsrecht:* die Aufforderung, ein angeblich oder tatsächlich wettbewerbswidriges Verhalten zu unterlassen.

**Abmarkung,** Errichtung bzw. Wiederherstellung fester Grenzzeichen, die bislang gefehlt oder falsch gestanden haben. Ist hierdurch der Grenzverlauf unklar geworden, kann jeder Grundstückseigentümer von seinem Nachbarn die Mitwirkung zum Abmarkungsverfahren verlangen (§ 919 BGB). Es bezweckt die Sicherung der Grenzen in der Regel durch Neuvermessung, die nach landesrechtl. Abmarkungs-, Vermessungs- u. Katasterbestimmungen erfolgt.

**Abmaß,** Unterschied zwischen einem Grenz-, Ist- oder Paarungsmaß u. dem Nennmaß. Es gibt 2 Arten: das *obere A.* bezeichnet den Unterschied zwischen Größtmaß u. Nennmaß, das *untere A.* den Unterschied zwischen Kleinstmaß u. Nennmaß. Auch → Passung, → Toleranz.

**Abmeierung,** aus mittelalterlichem Bauern-

recht in das nat.-soz. *Erbhofgesetz* übernommene Möglichkeit, im Zuge eines Rechtsverfahrens dem Besitzer eines landwirtschaftl. Betriebs das Eigentum an diesem zu entziehen oder ihn von der Verwaltung u. Nutznießung auszuschließen; war hauptsächl. vorgesehen bei anhaltend unsachgemäßer Bewirtschaftung oder bei ständiger Abwesenheit vom Betrieb; in abgeschwächter Form noch zu finden im *Kontrollratsgesetz Nr. 45* zur Aufhebung der Erbhofgesetze u. Einführung neuer Bestimmungen über land- u. forstwirtschaftliche Grundstücke (Unterstellung des landwirtschaftl. Betriebs unter Aufsicht oder Treuhänder, ggf. Zwangsverpachtung; inzwischen überholt durch das *Grundstücksverkehrsgesetz* vom 28. 7. 1961).

**Abmelkwirtschaft,** Milchviehhaltung ohne eigene Züchtung zum ausschl. Zweck der Milchproduktion, meist im Einzugsgebiet großer Städte. Es werden frischmelkende Kühe gekauft u. nach Absinken der Milchleistung unter die Wirtschaftlichkeitsgrenze kurze Zeit angemästet u. dann geschlachtet.

**Abmoosen,** *Markottage,* Vermehrung an der Mutterpflanze. Der Zweig wird seitlich angeschnitten, mit Moos umwickelt u. in eine Folie, die oben u. unten abgebunden wird, gehüllt; nach der Wurzelbildung wird der Zweig von der Mutterpflanze abgetrennt u. selbständig weiterkultiviert.

**abmustern, 1.** *Recht:* eine → Abmusterung vornehmen. – **2.** *Seemannssprache:* das Dienstverhältnis auf einem Schiff beenden.

**Abmusterung,** amtl. Löschung eines Mitglieds der Schiffsbesatzung in der → Musterrolle nach Verhandlung vor dem Seemannsamt bei Beendigung des Dienstes (§§ 13ff. des Seemannsgesetzes vom 26. 7. 1957); wird im *Seefahrtbuch* vermerkt; Gegensatz: *Anmusterung.* Als A. bezeichnet man auch das unerlaubte Verlassen des Arbeitsplatzes durch Seeleute.

**Abnäher,** Naht zum Einhalten einer Mehrweite u. zur Formgebung.

**Abnahme, 1.** Prüfung einer vertragl. Leistung oder Lieferung durch deren Auftraggeber u. dessen Erklärung, dass sie im Wesentl. fehlerfrei sei. Ist sie mangelhaft, so muss Verweigerung der A. oder A. unter Vorbehalt der Rechte erfolgen; sonst erlöschen durch die A. für bekannte Mängel Ansprüche auf Beseitigung, Preisminderung oder Rückgängigmachung des Vertrags. Bei verborgenen Mängeln beginnt ab A. eine Verjährungsfrist für diese Ansprüche. Nach A. muss der Auftraggeber beweisen, dass der Auftragnehmer den Mangel verursacht hat. Der Preis für die Leistung ist erst nach A. fällig. Die A. ist gesetzl. in § 640 BGB geregelt, für Bauverträge Sonderregelung in § 12 VOB (B). – **2.** Kontrolle durch die → Bauaufsichtsbehörde, ob ein Bauwerk den Vorschriften des öffentl. Baurechts gemäß errichtet wurde. Die A. findet meist zweimal statt (Rohbau- u. Schlussabnahme).

**Abnaki,** Algonkin-Indianerstamm, einst an der nördl. Atlantikküste der USA, heute in Kanada.

**Abnoba,** Bez. des Schwarzwaldes in röm.

Zeit. *Diana Abnoba,* keltisch-röm. Schwarzwaldgöttin, auf Inschriftenfunden erwähnt.

**abnorm** [lat.], von der Regel abweichend, regelwidrig, widernatürlich, missgebildet, krankhaft.

**Abnormität** [lat.], Missbildung.

**Abnutzungssatz,** *Hiebsatz,* die jährl. zum Einschlag kommende Holzmenge eines Waldes, die im → Nachhaltsbetrieb nicht höher als der jährl. Zuwachs sein darf.

**Abo,** Kurzwort für → Abonnement.

**Åbo** [ˈoːbu], schwed. Name der finn. Stadt → Turku.

**Abodriten,** *Abotriten,* Völkerschaft der Elb- u. Ostseeslawen, → Obodriten.

**Aboisso,** Stadt im Südosten der Rep. Côte d'Ivoire, 13 500 Ew.; Zentrum eines Plantagen- u. Pflanzungsgebiets (Kakao, Kaffee, Bananen, Ananas).

**abolieren** [lat.], abschaffen, begnadigen.

**Abolition** [lat., „Abschaffung"], Niederschlagung anhängiger oder bevorstehender Strafverfahren durch die obersten polit. Organe; als Einzelmaßnahme *(Einzel-Abolition)* unzulässig; *Massen-Abolition:* → Amnestie. Auch → Begnadigung.

**Abolitionismus** [lat.], **1.** eine 1831–1865 in den USA tätige Bewegung, die aus humanitären, sozialen u. politischen Gründen die Sklaverei abschaffen wollte. Ihre Vorkämpfer waren u. a. W. L. *Garrison,* E. C. *Stanton,* J. *Brown.* – **2.** Bewegung gegen die gesetzl. Regelung (u. Duldung) der → Prostitution.

**A-Bombe,** die → Atombombe.

◆ **Abomey** [abɔˈmɛ], **1.** Königreich des 17. u. 18. Jh. im heutigen → Benin. Die Könige von A. leisteten mit ihren gut organisierten Heeren (darunter auch „Amazonen"-Einheiten) den Sklavenhändlern u. europ. Kolonisten lange erfolgreichen Widerstand. – **2.** Stadt in der Rep. Benin in Westafrika, 125 000 Ew.; alte Königspaläste (Weltkulturerbe seit 1985); 1892 französ., bis 1900 Hptst. des gleichnamigen Königreichs → Seite 38.

**abominabel** [lat.], widerlich, abscheulich.

**Abonnement** [-ˈmã; das; frz.], Bezug von Zeitungen, Zeitschriften, Büchern über einen größeren Zeitraum, meist gegen Vorauszahlung; in gleicher Weise auch Miete von Theater-, Konzert-, Kinoplätzen.

**ABO-Psychologie,** Abk. für *Arbeits-, Betriebs- und Organisationspsychologie;* relativ junges Gebiet der Psychologie, das die drei traditionellen Teildisziplinen zusammenfasst.

**Abor,** Stamm der Nordassamvölker, mit tibetisch-birman. Sprache; Ackerbauern mit Büffelopfer u. Junggesellenhäusern; sie übernahmen die Armbrust von den Chinesen.

**aboral** [lat.], vom Mund abgewandt (Lagebezeichnung am Tierkörper).

**Aborigines** [æbəˈridʒiniːz], *Australier,* die rd. 270 000 Ureinwohner Australiens. Die meisten A. leben heute in den u. um die großen urbanen Zentren des Kontinents, nur noch wenige in traditioneller Bindung in Reservationen, auf Missionsstationen oder Viehfarmen (vor allem im Nordterritorium u. in Westaustralien). Sie sind Angehörige einer sehr altertüml. Gruppe der Menschheit, die in mehreren Schüben einwanderte. Die A.

gehören der *australiden Rasse* an, gliedern sich in eine große Zahl von Stämmen (Aranda, Dieri, Loritja, Warramunga, Urabuna, Kamilaroi, Kurnai, Narrinjeri u. a.) mit selbständigen Sprachen u. streifen, wo unbeeinflusst, in Gruppen von 20 bis 200 Menschen unter Führung der Ältesten als Wildbeuter umher. Bumerang, Speer mit Gleitschleuder *(Woomera),* Keule u. Schild waren die Waffen der ursprüngl. Kultur, die Kleidung fehlt oft ganz. Als Wohnung dienen Windschirme oder Höhlen. Ein ausgeprägter Totemismus, komplizierte Heiratsordnungen, Reifefeiern mit Schwirrhölzern, Seelenhölzer *(Tjurunga),* Beschneidung, Narbentatauierung, Zahnausschlagen, Felsmalereien (→ australische Kunst) u. Tänze *(Korrobori)* kennzeichneten ihr Leben. Ihr reicher Mythenschatz deutet eine Verarmung ihrer Kultur an. Viele Stämme haben ihr Stammesleben aufgegeben oder sind erloschen.

**Abort,** *Abtritt,* (Raum mit) Vorrichtung zur Aufnahme u. Abführung menschl. Ausscheidungen. 1. Trocken-Abort: a) *Gruben-Abort* (im Freien: *Latrine*), Abgänge fallen in Dunggrube; b) *Torfmull-Abort,* Abgänge fallen mit Torfmull vermischt in Tonnen; – 2. *chem. Toilette,* mit absorbierenden Chemikalien versehener Behälter, wird z. B. in der Luftfahrt verwendet; – 3. *A.* mit Wasserspülung, → Wasserklosett.

**Abort,** *Abortus* [lat.], 1. *M e d i z i n :* die → Fehlgeburt (i. e. S. innerhalb der ersten 3 Monate). 2. *S t r a f r e c h t :* krimineller *A.* → Schwangerschaftsabbruch.

**abortiv, 1.** auf einen Abort (→ Fehlgeburt) bezüglich. 2. unvollständig, nicht voll ausgebildet; *abortives Krankheitsbild:* ein Krankheitsbild, das, ehe die Anzeichen deutlich wurden, in Heilung übergeht.

**Abortiva** [lat.; Sg. *Abortivum*], *Abortivmittel,* 1. Mittel, die zum Abort (→ Fehlgeburt) führen. 2. Mittel, die eine Krankheit bereits im Beginn überwinden.

**Abortus Bang** [nach B. *Bang*], *Brucellose* der Rinder, Infektionskrankheit, hervorgerufen durch *Brucella abortus;* führt zu seuchenhaftem Verkalben in Rinderbeständen. Die Inkubationszeit beträgt 2 Wochen bis 4 Monate. Charakteristisch sind Aborte im fortgeschrittenen Trächtigkeitsalter. Die Krankheit ist auch auf den Menschen übertragbar. Die Brucellose der Rinder unterliegt der Anzeigepflicht.

**Abot** [hebr.], *Pirqe 'Abot,* Sprüche der Väter, Traktat in der → Mischna, jedoch nicht gesetzlichen Inhalts, sondern eine altjüdische Spruchsammlung, die mit einer Darstellung der Traditionskette für die mündliche → Tora von Moses bis zu den Talmudgelehrten beginnt.

**About** [a'bu:], Edmond, französ. Schriftsteller u. Journalist, * 14. 2. 1828 Dieuze, † 16. 1. 1885 Paris; Verfasser von Sitten- u. Reiseromanen. Mitgl. der Académie Française.

**ab ovo** [lat., „vom Ei an"], vom Urbeginn an.

**Abowjan,** Chatschatur, armen. Dichter, * 1805 Kanaker bei Eriwan, † 14. 4. 1848 Eriwan; Begründer der neuarmen. Literatursprache; Novellen u. Romane aus der nationalen Überlieferung; auch Vermittler abendländ. Bildungsguts.

**abplaggen,** die dicht bewurzelte oberste Bodenschicht abschälen; notwendig beispielsweise bei Neukultur von Heideflächen; → Plagge.

**Abplattung,** die durch die größere Fliehkraft am Äquator bewirkte Verkürzung der Drehachse von Himmelskörpern. Die Erdachse von Pol zu Pol ist gegenüber dem Äquatordurchmesser um 42,77 km verkürzt; gemessen in Bruchteilen des großen Durchmessers beträgt die *A.* 1/298,26. Auch → Referenzellipsoid.

**Abpraller,** ein Geschoss, das mit einem sehr flachen Auftreffwinkel auf die Erde aufschlägt, weiterfliegt u. erst danach in der Luft explodiert.

**abprotzen,** ursprünglich: das Geschütz von der → Protze abhängen, z. B. um es in Stellung zu bringen; heute: jedes von einem Kraftfahrzeug gezogene Geschütz abhängen; *aufprotzen:* das Geschütz an das Zugmittel anhängen.

**ABR,** Abk. für *Abortus-Bang-Ringprobe,* Test auf Abortus-Bang-Bakterien in der Milch.

**Abrabanel,** *Abravanel, Abarbanel,* Isaak, * 1437 Lissabon, † 1508 Venedig; jüd. Finanzmann, Bibelausleger u. Religionsphilosoph.

**Abraham** [hebr., „Vater der Menge", aus *Abram,* „hochwürdiger Vater"], männl. Vorname; arab. *Ibrahim.*

**Abraham,** der dem Stammvater Israels von Gott (Jahwe) verliehene Ehrenname (Genesis 17); der erste der 3 Erzväter, wanderte nach dem AT von seinem Wohnsitz in Ur (Babylonien) oder Haran (Nordwestmesopotamien) nach Kanaan (Genesis 12–25). Die Abrahamtradition ist wahrscheinl. in der 1. Hälfte des 2. Jahrtausends v. Chr. entstanden.

Paul Abraham

◆ **Abraham,** Paul, ungarischer Komponist. * 2. 11. 1892 Apatin, Südungarn, † 6.5.1960 Hamburg; schrieb Operetten (unter anderem „Victoria u. ihr Husar" 1930; „Ball im Savoy" 1932) u. Filmmusiken.

**Abraham a Santa Clara,** *Abraham a Sancta Clara,* eigentl. Johann Ulrich *Megerle,* dt. Kanzelredner u. Volksschriftsteller, * 2. 7. 1644 Kreenheinstetten, Baden, † 1. 12. 1709 Wien; Augustiner-Barfüßer, seit 1677 Hofprediger in Wien; Meister barocker Redekunst, unerschöpfl. im Wortspiel, rücksichtslos freimütig, auch derb witzig. „Merk's Wien!" (anlässlich der Pest) 1680; „Auf, auf ihr Christen" (Heerpredigt wider die Türken; von Schiller in „Wallensteins Lager" für die Kapuzinerpredigt benutzt) 1683; „Judas der Erzschelm" (satir. Traktatensammlung) 1686–1695.

**Abrahams,** Peter, südafrikan. Schriftsteller, * 19. 3. 1919 Vrededorp (Johannesburg); schrieb nach seiner Emigration nach England (1939) die Romane „Xuma" 1946, dt. 1994; „Reiter der Nacht" 1948, dt. 1957; „The view from Cayoba" 1985. Sie haben die Rassenproblematik in Südafrika zum Thema. Seit 1957 lebt *A.* in Jamaika. Autobiografie: „Tell freedom" 1954, dt. „. . . dort, wo die weißen Schatten fallen" 1956.

**Abrakadabra,** antikes Wort unbekannter Herkunft; im 16. Jh. als magische Amulettaufschrift verwendet; heute vorwiegend als Zauberwort bei Beschwörungsriten oder Varietévorführungen gebraucht.

**Abramovic** [-ɔvitʃ], Marina, jugoslaw. Performance- u. Videokünstlerin, * 30. 11. 1946 Belgrad; ging 1975 in den Westen; A. akzentuiert die Autonomie des Menschen u. lässt in den Performances das Nichtrationale wahrnehmbar werden, oft bis an die eigenen körperlichen Grenzen gehend. Hptw.: „Schlangenperformance" 1990; „Shoes for Departure, Schuhgrößen 37–45" 1991; „Balkan-Barock", Biennale Venedig, 1997.

**Abramowitsch,** Schalom Jakob → Mendele Moicher Sforim.

**Abrams** ['ɛɪbrəms], Creighton Williams, US-amerikan. General, * 15. 9. 1914 Springfield, Mass., † 4. 9. 1974 Washington; 1968–1972 Befehlshaber der US-Truppen in Vietnam, 1972 –1974 Stabschef des Heeres.

**Abramzewo,** *Abramcevo,* im letzten Drittel des 19. Jh. Künstlerkolonie in der Nähe von Moskau, die sich als Gegensatz zur Petersburger Akademie verstand, also eine Art russ. Sezessionsbewegung war. Sie vertrat die Ziele der *Peredwischniki* (um *Repin*), des Impressionismus (um *Serow*) u. des Symbolismus (um *Wrubel*). Der Architekt A. *Wasnezow* erbaute aus Protest gegen den herrschenden Historismus in A. eine Kirche im Stil der altruss. Baukunst.

**Abrantes** [-tiʃ], Stadt in Mittelportugal, am Tejo, nördl. von Lissabon, Distrikt Santarém, 6000 Ew.; Mittelpunkt eines landwirtschaftl. Umlands mit Oliven- u. Korkeichenanbau; Eisenindustrie.

**Abrasion** [lat.], „abhobelnde" Wirkung der Brandungswelle an Meeresküsten; dabei entstehen *Abrasionsflächen, Abrasionsplattformen, Küstenterrassen.*

Pjotr Andrejewitsch Abrassimow

◆ **Abrassimow,** *Abrasimov,* Pjotr Andrejewitsch, sowjet. Diplomat, * 16. 5. 1912 Boguschewskoje, Gebiet Witebsk; zunächst Parteifunktionär, seit 1956 im auswärtigen Dienst; 1956/57 Botschaftsrat in der VR China, 1957 bis 1961 Botschafter in Polen, 1962–1971 Botschafter in der DDR. Als solcher nahm *A.* die Restaufgaben eines Hohen Kommissars in Dtschld. wahr u. führte 1970/71 die Verhandlungen mit den Westmächten über das Berlin-Abkommen. 1971–1973 Botschafter in Frankreich, 1975–1983 wieder Botschafter in der DDR

*Fortsetzung S. 40*

# Abomey

 **Abomey**

**Kulturdenkmal:** heute nur noch 2 von ursprünglich 14 Palästen weitgehend erhalten; Palastbereich mit dem heiligen Palasthof, der »Hütte des Königsgeistes« und »des Geistes der Königsmutter«, der Kulthütte mit dem Altar des Königtums; Reliefdarstellungen an den Palastbauten, u. a. über die ersten Kontakte mit den Europäern; im Inneren des Thronhauses sieben Throne, darunter der von Ghezo, der auf silbergefassten Totenschädeln ruht

**Kontinent:** Afrika

**Land:** Benin

**Ort:** Abomey (Dahomey), nördlich von Cotonou

**Ernennung:** 1985

**Bedeutung:** Zeugnisse des einst mächtigen Königreiches von Dahomey aus dem 17. bis 20. Jh.

**Zur Geschichte:**

*um 1620* Gründung des Königreiches Dahomey durch das Volk der Fon; Hauptstadt Abomey

*1625* Dako erster König von Dahomey

*1645–85* König Ouegbadja

*1708–32* König Agadja

*1732–1818* Regentschaft der Könige Tegbesu, Kengala, Agongolo und Adandozan; Blütezeit des Sklavenhandels

*1818–58* König Ghezo

*1858–89* König Glele

*1878* Vertrag mit Frankreich zur Abtretung des Gebietes von Cotonou

*1889–94* König Béhanzin; Widerstand gegen das »Protektorat« Frankreich

*1894* endgültige Eroberung des Landes durch die Franzosen; Verbannung Béhanzins

*1906* Tod König Béhanzins in Algier

*1944* Umwandlung der Paläste von König Ghezo und Glele in Museen

---

Wer Paläste in unserem Sinne erwartet, mag enttäuscht sein, da die ursprüngliche Palaststadt 1892 bei der französischen Eroberung zerstört wurde: Heute stehen in Abomey nur einige wenige unscheinbare Gebäude und ein kleiner Tempel, aus Lehm gebaut, der angeblich mit dem Blut der Feinde des Königreichs Dahomey getränkt wurde. Hier residierten jahrhundertelang die Könige mit ihrem Hofstaat und ihren Soldaten und Soldatinnen, den berühmten Amazonen Dahomeys; hier wurden die Herrscher auch begraben.

Ursprünglich waren alle Gebäude mit Stroh gedeckt und zum Teil an der Außenseite mit farbigen bildlichen Darstellungen verziert. Diese Flachreliefs sind auch auf den Mauern des heutigen Museums zu sehen, in dem unter anderem der berühmte Thron des Königs Ghezo gezeigt wird, der auf vier versilberten Schädeln ruht, außerdem die traditionellen Stoffapplikationen, deren bunte Bilder die Geschichte Dahomeys erzählen, Fetische des Kriegsgottes sowie eiserne Stelen, die die Verstorbenen repräsentieren.

Die Grenze zwischen den Lebenden und den Toten war in Dahomey schon immer durchlässig. Einmal im Jahr werden im Palasthof noch heute während mehrerer Nächte Zeremonien für die königlichen Ahnen abgehalten. Jeden Abend kommen dann unter Vorsitz des heutigen Königs die Nachkommen all derer zusammen, die im alten Dahomey Rang und Namen hatten. Trommeln und Gesänge erklingen, und in Gestalt weiß gekleideter Tänzerinnen kehren die Könige für ein paar Stunden unter die Lebenden zurück.

Dieser Rückkehr gehen Stieropfer voraus, die die ursprünglichen Menschenopfer ersetzt haben. »Die Stiere sind wie die Menschen«, wird dem auswärtigen Besucher erklärt, »man schafft sie lebend herbei, beginnt die Zeremonie vor ihren Augen und tötet sie erst am Ende. Im Jenseits werden sie wieder auferstehen und den Königen berichten, dass Essen und Trinken bereitstehen.«

Das majestätische Symbol des Löwen setzte König Glele als sein Zeichen im Palais des Bijoux

Weil diesen Botendienst früher Menschen taten, betrachteten Europäer des 18. und 19. Jahrhunderts die alljährliche Ahnen-Zeremonie als Gipfel der Barbarei. »In Dahomi«, schrieb der Brite Robert Norris 1790, »ist der König uneingeschränkter Herr über das Leben, die Freyheit und das Eigenthum seiner Untergebenen, und er spielt muthwillig und auf die wildeste und grausamste Art damit. Haufen von ihren Köpfen werden an festlichen Tagen vor den Thoren des Palasts zur Zierde aufgeschichtet.«

Derlei Gruselgeschichten taten dem Handel mit den Fon-Königen keinen Abbruch. Schließlich lieferten sie den seinerzeit begehrtesten Rohstoff: Seit dem 17. Jahrhundert versorgten sie die Weißen mit Sklaven für die Plantagen der Neuen Welt und erhielten im Tausch Alkohol, Tuche und andere europäische Manufakturwaren, vor allem aber Feuerwaffen. Mit diesen zogen sie gegen ihre schlechter gerüsteten Nachbarn zu Felde. Den Erlös aus dem Verkauf der Kriegsgefangenen wiederum investierten sie in neue Waffen für neue Kriege.

Im Lauf von gut zwei Jahrhunderten konnten die Fon-Könige, deren Geschlecht der Überlieferung nach mit der Liaison zwischen einer Prinzessin und einem Leoparden seinen Anfang nahm, das Reich ihrer Vorfahren Schritt für Schritt vergrößern. Aus dem kleinen, unbedeutenden Dahomey entstand ein straff organisierter und durch und durch militarisierter Staat.

Erst als die europäischen Kolonialmächte den Schwarzen Kontinent unter sich aufteilten, kam das Ende des Königreiches: »Nach zahlreichen Kämpfen hat das französische Expeditionskorps eure Hauptstadt eingenommen und König Béhanzin daraus vertrieben. Seine Armee ist zerstört und seine Macht ein für alle Mal zerschlagen. Die Geschicke des Volkes von Dahomey liegen von nun an in den Händen Frankreichs (...).«

Das war am 18. November 1892: Gegen den erbitterten Widerstand der königlichen Truppen hatte sich ein französisches Expeditionskorps innerhalb von zwei Monaten von der Küste aus bis Abomey vorgekämpft. Hamburger Kaufleute hatten zwar König Béhanzins Armee aufgerüstet und dafür einige Tausend Gefangene Dahomeys als »freiwillige Arbeiter« erhalten, die nach Kamerun und in den Kongo deportiert wurden, aber weder sie noch preußische Militärhilfe aus dem benachbarten Togo und auch nicht der Heldenmut der berühmten Amazonen konnten die Niederlage verhindern.

Lorenz Rollhäuser

Heute findet man auch nur Reste jener Residenz, die König Akaba (1685–1708) ein wenig abgelegen für sich errichten ließ

Heldentaten der Krieger und Könige wurden in den Wandreliefs der Paläste bildkräftig und farbenreich in Szene gesetzt

# Abrauchen

u. 1985/86 Botschafter in Japan. Erinnerungen: „300 Meter vom Brandenburger Tor" 1985.

**Abrauchen,** chem.-analyt. Vorgang zur Zersetzung schwer löslicher Stoffe. Dabei werden z. B. Ammoniak aus Ammoniumsalzen oder flüchtige Säuren aus ihren Salzen durch Erhitzen verdrängt, bis keine Rauchentwicklung mehr stattfindet u. die Substanz trocken ist. Vor dem Erhitzen fügt man ggf. konzentrierte Mineralsäuren wie Schwefel-, Perchlor- oder Salzsäure hinzu.

**Abraum, 1.** *Bergbau:* vor dem Abbau im Tagebau zu entferndes Deckgebirge über einer Lagerstätte; auch minderwertige Schichten im Steinbruch, in Ton- u. Kiesgruben.
**2.** *Forstwirtschaft:* nach dem Einschlag am Waldort verbleibendes, minderwertiges Schwachholz unter 7 cm Durchmesser, wie Reisig, Abfall- u. Wipfelholz (Nichtderbholz).

**Abraumförderbrücke,** *Bergbau:* Gerät zum Abraumtransport im Tagebau; verfahrbare Stahlbrücke, die mit einem Förderband den Abraum unmittelbar von der Gewinnungsstelle über den Tagebau hinweg zur → Abraumhalde schafft. Die größten Abraumförderbrücken sind mehr als 500 m lang u. haben bis 250 m Stützweite (Förderbrücke im Braunkohlentagebau Espenhain, Sachsen).

**Abraumhalde,** *Bergbau: Abraumkippe, Bergehalde,* Aufschüttung von → Abraum,

Abrüstung: Michail Gorbatschow und Ronald Reagan unterzeichnen am 8. 12. 1987 das INF-Abkommen

der bei der Gewinnung mineral. Rohstoffe anfällt. In der Tagebautechnik unterscheidet man *Außen-* u. *Innenkippe,* je nachdem, ob der Abraum außerhalb oder innerhalb des Tagebaus verkippt wird.

**Abraumsalze,** bitter schmeckende Kalisalze, die früher beim Steinsalz-Abbau auf die Halde gekippt wurden, da man ihren Wert nicht kannte.

**Abravanel,** Isaak → Abrabanel.

**Abraxas,** *Abrasax,* Zauberwort, auch göttl. Geheimname; in gnostischen Zusammenhängen oft auf *Basilides* (2. Jh. n.Chr.) bezogen. *Abraxassteine* wurden als Amulette benutzt. Die Wirkungskraft des Wortes beruht insbes. auf Zahlenmagie: 7 Buchstaben, Zahlenwert 365 (Tage des Jahres).

**abreagieren,** innere Spannungen zur Auflösung bringen, aufgestaute Affekte abbau-

en, z. B. durch Sich-Aussprechen. Der Vorgang vollzieht sich unbewusst, im Gegensatz zur Verarbeitung von ins Bewusstsein zurückgerufenen Erlebnissen. Wird eine *Abreaktion* verhindert, kann das zu neurot. Zuständen führen. Verschiedene psychotherapeut. Techniken beinhalten deshalb die Möglichkeit zum A.

**Abreaktion,** ein Verhalten, bei dem seelische Spannungen u. aufgestaute Affekte (→ Aggression [2]) gelöst werden. Die A. kann als Ersatzhandlung (z. B. Türenschlagen) oder in Form friedlicher → Ventilsitten erfolgen. Auch → Triebstauhypothese.

**Abrechnung,** *Bankwesen: Skontration, Clearing,* Einrichtung bzw. Verfahren von Banken u. a. Kreditinstituten im Rahmen des bargeldlosen Zahlungsverkehrs zur Verrechnung gegenseitiger Forderungen u. Verbindlichkeiten *(Abrechnungsverkehr),* wobei lediglich die sich ergebenden Spitzenbeträge durch Bargeld oder Überweisung ausgeglichen werden; bes. in England, wo bereits im 18. Jh. *Abrechnungsstellen (Clearinghäuser, Clearing Houses)* entstanden, u. in den USA ausgebildet; in Dtschld. seit 1850 in Berlin, seit 1883 Abrechnungsstellen der Reichsbank. An die Stelle der Reichsbank traten in der BR Dtschld. die Abrechnungsstellen der Landeszentralbanken, in der DDR die Staatsbank der DDR.

**Abreibung,** Kaltwasseranwendung zur Anregung des Blutkreislaufs: Der Körper wird ganz *(Lakenbad)* oder nur z. T. in ein nasses Tuch eingehüllt u. so lange gerieben, bis er trocken ist. Die A. ist eine milde Kräftigungsform für Genesende. Auch → Abklatschung.

**abreichern,** den Anteil eines Isotops in einem Element herabsetzen; Gegensatz: *anreichern.*

**Abreißbewehrung** → Bewehrung.

**abreiten, 1.** *Jägersprache: abdonnern,* Bezeichnung für das Abfliegen eines Auerhahns von einem Baum.
**2.** *Schifffahrt:* einen Sturm vor Anker liegend überstehen.

**Abreiteplatz,** *Pferdesport:* Anlage im Bereich eines Turnierplatzes zur Wettkampfvorbereitung (Aufwärmen) der Pferde; der A. ist mit Übungshindernissen ausgestattet.

**Abreu,** Caio Fernando, brasilian. Schriftsteller, *12. 9. 1948 Santiago, Rio Grande do Sul, †1995, São Paulo; ausgezeichnet wurde u. er für seinen Roman „Was geschah wirklich mit Dulce Veiga?" 1992, dt. 1994; in seinen Kurzgeschichten beschrieb er u. a. seine Homosexualität u. die Krankheit Aids, an der er starb.

**Abri** [der oder das; frz., „Obdach"], Abk. für *abri sous roche,* unter einem Felsüberhang (Balme) befindlicher Rast- u. Wohnplatz des altsteinzeitl. Menschen.

**abrichten, 1.** *Fertigungstechnik:* 1. Holz- u. Eisenkanten geradlinig bearbeiten. – 2. Schleifscheiben mit *Abrichtdiamant* auf geometrisch genaue Form bringen u. schärfen.
**2.** *Verhaltensforschung:* Tiere abrichten, → Dressur (1).

**Abricoma-Sauce** [-soːsə], gebrauchsfertige

Sauce aus pulverisierten Aprikosen (daher der Name) mit Zucker u. Vanille; als Beigabe zu Pudding u. Flammeris, Kompott, frischen Früchten u. Eis u. als Grundlage von Milchmixgetränken.

**abriegeln,** einen in den Verteidigungsraum eingebrochenen Feind durch Bilden eines Riegels aufhalten, bis die zum Gegenangriff erforderl. Truppen herangeführt sind.

**Abrisse,** *Abrisslinge,* vegetative Vermehrungsart bei Stauden u. Gehölzpflanzen. Mutterpflanzen werden mit Erde angehäuft u. bewurzelte Teilstücke zur Weiterkultur später abgetrennt.

**Abrogans** [der; lat.], ein alphabetisch geordnetes, lateinisch-althochdeutsches Glossar, so benannt nach dem ersten Stichwort. Die älteste der drei überlieferten Handschriften stammt aus der Mitte des 8.Jh. Der A. gilt als das „älteste dt. Buch". Auch → Glosse (1).

**Abrogation** [lat.], Aufhebung eines Gesetzes im Ganzen durch ein späteres Gesetz; auch → Derogation.

**Abrösten,** *Rösten,* hüttenmäßiges Glühen von sulfid. Erzen unter Luftzutritt zur Beseitigung des Schwefels.

**Abrudern,** *Rudersport:* die letzte gemeinsame Fahrt eines Vereins am Ende der Saison; entsprechend *Absegeln* im Segel- u. *Abpaddeln* im Kanusport.

**Abruf,** *auf Abruf kaufen,* Klausel in Kaufverträgen, nach der der Käufer innerhalb einer angemessenen Frist nach Kaufabschluss den Liefertermin bestimmt.

◆ **Abrüstung,** engl. *disarmament,* die Abschaffung oder Beschränkung von Streitkräften u. Rüstung als ein Weg, die Anwendung oder Androhung militär. Gewalt bei Konflikten zwischen Staaten zu verhindern. Die A. kann allgemein (global) oder räumlich begrenzt bzw. einseitig sein oder nur bestimmte Staaten betreffen (besiegte Staaten). Sie kann total oder begrenzt sein, d. h. alle Kampfmittel außer den innerstaatlich notwendigen oder nur bestimmte betreffen.

*Rüstungskontrolle:* Als *Rüstungskontrolle* [engl. *arms control*] bezeichnet man die Beschränkung der Rüstung auf bestimmte Stärkeverhältnisse der Streitkräfte (Kontrolle durch die Anwesenheit fremder Beobachter bei Manövern) oder bestimmter Waffensysteme (Flotten, strateg. Waffen) bzw. den Verzicht auf vorhandene oder erwogene Waffensysteme (Raketenabwehr, Kernwaffensatelliten). Damit soll die Eigendynamik militär. Apparate, Strategien u. Gewaltanwendung begrenzt u. die polit. Kontrolle der Gewaltanwendung auch im Konflikt erleichtert werden, ohne auf Abschreckung bzw. Einsatzfähigkeit zu verzichten. Neben den finanziellen Kosten u. den sozialen, gesellschaftl., wirtschaftl., innen- u. außenpolit. Auswirkungen moderner Rüstungen können auch ethische u. polit.-normative Motive zugunsten der A. oder Rüstungskontrolle wirken

*Historische Entwicklung:* Die Forderung nach einer weltweiten A. wurde in der Neuzeit bes. von den *Pazifisten* vertreten. Das Problem der A. wurde zum ersten Mal von einer internationalen Instanz auf den → Haager Friedenskonferenzen von 1899 u. 1907 erörtert, die eine Eindämmung u. eine sog. Humanisierung des Krieges forderten. Entsprechend der Formel „internationale Schlichtung, Sicherheit, A." führten internationale Verhandlungen zur *Abrüstungskonferenz* (1932–1935). Da sich dieses vom Völkerbund eingesetzte Gremium nicht über die elementarste Frage (welche Waffen gehören zu den defensiven, welche zu den offensiven Waffengattungen?) einigen konnte, wurden keine konkreten Beschlüsse gefasst.

Nach dem Abwurf der ersten Atombomben über Hiroshima u. Nagasaki (1945) wurde eine Lösung der Problematik angesichts des Vernichtungspotenzials dieser Waffen umso dringlicher. Zwar wurden Dtschld. u. Japan nach dem 2. Weltkrieg vorerst vollständig entmilitarisiert (später wurde diese lokal beschränkte A. durch die Gründung der Bundeswehr, den Eintritt in die NATO u. die Zulassung einer japan. mit konventionellen Waffen ausgerüsteten Selbstverteidigungsagentur aufgehoben), doch die Entwicklung des Kalten Krieges u. die Bildung zweier Militärblöcke sowie insbes. der Koreakrieg führten erneut zum *Wettrüsten*. Vorschläge auf Atomwaffenverzicht (*Baruchplan* der USA) wurden von der UdSSR abgelehnt, die zunächst keine derartigen Waffen besaß. Erst ab 1955, nach der Gründung der NATO u. des Warschauer Paktes, kam es im Rahmen der UNO u. zwischen den Großmächten zu Abrüstungsverhandlungen. Dabei forderten die USA u. die UdSSR die allg. u. vollständige A. Die USA verlangten jedoch eine begleitende Kontrolle der Abrüstungsschritte, während die UdSSR für eine nachträgliche Kontrolle plädierte. Beide betonten zwar die Notwendigkeit eines Gleichgewichts, suchten jedoch mit ihren Vorschlägen jeweils eigene Vorteile.

Zu einem ersten, hinsichtlich der A. mehr symbol. Erfolg führten die Verhandlungen zwischen den USA, der UdSSR u. Großbritannien über ein Verbot der Kernwaffenversuche in der Atmosphäre, im Weltraum u. unter Wasser (→ *Atomteststoppvertrag* vom 5. 8. 1963). Der → *Atomsperrvertrag* vom 1. 7. 1968 sollte die Verbreitung von Kernwaffen verhindern u. die Atommächte zu Abrüstungsmaßnahmen verpflichten. Der Beschränkung der vorhandenen oder erwogenen strategische Rüstung galten die *SALT-Gespräche* (→ SALT). Die erste Verhandlungsphase (1970–1972) führte zum SALT-I-Abkommen vom 26. 5. 1972, die seit 1973 unternommenen SALT-II-Gespräche zum nicht ratifizierten SALT-II-Abkommen vom 18. 6. 1979 (auch → START). Die *Genfer Abrüstungskonferenz* unterzeichnete 1971 einen Vertrag über das Verbot von *B-Waffen* (biolog. Waffen). Ferner beschäftigten sich die nach den Schlussakten von Helsinki (→ OSZE) begonnenen *Wiener Verhandlungen über gegenseitigen Truppenabbau in Europa* (MBFR) mit einer regionalen A. Seit 1989 wurden die MBFR-Gespräche ersetzt durch die *Verhandlungen*

Abruzzen (1): Landschaft am Lago Campotosto

*über konventionelle Abrüstung in Europa.* Als Ergebnis der → INF-Verhandlungen wurde am 8. 12. 1987 ein Abkommen zwischen den USA u. der UdSSR unterzeichnet, das die Zerstörung der beiderseitigen landgestützten nuklearen Mittelstreckenwaffen in Europa beinhaltet.

Durch den polit. Umsturz in Osteuropa 1989 eröffneten sich auch für die Abrüstungspolitik neue Perspektiven. Das Konfliktpotenzial zwischen den beiden Supermächten UdSSR u. USA verringerte sich deutlich. Die wirtschaftl. Situation der UdSSR war zu Beginn der 1990er Jahre derartig angespannt, dass eine Reduzierung der staatl. Rüstungsausgaben unvermeidlich war. Dieses Szenario beeinflusste auch zunehmend die Abrüstungspläne der NATO-Staaten. Am 19. 11. 1990 wurde in Paris die Abrüstungsvereinbarung über den Abbau der konventionellen Streitkräfte in Europa (VKSE) unterzeichnet. 1991 wurde der Warschauer Pakt aufgelöst. Im selben Jahr erfolgte die Unterzeichnung des *START-I-Vertrages* in Moskau. Das Ende der UdSSR im Dez. 1991 verursachte im Hinblick auf das auf dem Gebiet der Nachfolgestaaten lagernde Atomwaffenarsenal neue Probleme für die Abrüstungspolitik. 1992 ratifizierten die Volksrepublik China u. Frankreich den Atomsperrvertrag. Im Jan. 1993 unterzeichneten Vertreter von weit über 100 Staaten in Paris eine Konvention zum Verbot u. zur Zerstörung aller chem. Waffen (in Kraft seit 1997). Der im selben Monat in Moskau unterzeichnete *START-II-Vertrag* stellte die Reduzierung der russ. u. US-amerikan. strateg. Waffen auf eine neue Grundlage. Das russ. Parlament billigte seine Ratifizierung allerdings erst im April 2000. 1995 wurde der Atomsperrvertrag unbefristet verlängert. 1996 verabschiedete die Generalversammlung der Vereinten Nationen einen neuen → Atomteststoppvertrag. 1999 konnte der Vertrag über ein Verbot von Antipersonenminen in Kraft treten. Die USA kündigten im Dezember 2001 den ABM-Vertrag. Konfliktträchtig bleibt das Rüstungsniveau in den Krisenregionen des Nahen Ostens u. Asiens, wozu auch Waffenexporte aus den hoch industrialisierten Staaten beitragen. Die Entwicklung des Wettrüstens sowie die positiven u. negativen Ergebnisse der Abrüstungsverhandlungen werden wissenschaftlich von mehreren spezialisierten Forschungsinstituten untersucht.

**Abruzzen,** ◆ **1.** ital. *Apennino Abruzzese,* höchste Gebirgsgruppe des Apennin, zwischen den Flüssen Tronto u. Sangro; mächtige Kalkmassive mit Spuren ehem. Vergletscherung, verkarstet, im *Gran Sasso d'Italia* 2914 m mit südlichstem Gletscherfleck Europas; am Oberlauf des Sangro der *Abruzzen-Nationalpark* (290 km²); stark entwaldet; Landwirtschaft vorwiegend in den Becken von L'Aquila, Sulmona u. dem Becken des ehem. Fuciner Sees; Schafhaltung; Wintersportorte.

**2.** ital. *Abruzzi,* mittelitalien. Region, 10 794 km², 1,26 Mio. Ew., Hptst. *L'Aquila;* umdie Provinzen L'Aquila, Teramo, Pescara u. Chieti; umschließt die Gebirgszüge der A. u. die östl. vorgelagerte Küstenzone.

**Abruzzen,** Luigi, Herzog der A., italien. Forschungsreisender, *29. 1. 1873 Madrid, †18. 3. 1933 Villaggio (Somaliland); 1897 Erstbesteigung des Mount St. Elias (Alaska), 1906 erforschte er als erster Europäer das Ruwenzori-Gebirge (Afrika).

**abs...** → ab...

Hermann Josef Abs; 1975

**Abs,** Hermann Josef, dt. Bankfachmann, *15. 10. 1901 Bonn, †5. 2. 1994 Bad Soden; Leiter der deutschen Delegation beim Londoner Schuldenabkommen 1953 (Regelung der deutschen Auslandsschulden); 1957 bis 1967 Vorstandssprecher, 1967–1976 Aufsichtsratsvors. der Dt. Bank AG; Aufsichtsratsmitglied in zahlreichen Wirtschaftsunternehmen; hatte weitreichenden Einfluss auf die dt. Wirtschaft nach 1945.

**ABS,** 1. Abk. für → Abscisinsäure.
2. Abk. für → Anti-Blockier-System.

**Abs.,** 1. Abk. für *Absatz*.
2. Abk. für *Absender*.

**Absalom** [hebr., „Vater des Friedens"], männl. Vorname.

**Absalom,** dritter Sohn Davids; empörte sich gegen seinen Vater u. wurde auf der Flucht, als sich sein Haupthaar in Baumästen verfing, von Joab, dem Befehlshaber des Heeres Davids, erschlagen (2. Samuel 13–18).

**Absalon,** dän. Geistlicher u. Staatsmann, *1128 Fjennesleve Sorö, †1201 Kloster Sorö; 1158 Bischof von Roskilde, 1177 Erzbischof von Lund; Berater des Königs Waldemar I.; war führend im Kampf gegen die Wenden, die die dänischen Küsten verwüsteten.

**Absam,** österr. Wallfahrtsort 2 km nördl. von Hall in Tirol, 632 m ü. M., 6200 Ew.; got. Wallfahrtskirche; Garnison.

**Absaroka,** Stamm von Prärie-Indianern, → Crow.

**Absättigung,** *Kernphysik:* die Erscheinung, dass bei schweren Atomkernen die gesamte Bindungsenergie nur proportional zur Zahl der Nukleonen im Kern ist, so dass ein Nukleon im Kern nicht mit allen Nukleonen in Wechselwirkung stehen kann, sondern nur mit den Nukleonen seiner unmittelbaren Umgebung. – Allg. ist A. ein Hinweis auf das Vorhandensein von → Austauschkräften.

**Absatz,** *Betriebswirtschaft:* 1. die Menge der von einem Unternehmen innerhalb eines Zeitraums verkauften Güter. Multipliziert man diese Mengen mit ihren Verkaufspreisen, so ergibt sich der *Umsatz*. 2. die Endphase des betriebl. Leistungsprozesses, in der die Verwertung der Güter auf dem *Absatzmarkt*, also der Verkauf, vorbereitet u. durchgeführt wird. Auch → Absatzpolitik.

**Absatzanalyse,** Untersuchung der Verhältnisse auf dem Absatzmarkt mit dem Ziel, Daten für den Absatzplan bzw. die *Absatzpolitik* zu erhalten.

**Absatzerwartungen,** Plangröße des wahrscheinlichen künftigen Absatzvolumens. A. werden über Marktbeobachtungen ermittelt u. dienen u. a. als Plangröße für das Produktionsprogramm.

**Absatzfondsabgabe,** von den Betrieben der Land- u. Forstwirtschaft sowie der Ernährungsindustrie (Zuckerfabriken, Mühlenbetriebe u. a.) zu entrichtende steuerähnl. agrarpolit. Abgabe („Beitrag"). Gesetzlich geregelt ist die A. nach § 10 *Absatzfondsgesetz* (Fassung vom 21. 6. 1993) zur Finanzierung des Fonds zur Absatzförderung der dt. Land-, Forst- und Ernährungswirtschaft (Absatzfonds).

**Absatzförderungsfonds,** *A. der dt. Land- u. Ernährungswirtschaft, A. der dt. Forstwirtschaft,* aufgrund des Absatzfondsgesetzes vom 26. 6. 1969 (Neufassung: 21. 6. 1993) u. des Forstabsatzfondsgesetzes vom 13. 12. 1990 errichtete Anstalten des öffentl. Rechts unter Rechtsaufsicht des Bundesministers für Ernährung, Landwirtschaft u. Forsten; Sitz: jeweils Bonn. Aufgabe der A. ist die zentrale Förderung von Absatz u. Verwertung der Erzeugnisse der Land-, Forst- u. Ernährungswirtschaft durch Erschließung u. Pflege von Märkten im In- u. Ausland.

**Absatzgenossenschaft,** Genossenschaft, die dem gemeinschaftlichen Verkauf landwirtschaftlicher oder gewerblicher Erzeugnisse dient.

**Absatzgesteine,** abgelagerte Sedimente, → Ablagerung.

**Absatzmarkt,** der Markt, auf dem ein Unternehmen seine Verkäufe tätigt; kann sachlich, räumlich u. zeitlich abgegrenzt werden. Aus der Sicht des Einkäufers ergibt sich als Gegenstück der Beschaffungsmarkt.

**Absatzorientierung** → Standort.

**Absatzplan,** Ausgangspunkt für die betriebl. Planung, welcher mit den sonstigen betriebl. Teilplänen in Einklang zu bringen ist.

**Absatzpolitik,** alle Maßnahmen, die zur Verkaufsförderung eingesetzt werden. Hierzu gehören die Absatzmethoden, die Produktgestaltung, die Werbung u. die Preispolitik. Durch die *Absatzmethoden* wird festgelegt, wie der Verkauf organisiert wird, z. B. durch Firmenvertreter oder selbständige Reisende, von einer zentralen Stelle aus oder dezentral, unter Einschaltung eines Wiederverkäufers oder direkt ab Werk. Die *Produktgestaltung* umfasst Qualitäts- oder Funktionsverbesserungen sowie Erweiterungen des Sortiments. Durch die *Preispolitik* wird eine Umsatzausweitung oder Gewinnsteigerung mittels Preisänderung angestrebt. Auch → Werbung.

**absäuern,** Flächen mit verdünnter Salz- oder Essigsäure oder entspr. Präparaten zur Entfernung von Mörtelresten, Kalkauslaugungen, Ausblühungen, Schmutz auf Mauerwerk behandeln; zur Vorbereitung frischer kalk- oder zementhaltiger Flächen als Anstrichgrund für verseifungsfähige Anstrichstoffe; zur Verbesserung der Haftung von Schutzanstrichen auf glatten Betonflächen; zur Entfernung der äußeren Zementschlämme u. Freilegung der Körner bei Betonwerkstein.

**Absäumung,** *Forstwirtschaft:* Abtrieb des Randes eines Altholzbestandes.

**Abschaltsystem,** ein System, das zum Abschalten eines Kernreaktors dient. Jeder Kernreaktor in Dtschld. muss über zwei voneinander unabhängige u. redundante Abschaltsysteme verfügen. Jedes A. kann für sich allein den Reaktor abschalten u. abgeschaltet halten.

**Abscheiden,** 1. Bezeichnung für das Trennen disperser Systeme (Rauch, Staub, Nebel), d. h. von flüssigen oder festen Stoffen in Gasen u. Dämpfen. Verfahren zum A. beruhen auf der Ausnutzung von Massenkräften (Sedimentieren, Prall-Abscheiden, Zentrifugal-Abscheiden mit Zyklonen), Filtrationsvorgängen oder elektrostat. Operationen. – 2. seltener verwendet als Begriff für die Abtrennung von Feststoffen aus Flüssigkeiten. – 3. Spezialfall → Elektrolyse.

**Abscheider,** 1. Bestandteile von Anlagen zur Haus- u. Grundstücksentwässerung u. Abwasserreinigung, in denen Stoffe zurückgehalten werden, die leichter als Wasser sind u. nicht in Entwässerungsleitungen oder nachgeschaltete Reinigungsstufen gelangen dürfen oder sollen (→ Abwasser). Es gibt *Benzin-, Öl-, Fett-Abscheider.* – Gelegentl. wird A. auch als Bez. für Anlagen benutzt, die Stoffe abscheiden, die schwerer als Wasser sind (→ Sandfang).
2. Anlage zur Abtrennung von Feststoffteilchen aus dem Abgas.
3. *Luft-Abscheider, Kondenser,* Vorrichtung in der Spinnereivorbereitung zum Trennen von Fasermaterial u. Förderluft sowie zum Verdichten u. Entstauben der Fasern.

**Abscheidung,** *Medizin:* → Abszess.

**abscheren,** 1. einen Körper (z. B. Eisenstange) durch senkrecht zur Achse wirkende Schub- oder Scherkräfte trennen; → Scherfestigkeit.
2. einen Ankerlieger im Strom oder ein Schiff im Schlepp durch Ruderlegen vor einer Gefahr bringen.

**Abscherung,** *Geologie:* die tektonische Ablösung einer Schichtfolge von ihrer Unterlage bei gleichzeitiger horizontaler Verfrachtung im Zuge mancher Faltungsprozesse; führt zur Bildung (allochthoner) *Abscherungsdecken,* die von einer mehr oder weniger horizontalen *Abscherungsfläche* gegen die Unterlage abgegrenzt sind (z. B. im Schweizer Kettenjura).

**Abschichtungsbilanz** → Abfindungsbilanz.

**Abschiebung,** 1. *Geologie:* eine aus der Bergbausprache entnommene Bez. für eine relative Abwärtsbewegung einer Gesteinsscholle an einer mehr oder weniger geneigten Verwerfungsfläche.
2. *Recht:* zwangsweise, überwachte Ausreise eines Ausländers aus dem Gebiet eines Staates; ein Ausländer, der Dtschld. zu verlassen hat, ist abzuschieben, wenn seine freiwillige Ausreise nicht gesichert ist oder aus Gründen öffentl. Sicherheit eine Überwachung der Ausreise erforderlich erscheint. Unzulässig ist die A. in einen Staat, in dem das Leben des Ausländers oder seine Freiheit wegen seiner Rasse, Religion, polit.

Überzeugung u. Ä. bedroht ist. Zur Sicherung der A. ist Abschiebehaft zulässig (→ Ausweisung).

**Abschied,** 1. *allg.*: die bei der Entlassung einer Versammlung verlesene u. vereinbarte Zusammenstellung der Beschlüsse.
2. *Recht:* im älteren dt. Dienstrecht die Entlassung aus dem Amt als Minister, Offizier, Beamter (Formel: Man kommt um den A. ein, nimmt, erhält den A.). A. bezeichnet weiter die Urkunde, in welcher der Kaiser bis ins 17. Jh. die Beschlüsse des Reichstags verkündete: *Reichs-Abschied,* „Jüngster Reichsabschied" 1654.

**Abschirmung,** 1. *Militär:* die Abwehr fremder Geheimdienste. Auch → Militärischer Abschirmdienst.
◆ 2. *Physik:* 1. physikal. Effekt oder Anordnung, die das Eindringen eines elektr. oder magnet. Feldes oder einer Strahlung in einen Raumbereich verhindert; z. B. wird das elektr. Feld des Atomkerns durch die inneren Elektronenschalen teilweise abgeschirmt, so dass auf die äußeren Elektronen nur noch ein schwächeres Feld wirkt; als Maß dafür dient die *Abschirmungszahl.* Zur A. radioaktiver Strahlen, z. B. Gammastrahlen, verwendet man Stoffe mit großer Dichte u. hoher Ordnungszahl (etwa Blei, Eisen, Nickel).
2. Maßnahme zum Fernhalten elektr. Störungen (z. B. elektromagnet. Felder) von Bauelementen, Leitungen u. Geräten der Nachrichten- u. Messtechnik, auch um ungewollte Strahlung bei Schwingungsgeneratoren zu verhindern. Die Abschirmungen bestehen im Allg. aus Metallhüllen u. Abdeckungen. Wichtig insbes. bei der messtechn. Prüfung von Hochfrequenzgeräten (Radio- u. Fernsehgeräten); dazu dienen auch abgeschirmte Kabinen. Ein praktisches Maß für die Abschirmwirkung einer Schicht ist die Halbwertsdicke d½. Sie gibt diejenige Schichtdicke an, nach deren Überwindung die Strahlungsintensität auf die Hälfte abgesunken ist.

**Abschlag,** 1. *Bergbau:* die in einem einzelnen Bohr- u. Sprengzyklus gewonnene Gesteinsmenge (beim Auffahren von Strecken, Abbau u. Ä.), auch das Sprengen selbst.
2. *Börsenwesen:* bei Effekten: 1. *Disagio* bei der Emission von Wertpapieren. – 2. Minderung des Börsenkurses nach Trennung des fälligen Dividendenscheins oder nach Abgang des Bezugsrechts.
3. *bürgerl. Recht: Abschlagszahlung,* 1. Teilzahlung (Ratenzahlung) für gelieferte Waren oder geleistete Dienste, ist nur zulässig bei ausdrückl. Vereinbarung (§ 266 BGB); sie unterbricht die Verjährung, womit eine neue Verjährungsfrist in Lauf gesetzt wird (§ 208 BGB). – 2. *Vorauszahlung* auf die Dividende. – 3. *vorläufige Zahlung* bei der Auseinandersetzung zwischen Gesellschaftern bei der Liquidation einer Gesellschaft oder beim Ausscheiden eines Gesellschafters.
4. *Handel:* Sonderart der *Auktion,* bei der von einem hohen Preis ausgegangen wird, der so lange herabgesetzt wird, bis sich ein Käufer findet; A. ist üblich für die Versteigerung von Gemüse, Blumen u. Fischen.
5. *Münzwesen:* Ausprägung einer Münze in einem anderen als dem Währungsmetall oder in mehrfachem Gewicht; wurde gelegentlich als Geschenk für den Münzherrn verwendet.
6. *Vorgeschichte:* Steingerät der Alt- u. Jungsteinzeit u. auf gleicher Kulturstufe stehender Naturvölker. Ausgangsstück für weitere Geräte wie Schaber, Spitzen, Klingen, Bohrer u. a.

**abschlagen,** 1. *Kochkunst:* rohe Zutaten mit Ei unter Erwärmung zu einer cremigdickflüssigen Konsistenz aufschlagen.

### Abschirmung: maximale Halbwertsdicken einiger Materialien

| Material | d½ [in mm] | Strahlungsintensität [in MeV[1]] |
|---|---|---|
| Luft | 344 000 | 40 |
| Wasser | 430 | 55 |
| Aluminium | 120 | 20 |
| Eisen | 30 | 10 |
| Blei | 14,5 | 3,5 |

[1] Megaelektronenvolt

2. *Schifffahrt:* Segel von der Rahe, Spiere usw. abtakeln; Gegensatz: *anschlagen.*

**Abschlagszahlung** → Abschlag (3).

**Abschlichthammer,** Hammer mit glatten u. runden Schlagflächen zum Glätten von Blechen.

**Abschlussagent,** *Abschlussvertreter* → Handelsvertreter, der im Gegensatz zum Vermittlungsvertreter zum Abschluss von Geschäften im Namen des Unternehmers bevollmächtigt ist.

**Abschlussgewebe,** zelluläre Grenzschichten zwischen Organismus u. Umwelt *(äußeres A.)* oder zwischen inneren Gewebesystemen *(inneres A.).* Beispiele: → Epidermis, Rhizodermis (äußeres A.), → Endodermis (inneres A.).

**Abschlusskurse,** während der Börsenzeit für die Schlusseinheit bezahlte u. im Kurszettel notierte Kurse; dagegen sind reine Brief- u. Geldkurse nur gebotene Verkaufs- bzw. Ankaufskurse.

**Abschlussnormen,** Bestimmungen im → Tarifvertrag, die das Zustandekommen neuer Arbeitsverhältnisse regeln. Nach dem *Tarifvertragsgesetz* in der Fassung vom 25. 8. 1969 haben tarifl. A. normative Wirkung. Sie sind Rechtsnormen, die unmittelbar u. zwingend zwischen den beiderseits Tarifgebundenen gelten. Von A. abweichende Regelungen sind nur zulässig, soweit sie durch den Tarifvertrag gestattet sind oder zugunsten der Arbeitnehmer ausfallen. A. können z. B. enthalten: Formvorschriften für den Abschluss von Arbeitsverträgen oder Abschlussverbote, d. h. das Verbot, bestimmte Arbeitnehmer (beispielsweise Jugendliche) für bestimmte Arbeitsplätze einzustellen. Auch → Betriebsnormen, → betriebsverfassungsrechtliche Normen, → Inhaltsnormen.

**Abschlussprüfer,** mit der → Abschlussprüfung beauftragter öffentl. bestellter *Wirtschaftsprüfer.* Für die Kapitalgesellschaft wird der A. gemäß § 318 HGB von der Haupt- bzw. Gesellschafterversammlung gewählt.

**Abschlussprüfung,** früher *Bilanzprüfung,* die für Aktiengesellschaften, Genossenschaften, Kreditinstitute einer Rechtsform u. kommunale Eigenbetriebe gesetzl. vorgeschriebene Prüfung des aus Bilanz u. Gewinn- u. Verlustrechnung bestehenden Jahresabschlusses durch einen → Abschlussprüfer auf Übereinstimmung mit den gesetzlichen Vorschriften u. der Satzung des Unternehmens. Gemäß § 316 HGB erstreckt sich die A. auch auf die Buchführung u. – seit In-Kraft-Treten des Bilanzrichtliniengesetzes 1986 – den Lagebericht. Auf diese Weise wird eine mögliche Überbewertung der Vermögensgegenstände und damit eine zu günstige Darstellung der Lage des Unternehmens verhindert. Viele Unternehmen anderer Rechtsform, besonders größere Unternehmen, lassen eine A. freiwillig vornehmen.

**Abschlusszahlung,** positiver Unterschiedsbetrag zwischen der festgesetzten bzw. auf sie anzurechnenden Steuerschuld u. den anzurechnenden Steuervorauszahlungen u. sonstigen anzurechnenden Beträgen (z. B. Quellenabzugsteuern, anrechenbare Steuern auf ausländ. Einkünfte).

**abschmälzen,** Teigwaren mit gebräunter Butter übergießen.

**abschmieren,** 1. *Druckereiwesen: abfärben,* Bez. für eine unerwünschte Erscheinung an Drucken bei Verlassen der Druckmaschine.
2. *Luftfahrt: abrutschen,* Bez. für einen gefährl. Flugzustand, der bei falscher Flugzeugführung im Kurvenflug eintreten kann, wobei das Flugzeug unter starkem Höhenverlust seitl. über die Tragfläche abrutscht.
3. *Maschinenbau:* bewegl. Teile einer Maschine mit Fett (Schmiermittel) versorgen.

**Abschnitt,** 1. *Forstwirtschaft:* Teilstück eines Baumstammes unter 4 m, mindestens aber von 2 m Länge; entsteht beim Zerschneiden von *Lang-* oder *Blockholz,* zwecks Trennung verschiedener Holzsorten (Schäl-, Furnierholz), oder beim Gesundschneiden, wenn kranke Baumteile herausgeschnitten werden.
2. *Militär:* Teil des Kampfgebiets eines in der → Abwehr (1) eingesetzten Verbandes, z. B. Korps-, Divisions-Abschnitt, der gegenüber Nachbarverbänden durch Abschnittsgrenzen festgelegt wird.

**abschnüren,** eine gerade Linie durch eine Schnur markieren, die straff gespannt an den beiden Enden befestigt, mit Kreide eingerieben u. dann angehoben wird u., losgelassen, zurückschnellt. Auf dem → Schnürboden einer Zimmerei, Schiffswerft u. a. werden auf diese Weise die Konstruktionen in natürl. Größe aufgetragen.

## Abschöpfungen

**Abschöpfungen,** in den Mitgliedstaaten der EU beim grenzüberschreitenden Warenverkehr mit Drittländern auf bestimmte landwirtschaftl. Produkte erhobene Abgaben. Die A. dienen im Rahmen der EU-Marktordnungen für Getreide, Reis, Milcherzeugnisse, Zucker, Eier, Geflügel, Schweinefleisch u. a. Erzeugnisse der Abschirmung der innergemeinschaftl. Preisstützungspolitik gegenüber dem Weltmarkt, indem als *Einfuhr-Abschöpfungen* wie ein flexibler → Gleitzoll die Differenz zwischen dem (niedrigeren) Weltmarktpreis u. dem (höheren) innergemeinschaftl. Preis „abschöpfen". So werden die Preise der importierten Produkte „heraufgeschleust". Den *Einfuhr-Abschöpfungen* entsprechen bei Ausfuhren aus der EU *Ausfuhrerstattungen.* Ist der Weltmarktpreis höher als der innergemeinschaftl. Preisniveau, können umgekehrt bei Exporten *Ausfuhr-Abschöpfungen* erhoben u. bei Importen *Einfuhrerstattungen* vorgenommen werden. A. sind Steuern im Sinne der Abgabenordnung u. fließen dem EU-Haushalt zu.

**Abschoss,** *Abfahrtsgeld, Abzugsgeld, Nachsteuer, Auswanderungsgeld, Auswanderersteuer,* in früheren Jahrhunderten übliche Abgabe vom Vermögen, das durch Verlegung des Wohnsitzes oder durch Vererbung von einer Stadt oder einem Territorium in ein anderes Gebiet überging. In Dtschld. wurde der A. für die Bürger des Deutschen Bundes 1815–1817 aufgehoben.

**Abschreckalterung,** eine beim Abschrecken eines Stahls auftretende Werkstoffveränderung, die zu einer Erhöhung der Zugfestigkeit u. der Streckgrenze führt.

**abschrecken,** 1. *Kochkunst:* gegarte, heiße Lebensmittel z. Beendigung d. Kochvorgangs mit kaltem Wasser übergießen. 2. *Werkstoffkunde:* erwärmte Metalle zur Beeinflussung der Festigkeitseigenschaften rasch abkühlen; z. B. beim Härten von Stahl durch Abschrecken in Flüssigkeit oder Luft, das Aushärten von Nichteisenmetallen durch Abschrecken mit anschließendem Lagern oder → Anlassen.

**Abschreckung,** Prinzip zur Kriegsverhinderung u. Strategie der USA u. der NATO seit 1953. Die → Landesverteidigung richtet sich nach folgenden Leitlinien: Wehrbereitschaft des Volkes, Einsatzbereitschaft der Streitkräfte, hervorragende Organisation u. Ausbildung, Ausstattung mit den modernsten Waffensystemen u. Ausrüstung, Bereithaltung von personellen u. materiellen Reserven, insbes. durch einen optimalen → Zivilschutz u. Integration der Streitkräfte in ein Bündnissystem. So soll das Risiko für einen Angreifer so groß sein, dass dieser von einem Angriff absieht u. dadurch der Friede erhalten bleibt.

**Abschreckungstheorie,** die Auffassung, dass Strafe und Strafrecht abschreckend wirken, also mögliche Rechtsbrecher von ihrem Vorhaben abbringen u. zur Gesetzestreue anhalten sollen. Mittel der Abschreckung sind die gesetzl. Androhung der Strafe, durch die nach P. Feuerbach kriminelle Neigungen von vornherein unterdrückt werden sollen (Theorie des psychologischen Zwangs), der Urteilsspruch u. der Strafvollzug. Je nachdem, ob auf die Wirkung gegenüber Dritten (der „Allgemeinheit") oder gegenüber dem Täter abgestellt wird, unterscheidet man zwischen → Generalprävention u. → Spezialprävention. Die Ansicht Feuerbachs, der Antrieb zur Straftat werde durch die Erkenntnis aufgehoben, dass die Strafe ein größeres Übel ist als die Unlust aus dem nichtbefriedigten Antrieb zur Tat, beruht auf der rationalist. Psychologie seiner Zeit. Auch in dem durch die → Strafrechtsreform erneuerten Strafrecht ist jedoch der Kerngedanke der modernen generalpräventiven A. anerkannt, wonach im Allg. sozial erwünschtes Verhalten u. a. durch den Druck der Strafandrohung erreicht wird, auch wenn diese Wirkung bei bestimmten Tätern u. Tätergruppen versagt. Verhaltenskontrolle durch Androhung eines Strafübels ist Bestandteil des sozialen Lernprozesses u. trägt zum Aufbau der Persönlichkeit bei.

**Abschreibepolice,** Form der laufenden Versicherung, insbes. der → Transportversicherung. Für gleichartige Güter, Transportwege und -mittel schließt das Unternehmen für die Dauer von 3 bis 6 Monaten eine Transportversicherung ab, deren Versicherungssumme dem Wert der in diesem Zeitraum zu transportierenden Waren entspricht. Durch Einblick in die Geschäftsbücher erfährt der Versicherer den Wert der monatl. Transporte, der von der Versicherungssumme abgeschrieben wird. Nach vollständiger Abschreibung erneuert sich der Gesamtversicherungsbetrag. Durch die Abschreibungspolice erübrigt sich die Einzelversicherung.

◆ **Abschreibung,** die Erfassung des *Aufwands,* der durch die Entwertung von Gegenständen, bes. des Anlagevermögens, mitunter auch des Umlaufvermögens eines Betriebs, eintritt. Mit A. wird zugleich der in der Buchhaltung jeweils als Aufwand verrechnete Betrag der Entwertung bezeichnet. *Abschreibungsgründe:* 1. ruhender Verschleiß (z. B. durch Verwittern von Gebäuden); 2. Gebrauchsverschleiß (z. B. Abnutzung von Maschinen bei der Leistungserstellung); 3. außerordentl. Verschleiß (z. B. durch Brand, Unfälle); 4. Substanzabbau (bei Bodenschätzen); 5. Zeitablauf (z. B. bei Patenten u. Heimfallbetrieben); 6. wirtschaftl. Überholung (Verringerung des Nutzwerts von Aggregaten durch Erfindung wirtschaftlicher arbeitender Anlagen); 7. Nachfrageverschiebungen, infolge deren eine Anlage nicht mehr ausgenutzt werden kann, weil die mit der Anlage hergestellten Güter nicht mehr abgesetzt werden können; 8. fallende Wiederbeschaffungspreise für das abzuschreibende Gut; 9. bilanz- u. steuerpolit. Erwägungen, aufgrund deren die Abschreibungen höher angesetzt werden, als sie durch die unter 1. bis 8. genannten Gründe bedingt sind.

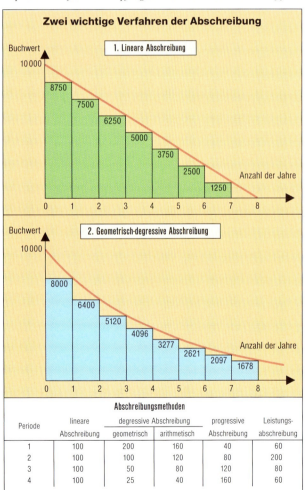

Abschreibung: Abgesehen von leistungsbedingten Abschreibungen (nach Ausbringungsmenge, Maschinenstunden, Energieverbrauch) sind insbesondere die Verfahren der Zeitabschreibung gebräuchlich (Beispiel: Anschaffungskosten 10 000 DM, betriebsgewöhnliche Nutzungsdauer 8 Jahre)

*Abschreibungsmethoden:* Die je Zeiteinheit (Jahr) in der Buchhaltung zu verrechnenden Abschreibungsbeträge können entweder nach Maßgabe der Inanspruchnahme der Anlagen (z. B. bei Kraftfahrzeugen nach gefahrenen km, bei Bodenschätzen nach abgebauten Mengen) oder nach Maßgabe der Zeit bemessen werden. Bei der A. nach der Zeit unterscheidet man A. mit gleichbleibenden, fallenden (arithmetisch oder geometrisch fallend, *degressive A.*) u. steigenden Jahresbeträgen *(progressive A.)*. Bei der A. für die Kostenrechnung wird der abzuschreibende Betrag nach den genannten Gründen möglichst genau auf die geplante Nutzungsdauer der Anlage verteilt *(kalkulatorische A.)*; bei Preisschwankungen wird jeweils vom Wiederbeschaffungswert der Anlage abgeschrieben.
Für die A. im handels- u. steuerrechtl. Jahresabschluss geben bilanzpolit. u. steuerl. Überlegungen den Ausschlag *(buchhalterische A.).* Durch überhöhte A. können stille Rücklagen gebildet werden. Für die einkommensteuerrechtl. Bilanz ist die Höhe der A. *(Absetzung für Abnutzung [AfA])* durch Richtlinien in Prozentsätzen vom Anschaffungswert weitgehend festgelegt. Bei bes. Entwertungsursachen kann von ihnen abgewichen werden. Steuerl. Vorschriften gestatten den Unternehmern u. Hausbesitzern, bei Vorliegen gesetzl. definierter Tatbestände *Sonder-Abschreibungen* (z. B. auf Anlagen zur Reinhaltung der Luft) im Anschaffungsjahr oder den ersten Nutzungsjahren vorzunehmen.
In der Bilanz werden die Abschreibungen vom Anschaffungswert abgezogen *(direkte A.)* o. als *Wertberichtigung* des Anschaffungswertes auf der Passivseite angesetzt *(indirekte A.).*

**Abschreibungsgesellschaft,** meist in Form einer GmbH & Co. KG geführtes Unternehmen, das durch Ausgabe von Kommandit-Anteilen an private Kapitalanleger vor allem Wohnungs- u. Gewerbebauten, aber auch beispielsweise Schiffe, Erdöl- u. Erdgasbohrungen finanziert. Der Anreiz der Finanzierungsform ergibt sich daraus, dass Anlaufverluste, die oft die Höhe der Kapitaleinlage übersteigen, den Kapitalanlegern zugerechnet werden u. ihr steuerpflichtiges Einkommen aus anderen Einkünften so stark mindern, dass die Kapitaleinlage aus Steuerersparnissen finanziert werden kann. Die Abschreibungsgesellschaft wird teilweise als Missbrauch angesehen, so dass ihre steuerlichen Vorteile zunehmend eingeschränkt werden.

**Abschrot,** *Abschroter,* keilförmiges Trennwerkzeug als Einsatz im Schmiedeamboss.

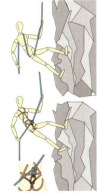

Abseilen im Dülfersitz (oben) oder mit Hilfe eines Abseilachters

**Abschuppung, 1.** *Geologie:* Desquamation, oberflächl. Ablösung dünner Gesteinsplättchen an Felsen als Folge chemischer u. physikalischer Verwitterungsprozesse (starker tägl. Temperaturwechsel, Salz- u. Frostsprengung sowie Druckentlastung). Häufig in Verbindung mit Schalenablösung in Massengesteinen (→ Exfoliation).
**2.** *Medizin:* Abstoßung der obersten Hornschichten der Außenhaut, in geringem Umfang als normaler Vorgang anzusehen *(Abschilferung,* unmerkl. Abstoßung feinster Teilchen im Zuge der stetigen normalen Erneuerung der Epidermis). Nach Hautentzündungen durch Sonnenbestrahlung, auch bei Infektionskrankheiten (Scharlach, Masern); bei Arzneimittel-, Quecksilber- oder Arsenvergiftungen tritt die A. in verstärktem Umfang ein; höchste Grade erreicht sie bei bestimmten Hautkrankheiten.

**Abschuss,** das Erlegen jagdbarer Tiere. Der A. ist gesetzl. festgelegt, um einerseits den Bestand bestimmter Wildarten nicht zu gefährden (Schuss- u. Schonzeiten), andererseits übermäßigen Wildschaden in der Land-, Forst- u. Fischereiwirtschaft zu vermeiden. Zur Regulierung des Wildbestands, vor allem durch Ausmerzen kranker u. schwacher Tiere, dient der *Hege-Abschuss;* Schalen-, Auer- u. Birkwild darf nur nach einem *Abschussplan* erlegt werden, der von den Jagdbehörden genehmigt u. kontrolliert wird.

**Abschussrampe,** die bewegliche (motorisierte) oder fest eingebaute Gleitbahn oder Startvorrichtung zum Abschuss von Raketen u. Flugkörpern. Auch → Rakete.

**Abschwächer,** eine heute nur noch vereinzelt verwendete Komplexsalzlösung (z. B. Kaliumhexacyanoferrat (III) u. Natriumthiosulfat) in der Fotografie, welche das schwarz abgeschiedene Silber in der entwickelten u. fixierten Emulsion nachträgl. angreift u. damit die Schwärzung vermindert. Ursachen der starken Filmschwärzung: Überbelichtung und Überentwicklung.

**Abschwörung,** eindeutschend für *Abjuration;* eidlich von etwas Abstand nehmen, Absage an einen Irrglauben.

**Abscisinsäure,** *Abscisin, Dormin,* Abk. *ABS,* ein chemisch zur Gruppe der *Sesquiterpene* gehörendes Pflanzenhormon. A. wirkt als Gegenspieler der *Auxine, Gibberelline* u. *Cytokinine.* Durch A. wird die Samenruhe eingeleitet, die Samenkeimung u. das Pflanzenwachstum gehemmt, der Blatt- u. Fruchtabfall gefördert. Die chem. Struktur wurde im Jahre 1965 aufgeklärt.

**Absehen von Strafe,** vom StGB in bestimmten Fällen (z. B. Aussagenotstand, → Eidesdelikt) oder allgemein, wenn den Täter die Folgen der Tat schwer getroffen haben u. keine Freiheitsstrafe von mehr als einem Jahr verwirkt ist (§ 60 StGB), vorgesehene Möglichkeit, den Täter zwar schuldig zu sprechen, aber keine Strafe zu verhängen.

◆ **abseilen,** beim Bergsteigen an schwierigen Stellen mit Hilfe e. Seils absteigen. Das Seil muss so befestigt (um einen Zacken oder durch einen Mauerring gelegt) werden, dass man es nach dem A. wieder ablösen kann. Die wichtigst. Abseilsitze sind: Einschenkel-, Zweischenkel- u. Dülfersitz.

Abseits: Beim Fußball steht ein Spieler abseits, der sich im Moment der Ballabgabe näher an der Torlinie befindet als der Ball und dabei nur noch einen gegnerischen Abwehrspieler vor sich hat

**Abseite, 1.** *Baukunst* [mlat. *absidia,* volksetymolog. umgedeutet]: veraltete Bez. für Seitenschiff einer Kirche (Basilika).
**2.** *Textiltechnik: Abrechte,* linke (untere) Seite eines Gewebes.

◆ **abseits,** engl. *offside,* regelwidrige Stell. eines angreifenden Spielers bei Fußball, Hockey, Eishockey u. Rugby, bis 1950 auch bei Handball; wird mit Freistoß bzw. Freischlag für den Gegner bestraft. Beim *Fußball* lautet die Abseitsregel (Nr. XI/1): „Ein Spieler befindet sich in Abseitsstellung, wenn er näher an der gegner. Torlinie ist als der Ball, außer: er befindet sich in seiner Spielhälfte, oder er steht nicht näher zur gegner. Torlinie als mindestens zwei seiner Gegner" (im Moment der Ballabgabe). Beim *Hockey* ist ein Spieler abseits, wenn sich weniger als drei Gegner zwischen ihm u. der Torlinie befinden; beim *Eishockey,* wenn ein Spieler vor dem Puck oder vor einem den Puck führenden Mitspieler über die blaue Linie ins gegner. Verteidigungsdrittel läuft.

**Abseitsfalle,** *Fußball:* eine taktische Variante des Stellungsspiels, bei der alle Abwehrspieler während eines gegner. Angriffs plötzlich auf einer Linie stehen bleiben oder nach vorn laufen, so dass der Gegner, der angespielt wird, → abseits steht. Die Anwendung der A. ist riskant, weil im Fall ihres Nichtfunktionierens der Gegner in eine günstige Schussposition gelangt.

**Absence** [ap'sãs; die; frz.], Abwesenheit, meist nur Sekunden dauernde Bewusstseinspause, die als Form des kleinen epilept. Anfalls *(Petit mal)* auftritt (→ Epilepsie).

**absenken,** *Bauwesen:* 1. die Senkrechte mit einem Senkblei bestimmen. – 2. → Grundwasserabsenkung.

**Absenker** → Ableger.

**absent** [lat.], abwesend. – **absentieren**, (sich) entfernen, davonmachen.

**Absentismus** [lat.], **1.** *Agrarpolitik:* gewohnheitsmäßige dauernde „Abwesenheit" eines Großgrundbesitzers von seiner Besitzung, deren Verwaltung er Angestellten überlässt; z.B. im Röm. Reich (Latifundien), in neuerer Zeit in Irland, in Italien, Russland u.a. Ländern. A. führt häufig zu schlechter Bewirtschaftung u. zu Raubbau, wenn der Besitzer die zum Betrieb nötigen Mittel für Konsumzwecke herauszieht. Daher richten sich Bodenreform- u. Siedlungsmaßnahmen gewöhnl. zunächst gegen solche Güter. Auch → Bodenreform.
**2.** von der *Soziologie* geprägter Begriff für die Neigung der Angehörigen bes. größerer industrieller Betriebe, sich gegen Mängel des Arbeitsverhältnisses durch Fehlen bei der Arbeit („Krankfeiern") zu wehren. A. deutet dem Betriebsforscher an, dass das → Betriebsklima ungünstig ist, d.h., dass entweder durch einzelne die Gruppenkameradschaft *(Team)* gestört ist oder dass die Betriebsangehörigen menschl. Betreuung vermissen oder dass die falsche Verteilung der einzelnen Arbeitsvorgänge zu zeitweiliger Überbelastung führt u.a. Der A. hat zumeist seelische, nicht materielle Ursachen; ihm kann daher nur durch Förderung der menschl. Beziehungen in einem Betrieb entgegengewirkt werden. Auch → Human Relations.

**Absenz** [lat.], Abwesenheit, österr. bes. Fehlen beim Schulunterricht.

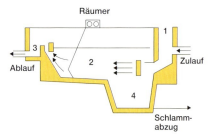

Absetzbecken: Querschnitt durch ein Absetzbecken zur mechanischen Abtrennung von Sinkstoffen mit Einlaufzone (1), Absetzzone (2), Ablaufzone (3) und Schlammsammelraum (4)

◆ **Absetzbecken,** *Absitzbecken,* Anlagen zur mechanischen Abtrennung fein verteilter Sinkstoffe aus dem Wasser, das die Anlagen langsam durchfließt. In der Wasseraufbereitung sind es Behälter zur Sedimentation der bei der → Flockung gebild. Sinkstoffe. In der Abwasserreinigung sind es *Vorklärbecken* (mechanische Reinigungsstufe) oder *Nachklärbecken* (biologische Reinigungsstufe). Die Fließgeschwindigkeit des Abwassers u. die Absetzgeschwindigkeit der abzuscheidenden Stoffe müssen so aufeinander abgestimmt sein, dass eine Aufwirbelung der bereits sedimentierten Anteile vom Beckenboden vermieden wird. Der abgesetzte Klärschlamm kann umweltschädlich sein.

**Absetzen, 1.** *Chemie:* Abtrennen suspendierter Feststoffe aus Flüssigkeiten unter Wirkung der Schwer- oder Zentrifugalkraft; → Sedimentation, → Abscheiden.
**2.** *Technik:* ein Umformverfahren, bei dem die Dicke eines Werkstücks schrittweise verringert wird, wobei jeweils ein Absatz entsteht.
**3.** *Veterinärmedizin: Entwöhnen, Ablactatio,* Wegnehmen der Jungen vom Muttertier nach einer bestimmten Zeit des Säugens.

**Absetzer,** *Bergbau:* ein fahrbares Gerät im Tagebau, das mit Hilfe eines bis 100 m langen Auslegers den → Abraum über der Kippenfront abwirft, ohne sich der Böschung zu sehr zu nähern. Der Transport des Abraums im Gerät erfolgt durch → Bandförderer *(Band-Absetzer).*

**Absetzteich,** ein Erdbecken, das bei der Reinigung gewerbl. Abwässer als *Sandfang* wirkt u. in dem sich Feststoffe absetzen; wichtig für die Aufbereitung bergmänn. Rohstoffe bei Nassverfahren mit ihrem hohen Wasserbedarf.

**Absetzung für Abnutzung,** Abk. *AfA,* die nach dem Einkommensteuerrecht zur genaueren Periodenabgrenzung des Jahresgewinns zulässige buchmäßige Abschreibung von dauerhaften Wirtschaftsgütern. Ausgangswert ist der Anschaffungs- oder Herstellungswert, der auf die Nutzungsdauer des Wirtschaftsgutes verteilt werden soll. Es handelt sich dabei sowohl um den technisch wie auch um den wirtschaftlich bedingten „Verschleiß" (Veralten). Auch → Abschreibung.

**Absidia,** Pilze der Ordnung *Mucorales* (Klasse *Zygomycetes*).

**Absil,** Jean, belg. Komponist, *23. 10. 1893 Péruwelz, Hennegau, †2. 2. 1974 Brüssel; Prof. am Konservatorium in Brüssel; komponierte u.a. 4 Sinfonien, 3 Ballette, 6 Solokonzerte, 11 Quartette u. Chorwerke.

**Absinken,** *Meteorologie:* meist großräumige, vertikal abwärts gerichtete Bewegung von Luft. Wegen der damit verbundenen Druckerhöhung im absinkenden Luftvolumen erhöht sich die Temperatur (→ adiabatische Vorgänge), die relative Luftfeuchte sinkt, u. vorhandene Wolken lösen sich auf. A. findet in Hochdruckgebieten, Hochkeilen u. im Zwischenraum von Schauerbewölkung statt u. führt zu Aufheiterungen. Am stärksten ausgeprägt ist das A. im Bereich der Subtropenhochs. Es bedingt dort die große Wolken- u. Niederschlagsarmut (→ atmosphärische Zirkulation).

**Absinth** [grch.], ◆ **1.** *Botanik:* Wermut, *Artemisia absinthium,* ein *Korbblütler (Compositae),* der wegen seines Gehalts an *Absinthin* als Heilpflanze Verwendung findet u. als Basis der Wermutgetränke dient.
**2.** *Getränke:* alkohol. Getränk aus der Wermutpflanze unter Zusatz von Anis u. Fenchel; charakterist. Bestandteil: Absinthöl; Alkoholgehalt ca. 50–70 Volumen-%; in vielen Ländern Herstellungsverbot, da gesundheitsschädlich.

**ABS-Kunststoffe,** *Acrylnitril-Butadien-Styrol-Copolymere (Thermoplaste),* mit hoher Schlagzähigkeit u. guter Formbeständigkeit bei Wärme; wie alle *Polystyrole* leicht entflammbar, unbeständig gegen einige organ. Lösungsmittel, säureresistent; Verwendung bei techn. Produkten wie Schutzhelmen, Gehäusen für Elektrogeräte, Kraftfahrzeugteilen.

**absolut** [lat.], **1.** *allg.:* unabhängig, unbedingt, losgelöst, abgeschlossen, in seiner Art vollkommen; auch Bez. für Flüssigkeiten möglichst hoher Reinheit, z.B. *absoluter Alkohol, absoluter Ether.*
**2.** *Philosophie:* schon bei den Philosophen der Antike im Gegensatz zu *relativ* auch als Bez. von „bonum" (gut) u. „perfectum" (vollkommen); seit den Kirchenvätern dann auch als Eigenschaft Gottes gebraucht. Daher wird schon früh die christl. Religion die „absolute" genannt u. ihr „Absolutheitsanspruch" behauptet. Die neuzeitl. Philosophie arbeitet (bes. seit Spinoza) den Begriff des *Absoluten* heraus, um damit einen philosoph. Gottesbegriff zu gewinnen, der im Gegensatz zur bedingten Natur die absolute Ursache von allem ist. Nachdem die Erkenntniskritik (vor allem Kants) die Erkenntnis eines Absoluten problematisiert u. dieses höchstens als Denkmöglichkeit zugelassen hat, kann die Philosophie des dt. Idealismus ganz als Versuch verstanden werden, das Absolute als Bewegung des Denkens in sich, als Denken des Denkens u. damit als Gott zu begreifen (Schelling, Hegel). Seit Schopenhauer u. der Betonung der Endlichkeit des Denkens in der Philosophie des ausgehenden 19. u. 20. Jh. wird das Absolute mehr u. mehr als Fiktion oder im kantischen Sinn als Grenzbegriff bestimmt.

**absolute Feuchtigkeit,** *Dichte des Wasserdampfes,* durch den Wasserdampfgehalt einer Volumeneinheit festgelegtes Feuchte-

Absinth (1), Artemisia absinthium enthält u.a. Absinthin, den bitteren Bestandteil des Wermuts

maß für Luft, ausgedrückt in Gramm Wasserdampf pro Kubikmeter Luft. Die a. F. schwankt nahe der Erdoberfläche zwischen Werten von etwa 0,1 g/m³ in kontinentalarkt. Gebieten im Winter u. bis zu 25 g/m³ in kontinentaltrop., vereinzelt bis 30 g/m³ in maritimtrop. Regionen.

**absolute Höhe** → Höhe.

**absolute Kunst** → abstrakte Kunst.

**absolute Monarchie** → Absolutismus.

**absolute Musik,** die reine, d. h. allein den eigenen Gesetzen folgende, nicht an das Wort oder an außermusikal. Vorstellungen gebundene Instrumentalmusik; Gegensatz: Programmusik, Lied, Oper.

**absoluter Ablativ** → Ablativus absolutus.

**absoluter Betrag,** *Mathematik:* die Länge des Pfeiles, mit dem eine ganze, rationale, reelle oder komplexe Zahl auf der → Zahlengeraden bzw. → Zahlenebene dargestellt wird; Zeichen: |a|; gelesen: Betrag von *a* oder *a* absolut. Für den absoluten Betrag einer reellen Zahl gilt:

$$|a| = \begin{cases} a, & \text{falls } a \geq 0, \\ -a, & \text{falls } a < 0. \end{cases}$$

Der absolute Betrag einer komplexen Zahl ist:

$$|z| = |a + ib| = \sqrt{a^2 + b^2}; \text{ z. B. } |-3 + 4i| = 5$$

Der absolute Betrag einer Zahl ist stets eine nicht negative reelle Zahl.

**absoluter Fehler,** *Mathematik:* Abweichung eines *Näherungswerts a* vom wahren Wert *x* einer Größe; der absolute Fehler beträgt $|a-x|$. Auch → relativer Fehler.

**absoluter Nominativ,** im Nominativ stehender (vorausgenommener u. pronominal wieder aufgenommener) Satzteil ohne Kasusfunktion, z. B. „der Mensch, ich kenne ihn nicht".

**absoluter Nullpunkt,** Anfangspunkt der thermodynamischen Temperaturskala, 0 K (Kelvin), in der Celsius-Temperaturskala bei −273,15 °C; tiefste mögliche Temperatur; → absolute Temperatur.

**absoluter Superlativ** → Elativ.

**absolutes Gehör,** im Zusammenhang mit einem dauernden Tongedächtnis die Fähigkeit, einen gehörten Ton oder Akkord seiner Höhe u. Benennung nach anzugeben, ohne ihn zu einem im Gedächtnis haftenden Ton in Beziehung zu setzen *(relatives Gehör).* Das absolute Gehör ist nicht erlernbar. Es ist kein Beweis für musikal. Begabung, erhöht aber die Wahrscheinlichkeit der Musikalität; oft (bes. bei Erblindeten) in Verbindung mit Farbenhören.

**absolutes Maßsystem,** ein → Einheitensystem der Physik auf der Grundlage von nur drei Grundeinheiten, Zentimeter (cm) – Gramm (g) – Sekunde (s), daher meist *CGS-System* genannt.

**absolutes Tempus,** Tempus des Verbums, das in einem Hauptsatz allein stehen kann (im Dt.: Präsens, Präteritum, Futur I); Gegensatz: relatives Tempus.

**absolute Temperatur,** die von −273,15 °C, dem absoluten Nullpunkt, aus gerechnete Temperatur; die Einheit der Skala der absoluten Temperatur ist das *Kelvin* (K); 1 K ist der 273,16te Teil der thermodynam. Temperatur des Tripelpunktes (→ Tripelpunkt) von Wasser; die Temperaturdifferenz 1 K entspricht 1 °C.

**absolute Zahl** → absoluter Betrag.

**Absolutheitsanspruch,** Anspruch auf objektive Wahrheit im Sinne einer Allgemein- u. Alleingültigkeit. Ein naiver A. wohnt jeder Religion oder Weltanschauung inne. Hinter dem A. des Christentums in seiner klassischen Gestalt steht jedoch nicht nur der Gedanke einer allein dem Glauben zugängl. Heilsgewissheit, sondern der Anspruch einer rationalen Erhärtung derselben. Zuerst waren es die → Apologeten der Alten Kirche, die mit den Mitteln der griech. Philosophie die Wahrheit des Christentums als allg. Wahrheit zu beweisen versuchten. Damit wurde aus dem urchristl. Ruf zum Glauben u. dem diesem antwortenden → Bekenntnis ein mit Mitteln der Philosophie beweisbarer Glaube als Lehre. Religion wurde damit zur Philosophie. Nach den Reformatoren erbrachte E. *Troeltsch* wieder den Nachweis, dass jeder rationale Versuch, den A. einer Religion begriffl. zu beweisen, scheitern muss u. dass es Wahrheit im Sinne von Wissenschaft für den Glauben nicht geben kann. Der A. kann sich deshalb nur auf die geglaubte Offenbarung beziehen als A. für den Glauben, nicht jedoch auf die Religion als ein Gefüge beweisbarer Sätze u. Forderungen.

**Absolution** [lat.], Lossprechung von der Sünde. Nach einem (öffentl. oder privaten) Bekenntnis der Sünden (→ Beichte) wird der Beichtende aufgrund Matth. 16,19 bzw. Joh. 20,22 f. durch den Zuspruch dessen, vor dem er gebeichtet hat, im Namen des dreieinigen Gottes von seinen Sünden befreit. In der kath. Kirche ist die A. Teil des Bußsakraments; sie kann nur durch einen Priester erteilt werden. Die luth. Kirche kennt die A. als vollmächtigen Zuspruch der Vergebung nach einem Beichtgespräch mit dem Seelsorger oder mit einem anderen Mitchristen u. im Zusammenhang mit der Feier des Abendmahls.

◆ **Absolutismus** [lat.], *absolute Monarchie,* die vorherrschende Regierungsform im Europa des 17./18. Jh., nach der die ganze Epoche benannt wurde. Der absolute Monarch galt als über dem Recht, jedenfalls als über den Gesetzen stehend. Er vereinigte in sich alle Staatstätigkeiten: Gesetzgebung, Verwaltung, Rechtsprechung, militär. Gewalt. Die Willensbildung war kein verfahrensmäßig begründeter Akt. Die Einholung u. Beachtung von Rat stand im Belieben des Monarchen. Er hatte Eingriffsrechte sowohl gegenüber öffentl. Einrichtungen wie auch weithin gegenüber den Staatsbürgern. Die Beamten u. Offiziere waren durch einen persönlichen Treueid an den Monarchen gebunden u. schuldeten ihm unbedingten Gehorsam. Legitimiert wurde der A. durch die *Souveränitätsthese* (J. *Bodin*) sowie durch die auch in der nachabsolutist. Zeit noch aufrechterhaltene Theorie vom *Gottesgnadentum.*

Der A. entstand als Reaktion auf die Schrankenlosigkeit der Adels- u. Stände-

Absolutismus: Friedrich August, Kurfürst von Sachsen, erweist dem Sonnenkönig seine Reverenz. Französisches Hofzeremoniell setzte sich in der Epoche Ludwigs XIV. überall in Europa als vorbildlich durch. Gemälde von Louis Silvestre d. J.; Gemäldesammlung Versailles

herrschaft; er bezweckte die straffere Zusammenfassung des Staates in Notzeiten u. war Voraussetzung für die Entstehung der Nationalstaaten. Seine schärfste Ausprägung mit Gottesgnadentum, Polizeistaat, stehendem Heer u. Staatswirtschaft (Merkantilismus) fand der A. unter *Ludwig XIV.* von Frankreich: „Des Königs Wille ist oberstes Gesetz", „Der Staat bin ich". Der glänzende Hof von Versailles war das Vorbild für andere Fürstentümer, nachdem vorher schon Spanien unter *Philipp II.* einen Höhepunkt des A. erlebt hatte.

Im 18. Jh. milderten viele Fürsten den persönlichen A. zu einem *aufgeklärten A.*, z. B. *Friedrich d. Gr.* in Preußen, Kaiser *Joseph II. in Österreich, Peter Leopold* von Toskana, *Katharina* von Russland, *Friedrich III.* von Sachsen-Polen, *Carl-Friedrich* von Baden u. die geistl. Kurfürsten von Köln, Trier u. Mainz. Überall wurde das Strafrecht humanisiert (Folter abgeschafft), Schul- u. Bildungswesen verbessert, religiöse Toleranz gefordert, aber keine Mitbestimmung der Untertanen im Staat zugelassen.

In Frankreich wurde der A. durch die Französ. Revolution von 1789, im übrigen Europa im Laufe des 19. Jh. in z. T. schweren Verfassungskämpfen beseitigt u. durch die konstitutionelle Monarchie ersetzt. In Russland erhielt er sich bis 1905.

**Absolutkraft**, das vom Muskelquerschnitt abhängige Kraftpotenzial des Menschen. Normalpersonen können bei einer willkürl. Kontraktion des Muskels ca. 70 % der Kraft zum Einsatz bringen (→ Maximalkraft). Die restl. 30 % können nur mit hoher (z. B. elektr.) Stimulation aktiviert werden. Dieses Grenzmaß ist die A.

**Absolutorium** [das; Pl. *Absolutorien*; lat.], 1. *allg.:* veraltet für Urteil über Lossprechung, Freispruch u. die Bescheinigung darüber.
2. *österr.:* Bescheinigung einer Hochschule über den Abschluss des Hochschulstudiums, so dass eine neue Einschreibung vor der → Matura nicht mehr nötig ist.

**Absolvent** [lat.], erfolgreicher Besucher einer Hoch-, Fach- oder anderen Schule oder eines Lehrgangs.

**absolvieren** [lat.], 1. los-, freisprechen, Absolution erteilen. – 2. erledigen, beenden: (Schule, Ausbildung) durchlaufen, Prüfung beenden.

**Absonderung,** ♦ 1. *Geologie:* bei Abkühlung von Magmen oder Laven durch Schrumpfung entstehende Gesteinsstücke. Man unterscheidet unregelmäßige, zylindrische, quaderförmige, plattige, bankige, prismatische, kugelige u. a. Absonderungen. Bei Sedimentgesteinen entsteht A. durch Austrocknen u. Verwitterung. Die Kenntnis der A. ist techn. wichtig in Steinbrüchen.
2. *Insolvenzrecht:* die vorzugsweise Befriedigung von Insolvenzgläubigern, die an Gegenständen der Insolvenzmasse ein Pfandrecht, ein kaufmännisches Zurückbehaltungsrecht, ein Recht auf Verwendungsersatz oder das Sicherungseigentum besitzen (§§ 49 ff. Insolvenzordnung).
3. *Physiologie:* Vorgang der (aktiven) Abgabe bzw. Ausscheidung von Flüssigkeiten (→ Sekret) oder Gasen (→ Atmung, → Gasaustausch). Erfolgt die A. aus *Drüsen* (z. B. Schweißdrüsen, Speicheldrüsen, Gasdrüsen bei Fischen u. a.), wird sie → Sekretion (2) genannt; sonst ist sie Teil der → Exkretion (2) (z. B. Harnabgabe). Bei Pflanzen gibt es z. B. die A. von Salzen über Salzdrüsen bei sog. *Halophyten* (Pflanzen, die an salzreiche Standorte angepasst sind).

**Absorber** [der; engl.], 1. *Atomphysik:* ein Materiestück, das eine Strahlung absorbieren (→ Absorption [5]) soll, vor allem bei *Kernreaktoren* verwendet. Als A. für Gammastrahlen wird z. B. Blei, für langsame Neutronen Bor u. Cadmium verwendet. Die vom A. aufgenommene Energie wird meist in Wärme umgewandelt. Es werden auch A. in flüssiger Form verwendet.
2. *Kältetechnik:* → Kältemaschinen.

**absorbieren** [lat.], durch → Absorption (2) binden; „verschlucken".

**Absorption** [lat.], 1. *Astronomie: interstellare Ä.*, die Abschwächung, die das Licht entfernter Sterne auf dem langen Weg bis zur Erde durch interstellare Materie erfährt. Die Strahlungsenergie wird dabei zu einer Erwärmung der Materie verbraucht. Neben einer A. des Lichtes gibt es auch eine A. anderer Strahlungen, die aber häufig geringer ist als die des Lichtes. Die A. der Lichtstrahlen beim Durchgang durch die Erdatmosphäre bezeichnet man als → Extinktion.
2. *Chemie:* Aufnahme von Feuchtigkeit in festen Stoffen *(Trockenmittel)* bzw. von Gasen in Flüssigkeiten, z. B. Kohlendioxid in Mineralwasser. Dabei verschwindet die Grenzfläche zwischen den beteiligten Stoffen. Während die Löslichkeit von Gasen in Flüssigkeiten mit höherer Temperatur abnimmt, können Salzschmelzen bei höherer Temperatur oftmals mehr Gas aufnehmen.
3. *Grammatik:* die „Aufsaugung" eines Vokals durch einen benachbarten Konsonanten, der dadurch sonantisch (Silbenträger) wird, z. B. ahd. „apful" zu nhd. „Apfel" (gesprochen: apfl).
4. *Meteorologie:* Umwandlung von Strahlungsenergie beim Durchgang durch die Atmosphäre u. beim Auftreffen auf die Erdoberfläche in Wärme oder in chem. Energie (A. durch Chlorophyll; → Photosynthese). Sowohl die kurzwellige Sonnenstrahlung als auch die langwellige Erdstrahlung werden vorwiegend durch Wasserdampf, Kohlendioxid u. Ozon absorbiert, jedoch in unterschiedl. Wellenlängenbereichen (→ Glashausprinzip, → Ozonschicht).
5. *Physik:* Verminderung der Energie eines Strahls (Licht, Elektronen u. a.) beim Durchgang durch Materie. Die abgegebene Energie wird dabei in andere Energieformen, z. B. Wärme, umgewandelt. Der *Absorptionskoeffizient* gibt die Änderung des Energie- oder des Teilchenstroms beim Durchgang von 1 cm Materie an. Er ist stark von der Frequenz abhängig.
6. *Wirtschaft:* die Gesamtausgaben der Inländer für Güter u. Dienstleistungen. Im Absorptionsvolumen, das lediglich den Wert

Absonderung (1): Basaltsäulen wie diese sind typische Ergussgesteine, die sich durch relativ rasche Abkühlung einer bis zur Erdoberfläche aufgedrungenen Gesteinsschmelze absondern (Berufjördur, Island)

der von Inländern verbrauchten u. investierten Güter erfasst, sind sowohl Wertteile enthalten, die der inländ. Wertschöpfung zuzurechnen sind, als auch andere, die im Ausland geschaffen wurden u. somit als Importgüteranteil enthalten sind. Die Gesamtausgaben der Inländer für Güter u. Leistungen (A.) entsprechen nicht dem *Volkseinkommen zu Marktpreisen*, da diese Ausgaben zum Teil ins Ausland fließen u. somit nicht nur im Inland, sondern auch im Ausland zur Erzielung von Einkommen beitragen.

**Absorptionskante,** sprunghafte Änderung des Absorptionsspektrums der Röntgenstrahlen in einem Festkörper.

**Absorptionslinien,** dunkle Linien im kontinuierlichen Spektrum einer Lichtquelle, die infolge Absorption des Lichts durch Materie der Umgebung entstehen. Da die Moleküle bzw. Atome des absorbierenden Stoffs nur Licht von bestimmten Wellenlängen absorbieren (verschlucken), entstehen nur an denjenigen Stellen des Spektrums, die diesen Wellenlängen entsprechen, die dunklen Linien. Die Gesamtheit der A. eines atomaren Teilchens bildet sein „*Absorptionsspektrum*"; mit Hilfe der A. kann man z. B. Aussagen über die Gase auf der Sonne machen.

**Absorptionsmaschine** → Kältemaschinen.

**abspanen,** Werkstoffteilchen auf mechan. Wege durch → Spanen abtrennen.

**abspannen,** hochragende Bauwerke (Masten, Schornsteine) gegen Umfallen sichern. Erforderl. sind mindestens drei Abspannseile. Bei quadratischen Masten werden oft vier Seile verwendet. Auch Überland- u. Bahnfahrleitungen müssen abgespannt werden, damit sie die horizontalen Komponenten der Beanspruchung durch die Lasten (Leiterseile) aufnehmen können; bei Leitungen mit Kettenisolatoren werden dazu *Abspannklemmen* verwendet.

**Absperrklausel,** eine Vereinbarung im Tarifvertrag, wonach die tarifgebundenen Arbeitgeber nur Angehörige der tarifschließenden Gewerkschaft einstellen dürfen. Eine solche Klausel wird vielfach wegen des Verstoßes gegen die → Koalitionsfreiheit (Art. 9 Abs. 3 GG) für verfassungswidrig erachtet.

**Absperrorgane,** Oberbegriff für Armaturen, mit denen in Anlagen oder Rohrleitungen der Wasserzu- oder -abfluss geregelt u. abgesperrt werden kann (Schieber, Ventile, Klappen u. a.).

**abspreizen,** *Bauwesen:* absteifen, abstreben, Gerüste, Schalungen u. Ä. mit Pfosten oder Streben gegen Beulen, Verschieben u. Knicken sichern.

**Absprengungen,** stellenweise trichterförmige Zerstörungen an künstlichen oder natürlichen Steinen; bei Ziegelsteinen durch Kalkeinschlüsse im Ziegelton verursacht.

**Absprung,** *Forstwirtschaft:* ein sich ohne äußere Einwirkung vom Baum ablösender, meist einjähriger Zweig (oft bei Eichen, Weiden, Pappeln); auch ein Kiefernzweig der Kronenregion, der an Bohrstellen des Großen Waldgärtners, *Myelophi-*

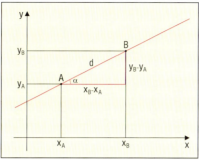

Abstand (2): Der Abstand d zwischen zwei Punkten A und B lässt sich aus dem Satz des Pythagoras ableiten

*lus piniperda*, eines Borkenkäfers, abbricht.

**Absprungbalken,** beim leichtathlet. Weit- u. Dreisprung eine Markierung in der Anlaufbahn, von der aus der Sprung zu erfolgen hat u. die Weite gemessen wird; meist aus Holz, weiß, Länge 1,21–1,23 m, Breite 19,8–20,2 cm, mit einer Vertiefung, in die zur Sprunggrube hin ein Brett mit einer Plastilinschicht gelegt wird, um erkennbar zu machen, ob der Balken übertreten worden ist.

**Absprungtrampolin,** *Minitrampolin,* beim Turnen verwendetes Hilfsmittel zum Erlernen verschiedener Übungen (z. B. Salto); besteht aus einem Leichtmetallrahmen von 1,10 m × 1,10 m u. einem Sprungtuch.

**Abspülung,** Abschwemmung feinen Oberflächenmaterials durch Regen- u. Schmelzwasser. Die Abspülungsmenge ist abhängig von Niederschlagsintensität, Abflussmenge, Hangneigung, Bodenart u. Vegetationsdichte. Stärkere A. in Verbindung mit → Flächenspülung.

**Abstammungsgutachten,** *Vaterschaftsbegutachtung, erbbiologisches Gutachten,* anthropol.-erbbiolog. Beweisverfahren zur gerichtl. Klärung der nicht ehelichen u. ehelichen angefochtenen Vaterschaft von Kindern; durch O. *Reche* 1926 in Wien in die Gerichtspraxis eingeführt. Das A. beruht auf einem umfassenden erbbiologischen Vergleich der Beteiligten nach anthropolog. Methoden. Die A. (jährl. ca. 3000–4000) haben in Dtschld. ihre rechtl. Grundlage in den §§ 1591 ff. BGB (neugefasst im Gesetz vom 16. 12. 1997), § 3 des Gesetzes über die rechtl. Stellung der nicht ehelichen Kinder vom 19. 8. 1969. Sie werden angefertigt nach den „Richtlinien der Dt. Gesellschaft für Anthropologie für die Erstattung anthropologisch-erbbiologischer A. in gerichtl. Verfahren" (1950) durch Mitglieder der *Arbeitsgemeinschaft anthropologisch-erbbiologischer Gutachter.*

**Abstammungslehre,** *Deszendenztheorie, Evolutionstheorie,* zentrale Theorie der Biologie, wonach im Laufe der Erdgeschichte eine allmähl. Entwicklung aller Lebewesen stattgefunden hat. Dieser Vorgang wie auch die ihn erklärenden Theorien werden heute zumeist unter dem Begriff → Evolution zusammengefasst.

**Abstand, 1.** *bürgerliches Recht:* → Abstandszahlung.

◆ **2.** *Mathematik:* Begriff aus der → Funktionalanalysis; die mit $d(x,y)$ bezeichnete, nicht negative Zahl, die je zwei Elementen $x$ u. $y$ eines metrischen Raumes zugeordnet wird, wobei folgende 3 Bedingungen erfüllt sein müssen:

$$d(x,y) = d(y,x);$$
$$d(x,y) = 0$$

genau dann, wenn $x = y$

$$d(x,y) \leq d(x,p) + d(p,y)$$

(Dreiecksungleichung).

Diese Bedingungen besagen anschaulich, dass ein Punkt vom anderen genauso weit entfernt ist wie dieser vom ersten, dass Punkte, deren Abstand null ist, übereinstimmen müssen u. dass die Gerade die kürzeste Verbindung zwischen zwei Punkten ist.

**3.** *Relativitätstheorie:* der A. zweier Ereignisse, die durch die Koordinaten $x_1$, $y_1$, $z_1$, $t_1$ u. $x_2$, $y_2$, $z_2$, $t_2$ charakterisiert sind, definiert durch $s_{12} =$

$$\sqrt{c^2(t_2-t_1)^2 - (x_2-x_1)^2 - (y_2-y_1)^2 - (z_2-z_1)^2}.$$

Aus der Invarianz der Lichtgeschwindigkeit folgt, dass der A. zwischen zwei Ereignissen in allen Inertialsystemen gleich ist. Reelle Abstände heißen *zeitartig*, imaginäre *raumartig*. Die Eigenschaft eines Abstandes, raum- oder zeitartig zu sein, ist vom Koordinatensystem unabhängig. Zwei Ereignisse können nur dann kausal miteinander verbunden sein, wenn der A. zwischen ihnen zeitartig ist, da sich keine Wirkung schneller als mit Lichtgeschwindigkeit ausbreiten kann.

**4.** *schweiz. Bundesrecht:* Beendigung des Rechtsstreits durch Willensentscheidung einer Prozesspartei (Art. 73 des Gesetzes über den Bundeszivilprozess).

**5.** *Straßenverkehr:* Zwischenraum zwischen zwei hintereinander stehenden oder fahrenden Wagen. Der Sicherheitsabstand gegenüber vorausfahrenden Fahrzeugen muss, um bei unvorhergesehenem Bremsen einen Zusammenstoß zu vermeiden, mindestens dem während der Reaktionsdauer zurückgelegten Fahrweg entsprechen. In der Rechtsprechung wird häufig ein 1,5-Sekundenabstand zugrunde gelegt. Lastzüge müssen einen solchen A. vom Vordermann halten, dass ein überholendes Fahrzeug einscheren kann. Gilt nicht innerhalb geschlossener Ortschaften u. nicht, wenn mehr als ein Fahrstreifen in Fahrtrichtung vorhanden ist.

**abständig,** Bez. für einen Baum, der abzusterben beginnt.

**Abstandszahlung,** *Abstand,* Zahlung an den ausziehenden Mieter für die Überlassung des Wohnraums; grundsätzl. zulässig, jedoch Einschränkungen bei sozialen, öffentl. geförderten Wohnungen.

**abstechen, 1.** *Getränke:* 1. Flüssigkeiten mit *Stechhebern* aus Behältern abzapfen. – 2. bei der Weinbereitung den klaren Wein vom trüben Bodensatz trennen („Abstich").

**2.** *Metallverarbeitung:* 1. Metallstü-

cke bestimmter Länge „von der Stange" oder angegossene „verlorene Köpfe" bei Gussstücken abtrennen (mit Säge oder Drehmeißel). – 2. in hüttentechn. Schmelzbetrieben das Ausgussloch der Schmelzöfen zum *Abstich* des flüssigen Metalls öffnen.
3. *Schlachterei:* Tiere durch Töten mit Stechwerkzeugen schlachten.

**absteigende Linie** → Deszendenz.

**Abstellgleis,** Nebengleis auf Bahnhöfen, auf dem nicht benötigte Fahrzeuge, vor allem Reisezugwagen, abgestellt werden.

**Absterben,** *Biologie und Medizin:* 1. Untergang einzelner Zellen bzw. begrenzter, umschriebener Gewebspartien (z. B. einzelne Pflanzenteile, Körperorgane mit -gewebe); → Brand, → Nekrose. – 2. A. der Finger u. Zehen; kann verschiedene Ursachen haben, z. B. Gefäßverkrampfungen beim Morbus → Raynaud, bei Erfrierungen u. a. – 3. Fruchttod. A. der Leibesfrucht in der Gebärmutter führt zur → Fehlgeburt.

**Absterbeordnung,** bevölkerungsstatist. Begriff, der angibt, wie viele von 100 000 Lebendgeborenen jeweils ein bestimmtes Alter (von 1 bis 100 Jahren) erreichen bzw. wie viele in einem bestimmten Alter sterben; bekannt in der Form von *Sterbetafeln,* die zur Aufstellung von Versicherungstarifen u. zur Bevölkerungsvorausberechnung verwendet werden. Die A. wird getrennt für männl. u. weibl. Personen anhand der Altersgliederung der Bevölkerung aufgestellt. Sie ändert sich unter dem Einfluss der eintretenden Lebensverlängerung. Auch → Lebenserwartung.

**Abstich,** das Ablaufenlassen des flüssigen Metalls oder der flüssigen Schlacke aus metallurgischen Öfen, bes. aus Hochöfen; auch die betr. Öffnung metallurg. Öfen; z. B. beim Hochofen der Eisenabstich u. der Schlackenabstich (auch Schlackenform). Auch → abstechen.

**Abstichentgasung,** Entgasung von flüssigem Stahl im Vakuum unmittelbar beim Abstich aus dem Ofen.

**Abstieg,** *sozialer A.* → Mobilität.

**Abstillen,** *Ablaktation,* Entwöhnung des Kindes von der Mutterbrust, Übergang von der Muttermilch auf Flaschen- u. Breinahrung.

**abstimmen,** *Funktechnik:* Schwingkreise (z. B. eines Rundfunkempfängers) auf eine bestimmte Frequenz einstellen: durch Verändern von Kapazität (Kondensator) u. Induktivität (Spule).

**Abstimmung,** das Verfahren, in dem Willensbildungsprozesse in politischen oder sozialen Vertretungskörperschaften, die auf der Grundlage des Mehrheitsprinzips entscheiden, ihren Ausdruck u. Abschluss finden. Das Verfahren ist in der Verfassung oder Geschäftsordnung geregelt. Man unterscheidet offene u. geheime A. In *offener A.* wird durch Zuruf (Akklamation), Handzeichen oder Aufstehen gewählt, auch durch → Hammelsprung oder durch namentliche Stimmkarten; *geheime A.* findet statt durch Stimmzettel und elektron. Stimmabgabe, in Nordamerika u. Großbritannien durch verdeckte Abgabe von weißen (ja) oder schwarzen (nein) Kugeln (→ Ballotage). Es entscheidet die Mehrheit der abgegebenen Stimmen (einfache oder relative bzw. absolute Mehrheit). Stimmengleichheit bedeutet Ablehnung. Stimmenthaltungen gelten als Nichtabgaben von Stimmen.

**Abstimmungsgebiete,** Gebiete, in denen nach dem 1. Weltkrieg gemäß den Friedensverträgen mit dem Deutschen Reich u. Österreich die Bevölkerung aufgrund des Selbstbestimmungsrechts durch Volksabstimmung (Plebiszit) über ihre staatl. Zugehörigkeit entschied: *Nordschleswig,* 10. 2. u. 14. 3. 1920: in der Nordzone 74% für Dänemark, in der Südzone (Flensburg) 80% für Dtschld.; *südl. Ostpreußen u. Westpreußen östl. der Weichsel,* 11. 7. 1920: 97,8% bzw. 92,8% für Dtschld. gegen Polen; *Eupen-Malmédy,* Anfang 1920: Scheinabstimmung durch Eintragung in offene Listen unter belg. Aufsicht; *südl. Kärnten,* 10. 10. 1920: in der Südzone 57% für Österreich gegen Jugoslawien, die Abstimmung in der Nordzone (Klagenfurt) entfiel daher; *Oberschlesien,* 20. 3. 1921: 60% für Dtschld. gegen Polen, dennoch Teilung durch den Völkerbundsrat; *Burgenland,* 14. 12. 1921: beschränkt auf das Ödenburger Gebiet, 65% für Ungarn gegen Österreich, die Durchführung der Abstimmung ist allerdings umstritten; *Saarland,* 13. 1. 1935: fast 91% für Dtschld. gegen Frankreich u. d. Status quo. Andere Gebiete (u. a. Elsass-Lothringen, poln. Korridor, Memel) wurden ohne Abstimmung abgetreten.

**abstinent** [lat.], enthaltsam (bes. von alkohol. Getränken).

**Abstinenz** [lat.], Enthaltung von bestimmten Genüssen, bes. vom Alkoholgenuss; in der kath. Kirche vom Genuss warmblütiger Tiere. In der Gegenwart wird A. erweitert verstanden als freiwilliger Verzicht auf Genussmittel verschiedener Art. Auch → Fasten.

**Abstinenztage,** Bußtage in der kath. Kirche. Als verpflichtende Abstinenz- (u. Fast-)tage gelten der Aschermittwoch u. der Karfreitag. An diesen Tagen ist jeder Katholik vom 14. Lebensjahr an gehalten, sich der Fleischspeisen zu enthalten. An allen anderen Feiertagen soll er durch e. freiwilligen Verzicht ein Opfer bringen. Auch → Abstinenz, → Fasten.

**Abstinenztheorie,** eine Zinstheorie, die den Zins aus einer Belohnung für den *Konsumverzicht* des Kapitalgebers erklärt. Hauptvertreter der A. war N. W. *Senior.* Später hat man die A. ergänzt, indem man das im Konsumverzicht enthaltene Zeitmoment in den Vordergrund stellte u. das *Warten* als positiven Beitrag zum Produktionsprozess wertete; Hauptvertreter dieser *Waiting-Theorie* waren G. *Cassel* u. A. *Weber.*

**Abstoßungsreaktion,** eine Abwehrreaktion des körpereigenen → Immunsystems gegen fremde (transplantierte) Gewebe oder ganze Organe. Die Immunzellen lösen nach ca. zwei Tagen die A. aus, da sie die verpflanzten Zellen als körperfremde Eindringlinge bekämpfen. Deshalb werden bei einer → Transplantation Immunsuppressiva (z.B. *Kortikoide*) verabreicht, um das Abwehrsystem zu unterdrücken (→ Immunsuppression).

**Abstraction-Création** [apstrak'sjɔ̃-krea'sjɔ̃; frz.], eine 1931 in Paris von A. *Herbin* u. G. *Vantongerloo* gegr. Künstlervereinigung, die auch eine Zeitschrift gleichen Namens herausgab (1932–1936). Sie war ein Sammelbecken für abstrakte bzw. konstruktivist. Tendenzen u. hatte zeitweise rund 400 Mitgl., darunter namhafte Künstler wie N. *Gabo,* W. *Kandinsky* u. P. *Mondrian.*

**abstrahieren** [lat.], verallgemeinern; aus gleichen Merkmalen einen Begriff bilden; vom Konkreten abgehen.

**abstrakt** [lat., „abgezogen"], unanschaulich, rein gedanklich, theoretisch. Gegensatz: *konkret.*

abstrakte Kunst: Willi Baumeister, Linien-Figur; 1953. Stuttgart, Sammlung Meng. Eine scheinbar schwebende Figur befindet sich vor einem abstrakten Bildraum

◆ **abstrakte Kunst,** *absolute Kunst, ungegenständl. Kunst, nicht konkrete Kunst,* frz. *art non figuratif,* engl. *non-objective art,* eine Stilrichtung der *modernen Kunst,* deren Werke auf die Darstellung der gegenständl. Wirklichkeit, auf Illusionismus u. auf die Imagination von Gegenständen verzichten u. ihre Wirkung ausschl. durch Farben u. Formen anstreben; i. w. S. auch jede vom Wirklichkeitsbild abstrahierende ältere bildkünstler. Schöpfung, bes. aus archaischen Stilepochen.

In der europ. Malerei gelangte die a. K. nach Vorstufen in Gestaltungsformen der vorausgegangenen, bes. der französ. Kunst (Eigenwertigkeit der Farben, Ausscheidung der Raum- u. Luftperspektive u. Verwendung stereometr. Formen bei P. *Cézanne;* Gleichordnung verschiedenartiger Gegenstände, Farblogik u. Realitätsverlust im *Impressionismus,* im *Pointillismus,* anaturalist. Farbgebung im *Fauvismus; Jugendstilornamentik; Kubismus*) nach 1910 in Werken von W. *Kandinsky,* F. *Marc,* R. *Delaunay,* P.

*Klee* u. a. rein zum Durchbruch. Sonderströmungen, darunter die holländ. Bewegung *„De Stijl"* u. die von russ. Künstlern entwickelten Richtungen *Rayonismus, Suprematismus* u. *Konstruktivismus,* verleihen dem Gesamtbild der frühen abstrakten Malerei eine große Vielfalt, die im Verlauf der weiteren Entwicklung noch erhebl. gewachsen ist, teilweise in enger Berührung mit dem Surrealismus u. dem Expressionismus. Die 1931 in Paris gegr. internationale Gruppe *„Abstraction-Création"* übernahm bis zum Beginn des 2. Weltkriegs die Führung über die einzelnen, sich fortan wechselseitig durchdringenden Richtungen der abstrakten Malerei. Werke abstrakt gestaltender Künstler sind zum beherrschenden Stilausdruck der europ. Nachkriegsmalerei geworden, in Dtschld. vor allem Arbeiten von W. *Baumeister,* E. W. *Nay,* H. *Trier,* T. *Werner* u. F. *Winter,* in anderen Ländern Werke der geometr.-konstruktivist. Richtung. *Actionpainting, Tachismus* u. *Color-field-painting* (→ abstrakter Expressionismus) führten zu einer Erweiterung der Darstellungsmittel.

Parallel zur Entwicklung der abstrakten Malerei verliefen in der modernen Plastik Bestrebungen, die von der Absicht bestimmt waren, gegenständl. Motive aus dem bildhauer. Gestalten auszuschließen u. dafür „reine", eigengesetzl. Formen zu schaffen (H. *Arp,* M. *Bill,* C. *Brancusi,* E. *Chillida,* N. *Gabo,* Z. *Kemény,* A. *Pevsner,* H. *Uhlmann* u. a.).

Die theoret. Grundlagen der abstrakten Kunst erarbeiteten außer Kandinsky u. den am *Bauhaus* tätigen Künstlern u. a. der Kunsthistoriker W. *Worringer* („Abstraktion u. Einfühlung" 1907), P. *Mondrian* u. T. van *Doesburg.* – In totalitär regierten Ländern wird die a. K. entweder offiziell abgelehnt u. als „formalistisch" bekämpft oder nur widerstrebend geduldet. Die nationalsozialist. Kulturpolitik erklärte Werke abstrakt gestaltender Künstler für „entartet".

**abstrakte Rechtsgeschäfte,** vom Rechtsgrund unabhängige, „abstrahierte" Geschäfte. Z. B. geht das Eigentum an einer Sache durch den dingl. Übereignungsvertrag über, obwohl der zugrunde liegende schuldrechtl. Kaufvertrag nicht zustande gekommen ist. Zu den abstrakten Rechtsgeschäften gehören neben den dingl. Verträgen insbes. auch die Abtretung einer Forderung u. die Hingabe eines Wechsels. Gegensatz: *kausale Rechtsgeschäfte* wie Kauf, Miete u. sonstige Schuldverträge, die von dem Rechtsgrund (lat. *causa*), dem Zweck, der mit einer Zuwendung verfolgt wird, abhängig sind. Fehlt die Einigung über den Zweck, so ist der kausale Vertrag nicht zustande gekommen.

◆ **abstrakter Expressionismus,** besonders in den USA u. in Frankreich nach dem 2. Weltkrieg entstandene Stilrichtung der Malerei, deren Schwerpunkte auf der Subjektivität u. Spontaneität des Ausdrucks, auf der Autonomie des Materials u. auf der ungegenständl. Formgebung (es gibt nur vereinzelt Anklänge an figürl. Elemente) liegen. Der künstler. Schaffensprozess ist zumeist geprägt von Schnelligkeit u. freier Improvisation. Im abstrakten Expressionismus werden Varianten u. Weiterentwicklungen der abstrakten Malerei wie → Actionpainting, → Tachismus u. → Color-field-painting zusammengefasst. Wichtigste Vertreter sind in den USA u. a. J. *Pollock,* W. de *Kooning,* R. *Motherwell* u. M. *Rothko,* in Frankreich J.-M. *Atlan,* H. *Hartung,* G. *Mathieu,* J.-P. *Riopelle* u. *Wols.*

**abstrakter Tanz,** eine Richtung der modernen Tanzkunst, die den menschl. Körper lediglich als geometr. Objekt benutzt, auf emotionale u. darstellerische Elemente verzichtet. Die Bez. abstrakter Tanz wurde von O. *Schlemmer* für die *Bauhaustänze,* bes. das „Triadische Ballett", geprägt.

**abstraktes Ballett,** *konzertantes Ballett, symphon. Ballett,* Bez. für Ballette ohne Handlung, bei denen der Tanz ausschließlich musikalischen oder anderen formalen Vorgaben entspricht.

**Abstraktion** [lat.], *Erkenntnistheorie*: das Absehen vom Besonderen, Einzelnen, Sinnlichen, um das begrifflich Allgemeine zu erhalten. Wird dieses als selbständiges Wesen gedacht u. die → Wesensschau durch Absehen vom empirisch Zufälligen gewonnen, so spricht man von *ideierender A.* oder *Ideation.* Außerdem wird auch unterschieden zwischen der *Formal-Abstraktion,* welche zu abstrakten Eigenschaften führt (von roten Dingen zur Eigenschaft „rot" u. zur Röte), u. der *Total-Abstraktion,* welche zu allgemeinen Arten u. Gattungen führt (von einzelnen Pferden zu dem Pferd als solchem).

**Abstraktum** [das, Pl. *Abstrakta*; lat.], ein Wort, das Name für einen Satzinhalt (Eigenschaft oder Handlung) ist u. nicht gegenständliche Dinge bezeichnet, z. B. „Schönheit – die Tatsache, dass jemand schön ist"; Gegensatz: *Konkretum.*

**Abstränze** → Sterndolde.

**Abstreifer,** *Abstreifmeißel, Hund,* in Walzenstraßen eingebaute Vorrichtung, die das Ablösen des gewalzten Metalls von der Walze bewirkt.

**Abstrich, 1.** *Medizin*: die Entnahme der Absonderungen von Wunden oder Schleimhäuten (Mund, Harnröhre, Scheide, After) mit keimfreien Watteträgern oder Platinösen für bakteriolog. Untersuchungen. Der A. wird auf Nährböden oder Objektträgern ausgestrichen. – 2. die Entnahme von Zellen *(Zell-Abstrich)* zur mikroskop. Untersuchung im Rahmen der → Cytodiagnostik. **2.** *Musik*: beim Spielen von Streichinstrumenten die Richtung, in der sich der Bogen bewegt: vom *Frosch* zur Spitze. Die Gegenbewegung heißt *Aufstrich.*

**abstrus** [lat.], sinnlos, verworren, unverständlich.

**Absud** [der], aus Pflanzen- oder Tierteilen durch Auskochen („Absieden") gewonnene Flüssigkeit.

**absurd** [lat., „misstönend"], sinn-, vernunftwidrig; ungereimt, unlogisch. – *Ad absurdum führen,* eine Sinnwidrigkeit aufdecken oder verursachen (z. B. eine Behauptung durch den Nachweis innerer Widersprüchlichkeit bzw. unsinniger Konsequenzen widerlegen; ein vernünftiges Prinzip, eine nützl. Einrichtung durch Übertreibung bis zur Verabsolutierung um ihren Sinn bringen).

*Credo quia absurdum* („Ich glaube, [gerade] weil es widersinnig ist"), sinngemäß Tertullian zugeschrieben, ähnlich von S. Kierkegaard gebraucht; meint das Paradox des Glaubens, sich entgegen der Vernunft auf etwas Endliches zu verlassen, insbes. auf die Gottmenschlichkeit Christi. Von F. Nietzsche abgewandelt (*credo quia absurdus sum,* „Ich glaube, weil ich widersinnig bin"), steht der Begriff für die Sinnlosigkeit des Daseins. Diese Überzeugung ist die Quelle des Nihilismus. Schon Nietzsche jedoch wollte sie überwinden. Sie bestimmt auch den „heroischen Nihilismus" (G. Benn, E. Jünger) ebenso wie den französ. *Existenzialismus* (A. Camus, J.-P. Sartre), für welchen das Gefühl des Absurden auf den Zwiespalt zwischen freier Subjektivität u. zufälliger, nicht durch die Vernunft aufzuschließender Welt verweist. Es kennzeichnet die Würde der menschl. Existenz, diesen Zwiespalt auszuhalten u. in endlicher Freiheit zu leben.

**absurdes Theater,** eine Form des modernen Theaters. Die Dramen des sog. absurden Theaters zeigen eine sinnentleerte Welt, in der die menschl. Existenz absurd geworden ist. Um dies darzustellen, verzichtet das absurde Theater auf eine durchgängige u. psychologisch begründbare Handlung, auf zeitl. u. örtl. Fixierungen u. auf Dialoge, die einer tatsächl. Verständigung der Figuren dienen. Seine Mittel sind eine hintergründige Komik, Übertreibung ins Groteske,

abstrakter Expressionismus: Willem de Kooning: Mujer I; 1950–1952. New York, Museum of Modern Art

Sprachlosigkeit u. Pantomime. Vorformen finden sich im späten 19. Jh. bei C. D. *Grabbe* u. G. *Büchner*, doch erst nach dem 2. Weltkrieg konnte das absurde Theater in einem in seinen Grundfesten erschütterten Europa wirklich Gehör finden. Zu seinen prominentesten Dramatikern gehören der Ire S. *Beckett*, die Franzosen E. *Ionesco* u. J. *Tardieu*, in England H. *Pinter* u. im deutschsprachigen Raum F. *Dürrenmatt* u. W. *Hildesheimer*.

**Absurdität** [lat.], Widersinnigkeit, Unvernunft.

**AB0-System** → Blutgruppen.

**Abszess** [lat.], *Abscheidung*, umschriebene u. gegen das gesunde Gewebe abgegrenzte Eiterung (Gewebseinschmelzung) im Körpergewebe, wobei sich die sog. *Abzesshöhle* bildet. Der *akute (heiße) A.* zeigt alle Zeichen der Entzündung (Rötung, Schwellung, Wärme u. Schmerz), die beim *chronischen (kalten) A.*, der meist tuberkulös ist, fehlen.

**Abszisse** [die; lat.], die x-Koordinate eines Punktes in einem zweidimensionalen kartesischen Koordinatensystem.

**Abt** [der; aram. *abba*, grch. *abbas*, „Vater"], im Christentum zunächst ein Einsiedler, der einen anderen in das Mönchsleben einführt; bes. seit *Benedikt von Nursia* der Vorsteher einer Mönchsgemeinschaft. Wahl u. Amtsführung sind durch das Ordens- u. Kirchenrecht geregelt. Die Abtsweihe gibt ihm das Recht, die bischöfl. Insignien (Ring, Brustkreuz, Mitra u. Stab) zu tragen. – In Mittelalter u. Neuzeit war der A. Regent des zur Abtei gehörigen Territoriums u. damit landoder reichsständischer Fürst.

**Abt, 1.** Franz, dt. Komponist, * 22. 12. 1819 Eilenburg, Sachsen, † 31. 3. 1885 Wiesbaden; schrieb zahlreiche Klavierlieder u. Chorwerke.
**2.** Roman, schweiz. Eisenbahningenieur, * 16. 7. 1850 Bünzen, † 1. 5. 1933 Luzern; baute zahlreiche Zahnrad- u. Seilbahnen; Erfinder des nach ihm benannten Zahnstangensystems, das bei Zahnradbahnen (Gebirgsbahnen) angewendet wird.

**abtakeln**, ein Segel, einen Mast oder ein Schiff von allem Zubehör wie Stengen, Spieren, laufendem u. stehendem Gut befreien bzw. loslösen; Gegensatz: *auftakeln*. Auch → Takelung.

**Abtasttheorem**, *Informationstheorie:* Vorschrift für den zeitl. Abstand der Probenentnahme bei der → Abtastung eines Signals. Nach dem A. müssen die Proben in einem Mindestabstand entnommen werden, der umgekehrt proportional zur doppelten Bandbreite des Signals ist.

**Abtastung, 1.** Vorgang bei der Erzeugung eines → Bildsignals mit einem → Bildgeber. Bei transparenten Vorlagen (z. B. Dia, Film) wird das Bild mit Hilfe eines von einer Kathodenstrahlröhre erzeugten Lichtpunkts entspr. dem Fernsehraster zeilenweise abgetastet u. mit einer Photozelle in ein elektr. Signal umgewandelt. In Fernsehkameras wird die auf eine photoempfindl. Schicht projizierte Bild von einem Elektronenstrahl abgetastet. – **2.** Entnahme von Proben eines Signalverlaufs in einem zeitl. Abstand, der durch das → Abtasttheorem vorgeschrieben wird. Durch die A. entsteht aus einem kontinuierl. Signal ein diskretes Signal. Die A. ist Voraussetzung für die Umwandlung eines *Analogsignals* in ein → *Digitalsignal*. – **3.** Vorgang beim Abspielen einer Schallplatte, wobei die Information in einem mechan.-elektr. Abtastsystem in ein elektr. Signal umgewandelt wird.

**Abtei** [die; aram., grch., lat.], selbständiges Kloster von Regularkanonikern, Mönchen oder Nonnen unter einem *Abt* oder einer *Äbtissin*.

**Abteilung, 1.** *Forstwirtschaft:* etwa 10–30 ha große Flächeneinheit des Forstbetriebs, die mit ihren waldbaulich bedingten Unter-Abteilungen eine dauernde Einheit der Planung, des Betriebsvollzugs u. der Kontrolle darstellen. Begrenzung durch 4–10 m breite *Schneisen* u. *Abteilungssteine* mit arab. Ziffern. Ältere Bez.: in der Ebene *Jagen*, im Gebirge *Distrikt*.
**2.** *Geologie:* die Untergliederung einer → Formation.
**3.** *Militär:* allg. Bez. für jede überschaubare Menge von Soldaten, die nicht eine bestimmte Organisation verkörpern, wie Zug, Kompanie usw. – Bis 1945 in der dt. Wehrmacht *Verband* in Stärke eines *Bataillons* bei Artillerie, Nachrichtentruppe, Panzertruppe, Panzerabwehr usw.
**4.** *Pädagogik:* an Universitäten u. techn. Hochschulen übl. gewordene interdisziplinäre Gliederungseinheit anstelle der früher übl. Fakultät.
**5.** *Wirtschaft:* eine meist nach Arbeitsgebieten vorgenommene Untergliederung von Behörden, Unternehmungen u. Betrieben, wobei jede A. eine Organisationseinheit bildet.

**Abteilungsunterricht**, eine in wenig gegliederten Landschulen früher übl. Unterrichtsform: Die Schüler verschiedener Klassenstufen werden in Abteilungen zusammengefasst (etwa 1./2., 3./4., 5.–8./9. Schuljahr) u. gleichzeitig unterrichtet.

**Abtenau**, österr. Markt im Tennengau, Salzburg, 714 m ü. M., 5700 Ew.; Wintersport.

**abteufen**, *teufen, niederbringen*, ein Bohrloch oder einen Schacht von oben nach unten herstellen; Gegensatz: *auf- oder hochbrechen*.

**Abteufkübel**, *Bergbau: Teufkübel*, tonnenähnl. Gefäß, mit dem das → Haufwerk beim *Abteufen* von der Sohle eines Schachtes zur Tagesoberfläche oder zu einer oberen Sohle gehoben wird. Neuzeitl. A. haben bis zu 5 m³ Inhalt.

**Abteufverfahren**, *Bergbau: Teufverfahren*, Vorgehensweise beim Niederbringen (→ abteufen) eines Schachtes. Die Wahl des Abteufverfahrens richtet sich nach dem zu durchteufenden Gebirge, nach Wasserzufluss, Schachtdurchmesser u. nach vorgesehener → Teufe des Schachtes. In festem Gestein wird die Schachtsohle durch Sprengarbeit gelockert u. das → Haufwerk maschinell oder von Hand in einen Abteufkübel geladen, der zur Tagesoberfläche (zu Tage) oder zu einer oberen Sohle gezogen wird. Falls dieses Verfahren nicht möglich ist, wendet man *Sonder-Abteufverfahren* an (z. B. Gerierverfahren, → Injektionsverfahren). Darüber hinaus gibt es → Schachtbohrverfahren.

**Äbtissin**, die Leiterin eines Nonnenklosters, sofern dies eine *Abtei* ist. – Beim Klarissenorden heißt die Oberin auch Ä.

**Abtprimas**, oberster Leiter aller benediktin. Klostergemeinschaften; wird auf 6 Jahre gewählt.

**Abtragen**, Fertigungsverfahren, bei denen Stoffteilchen auf nichtmechan. Weg (also nicht durch Spanen) von einem Werkstück abgenommen werden. Man unterscheidet → thermisches Abtragen, → chemisches Abtragen u. → elektrochemisches Abtragen. Hauptanwendungsgebiet ist die Bearbeitung hochfester, schwer zerspanbarer Werkstoffe u. die Herstellung komplizierter Werkstücksformen u. -konturen.

**Abtragung**, allgemeine Tieferlegung (Massenverlust) des festen Landes durch linienhafte → Erosion u. flächenhafte → Denudation (mittels fließenden Wassers), durch → Deflation (Ausblasung des Windes), → glaziale Abtragung, marine → Abrasion u. allg. Massenbewegungen (Steinschlag, Bergsturz, Hangrutsch, Solifluktion, Bodenkriechen). Voraussetzung für den Abtrag von Festgesteinen ist der Prozess der → Verwitterung. Die A. ist umso schneller, je höher (steiler) das Relief ist, je feuchter das Klima u. je weniger Vegetation vorhanden ist. Gletscher u. Inlandeis erodieren bes. stark. Endergebnis der A. ist die Einebnung des Geländes zur Fastebene (Peneplain) im Meeresniveau.

**abtrainieren**, *Sport:* **1.** alle Maßnahmen zum allmähl. Abbau von Belastungsgrößen nach Beendigung eines Hochleistungstrainings. Das A. soll Entlastungserscheinungen vorbeugen, die beim abrupten Abbruch sportl. Trainings im Herz-Kreislauf-System auftreten können. Es sollte über mehrere Jahre unter ständig verringerter Belastung erfolgen. – **2.** Maßnahmen zur Verringerung des Körpergewichts, überwiegend durch Entwässerung; bei Sportarten mit Gewichtsklasseneinteilung mit dem Ziel durchgeführt, in der niedrigeren Gewichtsklasse starten zu können.

**Abtreibung** → Indikation (2), → Indikationsfeststellung, → Schwangerschaftsabbruch.

**Abtreibungspille**, Medikament, das bis zum 49. Schwangerschaftstag durch hormonelle Einleitung einer künstl. Fehlgeburt zum → Schwangerschaftsabbruch führt. Stark wirksames Antigestagen *(Mifepriston)* baut die Gebärmutterschleimhaut ab, so dass der Embryo abgestoßen wird. Anschließend verabreichtes Prostaglandin fördert frühzeitige Wehen. Handelsname „Mifegyne" (früher RU 486).

**Abtreppung**, stufenartige Ausbildung von Giebelmauern, Gründungen, Baugrubenwänden, Böschungen.

**Abtretung**, *Zession*, **1.** *bürgerliches Recht:* die vertragl. Übertragung einer Forderung durch den bisherigen Gläubiger *(Zedenten)* auf einen neuen Gläubiger *(Zessionar;* §§ 398 ff. BGB). Mitwirkung oder

Benachrichtigung des Schuldners ist nicht erforderlich; doch besteht umfassender Schuldnerschutz (§§ 404, 406 ff. BGB). – Ähnlich in *Österreich* (§§ 1392 ff. ABGB) u. in der *Schweiz* (Art. 164 ff. OR), jedoch bedarf die A. hier der Schriftform (Art. 165 OR).

2. *Völkerrecht:* die aufgrund eines völkerrechtl. Vertrags – meist Friedensvertrags – durchgeführte Übertragung der Gebietshoheit von einem Staat auf einen anderen Staat (z. B. A. Elsass-Lothringens an Frankreich 1919, zahlreiche Gebiets-Abtretungen in den Pariser Friedensverträgen vom 10. 2. 1947 zwischen den Alliierten u. Italien, Ungarn, Bulgarien, Rumänien u. Finnland, im Friedensvertrag mit Japan in San Francisco vom 8. 9. 1951, von der Sowjetunion nicht unterzeichnet). Mitunter wird die A. auch in die Form langfristiger Pachtverträge gekleidet (1898 Verpachtung des Hinterlands von Hongkong, der sog. New Territorys, an Großbritannien auf 99 Jahre). Durch die A. überträgt der abtretende Staat dem Erwerberstaat volle Gebietshoheit. Faktisch kann die Gebietshoheit aber schon vor der vertragl. Herrschaftsübertragung auf den erwerbenden Staat übergegangen sein oder später auf ihn übergehen. Meist regeln bes. Bestimmungen die Übernahme des Verwaltungsvermögens, der Soziallasten, die Erstreckung der Gesetze, auch der Verträge, auf das erworbene Gebiet. Werden keine gegenteiligen Regelungen getroffen, tritt ein automat. Wechsel der Staatsangehörigkeit ein. Deshalb wird der Bevölkerung vielfach durch die → Option die Möglichkeit der Übersiedlung in den bisherigen Heimatstaat gegeben. Der Grundsatz des Selbstbestimmungsrechts der Völker führt häufig kraft der Verträge dazu, dass die A. vom Willen der Bevölkerung abhängig gemacht wird, doch ist völkerrechtl. ein Gebietswechsel auch ohne Abstimmung rechtsgültig. Von der A. der Gebietshoheit als Übertragung der vollen Gebietsherrschaft ist die A. einzelner Hoheitsrechte zur Ausübung (sog. *Verwaltungszession*) zu unterscheiden. Auch → Annexion.

**Abtrieb,** 1. *bürgerliches Recht:* → Abmeierung.
2. *Forstwirtschaft:* die vollständige Nutzung (Fällung) des Holzvorrats eines Bestandes bzw. eines Waldteils, so dass ein *Kahlhieb,* gelegentl. auch ein *Kahlschlag* entsteht.
3. *Viehwirtschaft: Abtrift,* das Abtreiben des Viehs von der Sommerweide, insbes. von der Alm, u. damit der Übergang zur Stallfütterung.

**Abtriebswert,** der durch den *Abtrieb* eines Waldbestands realisierbare Wert.

**Abtrift,** *Abdrift, Leeweg,* Abweichung eines Luft- oder Seefahrzeugs von seinem Kurs durch Wind- oder Meeresströmungen.

**Abu,** *Mount Abu, Abu Hills,* höchster Berg des Aravalligebirges in Nordwestindien mit dem 1722 m hohen *Guru Sikhar,* beliebter Erholungsort u. Ausflugsziel, Vogel- u. Pflanzenreservat, bedeutendes Pilgerziel der Jaina.

Auf dem A. befinden sich 52 Jaina-Tempel aus weißem Marmor (11. bis 13. Jh.). Sie weisen islam. Einflüsse in den Kuppeln auf u. zeichnen sich durch filigranartige Bildhauerarbeit aus. Am bekanntesten sind die Tempel der *Dilwara-Gruppe,* darunter die Tempel von Vimalsha u. Tedschpal.

**Abubacer** [-'baːtsər], arab. *Ibn Tofail,* arab. Arzt, Mathematiker u. Philosoph, * um 1100 Guadix bei Granada, † 1185 Marokko; sah die Fähigkeiten des Menschen sich natürlich entwickeln bis zur Erkenntnis der Natur u. Gottes. Höchste Seligkeit sei die Vereinigung der Seele mit Gott in der Ekstase. Hauptwerk ist der philosoph. Roman „Der Lebende, der Sohn des Wachenden", der den Entwicklungsgang eines einsam auf einer Insel aufwachsenden Menschen bis hin zur Vereinigung mit Gott schildert.

**Abubakar III.,** Sultan von Sokoto (Nordwestnigeria) u. „Sarkin Musulmini" (geistlicher Führer des Moslems), * 15. 3. 1903 Distrikt Denge, † 8. 11. 1988 Sokoto; 1938 Wahl zum Sultan; Generalsekretär des „Obersten Rates für Islam. Angelegenheiten Nigerias"; übte als Sultan im geistl. Zentrum der Hausa großen polit. Einfluss aus.

**Abu Bakr,** *Abu Bekr,* erster der „rechtgeleiteten" Kalifen, 632–634; * um 573 Mekka, † 23. 8. 634 Medina; Nachfolger Mohammeds u. durch Aïscha dessen Schwiegervater; hielt nach Mohammeds Tod dessen Reich zusammen.

◆ **Abu Dhabi,** *Abu Sabi, Abu Zabi,* Scheichtum der Vereinigten Arabischen Emirate, 67 350 km² groß, mit 928 000 Ew. Die gleichnamige Hauptstadt, an der Golfküste gelegen, hatte 1963 noch 8000, 1975 schon ca. 60 000 u. 1990 dt. 363 000 Ew. Die Erschließung großer Erdölvorkommen (Vorräte 1980: 3804 Mio. t) seit 1962 führte zu einem stürmischen Aufschwung. Die Förderung der auf dem Festland u. vor der Küste gelegenen Felder betrug ca. 82 Mio. t (1997). Hervorragende Straßen, moderner Überseehafen u. internationaler Flughafen, große Meerwasser-Entsalzungsanlagen, industrielle Großprojekte, modernste Stadtplanung, eines der höchsten Pro-Kopf-Einkommen der Welt.

**Abu Ghosh** [-gɔʃ], israel. Araberdorf südwestl. von Jerusalem, neolith. (7. Jahrtausend v.Chr.) u. früharab. Funde, gut erhaltene Kreuzfahrerkirche (1142 n.Chr.).

**Abu Hamed,** *Abu Hamad,* Stadt in der Rep. Sudan, am Südrand der Nubischen Wüste, am Nilknie zwischen dem 4. u. 5. Katarakt, 313 m ü.M., Verkehrsknotenpunkt (Eisenbahnlinie Khartum–Wadi Halfa); Schöpfwerke am Nilufer, bewässerte Ländereien.

**Abuja** [a'buːdʒa], seit 1992 Hauptstadt Nigerias, im Zentrum des Landes gelegen, 379 000 Ew.; internationaler Flughafen.

**Abu Kamal,** *Abu Kemal,* syr. Grenzstadt am Euphrat, nahe der irak. Grenze, 15 000 Ew.

**Abukir,** ägypt. Ort, → Abu Qir.

**Abu Kubais,** heiliger Berg u. Wallfahrtsstätte am Ostrand von Mekka.

**Abul-Abbas** [arab.; „der Blutvergießer"], *As Saffah,* erster Abbasidenkalif, 750–754; 749 in Kufa zum Kalifen ausgerufen, besiegte den letzten Omajjaden 750 am oberen Zab (Irak) u. rottete fast dessen gesamte Familie aus.

**Abul-Ala Al Maarri,** blinder arab. Dichter, * 973 Maarrat An Numan (Syrien), † Mai 1057 Maarrat An Numan. Sein „Risalat Al Gufran" (Sendschreiben der Vergebung) soll Dante beeinflusst haben. Die Gedichtsammlung „Luzum ma lam yalzam" (Die Notwendigkeit dessen, was notwendig ist) zeichnet sich durch kühne, vom orthodoxen Islam abweichende Gedanken aus (Leugnung der Auferstehung).

**Abul-Atahiya,** arab. Dichter, † 825/826 Bagdad; gehörte zum Hof des Kalifen Harun Ar Raschid; schrieb zuerst Liebesgedichte, wandte sich später asket. religiöser Dichtung zu.

**Abulie** [grch.], krankhafte Willensschwäche u. Willenlosigkeit, bei manchen Psychosen, z. B. bei Depressionszuständen, u. bei verschiedenen organ. u. Gehirnerkrankungen.

**Abu Markub** [arab., „Vater des Schuhs"] → Schuhschnabel.

**Abuna** [arab. u. äthiop., „unser Vater"], allg. Anrede in Arabisch sprechenden Kirchen für einen Kleriker, aber auch der frühere Haupt- u. heutige Nebentitel für das Oberhaupt der äthiopisch-orthodoxen Kirche.

**Abundanz** [die; lat.], 1. *allg.:* Überfluss, Fülle.
2. *allg. Biologie:* die Häufigkeit der Individuen in einem → Biotop.
3. *Ökologie: Populationsdichte,* die Individuenzahl einer Art, bezogen auf eine Flächen- oder Raumeinheit.

**Abundanzregel,** ökolog. Regel, die besagt, dass in einem Biotop mit vielfältigen Lebensbedingungen wenig spezialisierte Arten die größte Abundanz aufweisen, während in extremen Biotopen stark spezialisierte Arten mit den meisten Individuen vertreten sind.

**Abu Nuwas,** arab. Dichter, † um 813 Bag-

Abu Dhabi: Die Hauptstadt des gleichnamigen Emirats ist eine der modernsten arabischen Städte

dad; schrieb Jagd-, Wein-, Liebes-, Lob- u. Spottgedichte.

**Abu Qir,** *Abukir,* ägypt. Ort im Nildelta, nordöstl. von Alexandria, mit Tempelruinen u. Kastellen; rd. 7100 Ew.; Seebad. Der Sieg des brit. Admirals H. *Nelson* bei A. Q. über die französ. Flotte (1. 8. 1798) machte England zur vorherrschenden Macht im Mittelmeer. Er führte zum 2. Koalitionskrieg.

**ab urbe condita** [lat.], Abk. *a. u. c.,* „seit Gründung der Stadt (Rom)", Beziehungspunkt der altröm. Datierung. Das Gründungsdatum Roms wurde aufgrund der lückenhaften Überlieferung von den röm. Historikern verschieden angesetzt. Die Berechnung des M. Terentius *Varro* (Zeitgenosse *Ciceros*) auf den 21. April 753 v. Chr. setzte sich schließlich durch.

Alexander Abusch

◆ **Abusch,** Alexander, dt. Publizist u. Politiker, *14. 2. 1902 Krakau, †27. 1. 1982 Berlin (Ost); seit 1919 KPD-Mitglied, Redakteur der Parteipresse; 1933–1946 Emigration (Frankr., Mexiko); 1956–1982 Mitgl. des ZK der SED; 1958–1961 Min. für Kultur der DDR; 1961–1971 Stellvertr. des Vors. des Ministerrats (für Kultur u. Erziehung; schrieb u.a. „Stalin u. die Schicksalsfragen der dt. Nation" 1949; „Kulturelle Probleme des sozialist. Humanismus" 1962; Erinnerungen: „Der Deckname" 1981.

◆ **Abu Simbel,** ägypt. Ortschaft ca. 280 km südlich von Assuan. Zwei gut erhaltene Felsentempel Ramses' II. u. seiner Gemahlin Nefertari-meri-en-Mut aus dem 13. Jh. wurden während des Baus des Assuanstaudamms verlegt u. so vor Überflutung durch das Wasser des Stausees gerettet. → Seite 56.

**Abusir,** ägypt. Dorf am westl. Nilufer, südl. von Kairo, mit Pyramidenfeld der 5. Dynastie; 1902–1908 von der Dt. Orient-Gesellschaft archäologisch untersucht.

**abusiv** [lat.], missbräuchlich.

**Abusus** [lat.], der Missbrauch, die missbräuchl. Anwendung, bes. der übermäßige, suchthafte Gebrauch von Genuss-, Anregungs-, Betäubungs-, Rauschmitteln u. Ä., z. B. Nikotin-, Alkohol-, Tablettenabusus.

**Abu Tammam,** arab. Dichter, †845/846 Mosul; verfasste Lobgedichte, bekannt für die Zusammenstellung der Anthologie altarab. Lyrik „Hamasa" (Tapferkeit), dt. 1846 (F. Rückert).

**Abu Tig,** *Abu Tij,* oberägypt. Stadt am Nil, oberhalb von Asyut, 30 000 Ew.; Seidenweberei.

**Abutilon** [das; arab., lat.] → Schönmalve.

**Abu Zabi,** arab. Scheichtum, → Abu Dhabi.

**abwallen,** *abwellen, abwällen,* kurz vorkochen, keineswegs garkochen (von Nahrungsmitteln).

**Abwanderung** → Emigration (2).

**Abwandlung** (der Zeitwörter) → Konjugation.

**Abwärme,** *Abhitze,* die bei einem wärmetechn. Vorgang abgehende, im eigentl. Arbeitsprozess nicht verbrauchte Wärmeenergie. Sie wird häufig durch nachgeschaltete Geräte für Abwärmeverwertung wirtschaftl. genutzt; auch → Abdampf. Der überwiegend geringe Wirkungsgrad von Energieumwandlungsanlagen u. die Umwandlung jeder Nutzenergieform in Industrie, Haushalt u. Verkehr in Wärme führt dazu, dass annähernd der gesamte Primärenergieverbrauch als A. freigesetzt wird. Die therm. Belastung der Gewässer oder der Atmosphäre kann bes. in der Umgebung von Kraftwerken oder in Ballungsgebieten zu Umweltbeeinträchtigungen führen.

Abwasser: In besonderen Trichtern wird das Absetzverhalten der im Abwasser vorhandenen Feststoffe untersucht

◆ **Abwasser,** in Industrie, Gewerbe u. Haushalt gebrauchtes, meist verunreinigt u. erwärmt abfließendes Wasser, das in der Menge u. Zusammensetzung starken Schwankungen unterliegt. Es enthält gelöste, kolloidale u. feste Verunreinigungen. Auch Niederschlagswasser, das von Straßen, befestigten Plätzen u. Dächern abfließt, ist durch gelöste u. ungelöste Stoffe verunreinigt. Abwässer müssen in der Regel vor der Einleitung in ein Gewässer (→ Vorfluter) einer → Abwasserreinigung unterworfen werden. Eine Verringerung der Gewässerbelastung soll auch durch die → Abwasserabgabe erreicht werden.

**Abwasserabgabe,** nach dem *Abwasserabgabengesetz* vom 13. 9. 1976 in der Fassung vom 3. 11. 1994 ab 1981 von Einleitern verschmutzten Abwassers in Gewässer zu entrichtende (Verursacher-)Abgabe. Als Abwasserabgaben-Pflichtige kommen vor allem Industriebetriebe u. Gemeinden sowie Abwasserverbände in Frage, während kleine u. mittlere Unternehmen sowie private Haushalte in der Regel nicht unmittelbar abgabepflichtig sind, da sie ihre Abwässer meist kommunalen Kanalisationen zuführen. Das Aufkommen der A. steht den Ländern zu u. ist für Maßnahmen zur Erhaltung oder Verbesserung der Gewässergüte zweckgebunden.

Die A. dient als ökonom. Hebel neben den klassischen, auf Einleitungs- u. Güteanforderungen abzielenden Regelungen des *Was-*

Abu Simbel: Der Tempel von Abu Simbel wurde um 1256/55 v. Chr. geweiht. Vier große Kolossalstatuen flankieren paarweise den Eingang

# Abwasserreinigung

Abwasserreinigung: Gesamtansicht eines modernen Klärwerks mit Faultürmen (links) und Klärbecken (rechts)

serhaushaltsgesetzes der Gewässerreinhaltung. Die Höhe der von den Einleitern des Abwassers zu zahlenden Abgabe richtet sich nach der Schädlichkeit des Abwassers. Diese wird aus der Abwassermenge, dem Gehalt an absetzbaren u. oxidierbaren Stoffen u. der Giftigkeit in Schadeinheiten errechnet. Die A. soll Anreiz geben, Kläranlagen zu bauen, die Abwasserreinigungstechnik zu verbessern u. abwasserarme Produktionsverfahren einzuführen.

**Abwasserbehandlung,** die Maßnahmen zur Reinigung u. schadlosen Rückführung des Abwassers in den natürl. Wasserkreislauf sowie die Abwasserverwertung u. der Rückgewinnung von Inhaltsstoffen. Wo die → Selbstreinigungskraft der Gewässer nicht ausreicht, darf Abwasser erst nach gründl. → Abwasserreinigung in den Vorfluter eingeleitet oder in den Untergrund versickert werden. Die Einleitung ohne ausreichende A. soll durch Erhebung einer → Abwasserabgabe reduziert werden. Zur A. dienen auch Anlagen, die die Rückführung von gereinigtem Brauchwasser in den Prozessablauf ermöglichen u. damit eine Einleitung in Oberflächengewässer vermeiden. Auch → Abwasserbeseitigung.

**Abwasserbeseitigung,** alle techn. Maßnahmen, die vom Anfall des Abwassers bis zu dessen Rückführung in den Wasserkreislauf erforderlich werden. Die Abwasserbeseitigung umfasst das Sammeln, Fortleiten, Behandeln, Einleiten, Versickern, Verrieseln oder Verregnen einschließlich der Entwässerung von → Klärschlamm. Es besteht eine Pflicht zur ordnungsgemäßen Abwasserbeseitigung., die aus Vorsorgegründen grundsätzlich Körperschaften des öffentlichen Rechts übertragen ist.

**Abwasserdesinfektion,** die → Desinfektion von speziellen ungereinigten *Abwässern*, z. B. aus Krankenhäusern, oder von gereinigten Abwässern, die umgehend einer erneuten Nutzung, z. B. zur Bewässerung, zugeführt werden.

**Abwassereinleitung,** die Rückführung von Brauchwasser oder das Einlaufen von gesammeltem Niederschlagswasser in Oberflächengewässer, in der Regel nach Durchlaufen verschiedener Reinigungsstufen. Die A. ist im → Wasserhaushaltsgesetz verankert u. ist erlaubnispflichtig.

**Abwasserfahne,** unterhalb der Einleitungsstelle von *Abwässern* in Fließgewässern entstehender Streifen verstärkter Verschmutzung, der auf verzögerter Durchmischung mit dem Fließgewässer beruht.

**Abwasserfischteich,** zur → Abwasserreinigung benutzte, künstlich angelegte Fischteiche mit beträchtl. Flächenbedarf, die mit Fischen (Karpfen, Schleien) besetzt sind. Die organ. Abwasserinhaltsstoffe werden bei ausreichendem Sauerstoff (aerob) biologisch abgebaut. Verstärktes Wachstum der Fischnährtiere fördert den Fischzuwachs. Erträge von 7 600 kg pro Hektar verwertbaren Fisch ohne zusätzl. Düngung u. Fütterung sind möglich. Wegen der Temperaturabhängigkeit des Abbauprozesses ist das Verfahren nur in warmen Ländern erfolgreich einsetzbar.

**Abwassergebühr,** Entgelt für die laufenden Betriebs- u. kalkulator. Kosten auf der Grundlage der Gemeindeordnungen u. Kommunalabgabengesetze der Bundesländer; wird von Kanal- u. Kläranlagenbetreiber erhoben u. ist vom Anschlussnehmer zu entrichten. 1996 zahlte jeder Bürger in Deutschland im Durchschnitt 224 DM Abwassergebühren und Abwassererschließungskosten. Hiervon zu unterscheiden ist die nach Bundesrecht zu erhebende → Abwasserabgabe.

**Abwasserhebeanlage,** Anlage zur Förderung von Fäkalien u. Abwässern bei unterschiedlichen Kanalhöhen. Abwässer werden in allseitig luftdichten, druckgeprüften, korrosionsgeschützten Behältern gesammelt u. mit Pumpe oder Drucklufttheber, durch Schwimmer- oder Elektrodenschaltung gesteuert, in den höher liegenden Kanal befördert. Ein Rückschlagventil verhindert Rückstau.

**Abwasserpilz,** *Sphaerotilus natans,* ein einzelliges, gramnegatives, begeißeltes Scheidenbakterium, das in verschmutzten fließenden Gewässern in Form langer Fäden wächst u. wie ein Pilzmycel aussieht.

◆ **Abwasserreinigung,** Maßnahmen zur Verringerung oder Beseitigung der Schmutzfracht des Abwassers. In der Abwasserreinigung werden im Allg. drei Stufen unterschieden: 1. die *mechan. Reinigung* entfernt die gröberen ungelösten u. sedimentierbaren Abwasserbestandteile; 2. die *biolog. Reinigungsstufe* eliminiert vornehml. die gelösten abbaubaren organ. Verbindungen. Zur *biolog. Abwasserreinigung.* gehört der Abbau der Abwasserinhaltsstoffe durch Berieselung eines biolog. Rasens im *Tropfkörperverfahren,* im *Belebtschlammverfahren* oder im *Schlammfaulungsverfahren* unter Ausnutzung der Lebenstätigkeit von Bakterien, Hefen, Pilzen, Protozoen, Würmern u. Insektenlarven; 3. die weitergehenden Abwasserreinigungsverfahren der sog. *dritten Reinigungsstufe* eliminieren unter Einsatz besonderer biolog., chem. oder physikal. Verfahren spezielle anorganische und nicht abbaubare organische Substanzen. Verfahren sind: → Aktivkohle, → Fällung,

*Fortsetzung S. 58*

# Abu Simbel

 Abu Simbel

**Kulturdenkmal:** 60 m tief in den Fels gehauener Großer Tempel mit 33 m hoher Tempelfassade und 20 m hohen Statuen mit dem »vergöttlichten Abbild« Ramses' II., Große Pfeilerhalle mit dem Aufmaß 16,43 x 17,7 m; Großes Heiligtum der Isis von Philae mit 93 m langem westlichem Säulengang und dem 45,5 m breiten und 18 m hohen, von zwei Türmen flankierten ersten Eingangstor, dem so genannten »ersten Pylon«

**Land:** Afrika

**Ort:** Abu Simbel und Philae, südlich von Assuan

**Ernennung:** 1979

**Bedeutung:** sehr beeindruckende Tempelanlagen aus der Zeit Ramses' II., der Ptolemäer und der römischen Kaiser

**Zur Geschichte:**

*1290–1224 v. Chr.* unter Ramses II. Bau von Abu Simbel

*3./4. Jh. v. Chr.* Bau des Heiligtums der Isis auf Philae

*1902* Heiligtümer von Philae vom ersten Assuan-Stausee überflutet

*22.3.1813* Entdeckung von Abu Simbel durch Johann Ludwig Burckhardt (1784–1817)

*1817* Freilegung von Abu Simbel

*1960–71* Bau des Nasser-Stausees

*1964–68* Umsetzung der Tempelanlagen von Abu Simbel

*1972–80* Umsetzung der Baudenkmäler von Philae

Stück für Stück wurden die monumentalen Skulpturen 1966 demontiert, um sie auf einem höher gelegenen Plateau – sicher vor den Fluten des Assuan-Stausees – wieder aufzubauen

»Heute spielt ein eigenartiger Spuk von Venedig in den Tempelmauern von Philae. Auf kleinen Booten dringt man in das Heiligtum. Der Widerschein der Nilwogen schimmert an den Mauersteinen entlang bis hinauf zur Decke, die in herrlichen Farben ein Flügelpaar zeigt, das Sinnbild der Sonne.« Mit diesen Worten beschreibt die Reiseschriftstellerin Mechthild Lichnowsky im Jahre 1913 ihre Eindrücke. Damals standen die auf der Nil-Insel Philae gelegenen Tempel halbjährlich unter Wasser, so dass Besucher mit ihren Bötchen im Innern des Heiligtums umherrudern konnten. Als vor einigen Jahrzehnten die Arbeiten am Nildamm Sadd Al Ali begannen, drohten die Kulturdenkmäler von Philae vollends in den Fluten des Stausees zu verschwinden. Daher

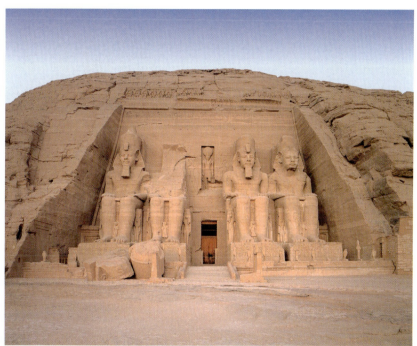

entschlossen sich die Verantwortlichen, sämtliche Gebäude – bestehend aus insgesamt 40000 Steinblöcken – auf die höher gelegene Nachbarinsel Agilkia umzusetzen.

Das Heiligtum, der Göttin Isis und ihrem jungen Sohn Horus geweiht, entstand in der Spätzeit des Pharaonenreiches, unter der Ptolemäer-Dynastie. Als Ägypten unter die Herrschaft Roms kam, zeigten sich die römischen Kaiser von diesem Tempel derartig angetan, dass sie sich an den Wänden in Ornat und Habitus als Pharaonen darstellen ließen.

Hinter dem ersten Pylon schließt sich ein Innenhof an, der rechts von Kolonnaden und links vom Geburtshaus (Mammisi) begrenzt wird, das der Isis geweiht ist. Reliefs zeigen ihren Sohn Horus, der sich in den Deltasümpfen vor den Nachstellungen seines Onkels Seth, des Mörders seines Vaters Osiris, verbergen muss. Der zweite Pylon steht schräg zur Tempelachse und ist mit Reliefs geschmückt, auf denen Opferhandlungen für die Götter Horus und Hathor zu sehen sind. Durch eine Reihe von Vorsälen gelangt man in das Allerheiligste. Dort befindet sich noch immer der Altarsockel, auf dem einst die Götterbarke für das Kultbild der Isis stand.

Östlich vom Tempel erhebt sich das schönste Gebäude Philaes, der eine schwebende Leichtigkeit ausstrahlende Trajan-Kiosk, den der gleichnamige römische Kaiser in Auftrag gegeben hatte.

Hunderte von Kilometern von Philae entfernt, liegt am Ufer des Nasser-Stausees Abu Simbel, eines der großartigsten Denkmäler aus der Zeit der Pharaonen. Jahrhundertelang waren die kolossalen Statuen des Pharaos Ramses II. unter meterdicken Sandverwehungen verborgen geblieben. Nur die Köpfe ragten noch ein wenig aus dem Wüstensand, als der kühne Tempelbau Anfang des 19. Jahrhunderts entdeckt und ausgegraben wurde. Dieser Bau geht auf Ramses II. zurück, der mit diesem Tempel seine Gottgleichheit zum Ausdruck brachte.

Die Vorderfront schmücken vier sitzende Kolossalstatuen des Pharaos. Ramses ist in vollem Herrscherornat mit der Doppelkrone von Unter- und Oberägypten, der aufgebäumten Uräusschlange auf der Stirn und dem Götterbart am Kinn abgebildet. Die Reliefs der Pfeilerhalle gleichen einem Geschichtsbuch über die heldenhaften Siege des Pharaos: Hier erstürmt der »Göttliche« auf einem Streitwagen eine syrische Festung, dort durchbohrt er einen Libyer mit der Lanze; schließlich gar blutrünstige Szenen aus der Schlacht gegen die Hethiter, die Ramses während seiner Herrschaft auch an anderen Tempeln anbringen ließ. Obgleich er sich auf den Reliefs die abgeschlagenen Hände und Häupter der Besiegten zeigen und die Schar der Gefangenen vorführen lässt, endete diese Schlacht nicht in einem triumphalen Sieg. Nur durch Glück entging der Pharao mit seiner Armee einer vernichtenden Niederlage.

Schließlich gelangt man in das Allerheiligste: Hier thront Ramses inmitten der »göttlichen Dreieinigkeit« Amun-Re, Ptah und Re-Harachte. Alljährlich am 21. Februar und am 21. Oktober werfen die in die Tiefe des Tempels eindringenden Sonnenstrahlen ein magisches Licht auf den Pharao und die drei Gottheiten.

Den kleinen Tempel von Abu Simbel ließ Ramses für seine geliebte Gemahlin Nefertari errichten. Das Heiligtum ist Hathor, der Göttin der Liebe, geweiht. In der durch Stege gegliederten Fassade finden sich in den Nischen Figuren von Ramses und seiner Frau.

Wie Philae, so musste auch Abu Simbel dem Fortschrittsglauben der Moderne weichen, ohne jedoch für die Nachwelt verloren zu gehen. Dank internationaler Hilfe und mit Unterstützung der UNESCO gelang es, Abu Simbel den Fluten des Assuan-Stausees zu entreißen. Die beeindruckende Anlage wurde Steinblock für Steinblock auf ein 65 Meter höher gelegenes Plateau »verrückt«, um ein einmaliges Zeugnis der altägyptischen Geschichte für nachfolgende Jahrhunderte zu erhalten.

Hans-Günter Semsek

Vier Mal Ramses II.: Der Pharao ließ sich einen monumentalen Tempel errichten

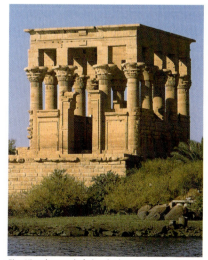

Eine Hinterlassenschaft des gleichnamigen römischen Kaisers: Der Trajan-Kiosk ist, obwohl unvollendet, eines der schönsten Bauwerke Philaes

# Abwassersammler

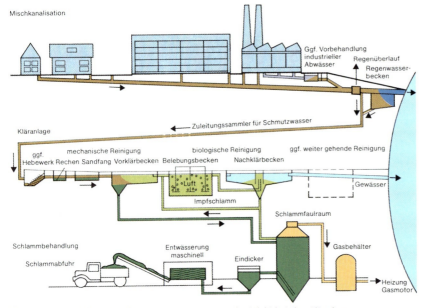

Abwasserreinigung: Schema der Abwasserreinigung in einer mechanisch-biologischen Kläranlage

→ Filtration, → Flockung, → Ionenaustauschverfahren, → Umkehrosmose u. a. Auch → Abwasserbehandlung.

**Abwassersammler,** bei der Entwässerung von bebauten Gebieten vorhandenes System der Kanalisation (oder zum Bestandteil der Kanalisation gewordene offene Wasserläufe), das der Zusammenfassung der anfallenden *Abwassers* u. seiner Ableitung zur → Kläranlage oder zum → Vorfluter dient. Je nach Bedeutung unterscheidet man *Neben-, Haupt- u. Endsammler.*

**Abwassertechnik,** Oberbegriff für die Technologien der Entsorgung, welche die Beseitigung u. Reinigung von → Abwasser zum Ziel haben.

**Abwassertechniker,** *Abwassertechnikerin,* Beruf der Umweltschutztechnik; Ausbildungsdauer 4 Semester; Voraussetzung: einschlägige Berufsausbildung (z. B. Biologielaborant) u. 2–3 Jahre Berufspraxis. A. sind in Kläranlagen beschäftigt u. führen alle Maßnahmen der Abwasserableitung sowie der Abwasser- und Schlammbehandlung durch. Auch → Umweltschutztechniker.

**Abwasserteich,** Teich zur biol. Reinigung organ. verschmutzter Abwässer ohne Fischbesatz, gelegentl. auch künstl. Belüftung. In Gegenden mit hoher Sonneneinstrahlung tragen die sich entwickelnden Algen wesentl. zur Sauerstoffversorgung u. zur Stoffeliminierung bei.

**Abwasserverbrennung,** technisch erprobtes Verfahren zur Behandlung von Abwasser mit hohen organ. Verunreinigungen, die mit anderen Reinigungsmaßnahmen nicht eliminiert werden können. Unter vollständiger Verdampfung werden die organ. Verbindungen bei hoher Temperatur u./oder hohem Druck mit Luftsauerstoff oxidiert u. dabei zerstört u. in anorgan. Verbrennungsprodukte umgewandelt.

**Abwasservermeidung,** die Anwendung abwasserärmerer oder abwasserfreier Verfahren vor allem im industriellen u. gewerbl. Bereich, z. B. die innerbetriebl. Umstellung auf Wasser sparende Kreislaufsysteme. Als Lenkungsinstrument zur Verringerung der Abwasserlast wurde die → Abwasserabgabe flankierend zu den ordnungsrechtl. Anforderungen an die → Abwassereinleitung eingeführt, wobei über finanzielle Anreize eine Verringerung der Abwassermenge u. der Schadstofffracht erreicht werden soll. Im Rahmen des prozessintegrierten Umweltschutzes bleibt freigestellt, mit welchen Mitteln die A. erreicht wird. In Haushalten soll die A. u. a. durch Aufklärung, Spartasten an Toilettenspülungen sowie Wasch- u. Geschirrspülmaschinen erzielt werden.

**Abwasserverregnung,** die regenartige feine Verteilung von Abwasser auf zu bewässernde u. zu düngende Ländereien. Zur Vermeidung der Verbreitung von Krankheitserregern u. Parasiten sind bes. Vorkehrungen erforderlich.

**Abwedeln,** Korrektur beim fotograf. Vergrößerungsprozess: im Negativ zu schwach belichtete Partien, die das Fotopapier zu stark schwärzen würden, können durch auf dünnen Draht angebrachte Kartonmasken vor zu langer Belichtung geschützt werden. Der Vorgang muss mit zitternder Hand durchgeführt werden, damit die Konturen der Korrektur verwischt werden.

**Abwehr, 1.** *Medizin:* → Immunsystem.
**2.** *Militär:* eine Gefechtsart, die dazu dient, den feindl. Angriff in einem bestimmten Raum aufzufangen u. dabei Kräfte des Feindes zu vernichten. Je nach Auftrag, Gelände, Kräfteverhältnissen, Gesamtlage usw. wird die A. starr als *Verteidigung* (Halten eines Abschnitts) oder beweglich (z. B. örtl. Ausweichen, Gegenangriff) zu führen sein.
**3.** *Politik:* die A. fremder → Geheimdienste, Sicherung gegen → Spionage, auch Bez. für den Geheimdienst selbst. In Dtschld. wurde 1920 als militär. Nachrichtendienst die *Gruppe A.* im Reichswehrministerium gebildet. Nach mehrfachem Namenswechsel hieß sie seit 1938 *Amt Ausland/A.* im Oberkommando der Wehrmacht. Chef der A. war 1935–1944 W. *Canaris.* Unter ihm waren mehrere führende Mitglieder der Widerstandsbewegung gegen das nat.-soz. Regime in der A. tätig. Nach dem Attentat vom 20. 7. 1944 wurde die A. teilweise der SS unterstellt.

**Abwehranspruch,** Anspruch des Eigentümers gegen störende Einwirkungen auf u. in sein Eigentum, sofern diese keine Entziehung des Besitzes darstellen. Erfasst werden z. B. Lärmbelästigungen und herüberfliegende Gesteinssplitter, nicht aber ideelle Beeinträchtigungen, z. B. durch Errichtung eines Bordells auf dem Nachbargrundstück (§ 1004 BGB). Die Vorschrift findet entsprechende Anwendung bei Verletzung *beschränkter dinglicher Rechte* u. der in § 823 BGB geschützten Rechtsgüter.

**Abwehraussperrung,** → Aussperrung.

**abwehrender Brandschutz,** alle Maßnahmen zur Bekämpfung von Gefahren für Leben, Gesundheit u. Sachen, die bei Bränden u. Explosionen entstehen; auch → Brandschutz.

**Abwehrmechanismus,** von S. Freud geprägter u. von seiner Tochter Anna Freud systemat. ausgestalteter Begriff für eher unbewusst ablaufende innerpsych. Vorgänge u. Verhaltensweisen, die der Herstellung eines Kompromisses zwischen den triebhaften Ansprüchen des Es u. dem Über-Ich dienen. Unterschieden werden folgende Abwehrmechanismen: *Verdrängung* (das Nicht-Wahrhaben-Wollen einer Intention oder eines Erlebnisses), *Rationalisierung* (nachträgl. Scheinbegründung der Aktionen), *Substitution* (Verschiebung des Affekts auf Ersatzobjekte), *Sublimation* (Überführung primitiver Triebregungen in sozial hoch bewertete Tätigkeiten), *Projektion* (Zuschreibung eigener, abgelehnter Regungen an andere Personen), *Identifizierung* (man schlägt sich auf die Seite des Angreifers oder der die eigenen Ansprüche versagenden Autorität u. macht sich dabei deren Gebote zu Eigen), *Wendung der Aggression nach innen* (Selbsthass), *Überkompensation* (Wettmachen eines Minderwertigkeitsgefühls durch besondere Anstrengungen [A. *Adler*]), *Regression* (Reaktivierung ontogenetisch älterer, den früheren Kindheitsphasen entsprechender Verhaltensmuster) u. *Konversion* (Umwandlung psych. Spannungen u. Konflikte in körperl. Symptome).

**Abwehrschwäche,** *Immunschwäche,* die verminderte Fähigkeit des Organismus, sich gegen eindringende Krankheitserreger zu behaupten, was sich in erhöhter Anfälligkeit für Infektionen äußert. Eine A. kann angeboren sein oder durch mangelhafte Ernährung, Stress, auszehrende Lebensweise, Medikamente oder manche Viren (→ Aids) hervorgerufen werden.

**Abwehrzauber,** *Apotropaion,* magische Maßnahmen (wie Verkleidung, Maske, Bild, Amulett, Talisman, Drudenfuß, Tierköpfe), Geräusche (Schießen, Peitschen) zum Abschrecken böser Mächte. Z. B. gibt die Maske das Gesicht des abzuwehrenden Dämons wieder u. soll von diesem als stärker u. damit abschreckend empfunden werden.

**abweichendes Verhalten,** *Soziologie:* *Devianz,* ein Verhalten von Personen oder Gruppen, das den Erwartungen der meisten Mitglieder einer Gesellschaft, ihren allg. gültigen Regeln, Normen oder Vorschriften widerspricht u. das mit einem Sanktionsrisiko verbunden ist. Als kategorialer Grundbegriff der Soziologie äußert sich a. V. je nach Dominanz der Bedürfnisse nach Konformität oder Abweichung, nach Aktivität oder Passivität, nach Bezugsrichtung auf Interaktionspartner oder Normen, z. B. in → Absentismus, → Subkultur, Kriminalität, Krankheit. Auch → Anomie, → Sanktion.

**Abweichung,** 1. *Politik:* im Sprachgebrauch der kommunist. Parteien das tatsächl. oder unterstellte Verlassen der offiziell festgelegten Parteilinie durch einzelne oder mehrere Parteimitglieder. Man unterscheidet *rechte Abweichungen* (→ Revisionismus, „Opportunismus", „Sozialdemokratismus") u. *linke Abweichungen* (→ Dogmatismus, „Sektierertum"). Abweichungen können mit Verlust der Parteiämter, ggf. mit Parteiausschluss bestraft werden; unter *Stalin* konnten sie Verlust der berufl. Stellung, Freiheits- u. sogar Todesstrafe zur Folge haben. Zumindest wird vom „Abweichler" Selbstkritik gefordert.
2. *Wirtschaft:* 1. allg. als *Soll-Ist-Abweichung.* Unterschied zwischen geplanten u. tatsächl. eingetretenen Größen. Die Abweichungen sind mit den Verantwortlichen zu erörtern u. geben Anlass zu Maßnahmen zu ihrer Verringerung, z. B. durch Rationalisierung oder verstärkte Verkaufsanstrengungen. – 2. in der → Plankostenrechnung spaltet man Soll-Ist-Abweichungen in *Verbrauchs-, Preis-* u. *Beschäftigungs-Abweichungen* auf; in der Erlösrechnung kann man *Preis-* u. *Mengen-Abweichungen* voneinander trennen u. auf ihre Ursachen hin untersuchen.

**Abweichung des Kausalverlaufs,** *Strafrecht:* Abweichung des Tatgeschehens gegenüber der Vorstellung des Täters vom ursächl. Verlauf. Die Abweichung des Kausalverlaufs schließt den Vorsatz des Täters nicht aus, wenn sie sich noch innerhalb der Grenzen des nach allg. Lebenserfahrung Voraussehbaren hält u. keine andere Bewertung der Tat rechtfertigt. Z. B. ist der Täter wegen Tötung strafbar, wenn das Opfer sich gegen die beabsichtigte Tötung durch Ertränken wehrt, aber bei dem Handgemenge erschlagen wird.

**Abweichungsanalyse,** Untersuchung des Unterschiedes zwischen Soll- u. Ist-Wert einer Größe auf seine Ursachen, i. e. S. in der → Plankostenrechnung. Aufspaltung der Kostenabweichung in *Preisabweichung* (Differenz aus Plan- u. Ist-Preisen der verbrauchten Einsatzgüter), *Mengenabweichung* (Differenz aus geplanten u. verbrauchten Einsatzgütermengen bewertet mit den Planpreisen) u. *Beschäftigungsabweichung* (Differenz zwischen den Sollkosten u. Plankosten des geplanten Beschäftigungsgrades) zur Verbesserung künftiger Planungen u. zur Zuordnung der Verantwortung auf unterschiedl. Instanzen eines Unternehmens.

**abwellen** → abwallen.

**Abwerbung,** grundsätzl. zulässige Unterstützung der Abwanderung von Arbeitskräften aus einem Betrieb in einen anderen; in Zeiten der Vollbeschäftigung von bes. Bedeutung. Bei Vertragsbruch hat der Arbeitgeber gegen den Arbeitnehmer einen Schadensersatzanspruch, u. U. auch gegen den abwerbenden Arbeitgeber, wenn die A. sittenwidr. u. wettbewerbswidrig ist. In der DDR wurde vor dem Bau der Berliner Mauer (1961) A. als Hauptgrund für die „Republikflucht" von Spezialisten in die BR Dtschld. angegeben.

**ab Werk,** Handelsklausel, Versendungskosten trägt der Käufer. Dieser hat kein Recht auf Selbstabholung.

**Abwertung,** *Devaluation,* die Herabsetzung des Außenwertes einer Währung, d. h., der Preis dieser Währung wird in ausländ. Währungseinheiten herabgesetzt bzw. der Preis der ausländ. Währungseinheit wird in der abgewerteten inländ. Währung höher. Als Folge einer A. werden die importierten Auslandsgüter im Inland teurer u. die exportierten Inlandsgüter im Ausland billiger. Im Normalfall führt daher eine A. zu einer Abnahme der Importwerte u. zu einer Zunahme der Exportwerte, so dass sich die Leistungsbilanz des abwertenden Landes tendenziell verbessert. Bei preisunelastischer Inlandsnachfrage können die Importwerte auch steigen u. die höheren Importpreise einen Inflationsprozess hervorrufen. Die A. ist in einem System fester Wechselkurse ein Instrument der Beschäftigungspolitik, der → Außenhandelspolitik u. der → Geld- und Kreditpolitik.

**Abwesenheitspfleger** → Pflegschaft.

**Abwesenheitsverfahren,** *Verfahren gegen Abwesende,* ist nur im Beweissicherungsverfahren (§§ 285ff. StPO) zulässig. Die früher mögl. Hauptverhandlung gegen Abwesende ist seit 1974 abgeschafft.

**Abwetter** → Frischwetter.

**Abwicklung,** 1. *Druckereiwesen:* → Druckabwicklung.
2. *Recht:* i. w. S. Maßnahmen zur Beendigung eines Vertrages, der Tätigkeit einer Behörde oder einer sonstigen Einrichtung; i. e. S. die Liquidation von Personenunternehmen u. Kapitalgesellschaften, sofern keine Insolvenz vorliegt.

**abwracken,** ein Schiff(swrack) zu Schrott zerlegen.

**Abwurf,** *Botanik:* → Abzission.

**Abwurfmunition** → Fliegerbombe.

**Abyan,** durch *Wadi Bana* u. *Wadi Hasan* bewässerte Oase in der Küstenebene Südarabiens 50 km östl. von Aden; moderne Erschließung von ca. 18 000 ha Nutzfläche (meist Baumwolle).

**Abydos,** 1. ['abydɔs], im Altertum griech. Hafenstadt an der Ostküste der Dardanellen, an deren engster Stelle, die hier von *Xerxes* überbrückt wurde, im 5. Jh. v. Chr. Mitglied des 1. Attischen Seebundes; wurde im 2. Jh. v. Chr. bekannt durch ihren ausdauernden Widerstand gegen Philipp V. von Makedonien.
2. [a'bydɔs], griech. Name eines Ortes (altägypt. *Abdju*) in Mittelägypten, am westl. Nilufer, Begräbnisstätte der prädynastischen Könige u. der 1. u. 2. Dynastie. Seit der 5. Dynastie war A. der Hauptkultort des Totengottes *Osiris,* seit der 13. Dynastie errichteten die Pharaonen in A. Kultkapellen, die zu großartigen Tempelanlagen erweitert wurden. Von ihnen ist der reliefgeschmückte Tempel *Sethos' I.* (um 1300 v. Chr.) noch gut erhalten, während von der Anlage seines Sohnes *Ramses II.* nur noch Reste finden. Noch in griech. Zeit war die religiöse Bedeutung von A. als Verehrungsplatz für Osiris groß, nahm aber später deutlich ab, so dass den griech. Geschichtsschreiber *Strabo* die Stadt als „heruntergekommen" bezeichnet hat.

**Abymes** [a'biːm], Ort auf Guadeloupe, → Les Abymes.

**Abyssal** [das; grch. *abyssus,* „Abgrund"], größtes Gebiet des Tiefseebodens in 3000–6000 m Tiefe, rd. 76 % des gesamten Meeresbodens. Hier findet man den Boden bedeckt mit den Kalkschalen von → Kieselalgen *(Diatomeen)* u. *Globigerinen* (Foraminiferen-Art); unter 4000 m liegt feiner roter Tiefseeschlick mit nur geringem organ. Anteil. Das freie Meer in diesem Tiefenbereich wird *Abyssopelagial* genannt. Auch → Tiefsee.

**abyssisch** [grch.], *abyssal,* im Meer in großer Tiefe gebildet oder befindlich (z. B. → roter Tiefseeton).

**Abyssus** [der; grch.], grundlose Tiefe; Unterwelt; Meerestiefe; Bodenloses.

**abzählbar,** *Mathematik:* eine unendliche → Menge heißt a., wenn sich ihre Elemente → eineindeutig der Menge der natürl. Zahlen zuordnen lassen, sie also *nummerierbar* sind, z. B. die Mengen der ganzen u. der rationalen Zahlen.

**Abzählmaschine,** ein Automat, der gleichförmige Teile wie Tabletten, Dragées in gleicher Anzahl in eine Verpackung einfüllt.

**Abzahlungsgeschäft,** *Abzahlungskauf, Teilzahlungskauf,* Kaufvertrag über eine bewegl. Sache, bei dem der Kaufpreis nicht auf einmal, sondern in mehreren, von vornherein bestimmten Raten zu bezahlen ist; bei mindestens 2 Raten liegt ein *Kreditgeschäft* vor. Neben den allg. Regeln über den *Kaufvertrag* gelten zum Schutz des Käufers die bes. Vorschriften des *Verbraucherkreditgesetzes* in der Fassung vom 29. 6. 2000. Danach muss der Vertrag schriftl. geschlossen werden u. stets folgende Angaben enthalten: *Barzahlungspreis,* das ist der Preis, der bei sofortiger Barzahlung zu entrichten wäre; *Teilzahlungspreis,* das ist die Gesamtsumme von Anzahlung u. sämtl. Raten einschließlich aller Zinsen u. sonstigen Kosten; ferner die Höhe, Anzahl u. die Fälligkeit der einzelnen Teilzahlungsraten; den *effektiven Jahreszins*, das ist die Differenz zwischen Teilzahlungs- u. Barzahlungspreis bezogen auf das Jahr unter Berücksichtigung der Teilzahlungen; schließlich die mögl. Kosten einer Versicherung, die Vereinbarung eines Eigentumsvorbehalts oder einer anderen Sicherheit. Der Käufer erhält von dieser Urkunde eine Abschrift; bei Bestellungen im Versandhandel reicht die Angabe im Verkaufsprospekt (Katalog). Bei Nichteinhaltung dieser Formvorschriften ist der Kaufvertrag zunächst unwirksam. *Widerruf:* Zum Schutz vor übereilten Entschlüssen räumt das Gesetz dem Käufer ein *Widerrufsrecht* von 1 Woche ein. Der Widerruf muss vom Käufer verfasst sein u. bedarf der Schriftform. Die Widerrufsfrist beginnt mit Aushändigung der Vertragsurkunde, die eine ausdrückl. Belehrung über das Widerrufsrecht enthalten muss (beim Versandkauf kann diese im Katalog enthalten sein). Den Regeln über das Widerrufsrecht kommt die Einräumung eines uneingeschränkten Rückgaberechts von mindestens 1 Woche gleich. Im Falle des Widerrufs sind die gegenseitigen Leistungen wieder auszutauschen. Für die Zeit der Nutzung muss der Käufer eine Nutzungsentschädigung leisten. Der Verkäufer kann den Vertrag kündigen, wenn der Käufer mit mindestens 2 aufeinander folgenden Raten u. mindestens 10% des Teilzahlungspreises in Verzug ist. Bei Wahrnehmung des Eigentumsvorbehalts des Verkäufers verliert der Käufer zwar das Recht am Besitz der Sache, ist aber auch nicht mehr zur vollen Ratenzahlung verpflichtet.

In *Österreich* verlangt das Konsumentenschutzgesetz vom 8. 3. 1979 Schriftform u. Mindestanzahlung von 10–20%; die Gesamtdauer der Ratenzahlung darf in Österreich 5, in der Schweiz 2 Jahre nicht überschreiten. Auch → Haustürgeschäft.

**Abzehrung** → Kachexie.
**Abzeichen,** *Tierzucht:* durch partiellen → Albinismus (Aufhellung) oder → Melanismus (Abdunkelung) zustande gekommene Haar- oder Hautflecke, die sich von der Umgebung, d. h. von der natürl. Tönung des Deckhaares, abheben u. hauptsächl. zur Bestimmung des *Signalements* führen. In früheren Jahren bildeten die A. eine der Grundlagen der Rassezucht bzw. wurden als *Konstitutionskriterium* überbewertet. Die A. des Pferdes sind bes. an der Stirnnasenpartie des Kopfes u. an den Extremitäten auftretende weiße Haare, die ihren Formen entspr. benannt werden (z. B. Blume, Blesse, Flocke, Schnippe, Laterne auf der Stirn; halbgefesselt, ganzgefesselt an den Extremitäten).
**AbzG,** Abk. für *Gesetz betreffend die Abzahlungsgeschäfte* vom 16. 5. 1894; Vorschriften heute geregelt im Verbraucherkreditgesetz vom 17. 12. 1990.
**Abziehbild,** abweichbares oder auf andere Unterlagen übertragbares, seitenverkehrtes oder seitenrichtiges Bild, wird auf einem mit

Académie française: Zeitgenössischer Stich aus dem 17. Jh.; der Thron im Hintergrund war dem König vorbehalten

quellbarer Schicht (Stärke, Tragant, Gummiarabikum) versehenem Bedruckstoff (Papier, Kunststoff-Folien) hergestellt.
**abziehen, 1.** *Kochkunst:* Mandeln oder Nüsse von der braunen Haut befreien.
**2.** *Textiltechnik:* Färbungen aus Textilien durch Herauslösen oder Zerstören des Farbstoffs teilweise oder völlig entfernen; zum Egalisieren ungleichmäßiger Färbungen, zum Aufhellen oder für eine nachfolgende Um- oder Neufärbung vorgenommen.
**Abzinsungsfaktor** → Zinsrechnung.
**Abzinsungspapier,** bestimmte Form der Sparbriefe, Bundesschatzbriefe u. a., bei denen die anfallenden Zwischenzinsen wäh-

Abzug (2): Viele Arbeiten in chemischen, biologischen und medizinischen Laboratorien müssen unter einem Abzug durchgeführt werden. Dadurch wird verhindert, dass Schadstoffe oder -organismen in den Arbeitsraum gelangen

rend der Laufzeit auf den Kaufpreis, d. h. vom Erwerbspreis abgesetzt, angerechnet werden.
**Abzission,** *Abwurf,* Abstoßung von Pflanzenteilen (Laub- u. Fruchtfall).
**Abzug, 1.** *Bauwesen:* Einrichtung zum Abführen von Gasen oder Dämpfen, z. B. für Herde, Öfen, auch für Entlüftungsanlagen.
◆ **2.** *Chemie: Digestorium,* mit einem Kamin verbundener, separater Bereich mit Kunststoffschiebefenster im chem. Laboratorium. Im A. können chem. Operationen durchgeführt werden, bei denen giftige oder übel riechende Gase oder Dämpfe entstehen. Diese werden abgesaugt u. dann an die Außenluft abgegeben bzw. einer Reinigungsanlage zugeführt.
**3.** *Drucktechnik:* Abdruck von einer Druckform, hergestellt zum Korrekturlesen oder Beurteilen des Druckbilds; auch → Fahne (3).
**4.** *Fotografie:* die Kopie eines Negativs.
**5.** *Militär:* Vorrichtung zum Auslösen des Schusses. Neben mechanischem A. gibt es bei modernen Waffen häufig elektr. oder elektron. Auslösung, die auch automatisch funktioniert, z. B. wenn das Ziel erfasst ist.
**Abzugsgeld** → Abschoss.
**Abzugsteuern** → Quellenabzugsverfahren.
**Abzweigdose,** in der elektr. Installationstechnik an Verzweigungspunkten verwendete Steckdose; meist aus Kunststoff hergestellt u. mit einem Deckel verschließbar; enthält Schraubklemmen zur Verbindung der eingeführten Leitungen.
**Abzweigstelle,** *Eisenbahn:* eine → Blockstelle der freien Strecke, an der Streckengleise sich verzweigen.
**ac...** → ad...
**a c.,** Abk. für → a conto.
**a. c.,** Abk. für → anni currentis.
**Ac,** chem. Zeichen für → Actinium.
**AC,** Abk. für engl. *Adaptive Control,* → adaptive Regelung.
**Acacia** → Akazie.

**Acacius von Konstantinopel,** *Akakios,* Patriarch von Konstantinopel 472–489, †489; versuchte als einflussreicher Kirchenpolitiker die monophysit. Gegner (→ Monophysitismus) des Konzils von → Chalcedon (451) für die Reichskirche zu gewinnen u. verfasste für den Kaiser Zenon das (nicht ausdrückl., aber der Tendenz nach antichalcedonens.) Henotikon (482). Der Versuch blieb den Monophysiten gegenüber erfolglos, führte aber zum Bruch mit Rom, da A. von Papst Felix III. (II.) exkommuniziert wurde (484). Das *akazianische Schisma,* die erste Spaltung zwischen der byzantin. u. der latein. Reichskirche, wurde erst 519 beendet.

◆ **Académie française** [-frä'sɛz], staatl. französ. Gesellschaft zur Pflege der französ. Sprache u. Literatur. Die A.f. ging aus einer 1629 gegr. privaten Vereinigung von Literaten im Hause des V. Conrart hervor, die 1635 durch Richelieu zur staatl. Institution erweitert wurde. Ihre Hauptaufgabe war damals die Abfassung des „Dictionnaire de l'Académie" (1694). Die A.f. ist seit 1803 ein Teil des *Institut de France.* Sie zählt 40 Mitglieder („die 40 Unsterblichen"), die frei gewordene Plätze durch Zuwahl besetzen. Als erste Frau wurde 1980 M. Yourcenar zum Mitgl. der A.f. gewählt.

**Acajoubaum** [-'ʒu:-; portug., frz.], *Anacardium occidentale,* Baum aus der Familie der *Sumachgewächse (Anacardiaceae).* Die angeschwollenen roten, fleischigen Fruchtstiele *(Acajouäpfel)* werden in den Tropen gegessen. Die Früchte (→ Cashewnüsse) werden u.a. geröstet gegessen. Aus dem Stamm des Acajoubaums quillt bei Verletzung das *Acajouharz,* das mit Formaldehyd auch zu Kunstharzen verarbeitet wird bzw. Gummi liefert.

**Acajutla** [aka'yutla], im Ausbau befindl. Hafen im SW El Salvadors am Pazifik; chem. Industrie, therm. Kraftwerk, Erdölraffinerie.

**Acalypha** → Nesselschön.
**Acanthaceae** → Akanthusgewächse.
**Acanthiosicyos** → Naraspflanze.
**Acanthocephalen,** *Acanthocephala* → Kratzer.
**Acanthodii** [grch. *akanthodes,* „dornig"], *Stachelhaie,* ausgestorbene Fischgruppe, Lebenszeit Obersilur bis Unterperm.
**Acanthosis** → Akanthose.

**a cappella** [ital., „nach Art der Kapelle"], mehrstimmiger Gesang ohne eigene Instrumentenstimmen. Instrumente konnten zur klangl. Ausfüllung der Vokalstimmen hinzutreten. Bes. im 16. Jh. bestanden Kapellen hauptsächl. aus musikal. gebildeten Berufssängern, die daher auch schwierige Musik ohne Instrumentenhilfe singen konnten. Erst im 17. Jh. bedeutet der Begriff – synonym für den älteren, kontrapunktischen Stil – eine rein vokale Ausführung.

**Acapulco de Juárez** [-xu'ares], Hafenstadt u. Seebad an der pazif. Küste des südmexikan. Staates Guerrero, 592 000 Ew.
**Acari** → Milben.

**Acaricid,** chemische Substanz zur Milbenbekämpfung, → Akarizid.
**Acarigua,** Stadt im venezolan. Staat Portuguesa, 117 000 Ew.; Zentrum einer bedeutenden Agrarzone (Reis, Mais, Zuckerrohr, Sesam; dazu Rinderzucht).
**Acca** → Feijoa.

**Accademia della Crusca,** kurz *Crusca* [ital., „Kleie"] genannt, weil ihre Mitglieder in Sprache u. Literatur Italiens gleichsam Kleie u. Mehl sondern sollten; 1582 von A. F. Grazzini in Florenz gegr.; gab das „Vocabulario della Crusca" heraus (1. Aufl. 1612, letzte Ausgabe 1863–1925), ein Wörterbuch, das auf der Sprache des Trecento beruht; Vorbild der dt. *Sprachgesellschaften* (z. B. der „Fruchtbringenden Gesellschaft"); veröffentlicht jetzt vor allem krit. Ausgaben klass. italien. Autoren u. Studien zur italien. Sprach- u. Literaturwissenschaft.

**Accademia dell'Arcadia,** aus dem Kreis um Königin Christine von Schweden hervorgegangene Gesellschaft von Dichtern, Künstlern u. Gelehrten, 1690 von G.M. Crescimbeni u. G.V. Gravina gegr.; Ziel war die Überwindung des barocken Schwulstes u. die Rückkehr zu einfacher, natürl. Lebens- u. Denkart, wie man sie sich in der altgriech. Landschaft Arkadia verwirklicht dachte; Mittelpunkt der Schäferdichtung im 18. Jh.; besteht seit 1925 als gelehrte Gesellschaft unter dem Namen *Accademia letteraria italiana* weiter.

**accelerando** [atʃɛlɛ'rando; ital.], musikal. Vortragsbez.: allmählich schneller werdend.
**Accent aigu** [aksɛ'ty; frz.; der] → Akzent (2).
**Accent circonflexe** [ak'sɑ̃ sirkɔ̃'flɛks; frz.; der] → Akzent (2).
**Accent grave** [ak'sɑ̃ gra:v; frz.; der] → Akzent (2).

**Accentus** [lat.], *Akzent,* in der Liturgie vorwiegend auf einem Ton gesungener, in erster Linie dem Text angepasster Vortrag einer Epistel oder Ähnliches. Den Gegen-

Acadia: Indian Summer im nordöstlichsten Nationalpark der USA

◆ **Acadia** [ə'keidjə], rd. 168 km² großer Nationalpark (gegr. 1919) im SO von Maine (USA), z.T. auf dem Festland, z.T. auf Inseln (u.a. *Mount Desert Island),* eines der bekanntesten Erholungsgebiete im Nordosten der USA.

satz bildet der *Concentus,* alle nach vorgegebener Melodie vorgetragenen Texte, z.B. *Antiphon,* oder auch der von der Gemeinde gesungene Choral.

**Accessoires** [aksɛ'swa:rs; Pl.; lat.-frz.], modisches Zubehör zur Kleidung wie Ansteckblume, → Fächer, → Gürtel, → Handschuhe, Kopfbedeckung (→ Hut), → Knöpfe, → Schirm, → Schmuck, Schnalle, → Schuhe, → Tasche, Tuch.

**Acciaiuoli** [atʃaiu'oli], italien. Adelsfamilie aus Brescia, die im 12. Jh. nach Florenz übersiedelte u. eine beherrschende Stellung auf dem Getreide- u. Textilmarkt in Süditalien gewann. Die A. waren Bankiers der

Anjou von Neapel u. von 1358 bis zur türk. Eroberung Herren von Griechenland (Belehnung mit den Herzogtümern Korinth, Theben u. Athen).

**Accompagnato** [-pa'nja:to; das; ital.], eigentl. *recitativo accompagnato*, in der älteren Oper das → Rezitativ mit durchgehender Orchesterbegleitung. Gegensatz: *Secco*, das nur durch wenige Akkorde auf dem Cembalo gestützte Rezitativ. A. u. Secco fanden Eingang in Oratorium u. Passion.

**Accompagnement** [akompaɲ'mã; frz.] → Begleitung.

**Acconci** [a'kontʃi], Vito, US-amerikan. Aktionskünstler, * 24. 1. 1940 New York; bis 1973 Vertreter der Body-Art; Modell ist sein eigener Körper; Aktionen, Filme u. Videos dokumentieren dabei die phys. u. psych. Belastbarkeit des Menschen; seit 1974 stehen Kommunikationsprobleme, spezif. Bedingungen des Ausstellungsortes u. Konzepte für öffentl. Anlagen, Plätze u.a. im Vordergrund.

**Accordatura** [ital.], im Gegensatz zur *Scordatura* (→ Skordatur) die normale Einstimmung der Saiteninstrumente.

**Accordino** [ital., „kleines Abkommen"], ein 1949 zwischen Italien u. Österreich geschlossenes Abkommen zur Erleichterung des Grenzverkehrs zwischen Österreich u. Südtirol.

**Account** [engl., „Konto"], Zugangsberechtigung zu einem Mailbox-System oder Computer-Netzwerk einschl. der Rahmenbedingungen. I.e. S. sind mit A. der Benutzername und das Passwort gemeint, mit denen der Zugang erfolgt.

◆ **Accra**, *Akkra*, Hptst. u. wichtigster Handelsplatz im westafrikan. Staat Ghana, 949 000 Ew.; Universität (gegr. 1948); internationaler Flughafen, Hafen; alter Residenzkern, von modernen Straßen u. Bauten umgeben; Nahrungs- und Textilindustrie. 8.–14. 12. 1958 erste *Panafrikan. Konferenz* zur Förderung der Unabhängigkeit u. Einheit der Völker Afrikas. – 21.–26. 10. 1965 zweite Gipfelkonferenz der *Organisation für die Afrikanische Einheit*; Hauptthema *Rhodesien*; Gewaltandrohung gegen Rhodesien u. Aufforderung an Großbritannien, es solle bei einseitiger Unabhängigkeitserklärung Rhodesiens die Regierung übernehmen.

**accrescendo** [akre'ʃendo; ital.], musikal. Vortragsbez.: anschwellend, lauter werdend.

**Accretion** [ə'kri:ʃən; engl., „Zuwachs"], *Astronomie*: der Prozess, bei dem ein Stern Materie aufnimmt.

**Accumulations** [akymyla'sjõ; frz., „Ansammlungen"], ein 1959 von F. *Arman* geprägter Begriff zur Bez. von Kunstwerken, die aus der Ansammlung gleicher Objekte bestehen, die entweder in Plexiglaskästen gehäuft oder freiplastisch angeordnet werden.

**Accursius**, Franciscus, italien. Rechtsgelehrter, * 1185 Bagnolo bei Florenz, † 1263 Bologna; lehrte dort seit etwa 1215. A. war einer der Glossatoren; er stellte sämtl. Kommentare der anderen Glossatoren, insbes. die seines Lehrers Azo, in der *Glossa ordinaria*, die Standard-Kommentar u. Grundlage für die Exegese des → Corpus juris civilis schlechthin wurde, zusammen. Die Glossenapparate des A. umfassen nahezu 100 000 Glossen.

**accusativus cum infinitivo** [lat., „Akkusativ mit Infinitiv"], Abk. *a. c. i.*, häufige syntakt. Konstruktion der latein. Grammatik nach bestimmten Gruppen von Verben, einem deutschen dass-Satz so entsprechend, dass dessen Subjekt im Lateinischen im Akkusativ, dessen Prädikat im Infinitiv erscheint, z. B.: „Er sah den Apfel herunterfallen." Auch in Engl. u. Französ.

**ACE**, Abk. für engl. *Allied Command Europe*, Alliierter Kommandobereich Europa.

**Acedia** [lat., „Sorglosigkeit", „schlechte Laune"], in den frühen Mönchtum als spezifische Erkrankung der Mönche an der Einsamkeit beschrieben u. mit der *Tristitia* (der „Traurigkeit") unter die Todsünden gerechnet. Auch → Melancholie.

**Aceh** [a'tʃe:], *Atjeher*, jungindones. Kulturvolk (ind. u. arab. beeinflusst) in Nordwestsumatra (1,5 Mio.), mit arab. Schrift, seit dem 14. Jh. Moslems; Reisbauern, z.T. in Pfahlbauten, mit hervorragender Webkunst u. Schifffahrt; seit dem 13. Jh. ein bedeutendes Reich, in harten Kämpfen 1893–1903 von den Niederländern unterworfen. Die Tracht (Jäckchen, Hosen) ist hindu-javanisch.

**Aceh** [a'tʃe:], *Atjeh, Atschin, Atjin*, indones. Provinz (seit 1959 mit Sonderstatus) im Nordwestteil von Sumatra, 55 392 km², 3,9 Mio. Ew.; Hptst. *Banda Aceh*; A. hat Anteil am Erdölgebiet Perlak; Pfefferkulturen; Kautschuk- u. Salzgewinnung. – Bis ins 19. Jh. unabhängiges Sultanat, dann niederländ. Kolonie, seit 1945 zu Indonesien; seit den 1950er Jahren Unabhängigkeitsbestrebungen.

**Acella**, eine Folie aus Weich-PVC.

**Acenaphthen**, aromat., aus dem Anthracenöl der Steinkohlenteerdestillation gewonnener Kohlenwasserstoff; Rohstoff zur Herstellung von Küpenfarbstoffen, Schutzmittel gegen Alterung von Kautschuk; verwendet in der Kunststoff- u. Insektizidfabrikation. A. zählt zu den *Mitosegiften*.

**Acer** [lat.] → Ahorn.

**Aceraceae** [lat.] → Ahorngewächse.

**Acerola** [lat.] → Malpighia.

**Acerra** [a'tʃɛra], italien. Stadt nördl. des Vesuv, 43 300 Ew.; landwirtschaftl. Handel.

◆ **Acetaldehyd** [lat. *acetum*, „Essig"], *Äthanal, Ethanal*, aliphat. Aldehyd, $CH_3\text{-}CHO$; eine farblose Flüssigkeit von betäubendem Geruch, die leicht zu Essigsäure oxidierbar ist u. in Gärungsprodukten vorkommt. A. wird techn. durch katalyt. Wasseranlagerung an Acetylen oder durch Dehydrierung von dampfförmigem Ethylalkohol gewonnen. u. ist ein wichtiges Ausgangsprodukt zur Herstellung von Essigsäure u. deren Anhydrid, Aldol, Acetylcellulose, Essigester, Alkohol, Chloroform, Farb- u. Sprengstoffen sowie Kunstharzen. Da A. viele Öle, Fette u. Harze löst, ist es ein häufig genutztes Lösungsmittel, das aber leicht zu → Paraldehyd (Schlafmittel) u. → Metaldehyd polymerisiert. u. sich mit Alkalien leicht zu Aldol kondensiert.

**Acetale**, allg. Formel R–CH (OR′) (OR″), Dialkoxyverbindungen, die unter Wasseraustritt bei der Reaktion von Alkoholen mit Carbonylverbindungen (Aldehyde oder Ketone) entstehen. Im Zwischenschritt bilden sich selten isolierbare *Halb-Acetale* R–CH (OH) (OR); farblose, oft wohlriechende Flüssigkeiten. Natürl. Entstehen bei der Weinreifung (Ausbau von Bukettstoffen), Verwendung in der Parfümerie u. Pharmazie, für Lösungsmittel, für Genussmittelaromen (Cognac) u.a.

Accra: Markt vor der Moschee

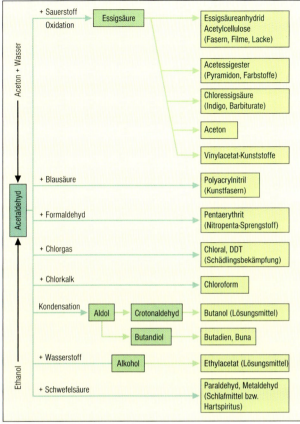
Acetaldehyd: Stammbaum der gewonnenen Stoffe

**Acetalharze**, *Polyacetale*, Bez. für *Thermoplaste* auf Formaldehydbasis.

**Acetamid**, *Essigsäureamid*, aliphat. Säureamid, $CH_3CO-NH_2$; neutral reagierende, aus Ammoniak u. Säurechlorid darstellbare, kristalline Substanz, die in unreiner Form nach Mäusen riecht. Verwendung als Lösungsmittelzusatz, Stabilisator für → Weichmacher, Vulkanisationsbeschleuniger, zur Herstellung von Melamin u. a.; Krebs auslösende Wirkung wird vermutet.

**Acetanilid**, *Antifebrin*, Essigsäurederivat des Anilins, $C_6H_5-NH-CO-CH_3$; selten verwendetes Fieber senkendes Mittel. Als Weichmacher für Kunststoffe, als Stabilisator für Wasserstoffsuperoxid sowie in der Farbstoffindustrie u. Pharmazie angewendet.

**Acetate**, *Azetate*, 1. Salze der Essigsäure, die entstehen, wenn man den Carboxylwasserstoff der Essigsäure durch Metallatome ersetzt, wie z. B. bei Natriumacetat $CH_3-COONa$. Bekannt ist Aluminiumacetat als adstringierendes Mittel *(essigsaure Tonerde)*.
2. veraltete Bez. für Ester der Essigsäure.

**Acetatfarbstoffe**, *Acetatreyonfarbstoffe*, sowohl → Azofarbstoffe als auch α-Aminoanthrachinonabkömmlinge zum Färben von Acetylcellulose-(Acetat-)Fasern.

**Acetatfaserstoff**, unverseifte (Triacetat, Pri-märacetat) oder teilweise verseifte (2,5-Acetat, Sekundäracetat) Acetylcellulose, aus Baumwoll-Linters oder Holzzellstoff als Ausgangsstoff hergestellt. Gesponnen wird aus der Lösung im Trocken- oder Nassspinnverfahren, u. zwar Endlosgarne u. Stapelfasern, auch Hohlfasern u. andere Spezialfasern. – *Verwendung:* in der Bekleidungsindustrie rein oder in Mischung mit anderen Faserarten, daneben auch als techn. Faser u. als Zigarettenfilter.

**Acetatfilter** → Filterzigarette.

**Acetat-Folien**, aus *Celluloseacetat* bestehende Folien; Verwendung als Klarsichtfolien, Elektroisolierungen, bei der Umkehrosmose zur Wasseraufbereitung, in künstl. Nieren u. a.

**Acetator** → Essigsäuregärung.

**Acetator-Verfahren**, halbkontinuierl. Verfahren zur Gewinnung von Essigsäure durch → Gärung in einem → Bioreaktor (Acetator). Hierbei wird Alkohol (Ethanol) durch Essigsäurebakterien (→ Acetobacter) zu Essigsäure umgesetzt. Wichtig für die Produktivität des Verfahrens ist die Einhaltung optimaler Konzentrationen von Alkohol u. Essigsäure u. eine ausreichende Belüftung.

**Acetatseide** → Kunstseide.

**Acetessigester**, *Acetessigsäureethylester*, 1. i. w. S. die Ester der Acetessigsäure; 2. i. e. S. erfrischend riechende, farblose Flüssigkeit, die durch Behandeln von Essigsäureethylester mit Natriummetall dargestellt wird. Verwendung als Lösungsmittel, bei der Farbfilmherstellung u. für Synthesen von Antipyrin, Pyramidon, Cumarin, Pyridin, Benzidin, Vitamin $B_1$, Pyrazolonfarbstoffen.

**Acetessigsäure**, *3-Oxobuttersäure, Acetylessigsäure*, $CH_3CO-CH_2-COOH$, β-Ketobuttersäure, die durch Oxidation aus 3-Hydroxybuttersäure entsteht. Unbeständiges, dickes Öl, findet sich im Harn von Zuckerkranken. Die Ester haben für Synthesen Bedeutung. → Acetessigester.

**Acetin**, *Glycerinacetat, Glycerinmonoacetat*, $CH_2OH-CHOH-CH_2O-OC-CH_3$; Essigsäureester des Glycerins; ein farbloses Öl, das als Lösungsmittel sowie bei der Dynamitherstellung u. in der Gerberei verwendet wird.

**Acetobacter**, Gattung der → Essigsäurebakterien; streng aerobe gramnegative Stäbchen, die über die ganze Zelle verteilte Geißeln tragen *(peritriche Geißeln)*. Hervorstechendes Merkmal dieser Bakterien ist die Fähigkeit, Essigsäure durch Oxidation von Ethanol zu bilden. Bei den „überoxidierenden" Bakterien *(Peroxidanten)* sammelt sich Essigsäure nur vorübergehend an, da sie zu Wasser u. Kohlendioxid weiteroxidiert wird (z. B. bei *A. peroxydans, A. rances*). Bei den „Unteroxidierern" *(Suboxidanten)* ist Essigsäure das Oxidationsendprodukt (z. B. *A. suboxydans*). Dazwischen gibt es alle Übergänge *(Mesoxidanten)*. A. wird industriell zur Herstellung von Essigsäure oder für andere oxidative Prozesse eingesetzt. In alkohol. Getränken wie Bier u. Wein ist A. unerwünscht, da es das Sauerwerden verursacht. In der Natur ist A. vor allem auf Früchten u. Gemüsearten vorzufinden. Schon um 3 000 v. Chr. nutzte man A. zur Essigherstellung. Heute werden moderne Acetobacter-Varianten im → Acetator-Verfahren eingesetzt.

**Acetomonas**, Gruppe der → Essigsäurebakterien, die in die Gattung → Gluconobacter eingeordnet wird.

**Aceton**, *Azeton, Dimethylketon, Propanon*, $CH_3-CO-CH_3$, einfachstes aliphat. Keton; eine farblose, angenehm riechende, leicht entzündbare Flüssigkeit (Flammpunkt –15 °C); wird z. B. durch Überleiten von Essigsäuredämpfen über bestimmte Katalysatoren oder aus Acetylen u. Wasserdampf, neuerdings auch aus dem Propylen der Crackgase gewonnen. A. lässt sich auch durch Vergärung von Kohlenhydraten mit Hilfe von Bakterien gewinnen u. findet sich im Harn von Zuckerkranken. Es wird für viele organ. Synthesen (z. B. Sulfonalsynthese) verwendet, dient als Lösungsmittel für Acetylen (Dissousgas) u. löst Lacke, Fette, Harze, Asphalt, Kunstfasern u. a.

**Acetonämie** [lat. + grch.], *Acetonurie, Ketose*,
1. *Medizin:* → Acetonurie (1).
2. *Tiermedizin:* eine vornehml. bei Hochleistungskühen 4–6 Wochen nach dem Kalben auftretende Störung des Kohlenhydratstoffwechsels. Typisch sind vermehrt auftretende → Ketonkörper im Blut, Harn, Milch u. Ausatmungsluft u. ein Abfall des Blutzuckerspiegels. Es treten sowohl nervöse Erscheinungen als auch Verdauungsstörungen auf. Der Krankheit kann durch Verabreichung entsprechenden Futters (geringer Eiweißanteil, mehr Raufutter) vorgebeugt werden.

**acetonämisches Erbrechen**, bei Kindern bes. zwischen dem 2. u. 8. Lebensjahr vorkommende Störung des Zuckerstoffwechsels, die sich vor allem in anfallsweise auftretendem, heftigem, schwer stillbarem Erbrechen äußert; bes. häufig bestimmten von vegetativ labile („nervöse") Kinder. Die Störung, die kinderärztl. Behandlung u. Beratung bedarf, geht mit zunehmendem Alter zurück.

**Acetonitril**, *Methylcyanid*, $CH_3-CN$; giftige, erfrischend riechende Flüssigkeit, die mit rosa Flamme brennt. Dichte 0,783, Schmelzpunkt –45 °C, Siedepunkt 82 °C. Techn. Herstellung möglich aus Acetamid durch

Dehydratisierung oder durch Addition von Ammoniak an Acetylen oder aus Ammoniak u. Eisessig. Diese Verfahren spielen jedoch gegenüber der → Ammoxidation keine Rolle, bei der A. als Nebenprodukt anfällt. Verwendung als Synthesestoff, z. B. für ungesättigte → Nitrile, u. als Lösungsmittel für Fette u. anorganische Salze, in physikal.-chem. Methoden wie UV-Spektroskopie, Polarographie u. elektro-chem. Verfahren.

**Acetonurie**, 1. *Medizin:* Acetonausscheidung im Harn bei erhöhtem Acetongehalt des Bluts (Acetonämie) infolge Kohlenhydratstoffwechselstörungen, z. B. bei Diabetes mellitus, Hunger, acetonäm. Erbrechen.
2. *Tiermedizin:* → Acetonämie (2).

**Acetonylaceton**, aliphat. Keton mit zwei Ketongruppen, $CH_3-CO-CH_2-CH_2-CO-CH_3$, Ausgangsstoff für die Herstellung von heterozykl. Fünfringen (z. B. Furan) u. für das Lösungsmittel Tetrahydrofuran.

**Acetophenon**, *Phenylmethylketon, Acetylbenzol*, $C_6H_5-CO-CH_3$, aromat. Keton, eine wasserhelle Flüssigkeit, die aus Steinkohlenteer gewonnen wird; dient als Lösungsmittel für viele Lacke, Harze u. wird zur Schlafmittel-, Kunststoff- u. Farbstoffsynthese verwendet.

**Acetylcarnitin** → Carnitin.

**Acetylcellulose**, *Celluloseacetat*, Gemisch von Essigsäureestern der Cellulose; Darstellung durch Veresterung von Cellulose mit Eisessig u. Acetanhydrid unter Zusatz von Katalysatoren (Schwefelsäure, Perchlorsäure oder Zinkchlorid) bei niedrigen Temperaturen. Das dabei gebildete *Cellulosetriacetat* enthält ca. 45 bis 63% Acetylreste bzw. Essigsäure. Für viele Zwecke reicht eine nicht vollständig acetylierte Cellulose, so dass verschiedene Gemische von freier bis triacetylierter Cellulose (*Sekundäracetate*) Verwendung finden. A. dient als Ausgangsprodukt für die Herstellung von Acetatlacken, Acetatseiden, Celluloid, Chemiefasern, Folien u. schwer brennbaren Filmen.

**Acetylchlorid**, *Essigsäurechlorid*, $CH_3CO-Cl$, erstes Glied der aliphat. Säurechloridreihe; farblose, an feuchter Luft Nebel bildende, stechend riechende Flüssigkeit, die wegen der Reaktionsfähigkeit ihrer Halogenatome als Veresterungskatalysator u. für Synthesen z. B. von Acetophenon verwendet wird. Darstellung aus Essigsäureanhydrid u. Salzsäure.

**Acetylcholin**, Abkürzung *ACh*, quaternäre Ammoniumbase $CH_3CO-O-CH_2CH_2N(CH_3)_3OH$, chem. Überträgerstoff (→ Transmitter) zwischen Nervenzellen u. zwischen Nerven- u. Muskelzellen. A. wird auf der vorderen Nervenfaser vor der → Synapse (praesynaptisch) freigesetzt u. verändert auf der folgenden Nervenfaser (postsynaptisch) die Durchlässigkeit für bestimmte Ionen (→ Permeabilität). Ähnlich ist die Wirkung auf die motorischen Endplatten zwischen Nerven u. Muskeln. A. wird in Spuren auf enzymatischem Weg im Organismus (im ganzen Neuron) gebildet u. kommt auch schon bei Einzellern vor. A. ist für die Reizleitung innerhalb des Nervensystems unerlässlich. Pharmaka, die die Acetylcholin-Rezeptoren blockieren, führen zur Muskelerschlaffung. Das südamerikan. Pfeilgift *Curare* macht die postsynaptische Endplattenmembran gegen A. unempfindlich u. wird für bestimmte Anästhesiezwecke verwendet. Als Gegenspieler des *Adrenalins* wirkt A. blutdrucksenkend u. wird durch das Enzym → Acetylcholinesterase in → Cholin u. Essigsäure gespalten.

**Acetylcholinesterase**, ein im zentralen Nervensystem, insbes. in den postsynaptischen Membranen, in den Erythrocyten u. im elektr. Organ der Fische vorkommendes Enzym, welches die Inaktivierung des *Acetylcholins* durch Hydrolyse in Acetat u. Cholin bewirkt. Nach der Spaltung des Acetylcholins wird die charakterist. Kalium/Natrium-Relation innerhalb u. außerhalb der Nervenfaser wiederhergestellt. Zu den Acetylcholinesterase-Hemmstoffen gehören die Alkaloide Physostigmin u. Neostigmin, das synthet. Diisopropylfluorphosphat u. viele insektizide Phosphatester (z. B. E 605). Als Antidot nach Vergiftungen mit Organophosphaten wird oft Pyridin-2-aldoxid-methiodid eingesetzt.

**Acetyl-Coenzym A**, *Acetyl-CoA, aktivierte Essigsäure*, $CH_3CO\sim SCoA$, an die freie SH-Gruppe des Coenzyms A energiereich gebundener Essigsäurerest. A. ist sehr reaktionsfähig u. stellt den Essigsäurerest für zahlreiche Synthesen zur Verfügung. A. nimmt eine zentrale Stellung im gesamten Stoffwechselgeschehen ein (z. B. Einschleusen der Produkte aus dem Kohlenhydrat-, Fett- u. Proteinstoffwechsel in den Citronensäurezyklus, Ausgangsprodukt für die Biosynthese von Fettsäuren). Die Bindung des Säurerestes an → Coenzym A erfolgt unter Energieverbrauch über eine Schwefelbrücke: Bei der Atmung entsteht Acetyl-CoenzymA ohne ATP-Verbrauch im Anschluss an die Spaltung von Kohlenhydraten durch → Glykolyse oder durch Abbau von Fettsäuren als „Treibstoff" des → Citronensäurezyklus.

**Acetyle**, von der Essigsäure abgeleitete chem. Verbindungen, die die Gruppierung $CH_3CO-$ *(Acetylgruppe)* tragen, z. B. Acetylchlorid $CH_3CO-Cl$. *Acetylierung* ist die Einführung der Acetylgruppe in Verbindungen mit Amino- oder Hydroxylgruppen mittels Essigsäureanhydrid, Acetylchlorid oder Isopropenylacetat. Wichtig für chem. Synthesen.

◆ **Acetylen**, *Äthin, Ethin*, ungesättigter aliphat. Kohlenwasserstoff mit dreifacher C-C-Bindung. Formel: $HC\equiv CH$. Erstes Glied aus der Reihe der *Acetylene* u. eine der wichtigsten Grundsubstanzen der techn. Chemie, da sich auf A. eine ganze „Acetylen-Chemie" aufbaut. A. ist ein farbloses, mit Luft explosibles, in reinstem Zustand geruchloses Gas, das mit heißer, stark leuchtender Flamme brennt. Der unangenehme Geruch techn. Acetylens stammt von Verunreinigungen wie Phosphor- u. Schwefelwasserstoff.

A. wird in sehr großen Mengen aus Calciumcarbid u. Wasser, aus Methan (Erdgas, Kokereigas) im elektr. Lichtbogen sowie aus dem Ethylen der Erdölverarbeitung gewonnen. Es dient als Ausgangsmaterial zur Herstellung einer sehr großen Zahl chem. Verbindungen sowie für Beleuchtungszwecke, zum autogenen Schweißen u. Schneiden (Dissousgas) u. zur Herstellung von Acetylenruß (Kautschukzusatz u. Druckerschwärze).

**Acetylendicarbonsäure**, $COOH-C\equiv C-COOH$, beständige, stark sauer reagierende Substanz; ihr *Diethylester* findet bei organ.

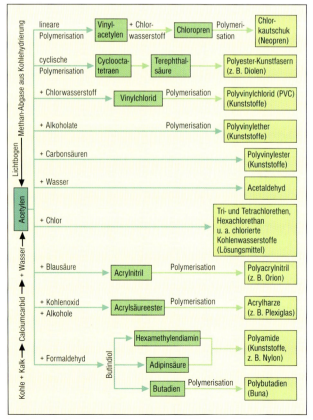

Acetylen: Stammbaum der gewonnenen Stoffe

Synthesen *(Dienherstellung)* Verwendung.
**Acetylendichlorid** → Dichlorethylen.
**Acetylene,** *Alkine,* ungesättigte aliphat. Verbindungen, die mindestens eine dreifache Kohlenstoff-Kohlenstoff-Bindung (C≡C) besitzen. Ihre charakterist. Eigenschaften sind die Additions- u. Polymerisationsreaktionen. A. kommen in vielen Pflanzen vor.
**Acetylentetrachlorid** → Tetrachlorethan.
**acetylieren,** die Acetylgruppe (→ Acetyle) in organische Verbindungen einführen.
**Acetylsalicylsäure** → Aspirin.
**Acetylsäure** → Essigsäure.
**Ach,** Flussname, → Aa.
**Ach,** Narziß, dt. Psychologe, * 29. 10. 1871 Ermershausen, † 25. 7. 1946 München; Erforscher der Willens- u. Denkvorgänge, Begründer der Determinationspsychologie; „Über die Willenstätigkeit u. das Denken" 1905; „Analyse des Willens" 1935; „Lehrbuch der Psychologie" (Hrsg.) 1944.
**Achad Haam,** hebr. Essayist, → Ginzberg.
**Achäer,** *Achaier,* früheste, in der 1. Hälfte des 2. Jahrtausends v. Chr. eingewanderte u. als Träger der *mykenischen Kultur* hervorgetretene Griechen, die dann durch die → dorische Wanderung teilweise verdrängt wurden. Danach hießen so die nordwestgriech. Bewohner der Landschaften *Achaïa* im N des Peloponnes u. *Achaïa Phthiotis* am Südrand Thessaliens. A. war auch der amtl. Name der Mitglieder des *Achäischen Bundes.* In der Dichtung konnte A. alle Griechen bezeichnen.
**Achaïa, 1.** alte Bez. *Ägialos* [„Küstenland"], griech. Landschaft u. Bezirk an der Nordküste des Peloponnes, im W flach, nach O bis auf 2341 m ansteigend; Hauptort *Patras;* Agrumen-, Wein- u. Korinthenkulturen.
**2.** Fürstentum, einer der Kreuzfahrerstaaten des 13.–15. Jh. im Peloponnes (Morea).
**Achaimenes** [grch.], sagenhafter pers. König u. nach Herodot Stammvater der *Achämeniden;* Sohn des Perseus. – In der Inschrift von *Bisutun* wird A. (altpers. *Hachamanisch,* „Einig-Sinn") als Ahnherr des Perserkönigs Dareios erwähnt; er soll um 700 v. Chr. gelebt haben.
**Achäisch,** in Achaïa gesprochener Dialekt der altgriech. Sprache; auch → griechische Sprache.
**Achäischer Bund,** 280 v. Chr. gegr.; Zusammenschluss von Städten in *Achaïa* im N des Peloponnes gegen Makedonien, geleitet von einem jährl. gewählten Strategen u. einem Bundesrat als ständiger Regierung sowie Bundesversammlungen, an welchen alle Bürger teilnehmen konnten. Der Achäische Bund beseitigte seit 251 v. Chr. unter *Aratos'* Führung die makedon. Herrschaft in N u. in der Mitte des Peloponnes, musste sich aber gegen Kleomenes III. von Sparta 224 v. Chr. erneut Makedonien unterstellen. Die Einigung des Peloponnes durch Anschluss an Rom seit 191 v. Chr. glückte nur unvollkommen.
Nachdem der Achäische Bund im 3. *Makedonischen Krieg* (171–168 v. Chr.) Roms Missfallen erregt hatte, wurden 1000 „belastete" Bundespolitiker 168–150 v. Chr. in Italien interniert, unter ihnen der Historiker *Polybios.* Offene Auflehnung gegen Rom führte 146 v. Chr. zur Zerstörung *Korinths* u. zum röm. Protektorat über die Reste des Achäischen Bundes.
**Achalasie** [grch.], krankhafte Funktionsstörung insbes. bei Organen des Verdauungstraktes, deren glatte Muskulatur nicht mehr erschlaffen kann. Auch → Kardiospasmus.
**Achalm,** frei stehender Bergkegel in der Schwäb. Alb, östl. von Reutlingen, 705 m, Burgruine.
**Achalziche,** *Chalziche,* Stadt in Georgien, nahe der Türkei, 18 000 Ew.; Technikum, Fachschule; Diatomit-, Achat- u. Gipswerk, Braunkohlenabbau.
◆ **Achämeniden,** *Achaimeniden,* altpers. Herrschergeschlecht, das sich auf *Achaimenes* zurückführte; herrschte etwa 700–330 v. Chr. über die Stämme der Perser, die zwischen 1500 u. 1000 v. Chr., vermutlich aus Zentralasien oder Südrussland kommend, in den nordwestl. Iran eingewandert waren u. in der Gegend des Urmiasees (Aserbaidschan) siedelten. Hier werden sie 843 v. Chr. zum ersten Mal in assyrischen Berichten genannt. Etwa Ende des 8. Jh. v. Chr. zogen die Perser dann nach Südosten u. ließen sich unter ihrem Herrscher *Teispes,* dem Sohn des Achaimenes, in der *Persis* (die heutige Provinz Fars) nieder. Nach dem Tode des Teispes (ca. 650 v. Chr.) wurde das kleine Reich unter seinen Söhnen *Ariaramnes* u. *Kyros I.* aufgeteilt. Beide waren anfangs assyrische Vasallen u. kamen nach dem Untergang des assyrischen Reichs (609 v. Chr.) unter medische Herrschaft. Der Nachfolger Kyros' I., sein Sohn *Kambyses I.,* musste die medische Oberherrschaft anerkennen.
Erst unter *Kyros II. (Kyros d. Gr.)* konnten die Perser die Oberhand gewinnen u. das achämenid. Weltreich begründen. 550 v. Chr. wurde der Mederkönig Astyages endgültig besiegt. 546 v. Chr. eroberte Kyros II. das lydische Reich des König Krösus u. unterwarf die griech. Städte an der Westküste Kleinasiens. 539 v. Chr. wurde Babylon eingenommen u. das neubabylon. Reich besiegt. Der Nachfolger Kyros' d. Gr., sein ältester Sohn Kambyses II., konnte 525 v. Chr. Ägypten dem Achämeniden-Reich eingliedern. Auf dem Rückmarsch starb er. Unterdessen war in Persien ein Aufstand ausgebrochen, dessen genauer Anlass nicht bekannt ist. Folgt man der Inschrift des *Dareios I.* am Felsen von → Bisutun, so hat sich ein Magier (Priester) namens *Gaumata* als Kambyses' II. Bruder *Smerdes* [altpers. *Bardiya*] ausgegeben, den der Großkönig aber selbst vor seinem ägypt. Feldzug getötet hatte, u. versucht, die Nachfolge Kambyses' II. anzutreten. Dareios, der als Lanzenträger im Heer des Kambyses gekämpft hatte, erhob sich mit sechs Adligen gegen Gaumata u. tötete ihn (522 v. Chr.). Es ist aber nicht auszuschließen, dass diese Version von Dareios nur erfunden wurde, um seine Machtübernahme zu rechtfertigen, u. dass Smerdes tatsächl. noch lebte u. seinerseits Anspruch auf den Thron erhoben hatte. Bis 521/20 v. Chr. hatte er weitere Aufstände im Reich niedergeschlagen. 518 v. Chr. eroberte er Ägypten, 519

Achämeniden: Bogenschütze der königlichen Garde aus einem Ziegelrelief am Dareios-Palast in Susa; um 500 v. Chr. Berlin, Staatliche Museen

v. Chr. zog er gegen die Skythen, unternahm 516/15 v. Chr. einen Feldzug in Richtung Indien u. gliederte den Pandschab als Satrapie in sein Reich ein. In Ägypten vollendete Dareios den Suezkanal, den schon der Pharao *Necho* (610–595 v. Chr.) begonnen hatte, 497 v. Chr. wurde er eingeweiht.
Kurz nach 500 v. Chr. erhoben sich die Griechen in den westkleinasiat. Städten

Achämeniden: Kopf eines Herrschers aus Persepolis Teheran, Archäologisches Museum

# achämenidische Kunst

gegen die pers. Herrschaft (Beginn der *Perserkriege*). Der Aufstand wurde 494 v. Chr. mit der Zerstörung Milets niedergeworfen. Strafexpeditionen gegen Griechenland misslangen Dareios I. ebenso wie seinem Nachfolger *Xerxes I.*, der im Anfang seiner Herrschaft (seit 486 v. Chr.) Aufstände, vor allem in Ägypten u. Babylonien, zu bekämpfen hatte. Er wurde nach langer, bis auf seinen letzten. Feldzug wenig ereignisreicher Regierung 464 v. Chr. mit seinem Sohn Dareios ermordet. Unter den folgenden Königen, *Artaxerxes I., Xerxes II.* u. *Dareios II.*, wurde das Reich von Aufständen u. inneren Kämpfen heimgesucht. Ägypten ging 412 v. Chr. verloren, u. den Griechen mussten weitgehende Zugeständnisse gemacht werden. Gegen Artaxerxes II. erhob sich sein jüngerer Bruder *Kyros*, unterlag aber im Kampf. Mit *Artaxerxes III.* wurde letztmalig ein tatkräftiger Herrscher Großkönig (358 v. Chr.). Er schlug die Aufstände im Inneren nieder, gewann nach drei Kriegszügen 341 v. Chr. Ägypten zurück; er wurde wegen seiner Grausamkeit 337 v. Chr. von dem Ägypter *Bagoas* vergiftet. Bagoas erhob *Dareios III.* 335 v. Chr. zum Großkönig, der nach einigen Erfolgen im westl. Kleinasien von *Alexander d. Gr.* 331 v. Chr. in der Schlacht bei Gaugamela vernichtend geschlagen u. wenig später im Ostiran von dem Satrapen Bessos ermordet wurde. Mit Alexanders Sieg endete die Herrschaft der A., ihr Reich ging in das Weltreich Alexanders d. Gr. über.

Das Reich der A. war ein Feudalstaat, alles Land gehörte dem Großkönig. Dareios I. teilte das Reich in 20 Verwaltungsbezirke *(Satrapien)*, die von jeweils einem Satrapen verwaltet wurden. Hauptstädte waren Susa, Ekbatana u. Babylon, die mit prunkvollen Palästen u. Bauten geschmückt wurden; *Persepolis* in der Persis wurde von Dareios u. seinen Nachfolgern als prächtige Residenz u. Kultstätte errichtet. Ob die Staatsreligion der A. die des *Zarathustra* (Zoroaster) war, ist in der Forschung umstritten.

**achämenidische Kunst** → persische Kunst.

**Achäne** [grch.], *Achene*, einsamige, nussähnl. Schließfrucht der → Korbblütler.

Franz Karl Achard

**Achard** [aˈʃaːr], ◆ 1. Franz Karl, dt. Chemiker, *28. 4. 1753 Berlin, †20. 4. 1821 Kunern, Schlesien; führte die Herstellung von Zucker aus Zuckerrüben ein u. gründete 1801 die erste Rübenzuckerfabrik in Kunern.
2. Marcel, französ. Dramatiker, *5. 7. 1899 Sainte-Foy-les-Lyon, †4. 9. 1974 Paris; Verfasser zahlreicher Komödien, u. a. „Voulez-vous jouer avec moâ" 1924; „Domino" 1932; „Le mal d'amour" 1956; „Die aufrichtige Lügnerin" 1960, dt. 1962; „La débauche" 1973; schrieb auch Lyrik.

**Acharnai**, griech. Stadt nördl. von Athen, heute zur Agglomeration Athen gehörig; 40 200 Ew.; in der Antike größtes Dorf von Attika, wurde bekannt durch die Komödie „Acharner" von Aristophanes.

**Achat** [der; grch.], Schmuckstein, feinschichtige, aus dünnen Lagen wechselnder Färbung bestehende, amorphe Kieselsäure, Abart des Chalcedons; als *Achatmandeln* in Eruptivgesteinen (Porphyr, Melaphyr); Abarten: *Onyx* (schwarz-weiße Bänderung), *Sardonyx* (rot-weiß), *Band-, Moos-, Wolken-, Regenbogen-Achat* u. a.

**Achatglas**, Mischung verschiedenfarbiger flüssiger Gläser mit einer streifigen Glasfärbung, die dem Halbedelstein Achat ähnlich ist.

**Achatius**, legendärer Märtyrer, der mit 10 000 Armeniern im späten 2. Jh. das Martyrium erlitten haben soll. Die Legende wurde im MA den Nachrichten über die → Thebäische Legion nachgebildet zur Erbauung u. Ermunterung der christl. Kämpfer in den Kreuzzügen. – A. zählt zu den 14 Nothelfern. Fest: 22. 6.

**Achatschnecken**, *Achatina*, Gattung großer tropischer *Landlungenschnecken*, bis 20 cm lang u. 0,5 kg schwer; von Westafrika mit Pflanzen vom Menschen über Asien bis nach Nordamerika verbreitet. A. sind bei Massenauftreten Pflanzenschädlinge, werden von Einheimischen gegessen. Die Eier sind bis zu 2,5 cm lang. Die Gehäuse sind bei den großen Arten kegelig lang gestreckt, bei kleineren Arten auch rund wie die der → Schnirkelschnecken. Die in Mengen verfügbaren trop. A. haben die immer seltener werdenden Weinbergschnecken als Delikatesse heute weitgehend abgelöst.

**Achdut Ha'avoda** [hebr., „Einheit der Arbeit"], **1.** sozialdemokratisch-zionistische, dem landwirtschaftl. Pionierideal verpflichtete Partei in Palästina, gegr. 1919; seit 1920 bei allen Wahlen zu den jüd. Selbstverwaltungsorganen stärkste Gruppierung; schloss sich 1930 mit dem *Hapoel Hazair* zur *Mapai* zusammen. Zu den Gründern u. Führern zählte D. *Ben-Gurion*.
**2.** israel. Partei, entstand 1944 durch Abspaltung von der *Mapai*; eng mit der Kibbuz-Bewegung verbunden; stand sicherheitspolitisch (Stellung zu den Arabern) „rechts", sozialpolitisch „links" von der Mapai; vereinigte sich 1946 mit der *Poalei-Zion-Linken* (PZL) zur *Achdut Haadova-PZL*, 1948 mit dem *Haschomer Hazair* zur *Mapam*; 1954–1968 selbständig, zunehmend westl. orientiert, erhielt bei Wahlen 6–8 % der Stimmen; schloss sich 1968 mit *Mapai* u. *Rafi* zur *Israelischen Arbeiterpartei* (IAP) zusammen.

**Ache**, Flussname, → Aa.

**Aché**, *Guayaki*, indian. Jägervolk in Ost-Paraguay, nahezu ausgerottet.

Chinua Achebe

◆ **Achebe** [atʃˈɛbɛ], Chinua, nigerian. Schriftsteller, *15. 11. 1930 Ogidi; schildert in seinen Romanen die Konflikte, die durch das Aufeinanderprallen von europ. u. afrikan. Kultur entstehen; gilt als „Vater der modernen afrikanischen Literatur"; Romane: „Okonkwo oder Das Alte stürzt" 1958, 1959; „Ein Mann des Volkes" 1966, dt. 1997; „Termitenhügel in der Savanne" 1987, dt. 1991; Erzählungen: „The sacrificial egg" 1962; „Girls at war, and other Storys" 1972, erweitert 1982; Essays: „Morning yet on creation day" 1975.

Oswald Achenbach: Blick auf Florenz; 1898. Düsseldorf, Kunstmuseum

Achensee: Schiffsanlegestelle und Bahnhof der Achensee-Bahn in Maurach

**Acheh,** früheres Goldgewicht in Guinea, 1 A. = 1,275 g.

**Acheloos,** auch *Aspropotamos,* Fluss in Westgriechenland, 220 km, mündet unter Bildung einer größeren Schwemmlandebene im südwestl. Ätolien u. Akarnanien ins Ionische Meer; Wasserkraftwerke. Im Oberlauf soll rd. die Hälfte des Flusswassers zu Bewässerungszwecken nach Thessalien umgeleitet werden. Das Projekt wurde 2000 aus ökolog. Gründen vorläufig gestoppt.

**Acheloos,** griech. Flussgott, Sohn des Okeanos u. der Tethys, Vater der Sirenen. Wie alle Wasserwesen verwandlungsfähig: Man stellte sich ihn als Stier vor. Als Gott des größten griech. Flusses u. als König der Flüsse genoss er große Verehrung.

**ACHEMA,** Abk. für *Ausstellung Chem. Apparate,* große, wiederholte Ausstellungen der Dt. Gesellschaft für chem. Apparatewesen e. V. Die erste A. fand 1920 in Hannover statt, seit 1950 alle 3 bis 5 Jahre in Frankfurt a. M.

**Achen,** Abfluss des *Achensees* nach N, heißt auf bayer. Gebiet *Walchen,* fließt durch den Wasserspeicher Sylvenstein in die Isar.

**Achen,** Johann → Aachen, Johann (Hans) von.

**Achenaten,** altägypt. König, → Echnaton.

**Achenbach, 1.** Andreas, dt. Maler u. Grafiker, * 29. 9. 1815 Kassel, † 1. 4. 1910 Düsseldorf; malte Landschaften, Architektur- u. Seestücke nach dem Vorbild niederländ. Landschaftsmaler des 17. Jh.

◆ **2.** Oswald, Bruder u. Schüler von 1), dt. Maler, * 2. 2. 1827 Düsseldorf, † 1. 2. 1905 Düsseldorf; malte u. a. Landschaften mit reicher Figurenstaffage.

**Achene** [grch.], Schließfrucht, → Achäne.

**Achenpass,** Pass im Mangfallgebirge, verbindet Tegernsee u. Achensee, 940 m.

◆ **Achensee,** mit 7,3 km² größter See Tirols u. einer der schönsten der Alpen, 929 m ü. M., 9 km lang, über 1 km breit, bis 133 m tief; zwischen Karwendel im W u. Sonnwendgebirge (Rofangruppe) im O, in einem Hangtal über dem Inngraben. Der A. wurde ursprünglich durch die Ache nach N zur Isar entwässert, seit 1927 Stausee (66 Mio. m³) für das Achensee-Kraftwerk in Jenbach, Fallhöhe 380 m; Dampferverkehr zwischen Pertisau, Buchau, Seespitz, Scholastika; Achensee-Bahn von Jenbach (Inn) zur Station A. am Südufer.

**Achenwall,** Gottfried, dt. Historiker u. Jurist, * 20. 10. 1719 Elbing , † 1. 5. 1772 Göttingen; Wegbereiter der modernen Statistik.

Achern

◆ **Achern,** Stadt in Baden-Württemberg, Ortenaukreis, am nördl. Schwarzwald, an der *Acher,* 143–314 m ü. M., 22 700 Ew.; Glashütte.

**Achernar** [arab.], α *Eridani,* hellster Stern im → Eridanus. Der Stern gehört zur 1. Größenklasse u. ist 144 Lichtjahre entfernt.

**Acheron,** griech. Fluss im südl. Epirus; im Oberlauf tief eingeschnitten, im Unterlauf sumpfige Niederung; in der antiken Sage Fluss in der Unterwelt (→ Hades).

**Acheson** [ˈætʃisən], ◆ **1.** Dean Gooderham, US-amerikan. Politiker (Demokrat) u. Jurist, * 11. 4. 1893 Middletown, Conn., † 12.

Dean Gooderham Acheson

10. 1971 Sandy Springs, Md.; unterstützte Roosevelts gegen die Achsenmächte gerichtete Politik, bes. seit 1939 *(Lend-Lease-Abkommen);* seit 1941 im Außenministerium, 1949–1953 Außen-Min., maßgebend beteiligt an der Verfassung der UN, am Marshall-Plan u. am Zustandekommen des Nordatlantik-Pakts; Berater von Präs. L. B. *Johnson* während des Vietnamkriegs.

**2.** Edward Goodrich, US-amerikan. Chemiker u. Industrieller, * 19. 3. 1856 Washington, Pa., † 6. 7. 1931 New York; entwickelte Elektroöfen, stellte → Carborundum u. künstlichen Graphit *(Achesongraphit)* her.

**Achesongraphit** [ˈætʃisən-], künstlich, bei etwa 2000 °C hergestellter reiner Graphit; entsteht, indem aus einem Gemenge von Quarzsand ($SiO_2$) u. Koks (C) die Graphitkristalle bevorzugt wachsen bzw. das zunächst gebildete Siliciumcarbid (SiC) wieder thermisch zerfällt. A. wurde zuerst von E.G. *Acheson* hergestellt u. nach ihm benannt; als Moderator für schnelle Neutronen in Kernreaktoren (Eisenfreiheit) von Bedeutung u. dient als Schmierölzusatz.

**Acheuléen** [aʃøleˈɛ̃; das; frz.], Kulturstufe der Altsteinzeit, benannt nach dem Fundort *Saint-Acheul* bei Amiens; folgt unmittelbar auf das → Abbevillien. Die charakterist. Faustkeile des A. sind regelmäßig geformt u. durch die Verwendung eines Schlagholzes feiner bearbeitet; als weiteres Gerät treten sog. Clactonabschläge u. in einer jüngeren Phase überarbeitete sog. Levalloisabschläge hinzu.

**Achilleion,** 1890/91 für die österr. Kaiserin Elisabeth erbautes Schloss im Stil italien. Renaissancepaläste auf Korfu, gehörte 1907–1914 Kaiser Wilhelm II., seit 1928 im Besitz des griech. Staates.

**Achilleisches Hausgesetz** → Dispositio Achillea.

◆ **Achilles,** *Achilleus, Achill,* Hauptheld der griech. Sage von gesamtgriech. Bedeutung, stammte aus Thessalien; der schönste u. tapferste griech. Held vor Troja, Sohn des Myrmidonenkönigs Peleus (danach der

Achilles und Penthesilea, dargestellt auf einem antiken Gefäß

# Achillessehne

"Pelide") u. der Meergöttin Thetis. Er erschlug Hektor, weil dieser seinen Freund Patroklos getötet hatte, u. fiel durch einen von Apollon gelenkten Pfeil des Paris, der ihn in die einzige verwundbare Stelle seines Körpers, die Ferse, traf (*Achillesferse*, übertragen: schwache, verwundbare Stelle). Auch → Penthesilea.

**Achillessehne,** *Anatomie:* Tendo achillis, die für die Fußbewegung wichtige Sehne der Wadenmuskulatur, die am Fersenbeinhöcker ansetzt.

**Achillessehnenruptur,** Riss der Achillessehne, bes. oft beim Skilaufen sowie beim Fußball, Bodenturnen, Springen u. Sprinten.

**Achilleus-Maler,** ein anonymer griech. Vasenmaler der Hochklassik, tätig um 465–430 v. Chr. Hptw.: rotfigurige Amphora in Rom, Vatikan. Museen.

**Achillobursitis** [grch. + lat.], Entzündung des Schleimbeutels der Achillessehne am Fersenbeinhöcker, verursacht z. B. durch Verletzungen, Überanstrengung, Knochenentzündung; führt zu Schwellung u. Schmerzen beim Gehen u. Stehen.

**Achillodynie** [grch.], schmerzhafte Schwellung am Ansatz der Achillessehne am Fersenbein; meist auf entzündl. Erkrankung des dort liegenden Schleimbeutels beruhend, auch bei Überanstrengung, Erkrankungen des Knochens u. a.

**Achillotenotomie** [grch.], Durchtrennung der Achillessehne, z. B. bei Spitzfuß.

Achim

◆ **Achim,** Stadt in Niedersachsen, Ldkrs. Verden, an der Weser, südöstl. von Bremen, 30 100 Ew.; Bundeswehrstandort; Windmühle (18. Jh.); Herstellung von Formen u. Maschinen für die Kunststoffindustrie, Brotfabrik. – In frühgerman. Zeit Gerichtsort.

**Achim,** Kurzform von → Joachim.

**Achimenes,** Gesneriengewächs, → Schiefteller.

**Achinger,** Hans, dt. Sozialpolitiker, *5. 10. 1899 Elberfeld, †6. 7. 1981 Frankfurt a. M.; in der sozialpolit. Praxis tätig (öffentl. u. private Fürsorge, gemeinnütziger Wohnungsbau); lehrte seit 1957 an der Universität Frankfurt a. M. Er übte großen Einfluss auf die Neuordnung der sozialen Leistungen in der BR Dtschld. aus u. lieferte eine wissenschaftl. Begründung für Sozialpolitik als Gesellschaftspolitik.

**achlamydeisch** [grch.], Bez. für Blüten ohne Blütenhülle, z. B. Weide, Seggenarten.

◆ **Achmatowa,** *Achmatova,* Anna, eigentl. Anna Andrejewna *Gorenko*, russ. Lyrikerin, *23. 6. 1889 bei Odessa, †5. 3. 1966 bei Moskau; 1910–1918 mit dem Dichter N. S. Gumiljow verheiratet; Vertreterin des Ak-

Anna Achmatowa

*meismus*; schrieb formvollendete Gedichte; in der Stalinzeit verfolgt u. unterdrückt, 1959 rehabilitiert. „Četki" 1914; „Schwur" 1941, dt. 1967; „Das Echo tönt" 1958, dt. 1964; „Ein nie dagewesener Herbst" 1967, dt. 1967/1998; „Gedichte" dt. 1988; „Poem ohne Held" 1940–60, dt. 1995; „Anno Domini". Gedichte, russ.–dt. 1998.

**Achmed** → Ahmed.

**Acholie** [grch.], Mangel an Galle.

**a. Chr.,** *a. Chr. n.,* Abk. für → ante Christum (natum).

**Achromasie** [grch.], *Achromatismus,* das Fehlen von Farbfehlern bei optischen Systemen (chromat. → Aberration [4]); wird durch geeignete Linsen- oder Prismenkombination aus verschiedenen Glassorten, z. B. Kron- u. Flintglas, erreicht. Ein solches System heißt *achromatisch* oder ein *Achromat.*

**Achromat** [der; grch.], *Landschaftslinse,* eine Linsenkombination, bei der die chromat. Aberration durch die Zusammenkittung zweier Linsen (Sammel- u. Zerstreuungslinse) aus verschiedenen Glassorten mit unterschiedl. Brechkraft (Kron- u. Flintglas) behoben wird. Zwei Achromate bilden einen *Aplanaten.* Der A. ist ein Vorgänger der *Anastigmate.* Auch → Abbildungsfehler (2), → Fotoobjektive.

**Achromatin** [das; grch.], veraltete Bez. für den nicht anfärbbaren Teil des Kerngerüsts in der fixierten Zelle. Vermutlich handelt es sich um eine künstlich hervorgerufene Veränderung, die durch die Bearbeitung des Zellpräparats entsteht.

**Achromatosis** [grch.], Pigmentmangel der Haut.

**Achsdruck** → Achslast.

**Achse, 1.** *Bauwesen:* gedachte Mittellinie von lang gestreckten Bauwerken (Straßen, Kanälen u. Ä.).

◆ **2.** *Fahrzeugtechnik:* die Verbindung zweier Räder u. ihre Anlenkung an den Fahrzeugunterbau. Nach ihren Konstruktionsmerkmalen unterscheidet man u. a.: *Vorder-Achsen: Starr-Achse* (bei Geländefahrzeugen u. Nutzfahrzeugen), *Doppellängslenker-Achse, Doppelquerlenker-Achse, McPherson-Federbein; Hinter-Achsen: Starr-Achse* (als 3-, 4- u. 5-Lenker-Achse ausgeführt u. als Blattfeder-Achse), *Längs- u. Schräglenker-Achse, Pendel-Achse, verkürzte Pendel-Achse.* Der Ausdruck „Lenker" steht in diesem Zusammenhang für „Hebel", mittels dessen die Bauteile an den Fahrzeugunterbau „angelenkt" sind. Auch → Radaufhängung.

**3.** *Maschinenbau:* ein feststehendes Maschinenteil, um das ein anderes Teil rotiert oder rotieren kann; auch → Welle.

**4.** *Mathematik:* → Koordinaten.

**5.** *Optik:* gedachte Gerade mit besonderen Symmetrie-Eigenschaften (z. B. Gerade durch die Linsenmittelpunkte eines opt. Systems).

**6.** *Physik:* eine Gerade, um die sich ein Körper dreht, z. B. Figuren-Achse u. Präzessions-Achse eines Kreisels.

**7.** *Politik:* → Achsenmächte.

**Achsel, 1.** *Anatomie:* die Schulter des Menschen, i. e. S. die Höhle zwischen seitl. Brustwand, Oberarm u. Schulterblatt; diese *Achselhöhle* ist reich an Schweiß- u. Talgdrüsen (*Achseldrüsen*).

**2.** *Botanik:* **Blatt-Achsel,** Übergangsstelle zwischen Blatt u. Stängel, Sitz der *Achselknospen,* die zu *Achselsprossen* auswachsen können.

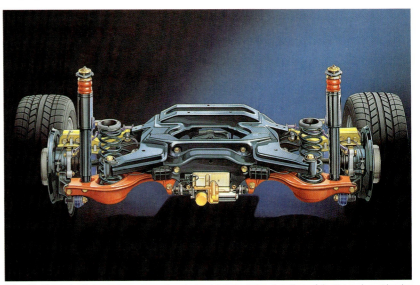

Achse (2): Hinterachse in Integralbauweise zur konstanten Achslastverteilung bei allen auf die Hinterachse wirkenden Kräften

**Achselklappe,** Uniformteil zum Aufknöpfen auf eine oder beide Achseln, ursprüngl. um das Abgleiten des *Bandeliers* zu verhindern; später zum Anbringen von → Dienstgradabzeichen verwendet. Auch → Schulterklappe.

**Achselstücke,** bes. Ausführung der *Achselklappen* in Plattschnüren aus Metallgespinst, auch geflochten, silbernfarben (bis Oberst), goldfarben (Generale) als Dienstgradabzeichen der dt. Offiziere bis 1945.

**Achsenkreuz,** Achsensystem eines zweidimensionalen, z. B. rechtwinkligen, kartesischen → Koordinatensystems.

**Achsenmächte,** zunächst das nat.-soz. Dtschld. u. das faschist. Italien, in Anlehnung an die erstmals am 1. 11. 1936 von Mussolini verwendete Formulierung *Achse Berlin–Rom.* Der dt.-italien. → Stahlpakt vom 22. 5. 1939 wurde durch den → Dreimächtepakt mit Japan vom 27. 9. 1940 zur *Achse Berlin–Rom–Tokyo* erweitert.

**Achsenskelett,** das Stützsystem (*Skelett*) des Körperstamms von Tieren; als *äußeres* A. z. B. bei *Gliederfüßern* (*Arthropoden*) in Form von Röhrenabschnitten des Hauptpanzers; als *inneres* A. bei den *Chordatieren* (*Chordata*) die → Chorda dorsalis u. die daraus entstandene gegliederte → Wirbelsäule.

**Achsfolge,** *Achsanordnung,* Reihenfolge der Lauf- u. Treibachsen bei Lokomotiven, gültig bei allen der UIC angeschlossenen Bahnverwaltungen. Bei der Angabe der A. bedeuten: latein. Zahlen = Laufachsen, große latein. Buchstaben = angetriebene Achsen, die Stellung im ABC = Anzahl der angetriebenen Achsen; Zusatz o = einzeln angetriebene Achsen; Apostroph kennzeichnet die Achsen eines Drehgestells; u. a. mehr. Beispiel: E-Lok BR 151 Co'Co', d. h. jeweils 3 einzeln angetriebene Achsen in 2 Drehgestellen.

**Achskilometer,** Abk. *Achskm,* die von einer Wagenachse zurückgelegte Kilometerzahl; so beträgt z. B. bei einem vierachsigen Eisenbahnwagen, der einen 200 km langen Weg zurücklegt, die Anzahl der A. $4 \cdot 200 = 800$ Achskm.

**Achslast,** früher *Achsdruck,* der Teil der Fahrzeuggewichtskraft, die bei Stillstand auf waagerechter Unterlage von einer Achse auf die Fahrbahn oder Schiene übertragen wird. Bei Beschleunigung des Fahrzeugs oder ansteigender Unterlage wird ein Teil der A. von der Vorderachse auf die Hinterachse verlagert; bei Abbremsung oder abfallender Unterlage umgekehrt. Eisenbahnwagen mit Achslasten von mehr als $19{,}6 \cdot 10^4$ N müssen bei der Zusammenstellung der Züge bes. behandelt werden. Die Achslasten von Kraftfahrzeugen u. ihren Anhängern sind durch die Vorschriften der StVZO begrenzt.

**Achslastverteilung,** Verteilung des Fahrzeuggewichts auf die Fahrzeugachsen (*statische A.*). Aus Fahreigenschaftsgründen wird eine gleichmäßige A. (z. B.: beim zweiachsigen PKW 50 % je Achse) für alle Ladezustände angestrebt. Eine Änderung der A. entsteht infolge von Beschleunigungen u. Verzögerungen (*dynamische A.*).

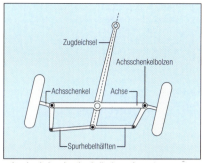

Achsschenkel: Achsschenkellenkung für Anhänger

◆ **Achsschenkel,** der das Radlager tragende Teil der Achse, bei gelenkten Rädern um den Achsschenkelbolzen (Lenkzapfen) bzw. die gedachte Achse durch Trag- u. Führungsgelenk schwenkbar.

**Achsstand,** *Radstand,* Abstand der Fahrzeugachsen.

**Achszähler,** in Eisenbahngleisen eingebaute elektr. Anlage zum Zählen von Achsen, die in einem Gleisabschnitt einlaufen oder ihn verlassen. So kann die Gleisbesetzung festgestellt werden. Elektr. Hilfsmittel ist der Schienenkopfkontakt.

**Acht,** 1. *Strafe* des altdt. Rechts bei schwerem Friedensbruch (schwer wiegenden Verbrechen). Der *Geächtete* wurde friedlos, rechtlos u. vogelfrei; er verlor den Sippenschutz u. sollte von jedermann getötet, von niemandem unterstützt werden. Er verlor auch sein Vermögen; seine Frau wurde Witwe, seine Kinder Waisen. Die A. kam zunächst einem Todesurteil gleich. Zugleich war sie 2. *Zwangsmittel* des altdt. Rechts, um den Straffälligen zu veranlassen, vor Gericht zu erscheinen. Sie wurde durch die Unterwerfung unter den Spruch des Gerichts gelöst. Bei Nichterscheinen des Geächteten wandelte sich die A. nach → Jahr und Tag in die schwerer lösbare *Oberacht.*

**Acht,** René Charles, schweiz. Maler, *24. 3. 1920 Basel; lebt in Freiburg i. Br., entwickelte sich, vom Kubismus ausgehend, zu einem Vertreter der abstrakten Malweise, der auf der Suche nach einem eigenen Stil vielfältige Einflüsse aufnahm. Er bevorzugt Scherenschnitt u. Tuschzeichnung u. verwendet [in seinen Bildern Schnüre u. Netze.

**achter** [niederdt.; hochdt. *after*], hinter; z. B. *Achterschiff, Achterdeck.*

**Achter,** *Sport:* ein mit 8 Ruderern u. einem Steuermann besetztes Rennruderboot, Länge bis 17,5 m, Breite 60–70 cm. Ein berühmtes Achterrennen ist das → Oxford Cambridge Boat Race.

**Achterberg,** Gerrit, niederländ. expressionist. u. surrealist. Lyriker, *20. 5. 1905 Langbroek, †17. 1. 1962 Oud-Leusden; Lyrik aus der Welt der Technik: „Osmose" 1941; „Kryptogamen" 1946–1954; „Vergeetboek" 1961.

**Achtermannshöhe,** dritthöchster Berg im Harz, nördl. von Braunlage, 926 m.

**Achternbusch,** Herbert, dt. Schriftsteller u. Filmemacher, *23. 11. 1938 München; Nonkonformist, der höchst eigenwillig mit Inhalten (meist bayer. Sujets) u. Sprache verfährt; erlangte seine größte Bekanntheit durch Werke, in denen die Provokation ein nicht zu ignorierendes Ausmaß annahm wie in dem Jesus-Film „Das Gespenst" (1982, als Buch 1983). Erzähltexte: „Hülle" 1969; „Die Stunde des Todes" 1975; „Wind" 1984; „Schlag 7 Uhr" 1998; Theater: „Susn" 1980; „Gust" 1984; „Auf verlorenem Posten" 1990; „Der Stiefel u. seine Socken" 1993; Filme: „Das Andechser Gefühl" 1975; „Die Föhnforscher" 1985; „Hick's last stand" 1990; „Hades" 1995.

**Achte Route-Armee,** aus der „Roten Armee" hervorgegangene Truppenformation der chines. Kommunisten, die aufgrund eines Abkommens mit der Guomindang seit 1937 am Krieg gegen Japan teilnahm; Vorläuferin der „Volksbefreiungsarmee".

**Achterstufe,** Stufenbildung im Rückhang einer Schichtstufe; bei flach einfallenden Schichten ähnlich wie die → Frontstufe, aber durch *konsequente Flüsse* stärker zertalt.

**Achterwasser,** Meeresbucht an der Ostsee, zwischen der Insel Usedom u. dem Festland.

**Achtflächner,** *Achtflach,* von acht ebenen Flächen begrenzter Körper, → Oktaeder.

**Achtkampf,** ein aus acht Disziplinen bestehender sportl. Mehrkampf; in der *Leichtathletik:* Wettbewerb für männl. Jugend B (15–16 Jahre), der in 2 Tagen zu absolvieren ist; 1. Tag: 100 m-Lauf, Weitsprung, Kugelstoßen, Hochsprung, 1000 m-Lauf, 2. Tag: 110 m-Hürden, Diskuswurf, Stabhochsprung.

Beim *Turnen:* der olymp. Mehrkampf der Frauen, bestehend aus den Disziplinen Pferdsprung, Stufenbarren, Schwebebalken u. Boden mit jeweils 4 Pflicht- u. Kürübungen (Einzel- u. Mannschaftswertung). Beim *Sportfischen:* Mehrkampf für Männer mit 4 Disziplinen der Gebrauchsgeräte- u. der Turniergeräteklasse.

**Achtstundentag,** alte Forderung der Arbeitnehmer nach Beschränkung der tägl. Arbeitszeit auf 8 Stunden; in Dtschld. als Grundsatz seit 1919 durchgeführt; auch → Arbeitszeit.

**Acht und Bann,** die mit der → Reichsacht verbundene kirchl. Exkommunikation; Kaiser Friedrich II. verlieh 1220 u. a. der Reichskirche das Recht, den → Kirchenbann mit einer automat. folgenden Reichsacht aufzuwerten, so z. B. 1521 bei M. *Luther.*

**Achtundsechziger,** auf die in der BR Dtschld. 1968 kulminierenden polit. Aktionen der antiautoritären Studentenbewegung zurückgehende Bez. für Angehörige der außerparlamentarischen Opposition. Der Bez. A. liegt eine klischeehafte Typisierung zugrunde. Sie orientiert sich an der revolutionären Ideologie der Studentenbewegung, dem seinerzeitigen äußeren Erscheinungsbild der Jugendlichen (Parka, Jeans, lange Haare usw.) und am gegen die während der 60er Jahre geltenden gesellschaftl. Normen gerichteten Lebensstil (Wohngemeinschaft, sexuelle Befreiung, Konsumverweigerung, Drogengenuss usw.).

**Achtundvierziger**, die Liberalen u. Demokraten der → deutschen Revolution von 1848/49, bes. die Mitglieder der Frankfurter Nationalversammlung oder Emigranten der folgenden Reaktionszeit.

**Achtyrka**, Stadt in der Ukraine, im NW von Charkow, 40 000 Ew.; Leder- u. Textilindustrie, Landhandel.

**Achylie** [grch.], die ungenügende Bildung bzw. das Fehlen von Verdauungssaft, meistens aber gebraucht für den Mangel an Magensaft *(Achylia gastrica)*, oft bezogen auf das Fehlen oder die verminderte Bildung von Magen(salz)säure *(Anazidität* bzw. *Subazidität)*. Eine A. findet sich vor allem bei der sog. atrophischen, chron. Magenschleimhautentzündung.

**a. c. i.**, Abk. für → accusativus cum infinitivo.

**Acid** [ˈæsid; das; engl.], in der Drogenszene Bez. für *LSD*.

**Acidimetrie** [lat. + grch.], Verfahren der → Maßanalyse zur Bestimmung von Säuren oder sauren Salzen durch Neutralisation mit Basen bekannter Konzentration; umgekehrte Methode → *Alkalimetrie;* neuere Bez. für beide Verfahren: *Neutralisationstitration.*

**Acidität** [lat.], *Azidität,* die Säurewirkung (Säuregrad) eines Stoffs. In der Medizin bes. die A. des Magensafts, die auf der freien u. gebundenen Magen-Salzsäure (HCl) beruht *(Gesamt-Acidität).*

**acidophil** [lat. + grch.], *Mikrobiologie:* 1. mit sauren Farbstoffen (z. B. Eosin) färbbar. 2. Charakterisierung von Mikroorganismen, die ein saures Milieu (pH-Werte unter 7) bevorzugen. Beispiele: Pilze, aber auch bestimmte Bakterien wie *Thiobacillus.* Gegensatz: *basophil.*

**Acidophilus**, *Lactobacillus acidophilus*, häufiges Darmbakterium des Menschen; kein Krankheitserreger.

**Acidose** [lat.], *Acidosis, Azidose,* Blutübersäuerung, sog. Säurevergiftung; Anhäufung von sauren Stoffen im Körper als Folge von Stoffwechselstörungen, bes. bei Zuckerkrankheit, wobei sich Ketone ansammeln *(diabetische Ketose)*, ferner bei Harnvergiftung *(Coma uraemicum)* u. im Hungerzustand. Zunächst entsteht eine *kompensierte A.:* Die Alkalireserve bindet die überschüssigen Säuren, wodurch Kohlendioxid ($CO_2$) frei wird. Diese reizt das Atemzentrum, so dass es zu verstärkter Atmung kommt u. $CO_2$ abgeatmet wird; der Blut-pH (Säurewert) kann sich also wieder zur alkal. Seite verschieben, die A. ist durch die Alkalireserve ausgeglichen (kompensiert). Reicht die Reserve dazu aber nicht aus, weil die Menge der anfallenden sauren Stoffwechselprodukte zu groß ist, finden sich diese frei im Blut *(Acidämie)*, u. der Blut-pH verschiebt sich dauernd zur sauren Seite (unter 7,3): *dekompensierte* oder *echte A.* Die A. erfordert u. a. Koma u. bedarf stets schnellstens ärztl. Hilfe.

**Acidum** [das; lat.], Abk. *Acid., Säure,* z. B. *Acidum aceticum,* Essigsäure, *Acidum formicum,* Ameisensäure.

**Acidum citricum** → Citronensäure.

**Acier** [aˈsjeː], Michel-Victor, französ. Bildhauer u. Porzellanmodelleur, *20. 1. 1736 Versailles, †16. 2. 1799 Dresden; zuerst in Paris tätig, 1764–1780 Modellmeister an der Porzellan-Manufaktur Meissen; seit 1780 Mitglied der Dresdner Akademie. Die Motive seiner Porzellanfiguren u. -gruppen sind vor allem dem bürgerl. Alltagsleben entnommen u. weisen nicht selten moralisierende Tendenzen auf.

**Aci Göl** [ˈadʒi-], *Aci Göl,* See im Südwesten der Türkei, östl. von Denizli.

**Acilmilch**, konserviertes Sauermilcherzeugnis, mit Hilfe von Milchsäurebakterien aus sterilisierter Magermilch gewonnen; mehrere Monate haltbar.

**Acinetobacter**, aerobes Wasser- u. Bodenbakterium aus der Familie der Neisseriaceae. Vielfältige Verwendung in Gentechnik u. Biotechnologie. Einige Acinetobacter-Stämme produzieren sog. Biotenside, welche Emulsionen stabilisieren, weshalb die Bakterien zur Reinigung von ölverschmutzten Tanks verwendet werden.

**Acireale** [atʃi-], italien. Hafenstadt auf Sizilien, Seebad u. Luftkurort am Südostfuß des Ätna, 51 500 Ew.; jodhaltige radioaktive Schwefelquellen; landwirtschaftl. Handel (vor allem Obst).

**Acker**, 1. *Agrikultur:* → Ackerland. 2. *Maße:* früheres dt. Feldmaß wechselnder Größe, zwischen 23,87 a (Hessen-Kassel) u. 64,43 a (Sachsen-Altenburg).

Achille van Acker

♦ **Acker**, Achille van, belg. Politiker (Sozialist), *8. 4. 1898 Brügge, †10. 7. 1975 Brügge; Hafenarbeiter; 1927 Abg., 1944 Min. für Arbeit u. Soziales, 1945/46 u. 1954–1958 Min.-Präs., dazwischen Oppositionsführer; 1961–1974 Präs. der Abgeordnetenkammer.

**Ackerbau**, *Agrikultur,* die landwirtschaftl. Nutzung des Bodens mittels Nutzpflanzen bei Bearbeitung des Bodens. Da das Wachstum der Pflanzen in enger Beziehung zur Bodenbeschaffenheit (Ton- u. Sandgehalt, Krümelstruktur, Mineralstoff- u. Humusgehalt, Gehalt an Mikroorganismen, Grundwasserspiegel) u. zum Klima (Temperatur, Niederschlag, Wind) steht, verspricht der Anbau solcher Pflanzen den größten Gewinn, die in ihren Ansprüchen den jeweiligen Standortbedingungen am besten entsprechen. Die jeweil. Bedingungen sind nur unter bes. Verhältnissen, z. B. durch künstl. Bewässerung oder Windschutz, zu verbessern; die Bodenverhältnisse dagegen können in stärkerem Maß, z. B. durch Düngung oder Entwässerung (auch → Melioration), günstig beeinflusst werden. Angesichts zunehmender Bevölkerungsdichte sind solche Maßnahmen zur Ertragssteigerung von wachsender Bedeutung. Wichtig in diesem Zusammenhang sind Unkraut- u. Schädlingsbekämpfung sowie die → Pflanzenzüchtung. Kennzeichen der Ackerbau-Entwicklungsstufe sind wirtschaftsgeschichtl. die Verwendung von Grabstock, Hacke, Pflug, Zugtieren, künstl. Düngung (J. von *Liebig)*, Landmaschinen u. Traktoren. Die ersten Anfänge ackerbaul. Nutzung des Bodens lagen in der Jungsteinzeit.

**Ackerbaugeräte** → Landmaschinen.

**Ackerbaulehre**, *Agronomie,* Lehre über Bodenbearbeitung, Düngung, Fruchtfolge, Aussaat u. Pflegemaßnahmen auf dem Ackerland; heute als allgemeiner Pflanzenbau Teilgebiet der → *Pflanzenbaulehre;* wissenschaftlich begründet u. a. durch A. *Thaer* u. J. von *Liebig.*

**Ackerbauschule**, früher eine durch die Verbindung des Schulbetriebs mit der Gutswirtschaft gekennzeichnete Schule, in der die Lehrlinge die prakt. Ausbildung zu Landwirten erhielten; heute meist in → Landwirtschaftsschulen umgewandelt.

**Ackerbausystem**, eine Form der Bodennutzung mit vorwiegendem Anbau einjähriger Kulturpflanzen.

**Ackerbürger**, histor. Bez. für Stadtbürger, die ihren Landbesitz in der Stadtgemarkung hauptberuflich als Landwirte (Stadtbauern) oder neben einem anderen Gewerbe bewirtschafteten; in kleinen Landstädten u. Flecken die Mehrzahl der Bürger (Ackerbürgerstadt bzw. Ackerbürgerflecken).

**Ackerbürgerstadt** → Agrostädte.

**Ackerbürste**, *Unkrautrechen,* Pflegegerät im Ackerbau; versetzte Federzinken sind an einer Werkzeugschiene befestigt. Durch die Vibration der Zinken wird die obere Schicht der Ackerkrume gekrümelt u. gekeimtes Unkraut an die Bodenoberfläche gebracht.

**Ackeren**, Robert van, dt. Filmregisseur, *22. 12. 1946 Berlin; war zunächst Kameramann. A. dreht sozialkrit. Melodramen über das bürgerl. Leben. Filme u. a.: „Harlis" 1972, „Die flambierte Frau" 1983; „Die wahre Geschichte von Männern u. Frauen" 1991.

**Ackererbse** → Erbse.

**Ackerfadenkraut** → Fadenkraut.

**Ackerfräse**, *Bodenfräse, Fräse,* rotierende Walze mit Federkrallen, zerkleinert die Ackerkrume u. bereitet in einem Arbeitsgang aus ungepflügtem Kulturboden fertiges Saatbett, ohne Traktorspuren zu hinterlassen. Hoher Verschleiß, daher beschränkte Anwendung. In verkleinerter Typ der A. ist die *Gartenfräse.*

**Ackerfrauenmantel**, *Ohmkraut, Alchemilla arvensis,* ein *Rosengewächs (Rosaceae);* tritt als Unkraut auf Brachäckern, Getreidefeldern, in Weinbergen u. auf Kleefeldern auf.

**Ackerfutterbau**, *Feldfutterbau,* der Anbau von Futterpflanzen auf dem Ackerland; bei einjährigem A. werden meist kurzlebige Gräser, Kleearten u. Mais, bei mehrjährigem A. Luzerne, langlebige Gräser u. Kleearten angebaut.

**Ackergare** → Bodengare.

**Ackerhahnenfuß**, *Ranunculus arvensis,* ein *Hahnenfußgewächs (Ranunculaceae)*, ein bis zu 60 cm hohes Samenunkraut auf Getreideäckern, meist in Begleitung von Ackerrittersporn, Sommerblutströpfchen u. Klatschmohn auftretend.

**Ackerhasenohr** → Hasenohr.

**Ackerhellerkraut** → Hellerkraut.

**Ackerhummel**, *Feldhummel, Bombus agrorum,* in Europa weit verbreitete, braungelb behaarte *Hummel* der Felder u. Wiesen; geschützte Art.

**Ackerklettenkerbel** → Klettenkerbel.
**Ackerkohl,** *Conringia,* Gattung der *Kreuzblütler (Cruciferae),* aus dem Mittelmeerraum bis Zentralasien, in Deutschland selten; nur eingeschleppt ist der zitronengelb blühende *Österreichische A., Conringia austriaca,* u. verbreitet der Weiße A., *Conringia orientalis,* mit gelblichen oder grünlich weißen Blumenkronblättern.
**Ackerkratzdistel,** *Cirsium arvense,* ein *Korbblütler (Compositae),* gefürchtetes Ackerunkraut; auch → Kratzdistel.
**Ackerkrume,** *Mutterboden,* die obere, regelmäßig von Pflug, Spaten oder anderen Geräten bearbeitete Schicht (bis ca. 30 cm Bodentiefe) der Kulturböden; relativ locker, gut durchlüftet, reich an Bodenorganismen u. pflanzenverfügbaren Nährstoffen.
**Ackerland,** *Acker,* landwirtschaftlich genutzter Boden, auf dem überwiegend einjährige Kulturpflanzen angebaut werden.
**Ackerling,** *Agrocybe,* zur Familie der *Bolbitiaceae* (Klasse *Basidiomycetes,* → Ständerpilze) gehörender Pilz. Der Weiße A. *(Rissiger Erdschüppling, Agrocybe dura)* verändert seine Farbe von Weiß über Amethystgrau nach Braun mit zunehmendem Alter; als Speisepilz wertlos; kommt auf Feldern u. Gärten außerhalb des Waldes vor. Auf feuchten moorigen Böden ist der Moor-Ackerling *(Agrocybe paludosa)* anzutreffen. Essbar sind der Leberbraune A. *(Leberbrauner Erdschüppling, Agrocybe erebia),* der auf lockerem Boden, gerne unter Pappeln, vorkommt, u. der Voreilige A. *(Agrocybe praecox,* früher *Erdschüppling).*
**Ackermann, 1.** Anton, eigentl. Eugen *Hanisch,* dt. Politiker, *25. 12. 1905 Thalheim,

Der Ackermann aus Böhmen: Klage des Witwers. Handkolorierter Holzschnitt um 1463. Wolfenbüttel, Herzog-August-Bibliothek

† 4. 5. 1973 Berlin (Ost) (Selbstmord); seit 1926 KPD-Mitgl., 1935 im Exil Kandidat des Politbüros der KPD; 1946–1950 Mitgl. des Zentralsekretariats, 1949–1953 Kandidat des Politbüros der SED; 1949–1953 Staatssekretär im Außenministerium der DDR; vertrat 1946/47 die These von einem „besonderen dt. Weg zum Sozialismus", die 1948 von der Parteiführung verworfen wurde; 1953–1956 wegen „parteifeindl. Verhaltens" (Unterstützung der Zaisser-Herrnstadt-Gruppe) aller Parteiämter enthoben; 1956 rehabilitiert, doch ohne politischen Einfluss.
**2.** Dorothea, dt. Schauspielerin, Tochter von 3), *12. 2. 1752 Danzig, † 21. 10. 1821 Altona; gefiel bes. als jugendl. Liebhaberin („Minna von Barnhelm"), zog sich 1773 wegen Heirat vom Theater zurück.
**3.** Konrad Ernst, dt. Theaterleiter u. Schauspieler, *1. 2. 1712 Schwerin, † 13. 11. 1771 Hamburg; seit 1753 Prinzipal einer eigenen Schauspieltruppe, mit der er seit 1764 in Hamburg arbeitete. 1765 ließ er in Hamburg ein eigenes Theater bauen, das er 1767 verpachtete u. das 2 Jahre lang als erstes Nationaltheater Geschichte machte. A. blieb Schauspieler u. übernahm nach dem Scheitern des Unternehmens 1769 die Leitung. Sein Stiefsohn war F. L. *Schröder.*
**4.** Max, dt. Maler u. Grafiker, *5. 10. 1887 Berlin, † 14. 11. 1975 Bad Liebenzell, Schwarzwald; 1918/19 Mitglied des „Blauen Reiters"; anfangs sozialkrit. Gemälde u. Radierungen, später abstrakte Kompositionen unter dem Einfluss W. *Kandinskys.*
**5.** Otto, schweiz. Dirigent, *5. 10. 1909 Bukarest, † 9. 3. 1960 Wabern/Bern; nach dem Studium in Bukarest u. in Berlin Dirigent in Düsseldorf, Brünn, Bern u. Zürich, 1947–1952 musikalischer Oberleiter der Wiener Volksoper; ab 1953 Generalmusikdirektor der Städtischen Bühnen in Köln.
**6.** Peter, dt. Maler u. Grafiker, *31. 1. 1934 Jena; Vertreter des fantast. Realismus, stellt in meisterl. Technik mit Vorliebe menschenleere Stadtlandschaften in einer Verbindung von Vogelschau u. Zentralperspektive dar. Illustrationen (z. B. zu „Jules und Henry" von Flaubert), ferner eine satir. Radierungsfolge „Marx u. Engels in London".
**7.** Wilhelm, dt. Mathematiker u. Lehrer, *29. 3. 1896 Schönebecke, † 24. 12. 1962 Lüdenscheid; fand das nach ihm benannte Beispiel einer rekursiven, aber nicht primitiv rekursiven Funktion, die *Ackermann'sche Funktion.*
◆ **Ackermann aus Böhmen,** *„Der Ackermann aus Böhmen",* bedeutendste Prosadichtung des dt. Frühhumanismus (um 1400), verfasst von Johannes von Tepl (um 1350–1414); Streitgespräch zwischen einem Bauern u. dem Tod, der ihm sein Weib geraubt hat.
**Ackermäuseschwänzchen** → Mäuseschwanz.
**Ackermeier,** *Ackermeister, Asperula arvensis,* aus dem Mittelmeergebiet; vermutlich eingeschlepptes Unkraut auf Äckern u. Brachen.
**Ackernahrung,** die landwirtschaftl. Nutzfläche, die zur Versorgung einer Bauernfamilie von 4 oder 6 Köpfen ausreicht u. ohne Hilfe fremder Arbeitskräfte bewirtschaftet werden kann. Je nach Lage u. Bodenqualität (Ertragsfähigkeit) beträgt die A. zwischen 2 ha (z. B. Gemüsebau) u. 20 ha (z. B. auf Sandböden). Das nat.-soz. Reichserbhofgesetz ging von 7,5 ha aus, das Bodenreformgesetz in der DDR von 5 ha; heute sind allg. größere Werte anzunehmen. Bei Siedlungsvorhaben ist die A. vielfach die erstrebte Betriebsgröße.
**Ackerrettich** → Hederich.
**Ackerringelblume** → Ringelblume.
**Ackerrittersporn,** *Delphinium consolida,* eines der verbreitetsten Getreideunkräuter aus der Familie der *Hahnenfußgewächse (Ranunculaceae).* Die blauvioletten, selten auch rosa Blüten stehen in lockeren Trauben. Sie sind nur für Hummeln zugänglich. Die Blätter u. Blüten wurden früher als harntreibendes Mittel, der blaue Blütenfarbstoff zum Färben von Zuckerwaren u. Augenwassern verwendet. Auch → Rittersporn.
**Ackerröte,** *Sherardia arvensis,* aus dem Mittelmeerraum eingeschlepptes Ackerunkraut aus der Familie der *Rötegewächse (Rubiaceae).* Die Wurzel wird zum Rotfärben benutzt.
**Ackerschätzungsrahmen,** Tabelle für die Bodenschätzung. Bei Kenntnis von Bodenart, geologischer Entstehung u. gegenwärtiger Zustandsstufe des Bodens kann im A. für jeden Boden die → Bodenzahl abgelesen werden.
**Ackerschleife,** *Ackerschleppe,* Bodenbearbeitungsgerät, das in der Landwirtschaft zumeist als erstes im Frühjahr zum Glattschleppen der noch rauen Furchen eingesetzt wird mit dem Ziel, dass der Boden rasch abtrocknet u. dass das erste Unkraut schnell aufgeht, damit es dann noch vor der Bestellung vernichtet werden kann.
**Ackerschnecke,** *Deroceras (Limax),* Gattung der schalenlosen *Landlungenschnecken.* Schädlich an Kulturpflanzen insbes. in Gewächshäusern. In Mitteleuropa leben *Deroceras agreste* (bis 6 cm, gelblich bis braun) u. *Deroceras reticulatum* (bis 6 cm, mit dunklen Flecken).
**Ackerschöterich** → Schöterich.
**Ackersenf,** *Sinapsis arvensis,* gelbblühender *Kreuzblütler (Cruciferae);* an Wegrändern u. auf Kulturland auftretendes Unkraut, das für Vieh giftig sein kann. Die Samen dienen örtlich der Ölgewinnung, die frischen Triebe als Gemüse.
**Ackerspark,** *Spergula arvensis,* ein *Nelkengewächs (Caryophyllaceae),* in Lein- u. Getreidefeldern auftretendes Unkraut. In Nordwestdeutschland wird A. als Viehfutter angebaut.
**Ackerterrasse,** eine schmale, hangparallel verlaufende Ackerparzelle, die durch eine Stufe von der nächsten hangabwärts gelegenen Parzelle abgegrenzt ist u. durch Bodenabtrag entsteht. Das auf dem Acker hangabwärts verfrachtete Material wird am grasbewachsenen Grenzrain der nächst tiefer gelegenen Parzelle aufgefangen.
**Ackerunkräuter,** eine systematisch uneinheitliche Gruppe von Pflanzen (→ Unkräu-

ter), die im Ackerbau neben den Kulturpflanzen auftreten (z. B. Hundskamille, *Anthemis*, Kornblume, *Centaurea cyanus*, Mohn, *Papaver*). A. konkurrieren mit den Kulturpflanzen um Wasser, Licht, Nährstoffe u. Standraum u. führen daher zu Ertragsminderungen. Die rein mechanische Beseitigung der A. ist bereits seit Jahrtausenden üblich. Ferner kann durch einen Wechsel von Kulturen mit nachfolgender Bodenbearbeitung oder durch Saatgutreinigung eine Niederhaltung der Unkräuter erzielt werden. Die manuelle oder rein mechanische Unkrautbeseitigung wurde insbes. in den industrialisierten Ländern durch die chem. Unkrautbekämpfung verdrängt, die zu einer starken Dezimierung der A. führt.

**Ackerwachtelweizen**, *Melampyrum arvense*, ein *Rachenblütler (Scrophulariaceae)*; als Halbschmarotzer ein gefährl. Getreideunkraut, da er den Getreidepflanzen die Nahrung direkt entzieht. Bei massenhaftem Auftreten des Unkrauts wird das Mehl durch die Samen bläulich gefärbt u. erhält einen bitteren Geschmack. Auch → Wachtelweizen.

**Ackerwalze**, als *Glatt-, Ringel-, Stern-* oder *Cambridgewalze* zum Zerkleinern größerer Erdschollen oder zum Andrücken des Bodens an das Saatkorn verwendetes Gerät. Durch Einsatz der A. wird ein rascher Aufgang der Saat infolge Wiederherstellens des Bodenschlusses erzielt.

**Ackerwertzahl** → Ackerzahl.

◆ **Ackerwinde**, *Convolvulus arvensis*, ein *Windengewächs (Convolvulaceae)*; gefürchtetes Getreideunkraut, das aber auch in anderen Kulturen schweren Schaden anrichten kann. Die A. ist ein sog. Wurzelunkraut, d. h., die Pflanzen sitzen mit einem tief u. weit verzweigten Wurzelsystem im Boden; sie sind schwer ausrottbar, da jedes abgerissene u. im Boden verbleibende Wurzelstück vegetativ neue Pflanzen bilden kann. Die Vermehrung durch Samen spielt bei diesen Pflanzen kaum eine Rolle. Auch → Winde.

Ackerwinde: Convolvulus arvensis ist eine unbeliebte Wildpflanze auf ackerbaulich genutzten Flächen, weil sie ein weit verzweigtes Wurzelsystem besitzt, das nur schwer zu entfernen ist

Aconcagua (3): Westlich von Mendoza erhebt sich der höchste Berg Amerikas

**Ackerzahl**, *Ackerwertzahl*, Wertmaßstab für die Ertragsfähigkeit der Böden; wird errechnet aus der → Bodenzahl unter Berücksichtigung von Zu- u. Abschlägen, die sich aus örtl. Klima- u. Geländeverhältnissen sowie anderen Faktoren ergeben.

**Ackerziest** → Ziest.

**Acklins Island** [ǽklinz 'ailənd], südl. Bahamainsel, 389 km², 430 Ew.

**Ackroyd**, Peter, engl. Schriftsteller, *5. 10. 1949 London; arbeitet in seinen unkonventionellen Romanen u. Biografien mit den Mitteln der Stilnachahmung u. des Perspektivenwechsels: „Eliot" 1984, dt. 1988; „Der Fall des Baumeisters" 1985, dt. 1991; „Die Uhr in Gottes Händen" 1989, dt. 1995; „Der Golem von Limehouse" 1994, dt. 1998.

**Açoka** [aʃ-], ind. Kaiser, → Ashoka.

**Acolhua**, eine der sieben aztekischen Stammesgruppen, die der Sage nach aus *Chicomoztoc* (sieben Höhlen), der Urheimat im NW von Mexiko, stammen. Als einfache Jäger brachen sie von dort 1168 n. Chr. zu einem langen Marsch ins Hochtal von Mexiko auf, das sie um 1200 erreichten; den Azteken sprach- u. kulturverwandt.

**Acolhuacan**, Königreich der *Acolhua*, bedeckt das Gebiet östl. des großen Sees im Tal von Mexiko mit *Texcoco* als Hptst. Die Acolhua vernichteten mit den Azteken das Tepanekenreich westl. des Sees. Zusammen mit den Azteken u. der Stadt *Tlacopan* (Restteil des Tepanekenreiches) bildete A. Mitte des 15. Jh. einen Dreibund, in dem die Azteken die Vormachtstellung innehatten. Herausragender Herrscher von A. war *Nezahualcoyotl*.

**Acoma** ['aːkəmɔː; etwa „Himmelsstadt"], Pueblosiedlung im Westen von New Mexico, auf einem 110 m hohen Tafelberg; Indianerreservation mit rd. 1600 Ew. (davon nur wenige im Stammdorf); vermutl. älteste ständig bewohnte Siedlung der USA (entstand zwischen 900 u. 1250 n.Chr.); Missionskirche von 1629.

**Aconcagua**, 1. *San Felipe de Aconcagua, Valparaíso*, Region in Mittelchile nördl. von Santiago, 16 396 km², 1,4 Mio. Ew.; Hptst. *Valparaíso*; Bewässerungsfeldbau, Agroindustrie, Edelmetallgewinnung, Wintersport im Skizentrum *Portillo* (3000 m ü. M.).

2. *Río Aconcagua*, Fluss in Chile, entspringt am Aconcagua, mündet bei Concón in den Pazif. Ozean, 200 km; Anbau von Weizen, Mais, Tabak, Wein im Tal.

◆ 3. *Cerro de Aconcagua*, höchster Berg Amerikas, in der argentin. Anden, nahe der chilen. Grenze; bis 10 km lange Gletscher, 6960 m; 1897 erstmalig durch den Schweizer M. *Zurbriggen* erstiegen; Andesit- u. Tuffdecke auf mesozoischem Sockel.

**à condition** [a kɔ̃di'sjɔ̃; frz.], bedingungsweise (Lieferung).

**Aconitase**, *Aconitathydratase*, das Enzym, das durch die Isomerisierung von Citrat zu Isocitrat den → Citronensäurezyklus einleitet. A. kommt verstärkt in Herz, Niere u. Leber vor.

**Aconitum** [lat.] → Eisenhut.

**a conto** [ital.], Abk. *a c.*, auf Rechnung, auf Konto. *Akontozahlung*, Zahlung auf Abschlag, Teilzahlung.

**Acorus**, Gattung der → Aronstabgewächse.

**Acosta**, 1. *da Costa*, Gabriel oder Uriel, jüdisch-portugies.-niederländ. Religionsphilosoph, *um 1585 Oporto, †April 1640 Amsterdam; trat vom Katholizismus, in dem er erzogen war, zum jüd. Glauben über u. nahm den Vornamen Uriel an. Wie er vorher die christl. Offenbarungsreligion angegriffen hatte, so verdammte er jetzt das rabbin. Judentum u. leugnete die Unsterblichkeit der Seele. Er wurde aus der jüd. Gemeinde ausgestoßen u. wegen Leugnung der Unsterblichkeit vom Magistrat von Amsterdam bestraft. Die Erniedrigung wegen des erzwungenen öffentl. Widerrufs führte zum Selbstmord. – Schriften, hrsg. von K. Gebhardt, Bibliotheca Spinoziana. 1922.

2. José P., span. Jesuit, Missionar, Naturforscher u. Historiker, * um 1539 Medina del Campo, † 15. 2. 1600 Salamanca; 1571–1586 Missionar in Peru; 1587 Rückkehr nach Europa; verfasste die bedeutende Missionsschrift „De procuranda Indorum salute" 1588 u. das Geschichtswerk „Historia natural y moral de las Indias" 1590.

**Acquaviva** [akwa-], *Aquaviva*, Claudio, fünfter Jesuitengeneral (seit 1581), * 14. 9. 1543 Atri, † 31. 1. 1615 Rom; vollendete den Ausbau der Verfassung des Jesuitenordens durch Straffung der Disziplin auf allen Gebieten.

**Acquit** [a'ki:; der; frz.], Empfangsbescheinigung, Quittung.

**Acqui Terme** ['akki-], italien. Bäderstadt in Piemont, an der Bòrmida, 21 700 Ew.; heiße Schwefelthermen; Dom (11. Jh.); Konserven- u. Glasindustrie.

**Acrania** [grch.] → Schädellose.

**Acrasiales** [grch., lat.], Ordnung der *Schleimpilze*. Vertreter der Gattung *Dictyostelium* dienen häufig als Objekt für Laborversuche.

**acre** ['eikə; der; engl.], engl. u. amerikan. Flächenmaß; 1 acre = 4840 square yards. Umrechnung: Großbritannien: 1 acre = 4046,8494 m², USA: 1 acre = 4046,8726 m².

**Acre,** ◆ 1. westbrasilian. Staat am Fuß der Anden, von einigen rechten Amazonas-Nebenflüssen durchzogen; 152 589 km², 484 000 Ew., Hptst. *Rio Branco*; Kautschuku. Paranuss-Sammelwirtschaft, Holzverarbeitung, Anbau von Maniok, Bananen, Reis u. etwas Kaffee; geringe Schweinehaltung. – A. war lange strittiges Grenzgebiet zwischen Bolivien u. Brasilien, 1903 Verzicht Boliviens, 1960–1965 Territorium, danach Staat.
2. israel. Stadt, → Akko.

Acre (1): Kautschukzapfer im Regenwald des Amazonasgebiets

**Acridin,** im Steinkohlenteer vorkommendes Ausgangsprodukt zur Herstellung der Acridinfarbstoffe, meist synthetisch aus Diphenylamin u. Ameisensäure gewonnen. Acridinverbindungen sind meist gelb gefärbt u. reizen die Haut, z. B. der Beizenfarbstoff *Acridinorange,* das Acridinderivat *Trypaflavin* (ein Bestandteil des Rachen desinfizierenden *Panflavins*) und das Antimalariamittel *Atebrin*. A. ist als → Mitosegift wirksam.

**Acrolein** [lat. *acer*, „scharf", + *olere*, „riechen"], *Acrylaldehyd*, $CH_2 = CH - CHO$; ungesättigtes aliphat. Aldehyd; übel riechende, augenreizende Flüssigkeit, die durch Kondensation von Formaldehyd u. Acetaldehyd, durch Propylenoxidation sowie aus Glycerin hergestellt werden kann. A. geht sehr leicht Additions- u. Polymerisationsverbindungen ein u. wird zur Herstellung von Parfümen, Lacken, zur Synthese von Glycerin u. als Tränengas verwendet. Der Geruch stark erhitzter Fette u. Öle sowie glimmender Talgkerzen ist auf die Bildung von A. zurückzuführen.

**Acrylamid,** *Acrylsäureamid,* $CH_2 = CH - CO - NH_2$, giftige u. Krebs erzeugende chem. Substanz, die zur Herstellung von Polyacrylamid-Gelen benutzt wird. Diese Gele dienen u. a. zur Trennung von Proteinen u. Nucleinsäuren in einer Gelelektrophorese oder als Flockungsmittel bei der Wasseraufbereitung.

**Acrylglas,** glasklare, synthet.-organ. Erzeugnisse aus → Acrylharzen, meist *Polymethylmethacrylat* (PMMA) in Form von ebenen oder gewellten Tafeln, Rohren, Formteilen, Belichtungselementen (Lichtkuppeln), die auch eingefärbt sein können. Handelsname: Plexiglas.

**Acrylharze,** *Methacrylharze,* eine Gruppe von Kunststoffen, die durch → Polymerisation von Derivaten der *Acrylsäure* $CH_2=CH-COOH$ oder der *Methacrylsäure* $CH_2=C(CH_3)-COOH$ gewonnen werden. Bes. häufig wird der Methylester der Methacrylsäure verwendet, der sich aus Aceton u. Blausäure herstellen lässt. (Polymethylmethacrylat, *Plexiglas*) A. sind klar durchsichtig, thermoplastisch, wetterfest u. leicht Span abhebend zu bearbeiten.

Zur *Herstellung* von Platten wird eine Lösung von schon polymerisiertem Stoff in dem noch nicht polymerisierten flüssigen Ausgangsstoff auf eine polierte Glas- oder Metallfläche gegossen u. unter Druck (ca. 11 bar) bei erhöhter Temperatur (ca. 50°C) langsam polymerisiert. Die sehr glatte Oberfläche der Platten wird durch aufgeklebtes Papier vor Kratzern bei der weiteren Verarbeitung geschützt. A., die im Spritzguss geformt werden sollen, werden meist in Emulsion polymerisiert (→ Kunststoffe). Die Erweichungstemperatur der A. liegt je nach der Sorte zwischen 60 u. 90°C. Sie werden bei dieser Temperatur weich u. elastisch u. können leicht gebogen u. geformt werden. Der Schmelzpunkt liegt bei ca. 140°C.

*Verwendung* für Flugzeugkanzeln, zum Bau von Laboratoriumsapparaten, zur Herstellung von durchsichtigen Modellen, für Schutzscheiben, Haushaltsgegenstände, einfache optische Teile.

**Acrylnitril,** *Acrylsäurenitril, Vinylcyanid,* $CH_2=CH-CN$; farblose Flüssigkeit mit stechendem Geruch; brennbar (Explosionsgrenzen in Luft 3–17 Volumenprozent); Dichte 0,806, Schmelzpunkt –82°C, Siedepunkt 77°C. In Wasser ist A. wenig löslich, aber mischbar mit fast allen organ. Lösungsmitteln. A. wirkt auch als Atemgift u. kann über die Haut aufgenommen werden. Die Giftigkeit ist allerdings 30-mal geringer als bei Blausäure, kann jedoch Krebs auslösen. Die Herstellung erfolgt großtechnisch nach dem *Sohio-Verfahren* aus Ammoniak u. einem Propan-Propylen-Gemisch oder aus Blausäure u. Acetaldehyd. Verwendung in der Kunststofffabrikation (Perbunan, Orlon, Dralon, Polyacrylnitril [PAN] u. a.) sowie als Insektizid.

**Acrylsäure,** *Akrylsäure, Propensäure, Vinylcarbonsäure,* ungesättigte, zur Ölsäurereihe gehörende Monocarbonsäure, $CH_2=CH-COOH$; stechend riechende, farblose Flüssigkeit, die aus Acetylen, Kohlenmonoxid u. Wasser oder aus Ethylenoxid u. Blausäure mit anschließender Behandlung mit Wasser hergestellt wird. A. polymerisiert, genauso wie ihre Ester, leicht zu glasartigen Kunststoffen (Polyacrylsäuren, → Acrylharze) u. wird zu Lacken, Kleb- u. Bindemitteln verarbeitet. Methacrylsäure: → Plexiglas.

**Acrylsäurenitril** → Acrylnitril.

**Act** [ækt; engl.], dt. Akte, in angelsächs. Ländern Bez. für Parlamentsgesetze (in Großbritannien: *Acts of Parliament*, in den USA: *Acts of Congress*). Die vom Parlament (noch) nicht verabschiedete Gesetzesvorlage wird demgegenüber als *Bill* bezeichnet. Die Bez. A. ist auch gebräuchlich für rechtl. Urkunde, Willenserklärung, Rechtshandlung.

**Acta** [Pl.; lat.], Bericht, Verhör, Sammlung, Beiträge (in Buch- u. Zeitschriftentiteln); auch → ad acta.

**Acta Apostolicae Sedis** [lat., „Akten des Apostol. Stuhls"], bis 1909 *Acta Sanctae Sedis,* seit 1909 offizielles Gesetzblatt u. amtl. Publikationsorgan des Hl. Stuhls.

**Acta diurna** [lat., „Tagesschriften", „Chronik der Tagesereignisse"], Vorläufer der späteren tägl. Mitteilungen oder Amtsblätter, belegt im antiken Rom vor 59 v. Chr. bis in die Zeit des Kaisers Severus (235 n. Chr.). Erhalten sind die *Fasti ostiensi,* 3 m hohe u. 1 m breite Marmorplatten, 24 Fragmente aus den Jahren 48 v. Chr. bis 156 n. Chr. Sie enthalten Berichte über öffentl. Feiern u. Veranstaltungen.

**Actaea** → Christophskraut.

**Acta Eruditorum** [lat., „Gelehrtenberichte"], 1682 in Leipzig von Otto Mencke gegr. erste gelehrte Zeitschrift in Dtschld. Ein wichtiger Mitarbeiter war Leibniz. Sie erschien in latein. Sprache; 1782 eingestellt.

**Acta Martyrum** [lat., „Taten der Märtyrer"], Berichte über Prozess, Verurteilung u. Hinrichtung altchristl. Märtyrer; gehen z. T. auf amtl. Gerichtsakten zurück.

**Acta Sanctorum** [lat., „Taten der Heiligen"], von Jesuiten (→ Bollandisten) seit dem 17. Jh. besorgte kritische Ausgabe von Lebensbeschreibungen der Heiligen, geordnet nach Kalendertagen.

**ACTH,** Abk. für *Adrenocorticotropes Hormon, Adrenocorticotropin, Corticotropin,* ein von den basophilen Zellen des Hypophysenvorderlappens gebildetes, eiweißhaltiges Hormon (→ Proteohormone), das das Wachstum u. die Tätigkeit der Nebennierenrinde (bes. die Glucocorticoidbildung) anregt. Die Ausschüttung des ACTH wird vom *Corticotropin-Releasinghormon* angeregt u. über den Glucocorticoidspiegel des Blutes geregelt. Die vollständige Synthese gelang 1963 R. *Schwyzer.*

**Acthionema,** Gattung der Kreuzblütler, → Steintäschel.

**Actin** [das; grch.], ein Eiweißstoff; gemeinsam mit *Myosin* als komplexes Protein *(Aktomyosin)* in der Muskelsubstanz; auch → Muskel.

**Actinide,** veraltete Bez. für → Actinoide.

**Actinidia** → Strahlengriffel.

**Actinium** [grch. *aktis,* „Strahl"], chem. Zeichen Ac, ein 1899 von *Debierne* als Tochternuklid des radioaktiv zerfallenden Urans (in Uranpechblende) entdecktes radioaktives Metall mit der Ordnungszahl 89. Atommasse der langlebigsten Nuklids: 227. Es gilt im period. System der chem. Elemente als Homologes von Lanthan u. Lutetium u. eröffnet die *Actinidenreihe* (Actinium-Lawrencium).

**Actinomyces** [grch.], Gattung der Bakterien, Ordnung → Actinomycetales. Grampositive, unbewegliche Fäden oder unregelmäßig geformte Zellen mit echten Verzweigungen, meist fakultative → Anaerobier.

**Actinomycetaceae** [grch.], Familie der Bakterien, die zur Ordnung der → Actinomycetales gehören. A. bilden kein Myzel u. sind nicht säurefest.

**Actinomycetales** [grch.], *Aktinomyzeten,* Ordnung stäbchenförmiger, unbewegl. Bakterien; einige bilden echte Verzweigungen u. neigen zur Myzelbildung, z. B. die Strahlenpilze. Mit Ausnahme einiger anaerober oder fakultativ anaerober Gattungen der Familie *Actinomycetaceae* sind alle A. aerob. Viele A. sind Krankheitserreger: *Mycobacterium tuberculosis* (→ Tuberkelbakterien), *Actinomyces bovis* (eitrige Geschwülste beim Rind), *Actinomyces israeli, A. propionicus* oder *A. eriksoni* (Aktinomykose des Menschen), *Streptomyces scabies* (Schorfkrankheit bei Kartoffeln u. Rüben). Verschiedene A. liefern → Antibiotika, z. B. *Streptomyces griseus* das Streptomycin, *Streptomyces albus* das Aktinomyzetin.

**Actinon** [grch.], *Actiniumemanation,* das aus Actinium 227, über Francium 223, durch α-Zerfall gebildete Edelgas Radon 219. Alle Massenzahlen dieser Zerfallsreihe haben Werte von (4n + 3).

**Actinoplanaceae** [grch., lat.], Familie der Bakterien, Ordnung → Actinomycetales; Sporenbildung in Sporangien.

**Actinopterygii** → Strahlenflosser.

**Actinostrobus** → Schuppenzypresse.

**Actio** [lat.], im *röm. Zivilprozessrecht* der Anspruch, vor Gericht zu verlangen, was einem zusteht. Diese Klagemöglichkeit besteht nur für bestimmte private Rechte. Wo die Rechtsordnung keine A. vorsieht, gibt es kein durchsetzbares Recht. Als Folge entwickelt sich für verschiedene Rechtsinstitute ein *Aktionensystem,* ein System der vor Gericht zulässigen Ansprüche; wichtigste Bestandteile bilden: die *A. in rem* (Geltendmachen eines dinglichen Rechts) u. die *A. in personam* (Geltendmachung eines persönl. Forderungsrechts). Die älteste Klageform des römischen Rechts ist die *legis A.,* die gesetzesbezogene A. Sie ist nur zulässig für röm. Bürger u. Ansprüche, denen bes. feierl. Spruchformeln zugrunde liegen. Im Verfahren der legis A. besteht die Verhandlung im Formalakt vor dem Magistrat, die eigentl. Sachentscheidung fällen Geschworene (→ iudex). Die legis A. wurde im Verlauf des 2. Jh. v. Chr. infolge zunehmender Rechtsstreitigkeiten mit Ausländern (Peregrinen) durch das freiere → Formularverfahren abgelöst.

**Action-Film** [ˈækʃən-; engl.], ein *Spielfilm,* der vornehmlich Handlungen der Personen und spektakuläre Ereignisse zeigt. Gattungen des Action-Films sind der *Wildwestfilm,* der *Abenteuerfilm,* der *Horrorfilm;* teilweise auch der *Kriegsfilm* und der *Kriminalfilm.*

**Action française** [akˈsjɔ̃ frɑ̃ˈsɛːz], monarchist., nationalist. u. antisemitische Bewegung in Frankreich, die 1898 im Anschluss an die Dreyfus-Affäre unter Führung von C. *Maurras* entstand. 1908–1944 erschien die gleichnamige Tageszeitung. Die A. f. erstrebte die Wiederherstellung des erblichen Königtums, lehnte den Parlamentarismus ab u. vertrat einen „integralen Nationalismus". 1926 wurde die A. f. von der kath. Kirche verurteilt, 1939 wurde das Urteil wieder aufgehoben. Ab 1940 unterstützte die A. f. das Vichy-Regime; 1944 wurde sie aufgelöst.

Actionpainting: Jackson Pollock, Tröpfelbild; 1946

**Actiniumemanation** → Actinon.

**Actinoide** [grch.], die auf Actinium im *Periodensystem* folgenden, radioaktiven Elemente der Kernladungen Z = 90 (Thorium) bis Z = 103 (Lawrencium). Die A., jenseits des Urans *(Transurane),* sind in der Reihenfolge ihrer Kernladungen in der chronologischen Folge zwischen 1940 u. 1961 synthetisiert worden. Ihre chemischen Eigenschaften leiten sich von Z = 95 bis Z = 103 aus der dominierenden Dreiwertigkeit (Lanthanoide) ab, während die A. von Z = 90 bis 94 noch chemische Gemeinsamkeiten mit den Übergangsmetallen erkennen lassen. Dennoch ist das Uran nicht ein Homologes der Schwermetalle Molybdän u. Wolfram. Die frühere Bez. *Actinide* ist nach den IUPAC-Regeln nicht mehr zulässig.

◆ **Actionpainting** [ˈækʃənˈpeɪntɪŋ], in der modernen Malerei eine Richtung des *abstrakten Expressionismus,* die durch J. *Pollock* internationale Geltung gewann. Betont wird die *Aktion* des Malens, die spontane Niederschrift von zumeist großen Malfeldern mit Erweiterung der Ausdrucksformen durch Spritzen, Gießen, Tröpfeln der Farben, um den schöpfer. Vorgang als gewissermaßen noch im Fluss zur Anschauung zu bringen. Hauptvertreter der A. sind M. *Tobey,* M. *Rothko,* S. *Francis,* F. *Kline,* W. de *Kooning* u. a.

**Actionresearch** [ˈækʃənrɪˈsɜːtʃ] → Aktionsforschung.

**actio pro socio** [lat.], im *Gesellschaftsrecht* Klagebefugnis des Gesellschafters, ohne Rücksicht auf seine Geschäftsführungs- u. Vertretungsbefugnis, gegen einen oder mehrere Mitgesellschafter auf Leistung an die Gesellschaft (Geltendmachung eines Sozialanspruchs).

**actio = reactio** [lat.], *Wirkung = Gegenwirkung*, schlagwortartige Formulierung des dritten → Newton'schen Axioms.

**Actium** → Aktium.

**Activin**, 1986 am Salk Institute in La Jolla, Calif., isoliertes Peptidhormon; fördert die Ausschüttung des Follikel stimulierenden Hormons FSH; eine entgegengesetzte Wirkung hat das *Inhibin*.

**Act of Attainder** [ækt ɔv ə'teində], in England früher Verurteilung durch ein Parlamentsgesetz ohne formellen Prozess wie beim *Impeachment*; wurde während der Rosenkriege u. in der Revolutionszeit des 17. Jh. als Mittel zur Beseitigung polit. Gegner benutzt.

**Act of Settlement** [ækt ɔv 'setlmənt], das 1701 nach dem Tode des letzten noch lebenden Kindes der Thronanwärterin Anna erlassene Gesetz zur Sicherung der prot. Thronfolge in England. Nach dem Tode Annas sollte die Krone auf die Enkelin Jakobs I., Sophia, Gattin des Kurfürsten von Hannover, u. deren prot. Erben übergehen. Um dem Einfluss ausländ. Berater u. einer Verwicklung Englands in die kontinentalen Interessen der neuen Dynastie entgegenzuwirken, wurde verfügt, dass keine Ausländer Mitglied des Privy Council oder des Parlaments werden dürften u. Kriege im Interesse nicht-engl. Länder der Dynastie die Zustimmung des Parlaments haben müssten. Jeder künftige Monarch wurde zur Ablegung des Krönungseids, zur Wahrung der Gesetze des Landes u. der Unabhängigkeit der Justiz sowie zum Eintritt in die anglikan. Staatskirche verpflichtet. Damit bekam die Akte den Charakter eines Verfassungsgesetzes, das die konstitutionelle Natur der engl. Monarchie seit dem 18. Jh. betonte.

**Actomyosin** [das; grch.], kompliziert gebautes Protein, das aus den Eiweißstoffen *Actin* u. *Myosin* besteht. A. ist die treibende Kraft der Muskelkontraktion.

**Acton** ['æktən], John Emerich Eduard *Dalberg-Acton*, Baron A. (1869), engl. Historiker, *10. 1. 1834 Neapel, †19. 6. 1902 Tegernsee, Bayern; 1859–1865 Mitgl. des brit. Unterhauses (Liberaler), 1870 als Teilnehmer des vatikan. Konzils gegen das Unfehlbarkeitsdogma, 1895–1902 Prof. in Cambridge; organisierte die „Cambridge Modern History" als Versuch einer Universalgeschichte, die die Ergebnisse der histor. Forschung durch Zusammenarbeit von Forschern aller Nationen nach dem Prinzip strengster Objektivität zusammenfassen sollte. Werke: „A lecture on the study of history" 1895; „Lectures on modern history" (postum) 1906. – Selected writings, 3 Bde. 1985–1988.

**actus purus** [lat., „reines Wirken"] → Akt (4).

**acyclische Verbindungen** → aliphatische Verbindungen.

**Acylamine** [grch.], durch Kondensation aus Benzoesäure u. Anthrachinonderivaten gewonnene organ.-chem. Verbindungen.

**Acylcarnitin** → Carnitin.

**ad** [lat.], zu.

**ad...** [lat.], den deutschen Vorsilben *zu…, hinzu…, bei…, an…* entsprechende Vorsilbe; z. B. admirabel, Adverb; wird zu *ac…* vor c (Accusativus), zu *af…* vor f (Affinität), zu *ag…* vor g (Agglutination), zu *ak…* vor k (Akklamation), u. z (Akzess), zu *al…* vor l (Allianz), zu *an…* vor n (annektieren), zu *ap…* vor p (Applikation), zu *ar…* vor r (Arrest), zu *as…* vor s (Assessor), zu *at…* vor t (Attraktion).

**a d.**, Abk. für → a dato.

**a. d.**, Abk. für *an der*, bei Ortsnamen, z. B. Frankfurt a. d. Oder.

**a. D.**, Abk. für *außer Dienst*, für Beamte im → Ruhestand Zusatz zu der Amtsbezeichnung, die ihnen beim Eintritt in den Ruhestand zugestanden hat.

**A. D.**, *a. D.*, Abk. für → Anno Domini.

**Ada**, Insel im Mündungsdelta des jugoslaw.-alban. Grenzflusses *Bojana* in die Adria, rd. 1000 Ew.; teilweise Sümpfe.

**Ada**, weibl. Vorname, Kurzform zu Zusammensetzungen mit *Adel*, z. B. *Adelheid*.

**Ada** [benannt nach der engl. Mathematikerin Augusta Ada Byron, *1815, †1852], eine Programmiersprache, die vollständig standardisiert, modular aufgebaut u. fehlertolerant ist. Sie unterstützt Echtzeitsteuerung u. hardwarenahe Programmierung; offizielle Programmiersprache der NATO.

**ADA**, Abk. für → Adenosin-Desaminase.

**Adab**, heute *Bismaja*, alte Stadt in Südmesopotamien (Irak), etwa 70 km östl. von Diwaniya; bekannt seit 1850. Die Ruinenstätte besteht aus 12 Trümmerhügeln mit Kulturresten aus dem 3. u. 2. Jahrtausend v. Chr.; ausgegraben 1903/04 im Auftrag des *Oriental Exploration Fund* der Universität Chicago unter E. J. Banks.

**ad absurdum** [lat.] → absurd.

**ADAC**, Abk. für *Allgemeiner Deutscher Automobil-Club*, gegr. 24. 5. 1903 in Stuttgart als *DMV (Deutsche Motorradfahrer-Vereinigung)*. 1911 wurde der Name in ADAC geändert. Von 1904 (9.–11. 5. erste Veranstaltung: Zuverlässigkeits-Prüfungsfahrt für Motorräder im Taunus) bis 1924 führte der ADAC 1500 motorsportl. Veranstaltungen durch u. erreichte damit den ersten Platz unter allen motorsportl. Vereinigungen der Welt. Ende 1933 wurde der ADAC aufgelöst; das Vermögen wurde zwangsweise an den *DDAC (Der Deutsche Automobilclub)* überführt. Im Juni 1945 lösten die Alliierten den DDAC auf, u. am 5. 12. 1946 wurde der ADAC in München offiziell wiedergegründet. Arbeitsgebiete: Verkehrs- u. Kraftfahrzeugwesen, Motorsport, Touristik. Gliederung: 18 Gaue mit 13,8 Mio. Mitgliedern. Offizielles Organ: „ADAC motorwelt"; Sitz: München. Mitglied der *Alliance Internationale de Tourisme* (AIT), *Fédération Internationale de l'Automobile* (FIA) u. *Fédération Internationale de Motocyclisme* (FIM).

**ad acta** [lat.], Abk. *a. a.*, „zu den Akten" (legen); erledigt.

**Adad**, *Addu, Hadad*, babylon.-assyr. Wettergott, der sich im Gewitterregen mit Segen u. Gefahren (z. B. Überschwemmung) offen-

bart; mit → Baal wesensverwandt. Sein Emblem ist der Blitz, sein Symboltier der Stier.

**Adadnirari**, ASSYR. KÖNIGE:
1. **Adadnirari I.**, König 1297–1266 v. Chr., eroberte Nordmesopotamien u. baute Assur aus.
2. **Adadnirari III.**, König 809–782 v. Chr., gewann Syrien.

**adagio** [a'daːdʒo; ital.], *Musik*: langsam, getragen; häufige Bez. für einen langsamen Satz in der Instrumentalmusik.

**Adagio** [a'daːdʒo; ital.], *Ballett*: 1. Bez. für den langsamen Teil von Ensembles, bes. des *Pas de deux*. – 2. Bez. für den Teil des tägl. Trainings, der im Raum ohne Haltestangen absolviert wird.

**Adaja** [-xa], linker Nebenfluss des Duero im Hochland von Altkastilien (Spanien), 163 km; entspringt südlich des *Puerto de Villatoro* (1432 m) im *Kastilischen Scheidegebirge*, mündet nordöstlich von Tordesillas.

**Ada Kaleh**, rumän. Donauinsel im Eisernen Tor, 300 Ew. (Moslems); Moschee; Fischerei; wurde 1971 nach dem Ausbau der dortigen Staustufe überflutet, die Siedlung auf die Insel *Simian* verlegt.

**Adalbero**, Heiliger, Bischof, *um 1010 als Graf von Lambach-Wels, †6. 10. 1090 Lambach; 1045–1088 Bischof von Würzburg; Kirchenreformer, Bautätigkeit (Würzburger Dom) u. Klostergründer (nach der Gorzer Reform). Fest: 6. 10.

**Adalbert**, *Adelbert, Albert, Albrecht* [ahd. *adal*, „edel", *beraht*, „glänzend"], männl. Vorname.

**Adalbert**, 1. Erzbischof von Magdeburg 968–981, †20. 6. 981 Zscherben bei Halle (Saale); ging 961 als Missionar nach Russland, wurde 966 Abt von Weißenburg im Elsass u. erhielt 968 von Otto I. das für die Ostmission neu gegr. Erzbistum Magdeburg. Er trat auch als Geschichtsschreiber hervor.
2. Heiliger, Bischof von Prag seit 983, *956 Libice, †23. 4. 997; Benediktiner in Rom, Freund Ottos III.; auf einer Missionsfahrt von heidn. Preußen erschlagen; bestattet in Gnesen, später in Prag. Heiligsprechung 999; Fest: 23. 4.
3. Erzbischof von Hamburg-Bremen 1043 bis 1072, *um 1000, †16. 3. 1072 Goslar; plante, seinen Bischofssitz zum Mittelpunkt eines *Patriarchats des Nordens* zu machen; erfolgreicher war seine Mission im Osten, wo er 1062/66 das Bistum Ratzeburg gründete u. für Mecklenburg einen Bischof weihte; nach dem Tod Heinrichs III. zeitweise Vormund des jungen *Heinrich IV.* u. einer der einflussreichsten Männer an seinem Hof. bes. nach der Verdrängung seines Rivalen *Anno von Köln*; durch eine Fürstenopposition unter Annos Einfluss 1066 vom Hof verwiesen, 1069 von Heinrich IV. zurückgerufen.

**Adalbert**, Markgraf von Österreich, †26. 5. 1055 Melk; Babenberger, seit 1018 Regent, gewann zur Ostmark das Gebiet des heutigen Niederösterreich; nahm an den Kämpfen Heinrichs III. gegen Ungarn, Böhmen u. Polen teil.

**Adalhard**, Heiliger, Abt, *um 751, †2. 1.

826; Vetter Karls d. Gr., Mönch u. Abt im Benediktinerkloster Corbie. Mit seinem Bruder Wala ermöglichte er die Gründung des Klosters Corvey bei Höxter an der Weser. Fest: 2. 1.

**Adalia,** türk. Stadt, → Antalya.

**Adam** [hebr., „Mensch"], Name des ersten Menschen im bibl. Schöpfungsbericht (Gen. 1–2); mit seiner Gefährtin *Eva* Stammeltern des Menschengeschlechts; wegen des Sündenfalls aus dem Paradies vertrieben (Gen. 3); in der christl. Kunst oft dargestellt, z. B. von Michelangelo.

**Adam,** ◆ 1. [aˈdã] Adolphe Charles, französ. Opernkomponist, * 24. 7. 1803 Paris, † 3. 5. 1856 Paris; Schüler von F. Boieldieu; über 50 Bühnenwerke, u. a. „Der Postillon von Lonjumeau" 1836 u. „Wenn ich König wär" („Si j'étais roi") 1852.

Adolphe Charles Adam

2. Albrecht, dt. Tier- u. Schlachtenmaler, * 16. 4. 1786 Nördlingen, † 28. 8. 1862 München; nahm als Hofmaler des Vizekönigs von Italien 1812 an Napoleons Russlandfeldzug teil (83 Ölskizzen), arbeitete seit 1815 in München für König Max I. u. Ludwig I., 1855–1857 in Wien.

3. [aˈdã], Henri-Georges, französ. Bildhauer u. Grafiker, * 18. 1. 1904 Paris, † 27. 8. 1967 La Clarté; seit 1942 mit *Picasso* befreundet, schuf monumentale, zuweilen an C. *Brâncusi* erinnernde Plastiken, wie die 22 m lange Betonspindel vor dem Museum der Stadt Le Havre. Der Entwurf eines 60 m hohen „Leuchtturms der Toten" für Auschwitz ist nicht ausgeführt worden.

4. Karl, dt. kath. Theologe, * 22. 10. 1876 Pursruck, † 1. 4. 1966 Tübingen; 1917 Prof. für Moraltheologie in Straßburg, 1919–1949 Prof. für Dogmatik in Tübingen. Hptw.: „Das Wesen des Katholizismus" 1924; „Jesus Christus" 1933; „Der Christus des Glaubens" 1954.

5. Karl, dt. Pädagoge u. Rudertrainer, * 2. 5. 1912 Hagen, † 18. 6. 1976 Bad Salzuflen; seit 1953 Trainer des Ratzeburger Ruderclubs, seit 1966 Direktor der Ruderakademie Ratzeburg, gewann 29 internationale Medaillen, darunter mit dem Verbandsachter des Dt. Ruderverbandes *(Deutschland-Achter)* je zwei Olympiasiege (1960 u. 1968) u. zwei Weltmeisterschaften. „Leistungssport als Denkmodell" (Schriften aus dem Nachlass) 1978.

6. [aˈdã], Paul, französ. Schriftsteller, * 7. 12. 1862 Paris, † 1. 1. 1920 Paris; schrieb gesellschaftskritische, historische u. familiengeschichtl. Romane; Zyklus: „Le temps et la vie" (La force, L'enfant d' Austerlitz, La ruse, Au soleil de juillet) 1898–1903.

◆ 7. [ˈædəm], Robert, schott. Architekt, * 3. 7. 1728 Kirkcaldy, † 3. 3. 1792 London; nach Studien in Italien (1754–1758) seit 1761 Architekt König Georgs III.; A. schuf unter Verwendung von Formelementen der röm. Kunst sowie der italien. Renaissance- u. Barockarchitektur einen lebhaft rhythmisierten neuklass. Stil (*Classical Revival*, Adam-Stil), den er auch auf die Inneneinrichtung der Gebäude anwendete. Hptw.: Keddleston Hall bei Derby.

**Adamaoua** [-ˈmaua], von SW nach NO durch den N Kameruns verlaufendes Hochland, im Mittel 1000–1500 m, in einigen Gebirgsstöcken u. erloschenen Vulkankegeln (u. a. Eboga) bis über 2700 m hoch; Weidegebiet mit sehr guter Ertragslage. Das alte Fulbe-Reich A. lag weiter nördl. am oberen Benue (Hptst. *Yola*).

**Adama van Scheltema** [ˈsxɛl-], Carel Steven, niederländ. Lyriker, * 26. 2. 1877 Amsterdam, † 6. 5. 1924 Bergen; Gegner der l'art-pour-l'art-Richtung; beeinflusst von der Idee des Sozialismus, forderte er eine neue, vom Volk getragene Kunstrichtung, die er in „Die grondslagen eener nieuwe poëzie" 1907 darlegte.

**Adam de la Halle** [aˈdãdlaˈal], französ. Komponist, ein Trouvère, * um 1237 Arras, † 1286 oder 1287 Neapel; umfangreiche musikal. u. literar. Tätigkeit; Schöpfer des ersten Singspiels („Le jeu de Robin et de Marion").

**Adamello,** vergletscherte Gebirgsgruppe der *Rätischen Alpen*, nordwestl. des Gardasees, aus Granit aufgebaut; Hauptgipfel: Monte A. 3554 m, Cima Presanella 3556 m.

**Adami,** Valerio, italien. Maler, * 17. 3. 1935 Bologna; seit Beginn der 1960er Jahre Vertreter der italien. Pop-Art; seine surrealistisch-fantast. Welt erscheint wie Comics in eigenwilliger erzähler. Figuration; bis 1966 gewaltgeladene Bilder; Ende der 1960er Jahre erscheinen Motive aus der Umwelt des Großstadtmenschen, strafferer Bildaufbau, kräftigere Farbigkeit u. z. T. überdimensionale Formate; seit 1970 psychoanalyt., stark emotionale Porträts aus Momentaufnahmen.

**Adamiten,** Name mehrerer Sekten, die angebl. „in paradiesischer Unschuld" nackt zu ihren vielfach mit sexuellen Ausschweifungen verbundenen Gottesdiensten zusammenkamen.

**adamitisch,** nach Art der Adamiten; nackt.

**Adamklissi,** *Monument von Adamklissi,* kolossales Siegesdenkmal (Rundbau) des Kaisers Trajan in der Dobrudscha, auch „Tropaeum Traiani", 109/10 n. Chr. nach den Siegen über die Daker errichtet.

**Adamkus,** Valdas, litauischer Politiker, * 3. 11. 1926 Kaunas; Ingenieur; emigrierte 1949 in die USA; dort im Umweltschutzbereich tätig; wurde 1998 zum litauischen Präsidenten gewählt.

◆ **Adamov,** Arthur, französ. Theaterdichter russ. Herkunft, * 23. 8. 1908 Kislowodsk, Kaukasus, † 15. 3. 1970 Paris (Selbstmord); Verfasser avantgardist. Theaterstücke im Stil des absurden Theaters („La parodie" 1947, dt. „Das Rendezvous" 1958; „Alle gegen alle" 1952, dt.

Arthur Adamov

1953); wandte sich ab Mitte der 1950er Jahre dem politisch engagierten Theater zu („Ping-Pong" 1955, dt. 1955; „Paolo Paoli" 1957, dt. 1959); verfasste auch autobiograf. Prosa („L'aveu" 1946; „L'homme et l'enfant" 1968) u. Theaterkritik.

**Adamovich** [adaˈmɔvitʃ], Ludwig, österr. Staatsrechtslehrer, * 30. 4. 1890 Esseg (Kroatien), † 23. 9. 1955 Wien; 1938 österr. Justiz-Min., 1946–1955 Präs. des Verfassungsgerichtshofs in Wien. Die Verfassungsüberleitung des Jahres 1945 (bei der Wiederherstellung der Republik Österreich) war hauptsächlich Adamovichs Werk. Hptw.: „Grundriss des tschechoslowak. Staatsrechts" 1929; „Handbuch des österr. Verfassungsrechts" 1953/54.

**Adams** [ˈædəmz], *Mount Adams,* Gipfel im nördlichen Kaskadengebirge (Washington, USA), 3751 m.

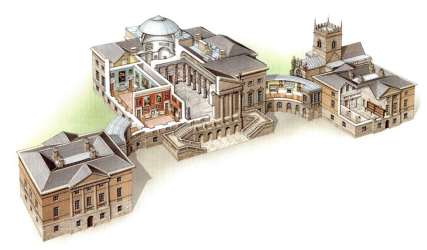
Robert Adam: Keddleston Hall bei Derby; 1760 als Herrenhaus im neoklassizistischen Stil erbaut

Ansel Adams; 1966

**Adams** ['ædəmz],
◆ **1.** Ansel, US-amerikan. Landschaftsfotograf, * 20. 2. 1902 San Francisco, † 22. 4. 1984 Carmel; Autodidakt, in der Jugend zum Konzertpianisten ausgebildet, Berufsfotograf seit 1927; gründete die Abteilung für Fotografie an der California School of Fine Arts; schuf monumental wirkende, kontrastreiche Landschaftsaufnahmen; die dramatisch vielfältige Natur des nordamerikan. Kontinents erhielt in A. ihren ersten stilbildenden Interpreten. Verfasser fotograf. Lehrbücher. Hptw.: „Basic photo series" 1977; „Yosemite and the range of light" 1979.

Ansel Adams: Moonrise; 1941. Hernandez, New Mexico

**2.** Brooks, Sohn von 3) u. Bruder von 6), US-amerikan. Historiker, * 24. 6. 1848 Quincy, Mass., † 13. 2. 1927 Boston, Mass.; Berater T. Roosevelts; versuchte den Darwinismus auf die Geschichte zu übertragen *(Sozialdarwinismus)* u. daraus Prognosen abzuleiten. Werke: „America's economic supremacy" 1900; „The new empire" 1902; „The theory of social revolutions" 1913.
**3.** Charles Francis, Sohn von 10), US-amerikan. Politiker (liberal. Republikaner), Diplomat u. Publizist, * 18. 8. 1807 Boston, Mass., † 21. 11. 1886 Boston, Mass.; bemühte sich als Mitgl. des Repräsentantenhauses um Beilegung des Konflikts zwischen den Nord- u. Südstaaten der USA durch Verhandlungen; während des Sezessionskrieges Gesandter in London.
**4.** Gerry, nordirischer Politiker (Sinn Féin), * 6. 10. 1948 Belfast; seit 1983 Präs. der Sinn Féin, des polit. Arms der IRA; 1983–1992 Abgeordnetenmandat im brit. Unterhaus (nicht wahrgenommen), wurde 1997 erneut ins Unterhaus gewählt; setzte seit Mitte der 1990er Jahre verstärkt auf eine polit. Lösung des Nordirlandkonflikts; Befürworter des 1998 verabschiedeten Nordirlandabkommens.
**5.** Grantley, Sir, barbadischer Politiker, * 28. 4. 1898 Barbados, † 28. 11. 1971 Bridgetown; ab 1934 im Parlament von Barbados; Gewerkschaftsführer, Gründer u. 1. Vors. der westind. Labour Party; 1954–1958 Premier-Min. von Barbados, 1958–1962 der Westind. Föderation.
**6.** Henry Brooks, Sohn von 3) u. Bruder von 2), US-amerikan. Historiker u. Kulturphilosoph, * 16. 2. 1838 Boston, Mass., † 27. 3. 1918 Washington; 1868–1870 Gesandtschaftssekretär in London, 1870–1877 Prof. in Harvard. Seine „History of the United States during the administrations of Jefferson and Madison" 9 Bde. 1889–1891 stellt meisterhaft die diplomat. Geschichte der USA in den Jahren 1801–1817 dar. „The education of Henry A." (postum) 1918 gilt als klass. Autobiografie.
◆ **7.** John, US-amerikan. Politiker, * 30. 10. 1735 Braintree (jetzt Quincy), Mass., † 4. 7. 1826 Braintree; 2. Präsident der USA (1797–1801); Mitglied der gesetzgebenden Versammlung von Massachusetts 1770/71 u. des revolutionären Provinzialkongresses 1774/75, Delegierter des 1. u. 2. Kontinentalkongresses 1774–1777, Mitunterzeichner der Unabhängigkeitserklärung; Hauptautor der Verfassung von Massachusetts; für die USA mit B. Franklin beim Friedensschluss von Paris (1783); Gesandter in Großbritannien 1785–1788, 1. Vize-Präs. der USA 1789–1797; führte als Präsident (Federalist) einen „unerklärten Krieg" gegen Frankreich. – Works 10 Bde., 1850–1856.

John Adams

**8.** John, US-amerikan. Komponist u. Dirigent, * 15. 2. 1947 Worcester, Mass.; geht von der Minimalmusic aus u. bezieht elektron. Klänge in seine Kompositionen ein. Opern („Nixon in China" 1987; „The death of Klinghoffer" 1991), Musical („I was looking at the ceiling and then I saw the sky" 1995) u. Orchesterwerke.
**9.** John Couch, engl. Astronom, * 5. 6. 1819 Laneast, Cornwall, † 20. 1. 1892 Cambridge; seit 1861 Direktor der Sternwarte in Cambridge; berechnete unabhängig von U. *Leverrier* aus Störungen der Uranusbahn den Planeten Neptun.
**10.** John Quincy, Sohn von 7), US-amerikan. Politiker, * 11. 7. 1767 Braintree (jetzt Quincy), Mass., † 23. 2. 1848 Washington; 6. Präsident der USA (1825–1829); Jefferson-Republikaner; Gesandter in den Niederlanden, in Russland u. Großbritannien; Senator von Massachusetts, Prof. am Harvard College; Leiter der Friedensdelegation in Gent (1814); erwirkte als Secretary of State (Außen-Min.) unter J. *Monroe* den Floridakauf (1819) u. nahm Einfluss auf die Formulierung der Monroe-Doktrin (1823); nach seiner Präsidentschaft 1831–1848 Abg. des Repräsentantenhauses. Aufzeichnungen: „The memoirs of John Quincy A." 8 Bde. 1874–1877.
**11.** Robert, US-amerikan. Fotograf u. Schriftsteller, * 8. 5. 1937 Orange, N.J.; befasst sich mit den Auswirkungen des Menschen auf die Natur. Im Gegensatz zu Ansel A. sieht er in erster Linie die verletzte „Größe der Landschaft".
**12.** Samuel, Vetter 2. Grades von 7), US-amerikan. Revolutionär u. Politiker, * 27. 8. 1722 Boston, Mass., † 2. 10. 1803 Boston, Mass; zuerst Brauer u. Steuereinnehmer; er weckte den Widerstand gegen die Briten vor allem durch Organisierung der radikalen „Sons of Liberty" (1765), des „Committee of Correspondence" (1772) u. der „Boston Tea Party" (1773); Unterzeichner der Unabhängigkeitserklärung; 1794–1797 Gouverneur von Massachusetts.
**13.** Walter Sydney, US-amerikan. Astronom, * 20. 12. 1876 Kessab bei Antakya, Türkei, † 11. 5. 1956 Pasadena, Calif.; 1923–1946 Direktor des Mount Wilson-Observatoriums; erfand mit A. *Kohlschütter* eine Methode zur Bestimmung der absoluten Helligkeit (spektroskop. Parallaxe) der Sterne aus dem Spektrum.

**Adamsapfel,** vorragender Schildknorpel am Hals des Mannes.
**Adamsbrücke,** aus Korallenriffen gebildete, rd. 35 km lange Kette von kleinen Inseln zwischen Süd-Indien u. Nordwest-Sri-Lanka (i. e. S. zwischen den beiden größeren Inseln Rameswaram [Indien] u. Mannar [Sri Lanka]), die allesamt dem seichten Kontinentalschelf um Indien aufsitzen. Über die

A. führt die Fährschiffverbindung zwischen den Eisenbahnendpunkten Dhanush-Kodi (auf Rameswaram) u. Talaimannar (auf Mannar).

**Adamsnadel,** *Palmlilie,* volkstüml. Name der Gattung → Yucca aus der Familie der *Agavengewächse.*

◆ **Adam's Peak** ['ædəmz 'piːk], *Sri Pada, Samanalakanda,* bekanntester „heiliger" Berg in Sri Lanka, vierthöchster Berg der Insel, 2243 m, am Südrand des Zentralen Hochlandes, oberhalb von Ratnapura; Wallfahrtsziel für Hindus, Buddhisten, Moslems; eine Felsvertiefung auf dem Berggipfel wird als angeblicher Fußabdruck Shivas, Buddhas oder Adams verehrt; Bergwanderziel.

**Adams-Stokes-Syndrom** ['ædəms stəuks-], *Adams-Stokes'scher Anfall* (nach den irischen Ärzten Robert *Adams,* *um 1791, †1875, u. William *Stokes,* *1804, †1878), anfallartig auftretende Ohnmacht (Bewusstseinstrübung), Herzschlagverlangsamung u. manchmal Krämpfe infolge einer Minderdurchblutung d. Gehirns; Ursache sind Störungen des Reizleitungssystems d. Herzens.

**Adam von Bremen,** dt. Geschichtsschreiber u. Geograph, †nach 1081; schrieb die „Gesta Hammaburgensis ecclesiae pontificum", eine Geschichte der Hamburg-Bremer Erzbischöfe. Sie ist bedeutend wegen der Biografie *Adalberts von Bremen,* dessen Freund u. Kanonikus Adam von Bremen seit 1066/67 war. Das 4. Buch gibt die erste ausführl. Beschreibung der Länder des Nordens im MA.

**Adam von Fulda,** dt. Komponist, *um 1445 Fulda, †1505 Wittenberg; seit 1491 Leiter der kursächs. Hofkapelle in Torgau; verfasste eine Musiklehre, komponierte mehrstimmige dt. Lieder u. Kirchenmusik, machte sich auch als Chronist einen Namen.

**Adan,** Stadt in der Rep. Jemen, → Aden.

**Adana,** Hptst. der türk. Provinz A., in einer Küstenebene südl. des Taurus am Seyhan Nehri (Wasserkraftwerk) in der Çukurova, Verkehrsknotenpunkt an der Bagdadbahn, 1,01 Mio. Ew.; Teiluniversität, Archäolog. Museum; Baumwoll-, Agrar-, u. Getreidehandel; Textil-, Nahrungsmittel-, Metall-, Maschinen- u. Baustoffindustrie; Flugplatz.

**Adapazari,** *Adapazarı, Sakarya,* Hptst. der türk. Prov. *Sakarya,* östl. von Istanbul, 171 000 Ew.; landwirtschaftl. Zentrum des *Adapazaribeckens;* Zucker-, Nahrungsmittel-, chem., Papier- u. Textilindustrie, Maschinen- u. Fahrzeugbau; im N von A. Eisenerz; Bahnknotenpunkt.

**Adaptation** [lat.] → Anpassung (1).

**Adaptationssyndrom** [lat., grch.], *allgemeines Anpassungssyndrom, Selye'sches Syndrom,* die Gesamtheit aller (unspezifischen) Reaktionen des Organismus auf ein → Stress.

**Adapter** [engl.], allg. ein Zusatzstück zur Anpassung zweier Geräteteile aneinander, z. B. Rollfilmadapter für Plattenkameras, Plattenadapter für Rolleiflex, Filteradapter, Fisheyeadapter, Blitzlampenadapter, Reproadapter an Vergrößerungsgeräten, A. für Synchro- u. Netzstecker ausländ. Norm.

**adaptieren** [lat.], 1. *allg.:* anpassen (bes. Biologie u. Physiologie).

2. *österr.:* (eine Wohnung) herrichten.

**adaptierte Säuglingsmilchnahrung,** der Frauenmilch in ihrer Zusammensetzung angepasstes Milchpräparat auf Basis von Kuhmilch; kann als Muttermilchersatz in den ersten 6 Lebensmonaten verwendet werden.

Adam's Peak: Der heilige Berg liegt im Süden der Insel Sri Lanka

**Adaption** [lat.] → Anpassung (1).

**Adaptive Control** [æ'dæptiv kən'trəul; engl.], ein Fertigungssystem, bei dem die fortlaufende Optimierung des Herstellungsprozesses durch permanente Messungen bestimmter charakterist. Größen erreicht werden soll.

**adaptive Enzyme** [lat., grch.], Enzyme, deren Bildung nach Bedarf im Organismus erfolgt. Man unterscheidet z. B. *induzierbare Enzyme* u. *reprimierbare Enzyme.* Induzierbare Enzyme werden in Gegenwart des entsprechenden Substrats (Induktors) gebildet. Die Synthese der reprimierbaren Enzyme wird durch das Endprodukt (Corepressor) der durch sie katalysierten Reaktion unterdrückt. Im Gegensatz zu den adaptiven Enzymen werden die *konstitutiven* Enzyme ständig gebildet.

**adaptive Optik,** eine Weiterentwicklung der → aktiven Optik astronom. Teleskope, bei der durch Verformung der Spiegel auch atmosphär. Turbulenzen ausgeglichen werden. Dazu werden der Zustand der Atmosphäre in unmittelbarer Nähe des Teleskops laufend gemessen u. die entsprechenden Befehle zur Spiegelkorrektur mitgeteilt.

**adaptive Regelung,** bei automat. Werkzeugmaschinen Regeleinrichtung zur Verbesserung des Bearbeitungsablaufs. Grenzregelungen bewirken, dass die Belastbarkeit von Maschinen u. Werkzeug nicht überschritten wird (z. B. beim „Drehen" durch Herabsetzung des Vorschubs). Optimierregelungen bewirken günstigste Fertigungszeiten bzw. geringste Fertigungskosten.

**Adäquanz** [lat.] → soziale Adäquanz.

**adäquat** [lat.], angemessen, entsprechend, übereinstimmend.

**Adäquation** [lat.], möglichst gute Anpassung der statistisch erfassbaren Begriffe an die von Theorien u. Hypothesen vorgegebenen Begriffe. Für die statist. Ämter bildet die A. eine ständige Arbeitsaufgabe. Bei Definitionen müssen die wissenschaftl. Begriffe berücksichtigt u. im Idealfall deckungsgleich verwendet werden. Für die empirische Forschung ist die A. ein Ausschnitt der Fehleranalyse des Datenmaterials u. der Verlässlichkeit der damit gestützten Aussagen bei einer bestimmten Spanne der Adäquationsfehler.

**Adar,** der 6. Monat des jüd. Kalenders (Februar/März).

**Adar Scheni,** zweiter Adar, zusätzlicher Monat im jüd. Kalender während eines Schaltjahres.

**Ada-Schule,** altertüml. Bezeichnung für eine ostfränk. Gruppe von illustrierten Handschriften, die im Auftrag Karls d. Gr. von einem in Aachen tätigen Scriptorium, der sog. Hofschule Karls d. Gr., verfertigt wurden. Der Name A. geht zurück auf ein Evangeliar in der Stadtbibliothek zu Trier, das von der Äbtissin *Ada* gestiftet sein soll. Die Ada-Gruppe ist die früheste der großen karoling. Handschriftengruppen u. durch prunkhaft linearen Stil u. starke Farbigkeit gekennzeichnet.

**a dato** [lat.], Abk. *a. d.,* vom Tag der Ausstellung an.

**ADB,** Abk. für engl. *African Development Bank,* → Afrikanische Entwicklungsbank.

**ad calendas graecas** [lat., „an den griechischen Kalenden"], niemals; am St.-Nimmerleins-Tag.

**Adcock-Antenne** ['ædkɔk], nach dem engl. Physiker F. *Adcock* benannte bes. Form einer Peilantenne; auch → Antenne.

**Adda,** linker Nebenfluss des Po, 313 km; entspringt in den Südrätischen Alpen, durchfließt das Veltlin u. den Comer See, mündet westl. von Cremona; im Oberlauf Stauseen.

Jane Addams

**Addams** [ˈædəmz], Jane, US-amerikan. Sozialpolitik., *6.9. 1860 Cedarville, Ill., †21.5.1935 Chicago; führend in der sog. Settlementsarbeit in Chicago, hatte auch in Dtschld. u. England Einfluss; Pazifistin. Erhielt 1931 zusammen mit N. M. *Butler* den Friedensnobelpreis.

**Addâr,** *Râss Addâr* → *Ra's At Tib.*

**Ad Dar Al Bayda** [-dar al baˈda], arab. Name von *Casablanca.*

**Addaura,** Höhle in *Monte Pellegrino* bei Palermo auf Sizilien (Italien) mit Felsgravierungen, Höhleninventar aus dem Spätmagdalénien.

**Addend** [lat.], eine zu addierende Zahl, z. B. 5 in der Summe 3 + 5; auch → Summand.

**Adderley** [ˈædəliː], **1.** Julian Edwin, genannt „Cannonball", US-amerikan. Jazzmusiker (Altsaxophon), *15.9. 1928 Tampa, Florida, †8.8. 1975 New York; spielte zunächst in Schul- u. Soldatenorchestern, ging 1955 nach New York. A. spielte dort mit Miles *Davis* u. eigenen Quintetten, u. a. mit seinem Bruder Nat.
**2.** Nathaniel, genannt „Nat", Bruder von 1), *25.11. 1931 Tampa, Fla., †2.1. 2000 Lakeland, Fla.; spielte seit 1946 Trompete, wechselte 1950 zum Kornett, spielte u. a. mit Lionel *Hampton* u. in den verschiedenen Quintetten seines Bruders Julian.

**addieren** [lat.], eine → Add. durchführen.

**Addiermaschine,** mechanisch arbeitende → Rechenmaschine zum Addieren, Subtrahieren, z. T. auch zum Multiplizieren u. Dividieren. Die ersten Addiermaschinen wurden von *Pascal* (1642) u. *Leibniz* (1673) entworfen u. gebaut.

**Adding-games** [ˈædɪŋ ˈgɛɪmz; engl.], Zusammenzählspiele, bes. beim → Kartenspiel.

**Addis Abeba** [amhar., „Neue Blume"], seit 1898 Hptst. von Äthiopien, in der Landschaft Schoa, rd. 2400 m ü. M., 2,2 Mio. Ew.; günstiges Höhenklima; 1887 von *Menelik II.* gegr., der seine Residenz von Entotto hierher verlegte. 1897 begann der Bau von Palästen, Kirchen (allein 18 orthodoxe Kirchen), Regierungsgebäuden u. a. Heute Handelszentrum, größter Industriestandort u. Knotenpunkt aller Fernstraßen des Landes, Bahn nach Djibouti, internationaler Flughafen, moderne Verwaltungs- u. Verkehrsbauten; Sitz der OAU, der UN-Wirtschaftskommission für Afrika (ECA), Universität (gegr. 1961) u. a. Kultureinrichtungen.
Die Gipfelkonferenz der unabhängigen Staaten Afrikas, 22.–25. 5. 1963 in A. A., verkündete die Charta der *Organisation für die Afrikanische Einheit* (OAU); sie forderte die Beseitigung von Kolonialismus u. ausländ. Militärstützpunkten u. eine atomwaffenfreie Zone Afrika u. verurteilte die südafrikan. Apartheid-Politik.

Addis Abeba: Blick über Vororte der äthiopischen Hauptstadt

**Addison** [ˈædɪsən], **1.** Joseph, engl. Diplomat, Essayist u. Dichter, *1. 5. 1672 Milston, Wiltshire, †17. 6. 1719 London. Sein Trauerspiel „Cato" 1713 war ein großer Erfolg. Er schrieb gesellschaftskrit. Essays in den ersten Moralischen Wochenschriften („The Tatler", „Spectator"), bes. beliebt waren die „Sir Roger de Coverley papers", die humorvoll das Leben eines Landedelmanns schildern. – Works, 6 Bde. 1856; Miscellaneous works, 2 Bde. 1914/15.
**2.** Thomas, britischer Arzt, *April 1793 Long-Benton (bei Newcastle-on-Tyne), †29. 6. 1860 Brighton; beschrieb 1855 erstmals die *Bronzekrankheit,* die nach ihm benannte → Addison'sche Krankheit.

Joseph Addison

**Addison'sche Krankheit** [ˈædɪsən-], nach T. *Addison* benannt; beruht auf einer Unterfunktion der Nebennieren, bes. der Nebennierenrinden. Ursachen sind vor allem tuberkulöse Zerstörung der Nebennieren u. Hypophysenstörungen mit Unterproduktion von ACTH. Zu den Anzeichen der Addison'schen Krankheit gehören insbes. Muskelschwäche, Gewichtsabnahme, Kräfteverfall, abnorme Braunfärbung von Haut u. Schleimhäuten, Blutzuckererniedrigung, Störungen im Salzgehalt, Blutdruckerniedrigung u. a. Zur ärztl. Behandlung werden Nebennierenrindenhormone gegeben.

**Additamentum** [das, Pl. *Additamenta*; lat.], Zugabe, Ergänzung zu einem Buch.

**Addition** [lat.], **1.** *Chemie:* in der organ. Chemie der Zusammentritt zweier oder mehrerer Moleküle, in einem oder mehreren Schritten zu einem Additionsprodukt *(Addukt).* Additionsreaktionen gehören zu den wichtigsten chem. Reaktionen.
Auch *Kondensationen* u. *Substitutionen* können als A. mit anschließender oder vorangehender Eliminierung aufgefasst werden. Auch → Polyaddition.
**2.** *Mathematik:* wie auch die → Subtraktion eine Rechenoperation 1. Stufe zur → Verknüpfung mathemat. Objekte (z. B. Zahlen, Vektoren), den *Summanden.* Das Ergebnis einer A. nennt man *Summe.* Auch → Reihe.

**Additionspolymere** [lat., grch.], durch → Polyaddition hergestellte chem. Verbindungen.

**Additionssätze,** *Additionstheoreme,* Formeln, die für gewisse nichtlineare (z. B. Winkel-) Funktionen den Funktionswert einer Summe/Differenz durch die Funktionswerte ihrer Summanden ausdrücken, z. B. sin $(\alpha \pm \beta) = \sin \alpha \cos \beta \pm \cos \alpha \sin \beta$.

**Additionstheorem,** Aussage der speziellen Relativitätstheorie über die Addition von Relativgeschwindigkeiten. Bewegen sich ein Körper $K_1$ mit einer Geschwindigkeit $\vec{v}_1$ relativ zu einem ruhenden Beobachter u. ein Körper $K_2$ mit einer Geschwindigkeit $\vec{v}_2$ relativ zu $K_1$, so ist die vom Beobachter gemessene Geschwindigkeit nicht die vektorielle Summe aus $\vec{v}_1$ u. $\vec{v}_2$, sondern die Addition der Geschwindigkeiten muss unter Beachtung der *Lorentz-Transformation* ausgeführt werden. Aus dem A. folgt, dass durch Summation von Geschwindigkeiten nie eine größere Geschwindigkeit als die Lichtgeschwindigkeit erreicht werden kann. Das A. liefert für eine unendlich große Lichtgeschwindigkeit das klassische Gesetz zur Addition von (nichtrelativistischen) Geschwindigkeiten.

**Additiv,** Stoff, der Mineralölprodukten wie Kraftstoffen, Motorölen oder Heizölen zugesetzt wird, um deren Gebrauchs- oder Verbrennungseigenschaften zu verbessern bzw. die mit ihnen betriebene Anlage vor Verschleiß und Verschmutzung zu schützen. Kraftstoffadditive sind z. B. Methyl-*tert.*-butylether (MTBE) u. *tert.*-Butylalkohol (TBA). Sie erhöhen die Oktanzahl. Soweit solche Zusätze direkt oder in Form ihrer Verbrennungsprodukte in die Umwelt gelangen, sind ökolog. oder gesundheitl. Beeinträchtigungen nicht auszuschließen, z. B. durch inzwischen nicht mehr eingesetzte Bleiadditive in Benzinen; metall. A. unterliegen, wenn sie in Kraftstoffen eingesetzt werden sollen, daher in der BR Dtschld. einem strengen Zulassungsverfahren. Obwohl auch Motorenöle am Verbrennungsprozess beteiligt sind u. 8–25 % metall. u. metallfreie, z. T. nicht bekanntgegebene A. enthalten, bestehen keine rechtl. Regelungen; entsprechendes gilt für A. als Verbrennungsförderer in Heizölen.

**additiv** [lat.], die Addition betreffend; hinzufügend, hinzukommend.

**additive Farbmischung,** physikal. Prinzip zur

# additive Wirkungen

Adel: Damen und Herren beim Ballspiel, rechts Margarete Maultasch, Gräfin von Tirol; Wandgemälde 15. Jh. Burg Runkelstein, Tirol

Reproduktion von Farbbildern durch additive Überlagerung dreier Primärfarben (z. B. Rot, Grün, Blau), wird in der Farbfernsehtechnik zur Übertragung farbiger Bilder verwendet. Auch → Farbfernsehen.

**additive Wirkungen,** *Umweltschutz:* → Kombinationswirkungen.

**Addu,** babylon. Wettergott, → Adad.

**Adduktion** [lat.], Heranziehen; Gegensatz: *Abduktion.*

**Adduktor** [lat.], *Medizin:* Muskel *(Musculus adductor)* zum Heranziehen *(Adduktion)* eines Gliedes an die Mittellinie des Körpers. Gegenspieler ist der → Abduktor.

**ade!** [frz.], lebe wohl.

**Adebar** [vermutl. altsächs. *od,* „Gut, Besitz", + *beran,* „bringen"; „Glücksbringer"], in Norddeutschland, Hessen u. der Rheinpfalz gebräuchl. Name des Storches; → Weißstorch.

◆ **Adel,** *Geschichte:* ein aufgrund von Geburt, Besitz oder Verdienst erworbener Stand mit erbl. Privilegien; in allen Hochkulturen eine Form der polit., militär. u. kulturellen Führungs- u. Herrschaftsschicht. In Europa fand der A. seine entscheidende Ausprägung im MA (Lehnswesen), er bestimmte bis ins 18. u. 19. Jh. das polit., militär. u. weitgehend auch das kulturelle Leben. Im Frankenreich gab es den german. *Geblüts-* oder *Uradel* der Stämme u. den *Dienstadel,* der durch Königsgefolgschaft u. Beamtenfunktionen polit. Einfluss errungen hatte. Beide verschmolzen zum *Hochadel,* der gegenüber dem König bzw. Kaiser immer mehr Selbständigkeit gewann u. seine eigene Landeshoheit ausbaute. Die mächtigsten Landesherren schlossen sich Ende des 12. Jh. zum Reichsfürstenstand zusammen. An ihrer Spitze standen die Königswähler, die Kurfürsten. Zum Hochadel gehörten im Dt. Reich bis 1806 die Reichsfürsten u. Reichsgrafen, nicht jedoch die Reichsritter. Die mediatisierten Fürsten blieben auch nach 1806 Mitglieder des Hochadels.

Der *niedere Adel* bildete sich im Hochmittelalter aus freien Rittern u. den aus der Unfreiheit aufgestiegenen fürstl. u. königl. Dienstmannen *(Ministerialen).* Dazu traten später die führenden Schichten des Bürgertums, die Patrizier. Zum niederen A. gehörte im Dt. Reich bis 1806 neben den Reichsrittern vor allem der einem Landesherrn untertane landsässige Adel. Wenn er einen Titel führte, dann meist Freiherr oder Graf. Vom *Uradel* (alle bis 1350 nachweisbar adeligen Familien), der nicht verliehen, allenfalls im Rang erhöht wurde, unterscheidet sich der seit dem 16. Jh. vorkommende *Briefadel,* der durch kaiserl. Adelsdiplom (Adelsbrief) verliehen, im 17. u. 18. Jh. auch erkauft wurde. Bis 1806 konnte in Dtschld. nur der Kaiser den A. verleihen, später durften dies auch die Landesherren. Neben dem erbl. A. gab es den *Personenadel,* der für besondere Verdienste nur der betr. Person u. nicht auch deren Nachkommen verliehen wurde u. der z. B. mit einem Orden *(Ordensadel)* oder einem Amt *(Amtsadel)* verbunden war. In England ist er noch heute möglich.

Die polit. u. sozialen Vorrechte des Adels beruhten auf dem Besitz von Grund u. Boden u. auf der Herrschaft über abhängige Bauern, die dem adeligen Grundherrn Abgaben u. Dienste schuldeten. Mit der Grundherrschaft (Rittergut) waren verbunden: Patrimonialgerichtsbarkeit, Polizeigewalt, Kirchenpatronat, Steuerfreiheiten, polit. Mitspracherechte auf Landtagen u. der Anspruch auf die höheren Beamten- u. Offiziersstellen. Durch Heiratsvorschriften schloss sich der Adel oft von den anderen Ständen ab (am wenigsten in England). Im Absolutismus verlor der Adel seine politischen Eigenständigkeit durch Abschaffung oder Ausschaltung der Ständevertretungen u. die unbeschränkte Herrschaft des Landesfürsten. Die wirtschaftl., sozialen u. politischen Veränderungen im Zuge der Industrialisierung u. der Französ. Revolution sowie der Aufstieg des Bürgertums schwächten die wirtschaftl. Stellung u. beseitigten schrittweise die polit. Vorrechte des Adels im 19. Jh. Gleichwohl blieb er die polit. Führungsschicht in Militär, Diplomatie u. Verwaltung. Im dt. Kaiserreich von 1870 passten sich weite Kreise des Bürgertums den polit. Zielen u. Wertvorstellungen des Adels an (Feudalisierung des Bürgertums).

Die Weimarer Verfassung hob 1919 in Dtschld. den A. auf u. verbot die Neuverleihung, behielt aber den Adelstitel als Bestandteil des Namens bei. In anderen Ländern (z. B. Österreich) wurde der A. ganz abgeschafft. In einigen Staaten (z. B. Großbritannien) sind ihm noch Reste seiner alten gesellschaftl. u. polit. Stellung geblieben, auch die Neuverleihung von Adelstiteln ist möglich.

◆ **Adelaide** [ˈædəlɪd], Hptst. des Bundesstaates Südaustralien, am Torrens River, östlich vom St.-Vincent-Golf, am Fuße der

Adelaide: Denkmal des britischen Australienforschers John McDouall Stuart

Mount Lofty Range, 1,07 Mio. Einwohner; planmäßige Stadtanlage mit Parkgürtel; 2 Universitäten (gegr. 1847 u. 1966); Sitz der ev.-luth. Kirche (Gründung durch schles. Einwanderer im 19. Jh.); Bau von Maschinen, Motoren, Kraftfahrzeugen, Lokomotiven u. Stahlrohren; Schlachthäuser, Früchtekonservierung; Chemikalienherstellung, Zuckerraffination, Elektroindustrie, Erdölraffination. Agglomeration mit den Städten Salisbury, Elizabeth, Christie's Beach u. Bedford Park. Der Außenhafen Port Adelaide ist Hauptausfuhrort Südaustraliens für Weizen, Wolle, Wein, Gefrierfleisch u. Obst. Flughafen. – 1836 von Oberst William Light gegr. u. nach Königin A. von Großbritannien benannt.

**Adelaide** [adˈlɛːd], frz. für → Adelheid.
**Adelbert** → Adalbert.
**Adelboden**, Kurort und Wintersportplatz in der Schweiz, im Engstligental (Kanton Bern), 1353 m ü. M., 3300 Ew.
**Adelcrantz**, Carl Frederik, schwed. Architekt, *30. 1. 1716 Stockholm, †1. 3. 1796 Stockholm; vollendete seit 1741 das königliche Schloss Stockholm nach Plänen von N. Tessin d. J. Die im Rokokostil gehaltene Innendekoration ist ganz sein Werk.
**Adele**, weibl. Vorname, Kurzform von Zusammensetzungen mit *Adel-*, z. B. *Adelheid*; frz. *Adèle* [aˈdɛl].
**Adelegg**, nördl. Ausläufer der Allgäuer Alpen, 1118 m.
**Adelgunde**, Heilige, Gründerin u. erste Äbtissin des Klosters Maubeuge, Nordfrankreich, † 30.1.684 oder 695 oder 700; Verehrung sehr alt u. weit verbreitet. Fest: 30. 1.
**Adelheid** [ahd. *adal*, „edel, vornehm", *heit*, „Gestalt, Person"], weiblicher Vorname; französisch *Adelaide*, französisch und englisch *Alice*.

Kaiserin Adelheid

**Adelheid**, FÜRSTINNEN:
◆ 1. Kaiserin, Heilige, *931, †16. 12. 999 Selz, Elsass; Tochter König Rudolfs II. von Burgund, Gattin König Lothars II. von Italien († 950) u. seit 951 Ottos d. Gr. A. besaß zeitweilig erhebl. polit. Einfluss, bes. durch ihre Regentschaft für ihren Enkel Otto III. (seit 983 mit Theophano, 991–994 allein, beraten von Erzbischof Willigis von Mainz).
2. **Praxedis, Eupraxia,** Kaiserin, *um 1070, †10. 7. 1109 Kiew; Tochter des Großfürsten Wsewolod I. von Kiew (*1030, †1093), seit 1089 zweite Gattin Kaiser Heinrichs IV., den sie aber 1094 verließ u. 1095 vor Papst u. Konzil in Piacenza verklagte.
**Adelheid von Vilich**, Heilige, †5. 2. 1008 oder 1021 Köln; erste Äbtissin des v. ihren Eltern, Graf Megingoz u. seiner Gemahlin Gerberg, um 983 gegründeten Kanonissenstifts Vilich bei Bonn, später Äbtissin von St. Maria im Kapitol zu Köln; auch Berat. des Erzbischofs Heribert; heute noch Wallfahrt in (Adelheidis-)Pützchen bei Bonn. Fest: 5. 2.

**Adélieland**, antarkt. Gebiet südl. von Tasmanien, 390 000 km²; 1840 von J. *Dumont d'Urville* entdeckt, seit 1924 französ. Interessengebiet; 340 Sturmtage im Jahr, extreme Stürme mit Spitzengeschwindigkeiten von 70 m/s; ein Höchstwert von 87 m/s wurde am Kap Denison gemessen; die Küste ist Naturschutzgebiet.
**Adéliepinguin** → Pinguine.
**Adelsberg** → Postojna.
**Adelsdiplom**, *Adelsbrief,* eine Urkunde, durch die der Adel verliehen bzw. bestätigt wurde.
**Adelsheim**, Stadt i. Baden-Württemberg, Neckar-Odenwald-Kreis, am Rande des Odenwalds, 237–377 m ü. M., 5500 Ew., Erholungsort; Oberschloss (1504), Rathaus (1619), Jakobskirche (1489). – Stadtrecht 1374.
**Adelsmatrikel**, *Adelsbuch,* ein staatl. Verzeichnis der als adelig anerkannten Familien eines Landes.
**Adelsprobe**, *Ahnenprobe,* der Nachweis adeliger Abstammung durch urkundl. Nachweis der adeligen Vorfahren.

Johann Christoph Adelung

◆ **Adelung**, Johann Christoph, dt. Aufklärungsphilosoph u. Sprachforscher, *8.8. 1732 Spantekow bei Anklam, †10. 9. 1806 Dresden; förderte die Festlegung u. Ausbreitung der dt. Schriftsprache u. ihrer Rechtschreibung: „Versuch eines vollständigen grammatisch-kritischen Wörterbuches der hochdeutschen Mundart, mit beständiger Vergleichung der übrigen Mundarten, besonders aber der oberdeutschen" 5 Bde. 1774–1786; „Deutsche Sprachlehre" 1781.
**Aden** [engl. ɛidn], 1. *Golf von Aden,* durch Grabeneinbruch zwischen der arab. u. der Somalihalbinsel entstandener westl. Ausläufer des Arab. Meeres, bis 5143 m tief, durch → Bab Al Mandab mit dem Roten Meer verbunden.
◆ 2. *Adan,* führende Hafen-, Industrie- u. Handelsstadt in der Republik Jemen, an der Südwestspitze der Arabischen Halbinsel, 401 000 Ew.; Textil-, Nahrungsmittel-, Fisch- u. Tabakindustrie, Meersalzgewinnung, Ölraffinerie, Kraftwerk; Stützpunkt der internationalen Seeschifffahrt; Verkehrszentrum, Flughafen.
*Geschichte:* Adan war 1839–1963 mit Hinterland brit. Kronkolonie (194 km²) u. Seefestung; erhielt 1955 innere Selbstverwaltung. Dem brit. Gouverneur von A. unterstand bis 1963 auch das aus 26 Sultanaten, Emiraten u. Scheichtümern zusammengefasste *Protektorat A.,* das seit der Erwerbung Adens durch Schutzverträge an Großbritannien gebunden war u. 1963 in *Protektorat Südarabien* umbenannt wurde. Im ehem. westl. Protektorat wurde 1959 mit der Bildung einer autonomen „Südarabischen Föderation" begonnen, der später auch die damalige Kolonie A. und ein Teil des östlichen Protektorats angeschlossen wurden. Mit der Umwandlung der Südarabischen Föderation in den unabhängigen Staat *Südjemen* am 30. 11. 1967 wurde das gesamte ehemalige Protektorat wieder ein einheitliches Staatsgebiet. Auch → Jemen.
**Adenau**, Stadt in Rheinland-Pfalz, Ldkrs. Ahrweiler, in der Hohen Eifel, 3000 Ew.; Fremdenverkehr, Holzverarbeitung, Brauerei. – In der Nähe der → Nürburgring.

Aden (2): Hafenansicht

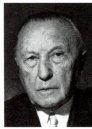

Konrad Adenauer; 1959

◆ **Adenauer,** Konrad, dt. Politiker, *5. 1. 1876 Köln, †19. 4. 1967 Rhöndorf bei Bonn; Jurist; seit 1906 Mitgl. des Zentrums; 1906–1917 Beigeordneter, 1917 bis 1933 Oberbürgermeister der Stadt Köln; 1918 Mitgl. des preuß. Herrenhauses, 1921–1933 Präs. des preuß. Staatsrates; 1933 von den Nationalsozialisten amtsenthoben, 1934 u. 1944 vorübergehend inhaftiert; Mai–Okt. 1945 erneut Oberbürgermeister von Köln (von den amerikan. Militärbehörden ein-, von der brit. abgesetzt); 1946 Vors. der CDU in der brit. Zone, 1950–1966 Bundes-Vors. der CDU; 1948/49 Präs. des Parlamentar. Rates; 1949–1967 MdB; 1949–1963 Bundeskanzler.

Als A., der 1921 u. 1926 die ihm angebotene Reichskanzlerschaft der Weimarer Republik nur bei Vorhandensein einer stabilen Regierungsmehrheit hatte übernehmen wollen, am 15. 9. 1949 73-jährig die Regierungsverantwortung der BR Dtschld. übernahm, war es sein Ziel, dem dt. Namen wieder Vertrauen u. einem neuen dt. Staatswesen Handlungsfähigkeit, Gleichberechtigung u. Sicherheit zu erwerben. Unter dem Eindruck der Isolierung, überzeugt von einer Bedrohung durch die Sowjetunion, betrieb A., 1951–1955 zugleich Außen-Min., von vornherein u. konsequent eine Politik der Westintegration (Europarat u. Montanunion 1950/51; 1952 Dtschld.-Vertrag; 1954/55 WEU u. NATO, Wiedererlangung der Souveränität; 1957 EWG u. Euratom).

Das Kernstück dieser Politik war die Aussöhnung mit Frankreich (1963 dt.-französ. Freundschaftsvertrag mit de Gaulle) als Voraussetzung für einen den Nationalismus überwindenden Zusammenschluss des freien Europa im Rahmen eines atlant. Bündnisses mit den USA. Die westl. Allianz, der A. auch einen dt. Verteidigungsbeitrag zur Verfügung stellte (1950 Angebot an die Westmächte, 1952–1954 EVG, 1955 NATO-Mitgliedschaft u. Aufbau der Bundeswehr), sollte der BR Dtschld. die Teilhabe an einer „Politik der Stärke" ermöglichen, von der allein er sich die Gewährleistung der westl. Sicherheit u. eine Verständigung über die dt. Frage versprach. Wiedervereinigung hieß für A. „Einheit in Freiheit", wobei ihm der höhere, unabdingbare Wert die Freiheit war, die es in der BR Dtschld. zu erhalten u. für ganz Dtschld. zu erwirken galt. Bis dahin sollte einzig die aus freien Wahlen hervorgegangene Regierung der Bundesrepublik für Dtschld. völkerrechtlich sprechen u. handeln. Diese „Alleinvertretung" wurde 1951 bei der ersten Revision des Besatzungsstatuts von den Westmächten anerkannt u. ist 1955/56 entspr. der Hallsteindoktrin gegenüber den Staaten Osteuropas u. der Dritten Welt praktiziert. Nur mit der Sowjetunion selbst vereinbarte A. 1955 die Aufnahme diplomat. Beziehungen u. erreichte dabei die Freilassung von 10 000 dt. Kriegsgefangenen. Neben der Verankerung der BR Dtschld. im westl. Bündnis war die Wiedergutmachung an Israel (dt.-israel. Abkommen 1952) ein bes. Anliegen Adenauer'scher Außenpolitik.

Innenpolitisch ist die „Ära A." gekennzeichnet durch die Errichtung eines demokrat. Staatswesens, in dem sich die Persönlichkeit des Kanzlers deutlich ausprägte („Kanzlerdemokratie"), sowie durch den wirtschaftl. u. sozialen Wiederaufbau im Zeichen der „sozialen Marktwirtschaft", der im Ausland als dt. „Wirtschaftswunder" erschien.

A., der dreimal (1953, 1957 u. 1961) zum Kanzler wieder gewählt wurde, errang 1957 mit der CDU/CSU die absolute Mehrheit im Bundestag u. hatte damit den Gipfel seiner Kanzlerschaft erreicht. Außenpolitisch brachten die folgenden Jahre Rückschläge (1958–1962 Berlinkrise; Stagnation der europ. Einigung; Nachlassen der Übereinstimmung mit den USA seit dem Tod Außen-Min. J. F. Dulles' 1959, bes. seit dem Regierungsantritt Kennedys 1961; Hinnahme des Baues der Berliner Mauer). Innenpolit. Ereignisse (Adenauers Bewerbung um die Präsidentschaft u. ihre Zurücknahme 1959; Misserfolg bei Gründung der „Dtschld.-Fernseh-GmbH", die 1961 vom Bundesverfassungsgericht für verfassungswidrig erklärt wurde; 1961 Verlust der absoluten Mehrheit; Adenauers Kampf gegen die Kanzlerschaftskandidatur Erhards; 1962 „Spiegel-Affäre") zeigten einen Autoritätsschwund an, so dass A. auf Drängen des Koalitionspartners FDP, aber auch starker Kräfte seiner eigenen Partei zurücktrat (15. 10. 1963). – „Erinnerungen", 4 Bde. 1965–1968; Rhöndorfer Ausgabe (Briefe u. a. Dokumente), 8 Bde. 1983–1992.

**Adenauer-Preis** → Konrad-Adenauer-Preis.
**Adenin** [grch.], 6-*Aminopurin*, Purinbase, Baustein vieler Nucleisäuren u. Produkt des Nucleinstoffwechsels; in Zuckerrüben, Hefen, Pilzen.
**adeno-assoziierte Viren** → AAV.
**Adenocarpus** [grch., lat.] → Drüsenfrucht.
**Adenohypophyse** [grch.], Vorderlappen der → Hypophyse.
**adenoid** [grch.], *Medizin:* drüsenähnlich, lymphknotenähnlich *(lymphoid).*
**adenoide Wucherungen,** *adenoide Vegetationen,* Vergrößerungen des Mandelgewebes des Nasenrachenraums; führen bei Kindern zur Behinderung der Nasenatmung u. des Sprechens; Kinder mit adenoiden Wucherungen bleiben oft in der körperl. u. geistigen Entwicklung zurück; Therapie: → Adenotomie.
**Adenokarzinom** [grch.], *Carcinoma adenomatosum,* mit drüsenartiger Struktur wachsendes Karzinom (Krebs).
**Adenom** [das; grch.], gutartige Geschwulst des Drüsen bildenden Deckgewebes (*Epithels*), die dem normalen Drüsengewebe weitgehend gleicht. Adenome kommen außer in drüsigen Organen auch in Schleimhäuten des Magen-Darm-Traktes z. B. als → Polypen vor.
**Adenosin** [grch.], *9-β-D-Ribofuranosyl-9H-purin-6-amin,* $C_{10}H_{13}N_5O_4$, aus der Hefe zu isolierendes Nucleosid, aufgebaut aus → Adenin u. D-Ribose; kommt auch im Herzmuskel vor u. verhindert die Thrombozytenaggregation.
**Adenosin-Desaminase,** *ADA,* Enzym, das → Adenosin zu Inosin abbaut. Erblich bedingter ADA-Mangel ist die häufigste Ursache des schweren kombinierten Immundefekts (Abk. SCID), der meist innerhalb des 1. Lebensjahrs zum Tode führt.
◆ **Adenosinmonophosphat** [grch.], Abk. *AMP,* ein Nucleotid, das aus der stickstoffhaltigen Verbindung *Adenin,* dem Zucker *Ribose* u. einem hiermit verknüpften *Phosphorsäurerest* besteht. Durch zweimalige Phosphorylierung entsteht aus AMP → Adenosintriphosphat (ATP). Umgekehrt wird bei manchen Energie verbrauchenden Reaktionen des Stoffwechsels ATP in AMP u. Pyrophosphat gespalten.

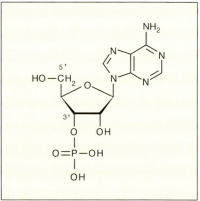

Adenosinmonophosphat: Strukturformel

Das Enzym *Adenylcyclase* wandelt AMP in cyclisches AMP (cAMP) um, das bei der Regulation vieler Stoffwechselreaktionen eine wichtige Rolle spielt. Beispielsweise aktivieren Hormone, die den Stoffwechsel beschleunigen (u. a. Adrenalin) die Adenylcyclase, u. das gebildete cAMP bewirkt in den einzelnen Zellen über eine Kette von Enzymreaktionen die Freisetzung von Glukose aus Glykogen. Damit ist die Voraussetzung für verstärkte → Glykolyse u. → Atmung geschaffen. Diese stimulierende Wirkung erlischt, sobald cAMP durch das Enzym *Phosphodiesterase* gespalten wird. Die anregende Wirkung des Coffeins (Kaffee, Tee) beruht auf der Hemmung dieses Enzyms. Es ist umstritten, ob cAMP bei Blütenpflanzen die gleiche Rolle spielt wie bei den übrigen Organismen.

◆ **Adenosintriphosphat** [grch.], Abk. *ATP,* ein Nucleotid, aufgebaut aus *Adenin, Ribose* u. 3 Molekülen *Phosphorsäure.* Als zentrale Überträgersubstanz für chemisch gebundene Energie im Stoffwechsel u. in Zellen leicht transportierbarer „Kurzzeit-Energiespeicher" ist ATP für das Leben von entscheidender Bedeutung. Die beim Abbau der Nahrungsstoffe frei werdende Energie wird für die Bildung von ATP aus Adeno-

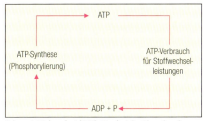

Adenosintriphosphat (ATP): Das bei der Phosphorylierung gebildete ATP wird bei den Energie verbrauchenden Stoffwechselleistungen verbraucht und in Adenosindiphosphat durch Abspaltung eines Phosphatrestes überführt

sindiphosphat (ADP) u. anorgan. Phosphat (P) benutzt (→ Phosphorylierung). Die in der geknüpften Phosphatbindung enthaltene Energie steht der Zelle für ihre Arbeit zur Verfügung u. kann entweder zur Synthese zelleigener Bestandteile verbraucht oder in andere Energieformen (z.B. in mechan. Energie bei der Muskelkontraktion) umgewandelt werden. Dabei wird ATP wieder hydrolytisch gespalten in ADP u. P unter Freisetzung von 21–33 kJ/Mol. Der ATP-Umsatz in der Zelle verläuft nach folgendem Schema:
Da das meiste ATP in → Mitochondrien (bei Pflanzen auch in *Chloroplasten*) gebildet u. an anderen Orten der Zelle verbraucht wird, ist der ATP-Umsatz mit lebhaftem *ATP-Transport* verbunden. Die Konzentration aller 3 Reaktionsteilnehmer (ATP, ADP u. P) vermögen die Intensität des lokalen Stoffwechselgeschehens regulierend zu beeinflussen.

**Adenostyles** [grch.] → Alpendost.

**Adenotomie** [grch.], operative Entfernung der vergrößerten Rachenmandel (bei Mandelvergrößerung, sog. *adenoide Wucherungen*); der Eingriff wird vom Hals-Nasen-Ohren-Arzt mit d. *Adenotom* vorgenommen.

**Adenoviren** [grch., lat.], tierische → DNA-Viren, die erstmals aus adenoidem Gewebe (Rachenmandeln) isoliert wurden. Sie besitzen eine kubische Symmetrie mit stachelartigen Fortsätzen. Die A. sind doppelsträngige DNA-Viren. Man unterscheidet etwa 80 Serotypen. Einige A. vermögen Tumore zu induzieren *(onkogene Viren)*. Sie konnten aber in Tumoren des Menschen nicht nachgewiesen werden. Die A. können Infekte der oberen Luftwege, Pneumonien, Bindehautentzündungen u. gastrointestinale Störungen hervorrufen.

**Adenylatkinase** [grch.], *Myokinase*, ein Enzym, das zwei Moleküle Adenosindiphosphat (ADP) in Adenosintriphosphat (ATP) u. Adenosinmonophosphat (AMP) umwandelt; kommt in den Mitochondrien der Muskeln u. anderer Gewebe vor.

**Adenylsäure**, ein aus Adenin, Ribose u. Phosphorsäure bestehendes Nucleotid; kommt in den Nucleinsäuren vor. In der Form des → Adenosintriphosphats spielt A. eine entscheidende Rolle im Energiestoffwechsel. Auch → Phosphorylierung.

**Adeodatus**, PÄPSTE:
**1. Adeodatus I.**, → Deusdedit.
**2. Adeodatus II.**, 672–676, Römer, †17. 6. 676 Rom; Benediktiner; förderte die Klöster u. setzte den Kampf gegen die Monotheleten fort.

**Adeps** [lat.], Fett, Schmalz; z.B. *A. solidus*, Hartfett; *A. suillus*, Schweinefett; *A. lanae*, Wollfett.

**Adept** [lat.], Eingeweihter, Jünger.

**Ader, 1.** *Anatomie:* → Adern.
**2.** *Geologie:* die in Gestein durchsetzenden feinen Risse eines anderen Gesteins, Erzes oder Minerals.

**Adergeschwulst**, *Blutgefäßmal, Hämangiom*, meist angeborene, von den Blutgefäßen ausgehende Geschwulst. Blau- bis kirschrote Flecken, unscharf begrenzt, aber nicht über die Hautebene hervorragend; nennt man *Feuermal (Naevus flammeus)*, über die Oberfläche unregelmäßig wuchernde Flecken *Blutschwamm*. Erweiterungen einzelner feiner Hautgefäße heißen *Teleangiektasien*. In manchen Fällen kommt es zu spontanen Rückbildungen. Zur Behandlung kommt insbes. beim Feuermal eine Lasertherapie in Frage, manchmal auch die operative Entfernung.

**Aderhaut**, *Chorioidea*, ernährende Gefäßschicht des Wirbeltierauges; → Auge.

**Aderknoten**, sackartige Erweiterung eines Blutgefäßes, z. B. der Mastdarmblutadern; auch → Hämorrhoiden, → Krampfadern.

**Aderlass**, klassische Behandlungsmethode, bei der dem Körper eine gewisse Menge Blut (250 bis 800 ml) aus einer Vene entzogen wird; heute nur noch selten angewendet, etwa bei beginnendem Lungenödem oder zur Kreislaufentlastung bei Herzinsuffizienz.

**Adermin** → Vitamin $B_6$.

**Adern, 1.** *Botanik:* Blattrippen, Nervatur, von außen sichtbare → Leitbündel der Blätter.
**2.** *Medizin:* Blutgefäße, das Gerüst des → Blutgefäßsystems: Röhren, in denen das Blut vom Herzen zu den Organen u. Geweben fließt (*Schlag-Adern*, → Arterien) u. von dort zum Herzen zurückkehrt (*Blut-Adern*, → Venen). Die kleinsten Endausläufer *(Kapillaren)* bilden das Haargefäßnetz, in dem der Gas- u. Stoffaustausch zwischen Blut u. Körpergewebe stattfindet. Die A. sind von sehr verschiedener Weite, sie sind innen von Gefäßhaut *(Endothel)* ausgekleidet u. außen von Muskeln, elast. Fasern u. Bindegewebe umgeben.

**Adgo**, Abk. für *Allgemeine deutsche Gebührenordnung* für Ärzte.

**ADH, 1.** Abk. für *antidiuretisches Hormon*, → Vasopressin; **2.** Abk. für → Alkoholdehydrogenase.

**Adhaim**, linker Nebenfluss des Tigris nördl. von Bagdad. Sein Wasser wird größtenteils f. Bewässerungszwecke in Kanäle abgeleitet.

**Adhan** [der; arab. „Ankündigung"], vom Minarett herab verkündeter Gebetsruf zu den im Islam fünfmal am Tag vorgeschriebenen Gebeten.

**Adhärens** [das, Pl. *Adhärenzien*; lat.], Anhaftendes, Zubehör. – *adhärent*, anhaftend, aneinander hängend. – *Adhärenz*, Anhang; Anhänglichkeit, Hingebung. – *adhärieren*, anhaften; beipflichten.

**Adhäsion** [lat.], das Haften der Moleküle verschiedener flüssiger u. fester Stoffe aneinander, z.B. Kreide an der Tafel, Wasser an der Tasse, Vergoldung am Silber. Die wirkenden Kräfte heißen *Adhäsionskräfte*. Auch → Kohäsion.

**Adhäsionsbahn**, *Reibungsbahn*, eine Bahn (z. B. Eisenbahn), die sich durch Reibungskräfte zwischen den Rädern des Antriebsfahrzeugs u. den Schienen fortbewegt; auch → Zahnradbahn.

**Adhäsionsklausel**, im *Völkerrecht* die einem Vertrag beigefügte Vereinbarung, derzufolge weitere Staaten dem Vertrag beitreten können. Die A. kann den Vertrag als Ganzes oder auch nur Teile davon betreffen; ob das eine oder andere vorliegt, ergibt sich aus der Auslegung des jeweiligen Vertrages. Der Beitritt eines weiteren Staates zu bestehenden Vereinbarungen ist grundsätzlich u. meist von der Zustimmung der übrigen Vertragspartner abhängig. Dann sind diese auch Herren des Vertrages u. können ihn ohne Rücksicht auf den Beigetretenen aufheben. Während in diesem Falle der beigetretene Staat seine Rechte verliert, kann in einem völkerrechtl. Vertrag auch ein selbständiges Recht eines „dritten" Staates als Vertrag zugunsten Dritter mit eigenem Recht des Dritten vereinbart werden (z.B. für das Beitrittsrecht zu einer internationalen Organisation in einem dann so genannten *offenen Vertrag*).

**Adhäsionskultur** → Hängetropfenkultur.

**Adhäsionsprozess**, *Anhangsprozess*, Entscheidung über einen aus einer Straftat erwachsenen vermögensrechtl. Anspruch im Strafprozess auf Antrag des Geschädigten nach §§ 403ff. StPO. – In Österreich: ähnlich; Schweiz: In Bundesstrafsachen ist ein A. dann möglich, wenn das jeweilige kantonale Strafprozessrecht eine entsprechende Regelung enthält (Art. 248 des Gesetzes über die Bundesstrafrechtspflege von 1934).

**adhäsiv** [lat.], haftend, anklebend.

**ADHGB**, Abk. für *Allgemeines Deutsches Handelsgesetzbuch*, Vorläufer des *Handelsgesetzbuchs (HGB)*, auf Empfehlung der Bundesversammlung des Dt. Bundes von 1861 von den meisten dt. Staaten als Gesetz erlassen, gemäß Bundesgesetz vom 5. 6. 1869 Gesetz des Norddt. Bundes, durch Reichsgesetz vom 16./22. 4. 1871 auf das gesamte Reichsgebiet erstreckt; blieb überwiegend bis zum 31. 12. 1899 in Kraft.

**ADH-Methode**, ein enzymatisches Verfahren zur Blutalkoholbestimmung (ADH: Abk. für *Alkoholdehydrogenase*); → Alkoholnachweis.

**ad hoc** [lat., „zu dem"], zu diesem Zweck.

**ad honorem** [lat., „zu Ehren"], ehrenhalber.

**Adhortativ** [der; lat.], Modus der Aufforderung, z. B. „lasst uns gehen".

**ADI**, Abk. für engl. *Acceptable Daily Intake*, die ohne Gefahr einer gesundheitl. Beeinträchtigung für den Menschen lebenslang vertretbare tägliche Aufnahmemenge eines Rückstandes, Hilfs- oder Zusatzstoffes aus Nahrungsmitteln, ausgedrückt in mg pro kg Körpergewicht *(ADI-Wert)*.

**Adiabate** [die; grch. *adiabatos*, „unüberschreitbar"], *Physik:* eine Kurve, die einen Zusammenhang zwischen dem Druck u. dem Volumen eines Gases bei einem *adiabatischen Prozess* wiedergibt (eine Zustandsänderung verläuft *adiabatisch*, wenn keine Wärme aufgenommen oder nach außen abgegeben wird).

**adiabatische Entmagnetisierung**, ein Verfahren, das den Temperaturbereich zwischen 0,25 K u. einigen zehn Mikrokelvin zugängl. macht. Man unterscheidet die a. E. der magnetischen Momente der Atome (bis etwa 2 mK hinab) u. die a. E. der Kernmomente. Bei der adiabatischen Entmagnetisierung der Atome werden die Atomdipole einer vorgekühlten Substanz i. einem Magnetfeld ausgerichtet. Vor Abschalten des Magnetfeldes wird die Probe von ihrer Umgebung thermisch isoliert. Um dann wieder einen Gleichgewichtszustand zu erreichen, entziehen die Atomdipole den Gitterschwingungen Energie, d. h., die Substanz kühlt sich ab. Die a. E. der Kernmomente erfolgt prinzipiell genauso, jedoch richtet man die Kernmomente statt der Atommomente aus. Die Starttemperaturen f. die a. E. der Kerne liegt bei 10 mK, die Magnetfelder betragen rd. 10 Tesla.

**adiabatische Näherung**, Näherungsverfahren mit Anwendung im → Energiebändermodell u. in der Gitterdynamik. In der adiabatischen Näherung betrachtet man die Elektronenbewegung so, als ob die wesentlich schwereren Kerne in ihrer jeweiligen momentanen Position ruhten.

**adiabatische Vorgänge**, in der *Meteorologie* thermodynam. Zustandsänderungen begrenzter atmosphär. Volumina, die ohne Wärmezufuhr oder -abfuhr durch die Begrenzungsflächen ablaufen. Bei adiabatischen Vorgängen führt in der Atmosphäre abwärts gerichtete Bewegung (→ Absinken) wegen damit verbundener Kompression stets zur Erwärmung, aufwärts gerichtete Bewegung (→ Aufgleiten) wegen abnehmenden Luftdrucks u. somit Expansion zur Abkühlung. Die Temperaturänderung beträgt bei trockenadiabatischer auf- u. absteigender Luft 1 °C/100 m, bei feuchtadiabatischen Vorgängen 0,4 – 0,8 °C/100 m.

**Adiantum** [das; grch.], im trop. Amerika heimische *Farngattung* mit zarten, gabeladrigen Fiederblättchen. *A. capillus veneris*, das Venus- oder Frauenhaar, u. *A. tenerum* werden als Bindegrün für Sträuße kultiviert.

**Adiaphora** [Sg. das *Adiaphoron*; grch.], Dinge oder Handlungen, die von einem ethischen oder religiösen Standpunkt aus indifferent, d. h. weder zu verurteilen noch zu empfehlen sind. In der Kirchengeschichte ist der Begriff A. – er stammt ursprüngl. aus der stoischen Ethik – mit zwei spektakulären Streitfällen verbunden: 1548 ging es den Protestanten um die Frage, ob man den Katholiken in Verfassungs- u. Kultfragen nachgeben dürfe (Auffassung Melanchthons) oder nicht; 1681 zwischen Lutheranern u. Pietisten um die Frage, ob ein Christ an öffentl. Vergnügungen (Tanz, Theater u. Ä.) teilnehmen darf oder nicht.

**Adi-Buddha** [sanskr., „Ur-Buddha"], im buddhist. → Tantrismus Vorstellung von einem vor allem anderen existierenden Buddha-Prinzip. Im nepales. u. indones. Buddhismus vertritt der A. die Stelle des Gottesbegriffs in den theist. Religionen.

**Adickes**, **1.** Erich, dt. Philosoph, *29. 6. 1866 Lesum bei Bremen, †8. 7. 1928 Tübingen; Kantforscher u. Herausgeber des handschriftl. Nachlasses von Kant (3 Bde. 1911–1914); Vertreter eines krit. Realismus; schrieb „Kants Opus postumum dargestellt und beurteilt" 1920.
**2.** Franz, dt. Jurist, *19. 2. 1846 Harsefeld, †4. 2. 1915 Frankfurt a. M.; 1883 Oberbürgermeister von Altona, 1891–1912 Oberbürgermeister von Frankfurt a. M.; fortschrittlicher Kommunalpolitiker, der auch Anstöße zur Justizreform gab: „Grundlinien durchgreifender Justizreform" 1906.

**Adige** ['adidʒɛ], italien. Name für die → Etsch.

**Adi Granth** [der; sanskr. *âdigrantha*, „ursprüngliches Buch"], hl. Schrift der Sikhs; umfasst 3384 Hymnen mit 15575 Versen in Alt-Hindi, Alt-Pandschabi u. anderen Sprachen Nordindiens, wird in der im Pandschab gebräuchl. Gurmukhi-Schrift geschrieben u. bildet den zentralen Kultgegenstand im „Goldenen Tempel" von Amritsar; wurde von M. A. *Macauliffe* 1909 ins Englische übersetzt.

**Adigrat**, Stadt im N von Äthiopien, landwirtschaftl. Handelszentrum.

**Ädikula** [die, Pl. *Ädikulä*; lat.], architektonisch gegliederte Nische, Schrein, kleine Kapelle.

**Ädil** → Aedil.

**ad infinitum** [lat.], bis ins Unendliche.

**Adinol** [der; grch.], durch Kontakt mit magmatischen Schmelzen, meist Diabas, zu harten, splittrigen, dichten, oft grünl. grauen Gesteinen umgewandelter Tonschiefer.

**Adipinsäure**, *Butan-1,4-dicarbonsäure*, *Hexandisäure*, HOOC – (CH$_2$)$_4$ – COOH, weiße, kaum wasserlösl. Kristalle, Schmelzpunkt 153 °C, wurde früher aus Fett *(Adeps)* durch Umsetzung mit Salpetersäure gewonnen; heute durch technische Oxidation von → Cyclohexanol oder → Cyclohexanon mit Luft oder Salpetersäure. A. ist Zwischenprodukt bei der Herstellung von Nylon u. AH-Salz (Adipinsäuredinitril), von Weichmachern, Polyamiden, Polyestern u. Polyurethanen.

**adipös** [lat.], fett, fettreich, an Fettsucht leidend.

**Adiposalgie** [lat. + grch.], an bestimmten Körperstellen auftretende Schmerzhaftigkeit des Unterhautfettgewebes, bes. an den Streckseiten der Oberarme sowie den Innenseiten der Kniegelenke.

**Adipositas** [die; lat.], *Obesitas, Fettsucht,* vom → Normgewicht um mehr als 20 % (bzw. BMI größer als 30) abweichende Vermehrung der Körpermasse durch Zunahme des Depotfetts. Seltener liegt auch eine Störung der inneren Sekretion zugrunde, z. B. Über- oder Unterfunktion der Hirnanhangdrüse, Schilddrüse, Keimdrüsen. Am verbreitetsten ist die A. infolge Überernährung u. Bewegungsmangel, die sich in den reichen Ländern der Welt in einem Großteil der Bevölkerung findet u. schon im Kindesalter auftritt. Zugrunde liegt der A. (wie auch der Neigung zur Magerkeit) vermutlich eine erbl. Veranlagung, entsprechend der Bandbreite der übrigen, in einem großen Bereich schwankenden Ausprägungen des menschl. Körpers (Größe, Knochenbau, Muskulatur). Das Wesen der A. besteht in einer Störung des normalen Hunger-Sättigungsrelationsmechanismus, der zu einer positiven Energiebilanz führt: Es wird mehr Energie aufgenommen als verbraucht. Die überschüssige Energie wird in Form von Fett im Gewebe gespeichert. Am wirksamsten zur Behandlung sind → Reduktionsdiät, körperl. Bewegung u. verhaltenstherapeut. Behandlungsverfahren. Chirurg. Eingriffe sind nur in Extremfällen angezeigt, Arzneibehandlung nur nach ärztl. Verordnung. 1998 waren in Deutschland 30,4 % der Frauen und 13,6 % der Männer fettleibig.

**Adipsie** [grch.], fehlendes Durstgefühl.

**Adirondack Mountains** [ædɪˈrɒndæk ˈmauntɪnz], *Adirondacks,* nordöstl. Ausläufer der Appalachen im Staat New York (USA), Teil des sog. Kanadischen Schildes, domartig aufgewölbt, aus kristallinem Gestein (Erzbergbau: Eisen, Zink, Blei, Titan); eiszeitliche Seen u. dichte Wälder; Holzwirtschaft, ganzjähriger Fremdenverkehr, Ausflugsziel der New-Yorker. Seit 1892 „A. M. Staatspark" (13000 km²). In *Lake Placid* 1932 u. 1980 Winterolympiade.

**à discrétion** [-kreˈsjɔ̃; frz.], nach Belieben.

**Adityas** [Pl.; sanskr., „von Aditi geboren"], in der vedischen Religion Gruppe von 7 Göttern, an ihrer Spitze → Varuna u. → Mithras als Hüter der kosm. u. moral. Weltordnung, in neuerer Forschung meist als Personifizierung abstrakter ethischer Begriffe wie „Eid", „Vertrag" usw. gedeutet.

**Adiuretin** → Vasopressin.

**Adivar**, Halide Edib, türk. Schriftstellerin, *1884 Istanbul, †9. 1. 1964 Istanbul; erste bedeut. Erzählerin der neueren türk. Literatur, schrieb Romane u. impressionist. Erzählungen, Mitbegründerin der patriot. türk. Nationalliteratur; Wortführerin der Frauenbewegung. Ihr – auch verfilmter – Roman „Das Flammenhemd" 1923, dt. 1923, schildert den türk. Freiheitskampf. Weiterer Roman: „Das neue Turan" 1912, dt. 1916.

**ADI-Wert** → ADI.

**Adiyaman**, *Adıyaman*, Hptst. der türk. Provinz A., südl. von Malatya, zwischen Antitaurus u. Euphrat, 100 000 Ew.

◆ **Adjani** [adʒaˈni], Isabelle, französ. Filmschauspielerin, *27. 6. 1955 Gennevilliers; spielte nach Auftritten an der Comédie Française u. a. in „Die Geschichte der Adèle H." 1975; „Ein mörderischer Sommer" 1983; „Camille Claudel" 1988; „Die Bartholomäusnacht" 1994; „Diabolisch" 1996.

**Adjedabiya** [adʒ-], *Agedabia,* libysche Siedlung östl. der Großen Syrte in der Cyrenaica, mit Nachbarorten (Distrikt A.) 101 000 Ew.; Ackerbau an künstl. Bewässerung.

**Adjektiv** [das; von lat. adiectivus, „beigefügt"], *Adjectivum,* Abk. *Adj., Eigenschaftswort, Beiwort, Wiewort,* Wortart zur Bez. der Eigenschaft einer Person oder Sache; als Attribut im Dt. stark (wenn ohne

Artikel oder Pronomen stehend) oder schwach (wenn mit Artikel oder Pronomen stehend) dekliniert; im Prädikat (als Prädikatsnomen) nicht flektiert („Hans ist gut"); das gilt auch für adverbialen Gebrauch („das Licht leuchtet hell" u. „hell leuchtendes Licht"). Das A. kann, sofern inhaltl. möglich, gesteigert werden.

**Adjektivabstraktum** [das], von einem Adjektiv abgeleitetes Abstraktum, z. B. „Weisheit", „Klugheit".

**Adjlun** [adʒ-], *Ajlun,* Gebirgslandschaft im nördl. Jordanien, der höhere, nördl. Teil des Berglands Gilead, im Jabal Umm Ad Darráj 1247 m; der am besten beregnete Teil des Ostjordanlands; Anbau von Wein, Oliven, Obst, Tabak u. Getreide, Schaf- u. Ziegenhaltung, Eichen- u. Pinienwälder; Hauptort *Irbid.*

**Adjman** [adʒ-], *Ajman, Adschman,* arab. Scheichtum am Persischen Golf, 250 km², 119 000 Ew.; ist 1971 Mitgl. der Vereinigten Arabischen Emirate.

**Adjud** [adʒ'ud], Stadt im O Rumäniens, Kreis Vrancea, beim Zusammenfluss der Flüsse Trotus u. Siret, 19 600 Ew.; Eisenbahn- u. Straßenknotenpunkt, Lebensmittel-, Holz verarbeitende u. Maschinenbauindustrie.

**Adjudikation** [lat.], 1. *allg.:* gerichtliche Zuerkennung eines Rechts. In der *Zwangsversteigerung* entspricht der A. heute dem → Zuschlag.
2. *Völkerrecht:* die Zuerkennung von Gebieten durch Entscheidungen internationaler Gerichte, Schiedsgerichte, Vergleichskommissionen u. a., als Abschluss eines streitigen Verfahrens. Dabei kann es sich um die territoriale Zugehörigkeit aufgrund der bestehenden Rechtslage handeln *(feststellendes Urteil)* oder um eine dem Entscheidungsorgan überlassene Ermessensregelung *(gestaltendes Urteil).* Beispiele für feststellende Urteile: Jaworzina-Fall des Ständigen Internationalen Gerichtshofs 1921 (tschechoslowak.-poln. Grenze), Minquiers- u. Ecrehos-Fall des Internationalen Gerichtshofs 1953 (Inseln an der französ. Kanalküste). Beispiele für gestaltende Entscheidungen: Entscheidung des Völkerbundrats über die Zugehörigkeit der Alandinseln zu Finnland 1921, der Botschafterkonferenz 1921 über die Teilung von Oberschlesien, der Botschafterkonferenz 1923 (bei Bestätigung der poln.-litauischen Grenze) über die Zugehörigkeit von Wilna zum polnischen Staatsgebiet.
Unter A. im weiteren Sinn versteht man die territoriale Neuordnung durch Großmächte, die großen Friedensschlüsse u. Konferenzen (Fiktion der A. durch die Staatengemeinschaft): Wiener Kongress 1815, Berliner Kongress 1878, Zuweisung von Skutari an Albanien durch die Großmächte 1913, Pariser Verträge 1919, Friedensverträge von 1947. Diese Gebietsveränderungen werden in Verträgen zwischen dem bisherigen Gebietsherrn u. dem Erwerberstaat geregelt, weshalb sie nach außen in der Rechtsform der → Abtretung (Zession) erfolgen.

**adjungieren** [lat.], beiordnen, als Gehilfen bestellen.

**Adjunkt** [der; lat.], (Amts-)Gehilfe (bes. von ev. Geistlichen); *österr.:* Titel für jüngere Beamte.

**Adjunktion** [lat.], **1.** *Logik:* Bez. für die Verknüpfung zweier Aussagen mit dem nicht ausschließenden *oder* (Zeichen: v); bisweilen auch anstelle von → Disjunktion verwendet.
**2.** *Mathematik:* 1. das Hinzufügen eines Elements zu einer algebraischen Struktur (Ring, Körper); dabei entsteht wieder eine gleichartige Struktur. So entsteht z. B. durch Adjunktion der imaginären Einheit i mit i² = −1 zum Körper der reellen Zahlen der Körper der komplexen Zahlen. – 2. Begriff aus der → Aussagenlogik.

**Adjunktor,** *Logik:* Zeichen für die log. *Adjunktion* zweier Aussagen, z. B. bei *pvq* das Zeichen v.

**Adjustierung** [lat.], 1. *allg.:* das Adjustieren.
2. *österr.:* Uniform, Dienstkleidung.

**adjustieren** [lat.], einpassen, eichen, normen, einstellen (von Werkstücken, Instrumenten).

**Adjutant** [lat.], ein Offizier, der Kommandeuren (von Bataillon, Regiment, Brigade; auch Kommandantur, Schule usw.) als Führungsgehilfe beigegeben ist, meist für Personalangelegenheiten; in der Bundeswehr Bearbeiter dienstlich-persönlicher Angelegenheiten bei Generalen ab Divisionskommandeur. – *Flügel-Adjutant,* Adjutant eines Fürsten (ursprünglich Adjutant zur Befehlsübermittlung an die Flügel des Heeres).

**Adjutantur** [lat.], Amt u. Dienststelle des Adjutanten.

**Adjutor** [der; lat.], Helfer, Gehilfe.

**Adjutum** [das, Pl. *Adjuten;* lat.], *österr.:* erste, vorläufige Entlohnung.

**Adjutus,** Märtyrer, s. Berard.

**Adlatus** [der, Pl. *Adlatus* oder *Adlaten;* lat.], Helfer, Gehilfe, Beistand.

**Adler,** 1. *Astronomie:* Sternbild der Äquatorzone des Himmels; hellster Stern *Ataïr (Altair;* α *Aquilae).*
2. *Heraldik:* häufig vorkommendes Wappentier, auch in der Form des → Doppeladlers. Als dt. (kaiserl.) Hoheitszeichen ist der A. seit 811 n. Chr. belegt. Der rot bewehrte schwarze A. auf goldenem (gelbem) Schild ist das Staatswappen der BR Dtschld.
3. *Zoologie:* meist große *Greifvögel* aus 5 verschiedenen Unterfamilien, die zur Familie der *Habichtartigen* gehören, mit bes. kräftigem Schnabel u. starken Krallen. Typische A. repräsentieren die Gattungen *Aquila* u. *Haliaeëtus* (Unterfamilie *Bussardartige* mit den äußerst bedrohten mitteleurop. Arten: *Stein-Adler (Aquila chrysaëtos), See-Adler (Haliaeëtus albicilla)* u. *Schrei-Adler (Aquila pomarina).* Von den außereurop. Adlern sind bekannt: der afrikan.-asiat. *Kaiser-Adler (Aquila heliaca),* der große afrikan. *Kaffern-Adler (Aquila verreauxi),* der ostasiat. *Riesensee-Adler (Haliaeëtus pelagicus),* der *Weißkopfsee-Adler (Haliaeëtus leucocephalus)* als Wappentier der USA; der fast ausgestorbene *Affen-Adler (Pithecophaga jefferyi)* u. die *Harpyie.* Aus anderen Unterfamilien sind bekannt: *Fisch-Adler (Pandion haliaeëtus),* der kurzschwanzige afrikan. *Gaukler (Terathopius ecaudatus),* die altweltl. *Gleitaare* (Gattung *Elanus)* u. die *Aguja (Geranoaëtus melanoleucus)* der südamerikan. Anden.

**Adler,** *Erlitz,* tschech. *Orlice,* linker Nebenfluss der Elbe in Ostböhmen, 82 km, entsteht aus *Wilder A.* (tschech. Divoká Orlice) u. *Stiller A.* (tschech. Tichá Orlice), mündet bei Königgrätz.

**Adler,** ◆ **1.** Alfred, österr. Psychiater u. Psychologe, *7. 2. 1870 Wien, †28. 5. 1937 Aberdeen; zuerst in Wien, seit 1929 in New York; Schüler S. *Freuds,* später Abkehr von diesem, gelangte aufgrund von Untersuchungen über Organminderwertigkeit u. Minderwertigkeitsgefühle 1912 zu einer eigenen Form der Psychoanalyse (→ Individualpsychologie), in der er psychoanalyt. u. sozialpsycholog. Elemente verband. Hptw.: „Über den nervösen Charakter" 1912; „Praxis u. Theorie der Individualpsychologie" 1918; „Menschenkenntnis" 1927.
**2.** Friedrich, dt. Kunsthandwerker u. Bauplastiker, *29. 4. 1878 Laupheim, † Juli 1942 Auschwitz (ermordet); entwickelte in den 1920er Jahren industrielle Herstellungsverfahren für kunstgewerbl. Objekte; ab 1933 zwangspensioniert; A. kam vom Jugendstil über die Abstraktion des floralen Dekors zu abstrakter Ornamentik, die bestimmend für sein gesamtes Werk (Möbel, Schmuck, Keramik, Textilkunst, Industriedesign, Grabmalkunst) war.
**3.** Friedrich, Sohn von 7), österr. Politiker (Sozialdemokrat), *9. 7. 1879 Wien, †2. 1. 1960 Zürich; erschoss aus Protest gegen die Kriegspolitik u. den Ausnahmezustand 1916 den österr. Min.-Präs. Grafen *Stürgkh;* zum Tode verurteilt, dann zu 18 Jahren Kerker begnadigt u. Anfang Nov. 1918 amnestiert; 1919–1924 Vors. des Reichsvollzugsausschusses der Arbeiterräte (Eindämmung des Einflusses der Kommunisten); 1923 bis 1940 Sekretär der Sozialist. Arbeiter-Internationale (Nachfolgeorganisation der Zwei-

Isabelle Adjani in „Camille Claudel"; 1988

Alfred Adler

ten Internationale); 1940 Emigration in die USA, 1946 Rückkehr nach Europa.
4. **Guido**, österr. Musikwissenschaftler, * 1. 11. 1855 Eibenschütz, Mähren, † 15. 2. 1941 Wien; Schüler von A. *Bruckner*, 1898–1927 Prof. an der Universität Wien; schrieb „Richard Wagner" 1904; „Der Stil in der Musik" 1911; Hrsg. „Denkmäler der Tonkunst in Österreich" seit 1894; „Handbuch der Musikgeschichte" 2 Bde. 1924.
5. **Jankel**, poln. Maler, * 26. 7. 1895 Tuszyn bei Łódź, † 25. 4. 1949 Aldbourne bei London; seit 1933 in Paris tätig, ab 1940 in England; malte Bildnisse u. flächig stilisierte Figurenszenen.
6. **Max**, österr. Soziologe u. Sozialphilosoph, * 15. 1. 1873 Wien, † 28. 6. 1937 Wien; führender Vertreter des *Austromarxismus*; wissenschaftl. Laufbahn als Jurist; wandte sich dann vorwiegend sozialphilosophischen Problemen zu u. suchte den Marxismus erkenntnistheoretisch im Rückgang auf *Kant* zu begründen. Hptw.: „Kausalität u. Teleologie im Streite um die Wissenschaft" 1904; „Marx als Denker" 1908; „Marxistische Probleme" 1913; „Wegweiser. Studien zur Geistesgeschichte des Sozialismus" 1914; „Kant u. der Marxismus" 1925; „Rätsel der Gesellschaft" 1936.

Victor Adler

◆ 7. **Victor**, österr. Politiker (Sozialdemokrat), * 24. 6. 1852 Prag, † 11. 11. 1918 Wien; seit 1881 Mitglied der Sozialdemokrat. Partei, Gründer (1889) u. Chefredakteur (bis 1918) der „Arbeiterzeitung"; einigte auf dem Hainfelder Parteitag 1888/89 die österr. Arbeiterbewegung in der Sozialdemokrat. Partei; erarbeitete 1899 das Brünner Programm; seit 1905 Mitglied des österr. Reichsrats u. des niederösterr. Landtags; 1918 Staatssekretär des Auswärtigen, Mitbegründer der ersten Republik Österreich. Nach dem Scheitern des Plans, einen Nationalitäten-Bundesstaat zu schaffen, setzte er sich für den Anschluss des deutschsprachigen Österreichs an das Dt. Reich ein.

**Adlerberg-Gruppe**, frühbronzezeitlicher, metallarmer Kulturkreis am Mittelrhein, bisher nur aus Gräbern bekannt; benannt nach einer kleinen Anhöhe südlich Worms, wo im Jahre 1900 C. *Köhl* 23 Gräber der A. ausgrub. Typisch sind: gekrümmte Nadeln mit Loch aus Knochen, Rollennadeln u. vereinzelte trianguläre Dolche aus Bronze; Feuersteinpfeilspitzen u. -messer, spezif. Keramik, z.T. verzierte Tassen (Adlerbergtasse); möglicherweise Beziehungen zur *Glockenbecherkultur*.

**Adlercreutz**, Carl Johan, schwed. Offizier u. Politiker, * 27. 4. 1757 Kiala, Finnland, † 21. 8. 1815 Stockholm; nahm an den Kriegen gegen Russland 1788–1790 u. (in maßgebl. Stellung) 1808/09 teil; war einer der führenden Köpfe der schwed. Revolution von 1809.

**Adlerfarn**, *Pteridium aquilinum*, verbreiteter, bis 2 m hoher *Farn*; Kosmopolit in lichten Wäldern mit sauren Böden. Der Blattstiel zeigt im Querschnitt eine adlerähnl. Figur.

**Adlerfisch**, *Sciaena aquila*, gehört zur Familie der *Umberfische*. Küstenfisch des Mittelmeeres u. der Atlantikküsten von Südengland bis Nordafrika, nördl. des Ärmelkanals selten. Pelagischer Raubfisch, bis 1,5 m lang; die wirtschaftl. Bedeutung ist gering.

**Adlergebirge**, *Böhmischer Kamm*, tschech. *Orlické hory*, Teil d. Mittelsudeten, mit d. Deschneyer Großkoppe (tschech. Velká Deštná) 1115 m; dünn besiedelt, waldreich, wenig ertragreiche Landwirtschaft, an der Westseite Textilindustrie; Fremdenverkehr.

**Adlerorden, 1.** *Schwarzer Adlerorden*, bis 1918 höchster Orden der preuß. Monarchie, gestiftet 1701, verbunden mit einem Rang unmittelbar hinter den Feldmarschällen; Nichtadelige erhielten zugleich den preuß. Erbadel. Preuß. Prinzen waren kraft Geburt Ritter des Adlerordens. Devise: „suum cuique" („Jedem das Seine").
**2.** *Roter Adlerorden*, (seit 1792 zweithöchster) Orden der preuß. Monarchie, gestiftet 1705, seit 1815 Symbol des. Treue (z. B. für Beamtenverdienste); Großkreuz mit Stern u. Kette sowie 4 Klassen.
◆ **3.** *Weißer Adlerorden*, Orden der Könige von Polen, gestiftet im 14. Jh., bestand mit Unterbrechungen bis 1939.

**Adlerpult**, *Aquila Lectorium*, liturg. Lesepult, meist auf der Brüstung eines Ambo oder Lettners, in Gestalt eines Adlers mit ausgebreiteten Flügeln. Der Adler ist das Symbol des Evangelisten Johannes.

**Adlerrochen**, *Flügelrochen*, *Myliobatidae*, Familie der *Stachelrochen*, mit schnabelartig verlängertem, vom Rumpf abgesetztem Kopf; Brustflossen spitz u. flügelartig verlängert, Rumpf mit Brustflossen breiter als lang; Schwanz lang u. dünn, oft mit gesägtem Giftstachel; lebend gebärend. Nahrung: Muscheln u. Krebse. A. sind großwüchsige Rochen der wärmeren Meere. Als Kosmopolit ist der bis 1 m lange *Myliobatis aquila* auch im Mittelmeer häufig. Große Arten wie der *Gefleckte A. (Aetobatus narinari)* aus dem trop. Atlantik schädigen Muschelbänke; sie erreichen ein Gewicht von über 200 kg. Große Schwärme der zu den A. zählenden Fledermausrochen fressen an der Pazifikküste Nordamerikas gelegentlich Muschel- u. Austernbänke in wenigen Stunden leer u. können so erhebl. Schaden anrichten. Der Stachel der A. steht in Verbindung mit einer Giftdrüse. Stiche mancher Arten können schwere Vergiftungserscheinungen, z. B. Lähmungen, hervorrufen.

**Adlerschießen**, ein Würfelspiel (2 Würfel); besteht aus einer zusammengesetzten Adlerfigur (40–50 Teile): Rumpf, Kopf, Klauen, Reichsapfel, Zepter, Federn). Auf jedem Teil stehen 2 Zahlen zwischen 1 u. 6. Die Position 6 : 6 (Reichsapfel oder Rumpf) ist der Hauptgewinn.

**Adlersteine**, *Klappersteine*, *Ätiten*, hohle Sand-, Mergel- oder Tonkonkretionen, durch Limonit verfestigt.

**Adlervitriol**, *Doppelvitriol*, aus wechselnden Mengen von Eisen- u. Kupfervitriol zusammengesetztes Doppelsalz.

**ad lib.**, *ad l.*, Abk. für → ad libitum.
**ad libitum** [lat.], 1. *allg.:* nach Belieben.
2. *Musik:* Abk. *ad lib.;* 1. Vortragsbez., die die Wahl des Tempos o. Ä. in das Ermessen des Interpreten stellt (z. B. *tempo rubato*). – 2. Instrumente, deren Gebrauch in der Partitur einer Komposition mit *ad lib.* bezeichnet ist, können im Gegensatz zu *obligatorischen Instrumenten* weggelassen werden. Im gleichen Sinne wird auch *a piacere* gebraucht.

**Adligat** [das; lat.], *Buchwesen:* eine selbständige Schrift, die mit anderen zu einem Band vereinigt ist.

**Adliswil**, Stadt in der Schweiz, im Sihltal, südl. von Zürich, 15 800 Ew.; Textilindustrie; Fußpunkt des *Albispasses*, Gondelbahn nach Felsenegg.

**Adlumie**, *Adlumia fungosa*, ein *Mohngewächs (Papaveraceae)*, nur am Fuß des Alleghany-Gebirges in Nordamerika vorkommend. Die blassroten, bei einer Varietät purpurnen Blüten sind in Trauben vereinigt. Die blaugrünen bis blassgrünen Blätter machen den Schmuck dieser Schlingpflanze aus. In Dtschld. wird sie als Kletterpflanze an Mauern, Zäunen u. Ä. gezogen.

Adlerorden (3): Weißer Adlerorden des Königs von Polen

**ADM**, Abk. für *Atomic Demolition Munition*, als Minen verwendete nukleare Sprengkörper.

**ad maiorem Dei gloriam** [lat.], Abk. *A.M.D.G.*, „zum größeren Ruhme Gottes", der Wahlspruch der Jesuiten, der auf Ignatius von Loyola zurückgeht.

**Admetos**, sagenhafter König von Thessalien, Gemahl der → Alkestis.

**Administration**, [lat.] *allg.:* → Verwaltung.
**Administration**, *USA:* die Bundesregierung der Vereinigten Staaten; auch die Amtszeit eines Präsidenten.

**administrativ** [lat.], auf dem Verwaltungsweg, Verwaltungs...

**Administrator** [lat.], Verwalter, bes. größerer landwirtschaftl. Güter.

**admirabel** [lat.], bewunderungswürdig.

**Admiral** [arab.], 1. *Marine:* seit dem 13. Jh. Funktionsbezeichnung des Oberbefehlshabers einer Flotte, seit dem 17. Jh. dann

Admiral's Cup: Das deutsche Boot Rubin XII, ein Zweitonner, 1993 vor der englischen Küste

Offizier im Dienstgrad eines Generals; → Dienstgradabzeichen, → Flaggoffizier.
**2.** *Zoologie:* Vanessa atalanta, in ganz Europa verbreiteter, noch häufiger Schmetterling (Fleckenfalter) mit rotem Band u. weißen Flecken auf schwarzen Flügeln; wandert alljährlich im Mai nach Mitteleuropa ein: Frühjahrs- u. Herbstgeneration. Die Raupe lebt nur auf Brennnesseln u. Disteln.
**Admiralität** [arab., frz.], oberste Kommando- u. Verwaltungsbehörde einer Marine, z. B. im MA in Hamburg, in Preußen 1853–1861; im Dt. Reich 1872–1889 u. 1919/20; 1861 geteilt in Marine-Oberkommando u. Marine-Ministerium, 1889 in Oberkommando, Reichsmarineamt u. Marine-Kabinett; 1920 umbenannt in Marineleitung, 1935 in Oberkommando der Kriegsmarine; in der Bundeswehr als Führungsstab der Marine bezeichnet.
**Admiralitätsanker,** frühere Bez. für Anker mit hölzernem oder eisernem Stock; auch *Normalanker.*
**Admiralitätsflagge,** die Flagge der Admiralität als Marineverwaltung (Großbritannien) oder als Dienstflagge der unterstellten Schiffseinheiten, wie z. B. in Hamburg.
**Admiralitätsinseln, 1.** *Admiralty Islands,* offiziell *District of Manus,* nordöstl. von Neuguinea gelegene Inselgruppe (1885–1919 deutsch) einschl. der Purdy-, Hermit- u. Ninigoinseln; gehört seit 1975 polit. zu Papua-Neuguinea; 2076 km², 32 800 Ew. Die von trop. Regenwald bestandene u. von Korallenriffen gesäumte Hauptinsel *Manus* (1717 km²) mit dem Hauptort *Lorengau* ist im Vulkan Taui 720 m hoch. Die vorwiegend melanes. Einwohner leben größtenteils vom Anbau von Kokospalmen. Die kleineren Inseln sind meist Korallenbauten.
**2.** → Amiranten.

**Admiralitätsmessing,** im engl. Sprachgebrauch übliche Bez. für Messingwerkstoffe zur Verwendung im Schiffbau, wobei zur Verbesserung der Korrosionsbeständigkeit etwa 1% Zink durch Zinn ersetzt wird.
◆ **Admiral's Cup** ['ædmɪrəlz 'kʌp; engl.], seit 1957 alle 2 Jahre vor der engl. Südküste ausgetragener Mannschafts-Wettbewerb im Hochsee-Segeln; mehrere Teilrennen: 3 „Inshore-Races" zu je 30 Seemeilen, „Channel-Race" über 220 Seemeilen, „Fastnet Race" über 605 Seemeilen; gilt als inoffizielle Weltmeisterschaft. Die meisten Erfolge errangen die engl. Segler; in den Jahren 1973, 1983, 1985 u. 1993 gewannen dt. Segler den A. C. Die letzten Siege gingen: 1995 an Italien, 1997 an die USA, 1999 an die niederländischen Segler. Beim „Fastnet Race", das bis zum Fastnet-Felsen vor der Südwestküste Irlands als Wendepunkt führt, kam es 1979 während eines Orkans zur schwersten Katastrophe im Segelsport; zahlreiche Boote kenterten, u. 15 Segler ertranken.
**Admiralstab,** entspr. dem *Generalstab* des Heeres u. der Luftwaffe eine Gruppe von Marineoffizieren für strateg. u. operative Aufgaben: 1. Erforschung der Möglichkeiten der eigenen Marine; 2. Unterrichtung der Regierung; 3. Vorbereitung der Marine auf denkbare Kriege; 4. Führung des Seekriegs.
**Admiralstabswerk,** Kurzbezeichnung für das *amtliche deutsche Seekriegswerk,* das den 1. Weltkrieg behandelt: Marinearchiv (Hrsg.), „Der Krieg zur See 1914–1918", 23 Bde. 1922–1966.
**Admission** [lat.], Zulassung.
**Admonition** [lat.], Ermahnung, Verwarnung.
**Admont,** österr. Markt an der Enns in der nördl. Steiermark, 640 m ü. M., 2800 Ew.; Sommerfrische u. Wintersportplatz; berühmte Benediktinerabtei (gegr. 1074) mit barocker Bibliothek u. Naturhistorischem Museum.
**ad multos annos** [lat.], auf viele Jahre (Wunschformel).
**ADN,** *Umweltschutz:* Abk. für Europäisches Übereinkommen über die internationale Beförderung gefährlicher Güter auf Binnenwasserstraßen (frz. Titel).
**ADN,** Abk. für → Allgemeiner Deutscher Nachrichtendienst.
**Adnet,** Marktgemeinde in Österreich, im Salzburger *Tennengau,* 484 m ü. M., 2900 Ew.; Sommerfrische; bekannt durch seine Marmorbrüche (rotbrauner Marmor), verwendet in fast allen bedeutenden österr. Barockbauten.
**Adnex** [lat., „Anhängsel"], *Anatomie:* Eierstock u. Eileiter des weibl. Organismus; die Adnexe sind „Anhängsel" der Gebärmutter.
**Adnexitis** [lat., grch.], entzündl. Erkrankung der sog. *Adnexe,* d. h. der Eierstöcke u. der Eileiter.
**adnominal** [lat.], als Attribut zu einem Nomen gehörig (von einem Wort, Ausdruck oder Kasus); „im Walde" z. B. ist a. in „die Vögel im Walde", dagegen *adverbial* in „die Vögel singen im Walde".
**ad notam** [lat.], zur Kenntnis (nehmen).
**ADNR,** Abk. für Verordnung über die Beförderung gefährl. Güter auf dem Rhein (frz. Titel).
◆ **Adobe** [der; arab., span.], luftgetrockneter Lehmziegel, bes. in Amerika. Der A. diente vor allem an der wüstenhaften peruanischen Küste aus Mangel an Stein als Baumaterial. Bei unterschiedl. Form war der A. in

Adobe: Eine Mauer aus Adobe-Lehmziegeln in Peru

präklass. Zeit kegelförmig, später rechtwinklig. Bekannteste Adobe-Bauten sind die Sonnen- u. Mondpyramide der Moche-Kultur (200–700 n. Chr.). Die Hptst. des späteren *Chimu-Reiches, Chanchan,* ist vollständig aus A. erbaut.
**Adobra,** *Bryonia tenuifolia,* ein *Kürbisgewächs (Cucurbitaceae);* in Südamerika heimische, einjährige Schlingpflanze. Sie eignet sich als Kletterpflanze für Hauswände, Lauben, Gitter u. Ä. Ihre Blüten sind unscheinbar, haben aber einen angenehmen Duft. Auffallend sind die scharlachroten bis karminroten Beeren. Auch → Zaunrübe.
**ad oculos** [lat.], vor Augen (a. o. demonstrieren).
**Adolar** [ahd. *adal,* „edel, vornehm", *aro,* „Adler"], männl. Vorname.
**adoleszent** [lat.], heranwachsend, in jugendl. Alter.
**Adoleszenz** [lat., „Jugend"], i. w. S. → Jugendalter; i. e. S. Übergang vom Jugendalter zum Erwachsenenalter (→ Pubertät).
**Adolf** [ahd. *adal,* „edel, vornehm", *wolf,* „Wolf"], männl. Vorname.
**Adolf,** Heiliger, Bischof, *um 1185, † 30. 6. 1224; Sohn des Grafen von Tecklenburg, Kanoniker in Köln, dann Zisterzienser, seit 1216 Bischof von Osnabrück. Fest: 30. 6.

**Adolf,** FÜRSTEN:

Adolf von Nassau

◆ **1. Adolf von Nassau,** dt. König 1292–1298, *1255, † 2. 7. 1298; gegen große Zugeständnisse an seine Wähler anstelle des Habsburgers Albrecht I. zum Nachfolger Rudolfs von Habsburg gewählt; wegen seines Strebens nach einer Hausmacht in Mitteldeutschland 1298 von den Kurfürsten abgesetzt. Er fiel im Kampf gegen Albrecht bei Göllheim.
**2.** Großherzog von Luxemburg 1890–1905, *24. 7. 1817 Biebrich, †17. 11. 1905 Schloss Hohenburg, Oberbayern; 1839–1866 Herzog von Nassau, verlor sein Land 1866 an Preußen. Mit seiner Regierungsübernahme in Luxemburg endete die Personalunion zwischen den Niederlanden u. Luxemburg.
**3. Adolf Friedrich,** Herzog zu Mecklenburg(-Schwerin), *10. 10. 1873 Schwerin, † 5. 8. 1969 Eutin; Afrikareisender u. Kolonialpolitiker, 1912–1914 Gouverneur von Togo; schrieb: „Vom Kongo zum Niger u. Nil" 1912 u. a.; Mitgl. u. (1949–1951) Präsident des Dt. Olymp. Komitees.
**4. Adolf Friedrich,** König von Schweden 1751–1771, *14. 5. 1710 Gottorf, Schleswig, †12. 2. 1771 Stockholm; Herzog von Holstein-Gottorf, 1527 Fürstbischof von Lübeck; übernahm 1739 die Vormundschaft für den Gottorfer Prinzen Karl Peter Ulrich, den späteren Zaren Peter III. von Russland, u. die Verwaltung Holstein-Gottorfs; auf Betreiben der Zarin Elisabeth in Schweden zum König gewählt.
**Adolf-Hitler-Schulen,** 1937 gegründete nat.-soz. Internatsschulen zur Erziehung des Parteiführernachwuchses. Die A. waren der Reichsführung der Hitler-Jugend unterstellt. Die ersten Jahrgänge wurden auf den Partei-Ordensburgen *Crössinsee* (Pommern), *Sonthofen* (Allgäu) u. *Vogelsang* (Rheinland) unterrichtet. 1938 begann der Bau zehn weiterer A. Nach 6-jährigem Besuch sollten die Schüler das Diplom des „Führers" erhalten u. nach Reichsarbeits-, Wehrdienst u. Berufsarbeit die „Hohe Schule der NSDAP" am *Chiemsee* (Oberbayern) absolvieren. Für die Heranbildung des höheren Führernachwuchses war die Reichsschule *Feldafing* (Oberbayern) zuständig. Unter Leitung der SS standen die Deutschen Heimschulen sowie die Nationalpolit. Erziehungsanstalten (NPEA, populäre Abkürzung: Napola), die den Führernachwuchs für Staats- u. SS-Aufgaben erzogen.
**Adonaj** [hebr., „mein(e) Herr(en)"], Gottesbezeichnung im AT, die für den Gottesnamen *Jahwe* gelesen wird, seit dieser aus religiöser Scheu nicht mehr ausgesprochen werden darf.
**Adonara,** indones. Insel, → Solorinseln.
**Adonias Filho** [-'filju] → Aguiar Junior.
**Adonis** [semit. *adon,* „Herr"], einer der Planetoiden, der unserer Erde sehr nahe kommen kann u. dabei die Erd- u. Venusbahn nach innen überkreuzt. A. wurde 1936 entdeckt. Er hat nur wenige Kilometer Durchmesser.
**Adonis** [semit. *adon,* „Herr"], vorderasiat. Mysteriengott, dessen Tod u. Auferstehung alljährlich in kultischer Darstellung gefeiert wurde. Nach dem Mythos war A. der Geliebte der Aphrodite, bei der er zwei Drittel des Jahres auf der Erde verbrachte (ein Drittel bei Persephone in der Unterwelt). A. wurde von Ares durch einen Eber getötet u. von Zeus wieder zum Leben erweckt. Ihm zu Ehren u. als Symbol der Auferstehung u. des alljährlichen Blühens u. Welkens in der Natur ließ man in Gefäßen schnell wachsende Kräuter u. Blumen aufsprießen, sog. *Adonis-Gärten.*
**adonisch,** schön (wie Adonis).
◆ **Adonisröschen,** *Teufelsauge, Blutströpfchen, Adonis,* Gattung der *Hahnenfußgewächse (Ranunculaceae),* mit fein zerteilten Blättern u. bis zu 20 schmalen Kronblättern. A. enthalten Herzglykoside (giftig). Südl. Arten *(Adonis annua, Adonis flammea)* mit rot-schwarzen Blüten („Blutströpfchen") sind Zierpflanzen u. teilweise (Schweiz, Österreich) verwildert. In Mitteleuropa kommt im Gebirge auf Trockenrasen das gelbblühende *Frühlings-Adonis (Adonis vernalis)* vor. Auch → Sommerblutströpfchen.
**Adonius** [grch.], *adonischer Vers,* Abschlussvers der Strophe in der antiken Lyrik: — ∪ ∪ — ∪.
**Adoptianismus** [lat.], eine theolog. Anschauung, nach der der Mensch Jesus erst aufgrund seiner sittl. Vollkommenheit bei der Taufe durch Johannes von Gott adoptiert worden ist. Hauptvertreter dieser Anschauung waren Theodot der Gerber u. Theodot der Wechsler (beide um 190), vor allem aber Paul von Samosata (260 Bischof von Antiochia). Der A. wurde mehrmals verurteilt, endgültig 431 in Ephesos.
**Adoption,** *Annahme als Kind,* im Familienrecht die vormundschaftsgerichtl. Festsetzung eines Kindschaftsverhältnisses zwischen dem regelmäßig über 25-jährigen *Annehmenden* mit dem regelmäßig minderjährigen *Adoptivkind,* wirksam mit der rechtskräftigen gerichtl. Bestätigung der A. (Neuregelungen 1977 u. 1997). Vor der endgültigen A. soll das Kind bereits (probeweise) beim Annehmenden in Pflege gewesen sein. Als gemeinschaftl. Kind kann ein Kind nur von einem Ehepaar angenommen werden. Die leibl. Eltern verlieren mit der A. die elterl. Sorge über das Kind, das den Familiennamen des Annehmenden erhält (§§ 1741 ff. BGB). Nach dem Kindschaftsrechtsreformgesetz vom 16. 12. 1997 müssen beide leibl. Elternteile der A. zustimmen. – In *Österreich* muss der annehmende Ehemann das 30. Lebensjahr, seine Ehefrau das 28. Lebensjahr vollendet haben. Die Annehmenden müssen in der Regel 18 Jahre älter sein als das Kind (§§ 179 ff. ABGB). – In der *Schweiz* setzt die A. voraus, dass die annehmende Person mindestens 35 Jahre alt oder (bei Ehegatten) mindestens 5 Jahre verheiratet u. wenigstens 16 Jahre älter ist als die anzunehmende (Art. 264 ff. ZGB). – In Österreich u. in der Schweiz Reformbestrebungen.
**Adoptivkaiser,** die durch Adoption auf den Thron gekommenen röm. Kaiser *Trajan, Hadrian, Antonius Pius, Marc Aurel* u. *L. Verus.* Die Form der Adoption als Mittel zur Nachfolgeregelung übernahmen die Kaiser von der röm. Nobilität, die sie gebrauchte, um den Bestand einer Familie zu sichern.

Adonisröschen: Auf durchlässigem Boden an einem sonnigen Standort entfaltet das Frühlings-Adonisröschen, Adonis vernalis, seine volle Blütenpracht

Im Unterschied zu anderen, ebenfalls durch Adoption zu Nachfolgern bestimmten Kaisern galt für die Adoption des genannten Herrschers ein von der staatsphilosoph. Theorie beeinflusstes Programm: Der jeweils „Beste" sollte regieren, u. dabei war die durch Adoption ermöglichte freie Auswahl der dynastischen Erbfolge naturgemäß überlegen.

**Ador**, Gustave, schweiz. Politiker u. Diplomat, *23. 12. 1845 Cologny bei Genf, †31. 3. 1928 Genf; 1917–1919 Bundesrat, 1919 Bundes-Präs.; erreichte beim Völkerbund die Anerkennung des bes. Neutralitätsstatus der Schweiz; 1910–1928 Präs. des Internationalen Komitees vom Roten Kreuz.

**Adorant** [der; lat.], auf Plastiken, Gemälden u. Grafiken in Gebetsgestus gezeigte Gestalt zu Füßen einer Gottheit; bereits in der altoriental. Kunst verbreitet, meist als Darstellung eines Stifters zu verstehen. Eine Sonderform ist der → Orans.

**Adoration** [lat.], Anbetung, Verehrung.

**Adorf**, Stadt in Sachsen, Vogtlandkreis, an der Weißen Elster, bis 480 m ü. M., 6400 Ew.; Spinnereien, Webereien, Stickereien, Teppich-, Perlmuttindustrie, Musikinstrumentenbau; im 13. Jh. gegründet.

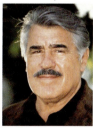
Mario Adorf

◆ **Adorf**, Mario, dt. Schauspieler u. Schriftsteller, *8. 9. 1930 Zürich; vielseitiger, wandlungsfähiger Charakterdarsteller; zunächst Theaterschauspieler, seit 1954 beim Film, u. a. in „Nachts, wenn der Teufel kam" 1957, „Bomber und Paganini" 1976, „Die Blechtrommel" 1979; „Lola" 1981; auch Fernsehrollen („Via Mala" 1985; „Der große Bellheim" 1993; „Der Schattenmann" 1995/96); schrieb „Der Mäusetöter" 1992; „Der Dieb von Trastevere" 1994; „Der Fenstersturz" 1996.

Theodor W. Adorno

◆ **Adorno**, Theodor W., ursprüngl. *Wiesengrund*, dt. Philosoph, Soziologe, Musiktheoretiker u. Komponist, *11. 9. 1903 Frankfurt a. M., †6. 8. 1969 Visp, Wallis; einer der bedeutendsten Vertreter der dt. Philosophie im 20. Jh.; geprägt durch das Musikleben Wiens (A. *Berg*, A. *Schönberg*), durch K. *Kraus* u. durch die Philosophie von G. *Lukács* u. E. *Bloch*; 1924 Promotion über E. *Husserl* in Frankfurt; 1930/31 Habilitation über S. *Kierkegaard*, seitdem Dozent in Frankfurt. 1934 emigrierte A. nach Oxford, erreichte dort aber nicht die angestrebte akadem. Position u. siedelte 1938 in die USA über, wo er durch Vermittlung M. *Horkheimers* dem aus Frankfurt in die USA verlegten *Institut für Sozialforschung* beitrat u. in New York, Princeton u. Berkeley tätig war. 1949 kehrte er nach Frankfurt zurück u. war dort 1950–1969 Prof. für Sozialphilosophie, seit 1959 Direktor des Instituts für Sozialforschung. Adornos Philosophie ist vor allem Kritik an der spätbürgerl. Industriegesellschaft, Destruktion der systemat. Philosophie u. Ontologie sowie Inanspruchnahme der Negativität in Philosophie u. Kunst. Damit hat er nicht nur die „kritische Theorie" der *Frankfurter Schule* entscheidend geprägt, sondern auch die Studentenbewegung der 1960er Jahre beeinflusst, die sich später gegen ihn richtete. – Hptw.: „Kierkegaard. Konstruktion des Ästhetischen" 1933; „Dialektik der Aufklärung" (mit M. Horkheimer) 1947; „Philosophie der neuen Musik" 1949; „Minima Moralia" 1951; „Versuch über Wagner" 1952; „Dissonanzen. Musik in der verwalteten Welt" 1956; „Aspekte der Hegel'schen Philosophie" 1957; „Einleitung in die Musiksoziologie" 1962; „Jargon der Eigentlichkeit" 1964; „Negative Dialektik" 1966; „Ästhetische Theorie" 1970. – Gesammelte Schriften, 20 Bde. 1971 ff.

**Adossement** [adɔsə'mã; frz.], Böschung, Abdachung.

**adossieren**, anlehnen, abböschen, abdachen.

**Adoula** [a'du:la], Cyrille, zairischer (kongoles.) Politiker, *13. 9. 1921 Léopoldville, †24. 5. 1978 Lausanne; seit 1955 gewerkschaftlich tätig, wurde 1958 Vize-Präs. der Kongoles. Nationalbewegung (MNC). In der Krise von 1960 stand er gegen P. *Lumumba* im Lager der Föderalisten, von August 1961 bis Juni 1964 war er Premier-Min. unter dem Schutz der UN-Truppen. 1966 wurde er Botschafter in Belgien, dann in den USA; 1969/70 Außen-Min. unter Präs. S. Mobutu.

**Adour** [a'du:r], Fluss in Südwestfrankreich, 335 km; entspringt in den Zentralpyrenäen, mit Zuflüssen aus den Westpyrenäen, mündet unterhalb von Bayonne in den Golf von Biscaya; auf 132 km schiffbar.

**Adoxa** → Moschuskraut.

**Adoxaceae** → Moschuskrautgewächse.

**ad pias causas** [lat.], zu frommen Zwecken.

**ad publicandum** [lat.], zur Veröffentlichung, zum Veröffentlichen.

**ADR**, 1. Abk. für Europäisches Übereinkommen über die internationale Beförderung gefährlicher Güter auf der Straße (frz. Titel). 2. *Börsenwesen:* Abk. für → American Depository Receipts.

**Adr.**, Abk. für *Adresse*.

**Adra** [' aðra], Küstenstadt im SO von Spanien westl. von Almería, Prov. Almería, 20 000 Ew.; Fischerei, in Bewässerungskulturen Anbau von Zuckerrohr, das in A. verarbeitet wird. A. liegt an der *Costa del Sol* u. hat Bedeutung für den Fremdenverkehr. A. (das phöniz. *Abdera*) war bei der Reconquista der letzte arab. Ort auf europ. Boden.

**Adrano**, italien. Stadt auf Sizilien, westl. des Ätna, 33 400 Ew.; Anbauzentrum von Oliven u. Apfelsinen; norman. Schloss (12. Jh.). 1980 wurde das erste Sonnenkraftwerk *(Eurelios)* der Welt im Auftrag der EG fertig gestellt (1 MW Leistung).

**Adrar** [arab.-berberisch], 1. häufiger Name für Gebirge in der westl. Sahara, z. B. *A. des Iforas*. 2. Oase in der westl. Sahara, in Zentralalgerien, Hauptort der Oasengruppe *Touat*; Knotenpunkt vieler Autostraßen u. Pisten. 3. *mauretanischer Adrar*, Schichtstufenlandschaft in der Provinz A. (Région de l'A.) in Mauretanien mit einigen verlassenen Oasen; im Sahara-Sahel-Übergangsklima finden wenige maurische Halbnomaden Weidemöglichkeiten.

**Adrar des Iforas** [a'drar dɛs ifɔ'ra], bis 800 m hohes, granit. Hochland im westl. Sudan (NO der Rep. Mali), im Südrand der Sahara; im Sommer im W und S meist 100 mm Niederschlag, Grasland in den Wadis; berberische Wanderhirten (zu den Tuareg gehörende Tamashagh); prähistor. Funde; am Westrand verläuft die Transsahara-Autopiste Algier–Gao.

**Adraskan**, *Adraskand*, Fluss in Westafghanistan, Quelle im SO von Herat, Nebenfluss des Hari Rod, der jahreszeitlich den Sistansee erreicht.

**Adrastea** → Jupiter.

**ad referendum** [lat.], zur Berichterstattung.

**ad rem** [lat.], zur Sache.

**Adrenalektomie** [grch.], *Epinephrektomie*, chirurg. Entfernung der Nebennieren, bes. bei malignem Hochdruck.

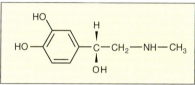
Adrenalin

◆ **Adrenalin** [grch.], *Epinephrin*, *Suprarenin*, Hormon des Nebennierenmarks, das erste in reiner Form isolierte Hormon; wirkt auf den Kohlenhydratstoffwechsel u. auf das Herz-Kreislauf-System (Steigerungen des Blutdrucks, Pupillenerweiterung, Verengung der Blutgefäße, dadurch blutstillende Wirkung). Im Nebennierenmark u. im sympathischen Nervensystem (aus Tyrosin über Dopa, u. Dopamin) wird A. u. das später entdeckte → Noradrenalin gebildet. Auch → Transmitter, → Nebennierenmark.

**adrenocorticotropes Hormon** → ACTH.

**Adrenocorticotropin** → ACTH.

**adreno-genitales Syndrom** [grch., lat.], *Medizin*: Abk. *AGS*, *Interrenalismus*, ein vielgestaltiges innersekretor. Krankheitsbild, das auf einer Überfunktion der Nebennierenrinde (bes. der Zona reticularis) beruht, die zu viel Adrenocorticoide bildet. Bei kleinen Mädchen führt das *AGS* u. a. zum Auftreten von Zwittererscheinungen, bei Knaben zur vorzeitigen Sexualentwicklung, bei Frauen zur Vermännlichung. Übergänge zur Cushing'schen Krankheit (→ Cushing) kommen vor.

**Adrenosteron** [grch.], steroides Hormon der Nebennierenrinde mit schwach androgener Wirkung; auch → Androgene.

**Adressant** [lat., frz.], Absender einer Postsendung.

**Adressat** [lat., frz.], **1.** *allg.:* Empfänger einer Postsendung.
**2.** *Recht:* im *öffentlichen Recht* die Person, an die sich eine Norm wendet oder der gegenüber die Rechtsfolgen eines Verwaltungsakts eintreten; im *Privatrecht* die Person, an die eine → Willenserklärung gerichtet ist.
**Adresse** [lat., frz.], **1.** *allg.:* Anschrift, Wohnungsangabe; schriftl. Kundgebung, z. B. Glückwunschadresse.
**2.** *Datenverarbeitung:* die eindeutige Kennzeichnung einer Speicherstelle, an der ein Rechner einen vorher dort abgespeicherten Wert (Adressinhalt) wieder findet. Bei der A. wird nicht unterschieden, ob der Inhalt einen → Befehl oder ein Datum (→ Daten) darstellt.
**adressieren** [frz.], mit der Adresse versehen; eine Postsendung an jemanden richten.
**Adressiermaschine,** Kurzwort *Adrema*, mechanisch arbeitende Büromaschine zum fortlaufenden Drucken wechselnder, aber mehrfach wiederkehrender Serien von Anschriften oder Kurztexten mit Hilfe von beschrifteten oder geprägten Schablonen.
**Adria, 1.** Kurzform für → Adriatisches Meer.
**2.** italien. Stadt im Mündungsbereich des Po, 21 700 Ew.; bis in röm. Zeit wichtiger Hafen an einem Mündungsarm des Po; heute durch Wachsen des Podeltas 22 km von der Küste entfernt; landwirtschaftl. Markt; Nahrungsmittelindustrie. Die antike Stadt A. hat dem Adriatischen Meer den Namen gegeben.
**Adrian** [lat. *Hadrianus*, „aus Adria (Hadria)"], männl. Vorname.
**Adrian** [ˈɛidrɪən], Edgar Douglas, engl. Anatom u. Physiologe, *30. 11. 1889 London, †4. 8. 1977 Cambridge; arbeitete bes. über Neurophysiologie u. erhielt 1932 für seine Forschungen den Nobelpreis für Medizin mit C. S. *Sherrington*.
**Adrianopel,** türk. Stadt, das heutige → Edirne. In der *Schlacht bei Adrianopel* 1361 musste Kaiser Johannes V. von Byzanz die Abhängigkeit vom Osman. Reich anerkennen. Das Byzantin. Reich wurde auf die Stadt Konstantinopel u. ihr Umland beschränkt. Seit 1366 war Adrianopel Residenz des Sultans.
Der *Friede von A.* beendete 1829 den russisch-türkischen Krieg; er sicherte Russland auf Kosten der Türkei das Donaudelta u. einen Teil Armeniens. Moldau, Walachei u. Serbien wurden autonome Fürstentümer, Griechenland wurde unabhängig.
**Adriatica,** italien. Autobahn von Bologna über Ancona nach Tarent.
**Adriatische Frage,** Bez. für das im 19. Jh. aufgekommene Streben Italiens nach vollständiger Beherrschung der Adria. Trotz Zusagen der Alliierten im Kriegszielabkommen von 1915 konnte Italien die A. F. nach dem 1. Weltkrieg nicht in seinem Sinne lösen. Bis 1924 gewann Italien Zara, Fiume u. einige dalmatin. Inseln. Die Besetzung Albaniens 1939 u. die Erwerbungen 1941 standen im Zeichen der Adriatischen Frage. 1944/45 verlor Italien alle adriat. Erwerbungen bis auf Triest.

Adriatisches Meer: Satellitenbild der Adria, die sich zwischen der Balkanhalbinsel im Osten und der Apenninhalbinsel im Westen erstreckt

♦ **Adriatisches Meer,** Kurzform *Adria*, Nebenmeer des Mittelländischen Meeres zwischen Apennin- u. Balkanhalbinsel; nördl. Bereich flach, bis zu 1237 m Tiefe im südl. Becken, die Salzgehalte liegen bei 25–39‰; Mittelmeerklima, charakterist. Starkwinde sind: *Bora* u. *Scirocco*. Häfen: Venedig, Triest, Rijeka, Bari, Brindisi. Die Küstenorte haben große Bedeutung für den Tourismus.
**Adrienne** [adriˈɛn], auch *Kontusch, Schlender* oder *Hollandaise* genannt, Anfang des 18. Jh. bei Hof getragenes → Négligé in Form eines weiten Überkleides; mit im Rücken von den Schultern weg lose fließenden Falten, die später als *Watteaufalten* berühmt wurden. Die A. wurde über Reifrock u. Korsett getragen, dazu ein kleines weißes Spitzenhäubchen.
**ADS, 1.** → Aufmerksamkeitsstörung.
**2.** Abk. für *Allgemeine Deutsche Seeversicherungsbedingungen* von 1919, die wichtigste Rechtsgrundlage der Seeversicherung.
**Adschanta** → Ajanta.
**Adscharen,** ein islam. Stamm der Georgier im Kaukasus; die A. leben hauptsächlich in der Adscharischen Autonomen Republik.

♦ **Adscharische Autonome Republik,** autonomes Territorium in Georgien, am Schwarzen Meer, an der türkischen Grenze; 3000 km², 386 000 Ew., davon 45% in Städten, Hptst. *Batumi*; subtropisch-feucht (Jahresmittel 14 °C, Niederschlag bis 2600 mm); dichte Bergwälder (Buche, Eiche, Eibe), Sommerweiden an den Hängen des Kleinen Kaukasus, in den Tälern u. im Küstenland Anbau von Zitrusfrüchten, Tee, Tabak, Eukalyptus, Bambus; Holz u. Erdöl verarbeitende Industrie; zahlreiche Badeorte.
**Adschman,** Scheichtum am Pers. Golf, → Adjman.
**Adschmir** [ˈadʒ-] → Ajmer.
**Adso,** Abt von Montier-en-Der 968–992; seit 935 Leiter der Klosterschule; Autor geistl. Schriften, wirkte bes. durch seine um 950 für die französ. Königin Gerberga verfasste Epistel über das Kommen des Antichrist; starb auf einer Pilgerfahrt nach Palästina.
**Adsorbatimpfstoff,** Impfstoff zur aktiven Immunisierung, bei dem die inaktivierten Erreger oder andere immunisierende Substanzen an bestimmte Stoffe, wie z.B. Aluminiumhydroxid oder Aluminiumphosphat, gebunden werden, um eine länger

anhaltende Immunisierung zu erreichen. Auch → Schutzimpfung.

**Adsorbentien** [Sg. das *Adsorbens*; lat.] → aufsaugende Mittel.

**Adsorption** [lat. *adsorbere*, „ansaugen"], 1. *Mikrobiologie*: erster Kontakt zwischen Virus u. Zelle als Voraussetzung für den anschließenden Infektionsvorgang. 2. *Physikalische Chemie*: Aufnahme von Molekülen aus Gasen oder Lösungen an festen Oberflächen. Gute Adsorptionsmittel *(Adsorber)* haben eine sehr große innere Oberfläche (→ Aktivkohle). Für die in Abhängigkeit von der angebotenen Konzentration adsorbierte Menge gilt die → Langmuir-Freundlich-Gleichung.

**Adsorptions-Chromatographie** [lat., grch.], ein chromatograph. Verfahren (→ Chromatographie), bei dem die zu trennenden Stoffe durch ihre unterschiedl. Adsorptionsfähigkeit an eine stationäre Phase u. Löslichkeit in einer mobilen Phase getrennt werden. A. wird meist als *Säulenchromatographie* durchgeführt. Als stationäre Phase dienen dabei feste Substanzen mit hohem Adsorptionsvermögen (z. B. Kieselgel, Aluminiumoxide, Erdalkalioxide u. -hydroxide, Kohle). Die mobile Phase, die die Säule durchströmt (Elutions-, Fließ- oder Laufmittel) kann aus Wasser, Säure-, Basen-, Salzlösungen oder organischen Lösungsmitteln bestehen. Von A. spricht man auch bei gaschromatischen Verfahren, wenn dabei eine aktive, stationäre, feste Phase (als mobile Phase dient hier Gas) vorhanden ist.

**ADSp**, Abk. für *Allgemeine Deutsche Spediteurbedingungen*, → Allgemeine Geschäftsbedingungen der → Spediteure, die nahezu allen Speditionsaufträgen zugrunde liegen, sich jedoch nicht auf die von Spediteuren selbst durchgeführten Transporte mit Kraftfahrzeugen erstrecken (→ Selbsteintritt). Die Rechte des Spediteurs sind gegenüber der Regelung des HGB teilweise stark erweitert. Der Spediteur kann sich auf die ADSp nur berufen, wenn er einen *Speditionsversicherungsschein (SVS)* und ggf. einen *Rollfuhrversicherungsschein (RVS)* gezeichnet hat oder ihm dies ausdrücklich untersagt ist (§41c ADSp). Aufgrund von SVS und RVS übernimmt die Versicherung die uneingeschränkte gesetzl. Haftung für den Spediteur u. ist ausnahmsweise unmittelbarer Anspruchsgegner des Geschädigten.

**Adstringentien** [-tsiɛn; Sg. das *Adstringens*; lat.], *Adstringentia*, Mittel mit „zusammenziehender" Wirkung, in der *Kosmetik* zur Herstellung von schweißhemmenden → Desodorantien, wie astringierenden Gesichtswassern, Hautölen, Pudern, Cremes, benutzt. Die Wirkung von A. besteht darin, dass sie mit den Membranen Kolloidverbindungen eingehen, dadurch die obersten Zellschichten festigen, die Drüsenfunktion verhindern u. die Durchlässigkeit der Kapillaren vermindern. Man unterscheidet A., die mit dem Blutserum Albinate bilden, u. solche, die Eiweiß nicht koagulieren. Zur ersten Gruppe gehören Gerbsäuren, Tannin, Aluminiumchlorid u. -sulfat sowie Alkohol, Formaldehyd u. Hexamethylentetramin, zur zweiten Gruppe Oxychinolinkaliumsulfat u. Pflanzenauszüge wie Salbei u. Beerentraubenblätter. – A. bringen als *Arzneimittel* die Eiweißsubstanzen (elast. u. kolag. Bindegewebe) zum Ausfällen u. bewirken, dass Blutungen aus kleinen Blutgefäßen oder Absonderungen aus Schleimhäuten versiegen. Bei stärkerer Einwirkung kommt es zur Verschorfung der Oberfläche. Manche A. haben antisept. u. analget. Wirkung.

**Adua**, äthiop. Stadt, → Adwa.

Adscharische Autonome Republik: Wichtigster Seehafen der Republik ist Batumi

**Adulaalpen**, östlichste Gruppe der Westalpen, zwischen Graubünden u. Tessin; viele Gletscher. Die A. umfassen die Adulagruppe, das Quellgebiet des Hinterrheins (im *Rheinwaldhorn* 3381 m), ferner das Quellgebiet des Vorderrheins am Badus u. des Mittel- oder Medelserrheins am Piz Medel.

**Adular** [der; nach den *Adulaalpen*], Mineral: wasserklarer oder durchscheinender *Orthoklas*.

**Adullea** → Schafgarbe.

**adult** [lat.], *Veterinärmedizin*: erwachsen, ausgewachsen, geschlechtsreif, fortpflanzungsfähig.

**Adultstadium** → Geschlechtsreife.

**A-Dur**, mit 3 ♯ vorgezeichnete Tonart, deren Leiter a, h, cis′, d′, e′, fis′, gis′, a′ ist. Paralleltonart: fis-Moll.

**A.E.I.O.U.**, Abk. für lat. *Austriae est imperare orbi universo* oder *imperium orbis universi*, „Alles Erdreich ist Österreich untertan" (Wahlspruch Kaiser Friedrichs III.); andere Auslegung: *Austria erit in orbe ultima*, „Österreich wird bestehen bis ans Ende der Welt".

**a. f.**, Abk. für → anni futuri.

**ad us. med.**, Abk. für lat. *ad usum medici*, zum Gebrauch des Arztes.

**ad us. prop.**, Abk. für → ad usum proprium.

**ad usum Delphini** [lat., „zum Gebrauch des Dauphins" (d. h. des französ. Thronfolgers)], für jugendl. Leser bearbeitet (Ausgaben literar. Werke, aus denen „anstößige" Stellen entfernt sind).

**Adv.**, Abk. für → Adverb.

**ad valorem** [lat.], dem Wert entsprechend.

**Advance** [æd′vɑːns; engl.], Legierung aus 55 % Kupfer u. 45 % Nickel mit hohem elektr. Widerstand.

**Advektion** [die; lat.], *Meteorologie*: die horizontale Zufuhr von Luftmassen im Unterschied zu den vertikalen Bewegungen der *Konvektion*.

**Adveniat** [lat., „zu uns komme (Dein Reich)"], seit 1961 in der Adventszeit durchgeführte Kollekte in den kath. Kirchen Deutschlands als Pastoralhilfe für Lateinamerika; häufig mit entwicklungspolit. Zielsetzung. Sitz: Essen.

**Advent** [der; lat., „Ankunft"], Vorbereitungszeit, beginnend am 4. Sonntag vor Weihnachten, mit doppelter Thematik: Vorbereitung auf das Geburtsfest Christi u. Erwartung seiner Wiederkunft zum Gericht u. zur Vollendung. „Unter beiden Gesichtspunkten ist er eine Zeit hingebender u. freudiger Erwartung" (Grundordnung des Kirchenjahres). Der A. gilt nicht mehr als Buß- u. Fastenzeit, wenn auch die (liturg.) violette Farbe beibehalten wurde. Das Brauchtum im A. ist von Weihnachtserwartung geprägt, enthält aber auch vorchristl. Elemente im Zusammenhang mit der Wintersonnenwende.

**Adventbai**, Hafenbucht in West-Spitzbergen, am Isfjord (Eisfjord), mit norweg. Kohlengruben in Longyearbyen.

**Adventisten**, *Siebenten-Tags-Adventisten*, eine Glaubensgemeinschaft, die der von William *Miller* (* 1782, † 1849) seit 1831 in den USA verkündigten Endzeitbotschaft

## Adventitia

entsprang. Als die für 1844 angekündigte Wiederkunft Christi ausblieb, zersplitterten sich die Mitglieder. Ein Teil sammelte sich um die Visionen der Prophetin Ellen G. White (*1827, †1915) u. empfing von ihr die hauptsächl. Lehrelemente: Erwartung der nahen Wiederkunft, Heiligung des Sabbats statt des als heidnisch-antichristlich bezeichneten Sonntags (deshalb „Siebenten-Tags-Adventisten"), Vegetarismus u. Gesundheitspflege. Als das „Endzeitvolk" Gottes treiben die A. eine weltweite Mission, auch durch Schriften sowie Radio u. Fernsehen („Stimme der Hoffnung"). Sie unterhalten ein umfangreiches Gesundheits- u. Bildungswerk, u. a. Krankenhäuser u. Kliniken, höhere Schulen u. Universitäten. Sie zählen rd. 9 Mio. Mitglieder. Seit 1965 haben sie Kontakte mit dem Ökumenischen Rat der Kirchen. Sitz der Generalkonferenz in Washington.

**Adventitia** [lat.], eine lockere, bindegewebige Hülle um Gefäße u. Organe, bei Blutgefäßen die dritte, äußere Gefäßwand, die der Innervierung u. Ernährung dient.

**adventiv** [lat.], dazukommend.

**Adventivbildungen**, *Adventivknospen*, Sprossanlagen, die an ungewöhnl. Stellen von Stängeln, Wurzeln u. Blättern entspringen (z. B. „Wurzelbrut" vieler Sträucher, Stockausschläge an Baumstümpfen). Auch → Adventivembryonie.

**Adventivembryonie** [lat., grch.], Form der sekundär geschlechtl. Fortpflanzung ohne Befruchtung *(Apomixis)*, bei der der Embryo *(Adventivembryo)* aus unbefruchteten Zellen des Sporophyten entsteht; z. B. bei Citrus-Arten, der „Nabel" der Navel-Apfelsine.

**Adventivkrater**, Nebenkrater am Außenhang eines Vulkans.

**Adventivpflanzen**, in ein neues Verbreitungsgebiet eingedrungene oder eingeschleppte Pflanzen. Man unterscheidet *Passanten*, die nur vorübergehend auftreten, *Neophyten* (Neubürger), die in historischer Zeit eingeschleppt u. eingebürgert wurden, u. *Archäophyten* (Altbürger), die in der vorhistorischer Zeit eingeschleppt wurden.

**Adventskranz**, Kranz aus Tannengrün mit 4 Kerzen, die nacheinander an den 4 Adventssonntagen angezündet werden; junger Brauch, vermutl. im „Rauhen Haus" in Hamburg im 19. Jh. zum ersten Mal ausgeübt; bes. seit dem 1. Weltkrieg starke Verbreitung.

**Adverb** [das, Pl. *Adverbien*; lat.], Abk. *Adv., Umstandswort*, unveränderl. Wortart zur näheren Bestimmung z. B. des Geschehens beim Verb (er fährt schnell). Man unterscheidet beispielsweise *lokale Adverbien* (hier, dort), *temporale Adverbien* (heute, jetzt) u. die *Adverbien der Art u. Weise* bzw. *Modaladverbien* (sehr).

**Adverbialbestimmung**, *Adverbiale*, ein das Prädikat näher bestimmender Satzteil; man unterscheidet mehrere Arten gemäß den Arten von Adverbien, z. B. *modale A.* („Er läuft schnell").

**Adverbiale** → Adverbialbestimmung.

**Adverbialsatz**, konjunktionaler Nebensatz in der Funktion einer Adverbialbestimmung; z. B. „nachdem ich angekommen war..." entsprechend „nach meiner Ankunft...".

**Adversarien** [Pl.; lat.], Aufzeichnungen, Kladde; Sammlungen von Notizen.

**Advocatus diaboli** [der; lat., „Anwalt des Teufels"], *kath. Kirche:* der Generalglaubensanwalt, der im Selig- u. Heiligsprechungsverfahren in Rom als amtl. Widersacher des Klagebegehrens *(Advocatus Dei* [der; lat., „Anwalt Gottes"]) tätig wird u. alle Argumente anzuführen hat, die gegen die Selig- bzw. Heiligsprechung geltend gemacht werden können. – Übertragen bezeichnet man als A. d. jemanden, der zur Klärung einer Frage scharf formulierte Gegenargumente vorbringt.

**ad vocem** [lat.], zu dem Worte (ist zu bemerken).

**Advokat** [lat.], schweiz. u. ältere Bez. für *Rechtsanwalt.*

**AdW**, Abk. für *Akademie der Wissenschaften.*

**Adwa**, Stadt im nördl. Äthiopien, 1900 m ü. M., 13 800 Ew.; landwirtschaftl. Handel. – 1896 Sieg Kaiser Meneliks II. über die Italiener, wodurch Äthiopiens Unabhängigkeit gewahrt wurde.

**AD-Wandler** → Analog-Digital-Wandler.

**Ady** [ˈɔdi], Endre, ungar. Dichter, *22. 11. 1877 Érmindszent, †27. 1. 1919 Budapest; längere Paris-Aufenthalte formten ihn künstlerisch u. politisch; in seiner Lyrik verbinden sich daher ungar. mit westeurop. Elementen; seine Themen sind soziales Unrecht, Landschaft, Liebessehnsucht, Lebensangst, Einsamkeit. Adys Dichtung bildet sprachl. u. in ihrer Aussagekraft den Höhepunkt in der modernen ungar. Literatur; er gab ihr die stärksten Impulse; schrieb auch Novellen u. Essays. In dt. Auswahl u. Übers. erschienen die Gedicht-Bde.: „Auf neuen Gewässern" 1921; „Auf dem Flammenwagen der Lieder" 1926; „Zu Gottes linker Hand" 1941; „Gedichte" 1965.

**Adyge**, eigener Name der → Tscherkessen.

**Adygea**, Republik im Kraj Krasnodar (Russland), im Nordwesten des Kaukasus; 7600 km², 449 000 Ew., Hptst. *Majkop*; Weizen- u. Sonnenblumenanbau im Kubantal, in den Bergen Viehzucht, u. Holzwirtschaft, bei Majkop Erdölgewinnung; 1922 als Autonome Oblast errichtet, seit 1991 Republik.

**Adynamie** [grch.], Kraftlosigkeit, Muskelschwäche, z. B. bei der Addison'schen Krankheit.

**adynamisch** [grch.], kraftlos, schwach, ohne Dynamik.

**Adyton** [das, Pl. *Adyta*; grch., „unzugänglich"], Allerheiligstes im griech. Tempel.

**Adzope** [adzɔˈpe; frz.], Stadt im Südosten der Rep. Côte d'Ivoire, 21 100 Ew.; Verwaltungs- u. Handelszentrum in einem Kaffee- u. Kakaoanbaugebiet.

**AE**, Zeichen für *astronom. Einheit* (mittlere Entfernung zwischen Erde und Sonne); 1 AE = 149 597 870 km. Amtlich nicht mehr zugelassen, wird jedoch in der Astronomie weiterhin verwendet.

**AEC**, Abk. für *Atomic Energy Commission*, → Atomenergie-Kommission.

**Aechmea**, Gattung der Ananasgewächse, → Lanzenrosette.

**Aecidium** [grch.], *Äzidium,* becherförmiges Sporenlager der → Rostpilze. Die dort gebildeten paarkernigen (dikaryotischen) Sporen werden als *Aecidiosporen* bezeichnet. Das A. ist teilweise von einer Schicht aus dickwandigen Zellen umgeben, die man *Peridie* nennt u. die bei der Sporenreife aufplatzt.

**Aedil** [lat.], *Ädil,* röm. Beamter, dem Rang nach zwischen *Quaestor* u. *Praetor* stehend, auf 1 Jahr gewählt. Die beiden plebejischen Aedilen (von Cäsar auf 4 vermehrt) waren seit 494 v. Chr. als Beamte der Plebs neben den Volkstribunen zu deren Hilfe eingesetzt. 366 v. Chr. traten als Vertreter des gesamten Volkes 2 *curulische Aedilen* hinzu (→ curulische Beamte). Die Aedilen besaßen Polizeigewalt, Aufsicht über Tempel, öffentl. Straßen, Getreideeinfuhr u. -verteilung u. richteten die öffentl. Spiele aus. Nach dem Vorbild Roms gab es Aedilen auch in den meisten röm. Gemeinden.

**AEF**, Abk. für *Ausschuss für Einheiten und Formelgrößen* im Deutschen Normenausschuss.

**Aegidius**, Heiliger, Abt, †1. 9. 721; Gründer u. Abt des Benediktinerklosters St-Gilles in der Provence; im MA viel verehrt u. zu den 14 Nothelfern gezählt. Fest: 1. 9.

**Aegidius von Assisi**, Heiliger, †24. 4. 1262; gehörte zu den ersten Gefährten des hl. Franz von Assisi, damit zu den Urgestalten des Franziskanerordens. Fest: 23. 4.

**Aegle** [burmes.] → Marmelo.

**Aegopodium**, kleiner Baum oder Halbstrauch → Giersch.

**Aehrenthal**, Aloys Graf Lexa von, österr.-ungar. Politiker, *27. 9. 1854 Groß-Skal, Böhmen, †17. 2. 1912 Wien; 1899 Botschafter in St. Petersburg, 1906–1912 Außen-Min.; seine Außenpolitik ermöglichte zwar die Annexion Bosniens u. der Herzegowina 1908, führte aber wegen des Widerspruchs der Westmächte u. Russlands zu einer Krise der europ. Politik.

**Aelen**, schweiz. Ort, → Aigle.

**Aelfric** [ˈælfrik], genannt *Grammaticus,* Abt von Eynsham bei Oxford, *um 955, †um 1022; verfasste Predigten, Hirtenbriefe, Homilien („Lives of saints", krit. Ausgabe, hrsg. von W. W. Skeat 1966) u. eine latein. Grammatik in altengl. Sprache. Ferner schrieb er das „Colloqui" (krit. Ausgabe, hrsg. von G. W. Garmonsway 1968), einen Dialog zwischen Vertretern unterschiedl. Berufe; es hat die Form eines latein. Übungsbuches für Anfänger.

**Aelst** [aːlst], Willem van, holländischer Maler, *1625/26 Delft, †frühestens 1683 Amsterdam; malte Stillleben (u. a. Wildbret, Früchte, Fische u. Blumen) in übersichtlicher Anordnung u. feinen silbrigen Farben.

**Aemilische Straße**, *Via Aemilia,* röm. Straße, von dem Konsul des Jahres 187 v. Chr., Marcus *Aemilius Lepidus*, zwischen Rimini u. Piacenza gebaut; Fortsetzung der Via Flaminia. Nach ihr wurde die von ihr durchquerte Landschaft *Emilia* benannt.

**Aemilius**, Name eines alten röm. Patriziergeschlechts, das zu den angesehensten Familien der republikan. u. frühen Kaiserzeit gehörte u. mehrere Konsuln stellte.

**Aemilius Paullus**, Lucius, *A. P. Macedonicus*, *um 228 v. Chr., †160 v. Chr.; röm. Konsul

182 v. Chr. u. 168 v. Chr.; Vater des jüngeren Scipio Africanus; besiegte in der Schlacht bei Pydna 168 v. Chr. den makedon. König Perseus; ließ zur Erinnerung an die Schlacht in Delphi ein Siegesdenkmal mit vergoldetem Reiterstandbild errichten.

**Aeneas** → Äneas.

**Aeneis,** Hauptwerk des → Vergil.

**Aeppli,** Eva, schweiz. Materialkünstlerin, *2. 5. 1925 Zofingen; lebt seit 1953 in Paris u. wurde durch lebensgroße Textilpuppen bekannt, denen eine eigentüml. morbide Atmosphäre anhaftet.

**Aequer,** in der Antike ein zu den *Italikern* gehörendes krieger. Volk in den latinischen Bergen in Mittelitalien. Die A. wurden von den Römern nach langen Kämpfen 304 v. Chr. endgültig unterworfen.

**aer**... [aːer] → aero...

**Aerarium** [lat., „Kupferkammer"], kellerartiges Gewölbe für den altröm. Staatsschatz im Tempel des Saturn, in dem neben Gold, Silber u. Kupfer die Feldzeichen der Legionen, staatl. Hypotheken- u. Schuldforderungen, die Listen aller steuerpflichtigen Personen u. andere wichtige Dokumente aufgehoben wurden. In der Kaiserzeit ging das A. im Fiskus des Herrschers auf.

**Aereboe** [ˈɛrbo], Friedrich, dt. Agrarwissenschaftler, *23. 7. 1865 Hamburg, †2. 8. 1942 Berlin-Frohnau; lehrte insbes. landwirtschaftl. Betriebslehre in Bonn, Breslau, Hohenheim u. Berlin. Hptw.: „Buchführung, Anleitung für den praktischen Landwirt" 1898; „Beurteilung von Landgütern u. Grundstücken" 1912; „Allgemeine landwirtschaftliche Betriebslehre" 1917; „Agrarpolitik" 1928; „Handbuch der Landwirtschaft" (zusammen mit T. Roemer u. I. Hansen) 5 Bde. 1929/30.

**Aerenchym** [aːer-; das; grch.], bei Sumpf- u. Wasserpflanzen häufig vorkommendes lockeres „Durchlüftungsgewebe" mit weiten Interzellularen.

**aero...** [aːero; grch.], vor Vokalen *aer*..., Wortbestandteil mit der Bedeutung „Luft, Gas".

**Ærø** [ˈɛrø], dän. Insel südl. von Fünen, 88 km², 8600 Ew.; intensive Landwirtschaft; zentrale Orte: Marstal u. Ærøsköbing.

**aerob** [aːeˈrob; grch.], in Gegenwart von molekularem Sauerstoff ablaufend. Die Bez. wird bes. bei biochem. Prozessen verwendet. In der Hydrologie ist die Zersetzung der im Wasser enthaltenen Fremdstoffe bei ausreichend zur Verfügung stehendem Sauerstoff ein aerober Prozess. Gegensatz: → anaerob. Auch → Aerobier.

**aerober Stoffwechsel** [aːeˈro-], der Stoffwechsel in Gegenwart von Sauerstoff. Dabei wird im Prinzip der Wasserstoff energiereicher organischer Substanzen unter Gewinnung von → Adenosintriphosphat (ATP) zu Wasser oxidiert, der Kohlenstoff zu Kohlendioxid. Auch → Atmung.

◆ **Aerobic** [ɛəˈrɔbik; engl.], eine aus dem Bewegungsprogramm des US-amerikan. Raumfahrtmediziners Kenneth Cooper entwickelte Körperschulung, besteht aus einer Kombination von Elementen aus den Bereichen Konditionsgymnastik u. Tanz; in den 1970er Jahren als *Aerobic dance* beliebt.

Als Wettbewerbssport wird A. von einzelnen Athleten oder Gruppen ausgeführt, unterteilt in Pflicht- u. Kürübungen; mit Punkten bewertet. Seit Anfang der 1990er Jahre werden Aerobic-Welt- u. Europameisterschaften veranstaltet.

**Aerobier** [aːeˈro-; grch.], *Aerobionten, Oxybionten,* vom Sauerstoff der Luft lebende Mikroorganismen. Obligate A. können nur in Gegenwart von Sauerstoff leben, fakultative A. können sowohl mit (diese Lebensform heißt *Aerobiose*) als auch ohne Sauerstoff (*Anaerobiose*) leben. Gegensatz: *Anaerobier.*

**Aerobus** [aːˈero-; grch., lat.], zur Bundesgartenschau 1975 in Mannheim errichtete Hochbahn.

**Aerodynamik** [aːero-; grch.], die Lehre von den Bewegungen der Gase (Luft); im heutigen erweiterten Sinn die Lehre von den Kräften, die auf in Luft bewegte Flugkörper einwirken. Die Bewegungsgesetze für Gase sind dieselben wie für Flüssigkeiten (→ Hydrodynamik). Die A. untersucht die Vorgänge in strömenden idealen, d. h. inkompressiblen u. zähigkeitslosen Gasen u. ergänzt diese Betrachtungen durch die Theorie der Grenzschicht (der an Körpern im Gas aufgrund der inneren Reibung haftenden Gasschicht) sowie durch die Berücksichtigung der Kompressibilität von Gasen vor allem bei hohen Geschwindigkeiten. Auch → Strömungslehre.

**Aerodynamische Versuchsanstalt Göttingen e. V.** [aːero-], in der Max-Planck-Gesellschaft, Göttingen, gegr. 1907, 1918 in die Kaiser-Wilhelm-Gesellschaft übernommen; Hauptarbeitsgebiete: theoretische u. experimentelle Untersuchungen der Umströmung von Körpern, der Strömung in Rohren u. Diffusoren sowie Windkanaluntersuchungen.

**Aeroelastizität** [aːero-], das Formänderungsverhalten von Flugzeugen u. deren Bauteilen unter der gemeinsamen Wirkung von aerodynam. Kräften, Massenträgheitskräften u. elast. Rückstellkräften. Durch das Zusammenwirken dieser Kräfte können Flugzeugbauteile so verformt werden, dass die aerodynam. Eigenschaften in unerwünschter Weise verändert werden u. Bauteile durch dynamische Formänderungsvorgänge („Flattern" von Tragflügeln u. Leitwerken) bis zur Zerstörung beansprucht werden.

**Aerogele** [aːero-], extrem feinporige, durchsichtige, aus Wasserglas (wasserlösl. Alkalisilicate) hergestellte Materialien, ähnlich einem „Glasschwamm"; sehr gute wärme- u. schallisolierende Eigenschaften, geringe Dichte: rd. 0,13 kg/dm³.

**Aerogramm** [aːero-; grch.], postalischer Vordruck, häufig mit Wertstempeleindruck versehen, zumeist in Form eines Briefbogens, der bes. gefaltet wird. Es wird zu einem Einheitsporto mit Luftpost befördert. Dt. Bez. *Luftpostleichtbrief.*

**Aeroklimatologie** [aːero-; grch.], der Zweig der Klimatologie, der die klimat. Verhältnisse der freien Atmosphäre behandelt.

**Aeroklubs** [aːˈero-], der Zusammenschluss von Fliegern u. Luftsportlern eines Landes oder Gebietes, z. B. → Deutscher Aero-Club. Auch → Flugsport.

**Aerolith** [aːero-; der; grch.], heute nicht mehr gebräuchl. Bez. für → Meteorit.

**Aerologie** [aːero-; grch.], *Höhenwetterkunde,* ein Zweig der Meteorologie, untersucht den Zustand, bes. die Strömungs- u. Temperaturverhältnisse, in der freien Atmosphäre, früher durch Aufstiege von Flugzeugen, bemannten Ballonen u. unbemannten Drachen, heute fast ausschließl. durch Ballone (→ Registrierballon), für Höhen über 50 km auch durch Raketen mit automat. Registrierung von Druck-, Temperatur-, Feuchtigkeitsmessungen u. a. Das aerolog. Netz in Deutschland umfasst Stationen in Schleswig, Hannover, Essen, Stuttgart u. München sowie in Berlin.

Aerobicvorführung im Freien

**Aeromechanik** [a:ero-; grch.], zusammenfassende Bez. für die Mechanik der Gase (Dämpfe); unterschieden in *Aerodynamik* u. *Aerostatik*.

**Aerometer** [a:ero-; das; grch.], Gerät zur Bestimmung der Luftdichte oder des Luftgewichts.

**Aeromonas** [a:ero-; die; grch.], Gattung der Bakterien, Familie → Vibrionaceae; bewegliche, abgerundete, fakultativ anaerobe Stäbchen; Krankheitserreger bei Fischen, Reptilien, unter Umständen auch beim Menschen. Vorkommen: Fluss- u. Abwasser.

**Aeronautik** [a:ero-; grch.], Luftfahrtkunde.

**Aeronivellement** [a:eroniνεl'mã; grch., frz.], räuml. Luftbilddreiecksaufnahme, bei der die Messungen kleiner Luftdruck- bzw. Höhenänderungen benutzt werden, um die Höhendifferenzen der Aufnahmeorte als bekannte Größen einführen zu können; auch → Aerotriangulation.

**Aeronomie** [a:ero-; grch.], die Wissenschaft von der Physik der hohen Atmosphäre über etwa 60 km Höhe, wo vor allem die Vorgänge der *Dissoziation* u. *Ionisation* (Polarlicht, erdmagnet. Stürme) bedeutsam sind. Diese Erscheinungen werden vielfach unmittelbar durch Vorgänge auf der Sonne hervorgerufen. Beobachtungsmittel: Ausbreitung von Radiowellen von Boden aus, Raketen, Satelliten. Auch → Ionosphäre.

**Aerope** [a:e'rope], griech. Sagengestalt, Kreterin, Tochter des *Katreus*, Enkelin des Königs *Minos II*. von Kreta, Mutter des *Agamemnon* u. *Menelaos*; betrog ihren Gatten *Atreus* mit *Thyestes*, dem sie den goldenen Widder gab, der ihm die Herrschaft über Mykene sicherte.

**Aerophagie** [a:ero-; grch.], Luftschlucken bei seelischer u. nervlicher Labilität, auch bei Magenkrankheiten.

**Aerophilatelie** [a:ero-; grch.], Sondergebiet der Philatelie für Flugpostmarken u. sonstige Flugpostbelege.

**Aerophon** [a:ero-; das; grch., „Lufttöner"], in der wissenschaftl. Systematik der Musikinstrumente jedes Mittel, die Luft in periodische Schwingung zu versetzen u. dadurch zum primären Klangträger zu machen. Man unterscheidet: 1. Freie Aerophone ohne Abgrenzung des schwingenden Luftraums (Schwirrholz) oder mit Röhren- oder Kastenaufsatz als klangfärbendem Resonator (Pfeifen mit Metallzungen in Orgel u. Harmonium, Mundharmonika, Ziehharmonika, die allerdings als gleichzeitige Eigentöner eine Verbindung zwischen A. u. *Idiophon* bilden); 2. → Blasinstrumente.

**Aerophotogrammetrie** [a:ero-; grch.] → Photogrammmetrie.

**Aeroplan** [a:ero-; der; grch.], veraltet für *Flugzeug*.

**Aerosil** [a:ero-], Marke für eine fein dispergierte Kieselsäure ($SiO_2$.aq), ein Füllmittel in Cremes u. Salben sowie insbes. in vulkanisiertem Kautschuk. Teilchengröße kaum mehr als 40-millionstel cm. Die innere Oberfläche eines Gramms A. beträgt 50 bis 400 $m^2$.

**Aerosol** [a:ero-; das; grch., lat.], eine feinste Verteilung von flüssigen (Nebel) oder auch festen (Rauch, Staub) Bestandteilen in Gasen, zumeist in Luft. Die Stabilität der meisten Aerosole wird auf die gleichnamige elektr. Ladung der Teilchen zurückgeführt, wodurch eine Koagulation verhindert wird. Die festen oder flüssigen *Schwebstoffe* können aus natürlichen oder anthropogenen Quellen entstammen (Sporen, vulkan. Prozesse, Bakterien, Abgase, Spraydosen). Die Emission an Aerosol-Partikeln wird weltweit mit rd. 2,6 Mrd. t/Jahr angesetzt. Aerosole sind, bes. wegen ihrer Fähigkeit, in die Atemorgane zu gelangen, als Umweltfaktor zu betrachten.
In der Medizin werden Aerosole für die Desinfektion u. Inhalation benutzt; häufige Anwendungsform von Schädlingsbekämpfungsmitteln u. kosmet. Produkten.
Als Treibgas für die Herstellung der Präparate werden Propan, Butan, Dimethylether, Fluorchlorkohlenwasserstoffe u.a. verwendet, die mit dem Wirkstoff in einer *Aerosoldose* (Spray-, Sprühdose) unter Druck stehen.

**Aerostatik** [a:ero-; grch.], die Lehre von den Gleichgewichtszuständen der (ruhenden) Gase (Luft).

**aerotolerant** [a:ero-; grch., lat.], Charakterisierung von Mikroorganismen, die auch in Anwesenheit von molekularem Sauerstoff lebensfähig sind (z.B. einige Spezies der Gattung *Clostridium*).

**Aerotriangulation** [a:ero-; grch., lat.], eine räuml. Luftbilddreiecksaufnahme, bei der die Lage u. Höhe von Geländepunkten durch Zusammenschluss mehrerer Luftmessbildpaare zu einer räuml. Einheit bestimmt werden.

**Aertsen** ['a:rt-], Pieter, holländ. Maler, *1508 Amsterdam, †2. 6. 1575 Amsterdam; 1535 bis 1556 in Antwerpen tätig; Genrebilder u. religiöse Darstellungen, die oft in manierist. Weise in den Hintergrund treten, während Stillleben den Vordergrund beherrschen. Die von A. geschaffene Gattung des Markt- u. Küchenstücks hat die Entwicklung der fläm. Stilllebenmalerei maßgebl. beeinflusst.

**Aerzen**, Gemeinde (Flecken) in Niedersachsen, Ldkrs. Hameln-Pyrmont, im Weserbergland, südwestl. von Hameln, 12 200 Ew.; Schloss Schwöbber; Maschinen- u. Brotfabrik, Möbelindustrie.

**Aeschbacher**, Hans, schweiz. Bildhauer, Maler u. Grafiker, *18. 1. 1906 Rüssikon, †27. 1. 1980 Zürich; schuf Standfiguren von zunehmender Abstraktion, der auch der Wechsel des Materials (Stein, Metall, Glas) entspricht. Dominierend ist für ihn das weibliche Gestalt, der er in der Gestalt von Menhiren oder Idolen kulturelle Bedeutsamkeit verleiht. In seinen Spätwerken wird die Skulptur zur stereometrischen Figur reduziert, die sich dem Einfall des Lichts öffnet.

**Aeschynomene** → Ambatsch.

**Aesculus** → Rosskastanie.

**Aes grave** [das; lat., „Schwererz"] im 3. u. 2. Jh. v.Chr. in Rom u. Italien gebräuchl. gegossene Kupfermünze; Rechnungseinheit war das Ass zu 12 Unzen. Das ursprüngl. Gewicht sank im Lauf von 100 Jahren von rd. 268 auf rd. 41 g; das Äußere dieser Münzen ist eindrucksvoll wegen der Größe u. linsenförmigen Kontur.

**Aeskulapnatter** → Äskulapnatter.

**Aeta** [a:e-], *Negritos*, die Pygmäen der Philippinen (etwa 25 000), bes. in Nordluzon; Mischstämme sind die Baluga u. Dumaga (auf Luzon), die Batak (auf Palawan) u. die Mamanua (auf Mindanao); Wildbeuter, mit Windschirm, Rindenstoffbekleidung, Tatauierung, Bogen mit Giftpfeil, Mondkult; z. T. Ackerbauern; auch → Aetide.

**Aeterni Patris Unigenitus** [lat., „Des ewigen Vaters eingeborener Sohn"], Enzyklika Papst Leos XIII. vom 4.8.1879 über d. christl. Philosophie, d. sich nach den Lehren des hl. Thomas von Aquin ausrichten sollte.

**Aethelstan** ['æθəlstən], angelsächs. König 924–939, *um 894, †27. 10. 939; Enkel Alfreds d.Gr., setzte dessen Politik der Einigung u. Verteidigung Englands gegen die Dänen fort, eroberte das noch dän. Northumbrien u. festigte die angelsächs. Hegemoniestellung im brit. Cornwall u. Wales; griff mit Unterstützung seines Neffen Ludwig, der Ansprüche auf den westfränk. Thron hatte, in die europ. Politik ein.

**Aethelwold** ['æθəlwo:ld], angelsächs. Mönch u. Gelehrter, *908 (?), †984; Bischof von Winchester; übersetzte die Benediktinerregel ins Altenglische.

**Aethusa** → Hundspetersilie.

**Aetide** [a:e-], nach den philippin. *Aeta*, Unterrasse der ostnegriden, dunkelfarbigen Pygmäengruppen, → Negritide.

**Aetion**, griech. Maler des 4. Jh. v. Chr., tätig am Hof Alexanders d. Gr., malte ein Bild von dessen Hochzeit mit Roxane.

**Aetius**, Flavius, weström. Feldherr u. Staatsmann, *um 390 Durostorum (Silistria), †454 (ermordet); schützte das Weström. Reich vor den Germanen, siegte 451 mit Hilfe der Franken u. Westgoten auf den *Katalaunischen Feldern* über den Hunnenkönig *Attila*.

**af...** auf...

**AfA**, Abk. für → Absetzung für Abnutzung.

**Afar**, die Stämme der hamit. → Danakil in Ostafrika; sie leben vorwiegend in Djibouti.

**AFC**, Abk. für engl. *Automatic Frequency Control*, Schaltungsanordnung zur automatischen Einstellung der Frequenz eines → Oszillators; wird häufig in Rundfunk- und Fernsehgeräten zur automatischen. Scharfabstimmung auf einen Sender verwendet.

**AFCENT**, Abk. für engl. *Allied Forces Central Europe*, NATO-Streitkräfte Mitteleuropa; Kommandostab-Hauptquartier: Brunssum (Niederlande); bestehend aus Streitkräften im Gebiet der Länder Belgien, Deutschland, Luxemburg, Niederlande. Der Oberbefehlshaber der A. heißt CINCENT (Abk. für *Commander-in-Chief Allied Forces Central Europe*, Oberbefehlshaber der NATO-Streitkräfte Mitteleuropa); die vorgesetzte Kommandobehörde ist → SHAPE. AFCENT unterstehen die Streitkräfte → AIRCENT, → LANDCENT u. → BALTAP. Zu A. gehört das Gros der einsatzfähigen *(assignierten)* Verbände der Bundeswehr.

**Afewerki,** Isayas, eritreischer Politiker, *1945 Asmara; seit 1966 in der Eritreischen Befreiungsfront (ELF), später in der Eritreischen Volksbefreiungsfront (ELPF) aktiv, wurde 1987 Generalsekretär der ELPF; seit 1993 Staatspräsident.

**Affekt** [lat.], intensive Gemütsbewegung v. kurzer Dauer, leibseelischer Erregungszustand mit spezif. Ablaufsform u. bes. Ausdrucksbewegungen, z. B. Hass, Liebe, Wut, Zorn, begleitet von körperl. Erscheinungen (Puls, Atmung); meist unterschieden von einfachen Gefühlen u. den eher objektbezogenen Leidenschaften. In der Geschichte der *Philosophie* tritt der Begriff A. vor allem im Zusammenhang mit ethischen Überlegungen auf. Schon die griech. Philosophen beschäftigten sich mit den Affekten (*Platon, Aristoteles*), insbes. jedoch die Stoiker. Als Ideal galt ihnen Mäßigung bzw. Überwindung der Affekte (*Apathie,* → Ataraxie). Diese Bedeutung der Affekte wurde (bes. durch Überlieferung des Augustinus) mit dem christl. Begriff der Sünde verbunden. Die Scholastiker nahmen die Affektenlehre auf, indem sie sieben Haupttugenden u. sieben Todsünden unterschieden. Während *Thomas von Aquin* die Affekte indifferent beurteilte, kam in der Neuzeit der stoische Auffassung erneut zum Tragen *(Descartes,* insbes. *Spinoza).* Die Gegenwartsphilosophie beschäftigt sich intensiv mit der Analyse einzelner Affekte (Liebe, Hass, Freude, Angst usw.). Beispiele hierfür sind J.-P. Sartres „L'être et le néant" 1943, dt. 1952; E. Blochs „Das Prinzip Hoffnung", 3 Bde. 1959; M. Heideggers „Sein und Zeit" 1927.

**Affektenlehre,** zuerst in der griech. Antike bekannte Lehre, wonach die Musik die Regungen der menschl. Seele wiederzugeben habe. Im musikal. Barock war es bes. gebräuchlich, durch best. Formeln u. Floskeln in der Musik bestimmte Affekte (z. B. Freude, Trauer, Liebe) zu kennzeichnen.

**Affekthandlung,** *Verhaltensforschung:* ein schneller, oft übersteigerter Handlungsablauf, der nicht vom zentralen Nervensystem kontrolliert wird. Der Begriff wird heute zunehmend durch → Emotion ersetzt.

**affektive Störungen** [lat.], psych. Störungen, bei denen die Betroffenen entweder übermäßig euphorisch (manisch) oder übermäßig niedergeschlagen (depressiv) bzw. beides abwechselnd sind, ohne dass eine organ. Ursache vorliegt.

**Affekttaten,** Straftaten, die im Affektzustand begangen, also durch Gemütsbewegungen, insbes. hochgradige Gefühlserregung, veranlasst sind. Bei tief greifender Bewusstseinsstörung durch hochgradige Erregung („Affektsturm") bleibt der Täter wegen Schuldunfähigkeit straflos (§ 20 StGB). War durch den Affektzustand die Einsichtsfähigkeit erheblich vermindert, so kann die Strafe wegen verminderter Schuldfähigkeit gemindert werden (§ 21 StGB).

◆ **Affen,** *Simiae,* Unterordnung der *Primaten* mit zahlreichen Arten in der Alten u. Neuen Welt. A. sind ausgesprochene Baumtiere, nur wenige Arten leben in Steppen- oder Felsregionen. Die meisten A. leben mit vielfältig ausgeprägtem Sozialverhalten gesellig in größeren, arttypischen Gruppen: Einehen mit den noch nicht ausgewachsenen Jungtieren *(Gibbons)* u. Gruppen mit einem *(Paviane, Gorillas)* oder mehreren Männchen *(Rhesusaffen).* Die Rangordnung ist meist fest. A. erkennen sich individuell. Die überwiegend pflanzl. Nahrung besteht aus Früchten, Samen, Blättern u. a. Pflanzenteilen, aber auch Würmern, Insekten, Eiern u. kleineren Wirbeltieren.

*Körperbau:* Zu den oft hoch entwickelten geistigen Leistungen gehören neben dem Werkzeuggebrauch das Lösen von schwierigen Aufgaben durch einsichtiges Verhalten. Es gibt auch viele psych. Gemeinsamkeiten mit dem Menschen wie emotionale Ausdrucksformen über Mimik (spezielle Gesichtsmuskulatur), Gestik u. Verhalten oder Vorlieben für rhythm. Bewegungen (Tanz) u. Laute (Musik). Besonders in Behaarung, Knochenbau, Blutgruppen, Gehirn u. Nervensystem zeigen sich zahlreiche gemeinsame körperl. Merkmale. Die Augen der A. sind stets nach vorn gerichtet u. somit bei der gleichzeitigen Höherentwicklung des Gehirns zum räuml. Sehen fähig. Hände u. Füße sind zum Zugreifen geeignet, oft mit gegenüberstellbaren (opponierbaren) Daumen oder Großzehen. Viele Arten können sich zumindest zeitweise aufrecht bewegen. Die gemeinsame Wurzel der Vorfahren von A. u. Menschen wird heute allgemein anerkannt u. ist durch zahllose Belege gestützt, z. B. ist der genet. Code des Menschen zu über 95% mit dem des Schimpansen identisch.

*Arten:* Man unterscheidet die *Neuwelt-* oder *Breitnasenaffen (Platyrrhini)* u. die *Altwelt-* oder *Schmalnasenaffen (Catarrhini).* Die Bezeichnungen „Breitnasen" bzw. „Schmalnasen" beziehen sich auf die Dicke der Nasenscheidewand u. damit auf den Abstand der beiden Nasenlöcher voneinander. Die Breitnasen beschränken sich auf den amerikan. Kontinent, die Schmalnasen auf die Alte Welt (Parallelentwicklung) ohne Australien. 3 Familien bilden die Neuweltaffen: *Kapuzinerartige (Cebidae), Springtamarine (Callimiconidae)* u. *Krallenaffen (Callitrichidae).* Zu den Altweltaffen zählen neben den *Meerkatzenverwandten (Cercopithecidae)* die *Menschenartigen (Hominoidea)* mit den 3 Familien *Gibbons* oder *kleine Menschenaffen (Hylobatidae), große Menschenaffen (Pongidae)* u. *Menschen (Hominidae).* Mit der primitiveren Unterordnung der → Halbaffen *(Prosimiae)* zusammen bilden die A. die Ordnung der → Primaten. → Seite 96.

◆ **Affenadler,** *Pithecophaga jefferyi,* bussardartiger *Greifvogel* von den Philippinen
*Fortsetzung S. 97*

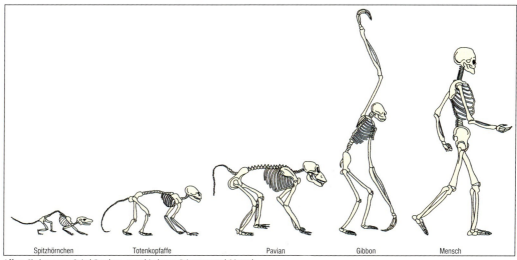

Affen: Skelette von Spitzhörnchen, verschiedenen Primaten und Mensch

Spitzhörnchen — Totenkopfaffe — Pavian — Gibbon — Mensch

Affenadler, Pithecophaga jefferyi

# Affen

Affenjunge sind wie Menschenkinder während der ersten Lebensmonate ganz auf die Versorgung durch ihre Mutter angewiesen. Orang-Utans *(rechts)* wachsen als Einzelkinder auf. Die meist allein umherziehende Mutter ist viele Jahre lang ihr wichtigster Bezugspunkt

Die kleinen Menschenaffen, die Gibbons *(rechts)*, sind hoch spezialisierte Schwinghangler. Am Boden gehen sie bereits auf den Hinterbeinen, indem sie die ganze Fußsohle aufsetzen und ihr Gleichgewicht durch Pendeln ihrer überlangen Armen halten. Wie bei allen Menschenaffen, die zu zeitweiligem aufrechtem Gang fähig sind *(oben)*, ist der Rücken verkürzt, der Brustkasten verbreitert und die Beckenknochen sind kräftiger

Die meisten Affen leben in größeren Gruppen zusammen: in Familienverbänden, Gruppen mit mehreren geschlechtsreifen Männchen oder Einmann-Haremsgruppen. Die bis zu 200 Tiere umfassenden Pavianherden haben eine wohl geordnete soziale Rangordnung.
Ein großes Mantelpavian-Männchen mit Silbermähne stellt mit seinem Harem und den Jungtieren *(rechts)* die kleinste soziale Einheit der Herde dar

(nur noch 40 A. auf Mindanao u. Luzon); bis 100 cm lang, Kopf mit aufstellbarer Federkrone; Nahrung: Großgleitflieger u. Affen. Weitere A. sind *Kronenadler* u. *Harpyie*. Auch → Adler (3).

**Affenblume** → Gauklerblume.

◆ **Affenbrotbaum**, *Baobab*, *Adansonia digitata*, zu den *Bombaxgewächsen (Bombacaceae)* gehörende große Bäume mit dicken, weichholzigen Stämmen u. in der Trockenzeit abfallenden Blättern; in Afrika, Madagaskar u. Nordaustralien heimisch. Das sehr leichte Holz wird von den Eingeborenen zur Herstellung von Kanus benutzt.

Affenbrotbaum: Adansonia digitata bildet einen sukkulenten Stamm

**Affenfurche** → Vierfingerfurche.

**Affengötter**, Götter in Affengestalt, genießen im Hinduismus große Verehrung, insbes. der als Bundesgenosse des epischen Helden Rama volkstümliche → Hanuman.

**Affenhaut**, weicher, wolliger, flauschartiger Stoff mit langer, weichgelegter Flordecke.

**Affenkopfpilz** → Igelstachelbart.

**Affenleiter** → Bauhinia.

**Affenlücke** → Diastema.

**Affenpinscher**, strubbelhaariger, hochläufiger Zwerghund mit Stehohren u. gestutzter Rute; Fell schwarz, grau, gelb oder gemischt; lebendiger, wachsamer Stubenhund.

**Affenrinne**, *Pränasalrinne*, für Affen u. primitive Menschenrassen charakterist. Vorwölbung des Oberkiefers unterhalb der Nase.

**Affenspalte**, Spalte zwischen Hinterhaupt- u. Schläfenlappen des Großhirns bei Affen; beim Menschen ungewöhnlich.

**Affenthaler**, Rotwein aus der Gegend von Bühl in Baden.

**afferent** [lat.], aufsteigend, hinführend.
**afferente Nerven** → Nervensystem.
**Afferenz** [lat.] → Reafferenzprinzip.
**affettuoso** [ital.], musikalische Vortragsbez.: gemütvoll, empfindungsstark, mit viel Ausdruck.
**Affiche** [aˈfiʃ; die; frz.], Anschlag, Plakat.
**Affidavit** [das; mlat., „er hat geschworen"], eidliche oder eidesstattliche Erklärung zur Erhärtung einer Tatsachenbehauptung; vor allem im angloamerikan. Recht gebräuchlich zum Beweis oder zur Glaubhaftmachung einer Tatsache im gerichtl. oder behördl. Verfahren; insbes. als Bürgschaftserklärung eines US-Bürgers für den Unterhalt eines Einwanderers. Im internationalen Wertpapierverkehr wird das A. ebenfalls vielseitig verwendet, z. B. als Erklärung über den Besitz inländischer Wertpapiere durch Ausländer oder als Lieferbarkeitsbescheinigung für abhanden gekommene Wertpapiere.

**Affiliation** [lat.], Aufnahme (z. B. in Freimaurerlogen), Bildung einer Tochtergesellschaft.
**affiliieren** [lat.], aufnehmen, beigesellen.
**affines Bild** → Affinität (2).
**Affinieren** [frz.], *Affination*, ein Reinigungsverfahren, bes. für Gold u. Zucker, bei dem die Verunreinigung durch ein Lösungsmittel entfernt wird, in dem sich nur die Verunreinigung auflöst.
**Affinität** [lat., „Verwandtschaft"]. 1. *Chemie:* das Maß für die Neigung von Substanzen, miteinander zu reagieren. Die „Triebkraft" einer chemischen Reaktion ist durch die freie → Enthalpie gegeben. 2. *Geometrie:* eine geometr. Verwandtschaft. Man bezeichnet eine geometr. → Abbildung als *affin*, wenn sie die folgenden Bedingungen erfüllt: 1. Sie ist umkehrbar eindeutig, d.h., jedem Punkt des Originals ist genau ein Punkt des Bildes zugeordnet u. umgekehrt. 2. Geraden gehen in Geraden über. 3. Parallele Geraden bleiben auch nach der Abbildung parallel. 4. Teilverhältnisse auf Geraden bleiben erhalten. A. ist sowohl in der Ebene als auch im Raum möglich. Die wichtigsten geometr. Abbildungen sind affin, z. B. Parallelverschiebungen, Drehungen, Spiegelungen an Punkten, Geraden oder Ebenen sowie Dehnungen u. Stauchungen. 3. *Recht:* → Schwägerschaft.

**Affinitätschromatographie** → Chromatographie.
**Affirmation** [lat.], Bejahung, Bestätigung.
**affirmativ** [lat.], bejahend, bestätigend; die gegebenen gesellschaftl. Verhältnisse unterstützend.
**affirmieren**, bejahen, bekräftigen.
**Affix** [das; lat.], frei nicht vorkommendes Wortbildungselement, z. B. „um-" oder „-lich"; Sammelbegriff für Präfix, Suffix u. Infix.
**affizieren** [lat.], auf-, erregen, Eindruck machen; in der Medizin: krankhaft verändern.
**affiziertes Objekt** [lat.], *Grammatik:* ein durch eine Handlung nicht erst geschaffenes, sondern nur betroffenes Objekt, z. B. „den Hund schlagen"; Gegensatz: → effiziertes Objekt.

**Affodill** [der; grch.], Gattung der Liliengewächse, → Asphodill.
**Affrikata** [die, Pl. *Affrikaten*; lat.], *Affrikate*, die Verbindung von Verschlusslaut mit entsprechendem Reibelaut, z. B. pf, z [ts]; auch → Laut.
**Affront** [aˈfrõ; frz.], Kränkung, Beleidigung. – *affrontieren*, beleidigen, schmähen.
**AFG**, Abk. für *Arbeitsförderungsgesetz*.
**Afghalaine** [afgaˈlɛn; der; frz., von *Afghanistan*], Wollkleiderstoff mit voluminösem Garn, weist als tuchbindiges Kammgarn abwechselnd 2 S u. 2 Z gedrehte Garne auf.
**Afghan**, turkistan. Knüpfteppich, meist mit pers. Knoten; Merkmal ist das Vorherrschen sattroter Farben.

◆ **Afghane**, *afghanischer Windhund*, ein → Windhund von 65–72 cm Schulterhöhe, elegante und athletische Rasse mit weichem Langhaar; häufig bei Windhundrennen eingesetzt. Sein Charakter ist eigenwillig, lebhaft, anhänglich, aber auch empfindsam.

**Afghanen**, eigener Name *Paschtun*, größtes Volk Afghanistans (10 Mio.), als *Pathan* (20 Mio.) in Pakistan; zu rd. 10 % Nomaden; untergliedert in Clans u. vaterrechtl. Sippen, denen Häuptlinge vorstehen; Blutrache; Stämme: Durrani, Ghilsai u.a. in Afghanistan, Jusufsai, Afridi u.a. in Pakistan.

**Afghani**, Abk. *Af*, Währungseinheit in Afghanistan; 1 Af = 100 *Puls*.

**Afghanisch** → Paschtu.

**afghanische Musik**, weitgehend unter pers.-türk. Einfluss stehende Musik der Afghanen; auch indische Elemente lassen sich feststellen (z. B. die Aliquotsaiten bei Tanbur u. Rebab). Hauptinstrumente sind Surnai (Oboe) u. große Trommel, letztere wird auch für Tänze verwendet. Von den gestrichenen Saiteninstrumenten sind die Kamanglia u. Dilruba pers. u. die Sarinda ind. Ursprungs. Die Nuristani (Kafir) benutzen die sehr altertüml. Bogenharfe Waji, kleine Flöten u. Sanduhrtrommeln. Epische Heldenlieder, von Berufssängern vorgetragen, Tanz u. Gesang spielen eine große Rolle. Es existieren viele regionale Stile; die Verbreitung des Radios hat zwar seit der Mitte des Jh. zu einer gewissen Einebnung geführt, doch gab es seit den 1970er Jahren

Afghane: Zwei Exemplare mit sandgelbem Langhaar

# Afghanistan

bei Radio Afghanistan auch eigene Programme für Minderheiten. Musik ist traditionell eine Domäne der Männer, auch wenn es in städt. Zentren u. im Radio einige populäre Sängerinnen gab. Seit der Machtübernahme durch die Taliban herrscht Marschmusik vor. Der bekannteste Interpret des indisch beeinflussten Ghazal-Stils, Ahmed *Wali*, lebt im dt. Exil.

**Afghanistan,** Staat in Vorderasien, → Seite 100.

**Afion Karahisar,** türk. Stadt, → Afyon Karahisar.

**AFL,** Abk. für → American Federation of Labor.

**Aflatoxine** [lat., grch., Abk. von *Aspergillus-flavus-Toxin*], von verschiedenen Schimmelpilzarten, bes. vom Gelbsporigen Kolbenschimmel *(Aspergillus flavus)* gebildete hochgiftige Substanzen, die bisher in 2 Formen bekannt sind *(Aflatoxin B* u. *G).* Im Tierversuch erzeugen die A. akute Vergiftungen, lösen Krebs aus, führen zu Missbildungen u. zu schweren Leberschäden; nach den heutigen Erkenntnissen muss diese Gefährlichkeit der A. auch für den Menschen angenommen werden. Die A. wirken wahrscheinlich über eine Störung der Steuerungs-Enzyme der Zellkerne (Verbindung von Aflatoxin mit der DNA u. Hemmung der RNA- u. messenger-RNA-Synthese). Verschimmelte Lebensmittel, insbes. Nüsse (Erdnüsse, Paranüsse u. a.), Getreide u. andere Körnerfrüchte sind nicht zum Verzehr geeignet, zumal sich A. auch durch Kochen nicht unschädlich machen lassen.

**AFL/CIO,** Zusammenschluss der Gewerkschaftsorganisationen → American Federation of Labor u. → Congress of Industrial Organizations in den USA.

**Aflenz,** österr. Markt in der nördl. Steiermark, 1000 Ew.; Luftkurort u. Wintersportplatz, südl. des Hochschwab, mit got. Pfarrkirche (15. Jh.); seit 1979 österr. Bodenstation für den internationalen Nachrichtenverkehr über Satelliten.

**AFN** ['eɪ 'ɛf 'en], Abk. für engl. *American Forces Network,* 1943 in London gegr., seit 1945 auch im Bereich der ehem. amerikan. Zone Deutschlands tätige amerikan. Rundfunkeinrichtung für US-Soldaten, die außerhalb der USA stationiert sind. Sitz in Frankfurt a. M. sowie lokale Studios mit Hörfunkprogrammen und einem Fernsehprogramm (AFTV).

**AFNOR,** Abk. für frz. *Association française de normalisation,* Französ. Gesellschaft für Normung.

**AFNORTH,** Abk. für engl. *Allied Forces Northern Europe,* NATO-Streitkräfte Nordeuropa. Zu A. gehört die in Schleswig-Holstein stationierte Division der Bundeswehr.

**à fonds perdu** [a'fɔ̃ pɛr'dy; frz.], auf Verlustkonto, nicht rückzahlbar.

**Afonso** → Alfons.

**AFP,** Abk. für → Agence France Presse.

**Afra** [hebr. „Staub"; oder lat., „Afrikanerin"], weibl. Vorname.

**Afra,** Heilige, Märtyrerin in Augsburg um 304; Kult dort schon im 5. Jh. bezeugt. Die Legende ist ohne histor. Glaubwürdigkeit. Patronin von Augsburg. Fest: 7. 8.

**Afragola,** italien. Stadt nördl. von Neapel, 60 100 Ew.

**Afrahat,** *Aphraates,* ostsyr. Bischof u. Theologe, genannt der „persische Weise", lebte in der ersten Hälfte des 4. Jh. in Nordmesopotamien östl. des Tigris. Seine überlieferten Schriften sind (unberührt von den Problemen der zeitgenöss. griech. Theologie) durch die Auseinandersetzung mit dem Judentum Babylons geprägt.

**Afrancesados** [-θɛ'saðɔs; span., „Französlinge"], ursprüngl. die Befürworter der Ideen der Französ. Revolution in Spanien; später wurden die Anhänger des von Napoleon I. eingesetzten Königs Joseph Bonaparte als A. oder auch *Josefinos* bezeichnet. Sie wurden 1814 des Landes verwiesen, 1820 amnestiert.

**Afranius,** Lucius, röm. Dichter, um 150 v. Chr.; seine Komödien (lediglich in Bruchstücken erhalten) mit röm. Schauplatz lehnen sich an *Menander* an.

**Afranius Burrus,** Sextus, röm. Prätorianerpräfekt, wahrscheinlich aus Vasio Vocontiorum (Vaison-la-Romaine), † 62 n. Chr.; nach Bewährung in der Ritterlaufbahn durch Protektion der Kaiserin *Agrippina der Jüngeren* seit 51 Prätorianerpräfekt; als solcher in den ersten 5 Jahren der Herrschaft *Neros* (54–59 n. Chr.) gemeinsam mit dessen Erzieher *Seneca* verantwortlich für eine gemäßigte Politik.

**a fresco** → al fresco.

**Africa,** ein schon zu Beginn des Präkambriums bestehender Urkontinent, der Afrika u. Vorderindien umfasste.

**African National Congress** ['æfrɪkən 'næʃnl 'kɒŋgrəs], *ANC, Afrikanischer Nationalkongress,* 1912 gegr. Bewegung, die den Freiheitskampf der Schwarzen in Südafrika organisierte; 1960–1990 verboten; nach Aufhebung des Verbots beteiligte sich der ANC unter Führung von N. *Mandela* an der demokrat. Umgestaltung Südafrikas. Bei den Parlamentswahlen 1994 u. 1999 wurde der ANC stärkste Partei. 1997 übernahm T. *Mbeki* den Parteivorsitz.

**Afrifa,** Akwasi Amankwa, ghanaischer Offizier u. Politiker, *24. 10. 1936 Mampong bei Kumasi, † 26. 6. 1979 Teshie (hingerichtet); Ashanti; nahm als Major 1966 am Staatsstreich gegen K. *Nkrumah* teil; 1969/70 Vorsitzender des Nationalen Befreiungsrates (Staatschef); nach dem Militärputsch von 1979 wegen angeblicher Korruption zum Tode verurteilt.

**Afrika** [lat. *Africa,* „Land der Afri" (Volksstamm in der Gegend von Karthago)], der drittgrößte Kontinent der Erde, → Seite 102.

**Afrikaander,** die in Südafrika geborenen Weißen (z. B. Buren).

**Afrikaans,** *Kapholländisch,* Tochtersprache des Niederländischen in Südafrika; seit 1925 als Staatssprache der Südafrikan. Union bzw. der Rep. Südafrika gleichberechtigt mit dem Engl.; holländ. Wortschatz mit einigen engl. Lehnwörtern.

**Afrikagesellschaft,** *Royal African Company,* vom engl. König 1662 gegr. u. privilegierte Gesellschaft zur Ausweitung des engl. Handels an der westafrikan. Küste, von deren Stützpunkten an der Goldküste aus der brit. Sklavenhandel nach Amerika bes. zwischen 1730 u. 1747 betrieben wurde.

**Afrika-Korps,** *Deutsches Afrika-Korps,* spätere Bez.: *Panzerarmee Afrika, Heeresgruppe Afrika,* die dt. Truppenverbände, die von Febr. 1941 bis zu ihrer Kapitulation im Mai 1943 in Libyen u. Tunesien eingesetzt waren. Befehlshaber war bis März 1943 E. Rommel, dann H.-J. von Arnim.

**Afrikaner,** Menschen verschiedener Rassen u. Sprachen, die den afrikan. Kontinent als ihre Heimat betrachten, insbes. als Ersatz für den heute als diffamierend empfundenen Namen Neger. Auch → Schwarze.

**Afrikanische Entwicklungsbank,** engl. *African Development Bank,* Abk. *ADB,* 1963 gegr. Bank, Sitz: Abidjan (Rep. Côte d'Ivoire); Mitglieder sind alle unabhängigen Staaten Schwarzafrikas, seit 1978 auch Industrieländer wie Dtschld.; Hauptziel ist die Förderung zwischenstaatl. u. regionaler Entwicklungsprojekte, vor allem auf den Gebieten Transport u. Telekommunikation.

◆ **afrikanische Kunst,** reicht von der Baukunst über die Malerei, die Verzierung von Gebrauchsgegenständen bis hin zur Schnitzerei. Der Schwerpunkt des künstler. Schaffens liegt in der Schnitzkunst.

Als älteste Kunst Afrikas kennen wir die *Felsbilder* der Sahara. Sie lassen sich in drei Phasen einteilen: Zwischen 8000 u. 6000 v. Chr. bemalten frühneolithische Jäger Felsen mit großartigen Tierbildern. Hirtenvölker, die diese Kultur ablösten, schufen in der Folgezeit hauptsächl. Rinderdarstellungen. Etwa um 1200 v. Chr. wurden dann Pferde u. Streitwagen dargestellt. – Im Süden des Kontinents entwickelte sich ein anderer, nicht leicht zu datierender Schwerpunkt afrikanischer Malerei: Die kleinwüchsigen Buschmänner, die früher das Gebiet von der Südgrenze Kenias bis nach Südwestafrika bewohnten, malten Felsbilder von erstaunlichem Naturalismus; sie stellen Jagd- u. Schlachtszenen u. Landschaften dar. Im 19. Jh. fanden die Buschmänner sogar die

afrikanische Kunst: Bronzekopf der Idia, Königreich Benin, Nigeria; 16. Jh. London, British Museum

# afrikanische Kunst

Gesetze der Perspektive. Die heute im Rückzugsgebiet der Kalahari-Wüste überlebenden Restgruppen der Buschmänner haben diese Kunstform aufgegeben. Geometrische Ritzungen auf Straußeneierschalen sind heute ihre einzige Ausdrucksmöglichkeit.

Die bedeutendsten *Steinbauten* Schwarzafrikas entstanden in der Zeit zwischen dem 11. u. 18. Jh. im Gebiet von Südafrika bis nach Tansania, vom Kongobecken bis zur Ostküste. Das Zentrum dieses monumentalen Stils lag zwischen dem Sambesi u. dem Limpopo. Den Höhepunkt bildeten die Bauten von *Simbabwe*. Burgenähnliche Gehöfte u. Städte kennzeichnen die Architektur des westl. Sudan. Im Nigerbogen wurden Moscheen u. Königspaläste mit konischen Türmen u. Strebepfeilern aus Lehmziegeln errichtet. In den Städten der Königreiche des westafrikan. Regenwalds waren die rechteckigen Lehmbauten mit Gelbgussbildwerken (Benin), bemalten Lehmreliefs (Dahomey) oder mit Malereien (Ashanti) prächtig verziert. Im Übrigen kennzeichnen Bienenkorb- (Westsudan, Südafrika) oder Rechteckhütten (West- u. Zentralafrika) mit Giebeldach die afrikan. Baukunst.

Die ältesten figuralen Plastiken (aus gebranntem Ton), die realist. *Nok-Skulpturen* von der Bauchi-Hochebene in Nordnigeria, sind etwa 2000 Jahre alt. Diese fast lebensgroßen menschl. Gesichter scheinen auf rätselhafte Weise mit den aus dem gleichen Material (Ife, 14. Jh.) geformten u. aus Messing gegossenen Figuren (eine aus Ife nach Benin eingeführte Kunst des 15. Jh.) der Hofkunst Südnigerias verwandt zu sein. Dieser Stil des afrikan. Mittelalters war technisch der Höhepunkt der afrikan. Kunst.

In Benin wurden im Gelbgussverfahren nicht nur Porträts von Mitgliedern der königl. Familie, sondern auch als Pfeilerschmuck dienende Platten mit Darstellungen von Szenen aus der Geschichte Benins u. von Europäern, die als Händler im 16. u. 17. Jh. das Königreich besuchten, hergestellt. Nach dem gleichen Verfahren stellten die Akan von Ghana zierliche Goldgewichte in Form von abstrakten Figuren oder Genregestalten her.

Die *Eisenschmiedekunst* wurde von afrikan. Künstlern nur wenig ausgeübt, doch sind die im Kongo als Zahlungsmittel benutzten, ornamental gestalteten Wurfmesser u. geschmiedete Figuren aus Dahomey Beispiele für diese Kunsttechnik.

Die schönsten Beispiele der *Elfenbeinschnitzerei* stammen wahrscheinl. von der Elfenbeinküste (Côte d'Ivoire), wo während des 16. u. 17. Jh. afrikan. Künstler Salz- u. Pfefferstreuer u. ähnl. Gebrauchsgegenstände für portugies. Händler schnitzten. Auch in Benin wurde Elfenbein zu Gürtelanhängern in Kopfform oder zu Leopardenfiguren (das königl. Tier) verarbeitet.

Die am weitesten verbreitete Kunstform Afrikas, die *Holzschnitzerei*, ist für die Ackerbau treibenden Völker West- u. Zentralafrikas charakteristisch, während sie den nilohamitischen Hirtenvölkern Ostafrikas unbekannt ist. Die Form ist vor allem durch eine strenge Stilisierung, erreicht durch eine Reduzierung auf die wesentl. Merkmale, bestimmt. Der Gegenstand wird in unbewegter Pose dargestellt, die Gestalt ist blockhaft geschlossen. Nicht selten wird die Frontansicht gewählt. Die einzelnen Teile der Figur (Kopf, Rumpf usw.) bilden in sich geschlossene, fertig gestellte Einheiten. Zu den charakteristischen Merkmalen der afrikan. Kunst muss die anatomische Verzerrung der Figuren gezählt werden, bei denen der Kopf zu groß, die Beine zu klein, Hände u. Füße dagegen überproportioniert sind. Ob dies auf die besondere, dem Kopf zugeschriebene Bedeutung zurückgeht oder eine rein ästhetische Lösung darstellt, ist nicht geklärt.

*Stilregionen:* Da Holz das Hauptmaterial des afrikan. Kunstschaffens u. ein sehr vergänglicher Bearbeitungsstoff ist, ist es nur durch indirekte Methoden möglich, kunsthistor. Phasen zu rekonstruieren. Darüber hinaus stammen die gesammelten Kunstwerke zum größten Teil aus dem 19. Jh., d. h. aus einer Zeit, da die meisten einzelnen afrikan. Kulturen enge Verbindungen (etwa durch Handel) untereinander aufrechterhielten u. ihre Kunststile gegenseitig beeinflussten. Trotzdem ist es möglich, die wichtigsten Stilregionen zu unterscheiden:

1. im inneren Sudan herrschten strenge kubist. oder abstrakte Formgebungen;
2. in Liberia u. an der Elfenbeinküste wurden Masken u. Figuren in einem höchst verfeinerten Stil hergestellt;
3. im westl. Yorubaland waren wuchtige kopfbedeckende Masken oft mit bildlicher Darstellung als verzierendem Aufbau typisch, während im Westen u. in Benin die hoch entwickelte, „klassische" Metallguss-Kunstform vorherrschte;
4. im Kreuzflussgebiet der Ibo u. Ibibio findet die künstl. Aktivität in realist., mit Tierhaut überzogenen Tanz- u. Festmasken der politisch wichtigen Männerbünde ihren Niederschlag;
5. vom Kameruner Grasland ausgehend, verbreitete sich nach Nordnigeria ein Dekorationsstil (reiche Verzierung von Stühlen u. a. Gebrauchsgegenständen mit Kaurischnecken). Splittergruppen entwickelten stark gezackte oder kugelig verquellende Formen;
6. charakterist. für Südkamerun sind die Ahnenfiguren der Pangwe u. die flachen, mit Metallstreifen überzogenen, rumpflosen „Wächterfiguren" der Bakota;
7. an der Kongomündung sind die aus rituellen Gründen mit Nägeln beschlagenen Fetischfiguren beheimatet;
8. die reiche Kunst des Kongobeckens ist vor allem durch sesseltragende Figuren (Bakuba u. a.) u. eine sehr kunstvolle Mattenflechterei gekennzeichnet;
9. in Angola findet die künstler. Betätigung ihren Ausdruck in Initiationsmasken u. figürlich verzierten Lehnstühlen;
10. die Stämme Ostafrikas kennen mit wenigen Ausnahmen (Makonde) kaum bildende Kunst.

*Kunst und Kult:* Mit der möglichen Ausnahme der Kunst einiger afrikan. Königreiche (Dahomey, Benin u. a.), die der histor. Überlieferung diente, ist die a. K. weit gehend Ausdruck der religiösen Vorstellungswelt der Afrikaner, in der die Ahnenverehrung die wichtigste Rolle spielt. Die Figuren sind Darstellungen des Urahnen des Stammes oder der Sippe. Dem Geist des Vorfahren wird im Ersatzkörper dargeboten, um seine Gunst dann durch Opfer zu gewinnen. Die Masken dienen einmal der Verkörperung von Busch- oder Walddämonen, denen Ehrfurcht erwiesen oder die versöhnt werden müssen, um die Fruchtbarkeit der Erde zu gewährleisten oder das Wohl des Volkes zu erhalten; zum Zweiten der Abschreckung von Nichteingeweihten von den Geheimnissen der Männerbünde, die ihre polit. Macht dadurch bewahren; weiter der Auszeichnung u. Verbindung bestimmter sozialer Ämter (Schiedsrichter, Friedensstifter) mit überirdischen Kräften. Neben dieser sakralen Kunst gab es ein Kunstgewerbe zur Ausschmückung von Gebrauchsgegenständen, Stühlen, Trommeln, Bechern, Waffen, Schmuck u. a.

*Kunst und Gesellschaft:* Mit Ausnahme der meist schlichten, von Frauen gefertigten Gebrauchskeramik werden afrikan. Kunstgegenstände von Männern hergestellt. Oft dürfen die Frauen die Masken niemals sehen. Meistens ist die künstler. Tätigkeit nur Nebenbeschäftigung u. der Künstler, wie die anderen Mitglieder seiner Kultur, für mehr als die Hälfte des Jahres auf seiner Farm beschäftigt. Doch weisen die magischen Kräfte der von ihm hergestellten Masken oder Figuren ihm eine gefährliche Macht zu, die ihn von der übrigen Gesellschaft trennt. Bei den Mande u. a. Kulturen des westl. Sudan wird der Beruf des Künstlers vererbt, er gehört einer kastenähnlichen Gruppe an, die in eigenen Dörfern oder Dorfvierteln abgesondert lebt. Ihm ist es verboten, Ackerbau zu betreiben. Er ist darauf angewiesen, seine Kunst gegen Nahrungsmittel u. Sonstiges zu tauschen. In den komplexen Gesellschaften, den alten Königreichen, diente der Künstler der herrschenden Gruppe der königlichen Familie u. der Adligen. Wegen seiner Stellung am Hof u. der ihm zugeschriebenen magischen Kräfte gewann der Künstler häufig hohes Ansehen u. wurde zum Ratgeber des Häuptlings oder Königs erhoben.

Wo der Beruf des Künstlers nicht auf gewisse Familien beschränkt oder bestimmten Gruppen auferlegt ist, wird die Berufswahl durch künstler. Drang oder durch Prestigestreben bestimmt. Der Lehrling, 14–18 Jahre alt u. unverheiratet, verbringt etwa 3 Jahre bei seinem Meister, dem er ein Lehrgeld zahlt oder auf dessen Pflanzung er Arbeit verrichtet. Die Lehre ist unsystematisch u. besteht darin, dass der Lehrling zuschaut, nachahmt u. in seiner Arbeit korrigiert wird. Die Lehre hat kein formelles Ende. Wenn der Meister meint, dass der Lehrling ausreichende Kenntnisse erworben hat, wird die Lehre beendet.

*Fortsetzung S. 112*

# Afghanistan

**Offizieller Name:** Islamischer Staat Afghanistan
**Autokennzeichen:** AFG
**Fläche:** 652 090 km²
**Einwohner:** 21,9 Mio.
**Hauptstadt:** Kabul
**Sprache:** Paschtu; Dari
**Währung:** 1 Afghani = 100 Puls
**Bruttosozialprodukt/Einw.:** unter 760 US-Dollar
**Regierungsform:** Islamische Republik
**Religion:** Moslems
**Nationalfeiertag:** 18. August
**Zeitzone:** Mitteleuropäische Zeit +3½ Std.
**Grenzen:** Im N Turkmenistan, Usbekistan, Tadschikistan, im NO China, im O und S Pakistan und im W Iran
**Lebenserwartung:** 46 Jahre

**Landesnatur** Der äußerst erdbebengefährdete Nordteil Afghanistans besteht aus Hochgebirgen, die sich vom Pamir u. Hindukusch (*Nowshak*, 7485 m) fächerförmig nach SW ausbreiten u. dabei an Höhe abnehmen. Die Flüsse enden in abflusslosen Seen oder Salzsümpfen, nur der Kabulfluss erreicht über den Indus das Meer. Im S dehnen sich Salzseen in hoch gelegenen Beckenlandschaften aus, der N hat Anteil am wüstenhaften Flachland von Turan. Das kontinentale Klima mit kalten Wintern, meist kurzen, trockenheißen Sommern u. starken Temperaturschwankungen lässt nur in Flusstälern u. an stärker beregneten Gebirgshängen Wald gedeihen, sonst herrschen Wüste u. Steppe vor.

**Bevölkerung** Die Bewohner Afghanistans sind zu 40 % iran. Afghanen (Ghilsai, Durrani); 25 % sind Tadschiken, 15 % mongol. Hesoreh u. 5 % Usbeken. Der übrige Teil besteht aus Kafiren, Belutschen u. Turkmenen. Rd. 84 % sind sunnitische Moslems, fast 15 % sind Schiiten. Ungefähr 69 % der Bevölkerung sind Analphabeten; seit 1978 besteht Schulpflicht.

**Wirtschaft** Rund 1 Mio. Nomaden betreiben Schaf-, Ziegen-, Kamel- u. Pferdezucht. Ackerbau ist nur auf regenreichem oder künstlich bewässertem Land möglich. 14 % der Fläche sind mit Weizen, Gerste, Mais, Reis, Baumwolle u. Obst bebaut. Von großer wirtschaftl. Bedeutung ist der Anbau u. Export von Schlafmohn zur illegalen Rauschgifterzeugung. An Bodenschätzen gibt es: Erdgas, Eisen-, Kupfer-, Blei- u. Silbererze, ferner: Kohle, Salz u. Lapislazuli. Die Industrie (Textilien, Teppiche, Lederwaren, Holzerzeugnisse) beginnt sich erst zu entwickeln. Die Energieversorgung basiert vor allem auf Wasserkraftwerken.

**Verkehr** Das Verkehrswesen ist rückständig, Eisenbahnen fehlen. Die wichtigste Verkehrslinie ist die durchgehend asphaltierte Straße Iran – Herat – Kandahar – Kabul – Mazar-i-Sharif – Usbekistan (von Kandahar Verbindung nach Pakistan, von Kabul Verbindung nach dem pakistan. Peshawar). Der größte Teil des Verkehrsnetzes besteht aus einfachen Fahrstraßen u. -wegen, die nur während eines Teils des Jahres befahrbar sind. 7 Flughäfen bzw. -plätze sind die Grundlage des Luftverkehrs.

**Geschichte** In der Antike wurde A. mehrmals von asiat. Reitervölkern überflutet. Es unterstand wechselnden Mächten: Persien, Baktrien u. Indien. Im 10.–12. Jh. entstand erstmalig ein eigener Staat unter den *Ghaznaviden* u. den *Ghuriden*, der im 13./14. Jh. von Tschingis Chan u. Timur verheert wurde. Die nationale Geschichte beginnt mit der *Durrani-Dynastie*, deren Gründer Ahmed Schah Abdali sich 1747 in Kandahar zum Emir der Afghanen ausrufen ließ. Nach dem Tod seines Sohnes Timur Schah (1773–1793) verfiel der Staat wieder u. wurde erst im 19. Jh. durch die aus der Sippe der *Barakzai* stammenden Herrscher (Dost Mohammed, Shir Ali, Abd ur-Rahman, Habib Ullah) stabilisiert. Auf dem Höhepunkt des europ. Imperialismus wurde A. nach zwei Kriegen gegen Großbritannien (1838–1842 u. 1878–1881) zum Pufferstaat zwischen Russland u. Britisch-Indien. In den beiden Weltkriegen blieb A. neutral. 1921 gelang es Emir *Aman Ullah* (1919 bis 1929, seit 1926 König), die volle Unabhän-

Die langjährigen kriegerischen Wirren machen der Bevölkerung ein normales Alltagsleben unmöglich; Straßenszene in Kabul

# Afghanistan

Die Seenkette von Band-i-Amir im westlichen Hindukusch ist eine Sehenswürdigkeit des Landes

Nomaden in der Wüstensteppe der Provinz Kandahar

Die Zitadelle in Herat, ein Bauwerk aus der Timuridenzeit, ist das Wahrzeichen der Stadt

gigkeit des Landes durchzusetzen. Seine Bemühungen um innere Reformen stießen jedoch auf starken Widerstand, der zu seinem Sturz führte. 1964 erhielt A. eine relativ moderne Verfassung. Der letzte König, Mohammed *Zahir Schah*, wurde 1973 von seinem Vetter Mohammed *Daud Khan* gestürzt. Dieser proklamierte die Republik, machte sich zum Präsidenten u. regierte diktatorisch.
1978 kam durch Putsch die kommunist. „Demokratische Volkspartei" unter M.N. *Taraki* an die Macht. Dagegen erhob sich Widerstand aus der islamisch-traditionalistisch orientierten Bevölkerung, der in einen bewaffneten Aufstand überging. Im Sept. 1979 wurde Taraki gestürzt u. ermordet. Sein Nachfolger H. *Amin* wurde im selben Jahr „hingerichtet". Danach übernahm B. *Karmal* die Ämter des Partei- u. Staatschefs. Gleichzeitig marschierten, angeblich auf Einladung der Regierung, starke sowjet. Truppenverbände in A. ein. Die Widerstandsbewegung gegen das Regime u. die Besatzungsmacht blieb aktiv u. gewann durch pakistan. u. US-amerikan. Unterstützung an militär. Gewicht. Über 5 Millionen Afghanen flohen nach Pakistan u. Iran. 1986 wurde Karmal durch M. *Najibullah* abgelöst. Im April 1988 wurde zwischen A. u. Pakistan mit den USA u. der UdSSR als Garantiemächten ein Abkommen geschlossen, das gegenseitige Nichteinmischung u. Rückkehr aller Flüchtlinge vorsah. Die UdSSR zog ihre Truppen bis Febr. 1989 ab. Die Widerstandsgruppen waren an dem Abkommen nicht beteiligt. Sie setzten ihren Kampf gegen das Regime fort. 1990 ließ die Regierung Najibullah die sozialist. Elemente aus der Verfassung tilgen. Formal wurde ein pluralist. System eingeführt. 1992 gelang dem Widerstand der Sturz des Najibullah-Regimes. B. *Rabbani* übernahm interimistisch das Amt des Staats-Präs. Blutige Auseinandersetzungen zwischen rivalisierenden Mudschaheddin-Gruppen verhinderten eine polit. Stabilisierung. Seit 1994 griffen die radikalislam. *Taliban* in den afghan. Bürgerkrieg ein u. brachten bis 1998 weite Teile des Landes unter ihre Kontrolle. Präs. Rabbani floh aus Kabul. Die ihn unterstützenden Milizen konnten sich nur im NO Afghanistans gegen die Taliban behaupten. Diese proklamierten einen streng islam. Gottesstaat *(Islamisches Emirat Afghanistan)* und führten die *Scharia* ein. Der Taliban-Führer Mullah *Mohammed Omar* ließ sich zum *Beherrscher der Gläubigen* ausrufen. Der frühere Präs. Najibullah wurde öffentlich hingerichtet. Außenpolitisch blieb das Regime isoliert. Die Zerstörung von Kulturgütern aus vorislam. Zeit rief im März 2001 internat. Proteste hervor. Die fortdauernde Duldung des islam. Extremisten Usama *Bin Ladin* im Herrschaftsbereich der Taliban führte zum Konflikt mit den USA. Dieser eskalierte im Sept. 2001 nach den Terroranschlägen auf das World Trade Center u. das Pentagon. Für die Anschläge machten die USA Bin Ladin u. dessen Terrornetzwerk Al Qaida verantwortlich. Sie begannen deshalb im Oktober 2001 mit einer von der Nordallianz unterstützten militär. Offensive gegen die Taliban, die binnen zwei Monaten zum Sturz des fundamentalistischen Regimes sowie zur weit gehenden Ausschaltung der in A. operierenden Al-Qaida-Einheiten führte. Die Delegierten einer unter Leitung der Vereinten Nationen stehenden Afghanistan-Konferenz auf dem Petersberg bei Bonn beschlossen die Einsetzung einer Übergangsregierung unter Führung von Hamid *Karzai*, die am 22. 12. 2001 in Kabul vereidigt wurde.

# Afrika

A. ist nach Asien u. Amerika der drittgrößte Erdteil. Betrachtet man Nord- (Anglo-) u. Lateinamerika als zwei Kontinente, so ist A. mit 30,3 Mio. km² (davon entfallen 615 000 km² auf die vorgelagerten Inseln) der zweitgrößte Kontinent. Von N nach S 8000 km lang u. von O nach W 7600 km breit, umfasst A. etwa 20% der Landfläche der Erde, aber mit 780 Mio. Ew. (davon rd. 15 Mio. auf den Inseln) nur rund 13% der Erdbevölkerung. Seine mittlere Bevölkerungsdichte von 26 Ew./km² beträgt etwa zwei Fünftel des Durchschnitts der eisfreien Landfläche.

**Landesnatur** *Landschaften:* Vom Atlantischen u. Indischen Ozean, Mittel- u. Roten Meer umgeben, weist A. eine sehr geringe Küstengliederung, Inselarmut (2% der Gesamtfläche) u. einen großräumigen Oberflächenaufbau auf. Seine mittlere Höhe über dem Meeresspiegel beträgt etwa 750 m. Der höchste Gipfel ist der *Kilimandscharo* (Kibo) mit 5895 m, dagegen liegen die ägypt. Qattarasenke 134 m, das äthiop. Danakiltiefland 116 m, der Assalsee in Djibouti 173 m u. der alger. Chott Melhrir 30 m unter dem Meeresspiegel. Im Großen kann man A. in das trapezförmige nördl. Niederafrika u. das längs einer Linie, die von WSW nach ONO vom Kamerungebirge zum äthiop. Hochland verläuft, angesetzte, dreieckige südl. Hochafrika gliedern.

A. ist ein Teil des alten *Gondwanalands*, zu dem auch das östl. Südamerika, Arabien, Vorderindien u. Australien gehören (→ Kontinentalverschiebung). Es besteht aus einem Sockel archaischer, metamorpher, gefalteter oder steil gestellter Gesteine, in die granitische Tiefengesteine eingedrungen sind. Darüber breiten sich in flacher Lagerung mächtige terrestrische, seltener marine Sedimente verschiedenen Alters aus. Charakteristisch ist der Aufbau in Form großer Beckenlandschaften, die durch flache Schwellen voneinander u. von den Küsten getrennt werden: Niger-, Tschad-, Weißnil-, Kongo- u. Kalaharibecken, Zentralsaharische, Ober- u. Niederguinea-, Asande- u. Lundaschwelle. Die Schwellen, die nur in Südafrika in mächtigen, steilen Stufen zum Meer abfallen, sind im Allgemeinen nur von schmalen Küstenebenen gesäumt. Ausnahmen machen Teile der Oberguineaküste, Mosambik u. das Somaliland. Im Bereich der höchsten Schwellenerhebung ist Ostafrika in ein System von Schollen zerbrochen. Junge Vulkane (Kilimandscharo, Meru, die Virungavulkane, Mount Kenya u. Elgon) begleiten streckenweise die vorwiegend von N nach S gerichteten Bruchzonen, deren Fortsetzung über Äthiopien nach N das Rote Meer ist. Neue Erkenntnisse der Plattentektonik besagen, dass die zentral- u. ostafrikanischen Gräben einschl. des Roten Meeres noch in Erweiterung begriffen sind, die Ränder also noch auseinander driften. Zonen häufiger Erdbeben bestätigen das. Im jüngeren Paläozoikum wurde im äußersten S Afrikas das Kapgebirge hoch gehoben, während der *Atlas* im NW zum tertiären europ.-asiat. Faltengebirgsgürtel gehört u. ein Fremdkörper im Bau Afrikas ist. Er ist das einzige Hochgebirge alpinen Typs in A. neben den ausgedehnten äthiop. Hochländern mit ihren vulkan. Decken u. den älteren Massiven der *Sahara* u. des *Ruwenzori* in Ostafrika.

*Gewässer:* Die meisten Ströme haben ausgedehnte Quellgebiete auf den breiten, wasserscheidenden Schwellen, sammeln ihr Wasser in großen Becken u. durchbrechen mit ihrem Unterlauf die Randschwellen in engen Schluchten mit Wasserfällen u. Stromschnellen. Diese Fälle u. Schnellen beeinträchtigen die Schiffbarkeit ebenso wie die Wasserstandsschwankungen in den wechseltrockenen Becken. Die von den Randschwellen kommenden Flüsse sind meist sehr kurz. Dagegen haben die Gewässer eine erhebl. Bedeutung als Energiequelle. Die längsten *Ströme* sind Nil (6671 km), Kongo (Zaire; 4320 km), Niger (4160 km), Sambesi (2660 km), Oranje (1860 km), Cubango (1600 km) u. Limpopo (1600 km). Die höchsten *Wasserfälle* sind die Kalambofälle (427 m), die Livingstonefälle (274 m) des Kongo, die Murchisonfälle des Victorianil u. die Victoria-

Dünenlandschaft im Westlichen Großen Erg in Algerien. Zahlreiche Oasen erlauben ein Überleben in dieser ausgedehnten Sandwüste

# Afrika

fälle des Sambesi (je 122 m). Mit Ausnahme des Tschadsees (12 000–26 000 km²) befinden sich die größten *Seen* im ostafrikan. Hochland in oder zwischen den großen Grabenbrüchen: Victoriasee (69 500 km²), Tanganjikasee (32 900 km²), Malawisee (28 900 km²) Turkanasee (8500 km²), Albertsee (5400 km²) u. Mwerusee (4920 km²).

*Klima:* A. wird als einziger Erdteil von beiden Wendekreisen geschnitten. Es ist überwiegend ein Tropenkontinent, doch reicht es im N u. S in die Subtropen hinein. Die trop. Klimazonen folgen beiderseits des Äquators fast symmetrisch aufeinander. Um das trop.-feuchtheiße Kerngebiet des Kongobeckens u. der Oberguineaküste mit gleichmäßigen Mitteltemperaturen aller Monate über 18 °C u. hohen Niederschlägen ohne Trockenzeit legt sich im N, O u. S ein Gürtel wechselfeuchten, heißen Savannenklimas mit je zwei Regen- u. Trockenzeiten, die mit größerer Entfernung vom Äquator zu je einer Regen- u. Trockenzeit zusammenwachsen. Gleichzeitig nimmt die Zahl

# Afrika

der humiden Monate ab. Die Niederschläge fallen hier zur Zeit des Sonnenhöchststandes. Zum wechselfeuchten Savannenklima gehören auch die Äquatorgebiete in Ostafrika, wo sich die Zenitalregen gegen die Luftströmungen nicht durchsetzen können u. es zur Zeit des im Nordsommer wehenden, ablandigen Südwestmonsuns zu ausgeprägter Trockenzeit kommt. Im N u. S schließen sich an die wechselfeuchten Klimate die großen Trockengebiete der Sahara bzw. der Namib u. Kalahari mit höchstens episodischen Niederschlägen u. großen täglichen Temperaturschwankungen an. Die Landstriche am Roten Meer, die südl. Sahara u. der nördl. Sudan gehören zu den heißesten der Erde; das mittlere tägliche Maximum erreicht hier im Juli 40° bis 50°C. Ein warmgemäßigtes, wintertrockenes Klima hat u. a. das Burenhochland, während der Steilabfall der Drakensberge u. der SO-Küste hohe Niederschläge das ganze Jahr über empfängt. Sommertrockenes Klima von mediterranem Typus tritt im Kapland u. in größerem Umfang im Atlasgebiet auf. Auf Madagaskar verlaufen die Klimagürtel als Folge des Südostpassats u. der von N nach S verlaufenden Gebirge in meridionaler Richtung vom ständig feuchten O bis zum periodisch trockenen W.
*Pflanzen- und Tierwelt:* Der nördl. Teil Afrikas einschl. der Kanar. Inseln u. Madeira gehört zum holarkt. Florenreich u. trägt mediterrane Hartlaubgehölze, Halfagrassteppen sowie Eichen- u. Koniferenwälder. Das klimat. verwandte Kapland weist eine Hartlaubvegetation individueller Prägung mit bes. vielen Ericaceen- u. Proteaceenarten auf. Der weitaus größte Teil Afrikas gehört zum paläotrop. Florenreich. Da die Temperaturen überall im trop. A. hoch genug sind, ist die Verbreitung der großen Pflanzenformationen von der Niederschlagsverteilung abhängig. Der immergrüne tropische Regenwald mit üppigem Wachstum u. großem Artenreichtum kommt daher im Kongobecken u. in Oberguinea vor, wo die Jahresniederschläge mindestens 1500 mm betragen. Im Gebiet der wechselfeuchten Tropen, im Sudan, in Ostafrika, im nördl. u. östl. Südafrika, wird er von einem breiten Savannengürtel umgeben, der in den niederschlagsreicheren Gebieten als regengrüne Feuchtsavanne mit teilweise Laub abwerfenden Bäumen u. hohen Gräsern ausgebildet ist, mit zunehmender Trockenheit als Trockensavanne mit niedrigem Gras u. Bäumen mit Schirmwuchs auftritt u. schließl. in die Dornsavannen mit Wasser speichernden Flaschenbäumen übergeht. Immergrüne Galeriewälder im Savannenland, der von Angola bis Mosambik vorkommende trockene Miombowald sowie Höhenwälder u. Hochweiden im Hochland Ostafrikas runden das Bild der wechselfeuchten Tropengebiete ab. Im Sudan, Somaliland u. Kalaharibecken geht die Dornsavanne in eine mehrfach salzige Halbwüste u. in der Sahara u. Namib schließl. in vegetationslose Kernwüste über. Mangrovewälder findet man an den trop. Flachküsten.
Der N Afrikas gehört zur paläarktischen Region: Die küstennahen Gebiete weisen eine Tierwelt mediterranen Charakters auf. In den ariden Arealen leben die gleichen Tierarten wie in vergleichbaren Landschaften Vorderasiens, u. a. Gepard, Gazelle, Wüstenmäuse. Die südl. der Sahara liegende äthiop. Tierregion ist durch eine große Zahl von nur in diesem Gebiet vorhandenen Familien gekennzeichnet, z. B. 21 Säugerfamilien (u. a. Giraffen, Flusspferde, Goldmulle, Erdferkel u. mehrere Antilopen), 12 Vogelfamilien (u. a. die echten Strauße, Sekretäre, Bananenfresser, Perlhühner u. Witwenvögel), 1 Reptilienfamilie, 2 Amphibien- u. 6 Süßwasserfischfamilien, darunter die Flösselhechte u. afrikan. Lungenfische. Die Tierwelt Madagaskars weicht sehr stark von der kontinentalen ab. Im trop. A. fallen besonders die Unterschiede in den Faunen der Regenwälder u. der Savannen auf. Die ganzjährige Wachstumsperiode des Regenwaldes stellt für viele Tiergruppen ein Optimum an Entfaltungsmöglichkeiten dar. Daher herrscht hier größter Arten- u. Formenreichtum, aber der Wald ist das Lebensgebiet von Einzelgängern oder kleineren Horden. Fliegende Formen (Fledermäuse, Vögel, Insekten), Klettertiere (Affen u. Halbaffen, Flughörnchen, Baumfrösche u. Baumschlangen) u. Zwergformen (Zwergbüffel, Zwergflusspferd, Zwergantilope, Zwergelefant) sind charakteristisch. In den mehr oder weniger offenen Landschaften aller Savannentypen herrschen dagegen die Läufer vor, z. B. Huftiere (Büffel, Zebras, Antilopen, Giraffen), Laufvögel (Strauße, Trappen), Raubkatzen (Löwe, Gepard) u. Hyänen. Unter den Insekten sind besonders die Termiten mit ihren Bauten landschaftsprägend. Die einseitigen Bedingungen des Savannenraumes haben eine artenarme, aber sehr individuenreiche Tierbevölkerung zur Folge. Nirgends sonst trifft man so riesige Herden von Tieren. Besonders begünstigt die offene Landschaft die Existenz großer Formen. In der Savanne sind daher die größten Landsäugetiere zu finden: Elefanten, Nashörner, Giraffen u. Büffel.

**Völker und Kulturen** A. ist ein dünn besiedelter Erdteil. Sowohl die Sahara als auch die dichten Urwälder sind ein für den Menschen ungünstiger Lebensraum. Am dichtesten besiedelt sind das Niltal, Teile der Oberguinea- u. der Mittelmeerküste. A. ist bei einer jährl. Zuwachsrate von fast 3 % der Kontinent mit dem größten Bevölkerungswachstum.
Die Bez. Afrikas als „Schwarzer Erdteil" ist in ethnograph. Hinsicht nur bedingt zutreffend. Der Lebensraum der negriden Völker beginnt erst südl. der Sahara, während der N von hellhäutigeren Völkern besiedelt ist. Man spricht deshalb von „Weißafrika" u. „Schwarzafrika". Trotz der Verkehrsfeindlichkeit der Sahara haben sich beide Teile beeinflusst u. durchdrungen; zahlreiche Mischbevölkerungen schaffen Übergänge zwischen ihnen, bes. im Sudan u. in Ostafrika. Als Weiße können neben den im Zuge islam. Staatsbildungen eingewanderten Arabern gelten: die *Berber* des Atlas-

gebiets u. Teile der *Tuareg* in der Sahara. Die *Ägypter, Nubier, Äthiopier, Somal, Hausa* u. *Fulbe* nehmen eine Zwischenstellung ein. Unter den Negriden ragen als sprachlich zusammenhängender Block die *Bantu* heraus, die sich vermutl. aus dem Kamerun-Kongogebiet bis zum äußersten Südafrika hin verbreitet haben. Viele negride Völker sind reine Ackerbauern, die z.T. in Ostafrika durch Großviehzüchter *(Hima)* sozial überlagert wurden. Die in Rückzugsgebieten noch anzutreffenden kleinen Gruppen der *Pygmäen* u. *Buschmänner* (Kleinwüchsige) sind Jäger u. Sammler. Es gibt in A. über 2000 Stämme, die sich in

In den tropischen Regenwäldern Zentralafrikas leben Pygmäen, die besonders kleinwüchsigen Menschen

In vielen Gebieten, wie hier in Äthiopien, findet der Unterricht im Freien statt

### Afrika: Staaten

| Staat | Hauptstadt |
|---|---|
| Ägypten | Kairo |
| Algerien | Algier |
| Angola | Luanda |
| Äquatorialguinea | Malabo |
| Äthiopien | Addis Abeba |
| Benin | Porto-Novo |
| Botswana | Gaborone |
| Burkina Faso | Ouagadougou |
| Burundi | Bujumbura |
| Côte d'Ivoire | Yamoussoukro |
| Djibouti | Djibouti |
| Eritrea | Asmera |
| Gabun | Libreville |
| Gambia | Banjul |
| Ghana | Accra |
| Guinea | Conakry |
| Guinea-Bissau | Bissau |
| Kamerun | Yaoundé |
| Kap Verde | Praia |
| Kenia | Nairobi |
| Komoren | Moroni |
| Kongo | Brazzaville |
| Kongo, Dem. Rep. | Kinshasa |
| Lesotho | Maseru |
| Liberia | Monrovia |
| Libyen | Tripolis |
| Madagaskar | Antananarivo |
| Malawi | Lilongwe |
| Mali | Bamako |
| Marokko | Rabat |
| Mauretanien | Nouakchott |
| Mauritius | Port Louis |
| Mosambik | Maputo |
| Namibia | Windhuk |
| Niger | Niamey |
| Nigeria | Abuja |
| Rwanda | Kigali |
| Sambia | Lusaka |
| São Tomé u. Principe | São Tomé |
| Senegal | Dakar |
| Seychellen | Victoria |
| Sierra Leone | Freetown |
| Simbabwe | Harare |
| Somalia | Mogadischo |
| Südafrika | Pretoria/Kapstadt |
| Sudan | Khartum |
| Swasiland | Mbabane |
| Tansania | Dodoma |
| Togo | Lomé |
| Tschad | N'Djaména |
| Tunesien | Tunis |
| Uganda | Kampala |
| Zentralafrikan. Republik | Bangui |

# Afrika

etwa 300 größere Stammesverbände einteilen lassen. Das Aufeinandertreffen einer Vielzahl an Völkern u. Kulturen mit unterschiedl. Sprachen u. Religionen, aber auch die Tatsache, dass die heute gültigen Staatsgrenzen nicht mit den ethn., kulturellen u. wirtschaftl. Grenzen zusammenfallen, sondern der willkürl. Grenzziehung der Kolonialmächte entsprechen, hat A. zum Schauplatz ständiger polit. Auseinandersetzungen gemacht.

**Religion** Nordafrika bis zum Sudan ist überwiegend islamisch. Die Schwarzen sind überwiegend christianisiert, z. T. aber auch den alten Ahnenkulten, dem Animismus, Fetischismus u. Totemismus verbunden. Etwa 40 % der Bevölkerung Afrikas hängen dem Islam an, 12 % der kath. Kirche, 9 % der ev. Kirche, 6 % der äthiop. u. kopt. Kirche, der Rest den Naturreligionen, die sich zum Teil mit christl. Ideen zu eigenartigen Sektenbildungen verbunden haben. Der Ausbreitung des Christentums steht die Tatsache entgegen, dass die christl. Mission oft eng mit der polit. Durchdringung u. der wirtschaftl. Ausbeutung durch die europ. Mächte verbunden war u. dadurch trotz der großen Leistungen der Mission auf den Gebieten der Kultur, Volksbildung u. Hygiene in den Augen der Afrikaner stärker belastet erscheint als der Islam. Weitere Gründe für ein erhebliches Überwiegen der Übertritte zum Islam gegenüber denen zum Christentum liegen darin, dass eine größere Gleichberechtigung in gesellschaftlicher Hinsicht in der Moslemgemeinschaft gewonnen wird als durch die christliche Taufe. Außerdem scheinen das Sozialsystem des Islams u. seine differenzierte Pflichtenlehre mit ihren für den Durchschnitt erreichbaren sittlichen Werten den Verhältnissen u. dem Denken der Afrikaner angemessener zu sein. Hinzu kommt, dass die einfacheren theologischen Vorstellungen des Islams gegenüber den komplizierten Dogmen des Christentums verständlicher sind.

**Wirtschaft** Jahrhundertelang hatte A. für die Weltwirtschaft nur als Lieferant von Gold, Elfenbein u. Sklaven Bedeutung. Im Zuge der kolonialen Aufteilung im 19. Jh. wurde der Erdteil ein wirtschaftl. Ergänzungsraum der Kolonialmächte, der zahlreiche wertvolle pflanzl. u. mineral. Rohstoffe in großen Mengen lieferte. Die industrielle Entwicklung wurde dabei weit gehend vernachlässigt, so dass auch heute die Landwirtschaft in den meisten afrikan. Ländern im Vordergrund steht. Sie liefert den Hauptanteil der Exportwaren (Kaffee, Kakao, Kautschuk u. a.). Dabei wirken sich in den stark dürregefährdeten randtrop. Gebieten (z. B. Sahel) geringe Bewässerungsmöglichkeiten, Überweidung, Seuchengefahr u. das Vorherrschen von Selbstversorgungsbetrieben negativ auf die landwirtschaftl. Produktivität aus. In den Innertropen führt der vorherrschende Wanderfeldbau mit Brandrodung zu Verlusten von Ackerbaufläche. Bei dem starken Bevölkerungswachstum ist in vielen afrikan. Staaten

Mundang-Dorf im Tschad. Die bienenkorbförmigen Lehmgebilde dienen als Getreidespeicher

# Afrika

In den tropischen Regenwäldern werden auch heute noch in großem Umfang Edelhölzer geschlagen und nach Übersee verschifft

die Nahrungsmittelversorgung der Bevölkerung schon heute nicht mehr gewährleistet und wird zunehmend problematischer. Hohe Nahrungsmittelimporte führen die ohnehin meist stark verschuldeten Länder in immer schwerere Wirtschaftskrisen. Die reichen Bodenschätze Afrikas werden erst z. T. abgebaut. Trotzdem gehört der Erdteil heute schon zu den führenden Welterzeugern von Diamanten, Chrom, Kupfer, Gold, Kobalt, Platin, Uran, Erdöl u. Steinkohle.
Die Industrie ist gegenüber Landwirtschaft u. Bergbau allgemein noch wenig entwickelt. Die meisten Industriebeschäftigten gibt es in Südafrika, Ägypten u. Simbabwe. In vielen Gebieten beschränkt sich die Produktion auf die Verarbeitung land- u. forstwirtschaftl. Erzeugnisse für den Binnenmarkt. Große Anstrengungen gelten dem Aufbau bzw. der Förderung der Energiewirtschaft (auf Kohle- u. Erdölbasis sowie durch Wasserkraft).
Durch umfangreiche Entwicklungshilfeprojekte (Kapitalanleihen, Lieferung techn. Ausrüstungen, Bereitstellung u. Ausbildung von Fachkräften u. a.) wird versucht, die wirtschaftl. Situation der ärmsten Länder Afrikas zu verbessern. Südafrika gilt als einziger Staat Afrikas nicht als Entwicklungsland. Ebenso sind die Länder, die durch Erdölausfuhren relativ hohe Deviseneinnahmen haben, so z. B. Libyen u. Algerien, in ihrer wirtschaftl. Entwicklung begünstigt.

**Entdeckungsgeschichte** Ägypt. Fahrten in goldreiche Gegenden Ostafrikas im 2. Jahrtausend v. Chr., karthag. Vorstöße *(Hanno)* bis in den Golf von Guinea um 500 v. Chr. u. röm. Expeditionen zum Bahr Al Ghasal

Kigoma ist der wichtigste Hafen am Tanganjikasee in Tansania

u. zum Tschadsee (1. Jh. n. Chr.) waren die ersten Schritte in der Geschichte der Entschleierung Afrikas. *Ptolemäus* wusste um die Seen u. die schneebedeckten Gipfel Ostafrikas. Im MA unternahmen Araber weite Reisen, Italiener entdeckten die Kanaren, Madeira u. die Azoren. Veranlasst durch den portugies. Prinzen *Heinrich den Seefahrer*, wurde in der zweiten Hälfte des 15. Jh. die Küste Afrikas erkundet (A. Cadamosto stieß 1456 bis zum Äquator vor, 1483 erreichte D. Cão die Kongo-Mündung, 1487/88 umfuhr B. Diaz das Kap der Guten Hoffnung), dagegen kam es zu europ. Expeditionen ins Innere erst nach der Gründung der Londoner *African Association* Ende des 18. Jh. Damit begann die wissenschaftl. Erforschung des Kontinents, der die koloniale Aufteilung folgte. Die wichtigsten Entdecker sind: Mungo Park, H. Clapperton, R. u. J. Lander, R. F. Burton, J. H. Speke, M. H. Stanley, D. Livingstone, H. Barth, E. Vogel, G. F. Rohlfs, G. Nachtigal, G. Schweinfurt, H. von Wissmann, R. Caillie, P. Brazza, Serpa Pinto. Weite Gebiete, vor allem in der Sahara, wurden erst im 20. Jh. bekannt, u. a. durch den Franzosen T. Monod.

**Geschichte** Nach dem heutigen Stand der vorgeschichtl. Forschung muss der Raum, in dem die Ahnen des heutigen Menschen zum systemat. Werkzeuggebrauch übergingen, im südl. u. östl. A. gesucht werden. Hier liegen die wichtigsten Fundstätten für frühmenschl. Überreste u. Steinwerkzeuge (→ Oldoway [Tansania]).
*Altsteinzeitliche Kulturen* sind in verschiedenen Teilen Afrikas nachweisbar (zwischen ca. 8000 u. 6000 v. Chr.). Klimawandel (ca. 2500 v. Chr.) machte das vorher versumpfte Niltal u. die südl. der Sahara gelegenen Zonen für Menschen kultivierbar. Die Erschließung des Niltals erforderte gesellschaftl. u. staatl. Organisation: Mit der Vereinigung von Ober- u. Unterägypten durch einen König, den die Überlieferung Menes nennt (um 3000 v. Chr.), beginnt die Geschichte Afrikas im engeren Sinn.
Die sich zur Wüste wandelnde Sahara isolierte den nordafrikan. Küstensaum am Mittelmeer weitgehend (allerdings nie vollständig) vom übrigen A., während Ägypten u. die südl. anschließenden Teile

# Afrika

des Niltals stets ein Verbindungsweg zwischen dem europ.-vorderasiat. Raum u. Innerafrika waren. Staatl. u. gesellschaftl. Merkmale *Altägyptens*, ein Gottkönigtum auf der materiellen Basis der Landwirtschaft u. der spirituellen Basis einer Natur- u. Fruchtbarkeitsreligion, finden sich bei vielen afrikan. Völkern. Dabei ist oft unklar, in welcher Richtung der Ausbreitung vor sich ging. Die afrikan. Substanz Altägyptens ist unübersehbar, u. mehrfach gingen polit. Impulse im Niltal von S aus: Um 745 v.Chr. eroberten die Fürsten von *Kusch*, dessen Hauptstadt bei Donqola zwischen dem 3. u. 4. Katarakt lag, Ägypten; bedeutendster Herrscher dieser „schwarzen" XXV. Dynastie war Taharka d.Gr. (690-664 v.Chr.) Andererseits ist klar, dass gerade der kulturelle u. Bevölkerungsaustausch mit Asien u. Europa es den Ägyptern gestattete, einen so hohen Stand menschl. Zusammenlebens zu erreichen, wie er in isolierten Gebieten Afrikas nicht anzutreffen ist.

Etwa dreihundert Jahre nach dem Sturz der XXV., kuschit. Dynastie (653 v.Chr.) in Ägypten verlegte Kusch seine Hauptstadt nach Meroë zwischen den 5. u. 6. Katarakt. Hier entwickelte sich für Jahrhunderte ein bedeutendes polit., wirtschaftl. u. kulturelles Zentrum (Eisenschmelze, alphabet. Schrift), das nach Äthiopien sowie in den mittleren u. westl. Sudan ausstrahlte.

*Antike*: Die Berberstaaten *Numidien* u. *Mauretanien* mussten sich mit fremder Herrschaft abfinden. Das phöniz. *Karthago* war von seiner Gründung (Legende: 814 v.Chr.) bis zur Zerstörung durch Rom (146 v.Chr.) Vormacht im heutigen Maghreb. Rom folgte ihm u. unterwarf auch den numid. König Jugurtha (König 118-104 v.Chr.); der letzte König Mauretaniens, Ptolemäus, wurde 40 n.Chr. auf Veranlassung Caligulas ermordet. Ägypten fiel 525 v.Chr. unter pers. Herrschaft (Kambyses), die 404-341 v.Chr. zum letzten Mal durch einheimische Dynastien (XXVII.-XXX.) unterbrochen wurde; den *Persern* folgten 332-30 v.Chr. die *Makedonier* (Alexander d.Gr. bis Kleopatra VII.), ihnen die *Römer* (Augustus). Neben Ägypten war die Provinz *Africa proconsularis* (heute Tunesien) Schwerpunkt der röm. Herrschaft in A.; von ihr leitet sich der moderne Name des Erdteils ab. Zu einer kulturellen Assimilation (Gräzisierung in Ägypten, Romanisierung im W) kam es jedoch wenig. Vielmehr ist die röm. Periode in Nordafrika durch Widerstand der Einheimischen gekennzeichnet, die sich vornehml. des Christentums zum Ausdruck ihrer Eigenständigkeit bedienten. Nach dem Konzil von Chalcedon (451 n.Chr.) trieb Opposition gegen Rom/Byzanz die ägypt. (koptische) Kirche in das Lager der Monophysiten. Auch Äthiopien übernahm um diese Zeit unter

Bronzeplatte mit Kriegern aus Benin; 17. Jh. Britisches Museum

König Ezana von Aksum das monophysit. Christentum. Die amtl. Kirche in Nordwestafrika blieb katholisch (Tertullian, *160, †230, Augustinus, *354, †430), jedoch stand das Volk von ca. 310-430 stark unter dem Einfluss der Donatisten u. Circumcellionen, deren Widerstand gegen die Staatskirche sich mit Kriegen einheim. Fürsten gegen die röm. Macht verband. Seit der Einführung des Kamels in der westl. Sahara um 200 sammelten sich auch nomad. Völker südl. der Römergrenze zu kräftigen Staaten (Garamanten), die die Provinzen bedrohten.

439 lösten die *Wandalen* Rom in Karthago ab, die 535 von den *Byzantinern* vernichtet wurden. Die islam. *Araber* wurden der mürben röm. Macht in Ägypten u. Nordwestafrika leicht Herr: 642 besetzten sie Ägypten, 697 fiel Karthago. Die Überwindung der Berber nahm jedoch mehr als 60 Jahre in Anspruch.

Viele Staatenbildungen südl. der Sahara, für uns historisch fassbar vor allem durch schriftl. Überlieferungen unter arab. Einfluss, ähnelten sich in ihren gesellschaftl. u. polit. Grundzügen so stark, dass der Begriff der *Sudanischen (auch Neo-) Kultur* geprägt werden konnte. Sie war durch ein strengen Riten unterworfenes Gottkönigtum mit Altägypten verwandt.

Der König stand an der Spitze einer oft schwachen, aber grundsätzl. zentralist. Amtsverwaltung. Das soziale Leben der bäuerl. oder nomad. Untertanen, deren Zahl von wenigen tausend bis zu einer Million reichte, wurde vom Staat kaum beeinflusst, auch wurde meist keine Staatsreligion (etwa der Islam) durchgesetzt. Der Außenhandel war Kronmonopol.

Die bedeutendsten Staaten der Sudanischen Kultur im westl. u. mittleren Sudan waren: *Ghana*, entstanden um 400, vernichtet durch die islam. *Almoraviden* 1077; *Kanem*, entstanden spätestens im 9. Jh., östl. vom Tschadsee, um 1100 islamisiert; *Songhai*, etwa ebenso alt, im 16. Jh. islamisiert; die *Hausa-Staaten* (Kano u.a.) im heutigen Nord-Nigeria, entstanden um die Jahrtausendwende, partiell islamisiert; u. *Mali*, das von seinem ersten großen Herrscher Sundjata Keita (1235-1255) zur Vormacht im westl. Sudan erhoben wurde u. eine überwiegend islam. Kultur hatte. Unter Kankan Musa (1312-1337) erlebte es den Höhepunkt seiner Macht. Als es um 1450 zerfiel, trat Songhai seine Nachfolge an: Askia (Kaiser) Mohammed I. (1493-1528) übernahm den Islam u. leitete die höchste Blütezeit der sudanischen Kultur in diesem Gebiet ein. Arab. Bildung drang vor, Universitäten entstanden; die polit. Macht Songhais reichte vom Senegal bis Kano, bis tief in die Sahara u. in das heutige Burkina Faso. Um diese Zeit begannen sich unter dem Einfluss der sudanischen Kultur weiter südlich neue Staaten zu bilden, u.a. die Reiche der *Mossi* u. der *Yoruba*. Seit dem 17. Jh. war Ife religiöser Mittelpunkt der Yoruba, Oyo Sitz des Alafins (Kaisers) u. polit. Zentrum (Yoruba-Kunst: Bronzeguss). Songhai wurde 1591 durch marokkan. Expedition zerstört. Die Wanderbewegung der Bantu sprechenden Völker ist nur in Umrissen datierbar; vielleicht vom Gebiet der *Nok-Kultur* (Nord-Nigeria) ausgehend, die schon um 500 v.Chr. Eisen verarbeitete. Ein westl. Zweig der Bantu gründete vermutl. im 14.

# Afrika

Jh. das *Kongo-Reich* an der Kongo-Mündung. Im 9. Jh. saßen die *Luba* bereits in Katanga u. beuteten Kupferminen aus. Im 11. Jh. erschienen vermutl. die *Mashona* in Rhodesien u. begannen mit dem Bau steinerner Städte (das später errichtete Simbabwe ist am bekanntesten).

Die monophysit.-christl. Staaten Nordostafrikas sahen sich seit der Eroberung Ägyptens durch den Islam von der übrigen Christenheit abgeschnitten. In *Nubien* erlag Donqola den Moslems 1315, Soba (beim heutigen Khartum) erst 1504. In *Äthiopien* stellte Yekuno Amlak 1270 die Dynastie wieder her. Unter Amda Syon d. Gr. (1312 bis 1342) u. Zara Yagob (1434–1468) erlebte das Land eine polit. u. kulturelle Renaissance.

Nordafrika einschl. Spanien u. Sizilien nahm während des europ. Mittelalters am Auf u. Ab der *islam. Staatenwelt* in ihrer Auseinandersetzung mit dem Abendland der Kreuzzüge teil. Spezifisch afrikan. Impulse standen hinter den Reichsgründungen der *Fatimiden* (ausgehend von Berbern Algeriens um 900, Eroberung Ägyptens 969–1171), der *Almoraviden* (ausgehend von einem Kloster an der Küste Mauretaniens oder im Senegal, Eroberung Marokkos 1069, Spaniens 1103) u. ihrer unmittelbaren Nachfolger, der *Almohaden* (ausgehend von Süd-Marokko um 1125, Herrschaft über den Maghreb 1147–1269). Die Ostküste Afrikas bis zur Sambesi-Mündung war schon in vorislam. Zeit arab. u. pers. Einflüssen ausgesetzt, Madagaskar zuvor in mehreren Wellen von indones.-polynes. Seefahrern besiedelt. Seit etwa 1200 entstanden an der Küste, vor allem zwischen Malindi u. Kilwa, islam. Stadtstaaten, in deren Bereich sich aus arab. u. Bantu-Elementen die Swahili-(d. h. „Küsten"-) Sprache herausbildete. Bis 1433, als zum letzten Mal eine chines. Handelsflotte in Ostafrika erschien, bestanden direkte Verkehrsverbindungen auch nach Ostasien. Im ostafrikan. Hinterland konstituierten sich vermutl. erst um 1700 die Reiche der *Hima* (Bunyoro, Buganda, Rwanda u. a.) im Gebiet der Großen Seen, getragen von dem Willen zur Eroberung der von Bantu-Bauern besiedelten Gebiete. Im heutigen Simbabwe errichtete um 1440 die Militärkaste der *Rozwi* ein Reich, das die Portugiesen später als *Monomotapa* bezeichneten.

Die Erforschung der afrikan. Westküste durch Portugiesen begann unter Heinrich dem Seefahrer (*1394, †1460). Um die Verbindung nach Indien zu sichern, nahm *Portugal* Anfang des 16. Jh. die ostafrikan.

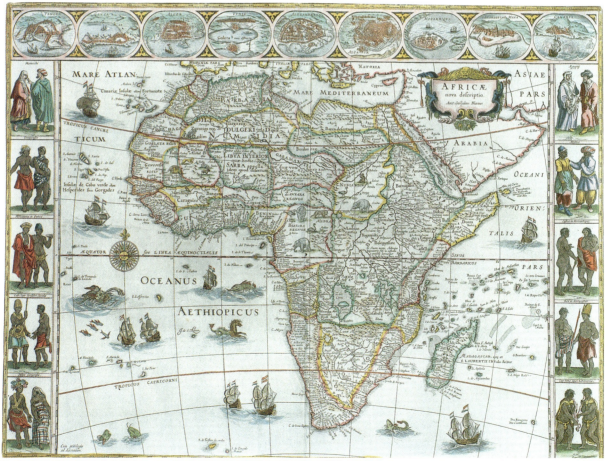

Frühe Kartierung des afrikanischen Kontinents; Landkarte aus dem „Atlas Major" Jan Blaeus; 1662

# Afrika

Küste in Besitz, fast gleichzeitig mit der Unterwerfung des islam. Nordafrika durch die osman. *Türken*. Portugal rettete Äthiopien unter Kaiser Claudius (1540–1559) vor der Überflutung durch eine neue islam. Eroberungswelle. Im Kongo-Reich versuchte König Nzinga Mbemba (christlicher Name Alfonso I., 1507–1530), mit portugies. Hilfe eine kath. afrikan. Kultur aufzubauen, jedoch scheiterte dieses Experiment wenig später an den kolonialen Interessen Portugals u. am Sklavenhandel.

An der Westküste verdrängten Holländer, Franzosen u. a. westeurop. Seefahrer, vor allem aber Engländer, im 16. Jh. die Portugiesen (außer in Angola) u. organisierten den Sklavenhandel nach Amerika in großem Stil. Die Europäer besetzten nur kleine u. schwache Küstenforts. Sie kauften Sklaven von afrikan. Mittelsmännern, die ihrerseits von mächtigeren Militärherrschern des Inneren beliefert wurden. Bezahlt wurde u. a. mit Feuerwaffen, die den Staaten in Küstennähe ein Übergewicht über die früher viel stärkeren Reiche der sudan. Savanne verschaffte. *Ashanti* im heutigen Ghana u. *Dahomey* (das heutige Benin), beide Reiche um 1700 errichtet, verdankten so ihre Macht dem Sklavenhandel.

Soldaten der westafrikanischen Friedenstruppe in Liberia 1992

Zwischen 1500 u. 1880 dürften mindestens 10 Mio. Menschen A. zwangsweise über den Atlantik verlassen haben. Die Menschenverluste in den Kriegen, die zum Einfangen von Sklaven dienten, u. beim Transport an die Küste sind unmöglich zu schätzen. Wahrscheinlich ist ihre Zahl doppelt so hoch.

Holländer errichteten 1652 am Kap die erste europ. Siedlung in A.; erst um 1770 stießen sie am Großen Fisch-Fluss mit den Xosa, einem Bantuvolk, zusammen, das in Kämpfen („Kaffernkriege") unterworfen wurde. In Natal errichtete Tschaka (1807 bis 1828) später den Militärstaat der *Zulu*; seine grausame Kriegführung löste weiträumige Flucht- u. Konzentrationswanderungen aus, die u. a. zur Konsolidierung der Basuto-Nation im heutigen Lesotho u. zur Gründung des *Ndebele-Reichs* in Rhodesien (Simbabwe) führten.

Das islam. A. wurde durch den Vorstoß Napoleons I. nach Ägypten 1798 u. durch die französ. Eroberung von Algier 1830 so stark aufgerüttelt, dass es im 19. Jh. eine große Zahl von politisch-religiösen Reformbewegungen hervorbrachte. Vorher schon, 1804, hatte der Ful *Usman dan Fodio* im heutigen Nord-Nigeria den „Heiligen Krieg" (1804–1810) gegen die nachlässigen Moslems in den *Hausa-Staaten* gepredigt. In wenigen Jahren schufen er u. sein Sohn Mohammed Bello einen in Emirate gegliederten Staat, der erobernd bis in das Yorubaland u. nach Nord-Kamerun (Adamaoua) ausgriff. Im westl. Sudan gründete Omar Saidu Tall (*1797, †1864) einen weiteren islam. Reformstaat.

Mohammed Ali (1806–1848), türk. Statthalter in Ägypten, eroberte das obere Niltal vor allem als Sklavenreservoir für seine Armee. Im 18. Jh. hatten die Herrscher von Oman die portugies. Macht auf Mosambik zurückgedrängt; 1840 verlegte Seyyid Said (1806–1856) seine Hauptstadt nach Sansibar, von wo aus er die Festlandküste bis nach Mogadischo kontrollierte. Die Intensivierung des Handels (vor allem steigende Nachfrage nach Elfenbein) erzeugte im 19. Jh. schwere Erschütterungen entlang der transafrikan. Handelswege südl. des Kongobeckens. Oft bildeten sich neue afrikan. Reiche (*Chokwe* in Ostangola/Katanga, das *Bayeke-Reich* des Nyamwezi-Händlers Msiri in Katanga nach 1856) oder arab. Privatkolonien; um 1870 schuf Mohammed bin Hamed („Tippu Tib", *um 1838, †1905) im östl. Kongogebiet ein geschlossenes arab. Handelsreich, das nur nominell dem Sultan seiner Heimatinsel Sansibar unterstand. War diese Entwicklung vornehml. von kommerziellen Interessen diktiert, so dienten der Reichsgründung des *Mahdi* Mohammed Ahmed im östl. Sudan (1881–1899) u. die militär. Disziplinierung der *Senussi* in der Cyrenaica unter Mohammed As Senussi (1859–1902) dem reformator. Impuls des afrikan. Islams. Auf Madagaskar erstarkte unter dem König von *Merina*, Radama I. (1810–1828), ein nicht-islam. Staatswesen, das sich um europ. Hilfe bei der Modernisierung bemühte. Fortschritte, die bes. dem christl. Premier Rainilaiarivony (1861–1895) zuzuschreiben sind, wurden durch die französ. Kolonialeroberung unterbrochen.

In Südafrika trug der Große Treck der Buren (seit 1837) weiße Herrschaft weit ins Innere; die Republik *Transvaal* konstituierte sich 1856. Gleichzeitig dehnte Frankreich seinen alten Besitz am Senegal systematisch ins Hinterland aus, während aus den USA nach *Liberia* ausgesiedelte ehem. Sklaven 1847 eine unabhängige Republik proklamierten.

Der wissenschaftl. Erschließung Afrikas durch europ. Forscher u. Reisende u. der Festsetzung christl. Missionare aus Europa in vielen Zonen des nichtislam. A. folgte Ende des 19. Jh. die polit. Unterwerfung fast des ganzen Erdteils u. seine Aufteilung unter westeurop. *Kolonialmächte*. Das Startsignal für den Wettlauf um Kolonien gaben König Leopold II. von *Belgien* mit seinen Erwerbungen am Kongo 1879 sowie die brit. Regierung mit der Besetzung Ägyptens (1882) nach dem Bau des Suezkanals. *England*, dessen Interessen in Süd- u. Zentralafrika bes. durch Cecil Rhodes verfochten wurden (1890–1896 Premier der Kapkolonie), besiegte 1899–1902 die Burenrepubliken u. vereinigte sie mit Kapland u. Natal zur Südafrikanischen Union (1910). Andere bedeutende Länder Afrikas, die an England fielen, waren Uganda u. Kenia in Ostafrika, der Sudan als angloägypt. „Kondominium" nach dem Sieg über die Mahdisten 1898, Nigeria u. die Goldküste (Ghana) in Westafrika. *Frankreich* erwarb von seinen Küstenplätzen am Senegal, an der Cote d'Ivoire (Elfenbeinküste), in Dahomey (Benin) u. am Kongo aus ein zusammenhängendes Landreich, dessen wirtschaftl. Wert allerdings gering schien. Durch die Sahara war es mit Französisch-Nordafrika verbunden, zu dem Tunesien (seit 1881) u. Marokko (seit 1912) als Protektorate gehörten. *Italien* scheiterte als Kolonialmacht gegen Kaiser Menelik II. von Äthiopien (1889–1913) in der Schlacht bei Adua 1896. Das *Dt. Reich* sicherte sich Kolonialbesitz in Ostafrika, Südwestafrika u. Westafrika (Kamerun u. Togo). *Portugal* musste sich auf Angola u. Mosambik sowie auf die Inseln São Tomé u. Príncipe, die Kapverdischen Inseln u. das westafrikan. Guinea-Bissau beschränken. *Spanien* konnte nur Äquatorial-Guinea, die westl. Sahara sowie einige Gebiete in Marokko in seinen Besitz bringen. In mehreren Ländern hatten die Kolonialmächte nach der Niederringung des ursprüngl. Widerstands bald gefährl. Aufstandsbewegungen zu bekämpfen (Deutsche den Herero-Aufstand in Südwestafrika 1904, den „Maji-Maji"Aufstand in Ostafrika 1905; Briten den Mashona- u. Matebele-Aufstand in Rhodesien [Simbabwe] 1896/97). Nach dem 1. Weltkrieg teilten England, Südafrika, Frankreich u. Belgien die dt. Kolonien als *Völkerbundsmandate* unter sich auf. Die Kolonialverwaltung festigte sich rasch, wobei die Briten dem System der indirekten Herrschaft Vorrang gaben, das den einheim. Fürsten eine begrenzte Autorität ließ. Die Gründung moderner Schulen u. die Durchdringung wenigstens einiger Gebiete mit modernem Wirtschaftsleben erzeugten aber neben den traditionellen Herrenschichten eine neue Bildungselite, die bald unter Verwendung europäischer Ideen Ansprüche auf politische Macht anmeldete. Die rasche *Entkolonialisierung* Afrikas seit dem Ende des 2. Weltkriegs übertrug in der Regel den kolonialen Verwaltungsapparat in die Hände dieser neuen Elite. Sie stellte fast überall die Führer der nationalen Befreiungsbewegungen, die nach der Erlangung der Unabhängigkeit oft als Einparteisysteme weitergeführt wurden. Die neuen Führer erreichten meist den Abzug der Kolonialmacht durch Verhandlungen u. gewaltlosen Druck; Wahlen bestätigten ihre Autorität bei den Volksmassen. Nur Algerien musste die Franzosen 1954–1962 durch Partisanenkrieg zum Nachgeben zwingen. Andere Aufstände scheiterten, so in Kenia (Mau-Mau 1952–1954) u. Kamerun. Die UN überwachten die Emanzipation der Treuhandgebiete (ehem. Völkerbundsmandate) u. des bis 1945 italien. Somalia. Ein Eingreifen der UN wurde nur im bisher belg. Kongo 1960–1964 erforderlich. Die

Im nördlichen Randbereich der Sahara und an der Küste von Oberguinea lagern große Erdölvorräte. Abgebildet ist ein Ölfeld in Tunesien

Die afrikanischen Großstädte, im Bild der südafrikanische Regierungssitz Pretoria, sind stark westlich geprägt

portugies. Besitzungen erreichten 1974/75 die staatl. Souveränität. Im April 1980 wurde Rhodesien nach mehrjährigem Guerillakrieg der beiden afrikan. Befreiungsbewegungen ZANU u. ZAPU als Simbabwe unabhängig. In Namibia (Südwestafrika), wo die Unabhängigkeitsbewegung SWAPO Guerillakämpfe gegen die von Südafrika eingesetzte Verwaltung führte, wurde 1988 eine Verhandlungslösung erzielt, die 1990 zur vollen Unabhängigkeit des Landes führte. In vielen afrikan. Staaten setzte zu Beginn der 1990er Jahre ein Demokratisierungsprozess ein. Der südafrikan. Präsident de Klerk begann 1990 mit einer Reformpolitik, die zur Abschaffung der Apartheid führte. Die herrschenden Regime in Äthiopien, Liberia, Tschad u. Somalia wurden 1990/91 nach blutigen Bürgerkriegen gestürzt. 1993 erlangte Eritrea die Unabhängigkeit. 1997 gelang der Sturz des Mobutu-Regimes in Zaire, das in Demokrat. Republik Kongo umbenannt wurde. Diese Wandlungen führten jedoch nicht zu einer positiven Entwicklung für den Kontinent. 1998 brach im Osten der Demokrat. Republik Kongo ein Folgekonflikt aus, der bis Ende 2000 nicht beigelegt werden konnte u. den gesamten zentralafrik. Raum destabilisierte. 1998 kam es auch zu militär. Auseinandersetzungen zwischen Äthiopien u. Eritrea. Nach einem blutigen Krieg schlossen beide Staaten im Dezember 2000 einen Friedensvertrag. Anfang des 21. Jh. waren weitere Krisengebiete: Algerien, Angola, Burundi, Liberia, Rwanda, Sierra Leone, Simbabwe, Somalia u. Sudan.

# afrikanische Literatur

*Kunsttechniken:* Das Werkzeug des Schnitzers ist beschränkt. Der Dechsel (Beil mit einer zum Schaft quer stehenden Klinge) wird zum eigentl. Gestalten der Skulptur verwendet, ein Messer dient zur Feinarbeit. Die fertige Skulptur wird oft mit Palmöl eingerieben. Die Herstellung beansprucht relativ wenig Zeit (1 bis 3 Tage). Metallgüsse entstehen durch den „Guss in der verlorenen Form": Der nachzubildende Gegenstand wird in Bienenwachs geformt u. die Form in einen Lehmmantel eingehüllt. Ein Trichter wird angebracht u. der Lehmmantel erhitzt, so dass das Wachs ausfließen kann. Das flüssige Metall wird eingegossen, u. nachdem das Metall gekühlt u. erhärtet ist, wird der Lehmmantel zerschlagen.

*Bewertung und Wirkung:* Die bis zum Ende des 19. Jh. geschmähte oder in Kuriositäten-Kabinetten Europas zur Schau gestellte Kunst der Völker Schwarzafrikas wurde mit Beginn des 20. Jh. als besonderer Ausdruck ästhetischer Empfindens u. gleichzeitig als Forschungsgegenstand entdeckt. Einzelne Kunstwerke wurden zwar von Gelehrten des 19. Jh. in allg. Kunstgeschichten veröffentlicht, aber erst die 1897 bei der Eroberung des Königreichs Benin entdeckten Bronzegüsse lenkten die Aufmerksamkeit Europas auf diese Schätze. Vor allem nach neuen ästhet. Formen suchende europ. Künstler (P. Picasso, G. Braque, A. Derain, E. L. Kirchner, E. Nolde u. a.) entdeckten u. übernahmen Elemente der nicht-naturalistischen Kunst Afrikas für ihre Werke. Heute stehen Gegenstände afrikan. Kunst nicht nur in den afrikan. Abteilungen der völkerkundl. Museen, sondern auch in anderen Sammlungen. Die traditionelle Kunst in Afrika gehört heute – von wenigen staatl. eingerichteten Zentren (Benin u. a.) abgesehen – weit gehend der Vergangenheit an. Der bilderfeindliche Einfluss des Islams u. der Zusammenbruch der Stammesreligionen – mit ihnen war diese Kunst engstens verbunden – haben diese Entwicklung gefördert. In einigen Gebieten (Côte d'Ivoire, vor allem aber Ostafrika) werden heute gewerbsmäßig billige Imitationen hergestellt. Nur vereinzelt versuchen junge Künstler, aus der Tradition der afrikan. Kunst heraus neue Werke zu schaffen. Auch → Naturvölker (Kunst).

**afrikanische Literatur** → neoafrikanische Literatur.

**Afrikanische Lotosblume** → Seerose.

**afrikanische Musik**, die Musik Schwarzafrikas unter Ausschluss jener Gebiete, die unter islam. u. damit unter dem Einfluss der arab. Musik im weitesten Sinne des Wortes stehen. Hierzu gehören die Länder Nordafrikas (Marokko, Algerien, Tunesien, Libyen, Ägypten), wenn hier auch neben den arab. deutlich erkennbare Reste berberischer oder der folkloristischen, auf die pharaonische Musikkultur zurückgehenden Musik bestehen. Auch im westl. Mauretanien, in den die Sahara begrenzenden Gebieten, an der Ostküste (altarab. Niederlassungen, Karawanenwege), abgeschwächt auch im Sudan u. teilweise sogar in Äthiopien, lassen sich entweder Enklaven, Reste der arab. Musik oder Zwitterbildung von einheim. und arab. Musikkultur feststellen. Echte u. ursprüngl. afrikan. Musik lässt sich heute noch bei zahlreichen Stämmen nachweisen, soweit sie im Rahmen der modernen, unter starkem europ. Einfluss stehenden afrikan. Staaten noch existieren. Hierzu sind z. B. die Bantu, die Pygmäen Äquatorialafrikas, die Buschmänner u. Hottentotten Südafrikas zu rechnen.

Diese echte afrikan. Musik ist noch sehr stark an den Ablauf des Lebens u. der Jahreszeiten, an das Schicksal des Einzelnen u. des Volks, an Ereignisse der Natur u. der Gemeinschaft gebunden. Sie ist zutiefst in der Magie u. im Kult verwurzelt. Bestimmte Gesänge dürfen nur zu bes. Gelegenheiten erklingen, gewisse Tänze sind großen Festen vorbehalten (Geburt, Initiation, Hochzeit, Krankenheilung, Tod, Saat, Ernte, Beginn der Regenzeit u. a.).

Wie überall in der außereurop. Musik sind starkes Formgefühl u. strenge traditionelle Bindung einerseits, Improvisationslust u. Musizierfreudigkeit andererseits die Komponenten der Musikausübung. Es gibt rhapsod. u. epische Formen der Rezitation, strophische Gesänge u. Tanzlieder aller Art. Die häufigste Form afrikan. Musizierens ist der antiphonale u. responsoriale Wechsel- u. Refraingesang. Dabei kommt es zu Ansätzen primitiver Mehrstimmigkeit, Ostinatobildungen u. auch manchmal zu echter Mehrstimmigkeit. Bes. charakteristisch ist der Klang der afrikan. Vokalmusik, insbes. das in seiner Art im afrikan. Raum einmalige „Jodeln" der Pygmäen. Die Melodie hat meistens nur einen kleinen Ambitus u. verläuft von oben nach unten. Die Rhythmik ist außerordentl. vielgestaltig u. sehr hoch entwickelt.

Auch die magischen u. kult. Bindungen der *Musikinstrumente* sind sehr stark ausgeprägt (rituelle Herstellung, Verehrung bes. von Trommeln, Tabuinstrumente, Trommeln als Symbol des Herrschers u. a.).

Das reiche Instrumentarium umfasst alle Arten von Klangwerkzeugen. *Idiophone*: Einzel- u. Doppelglocken, Klappern, Xylophone, Tanzschmuck zum Rasseln, Sistren, Schellen, Schraper, Zanza, Schlitztrommeln; *Membranophone*: Pauken, ein- u. zweifellige Trommeln verschiedener Formen; *Chordophone*: Musikbögen, Harfen, Lauten, Harfenlauten, Leiern, Zithern, verschiedene Streichinstrumente; *Aerophone*: Pfeifen aus Elfenbein, Gefäßflöten, Langflöten, seltener Rohrblattinstrumente, gerade u. gekrümmte Hörner u. Trompeten aus Holz oder Elfenbein, längs oder quer geblasen. Die Handhabung mancher Instrumente bei Festen u. Feiern ist oft einem bestimmten Personenkreis vorbehalten. Die Mehrzahl dieser Instrumente ist im Laufe der weit zurückreichenden Geschichte Afrikas importiert worden, so Harfe, Laute u. Leier aus dem alten Ägypten; Pauke, Längstrompete u. Fidel verdankt Afrika arab. Völkern. Echt afrikan. Instrumente sind vielleicht Musikbogen, Trommeln u. die jüngere Zanza. – Das Musiksystem weist heptatonische bzw. pentatonische Skalen auf.

Die gegenwärtige Musik der Völker Schwarzafrikas ist erst durch die europäische Kolonisation u. Mission bekannt geworden, sie wird aber heute bereits hauptsächl. von Einheimischen erforscht. Die vielfältigen Musikstile Schwarzafrikas wurden durch die islamischen u. christlichen Missionen stark verändert. Alle afrikan. Länder haben durch die Berührung mit der Musik Europas und vor allem Amerikas eine Fülle von Musikstilen entwickelt, die alle Stadien der Adaption, aber auch der Reafrikanisierung moderner Musikformen aufweisen. So bildete sich in Ghana in den späten 1950er u. frühen 1960er Jahren in den städt. Zentren die sog. „Highlife"-Musik aus, eine Tanzmusik, deren Wurzeln bis in koloniale Zeiten zurückreichen. Von Ghana aus verbreitete sie sich nach Nigeria. Sie weist Einflüsse der Militärkapellen auf. Ihr wichtigstes Element ist aber der Gesang. Die Band „Osibisa" kreierte in Ghana den Afro-Rock. Die nigerian. moderne Tanzmusik der Städte nennt sich „Juju" und orientiert sich stärker an der traditionellen Musik der Yoruba. Sie war ursprüngl. die Gitarrenbandmusik der armen Leute, die sich in Palmweinkneipen trafen. Ihre Hauptvertreter in Nigeria sind „King" Sunny *Ade* u. „Chief Commander" Ebenezer *Obey*. „Fuji" ist eine Weiterentwicklung von „Juju". Daneben gibt es den Afro-Beat, eine Synthese von Yoruba-Rhythmen, Highlife, Jazz u. Funk, dessen bekanntester Vertreter Fela *Anikulapo-Kuti* war, der sein polit. Engagement häufig mit Gefängnis bezahlte. Er spielte Dutzende von Platten ein u. trat mit seinen 28 Frauen auch in Deutschland auf. Der bekannteste Musiker in Kamerun, der Saxophonist Manu *Dibangu*, lebt in Paris. In Zaire (heute: Demokrat. Rep. Kongo) dominierte nach dem 2. Weltkrieg eine adaptierte Form der afroamerikan. Rumba; für afrikanischen Jazz steht Joseph „Le Grand Kalle" Kabasele; eine afrikan. Variante von Rhythmen und Blues vertritt Papa *Wemba*. Die Musik in Simbabwe verwendet verschiedene Spielarten des Daumenklaviers (mbira); hier sind die bekanntesten Interpreten Thomas *Mapfumo*, the „Lion of Zimbabwe", ein Vorkämpfer der Unabhängigkeitsbewegung Chimurenga, u. Stella *Chiweshe*. Die größte Stilvielfalt weist die südafrikan. Musik auf: von der Pennywhistle-Musik über Marabi-Musik, die eine urbane Synthese verschiedenster musikal. Strömungen einschließlich des Swing darstellt, u. dem Town-Ship-Jazz der Arbeiter-Ghettos bis hin zur gesangsbetonten Bubblegum-Musik, die traditionelle Ruf- u. Antwort-Muster aufgreift. International bekannt ist die Sängerin Miriam *Makeba* u. der Jazzpianist Abdullah *Ibrahim* (früher Dollar *Brand*). Generell ist zu sagen, dass inzwischen westl. Popmusik längst mehr von Afrika beeinflusst ist als umgekehrt.

**Afrikanischer Sadebaum** → Wacholder.

**Afrikanische Schlafkrankheit** → Schlafkrankheit.

**Afrikanische Spiele**, *All-Afrika-Spiele*, engl. *African Games*, frz. *Jeux Africains*, Sportwettkämpfe für die dem *Obersten Afrikan. Sportrat* angehörenden Länder, ausgetragen in den Sportarten Leichtathletik, Fußball, Handball, Basketball, Volleyball, Boxen, Ringen, Gewichtheben, Tischtennis, Tennis, Schwimmen, Radfahren, Hockey u.a. Nach ersten inoffiziellen Durchführungen in Tananarive 1960, Abidjan 1961 u. Dakar 1963 fanden die ersten offiziellen Afrikanischen Spiele 1965 in Brazzaville statt, die 2. in Lagos 1973, die 3. in Algier 1978, die 4. in Nairobi 1987, die 5. in Kairo 1991 u. die 6. in Harare 1995. – Die Bez. *Panafrikanische Spiele* wird gelegentl. verwendet, um die Spiele von regionalen Vorläufern zu unterscheiden.

**afrikanische Sprachen,** zusammenfassende Bezeichnung für 3 große Sprachfamilien in Afrika, die nicht zur hamitisch-semitischen Sprachfamilie gehören: erstens die sudanesisch-guineanischen Sprachen im mittleren Afrika, zweitens die Bantusprachen in Südafrika u. drittens die buschmännisch-hottentottischen Sprachen in Südwestafrika.

**Afrikanische Stachelgurke** → Kiwano.

**afrikanische unabhängige Kirchen,** christl. Kirchen in Afrika, die sich von den europ. (Missions-)Kirchen abgetrennt haben. Die Erste dieser Kirchen wurde 1819 in Sierra Leone gegr.; ihre Zahl wird heute auf über 5000 geschätzt; die größte ist die „Kirche Jesu Christi auf Erden" in der Demokrat. Rep. Kongo, gegr. von Simon Kimbangu. Die meisten unabhängigen Kirchen bestehen in Südafrika u. Nigeria, vor allem in städt. Bereich bzw. unter Wanderarbeitern. Charakteristisch für die afrikanischen unabhängigen Kirchen sind: Widerstand gegen Bevormundung durch weiße Kirchen; Einführung traditioneller afrikan. Formen in die Gottesdienst, Einbeziehung der Ahnenverehrung, starker Bezug auf das AT; starke soziale Bindung der Gemeindemitglieder; gegenseitige Hilfe als Ersatz für fehlende staatl. Sozialfürsorge; häufig polit. Bedeutung innerhalb der neuen afrikan. Nationalstaaten.

**Afrikanistik,** die Wissenschaft von den Sprachen u. Kulturen Afrikas; auch → Orientalistik.

**Afriziden,** die leicht gefalteten Erdkrustenteile im Süden Urafrikas, Vorkommen im Kapland.

**Afro,** eigentl. Afro *Basaldella,* italien. Maler u. Grafiker, * 4. 3. 1912 Udine, † 24. 7. 1976 Zürich; neben E. *Vedova* u. G. *Santommaso* Italiens führender Vertreter der informellen Malerei; ging vom Kubismus u. vom Surrealismus aus, nach A. *Gorkys* u. a. verband zeichner. Virtuosität mit venezian. Farbigkeit.

**afroamerikanische Literatur** → Vereinigte Staaten von Amerika (Literatur).

**afroamerikanische Musik,** auf dem amerikan. Kontinent durch gegenseitige Beeinflussung von Schwarzen, Weißen u. Indianern entstandene Musik. Ihre Entwicklung begann, nachdem von den europ. Kolonialmächten seit etwa 1530 Sklaven, vorwiegend aus Westafrika, nach Amerika gebracht worden waren. Bedingt durch die unterschiedl. Einflüsse (im Süden span. u. französ., im Norden dt. u. brit.), entwickelte sich die a. M. verschieden; die meisten afrikan. Elemente sind in der südamerikan. kultischen Musik enthalten; die wichtigsten aus Nordamerika stammenden Weiterentwicklungen sind Spiritual, Gospel, Ragtime, Blues u. Jazz.

Zur afroamerikanischen Musik zählen populäre Musikstile wie der Reggae aus Jamaika, Samba, Rumba, der kuban. Salsa u. Son. Die afrokuban. Musik, ausgehend von Mario Bauza, beeinflusste den Jazz (Dizzy Gillespie, Stan Getz u. a.) u. hat in den letzten Jahren durch Gastspiele international an Resonanz gewonnen (*Machito, Paquito d'Rivera, Gonzalo Rubalcaba, Arturo Sandoval, Merceditas Valdés* u. a.). Aus der afrikan. Musik wurden vor allem bestimmte rhythm. Elemente, wie z. B. die Polymetrik, übernommen, aber auch die schemat. Abwechslung von Vorsänger u. Chor u. a. Der Terminus bezeichnet keine einheitliche Musikart, er ist vielmehr Sammelbez. für verschiedene Akkulturationsphänomene im Bereich der amerikan. Musik.

**afroasiatischer Block,** die afrikan. u. asiat. Mitglieder der Vereinten Nationen, die meist als geschlossene Gruppe auftreten (z. B. in der UNO-Generalversammlung).

**afroasiatische Staaten** → Bandung-Konferenz.

**„Aftenposten"** [norweg., „Abendpost"], 1860 gegr., größte norweg. Tageszeitung, Oslo; Auflage: 223 000.

**After,** *Anus,* im tierischen Bauplan der Ausgang des Darms. Der A. entsteht bei Stachelhäutern *(Echinodermen)* u. Chordatieren *(Chordaten),* aus dem → Urmund *(Deuterostomier, Rückenmarktiere);* bei den Bauchmarktieren *(Protostomier)* ist er eine Neubildung, da der Urmund hier zu einer echten Mundöffnung wird. Tiere mit blind geschlossenem, sackförmigem Darm haben keinen A. (z. B. *Strudelwürmer* u. *Saugwürmer*). Bei Tieren mit gestrecktem Darm liegt der A. an dem Mund abgewandten Körperende, bei Tieren mit u-förmig gewundenem Darm (z. B. *Tentakeltiere*) liegen Mund u. A. nebeneinander. Der Afterschließmuskel, Sphincter ani, ist der die Afteröffnung verschließende Ringmuskel der Wirbeltiere.

**Afterdrüsen,** *Analdrüsen, Analbeutel,* bei vielen Tieren (Insekten, Amphibien, Nage-, Raubtiere) verbreitete, in oder am After mündende → Duftdrüsen, die u. a. zur Revierabgrenzung u. Paarfindung das typ. Sekret liefern.

**Afterflosse,** *Anale,* unpaare Flosse der Fische, meist unmittelbar hinter dem After beginnend.

**Afterklauen,** 1. beim Hund oberhalb der vier Zehen der Hinterbeine sitzende, oft doppelt vorhandene Klauen, die der fünften Zehe entsprechen u. dem wilden Vorfahren, dem Wolf, fehlen (Domestikationserscheinung). 2. die beiden hinter den kleineren Klauen der Paarhufe (jagdlich als *Geäfter* bezeichnet).

**Afterkrampf** → Afterzwang.

**Afterkreuzkraut,** *Erechtites,* Gattung der *Korbblütler.* Das aus Amerika stammende gelbblütige *Amerikanische A., Erechtites hieraciifolia,* wurde nach Deutschland eingeschleppt.

**Afterlehen,** ein Lehen, das von einem Lehnsträger an einen Untervasallen (Aftervasallen) ausgegeben wurde.

**Afterraupen,** Larven der *Blattwespen,* mit 6–8 Fußpaaren vom 2. Hinterleibssegment an, während die Afterfüße der *echten Raupen* der Schmetterlinge erst vom 3. Hinterleibssegment an auftreten.

**Afterrede,** böse Nachrede.

**Aftershave** [ˈaːftəʃeɪv; engl.], Präparate (Emulsionen, Gele, Lotionen, Tonics), die nach der Rasur verwendet werden. Sie enthalten Adstringentien u. hautpflegende, entzündungshemmende Bestandteile. In Lotionen u. Tonics findet man bis 80 % Ethylalkohol.

**Afterskorpione,** *Bücherskorpione, Pseudoskorpione, Pseudoscorpiones,* Ordnung der *Spinnentiere,* mit 1300 bis 7 mm langen Arten von flach gedrückter Gestalt ohne schwanzartigen Hinterkörper u. Giftblase; Bewohner mäßig feuchter Spalträume, auch in Wohnungen, Nestern, Bienenstöcken; Chelizeren mit zweigliedriger Schere, an deren beweglichem Finger Spinndrüsen münden; Brutpflege in selbst gesponnenen Brutnestern. Die A. jagen kleine Insekten u. Insektenlarven.

**Afterzwang,** *Afterkrampf, Sphinkterspasmus, Tenesmus,* sehr schmerzhafte Verkrampfung des Afterschließmuskels, z. B. infolge entzündlicher Reizung des Afters oder Mastdarms (Afterschrunden, Hämorrhoiden, Dickdarmentzündung u. a.).

**„Aftonbladet"** [schwed., „Abendblatt"], 1830 gegr., erste moderne Zeitung Schwedens in Stockholm; Auflage: 358 000.

**Afula,** israelische Stadt am Rand der Jesreelebene, südlich von Nazareth, 20 000 Ew.; Verwaltungssitz des Unterdistrikts Jesreel; Textil- und Zuckerindustrie; in der Nähe Braunkohlenlager.

**Afyon Karahisar** [ˈafjɔn-], *Afion Karahisar,* Hptst. der türk. Provinz A. im westl. Kleinasien, 1000 m ü.M., 95 600 Ew.; Hauptmoschee aus seldschuk. Zeit; Messestadt; Mohn- u. Zuckerrübenkulturen, Teppichwirkerei; Ausfuhr von Opium, Korn, Wolle, Wachs; großer Bahn- u. Straßenknotenpunkt, Flugplatz.

**Afzelia,** trop. Laubholz (afrikan. Guineaküste), gelblich bis rötlich braun, schwer, kaum schwindend, ziemlich säure- u. witterungsfest; Konstruktionsholz für stärkere Beanspruchungen im Innen- u. Außenbau (Parkett, Treppen, Schiff- u. Wagenbau).

**ag...** → ad...

**a. G.,** 1. Abk. für *als Gast.*
2. Abk. für *auf Gegenseitigkeit,* in der Versicherungswirtschaft als Zusatz zur Firma eines *Versicherungsvereins auf Gegenseitigkeit (VVaG),* einer speziellen Rechtsform von Versicherungsunternehmen, die einer Genossenschaft ähneln.

**Ag** [von lat. *argentum*], chem. Zeichen für → Silber.

**AG,** *AG., A. G., A.-G.,* Abk. für → Aktiengesellschaft.

# Aga

**Aga** [türk., „älterer Bruder"], *Agha,* Titel der unteren Offiziersränge in der osman. Türkei; in den islam. Ländern nannte man die Eunuchen A.

**Agada** [die; hebr.] → Haggada.

**Agadès** [-'dɛs], Hauptort im wüstenhaften Hochland *Aïr* (Republik Niger), Knotenpunkt von Pisten u. von alten Karawanenrouten, 524 m ü. M., 50 200 Ew.

◆ **Agadîr,** marokkan. *Agadir n'Irir,* Hafenstadt in Marokko, in den Ausläufern des Hohen Atlas, 550 000 Ew.; Hauptort der *Sous-Region,* in der Citrusfrüchte, Frühgemüse, Oliven, Feigen u. Mandeln angebaut werden; Sardinenfang, Fischwarenindustrie, Zementwerk, Wärmekraftwerk; Seebad, Fremdenverkehr. – 1960 schwere Erdbebenzerstörungen, in modernem Stil wieder aufgebaut.
Die provozierende Entsendung des deutschen Kanonenboots „Panther" nach A. 1911 führte zur Zuspitzung der zweiten Marokkokrise. Auch → Panthersprung.

**Ägadische Inseln,** *Ägatische Inseln,* ital. *Isole Egadi,* italien. Inselgruppe westl. von Sizilien, 44 km²; rd. 5000 Ew.; wichtigste Inseln: Favignana, Levanzo, Marèttima; Thunfischfang, Fremdenverkehr; Grotten. – Bekannt durch den Seesieg der Römer unter *Lutatius Catulus* 241 v. Chr. über die Karthagische

Agadîr: Blick über die am Atlantischen Ozean gelegene Hafenstadt

Flotte, der den ersten Punischen Krieg beendete. Sizilien wurde römisch, die Seeherrschaft Karthagos gebrochen.

**Ägäis,** Kurzform für → Ägäisches Meer.

**ägäische Kultur,** die bronzezeitl. Kulturen im 3. u. in der 1. Hälfte des 2. Jahrtausends v. Chr. rings um das Ägäische Meer: die *helladische Kultur* auf dem griech. Festland (Helladikum I–III); die *minoische Kultur* (Minoikum I–III) auf der Insel Kreta als Hauptsitz mit Ausstrahlung auf die südl. Kykladen; die *Kykladenkultur,* in Abhebung zu minoischen Kulturmerkmalen, auf den weiteren Kykladen- u. nördlicher gelegenen Inseln im Ägäischen Meer u. die *westkleinasiat. Kultur* mit den Zentren in Nordwestkleinasien (trojan. Kultur) u. vorgelagerten Inseln (bes. Lemnos, Lesbos u. a.). – Träger war eine im Wesentlichen einheitl. ägäische Urbevölkerung. Die ä. K. wurde von den zwischen 2100 u. 1900 v. Chr. nach dem Peloponnes eingewanderten Indogermanen fortgeführt u. wird ab 1600 v. Chr. *späthelladische Kultur* oder → mykenische Kultur genannt.

◆ **Ägäisches Meer,** Kurzform *Ägäis,* das „Meer der Griechen"; Nebenmeer des Mittelländ. Meeres zwischen Griechenland u. Kleinasien, durch die Dardanellen mit dem Marmarameer verbunden; Wassertiefen bis zu 2524 m, Salzgehalte zwischen 37 u. 39 ‰; Erdölvorkommen im O; Mittelmeerklima, charakterist. Starkwinde sind die *Etesien*; starke Küstengliederung; zahlreiche *Ägäische Inseln*: Kykladen, Sporaden, Kreta. Wichtige Häfen: Piräus, Saloniki, Izmir; Tourismus.

**ägäische Wanderung,** von der Balkanhalbinsel ausgegangene, bis nach Ägypten ausgreifende u. wohl vor allem von Illyrern getragene spätbronzezeitl. Wanderbewe-

Ägäisches Meer: Satellitenbild der Inselwelt der westlichen Ägäis. Oben rechts die nördlichen Kykladeninseln, in der oberen Bildmitte die Insel Euböa, an sich südlich die griechische Halbinsel mit der Landschaft Attika sowie die Peloponnes anschließen

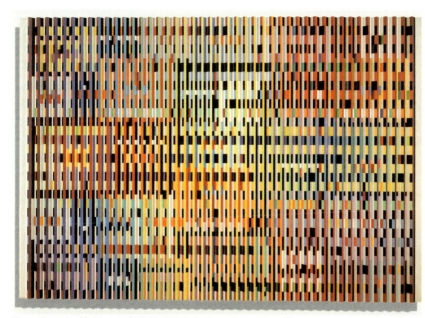

Yaacov Agam: Double Metamorphosis III; 1968. Paris, Centre Georges Pompidou

gung, die im 13. u. 12. Jh. v. Chr. die *mykenische Kultur* zerstörte u. als deren Spätfolge die *Dorier* u. *Nordwestgriechen* ihre später bekannten Siedlungsräume in Griechenland gewannen. Auch → dorische Wanderung, → Urnenfelderzeit.

**Aga Khan,** *Agha Chan,* Oberhaupt der islam. Hodschas (Zweig der Ismailiten), als *Imam* verehrt. Der 3. Aga Khan (*1877, †1957) wurde geadelt u. war eine internationale Berühmtheit; der 4. Aga Khan ist sein Enkel Karim (* 13. 12. 1937 Genf).

**Agakröte,** *Bufo marinus,* bis 22 cm lange *Riesenkröte,* ursprüngl. nur in Südamerika, jetzt zur biolog. Schädlingsbekämpfung auch in Texas, Florida, Hawaii, Jamaika u. auf den Salomonen eingeführt. Durch Räuber kaum gefährdet, da ihr Hautdrüsensekret bis zu 7 % Adrenalin enthält (wird in Südamerika zur Pfeilgiftherstellung verwendet). Sie ist gefräßig u. verdrängt dadurch mancherorts ursprüngl. einheim. Amphibien. Die A. kann bis zu 9 Jahre alt werden.

**Agalaktie** [grch.], das Ausbleiben jegl. Milchsekretion nach der Geburt. Bei Ziegen, Rindern u. Schafen gibt es eine infektiöse Agalaktie, die durch Kontaktinfektion oder infiziertes Futter hervorgerufen wird; dabei entstehen abszedierende Euterentzündungen; der Verlauf ist akut oder chronisch.

**Agalega-Inseln,** zwei kleine Inseln im westl. Ind. Ozean, zusammen 75 km², zu Mauritius gehörig.

**Agalma** [grch.], im alten Griechenland ursprüngl. Kleinod, dann (seit 600 v. Chr.) Weihgeschenk, seit dem 5. Jh. v. Chr. Götterstandbild.

**Agalmatolith** [der; grch.], *Bildstein, Pagodit,* chines. Speckstein, eine Art Talk (Magnesiumsilicat).

◆ **Agam,** Yaacov, israel. Künstler, *11. 5. 1928 Rishon Le Zion; kam vom Studium der Kabbala zur Kunst u. entwickelte sich in Paris zu einem Hauptvertreter von *Kinetik* u. *Op-Art.* Sein Thema ist das verwandelbare u. polymorphe Kunstwerk, in dem sich die Dimension der Zeit entfalten kann u. das gleichzeitig den Betrachter als konstitutives Element einbezieht. Agams Spieltrieb erfand auch ferngesteuerte Seifenblasen u. eine elektron. Wasserorgel.

◆ **Agamemnon,** sagenhafter König von Mykene, Sohn des *Atreus* (daher „Atride"), Bruder des Menelaos, Oberfeldherr der Griechen vor Troja, nach der Rückkehr von Aigisthos, dem Geliebten seiner Gattin Klytämnestra, erschlagen. Seine Kinder waren Orestes, Iphigenie u. Elektra.

**Agamen,** *Agamidae,* Familie der *Echsen,* fast 300 Arten, vielgestaltig, meist langschwänzig, hochbeinig, mit großem, beweglichem Kopf. Kurze, kaum gespaltene Zunge. Oft mit dornenartigen Schuppen, Schuppenkämmen und kragen- oder bartartigen Hautfalten. Einige mit ausgeprägtem Farbwechsel. Von Südosteuropa über Afrika und Südasien bis Australien und Polynesien verbreitet. Manche bei schnellem Lauf nur auf den Hinterbeinen. Zähne sitzen dem Kieferknochen auf. Tierische Beute und Pflanzennahrung. Zu den Agamen gehören: *Bartagame, Blutsauger, Dornschwänze, Flugdrache, Kragenechse, Moloch, Schmetterlingsagame, Schönechsen, Segelechse, Siedleragame, Wasseragame, Wüstenagame.* Eine Parallelentwicklung zu den Agamen der Alten Welt sind die überwiegend auf Amerika beschränkten → Leguane.

**Agamie** [grch.], Ehelosigkeit.

**Agammaglobulinämie** [grch. + lat.], angeborenes, wahrscheinlich erblich bedingtes Fehlen von Abwehrstoffen des Organismus gegen Infektionen, das nur bei männl. Säuglingen vorkommt; da sich im Körper des Neugeborenen zunächst noch von der Mutter stammende Immunstoffe befinden, macht sich das Fehlen eigener Gamma-Globuline erst etwa vom 3.–4. Lebensmonat an bemerkbar. Infolge der Resistenzschwäche *(Antikörpermangel)* tritt eine hohe Anfälligkeit der Kinder gegenüber verschiedenen Infektionen auf, u. Schutzimpfungen führen bei Kindern mit einer A. nicht wie üblich zu einer ausreichenden Bildung von Abwehrstoffen.

**Aga Mohammed,** *Agha Mohammed,* Schah von Iran 1786–1797, *1742, †1797 (von Sklaven ermordet); erklärte sich 1786 in Teheran zum Schah; war der Begründer der bis 1925 herrschenden *Kadscharendynastie.*

**Agamont** [grch.], eine Zelle, die durch eine Fortpflanzung ohne Befruchtung *(Agamogonie)* entstanden ist.

**Agaña** [-nja], Hauptort der US-amerikan. Insel *Guam* in der Gruppe der Marianen (Ozeanien), 4800 Ew.

**Ağaoğlu** [a:o:lu], Adalet, türk. Schriftstellerin, *1929 Nallihan; ihre Romane, Erzählungen, Dramen u. Hörspiele zählen thematisch wie stilistisch zu den anspruchsvollsten Werken der türk. Nachkriegsliteratur; Emigrationsroman: „Die zarte Rose meiner Sehnsucht" 1976, dt. 1979.

**Agape** [die; grch.], **1.** lat. *caritas,* im NT jene Liebe Gottes u. der Menschen, die in ihrem Wesen Hingabe ohne Hintergedanken bedeutet. Diese Liebe gilt bei Menschen als Frucht des Heiligen Geistes (Galater 5,22); was Jesus anbetrifft, wird er geradezu als die wahre Liebe bezeichnet (z. B. Polykarp 1,1). **2.** *Liebesmahl,* urchristl. Tischgemeinschaft zwischen arm u. reich (1. Korinther 11,20–33; Apg. 2,42; 20,7), in deren Rahmen

Agamemnon: goldene Gesichtsmaske eines Fürsten von Mykene. H. Schliemann hielt sie für die des Agamemnon. Athen, Nationalmuseum

# Agapetus

Andre Agassi, nach seinem Sieg gegen Adrej Medwedew, French Open im Roland Garros Stadion Paris, 6. Juni 1999

das → Abendmahl gefeiert wurde. Nach der Trennung von Abendmahl u. A. diente die A. meist karitativen Zwecken (z. B. Armen- oder Witwenspeisung).
**Agapetus,** PÄPSTE:
**1. Agapetus I.,** 535/36, Heiliger, Römer, †22. 4. 536 Konstantinopel; suchte die byzantinische Eroberung Italiens zu verhindern, bekämpfte den Monophysitismus. Fest: 20. 9.
**2. Agapetus II.,** 946–955, Römer, †Dez. 955 Rom; verdient um die Klosterreform, bestätigte den Primat des Erzbistums Hamburg über die nord. Länder u. unterstützte die Kirchenpolitik Ottos d. Gr.
**Agaporniden,** Papageiengattung, → Unzertrennliche.
**Agar** → Hagar.
**Agara,** *Galbulimima belgramana,* zu den *Himanandraceae* gehörender Baum aus Ostaustralien, auf den Molukken u. Papua-Neuguinea. Dort wird ein Aufguss aus Rinde u. Blättern von den Papua aufgrund seines Alkaloidgehalts als halluzinogener Rauschtrank verwendet.
**Agar-Agar** [der oder das; mal.], Kurzbez. *Agar, Florideenstärke,* stark quellfähiges Gemisch spezieller Kohlenhydrate aus marinen Rotalgen. Wie *Alginsäure* u. *Carrageenin* erstarrt A. in Gegenwart ausreichender Mengen von Calciumionen zu einer festen Gallerte. A. wird z. B. als Nährboden für Mikroorganismen verwendet, als Dickungsmittel für Lebensmittel u. Appreturen. Produktion bes. in Japan u. Kalifornien.
**AGARD,** Abk. für engl. *Advisory Group for Aeronautical Research and Development,* der Luftfahrt-Forschungsbeirat der NATO mit Sitz in Paris.
**Agardh,** Karl Adolf, schwed. Botaniker, Mathematiker u. Theologe, *23. 1. 1785 Båstad, Schonen, †28. 1. 1859 Karlstad; Mitbegründer der Algenforschung.
**Agargelpräzipitation** [mal., lat.], Verfahren zur Durchführung von Antigen-Antikörper-Reaktionen in agarhaltigem Medium. Die A. kann in einem Röhrchen *(Oudin-Test)* oder auf einer agarbeschichteten Platte *(Ouchterlony-Test)* ausgeführt werden. Es bilden sich an den Berührungszonen der aufeinander diffundierenden Antigene bzw. Antikörper bei Antigenidentität Präzipitate, die als *Präzipitationsbanden* erkennbar sind. Verwendung: z. B. Nachweis von Staphylokokkenenterotoxinen.
**Agaricaceae** → Blätterpilze.
**Agaricus** → Champignon.
**Agarose,** neutrales, lineares → Polysaccharid, welches aus → Galactose u. modifizierter Galactose besteht. Wird aus → Agar-Agar gewonnen. Nach dem Aufkochen einer wässerigen Lösung bildet sich beim Abkühlen ein Gel aus.
**Agarose-Gel,** Gel aus Agarose, Verwendung als Trägermaterial für die Gelelektrophorese, Immunelektrophorese, Immundiffusion u. die Säulenchromatographie. Modifizierte Agarose-Gele finden Anwendung als Ionenaustauscher-Harze oder als Träger für die Affinitätschromatographie. Neben Polyacrylamid- u. Dextran-Gelen werden Agarose-Gele zur Trennung von Makromolekülen herangezogen.
**Agartala** ['ægətɑːlaː], Hptst. des nordostind. Bundesstaates Tripura, 158 000 Ew.; östl. Rand des Tieflandes von Bengalen, Grenze zu Bangladesch; überregionales landwirtschaftl. Handelszentrum (Reis, Jute); Textilindustrie, Holzverarbeitung; Flugplatz.
**Agasias,** griech. Bildhauer aus Ephesos, tätig zwischen 110 u. 60 v. Chr., schuf den *Borghesischen Fechter.*
**Agasse** [a'gas], Jacques-Laurent, schweiz. Maler, *24. 3. 1767 Genf, †27. 12. 1849 London; Schüler von J. L. *David,* machte sich in England als Pferdemaler einen Namen.
◆ **Agassi** ['ægəsi], Andre, US-amerikan. Tennisspieler, seit 2001 verheiratet mit S. *Graf,* *29. 4. 1970 Las Vegas; gewann zahlreiche Grand-Prix-Turniere (u. a. Wimbledon 1992, US Open 1994, Australian Open 1995, 2000, French Open 1999), ATP-Weltmeister 1990, Davispokalsieger mit den USA 1990 u. 1992; Olympiasieger (Herreneinzel) 1996.
**Agassiz** [aga'siː], Louis, schweiz. Naturforscher, *28. 5. 1807 Môtiers, †14. 12. 1873 Cambridge (USA); seit 1846 Prof. in Cambridge (USA); arbeitete über verschiedene Gletschertheorien, Eiszeit, fossile Tiere.
**Agastya,** myth. Dichter mehrerer Hymnen des → Rigveda; im Hinduismus Kulturheros, der die brahman.-hinduist. Kultur über den drawid. Süden Indiens verbreitet hat; auch in Indonesien verehrt.
**Agaten,** *Aegates insulae* → Ägadische Inseln.
**Agatha,** Heilige, Märtyrerin in Sizilien, vielleicht um 250; sehr früh weite Verbreitung ihres Kults, Patronin gegen Feuersgefahr. Fest: 5. 2.
**Agathangelos,** Gemmenschneider augusteischer Zeit; tätig in der 2. Hälfte des 1. Jh. v. Chr., bekannt durch signierte Gemme in Berlin, Staatl. Museen.
**Agatharchos,** griech. Maler, *um 480 v. Chr., †um 420 v. Chr.; hauptsächl. in Athen tätig; in der Skenographie (Bühnenmalerei) Entdecker der perspektiv.-illusionist. Darstellungsform; Vorläufer von *Parrhasios* u. *Zeuxis.* Wegen seiner schnellen Malweise berühmt, wurde A. von Alkibiades in sein Haus gesperrt u. zu dessen Ausmalung gezwungen.
**Agathe** [grch., „die Gute"], weibl. Vorname.
**Agathenbrot,** im Schwäb.-Alemann. ein Brot, das am *Agathentag* (5. Febr.) geweiht u. als Schutz, vor allem gegen Feuer, von Mensch u. Tier genossen wird; es bewahrt die Äcker vor Schaden, u. es wird Kindern mitgegeben, die in die Fremde reisen.
**Agathis** → Araukarie.
**Agatho,** Papst 678–681, aus Sizilien, Heiliger, †10. 1. 681 Rom; wandte sich erfolgreich gegen die Monotheleten. Fest: 10. 1.
**Agathokles,** hellenist. Herrscher, *360 v. Chr., †298 v. Chr.; Emporkömmling, 317 v. Chr. Tyrann von Syrakus, 307 v. Chr. oder 304 v. Chr. mit Königstitel. Seine auf Machtausbreitung zielenden Unternehmen führten 312/11 v. Chr. zum Kampf mit *Karthago,* der ab 310 v. Chr. auch in Afrika ausgefochten wurde. Dort ließ A. seine eigene Flotte verbrennen, um so durch Entzug der Fluchtmöglichkeit sein Heer vor die Entscheidung zwischen Sieg oder Tod zu stellen. Die Regierung des A. brachte Syrakus, dessen Volk er am Ende seines Lebens die Herrschaft zurückgab, Wohlstand u. Macht. Sein Bestreben, durch eine Hegemonie über Unteritalien ein griech. Großreich zu gründen, ging nicht in Erfüllung.
**Agathon,** griech. Tragiker, *um 446 v. Chr. Athen, †um 400 v. Chr. Makedonien; seine Werke sind nur bruchstückhaft erhalten.

Sein Haus machte Platon zum Schauplatz für sein „Symposion".

**Agau,** Urbevölkerung Äthiopiens, als *Awija, Awawar* oder *Agaumeder* heute noch südwestl. des Tanasees lebend, seit ca. 700 v. Chr. von sabäisch-semitischen Stämmen überlagert.

**Agave** [grch., „die Berühmte"], Pflanzengattung aus der Familie der *Agavengewächse, Agavaceae,* vor allem in Mexiko u. den angrenzenden Gebieten der USA heimisch. Die lanzettförmigen Blätter sind rosettenartig angeordnet u. z. T. dornig gezähnt. Der vielfach kandelaberähnliche Blütenstand hat trichterförmige Blüten mit heraushängenden Staubblättern. Jede Pflanze blüht nur einmal im Leben. In Europa sind Agaven beliebte Zierpflanzen, während sie in der Heimat große wirtschaftliche Bedeutung haben; sie liefern die → Agavefasern. In Mexiko gewinnt man aus dem vergorenen Saft alkohol. Getränke.

◆ **Agavefasern,** Hartfasern aus den Blättern verschiedener Agavearten; Hauptvertreter: Sisal, außerdem Pita, Kantalahanf, falscher Sisal, Henequen, Ixtle-, Istle-, Mexikofaser, mexikanischer Hanf, Tampikofaser, Hechuguilla, Matamoroshanf, Jaumava-Istlefaser. Die Fasern sind glänzend, gelblich, leicht, reißfest u. verrottungsbeständig. Hauptanbau auf den Philippinen, in Afrika, Westindien, Brasilien, Mexiko, Südstaaten der USA, Kuba.

Agavefasern: In trockenen Regionen wird die Sisalagave, Agave sisalana, hier in einer Plantage in Kenia, angepflanzt. Sie liefert den Sisalhanf, der zu Säcken, Matten oder Tauwerk verarbeitet wird

**Agaw,** Sprache der *hamitisch-semitischen Sprachfamilie* in Nordäthiopien, mit mehreren Dialekten, die langsam durch die → amharische Sprache verdrängt wird.

**Agay** [a'gɛ], rasch expandierender Fremdenverkehrsort an der *Corniche de l'Esterel* (südfranzös. Mittelmeerküste); Yachthafen.

**Agbebi,** Mojola, afrikan. Kirchenführer, Dichter u. Nationalist, *1860, †1917; Sohn befreiter Sklaven, wuchs in seinem vermutl. Heimatland Nigeria auf; die von ihm organisierte Protestbewegung gegen die rassist. Haltung christl. Kirchen führte zur Gründung der „Ebenezer Baptist Church", der ersten unabhängigen afrikan. Kirche in Westafrika. In zahlreichen Schriften setzte sich A. für die Gleichberechtigung der Afrikaner ein.

**Agboville** [-'vil], Stadt im Südosten der Rep. Côte d'Ivoire, 26 900 Ew.; Verkehrszentrum.

**AGC,** Abk. für engl. *Automatic Gain Control*, Schaltungsanordnung zur automat. Regelung der Verstärkung eines → Verstärkers mit dem Ziel, Schwankungen der Eingangsspannung auszugleichen; wird in Rundfunk- u. Fernsehgeräten häufig zur → Schwundregelung verwendet.

**Agde** [agd], französ. Hafenstadt im Dép. Hérault an der Mündung des gleichn. Flusses, 17 800 Ew.; Gründung im 3. Jh. v. Chr. durch Griechen (grch. *Agathe Tyche*, lat. *Agatha*); wichtigster Hafen des Languedoc bis zur 2. Hälfte des 19. Jh.; danach von *Sète* abgelöst. In jüngerer Zeit Ausbau eines bedeutenden Touristenzentrums am *Cap d'Agde*.

**Agee** [ˈeɪdʒiː], James, US-amerikan. Dichter, * 27. 11. 1909 Knoxville, Tenn., † 16. 5. 1955 New York; seine Gedichte zeichnen sich durch melodische Sprache u. meisterhafte Rhythmik aus: „Permit me voyage" 1934; in dem Roman „Ein Schmetterling flog auf" (1958, dt. 1962) stehen nicht Ereignisse im Vordergrund, sondern Beziehungen zwischen Menschen. A. wurde bekannt durch den Dokumentarbericht „Zum Lob großer Männer" 1941 (dt. 1975, 1989 unter dem Titel „Preisen will ich die großen Männer. Drei Pächterfamilien") mit Fotografien von W. Evans.

**Agen** [a'ʒɛ̃], Stadt in Südfrankreich, rechts an der mittleren Garonne, alte Hptst. des *Agenais,* jetzt Sitz des Dép. Lot-et-Garonne, 32 200 Ew.; Kathedrale (11.–16. Jh.); Kanalbrücke (19. Jh.) über den Strom; Obstkonserven-, Schuh-, Textil-, pharmazeut. Industrie, Landmaschinenbau, Ziegelei; berühmte Spezialität sind die *Pruneaux d'Agen* (Backpflaumen).

**Agena,** Name einer Oberstufe US-amerikan. Trägerraketen, hauptsächl. in der Verbindung *Atlas-Agena* u. *Thor-Agena* für den Start von Satelliten *(Discoverer)* u. Raumsonden der Typen → Ranger u. → Mariner. Die erste Stufe hatte die ersten in der Umlaufbahn wieder zündbaren Triebwerke.

**Agence France Presse** [a'ʒɑ̃s fʀɑ̃s pʀɛs; frz.], Abk. *AFP,* halbamtl. französ. Nachrichtenagentur, Sitz: Paris; gegr. 1944 als Nachfolgerin der *Agence Havas*; eigener Bilderdienst.

**Agence Havas** [a'ʒɑ̃s a'vas; frz.], *Havas,* 1835 in Paris von Charles Louis *Havas* (*1783, †1858) gegr. Übersetzungsbüro, später zur ersten Nachrichtenagentur der Welt ausgebaut, 1944 durch die *Agence France Presse* abgelöst.

**Agency for International Development** [ˈeɪdʒənsi fɔr ɪntəˈnæʃənəl dɪˈvɛləpmənt] → AID.

**Agenda** [die, Pl. *Agenden;* lat.], **1.** *allg.:* Merkbuch, Tagesordnung.

**2.** *Theologie: Agende,* ursprüngl. jede liturg. Funktion, heute vor allem in ev. Sprachgebrauch das Buch, das die Gottesdienstordnung mit den liturg. Texten enthält.

**Agenda 21,** weltweites Aktionsprogramm für den Übergang in das 21. Jh., das 1992 in Rio de Janeiro von 178 Staaten mit der Konferenz der Vereinten Nationen für Umwelt und Entwicklung (UNCED) beschlossen u. 1997 nochmals bestätigt wurde. Zentrales Leitbild ist die Erarbeitung von Konzepten u. Strategien für eine nachhaltige, umweltgerechte Entwicklung der einzelnen Staaten, so dass im globalen Maßstab die natürl. Lebensgrundlagen für künftige Generationen bei fairen Entwicklungschancen der bisher nicht industrialisierten Länder gewahrt bleiben. Noch entfallen auf die Industrieländer mit einem Viertel der Weltbevölkerung etwa 80 % des Energieverbrauchs oder drei Viertel der Schadstoffemissionen. Nachhaltigkeit bedeutet z. B., dass die Freisetzung von Stoffen oder Energie auf Dauer nicht größer sein darf als es die Anpassungsfähigkeit der Ökosysteme zulässt, oder, dass die Nutzung erneuerbarer Naturgüter wie Holz nur im Rahmen ihrer Regenerationsfähigkeit erfolgen darf. In Dtschld. wurde das Prinzip der Nachhaltigkeit 1994 als Staatsziel im Grundgesetz verankert (Artikel 20a). Auch → Umweltpolitik.

**Agenda 2000,** Strategiepapier der Europ. Kommission für die Stärkung und Erweiterung der EU in den ersten Jahren des 21. Jh. Die größten Herausforderungen für die EU liegen in der Stärkung und Reformierung der Gemeinschaftspolitiken, in der Erweiterung nach Osten und in der Schaffung eines neuen Finanzrahmens. Die Kommission forderte u. a. die Intensivierung der Heranführungsstrategie für die Beitrittskandidaten, die Reform der EU-Institutionen, und die Reform der gemeinsamen Agrar- und Strukturpolitik.

**Agenda für den Frieden,** engl. *Agenda for Peace,* 1992 vom damaligen UNO-Generalsekretär B. *Boutros Ghali* im Auftrag des UN-Sicherheitsrats vorgelegtes Dokument über die mittel- u. langfristigen Zielsetzungen für die vorbeugende Friedensdiplomatie, Friedenssicherung u. Friedenskonsolidierung der Vereinten Nationen.

**Agendenstreit,** Streitigkeiten um eine Reform der Gottesdienstordnung des Königs Friedrich Wilhelm III. von Preußen. Im Zusammenhang mit seinen Unionsbestrebungen führte er eine neue, von ihm zusammengestellte Agende ein, die seit 1822 für alle preuß. Provinzialkirchen gelten sollte. Diese Anordnung löste einen langjährigen, erbitterten Streit in den preuß. Teilkirchen aus, der um 1832 durch das Zugeständnis eigener provinzialkirchlicher Zusatzagenden beigelegt wurde. Der A. ist ein wichtiges Indiz für die allmähliche Verselbstständigung der Kirche gegenüber dem Staat.

**Agenesie,** das Fehlen eines Organs oder Körperteils aufgrund einer fehlerhaften Keimlingsentwicklung.

**Agenor,** König von Tyros oder Sidon (Phönizien), Vater der von Zeus in Gestalt eines Stieres geraubten *Europa.*

**Agens** [das, Pl. *Agenzien;* lat.], **1.** *Chemie:* das Wirkende; Täter oder Ursache einer Handlung, bes. auf chemische oder physikal. Vorgänge angewandt. **2.** *Grammatik:* in Aktivsätzen im Nominativ, in Passivsätzen im Dativ (mit Präposition) der Urheber bzw. Ähnl. Täter einer Handlung; z. B. „*Heinz* baut ein Haus"; „Das Haus wird von *Heinz* gebaut".

**Agent** [der, Pl. *Agenten;* lat.], **1.** *allg.:* Vermittler, Beauftragter, Vertreter. **2.** *Handelsrecht:* → Handelsvertreter. **3.** *Politik:* polit. Agent, *Verbindungsmann,* Vertreter der Interessen eines Staates, einer Regierung, Partei oder Ähnl., ohne offiziell mit der Vertretung beauftragt zu sein, oftmals illegal *(Geheimagent).*

**Agentes in rebus** [lat., „Beauftragte in verschiedenen Angelegenheiten"], ursprüngl. Meldereiter im militär. Einheit in der unmittelbaren Umgebung des röm. Kaisers (seit ca. 300), dann zur Übermittlung kaiserl. Anordnungen in die Provinzen u. als Aufsichtspersonen über die Reichspost, zugleich auch als eine Art von Geheimpolizisten verwendet mit der Aufgabe, den Kaiser über Vorgänge in den Provinzen, insbes. über kriminelle Delikte, zu unterrichten.

**Agent Orange** [ˈɛɪdʒənt ˈɔrəndʒ], Deckname für ein militär. genutztes → Herbizid. Neben den eigentl. herbiziden Wirkstoffen 2,4,5-T *(2,4, 5-Trichlorphenoxyessigsäure)* u. 2,4-D *(2,4-Dichlorphenoxyessigsäure)* enthält es äußerst gefährl. Produktionsrückstände von TCDD *(Tetrachlordibenzodioxin),* das durch die Giftgaskatastrophe in dem norditalien. Ort Seveso 1976 bekannt wurde. A. O. wurde im Vietnam-Krieg von den Amerikanern als Entlaubungsmittel eingesetzt.

**Agent provocateur** [aˈʒɑ̃ prɔvɔkaˈtœːr; frz.], „Lockspitzel", häufig im Dienst der (geheimen) Polizei; erschleicht sich das Vertrauen Verdächtiger, um ihre Geheimnisse zu erfahren. – Als A. p. bezeichnet man auch den Veranlasser der Straftat eines anderen, die nicht zum Erfolg, sondern nur zur Überführung des Angestifteten führen soll; der A. p. bleibt straflos.

**Agenzia Stefani** [adʒenˈtsia-], 1853 von G. Stefani in Turin gegr., 1881 nach Rom verlegte italien. Nachrichtenagentur, 1945 durch die ANSA (Agenzia Nazionale Stampa Associata) abgelöst.

**Ageo,** japan. Stadt in Mittelhonshu, 195 000 Ew.; Agrarzentrum.

**ageostrophisch,** *ageostrophische Windkomponente,* Windbewegung quer zu Isobaren; tritt in der bodennahen Reibungsschicht auf; bewirkt den Ausgleich von Druckunterschieden.

**Ageratum** → Leberbalsam (1).

**ager publicus** [der; lat.], altröm. Staatsdomäne, bildete mit dem *ager privatus,* dem privaten Grundbesitz der Bürger, die Gesamtheit des röm. Territoriums. Jedes eroberte Gebiet wurde dem a. p. zugeschlagen, der dann verkauft, verpachtet oder zur Nutznießung an Private vergeben wurde u. die wichtigste staatl. Einnahmequelle bildete.

**Agesandros,** griech. Bildhauer, → Hagesandros.

**Agesilaos II.,** Sohn *Archidamos' II.,* König von Sparta 399–360 v. Chr.; unternahm in einem Perserkrieg zum Schutz der Ionier 396–394 v. Chr. Vorstöße ins Innere Kleinasiens, ohne die Perser entscheidend fassen zu können; zurückgerufen, errang er 394 u. 391/90 v. Chr. Erfolge über Spartas griech. Gegner u. wurde zum Vorkämpfer einer spartan. Gewaltpolitik in Hellas, die 371 v. Chr. zur Katastrophe führte. Danach rettete er Sparta zweimal vor der Eroberung durch → Epaminondas u. war zuletzt 361/60 v. Chr. Söldnerführer im ägypt. Dienst gegen die Perser.

**Agfacontour** [-ˈtuːr; frz.], Schwarzweiß-Äquidensitenfilm der Agfa-Gevaert AG; er dient 1. in der Fotografik dem unmittelbaren Erlangen von Verfremdungseffekten ähnlich der Pseudosolarisation, 2. in der Meßtechnik der Auswertung von Interferogrammen, 3. der Interpretation von Luftbild- u. astronom. Aufnahmen, 4. in der Photometrie von Spektrallinien. A. ist auf herkömml. Weise in der Wanne zu verarbeiten, bei rotem Dunkelkammerlicht in konfektionierten Präparaten.

**AGFIS,** Abk. für frz. *Association Générale des Fédérations Internationales de Sports,* Vereinigung der internationalen olymp. u. nichtolymp. Sportverbände sowie assoziierter Organisationen; Sitz: Monaco.

**Aggäus** → Haggai.

**Agger,** rechter südl. Nebenfluss der Sieg, 80 km; entspringt im Ebbegebirges, mündet bei Siegburg; mit *Agger-Talsperre* im Bergischen Land, 1927–1929 errichtet, Höhe der Staumauer 43 m, 19,3 Mio. m³ Stauinhalt.

**Aggiornamento** [adʒɔrnaˈmɛnto; ital., „Anpassung an heutige Verhältnisse"], von Papst Johannes XXIII. eingeführte Bez. für die notwendige Anpassung der kath. Kirche (bes. ihrer Liturgie u. ihrer äußeren Erscheinung, weniger der Lehre) an die Bedingungen der modernen Welt.

**Agglomerat** [das; lat.], **1.** *allg.:* Zusammenballung, Anhäufung. **2.** *Geologie:* zusammenhängende vulkan. Gesteinsmasse aus eckigen, scharfkantigen Lavabrocken. **3.** *Metallurgie:* aus feinkörnigen Stoffen, bes. Erzen, vor allem durch → Sintern zusammengebackenes größeres Stück.

**Agglomeration** [die; lat., „Anhäufung, Zusammenballung"], räuml. Konzentration von Bevölkerung, Industrie- u. Dienstleistungsbetrieben. Aus der Häufung von Arbeitskräften u. Produktionsbetrieben auf engem Raum können sich Kostenvorteile, d. h. Agglomerationsvorteile, ergeben. Umgekehrt kann eine zu starke Verdichtung Agglomerationsnachteile bewirken, etwa in Form von Luft- u. Wasserverschmutzung oder sehr hohen Bodenpreisen. Auch → Ballungsgebiete.

**Agglutination** [lat.], eine Zusammenballung von *Antikörpern* (Ak) u. *Antigenen* (Ag; hier Zellen oder antigenbeladene Partikel). Die Antikörper (Agglutinine) binden sich an die Oberfläche der Zellen oder Partikel u. lassen so ein Netzwerk entstehen. Antigen u. Antikörper neutralisieren sich im *Antigen-Antikörper-Komplex.* Die Ag-Ak-Reaktionen spielen eine bedeutende Rolle in der experimentellen Immunologie u. in der Medizin. Bestimmte Organtransplantationen scheitern häufig daran, dass das Transplantat als körperfremdes Antigen wirkt u. über die Antikörper Unverträglichkeitsreaktionen hervorruft. Auch die Blutgruppenbestimmung (Bluttransfusionen) beruht auf der Unverträglichkeit verschiedener Blutgruppen, die miteinander agglutinieren.

**agglutinierende Sprachen** → Sprache.

**Aggregat** [das; lat.], **1.** *allg.:* äußerlich (zufällige oder absichtliche) Zusammenfassung mehrerer (gleich- oder verschiedenartiger) Dinge. **2.** *Mathematik:* durch mehrfache rechnerische Verknüpfung gebildeter → Term. **3.** *Mineralogie:* regellose Verwachsung vieler Mineralien. **4.** *Technik:* aus mehreren Maschinen (z. B. einer Kraft- u. einer Arbeitsmaschine) bestehender Maschinensatz.

**Aggregation** [die; lat., „Anhäufung"], **1.** *Biologie:* 1. Zusammenlagerung von Einzelzellen für eine gewisse Zeit zu einer funktionellen Einheit (Aggregationsverband), z. B. bei der Alge *Pediastrum.* Der Zusammenhalt der einzelnen Zellen wird im *Aggregationsverband* nachträgl. hergestellt. Hiervon ist u. ist von einem dauernden *Coenobium* oder *Kolonie* zu unterscheiden. Eine Trennung des Verbandes schädigt die Einzelzelle nicht.
2. Gruppe von Tieren, die einen *anonymen Verband* bilden (die Mitgl. der Gruppe kennen sich nicht), aber durch soziale Bindungen (z. B. Gruppenduft, → Pheromone) zusammengehalten werden. Die A. kann dem Schutz vor Umwelteinflüssen dienen (z. B. Insektenanhäufungen bei niedrigen Temperaturen). Bestimmte zusätzl. gemeinsame Signale (Warn- oder Alarmsignale) können eine für die A. verstärkende Wirkung ausüben.
**2.** *Chemie:* Zusammenlagerung von Atomen oder Molekülen. Handelt es sich um gleichartige Atome oder Moleküle, spricht man auch von *Assoziation.*
**3.** *Ökologie:* zufällig zustande gekommene Versammlung von Organismen verschiedener Artzugehörigkeit (z. B. von Algen, Schnecken u. a. in einer Gewässerbucht).
**4.** *Wirtschaft:* Zusammenfassung von einzelwirtschaftl. (mikroökonom.) Größen zu Global-(Makro-)Größen *(Aggregate):* Alle – für eine theoret. Analyse interessanten – im Allg. recht unterschiedl. beschaffenen u. ausgestatteten Unternehmen (private u. öffentl. Haushalte, Volkswirtschaften) werden einheitl. u. damit von den jeweiligen Besonderheiten absehend den Sektoren *Unternehmen, Haushalte, Staat* u. *Ausland* zugeordnet. Auf diesem Wege soll die Vielfalt mögl. Verhaltensweisen auf eine vereinfachte typ. Grundaussage z. B. über Produktions-, Investitions-, Konsum-, Export- u.

Importverhalten reduziert werden. Preise, Zinsen u. a. werden als Mittelwerte u. Güterströme in Geldbeträgen ausgedrückt. Die Auflösung solcher Aggregate in Teilelemente nennt man *Desaggregation*. Zu beachten ist, dass Aussagen über das Verhalten der Aggregate nicht mit dem Verhalten jeweils einzelner Einheiten übereinstimmen müssen. Zu Recht wird ferner vor jeder Personifizierung von Aggregaten gewarnt, durch die suggeriert werden könnte, diese rein sprachlich geschaffenen Gebilde handelten aus einem zentralen Willen heraus (als „Unternehmerschaft", „Investoren", „Arbeiterklasse"). Dennoch wird es bei gesamtwirtschaftl. Betrachtungen immer um Analysen des Verhaltens größerer Aggregate von Individuen gehen.

◆ **Aggregatzustand,** Erscheinungsform der Materie: gasförmig, flüssig, fest. Im Gas überwiegt die Wärmebewegung über die Anziehungskräfte, die Moleküle fliegen bis auf Stöße frei umher; daher sind Gestalt u. Rauminhalt veränderlich. In Flüssigkeiten lagern sich zahlreiche Moleküle zu kleinen Gebilden zusammen, die ihrerseits dicht nebeneinander liegen, daher ist die Gestalt veränderlich u. der Rauminhalt fest. In festen Körpern bilden Moleküle meist Kristallgitter (Metalle), seltener glasartige (amorphe) Massen (Glas, Bitumen). Der A. ist von Druck u. Temperatur abhängig. Die Übergangstemperaturen von einem A. in einen anderen bei Normaldruck werden jeweils als *Kondensations-, Siede-, Gefrier-, Schmelzpunkt* bezeichnet (z. B. bei Wasser). Für jeden Stoff ist bei niedrigen Drücken auch ein direkter Übergang *(Sublimation)* vom festen in den gasförmigen A. u. umgekehrt möglich; Naphthalin sublimiert z. B. schon bei gewöhnlichem Druck. – Als vierter A. wird gelegentl. der sog. Plasmazustand bezeichnet: hochgradig ionisierte Gase (→ Plasma).

Aggregatzustand: Die Atome eines Festkörpers führen aufgrund ihrer Bewegungsenergie ständig kleine Schwingungen um ihre Plätze im Kristallgitter aus (1). Erhitzt man den Stoff, so nehmen die Schwingungen zu und verursachen eine Volumenvergrößerung (2). In einer Flüssigkeit bewegen sich die Atome frei (3). Auf sie wirken nur noch zwischenmolekulare Kräfte ein. In Gasen bewegen sich die Atome äußerst rasch, ihre Zusammenstöße mit den Gefäßwänden verursachen einen bestimmten Gasdruck (4). Im Gegensatz zu Flüssigkeiten füllen Gase jeden angebotenen Raum aus

**Aggression** [lat., „Angriff"]. **1.** *allg.:* Angriff, affekt- oder triebbedingtes Angriffsverhalten.
**2.** *Psychologie:* das Austeilen schädigender Reize gegen Lebewesen (auch gegen die eigene Person, *Autoaggression*), Institutionen u. Sachen. Eine A. kann offen (körperlich, verbal) oder versteckt (fantasiert) sein; sie kann positiv (von der Kultur gebilligt) oder negativ (missbilligt) sein. Die *Psychoanalyse* nimmt als Ursache für die A. den *Aggressionstrieb* an, der seine Quelle im Todestrieb (S. *Freud*) hat. In jüngster Zeit besteht vor allem vermehrtes Interesse an der Erforschung der A. sowohl in der allgemeinen Psychologie (H. *Selg*) als auch im Rahmen der *Friedensforschung* (A. *Mitscherlich*).
**3.** *Verhaltensforschung:* der tatsächl. physische Akt oder eine Drohhandlung mit dem Ziel, die Lebensfähigkeit eines anderen Individuums oder einer Gruppe von Individuen einzuschränken. Die Bereitschaft, solche Handlungen auszuführen, kann als *Aggressionstrieb* (→ Triebstauhypothese) oder als *Aggressivität* aufgefasst werden. Verschiedene Aggressionsformen als spezielle Form der Umweltanpassung wurden von K. E. *Moyer* 1968 zusammengestellt. Die A. als solche ist kein „böses" Prinzip, sondern Teil eines notwendigen Regelmechanismus gegenüber der Umwelt (eingebettet in das → Kampfverhalten), der im Laufe der Stammesentwicklung durch → Ritualisation vielfältig in seiner Wirkung abgeschwächt wurde. Nach K. *Lorenz* kann die Bereitschaft des Menschen, Artgenossen zu töten, darauf beruhen, dass seit der Erfindung des (Tötungs-)Werkzeugs 1. keine entwicklungsgeschichtlich relevante Zeitdauer für Ritualisierung (Dämpfung) der A. für den Gebrauch von Waffen zur Verfügung stand sowie 2. die natürlichen Mechanismen zur Anpassung an die Umwelt durch die rasch einsetzende menschliche kulturelle Entwicklung außer Kraft gesetzt wurden.
**4.** *Völkerrecht:* das gewaltsame, meist militär. Vorgehen eines Staates gegen einen anderen unter Verletzung der territorialen Integrität. Aggression i. e. S. setzt Gebietsverletzungen in feindl. Absicht voraus, i. w. S. auch die Drohung mit Anwendung militär. Gewalt. Nach dem partiellen Kriegsverbot der Völkerbundsatzung von 1919 u. dem generellen Kriegsverbot des *Briand-Kellogg-Paktes* von 1928/29 ist die Satzung der Vereinten Nationen zum generellen Gewaltverbot u. schließlich zum „friedlichen Wandel" übergegangen als Mittel, um Meinungsverschiedenheiten u. Konflikte zwischen den Völkern gesittet-menschenwürdig auszutragen. Von entscheidender Bedeutung hierfür u. zur Gewöhnung an die Ablehnung schon des Gedankens an einen gewaltsamen Angriff ist die → Schiedsgerichtsbarkeit. Das Angriffsverbot der Satzung der Vereinten Nationen (Art. 2 Abs. 4) verbietet „Drohung oder Anwendung von Gewalt gegen die territoriale Integrität oder polit. Unabhängigkeit eines Staates oder in jeder anderen Weise, die mit den Zielen der Vereinten Nationen unvereinbar ist". In Art. 39 wird unterschieden zwischen Bedrohung des Friedens, Bruch des Friedens oder Angriffsakt („threat to peace, breach of peace, or act of aggression"). Angriffsdefinitionen finden sich in den Londoner Verträgen von 1933 mit 10 Staaten u. im Vertrag von Rio de Janeiro vom 2. 9. 1947, Art. 9. Im NATO-Vertrag vom 4. 4. 1949 wird in Art. 6 nur das Objekt einer A. (durch Flugzeuge, Schiffe), nicht aber die Art des Vorgehens bestimmt. Die Arbeiten der International Law Commission zur Begriffsbestimmung der A. sind noch nicht Gegenstand eines Vertrags geworden. Strittig sind heute: bürgerkriegsähnliche Umtriebe, subversive Tätigkeit. Gegen A. ist individuelle oder kollektive Verteidigung zulässig (Art. 51 der Satzung der Vereinten Nationen, Art. 26 GG). Der Sicherheitsrat kann gegen Aggressionen einschreiten, u. zwar mit friedl. Zwangsmitteln (wirtschaftl. Sanktionen, Art. 41) oder auch militär. Sanktionen (Art. 42), u. U. durch UN-Streitkräfte. Bei Friedensbedrohung können auch Beobachtergruppen (Kaschmir, Suez seit 1967) oder Sicherungstruppen (Westiran, Zypern, Kongo, Sinai 1957–1967, Jugoslawien nach Zerfall 1992) stationiert werden, meist mit ausdrücklicher Billigung des Aufenthaltsstaats. Sonderfall: Korea 1950, Krieg der USA unter der Flagge der Vereinten Nationen (Sicherheitsrats-Beschluss vom 25. 6. 1950).

**Aggressionsdelikte,** gewalttätige Handlungen, die mit Strafe bedroht sind, z. B. vorsätzliche Tötung u. Körperverletzung, Raub, Vergewaltigung, sexuelle Nötigung. Auch → Gewaltkriminalität.

**aggressiv** [lat.], angreifend, angriffslustig.
**aggressives Wasser,** Wasser, das aufgrund der gelösten Substanzen (Carbonate, Sulfate, anorgan. u. organ. Säuren) in der Lage ist, Gestein oder gesteinsbildende Minerale zu lösen.

**Aggressivität** [lat., „Angriffslust"], die Bereitschaft eines oder mehrerer Individuen, andere Organismen durch bestimmte Verhaltensweisen so einzuschränken, dass ihre

**Aggressivnotstand**

Umweltbeziehungen entgegen der eigenen Motivation verändert oder ganz aufgehoben werden. Hierzu zählen die verschiedenen Klassen des *Angriffsverhaltens* (Inner- u. Zwischengruppenaggressionen).

**Aggressivnotstand,** *Angriffsnotstand,* gegenwärtige Gefahrenlage, die den Eigentümer nach dem Güterabwägungsprinzip verpflichtet, die Einwirkung auf sein Eigentum zu dulden, weil nicht anders die Gefahr nicht abgewendet werden kann u. der drohende Schaden gegen den dem Eigentümer entstehenden unverhältnismäßig groß ist (§ 904 BGB), z. B. Inanspruchnahme eines fremden Kraftwagens, um im Falle eines Unfalls einen Schwerverletzten in ein Krankenhaus zu fahren. Der im Notstand Handelnde muss dem Eigentümer einen etwaigen Schaden ersetzen.

**Aggressor** [lat.], Angreifer.

**Aggrisperlen,** bis ins 18. Jh. hinein von Handwerkern des afrikan. Königreichs Benin aus blauen Korallen (akuri) geschnittene Perlen oder Steine. Heute Sammelbegriff für alte, seit dem 17. Jh. von Europäern an die Gold- u. Elfenbeinküste gebrachte Glasperlen verschiedener Form u. Farbe, die für Halsketten, Armbänder u. Frisuren in Westafrika verwendet wurden.

**Aggstein,** Kuenringerburg aus dem 12. Jh., in der *Wachau,* in malerischer Lage 300 m über der Donau, seit dem 17. Jh. Ruine.

**Aggtelek** ['ɔgtɛlɛk], ungar. Ort an der nordöstl. Grenze, 600 Ew.; 22 km lange Tropfsteinhöhle mit steinzeitlichen Funden (Weltnaturerbe seit 1995).

**Agha** → Aga.

**Agha Jari** [-dʒaːri], größtes u. ergiebigstes Erdölfeld des Iran, 1937 in Khusestan erschlossen.

**Aghlabiden,** *Aglabiden,* erste selbständige islam. Dynastie in Nordafrika, 800–909, begr. von Ibrahim ibn Aghlab (800–812), der von Harun Ar Raschid mit der Erbstatthalterschaft belehnt wurde. Der Letzte der A. floh vor den *Fatimiden.* Die Residenz der A. war Kairouan. Um 830 begannen sie, Sizilien zu besetzen.

**Aghulen,** ein Teilstamm der kaukasischen *Lesghier.*

**Aghwat,** *Al Aghwat,* Stadt in Algerien, → Laghouat.

**Agiaden,** spartan. Königshaus, genannt nach seinem Begründer → Agis. Die A. regierten im spartan. Doppelkönigtum gemeinsam mit Vertretern des Geschlechtes der *Eurypontiden,* mit dem sie verwandt waren; doch galten sie als vornehmer. Bedeutendste Vertreter: Kleomenes I. u. Kleomenes III., Leonidas, Pausanias.

**Agia Napa** ['aja-], kleines Fischerdorf in Ostzypern, Bereich von *Kap Greco;* seit dem Verlust des Fremdenverkehrsgebietes bei Kyrenia u. Famagusta von den griech. Zyprioten ausgebaute Fremdenverkehrslandschaft.

**Ägidius** [grch., vermutl. abgeleitet von grch. *aigis, aigidos,* „Ziegenfell, Schild"], *Egidius, Ägilius,* männl. Vorname, Kurzform *Till* (auch Koseform von *Dietrich*); engl. *Giles,* französ. *Gilles,* span. *Gil.*

**Ägidius Romanus,** Theologe u. Philosoph,

* um 1243 Rom, † 22. 12. 1316 Avignon; Schüler von Thomas von Aquin, Aristoteliker (Lehrstreit mit Heinrich von Gent); seit 1287 Ordenstheologe der Augustiner-Eremiten, 1292 Ordensgeneral; förderte den päpstl. Universalismus seiner Zeit; Lehrer Philipps des Schönen.

**agieren** [lat.], handeln; eine Rolle spielen.

**agil** [lat.], beweglich, behend, gewandt.

**Agilolfinger,** *Agilulfinger,* das älteste bayer. Herrschergeschlecht. Seine Herkunft ist noch nicht eindeutig geklärt. Mit Herzog *Garibald* tritt es um die Mitte des 6. Jh. erstmals in Erscheinung. *Tassilo III.,* der letzte Herrscher dieser Dynastie, wurde von Karl d. Gr. abgesetzt (788). Die großen Verdienste der A. bestehen in der Besiedlung u. Christianisierung Bayerns. Unter ihrer Führung wuchsen die ethnisch verschiedenen Teile des bayer. Stammes zu einer Volkseinheit mit starkem Eigenleben zusammen.

**Agilulf,** König der Langobarden 590–616; unter ihm fand die langobard. Eroberung in Italien ihren Abschluss.

**Ägina** → Aigina.

**Agin-Burjaten,** *Autonomer Kreis der Agin-Burjaten,* Verwaltungsbezirk in der Oblast Tschita (Russland), in Transbaikalien, 19 000 km², 79 400 Ew., davon 26 % in Städten, Hptst. *Aginskoje,* 600–1000 m hohe, gebirgige Steppenlandschaft, Viehzucht u. Waldwirtschaft, in den Flusstälern Ackerbau. - 1937 gegr.

**Aginskoje,** Hptst. des Autonomen Kreises der *Agin-Burjaten,* in Transbaikalien (Russland); 7000 Ew.; Nahrungsmittelindustrie.

**Agio** ['aːdʒo; das; ital., frz.], *Aufgeld,* der Mehrbetrag des Ausgabe- oder Börsenkurses eines Wertpapiers gegenüber seinem Nennwert. Gemäß §150 Aktiengesetz ist das A., d. h. der Betrag, der bei der Ausgabe von Aktien einschl. bei Bezugsaktien über den Nennbetrag der Aktien hinaus erzielt wird, in die gesetzl. Rücklage einzustellen. Gegensatz: *Disagio* (Abschlag).

**Agios Evstratios** ['ajɔs ɛf'stratjɔs], *Ajios Evstratios, Hagios Evstratios,* griech. Insel im nördl. *Ägäischen Meer,* 30 km südwestl. von Limnos, 43 km², 300 Ew., aus vulkan. Gestein aufgebaut (296 m), steile Küsten, geringe Landwirtschaft, Fischfang.

**Agios Nikolaos** ['ajɔs ni'kɔlaɔs], *Ajios Nikolaos, Hagios Nikolaos,* griech. Stadt auf Kreta, Hauptort des Verw.-Bez. Lasithion, 8200 Ew.; Hafen; Anbau von Wein, Oliven, Südfrüchten; Fremdenverkehr.

**Agiotage** [aːdʒo'taːʒə; frz.], *i. w. S.* Spekulationsgeschäft; *i. e. S.* Spekulation mit unreellen Mitteln, auch Schwindelgeschäft.

**Agiotheorie** ['aːdʒo-], eine Zinstheorie, die den Zins als ein Aufgeld *(Agio)* erklärt, das für Geld gezahlt werden kann, das produktiven Zwecken zugeführt wird. Die Möglichkeit für ein solches Aufgeld liegt in der Mehrergiebigkeit von Produktionsumwegen u. in der Minderschätzung der zukünftigen Bedürfnisse im Vergleich zu den gegenwärtigen. Hauptvertreter der A. war E. von *Böhm-Bawerk.*

**Ägir,** auch *Ögir,* in der nord. Mythologie mit seiner Gattin → Ran Beherrscher des Meeres. Ä. ist Riese, aber trotzdem Freund der Götter, die er gelegentlich in seinem Palast bewirtet.

**Agira** [a'dʒiːra], italien. Stadt auf Sizilien, nordöstl. von Enna, 11 000 Ew.; sarazen. Kastell; Oliven- u. Weinbau; Marmorbrüche.

**Agîrbiceanu** [agirbitʃe'anu], Ion, rumän. Erzähler, * 19. 9. 1882 Cenade bei Alba Iulia, † 28. 5. 1963 Cluj; Romane u. Erzählungen aus seiner siebenbürg. Heimat.

**Ägirin,** Mineral von schwarzer bis grünl. oder rotbrauner bis braunschwarzer Farbe, undurchsichtig bis kantendurchscheinend, Glasglanz, monoklin; Härte 6–6,5, chem. Formel: $NaFeSi_2O_6$; kommt in alkal. Magmatiten vor. Die braunen, durchscheinenden Ägirine heißen *Akmit.*

**Agis,** SPARTANISCHE KÖNIGE:
**1. Agis I.,** Stammvater des Königshauses der *Agiaden,* wie *Eurypon,* der Gründer der Eurypontidendynastie, im Mythos Nachkomme des *Herakles.*
**2. Agis II.,** Sohn *Archidamos' II.,* König 427–399 v. Chr.; gewann 418 v. Chr. die Schlacht bei Mantineia, war 413–404 v. Chr. Befehlshaber der peloponnes. Truppen im attischen Kastell *Dekeleia* u. leitete 405–404 v. Chr. zusammen mit *Lysander* die Blockade Athens.
**3. Agis III.,** Sohn *Archidamos' III.,* König 338–331/30 v. Chr.; versuchte den Zug *Alexanders d. Gr.* immer weiter in den Vorderen Orient hinein zu einer Erhebung gegen ihn auszunutzen. Er fand hierbei 332 v. Chr. auf dem Peloponnes verbreitete Unterstützung, wurde aber von Alexanders Feldherrn *Antipater* 330 v. Chr. geschlagen u. fiel.
**4. Agis IV.,** König 244–241 v. Chr.; versuchte 243 v. Chr. zunächst legal u. 242 v. Chr. durch Staatsstreich mittels eines radikalen Reformprogramms Spartas soziale Missstände zu beheben, scheiterte jedoch nach Anfangserfolgen u. wurde 241 v. Chr. von seinen Gegnern hingerichtet. *Kleomenes III.* setzte seine Reformen fort.

**Ägisthus,** *Aigisthos,* der Mörder des → Agamemnon.

**Agitation** [lat., engl.], intensive Werbung für eine polit. Gruppe oder Weltanschauung. – Der Sprachgebrauch kommunist. Parteien unterscheidet zwischen Agitation u. → Propaganda. Unter Agitation versteht er das polit. Einwirken auf Bewusstsein u. Stimmung der Adressaten („Volksmassen") durch Verbreitung bestimmter Parolen u. Argumente, die tagespolitisch aktuell u. emotional leicht eingängig sein sollen. Auch → Agitprop.

**agitato** [adʒi'tato; ital.], musikal. Vortragsbez.: sehr bewegt, erregt.

**Agitprop,** im kommunist. Sprachgebrauch früher übliche zusammenfassende Bez. für → Agitation u. → Propaganda.
*I. e. S.* bezeichnet A. die Agitation u. Propaganda mit künstler. Mitteln. Das *Agitprop-Theater* fand bes. in den 1920er Jahren weite Verbreitung. Es wurde von Laiengruppen betrieben; seine hauptsächl. Darbietungsformen waren Kurzszenen, Sketche, Sprechchöre u. Lieder.

**Aglabiden,** islam. Sekte in Nordafrika, → *Aghlabiden.*
**Aglaia,** Tochter des Zeus, → *Chariten.*
**Aglossa,** *Radulalose,* Familie der *Vorderkiemerschnecken*; parasit. Meeresschnecken, die in Stachelhäutern leben; zumeist ohne Gehäuse u. nur durch Jugendstadien den Schnecken zuzuordnen.
**Agmatit,** zur Gruppe der *Migmatite* gehörendes Gestein; leicht zu verwechseln mit einer *Brekzie.*
**Agnano Terme** [a'nja:no-], italien. Kurbad westl. von Neapel auf den *Phlegräischen Feldern* mit ehem. Kratersee Agnano (1870 trockengelegt). Ruinen einer röm. Thermenanlage.
**Agnaten** [lat.], **1.** *german. Recht:* die Männer der Verwandtschaft von der Vaterseite (→ *Schwertmagen*); Gegensatz: Männer u. Frauen der Verwandtschaft von der Mutterseite u. Frauen der Vaterseite (→ *Kunkelmagen*).
**2.** *röm. Recht:* die unter gleicher väterl. Gewalt *(patria potestas)* lebende Hausgemeinschaft; Gegensatz: *Kognaten,* der weitere Kreis der (blutsverwandten) Sippe.
**Agnatha** → Kieferlose.
**agnatisch,** in männl. Linie blutsverwandt.
**Agnelli,** Giovanni, italien. Unternehmer u. Jurist, *12. 3. 1921 Turin; entwickelte die Fiat-Werke zu einem Technologiekonzern. 1996 trat er als Vorsitzender des Verwaltungsrates zurück u. wurde Ehrenpräsident des Unternehmens.
**Agnes** [vermutl. zu grch. *hagnos,* „heilig, rein"], weibl. Vorname; span. *Inés.*
**Agnes,** Heilige, röm. Märtyrerin um 259 oder 304 in jugendl. Alter; Verehrung seit dem 4. Jh. in Rom u. in der abendländ. Kirche bezeugt; Patronin der Kinder u. Jungfrauen. Fest: 21. 1.
**Agnes,** Fürstinnen:
**1. Agnes von Poitou, Agnes von Poitiers,** Kaiserin, *um 1025, †14. 12. 1077 Rom; 1043 Frau *Heinrichs III.,* 1056–1062 Regentin für ihren unmündigen Sohn *Heinrich IV.*
**2. Agnes von Österreich,** Königin von Ungarn, *1281, †11. 6. 1364 Königsfelden; Tochter des dt. Königs Albrecht I.; 1296 verheiratet mit König *Andreas III.* von Ungarn, kehrte nach dessen Tod 1301 nach Österreich zurück, war 1308 Mitgründerin des Klosters Königsfelden (nahe der Habsburg im schweiz. Kanton Aargau) u. entfaltete von dort aus eine polit. u. kulturell bedeutsame Tätigkeit.
**Agnetenberg,** bis 1581 Augustinerkloster bei Zwolle (Holland), dem Thomas von Kempen geweiht.
**Agnew** ['ænju], urspründl. *Anagnostopoulos,* Spiro, US-amerikan. Politiker (Republikaner) griech. Abstammung, *9. 11. 1918 Baltimore, †17. 9. 1996 Ocean City; 1969–1973 Vize-Präs., musste wegen des Verdachts der Steuerhinterziehung zurücktreten.
**Agni** [sanskr., „Feuer"], ind. Gott des Feuers; hohe Gottheit in vedischer Zeit, im Hinduismus unbedeutend; ursprünglich Vermittler zwischen Menschen u. Göttern, der Gaben u. Bitten (symbolisiert durch den Qualm des Opferfeuers) zum Himmel trägt.

**Agnita,** *Agnetheln,* Stadt im Zentrum Rumäniens, Kreis Sibiu, im Harbachtal (Valea Hirtibaciului), 14 400 Ew.; Leder-, Schuh-, Textil- u. Lebensmittelindustrie; Kirche (16. Jh.). – Ersterwähnung 1280; Bauernburg (13. Jh., später vergrößert u. wieder aufgebaut).
**Agnomen** [das, Pl. *A.* oder *Agnomina*; lat.], der röm. → *Beiname.*
**Agnon,** Samuel Josef, eigentl. S. J. Czaczkes, hebr. Erzähler, *17. 7. 1888 Buczacz (Ostgalizien), †17. 2. 1970 Rehovot bei Tel Aviv; seine Werke, die das Milieu der ostjüd. Kleinstadt u. die Pioniezeit in Palästina schildern, gehören zur Weltliteratur. Romane: „Und das Krumme wird gerade" 1909, dt. 1918; „Gestern, Vorgestern" 1936, dt. 1969; „Nur wie ein Gast zur Nacht" 1939, dt. 1964; „Schira" (unvollendet), postum 1970, dt. 1998; „Herrn Lublins Laden" 1974, dt. 1993. A. erhielt 1966 den Nobelpreis (zusammen mit Nelly Sachs).
**Agnosie** [grch.], das Unvermögen, das mit den Sinnesorganen Wahrgenommene sich bewusst zu machen u. dadurch zu erkennen. A. entsteht durch Ausfall bestimmter Teile der Gehirnrinde bei intakten Sinnesorganen, *optische A.,* Seelenblindheit; *akustische A.,* Seelentaubheit; *Stereo-Agnosie, taktile A.,* reine Tastlähmung. Auch → *Aphasie,* → *Apraxie.*
**Agnostizismus** [grch. *a,* „nicht", + *gnosis,* „Wissen"], Lehre von der Unerkennbarkeit der Dinge u. der Wirklichkeit, vor allem auch des Absoluten; meist vertreten im gemäßigten Positivismus (A. *Comte,* bes. H. *Spencer*). Auch *Kants* Lehre von der Unerkennbarkeit des „Dinges an sich" u. von der Verwerfung von Gottesbeweisen wird als A. bezeichnet. Der A. lässt also das Dasein Gottes oder des Absoluten als Möglichkeit zu u. wird daher vom konsequenten Atheismus (z. B. Nietzsche oder Engels) angefeindet.
**Agnus Dei** [lat., „Lamm Gottes"], im Anschluss an Joh. 1,29 (Bez. Christi durch Johannes den Täufer) entstandene Bittrufe, die spätestens durch Papst Sergius I. als Gebet vor der Kommunion in den Messkanon Aufnahme fanden; auch in der luth. Abendmahlsliturgie in dt. Übersetzung; in der christl. Kunst oft dargestellt (Lamm mit Nimbus, Kreuz, Kreuzfahne, Kelch u. a.).
**Agogik** [die; grch.], *Musik:* die elastische Gestaltung des vorgeschriebenen Tempos als Ausdrucksmittel (auch → *rubato*), d. h. geringe Temposchwankungen; meist parallel mit dynam. Veränderungen (auch → *Dynamik*), so entspricht wachsender Tonstärke ein leichtes Anziehen des Tempos, abnehmender Tonstärke ein geringes Verlangsamen. Häufig sind Dehnungen am Schluss eines Satzes, z. B. in der Barockmusik.
**Agon** [grch.], **1.** *Geschichte:* im antiken Griechenland ursprünglich sowohl Festversammlung als auch Kampfplatz, dann Streit, bes. friedl. Wettstreit, sportl. oder musischer Wettbewerb. Die Teilnehmer wurden als *Agonisten* bezeichnet. Anlass waren u. a. Leichenfeiern, Siege, Rettung aus Gefahr, auch wiederkehrende Kultfeiern zu Ehren der Götter. Die wichtigsten

gesamtgriech. Agone waren die *Olympischen, Pythischen, Isthmischen* u. *Nemeischen Spiele.* Auch → *Panathenäen.*
**2.** *Literatur:* der Hauptteil der attischen Komödie (vor allem bei *Aristophanes*), die Rede u. Gegenrede, aus der sich die Handlung entfaltet.
**Agone** [die; grch.], auf erdmagnet. Karten die Verbindungslinie aller Orte, deren magnet. Deklination gleich Null ist.
**Agonie** [grch.], der Todeskampf, Zustand eines (kranken) Menschen unmittelbar vor dem Tod; Übergangsstadium zwischen Leben u. Tod.
**Agonist** [grch.], **1.** *allg.:* Wettkämpfer. Auch → Agon (1).
**2.** *Anatomie:* ein Muskel, der eine dem *Antagonisten* entgegengesetzte Bewegung ausführt.
**3.** *Pharmakologie:* eine Substanz, die sich mit einem Rezeptor an der Zellmembran verbindet u. so die zellulären Eigenschaften verändert. Agonisten werden gehemmt durch *Antagonisten.*
**agonistisches Verhalten,** Oberbegriff für alle Verhaltensweisen, die im Zusammenhang mit dem Auftreten eines Tieres als Störgröße für ein anderes Tier derselben oder einer fremden Art stehen. Ziel des antagonist. Verhaltens ist es, die Störgröße zu beseitigen. Auch → Aggression (3).

Agora: die freigelegte Agora der antiken Stadt Smyrna (Türkei)

◆ **Agora** [die; grch.], ursprüngl. „Versammlung" des Heeres oder Volkes, wofür später → Apella oder → Ekklesia üblich wurde. A. bedeutete dann „Versammlungsort" u. schließl. „Marktplatz". Bes. gut erforscht ist die A. von Athen mit ihren für das polit. Leben wichtigen Gebäuden.
**Agorakritos,** grich. Bildhauer aus Paros, tätig in der 2. Hälfte des 5. Jh. v. Chr., Lieblingsschüler des *Phidias.* Sein Hptw. war das Marmorstandbild der Nemesis in Rhamnus.
**Agoraphobie** [grch.] → Platzangst.
**Agordat,** Ort im nordwestl. Eritrea, landwirtschaftl. Handelszentrum für die Acker-

baugebiete des *Baraka-Tals* sowie für verschiedene nomadisierende Stämme; Endpunkt der Bahnlinie von Mitsiwa über Asmera.

**Agorot,** Münzeinheit in Israel; 100 A. = 1 *Neuer Schekel.*

◆ **Agostino di Duccio** [-'dutʃo], *Agostino da Firenze,* italien. Bildhauer u. Architekt, *1418 Florenz, †nach 1481 Perùgia; 1447 von L. B. *Alberti* mit der Innenausstattung des Tempio Malatesta in Rimini betraut, schuf nach dessen Entwurf 1457–1461 die Fassade von S. Bernardino in Perùgia.

Marie Gräfin d'Agoult

◆ **Agoult** [a'gu:], Marie Gräfin d', Pseudonym Daniel *Stern,* französ. Schriftstellerin, *31. 12. 1805 Frankfurt a. M., †5. 3. 1876 Paris; Mittelpunkt des bekanntesten literar. u. polit. Salons ihrer Zeit; lebte 1835–1839 mit F. Liszt zusammen; dieser Verbindung entstammte Cosima, die zunächst mit H. von Bülow, dann mit R. Wagner verheiratet war; schrieb den Liebesroman „Nélida" 1845 sowie polit. Schriften („Lettres républicaines" 1848, „Histoire de la Révolution de 1848" 1851–1853).

◆ **Agra,** Distrikt-Hauptstadt im nordind. Bundesstaat Uttar Pradesh, am rechten Yamuna-Ufer in der oberen Gangesebene, 899 000 Ew.; eine Neugründung des Mogulkaisers Akbar (1566); Prachtwerke islam. Baukunst im Fort der Stadt (Perlmoschee, Palast u. Audienzsaal Shah Jahans, 2 km entfernt das *Taj-Mahal-Grabmal* (Weltkulturerbe seit 1983); Universität (gegr. 1927); Handelszentrum u. Verkehrsknotenpunkt, Flughafen, Schuh-, Textil-, Metall verarbeitende u. chemische Industrie.

**Agraffe** [die; frz.], **1.** mit Haken u. Öse zu schließendes Schmuckstück zum Zusammenraffen eines Kleidungsstücks an Schultern, Brust oder Taille; auch in Nadelform verwendet.
**2.** Drahtsicherung für Sektkorken.
**3.** *Hufspaltklammer,* Metallklammer zum Ruhigstellen des Hufes.

**Agrakanal,** *Agra Canal,* Bewässerungskanal (235 km lang, 1874 eröffnet) im oberen westl. Gangestiefland von Nordindien, unterhalb von Delhi abzweigender rechter Seitenkanal der *Yamuna* bis zur Einmündung in die Banganga.

**Agram,** dt. Name der kroat. Stadt → Zagreb.

**Agranulocytose** [grch.], vollständiges Fehlen oder hochgradige Verminderung bestimmter weißer Blutzellen, der *Granulocyten,* die für die körpereigenen Abwehrvorgänge bedeutungsvoll sind; eine A. kann sich allmählich entwickeln oder als akutes, schweres Krankheitsbild mit hohem Fieber, Halsentzündung, Zahnfleischbluten u. Schleimhautgeschwüren auftreten. Bes. oft sind Frauen u. Mädchen befallen; als Ursache lassen sich oft bestimmte, gegen die Granulcyten gerichtete Auto-Antikörper im Blut nach-

Agostino di Duccio: Madonna mit Kind und Engeln; Terrakotta-Relief. Florenz, Museo Nazionale del Bargello

weisen, die durch zahlreiche in Arzneimitteln enthaltene chem. Substanzen (z. B. Phenazetin, Barbitursäure-Derivate, Amidopyrine, Hydantoine) entstehen.

**Agrapha** [Pl.; grch., „Ungeschriebenes"], Worte Jesu, die nicht aus den Evangelien, sondern aus anderen Schriften bekannt sind, z. B. Apg. 20,35: „Geben ist seliger denn Nehmen"; 1. Thessalonicher 4,16 f. Andere A. finden sich in außerkanon. Evangelien, im Talmud u. in islam. Schriften. Die Echtheit der meisten A. wird bestritten. – Ebenso spricht man von A. z. B. bei Platon u. Aristoteles.

**Agraphie** [grch.], durch Ausfall bestimmter Zentren der Gehirnrinde verursachte Unfähigkeit zu schreiben, obwohl der Arm sonst nicht behindert ist. Bei der *litteralen* A. können einzelne Buchstaben, bei der *verbalen* A. ganze Wörter nicht geschrieben werden. Auch → Alexie, → Aphasie.

**agrar...** [lat.], Wortbestandteil mit der Bedeutung „Ackerbau..." oder „Landwirtschaft...".

**Agrarbericht,** jährl. Bericht der Bundesregierung über die wirtschaftl. Lage der Landwirtschaft in Dtschld., insbes. über die Agrarstruktur u. die Ertragslage des Agrarsektors im Vergleich zur Entwicklung der gewerbl. Wirtschaft.

**Agrarbiologie,** *Agrobiologie,* Teilgebiet der angewandten Biologie; untersucht die biolog. Gesetzmäßigkeiten in der Landwirtschaft.

**Agrarfonds** [-fɔ:], Strukturfonds der EU, neben Kohäsions-, Regional- u. Sozialfonds Grundlage der Regionalförderung der EU; Europäischer Ausrichtungs- u. Garantiefonds für die Landwirtschaft.

**Agrargebiet,** eine durch vorherrschende landwirtschaftl. Nutzung gekennzeichnete Raumeinheit innerhalb eines Naturraumes oder eines Landes; auch das Verbreitungsgebiet bestimmter landwirtschaftl. Nutzungsformen oder Betriebsstrukturen.

**Agrargeographie,** Zweig der Wirtschaftsgeographie, untersucht agrarräuml. Systeme in Verbindung mit der Naturausstattung des Raumes u. den gesellschaftl. u. wirtschaftl. Prozessen.

**Agrargesellschaft,** Gesellschaft, deren wirtschaftl. Existenz überwiegend auf der Landwirtschaft beruht.

**Agrarier, 1.** *allg.:* Ackerbauer, im heutigen Sprachgebrauch Landwirt.
**2.** *Geschichte:* seit dem 19. Jh. gebräuchl. Bez. für polit. Interessenvertreter der Landwirtschaft, bes. des ostelb. Großgrundbesitzes. Die A. traten ursprünglich für den Freihandel ein u. vollzogen 1879 mit Bismarck die Wendung zur Schutzzollpolitik. Wichtigste Organisation war seit 1893 der → Bund der Landwirte; parteipolit. Vertretung die Deutschkonservative Partei, später die Deutschnationale Volkspartei.

Agra: Innenhof der Perlmoschee, die als eines der schönsten Beispiele indisch-islamischer Architektur gilt

# Agrarsozialpolitik

**Agraringenieur** [-ʒənjøːr], *Agraringenieurin*, Beruf in der Landwirtschaft; beschäftigt sich mit der wirtschaftl. Nutzung u. Pflege des Bodens durch Pflanzenbau u. Tierhaltung. Ergänzt wird der Tätigkeitsbereich durch den Weinbau (Önologie) u. die Weiterverarbeitung landwirtschaftl. Erzeugnisse, z.B. das Molkereiwesen. Die Ausbildung erfolgt als agrarwissenschaftl. Hochschulstudium (9 Semester) oder als stärker technisch ausgerichtetes Fachhochschulstudium (6 Semester). Beide Studiengänge führen zu einer lehrenden, beratenden u. verwaltenden Tätigkeit.

**Agrarklimatologie,** Zweig der angewandten Klimatologie, untersucht einerseits die landwirtschaftl. Möglichkeiten, die ein bestimmter Raum aufgrund seines Klimas bietet, andererseits die klimat. Voraussetzungen des Anbaus von Nutzpflanzen, zum Teil experimentell.

**Agrarkommunismus,** Agrarverfassung ohne privates Landeigentum. Verschiedene Formen: → Kibbuz (in Israel), → Kolchos, Sowchose u. landwirtschaftl. Produktionsgenossenschaften (in den ehem. Ostblockstaaten), Volkskommunen (Volksrepublik China) u.a.

**Agrarkredit,** für die Landwirtschaft oder einzelne landwirtschaftl. Betriebe bestimmter Kredit. A. ist nötig für weitere Intensivierungsmaßnahmen u. um Kapitalabfluss aus dem Betrieb (z.B. durch Geschwisterabfindung) wieder auszugleichen. Da der landwirtschaftl. Betrieb im Jahr nur einmal umsetzt, hat der langfristige, mit Tilgungsmöglichkeiten ausgestattete A. besondere Bedeutung. Mittel- u. kurzfristige Kredite müssen wenigstens für die Zeitdauer des damit finanzierten Produktionsprozesses gegeben werden. Deshalb ist der übl. Dreimonatswechsel für die Landwirtschaft in den meisten Fällen als A. ungeeignet. Kreditbanken für langfristigen A. sind die Landschaftsbanken, für mittel- u. kurzfristigen A. die genossenschaftlichen Spar- u. Darlehnskassen.

**Agrarkrise,** der Tiefpunkt in der Entwicklung der Landwirtschaft, unabhängig von Ereignissen wie z.B. Krieg oder Naturkatastrophen, oft verbunden mit wirtschaftlicher Not; hervorgerufen durch Absatzschwierigkeiten u. damit durch niedrige Preise für landwirtschaftliche Erzeugnisse; in neuerer Zeit auch möglich durch ein ungünstiges Verhältnis zwischen den Preisen für landwirtschaftliche Erzeugnisse einerseits und für landwirtschaftliche Betriebsmittel andererseits. Agrarkrisen in neuerer Zeit: Anfang des 19. Jh. (nach der Bauernbefreiung), Ende des 19. Jh. (sog. Caprivi-Zeit) und 1929–1933 *(Weltagrarkrise).*

**Agrarlandschaft,** die durch die Landwirtschaft gestaltete Kulturlandschaft; nach Wirtschaftszweig, Agrarprodukt, Betriebsweise u.a. unterschiedlich gestaltet.

◆ **Agrarmarktordnung,** Komplex interventionistischer Maßnahmen, die hauptsächl. eine Einkommensumverteilung bzw. Einkommenssicherstellung zugunsten der landwirtschaftl. Bevölkerung zum Ziel haben. In

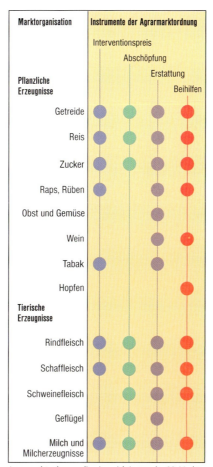

Agrarmarktordnung: die vier wichtigsten der 22 Marktordnungsinstrumente

der EU bestehen mindestpreissichernde Agrarmarktordnungen für wichtige Agrargüter.

**Agrarmeteorologie,** der Zweig der Meteorologie, der sich mit den Auswirkungen von Wetter u. Klima auf die Pflanzen beschäftigt. Die A. arbeitet vor allem im kleinräumigen Bereich (*Meso-* u. *Mikrometeorologie).*

**Agrarpolitik,** Bereich der Wirtschaftspolitik mit dem Ziel, die Bevölkerung mit preisgünstigen Nahrungsmitteln zu versorgen, den in der Landwirtschaft beschäftigt Erwerbstätigen ein angemessenes Einkommen zukommen zu lassen u. die Märkte für Agrarerzeugnisse zu stabilisieren, vor allem indem Überproduktion verhindert wird. Träger der A. sind der Staat, öffentl.-rechtl. Körperschaften (z.B. Landwirtschaftskammern), Verbände (z.B. Dt. Bauernverband) sowie internationale u. supranationale Institutionen (FAO, EU). Die Mittel, die zur Verwirklichung der Ziele dienen sollen, bestehen in den westl. Demokratien vor allem aus zahlreichen wirtschaftspolit. Interventionen zum Schutz der heim. Agrarwirtschaft vor ausländ. Konkurrenz. Jedoch hat sich gezeigt, dass die gezahlten Subventionen zunehmend die öffentl. Haushalte belasten, wobei die Überproduktion nicht wie angestrebt verhindert, sondern noch begünstigt wurde. Für die Mitgliedstaaten der EU ist die A. von bes. Bedeutung. Sie hat mit Hilfe der Agrarmarktordnungen einen einheitl. europ. Agrarmarkt mit einheitl. Preisen entstehen lassen. Die Preise werden jährlich durch den Agrarministerrat der EU festgesetzt (Richtpreis, Schwellenpreis, Interventionspreis). Die so entstandene Abschottung des EU-Agrarwirtschaft vor der Konkurrenz aus Drittländern ließ auch in der EU die Überproduktion wachsen. Ihre Finanzierung u. die des Währungsausgleichs sind Hauptursachen für die Ausweitung des EU-Agrarhaushalts. Um die Überschüsse abzubauen u. falsche Anreize zu vermeiden, setzte die EU-Kommission bereits 1992 die Senkung der Garantiepreise durch.

**Agrarpreise,** Preise für landwirtschaftliche Güter. In der Agrarpolitik kommt den Agrarpreisen vielfach nicht die traditionelle marktwirtschaftl. Funktion zu, Angebot u. Nachfrage aufeinander abzustimmen. Neben der Produktionsmenge ist es wichtig, das Einkommen der in der Landwirtschaft tätigen Personen zu sichern. In der EU gehören hierzu der → Richtpreis (je nach Marktordnung auch *Orientierungs-* oder *Grundpreis* genannt), der → Interventionspreis u. der → Schwellenpreis, ergänzt um den → Einschleusungspreis u. den → Referenzpreis.

**Agrarraum,** allg. der landwirtschaftlich genutzte Teil der Erdoberfläche. I.e.S. zählen dazu die als Ackerland, Grünland u. Gärten genutzten oder mit → Dauerkulturen bestandenen Flächen.

**Agrarrecht,** zusammenfassender Begriff für alle Regelungen, die sich mit dem Recht des land- u. forstwirtschaftlich genutzten Bodens befassen. Zum A. gehören u.a. das Grundstücksverkehrsgesetz, das Bundesvertriebenengesetz, die Bodenreformgesetze der Länder; weiter die Sondergesetze zur Lenkung der Produktion u. des Absatzes landwirtschaftl. Güter sowie das Recht der landwirtschaftl. Organisationen, Behörden u. Gerichte.

**Agrarreform** → Bodenreform.

**Agrarsozialismus,** Bewegung mit dem Ziel, das private Grundeigentum aufzuheben u. bes. die angeblich „unverdiente" Grundrente (entstehend durch bessere Bodengüte u. verbesserte Verkehrslage) mittels zusätzl. Abgaben wegzusteuern, aber unter Beibehaltung der liberalist.-kapitalist. Wirtschaftsordnung. Vertreter des A.: A.R. *Wallace* in England u. A. *Damaschke* in Dtschld.

**Agrarsozialpolitik,** Bestandteil der Agrarpolitik. In den Agrarberichten der Bundesregierung wird der A. ausdrücklich die Aufgabe zugewiesen, die Landwirte u. ihre Familienangehörigen gegen Unfall, Krankheit u. im Alter abzusichern sowie die im Zuge des Strukturwandels in der Landwirtschaft auftretenden sozialen Härten zu mildern. Bis zur Gegenwart hat sich in

Dtschld. ein Sicherungssystem entwickelt, das sozialpolit. Maßnahmen (wie etwa die Alterssicherung für selbständige Landwirte) mit agrarstrukturpolit. Zielen (wie z. B. die frühzeitige Hofübergabe an Jüngere) verbindet. Eine ähnliche Funktion hatte die Landabgaberente. Selbst die Hinterbliebenensicherung berücksichtigt ausdrückl. Hilfen zur Weiterbewirtschaftung des landwirtschaftl. Unternehmens.

**Agrarsoziologie** → ländliche Soziologie.

**Agrarstaat**, Staat mit überdurchschnittl. hohem Anteil der landwirtschaftl. Produktion am Sozialprodukt.

**Agrarstruktur**, Gesamtheit der relativ beständigen techn., wirtschaftl. u. sozialen Elemente u. Faktoren, die die Wirtschafts-, Arbeits- u. Lebensbedingungen der Landwirtschaft eines Gebietes auch in ihrer Verflechtung mit außerlandwirtschaftl. Gegebenheiten kennzeichnen. Die A. kommt u. a. zum Ausdruck in den Siedlungsformen, der Betriebsgrößenstruktur u. der Fluraufteilung, dem Arbeitskräftebesatz u. der Maschinenausstattung sowie den Formen überbetriebl. Zusammenarbeit (Genossenschaften) u. der Organisation der Vermarktung. Auch → Agrarverfassung.

**Agrartechniker** → Landbautechniker.

**Agrarunion**, Zusammenschluss der Landwirtschaften mehrerer Länder zu einem gemeinsamen Agrarmarkt. Eine A. wurde 1949 von der Europ. Bewegung auf einer Konferenz in Westminster gefordert. 1950 schlug das Exekutivkomitee des *Europäischen Wirtschaftsrats* die Einrichtung von gemeinsamen Märkten für bestimmte Agrarprodukte vor. 1951 legte die französ. Regierung einen entsprechenden Plan vor, die Organisation europ. Märkte für Weizen, Zucker, Wein u. Molkereiprodukte sowie die Bildung einer Hohen Behörde vorsah. Zwar wurde dieser Plan nicht angenommen, aber aus den Beratungen ging der *Ministerausschuss für Ernährung u. Landwirtschaft* hervor, der im Rahmen des Europäischen Wirtschaftsrats für die Koordinierung der Agrarpolitik der beteiligten Länder sorgen sollte. Auf der Messina-Konferenz der Außenminister der Mitgliedstaaten der *Montanunion* 1955 wurde beschlossen, auf Teilunionen zu verzichten u. eine allg. wirtschaftl. Integration der Partner der Montanunion anzustreben. Dieses Ziel wurde mit der Gründung der *Europäischen Gemeinschaft* erreicht.

**Agrarverfassung**, die Gesamtheit der gesetzl., polit., rechtl. u. sozialen Ordnungen, durch die das Verhältnis der landwirtschaftl. Bevölkerung zueinander sowie die Einbindung in das übergeordnete Wirtschafts- u. Sozialsystem geregelt wird.

**Agrarzölle**, Schutzzölle für die inländische landwirtschaftliche Produktion. In der EU durch Abschöpfung ersetzt.

**Agreement** [ə'gri:mənt; engl.], Übereinkunft, Vereinbarung, Vertrag; auch → Agrément, → Gentlemen's Agreement.

**Agreement of the People** [ə'gri:mənt əv ðə pi:pl], während der engl. Revolution des 17. Jh. formulierter Verfassungsvorschlag aus den Reihen der „New Model Army" O. *Cromwells*, der das Gedankengut der radikalen *Levellers* aufgriff. Gefordert wurden u. a. Volkssouveränität, Auftragscharakter der Regierung, Wahlrecht für alle mit Ausnahme der Armen u. Abhängigen, gleiche Wahlkreise sowie naturrechtl.-religiös begründete Bürgerrechte. Von der Mehrheit der Parlamentsabgeordneten u. der Offiziere wurden diese Forderungen abgelehnt.

**Agrégation** [agregasjɔ̃; frz., „Anerkennung"], auf der *Licence* aufbauender akadem. Grad in Frankreich, erworben aufgrund eines Wettbewerbs- bzw. Ausleseexamens; berechtigt zur Lehrtätigkeit an höheren Schulen u. Universitäten.

**Agrément** [agre'mãː; das; frz.], Erklärung eines Staates, dass ein diplomat. Vertreter, den ein anderer Staat zu ihm zu entsenden beabsichtigt, genehm sei. Erst nach Erteilung des Agréments wird der Missionschef ernannt. Bei den übrigen Beamten einer diplomat. Vertretung braucht der Absendestaat nur die erfolgte Ernennung dem Empfangsstaat mitzuteilen. Dieser kann dann dem Absendestaat den Ernannten als *persona ingrata* bezeichnen u. die Aufnahme in die Diplomatenliste verweigern, worauf der Beamte vom Absendestaat abzuberufen ist.

**Ağri** ['aːri], *Ağrı*, osttürk. Prov., teilweise auch für die Prov.-Hptst. *Karaköse* gebraucht.

**Agricola**, Gnaeus Iulius, röm. Feldherr, * 40 n. Chr. Forum Iulii (Fréjus), † 93; 77–84 unter *Domitian* Statthalter von Britannien; Schwiegervater des *Tacitus*, der seine Biografie verfasste.

**Agricola**, 1. Alexander, auch *Ackermann*, dt. oder niederländ. Komponist, * um 1446, † 1506 Valladolid (Spanien); komponierte im polyphonen Stil nach der Schule J. *Ockeghems*; schrieb 9 Messen, ca. 25 Motetten u. viele Chansons zu Texten in französ., italien. u. niederländ. Sprache.
2. eigentl. *Bauer*, Georg, dt. Arzt u. Naturforscher, * 24. 3. 1494 Glauchau, † 21. 11. 1555 Chemnitz; begründete die mineralog.-paläontolog. Forschung durch Bearbeitung von Versteinerungen. Hptw.: „Zwölf Bücher vom Berg- u. Hüttenwesen", in latein. Sprache, 1556.

Rudolf Agricola

3. Johann Friedrich, dt. Komponist u. Musikschriftsteller, * 4. 1. 1720 Dobitschen bei Altenburg, † 2. 12. 1774 Berlin; u. a. Schüler von J. S. *Bach*, Hofkomponist u. Leiter der Hofkapelle *Friedrichs II.*; verfasste theoret. Abhandlungen u. schrieb Opern im italienischen Stil, Lieder, Kantaten u. Oratorien.
4. eigentl. *Schneider*, Johannes, dt. luth. Theologe u. Humanist, * um 1499 Eisleben, † 22. 9. 1566 Berlin; Freund u. Schüler *Luthers*; lehrte gegen *Melanchthon* u. Luther d. Unverbindlichkeit des mosaischen Gesetzes; ging 1540 als Hofprediger nach Berlin.
5. Michael, finn. Reformator, * 1508 Pernaja, † 9. 4. 1557 bei Wyborg; gilt als Begründer der finn. Schriftsprache.
◆ 6. Rudolf, eigentl. Roelof *Huysman*, dt. Humanist, * 17. 2. 1444 Baflo (Holland), † 27. 10. 1485 Heidelberg; philosoph. Werk über die Methode der Dialektik im Altertum „De inventione dialectica" 1479, Petrarca-Biografie (1477). Sein Werk war von großer Bedeutung für die Verbreitung der humanist. Erziehungsideale.

**agri decumates** [lat.], nach *Tacitus* das Gebiet zwischen Rhein, Donau u. dem Limes, das seit Domitian zum Röm. Reich gehörte; um 260 n. Chr. von den Alemannen erobert.

**Agrigento** [-'dʒɛn-], 1. Prov. in Sizilien, 3042 km², 478 000 Ew.; Hptst. *A.* (2).
◆ 2. *Agrigent*, bis 1927 *Girgenti*, italien. Stadt auf Sizilien, nahe der Südküste, Hptst. der Provinz *A.* (1), 55 500 Ew.; griech. Tempelruinen (Weltkulturerbe seit 1997), Dom (14. Jh.); Handel mit Weizen u. Schwefel (Ausfuhrhafen ist das nahe *Porto Empèdocle*, 17 000 Ew.), keram. Industrie, Wärmekraftwerk, Fremdenverkehr, in der Nähe Schwefelgruben.
*Geschichte:* Um 583 v. Chr. von Doriern aus Gela u. Rhodos als *Akragas* gegründet, von Pindar als „schönste Stadt der Sterblichen" gefeiert u. heute noch durch sehr gut erhaltenen Tempel aus dem 5. Jh. v. Chr. berühmt; Sitz der Tyrannen *Phalaris* (um 560 v. Chr.) u. *Theron* (489–472 v. Chr.), der zusammen mit Gelon von Syrakus 480 v. Chr. die Karthager bei Himera schlug; Heimat des Philoso-

Agrigento (2): Reste des Tempels für Castor und Pollux

phen *Empedokles* (ca. 500–430 v. Chr.). Von den Karthagern 405 v. Chr. zerstört, errang A. ab 338 v. Chr. neue Bedeutung, wurde aber in den *Punischen Kriegen* 261, 255 u. 210 v. Chr. wieder schwer getroffen. Seit 241 v. Chr. war A. Provinzstadt der Römer, die es *Agrigentum* nannten, dann der Byzantiner. Von den Arabern erhielt es den Namen *Gergent*, was zu italien. *Girgenti* führte. Die Rückbenennung in A. erfolgte 1927. Die heutige Stadt umfasst nur den Raum der Akropolis des griech. Akragas.

**Agrikultur** [lat.] → Ackerbau.

◆ **Agrikulturchemie**, der Teil der angewandten Chemie, der sich speziell mit landwirtschaftl. Fragen, z. B. Tier- u. Pflanzenernährung, Dünge- und Futtermitteln, Schädlingsbekämpfung, Bodenanalyse, befasst. Auf den Erkenntnissen der Agrikulturchemie baut bes. die Mineraldüngung auf. Vertreter der Agrikulturchemie waren insbes.: J. von *Liebig*, L. *Märker* und F. *Scheffer*.

**Agrikulturphysik**, Zweig der angewandten Physik, befasst sich mit den physikal. Vorgängen im landwirtschaftlich genutzten Boden, wie Wasserbewegung, Luftraumbildung, elektr. Vorgänge u. a.

**Agrimensoren** [lat.], *Gromatiker*, römische Feldmesser.

**Agrimonia** → Odermennig.

**Agrinion**, Stadt in Mittelgriechenland, nördl. des Trichonissees, 35 800 Ew.; zentraler Ort, Tabakindustrie, Anbau von Tabak, Oliven, Agrumen, Getreide. – 1889 nach Zerstörung durch Erdbeben Wiederaufbau in schachbrettartigem Grundriss.

**Agrippa**, Marcus Vipsanius, röm. Feldherr, Freund des Kaisers *Augustus*, *63 v. Chr., †12 v. Chr.; besiegte 36 v. Chr. Sextus *Pompeius* u. 31 v. Chr. bei Aktium *Antonius*; heiratete 21 v. Chr. die Kaisertochter *Julia*; Feldherr in mehreren röm. Provinzen. A. erbaute das Pantheon in Rom u. ließ eine Weltkarte anfertigen, die allen späteren röm. Landkarten zugrunde lag.

Agrippa von Nettesheim

◆ **Agrippa von Nettesheim**, eigentlich Heinrich *Cornelius*, dt. Renaissancephilosoph der Reformationszeit, *14. 9. 1486 Köln, †18. 2. 1535 Grenoble; führte ein abenteuerl. Leben als Sekretär, Offizier, Theologe u. Arzt in den Diensten verschiedener Fürsten; Anhänger des Neuplatonismus u. der Kabbala; lehrte, dass die Magie ein geeignetes Mittel zur Beherrschung der Natur sei, u. gab in seinem Werk „Über die Eitelkeit u. Ungewissheit der Wissenschaften" 1527, dt. 1913, eine Kritik der Wissenschaften.

**Agrippina**, 1. **Agrippina die Ältere**, *14 v. Chr., †33 n. Chr.; Tochter des M. Vipsanius *Agrippa*, Gemahlin des *Germanicus*, Mutter des *Caligula*; nach dem Tod ihres Mannes von *Tiberius* auf die Insel Pandateria verbannt, wo sie durch Selbstmord starb.

Agrippina die Jüngere

◆ 2. **Agrippina die Jüngere**, röm. Kaiserin (Augusta) 50 n. Chr., Tochter von 1), *15 n. Chr., †59 n. Chr. Baiae; von ihrem Bruder *Caligula* verbannt, von Kaiser *Claudius* zurückgerufen u. geheiratet; erreichte die Adoption ihres Sohnes *Nero*, vergiftete ihren Mann, ließ Nero zum Kaiser ausrufen u. wurde auf dessen Betreiben ermordet; schrieb Memoiren, die *Tacitus* u. andere Historiker benutzt haben.

**Agrobacterium** [grch.], Gattung peritrich begeißelter, gramnegativer, stäbchenförmiger Bodenbakterien aus der Familie der Rhizobiaceae. Von gentechn. Bedeutung ist nur die Art *A. tumefaciens*, die nach Befall von zweikeimblättrigen Bedecktsamern Wurzelhalsgallen auslöst. Hierbei handelt es sich um Tumore im unteren Sprossbereich, die durch Infektion über verwundetes Pflanzengewebe verursacht werden. Verantwortlich hierfür ist die Übertragung eines DNA-Abschnittes, das aus dem Ti-Plasmid (Tumor induzierendes Plasmid) des Bakteriums stammt. „Entschärfte" Ti-Plasmide, denen der tumorauslösende DNA-Abschnitt entfernt wurde, eignen sich als Klonierungsvektoren zur Übertragung von Fremdgenen in die Pflanze. Über eine Calluskultur kann man schließlich aus veränderten Pflanzenzellen eine vollständige transgene Pflanze erhalten, die das Fremdgen in jeder einzelnen Zelle trägt. Anwendungsorientiert lassen sich bereits herbizid-, virus- oder schädlingsresistente Nutzpflanzen erzeugen.

**Agrobiologie** [grch.] → Agrarbiologie.

**Agrobiozönose** [grch.], die wohl wichtigste Kategorie der Kulturbiozönosen, die dadurch gekennzeichnet ist, dass ihr Pflanzenverband vom Menschen zweckgerichtet beeinflusst wird durch Bodenbearbeitung, Pflege u. Schutz vor Krankheiten.

**Agrocybe** → Ackerling.

**Agronom** [grch.], *Agronomin*, wissenschaftl. ausgebildeter Landwirt bzw. Landwirtin.

**Agronomie** [grch.] → Ackerbaulehre.

**Agro Pontino**, amtl. italien. Bez. für die trockengelegten *Pontinischen Sümpfe*.

**Agropyron** [grch.] → Quecke.

**Agrostädte**, planmäßig errichtete Siedlungen städt. Charakters für Landarbeiter, mit je nach Größe mehr oder weniger ausgeprägten Markt- u. Zentralfunktionen. Die Grenze zwischen ländl. u. städt. Erscheinungsbild ist bei den Agrostädten unschärfer als im Bereich der Industriegesellschaft. Beispiele für A. sind aus dem französischsprachigen Schwarzafrika bekannt *(Agrovilles)*, aus Sizilien, einzelne auch aus der Sowjetunion als Wohnsiedlungen für Kolchos- u. Sowchosarbeiter (als *Agorogrod*): Sernograd, das Zentrum der Sowchose Gigant bei Rostow-na-Donu. Zeitweise, so 1951, wurden A. bes. von N. Chruschtschow als ein Endstadium der Kollektivierung propagiert. – *Stadtdörfer* (Großdörfer) kommen auch in Süditalien, Spanien, Südamerika, Ungarn (Alföld) u. China vor.

**Ackerbürgerstädte** in Deutschland sind missglückte Stadtgründungen, die sich aus der territorialen Zersplitterung u. fürstl. Ehrgeiz ergaben. Im Unterschied zu den Agrostäd-

Agrikulturchemie: Pflanzenschutzmittel werden unter kontrollierten Bedingungen von Agrikulturchemikern in Gewächshäusern geprüft

**Agrostemma** [grch.] → Kornrade.

**Agrostis** [grch.], Gattung der *Süßgräser*, → Straußgras.

**Agrumen** [ital.], alter Sammelname für Citrusfrüchte (→ Citrus), z. B. *Zitronen, Apfelsinen, Mandarinen, Grapefruits.*

**AGS, 1.** *Medizin:* Abk. für → adrenogenitales Syndrom.
**2.** *Umweltschutz:* Abk. für Ausschuss für Gefahrstoffe.

**Agua**, Vulkan, 3752 m, in Guatemala (Zentralamerika), südl. von *Antigua.*

**Agualusa**, José Eduardo, angolan. Schriftsteller, *13. 12. 1960 Huambo; beschreibt in seinem Werk kritisch die Kolonialgeschichte u. Entstehung einer kreolischen Nation in Angola; Romane: „Estação das chuvas" 1997; „Nação crioula" 1997; „A feira dos assombrados" 1992; Kurzgeschichten: „A conjura" 1989; „D. Nicolau Água-Rosada e outras estórias verdadeiras" 1990.

**Aguascalientes** [„heiße Wässer"], **1.** mexikan. Staat, 5 471 km², 720 000 Ew.; Hptst. *A.* (2).
**2.** Hptst. des mexikan. Staates A., im Innern des mexikan. Hochlands, 1888 m ü. M., 506 000 Ew.; Universität (gegr. 1973); Gartenbau; Eisenbahnwerkstätten, chem., keram., Textil-, Lebensmittel- u. a. Industrie; Verkehrsknotenpunkt, Flughafen; warme Heilquellen.

**Agudat Israel** [hebr. „Vereinigung Israels"], 1912 in Kattowitz gegründete, extrem jüdisch-orthodoxe, in Israel u. der Diaspora tätige Organisation, die den Zionismus innerhalb des Judentums bekämpft, weil die Verbannung der Juden aus Zion (seit 70 n. Chr.) gottgewollt sei u. nur von Gott, nicht von Menschen beendet werden könne. Nach 1945 milderte die A. I. ihren Standpunkt. Sie strebt jedoch weiterhin die Durchsetzung religiöser Grundsätze im gesamten polit. Leben an.

**Agueda** ['ageða], linker Nebenfluss des *Duero* in León, Westspanien, 130 km lang; entspringt in der *Sierra de Gata*, bildet bis zu seiner Mündung in den Duero die span.-portugies. Grenze; ein Stausee im Oberlauf dient zur Bewässerung.

**Aguesseau** [agɛ'so], Henri François d', französ. Jurist u. Politiker, *27. 11. 1668 Limoges, †5. 2. 1751 Paris; 1717/18, 1720–1722 u. 1727 bis 1750 Kanzler von Frankreich; bemühte sich um Rechtsvereinheitlichung (Erlasse über Schenkungen u. Testamente zwischen 1731 u. 1747).

**Aguiar Junior** [ag'jar 'ʒunjor], Pseudonym *Adonias Filho*, brasilian. Schriftsteller, *27. 11. 1915 Itajuípe, Bahia, †26. 7. 1990 Itajuípe, Bahia; in seinen Romanen („Corpo vivo" 1962, dt. 1966; „Das Fort" 1965, dt. 1969) verbinden sich surrealist., legendenhafte, religiöse u. gesellschaftskrit. Elemente zu einem eindrucksvollen Ganzen. Weitere Werke: „As velhas" 1975; „Fora da pista" 1978; „Noite sem madrugada" 1983.

**Aguilar** [agi'lar], südspan. Stadt in Andalusien, Prov. Córdoba, 12 800 Ew.; Weinbauzentrum, Verarbeitung landwirtschaftl. Produkte; in der Nähe maurisches Kastell.

**Aguilas** ['agilas], Hafenstadt in Südostspanien südwestl. von Cartagena, Prov. Murcia, 24 600 Ew.; Fischverarbeitung; Förderung, Verarbeitung u. Verschiffung von Bleierzen; Seebad mit Kurbetrieb.

**Agüimes** [a'gwiːmɛs], Stadt auf der Kanareninsel *Gran Canaria*, 16 000 Ew.

**Aguirre** [a'girɛ], **1.** Domingo de, bask. Erzähler, *1865 Ondárroa, Vizcaya, †14. 1. 1920 Zumaya, Guipúzcoa; bedeutendster der modernen bask. Erzähler („Kresala" 1906; „Garoa" 1912).
**2.** José María de, Pseudonym Xabier de *Lizardi*, bask. Lyriker, *1896 Tolosa, †1933; gilt als bester Vertreter der bask. Lyrik.

**Aguja** → Adler (3).

**Agulhas** [a'guljas], *Kap Agulhas, Nadelkap*, die 139 m hohe Südspitze Afrikas (34° 51′ s. Br.); Leuchtturm. Der Meridian von Kap A. (20° ö. L.) gilt als Trennungslinie zwischen Atlantischem u. Indischem Ozean.

**Agulhasbecken** [a'guljas-], Tiefseebecken vor der Südspitze Afrikas, in den Agulhastiefen bis 5742 m tief.

**Agulhas Negras** [a'guljas 'negras], höchster Gipfel im südostbrasilian. Itatiaiamassiv (Serra da Mantiqueira), 2787 m.

**Agulhasstrom** [a'guljas-], warme Meeresströmung an der Ostseite Südafrikas, von der Straße von Mosambik bis zum Kap.

**Agung**, höchster Gipfel auf Bali (Indonesien), 3124 m; schwere Vulkanausbrüche 1963.

**Aguntum**, röm. Siedlung bei Lienz, Österreich; unter Kaiser *Claudius* zur autonomen Stadt „Municipium Claudium Aguntum" erhoben. Wirtschaftl. u. kulturelle Blütezeit im 1. u. 2. Jh.; seit dem 4. Jh. Bischofssitz; Niedergang um 600. Bei Ausgrabungen wurden u. a. die Stadtmauer mit Toranlage, ein Atriumhaus (heute Museum), die Therme, das Handwerkerviertel u. Teile einer frühchristl. Kirche freigelegt.

**Agusan**, Fluss im östl. Mindanao, mündet an der Nordküste bei Butuan (Philippinen), rd. 390 km.

Agutis: Mohrenaguti, Dasyprocta fuliginosa

◆ **Agutis**, *Dasyprocta*, Nagetiere von etwa Kaninchengröße mit einem Gewicht um 4 kg, die mit den Meerschweinchen verwandt sind. Agutis leben zahlreich in den Wäldern von Mexiko bis Südbrasilien und Paraguay, wo sie sich überwiegend von Früchten ernähren. Erwachsene Tiere werden meist paarweise angetroffen. Das Weibchen bringt zwei Junge zur Welt, von denen aber oft nur eins hochkommt. Der bes. von zoologischen Gärten bekannte Name „Goldhase" bezieht sich auf das goldglänzende Fell des am häufigsten gehaltenen *Goldagutis (Dasyprocta aguti).*

**AgV**, Abk. → Arbeitsgemeinschaft der Verbraucher e. V.

**Ägypten**, Staat in Nordafrika, → Seite 128.

**ägyptische Augenentzündung** → Trachom.

◆ **Ägyptische Expedition**, der Feldzug *Napoleons I.* in Ägypten 1798 (nach dem Friedensschluss von Campo Formio), der Englands Verbindungsweg nach Indien abschneiden sollte. Ausgang von Toulon 19. 5. 1798, Eroberung der am Wege gelegenen Insel Malta, Besetzung Alexandrias, Einzug in Kairo. Die engl. Flotte besiegte jedoch am 1. 8. die französ. bei *Abu Qir* (Abukir). Der französ. Vormarsch geriet ins Stocken, Napoleon segelte heimlich nach Paris zurück und überließ General Kléber den Oberbefehl. Dieser behauptete sich gegen ägypt.-

Ägyptische Expedition: Sieg der Franzosen über die Türken bei Abu Qir; Gemälde von L. F. Lejeune. Versailles, Schlossmuseum

# ägyptische Kunst

türk. Heere, wurde aber am 14. 6. 1800 in Kairo ermordet. Seinen Nachfolger Menou schlugen die Engländer 1801 u. gewährten ihm freien Abzug.

Große Bedeutung erlangte die Ä. E. durch die Forschungen des von Napoleon mitgeführten Gelehrtenstabs, der erstmals eine Bestandsaufnahme der ägypt. Altertümer durchführte. Anhand des 1799 aufgefundenen „Steins von Rosette" mit dreisprachiger Inschrift gelang J.-F. *Champollion* ab 1822 die Entzifferung der Hieroglyphen.

◆ **ägyptische Kunst.** Architektur, Plastik, Malerei u. Kunsthandwerk Altägyptens standen in engem Zusammenhang mit religiösen Vorstellungen u. hatten bes. dem sehr komplizierten Totenkult zu dienen. Früheste Denkmäler (7.–4. Jahrtausend v. Chr.) sind gemalte u. gravierte Felsbilder zu beiden Seiten des Niltals mit Menschen- u. Tierdarstellungen (Jäger, Rinderhirten, Giraffen, Strauße u. a.), Keramikgegenstände mit geometrischen Ritzmustern, weibl. Idolplastiken sowie Kupferarbeiten. Der Kupfer-Stein-Zeit folgten gegen Ende des 4. Jahrtausends v. Chr. die Kulturstufen *Amratien* (nach Al Amrah, Oberägypten) u. *Gerzeen* (nach Gerzeh, Unterägypten), früher *Nagada I.* u. *Nagada II.* genannt. Reliefverzierte Schminkpaletten u. Steingefäße, Kleinplastik aus Knochen u. Elfenbein sowie rotpolierte Keramiken mit ornamentalen u. figürl. Darstellungen in Umrißmalerei sind typisch für die Amratien-Stufe, während im Gerzeen rotbraune Gefäßmalereien auf hellem Tongrund vorherrschen (Darstellungen von Ruderschiffen, Tierbilder, Spiralmuster).

Die frühgeschichtl. Kunst Ägyptens beginnt um 3000 v. Chr. u. umfaßt etwa 300 Jahre (Thinitenzeit, 1. u. 2. Dynastie). Hauptwerke dieser Periode sind Schminkpaletten aus Schiefer in Paris, Louvre (Stiertafel), in Oxford, Ashmolean Museum, u. in Kairo,

ägyptische Kunst: König Amenophis III., Kalkstein-Relief aus dem Grab des Chaemhet, Theben, Nekropole; um 1380 v. Chr. Berlin, Ägyptisches Museum

ägyptische Kunst: Prinzessin aus Amarna, Kopf; um 1350 v. Chr. Berlin, Ägyptisches Museum

Ägypt. Museum, mit Reliefbildern, ferner Kalksteinstatuen des Gottes *Min* aus Koptos, die Keule des Königs Narmer (Oxford, Ashmolean Museum); auf altorientalische Stileinflüsse deutende Wandmalereien in einem Grab in Nechen-Hierakonpolis (Oberägypten) u. die Königsgräber von *Abydos* vom Ende der 1. Dynastie, die als unterirdische Nachbildungen von Palastbauten aufzufassen sind.

Gewisse Stileigentümlichkeiten der ägypt. Kunst, z. B. das Fehlen der Perspektive, gehen auf traditionsgebundene Gedankengänge u. magische Vorstellungen zurück, die eine andere als die durch Überlieferung geheiligte Gestaltung unmöglich machten. Da in Ägypten das soziale u. staatliche Leben untrennbar mit der Religion u. diese wiederum eng mit der Kunst verbunden war, sucht man in Zeiten des Niedergangs der staatl. Ordnung vergeblich nach bedeutenden künstler. Leistungen. Wichtigste, fast ausschließl. Aufgabe der Kunst war die Veranschaulichung religiöser Vorstellungen. Die Themen waren somit dem Künstler vorgegeben; sie mit anderen zu vertauschen, bestand keine Möglichkeit, sie zu variieren, kaum jemals Notwendigkeit.

Ihre erste Blüte erlebte die ä. K. zur Zeit des *Alten Reichs* (ca. 2670–2134 v. Chr.), der nach einer Epoche des Niedergangs infolge von polit. Revolutionen u. Bürgerkriegen (7.–10. Dynastie) im *Mittleren Reich* (ca. 2040–1650 v. Chr.) eine neue Hochblüte folgte. Bildwerke dieser Zeit zeigen oft Menschen, in deren Gesichtern sich Schmerz u. Leid ergreifend spiegeln. Einen dritten Höhepunkt erreichte das altägypt. Kunstschaffen im *Neuen Reich* (ca. 1552–1070 v. Chr.). Verglichen mit der in sich gefestigten Stärke des Alten Reichs, war es eine Epoche betont äußerl. Machtentfaltung, die in gigant. Tempelbauten zum Ausdruck kam. In Menschendarstellungen dieser Zeit erscheint vielfach, im Gegensatz zu früher, der Ausdruck heiterer Gelöstheit. Neue Wege ging die Kunst von *Amarna;* sie mündeten in einen naturalist. Figurenstil mit sanften Linienschwüngen.

Während der 26. Dynastie, der sog. *Saitenzeit* (nach Sais, dem Herkunftsort der Könige), um 600 v. Chr., kam es nach Jahrhunderten des künstler. Niedergangs zu einer Renaissance mit bedeutenden Kunstleistungen. Auch in der Zeit der *Ptolemäer-* u. *Römerherrschaft* sind noch beachtl. Tempelbauten u. Statuen entstanden.

### ARCHITEKTUR

Die ägypt. Architektur erreichte sowohl im Holz- wie im Steinbau schon im Alten Reich einen erstaunl. Grad der Vollendung. Ein bedeutendes Werk der Frühzeit ist die Grabanlage (Stufenpyramide mit umgebendem heiligen Bezirk u. Umfassungsmauer) des Königs Djoser in *Saqqara,* um 2650 v. Chr., die vorbildlich wurde für die monumentalen Pyramidenbauten der 4. u. 5. Dynastie in Medum, Dahschur u. Gizeh. In den Totentempeln trat seit der 5. Dynastie die *Pflanzensäule,* als Lotos-, Palmen- u. Papyrusbündel gestaltet, an die Stelle des reliefierten kantigen Pfeilers (Tempel des Sahure, Abusir). Vorherrschende Grundform der Privatgräber war seit frühgeschichtl. Zeit die *Mastaba* mit Oberbau u. unterirdischer, oft künstlerisch ausgestalteter Sargkammer. Der im Alten Reich vorgebildete Typus des Felskammergrabs verband sich im Grabbezirk des Mentuhotep (11. Dynastie) bei Theben mit der Grabform der *Pyramide,* die bis zur 17. Dynastie die bevorzugte Form des Königsgrabs blieb.

Die Architektur des Mittleren Reichs kehrte
*Fortsetzung S. 132*

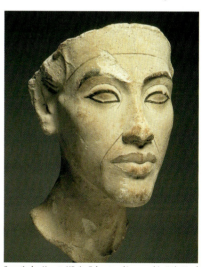

ägyptische Kunst: König Echnaton (Amenophis IV.), Kopf aus Gipsstuck, Amarna-Zeit; um 1340 v. Chr. Berlin, Ägyptisches Museum

# Ägypten

**Offizieller Name:**
Arabische Republik Ägypten

**Autokennzeichen:** ET

**Fläche:** 1 001 449 km²

**Einwohner:** 67,2 Mio.

**Hauptstadt:** Kairo

**Sprache:** Arabisch

**Währung:** 1 Ägyptisches Pfund = 100 Piaster

**Bruttosozialprodukt/Einw.:** 1290 US-Dollar

**Regierungsform:** Präsidiale Republik

**Religion:** Überwiegend Moslems

**Nationalfeiertag:** 23. Juli

**Zeitzone:** Mitteleuropäische Zeit +1 Std.

**Grenzen:** Im N Mittelmeer, im NO Israel, im O Rotes Meer, im S Sudan, im W Libyen

**Lebenserwartung:** 67 Jahre

**Landesnatur** Das schmale Niltal zieht sich in einer Länge von 1200 km von S nach N durch Ägypten; westl. davon erstreckt sich als Teil der Sahara die *Libysche* oder *Westl. Wüste*, mit 690 000 km² etwa 75 % des ganzen Landes. Sie hat überwiegend den Charakter eines felsigen, kahlen Schichttafellandes aus Tertiärsedimenten, das von Sanddünen durchzogen u. von kristallinen Felsgipfeln überragt wird (im *Jabal Uwaynat*, an der Grenze zu Libyen, 1892 m hoch). Eine Reihe von Oasensenken liegt in diesem Tafelland, teilweise bis unter dem Meeresspiegel u. von beträchtl. Ausmaß, z. B. die *Qattarasenke* mit 134 m u. M. Das Gebiet zwischen Nil u. Rotem Meer ist die gebirgige *Arabische* oder *Östl. Wüste* mit einer Ausdehnung von etwa 220 000 km². An der Randaufwölbung tritt das kristalline Grundgebirge zu Tage, die höchste Erhebung ist der *Jabal Sha'ib Al Banat* mit 2187 m. In steiler, über 1000 m hoher Bruchstufe fällt die östl. Wüste zur Grabensenke des Roten Meeres ab; sie ist durch tiefe Wadis eng zerschnitten. In der wüstenhaften, 60 000 km² großen *Halbinsel Sinai* reicht Ä. nach Vorderasien hinein. Sie besteht im S aus einem Granithorst mit dem höchsten Gipfel von Ä., dem *Jabal Katrinah* (2637 m) als Kalkplateaus u. Sanddünen. Das schmale, meist nur wenige km breite Niltal ist scharf in die Wüstentafeln eingeschnitten u. von den jungen Ablagerungen des Flusses ausgefüllt. Die bebaute u. bewässerte Fläche ist ca. 12 000 km² groß. Nördlich von Kairo beginnt das 20 000 km² große *Nildelta*, das von heute kanalisierten Nilarmen durchzogen w. aus bis zu 20 m mächtigen Nilsedimenten aufgebaut ist. An der Küste liegen große Brackwasserseen, die durch Dünenzüge vom Meer getrennt sind. Als Fremdlingsfluss in Ä. wird der Nil von den Zenitalregen Zentralafrikas u. den Monsunregen Äthiopiens gespeist u. führt in regelmäßigem, jährl. Hochwasser große Wasser- u. Schlammmassen mit sich. Der große *Nasser-Stausee* oberhalb von *Assuan* soll neben der Stromerzeugung eine regelmäßige Bewässerung ermöglichen, hält aber große Mengen des sonst auf die bewässerten Felder gelangten Schlammes zurück, was außerdem noch die Erosionstätigkeit des Flusses verstärkt.

*Klima:* In Ä. herrscht subtropisch-trockenes Klima mit starken Temperaturschwankungen im Tages- u. Jahresgang u. geringer Luftfeuchtigkeit. Nur ein schmaler Küstenstreifen u. das Nildelta werden vom Mittelmeerklima beeinflusst. Sie erhalten geringe Niederschläge in den Wintermonaten: Alexandria 190 mm, in Kairo im Durchschnitt an 6 Tagen im Jahr 27 mm, in Assuan praktisch kein Niederschlag mehr. Die Sommermonate sind heiß, der Winter ist mild. Im Frühjahr können heiße Sandstürme *(Chamsin)* aus S auftreten. Der schmale Streifen von Trockensavannen u. Dornbuschsavannen im N geht südwärts mit Abnahme der Niederschläge sehr rasch in Wüste über, wo es Vegetation nur noch in den Oasen u. entlang des Niltals gibt.

**Bevölkerung** Die Bewohner Ägyptens sind zu etwa 80 % Fellachen, die als arabisierte Nachkommen der alten Ägypter gelten. Die etwa 7 % Kopten können als unvermischte Nachkommen der Ägypter angesehen werden. In Oberägypten leben die hamitisch-negriden Nubier; die nomadisch lebenden Beduinen gelten als reine Araber. Daneben gibt es kleinere Gruppen von Berbern (z. B. in den Siwa-Oasen) sowie Türken, Griechen, Italiener, Zyprer, Malteser u. Schwarzafrikaner. Die Amtssprache ist Arabisch; Englisch u. Französisch dienen als Verkehrs- u. Bildungssprachen. Die koptische Sprache, die aus dem Altägyptischen hervorgegangen ist, wird noch als christl. Kirchensprache gebraucht. Der Islam ist die Staatsreligion, zu der sich über 90 % der Bevölkerung bekennen. Die Christen gehören zum größten Teil zur alten, unabhängigen koptischen Kirche; es gibt aber auch griech.-orthodoxe, kath. u. prot. Minderheiten.

**Bildungswesen** In Ä. besteht allg. Schulpflicht vom 6. – 11. Lebensjahr. Sie konnte jedoch bisher nicht durchgesetzt werden. Der Schulbesuch ist kostenlos. Das Schulsystem gliedert sich in drei Stufen: 1. die obligatorische Grundschule, 2. die dreijährigen Präparatorien, 3. die dreijährigen Sekundarschulen. Auf das allgemein bildende Präparatorium folgt die allgemein bildende Sekundarschule, die nach dem 3. Jahr mit der Reifeprüfung (Hochschulreife) abschließt, oder eine, in der Regel dreijährige, Berufsausbildung. Neben dem allg. Schulwesen besteht das unter staatl. Auf-

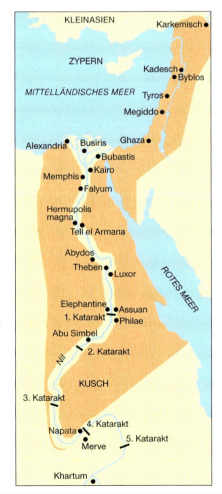

# Ägypten

Blick auf Assuan

sicht stehende Schulwesen der moslem. Universität Al Azhar (Kairo), das auch eigene Koranschulen, vierjährige Grundschulen u. fünfjährige höhere Schulen umfasst.

Es gibt 12 Universitäten (darunter eine amerikanische Universität in Kairo), viele Fachinstitute u. Lehrerbildungsanstalten. Es bestehen verstärkte Bemühungen, die Zahl der Analphabeten (48,6 % der über 15-Jährigen) zu senken u. den Mangel an Fachkräften in der Industrie u. der Landwirtschaft zu beheben.

**Medien** Das Pressewesen in Ä. ist trotz der hohen Analphabetenrate gut entwickelt. Es erscheinen rd. 50 Tageszeitungen, unter anderem *Al Akhbar, Al Ahram, Al Gombhouriya* u. *Mayo* sowie etwa 200 Wochenzeitungen (z. B. *Akhbar Al Yaum*) u. a. Publikationen. Seit 1955 besteht die Presseagentur *Middle East News Agency (MENA)*. Zwar wurde 1974 die Zensur (außer für den militär. Bereich) aufgehoben, es besteht jedoch weiterhin eine starke staatl. Kontrolle. Rundfunk u. Fernsehen werden durch die staatl. *Egyptian Radio and Television Union* (ERTU, gegr. 1928) bestritten. Es werden Hörfunkprogramme in verschiedenen Sprachen sowie seit 1960 ein Fernsehprogramm durch die *Egyptian Television Organization* ausgestrahlt.

**Wirtschaft** Das äußerst fruchtbare Kulturland, vor allem im Niltal, das vom Strom direkt oder über Kanäle bewässert wird, nimmt nur 2,5 % der Landfläche ein. Es gestattet bis zu drei Ernten im Jahr. Der Sicherstellung des für die Bewässerung u. Ausdehnung des Kulturlandes nötigen Wassers wie auch der Energieversorgung dient neben anderen Staudämmen der Hochdamm bei *Assuan*. Es werden Baumwolle, die 8 % des Außenhandels deckt, Weizen, Mais, Gerste, Hirse, Tabak, Reis, Bohnen, Zwiebeln, Zuckerrohr, Dattelpalmen, Ölbäume, Südfrüchte, Wein u. a. angebaut. Außerhalb der Stromoase wird nomad. Viehzucht (Rinder, Büffel, Kamele, u. a.) getrieben. Da es fast kein Dauergrünland gibt, müssen Fleisch u. tierische Erzeugnisse zusätzlich eingeführt werden. Im Rahmen der Entwicklung Ägyptens ist die Steigerung der Fischfangkapazität im fischreichen Nasser-Stausee geplant. – Die vielfältigen Bodenschätze sind teilweise noch unerschlossen, da sie meist in schlecht zugängl. Wüstengebieten liegen. Es wird vor allem Erdöl, Phosphat, Eisenerz, Manganerz u. Salz gefördert. Seit den 1980er Jahren wurden mehrere neue Ölgebiete (z. B. südl. von Al Alamein) u. Erdgasfelder gefunden. Erdöl u. Erdölerzeugnisse stellten 1998 34 % der Gesamtausfuhr. Weiterhin gibt es Gips, Asbest, Buntmetalle, Schwefel, Kaolin u. a. Die zu zwei Dritteln verstaatlichte Industrie erzeugt vor allem Baumwollwaren, Nahrungs- u. Genussmittel, Getränke, Düngemittel sowie Maschinen u. Fahrzeuge, insbes. für die Bauindustrie. Dazu kommt die Eisen- u. Stahlgewinnung in Helwan bei Kairo u. die Zement- u. Glasherstellung, die in der Nähe von Kairo über günstige Rohstoffe verfügt. Zwei Fabriken dienen der Kupferschmelze aus eingeführtem Erz. Die Energieversorgung hat sich durch den 1970 fertig gestellten Assuan-Staudamm beträchtlich verbessert. Das angeschlossene Kraftwerk verfügt über eine Kapazität von 2,1 Mio. kW u. ermöglicht bei Ausnutzung aller 12 Turbinen eine Jahresproduktion von mindestens 10 Mrd. kWh. Durch die mehrjährige Dürreperiode läuft es z. Z. allerdings nur noch mit stark verringerter Kapazität.

**Verkehr** Eisenbahnen u. gute Straßen erschließen u. a. das Niltal bis nach Assuan, das Nildelta u. den Raum zwischen dem Nil u. der Landenge von Suez (gesamte Straßenlänge 64 000 km). Ein Verkehrsweg von internationaler Bedeutung war bis zum ägyptisch-israelischen Konflikt 1967 der → *Suezkanal*. Es ist jedoch fraglich, ob der Kanal nach der Wiedereröffnung im Jahr 1975 seine alte Bedeutung zurückerlangt, da ein großer Teil des Erdöltransportes des Nahen Ostens über Rohrleitungen oder mit immer größeren Tankern auf der Südafrikaroute abgewickelt wird. Die wichtigsten Seehäfen sind Alexandria, Port Said u. Suez. Neben den internationalen Flughäfen Kairo u. Alexandria besitzt Ä. mehrere Flugplätze, die für den Inlandverkehr bedeutsam sind.

**Geschichte** *Altertum:* In der Jungsteinzeit bezeugen die Kulturen von *Merimde, Faiyum* u. *Omari* in Unterägypten eine sesshafte Bevölkerung. Der oberägypt. Raum zeigt die einander folgenden Kulturen von *Tasa* u. *Negade I* u. *II*. Nach Kämpfen im Norden schloss die Einigung beider Landesteile die vorgeschichtl. Zeit ab. Dieser Staatsbildungsprozess ermöglichte zusammen mit der Schrift- u. Kalenderentwicklung den Aufbau einer Verwaltungshierarchie. Zunächst regierten die Könige (für die sich das hebräische Lehn-

Feldarbeit in der Dakhla-Oase

# Ägypten

Ramses II. als Opfernder mit einem Gabentablett. London, Britisches Museum

wort „Pharao" eingebürgert hat) von wechselnden Pfalzen aus das Land. Nach Unruhen u. Konsolidierungsanstrengungen in der Thinitenzeit kam es in der 3. Dynastie zu einem kulturellen Höhepunkt unter *Djoser:* es entstand ein straff gelenkter Zentralstaat mit fester Residenz in Memphis, Gaueinteilung, geregelter Bewässerungswirtschaft u. Güterversorgung. Der König galt als Gott; diese Rolle fand in der 4. Dynastie ihren großartigen Ausdruck in den königl. Grabbauten (Pyramiden) u. der völligen Ausrichtung der stark differenzierten Beamtenschaft sogar auf den verstorbenen König. In der 5. Dynastie rückte die Verehrung des heliopolit. Sonnengottes, als dessen Sohn der König definiert wurde, mit der Errichtung von Sonnenheiligtümern in den Vordergrund; im Gegenzug tauchte der Kult des Osiris als Friedensgott u. Totenherrscher auf, mit dem der König nach dem Tode wesensgleich wurde. Mit dem Ende der 6. Dynastie ging das Alte Reich unter; in Mittel- u. Oberägypten usurpierten rivalisierende Gaufürsten die Macht.
Die 1. Zwischenzeit mit sozialen Umbrüchen, wirtschaftl. Katastrophen (Hungersnöte) u. unübersichtl. Regierungsverhältnissen beendete ein theban. Gaugraf, der als *Mentu-hotep II.* zum Gründer des Mittleren Reichs wurde. Die 12. Dynastie führte die Neugliederung des Reiches mit Hilfe einer Beamtenschaft durch, die vielfach der erstarkten Mittelschicht entstammte. Weit gespannte Handelsbeziehungen (Nubien), Kolonisierung des Oasengebietes Faijum sowie gleichzeitig die Erweiterung der Landesgrenzen in Kusch u. Palästina prägten die Zeit. In der 13. u. 14. Dynastie wurde die Einheit Ägyptens durch schwache Könige u. Usurpation wieder gefährdet: es drangen asiat. Gruppen verschiedener ethnischer Zugehörigkeit ein, die unter dem Namen *Hyksos* (Herrscher der Fremdländer) auftraten. Sie führten Pferd u. Streitwagen ein. Beim Befreiungskampf gegen die ausländ. Besatzung mussten sich die theban. Fürsten *Kamose* u. *Ahmose* gleichzeitig mit den Hyksos u. deren Verbündeten, den Nubiern, auseinander setzen. Nach siegreichem Kampf gründete Ahmose die 18. Dynastie aus seinem theban. Fürstengeschlecht. Das Neue Reich baute auf militär. Eroberungen auf. Bereits *Thutmosis I.* drang bis zum Euphrat u. zum 5. Katarakt vor. *Thutmosis III.*, dessen Stiefmutter *Hatschepsut* ihm lange Zeit als offizielle Königin die Herrschaft vorenthielt, setzte die Feldzüge im syrischen Raum fort. Eine reiche Prachtentfaltung wurde durch immense Tributlieferungen der Vasallenstaaten möglich. Während der Amarna-Periode, die durch die religiöse Revolution (Aton-Monotheismus) des *Echnaton* geprägt war, gingen die neueroberten Gebiete verloren. Noch unter *Tutanchamun* leitete der spätere König *Haremhab* eine Wiederherstellung der alten inneren Ordnung sowie der ehemaligen Landesgrenzen ein. In der 19. Dynastie ragte *Ramses II.* hervor, der in 67-jähriger Herrschaft gewaltige Bauvorhaben durchführte u. nach der Schlacht von Kadesch mit den Hethitern einen Friedensvertrag schloss. *Merenptah* wehrte einen gemeinsamen Großangriff der Libyer u. der „Seevölker" ab. *Ramses III.* besiegte nochmals in entscheidenden Schlachten Libyer u. „Seevölker", bevor das Reich durch Korruption in Wirtschaftskrisen geschwächt wurde. Unter den folgenden Ramessiden verlor Ä. seine Weltmachtstellung u. zerfiel in Priesterfamilien u. militär. Aufständen.
Im Süden entstand der theban. Gottesstaat mit dem Hohenpriester *Herihor* an der Spitze, im Norden wurde *Smendes* König der 21. Dynastie mit Sitz in Tanis. Der Libyer *Schoschenk I.* riss die Krone an sich; die 22. Dynastie kontrollierte gleichzeitig den Gottesstaat, indem die Könige als Hohepriester Ä. unterheim. Priesterfamilien vorstanden. In der 23. u. 24. Dynastie war Ä. in rasch wechselnde Machtgruppierungen zerfallen, bis es von dem nubischen König *Pije* erobert wurde. Unter der Regierung des *Taharka* u. seiner Nachfolger drangen die Assyrer seit 674 in mehreren Vorstößen nach Ä. vor. *Psammetich I.*, zunächst Vasall der Assyrer, befreite Ä. u. vertrieb mit griech. Söldner die Nubier aus Oberägypten *Psammetich III.* musste die Herrschaft den Persern überlassen. Zwischen der 1. u. 2. Perserherrschaft gewann Ä. für kurze Zeit seine Unabhängigkeit zurück.
Nach der Eroberung Ägyptens durch Alexander d. Gr. gelangte die makedon. Ptolemäerdynastie auf den Thron (Hauptstadt Alexandria), von der durch den Eingriff Cäsars beim Tod der Königin *Kleopatra VII.* die Macht auf das röm. Reich überging: Ä. wurde röm. Provinz. Bei der Reichsteilung 395 n. Chr. fiel das inzwischen christianisierte Ä. an das oströrn. Reich, unter dessen Herrschaft es bis ins 7. Jh. verblieb.
*Mittelalter:* 616 unterbrachen die pers. Sassaniden für kurze Zeit die byzantin. Herrschaft. Nach der Eroberung durch die moslem. Araber 640/41 gehörte Ä. zum Islam. Reich. Die von Ahmed Ibn Tulun begründete Dynastie der *Tuluniden* (868–905) stellte von den Kalifen unabhängige Statthalter. Ihr folgte 935–969 die Dynastie der *Ichschididen.* Diese wurden von den schiit. *Fatimiden* verdrängt, die Ä. von Libyen her eroberten u. es zum Kernland ihrer bis 1171 dauernden Herrschaft machten. 1171 führte die von Saladin begründete Dynastie der *Ajjubiden* Ä. zu neuer Macht u. kultureller Blüte. Wirtschaftlich erstarkte Ä. unter den *Mamluken-Sultanen* (1250–1517) anfängl. weiterhin, bald aber schwächten es innerdynast. Kämpfe so, dass es 1517 dem Angriff der Türken erlag. Die Verwaltung blieb unter türk. Oberhoheit in den Händen der Mamluken-Paschas. Infolge der Verlagerung des Handels durch die Entdeckung des Seewegs nach Indien verfiel der Reichtum des Landes mehr u. mehr.
*Neuzeit:* Mit der türk. Armee, die die Ägyptenexpedition Napoleons I. bekämpfen sollte, kam aus Makedonien der Offizier *Mohammed Ali,* verdrängte den türk. Statthalter u. übernahm 1805 die Regierung. 1806 wurde er als Statthalter von Ä. anerkannt. Ein brit. Landungskorps, das von den in Oberägypten noch herrschenden Mamluken-Beis gerufen worden war, schlug

Mohammed Ali, Statthalter von Ägypten, regierte von 1805 bis 1848; Holzschnitt nach einem zeitgenössischen Kupferstich

# Ägypten

er im April 1807 bei Rosette. Im März 1811 ließ er etwa 300 Anführer der Mamluken in der Zitadelle von Kairo töten u. brach ihre Macht im Land. 1811–1818 zerstörte er das Reich der Wahhabiten in Arabien, unterwarf 1820–1822 Teile des oberen Niltals (Sudan) u. bemächtigte sich 1833 Syriens. Dieses musste er 1840 unter dem Druck der europ. Mächte an den osman. Sultan zurückgeben, wurde aber dafür als erbl. Vizekönig anerkannt. 1848 überließ er die Regierung seinem Sohn Ibrahim, der im gleichen Jahr starb. Ihm folgten Abbas I. (1848–1854), Said (bis 1863) u. Ismail (1863–1879), unter dem 1869 der Suezkanal gebaut wurde.

Schon Mohammed Ali hatte mit der Einführung moderner Technik in Ä. begonnen, hauptsächlich um seine Armee zu stärken. In Europa (vor allem Frankreich) ausgebildete Offiziere bildeten Keimzellen einer modernen nationalist. Bewegung, deren Ziel die Wiedergeburt eines starken ägypt. Staates war. Darin waren sie sich mit den seit etwa 1880 erstarkenden islam. Traditionalisten einig, die jedoch eine Übernahme westl. Kultur, bürgerl., gesellschaftl. u. polit. Strukturen ablehnten. Die Nachfolger Mohammed Alis bemühten sich weiter, Ä. zu modernisieren u. zu industrialisieren, gerieten jedoch dabei in unheilbare internationale Verschuldung. 1875 musste Vizekönig Ismail den ägypt. Anteil an den Suezkanal-Aktien England überlassen. Frankreich u. England übernahmen die Kontrolle der ägypt. Staatsfinanzen. Gegen diese Demütigung erhoben sich 1881 nationalist. Offiziere unter *Ahmed Arabi* an der Spitze. Am 11. 7. 1882 landeten brit. Truppen u. schlugen die ägypt. Armee bei Tell Al Kebir. Bis nach dem 2. Weltkrieg blieb Ä. von Großbritannien besetzt, obwohl die Oberhoheit des Osman. Reichs bis 1914 formell weiterbestand u. die Dynastie Mohammed Alis auf dem Thron blieb. Unter brit. Führung zerstörten ägypt. Truppen 1896–1898 das Reich des Mahdi im Sudan, wo die ägypt. Herrschaft 1881 zusammengebrochen war. 1899–1956 wurde der Sudan als brit.-ägypt. Kondominium verwaltet. 1879–1892 war Taufik Vizekönig, ihm folgte Abbas II. Hilmi. Die Regierung lag aber in den Händen des brit. Generalkonsuls Lord Cromer. 1914 wurde Ä. auch offiziell brit. *Protektorat* unter Hussain Kamil als Vizekönig, dem 1917 Fuad folgte. 1922 nahm er als Fuad I. den Königstitel an, jedoch blieb das Land von Großbritannien abhängig. Die bürgerl.-nationalist. Bewegung, seit 1918 unter Führung von Saad Saghlul, dann von Mustafa Nahas in der Wafd-Partei organisiert (arab. *Wafd*, „Abordnung"), durfte zwar zeitweilig Regierungsämter besetzen, konnte jedoch an der Ohnmacht Ägyptens nichts ändern.

Aufgrund eines unter König *Faruk I.* abgeschlossenen brit.-ägypt. Bündnisvertrags vom 26. 8. 1936 wurde die brit. militär. Besatzung immerhin auf die Suezkanalzone beschränkt. Im 2. Weltkrieg schlugen brit. u. verbündete Truppen 1942 das dt. Afrikakorps u. die italien. Armee bei Al Alamein. Die ägypt. Armee beteiligte sich nicht an den Kämpfen, jedoch zog sie 1948 zusammen mit anderen arab. Armeen gegen den neuen Staat Israel zu Feld u. wurde in die arab. Niederlage verwickelt. Beim Waffenstillstand am 24. 2. 1949 übernahm Ä. die Verwaltung des Gaza-Streifens.

Seit 1949 wurde der Geheimbund der „Freien Offiziere"

aktiv. Nach einem Staatsstreich am 23. 7. 1952 zwang er Faruk zur Abdankung. Am 18. 6. 1953 wurde die *Republik Ä.* proklamiert. Als Staats-Präs. amtierte zunächst General M. *Nagib*; 1954 übernahm der Führer der Freien Offiziere, Oberst G. A. *Nasser*, das Präsidentenamt. Er errichtete schrittweise ein diktator. Regime u. suchte eine sozialist. Ordnung eigener Prägung zu schaffen. Eine Bodenreform wurde eingeleitet u. ein Teil der Wirtschaft verstaatlicht. Polit. Gegner wurden mit polizeistaatl. Mitteln verfolgt. Als Massenbasis sollte eine Einheitspartei dienen (seit 1962 unter dem Namen *Arabische Sozialistische Union*, ASU). Die Frauen erhielten das Stimmrecht. Jedoch gewannen Partei u. Parlament kein polit. Gewicht. Ä. blieb ein bürokratisch regiertes Land mit militär. Spitze. Außenpolitisch bemühte sich Nasser zunächst um Zusammenarbeit mit dem Westen u. übernahm dann eine führende Rolle in der Bewegung der Blockfreien. Die Propaganda u. die Guerillatätigkeit gegen Israel wurden verstärkt. Aufgrund eines Abkommens von 1954 verließen die letzten brit. Truppen im Juni 1956 die Kanalzone. Wenig später verstaatlichte Ä. den Suezkanal. Großbritannien, Frankreich u. Israel griffen daraufhin im Okt. 1956 Ä. militärisch an. Israelische Truppen stießen bis zum Suezkanal vor, doch unter dem Druck der USA u. der UdSSR mussten sich die Angreifer zurückziehen. In der Folge knüpfte Ä. engere Beziehungen zur UdSSR.

Mit sowjet. Hilfe begann es 1959 den Bau des Hochdamms von Assuan. 1958 schloss sich Ä. mit Syrien zur *Vereinigten Arabischen Republik* (VAR) zusammen; 1961 löste sich Syrien wieder aus der Verbindung. 1963–1967 unterstützte Ä. mit Truppen u. Material die Republikaner im jemenit. Bürgerkrieg. Militärisch u. wirtschaftlich geriet es in zunehmende Abhängigkeit von der UdSSR. Im Mai 1967 sperrte Ä. den Golf von Aqaba für israel. Schiffe u. erzwang den Abzug der UN-Truppen, die seit 1957 die ägypt.-israel. Waffenstillstandslinie abschirmten. Daraufhin kam es mit einem israel. Präventivschlag zum „Sechstagekrieg", in dem Ä. eine schwere Niederlage erlitt. Israel eroberte die gesamte Sinaihalbinsel. Die UN erreichten eine Feuereinstellung am Suezkanal. Der Kanal selbst wurde unpassierbar.

Nasser bot seinen Rücktritt an, blieb jedoch nach Volkskundgebungen zu seinen Gunsten im Amt. Mit sowjet. Hilfe wurde Ä. rasch wieder aufgerüstet. Am Suezkanal kam es schon bald wieder zu Feuergefechten zwischen Ä. u. Israel („Zermürbungskrieg"). 1970 trat mit US-amerikan. Vermittlung eine Feuerpause ein, der jedoch keine Friedensverhandlungen folgten. Im gleichen Jahr starb Nasser. Sein Nachfolger, der bisherige Vize-Präs. A. As *Sadat*, leitete nach Konsolidierung seiner Macht u. Ausschaltung von Rivalen eine liberale Wirtschaftspolitik ein u. lockerte das diktator. Regime. Der Polizeiterror wurde abge-

# ägyptische Kunst

schafft, ein gewisses Maß an bürgerl. Freiheiten wieder hergestellt. Außenpolitisch löste Sadat die Bindung an die UdSSR u. wandte sich dem Westen zu. Im Okt. 1973 führte er Ä. in den vierten Krieg gegen Israel, der mit einem koordinierten ägypt.-syrischen Angriff begann. Ägypt. Truppen konnten auf dem Ostufer des Suezkanals Fuß fassen; allerdings entging eine ägypt. Armee auf dem Westufer nur dadurch der Einkesselung, dass der UN-Sicherheitsrat einen Waffenstillstand erzwang. Mit US-amerikan. Vermittlung wurden 1974/75 zwei Truppenentflechtungsabkommen geschlossen, die zu einem Teilrückzug Israels auf dem Sinai führten u. die Wiedereröffnung des Suezkanals ermöglichten.

Um die psycholog. Barrieren zu durchbrechen, die einem Friedensschluss entgegenstanden, unternahm Sadat im Nov. 1977 eine spektakuläre Reise nach Jerusalem. Ä. erklärte sich als erstes arab. Land bereit, Israel völkerrechtlich anzuerkennen. Nach langwierigen Verhandlungen, in die mehrmals der US-amerikan. Präs. J. *Carter* als Vermittler eingriff, wurde am 26. 3. 1979 in Washington der ägypt.-israel. Friedensvertrag unterzeichnet; er trat am 25. 4. 1979 in Kraft. Der Vertrag sah u. a. die vollständige Räumung des Sinai durch Israel binnen drei Jahren sowie die Aufnahme von Verhandlungen über die Autonomie der palästinens. Araber in den von Israel besetzten Gebieten vor. Die Räumung des Sinai wurde vertragsgemäß im April 1982 abgeschlossen. Hingegen blieben die Autonomieverhandlungen ohne Ergebnis. Die meisten arab. Staaten lehnten den Friedensschluss ab u. ergriffen Boykottmaßnahmen gegen Ä. Die ägypt. Mitgliedschaft in der Arab. Liga wurde suspendiert. Innenpolitisch setzte Sadat seinen Kurs der Liberalisierung fort. Die ASU wurde 1978 aufgelöst u. ein Mehrparteiensystem eingeführt. Die Machtposition des Präsidenten blieb jedoch unangetastet. Die von Sadat unterstützte Nationaldemokratische Partei erhielt bei Parlamentswahlen die überwältigende Mehrheit. Der Friedensschluss mit Israel brachte nicht den erhofften wirtschaftl. Aufschwung. Dies führte zu Unzufriedenheit in der Bevölkerung u. stärkte die Gegner der prowestl. Politik Sadats. 1981 fiel Sadat einem Attentat zum Opfer. Die Täter entstammten Kreisen, die einen islamischen Fundamentalismus vertraten. Neuer Präsident wurde der bisherige Vizepräsident Hosni *Mubarak.* Er setzte die Politik der Zusammenarbeit mit dem Westen fort, verhielt sich jedoch reserviert gegenüber Israel u. war nicht ohne Erfolg bemüht, die Isolierung Ägyptens innerhalb des arab. Lagers zu überwinden (1989 Wiederaufnahme in die Arab. Liga). Innenpolitisch zeigte er Entgegenkommen gegenüber der Opposition: Die Wahlchancen für die kleinen Parteien wurden verbessert, u. die Presse erhielt mehr Bewegungsfreiheit für Kritik an Maßnahmen der Regierung. 1987, 1993 u. 1999 bestätigte die Bevölkerung Mubarak mit großer Mehrheit im Präsidentenamt.

Die ungelösten Wirtschaftsprobleme Ägyptens führten seit Beginn der 1990er Jahre zu einer Stärkung des militanten islam. Fundamentalismus.

**Politik** Gemäß der Verfassung vom 11. 9. 1971 (mit Änderungen 1980) ist die präsidiale Republik Ä. ein sozialist., demokrat. Staat. Der Präs. wird von der Nationalversammlung nominiert u. durch Volksentscheid für sechs Jahre im Amt bestätigt. Er ernennt die Regierung, ist Oberbefehlshaber der Streitkräfte u. hat das Recht, Dekrete zu erlassen. Das Parlament, die Nationalversammlung, hat 454 Abg., von denen 444 für eine Amtszeit von 5 Jahren gewählt werden. Weitere 10 Abg. werden vom Präs. ernannt. Beratendes Legislativorgan ist die Schura. Das Parteiensystem wird von der Nationaldemokratischen Partei (NDP) dominiert. Hauptquelle der Gesetzgebung ist die Scharia, das islam. Recht. Ein Verfassungsgericht überwacht die konstitutionelle Ordnung.

ägyptische Kunst: Pektorale (Brustplatte) aus dem Schatz des Rahotep; Kairo, Ägyptisches Museum

Straßenhändler; im Hintergrund die Cheops- und Chephrenyramide

zunächst zum Vierkantpfeiler zurück, bis sich seit Sesostris III. abermals eine organ. Gestaltungsweise durchsetzte. Hauptdenkmäler der Architektur des Mittleren Reichs sind die Felsgräber von Beni Hasan u. die Pyramiden bei Lischt, Illahun u. Hawara (Faiyum). Die Bauformen des Neuen Reichs knüpfen eng an die der vorangegangenen Dynastien an u. finden ihren stärksten Ausdruck in dem zu Ehren des Reichsgottes Amun von der Königin Hatschepsut errichteten Totentempel Der Al Bahari bei Theben, im Jubiläumstempel in Medinet Habu sowie in den unter Thutmosis III. u. Amenophis II. ausgeführten Großbauten in Karnak. Der sich dort ankündigende Zug zum Gigantischen steigert sich in den Tempelanlagen von Luxor, Amarna, Abydos u. Abu Simbel. Unter Amenophis IV. wurde Karnak, Zentrum der Amunreligion, zugunsten der mit großen Tempel-, Palast- u. Gartenanlagen neu erbauten Residenz Achetaton *(Amarna)* aufgegeben. Zu einer bes. reichen u. fruchtbaren Bautätigkeit kam es in der *Ramessidenzeit;* u. a. entstanden Erweiterungsbauten in Karnak mit einem 5000 m² großen Säulensaal im Amunheiligtum, das Ramesseum in Westtheben sowie Säulenhof u. Pylon in Luxor. Ihre letzte Blüte erlebte die ägypt. Architektur in der Spätzeit (Hathortempel von Dendera, Horustempel von Edfu, Tempel auf Philae), die trotz der Fremdherrschaft durch ein starkes Traditionsbewusstsein gekennzeichnet ist.

### PLASTIK

In der ägypt. Plastik kamen die gleichen Ewigkeitsvorstellungen zum Ausdruck wie in der Architektur. Das Veranschaulichen unveränderlich-dauernder Denkbilder hatte den Vorrang vor der Wiedergabe von Sehbildern mit Porträtähnlichkeit u. zufälligen Details. Als Konsequenzen dieser auf das Sichtbarmachen des Wesenhaften gerichteten Gestaltungsform erscheinen feste Stilmerkmale. Dazu gehören in der Flachbildnerei der Verzicht auf Perspektive, die vom Rang der Dargestellten abhängige Verteilung der Größenmaße, die Verbindung von Profil- u. Frontansichten innerhalb einer Figur u. die friesartige Gliederung der Bildfläche in Streifen. Für die Rundbildnerei ist ein seit der Thinitenzeit auftretendes Streben nach monumentaler, blockhafter Geschlossenheit typisch (Sitzfiguren mit dicht nebeneinander gestellten Füßen, z. B. Statuen des Rahotep u. der Nofret aus Medum, 4. Dynastie). Die hauptsächl. aus Kalkstein, Schiefer, Alabaster, Granit, Basalt, Diorit, Kupfer u. Holz gefertigten Reliefs u. Rundplastiken des Alten Reichs tragen meist vielfarbige Bemalungen. Eines der eindrucksvollsten plast. Hauptwerke des Alten Reichs ist die *Sphinx* neben dem Chephren-Tempel von Gizeh. Während der 5. Dynastie tritt eine allmähl. Auflockerung der archaisch strengen Formgebung mit z. T. realist. Zügen ein, bes. bei Grabplastiken aus Gizeh u. Saqqara (Dienerfiguren). In den Motiven der Flachbildnerei überwiegt die Totenverehrung im weitesten Sinn, wobei die Entwicklung von figurenarmen zu lebhaft bewegten Szenendarstellungen führt (Reliefs aus dem Grab des Ti, Saqqara). In der Rundplastik des Mittleren Reichs verkörpert sich ein neuer Formwille, der die gegen Ende des Alten Reichs auftretenden manieristischen Auflösungserscheinungen überwindet. Hauptwerke dieser Epoche sind die Sitzstatuen Mentu-hoteps, Sesostris' I. u. dessen Gemahlin (12. Dynastie), die stilistisch überleiten zu den durch formale Vereinheitlichung u. seelische Ausdruckskraft gekennzeichneten Bildnissen von Sesostris II. u. Amenemhet III. In der gleichzeitigen Flachbildnerei verstärkt sich die Neigung zu der bereits in der Chephrenzeit gebräuchl. Technik des versenkten Reliefs mit betont klarer Umrißführung u. wachsender Körperhaftigkeit.

Im Neuen Reich trat der Denkmalcharakter der Plastik zurück zugunsten dekorativer Wirkungen u. gesteigerter psycholog. Lebendigkeit. Die Annäherung des Denkbilds an das Erscheinungsbild wird bes. deutlich zur Zeit Amenophis' III. u. in den Bildnisplastiken der Amarnakunst (Kalksteinbüsten, u. a. der Königin *Nofretete*), während der Herrscherbildnisse der Ramessidenzeit (Felsbilder von Abu Simbel, Sitzstatue Ramses' II., Turin) eine Rückkehr zur monumental-blockhaften Gestaltungsform erkennen lassen. Hauptwerke der Flachbildnerei dieser Zeit (18.–20. Dynastie) sind Reliefs im Totentempel der Königin Hatschepsut, an den Außenwänden der Säulenhalle von Karnak, in den Gräbern von Amarna u. im Tempel von Abydos. Flachbilder u. Rundplastiken der Spätzeit knüpfen an ältere Formen an.

### Ägyptische Museen und Sammlungen in aller Welt (Auswahl)

| Land | Ort | Museum |
|---|---|---|
| Ägypten | Kairo | Ägyptisches Museum |
| Deutschland | Berlin | Ägyptisches Museum und Papyrussammlung |
| | München | Staatliche Sammlung ägyptischer Kunst |
| England | London | British Museum |
| | Oxford | Ashmolean Museum |
| Frankreich | Paris | Louvre |
| Italien | Turin | Ägyptisches Museum |
| Niederlande | Leiden | Rijksmuseum van Oudheden |
| Österreich | Wien | Kunsthistorisches Museum / Ägyptisch-Orientalische Sammlung |
| USA | Boston | Museum of Fine Arts |
| | New York | Brooklyn Museum Metropolitan Museum of Art |

#### MALEREI

Die mit der Reliefkunst in engem Form- u. Stilzusammenhang stehende Malerei Altägyptens legt mit zahlreichen Darstellungen auf Leinwand, Holz, Stein, Stuck, Papyrus (Totenbuchillustrationen) Zeugnis vom Ausmaß der Funktion ab, die sie im Totenkult hatte. Bevorzugt wurden leuchtende, ungebrochene Erdfarben. Der Flächengliederung liegt das gleiche System wie den Reliefdarstellungen zugrunde: Unterteilung in horizontale Bildstreifen mit Standlinien für die Figuren. Auf Raum- u. Schlagschattenwiedergabe wird verzichtet (Ausnahme: Malerei im Grab der Nefertari, Gemahlin Ramses' II., Theben). Die Größenordnung des Dargestellten richtet sich nach dessen Bedeutung, die Geschlechter werden durch unterschiedl. Körperfarben bezeichnet.

Bes. zahlreich erhalten sind Grabmalereien mit kulturgeschichtlich bedeutenden Szenen aus dem Volksleben, die häufig durch Beischriften erläutert wurden (Gräber des Nacht, Rechmire, Mencheperreseneb u. a. in Theben; Gräber des Senbi u. des Uchhotep, Mer; Grab des Chnumhotep bei Beni Hasan u. a.). Gegen Ende des Mittleren Reichs vollzog sich ein spürbarer Wechsel von der anfängl. Vielfarbigkeit zu einer mehr koloristischen, mit feinen Farbabstufungen arbeitenden Darstellungsweise, wobei das landschaftl. Element zunehmend an Bedeutung gewann, entspr. dem gleichzeitigen Wandel vom Denk- zum Erscheinungsbild in der Plastik. Höhepunkte dieser Entwicklung sind die zur Zeit Amenophis' IV. ausgeführten Wand- u. Deckenmalereien in Amarna, die dekorative Elemente wie Sumpfbilder mit Wasservögeln und -pflanzen bevorzugen. Die Aufnahme hellenist. Formenguts seit der Ptolemäerzeit spiegelt sich in den zahlreichen mit Wachs- oder Temperafarben auf Holz ausgeführten Mumienbildnissen aus *Faiyum* wider.

#### KUNSTHANDWERK

Erzeugnisse des ägypt. Kunsthandwerks (Möbel, Salbenlöffel, Gold- u. Halbedelsteinschmuck, Keramik) sind vielfach von hohem künstler. Niveau. Der Wandel ihrer Schmuckformen folgte der allg. Stilentwicklung.

**ägyptische Literatur,** das auf Papyrus, Stein oder Tonscherben, seltener auf Holz, Metall, Leder oder Textilien überlieferte Schrifttum des alten Ägypten. Texte nichtliterar. Charakters (Briefe, Akten, Abrechnungen) sind in großer Menge erhalten. Geringer an Umfang ist die Literatur i. e. S.; sie gliedert sich in zahlreiche Gattungen. Texte aus der Zeit des Alten Reiches sind oft nur aus jüngeren Abschriften bekannt. Früheste Formen der *Totenliteratur* (seit der 4. Dynastie) sind formelhafte Grabinschriften mit gebetartigen Anrufen u. ausführl. Titelreihen, die später zu Lebensbeschreibungen (Idealbiografien des vorbildl. Beamten) ausgebaut werden. Ende der 5. Dynastie treten die auf den Wänden der Königsgräber angebrachten Pyramidentexte auf: religiöse Sprüche, die mit Hymnen, Dialogen u. Zauberformeln den Himmelsaufstieg u. die Jenseitsexistenz des toten Königs schildern. Im Mittleren Reich finden sich entsprechende Inschriften auf Särgen (Sargtexte), u. im Neuen Reich taucht dann das Totenbuch auf. Beide bieten auch für nichtkönigl. Personen Schutz vor Gefahren im Totenreich. Eine den Königen vorbehaltene Jenseitsliteratur (z. B. das „Amduat") erscheint in deren Gräbern der 18.–20. Dynastie: illustrierte

ägyptische Kunst: Königin Teje, Porträtkopf aus Eibenholz mit Krone aus stuckiertem, vergoldeten Holz; Neues Reich, 18. Dynastie; um 1355 v. Chr. Berlin, Ägyptisches Museum

# ägyptische Musik

Kosmographien, die anhand des Sonnenlaufs durch die Tag- u. Nachtstunden über- u. unterirdische Bereiche darstellen. Verfasst wurden diese Texte in den „Lebenshäusern" der Tempel, die als Bibliotheken u. Ausbildungsstätten für Priester u. Ärzte dienten.
Gegenstände der *wissenschaftl. Literatur* sind Medizin (Papyrus Ebers), Mathematik (Papyrus Rhind) u. Astronomie. Für Unterrichtszwecke waren Inventare des damaligen Wissens sowie Musterbriefe u. fiktive Korrespondenzen bestimmt (Papyrus Anastasi I).
Die *Weisheitslehren* vermitteln Regeln der rechten Lebensführung u. Ratschläge für das Verhalten in der Gesellschaft. Ein älterer Mann unterweist dabei einen jüngeren – oft seinen Sohn. Als einzige literar. Werke enthalten sie den Namen des Verfassers. Das älteste Werk ist die Lehre des Wesirs *Ptahhotep* (5. Dynastie). *Amenemope* (20. Dynastie) idealisiert den Typus des „Schweigers". Ein bevorzugtes Werk der Schulen war die Lehre des *Cheti* (12. Dynastie), der seinem Sohn die Vorzüge des Schreiberberufes anpreist. Seit der Ramseszeit tritt der durchschaubare „Maat" (Weltordnung, Richtschnur des Handelns) gegenüber dem verborgenen Willen Gottes, der in Demut hingenommen werden muss, zurück, z. B. in den Lehren des Anii u. des Amenemope.
Die *Auseinandersetzungsliteratur* der 1. Zwischenzeit u. des frühen Mittleren Reiches beklagt die anarchischen Zustände u. den Zerfall aller Bindungen u. Werte nach dem Zusammenbruch des Alten Reiches (Mahnworte des *Ipuwer*, Prophezeiung des *Neferti*, „Der beredte Bauer", „Gespräch eines Lebensmüden mit seiner Seele"). Das wohl aus dieser Zeit stammende „Harfnerlied des Antef" zeigt Skepsis gegen den Jenseitsglauben.
Erste Werke der *erzählenden Literatur* stammen aus dem Mittleren Reich: in der Pyramidenzeit spielende Zaubergeschichten des Papyrus Westcar; „Der Schiffbrüchige"; die abenteuerl. Geschichte des Flüchtlings Sinuhe (wohl das bekannteste Werk der ägypt. Literatur). Im Neuen Reich werden Göttergeschichten u. Märchen schriftlich fixiert, die altes Erzählgut volkstümlich verarbeiten: das „Märchen von den zwei Brüdern"; „Der Streit zwischen Horus u. Seth", zahlreiche Tierfabeln. Die Sagenkreise um den Mord an Osiris durch Seth u. die Aufzucht des kindl. Horus durch Isis dienen vielfach als Muster für magische Beschwörungen. Tempelrituale u. kult. Schauspiele (Urformen des Theaters) stellen götterweltl. Geschehen dar.
Zur *lyrischen Dichtung* zählen Götterhymnen (z. B. der große Aton-Hymnus des Echnaton), Lob- u. Preislieder auf den König, Feiergesänge, Trinklieder, Liebeslieder (häufig an die Liebesgöttin Hathor gerichtet) u. Arbeiterlieder, die bei der tägl. Arbeit gesungen wurden.
Die offiziellen *Königsinschriften* schildern polit. u. militär. Ereignisse (z.B. die Schlacht von Kadesch) in poetisch überhöhter Sprache als Teil eines göttl. Weltplans, sind daher als Geschichtsquelle nur mit Vorbehalt benutzbar. Realistischer sind die Feldzugsannalen Thutmosis' III. (Schlacht bei Megiddo). Die Gattung der „Königsnovelle" zeigt den Herrscher im Thronrat bei der Bekanntgabe seiner Vorhaben (z. B. die Punt-Expedition der Hatschepsut). Ein Beispiel für amtl. Prosa ist der Reisebericht des Gesandten Wenamun. Die ä. L. des MA u. der Neuzeit ist ein Teil der → arabischen Literatur.

◆ **ägyptische Musik.** Bereits aus der Vor- u. Frühgeschichte des Niltals lassen Ausgrabungsfunde (Klangwerkzeuge, bildl. Darstell.) auf ein reiches Musikleben der Vorfahren der pharaon. Ägypter schließen. Ihre erste klass. Blütezeit erlebte die Musik unter den Herrschern des Alten Reichs (3. Jahrtausend v. Chr.). Aus dieser Zeit stammen bereits so hoch entwickelte Instrumente wie Bogenharfe, Langflöte u. Doppelklarinette. Die ersten Namen höf. Berufsmusiker erschienen in den hieroglyph. Inschriften der Gräber. Die Quellen berichten Einzelheiten über den Werdegang des Sängers, Hofmusikers oder Tempelmusikanten.
Solistische Darbietungen mit Instrumentalbegleitung wechselten mit chorischen, auch antiphonal oder responsorial vorgetragenen Gesängen, weltliche mit kultischen Musik- u. Tanzdarbietungen. Das gemischt vokal u. instrumental besetzte Ensemble wurde durch den Cheironomen geleitet, der durch Zeichen seiner Hände den melod. Ablauf u. die rhythm. Gestaltung der Darbietungen anzeigte. Auch primitive Mehrstimmigkeit hat es damals bereits gegeben.
Zu den erwähnten Instrumenten traten im Lauf der Jahrhunderte die heilige Priesterrassel (Sistrum), verzierte Klappern aus Holz oder Elfenbein u. die Trompete. Seit dem Mittleren Reich (2040–1650 v. Chr.) waren in Ägypten auch Röhrentrommel u. Leier bekannt. Flöten aus dieser Zeit gestatten nach Vermessung u. Anblasen gewisse Schlüsse auf Umfang u. Eigenart des altägypt. Musiksystems. Noch bevor das Neue Reich begann (1552–100 v.Chr.), übernahm Ägypten bestimmte Importe von asiatischen Nachbarn u. Eroberervölkern, die sich auch im Auftreten neuer Instrumente nachweisen lassen (neue Harfenform, bes. die Winkelharfe, Doppeloboen, Lauten, runde u. viereckige Rahmentrommel). Aus dieser Zeit stammen die erste historisch nachweisbare Laute der Weltmusikgesch., die im Grab eines Musikers namens Harmose aufgefunden wurde, u. die ersten Trompeten aus Gold u. Silber, im Grab des Tutanchamun entdeckt. Zur Zeit des Neuen Reichs verkleinerten sich die Stufen der ägypt. Tonskalen. Hauptform vokalen u. instrumentalen Musizierens war ein Vorläufer des oriental. Dor, eine Art primitiven Rondos. Besonders aus dem Neuen Reich sind viele Namen u. Titel von Berufsmusikern bekannt. In der Spätzeit u. im griech.-röm. Ägypten erlag die Musik immer mehr ausländ. Einflüssen, was sich auch im Instrumentarium bemerkbar machte. An neuen Instrumenten kamen hinzu: Glöckchen, Becken, Panflöte, Aulos, Querflöte, hydraul. Orgel. Die pharaon. Musik hat im kopt. Kirchengesang (→ koptische Musik) u. im Lied der Landbevölk. weitergelebt u. bis heute Spuren hinterlassen. Nach der Eroberung Ägyptens durch die Araber (640 n.Chr.) ging die ä. M. zunehmend i. d. arab. auf.

**Ägyptische Plagen,** zehn Plagen, die den Auszug der Israeliten aus Ägypten (Exodus) erzwangen. Sie wurden von Mose u. Aaron im Auftrag Gottes u. z. T. im Wettstreit mit ägypt. Zauberern herbeigeführt, um den Widerstand des Pharao zu brechen (2. Mose 7,14–12,42): 1. Verpestung des Wassers, 2. Frösche, 3. Stechmücken, 4. Ungeziefer, 5. Viehseuche, 6. Geschwüre, 7. Hagel, 8. Heuschrecken, 9. Finsternis, 10. Tötung aller Erstgeborenen der Ägypter. Diese Plagen-Erzählung ist das Ergebnis eines langen traditionsgeschichtlichen u. literarischen Wachstumsvorgangs mit der Tendenz zur Dramatisierung u. Steigerung der Wunder.

◆ **ägyptische Religion.** Die religiösen Vorstellungen der pharaon. Ägypten sind bis in die Vorgeschichte zurückverfolgbar. Frühe Formen sind noch erkennbar als Verehrung von Ahnen, Tieren u. Naturerscheinungen. Lokalkulte gewinnen Anerkennung für ganz Ägypten: Isis, Osiris, Horus, Re, Ptah, Amun, Hathor u.a. Mythen von der Weltentstehung finden sich z. B. in den Traditionen der Urgötter von Hermopolis, der Atum usw. Die ä. R. durchdringt alle Bereiche des Lebens. Ein bedeutsamer Zug ist die Selbstdarstellung durch Dualismus u. Antithesen (z. B. Horus u. Seth, Chaos u. geschaffene Welt). Jenseitstexte des Neuen Reiches vereinen so im Sonnengott Re Naturerscheinung u. Personhaftigkeit, Himmel u. Unterwelt, unbewegl. Leichnam u. unbehinderte Lebendigkeit im Gefolge der Sonne, ver-

ägyptische Musik: Säulenrelief mit Harfenspieler; Philae

gangenes diesseitiges Leben u. Existenz als Toter vermittels des Jenseitsgerichts. Die Mehrzahl der bisher bekannten Texte behandelt das Jenseits u. die Existenz des Individuums nach dem Tode: Pyramidentexte, Sargtexte u. a. Der Glaube an das Fortleben nach dem Tode hatte ferner die Praxis der Mumifizierung, umfangreichen Totenkult, Fertigung von Särgen u. Grabanlagen zur Folge. Oberste Norm für Natur, Götter u. Menschen ist die → Maat. Auf den Eingottglauben bewegte sich vielleicht die Lehre Amenophis' IV. vom Sonnengott Aton zu. Das Nachleben der ägypt. Religion ist vielfach bezeugt (Osiris-Isis-Mysterien).

**ägyptische Schrift** → Hieroglyphen.

**ägyptische Sprache**, neben dem Sumerischen eine der ält. bekannten Sprachen der Welt. Die ä. S. wird zu den hamitischen Sprachen gerechnet; sie ist von 3000 v. Chr. bis ins 5. Jh. n. Chr. überliefert, als Sprache der kopt. Kirche (→ koptische Sprache) noch heute in Gebrauch. Man unterscheidet die Entwicklungsstufen *Altägyptisch* (Altes Reich), *Mittelägyptisch* (Mittleres Reich, „klassische" Literatur- u. Urkundensprache) u. *Neuägyptisch* (die „Vulgärsprache" des Neuen Reiches, die unter Amenophis IV. zur Literatur- u. Staatssprache wurde). Die ä. S. wurde in den aus Bildzeichen entstandenen → Hieroglyphen geschrieben; daneben waren Kursivschriften in Gebrauch (*hieratische Schrift* seit dem Alten Reich, *demotische Schrift* seit dem 7. Jh. v. Chr.). Da nur die Konsonanten niedergeschrieben wurden, ist über die Aussprache recht wenig bekannt.

**Ägyptologie**, die Wissenschaft von der Sprache, Geschichte, Kunst u. Kultur des ägypt. Altertums bis zum Beginn der Römerherrschaft. Als Universitätsdisziplin wurde d. Ä. 1831 begründet durch d. Entzifferer der Hieroglyphen J. F. *Champollion-Figeac*, in Dtschld. durch R. *Lepsius* (1846).

**Ahab**, nordisraelit. König 871–852 v. Chr., wegen Einführung fremder sozialer u. religiöser Praktiken von *Elia* bekämpft.

**Aha-Erlebnis**, von K. *Bühler* geprägter Begriff, der eine (z. B. bei Problemlösungsaufgaben) plötzl. u. bisweilen unvermutete Erkenntnis bezeichnet.

Ahaggar: Blick über das Gebirge von der Einsiedelei Foucauld

◆ **Ahaggar**, *Hoggar*, arab. *Al Hajjar*, Hochgebirgsmassiv im S Algeriens, in der mittleren Sahara, Stammland der Tuareg; Hauptort *Tamanrasset*. – Das Ahaggarmassiv ist eine flache Aufwölbung aus Granit und Gneis (zentral-saharische Schwelle), auf der im Kerngebiet *Atakor* bizarre Basalt- und Phonolithformen aufsitzen. Es erhebt sich im *Tahat* bis 3005 m ü. M. und erhält wegen seiner Höhenlage geringe Niederschläge. Die Vollwüste der Umgebung geht deshalb im Gebirge in schütteres Grasland über, das dem Tuareg-Stamm der Ahaggar Weidemöglichkeiten für seine Herden bietet; in den höchsten Stufen finden sich sogar Kümmerformen von mediterranen Baumarten. Vom Ahaggar gehen Wadis strahlenförmig nach allen Seiten aus. Die umliegenden Stufenländer (→ Tassili), die ihre Stirn dem Kern der Aufwölbung zukehren, werden von ihnen tief zerschnitten. Am Rande des Ahaggar liegen kleine Oasen. – Die Ausbeutung der Uranerzvorkommen soll in Angriff genommen werden.

**Aharon**, Bruder Moses', → Aaron.

**Ahasver**, *Ahasverus*, hebr. *Achaschwerosch*, Sagengestalt vom unerlösten, „ewigen Juden". A. soll Jesus auf dem Weg nach Golgatha roh abgewiesen haben, worauf er verflucht wurde, so lange ruhelos zu wandern, bis Jesus wiederkehre. Als christl. Legende bereits im 7. Jh. bezeugt; in der dt. Literatur zuerst 1602 als Volksbuch, dann bei Goethe, A. von Arnim, N. Lenau, R. Hamerling, engl. u. franzöš. Romantikern; Dramen von H. Heijermans (1893) u. P. Lagerkvist (1960).

**ahasverisch** [hebr., lat.], nach *Ahasver*, ruhelos, umherirrend.

ägyptische Religion: Hathor in Gestalt einer Kuh, mit der Sonnenscheibe zwischen den Hörnern. Die Sterne symbolisieren ihre Funktion als Himmelsgöttin. Kairo, Ägyptisches Museum

Ahaus

◆ **Ahaus,** Stadt in Nordrhein-Westfalen, Ldkrs. Borken, im Münsterland, nahe der niederländ. Grenze, 35 500 Ew.; Wasserschloss (17. Jh.); Textil-, Metall-, Kunststoffindustrie.

**Ahd.,** Abk. für *Althochdeutsch.*

**Ahern** ['æhərn], Bartholomew Patrick (Bertie), irischer Politiker (Fianna Fáil), * 12. 9. 1951 Dublin; Wirtschaftswissenschaftler; 1986/87 Bürgermeister von Dublin, später verschiedentl. Minister (u. a. Finanzminister); seit 1997 Premier-Min. (Taoiseach).

**Ahidjo** [a'hidʒo], Ahmadou, kamerun. Politiker * 10. 5. 1922 Garoua, † 30. 11. 1989 Dakar; Moslem; gründete die „Union Camerounaise" (UC); 1958 Min.-Präs., seit 1960 Staats-Präs.; 1975 u. 1980 für 5 Jahre wieder gewählt; 1982 zurückgetreten.

**Ahimsâ** [die; sanskr., „Nicht-Töten"], das Verbot, Lebewesen gleich welcher Art zu töten; eines der sittl. Gebote des Buddhismus u. des Jinismus, aber auch weithin des Hinduismus. Das Motiv dieses Verbots liegt in der Vorstellung der Seelenwanderung *(samsâra)* begründet; denn die Seelen Verstorbener verkörpern sich in allen Kreaturen, die deshalb zu schonen sind. Auch → Wiedergeburt.

**AHK,** Abk. für → Alliierte Hohe Kommission.

**Ahlbeck,** Ostseebad auf der Insel Usedom, in Mecklenburg-Vorpommern, Ldkrs. Ostvorpommern, 4000 Ew.; Binnen- u. Küstenfischerei.

**Ahle,** *Pfriem,* schon in der Steinzeit benutztes nadelartiges Werkzeug zum Stechen von Löchern.

◆ **Ahlen,** Stadt in Nordrhein-Westfalen, Ldkrs. Warendorf, nordöstl. von Hamm, an der Werse, 55 700 Ew.; Bundeswehrstandort; Steinkohlenbergbau (2000 eingestellt), Metall-, Maschinen-, Schuhindustrie sowie Emaillierwerke.

Ahlen

**Ahlener Programm,** am 3. 2. 1947 von der CDU der brit. Besatzungszone verabschiedetes wirtschaftlich-soziales Reformprogramm, in dem „eine neue Struktur der Wirtschaft" jenseits der unumschränkten Herrschaft des privaten Kapitalismus u. des Staatskapitalismus gefordert wurden. U. a. sollten Bergbau u. Eisen schaffende Großindustrie vergesellschaftet u. jede dem Gemeinwohl unerträgl. Beherrschung wesentl. Wirtschaftszweige durch Staat, Privatpersonen oder Gruppen ausgeschlossen werden. Planung u. Lenkung der Wirtschaft sollten durch Selbstverwaltungskörperschaften erfolgen, in denen Unternehmer, Arbeiter u. Verbraucher gleichberechtigt vertreten sein sollten. Auch → Christlich-Demokratische Union.

**Ahlers,** Conrad, dt. Journalist u. Politiker, * 8. 11. 1922 Hamburg, † 18. 12. 1980 Bonn; 1962–1966 stellvertr. Chefredakteur des „Spiegel", während der „Spiegel-Affäre" 1962 in Haft; 1967–1969 stellvertr. Leiter, 1969–1972 Leiter des Bundespresse- und Informationsamts und Staatssekretär, 1972 bis 1980 MdB (SPD), 1980 Intendant der Rundfunkanstalt „Dt. Welle".

**Ahlers-Hestermann,** Friedrich (Fritz), dt. Maler u. Grafiker, * 17. 7. 1883 Hamburg, † 11. 12. 1973 Berlin; ausgebildet in Hamburg. In 1907–1914 in Paris. Er entwickelte unter dem Einfluss von A. *Renoir,* H. *Matisse* u. des Kubismus eine kultivierte Malweise von dekorativer Grundhaltung u. malte Figurenbilder, Landschaften u. Stillleben von gemäßigter Modernität; trat auch als Kunstschriftsteller hervor.

**Ahlgren,** Ernst, eigentl. Victoria Maria *Benedictsson,* schwed. Schriftstellerin, * 6. 3. 1850 Dolme, Schonen, † 21. 7. 1888 Kopenhagen (Selbstmord); schrieb zunächst spätromant., dann realist. Romane u. Novellen („Frau Marianne" 1887, dt. 1897) u. wertvolle Tagebücher (hrsg. 1928).

**Ahlin,** Lars Gustav, schwed. Erzähler, * 4. 4. 1915 Sundsvall; schrieb fantasievolle, von groteskem Humor erfüllte Geschichten, in denen er für Güte u. Menschenliebe eintritt. Romane: „Tobb mit dem Manifest" 1943, dt. 1948; „Fromma mord" 1952; „Hannibal segraren" 1982; „De sotarna! De sotarna!" 1990.

**Ahlsen,** Leopold, dt. Dramatiker, Hör- u. Fernsehspielautor, * 12. 1. 1927 München; seine Stücke zeigen den modernen Menschen in verschiedenen Grenzsituationen; auch zeitgeschichtl. Stoffe u. Fernsehbearbeitungen von Weltliteratur. Dramen: „Philemon u. Baukis" 1956; „Raskolnikow" 1960; „Der arme Mann Luther" 1965; „Denkzettel" 1970; Fernsehspiele: „Möwengeschrei" 1977; „Der arme Mann von Paris" 1981; Romane: „Der Gockel vom goldenen Sporn" 1981; „Die Wiesingers" 1984. – „Liebe u. Strychnin. Sämtliche Erzählungen u. Verse" 1998.

**Ahm,** früheres nordt. u. skandinav. Hohlmaß verschiedener Größe; zwischen 136,6 l (Osnabrück) u. 157,1 l (Stockholm).

**Ahmadi** ['ax-], Verwaltungszentrum der Ölfelder von Kuwait; ca. 35 km südl. der Stadt Kuwait.

**Ahmadiyya-Sekte** [ax-], *Ahmedija,* ind.-islam. religiöse Gruppe, 1889 in Indien von Mirza Ghulam *Ahmed* gegr., der mit dem umstrittenen Anspruch auftrat, die Wiederkunft des Messias zu verkörpern. Ein Zweig der A. treibt heute auch in Dtschl. Mission.

**Ahmadnagar,** *Ahmednagar,* ind. Distrikt-Hptst. im Staat Maharashtra, im westl. Dekan-Hochland, 181 000 Ew.; Textil-, Agroindustrie; landwirtschaftl. Zentrum; Verkehrsknotenpunkt.

**Ahmed** ['ax-; arab., „der Preiswürdige"], *Ahmad, Achmed,* männl. Vorname.

**Ahmed** ['ax-], *Achmed,* FÜRSTEN:

*Jemen:* **1. Ahmed Saif Al Islam** Imam u. König 1948–1962, * 1896 San'a, † 18. 9. 1962 San'a; Nachfolger seines Vaters Jahja. In seiner Regierungszeit bestand 1958–1961 der Zusammenschluss mit der Vereinigten Arab. Republik (Ägypten u. Syrien) zu den Vereinigten Arab. Staaten. Nach Ahmeds Tod brach der Bürgerkrieg in Jemen aus, der mit der Vertreibung seiner Familie endete.

*Osman. Reich:* **2. Ahmed I.,** Sultan 1603–1617, * 18. 4. 1590 Magnesia, † 22. 12. 1617 Istanbul; führte Krieg gegen Kaiser Rudolf II. u. gegen Schah Abbas I.; ließ die Blaue Moschee in Istanbul erbauen.

**3. Ahmed III.,** Sultan 1703–1730, * 1673, † 30. 6. 1736; Regent während der „Tulpenzeit"; 1716 von Prinz Eugen bei Peterwardein geschlagen, musste den Frieden von Passarowitz schließen; von den Janitscharen am 1. 10. 1730 wegen seines Zögerns in der Kriegführung gegen den Iran abgesetzt (Aufstand des Patrona Halil).

**Ahmedabad,** *Achmadabad, Ahmabadad, Amdabad,* Distrikt-Hptst. im ind. Bundesstaat Gujarat, nördl. des Golfs von Khambhat, in strateg. günstiger Brückenkopflage an der Sarmati, gehört zu den größten Städten Indiens, 2,87 Mio. Ew.; wichtiges Industriezentrum in Gujarat, zweitgrößtes Baumwollzentrum Indiens (nach Bombay), daneben Metall verarbeitende u. chem. Industrie; altes Kunstgewerbe; histor. bedeutsame Stadtgründung; Altstadt (1411 gegr.) von einer Mauer mit 12 Toren umgeben u. in sog. „Pols" (geschlossene Wohnviertel mit strenger Kastenzuordnung) gegliedert; viele Prachtbauten islam., Jina- u. Hindu-Baukunst, u. a. Elfenbeinmoschee (1424); 120 jinist. Tempel, 15 Moscheen; Universität (gegr. 1950).

**Ahmed Al Badawi,** Sidi, * um 1200, † 24. 8. 1276 Tanta, Ägypten; größter islam. Heiliger Ägyptens.

**Ahmedi** [ax-], eigentl. *Taceddin Ibrahim,* osman. Dichter, * 1334 Kütahya, † 1413 Amasya; schrieb das Heldenepos „Iskendername" (Alexanderbuch), das dem Werk des Persers Nizami nachgebildet, aber um eine Geschichte des Islam bis zu den ersten osman. Sultanen bereichert ist.

**Ahmed Ibn Tulun,** erster selbständiger Herrscher im islam. Ägypten u. Syrien 868–884, * 835, † März 884 Antiochia; nach ihm ist die 876–879 erbaute Ibn-Tulun-Moschee in Kairo benannt.

**Ahmednagar** → Ahmadnagar.

**Ahmed Schah,** *Achmad Schah,* Schah von Iran 1909–1925, * 20. 1. 1898 Tabriz, † 27. 2. 1930 Neuilly; letzter Herrscher aus der Kadscharen-Dynastie; wurde 1924 von *Riza Schah* zum Verlassen des Landes gezwungen.

**Ahmed Schah Abdali,** *Ahmad Khan Abdali,* Emir der Afghanen 1747–1773, * um 1723, † 1773; Begründer der Durrani-Dynastie, erweiterte das afghan. Machtgebiet in Nordindien, 1757 Plünderung Dehlis, 1761 Sieg über die Marathen bei Panipat.

**Ahmet Hasim** [-haʃ-], türk. Dichter, *1884 Bagdad, †4. 6. 1933 Istanbul; einer der letzten Vertreter der klass. Diwan-Lyrik, schrieb Liebes- u. Naturgedichte voller Wortmystik u. symbolist. Bilder.

**Ahmet Midhat**, osman. Schriftsteller, *1844 Istanbul, †28. 12. 1912 Istanbul; schrieb Romane, Novellen u. Dramen; wollte das Volk erziehen u. unter Berücksichtigung der Volkssprache eine Kopfsprache schaffen.

**Ahming** [die], *Schiffahrt:* Tiefgangmarkierung in dm (Dezimeter) oder engl. Fuß (vom Kiel ab gerechnet); meist an Bug, Heck u. Schiffsmitte.

**Ahmose** [ax-], ägypt. *Jahmesu,* ägypt. König der 18. Dynastie, regierte ca. 1552–1527 v.Chr. A. vertrieb die → Hyksos aus Ägypten u. unterwarf Nubien; er gilt als Begründer der 18. Dynastie. Seine Gemahlin *Ahmes-nefertari,* Stammmutter der Dynastie, wurde als Heilige in Theben bis in die 20. Dynastie verehrt.

**Ahnen**, die Eltern u. Voreltern eines Menschen.

**Ahnenbild** [lat. *imago maiorum*], Gesichtsmaske verstorbener röm. Patrizier aus Gips oder Wachs; das A. wurde mit Kopfmaske u. Büste versehen u. im Atrium aufgestellt.

**„Ahnenerbe"**, Wissenschaftseinrichtung der SS, gegr. 1935, gefördert von H. *Himmler;* befasste sich im Sinne der Germanenideologie mit Vorgeschichte u. Volkskunde, später auch mit anderen Wissenschaften; organisierte ab 1942 Menschenversuche an KZ-Häftlingen.

**Ahnenfigur**, eine oft von hoher schöpfer. Kraft zeugende Plastik der Naturvölker aus Metall, Holz, Elfenbein, Lehm u.a., die als Sitz einer übernatürl. Kraft empfunden wird u. zurückgeht auf einen Ahnen, myth. Helden oder das Stammelternpaar. Die A. ist der Mittler zwischen Lebenden u. Verstorbenen. Ihr Einfluss wird durch Opfer, Schmuck, Tänze erbeten.

**Ahnenforschung** → Genealogie.

**Ahnenkult**, *Ahnenverehrung, Manismus,* die religiöse Verehrung der Vorfahren, die als Träger u. Sicherer des Lebens der Sippe bzw. des Stammes wie auch jedes einzelnen Sippenangehörigen angesehen werden. Tote u. Lebende gelten als aufeinander angewiesen, mit gegenseitigen Rechten u. Pflichten. Bes. ausgebildet bei Feldbauvölkern durch ihre engen Bindungen an Werden u. Vergehen in der Natur. Aufs Engste hängt der Wiedergeburtsglaube mit dem A. zusammen. Die Reihe der Ahnen geht durch bes. Verehrung toter Häuptlinge meist fließend in heldische u. göttl. Vorfahren (z.T. bis zum Stammelternpaar) über. Der A. führt zur Darstellung der Ahnen in kult. verehrten Ahnenbildern u. Ahnenfiguren. Mancherorts werden auch Überreste der Vorfahren (Schädel, Knochen, Haare, Mumien, die Asche u.a.) bes. aufbewahrt u. als Kraftspender gepflegt. Die religiösen Vorstellungen der Naturvölker Afrikas, Indonesiens, Ozeaniens, des Amazonasgebiets, aber auch mancher Hochkulturvölker (Römer, Germanen, Chinesen, Japaner) sind vom A. geprägt.

**Ahnenprobe**, *Adelsprobe,* Nachweis adeliger Abstammung bis zur 4. oder 5. Generation (8 oder 16 Ahnen). Die A. war im MA für die Zulassung zu Turnieren u. bei der Bewerbung um Stellen in adeligen Stiften, Domkapiteln, Ritterorden u.a. von Bedeutung. Der Nachweis wurde durch Urkunden oder durch Beibringung standesgleicher Zeugen (Aufschwörung) erbracht. Das Ergebnis der A. wurde in einer Ahnentafel niedergelegt.

**Ahnentafel**, schemat. Aufzeichnung der Ahnen eines Menschen (des „Probanden"). Die A. beginnt mit dem Probanden u. seinen Eltern als der untersten genealog. Einheit u. wird mit den Elternpaaren des Vaters u. der Mutter fortgesetzt usw. Der Proband führt die Nr. 1, der Vater Nr. 2, die Mutter Nr. 3, der Großvater väterlicherseits Nr. 4 usw. Auf diese Weise wird erreicht, dass alle männl. Ahnen eine gerade, alle weibl. Ahnen eine ungerade Nummer kennzeichnet. Soweit die Ahnen Wappen geführt haben, werden diese in die A. eingezeichnet.

**Ahnentempel**, der Ahnenverehrung dienende Tempelbauten Chinas, deren Größe u. Pracht von der Bedeutung der betreffenden Familie abhängt. Der größte A. ist der *Taimiao* in Peking (1420 für die Ming- u. Qing-Kaiser erbaut, um 1600 umgebaut, im 18. Jh. restauriert) mit dreiteiliger Halle u. dreifachem Mauerring.

**Ahnenverlust**, *Ahnenschwund,* die Verminderung der theoret. errechneten Zahl der Ahnen durch Verwandtenehen u. die dadurch bedingte Verwandtengleichheit.

**Ahnenwappen**, eine häufig auf alten Grabmalen vorkommende Wappendarstellung, die die Wappen der Familienmitglieder u. Vorfahren einer Person aufführen.

**Ahnfrau**, Stammmutter eines Geschlechts.

**Ähnlichkeit**, 1. *Biologie:* → Analogie (1), → Homologie.

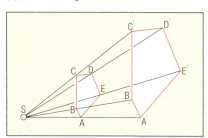

Ähnlichkeit (2): ähnliche Figuren

◆ **2.** *Mathematik:* die geometrische → Verwandtschaft (Zeichen ∼). Ähnliche Figuren haben gleiche entspr. Winkel z.B. bei zwei ähnl. Dreiecken ABC u. A'B'C': ∡ (AB, AC) = ∡ (A'B'; A'C'), entspr. Streckenlängen haben das gleiche Verhältnis, z.B. $\dfrac{\overline{AB}}{\overline{A'B'}} = \dfrac{\overline{BC}}{\overline{B'C'}}$.

**3.** *Philosophie:* Übereinstimmung zwischen Dingen, Systemen, Prozessen usw. in einigen Merkmalen. Der Begriff der Ä. kann als spezielle Form des Begriffs der → Analogie (2) aufgefasst werden.

**Aho**, Juhani, eigentl. Johan *Brofeldt,* finn. Schriftsteller, *11. 9. 1861 Lapinlahti, †8. 8. 1921 Helsinki; schrieb histor. u. kulturhistor. Erzählungen u. Romane, in denen er sich bes. als Naturschilderer erweist: „Die Eisenbahn" 1884, dt. 1922; „Einsam" 1890, dt. 1902; „Panu" 1897, dt. 1899 (schildert den Entscheidungskampf zwischen Heidentum u. Christentum in Finnland am Ende des 17. Jh.); „Schweres Blut" 1911, dt. 1920.

**Ahom**, ein hinduisiertes Thaivolk in Assam, mit assames. Sprache, ohne Nationalart u. Eigenkultur.

**A-Horizont**, *Oberboden,* oberste Schicht des Bodens. → B-Horizont, → C-Horizont, → D-Horizont.

**Ahorn**, *Acer,* einzige Gattung der *Ahorngewächse (Aceraceae);* nur auf der nördl. Halbkugel verbreitet; wichtige mitteleuropäische Arten: *Spitzahorn, Acer platanoides; Bergahorn, Acer pseudoplatanus; Feldahorn, Acer campestris.* Außerdem werden noch angebaut: *Eschenahorn, Acer negundo,* u. *Zuckerahorn, Acer saccharinum,* beide aus Amerika. In den östl. Teilen der USA u. in Kanada wird aus dem Zuckerahorn ein Saft mit 2–5 % Rohrzuckergehalt gewonnen, der nach dem Eindampfen den *Ahornzucker* liefert.

**Ahorngewächse**, *Aceraceae,* Familie der *Terebinthales,* Holzgewächse mit radiären Blüten mit leicht dorsiventrer Einschlag, da zwei Staubblätter hervorragen. Hierher gehören nur die verschiedenen *Ahornarten.*

**Ahornkirsche** → Malpighia.

**Ahorn-Sirup-Krankheit**, *Maple-Syrup-Disease,* angeborene Stoffwechselkrankheit, ein erblicher Enzymdefekt, der den Eiweißstoffwechsel betrifft: Infolge des Fehlens eines bestimmten Enzyms können die Aminosäuren Leucin, Isoleucin u. Valin nicht normal abgebaut werden, sondern finden sich stark vermehrt in Blut, Harn u. Gehirnrückenmarkflüssigkeit (Liquor); sie rufen zusammen mit anderen giftig wirkenden Stoffwechselprodukten beim jungen Säugling eine schwere, lebensgefährl. Stoffwechselvergiftung hervor. Durch die Diät unter strikter Meidung der betreffenden Aminosäuren kann die Stoffwechsellage erheblich verbessert werden. – Der Name der Krankheit geht auf den charakteristischen, an Ahornsirup erinnernden Geruch des Harns bei den Kranken zurück.

**Ahr**, linker Nebenfluss des Rheins, aus der Eifel, 89 km; das malerische, tief eingeschnittene untere *Ahrtal* ist ein bekanntes Weinanbaugebiet.

**Ahrburgunder**, Rotwein des Ahrtals, des größten geschlossenen Rotweingebietes Deutschlands.

**Ährchen**, Teilblütenstand der Gräser, aus dem die ähren- oder rispenartigen Gesamtblütenstände aufgebaut sind; kann eine oder auch mehrere Blüten enthalten.

**Ähre**, ein → Blütenstand mit ungestielten Einzelblüten an der verlängerten Hauptachse. Die „Ähren" der Getreidearten u. vieler Gräser sind ähren- oder rispenartige

**Ähreneibe**, *Austrotaxus*, Gattung der Nadelbäume (Unterklasse *Taxidae*) mit eibenähnlichen Früchten; Blätter 8–12 cm lang, spiralförmig angeordnet; Heimat: feuchte Wälder in Neukaledonien.

**Ährenfische**, *Atherinidae*, mit den *Meeräschen* verwandte Familie der *Ährenfischähnlichen*, kleine (etwa 15 cm lange) Meeres-Schwarmfische (selten im Süßwasser) der trop., subtrop. u. gelegentl. auch gemäßigten Breiten; Küstenbewohner. Laichzeit: April–August. Ä. ernähren sich von Plankton, Zuckmückenlarven, kleinen Krebsen u. a. Wirbellosen. Nur stellenweise wirtschaftl. Bedeutung (z. B. Pazifikküste der USA), sonst nur als Beifang. Hierher gehören auch: *Regenbogenfisch, Celebes-Segelfisch* u. *Rotschwanzährenfisch* als Süßwasser- u. Aquarienfische.

**Ährenlilie**, Liliengewächs, → Beinbrech.

**Ahrens**, Joseph Johannes Clemens, dt. Organist u. Komponist, * 17. 4. 1904 Sommersell, Westfalen; Prof. für kath. Kirchenmusik an der Berliner Hochschule für Musik; Orgelmusik u. Chorwerke (Matthäus-Passion, Weihnachtsevangelium nach Lukas, Johannes-Passion, Messen, 14 Motetten).

**Ahrensbök**, Gemeinde in Schleswig-Holstein, Ldkrs. Ostholstein, nördl. von Lübeck, 7900 Ew.; gotische Marienkirche (aus dem 14. Jh.); Gummi-, Textil-, Eisen- u. keramische Industrie.

Ahrensburg

**Ahrensburg**, Stadt in Schleswig-Holstein, Ldkrs. Stormarn, nordöstl. von Hamburg, 28 600 Ew.; steinzeitl. Ausgrabungen *(Ahrensburger Kultur)*; Schloss (1596; heute Museum schleswig-holstein. Herrenhauskultur), Max-Planck-Institut für Kulturpflanzenzüchtung; Papier-, Metallwaren-, Elektroindustrie, Großdruckerei.

**Ahrensburg-Kreis**, *Ahrensburger Kultur*, archäolog. Funde von spezialisierten Rentierjägern der ausgehenden Eiszeit (Dryaszeit); Verbreitung von den Niederlanden bis etwa Berlin u. von Holstein bis zum nördl. Rand der Mittelgebirge. Die wichtigste Fundstelle ist *Stellmoor* bei Ahrensburg. Dort wurden zahlreiche Geräte aus Feuerstein, Knochen, Rengeweih u. Holz gefunden. Im Wasser versenkte Rentiere u. ein von einem Rentierschädel gekrönter Holzpfahl zeugen von Opfern im Rahmen des Jagdkults.

**Ahrenshoop**, Ostseebad auf dem Fischland in Mecklenburg-Vorpommern, Landkreis Nordvorpommern; bekannte Künstlerkolonie, 820 Ew.; im 14. Jh. gegr.

**Ahriman**, *Angra Mainyu*, der böse Geist, teuflischer Widersacher des → Ahura Mazda in der Religion des persischen Propheten Zarathustra. Die Überwindung Ahrimans durch Ahura Mazda u. die Seinen beendet den Weltprozess u. führt das erwartete Reich Gottes herbei.

**Ahrweiler**, Ldkrs. in Rheinland-Pfalz, Reg.-Bez. Koblenz, 787 km², 126 000 Ew.; Verwaltungssitz *Bad Neuenahr-Ahrweiler*.

**Ahtamar**, kleine Insel im Vansee gegenüber dem Dorf Gevaş, Osttürkei; zeitweise Regierungssitz des armen. Königreichs Vaspurakan (924–959); Basilika, erbaut von König Gagik Ardzruni (915–921).

**Ahtisaari**, Martti Oiva, finn. Politiker (Sozialdemokrat), * 23. 6. 1937 Viipuri; Lehrer; seit 1965 im diplomat. Dienst, u. a. 1977 bis 1986 u. 1989/90 UNO-Sonderbeauftragter für Namibia; 1994–2000 Staats-Präs.

**Ahuachapán** [-tʃaˈpan], 1. Departamento in El Salvador, 1240 km², 261 000 Ew.; Hptst. A. (2).
2. Dep.-Hptst. in El Salvador, 83 900 Ew.; Kaffeeanbau, Handelszentrum, Leder- u. Schuhindustrie; Erdwärmekraftwerk seit 1975.

**Ahura Mazda** [neupers. *Ormuzd*, „der weise Herr"], in der dualist. Lehre des pers. Propheten Zarathustra der Gott des Lichts u. des Guten, der über allen göttl. Wesen steht, Schöpfer u. Richter der Welt. A. M. schuf die gute geistige u. die gute körperl. Welt, dem der → Ahriman eine böse geistige u. eine böse körperl. Welt entgegenstellte. Der Kampf der beiden Mächte, der mit dem Sieg Ahura Mazdas enden wird, bildet den Inhalt der Religion Zarathustras.

**AHV**, Abk. für → Alters- und Hinterlassenen-Versicherung (in der Schweiz).

**Ahvas** [axˈvas], *Ahvaz*, südwestiran. Hafenstadt am schiffbaren Karun, Hptst. der Prov. Khusestan, 725 000 Ew.; Universität; Nahrungs-, Düngemittelindustrie, Walzwerk; Sammelpunkt von Erdölleitungen; Verkehrsknotenpunkt.

**Ahvenanmaa**, finn. Inselgruppe u. Lääni, → Åland.

**Ahwar** [ˈax-], Ort in Jemen, an einem Wadi nahe der Küste, 12 000 Ew.; Baumwollkultur.

**a. i.**, Abk. für lat. *ad interim*, vorläufig.

**Ai**, das dreizehige → Faultier.

**AI**, Abk. für *Artificial Intelligence*, → künstliche Intelligenz.

**Aiakos**, griech. Heros, → Äakus.

**Ajas**, *Ajax*, zwei griech. Helden vor Troja: 1. Sohn des *Telamon*, König von Salamis; bester Kämpfer nach Achilles, auch der „Große A." genannt, gab sich selbst den Tod. – 2. Sohn des Lokrerkönigs *Oileus*; ging auf der Heimfahrt mit seinem Schiff unter.

**Aibling**, *Bad Aibling*, Stadt in Oberbayern, im Ldkrs. Rosenheim, westl. von Rosenheim, an der Glonn, 491 m ü. M., 16 000 Ew.; Sebastianskirche (18. Jh.); Moorbad, Holz- u. chem. Industrie.

**AICA**, Abk. für frz. *Association internationale des critiques d'art*, der Internationale Verband der Kunstkritiker.

**Aichach**, Stadt in Oberbayern, nordöstlich von Augsburg, 442 m ü. M., 19 300 Ew.;

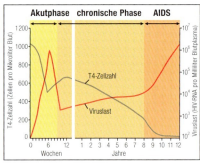

Aids: Verlauf einer HIV-Infektion

Textilindustrie. Verwaltungssitz des Ldkrs. *Aichach-Friedberg*.

**Aichach-Friedberg**, Ldkrs. in Bayern, Reg.-Bez. Schwaben, 781 km², 119 000 Ew.; Verw.-Sitz in *Aichach*.

**Aichbühl**, im Federseemoor (Oberschwaben) ausgegrabenes Dorf der Jungsteinzeit.

**Aichel**, Johann Santin, böhm. Architekt, → Santini.

**Aicher**, Otl (Otto), dt. Grafiker u. Designer, * 13. 5. 1922 Ulm, † 1. 9. 1991 Günzburg; Gestalter von Schrift u. Zeichen; seine für die Olymp. Spiele 1972 in München entworfenen Piktogramme gelten auf Flugplätzen, Bahnhöfen u. an Sportanlagen als internationale Orientierungsmarken.

**Aichfeld**, österr. Talzone an der Mur in der Obersteiermark, mit Fohnsdorf, Knittelfeld u. Zeltweg bedeutendes Bergbau- u. Industrierevier.

**Aichhorn**, August, österr. Psychologe, * 27. 7. 1878 Wien, † 13. 10. 1949 Wien; gründete 1918 ein Erziehungsheim für verwahrloste Kinder; suchte nach neuen Methoden zur Resozialisierung.

**Aichinger**, 1. Gregor, dt. Komponist, * 1564 Regensburg, † 21. 1. 1628 Augsburg; wahrscheinl. Schüler von O. di *Lasso* u. später während einer von J. *Fugger* finanzierten Italienreise von G. *Gabrieli*. A. komponierte im Stil der Palestrina-Zeit hauptsächlich Messen u. Motetten.
2. Ilse, österr. Schriftstellerin, * 1. 11. 1921 Wien; war als Halbjüdin Repressionen ausgesetzt (Studienverbot); seit 1953 verheiratet mit G. Eich; erhielt 1952 für die „Spiegelgeschichte" den Preis der „Gruppe 47". In ihren Prosatexten, Hörspielen u. Gedichten stellt A. die Sprache als Verständigungsmittel, zugleich Welt und Ich in Frage. Roman: „Die größere Hoffnung" 1948; Erzählungen: „Der Gefesselte" 1953; „Zu keiner Stunde" (Dialogszenen) 1957; „Eliza, Eliza" 1965; „Nachricht vom Tag" 1970; „Meine Sprache und ich" 1978; Hörspiele: „Knöpfe" 1953; „Besuch im Pfarrhaus" 1961; „Auckland" 1969; Prosatexte: „Schlechte Wörter" 1976; „Kleist, Moos, Fasane" 1987; Gesammelte Werke 1991.

**Aichtal**, Stadt in Baden-Württemberg, Ldkrs. Esslingen, 9200 Ew.

**AID**, Abk. für engl. *Agency for International Development*, 1961 durch Zusammenlegung der *International Cooperation Administrati*-

on (ICA) u. des *Development Loan Fund (DLF)* gebildete zentrale Institution für die Entwicklungshilfe der USA. Die dem Außenministerium unterstehende AID hat ihre Zentrale in Washington u. *AID-Missions* in mehr als 70 Entwicklungsländern.

**Aida** [der], Stickereigrundstoff aus Baumwolle.

**„Aida"**, Oper von Giuseppe *Verdi* (Kairo 1871), geplant als Festoper zur Eröffn. des Suezkanals (1869); Text von Antonio *Ghislanzoni*.

**Aide** [ɛːd; der; frz.], 1. *allg.:* Gehilfe. 2. *Kartenspiel:* Mitspieler, Partner.

**Aide-mémoire** [ɛːdme'mwaːr; das; frz., „Gedächtnisstütze"], diplomatisches Schriftstück zur Bestätigung mündlicher Besprechungen oder Abreden. Das Wort hat auch in den Sprachgebrauch von Gesuchstellern bei Verwaltungsbehörden oder militärischen Dienststellen Eingang gefunden, um längere mündliche Darlegungen aktenkundig zu machen.

◆ **Aids** [ɛids], *AIDS*, Abk. für engl. *Acquired Immune Deficiency Syndrome* („erworbenes Abwehrschwäche-Syndrom"), eine erstmals 1981 in den USA beobachtete, seitdem weltweit verbreitete Allgemeinerkrankung, die nach unterschiedlich langer Latenzzeit oft erst Jahre nach erfolgter Ansteckung zum Ausbruch kommt u. sich in einer fortschreitenden Schwächung des körpereigenen Immunsystems äußert. Frühe vorübergehende Anzeichen einer Infektion können u. a. Fieber, Schwitzen, Schlappheit, Übelkeit, Durchfall u. Appetitlosigkeit sein. Mit dem Ausbruch der eigentl. Krankheit wird der Infizierte zunehmend anfällig für eine Vielzahl von Parasiten, Pilzen u. Viren, u. es kommt vermehrt zu opportunist. Infektionen wie Lungenentzündungen, Pilzinfektionen, Tumoren der Haut (→ Kaposi-Sarkom) sowie durch Befall des Zentralnervensystems zu neurolog. Befunden wie Lähmungen, Psychosen u. schließlich zu Demenz. Erreger sind Viren (gebräuchl. Bez. HIV, früher HTLV-III). Sie binden sich im Körper an T4-Lymphozyten, die für ein Funktionieren der Infektabwehr unerlässlich sind u. die im Verlauf der Erkrankung zunehmend geschädigt werden. Die Übertragung erfolgt durch direkten Blutkontakt, durch den gemeinsamen Gebrauch von Spritzen unter Drogensüchtigen sowie durch Geschlechtsverkehr über die Schleimhäute im Genital- u. Analbereich. Eine Ansteckung durch bloßen Körperkontakt oder infizierte Gegenstände gibt es nicht. Als Risikogruppen galten zunächst vor allem männl. Homosexuelle, Prostituierte u. Drogenabhängige. Darüber hinaus ist jedoch jeder von Ansteckung bedroht, der ungeschützt sexuellen Kontakt zu einem Infizierten hat. Häufig werden auch Kinder infizierter Mütter bereits im Mutterleib angesteckt. Hingegen ist die Gefahr einer Ansteckung durch Blutübertragungen oder Blutplasmaprodukte, wie sie Bluter bekommen, aufgrund vorgeschriebener Tests heute äußerst gering. Die größte Ausbreitung hat A. heute in den Ländern der Dritten Welt, besonders in Schwarzafrika u. Asien, wo die gesamte sexuell aktive Bevölkerung betroffen ist, während die Krankheit in den Industrieländern nach wie vor überwiegend in den traditionellen Risikogruppen (männl. Homosexuelle, Drogenabhängige) verbreitet ist.

*Therapie:* Wirkungsvoller als bisher lässt sich A. mit neuen Kombinationstherapien behandeln, bei denen durch die gleichzeitige Gabe mehrerer Medikamente die Vermehrung des HI-Virus unterbunden werden kann. Derartige Therapien müssen möglichst frühzeitig nach erfolgter Infektion beginnen, erfordern die Einhaltung eines strengen Zeitplans bei der Medikamenteneinnahme u. werden von schweren Nebenwirkungen begleitet. Auch bedeuten sie lediglich einen Aufschub, jedoch keine wirkliche Heilung. Zudem sind sie so teuer, dass sie für die Infizierten in der Dritten Welt nicht in Frage kommen. So besteht der einzig wirksame Schutz vor A. nach wie vor in der Vermeidung einer Ansteckung.

**AIESEP**, Abk. für frz. *Association internationale des écoles supérieures d'éducation physique*, die internationale Vereinigung der Sporthochschulen; Sitz: Lüttich.

**AIF**, Abk. für → Arbeitsgemeinschaft Industrieller Forschungsvereinigungen.

**Aigai**, *Ägä*, alte Hptst. Makedoniens, durch *Pella*, den späteren Königssitz, unter *Archelaos von Makedonien* (413–399 v. Chr.) abgelöst. In A. wurde Philipp II. von Makedonien 336 v. Chr. ermordet.

**Aigen**, 1. Marktgemeinde im Ennstal, in der Steiermark, 652 m ü. M., 2600 Ew.; Fremdenverkehr, Segelflugplatz u. Garnison.
2. Marktgemeinde im Mühlviertel, in Oberösterreich, 600 m ü. M., 1800 Ew.; Erholungsort, in der Nähe die Prämonstratenserabtei *Schlägl*.

◆ **Aigina**, *Ägina*, wasserarme, waldlose griech. Vulkaninsel im *Saronischen Golf* zwischen Attika u. Peloponnes, 83 km², 10 000 Ew.; Hauptort Ä. an der Westseite;

### Aids: Krankheitsverlauf

| Phase | Stadium | Symptome | Dauer |
|---|---|---|---|
| A | akute HIV-Infektion | verschiedene klassische Infektionssymptome wie Schweißausbrüche, Muskel- und Gelenkschmerzen, Unwohlsein, Appetitlosigkeit, Kopfschmerzen, Erbrechen und Durchfall | Tage bis einige Wochen |
|  | Lymphadenopathiesyndrom | entzündliche Lymphknotenerkrankung | mehr als drei Monate |
|  | asymptomatische HIV-Infektion | keine | bis mehr als zehn Jahre |
| B | Krankheitssymptome oder Erkrankungen, die nicht zur Phase C gehören, aber dennoch der HIV-Infektion ursächlich zuzuordnen sind | konstitutionelle Symptome (Fieber, Durchfall, Gewichtsverlust) HIV-assoziierte Thrombopenie (Verminderung der Blutplättchenanzahl, die Blutungen von Haut und Schleimhäuten hervorruft) Candida-Stomatitis (Mundschleimhautentzündung HIV-assoziierte Polyneuropathie (Veränderung der Nerven, die motorische und sensorische Ausfälle zur Folge haben kann) orale Haarleukoplakie (Hautblüten) | abhängig von Therapie und Krankheitsverlauf |
| C | Vollbild Aids; Aids-definierende Erkrankungen HIV-Encephalopathie (Gehirnerkrankung) | opportunistische Sekundärinfektionen (z.B. Tuberkulose, Salmonellose) | abhängig von Therapie und Krankheitsverlauf |

## Aigion

Anbau von Mandeln, Oliven u. Wein, Fischfang, Fremdenverkehr.
*Geschichte:* Infolge weit reichenden Handels schon Mitte des 7. Jh. v. Chr. Prägung von Silbermünzen; zu Beginn des 5. Jh. v. Chr. Bau bedeutender Tempel, vor allem für Apollon u. die bald mit Athena gleichgesetzte *Aphaia*; die als „Ägineten" bezeichneten Giebelfriese des letzteren befinden sich in der Glyptothek in München. Die Athener unterwarfen A. 459 v. Chr., zwangen es in den 1. Attischen Seebund u. vertrieben 431 v. Chr. sogar seine Bevölkerung. Erst 407 v. Chr. konnte sie zurückkehren; ihr Hass gegen Athen dauerte im 4. Jh. v. Chr. an. Danach weist A. die wechselvolle Geschichte eines den Großmächten ausgelieferten Kleinstaates auf. Im MA verödete die Insel.

Aigues-Mortes: Stadttor der mittelalterlichen Stadtbefestigung

Aigina: Tempel der Aphaia

**Aigion**, griech. Stadt am Golf von Korinth im Verw.-Bez. Achaïa, 19 000 Ew.; Papier-, Möbel- u. Nahrungsmittelindustrie, in der Umgebung Weinanbau (Korinthen), Citrusfrüchte, Oliven.
**Aigisthos**, *Ägisthus* → Agamemnon.
**Aigle** [ɛgl; frz.], dt. *Aelen*, schweiz. Ort im Kanton Waadt, im Rhônetal, 7800 Ew.; Schloss mit Wehranlagen (z. T. vor 1076); Kirche St. Maurice (vor 1143); Salzmuseum, Weinmuseum; Tabak- u. Weinbau, Ölraffinerie.
**Aigospotamoi**, *Ägospotami*, Fluss u. Stadt auf der thrakischen Chersones (Dardanellen- oder Gallipolihalbinsel), Schauplatz des 405 v. Chr. den Peloponnesischen Krieg entscheidenden Siegs *Lysanders* über die Athener.
◆ **Aigues-Mortes** [ɛgˈmɔrt], südfranzös. Stadt in der *Camargue*, zwischen Lagunen u. meliorierten Sümpfen, 5000 Ew.; mittelalterl. Stadtumwallung (10 Tore, 15 Türme) u. allein stehende Verteidigungsanlage *Tour de Constance*, über einen Verbindungskanal (Canal Grande Roubine) mit *Le Grau du Roi* verbunden; bedeutende Salinen (Salins du Midi). – A. war früher Hafen u. Festung am Mittelländ. Meer u. Ausgangspunkt der Kreuzzüge nach Ägypten (1248–1254) u. Tunis (1270).
**Aiguille** [ɛˈgiːjə; die; frz., „Nadel"], häufige Bez. für steile Berggipfel in den Westalpen.
**Aiguillon** [ægiˈjɔ̃], Emmanuel Armand Vignerot-Duplessis-Richelieu, Herzog von, französ. Politiker, *31. 7. 1720, †1. 9. 1782 Paris; 1753 Gouverneur der Bretagne, 1770–1774 Außenminister u. Verfechter einer Reformpolitik im Verein mit R. N. de *Maupeou* u. J. M de *Terray*.
**Aihun**, *Aigun*, heute *Aihui*, chines. Stadt am Amur. Im *Vertrag von A.* vom 28. 5. 1858 trat China das linke Amur-Ufer vom Fluss Argun bis zur Mündung an Russland ab; das Gebiet zwischen Ussuri u. der Küste wurde gemeinsamer russ.-chines. Verwaltung unterstellt. Im Vertrag von Peking 1860 bestätigt, wurde der Vertrag von A. 1969 zum Ausgangspunkt des sowjet.-chines. Grenzkonflikts, weil ihn China als „ungleichen Vertrag" – d. h. unter Druck unterzeichnet – ablehnte.
**Aijubiden**, Herrscherdynastie in Ägypten, Syrien u. Jemen, → Ajjubiden.
**Aiken** [ˈɛikin], **1.** Conrad Potter, US-amerikan. Dichter u. Kritiker, *5. 8. 1889 Savannah, Ga., †18. 8. 1973 Savannah, Ga.; lebte fast 30 Jahre in England; gestaltete in der Lyrik moderne Seinsproblematik, neigt im Roman zu psychoanalyt. Deutung („Ein Platz, den Mond zu sehen" 1940, dt. 1988); schrieb krit. Essays über moderne Literatur. **2.** Howard H., US-amerikan. Mathematiker, *8. 3. 1900 Hoboken, †14. 3. 1973 St. Louis; entwickelte 1939–1944 an der Harvard-Universität den ersten programmierbaren Rechner „Mark I", der mit von elektromagnet. Kupplungen angetriebenen mechan. Zählern arbeitete u. durch Relaisschaltkreise gesteuert wurde.
**Aikido** [das; jap.], aus Japan stammende, gewaltlose Form der Selbstverteidigung, bei der dem Angriff des Gegners kein Widerstand entgegengesetzt wird, sondern dieser durch Ausweich-, Dreh- u. Zugbewegungen so weitergeführt wird, dass der Angreifer über das Ziel hinausschießt u. aus dem Gleichgewicht gerät; erst danach werden auch eigene Wurf- u. Hebeltechniken angewendet. Der japan. Begründer des A., Morihei *Uyeshiba* (*1882, †1969), verstand darunter einen Weg *(do)* zur Vervollkommnung u. zur Harmonie *(ai)* des Geistes *(ki)*. Die A. treibenden Sportler *(Aikidoka)*, die z. T. in den nationalen Judo-Verbänden, z. T. im *Dt. Aikido-Bund* (gegr. 1977, Sitz: Bad Bramstedt) organisiert sind, tragen eine dem Judo-Gewand ähnliche Jacke *(Aikidogi)* u. darüber einen schwarzen Rock. Ähnlich wie beim → Judo ist auch die Einteilung in Aikido-Kyu- u. Dangrade.
**Ailanthus** → Götterbaum.
**Ailanthusspinner**, *Philosamia cynthia*, zu den *Augenspinnern* gehörender großer Schmetterling (Spannweite bis 12 cm), dessen Kokons in Japan u. China zur Seidengewinnung verwendet werden. An einigen Stellen Mitteleuropas verwildert, z. B. im Tessin, Elsass, Niederösterreich.
**Ailey** [ˈɛili], Alvin, US-amerikan. Tänzer u. Choreograf, *5. 1. 1931 Rogers, Texas, †1. 12. 1989 New York; Vertreter des Jazztanzes; gründete 1958 das *Alvin A. American Dance Theater*.
**Aiman**, engl. Schreibweise für → Adjman.
**Aimaq**, *Chahar Aimaq*, Stammes-Konföderation in Westafghanistan; Viehzüchter u. Ackerbauern.
**Aimará**, indian. Kulturvolk, → Aymará.
**Aimé** [ɛˈme; frz., „Geliebter"], männl. Vorname; weibl. Form *Aimée*

Anouk Aimée

◆ **Aimée** [ɛˈme], Anouk, eigentl. Françoise *Sorya*, französische Filmschauspielerin, *27. 4. 1932 Paris; spielte u. a. in „La dolce vita" 1959; „Ein Mann und eine Frau" 1966; „Sprung ins Leere" 1980; „Ein Mann und eine Frau – 20 Jahre danach" 1986; „Prêt-à-Porter" 1995.

**Aimoré**, südamerikan. Indianer, → Botokuden.
**Ain** [ɛ̃], **1.** rechter Nebenfluss der Rhône in Ostfrankreich, 200 km; entspringt im Französ. Jura, mündet bei Anthon (östl. von Lyon); 8 Wasserkraftwerke.
**2.** ostfranzösisches Département beiderseits der unteren Ain, zwischen Saône u. Rhône, 5762 km², 501 000 Ew.; Verwaltungs-Sitz *Bourg-en-Bresse*.
**Aïn** [arab., „Auge, Quelle"], häufiger Bestandteil von Ortsnamen.

**Aïn-Draham,** *Ayn Draham,* Ort in Tunesien, im Kroumir-Gebirge, 820 m ü. M., nahe dem Stausee Ben Metir, 4100 Ew.; Sommer- u. Winterkurort mit Mittelmeerklima; Straße von Tabarca.

**Ain Mallaha,** Siedlung des Natufien in Israel, → Eynan.

**Ainring,** Gemeinde in Oberbayern, Ldkrs. Berchtesgadener Land, westl. von Salzburg, 430–650 m ü. M., 9800 Ew.; Luftkurort.

**Aïn-Salah,** früher *In-Salah, Ayn Salih,* Stadt in der zentralen alger. Sahara, größte der *Tidikeltoasen* am Südfuß des Kalkplateaus von Tademaït, 275 m ü. M., 20 000 Ew.; extrem arides Klima, Wasserbeschaffung für die Dattelkulturen durch unterird. Kanäle (→ Foggara) u. Tiefbohrungen; Handelsort, Ledergewerbe; an der Transsaharastraße Algier–Tamanrasset.

**Aïn-Sefra** [arab., „gelbe Quelle"], *Ayn Safra,* Berbersiedlung in Westalgerien, in den Ksourbergen (Sahara-Atlas), 1075 m ü. M., 22 000 Ew.; ausgedehnte Dünenfelder, Dattelkulturen, Alfagrasnutzung; an Bahn u. Straße Oran–Béchar.

**Aïn-Témouchent** [-temu'ʃã], *Ayn-Tamushanat,* Stadt in Nordalgerien, südwestl. von Oran, 250 m ü. M., 48 900 Ew.; inmitten der fruchtbaren Küstenzone mit intensiver Bebauung, bes. Weinkulturen, landwirtschaftl. Marktort, Straßenknotenpunkt, an der Bahnlinie Oran–Tlemcen.

**Aintree** ['ɛintri], Pferderennbahn bei Liverpool (Großbritannien), wo jährl. das schwerste Hindernisrennen der Welt, das → Grand National Steeple-chase, ausgetragen wird. Nahebei auch eine Motorsport-Rennstrecke (4,83 km lang).

◆ **Ainu** [Selbstbenennung, „Menschen"], *Aino,* ursprünglich ein Volk von Wildbeutern (heute 14 000; weniger als 300 reinrassig), mit Hackbau, auf Hokkaido, auf den Kurilen u. Sachalin, von den Japanern verdrängt bzw. aufgesogen, zum Teil stark japanisiert. Die Ainu fallen auf durch starken Bartwuchs; bei Frauen Tatauierung („Ainubart"); sie leben in vaterrechtlichen Kleinfamilien, haben Ahnenkult, Schamanen, bekannte Bärenfeste (Aufzucht oder Jagd, Tötung, kultische Verehrung), kimonoartige Kleidung; im Altertum tapfere Krieger, von den Japanern immer weiter nach Norden gedrängt; um 800 unterworfen, doch beunruhigten sie noch einige Jahrhunderte danach das nördliche Japan. Die *Ainu-Sprache* wird zu den paläoasiatischen Sprachen gerechnet; ihr Bau ist agglutinierend; sie weist zahlreiche japan. Lehnwörter auf.

**Ainuide,** urtüml. ostasiat. Sondergruppe der Europiden, von den *Ainu* bekannt; klein bis mittelgroß, langköpfig, dunkles welliges Haar, sehr starke Körper- u. Bartbehaarung, dunkle Augen, helle, nicht gelbl. Haut. Die Ainuiden weisen auf alte rassengeschichtl. Beziehungen zu Europa hin.

**Ain Zalah** [-'sala:], Erdölfeld im Irak im NW von Mosul, seit 1952 fördernd; Jahresproduktion seit Jahren konstant bei 1,3 Mio. t.

**Ajolos,** griech. Sagengestalten, → Äolus.

**AIPA-Studie,** US-amerikan. Sicherheitsstudie für den in den USA konzipierten Hochtemperaturreaktor mit blockförmigen Brennelementen u. einer Leistung von 1160 MWe.

**AIPS,** Abk. für frz. *Association internationale de la presse sportive,* der Internationale Sportpresseverband; → Sportpresse.

**Air** [ɛːr; das; frz.], 1. *allg.:* Haltung, Aussehen. 2. *Musik:* eigentl. Bez. für Lied oder Melodie („Arie"). Im 16. bis 18. Jh. bedeutete A. auch ein liedhaftes Instrumentalstück verschiedenster Formen; meist auf Tanzlieder zurückgehend.

**Aïr,** *Azbine,* bis 1944 m (Mont Greboun) hohe Gebirgslandschaft in der südlichen Sahara (Rep. Niger), von Tuareg bewohnt; Grasland mit unregelmäßigen Sommerregen, nomadischer Viehzucht; wildreicher Naturpark (Weltnaturerbe seit 1991); vorgeschichtliche Fundstellen; Hauptoase *Agadèz.*

**Airavata** [sanskr., „der aus dem Meer Hervorgegangene"], in der hinduist. Mythologie der aus der Quirlung des *Milchmeeres* hervorgegangene erste Elefant; Reittier des Gottes → Indra.

**Airbag** ['ɛəbæg; engl. Luftsack], passives Sicherheitssystem in Kraftwagen zum Schutz der Insassen bei Unfällen, bestehend aus dem Luftsack, dem elektronischen Sensor u. dem pyrotechnischen Treibstoff mit Zündsystem. Bei einem Aufprall wird in kürzester Zeit (25 ms) über den Sensor die explosionsartige Füllung des Seiten- oder Frontairbags ausgelöst, der die Insassen gegenüber dem Fahrzeug abstützt; unmittelbar danach wird er wieder entleert.

Ainu: Familienszene in einem Haus auf Hokkaido

**Airborne Warning and Control System** ['ɛəbɔːn 'wɔːniŋ ənd kən'trəʊl 'sɪstəm] → AWACS.

**Airbrush** ['ɛəbrʌʃ; engl., „Luftpinseltechnik"], Farbgestaltung mit Spritzpistole oder -stift; seit Ende des 19. Jh. bekannt, jedoch erst in neuerer Zeit im Bereich Werbegrafik, Pop-Art u. Ä. häufig genutzt; mit einer Spritzpistole wird Farbflüssigkeit weich fließend auf einem Untergrund verteilt.

**Airbus** ['ɛːrbʊs; engl. 'ɛəbʌs], Flugzeugfamilie von Großraum-Passagierflugzeugen für Kurz-, Mittel- u. Langstrecken (A300, A310, A320, A340, A330, A321, A319, A321-200, A330-200; in Entwicklung: A318, A340-500 u. -600, A380) sowie seit 1994 auch Frachtflugzeugen (A300-600ST; in Entwicklung: A380-100F); entwickelt u. hergestellt von der Airbus Industrie; erfolgreiches ziviles Gemeinschaftsprogramm der europ. Luftfahrtindustrie; Beginn der Entwicklung Mitte der 1960er Jahre, Luftverkehrseinsatz ab 1974.

**AIRCENT,** Abk. für engl. *Air Forces Central Europe,* Alliierte Luftstreitkräfte Europa Mitte. Dieser Stab führt im Verteidigungsfall die der NATO unterstellten (assignierten) Luftwaffenverbände. Die für die → Luftverteidigung bereitgestellten Kräfte unterstehen bereits im Frieden seiner Einsatzführung. Die vorgesetzte Kommandobehörde ist → AFCENT.

**Airconditioning** ['ɛəkən'dɪʃənɪŋ; engl.], *Aircondition* → Klimaanlage.

**Airdoxverfahren** ['ɛədɔks-], heute nicht mehr gebräuchl. Sprengmethode, bei der hochgespannte Luft in die Sprenglöcher geleitet wird u. das Material auseinander treibt; große Sicherheit gegen schlagende Wetter, daher Anwendung im Steinkohlenbergbau; das A. ist nur für leichte Sprengungen geeignet u. insofern kein vollwertiger Ersatz für Sprengen mit Explosivstoffen. Beim *Cardoxverfahren* wird Kohlensäure anstatt Luft verwendet.

**Aire** [ɛə], Fluss im nordöstl. England, 115 km; durchfließt das kohlen- u. industriereiche *Airedale,* mündet in die Ouse.

**Airedaleterrier** ['ɛːrdeɪl-], mittelgroßer, kräftiger, drahthaariger Hund, hellbraun bis lohfarben mit dunkelbrauner bis schwarzer Decke; Schutz- u. bisweilen Polizeihund.

**Airlanga,** *Airlangga,* König von Java 1016 bis 1049; Sohn eines balines. Königs u. einer javan. Prinzessin. Nach Airlangas Tod wurde das Reich geteilt u. A. als Buddha u. Vishnu verehrt.

**Airlift-Fermenter** [-ɛə-], ein → Bioreaktor, der sich durch gute Durchlüftung u. hohen Gas-Flüssigkeits-Stoffaustausch auszeichnet. Erreicht wird dieses durch mittiges Einblasen von Luft. Die koaxiale Bauweise bedingt einen seitl. Umlauf vom Boden. Eingesetzt wird dieser Turmfermenter z. B. bei der biolog. Abwasserreinigung.

**Air mail** ['ɛə 'meɪl; engl.] → Luftpost.

**Airolo,** dt. *Eriels,* schweiz. Dorf im Kanton Tessin, Hauptort des Bedretto- u. Leventinatals, an der Gotthardstraße u. am Südausgang des Gotthardtunnels, 1175 m ü. M., 1700 Ew.; 1898 durch Bergsturz zerstört, danach wieder aufgebaut, heute durch Lawinenverbauung u. Bannwald gesichert; Sommerfrische, Wintersport- u. Luftkurort.

**Air-to-Air-Missile** [-ɛətu'ɛəmɪsaɪl] → AAM.

**Airy** ['ɛəri], Sir George Biddell, brit. Astronom, * 27. 7. 1801 Alnwick, † 4. 1. 1892 London; 1835–1881 Direktor der Sternwarte Greenwich; beschäftigte sich vor allem mit Fragen der Positionsastronomie u. der Gradmessung in England. Zwei Jahre nach seinem Tode wurde der Greenwicher Meridian als Null-Meridian anerkannt. A. zu Ehren wurde auf der Marsoberfläche ein Krater, durch den der Null-Meridian des Mars gelegt wurde, „Airy 0" bezeichnet.

**ais** ['aːɪs], in der Musik der Halbton über a, dargestellt durch die Note a mit einem ♯.

**A'iša**, Frau Mohammeds, → Aïscha.

**Aisance** [ɛˈzɑ̃s; die; frz.], Leichtigkeit, Wohlhabenheit.

**Aisch**, linker Zufluss der Rednitz (Bayern), mündet unterhalb von Forchheim.

**Aïscha**, *A'iša*, Mohammeds jüngste Lieblingsfrau, Tochter Abu Bakrs, *um 613 Mekka, †Juli 678 Medina; nach Mohammeds Tod war sie hoch geehrt u. hatte große Autorität. Sie intrigierte gegen Ali während dessen Kalifat u. büßte nach der verlorenen „Kamelschlacht" allen Einfluss ein.

**Aischines** [aisˈçi-], lat. *Aeschines*, attischer Redner, *um 390 v. Chr. Athen, †um 315 v. Chr.; zunächst Anhänger der Friedenspartei des → Eubulos, wurde seit 348 v. Chr. zum Verfechter einer makedonenfreundl. Politik Athens u. damit ein polit. Gegner des *Demosthenes*, dessen Ehrung als athen. Patriot mit einem goldenen Kranz er seit 336 v. Chr. zu verhindern versuchte. Nachdem sich Demosthenes 330 v. Chr. durch die berühmte „Kranzrede" hierbei durchgesetzt hatte, verließ A. Athen u. lebte bis zu seinem Tod in Ephesos, Samos u. Rhodos. Drei Reden von ihm sind erhalten.

**Aischylos** [ˈaisçy-], griech. Dichter, → Äschylus.

**Aisén, 1.** *Región A. del General Ibáñez del Campo*, vier Provinzen umfassende Region im äußersten S Chiles, 109 025 km², 82 100 Ew.; Hptst. *Coihaique*; A. hat Anteil am insularen u. durch Fjorde u. Kanäle gegliederten Vorland der patagon. Kordillere, am stark vergletscherten Hochgebirge, der im Lee gelegenen trockeneren Parklandschaft u. schließl. an der patagon. Steppe in Grenznähe zu Argentinien. Die Region ist nur dünn besiedelt (0,8 Ew./km²) u. verkehrsmäßig unvollkommen an Mittelchile angeschlossen. Haupterwerbsquellen sind Waldwirtschaft, Fischfang, Schafzucht u. Rinderhaltung. **2.** Provinz in Chile, in Westpatagonien, 51 045 km², 35 000 Ew.; Hptst. *Puerto Aisén*; Naturwald, Fischfang.

**ais-Moll** [ˈaːɪs-], seltene, mit 7 ♯ vorgezeichnete Tonart, deren Leiter ais, his, cis′, dis′, eis′, fis′, gis′, ais′ ist. Die Tonart kann mit b-Moll enharmonisch verwechselt werden.

**Aisne** [ɛn], **1.** Département im NO Frankreichs beiderseits der unteren A., 7369 km², 539 000 Ew.; Verw.-Sitz *Laon*. **2.** linker Nebenfluss der Oise in Nordostfrankreich, 300 km; entspringt in den Argonnen, mündet nördl. von Compiègne; auf 160 km schiffbar; früher waren die Verbindungskanäle (Aisne-Marne- u. Ardennenkanal) für die Flößerei bedeutend.

**Aist**, linker Nebenfluss der Donau in Oberösterreich, entsteht durch Vereinigung der *Waldaist* u. *Feldaist*, mündet bei Mauthausen in die Donau.

**Aisten**, Name eines Volkes, das wahrscheinl. im 1. Jh. n. Chr. entlang der preuß. Ostseeküste siedelte. Durch Tacitus als Bernsteinfischer bekannt; geograph., ethnolog. u. linguist. noch nicht gesichert einzuordnen. Spätere Übertragung des Namens auf nördl. siedelnde *Esten* (Aistland, Eistland, Eistir); Selbstbezeichnung der Esten seit dem 19. Jh.

**Aistis**, Jonas, eigentl. *Kossu-Aleksandravičius*, litauischer Dichter, *7. 7. 1904 Kampiškes, †13. 6. 1973 Washington; von C. *Baudelaire* beeinflusst, einer der stärksten Formkünstler der Zeit.

**Aistulf**, König der Langobarden 749–756; eroberte 751 von Byzanz das Exarchat von Ravenna und bedrohte Rom; darum von Pippin d. J. auf Bitten Papst Stephans II. in zwei Feldzügen (754 u. 756) bekriegt u. zur Abtretung des Exarchats u. sonstiger Eroberungen in Mittelitalien gezwungen, die Pippin dem Papst überwies *(Pippin'sche Schenkung)*.

**Aisymnet** [grch.], Schiedsrichter, zuerst bei Sportwettkämpfen und Rechtsstreitigkeiten, dann auch – oft mit bedeutenden Sondervollmachten versehen – zur Behebung innerstaatlicher Krisen, wie *Pittakos* in Mytilene und *Solon* in Athen. In einigen altgriechischen Stadtstaaten, beispielsweise in Megara und seinen Kolonien, wurden die Aisymneten zu regulären, hohen Regierungsbeamten.

**aitiologisch** → ätiologisch.

**Aitolien**, griech. Landschaft, → Ätolien.

**Aitolischer Bund**, *Ätolischer Bund*, griech. Bund des 3.–2. Jh. v. Chr., in dem die Stämme Ätoliens u. Nachbarstämme in Mittel- u. Nordgriechenland zusammengeschlossen waren.

**Aitutaki**, südl. Cookinsel, gehört zu Neuseeland, 18 km², 2400 Ew.; von weitem Riff umschlossene Lagune.

**Aitzing**, auch *Eyzinger*, Michael von, österr. Publizist, *Anfang 16. Jh. Obereitzing (Österreich), †1598 Bonn; Hrsg. der seit 1588 regelmäßig halbjährl. zu den dt. Handelsmessen (Frankfurt, Leipzig) erschienenen → Messrelationen, die als Vorläufer der Zeitschrift gelten.

**AIU**, Abk. für frz. *Association internationale des universités*, Internationaler Hochschulverband, gegr. 1950, Sitz: Paris.

**Aiud**, Stadt im Zentrum Rumäniens, Kreis Alba, 29 600 Ew.; Maschinenbau- u. Baustoffindustrie.
Früher befand sich hier die röm. Stadt *Brucla*. Im MA 1293 urkundl. erwähnt. Die Burg von Aiud (13.–16. Jh.), von sächs. Einwanderern errichtet, mit einer got. Kirche (15./16. Jh.) u. Bethlen-Schloss (15.–17. Jh., heute Geschichtsmuseum).

**Aiun**, Hauptort der Westsahara, siehe auch → Aaiún.

**Aiwasowski**, *Ajvasovskij*, Iwan Konstantinowitsch, russ. Maler, *17. (29.) 7. 1817 Feodosia, †19. 4. (2.5.) 1900 Feodosia. Während seiner Studienjahre in Europa machte er sich bereits einen Namen u. fand die Anerkennung *Turners*. Nach seiner Rückkehr wurde er zum Maler des Admiralstabes, 1847 zum Prof. ernannt. Ein Großteil seiner rd. 4000 Gemälde sind virtuos gemalte Seestücke mit einem Hang zu romant. Übersteigerung.

**Aix** [ɛks], *Île d'Aix*, flache Insel an der französ. Westküste, nordwestl. von Rochefort, 1,3 km²; Wehrdorf im Süden: Napoleon-Museum.

◆ **Aix-en-Provence** [ˈɛks ɑ̃ proˈvɑ̃s], südfranzösische Kreisstadt im Dép. *Bouches-du-Rhône*, nördlich von Marseille in einer fruchtbaren Ebene nördl. des Arc, alte Hauptstadt der *Provence*, 127 000 Ew.; Erzbischofssitz, Universität (gegründet 1409); Kathedrale (13./14. Jahrhundert); reich an Kunstschätzen in Museen u. Kirchen; Heilbad (radioaktive, mineralsalzhaltige Thermalquellen, 33 °C); Opernfestspiele; Spielbank; Mittelpunkt ausgedehnter Oliven- u. Mandelkulturen; Ölhandel, Elektroindustrie.
*Geschichte:* A. wurde 122 v. Chr. von dem röm. Consul Sextus Calvinus als *Aquae Sextiae* gegr.; hier besiegte 102 v. Chr. der röm. Feldherr *Marius* die über die Alpen gedrungenen Teutonen. Im MA war A. Sitz der provençal. Grafen.

**Aix-les-Bains** [ˈɛks le ˈbɛ̃], südostfranzösische Stadt in *Savoyen*, am Ostufer des Lac du Bourget (45 km²), 24 800 Ew.; Luftkurort, Heilbad (Schwefelthermalquellen, 46 °C); Wintersport am Mont Revard (1538 m). – 125 v. Chr. von Domitius gegr. *(Aquae Domitianae)*. In römischer Kaiserzeit *Aquae Gratianae*; römische Baureste.

Aix-en-Provence: Rathausplatz

**Aiyanar** [tamil.], volkstüml. südind. Flurgott; Sohn des Shiva u. einer weibl. Form des Vishnu; reitet auf einem Geisterpferd.

**Aizoazeen,** *Aizoaceae,* Familie der *Centrospermae,* meist kleine, einjährige oder ausdauernde Kräuter u. Halbsträucher, oft Blattsukkulenten; Hauptverbreitung in Südafrika. Zu den A. gehören die *Mittagsblumen* oder *Eiskräuter, Mesembryanthemum cristallinum,* u. *Mesembryanthemum edule,* die die *Hottentottenfeigen* liefern. Hierher gehören auch die *Lebenden Steine* (Gattung *Lithops* u. Ä.).

**Aizuwakamatsu,** japan. Stadt im nördl. Zentralhonshu, westl. des Inawashirosees, 119 000 Ew.; in einem Tabak- u. Maulbeeranbaugebiet; Wasserkraftwerk.

**Aja,** Kinderfrau, Erzieherin. *Frau Aja,* Gestalt aus dem Volksbuch „Die vier Haimonskinder"; auch Beiname der Mutter Goethes.

**Ajaccio** [aʒak'sjo, frz.; a'jatʃo, ital.], Hptst. der französ. Insel *Korsika* u. des Dép. *Corse,*

Ajmer: Blick auf die Altstadt

Hafenstadt an der Westküste, 59 300 Ew.; Winterkurort; Geburtsort Napoleons I. (1769); Umschlagplatz für Obst- u. Gemüseprodukte der Insel.

**Ajanta** [ad'ʒanta], *Adschanta,* kleiner Ort in Maharashtra (Indien), bekannt durch die etwa 8 km entfernten Felsenhöhlen, die buddhist. Mönchen als Kloster u. Tempel dienten; enthalten monumentale Wandmalereien u. Steinplastiken (2. Jh. v. u. 5.–7. Jh. n. Chr.). Die Motive d. Malereien sind meistens dem *Jataka* (Dschataka), einer Sammlung buddhist. Legenden, entnommen → Seite 144.

**Ajanta Range** [ad'ʒanta 'rɛindʒ], Höhenzug auf dem westl. Dekanhochland im ind. Staat Maharashtra, nördl. der oberen Godavari, im W bis über 1200 m hoch, nach O auf 600 m abfallend, dort in isolierte Inselberge aufgelöst; lang gestreckte W-O-Streichrichtung, dagegen steiler N- u. S-Abfall; von einer fruchtbaren Trappdecke überzogen,

regenarm, landwirtschaftlich wenig genutzt.

**Ajaokuta** [adʒaɔ'kuta], Ort am mittl. Niger in Nigeria, im Bundesstaat Kwara; Standort eines Eisen- u. Stahlwerks; 50 000 Ew.

**Ajax,** griech. Helden, → Aias.

**Ajivika** [a:'dʒi:vika], alte ind. Sekte u. Asketengemeinschaft, gegr. von Makkhali *Gosala,* einem Zeitgenossen des Buddha u. des Mahavira. Nach seiner rigoros fatalist. Lehre sind Taten u. Erfahrungen aller Wesen völlig vorherbestimmt durch unpersönl. u. unergründl. Schicksalsmächte.

**Ajjubiden,** *Aijubiden, Ayyubiden,* Herrscherdynastie in Ägypten, Syrien u. Jemen, 1171 begründet durch *Saladin.* Die Herrschaft der A. wurde in Ägypten 1250 durch die Mamluken beendet, in Syrien 1260 durch die Mongolen; an einzelnen Orten hielten sich A. bis 1342.

**Ajka** ['ɔjkɔ], ungar. Stadt am Bakonywald, 34 500 Ew.; Braunkohlenabbau, Aluminiumhütte.

**Ajman** → Adjman

◆ **Ajmer** [adʒ-], *Adschmir,* ind. Distrikt-Hptst. im Staat Rajasthan, am nördl. Aravalligebirge, 485 m ü. M., 402 000 Ew.; Verkehrsknotenpunkt u. Handelszentrum für das landwirtschaftl. Umland (Hirse, Gerste, Mais, Erdnüsse); Eisenbahnreparaturwerkstätten, Maschinenbau, chem. u. Textilindustrie; islam. Wallfahrtsort, Mogulbauwerke u. -festungsanlagen.

**à jour** [a'ʒu:r], frz., „bis zum heutigen Tag"], auf dem Laufenden.

**Ajour-Stickerei** [a'ʒu:r-], eine Form der Nadelarbeit, → Durchbrucharbeit.

◆ **Ajtmatow,** Tschingis, kirgis. Schriftsteller, *12.12.1928 Scheker im Talas-Tal; schreibt in kirgis. u. russ. Sprache lyrisch

Tschingis Ajtmatow

getönte Romane u. Erzählungen; „Dshamilja" 1958, dt. 1960; „Der weiße Dampfer" 1970, dt. 1997; „Ein Tag länger als ein Leben" 1980, dt. 1982; „Der Richtplatz" 1986, dt. 1987.

**Ajub Khan,** pakistanischer Politiker, → Ayub Khan.

**Ajuga,** Gattung der Lippenblütler, → Günsel.

**Ajusco** [a'xusko], *Cerro del Ajusco,* Vulkan im Bundesdistrikt von Mexiko, 4149 m (andere Angabe 3929 m).

**ak...** → ad...

**a. K.,** Abk. für *außer Konkurrenz.*

**Ak.,** *Medizin* : Abk. für *Antikörper.*

**Akademgorodok** [-gəra'dok], Wissenschaftsstadt in Westsibirien, Russland, am Stausee von Nowosibirsk, 25 000 Ew. (überwiegend Personal der wissenschaftl. Einrichtungen). – Hauptsitz der Sibirischen Abteilung der Akademie der Wissenschaften, mit mehr als 22 Forschungsinstituten, darunter die Institute für Raketentechnik, Kernphysik, Mathematik, Geologie u. Geophysik u. a. – 1958 gegründet.

**Akademie** [grch.], ursprüngl. der Name für die philosoph. Schule *Platons* in den Gärten des Heros *Akademos,* Vorbild aller griech. Philosophenschulen; im späteren Altertum Bez. für Zusammenkünfte von Gelehrten, im MA für von Fürsten geförderte Gelehrtenvereinigungen (z. B. am Hof *Karls d. Gr., Friedrichs II.*). In der Barockzeit blühten die Akademien auf u. standen wegen ihrer fortschrittl. Einstellung häufig im Gegensatz zu den im mittelalterl. Denken verankerten Universitäten. Neben den hauptsächl. naturwissenschaftl. ausgerichteten Akademien (*Royal Society* in London 1645–1660, *Académie des Sciences* in Paris 1666) entstand eine andere Art von A., zu der die *Accademia della Crusca* in Florenz (1582) u. die *Académie Française* (1635) als Pflegestätte der Nationalsprache gehören. Die *Russ. A. der Wissenschaften* (1925–1991 *A. der Wissenschaften der UdSSR*) geht auf eine Gründung *Peters d. Gr.* aus dem Jahr 1725 zurück. Der Begriff A. im modernen Sinn geht zurück auf die *Preußische A. der Wissenschaften* (1700). Nach dem 18. Jh. wurden die Akademien vielfach an die Universitäten angegliedert. Heute versteht man unter A. auch Fachhochschulen wissenschaftl., künstler. u. literar. Art (Pädagog. A., Kunsthochschule, u. a.) sowie einzelne Fakultäten außerhalb einer Hochschule.

**Akademie der Arbeit,** eine der Universität in Frankfurt a. M. angeschlossene Ausbildungsstätte, die Arbeitnehmer in geschlossenen Lehrgängen für eine verantwortl. Mitarbeit in der sozialen, wirtschaftl. u. polit. Selbstverwaltung heranbildet; 1921 gegründet, 1933 aufgelöst, 1946 wieder eröffnet; Träger sind vor allem die Gewerkschaften.

**Akademie der Wissenschaften.** Vereinigung Gelehrter zum Zweck des wissenschaftl. Austauschs und der Forschung. In Dtschld bestehen gegenwärtig neun: 1. *Akademie der Wissenschaften* in Göttingen, 1751 gegr.; stand in enger Verbindung mit der Univer-

*Fortsetzung S. 146*

# Ajanta

 **Ajanta**

**Kulturdenkmal:** halbkreisförmig aus dem Fels geschlagene Höhlentempel und -klöster; insgesamt 5 Tempel und 24 Klöster; Höhlenkloster 4 das größte Heiligtum von Ajanta und von 28 Säulen gestützt; Höhlenkloster 6 die einzige zweigeschossige Kultstätte Ajantas, eine der schönsten Malereien in Höhle 17 mit der Darstellung des Buddhas der Zukunft (Maitreya) und einer Palastszene, älteste Kultstätte die dreischiffige, mit 39 achteckigen Pfeilern versehene Höhle Nr. 10, Höhle 26 mit Buddha in Nirvana-Haltung

**Kontinent:** Asien

**Land:** Indien, Maharashtra

**Ort:** Ajanta, Schlucht des Waghore River, bei Aurangabad

**Ernennung:** 1983

**Bedeutung:** wichtige buddhistische Kultstätte Indiens mit reich skulptierten und ausgemalten Höhlentempeln

**Zur Geschichte:**

*200 v. Chr.–200 n. Chr.* erste Blütezeit

*5./6. Jh.* zweite Blütezeit

*1819* Entdeckung durch eine englische Jagdgesellschaft

Freunde der Askese oder auch nur der Bescheidenheit können die Mönche nicht gewesen sein, die einst in Ajanta lebten und meditierten. In einer Inschrift hielten sie fest, dass sie sich des Genusses jeder bekannten Bequemlichkeit zu jeder Jahreszeit erfreuen wollten. Ihre Gönner, Könige, Prinzen und reiche Kaufleute, die für die teuren und aufwändigen Arbeiten in den Felsen über dem Waghore aufkamen, scheinen ebenfalls keine Kinder von Traurigkeit gewesen zu sein. Im Gegenteil: Sie öffneten ihre Geldbeutel gerne, da sie sich ein Denkmal für die Ewigkeit setzen wollten, wie einer Inschrift in der Höhle Nummer 26 zu entnehmen ist: »Einem Mann kann es im Paradies so lange gut ergehen, wie die Erinnerung an ihn in der Welt frisch bleibt. Warum also sollten wir deshalb darauf verzichten, uns ein Denkmal zu setzen, das so lange überdauern wird, wie Sonne und Mond am Himmel scheinen?«

Gelassen blickt die Statue an der skulpturenreichen Fassade der Höhle Nummer 19 auf die Besucher herab

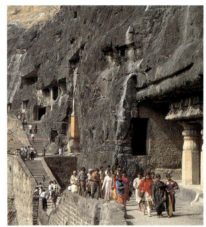

Auf den ersten Blick lässt der Fels kaum vermuten, dass sich in seinen Höhlen so viel bildhafte Lebensfreude verbirgt

Wann immer dieser Satz entstand, ob in der Blütezeit Ajantas zwischen dem zweiten vorchristlichen und nachchristlichen Jahrhundert oder erst nach einer 400-jährigen Pause im 6. Jahrhundert: Rund tausend Jahre lang wird es dem Schöpfer dieser Zeilen auch im Paradies nicht übermäßig gut gegangen sein. So lange nämlich waren die rund hundert Höhlen in der halbmondförmigen Flussbiegung vom Urwalddickicht überwuchert. Bis auf einige wenige Dorfbewohner aus der Nähe und ein paar Sadhus, heilige Männer der Askese, hielten sich vor allem Fledermäuse in den kunstvoll ausgeschmückten Höhlen auf.

Erst am 28. April 1819 erhielt eine der Felswände eine neue Inschrift: »John Smith, 28ste Madras-Kavallerie«. Diese Spuren hinterließ ein englischer Soldat, der die Höhlen nach Jahren des Vergessens wiederentdeckte. Belanglos scheint dabei der Streit der Chronisten, die sich mit der Frage abgeben, ob Smith auf der Tiger- oder Wildschweinjagd war, als er das »Denkmal für die Ewigkeit« zum ersten Mal sah. Doch es scheint unzweifelhaft, dass er, aus Enttäuschung über mangelndes Jagdglück, seinen Blick über die Landschaft wandern ließ. Dabei fiel ihm einer der überwucherten Höhleneingänge ins Auge. So ging ein Mann mit dem Allerweltsnamen John Smith als Entdecker der Höhlentempel von Ajanta in die Weltkulturgeschichte ein.

Leider ging er mit seinen Kritzeleien nicht mit gutem Beispiel voran, um Wandmalereien und Skulpturen der Heiligtümer zu bewahren. In ihrem Übereifer, die farbenprächtigen und detailversessenen Darstellungen für die Nachwelt in Europa zu kopieren, zerstörten viele europäische Forscher bis zum Beginn des 20. Jahrhunderts mehr, als sie bewahrten. So sind nur in sechs der rund hundert Höhlen noch so viele bildliche Szenen erhalten, aus denen sich der Besucher von heute sein Bild davon machen kann, wie vor Jahrhunderten in Saus und Braus gelebt wurde.

Da das Ajanta von damals in der Nähe der wichtigsten Handelsroute lag, die vom Arabischen Golf nach China führte, brauchten sich die dort lebenden Mönche dank zahlungskräftiger Gönner über lange Zeit hinweg nicht um ihren Lebensunterhalt zu sorgen. Auf der belebten Handelsroute waren Menschen aus aller Herren Länder unterwegs, durch die die Mönche immer wieder neue intellektuelle und spirituelle Anregungen erhielten.

Der Buddhismus befand sich in Indien zu diesem Zeitpunkt längst im Niedergang. Mehr und mehr Anhänger gewann der Brahmanismus, die damalige Form des Hinduismus, und auch die Fürsten der Satvahanas, in deren Hoheitsbereich Ajanta lag, folgten dieser Lehre. In gewisser Weise weltoffen, pflegten diese Fürsten eine religiöse Toleranz, die im Zusammenleben der verschiedenen Religionen im heutigen Indien fast ausgeschlossen scheint. Sie förderten und schützten die Kultstätten von Ajanta, obwohl sie keine Buddhisten waren – bis schließlich am Ende des 6. Jahrhunderts nach Christus aus bis heute mysteriösen Gründen Ajanta aufgegeben wurde, die Bewohner nach Ellora zogen und der »nimmersatte Urwald« die Flussbiegung zurückeroberte.

Willi Germund

Die Fresken verblüffen in ihrer farbenprächtigen Ausdruckskraft und liebevollen Ausgestaltung, im linken Bild Höhle Nummer 17, unten die Höhle Nummer 2

sität. Die bis 1944 herausgegebenen „Göttinger Gelehrten Anzeigen" genossen als älteste kritische Zeitschrift großes Ansehen. – 2. *Bayerische Akademie der Wissenschaften* in München, 1759 gegr.; 3 Klassen: philosoph.-philolog., mathemat.-physikal., histor. – 3. *Sächsische Akademie der Wissenschaften* in Leipzig, 1919 hervorgegangen aus der 1846 gegr. „Königlich Sächsischen Gesellschaft der Wissenschaften"; 2 Klassen: mathemat.-physikal., philolog.-philosoph.-histor. – 4. *Heidelberger Akademie der Wissenschaften*, 1909 gegr.; 2 Klassen: mathemat.-naturwissenschaftl., philosoph.-histor. – 5. *Akademie der Wissenschaften u. der Literatur* in Mainz, 1949 gegr. auf Veranlassung der Preußischen Akademie u. der Berliner Akademie der Bildenden Künste; 3 Klassen: mathemat.-naturwissenschaftl., geisteswissenschaftl.-sozialwissenschaftl., literar. Klasse. – 6. *Rheinisch-Westfälische Akademie der Wissenschaften* in Düsseldorf, gegr. 1963; philosoph. u. naturwissenschaftl. Abteilung. – 7. *Berlin-Brandenburgische Akademie der Wissenschaften*, 1992 gegr. – 8. *Leibniz-Sozietät*, 1992 hervorgegangen aus der *Akademie der Wissenschaften der DDR*, die 1946–1972 *Deutsche Akademie der Wissenschaften* hieß. Sie wurde nach sowjet. Vorbild zur zentralen Forschungsinstitution der DDR mit über 20 000 Mitarbeitern ausgebaut. Sie war Nachfolgerin der *Preußischen Akademie der Wissenschaften*, die 1700 auf Anregung von Leibniz (1. Präsident) von *Friedrich I.* gegr. u. 1711 als „Sozietät der Wissenschaften" eröffnet u. 1744 zur „Königl. Akademie" umgestaltet wurde. 1987–1990 bestand auch in Westberlin eine Akademie der Wissenschaften. – 9. *Deutsche Akademie der Naturforscher (Leopoldina)* in Halle (Saale), älteste deutsche naturforschende Gesellschaft, gegr. 1652 in Schweinfurt nach dem Vorbild der italienischen. Akademien, 1879 nach Halle verlegt.
Daneben bestehen bedeutende wissenschaftl. Gesellschaften: u.a. die *Max-Planck-Gesellschaft*, die 1911 unter dem Namen *Kaiser-Wilhelm-Gesellschaft* zur Förderung der Wissenschaften gegr. wurde; die *Gesellschaft für Wissenschaft u. Leben*, 1919 in Essen gegr.; die *Wissenschaftliche Gesellschaft zu Freiburg* (1911), die *Württembergische Gesellschaft zur Förderung der Wissenschaften* u. die *Deutsche Akademie für Sprache u. Dichtung* in Darmstadt (1949).
**Akademie-der-Wissenschaften-Gebirge,** Teil des Westpamir, Tadschikistan, 100 km lang, im Pik Kommunismus 7495 m hoch, 1500 km² vergletschert.
**Akademie für Gemeinwirtschaft,** früherer Name der → Hochschule für Wirtschaft und Politik in Hamburg.
**Akademiestück,** Bewerbungsbild eines Malers zur Aufnahme in eine Kunstakademie.
**Akademiker** [grch.], ursprüngl. Mitglied einer Akademie; heute Bez. für Personen mit akadem. Grad oder Abschlussexamen sowie für Studierende einer Universität oder Hochschule.
**akademisch** [grch.], hochschulmäßig, wissenschaftlich.

**akademische Berufsberatung,** Einrichtung der Hochschule bzw. des Studentenwerks in Verbindung mit dem Arbeitsamt, zur Unterrichtung des Studenten über berufl. Möglichkeiten u. Aussichten sowie über die Erfordernisse zur Erreichung eines Studienziels.
**akademische Freiheit,** besondere Rechte der Hochschullehrer u. -studenten; sie betreffen speziell die Lehr- u. Lernfreiheit, die akadem. Freizügigkeit (d.h. das Recht, die Hochschule zu wechseln) u. die akadem. Gerichtsbarkeit. Der Anspruch auf die akadem. Freiheit entwickelte sich im Laufe der Geschichte der Universitäten; sie ist zur Zeit wegen der Überfüllung der Hochschulen, durch die verschiedenen Studienbestimmungen, die zur Verlängerung des Studiums bei Hochschulwechsel führen, erheblich eingeschränkt. – Zur akademischen Freiheit i.w.S. gehört die Freiheit von Lehre u. Forschung (Artikel 5 Abs. 3 GG).
**akademischer Grad,** aufgrund mündl. u. schriftl. Prüfungen verliehener Grad einer Hochschule, in Dtschld. z.B. Doktorgrad, Diplom, Magister, Lizenziat.
**Akademischer Rat,** 1. in Deutschland eine Lehrkraft des sog. akadem. Mittelbaus an wissenschaftl. Hochschulen, der die wissenschaftl. Schulung, Wissensvermittlung u. Berufsvorbereitung der Studenten obliegt.

Akanthus: Die Stachelähre, Akanthus mollis, bevorzugt vollsonnige Standorte

Der Akadem. Rat ist Beamter auf Lebenszeit. 2. in Österreich Organ des Bundesministeriums für Unterricht für Fragen der Hochschulpolitik (15 Mitglieder).
**Akademischer Turnbund,** Abk. *ATB*, gegr. 1883, wieder gegr. 1950, mit dem Status eines Landesverbandes, Untergliederung des Dt. Turner-Bunds, Sitz: Fellbach.
**akademisches Bürgerrecht,** das durch die Immatrikulation erworbene Recht zur Teilnahme an Veranstaltungen der Hochschule u. zur Benutzung ihrer Einrichtungen.
**akademisches Viertel,** der Brauch, Vorlesungen oder andere akadem. Veranstaltungen ¹/₄ Stunde später als angegeben, also c.t. (*cum tempore,* „mit Zeit") zu beginnen; dagegen: s.t. (*sine tempore,* „ohne Zeit"), pünktlich, ohne akademisches Viertel.
**Akadien** [indian. u. frz.], *Acadia,* histor. Bez. für den Südteil des atlant. Küstengebiets von Kanada (New Brunswick, Nova Scotia, Prinz-Eduard-Insel) u. den Ostteil des US-Bundesstaates Maine.
**Akajew,** Askar, kirgis. Politiker, *10. 11. 1944 Kyzyl-Bairak; Physiker; 1989–1990 Präs. der Akademie der Wissenschaften Kirgisiens; wurde 1991 zum ersten Präs. des unabhängigen Kirgisiens gewählt u. 1994 per Referendum sowie 1995 durch Wahlen im Amt bestätigt.
**Akakios** → Acacius von Konstantinopel.
**Akan,** Sammelname für eine Gruppe von Völkern u. Stämmen der westafrikanischen Goldküste, zu der die → Ashanti, Akim, Fanti, Sema, Anyi, Brong u. Gonja gehören.
**Akan-Nationalpark,** Naturschutzgebiet im NO der Insel Hokkaido, 875 km², Wälder, Vulkane u. Kraterseen; Thermalquellen.
**Akanthose** [grch.], Wucherung der Stachelzellschicht der Oberhaut; eine seltene Form ist die Schwarzwucherhaut (*Acanthosis nigricans*) mit übermäßiger Verhornung, Verdickung u. Dunkelfärbung, in der Jugend zusammen mit anderen Krankheitserscheinungen infolge hormoneller Störungen, im Alter bei bösartigen Geschwülsten.
◆ **Akanthus** [der; grch.], *Acanthus,* Gattung der *Akanthusgewächse (Acanthaceae),* mit geteilten Blättern, achselständigen Dornen u. Blüten in langen, endständigen Ähren, deren mediterrane Arten als Zierpflanzen gezogen werden. Das Akanthusblatt tritt als Zierform an den Kapitellen der korinthischen Säulen auf, Ursprungsform ist jedoch die griech. → Palmette. In der mittelalterliche Ornamentik oft als fort-

laufende Ranke gebildet, erscheint das Akanthusmotiv seit dem 15. Jh. auch in der Verbindung mit anderen Ornamentgattungen. – Auch → Bärenklau.

**Akanthusgewächse,** *Acanthaceae,* Familie der *Personatae,* etwa 200 Gattungen mit 2500 Arten, bes. in den Tropen und Subtropen. Akanthusgewächse sind meist mehrjährige Stauden und Sträucher, selten Lianen; Blätter gegenständig; Blüten fünfzählig, oft schieflappig, zweilappig oder mit Hochblatt, in Ähren oder Trauben (Trugdolden); Samenstiel dient als Samenschleuder. Hierher gehören die *Akanthus-Arten,* aber auch Wasserpflanzen wie der *Wasserfreund.*

**Akariasis** [grch.], *Acariasis, Akarinose, Acarinose,* durch Befall mit Milben *(Acari)* hervorgerufene Hauterkrankung (beim Menschen).

**Akarinose** [grch.], *Acarinose,* durch Milben *(Acari)* verursachte Tier- oder Pflanzenkrankheit, z. B. Kräuselkrankheit der Rebe, Varroaseuche der Biene, Räude, Krätze.

**Akarizid** [grch.], *Acaricid,* chemische Substanz zur Bekämpfung von Milben und deren Entwicklungsstadien. Zum Schutz von Kulturpflanzen gegen Spinnmilben wurde ursprünglich Netzschwefel eingesetzt; die starke Ausweitung des Milbenbefalls durch resistente Stämme führte zur Neuentwicklung von Spezialakariziden (Phosphor- u. Fluorderivate). Auch → Biozide.

**Akarnanien,** neugrch. *Akarnania,* Landschaft im westlichen Mittelgriechenland zwischen Ionischem Meer, unterem Acheloos u. Ambrakischem Golf. Kern bildet der küstenparallele Gebirgszug der *Akarnanika Ori* (1589 m). Im S Schwemmlandebene des Acheloos; Tabakanbau.

Akazie: Eine beliebte Zimmerpflanze ist die kleinwüchsige Acacia armata, auch Kängurudorn genannt

Akbar, Jahangir und Schah Jahan mit Ratgebern; indische Miniatur um 1630

A. war im *Peloponnesischen Krieg* wie zumeist auch im 4. Jh. v. Chr. mit Athen verbündet; danach lag es im Abwehrkampf gegen den Aitolischen Bund u. Epirus, bis es im 2. Jh. v. Chr. unter röm. Herrschaft kam.

**Akaroidharze** [grch.], gelbe u. rote rezente Naturharze, die aus den Stämmen von Bäumen der austral. Gattung *Xanthorrhoea* gewonnen werden; Rohstoffe für die Herstellung von Firnissen.

**Akashi** [-'kai], japan. Stadt an der Inlandsee, westl. von Kobe, 278 000 Ew.; Fischereihafen, Flugzeugbau, Maschinenindustrie; Fremdenverkehr.

**Akathistos** [grch., „nicht sitzend"], ein „im Stehen" zu singender, auf Romanos den Meloden (6. Jh.) zurückgeführter, mehrstrophiger Marienhymnus der orth. Kirchen mit alphabetischem *Akrostichon.*

**Akaustobiolith** [grch.], ein Sedimentgestein, das durch die Anreicherung von mineralischer Substanz durch Organismen entstanden ist; nicht brennbar.

**Akazianisches Schisma** → Acacius von Konstantinopel.

◆ **Akazie** [grch.], *Acacia,* Gattung der *Mimosengewächse (Mimosaceae)* mit 700–800 Arten von Bäumen u. Sträuchern in den wärmeren Klimazonen, davon 50 % allein in Australien, viele in Afrika. Die *Schirmakazien* Afrikas, Bäume der Baumsteppe mit schirmförmiger Krone, verleihen der Landschaft einen bes. Charakter. Zahlreiche Arten liefern wertvolles Holz, z. B. *Acacia homalophylla,* das austral. Veilchenholz; *Acacia melaxylon* liefert gutes Möbelholz. Die austral. Akazien haben meist anstelle der Fiederblätter blattartig verbreiterte Blattstiele oder Mittelrippen *(Phyllodien).* Von den fiederblättrigen Arten liefern die austral. *Gerberakazien (Acacia mollissima, Acacia saligna, Acacia pycnantha, Acacia decurrens)* die als Gerbmaterial wichtige Mimosenrinde. Die asiat. *Katechuakazien (Acacia catechu* u. *Acacia suma)* werden zur Gewinnung des → Catechu verwandt, das ebenfalls in der Gerberei u. als Heilmittel verwendet wird. Von den afrikan. Akazien stammt der größte Teil des arab. Gummis (→ Gummiarabikum). *Acacia arabica* liefert die Gerbstoff enthaltenden Hülsen, die als *Indischer Gallus* in den Handel kommen. *Falsche A.* → Robinie.

◆ **Akbar** [arab., „der Große"], ind. Mogulkaiser 1556–1605, Sohn *Humayuns,* * 14. 10. 1542 Umarkot (Sind), † 15. 10. 1605 Agra; dehnte das Reich über Nordindien, Kaschmir, Bihar, Bengalen, Orissa u. einen großen Teil des Dekan aus, eroberte 1581 Kabul, reformierte mit Hilfe des Hindu *Todar Mall* die Verwaltung u. Finanzwirtschaft grundlegend. A. versuchte, die Gegensätze im Innern durch eine Einheitsreligion *(Din Ilahi)* aus hinduist., islam., parsischen u. christl. Elementen aufzuheben. A. war der eigentliche Begründer des Mogulreiches u. gilt neben *Ashoka* als größter indischer Herrscher.

**Akdağ** [-da:], türk. Gebirgsmassive: 1. im SW östl. des Hafens Fethiye, 3024 m; 2. im NO südl. des Çoruh-Tals, 3030 m.

◆ **Akelei,** *Aquilegia,* Gattung der *Hahnenfußgewächse;* in Deutschland auf Waldwiesen und in lichten Gehölzen im Frühling die *Gewöhnliche Akelei, Aquilegia vulgaris,* eine 30–70 cm hohe Pflanze mit violett-blauen, rosa oder weißen Blüten; giftig. Sehr variabel ist die *Alpenakelei (Aquilegia alpina),* die u. a. in der Schweiz u. in Österreich vorkommt.

**Aken,** *Aken (Elbe),* Industriestadt in Sachsen-Anhalt, Ldkrs. Köthen, Elbhafen west-

Akelei: Blüte mit gekrümmtem Sporn und Frucht einer Gartenhybride, Aquilegia-Hybride

lichen von Dessau, 10 300 Ew.; Magnesit-, Flachglas- u. Metallindustrie, Schiffsreparaturwerft.

**Aken, 1.** Hieronymus van, niederländ. Maler, → Bosch, Hieronymus van.
**2.** Piet van, fläm. Erzähler, * 15. 2. 1920 Terhagen, † 3. 5. 1984 Antwerpen; schildert in seinen Romanen („Das Begehren" 1952, dt. 1958; „Die wilden Jahre" 1958, dt. 1960) das harte Leben heimischer Arbeiter u. die Lebensverhältnisse im Kongo.

**akephal** [grch., „kopflos"], *akephalisch,* **1.** in der antiken Metrik ein Metrum oder einen Vers betreffend, dessen Anfang um eine Silbe verkürzt ist.
**2.** ein Buch oder literar. Werk betreffend, dessen Anfang verloren oder fragmentar. ist.

**Aker,** altägypt. Gott, die Personifizierung der Erde u. der Unterwelt; Erscheinungsweise: Landstreifen mit Menschenkopf, Doppellöwe oder Doppelsphinx. Als Wächter am Ein- u. Ausgang der Unterwelt ist er für die Toten von bes. Bedeutung.

**akeramisches Neolithikum** → Jungsteinzeit.

**Akerlof** [ˈɛikəlɔf], George A., US-amerikan. Wirtschaftswissenschaftler, * 17. 6. 1940 New Haven, Conn.; Prof. an der University of California, Berkeley; erhielt 2001 gemeinsam mit A. M. *Spence* u. J. E. *Stiglitz* den Nobelpreis für Wirtschaftswissenschaften für die Analyse von Märkten mit asymmetrischer Informationsverteilung.

**Akershus** [-hyːs], südnorweg. Provinz (Fylke), 4917 km², 425 000 Ew., umgibt die Hptst. *Oslo*; stark land- u. forstwirtschaftl. genutzt; die Hälfte der Arbeitnehmer ist in Oslo tätig.

**Aketi,** Stadt in Nordzaire, 25 000 Ew.; Verkehrs- u. Handelszentrum am Itimbirifluss mit Bahn- u. Fernstraße in den Uele u. den Sudan.

**Akha,** tibeto-birman. Stamm der Bergbevölkerung von Nordthailand u. Nordlaos; Vieh züchtende Hackbauern; Mohnanbau.

**Akhdar** [ˈaxdar], arab., „grünes Bergland"], *Jabal Al A.,* **1.** höchster Gipfel des Gebirges *Al Hagar* am Golf von Oman, Südostarabien; 2980 m.
**2.** Kalkgebirge im N der libyschen Cyrenaika, auf der Barkahalbinsel, bis 865 m hoch; Hartlaub- u. Zwergstrauchvegetation; Viehhaltung.

**Akhisar** [ˈakhisar], westtürk. Stadt nordöstl. von Izmir, 73 900 Ew.; Baumwoll- u. Mohnanbau; an der Bahn u. Straße nach Izmir.

**Akhmim** [ax-], *Al Akhmim,* kopt. *Schmin,* das alte *Chemmis,* griech. *Panopolis,* oberägypt. Stadt am Nil, oberhalb von Sohag, 64 200 Ew.; Seidenweberei; Tempel des Pharao Tuthmosis III.; Fundort der bisher größten Statue einer Pharaonenkönigin.

**Akhsiv** [ˈaxsiv], israel. Ort nördl. von Nahariya, bronzezeitl. Ausgrabungen (seit 18. Jh. v. Chr.); das *Casal Lamberti* der Kreuzfahrer.

**Akiba Ben Joseph,** jüd. Schriftgelehrter u. Politiker, * um 50 n. Chr., † um 136 als Märtyrer nach dem Scheitern des *Bar-Kochba-Aufstands.*

**Akibaum,** *Blighia sapida,* im trop. Westafrika heimisches Fruchtbäumchen aus der Familie der *Seifenbaumgewächse (Sapindaceae).* Der fleischige Samenmantel, die *Akipflaume,* ist essbar.

◆ **Akihito,** persönl. Name des Kaisers (Tenno) von Japan, * 23. 12. 1933 Tokyo; ältester Sohn *Hirohitos*; seit 1959 vermählt mit Michiko Shoda (bürgerl. Herkunft); übernahm 1989 nach dem Tode seines Vaters die Regentschaft u. leitete die Ära Heisei („Erfüllung des Friedens") ein.

**Akimiski Island** [-ailənd], kanad. Insel im S der Hudsonbai (Jamesbai), 3000 km².

**Akinesie** [grch.], *Akinese,* **1.** *Medizin:* Bewegungsarmut u. -hemmung des Rumpfes, der Gliedmaßen u. der Gesichtsmuskulatur; Ausdruck einer Erkrankung des Stammhirns.
**2.** *Verhaltensforschung:* eine reflektorisch bedingte Bewegungslosigkeit als Folge einer andauernden Kontraktion der Muskeln; *Sichtotstellen (Thanatose)* vieler Tierarten als Schutz vor Gefahr. Zu den akinet. Zuständen zählen das Verhalten einiger Vogelarten, sich an den Boden oder in das Nest zu drücken, ebenso wie das Verhalten einiger Spinnenarten, bei Gefahr die Beine an den Körper heranzuziehen u. sich erst nach Beendigung der eigentl. Gefahr wieder zu bewegen. Schutz- u. Verbergtrachten erhöhen die Wirkung der A.

**Akineten** [grch.], bei den → Cyanobakterien gebildete Dauerzellen, die sich durch eine dicke Zellwand auszeichnen.

**Akita,** *Kubota,* japan. Hafenstadt u. Hptst. der Präfektur A., am Japan. Meer, im N der Insel Honshu, 302 000 Ew.; Reishandel, Erdölfeld u. -raffinerie; Bahnknotenpunkt.

**Akiyoshida-Höhle** [-joːʃi-], Tropfsteinhöhle (eine der größten der Erde) im Akiyoshi-Plateau im SW der Insel Honshu; 10 km lang.

**Akk.,** Abk. für → Akkusativ.

**Akka,** vergletschertes Bergmassiv in Nordschweden, 2103 m hoch.

◆ **Akkad,** *Akkade,* Hptst. u. Zentrum des mächtigen Reichs von A., des ersten semit. Großreichs auf mesopotam. Boden; im nördlichen Babylonien; die genaue Lage ist unbekannt. Das Reich von A. wurde von *Sargon I.* um 2350 v. Chr. gegründet. Er besiegte in „34 Schlachten" den König von *Uruk* u. führte ihn als Gefangenen nach A. Nach Sargons Tod erschütterten Aufstände der unterworfenen Völker das Reich; Sargons Nachfolger erhielten den Bestand des Reiches durch mehrere grausame Kriege. Um 2200 v. Chr. konnten *Elam* u. Uruk die akkad. Herrschaft abschütteln, um 2150 v. Chr. zerstörten die *Gutäer* A. endgültig.

**Akkad,** *Abbas Mahmud Al Akkad,* ägypt. Schriftsteller, * 28. 6. 1889 Assuan, † 13. 3. 1964 Kairo; bedeutende Figur der literar. Renaissance in Ägypten.

**akkadische Kunst,** die Kunst des Reichs von *Akkad* (ca. 2350–2150 v. Chr.). In *Tell Brak* fand man die Überreste eines Palastes Naram-Sins mit 5 Höfen u. 10 m dicken Mauern. Die Palastanlagen der Assurzeit hatten Abwässeranlagen u. tönerne Einsatzgitter für die Fenster, die tagsüber die Räume kühl hielten. Die Bildkunst der Akkad-Epoche erreicht im Gegensatz zur geometr. Stilisierung der Mesilim-Zeit u. im Anschluss an den Naturalismus der Dschemdet-Nasr-Kunst dramat. Bewegtheit, wie sie vor allem die Siegesstele des Naram-Sin auszeichnet. Höhepunkt der Plastik sind ein porträtartiges Frauenköpf-

Kaiser Akihito mit seiner Frau Michiko

Akkad: Opferträger mit einem Böckchen in Händen, aus einem Tempel in Mari; reichsakkadische Zeit 2460–2290 v. Chr.

chen aus Assur u. das lebensgroße, kupfergetriebene Bildnis Sargons. Die Rollsiegel bestechen durch die Klarheit ihrer Komposition u. lebendigen Ausdruck u. weisen gelegentl. Votivinschriften oder den Namen des Inhabers auf. Rollsiegel von vergleichbarer Qualität gibt es erst wieder ein gutes Jahrtausend später, in der mittelassyrischen Zeit.

**akkadische Sprache,** die semit. Sprache, die das Sumerische im 3. Jahrtausend v. Chr. in Mesopotamien ablöste. Sie entwickelte sich vom Altakkadischen zum Assyrischen u. Babylonischen; erlebte ihre Blüte als Sprache der Diplomaten in den benachbarten Reichen um 1400 v. Chr.; seit dem Fall von Babylon (5. Jh. v. Chr.) nur noch Sprache von Wissenschaft u. Religion. Die a. S. ist in sumer. Keilschrift überliefert, teils mit Bildwerten, teils mit Silbenwerten.

**Akkerman,** Stadt in der Ukraine, → Belgorod-Dnjestrowskij.

**Akklamation,** *Recht:* eine Form der → Abstimmung mittels beistimmenden Zurufs der versammelten Stimmberechtigten ohne Einzelabstimmung u. Stimmenzählung. Bei *akklamatorischer Wahl* besteht Auswahl u. Entscheidungsmöglichkeit zwischen mehreren Kandidaten oder Vorschlägen. Haben die Akklamierenden jedoch keine Möglichkeit der Ablehnung einer bereits vorab von einer anderen Person oder Gremium getroffenen Entscheidung, so bedeutet A. Zustimmung oder Anerkennung. *Kirchenrecht:* Form der kirchenrechtl. gültigen Wahl, bei der alle Wähler einem Vorschlag spontan zustimmen; auch heute noch bei der Papstwahl zulässig.

**akklamieren** [lat.], 1. Beifall spenden. – 2. durch Zuruf wählen.

**Akklimatisation** [lat.], *Akklimatisierung,* Anpassung eines Lebewesens an neue klimat. Bedingungen (Temperatur, Luftfeuchtigkeit), meist verbunden mit einem Wechsel des Standorts. Die A. führt nach anfänglichen Leistungsrückgängen mit zunehmender → Anpassung entweder zu einer Toleranz gegenüber den neuen Lebensverhältnissen, oder das Lebewesen geht zugrunde. Allg. ist die A. von Pflanzen u. Tieren der warmen Zonen an Gebiete mit Frost u. Kälte nur beschränkt, an Wärme besser möglich. Bei den warmblütigen Tieren, die für eine A. am besten ausgerüstet sind, vollzieht sich, wenn sie zur A. an Kälte befähigt sind, in relativ kurzer Zeit (Tage bis Monate) eine Änderung der Temperatur- u. Feuchtigkeitsregelung des Körpers, u. a. durch Verstärkung der Fettpolster, Verdichtung des Haarkleides u. Erhöhung des Stoffwechselumsatzes. Die A. an wärmere Bedingungen (sowie an größere Höhen) verursacht z. T. langfristige Änderungen des Blutbildes (Zahl der roten Blutkörperchen). Manche Menschen aus den gemäßigten Breiten können deshalb nicht auf Dauer in den Tropen leben. Im Übrigen zeigen Menschen, gleich welcher Herkunft, fast identische Akklimatisationserscheinungen an das Klima, dem sie längere Zeit ausgesetzt sind. Ein Afrikaner legt z. B. in der Arktis ein ganz ähnliches physiolog. Kälteverhalten an den Tag wie ein dort geborener Eskimo. Das Erbe der in den Tropen entstandenen u. später vielfachen Kälteperioden ausgesetzten Menschenvorfahren bildet eine breite Grundlage zur A. Bevorzugt wird offensichtlich ein „gemäßigt warmes" Klima, wie es in Eurasien z. B. im Mittelmeerraum oder in Nordamerika in Kalifornien herrscht.

**akklimatisieren** [lat.], sich veränderten Umwelt- u. Klimabedingungen anpassen.

**Akko,** *Akka,* engl. *Acre,* 1. israel. Unterdistrikt in Galiläa, 936 km², 320 000 Ew.; Verw.-Sitz A.; Hauptsiedlungsgebiet der israel. Araber.

◆ 2. israel. Stadt am Nordende der Haifabucht, 43 600 Ew.; der zur Phönizier- u. Römerzeit bedeutende Hafen ist heute nur für Fischerboote brauchbar; Stahlwerk, keram., chem. u. a. Industrie; Altstadt oriental. Charakters mit Jazzâr-Moschee, Bazar u. Karawansereien. – Handelsstadt der Kanaaniter (seit 19. Jh. v. Chr.), Phönizier u. Römer; in den Kreuzzügen häufig umkämpft, 1104–1291 Kreuzfahrerstützpunkt, 1198 Entstehung des Deutschherrenordens; auf den Ruinen der Kreuzfahrerburg türk. Zitadelle (18. Jh.), 1799 von Napoleon I. vergeblich belagert.

**Akkolade** [die; frz.], 1. *allg.:* feierl. Umarmung in Frankreich, z. B. bei Aufnahme in die Ehrenlegion oder bei Ordensverleihungen.

Akko (2): Direkt am Hafen liegt eine der zahlreichen Karawansereien der Stadt

2. *Musik:* Noten oder Text zusammenfassende Klammer: ⎴ oder {.

**Akkommodation** [lat.], 1. *Sinnesphysiologie:* die Fähigkeit des Auges bei Wirbeltieren und Tintenfischen, verschiedene Gegenstandsweiten auszugleichen und ein scharfes Bild auf der Netzhaut zu erzeugen: 1. durch Veränderung des Abstands zwischen der Linse und der Netzhaut. Tintenfische verschieben mit dem dahinter liegenden Glaskörper die Linse; *Fische* und *Lurche* bewegen die Linse durch direkt angreifende Muskulatur. – 2. durch Krümmungsveränderung der Linse und damit verschobene Brechkraft. *Vögel* und *Kriechtiere* drücken mit ihrem an der Linse befestigten Ciliarmuskel die Linse selbst ein, bei *Säugern* beruht die Krümmungsveränderung auf einem komplizierten Zusammenspiel zwischen Ciliarmuskel und Linse. Die Linse ist mit Flüssigkeit gefüllt und elastisch. Ihr natürliches Bestreben ist, sich abzukugeln und damit höchste Brechkraft zu erreichen. Sie ist jedoch durch Ciliarfäden am ringförmigen Ciliarmuskel aufgehängt. Der nicht kontrahierte Ciliarmuskel wird durch seine Befestigung an der inneren Augenhaut nach hinten gezogen, strafft dadurch die Ciliarfäden und diese wiederum die Linse. Erst wenn der Ciliarmuskel sich kontrahiert und damit nach

vorne schiebt, lockert sich die Spannung der Ciliarfäden, und die Linse kann sich entsprechend ihrer natürlichen Tendenz abkugeln. Nahsehen ist immer mit Kontraktion des Ciliarmuskels verbunden und deshalb anstrengender als die Fernsicht. *Weit-* und *Kurzsichtigkeit* erschweren oder blockieren eine vollkommene Akkomodation Diese Augenfehler sind in der übrigen Natur weit seltener als beim Menschen.
2. *Verhaltensforschung:* die Fähigkeit von Kindern (auch Tieren), ein vorhandenes Erfahrungsschema so umzubilden, dass eine Anpassung an eine neue Situation ermöglicht wird.

**Akkord** [der; frz.], 1. *allg.:* Übereinstimmung, Übereinkunft, Vereinbarung.
2. *Arbeitsrecht:* → Akkordlohn, → Akkordvertrag.
3. *Insolvenzrecht:* Vergleich, insbes. → Zwangsvergleich.
4. *Musik:* der Zusammenklang von mindestens drei Tönen (zwei Töne bilden dagegen nur ein *Intervall*). Auch → Harmonielehre.

**Akkordanz** [frz.], *Geologie:* eine nur scheinbar gleichsinnige *(konkordante)* Lagerung geolog. Schichten, weil die ursprüngliche *diskordante* Schichtfolge durch tektonische Einflüsse u. Abtragung ausgeglichen wurde.

Akkordeon

✦ **Akkordeon** [das; frz.], eine chromat. → Ziehharmonika, bei der 1. auf Zug u. Druck bei gleicher Taste derselbe Ton erklingt u. 2. für die Begleitung Knöpfe vorhanden sind, deren jeder einen vollständigen *Akkord* (daher der Name) erklingen lässt. Die rechte (Melodie-)Seite weist beim *Pianoakkordeon* eine verkleinerte Klaviertastatur auf; beim *Knopfakkordeon* sind stattdessen Knöpfe (bis über 100) in Reihen angeordnet. Auf der Bassseite finden sich stets nur Knöpfe für Grundbasstöne u. Akkorde. Nach der Zahl dieser Knöpfe bestimmt sich die musikal. Verwertbarkeit eines Akkordeons, weil sich mit zunehmender Größe die Auswahl der Tonarten u. Akkorade u. damit die Modulationsfähigkeit erweitert; es gibt Akkordeons von 12 bis zu 140 „Bässen".
Je nach Größe hat ein A. 1–16 Register, die z. T. durch Oktavverdopplungen nach oben oder unten (oder durch beide) entstehen, aber auch durch eine mehr oder weniger starke Schwebung (Tremolo) gekennzeichnet sein können; die Register werden durch besondere Tasten oberhalb der Spieltastatur eingestellt.
*Bassakkordeons,* die nur eine Spielreihe für die rechte Hand haben u. in der Basslage erklingen, finden lediglich in Akkordeonorchestern u. Akkordeongruppen Verwendung.

**Akkordlohn,** der nach der Arbeitsleistung bemessene → Lohn; knüpft an ein Normalleistung an, bei deren Unter- bzw. Überschreitung sich der Lohn vermindert bzw. erhöht. Man unterscheidet zwischen *Stückzeitakkord* (eine bestimmte Zeit als Leistungseinheit), *Stückgeldakkord* (ein bestimmter Geldbetrag als Leistungseinheit) u. Gruppenakkordlohn (Arbeitsleistung der Gruppe.

**Akkordvertrag,** ein Arbeitsvertrag, bei dem der Lohn nicht nach der Zeit *(Zeitlohn),* sondern nach dem Arbeitsergebnis bestimmt wird *(Akkordlohn).* Der Akkordvertrag wird vielfach kritisiert, weil er aufgrund seines Systems zu einer gesundheitl. Überforderung der Arbeitnehmer führe. Akkordarbeit ist für Jugendliche gesetzlich verboten (§ 23 Jugendarbeitsschutzgesetz). Die Einführung u. Regelung von Akkordlöhnen unterliegt dem Mitbestimmungsrecht des Betriebsrats. *Gruppenakkordvertrag* ist ein A. mit einer Gruppe von Arbeitnehmern; an diese wird das Arbeitsentgelt einheitlich bezahlt, das unter die Mitglieder nach einem bestimmten Schlüssel verteilt wird.

**Akkra,** Stadt in Ghana, → Accra.

**akkreditieren** [lat.], 1. *Völkerrecht:* einen diplomat. Vertreter bei einem fremden Staat beglaubigen. *Formell* geschieht dies durch ein versiegeltes, vom Staatsoberhaupt des Absendestaates an das Staatsoberhaupt des Empfangsstaates (bei ständigen Geschäftsträgern von Außenminister an Außenminister) gerichtetes Schreiben, das die Vollmacht des Vertreters enthält u. erläutert u. das beim Dienstantritt dem genannten Staatsorgan des Empfangsstaates zu übergeben ist, womit der Dienst beginnt.
2. *Wirtschaft:* jemandem bei einer Bank Kredit einräumen, in der Regel durch einen *Kreditbrief (Akkreditiv).*

**Akkreditiv** [das; lat., ital.], Anweisung an eine Bank, an einen Dritten *(Akkreditierten)* innerhalb einer bestimmten Frist einen bestimmten Geldbetrag zu zahlen. Bes. im Außenhandel verbreitet ist das *Warenakkreditiv* oder *Dokumentenakkreditiv,* bei dem der Importeur über seine inländ. Bank *(Eröffnungsbank)* ein Guthaben bei einer Bank im Land des Exporteurs *(Akkreditivbank)* einrichtet u. diese angewiesen wird, gegen Aushändigung bestimmter Dokumente, die die Verfügung über die Ware gewährleisten (Frachtbriefe, Konnossemente), den Rechnungsbetrag an den Exporteur zu zahlen. Das *widerrufliche A.* kann jederzeit wieder aufgehoben werden; beim *unwiderruflichen A.* verpflichtet sich die Eröffnungsbank zur Zahlung; beim *unbestätigten A.* übernimmt die Akkreditivbank keine Haftung; beim *bestätigten A.* verpflichtet sich neben der Eröffnungsbank auch die Akkreditivbank zur Zahlung.

**Akkreditivbank,** auch *Eröffnungsbank,* eine Bank, die ein → Akkreditiv eröffnet, meist die Bank des Käufers bzw. Importeurs.

**Akkreszenz** [lat.] → Anwachsung.

**Akku** [der], Kurzwort für → Akkumulator (2).

**Akkulturation,** *Völkerkunde:* die gegenseitige oder auch einseitige Angleichung von Kulturen verschiedener Herkunft aufgrund enger Berührung (Kulturkontakt). Wichtig ist der Prozess der Kulturübertragung; deshalb werden bevorzugt kulturelle Vorgänge der Gegenwart studiert, vor allem die Anpassung von Kulturen der *Naturvölker* an die europ.-amerikan. Einheitszivilisation. Arbeitsrichtung u. Name entstammen der amerikan. Ethnologie u. entsprechen z. T. dem Begriff *Kulturwandel.*

**Akkumulation** [lat.], 1. *allg.:* An-, Aufhäufung.
2. *Geowissenschaften:* 1. Ablagerung von Lockermaterialien, die durch Oberflächenabfluss *(fluviale A.),* das Meer *(marine A.),* Gletschereis *(glaziale A.),* Wind *(äolische A.)* transportiert wurden. – 2. Aufschüttung vulkan. Auswürfe (Asche, Lava). – 3. Anreicherung von Mineralien (z. B. Bodenschätze, Salze, Tone) in Sammelstrukturen der Erdkruste (Gesteinsfalten u. a.), im Boden oder an der Bodenoberfläche.
3. *Umweltschutz:* die Anreicherung von Schadstoffen. Auch → Summationsgift.
4. *Wirtschaft:* Prozess der Kapitalbildung (A. des Kapitals): der Prozess der Erweiterung des Bestandes an Produktivvermögen als Voraussetzung für wirtschaftl. Wachstum. In der klassischen Tradition der Wirtschaftswissenschaft (A. *Smith*) gelten Aufbau u. dauerhafte Existenz von produktiven Ressourcen – ein aktivierbarer Bestand an erwerbsfähiger Bevölkerung (Humanvermögen) u. an angesammeltem (akkumuliertem) Produktivvermögen – als wesentl. Elemente zur Erhöhung des Wohlstandes der Nationen. Ganz zentral wird dabei die nach wie vor gültige Frage nach den gesellschaftl. Rahmenbedingungen aufgeworfen, unter denen sich eine bedarfsorientierte A. vollziehen wird. Betont wird hier, dass eine wohlstandssteigernde Wirkung am ehesten dann zu erwarten ist, wenn nicht allein durch polit. Entscheidungen, sondern weitgehend über Märkte bestimmt wird, in welcher konkreten Form die volkswirtschaftl. Kapitalbildung erfolgen soll (Entscheidungen über Märkte sind aber Entscheidungen auf der Grundlage von Wettbewerb zwischen den Nachfragern nach Kapital zum Zwecke der Investition).

Dabei wird nicht übersehen, dass Erfindungen, Neuerungen u. die Zunahme technolog. Wissens wegen der engen Beziehung zwischen techn. Fortschritt u. Kapitalbildung für die Wirtschaftswachstum von zumindest gleicher Wichtigkeit sind wie die rein mengenmäßige Vergrößerung des Vermögensbestandes („reine Kapitalakkumulation"). In dieser Tradition wird ferner erwogen, welche Institutionen gewährleisten können, dass gebildetes Vermögen nicht nur nicht aufgezehrt, sondern weiterhin vermehrt wird. Die Antwort lautet, dass dieses Ziel vor allem bei durch den Staat garantiertem u. geschütztem Privateigentum u. der vom Staat gleichfalls gesicherten Freiheit des Wettbewerbs verwirklicht werden kann.

In der Wirtschaftslehre des *Marxismus* bedeutet A. Rückverwandlung des erzielten *Mehrwerts* in Kapital. Dabei muss gewährleistet sein, dass der gesellschaftl. Produktionsprozess Arbeitskräfte u. Produktionsmittel (Maschinen, Rohstoffe) bereitstellt, die die Anwendung des Mehrwerts als Kapital ermöglichen. Die A. ist Voraussetzung für die quantitative u. qualitative Erweiterung der kapitalist. Produktionsweise. Folgen der uneingeschränkten A. sind Konzentration des Kapitals bei gleichzeitiger Vermehrung u. Verelendung der Arbeiterklasse (*allg. Gesetz der kapitalist. A.*). Als *ursprüngl. A.* bezeichnet Marx den in der Feudalgesellschaft im MA einsetzenden Prozess der Enteignung von Kleinbauern u. Pächtern durch die Großgrundbesitzer. Dadurch wurde ein Potenzial frei verfügbarer Arbeitskräfte geschaffen, was die kapitalist. Produktionsweise begünstigte.

**Akkumulator** [der, lat., „Sammler"], **1.** *Datenverarbeitung:* Abk. *AC* oder *A,* früher Register zur Ausführung von Rechnungen in einer Rechenanlage, heute nicht mehr vorhanden oder nicht mehr sichtbar.

◆ **2.** *Elektrotechnik:* Kurzform *Akku*, ein Gerät, das elektr. Energie (Gleichstrom) chemisch speichert. Der *Bleiakkumulator* enthält Elektroden aus Blei, die von verdünnter Schwefelsäure (Dichte im geladenen Zustand 1,20–1,28 kg/dm³) umgeben sind. Beim Laden wird die Oberfläche der positiven Platte (Anode) zu braunem *Bleidioxid* ($PbO_2$) oxidiert, die der negativen (Kathode) zu metallischem Blei reduziert. Beim Entladen entsteht an beiden Elektroden *Bleisulfat* ($Pb\,SO_4$). Dabei nimmt die Dichte der Säure ab. Die Zellenspannung beträgt rund 2 Volt. Das Speichervermögen, auch Ladekapazität genannt, wird in Amperestunden (Ah) gemessen. Es ist von der wirksamen Plattenoberfläche u. von der Stromstärke bei der Entladung abhängig. Die negativen Platten werden als Gitterplatten ausgeführt; dabei füllt man einen gegossenen gitterförmigen Bleirahmen mit Bleischwamm aus. Als positive Platten dienen sog. Großoberflächenplatten oder ebenfalls Gitterplatten. Mit positiven Röhrchen- oder Panzerplatten werden bes. leichte u. robuste Akkumulatoren aufgebaut. Wirkungsgrad eines Bleiakkumulators, je nach Entladestrom, 75–90 %. Beim *Nickel-Eisen-Akkumulator* (Ni-Fe), auch *Edison-* oder *Stahlakkumulator* genannt, besteht in ungeladenem Zustand die Kathode aus Eisenhydroxid, die Anode aus Nickelhydroxid. Elektrolyt: verdünnte Kalilauge (21 %). Beim Laden geht die Kathode in Eisen über, die Anode in Nickeltrioxid. Ähnlich der *Nickel-Cadmium-Akkumulator* (Ni-Cd), bei dem die Kathode aus Nickeloxid besteht, die Anode aus Cadmium. Im Vergleich zu den Ni-Cd-Akkumulatoren weisen die seit 1990 auf dem Markt eingeführten *Nickel-Metallhydrid-Akkumulatoren* (Ni-MH) eine um ca. 30 % höhere Kapazität auf u. sind umweltschonender, da cadmiumfrei. Die Cadmiumelektrode ist bei ihnen durch eine Metalllegierung ersetzt, die fähig ist, Wasserstoff zu speichern. Ni-Fe-, Ni-Cd- u. Ni-MH-Akkumulatoren (jeweils ca. 1,2 Volt Spannung je Zelle) sind bes. widerstandsfähig u. daher für tragbare Geräte geeignet. Vor allem gilt das für *gasdichte Ni-Cd- u. Ni-MH-Akkumulatoren* (Knopfzellen), bei denen der Elektrolyt eingedickt ist. Sie werden in Hörgeräten, Blitzgeräten u. a. verwendet.

**3.** *Maschinenbau:* hydraulischer Akkumulator, Sammler (Hochbehälter oder Speicherbecken) für Druckwasser zum Betreiben von Arbeitsmaschinen.

**Akkumulatorenblei,** Altblei aus verschrotteten Elektrobatterien.

**Akkumulatorenmetall,** Blei oder Bleilegierung zur Herstellung von Akkumulatorenplatten für Elektrobatterien.

**Akkumulatorlokomotive,** *Akkulok* → Grubenlokomotive.

**Akkusationsprozess** [lat. *accusare,* „anklagen"], ein Verfahren, das nur stattfindet, wenn der Geschädigte Klage vor einem Richter erhebt; „wo kein Kläger, da kein Richter". Im Früh- u. Hochmittelalter galt der Satz auch in Strafsachen. Erst seit dem Hochmittelalter kam das *Offizialverfahren* auf, in dem ein öffentl. Ankläger von Amts wegen vorgeht.

**Akkusativ** [der; lat.], Abk. *Akk., Wenfall,* der Kasus des direkten Objekts, steht nach transitiven Verben (z. B. „ich esse Brot"), die vom Subjekt direkt betroffen werden, findet sich aber auch in adverbialen Ausdrücken (der Zeit), z. B. „einen Tag (lang)", u. nach bestimmten Präpositionen (durch, für u. a.), in der dt. Grammatik der *4. Fall.*

**Akkusativobjekt,** Objekt im Akkusativ, auch *direktes Objekt;* steht nach transitiven Verben, z. B. „ein Haus bauen".

**Aklan,** philippin. Provinz auf der Insel Panay, 1818 km², 325 000 Ew., Hptst. Kalibo.

**Akme** [die; grch., „Spitze, Höhepunkt, Blüte"], Höhepunkt im Verlauf einer Krankheit; auch die „Blütezeit" eines Menschen (nach antiker Vorstellung um das 40. Lebensjahr).

**Akmeismus** [grch. *akme,* „Blüte"], russ. literar. Strömung gegen das Mystische im Symbolismus; forderte die konkret-dingliche Wahrnehmung der Welt; Ztschr. „Apollon" 1909–1917; Hauptvertreter des A.: N. S. *Gumiljow,* A. *Achmatowa,* O. *Mandelschtam.*

**Akmola,** 1961–1992 *Zelinograd,* seit 1997 Hptst. Kasachstans; wurde 1998 in → Astana umbenannt.

◆ **Akne** [die; grch.], *Acne vulgaris,* eine von den Talgdrüsen ausgehende, bes. in der Pubertät, aber auch im Erwachsenenalter vorkommende, eitrige Hauterkrankung an Körperstellen, die reich an Talgdrüsen sind, wie Gesicht, Nacken, Brust u. Rücken. Den Pusteln voran geht eine Verstopfung der Talgdrüsen (= Mitesser). Die Aknepusteln können narbenlos abheilen, häufig kommt es aber zu geschwürigem Zerfall u. Narbenbildung. Als Ursache gilt ein Zusammenspiel verschiedener Faktoren: erbl. Veranlagung, überschießende Produktion des Geschlechtshormons Testosteron, übermäßige Talgbildung, Verhornungsstörungen, bestimmte Bakterien, Immunreaktion auf Entzündungsreize. Bei ausgeprägter A. ist hautärztl. Behandlung nötig. *Grafik S. 152*

**A-Kohle** → Aktivkohle.

**Akoimeten** [grch., „die nicht Schlafenden"], seit dem 5. Jh. Bezeichnung für eine Gruppe von Mönchen, ursprünglich in Konstantinopel, die sich unter der Führung des heiligen *Alexandros* (*um 350, †um 430) zusammengefunden und zur Aufgabe ge-

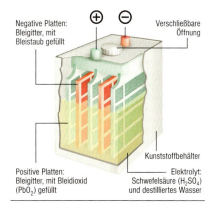

Ladevorgang:

$\ominus$-Pol: $\overset{+2}{Pb^{2+}} + 2e^- \longrightarrow \overset{0}{Pb}$

$\ominus$-Pol: $\overset{+2}{Pb^{2+}} + 6H_2O \longrightarrow \overset{+4}{PbO_2} + 4H_3O^+ + 2e^-$

$\overline{2Pb^{2+} + 6H_2O \longrightarrow Pb + PbO_2 + 4H_3O^+}$

Entladevorgang:

$\ominus$-Pol: $\overset{0}{Pb} \longrightarrow \overset{+2}{Pb^{2+}} + 2e^-$

$\oplus$-Pol: $\overset{+4}{PbO_2} + 4H_3O^+ + 2e^- \longrightarrow \overset{+2}{Pb^{2+}} + 6H_2O$

$\overline{\overset{0}{Pb} + \overset{+4}{PbO_2} + 4H_3O^+ \longrightarrow 2Pb^{2+} + 6H_2O}$

$2Pb^{2+} + 2SO_4^{2-} \longrightarrow 2PbSO_4$

Gesamtvorgang:

$\overset{+2}{2PbSO_4} + 6H_2O \overset{Laden}{\underset{Entladen}{\rightleftharpoons}} \overset{0}{Pb} + \overset{+4}{PbO_2} + 4H_3O^+ + 2SO_4^{2-}$

Akkumulator (2): elektrochemische Vorgänge in einem Bleiakkumulator

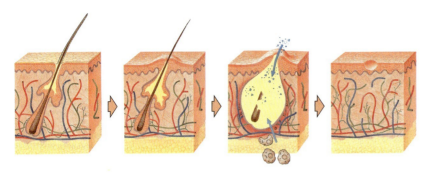

Akne: Jeder Haarbalg ist von einer Talgdrüse umgeben. Kommt es zu übermäßiger Talgbildung u. verstärkter Verhornung am Ausführungsgang der Talgdrüse, kann der Talg nicht mehr abfließen. Aus dem Talgstau entsteht ein Mitesser. Dringen nun Bakterien in die Talgdrüse ein und rufen eine Entzündung des umliegenden Gewebes hervor, kommt es zur Pickelbildung. Weiße Blutkörperchen gelangen vermehrt an den Entzündungsherd, um Bakterien u. Reste von Hautzellen in sich aufzunehmen. Es entsteht Eiter. Neu gebildete Zellen kapseln das eitrige Gewebe ab. Zur Hautoberfläche bleibt nur eine dünne Membran übrig, die später aufbricht. Je nach Ausmaß der Entzündung verbleibt eine mehr oder weniger große Narbe

macht hatte, im dauernden Chorgesang, bei dem sich die Mönche ständig abwechselten, die Liturgie zu feiern, so genannte „laus perennis" (ununterbrochenes Lob Gottes). Die Akoimeten sind im 12./13. Jh. untergegangen.

**Akola**, ind. Distrikt-Hptst. auf dem zentralen Dekanhochland in Maharashtra, 328 000 Ew.; Eisenbahnknotenpunkt, Baumwollhandel, Textil- u. Nahrungsmittelindustrie; fruchtbare landwirtschaftliche Umgebung (Baumwolle, Ölsaaten).

**Akolyth** [der; grch., „Diener"], Inhaber einer der früheren *Niederen Weihen*, vor allem zur Unterstützung der Diakone u. Subdiakone bei der Messe. Seine Aufgaben gingen später auf die → Ministranten über.

**Akon** [das; grch.], *Asclepias, Staudenwolle, Pflanzenseide, vegetabilische Seide, Seidenkapok*, Samenhaare der *Asclepiadaceen*.

**Akonitin** [das; grch.], *Aconitinum*, giftiger Wirkstoff aus den Knollen des Echten Sturmhuts, *Aconitum napellus*; darf wegen seiner Gefährlichkeit nur ausnahmsweise therapeutisch angewendet werden.

**Akontozahlung** → a conto.

**akosmistisch** [grch.], philosoph. Anschauungen, die die Realität der Außenwelt leugnen, z. B. der *Advaita-Vedanta* des → Shankara u. der → Yogachara.

**AKP-Staaten**, durch das Lomé-Abkommen mit der EU assoziierte Staaten in Afrika, in der Karibik u. im Pazifik.

**akquirieren** [lat.], erwerben, anschaffen.

**Akquisiteur** [-'tø:r; lat., frz.], Kundenwerber, vermittelt seinen Auftraggebern aufgrund umfassender Marktkenntnisse Kunden oder erteilt Auskünfte über Angebot und Nachfrage.

**Akquisition** [lat.], (bes. gute) Erwerbung.

**Akragas**, altgriech. Name für → Agrigento.

**Akratopege** [grch.], gewöhnl. Quelle mit einer Schüttungstemperatur von weniger als 20 °C und einem Gehalt an gelöster Substanz von weniger als 1 g/l.

**Akratotherme** [grch.], *Therme, Thermalquelle*, Quelle mit einem Gehalt an gelöster Substanz von weniger als 1 g/l, im Gegensatz zur *Akratopege* jedoch Schüttungstemperatur von mehr als 20 °C.

**Akribie** [grch.], höchste Genauigkeit.

**Akrinie**, Funktionsstörung der Drüsen.

**Akriten** [grch., „Grenzkämpfer"], wehrhafte Bevölkerungsgruppen an den Grenzen des byzantin. Reiches. Dem Grenzermilieu der byzantin.-arab. (christl.-islam.) Grenze entstammt der Held des byzantin. Nationalepos „Digenis Akritas" (entstanden im 11./12. Jh.).

**akritisch** [grch.], unkritisch, nicht urteilsfähig.

**akro...** [grch.], Wortbestandteil mit der Bedeutung „steil, hoch, spitz".

**Akrobat** [grch. „Zehenläufer"], ein Artist, der körperl. Übungen mit oder ohne Gerät oder Partner vorführt u. mit ausgewählter Trickfolge u. Ausstattung eine in sich geschlossene Darbietung gestaltet.

**Akrodynie** [grch.] → Feer'sche Krankheit.

**Akrokorinth** [grch., „Ober-, Hochkorinth"], auch *Pagos* (Klippe) u. *Epope* (etwa: „Wartburg", „Schauinsland"), ihrer Fernsicht wegen gerühmte Felsmasse (573 m) im S von Korinth, einst der Aphrodite geweiht; trug die *Akropolis* der Stadt, bes. den berühmten Aphroditetempel.

**Akrolithen** [grch.], Skulpturen, deren bekleidete Teile aus Holz u. deren unbekleidete aus Stein (Marmor) gefertigt sind.

**Akromegalie** [grch.], hormonal bedingte Form des Riesenwuchses, die etwa vom dritten Lebensjahrzehnt an auftritt u. auf einer Überproduktion des Wachstumshormons (STH) der Hypophyse beruht (eosinophiles Adenom). Da das normale Wachstum zum Zeitpunkt der Erkrankung abgeschlossen ist, kommt es bei der A. nicht zu einem gleichmäßigen Riesenwuchs, sondern zu charakterist. Vergrößerung der äußersten Körperenden: Hände, Füße, Ohren, Nase, Kinn, Jochbögen u. Zunge.

**Akron** ['ækrən], Stadt im NO von Ohio, im Allegheny-Plateau, 350 m ü. M., 223 000 Ew.; Universität; „Stadt der Autoreifen" (Gummiindustrie seit 1869/70; über 50 % der Reifenproduktion der USA), daneben Maschinen-, Mühlen- u. Textilindustrie; Bahn- u. Straßenknotenpunkt; gegr. 1825 am höchsten Punkt des Ohiokanals; seit 1865 Stadt.

**Akropolis** [die; grch.], die befestigte Oberstadt (Burg) altgriech. Städte. Die A. von Athen war in der Vorzeit Sitz der Könige *(Theseus)*, später der Tyrannen *(Peisistratos)*, seit *Perikles* (um 450 v. Chr.) ausschl. Heiligtum; im MA Erzbischofssitz, Residenz fränk. Herzöge, türk. Garnison. Bekannt sind ferner die A. von Korinth *(Akrokorinth)*, Lindos auf Rhodos, Selinunt. Auch → Parthenon, → Propyläen.

**Akrosom** [das; grch.], elektronenmikroskopisch dichte Struktur im vorderen Teil von Samenzellen, entsteht aus Sekreten des → Golgi-Apparats.

**Akrostichon** [das, Pl. *Akrostichen*; grch.], ein Gedicht, in dem die Anfangsbuchstaben der Verszeilen ein Wort, einen Namen oder Sinnspruch ergeben.

**Akroterion** [das, Pl. *Akroterien*; grch.], in der antiken Baukunst bei Tempeln u. a. öffentl. Bauten der plast. Schmuck über First u. Ecken des Giebels; i. w. S. der höchste Teil eines Gegenstands.

**Akrotiri**, brit. Militärstützpunkt auf Zypern, an der Bucht von Limassol; bewässertes Kulturland mit Anbau von Agrumen u. Dattelpalmen; Salzgewinnung.

**Akrotonie** [grch.], bevorzugtes Austreiben der Knospen an Zweigspitzen (Bäume). Werden Knospen am unteren Ende der Triebe bevorzugt, spricht man v. *Basitonie*.

**akrozentrisch** [grch.], *acrozentrisch*, Chromosom, dessen → Centromer deutlich zum Ende hin verschoben ist. Somit findet eine Unterteilung in einen kurzen und langen Arm statt.

**Aksaray**, Stadtteil von Istanbul; Verkehrsknotenpunkt im Zentrum Altistanbuls.

**Akşehir** [-ʃɛ-], *Philomenion*, Stadt im W Zentralanatoliens, 51 700 Ew.; Grabmal des türk. „Till Eulenspiegel", *Nasreddin Hodscha*.

**Akşehir Gölü** [-ʃɛ-], See im W Zentralanatoliens, nördl. von Akşehir, 353 km².

**Akshobhya** [ak'ʃɔbja; sanskr., „der Unerschütterliche"], einer der transzendenten Buddhas des Mahayana-Buddhismus; gehört zu den fünf → Tathagatas.

**Aksjonow**, Wassilij Pawlowitsch, russ. Schriftsteller, *20. 8. 1932 Kasan; wurde bekannt durch seinen Roman „Fahrkarte zu den Sternen" 1961, dt. 1962, in dem er das Generationenproblem in der UdSSR u. das Streben der Nachkriegsjugend nach eigener Meinung schilderte; emigrierte 1980 in die USA. Weitere Romane: „Es ist Zeit, mein Freund, es ist Zeit" 1965, dt. 1967; „Der rosa Eisberg" 1978, dt. 1981; „Sag Rosine" 1985, dt. 1990.

**Aksu**, 1. *Aqsu, Wensuh*, chines. Oasenstadt am gleichn. Fluss im westl. Tarimbecken, in der autonomen Region Xinjiang, 341 000 Ew.; Getreideanbau.
**2.** türk. Fluss in Südwestanatolien, mündet östl. von Antalya ins Mittelländ. Meer.
**3.** türk. Fluss in Südanatolien, ostl. von Maraş; Nebenfluss des *Ceyhan*, rd. 130 km lang; im Oberlauf mehrere Stauseen.

◆ **Aksum,** *Axum,* nordäthiop. Stadt westl. von Adwa, 2130 m ü. M., 17 800 Ew.; religiöser Mittelpunkt Äthiopiens; schon im Altertum erwähnt, vom 1. bis 5. Jh. n. Chr. Hptst. des Reiches A.; Krönungsort der äthiop. Kaiser; zahlreiche Kunstschätze aus der Zeit des Reiches A.; Weltkulturerbe seit 1980.

**Akt** [lat. *actus,* „Handlung, Bewegung"], 1. *allg.:* Vorgang, Handlung, Vollzug.
◆ 2. *Kunst:* ursprüngl. die am nackten Körper studierte Stellung u. Bewegung u. deren Wiedergabe; heute jede Wiedergabe des unbekleideten menschlichen Körpers (Nacktdarstellung). Die vor- u. frühgeschichtl. Kunst kannte den A. fast ausschließlich mit kult.-symbol. Bedeutungsgehalt; erst die Griechen erhoben ihn zum selbständigen, in Formen u. Maßverhältnissen idealisierten Gegenstand ihrer Kunst. Das MA ließ Aktdarstellungen u. damit auch Künstlerstudien am lebenden Modell aus religiös-moral. Gründen nur in seltenen Fällen zu. Noch die Künstler der Frührenaissance bedienten sich weitgehend der meist männl. Ersatzmodelle (Wachsfiguren, Tote, Lehrknaben, Gehilfen). Weibl. Modelle kamen vielfach aus den Kreisen der Dirnen u. Badestubenfrauen. Zu christl. Aktthemen (Adam u. Eva, Taufe, Selige u. Verdammte) traten die weltlichen, nach antiken Vorbildern häufig mit allegor. u. mytholog. Bedeutung (Apoll, Venus, Fortuna, Leda, die drei Grazien). In Italien betrieb die Werkstatt der *Carracci* (Bologna) als erste in größerem Umfang das Zeichnen u. Malen nach dem unbekleideten lebenden Modell; in Dtschld. wurde das Aktzeichnen als Lehrfach der Akademien 1662 eingeführt. Der Entwicklung vom Standakt zum Bewegungsakt folgten seit Leonardo da Vinci u. A. Dürer die Aktteilstudien (Kopf, Hand, Fuß) als selbständige Bilder mit eigenem Aussagewert.

3. *Literatur: Aufzug,* eine in sich geschlossene Handlungseinheit des Dramas. Im antiken Theater geschah die Aufgliederung der Handlung durch Chorlieder, seit dem 17. Jh. wird der Akt oft durch Aufziehen und Fallen des Vorhangs kenntlich gemacht. Das Drama besteht gewöhnlich aus 1 (Einakter) bis 5 (klass. Tragödie) Akten, der einzelne Akt aus mehreren *Auftritten* (Szenen). Das erste in Akte aufgeteilte deutschsprachige Drama ist „Der verlorene Sohn" 1527 von Burkhard *Waldis.* Die Pause zwischen zwei Akten wird als *Zwischenakt* (frz. *entr'acte)* bezeichnet. Während des Dekorationswechsels wurde das Publikum früher entweder durch kurze komische Szeneneinlagen oder Musikdarbietungen abgelenkt u. unterhalten.

4. *Philosophie:* Wirksamkeit, Verwirklichung, im Unterschied zur Möglichkeit *(Potenz).* In der mittelalterlichen Philosophie erlangt der Begriff Akt in der Zuordnung Akt/Potenz Bedeutung. Sie geht zurück auf das aristotelische Begriffspaar *energeia/dynamis,* was dasselbe bedeutet. In metaphysischer Übertragung dieser Begriffe wird Akt als reine Aktualität *(actus purus)* und Form als Bestimmung für Gott gebraucht, während der Potenz das Wesen der Materie *(Form/Materie)* ausmacht. In der Phänomenologie Husserls heißt Akt ein auf etwas Gegenständliches abzielendes Erlebnis.

**Aktaion,** *Aktäon,* Jäger der griechischen Sage, von *Artemis,* weil er sie im Bade gesehen hatte, in einen Hirsch verwandelt und von seinen eigenen Hunden zerrissen. Vom 6. Jh. v. Chr. bis zur röm. Kaiserzeit wurde das Aktaionmotiv oft dargestellt. Bes. bekannt ist die Darstellung auf einer Metope aus Selinunt, Sizilien (5. Jh. v. Chr.); eine in Kopien erhaltene Statuengruppe des Aktaion ist wahrscheinlich ein Werk des Myron.

**Aktau,** bis 1991 *Schewtschenko,* Stadt in Kasachstan, am Kasp. Meer, 151 000 Ew.;

Aksum: Kathedrale Maria di Zion

Akt (2): Jean Honoré Fragonard, Die Badenden; Öl auf Leinwand um 1772/1775. Paris, Louvre

Erdölhafen, Endpunkt der Erdgas- u. Erdölpipelines von den Vorkommen in Mangyschlak (Nowyj Usen); Kunstdüngererzeugung, Fischverarbeitung, Atomkraftwerk, Meerwasserentsalzungsanlage; Stichbahn zur Westturanischen Bahn.

**Akte** [die] → Act.

**Akten** [lat.], geordnete Sammlung von Schriftstücken, jeweils zu einem bestimmten Geschehen oder einer Person; bes. bei Behörden und Gerichten, z. B. Prozess-, Vormundschafts-, Personalakten oder z. B. Handakten des Rechtsanwalts, Geschäftsakten. Für die Bereiche der Verwaltung und der Gerichtsbarkeit ist ein Recht auf → Akteneinsicht gesetzlich gewährt. – Akten von Staat, Wirtschaft u. a. sind wichtige *Quellen* bes. der neueren Geschichte.

**Akteneinsicht**, steht den Beteiligten in gerichtlichen Verfahrensakten zu (§§ 299 Abs. 1, 760 ZPO, 100 VwGO, 120 SGG, 78 FGO), jedoch nicht dem Beschuldigten im Strafprozess. Einsicht in Strafakten ist dem Verteidiger grundsätzlich gestattet (§ 147 StPO). Außenstehenden („Dritten") kann die Einsicht gewährt werden, wenn sie ein rechtliches (§ 299 Abs. 2 ZPO) oder berechtigtes Interesse glaubhaft machen, in Strafsachen nur durch einen Rechtsanwalt zur Prüfung rechtlicher Ansprüche.

**Aktenkunde**, eine historische Hilfswissenschaft: die Lehre von den Typen, der Entstehung u. den Aussagemöglichkeiten von Akten. Auch → Archiv.

**AktG**, Abk. für *Aktiengesetz* vom 6. 9. 1965.

◆ **Aktie** ['aktsiə; lat., ndrl.], ein Wertpapier, das das Anteilsrecht an einer → Aktiengesellschaft verbrieft. In Dtschld. lautet die A. auf einen bestimmten *Nennbetrag*, seit 1998 auch als *Stückaktie* auf einen anteiligen Betrag des Grundkapitals; der Mindestnennbetrag u. der Mindestbetrag der Stückaktie ist 5 DM (§ 8 AktG). Im Ausland ist die *nennwertlose A. (Quotenaktie)* verbreitet. In beiden Fällen verkörpert die A. einen Bruchteil am Reinvermögen der Aktiengesellschaft, einen Anteil am ausgewiesenen Jahresgewinn *(Dividende)* u. ggf. am Liquidationserlös. Gewöhnlich gewährt die A. außerdem das *Stimmrecht* in der Hauptversammlung (§ 12 AktG).

Nach dem Umfang der dem *Aktionär* durch die A. gewährten Rechte unterscheidet man die *Stammaktie* von der *Vorzugsaktie*, die mit Vorrechten bei der Dividende, aber oft nicht mit Stimmrecht ausgestattet ist. Auch die Übertragbarkeit kann verschieden geregelt sein. In Dtschld. ist die *Inhaberaktie* üblich, die durch Einigung u. Übergabe übertragen wird. Die *Namensaktie* ist dagegen ein Orderpapier, das durch Indossament übertragen wird; der Name des Inhabers ist im *Aktienbuch* der Gesellschaft eingetragen. Durch die Satzung kann die Übertragung von Namensaktien an die Genehmigung des Vorstandes gebunden werden *(vinkulierte Namensaktien)*.

Die A. darf von der Gesellschaft nicht unter ihrem Nennwert bzw. einem geringeren Betrag als den auf die Stückaktie entfallenden anteiligen Betrag ausgegeben werden (§ 9 AktG). Bei der Kapitalerhöhung aus Gesellschaftsmitteln gemäß §§ 207 ff. AktG (Ausgabe von sog. *Gratisaktien*) wird der Nennbetrag der A. durch Umwandlung offener Rücklagen der Gesellschaft in Grundkapital aufgebracht. Gesellschaften mit Stückaktien können ihr Grundkapital auch ohne Ausgabe neuer Aktien erhöhen. Der Wert *(Kurs)* der A. bildet sich bei den Aktien, die an der Börse zugelassen sind, aus Angebot u. Nachfrage.

**Aktienbuch** ['aktsiən-], ein gemäß §§ 67 f. AktG von einer AG zu führendes Buch, in das die auf Namen lautenden Aktien *(Namensaktien)* mit Angabe des Inhabers einzutragen sind. Die Übertragung von Namensaktien ist im A. anzugeben.

**Aktienfonds** ['aktsiənfɔ̃], Investmentfonds, der seinen Bestand an Wertpapieren (Portefeuille) vor allem in Aktien anlegt.

**Aktiengesellschaft** ['aktsiən-], Abk. *AG*, Handelsgesellschaft mit eigener Rechtspersönlichkeit (juristische Person), deren Gesellschafter *(Aktionäre)* mit Kapitaleinlagen *(Aktien)* beteiligt sind, ohne persönlich für die Verbindlichkeiten der Gesellschaft zu haften. Die Firma muss die Bezeichnung „A." enthalten. Die Aktionäre erhalten Gewinnanteile in Form der *Dividende*. Die A. ist die Hauptform der → Kapitalgesellschaft; sie ermöglicht es, große Kapitalmengen als rechtl. u. wirtschaftl. selbständige Einheit wirtschaftl. einzusetzen. Die Rechtsform der AG wird in Dtschld. hauptsächl. für Großunternehmen gewählt; ihre Zahl ist daher gering, ihre wirtschaftl. Bedeutung in der gewerbl. Wirtschaft aber sehr groß.

Viele Aktiengesellschaften sind miteinander zu *Konzernen* verbunden. Die Aktien von über 500 dt. Aktiengesellschaften werden an dt. Börsen gehandelt, von einigen auch an ausländ. Börsen. Rund 40% des Grundkapitals befindet sich im Besitz von Unternehmungen (→ Konzern). Mit Wirkung vom 1. 1. 1966 ist an die Stelle des alten Aktiengesetzes vom 30. 1. 1937 in der BR Dtschld. das neue *Aktiengesetz* (Abk. *AktG*) vom 6. 9. 1965 getreten.

Nach diesem Gesetz beträgt der Mindestnennbetrag des in Aktien zerlegten *Grundkapitals* der AG 100 000 DM (§ 7), der Mindestnennbetrag der einzelnen Aktie 5 DM (§ 8). Die Einlagen können in Bargeld oder in anderen Werten (*Bar-* bzw. *Sacheinlagen*) gemacht werden.

Die AG handelt durch mehrere Organe: den *Vorstand* (Vertretung u. Geschäftsführung), den *Aufsichtsrat* (Überwachung des Vorstandes sowie Bestellung u. Abberufung seiner Mitglieder) u. die *Hauptversammlung* (früher *Generalversammlung*; Wahl u. Abberufung der Aufsichtsratsmitglieder – z.T. abweichend im Bereich des Mitbestimmungsrechts – u. Beschlüsse über die Satzung sowie über die Gewinnverteilung u. über die Entlastung von Vorstand u. Aufsichtsrat). Der Aufsichtsrat hat gemäß § 95 AktG mindestens 3 u. höchstens 21 Mitgl., die sich je nach der für die einzelne AG geltenden Regelung der → Mitbestimmung bis zur Hälfte aus Vertretern der Arbeitnehmer, sonst aus Vertretern der Aktionäre zusammensetzen. Vorstands- u. Aufsichts-

Aktie: historisches Wertpapier der Real Compania von 1748, Barcelona

ratsmitglieder erhalten in der Regel neben Gehältern u. Aufwandsentschädigungen auch einen Gewinnanteil *(Tantieme)*.
Die Gründung einer AG wird in der Regel durch einen Vorgründungsvertrag, in dem sich eine oder mehrere Personen schuldrechtlich zur Gründung verpflichten, eingeleitet. Die Gründer müssen sämtliche Aktien übernehmen. Die früher zulässige Stufengründung, bei der das Publikum die Aktien bereits im Gründungsstadium zeichnen konnte, ist seit 1994 nicht mehr zulässig. Die *Satzung* muss nach dem AktG Regelungen über bestimmte Punkte (Firma, Sitz, Gegenstand des Unternehmens, Höhe des Grundkapitals, Zahl u. Art der Aktien) enthalten u. bedarf gerichtl. oder notarieller Beurkundung. Die AG entsteht mit ihrer Eintragung ins Handelsregister.

Aktinien: Pferdeaktinie, Actinia equina

Der aus → Bilanz u. → Gewinn- und Verlustrechnung bestehende → Jahresabschluss der AG ist im Handelsgesetzbuch (§§ 264 ff) u. im AktG genau geregelt (§§ 150 ff). Er muss von einem Wirtschaftsprüfer auf seine Übereinstimmung mit Gesetz u. Satzung geprüft (§§ 316 ff HGB) u. im Bundesanzeiger u. in den Gesellschaftsblättern veröffentlicht werden (§§ 325 ff HGB). Die AG muss einen Geschäftsbericht, in dem über die Lage der Gesellschaft berichtet *(Lagebericht)* u. der Jahresabschluss erläutert wird *(Erläuterungsbericht)* zum Handelsregister einreichen. Die großen Aktiengesellschaften veröffentlichen Jahresabschluss u. Geschäftsbericht gewöhnl. in gedruckter Fassung u. geben dabei mehr Informationen (freiwillige Publizität), als vom AktG verlangt wird. Der Gewinn der AG unterliegt der → Körperschaftsteuer.
Das *österreichische* Aktienrecht ist im Aktiengesetz vom 31. 3. 1965 enthalten.
In der *Schweiz* gilt das abgeänderte Obligationenrecht von 1936. Danach ist das oberste Organ der AG die Generalversammlung; die Geschäftsleitung liegt beim Verwaltungsrat.
**Aktienmarkt** ['aktsiən-], Börsenverkehr, der den gesamten Handel mit Aktien umfasst. Zusammen mit dem Rentenmarkt bildet der A. den Wertpapiermarkt.
**Aktienoption** ['aktsiən-], gemäß § 221 AktG das Recht, Wandelschuldverschreibungen gegen Aktien umzutauschen. Bei der Emission der → Wandelschuldverschreibung werden die Voraussetzungen für die A. festgelegt, die meist ein bestimmtes Umtauschverhältnis, einen Umtauschkurs u. einen Umtauschzeitraum beinhalten. Mit der A. erlischt die Wandelschuldverschreibung.
**Aktienpaket** ['aktsiən-], größere Anzahl von Aktien einer Aktiengesellschaft, in einer Hand vereinigt.
**Aktin** [grch.] → Actin.
**Aktinide** [grch.], künstliche chem. Elemente, → Actinoide.
◆ **Aktinien** [grch.], *Seerosen, Seeanemonen, Actiniaria*, Ordnung der *Korallentiere (Hexacorallia)*, mehr oder weniger festsitzende, oft lebhaft gefärbte, einzeln stehende Polypen des Meeresgrunds, mit Fußscheibe, elast. Körper u. vielen Tentakeln, die zum Beutefang dienen u. bei Gefahr eingezogen werden können. Nahrung: Fische u. andere Meerestiere. *Einsiedlerseerosen*, z. B. *Calliactis parasitica*, leben in Symbiose mit *Einsiedlerkrebsen*, andere werden von *Anemonenfischen* bewohnt. Bekannt sind *Pferdeaktinie* u. *Wachsrose*.
**aktinisches Licht**, die auf fotograf. Schichten bes. wirksamen blauen, violetten u. ultravioletten Lichtstrahlen.
**Aktinium** [grch.], chem. Element, → Actinium.
**Aktinolith** [der; grch.], *Strahlstein*, hell- oder graugrünes monoklines Mineral der *Amphibol-Gruppe*: $Ca_2(Mg, Fe)_5Si_8O_{22}(OH)_2$; eine Varietät von Asbest, tritt in langen, nadeligen oder säuligen Kristallen in metamorphen Gesteinen wie in verwitterten Magmatiten auf.
**Aktinometer** [das; grch.], Apparat (Kalorimeter, thermoelektr. Instrument) zum Messen der Strahlung von Lichtquellen, hauptsächl. der Sonne. Auch → Pyrheliometer.
**Aktinometrie** [grch.], Strahlungsmessung; auch Bez. für Sternkataloge mit genauer Angabe der Helligkeiten (z. B. *Göttinger Aktinometrie* mit 3500 Sternen, *Yerkes-Aktinometrie* mit 2354 Sternen).
**aktinomorph** [grch.], strahlig-symmetrisch (insbes. in der Botanik: Blütenform).
**Aktinomykose** [die; grch.], *Actinomycosis*, Strahlenpilzkrankheit, geschwulstähnliche Bindegewebswucherungen mit zentraler Erweichung; Entstehung nicht einheitlich, häufig Wundinfektion durch infizierte Grannen, Holzsplitter u. Ä.; verschiedene Erreger; Vorkommen bei Rind, Pferd, Schwein, Schaf, Hund, Katze u. Wildtieren, auch beim Menschen. Die klinischen Formen sind: Weichteil-Aktinomykose der Haut (z. B. Gesäuge-Aktinomykose beim Schwein) u. der Schleimhaut; Zungen-Aktinomykose; A. der Speicheldrüse, der Lymphknoten, des Euters, der Vorhaut, des Samenstrangs, der inneren Organe wie Lunge, Milz, Leber, Niere, Netzmagen, Labmagen u. die Knochen-Aktinomykose, die vornehml. am Unter- u. Oberkiefer bei Rind u. Schwein auftritt.
**Aktinomyzeten** [grch.], Ordnung der Bakterien, → Actinomycetales.
**Aktinomyzine** [grch.], *Actinomycine*, verschiedene aus Streptomycesarten gewonnene Antibiotika. Actinomycin A, $C_{41}H_{56}O_{11}N_8$ (aus *Streptomyces antibioticus*) u. Actinomycin B, $C_{41}H_{54}O_{12}N_8$ (aus *Streptomyces flavus*) wirken bes. gegen grampositive Erreger u. Pilze, während Actinomycin C („Sanamycin"), $C_{40}H_{75}O_{11}N_7$ (aus *Streptomyces chrysomallus*) eine gewisse cytostatische Wirkung gegen Zellwucherungen hat.
**Aktion** [lat.] → direkte Aktion, → konzertierte Aktion.
**Aktion**, Landzunge in Griechenland, → Aktium.

„Die Aktion": Titelseite der Ausgabe 44/45, 1914 mit dem Holzschnitt „Potsdamer Platz" von L. Meidner

◆ **„Aktion"**, *„Die Aktion"*, expressionist., revolutionär-pazifist. Zeitschrift für Politik, Literatur u. Grafik, hrsg. von F. Pfemfert 1911–1932; Nachdr. Jg. 1–4 1961/62. Auch → Aktionismus.
**Aktionär** [-tsi-], Gesellschafter einer → Aktiengesellschaft.
**Aktionensystem** → Actio.
**Aktionismus** [lat., frz.], das abwertend verstandene Verhalten polit. Gruppen u. Bewegungen, welche kritisierte gesellschaftl. Verhältnisse ohne polit.-theoret. oder ideolog. Konzept, vielmehr in unreflektierten, spontanen u. unorganisierten Aktionen zu verändern oder abzuschaffen suchen. Relativ viele Anhänger fand der A. vor dem 1. Weltkrieg: 1913 gründete Kurt Hiller eine Bewegung, die durch „Aktivierung des Geistigen" eine „neue Menschheitsära" herbeiführen wollte. Publizistisches Organ der revolutionär-pazifist. Bewegung war das „Ziel"; Mitarbeiter u. a. Max *Brod*, Heinrich *Mann*, Helene *Stöcker*. Franz *Pfemfert* gab 1911–1932 die revolutionär-sozialist. Zeitschrift „Aktion" heraus. Die Ablehnung von

Machtpolitik u. eine diffus pazifist.-sozialist. Tendenz war den verschiedenen Richtungen des A. gemeinsam.
In der Studentenbewegung der 1960er Jahre (→ Außerparlamentarische Opposition) gab es von Seiten der stärker theoretisch engagierten Gruppen häufig Angriffe auf den „blinden A." anderer Gruppen, d. h. die fehlende politische Perspektive unüberlegter spontaner Aktionen.

**Aktionsart,** fest in der Bedeutung mancher Verben enthaltene Eigenschaft, die Verlaufsweise eines Vorgangs (z. B. nach zeitlichen Gesichtspunkten) in bes. Weise zu bezeichnen (z. B. Betonung der Anfangs- bzw. Endphase: *ent*flammen – *ver*brennen). Man unterscheidet u. a. *durative, inchoative, iterative* u. *perfektive A.*

**Aktionseinheit,** zeitlich begrenzter u. meist im Hinblick auf ein gemeinsames Ziel erfolgter Zusammenschluss kommunist.

Aktionskunst: Der US-amerikan. Komponist John Cage und sein mit Nägeln, Münzen und Schrauben präpariertes Klavier; 25. 6. 1949

mit anderen Parteien u. Organisationen in nichtkommunist. Ländern. A. mit Sozialisten, Sozialdemokraten u./oder anderen Organisationen der Arbeiterbewegung wird *A. der Arbeiterklasse* genannt, A. mit Parteien u. Organisationen des bürgerl. Lagers *A. aller demokratischen Kräfte.* – Die Haltung der KPD zur A. war unterschiedlich u. von den jeweiligen Direktiven der KPdSU abhängig. In den letzten Jahren der Weimarer Republik lehnten die Kommunisten ein Zusammengehen mit den als „sozialfaschistisch" diffamierten SPD kategorisch ab, nach 1935 suchten sie im Rahmen ihrer Volksfrontpolitik die A. der Arbeiterklasse. Die Zwangsverschmelzung von KPD u. SPD 1946 in der sowjet. Besatzungszone war in gewisser Weise Resultat der A., ebenso suchten KPD bzw. DKP nach 1949 Zweckbündnisse mit SPD oder Teilen der SPD, der Gewerkschaft u. der APO, um den kommunist. Einfluss auf die Arbeiterbewegung u. die Universitäten zu vergrößern.

**Aktionsforschung, 1.** *Soziologie: Action-research, Handlungsforschung,* Methode der empirischen Sozialforschung, die eine Analyse meist unerwünschter Zustände mit einem Änderungsprogramm verbindet. Der Forscher tritt zugleich als Beobachter wie aktiver Teilnehmer im Forschungsprozess auf, die Betroffenen sollen ebenso einbezogen u. sollen durch die im Verlauf gewonnenen Erkenntnisse zu eigenständigen Trägern des Wandels werden. Auch → Beobachtungsverfahren.
**2.** *Wirtschaft:* → Operations-Research.

**Aktionskatalog** → Ethogramm.

**Aktionskomitee für die Vereinigten Staaten von Europa,** auch *Monnet-Komitee,* 1955 gegr.; Präs. seit 1956 J. *Monnet;* Ziel war die wirtschaftl. u. polit. Union Europas; zahlreiche Tagungen u. Gutachten; 1975 aufgelöst.

◆ **Aktionskunst,** Oberbegriff für alle Kunstformen, die unter Missachtung der traditionellen Rollenverteilung in szen. Darbietungen das Publikum zur Interaktion anregen; insbes. die neodadaist. A. des *Happening,* die aus der Bewegung des *Actionpainting* hervorgegangen ist. Hauptvertreter der A. sind in den USA John *Cage* u. Allan *Kaprow,* in Dtschld. Wolf *Vostell* u. Joseph *Beuys.*

**Aktion Sorgenkind,** Fernsehlotterie des Zweiten Deutschen Fernsehens (ZDF) für gemeinnützige Zwecke; die Einnahmen werden zur Förderung Behinderter u. für die Schaffung entsprechender Einrichtungen verwendet. Die A. S. begann 1964–1970 mit der Sendung „Vergissmeinicht" (Moderator: Peter Frankenfeld) u. wird z. Z. von der TV-Show „Das große Los" veranstaltet. Bis 1998 verzeichnete die A. S. fast 4 Mrd. DM an Einnahmen. 2000 wurde der Name der Fernsehlotterie in „Aktion Mensch" umbenannt.

**Aktionsparameter,** eine Variable, durch deren Festlegung Wirtschaftseinheiten (insbes. Unternehmen) ihre wirtschaftl. Ziele zu realisieren trachten, z. B. Preis, Absatzmenge, Produktqualität, Werbung; der Einsatz der A. ist abhängig von der Zielfunktion des Unternehmens u. den markt- u. konkurrenzbedingten Aktionsmöglichkeiten. Auch → Erwartungsparameter.

**Aktionspotenzial,** schnelle u. kurz dauernde Umkehrung der elektr. Spannung *(Membranruhepotenzial)* zwischen der Membran-Innen- u. Außenseite einer Nerven- oder Muskelfaser. Das A. entsteht, wenn das negative Membranruhepotenzial (innen gegen außen gemessen) durch einen Reiz erniedrigt wird. Unterschreitet es dabei eine bestimmte Schwelle, so wird es instabil u. kehrt sich kurzzeitig bis auf +30 mV um *(Erregung).* Sofort anschließend wird das Membranruhepotenzial wiederhergestellt. Der ganze Vorgang dauert am Nerv etwa 1 ms (Millisekunde), beim Skelettmuskel der Wirbeltiere etwa 10 ms, beim Herzmuskel etwa 200 ms. Die Höhe u. Dauer eines Aktionspotenzials ist für jede Faser charakterist. u. konstant. Diese Tatsache wird auch als *Alles-oder-Nichts-Gesetz* der Erregung bezeichnet. Die Aktionspotenziale werden längs der Nervenfasern u. der meisten Skelettmuskelfasern der Wirbeltiere weitergeleitet (→ Nervenleitung).

**Aktionsprinzip,** das 2. der → Newton'schen Axiome.

**Aktionsprogramm für den Schulsport,** langfristige Planung zur Verbesserung des Schul- u. Hochschulsports in der BR Dtschld., 1972 in Bonn von der Kultusminister-Konferenz, dem Dt. Sportbund, den kommunalen Spitzenverbänden u. dem Bundesministerium für Bildung u. Wissenschaft gemeinsam verabschiedet; enthält Festlegungen zu einer neuen Bildungskonzeption im Schulsport, zur inhaltl. u. personellen Ausstattung des Sports, zur Ausbildung der Sportlehrer, zum Sportstättenbau u. zum Sport an den Hochschulen. Das Aktionsprogramm soll in regelmäßigen Abständen überprüft u. ggf. neu gefasst werden.

**Aktionsradius,** die Strecke, die ein Land-, See- oder Luftfahrzeug zurücklegen kann, ohne neuen Treibstoff aufzunehmen; errechnet sich aus dem Fahrbereich, u. zwar je für Hin- u. Rückfahrt.

**Aktionsraum, 1.** *Sozialgeographie:* ein Begriff, der in der jüngeren verhaltenstheoret. orientierten sozialgeograph. Forschung eine wichtige Rolle spielt. Der A. wird bestimmt durch die Reichweiten u. Muster der räuml. Aktivitäten von Einzelpersonen u. Gruppen außerhalb der Wohnung. Die Aktionsraumforschung geht den Bestimmungsgründen für das räuml. Verhalten nach.
**2.** *Verhaltensforschung:* die Gesamtheit aller Aufenthaltsräume eines Individuums oder einer Tiergruppe während des ganzen Lebens; der A. schließt auch bes. fest umrissene Territorien, wie z. B. das Fortpflanzungsrevier, ein, die zu einer bestimmten Lebensphase ausgewählt u. bes. verteidigt werden. Auch → Revier.

**Aktionsspiele** → Geschicklichkeitsspiele.

**Aktionsstoffe,** im Nerv zur Entstehung u. Weiterleitung von Nervenerregung (→ Nervenleitung) vorkommende Neurohormone. Bei Wirbeltieren befindet sich *Acetylcholin* in der Nervenmembran, in den *Synapsen* u. in den *motorischen Endplatten.* Es wird durch *Cholinesterase* wieder abgebaut. Einige Nerven besitzen bei Wirbeltieren auch *Noradrenalin.*

**Aktionsstrom,** bei allen physiolog. Vorgängen in lebenden Organismen auftretender elektr. Strom; auf die Bildung von *Aktionspotenzialen* bei den chem. Vorgängen innerhalb der Zellen u. an den Zellgrenzen zurückzuführen. Aktionsströme werden z. B. beim Elektrodiagramm u. beim Elektroenzephalogramm gemessen. Auch → Aktionspotenzial, → Nervenleitung.

**Aktionssystem** → Ethogramm.

**Aktionsturbine,** *Gleichdruckturbine,* eine → Turbine, bei der vor dem Laufrad die gesamte Nutzfallhöhe (Gesamtenergie) in Geschwindigkeitsenergie umgesetzt wird (Freistrahlturbine, Peltonrad, Durchströmturbine).

**Aktion Sühnezeichen,** *Friedensdienste e. V.*, durch Präses Lothar *Kreyssig* angeregte freie Arbeitsgruppen, seit 1959 tätig. Unter Voraussetzung der christlich verstandenen Versöhnung u. unter Anerkennung von Schuld u. Sühneverpflichtung arbeiten Jugendliche freiwillig u. unentgeltlich bis zu 12 Monaten in Ländern, die am meisten durch das nat.-soz. Dtschld. gelitten haben. Jugendliche halfen bei der Errichtung von Heimen u. Ä., beim Bau von Kirchen (Coventry, Taizé) u. einer Synagoge (Lyon).

**Aktionszentrum der Atmosphäre,** Gebiet überwiegend hohen oder tiefen Luftdrucks, das für die Witterung größerer Teile der Erdoberfläche maßgebend ist, z. B.: Azorenhoch, Islandtief, Pazifikhoch, Aleutentief. Die Intensität ändert sich räumlich u. jahreszeitlich.

**Aktium,** *Aktion, Actium,* neugriech. *Punta,* flache, sandige Landzunge im Nordwesten der griechischen Landschaft Akarnanien. – 31 v. Chr. Seesieg des Octavianus (Augustus) über Antonius, Entscheidungsschlacht um die Alleinherrschaft über das Röm. Reich.

**aktiv** [lat.], handelnd, teilnehmend, wirksam, tätig, bes. im polit. oder militär. Sinn u. bei Studentenverbindungen.

**Aktiv** [das; lat.], **1.** *Grammatik:* *Aktivum,* Tätigkeitsform, neben *Passiv* (u., z. B. im Griech., *Medium*) ein *Genus verbi,* die Aktionsform des Verbs, die ausdrückt, dass das Subjekt des Satzes etwas tut, z. B. „der Junge läuft", oder sich in einem Zustand befindet. **2.** *Politik:* bis zur polit. Wende 1989 in der DDR eine ehrenamtl. Arbeitsgruppe für bestimmte Aufgaben, z. B. *Eltern-Aktiv* (Elternvertretung einer Schulklasse). Das *Partei-Aktiv* bestand aus den Funktionären u. ausgewählten Mitgliedern einer Organisation der SED; es wurde aus bestimmten Anlässen (z. B. für vertrauliche Informationen) zusammengerufen.

**Aktiva** [lat.], *Aktiven,* die laut Bilanz einem Geschäftsbetrieb zur Verfügung stehenden Vermögenswerte, zu denen *Anlagevermögen* u. *Umlaufvermögen* gehören. Gegensatz: die *Passiva* (Eigenkapital u. Verbindlichkeiten).

**Aktivator** [der, Pl. *Aktivatoren;* lat.], **1.** *Chemie:* eine Substanz, die die Wirkung eines Katalysators (→ Katalyse) steigert. Bei Leuchtphosphoren Bez. für bestimmte Beimengungen, z. B. Kupferspuren in der Zinkblende (ZnS), die das Leuchten, nach Anregung mit sichtbarem oder ultraviolettem Licht, erst ermöglichen. **2.** *Halbleitertechnik:* in ein Kristallgitter eingebautes Fremdatom (Störstelle), das bei ultravioletter Bestrahlung des Kristalls → Lumineszenz verursacht.

**Aktivbürger,** in der Schweiz Bürger mit allen polit. Rechten (insbes. Referendum).

**aktive Antenne,** Typ einer → Antenne, bei der elektron. aktive Elemente (z. B. Dioden, Transistoren) unmittelbar in die Antenne eingebaut sind. Hiermit kann z. B. der → Störabstand im Vergleich zu einer passiven Antenne verbessert oder die Antennencharakteristik elektronisch verändert werden; häufig als Autoantennen verwendet.

**Aktiven** → Aktiva.

**aktive Optik,** ein Verfahren zur Verbesserung der Leistung großer astronom. Teleskope. Der Hauptspiegel wird hierbei aus einzelnen Elementen zusammengesetzt. Mit Computern wird die notwendige Form jedes einzelnen Spiegels berechnet. Durch mehr oder weniger starken Druck von Stempeln, die sich unter den Einzelspiegeln befinden, wird dann die Form der Spiegel verändert. So ist es möglich, sehr dünne u. leichte Spiegel u. damit auch möglichst große Spiegel zu bauen. Auch → adaptive Optik.

**aktiver Transport,** Transport von Stoffen (bestimmte Proteine, Ionen, Zucker u. a.) auf der Zellebene durch → Membranen (1) unter Aufwand von Energie. Energielieferant ist *Adenosintriphosphat* (ATP). Gegenüber passivem Transport (→ Diffusion, → Osmose) erfolgt a. T. in der Regel gegen ein Konzentrationsgefälle („Bergauftransport") u. stellt daher eine wichtige Form des Stofftransports dar. Es gilt heute als weitgehend geklärt, dass a. T. von einem Stoff unter Mitwirkung eines sog. *Carriers* („Träger", bestimmtes Protein, das Teil der Biomembran ist) erfolgt. Dabei muss der Carrier in der Regel zunächst aktiviert werden. Da solche Carrier für die zu transportierenden Stoffe spezifisch sind, kann a. T. selektiv erfolgen. So können z. B. bestimmte Zucker (z. B. Glucose) aus einem in Lösung befindl. Zuckergemisch selektiv von Darmwandzellen aufgenommen werden, selbst wenn die Konzentration dieses Zuckers in der Lösung geringer ist als im Zellplasma. Aktive Transportvorgänge sind wesentl. funktionelle Grundlagen bei der Bildung des definitiven Harns, bei der Verdauung, der Erregungsleitung im Nerv (→ Nervenleitung) u. a. Stoffwechselvorgängen in Zellen.

**aktive Ruhe,** die Phase im Trainingsprogramm des Sportlers, die der Erholung u. Kräftesammlung dienen soll. Sie schließt sich an die eigentl. Wettkampfzeit an (Übergangsperiode). Im Gegensatz zu früheren Auffassungen soll das Training nicht vollkommen ruhen, um die mühsam erworbenen Anpassungsvorgänge nicht wieder rückgängig zu machen. Es wird in der „Ruheperiode" lediglich weniger intensiv trainiert, so dass zwar kein Leistungsgewinn, aber eine Erhaltung der Kondition u. der Leistungsfähigkeit erreicht wird.

**aktiver Urlaub,** sportlich aktive Ferien ohne Leistungsstress; dazu wurden 1981 als Empfehlung von der Bundesärztekammer u. vom Dt. Sportbund 10 Regeln zur Vorbereitung, Gestaltung u. Nachbereitung veröffentlicht.

**aktives Filter,** elektron. Schaltungsanordnung aus Widerständen, Kondensatoren u. Transistoren, mit der Signale nur in bestimmten Frequenzbereichen durchgelassen oder gesperrt werden. Mit aktiven Filtern können Eigenschaften passiver Filter ohne Verwendung von Spulen realisiert werden. Auch → Filter.

**aktive Sicherheit,** beim Kraftfahrzeug die Sicherheit, die auf die guten Eigenschaften des Fahrzeugs wie gute Fahreigenschaft, gute Bremsen, gute Scheinwerfer, auch gutes Beschleunigungsvermögen u. a. zurückgeht, im Gegensatz zur *passiven Sicherheit,* die durch Milderung der Unfallfolgen für die Insassen gegeben ist.

**aktives Wahlrecht** → Wahlrecht.

**Aktivgeschäfte,** die Kreditgewährung durch Kreditinstitute in kurz- oder langfristiger Form.

**aktivieren** [lat.], **1.** *allg.:* aktiv machen. **2.** *Betriebswirtschaft:* die Vermögensgegenstände eines Unternehmens mit einem bestimmten Wert auf der Aktivseite der Bilanz ansetzen. **3.** *Chemie:* einen Stoff in einen reaktionsbereiten Zustand bringen, z. B. durch Hitze (RGT-Regel, Reaktionsgeschwindigkeit), Strahlungsenergie oder durch Dispersion *(Hedvall-Effekt).* **4.** *Physik:* ein stabiles Element durch Bestrahlung, z. B. mit Neutronen, künstlich *radioaktiv* machen; etwa im Kernreaktor.

**Aktivierungsanalyse,** von G. *von Hevesy* u. H. *Levi* 1936 entwickelte Methode, die als zerstörungsfreie Werkstoffprüfung geeignet ist. Sie beruht auf der Umwandlung nichtradioaktiver Atome einer Probe, z. B. einer Legierung, in radioaktive Nuklide (= *Aktivierung*) durch Beschuss mit *Neutronen* oder *Deuteronen* derart, dass die Nuklide später nach Art ihrer Strahlung u. der Halbwertszeit quantitativ bestimmt werden können. Die A. setzt allerdings voraus, dass der Aktivierungseffekt groß, die Halbwertszeit der neu gebildeten Isotope nicht zu kurz ist. Die Methode eignet sich wegen der niedrigen Nachweisgrenzen (bis $10^{-13}$g) insbes. zur *Spurenanalyse.* Das klassische Beispiel ist die Bestimmung von Dysprosiumspuren in einem Holmiumpräparat durch Beschuss mit langsamen Neutronen, wobei beide Atomarten radioaktiv induziert werden, sich aber durch die Halbwertszeiten ihres Zerfalls (27,3 h für *Holmium-166* u. 2,32 h für *Dysprosium-165)* gut messbar unterscheiden.

Die A. wird in der Biochemie, bei Produktkontrollen, bei Fragen über Alter u. Herkunft von Kunstwerken u. a. eingesetzt.

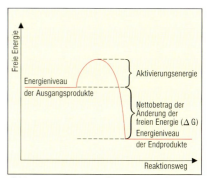

Aktivierungsenergie: Energiediagramm einer chemischen Reaktion

◆ **Aktivierungsenergie,** die zusätzl. Bewegungsenergie der chem. Komponenten, die erforderlich ist, um eine Reaktion auszulösen. Es wird damit gewissermaßen eine Barriere zwischen den Ausgangsprodukten

u. den Reaktionsprodukten überwunden. Katalysatoren setzen die A. herab.

**Aktivismus,** [lat.] *Soziologie:* die an H. *Bergson* anknüpfende, von G. *Sorel* verkündete Lehre, dass die polit.-soziale Entwicklung durch revolutionäre Handlungen vorwärts getrieben werden müsse. Eine philosoph. Begründung des A. als einer zielbewussten Willenstätigkeit bei der Gestaltung von Kultur u. Gesellschaft lieferten u. a. A. *Comte,* F. *Nietzsche,* M. *Blondel.* Gegensatz (aber nur herabsetzend): *Passivismus.*

**Aktivist** [lat.], 1. *Politik:* eine Person, die sich durch bes. Einsatz für eine Sache oder Bewegung hervortut; in polit. Bewegungen derjenige, der sich vorbehaltlos hinter seine Führung stellt u. persönl. Nachteile nicht scheut; in Bewegungen, die auch mit Gewalt vorgehen, meist die *Terroristen.* Nach den Entnazifizierungsbestimmungen der Alliierten des 2. Weltkriegs galt als A., wer die nat.-soz. Herrschaft wesentl. gefördert hatte oder als ihr überzeugter Anhänger hervorgetreten war.
2. *Wirtschaft:* nach dem Vorbild der *Stachanow-Bewegung* der Sowjetunion in kommunist. Ländern ein Arbeiter mit überdurchschnittl. Leistungen, die beispielhaft wirken sollten u. Grundlage der Festsetzung der Arbeitsnormen wurden. Die Aktivistenbewegung war in der DDR (dort auch *Hennecke-Bewegung*) bis 1990 gesetzlich verankert. Ehrentitel wie „A. der sozialist. Arbeit", „Verdienter A." u. a. sollten Ansporn zur Steigerung der Arbeitsproduktivität sein.

**Aktivität** [lat.], 1. *allg.:* Tätigkeit, Wirksamkeit, Wirkungsfreude, Handlung.
2. *Chemie:* Ionen-Aktivität in Lösungen, die mit der allg. Konzentration nicht immer übereinstimmende tatsächl. Wirkung der Ionen im Sinne des *Massenwirkungsgesetzes.* Man schreibt für die relative A. einer Substanz B: $a_B = f_B \cdot c_B$, wobei $f_B$ der Aktivitätskoeffizient u. $c_B$ die Konzentration ist. Der Aktivitätskoeffizient kann in Tabellenwerken nachgeschlagen werden. Die A. von nichtdissoziierten Molekülen in den Lösungen entspricht deren Konzentration.
3. *Geophysik:* erdmagnetische A., Stärke der von der Sonne bewirkten Schwankungen des erdmagnet. Feldes, ausgedrückt in den *planetarischen erdmagnetischen Kennziffern.*
4. *Physik:* bei einem radioaktiven Stoff die Anzahl der Zerfälle pro Sekunde. Die A. hat die Maßeinheit → Becquerel. Auch → Curie.
5. *Zoologie:* Zustand der Lebensäußerung (Bewegung, Stoffwechsel, Fortpflanzung u. a.) bei Tieren, beeinflusst durch Außenbedingungen (Licht, Temperatur u. a.), durch den inneren Zustand (Hunger, Krankheit u. a.) oder auch durch endogene Rhythmik (Tages-, Jahresrhythmik). *Aktivitätsgrenzen* werden durch bestimmte Intensitäten von Außeneinflüssen gesetzt (bei wechselwarmen Tieren in erster Linie durch Temperaturgrenzen). Häufig entstehen bestimmte u. charakterist. *Aktivitätsmuster* (z. B. Gesang von Vögeln nach Tages- u. Jahreszeit).

**Aktivitätsanalyse,** spezielle Methode zur Ermittlung effizienter Lösungen im Bereich von Produktion u. Allokation. Unter Anwendung der Technik linearer Programmierung werden die Aktivitäten gesucht, bei denen der Prozess der Erstellung von Produkten durch den Einsatz von Faktoren *(Produktion)* oder der Bedürfnisbefriedigung durch den Konsum von Gütern *(Haushalt)* zu jeweils bestmöglichen Ergebnissen führt.
1. Haushalt: Ermittlung des optimalen *Verbrauchsplans* eines Haushalts (Auswahl der Mengenkombinationen von Gütern, mit denen bei den geringsten Kosten der Nutzen maximiert wird).
2. Produktion: Bestimmung des optimalen *Produktionsplans,* d. h. Auswahl des kostengünstigsten Prozesses (oder der Prozesskombinationen) zur Erstellung eines oder mehrerer Produkte unter der Bedingung konstanter Verhältnisse zwischen Mindestfaktoreinsatzmengen u. gegebener Ausbringungsmenge (ein linearer Prozess ist gekennzeichnet durch techn. fixierte Faktoreinsatzverhältnisse u. davon proportionale Abhängigkeit des Ausstoßes).

**Aktivkohle,** *A-Kohle,* poröse Kohlenstoffskelette mit großer innerer Oberfläche (300 bis 2000 m²/g) u. vielen Poren verschiedener Größe: Makroporen, Übergangsporen u. Mikroporen. A. kann aus mineral. (Braun- u. Steinkohle, Ruß, Teer, Torf), pflanzl. (Holz, Kokosnussschalen u. a.) u. tierischen (Knochen, Blut) Ausgangsstoffen hergestellt werden. Aus wirtschaftl. Gründen wird in der Technik vorwiegend Torf, Holz, Erdölrückstand u. Lignin verwendet.
*Herstellung:* 1. Dampfaktivierung, ein Zweistufenprozess, bei dem zunächst Koks mit engen Poren produziert wird, der anschließend eine Vergrößerung der Porenstruktur mit Dampf zwischen 900 u. 1000 °C erfährt. – 2. chemische Aktivierung, bei der eine Chemikalie (Phosphorsäure, Alkalicarbonate, Zinkchlorid) mit dem kohlenstoffhaltigen Ausgangsprodukt gemischt u. diese Mischung bei 500–900 °C karbonisiert wird. Die zugesetzten Chemikalien, die nach der Reaktion zurückgewonnen werden, öffnen die Kohlekapillaren u. reduzieren die Teerbildung. Mit Ausnahme von Kohlenmonoxid werden fast alle schweren Dämpfe u. Gase an A. adsorbiert bis zur Sättigung der verfügbaren Oberfläche. Die – Langmuir-Freundlich-Gleichung beschreibt das Verhältnis von angebotener Stoffmenge zur adsorbierten Menge. Früher wurde A. hauptsächl. als Entfärbungsmittel verwendet, heute allg. zur Entfernung oder Rückgewinnung von Geruchs-, Geschmacks-, Farb- u. Giftstoffen oder Mikroorganismen durch Adsorptionsvorgänge aus Flüssigkeiten oder Gasen. Anwendung in der Pharmazie, Medizin, Lebensmittel- u. Kunststoffindustrie, im Umweltschutz u. a.

**Aktivkohlefilter,** *Umweltschutz:* Einrichtungen zur Reinigung von Abluft, Abgas oder Abwasser unter Nutzung der Adsorptionsfähigkeit der porösen Oberfläche. Belegte A. werden regeneriert oder ersetzt. Im Denox-Verfahren dient der A. in der Endstufe der Abgasreinigung von Verbrennungsanlagen als → Katalysator für die Umsetzung von Stickstoffoxiden u. Ammoniak zu Stickstoff u. Wasser, gleichzeitig werden Aerosole u. Schwermetalle adsorbiert, soweit diese andere Filterstufen passiert haben.

**Aktivkredit,** vom Kreditgeber gewährter Kredit (z. B. Darlehen); der A. erscheint als Vermögensposten auf der Aktivseite der Bilanz des Kreditgebers.

**Aktivlegitimation** [lat.], Unterfall d. zivilprozessualen Begriffs d. → Sachlegitimation.

**Aktivmasse,** das Vermögen des *Gemeinschuldners,* das im Insolvenzverfahren verwertet wird.

**Aktivruder,** Steuerruderblatt mit eingebauter elektrisch angetriebener → Kort-Düse. Mit ihren Schub in Richtung des eingeschlagenen Ruders wird auch im Stand u. bei langsamer Fahrt eine gute Steuerwirkung erreicht.

**Aktjubinsk,** kasach. *Aqtöbe,* Stadt im NW Kasachstans, südl. des Ural, am Ilek, 250 000 Ew.; Eisenlegierungen, Nahrungsmittel-, Maschinen- u. chemische Industrie, Röntgenapparatebau; Wärmekraftwerk; Flughafen.

**Aktomyosin** [grch.] → Actomyosin.

**Aktpsychologie,** eine die Strukturzusammenhänge des Seelenlebens auf Akte bzw. Leistung des tätigen Ich zurückführende, verstehende Psychologie.

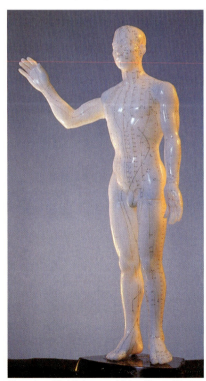

Akupunktur: Modell des menschlichen Körpers (Vorderansicht) mit den für die einzelnen Organe zuständigen Meridianen und den Einstichstellen für die Nadeln

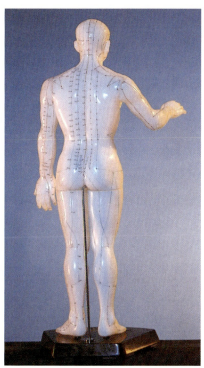

Akupunktur: Modell des menschlichen Körpers (Rückansicht) mit den für die einzelnen Organe zuständigen Meridianen und den Einstichstellen für die Nadeln

**Aktualgenese** [die; lat., grch.], Begriff aus der Gestaltpsychologie: die Entwicklung der Wahrnehmungsgestalten von „Vorgestalten" bzw. „Gestaltkeimen" (diffusen, stark dynamischen u. gefühlsträchtigen Anfangszuständen) zu „Endgestalten", die prägnant u. klar gegliedert sind.

**Aktualismus** [lat.], **1.** *Geologie:* grundlegende Arbeitsmethode u. Forschungsprinzip, basierend auf der Annahme, dass geolog. Kräfte u. Vorgänge in der Vergangenheit u. Gegenwart gleichartig sind u. ablaufen (C. *Lyell*); der A. verdrängte die → Katastrophentheorie.
**2.** *Psychologie:* → Aktualitätstheorie.

**Aktualität** [lat.], *Publizistik:* Neuigkeit u. Wichtigkeit eines Ereignisses u. der Nachricht darüber, gemessen am zeitl. Abstand, aber auch an der „geistigen Neuigkeit". Das Ereignis, seine publizist. Darstellung u. deren Aufnahme bei Leser, Hörer oder Zuschauer bestimmen den Aktualitätsgrad in seinen räuml., zeitlichen u. geistigen Bedingungen. A. ist ein Wesensmerkmal publizist. Aussagen u. Medien, z. B. der Zeitung.

**Aktualitätstheorie**, *Aktualismus*, allg. eine Lehre, die nur Verwirklichung, Werden, Entwicklung anerkennt, kein ruhendes Sein, keine Substanz (→ Substanzialismus); speziell in der *Psychologie* seit W. Wundt die Auffassung, dass die Seele nichts Substanzielles, Gegenständliches sei, sondern sich nur in seelischen Abläufen manifestiere.

**Aktuar** [lat.], alte Bez. für (Gerichts-)Schreiber.

**aktuell** [lat.], gegenwärtig, zeitnah, zeitgemäß.

**aktuelle Stunde**, eine seit 1965 meist einstündige Debatte im Deutschen Bundestag zur Klärung aktueller Fragen. Dabei kann das Parlament die Regierung öffentlich befragen, kritisieren u. damit kontrollieren. Die a. S. muss auf Antrag stattfinden oder im Anschluss an eine Antwort, die die Bundesregierung auf eine mündl. Frage in der → Fragestunde gegeben hat. Begrenzung der Redezeit auf fünf Minuten u. Gebot der freien Rede sollen den spontanen u. lebendigen Charakter der aktuellen Stunde fördern, von der in der Regel Abgeordnete der Oppositon Gebrauch machen.

**Aktuopaläontologie** [lat., grch.], Zweig der *Paläontologie*, untersucht die heute stattfindenden Vorgänge, die zur Bildung von → Fossilien führen, vom Sterben der Tiere bis zu ihrer Einbettung im Gestein.

**Akuaku**, in der Religion der Osterinsel menschenähnl. vorgestellte Schutzgeister der verschiedenen Landesteile.

**Akupressur** [lat.], der → Akupunktur analoges Behandlungsverfahren, bei dem bestimmte Punkte der Körperoberfläche nicht durch Stechen u. Brennen, sondern durch Druck, Massage u. Ausstreichen stimuliert werden. Vor allem bei chronischen Erkrankungen soll durch die sanfte Reizung eine Heilung durch Aktivierung der Selbstheilungskräfte des Körpers erfolgen. Akupressur-Richtungen: Jin Shin Do (Druck), → Shiatsu (Massage), Akupunktmassage nach Penzel (Massage, Ausstreichen). Die vor allem in Japan verfeinerte A. spielt in der traditionellen chinesischen Medizin eine untergeordnete Rolle.

◆ **Akupunktur** [lat. *acus*, „Nadel" u. *pungere*, „stechen"], etwa 4000 Jahre altes, aus China stammendes Heilverfahren, bei dem durch Einstechen von Gold-, Silber- oder Stahlnadeln in bestimmte Körperpunkte Erkrankungen verschiedener Organe u. Funktionssysteme behandelt werden. In 14 Meridianen fließt die Lebensenergie „Qi", die an mehr als 360 empirisch festgelegten Akupunkturpunkten durch Einstechen beeinflusst werden kann. Durch die Nadelreizung soll das sich in Krankheit ausdrückende gestörte Energiegleichgewicht der Gegensatzpaare Yin u. Yang u. der freie Fluss des „Qi" wieder hergestellt werden. Abbrennen von getrocknetem Beifuß (*Artemisia vulgaris*) auf Ingwer- oder Knoblauchscheiben über den Akupunkturpunkten direkt auf den Nadeln *(Moxibustion* oder *Moxa)* soll die Wirkung erhöhen, ebenso eine Nadelreizung mit elektrischem Strom *(Elektroakupunktur)*.

Nach dem 2. Weltkrieg wurde im modernen China die Schmerzbetäubung durch A. entwickelt *(Nadelstich-Analgesie* bzw. *-Hypalgesie)*; dieser Methode liegen schon von der westl. Medizin beeinflusste Vorstellungen zugrunde. Das gilt auch für das Verfahren der *Aurikulo-Therapie* oder *Ohrakupunktur*, die Ende der 1950er Jahre von dem französ. Arzt Paul *Nogier* entwickelt wurde u. die therapeutischen ebenso wie analgetischen Zwecken dient. – Wenngleich die Wissenschaft inzwischen die analgetische Akupunkturwirkung durch Freisetzung körpereigener Neurotransmitter u. Opiate belegt hat, bleibt die übrige spezifische Heilwirkung umstritten. Die Hauptanwendungsgebiete der A. liegen in der Schmerzbehandlung u. der Behandlung von funktionellen Störungen. Die WHO empfiehlt die A. in einer Indikationsliste für so verschiedene Erkrankungen wie akute Nebenhöhlenentzündung, Zwölffingerdarmgeschwüre u. rheumatoide Arthritis.

**Akure**, afrik. Stadt im südwestlichen Nigeria, 150 000 Ew.; landwirtschaftliches Handelszentrum, Verarbeitung von Agrarprodukten.

◆ **Akureyri** [ˈaːkyrɛiri], zweitgrößte Stadt Islands, am Südende des Eyjafjördhur (Nordküste), 14 800 Ew.; Textil- u. Farbenfabriken, Milch- u. Fleischverarbeitung, Fischerei.

**Akustik** [grch.], die Lehre vom → Schall. Die A. ist ein Teilgebiet der Mechanik. Sie untersucht die physikal. u. physiolog. (i. w. S. auch die psycholog.) Vorgänge bei der Entstehung bzw. beim Hören der Töne

Akureyri: Die Hauptkirche ist das Wahrzeichen der Stadt

u. die Ausbreitung der Schallwellen in Luft u. a. Stoffen. Auch → musikalische Akustik.

**Akustikkoppler,** Einrichtung zur Umwandlung von Datensignalen in akustische Schwingungen, die über Fernsprechleitungen zwischen EDV-Einrichtungen übertragen werden. Die Schallschwingungen werden in einem zweiten A. wieder in Datensignale umgewandelt.

**Akustikplatten,** *Akustiksteine, Akustikziegel,* schallabsorbierende, den Nachhall beeinflussende, poröse oder gelochte Baustoffe aus Holz, Gips, Fasern, gebranntem Ton.

**akustische Signale,** *Verhaltensforschung:* die durch verschiedene Mechanismen der → Lauterzeugung im Tierreich erzeugten Schallschwingungen unterschiedlichster Zusammensetzung als Mittel der *mechanischen Informationsübertragung.* Auf den menschl. Hörbereich bezogen, liegen die akustischen Signale im Infraschallbereich (unter 16 Hz), Hörschallbereich (16–20000 Hz) oder Ultraschallbereich (über 20000 Hz). Vorteile der akustischen Signale sind der geringe Aufwand an Sendeenergie, die weitgehend unabhängige Abstrahlung, die Ortsunabhängigkeit von Sender u. Empfänger, die große Reichweite der Signale u. die vielfältigen Möglichkeiten der Signalbildung. Auch → Echoorientierung, → Tiersprache → Verständigung.

**akut** [lat., „scharf"], 1. *allg.:* heftig, brennend; von Fragen: dringlich. 2. *Medizin:* plötzlich einsetzend u. schnell verlaufend (von Krankheiten).

**Akut** [der; lat.] → Akzent (2).

**Akutagawa,** 1. Ryunosuke, japan. Romanschriftsteller, * 1. 3. 1892 Tokyo, † 24. 7. 1927 Tokyo (Selbstmord); berühmt vor allem durch seine Kurzgeschichten, die auch übersetzt u. verfilmt wurden; Motive aus der klassisch-japan. Literatur, beeinflusst durch europ. Werke; Kritik an Widersprüchlichkeit u. Ausweglosigkeit der japan. Gesellschaft, verbindet häufig Dämonie u. Realismus. Hptw.: „Rashomon" 1915, dt. 1955 (auch verfilmt); „Der Kappa" 1927, dt. 1934; „Der Chrysanthemenball" 1928, dt. 1959. Seit 1935 wird jährlich zweimal der Akutagawa-Literaturpreis vergeben. 2. Yasushi, japan. Komponist, * 12. 7. 1925 Tokyo; Vorstandsmitglied der Japan. Sektion der Internationalen Gesellschaft für Neue Musik; schrieb sinfon. Werke; einaktige Oper „Kurai Kagami" „Dunkler Spiegel" 1960; „L'Orphée de Hiroshima" für Solo-Stimmen, Chor u. Orchester 1967; „Concerto ostinato für Violoncello u. Orchester" 1969; 2 Ballett-Suiten, eine Klavier-Tanz-Suite u. Papua-Songs.

**akutes Abdomen,** *akuter Bauch,* ein unvermittelt einsetzendes, durch heftige Bauchschmerzen u. zunehmende Bauchdeckenspannung (bis bretthart) gekennzeichnetes Symptom für eine lebensbedohliche Erkankung im Bereich der Bauchhöhle. Sofortige ärztliche Versorgung ist notwendig. Häufigste Ursachen für ein akutes Abdomen sind Blinddarm-, Magen-, Gallenblasenoder Darmdurchbrüche, Bauchfellentzündungen, Darmverschlüsse oder Blutungen in die Bauchhöhle.

**akutes mukokutanes Lymphknoten-Syndrom** → Kawasaki-Syndrom.

**AKW,** Abk. für *Atomkraftwerk.*

**Akwẽ,** Sammelbez. für brasilian. Indianer, *Xavante* u. *Xerente*, im Mato Grosso.

**Akya,** Stammesgruppe der → Bambuti, am Ituri; als erste afrikan. Pygmäen 1870 von G. *Schweinfurth* entdeckt.

**Akyab,** *Sittwe,* Hptst. der Prov. Arakan in Myanmar, 108 000 Ew.; Hafen; Reisausfuhr.

**Akzedenz** [lat.], Beitritt, Bewilligung.

**Akzeleration** [lat., „Beschleunigung"], 1. *allg.:* die immer kürzere Aufeinanderfolge von Epochen oder Generationen. 2. *Astronomie: säkulare Akzeleration,* eine scheinbare Beschleunigung der Mondbewegung, die auf eine Abnahme der Exzentrizität der Erdbahn u. eine stetige Verlangsamung der Erdrotation wegen der Gezeitenreibung um 0,0016 Sekunden pro Jahrhundert zurückzuführen ist. Die A. beträgt 8 Bogensekunden pro Jahrhundert u. wurde von E. *Halley* 1693 entdeckt. 3. *Ernährung:* Beschleunigung biolog. Entwicklungsvorgänge durch verbesserte Ernährungsbedingungen sowie veränderte Lebensgewohnheiten (sog. Urbanisationstrauma) in der Wachstumsphase. Merkmale sind vor allem erhöhtes Längenwachstum u. früherer Beginn der geschlechtl. Reife. 4. *Psychologie:* das frühere Eintreten der körperl. u. sexuellen Reife bei Mädchen gegenüber Jungen oder im Vergleich zu den früheren Generationen.

**Akzelerationsprinzip,** volkswirtschaftl. Lehrmeinung über den Zusammenhang zwischen der Veränderung der Konsumgüternachfrage u. der Höhe der durch sie ausgelösten Zusatzinvestitionen. Dabei bestimmt das durch die derzeitigen techn. Erzeugungsbedingungen fixierte Größenverhältnis von Kapitalgüter- zu Konsumgüterproduktion *(Relation)* bei voll ausgelasteten Kapazitäten des Konsumgütersektors den Umfang, in dem neu investiert wird. Steigt also die Konsumgüternachfrage, müssen Zusatzinvestitionen getätigt werden. Dies führt bei einer hohen Relation zu starkem Auftrieb in der Investitionsgütersphäre. Setzt sich die Steigerung der Nachfrage der Konsumenten mit konstanter Rate fort, bleibt auch die Höhe der Zusatzinvestitionen konstant. Steigt die Nachfrage nicht mehr im gleichen Verhältnis, sinken die Investitionen schon vor einem Rückgang der Konsumgüternachfrage. Geht die Nachfrage insgesamt zurück, werden u. U. auch die laufenden Ersatzinvestitionen unterbleiben. So liefert das A. einen wichtigen Erklärungshinweis für die gegenüber der Konsumgüterindustrie sehr viel heftigeren Beschäftigungsschwankungen in den Kapitalgüterindustrien u. die Instabilität der Wirtschaftslagen. Auch → Konjunkturtheorie, → Konjunkturzyklus.

**Akzent** [der; lat.], 1. *Musik:* Hervorhebung einzelner Töne. Der *melodische* A. muss dabei nicht immer mit dem *metrischen* A. („guter Taktteil") zusammenfallen. 2. *Schrift:* diakrit. Zeichen über einem Vokal zur Angabe von Betonung, Länge, offener oder geschlossener Aussprache. Man unterscheidet: 1. *Akut (Accent aigu),* Zeichen: ´, der z. B. im Französ. die geschlossene Aussprache des é [e:], im Span. die Betonung, im Tschech. die Länge, in der Verslehre den steigenden Ton angibt; 2. *Gravis (Accent grave),* Zeichen: `, der z. B. im Französ. die offene Aussprache des è [ɛ:], im Italien. die Betonung, in der Verslehre den fallenden Ton angibt; 3. *Zirkumflex (Accent circonflexe),* Zeichen: ˆ, der z. B. im Französ. den Ausfall eines Konsonanten u. damit die Längung des vorangehenden Vokals u. in der Verslehre den verschleifenden Ton, im Portugies. u. Brasilian. dagegen die Nasalierung eines Vokals bezeichnet. 3. *Sprache:* 1. in der Veränderung der Tonstärke *(dynam. A.),* der Dehnung *(temporaler A.)* oder der Tonhöhe *(musikal. A.)* bestehendes Mittel, das eine Silbe aus einer Abfolge mehrerer Silben heraushebt; 2. der Gesamteindruck der von der Norm abweichenden Aussprachenuancen fremdsprachl. Sprecher („fremder A.").

**Akzentuation** [lat.], Betonung.

**akzentuierende Metrik** [lat.] → Vers.

**Akzept** [das; lat.], *Wechselrecht:* 1. Annahmevermerk des → Bezogenen *(Trassaten)* auf einem gezogenen Wechsel *(Tratte);* wird meistens auf die Vorderseite des Wechsels quer zum Wechseltext gesetzt u. muss unterschrieben sein, es genügt auch die bloße Unterschrift des Bezogenen auf der Vorderseite des Wechsels. Der Bezogene wird dadurch *Akzeptant* u. verpflichtet sich durch die Begebung zur Zahlung der Wechselsumme bei Fälligkeit (Art. 25, 28 WG); 2. der angenommene *(akzeptierte)* Wechsel.

**akzeptieren** [lat.], (einen Wechsel, Vorschlag) annehmen, billigen.

**Akzeptkredit,** *Wechselkredit,* ein Kredit, bei dem die Bank einen vom Kunden auf sie gezogenen → Wechsel akzeptiert u. sich damit verpflichtet, dem Wechselbesitzer den Kreditbetrag bei Fälligkeit zu zahlen. Der Kunde verpflichtet sich intern gegenüber seiner Bank, den Wechselbetrag bei Fälligkeit zur Verfügung zu stellen. Der A. gewinnt im Außenhandel zunehmend an Bedeutung u. wird nur an als solvent bekannte Bankkunden vergeben.

**Akzeptor** [der, Pl. *Akzeptoren;* lat.], 1. *Chemie:* ein Stoff, der bei einer chem. Reaktion irgendwelche Atome oder Ionen aufnimmt. Eine Base ist z. B. ein Protonen-Akzeptor, indem sie Protonen aufnimmt (→ Brønsted'sche Säure-Basis-Theorie). Andererseits ist z. B. das Chloratom (mit 7 Außenelektronen) ein guter A. für ein achtes Elektron (Oktettregel), indem es in ein Chlorid-Ion (Cl⁻) übergeht. 2. *Physik:* Störstelle im Kristallgitter eines (Isolators) oder Halbleiters, die ein Elektron einfangen kann u. so zur Leitfähigkeit beiträgt. Gegensatz: → Donator.

**Akzession** [lat.], 1. *Bibliothekswesen:* Erwerb, Zugang von Büchern; auch die dafür zuständige Abteilung. 2. *Völkerrecht:* der Beitritt eines Staats zu einem bereits von anderen Staaten abgeschlossenen Vertrag. Die A. betrifft immer den Vertrag als Ganzes; ein Beitritt zu einzelnen Bestimmungen ist immer nur *Adhäsion* (→ Adhäsionsklausel).

**Akzessionsliste** [lat.], *Akzessionsjournal,* Liste der Neuanschaffungen, bes. in Bibliotheken.

**Akzessorietät** [-ie-; lat.], **1.** *bürgerl. Recht:* die Abhängigkeit des Nebenrechts von einem Hauptrecht; streng durchgeführt beim Faustpfand: ohne Forderung kein Pfandrecht (Faustpfandkredit). Das Pfandrecht kann ohne Forderung weder entstehen noch fortbestehen, noch übertragen werden. Die A. ist weniger streng durchgeführt bei der → Hypothek. Sie kann auch entstehen durch gutgläubigen Erwerb einer nicht existenten Forderung (§§ 1138, 892 BGB). Diese Vorschriften gelten nicht für die → Sicherungshypothek, bei der die A. streng durchgeführt ist. **2.** *Strafrecht:* die Abhängigkeit der Teilnahme (→ Anstiftung u. → Beihilfe) von der Haupttat; bestraft werden kann der Teilnehmer nur, wenn die Haupttat, zu der er angestiftet oder Beihilfe geleistet hat, vorsätzlich begangen u. rechtswidrig ist. Ohne Rücksicht auf die Schuld des anderen wird andererseits jeder Beteiligte nur nach seiner Schuld bestraft; ebenso werden persönl. Umstände, die das Unrecht oder die Schuld modifizieren oder ausschließen, in weit gehendem Umfang nur bei dem Beteiligten berücksichtigt, bei dem sie vorliegen; §§ 26–29 StGB.

**akzessorisch** [lat.], **1.** *allg.:* hinzukommend, nebensächlich. **2.** *Mineralogie:* verbreitete, in einem Gestein geringfügig vorkommende u. für die Gesteinsart unbedeutende Minerale (z. B. Zirkon, Apatit, Magnetit) betreffend.

**Akzidens** [das, Pl. *Akzidenzien*; lat., „Hinzukommendes"], das Zufällige, Unwesentliche, das auch wegbleiben kann, ohne dass sich dadurch das Wesen eines Dinges ändert (Gegensatz: *Substanz*).

**Akzidentien** [lat.], *Musik:* Versetzungszeichen.

**Akzidenzdrucker,** Drucker, der im Gegensatz zum Verlagsdrucker Prospekte u. Werbesachen druckt.

**Akzidenzen** [lat.], Druckarbeiten, wie z. B. Prospekte oder Anzeigen, die im Gegensatz zur Herstellung von Büchern u. Zeitungen (→ Werkdruck) eine Vielfalt von Schriftarten u. -graden (Akzidenzschrift) umfassen. Die häufigsten A. sind mehrfarbige Druckarbeiten im Offsetdruck oder Tiefdruck.

**Akzidenzschrift,** Schrifttypen für den Satz von *Akzidenzen*; Schriftgrade u. -arten, die für Werk- u. glatten Satz (z. B. Roman) nicht benötigt werden.

**akzipieren** [lat.], empfangen, annehmen.

**Akzise** [die; lat.], *Accise, Ziese,* eine Reihe von Verbrauchs- u. Verkehrsabgaben früherer Jahrhunderte. Ursprüngl. als Marktabgabe u. Torzoll in den mittelalterl. Städten erhoben, zunächst vor allem auf Bier, Wein, Getreide u. Fleisch, später als „General-Akzise" oder „Universal-Akzise" auf eine Vielzahl von Waren. In Brandenburg-Preußen wurde die A. vom *Großen Kurfürsten* seit 1641/1680 als der → Kontribution der Landbevölkerung entsprechende Abgabe der Stadtbevölkerung durchgesetzt, 1810/1820 durch die Mahl- u. Schlachtsteuer ersetzt. Die Bez. A. erhielt sich für einzelne Gebühren u. Verkehrssteuern in Baden u. Württemberg bis 1899.

**al...** → ad...

**Al,** chem. Zeichen für → Aluminium.

**à la** [frz.], *allg.:* nach Art, auf die Art von..., nach der Mode von...; bes. in der Gastronomie bei Speisenamen gebräuchlich; diese können abgeleitet sein: 1. von dem Namen der Person, der die Speise zuerst servierte; 2. von dem Namen der Person, der zu Ehren die Speise kreiert wurde; 3. von der Eigenart eines Landes oder einer Stadt; 4. von der gegebenen, bereits bekannten, festgelegten Garnierung; 5. von einem besonderen Ereignis.

**Ala.,** Abk. für den südöstl. USA-Staat → Alabama.

**ALA,** Abk. für → Alliance for Labor Action.

**Alaaf,** niederrhein. Hochruf, bes. bei Trinksprüchen (im Kölner Karneval).

Alabama

◆ **Alabama** [engl. æləˈbæmə], Abk. *Ala.,* südöstlicher Staat der USA zwischen Mississippi u. Georgia, 133 915 km², 4,19 Mio. Ew., davon 26% Nichtweiße, Hptst. *Montgomery.* Im N hat A. Anteil am Tennessee-Becken u. den Appalachen; in der südlichen anschließenden Küstenebene wechseln nach NO offene, bogenförmige, bewaldete Schichtstufen mit landwirtschaftlich genutztem Flachland (beispielsweise Black Belt); der schmale Küstenanteil umfasst die Mündung des *Mobile River* (besteht aus A. River u. Tombigbee). Seit 1930 wandelte A. sich in wirtschaftlicher Hinsicht vom Baumwoll- zum Industriestaat: Eisen-, Stahl- (Birmingham), Holz-, Papier- u. chemische Industrie (Hafenstadt Mobile); Aluminiumhütten, Raketenbau in Huntsville; Kohle, Kalk (Zement), Eisen. In der Landwirtschaft ist Baumwolle noch führend, ferner Erdnussanbau sowie Viehzucht. – Seit 1519 span. Expeditionen, seit 1699 französ. besiedelt, 1763 brit.; 1819 wurde A. der 22. Staat der USA.

**Alabamafrage,** eine völkerrechtl. Streitfrage, die durch die Ausrüstung von Kaperschiffen der blockierten Südstaaten in engl. Häfen während des *Sezessionskrieges* (1861–1865), darunter des Kreuzers „Alabama", entstand. Die USA erblickten darin eine Verletzung der Neutralität. Großbritannien erkannte im Vertrag von Washington vom 8. 5. 1871 den amerikan. Standpunkt an u. zahlte Schadensersatz aufgrund des Genfer Schiedsspruchs vom 14. 9. 1872 (15,5 Mio. Dollar).

**Alabama River** [æləˈbæmə ˈrivə], Fluss im SO der USA, aus den südwestl. Appalachen (Quellflüsse Coosa River u. Tallapoosa) zum Golf von Mexiko, insges. 1400 km, mündet bei Mobile.

**Alabandin** [der], *Manganblende,* MnS, kubisches Mineral, braunschwarz, im frischen Bruch halbmetallisch glänzend, Härte 3,5, Dichte 4.

◆ **Alabaster** [der; grch., nach der oberägypt. Stadt *Alabastron*], weiße, auch gelbe, durchscheinende bis undurchsichtige, feinkörnige Abart des Gipses *(Kalkalabaster, Onyxalabaster, Onyxmarmor),* monoklin, chemische Formel: $(CaSO_4 \cdot 2H_2O)$; härter als reiner Gips; Werkstoff für Schalen, Vasen u. a. Kunstgegenstände in der bildenden Kunst. Vorkommen: Italien (Toskana), Spanien.

**Alabasterglas,** wasserheller, durchsichtiger Gips.

**Alabasterweiß,** hauptsächl. aus *Calciumsulfat* bestehender weißer Farbstoff.

**Alabastron** [das, Pl. *Alabastren*; grch.], zy-

Alabama: Capitol

lindr. Salbengefäß der Antike mit Rund- oder Spitzfuß, engem Hals u. breitem Rand, ursprüngl. aus Alabaster, meist aus gebranntem Ton.

**Alabat,** philippin. Insel vor Südostluzon, ca. 192 km²; Reisanbau u. Fischerei.

**à la bonne heure** [-bɔˈnœːr; frz., „zur guten Stunde"], sehr gut!, bravo!, ausgezeichnet!

Alabaster: Ägyptisches Gefäß aus Alabaster, um 2200 v. Chr. erstellt

◆ **Alaca Hüyük** ['aladʒa hy'jyk], *Alaca Höyük*, Siedlungshügel ca. 150 km östlich von Ankara (Türkei); früheste Besiedlung wahrscheinl. schon im 4. Jahrtausend v. Chr. Die heutige Gestalt der Anlage wird durch Reste einer hethit. Stadt mit mächtigen Befestigungsmauern (Reliefs des Sphingentores im Museum von Ankara) bestimmt; jüngste Schichten stammen aus phryg. Zeit. Bes. berühmt wurden 13 Kammergräber, die in der jüngeren Kupferzeit angelegt wurden und im südlichen Siedlungsbereich einen kleinen Friedhof bilden. Die reichen Grabbeigaben sind oft aus Gold und Silber. Charakteristisch sind Kupferfigürchen von Hirschen und Rindern oder Gazellen, die wohl auf einer Holzunterlage befestigt waren, und sog. „Standarten", bestehend aus runden oder rautenförmigen, durchbrochen gearbeiteten Metallscheiben (oft mit Tierfiguren verziert), die man als Sonnenzeichen deutet. Feuerspuren, die Niederlegung von Rinderschädeln und -fußknochen sowie einzelne Tierknochen auf den Holzbohlendecken, die die Gräber verschlossen, weisen auf ein kompliziertes Bestattungsritual hin.

**à la carte** [-kart; frz.], Essen nach Wahl, nach der Speisekarte.

**Alacoque** [ala'kɔk], Marguerite-Marie, Salesianerin, *22. 7. 1647 Lauthecour, Burgund, †17. 10. 1690 Paray-le-Monial; hier lebte sie seit 1671 im Kloster; setzte sich nach zahlreichen Visionen für die Einführung des Herz-Jesu-Festes ein. Heiligsprechung 1920; Fest: 16. 10.

**Aladağ** [a'ladaː], **1.** bis 2378 m hoher Gebirgszug südöstl. von Bolu, Nordwestanatolien.
**2.** auch *Hurc*, 3333 m hoher Berg im östlichen Taurus.

◆ **„Aladdins Wunderlampe"**, Märchen aus „1001 Nacht", das auch in Europa in Umlauf kam u. in die Grimm'sche Märchensammlung eingegangen ist („Das blaue Licht").

**Aladi**, Abk. für → Asociación Latino-Americana de Integración.

**Alagoas**, nordostbrasilian. Staat an der Atlantikküste, 29 100 km², 2,6 Mio. Ew.; Hptst. *Maceió*; Anbau von Zuckerrohr, Tabak, Baumwolle, Kokospalmen, Reis u. Mais; Asbestabbau u. Meersalzgewinnung; Fischerei. – 1817–1822 war A. Kapitanat.

**Alagón**, rechter Nebenfluss des Tajo in Westspanien, 201 km; entspringt in der Sierra de la Peña de Francia (1723 m), mündet nordöstl. von Alcántara; im Mittellauf durch 2 Talsperren (1070 Mio. m³ Fassungsvermögen) mit Kraftwerken gestaut.

◆ **„Al Ahram"** [-ax'ram; arab., „Die Pyramiden"], 1875 gegr. Tageszeitung in Kairo; seit 1957 offiziöses Organ der ägypt. Staatsführung; Auflage: 900 000.

**Alai**, Kettengebirge in Mittelasien, in Tadschikistan u. Kirgisien, 750 km lang, bis 5880 m hoch, vergletschert (Serawschangletscher 400 km², 14 km lang), durch das Kysylsu-(Alai-)Tal im S von Trans-Alai u. Pamir, im N durch das Ferganatal vom Tian Shan getrennt; Antimon- u. Quecksilberlager.

**Alain** [a'lɛ̃], Pseudonym von Emile Auguste *Chartier*, französ. Philosoph, *3. 3. 1868 Mortagne, †2. 6. 1951 Le Vésinet bei Paris; vertrat eine positivist. u. pazifist. Philosophie, in deren Mittelpunkt Ethik u. Religi-

„Aladdins Wunderlampe": Dem gefangenen Aladdin erscheint der hilfreiche Geist. Farblithografie um 1900

onsphilosophie stehen; schrieb u. a.: „Mars oder die Psychologie des Krieges" 1918, dt. 1983; „Gedanken über Religion" 1938, dt. 1948; „Über die Erziehung" 1948, dt. 1963.

**Alain-Fournier** [a'lɛ̃ fur'njeː], eigentl. Henri-Alban *Fournier*, französ. Romanschriftsteller, *3. 10. 1886 La Chapelle d'Angillon bei Bourges, †22. 9. 1914 bei Saint-Rémy (gefallen); bekannt wurde sein melanchol.-romant. (autobiograf.), Traum u. Wirklichkeit kunstvoll vermischender Roman einer Jugend „Le grand Meaulnes" 1913, dt. „Der große Kamerad" 1930.

**Alajuela** [alaxu'ela], **1.** Provinz in Costa Rica, 9753 km², 570 000 Ew., Hptst. *A.* (2).
**2.** Prov.-Hptst., Handels- u. Industriezentrum in Costa Rica, 168 000 Ew.; nahebei Zentralflughafen.

**Alaknanda**, Quellfluss des Ganges im ind. Kumaonhimalaya, heiliger Fluss der Hindus, 120 km.

**Alalach**, Ruinenhügel *Tell Atschana*, bronzezeitl. Stadt in Nordsyrien, Handelsplatz u. Herrschaftszentrum des Landes *Mukisch*; 1936–1949 z. T. ausgegraben. Wichtig sind die zahlreichen keilschriftl. Dokumente, die Einblick in Aufbau u. Verwaltung eines nordsyrischen Kleinstaats im 2. Jahrtausend v. Chr. gewähren. A. stand zeitweilig unter

Alaca Hüyük: Bronzene Kultstandarte aus Alaca Hüyük; 2300–2100 v. Chr. Ankara

der Herrschaft der Könige von Aleppo. Erster König von A. war *Ijarimlim* um 1725 v. Chr.; ca. 1580 v. Chr. wurde A. von den Hethitern *(Hattusilis I.)* erobert u. später von den Königen von Aleppo, hethit. Vasallen dieser Zeit, als Provinz beherrscht. Um 1500 v. Chr. wurde ein Königssohn von Aleppo, *Idrimi*, König von A.; er verbündete sich mit dem Mitannireich u. dem König von Kizzuwatna gegen die Hethiter. Idrimis Sohn *Niqmepa* geriet unter die Oberhoheit von Mitanni. Um 1450 v. Chr. geriet A. kurzfristig unter ägypt. Einfluss, wurde ca. 1350 v. Chr. vom Hethiterkönig Schupiluliuma I. erobert u. bis zum frühen 12. Jh. von den Hethitern beherrscht; um 1190 v. Chr. durch die Seevölker zerstört.

**ALALC**, Abk. für *Asociación Latinoamericana de Libre Comercio*, → Lateinamerikanische Freihandelsassoziation.

„Al Ahram", Titelseite

**Alalie** [grch.], Unfähigkeit, (artikuliert) zu sprechen, verursacht durch Nerven- oder Muskelschädigungen.

**Alamannen** → Alemannen.

**Alamanni**, Luigi, italien. Dichter, * 28. 10. 1495 Florenz, † 18. 4. 1556 Amboise (Frankreich); wegen Beteiligung an der Verschwörung gegen Kardinal Giulio de Medici (1522) zweimalige Flucht nach Frankreich, wo ihn Franz I. zum Hofdichter ernannte; schrieb nach antiken u. altfranzös. Vorbildern belehrende u. erzählende Epen: „Girone il Cortese" 1548; „L'Avarchide" (postum) 1570; sein bekanntestes Werk ist das Lehrgedicht über den Landbau „La Coltivazione" 1546.

**Alamanus**, Johannes, italien. Maler, → Alemagna.

**Alameda** [ælə'miːdə], Stadt an der Ostseite der San Francisco Bay, Calif. (USA), südl. von Oakland, 76 500 Ew.; Werften, Stahlindustrie; um 1850 entstanden.

**Alamein**, *Al A.*, ägypt. Oase in der Libyschen Wüste, zwischen Qattarasenke u. Mittelmeer; Erdölvorkommen. – Vom 1.–6.7.1942 verhinderte die brit. Armee unter Sir Claude *Auchinleck* den Einbruch des dt. Afrikakorps unter E. *Rommel* nach Ägypten; 23.10.–3.11.1942 entscheidender Durchbruch der Briten unter B. L. *Montgomery* zur Rückeroberung Nordafrikas durch die Alliierten.

**Alamgir** → Aurangseb.

**Alamodeliteratur** [-'mɔd-; frz. *à la mode*, „nach der Mode"], Modeschrifttum, insbes. die ganz von ausländ., vor allem französ. Vorbildern abhängige höfisch-gebildete Unterhaltungsliteratur des 17. Jh. in Dtschld.; auch die Kampfschriften u. -dichtungen, die sich aufrufend oder satir. gegen die Überfremdung der dt. Sprache, Dichtung u. Gesittung wandten; sie wurden vor allem von den → Sprachgesellschaften, aber auch von Abraham a Santa Clara, Grimmelshausen u. Moscherosch verfasst.

**Alamogordo** [æləmə'gɔːdə], Stadt in der Wüste von New Mexico (USA), 27 600 Ew.; Handelszentrum (gegr. 1898), Viehzucht- u. Bewässerungsgebiet; Herstellung von Weltraumgeräten; nahebei das Atom- u. Raketenversuchsgelände von White Sands, wo am 16. 7. 1945 die erste Atombombenexplosion stattfand.

**Alanate**, Doppelhydride des Aluminiums vom allgemeinen Typ Me(AlH$_4$)n, wobei „Me" ein n-wertiges Metall bedeutet; z. B. *Lithiumalanat* (Lithiumaluminiumhydrid), Li(AlH$_4$), hergestellt aus Lithiumhydrid u. wasserfreiem Aluminiumchlorid; wichtiges selektives Reduktionsmittel in der organ. Chemie, reduziert z. B. Carbonsäuren zu primären Alkoholen, weiterhin dient es zur Herstellung anderer A.

**Alanbrooke of Brookeborough** ['ælənbruːk əv 'bruːkbʌrə], Alan Francis *Brooke*, Viscount (1946), brit. Feldmarschall (1944), * 23. 7. 1883 Bagnères-de-Bigorre (Frankreich); † 17. 6. 1963 Hartley Wintney, Hampshire; 1940/41 Oberbefehlshaber der Heimatstreitkräfte, 1941–1946 Chef des Empire-Generalstabes; schrieb „Kriegswende" dt. 1957; „Sieg im Westen" dt. 1960.

**Aland**, *Nerfling, Orfe, Kühling, Gängling, Jesen, Idus melanotus*, 30–70 cm langer, bis 4 kg schwerer karpfenartiger euras. Fisch, häufig in Fließgewässern, weniger häufig in stehenden. *Gold-* u. *Silberorfen* sind gold- bzw. silberglänzende Varietäten, die oft als Zierfische in Parkteichen gehalten werden. Der A. frisst kleine Bodentiere u. Oberflächennahrung (Insekten).

**Aland**, Kurt, dt. ev. Theologe, * 28. 3. 1915 Berlin, † 13. 4. 1994 Münster; Prof. für Kirchengeschichte u. neutestamentl. Textforschung in Münster; Hrsg. des international anerkannten „Novum Testamentum Graece" von Nestle-Aland ([27]1994) u. einer Computer-Konkordanz dazu sowie von „Luther Deutsch. Die Werke M. Luthers in neuer Auswahl für die Gegenwart" 10 Bde. 1959–1982; außerdem zahlreiche Werke zu kirchengeschichtlichen Themen.

◆ **Åland** ['oːland; schwed.], *Aaland*, finn. *Ahvenanmaa*, finn. Prov. (*Lääni*) u. Inselgruppe (über 6500 Schären) am Eingang in den Bottn. Meerbusen der Ostsee; von Schweden durch die Ålandsee (40 km breit, 70–300 m tief) getrennt; 1552 km², 25 100 Ew. auf 60 bewohnten Inseln (meist Fischer schwed. Herkunft u. Sprache); größte Insel: A., 640 km² mit rd. 15 000 Ew.; Hptst. *Mariehamn* mit 10 300 Ew.; Viehzucht, Holzhandel, Fischerei, Seefahrt; 1920/21 Autonomiegesetz; eigenes Parlament, keine Militärpflicht.

**Alanen**, iranisches Steppenvolk nördlich des Kaukasus in Südostrussland, das in den ersten nachchristlichen Jahrhunderten

Åland: Die abwechslungsreiche Schärenlandschaft der Ålandinseln ist ein beliebtes Feriengebiet

Alanya: Blick auf den Hafen

Raubzüge nach Armenien und Kleinasien unternahm.
Um 370 von den Hunnen unterworfen, schlossen sich die Alanen z. T. den Goten u. a. germanischen Stämmen, z. T. den Hunnen an; mit den Wandalen kamen sie 429 bis nach Nordafrika. Im Nordkaukasus waren die Alanen bis ins 13. Jh. nachweisbar; sie wurden von Byzanz aus christianisiert und im 13. Jh. von den Mongolen z. T. nach Ungarn abgedrängt. Ihre Nachkommen sind die *Osseten*.

**Alanin** [das], $CH_3 – CH(NH_2) – COOH$; α-*Aminopropionsäure*; bedeutende, in Eiweißkörpern vorkommende Aminosäure, die aus α-Chlorpropionsäure u. Ammoniak dargestellt werden kann. Alanin kommt in der Rohseide vor. Alanin kann vom lebenden Organismus selbst aufgebaut werden, ist also keine essenzielle Aminosäure. Das strukturverwandte β-Alanin ist eine der wenigen natürlich vorkommenden β-Aminosäuren, z. B. kommt es in dem B-Vitamin Pantothensäure und damit auch im Coenzym A vor.

**Alant**, *Inula*, Gattung aus der Familie der *Korbblütler (Compositae)*. Vom *Helenenkraut*, *Inula helenium*, werden die Wurzelstöcke als Volksheilmittel bei Lungenleiden u. zur Magenstärkung gebraucht.

◆ **Alanya**, Badeort an der Südküste Anatoliens, östl. von Antalya; 52 500 Ew.; in der Nähe Ruinen von *Aspendos, Perge, Side*.

**Alaotragraben**, tektonische Senke im östl. Teil Madagaskars, z. T. vom *Alaotrasee* ausgefüllt; Fortsetzung nach S im → Mangorograben.

**Alaotrasee**, größter See Madagaskars, nordwestl. von Tamatave, 750 m ü. M., 40 km lang, 10 km breit, 1–2 m tief, im *Alaotragraben*. Das umgebende Sumpfland wird seit 1948 mit modernen Methoden kultiviert; hohe Reisernten.

**Alapajewsk**, *Alapaevsk*, Industriestadt in Russland, im O des Mittleren Ural, 51 000 Ew.; Eisenerzförd. u. Hüttenwerk, Maschinenbau, Wasserkraftwerk.

**Alarcón y Ariza** [-a'riθa], Pedro Antonio de, span. Schriftsteller, *10. 3. 1833 Guadix, Andalusien, †10. 7. 1891 Valdemoro bei Madrid; polit. tätig (antimonarchistisch); verfasste Romane mit kolportagehaftem Charakter, zwischen Romantik u. Realismus; Hptw.: „Diario de un testigo de la guerra de Africa" (Kriegstagebuch) 1859; „El final de Norma" 1861; „Der Dreispitz" 1874, dt. 1887 (wegen der Verbindung von Grazie, Witz u. leichter Bosheit viel gerühmt; M. de Falla wurde durch dieses Werk zu seinem gleichnamigen Ballett inspiriert); „Der Skandal" 1875, dt. 1959. – Obras completas, 19 Bde. 1881 bis 1928.

**Alarich**, WESTGOTISCHE KÖNIGE:

◆ **1. Alarich I.**, *um 370, †410 bei Cosenza; seit etwa 390 Anführer, seit 395 Herzog, später König der Westgoten; fiel 391 in Thrakien ein, später in Makedonien, Griechenland u. seit 401 in Italien; Mitte August 410 eroberte u. plünderte er Rom. Alarich starb auf dem Weiterzug nach Süditalien u. wurde im

Alarich I.; Bildnis auf einem Siegelstein. Wien, Kunsthistorisches Museum

Bett des Flusses Busento begraben.
**2. Alarich II.**, König 484–507, schuf aus römischen Gesetzen ein Rechtsbuch, unterlag 507 bei Vouillé den Franken unter Chlodwig, womit das *Tolosanische Reich* der Westgoten endete.

**Alarm** [ital.], Warnung, Warnungszeichen; → Sirene; auch → Feueralarm.

**Alarmanlage**, meist selbsttätig bei Einbruch, Feuer oder Betriebsstörungen wirkende Warn-, Schutz- und Sicherheitsanlage, wird durch Unterbrechung eines elektrischen Stromkreises, durch Bimetallschalter oder Photozellen oder durch Beeinflussung eines Funkfelds ausgelöst. Auch → Raumschutzanlage.

**Alarmglas**, Sicherheitsglas mit eingelegten Drähten oder aufgedruckter elektrisch leitender Schleife, die über verdeckte Anschlüsse mit einer Alarmvorrichtung verbunden werden können; Alarmauslösung bei Beschädigung der Glasscheibe.

**alarmieren**, zu den Waffen rufen; warnen; beunruhigen.

◆ **Alarmsignale**, akust. Signale zur Warnung der Bevölkerung vor drohenden Gefahren; *Luftalarm*: 1 Minute Heulton bei Luftangriffen oder Fernwaffenbeschuss (in beiden Fällen muss auch mit ABC-Waffen-Wirkung gerechnet werden); *ABC-Alarm*: 2-mal unterbrochener Heulton von 1 Minute Dauer bei unmittelbaren ABC-Gefahren; *Entwarnung*: 1 Minute Dauerton; Ende der unmittelbaren Gefahr.

**Alarmstoffe**, Geruchs- oder Geschmacksstoffe, die von bestimmten Tieren (Ameisen, Bienen, Wirbeltieren) nach außen abgegeben werden u. den Artgenossen eine Gefahr signalisieren. Auch → Pheromone.

**Alas.**, Abk. für den nordwestl. USA-Staat → Alaska.

**Alaşehir** [-ʃe-], das antike *Philadelphia*, Stadt im W der Türkei, 36 600 Ew.; Mineral- u. Schwefelquellen.

**Ala Shan**, *Alag Shan, Alaschan*, alter Name für ein Wüstengebiet in China, im S der Wüste Gobi; die heutigen Kleinwüsten *Badan Jilin, Tengger Shamo* u. *Ulan Buh*.

---

1) → Zivilschutz-Sirenensignale.
**Luftalarm:** 1 Minute Heulton bei Luftangriffen oder Fernwaffenbeschuss (in beiden Fällen muss auch mit → ABC-Waffen-Wirkung gerechnet werden):

**ABC-Alarm:** 2 x unterbrochener Heulton von 1 Minute Dauer bei unmittelbaren ABC-Gefahren:

**Entwarnung:** 1 Minute Dauerton; Ende der unmittelbaren Gefahr:

2) Friedensmäßige Sirenensignale.
**Feueralarm:** 2 x unterbrochener Dauerton von 1 Minute:

**Katastrophenalarm:** 2 x unterbrochener Dauerton von 1 Minute – Pause von 12 Sekunden – 1 Minute Dauerton:

Alarmsignale

---

◆ **Alaska** [aleut., „großes Land", „Festland"], Abk. *Alas.*, flächenmäßig größter Staat der USA, im NW Nordamerikas, räumlich durch Kanada vom übrigen geschlossenen Staatsgebiet der USA getrennt; liegt zwischen Nordpolarmeer im N, Beringmeer im W (durch die Beringstraße von Asien getrennt),

Alaska

Alaska: Teilstück der Alaska-Pipeline

Pazifischen Ozean im S u. Kanada (Yukon Territory, British Columbia), 1 530 700 km², 587 000 Ew., davon sind 16% Indianer u. Eskimo, Hptst. *Juneau*; größte Stadt *Anchorage* mit 226 000 Ew. Südalaska (Panhandle) wird von Teilen der nordamerikan. Kordilleren (Küstengebirge, St. Elias Mountains) eingenommen; diese finden nach N, im südl. Nordalaska, in der Alaskakette und in der Aleutian Range (Alaskahalbinsel) ihre Fortsetzung. Die Alaskakette ist alpin, stark vergletschert, mit vielen Bergen über 4000 m (Mount McKinley 6194 m); fjordreiche Küste, kühl-ozean. nebelreiches Klima; Nadelwald, geht auf den → Aleuten in Grasland über. Das zentrale Nordalaska ist ein zerschnittenes Plateau mit weitem Tal u. Delta des Yukon (3700 km) mit arktisch-kontinentalem, kalt-trockenem Klima, da durch Hochgebirge vom Meer abgeschirmt: Sommer bis 25°C, Winter bis −50°C; weite Sumpfgebiete (Muskegs) über Dauerfrostboden. Den N von A. nimmt die Brookskette ein (1500–3000 m). Sie fällt im N zur kaum gegliederten Arkt. Küstenebene steil ab. – A. ist reich an Bodenschätzen, die bisher noch kaum erschlossen sind. Goldgewinnung im Klondike-Gebiet von 1896 bis 1945 wichtig; an der Arkt. Küstenebene wurden 1967 große Erdöllager entdeckt; das Erdöl wird seit 1977 von der *Prudhoe Bay* durch die *Alaska-Pipeline* nach Valdez geleitet. Seit dem Koreakrieg ist infolge der strategischen Lage das Militär ein bes. wichtiger Wirtschaftsfaktor Alaskas; Fischerei (Lachs), Pelztierfang, Fremdenverkehr. Wegen Dauerfrostboden wenig Straßen (*A. Highway*, 1942 erbaut, 2451 km lange Landverbindung mit den übrigen USA) u. Bahnen, aber dichtes Flugverkehrsnetz. – 1732 von dem Russen M. S. *Cwosdew* erstmals gesichtet; 1784 erste russ.ische Siedlung, 18. 10. 1867 von den USA für 7,2 Mio. Dollar den Russen abgekauft, 1912 Territorium, seit 1959 der 49. Staat der USA.

**Alaskabär** → Braunbär.

**Alaska Highway** [æˈlæska ˈhaiwɛi], *Alcan Highway,* Nordteil des *Pan-American-Highway,* zwischen Dawson Creek (British Columbia) und Fairbanks (Alaska), 2451 km lang (davon 1950 km auf kanadischem Gebiet), Teil der einzigen Straßenverbindung zwischen Alaska und den übrigen USA, auch im Winter offen gehalten; gebaut von März bis November 1942, um im 2. Weltkrieg die Versorgung des durch Japan bedrohten Alaska zu sichern; seit 1948 auch für Zivilfahrzeuge befahrbar.

**Alaskakette,** *Alaska Range,* gefaltete südliche Hauptkette der nordamerikanischen Kordilleren in Südost- und Südalaska, ca. 1000 km langer und 50–180 km breiter Gebirgsbogen mit Steilabfall nach N. Im *Mount McKinley* 6194 m hoch und vor allem dort stark vergletschert; Waldgrenze bei 600–750 m; setzt sich nach Westen in der Alaska-Halbinsel und in den Aleuten fort.

**Alaskaschrift,** für die Eskimosprachen im 19. Jh. geschaffene Wortbildschrift, die sich im Lauf der Zeit zu einer Silbenschrift entwickelte; inzwischen weitgehend durch die Lateinschrift verdrängt.

**Alassio,** italien. Seebad u. Winterkurort in Ligurien an der *Riviera di Ponente,* 13 100 Ew.; vorwiegend von ausländ. Gästen besucht.

Alaska: Im Südosten Alaskas liegt eine Wildnis aus Hochgebirge, tiefen Fjorden und kilometerlangen Gletscherströmen. Abgebildet ist der Sawyer Gletscher im Tongass National Forest

**Alastair** [-stɛːr], Pseudonym für Baron Hans Henning von *Voigt*, dt. Zeichner u. Musiker, *20. 10. 1887 Karlsruhe, †30. 10. 1969 München; beliebter Jugendstilkünstler um die Jahrhundertwende, der – beeinflusst von *Beardsley, Bakst* u. *Erté* – als Illustrator für französ., engl. u. US-amerikan. Verlage arbeitete; übertrug seine Kaltnadelarbeiten mittels selbst erdachter Methoden auf kostbare Stoffe.

**Alastrim** [brasilian.], *Milchpocken, Variola minor*, leichtere Verlaufsform der → Pocken.

**à la suite** [-'syit; frz.], im Gefolge.

**Alas y Ureña** [-nja], Leopoldo → Clarín.

**Alatau** [kirgis., „buntes Gebirge"], 4 mehr oder weniger parallele nördl. Randketten des Tian Shan in Innerasien: *Dsungarischer A.* (4463 m) im der kasach.-chines. Grenze, südl. davon der *Transilinische A.*, nördl. u. südl. des Issyk-Kul der *Kungej-Alatau* (4951 m) u. der *Terskej-Alatau*.

**Ala-ud-din**, INDISCHE SULTANE:
**1. Ala-ud-din Khalji**, Sultan 1296–1316 des Delhi-Sultanats; wehrte 1296–1299 die Mongolen-Angriffe auf Indien ab; unter A. erreichte das Delhi-Sultanat seine größte Ausdehnung durch Eroberung Zentral- u. Südindiens (1309/10); Plünderung reicher hinduist. Tempel.
**2. Bahman Shah, Zafar Khan**, erster Sultan des Bahmani-Sultanats 1347–1358, das Zentralindien nach dem Niedergang des Delhi-Sultanats bis etwa 1490, nominell bis 1526 beherrschte.

**Alauiten** [arab., „Verehrer Alis"], *Alawiten*, eigener Name der islam. Geheimsekte der → Nusairier.

**Alaun** [lat. *alumen*], der natürl. vorkommende Kalium-Aluminium-Alaun, *Kalium-Aluminium-Sulfat*, $KAl(SO_4)_2 \cdot 12H_2O$, der als Beizmittel in der Färberei, als Gerbmittel, in der Papierindustrie zur Leimung von Papier u. als Rasierstein (zum Blutstillen) verwendet wird. A. wird hergestellt, indem man gesättigte Lösungen von Kalium- u. Aluminiumsulfat, das durch Erhitzen von Kaolin oder Ton mit Schwefelsäure entsteht, auskristallisieren lässt. Eine veraltete Gewinnungsmethode besteht in der Auslaugung von alaunhaltigen Mineralien wie *Alaunschiefer* oder *Alaunstein*.

**Alaune**, Bez. für Doppelsulfate der allg. Formel $[Me^+(H_2O)_6]\ [Me^{3+}(H_2O)_6]\ (SO_4)_2$, worin für $Me^+$ eintreten können: Kalium ($K^+$), Rubidium ($Rb^+$), Cäsium ($Cs^+$), Ammonium ($NH_4^+$), u. für $Me^{3+}$: Aluminium ($Al^{3+}$), Chrom ($Cr^{3+}$), Eisen ($Fe^{3+}$), Thallium ($Tl^{3+}$), Vanadium ($V^{3+}$). Keine A. bilden z. B. Lithium ($Li^+$), Natrium ($Na^+$) sowie Thallium ($Tl^+$) mit Thallium ($Tl^{3+}$). Die A. kristallisieren aus wässriger Lösung in gut ausgebildeten Oktaedern (kubisches Kristallsystem), im Gegensatz zu den Metallsulfaten, aus denen sie sich bilden. Eine Alaunlösung reagiert chemisch jedoch wie eine vermischte Lösung der Metallsulfate.
*Verwendung:* Wie Aluminium-Alaun zur Härtung (Gerbung) organ. Eiweißkörper sowie als Beizmittel in der Färberei.

**Alaungpaya**, *Alaungpeya*, König von Birma 1753–1760; Gründer des letzten birman. Königreiches; unterwarf das Mon-Reich in Südbirma; starb bei der Belagerung von Ayutthaya in Thailand.

**Alaunschiefer**, bergmänn. Bez. für schiefrige, durch Schwefelkies dunkelgrau gefärbte *Pelite*, auf denen im Verlauf von Verwitterungsprozessen *Alaun* ausblüht; früher für Gerbereien abgebaut.

**Alaunstein**, glasglänzendes Mineral, → Alunit.

**Alavi**, Bozorg, iran. Schriftsteller u. Wissenschaftler, *2. 2. 1904 Teheran; 1922–1928 Studium in Dtschld.; 1937–1941 polit. Haft in Iran, 1954–1969 Prof. für pers. Literatur u. Sprache an der Humboldt-Universität Berlin; verfasste zahlreiche Kurzgeschichten (z. B. „Der Koffer" 1934) sowie einen Roman („Ihre Augen" 1952, dt. 1959); ist darüber hinaus als Sprach- u. Literaturwissenschaftler hervorgetreten (Pers.-Dt. Wörterbuch u. eine Literaturgeschichte).

**Alb**, 1. [das], Stufe der unteren Kreide, → Albien.
2. [die], Sommerweide, → Alm.

**Alb** [die], 1. Juragebirge, → Schwäbische Alb, → Fränkische Alb.
2. zwei kleine Nebenflüsse des Rheins aus dem Schwarzwald: Obere u. Untere A.

**Alb** [der], *Elf, Elfe*, 1. Zaubergeist, → Elben.
2. Schreckgeist, → Alp.

**Alba**, 1. rumän. Kreis mit der Hptst. *A. Iulia*, 6231 km², 414 000 Ew.
2. italien. Stadt in Piemont, 31 000 Ew.; got. Dom (15. Jh.), mittelalterl. Stadtbild; Zentrum des Weinhandels, Trüffelmarkt, Seidenspinnerei.

Fernando, Herzog von Alba

◆ **Alba**, Fernando *Álvarez de Toledo*, Herzog von, span. Feldherr u. Politiker, *29. 10. 1507 Piedrahita, †11. 12. 1582 Lissabon; nahm an den Zügen Kaiser Karls V. gegen Nordafrika teil; Befehlshaber der Kaiserlichen im Schmalkaldischen Krieg (Sieg bei Mühlberg 1547); 1567–1573 Generalkapitän u. Statthalter Philipps II. in den Niederlanden, wo er eine strenge Herrschaft ausübte (Rat der Unruhen, Inquisition, Hinrichtung von Egmont u. Hoorn). A. fiel 1573 in Ungnade, musste die Niederlande verlassen, befehligte aber 1580 das span. Heer bei dessen Siegeszug gegen Portugal u. wurde Gouverneur von Portugal.

**Albacete** [-'θete], südostspan. Stadt in Neukastilien, 130 000 Ew.; Mittelpunkt eines Wein- u. Obstanbaugebiets; Nahrungsmittelindustrie; Verkehrsknotenpunkt.

**Albach**, Horst, dt. Betriebswirtschaftler, *6. 7. 1931 Essen; 1978–1983 Mitglied des Sachverständigenrats zur Begutachtung der Gesamtwirtschaftl. Entwicklung, 1987–1990 Präs. der Akademie der Wissenschaften zu Berlin; 1990–1994 Prof. für Betriebswirtschaft an der Freien Universität, seit 1994 Prof. an der Humboldt-Universität in Berlin. Albachs wissenschaftl. Arbeit umfasst die Investitions- u. Produktionstheorie sowie die Managerausbildung u. Mitarbeiterführung. Hptw.: „Investitionen u. Liquidität" 1962; „Investitionstheorie" 1975; „Finanzkraft u. Marktbeherrschung" 1981; „Unternehmen im Wettbewerb: Investitions-, Wettbewerbs- u. Wachstumstheorie als Einheit" 1991.

**Alba Iulia**, *Karlsburg*, früher *Weißenburg*, Hptst. des Kreises *Alba*, an der Mureș, in Siebenbürgen (Rumänien), 71 300 Ew.; Domkirche (mit roman. u. späteren Stilelementen), Festung (18. Jh.), Bibliothek; Weinbau, Leder- u. Nahrungsmittelindustrie.

**Alba longa**, heute → Albano Laziale, Stadt in den Albaner Bergen, in ältester Zeit religiöser Mittelpunkt Latiums, Mutterstadt Roms u. anderer latin. Städte.

**Alban** [lat., „Albaner", „aus Alba" (Stadt in Italien)], männl. Vorname.

**Alban**, Heiliger, Märtyrer in St. Albans (England); soll als Priester im frühen 4. Jh. im nach ihm benannten St. Albans bei London hingerichtet worden sein; gilt als Protomärtyrer Englands; Fest: 22.6.

**Albaner**, eigener Name *Shqiptar, Skipetaren*, Volk mit indoeurop. Sprache in Albanien, Jugoslawien (Kosovo), Griechenland u. Italien, 5,5 Mio.; gliedert sich in die Stammesgruppen der *Gegen* (mit den Malsoren, Dukadschin, Mireditten, Matija) u. die der *Tosken*. Ihre Kultur (mit altmittelmeerischen, mitteleurop., balkan., keltisch-illyr., slaw. u. neugriech. Elementen) hat bis ins 20. Jh. viel Altertümliches bewahrt, wie Blutsbrüderschaft, Blutrache, Brautraub u. eine reiche Volkstracht, wie den Faltenrock (Fustan) der Männer.

**Albaner Berge**, ital. *Colli Albani*, vulkanisches Ringgebirge (60 km Umfang) in Mittelitalien, südöstlich von Rom; bewaldet, im *Maschio di Faete* 956 m; 2 trockene u. 2 mit Wasser gefüllte Krater: *Albaner See* u. *Nemisee*; Erholungsgebiet.

**Albaner See**, ital. *Lago Albano*, italien. Kratersee in den Albaner Bergen, 6 km²; durch unterird. Quellen gespeist, Erholungsgebiet.

**Albani**, röm. Adelsfamilie, der 5 Kardinäle u. Papst *Klemens XI*. (1700–1721) entstammten; 1852 ausgestorben. Der Neffe des Papstes, Alessandro A. (*1692, †1779), ist als Kunstsammler u. Protektor J. J. Winckelmanns bekannt. Die Sammlung seiner Antiken befindet sich noch heute in der Villa Albani in Rom.

**Albani**, Francesco, italien. Maler, *17. 3. 1578 Bologna, †4. 10. 1660 Bologna; ausgebildet in der Werkstatt der *Carracci*; schuf vor allem Tafelbilder u. Dekorationsmalereien, ferner auch Landschaften mit mythologischen Szenen.

**Albanien**, Staat auf der Balkanhalbinsel, → Seite 168.

**albanische Literatur**. Neben einer lebendigen Volksliteratur an Märchen, Sprüchen, Totenklagen, Liebesliedern u. Heldengesängen (bes. über die Türkenkämpfe *Skanderbegs*) entfaltete sich nur schwer eine Buchliteratur, zumal da die noch uneinheitl. u. vielfach vermischte Sprache in einen nord-

Albany (3): Das Capitol ist der Regierungssitz des Staates New York

alban. gegischen u. in einen südalban. toskischen Hauptdialekt zerfällt u. erst seit 1908 die latein. Schrift eingeführt wurde. Es gibt ein kirchl. u. ein polit. Schrifttum, Neufassungen überlieferter Volksliteratur, Übersetzungen (Homer, Shakespeare, Schiller) u. lokalgefärbte Angleichungen an die moderne europ. Literatur. Nationale Bedeutung erlangten: der in Italien geborene Girolamo de *Rada* (*1814, †1903), ein Sammler u. Sänger von Balladen; Naim *Frashëri* (*1846, †1900), Epiker u. Mitbegründer einer alban. Literaturgesellschaft; Gjergj *Fishta* (*1871, †1940), ein Franziskanerpater, der das Freiheitsepos „Die Laute des Hochlandes" 1905–1907, dt. 1958, schrieb; Faik *Konitza* (*1875, †1942), Publizist; Fan *Noli* (*1880, †1965), der in den USA als orthodoxer Bischof wirkte u. ein bedeutender Übersetzer wurde. Die Nachkriegsliteratur folgte, besonders unter sowjetrussischem Einfluss, den Themen u. Zielen des sozialistischen Realismus (Erzähler: Dhimiter *Shuteriqi*, Ismail *Kadare*, Jakov *Xoxa*, Dramatiker: Kole *Jakova*). In der von Albanern bewohnten Provinz Kosovo (in Jugoslawien) entwickelte sich nach dem Krieg eine stark von der dortigen Folklore, aber auch von der serb. Literatur geprägte eigenständige Literaturströmung.
**albanische Sprache,** eine indoeurop. Sprache (erste Handschriften von 1462), gesprochen von ca. 2,7 Mio., hauptsächl. in Albanien; Hauptdialekte: *Gegisch* (Nordalbanien) u. *Toskisch* (Südalbanien). Die a.S. ist oft fälschlich als Fortsetzung der illyr. Sprachen betrachtet worden. Seit 1950 ist Toskisch die offizielle Schriftsprache.

**albanisch-orthodoxe Kirche.** Die einst rd. 360 000 Gläubige zählende albanisch-orthodoxe Kirche wurde 1922 (1937 anerkannt) unter einem „Erzbischof von Tirana u. ganz Albanien" autokephal, dessen Amt seit 1992 Erzbischof Anastasios innehat. Die zu den → orthodoxen Kirchen gehörende albanisch-orthodoxe Kirche wurde vom „ersten atheist. Staat der Welt" (1967) lange Jahre unterdrückt. 1976 verbot die Verfassung jegliche religiöse Betätigung u. stellte diese 1977 unter Strafe, evtl. sogar Todesstrafe. Erst 1990 wurde das Religionsverbot aufgehoben.
**Albano Laziale,** das altröm. → Alba longa, italien. Stadt in Latium, in den Albaner Bergen, 28 000 Ew.; Ausflugsort.
**Albany** [ˈɔːlbəni], **1.** Stadt an der Südküste Westaustraliens, am King George Sound, 11 200 Ew.; Weizen- u. Fleischhandel; Kühlhäuser, Fischkonserven; Wollindustrie; Superphosphatgewinnung; bis 1978 Walfangstation. – Erste Siedlung Westaustraliens (gegr. 1826).
**2.** Stadt im SW von Georgia (USA), 78 100 Ew.; bedeutender Handelsplatz für Südgeorgia; Erdnuss-, Pecanuss- u. Hikkorynussanbau; Erdnuss-, Fleisch- u. Baumwollverarbeitung, Möbelindustrie; Eisenbahnknotenpunkt; gegr. 1836.
◆ **3.** Hptst. (seit 1797) des Staates New York (USA), am rechten Hudsonufer, 220 km nördl. von New York City, 101 000 Ew., als Metropolitan Area mit Schenectady u. Troy 874 000 Ew.; Universität; einer der größten Binnenhäfen der USA; Maschinenbau, Stahl-, Chemie- u. Nahrungsmittelindustrie, Verkehrsknotenpunkt; gegr. 1614 als niederländ. Pelzhandelsposten; zweitälteste ständig von Weißen bewohnte Stadt der USA (seit 1686 Stadt); strategisch wichtig im Unabhängigkeitskrieg von 1776.
**4.** kanad. Fluss, 982 km lang, mündet bei *Fort A.* in die Jamesbai.
**Albarello** [das; ital.] → Apothekergefäß.
**Albategnius,** *(Al) Battâni,* arab. Astronom, *858 Harran, †929 Samarra; verbesserte die Rechenmethoden der Trigonometrie; bestimmte neue Werte der Präzession u. der Schiefe der Ekliptik.
◆ **Albatrosse** [arab., span.], *Diomedeidae,* Familie der *Sturmvögel,* vorzügl. Segelflieger der Südozeane. Der *Wanderalbatros, Diomedea exulans,* kann über 3 m Flügelspannweite erreichen. A. sind Hochsee-
*Fortsetzung S. 169*

Albatrosse: Wanderalbatros, Diomedea exulans

# Albanien

**Offizieller Name:** Republik Albanien
**Autokennzeichen:** AL
**Fläche:** 28 748 km²
**Einwohner:** 3,1 Mio.
**Hauptstadt:** Tirana
**Sprache:** Albanisch
**Währung:** 1 Lek = 100 Qindarka
**Bruttosozialprodukt/Einw.:** 810 US-Dollar
**Regierungsform:** Präsidiale Republik
**Religion:** Moslems, Christen (Katholiken und Orthodoxe)
**Nationalfeiertag:** 28. November
**Zeitzone:** Mitteleuropäische Zeit
**Grenzen:** Im N Jugoslawien, im O Makedonien, im SO Griechenland, im W Adriatisches Meer
**Lebenserwartung:** 73 Jahre

**Landesnatur und Bevölkerung** Albanien hat am Adriat. Meer eine hafenarme, z. T. versumpfte Flachküste (Lagunen), die nach S steiler wird („Albanische Riviera"). Die nach O anschließenden Küstenebenen, der Vorhügelzonen des alban. Berglands sowie einige Beckenlandschaften im O sind die Hauptsiedlungsgebiete. Die übrigen Landesteile sind durchweg gebirgig, meist wenig hohe, aber unwegsame Karstgebirge. Im N erheben sich die *Nordalbanischen Alpen* bis 2693 m, im NO an der alban.-makedon. Grenze das *Korab-Gebirge* bis 2764 m. An der Küste herrscht Mittelmeerklima mit trockenheißen Sommern u. feuchtmilden Wintern. Die Gebirge im Innern haben z. T. feuchte u. stets heiße Sommer (mit kühlen Nächten) u. kalte, schneereiche Winter u. sind relativ dicht bewaldet.
98 % der Bevölkerung sind Albaner (Skipetaren), den Rest bilden griechische u. südslawische Minderheiten. 70 % sind Moslems, 20 % Orthodoxe u. 10 % Katholiken. Nur 38 % der Bewohner leben in Städten.

**Wirtschaft und Verkehr** Albanien gehört zu den ärmsten Ländern Europas. In der Landwirtschaft, die noch rund die Hälfte der Erwerbstätigen beschäftigt, konnten die Anbauflächen durch Terrassierung u. Bewässerung erweitert werden. Angebaut werden Tabak, Obst, Wein, Oliven, Getreide, Zuckerrüben, Kartoffeln, Baumwolle u. Erdnüsse. An Rohstoffen gibt es in A. vor allem Braunkohle, Erdöl, Chromerz, ferner Eisen-, Nickel- u. Kupfererze. Die Industrie umfasst chem., Textil-, Zement-, Lebensmittel- u. Tabakindustrie sowie Hüttenwerke u. Erdölraffinerien.
Das Verkehrsnetz (18 450 km Straßen) ist noch unzureichend. Nach 1945 wurden die ersten Eisenbahnlinien angelegt. Die wichtigsten Häfen sind Durrës u. Vlorë. Das Erdölzentrum bei Kuçovë ist durch Rohrleitungen für Erdöl u. Erdgas mit der Küste verbunden.

**Geschichte** Im Altertum war A. von indogerman. (illyr.-thrak.) Stämmen, den Vorfahren der heutigen Albaner, bewohnt. Im 2. Jh. v. Chr. wurde es von den Römern erobert. Bei der Reichsteilung 395 n. Chr. fiel es an Ostrom. Um 400 drangen Goten u. Hunnen, seit Ende des 6. Jh. Slawen ein. Im MA war A. von Bulgaren, Serben u. Normannen, von Epiros, Neapel, Venedig u. Byzanz umkämpft. Seit 1385 drängten Türken vor, gegen die der Nationalheld *Skanderbeg* 1443–1468 vorübergehend die Freiheit Albaniens u. die Einigung der Stämme erreichte, die sich seit dem 11. Jh. über das Gebiet ausgebreitet hatten u. sich vom 14. bis zum 17. Jh. weiter bis Westmakedonien u. bis zum Peloponnes ausdehnten. Seither blieb das Land türkisch, behielt aber seinen alban. Charakter. Übertritte zum Islam verschärften die religiösen Gegensätze (die Stämme im N waren katholisch, die im S des Landes orthodox). Im 19. Jh. erhoben sich die Albaner wiederholt gegen die Osmanen.
Während des 1. Balkankriegs 1912 wurde die Unabhängigkeit Albaniens proklamiert u. 1913 von den Großmächten anerkannt. 1914 regierte für kurze Zeit der zum Fürsten von A. bestimmte Prinz *Wilhelm zu Wied*. Im 1. Weltkrieg war A. zum Teil von den Mittelmächten besetzt. 1920 wurde es Mitgl. des Völkerbunds. 1922 ergriff Ahmed *Zogu* die Macht; er wurde 1925 Staats-Präs. u. 1928 König (Zogu I.). A. geriet zunehmend unter italien. Einfluss (1926 1., 1927 2. Tirana-Pakt) u. wurde 1939 von Italien annektiert. 1943/44 kam es unter dt. Besetzung. Mit jugoslaw. Unterstützung bildete sich eine Widerstandsbewegung, in der die Kommunisten unter Führung von Enver *Hoxha* die Oberhand gewannen. 1946 wurde A. Volksrepublik. Bis zum Kominform-Konflikt von 1948 lehnte sich A. eng an Jugoslawien an. 1949 wurde es Mitgl. des COMECON, 1955 des Warschauer Pakts u. der UNO. Seit der Aussöhnung der sowjet. Führung mit Tito u. bes. seit 1960 entwickelten sich ideolog.-polit. Differenzen mit der UdSSR. Im sowjet.-chines. Konflikt stellte sich A. auf die Seite Chinas. 1968 trat es aus dem Warschauer Pakt aus. Seit dem Tod Mao Zedongs (1976) verschlechterten sich die alban.-chines. Beziehungen; 1978 brach A. mit China, dem es „Revisionismus" vorwarf. 1967 wurde A. zum atheist. Staat proklamiert. Nach der neuen Verfassung vom 28. 12. 1976 war A. in die Phase des „vollständigen Aufbaus des Sozialismus" eingetreten. Der führende Politiker von 1944 bis zu seinem Tode 1985 war E. Hoxha, seit 1954 Erster Sekretär des Zentralkomitees der Partei der Arbeit. Sein Nachfolger als Parteichef wurde Ramiz *Alia*, seit 1982 bereits Staatsoberhaupt. Unter der neuen Führung änderte sich der polit. Kurs zunächst nicht. Erst unter dem Eindruck des Umsturzes in Osteuropa 1989 setzte 1990 eine vorsichtige Reformpolitik ein. Trotzdem flüchteten im Sommer 1990 einige tausend Albaner in ausländ. Botschaften u. erzwangen dadurch die Ausreise. Im Dez. 1990 wurde die Gründung unabhängiger Parteien zugelassen. Dennoch hielt die Fluchtbewegung an, u. es kam zu blutigen

Die südalbanische Bezirkshauptstadt Berat wurde bereits im 5. Jh. gegründet

Im März 1992 fanden erneut Parlamentswahlen statt. Die *Demokratische Partei (DP)* unter Führung von S. *Berisha* gewann 92 von 140 Parlamentssitzen. Deshalb erklärte Staats-Präs. Alia im April 1992 seinen Rücktritt. Nachfolger wurde Berisha. A. *Meksi* (DP) übernahm als Minister-Präs. die Führung einer Koalitionsregierung. Bei den Parlamentswahlen 1996 bezichtigte die Opposition die siegreiche Regierungspartei der Wahlfälschung u. boykottierte Stich- u. Wiederholungswahlen. Meksi wurde erneut Regierungschef. Nach dem Zusammenbruch betrüger. Anlagegesellschaften führten bürgerkriegsähnl. Unruhen 1997 zu Chaos u. Anarchie. Der Rücktritt der Regierung Meksi sowie die Wiederwahl Berishas führten nicht zu einer Stabilisierung der innenpolit. Lage. Im April 1997 landete eine multinationale Schutztruppe in A., um die Gewährung humanitärer Hilfe zu ermöglichen. Vorgezogene Parlamentswahlen im Juni/Juli 1997 ge-

Unruhen. In diesem Klima fanden 1991 die ersten halbwegs freien Parlamentswahlen statt. Die Kommunisten errangen eine Zweidrittelmehrheit. Zunächst wurde eine rein kommunist. Regierung gebildet. Die Partei der Arbeit änderte ihren Namen in *Sozialistische Partei* u. distanzierte sich von ihrer bisherigen Politik. Alia legte das Amt des Ersten Sekretärs nieder, blieb aber Staatsoberhaupt. A. wurde Mitgl. der KSZE. Im August 1991 flüchteten wiederum über 10 000 Albaner nach Italien. Im Dez. 1991 kam es zu Hungerrevolten. Die Koalitionsregierung der nationalen Rettung, die im Juni 1991 die kommunist. Regierung abgelöst hatte, zerbrach. Ein Kabinett aus unabhängigen Fachleuten wurde gebildet.

wann die Sozialist. Partei. Gleichzeitig lehnte die Bevölkerung in einem Referendum die Wiedereinführung der Monarchie ab. Nach dem Rücktritt Berishas wurde R. *Mejdani* zum neuen Staatspräsidenten gewählt. F. *Nanos* (Sozialist. Partei) übernahm das Amt des Ministerpräsidenten an der Spitze einer Dreiparteienkoalition. 1998 wurde P. *Majko* (Sozialist. Partei) als Nachfolger des zurückgetretenen Nanos neuer Regierungschef. Im selben Jahr stimmte die Bevölkerung in einem Referendum für eine neue parlamentar.-demokrat. Verfassung. Nach einem innerparteil. Streit mit Nanos trat Majko im Oktober 1999 vom Amt des Min.-Präs. zurück. Nachfolger wurde I. *Meta*.

vögel, die nur zur Brutzeit festen Boden betreten. Sonst ruhen sie sich schwimmend aus. Nahrung: Tintenfische, Fische, Schiffsabfälle.

**Albay,** *Mayón,* tätiger Vulkan auf der Philippineninsel Luzon, 2520 m. An seinem Südfuß die Stadt *Legaspi* (bis 1928 A.).

**Alb-Donau-Kreis,** Ldkrs. in Baden-Württemberg, Reg.-Bez. Tübingen, 1357 km², 182 000 Ew.; Verw.-Sitz ist Ulm.

**Albe** [die; lat., „weiß"], bis zu den Knöcheln reichendes liturg. Untergewand des kath. Geistlichen, das mit einem → Cingulum geschürzt wird.

**Albedo** [die; lat.], **1.** *Astronomie:* die *Weiße,* Rückstrahlungsvermögen, das Verhältnis des von einer nicht spiegelnden Fläche (z. B. Planet) abgestrahlten Lichts zum insgesamt auf sie auffallenden Licht. Die A. wird in Dezimalzahlen angegeben, z. B. für den Mond 0,07.
**2.** *Meteorologie:* der prozentuale Anteil des reflektierten u. zurückgestreuten Lichts der Sonnenstrahlung zum einfallenden; beträgt z. B. für eine frische Schneedecke rd. 85%, für unbewachsenen Boden rd. 15%.

Edward Albee

**♦ Albee** ['ɔːbiː], Edward, US-amerikan. Dramatiker, *12. 3. 1928 Washington, D.C.; analysiert u. entlarvt in psycholog. Stücken („Die Zoogeschichte" 1959, dt. 1962; „Wer hat Angst vor Virginia Woolf?" 1962, dt. 1963; „Seeeskapade" 1975, dt. 1975; „Der Mann, der 3 Arme hatte" 1983, dt. 1984) die Krisenerscheinungen von Mensch u. Gesellschaft, insbes. in den Beziehungen zwischen Mann u. Frau.

**Albemarle** ['ælbɪmɑːl], größte Galápagosinsel → Isabela.

**Alben,** Geisterwesen → Elben.

**Albenga,** italien. Stadt an der Riviera di Ponente, 21 100 Ew.; mittelalterl. Bauwerke.

**Albéniz** [al'beniθ], Isaac, span. Komponist u. Pianist, *29. 5. 1860 Camprodón, Prov. Gerona, †18. 5. 1909 Cambo-les-Bains, Pyrenäen; Begründer des span. musikal. Nationalstils; schrieb vor allem Klavierwerke, darin das berühmte „Tango", „Iberia" 1908, ferner das Oratorium „El Cristo", Opern (Trilogie „King Arthur" 1897–1906) u. zahlreiche Lieder.

**Alberche** [-'bɛrtʃe], rechter Nebenfluss des Tajo im Hochland von Kastilien (Spanien), 182 km; entspringt in der Sierra de Gredos, mündet östl. von Talavera de la Reina; im Mittellauf durch vier Talsperren (zusammen über 380 Mio. m³ Fassungsvermögen) mit Kraftwerken gestaut; ein Stausee im Unterlauf speist den der Bewässerung dienenden Canal del Baja A.

**Albergine** → Aubergine.

**Albergo** [das; ital.], Herberge, Gasthaus.

**Alberich,** Deckname für eine Schutzschicht aus Gummi gegen die akust. Ortung von U-Booten im 2. Weltkrieg. Auch → Radar.

**Alberich,** *Elberich,* listiger Zwerg der dt. Heldensage, Elfenkönig, Vater Ortnits; Wächter des Nibelungenhorts, von Siegfried besiegt, der ihm die Tarnkappe abnimmt. Auch → Oberon.

**Alberich II.,** Machthaber („princeps et senator") von Rom 932–954, †954; Sohn Alberichs I. (Graf von Fermo, † um 920) u. der Marozia, reformierte die Klöster des Patrimonium Petri nach den Regeln der Cluniazenser. Sein Sohn u. Erbe Octavian wurde im Dezember 955 zum Papst (Johannes XII.) gewählt.

**Alberobello,** italien. Stadt im mittleren Apulien, 10 000 Ew.; gut erhaltene Kegeldachhäuser (*Trulli*), die 1996 von der UNESCO zum Weltkulturerbe erklärt wurden; Fremdenverkehr.

**Alberoni,** Giulio, span. Politiker, *31. 5. 1664 Fiorenzuola bei Piacenza, †16. 6. 1752 Rom; kam 1711 an den Hof Philipps V. von Spanien. Als Geschäftsträger des Herzogs von Parma vermittelte er die Ehe zwischen Philipp V. u. Elisabeth Farnese. Seit 1715 leitender Minister, suchte er für Spanien die ehem. Besitzungen in Italien zurückzugewinnen. Der Angriff auf Italien scheiterte nach anfängl. Erfolgen u. rief die Quadrupelallianz gegen Spanien hervor. A. musste 1719 Spanien verlassen. 1734 wurde er Legat in Ravenna, 1740–1743 päpstl. Legat in Bologna.

**Albers,** ◆ **1.** Hans, deutscher Filmschauspieler, *22. 9. 1891 Hamburg, †24. 7. 1960 München; in den 1920er Jahren Revuestar in Berlin, seit 1929 hauptsächlich Filmarbeit, populär in Draufgänger- und Abenteurerrollen, z. B. „Münchhausen" 1942, „Große Freiheit Nr. 7"

Hans Albers

1944, „Auf der Reeperbahn nachts um halb eins" 1956.
◆ **2.** Josef, dt. Maler, Kunstpädagoge u. Designer, *19. 3. 1888 Bottrop, Westf., †25.

Josef Albers: Salute; 1967. Grünwald bei München, Sammlung Theo Wormland

3. 1976 New Haven; nach Studien in Berlin, München u. am Bauhaus Weimar von 1923 bis 1933 Lehrer am Bauhaus; seit 1933 in den USA; Hauptmaterial seiner Werke ist Glas (Glasfenster u. Wandglasbilder u. a. im Ullsteinhaus Berlin). A. wurde in Amerika mit seiner Theorie von der Wechselwirkung der Farben zu einem Wegbereiter der Op-Art.

**Albers-Schönberg,** Heinrich Ernst, dt. Röntgenologe, *21. 1. 1865 Hamburg, †4. 6. 1921 Hamburg; war der erste dt. Ordinarius für Röntgenologie. Nach ihm benannt als *Albers-Schönberg'sche Krankheit* ist die → Marmorknochenkrankheit.

**Albert,** männl. Vorname, → Adalbert.

**Albert,** Gegenpapst (1102) gegen Paschalis II., Bischof von Sabina.

**Albert,** Bischof von Livland 1199–1229, †17. 1. 1229 Riga; führte 1200 ein starkes Pilgerheer nach Livland u. gründete 1201 Riga. Mit Hilfe des Schwertbrüderordens unterwarf u. bekehrte er Liven u. Semgaller u. erhielt 1207 von König Philipp Livland als Reichslehen. Als eigentlicher Begründer des livländischen Ordensstaats war Albert der letzte bedeutende Missionsbischof Deutschlands.

**Albert,** Fürsten:
*Belgien:* **1. Albert I.,** König 1909–1934, *8. 4. 1875 Brüssel, †17. 2. 1934 bei Namur (verunglückt); Nachfolger seines Onkels *Leopold II.*
**2. Albert II.,** König seit 1993, *6. 6. 1934 Brüssel; Nachfolger seines Bruders Baudouin; verheiratet mit Paola Ruffo di Calabria.

*Großbritannien:* ◆ **3.** Prinzgemahl 1851–1861, Prinz von Sachsen-Coburg-Gotha, *26. 8. 1819 Rosenau bei Coburg, †14. 12. 1861 Windsor Castle bei London; heiratete 1840 seine Kusine Königin Viktoria, übte als ihr Berater Einfluss auf die engl. Politik aus,

Prinzgemahl Albert

was zu Spannungen mit verschiedenen Ministern, bes. Palmerston, führte; trat mit liberal-konstitutionellen Grundanschauungen 1848 für die Gründung eines dt. Bundesstaats ein; förderte die 1. Weltausstellung in London 1851.
*Österreich:* **4. Albertus Pius** → Albrecht (18).
*Sachsen:* ◆ **5.** König 1873–1902, *23. 4. 1828 Dresden, †19. 6. 1902 Sibyllenort, Kreis Oels; Sohn König Johanns (*1801, †1873), verheiratet mit Karoline Wasa (*1833, †1907); nahm 1866 auf österr. Seite am Dt. Krieg teil, wurde aber nach Verdiensten um die Reichsgründung ein einflussreicher Lan-

Albert, König von Sachsen

desherr im dt. Kaiserreich, wirkte beim Abschluss des dt.-österr. Zweibunds 1879 mit; Repräsentant der konstitutionellen Monarchie, nach Anwachsen der Sozialdemokratie verantwortlich für die reaktionäre Rückbildung der sächs. Verfassung 1896 (Dreiklassenwahlrecht).
**6. Albert Kasimir,** Herzog von Sachsen-Teschen; → Albrecht (19).

**Albert,** ◆ **1.** [al'bɛːr], Eugen d', dt. Komponist u. Pianist französ. Herkunft, *10. 4. 1864 Glasgow, †3. 3. 1932 Riga; Schüler von F. Liszt; schrieb 20 Opern (u. a. „Die Abreise" 1898; „Tiefland" 1903; „Die toten Augen" 1916), zwei Klavierkonzerte, ein Cellokonzert, Kammermusik u. a.

Eugen d'Albert

**2.** Hans, dt. Soziologe u. Philosoph, *8. 2. 1921 Köln; 1963–1989 Prof. in Mannheim; Arbeiten zur Erkenntnistheorie, Ideologiekritik u. Methodologie; vertritt im sog. → Positivismusstreit in der Wissenschaftslehre einen von K. R. Popper ausgehenden krit. Rationalismus, im Gegensatz zu der von T. W. Adorno u. J. Habermas vertretenen, dialektisch bestimmten „krit. Theorie" der Frankfurter Schule. Hptw.: „Traktat über kritische Vernunft" 1968; „Soziologie zwischen Theorie u. Empirie" 1970; „Der Positivismusstreit in der dt. Soziologie" 1970; „Transzendentale Träumereien" 1975; „Die Wissenschaft u. die Fehlbarkeit der Vernunft" 1982; „Kritik der reinen Erkenntnislehre" 1987.

**3.** Heinrich, dt. Komponist, *8. 7. 1604 Lobenstein, †6. 10. 1651 Königsberg; Vetter u. Schüler von H. Schütz; seit 1630 Domorganist in Königsberg; Hauptvertreter des dt. ein- u. mehrstimmigen geistlich-weltl. Lieds im 17. Jh.

**4.** Hermann, dt. Maler, *4. 7. 1937 Ansbach; im Vordergrund seiner Werke steht der ganzheitl. Mensch; A. verbindet Ausdrucksformen des Verismus u. der naiven Malerei.

**5.** Joseph, dt. Fotograf, *5. 3. 1825 München, †5. 5. 1886 München; verbesserte 1869 das Lichtdruckverfahren, deshalb auch → Albertotypie genannt.

**Albert-Lasard** [al'bɛːr la'saːr], Lou, lothring. Malerin, *10. 11. 1885 Metz, †21. 7. 1969 Paris; stand in München dem Kreis um F. *Marc,* P. *Klee,* W. *Kandinsky* u. A. von *Jawlensky* nahe, arbeitete im Atelier von F. *Leger* u. hatte seit 1928 ihren festen Wohnsitz in Paris. In Dtschld. wurde sie vor allem durch ihre Freundschaft mit Rilke bekannt, von dem sie zahlreiche Gedichte ins Französische übersetzte.

◆ **Alberta** [æl'bəːtə], westlichste der kanadischen Prärieprovinzen (seit 1905), 661 190 km², 2,57 Millionen Ew.; im N Nadelwälder, im S Prärie mit Anbau von Getreide, Zuckerrüben, Flachs u. Viehzucht; bedeutende Erdöl- u. Erdgas- sowie Kohleförderung; Erdölraffinerie, Nahrungsmittel-,

Alberta

Schwer- u. chemische Industrie; Hptst. Edmonton.
**Albertazzi,** Giorgio, italien. Schauspieler, *20. 8. 1923 Florenz; profilierter Charakterdarsteller; gelegentlich Filmrollen.
**Albert der Große** → Albertus Magnus.
**Alberti, 1.** Domenico, italien. Komponist, *um 1710 Venedig, †1740 Rom; schrieb Opern u. Klaviersonaten. - *Alberti'sche Bässe,* im Klaviersatz (linke Hand) gebrochene Akkorde, meist in Achteln, als einfache harmonisch-rhythmische Begleitung der Melodie; Stilmerkmal vieler Klaviersätze der Klassik.
**2.** Konrad, eigentl. Konrad *Sittenfeld,* dt. naturalist. Schriftsteller, *9. 7. 1862 Breslau, †24. 6. 1918 Berlin; schrieb von E. Zola beeinflusste Berliner Zeitromane; Hptw.: „Der Kampf ums Dasein" 1888–1895 (6 Bde.); auch Bühnenautor.
◆ **3.** Leon Battista, italien. Künstler u. Wissenschaftler, *14. 2. 1404 Genua, † April 1472 Rom; bedeutend als Architekt, Maler, Bildhauer, Dichter, Musiker, Kunstschriftsteller u. Philosoph; nach jurist. Studien (1428–1432) Reisen nach Frankreich, Belgien u. Dtschld.; Aufenthalt in Rom u. Florenz, wo er aus humanist. Gesinnung u. durch die Bekanntschaft mit F. Brunelleschi u. Donatello zum führenden Theoretiker der Renaissance wurde (Schriften: „Elementi di pittura"; „Statua"; „Della pittura libri III"). Er formulierte das künstler. Gesetz von der inneren Notwendigkeit, die Natürlichkeit u. Schönheit verbindet, befasste sich als einer der Ersten mit *Vitruv* u. legte in seinen Schriften über Malerei erstmals die Grundbegriffe der perspektiv. Konstruktion dar; seit 1438 mit Unterbrechung in Ferrara, Rom u. Mantua ansässig. In Florenz schuf er den Palazzo Ruccellai (1446–1451) u. die Fassade von Sta. Maria Novella, in Mantua S. Sebastiano u. S. Andrea.
◆ **4.** Rafael, span. Dichter, *16. 12. 1902 Puerto de Santa María, †28. 10. 1999 Puerto de Santa María; 1940–1976 als Kommunist im Exil; Vertreter der Dichtergeneration von 1927; schrieb unter dem Einfluss der span. Romanzendichtung zunächst volkstüml., dann surrealist. Gedichte, verband später Dichtung u. soziale Zielsetzungen („Zu Lande, zu Wasser" 1925, dt. 1960; „Über die Engel" 1925, dt. 1981; „Ich war ein Dummkopf, u. was ich gesehen habe, hat mich zu zwei Dummköpfen gemacht" 1982); schrieb auch Dramen, darunter „Kriegsnacht im Prado" 1956, dt. 1976; Erinnerungen: „Der verlorene Hain" 1942, dt. 1976.
**Albertina, 1.** Name der Albert-Ludwigs-Universität in Freiburg i. Br.
**2.** bis 1945 Name der Universität Königsberg; gegr. 1544 durch *Albrecht,* den ersten Herzog von Preußen (*1490, †1568).
**3.** staatl. Grafik-Sammlung in Wien, die seit der Zusammenlegung mit den Grafikbeständen der Österr. Nationalbibliothek 1920 eine der führenden Sammlungen von Druckgrafik, bes. aber von Handzeichnungen ist; benannt nach Herzog *Albrecht (Albert) Kasimir von Sachsen-Teschen,* dessen Sammlung den Grundstock der A. bildet.
**Albertiner,** *Albertinische Linie,* jüngerer Zweig der → Wettiner. Am 26. 8. 1485 wurden im Leipziger Vertrag die wettin. Länder unter die Söhne des Kurfürsten *Friedrich II.* (des Sanftmütigen) aufgeteilt: *Ernst* (Kurlande, größter Teil Thüringens, Vogtland) u. *Albrecht der Beherzte* (Markgrafschaft Meißen, Teile des Osterlands, nördl. Thüringen). Die beiden Linien (*Ernestiner* u. *A.*) bestanden seitdem nebeneinander. Der A. *Moritz von Sachsen* brachte

Leon Battista Alberti: Sta. Maria Novella in Florenz, Neugestaltung der Fassade; 1456–1470

1547 die Kurwürde u. Teile der Ernestin. Lande durch die Kapitulation von Wittenberg an sich. Die A. hatten schon 1499 die Unteilbarkeit des Landes verkündet, aber Kurfürst *Johann Georg I.* splitterte durch sein Testament 1652 nochmals kleinere Gebiete für seine drei jüngeren Söhne ab: Sachsen-Weißenfels, Sachsen-Merseburg, Sachsen-Zeitz, die sämtl. im Lauf des 18. Jh. an die Hauptlinie zurückfielen, die 1806 die sächs. Königswürde erlangte (→ Sachsen, Geschichte).
**Albertini,** Luigi, italien. Journalist, Historiker u. Politiker, *19. 10. 1871 Ancona, †29. 12. 1941 Rom; 1900–1926 Direktor des „Corriere della Sera"; setzte sich 1914/15 für den Kriegseintritt Italiens auf Seiten der Entente ein; Gegner Mussolinis. In seinem Buch „Le origini della guerra del 1914", 3 Bde. 1942/43, maß er der dt. Politik den Hauptanteil an der Auslösung des 1. Weltkriegs zu.
**Albertinum,** Skulpturensammlung in Dresden, die neben Originalen, vor allem aus der Antike, auch viele Gipsabgüsse enthält.
**Albertis,** Luigi d', italien. Forschungsreisender, *21. 11. 1841 Voltri bei Genua, †2. 9. 1901 Sassari; erforschte auf 2 Reisen 1871/72 u. 1875–1877 Neuguinea.
**Alberti'sche Bässe,** *Harfenbässe* → Alberti (1).
**Albertkanal,** Kanal in Nordostbelgien, rd. 120 km, mit 7 Schleusen; führt (seit 1938) von der Maas zur Westerschelde u. verbindet Lüttich mit Antwerpen; wichtigste belg. Binnenwasserstraße.
**Albert-Nationalpark** → Virunga-Nationalpark.
**Albertnil,** Name des Weißen Nil zwischen dem Albertsee u. der Südgrenze des Sudan.
**Albertotypie,** *Albertprozess* [nach dem Erfinder Joseph *Albert*], in der Drucktechnik ein Vorläufer der modernen Kontaktrasterverfahren.
**Albertsee,** *Mobutu-Sese-Seko-See,* See im Zentralafrikan. Graben (Grenze zwischen Uganda u. der Demokrat. Rep. Kongo), 620 m ü. M., 5400 km², 51 m tief; vom Weißen Nil durchflossen, der oberhalb des Sees Victorianil, unterhalb Albertnil genannt wird.
◆ **Albertus Magnus,** *Albert der Große, Albert (Graf) von Bollstädt,* Theologe der Hochscholastik, Heiliger, *wahrscheinl. 1193 Lauingen, †15. 11. 1280 Köln; Dominikaner, lehrte an dt. Ordensschulen, in Paris u. am neuen Studium generale des Ordens in Köln (dort Lehrer des *Thomas von Aquin*), Ordensprovinzial für Dtschld. u. zeitweise Bischof von Regensburg; universell gebildet, nahm als Erster die aristotel. Schriften vollständig in den theolog. Unterricht auf; schrieb Sentenzenkommentare, Aristotelesparaphrasen, Kommentare zu Pseudo-Dionysius sowie exeget. u. dogmat. Schriften; auch Natur-

Albertus Magnus: Denkmal von Gerhard Marcks vor der Kölner Universität

forscher. – Heiligsprechung 1931 (Fest: 15. 11.), Erhebung zum Kirchenlehrer 1931, 1941 zum Patron der Naturforscher. Neuausgabe seiner Werke 1951 ff.
**Albertus-Magnus-Verein,** 1898 in Trier gegr. Hilfswerk für kath. Studenten weltl. Fakultäten; seit 1925 zusammengeschlossen mit der Dt. Caritas für Akademiker u. dem *Hildegardis-Verein* zum „Hilfswerk für kath. Studierende"; 1939 aufgelöst, 1950 neu gegr.
**Albertustaler,** *Kreuztaler,* 1612 erstmals unter den span. Statthaltern der Niederlande Albert u. Isabella geprägte Silbermünze; wichtige Handelsmünze des 17. u. 18. Jh. in den Niederlanden u. in den angrenzenden Ländern.
**Albertville** [albɛr'vil], **1.** südostfranzös. Kreisstadt im Dép. Savoie, nahe der Mündung des Arly in die Isère, 18 100 Ew.; befestigte Altstadt *Conflans* auf einem Hügel im O; Motoren- u. Maschinenbau. Olympische Winterspiele 1992.
**2.** früherer Name der Stadt → Kalemie.
**Albert von Sachsen,** *Albert von Helmstedt,* Philosoph u. Theologe der Spätscholastik, * um 1316, † 1390 Halberstadt; 1353 Rektor der Pariser Universität, 1365 erster Rektor der Universität Wien, 1366 Bischof von Halberstadt; vertrat eine radikale Lehre von der Naturnotwendigkeit allen Geschehens; aus diesem Grund wurde 1372 ein Lehrverfahren gegen ihn eingeleitet.
**Albertz,** Heinrich, dt. Politiker, * 22. 1. 1915 Breslau, † 18. 5. 1993 Bremen; Pfarrer, 1943 polit. Häftling; seit 1947 SPD-Mitglied; 1948–1955 niedersächs. Min. (Flüchtlingswesen, Soziales); 1961–1963 Innensenator, 1963–1966 Bürgermeister u. Senator für Sicherheit u. Ordnung, 1966/67 Regierender Bürgermeister von Berlin (West); trat nach innerparteil. Auseinandersetzungen über den Polizeieinsatz bei Studentenunruhen zurück; 1970–1979 Pfarrer in Berlin.
**Alberus,** *Alber,* Erasmus, dt. Liederdichter u. Fabelerzähler, * um 1500 Wetterau, Hessen, † 5. 6. 1553 Neubrandenburg; zuletzt Generalsuperintendent; streitbarer Schüler M. Luthers; humanist. Lexikograph. Hptw.: „Buch von der Tugend u. Weisheit" (49 Fabeln) 1550; Kirchenlieder.
**Albi,** südfranzös. Stadt am Tarn, Verwaltungssitz des Dép. Tarn, 48 700 Ew.; Erzbischofssitz; got. Kathedrale (13. bis 15. Jh.), ehem. Erzbischofspalast (13.–15. Jh.); Kalköfen, Gießereien, Glasbläsereien, Textilindustrie, Weinhandel; Hauptort der *Albigenser* u. Hptst. der Grafschaft Albigeois.
**Albien** [-bi'ɛ̃; das; nach dem Fluss *Aube,* lat. *Albus,* in der Champagne], *Alb,* Stufe der unteren Kreide.
**Albigenser** [nach der südfranzös. Stadt *Albi*], südfranzös. Sekte, Gruppe der → Katharer; übten Geistestaufe *(consolamentum)* u. strengste Askese, verwarfen die kirchl. Sakramente sowie Heiligen- u. Reliquienverehrung. Die A. wurden in den Albigenserkriegen (1209-1229) blutig verfolgt und um 1330 durch die Inquisition ausgerottet.
**Albiker,** Karl, dt. Bildhauer, * 16. 9. 1878 Ühlingen, † 26. 2. 1961 Ettlingen; Schüler von A. *Rodin* in Paris 1899–1900; 1919–1945 an der Kunstakademie Dresden; schuf weibl. Aktfiguren sowie Bildnisplastiken, Denkmäler u. monumentale Gruppen („Pallas Athene", Gefallenendenkmal der techn. Hochschule Karlsruhe, „Niederbrechender Krieger" als Ehrenmal in Greiz, „Diskuswerfer" u. „Staffelläufer" im Olympiastadion Berlin u. a.); auch Kunstschriftsteller.
**Albin** [albɛ̃], Roger, französ. Violoncellist, Dirigent u. Komponist, * 30. 9. 1920 Beausoleil; studierte Komposition u. a. bei D. *Milhaud* u. O. *Messiaen;* wurde 1966 Leiter des ORTF in Straßburg; komponierte ein Concertino für Violoncello u. Orchester (1947), 2 Symphonien (1962 u. 1965).
**Albini,** Franz Joseph Martin Frhr. von, dt. Politiker, * 14. 5. 1748 St. Goar, † 8. 1. 1816 Dieburg; zunächst in Diensten des Bischofs von Würzburg; nach Tätigkeit am Reichskammergericht seit 1790 Hofkanzler des Mainzer Kurfürsten; hatte als letzter Direktorialgesandter am Regensburger Reichstag Anteil am Reichsdeputationshauptschluss von 1803; 1810 leitender Min. im Großherzogtum Frankfurt.
◆ **Albinismus** [lat. *albus,* „weiß"], erblicher Mangel an → Pigmenten *(Melanine)* in der Körperbedeckung (Haut, Haar, Augen), der in allen Tiergruppen u. beim Menschen auftritt. *Teilweiser A.* tritt als Scheckung oder schwarze Färbung der Haarspitzen („Russenfärbung") auf; *vollständiger A.* ist immer mit einer farblosen → Regenbogenhaut des Auges verbunden, die durch durchscheinende Blutgefäße rot (viele Haustiere) oder durch verhärtete Hornhaut blau (z. B. Katzen) erscheint. Beim Menschen ist meist der voll-

Albinismus: Albino vom Europäischen Igel, Erinaceus europaeus

ständige A. ein rezessives, der teilweise A. ein dominantes Merkmal (→ Mendel'sche Gesetze), Vorkommen in Europa 1: 100 000 bis 1: 200 000. Träger von A. nennt man *Albinos;* Gegensatz: → Melanismus.
**Albinmüller** → Müller (2).
**Albinoni,** Tommaso, italien. Komponist, * 8. 6. 1671 Venedig, † 17. 1. 1750 Venedig; einer der bedeutendsten italien. Zeitgenossen Bachs; Opern, Instrumentalwerke, z. B. Oboenkonzerte op. 7, Solo- u. Triosonaten, Kirchenkanzonen.
**Albion,** alter, wahrscheinlich kelt. Name für England.
**Albis,** 25 km langer, bewaldeter Höhenrücken westl. des Zürichsees; Aussichtspunkte: Uetliberg (871 m), Felsenegg, Albishorn (915 m).
**Albit** [der; lat.], Abk. *Ab,* Mineral, Natronfeldspat; Mischkristall mit Anorthit; Hauptgemengteil von kristallinen Schiefern; → Feldspat.
**Albizia,** *Albizzia, Zylinderakazie, Büschelmimose, Seidenrosenbaum,* eine Gattung der *Mimosengewächse (Mimosaceae),* mit etwa 120 Arten, meist in den Tropen der Alten Welt; heute als Zierpflanzen weit verbreitet. Die Blüten sind fein büschelig, zylindrisch um einen Stiel sitzend, die Blätter groß, doppelt gefiedert, mit zierlichen Blättchen. *A. lophantha* aus Australien u. *A. julibrissin*

Albinismus: Albino vom Tiger, Neofelis tigris

sind beliebte Alleebäume, ebenso *A. falcata* aus Indonesien, die extrem schnell wächst (in 4 Jahren 20 m). *A. lebbek* wird wegen ihrer gerbsäurehaltigen Rinde kultiviert.

**Albizzi,** italien. Adelsfamilie, beherrschte im 13. Jh. Florenz. Nach der Verbannung von Rinaldo A. (* 1370, † 1442) 1434 übernahmen die *Medici* ihre Rolle.

**Albo,** *Alba* [span.], Bestandteil geograph. Namen: weiß.

**Alboin,** *Albuin,* König der Langobarden um 560–572, † 28. 6. 572 Verona (ermordet); besiegte die ostgerman. Gepiden u. führte sein Volk aus dem Donauraum 568 nach Oberitalien, wo er das Langobardenreich begründete.

**Alboransee,** *Alboranmeer,* westl. Bereich des Mittelländ. Meeres, hydrograph. geprägt von dem Wasseraustausch zwischen Mittelländ. Meer u. Atlant. Ozean durch die Straße von Gibraltar.

**Ålborg** ['ɔlbɔr], *Aalborg,* Hptst. der dän. Amtskommune Nordjütland u. alte Hafenstadt am Limfjord, 158 000 Ew.; Museum, Theater; Baustoff-, Papier-, Eisen- u. Textilindustrie, Schiffbau.

**Albornoz** [-'nɔθ], Gil (Aegidius Alvarez-Carillo) de, span. Geistlicher u. Politiker, * 1302 Cuenca, † 23. 8. 1367 Viterbo; seit 1338 Erzbischof von Toledo u. Kanzler von Kastilien, musste nach dem Tod König Alfons' XI. 1350 das Land verlassen; wurde in Avignon Kardinal u. reorganisierte seit 1353 den Kirchenstaat in Italien. Die von ihm 1357 erlassenen „Constituciones" blieben im Kirchenstaat bis 1815 gültig.

**Albrecht,** männl. Vorname, → Adalbert.

**Albrecht,** Fürsten.

DEUTSCHE KÖNIGE:

◆ **1. Albrecht I.,** König 1298–1308, Herzog von Österreich u. Steiermark, * 1255, † 1. 5. 1308 Brugg a. d. Aare (ermordet vom Neffen *Johann Parricida,* * 1290, † 1313); Sohn *Rudolfs I.* von Habsburg, Nachfolger Adolfs von Nassau. A. gelang es, den Widerstand der rhein. Kurfürsten zu brechen, die habsburg. Hausmacht zu festigen u. die Anerkennung Papst Bonifatius' VIII. zu erringen.

Albrecht I., deutscher König

◆ **2. Albrecht II.,** König 1438/39, Herzog von Österreich *(Albrecht V.),* König von Böhmen u. Ungarn 1437–1439, * 16. 8. 1397, † 27. 10. 1439 Neszmély; bis 1411 unter Vormundschaft; heiratete 1422 Elisabeth, die Tochter Kaiser Sigismunds. Durch seinen frühen Tod wurden die Ansätze einer

Albrecht II., deutscher König

starken Reichspolitik auf territorialer Grundlage (Vereinigung von Österreich, Ungarn u. Böhmen), die seine energ. Persönlichkeit zu versprechen schien, vernichtet. Vater des Ladislaus V. Posthumus.

*Bayern:* **3. Albrecht III., Albrecht der Fromme,** regierender Herzog 1438–1460, * 27. 3. 1401 München, † 29. 2. 1460 München; Gatte der Agnes *Bernauer;* Förderer der Wissenschaft u. Künste u. der bayer. Klosterreform.

**4. Albrecht IV., Albrecht der Weise,** Sohn von 3), allein regierender Herzog 1467 bis 1508, * 15. 12. 1447 München, † 18. 3. 1508 München; zunächst unter der Vormundschaft (seit 1460) seiner beiden älteren Brüder, regierte nach deren Tod bzw. Verzicht allein; vereinigte die ober- u. niederbayer. Teilfürstentümer u. verhinderte weitere Teilungen durch die Primogeniturordnung von 1506.

**5. Albrecht V.,** regierender Herzog 1550 bis 1579, * 29. 2. 1528 München, † 24. 10. 1579 München; von streng kath. Gesinnung, gegen den sich in Bayern verbreitenden Protestantismus eingestellt; er blieb im Schmalkald. Krieg neutral u. suchte zwischen den Parteien zu vermitteln, bis der Augsburger Religionsfriede 1555 ihm die Rekatholisierung seines Landes gestattete. Er räumte dem Jesuiten weiten Einfluss ein (Jesuitenkollegs in Ingolstadt u. München). Neben der konfessionellen Geschlossenheit setzte er durch gesetzgeber. Maßnahmen die fürstl. Macht in seinem Lande durch. Seine Kulturpolitik begründete den Ruhm Münchens als Kunststadt; er gründete Antiquarium, Münzkabinett, Staatsbibliothek u. Kunstkammer u. förderte den Musiker Orlando di Lasso.

*Brandenburg:* **6. Albrecht der Bär,** Graf von Ballenstedt, erster Markgraf von Brandenburg, vorübergehend (1138–1142) Herzog von Sachsen, * um 1100, † 18. 11. 1170 Stendal; aus dem Haus Askanien, 1134 von Kaiser Lothar III. mit der Nordmark (Altmark) belehnt; gewann 1150 u. 1157 das Havelland mit Brandenburg, das er kolonisierte u. christianisierte; mit Heinrich dem Löwen wichtigster Wegbereiter der dt. Ostsiedlung.

**7. Albrecht Achilles,** Kurfürst 1470–1486, Markgraf im fränk. Unterland ab 1440 (Residenz seit 1456: Ansbach) u. von Kulmbach ab 1464, * 24. 11. 1414 Tangermünde, † 11. 3. 1486 Frankfurt a. M.; Sohn des Kurfürsten Friedrich I.; in Kriege gegen Fürsten u. Städte (bes. Nürnberg) verwickelt, als er seinen Machtbereich in Franken, auch durch sein „kaiserliches" Landgericht Nürnberg, ausdehnen wollte; wegen Annäherung an den Böhmenkönig Podiebrad zeitweise im Bann; seit 1470 durch Verzicht seines Bruders Friedrich II. Kurfürst von Brandenburg. Durch die → Dispositio Achillea von 1473 legte A. die Unteilbarkeit der Mark fest. Im Reich unterstützte er Kaiser Friedrich III.

**8. Albrecht Alcibiades,** Markgraf von Brandenburg-Kulmbach u. Bayreuth 1541–1553, * 28. 3. 1522 Ansbach, † 8. 1. 1557 Pforzheim; Sohn Markgraf Kasimirs († 1527);

kämpfte als Protestant im Schmalkald. Krieg zuerst auf der Seite Kaiser Karls V., schloss sich 1552 vorübergehend der Fürstenverschwörung unter Moritz von Sachsen an; vermittelte den Vertrag von Chambord (1552), durch den Metz, Toul u. Verdun an Frankreich abgetreten wurden; führte auf eigene Faust seine Raubzüge in Franken, bis er bei Sievershausen (7. 7. 1553) von Moritz geschlagen wurde u. geächtet nach Frankreich fliehen musste.

*Braunschweig:* **9. Albrecht I., Albrecht der Große, Albrecht der Lange,** Herzog von Braunschweig u. Lüneburg seit 1252, von Braunschweig allein 1267–1279, * 1236, † 15. 8. 1279; machte das von Heinrich dem Löwen durch die Hagenstadt erweiterte, am Schnittpunkt wichtiger Handelsstraßen gelegene Braunschweig zur bedeutenden Handelsstadt (Fernhandel, Textil- u. Metallgewerbe).

*Magdeburg:* **10. Albrecht II., Albrecht von Kefernburg,** Erzbischof von Magdeburg 1205–1232, * um 1170, † 15. 10. 1232; in Paris u. Bologna geschult, war A. zunächst Ratgeber des Welfen Otto IV., 1222–1224 Legat des Stauferkaisers Friedrich II. in Oberitalien, seit 1223 Graf der Romagna. A. begann 1209 den Neubau des Magdeburger Doms nach dem Vorbild der französ. Gotik.

*Mainz:* **11. Albrecht von Brandenburg,** Kurfürst u. Erzbischof von Mainz 1514 bis 1545, Erzbischof von Magdeburg u. Administrator des Bistums Halberstadt ab 1513, Kardinal ab 1518, * 28. 6. 1490 Berlin, † 24. 9. 1545 Mainz; zweiter Sohn des Kurfürsten Johann Cicero von Brandenburg (* 1455, † 1499); Inhaber einer ungewöhnlich großen Anzahl geistl. Pfründe, verkörperte den Typ eines Renaissancefürsten als Förderer der Künste u. Wissenschaften (Humanismus) u. in seiner Liebe zu äußerster Prunkentfaltung. Der in seinen Landen betriebene Ablasshandel forderte *Luthers* Thesenanschlag heraus. A. hinderte die Ausbreitung der Reformation in Magdeburg u. seiner Residenz Halle nicht, blieb jedoch der päpstl. Politik verbunden u. förderte ab 1542 das Wirken der Jesuiten für die Gegenreformation im Erzstift Mainz.

*Mecklenburg:* **12. Albrecht III.,** Herzog von Mecklenburg, König von Schweden, → Albrecht (24).

*Meißen:* **13. Albrecht der Entartete,** Markgraf von Meißen, Landgraf von Thüringen 1265–1307, * um 1240, † 20. 11. 1315 Erfurt; Sohn Heinrichs III. (des Erlauchten) aus dem Geschlecht der Wettiner, verkaufte einen Teil seiner Territorien, geriet dadurch in häufige Fehden mit seinen Söhnen u. überließ ihnen die Regierung.

*Österreich:* **14. Albrecht I.,** Herzog, dt. König, → Albrecht (1).

**15. Albrecht III.,** Herzog von Österreich, * 1349 oder 1350, † 29. 8. 1395 Laxenburg; Sohn Herzog Albrechts II. u. Neffe Friedrichs I.; teilte im Vertrag von Neuberg/Mürz 1379 die Herrschaft mit seinem jüngeren Bruder Leopold III., erhielt dabei Nieder- u. Oberösterreich, Steyr u. das Salzkammergut; Begründer der albertin.

Linie der Habsburger; erreichte in Auseinandersetzung mit den Ständen eine Stärkung der Herrschaft des Landesfürsten; förderte den Ausbau des Stephansdoms in Wien.

**16. Albrecht V.,** Herzog von Österreich, dt. König, → Albrecht (2).

**17. Albrecht VI.,** Herzog von Österreich 1462–1463, Herzog der Vorlande seit 1446, *1418 Wien, †2. 12. 1463 Wien; gründete 1457 die Universität Freiburg u. erkämpfte sich 1458 von seinem Bruder Friedrich (später Kaiser Friedrich III.) Österreich unter der Enns mit Wien. Nach seinem unerwarteten Tod war Friedrich wieder alleiniger Herrscher der österr. Donauländer.

**18. Albrecht VII., Albrecht der Fromme, Albertus Pius,** Erzherzog von Österreich 1585, Vizekönig von Portugal, 1596 Statthalter der Niederlande, *13. 11. 1559 Wiener Neustadt, †15. 11. 1621 Brüssel; Sohn Kaiser Maximilians II., wuchs am Hof Philipps II. von Spanien auf, wurde zuerst Geistlicher u. Kardinal, dann aus polit. Gründen säkularisiert, heiratete die einzige Tochter Philipps II., Isabella (*1566, †1633). A. schloss 1609 einen 12-jährigen Waffenstillstand mit den niederländ. Nordprovinzen; machte sich um die kath. Restauration verdient, war eifriger Förderer der Künste u. Wissenschaften.

**19. Albrecht (Albert) Kasimir,** Herzog von Sachsen-Teschen, *11. 7. 1738 Moritzburg bei Dresden, †10. 2. 1822 Wien; Sohn Kurfürst Friedrich Augusts II. von Sachsen (als König von Polen *August III.*), vermählt mit Erzherzogin Maria Christine von Österreich (*1742, †1798), der jüngsten Tochter Kaiserin Maria Theresias; 1765–1780 Statthalter von Ungarn, 1780–1792 Generalgouverneur der österr. Niederlande; förderte die theresian. Reformen, konnte aber die belg. Revolution nicht aufhalten; als Heerführer im Koalitionskrieg 1792 u. 1794/95 erfolglos; gründete die „Albertina" in Wien (Sammlung von Handzeichnungen u. Kupferstichen), förderte A. Canova.

**20. Erzherzog u. Oberkommandierender** der österr. Streitkräfte 1844–1895, Gouverneur von Ungarn 1851–1859, *3. 8. 1817 Wien, †18. 2. 1895 Arco; Sohn Erzherzog Karls, beteiligt an der Niederschlagung des Aufstandes in Italien 1848/49; schlug 1866 die Italiener bei Custoza.

*Preußen:* ◆ **21. Albrecht der Ältere,** Herzog in Preußen ab 1525, ab 1510 (letzter) Hochmeister des Deutschen Ordens in Preußen, *17. 5. 1490 Ansbach, †20. 3. 1568 Tapiau, Ostpreußen; am Hof des Kurfürsten von Köln erzogen u. im Heer Kaiser Maximilians I. in der Kriegskunst ausgebildet; versuchte nach seiner Wahl zum Hochmeister vergeblich, die zwischen dem Orden u. Polen bestehenden Spannungen durch eine krieger. Entscheidung zu beseitigen. Unter dem Einfluss der Lehren Luthers u. in der Einsicht, dass ohne die Hilfe des Reichs das Ordensheer militärisch unterliegen würde, unterwarf sich A. nach Ablauf eines vierjährigen Waffenstillstands 1525 Sigismund I. von Polen u. nahm das Ordensland Preußen als ein weltl. Herzogtum zu erbl. Lehen. Mit der gleichzeitigen Reformation machte A. Preußen zum ersten protestant. Territorium; die 1544 von A. gegr. Universität in Königsberg wurde zu einer der bedeutendsten Hochschulen im Ostseeraum. Obwohl von Kaiser u. Papst mit Acht u. Bann belegt, gelang es A. mit einer geschickten Außenpolitik, dem Herzogtum Preußen Polen gegenüber eine gewisse Selbständigkeit zu sichern. Innenpolitisch wurde die vom Deutschen Orden übernommene gut funktionierende Verwaltungspraxis fortgeführt.

**22. Prinz von Preußen,** Regent des Herzogtums Braunschweig 1885–1906, *8. 5. 1837 Berlin, †13. 9. 1906 Kamenz, Schlesien; General im Krieg gegen Österreich 1866 u. Frankreich 1870/71.

*Sachsen:* **23. Albrecht der Beherzte,** regierender Herzog gemeinsam mit seinem Bruder Kurfürst Ernst seit 1464, Sohn Friedrichs des Sanftmütigen, *31. 7. 1443 Grimma, †12. 9. 1500 Emden; durch die Teilung der sächs. Lande mit seinem Bruder (1485) Begründer der albertinischen Linie der Wettiner (Meißen mit Residenz Dresden); Erbauer der Albrechtsburg in Meißen; Reichsfeldherr in den Kriegszügen gegen Karl den Kühnen u. Matthias Corvinus; seit 1498 Statthalter von Friesland.

*Schweden:* **24. Albrecht (III.),** König 1364 bis 1389, Herzog von Mecklenburg, *um 1340, †1. 4. 1412 Doberan; von den schwed. Ständen auf den Thron seines Onkels Magnus Eriksson gewählt, aber von seiner Rivalin, Margarete von Dänemark u. Norwegen, besiegt u. bis zu seinem endgültigen Thronverzicht gefangen gesetzt.

*Württemberg:* **25. Herzog u. Thronfolger,** Sohn Herzog Philipps u. der Erzherzogin Maria Theresias, *23. 12. 1865 Wien, †29. 10. 1939 Altshausen; preuß. Generalfeldmarschall (Heeresgruppe Herzog A.) im 1. Weltkrieg.

**Albrecht,** mhd. Dichter aus Bayern, Verfasser des „Jüngeren Titurel" (um 1270).

**Albrecht, 1. Ernst,** dt. Politiker (CDU), *29. 6. 1930 Heidelberg; Volkswirt; 1958–1970 Beamter bei der EG-Kommission, zuletzt Generaldirektor für Wettbewerb, 1971–1976 in der freien Wirtschaft tätig, Min.-Präs. von Niedersachsen 1976–1990, 1979–1990 stellvertr. Vorsitzender der CDU.
**2. Gerd,** dt. Dirigent, *19. 7. 1935 Essen; 1963–1966 Generalmusikdirektor in Lübeck, 1966–1972 in Kassel, 1972–1978 Chefdirigent der Dt. Oper Berlin u. 1975–1980 Tonhalle Zürich, 1988–1997 Generalmusikdirektor der Hamburgischen Staatsoper, 1993–1996 Chefdirigent der Tschech. Philharmonie.
**3. Gerhard,** Wirtschafts- u. Gesellschaftspolitiker, *22. 1. 1889 Berlin, †12. 4. 1971 Marburg; 1916–1924 sozialpolit. Praxis in Ministerien u. Wohlfahrtsorganisationen, 1927 Prof. in Jena, seit 1935 in Marburg; 1945 Dezernent für Fragen der Volkswohlfahrt in der provisor. Landesregierung von Nordrhein-Westfalen.
**4. Günter,** dt. Soziologe, *7. 1. 1943 Duisburg; seit 1971 Prof. in Bielefeld, arbeitet bes. auf den Gebieten Sozialökologie, Mobilitätsforschung, Theorie abweichenden Verhaltens, Kriminologie. Hptw.: „Soziologie der geograph. Mobilität" 1972; „Sozialökologie" 1975.
**5.** *Albright,* Jacob, US-amerikan. Methodist dt. Herkunft, *1759 Fox Mountain, Pa., †1808; gründete die *Ev. Gemeinschaft.*

**Albrechtsberger,** Johann Georg, österr. Komponist u. Musiktheoretiker, *3. 2. 1736 Klosterneuburg, †7. 3. 1809 Wien; Lehrer von L. van Beethoven u. J. N. Hummel; hielt im Gegensatz zum „galanten Stil" an der polyphonen Schreibweise fest; bedeutend sind vor allem seine kirchenmusikal. Werke; verfasste musiktheoret. Schriften, u. a. „Gründliche Anweisung zur Komposition" 1790.

**Albrecht von Eyb,** dt. Humanist, *24. 8. 1420 Schloss Sommersdorf bei Ansbach, †24. 7. 1475 Eichstätt; Domherr in Bamberg; Wegbereiter der dt. Kunstprosa, übersetzte G. Boccaccio u. Plautus, nach deren Vorbild er auch eigene Komödien schrieb; Hrsg. latein. Dichtungen; „Ehebüchlein" 1472.

**Albrecht von Halberstadt,** dt. Chorherr, übertrug um 1200 mit Ovids „Metamorphosen" als Erster einen latein. Klassiker in dt. Verse.

**Albrecht von Kemenaten,** schwäb. mhd. Spielmann des 13. Jh., schrieb das nur fragmentarisch erhaltene Dietrich-Epos vom bösartigen Zwergenkönig „Goldemar".

**Albrecht von Scharfenberg,** mittelhochdt. Dichter, schrieb um 1280 die (nicht im Original überlieferten) Versepen „Merlin" u. „Seifrid de Ardemont".

**Albret** [alb'rɛ], Adelsfamilie in Südfrankreich: *Johann* (Jean d'A.) erwarb 1484 durch Heirat das Königreich Navarra. Seine Enkelin *Johanna* (Jeanne d'A., *1528, †1572), Gemahlin Antons von Bourbon u. Mutter Heinrichs IV. von Frankreich, seit 1562 Alleinherrscherin für ihren Sohn, stand auf der Seite der Reformierten. Das Herzogtum A. (seit 1556) fiel 1607 an den französ. König.

**Albright** [ˈɔːlbrait], **1. Ivan Le Lorraine,** US-amerikan. Maler, *20. 2. 1897 Chicago-North Harvey, Ill., †18. 11. 1983 Woodstock, Vt.; musste 1918 an der Front die Verstümmelungen menschl. Leiber für Archivzwecke malen; schuf in der Folge durch Detailgenauigkeit ins Hintergründige gesteigerte Bilder.
**2. Jacob,** US-amerikan. Methodist, → Albrecht (4).
**3. Madeleine Korbel,** US-amerikan. Politikerin tschechoslowak. Herkunft (Demokrat. Partei), *15. 5. 1937 Prag; Politikwissenschaftlerin; 1978–1981 im Stab des Nationalen Sicherheitsrates tätig, später Prof. für internationale Beziehungen in Washington; wurde 1993 UNO-Botschafterin; seit 1997 Außen-Min.

Albrecht, Herzog in Preußen

Albstadt

◆ **Albstadt,** Stadt in Baden-Württemberg, Zollernalbkreis, auf der Schwäbischen Alb, 730–974 m ü. M., 49 200 Ew.; Bundeswehrstandort; Metall verarbeitende, Textil- u. Elektroindustrie. – Entstand 1975 durch Zusammenschluss der Städte Ebingen u. Tailfingen sowie weiterer Gemeinden.
**Albuch,** *Aalbuch,* östl. Teil der Schwäb. Alb zwischen Geislinger Steige u. Brenztal, im *Bärenberg* 755 m hoch.
**Albufeira,** Küstenstadt in Südportugal in der Algarve, Distrikt *Faro,* 25 600 Ew.; der Fischerort ist Zentrum des südportugies. Fremdenverkehrs geworden.
**Albugo,** Pilz aus der Familie der *Peronosporaceae, A. candida* kommt als „weißer Rost" parasitisch auf dem Hirtentäschelkraut vor.
**Albula,** rätoroman. *Alvra,* **1.** Bezirk im schweiz. Kanton Graubünden; 723 km², 7800 Ew., davon sprechen 50 % Rätoromanisch, 39 % Deutsch.
**2.** Gebirgsgruppe im schweiz. Kanton Graubünden, westlich des Oberengadin, mit *Piz Kesch* (3418 m); von der Albulabahn im 5866 m langen *Albulatunnel* (erbaut 1898 bis 1903) zwischen Preda u. Bever durchfahren.
**3.** rechter Nebenfluss des Hinterrheins, 36 km; entspringt am *Albulapass,* durchfließt das *Albulatal* u. im Unterlauf die 12 km langen Felsenschluchten des Schin, mündet nördl. von Thusis.
**Albulapass,** 2312 m hoch, Straßenübergang (seit 1866) vom Albulatal zum oberen Inntal im Engadin.
**Album** [lat.], Gedenkbuch, Sammelbuch für Fotografien, Briefmarken usw.
**Albumblatt,** zuerst von R. Schumann gebrauchte Bez. für ein Charakterstück für Klavier (5 Albumblätter für Klavier op. 99, Albumblätter op. 124). Weitere Beispiele finden sich u. a. bei M. Reger, A. Skrjabin, F. Busoni.
**Albumine** [lat.], niedermolekulare schwefelreiche Eiweißgruppe, in Wasser löslich; A. gerinnen beim Erhitzen (→ denaturieren), bilden kristallisierbare Salze; im Hühnereiweiß *(Ovalbumin, Eialbumin),* in Milch *(Lactalbumin),* Blutserum *(Serumalbumin, Plasmaalbumin)* u. verschiedenen Pflanzen (z. B. Leguminosen) enthalten. A., die meist kein Glykokoll enthalten, sind reich an Glutamin- u. Asparaginsäure sowie an Leucin u. Isoleucin. A., Globuline u. Prolamine sind Hauptgruppen der tier. Proteine. Auch das Globin im roten Blutfarbstoff u. das Insulin rechnet man zu den Albuminen. Darstellung aus Blutserum u. Eiklar; Verwendung in der Lebensmittel-, Textil- u. Lederindustrie sowie als Sperrholzklebstoff; in der Medizin wird bei Schockzuständen nach Eiweiß- u. Blutverlust Albuminlösung infundiert.
**Albuminfarben,** Pigmentfarbstoffe mineral. oder organ. Natur, die mit Hilfe von Albumin, das das Festhaften des Farbstoffs bewirkt, auf das Gewebe aufgedruckt werden (Stoffdruck).
**Albuminpapier,** 1850 von L. D. Blanquart-Evrard erfundenes, bis ins 20. Jh. hinein verwendetes → Auskopierpapier, das bei hellem Tageslicht im Kontakt kopiert werden musste. Die Beschichtung bestand aus Eiweiß, Kochsalz, Essigsäure u. Wasser. Sensibilisiert wurde das Papier in einem Silbernitratbad. Bei der Belichtung entstand ein ziegelrotes Bild, das mit Goldchlorid braun getönt wurde. Fixierbad: Natriumthiosulfat.
**Albuminurie** [lat. + grch.], *Proteinurie, Eiweißharnen,* Ausscheidung von Eiweiß im Harn, bei Entartungen, Entzündungen u. Verletzungen der Nieren u. Harnwege sowie bei Kreislaufstörungen.
**Albuquerque** [ælbəˈkɜːki], größte Stadt des Staates New Mexico (USA), am oberen Rio Grande; rd. 1500 m ü. M., 398 000 Ew., davon 35 % spanischsprachiger Herkunft; Wirtschaftszentrum New Mexicos; Verkehrsknotenpunkt; Handelsplatz, Eisenbahnwerkstätten, Walzwerk, Ölraffinerien, Konservenindustrie. Atomforschungszentrum (Uranbergbau nahe A.), Kurort, Touristenzentrum, Skigebiet am *Sandiapeak* (3163 m), Staatsuniversität von New Mexico (1892) sowie Kulturzentrum der Puebloindianer; die Altstadt Albuquerques wurde 1706 von Spaniern gegr., östl. davon liegt die Neustadt, die 1879 während des Bahnbaus entstand.
**Albuquerque** [-ˈkɛrkə], Afonso de, portugies. Vizekönig in Ostindien 1509–1515, * 1453 Alhandra bei Lissabon, † 16. 12. 1515 auf See bei Goa; eroberte 1507 die Insel Ormuz (Pers. Meerbusen, Handelsplatz), 1510 Goa, das bald Mittelpunkt der portugies. Herrschaft in Ostindien wurde, u. 1511 Ceylon u. Malakka.
**Albury** [ˈælbəri], Stadt in Neusüdwales (Australien); am Murray nahe dem Hume-Stausee, 39 600 Ew.; Zentrum eines Agrargebietes; Wollmarkt; Bekleidungsindustrie; Herstellung von Metallwaren, Nahrungsmitteln, Papier, Elektrogeräten. – Gegründet um 1824.
**Albus** [der; lat., „Weißpfennig"], seit 1357 bes. in den Rheinlanden geprägte Silbermünze, anfangs im Gewicht von 4 g u. im Wert von 24 Pfennigen; im 18. Jh. wurde der A. als Rechnungsmünze abgelöst.
**Alcácer do Sal** [alˈkasɛr-], Stadt in Portugal, südöstl. von Lissabon, Distrikt Setúbal, 11 900 Ew.; Meersalzgewinnung, Reisanbau.
**Alcalá de Guadaira,** Stadt in Andalusien, Südspanien, Prov. Sevilla, 52 500 Ew.; Getreidemühlen, wichtiges Bäckereizentrum von Sevilla; Brennereien.
**Alcalá de Henares** [-eˈnaː-], alte span. Stadt 25 km nördl. von Madrid am Nordufer des Henares, 159 000 Ew.; 1510–1836 Universität, seit 1966 techn. Universität; histor. Zentrum (Weltkulturerbe seit 1998); Textil-, pharmazeut. Industrie, Eisenbahnwerkstätten; Geburtsort von M. de *Cervantes.*
**Alcalá la Reál,** südspan. Stadt nordwestl. von Granada, in Andalusien, 20 300 Ew.; Textilindustrie, Olivenölerzeugung; Getreideanbau.
**Alcalde** → Alkalde.
**Alcaligenes,** Gattung der Bakterien, gramnegative, streng aerobe, stäbchenförmige Bakterien. Einige Alcaligenesarten (z. B. *A. eutrophus*) können molekularen Wasserstoff mit Sauerstoff oxidieren, weshalb sie auch zu den aeroben Wasserstoff oxidierenden Bakterien gestellt werden (→ Knallgasbakterien).
**Alcamo,** italien. Stadt auf Sizilien, östl. von Trapani; 42 600 Ew.; Weinanbau; Kastell (14. Jh.).
**Alcañiz** [alˈkaɲiθ], span. Stadt im Ebrobecken, südöstl. von Zaragoza, Prov. *Teruel,* 11 700 Ew.; Verarbeitung landwirtschaftl. Produkte, Marktzentrum.
**Alcantara,** Marke, Kunstfaser aus 60 % Polyester u. 40 % Polyurethane, die nach einem japan. Patent hergestellt u. ähnl. dem Aufbau von Spinnweben versponnen, anschließend beschichtet u. dann in Lagen aufgeschnitten wird, wobei die Schnittflächen einen veloursleder ähnl. Charakter zeigen. Ähnl. wie Naturfasern brennt A. nicht, sondern glimmt nur; wird in der Bekleidungsindustrie als hochwertiges Veloursledernimitat verwendet.
**Alcántara** [arab., „die Brücke"], altertüml. span. Stadt nahe der portugies. Grenze in Estremadura, 2300 Ew.; röm. Granitbogenbrücke (2. Jh.) über den Tajo; Stammsitz des *Ordens von A.* (um 1171 gegr. geistl. Ritterorden nach der Zisterzienserregel; entwickelte sich seit dem 16. Jh. zum militär. Verdienstorden); bei A. entstand 1969 ein 104 km² großer Stausee (3,2 Mrd. m³ Inhalt) mit einem Kraftwerk.
**Alcantariner,** der von → Petrus von Alcántara 1555 gegr. Zweig des Franziskanerordens; im Jahre 1897 mit dem Franziskanerorden vereinigt.
**Alcarraza** [-ˈraθa; die; arab., span.], poröser Tonkrug zum Kühlhalten von Wasser.
**Alcarria** → La Alcarria.
**Alcaudete,** Stadt in Südspanien, südwestl. von Jaén, Prov. Jaén, 11 200 Ew.; Mühlen, Seifenherstellung.
**Alcázar** [-θar; der; span., arab., „die Burg"], Name span. Festungen u. Schlösser. Der A. von Sevilla wurde um 1360 nach dem Vorbild der Alhambra von König Peter dem Grausamen erbaut; typ. Beispiel des *Mudéjarstils.*
**Alceste,** griech. Sagengestalt, → Alkestis.
◆ **Alchemie,** *Alchimie, Alchymie* [arab., grch.], die Chemie des Altertums u. des MA. Sie war von der Anschauung beherrscht, dass ein Stoff in einen anderen übergeführt werden könne. So wurde große, vergebl. Mühe darauf verwendet, unedle Metalle in Gold zu verwandeln. Weitere Bemühungen zielten dahin, den Stein der Weisen u. ein Elixier für die unbegrenzte Verlängerung des Lebens zu finden. Trotz unsystemat. Experimentierens u. zahlreicher Fehlschläge machten die Alchemisten eine

# Alchemilla

Alchemie: Illustration aus der alchemistischen Prunkhandschrift „Splendor Solis", Augsburg um 1600, Germanisches Nationalmuseum. Dargestellt ist ein Sonnenwagen und die Planetenkinder der Sonne; in der Mitte eine Phiole mit einem dreiköpfigen Drachen

Reihe von wichtigen Entdeckungen u. Erfindungen (z. B. des Porzellans). Erst R. *Boyle* erkannte, dass Grundstoffe nicht ineinander übergeführt werden können. Die richtige Deutung der Verbrennungsvorgänge gab A. L. *Lavoisier.* Die theoret. Grundlagen der modernen Chemie, die im 17. u. 18. Jh. ihren Ursprung hat, gaben A. *Avogadro* u. J. *Dalton.*

**Alchemilla** → Ackerfrauenmantel, → Frauenmantel.

**Älchen,** Fadenwürmer, → Aaltierchen.

**Al Chwarismi** [-xva-], Mohammed Ibn Musa, pers.-arab. Mathematiker, * um 780, † nach 846 Bagdad; sein Lehrbuch „Al-Gabr" über Lösungsverfahren mathemat. Gleichungen gab Anlass zur heutigen Bez. *Algebra.* Von seinem Namen leitet sich der Begriff *Algorithmus* ab.

**Alciati,** *Alciatus, Alciato,* Andrea, italien. Rechtsgelehrter u. Schriftsteller, * um 1492 Alzato, Lombardei, † um 1550 Pavia; gab das erste Emblembuch heraus („Emblemata" 1531).

**Alcipe,** Marquesa de → Alorna.

**Alcira** [al'θi:ra], ostspan. Stadt, 30 km südl. von Valencia, 40 100 Ew.; Mittelpunkt eines Orangenanbaugebiets u. vieler Huertas (u. a. Reisanbau) in der fruchtbaren Tallandschaft des Júcar; landwirtschaftl. Handel, Papier-, Seiden- u. Möbelindustrie.

**Alcobaça** [alku'basa], Stadt in Westportugal, Distrikt *Leiria,* 90 km nördl. von Lissabon, 5200 Ew.; Mittelpunkt eines bedeutenden Weinbau- u. Obstanbaugebietes; Nahrungsmittel- u. keramische Industrie; frühgot. Kloster (gegr. 1152; Weltkulturerbe seit 1989) u. Kirche mit dem Grabmal des portugies. Königs Pedro I.

**Alcock** ['ælkɔk], Sir John, brit. Pilot, * 5. 11. 1892 Heaton Moor bei Manchester, † 18. 12. 1919 bei Rouen (Flugzeugabsturz); flog als Erster zusammen mit A. W. *Brown* (Navigator) von West nach Ost über den Atlantik (14./15. 6. 1919), Flugzeit 16 Stunden u. 27 Minuten.

**Alcoforado** [alkofu'raðu], Mariana, portugies. Nonne, * 22. 4. 1640 Beja, † 28. 7. 1723 Beja; galt früher als Verfasserin der „Portugiesischen Briefe", einer zuerst 1669 in französ. Sprache in Paris erschienenen Sammlung literarisch bedeutender Liebesbriefe an den französ. Grafen de Chamilly. Wahrscheinlich ist der angebl. Übersetzer Guilleragues der Autor. 1913 übertrug R. M. Rilke die Briefe ins Deutsche.

**Alcopley** [æl'kɔpli], eigentl. Alfred L. *Copley,* US-amerikan. Maler dt. Abstammung, * 19. 6. 1910 Dresden; seit 1937 in den USA; als Künstler Autodidakt; Medizin- u. Biologiestudium, in den 1950er Jahren zeitweise Arzt; Ausgangspunkt seiner Kunst ist der abstrakte Expressionismus in Öl- u. Acrylbildern u. ostasiat. Kalligraphie.

**Alcotest,** Marke für ein Gerät zum halbquantitativen Nachweis von Alkohol in der Atemluft. Alkoholdämpfe reduzieren ein in Prüfröhrchen vorgelegte Chromat(VI)-Lösung (gelb) zum dreiwertigen Chromsalz (grün), was ungefähr einem Alkoholspiegel oberhalb 0,3 bis 0,4‰ entspricht.

**Alcott** ['ɔːlkət], **1.** Amos Bronson, US-amerikan. Erzieher u. Philosoph, * 29. 11. 1799 Wolcott, Conn., † 4. 3. 1888 Boston, Mass.; nahm durch die Methode der „conversation" („Gespräch") Gedanken des modernen Gesamtunterrichts vorweg; gehörte der Transzendentalistenbewegung an, einem Kreis amerikan. Romantiker, die gegen das konventionelle rationalistische Denken in Kirche, Staat, Erziehung u. Literatur kämpften; schrieb „Observations on the methods and principles of infant instruction" 1830; „Sonnets and canzonets" 1882.
**2.** Louisa May, Tochter von 1), US-amerikan. Roman- u. Jugendschriftstellerin, * 29. 11. 1832 Germantown bei Philadelphia, D.A., † 6. 3. 1888 Boston, Mass.; schrieb Unterhaltungsromane mit treffenden Charakterzeichnungen; Hptw.: „Vier Schwestern" 1868, dt. 1948.

**Alcoy,** ostspan. Stadt über dem Alcoytal, in den Ausläufern des Andalusischen Berglands, 35 km nördl. von Alicante, 64 600 Ew.; Zigarettenpapier-, Textil- u. Nahrungsmittelindustrie.

**Alcuin** → Alkuin.

**Aldabra,** unter Naturschutz stehendes, nicht permanent bewohntes Atoll nördl. von Madagaskar; vier flache Inseln umschließen eine Lagune von 135 km²; Teil der Rep. Seychellen; Weltnaturerbe seit 1982; Forschungsstation (Ozeanographie, Biologie); Vorkommen von ca. 150 000 Riesenschildkröten.

**Aldan, 1.** bis 1939 *Nesametnyj,* Stadt im S Jakutiens (Russland), im nördl. Aldanbergland, 15 000 Ew.; Holz-, Lebensmittelindustrie; Goldgewinnung (seit 1923) im Aldanbecken; Glimmerabbau.

Heinrich Aldegrever: Hochzeitstänzer; Kupferstich, 1538

**2.** rechter Nebenfluss der Lena in Ostsibirien, 2220 km, Einzugsbereich 729 000 km²; entspringt im Stanowojgebirge, 640 km schiffbar.

**Aldanow,** *Aldanov,* Mark, eigentl. M. Alexandrowitsch *Landau,* russ. Schriftsteller, * 7. 11. 1886 Kiew, † 25. 2. 1957 Nizza; emigrierte 1919 nach Frankreich; verfasste philosoph. u. psycholog. Romane zur russ. u. westeurop. Geschichte. „Der Denker" (Romanzyklus) 1923–1927, dt. 1925–1929, behandelt die Zeit der Freiheitskriege mit vielen Bezügen auf die russ. Revolution.

**Aldebaran,** α *Tauri,* hellster Stern im → Stier, ein Stern der 1. Größenklasse; er ist 65 Lichtjahre entfernt.

**Aldecoa,** Ignacio, span. Erzähler, * 24. 7. 1925 Vitoria, † 15. 11. 1969 Madrid; in seinen Romanen („Mit dem Ostwind" 1956, dt. 1963) stellt er vor allem das Leben der unteren Volksschichten, der Zigeuner, Toreros u. – in „Gran sol" (1953, dt. 1957), dem bekanntesten Werk – der Hochseefischer dar.

◆ **Aldegrever,** eigentl. *Trippenmeker,* Heinrich, dt. Kupferstecher u. Maler, * um 1502 Paderborn, † zwischen 1555 u. 1561 Soest; zählt zu den sog. Kleinmeistern der dt. Renaissance. Sein malerisches Hauptwerk sind die Tafeln des Aldegrever-Altars in der Wiesenkirche in Soest, wo er seit 1525 tätig war. Sie zeichnen sich durch leuchtende Farbgebung aus. Manierist. Eigentümlichkeiten zeigen sich in seiner Folge von Hochzeitstänzern (1538). Am

Heinrich Aldegrever

bekanntesten wurde er mit seinen Ornamentstichen, in denen er unerschöpfl. Fantasie bewies. Sie dienten als Vorlagen für Töpfer u. Goldschmiede. Das preußische Reichsschwert von 1541 geht auf seinen Entwurf zurück.

**Aldehydcarbonsäuren,** Oxidationsprodukte der Hydroxycarbonsäuren; enthalten neben der Carboxylgruppe (– COOH) noch eine Aldehydgruppe (– CHO) u. zählen zu den Oxocarbonsäuren. Einfachste Aldehydcarbonsäure ist die → Glyoxylsäure.

**Aldehyde** [Kurzwort aus *Alkohol dehydrogenatus*], aliphat. u. aromat. Verbindungen, die die *Aldehydgruppe* –CHO enthalten. Niedere A. haben stechenden Geruch, höhere riechen z.T. angenehm obstartig (natürl. Riechstoffe) u. sind meist Flüssigkeiten. Darstellung der A. aus den entspre-

Kurt Alder

◆ **Alder,** Kurt, dt. Chemiker, *10. 7. 1902 Königshütte, †20. 6. 1958 Köln; führte Untersuchungen auf stereo-chem. Gebiet u. über Polymerisationen durch, fand zusammen mit Otto *Diels* die → Diensynthese; 1950 mit O. *Diels* Nobelpreis für Chemie.

**Alderamin** [arab.], α *Cephei,* hellster Stern im → Kepheus. Der Stern gehört zur 3. Größenklasse u. ist 49 Lichtjahre entfernt.

**Alderman** [ˈɔːldərmən; engl.], **1.** in angelsächs. Ländern: Ratsherr, Stadtrat, als solcher auch Friedensrichter.

**Aldington** [ˈɔːldiŋtn], Richard, engl. Dichter, *8. 7. 1892 Portsmouth, †27. 7. 1962 Sury-en-Vaux (Frankreich); gehörte als Lyriker der Gruppe der Imagisten an; seine Romane („Heldentod" 1929, dt. 1930) sind meist aus dem Erlebnis des 1. Weltkriegs entstanden; der Essay „Der Fall T. E. Lawrence" (dt. 1955) setzt sich kritisch mit der Biografie eines berühmten Zeitgenossen auseinander.

**Aldobrandini,** Ippolito, → Klemens VIII.

◆ **aldobrandinische Hochzeit,** 1604 in Rom auf dem Esquilin entdecktes Wandgemälde augusteischer Zeit (nach hellenist. Vorbildern) mit Darstellung der Vorbereitungen zur Hochzeit zwischen Dionysos u. Basilinna; benannt nach dem ersten Besitzer, Kardinal Aldobrandini; seit 1818 in Rom, Vatikan. Museen.

aldobrandinische Hochzeit: Fresko aus augusteischer Zeit. Rom, Vatikanische Museen

chenden Alkoholen durch Wasserstoffentzug oder durch Reduktion der Carbonsäuren. A. sind reaktionsfreudig, wirken reduzierend unter Oxidation zu Carbonsäuren u. neigen zu Polymerisations- u. Anlagerungsreaktionen. Sie sind Zwischenprodukte bei der Herstellung von Kunstharzen (→ Kunststoffe), Lösungsmitteln, DDT, Farbstoffen, Parfümen u. Gerbereibedarfsartikeln. Wichtige A. sind Formaldehyd (Formalin), Acetaldehyd, Benzaldehyd, Vanillin u. Chloral.

**Aldehydharze,** Kunstharze; Herstellung durch Kondensation von Aldehyden (Acetaldehyd, Acrolein oder Furfurol); Verwendung als säure- u. alkaliresistente Werkstoffe; auch → Kunststoffe.

**Aldenhoven,** Gemeinde in Nordrhein-Westfalen, Ldkrs. Düren, nordöstl. von Aachen, 13 300 Ew.; seit 1654 Wallfahrtsort; bis 1992 Braunkohlenbergbau, Autolampenwerk, chem. Industrie.
Großflächige Ausgrabungen in der näheren Umgebung von A. aus den Jahren 1965–1980, die durch die Zusammenarbeit der Rheinischen Braunkohlenwerke AG mit den örtl. Museen ermöglicht wurden, erbrachten neue Einsichten in das Siedlungswesen des Neolithikums; daneben wurden Spuren aller vorgeschichtl. Kulturen des Rheinlandes bis in die frühe Neuzeit entdeckt.

**2.** in England vor der normann. Eroberung (1066): Herrscher über eine Grafschaft (später *Earl*).

◆ **Alderney** [ˈɔːldəni], französ. *Aurigny,* nördlichste der brit. → Kanalinseln vor der französ. Küste, 8 km², 2 000 Ew.; Viehzucht; einzige Stadt: Saint Anne; Flugplatz.

Alderney

**Aldhelm,** angelsächs. Dichter, *um 640, †25. 5. 709; Abt von Malmesbury, Bischof von Sherborne. Seine Schriften in latein. Sprache, z.B. „De virginitate", zeigen umfassende klass. Bildung u. im Stil irischen Einfluss. Nach seinem Tode wurde er heilig gesprochen.

**Aldinen,** Drucke aus der Druckerei des Aldus *Manutius* u. seiner Nachfolger in Venedig, meist mit vorzügl. Holzschnitten der Frührenaissance ausgestattet, darunter die → Hypnerotomachia Poliphili.

**Aldohexosen,** organ.-chem. Verbindungen mit sechs Kohlenstoffatomen, die zur Gruppe der Monosaccharide zählen u. eine endständige Aldehydgruppe (– CHO) tragen. Wichtigste A. sind *Glucose, Galactose* u. *Mannose.*

**Aldol** [Kurzwort aus Aldehyd + Alkohol], β-*Hydroxybutyraldehyd,* $CH_3 - CHOH - CH_2 - CHO$, aliphat. Aldehyd, der sich wie Alkohol u. Aldehyd zugleich verhält; farblose Flüssigkeit, entstanden aus zwei Molekülen Aldehyd durch „Aldolkondensation". A. ist wichtiges Zwischenprodukt zur Herstellung von Butanol, Buna, Aldehydharzen u. Buttersäure.

**Aldolase,** Enzym aus der Gruppe der → Lyasen. Es spaltet ein Molekül *Fructosediphosphat* in 2 Moleküle *Triosephosphat.* Die höchste Aldolaseaktivität bei Tier u. Mensch wird in den Skelettmuskeln verzeichnet. Auch → Glykolyse.

**Aldosen,** *Aldehydzucker,* Monosaccharide mit einer endständigen Aldehyd-(CHO-) Gruppe. Die Zahl der Kohlenstoffatome im Molekül liefert die entsprechende Bezeichnung Biose, Triose, Tetrose, Pentose, Hexose.

**Aldosteron,** hochwirksames steroides Hormon der Nebennierenrinde, das die Kochsalzrückgewinnung u. die Kaliumausscheidung im Organismus steuert. A. ist das wichtigste *Mineralocorticoid.*

**Aldoxime**, *Oxime*, durch Kondensation von Hydroxylamin u. Aldehyden entstehende, farblose Verbindungen der Form $C_nH_{2n+1}$–CH = NOH, die als schwache Säuren mit Alkalien Salze bilden. Unter den Aldoximen finden sich einige potenzielle synthet. Süßstoffe.

**Aldrey,** Aluminiumlegierung mit geringem Silicium- u. Magnesiumgehalt; gute Festigkeit u. elektr. Leitfähigkeit, verwendet für Freileitungen.

**Aldrich** ['ɔːldritʃ], **1.** Robert, US-amerikan. Filmregisseur u. -produzent, *9. 8. 1918 Cranston, R. I., †5. 12. 1983 Los Angeles; drehte Action-, Western- u. Kriegsfilme, u.a. „Vera Cruz" 1954; „Das dreckige Dutzend" 1966; „All the marbles" 1981. **2.** Thomas Bailey, US-amerikan. Schriftsteller, *11. 11. 1836 Portsmouth, N.H., †19. 3. 1907 Boston, Mass.; humorvolle Kurzgeschichten („Marjorie Daw u. andere Erzählungen" 1873, dt. 1900), autobiograf. Roman „Die Geschichte eines bösen Buben" 1870, dt. 1878.

**Aldridge** ['ɔːldridʒ], James, austral. Erzähler, *10. 7. 1918 White Hills; verwendet in seinen Romanen seine Erfahrungen als Kriegsreporter: „O Kapitän, mein Kapitän" 1958, dt. 1959; „Zuflucht am Nil" 1961, dt. 1964.

**Aldridge-Brownhills** ['ɔːldridʒ 'braunhilz], Stadt in England, im Metropolitan County West Midlands, nördl. von Birmingham, 87 200 Ew.; Braunkohle-, Kalkstein-, Eisenerzvorkommen; Baustoff-, Metall-, Maschinen- u. Elektroindustrie. – Im 11. Jh. urkundl. nachgewiesen; früher Land- u. Forstwirtschaft; Fachwerkbau Old Hall, St. Margret's Hospital.

**Aldrin** ['ɔːldrin], Edwin, US-amerikan. Astronaut, *20. 1. 1930 Montclair, New Jersey; erfolgreicher Flug mit „Gemini 12", gehörte zur Besatzung von „Apollo 11" u. hielt sich am 20./21. 7. 1969 mit N. *Armstrong* mehrere Stunden auf dem Mond auf.

**Aldringen,** *Aldringer*, Johann Graf von, *10. 12. 1588 Luxemburg, †22. 7. 1634 Landshut; dt. Heerführer im Dreißigjährigen Krieg zunächst unter Maximilian von Bayern, seit 1623 in kaiserl. Diensten. A. gewann das Vertrauen Wallensteins, war 1626 am Sieg an der Dessauer Brücke beteiligt u. zeichnete sich 1630 bei der Eroberung Mantuas aus. Sein Eintreten für die Beseitigung Wallensteins hatte militär. Gründe. Als Feldherr der kaiserl. Armee fiel A. während der Verteidigung Landshuts gegen die Schweden.

◆ **Aldrovandi,** Ulisse, italien. Naturforscher, *11. 9. 1522 Bologna, †4. 5. 1605 Bologna; 1549 der Häresie verdächtigt u. in Rom bis zum Tod Papst *Pauls III.* eingekerkert; später Prof. der Medizin in Bologna, gründete dort 1568 den botan. Garten; zahlreiche zoolog. Veröffentlichungen, in denen auch die Anatomie von Vögeln u. „niederen Tieren" behandelt wird.

**Ale, 1.** *Geschichte:* [lat. *ala*, „Flügel"], Bez. einer Kavallerieeinheit im röm. Heer (etwa Schwadron), üblicherweise aus Bundesgenossen; in der Kaiserzeit reguläre Einheit von 500 oder 1000 Reitern. Auch → Auxilien.

Ulisse Aldrovandi

**2.** *Getränke:* [ɛil; das; engl.], Sortenbez. für obergäriges Bier nach engl. Art, kupferfarben oder dunkler. *Mild-Ale*, meist dunkles, nach Karamell schmeckendes Fassbier, wenig bitter; *Bitter-Ale*, Nationalgetränk Englands, sehr bitter, wenig Kohlensäure; *Pale-Ale*, helles engl. Bier.

**Alea** [lat., „Würfel"], *Tabulat*, antikes Brettspiel für 2 Personen; Spielbrett mit 2 × 12 Feldern, dazu je 15 Steine in 2 Farben u. 3 Würfel. A. war das Lieblingsspiel des röm. Kaisers Claudius; es ist ein Vorläufer des → Backgammon.

**Alea iacta est** [lat.], „Der Würfel ist gefallen", nach Sueton Ausspruch *Cäsars*, als er 49 v. Chr. den Rubicon überschritt u. damit den Bürgerkrieg eröffnete.

**Aleardi,** Aleardo, eigentl. *Gaetano* A., italien. Dichter, *14. 11. 1812 Verona, †17. 7. 1878 Verona; vor allem durch seine romant.-patriot. Lyrik u. Epik bekannt: „Le lettere a Maria" 1846, „Epistolario" 1879.

**Aleator** [lat.], Würfelspieler, leichtsinniger Spieler.

**Aleatorik** [die; lat. *alea*, „Würfel", „Zufall"], nach 1955 aufgekommene Kompositionstechnik der „Neuen Musik", gegen die zunehmende Mathematisierung in der → seriellen Musik gerichtet. Festgelegte Materialteile eines Musikstückes können vom Interpreten in beliebiger Reihenfolge gespielt werden, oder der Komponist gibt dem Interpreten mehr oder weniger konkrete Ausführungsanweisungen an die Hand (gelenkter Zufall); in beiden Fällen kann die Stück eine jeweils andere Form- u. Klanggestalt annehmen (Begriff der „offenen Form" von E. *Brown*). Aleatorische Verfahrensweisen werden auch in Kompositionstechniken angewandt. In der abendländ. Musik sind ähnl. Kompositionsmethoden bekannt; so z. B. Mozarts Würfelspiel-Walzer.

**aleatorisch** [lat.], vom Zufall abhängig.

**Alechinsky** [aleˈʃɛski], Pierre, belg. Maler, *19. 10. 1927 Brüssel; übersiedelte 1951 nach Paris; Vorkämpfer der Gruppe *Cobra*. Alechinskys Ideogramme haben den Charakter handgeschriebener, rhythm. Schrift; Einflüsse ostasiat. Tuschmalerei. 1955 entstand in Tokyo u. Kyoto der Film „Calligraphie japonaise". Seit 1965 gab er die Ölmalerei zugunsten der Acrylmalerei auf u. schuf ein umfangreiches graf. Œuvre. Bis in die 1990er Jahre entstanden großformatige Bilder mit halbfigurativen Motiven, die von kleinen Bildern umrahmt werden. Diese Einzelbilder stellen ein „Diskussionsforum" für das große Mittelbild dar. Danach Wiederaufnahme der einheitl. Formate u. Werke in Öl. 1998 Retrospektive im Jeau de Paume in Paris.

**Alecsandri** [alekˈsandri], Vasile, rumän. Dichter u. Staatsmann, *21. 7. 1821 Bačau, †22. 8. 1890 Mircesti; besang in Gedichten die Latinität Rumäniens („Pastellbilder" 1878), sammelte Volkslieder u. schrieb rd. 50 Bühnenstücke für das von ihm geleitete Nationaltheater in Jassy (u.a. „Ovid" 1855, dt. 1886).

**Alegre,** Manuel de Melo Duarte, portugies. Dichter, *12. 5. 1936 Águeda; schrieb v.a. engagierte Lyrik im Kampf gegen die Salazar-Diktatur; Exil in Frankreich u. Algerien; nach der Nelkenrevolution 1974 Rückkehr nach Portugal; Romane: „Jornada de África" 1989; „Alma" 1995; Gedichte: „Praça da canção" 1965; „O canto e as armas" 1967; „Sonetos do obscuro quê" 1993.

**Alegría,** Ciro, peruan. Schriftsteller, *4. 11. 1909 Quilca, †17. 2. 1967 Lima; Vertreter des peruan. Indigenismus, schildert in seinen Romanen die historische u. soziale Problematik der Mestizen: „Die goldene Schlange" 1935, dt. 1971; „Die Welt ist groß u. fremd" 1941, dt. 1980.

**Aleijadinho** [aleiʒaˈdinju; brasilian., „das Krüppelchen"], Beiname des brasilian. Bildhauers Antônio Francisco da Costa → Lisboa.

**Aleixandre** [alɛikˈsandre], Vicente, span. Lyriker, *26. 4. 1898 Sevilla, †14. 12. 1984 Madrid; gehörte zum Freundeskreis um F. *García Lorca*; mit Gedichtbänden wie „Die Zerstörung oder die Liebe" 1935, dt. 1978 u. „Sombra del paraíso" 1944 einer der führenden Surrealisten; dt. Auswahl „Nackt wie der glühende Stein" 1963. Nobelpreis 1977.

**Alejchem,** Scholem, jidd. Schriftsteller → Scholem Alamanus.

**Aleksej** → Alexej.

**Aleksinac** [-nats], Stadt in Serbien, an der Einmündung der *Moravica* in die *Južna Morava*; 13 000 Ew.; bis 1878 Grenzort zur Türkei, ausgedehnte Braunkohlenvorkommen.

**Alemagna** [-ˈmanja], Giovanni d' (de), *Johannes Alamanus*, italien. Maler dt. Herkunft, *wahrscheinl. Köln, †vor dem 9. 6. 1450 Padua; Werkstattgenosse u. Schwager von A. *Vivarini* in Venedig u. Padua, mit dem zusammen er mehrere Altartafeln schuf.

**Alemán,** Mateo, span. Schriftsteller, *28. 9. 1547 Sevilla, †nach 1614 in Mexiko (verschollen); ging 1608 nach Amerika; verfasste in der Nachfolge des anonym erschiene-

nen „Lazarillo de Tormes" den Schelmenroman „Guzmán de Alfarache" (1599–1604, dt. 1615, 1964) mit pessimist. Grundhaltung u. oft stark moralisierendem Stil, der das Gattungsbewusstsein des span. Schelmenromans (Novela picaresca) bildete; von großem Einfluss auf Cervantes.
**Alemán Lacayo,** Arnoldo, nicaraguan. Politiker (Alianza Liberal), *23. 1. 1946 Managua; Jurist; wurde 1990 Bürgermeister von Managua; seit 1997 Staats-Präs.
**Alemannen,** *Alamannen* [„alle Männer"], Bund westgerman. Völkerschaften meist swebischer Herkunft. Die A. kämpften erfolgreich gegen die Römer u. dehnten ihr Gebiet in der Völkerwanderungszeit vom Main bis in die Alpen hinein aus (Oberrhein, Elsass u. Schweiz). Nach 496 wurde das Gebiet dem Frankenreich eingegliedert; die A. verloren weitgehend ihre Selbständigkeit, 746 wurde ihr Stammesherzogtum abgeschafft. Seit dem 9. Jh. ersetzte nach u. nach der alte Name → Schwaben die Bezeichnung A.
**Alemannisch** → deutsche Mundarten.
**Alemán Valdés,** Miguel, mexikan. Politiker, *27. 9. 1902 Sayula, Veracruz, †14. 5. 1983 Mexico; Anwalt, 1930 Bundesrichter, 1940–1945 Innen-Min., 1946–1952 Staats-Präs.; widmete sich bes. der Landwirtschaft. Seine letzten Regierungsjahre wurden durch die Abwertung des Peso (1948) u. allg. Korruption in der Verwaltung überschattet.

Jean le Rond d'Alembert

◆ **Alembert** [alã'bɛːr], Jean le Rond d', französ. Mathematiker, Physiker u. Philosoph, *16. 11. 1717 Paris, †29. 10. 1783 Paris; Mitherausgeber der → Encyclopédie, zu der er die Einleitung („Discours préliminaire" 1751, dt. 1958) sowie zahlreiche Einzelartikel schrieb; von der Redaktion trat er jedoch 1759 zurück; 1741 Mitgl., seit 1772 Sekretär der Akademie. Befreundet mit Julie Lespinasse (*1732, †1776) u. in Korrespondenz mit Friedrich d. Gr., von dem er auch eine Rente bezog. Als Physiker ist A. durch seine „Abhandlung über Dynamik" (1743) u. das darin enthaltene, später nach ihm benannte *D'Alembert'sche Prinzip* berühmt, das dynam. Probleme auf leichter zu lösende statische zurückführt; als Mathematiker trat er mit Arbeiten zur Infinitesimalrechnung hervor; auch Arbeiten zur Musikwissenschaft (1752, 1760). In der Philosophie vertrat er einen antimetaphys. empiristischen Standpunkt u. schloss sich bes. an J. Locke an.
**Alencar,** José Martiniano de, brasilian. Schriftsteller u. Politiker, *1. 5. 1829 Mecejana, Ceará, †12. 12. 1877 Rio de Janeiro; 1868–1870 Justiz-Min.; schrieb neben Theaterstücken vor allem historische, regionalistische u. indianistische Romane: „O Guaraní" 1857, dt. 1876; „Iracema" 1865, dt. 1896; „O Gaúcho" 1870; „Senhora" 1875.

Aleppo: Hoch über der Stadt erhebt sich die imposante Zitadelle

**Alençon** [alã'sɔ̃; frz.], Nadelspitze mit reichen Ziernetzen u. zartem Relief; benannt nach dem Herstellungsort.
**Alençon** [alã'sɔ̃], nordfranzös. Stadt am Zusammenfluss von Sarthe u. Briante, Hptst. des Dép. Orne, 31 100 Ew.; Mittelpunkt eines reichen Landwirtschaftsgebiets; Textil- (Spitzen) u. Elektroindustrie; Fayencen, Granitbrüche.
**Alentejo** [alẽ'teʒu; „jenseits des Tejo"], histor. Landschaft Südportugals, zwischen Atlant. Ozean u. span. Grenze, südl. des Tejo; die 2 früheren Provinzen *Alto-Alentejo* u. *Baixo-Alentejo*; ein überwiegend dünn besiedeltes, meist hügeliges Tafelland mit stark kontinentalen u. mediterranen Einflüssen, mäßige Niederschläge; abseits der kleinen, inselartig verstreuten Betriebe mit künstl. Bewässerung (Mais-, Bohnen-, Tomaten-, Paprika-, Gemüse- u. Obstbau) werden die Böden nur periodisch bestellt, es herrscht mehrjähriger Wechsel von Brache u. Saat; Großgrundbesitz, der nach der Revolution von 1974 z. T. enteignet wurde; ausgedehnte Weizenfelder neben Ödländereien, Weinfelder, Oliven- u. Kastanienhaine, Stein- u. Korkeichenwaldungen für die Korkgewinnung u. die Mästung großer Schweineherden, in den höheren Lagen sommerdürre Heiden u. karges Gestrüpp (Schaf- u. Ziegenzucht); Kork- u. Textilindustrie, Töpferei.
**Aleppiner** → Basilianer.
◆ **Aleppo,** *Haleb, Halab,* größte Stadt im nördl. Syrien u. eine der bedeutendsten Städte des Orients, 1,54 Mio. Ew.; Universität, Musikhochschule, Staatsbibliothek, Nationalmuseum. A. ist eine fortschrittliche, sehr dynamische Handels- u. Industriestadt (Großhandel, Import- u. Exportfirmen, Textil-, Lederwaren-, Nahrungsmittelindustrie u. a.). Seit etwa 1955 wurden die Häuser der malerischen Altstadt (Weltkulturerbe seit 1988) zum Teil durch moderne Hochhäuser ersetzt; die Zitadelle als Zeichen großartiger Festungsbaukunst u. der Bazar blieben erhalten. Seit dem späten MA war A. ein Zentrum des Levantehandels u. bevorzugter Sitz der europ. Faktoreien. Zu Beginn der Neuzeit büßte A. diese hervorragende Stellung durch die Verlagerung der Handelswege vorübergehend ein. A. verdankt seine heutige Bedeutung überwiegend der günstigen Verkehrslage (Karawanenwege, Eisenbahnen, Autostraßen u. -bahnen, Flughafen).
*G e s c h i c h t e :* A. gilt als eine der ältesten ständig bewohnten Siedlungen der Welt. Es wird erstmals in hethit. Urkunden um 2000 v. Chr. als Hptst. eines Königreichs *Jamhad* erwähnt, das später unter hethit., vorübergehend auch hurrit. Oberherrschaft kam. Nach 1200 v. Chr. war A. Hptst. eines kleinen syr.-hethit. Fürstentums. 738 v. Chr. wurde es von den Assyrern, 539 v. Chr. von den Persern, 333 v. Chr. von Alexander d. Gr. erobert; nach dessen Tod kam es zum Seleukidenreich u. erhielt den Namen *Beroia.* 65 v. Chr. wurde A. römisch. 637 eroberten die Araber die Stadt (Höhepunkt unter den Hamdaniden im 10. Jh.). 962–1015 war A. dem byzantin. Reich tributpflichtig. Nach wechselnden polit. Abhängigkeiten wurde A. 1260 von den

Aletschgletscher: Der längste Alpengletscher entsteht aus dem Zusammenfluss mehrerer Firngebiete. Im Bild das Firngebiet am Rottalhorn

ägypt. Mameluken eingenommen. 1516 kam es zum Osman. Reich, 1920 zum damaligen französ. Völkerbundsmandat Syrien.

**Aleppobeule,** *Orientbeule,* veraltete Bez. für die kutane → Leishmaniase.

**Aleppokiefer,** *Seekiefer, Pinus halepensis,* Kiefernart aus den Küstengebieten des Mittelmeers, bis 15 m hoch; schirmförmige Krone.

**Alepponuss,** Frucht der *Aleppokiefer.*

**Alerce** → Fitzroya.

**Alercezypresse** → Fitzroya.

**alert** [frz.], (auf)geweckt, munter, flink.

**Alès** [a'lɛs], früher *Alais,* südfranzös. Kreisstadt im Dép. Gard, am Cevennenrand, 42 300 Ew.; Bischofssitz im 17./18. Jh.; im 19. Jh. Entwicklung zu bedeutender Industriestadt, Kohlen- u. Erzabbau, Maschinen-, Glas- u. Seidenindustrie; aufgrund der Erschöpfung von Kohlen- u. Erzvorräten heute wirtschaftl. Schwierigkeiten.

**Aleš** ['alɛʃ], Mikoláš, tschech. Maler, *18. 11. 1852 Mirotice bei Pisek, †10. 7. 1913 Prag; 1869–1876 Ausbildung an der Prager Kunstakademie; malte vorwiegend idealisierende Historienbilder; kam in seinem Spätwerk zu einer fast realist. Malweise u. blieb auch vom Impressionismus nicht unberührt. Illustrationen zu tschech. Volksliedern.

**Alesia,** Stadt der kelt. *Mandubier* auf dem Mont Auxois, beim heutigen Alise-Sainte-Reine (Côte d'Or). Hier fand 52 v. Chr. unter → Vercingetorix der letzte Kampf der Gallier gegen *Cäsar* statt.

**Alessandrescu,** Alfred, rumän. Komponist u. Dirigent, *2. (14.) 8. 1893 Bukarest, †18. 2. 1959 Bukarest; Schüler der Schola Cantorum (d'Indy) u. des Conservatoire in Paris; Tätigkeit als 1. Dirigent der Staatsoper Bukarest u. als Leiter des Symphonieorchesters von Radio Bukarest; schrieb die symphonischen Dichtungen „Didon" (1911) u. „Actéon" (1915) sowie eine „Fantaisie roumaine" für Orchester (1913).

**Alessandria, 1.** Provinz in Italien, 3560 km², 436 000 Ew., Hptst. *A.* (2).

**2.** italien. Stadt u. Festung in Piemont, am Tanaro, Hptst. der Provinz A., 90 200 Ew.; Messestadt, bedeutender Verkehrsknotenpunkt; Elektro-, Metall-, Hut-, Schuh- u. Möbelindustrie, Agrarhandel.

**Alessandrina,** Bestände aus der Bibliothek der ehem. Königin Christine von Schweden († 1689) in der Vatikanischen Bibliothek.

**Alessandri Rodriguez** [-gɛʃ], Jorge, Sohn von A. *Alessandri y Palma,* chilen. Politiker, *19. 5. 1896 Santiago, †31. 8. 1986 Santiago; Geschäftsmann, 1958–1964 Staats-Präs.; trieb mit US-Krediten u. Zugeständnissen an das ausländische Kapital die Industrialisierung des Landes voran.

**Alessandri y Palma** [-i-], Arturo, chilen. Politiker, *20. 12. 1868 Longavi, Prov. Linares, †24. 8. 1950 Santiago; Anwalt; 1920–1926 als Linksliberaler, 1932–1938 erneut, diesmal als Vertreter der Rechten, Staats-Präs.; bemühte sich in seiner Amtszeit erfolgreich um eine Verminderung der sozialen Spannungen in Chile.

**Alessi,** Galeazzo, italien. Architekt, *1512 Perugia, †30. 12. 1572 Perugia; Ausbildung in Rom; starker Einfluss von *Michelangelo;* seit 1548 in Genua, dort führender Architekt der Hochrenaissance; kennzeichnend sind monumentale Treppenanlagen, Kolonnaden u. Höfe auf verschiedenen Ebenen (z. B. „Villa Cambiaso" in Genua, 1548).

**Ålesund** ['ɔːləsyn], westnorweg. Hafenstadt am Storfjord, 36 300 Ew.; Schiffbau, Fischfang u. -verarbeitung; Standort der größten Fischereiflotte des Landes.

**Alete,** Marke für Säuglings-, Diät- u. Krankenkost.

**Alethiologie** [grch.], Lehre von der Wahrheit.

◆ **Aletschgletscher,** der mächtigste u. längste Gletscher der Alpen, 87 km², 22 km lang, am Südabfall der Berner Alpen (schweiz. Kanton Wallis); die Gletscher des Ewigschneefelds, Jungfraufirns u. Großen Aletschfirns bilden nach ihrer Vereinigung (Konkordiaplatz, 2800 m) den Großen A., dem von NW Mittel-Aletschfirn u. Ober-Aletschgletscher vom Aletschhorn zufließen; sein Abfluss ist die Massa, die oberhalb Brig in die Rhône mündet; oberhalb des Aletschgletschers das Naturschutzreservat *Aletschwald.*

**Aletschhorn,** mit 4195 m der zweithöchste Gipfel der Berner Alpen, Erstbesteigung 1859.

**Aleukie** [grch.], hochgradige Verminderung der Granulocyten (neutrophilen Leukocyten) u. gleichzeitig auch der Blutplättchen, die bei der ursächlich u. im Verlauf ähnlichen *Agranulocytose* normal vorhanden sind; bei der A. besteht deshalb zusätzlich eine abnorme Blutungsbereitschaft.

**Aleurit,** russ. Bez. für ein Lockersediment mit mittlerem Korngrößendurchmesser von 0,01–0,1 mm; dt. Bez.: *Silt* oder *Schluff.*

**Aleurites** → Tungölbäume.

**Aleuron** [das; grch.], in *Aleuronkörnern* vorliegendes Reserveeiweiß der Zellen bestimmter Früchte und Samen, z. B. in der Außenschicht des Nährgewebes von Getreidekörnern *(Aleuronschicht)* u. in den Samen von Hülsenfrüchten. Die Aleuronkörner entstehen aus kleinen Vakuolen, deren hoher Eiweißgehalt durch Wasserverlust erstarrt bzw. auskristallisiert. Sie sind jeweils von einer Vakuolenmembran umhüllt u. enthalten häufig Kügelchen der Phosphat-Speichersubstanz *Phytin.*

**Aleuronschicht,** äußerste Schicht des → Endosperms z. B. im Weizenkorn; enthält viele Protein- oder Aleuronkörner. Auch → Aleuron.

◆ **Aleuten,** *Unangan,* Bewohner der Aleuten-Inseln u. des westl. Teils der Alaska-Halbinsel, eng verwandt mit den *Eskimo.*

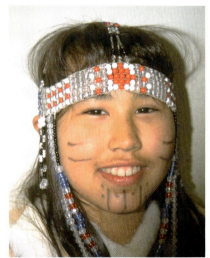

Aleuten: Mädchen

**Aleuten,** ca. 1800 km langer Inselbogen zwischen Beringmeer u. Pazif. Ozean in Alaska, 11 900 Ew. (davon 2000 russifizierte Aleuten); über 150 Inseln, 37 850 km²; in Fortsetzung der Alaskahalbinsel, Reste einer in junger geolog. Zeit eingebrochenen Landmasse zwischen Asien u. Amerika, z.T. vulkanisch (Shishaldin auf Unimak, 2861 m); baumlos (Nebel, Stürme), Zwergstrauch- u. Tundrenvegetation; Haupthafen Dutch Harbor, Flugstützpunkt; im O die *Fuchsinseln* (Unimak, Unalaska, Umnak u.a.), *Tschuginadak,* die *Andrejanofinseln* (Amlia, Atka, Adak, Tanaga), die *Rat Islands* (Amchitka, Kiska u.a.); Robbenjagd, Lachsfang u. Pelztierjagd. – Seit dem 2. Weltkrieg zahlreiche US-Militärstützpunkte; 1741 durch V. *Bering* u. seine Begleitung entdeckt; gehören seit 1867 zu den USA.

**Aleutengraben,** bogenförmiger Tiefseegraben südl. der Aleuten, am Nordrand des Nordostpazif. Beckens, bis 7822 m tief.

**Aleutentief,** Tiefdruckzentrum im Nordpazifik, kräftig ausgeprägt im Winter, im Sommer abgeschwächt u. polwärts verschoben, zeitweise ganz fehlend.

**aleutische Sprache,** auf den Aleuten gesprochen, bildet zusammen mit den *Eskimosprachen* eine Sprachfamilie; sie wird von manchen Forschern zu den Indianersprachen gezählt.

**Alewyn,** Richard, dt. Literaturhistoriker, \*24. 2. 1902 Frankfurt a.M., †14. 8. 1979 Prien; Prof. in Heidelberg 1932/33, Emigration bis 1949, dann Prof. in Köln, Berlin u. Bonn; Arbeiten zur Kultur- u. Theatergeschichte des Barocks u. über H. von Hofmannsthal.

**Alexander** [grch., „der Männer-Abwehrende", vermutl. aus einem vorgriech. Namen umgedeutet], männl. Vorname; russ. Koseform *Sascha*.

**Alexander,** PÄPSTE:
1. **Alexander I.,** 107–115 (?), Heiliger; Fest: 3. 5.

Papst Alexander II.

◆ 2. **Alexander II.,** 1061–1073, eigentl. *Anselm,* Bischof von Lucca, †21. 4. 1073 Rom; ohne Beachtung der Rechte des dt. Königs gewählt, konnte den daraufhin vom dt. Hof aufgestellten Honorius II. verdrängen. A. versuchte aber noch, wie die Vertreter der älteren Reformpartei (z. B. Papst Leo IX.) zusammen mit dem dt. König die Kirche zu reformieren (Kampf gegen Simonie u. Priesterehe), daher kam es gelegentlich zu Spannungen mit dem rigoroser eingestellten Archidiakon Hildebrand, dem späteren Papst Gregor VII.

3. **Alexander III.,** 1159–1181, eigentl. Roland *Bandinelli,* \*Siena, †30. 8. 1181 Civita Castellana; Kanonist u. Theologe, um 1150 Kardinal, päpstl. Legat auf dem Reichstag zu Besançon 1157. Gegen Kaiser Friedrich I. Barbarossa und vier Gegenpäpste führte er einen langen, schließl. erfolgreichen Kampf um die Unabhängigkeit des Papsttums u. der Kirche (Frieden von Venedig 1177, Ende des Schismas 1180). Auf dem 3. Laterankonzil 1179 verbot er die Eigenkirchen u. änderte das Papstwahlrecht (gewählt ist, wer ²/₃ der Stimmen der Kardinäle erhält). Mit A., der eine große Zahl von päpstl. Erlassen herausgeben ließ, beginnt die Ära der Dekretalengesetzgebung.

4. **Alexander IV.,** 1254–1261, eigentl. Rainald Graf von *Segni,* Neffe Papst Gregors IX., †25. 5. 1261 Viterbo; 1227 Kardinal; Förderer der Orden, setzte die antistaufische Politik seiner Vorgänger fort, deren Scheitern er am Ende seines Lebens selbst erkannte.

5. **Alexander (V.),** Gegenpapst 1409/10, eigentl. Petros *Philargis,* \*um 1340 Kreta, †3.5. 1410 Bologna; gelehrter Franziskaner, 1405 Kardinal der röm. Observanz, auf der Synode zu Pisa nach der Absetzung Gregors XII. u. Benedikts XIII. zum Papst gewählt, galt er erst der Nachwelt als Gegenpapst.

Papst Alexander VI.

◆ 6. **Alexander VI.,** 1492–1503, eigentl. Rodrigo de *Borgia* (Borja), Neffe von Papst Kalixt III., \*1431/32 Játiva bei Valencia, †18. 8. 1503 Rom; 1455 Kardinal, trotz starker Opposition dann durch Simonie zum

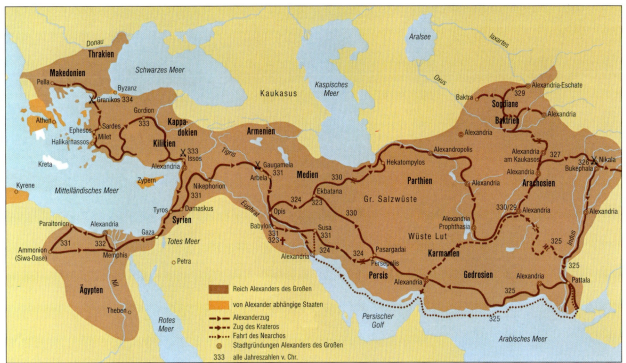
Das Reich Alexanders des Großen

181

## Alexander der Große 356 – 323 v. Chr.

| | | |
|---|---|---|
| Geboren als Sohn König Philipps II. von Makedonien in Pella | 356 | Philipp II. führt den zweiten heiligen Krieg gegen die Phoker (bis 346), die Delphi ausgeraubt hatten |
| | 347 | Platon gestorben / Demosthenes (384–322) hält in Athen die erste Philippika gegen Philipp II. (so genannte Friedensrede) |
| | 344 ~ | Zweite Philippika des Demosthenes |
| Der Philosoph Aristoteles kommt auf Philipps Wunsch als Hauslehrer Alexanders nach Pella (bis 334) | ~ 343 | Artaxerxes III. unterwirft Ägyptens; der letzte Pharao, Nektanebos II., flieht nach Nubien / Die drei Samnitenkriege (bis 290) festigen die Herrschaft Roms in Mittelitalien |
| | 340 | Nach der dritten „Philippika" bildet sich der „Hellenenbund", der Philipp II. den Krieg erklärt |
| | 338 | Sieg Philipps II. über die Griechen in der Schlacht bei Chaironeia. Ende der selbständigen Außenpolitik der Staaten Griechenlands |
| | 337 | Landfriedensordnung von Korinth: Philipp II. einigt alle griechischen Staaten außer Sparta |
| Philipp II. wird ermordet / Alexander tritt die Nachfolge seines Vaters an | 336 | Dareios III. wird König von Persien / Zenon, Begründer der Stoa, geboren |
| A. kämpft gegen die Triballer auf dem Balkan. Er dringt bis zur Donau vor / A. gewinnt durch die Zerstörung Thebens die Vorherrschaft in Griechenland | 335 | Die Herstellung farbiger Terrakotten verlagert sich aus dem zerstörten Theben nach Tanagra und verbreitet sich von dort im hellenistischen Kulturkreis |
| A. beginnt seinen Zug gegen Persien / Gordion, wo A. den „gordischen Knoten" durch Schwertschlag löst, wird Aufmarschgebiet | 334 | |
| A. besiegt bei Issos den Perserkönig Dareios III. und gewinnt Kleinasien u. Syrien | 333 | |
| A. erobert nach siebenmonatiger Belagerung die phönizische Hafenstadt Tyros (Ende ihrer führenden Stellung im Handel der Alten Welt) / A. besetzt Ägypten, gründet Alexandria als neue Residenz, erkennt aber die alten Kulte u. religiösen Zentren an / A. wird in der Oase Siwa zum Sohn des Gottes Ammon geweiht | 332 ~ | Im Weltreich Alexanders entsteht der Hellenismus als eine fruchtbare griechisch-orientalische Mischkultur, die sich in der Folgezeit über das weitere Mittelmeergebiet verbreitet (bis etwa 31. v. Chr.) |
| A. schlägt Dareios III. bei Gaugamela (Mesopotamien) entscheidend | 331 | |
| Durch die Ermordung Dareios' III. fällt das gesamte Perserreich an A. / A. besetzt Babylon, Susa u. Persepolis; versucht den „Babylonischen Turm" wieder aufzubauen | 330 ~ | Kallisthenes schreibt eine verherrlichende Geschichte Alexanders des Großen / Der griechische Forscher Pytheas aus Massilia (Marseille) gelangt nach Britannien, umsegelt es, erreicht „Thule" (Norwegen oder Shetlandinseln) und Jütland. Erste geschichtliche Nachricht über die Germanen |
| | 328 ~ | Praxiteles, griechischer Bildhauer, gestorben |
| A. heiratet die baktrische Königstochter Roxane / A. lässt seinen Jugendfreund Kallisthenes hinrichten / Im Zuge der Eroberung des persischen Großreichs dringt A. nach Indien vor | | |
| Schlacht am Hydaspes (Ihelum) gegen König Poros / Am Hyphasis Beas zwingen die Truppen A. zur Umkehr | 326 | |
| A. nimmt bei einer Massenhochzeit makedonischer Adeliger mit vornehmen Perserinnen Barsine, die Tochter des Dareios, neben Roxane zur Frau | 324 | |
| Gestorben in Babylon | 323 | Die Feldherren Alexanders (Diadochen) teilen in Kämpfen (bis 280) sein Weltreich |

Papst gewählt. A. war ein weltl. eingestellter Renaissancefürst, polit. oft sehr geschickt – so konnte er das Vordringen Spaniens u. Frankreichs gegen den Kirchenstaat eindämmen –, jedoch in seiner Lebensführung bedenkenlos.

**7. Alexander VII.**, 1655–1667, eigentl. Fabio *Chigi*, * 13. 2. 1599 Siena, † 22. 5. 1667 Rom; 1639–1651 Nuntius in Köln, als solcher an den Verhandlungen des Westfäl. Friedens beteiligt; 1651 Staatssekretär, 1652 Kardinal. Er hielt sich vom Nepotismus nicht frei u. war Frankreich gegenüber nachgiebig (Frieden von Pisa 1664); bekämpfte Jansenismus u. Laxismus, förderte Wissenschaft u. Kunst (Scala regia im Vatikan u. Kolonnaden des Petersplatzes durch Bernini).

**8. Alexander VIII.**, 1689–1691, eigentl. Pietro *Ottoboni*, * 22. 4. 1610 Venedig, † 1. 2. 1691 Rom; 1652 Kardinal, wandte sich nach dem Scheitern seiner Versöhnungspolitik gegenüber Frankreich energisch gegen den Gallikanismus; erwarb für die Vatikanische Bibliothek die Bücher u. Handschriften der Königin Christine von Schweden.

**Alexander, FÜRSTEN:**

### ALTERTUM

**1. Alexander von Epirus,** König der Molosser 342–330 v. Chr., Onkel von 2), versuchte 334–330 v. Chr. in Süditalien ein aus griechischen Städten u. italischen Stämmen bestehendes Reich aufzubauen, wurde jedoch von einem Lukaner ermordet.

Alexander der Große

♦ **2. Alexander III., Alexander der Große,** König von Makedonien 336–323 v. Chr., * 356 v. Chr. Pella, † 13. 6. 323 v. Chr. Babylon; Sohn *Philipps II.* von Makedonien u. der *Olympia* von Epirus, von *Aristoteles* erzogen. Nachdem sein Vater ermordet worden war, gelangte A. 20-jährig auf den Thron u. schlug verschiedene Aufstände in Griechenland nieder (u. a. wurde Theben bis auf das Haus Pindars völlig zerstört). 336 v. Chr. ließ er sich in Korinth als Führer *(Hegemon)* eines makedon.-griech. Heeres für den Rachefeldzug gegen die Perser ausrufen, besiegte das Heer des pers. Großkönigs *Dareios III.* in den Schlachten am *Granikos* 334 v. Chr., bei *Issos* 333 u. bei *Gaugamela* 331, eroberte 332/31 v. Chr. Ägypten, das seit 525 v. Chr. pers. Satrapie war, u. gründete 331 v. Chr. die Stadt *Alexandria*. Nachdem Dareios auf der Flucht umgekommen war, brannte A. den Palast von Persepolis nieder, eroberte in den Jahren 330–327 v. Chr. in schweren Kämpfen die ostiran. Provinzen, stieß bis über den Iaxartes (Syrdarja) vor u. führte sein Heer 327–325 v. Chr. bis nach Indien. Während des Feldzugs formte sich der Plan, „bis an das Ende der Welt zu marschieren", d. h., bis an das „Ostmeer" zu gelangen, doch die erschöpften Truppen verweigerten am *Hy-*

*phasis* (Beas, Fluss im Pandschab-Gebiet) den Weitermarsch. Damit hatte A. den östlichsten Punkt bei seinem Heereszug erreicht, er musste umkehren u. starb am 13. 6. 323 v. Chr. in Babylon an Fleckfieber. Er hinterließ das größte Reich in der Geschichte der Alten Welt. – Alexanders Ziel u. Wunsch war es, die europ., morgenländ. u. asiat. Teile des Weltreichs zu einem einheitl. Gebilde zusammenzuschweißen. Seine Feldzüge hatten neue geograph. Räume erschlossen u. die Entstehung eines Welthandels u. -verkehrs ermöglicht. A. veranlasste Massenheiraten zwischen Makedonen u. Perserinnen; durch die Gründung von mehr als 80 sog. *Alexander-Städten* in Asien wurden griech. Kultur u. Sprache weit verbreitet; zusammen mit Aufnahme oriental. Elemente entstand so die hellenist. Weltkultur. Da kein unmittelbarer Nachfolger aus dem makedonischen Königshaus vorhanden war, zerfiel das Alexanderreich schon nach kurzer Zeit in die Reiche der → Diadochen, die Alexanders Verschmelzungspläne rasch aufgaben. Alle Mitglieder des Königshauses, darunter Alexanders Frau *Roxane*, eine baktrische Fürstentochter, die zum Zeitpunkt seines Todes ein Kind erwartete, wurden bei den Diadochenkämpfen getötet. *Karte S. 181*

MITTELALTER U. NEUZEIT
*Bulgarien:* **3. Alexander I., Alexander von Battenberg,** Fürst 1879–1886, * 5. 4. 1857 Verona, † 17. 11. 1893 Graz; Neffe von 9), mit Unterstützung Russlands gewählt, dann aber auf russ. Betreiben gestürzt, da er eigene Pläne verfolgte. Seine Verlobung mit der preuß. Prinzessin Viktoria, der Schwester des dt. Thronfolgers, des späteren Kaisers Wilhelm II. („Battenberg-Affäre"), verhinderte Bismarck, um Russland nicht zu verärgern. A. besiegte die Serben in der Schlacht bei Slivnica (1885).
*Griechenland:* **4. Alexander,** König 1917–1920, * 1. 8. 1893 Athen, † 25. 10. 1920 Athen; konnte sich nach der erzwungenen Abdankung seines Vaters Konstantin gegen den ententefreundl. Min.-Präs. E. *Venizelos* nicht durchsetzen.
*Jugoslawien:* **5. Alexander I.,** König 1921–1934, * 17. 12. 1888 Cetinje, † 9. 10. 1934 Marseille (von kroat. Nationalisten ermordet); während des 1. Weltkrieges Oberbefehlshaber der serb. Truppen u. als Prinzregent faktisch Leiter der Staatsgeschäfte; versuchte, seit 1929 mit diktator. Mitteln, aus dem Königreich der Serben, Kroaten u. Slowenen einen Einheitsstaat (neuer Staatsname 1929 „Jugoslawien") zu schaffen.
*Polen:* **6. Alexander Jagiełło,** König 1501 bis 1506, Großfürst von Litauen seit 1492, * 5. 8. 1461 Krakau, † 19. 8. 1506 Wilna; seine Erhebung zum litauischen Großfürsten widersprach der poln.-litauischen Union, da gleichzeitig sein Bruder Johann I. Albrecht in Polen König wurde. Obwohl mit Helene, der Tochter Iwans III. verheiratet, musste er 1492–1494 u. 1500–1503 Abwehrkriege gegen Moskau führen; ihm gelang ein langfristiger Friede mit den Osmanen.

Dem Adel gewährte A. 1505 das Generalprivileg „Nihil novi", das dem Reichstag die gesamte Gesetzgebung u. dem König die Exekutive überließ. Dieser Sieg der poln. Adelsdemokratie gilt als der Eintritt Polens in die Neuzeit.
*Russland:* **7. Alexander Newskij,** seit 1236 Fürst von Nowgorod, seit 1252 Großfürst von Wladimir, * um 1220, † 14. 11. 1263; 1240 Sieger über die Schweden an der Newa, 1242 über den Dt. Orden auf dem Eis des Peipussees.

Alexander I. von Russland

◆ **8. Alexander I. Pawlowitsch,** Zar 1801 bis 1825, * 23. 12. 1777 St. Petersburg, † 1. 12. 1825 Taganrog; reformierte den Staatsapparat (1802 Ersetzung der Kollegien durch persönlich verantwortliche Ressortminister, 1810 Gründung des Reichsrats), jedoch Verfassungsentwürfe M. Graf *Speranskijs* (1809) u. *Nowosilzews* (1819) nicht verwirklicht. Seit 1815 ließ A. durch A. Graf *Araktschejew* ein reaktionäres Polizeiregime errichten. Nach der Niederlage gegen Napoleon an der Seite Preußens 1807 schloss sich A. der Kontinentalsperre an. Von Schweden erkämpfte A. 1809 Finnland, von den Türken 1812 Bessarabien. Der Sieg über Napoleon (1812/13) brachte A. an die Spitze der 3. Koalition gegen Frankreich u. ließ ihn als Befreier Europas erscheinen. Auf dem Wiener Kongress setzte er die Bildung eines Königtums Polen unter russischer Herrschaft durch. Unter dem Einfluss mystisch-konservativer Strömungen (Freiin von Krüdener) wurde A. zum Initiator u. Mitbegründer der 1815 in Paris geschlossenen Heiligen Allianz.

Alexander II. von Russland

◆ **9. Alexander II. Nikolajewitsch,** Zar 1855 bis 1881, * 29. 4. 1818 Moskau, † 13. 3. 1881 Petersburg (ermordet); begann seine Herrschaft mit liberalen Reformen: 1861 Aufhebung der Leibeigenschaft, 1867 Gerichtsreform u. Schulreform. Die Unterdrückung des polnischen Aufstands 1863 leitete eine panslawist. u. nationalist. Bewegung in Russland ein, die mit dem erfolgreichen Krieg gegen die Türkei 1877/78 ihren Höhepunkt fand. Russland erhielt auf dem Berliner Kongress 1878 den Besitz Bessarabiens bestätigt. Bes. erfolgreich war die russ. Expansion im Kaukasus u. in Zentralasien (Turkistan, Taschkent, Samarkand). Den Terror der Narodniki beantwortete A. teils mit Polizeimaßnahmen, teils mit Zugeständnissen; vor dem Erlass eines bereits unterzeichneten Reformprojekts fiel A. einem Bombenattentat zum Opfer.

**10. Alexander III. Alexandrowitsch,** Zar 1881 bis 1894, Sohn von 9), * 10. 3. 1845 Petersburg, † 1. 11. 1894 Liwadia; verfolgte unter dem Einfluss K. *Pobedonoszews* eine Politik der Erhaltung der Autokratie u. der Russifizierung. Nach anfängl. Anlehnung an die Mittelmächte (1887 Rückversicherungsvertrag) suchte er unter Mitwirkung seines Außenministers Nikolai N. Giers polit. Verbindung mit Frankreich (Vertrag von 1892).
*Schottland:* **11. Alexander I.,** König 1107–1124, * um 1080, † April 1124; herrschte über Schottland nördl. des Clyde einschließl. der Provinz Nord-Lothian, in Feindschaft mit seinem Bruder David, der die Provinz Cumbrien besaß. A. gründete Abteien u. Bischofssitze u. kämpfte für die Unabhängigkeit der schott. Kirche gegen die Suprematsansprüche von York u. Canterbury.
**12. Alexander II.,** König 1214–1249, * 24. 8. 1198, † 8. 7. 1249; Sohn Wilhelms I., des Löwen (* 1143, † 1214), unterstützte die engl. Barone in ihrem Kampf gegen den engl. König Johann I. u. fiel wiederholt in England ein. Er stärkte die Zentralmonarchie gegen die schott. Barone durch den Aufbau einer feudalen Staatsordnung nach dem anglonormannischen Vorbild u. erlangte die päpstl. Bestätigung der Unabhängigkeit der schott. Kirche.
**13. Alexander III.,** König 1249–1286, Sohn von 12), * 4. 9. 1241 Roxburgh, † 18./19. 3. 1286; heiratete 1251 Margarete von England, deren Vater Heinrich III. vergeblich erhofft hatte, während der Minderjährigkeit Alexanders Einfluss auf das schott. Königreich zu nehmen. 1263 verhinderte A. einen Landungsversuch des norweg. Königs Haakon des Alten u. gewann 1266 durch einen Vertrag mit Haakons Nachfolger die Isle of Man sowie die westl. Hebriden. A. verheiratete 1282 seine Tochter Margarete (* 1261, † 1283) mit Erich Magnusson von Norwegen.
*Serbien:* **14. Alexander I. Obrenović,** König 1889–1903, * 14. 8. 1876 Belgrad, † 11. 6. 1903 Belgrad; mit seiner Frau Draga (* 1867, † 1903), einer ehem. Hofdame, von Offizieren ermordet.
**15. Alexander Karadjordjević,** Fürst von Serbien 1842–1858, * 11. 10. 1806 Topola, † 4. 5. 1885 Temesvár; als Nachfolger des im August 1842 verstoßenen Fürsten Michael aus der konkurrierenden Dynastie der Obrenovići zum Fürsten gewählt, österreichfreundl., fortschrittl., durch russ. Einfluss 1858 abgesetzt u. zum Thronverzicht gezwungen.

**Alexander, 1.** [ælig'zaːndə], Albert Victor, Viscount A. of Hillsborough, engl. Politiker (Labour Party), * 1. 5. 1885 Weston-super-Mare, † 11. 1. 1965 London; seit 1922 im Unterhaus, 1929–1931 u. 1940–1946 Marine-, 1946–1950 Verteidigungs-Min.

◆ **2.** [ælig'zaːndə], Harold, Earl *A. of Tunis,* brit. Feldmarschall (1944), * 10. 12. 1891 London, † 16. 6. 1969 Slough, Buckinghamshire; leitete 1940 die Evakuierung Dünkirchens, 1942 den britischen Rückzug aus Birma; kommandierte 1943/44 in Nord-

## Alexanderarchipel

Harold Alexander

Peter Alexander

afrika u. Italien, 1945 Oberkommandierender im Mittelmeer; 1946–1952 Generalgouverneur in Kanada, 1952–1954 Verteidigungs-Min.
◆ **3.** Peter, eigentl. P. A. *Neumayer*, österr. Schlagersänger u. Filmschauspieler, *30. 6. 1926 Wien; erhielt mehrfach Preise für Schallplatten u. Fernsehshows.
**4.** [ælig'za:ndə], Samuel, engl. Philosoph, *6. 1. 1859 Sydney (Australien), †13. 9. 1938 Manchester; seit 1877 in England, zunächst in Oxford, dann 1893 bis 1924 Professor der Philosophie in Manchester; vertrat als Erkenntnistheoretiker einen Apriorismus u. Objektivismus, als Ontologe einen Realismus u. die Stufenlehre der Welt, als Ethiker einen gemäßigten Evolutionismus; Hptw.: „Moral order and progress" 1889; „Space, time and deity" 2 Bde. 1920.
**Alexanderarchipel,** Gruppe von ca. 1100 Inseln in Südostalaska (USA), u. a. *Admiralty, Baranof, Chichagof, Revilla Gigedo* u. *Prince of Wales*, insges. 36 800 km²; Fortsetzung des Südbogens der Alaskakette (St. Elias Mountains); gebirgig, (durchschnittl. 1000 m hoch), bewaldet (Einschlag von Edelhölzern); ursprüngl. von Tlingitindianern bewohnt; 1741 von Russen entdeckt; bis 1867 russisch. Damalige Hptst. Alaskas war *Sitka* auf Baranof.
**Alexanderbaai,** *Alexander Bay*, Ort in Südafrika an der Mündung des Oranje, 2100 Ew.; Diamantengewinnung.
**Alexander der Große** → Alexander, Fürsten (2).
**Alexanderhistoriker,** Geschichtsschreiber, die nach dem Tod Alexanders des Großen z. T. mit weitem zeitl. Abstand über ihn u. seine Taten berichteten (Diodor, Justin, Curtius Rufus, Plutarch u. bes. Arrianus).
**Alexander-I.-Insel,** 43 200 km² große Randinsel westl. von Grahamland, Antarktis. Der Westteil ist eisbedeckt, im Ostteil steigt die Douglaskette auf 2987 m an.
◆ **Alexandermosaik,** 1831 im „Haus des Faun" in Pompeji gefundenes Fußbodenmosaik (5,12 mal 2,71 m) mit Darstellung einer Schlacht *Alexanders d. Gr.* gegen den Perserkönig Dareios III.; späthellenist. Kopie nach einem Gemälde der Alexanderzeit; heute in Neapel, Nationalmuseum.
**Alexanderporträt,** u. a. von *Lysipp* u. *Leochares* geschaffenes ideales Bildnis Alexanders d. Gr., mit überindividuellen Zügen der Apotheose, Vorbild für Porträts hellenist. und röm. Herrscher (z. B. Pompeius, Nero) und neuerer Machthaber (z. B. jugendl. Napoleon).

**Alexandersage,** *Alexanderlied,* fantast. Ausschmückung der Taten Alexanders d. Gr.; geht zum größten Teil auf den sog. *Alexanderroman* zurück, ein Volksbuch, das wohl im 3. Jh. n. Chr. in Alexandria entstand u. unter dem Namen des Alexanderhistorikers u. Aristoteles-Neffen Kallisthenes von Olynthos in zahlreichen Nacherzählungen Verbreitung fand (daher *Pseudo-Kallisthenes*). Lateinische Fassungen: um 320 n. Chr. von Iulius Valerius Polemius; um 950 in Neapel die „Historia de preliis" des byzantin. Archipresbyters Leo. Wichtigste Gestaltung in Frankreich: das Epos „Alexandreis" (um 1184) des Walther von Châtillon; in Dtschld.: das „Alexanderlied" (1140–1150) des Pfaffen Lamprecht nach dem Vorbild des französ. Alexandersage-Fragments des Alberich von Besançon (Anfang 12. Jh.); der „Alexander" (1230–1235) des Rudolf von Ems; der „Große Alexander" (Ende 14. Jh.) eines alemannischen Epikers; erste Prosafassung das Volksbuch von J. Hartlieb (1444).
**Alexandersarkophag,** ein 1887 in den Königsgräbern von Sidon gefundener, reich skulptierter Marmorsarkophag mit der Darstellung *Alexanders d. Gr.* (Kriegs- u. Jagdszene). Der A. befindet sich heute im Museum von Istanbul.
**Alexandersbad,** *Bad A.,* Heilbad in Oberfranken (Bayern), Ldkrs. Wunsiedel, im Fichtelgebirge, 590 m ü. M., 1400 Ew.; Stahlquellen, Moorbäder.
**Alexandersittich** → Edelsittiche.
**Alexandertechnik** [nach der Physiotherapeutin Gerda Alexander], *Alexandertechnik, Eutonie,* pädagogisch-physiotherapeut. Entspannungstechnik, bei der minimale passive u. aktive Bewegungen als bewusste erlernte Bewegungsabläufe körperl. u. seel. Blockaden lösen sollen.
**Alexander von Aphrodisias,** griech. Philosoph um 200 n. Chr., Peripatetiker in Athen; einflussreichster Kommentator („der Exeget") der aristotel. Werke. Er vertrat eine nominalist. Auffassung der Universalien, wonach das Allgemeine nur im Denken existiert. Vor allem seine Gleichsetzung des aristotelischen „intellectus agens" (tätiger Verstand) mit Gott war bestimmend für die Aristoteles-Diskussion des MA. – Werke: „Commentaria in Aristotelem Graeca" Bde. I–III u. „Supplementum Aristotelicum" Bd. II. 1883–1901.
**Alexander von Hales** [-hɛilz], engl. Theologe der Hochscholastik, *nach 1170 Hales Owen, Shropshire, †21. 8. 1245 Paris; Franziskaner, lehrte in Paris; neben seinem Schüler *Bonaventura* Hauptvertreter der älteren, überwiegend augustinisch ausgerichteten Franziskanerschule. Er legte seinen Vorlesungen als Erster statt der Bibel die Sentenzen des Petrus Lombardus zugrunde; zog auch die Philosophie des Aristoteles heran, dessen Ansichten er jedoch in strittigen Fragen die Lehrmeinung Augustins vorzog. Hptw.: „Summa theologica" (unvollendet).
**Alexander-von-Humboldt-Stiftung,** Bad Godesberg, 1925 gegründet zur Förderung in Deutschland weiterstudierender junger Ausländer mit Hochschulexamen; stellte 1945 ihre Tätigkeit ein; wurde 1953 in der BR Deutschland wiedererrichtet.
**Alexandra,** weibl. Form von *Alexander.*
**Alexandra,** Königin von Großbritannien u. Irland, *1. 12. 1844 Kopenhagen, †20. 11. 1925 Sandringham; Tochter König Christians IX. von Dänemark u. der Luise von

Alexandermosaik: Detail aus dem Mosaik mit der Darstellung der Schlacht bei Issos 333 v. Chr. zwischen Alexander d. Gr. und dem Persischen Großkönig Dareios III. Neapel, Nationalmuseum

# Alexandrinisches Zeitalter

Hessen, heiratete am 10. 3. 1863 Albert Eduard, Prinz von Wales (den späteren König Eduard VII.) u. wurde am 9. 8. 1902 mit ihm gekrönt. Sie beeinflusste die Außen-, insbes. die Deutschlandpolitik u. gewann im Innern durch ihre Tätigkeit in der Sozialfürsorge größte Popularität.

**Alexandra Fjodorowna,** *Aleksandra Fedorovna,* seit 1894 Gattin des Zaren *Nikolaus II.* von Russland, geb. Prinzessin Alice von Hessen-Darmstadt, *6. 6. 1872 Darmstadt, †16. 7. 1918 Jekaterinburg (heute Swerdlowsk); verschaffte dem Mönch G. *Rasputin* Einfluss am Zarenhof; mit ihrer Familie von Bolschewiki erschossen.

**Alexandrescu,** Grigore, rumän. Dichter, *6. 3. 1810 (?) Tîrgoviște, †25. 11. 1885 Bukarest; schrieb satir.-philosoph. Lyrik u. Sozialkritik („Das Jahr 1840"); dt. Auswahl „Episteln, Satiren, Fabeln" 1957.

**Alexandrette,** türk. Stadt, → Iskenderun.

**Alexandria,** ♦ 1. [-k'san-, auch -'dri:a], arab. *Al Iskandariyah,* wichtigster Hafen, erste Handelsstadt u. zweitgrößte Stadt Ägyptens u. ganz Afrikas, im westl. Teil des Nildeltas auf einer Nehrung zwischen dem Mittelmeer u. der Lagune Maryutsee, 3,43 Mio. Ew. Das moderne A. hat große Hafenanlagen (Baumwollumschlag). Der Westhafen ist mit 900 ha u. Anlegeplätzen für 50 Hochseeschiffe der Haupthafen, der Osthafen nur noch Fischereihafen. Zwischen beiden Hafenbecken liegt auf der 500 m breiten Landzunge die sog. mohammedan. Stadt mit engen Gassen u. Bazaren, die moderne europ. Stadt auf dem Festland mit großen Plätzen, Anlagen u. Hochhäusern. A. hat eine 1942 gegr. Universität u. ist Sitz des Patriarchen der kopt. Kirche; Goethe-Institut; Metropole des ägypt. Baumwollhandels; vielseitige Industrie, Ölraffinerie, Kraftwerk; Flughafen, Seebad.

*Geschichte:* An der Stelle des bis dahin unbedeutenden Fischerdorfes *Rhakotis* gründete *Alexander der Große* 332/31 v. Chr. die Stadt A., um die griech. Stellung an der südl. Mittelmeerküste zu festigen. Die *Ptolemäer* bauten die Stadt zu ihrer Residenz aus u. begründeten die Bedeutung Alexandrias als Weltstadt, die sie während des Hellenismus behielt.

Zu A. gehörten die Vorstädte Eleusis u. Nikopolis; die Insel *Pharos* war durch einen Damm mit dem Festland verbunden, wodurch zwei Häfen entstanden: der Haupthafen im O u. der Eunostos-Hafen im W (mit Kriegshafen). Auf der Ostspitze von Pharos ließ *Sostratos von Knidos* einen Leuchtturm bauen (→ Weltwunder). Im Innern der Stadt lag das Königsviertel mit dem Grab Alexanders, den Palastgebäuden u. dem Museion mit der *Alexandrin. Bibliothek.* Unter röm. Herrschaft (Einnahme durch Cäsar 48 v. Chr.; wobei Hafenanlagen sowie das Museion abbrannten) hatte das reiche Alexandria wegen seiner Handelsbeziehungen bes. kulturelle u. wirtschaftl. Bedeutung. Im 2. Jh. n. Chr. war die Stadt ein Zentrum des Christentums. 619 n. Chr. wurde sie für kurze Zeit von den *Sassaniden* erobert, 642 kam sie unter arabische Herrschaft u. verlor gegenüber

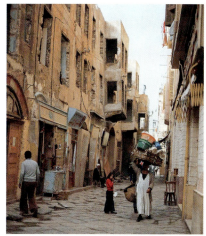

Alexandria (1): Altstadt

der neuen Hptst. *Kairo* zunehmend an Bedeutung.

**2.** [-'dri:a], Verw.-Sitz des südrumän. Kreises Teleorman, 58 600 Ew.; Lebensmittelindustrie, 1834 gegründet.

**3.** [ælig'zɑːndriə], Stadt in Zentral-Louisiana (USA) am unteren Red River, 49 200 Ew.; Zentrum eines wichtigen Agrargebietes (Zuckerrohr, Baumwolle, Reis, Mais, Gemüse); chem. Industrie u. Ölraffinerie; wichtiger Verkehrsknotenpunkt; erste Siedlung 1785, 1805 Stadt.

**4.** [ælig'zɑːndriə], Stadt im N von Virginia (USA), am unteren Potomac, Wohnvorort von Washington D. C., 111 000 Ew.; Sitz mehrerer Forschungsinstitute; entstand Ende des 17. Jh. als Tabakhandelsplatz, wurde ab 1749 A. genannt; damals wichtigster Hafen; Stadtkern mit vielen kolonialzeitl. Bauten unter Denkmalschutz.

**Alexandrija,** *Aleksandrija,* Stadt in der Ukraine, auf der Dnjeprplatte, 103 000 Ew.; Metall- u. Baustoffindustrie.

**Alexandriner, 1.** *Münzkunde:* unter den röm. Kaisern in Alexandria (Ägypten) zunächst aus Silber, dann aus Bronze geprägtes Provinzialgeld; Kennzeichen der A. ist die Vielfalt histor., religiöser u. mytholog. Motive.

**2.** *Verslehre:* zwölf- oder dreizehnsilbiger Vers aus sechs Jamben mit Pause (Zäsur) nach der 3. Hebung; benannt nach seiner Anwendung in einer altfranzös. Bearbeitung der Alexandersage (1180); in Dtschld. seit der 2. Hälfte des 16. Jh. nach französ. Vorbild, durch M. Opitz nach niederländ. Muster verbessert (1624); beherrschte die dt. Dichtung bis tief ins 18. Jh.; im dt. Drama hauptsächl. im Barock verwendet (Andreas Gryphius, Daniel Casper von Lohenstein); gebräuchlichster Vers der klass. französ. Dramatik.

♦ **Alexandrinische Bibliothek,** bedeutendste Bibliothek der Antike, ein Teil des Museions (einer Art Universität in Form einer Kultgenossenschaft) in Alexandria (Ägypten); gegr. unter Ptolemaios I. im 3. Jh. v. Chr.; die Bibliothek, vor allem von Ptolemaios II. (†246 v. Chr.) ausgebaut, umfasste zu Cäsars Zeiten wahrscheinl. 700 000 Buchrollen u. wurde im alexandrin. Krieg 47 v. Chr. zerstört. – Eine weitere, kleinere A. B. im Serapistempel, das sog. Serapeion, von Ptolemaios II. begründet, ging wahrscheinl. 391 n. Chr. zugrunde.

**alexandrinische Kunst,** Zweig der hellenist. Kunst (3.–1. Jh. v. Chr.), in Alexandria, der Hptst. des Ptolemäerreichs, beheimatet; in ihrem Stil noch von der Kunst der Alexanderzeit bestimmt, nahm sie bald auch ägypt. Motive auf; charakterist. für die alexandrin. Kunst ist das sog. „sfumato", ein Verschwimmen von Konturen u. Flächen.

**Alexandrinische Schule,** Theologenschule; seit dem 2. Jh. v. Chr. war Alexandria (Ägypten) Metropole antiker Bildung u. Sitz einer großen Bibliothek. Seit ca. 200 n. Chr. bildete sich hier eine Theologenschule von immer größerer Bedeutung heraus, die von der Katechetenschule des Pantainos u. des Clemens Alexandrinus ausging. Viele bedeutende Gelehrte gehörten ihr an: Origenes, Demetrios, Dionysius der Große, Petrus Alexandrinus, Didymus u. a. Als ihr eigentl. Begründer ist *Origenes* zu nennen; die A. S. hat seine Theologie, Spiritualität u. Exegese gepflegt u. später im neuplatonischen Sinn weiterentwickelt; sie steht im Gegensatz zur sog. antiochenischen Schule.

Vom 5. bis 7. Jh. n. Chr. bildete sich auch eine Philosophenschule in Alexandria, die teils neutral, teils christentumsfreundlich die Verbindung von Philosophie u. Glauben vorbereitete; Vertreter: Synesios von Kyrene, Hierokles von Alexandria, Hypatia u. a.

**Alexandrinisches Zeitalter,** beginnend etwa nach dem Tod *Alexanders des Großen* (323

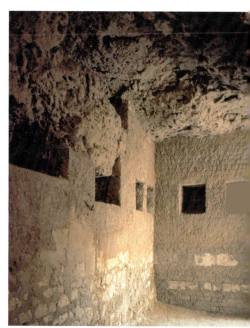

Ruinen der ehemaligen Alexandrinischen Bibliothek

v. Chr.), im Wesentlichen bis zum Ende des Ptolemäer-Reiches (30 v. Chr.); Epoche des *Hellenismus*, mit Ausstrahlung bis tief in die röm. Kaiserzeit hinein, in der griech. Kunst u. Wissenschaft für die damaligen von Rom beherrschten Länder Weltgeltung besaßen; glänzender Mittelpunkt: *Alexandria.*

**Alexandrinismus,** allg. die nachchristl. Phase der antiken Kultur oder speziell die in Alexandria lehrenden heidn. u. christl. Denker der ersten vier Jahrhunderte, insbesondere die *Alexandrinische Schule.* – Der Ausdruck A. wird auch abwertend für unfruchtbare Gelehrsamkeit gebraucht.

**Alexandrit** [der; nach Zar *Alexander II.*], grüne, bei Lampenlicht rote, fettig glasglänzende Abart des Chrysoberylls.

**Alexandroupolis** [-'ðru-], *Alexandrupolis,* türk. *Dedeağaç,* griech. Hafenstadt in Westthrakien, Hauptort des Verw.-Bez. *Evros,* 35 900 Ew.; Maschinenbau u. Transportausrüstung, Mühlen; Flugplatz, Fährverbindung nach Samothraki.

**Alexandrow,** *Aleksandrov,* Stadt in Russland, nordöstl. von Moskau, 66 000 Ew.; Elektro-, Textilindustrie. – Im 13. Jh. erwähnt; alte Steinkirche (1573), Museum, 1564–1584 Zarenresidenz, später Frauenkloster.

**Alexandrowsk,** ukrainische Stadt, → Saporoschje.

**Alexandrowsk-Sachalinskij,** *Aleksandrovsk-Sachalinskij,* Stadt auf der Insel Sachalin (Russland), am Tatar. Sund, 22 000 Ew.; Bergbautechnikum; Fischverarbeitung; Maschinen-, Holz- u. Baustoffindustrie, Steinkohlenbergbau; Wärmekraftwerk; Überseehafen.

**Alexandrupolis** [-'ðru-] → Alexandroupolis.

**Alexej** [russ.; grch. *Alexios,* „Helfer"], männl. Vorname.

**Alexej Michailowitsch,** *Aleksej Michailovič,* Zar von Russland 1645–1676, * 19. 3. 1629, † 8. 2. 1676; Vater Peters d. Gr.; erließ ein Gesetzbuch (1649), das u. a. die Bauern gesetzl. an die Scholle band. 1670/71 unterdrückte er den Bauernaufstand Stepan *Rasins.* Sein Krieg gegen Schweden (1656 bis 1658) um einen Zugang zur Ostsee blieb erfolglos; nach langem Krieg gegen Polen (1654–1667) sicherte er im Waffenstillstand von Andrussowo den Gewinn der Ukraine links des Dnjepr.

**Alexianer,** *Alexiusbrüder, Celliten,* ursprüngl. Name *Lollarden,* kath. Brüdergenossenschaften, die seit dem 15. Jh. nach der Augustinerregel leben u. sich nach dem hl. → Alexius nennen. Während der Pestzeit im 14. Jh. zur Pflege u. Bestattung der Pestkranken gegr., widmen sie sich heute der Krankenpflege. Neben den Aachener Alexianerbrüdern (mit Niederlassungen in Belgien, England, Nigeria u. USA) wirken in Dtschld. auch die Alexianerbrüder von Neuß.

**Alexianerinnen,** spätmittelalterl. Schwesterngemeinschaften zur Armen- u. Krankenpflege.

**Alexie** [grch.], *Wortblindheit, Buchstabenblindheit, Leseblindheit,* trotz erhaltenen Sehvermögens bestehende Unfähigkeit, das Gelesene aufzufassen; auch → Agnosie.

**Alexij, 1.** *Aleksij I.,* eigentl. Sergej Wladimirowitsch *Simanskij,* russ.-orth. Geistlicher, * 27. 10. 1877 Moskau, † 17. 4. 1970 Moskau; 1913 Bischof von Tikhwin, 1921 Verbannung, 1933 Metropolit von Leningrad, 1945–1970 Patriarch von Moskau u. ganz Russland.

Alexij II.

◆ **2.** *Aleksij II.,* eigentl. Alexej Michailowitsch *Ridiger,* russ.-orth. Geistlicher, * 23. 2. 1929 Tallinn; 1961 Bischof von Tallinn u. Estland, 1986 Metropolit von Leningrad u. Nowgorod, seit 1990 Patriarch von Moskau u. ganz Russland.

**Alexios,** BYZANTIN. KAISER:

**1. Alexios I. Komnenos,** Kaiser 1081–1118, * 1048 Konstantinopel, † 15. 8. 1118; stammte aus kleinasiatischem Offiziersadel, stürzte *Nikephoros III.* (1078–1081); verteidigte das zusammenbrechende Reich gegen Normannen *(Robert Guiscard)* u. Seldschuken u. leitete die letzte Blütezeit des Byzantin. Reichs ein; dem 1. Kreuzzug gestattete er den Durchmarsch durch das Byzantin. Reich, wodurch auch das seldschuk. Herrschaftsgebiet in Kleinasien eingeschränkt wurde.

**2. Alexios III. Angelos,** Kaiser 1195–1203, † 1210 Nicäa (in Gefangenschaft); stürzte seinen Bruder Isaak II.; schwacher Herrscher, von Kaiser Heinrich VI. zur Tributzahlung gezwungen u. von den Kreuzfahrern gestürzt, die 1204 das Lateinische Kaiserreich errichteten.

**Alexis** [grch. *Alexios,* „Helfer"], männl. Vorname; russ. *Alexej.*

**Alexis,** griech. Dichter der mittleren Komödie in Athen, * um 372 v. Chr. Thurii, † 270 v. Chr.; Mythenparodie, Philosophenverspottung, Liebesgeschichten u. witzige Parasitenrollen kennzeichnen seine Komödien, von denen 130 in Fragmenten erhalten sind.

Willibald Alexis

◆ **Alexis,** Willibald, eigentl. Wilhelm *Häring,* dt. Erzähler, * 29. 6. 1798 Breslau, † 16. 12. 1871 Arnstadt; mit seinen von W. Scott angeregten histor. Romanen, die sich durch Realismus, epischen Handlungsaufbau u. Gesprächsführung auszeichnen, erstrebte er objektive Bilder aus der brandenburgisch-märk. Geschichte: „Der Roland von Berlin" 1840; „Ruhe ist die erste Bürgerpflicht" 1852.

**Alexius,** Heiliger, röm. Patrizier; nach der Legende des 5. Jh. floh er am Hochzeitstag nach Edessa u. lebte dort in großer Armut; seit dem 10. Jh. Verehrung auch im Westen. Patron der Bettler. Der Gedenktag (früher 17. 7.) entfällt im neuen röm. Kalender von 1969.

**Alexiuslied,** altfranzös. Dichtung über das Leben des hl. Alexius, entstanden um die Mitte des 11. Jh. in der Normandie u. in zahlreichen Handschriften überliefert. Das A. ist in 125 Strophen zu je 5 Zehnsilbern verfasst u. gilt als einer der ältesten Texte der französ. Literatur.

**Alf,** männl. Vorname, Kurzform von *Alfred* oder *Adolf.*

**Alfagras** [grch.] → Esparto.

**Alfalfa** [die; arab., span.], Schmetterlingsblütler, → Luzerne.

**Alfano,** Franco, italien. Komponist, * 8. 3. 1876 Neapel, † 26. 10. 1954 San Remo; vollendete G. *Puccinis* „Turandot" u. schrieb eigene Opern („Auferstehung" 1904; „Shakuntala" 1921 u. a.), sinfon. u. kammermusikal. Werke.

**Alfanzerei** [germ., ital.], Gaukelei, Possenreißerei.

**Alfârâbi,** *Abu Nasr Mohammed,* arab. Philosoph, Mathematiker u. Mediziner, * um 870 Farab (Turkistan), † 950 Damaskus; studierte u. lehrte zunächst in Bagdad, dann in Ägypten u. Syrien, bes. in Damaskus; erster Kommentator der logischen Schriften des Aristoteles im arab. Kulturkreis; Aristotelismus u. neuplaton. Gedankengut werden miteinander verbunden. A. vertritt die Anschauung von der Emanation alles Seienden aus Gott sowie einer letztendlichen Rückkehr aller Dinge in Gott.

**Alfaro,** Eloy, ecuadorian. Revolutionär u. Politiker, * 25. 6. 1842 Montecristi, Prov. Manebí, † 28. 1. 1912 Quito (ermordet); kämpfte jahrzehntelang als Guerillaführer gegen die Regierung; von 1895–1901 u. 1906–1911 Staats-Präs., politisch unterstützt von der Liberalen Partei.

**Al Fatah** [-'fatax; Abk. (in umgekehrter Reihenfolge) für arab. *Harakat Tahrir Falastin,* „Bewegung zur Befreiung Palästinas", zugleich anklingend an arab. *fath,* „Sieg"] 1958 von palästinens. Arabern (u. a. von J. *Arafat*) gegr. Kampforganisation; seit 1965 Guerillaaktionen gegen Israel; 1968 Anschluss an die → PLO u. dort stärkste Gruppierung; 1983 Spaltung der A. F.; Ende der 1980er Jahre Lossagung vom Terrorismus; bei den Wahlen zum palästinens. Legislativrat 1996 gewann die A. F. die Mehrheit der Stimmen.

**Alfeios,** *Rufias, Alfios,* größter Fluss auf dem Peloponnes (Griechenland), 90 km; entspringt im N des Taygetos; im Oberlauf tiefe Schluchten, mündet bei *Pirgos* in das Ionische Meer; Bewässerungsfeldbau im Mündungsbereich.

◆ **Alfeld (Leine),** Stadt in Niedersachsen, Lkdrs. Hildesheim, 22 400 Ew.; spätgot. Hallenkirche St. Nikolai, Rathaus (16. Jh.), Fachwerkhäuser; Maschinen-, Papier- u. chem. Industrie.

Alfeld (Leine)

**Alfenid** [nach dem Erfinder], *Chinasilber,* versilberte Neusilberlegierung (60 % Kupfer, 30 % Zink, 10 % Nickel).
**Alfieri, 1.** Cesare, Marchese *di Sostegno,* italien. Politiker, *13. 8. 1799 Turin, †16. 4. 1869 Florenz; 1848 Min.-Präs., 1855–1860 Senats-Präs. des Königreichs Sardinien.
**2.** Dino, italien. Politiker, *8. 7. 1886 Bologna, †2. 1. 1966 Mailand; seit 1924 faschist. Abg., 1936–1939 Min. für Volksbildung, 1939/40 Botschafter beim Heiligen Stuhl, 1940–1943 in Berlin; stimmte im Juli 1943 im faschist. Großrat gegen Mussolini, floh in die Schweiz, wurde 1944 in Abwesenheit zum Tode verurteilt.

Vittorio Graf Alfieri

◆ **3.** Vittorio Graf, italien. Dichter u. Dramatiker, *16. 1. 1749 Asti, †8. 10. 1803 Florenz; 1767–1772 auf Reisen in Europa; Beziehung zur Gräfin Luisa von Albany (*1753, †1824); lebte meist in Florenz; als gefeierter Dichter einflussreicher Wegbereiter der Einigung Italiens, wie U. Foscolo, G. Mazzini u. V. Gioberti; Freiheitspathos; Tragödien nach antikem Vorbild u. klass. Regeln: „Cleopatra" 1774; „Saul" 1782, dt. 1922; „Mirra" 1789, dt. 1826; „Filippo" 1794, dt. 1824; petrarkist. Liebeslyrik; Satiren gegen Tyrannei („Von der Tyrannei" 1777, dt. 1822) u. das Frankreich der Revolution („Il Misogallo" 1796). Seine Autobiografie „Vita" 1803, dt. 1949, ist eines der wichtigsten Selbstzeugnisse der italien. Literatur. – Opere, 11 Bde. 1903.
**Alfios** → Alfeios.
**Alföld** [ɔl-], die von der mittleren Donau u. der Theiß durchflossene ungar. Tiefebene, setzt sich in der serb. Vojvodina u. dem rumän. Banat fort; Trockensteppe; durch Bewässerung anstelle von Viehzucht heute Ackerbau (Weizen, Zuckerrüben, Mais, Tabak, Hanf); weit auseinander liegende Großdörfer, wenig Industrie; versumpfte Altwässer, hochwassergefährdet.
**Alfons** [ahd. *adal,* „edel, vornehm", westgot. *funs,* „bereit, willig"], männl. Vorname.
**Alfons,** FÜRSTEN:
*A r a g ó n :* **1. Alfons I.,** König 1104–1134, *1073, †8. 9. 1134 Poleiño; dehnte den aragones. Herrschaftsbereich aus: 1118 Einnahme der späteren Hauptstadt Saragossa; süd-französ. Grafen erkannten Alfons Oberhoheit an. Zusammenstöße mit Katalonien u. Kastilien.
**2. Alfons V.,** Alfons der Großmütige, König 1416–1458, als König von Neapel-Sizilien *Alfons I.,* *1396 Neapel, †27. 6. 1458 Neapel; unterstützte 1421 Johanna II. von Neapel (†1435) gegen Ludwig III. von Anjou (†1434), wofür sie ihn als Erben einsetzte. Später entschied sie sich jedoch für Ludwig. Nach ihrem Tod nahm A. den Kampf auf u. eroberte 1442 Neapel, seine neue Residenz. A. unterstützte Byzanz u. nach dessen Fall die aus Konstantinopel vertriebenen griech. Gelehrten. Er gründete die erste humanist. Akademie Italiens.
*A s t u r i e n ,  K a s t i l i e n  u .  L e ó n :*
**3. Alfons III., Alfons der Große,** König von Asturien 866–910, *848, †20. 12. 912 Zamora; rückte bis zum Duero vor, baute eine Militärverteidigungslinie u. Burgen gegen die Mauren. Nach Kämpfen mit seinen Söhnen dankte A. ab. Das Reich wurde geteilt; es entstanden das Königreich León u. die selbständige Grafschaft Kastilien.
**4. Alfons VI.,** König von León 1065–1109, 1072–1109 auch von Kastilien, *1040, †30. 6. 1109 Toledo; nannte sich „Kaiser von ganz Spanien"; gab sich nach der Einnahme Toledos (1085) den Titel „Imperator Toledanus", konnte das Vordringen der afrikan. Almoraviden nicht verhindern u. bekämpfte schließl. seinen mächtigsten Vasallen, den *Cid.*
**5. Alfons VII.,** König von Kastilien u. León 1126–1157, letzter „Kaiser", *1105, †1157 Fresneda; ihm huldigten Navarra, Barcelona u. südfranzös. Fürsten, u. nach dem Tod seines Stiefvaters *Alfons I.* erkannte Aragón seine Oberherrschaft an. Das Vordringen der afrikan. Almohaden machte seine Reconquista-Erfolge wieder zunichte.
**6. Alfons IX.,** König von León 1188–1230, *1171 Zamora, †24. 9. 1230 Villanueva de Sarria; heiratete 1197 die Tochter Alfons VIII. von Kastilien (*1156, †1214). Daher wurde die Wiedervereinigung der beiden Reiche unter Ferdinand III., seinem Sohn, möglich.
◆ **7. Alfons X., Alfons der Weise,** König von Kastilien u. León 1252–1284, Sohn Ferdinands III. u. der Beatrix von Schwaben, *23. 11. 1221 Toledo, †4. 4. 1284 Sevilla; 1257 zum dt. Gegenkönig gewählt (Enkel Philipps von Schwaben), gelangte aber weder in Dtschld. noch in Italien zur Herrschaft, doch stieß unter seiner Herrschaft Kastilien zum ersten Mal in den Mittelmeerraum vor. Seine Kämpfe gegen die Mauren waren trotz der Eroberung von Cádiz erfolglos. A. förderte Wissenschaft („Crónica general de España", Alfonsinische Tafeln), trat als Dichter hervor („Cantígas de Santa Maria", eine Sammlung Marienlieder) u. veranlasste eine große Gesetzessammlung („Las Siete Partidas").
*N e a p e l  u .  S i z i l i e n :* **8. Alfons I.** → Alfons (2).
*P o r t u g a l :* **9. Alfons I., Alfons Heinrich, der Eroberer,** König 1139–1185, *1110 Guimarães, †6. 12. 1185 Coimbra; Sohn der Infantin Theresia von Kastilien u. des Grafen Heinrich von Burgund; Begründer der gleichnamigen Dynastie, erster König Portugals; erfocht Siege gegen die Mauren (Ourique 1139) u. gegen König Alfons VII. von León (Valdevez), der ihn 1143 als Souverän von Portugal anerkennen musste, da dieser sein Land dem Schutz des Papstes unterstellte u. den Lehnseid leistete. 1147 eroberte er Santarém u. Lissabon u. drängte die Mauren weiter zurück.
**10. Alfons IV.,** König 1325–1357, *1290 Lissabon, †28. 5. 1357 Lissabon; besiegte gemeinsam mit einem kastil. Heer am Rio Salado 1340 den Sultan von Marokko; ließ seine Schwiegertochter Inés de Castro 1355 ermorden, wonach es zum Krieg mit seinem Sohn Peter I. (†1367) kam.
**11. Alfons V., Alfons der Afrikaner,** König 1438–1481, *15. 1. 1432 Sintra, †28. 8. 1481 Sintra; führte die Entdeckungen Heinrichs des Seefahrers in Afrika (u. a. Tanger) fort. Der während seiner Regierungszeit aus-

Alfons X., König von Kastilien und León; zeitgenössische Malerei. Madrid, Senatspalast

gebrochene portugies.-kastil. Erbfolgekrieg endete mit dem Sieg der kastil. Könige im Frieden von Alcáçovas 1479; es kam u. a. zu einer Garantie der gegenseitigen Besitzungen u. Rechte, so der Kanarischen Inseln als Besitz Kastiliens u. der Entdeckungsgebiete jenseits der Kanarischen Inseln bis Guinea als Besitz Portugals. A. veranlasste die *alfonsinische Gesetzessammlung*, eine bedeutende Aufzeichnung von Gesetzestexten u. des Gewohnheitsrechts.

*Sizilien:* **12. Alfons I.** → Alfons (2).

*Spanien:*

Alfons XII., König von Spanien

♦ **13. Alfons XII.,** König 1874 bis 1885, *28. 11. 1857 Madrid, †25. 11. 1885 Madrid; Sohn Isabellas II., wurde nach der Abdankung Amadeus' I. durch General Martinez Campos gegen die Republikaner zum König ausgerufen; beendete die Karlistenkriege (1876), zwang Don Carlos zur Emigration u. festigte die Monarchie durch eine neue Zweikammerverfassung, die mit Unterbrechung bis 1931 gültig blieb.

♦ **14. Alfons XIII.,** König 1886–1931, nachgeborener Sohn von 13), *17. 5. 1886 Madrid, †28. 2. 1941 Rom; stand bis 1902 unter der Regentschaft seiner Mutter Maria Christine von Österreich (*1858, †1929). Während dieser Zeit gingen im Krieg mit den USA Kuba, Puerto Rico, die Philippinen u. Guam (1898) verloren. Nach dem Regierungsantritt des gebildeten, kaltblütigen u. volkstüml. A. verschlimmerte sich der interne Parteihader. Hauptprobleme seiner Regierung waren das Verhältnis Kirche–

Der spanische König Alfons XIII. (Mitte) nach dem Staatsstreich von 1923, links neben ihm Miguel Primo de Rivera

Staat, Sozialpolitik u. Regionalismus. Aufstände in Marokko, bes. der Rifkabylen, polit. Krisen, Streiks, Sabotage u. Terror führten zur Radikalisierung u. zum Staatsstreich von Miguel Primo de Rivera 1923, der von A. gebilligt wurde. Die Verfassung von 1876 wurde aufgehoben, der Marokkofeldzug beendet. Es gelang der Militärdiktatur aber nicht, das polit. Leben neu zu gestalten. Zu Unruhen kam es bes. wegen der Kirchen- u. Kulturpolitik. 1930 trat Primo de Rivera zurück. Die Republikaner siegten bei den Kommunalwahlen (1931). A. ging ins Ausland, schließl. nach Rom, u. Spanien wurde Republik.

Raúl Alfonsín; 1989

♦ **Alfonsín,** Raúl, argentin. Politiker, *12. 3. 1927 Chascomús, Prov. Buenos Aires; Jurist; Vertreter der Radikalen Bürgerunion (UCR); 1983 bis 1989 Staatspräsident.

**Alfred** [altengl. *Ælfræd*, aus *ælf*, „Alp, Elfe" und *ræd*, „Rat"], männl. Vorname.

**Alfred der Große,** angelsächs. König von Wessex 871–899, *849 Wantage, Berkshire, †26. 10. 899 wahrscheinl. Wessex; folgte seinen drei älteren Brüdern auf den Thron; vertrieb nach jahrelangen Kämpfen die Dänen aus Wessex u. gewann 886 London zurück. Sein vom Krieg verwüstetes Land baute er neu auf, ließ Festungen errichten u. das Heer reorganisieren. Er begann mit dem Bau der ersten engl. Flotte, um die Dänen zur See schlagen zu können. Damit sicherte er den Vorrang von Wessex, von wo aus die Rückeroberung Englands gegen die Dänen betrieben werden konnte. Zu Alfreds bedeutendsten Leistungen gehören seine Bemühungen um die engl. Kultur: Die engl. Gesetze von Wessex, Mercia u. Kent wurden gesammelt, die Gerichtsbarkeit u. das Finanzwesen reformiert u. das Schulwesen gefördert; eine Anzahl bedeutender latein. Schriften übersetzte A. ins Englische, so Papst Gregors „Cura pastoralis", Boëthius' „Trost der Philosophie", Bedas „Kirchengeschichte" u. Orosius' „Weltgeschichte".

**al fresco,** *a fresco* [ital. „auf frischem"], die Technik der Freskomalerei; auch → al secco.

**Alfrink,** Bernard Jan, niederländ. kath. Theologe, *5. 7. 1900 Nijkerk, Utrecht, †17. 12. 1987 Nieuwegein; 1945 Prof. für alttestamentl. Exegese in Nimwegen, 1955–1975 Erzbischof von Utrecht, 1960 Kardinal; führender Vertreter des niederländ. Episkopats.

**ALFT,** früher *AL-F-T,* Abk. für *Aluminium-Formol-Toxoid;* ALFT-Impfstoff ist ein durch Zusatz von 0,4% Formol (Formalin, Formaldehyd) entgiftetes Bakterientoxin (Toxoid, Anatoxin), das zur Wirkungsverlängerung an Aluminiumhydroxid, $Al(OH)_3$, adsorbiert ist.

**Alfter,** Gemeinde in Nordrhein-Westfalen, Rhein-Sieg-Kreis, westl. von Bonn, 19 300 Ew.; intensiver Gemüse- u. Obstanbau. In der Nähe liegt der Naturpark Kottenforst.

**Alfuren** [„Waldmenschen"], Inselbewohner Ostindonesiens u. Irian Jayas.

**Alfvén,** [al've:n] Hannes, schwed. Physiker, *30. 5. 1908 Norrköping, †2. 4. 1995 bei Stockholm; wichtige Arbeiten über die Bewegung eines Plasmas in Wechselwirkung mit elektr. u. magnet. Feldern (Magneto-Hydrodynamik). Physik-Nobelpreis 1970.

**Algardi,** Alessandro, italien. Bildhauer u. Architekt, *31. 7. 1598 Bologna, †10. 6. 1654 Rom; neben G. L. *Bernini* Hauptmeister der röm. Barockplastik; Hptw.: Bildnisse Papst Innozenz' X., als dessen Hofbildhauer A. tätig war, Kinderfiguren, Grabmal Leos X. u. Marmorrelief „Attilas Vertreibung durch Papst Leo".

**Algarotti,** Francesco, italien. Schriftsteller, *11. 12. 1712 Venedig, †3. 5. 1764 Pisa; Vertreter der italien. Aufklärung; von Friedrich d. Gr., an dessen Hof er von 1740–1753 lebte, mit dem Grafentitel ausgezeichnet; schrieb in Form von Essays, Dialogen u. Briefen populärwissenschaftl. Werke, am bekanntesten wurde „Il Newtonianismo per le dame" 1737, eine Erläuterung der Optik Newtons; Reiseberichte („Lettere sulla Russia" 1733) u. Gedichte, daneben Satiren über die Pedanterie. – Opere, 17 Bde. 1791–1794.

**Algarroba** → Mesquite.

♦ **Algarve,** südlichste Landschaft u. frühere Provinz Portugals, entspricht dem heutigen Verw.-Bez. *Faro;* der vom *Alentejo* im N durch das wellige Hügelland der Serra do Caldeirao (575 m) u. die waldreiche Serra de Monchique (902 m) abgeschlossene Südsaum, dessen ebenes u. hügeliges Küstenland die eigentl. A. ist; windgeschützt, geringe Niederschläge; Klima u. Vegetation sind typ. mediterran; hinter der Küste ein breiter Gürtel von Fruchthainen (Feigen, Mandeln, Apfelsinen, Zitronen, Johannisbrot- u. Olivenbäume), Weingärten u. Gemüsefeldern; künstl. Bewässerung; Kleinbesitz; Korkindustrie, Seesalzgewinnung; in den Hafenstädten Thunfisch- u. Sardinenfischerei, Fischverwertung; seit dem Bau des Flughafens in Faro starker Fremdenverkehr.

*Geschichte:* Die A. gehörte zur röm. Provinz Baetica. Das arab. *Al Gharb* („Westen") bezeichnet die Landschaften beiderseits der Meerenge von Gibraltar. Die 500-jährige maurische Herrschaft hat den Charakter der A. stark geprägt. Mitte des 13. Jh. wurde sie vom portugies. König Alfons III. erobert. Seit der Expansion nach Nordafrika führten die portugies. Könige den Titel „Herrscher der Algarven diesseits u. jenseits (des Meeres)". Im Zeitalter der Entdeckungen waren die Häfen in Sagres als „Seefahrerschule" Heinrichs des Seefahrers u. Lagos als Handelsplatz bedeutend.

**Algazel,** *Al Gazali, Ghasâli,* Abu Hamid Muhammad, arab. Religionsphilosoph, *1058/59 Tûs, Khorasan (Ostpersien), †1111 Tûs; lehrte in Bagdad, Damaskus, Alexandrien, Nâchâpûr, lebte als Sufi, zeitweise im Kloster; stellte im Anschluss an *Avicenna* die arab. Philosophie im Zusammenhang dar („Die Zielpunkte der Philosophen"). In einer späteren Schrift „Widerlegung der Philosophen" kritisierte er die Philosophie mit Hinweis auf deren gegenseitige Widerlegung durch Widersprüche. Es ging ihm darum, durch Kritik der Philosophie den Glauben zu beleben. Hptw.: „Wiederbelebung der religiösen Wissenschaften" (in 40 Büchern).

**Algebra** [arab.], Teil der Mathematik, ursprüngl. nur die Lehre vom Lösen algebraischer → Gleichungen *(klass. A.)*. Die moderne A. untersucht mittels spezieller Mengen wie → Gruppe, → Körper, → Ring neben den Verknüpfungen zwischen ihren Elementen u.a. auch Existenz u. Eigenschaften der Lösungen (→ Fundamentalsatz der Algebra). Der Abstraktionsgrad der genannten *algebraischen Strukturen* ermöglicht Anwendungen weit über das Lösen von Gleichungen hinaus, u.a. in der Physik. Ihre Elemente können z. B. auch → Vektoren sein. In der → Vektor-Algebra zeigt das Beispiel der mehrfach mögl. multiplikativen Verknüpfung (Skalar- bzw. Vektorprodukt), dass das Rechnen mit den Elementen solcher Strukturen keinesfalls mit dem Zahlenrechnen identisch sein muss. Auch → Boole'sche Algebra, → Galois, → lineare Algebra, → Schaltalgebra.

**algebraisch**, aus der → Algebra; *algebraischer Ausdruck*: ein mathematischer → Ausdruck, bestehend aus → Variablen *(x, y,...)*, Beizahlen oder Koeffizienten (3, 2, 7, *a, b, c,...*) u. algebraischen Operationszeichen $(+, -, \cdot, :, (\ )^n, \sqrt[n]{\ })$, z. B.:

$$3x^2 + 2x - 7$$
$$3x - b\sqrt{xy}$$
$$\sqrt[3]{(x+a)^2} - \frac{1}{x}$$

*algebraische Gleichung*: → Gleichung. – *algebraische Operationen*: → Operation (2).

**algebraische Zahlen**, Zahlen, die Lösungen algebraischer → Gleichungen sind, z. B. alle rationalen Zahlen. Nicht algebraische Zahlen (z. B. π, *e*) heißen transzendent. Auch → Zahlen.

**Algeciras** [alxɛˈθiːras], span. Hafen- u. Garnisonstadt an der vom Gibraltarfelsen flankierten Bahía de A., 101 000 Ew.; Winterkurort; Kork-, Fischindustrie; Ausfuhr von Südfrüchten; Verkehr nach Ceuta u. Tanger. – 1801 zwei engl.-französ. Seeschlachten, 1906 Marokko-(Algeciras-)Konferenz.

**„Algemeen Handelsblad"** [alxəˈmeːn-], niederl. Tageszeitung, → NRC-Handelsblad.

**Algemesí** [alxəmeˈsi], ostspan. Stadt südl. von Valencia, Prov. *Valencia*, 25 000 Ew.; Zentralort in der Vega von Valencia mit Veredelung der dort angebauten Produkte (Wein, Orangen, Reis).

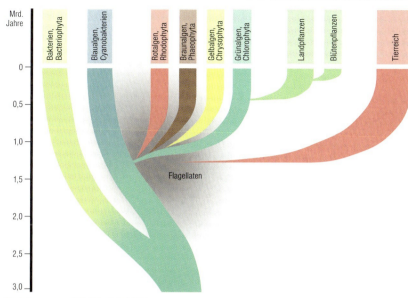

Algen: Stammesgeschichtliche Entwicklung

◆ **Algen** [lat.], *Phycophyta*, formenreiche Gruppe niederer Pflanzen mit etwa 25 000 heute lebenden u. zahlreichen fossilen Arten. Nach der äußeren Form unterscheidet man *Einzeller* (z. T. nur wenige nm groß), kugel-, stern- oder kettenförmige *Zellverbände*, gallertige Lager, *Fadenalgen* u. *Großalgen (Makroalgen)*, bei denen echte Zellgewebe vorkommen. Mikroskopisch kleine A. heißen *Mikroalgen*. Bei verschiedenen Algengruppen sind die grünen Chlorophylle durch gelbe, braune oder rote (→ Blutalgen) Carotinoidfarbstoffe überdeckt, bei anderen durch blaue oder rote *Phycobiline*. Hierdurch unterscheidet man Blau-, Grün-, Rot- u. Braunalgen. Heute verwendet man auch chemische u. elektronenmikroskopisch erkennbare Merkmale zur Abgrenzung der Algengruppen. Es gibt auch farblose A. Sie sind nicht zur Photosynthese befähigt u. leben meist von gelösten organ. Stoffen (z. B. Essigsäure). Von den Blaualgen (→ Cyanobakterien) unterscheiden sich die *echten A*. u. a. durch den Besitz normaler Zellkerne. A. vermehren sich ungeschlechtlich durch Zellteilung, können sich aber auch geschlechtlich fortpflanzen.

Die meisten A. sind Wasserpflanzen u. entweder an Süß- oder Salzwasser gebunden. *Planktonalgen* bilden, im Wasser schwebend, die typische Vegetation des freien Meeres. Sie besteht hauptsächlich aus *Kieselalgen*, begeißelten *Chrysophyzeen* u. *Dinophyzeen*, während im Plankton der Seen u. Teiche auch Grün- oder Blaualgen vorherrschen können. Auf festen Oberflächen (Gestein, Wasserpflanzen) wachsen A. als *Aufwuchs* oder in krustenförmigen Lagern. Festsitzende Makroalgen (Braun-, Rot- u. Grünalgen) besiedeln besonders felsige Meeresküsten von der Spritzzone bis in 200 m Tiefe. In geeigneten Binnenge-

*Fortsetzung S. 191*

Algarve: Die Steilküste zeichnet sich durch zahlreiche Felstürme und Brandungstore aus

# Algen

Einzellige Panzerflagellaten sind im Plankton aller Gewässer weit verbreitet und gehören zu den wichtigsten Urproduzenten organischer Substanz. Besonders bekannt ist *Noctiluca scintillans*, die – neben anderen Arten – für das Meeresleuchten verantwortlich ist

Eine der größten Algen der Welt ist *Macrocystis pyrifera*, die vor der kalifornischen Küste wächst und bisweilen an den pazifischen Strand angespült wird, wie das Foto zeigt. Die bis zu 60 m lange Alge wird mit Spezialschiffen geerntet, denn sie liefert Stoffe, die u.a. für Kosmetika und Medikamente gebraucht werden

Wie Kunstwerke der Natur stellen sich die Zellensternchen, hier *Micrasterias fimbriata*, dar, die bevorzugt in Moorgewässern vorkommen

Der »große« Blasentang, *Fucus vesiculosus*, wird bis zu 1 m groß. Diese Braunalge besitzt auffällige, an den Thallussaum angeordnete Schwimmblasen

Nur wenige Rotalgen kommen im Süßwasser vor. Die marinen Formen besiedeln die Ufer der Meere. Die rötliche Färbung des Algenlagers (Thallus) beruht auf den höheren Anteil roter Farbstoffe in den Chromatophoren, in denen die Photosynthese stattfindet

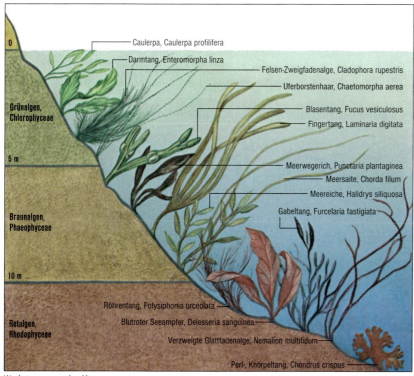

Wachstumszonen der Algen

wässern bilden die grünen Armleuchteralgen „Unterwasserwiesen". Das Vorkommen bestimmter A. erlaubt Rückschlüsse auf Nährstoffgehalt oder Verschmutzungsgrad des Wassers. Manche A. leben außerhalb des Wassers als *Luftalgen*, z. B. auf Baumrinden u. Gestein. Die obersten Zentimeter des Bodens sind von *Bodenalgen* besiedelt (bes. Grünalgen, Kieselalgen, Xanthophyzeen). Einige A. bilden zusammen m. Pilzen Symbiosen. Beispiele für symbiontische A. sind die *Zoochlorellen* u. *Zooxanthellen* einiger niederer Wassertiere u. Muscheln. Auf Schnee u. Eis gibt es A., die sich durch „Gefrierschutzmittel" vor dem Kältetod schützen. In heißen Quellen kommen neben Blaualgen auch Grünalgen vor, die bis 50 °C ertragen.
Gewisse → Algenstoffe besitzen wirtschaftl. Bedeutung, ebenso die → Algenmassenkultur. Die wichtigsten Algengruppen sind die → Grünalgen, → Braunalgen, → Rotalgen, → Goldalgen, → Kieselalgen, → Xanthophyzeen, → Dinophyzeen u. → Euglenophyzeen. Braun-, Gold- u. Kieselalgen sowie Xanthophyzeen fasst man auch als *Chromophyta* zusammen. → Seite 190.
**Algenblüte,** Massenkonzentration von zumeist Cyanobakterien, die zu Sauerstoffmangel in Gewässern führen können. Auch → Eutrophierung.
**Algenfarn** → Azolla.
**Algengifte,** z. T. hochgiftige Stoffwechselprodukte einiger Algen u. Cyanobakterien, auch im Wasser gelöst. Bes. Bedeutung haben die Alkaloidgifte von Panzerflagellaten (Dinophyzeen), die im Nordatlantik u. im Golf von Mexiko rote Wasserblüten (Rote Tiden) bilden. Dies führt zu Fischsterben u. zur Anreicherung der A. in Muscheln u. Austern, deren Verzehr gelegentlich tödl. Vergiftungen hervorgerufen hat. Massenhaftes Auftreten giftiger Blaualgen (→ Cyanobakterien) in Binnengewässern kann Fischsterben oder den Tod von daraus trinkenden Weidetieren verursachen.

**Algenmassenkultur,** ein Bereich der → Aquakultur; die Produktion artreinen Materials von Tangen oder Mikroalgen. Diese dienen teilweise als Nahrungsmittel (vor allem in Asien) oder zur Gewinnung von → Algenstoffen.
**Algenpilze,** *niedere Pilze, Phycomycetes,* eine heute nicht mehr aufrechtzuerhaltende Klasse der *echten Pilze* (→ Pilze). Hierher gehören pflanzenparasitäre Pilze, die in die Klassen *Oomycetes, Hyphochytridiomycetes, Chytridiomycetes, Zygomycetes* u. *Trichomycetes* eingeordnet werden.
**Algenstoffe,** chem. Substanzen oder Rohstoffe, die nur in Algen vorkommen. Wichtige A. sind stark quell- oder gelierfähige, saure Kohlenhydrate wie → Agar-Agar u. → Carrageen aus marinen Rotalgen sowie → Alginsäuren aus Brauntangen.
**Algenteiche,** zur Behandlung von Abwasser oder von flüssigen Stallabgängen angelegte Teiche. Die Leistung der A. hängt von der Photosynthese der mit Bakterien zusammenwirkenden Planktonalgen ab.
**Algenzonierung,** durch Licht, Wasserbewegung, Bodenform u. Tidenhub beeinflusste Artenzusammensetzung von Algen an der Küste; Reihenfolge zumeist von flach nach tief: *Grünalgen, Braunalgen, Rotalgen.*
**Algerien,** Staat in Nordafrika, → Seite 194.
**Algérienne** [alʒe'rjɛn; die; frz.], wollener Vorhangstoff mit breiten farbigen Streifen.
**Algerisch-Provençalisches Becken,** das bis 4389 m tiefe Becken im Mittelländ. Meer zwischen Spanien u. den Balearen, Korsika, Sardinien, Algerien u. Marokko.
**Algermissen,** Konrad, dt. kath. Theologe, *19. 8. 1889 Harsum bei Hildesheim, † 22. 10. 1964 Hildesheim. Hptw.: „Konfessionskunde" 1950.
**Alghero,** italien. Seebad u. Hafen an der Westküste Sardiniens, 36 400 Ew.; Kathedrale (16. Jh.); wichtigster sardischer Fischereihafen, Korallenverarbeitung, zweitwichtigstes Fremdenverkehrszentrum Sardiniens.
◆ **Algier** ['alʒiːr], frz. *Alger,* arab. *Al Jaza'ir,*

Algier: Blick über die europäisch geprägte Stadt und den Hafen

Hptst. u. wichtigster Handelshafen von Algerien, an der Mitte der alger. Küste, 2,17 Mio. Ew.; modernes Stadtbild, europ. Charakter; Altstadt *Kasbah* in Terrassenlage (Weltkulturerbe seit 1992); Universität, mehrere Hochschulen, Kernforschungs-, Goethe- u. Pasteurinstitut; Textil-, Lederwarenindustrie; Ölraffinerie; Flughafen Dar Al Baïda.
A. liegt an der Stelle der phönikischen Niederlassung Icosim, des später röm. Icosium, u. ist in wechselvoller Geschichte von Arabern, Spaniern u. Türken erobert worden, war 300 Jahre lang Hauptsitz der sog. Barbareskenpiraten, bis es nach der Eroberung durch die Franzosen im Jahre 1830 seine heutige Bedeutung erlangte.

**Alginate**, Salze der → *Alginsäuren*; Verwendung als Verdickungs-, Emulgier- u. Imprägniermittel; Calciumalginat auch als Kunstfaser; in der Lebensmittelindustrie dienen sie als Dickungsmittel für Eiscreme, Mayonnaise u. Marmelade sowie zur Stabilisierung von Bierschaum u. Sahne (EG-Nummer E 401–E 405).

**Alginatfasern**, aus Seealgen hergestellte Fasern, die aus → *Alginsäure* oder *Calciumalginat* bestehen; wegen ihrer Löslichkeit in Seife- u. Sodabädern finden die A. als Hilfsfaden in der Wirkerei u. Weberei u. als Grundgewebe für Spitzen Verwendung, da sie aus dem fertigen Produkt wieder herausgelöst werden können.

**Alginsäuren**, hochmolekulare, saure Kohlenhydrate, bestehend aus D-Mannuronsäure u. L-Guluronsäure in chem. u. techn. Eigenschaften dem *Pektin* u. dem *Carrageen* verwandt. Als hochwertige → *Algenstoffe* werden die A. aus bestimmten Braunalgen mit heißer Lauge extrahiert u. mit verdünnter Säure ausgefällt. Während freie A. nicht wasserlöslich sind, bilden z. B. die Natriumalginate zähe Lösungen, die bei Zusatz von Calcium-Ionen zu festen Gallerten erstarren. Verwendung: → *Alginate*.

**Algirdas**, Großfürst von Litauen, → *Olgerd*.

**Algizide**, Sammelbegriff für chem. u. biolog. Algenbekämpfungsmittel; prakt. Bedeutung z. B. bei der Algenbekämpfung in Schwimmbädern; Oberflächengewässer können durch Ausfällung der für das Algenwachstum notwendigen Phosphate, z. B. durch Aluminiumsulfat, von Algen befreit werden; biolog. A. in Form spezifischer Virusstämme werden erprobt.

**Algoabaai**, *Algoa Bay, Alagoabucht*, Meeresbucht an der SO-Küste des Kaplandes, Südafrika; im Westteil der A. liegt Port Elizabeth im Schutz des Kaps Recife.

**Algol**, ◆ 1. [al'gɔːl], *Astronomie:* β *Persei*, heller Stern im → *Perseus*, nach der griech. Mythologie das Haupt der Medusa, das Perseus in der Hand trägt [arab. Râs Algûl, „Haupt des Teufels"]; ein Doppelstern mit zwei nahezu gleich großen Komponenten, von denen die eine aber erhebl. lichtschwächer ist u. die sich in 68,8 Stunden umeinander bewegen. Hierbei tritt die schwächere Komponente vor die hellere u. verursacht eine partielle Finsternis, die sich in einer Lichtabschwächung von A. um 1,3 Größenklassen zeigt. A. ist Hauptvertreter der *Algolsterne* in der Gruppe der *Bedeckungsveränderlichen*. Seine Entfernung beträgt 93 Lichtjahre. Unregelmäßigkeiten in der Lichtwechselperiode konnten auf einen inzwischen auch direkt nachgewiesenen dritten Stern im Algol-System zurückgeführt werden.
2. ['algɔl; das], *Datenverarbeitung:* Abk. für engl. *algorithmic language*, 1958 von einer Reihe renommierter Programmierer entwickelte → *Programmiersprache*, die hauptsächlich mathemat. u. wissenschaftl. Zwecken dient. 1960 wurde die standardisierte Form A. 60 eingeführt. A. war eine der ersten Programmiersprachen, die alle wesentl. Elemente zum → *strukturierten Programmieren* enthielt; 1968 wurde die erweiterte Form A. 68 vorgestellt. Die Weiterentwicklung von A. wurde Anfang der 70er Jahre eingestellt. Die Bedeutung von A. ist heute nur noch gering.

**Algol-Farbstoffe**, synthet., auf Cellulosefasern sehr waschechte Küpenfarbstoffe auf Thioindigobasis.

**algomische Gebirgsbildung**, [nach dem Ort *Algoma* in Ontario, Kanada], weltweite Orogenese im Altalgonkium, die zu einer konsolidierten Erde (Megagäa) führte.

**Algonkin**, 1. subarkt. Indianerstamm am Ottawa River (Kanada), Jäger u. Fallensteller. 2. indian. Sprachfamilie; ursprüngl. im N der Großen Seen beheimatet, breiteten sich die Algonkinstämme bereits in voreurop. Zeit aus. *Nord-Algonkin* (Sammler, Fischer, Jäger): Cree, Ottawa, Montagnais, Naskapi u. Ojibwa; *Küsten-Algonkin* (Jäger, Fischer, Bodenbauer): Micmac, Malecite, Penobscot, Abnaki, Mahican (Mohikaner), Delaware (Lenape); *Zentral-Algonkin* (Bodenbauer): Menomini, Sauk u. Fox, Miami, Illinois, Shawnee u. a.; *West-Algonkin* (Büffeljäger): Arapaho, Cheyenne, Blackfeet, Gros Ventres u. a.; *kalifornische Algonkin* (Sammler, Fischer, Jäger): Wiyot, Yurok.

**algonkischer Umbruch**, von H. *Stille* eingeführter Begriff, wonach die durch die algom. Gebirgsbildung konsolidierte Erdkruste wieder mobilisiert u. regeneriert wurde.

**Algonkium** [das; nach dem Siedlungsgebiet der *Algonkin*], *Eozoikum*, zweitälteste geolog. Epoche; Schichten meist stark gestört u. gefaltet; erste Spuren an Organismen.

**Algorithmus**, *Mathematik:* ein (Rechen-, Arbeits-)Verfahren, bei dem aufgrund eines Systems von Regeln gegebene Größen (Eingabeinformationen, Aufgaben) in andere Größen (Ausgabeinformationen, Lösungen) umgewandelt werden können. Beispiele: der → *Gauß'sche Algorithmus* zur Lösung von linearen Gleichungssystemen; der → *euklidische Algorithmus* zur Berechnung des größten gemeinsamen Teilers zweier Zahlen. Durch Algorithmen können komplizierte Prozesse so erfasst werden, dass sie von (Rechen-)Automaten nachgebildet werden können; der A. ist so ein zentraler Begriff der → *Kybernetik* geworden.

**Algrange** [al'grãʒ], dt. *Algringen*, lothring. Stadt westl. von Diedenhofen, im französ. Dép. Moselle, 6400 Ew.; Kohlen- u. Eisenerzbergbau.

**Algraphie** [Kurzwort aus *Aluminium* + grch. *graphein*, „schreiben"], Aluminiumdruck, 1892 erfundenes Flachdruckverfahren zur Buchillustration; nicht mehr in Gebrauch.

**Algren** ['ɔːlgrin], Nelson, US-amerikan. Schriftsteller, *28. 3. 1909 Detroit, Mich., †9. 5. 1981 New York; gibt in seinen Romanen u. Erzählungen eindrucksvolle, aus eigenem Erleben schöpfende Schilderungen vom Leben in den Slums amerikan. Städte; schrieb den (auch verfilmten) Roman „Der Mann mit dem goldenen Arm" 1949, dt. 1952 u. die Erzählungen „Im Neondschungel" 1947, dt. 1950, 1987 u. d. T. „Der Neon-Dschungel".

**Alhagi**, im mediterran-vorderasiat. Raum heimische Gattung der *Schmetterlingsblütler (Papilionaceae);* starre, stark verzweigte Dornsträucher mit kleinen Blättern. In Indien dient *A. camelorum* als Kamelfutter.

**Alhama de Granada**, südspan. Stadt, südwestlich von Granada, Provinz *Granada*,

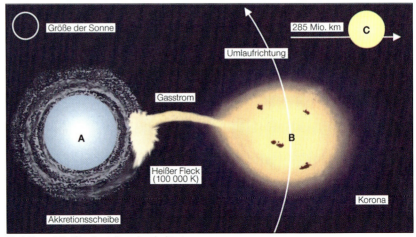

Algol (1): modellmäßige Darstellung des Algol-Systems

5800 Ew.; bekannte Schwefelquellen (42–45°C); arab. Burgruine, gut erhaltene arab. Thermen (12. Jh.).

**Alhama de Murcia** [-'murθia], Stadt in Südostspanien, südwestl. von Murcia, Prov. *Murcia*, 14 100 Ew.; Kurort (warme Schwefelquellen); Bewässerungsoase mit Dattelpalmen.

◆ **Alhambra** [a'lambra; die; span., arab., „die Rote"], das Schloss der islamischen Nasriden-Dynastie in Granada. Der riesige Baukomplex (720 m Länge, 220 m Breite, mit hohen Wällen u. 23 Türmen) wurde um 1238 mit der Wasserleitung u. den Befestigungsanlagen begonnen u. um 1302 vollendet. Nach oriental. Brauch sind die Räumlichkeiten um Höfe angeordnet. Der Myrtenhof ist an der einen Schmalseite von einem eleganten Säulenportikus begrenzt, hinter dem, wirksam kontrastierend, der schmucklose Comaresturm aufragt. In ihm befand sich die Audienzhalle für den Empfang fremder Gesandter. Ihr hölzernes Gewölbe baut sich in 7 konzentrischen Bändern aus abwechselnd großen u. kleinen Sternen auf. Untersuchungen haben ergeben, dass sich das Ornamentprogramm auf die Koran-Sure „Die Herrschaft" bezieht, in der von „sieben Himmeln" die Rede ist. Noch prächtiger ist die riesige Stalaktitkuppel im Saal der beiden Schwestern, die vor allem bei nächtl. Beleuchtung den Eindruck äußerster Schwerelosigkeit vermittelt. Der zweite große Hof, im Südosten rechtwinklig an den Myrtenhof angrenzend, ist der bekannte Löwenhof, so benannt nach dem Brunnen, dessen zwölfeckige Schale von 12 Löwen getragen wird. Vom Brunnen gehen nach den vier Haupthimmelsrichtungen schmale Kanäle aus, die in runden Brunnenbecken münden. Granada u. die A. wurden 1492 von König Ferdinand von Aragonien erobert. Kaiser Karl V. ließ ältere Bauteile abreißen u. an ihrer Stelle einen Palast auf kreisförmigem Grundriss errichten, der jedoch nie vollendet wurde. Die A. war zeitweise Staatsgefängnis, verfiel im 18. Jh. u. wurde im 19. Jh. wieder instand gesetzt. – auch → Wasserkunst.

**Alhambra** [æl'hæmbrə], Industriestadt im Ballungsgebiet von Los Angeles, California (USA), 82 100 Ew.

**Alhambra-Vase**, großformatiges, spitzovales Lüsterfayence-Gefäß mit flügelförmigen Henkeln aus der Manufaktur von Málaga; Prunkvase der span.-maurischen Fayencekunst aus dem 14. Jh., aufbewahrt in der Alhambra.

**Alhandra** [a'lja-], Vorort im Nordosten von Lissabon (Portugal), am Tejo, 8100 Ew.; vielseitige Industrie.

**Alhazan** [-ha'zan], arab. Physiker, → Haitham.

**Alhidade** [die; arab.], bewegl. Ablesevorrichtung (Zeiger, Nonius u. Ä.) an Winkelmessern, Sextanten, Oktanten u. Ä.; bewegt sich konzentrisch zum Teilkreis.

**Alhucemas** [-u'θɛ:-], arab. *Al Husaymah*, Stadt u. Fischereihafen an der Mittelmeerküste Marokkos, 41 700 Ew.; Fremdenverkehrszentrum. In der Bucht von A. befinden sich drei kleine Inseln, die seit 1673 zu Spanien gehören u. früher Piratenschlupfwinkel waren.

**Ali**, Pascha von Ioannina, *1744(?) Tepelena, †5. 2. 1822 Ioannina (Jannina); schuf sich seit 1787 eine von der türk. Regierung unabhängige Herrschaft in Südalbanien u. Griechenland; 1820 als Rebell abgesetzt u. in Ioannina eingeschlossen, musste am 10.1. 1822 kapitulieren u. wurde wenig später ermordet.

**Alia**, Ramiz, alban. Politiker (Kommunist), *18. 10. 1925 Shkoder; seit 1954 Mitgl. des Zentralkomitees, 1961 Mitgl. des Politbüros, wurde 1982 Staatsoberhaupt u. 1985 Erster Sekretär des ZK der Partei der Arbeit; legte nach seiner Wahl zum Präs. 1991 alle Parteiämter nieder; trat nach den Parlamentswahlen 1992 als Staats-Präs. zurück; wurde 1994 wegen Amtsmissbrauchs u. a. Delikte zu einer mehrjährigen Freiheitsstrafe verurteilt, 1995 wieder freigelassen.

**Aliakmon**, griechischer Fluss in Makedonien, 285 km; entspringt im nördl. Pindos-Gebirge nahe der alban. Grenze, fließt zunächst nach S, bei Karperon nach NW, mündet in den *Thermaischen Golf*; im Unterlauf bildet er eine großen, mit der des *Axios* zusammenhängenden Schwemmlandebene; Verlegung der Mündung nach S wegen Versandungsgefahr des Hafens von Thessaloniki.

**Alianza Popular Revolucionaria Americana** [ali'ansa popu'laːr revolusio'naria -], Abk. → APRA.

**Alibert** [-'bɛːr], Jean Louis Baron, französ. Hautarzt, *12. 5. 1766 Villefranche, Aveyron, †4. 11. 1837 Paris; einer der Begründer der modernen Dermatologie. A. prägte verschiedene dermatolog. Begriffe (z. B. Dermatose) u. beschrieb 1806 die Hautkrankheiten in 12 systemat. Gruppen.

**Aliberti**, Lucia, italien. Sängerin (Sopran) *17. 4. 1957 Messina; seit 1984 an der Mailänder Scala; dramat. Koloratursängerin, bes. in Opern von V. Bellini, G. Donizetti u. G. Verdi.

**Alibey**, Insel in der östl. Ägäis, in der Bucht von Edremit, 23,36 km².

**Alibi** [das; lat., „anderswo"], Nachweis *(Alibibeweis)* eines einer Straftat Verdächtigen über seine Abwesenheit vom Tatort zur Tatzeit.

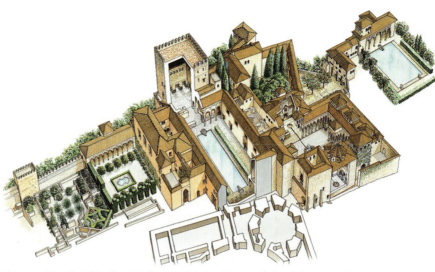

Alhambra: Schloss der Kalifen der islamischen Nasriden-Dynastie in Granada (Spanien); 1238–1302

**Alicante**, röm. *Lucentum*, arab. *Al Lukant*, südostspan. Hafenstadt in der Landschaft Valencia, an der Bahía de A., 265 000 Ew.; keram. u. chem. Industrie, Nahrungs- u. Genussmittelerzeugung; Ausfuhr von Wein, Südfrüchten, Frühgemüse u. Öl; Flughafen.

**Alice** ['ælis; engl.], südafrikan. Stadt in der Prov. Ost-Kap, 11 100 Ew.; Universität „Fort Hare" (seit 1970; 1916 als College für Schwarze gegr.); Holzindustrie.

**Alice** [a'lis, frz.; 'ælis, engl.], weibl. Vorname, → Adelheid.

**Alice Springs** ['ælis spriŋz], Stadt im Nordterritorium, im Zentrum Australiens (das „grüne Herz Australiens" genannt), in den Macdonnell Ranges, 24 700 Ew.; biolog. Forschungsstation; Flughafen; Tourismus.

**Alice von Hessen-Darmstadt** → Alexandra Fjodorowna.

**Alicudi**, die westlichste der → Liparischen Inseln.

**alicyclische Verbindungen** → alizyklische Verbindungen.

**Aliden, 1.** die Nachkommen des (4.) Kalifen *Ali Ibn Abi Talib*, des Vetters des Propheten Mohammed. Die aus der Ehe Alis mit Fatima, der Tochter Mohammeds, stammenden Nachkommen sind nach schiitischer Anschauung allein berechtigt, Oberhaupt (Imam) der Moslems zu sein. Eine alidische Herrscherdynastie waren die Zaiditen in Jemen u. die Fatimiden in Nordafrika u. Ägypten (909 bzw. 969–1171). Keinesfalls alle Nachfahren Alis sind Schiiten; Sunniten sind die haschemitischen Dynastien in Jordanien u. Marokko.

*Fortsetzung S. 197*

# Algerien

**Offizieller Name:**
Demokratische Volksrepublik Algerien

**Autokennzeichen:** DZ

**Fläche:** 2 381 741 km²

**Einwohner:** 30,8 Mio.

**Hauptstadt:** Algier

**Sprache:** Arabisch

**Währung:** 1 Algerischer Dollar = 100 Centimes

**Bruttosozialprodukt/Einw.:** 1550 US-Dollar

**Regierungsform:** Autoritäre präsidiale Republik

**Religion:** Moslems

**Nationalfeiertag:** 1. November

**Zeitzone:** Mitteleuropäische Zeit

**Grenzen:**
Im N Mittelmeer,
im O Tunesien und Libyen,
im SO Niger,
im SW Mali und Mauretanien,
im äußersten W Sahara,
im NW Marokko

**Lebenserwartung:** 69 Jahre

**Landesnatur** Die Oberflächengestalt Algeriens ist zonal gegliedert. Die über 1000 km lange Küste am Mittelmeer ist reich an Buchten u. Häfen. Parallel zu ihr liegen die jungen Gebirgsketten des Tellatlas, begleitet von großen Längstälern (z. B. Wad Shilif) u. Küstenebenen (z. B. Metidja bei Algier). Der *Lalla Kredidja* im Jurjurah-Gebirge ist mit 2308 m die höchste Erhebung. Häufige Erdbeben (z. B. in Al Asnam) zeigen an, dass die Bewegungen der Erdkruste, denen das Gebirge seine Entstehung verdankt, noch andauern. Südlich schließt sich die Hochebene der Schotts an mit zahlreichen abflusslosen Senken, die im Sommer mit Salzkrusten bedeckt sind. Von 1000 m ü. M. im W senkt sich das Hochland bis zum Chott el Hodna im O allmählich auf 400 m ü. M. Darauf folgt südwärts der Saharaatlas, der bei der Annäherung der Tellketten im NO im Aurès-Massiv seine größte Höhe erreicht (Jabal Shilyah 2328 m). Nach S fällt der Saharaatlas steil zur Sahara ab. Die Wüste nimmt 85 % der Fläche Algeriens ein. Sie liegt im N u. W durchschnittl. 200 bis 500 m hoch, teilweise auch in Höhe des Meeresspiegels oder gar darunter (Chott Melrhir 30 m u. M.). Schuttbedeckte Stufenlandschaften, die Hammadas, wechseln mit flachen Feinkiesflächen (Serir) und weiten Sanddünenfeldern (Ergs) ab, von denen der Große Westl. u. der Große Östl. Erg die bekanntesten sind. Im südl. Teil der alger. Sahara erhebt sich das über 3000 m hohe Ahaggar-Massiv.

*Klima:* Der Tellatlas hat mediterranes Küstenklima mit trockenen, heißen Sommern u. milden Wintern; die Niederschläge fallen im Herbst, Winter u. Frühjahr u. können bis zu 1000 mm/Jahr betragen. Im Hochland der Schotts u. im Saharaatlas ist das Klima kontinentaler, winterkalt u. sommerheiß; die Niederschlagsmengen nehmen vom Hochland mit höchstens 350 mm/Jahr bis zur Wüstenrandzone auf unter 100 mm/Jahr ab. In der inneren Sahara fallen nur episodisch seltene Winterregen. Südl. des Ahaggar treten, ebenso selten, trop. Sommerregen auf, der Ahaggar selbst erhält sowohl Winter- wie Sommerregen. Die tages- u. jahreszeitl. Temperaturunterschiede sind in der Sahara sehr hoch; südl. des Ahaggar nimmt der Jahreszeitengegensatz ab. – Entsprechend den Niederschlägen gibt es nur im Tellatlas Dauerflüsse, von denen der größte der Wad Shilif ist. Im Hochland u. in der Wüste gibt es nur episodisch durchflossene Wadis.

*Vegetation:* An der Küste gedeiht das Hartlaubgestrüpp der Macchie, in den Küstenketten ein lichter Wald aus Aleppokiefern, Thuja-Arten, Stein- u. Korkeichen u. über 1600 m im Jurjurah die Zeder. Die Schotthochländer sind waldlos u. werden von Steppen aus Wermutsträuchern u. Alfagras eingenommen. Der Saharaatlas ist vorwiegend Gebirgssteppe, er weist nur auf der etwas feuchteren Nordseite des Aurès Waldreste mit Aleppokiefern, Steineichen, Wacholder u. Zedern auf. In der Wüste ist die Vegetation auf die Wadis, die Randgebiete der Dünen u. andere grundwasserbegünstigte Regionen beschränkt. Auch das Ahaggar-Massiv ist waldlos.

**Bevölkerung** Vorwiegend Araber u. verschiedene Berberstämme, die zum Teil arabisiert sind, teilweise ihre Lebensweise u. Kultur noch erhalten haben (vor allem die Kabylen, Tuareg u. Mzabiten) bevölkern Algerien. Die Zahl der Europäer sank nach Erlangung der Unabhängigkeit bis auf etwa 20 000. Der Islam sunnitischer Richtung ist Staatsreligion; daneben gibt es Reste vorislamischer Stammes- u. Naturreligionen; rd. 50 000 sind Katholiken. Staatssprache ist Arabisch, daneben ist Französisch Verkehrs- u. Bildungssprache. Die verschiedenen Berberdialekte (Tamazight, Kabylisch u.a.) werden in den Siedlungsgebieten der Berber gesprochen. Die Bevölkerungsdichte im nördlichen A. beträgt 50 Ew./km², dagegen liegt sie in den Saharagebieten unter 1 Ew./km². Der Anteil der städt. Bevölkerung (1998: 58 %) nimmt ständig zu. Das jährliche Bevölkerungswachstum Algeriens betrug 1990–1998 durchschnittlich 2,6 %.

**Medien** Über die eingeschränkte Pressefreiheit hinaus steht der Journalismus in A. unter politischem Druck. Unter den rd. 30 Tageszeitungen u. Zeitschriften sind die

Ghardaïa ist eine Oasenstadt in der nördlichen Sahara

bekanntesten *Liberté, Le Soir d'Algérie* u. *El Khabar*. Die Presseagentur *Algérie Presse Service/APS* wurde 1961 gegr. Die staatl. Rundfunkgesellschaft *Radiodiffusion Télévision Algérienne* (RTA) sendet ein Fernsehprogramm in arab. u. in französ. Sprache sowie drei Rundfunkprogramme in Arabisch, Französisch u. Kabylisch.

Trauernde Kinder in einem Dorf am Fuße des Tellatlas. Ihre Familie wurde im Januar 1998 Opfer eines Massakers islamischer Extremisten

**Wirtschaft** In der Landwirtschaft, die in Nordalgerien gute Bedingungen vorfindet, werden Weizen, Gerste, Hafer, Hirse, Mais, Kartoffeln, Gemüse, Tabak, Wein, Obst, Südfrüchte, Oliven u. Baumwolle auf über 25 % der Fläche Nordalgeriens angebaut, außerdem viele Schafe, Rinder u. Ziegen gehalten. Wein, Getreide, Früchte u. Tabak werden auch exportiert. Gegenwärtig soll die Rebfläche wegen geringer Absatzmöglichkeiten für Wein in der EU auf weniger als die Hälfte verringert werden. Gleichzeitig beabsichtigt die Regierung Maßnahmen zur Modernisierung u. damit Ertragssteigerung der privaten, traditionellen Landwirtschaft sowie die Bildung landwirtschaftl. Genossenschaften. In Südalgerien werden in den Oasen vor allem Datteln für den Export angebaut. Sonst wird nur nomad. Viehzucht betrieben (Schafe, Ziegen, Rinder, Pferde, Esel, Maultiere u. Kamele). Von Bedeutung ist auch die Nutzung der Korkeichenwälder, die Gewinnung von Alfagras u. die Seefischerei. Umfangreich sind die Bodenschätze, insbes. Erdöl- u. Erdgasvorkommen in der Sahara. Ölleitungen führen von Hassi-Messaoud u. Edjélé nach Bejaïa (Bougie) u. Skhirra (Tunesien). Das Gebiet von Hassi R'Mel ist eines der größten Erdgasfelder der Erde, es ist durch Gasleitungen mit Arzew u. Skikda sowie über Tunesien mit Italien verbunden. Eine weitere Pipeline über Marokko nach Spanien u. Frankreich ist im Bau. Erdöl u. Erdgas machen zusammen ca. 95 % der Exportwerte Algeriens aus. Hochwertiges Eisenerz wird ebenfalls ausgeführt bzw. im Stahlkombinat von Annaba verarbeitet. Abgebaut werden außerdem Phosphat, Zink-, Blei- u. Kupfererze, Schwefelkies, Salz u. a.; weitere Vorkommen (besonders Mangan, Wolfram, Antimon, Quecksilber u. Uran) sind noch wenig erschlossen. Die Industrie verarbeitet vor allem die Bergbauprodukte (Erdölraffinerien, Gasverflüssigungsanlagen, Eisen- u. Stahlindustrie) u. die Erzeugnisse der Landwirtschaft u. Fischerei. Chemische u. Textilindustrie werden ausgebaut. Sehr verbreitet ist immer noch das Handwerk; wichtigste Zweige sind Teppichweberei, Verarbeitung von Leder, Keramik, Holz u. Edelsteinen.

**Verkehr** Das Verkehrsnetz ist im N gut ausgebaut; nach S nimmt die Verkehrsdichte schnell ab; die Saharagebiete verfügen nur über wenige Straßenverbindungen; als Folge der Erdöl- u. Erdgasvorkommen tritt jedoch eine allmähliche Verbesserung ein. Wichtigster Verkehrsträger für den Fernverkehr ist z. Z. noch die Eisenbahn. Der alte Plan einer Transsaharastrecke für den Straßenverkehr (bis nach Niger, Mali u. Nigeria) wird weiter verfolgt, Teilstücke sind bereits fertig gestellt. Die wichtigsten Häfen sind Algier, Annaba, Oran u. die Erdölhäfen Arzew, Bejaïa u. Skikda. Internationale Flughäfen bestehen in Algier (Al Jaza'ir), Oran, Annaba u. Constantine.

**Geschichte** Algerien ist das alte *Numidien*, das im Altertum zeitweise zum Reich der Karthager gehörte u. dann röm. Provinz (Numidia, im W Mauretania) wurde. 429–534 gehörte die Küste zum Wandalenreich. Den dann folgenden Byzantinern entrissen 670–690 die islam. Araber das Land. Vom 11. bis 13. Jh. gehörte A. zum Reich der *Almoraviden* u. *Almohaden*. A. zerfiel in unabhängige Stammesgebiete; die Küstenstädte betrieben Seeraub. Um der Seeräuberplage Herr zu werden, besetzten die Spanier 1509 Oran, 1510 die Insel Penon vor Algier u. a. Städte. Gegen die Spanier

# Algerien

Das Erdöl- und Erdgasfeld von Hassi-Messaoud erstreckt sich im Nordosten des Landes

wurden die in türk. Diensten stehenden Brüder *Arudsch* u. *Cheir ed-Din Barbarossa* ins Land gerufen. Nach dem Tode des Arudsch unterstellte Cheir ed-Din Barbarossa A. 1519 der Oberhoheit der Türken, die es durch die von den Janitscharen gewählten *Deis* regieren ließen. Erst 1708 wurden die Spanier von Dei Ibrahim aus dem ganzen Land vertrieben. Die Autorität der Deis über das Hinterland blieb jedoch unsicher. Am 14. 6. 1830 landete ein französ. Heer bei Algier u. besetzte die Stadt mit ihrer Umgebung. Im W Algeriens gründete darauf *Abd Al Kader* ein neues islam. Staatswesen, das einen Teil der Stämme einte u. dessen Autonomie von den Franzosen zunächst anerkannt wurde (Vertrag von Tafna 30. 5. 1837). Im November 1839 begann der Krieg erneut, Abd Al Kader musste 1843 nach Marokko fliehen, am 18. 8. 1844 schlug Marschall Bugeaud die marokkan. Armee am Isly-Wadi. Von den Marokkanern im Stich gelassen, musste Abd Al Kader sich am 23. 12. 1847 ergeben. Die *Franzosen* eroberten das ganze Land u. drangen allmähl. nach S in die Sahara vor. Unter Napoleon III. versuchten sie, Algerien als ein eigenständiges „arabisches Königreich" zu verwalten. Nach der Niederwerfung eines Kabylen-Aufstands 1871 wurden jedoch weite Landflächen enteignet u. mit Europäern besiedelt, die u. a. aus dem vom Dt. Reich annektierten Elsass-Lothringen nach A. kamen. Diese Siedler (um 1890 etwa 500 000 französ. *Colons*, scherzhaft *Pieds-Noirs*, „Schwarzfüße") forderten den Anschluss Algeriens an das französ. Mutterland, verweigerten den islam. Algeriern jedoch die polit. u.

gesellschaftl. Gleichberechtigung. Am 26. 8. 1881 ordnete ein Dekret die Eingliederung („rattachement") der alger. Verwaltung in die französ. an. Später wurde jedoch die Eigenart Algeriens wieder stärker betont, u. a. durch Einrichtung eines eigenen Budgets u. alger. parlamentar. Kammern (Finanz-Delegationen), in denen die europ. Einwohner eine Zweidrittel-Mehrheit hatten. Um 1900 eroberte Frankreich auch die Sahara vollständig u. stellte ein großes Wüstengebiet als „algerische Südgebiete" unter Militärverwaltung. Die islam. Bevölkerung begann rasch zu wachsen (1911: 4 750 000). 1912 führte Frankreich die Wehrpflicht auch für Moslems ein, im 1. Weltkrieg kämpften bereits Algerier im französ. Heer.
Nach 1919 erwarteten viele Algerier polit. Reformen, die ihnen eine Aufnahme in die französ. Nation erleichtern würden. Als die europ. Siedler solche Assimilations-Maßnahmen verhinderten, formierten sich in A. die ersten nationalist. Gruppen, insbes. die traditionsbewussten *Ulemas* (1930) u. unter den alger. Arbeitern in Frankreich der „Nordafrikan. Stern" (französ. *Étoile Nord-Africain*, Abk. *ENA*), der seit 1927 unter Führung von Messali Hadsch die volle Unabhängigkeit Algeriens forderte. Frankreich unterdrückte den alger. Nationalismus, auch die Volksfront-Regierung 1936 in Frankreich konnte Reformpläne gegen den Widerstand der europ. Siedler nicht durchsetzen.
Im 2. Weltkrieg blieben die französ. Behörden in A. zunächst der französ. Regierung Pétain in Vichy treu. Am 8. 11. 1942 landeten jedoch amerikan. u. brit. Truppen

in A., woraufhin General de Gaulle die Führung des „Freien Frankreich" übernahm. 1943 forderte Ferhat *Abbas* im „Manifest des alger. Volkes" begrenzte Selbstregierung. Darauf ließ sich de Gaulle nicht ein. Stattdessen versprach er im Gesetz vom 7. 3. 1944 den Moslems das volle französ. Bürgerrecht. Die IV. Republik erfüllte diese Hoffnung aber nicht, das Algerien-Statut vom 20. 9. 1947 gewährte keine echte Reform.
Am 1. 11. 1954 begann im Aurèsgebirge der Aufstand, den eine Gruppe vorher kaum bekannter Männer organisiert hatte. Sie übernahmen die Führung der *Nationalen Befreiungsfront* (FLN) u. ihrer Armee (ALN). In A. selbst u. unter den alger. Arbeitern in Frankreich setzte sich die FLN rasch gegen konkurrierende Organisationen durch. Im August 1956 gab sie sich auf dem Kongress im Soumman-Tal (Kabylien) eine polit. Spitze, die am 19. 9. 1958 in Tunis zur Provisor. Regierung der Alger. Republik (GPRA) proklamiert wurde; Ferhat Abbas übernahm das Amt des Min.-Präs. im Exil. Frankreich versuchte den Aufstand zunächst brutal niederzuschlagen („Schlacht um Algier" 1957), konnte auch die ALN in die Berge zurückdrängen u. die Grenzen nach Tunesien sowie Marokko sperren, jedoch blieb die FLN im Untergrund bestimmend für das alger. Volk. Am 13. 5. 1958 brachten die europ. Siedler u. französ. Offiziere durch Putschdrohung die IV. Republik zum Scheitern u. verhalfen General de Gaulle, der als Verfechter eines „französ. A." galt, zur Regierungsübernahme. Dieser bot jedoch am 16. 9. 1959 die Selbstbestimmung an u. leitete Verhandlungen mit der FLN ein. Am 18. 3. 1962 kam in Evian der Waffenstillstand zustande, Putschversuche der radikalen „Geheim-Armee" (OAS) der europ. Siedler wurden unterdrückt.
Nachdem am 1. 7. 1962 in einer Volksabstimmung 99,7 % der Algerier für die Unabhängigkeit gestimmt hatten, wurde am 3. 7. 1962 die unabhängige *Republik Algerien* ausgerufen. Die FLN übernahm als Einheitspartei die Führung des neuen Staates, jedoch kam es sofort zu persönl. Machtkämpfen. Ende 1962 setzte Ahmed *Ben Bella* sich als Staatschef durch. Er leitete eine „sozialist." Politik unter Hinwendung zur Sowjetunion ein, ohne jedoch die wirtschaftl. Zusammenarbeit mit Frankreich aufzukündigen. Am 19. 6. 1965 stürzte der Armeechef Houari *Boumedienne* Ben Bella u. übernahm selbst die Regierung. Er verringerte den Einfluss der alger. Kommunisten auf Partei u. Staat, änderte jedoch nichts an der Außenpolitik. Das Land blieb einer der schärfsten Gegner einer Aussöhnung mit Israel. Erhebliche Spannungen entwickelten sich mit Marokko wegen der algerischen Unterstützung

der Polisario in der Westsahara-Frage. 1976 trat eine neue Verfassung in Kraft. Nach dem Tod Boumediennes wurde 1979 Bendjedid *Chadli* Staats-Präs.; im Innern betrieb er einen Kurs der wirtschaftl. Liberalisierung, während er gleichzeitig Boumediennes Linie einer verstärkten Kooperation mit der Dritten Welt gegenüber dem industrialisierten Norden weiterverfolgte. 1988 nahm A. die seit Beginn des Westsahara-Konflikts unterbrochenen diplomat. Beziehungen zu Marokko wieder auf. Aufgrund der katastrophalen wirtschaftl. Lage kam es im gleichen Jahr zu blutigen Unruhen. Diese Vorgänge begünstigten das Erstarken des islam. Fundamentalismus. Die Staatsführung reagierte mit polit. Reformen. 1989 wurde eine neue Verfassung, die die sozialist. Ausrichtung des Landes aufhob, per Referendum angenommen. Außerdem führte die Regierung ein Mehrparteiensystem ein. Nach Unruhen islam. Kräfte wurde 1991 zeitweise der Ausnahmezustand verhängt. Im Dez. 1991 fanden Parlamentswahlen auf Basis der neuen Verfassung statt. Die fundamentalist. Islam. Heilsfront errang einen überwältigenden Sieg. Daraufhin trat Chadli 1992 als Staats-Präs. zurück. Ein vom Militär beherrschter *Oberster Staatsrat* unter Führung von Mohammed *Boudiaf* übernahm alle exekutiven Vollmachten, verhängte den Ausnahmezustand u. verbot die Heilsfront, die nun das Regime mit Terrorakten aus dem Untergrund bekämpfte. Am 29. 6. 1992 fiel Boudiaf einem Attentat zum Opfer. Sein Nachfolger als Vors. des Staatsrats wurde Ali *Kafi*. 1994 endete die Amtszeit des Staatsrats. General L. *Zeroual* wurde zum Staats-Präs. berufen (1995 durch Direktwahl im Amt bestätigt). Inzwischen eskalierten die gewalttätigen Auseinandersetzungen zwischen dem Regime u. den Islamisten (bis 1999 über 80000 Tote). In einem Referendum billigte die Bevölkerung 1996 eine neue Verfassung, auf deren Grundlage 1997 Parlamentswahlen stattfanden, die von der neu gegr. Nationaldemokrat. Sammlungsbewegung (RND) gewonnen wurde. Eine Stabilisierung der innenpolit. Lage wurde dadurch jedoch nicht erreicht. Im Sept. 1998 verkündete Zeroual seinen Rücktritt vom Amt des Staatschefs. Aus vorgezogenen Präsidentschaftswahlen ging im April 1999 Abdulaziz *Bouteflika*, der von der RND unterstützt wurde, als Sieger hervor, nachdem die anderen sechs Bewerber wegen angebl. Wahlfälschung ihre Kandidatur zurückgezogen hatten.

**Politik** Nach der im Referendum von 1998 bestätigten Verfassung ist A. eine präsidiale Republik. Der Präs. wird für eine Amtszeit von 5 Jahren direkt vom Volk gewählt. Eine einmalige Wiederwahl ist zulässig. Er hat weit reichende Befugnisse (u. a. Ernennung des Regierungschefs). Das Zweikammerparlament besteht aus der Nationalversammlung (380 Abg. für 5 Jahre direkt gewählt) u. dem Rat der Nation mit 144 Mitgl., von denen 96 indirekt von Kommunalräten gewählt werden. 48 weitere Mitgl. werden vom Präs. ernannt. Stärkste Partei ist die Nationaldemokrat. Sammlungsbewegung (RND). Parteien, die religiöse, ethn. oder regionale Ziele verfolgen sind verboten. Das Justizwesen ist durch islam. u. französ. Einflüsse geprägt.

**2.** die herrschende Dynastie in Marokko, begründet von Mulai Ar Raschid (1667 bis 1672), auch *Hasaniden* genannt; leitet ihre Abstammung auf *Ali Ibn Abi Talib* zurück.
**Alienation** [lat.], veraltet für Entfremdung.
**Aligarh**, nordind. Distrikt-Hptst. am Westrand der Gangesebene in Uttar Pradesh; im fruchtbaren Yamuna-Ganges-Doab (Zwischenstromland), 110 km südöstl. von Delhi, 480 000 Ew.; Verkehrsknotenpunkt; islam. Universität (gegr. 1921); Agrarhandelszentrum; Agrarindustrien (Baumwolle, Leder), Papier-, Glas-, chem. u. feinmechan. Industrie, Maschinenbau; histor. Baudenkmäler: Festung (16. Jh.), Große Moschee (1728).
**Alighieri** [-'gjɛri] → Dante Alighieri.
**Ali Ibn Abi Talib**, vierter Kalif 656–661, * um 600 Mekka, † 24. 1. 661 Kufa (ermordet); Neffe und Schwiegersohn des Propheten Mohammed (durch Fatima); schlug 656 im Irak einen Aufstand nieder, den Mohammeds Witwe Aïscha gegen ihn angestiftet hatte. A. regierte von Kufa und musste sich gegen den Statthalter in Syrien, Al Moawija, wehren, der ihn der Mittäterschaft an der Ermordung des Kalifen Othman beschuldigte und seit 657 die Kalifenwürde beanspruchte, die er nach Alis Tod erlangte. Ali Ibn Abi Talibs Parteigänger, die Schiiten, erkennen nur ihn und seine Nachkommen (Imame) als legitime Herrscher an.
**Alijew**, *Aliyev*, Gejdar Ali Risa-ogly, aserbaidschanischer Politiker, * 10. 5. 1923 Nachitschewan; 1967–1969 Leiter des KGB in Aserbaidschan, 1969–1982 dort Erster Sekretär des KGB, 1982–1987 Mitgl. des Politbüros des ZK der KPdSU; im Juni 1993 als vorläufiges Staatsoberhaupt von Aserbaidschan eingesetzt, gewinnt die Präsidentschaftswahlen im Okt. 1993 u. Okt. 1998.
**Ali Khan**, pakistanischer Politiker, → Liaqat Ali Khan.
**Ali Kosh**, *Alikosh*, eine der frühesten Siedlungen in der Deh Luran-Ebene im Zagrosgebirge am Übergang zum Neolithikum, mit festen Häusern. Die Daten nach der C-14-Methode deuten auf das 7. Jahrtausend v. Chr.; verkohlte Pflanzenreste, davon neben angebautem Getreide 90 % von gesammelten Wildpflanzen.
**alimentär** [lat.], *Tiermedizin:* zur Nahrung gehörig; mit der Nahrung u. dem Stoffwechsel zusammenhängend.
**Alimentarstiftungen**, vom röm. Kaiser *Nerva* (96–98) begründete u. von seinem Nachfolger *Trajan* weiter ausgebaute Einrichtung vornehmlich sozialpolit. Natur: Der Kaiser u. reiche Privatleute stifteten Kapitalien, die in Hypotheken auf Grundbesitz angelegt wurden. Von den einkommenden Zinsen wurden im Römischen Reich nach festen Sätzen freigeborene Kinder aus bedürftigen Familien durch regelmäßige Zuwendungen unterstützt.
**Alimentationspflicht** → Unterhalt.
**Alimente** [lat.], ursprüngl. allg. → Unterhalt (jemanden *alimentieren*, jemandem Unterhalt leisten), heute bes. die gesetzlichen Unterhaltsleistungen des Erzeugers an sein *nicht eheliches Kind*.

Ahmed Ben Bella, der erste Ministerpräsident des unabhängigen Algeriens, spricht zur Nationalversammlung

**a limine** [lat., „von der Schwelle (des Gerichts) weg"], kurzerhand, ohne Prüfung (zurückweisen).

**Alinea** [das; lat.], Abk. *Al*, neue Zeile, Absatz.

**Alingsås** ['-soːs], westschwed. Industriestadt, 20 700 Ew.; Textil- u. Metallindustrie; Stadtrechte wurden 1619 von Gustav II. Adolf verliehen. Im Stadtkern ist eine große Zahl alter Gebäude erhalten, z. T. als Holzbauwerke; Anbauort der ersten schwed. Kartoffeln.

**aliphatische Verbindungen** [grch. *aloiphe*, „Salböl"], *azyklische Verbindungen*, organ. Verbindungen mit in geraden oder verzweigten offenen Ketten angeordneten Kohlenstoffatomen; Gegensatz: *aromatische Verbindungen* u. *alizyklische Verbindungen*.

**aliquanter Teil** [lat.], die Menge aller ganzen Zahlen, die betragsmäßig kleiner sind als eine vorgegebene ganze Zahl, diese aber nicht ohne Rest teilen; z. B. ist {5, 7, 8, 9, 10, 11} der aliquante Teil von 12; Gegensatz: *aliquoter Teil*.

**aliquoter Teil** [lat.], 1. *Chemie*: der ganzzahlige Bruchteil einer zu analysierenden Probe. Man bestimmt z. B. in mehreren aliquoten Teilen nebeneinander oder nacheinander verschiedene Komponenten nach verschiedenen Methoden.
2. *Mathematik*: Menge aller ganzzahligen Teiler einer ganzen Zahl, so dass kein Rest bleibt; z. B. ist {3, 5, 7} der aliquote Teil von 105; Gegensatz: *aliquanter Teil*.

**Aliquotsaiten** → *Resonanzsaiten*.

**Aliquotstimmen**, die → *Register* der Orgel, die zu den Grundstimmen selbständig die → *Obertöne* hörbar machen.

**Alismatidae**, Unterklasse der einkeimblättrigen Pflanzen, → *Helobiae*.

**alitieren** [lat.] → *alumetieren*.

**Aliudlieferung** [lat.], *Anderslieferung*, Lieferung eines Gegenstands, der nicht der vereinbarten Gattung angehört; stellt nach bürgerl. Recht *Nichterfüllung*, nach Handelsrecht *Sachmangel* mit der Pflicht zur unverzüglichen Rüge dar.

**Alivardi**, *Ali Vardi Khan*, mächtigster Herrscher Ostindiens (1740–1756) vor der Eroberung Bengalens durch die Briten 1757.

**Aliwal-Noord**, *Aliwal North*, Stadt am Oranje in der Prov. Ost-Kap (Südafrika), westl. der südl. Drakensberge, 1482 m ü. M., rd. 25 000 Ew.; Industrie, Bahnknotenpunkt, Flugplatz; Schwefelquellen.

**Aliya** [hebr., „Aufstieg" (nach Zion)], in der zionist. Bewegung gebräuchl. Bez. für die verschiedenen jüd. Einwanderungswellen nach Palästina; z. B. 1. Aliya (1881–1903), 2. Aliya (1904–1914). Auch → *Israel* (Geschichte).

**Alizarin**, *1,2-Dioxyanthrachinon*, in der Krappwurzel als Ruberythrinsäure vorkommender, ältester Naturfarbstoff, der synthetisch durch Schmelzen von anthrachinonsulfosaurem Natrium mit Natriumhydroxid und Kaliumchlorat gewonnen wird. Alizarin ist ein → *Beizenfarbstoff* und gibt auf der Faser mit Metalloxiden leuchtend farbige Krapplacke. Heute meist durch echt färbende Azo- und Naphthol-AS-Farbstoffe ersetzt.

**alizyklische Verbindungen**, organisch-chemische Verbindungen mit ringförmig angeordneten Kohlenstoffatomen; ihre Eigenschaften sind denen der aliphat. Verbindungen ähnlich; Ausnahme: → *Benzol*. Zu den alizyklischen Verbindungen gehören die Cycloparaffine und die Cycloolefine. Ausgangsprodukte u. a. für klopffeste Treibstoffe. Auch → *aromatische Verbindungen*.

**Aljamiado-Literatur** [alxa-; span. *textos aljamiados*], Sammelbez. für die Literatur die von den Muslime verfasst wurde, die nach der span. Reconquista im christl. Herrschaftsbereich lebten; meist in arab., seltener auch in hebr. Schrift aufgezeichnet; bes. bekannt: „Poema de Yuçuf" (14. Jh.).

♦ **Aljechin** [aˈlʲɔxin], *Alechin*, Alexander Alexandrowitsch, russ. Schachspieler u. -theoretiker, *1. 11. 1892 Moskau, †24. 3. 1946 Lissabon; russ. Gardeoffizier, emigrierte 1921 als Gegner des Bolschewismus nach Frankreich; 1927–1935 u. 1937–1946 Schachweltmeister; holte den Titel 1927 nach Sieg über R. *Capablanca* u. 1937 von M. *Euwe*, gegen den er 1935 verloren hatte.

*Alexander Alexandrowitsch Aljechin*

**Aljubarrota** [alʒu-], portugies. Ort im Bergland von Leiria, 5000 Ew.; durch seinen hier erfochtenen Sieg über Kastilien (1385) rettete König *Johann I.* Portugals Selbständigkeit.

**Alkaios**, *Alcaeus, Alkäus*, griech. Lyriker aus Lesbos, um 600 v. Chr.; neben *Sappho* Hauptvertreter der äolischen Lyrik; dichtete lebensnahe, formvollendete Kampf-, Liebes- u. Trinklieder u. Hymnen in einem neuen Versmaß, der *alkäischen Strophe*. Vorbild für Catullus u. Horaz.

**alkäische Strophe**, nach dem griech. Dichter *Alkaios* benannte vierzeilige Odenstrophe (2 Elfsilber, 1 Neunsilber, 1 Zehnsilber), im Dt. nachgebildet von F. G. Klopstock, L. H. C. Hölty, F. Hölderlin, A. von Platen, in England von A. Tennyson.

**Alkalde**, *Alcalde* [arab., span.], Bürgermeister oder Ortsrichter in Spanien u. Südamerika.

**Alkaliblau**, Natriumsalz der Monosulfonsäure des Triphenylparafuchsins (→ *Anilinblau*), Formel $C_{32}H_{28}N_3NaO_4S$; graublaues, in Wasser, Ethanol u. Isopropanol lösliches Pulver; verwendet als Druckfarbe, Woll- u. Seidenfarbstoff.

**Alkalicellulose**, Vorprodukt bei der Herstellung von Regeneratfaserstoffen nach dem Viskoseverfahren, entsteht durch Einwirken von Natronlauge auf den Holzzellstoff.

**Alkalien** [arab. *al kaljin*, das „Seifige"], wasserlösliche u. *alkalisch* reagierende Verbindungen der → *Alkalimetalle*, insbes. deren Oxide, Hydroxide u. Salze mit schwachen Säuren (z. B. Soda). Aus der historischen Gewinnung der Hydroxide NaOH u. KOH (z. B. $Na_2CO_3 + Ca(OH)_2$ → $CaCO_3 + 2\,NaOH$) durch so genannte *Kaustifizierung* erklären sich die Begriffe „kaustische Soda" (= Ätznatron, NaOH) u. „kaustische Pottasche" (= Ätzkali, KOH). Herstellung heute ausschließlich durch *Chloralkali-Elektrolyse*.

**Alkaligesteine**, *Alkalikalkgesteine*, Unterteilung der magmat. Gesteine nach ihrer chemischen Zusammensetzung, wobei der Gehalt von Natrium u. Kalium im Verhältnis zu Calcium relativ hoch ist. Viele Alkaligesteine zeigen eine deutliche Unterbilanz an Kieselsäure, so dass nicht Feldspate, sondern sog. Feldspatvertreter (Foide) gebildet werden.

♦ **Alkalimetalle**, Leichtmetalle der I. Hauptgruppe des Periodensystems: *Lithium, Natrium, Kalium, Rubidium, Cäsium* u. *Francium*. Gemeinsamkeiten: 1. A. haben extrem geringe *erste Ionisationsenergien*, so dass schon in der Flamme die charakterist. *Flammenfarben* auftreten; 2. mit relativ wenigen Ausnahmen bilden sie wasserlösliche Salze; 3. chem. sind sie äußerst reaktive Leichtmetalle von z. T. sehr geringer Dichte ($D$ [Li] = 0,53 g/cm³; $D$ [Na] = 0,97 g/cm³). Herstellung ausschließl. durch *Schmelzelektrolyse* von Salzen oder Salzgemischen. *Verwendung*: Metalle zu wissenschaftl. Zwecken (z. B. Reduktionsmittel), zur Herstellung von Natriumcyanid, in Natriumdampflampen, in elektrischen Photozellen.

**alkalimetallorganische Verbindungen**, Substanzen, bei denen Natrium-, Kalium- oder Lithiumatome unmittelbar am Kohlenstoffatom eines *Alkyl-* oder *Arylrestes* haften, z. B. Me—$CH_3$, Me—$C(C_6H_5)_3$ (Me = Metall). Wegen ihres Reaktionsvermögens werden a. V. zunehmend in der präparativen Chemie eingesetzt.

**Alkalimetrie**, Verfahren der → *Maßanalyse* zur Bestimmung von Basen oder basischen Salzen durch Neutralisation mit Säuren bekannter Konzentration; umgekehrte Methode → *Acidimetrie*; neuere Bez. für beide Verfahren: *Neutralisationstitration*.

**Alkalireserve**, das Säurebindungsvermögen des Blutes, d. h. sein Vorrat an alkalischen Wertigkeiten, der zur Bindung überschüssiger Säuren zur Verfügung steht, um so die normale Blutreaktion (Säurewert pH = 7,31–7,45) aufrechtzuerhalten; der pH-Wert des Blutes ist abhängig vom Verhältnis der Konzentration des freien Kohlendioxids ($CO_2$) zu dem als Hydrogencarbonat gebundenen ($NaHCO_3$). („Standardbikarbonat": Normalbereich 22–28 mval/l.) Wenn die Alkalireserve erschöpft ist (übergroßer Anfall von Säure aus dem Stoffwechsel, z. B. beim diabetischen Koma), kommt es zur Blutübersäuerung, zur → *Acidose*.

**alkalische Erden**, die Oxide der Elemente der II. Gruppe des Periodensystems: *Beryllium, Magnesium, Calcium, Strontium, Barium* u. *Radium*. Diese Oxide sind in der Gebläseflamme bis über 3000 °C unschmelzbar u. galten bis ins 19. Jh. als chemische Elemente.

**alkalische Phosphatase**, zu den Esterasen gehörendes Enzym, das Phosphorsäuremonoester spaltet. Die a. P. hat ein pH-

Optimum im alkal. Bereich u. wird in der Gentechnik eingesetzt, um von DNA, RNA oder Nucleotiden endständige Phosphatgruppen zu entfernen, um die Moleküle radioaktiv zu markieren, die Selbstverbindung (Selbstligation) zu vermeiden oder die Klonierungseffizienz zu erhöhen.

**Alkaloide** [Pl.; arab., grch.], Gruppenbez. für vorwiegend in Pflanzen auftretende basische Naturstoffe mit einem oder mehreren Stickstoffatomen, vorwiegend in heterozyklischen Ringsystemen (→ heterozyklische Verbindungen). Ihren Namen verdankt diese Stoffklasse dem „alkali-ähnlichen" chemischen Verhalten.

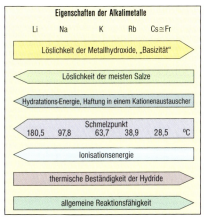

Alkalimetalle: Die wichtigsten Eigenschaften ergeben sich aus der Atom-(Ionen)-Größe, der Ionisationsenergie und der hohen Affinität zu Nichtmetallen und Halbmetallen. Die Pfeilrichtung deutet auf die Zunahme der jeweiligen Eigenschaft hin

Alkaloide üben eine starke, meist sehr spezifische Wirkung auf verschiedene Bezirke des Nervensystems aus. Schon im Altertum wurden Alkaloide als Genuss-, Rausch- u. Heilmittel verwendet. Die meisten Alkaloide sind farblos; sie sind als freie Basen in Wasser schwer, in Alkohol, Ether u. Chloroform besser löslich. Mit Säuren bilden sich oft gut kristallisierende, in Wasser leicht lösliche Salze.
Der Alkaloidgehalt der Pflanzen ist jahreszeitl. bedingten Schwankungen unterworfen. Zur Isolierung der Alkaloide behandelt man die zerkleinerten Pflanzenteile oder ihre sauren wässrigen Auszüge meist mit Alkalien (Ammoniak, Laugen), wobei die Pflanzenbasen aus ihren Salzen freigesetzt werden. Ihre Reinigung erfolgt durch Extraktion mit organischen Lösungsmitteln (Chloroform, Ether u. a.) oder durch → Wasserdampfdestillation. Häufig benutzt man als Alkaloidfällungsmittel wie Phosphorwolframsäure, Pikrinsäure, Tannin u. Quecksilbersalze zur Abscheidung der A. aus ihren Lösungen.
Die Einteilung der mehr als 5000 heute bekannten Alkaloide kann aufgrund ihrer Herkunft (Tabak-, Opium-, Solanum-, Ergot-, Rauwolfia-, Veratrum-Alkaloide usw.) oder aufgrund ihrer chemischen Struktur erfolgen. Die wichtigsten Alkaloide. sind: → Nicotin, → Coniin, → Piperin, → Atropin, → Scopolamin, → Cocain, → Chinin, → Papaverin, → Narkotin, → Morphin, → Codein, → Yohimbin, → Reserpin, → Strychnin, → Ergotamin.

**Alkamenes,** athen. Bildhauer, tätig in der 2. Hälfte des 5. Jh. v. Chr. Von seinen Werken ist die Gruppe der Prokne mit Itys im Original erhalten; weitere Hptw.: eine Aphroditestatue in Athen („Aphrodite in den Gärten") u. eine Herme des „Hermes Propylaios", beide in Kopien erhalten.

**Alkane,** neuere Bez. für die gesättigten Paraffinkohlenwasserstoffe (→ Paraffine).

**Alkanna** [die; arab., span.], im Mittelmeergebiet heimische Gattung der *Raublattgewächse (Boraginaceae).* Die Wurzel der *A. tinctoria* enthält einen harzigen, roten Farbstoff: *Alkannin.*

**Alkanole,** einwertige, gesättigte, aliphatische → Alkohole, die eine homologe Reihe der Summenformel $C_nH_{2n+1}$–OH bilden. Nomenklatur: entweder wird an das entsprechende Alkan die Endung „ol" angehängt (z. B. Methanol) oder vor das Wort Alkohol der Name der Alkylgruppe gesetzt (z. B. Methylalkohol).

**Alkansäuren,** gesättigte aliphatische Monocarbonsäuren (→ Fettsäuren); homologe Reihe der allg. Formel $C_nH_{2n+1}$COOH.

**Alkaptonurie** [arab., grch.], seltene erbliche Eiweißstoffwechselstörung, die auf dem Fehlen des Enzyms Homogentisinsäure-Oxygenase beruht, also ein angeborener Enzymdefekt ist; der Enzymmangel bewirkt, dass die Aminosäuren Tyrosin u. Phenylalanin nicht normal abgebaut werden können, so dass ein Stoffwechselendprodukt Homogentisinsäure (Alkapton) im Harn ausgeschieden wird, die normalerweise im Körper abgebaut wird. Sie verleiht dem Harn eine charakterist. strohgelbe Farbe, die bei längerem Stehen des Urins durch Luftoxidation ins Bräunlich-Schwärzliche übergeht.

**Alkathene,** Marke für einen Kunststoff aus Weichpolyethylen.

**Alken** [skand.], *Alcidae,* eine Familie der regenpfeiferartigen Vögel, in 22 Arten über die Nordozeane verbreitete, ausgezeichnete Tauch- und Schwimmvögel. Koloniebrüter auf Felsklippen; Nahrung: Fische und Krebstiere. An der Nordsee leben: *Tordalk (Alca torda),* mit kräftigem Schnabel; *Trottellumme (Uria aalge); Gryllteiste (Cepphus grylle);* der nur starengroße *Krabbentaucher (Plautus alle);* der *Papageitaucher (Fratercula arctica),* mit außerordentlich hohem, buntem Schnabel. Der flugunfähige *Riesenalk (Alca impennis)* ist 1844 ausgerottet worden.

**Alkene,** *Alkylene,* neuere Bez. für → Olefine.

**Alkenole,** einwertige, ungesättigte, aliphatische → Alkohole, die sich von den Alkenen (Olefinen) ableiten.

**Alkensäuren,** ungesättigte aliphatische Monocarbonsäuren; homologe Reihe der allg. Formel $C_nH_{2n-1}$COOH; → Carbonsäuren, → Acrylsäure.

**Alkestis,** *Alkeste, Alceste,* griech. Königin, die nach der Sage ihr Leben für ihren von Artemis zum Tod verdammten Gemahl *Admetos* opferte; von Herakles dem Tod wieder entrissen; Dramengestalt des *Euripides;* auch später, bes. im 18. Jh. (Wieland), wurde der Stoff oft behandelt.

**Alkibiades,** *Alcibiades,* athen. Staatsmann u. Feldherr, *um 450 v. Chr., †404 v. Chr.; als Verwandter des *Perikles* von diesem erzogen, Kontakt zu *Sokrates,* trotzdem von sophistischen Staatstheorien erfüllt, die möglicherweise auch seinen häufigen Parteiwechsel bedingten. Er überredete die Athener zur → Sizilischen Expedition; musste, nach Auslaufen der Flotte des Religionsfrevels angeklagt und zur Rückkehr aufgefordert, die Führung des athenischen Heeres aufgeben; floh in das mit Athen verfeindete Sparta und gewann dort rasch an Einfluss. Er veranlasste die Spartaner zur Entsendung des → Gylippos nach Syrakus und brachte damit die Sizilische Expedition zum Scheitern; auf seinen Rat hin besetzte Sparta 413 v. Chr. Dekeleia in Attika, nahm den Seekrieg auf und gewann die ionischen Städte. Außerdem arbeitete Alkibiades auf eine Schaukelpolitik Persiens zwischen Athen und Sparta hin. Die Entzweiung mit dem spartanischen König *Agis II.* führte zu einer Aussöhnung des Alkibiades mit Athen, wo er sich unter Ausnutzung innenpolitischer Gegensätze erneut zum Feldherrn wählen ließ. Seine Erfolge im Seekrieg gegen Sparta verhalfen ihm 408/07 v. Chr. für kurze Zeit zur Stellung eines Feldherrn mit nahezu unbeschränkter Machtbefugnis. Aber die Niederlage eines Unterfeldherrn 407 v. Chr. verursachte seinen Sturz; erneut angeklagt, floh Alkibiades von Kriegsende an den persischen Satrap *Pharnabazos,* der ihn jedoch auf Betreiben des spartanischen Feldherrn *Lysander* und der *Dreißig Tyrannen* zu Athen ermorden ließ.

**Alkine,** neuere Bez. für → Acetylene.

**Alkinole,** einwertige, ungesättigte, aliphatische → Alkohole, die sich von den Alkinen (→ Acetylene) ableiten.

**Alkinoos** [-oːɔs], in der griech. Sage König der Phäaken, Enkel Poseidons, Vater Nausikaas; nahm den schiffbrüchigen Odysseus auf u. brachte ihn nach Ithaka zurück. Auf der Heimfahrt der Argonauten feierten Medea u. Iason bei ihm Hochzeit, da er die Auslieferung Medeas den sie verfolgenden Kolchern nur versprochen hatte, wenn sie noch Jungfrau sei.

**Alkiphron,** griech. Schriftsteller, 2. Jh. n. Chr.; verfasste eine kulturgeschichtlich interessante Sammlung von 118 Briefen, als deren Schreiber u. Empfänger Fischer, Bauern, Parasiten u. Hetären des 4. Jh. v. Chr. angenommen sind u. die uns eine gute Anschauung vom Leben in Attika zu jener Zeit vermittelt.

◆ **Alkmaar,** niederländische Stadt am nordholländischen Kanal, nördlich von Amsterdam im Marschengebiet, 93 000 Ew.; altes Stadtbild, Grachten, Käsemarkt, Fremdenverkehr; Konserven- und Metall-, Kakao-, und Schokoladenfabriken, Schiffbau; Stadt- und Waagerecht um 1250, 1386 Marktrecht. *Bild S. 200*

Alkmaar: Der Käsemarkt ist die größte Attraktion der Stadt

**Alkman,** griech. Dichter aus Sardes, 2. Hälfte des 7. Jh. v. Chr.; lebte in Sparta u. begründete dort mit seinem Parthenion (Mädchenlied; als Einziges ganz erhalten), Hymnen u. Päanen die Chorlyrik.

**Alkmäon,** *Alkmaion,* griech. Arzt u. Philosoph aus Kroton (Unteritalien), um 500 v. Chr.; angeblich Schüler des Pythagoras; lokalisierte die Seele im Gehirn, fasste die Gesundheit als Gleichgewichtszustand *(Isonomie)* auf.

**Alkmäoniden,** *Alkmaioniden, Alkmeoniden,* athenisches, sich von *Nestors* Urenkel *Alkmäon* herleitendes Adelsgeschlecht. Die Alkmäoniden wurden um 632 v. Chr. verbannt, nachdem der Alkmäonide *Megakles* als Archon die Anhänger des nach der Tyrannis strebenden Kylon an den Götteraltären niedermetzeln ließ. Zur Zeit Solons zurückgerufen, mussten sie unter der Herrschaft der Peisistratiden Athen erneut verlassen; sie gewannen in Delphi einflussreiche Fürsprecher, als sie den Neubau des Apollontempels übernahmen (etwa 530–520 v. Chr.). Nach dem Fall der Peisistratiden 510 v. Chr. kehrten die Alkmäoniden nach Athen zurück; der Alkmäonide *Kleisthenes,* einer der bedeutendsten attischen Politiker, gründete die Demokratie in Athen.

**Alkmar,** Hinrek van, 2. Hälfte des 15. Jh., mittelniederländ. Bearbeiter des Tierepos von *Reineke Fuchs* (um 1498).

**Alkmene,** Gattin des *Amphitryon,* durch Zeus Mutter des *Herakles.*

♦**Alkohol** [arab.], *Weingeist, Spiritus, Ethylalkohol, Ethanol,* veraltet *Äthanol,* ein aliphat. A. (→ Alkohole), $C_2H_5OH$; wasserhelle, angenehm riechende Flüssigkeit, Siedepunkt bei 78,3 °C, Schmelzpunkt bei −114,5 °C, Dichte 0,79. Der Flammpunkt des reinen, flüssigen Alkohols beträgt +11 °C, der des gasförmigen Alkohols 400 bis 500 °C.
*Herstellung:* A. für Genusszwecke wird durch alkohol. → Gärung gewonnen, was auch schon den Naturvölkern bekannt war. Für techn. Zwecke gewinnt man A. durch Wasseranlagerung an *Acetylen* u. anschließende Reduktion des entstandenen Acetaldehyds sowie durch Wasserdampfbehandlung des aus dem Crackprozess gewonnenen Ethylens.
*Verwendung:* A. wird für viele techn. Zwecke verwendet, so z. B. als Lösungsmittel für Lackzusätze, als Kraftstoff, für kosmet. Erzeugnisse, als Thermometerfüllung u. für Synthesen von Essigsäure, Acetaldehyd, Estern, Ether u. a.
*Physiologische Wirkung:* A. wirkt in kleinen Mengen anregend, in größeren Mengen berauschend u. erschlaffend. Der Grad der Trunkenheit nach erhebl. Alkoholkonsum hängt von verschiedenen Faktoren wie Körpergewicht, Konstitution, Gewöhnungsgrad, Art u. Zeitpunkt der letzten Mahlzeit ab. Der normale Alkoholgehalt des Blutes (0,03 ‰) steigt nach dem Genuss von z. B. ½ Liter Bier auf etwa 0,4 ‰ an (berechnet für einen ca. 75 kg schweren Mann), bei 0,5 ‰ (strafrechtl. Grenze) sind einige Menschen nur noch bedingt fahrtüchtig, bei 1,3 ‰ die meisten fahruntüchtig. Schwere Trunkenheit liegt bei etwa 2 ‰ vor. Auch → Alkoholvergiftung.

**alkoholarme Getränke,** Getränke mit einem Alkoholgehalt zwischen 0,5 % u. 1,5 %.

**Alkoholate,** salzartige Verbindungen, die durch Einwirkung von Alkalimetall (z. B. Natrium) auf einen Alkohol unter Wasserstoffabspaltung entstehen u. nur unter Feuchtigkeitsausschluss beständig sind (z. B. Natriumethylat $C_2H_5$–ONa). A. sind wichtige Alkylierungs- u. Kondensationsmittel in der synthet. Chemie, dienen als Katalysator für Vinylierungen u. zur Einführung der R-O-Gruppe in organ. Verbindungen.

**Alkoholdehydrogenase,** Abk. *ADH,* ein zinkhaltiges Enzym, das Alkohole mit Hilfe von $NAD^+$ zu entsprechenden Aldehyden oder Ketonen reversibel dehydriert. Vorkommen: Bakterien, Pflanzen, Hefen, Leber, Netzhaut. Zusammen mit anderen Reaktionsschritten ist die A. für den Abbau des Blutalkohols (in der Leber) verantwortlich. In der Netzhaut des Auges ist die A. bei der Neubildung des Sehpigmentes beteiligt.

**Alkoholdelikte,** Straftaten, die unter Alkoholeinwirkung begangen werden, z. B. Trunkenheit im Verkehr (§ 316 StGB), Gefährdung des Straßenverkehrs (§ 315c StGB), Vollrausch (§ 323 StGB). – Österreich: Berauschung (§ 287 StGB).

**Alkohole** [arab.], Gruppe organ.-chem. Verbindungen der aliphat. oder aromat. Reihe, in denen ein oder mehrere Wasserstoffatome durch ein oder mehrere Hydroxid-(OH)-gruppen ersetzt sind. Man spricht von *einwertigen* (Alkohol), *zweiwertigen* (Glykole), *dreiwertigen* (Glycerin) u. a. vier- bis sechswertigen Alkoholen. *Niedere A.* sind Flüssigkeiten, *mittlere* Öle, *höhere* feste, wachsartige Stoffe. A. sind wichtige Ausgangsprodukte für organ. Synthesen, gute Lackzusätze, Lösungsmittel. Man gewinnt aus ihnen wichtige Säuren u. Ester, z. B. Essigsäure, Essigester. Bekanntester Alkohol ist *Ethylalkohol* („Alkohol").

**Alkoholembryopathie,** vorgeburtl. Schädigung des Kindes durch Alkoholmissbrauch der Mutter während der Schwangerschaft, eine der häufigsten vorgeburtl. (intrauterinen) Schädigungen; etwa 30 bis 50 % der Kinder alkoholkranker Schwangerer werden geschädigt, z. T. kommt es auch zum Fruchttod (Abort). Jährlich kommen allein

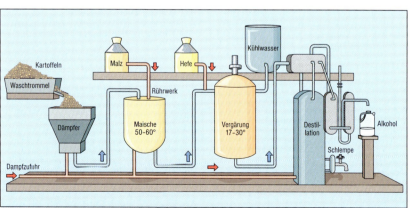

Alkohol (Ethylalkohol): Gewinnung von Primasprit aus Kartoffeln

in Dtschld. etwa 1800 Kinder mit A. zur Welt. Hauptsymptome einer A. sind Wachstumsstörungen während der vorgeburtl. Entwicklung, Minderwuchs bis etwa zum 7. Lebensjahr, auffällig kleiner Kopf *(Mikrozephalie)*, Gleichgewichtsstörungen *(statomotorische Retardierung)* u. Zurückbleiben der geistigen Entwicklung, Kleinhirnstörungen mit entsprechenden Bewegungsanomalien, Fehlbildungen an Schädel u. Gesicht mit zu kurzem Nasenrücken, fliehendem Kinn, hängenden Augenlidern, Mongolenfalte u. schmalen Lippen; außerdem oft weitere Missbildungen am Herzen, an Gelenken u. a. Organen u. Körperstellen. Eine Behandlungsmöglichkeit der A. gibt es nicht, dafür ist die Vorbeugung von entscheidender Bedeutung: Aufklärung über die Gefahren des Alkoholmissbrauchs während der Schwangerschaft u. Behandlung der an der → Alkoholkrankheit leidenden Frauen.

**alkoholfreie Getränke**, alle Getränke, die keinen oder nur Spuren von Alkohol aufweisen. A.G. umfassen 1. Wässer (natürl. Mineralwasser, Quellwasser, Tafelwasser), 2. Erfrischungsgetränke wie Limonaden, Brausen u. Milchmischgetränke, 3. Fruchtsäfte u. von diesen abgeleitete Getränke wie Fruchtnektar, Süßmoste u. Fruchttrunk.

**alkoholische Gärung**, Abbau von Kohlenhydraten (Zucker) zu Ethanol u. Kohlendioxid durch z. B. Hefe bei der Herstellung von Bier, Branntwein, Wein u. Schaumwein.

## alkoholische Getränke

| Getränk | Alkoholgehalt in Gew.-% |
|---|---|
| Bier | 1,5–6,0 |
| Weißwein | rd. 8,4 |
| Rotwein | rd. 9,3 |
| Süßwein | 12–16 |
| Schaumwein | 9–12 |
| Branntwein | 20–55 |
| Likör | 24–32 |

◆ **alkoholische Getränke**, *geistige Getränke*, nach dem wirksamen Bestandteil *Weingeist*; enthalten neben unterschiedlichen Mengen Ethanol auch Extrakt-, Farb- u. Riechstoffe, Glycerin, Gerbstoffe u. a. Im Handel wird bei Branntwein u. Likör der Alkoholgehalt in Vol.-% (Volumenprozent) angegeben, z. B. Kornbranntwein 32, Doppelkorn 38, Weinbrand 38, Whisky 45, Cherrybrandy 30 Vol.-%. Bei Erzeugnissen, die dem Weingesetz unterliegen, wird der Alkoholgehalt in ° ausgedrückt: 1 Vol.-% = 1 Alkoholgrad = 8 g Alkohol je Liter Flüssigkeit bei 20 °C. Für Bier wird der Alkoholgehalt in Gew.-% (Gewichtsprozent) angegeben.

**Alkoholismus**, *Trunksucht, chronischer Alkoholmissbrauch* → Alkoholkrankheit.

◆ **Alkoholkrankheit**, *Alkoholismus, Alkoholabhängigkeit, chronischer Alkoholmissbrauch, Trunksucht*, durch regelmäßiges u. übermäßiges periodisches Trinken von Alkohol hervorgerufene chron. Krankheit, die zu körperl., psych. u. sozialen Schäden führt. Zwischen dem gewohnheitsmäßigen, nicht abhängigen Alkoholkonsumenten u. dem Alkoholkranken, der unter Verlust seiner Selbstkontrolle leidet u. nicht mehr zum Verzicht der Droge fähig ist, muss unterschieden werden. Die *Weltgesundheitsorganisation (WHO)* definiert die A. als einen Zustand periodischer u. chron. Vergiftung durch das zwanghafte Verlangen, sich die Droge Alkohol zuzuführen, mit der Tendenz, die Dosis zu steigern. Die von der *WHO* aufgestellte Klassifikation von Abhängigkeitstypen bewertet Alkoholkranke als stark psychisch u. physisch abhängig von dem Suchtstoff Alkohol. Sie verfügen nur über eine geringe Toleranz, auf seine Wirkung zu verzichten. Als Ursachen für die A. werden ein Bündel psych., sozialer u. genetischer Bedingungen diskutiert. Darunter fallen die auch kulturell akzeptierten Muster des Alkoholkonsums in Gesellschaft u. Familie, die bereits Kinder frühzeitig erlernen, bestimmte Persönlichkeitstypen, die stressbetonten u. häufig sozial isolierenden Lebensbedingungen bes. in den Industrieländern, Hilflosigkeit oder vermeintl. Ausweglosigkeit in Krisensituationen wie familiären Problemen oder Arbeitslosigkeit sowie ein genetischer Defekt der → Alkoholdehydrogenase.

*Auswirkungen*: Die körperlichen Schäden der Alkoholkrankheit werden überwiegend durch ein hochgiftiges Stoffwechselprodukt des Alkoholabbaus in der Leber (*Azetaldehyd*) hervorgerufen. Es kann zu schweren Leberschäden (Fettleber, Alkoholhepatitis, Leberzirrhose), chron. Bauchspeicheldrüsen- und Magenschleimhautentzündung, Magen- und Darmgeschwüren, Herzmuskelerkrankungen und neurol. Schädigungen wie Nervenentzündungen (*Polyneuropathien*), Hirnschrumpfung und epilept. Anfällen kommen. Bei schwangeren alkoholkranken Frauen ist das Risiko einer Fehlgeburt und Missbildung des Kindes (→ Alkoholembryopathie) stark erhöht. Zu den häufigsten psychiatr. Symptomen gehören die Alkoholhalluzinose mit schwerwiegenden Sinnestäuschungen, das Alkoholdelir (*Delirium tremens* oder „Säuferwahnsinn") mit Angstzuständen, Wahnbildern und massivem Wirklichkeitsverlust und das Korsakow-Syndrom mit Verlust der Orientierung, Körperkontrolle und Gedächtnisleistung. Unbehandelt führt die Alkoholkrankheit meist zum Tod.

*Therapie*: Einer erfolgreichen Behandlung der A. geht das Eingeständnis des Betroffenen voraus, krank zu sein. Selbsthilfegruppen (z. B. *Anonyme Alkoholiker, Blaues Kreuz*) oder Suchtberatungsstellen können den Entschluss zur körperl. Entgiftung (ein meist zweiwöchiger klinischer Entzug) unterstützen. Die anschließend unbedingt notwendige Entwöhnungsphase u. Rehabilitation erfolgt manchmal auch durch Medikamente, v. a. aber durch psycho- u. sozialtherapeut. Behandlung (Gruppen-, Verhaltens- u. Gesprächstherapie), häufig unterstützt durch die Selbsthilfegruppen.

*Situation in Dtschld.*: Die *Deutsche Hauptstelle gegen Suchtgefahren* schätzt etwa 10 % der Bevölkerung als stark alkoholgefährdet ein (ca. 8 Mio. Menschen). Der Alkoholkonsum hat in Dtschld. seit Ende des 2. Weltkriegs stark zugenommen. Der Alkoholverbrauch pro Kopf der Bevölkerung stieg von 3 l reinen Alkohols (1950) auf rd. 12 l (1990) u. ist seitdem wieder leicht rückläufig. Im selben Zeitraum stieg die Zahl der behandlungsbedürftigen Alkoholkranken von etwa 200 000 auf heute etwa 2,5 Mio. Die Zahl der stark alkoholgefährdeten bzw. alkoholkranken Kinder u. Jugendlichen wird auf 0,5 Mio. geschätzt u. steigt weiter an. Nach amtl. Angaben beträgt der durch A. hervorgerufene volkswirtschaftl. Schaden in Dtschld. pro Jahr rd. 17 Mrd. DM, andere Schätzungen gehen von über 30 Mrd. DM aus. Rd. 5 % der Beschäftigten in Dtschld. sind alkoholkrank. A. kann bei Therapieunwilligkeit des in seiner Leistungsfähigkeit eingeschränkten alkoholkranken Arbeitnehmers zur Kündigung durch den Arbeitgeber führen. Über 20 % der Arbeitsunfälle geschehen unter Alkoholeinfluss. Bei Arbeits- u. Verkehrsunfällen im Zustand der Trunkenheit (etwa jeder 5. Verkehrstote wird auf Alkoholeinfluss zurückgeführt) ist ein Versicherungsschutz nicht vollständig gegeben. Zahlreiche Betriebe bieten heute ein Konzept von Maßnahmen u. Hilfsangeboten für suchtkranke Mitarbeiter an, vielfach bestehen auch Betriebsvereinbarungen über den Umgang mit Alkohol im Betrieb u. den Umgang mit Alkoholkranken.

## Alkoholkrankheit: Stufen der Abhängigkeit

| Trinkertyp | Trinkverhalten | Folgen |
|---|---|---|
| Erleichterungs-/Konflikttrinker | löst Probleme mit Alkohol, trinkt kontrolliert | Gefahr psychischer Abhängigkeit |
| Gelegenheitstrinker | trinkt viel und regelmäßig | Gefahr organischer Schäden, z. B. an Leber und Herz |
| Süchtiger Trinker | muss nach einem Glas zwanghaft weitertrinken, trinkt oft unkontrolliert, kann nur zeitweise ohne Alkohol leben | psychische und körperliche Abhängigkeit |
| Gewohnheitstrinker | denkt nur noch ans Halten seines Alkoholspiegels, kann nicht ohne Alkohol leben | ausgeprägte psychische und körperliche Abhängigkeit |

## Alkoholnachweis

**Alkoholnachweis**, *Alkoholtest*, qualitative oder quantitative Feststellung des Blutalkoholgehalts bei Verdacht der Trunkenheit (bes. im Straßenverkehr): Entweder wird ein Messbeutel aufgeblasen, wobei sich ein angeschlossenes Prüfröhrchen bei Alkoholgehalt der Atemluft von Gelb auf Grün verfärbt *(Alcotest)*, was einen Schluss auf den ungefähren Grad der Alkoholkonzentration im Blut zulässt. Oder man entnimmt dem Verdächtigen zur genaueren Feststellung eine bestimmte Menge Blut u. bestimmt den Blutalkoholgehalt quantitativ meist nach zwei Verfahren nebeneinander (*Widmark* u. → ADH-Methode). Neuer ist eine gas-chromatograph. Methode. – Während der Alcotest nicht gegen den Willen eines in Alkoholverdacht stehenden Verkehrsteilnehmers erzwungen werden darf, muss der Verdächtige die Blutentnahme durch einen Arzt dulden (§ 81a StPO). Die Anordnung dazu ergeht vom Richter, bei Gefährdung des Untersuchungserfolges (z. B. durch Zeitablauf) auch von der Staatsanwaltschaft u. ihren Hilfsbeamten, wozu die meisten Polizeibeamten gehören.

**Alkoholometer** [das], ein *Aräometer* zur Messung der Alkoholkonzentration in Alkohol-Wasser-Mischungen, bei dem der Alkoholgehalt unmittelbar auf der Skala in Volumen- oder Gewichtsprozenten anstelle des spezif. Gewichts abgelesen werden kann.

**Alkoholpsychosen**, Sammelbegriff für verschiedene Formen von → Psychosen, die durch akuten, übermäßigen Alkoholkonsum oder bei chronischem Alkoholismus auftreten können. Häufigste Formen sind das Alkoholdelir (Delirium tremens) u. die Alkoholhalluzinose.

**Alkoholtest** → Alkoholnachweis.

**Alkoholvergiftung**, *akute Alkoholvergiftung*, Schädigung des Organismus durch übermäßigen Alkoholgenuss. Kleine Mengen Alkohol machen ihre Giftwirkung zunächst nur auf das Nervensystem geltend: Es kommt zu einem Schwinden der Hemmungen, was sich in Redseligkeit, Kritiklosigkeit u. Auftreten von Sinnestäuschungen äußert *(alkohol. Rausch)*; später Lähmungserscheinungen mit Unsicherheit der Sprache u. des Ganges sowie vor allem herabgesetztes Reaktionsvermögen *(Trunkenheit)*. Schwere akute A. führt zu Erregungszuständen. Körperlich äußert sich die A. in Nachlassen der Leistungsfähigkeit, Erregung u. Lähmung des Kreislaufs u. Reizung der Magenschleimhaut *(Katarrh, Kater)*. Auch → Alkoholkrankheit.

**Alkor**, *Alcor* [der; arab.], Stern 4. Größe im Großen Bären, dem hellen Stern Mizar (mittlerer Schwanzstern) eng benachbart. Möglicherweise bewegt sich Alkor um Mizar. Im Volksmund wird Alkor *Reiterchen* oder *Augenprüfer* genannt: Die Trennung von Mizar und Alkor mit bloßem Auge gilt als Prüfungsaufgabe für gute Augen.

**Alkoven** [auch 'al-; der; arab., frz.], kleine fensterlose Bettnische arab. Herkunft, im 17. u. 18. Jh. von Spanien aus in Europa eingeführt.

**Alkoxy-Gruppen**, Bez. für eine über Sauerstoff mit dem restlichen Molekül verbundene *Alkylgruppe* –O–R, z. B. Methoxy – $CH_3$–O–.

**Alkuin**, *Alcuin*, angelsächs.-fränk. Gelehrter, Dichter u. Theologe, *um 730 York, † 804 Tours; 778 Leiter der Domschule in York, traf 781 *Karl d. Gr.* in Parma, der ihn für die Leitung seiner Hofschule gewann. A., Lehrer u. bald Vertrauter Karls sowie Mittelpunkt seiner „Akademie", wurde 796 Abt von St. Martin in Tours, wo er eine blühende Schule gründete. A. hatte großen Anteil an der Neugestaltung des Bildungswesens im Frankenreich.

**Alkydharze**, härtbare Kondensate aus Phthalsäure, Glycerin u. Fettsäuren; Verwendung in der Lackindustrie.

**Alkyl**, *Alkylgruppe, Alkylradikal*, einwertiger aliphat. Kohlenwasserstoffrest der allgemeinen Form $C_nH_{2n+1}$–, der nur äußerst kurz beständig ist; Beispiel: Methyl $CH_3$–, Ethyl $C_2H_5$–. *Alkylierung* ist die Einführung von Alkyl-Gruppen in chem. Verbindungen.

**Alkylbenzole**, Benzolverbindungen, bei denen ein oder mehrere Wasserstoffatome des Benzolkerns durch *Alkylreste* ersetzt sind. Die chem. u. physikal. Eigenschaften der A. unterscheiden sich nicht wesentlich von denen des Benzols. Technisch gewinnt man A. aus Kokerei- u. Stadtgas, Steinkohlenteer u. über andere Synthesen (*Friedel-Crafts*-Alkylierung, *Wurtz-Fittig*-Synthese).

**Alkylene** → Olefine.

**Alkylhalogenide**, *Halogenalkane*, chem. Bez. für → Alkane, bei denen ein oder mehrere Wasserstoffatome durch Halogen (Fluor, Chlor, Brom, Iod) substituiert wurden. Verwendung finden die A. bei Synthesen (Paraffine nach *Wurtz*, Olefine, Alkohole, Ether usw.), die kurzkettigen z. T. als Anästhetika, Treibgase (in Spraydosen), Kühlu. Feuerlöschmittel.

**Alkylphenole**, Substitutionsprodukte der → Phenole, bei denen an den Kohlenstoffatomen des Benzolrings ein oder mehrere Wasserstoffatome durch gleiche oder unterschiedl. Alkylgruppen ersetzt sind, z. B. → Kresole, → Xylenole, → Thymol; Verwendung von A. als *Desinfektionsmittel* u. Antioxidantien.

**Alkylsilane**, organische Siliciumverbindungen, die sich vom Siliciumwasserstoff $SiH_4$ ableiten. Dabei sind ein oder mehrere Wasserstoffatome durch Alkylgruppen ersetzt. *Alkylhalogensilane*, bei denen neben Alkylgruppen der Wasserstoff auch noch durch Halogene ersetzt ist, besitzen techn. Bedeutung als Ausgangsmittel für die Herstellung von hochmolekularen *Siliconen*.

**Alkylsulfate**, Gruppe von wichtigen Waschmittelgrundstoffen, die aus Schwefelsäureestern von gesättigten oder ungesättigten Fettalkoholen entstehen u. mit Natronlauge in das Natriumsalz übergeführt sind; z. B.: $C_8H_{17}O$–$SO_3Na$; allg. Formel RO–$SO_3Na$ (wobei R ein langkettiges Alkyl bedeutet). Man kennt → Fettalkoholsulfate u. → Fettalkoholsulfonate, die sehr gute waschaktive Eigenschaften haben (→ waschaktive Substanzen). Man gewinnt Alkylsulfate z. B. durch direkte Veresterung eines gecrackten, ungesättigten Erdölparaffins.

**Alkyone** [die], η *Tauri*, hellster Stern 3. Größe in den → Plejaden, im Sternbild Stier.

**Alkyone** [die], *Alcyone, Halkyone*, in der griech. Sage Gattin des *Keyx*; als dieser im Meer ertrank, folgte ihm A. nach. Zeus verwandelte beide in Eisvögel (grch. *halkyon*), in deren Brutzeit er den Wind ruhen lässt; → halkyonische Tage.

**All**, die gesamte dingl. u. geistige Welt; Weltall, Weltraum; Ersatzwort für *Universum* im 17. Jh. von M. *Opitz* gebildet.

**alla breve** [ital.], *M u s i k* : im $^2/_2$-Takt, in dem nicht nach Vierteln, sondern nach Halben geschlagen wird (bei Taktwechsel oder auch als Bez. für ganze Sätze in dieser heute u. U. altertüml. empfundenen Taktart).

**Allada**, Stadt in der westafrikan. Rep. Benin, zwischen Cotonou u. Abomey, 15 000 Ew.; landwirtschaftl. Handelszentrum.

**Allafrikanische Kirchenkonferenz**, 1963 in Kampala (Uganda) gegr., Zusammenschluss von rund 130 nichtröm. Kirchen aus den meisten Staaten Afrikas, von einem Generalkomitee geleitet; Hauptsitz: Nairobi.

**Allah** [arab., „Gott"], im Islam die einzige Gottheit. Die schon in der vorislam. Religion verehrte höchste Gottheit A. wurde von Mohammed zur alleinigen erklärt.

◆ **Allahabad** [„Gottesstadt"], nordind. Stadt am Zusammenfluss von Yamuna u. Ganges in Uttar Pradesh, 806 000 Ew.; einer der heiligsten Wallfahrtsorte der Hindus, alljährl. Pilgerziel; Festung des Großmoguls Akbar (1583), Mogul-Palast u. Ashoka-Säule; Universität (gegr. 1887); agrar. Handelsplatz; Metall verarbeitende Industrie; Textil- u. Nahrungsmittelindustrie; Verkehrsknotenpunkt, Flugplatz.

**Allantoin**, Purinderivat (→ Purin), im tierischen u. pflanzlichen Organismus weit verbreitet; wundheilende u. zellregenerierende Eigenschaften.

**Allantois** [-toïs; die; grch.], eine Embryonalhülle, die dem Amniontieren ein Anhang des embryonalen Darmkanals ist. Sie verbindet den Embryo mit der Oberfläche des Keimes, ihr Mesodermbelag bildet zusammen mit der *Serosa* das *Chorion* (Chorionallantoismembran). Sie dient dem Stoffwechsel des Embryos (embryonaler Harnsack, Organ des Gasaustausches). In ihrem Mesoderm wird ein Gefäßnetz entwickelt, das über *Arteria* u. *Vena umbilicalis* an den Embryokreislauf angeschlossen ist. Die A. umwächst das Eiklar u. bildet einen Eiklarsack, der mit der Amnionhöhle Verbindung aufnimmt, so dass Eiklar in diese eintreten u. vom Embryo aufgenommen werden kann. Auch → Chorion.

**Allasch**, nach Allasch bei Riga benannter Kümmellikör mit mindestens 40 Vol. % Alkohol.

**alla turca** [ital.], musikal. Vortragsbezeichnung: im türkischen Stil; d. h. in der Art der *Janitscharenmusik*, bes. im 18. Jh.

**Alldeutscher Verband**, völkisch-nationalist., antisemit. u. imperialist. Vereinigung, gegr. 1891 als Reaktion auf den Helgoland-Sansibar-Vertrag; betrieb bis 1914 vor allem

Propaganda für die Kolonial- u. Flottenpolitik; vertrat im 1. Weltkrieg annexionist. Ziele u. bekämpfte den angeblich „flauen" Kurs Bethmann Hollwegs; verlor nach 1918 an Einfluss u. wurde 1939 aufgelöst. Vors. war seit 1908 H. *Claß*. Die republikfeindl. Ideologie des Alldeutschen Verbands wurde weitgehend von der NSDAP übernommen.

**Alle**, poln. *Łyna*, russ. *Lawa*, linker Nebenfluss des Pregel (Masuren), 264 km; *Alle-Talsperre* bei Friedland (russ. Prawdinsk), 1924 erbaut, 4,2 km², 14 m Stauhöhe, 20 Mio. m³ Stauraum.

**Alleanza Nazionale** [ital., „Nationale Allianz"], rechtskonservative italien. Partei; ging 1994/95 aus dem *Movimento Sociale Italiano* hervor.

**Allee** [frz.], von Baumreihen gesäumte Straße, einreihig oder mehrreihig; in regelmäßigen u. historischen Gartenanlagen; Zufahrten zum Schloss oder Betonung bedeutender Straßenzüge; bekannte *Alleebäume* sind: Linden, Kastanien, Platanen, Pappeln.

**Allegat** [das; lat.], geflügeltes Wort; angeführte Schriftstelle; Berufung auf ein Zitat.

**Allegation** [die; lat.], Anführung einer Textstelle.

**Allegheny** [æli'gɛni], **1.** windungsreicher Quellfluss des Ohio (USA), 523 km.

**2.** *Alleghenyplateau*, Nordteil des Appalachenplateaus in den US-Staaten Ohio, West Virginia, Pennsylvania u. New York; in den Catskill Mountains bis 1280 m; stark zertalte, dicht bewaldete Hochflächen, aufgebaut aus flachlagernden Gesteinsschichten, im N eiszeitlich überformt (Gebiet der Finger Lakes); im O grenzen die Allegheny Mountains, ein ca. 800 km langer u. 80 km breiter, stark gefalteter u. zerschnittener Gebirgszug das Alleghenyplateau gegen das große Appalachenlängstal ab; reich an Bodenschätzen (leicht abbaubare Kohle, Erdgas, Eisenerz), Zentrum ist *Pittsburgh*.

**Allegorie** [grch. *allegorein*, „anders sagen"], in Literatur u. Kunst die bildl. Umschreibung eines Begriffs, Vorgangs oder Zustandes, meist durch Personifikation (z. B. Liebe als Amor, Tod als Sensenmann, Angst als Furie). In der Spätantike weit verbreitet, taucht die A. im dt. Schrifttum zuerst in frühmittelhochdeutscher Zeit auf. Durch Gottfried von Straßburg in die höf. Dichtung übernommen (Minnegrotte in „Tristan u. Isolde"), spielte die A. in der ausklingenden Ritterdichtung bes. als Minne-Allegorie eine große Rolle. Im Barock wurden Allegorien erneut beliebt, bes. als Personifizierung abstrakter Begriffe (z. B. Fortuna mit dem Füllhorn für „Glück"). Gebräuchliches Stilmittel des Dramas vom MA bis ins 18. Jh.

**allegretto** [ital.], musikal. Tempobezeichnung: mäßig schnell; Verkleinerungsform von *allegro*.

**Allegri**, Gregorio, italien. Komponist, * 1582 Rom, † 17. 2. 1652 Rom; sein berühmtes „Miserere" (9-stimmig, aber einfach gebaut) wurde bis weit ins 19. Jh. hinein alljährlich in der Karwoche in der Sixtin. Kapelle in Rom gesungen.

**Allegri Corrèggio** [-'rɛdʒo], Antonio, italien. Maler, → Corrèggio, Antonio Allegri.

**allegro** [ital.], musikal. Tempobezeichnung: schnell, lebhaft; *a. (ma) non troppo*, nicht zu schnell; sehr häufige Bez. für Ecksätze in Sonaten, Sinfonien, Konzerten, Kammermusik.

**allein selig machende Kirche**, Selbstbezeichnung der röm.-katholischen Kirche, da „außerhalb der Kirche kein Heil" *(extra ecclesiam nulla salus)* und sie allein diese Kirche sei. Die katholische Kirche verneint nicht die Heilsmöglichkeit derjenigen, die ihr schuldlos äußerlich zwar fern stehen, kraft ihres guten Glaubens aber an ihrer Heilsvermittlung innerlich teilhaben; sie verwirft jedoch, dass jede Religion unterschiedslos zu Gott führe.

**Alleinsteuer**, eine Steuer, die alle überkommenen Einzelsteuern ersetzen soll. Die Idee einer A. stellt den bekanntesten Versuch der Entwicklung eines rationalen Steuersystems dar. Berühmte Alleinsteuerkonzepte sind u. a. der Plan einer alleinigen Grundsteuer *(impôt unique)* bei den französ. Physiokraten im 18. Jh. sowie die *single tax* des US-amerikan. Bodenreformers Henry *George*.

**Alleinunterhalter**, Vortragskünstler, der allein ein Programm zur Unterhaltung der Gäste bietet, ursprünglich Sänger (z. B. Shanty-Sänger) in einer Gaststätte, der sich selbst musikalisch begleitet, später auch Einbeziehung von Wortdarbietungen.

**Alleinvertretungsanspruch** → Hallstein-Doktrin.

**Allele** [grch.; Pl.], bezüglich der Basensequenz alternative Formen eines Gens, welches an ident. Orten (Genloci) auf homologen Chromosomen einer Art liegen. Bei mehreren alternativen Formen spricht man von multiplen Allelen. Die Allelfrequenz kennzeichnet die Häufigkeit innerhalb einer Population, wobei das Wildtypallel die höchste Allelfrequenz aufweist. In der Regel bedingen A. eine Differenzierung des Erscheinungsbildes (Phänotyps). Sind die beiden auf den zwei homologen Chromosomen einer diploiden Zelle liegenden A. identisch, spricht man von einem *homozygoten* Organismus bezüglich dieses Allels. Bei Nichtübereinstimmen wird der Organismus als *heterozygot* bezeichnet. Bei diploiden Organismen gibt es bei zwei Allelen drei mögliche Genotypen: 1. Homozygot für Allel 1, 2. Heterozygot für beide A., 3. Homozygot für Allel 2. A. werden danach unterschieden, ob sie im homozygoten oder heterozygoten Zustand in Erscheinung treten. Treten sie im heterozygoten Zustand in Erscheinung, werden sie als *dominant* bezeichnet. Sind die A. nur im homozygoten Zustand erkennbar, sind sie *rezessiv*. Von vielen Genen sind zwei A. bekannt, häufig jedoch Serien multipler A. (z. B. Blutgruppenallele), d. h., das Gen kommt in mehreren Allelen vor; verschiedene Allele eines bestimmten Gens entstehen durch → Mutation.

**Allelen-Austausch**, Austausch eines Gens oder einer regulator. Sequenz mit einem klonierten Allel. Das neue DNA-Segment wird mittels eines Vektors in die Zelle gebracht. Der Einbau muss auf phänotyp. Ebene unmittelbar oder mittelbar erkennbar sein, um eine Selektion vornehmen zu können.

**Allelopathie**, Ausscheidung von Hemmstoffen durch bestimmte Pflanzen (z. B. Walnuss, Eukalyptus), die in der Umgebung das Aufkommen von Konkurrenten verhindern u. so zum Zustandekommen großräumiger Pflanzenformationen führen können. Auch von Tieren kennt man derartige Hemmstoffe, z. B. von Wasserbewohnern (Amphibien) oder Materialbewohnern (Reismehlkäfer).

**Allemagne** [-'maɲə; frz.], Deutschland.

**allemand** [-'mã; frz.], deutsch.

**Allemande** [alə'mãd; die; frz., „deutscher Tanz"], ein ursprüngl. dt. Tanz, der in Frankreich abgewandelt wurde u. auch in

Allahabad: Prozession beim alljährlich stattfindenden Pilgerfest „Magh Mela"

Spanien u. England im 16. u. 17. Jh. beliebt war; von mehreren Paaren meist im $^4/_2$-Takt ausgeführter Schreittanz. – In der Musik ist A. ein Gattungsname für Tanzsätze mit langsamem $^4/_4$-Takt, der französ. u. niederländ. Lautenmusik des 16. Jh. entnommen u. später als fester Bestandteil der → Suite stilisiert.

**Allemann,** Fritz René, schweiz. Publizist, *12. 3. 1910 Basel, †29. 10. 1996 Kleinrinderfeld; Korrespondent schweiz. Zeitungen in Dtschld., Mitarbeiter dt. Presse- u. Rundfunkmedien, Autor aktueller polit. Bücher, z. B. „Macht und Ohnmacht der Guerilla" 1974.

**Allen,** *Propadien,* $H_2C = C = CH_2$, ungesättigter, aliphat. gasförmiger Kohlenwasserstoff mit zwei benachbarten (kumulierten) Doppelbindungen. A. neigt zu Anlagerungsverbindungen mit Wasser u. Halogenen u. kann leicht zu harzigen Produkten polymerisieren; entsteht aus der Steinkohle durch trockene Destillation.

**Allen** [ˈælən], **1.** James Alfred Van, US-amerikan. Physiker → Van Allen, James Alfred. **2.** (William) Hervey, US-amerikan. Schriftsteller, *8. 12. 1889 Pittsburgh, Pa., †28. 12. 1949 Miami, Florida; sein Roman aus der napoleon. Zeit, „Antonio Adverso" 1933, dt. 1935, war ein Welterfolg.

◆ **3.** Woody, eigentl. Allen Stewart *Konigsberg,* US-amerikan. Schauspieler, Regisseur u. Schriftsteller, *1. 12. 1935 New York; zunächst Gagschreiber u. Komiker in Nachtclubs u. TV-Shows; seine Filmkomödien zeichnen sich durch subtilen Humor aus; drehte u. a.: „Die letzte Nacht des Boris Gruschenko" 1975; „Der Stadtneurotiker" 1977; „Manhattan" 1978; „Stardust memories" 1980; „Eine Sommernachts-Sexkomödie" 1982; „The purple rose of Cairo" 1985; „Hannah und ihre Schwestern" 1986; „Schatten und Nebel" 1991; „Alle sagen: I love you" 1996; „Celebrity" 1998; „Sweet and Lowdown" 1999; verfasste auch Theaterstücke.

**Allenby** [ˈælənbi], Edmund Henry Hynman, Viscount *A. of Megiddo and of Felixstowe* (1919), brit. Feldmarschall, *23. 4. 1861 Brackenhurst, †14. 5. 1936 London; leitete im 1. Weltkrieg den Palästinafeldzug; 1919 bis 1925 Hochkommissar für Ägypten u. Sudan. Nach ihm ist die Allenby-Brücke über den Jordan benannt.

**Allende** [aˈljende],
◆ **1.** Isabel, chilen. Schriftstellerin, Nichte von 2), *2. 8. 1942 Lima; erregte großes Aufsehen mit ihrem ersten Roman „Das Geisterhaus" (1982, dt. 1984, verfilmt 1993), in dem sie sich mit dem Leben in ihrer Heimat bis in die Zeit der Diktatur Pinochets befasste. Weitere Werke: „Von Liebe u. Schatten" 1984, dt. 1986; „Eva Luna" 1987, dt. 1988; „Paula" 1994, dt. 1995; „Aphrodite – Eine Feier der Sinne" 1997, dt. 1998; „Fortunas Tochter" 1998, dt. 1999; Theaterstücke, Revuen, Kinderbücher.

Isabel Allende

◆ **2.** *A. Gossens,* Salvador, chilen. Politiker (Linkssozialist), *26. 7. 1908 Santiago de Chile, †11. 9. 1973 Santiago de Chile; Arzt; 1933 Mitbegründer der Sozialistischen Partei; 1939–1941 Gesundheitsminister; 1945–1970 Senator, 1967–1970 Senats-Präsident; unterlag 1952, 1958 und 1964 als Präsidentschaftskandidat der Linken, errang 1970 einen knappen Sieg als Kandidat der „Volkseinheit" (Sozialisten, Kommunisten und andere Linksgruppen) und war seit 4. 11. 1970 Staats-Präsident. A. verstaatlichte 1971 die zum großen Teil im Besitz US-amerikan. Firmen befindliche Grundstoffindustrie sowie einen Teil des Großgrundbesitzes. Er begann den Versuch eines „chilenischen Weges zum Sozialismus". Am 11. 9. 1973 wurde er durch einen Militärputsch gestürzt und starb unter ungeklärten Umständen.

Salvador Allende

**Allende-Blin** [aˈljende-], Juan, chilenischer Komponist, *24. 2. 1928 Santiago de Chile; studierte bei seinem Onkel, Pedro Humberto *Allende Sarón,* und besuchte Kurse bei O. Messiaen; sein Schaffen umfasst vor allem Ballette.

**Allende Sarón** [aˈljende-], Pedro Humberto, chilenischer Komponist und Folklorist, *29. 6. 1885 Santiago de Chile, †16. 8. 1959 Santiago de Chile; war bis 1946 Kompositionslehrer in Santiago; gilt als Wegbereiter der Neuen Musik in Chile; Herausgeber von Volksliedsammlungen und -bearbeitungen; komponierte sinfonische Dichtungen und Kammermusik.

**Allen-Doisy-Test** [ˈælənˈdɔizi-], biolog. Testmethode zur Erfassung des Gehalts an → Östrogenen. Als Versuchstiere dienen kastrierte erwachsene Mäuse- oder Rattenweibchen; insbes. verwendet für den Trächtigkeitsnachweis der Stute durch Feststellung des Östrogengehalts im Harn.

**Allendorf,** bis 1977 Name der Stadt → Stadtallendorf.

**Allendorf (Lumda),** Stadt in Hessen, Ldkrs. Gießen, 4200 Ew.

**All England Lawntennis Championships** [ɔːlˈinlənd ˈlɔːntenisˈtʃæmpjənʃips], die seit 1877 bestehenden internationalen Tennismeisterschaften von England, die in → Wimbledon auf Rasenplätzen ausgetragen werden; gehören zu den 4 bedeutendsten Turnieren *(Grandslam)* im Tennis.

**Allensbach,** Gemeinde in Baden-Württemberg, Ldkrs. Konstanz, am Bodensee, 6900 Ew.; Institut für Demoskopie.

**Allen'sche Regel** [ˈælən-] → Klimaregeln.

**Allenstein,** Stadt in Polen, → Olsztyn.

**Allentown** [ˈæləntaun], Stadt in Südostpennsylvania (USA), 106 000 Ew., als Metropolitan Area zusammen mit Bethlehem u. Easton 687 000 Ew.; Maschinen-, Fahrzeug-, Werkzeug-, Konserven-, Nahrungsmittel- u. Textilindustrie; gegr. 1762, seit 1867 Stadt. In A. erste Ansätze einer Industrialisierung in den USA.

**Allentsteig,** Garnisonsstadt im nördl. Waldviertel in Niederösterreich, 550 m ü. M., 2400 Ew.; daneben der Truppenübungsplatz *Döllersheim.*

**Alleppey** [əˈlɛpi; engl.], *Alappi,* alte Hafenstadt u. Distrikt-Hptst. an der südwestind. Malabarküste in Kerala, 175 000 Ew.; auf einer Landzunge, Hafen über Strandseen u. Kanäle mit Cochin u. Quilon verbunden, Küsten- u. Binnenhandel (Kokospalmerzeugnisse, Cashewnüsse, Pfeffer).

**Aller,** größter rechter Nebenfluss der Weser, 262 km; entspringt westl. von Magdeburg, mündet bei Verden; Nebenflüsse: links Oker, Fuhse u. Leine; rechts Ise, Örtze u. Böhme; von Celle an schiffbar.

**Allerchristlichster König,** *Allerchristlichste Majestät,* lat. *rex christianissimus,* frz. *Roi Très Chrétien,* Titel der französ. Könige seit dem 12. Jh., offiziell seit Ludwig XI. (1469).

**Allergen** [grch. *állos,* „anders", „fremd"; *érgon,* „Tätigkeit"], eine meist hochmolekulare Substanz (→ Antigen), die eine allergische Immunantwort auslösen kann. Allergene werden nach ihrer Art, in den Körper einzudringen, eingeteilt: 1. *Kontaktallergene,* die über Haut u. Schleimhäute eindringen, 2. *Inhalationsallergene,* die über den Atemweg eindringen, aber auch allergische Reaktionen an der Haut u. dem Darm auslösen können, 3. *Ingestionsallergene,* die oft erst durch den Verdauungsvorgang gebildet werden, u. 4. *Injektionsallergene,* d. h. entweder durch Tiere verabreichte Gifte (z. B. Bienen, Wespen, Quallen) oder eingespritzte Medikamente (z. B. Penicillin). Auch → Allergie.

◆ **Allergie** [grch. *állos,* „anders", „fremd"; *érgon,* „Tätigkeit"], eine Überempfindlichkeitsreaktion des Immunsystems auf normalerweise harmlose Stoffe, sog. *Allergene.* So wie das Immunsystem unseres Körpers beim Eindringen von Bakterien u. Viren Antikörper bildet, um diese unschädlich zu machen, kann es auch auf harmlose körperfremde Stoffe plötzlich mit der Bildung von

Woody Allen mit Julia Roberts in dem Film „Alle sagen: I love you"; 1996

Antikörpern reagieren. Während dieser *Sensibilisierungsphase* treten zunächst noch keine Symptome auf. Bei erneutem Kontakt mit dem Fremdstoff reagieren die Antikörper jedoch darauf, u. es kommt zur *Antigen-Antikörper-Reaktion.* Dies hat die Freisetzung von Gewebshormonen wie Histamin zur Folge: Blutkapillaren erweitern sich, ihre Wände werden durchlässig, u. es tritt Flüssigkeit aus dem Blut in das umgebende Gewebe aus. Es kommt zu einer Rötung in Verbindung mit Juckreiz u. zu einer Gewebsschwellung. Damit ist eine allerg. Erkrankung *(Allergose)* manifest. Bei jedem erneuten Kontakt mit dem Allergen treten nun die allerg. Symptome auf. Eine *Kreuzallergie* kann schon beim ersten Kontakt mit einem Stoff auftreten, wenn der Körper bereits für einen strukturell verwandten Stoff sensibilisiert ist.

Man nimmt heute an, dass die Disposition, eine A. zu entwickeln, überwiegend ererbt ist. Es müssen aber zahlreiche Faktoren zusammenkommen, damit eine A. manifest wird. Solche Faktoren können ein Übermaß an Fremdstoffen in der Nahrung, die Schadstoffbelastung der Umwelt, der intensive Kontakt mit einem Allergen, aber auch psych. Stress sein. Dementsprechend haben Allergien in den Industrieländern deutlich zugenommen. Als Allergen können nahezu alle Substanzen wirksam werden, doch treten manche bes. häufig als Allergieauslöser in Erscheinung, z. B. Blütenpollen, Hausstaub, Tierhaare bzw. anhaftende Schuppen, Schimmelpilze, Nahrungsmittelzusatzstoffe, Nahrungsmittel (bes. Milch, Mehl, Eier, Meerestiere, Nüsse, Erdbeeren), Chemikalien in Reinigungsmitteln, Kosmetika u. Waschmitteln, Nickel, Bienen- u. Wespenstiche, Medikamente (z. B. Penicillin, Sulfonamide, Röntgenkontrastmittel). Je nachdem, wo der Körper mit dem Allergen in Kontakt kommt, resultieren verschiedene Allergieformen. Nahrungsmittelallergien äußern sich in Magen-Darm-Störungen, begleitet von Übelkeit, Erbrechen oder Durchfall. Auch Hautausschläge u. Asthmaanfälle können auftreten. Bestimmte Nahrungsmittel wie Käse, Hefeextrakt oder Rotwein können Migräne auslösen. Als Hautallergien treten Ekzem, Kontaktdermatitis nach direktem Kontakt mit dem Allergen sowie Nesselsucht auf. Allergische Reaktionen auf Blütenpollen können zur Entzündung der Augen u. der Nasenschleimhäute (Heuschnupfen) führen. Dauerschnupfen deutet auf eine Hausstauballergie hin. Diese kann sich bis zum Asthma steigern. Die heftigste u. gefährlichste allerg. Reaktion, die aber verhältnismäßig selten auftritt, ist der anaphylakt. Schock mit Atemnot u. akutem Blutdruckabfall bis hin zum Kreislaufversagen. In diesem Fall ist eine sofortige Adrenalin-Injektion erforderlich.

*Therapie:* Bei Verdacht auf eine A. muss zunächst das auslösende Allergen gefunden werden. Wichtig ist die genaue Selbstbeobachtung, darüber hinaus können Hauttests u. Blutuntersuchungen Klarheit verschaffen. Die wirksamste Behandlung besteht immer in der Vermeidung des Allergens. Ist dies nicht möglich, können spezielle Medikamente, sog. Antihistaminika, in manchen Fällen auch Cortison, eine Linderung verschaffen. Manchmal ist auch eine Hyposensibilisierung (Desensibilisierung) möglich mit dem Ziel, die Überempfindlichkeit gegen ein Allergen abzubauen (z. B. bei Pollen- u. Insektengiftallergie). Dazu wird der allergieauslösende Stoff in extremer Verdünnung unter die Haut gespritzt oder geschluckt, wobei die Dosis ganz allmählich gesteigert wird. Nach Abschluss der Behandlung wird das Allergen wieder in höherer Konzentration als vorher vertragen.

**Allerheiligen,** kath. Hochfest zum Gedächtnis aller Heiligen u. Seligen am 1. 11. Seine Wurzeln reichen im christl. Osten ins 4. Jh. zurück. Es gab in den Teilkirchen verschiedene Festtermine. Die griech.-orth. Kirche feiert es am Sonntag nach Pfingsten. In Rom setzte sich zunächst der 13. 5. durch (Weihe des Pantheon zum christl. Gotteshaus zu Ehren Marias u. aller Märtyrer am 13. 5. 609 [610?] durch Bonifaz IV.), seit dem 9. Jh. wird A. am 1. 11. begangen.

**Allerheiligenbild,** in der bildenden Kunst die Darstellung der Anbetung des Lamms (als Symbol Christi) durch Vertreter der ganzen Menschheit u. der Engel. Zugrunde liegt das Kap. 7 der Apokalypse u. das Allerheiligenfest. Im 12. Jh. wird das Lamm oft durch Christus ersetzt, doch hat noch der Genter Altar der Brüder van Eyck (1432 vollendet) das Lamm als Zentrum, das auf Dürers A. (1511) durch den Gnadenstuhl ersetzt ist.

**Allerheiligstes,** im nachexil. Judentum der 10 × 10 m große Tempelraum, der als Wohnung Gottes galt. Im salomonischen Tempel stand in diesem Raum die Bundeslade; sowohl im Tempelbau von 515 v. Chr. als auch im herodian. Tempel (19–9 v. Chr.) war er dagegen völlig leer. Nur der Hohepriester durfte an einem Tag des Jahres (Versöhnungstag) das Allerheiligste betreten. – In der kath. Kirche heißt das aufbewahrte Altarsakrament (die heilige Hostie) A.

**Allerkatholischste Majestät** → Katholische Majestät.

**Allerleirauh,** Märchen von der Königstochter, die von ihrem Vater zur Ehe begehrt wurde u. als Magd am fremden Hof diente; vermutlich ein aus mutterrechtl. Zeit stammendes Motiv, in der die Eheschließung zwischen Vater u. Tochter statthaft war. Der Name des Mädchens weist auf sein Kleid aus Rauchwerk hin.

**Allermannsharnisch,** *Allium victorialis,* gelblich weiß blühende *Lauchart* (→ Allium), deren Wurzelstock arzneilich verwendet wird. Der Name rührt daher, dass die Zwiebeln früher von Kriegern als Amulett um den Hals getragen wurden.

**Allerödzeit,** zeitweilige Erwärmung des europ. Klimas (Interstadial der Würmeiszeit)

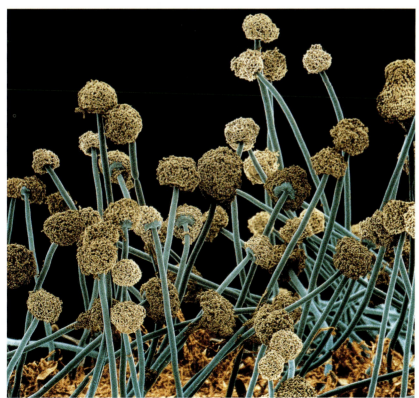

Allergie: Schimmelpilze wie dieser Schwarze Kolbenschimmel gehören zu den häufigsten Allergenen

von 10000–8800 v.Chr., mit dichter Kiefern- u. Birkenwaldvegetation in Dtschld.
**Allersberg,** Marktgemeinde in Mittelfranken (Bayern), Ldkrs. Roth, südl. von Nürnberg, 380 m ü.M., 7800 Ew.; alte Pfarrkirche (12./13. Jh.); vielseitige Industrie.
**Allerseelen,** am 2.11. gefeierter kath. Gedächtnistag für alle Verstorbenen, eingeführt von Abt Odilo von Cluny um 995; Prozessionen zu den Friedhöfen (auch schon am Nachmittag des 1.11.) u. Schmuck der Gräber mit Blumen u. Lichtern.
**Allesfresser,** *Gemischtköstler, Omnivoren,* Lebewesen, die sich von pflanzl. u. tier. Kost ernähren, z.B. das Schwein u. der Mensch.
**Alles-oder-Nichts-Gesetz,** Abk. *AoN-Gesetz, AoN-Regel,* allg. Gesetzmäßigkeit, nach der Reaktionen in lebenden Systemen (Reizphysiologie, Genetik u.a.) ablaufen können. Nach der Regel erfolgt die maximale Wirkung einer Reaktion (z.B. Erregung) nur über einen bestimmten Schwellenwert der auslösenden Ursache (z.B. → Reiz), während unterhalb des Schwellenwertes keine Wirkung eintritt. Auch → Aktionspotenzial.
**Allevard** [al'va:r], Thermalbad (Schwefelquellen) u. Luftkurort im südostfranzös. Dép. Isère, 2600 Ew.; Schloss (17. Jh.).
**allez!** [a'le:, frz., „geht!"], vorwärts!
◆ **Allgäu,** gebirgige Landschaft im südl. Schwaben u. den angrenzenden Teilen von Oberschwaben, Tirol u. Vorarlberg, zwischen Bodensee u. Lech; i.e.S. nur das *Bayer. Allgäu;* durch die Iller einschl. ihrer Quell- u. Nebenflüsse Breitach, Stillach, Trettach, Aubach zur Donau entwässert. Im S die *Allgäuer Alpen,* mit dem Großen Krottenkopf (2657m), der Mädelegabel (2649m), dem Hochvogel (2593m) u.a.; Viehzuchtgebiet (braune Allgäuer Rinder); Butter- u. Käseerzeugung; Baumwoll-, Textil-, Elektro-, feinmechan. Industrie, Fremdenverkehr. Hauptorte: Kempten, Immenstadt, Sonthofen, Oberstdorf, Wangen, Isny.
**Allgäuer Rind,** zum *Braunvieh* oder *Graubraunen Gebirgsvieh* zählender Höhenviehschlag; mittelgroßes, meist mausgraues Rind mit Rehmaul u. Aalstrich; unter den Höhenrassen beste Milch- u. Fettleistung; Hauptzuchtgebiet: Bayern u. Württemberg. Auch → Grauvieh.
**Allgegenwart,** in der christl. Lehre die (bildhaft unzulängliche) Bez. für die Eigenschaft Gottes, dass er als unendl. (transzendentes) Wesen u. als Daseinsgrund des Geschöpflichen alle außergöttl. geistige u. körperl. Wirklichkeit trägt u. ihr unübertrefflich nahe ist. Die Allgegenwart Gottes schließt seine Inkarnation nicht aus.
**allgemein** [lat. *communis,* „allen (oder allem) gemeinsam"], *Philosophie:* in der *Logik* versteht man unter dem Allgemeinen entweder Eigenschaften, die mehreren einzelnen Gegenständen zukommen, oder den Bereich von Eigenschaften als Klasse derjenigen Gegenstände, welchen eine bestimmte Eigenschaft zukommt. Davon sind zu unterscheiden die *besonderen* (einzelnen) Gegenstände selbst, die in den Bereich der Eigenschaft gehören u. damit Element der entsprechenden Klasse sind. Ob das Allgemeine unabhängig von einzelnen wirkl. Dingen Sein hat, ist umstritten (→ Universalienstreit).
Seit *Sokrates* wird nach dem Allgemeinen der Dinge gefragt, dieses aber verschieden aufgefasst: als für sich seiende → Idee, an der die besonderen Dinge teilhaben (*Platon*), oder als Struktur der besonderen Dinge, die keine eigene Wirklichkeit hat, sondern als Ursachen- u. Seinszusammenhang das Besondere bestimmt (*Aristoteles*). Aus den Versuchen, diese beiden Positionen zu vereinigen, entstehen die mittelalterlichen u. späteren Kontroversen über das Allgemeine u. das Besondere. Immer selbstverständlicher wird in der Neuzeit die Vorstellung, dass nur das Besondere wirklich existiert, das Allgemeine dagegen in unseren Begriffen liegt, so auch in der Dialektik *Hegels.* Diese Dialektik des Allgemeinen u. des Besonderen hat dann Kritik erfahren: im Namen des als Besonderes existierenden Einzelnen (*Kierkegaard*) u. im Namen der nicht in den Begriff auflösbaren Anschauung des Besonderen (Phänomenologie).
**Allgemeine Bemessungsgrundlage** → Bemessungsgrundlage.
**Allgemeine Betriebswirtschaftslehre** → Betriebswirtschaftslehre.
**Allgemeine Deutsche Seeversicherungsbedingungen** → ADS.
**Allgemeine Geschäftsbedingungen,** Abk. *AGB,* i.e.S. auch *Allgemeine Lieferungs-, Bezugs-, Beförderungsbedingungen,* keine Bedingungen im Rechtssinn, sondern für eine Vielzahl von Verträgen vorformulierte Vertragsbedingungen, die eine Vertragspartei (Verwender) der anderen Vertragspartei bei Abschluss eines Vertrages stellt; vor allem bei gleichförmigen Massenverträgen gebräuchlich (z.B. bei öffentlichen Verkehrsmitteln, Gas-, Wasser- u. Strombezug). Manche Wirtschaftszweige sind in einheitl. Formulierung, z.B. das private Bankgewerbe, das Speditions- u. Privatversicherungsgewerbe. Gültigkeit für den Einzelvertrag erlangen AGB in der Regel durch unbeanstandete Bezugnahme auf sie vor oder bei Vertragsabschluss. – Bis 1977 unterlagen die AGB der von der Rechtsprechung entwickelten Inhaltskontrolle. Seit 1.4.1977 sind sie im *Gesetz zur Regelung des Rechts der Allgemeinen Geschäftsbedingungen* (Abk. *AGB-Gesetz*) geregelt (Fassung vom 29.6.2000). Dieses Gesetz findet keine Anwendung bei Verträgen auf dem Gebiet des Arbeits-, Erb-, Familien- u. Gesellschaftsrechts; ferner nicht gegenüber Kaufleuten, deren Verträge zum Betrieb ihres Handelsgewerbes gehören. Ansonsten ordnet das Gesetz eine Inhaltskontrolle an für Bestimmungen in AGB, durch die von Rechtsvorschriften abweichende oder diese ergänzende Regelungen vereinbart werden. So erklärt das Gesetz z.B. für unzulässig, 1. dass der Verkäufer bzw. Gewerbetreibende sich für die Lieferung einer Ware bzw. das Erbringen einer Leistung eine unangemessen lange oder nicht hinreichend bestimmte Frist vorbehält, 2. dass das Recht des Kunden, in bestimmten Fällen Schadensersatz zu verlangen oder vom Vertrag zurückzutreten, ausgeschlossen oder ungerechtfertigt eingeschränkt wird, 3. dass sich der Verkäufer bzw. Gewerbetreibende vorbehält, versprochene Leistungen unzumutbar zu ändern oder von ihnen abzuweichen, 4. dass bei Lieferung einer mangelhaften neuen Sache die → Gewährleistung ausgeschlossen wird oder der Kunde selbst die entstehenden Wege u. Arbeitskosten einer Nachbesserung oder Nachlieferung tragen muss. Festgelegt ist ferner, dass es eine stillschweigende Unterwerfung des Kunden unter das „Kleingedruckte" ohne ausdrücklichen Hinweis darauf oder die Möglichkeit der Kenntnisnahme am Ort des Vertragsabschlusses nicht geben darf. –

Allgäu: Kirchen mit Zwiebeltürmen sind ein typisches Merkmal dieser Region

Die AGB dienen der Vereinfachung der Geschäftsabwicklung. Auch → Incoterms.

**Allgemeine Gesellschaft für Philosophie in Deutschland,** Abk. *AGPD*, 1950 in Bremen gegründete Gesellschaft als Vertretung der dt. Philosophie, unabhängig von philosoph. Richtungen.

**Allgemeine Gütergemeinschaft,** *Schweiz:* → Gütergemeinschaft.

**allgemeine Luftfahrt,** der Teilbereich der zivilen Luftfahrt, der den gewerbl. u. nicht gewerbl. Flugbetrieb außerhalb des planmäßigen Luftverkehrs umfasst. Zur allgemeinen Luftfahrt gehören das Geschäftsflugwesen, die Sportfliegerei, die Flugschulung u. die Lohnfliegerei oder Arbeitsluftfahrt (Landwirtschafts-, Luftbild-, Vermessungsfliegerei, Luftwerbung u. Luftbauwesen).

**Allgemeine Ortskrankenkasse,** Abk. *AOK*, die allgemeine → Krankenkasse, in der die soziale Krankenversicherung aller Versicherungspflichtigen durchgeführt wird, die nicht einer anderen gesetzl. Krankenkasse oder einer Ersatzkasse angehören. Sie wird in der Regel für einen Stadt- oder Landkreis durch Beschluss der Gemeindeverbandes errichtet. Neben den Aufgaben der Krankenversicherung (Einzug von Beiträgen, Gewährung von Leistungen) obliegt es der Krankenkasse ferner, die Beiträge für die Rentenversicherung der Arbeiter u. Angestellten sowie die Arbeitslosenversicherungsbeiträge einzuziehen.

◆ **allgemeine Psychologie,** Teilgebiet der Psychologie, erforscht allgemeine Gesetzmäßigkeiten des menschlichen Verhaltens und Erlebens, besonders Wahrnehmung, Motivation, Gefühle, Triebe, Denken, Lernen. Die allgemeine Psychologie fasst den Menschen als informationsverarbeitendes System auf, das sich in ständiger Wechselwirkung mit seiner Umwelt befindet: Die einzelnen psychologischen Funktionen werden vor allem hinsichtlich ihrer bei allen Menschen vorkommenden Merkmale untersucht. Inzwischen gibt es zahlreiche Einzelbefunde und Teiltheorien psychologischer Prozesse, die durch experimentelle Forschungsmethoden ermittelt wurden.

◆ **Allgemeiner Deutscher Arbeiterverein,** Abk. *ADAV*, am 23. 5. 1863 von F. *Lassalle* gegr. Arbeitervereinigung mit gewerkschaftl. u. polit. Zielen, Vorläufer der dt. Gewerkschaften u. der Sozialdemokratischen Partei. Lassalle stellte ein *ehernes Lohngesetz* auf, demzufolge die Arbeiter von den besitzenden Klassen stets auf dem Existenzminimum festgehalten würden; andererseits führte er Gespräche mit Bismarck, da er auf Staatshilfe für Arbeiter-Produktionsgenossenschaften hoffte. Damit sammelte der ADAV die auf Integration in den Staaten orientierten Teile der Arbeiterbewegung. Er verfolgte vorrangig nationale, reformist.

Allgemeiner Deutscher Arbeiterverein: Fahne der Mitgliedschaft Stuttgart

Ziele im Gegensatz zu radikal klassenkämpferischen Teilen der Arbeiterbewegung mit internationalist. Ausrichtung. Die Vereinigung beider Flügel zur Sozialist. Arbeiterpartei erfolgte 1875 in Gotha. Auch → Sozialdemokratie.

**Allgemeiner Deutscher Automobil-Club** → ADAC.

**Allgemeiner Deutscher Gewerkschaftsbund,** Abk. *ADGB*, 1919 gegründete Spitzenorganisation der freien Gewerkschaften Deutschlands; 1933 aufgelöst.

**Allgemeiner Deutscher Hochschulsportverband,** Abk. *ADH*, gegr. 1948, Sitz: Darmstadt, Mitglied im Deutschen Sportbund; organisiert den Studentensport an den dt. Hochschulen sowie den Wettkampfsport hochschulintern bei den nationalen u. den internationalen Hochschulmeisterschaften (→ Universiade).

**Allgemeiner Deutscher Nachrichtendienst,** Abk. *ADN*, staatl. Nachrichtenagentur der DDR, 1946 unter sowjetischer Lizenz gegründet; 1992 Übernahme durch den *Deutschen Depeschen-Dienst (ddp);* Sitz: Berlin.

**Allgemeine Rechtslehre,** zunächst ein von J. *Austin*, einem Schüler J. *Benthams*, durch die Veröffentlichung der „Lectures on Ju-

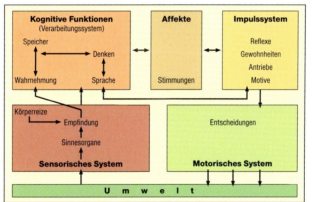

Die allgemeine Psychologie versteht das Individuum als informationsverarbeitendes System, das Reize aus der Umwelt aufnimmt und über das sensorische System zur psychischen Verarbeitung weiterleitet. Durch das motorische System wirkt das Individuum mit seinem Verhalten auf die Umwelt zurück

risprudence" 1861 postum angeregtes Rechtsdenken, das Ende des 19. Jh. die dt. Rechtswissenschaft zu beherrschen begann; danach war A. R. die Erforschung der Grundbegriffe des Rechts u. der Rechtsordnung (→ Rechtsdogmatik) im Sinn eines *Rechtspositivismus,* der eine auf spezielle Sachverhalte bezogene Rechtswertbetrachtung wegen Unbegründbarkeit aller Werturteile als unwissenschaftlich ablehnte. Begründer: Karl *Bergbohm* („Jurisprudenz u. Rechtsphilosophie" 1892); weitere Vertreter: E. R. *Bierling*, A. *Merkel*, K. *Binding*; auch R. von *Ihering* übte großen Einfluss auf diese Strömung aus, die ihre Fortsetzung in der Begriffsjurisprudenz u. vor allem in der „reinen Rechtslehre" H. *Kelsens* fand.

In der Gegenwart sind Begriff u. Wesen der allgemeinen Rechtslehre anders geworden. Insbes. sind der Hang zum Positivismus u. die Ablehnung des *Naturrechts* nicht mehr typisch für die A. R., die vielmehr auch die in der Naturrechtslehre entwickelten allg. Rechtseinsichten verarbeitet, sich den weiteren existenzphilosoph. Erkenntnissen für eine daseins- u. existenzbezogene Grundrechtstheorie von allg. Rechtsbedeutung öffnet.

A. R. ist daher heute die zusammenfassende Darstellung derjenigen Rechtsgrundsätze, Rechtseinrichtungen, Rechtsbegriffe u. Rechtsanwendungsmethoden, welche in den speziellen Rechtsordnungen ständig wiederkehren. Im Unterschied zur → Rechtsphilosophie untersucht die A. R. nicht die Stellung des Rechts im Weltganzen, auch nicht den Urgrund oder die Rechtfertigung des Rechts im menschl. Zusammenleben. Vielmehr setzt die A. R. das Recht als gegeben voraus, mag die Voraussetzung dieses Gegebenseins als gesellschaftl. oder psycholog. Notwendigkeit oder als aus den positivierten Rechtsordnungen entnommene Erfahrungstatsache angesehen werden. Auf der Grundlage dieser Voraussetzung beschäftigt sich die A. R. mit denjenigen *Rechtsbegriffen,* welche in den verschiedensten Teilen der Rechtsordnung zu finden sind, wie Person, Gesellschaft, Staat, öffentl. u. privat; Willenserklärung u. Vertrag (Individual-, Tarif-, Staatsvertrag); Solidaritäts- u. Subsidiarprinzipien u. a. Hierbei werden Grundbegriffe u. Grundsätze, die innerhalb des Rechtssystems in einem Teil desselben durch Gesetz u. Rechtsprechung festgelegt sind, daraufhin untersucht, ob sie der Ausdruck eines *allg. Rechtsgedankens* sind u. daher auch in anderen Bereichen des Rechtssystems gelten. Wenn sich Unterschiede zeigen, wird geprüft, in welcher Beziehung u. mit welchen Folgen für die Rechtsanwendung (Analogie oder Schluss aus dem Gegenteil) sie bestehen. Bei den Bemühungen um allg. Rechtsbegriffe u. -grundsätze ist die A. R. auch bestrebt, einen „allgemeinen Teil des

Rechts" – nicht nur wie bisher des bürgerlichen u. neuerdings auch des Verwaltungs- u. Sozialrechts – mit allgemein gültigen Rechtseinsichten u. -prinzipien bis hinein in formulierte Rechtssätze zu entwickeln. Auf diese Weise ist die A. R. für die Gestaltung eines möglichst einheitl. *europäischen Rechts* bedeutsam. Dem Auffinden allg. Rechtsgrundsätze dienen außer den Gegenwartsstudien in einem bestimmten Rechtskreis die Disziplinen der Rechtsgeschichte u. der Rechtsvergleichung, ohne dass die A. R. mit ihnen identisch ist oder von ihnen abhängig wäre.

**Allgemeiner Sportverband Österreichs,** Abk. *ASVÖ*, einer der 3 österr. Sport-Dachverbände, gegr. 1949, Sitz: Wien; Aufgabe: „die Pflege, die erziehliche und technische Förderung und die Überwachung der Sportausübung seiner Mitglieder"; rd. 999 000 Mitglieder in 3536 Vereinen. Auch → Arbeitsgemeinschaft für Sport und Körperkultur in Österreich, → Österreichische Turn- und Sport-Union.

**Allgemeiner Studentenausschuss,** Abk. *AStA*, eine Form der Repräsentation der Studentenschaft an Hochschulen in Dtschld.

**Allgemeines Adaptionssyndrom,** Abk. *AAS*; unspezifische körperliche Reaktion auf ein krankmachendes Reizereignis. AAS umfasst drei Phasen: Alarmreaktion, Phase der Resistenz, Phase der Erschöpfung.

**Allgemeines Berggesetz,** Abk. *ABG*; geht in seinem Ursprung auf das Allg. Berggesetz für die Preuß. Staaten vom 24. 6. 1865 zurück. war bis zum In-Kraft-Treten des Bundesberggesetzes am 13. 8. 1980 Rechtsgrundlage für jede bergbaul. Tätigkeit.

**Allgemeines Bürgerliches Gesetzbuch für Österreich,** Abk. *ABGB*, vom 1. 6. 1811, brachte den Erbländern der österr. Monarchie ein einheitl. Privatrecht, während in den franzos. besetzten Gebieten weiterhin der *Code civil* galt. 1814-1820 wurde das ABGB in den durch den Pariser Frieden wieder- bzw. neuerlangten Gebieten eingeführt. Das Gesetz beruht auf dem gemeinen Recht, enthält aber unter dem Einfluss deutschrechtl. u. naturrechtl. Strömungen viele Abweichungen. Es besteht aus 1502 Paragraphen, die in eine Einleitung u. drei Teile (Personenrecht einschließl. Familienrecht, Sachenrecht mit Erbrecht u. einen Teil des Obligationsrechts sowie den gemeinsamen Bestimmungen der Personen- u. Sachenrechte) gegliedert sind. Während des 1. Weltkrieges ist es durch drei Teilnovellen von 1914, 1915 u. 1916 textlich geändert u. ergänzt worden, zum Teil in enger Anlehnung an das deutsche BGB. Das ABGB hat sich bis heute als sehr anpassungs- u. wandlungsfähig erwiesen.

**Allgemeines Landrecht** → Preußisches Allgemeines Landrecht.

**Allgemeines Sozialversicherungsgesetz,** Abk. *ASVG*, am 1. 1. 1956 in Kraft getretenes österr. Sozialversicherungsrecht (mit zahlreichen Novellen), regelt die gesetzliche Kranken-, Unfall- u. Pensionsversicherung.

**Allgemeine Staatslehre,** Wissenschaftszweig, der sich mit der Struktur u. den Funktionen der Staaten beschäftigt u. seine Erkenntnisse aus allen Einzeldisziplinen (Soziologie, Staatsrecht, Staatstheorie, Staatsphilosophie, polit. Wissenschaften, Volks- u. Betriebswirtschaftslehre, Statistik, Finanzwissenschaft u. a.) gewinnt u. zu einem Bild zu vereinigen sucht. Die Allgemeine Staatslehre ist als übergreifender Wissenszweig von Bedeutung für Juristen u. Wirtschaftswissenschaftler in Theorie u. Praxis, für Philosophen u. Lehrer, Politiker u. alle Staatsbürger. Als *Allg. Staatsrechtslehre* beschreibt die Allgemeine Staatslehre den Staat mit seinen begriffl. Bestandteilen (Volk, Gebiet, Staatsgewalt), seiner Idee u. seinen Zwecken (Aufgaben), seinem Wesen u. seinen Arten (vom „Apparat" bis zum Genossenschaftsstaat), seinen Verfassungs- u. Regierungs- bzw. Organisationsformen (insbes. der Dreiteilung der Gewalten), den Staatenverbindungen, ganz bes. schließl. mit dem Verhältnis des Staates zum Staatsbürger u. umgekehrt, hier mit der Lehre von den Grundrechten.

**Allgemeines Zollpräferenzsystem der Europäischen Gemeinschaften,** System der Gewährung von Zollvorteilen *(Zollpräferenzen)* bei allen Fertig- u. Halbfertigwaren sowie zahlreichen landwirtschaftl. Verarbeitungserzeugnissen an Entwicklungsländer; in Kraft seit 1. 7. 1971. Die Zollpräferenz besteht in Herabsetzung oder (bei gewerbl. Erzeugnissen ausnahmslos) völliger Aussetzung der Zölle, z. T. allerdings nur im Rahmen bestimmter Kontingente u. Plafonds (bei Textilerzeugnissen, bestimmten Agrarerzeugnissen sowie sog. „sensiblen" gewerbl. Erzeugnissen). Die Zahl der präferenzierten Produkte u. der Umfang der Präferenzvorteile wurden seit 1971 stetig erweitert.

**Allgemeines Zoll- und Handelsabkommen** → GATT.

**Allgemeine Versicherungsbedingungen,** Abk. *AVB*, ein von den Verbänden der Versicherer entworfener standardisierter Vertragsinhalt von Versicherungsverträgen, zu deren Einhaltung sich die Versicherungsgesellschaften verpflichten. Die AVB sind in der Regel vom *Bundesaufsichtsamt für das Versicherungswesen* zu genehmigen u. dienen bei der Vielzahl gleichliegender Versicherungsverträge als Arbeitserleichterung für Versicherungsgeber u. -nehmer.

**„Allgemeine Zeitung",** 1798 von dem Tübinger Verleger J. F. Frhr. Cotta in Tübingen gegr. polit. Tageszeitung, im 19. Jh. bedeutenden Ruf weit über Dtschld. hinaus erlangte. H. Heine schrieb für das Blatt, das er „eine wahre Weltzeitung" nannte, viel beachtete Berichte aus Paris, die in Heines Werk unter dem Titel „Lutetia" gesammelt erschienen sind. Cottas Zeitung erschien zunächst unter dem Titel „Neueste Weltkunde". Die Zeitung wurde 1803 nach Ulm, 1810 nach Augsburg u. 1832 nach München verlegt. Seit 1908 erschien sie als Wochenschrift, zuletzt (1912-1914) monatlich. Selbst ohne Vorbilder in der polit. Publizistik, fand die „A. Z." viele Nachahmer, darunter als bedeutendste die „Frankfurter Zeitung".

**Allgemeinmedizin,** Fundamentalbereich der prakt. Medizin u. erstes Gebiet der ärztl. Weiterbildungsordnung. Ein *Arzt für Allgemeinmedizin* ist zuständig für den gesamten Bereich der Krankheitserkennung u. -behandlung, die Vorsorge u. ggf. die Nachbehandlung nach stationärer Behandlung, die Erstbehandlung lebensbedrohender Akutfälle u. die ärztl. Betreuung chronisch kranker u. alter Menschen. Er ist der typ. Hausarzt. Auch die Einleitung von Rehabilitationsmaßnahmen, die Veranlassung spezieller medizin. oder sozialer Hilfe sowie die Behandlung der Patienten in Zusammenarbeit mit Kliniken, Fachärzten u. Einrichtungen des Gesundheitswesens gehören in diesen Aufgabenbereich.

**Allgemeinverbindlicherklärung,** Erstreckung der Normwirkung eines *Tarifvertrags* auf → Außenseiter durch den Bundesarbeitsminister. Dem gesetzl. Regelfall nach sind nur die Mitglieder der → Tarifvertragsparteien u. der Arbeitgeber, der selbst Partei des Tarifvertrages ist, tarifgebunden. Der Bundesarbeitsminister – Delegation an die Landesarbeitsminister ist möglich – kann aber durch Beschluss die Normwirkung eines Tarifvertrages auf Außenseiter ausdehnen, d. ihn damit für allgemeinverbindlich erklären. Voraussetzung ist, dass die tarifgebundenen Arbeitgeber nicht weniger als 50% der unter den Geltungsbereich des Tarifvertrags fallenden Arbeitnehmer beschäftigen u. die A. im öffentl. Interesse geboten erscheint. Von diesen Voraussetzungen kann abgesehen werden, wenn die A. zur Behebung eines sozialen Notstandes erforderlich erscheint.
Die A. kann nur auf Antrag einer Tarifvertragspartei u. im Einvernehmen mit einem aus Arbeitgeber u. Arbeitnehmervertretern bestehenden Ausschuss erfolgen. Ähnl. Regelungen bestehen in *Österreich* u. der *Schweiz*.

**Allgemeinverfügung,** bes. Form des → Verwaltungsakts; im Gegensatz zu diesem richtet sich die A. nicht an eine bestimmte Person, sondern an einen bestimmten oder bestimmbaren Personenkreis (z. B. alle Hauseigentümer in einer Gemeinde). Sie ist zu unterscheiden von der → Verordnung, deren Adressatenkreis unbestimmt ist. Die A. wird den Betroffenen einzeln oder öffentlich (z. B. in der Zeitung) bekannt gegeben (§41 Abs. III, S. 2 Verwaltungsverfahrensgesetz).

**Allia,** Nebenfluss des Tiber; Schauplatz der Gallierschlacht am 18. 7. 387 v. Chr., in der *Brennus* über die Römer siegte.

**Alliance** [-'ljas; die; frz.] → Allianz.

**Alliance for Labor Action** [ə'laiəns 'fɔː leɪbə 'ækʃən], Abk. *ALA*, 1969 gegr. Vereinigung von zwei großen US-amerikan. Einzelgewerkschaften, der Automobilarbeitergewerkschaft u. der Transportarbeitergewerkschaft, die nicht der AFL/CIO angehören.

**Alliance française** [al'jɑs frɑ̃'sɛːz], 1884 gegr. Institution zur Verbreitung von französ. Sprache u. Kultur im Ausland.

**Alliance Israélite Universelle** [al'jɑs izraɛ'lit yniver'sɛl], 1860 gegründete jüdische Hilfsorganisation, Geschäftsstelle in Paris.

**Allianz** [die; frz.], *Alliance*, **1.** *evangelische Kirche: ev. A.*, 1846 in London als eine der ältesten ökumen. Bewegungen gegründet, übernationale, freiwillige Vereinigung von Einzelchristen, nicht von Kirchen, evangelistisch-missionarisch ausgerichtet, führt in der ersten vollen Woche eines jeden Jahres die „Allianz-Gebetswochen" durch.

**2.** *Völkerrecht:* Bündnis, Zusammenschluss von Staaten für defensive oder offensive polit. Zwecke oder zur Erhaltung einer bestimmten zwischenstaatl. Ordnung; die A. ist im klassischen Völkerrecht eine nicht durchorganisierte polit. Staatenverbindung ohne eigene Rechtspersönlichkeit mit Gleichstellung der beteiligten Staaten u. ihren bestimmten Zielen, insbes. zum militär. Beistand, aber auch für friedliche Anliegen, z. B. die → Heilige Allianz. Bekannteste Beispiele: der Dreibund zwischen Deutschland, Italien u. Österreich-Ungarn (1882); die engl.-französ. Entente cordiale (1904); die Kleine Entente von 1920 (u. folgende) zwischen der Tschechoslowakei, Jugoslawien, Rumänien; der dt.-japan. Antikominternpakt (1936).

**3.** *Zoologie:* gelegentliches u. lockeres Zusammenleben verschiedener Tierarten zu beiderseitigem Vorteil, z. B. von Straußen mit gutem Sehvermögen u. Zebras mit gutem Witterungsvermögen. Auch → Vergesellschaftung.

**Allianz für den Fortschritt,** engl. *Alliance for Progress,* 1961 in Punta del Este (Uruguay) zwischen den USA u. 19 lateinamerikan. Staaten geschlossenes Abkommen über ein Entwicklungsprogramm für Lateinamerika. Ziel: Stärkung der demokrat. Einrichtungen u. Verbesserung des Lebensstandards in den lateinamerikan. Ländern. Das Programm begann 1961 u. endete Anfang der 1970er Jahre. Die USA-Regierung legte das Schwergewicht zur Lösung der wirtschaftl. Probleme auf den Handel. Internationale Kreditinstitute, insbes. die Weltbank, unterstützten das Programm.

**Allianz-Gruppe,** größtes dt. Versicherungsunternehmen; Bruttobeiträge 2000: 57,9 Mrd. Euro. Zur Unternehmensgruppe gehören neben der *Allianz AG,* der größten dt. Rückversicherungsgesellschaft, rd. 700 Tochter- u. Beteiligungsgesellschaften in über 70 Ländern.

**Allianzwappen,** Bez. für zusammengesetzte Wappen ursprünglich nicht gemeinsam regierter Länder; auch für Ehewappen.

**Alliaria** → Knoblauch.

**Allied Forces Central Europe** ['ælaid fɔːsiz 'sentrəl 'juːrəup] → AFCENT.

**Allier** [a'lje:], **1.** mittelfranzös. Département beiderseits des unteren A., 7340 km², 352 000 Ew.; Hptst. *Moulins;* die Landschaft *Bourbonnais.*
**2.** linker Nebenfluss der Loire in Frankreich, 410 km; entspringt im Lozèregebirge (1702 m), durchfließt nordwärts das Zentralplateau u. mündet südwestl. von Nevers; ungleichmäßige Wasserführung, ab Fontanes auf 232 km schiffbar.

◆ **Alligatoren** [lat.], *Alligatoridae,* Familie der *Krokodile.* Die Schnauze der A. ist relativ kurz; die Zähne des Oberkiefers greifen über die des Unterkiefers. Es gibt sieben Süßwasser bewohnende Arten in Amerika u. China: z. B. Mississippi-Alligator, China-Alligator u. Mohrenkaiman.

**Alligatorfisch,** *Alligatorhecht, Lepisosteus spatula,* zur Familie der *Knochenhechte* gehörender Süßwasserfisch in Zuflüssen zum Golf von Mexiko. Raubfisch, wird bis über 2 m lang u. über 200 kg schwer. Die Bez. A. wird auch verwendet für den ähnlich großen u. nah verwandten *Kaimanfisch, Lepisosteus tristoechus,* auf Kuba, in Mittelamerika u. Mexiko.

**Alligatorschildkröten** → Schnappschildkröte.

**Alliierte,** allg. Verbündete; im 1. Weltkrieg: *Alliierte u. assoziierte Mächte,* aus der Triple Entente (Dreiverband) sich entwickelndes Kriegsbündnis gegen die Mittelmächte, umfasste Großbritannien, Frankreich, Italien, Russland, die USA u. einige andere Staaten; im 2. Weltkrieg: *Alliierte Mächte,* Kriegsgegner der Achsenmächte, vor allem nach Abschluss des Pakts der Vereinten Nationen (1. 1. 1942), bes. Großbritannien, Sowjetunion u. die USA.

**Alliierte Hohe Kommission,** engl. *Allied High Commission,* während der Geltungsdauer des → Besatzungsstatuts 1949–1955 das aus den drei Hohen Kommissaren der USA, Großbritanniens u. Frankreichs bestehende oberste Kontrollorgan der drei Westmächte für die BR Dtschld. u. Berlin (West).

**Alliierter Kontrollrat** → Kontrollrat.

**Allinge,** Handels- u. Touristenzentrum im N Bornholms, mit dem Nachbarort *Sandvig* zusammengewachsen, rd. 2100 Ew.; sturmsicherer Bootshafen, Schiffsverbindung nach Schweden u. Kopenhagen.

**Alliteration** [lat.] → Stabreim.

**alliterieren,** stabreimen, staben; *alliterierende Dichtung:* Stabreimdichtung.

**Allium** [das; lat.], *Lauch,* Gattung der *Liliengewächse,* krautige Pflanzen mit Zwiebeln, die aber zuweilen an waagerechten Wurzelstöcken sitzen; im südl. Eurasien heimisch. Dazu gehören Zwiebel, Knoblauch, Porree, Schalotte, Winterzwiebel; → Allermannsharnisch, → Bärenlauch.

**Allkategorie,** *Offene Klasse,* beim Judo Kampfklasse ohne Gewichtslimit.

**Allmacht,** in der christl. Lehre die souveräne Macht Gottes, der durch seinen bloßen Willen alles ins Dasein ruft, unfehlbar lenkt u. zum Ziel führt. Gottes A. steht auch hinter dem Bösen.

**Allmännerschlucht,** isländ. *Almannagjá,* Teil des isländ. Zentralgrabens, 40 km nordöstl. von Reykjavik; bis 30 m tief, 5 km lang; Ort des Althings, der mittelalterlichen gesetzgebenden Versammlung.

**Allmen,** Alfred von, schweiz. Fotograf, *2. 8. 1943 Bern; Spezialausbildung für Farbfotografie in Antwerpen; erzielt durch Bewegung während der Aufnahme dramat. Steigerung; Buchillustrationen für G. Bachmann u. U. Dickerhof.

**Allmende** [die], Gemeinschaftseigentum der Bewohner einer Dorfgemeinde an der landwirtschaftl. Kulturfläche (bes. an Weide, Wald u. Ödland). Die A. wurde meist gemeinschaftlich genutzt u. war Merkmal einer fast 1000-jährigen Bodenordnung von der Zeit der Germanen bis zur Auflösung durch Neuordnung des Bauernrechts im 19. Jh. Heute ist die A. in Privat- oder Gemeindeeigentum übergegangen.

Alligatoren: Mississippi-Alligator, Alligator mississippiensis

**Alloa** ['æləə], Stadt in der mittelschott. Region Central, am Firth of Forth, 14 000 Ew.; Festung *Alloa Tower* (13. Jh.); Textil-, Elektro- u. a. Industrie, Whiskyherstellung.

**Allobroger,** keltisches Volk in Gallien, zwischen Genfer See, Rhône, Isère u. Alpen; wichtigste Städte: Vienna (Vienne) u. Genava (Genf); 121 v. Chr. von den Römern unterworfen.

**Allochorie,** [grch.] Verbreitung von Samen u. Früchten durch Außenkräfte, z. B. durch Tiere.

**allochromatisch** [grch.], *Mineralogie:* andersfarbig (in Bezug auf ein Mineral, das seine Farbe von einer beigemengten Substanz erhält).

**allochthon** [grch.], 1. *allg.:* von fremdem Boden oder aus fremdem Land stammend. – Gegensatz: *autochthon.*
2. *Geologie:* bodenfremd (von Gesteinen u. Gesteinsverbänden [Decken]); aus ortsfremdem Material bestehend.
3. *Mikrobiologie:* die Mikroflora, die durch bes. Umstände in einen Biotyp gelangt, der für sie nicht üblich ist.
4. *Verhaltensforschung:* triebfremd, → Übersprungverhalten.

**allochthoner Fluss** → Fremdlingsfluss.

**Allod** [ahd., „Vollgut"], *Allodium,* freies Eigengut im Gegensatz zum *Lehengut;* auch Familienerbgut im Unterschied zum Kaufgut.

**Allodialgrafschaft,** eine Grafschaft, die nicht vom König verliehen wurde, sondern in abgelegenen Gebieten dadurch entstand, dass eine adlige Familie die Herrschaft an sich nahm u. sich den Grafentitel beilegte.

**Allodifizierung,** *Allodifikation,* im Rahmen der → Bauernbefreiung Umwandlung von Lehen in freies Eigentum gegen Abfindung des Lehnsherrn u. Aufhebung der aus dem Gut zu erbringenden Leistungen.

**allogen** [grch.] = allothigen.

**Allograph** [der; grch.], Variante eines *Graphems*; z. B. die unterschiedl. Schreibung des Phonems [eː] in den Wörtern Leben, Meer, mehr. Als Allographen bezeichnet man auch die gleichen Buchstaben in unterschiedl. Schriftsystemen, z. B. Antiqua u. Fraktur.

**Allokation** [lat.], 1. *Soziologie:* Verteilung wichtiger Komponenten innerhalb eines sozialen Systems in der Weise, dass sie nicht zur Veränderung des gegebenen Zustands drängen u. der Gleichgewichtszustand erhalten bleibt.
2. *Wirtschaft:* die Verteilung knapper Mittel (Ressourcen) auf die konkurrierenden Bedürfnisse der Wirtschaftssubjekte. Die A. kann durch marktwirtschaftl. Regelung, zentralistisch oder durch Faktoren wie Willkür, Zufall, Tradition bestimmt werden. Eine effiziente A. ist das Ergebnis eines zielorientierten Einsatzes von Ressourcen (Produktionsfaktoren), der auf der Grundlage von Erwägungen über die jeweils dringlichste (oder ertragreichste) Faktornutzung erfolgt. Unter der Annahme einer spezif. normativen Wohlfahrtsfunktion kann eine optimale A. *(Pareto-Optimum)* erreicht werden.

Mit der Frage, wie die Produktionsfaktoren so auf die Produktionszweige u. Unternehmen verteilt werden können, dass eine effiz. Verteil. der Ressourcen erfolgt, befasst sich die Allokationstheorie. Höchste Effizienz ist dann gegeben, wenn bei einer Abweichung von einer gegebenen Konstellation für niemanden eine bessere Versorgung mit Gütern zu erreichen ist, ohne dass gleichzeitig ein anderer schlechter versorgt wird. Die Allokationstheorie stellt sich somit eine normative Aufgabe; sie will untersuchen, ob u. wie man gegebene Situationen mit dem Ziel verändern kann, zu wirtschaftl. u. gesellschaftl. Wohlstand zu gelangen, die im Vergleich zu jeder anderen realisierbaren Lage von den Mitgliedern der Gesellschaft höher bewertet werden.

**Allokution** [lat.], päpstl. Ansprache bei verschiedensten Anlässen, heute möglichst in der Landessprache der Zuhörer.

**Allometrie** [grch.], *allometrisches Wachstum,* Veränderung der Proportionsverhältnisse von Körperteilen durch genetisch festgelegte, unterschiedl. Wachstumsgeschwindigkeiten. Man unterscheidet *positive Allometrie* (ein Teil wächst gegenüber anderen rascher) u. *negative Allometrie* (ein Teil wächst gegenüber anderen langsamer). Allometrisches Wachstum ist Teil der Erklärungsgrundlage des Gestaltwandels in der Evolution. Auch → Wachstum.

**Allomone** [grch.], *Botenstoffe,* Signalstoffe, die von einem Tier produziert u. in die Umgebung abgegeben werden u. damit bei Organismen einer anderen Art eine Reaktion auslösen, die dem Sender des chem. Kommunikationssignals nützlich ist. A. sind chem. Waffen, die der Abschreckung von Feinden dienen. Auch → Pheromone.

**Allomorph** [grch.], Variante eines *Morphems* ohne Inhaltsveränderung; z. B. bei Allomorphen des Pluralmorphems *s* im Engl. „boys" u. „houses".

Yigael Allon

**Allon,** Yigael, israel. General u. Politiker (Achdut Ha'avoda, Arbeitspartei), *10. 10. 1918 Kfar Tabor, Galiläa, †29. 2. 1980 Afula; 1941 Mitbegr. der Verteidigungsorganisation Palmach, 1945–1948 deren Kommandeur; 1948 Generalmajor der israelischen Armee, 1961–1968 Arbeits-Min., 1968–1977 stellvertr. Min.-Präs., 1968/69 auch Einwanderungs-Min., 1969 bis 1974 Erziehungs- u. Kultur-Min., 1974–1977 Außen-Min. A. schrieb „Shield of David" 1970; „The making of Israel's army" 1971.

**Allonge** [a'lõʒ; frz.], mit dem *Wechsel* verbundenes Anhängsel für Indossamente u. Proteste, für die das Wechselpapier nicht ausreicht.

**Allongeperücke** [a'lõʒ-; frz.], langlockige Männerperücke, die um 1680 am französ. Hof eingeführt u. bis 1715 an europ. Höfen getragen wurde; gehört heute noch zu Amtstrachten in Großbritannien u. davon beeinflussten Ländern.

**Allons, enfants de la patrie!** [a'lõzã'fãdəla pa'triə; frz., „Auf, Kinder des Vaterlandes!"], Beginn der „Marseillaise" (J. Rouget de Lisle), der französ. Nationalhymne.

**Allopathie** [grch.], von S. F. *Hahnemann* geprägte Bez. für die Schulmedizin im Gegensatz zur *Homöopathie.*

**Allopatrie** [grch.], das Auftreten von genetisch verschiedenen Populationen einer Art oder nahe verwandter Arten in getrennten geograph. Gebieten. Derartige geograph. Isolation führt zur Bildung geograph. Rassen u. zur Artentstehung, sofern die Isolation lange genug besteht. – Gegensatz: *Sympatrie.* Auch → Rassenkreise.

**allopatrisch** [grch.], nicht im gleichen geograph. Gebiet lebend; Gegensatz: *sympatrisch.*

**Allophon** [grch.], Variante eines *Phonems;* unterschiedl. Aussprache von gleichen Lauten (z. B. „r" in verschiedenen landschaftl. Regionen); auch abhängig vom Zusammentreffen mit anderen Lauten (z. B. „ch" in „ich" bzw. „ach").

**Alloplastik** [grch.], Übertragung körperfremden, leblosen Materials in den menschl. Körper zum Ersatz fehlender Gewebsteile, z. B. künstl. Hüftgelenk.

**Alloploidie,** *Allopolyploidie,* spontane oder künstl. Vervielfachung ungleichartiger pflanzl. Chromosomensätze. Alloploide Pflanzen werden durch Kreuzung zwischen verschiedenen Arten erhalten. Im Normalfall führt dieses zu sterilen Nachkommen, da sich bei der → Meiose Probleme ergeben. Erst durch Chromosomenverdopplung wird der Nachkomme fortpflanzungsfähig. Die Keimzellen enthalten je einen (Allodiploidie) oder mehrere (Allopolyploidie) Chromosomensätze eines jeden Elternteils. Auch → Polyploidie.

**Allorhizie** [grch.], Gliederung des Wurzelsystems in eine Haupt- u. viele Nebenwurzeln. Sind die Wurzeln gleichwertig ausgebildet, spricht man von *Homorhizie.*

**Allori,** ◆ 1. Alessandro, italien. Maler, *31. 5. 1535 Florenz, †21.(?) 9. 1607 Florenz; Schüler A. *Bronzinos,* beeinflusst von *Mi-*

Alessandro Allori: Odysseus und die Sirenen; 1580. Fresko im Palazzo Salviati, Florenz

*chelangelo;* Hauptvertreter des florentin. Manierismus. Seine Altargemälde u. Fresken, voll freimütiger Entlehnungen, zeigen die Gestalten oft in gekünstelten Posen u. tragen meist ein kühles, etwas bleiches Kolorit.

◆ **2.** Cristofano, Sohn von 1), *17. 10. 1577 Florenz, †1. 4. 1621 Florenz; suchte sich vom Manierismus seines Vaters zu distanzieren, indem er sich an der Auffassung Corrèggios orientierte. Er malte Landschaften, Porträts u. bibl. Motive.

Cristofano Allori: Judith mit dem Haupt des Holofernes; um 1610. Florenz, Palazzo Pitti

**allosterischer Effekt** [grch., lat.], Änderung der räuml. Struktur (Konformation) eines Proteins durch niedermolekulare Substanzen, bes. wichtig für die Wirkungsweise von → Enzymen. Bei der sog. *allosterischen Hemmung* ändert ein bestimmter Hemmstoff (Inhibitor) durch Bindung an ein Enzymmolekül dessen Konformation so, dass die Bindung des Substrates an das Enzym behindert oder völlig eingestellt wird. Damit wird die Enzymwirkung erschwert. Allosterische Effekte sind auch für die Bindung des Sauerstoffs an das Hämoglobinmolekül verantwortlich.

**allothigen** [grch.], einzelne Gesteinskomponenten, die fremd im benachbarten Gesteinsverband sind, z. B. Einschlüsse von Sedimentgestein in magmatischem Gestein.

**allotriomorph** [grch.], fremdgestaltet; für Kristalle, deren regelmäßige Entwicklung zur Eigengestalt durch früher gebildete Nachbarkristalle verhindert wurde.

**Allotropie** [grch.], *Chemie:* das Vorkommen eines Elements in mehreren verschiedenen Zustandsformen, sog. allotropen Modifikationen; beim Kohlenstoff z. B. Graphit u. Diamant.

**All over Style** [ˈɔːləʊvə ˈstaɪl], engl. Bucheinbandstil, meist mit symmetrisch angelegten Tulpen- u. Wiegenfußmotiven, geht auf Samuel *Mearne* (17. Jh.) zurück.

**Alloxan,** heterozyklische stickstoffhaltige Verbindung, Abbauprodukt der Harnsäure, Bestandteil mancher selbstbräunender Hautsalben, da es zum rötlich braunen Alloxanthin reduziert.

**Allpassglied,** in der Nachrichtentechnik ein Filter, der alle Frequenzen durchlässt u. den Phasenwinkel zwischen Eingangs- u. Ausgangsspannung dreht.

**Allphasensteuer** → Umsatzsteuer.

**Allport** [ˈɔːlpɔːrt], Gordon Willard, US-amerikan. Psychologe u. Sozialpsychologe, *11. 11. 1897 Montezuma (Indien), †7. 10. 1967 Cambridge, Mass.; lehrte 1924–1930 Sozialethik, 1930–1966 Psychologie an der Harvard University. A. befasste sich vor allem mit Persönlichkeitspsychologie, Problemen des Vorurteils sowie der Diagnostik (Test). Dem Menschenbild der Reiz-Reaktions-Psychologie stellte er eine Theorie der „funktionalen Autonomie der Motive" gegenüber, in der er die Eigenständigkeit u. Einmaligkeit der Persönlichkeit betonte. Hptw.: „Personality" 1937, dt. 1949; „The nature of prejudice" 1954, dt. 1971; „Becoming" 1955, dt. „Das Werden der Persönlichkeit" 1958; „Pattern and growth in personality" 1961, dt. 1970.

**Allradantrieb,** Antriebsart, bei der die Übertragung des Motordrehmomentes mit einem Verteilergetriebe auf alle Achsen u. Räder erfolgt; Bauweise als permanenter, manuell oder automatisch zuschaltbarer A. mit fester oder variabler Kraftverteilung. Der A. wird vorrangig bei geländegängigen Kraftfahrzeugen u. Arbeitsmaschinen sowie bei Lastwagen für schwere Zugarbeit eingesetzt. Die aus der Kombination von Hinterrad- u. Vorderradantrieb resultierende höhere Fahrstabilität des Allradantriebs wird zunehmend auch für Personenkraftwagen genutzt.

**Allradlenkung,** Lenkung sämtlicher Räder eines Fahrzeugs, macht kleine Kurvenradien möglich. A. wird fast nur bei Geländefahrzeugen u. Baumaschinen verwendet.

**Allroundsportler** [ɔlˈraʊnd-; engl.], ein Sportler, der sich in mehreren Sportarten betätigt u. daher ein vielseitiges Können aufweist.

**Allsatz,** Satz der Form „Alle... sind..."

**Allschwil,** Stadt im schweiz. Kanton Basel-Land, westl. von Basel, an der schweiz.-französ. Grenze, 18 800 Ew.; Ziegel- u. Tonwarenherstellung.

**Allstedt,** Stadt in Sachsen-Anhalt, Ldkrs. Sangerhausen, in der Goldenen Aue, 3500 Ew.; Wigbertikirche (um 1200), Schloss (16. Jh.), Rathaus (16. Jh.); Metall-, Nahrungsmittelindustrie; 10.–13. Jh. Königspfalz, um 1500 Stadtrecht; 1523/24 Wirkungsstätte von Thomas Müntzer.

**Allston** [ˈɔːlstən], Washington, US-amerikan. Maler, *5. 11. 1779 Waccamaw, S. C., †9. 7. 1843 Cambridgeport, Mass.; ausgebildet in London u. Italien. Mythol. Szenen u. sinnbildl. Landschaften in heroisch-romant. Stil mit starker Betonung der Farbwerte.

**Allstromgerät,** ein elektr. Gerät, das entweder mit Gleich- oder mit Wechselstrom betrieben werden kann.

**Alltagsgeschichte,** eine Richtung in der Geschichtswissenschaft, die das Alltagsleben der Menschen in der Vergangenheit erforscht u. z. B. die Geschichte der Kindheit, der Jugend, der Freizeit, der Arbeit, der Krankheit u. des Todes untersucht. Sie arbeitet zusammen mit Volkskunde u. Sozialanthropologie.

**Allüre** [frz.], Gangart (des Pferdes); *Allüren:* Haltung, Benehmen, Gehabe.

**Allusion** [frz.], Anspielung.

**alluvial** [lat.], angeschwemmt; das *Alluvium* betreffend.

**Alluvium** [das; lat.], die jüngste geolog. Epoche nach der Eiszeit, heute als *Holozän* bezeichnet.

**Allvater,** altisl. *alföðr, alfaðir,* in der german. Mythologie Beiname *Odins* als Schöpfergott u. Oberhaupt der Götterrunde.

**Allwellenempfänger,** ein Betriebsempfänger für Schiffs- u. Küstenfunkstellen sowie für Messzwecke, der alle Frequenzbereiche empfangen kann.

**Allwetterjäger,** ein Militärflugzeug, das, wie moderne Jagdflugzeuge heute grundsätzlich, auf Allwettereinsatzfähigkeit ausgelegt ist.

**Allwetterlandung,** Landung eines Flugzeugs bei allen vorkommenden Wetterbedingungen, d. h. auch bei stark eingeschränkter oder völlig fehlender Sicht *(Blindlandung).* Die A. wird ermöglicht durch bes. funktechn. Bord- u. Bodensysteme *(Landeführungssysteme),* die dem Piloten die notwendigen Steueranweisungen geben oder die durch Aufschaltung der Steuersignale auf einen Flugregler die Landung ohne Steuereingriff des Piloten bewirken *(automat. Landung).*

**Allwettertauglichkeit,** Eignung eines Flugzeugs zum Einsatz unter allen Wetterbedingungen. A. wird erreicht durch Ausrüstung mit Geräten u. Einrichtungen, die eine sichere Flugdurchführung unter solchen Bedingungen gewährleisten (sichtunabhängige Flugführungs- u. Navigationsinstrumente, ausfallsichere Nachrichtenübermittlungsgeräte, Wetterradargeräte, Enteisungsanlagen).

**Allwissenheit,** nach christlicher Lehre die Vollkommenheit Gottes, die besagt, dass er sich selbst und schlechthin alles außer ihm, auch das freie menschliche Tun, aktuell und vollkommen bis ins Innere erkennt. Gottes Allwissenheit ist dabei nicht die Steigerung menschlichen Wissens, sondern das einzige sog. unmittelbare Wissen um das Wesen der Dinge. Nach der Lehre des *Buddhismus* verfügt auch Buddha über Allwissenheit, und zwar in dem Sinne, dass er alles zu wissen vermag, wenn er sein Nachdenken darauf richtet.

**Allyl,** *Allylgruppe, Allylradikal,* der ungesättigte aliphatische, einwertige Rest $CH_2 = CH - CH_2 -$, wie er z. B. im *Allylalkohol* zu finden ist.

**Allylalkohol,** *2-Propen-1-ol,* ungesättigter aliphatischer Alkohol, $CH_2 = CH - CH_2 - OH$; farblose, zu Tränen reizende Flüssigkeit, die aus wasserfreier Oxalsäure u. Glycerin durch Erhitzen oder aus chloriertem Propylen (über Allylchloridhydrolyse) dargestellt wird. A. kann durch Oxidation in → Acrolein bzw. Acrylsäure übergeführt werden u. wird für Arzneimittel, Kunststoffe, Parfüms, Lösungsmittel, Insektizide u. a. verwendet.

**Allylchlorid,** ein ungesättigtes aliphatisches Halogenid, $CH_2 = CH - CH_2Cl$, das aus Allylalkohol u. Chlorwasserstoff unter Druck oder durch Chlorierung von Propylen gewonnen wird. Die nach Senf riechende, farblose Flüssigkeit dient zur Einführung des Allylrests bei organ. Synthesen u. in Form von Allylchloridderivaten als Schlafmittel (Dial), zur Glycerinsynthese u. zur Herstellung von Kunstharzen u. Farbstoffen.

**Allylen,** veraltete Bez. für → Propin.

**Allylsenföl** → Senföle.

◆ **Alm,** *Alb, Alp, Alpe,* hoch gelegene Sommerweide im Gebirge mit einfacher Stallung (*Sennereibetrieb* zur Butter- u. Käsegewinnung; neuerdings auch Frischmilcherzeugung, wobei die Milch durch Rohrleitungen zu den Verarbeitungsbetrieben im Tal befördert wird). Die A. wird vom Frühjahr bis Herbst bezogen u. in dieser Zeit (Sennzeit) nicht verlassen. *Almauffahrt* u. *Almabfahrt* werden volkstümlich gefeiert. Almwirtschaft wird in allen europ. u. asiat. Hochgebirgsländern betrieben. Auch → Alpwirtschaft.

**Alma** [lat., „die Lebenspendende, Nährende"], weibl. Vorname.

**Almada** [-ða], Vorstadt von Lissabon, Portugal, auf dem Südufer der Tejomündung, 153 000 Ew.; nach der Errichtung einer 2300 m langen Brücke über den Tejo starkes Bevölkerungswachstum; Schiffbau, Seebadeort.

**Almada Negreiros** [ˈaðanegrɛirɔʃ], José de, portugies. Schriftsteller u. Maler, * 7. 4. 1893 São Tomé, † 15. 6. 1970 Lissabon; schrieb wegweisende futuristische Gedichte („A cena do ódio" 1915, „Saltimbancos" 1917). Sein Roman „Nome de guerra" 1925 gilt als erster moderner portugies. Roman.

**Almadén** [arab., „Bergwerk"], südspan. Bergbaustadt im äußersten N der Sierra Morena, 7700 Ew.; maur. Burg; Mittelpunkt der schon von den Griechen, Römern u. Mauren ausgebeuteten reichsten Quecksilbergruben der Erde; Verhüttungs- u. Destillationsanlagen.

**Almagest** [grch., arab.], Werk über Astronomie aus dem Altertum, von *Ptolemäus* aus Alexandria, entstanden um 150 n. Chr.; galt bis zum Ende des MA als Standardwerk der Astronomie.

**Almagro,** Diego de, span. Konquistador, * 1475 Almagro, † 8. 7. 1538 Cuzco; eroberte zusammen mit F. *Pizarro* Peru; unternahm 1535–1537 eine Expedition zur Eroberung Chiles. Nach seiner Rückkehr geriet er in Gegensatz zu Pizarro, wurde 1538 von diesem besiegt u. umgebracht.

**Almalyk,** Stadt in Usbekistan, südl. von Taschkent, 116 000 Ew.; Buntmetall- u. Chemiezentrum.

**Alma Mater** [lat., „nährende Mutter"], veraltete feierl. Bez. für Hochschule, Universität.

**Almanach** [Herkunft unsicher, wohl koptischen Ursprungs; grch., lat.], ursprüngl. Kalendertafel, später Jahrbuch; seit dem 18. Jh. Titel für regelmäßig erscheinende Bändchen mit Proben zeitgenöss. Dichtung verschiedener Verfasser, heute bes. für Auswahlbände großer Verlagshäuser mit Proben aus ihren Veröffentlichungen.

**Almandin** [der; nach der kleinasiat. Stadt *Alabanda*], zur Gruppe der Granate zählendes, blutrotes bis schwarzes, glas- oder harzglänzendes Mineral; regulär; Härte 6–7; in Gneis und Glimmerschiefer; chem. Formel: $Fe_3Al_2[SiO_4]_3$.

**Almannagjá** [-gjau] → Allmännerschlucht.

**Almansa,** Stadt in Ostspanien, 80 km nordwestl. von Alicante, Prov. Albacete; 22 500 Ew.; Zentrum eines landwirtschaftl. Umlandes.

**Almansor** → Mansur.

**Almanzora** [-'θora], Fluss in Südostspanien, 105 km lang, entspringt in der *Sierra de los Filabres* in 1963 m Höhe, mündet nordöstl. von Almería ins Mittelmeer.

**al marco** [ital.], Gewichtsjustierung nicht nach dem Einzelgewicht, sondern nach dem Gesamtgewicht einer größeren Menge von Münzen (fand Verwendung bei der Münzprägung im MA). Aufgrund von Herstellungsschwierigkeiten brauchten die Münzen nicht gleich zu sein, sondern mussten lediglich ein angemessenes Durchschnittsgewicht haben.

**Alma-Tadema,** Sir Lawrence, niederländisch-englischer Maler, * 8. 1. 1836 Dronryp, Friesland, † 25. 6. 1912 Wiesbaden; Schüler der Antwerpener Akademie (1852–1856); seit 1870 überwiegend in England

Alm: Die Gaistalalm im Wettersteingebirge. Hinter dem modernen Wohngebäude befinden sich die Stallungen für das Vieh

Almaty: Moderne Hotelanlage vor der Gebirgskulisse des Kungej-Alatau

tätig, malte Porträts und bes. antike Genrebilder mit genauer Wiedergabe des Stofflichen.

◆ **Almaty**, russ. *Alma-Ata*, größte Stadt Kasachstans, am Nordhang des Kungej-Alatau, 1,2 Mio. Ew.; Kultur- und Industriezentrum; Hochgebirgs-Eislaufbahn; Universität (gegr. 1934); Maschinen-, Textil-, Leder-, Pelz-, Nahrungsmittel- (Obst), Tabak- und Baustoffindustrie; Wärme- und Wasserkraftwerk; Flughafen; Fernmeldesatelliten-Empfangsstation. – Almaty wurde 1854 gegründet und war 1929–1997 Hptst. Kasachstans.

**Almeida** [al'maiða], **1.** Francisco de, portugiesischer Heerführer, *um 1450, †1. 3. 1510, gefallen an der Saldanha-Bai, Kapland; Begründer der portugiesischen Macht in Asien und 1. Vizekönig in Ostindien (1505).
**2.** Germano, kapverdischer Schriftsteller, *1945 Boavista; schreibt satirisch-ironische Romane über seine Heimat wie „Das Testament des Herrn Napumoceno" 1991, dt. 1997; „O meu poeta" 1992 (erster Nationalroman der unabhängigen Kapverden); Novellen: „Estórias de dentro de Casa" 1996.
**3.** Laurindo, brasilian. Jazzmusiker (Gitarre), *2. 9. 1917 São Paulo, †6. 7. 1995 Los Angeles; Mitbegründer des Bossa Nova, erste Ansätze 1953 im Spiel mit Bud Shank. Bossa-Nova-Star Stan Getz wurde erst Jahre später mit ähnlich brasilianisch beeinflusster Jazzmusik bekannt.
**4.** Manuel António de, brasilian. Schriftsteller, *17. 11. 1831 Rio de Janeiro, †28. 11. 1861 Schiffbruch bei der Ilha de Santana; wurde berühmt durch den Schelmenroman „Memórias de um sargento de milicia" (Erinnerungen eines Sergeanten der Bürgerwehr) 1852/53, in dem humorvoll u. realistisch das Leben der Mittelklasse von Rio zu Beginn des 19. Jh. geschildert wird.

**Almeida Garrett** [al'mɛiða ga'rrɛt], portugies. Dichter → Garrett.

**Almelo**, niederländ. Industriestadt in der Prov. Overijssel, 64 600 Ew.; neben Enschede stärkste Konzentration der Baumwollindustrie, Textilmaschinenfabriken; Verkehrsknotenpunkt.

**Almemor** [arab.], hebr. *Bimah*, das Podium, von dem aus in der Synagoge die Bibel-Lesung vorgetragen wird.

**Almendralejo** [-'lɛxo], westspanische Stadt in der fruchtbaren Landschaft Tierra de Barros, in Estremadura, 24 100 Ew.; Brennereien, landwirtschaftlicher Handel; jährlicher Schafmarkt.

**Almenrausch**, volkstüml. Name für die → Alpenrosen.

**Almere**, neue Stadt im SW von Südflevoland (Niederlande), 98 400 Ew.. Zur Linderung der Wohnungsnot im nördl. Teil der Randstad u. zur Entlastung des Gooigebietes gebaut.

◆ **Almería**, römisch *Portus Magnus*, südspanische Hafenstadt in Andalusien, am Golf von Almeria, 155 000 Ew.; maurische Alcazaba (Burg), Kathedrale (16. Jh.); Wärmekraftwerk; chemische und keramische Industrie; Fischereihafen; Ausfuhr von Erzen, Salpeter, Südfrüchten, Tafeltrauben (Almeríatrauben), Wein und Esparto; lebhafter Fremdenverkehr; Flughafen.

**Almería-Kultur**, mittel- bis jungneolithische Fundgruppe aus Südostspanien (vor allem in den Provinzen Almería und Murcia). Kennzeichnend: Kollektivgräber ohne gebauten Zugang, meist runde, von Steinplatten oder Kleinstmauerwerk ausgekleidete ober- oder unterirdische Anlagen, über deren Oberbau nichts bekannt ist; unverzierte Keramik mit Oberflächenpolitur, meist gelb, rot oder braun. Die bekannteste Siedlung ist *Tres Cabezos* (bei Cuevas de Almanzora, Almería), Häuser mit rundem oder vieleckigem Grundriss. Die Almeria-Kultur hatte Kontakte zu Kulturen des Ostmittelmeeres und in letzter Phase zu kupferzeitlichen Kolonien. Ähnliche Erscheinungen findet man in Portugal (Comporta an der Sadomündung).

**Almgren**, Oscar, schwedischer Prähistoriker, *9. 11. 1869 Stockholm, †13. 5. 1945 Stockholm; 1914–1925 Inhaber des in Uppsala neu eingerichteten Lehrstuhls für nordische Vorgeschichte; einer seiner bekanntesten Schüler war König Gustav VI. Adolf. Seine Dissertation „Studien über nordeuropäische Fibelformen der ersten nachchristlichen Jahrhunderte" 1897 ist noch heute ein Hauptwerk frühgeschichtlicher Literatur.

Almería: Die arabische Festung „Alcazaba" überragt die Stadt im Westen

**Almindingen**, größtes Waldgebiet auf Bornholm, im *Rytterknaegten*, 162 m, höchster Punkt der Insel; Wandergebiet.

**Almirante Brown** [-braun], **1.** argentin. Industriestadt im Ballungsgebiet von Buenos Aires, 449 000 Ew.
**2.** ehem. Station Argentiniens auf der Antarktischen Halbinsel, 1951 gegründet.

Pedro Almodóvar: Szene aus dem Film „Frauen am Rande des Nervenzusammenbruchs" mit Antonio Banderas, Carmen Maura und Maria Barranco; 1988

♦ **Almodóvar** [almo'ðovar], Pedro, spanischer Filmregisseur, * 24. 9. 1952 Calzada de Calatrava, Provinz Ciudad Real; beeinflusst mit absurd-vulgären Filmen das spanische Gegenwartskino; Werke u. a.: „Das Gesetz der Begierde" 1987; „Frauen am Rande des Nervenzusammenbruchs" 1988; „Fessle mich" 1990; „Mein blühendes Geheimnis" 1995; „Alles über meine Mutter" 1999.

**Almohaden** [arab. *Al Muwahhidun,* „die sich zur Einheit Gottes Bekennenden"], islamische Herrscherdynastie, hervorgegangen aus der religiösen Reformbewegung des *Ibn Tumart* (* 1077/1087, † 1128 oder 1130), der als *Mahdi* unter den Berberstämmen Marokkos auftrat und diese zum Aufstand gegen die → Almoraviden organisierte. Der Nachfolger Ibn Tumarts, *Abd Al Mumin* (1130–1163), eroberte Nordwestafrika bis Tunis sowie das arabische Spanien; er ist der Begründer der Dynastie. Anfang des 13. Jh. ging den Almohaden die Herrschaft über Spanien verloren, 1269 wurden sie auch in Marokko durch die *Meriniden* gestürzt.

**Almoraviden** [arab. *Al Murabitun,* „die Klausner"], aus einer islamisch-religiösen Bewegung hervorgegangenes Fürstengeschlecht des berber. Stamms *Senhadscha.* Mitte des 11. Jh. hatten die Almoraviden das westliche Nordafrika unter ihre Herrschaft gebracht; 1086 bemächtigte sich Yusuf Ibn Tachfin des arab. Spaniens. Die Almoraviden herrschten in Spanien u. Marokko, bis sie 1147 von den → Almohaden gestürzt wurden.

**Almosen** [das; grch.], mildtätige Gabe.

**Almosenier,** frz. *Aumônier,* kirchliche oder weltliche Almosenpfleger, bei Fürsten oft der (einflussreiche) Beichtvater, in Ritter- und Mönchsorden auch der Verwaltungsleiter.

**Almqvist, 1.** Carl Jonas Love, schwed. Dichter, * 28. 11. 1793 Stockholm, † 26. 9. 1866 Bremen; wegen liberaler Ansichten als Lehrer entlassen, lebte als Flüchtling in Bremen; schrieb neben mathematischen, historischen und geographischen Werken im Stil der Spätromantik „Buch der Dornrosen" (Werksammlung mit Rahmenerzählung) 1832 bis 1851; „Der Juwelenschmuck der Königin" (Roman) 1834, dt. 1846, und die sozialkritische Ehenovelle „Es geht an" 1838, dt. 1846.
**2.** Osvald, schwed. Architekt, * 2. 10. 1884 Trankil, † 6. 4. 1950 Stockholm; neben E. G. *Asplund* einer der Vertreter des Architekturfunktionalismus in Schweden; schuf Wohn- u. Industriebauten.

Franziska van Almsick; 1995

♦ **Almsick,** Franziska van, dt. Schwimmsportlerin, * 5. 4. 1978 Berlin; Weltmeisterin 1994 (200 m Freistil) u. 1998 (4 × 200 m-Freistil), vielfache Europameisterin, insges. 4 Silber- u. 3 Bronzemedaillen bei den Olymp. Spielen 1992 u. 1996; mehrfache dt. Meisterin; „Welt-Sportlerin des Jahres" 1993, dt. „Sportlerin des Jahres" 1993 u. 1995.

**Almukantarat** [der; arab., frz.] → Azimutalkreis.

**Almuñécar** [almu'njekar], Küstenstadt in Südspanien östl. von Málaga, Prov. *Granada,* 20 500 Ew.; Fischerort, durch den Fremdenverkehr an der *Costa del Sol* umgestaltet.

**Alnar,** Ferid, türk. Komponist u. Dirigent, * 11. 3. 1906 Konstantinopel, † 27. 7. 1978 Ankara; Schüler u. a. von J. Marx in Wien; war 1954–1960 Generalmusikdirektor der Staatsoper in Ankara; außer Werken für die Bühne schrieb er zwei Orchestersuiten, ein Violoncellokonzert, ein Konzert für türk. Zither u. Streicher sowie Kammermusik.

**Alnico,** Wz. für eine Dauermagnetlegierung mit z. B. 12 % Aluminium, 20 % Nickel, 5 % Cobalt u. 63 % Eisen, die, aus der Schmelze gewonnen u. im starken Magnetfeld abgekühlt, einen sehr kräftigen Permanentmagneten liefert.

**Alnus** → Erle.

**Alnwick** ['ænɪk], Marktstadt in Nordengland, Verwaltungsort des gleichnamigen Distrikts der Grafschaft Northumberland, am Südufer des Flusses Aln, 7200 Ew.; *Alnwick Castle* normannische Burg aus dem 11. Jh., im 18. Jh. wieder errichtet.

**ALO,** Abk. für engl. *Air Liaison Officer* (Luftwaffen-Verbindungsoffizier).

**Aloaden,** in der griech. Mythologie zwei den Giganten vergleichbare Riesen, die Berge Pelion u. Ossa aufeinander türmen, um den Olymp zu erreichen. Dort halten sie Ares 13 Monate gefangen; werden von Apoll getötet.

♦ **Aloe** ['aːloːe; die; grch., lat.], Gattung der *Liliengewächse* mit zahlreichen Arten, zum größten Teil in den Steppen Südafrikas vorkommend. Die Aloearten haben mehr oder weniger lange, stammartige Achsen mit rosettig angeordneten, meist dickfleischigen Blättern. Die *Aloefaser* wird von der Scheinagave → Fourcroya gewonnen.

**Alofi, 1.** Insel in der Gruppe der Horninseln des französ. Überseeterritoriums → Wallis und Futuna, 400 m hoch, bewaldet; unbewohnt.
**2.** Hauptort der Insel Niue, 680 Ew.

**Alois,** *Aloys* [vermutl. aus ahd. *alwisi,* „sehr weise"], männl. Vorname.

**Aloisi,** Pompeo, Baron (1919), italien. Diplomat, * 6. 11. 1875 Rom, † 15. 1. 1949 Rom; 1923 Völkerbundskommissar in Memel, 1928/29 Botschafter in Tokyo, 1930–1932 in Ankara, 1932–1936 Vertreter beim Völkerbund, 1934/35 Leiter des internationalen Dreierausschusses für die Saarabstimmung, 1935 Delegierter auf der Konferenz von Stresa.

**Alonnisos,** früher *Chiliodromio* oder *Iliodromio,* in der Antike *Ikos,* griech. Insel der nördl. Sporaden, 64 km², 1400 Ew.; Hauptort Pateri im SW, der ursprüngl. Hauptort A. nach Erdbeben weitgehend verlassen; geringe Landwirtschaft, Viehhaltung, Fischfang.

**Alonso,** Dámaso, span. Philologe, Literaturkritiker u. Lyriker, * 22. 10. 1898 Madrid, † 25. 1. 1990 Madrid; seit 1968 Präsident der Spanischen Akademie; Herausgeber der *Biblioteca Románica Hispánica*; Studien über das span. Siglo de Oro, Góngora y Argote u. die Generation von 1927. Mit seinem Gedichtzyklus „Hijos de la ira" 1944, dt. „Söhne des Zorns" 1954 wandte er sich gegen die franquistisch verordnete „Lyrik des Schönen" u. trug zum Neubeginn der Lyrik nach dem Bürgerkrieg bei.

**Alopecia areata,** *Pelade,* erworbener, kreisrunder Haarausfall, → Haarausfall.

**Alopecurus,** Gattung der Süßgräser (Poaceae), = Fuchsschwanzgras.

**Alopezie** [grch.], vorübergehender oder dauernder Haarverlust am ganzen Körper oder an umschriebenen Stellen, vor allem auf dem Kopf; → Haarausfall.

Aloe: Bereits im Altertum wurde Aloe vera als Drogenpflanze benutzt. Wegen der antibakteriellen Wirkung werden ihre Inhaltsstoffe vielen Hautcremes und Emulsionen beigegeben

**Alor,** *Allor,* indones. Kleine Sundainsel nördl. von Timor, 2098 km², rd. 100 000 Ew.
**Alorna,** Marquesa de, Leonor de Almeida, Pseudonym *Alcipe,* portugies. Dichterin, *31. 10. 1750 Lissabon, †11. 10. 1839 Lissabon; einflussreich für die portugies. Kultur des 18. u. 19. Jh.; 18 Jahre interniert, danach Reisen durch Europa; galt mit ihrem literar. Salon als die „Madame de Staël Portugals"; übertrug *Horaz,* A. *Pope,* A. de *Lamartine,* C. M. *Wieland,* J. G. *Herder;* ihre Lyrik vermittelt die Ideen der Aufklärung, aber auch die Melancholie der im eigenen Land Gefangenen; berühmt ist die mustergültige Prosa ihrer Briefe. – Obras poéticas 1844; Poesias 1941; Inéditos 1941.
**Alor Star,** *Alor Setar,* Hptst. des Teilstaates Kedah im N von Malaysia, 125 000 Ew.; Bahnstation, Flugplatz.
**Aloys** → Alois.
**Aloysius von Gonzaga,** Heiliger, *9. 3. 1568 Castiglione, †21. 6. 1591 Rom; stammte aus italien. Adel, trat 1585 in den Jesuitenorden ein; starb bei der Pflege Pestkranker. Die Darstellung vom „engelgleichen Jüngling" entspricht nicht dem Zeugnis seiner eigenen Aufzeichnungen u. seinem Bemühen um ein konsequent christl. Leben. Patron der Jugend. Fest: 21. 6.
**Alp,** Sommerweide, → Alm.
**Alp,** *Alb, Nachtmahr,* niederdt. *Mahr,* oberdt. *Drud,* im Volksglauben Schreckgeist, der dem Schlafenden auf der Brust sitzt u. Angstzustände *(Alpdrücken, Alpträume)* verursacht. Alpsagen sind schon aus der altnord. u. altengl. Literatur bekannt; in Dtschld. findet man sie am häufigsten in Pommern u. Schlesien. Auch → Druden, → Elben.
**Alpaerts** ['alpa:rts], Flor, belg. Komponist u. Dirigent, *12. 9. 1876 Antwerpen, †5. 10. 1954 Antwerpen; 1934–1941 Direktor des Konservatoriums von Antwerpen; Oper „Shylock" 1912, Orchesterwerke, Kantaten, Lieder u. a.
**Alpaka,** Haustierform u. Wolle des Guanako; → Lama (2).
**Alpakka, 1.** *Chemie: Alpaka,* alte Bez. für → Neusilber.
**2.** *Textilindustrie:* eine Reißwolle; die nichtwollenen Bestandteile werden durch Karbonisieren entfernt.
**al pari** [ital.], Übereinstimmung von Ausgabe- oder Börsenkurs u. Nennwert von Wertpapieren.
**Alp Arslan,** Mohammed Ibn Daud, 2. Seldschukensultan in Bagdad 1063–1072, *20. 1. 1030 (?), †Dez. 1072 (ermordet); im Krieg gegen die Fatimiden eroberte er Syrien u. Hedjas, besiegte 1071 bei Mantzikert (Malazgirt) die Byzantiner u. nahm Kaiser Romanos IV. Diogenes gefangen. Byzanz musste Inner-Kleinasien endgültig dem türk. Einfluss überlassen.
**Alpatow,** Michael W., russ. Kunsthistoriker, *10. 12. 1902 Moskau, †9. 5. 1986 Moskau; widmete sich zunächst der byzantin. u. altruss. Kunst; seine Hptw. „Denkmäler der Ikonenmalerei" 1925 (zusammen mit O. Wulff) u. die „Geschichte der altruss. Kunst" 1932 vermittelten spezifische Werte der östl. Kunst auch im Westen. Weitere Schwerpunkte seiner Forschung waren die italien. Renaissance u. die Wechselbeziehung zwischen westeurop. u. russ. Kunst vom 17.–20. Jh.

**Albuch,** in Österreich das → Grundbuch der Almen bzw. Bergbauern.
**Alpdrücken** → Alp.
**Alpe-d'Huez** [alpdy'ɛz], französ. Wintersportzentrum in den Dauphiné-Alpen im Dép. Isère, 63 km östlich von Grenoble, 1745 m ü. M.; 1930 entstanden.

◆ **Alpen,** das größte u. höchste Gebirge Europas, an dem Deutschland, Frankreich, Italien, Slowenien, Liechtenstein, Österreich u. die Schweiz Anteil haben. Am südl. Alpenrand Klimagrenze zwischen Mittel- u. Südeuropa. Die A. sind Quellgebiet großer Ströme, die zum Mittelmeer (Po,

### Alpen: Bekannte Pässe und Tunnel

| Name | Land | größte Steigung (in %) | Höhe (m) bzw. Länge (km) |
|---|---|---|---|
| Albula | Schweiz | 12 | 2312 m |
| Albula-Tunnel¹ | Schweiz | | 5,86 km |
| Arlberg | Österreich | 13 | 1792 m |
| Arlberg-Tunnel | Österreich | | 13,972 km |
| Bernina | Schweiz | 12 | 2304 m |
| Bonette | Frankreich | 17 | 2802 m |
| Brenner-Autobahn | Österreich/Italien | 6 | 1375 m |
| Falzaregopass | Italien | 11 | 2105 m |
| Felbertauern-Tunnel | Österreich | | 5,2 km |
| Fernpass | Österreich | 8 | 1209 m |
| Flexenpass | Österreich | 10 | 1784 m |
| Flüela | Schweiz | 11 | 2383 m |
| Furka | Schweiz | 14 | 2431 m |
| Furka-Basistunnel¹ | Schweiz | | 15,442 km |
| Gerlos | Österreich | 17 | 1507 m |
| Grimsel | Schweiz | 11 | 2165 m |
| Grödner Joch (Gardena) | Italien | 12 | 2121 m |
| Großer Sankt Bernhard | Schweiz/Italien | 11 | 2469 m |
| Großer Sankt Bernhard-Tunnel | Schweiz/Italien | | 5,828 km |
| Großglocknerstraße (Hochtor) | Österreich | 12 | 2505 m |
| Col de l'Iseran | Frankreich | 12 | 2770 m |
| Jaufenpass (Monte Giovo) | Italien | 12 | 2094 m |
| Julierpass | Schweiz | 13 | 2284 m |
| Karawankentunnel | Österreich/Slowenien | | 7,864 km |
| Klausenpass | Schweiz | 10 | 1948 m |
| Kleiner Sankt Bernhard | Frankreich/Italien | 9 | 2188 m |
| Loibl-Tunnel | Österreich/Slowenien | | 1,59 km |
| Lukmanierpass | Schweiz | 10 | 1916 m |
| Malojapass | Schweiz | 15 | 1809 m |
| Mont-Blanc-Tunnel | Frankreich/Italien | | 11,690 km |
| Mont Cenis | Frankreich | 11 | 2083 m |
| Mont Cenis¹ | Frankreich/Italien | | 13,655 km |
| Mont Genèvre | Frankreich/Italien | 12 | 1854 m |
| Nufenen | Schweiz | 10 | 2478 m |
| Oberalppass | Schweiz | 10 | 2044 m |
| Ofenpass | Schweiz | 14 | 2149 m |
| Plöckenpass | Österreich/Italien | 13 | 1360 m |
| Pordoijoch (Passo di Pordoi) | Italien | 8 | 2239 m |
| Radstädter Tauern | Österreich | 15 | 1739 m |
| Reschenpass | Österreich/Italien | 9 | 1508 m |
| San Bernardino | Schweiz | 12 | 2065 m |
| San-Bernardino-Tunnel | Schweiz | | 6,596 km |
| Sankt Gotthard | Schweiz | 10 | 2108 m |
| Sankt-Gotthard-Tunnel | Schweiz | | 16,320 km |
| Sellajoch | Italien | 11 | 2214 m |
| Semmering | Österreich | 6 | 985 m |
| Splügenpass | Schweiz | 13 | 2113 m |
| Stilfser Joch (Passo dello Stèlvio) | Italien | 15 | 2757 m |
| Sustenpass | Schweiz | 9 | 2224 m |
| Tauern-Tunnel | Österreich | | 6,4 km |
| Tauern-Tunnel¹ (Hohe Tauern) | Österreich | | 8,5 km |
| Timmelsjoch | Österreich/Italien | 13 | 2497 m |
| Umbrailpass | Schweiz/Italien | 11 | 2501 m |
| Wurzenpass | Österreich/Slowenien | 18 | 1073 m |

¹ Eisenbahntunnel mit Autoverladung

Alpen: Soglio im Kanton Graubünden gilt als einer der schönsten Orte der Alpen. Das malerische Dorf liegt auf einer sonnigen Terrasse hoch über dem Talgrund

Rhône), Schwarzen Meer (Nebenflüsse der Donau: Isar, Inn, Enns u. a.) u. zur Nordsee (Rhein) fließen. Die A. schließen nördl. vom Golf von Genua an den Apennin an, umfassen in weitem Bogen nach W die Poebene, zweigen beim Lac du Bourget den Französischen bzw. Schweizer Jura ab, verbreitern sich in den Ostalpen fächerförmig, werden gegen das westpannonische Hügelland niedriger u. enden nach 750 km westöstl. Erstreckung u. 1200 km Gesamterstreckung an der Donau bei Wien; im NO Fortsetzung in den Karpaten, im SO im Dinarischen Gebirge. Der Abfall zum nördlichen Alpenvorland ist weniger steil als der Abfall im S zum Po-Tiefland. Die Breite der A. beträgt im W 150–200, im O bis 300 km; die Gipfelhöhen betragen in den bedeutendsten Gebirgsstöcken meist zwischen 3000 u. 4300 m; höchster Gipfel *(Mont Blanc)* 4807 m.

*Entstehung:* Die A. sind ein Decken- u. Faltengebirge aus der Tertiärzeit, die sich vor 65–2 Mio. Jahren erstreckte. Zum Hochgebirge wurden sie durch Hebung des gefalteten Gebirgskörpers, die bis zur Gegenwart anhält. Mächtige Ablagerungen am Boden eines großen Meeres zwischen Europa u. Afrika (Ur-Mittelmeer, Tethys) wurden durch Druck von S vom Untergrund losgerissen u. in großen Decken mehrfach übereinander geschoben u. gefaltet. Dadurch hat sich Europa gegen S ausgedehnt (Neoeuropa). Verursacht wurde der Druck durch die Kontinentalverschiebung, während der sich im Tertiär Ur-Afrika nach N bewegte. In den Nord- u. Südalpen bilden die Meeresablagerungen, besonders Kalke u. Dolomite, das Gebirge; in den Zentralalpen stehen auch kristalline Gesteine des tieferen Untergrunds an. Die heutige Gebirgsform erhielten die A. durch Flussabtragung, vor allem aber durch die abtragende Tätigkeit der Gletscher während der Eiszeiten. Das erdgeschichtlich jugendliche Alter der Alpen wird sichtbar an den schroffen Felswänden, den scharfen Graten u. an den tiefen u. steilen Tälern mit unausgeglichenem Gefälle. Die A. sind Teil des erdumspannenden alpidischen Gebirgssystems, zu dem u. a. auch der Atlas in Nordafrika, der Hindukusch u. Himalaya in Asien u. die Kordilleren Amerikas gehören.

*Gliederung:* Die *Voralpen* im N u. S (1200–2000 m) haben Mittelgebirgsrelief mit nur geringer glazialer Formung; die *Hochalpen* (über 2000 m) sind glazial stark geformt u. gliedern sich in einen niedrigeren Anteil bis zur → Schneegrenze (2500 bis 3200 m) u. in einen höheren Anteil mit Firn- u. Gletscherbedeckung. – Die gebräuchliche regionale Gliederung folgt den großen Quer- u. Längstälern als Grenzlinien. Die Linie Rheintal – Splügen – Comer See trennt *West-* u. *Ostalpen.* Sie deckt sich nur teilweise mit der Grenze zwischen ost- u. westalpinen geologischen Einheiten. In den Ostalpen werden die vorwiegend kristallinen Zentralalpen (Rätische, Bernina, Ortler, Ötztaler, Zillertaler A., Hohe u. Niedere Tauern, Norische A.) durch nördl. u. südl. Längstalzüge von den *Nördl. Kalkalpen.* (Rätikon, Allgäuer, Lechtaler, Nordtiroler, Österr., Salzburger A.) bzw. den *Südl. Kalkalpen* (Bergamasker, Trienter A., Dolomiten, Karnische, Julische A. u. Karawanken) getrennt. Zwischen Zentral- u. Kalkalpen sind Schieferalpen (Plessuralpen, Tuxer, Salzburger Schieferalpen, Eisenerzer A.) eingeschaltet, mit geringeren Höhen u. weichen Mittelgebirgsformen. Volkstümliche Bezeichnungen Stein- (Kalkalpen), Gras- (Schieferalpen) u. Keesberge (vergletscherte Zentralalpen) erfassen das konkrete Erscheinungsbild. In den Westalpen wird eine Reihe kristalliner Zentralmassive (Mercantour, Pelvoux, Belledonne, Grandes Rousses, Mont Blanc, Aare- u. Gotthard-Massiv) durch Täler mehr oder weniger scharf von der Gneiszone im S (Meer-, Cottische, Grajische, Walliser, Tessiner A.) u. der Kalkzone im W u. N (Provençalische Voralpen, Dauphiné-Alpen, Savoyer, Berner, Glarner A.) getrennt. Ost- u. Westalpen bilden zwei Bögen, die in Graubünden zusammenstoßen. Höchste Höhen in den Zentralalpen (im O) u. in Gneiszonen bzw. kristallinen Massiven (im W).

*Klima:* Nur im S (Seealpen, Provençal. A.) Mittelmeerklima mit trockenem Sommer u. Niederschlagsspitzen im Herbst u. Frühjahr. Höhere Lagen erhalten auch Sommerniederschlag. Der größte Teil der A. gehört zur mitteleurop. Klimaprovinz mit vorherrschenden Winden aus W (SW, NW). Niederschläge zu allen Jahreszeiten, mehr im Sommer als im Winter; im W u. N starker atlantischer Einfluss. Niederschlag vorwiegend bei westl. u. nordwestl. Strömungen, mit der Höhe zu- u. von W nach O abnehmend. Die Nordalpen im Luv der atlantischen Strömungen sind niederschlagsreicher (2000 bis über 3500 mm, z. B. Säntis 2487 mm) als die Zentralalpen (bis über 2000 mm, z. B. Sonnblick 1495 mm). Die Längstäler (Inntal, oberes Etschtal, Vorderrheintal, Wallis) sind trockener (Innsbruck 911 mm, Sion 599 mm). Im S u. SO stärkere Einflüsse aus dem Mittelmeerraum: höhere Sommertemperaturen (im Juli in Zürich, auf N-Seite, 17,6 °C, in Lugano, auf S-Seite, 21,4 °C). Der Alpensüdrand ist, durch südwestl. Strömungen beeinflusst, sehr regenreich (Lugano 1742 mm; zum Vergleich Zürich 1136 mm). Temperaturabnahme mit der Höhe, im Winter geringer als im Sommer. Ursache sind häufige *Temperaturinversionen*, wobei die Berge über die Luftmassengrenze (Hochnebeldecke) aufragen. Inversionen treten besonders bei Hochdrucklagen auf, die im O häufiger sind. Im Sommer sind die Berge oft von Wolken eingehüllt, die Täler aber wolkenfrei. Berglagen sind daher im Winter temperaturbegünstigt, im Sommer benachteiligt, also stärker ozeanisch beeinflusst als die Tallagen mit stärkerer kontinentaler Prägung. Trotz unterschiedlicher Fremdeinflüsse vom Atlantik (aus W u. NW), vom Mittelmeer (aus SW u. S) u. vom Kontinent (aus SO, O u. NO) herrschen im Klima der A., als Auswirkung des

Reliefs, eher gemeinsame Züge vor. Dazu trägt der → Föhn bei, der als Südföhn der Alpennordseite hohe Temperaturen bringt, aber als Nordföhn trotz Erwärmung auf der Leeseite an der Alpensüdseite eher als kühl empfunden wird. Ein zweiter verbindender Faktor des Alpenklimas ist die sog. Erscheinung der Massenwirkung: Die hohen Zentralalpen erscheinen gegenüber den Randketten im N u. S wärmer, d. h. der Temperaturabnahme mit der Höhe ist in den Zentralalpen kleiner als auf der Nord- bzw. Südseite. Ursache ist ein höherer Wärmegewinn durch Einstrahlung, sowohl wegen der Lage ausgedehnter hoher Bergregionen über dem Inversionsniveau im Winter als auch der, infolge der dünneren Atmosphäre, effektiv stärker auftreffenden, vor allem kurzwelligen Strahlung.

*Vegetation:* Dem Anstieg des Temperaturniveaus vom Alpenrand zum Innern des Gebirges entspricht ein Anstieg der → Schneegrenze, der → Waldgrenze u. der Vegetationshöhenstufen überhaupt. In den großen Tälern u. am nördl. Gebirgsrand besteht die Vegetation der *collinen* (Hügelland-)*Stufe* aus Eichen, Hainbuchen u. anderen Wärme liebenden Arten. Darüber folgt die *montane* (Bergwald-) *Stufe* mit Buchen, Tannen u. Bergahorn. Darüber die *subalpine Stufe* mit Fichten u. Lärchen, die *alpine Stufe* mit Krummholz, Zwergsträuchern u. alpinen Matten (Alpen, Almen), die *hochalpine Felsschuttzone* u. schließlich die *nivale Stufe* oberhalb der Schneegrenze. Weil der Gebirgsfuß auf der Alpensüdseite tiefer liegt, gibt es dort eine unterste Vegetationsstufe mit mittelmeerischen u. anderen besonders Wärme liebenden Pflanzen.

*Gewässer und Gletscher:* Die Flüsse strömen mit wenigen Ausnahmen in Richtung Donau, Rhein, Rhône u. Po. Flüsse mit großem hochalpinem Einzugsgebiet führen im Sommer (Niederschlagsspitzen, Schneeschmelze in der nivalen Stufe) Hochwasser. In niedrigeren Teilen, besonders in den Ostalpen, haben die Flüsse ihre größte Wasserführung im Frühjahr (März bis Mai). Die Seen der A. liegen meist am Alpenrand. Sie füllen meistens die Zungenbecken der Gletscher der Eiszeit (z. B. Bodensee, Zürichsee, Genfer See, Gardasee). Die Gletscher der Gegenwart bedecken nur noch rund 3600 km$^2$, das sind 2% der Fläche der A. Die höheren Westalpen sind stärker vergletschert als die Ostalpen. Die größten Gletscher sind: der Große Aletschgletscher (87 km$^2$, 24 km lang) im Aare-Massiv, der Gorner Gletscher (69 km$^2$, 13,4 km) in den Walliser A. u. La Mer de Glace (50,5 km$^2$, 13,5 km) in der Mont-Blanc-Gruppe. Größter Gletscher der Ostalpen ist die Pasterze in der Glocknergruppe der Hohen Tauern (19,8 km$^2$, rd. 9 km). Nach starkem Rückgang seit 1920 kann an manchen Gletschern wieder ein Zuwachs beobachtet werden.

*Wirtschaft:* Nur in den tiefsten Tälern spielt der Ackerbau eine wirtschaftl. Rolle. Angebaut werden Roggen, Hafer, stellenweise auch Weizen, Kartoffeln u. Gemüse. Wein- u. Obstbau, oft mit künstlicher Bewässerung, gibt es in den klimatisch am meisten begünstigten Talgebieten (Etsch-, Rheintal, Wallis, Veltlin u. a.). Sonst überwiegt die Viehwirtschaft (vor allem Rinder), bei der die → Alpwirtschaft immer noch eine große Rolle spielt. Forstwirtschaft (zur Holzgewinnung) ist in den waldreichen Ostalpen von Bedeutung. Bodenschätze in beachtlicher Menge sind Eisenerz, Braunkohle (Steiermark), Steinkohle (französ. A.) u. Salz (Tirol, Berchtesgadener Land, Salzkammergut). Von besonderer wirtschaftl. Bedeutung ist die Möglichkeit, Talsperren u. Wasserkraftwerke zu bauen. Wegen der großen Reliefunterschiede der eiszeitlichen Reliefformung u. der Gletscher als natürl. Wasserspeicher ist die Wasserkraftnutzung zur Stromgewinnung vor allem auf die zentralen Ostalpen u. die höchsten Teile der Westalpen konzentriert. Industrie, soweit vorhanden, stützt sich auf Holz u. lokale Bodenschätze als Rohstoffe sowie auf Wasserkraft bzw. Elektrizität; dies gilt in besonderem Maße für die metallurgische u. chem. Industrie (Wallis, französ. A.). Eine bedeutende Einnahmequelle bietet der ganzjährige Fremdenverkehr, bes. in der Schweiz, Bayern, Österreich u. Südtirol. Er stützte sich anfangs auf die Anziehungskraft von Mineralquellen. Den Hauptteil an den hoch gelegenen Fremdenverkehrsorten stellen, neben heilklimatischen Kurorten mit hochalpinem Strahlungs- u. Reizklima, die Wintersportorte, die in den letzten Jahren immer zahlreicher wurden. Im Zuge der Erschließung der A. durch die Alpinisten entstanden während des 19. Jh. große Organisationen, so der Deutsche u. der Österr. → Alpenverein, der Schweizer u. der Italien. Alpen-Club.

*Verkehr:* Die A. bildeten lange Zeit eine Schranke zwischen Mittel- u. Südeuropa, obwohl einige Gebiete in den A. (z. B. Tirol, Graubünden) seit Jahrtausenden wegen des transalpinen Verkehrs von Bedeutung waren. Verkehrsmittel und -wege haben sich allerdings stark verändert. Bis in die 2. Hälfte des 19. Jh. lief der Verkehr hauptsächl. auf Saumpfaden, einfachen Straßen u. auf dem Wasser. Mit dem Bau der Eisenbahn veröd eten zahlreiche Passübergänge. Die Bahn überquerte 1854 den Semmering, 1867 den Brenner u. 1882 Arlberg u. Gotthard. Am Semmering, Arlberg u. Gotthard entstanden 10–15 km lange Eisenbahntunnel. Weitere Tunnel entstanden 1906 am Simplon (19,8 km), 1913 am Lötschberg (14,6 km) u. 1906 in den Karawanken. Sie erlauben einen ganzjährigen Bahnverkehr über bzw. durch die A. Das sprunghafte Anwachsen des Kraftfahrzeugverkehrs erforderte nach 1945 den Ausbau der Passstraßen u. den Neubau von Straßentunnels. Der Mont-Blanc-Tunnel, 1964 eröffnet, war damals mit 11,7 km der längste Straßentunnel der Welt. Heute wird er vom St.-Gotthard-Straßentunnel (1980 eröffnet, 16,3 km), vom Arlberg-Straßentunnel (14 km) übertroffen. Die höchsten Pässe sind in den Westalpen der Col de la Bonette (2802 m) u. der Col de l'Iseran (2770 m), in den Ostalpen das Stilfser Joch (2757 m). Für den Durchgangsverkehr sind aber die niedrigeren Pässe von größerer Bedeutung.

**Alpen,** Gemeinde in Nordrhein-Westfalen, Ldkrs. Wesel, südwestl. von Wesel, 12 300 Ew.; Kirche (1602).

**Alpenbergminze** → Kölle.

**Alpenbock,** *Rosalia alpina,* unter Naturschutz stehender, auf hellblauem Grund schwarz gezeichneter *Bockkäfer,* bis 36 mm lang; im Gebirge an Buchen, sehr selten.

◆ **Alpendohle,** *Pyrrhocorax graculus,* gesellig lebender, gelbschnäbliger *Rabenvogel* der höchsten Lagen der euras. Gebirge.

Alpendohle, Pyrrhocorax graculus

**Alpendost,** *Adenostyles,* ein *Korbblütler (Compositae);* Alpenpflanze mit großen, nieren- bis herzförmigen Blättern u. endständigen Doldentrauben.

**Alpengarten,** *Alpinum,* Anlage für Alpenpflanzen in botan. Gärten oder im Gebirge nach wissenschaftl. Gesichtspunkten; z. B. der A. auf dem Schachen (Berg im Wettersteingebirge).

**Alpengelbling** → Gelbling.

**Alpenglöckchen,** *Soldanella,* vorwiegend die Alpen u. höhere Mittelgebirge bewohnende Gattung der *Primelgewächse (Primulaceae);* Blätter in grundständiger Rosette; Blüten: violettblaue, nickende Glöckchen, Stängel 5–15 cm hoch. A. stecken ihre Blüten schon aus dem Schnee heraus.

**Alpenglühen,** der Widerschein des → Purpurlichts von Schnee- u. Kalkgipfeln der Berge.

**Alpenhelm,** *Bartsia,* Gattung der *Rachenblütler (Scrophulariaceae);* in Dtschld. nur in den Alpen, im Schwarzwald u. in Oberbayern auf feuchten Wiesen u. in Flachmooren; Halbschmarotzer, mit violetten Blüten in kopfigen Ähren.

**Alpenkrähe,** *Pyrrhocorax pyrrhocorax,* gesellig lebender, rotschnäbliger *Rabenvogel* der west- u. südeurop., nordafrikan. u. asiat. Gebirge; im Alpengebiet heute sehr selten, im Himalaya bis 6000 m Höhe. Auch → Alpendohle.

# Alpenlattich

Alpenmolch, Triturus alpestris: Männchen im Hochzeitskleid

**Alpenlattich,** *Homogyne,* Gattung der *Korbblütler (Compositae).* In der Zwergstrauchregion der Ostalpen ist der *Zweifarbige A., Homogyne discolor,* zu finden; in den Alpen, aber auch in den dt. Mittelgebirgen ist der *Gewöhnl. A., Homogyne alpina,* heimisch.

♦ **Alpenmolch,** *Bergmolch, Triturus alpestris,* ein *Wassermolch,* Bewohner der höheren Lagen Mittel- u. Osteuropas, bis 11 cm lang. Die Oberseite ist blauschwarz marmoriert, die Unterseite leuchtend orangerot, ungefleckt. Eintritt der Geschlechtsreife im Larvenstadium kommt vor (→ Neotenie); bis 15 Jahre Lebensdauer.

♦ ⓘ **Alpenmurmeltier,** *Marmota marmota,* ein schon den Römern als „Alpenmaus" *(Mus alpinus)* bekanntes Nagetier aus der Hörnchenverwandtschaft. Sein Verbreitungsgebiet umfasst die Zentral- u. Westalpen in Höhen von 800 bis 3200 m sowie die Pyrenäen u. Karpaten. Es lebt in Familiengruppen u. legt verzweigte Erdbaue an. Bei Gefahr lässt es schrille Warnschreie hören. Alpenmurmeltiere halten einen von Zeit zu Zeit zum Entleeren unterbrochenen Winterschlaf. Auch → Murmeltiere.

**Alpenpflanzen,** Pflanzen, die insbes. das Gebiet zwischen der Baumgrenze u. der Schneeregion besiedeln. Sie sind den ökolog. Gegebenheiten dieser Zone, wie zum Beispiel starke Lichteinstrahlung, Windeinwirkung u. kurze Sommer, besonders angepasst, haben durchweg einen gedrungenen Wuchs und Einrichtungen zum Schutz gegen zu starke Verdunstung. Auffallend sind sie bes. durch die Farbenpracht ihrer Blüten. Sehr viele Alpenpflanzen stehen unter Naturschutz.

**Alpenrachen,** *Tozzia,* Gattung der *Rachenblütler (Scrophulariaceae).* In Dtschld. heimisch ist nur in den Hochalpen *Tozzia alpina* mit goldgelben Blüten mit punktierter Unterlippe.

**Alpenrebe,** *Clematis alpina,* 1–2 m hohe Schlingpflanze aus der Familie der *Hahnenfußgewächse (Ranunculaceae)* mit großen, violetten bis hellblauen Blüten.

**Alpenrose, 1.** Name für 2 Arten in den mitteleurop. Alpen heimischer Pflanzen der Gattung *Rhododendron,* Familie: *Heidekrautgewächse (Ericaceae).* – 1. *Rostblättrige A., Rhododendron ferrugineum,* buschiger, bis 1 m hoher Strauch, Blätter 2–3 cm lang, am Rand umgerollt, nicht bewimpert, oberseits dunkelgrün, unterseits rostbraun; bis 20 leuchtend rote Blüten in Doldentrauben; Standort: stark saure Humusböden (auch in Kalkmulden). – 2. *Behaarte A., Rhododendron hirsutum,* ähnl. der Rostblättrigen A., jedoch niedriger; Blätter gekerbt u. bewimpert, ober- u. unterseits hellgrün; 3–10 rosa bis hellrote Blüten; Standort: Kalk- u. Dolomithänge. Beide Alpenrosen bilden Bastarde; der Samen ist staubfein (Gewicht 0,00002 g).
**2.** → Rose.

**Alpenrosenäpfel,** *Exobasidium rhododendri, Alpenrosen-Nacktbasidie, Alpenrosengalle,* Pilzparasit, befällt oft massenweise Rhododendren. Fruchtkörper mit weißen, gelben oder grünen Farbflecken. Wird oft mit Galläpfeln verwechselt.

**Alpensalamander,** *Tattermandl, Salamandra atra,* lebend gebärender, etwa 15 cm langer, einfarbig schwarzer *Schwanzlurch* der Alpen, Verwandter des *Feuersalamanders.* Von den 10–70 Eiern im Mutterleib nur 2 zur Entwicklung. Die Übrigen fließen zu einem Dotterbrei zusammen u. dienen zur Ernährung der Embryonen. A. stehen unter Naturschutz.

**Alpenscharte,** *Saussurea,* Gattung der *Korbblütler (Compositae),* in den Alpen heimische Pflanze; 3–8 violette Blütenköpfe, wollig behaart; 5–35 cm hoch. In Deutschland kommen vor: *Zwerg-Alpenscharte, Saussurea pygmaea; Zweifarbige Alpenscharte, Saussurea discolor; Echte Alpenscharte, Saussurea alpina.*

**Alpensegler,** *Apus melba,* größerer, hellerer Verwandter des *Mauerseglers,* nistet in Felsspalten in den Mittelmeerländern.

## Alpenmurmeltier (Marmota marmota)

Murmeltiere warnen einander mit gellenden Schreien vor einer drohenden Gefahr

Verbreitung des Alpenmurmeltiers

Murmeltiermutter mit ihren Kindern

Junge Murmeltiere beim Spiel

| | |
|---|---|
| Verbreitung: | Zentral- und Westalpen, Pyrenäen, Karpaten |
| Lebensraum: | waldfreie Flächen in 800 – 3200 m Höhe |
| Maße: | Kopf-Rumpflänge 42 – 54 cm, Gewicht 2,5 – 5,5 kg |
| Lebensweise: | in Familiengruppen in verzweigten Erdbauten |
| Nahrung: | Blätter, Blüten, Kräuter, Gräser |
| Tragzeit: | 33 – 34 Tage |
| Zahl der Jungen pro Geburt: | 1 – 7, durchschnittlich 3 |
| Höchstalter: | in Menschenobhut 15 – 18 Jahre |
| Gefährdung: | steht auf der roten Liste der potenziell gefährdeten Arten |

**Alpensteinbock,** *Capra ibex ibex,* Unterart der *Steinböcke,* im Alpenraum beheimatet, wo er die steilen Hänge besiedelt. Die Böcke tragen bis 100 cm lange, nach hinten gebogene Hörner u. einen kurzen Bart. Durch Bejagung war der A. Mitte des 19.Jh. bis auf einen kleinen Restbestand im Gran Paradiso ausgerottet, konnte aber zu Beginn des 20. Jh. erfolgreich wieder angesiedelt werden. Auch → Steinböcke.

**Alpenstraße,** *Deutsche Alpenstraße,* 450 km lange, aussichtsreiche Autostraße entlang der Allgäuer, Bayerischen u. Salzburger Alpen vom Bodensee bis zum Königsee (Strecke: Lindau, Füssen, Garmisch-Partenkirchen, Tegernsee, Bayrischzell, Berchtesgaden, Salzburg).

**Alpentiere,** *alpische Tiere,* z. B. Alpenhase, Felsenschneehuhn, deren Verbreitung auf die Alpen u. evtl. andere Gebirge mit ähnl. Bedingungen oder auf die Polargebiete beschränkt ist. Den Bedingungen des Hochgebirges sind die A. bes. angepasst. Sie haben ein starkes Dunen- u. Wollhaarkleid, das zur Tarnung im Winter oft weiß ist (Schneehuhn, Schneehase). Kleinere Wirbeltiere (Murmeltier, Alpensalamander) halten sehr langen Winterschlaf bzw. Winterruhe. Steinböcke u. Gämsen können über die steilsten Hänge klettern. Für andere Tiere, wie Steinadler u. Braunbären, sind die Alpen in Europa letzte Zufluchtsstätte vor der Ausrottung durch den Menschen. Viele A. stehen unter Naturschutz u. dürfen nicht gejagt oder verfolgt werden.

**Alpenveilchen,** *Erdscheibe, Cyclamen,* Gattung der Primelgewächse (*Primulaceae,* kein Veilchen!), etwa 15 Arten, vom Mittelmeer bis Zentralasien, im Alpenland, von der Ebene bis 2000m Höhe: *Europ. A., Cyclamen purpurascens,* Blätter ledrig, herzförmig, Stiel 7–12 cm hoch; Blüte nickend, einzeln, Kronblätter umgeschlagen, hellrosa bis purpurn; die Wurzelknolle enthält Cyclamin, ein giftiges Saponin. Die Pflanze ist geschützt. Großblütige Züchtungen u. ausländische wilde A. sind beliebte Zierpflanzen.

**Alpenverein,** Verein zur Pflege bergsteiger. Interessen (Ausbildung, Sicherheitsfragen, Bau u. Unterhalt von Wegen u. Schutzhütten, Betreuung des Bergrettungs- u. Bergführerwesens, Förderung wissenschaftl. Arbeiten zum → Alpinismus). Die Alpenvereine haben die Alpen bergtouristisch erschlossen; sie verzichten sie auf zusätzliche Schutzhütten und bemühen sich verstärkt um den Schutz der Gebirge. Vorläufer aller Alpenvereine ist der engische *Alpine Club* (gegründet 1857/58, Sitz: London); der größte und bedeutendste war der *Deutsche und Oesterreichische lpenverein.* (Abk. DOeAV), der 1873 durch Beitritt des 1862 gegr. österr. zum 1869 gegr. dt.

## Alpensteinbock (*Capra ibex ibex*)

Verbreitung des Alpensteinbocks

Geiß mit ihrem Kitz

Junge Steinböcke messen spielerisch ihre Kräfte

Männlicher Alpensteinbock in seinem Revier

| | |
|---|---|
| **Verbreitung:** | Alpenraum |
| **Lebensraum:** | steile Felshänge jenseits der Baumgrenze, in 1600 – 3200 m Höhe |
| **Maße:** | Kopf-Rumpflänge beim Männchen 140 – 170 cm, beim Weibchen 65 – 115 cm, Standhöhe beim Männchen 85 – 94 cm, beim Weibchen 70 – 78 cm, Gewicht beim Männchen 70 – 120 kg, beim Weibchen 40 – 50 kg |
| **Lebensweise:** | Bock- und Geißrudel |
| **Nahrung:** | vor allem Gräser und Kräuter |
| **Tragzeit:** | 165 – 170 Tage |
| **Zahl d. Jungen pro Geburt:** | 1, selten 2 |
| **Höchstalter:** | 10 – 14 Jahre |
| **Gefährdung:** | steht in Deutschland auf der roten Liste der potenziell gefährdeten Arten |

Alpenverein gebildet wurde; Arbeitsgebiet: die deutschsprachigen Ostalpen; wurde 1945 aufgelöst. Nach 1945 wurden die Alpenvereine in Deutschland u. Österreich sowie der *Alpenverein Südtirol* (AVS) neu gegründet. Diese Nachfolger des DOeAV arbeiten heute eng zusammen (560 Schutzhütten, rd. 40 000 km AV-Wege), geben „Mitteilungen" und gemeinsam das Jahrbuch „Berg" heraus. Weltweit größter Alpenverein ist der *Dt. Alpenverein* (DAV) mit rd. 600 000 Mitgliedern in 346 örtlichen Sektionen, Sitz München. In Österreich sind die Alpenvereine im *Verband Alpiner Vereine Österreichs* (VAVÖ), Wien, gegr. 1949, rd. 435 000 Mitglieder, zusammengeschlossen. Weitere wichtige Alpenvereine sind: *Schweizer Alpen-Club* (SAC, gegr. 1863, rd. 88 000 Mitgl.), *Club Alpino Italiano* (CAI, gegr. 1863), *Club Alpin Française* (CAF, gegr. 1874); Dachverband ist die *Union internationale des associations d'alpinisme* (UIAA, gegr. 1932, Sitz: Bern).

**Alpenvorland,** *Bayerisches Alpenvorland,* die sich zur Donau abdachenden Hochflächen am Nordrand der Alpen, zwischen der Alb u. dem böhmischen Massiv.

**Alpenwindröschen** → Anemone.

**Alpert,** Max Wladimirowitsch, russischer Fotograf, * 1899 Odessa, † 1980; Fotoreporter für die Zeitschrift „SSSR na stroike" (UdSSR im Aufbau) und die Nachrichtenagenturen TASS und Nowosti; dokumentierte besonders den industriellen Aufbau und die sozialen Veränderungen; schuf lebendige, ungestellte Aufnahmen, die auch internationale Anerkennung fanden.

**Alpes-de-Haute-Provence** [alp də otprɔˈvãs], ehem. *Basses-Alpes,* südostfranzös. Dép. in den Westalpen, 6925 km², 139 000 Ew.; Verw.-Sitz *Digne.*

**Alpes-Maritimes** [alp mariˈtiːm], südostfranzös. Département in der *Provence,* 4299 km², 1,01 Mio. Ew.; Hptst. *Nizza.*

**Alpha,** *A, α,* hebr. *aleph,* der 1. Buchstabe im griech. Alphabet. – *A. u. Omega* (letzter Buchstabe): Anfang u. Ende, danach „das A u. O". – *A. privativum,* in griech. Wörtern eine dem dt. *un…* entsprechende Vorsilbe *(a…),* die die Bedeutung des Grundwortes umkehrt.

**Alphabet** [grch.], *Abc,* **1.** *allg.:* die in einer bestimmten Reihenfolge angeordnete Buchstabenmenge als grafische Fixierung der Sprachlaute; benannt nach *Alpha* und *Beta,* den ersten beiden Buchstaben im griech. Alphabet Die Buchstabenfolge der europäischen Alphabete leitet sich vom phönizischen Alphabet her.
**2.** M u s i k *: musikalisches Alphabet,* die Buchstabenfolge zur Bez. der 7 Stammtöne (c, d, e, f, g, a, h oder ut[do], re, mi, fa, sol, la, si).

**alphabetisch,** in der Reihenfolge des Abc.

**alphabetisieren,** nach dem Abc ordnen.

**Alpha Centauri,** α *Centauri* → Kentaur.

**Alphaeinfang,** eine Kernreaktion, bei der ein → Alphateilchen von einem Atomkern eingefangen wird. Die erste künstliche Kernumwandlung (E. *Rutherford* 1919) mit der Reaktion $^{14}N(\alpha,p)^{17}O$ war ein Alphaeinfangprozess. Solche Prozesse erfordern schnelle Alphateilchen.

**Alpha-Eisen,** magnetische Modifikation des Eisens mit kubisch-raumzentriertem Gitter, beständig bis 769 °C.

**Alpha-Jet** [-dʒɛt], in dt.-französ. Zusammenarbeit entwickeltes leichtes Kampfflugzeug, 1980–1997 im Truppengebrauch der Luftwaffe der Bundesrepublik Deutschland. Als Jagdbomber zur Luftnahunterstützung, Gefechtsfeldaufklärung und Hubschrauberbekämpfung. Weiterhin gibt es eine Schulflugzeugversion.

**alpha-mesosaprob** [grch.] → Gewässergüteklassen.

**alphanumerisch** [grch., lat.], *Datenverarbeitung:* eine Darstellung, die sich sowohl aus Ziffern als auch Buchstaben (auch Sonderzeichen) zusammensetzt. Gegensatz: *numerisch*, Darstellung, die nur Ziffern u. Dezimalpunkt zulässt.

**Alphard** [arab.], α *Hydrae*, hellster Stern in der (weiblichen) → Wasserschlange. Der Stern 2. Größenklasse ist 177 Lichtjahre entfernt.

**Alpharücken**, ca. 1200 km langer Rücken, der im Nordpolarmeer das Sibirische Becken vom Kanadabecken trennt.

**Alphastrahlen**, α-*Strahlen,* aus α-*Teilchen* (Heliumkernen) von hoher Geschwindigkeit bestehende Strahlenart radioaktiver Substanzen (→ Radioaktivität); auch bei vielen künstlichen Kernumwandlungen ausgestrahlt.

◆ **Alphateilchen**, doppelt positiv geladene Heliumkerne (2 Protonen u. 2 Neutronen).

**Alpha-Tier**, innerhalb der → Rangordnung einer Tierart das ranghöchste Individuum.

**Alphäus**, *Alfäus,* 1. Vater des Zöllners Levi (Markus 2,14). – 2. Vater des Apostels Jakobus (Markus 3,18; Apg. 1,13).

**Alphawellen**, eine der Hauptformen der im Elektroenzephalogramm (EEG) sichtbar gemachten elektromagnetischen Strömungen des Gehirns; werden besonders bei tiefer Entspannung und bei veränderten Bewusstseinszuständen gemessen. Alphawellen können durch bestimmte Methoden (Meditation, Biofeedback, Mind-Machines) bewusst hervorgerufen werden.

**Alphazerfall**, Atomkernumwandlung, bei der ein *Alphateilchen* emittiert wird. → Radioaktivität.

Alphorn: Alphornbläser im schweizerischen Berner Oberland

**Alpheios**, Fluss in Griechenland, → Alfeios.

**Alphen** ['alfə], Hieronymus van, niederländischer Schriftsteller, * 8. 8. 1746 Gouda, † 2. 4. 1803 Den Haag; wurde populär durch seine „Kleinen Gedigten voor Kinderen" (1778 bis 1782), die im Geiste der Aufklärung verfasst sind.

**Alphen aan den Rijn** ['alfə aːn dən 'rɛin], niederländische Stadt in der Provinz Südholland, am Alten Rhein und Amsterdam-Rotterdam-Kanal; mit Eingemeindungen 66 100 Ew.; Ziegeleien, Werften, Schokoladenfabrik; Vogelpark.

**Alpheratz** [arab.], α *Andromedae,* der hellste Stern in der → Andromeda (1). Der Stern 2. Größe ist 97 Lichtjahre entfernt.

◆ **Alphorn**, Hirtenhorn von 2 bis 5 m Länge in überwiegend gestreckter, nur am unteren Ende leicht gebogener Form. Es besteht aus einem längsseits aufgeschnittenen Holzstamm, dessen Teile ausgehöhlt, wieder zusammengefügt und mit Wachs und Rindenumwicklung fest verbunden sind. Auf der so gebildeten konischen Röhre wird in der Naturtonreihe geblasen. Das Alpenhorn ist seit langem durch seinen Gebrauch in den Schweizer Alpen bekannt, es gibt verwandte Formen auch bei den Hirten anderer europäischer Länder (Skandinavien, Polen, Rumänien) und in außereuropäischen Hirtenkulturen.

**Alpiden** [Pl.; nach den *Alpen*], nach L. *Kober* der Nordstamm des europäischen, alpidischen Hochgebirges, bestehend aus Karpaten, Nordalpen, Pyrenäen u. dem Andalus. Faltengebirge. Die A. bauen sich aus nach N gerichteten Überschiebungsdecken auf. Auch → Dinariden, → alpidische Gebirgsbildung.

**alpidische Gebirgsbildung**, tekton. Bewegungen der alpidischen Ära vom Jura bis zum Pleistozän. Bildungszeit der jungen Faltenkettengebirge der Erde (Alpen, Anden, Apennin, Dinariden, Himalaya, Karakorum, Karpaten, Kaukasus, Nevadiden, Pamir, Pyrenäen, Rocky Mountains). Der alpidischen Gebirgsbildung gehören ebenfalls die Inselbögen des Westpazifik u. der Südsee an. Auch → alpinotyp.

**alpine Kombination**, *Skisport:* ein Wettbewerb, bei dem ein Abfahrtslauf u. anschließend ein Slalom ausgetragen, die jeweiligen Ergebnisse in Punkte umgerechnet u. dann addiert werden. Bei der *alpinen Dreierkombination* werden die Ergebnisse der Einzelkonkurrenzen Abfahrtslauf, Rie-

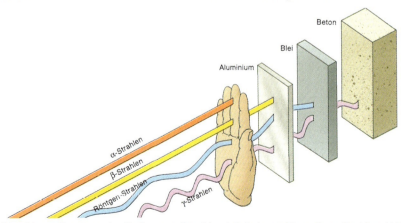

Alphateilchen werden z. B. von einer Hand gestoppt. Betateilchen sind mit einer rund 1 mm dünnen Aluminiumschicht abschirmbar, bei Röntgenstrahlen ist eine zentimeterdicke Bleiplatte und bei Gammastrahlen eine meterdicke Betonwand notwendig

senslalom u. Slalom ebenfalls in Punkte umgerechnet u. durch die Addition ein Gesamtsieger ermittelt.

**alpine Pflanzen,** krautige u. strauchige Blütenpflanzen sowie Lagerpflanzen, die in den Höhenstufen oberhalb der Baumgrenze gefunden werden, vor allem Zwergstrauchgesellschaften, alpine Rasen-, Geröll- u. Felssiedler.

**alpine Rasse,** hauptsächlich in Mittelfrankreich, in den Westalpen u. teilweise im südwestlichen Dtschld. u. im O Mitteleuropas verbreitete Menschenrasse; Merkmale: kleinwüchsig, untersetzt, dunkelhaarig, dunkeläugig, kurzköpfig, breit- u. niedriggesichtig, kleine Nase.

**alpines Rettungswesen,** die Gesamtheit aller Maßnahmen u. Einrichtungen für in Not geratene Bergsteiger u. zur Verhütung von alpinen Unglücksfällen: das alpine Notsignal (ein hörbares oder sichtbares Zeichen sechsmal in der Minute, Pause 1 min; Antwort: ähnl. Zeichen dreimal in 1 min), die → Bergwacht, Unterkunftshütten, Rettungs- u. Meldestellen u. a.

**alpine Stufe** → Höhenstufe.

**alpine Trias,** die geosynklinale Entwicklung der *Trias* in den Alpen. – Gegensatz: *germanische Trias.*

**Alpini,** 1859 von G. *Garibaldi* organisierte Freischaren, die leichte Infant. verwandt, später als Gebirgsjäger in das italien. Heer eingegliedert; zur Überwachung u. Verteidig. der Alpengrenze bestimmt.

**Alpinismus,** *Alpinistik,* die bergsteiger. Unternehmungen in den Alpen u. a. Hochgebirgen; bildete sich Ende des 18. Jh. im Rahmen der geographischen Erforschung der Erde nach der Ersteigung des Mont Blanc (1786 durch M.-G. Paccard) heraus. Vorher wurden Berge meist nur aus religiösen Gründen bestiegen. Im *Früh-Alpinismus* (ca. 1786–1857) erfolgte die Erstbesteigung folgender Gipfel: Großglockner (1800), Ortler (1804), Jungfrau (1811), Monte Rosa (1819), Zugspitze (1820), Matterhorn (1865); einheimische Jäger, Hirten und Kristallsucher verdingten sich dabei als Bergführer. Ab 1857 organisierten sich die Bergsteiger in Vereinen und Verbänden. Während der *klassischen Alpinismus-Periode* (1857–1900) traten sportliche Interessen bei der Ersteigung von Bergen in den Vordergrund; 1870 waren alle bedeutenden Gipfel der Alpen erstiegen. Die Alpinisten wandten sich nun der Lösung schwieriger Probleme (steile Wände, Gratüberschreitungen, Winterbesteigungen u. Ä.) zu. Der *moderne Alpinismus* (1. Hälfte des 20. Jh.) erfasste durch das Wirken der Alpenvereine breitere Bevölkerungsschichten; beim Extremklettern erfolgte der systematische Einsatz künstlicher Hilfsmittel im Fels und Eis; Lösung sog. „letzter Probleme" (z. B. Eiger-Nordwand, 1938). Im *zeitgenössischen Alpinismus* (seit 1960) wurde zunächst der Einsatz technischer Kletterhilfen (z. B. Bohrhaken) verstärkt; später Rückbesinnung auf das Freiklettern; 1978 überschritt das bergsteigerische Können die obere Grenze der 1947 eingeführten sechsteiligen Schwierigkeitsskala.

Die Erschließung außereuropäischer Hochgebirge hatte folgende Höhepunkte: 1921 erste Mount-Everest-Expedition, 1950 erster Achttausender erstiegen (Annapurna/Nepal), 1953 Erstbesteigung des höchsten Gipfels der Erde, des Mount Everest (8846 m) durch den Neuseeländer Edmund Hillary und Sherpa Tenzing, 1978 Besteigung dieses Gipfels ohne Sauerstoffgerät durch R. Messner und P. Habeler. Bis 1960 waren alle Achttausender der Erde bestiegen. Auch → Bergsteigen.

**alpinotyp** [lat., grch.], *Geologie:* eine Art der Gebirgsbildung in mobilen Bereichen der Erdkruste: in durch → Epirogenese entstandenen Geosynklinalen (Großmulden) werden die noch elastisch reagierenden, abgelagerten Sedimente infolge Einengung zu Sätteln und Mulden gefaltet. – Gegensatz: *germanotyp.*

**Alpinum** [das; lat.] → Alpengarten.

**Alpirsbach,** Stadt in Baden-Württemberg,

Alpinismus: Aufstieg am 4395 m hohen Mount Rainier im US-Bundesstaat Washington

Ldkrs. Freudenstadt, an der Kinzig, im nördl. Schwarzwald, 400–750 m ü. M., 6900 Ew.; romanische Klosterkirche, Luftkurort; Möbel- u. Textilindustrie, Kunststoffverarbeitung.

**Alpirsbacher Kreis,** ev. → liturgische Bewegung.

**Alpspitze,** Gipfel im Wettersteingebirge, 2628 m.

**Alpstein,** *Alpsteingebirge,* nördlichste Gruppe der schweiz. Kalkalpen, an der Südgrenze von Appenzell gegen St. Gallen, im *Säntis* 2501 m.

**Alpwirtschaft,** Betriebszweig alpiner Landwirtschaftsbetriebe, der dadurch gekennzeichnet ist, dass im Sommer alle Rinder, Schafe u. Ziegen, oder nur ein Teil (Kühe, Jungvieh), auf alpinen Matten (Almen, Alpen) oberhalb der Waldgrenze gehalten wird, damit das Futter auf dem Grünland im Tal für die Überwinterung des Viehs geborgen werden kann. Die Sömmerung erlaubt, einen größeren Viehbestand, als auf dem Grünland im Tal möglich wäre, zu halten. Auf der → Alm wird das Vieh von *Senn* u. *Sennerin* betreut, deren Aufgabe es früher auch war, die anfallende Milch zu Butter oder Käse zu verarbeiten. Heute erfolgt die Milchverarbeitung meistens im Tal. Es gibt Privatalpen u. Gemeinschafts- (Gemeinde-, Genossenschafts-, Korporations-)Alpen, auf denen mehrere Bauern ihr Vieh gemeinsam sömmern. Wenn große Almflächen zur Verfügung stehen, wird auch Fremdvieh gegen Bezahlung aufgenommen.

**Alquerque** [alˈkɛrkə], arab. *Al quirkat,* Brettspiel; eine der Urformen des *Damespiels* (für 2 Personen); ältester Fund in Kurna (Ägypten) um 1400 v. Chr. Varianten: *Awithlaknannai* (Mexiko), *Peralikatuma* (Ceylon).

**ALR,** Abk. für Allgemeines Landrecht.

**Alraune** [got. *runa,* „Geheimnis"], Alraun- oder *Erdmännchen, Mandragora officinarum,* ein *Nachtschattengewächs (Solanaceae),* mit großer Blattrosette u. kurzstieligen violetten Blütenglocken; Verbreitungsgebiet: Mittelmeerraum. Die möhrenförmigen, sich häufig in der Mitte spaltenden, von haarförmigen Wurzelfasern bedeckten Pfahlwurzeln wurden früher arzneilich verwendet. Wegen ihres oft menschenähnl. Aussehens wurden sie als Amulette getragen oder als Zaubermittel verwendet.

**ALS,** Abk. für → Antilymphozytenserum.

**Alsbach-Hähnlein,** Gemeinde in Hessen, Landkreis Darmstadt-Dieburg, an der Bergstraße, 8800 Ew.; pharmazeutische Industrie.

Alsdorf

**Alsdorf,** Industriestadt in Nordrhein-Westfalen, Landkreis Aachen, 46 000 Ew.; Steinkohlenbergbau, Kokerei, Eisen- und Metallverarbeitung, Textil-, Elektro-, Kunststoff- und chemische Industrie.

**Alse** → Maifische.

**al secco** [ital., „auf trockenem"], in der Freskomalerei das Malen auf trockenem Grund; im Unterschied zum *al fresco*.

**Alsen,** dän. *Als,* dän. Insel im Kleinen Belt, durch Alsenförde u. Alsensund (feste Brücke) von Jütland getrennt, 315 km², 52 300 Ew.; Teil des dän. Amtskommune Südjütland; wichtigste Stadt Sonderburg; Acker- u. Obstbau, Viehzucht, Landmaschinen- u. Apparatebau. – 1864 preußisch, 1920 dänisch.

**ALSEP,** Abk. für *Apollo Lunar Surface Experiments Package,* zusammenfassende Bez. für eine Anordnung von 6 bis 8 Experimenten auf der Mondoberfläche, die im Rahmen des → Apolloprogramms durchgeführt wurden.

**Alsfeld,** Stadt in Hessen, Vogelsbergkreis, an der Schwalm, nördlich vom Vogelsberg, 264 m ü. M., 17 900 Ew.; Rathaus (1512), gotische Walpurgiskirche; Fremdenverkehr.

**Alsleben,** *A. (Saale),* Industriestadt in Sachsen-Anhalt, Landkreis Bernburg, an der Saale, östlich von Aschersleben, 2900 Ew.; Schloss (17. Jh.); Baugewerbe, Mühle.

**Alsnö,** alter Name der Insel *Adelsö* im Mälaren (Schweden). Im *Statut von Alsnö* (1279) regelte König Magnus Ladulås Rechte (Steuerfreiheit) und Pflichten (Kriegsdienst) des schwedischen Adels.

**Als-Ob-Philosophie,** der idealistische Positivismus H. Vaihingers, nach dem Titel seines Hauptwerks 1911.

**Alsop** ['ɔːlsəp], **1.** Joseph Wright, Bruder von 2), US-amerikan. Publizist, *11. 10. 1910 Avon, Conn., †29. 8. 1989; seit 1932 Journalist, seit 1937 Kolumnist zahlreicher US-amerikan. Zeitungen, 1945–1958 bei der „Washington Post"; Autor polit. Bücher.
**2.** Stewart Johonnot Oliver, Bruder von 1), US-amerikan. Publizist, *17. 5. 1914 Avon, Conn., †26. 5. 1974 Bethesda, Md.; schrieb 1945–1958 gemeinsam mit seinem Bruder eine wöchentl. Kolumne zu polit. Themen („Matter of fact"), 1958–1962 für die „Saturday Evening Post", seit 1962 für die „Newsweek".

**Alster,** rechter Nebenfluss der Elbe, 52 km, in Hamburg künstl. zu 2 seeartigen Becken *(Außen-* u. *Binnen-Alster)* aufgestaut.

**Alsterwasser,** ein Erfrischungsgetränk aus Bier u. Limonade, vor allem in Norddeutschland (Hamburg).

**Alt,** *Altstimme* → Stimmlage.

**Alt,** Fluss in Rumänien, → Olt.

**Alt, 1.** Franz, dt. Journalist, *17. 7. 1938 Untergrombach bei Bruchsal; ab 1969 beim Südwestfunk und ab 1972 Redaktionsleiter des Polit-Magazins „Report" (ARD); der konservative Journalist (1962–1988 CDU-Mitglied) machte mit engagierten und kritischen Berichten auf sich aufmerksam und erhielt 1979 den Adolf-Grimme-Preis. Alt trat u. a. öffentlich für die Anliegen der dt. Friedensbewegung ein; Publikationen: „Frieden ist möglich. Die Politik der Bergpredigt" 1983; „Jesus – der erste neue Mann" 1989.
**2.** Jakob, österreichischer Maler und Grafiker, *27. 9. 1789 Frankfurt a. M., †30. 9. 1872 Wien; Begründer des österreichischen Landschaftsaquarells und Pionier der Lithographie (Donaureise v. 1818–1822).
**3.** Otmar, dt. Maler, *17. 7. 1940 Wernigerode im Harz; verarbeitete Einflüsse von Miró, Picasso u. Lapique zu einem knallbunten, an die Figuren Walt Disneys erinnernden Märchenstil.
**4.** Rudolf, österr. Maler, *28. 8. 1812 Wien, †12. 3. 1905 Wien; einer der Hauptmeister der Vedutenmalerei in Österreich; malte in der Spätzeit fast ausschließl. Aquarelle, meist Landschaften u. Stadtansichten von Wien. Seine verfeinerte Aquarelltechnik, zur Wiedergabe von Lichtphänomenen benutzt, befähigte ihn zu einem gelegentlich an A. von *Menzel* erinnernden Realismus.
**5.** Theodor, dt. Maler, *23. 1. 1846 Döhlau bei Hof, †8. 10. 1937 Ansbach; war mit W. *Leibl* befreundet, in dessen Stil er hauptsächlich Interieurs, Stillleben u. Landschaften malte. Hauptwerk: Atelier des Malers Hirth du Fresne, 1870; Berlin, Nationalgalerie.

**Alta,** nordnorweg. Stadt am *Altafjord,* Zentrum der gleichn. Gemeinde, 14 800 Ew.; Verkehrsknotenpunkt, Fischerei, Schiefersteinbrüche; prähistor. Felszeichnungen (Weltkulturerbe seit 1985). → Seite 224.

**Altablagerungen,** die in stillgelegten Deponien, auf Müllkippen oder wilden Ablagerungsstätten gesammelten Abfälle, durch die umweltgefährdende Sickerwasser- u. Gasimissionen auftreten oder auftreten können.

**Altaelv** [-a-ɛ-], *Alteelv,* Fluss in Nordnorwegen, entspringt an der norweg.-finn. Grenze, mündet in den *Altafjord,* 185 km lang, Einzugsbereich 7000 km²; lachsreich.

**Altafjord,** *Altefjord,* 30 km langer nordnorweg. Fjord; weist an seinem inneren Ende eine typische Wärmeinsel mit üppiger Vegetation auf, Kartoffel- u. Gerstenanbau.

**Altagracia** [-sia], Stadt im nordwestvenezolan. Staat Zulia, gegenüber Maracaibo, 42 000 Ew.; Ölhafen (nach Aruba/Curaçao); Agrarzentrum (Gemüse, Baumwolle, Tabak).

**Altai,** ◆ **1.** nördl., rund 2500 km langes Randgebirge Innerasiens zwischen Mongolei und Dsungarei, in NW-SO-Richtung ziehend; nordwestlich des Gebirgsknotens des *Kujtun* oder Taban Bogdo Uul (4356 m) zieht sich der *Russische Altai* (in der *Belucha* 4506 m); südöstlich der *Mongolische Altai* (auch *Aq Tagh A.,* im *Mönkh Khairkhan Uul* 4321 m), der im *Gobi-Altai* ausläuft; nach Ostsüdost zieht vom Kujtun der *Khangai* durch die zentrale Mongolei (im *Otgon Tenger* 4031 m); Quellgebiet wasserreicher Flüsse, die z.T. zur Energiegewinnung genutzt werden (Buchtarma mit Stausee), seenreich (3000 Gewässer), starke Vergletscherung (1000 Gletscher mit 900 km²), bes. im Russischen Alai und am Kujtun; Westrand reich an Wolfram, Bunt- und Edelmetallen, Asbest, Eisenerz, Quecksilber. Der Russische Altai wurde 1998 von

Altai (1): Die Hochgebirgslandschaft ist Quellgebiet zahlreicher Flüsse

der UNESCO zum Weltnaturerbe erklärt.
2. *Rep. Gorno-Altai,* Republik innerhalb Russlands, an der mongol. Grenze, 92 600 km², 198 000 Ew., Hptst. *Gorno-Altajsk*; umfasst im Wesentlichen die Gebirgslandschaft des *Hochaltai.* – 1922 als autonome Oblast der Oiraten gebildet, seit 1948 Autonome Oblast A., seit 1991 Republik.

**Altaier,** früher *Bergkalmüken,* eigener Name *Oiraten,* halbsesshaftes Turkvolk im Altai, mit Jagd u. Viehzucht, Schamanismus (bes. schöne Trommeln) u. Rinden- oder Filzstangenzelten.

**altaische Sprache,** eine in der Rep. Gorno-Altai in Russland gesprochene *Turksprache.*

**altaische Sprachfamilie,** Zweig der ural-altaischen Sprachen, gliedert sich in 3 Untergruppen: *Turksprachen, mongol. Sprachen, tungus. Sprachen*; agglutinierend, keine Genusunterschiede, Vokalharmonie; eine gemeinsame Urheimat (möglicherweise um 2000 v. Chr. nördl. der späteren Chines. Mauer) ist ebenso wenig bewiesen wie eine genetische Verwandtschaft. Gelegentlich werden auch Japanisch, Koreanisch u. Ainu zur altaischen Sprachfamilie gezählt.

**Altamaha,** Hauptfluss von Georgia, USA; von der Quelle im oberen Piedmont östl. von Atlanta bis zur Fall Line *Ocmulgee River* genannt; im 19. Jh. Reisplantagen am Unterlauf.

◆ **altamerikanische Kulturen,** die vorspan. Kulturen Meso- (Mexiko, Guatemala), Mittel- u. Südamerikas, deren letzte die der *Azteken* in Mesoamerika u. der *Inka* in Peru waren. Während über diese ein reiches Quellenmaterial vorliegt (Berichte der Spanier, indian. Bilderhandschriften), fällt die Erschließung der Zeit vor diesen blühenden Kulturen ausschließlich in den Bereich der Archäologie.
Die Kulturentwicklung des vorspanischen Amerika gliedert sich in fünf große Perioden: 1. *paläoindianische* Periode (vom ersten Auftreten des Menschen in Amerika bis ca. 7000 v. Chr.), Großwildjäger mit altsteinzeitl. Kulturbasis; 2. *präkeramische-frühpflanzerische* Periode (7000 bis 2000 v. Chr.), Sammelwirtschaft, ab 5000 v. Chr. pflegerische Betreuung von Pflanzen u. erster Anbau (Mais, Chili, Kürbisarten), erste Keramik um 2500 v. Chr. in Zentral-Mexiko; 3. *präklassische Periode* (2000 v. Chr.–100 n. Chr.), intensiver Feldbau, gut organisierte u. gesellschaftl. bereits differenzierte Gemeinwesen, große Dorfanlagen mit ersten Pyramiden als Kultstätten, formenreiche Keramik; 4. *klassische Periode* (100–900 n. Chr.), Gründung großer Städte mit Pyramiden-, Tempel- u. Palastbauten, Intensivierung des Feldbaus, Spezialisierung in Handwerk, Handel u. künstlerische Berufe, Krieger- u. Adelskasten, höchste Entwicklung der Kunst u. Religion; 5. *nachklassische* oder *historische Periode* (900 n. Chr.–1521 in Mexiko bzw. 1532 in Peru), große kriegerische Expansionen: die Azteken unterwarfen fast ganz Mexiko, Großreich der Inka (Peru, Ecuador, Bolivien, Nordchile), Niedergang der Kunst. Auch → Mesoamerika, → Mittelamerika, → Südamerika.

**altamerikanische Musik,** die Musik der altamerikan. Kulturen Mittelamerikas. Das erhaltene Schrifttum erwähnt zwar des Öfteren den Gebrauch von Musikinstrumenten, auch berichteten die ersten europ. Gewährsleute (Entdecker, Missionare) von Sitten u. Gebräuchen, bei denen nach ihrer Beobachtung musiziert wurde, doch enthalten alle diese Berichte nichts Greifbares über die Musik. Dagegen fehlt es nicht an authent. Darstellungen von Musikszenen u. an Ausgrabungsfunden von Musikinstrumenten. So wissen wir, dass es mehrere Arten von Geräuschinstrumenten gab: Rasseln *(ajacastli* bei den Azteken), Sistren u. Schellen, letztere zuweilen aus Metall (Altperu, Mexiko). An Blasinstrumenten kannte man trompeten- oder hornartige Klangwerkzeuge aus Ton, in gerader oder eingerollter Form (Altperu), das Schneckenhorn selbst oder in tönernen Nachbildungen sowie die Panflöte, gelegentl. aus weichem Stein gefertigt. Saiteninstrumente waren ebenso wenig bekannt wie bei den heutigen Indianern Amerikas.

**Altamira,** die am frühesten (1868) entdeckte Höhle mit altsteinzeitlichen Malereien und Gravierungen, bei Santillana del Mar, Provinz Santander, Spanien. Die Malereien wurden erst 1879 von Marcelino Sanz de Sautuola gefunden und 1880 publiziert, fanden aber in der Fachwelt erst seit Beginn des 20. Jh. allgemeine Anerkennung wegen ihres hohen Alters. Die Höhle wurde 1985 von der UNESCO zum Weltkulturerbe erklärt. Der nahe beim Eingang gelegene sogenannte Bisonsaal enthält besonders eindrucksvolle, z. T. den Buckeln der Decke angepasste Tierfiguren in Rot, Braun und Schwarz; als Zentralgruppe kalbende Bisonkühe und sie umgebende Stiere. Eine naturgetreue Nachbildung des Deckenfrieses befindet sich seit 1962 im Deutschen Museum in München.
Datierung: Solutréen oder altes kantabri-

altamerikanische Kulturen: Detail einer Maya-Freskenmalerei aus dem Roten Tempel in Cocaxla; abgebildet sind mythische Personen und Tiere

sches Magdalénien (nach der C-14-Methode zwischen 21 000 und 13 000 Jahren alt).

**Altamirano,** Ignacio Manuel, mexikan. Schriftsteller, *13. 11. 1834 Tixtla, †13. 2. 1893 San Remo; Indianer; trat nach der Unabhängigkeit Mexikos für ein litar. u. kulturelles Selbstbewusstsein gegenüber Europa ein. Erzählungen: „Clemencia" 1869, „La navidad en las montañas" 1871, „El Zarco" 1901.

**Altamura,** italienische Stadt im mittleren Apulien, 59 400 Ew.; Oliven- u. Weinbau; Kathedrale (im 13. Jh. von Kaiser Friedrich II. begonnen).

**Altan** [der; ital.], *Söller,* balkonartiger Vorbau, auf Mauern oder Stützen ruhend.

**Altan Bulag,** Stadt in der Provinz Selenga in der Mongolei, südöstl. der russ. Grenz-
*Fortsetzung S. 226*

altamerikanische Kulturen: Die sog. Akropolis in Tikal war das größte Zeremonialzentrum der Maya in Guatemala von der späten präklassischen bis zur ausgehenden klassischen Periode (200 v. Chr.–um 900 n. Chr.)

# Alta

 **Alta**

**Kulturdenkmal:** Kulturminneområde Hjemmeluft mit den vier Fundstellen Jiepmaluokta, Bossekop, Amtmannsnes und Kåfjord mit über 3000 Felszeichnungen und -gravuren, überwiegend 20 bis 40 cm groß und zwischen 2500 und 6000 Jahre alt; bei Alta Ansammlung der meisten Felszeichnungen in Nordeuropa

**Kontinent:** Europa

**Land:** Norwegen, Finnmark

**Ort:** Alta, Altafjord

**Ernennung:** 1985

**Bedeutung:** prähistorische Zeugnisse als Mosaike für das Verständnis der Siedlungsgeschichte Nordskandinaviens

**Zur Geschichte:**

*4000–500 v. Chr.* Felsgravuren einer Gesellschaft von Jägern und Fischern

*1973* Entdeckung

*seit 1978* unter Denkmalschutz

*1993* European Museum of the Year Award für das Alta-Museum

Beschwörung – ob ins Dies- oder Jenseitige gerichtet – gehört seit der Frühzeit zum Lebensbegreifen des Menschen; Fruchtbarkeitsrituale sind Teil dieser Beschwörungen. Ob es sich bei dieser archaischen Figur allerdings tatsächlich um einen Mann mit überdimensionalem Phallus handelt, ist heute reine Spekulation, denn zu deuten wäre ebenfalls die nach unten gerichtete Extremität – und wieso ist die kleinere menschliche Figur ohne jedes Geschlechtsteil dargestellt? Außerhalb der Lebens- und Verständniswelt jener frühen Künstler muss die Beantwortung solcher Fragen reine Interpretation bleiben.

Manchmal scheint es, als höre man das unruhige Scharren der Rentiere, den Rhythmus der Trommeln, das Sirren der Pfeile auf ihrem Weg in ein warmes Fell. So naturalistisch, so stimmungsvoll erscheinen die Felszeichnungen von Jiepmaluokta/Hjemmeluft, einem von vier Fundorten vorgeschichtlicher Felsbilder in der Gemeinde Alta. Erst 1973 wurden die ersten dieser schätzungsweise 2500 bis 6200 Jahre alten Felsbilder entlang der von der samischen Urbevölkerung »Robbenbucht« genannten Ausbuchtung des Altafjords gefunden. Seither erweist sich das harte Gesteine entlang der Küste als scheinbar unerschöpfliche »Bibliothek der Vorzeit«. Ihre Fülle lässt sich nicht allein durch die uralte Besiedelung an dieser auffallend fruchtbaren, geschützten Stelle des Nordmeeres erklären. Vielmehr scheint die nordnorwegische Küste in der Übergangszeit von der älteren zur jüngeren Steinzeit ein bevorzugter Ort kultischer Rituale gewesen zu sein. Die günstige Lage der weiten »Robbenbucht«, zwischen offenem Meer und Binnenland gelegen, bot sich augenscheinlich besonders als Begegnungsstätte anlässlich religiöser, ritueller und zeremonieller Handlungen an – und je mehr Felsbilder im Laufe der Jahrzehnte geschaffen wurden, desto größere Bedeutung muss diesem Ort beigemessen worden sein.

Auf befestigten Stegen und markierten Pfaden geht der Besucher auf eine weitläufige Entdeckungsreise von der frühen Steinzeit bis in die frühe Metallzeit. Ihm begegnen Elche, Rentiere und Schwimmvögel, Menschen, Boote, Waffen, geheimnisvolle Muster. Erwiesen ist ihre damalige Existenz, und erforscht ist die unterschiedliche Lage der Bildfelder: Nach dem Ende der Eiszeit hob sich das Land so stark an, dass die ursprünglich an der Wasserkante geschaffenen Felsbilder heute bis zu 26,5 Meter oberhalb des Meeresspiegels zu finden sind. Die ganze Vielfalt und Kraft der rotbraun ausgemalten »Gravuren« offenbart sich aber nur dem, der akzeptieren kann, dass alle Interpretationen im Bereich der Spekulationen bleiben müssen – das zeitgeistige Bedürfnis nach ganzheitlichen Deutungen muss zu kurz greifen. Die Felsbilder berichten vermutlich über Gruppenzugehörigkeit, über religiöse Vorstellungen und Rituale, Ideologien und Macht. In diesen Darstellungen kommt das Weltbild der Steinzeitmenschen zum Ausdruck, die Vorstellungen über die Weltord-

Das wilde Getümmel einer Jagdszene kommt in diesen Gravuren zum Ausdruck

nung zwischen Mensch, Tier, Vegetation, Gewässern, Geistern und Göttern. Ein Jäger richtet seine Waffe auf eine Rentierherde – die Interpretation, es handele sich um eine Jagdszene, liegt daher nahe. Warum sind dann aber die dargestellten Rentiere so auffallend unterschiedlich gestaltet? Wenn die Bedeutung der Felsbilder nur das Jagdglück und die Beschaffung von Nahrung war, warum erhielt jedes Tier sein eigenes Gepräge? Stehen sie als Symbol für etwas ganz Anderes? Und aus welchem Grund ist der mächtige Heilbutt die einzige Fischart, die in allen Epochen der Felsmalerei vorkommt, obwohl Fisch als Lebensgrundlage von größter Wichtigkeit war? Auch wenn Fruchtbarkeitsrituale und Geburt dargestellt werden, ist unter den Tausenden von Felsbildern nur ein einziges Kind zu erkennen – Symbole und Glauben sind Bestandteile der Welt der Erwachsenen, um sie scheint es zu gehen.

Zurück in eine greifbare Wirklichkeit deuten die jüngsten Felsbilder: Es sind mächtige Boote mit einer Besatzung von bis zu 32 Männern, so wie man sie nur aus dem Süden Norwegens kennt. Ob damals tatsächlich existierend oder nur symbolisch zu verstehen – die Boote an sich zeugen von Beziehungen, die weit über den eigenen Landesteil hinausreichten. Wahrscheinlich ist wohl, dass Händler und Krieger aus dem Süden bis in den Norden des Landes vorstießen.

Nach dieser »Wanderbewegung« scheinen keine weiteren Bilder in die Felsen geritzt worden zu sein, so dass diese faszinierende Art der Verständigung von Mensch zu Mensch und zum Übernatürlichen im letzten Jahrtausend vor Christus ihr Ende fand.

Reinhard Ilg

Tektonische Kräfte hoben die bemalten Felsen am Altafjord auf eine Höhe von rund 26 Metern über dem Meeresspiegel; im Vordergrund ist eines der Boote zu erkennen, die auf einen weit gedehnten kulturellen Austausch hindeuten

**Altaner**, Berthold, deutscher katholischer Theologe, * 16. 9. 1885 St. Annaberg, Oberschlesien, † 30. 1. 1964 Kissingen; ab 1929 Professor für Kirchengeschichte in Breslau, ab 1945 in Würzburg. Hptw.: „Patrologie" (zuerst 1931).

**Altar** [der; lat. *alta ara,* „erhöhter Opferplatz"]. **1.** *Astronomie:* Ara, Sternbild am südl. Himmel.
**2.** *Religion:* in allen entwickelten Religionen block- oder tischartiger Platz für die Darbringung von Opfern; ursprünglich ein Felsblock, dann auch aus Holz, Ton, Metall u. a.; oft reich geschmückt; zuweilen auch mit Vertiefungen für flüssige Opfergaben. Im Christentum, das keine dinglichen Opfer kennt, gab es zunächst nur den für Liebesmahle (Agapen) und Eucharistiefeiern gebrauchten Tisch. Seit dem 4. Jh. setzte sich der steinerne, unbewegliche Tisch durch, der bei wachsender Betonung des Opfercharakters der Eucharistie allmählich auch Altar genannt wurde. Seit dem 8. Jh. gibt es zunehmend die Block- oder Kubusform, um so darin Reliquien beisetzen zu können. Spätere Altargestaltungen: Kiboriumsaltar, Retabel und Flügelaltar, in der Renaissance Sarkophagform. Im modernen Kirchenbau wird die Tischform wieder stärker betont (Tisch des Herrn, Abendmahlstisch).

**Altarblatt**, großes, hoch gestelltes Altarbild, das sich in Renaissance und Barock aus den Retabeln entwickelte und im Barock von Altaraufbauten und Skulpturen umgeben war.

**Altare**, *Sella di Altare*, italienischer Pass, → Cadibona, Colle di.

**Altarsakrament**, *Altarssakrament*, das → Abendmahl als das vom Altar aus gespendete Sakrament.

**Altarschranken**, *Cancelli*, in der christl. Kirche die den Raum vor dem Altar vom übrigen Kirchenraum abschließenden Trennungsschranken.

**Altasiaten**, asiat. Völkergruppe, → Paläoasiaten.

**Altaussee**, österreichische Gemeinde im Salzkammergut, 719 m ü. M., am Altausseer See, 5 km nördl. von Bad Aussee, 1900 Ew.; Kurort, Sommerfrische; Salzbergwerk.

**Altausseer See**, 3 km langer und 1 km breiter See im SW des Toten Gebirges (Salzkammergut, Österreich), 717 m ü. M., überragt von der 1000 m hohen Trisselwand und dem Loser (1838 m).

**Altauto-Verordnung**, gesetzliche Regelung vom 12. 6. 1997, die am 1. 4. 1998 in Kraft getreten ist. Sie besagt, dass der Letzthalter verpflichtet ist, sein außer Betrieb genommenes Kraftfahrzeug einem für die Entsorgung zertifizierten Unternehmen zu überlassen u. die Übergabe bei der Zulassungsstelle nachzuweisen hat. Soweit sich der Fahrzeughändler ab In-Kraft-Treten der A. nicht selbst zur Rücknahme verpflichtet hat, hat er dem Käufer die für die Entsorgung entstehenden Kosten zu erstatten. Der Entsorgungsbetrieb muss eine ordnungsgemäße u. schadlose Entsorgung gewährleisten. Die Erfüllung der entsprechenden Anforderungen wird von einem öffentlich bestellten u. vereidigten Sachverständigen überprüft. Die Altauto-Entsorgung wird unter Bezug auf die → Abfallrahmenrichtlinie über eine spezielle Altauto-Richtlinie der EU-Kommission geregelt.

**Altazimut** [der oder das; lat. + arab.], fest aufgestelltes astronom. Präzisionsinstrument (Fernrohr) zur Messung von Höhen u. Azimuten der Gestirne, mit zwei fein geteilten Kreisen, einem vertikalen (Höhen-) u. einem horizontalen (Azimutkreis). Kleine transportable Instrumente der gleichen Art sind die → Universalinstrumente.

**altbaktrische Sprache**, eine andere Bez. für die → avestische Sprache.

**Altbauwohnung**, im Sprachgebrauch der 1950er u. 1960er Jahre Kurzbezeichnung für Wohnraum, der bis zum 20. 6. 1948 bezugsfertig geworden war. Solcher Wohnraum war in Bezug auf → Mietpreisrecht, → Kündigungsschutz u. → Wohnraumwirtschaftung stärkeren Bindungen unterworfen als ein großer Teil des später geschaffenen Wohnraums. Die Unterscheidung war zeitweilig für das Mietrecht in Westberlin erheblich.

**Altbayern**, ein geographisch nicht exakt abzugrenzender Raum: Der Mundartforscher versteht unter A. den mittelbairischen Sprachraum, also Ober-, Niederbayern u. Oberösterreich; der Historiker hingegen sieht A. als Kernland des bairischen Volksstamms an.

**Altbier**, obergäriges Vollbier, dunkel, bitter bis stark bitter, bes. im Rheinland getrunken.

**Altbulgarisch** → Kirchenslawisch.

**altbulgarische Schrift**, andere Bez. für → glagolitische Schrift.

**Altbundeskanzler**, Bez. für den ehem. *Bundeskanzler* in Dtschld. u. in Österreich.

**Altbundespräsident**, Bez. für den ehem. *Bundespräsidenten* in Dtschld. u. in der Schweiz (dort *Alt Bundespräsident*).

**altchristliche Kunst** → frühchristliche Kunst.

**Altdorf, 1.** Hauptort des schweiz. Kantons Uri, im Reusstal, nahe dem Südende des Urner Sees, 8300 Ew.; mit der Tellsage verknüpft; Telldenkmal (1895) von R. *Kissling;* Tellfestspiele; Munitions-, Draht-, Kabel-, Gummiindustrie.
**2.** *A. bei Nürnberg,* Stadt in Bayern, Ldkrs. Nürnberger Land, an der Schwarzach, 442 m ü. M., 14 700 Ew.; Wichernhaus (orthopädische Spezialklinik; Spastikerzentrum), 1628–1809 prot. Universität; Motoren-, Apparatebau, Fahrzeugherstellung.

**Altdorfer,** ◆ **1.** Albrecht, Bruder von 2), dt. Maler, Kupferstecher, Holzschneider und Baumeister, * um 1482–1485 wahrscheinlich Regensburg, † 1538 Regensburg; von 1526 an Mitglied des Stadtrates, seit 1526 auch städtischer Baumeister (keine Zeugnisse erhalten); Hauptmeister der Donauschule. Sein bes. Interesse galt bei den zahlreichen historischen („Alexanderschlacht") und biblischen Szenen („Ruhe auf der Flucht", „Heiliger Georg", Passionstafeln für St. Florian bei Linz) der stimmungshaften Erfassung der Landschaft, die er als erster europäischer Künstler auch im völlig figurenfreien Gemälde darstellte (1522). Bizarre Architekturfantasien und visionäre Lichteffekte verleihen seinem Werk einen „romantisierenden" Zug.
**2.** Erhard, Bruder von 1), dt. Maler, Zeichner für den Holzschnitt, Baumeister, * nach 1480 Regensburg, † nach 1561 Schwerin; mit Sicherheit lässt sich nur seine Tätigkeit für den Holzschnitt verfolgen; schuf u. a. die

Albrecht Altdorfer: Donaulandschaft bei Regensburg; im Hintergrund Schloss Wörth und der Scheuchenberg. München, Alte Pinakothek

Illustrationen zur Lübecker niedersächsische Bibel, 1533/34.

**alte Kraft,** im landwirtschaftl. Sprachgebrauch die Eigenschaft eines Bodens mit Reserven an Nährstoffen u. Humus.

◆ **Altena,** Stadt in Nordrhein-Westfalen, Märkischer Kreis, im Sauerland, an der Lenne, 150–505 m ü. M., 23 800 Ew.; 1100 erbaute Burg A. (Jugendherberge, Gründungsstätte des dt. Jugendherbergswesens); Eisen-, Metallindustrie, Drahtwerke; Dt. Drahtmuseum, Dt. Schmiedemuseum.

Altena

**Altenahr,** Gemeinde in Rheinland-Pfalz, Ldkrs. Ahrweiler, im unteren Ahrtal, 1900 Ew.; Weinbau, Fremdenverkehr.

**Altenau,** Oberharzer Bergstadt u. Kurort in Niedersachsen, Ldkrs. Goslar, 2300 Ew.; Holzindustrie; Bergbau erloschen.

**Altenbeken,** Gemeinde in Nordrhein-Westfalen, Ldkrs. Paderborn, im Eggegebirge, 8900 Ew.; Bahnknotenpunkt.

**Altenberg,** ehemalige Zisterzienserabtei in Odenthal, nordöstl. von Köln, 1133 gegr.; die heutige Kirche („Bergischer Dom") wurde 1255 begonnen u. 1379 geweiht. Sie hat die Abmessungen einer got. Kathedrale, ein hochgot. dreigeschossiges Wandsystem, Querhaus u. Umgangschor mit Kapellenkranz. In früherer Zeit wurde sie als eine Reduktion des Kölner Doms gedeutet; die neuere Forschung hat direkte Beziehungen zu französ. Zisterzienserkirchen *(Royaumont)* festgestellt.

**Altenberg,** Stadt in Sachsen, Weißeritzkreis, im östl. Erzgebirge, 750 m ü. M., 5700 Ew.; Sommerfrische, Wintersportplatz; Zinnbergbau (1991 eingestellt). – 1451 Stadtrecht.

Peter Altenberg

◆ **Altenberg,** Peter, eigentl. Richard *Engländer,* österreichischer Schriftsteller, *9. 3. 1859 Wien, †8. 1. 1919 Wien; Bohemien, der in der Prosaskizze den Blick auf den flüchtigen Augenblick zu lenken u. für die Wahrnehmung des Natürlichen zu sensibilisieren suchte. „Wie ich es sehe" 1896; „Was der Tag mir zuträgt" 1900. – Gesammelte Werke, 5 Bde. 1987.

**Altenbourg,** eigentl. Gerhard *Ströch,* dt. Maler u. Zeichner, *22. 11. 1926 Rödichen-Schnepfenthal, Thüringer Wald, †30. 12. 1989 zwischen Chemnitz u. Dresden (Unfall); vertrat bereits in den 1960er Jahren mit pointillist. Aquarellen u. vielgliedrigen Zeichnungen einen subjektiv geprägten phantast. Realismus, entgegen der offiziellen Kunst der DDR.

**Altenburg,** Benediktinerabtei am Kamp in Niederösterreich, 1144 gegründet, bedeutender Barockbau von J. Mungenast (ab 1730), berühmte Fresken von P. Troger.

Altenburg

◆ **Altenburg,** Kreisstadt in Thüringen, östlich von Gera, 44 900 Ew.; Fahrzeugbau, Herstellung von Werkzeugen, Elektrogeräten, Armaturen, Konserven, Spielkarten („Skatstadt"); Landestheater, Staatsarchiv; Schloss (11. Jh.), Schlosskirche (15. Jh.), Rathaus (16. Jh.); Verw.-Sitz des Ldkrs. *Altenburger Land.* – 1256 Stadtrecht; im 12. Jh. von den Staufern zur Reichsstadt erhoben (Kaiserpfalz); 1603 bis 1672 u. 1826 bis 1918 Residenz von Sachsenaltenburg.

**Altenburg,** Wolfgang, dt. Offizier (1983 General), * 24. 6. 1928 Schneidemühl, Pommern; 1983–1986 Generalinspekteur der Bundeswehr, 1986–1989 Vors. des Militärausschusses der NATO.

**Altenburg bei Rheinau,** keltisches Oppidum auf dt. Seite der Rheinschleife südl. von Schaffhausen u. auf schweiz. Seite in Rheinau selbst. Hinter dem Ort Altenburg ist ein 750 m langer Wall mit Pfostenschlitzmauer erhalten; Siedlungsreste der Spätlatènezeit. Datierung etwa 120–15 v. Chr.

**Altenburger Land,** Ldkrs. in Thüringen, 569 km², 119 000 Ew.; Verw.-Sitz ist Altenburg.

**Altendorf,** Wolfgang, dt. Schriftsteller, Maler u. Bildhauer, *23. 3. 1921 Mainz; neben Dramen („Der arme Mensch" 1952; „Das Dunkel" 1956) u. Hörspielen auch Erzählendes: „Landhausnovelle" 1957; „Die geheime Jagdgesellschaft" 1961; „Vom Koch, der sich selbst zubereitete" 1973; „Die Braut im Weinfaß" 1989.

**Altenernährung,** auf Belange älterer Menschen abgestimmte, leicht verdauliche Ernährung mit fettarmer, vitamin- u. mineralstoffreicher Kost.

**Altenglisch** → angelsächsische Sprache.

**Altenheimfreibetrag,** pauschaler Abzugsbetrag im Rahmen der außergewöhnl. Belastungen nach § 33 a Abs. 3 Einkommensteuergesetz, wenn der Steuerpflichtige oder sein Ehegatte in einem Heim (624 Euro jährlich) oder dauernd zur Pflege (924 Euro jährlich) untergebracht ist u. die Aufwendungen für die Unterbringung Kosten für Dienstleistungen enthalten, die mit denen einer Hausgehilfin oder Haushaltshilfe vergleichbar sind.

**Altenherrschaft,** *Gerontokratie,* Gesellschaftsordnung bei Naturvölkern, in der die alten Männer eines Stammes (einer Horde), die Sippenältesten, im extremen Fall die uneingeschränkte Macht innehaben; so früher vielfach bei austral. Naturvölkern. In abgeschwächten Formen bilden die Ältesten einen Rat, nach dessen Entschließungen sich der Häuptling richtet.

**Altenhilfe,** die Gesamtheit der Maßnahmen u. Einrichtungen zur Verbesserung der

Altenburg: Innenansicht der spätgotischen Schlosskirche

Lebenslage sozial schwacher u. gefährdeter älterer Menschen. Als gesetzl. Grundlage gilt das Bundessozialhilfegesetz (§ 75). A. soll dazu beitragen, Schwierigkeiten, die durch das Alter entstehen, zu verhüten, zu überwinden oder zu mildern. Sie soll zudem alten Menschen die Möglichkeit erhalten, am Leben in der Gemeinschaft teilzunehmen. Vor allem folgende Maßnahmen kommen hier in Betracht: Hilfe bei der Beschaffung u. zur Erhaltung einer dem Alter angemessenen Wohnung, bei der Bereitstellung eines geeigneten Heimplatzes, altersgerechter Dienste, von kulturellen u. geselligen Angeboten für ihr Freizeitverhalten sowie zur Förderung ihrer Sozialkontakte.

**Altenholz,** Gemeinde in Schleswig-Holstein, Ldkrs. Rendsburg-Eckernförde, 9800 Ew.

**Altenkirchen (Westerwald),** 1. Kreisstadt in Rheinland-Pfalz, 250 m ü. M., 6500 Ew.; Metall-, Kunststoffindustrie.
2. Ldkrs. in Rheinland-Pfalz, Reg.-Bez.

**Altenpfleger**

Koblenz, 642 km², 136 000 Ew.; Verw.-Sitz ist A. (1).
**Altenpfleger,** anerkannter Ausbildungsberuf mit 2- bzw. 3-jähriger Ausbildungsdauer; betreut u. versorgt gesunde u. pflegebedürftige ältere Menschen in Alten- u. Pflegeheimen, in geriatrischen Abteilungen der Krankenhäuser, Altentagesstätten, Seniorenwohnanlagen u.a. Voraussetzung ist eine abgeschlossene 2-jährige Berufsausbildung oder eine 3-jährige prakt. Tätigkeit oder der Abschluss einer hauswirtschaftl. Berufsfachschule.
**Altensteig,** Stadt in Baden-Württemberg, Ldkrs. Calw, im nördl. Schwarzwald, an der Nagold, 440–630 m ü. M., 10 800 Ew.; Schloss (13. Jh.), spätgot. Rathaus, feinmechan. Fabriken.

Karl Freiherr vom Stein zum Altenstein

◆ **Altenstein,** Karl Frhr. vom *Stein zum A.*, preuß. Politiker, *1. 10. 1770 Schalkhausen bei Ansbach, †14. 5. 1840 Berlin; Mitarbeiter Hardenbergs an den preuß. Reformen; 1808 bis 1810 Finanzminister; 1817–1837 (erster) Minister für Kultus, Unterricht u. Medizinalwesen; geprägt von der Aufklärung u. bemüht um die Errichtung eines „intelligenten Beamtenstaates"; besaß großen Einfluss auf das preußische Bildungswesen im 19. Jh.
**Altenteil,** *Ausgedinge, Auszug, Austrag, Leibzucht,* meist rechtlich durch Eintragung im Grundbuch gesicherte Leistungen eines landwirtschaftl. Betriebs an den infolge Alters von der Bewirtschaftung zurückgetretenen Bauern bis zum Lebensende. Sie umfassen meist Wohnung, Naturalleistungen, Krankenversorgung u. Rentenzahlungen.
**Altentreptow** [-to:], Stadt in Mecklenburg-Vorpommern, Ldkrs. Demmin, an der Tollense, nördl. von Neubrandenburg, 7100 Ew.; Petrikirche (14. Jh.); Lebensmittel- u.a. Industrie.
◆ **Alter,** der Zeitraum, der bis zum betrachteten Moment seit der Entstehung eines Organismus verflossen ist *(Lebensdauer).* Diese Lebensspanne beginnt mit der Befruchtung des Eis bzw. der Geburt, bei niederen Organismen mit der Knospung oder verstärkter Zellteilung. Der Grad der Entwicklung bzw. Rückbildung in den verschiedenen Altersstufen ist durch die jeweiligen erbl. Veranlagungen bedingt. Das Höchstalter der verschiedenen Lebewesen reicht von wenigen Minuten bei Bakterien bis zu 200 Jahren bei Schildkröten u. bis zu 4 000 Jahren bei Mammutbäumen. I.w. S. wird der Begriff A. auch auf leblose Dinge als Zeitraum des Bestehens (z. B. des Weltalls) angewandt.
*Recht und Soziologie:* Mit unterschiedl. Lebensalter sind unterschiedl. soziale Positionen u. Funktionen verbunden. In ursprüngl. Kulturen gibt es oft eine Staffelung der Bevölkerung nach Altersklassen, die durch rituelle Zeremonien voneinander getrennt sind. Innerhalb der Altersklassen fallen dem Einzelnen jeweils bestimmte Aufgaben zu (nach Leistungsfähigkeit, Erfahrung u. a.). In den westlichen Industriegesellschaften fehlt im Allgemeinen eine scharfe Trennung der Altersklassen; dadurch werden die Übergänge fließend und erzeugen Statusunsicherheit u. soziale Probleme, z.B. Jugendkriminalität, Anpassungsprobleme an Veränderungen im Arbeitsprozess. Die bislang gültigen Vorstellungen über den Abbau insbes. der geistigen Leistungsfähigkeit und beruflichen Anpassungsfähigkeit (kritische Grenze 35–40 Jahre) werden heute in Medizin,

### Altersproportion: Prognose

| Land | Anzahl der über 65-Jährigen (pro 100 Personen im erwerbsfähigen Alter) | |
|---|---|---|
| | 1995 | 2030 |
| Deutschland | 22 | 49 |
| Italien | 24 | 48 |
| Japan | 20 | 45 |
| Frankreich | 22 | 39 |
| Großbritannien | 24 | 39 |
| Kanada | 18 | 39 |
| Schweden | 27 | 39 |
| USA | 19 | 37 |

Psychologie u. Soziologie zunehmend in Frage gestellt; es werden danach unterschiedl. Verlaufsformen des Alterns angenommen. Dieser Entwicklung entsprechen öffentl. (zum Teil gesetzl. verankerte) u. betriebl. Bemühungen, die Älteren weiter im Arbeitsprozess leistungsfähig zu halten (Umschulung, Arbeitsplatzgestaltung) u. damit ihre soziale Stellung zu sichern. Dennoch wird der biolog. Rückbildungsprozess durch die allmähl. Ausgliederung aus dem sozialen Leben verstärkt (Pensionierung; bei Bauern: Altenteil; Altersversorgung; Altersversicherung). Zunehmende Lebenserwartung u. Bildung von Kernfamilien ohne Großeltern machen Institutionen notwendig, die dem Bedürfnis der Alten nach einer sozialen Umwelt Rechnung tragen. Die Bedeutung des Alters ist vom Entwicklungsstand der Technik u. vom Wertesystem einer Gesellschaft abhängig.
**altera pars** [lat.], der andere Teil, die Gegenpartei.
**Alteration** [lat.], **1.** *allg.*: Änderung. **2.** *Musik:* 1. die Veränderung eines Akkords durch stufenweises Erhöhen oder Erniedrigen eines oder auch mehrerer Töne *(alterierte Akkorde);* auch → Chromatik. – 2. In der Mensuralnotation die Verdoppelung eines rhythmischen Wertes vor einem nächsthöheren.
**Alter Dessauer** → Leopold (3).
**alter ego** [lat., „das andere Ich"], **1.** *allg.*: vertrauter Freund. **2.** *Völkerkunde:* ein geglaubtes zweites Ich, meist in Gestalt eines Tieres *(Tierdoppelgängerschaft),* mit dessen Schicksal der Betreffende auf Gedeih u. Verderb verbunden ist; eine Art Schutzgeisterglaube, in Sibirien mit dem Schamanismus verbunden; lebt in Teilen Mexikos bis in die Neuzeit fort. Auch → Nagualismus. **3.** *Psychologie:* eine gedachte Figur oder ein realer Mensch, der eine (oft unterdrückte) Seite einer Persönlichkeit ausdrückt oder auslebt.
**Ältere Not,** *„Die ältere Not"* → Nibelungenlied.
**Alter Herr,** Abk. *A. H.*, ehemaliger Aktiver einer Studentenverbindung.
**Altermann,** Nathan, hebr. Lyriker, *Juli 1910 Warschau, †29. 3. 1970 Tel Aviv; lebte seit 1925 in Israel; verherrlicht in vielen seiner Gedichte das Auferstehen des jüd. Volkes: „Irhajona" 1957; schrieb auch Bühnenstücke.
**Alter Mann,** *Bergbau:* stillgelegter Grubenbau; abgebauter, mit → Versatz verfüllter oder zu Bruch geworfener Hohlraum in der Lagerstätte; auch → Dachbehandlung *(Bruchbau).*
**Altern, 1.** *Biologie und Medizin:* die Lebensfunktionen betreffende Veränderungsprozesse eines Organismus, normalerweise entsprechend der abgelaufenen Lebenszeit. Es herrschen zwei Ansichten über die komplexen Vorgänge des Alterns vor: Die *Biomorphose* betrachtet Altern als einen lebenslangen Prozess, der sich bereits bei der Keimzelle beginnend bis zum Tod erstreckt, während die *Seneszenz* die Ab-

### Altersstufen im deutschen Recht (nach vollendeten Lebensjahren)

| | |
|---|---|
| Geburt | Beginn der Rechtsfähigkeit |
| 6. Lebensjahr | Beginn der Schulpflicht |
| 7. Lebensjahr | beschränkte Geschäftsfähigkeit, bedingte Deliktsfähigkeit |
| 12. Lebensjahr | Zustimmungserfordernis (beschränkte Religionsmündigkeit) zum Bekenntniswechsel |
| 14. Lebensjahr | Jugendstrafmündigkeit, uneingeschränkte Religionsmündigkeit |
| 16. Lebensjahr | Eides- und Testierfähigkeit |
| 18. Lebensjahr | Volljährigkeit und Ehemündigkeit; unbeschränkte Geschäftsfähigkeit; regelmäßig volle Strafmündigkeit (Ende des Jugendstrafrechts); volle bürgerlich-rechtliche Deliktsfähigkeit; aktives und passives Wahlrecht |
| 21. Lebensjahr | volle Strafmündigkeit (absolutes Ende des Jugendstrafrechts) |
| 25. Lebensjahr | regelmäßiges Mindestalter für Adoptiveltern |
| 60. Lebensjahr | Berechtigung zur Ablehnung einer Vormundschaft |

Alter: Noch bis in die frühe Neuzeit hinein hielt der Volksglaube die Wiedererlangung der Jugend für möglich: Der Jungbrunnen von Lucas Cranach dem Älteren

bauvorgänge des Alterns zeitlich auf die letzte Lebensphase begrenzt. Den Wissenschaftszweig, der sich mit den Vorgängen des Alterns beim Menschen befasst, nennt man *Alternsforschung* oder *Gerontologie*, während *Geriatrie* die Altersheilkunde ist.
*Merkmale:* Es gibt kein absolutes Maß für das biologische Alter, da die einzelnen Organe eines Organismus sehr unterschiedlich altern. Äußere Altersnzeichen des Menschen sind Körpergröße, Haltung, Gang, Elastizität der Haut, Haut- und Haarfarbe. Zu den Alterserscheinungen der Organe gehören Abnahme der Elastizität der Blutgefäße und der Leistung des Herzens, die Kreislaufveränderungen verursachen, Versteifung von Geweben durch Ablagerung von Schlacken, z. B. in den Knorpeln der Zwischenwirbelscheiben, Veränderungen an den Sinnesorganen: Abnahme der Pupillenweite und der Dunkeladaptation, Herabsetzung der Hörgrenze, Abnahme der Empfindlichkeit der Geruchs- und Geschmacksorgane u. a. Bei Pflanzen hängt das Altern davon ab, in welchem Maße tote Substanz (Holz) in den lebenden Vegetationskörper eingebaut werden kann, ohne lebenswichtige Funktionen wie Saft- und Mineraltransport oder die Statik herabzusetzen (Bäume). Am langsamsten altern Tiere, die eine große Regenerationsfähigkeit der Zellen besitzen (z. B. Bandwürmer) und/oder einem geringen Stoffwechselverschleiß ausgesetzt sind (z. B. Reptilien wie Schildkröten). Die maximale Lebenserwartung einer Art scheint genetisch festgelegt zu sein (beim Menschen rd. 120 Jahre), sie wird jedoch individuell durch Lebensweise und äußere Faktoren bestimmt.
*Ursache:* Die letztliche Ursache der Alterungsprozesse ist bis heute unbekannt. Die Forschung hat allerdings auf zellulärer und molekularbiol. Ebene einige Ergebnisse hervorgebracht wie z. B. den Nachweis des genet. programmierten Zelltods *(Apoptose)* anhand der festgelegten maximalen Zellteilungsrate für Bindegewebszellen von 50 Teilungen. Zahlreiche andere Vorstellungen des Alterungsprozesses scheinen eher Teilantworten zu liefern: z. B. die Beeinträchtigung des eigenen Körpers durch die abnehmende Fähigkeit des Immunsystems, eigen von fremd zu unterscheiden; durch Ansammlung von Mutationen u. anderen Fehlern innerhalb des Zellstoffwechsels sowie Nachlassen der Reparaturmechanismen reichern sich immer mehr Fehl- u. Abfallprodukte in den Körperzellen an u. schränken deren korrekte Funktion immer mehr ein.
*Tod:* Das Endstadium der Veränderungen durch A. ist der → Tod. Bei einzelligen Organismen, die sich durch Teilung fortpflanzen, endet der Alterungsprozess mit der erneuten Teilung; man bezeichnet solche Organismen daher als potenziell unsterblich. In einem komplexen Organismus bildet ein Gleichgewicht aus Zellteilung u. Zelltod die Voraussetzung für sein Funkionieren, im großen Maßstab ist nur durch ständiges Werden u. Vergehen die Anpassung der Lebewesen an neue Umweltbedingungen möglich, nämlich als Motor der → Evolution.
**2.** *Werkstoffkunde:* 1. *natürliches Altern*, über längere Zeit ohne äußeren Einfluss eintretende Änderung der Werkstoffeigenschaft, insbes. die Eigenschaftsänderung eines metallischen Werkstoffs (z. B. Stahl) im Verlauf einer längeren Zeit (Zunahme von Härte u. Festigkeit, Abnahme von Dehnung, Einschnürung u. Kerbschlagzähigkeit) aufgrund von Ausscheidungen. Für die Eigenschaftsänderungen bei der Alterung von Stahl sind vorwiegend die Ausscheidungen des Stickstoffs u. Kohlenstoffs aus dem übersättigten α-Mischkristall (→ Ferrit) in Form von Eisennitriden bzw. -carbiden verantwortlich. Zur Verhinderung der Alterung werden Elemente, die stabile Carbide u. Nitride bilden (Vanadium, Niob, Tantal, Zirkon, Titan), dem Stahl zugesetzt. – 2. *künstliches Altern*, Erwärmen eines Metalls auf mäßige Temperatur, um Alterungserscheinungen in kürzester Zeit herbeizuführen.

**Alternanz** [lat.], *Ertragswechsel*, das Abwechseln reicher Ernten mit Ausfällen, bes. bei Kernobst; vielfach sortenbedingt. Die A. ist durch Schnitt, Düngung u. a. zu beeinflussen.

**Alternanzregel**, die Gesetzmäßigkeit, wonach die Blätter aufeinander folgender → Wirtel jeweils auf Lücke stehen. Auch → Äquidistanzregel.

**Alternaria**, Gattung der Pilze *(Deuteromycetes)* mit etwa 50 Spezies, die als Saprophyten u. Parasiten auf Pflanzen u. -produkten verbreitet sind.

# Alternariafäule

**Alternariafäule,** Trockenfäule der Kartoffel, hervorger. durch den Pilz *Alternaria solani.* Der gleiche Pilz bewirkt an den Blättern der Staude die sog. *Dürrfleckenkrankheit.* Erkrankte Knollen zeigen dunkel verfärbte, eingesunkene Flecken auf der Schale, das Fleisch unter diesen Flecken ist bis 1 cm tief verrottet u. krümelig, das gesunde Gewebe scharf abgegrenzt. Im Winterlager breitet sich die Krankheit auf die Nachbarknollen aus.

**Alternat** [das; lat., „Wechsel"], die im Völkerrecht übl. Regelung, dass bei der Veröffentlichung von Verträgen, Erklärungen u. Ä. jeder Staat dem Text in seiner Sprache u. der Unterschrift seines Vertreters den Vorrang gibt (links vor rechts, oben vor unten). Beschränkt sich dies auf die Unterschriften, so handelt es sich um das *„kleine A."*, umfasst der Wechsel auch die Umstellung der Texte, so spricht man vom *„großen A."*. Diese Formfragen spielen für die Rechtsgültigkeit keine Rolle.

oder nur in geringem Maße belasten; die Bez. wird angewandt auf → geothermische Energie, → Sonnenenergie, Wasserkraft, → Windenergie u. a.

◆ **alternative Lebensformen,** menschliche Verhaltensweisen, Ziele und Organisationsformen des Zusammenlebens in westlichen Industriegesellschaften, die sich bewusst vom Lebensstil der Bevölkerungsmehrheit unterscheiden. Die vielfältigen Formen der Erscheinung von alternativen Lebensformen finden sich im ländlichen Bereich ebenso wieder wie in den Städten; sie beschäftigen sich mit Warenproduktion, Dienstleistungen, sozialen oder kulturellen Aktivitäten. Zu ihnen zählen u. a. Landkommunen, Energiekollektive, Reparaturwerkstätten, Teestuben, Bioläden, alternative Schulen, Kinderbetreuungsstätten, Theatergruppen, Töpfereien, Stadtteilzeitungen oder auch Selbsthilfegruppen für Drogenabhängige.

alternative Lebensformen: „Werkhof" in Lübeck, Anfang der 1990er Jahre eröffnetes alternatives Kulturprojekt; Veranstalter von Musik- und Theateraufführungen, Ausstellungen; Sitz von Initiativen, Handwerksbetrieben; Kommunikationszentrum mit Café und „Rucksack-Hotel"

**alternativ** [lat.], zwischen zwei Möglichkeiten wechselnd.

**Alternative** [die; lat.], Wahl, Entscheidung zwischen zwei Möglichkeiten. – Adjektiv: *alternativ.*

**alternative Bewegung,** Sammelbezeichnung für verschiedenartige soziale, polit. u. weltanschaul. Strömungen, denen eine bestimmte, inhaltl. Kritik an der westl. Industriegesellschaft sowie ein darauf bezogenes Streben nach Selbstbefreiung u. Entwicklung eines neuen Lebensstils gemeinsam ist, so beispielsweise → alternative Lebensformen, → Bürgerinitiativen, → Bürgerrechtsbewegung (2), → Friedensbewegung, → Frauenbewegung, → neue Linke, → Ökologiebewegung, → Spontigruppen.

**alternative Energie,** eine gegen Ende der 1970er Jahre geprägte Bez. für Verfahren der Energieerzeugung, die die Umwelt nicht

**Alternative Liste,** Abk. *AL,* in den 1970er Jahren entstandene Sammelbez. für verschiedene unabhängige politische Gruppen mit undogmatisch linker Grundeinstellung. Diese Gruppen gingen aus antikapitalistisch und ökologisch orientierten Kreisen hervor, die aus Protest gegen die als negativ empfundenen Begleiterscheinungen der modernen Industriegesellschaft nach alternativen Lebensformen suchten. 1978 wurde eine „Wählerinitiative alternativer Listen" gebildet. Der im selben Jahr in Berlin (West) gegründeten AL gelang bei den Wahlen 1981 der Einzug in das Abgeordnetenhaus. 1985 wurde ihr von den Grünen die Funktion eines Landesverbandes übertragen. 1990 änderte sie ihren Namen in Grüne/AL und vollzog damit gleichzeitig die volle organisatorische Anbindung an die grüne Bundespartei. 1993 erfolgte die Fusion mit dem Berliner Landesverband des Bündnis 90.

**alternative Medizin,** *komplementäre Medizin, unkonventionelle Medizin, ganzheitliche Medizin,* Sammelbegriff für eine Vielzahl von medizin. Richtungen sowie einzelnen diagnost. u. therapeut. Verfahren, die nicht zur konventionellen wissenschaftl. Medizin (→ Schulmedizin) gerechnet werden. Die a. M. setzt die Einheit von Körper, Geist u. Seele sowie Selbstregulation u. -heilungskräfte des Organismus voraus u. versucht, diese auf natürl. oder auch künstl. Reize zu aktivieren. Manche Verfahren verstehen sich als Ergänzung, manche als Ersatz für die Schulmedizin. Da für viele Verfahren wissenschaftl. Wirkungsnachweise fehlen, werden sie häufig von der Schulmedizin nicht anerkannt. Zu den bekanntesten Richtungen der alternativen Medizin gehören: → Homöopathie, → Phytotherapie, → chinesische Medizin, → Kneippkur, → anthroposophische Medizin u. → Ayurveda. Auch → Naturheilkunde.

**alternativer Landbau** → biologischer Landbau.

**alternatives Theater,** Sammelbez. für sog. „freie" Theatergruppen, deren Arbeit nicht oder nur gering subventioniert ist. Das alternative Theater entstand Mitte der 1960er Jahre als Protest gegen das traditionelle Theatersystem. Es suchte neue Spielweisen, die sich direkter an das Publikum wenden (z. B. Straßentheater), wendete sich an bes. Zielgruppen (z. B. Jugendtheater, Arbeitslosentheater) u. versuchte, mit aktuellen Stücken politisch zu wirken. Der polit. Anspruch des alternativen Theaters ging spätestens in den 1980er Jahren zurück. Erfolgreich war u. ist das alternative Theater in seinem Bemühen um ein profiliertes Kinder- u. Jugendtheater, wie die populären Gruppen „Rote Grütze" oder „Grips Theater" seit Jahren zeigten.

**Alternativkraftstoff,** ein anderer → Kraftstoff für Verbrennungsmotoren als die heute gebräuchlichen Kraftstoffe auf Mineralölbasis wie Benzin u. Dieselöl. Als A. wurden u. a. Ethanol, Methanol, Wasserstoff, Kohlenstaub, Flüssiggas vorgeschlagen.

**Alternativobligation,** *Wahlschuld,* Schuldverhältnis, bei dem mehrere Leistungen in der Weise geschuldet werden, dass der Schuldner nur eine Leistung zu bewirken hat. Der Schuldner hat im Zweifel das Wahlrecht. Die Wahl erfolgt durch Erklärung gegenüber dem anderen Teil. Die gewählte Leistung gilt als die von Anfang an allein geschuldete. Nimmt der wahlberechtigte Schuldner die Wahl nicht vor Beginn einer Zwangsvollstreckung vor, so bestimmt der Gläubiger, auf welche Leistung er die Zwangsvollstreckung richten will. Ist eine Leistung von Anfang an unmöglich oder wird sie es später, so beschränkt sich das Schuldverhältnis auf die übrigen Leistungen.

**Alternativreaktion,** Methode zur quantitativen Bestimmung der Viruskonzentration in einer Probe. Durch Verdünnung der Ausgangssuspension wird diejenige Virenkonzentration ermittelt, die zur Infektion der

Hälfte der Versuchstiere (= infektiöse Dosis 50, ID$_{50}$; Kulturinfektionsdosis 50, KID$_{50}$; Dosis letalis 50, DL$_{50}$) oder von Zellkulturen (→ cytopathogener Effekt) notwendig ist.

**alternieren** [lat.], abwechseln, wechselseitig ablösen.

**alternierende Reihe** → Reihe.

**alternierender Vers,** ein Vers, in dem Hebung u. Senkung regelmäßig wechseln.

**Alter Rhein,** *Oude Rijn,* kanalisierter Mündungsarm des Rheins, verbindet Utrecht mit Leiden u. Katwijk aan Zee.

◆ **Altersaufbau,** *Altersgliederung,* die Gliederung der Bevölkerung nach Altersjahrgängen; wird bei den Volkszählungen statist. erfasst u. nach dem Geschlecht aufgeteilt in der *Alterspyramide* dargestellt. Der A. gewährt einen Einblick in die Bevölkerungsstruktur; nur bei jungen, wachsenden Völkern zeigt die bildl. Darstellung die Form einer Pyramide, bei Völkern mit geringerer Geburtenhäufigkeit hingegen wandelt sich die Pyramide zur Glocken- oder schließl. sogar (bei anhaltendem Geburtenrückgang u. Bevölkerungsschrumpfung) zur Zwiebel- oder Urnenform. Auch → Bevölkerungsstatistik.

**Altersbestimmung,** 1. *allg. Biologie:* Feststellung des Alters von Lebewesen; z. B. bei Fischen an den „Jahresringen" der Schuppen, bei Säugetieren am Verknöcherungszustand des Skeletts, durch das → Zahnalter bei Pferd, Rind u. Hund; schnelle, aber ungenaue Altersbestimmung beim Rind durch die Zählung der Ringe an den Hörnern, sog. Trächtigkeitsringe. Das Alter von Bäumen wird durch Zählen der → Jahresringe auf einem Stammquerschnitt möglichst nahe über dem Boden bestimmt.

### Altersbestimmung: Methoden

| Methode | Mutterisotop | Tochterisotop | Anwendungsbereich in Jahren |
|---|---|---|---|
| Tritiummethode | $^{3}_{1}$H (T) | $^{3}_{2}$He | 0–100 |
| Dendrochronologie | – | – | 0–8000 |
| Pollenanalyse | – | – | 0–12 000 |
| Warvenmethode | – | – | 0–20 000 |
| C-14-Methode (= Radiocarbon-Methode) | $^{14}_{6}$C | $^{14}_{7}$N | 0–70 000 |
| Uran-234-Methode | $^{234}_{92}$U | $^{230}_{90}$Th | 50 000–750 000 |
| Kalium-Argon-Methode | $^{40}_{19}$K | $^{40}_{18}$Ar | Pleistozän bis |
| Kalium-Calcium-Methode | $^{40}_{19}$K | $^{40}_{20}$Ca | Präkambrium |
| Rubidium-Strontium-Methode | $^{87}_{37}$Rb | $^{87}_{38}$Sr | Jungtertiär bis |
| Bleimethode[1] | $^{238}_{92}$U | $^{206}_{82}$Pb | Präkambrium |
| Heliummethode[1] | $^{238}_{92}$U | $^{4}_{2}$He | unbegrenzt |

[1] es existieren mehrere Varianten

Altersbestimmung beim Menschen hat folgende Aspekte: 1. *chronologisches Alter* nach Jahren, Tagen und Stunden; 2. *somatisches Alter:* a) *anatom. Alter* nach Entwicklungszustand des Schädels, Verknöcherung des Skeletts und Zustand der Zähne, b) *physiologisches Alter* nach dem Grad der Geschlechtsreife, c) *morphologisches Alter* nach Körperhöhe und Gewicht; 3. *intellektuelles Alter* durch vergleichende Intelligenzprüfungen; 4. *pädagogisches Alter* nach der Schulentwicklung des Kindes. Bei vielen Organismen, vor allem bei Tieren, die sich mehrmals fortpflanzen können, und beim Menschen, geht dem Tod überhaupt ein mehr oder weniger langes Altern voraus, das durch charakteristische Alterserscheinungen gekennzeichnet ist, die der Altersbestimmung dienen können. Auch → Altern.

2. *Anthropologie:* Feststellung des Sterbealters beim Menschen aufgrund biolog. Merkmale (vor allem Entwicklungszustand der Zähne und Skelettknochen, Verknöcherungsgrad der Schädeldachnähte, Veränderungen der Schambeinsymphyse und des Knochenleistensystems in der Oberarm- und Oberschenkelknochen, Zahnabnutzung). In der *prähistorischen Anthropologie* wird häufig eine Einteilung in 6 Altersstufen verwandt: *Infans I* (Geburt bis Durchbruch des ersten Dauermahlzahns, etwa bis 6 Jahre); *Infans II* (zwischen Durchbruch des ersten und zweiten Dauermahlzahns, 7–14 Jahre); *Juvenil* (bis zur Verknöcherung der Sphenobasilarfuge, etwa bis 20 Jahre); *Adult* (bis zum Beginn der Verknöcherung der Schädelnähte, 20–40 Jahre); *Matur* (fortschreitende Verknöcherung der Schädelnähte, 40–60 Jahre); *Senil* (hochgradige Verknöcherung der Schädelnähte, über 60 Jahre).

◆ 3. *Geologie:* Datierung eines geologischen Objekts nach einer relativen Abfolge oder einer absoluten Zeitskala. Vor der Entwicklung geeigneter physikalischer Messverfahren war nur die *relative Altersbestimmung* in der Geologie möglich.

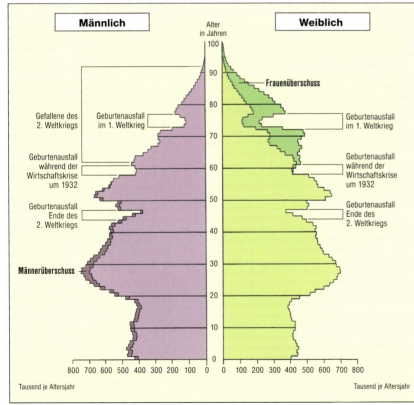

Altersaufbau der Wohnbevölkerung in Deutschland

# Altersbrand

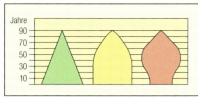

Altersaufbau: gleichmäßig wachsende, stationäre, abnehmende Bevölkerung

Sie basiert auf dem Prinzip der → Stratigraphie. Wichtige Zeitmarken für die relative A. in der Erdneuzeit sind Flussterrassen, alte Strandterrassen u. fossile Böden. Nachdem man die Bedeutung von → Leitfossilien erkannt hatte, war es der *Biostratigraphie* möglich, einen großen Teil der Erdgeschichte zu gliedern. Die relative A. erlaubt im Gegensatz zur *absoluten A.* nur die Festlegung einer Zeitfolge u. keine Zeitmessung. Zur absoluten A. bedient man sich biolog. (→ Dendrochronologie, → Pollenanalyse), geolog. (→ Warven) u. physikal. Messmethoden, um geolog. Vorgänge in ihrer zeitl. Abfolge datieren zu können. Auch → radioaktive Altersbestimmung.

**Altersbrand,** *Gangrän,* Absterben von Körperbezirken infolge Gefäßverschluss durch Schlagaderverkalkung, am häufigsten an den Zehen.

**Altersdiagnose** → Altersbestimmung (2).

**Altersentlastungsbetrag,** nach § 24 a Einkommensteuergesetz steuerfrei bleibender Betrag von 40% (seit 1990 maximal 3720 DM bzw. 1908 Euro pro Jahr) des Arbeitslohns u. der Summe der Einkünfte, die nicht Einkünfte aus nichtselbständiger Arbeit sind (ausgenommen Versorgungsbezüge u. Leibrenten), bei Steuerpflichtigen, die vor Beginn des Kalenderjahres das 64. Lebensjahr vollendet haben. Bei zusammen veranlagten Ehegatten, die beide das 64. Lebensjahr vollendet haben, steht der A. beiden Ehegatten zu.

**Altersfreibetrag,** seit 1990 → Altersentlastungsbetrag.

**Altersgewicht,** bei Pferderennen das Mindestgewicht (Reiter u. eventuelle Zusatzgewichte), das die Pferde je nach Alter tragen müssen.

**Altersgliederung** → Altersaufbau.

**Altersgrenze,** gesetzl. Begrenzung der aktiven Berufstätigkeit von Beamten, die mit dem „Erreichen der A." in den *Ruhestand* treten; in der Regel bei Vollendung des 65. Lebensjahres, bei Beamten des Polizeivollzugsdienstes u. den Berufssoldaten am Ende des 60. Bei Hochschullehrern an Universitäten gilt als auslaufende Regelung je nach Landesrecht noch eine A. zwischen dem 65. u. 68. Lebensjahr. Hochschullehrer, die nach dem In-Kraft-Treten der neuen Landeshochschulgesetze in den Dienst getreten sind, werden nach Erreichen der A. von 65 Jahren pensioniert. Besondere Altersgrenzen sind vorgesehen für Berufsunteroffiziere (53), für Offiziere des Truppendienstes (53–59) je nach Rang, für Offiziere als Führer von strahlgetriebenen Kampfflugzeugen (41).

**Altersheilkunde** → Geriatrie.

**Altersheim,** *Altenheim,* eine Einrichtung, die gegen Entgelt oder als Wohlfahrtseinrichtung alten Leuten Unterkunft u. Verpflegung bis ans Lebensende gewährt. Altersheime werden aus Stiftungen, von Gemeinden, kirchl. u. wirtschaftl. Verbänden u.a. errichtet. Altersheime können anstaltsartig sein, aus Einzelwohnungen (Altenwohnheime) oder aus Einzelhäusern bestehen. Eines der ältesten Altersheime ist das *Heilig-Geist-Spital* in Lübeck.

**Altersklassen, 1.** *Forstwirtschaft:* → Periode (2).
**2.** *Völkerkunde:* eine Form der Stammesorganisation bei Naturvölkern, die die einzelnen Jahrgangsgruppen, bes. der Männer, oft für das ganze Leben zusammenfasst u. ihnen bestimmte Pflichten, Rechte u. Abzeichen zuweist.

**Alterslastquote,** das zahlenmäßige Verhältnis zwischen den 65-jährigen (u. älteren) u. den 15- bis 65-jährigen Personen. Sozialpolitisch interessiert diese Relation vor allem im Zusammenhang mit der Einkommensverteilung im Lebenszyklus, d.h. zwischen den Gruppen der Erwerbstätigen (z.B. als Beitragszahler in der Sozialversicherung) u. der Nicht-Mehr-Erwerbstätigen (z.B. als Rentenempfänger) stattfindet. Grundsätzlich beruht die Idee des sog. *Generationsvertrags* auf der Vorstellung eines Finanzierungsgleichgewichts zwischen den Abzügen von den im Produktionsprozess erzielten Einkommen u. deren Zuwendung an die Nichtverdiener.

**Alterspräsident,** der an Lebensjahren älteste Abgeordnete eines Parlaments. Er führt beim ersten Zusammentreten den Vorsitz u. leitet die Wahl des Präsidenten.

**Alterspsychologie** → Psychologie des Alterns.

**Alterspyramide** → Altersaufbau.

**Altersruhegeld** → Rentenversicherung (1).

**Alterssicherung der Landwirte,** 1957 nach dem *Gesetz über eine Altershilfe für Landwirte (GAL)* geschaffen; 1994 durch das Gesetz über die Alterssicherung der Landwirte neu gefasster Zweig der Sozialversicherung; regelt die gesetzl. Rentenversicherung der Landwirte u. ihrer mitarbeitenden Familienangehörigen. Danach erhalten Landwirte nach Vollendung des 65. Lebensjahres u. Beitragszahlungen für mindestens 180 Kalendermonate an die landwirtschaftl. Alterskassen Altersrente, sofern das Unternehmen der Landwirtschaft abgegeben ist. Ein Anspruch auf Altersrente besteht auch für mitarbeitende Familienangehörige, die das 65. Lebensjahr vollendet u. die Wartezeit von 15 Jahren erfüllt haben. Die Leistungen der A. d. L. umfassen ferner medizin. u. ergänzende Leistungen zur Rehabilitation, vorzeitige Altersrente, Rente wegen Erwerbsunfähigkeit, Renten an Hinterbliebene (Witwen, Witwer, Waisen) sowie Betriebs- u. Haushaltshilfen oder sonstige Leistungen zur Aufrechterhaltung des landwirtschaftl. Betriebs. Die Mittel werden durch Beiträge u. einen Bundeszuschuss aufgebracht, wenn das Beitragsaufkommen u. die sonstigen Einnahmen nicht die Gesamtaufwendungen der landwirtschaftl. Alterskassen decken; beitragspflichtig ist grundsätzlich jeder Landwirt. Träger der A. d. L. sind die bei den landwirtschaftl. Berufsgenossenschaften errichteten Alterskassen.

**Alterssichtigkeit,** *Presbyopie,* Erschwerung des Nahsehens (Weitsichtigkeit), die auf altersbedingter Abnahme der *Akkommodationsfähigkeit* infolge Elastizitätsverlusts der Augenlinse beruht.

**Alterssoziologie,** *Gerosoziologie,* eine seit etwa 1950 entstandene Forschungsrichtung der Soziologie u. → Gerontologie, die sich mit den Lebensformen, Lebensweisen u. sozialen Beziehungen alter Menschen befasst.

**Alterssport** → Seniorensport.
**Altersstufen** → Alter.
**Altersteilzeit** → Vorruhestand.

**alter Stil,** Abk. *a. St.,* Bezeichnung der Tagesdaten nach dem *julianischen Kalender,* der 1582 durch die Kalenderreform Gregors XIII. überholt wurde; in Russland noch bis Februar 1918 gültig.

**Alters- und Hinterlassenen-Versicherung,** Abk. *AHV,* Pflichtversicherung für alle Erwerbstätigen in der Schweiz, eingeführt durch Bundesgesetz vom 20. 12. 1946. Die Beiträge werden von den Versicherten, den Arbeitgebern u. der öffentl. Hand aufgebracht. Eine Begrenzung nach der Einkommenshöhe gibt es nicht. Leistungen der AHV sind Altersrenten (nach Vollendung des 65. Lebensjahres bei Männern, des 62. Lebensjahres bei Frauen), Witwen- u. Waisenrenten.

**Altersversicherung,** wirtschaftl. Sicherung des Lebensabends, in der privaten Versicherung durch Abschluss einer *Lebensversicherung,* für Beamte usw. durch die *Pension,* in der Sozialversicherung für die Arbeitnehmer durch die *Arbeiterrentenversicherung,* die *Angestelltenversicherung* oder die *Knappschaftsversicherung.*

**Altertum,** Epochenbegriff der Geschichtswissenschaft: im 19. Jh. noch vorwiegend die Welt des antiken Griechenlands u. Roms *(klassisches Altertum,* → Antike), heute die Epoche von den Anfängen schriftl. Überlieferung, deren Beginn in Asien schon zwischen 4000 u. 3000 v. Chr. liegt (Induskultur, frühe Kulturen Ägyptens, Mesopotamiens u. Kleinasiens), bis zum Untergang der antiken Mittelmeerkulturen zwischen dem 4. u. 7. Jh. n. Chr. (Spätantike; u.a. 476 Untergang Westroms, 622 Aufkommen des Islams). Auch → Periodisierung.

**Altertumsvereine,** in Dtschld. nach den Befreiungskriegen (1813/14) entstandene Organisationen zur Erhaltung u. Erforschung von Altertümern eines bestimmten Gebiets durch Ausgrabung u. Aufstellung in Museen; ferner Förderung der landes- u. ortsgeschichtl. Altertumskunde durch Vorträge, Exkursionen u. Herausgabe von Zeitschriften u. histor. Arbeiten. Neben dem *Gesamtverein der dt. Geschichts- u. Altertumsvereine* (Organ seit 1937 „Blätter für deutsche Landesgeschichte") gibt es eine Reihe landschaftl. Zusammenschlüsse (Nordwestdt. u. Südwestdt. Verband für

Altertumsforschung). Ähnl. Vereinigungen gibt es in anderen Ländern. Das Röm.-German. Zentralmuseum in Mainz u. das German. Nationalmuseum in Nürnberg gehen auf die Initiative des A. zurück.

**Alterung, 1.** *Bauwesen:* alle über längere Zeit infolge klimatischer, mechanischer, physikalischer, chemischer, elektr. Einflüsse ablaufenden Vorgänge, die, von außen oder im Inneren eines Stoffes wirkend, zu seiner Zerstörung führen.

**2.** *Chemie:* strukturelle Veränderung einer frischen Fällung (Rekristallisation), wobei sich die Löslichkeit einem Grenzwert (→ Löslichkeitsprodukt) nähert. Die Alterungsgeschwindigkeit kann durch Wärme gesteigert werden. Das frische Gel von Aluminiumhydroxid verliert z. B. seine anfängl. Löslichkeit in einer Ammoniumhydrogencarbonatlösung. Die frische Fällung von → Titanweiß hat zunächst überwiegend Anatas-Struktur (→ Anatas), altert jedoch unter Strukturänderung zu Rutilkristallen von höherer Brechkraft.

**Alterungsprödigkeit,** Versprödung von Stahl durch Alterung. Auch → Altern (2).

**Altes Land,** fruchtbare, dicht bevölkerte Flussmarsch an der Unterelbe, zwischen Hamburg u. Stade; Landwirtschaft, Obst- u. Gemüseanbau; Hauptort Jork.

**Altesse** [-'tɛs; die; frz., „Hoheit"], Titel fürstl. Personen, im 17. Jh. der Kinder u. nächsten Verwandten von Kaisern u. Königen u. der Fürsten, die Anspruch auf eine Krone erhoben.

**Ältestenrat,** Organ des Bundestages, bestehend aus dem Bundestagspräsidenten, seinen Stellvertretern u. von den Fraktionen benannten Mitgliedern. Er unterstützt den Bundestagspräsidenten bei der Führung der Geschäfte.

**Altes Testament,** *Alter Bund,* Abk. *AT* (A.T.), in den christl. Kirchen übl. Bez. für kanon. Schriften, die den Bund Gottes mit Israel bezeugen, im Unterschied zum Neuen Bund in Jesus Christus, in den Gott die ganze Menschheit einbezieht.
Die Schriften des AT sind in einem Zeitraum von rd. 1000 Jahren entstanden (als jüngste das Buch Daniel zwischen 167 u. 164 v. Chr.). Sie haben eine lange Nachgeschichte, die durch den Gebrauch im jüd. Gottesdienst u. Schriftstudium bedingt ist (u. deutl. Spuren im Text hinterlassen hat (erklärende, aktualisierende u. ä. Zusätze).
*Sammlung und Auswahl:* Die später als kanonisch anerkannten Schriften sind in mehreren Stadien zusammengetragen worden, die in etwa an der im Judentum üblichen Gliederung des AT in 3 Hauptteile zu erkennen sind: Als Erstes gewann das *Gesetz* (hebr. *Tora,* die 5 Bücher Mose) normative Geltung (um 400 v. Chr.), daneben standen die *Propheten* in hohem Ansehen. Zu ihnen gehören nach jüd. Auffassung außer den eigentl. *prophet. Schriften* (Jesaja, Jeremia, Ezechiel u. die 12 kleinen Propheten, aber nicht Daniel) die *Geschichtsbücher* (Joschua, Richter, Samuel- u. Königsbücher), weil sie von Propheten verfasst sein sollen. Seit dem 8. Jh. n. Chr. bezeichnen die Juden die letzteren als „frühere (oder vordere) Propheten", im Unterschied zu den zuvor genannten „späteren (oder hinteren) Propheten". Gesetz u. Propheten lagen bereits im 2. Jh. v. Chr. in ihrem heutigen Umfang vor (Vorrede zu Jesus Sirach um 130 v. Chr.) u. wurden in fortlaufenden Lektionen im jüd. Gottesdienst vorgelesen. Dagegen ist der 3. Hauptteil, die *Schriften* oder *Hagiographen* („heilige Schriften", vermutlich so benannt, weil nur z. T. liturgisch verwendet), erst bei der endgültigen Bestimmung des Umfangs des Kanons durch die jüd. Synode zu Jamnia (Yavne) gegen Ende des 1. Jh. n. Chr. abgeschlossen worden; noch später hat sich die Reihenfolge der hagiographen Bücher durchgesetzt: *Psalmen, Ijob, Sprüche Salomos,* die 5 *Megillot* (liturg. Texte für bestimmte Festtage: *Rut, Hohelied, Prediger Salomo [Kohelet], Klagelieder des Jeremia, Ester), Esra, Nehemia* u. *Chronikbücher.* Die davon abweichende Anordnung der meisten modernen Bibelübersetzungen geht auf die griech. Übersetzung des AT, die *Septuaginta,* zurück.
*Umfang des alttestamentl. Kanons:* Bei der Übernahme durch die Kirche hat sich der Umfang nicht geändert; die Anzahl der Bücher ist im Judentum (22 bzw. 24) u. Christentum (39) nur scheinbar verschieden infolge unterschiedlicher Zählung.
Die in der Septuaginta enthaltenen, aber von der jüd. Gemeinde in den Kanon nicht aufgenommenen Schriften bezeichnet man als *Apokryphen,* d. h. als verborgene, von der öffentl. Verbreitung ausgeschlossene Schriften. Sie sind größtenteils in die latein. Bibel übernommen u. von der kath. Kirche als kanonisch anerkannt worden (Trienter Konzil 1546); Luther hat sie im Anhang zur Bibel untergebracht u. geringer als die kanon. Bücher bewertet; die reformierte Kirche lehnt sie ganz ab.
*Pseudepigraphen* sind Schriften, die fälschl. als Werke bedeutender alttestamentl. Gestalten ausgegeben wurden u. weder in der griech. noch latein. Übersetzung des AT zu finden sind (mit geringen Ausnahmen). Beide Gruppen, Apokryphen wie Pseudepigraphen, zeugen ebenso wie die Texte von Qumran von dem einstigen Reichtum der religiösen Literatur des Judentums. Der Text des AT wurde bis ins 4. oder sogar 3. Jh. v. Chr. in althebräischer Schrift, die aus der kanaanäischen hervorgegangen ist, überliefert; dann gingen die Juden zum Gebrauch der sog. aramäischen Quadratschrift über. Die Samaritaner behielten das althebräisch-kanaanäische Alphabet bei. Auch → Bibel.

**Alte Welt,** nach der Entdeckung Amerikas, der *Neuen Welt,* entstandene geograph. Bez. für den eurasiat.-europ. Landblock; kulturgeschichtl. im Gegensatz zur Neuen Welt der abendländ. Kulturkreis.

**Alte Wucherblume** → Chrysanthemum.

**altfränkisch,** altmodisch.

**Altfranzösisch** → französische Sprache.

**Altfrid,** Bischof von Hildesheim seit 851, * vor 800, † 15. 8. 874 Hildesheim; aus sächs. Adel, Mönch in Corvey; gründete als Bischof 852 Dom u. Damenstift Essen; dort bestattet u. früh an seinem Grab verehrt (nicht heilig gesprochen). Patron der Diözese Hildesheim; Diözesanfest: 15. 8.

**alt für neu,** im Versicherungswesen Abzug von der Entschädigung wegen Wertminderung des versicherten Gegenstands durch Abnutzung u. ä. gegenüber einem neuen Stück gleicher Art.

**Altfürstliche Häuser,** im 17. Jh. eingeführte Bez. für Fürstenhäuser, die schon 1582 Sitz u. Virilstimme im Reichsfürstenrat besaßen; im Gegensatz zu den erst später in den Reichsfürstenstand erhobenen *Neufürstlichen Häusern.*

**Altgeld-Guthaben,** *Altguthaben,* das nach der Währungsreform von 1948 in Deutsche Mark (DM) umzustellende Reichsmarkguthaben.

**Altglas,** bereits verwendetes Glas, das bei der Glasherstellung der Rohstoffmischung beigegeben werden kann. Die Mischung darf bis zu 40 % A. enthalten. Die Wiederverwendung von A. dient der Energieersparnis (durch beschleunigtes Aufschmelzen des Gemenges), der Einsparung von Rohstoffen u. der Verringerung des Abfallaufkommens; die Gewinnung von A. erfolgt über Container-Sammelstellen. Die Qualität der Recyclingprodukte wird durch die nach Farben getrennte Sammlung erhöht.

**Altgläubige,** *Altritualisten* → Raskolniki.

**Altgriechisch** → griechische Sprache.

◆ **Althaea,** *Stockmalve, Stockrose, Eibisch, Samtpappel, Heilwurz,* Gat-

Althaea: Stockrose, Althaea rosea

tung der Malvengewächse (Malvaceae); Verbreitungsgebiet: östl. Mittelmeerraum bis Kleinasien, auf Salzböden; Blüten rosa. Der *Echte Eibisch (A. officinalis)*, ist eine etwa 1 m hohe, ausdauernde Pflanze, deren Wurzelstöcke u. Blätter arzneilich verwendet werden; Blüten helllila; in Eurasien verbreitet. Die *Stockrose* oder *Pappelrose (A. rosea)*, wird in Gärten als Zierpflanze gehalten; Heimat: Balkan, Kleinasien.

**Althaus**, 1. Paul, dt. ev. Theologe, *4. 2. 1888 Obershagen, †18. 5. 1966 Erlangen; lehrte in Erlangen, suchte in vermittelnder, für die Fragen der modernen Welt offener Weise das Erbe Luthers zu erneuern. Hptw.: „Die letzten Dinge" 1922; „Die christliche Wahrheit" 1948.
2. Peter Paul, dt. Lyriker u. Kabarettist, *28. 7. 1892 Münster, †16. 9. 1965 München; Gedichte: „In der Traumstadt" 1951; „Dr. Enzian" 1952; „Laßt Blumen sprechen" 1953; „Wir sanften Irren" 1956; „Seelenwandertouren" 1961; „PPA läßt nochmals grüßen" 1966.

**Altheide**, *Bad Altheide*, Stadt in Schlesien, → Polanica Zdrój.

**Altheim**, Marktgemeinde mit Kuranstalt im oberösterr. Innviertel, 360 m ü. M., 4700 Ew.

**Altheim**, Franz, dt. Althistoriker, *6. 10. 1898 Frankfurt a. M., †17. 10. 1976 Münster, Westf.; 1936 Prof. in Halle, 1950 in Berlin (FU). Werke (z. T. mit R. Stiehl): „Römische Religionsgeschichte" 3 Bde. 1931–1933; „Weltgeschichte Asiens im griech. Zeitalter" 1947/48; „Römische Geschichte" 3 Bde. 1956–1958; „Geschichte der Hunnen" 5 Bde. 1959–1962; „Die Araber in der Alten Welt" 3 Bde. 1964–1966; „Geschichte Mittelasiens im Altertum" 1970; „Christentum am Roten Meer" 2 Bde. 1971–1973.

**Altheimer Gruppe**, jungsteinzeitl. Kulturgruppe im bayer. Alpenvorland, mit wenig profilierter, meist unverzierter Keramik; benannt nach dem Fundort *Altheim*, Ldkrs. Landshut.

**Althochdeutsch**, Abk. *Ahd.*, ältester Abschnitt der hochdt. Sprachentwicklung (750–1050); → deutsche Sprache.

**althochdeutsche Literatur**, früheste literar. Zeugnisse in dt. Sprache, etwa 750–1050; gliedert sich in 1. die Dichtwerke aus der Zeit der Karolinger (bis 910; *Otfrid von Weißenburg*), in der sich die Kirche um ein Verdrängen der heidnisch-german. Anschauungen u. um ein Eindeutschen der christl. Vorstellungswelt bemühte; 2. die Zeugnisse aus der Sachsenkaiserzeit u. der sog. „ottonischen Renaissance", in der mit dem Klerus das Latein so vorherrschend wurde, dass aus dieser Zeit nur etwas althochdt. Gebrauchsprosa *(Notker von St. Gallen)* erhalten blieb.

**Althofen**, österr. Stadt (seit 1993) in Kärnten, 714 m ü. M., 4600 Ew.; histor. Ortsbild, Kuranstalt (Schlammbad); im Ortsteil *Treibach* Eisenverhüttung.

**Althoff**, ehem. *Aldenhoven*, deutsche Zirkusfamilie; erstmals im 17. Jahrhundert belegt. Es gibt 2 Linien, die erste geht auf Dominik A., die zweite auf Ferdinand A. zurück. Beide Linien betreiben auch heute noch Zirkusunternehmen.

**Althoff**, Friedrich, dt. Bildungspolitiker, *19. 2. 1839 Dinslaken, †20. 10. 1908 Berlin; 1897–1907 Abteilungsleiter im preuß. Kultusministerium, einflussreicher Referent für die höheren Schulen u. Hochschulen; machte sich um die Entfaltung des wissenschaftl. Lebens in Preußen verdient; bewirkte die Gleichstellung der techn. Hochschulen mit den Universitäten.

**Altholz**, bereits verwendete Holzerzeugnisse oder Holzwerkstoffe, die als Abfall anfallen. Die vorausgegangene Behandlung (z. B. naturbelassen, gestrichen oder beschichtet, mit Holzschutzmitteln behandelt) ist entscheidend für die stoffl. oder energet. Verwertung, eine Ablagerung ist nicht zulässig.

**Althusius**, *Althus*, Johannes, dt. Rechts- u. Staatslehrer des Calvinismus, *1557 Diedenshausen, †12. 8. 1638 Emden; Prof. in Herborn, ab 1604 Ratssyndikus in Emden; wissenschaftl. Begründer der Lehre vom Staatsvertrag u. von der Volkssouveränität. In seinem einflussreichen Werk „Politica methodice digesta atque exemplis sacris et profanis illustrata" (1603) versuchte A. eine Gesellschaftslehre, eine Lehre von der Politik als Tatsachenwissenschaft. A. vertrat die Auffassung, dass die Souveränität vom Volke, bei dem sie ursprünglich liege, durch Vertrag dem Fürsten übertragen sei u. diesem wieder genommen werden könne, wenn er vertragsbrüchig geworden sei, wobei das Volk erforderlichenfalls Gewalt anwenden, den Tyrannen sogar töten dürfe. Althusius' Lehren haben *Rousseau* beeinflusst.

**Althusser** [alty'sɛːr], Louis, französ. marxist. Philosoph, *16. 10. 1918 Birmandreis, Algerien, †22. 10. 1990 Mesnil-Saint-Denise; seit 1980 nach dem Totschlag an seiner Frau in einer psychiatr. Klinik in Paris; lehrte seit 1948 an der École Normale Supérieure in Paris. A. vertritt eine strukturalist. marxist. Philosophie, die er seit den späten 1960er Jahren mehr in Richtung einer neomarxist. Praxis veränderte. Hptw.: „Für Marx" 1965, dt. 1968; „Lire le Capital" (mit anderen Autoren) 1965, dt. „Das Kapital lesen" 1972; „Elemente der Selbstkritik" 1974, dt.

**Altichiero da Zevio** [-'kjɛro da 'zevjo], *Altichiero da Verona*, italien. Maler, zwischen 1369 u. 1384 nachweisbar; Begründer der Altveroneser Malerschule; Fresken in Verona u. Padua.

**Altig**, Rudi, dt. Radrennfahrer u. Trainer, *18. 3. 1937 Mannheim; 1959 Amateurweltmeister im Verfolgungsfahren, 1960 u. 1961 Profi-Weltmeister im Verfolgungsfahren. 1966 Straßenweltmeister, 1966 dt. „Sportler des Jahres"; seit 1977 als Trainer der dt. Radamateure bzw. Leiter von Profi-Rennställen tätig.

**Altindisch** → indische Sprachen.

**Altin Tagh**, Gebirge in China, → Altun Shan.

**Altiplano**, bolivian. Hochland, zwischen den Ketten der Anden, 3600 bis über 4000 m hoch, im trop. Hochgebirgsklima, von Gebirgssteppe (Kakteen u. a.) eingenommen.

**Altkastilien**, span. *Castilla la Vieja*, histor. Landschaft im nördl. Spanien, umfasst die 8 Provinzen Ávila, Burgos, La Rioja, Palencia, Cantabria, Segovia, Soria u. Valladolid; zusammen 66 107 km², 2,55 Mio. Ew.; alte Hptst. *Valladolid*; burgenreiches Land; geographisch gehört A. zur nördl. → Meseta (Hochebene).

**Altkatholiken**, *Alt-Katholiken*, Glieder einer Kirche, die sich von der kath. Kirche trennte: Gegen die auf dem 1. Vatikan. Konzil 1870 verkündete Unfehlbarkeit des Papstes erhob sich in Dtschld., Österreich u. der Schweiz eine Bewegung des Protests, aus der dann die altkath. Kirche hervorging. Die A. lehnen auch Ohrenbeichte u. Priesterzölibat ab. Das Abendmahl darf in beiderlei Gestalt gereicht werden. Gottesdienstl. Sprache ist nicht Latein, sondern die Muttersprache. Seit 1994 dürfen Frauen zu Priesterinnen geweiht werden (die erste dt. Priesterin 1996). 1889 schlossen sich die meisten altkath. Kirchen in der *Utrechter Union* zusammen; dt. Bischof in Bonn. Name der A. in der Schweiz: *Christkath. Kirche*. Altkatholische Kirchen gibt es gegenwärtig in 20 Ländern, mit ca. 6,4 Mio. Mitgliedern weltweit. Bes. Beziehungen bestehen zu den anglikan. u. orthodoxen Kirchen.

**Altkatholische Liturgie**, die Liturgie der in der Utrechter Union 1889 zusammengeschlossenen Altkatholiken. Sie behielten die röm.-kath. Liturgie in volkssprachl. Übersetzung weitgehend bei (Sakramente u. Sakramentalien). Wichtigste liturg. Bücher: Altarbuch, Rituale, Gesang- u. Gebetbuch.

**Altkirch**, Stadt im Elsass, Kreisstadt im französ. Dép. Haut-Rhin, an der Ill, Hauptort des Sundgaus, 5900 Ew.; Kalköfen, Eisen- u. Textilindustrie.

**Altkirchenslawisch** → Kirchenslawisch.

**altkleinasiatische Sprachen**, geographisch zusammenfassende Bez. für eine Reihe weder indoeurop. noch semit. Sprachen des alten Vorderasien, z. B. Elamisch, Kilikisch, Hattisch, Lykisch, Lydisch, Sumerisch.

**Altkönig**, Berg im Taunus, südöstl. des Feldbergs, 798 m; große vorgeschichtl. Ringwälle.

**Altlandsberg**, Stadt in Brandenburg, Ldkrs. Märkisch-Oderland, östl. von Berlin, 3100 Ew.; Stadtkirche (15. Jh.), Schlosskirche (18. Jh.). – Im 13. Jh. gegr.

**Altlasten**, Altablagerungen, von denen nach der Stilllegung eine Gefährdung für die menschl. Gesundheit oder die Umwelt ausgehen können.

**Altliberale**, gemäßigt liberale Parteirichtung, die im preuß. Abgeordnetenhaus 1858 die Mehrheit errang. Sie verlor ihre Führungsstellung an die → Deutsche Fortschrittspartei.

**Altlutheraner**, luth. Kirchen, die sich im 19. Jh. in den „altpreußischen" Provinzen gegenüber den Unionsbestrebungen des Staats bildeten. Zugleich entstanden in Hessen, Hannover, Sachsen u. Hamburg freikirchl. Gemeinden. 1972 schlossen sich alle luth. Freikirchen zur Selbständigen Evangelisch-Lutherischen Kirche (SELK) zusammen. Sie ist nicht Gliedkirche der EKD u. gehört nicht dem Lutherischen Weltbund an.

**Altman,** ♦ **1.** [ˈɔːltmən], Robert, US-amerikanischer Filmregisseur, *20. 2. 1925 Kansas City; anfangs Regisseur von Dokumentarfilmen und Fernsehserien; seine Spielfilme liefern satir. Einsichten in die US-amerikan. Gesellschaft. Werke u. a.: „M·A·S·H" 1969; „Der Tod kennt keine Wiederkehr" 1972; „Nashville" 1975; „Buffalo Bill u. die Indianer" 1976; „Eine Hochzeit" 1977; „Komm zurück, Jimmy Dean" 1982; „Fool for love" 1986; „The player" 1991; „Short cuts" 1993; „Kansas City" 1995; „Cookie's Fortune" 1998. **2.** Sidney, kanad. Chemiker, *8. 5. 1939 Montreal; seit 1980 Prof. an der Yale-Universität in New Haven; erhielt zusammen mit T. *Cech* 1989 den Nobelpreis für Chemie für die Entdeckung der katalyt. Eigenschaften der Ribonucleinsäure.

**Altmann,** Heiliger, Bischof, *um 1015, †8. 8. 1091 Zeiselmauer bei Wien; stammte aus Westfalen, war Kanoniker u. Lehrer in Paderborn, seit 1065 Bischof von Passau, Kirchenreformer u. Klostergründer. Fest: 8. August.

**Altmark,** westlich der Elbe gelegene Landschaft in Sachsen-Anhalt, zwischen Ohre u. Elbe, 4308 km²; Zentrum *Stendal;* eiszeitlich geformt, flachhügelig, Kiefernbestände *(Letzlinger Heide),* Landwirtschaft auf mageren, sandigen Böden, in den entwässerten Niederungen Viehzucht. Kernland der Mark Brandenburg, 1134 an Albrecht den Bären verliehen, Ausgangspunkt der Kolonisation der Mark; gehörte 1952–1990 zum Bez. Magdeburg.

**Altmarkkreis Salzwedel,** Ldkrs. in Sachsen-Anhalt, Reg.-Bez. Magdeburg, 2292 km², 106 000 Ew.; Verw.-Sitz ist *Salzwedel.*

**Altmeier,** Peter, dt. Politiker, *12. 8. 1899 Saarbrücken, †28. 8. 1977 Koblenz; 1927 bis 1933 Stadtverordneter (Zentrum) in Koblenz; Mitgründer der CDU, 1947–1969 Ministerpräsident von Rheinland-Pfalz.

**Altmetall** → Schrott.

**Altmoränenlandschaft,** Landschaftstyp, der vor der letzten Kaltzeit durch die Gletscher früherer Vereisungen geschaffen wurde. Vor u. während der letzten Kaltzeit wurden diese Altmoränen durch periglaziales Bodenfließen abgeflacht. Beispiel ist die schleswig-holstein. → Geest.

**Altmühl,** linker Nebenfluss der Donau in Mittelfranken (Bayern), 230 km; der Unterlauf ist ein Teil des alten Ludwigskanals u. wurde als Teilstück des Europakanals Rhein-Main-Donau ausgebaut.

**Altmühlgruppe,** altsteinzeitl. Fundgruppe in Mitteleuropa; zeitl. Einordnung zwischen Mittel- u. Jungpaläolithikum; kennzeichnendes Steinwerkzeug sind → Blattspitzen.

**Altmünster,** Luftkurort in Oberösterreich, 442 m ü. M., am Traunsee, 9600 Ew.

**Altniederdeutsch** → Altsächsisch.

**altnigritische Kultur,** altertüml. Kultur-

Robert Altman: Szene aus dem Film „Short cuts" mit Bruce Davidson und Andie MacDowell

schicht Schwarzafrikas, die bes. bei Hackbauvölkern am Ost- u. Nordrand des Kongobeckens wie auch bei Splitterstämmen Oberguineas nachzuweisen ist; besondere Merkmale: vaterrechtl. Großfamilie, geführt vom Sippenältesten (zugleich Priester u. Regenmacher), Ahnenkult, Feldarbeit durch Männer, Ohren-, Nasen- oder Lippenpflöcke.

**Altnordisch** → nordische Sprachen.

**altnordische Literatur,** die Literatur des nördl. Zweigs des altgerman. Sprachstamms; deckt sich in der Frühzeit neben der norweg. (etwa bis ins 13. Jh.) weitgehend mit der isländ. Literatur, die auch ihren Höhepunkt darstellt, u. ist vor allem durch die Götter- u. Heldenlieder der sog. *Älteren Edda,* die Geschichtswerke u. -quellen (das Landnahmebuch, Isländerbuch, Königsbuch) u. durch Sagas verschiedener Verfasser sowie durch die mit dem Namen des *Snorri Sturluson* verknüpfte Skaldenpoetik der *Jüngeren Edda* hinreichend gekennzeichnet. Nach einer noch älteren Stufe der nur in spärlichen Überresten erhaltenen Runenliteratur (etwa bis ins 8. Jh.) ist die a. L. die einzige der germanischen Literaturen überhaupt, die das Leben des nord. Heidentums widerspiegelt, weshalb ihr ein hoher kulturgeschichtlicher Wert zukommt.

Die a. L. zeichnet sich formal durch die stabreimende Langzeile aus, die ihr eine äußerlich strenge Einheitlichkeit verleiht. Während die *Ältere Edda* hauptsächlich mytholog. Themen aufarbeitet, stellt die *Skaldendichtung* Preis- u. Schmählieder dar; sie ist ferner durch eine bildreiche Sprache *(kenningar)* gekennzeichnet. Die *Sagas* des 13. u. 14. Jhs., die schon christl. Gedankengut in sich tragen, schildern Leben u. Sterben berühmter Häuptlinge u. den Werdegang von Skalden oder Königen.

**Alto Adige** [-ˈadidʒɛ], italien. Name für → Südtirol.

**Altocumulus** [lat.], gegliederte, ballen- oder walzenförmige Schichtwolken („grobe Schäfchenwolken") in 2,5–6 km Höhe, bestehen vorwiegend aus unterkühlten Wassertröpfchen. Aus Altocumulus fällt im Allgemeinen kein Niederschlag.

**Alto Douro** [ˈaltu doru], Landschaft in Nordportugal zu beiden Seiten des Douro von der span. Grenze bis Peso da Régua; Tonschieferböden, kontinentales Klima mit geringen Niederschlägen u. heißen Sommern u. Anbau auf Terrassen an den Hängen der tief eingeschnittenen Flüsse bilden beste Voraussetzungen für den Anbau des Portweins. In Großbetrieben werden pro Jahr etwa 1,1 Mio. hl erzeugt, von denen etwa 400 000 hl über Porto exportiert werden (hauptsächlich nach England u. Frankreich).

**Altolaguirre** [-ˈgirrɛ], Manuel, span. Lyriker, *29. 6. 1905 Málaga, †26. 7. 1959 Burgos; zunächst Vertreter der „Poésie pure", erwarb sich später eine sehr persönliche, stark bildhafte Ausdrucksform; Hptw.: „Fin de amor" 1949; auch Stücke für das span. Theater zur Zeit des Bürgerkriegs (sog. *Teatro de urgencia*).

**Altöle,** halbflüssige oder flüssige Mineralöle, synthet. Öle u. weitere näher spezifizierte Öle einschl. Emulsionen, ölhaltigen Rückständen sowie wässrige Ölgemische, die als Abfall zu entsorgen sind. A. fallen in großen Mengen an u. können z. T. nach Aufarbeitung wieder verwendet werden. Bereits kleine Mengen reichen aus, um Wasser für die Trinkwasserversorgung unbrauchbar zu machen. Die ordnungsgemäße Altölentsorgung ist gesetzlich geregelt.

**Altölverordnung,** Abk. *AltölVO,* Gesetz vom 27. 10. 1987, das die Einsammlung u. die Aufarbeitung von Altölen sowie das Inverkehrbringen von Verbrennungsmotor- oder Getriebeölen regelt. Altöle sind vor einer Verwertung auf ihren Schadstoffgehalt an → Polychlorbiphenyle u. → Halogenen zu prüfen u. dürfen zur Einhaltung der Grenzwerte für eine Wiederverwendung nicht untereinander vermischt werden.

**Altomonte,** Martino, eigentl. Martin Hohenberg, österr. Maler, *8. 5. 1657 (1658/59?) Neapel, †14. (15.?) 9. 1745 Wien; neben J. M. *Rottmayr* Hauptmeister des Wiener Spätbarock (Fresken im Unteren Belvedere in Wien).

**Alton** [ˈɔːltən], Stadt am Mississippi, im W von Illinois (USA), 32 900 Ew.

**Altona,** westl. Stadtteil von Hamburg mit den Ortsteilen Bahrenfeld, Ottensen, Othmarschen, Groß- u. Kleinflottbek, Nienstedten, Stellingen u. a., grenzt an St. Pauli. Als *Altena* 1537 zuerst erwähnt, ursprünglich zu Schauenburg-Pinneberg, seit 1640 dän., Stadtrecht 1664; erster Freihafen Nordeuropas; 1867 zu Preußen, 1937 in Groß-Hamburg eingemeindet.

**Altonaer System,** ein von E. *Schlee* 1878 in Altona begründeter Aufbau der höheren Schulen, in dem das Realgymnasium u. die Realschule einen gemeinsamen Unterbau ohne Lateinunterricht erhielten; Französisch war Fremdsprache.

**Altoona** [ælˈtuːnə], Stadt im südwestl. Pennsylvania (USA), in den westl. Allegheny

Altötting (1): Die Gnadenkapelle wurde 877 erstmals urkundlich erwähnt. Heute ist sie eine viel besuchte Marienwallfahrtsstätte

Mountains, 360 m ü. M., 52 500 Ew.; die Entwicklung von A. hängt eng mit dem Eisenbahnverkehr zusammen: gegr. 1849 an der Bahnlinie über die Appalachen; Kohleabbau u. Lokomotivenbau vor allem vor 1930; seit der Umstellung im Eisenbahnverkehr hohe Arbeitslosigkeit u. Bevölkerungsrückgang; heute auch Schuh-, Bekleidungs- u. Elektrogeräteherstellung.
**Altorientalistik,** die Wissenschaft von den Kulturen des alten Orients (Assyrien u. Babylonien sowie die angrenzenden Gebiete Irans, Syriens u. Kleinasiens), deren gemeinsames Merkmal die Keilschrift ist; früher wurde die A. als *Assyriologie* bezeichnet. Das Anwachsen der aufgefundenen Schriftdenkmäler u. die Fortschritte in der Entzifferung haben mittlerweile Spezialdisziplinen innerhalb der A. entstehen lassen, wie *Akkadistik, Hethitologie, Sumerologie.*
**Altostratus** [lat.], gleichförmige, faserige bis strukturlose, graubläul. Schichtwolke in 2,5–6 km Höhe, vorwiegend aus unterkühlten Wassertröpfchen, mit Schneekristallen vermischt, bestehend. Durch dünnen A. ist die Sonne ohne scharfen Rand zu erkennen, aus dichtem A. kann länger andauernder Niederschlag fallen.
**Altötting,** ♦ **1.** Kreisstadt in Oberbayern, im Inntal, 403 m ü. M., 12 700 Ew.; berühmtester bayer. Wallfahrtsort: heilige Kapelle mit der Gnadenbild der Schwarzen Madonna; in der Stiftskirche (1499–1511) das Grab *Tillys*; Maschinenbau.
**2.** Ldkrs. in Bayern, Reg.-Bez. Oberbayern, 570 km², 107 000 Ew.; Verw.-Sitz ist A. (1).
**Altpaläolithikum,** älterer Abschnitt der → Altsteinzeit.
**Altpapier,** Papierabfälle, die getrennt gesammelt u. einer stoffl. Verwertung zugeführt werden. Eine Rückführung in den Produktionsprozess wird nach Bedarf über die Abtrennung der Füll- u. Hilfsstoffe von den wiederververtbaren Cellulosefasern oder durch die Nutzung des gesamten Papierstoffs erreicht. Die Herstellung hochwertiger Produkte aus A. erfordert eine sortenreine Sortierung. Für die Altpapierverwertung spricht im Vergleich zu Frischpapieren der geringere Energie- u. Wasserverbrauch sowie die Schonung des Waldes. Letzteres ist aus der Sicht der Waldwirtschaft bei nachhaltigem Waldbau nicht erforderlich u. führt zu wirtschaftl. Nachteilen. Die Aussortierung von A. aus dem Hausmüll führte zu Umstellungen bei der → Abfallverbrennung, da der Energieverlust ausgeglichen werden muss. Für Produkte aus 100 % A. wird ein → Umweltzeichen vergeben.
**altpersische Sprache,** die altiran. Sprache der Keilschriftinschriften der *Achämeniden* (rd. 700 bis 330 v. Chr.); keine Amtssprache, sondern Sprache der Könige u. des Hofs (seit Darius, 522–486 v. Chr.). Die Kanzleien bedienten sich des *Aramäischen*, das gegen 250 v. Chr. bis etwa 225 n. Chr. vom Mitteliranischen abgelöst wurde. Auch → iranische Sprachen.
**Altphilologie,** *klassische Philologie,* die Wissenschaft von den klass. Sprachen (Latein u. Griechisch) u. Literaturen. Auch → Philologie.
**Altpreußen, 1.** das eigentl. Preußen (Ost- u. Westpreußen) u. dessen Bewohner, die der balt. Sprachgruppe angehören (Pruzzen mit Unterstämmen).
**2.** die Provinzen des Staates Preußen, die schon vor den Gebietserwerbungen durch den Wiener Kongress (1815) preußisch waren, z. B. West- u. Ostpreußen, Pommern, Mark Brandenburg u. Schlesien.
**altpreußische Sprache,** *Prußisch,* ausgestorbene Sprache der balt. Gruppe der indoeurop. Sprachfamilie; in Ostpreußen bis ins 17. Jh. gesprochen. Vokabulare (u. a. Elbinger Vokabularium) u. Evangelientexte aus dem 14. u. 16. Jh. sind erste Zeugnisse.
**Altpreußische Union,** Abk. *APU,* die Unionskirche im preuß. Staat, die seit 1817 luth., reform. u. unierte Gemeinden zu einer Verwaltungsunion zusammenschloss; 1853 wurde sie durch Kabinettsorder als Kultusunion erläutert. Sie umfasste nur die bis 1866 zu Preußen gehörigen acht Provinzen. In den Provinzkirchen war der Grad des lehrmäßigen Zusammenschlusses verschieden. Nach dem Zerfall des preuß. Staats gab sich die (seit 1921 „Ev. Kirche der altpreußischen Union" benannte) Kirche 1951 eine neue Ordnung u. 1953 den Namen „Evangelische Kirche der Union" (Abk. *EKU*). Während die APU stärker zentralistisch aufgebaut war (Generalsynode u. Oberkirchenrat in Berlin als Führungsgremien), liegt in der EKU die Gewalt bei den Gliedkirchen. Der EKU gehören die Landeskirchen von Anhalt, Berlin-Brandenburg, Pommern, Rheinland, Westfalen, die Kirchenprovinz Sachsen u. die Ev. Kirche der schlesischen Oberlausitz an.
**Altranstädt,** Ortsteil der Gemeinde Großlehna, Ldkrs. Leipziger Land, westl. von Markranstädt. – Im *Frieden von Altranstädt* am 24. 9. 1706 verzichtete August II. von Polen vorübergehend auf den polnischen Thron.
**Altreformierte Kirche,** Zusammenschluss mehrerer Gemeinden in der Grafschaft Bentheim u. in Ostfriesland (1838). Um reine Lehre, klare Bekenntnisverbundenheit u. strenge Kirchenzucht nicht zu verlieren, vereinigten sich die Gemeinden mit den niederländ. Gemeinden der sog. *Afscheiding* (1834). Bei ihnen galten der Heidelberger Katechismus, die Confessio Belgica u. die Lehrsätze der Dordrechter Synode. 1923 hat sich die A. K. (7500 Mitglieder) als Teilsynode den *Gereformeerde Kerken van Nederland* angeschlossen.
**Altrhein,** alle stillgelegten Schlingen u. Arme des Rheins; reicher Pflanzenbewuchs; Fischbrutstätten, Vogel- u. Insektenparadiese.
**Altrock,** Hermann, dt. Sportwissenschaftler, \*2. 1. 1887 Berlin, †15. 3. 1980 Gerlingen; 1925 Prof. u. Leiter des ersten Hochschulinstituts für Leibesübungen in Leipzig, langjähriger Vorsitzender des Bundes dt. Leibeserzieher. – A. zu Ehren vergibt der Dt. Sportbund alle 2 Jahre eine Studienbeihilfe *(Altrock-Stipendium)* an einen Sportstudenten oder Doktoranden.
**Altruismus,** [lat. *alter,* „der andere"] *Philosophie:* von A. *Comte* geprägte Bez. für ein dem Egoismus entgegengesetztes Handeln aus Solidarität; Ersatz für die christl. Nächstenliebe u. für eine Pflichtenethik. Der A. wird auf den natürl. Trieb zur Vergesellschaftung zurückgeführt, der so eine dem Egoismus überlegene Einheit schafft. Nietzsche kritisiert den A. als Gruppenegoismus u. ordnet ihn dem Machtwillen zu.

**Alt-Ruppin,** Stadtteil von *Neuruppin* in Brandenburg, Ldkrs. Ostprignitz-Ruppin, am Ruppiner See; Erholungsort; Stadtkirche (13. Jh.); 1993 eingemeindet.

**Altsächsisch,** Abk. *As., Altniederdeutsch,* ältester Abschnitt der niederdt. Sprachentwicklung, Sprachform des „Heliand" u. der altsächs. „Genesis" (9. Jh.). Auch → deutsche Sprache.

**Altschewsk,** *Alčevs'k,* 1931–1961 *Woroschilowsk,* 1961–1992 *Kommunarsk,* Stadt in der Ukraine, im Donezbecken, 122 000 Ew.; Metallhochschule; Steinkohlenbergbau, Eisenhütte, Stahl- u. Walzwerk, chem. Industrie; Wärmekraftwerke.

**Altschlüssel,** *Bratschenschlüssel,* in der Notenschrift der sog. C-Schlüssel auf der mittleren Linie des 5-Linien-Systems; früher allg. für die Altstimmen gebräuchlich, findet heute nur noch vorzugsweise für die Bratsche (u. Altposaune) Anwendung. Er steht zwischen dem Violin-(G-)Schlüssel u. dem Bass-(F-)Schlüssel.

**Altschnecken** → Urschnecken.

**Altschrift,** eindeutschende Bez. für → Antiqua.

**Altsibirier,** eine asiatische Völkergruppe, → Paläoasiaten.

◆ **altsibirische Kunst.** Die a. K., im Lauf ihrer Geschichte wiederholt von den großen Nachbarkulturen des Iran u. Chinas beeinflusst, spielte oft eine Vermittlerrolle zwischen den Kulturen West- u. Ostasiens. In frühester Zeit bestanden in ganz Sibirien einheitl. Kunstformen, u. a. eine mit Bändern bemalte Keramik, die im 3. Jahrtausend v. Chr. der Tonware aus der südsibir. Afanasjewo-Kultur, der choresmischen Kelte-Minar-Kultur u. den Kulturen von Susa, Sialk u. Anau ähnelt. Analogien in der vorderasiat. Kulturen bis zur Wolga u. zum Schwarzen Meer hat. Der russ. Wissenschaftler Okladnikow erforschte seit 1934 die im Mesolithikum u. Neolithikum (etwa 8.–5. Jahrtausend v. Chr.) entstandenen Felsbilder am Amur u. Ussuri, auf denen Zauberer, Masken u. Gravierungen von Tieren dargestellt sind, darunter auch der berühmte Hirsch mit dem goldenen Geweih.

*Frühe Bronzezeit:* Nur die südl. der Tundra gelegenen Teile Sibiriens wurden von dieser Zeit (1700-1200 v. Chr.) erfasst. Ihre kunsthandwerkl. Erzeugnisse (Bronzewaffen u. braune Keramik von *Andronowo*) ähneln den Kulturen in der Ukraine. Das Bild veränderte sich in der Epoche *Karasuk* (1200–1700 v. Chr.), in der sich, wie südsibir. Bronzewaffen u. Steinstelen zeigen, vom O bis zum Altai ein starker, von der nordchines. Shang-Yin-Kunst ausgehender Einflussstrom geltend machte. In Südsibirien zeichnen sich die Anfänge des sog. Tierstils ab, in *Choresm* findet sich vorwiegend schwarze Keramik (Amirabâd) ähnlich der des Kaukasusvorlands.

*Eisenzeit:* In der frühen Eisenzeit (entspr. etwa der Epoche Tagar II in der 2. Hälfte des 1. Jahrtausends v. Chr.) erscheinen Tierdarstellungen in Metall, Holz, Leder u. auf Textilien. Bes. im russ. Hochaltai zeugt der reiche Inhalt der Hügelgräber *(Kurgan)* vom hohen Niveau der Kultur der vorwiegend europiden Halbnomaden der sibir. Steppenzone, die in ständiger Berührung mit dem achämenidischen Iran u. gelegentlich Berührung mit dem chines. Reich der Ost-Zou neue Impulse bekam. (Chines. Seiden u. Spiegel, iran. Teppiche u. Wollstoffe wurden in den sog. Fürstengräbern von *Pasyryk* gefunden.) Wahrscheinlich kam es unter dem Einfluss der iran. u. chines. Hochkulturen zu ersten Menschen- u. Tierdarstellungen, umrahmt von Ornamenten vorwiegend vegetabilen Ursprungs in z. T. kräftigen Farben. In Choresm, von einem Kanalsystem durchzogen, wurde die Wohnmauersiedlung ausgebildet, wahrscheinlich unter dem Einfluss der achämenid. Befestigungstechnik. Während der beiden letzten Jahrhunderte v. Chr. bildeten sich neue Zentren einer vorwiegend vom chines. Nachbarn beeinflussten Halbnomadenkunst mit Tierstilbronzen in Baikalien u. im Ordosgebiet am Huang He (Nordchina),

altsibirische Kunst: Detail eines mit Filz benähten Wandbehanges; 5.–4. Jh. v. Chr. St. Petersburg, Eremitage

wo die Xiung-nu die den europiden Skythen verwandten Stämme als Beherrscher der asiat. Steppen ablösten.

*Taschtyk-Kultur:* Aus dieser Zeit (1. Jh. v. Chr. bis 4. Jh. n. Chr.) haben sich ausschl. chines. Importe als Beigaben in den südsibir., bescheiden ausgestatteten Gräbern erhalten. Die Verwendung von Edelmetallen nahm ab; für die Metallverarbeitung wurde weniger Bronze, dafür mehr Eisen verwendet. Auffallend ist ein neuer Typ rot bemalter Totenmasken. Der Taschtyk-Kultur gehören die ältesten bisher gefundenen Reste von Steinbauten Südsibiriens in der Nähe von Minusinsk (Abakan) an: eine Hofanlage, deren bronzene Bauplastikreste chines. Einfluss verraten. Im Altai u. in der Mongolei wurden Türkengräber des 5.–10. Jh. mit Silbervasen u. Waffen gefunden; ihr Schmuckstil ähnelt dem der Funde in den westl. Steppengebieten. Nur im Turan, dem südl. des Aralsees gelegenen Choresm, kam es zur Anlage von Stadtfürstentümern mit hoch entwickelter Kultur (Pjandschikent): Hochburgen mit Mauern aus großen Luftziegeln über einem Lehmsockel mit Wehrgang u. Schießscharten, vorgelagerten Pilastern u. Viereckstürmen sowie Korbbogengewölben mit schrägliegenden Bogensteinen (Toprak-Kala, Residenz der Choresm-Schahs mit Palastanlage u. Feuertempel). Wie zahlreiche Kushan-Münzen beweisen, bestand enger Kontakt mit dem Kushan-Reich; er wird auch bezeugt durch Großplastik (Sijawuschiden-Porträts) u. Freskomalereien (Genreszenen) des 1. Jh. v. Chr. bis 3. Jh. n. Chr.

*Sassaniden-Zeit:* Einflüsse der Kunst der iran. Sassaniden spiegeln sich in den Fresken von Warachschah bei Buchara (5. Jh.), von Balalyk-tepe (südl. von Samarkand) u. von Pjandschikent (westl. von Samarkand); die Bilder zeigen Darstellungen aus dem Leben der türkisch-soghdischen Bevölkerung (Gastmähler, Kampf- u. Trauerszenen). Kleidung, Gebrauchsgegenstände u. Stil sind vorwiegend sassanidisch. Im 9. u. 10. Jh. wurden die Jenissej-Kirgisen so mächtig, dass sie in die von den Türken beherrschten Gebiete erobernd vordrangen. Ihre Gräber enthalten seit dem 6. Jh. reiche Beigaben aus Edelmetallen, die in Stil u. Dekor häufig Entsprechungen in der Tang-Kunst Chinas haben (Kopen-Kurgan). Auch mit den West-Liao Chinas unterhielten die Kirgisen Handelsbeziehungen, wie die Ergebnisse neuerer chines. Grabungen vermuten lassen.

**Altsilber,** durch Einwirkung von Schwefelwasserstoff dunkel gefärbtes Silber; auch Bruchsilber.

**Altsohl,** Stadt in der Slowakei, → Zvolen.

**Altsparer,** Personen, die vor dem 1. 1. 1940 über ein Spargutthaben bzw.

# altsprachlicher Unterricht

bestimmte Wertpapiere verfügten u. diese bis zur Währungsreform 1948 stehenließen. Nach dem *Altsparergesetz* wurde die Währungsumstellung dieser Guthaben auf 5:1 erhöht. Gläubiger, die ihren Sitz in einem ausländ. Staat hatten, wurden den dt. Gläubigern gleichgestellt.

**altsprachlicher Unterricht,** der Gymnasialunterricht in Latein u. Griechisch; wurde bes. im 18. Jh. von den Neuhumanisten (W. *von Humboldt*) unter dem Einfluss von *Herder, Winckelmann* u. *Goethe* gefördert. Davon versprachen sie sich eine humanisierende Wirkung; bis 1890 wurden noch Aufsätze in latein. Sprache geschrieben. Seit Jahrzehnten ist der altsprachl. Unterricht rückläufig.

**Altstadtsanierung** → Städtebau.

**Altstahl,** der aus zerstörten Bauteilen u. Bauwerken geborgene wieder verwendungsfähige Baustahl.

**Altstätten,** Stadt in der Schweiz, im Kanton St. Gallen, 10 200 Ew.; im Rheintal, umgeben von Obst- u. Weingärten; Textilind.

◆ **Altsteinzeit,** *Paläolithikum,* früheste Epoche der Menschheitsgeschichte, charakterisiert durch ausschließlich aneignende Wirtschaftsweise (Jäger u. Sammler), die vielleicht schon im ausgehenden Tertiär (Pliozän) beginnt u. in der Hauptsache das gesamte *Eiszeitalter (Pleistozän)* umfasst. Die Grundlage für die Erforschung der A. bilden vor allem archäolog. u. paläanthropolog. Funde; mengenmäßig treten dabei die Steingeräte bes. hervor. Sie bestehen aus den jeweils geeignetesten örtlich zu findenden Gesteinsarten, bes. aus Feuerstein, der durch Behauen (Kernstein- u. Abschlagtechnik) u. Retuschieren in die endgültige Form gebracht wurde. Bei der Kernsteintechnik wurden von einem Rohstück so lange Späne entfernt, bis als Kern das beabsichtigte Gerät übrig blieb; bei der Abschlagtechnik wurden von dem Rohstück Späne (→ Abschlag) abgesprengt u. teilweise ohne Überarbeitung als Geräte verwendet. Bei der Überarbeitung (Retuschieren) wurden dann kleinere Teile der Späne mittels eines Schlagsteins abgeschlagen oder durch einen Druckstoff aus Holz oder Knochen abgesprengt. Die Geräte lassen sich nach Form u. Herstellungsart in Typen einteilen. Durch eine systemat. Analyse zusammengehörender Fundkomplexe wurde festgestellt, welche typischen Formen gleichzeitig sind.

*Wissenschaftliche Untergliederung:* Zwei unterschiedl. Forschungsrichtungen stehen sich gegenüber: Die eine legt Wert auf die Abgrenzung von Entwicklungsstufen, um sozusagen „Momentaufnahmen" festzuhalten, die andere möchte das Entwicklungskontinuum darstellen, das zu einer weitgehenden Auflösung des Stufensystems führt. Allgemein lässt sich festhalten, dass seit der Werkzeugherstellung u. des Werkzeuggebrauchs eine beschleunigte Entwicklung der Technik u. eine höhere geistige Entfaltung des Menschen registriert werden kann. Wahrnehmbare Änderungen, die sich im ältesten Abschnitt der A. in Jahrhunderttausenden vollziehen, geschehen vergleichsweise am Ende der A. etwa in Jahrzehntausenden bis Jahrtausenden, von da an bis heute in immer kürzer werdenden Zeitabschnitten. Am Anfang war der Mensch Jäger u. Sammler, wobei die Sammler-Komponente überwogen haben mag; gegen Ende der A. nimmt die Jäger-Komponente zu, an ihrem Ende treten u. a. Kulturen eines spezialisierten Jägertums (z. B. Rentierjäger)

Altsteinzeit: Bisonskulptur des Magdalénien aus der Höhle La Madeleine bei Tursac in Frankreich

auf. Die aneignende Wirtschaftsweise zwang zum öfteren Wechsel der Siedlungsplätze. Freilandlagerplätze schützte man mit einfachen Windschirmen oder Laubdächern, als Behausung diente sonst nur die Höhle. Im *Jungpaläolithikum* wird man die Wohnmöglichkeiten von Felsschutzdächern mit Windschirmen oder Zelteinbauten verbessert haben; kleine ovale u. kreisförmige Grundrisse von Wohnstellen im Freien lassen sich als Hütten u. Zelte rekonstruieren (z. B. die Siedlungen in Pincevent u. Gönnersdorf). In Osteuropa fand man Grundrisse von Langhütten mit mehreren Herdstellen, die wohl als Gemeinschaftshäuser gedient haben mögen. Die Wiege der Menschheit scheint in Afrika zu liegen (homo habilis), aber in der frühen A. ist der Mensch auch in Europa u. Asien (homo erectus) nachweisbar; Amerika u. Australien werden erst am Ende der A. vom homo sapiens besiedelt.

Ein grober Überblick über die archäologische Einteilung der A. zeigt Folgendes: Das *Frühpaläolithikum* beginnt vor ca. 1–2 Mio. Jahren, die frühesten Funde stammen aus der Olduvai-Schlucht in Ostafrika; diese Zeit wird durch Geröllgeräte *(pebble-tools)* charakterisiert, deren Artefaktcharakter in Einzelfällen noch nicht bewiesen ist.

*Altpaläolithikum:* Das folgende *Altpaläolithikum* wird durch das Auftreten echter Faustkeilindustrien, die man als *Acheuléen* bezeichnet, charakterisiert; in dieser Zeit kam auch der Gebrauch des Feuers auf. Es erlaubte eine bessere Bereitstellung der Nahrung, ermöglichte die Beleuchtung, gewährte Schutz vor Kälte u. Sicherheit vor Raubtieren. Man könnte zu diesem Zeitpunkt erstmalig von der Bildung verschiedener Kulturbereiche sprechen, einem europäischen, einem mediterran-westafrikanischen, einem subsaharischen, einem westasiatischen u. einem südindischen. Ein bedeutender Fund dieser Zeit ist die Jagdsiedlung von *Torralba* in Spanien. Die Geröllgeräteindustrien leben aber in Europa bis ans Ende des *Mittelpleistozäns* (etwa bis vor 100 000 Jahren) im sog. *Heidelberg-Clactonien-Kreis* fort; in Nordafrika ist ein

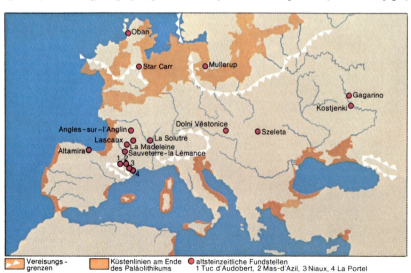

Altsteinzeit: Vereisungsgrenzen, Küstenlinien und Fundstellen

Vereisungsgrenzen | Küstenlinien am Ende des Paläolithikums | ● altsteinzeitliche Fundstellen 1 Tuc d'Audobert, 2 Mas-d'Azil, 3 Niaux, 4 La Portel

echtes Kontinuum von Geröllgeräteindustrien zu Faustkeilindustrien erkennbar, in Süd- u. Ostasien bestehen bis ins *Jungpleistozän* die Geröllgerätekomplexe des Anyathian, Patjitanian u. Choukoutienian (→ Zhoukoudian), dort gab es keine Faustkeilindustrien. Am Ende des Altpaläolithikums tritt das *Micoquien* auf, eine Industrie, bei der die sog. *Levalloistechnik* an Bedeutung verliert; man spricht für diese Epoche auch vom *Mittelpaläolithikum* (etwa zwischen 130 000 bis 40 000).

*Mittelpaläolithikum:* Im Laufe dieses Zeitabschnitts entsteht das sog. *Moustérien,* das vor allem vom Neandertaler getragen wird, der erstmalig seine Toten bestattet. Die großräumige Einheitlichkeit des Altpaläolithikums löst sich in viele regionale Gruppen auf. In Dtschld. sind vor allem die Stationen von Weimar-Ehringsdorf u. Salzgitter-Lebenstedt zu nennen. Im jüngeren Abschnitt dieser Zeit entstehen in Frankreich das *Châtelperronien*

Altsteinzeit: Knochenamulett aus Dolní Věstonice in Mähren

und *Périgordien,* das schon jungpaläolith. Züge aufweist, wie auch die Funde von El Sotillo in Spanien u. das sog. *Prae-Aurignacien* in Vorderasien.

*Jungpaläolithikum:* Mit dem verstärkten Auftreten des homo sapiens sapiens vor etwa 40 000 Jahren beginnt das Jungpaläolithikum. Am verbreitetsten sind die sog. aurignacoiden Industrien, die durch Feuersteinklingen u. Knochengeräte charakterisiert werden. In Nordafrika entsteht das *Atérien,* in Frankreich folgen das jüngere Périgordien u. *Solutréen,* in Mittel- u. Osteuropa findet man das sog. *Gravettien* oder auch *Pavlovien,* das durch die Gravettespitze charakterisiert wird u. im kältesten Teil der letzten Eiszeit bestand. Die regionalen Unterschiede werden immer ausgeprägter; so kamen in der sog. *Hamburger Kultur* dank günstiger Erhaltungsbedingungen auch Holzfunde zu Tage. Die Hamburger Kultur steht dem aus dem Westen stammenden jüngsten paläolith. Komplex, dem sog. *Magdalénien,* gegenüber, das sich durch viele Geräte aus Knochen, Rengeweih u. Elfenbein auszeichnet. Typisch sind oft mit Ornamenten oder stilisierten Figuren verzierte Harpunen, Speerspitzen u. Lochstäbe; charakterist. Steingeräte sind: Bohrer, Papageienschnabel- u. Sägeklingen. Im Vorderen Orient wird das Jungpaläolithikum durch das oriental. Aurignacien von Jabrud gebildet; es folgen ein *Epipaläolithikum* u. schließl. das *Natufien,* das am Beginn des *Holozäns* zum *Neolithikum* überleitet. Für Asien sind die Komplexe von Mal'ta, Vercholensk, Tel'manskaja in Sibirien u. der Ordos-Komplex aus China zu nennen. Noch im oberen *Jungpleistozän* scheint auch Australien besiedelt worden zu sein; das *Kartan,* eine Geröllgeräteindustrie, hat wohl Verbindung zu den späten Geröllgerätindustrien Südostasiens. Die ersten Siedler Amerikas zeichnen sich durch das *Llano* u. *Llano-Folsom* im Norden u. das *Toldense* in Chile u. Südargentinien aus.

Über das Geistesleben des Menschen lässt sich erst seit Auftreten des Neandertalers etwas aussagen: Bestattungen mit Beigaben u. Rotfärbung durch Ocker, Teilbestattungen (Schädeldepots), Menschen- u. Tieropfer, die vom Moustérien an auftreten, charakterisieren in Verbindung mit der Kunst die Religion der jüngeren A. Sie zeigt eine enge Bindung an das Jagdtier u. fand neben der Jagdmagie möglicherweise in der Verehrung von tiergestaltigen Gottheiten ihren Ausdruck. Der Beginn der altsteinzeitl. Kunst liegt im Aurignacien. Hier erstreckt sich die Beschäftigung auf Wand- u. Felsbilder, Statuetten, verzierte Geräte u. Knochen; an Kunstarbeiten zählen wir: Malerei, Gravierung, Relief u. Skulptur. Die ältesten Kunstwerke sind kleinplastische Tier- u. Menschenfiguren aus süddeutschen Höhlen (Vogelherd, Hohlenstein-Stadel, Geißenklösterle), nach der C-14-Methode ca. 32 000 Jahre alt; menschl. Darstellungen in der Wandkunst selten, an ihre Stelle treten oft menschengestaltige Mischwesen. In der Kleinkunst gibt es besonders viele Frauenidole (Brassempouy, Willendorf); die Wandkunst, deren Mittelpunkt das Jagdtier war, gipfelt in der polychromen Malerei (Altamira, Font-de-Gaume, Lascaux).

**Altstoff, 1.** *allg.:* Stoffe, die nach ihrer Verwendung nochmals verwertet werden, z. B. Altglas, Altpapier.
**2.** *Recht:* Im Sinne des *Chemikaliengesetzes* eine chem. Substanz, die vor dem 18. 9. 1981 in einem Mitgliedstaat der EU auf dem Markt war. Nicht zu den Altstoffen zählende Substanzen, die in Mengen von über 1 t/Jahr in Verkehr gebracht oder importiert werden, müssen das Prüf- u. Anmeldeverfahren nach dem Chemikaliengesetz durchlaufen, geringe Mengen unterliegen einer eingeschränkten Anmeldepflicht. Alle in der EU anerkannten Altstoffe sind in einem Verzeichnis aufgeführt.
**Altstoffverordnung,** Verordnung der EU (793/93/EWG vom 23. 3. 1993) zur Bewertung u. Kontrolle der Umweltrisiken chem. → Altstoffe (2). Analog zu der Anmeldepflicht für chem. Stoffe sind in der EU auch für Altstoffe ausführl. Datensätze zu physikal. u. chem. Parametern sowie Angaben zur Toxizität, Ökotoxizität, zum Verhalten in der Umwelt u. zur Menge bekanntzumachen, wenn ein Hersteller oder Importeur zwischen 1990 bis 1994 mindestens einmal mehr als 10 t eines Altstoffes hergestellt bzw. importiert hat. Die Meldefristen sind 1998 ausgelaufen, die Daten sind bei Bekanntwerden neuer Ergebnisse fortzuschreiben. Die A. gilt unmittelbar u. muss nicht in nationales Recht umgesetzt werden. Das deutsche → Chemikaliengesetz enthält jedoch eine Verpflichtung zur Übermittlung einer Liste der gemeldeten Stoffe an die Anmeldestelle des Bundes u. die zuständige Landesbehörde.

**Altstreuverfahren,** die Verwendung von abgelagertem Geflügel- oder Pferdedung als Streu; vom Standpunkt der Parasitologie u. der Hygiene abzulehnendes Verfahren zur Arbeitsvereinfachung u. Einsparung von Streumitteln.

**Alt-Taiwanesen,** altmalaiische Bevölkerungsschicht der Insel Taiwan, z. B. Ami, Paiwan, Bunun, Rukai u. Tsou; Yami auf der Insel Botel Tobago (insges. etwa 250 000); Brandrodungsfeldbau (Hirse u. Kartoffeln); Jagd; Kopfjagd, Ahnenkult u. Schamanismus waren früher wichtige Bestandteile der alttaiwanesischen Kultur.

**alttestamentliche Theologie,** Darstellung der Theologie des AT, hat die Aufgabe, Wesen u. Wirkung der Offenbarung Gottes u. des auf sie bezogenen Glaubens Israels, wie sie in den kanon. Schriften des AT bezeugt sind, systemat. darzustellen. Von einer Darstellung der israelit.-jüd. Religionsgeschichte unterscheidet sie sich vor allem dadurch, dass sie zwar auch den geschichtl. Wandel des Glaubens Israels berücksichtigt, darüber hinaus aber nach der bleibenden u. gegenwärtigen Bedeutung des Glaubenszeugnisses des AT fragt. Im Rahmen der Theologie befasst sich die a. T. auch mit dem Verhältnis zwischen AT u. NT sowie mit der Bedeutung des AT für den christl. Glauben u. die Kirche.

**Altun Shan,** *Altin Tagh, Astin Tagh,* Gebirge am Rand des Tarimbeckens, im SO der chines. Autonomen Region Xinjiang, über 6000 m ü. M.; nordöstl. Ausläufer des *Kunlun Shan.*

**Altvater,** tschech. *Praděd,* höchster Berg (1491 m) des *Altvatergebirges.*
**Altvatergebirge,** *Hohes Gesenke,* tschech. *Hrubý Jeseník,* Teil der Ostsudeten, im Altvater 1491 m hoch, flaches Relief mit tief eingeschnittenen Tälern; waldreich, vor allem Fichten, Holzwirtschaft; Fremdenverkehr.

**Altwasser, 1.** *Hydrologie:* abgeschnittene Flussschlinge mit stehendem Wasser; entstanden durch Flussregulierung oder Flussbettverlagerung. Auch → Mäander.
**2.** *Ozeanographie:* stagnierende Wassermassen in abgeschlossenen Meeresbecken (z. B. Schwarzes Meer, Ostsee).
**Altweiberfastnacht** → Weiberfastnacht.

**Altweibermühle,** eine Mühle, in der alte Frauen angeblich wieder jung gemahlen werden; Fastnachtsscherz seit dem späten MA, durch Schwank u. Sage in volkstüml. Bilderbogen eingegangen; wird noch heute in vielen süddt. Fastnachtszügen mitgeführt.

**Altweibersommer,** 1. *Meteorologie:* herbstl. Schönwetterperiode mit großer Tagesschwankung der Temperatur, Sept. bis Okt. in einem großen Teil Europas, eine → Singularität; in Amerika *Indianersommer* genannt.

2. *Zoologie:* Spinnfäden, die im Frühjahr u. im Herbst die Luft durchziehen. An ihnen hängen Jungspinnen, die sich auf diese Weise über ein großes Gebiet ausbreiten; im Volksglauben das Gespinst von Elfen u. Zwergen.

**Altweltaffen,** *Schmalnasen, Catarrhini,* Unterordnung der Primaten, die die *Meerkatzenverwandten, Cercopithecidae, Gibbons* oder *Kleinen Menschenaffen, Hylobatidae, Großen Menschenaffen, Pongidae* u. *Menschen, Hominidae* umfasst. Ein Charakteristikum sind die schmale Nasenscheidewand u. die nach vorn gerichteten Nasenlöcher. Meist sind Backentaschen u. Gesäßschwielen vorhanden; ein Greifschwanz ist nie ausgebildet. Der Daumen ist an den Händen opponierbar u. erlaubt präzises Greifen. A. leben in Afrika (ohne Madagaskar) u. Asien, die meisten sind Baumbewohner.

**Altweltgeier** → Geier.

**Alu,** Kurzwort für Aluminium.

**Aludur,** Aluminiumlegierung mit 0,3–1 % Silicium, 0,3–0,8 % Mangan u. 0,5–1,2 % Magnesium.

**Aluette** [alyˈɛt; frz.], in Frankreich, bes. in der Bretagne beliebtes Kartenspiel mit span. Farben; 48 Blatt, 4 Spieler, die 2 Parteien bilden. Man darf dem Partner seine Karten mittels Gesten u. Grimassen verraten, jedoch ohne zu sprechen. Es gilt, die meisten Stiche (mindestens fünf) zu machen.

**Aluman,** eine Aluminiumlegierung mit 1,1 % Mangan.

**alumetieren** [lat.], *alitieren,* einen Korrosionsschutz für Stahl herstellen: Aufgespritztes Aluminium diffundiert durch Glühen bei 850 °C in die Oberfläche ein u. bildet eine Schutzschicht.

**Aluminat,** das hypothetische Anion einer „Aluminiumsäure", das bei der Auflösung in starken Laugen nach der Formel: $Al(OH)_3 + NaOH → Na^+(Al(OH)_4)^-$ (Aluminat) angenommen wird; durch „Impfen" in der Hitze mit $Al(OH)_3$ u. a. kann das reinste Hydroxid $(Al(OH)_3)$ ausgefällt werden (Bauxit-Aufbereitung). Auch Spinelle, z. B. $Mg(AlO_2)_2$, sind Aluminate.

◆ **Aluminium** [das; lat. *alumen,* „Alaun"], chem. Zeichen Al, silberweißes Leichtmetall, Atommasse 26,98154, Ordnungszahl 13, Dichte 2,7, Schmelzpunkt 659 °C, mit etwa 7,51 % in der Erdkruste vorkommend, ist von F. Wöhler 1827 als Metall isoliert, jedoch erst 1855 auf der Weltausstellung in Paris als techn. Produkt vorgestellt worden. Es ist nach Entdeckung der → Aushärtung (1908) seiner Legierungen (→ Dural) eines der wichtigsten Gebrauchsmetalle. Nach Silber u. Kupfer hat A. die beste elektrische

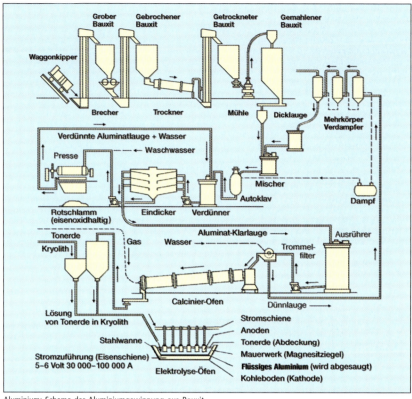

Aluminium: Schema der Aluminiumgewinnung aus Bauxit

u. therm. Leitfähigkeit (Aluminium-Hohlseile für Hochspannungsleitungen). Trotz des negativen elektrochem. Potenzials von –1,67 Volt korrodiert A. an der Luft nicht. Durch anodische Oxidation (→ Eloxalverfahren) kann eine dickere u. anfärbbare Oxidschicht aufgebracht werden. A. wird ausschl. durch Elektrolyse des nur synthet. verfügbaren *Kryoliths,* $Na_4(AlF_6)$, gewonnen, wobei das Schmelzbad laufend durch Nachfüllen von gereinigter Tonerde, $AlO(OH)$, regeneriert wird.

*Vorkommen:* in Aluminiumsilicaten, z. B. *Bentonit, Kaolinit* (Tonmineralien), *Sodalith* (Gerüst des Ultramarin, in *Feldspat,* z. B. $K\,Al\,Si_3O_8$ u. *Bauxit* (nach Lex Baux/Provence), *Korund,* $Al_2O_3$; A. ist Hauptbestandteil der Edelsteine *Rubin* (mit Chrom) u. *Saphir* (mit Eisen).

*Verbindung und Verwendung:* Aluminiumsulfat u. → Alaun in der → Beizenfärberei; wasserfreies *Aluminiumchlorid* als Katalysator in der organ. Synthese; eine mit Weinsäure versetzte Lösung eines basischen *Aluminiumacetats* dient als *essigsaure Tonerde* in der Kosmetik.

**Aluminiumbronze,** 1. Kupferlegierung mit bis 10 % Aluminium (Zehnpfennigmünzen vor 1939 im Deutschen Reich). – 2. Aluminiumpulver-Suspension als Anstrichfarbe.

**Aluminiumdruck** → Algraphie.

**Aluminium-Formol-Toxoid** → ALFT.

**Aluminiummessing,** Sondermessing aus 70 % Kupfer u. 1–2 % Aluminium, Rest Zink. A. ist seewasserbeständig durch das Aluminium u. deshalb für Schiffsteile u. Armaturen geeignet.

**aluminiumorganische Verbindungen** → metallorganische Verbindungen, → Aluminiumtrialkyle.

**Aluminiumtrialkyle,** $AlR_3$ (R = Alkylrest), wichtigste aluminiumorgan. Verbindungen; spontanes Entflammen mit Luft, mit Wasser explosionsartige Zersetzung; technisch bedeutend in *Ziegler-Natta-Katalysatoren* für die Polymerisation von *Olefinen.*

**Aluminothermie,** von T. Goldschmidt 1895 angegebenes Verfahren zur kohlenstofffreien Gewinnung schwer reduzierbarer Metalle aus ihren Oxiden u. zur Erzeugung sehr hoher Schmelztemperaturen. Werden Oxide der Metalle Chrom, Wolfram, Titan u. a. mit gepulvertem Aluminium gemischt u. wird durch eine Zündkerze eine Entzündung des Gemisches eingeleitet, so schreitet diese durch die sich entwickelnde Temperatur von 2500–3000 °C selbsttätig fort. Dabei entzieht das Aluminium dem Metalloxid den Sauerstoff. Das sich bildende reine Metall sammelt sich am Boden des Schmelzgefäßes, während das entstehende spezifisch leichtere Aluminiumoxid als Schlacke auf dem flüssigen Metall schwimmt u. dieses vor erneuter Oxidation schützt. Nach dem Erstarren wird das Metall von der Schlacke getrennt. Die Schlackenkristalle erreichen die Härte von Korund u. werden unter der Bez. *Alundum* oder *Corubin* als Schleifmittel verwertet. Eine Mischung von gepulvertem Aluminium u. Eisenoxid wird als *Thermit* zum Schweißen verwandt.

**aluminothermisches Pressschweißen,** Verbindung metallischer Werkstoffe unter Druck, wobei die Wärme durch einen flüssigen Wärmeträger übertragen wird. Dieser entsteht durch eine chem. Umsetzung von Aluminiumpulver u. Metalloxid zu Aluminiumoxid (Schlacke) u. Metall.

**Alumnat** [der; lat.], heute unübliche Bez. für die mit Gymnasien verbundenen Schülerheime, aus mittelalterl. Klosterschulen hervorgegangen; Einheit von Unterricht, Erziehung u. Lebensführung; dieser Grundgedanke findet sich heute noch in Heimvolkshochschulen u. Landerziehungsheimen.

**Alundum,** als Nebenprodukt bei der → Aluminothermie anfallendes blättrig-kristallines Aluminiumoxid (hauptsächl. $Al_2O_3$); Verwendung als Schleifmittel anstelle von natürl. Schmirgel.

**Alune,** altmalaiischer Stamm auf der Insel Seram.

**Alung Gangri,** Gipfel im tibetischen Gebirge → Nganglong Gangri.

**Alunit** [der; lat.], *Alaunstein,* weiß-gelbliches bis rötliches, glasglänzendes Mineral, trigonal, Härte $3^1/_2 - 4$; basisches Kalium-Aluminium-Sulfat, Formel: $KAl_3(SO_4)_2 \cdot 12H_2O$.

**Alunogen** [der; lat.], *Keramohalit,* weißes, durchscheinendes Mineral mit Seidenglanz, triklin, Härte 1–2, auf Braun- u. Steinkohlengruben als Verwitterungsprodukt sulfidischer Tongesteine, chemische Formel: $Al_2(SO_4)_3 \cdot 18H_2O$.

**Alvarado,** mexikan. Dorf, ca. 65 km südl. von Veracruz Llave; größt. mexikan. Regierungsprojekt (Ausbau zum Industriezentrum).

**Alvarado** [-ðo], Pedro de, span. Konquistador, * um 1485 Badajoz, † 4. 7. 1541 Guadalajara, Mexiko; Unterführer von H. *Cortés* bei der Eroberung Mexikos. 1524 eroberte A. Guatemala u. El Salvador u. wurde der erste Generalkapitän von Guatemala.

**Alvarez** ['ælvərɛs], Luis, US-amerikan. Physiker, * 13. 6. 1911 San Francisco, † 1. 9. 1988 Berkeley, Calif.; Arbeiten über Elementarteilchen (Messmethoden, statist. Auswertungsverfahren), für die er 1968 den Nobelpreis für Physik erhielt.

**Álvarez Quintero** ['alvarɛθ kin-], span. Dichter-Brüder: *Serafín,* * 26. 3. 1871 Utrera, † 12. 4. 1938 Madrid, u. *Joaquín,* * 20. 1. 1873 Utrera, † 14. 6. 1944 Madrid; schrieben meisterhafte andalus. Komödien mit hintergründigem Humor u. geschickter Handlungsführung, die das mittelständ. Spanien der Restaurationsepoche spiegeln; Hauptwerke: „El patio" 1899/1900; „El rinconcito" 1932.

**Álvarez y Cubero** ['alvarɛθ i-], José, span. Bildhauer, * 23. 4. 1768 Priego de Córdoba, † 26. 11. 1827 Madrid; Vertreter der neoklass. Richtung, schloss sich in Rom an A. Canova an. A. wurde 1816 Hofbildhauer Ferdinands VII. Neben mytholog. Figuren (Apollo, Diana) u. Statuen (z. B. Karl IV. u. von Maria Luise) entstanden Porträtbüsten (von Ferdinand VII. u. G. Rossini).

**Alvaro,** Corrado, italien. Schriftsteller u. Journalist, * 15. 4. 1895 San Luca, Kalabrien, † 11. 6. 1956 Rom; in seinen ersten Werken beschrieb er seine Heimat in naturalist. Darstellung, später mit wachsendem psycholog. Scharfblick („Die Hirten vom Aspromonte" 1930, dt. 1942), Reisebeschreibungen („Viaggio in Turchia" 1932; „Italien. Reisebuch" 1933, dt. 1956) u. Tagebücher („Quasi una vita" 1950, „Ultimo diario" 1959); Gedichte der Heimatliebe („Poesie grigioverdi" 1917).

**Alvastra,** Schwedens ältestes Zisterzienserkloster, 12. Jh.; gegr. in einer früh besiedelten Landschaft Östergötlands; östl. von A., im *Dagsmosse,* Reste steinzeitl. Pfahlbauten.

**Alvensleben** niedersächs. Adelsgeschlecht, erstmalig 1163 in Halberstadt erwähnt, in der Magdeburger Börde u. der Altmark ansässig:
**1.** *Albrecht* Graf von, preuß. Politiker, * 23. 3. 1794 Halberstadt, † 2. 5. 1858 Berlin; 1835–1842 preuß. Finanz.-Min., förderte den Dt. Zollverein, Gegner der Dt. Revolution, 1854 Mitglied des preuß. Herrenhauses u. diplomat. Vertreter Preußens in Wien, starb vor der Ernennung zum Ministerpräsidenten.
**2.** *Gustav* von, Generaladjutant König Wilhelms I. von Preußen, * 30. 9. 1803 Eichenbarleben, Kreis Wolmirstedt, † 30. 6. 1881 Gernrode; bekannt durch die → Alvensleben'sche Konvention.
**3.** *Konstantin* von, Bruder von 2), preuß. General, * 26. 8. 1809 Eichenbarleben, † 28. 3. 1892 Berlin; im Feldzug 1866 u. 1870/71 hervorgetreten durch seine strateg. Erfolge.

**Alvensleben'sche Konvention,** von G. von *Alvensleben* am 8. 2. 1863 am Zarenhof geschlossenes Abkommen zwischen Preußen u. Russland zur Unterdrückung eines Aufstands in Russisch-Polen. Obwohl bald gekündigt, hatte die Alvensleben'sche Konvention bedeutende Folgen: sie empörte die Liberalen in Dtschld., verschaffte aber Bismarck russ. Rückendeckung für die spätere Politik der Reichsgründung.

**alveolar** [lat.], *alveolär,* **1.** bläschenartig, mit kleinen Hohlräumen oder Fächerchen versehen, z. B. *alveolare Drüsen* (→ azinöse Drüsen).

**2.** zu den *Alveolen* (Zahnfächern) gehörig.
**Alveolar** [der; lat.], ein am Gaumen über den Oberzähnen mit der Zunge gebildeter Laut, z. B. „s"; auch als Zahndammlaut bezeichnet.
**Alveole** [die; lat., „kleines Fach"], **1.** *Zahn-Alveole,* Zahnfach des Kiefers, in dem der Zahn mit der Wurzel eingekeilt ist.
**2.** *Lungen-Alveole,* Bläschen, aus denen als den kleinsten Einheiten die Lungenlappen der Säugetiere aufgebaut sind. Auch → Lunge.

**Alverdes,** Paul, dt. Erzähler u. Essayist, * 6. 5. 1897 Straßburg, † 28. 2. 1979 München; gehörte zur Jugendbewegung, 1934–1943 Hrsg. der Monatsschrift „Das Innere Reich", stand R. G. Binding u. H. Carossa nahe. Novellen: „Die Pfeiferstube" 1929; „Grimbarts Haus" 1949; Essays: „Vom Unzerstörbaren" 1952; Märchen: „Stiefelmanns Kinder" 1949.

**Alvermann,** Hans-Peter, dt. Objektkünstler, * 25. 6. 1931 Düsseldorf; wandte sich zu Beginn der 1960er Jahre der Objektkunst zu; 1966–1972 politisch tätig. 1972 Wiederaufnahme der künstler. Arbeit mit expressiv realist. Werken.

**Alvesta,** Gemeinde in Südschweden, Provinz Kronoberg, 7600 Ew.; Metall und Holz verarbeitende Industrie, Bahnknotenpunkt.

**Alviani,** Getulio, italien. Op-Art-Künstler u. Kinetiker, * 5. 9. 1939 Udine; kennzeichnend ist seine visuelle Sensibilität für Licht- und Farbphänomene in Verbindung mit geometrisch-abstrakten Formen; plastische Serienobjekte und Arbeiten mit Lichtvibrationen.

**Alviss,** „Vielwisser", in der nord. Mythologie ein Zwerg; wird beim Freien um eine Tochter Thors von dem Gott durch Befragen listig hingehalten, bis ihn die ersten Strahlen der aufgehenden Sonne versteinern.

**Älvsborg** ['ɛlvsbɔrj], südschwed. Prov. (Län) südwestl. des Vänern, 11 395 km², 447 000 Ew.; Hptst. *Vänersborg;* Wald- u. Viehwirtschaft.

**Alwar,** ind. Stadt in Rajasthan, 211 000 Ew.; landwirtschaftl. Handelszentrum; Textilindustrie, Ölmühlen.

◆ **Alweg-Bahn,** elektrisch oder durch Die-

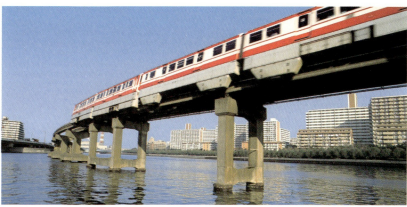

Alweg-Bahn in Tokyo

selmotor betriebene *Einschienenbahn*; 1952 von *Hinsken* u. *Holzer* auf einem Versuchsgelände in der Fühlinger Heide bei Köln entwickelt nach Plänen des schwed. Großindustriellen *Axel Leonhard Wenner-Gren* (u. nach seinen Anfangsbuchstaben benannt). Zwischen Tokyo u. Haneda ist die A. als Verbindung Flughafen–City eingesetzt.

**Alwin** [aus *Adalwin*, ahd. *adal* „edel, vornehm", + *wini*, „Freund", oder *Alfwin, Albwin, Albuin*], männl. Vorname.

**Alyssum** → Steinkraut.

**Alz**, rechter Nebenfluss des Inn, 45 km, Abfluss des Chiemsees; großes Wasserkraftwerk nördl. von Burghausen.

**Alzen**, Aluminium-Zink-Legierung mit 2 Teilen Aluminium u. 1 Teil Zink, blasenfrei gießbar, wenig Schwund beim Erstarren, sehr fest.

**Alzenau**, Stadt in Unterfranken (Bayern), im Ldkrs. Aschaffenburg, im Spessart, 18 100 Ew.; Burg A.; Solarzellenwerk, Maschinenbau, Lederwaren-, Zigarrenherstellung. – Bis ins 15. Jh. „Wilmundheim" genannt.

**Alzette** [-'zɛt], rechter Nebenfluss der Sauer in Südluxemburg, 72 km; entspringt in Frankreich, 5 km südl. von Esch, durchfließt das Gutland u. die Orte Esch an der A., Luxemburg u. Mersch; tiefes Tal im Liassandstein, mündet bei Ettelbrück, Verkehrsleitlinie nach Norden.

**Alzey**, Kreisstadt in Rheinland-Pfalz, an der Selz, 17 900 Ew.; Pfalzgrafenschloss; Weinbau, Leder-, Textil-, Landmaschinenindustrie. – Ursprüngl. kelt., danach röm. Siedlung (Kastell „vicus altiaia"). A. wird im Nibelungenlied genannt *(Volker von Alzey)*.

**Alzey-Worms**, Ldkrs. in Rheinland-Pfalz, Reg.-Bez. Rheinhessen-Pfalz, 588 km², 118 000 Ew.; Verw.-Sitz ist *Alzey*.

**Alzheimer'sche Krankheit** [nach dem Neurologen Alois *Alzheimer*, * 1864, † 1915], fortschreitende Schrumpfung des Gehirns, beginnend zwischen dem 40. u. 90. Lebensjahr, mit zunehmendem Alter häufiger. Die Diagnose ist schwierig, da die Symptome uncharakteristisch sind u. normalen Alterserscheinungen ähneln. Am Anfang stehen Gedächtnisstörungen. Später kommen Orientierungsstörungen, Unruhe, Sprachstörung, Störung von Handlungs- u. Bewegungsabläufen hinzu. Am Ende der A. steht der völlige Verfall der Persönlichkeit u. absolute Pflegebedürftigkeit. Die Ursache der A. ist unklar. Diskutiert werden erbliche Disposition, Umwelteinflüsse (z. B. Aluminiumvergiftung), Autoimmunreaktionen, eine Slow-Virus-Infektion oder Stoffwechselstörungen im Gehirn. Bekannt ist, dass sich im Gehirn Betroffener zahlreiche Ablagerungen (Plaques) eines Eiweißfragments (Beta-Amyloid-Protein) finden, die zunächst die Kontakte zwischen den Nervenzellen blockieren, welche schließlich absterben. Bisher gibt es keine wirksame medikamentöse Therapie. Das Trainieren der verbliebenen geistigen Fähigkeiten („Gehirn-Jogging") kann den Degenerationsprozess verlangsamen. Leichte körperl. Aktivitäten u. regelmäßige Krankengymnastik wirken unterstützend. Wichtig ist in jeder Phase der Krankheit verständnisvolle Zuwendung. Mit den Problemen der Alzheimer'schen Krankheit befasst sich die Dt. Alzheimer-Gesellschaft in Berlin. Sie vermittelt den Angehörigen auch Kontakte zu Selbsthilfegruppen.

**a. m.**, Abk. für → ante meridiem.

**Am**, chem. Zeichen für → Americium.

Amadinen: Gouldamadine, Chloebia gouldiae

**AM**, Abk. für → Auslösemechanismus.

**amabile** [ital.], musikal. Vortragsbez.: lieblich.

**Amadeus** [æmæˈdiːəs], *Lake A.*, rd. 160 km lange Salzpfanne in Zentralaustralien, im S des Nordterritoriums, zwischen Macdonell u. Musgrave Ranges, 320 m ü. M.; durch W. E. P. *Giles* 1872 erforscht u. nach dem span. König A. benannt; im *Amadeusbecken* Erdgasvorkommen, artesisches Wasser, Viehzucht.

**Amadeus** [-'deːus; neulat., „liebe Gott"], männl. Vorname; ital. *Amadeo*.

**Amadeus**, FÜRSTEN:
*S a v o y e n* : **1. Amadeus V., Amadeus der Große,** Stammvater des Savoyer Herrschergeschlechts, * 4. 9. 1249 Le Bourget, † 16. 10. 1323 Avignon; von seinem deutschen Kaiser Heinrich VII. in den Reichsfürstenstand erhoben.
**2. Amadeus VI.,** *der Grüne Graf* (so genannt nach der Wappenfarbe *[Conte verde]*, Enkel von 1), * 4. 1. 1334 Chambéry, † 1. 3. 1383 S. Stefano Molise; zog 1366 gegen die Türken; Stifter des Annunziatenordens.
**3. Amadeus VIII., Amadeus der Friedfertige,** Enkel von 2), * 4. 9. 1383 Chambéry, † 7. 1. 1451 Genf; zog sich 1434 als Einsiedler an den Genfer See zurück, wurde 1439 vom Baseler Reformkonzil zum Gegenpapst erhoben *(Felix V.)*, trat 1449 freiwillig zurück; erster Herzog von Savoyen u. letzter Gegenpapst.
*S p a n i e n* : **4. Amadeus I.,** Herzog von Aosta, König 1870–1873, * 30. 5. 1845 Turin, † 18. 1. 1890 Turin; aus dem Haus Savoyen, Sohn Viktor Emanuels II. von Italien, wurde nach der Flucht Isabellas II. nach Frankreich (1870) von den Cortes zum König von Spanien gewählt. A. kam 1871 in der span. Hauptstadt an; er versuchte eine Politik des Ausgleichs, jedoch gelang die Bildung einer stabilen Staatsgewalt nicht (erneuter Ausbruch des Karlistenkriege, republikan. Aufstände, gescheitertes Attentat auf das Herrscherpaar). Am 11. 2. 1873 legte A. die Krone nieder.

◆ **Amadinen**, *Amadina*, verwandte Gattungen von südasiat. u. austral. *Prachtfinken*, die im Allg. sehr bunt gefärbt sind u. deshalb gern als Käfigvögel gehalten werden. Die *Lauchgrüne Papageiamadine, Erythrura prasina*, weist einen blauen Kopf u. eine blaue Kehle auf, Brust, Bauch u. Schwanz sind rot, Flügel, Rücken sowie 2 verlängerte Schwanzfedern sind grün. Die Heimat der A. ist Hinterindien. Weitere bekannte Arten: die nordaustral. *Gouldamadine, Chloebia gouldiae*, die austral. *Spitzschwanzamadine, Poephila acuticauda*, u. der afrikan. *Bandfink, Amadina fasciata*.

**Amadis**, Idealgestalt des europ. Ritters; seine Ritterfahrten zu Ehren seiner Geliebten *Ariana* bilden den Inhalt der *Amadisromane*, die in vielen Bearbeitungen über ganz Europa verbreitet waren; wahrscheinl. portugies. Ursprungs (V. de *Lobeira* um 1400), zuerst im 14. Jh. in Spanien erwähnt; älteste bekannte Fassung von Rodríguez (auch García Ordóñez) de *Montalvo* („Amadís de Gaula" 1508), der den ursprüngl. 3 Büchern ein viertes u. eine Fortsetzung hinzufügte. Durch verschiedene Bearbeitungen schwoll der Amadisroman in Spanien zu 12 Büchern an, in der dt. Bearbeitung gar zu zwanzig. Erste dt. Fassung 1569.

◆ **Amado**, Jorge, brasilian. Schriftsteller, * 10. 8. 1912 Pirangi, Bahia, † 6. 8. 2001 Salvador; einer der erfolgreichsten lateinamerikanischen Autoren mit Übersetzungen in über 30 Sprachen; lebte als Kommunist viele Jahre im Exil; seine meist sozialkritischen Romane schildern – mit lebendigem

Jorge Amado

Dialog u. wirkungsvoller Satire – das Elend der Schwarzen in Bahia u. der Plantagenarbeiter des Hinterlandes: „Tote See" 1936, dt. 1976; „Kakao" 1944, dt. 1951; „Gabriela, wie Zimt u. Nelken" 1953, dt. 1963; „Die Abenteuer des Kapitäns Vasco Moscoso" 1961, dt. 1964; „Nächte in Bahia" 1965, dt. 1965; „Viva Teresa" 1972, dt. 1975; „Die Geheimnisse des Mulatten Pedro" 1976, dt. 1978; „Tieta do Agreste" 1977, dt. 1979, verfilmt 1996; „Tocaia grande" 1984, dt. 1987; „Das Verschwinden der heiligen Barbara" 1988, dt. 1990.

**Amadora**, Vorstadt im NW von Lissabon, an der Eisenbahnlinie nach Sintra, 124 000 Ew.; dichte Wohnbebauung.

**Amagasaki**, japan. Industrie- u. Hafenstadt auf Honshu, nördl. von Osaka, 489 000 Ew.; Ölraffinerien; Stahl-, Eisen- u. Glasindustrie.

**Amager,** dän. Insel im Öresund, 65 km², 155 000 Ew.; durch den Kalvebodstrand von Kopenhagen getrennt, zu dem das auf A. liegende Christianshavn u. der Flugplatz Kastrup gehören; Gemüseanbau; von Holländern gegründet.
**Amakusainseln,** japan. Inselgruppe westl. von Kyushu; Hauptinseln *Shimo-Shima, Kanu-Shima* u. *Naga-Shima,* gebirgig, bis 488 m hoch, dicht besiedelt; Hauptort *Hondo,* 41 000 Ew.; Verwaltungs- u. Marktzentrum, im W Thermalbad *Shimoda;* an der Nordspitze der Insel Shimo-Shima *Tomioka* mit ozeanograph. Institut der Universität Kyushu. – Steinkohlenabbau, Porzellan-, Kamelienöl- u. Fischwarenherstellung; Fremdenverkehr, mit dem Festland durch die „Fünf Amakusa-Brücken" (1962–1966) verbunden.
**Amal** [arab. „Hoffnung"], polit. u. militär. Organisation der Schiiten im Libanon; 1975 von dem Imam *Musa Sadr* gegr. Die Amal-Miliz engagierte sich seit 1982 zunehmend im libanes. Bürgerkrieg.
**Åmål** [oːmoːl], Industrie- u. Handelsplatz am Vänern (Schweden), 10 700 Ew.; im 18. Jh. bedeutende Silber- u. Goldschmieden; Tiefseehafen u. Schifffahrtsamt für den Vänern; Zentralort der Großgemeinde Å.
**Amalarich,** König der Westgoten, für den während seiner Minderjährigkeit *Theoderich d. Gr.* regierte (bis 526); 531 von dem Frankenkönig Childebert I. besiegt, dann in Barcelona ermordet.
**Amalasuntha,** *Amalaswintha,* Tochter Theoderichs d. Gr., † 535 auf einer Insel im Bolsenasee; regierte 526–534 für ihren Sohn Athalarich, berief nach dessen Tod ihren Vetter Theodahad zum Mitregenten, der sie aber gefangen setzen u. ermorden ließ.
**Amalekiter,** *Amalek,* nach dem AT ein Beduinenstamm auf der Halbinsel Sinai; von Israel aufgerieben (2. Mose 17,9–16; 1. Sam. 15).
**Amaler,** *Amelungen,* ostgot. Königsgeschlecht, dem *Theoderich d. Gr.* entstammte; 536 mit Theodahad erloschen.
**Amalfi,** italien. Hafenstadt in Kampanien, am Golf von Salerno, 6000 Ew.; Seebad, Fremdenverkehr, Grüne Grotte, roman. Kathedrale (11. Jh.); Weltkulturerbe seit 1997. – Im MA Stadtrepublik mit blühendem Handel (Seerecht von A.).
**Amalgam** [das; arab. *Al malghem,* „erweichende Salbe"], bei Normaltemperatur gebildete Legierungen des Quecksilbers mit anderen Metallen. Silber u. Gold sowie die Alkalimetalle haben eine relativ gute Löslichkeit in Quecksilber. Die maximale Löslichkeit erreicht Thallium mit 43 %, die minimale Eisen mit 17–10 %, daher wird Quecksilber vornehmlich in Eisengefäßen transportiert. Amalgame (z. B. des Goldes) können über der Flamme zersetzt werden *(Feuervergoldung),* wobei das gelöste Edelmetall zurückbleibt. Die vor 1840 betriebene Herstellung von Spiegeln mittels Zinn-Amalgam wurde durch die von *Liebig* eingeführte Methode der Silberverspiegelung abgelöst.
Durch Amalgamierung kann Goldstaub aus fein gemahlenen Erzen extrahiert u. nach Abdestillieren des Quecksilbers kompakt gewonnen werden. Durch Destillation eines elektrolytisch gewonnenen Amalgams ist die Gewinnung von Alkalimetallen sowie von Cadmium u. Thallium möglich. Amalgam bildet mit Gold u. a. Edelmetallen ein → Lokalelement.
*Zahnamalgame:* die für Zahnplomben verwandten Amalgame sind in den Verdacht geraten, durch Freisetzung von Quecksilber den Körper zu belasten u. Gesundheitsstörungen zu verursachen, was bisher allerdings nicht nachgewiesen werden konnte. Erwiesen ist eine schädigende Wirkung der Zahnamalgame bei Vorliegen einer (seltenen) Quecksilberallergie. In diesem Fall sollte von ihrer Verwendung abgesehen werden. Darüber hinaus wird bei Schwangeren, Kindern unter 6 Jahren u. Patienten mit eingeschränkter Nierenfunktion von Zahnamalgamen abgeraten.
**Amalia,** *Anna Amalia,* Herzogin von Sachsen-Weimar, → Anna (13).
**Amaliás,** griech. Stadt im westl. Peloponnes, im Verw.-Bez. Elis, 14 700 Ew.; Mittelpunkt eines intensiven Anbaugebietes von Wein, Korinthen, Oliven u. Gemüse.
**Amalie** [Kurzform von Zusammensetzungen mit german. *amal,* „Arbeit, Kampf"], weibl. Vorname, frz. *Amélie.*
**Amalrich von Bène** [ˈbɛːn], französ. Philosoph u. Theologe der Scholastik, † 1206 oder 1207 Paris; Lehrer an der Pariser Artistenfakultät, Verfechter eines Pantheismus, vertrat unter dem Einfluss von Johannes Scotus Eriugena die These von der substanziellen Einheit der Schöpfung mit Gott (Gott als die Form u. Essenz aller Dinge); 1204 zum Widerruf gezwungen. Auch seine Jünger, die *Amalrikaner,* wurden seit 1210 verfolgt, da sie von der kirchl. Lehre abwichen. Das 4. Laterankonzil (1215) verurteilte Amalrich von Bènes Lehre als häretisch.
**Amalrik,** *Amal'rik,* Andrej Alexejewitsch, russ. Journalist u. Schriftsteller, * 12. 5. 1938 Moskau, † 12. 11. 1980 Guadalajara (Autounfall); scharfer Regimekritiker; mehrmals in Haft oder Verbannung; durfte 1976 die Sowjetunion verlassen; 1991 rehabilitiert; schrieb den Bericht „Unfreiwillige Reise nach Sibirien" (dt. 1970) sowie den Essay „Kann die Sowjetunion das Jahr 1984 erleben?" (dt. 1970), außerdem Bühnenstücke.
**Amalthea,** einer der innersten Jupitermonde, unregelmäßige Form, Durchmesser 150–270 km. A. wurde 1892 von E. *Barnard* entdeckt. Der rötl. Satellit verfügt an seiner Oberfläche über zahlreiche Einschlagskrater.
**Amaltheia,** *Amalthea* in der griech. Sage Tochter des Okeanos; eine Nymphe, die den jungen Zeus auf dem Ida-Berg mit der Milch einer Ziege nährte, später wurde A. als Ziege gedacht. Ihr Attribut, das Horn, galt als Symbol des Reichtums *(Füllhorn).*
**Amamiinseln,** nordöstl. Gruppe der Ryukyu-Inseln, ca. 1300 km², Hauptinsel Amami-Oshima, 718 km²; Hptst. Naze; Anbau: Bananen, Ananas, Melonen, Orangen, Zuckerrohr; Seidenweberei; Tropenflora, Gummibäume, Vorkommen von Schildkröten u. Hibus (große Giftschlangen); Fernsehturm, Fremdenverkehr, Flugplatz; 1945 bis 1953 von den USA besetzt.
**Amanda** [lat., „die Liebenswerte"], weibl. Vorname.
**Amandus,** Heiliger, Patron von Flandern, † 6. 2. 679 oder 684 in dem von ihm gegr. Kloster Elno (Saint-Amand) bei Tournai; vor 638 zum Bischof geweiht, missionierte in Friesland u. Flandern; (vielleicht) 647–649 Bischof von Maastricht. Fest: 6. 2.
**Amanita** [grch.], Gattung der *Blätterpilze;* hierher gehören einige sehr giftige Pilze, z. B. der Knollenblätterpilz, *A. phalloides,* u. der Fliegenpilz, *A. muscaria.*
**Aman-Jean** [aˈmãˈʒã], Edmond, französ. Maler, * 1860 Chevry-Cossigny, Seine-et-Marne, † 25. 1. 1936 Paris; Schüler von P. de Chavannes, befreundet mit Seurat u. Verlaine. Vertreter des Symbolismus, der mit seinen meditierend versunkenen Gestalten zu den „Malern der Seele" gerechnet wurde. Er bevorzugte sanfte Farbharmonien in Pastelltönen u. schuf auch ein umfangreiches Dekorationswerk für öffentl. Pariser Gebäude; nach 1910 wandte er sich unter dem Einfluss Bonnards vom Symbolismus ab.
**Amann,** Max, dt. NSDAP-Funktionär u. Verleger, * 24. 11. 1891 München, † 30. 3. 1957 München; 1922–1945 Direktor des Zentralverlags der NSDAP (Franz Eher Nachf.), 1931–1945 Reichspresseleiter der NSDAP, 1933–1945 Präs. der Reichspressekammer. Durch Zwangsmaßnahmen des nat.-soz. Regimes wurden nach 1933 große Teile der dt. Presse von Eher-Verlag u. seinen Tochtergesellschaften (dem sog. Amann-Konzern) wirtschaftlich abhängig.
**Amanos,** *Amanus,* vom Taurus abzweigendes Kettengebirge, durch 2 altberühmte Pässe (Amanische Pforte [6 km langer Tunnel der Bagdadbahn] u. Syrische Pforte) passierbar, bis 2263 m hoch.
**Amant** [aˈmã; frz.], Liebhaber, Geliebter.
**Amantine** → Phallotoxine.
**Aman Ullah,** afghan. Emir 1919–1925, König 1925–1929, * 1. 6. 1892 Paghman, † 25. 4. 1960 Zürich; Sohn des 1919 ermordeten *Habib Ullah;* unter seiner Herrschaft erlangte Afghanistan die volle Unabhängigkeit. Aman Ullah schloss 1921 u. 1926 einen Nichtangriffs- u. Freundschaftspakt mit der Sowjetunion; von den Gegnern seiner Europäisierungspolitik zum Thronverzicht gezwungen.
**Amapá,** nordbrasilian. Staat, am Atlant. Ozean zwischen Amazonasmündung u. Französ.-Guyana, 142 400 km², 374 000 Ew.; Hptst. *Macapá;* wenig erschlossenes Regenwaldgebiet (Bergland), Savanne u. Mangrovenküste mit Sammelwirtschaft, Anbau von Reis, Bananen, Mais u. Zuckerrohr; Chrom-, Kaolin- u. Manganabbau.
**Amar** [ˈɔmɔr], Liko, ungar. Geiger u. Musikpädagoge, * 4. 12. 1891 Budapest, † 19. 7. 1959 Freiburg i. Br.; gründete 1921 in Frankfurt a. M. ein Streichquartett, in dem u. a. Paul Hindemith als Bratschist mitwirkte; lehrte zuletzt an der Musikhochschule in Freiburg i. Br.
**Amara,** *Al A.,* Prov.-Hptst. im Irak, am unteren Tigris, 132 000 Ew.; Zentrum eines Reisanbaugebietes.

**Amarabura** [„Stadt der Unsterblichkeit"], *Amarapura*, Stadt in Myanmar, südl. von Mandalay, am Irrawaddy, 11 300 Ew.; Wallfahrtsort; Seidenweberei. – 1783–1823 u. 1837–1860 Hptst. von Birma (jetzt Myanmar).

**Amarambasee**, See im nördl. Mosambik an der Grenze zu Malawi, mit dem *Chiutasee* verbunden; Abfluss zum Ind. Ozean ist der Lugenda.

**Amaranten** [grch.], *Blutfinken*, kleine, rot gefärbte *Prachtfinken* der Gattung *Lagonosticta*, die in 7 Arten über Afrika verbreitet sind.

**Amaranthaceae** → Fuchsschwanzgewächse.

**Amaranthus** → Fuchsschwanz.

**Amarar**, osthamit. Stamm der → *Bedja*, östl. von den Bischarin; im Übergang vom Hirtenleben zum Ackerbau.

**Amaravati** [Amraoti, Amravati], **1.** ind. Distrikt-Hptst. auf dem zentralen Dekanhochland in Maharashtra, 350 m ü. M., 434 000 Ew.; kath. Bischofssitz; Zentrum eines Baumwollanbaugebietes, Textilindustrie.
**2.** antike Stätte in Andhra Pradesh (Südindien), einst blühende Stadt (Dhanyakataka), geistiges Zentrum der Buddhisten.
**3.** rechter Nebenfluss der Cauvery in Südindien (Tamil Nadu), 210 km lang.

**Amarellen** [lat.], eine Art heller Sauerkirschen.

**Amarillo** [æməˈriləʊ], Stadt im NW von Texas (USA), 1120 m ü. M., 158 000 Ew.; Zentrum eines Viehzucht- u. Bewässerungsfeldbaugebietes; größte Viehauktionen der Welt (rd. 500 000 Rinder pro Jahr). In der Umgebung große Erdöl- u. Erdgaslager mit bedeutendem Heliumanteil; größtes Heliumwerk der Welt, Erdölraffinerie, Zinkhütte; Verkehrsknotenpunkt, Flughafen u. Luftwaffenstützpunkt bei A.; 1887 als Bahnstation gegr.

◆ **Amarna**, *Al Amarna, Tell Al Amarna*, Ort in Mittelägypten, ca. 250 km südlich von Kairo, wohin König *Echnaton (Amenophis IV.)* ca. 1358 v. Chr. seine dem Kult des Sonnengottes *Aton* gewidmete Residenz verlegte. Er residierte dort mit seiner Gemahlin *Nofretete* ca. 13 Jahre lang. Nach dem Tod Echnatons gab der regierende König *Tutanchamun* die Residenz Amarna auf und kehrte nach Theben zurück. Amarna wurde zur Zeit des Königs Echnaton zum Mittelpunkt eines stark naturalistischen Kunstschaffens („Amarna-Kunst"). Aufgefunden wurden Reste der königlichen Palasnd- und Tempelanlagen (Atontempel), Kunstwerkstätten (u. a. die des Bildhauers Thutmosis, Fundstätte der Büste der Königin Nofretete [Berlin, Staatliche Museen]), Felsengräber und ein Archiv von Keilschrifttafeln in babylonischer Sprache (1886 ausgegraben), z. B. Verträge, Handelsabkommen und Botschaften. Sie bilden die Basis zur Erforschung der Beziehungen Ägyptens zu den asiatischen und syrischen Reichen im 13. u. 14. Jh. v. Chr.

**Amaru**, ind. Lyriker, lebte wahrscheinlich im 7. Jh. n. Chr.; seine „Hundert Strophen", verdeutscht von F. Rückert, sind in der „Ind. Liebeslyrik", hrsg. von H. von Glasenapp 1948, enthalten. Seine erotischen Gedichte gelten als Höhepunkt der Sanskrit-Lyrik.

**Amaryllis**, Gattung der *Amaryllisgewächse* mit nur einer Art, der → Belladonnalilie. Eingebürgert hat sich auch die Bez. A. für den → Ritterstern.

**Amaryllisgewächse**, *Amaryllidaceae*, Familie der zu den *Monocotylen* gehörenden Ordnung der *Liliiflorae*.

**Amasis**, *Amosis*, ägypt. König der 26. Dynastie, regierte 570–526 v. Chr. A. gab den Griechen in Ägypten die Stadt Naukratis als Handelskolonie und verbündete sich mit König Krösos von Lydien gegen die Perser. A. eroberte Zypern und unterhielt enge Handelsbeziehungen zu Polykrates von Samos, ferner zu Athen und Sparta.

**Amasismaler**, griech. Maler des schwarzfigurigen Stils, um 550 v. Chr.; war in Athen für den Töpfer Amasis tätig, Erzähler dionys. Lebens und Treibens. Hptw.: Amphora in Würzburg, Martin von Wagner-Museum.

**Amasya**, Hptst. der nordtürk. Prov. Amasya, am Yeşilirmak, 57 300 Ew.; alte Festung; Obstbau, Seidenraupenzucht; Braunkohle.

Amaterasu: japanische Sonnengöttin

◆ **Amaterasu**, *Amaterasu Omikami, Tensho Kodaijin*, japan. Sonnengöttin; Stammmutter des Kaiserhauses. Auch → *Nihongi*.

**Amateur** [-ˈtøːr; frz. „Liebhaber"], **1.** jemand, der eine Tätigkeit aus Liebhaberei ausübt, ohne einen Beruf oder Gelderwerb daraus zu machen (z. B. *Amateurfotograf*).
**2.** *Sport:* eine Person, die sportl. Wettkämpfe (im Unterschied zum *Berufssportler*) ohne Streben nach materiellem Gewinn bestreitet. – Bei der Entwicklung des engl. Sports in der Mitte des 19. Jh. wurden Amateurbestimmungen eingeführt, um den Gentlemensport der vermögenden Engländer gegen den Sport der schon damals aktiven Professionals abzugrenzen, die gezwungen waren, den Sport zur käuflichen „Ware" zu machen. Seit 1894 befasste sich dann die Olymp. Bewegung mit dem Amateursport; die Zulassungsbestimmungen zu den Olymp. Spielen sowie zu den Wettkämpfen in den einzelnen Sportarten wurden im Laufe der Zeit liberalisiert. Mit der Neufassung der Zulassungsbestimmungen beim Olymp. Kongress 1981 u. der Olymp. Charta 1990 ist ein vorläufiger Abschluss der Amateur-Diskussion erreicht (→ Amateurregel).

**Amateurfunk** [-ˈtøːr-], nichtkommerzieller Funkdienst, der aus rein persönl. Interesse betrieben wird. Das Betreiben einer Amateurfunkanlage setzt den Besitz einer Amateurfunklizenz voraus. A. wird international durch die Vollzugsordnung für den Funkdienst u. national durch das Amateurfunkgesetz geregelt.

Amarna: Relief am Tutugrab Nr. 8

**Amateurismus** [-tø:r-], Neigung zur Liebhaberei.
**Amateurregel** [-'tø:r-], die *Regel 45 (Zulassung)* der vom Internationalen Olymp. Komitee (IOK) festgelegten Olymp. Regeln; enthält neben dem Regeltext über die Bedingungen für die Teilnahme an Olymp. Spielen die entspr. Durchführungsbestimmungen sowie die Richtlinien für die Zulassung der Sportler durch die internationalen Fachverbände.
**Amathus**, antike phöniz. Stadt an der Südküste Zyperns, heute die Ruinen von Paläo Limisso.
**Amati**, Geigenbauerfamilie in Cremona:
**1.** *Andrea*, * um 1500/1505, † vor 1580.
**2.** *Antonio*, ältester Sohn von 1), * um 1538, † 1595.
**3.** *Girolamo*, jüngerer Sohn von 1), * um 1561, † 1630.
**4.** *Girolamo*, Sohn von 5), * 26. 2. 1649, † 21. 2. 1740; erreichte nicht mehr die Leistungen seines Vaters.
**5.** *Nicola*, Sohn von 3), * 3. 12. 1596, † 12. 4. 1684; größter Künstler seiner Familie, Lehrmeister von A. *Stradivari* u. A. *Guarneri*.
**Amatitlán**, See südl. von Guatemala-Stadt (Zentralamerika), heiße Quellen u. Fumarolen, präkolumbisches Pilgerzentrum.
**Amato**, *Giuliano*, italien. Politiker (Sozialist), * 13. 5. 1938 Turin; Jurist; wurde 1975 Prof. für Verfassungsrecht an der Universität Rom; 1983–1987 Staatssekretär in der Regierung Craxi, 1987–1989 Schatz-Min., 1992/93 Min.-Präs.; 1994–1997 Leiter der italien. Kartellbehörde; wurde 1998 Min. in der Regierung D'Alema, seit 2000 erneut Min.-Präs.
**Amaurose** [die; grch., „Verdunkelung"], *schwarzer Star*, vollständige Blindheit ohne jede Lichtempfindung.
**Amazilien**, Gattung der Kolibris.
**Amazonas**, 1. nordbrasilian. Staat im Regenwaldgebiet des westl. u. mittleren A., größter Staat Brasiliens, 1 567 954 km², 2,39 Mio. Ew.; Hptst. *Manaus*; Anbau von Jute, Maniok, Mais, Reis, Zuckerrohr u.a.; Fischfang, etwas Viehzucht; Erdöl bei Nova Olinda.
2. kolumbian. Departamento im Regenwaldgebiet, 109 665 km², 54 000 Ew., Hptst. *Leticia*.
3. nordperuan. Departamento, 41 297 km², 332 000 Ew., davon rd. 10% Indios; Hptst. *Chachapoyas*, in der Cordillera Central.
4. venezolan. Bundesterritorium (Territorio Federal) am Orinoco-Oberlauf, trop. Regenwald, 175 750 km², 55 700 Ew.; Hptst. *Puerto Ayacucho*.
◆ 5. längster Strom Südamerikas mit dem größten Einzugsbereich der Erde (7 Mio. km²), 6400 km lang; entsteht aus den Hauptquellflüssen *Marañón* (entspringt dem 4000 m hoch gelegenen Lauricochasee in den peruan. Anden u. durchbricht, nach NO umbiegend, in mehreren Felsentoren die Anden) u. *Ucayali*, windet sich – bis zur Mündung des Rio Negro *Rio Solimões* genannt – ostwärts durch das urwaldbedeckte *Amazonastiefland* (→ Amazonien) u. bildet schließlich ein 200 km langes, inselreiches Mündungsgebiet. Er mündet mit 3 Hauptarmen in den Atlant. Ozean; ausgeglichene Wasserführung, an der Mündung 100 000 bis 120 000 m³/s; die Stromgeschwindigkeit beträgt trotz des geringen Gefälles (3,8 cm/km) 0,75 m/s. Die Breite des Stromes ist unterhalb Manaus mit Ausnahme der Enge von Óbidos (bedingt durch das Zusammentreten von Ausläufern des Brasilian. u. Guyan. Berglandes) nirgends geringer als 5000 m. Die Gezeitenwirkung macht sich in der Flutwelle, der → Pororoca, bemerkbar, die 600 km bis nach Óbidos vordringt; die Nebenflüsse werden unterschieden in humusführende, saure „Schwarzwasserflüsse" (z.B. Rio Negro) aus dem westl. Tiefland, lehmig-trübe „Weißwasserflüsse" (z.B. Juruá, Purus, Madeira) aus den Anden u. relativ klare „Klarwasserflüsse" (z.B. Tapajós, Xingu) aus dem Brasilian. u. Guyan. Bergland. Den A. u. seine größeren Zuflüsse säumen die Überschwemmungszone der → Varzea, der Flussuferwald des → Igapó, die nie überschwemmte → Terra firme. – Für Seeschiffe bis 5000 t bis Manaus, bis 3000 t bis Iquitos befahrbar.
Der A. wurde 1500 von V. Y. *Pinzón* entdeckt u. von F. de *Orellana* 1541/42 von Ecuador aus erstmals befahren; S. *Fritz* zeichnete 1707 die erste Karte des Stroms.
**Amazonas-Pakt**, *Tratado de Cooperación Amazónica*, 1978 in Brasilia von 8 Anliegerstaaten des Amazonasbeckens unterzeichnete Vereinbarung über die Zusammenarbeit im Amazonasgebiet. Ziel: Entwicklung des Amazonasgebiets bei Erhaltung der Umwelt, Beschleunigung der wirtschaftl. u. sozialen Entwicklung.
**„Amazone"**, dt. Segelschulschiff, 348 t; als Übungskorvette 1843 für künftige Seeleute der Handelsmarine Preußens; 1848 in die Königl.-Preuß. Marine eingereiht, 1852 bis 1861 Schulschiff, im November 1861 im Sturm gesunken (107 Tote); in der Marine als „Großmutter der deutschen Flotte" bekannt.
**Amazonen**, Papageiengattung *Amazona* mit 27 Arten; besiedelt Mittel- u. Südamerika. Einige der überwiegend grün gefärbten, kurzschwänzigen, mittelgroßen Papageien gehören zu den beliebtesten Stubenvögeln, die man jedoch als gesellig lebende Vögel paarweise halten sollte. Bekannteste Arten: *Blaustirnamazonen (Amazona aestiva)* u. *Gelbkopfamazonen (Amazona ochrocephala)*. Viele A. sind heute in ihrem Bestand gefährdet u. fallen unter den Schutz des Washingtoner Artenschutzübereinkommens.
**Amazonen**, krieger. Frauenvolk in der griech. Mythologie, ihr Staat wird südl. des Kasp. Meeres vermutet; am bekanntesten ist die Amazonenfürstin → Penthesilea, die im trojan. Krieg König Priamos zu Hilfe kam u. von → Achill getötet wurde. – A. waren als Motive in der bildenden Kunst des Altertums beliebt: z.B. am Fries des Mausoleums in *Halikarnassos*.
**Amazonenameisen**, *Polyergus rufescens*, eine Ameisenart, die nicht mehr zur selbständigen Brutpflege, zum Nahrungserwerb u. zum Nestbau fähig ist, da die Kiefer zu säbelförmigen Kampf- u. Transportwerkzeugen umgebildet sind. Die A. leben zusammen mit Sklavenameisen der Gattung *Serviformica*, die sie als Puppen rauben u. von denen sie sich füttern, ihre Brut aufziehen u. das Nest bauen lassen.
**Amazonien**, *Amazonastiefland*, größtes trop. Tiefland der Erde; nimmt mit 5,8 Mio. km²

Amazonas (5): Flusslandschaft bei Iquitos in Peru

## Amazonit

nur einen Teil des Amazonas-Stromsystems, jedoch rd. ein Drittel der Oberfläche Südamerikas ein; erstreckt sich 3500 km zwischen Anden u. Atlantik, in nordsüdl. Breitenausdehnung bis zu 2000 km; Grenze des Raumes, an der der geschlossene, immergrüne Regenwald (Hyläa) in die → Campos übergeht.

*Geologie:* A. ist ein paläozoisches Becken zwischen den Landschwellen von Guyana u. Brasilien, das zum Pazifik geöffnet war u. im Tertiär mit der Andenfaltung nach W abgeschlossen u. zum Binnensee wurde; im Pleistozän brach der Süßwassersee zum Atlantik durch, u. die bis 2000 m mächtigen tertiären Ablagerungen wurden freigelegt *(Terra firme)*; Flüsse schnitten breite Täler ein u. füllten sie zum Teil wieder mit rezenten Flussablagerungen auf.

*Klima:* Mit Ausnahme des mittleren Amazonasgebietes ist es innertropisch feuchtheiß (mittlere Jahrestemperatur bei 26 °C, Luftfeuchtigkeit 80–90 %, durchschnittliche Jahresniederschläge 2000–3000 mm).

*Bevölkerung:* A. hat nur etwa 8 Mio. Einwohner, wobei der größte Teil in Städten am Amazonas u. in der Küstenregion lebt. Die ca. 300 000 Waldindianer (Karaiben, Aruak, Tupi) leben vorwiegend im inneren u. nördl. A.; sie betreiben Sammelwirtschaft, Jagd u. Wanderfeldbau; Bedrohung des indian. Lebensraumes geht besonders von den Staudamm- u. Viehzucht-Großprojekten aus, obwohl einige Schutzreservate angelegt wurden.

*Wirtschaft:* Die wirtschaftliche Nutzung blieb in der Kolonialzeit auf das Küstengebiet u. den unteren Amazonas beschränkt, Handelszentren entstanden im 19. u. 20. Jh. an den Flussläufen *(Manaus),* das wirtschaftl. Interesse richtete sich auf Wildkautschuk (1870–1914 ca. 800 000 t); heute wird im Überschwemmungsbereich *(Varzea)* hauptsächlich Viehwirtschaft u. Juteanbau betrieben.

Mit dem Bau der *Transamazonica* u. anderer Fernstraßen setzten bes. in Brasilien (1966) staatlich gelenkte Erschließungs- u. kleinbäuerl. Kolonisationsmaßnahmen ein, die jedoch weitgehend an den innertrop., ökolog. Bedingungen scheitern (nährstoffarme, saure Böden der *Terra firme,* die die Mineraldüngung nur ungenügend speichern). Bedeutung gewinnt zunehmend die Ausbeutung der Bodenschätze: Eisen-, Mangan-, Zinn-, Bleierze, Bauxit, Titan, Uran, Diamanten u. Erdöl. 1978 schlossen die Anrainerstaaten den Amazonas-Pakt *(Tratado de Cooperación Amazónica)* zur integralen Erschließung u. Entwicklung von A. Die massive Rodung des amazon. Regenwaldes (über 4 % wurden allein 1995 vernichtet) infolge der wirtschaftl. Erschließung hatte zu internationalen Protesten geführt.

**Amazonit** [der], *Amazonenstein,* grünes, dem Orthoklas chem. verwandtes Mineral, triklin; Härte 6; chemische Formel: (K, Na) [AlSi$_3$O$_8$].

**Amba,** durch Erosion aus den äthiop. Hoch-

Amberg: Die „Stadtbrille" ist Teil der mittelalterlichen Befestigungsmauer über die Vils

plateaus herausgeschnittene Tafelberge, ländl. Bevölkerung u. landwirtschaftl. Nutzung, voneinander durch ca. 1500 m tiefe, heiße Täler getrennt; früher als natürl. Festungen genutzt.

**Amba Aladschi,** *Amba Alaji, Amba Alage,* ostafrikan. Gipfel im N des Berglands von Äthiopien, 3438 m.

**Ambala,** engl. *Umballa,* nordind. Distrikt-Hptst. im Bundesstaat Haryana, an der Grenze zum Punjab, 220 km nordöstl. von Delhi, im *Himalaya-Vorland,* 300 m ü. M., 120 000 Ew.; Verkehrsknotenpunkt; Agrarmarkt (Weizen), Textil- u. Metallverarbeitung, Agroindustrien.

**Ambarella** → Mombinpflaume.

**Ambari-Hanf** → Hibiscus.

**Ambarzumjan,** *Ambarcumjan,* Wiktor Amasaspowitsch, sowjet. Astronom, * 18. 9. 1908 Tiflis, † 12. 8. 1996 Tbilissi (Tiflis); wichtige astrophysikalische Arbeiten, entdeckte die Sternassoziationen (→ Assoziation).

**Ambassadeur** [-'dør; frz.], Gesandter, Botschafter.

**Ambasz** [-ʃ], Emilio, US-amerikan. Architekt u. Industriedesigner, * 13. 6. 1943 Resistencia; 1970–1976 Kurator für Design am Museum of Modern Art in New York. 1977 entwarf A. den Bürostuhl „Vertebra", der sich der Körperbewegung anpasst, dabei aber auf funktionale Eigenschaften reduziert ist. Sein Ziel als Architekt ist es, seine Bauten mit der Natur in Einklang zu bringen.

**Ambato,** Hptst. des Dep. *Tungurahua* in Ecuador, in einem Andenhochbecken ca. 2500 m ü. M., 110 km südl. von Quito, 156 000 Ew.; Textilindustrie, Lederwaren, Brauerei, Obstkonserven, Nahrungsmittelindustrie. In der Umgebung bedeutender Obstanbau. Der Vorort *Miraflores* ist ein beliebtes Touristenziel. A. wurde 1698 durch einen Ausbruch des Cotopaxi zerstört; 1949 schwere Erdbebenschäden.

**Ambatsch,** *Aeschynomene elaphroxylon,* an tropisch-afrikan. Gewässern wachsender Baumstrauch aus der Familie der Schmetterlingsblütler *(Papilionaceae).* Das leichte Holz dient zur Herstellung von Booten.

**Ambazac** [ãba'zak], mittelfranzös. Ort nordöstl. von Limoges, im Dép. Haute-Vienne, 4900 Ew.; Porzellanerzeugung, Kaolinvorkommen.

**Ambe** [die; lat., „beide"], **1.** im Lottospiel die Verbindung zweier Nummern.

Christoph Amberger: Mädchenbildnis; Innsbruck, Tiroler Landesmuseum Ferdinandeum

2. in der Kombinationsrechnung die Verbindung zweier Größen.
**Ambedkar,** Bhimrao Ramji, ind. Sozialreformer u. religiöser Erneuerer, *14. 4. 1891 Ambavade bei Bombay, †6. 12. 1956 Delhi; stammte aus der zu den Unberührbaren (→ Harijan) gehörigen Mahar-Kaste. 1918 Prof. der Nationalökonomie, später polit. u. geistiger Führer der Unberührbaren Indiens u. Gegenspieler von M. K. Gandhi; vertrat die Unberührbaren bei den brit.-ind. Verfassungskonferenzen seit 1931; 1947 Justiz-Min. Indiens; maßgeblich an der Formulierung der ind. Verfassung beteiligt; wegen Widerständen gegen seine Reformpläne 1951 zurückgetreten. A. wurde Buddhist u. arbeitete seit 1950 für die Bekehrung der Unberührbaren zum Buddhismus, dessen Lehren seinen Idealen entsprachen.
**Amberbaum** [arab., lat.] → Liquidambar.
**Amber-Codon,** *Genetik:* eine Einheit *(Codon)* in der Messenger-RNA (mRNA) mit der Sequenz UAG, die das Proteinende bei der → Proteinbiosynthese kennzeichnet. Auch → genetischer Code.
◆ **Amberg,** Stadt in der Oberpfalz (Bayern), an der Vils, 373 m ü. M.; 43 200 Ew.; 1329–1806 Hptst. der Oberpfalz; mittelalterl. Stadtbefestigung, kunstgeschichtlich bedeutsame Bauten (u. a. got. Pfarrkirche St. Martin); Bundeswehrstandort, Hüttenwerk, Maschinen-, Emaille-, Glasindustrie, in der Nähe Eisenerz- u. Braunkohlevorkommen; seit 1388 Zentrum des oberpfälz. Berg- u. Eisenhüttenwesens (Bergfest im Juli).

Amberg

◆ **Amberger,** Christoph, dt. Maler, *um 1505, †zwischen dem 1. 11. 1561 u. 19. 10. 1562 Augsburg; tätig hauptsächl. in Augsburg, vermutl. Schüler von L. *Beck*; malte Halbfigurenporträts Augsburger Patrizier u. Gelehrter; zwischen 1541 u. 1543 entscheidend beeinflusst von der venezian. Malerei *(Tizian)*, deutl. bes. in der Nachahmung italien. Hintergrundgestaltung; auch Altarbilder (Marienaltar im Augsburger Dom, 1554) u. Fassadenmalereien.
**Amberg-Sulzbach,** Ldkrs. in Bayern, Reg.-Bez. Oberpfalz, 1255 km², 106 000 Ew., Verw.-Sitz ist *Amberg.*
**Amberlite,** Marke für Kunstharze, die in der Technik u. im Labor als → Ionenaustauscher verwendet werden. Man unterscheidet *stark saure* A. mit SO₃-Gruppen zur Enthärtung u. Entsalzung, *schwach saure* mit COO-Resten zur Gewinnung von Antibiotika, Rückgewinnung von Kupfer u. Nickel, *stark basische* mit vernetzten Polystyrolgerüsten u. Trialkylammonium-Gruppen zur Wasserentsalzung, *schwach basische* auf Phenol-Formaldehyd-Basis mit Alkylaminen zur Entsäuerung u. Entfärbung. Darüber hinaus gibt es eine Vielzahl von Spezialtypen für bes. Anwendungen, z. B. Aminosäureanalysen, Spurenanalytik, Uranoxidextraktion. Auch → Makromolekül.
**Amber-Mutation,** eine Veränderung im → Amber-Codon. Dadurch wird die Proteinbiosynthese vorzeitig abgebrochen. Es entsteht ein verkürztes, meist nicht funktionsfähiges Polypetid bzw. Protein. In der Gentechnik spielt die A. eine wichtige Rolle. Beispielsweise werden aus sicherheitstechn. Überlegungen Ambermutationen in Klonierungsvektoren verwendet, um deren Vermehrung in natürlich vorkommenden Bakterien zu unterbinden.

Axel von Ambesser

◆ **Ambesser,** Axel von, eigentl. Axel Eugen von *Österreich,* dt. Schauspieler, Theater- u. Filmregisseur, Schriftsteller, *22. 6. 1910 Hamburg, †6. 9. 1988 München. Größter Erfolg als Regisseur mit „Der brave Soldat Schwejk" 1960.
**ambi...** [lat. „um herum", ringsum"], Wortbestandteil (Präfix) mit der Bedeutung „beide(r, -s), doppelt".
**ambidexter** [lat.], mit beiden Händen gleich geschickt.
**Ambiente** [ital.], Umwelt, Atmosphäre; → Environment.
**Ambiguität** [lat.], Doppelseitigkeit, Doppeldeutigkeit eines Gegebenen, einer Lehre.
**Ambition** [lat.], das Streben nach Höherem, Ehrgeiz. – *ambitioniert,* ehrgeizig.
**Ambitus** (der; lat., „Ausdehnung, Umfang"]
1. *Baukunst:* → Chorumgang.
2. *Kirchenmusik:* der Umfang einer Melodie vom tiefsten bis zum höchsten Ton. Der A. einer → Kirchentonart kennzeichnet diese als *authentisch* oder *plagal.*
**ambivalentes Verhalten** [lat., „doppelwertig"], in der Verhaltensforschung die Reaktion eines Tieres auf zwei gleichzeitig einwirkende → Kennreize, die als Auslöser für verschiedene Verhaltensweisen wirken, wie z. B. der Drang zum Angreifen u. zum Flüchten. Kann die Situation nicht durch einen Kompromiss gelöst werden, führt der Konflikt zum → Übersprungverhalten.
◆ **Ambivalenz** [de; lat., „Doppelwertigkeit"], *allg. Psychologie:* nach E. *Bleuler* das gleichzeitige Bestehen sich entgegengesetzter Gefühle, Regungen u. Willensvorstellungen (z. B. Hassliebe, Gehorsam u. Auflehnung) bezüglich derselben Sache. Die A. wird zur Erklärung der Neurosen herangezogen, z. B. besteht sie als Grundeigenschaft des emotionalen Erlebens bei der Schizophrenie. Die Fähigkeit, A. auszuhalten *(Ambivalenztoleranz),* gehört zu den wichtigen Voraussetzungen einer positiv angepassten Persönlichkeit.
**Amblabaum** → Myrobalane (2).
**Ambler** [ˈæmblə], Eric, engl. Schriftsteller, *28. 6. 1909 London, †22. 10. 1998 London; Autor erfolgreicher Abenteuer- u. Spionageromane u. Filmdrehbücher: „Die Stunde

Ambivalenz: Als Reaktion auf ein Kompliment kommt bei es bei diesem Himba-Mädchen aus Namibia zu einer Ambivalenz von Zuwendung und Abkehr (Flirt-Verlegenheits-Syndrom)

des Spions" 1938, dt. 1963; „Die Maske des Dimitrios" 1939, dt. 1950; „Topkapi" 1962, dt. 1969; „Der Levantiner" 1972, dt. 1973; „Mit der Zeit" 1981, dt. 1983; „Ambler" 1985, dt. 1986 (Autobiografie).
**Amblève** [aˈblɛːv], dt. *Amel,* rechter Nebenfluss der Ourthe in den belg. Ardennen; entspringt in der Eifel nordöstl. von Saint-Vith; tiefes Durchbruchstal im Hohen Venn.
**Amblygonit** (der; grch.], weißes oder grünlich-graues, glasglänzendes Mineral, triklin; Härte 6; auf Zinnerzgängen u. als Einsprengung im Granit; chemische Formel: LiAl [(F·OH)PO₄].
**Amblyopie** [grch.], *Schwachsichtigkeit,* Herabsetzung der Sehschärfe, bes. Schwachsichtigkeit ohne entspr. organ. Krankheitsbefund am Auge.
◆ **Ambo** [der; grch.], erhöhte Stelle für

Ambo: Typ des 6. Jh., im 11. Jh. aus altem Material zusammengesetzt. Castel Sant'Elia bei Nepi, Italien

# Ambo

Lesungen u. Predigt in den frühchristl. u. roman. Kirchen, aus der sich die Kanzel entwickelte.

**Ambo,** Bantustamm, → Ovambo.

**Amboise** [ãbwa:z], George d', französ. Staatsmann, Kardinal, *1460 Chaumont-sur-Loire, †25. 5. 1510 Lyon; einflussreicher Minister Ludwigs XII. seit 1498.

**Amboland,** Region Namibias, → Ovamboland.

**Ambon, 1.** *Amboina*, gebirgige, bis 1221 m hohe fruchtbare indones. Molukkeninsel, 761 km², 651 000 Ew.; Hauptort A. (2); Anbau von Gewürznelken u. Muskatnüssen. **2.** Hptst. der indones. Provinz Maluku (Molukken) u. größter Ort auf der gleichn. Insel, 206 000 Ew.; Universität (gegr. 1956); Ausfuhrhafen, Flugplatz.

**Ambonesen,** Bewohner der Molukken-Insel Ambon, melanid geprägt (dunkle Hautfarbe, schwarzes Kraushaar), aber auch javanischen, malaiischen u. europ. Einflüssen ausgesetzt. Heute sind die A. überwiegend christianisiert, z. T. auch islamisiert. Nach der Gründung der Rep. Indonesien (1949) lösten sich die A. von der Zentralregierung in Jakarta u. riefen 1950 die Republik „Süd-Molukken" aus. Die separatist. Bewegung wurde mit Waffengewalt niedergeschlagen; etwa 12 000 A. flohen in die Niederlande, die heute noch mit militanten Aktionen die Weltöffentlichkeit auf ihre Situation aufmerksam zu machen versuchen.

**Amboseli,** Wildreservat u. Touristenziel im Süden Kenias, am Fuß des Kilimandscharo, darin der flache Amboseli-See mit jahreszeitlich wechselndem Wasserstand.

**Amboss, 1.** *Anatomie:* Incus, das mittlere Gehörknöchelchen der Säugetiere. → Ohr.
**2.** *Musik:* ein Schlaginstrument; eine in einem Kasten liegende längl. Stahlplatte, die mit einem Metallhammer angeschlagen wird. Die Tonhöhe ist unterschiedlich, manchmal auch unbestimmt.
**3.** *Technik:* beim Hämmern u. Schmieden eingesetzter Stahlblock mit gehärteter Arbeitsfläche (Bahn) u. runden oder viereckigen Hörnern an einer oder beiden Seiten sowie mit Vertiefungen zum Einsetzen von Hilfswerkzeugen.

**Ambossform,** eine Wolkenform, bes. bei Cumulonimbuswolken, deren oberer, aus Eisteilchen bestehender Teil sich schirm-(seitlich gesehen amboss-)förmig ausbreitet.

**Ambouli** [abu'li], Oase u. Hauptanbaugebiet in der Rep. Djibouti.

**Ambra** [die; arab.], *graue A.*, krankhaftes Stoffwechselprodukt aus dem Darm des Pottwals, das nach dem Tod des Tieres auf dem Wasser schwimmt; Geruch nach moosbedecktem Waldboden, Tabak u. Sandelholz. Geruchsaktiver Bestandteil ist der Triterpenalkohol *Ambrein* mit seinen Oxidationsprodukten. Verwendung in der Parfümerie, heute weitgehend durch synthet. Stoffe ersetzt.

**Ambrabaum** → Liquidambar.

**Ambrakischer Golf,** auch *Golf von Arta*, neugrch. *Ambrakikos Kolpos*, ca. 40 km ins Land hineinreichender Golf der Westküste Mittelgriechenlands; flache Küsten, verlandend, nur 4 km breiter Ausgang bei Préveza.

**Ambras,** Schloss in Tirol, im Stadtteil *Amras* im SO von Innsbruck; im 16. Jh. im Renaissancestil ausgebaut, jetzt Museum (Waffen, Gemälde, Kunstwerke); bis 1806 Aufbewahrungsort des *Ambraser Heldenbuchs*, einer im Auftrag von Kaiser Maximilian I. durch Hans *Ried* aus Bozen um 1510 geschriebenen Sammlung mittelhochdt. Heldenepen, so „Erec" u. „Kudrun". Unter Ferdinand II. von Tirol wurde um 1580 die *Ambraser Sammlung*, das erste Museum der Neuzeit, angelegt.

**Ambrim,** Insel der Neuen Hebriden (Vanuatu), 644 km², 6300 Ew.; aktive Vulkane: Mount Marum (1336 m) u. Mount Benbow.

**Ambrogini** [-'dʒi:ni], Angiolo, italien. Humanist, → Poliziano, Angelo.

**Ambros, 1.** August Wilhelm, dt. Musikwissenschaftler, *17. 1. 1816 Mauth bei Prag, †28. 6. 1876 Wien; „Geschichte der Musik" 4 Bde. 1862 ff.; „Bunte Blätter" 1872–1874.
**2.** Wolfgang, österr. Sänger u. Gitarrist, *19. 3. 1952 Wolfsgraben bei Wien; gehört seit 1971 mit seinen der Rockmusik nahe stehenden Dialekt-Songs zum Kreis der Wiener Liedermacher.

**Ambrosi,** Gustinus, österr. Bildhauer, Grafiker u. Dichter, *24. 2. 1893 Eisenstadt, †2. 7. 1975 Wien (Selbstmord); beeinflusst durch A. *Rodin, Michelangelo* u. G. L. *Bernini*; schuf Bildnisse (Nietzsche, 1912) u. patriet. Aktfiguren u. -gruppen.

**Ambrosia** [die; grch.], **1.** *Mythologie:* Speise der griech. Götter; sollte Unsterblichkeit verleihen.
**2.** *Botanik:* Trivial-Bez. für die von verschiedenen Insekten (z. B. bestimmten Bohr- u. Borkenkäfern, *Ambrosiakäfern*) angelegten Pilzkulturen *(Ambrosiapilze)*, die als Nahrung dienen; Beispiel für → Symbiose.

**Ambrosiana,** *Biblioteca u. Pinacoteca A.*, 1609 von Kardinal Federigo Borromeo gegr. Bibliothek mit angegliederter Gemäldegalerie in Mailand; benannt nach dem Kirchenvater *Ambrosius*; enthält berühmte Kodizes (z. B. Ilias A.). Bestand: ca. 700 000 Bände, 35 000 Handschriften (latein., griech., oriental.), 2100 Wiegendrucke.

**ambrosianische Liturgie,** eine heute fast nur noch in der alten Kirchenprovinz Mailand gefeierte abendländische Liturgieform, die erst seit dem 8. Jh. mit *Ambrosius* in Verbindung gebracht wurde.

**ambrosianischer Gesang,** liturg. Gesang der mailändischen Kirche, der nach der Überlieferung auf *Ambrosius* zurückgeht u. heute noch in Mailand gesungen wird.

**ambrosianischer Lobgesang,** nach den latein. Anfangsworten „Te Deum laudamus" („Dich, Gott, loben wir") auch *Tedeum* genannt, erst im MA dem *Ambrosius* zugeschrieben; in dt. Umdichtungen (von Luther: „Herr Gott, dich loben wir" u. Ignaz Franz: „Großer Gott, wir loben dich") in der ev. wie in der kath. Kirche verbreitet.

**Ambrosie,** *Traubenkraut, Ambrosia,* Gattung der *Korbblütler (Compositae)*; getrennt geschlechtlich: weibl. Blütenköpfe in Achseln von Tragblättern, männl. Blüten in endständigen Ähren. In Dtschld. sind zu finden: die aus dem Mittelmeergebiet stammende *Strand-Ambrosie, Ambrosia maritima* u. die in Nordamerika heimische *Hohe A., Ambrosia elatior*; bis 120 cm hoch.

**ambrosisch** [grch.], himmlisch, unsterblich, köstlich duftend.

**Ambrosius** [grch. *ambrosios*, „unsterblich, göttlich"], männl. Vorname; frz. *Ambroise*.

◆ **Ambrosius,** Kirchenlehrer, Bischof von Mailand (seit 374), Heiliger, *339 Trier, †4. 4. 397 Mailand; bekämpfte den Arianismus u. verschaffte dem Nicänischen Glaubensbekenntnis im Abendland Geltung, verteidigte als Berater der Kaiser die Selbständigkeit der Kirche, verfasste bibl. u. dogmat. Schriften, Hymnen u. die erste christl. Ethik. Fest: 7. 12.

Ambrosius

**Ambrotypie,** amerikan. Bez. für das → Kollodium-Verfahren (Nassplattenverfahren), nach J. Ambrose Cutting (1814–1867), der sich das 1851 von F.S. Archer erfundene Verfahren widerrechtl. patentieren ließ. Die A. löste in den USA die → Daguerreotypie ab.

**Ambrus** [ˈɔmbruʃ], Zoltán, ungar. Schriftsteller u. Theaterkritiker, *22. 2. 1861 Debrecen, †28. 2. 1932 Budapest; schrieb nach französ. Vorbildern psycholog. Romane u. Bühnenwerke; auch Übersetzungen französ. Romane.

**Ambulakralfurche** [lat.], Furche an der Unterseite der Seesternarme, in der die *Ambulakralfüßchen* stehen. → Stachelhäuter.

**Ambulakralfüßchen,** die über die Körperober-

Ameisen: verschiedene Kasten der Blattschneiderameise

fläche hinausragenden Teile des Wassergefäßsystems *(Ambulakralgefäßsystem)* der → Stachelhäuter: in Reihen angeordnete, kleine muskulöse Schläuche, die durch Wasser prall gefüllt werden können; tragen am Ende meist Saugscheiben u. werden zur Fortbewegung benutzt (z. B. bei den Seesternen). A. sind bei Haar- u. Schlangensternen als Taster, bei Seeigeln zuweilen kiemenartig ausgebildet.

**ambulant** [lat.], wandernd, umherziehend; *ambulante Behandlung,* die Sprechzimmerbehandlung (im Gegensatz zur Krankenhausbehandlung); *ambulante Krankheit,* Krankheit, die keine Bettruhe erfordert.

**ambulante Maßnahmen,** staatl. Reaktionen auf strafbares Verhalten, die nicht im Freiheitsentzug bestehen, z. B. → Geldstrafe, → Strafaussetzung zur Bewährung, Leistung gemeinnütziger Arbeit, Entziehung der Fahrerlaubnis.

**Ambulanz** [die; lat.], *Poliklinik,* Krankenhausabteilung für ambulante Behandlung; auch Bez. für Krankentransportwagen u. Feldlazarette.

**Ambulia,** eine Pflanzengattung, → Limnophila.

**Ambursenstaumauer,** Stauwerk mit dreieckigem, hohlem Querschnitt u. schräger Stauwand.

**Amdabad,** Stadt in Indien, → Ahmedabad.

**Amden,** Luftkurort in der Schweiz im Kanton St. Gallen, 800–1300 m ü. M., am Nordufer des Walensees, 1300 Ew.; Fremdenverkehr.

**Amduat,** altägypt. Jenseitsschrift des Neuen Reiches, vor allem in Königsgräbern. Das A. gibt Auskunft über „das, was in der Unterwelt (Dat) ist".

◆ **Ameisen,** *Emsen, Formicoidea,* über die ganze Erde verbreitete, zu den *Hautflüglern* gehörende Überfamilie Staaten bildender Insekten mit mindestens dreierlei Individuentypen (Kasten): 1. geflügelte, nur zur Schwarmzeit vorhandene *Männchen;* sie sterben nach der Befruchtung der Weibchen. 2. Weibchen, zur Schwarmzeit ebenfalls mit Flügeln versehen, die sie aber nach erfolgter Befruchtung abwerfen, um einen neuen Staat zu gründen u. als *Königin* nur noch Eier zu legen. 3. Ungeflügelte Weibchen mit rückgebildeten Geschlechtsorganen, die als *Arbeiterinnen* die Hauptmasse eines Ameisenstaates ausmachen. Sie kümmern sich um die Eier u. die Larven u. schaffen Nahrung herbei. Bei einigen Arten sind die Arbeiterinnen, die für die Verteidigung des Staates zuständig sind, als „Soldaten" mit bes. vergrößerten, beißenden Mundwerkzeugen entwickelt.

Die A. sind von großer Mannigfaltigkeit in Lebensweise, Verhalten u. Vorkommen. Einige Arten sind *Körnersammler* u. *Pilzzüchter,* andere rauben die Puppen („Ameiseneier") anderer Arten, ziehen sie groß u. halten sie als „Sklaven", andere füttern in besonderen Gewölben Arbeiterinnen derart mit Honig, dass sie bewegungsunfähige Vorratsbehälter („Honigtöpfe") werden. *Weberameisen* benutzen ihre mit Spinndrüsen versehenen Puppen als Webeschiffchen u. fügen damit Blätter zum Nest zusammen. Trop. *Wanderameisen* bauen fast jeden Abend ein neues, kunstloses Nest. Vorliebe für süße Stoffe führt zum Besuch der Blattläuse, die die A. durch „Betrillern" mit den Fühlern zur Abgabe ihres stark zuckerhaltigen Kots veranlassen. „Ameisenstraßen" sind durch Geruchsstoff für alle staatsangehörigen A. markiert, auch die Richtungen zum Nest hin u. von ihm fort. Ihr Instinktleben ist sehr kompliziert. A. können polarisiertes Licht wahrnehmen u. Nachrichten durch „Fühlersprache", d. h. durch Austausch von Tastreizen mit den Fühlern, übermitteln. Die etwa 6000 Arten verteilen sich auf 8 Familien: *Poneridae, Cerapachyidae, Dorylidae* (zu denen die → Wanderameisen gehören), *Leptanillidae, Promyrmicidae* (Bewohner von Akaziendornen), *Myrmicidae* (Knotenameisen, zu denen die → Ernteameisen, die → Blattschneiderameisen u. die → Pharaoameise gehö-

## Ameisenbären (Familie *Myrmecophagidae*)

Der Große Ameisenbär ist ein ausgesprochener Bodenbewohner

Die Jungen des Großen Ameisenbären werden von der Mutter huckepack getragen

Tamanduas suchen überwiegend auf Bäumen nach Ameisen- und Termitennestern

4 Arten in 3 Gattungen:

**Großer Ameisenbär** *(Myrmecophaga tridactyla)*
**Südlicher Tamandua** *(Tamandua tetradactyla)*
**Nördlicher Tamandua** *(Tamandua mexicana)*
**Zwergameisenbär** *(Cyclopes didactylus)*

Verbreitung der Ameisenbären

| | |
|---|---|
| Verbreitung: | Süd- und Mittelamerika |
| Lebensraum: | Regenwald, Dornbuschsteppe, Sümpfe, Parkwälder |
| Maße: | Kopf-Rumpflänge beim Großen Ameisenbären 100 – 130 cm, beim Tamandua 52 – 67 cm, beim Zwergameisenbären 16 – 23 cm; Gewicht des Großen Ameisenbären 30 – 35 kg, des Tamandua 3,5 – 6 kg, des Zwergameisenbären 300 – 500 g |
| Lebensweise: | Einzelgänger, nur zur Brunstzeit wird ein Partner gesucht |
| Nahrung: | Ameisen, Termiten, Käferlarven, Wespen |
| Tragzeit: | Großer Ameisenbär 180 – 190 Tage, Tamandua 6 Monate, Zwergameisenbär unbekannt |
| Zahl d. Jungen pro Geburt: | 1 |
| Höchstalter: | Großer Ameisenbär bis zu 26 Jahren, Tamandua 9 Jahre, Zwergameisenbär unbekannt |
| Gefährdung: | Großer Ameisenbär gefährdet, die anderen Arten noch häufig; Großer Ameisenbär und eine Unterart des Tamandua durch das Washingtoner Artenschutzübereinkommen geschützt |

# Ameisenbären

ren), *Dolichoderidae* u. die *Formicidae*, zu denen als bekannteste die → Waldameisen, die → Rasenameisen u. die → Amazonenameisen gehören.

**Ameisenbären,** *Ameisenfresser, Myrmecophagidae,* urtümliche, zahnlose *Nebengelenktiere* Südamerikas mit fast körperlangem Schwanz; Ameisen- u. Termitenfresser; der Kopf ist röhrenförmig ausgezogen, die Zunge ist lang u. klebrig; mächtige Krallen an den Vorderbeinen dienen zum Aufreißen der festen Termitenbauten. A. entwickelten sich vor rund 65 Mio. Jahren in Südamerika u. gelten hier als Charaktertiere. Der Name „Nebengelenktiere" weist auf zusätzl. Gelenkbildungen der Wirbelsäule hin. Von den im Lauf der Entwicklungsgeschichte entstandenen 8 Gattungen existieren heute noch 3 mit 4 Arten: Der *Große Ameisenbär, Myrmecophaga tridactyla,* von über 2 m Körperlänge (mit Schwanz) ist von Guatemala bis Paraguay verbreitet u. hält sich nur am Boden auf. Der *Nördliche Tamandua, Tamandua mexicana,* u. der *Südliche Tamandua, Tamandua tetradactyla,* beide von 1 m Körperlänge, leben ähnlich, aber als Baumtiere; der Greifschwanz ermöglicht sichere Bewegung im Geäst. Der seltene, nur etwa eichhörnchengroße *Zwergameisenbär, Cyclopes didactylus,* hat einen Wickelschwanz u. lebt ebenfalls als Baumtier in Guyana, Nordbrasilien u. Peru. Bemerkenswert ist der Transport der Jungtiere auf dem Rücken der Eltern: Die Fellzeichnung des Säuglings u. des Alttieres gehen so ineinander über, dass das Junge fast unsichtbar ist. *Bildtafel S. 249*

Ameisenbeutler, Myrmecobius fasciatus

**Ameisenbeutler,** *Numbat, Myrmecobius fasciatus,* nur im Südwesten Australiens vorkommender *Raubbeutler,* der auf Ameisen u. Termiten spezialisiert ist; von Eichhörnchengröße, mit lang gestrecktem Körper, spitzem Kopf u. langem, buschigem Schwanz. Neben den etwa 50 verhältnismäßig kleinen Zähnen ist die bis zu 10 cm herausstreckbare, dünne Zunge wichtigstes Organ der Nahrungsaufnahme. A. sind tagaktiv u. durch Feinde stark gefährdet. Zwischen Januar u. Mai werden 4 Junge geboren, die sich an den Zitzen der Mutter festsaugen. Das struppige Bauchhaar gibt ihnen den einzigen Schutz, da wie bei den → Beutelratten kein Beutel vorhanden ist.

**Ameiseneier,** fälschl. für Ameisenpuppen; sie sind als Vogelfutter gebräuchlich. Auch → Ameisen.

**Ameisenether,** veraltete Bez. für *Ameisensäureethylester.*

**Ameisenfischchen,** *Atelura formicaria,* in den Nestern vieler Ameisen lebendes flügelloses Insekt aus der Gruppe der *Fischchen,* frisst Nahrungsabfälle u. stiehlt Futtertropfen fütternder Ameisen.

**Ameisengäste,** *Myrmekophile,* bestimmte Gliederfüßer *(Arthropoda),* meist Insekten, die ständig mit oder bei Ameisen leben u. an diese Lebensweise z. T. eng angepasst sind (Trophobionten, Symphilen, Synechthren). Die *geduldeten* A. ernähren sich von den Abfällen der Ameisen (z. B. Ameisengrille); die *gepflegten* A. scheiden Stoffe aus, die den Ameisen als Nahrung dienen (Blatt- u. Wurzelläuse) oder sie veranlassen, die A. u. deren Brut zu pflegen u. zu schützen; die *verfolgten* A. stellen den Ameisen u. ihren Puppen nach.

**Ameisengeist,** *Ameisenspiritus, Spiritus formicarum,* wässrige Mischung von Ameisensäure u. Ethylalkohol; mildes Hautreizungsmittel zu Einreibungen bei rheumat. u. neuralg. Beschwerden.

**Ameisenhege,** Ansiedlung u. Förderung von Waldameisen zur biologischen Schädlingsbekämpfung im Forstbereich. Brauchbar ist vor allem die *Kahlrückige* oder *Kleine Rote Waldameise, Formica polyctena,* wegen ihrer hohen Vermehrungsfähigkeit (bis 5000 Weibchen pro Nest können bis zu 1,5 Mio. Tiere Nachwuchs im Monat erzeugen) u. wegen ihrer Fähigkeit, Zweignester (Ableger) zu bilden; die Ableger lassen sich künstlich vermehren. A. ist unproblematisch, weil durch unsachgemäße Vermehrung der Bestand der Waldameisen eher gefährdet wird. Außerdem können durch Ameisen Blatt- u. Baumläuse gefördert werden, die zum einen durch Produktion von Honigtau für die Imkerei (*Waldtracht*) bedeutsam sind, an deren Einstichstellen aber auch Krankheitserreger (vor allem Viren) angreifen können.

**Ameisenigel,** *Schnabeligel, Tachyglossidae,* Familie der *Kloakentiere* mit 2 Gattungen u. 2 Arten, dem in Australien, Tasmanien u. Neuguinea verbreiteten *Kurznabeligel, Tachyglossus aculeatus* u. dem auf Neuguinea beschränkten *Langschnabeligel, Zaglossus bruijni,* über den wenig bekannt

Ameisenigel: Kurzschnabeligel, Tachyglossus aculeatus

ist. Sie sind von plumper Gestalt, mit längeren oder kürzeren Stacheln bedeckt. Der Kopf läuft in eine lange, röhrenförmige Schnauze aus, aus der eine klebrige Zunge zum Fangen von Ameisen, Termiten u. Würmern hervorschnellen kann. Die mit kräftigen Krallen versehenen Vorderfüße dienen als Grabwerkzeuge. Sie sind überwiegend nachtaktiv.
Die Weibchen legen 1 weichschaliges Ei, das sich in einem Beutel auf ihrer Bauchseite entwickelt. Nach ca. 10 Tagen schlüpft das nur etwa 150 mm lange Junge. Es wird ca. 55 Tage im Beutel getragen u. danach in einer Höhle abgelegt. Ungefähr im Alter von 1 Jahr wandern die Jungen erstmals allein umher.

Ameisenjungfern: Myrmeleon formicarius, Larve, sog. Ameisenlöwe

Ameisenjungfern: Myrmeleon formicarius, Imago

**Ameisenjungfern,** *Myrmeleontidae,* Familie der *Netzflügler,* große, libellenähnl. Tiere, jedoch mit vorragenden, dicken Fühlern; Dämmerungsflieger; fressen zarte Insekten u. Insektenlarven. Bekannt sind vor allem die Larven der A. unter dem Namen *Ameisenlöwe.*

**Ameisenlöwen,** die Larven der → Ameisenjungfern. Sie legen im Sand trichterförmige Gruben an, graben sich an deren Grund ein u. lauern auf hineinfallende Ameisen. Ihre Entwicklung zur Ameisenjungfer dauert meist 3 Jahre.

**Ameisenpflanzen, 1.** Pflanzen, deren Samen durch Ameisen verbreitet werden, z. B. Lerchensporn, Schöllkraut.
**2.** trop. Pflanzen, die in Hohlräumen von Stängeln, Knollen u. Ä. Ameisen beherbergen, ihnen durch besondere Gewebe Nahrung bieten u. durch sie vor Pflanzen fressenden Tieren geschützt werden, z. B. die Gattungen *Myrmecodia* u. *Cecropia.* → Entökie.

**Ameisensäure,** *Methansäure, Formylsäure,* H–COOH, einfachste aliphat. Carbonsäure; von stechendem Geruch u. Blasen ziehender Wirkung; eine sehr starke organ. Säure, die im Bienen- u. Ameisengift sowie in Brennnesseln vorkommt; synthet. Herstellung aus Natronlauge u. Kohlenmonoxid unter Druck; Verwendung in der Wollfärberei u. Gerbereitechnik, zur Gewebe-Imprägnie-

rung, als Konservierungsmittel für Fruchtsäfte u. Silofutter, zur Desinfektion von Wein- u. Bierfässern sowie als Lösungsmittel für gewisse Kunststoffe. A. ist ein in Dtschld. zugelassener Konservierungsstoff für Lebensmittel.
**Ameisensäureethylester,** *Ethylformiat,* aliphat. Ester, HCO – OC$_2$H$_5$, flüchtige, nach Rum riechende Flüssigkeit, leicht entzündbar (Flammpunkt –20 °C); Darstellung aus Ethylalkohol u. Ameisensäure; Verwendung als Lösungsmittel für Acetyl- u. Nitrocellulose, in der Limonadenindustrie zur Herstellung von künstl. Rum- u. Arrakaroma, zur Behandlung von Kehlkopf- u. Rachenkatarrhen sowie Maul- u. Klauenseuche.
**Ameisen-Schleichkatzen,** *Eupleres,* auf Ameisen- u. Termitennahrung spezialisierte, zu den *Hemigalinae* gestellte Schleichkatzen Madagaskars mit schwachen Vorder- u. kräftigen Hinterläufen; Fell rotbraun.
**Ameisenvögel,** *Formicariidae,* Familie der Unterordnung *Schreivögel (Tyranni),* die in 226 Arten ausschließlich in Südamerika beheimatet sind. Sie leben als Waldbewohner am Erdboden u. ernähren sich von Insekten.
**Ameisenwanze,** *Myrmecoris gracilis,* ameisenähnl., 5,5 mm lange *Blindwanze,* die als Räuber Blattlauskolonien aufsucht u. wohl aufgrund ihrer Gestalt von den bewachenden Ameisen nicht angegriffen wird.
**Ameisenwespen** → Bienenameisen.
**Ameiven,** Gattung *Ameiva,* aus der Familie der *Teju-Echsen,* eidechsenähnlich, doch sind die Kopfschilde nicht mit dem Schädel verwachsen, Zähne zwei- oder dreizackig, Zunge in eine Scheide rückziehbar; knapp 30 Arten, von denen einige bis 60 cm groß werden; in Mexiko bis Nordargentinien beheimatet; einige fressen Insekten, andere Kleintiere u. Früchte; 3–5 Eier in Erdhöhlen.
**Amekni,** neolith. Fundstelle nordwestl. von Tamanrasset, Hoggar (Südalgerien). Untersuchungen an Tierknochen u. Pflanzenpollen ergaben für die Zeit um 6000 v. Chr. in der Umgebung eine Landschaft mit ständig wasserführenden Flüssen u. einer Vegetation mit Laubbäumen. Die Menschen ernährten sich von Jagdtieren, Fischerei u. Hirseanbau. Zeugnisse für eine rundbodige, mit Kammeindrücken verzierte Keramik. Werkzeug aus Knochen, seltener aus Stein. Auch → Sahara-Sudan-Neolithikum.
**Amelanchier** [amelãˈʃje; frz.] → Felsenbirne.
**Ameland,** westfries. Insel in der niederländ. Prov. Friesland, 57 km², 3000 Ew. in 4 Dörfern (Hollum, Ballum, Nes, Buren); Dünensaum bei die eingedeichte Marsch; Ackerbau, Viehzucht; Fremdenverkehr.
**Amélie** [ameˈli], frz. für → Amalie.
**Ameling,** Elly, niederländ. Sängerin (Sopran), *8. 2. 1934 Rotterdam; zunächst Karriere als Oratorien- u. Liedsängerin; Operndebüt 1973 in Amsterdam; gilt als eine der besten Bach- u. Schubert-Interpretinnen ihrer Generation.
**Amelio,** Gianni, italien. Filmregisseur, *20. 1. 1945 San Pietro Magisano; arbeitete nach einem Philosophiestudium zunächst beim italien. Fernsehen; dreht seit den 1970er Jahren von humanist. Engagement geprägte Filme, die sich an Elementen des italian. Neorealismus orientieren. Filme u. a.: „Ins Herz getroffen" 1983; „Gestohlene Kinder" 1992; „Lamerica" 1994; „So haben sie gelacht" 1998.
**Amelung,** Walter, dt. Archäologe, *15. 10. 1865 Stettin, †12. 9. 1927 Bad Nauheim; seit 1895 in Rom, 1921–1927 Direktor des Dt. Archäolog. Instituts Rom.
**Amelungen,** in der dt. Heldensage Name für die Mannen Dietrichs von Bern, der ein ostgot. *Amaler* war.
**Amelunxen,** Rudolf, dt. Politiker (Zentrum), *30. 6. 1888 Köln, †21. 4. 1969 Düsseldorf; Jurist; seit 1919 im preuß. Verwaltungsdienst, 1926–1932 Regierungs-Präs. in Münster; 1945/46 Ober-Präs. von Westfalen; 1946/47 Min.-Präs., 1947–1950 Min. für Soziales, 1950–1958 für Justiz von Nordrhein-Westfalen.
**Amen** [hebr., „gewiss, wahrlich", „es steht fest"], Gebetsschluss u. Zustimmungsformel, mit der die Gemeinde das Verlesene für sich anerkennt; aus der israelit. Rechtsordnung in die christl. u. islam. Gebets- u. Gottesdienstordnung übergegangen, meist unübersetzt.
**Am Ende,** Hans, dt. Maler u. Grafiker, *31. 12. 1864 Trier, †9. 7. 1918 Stettin; Studium an den Akademien in München u. Karlsruhe, seit 1889 Mitgl. des Worpsweder Künstlerkreises; starkfarbige Landschaften aus Nord-Dtschld. u. dem Schweizer Hochgebirge.
**Amendement** [amãdˈmã; das; frz.], Abänderungsvorschlag zu einem Antrag oder Gesetzentwurf.
**Amendment** [əˈmɛnd-; das; engl.], die Abänderung eines Gesetzes (→ Novelle) oder eines Gesetzentwurfs; bes. bekannt als Zusatzartikel zur Verfassung der USA, vor allem die ersten zehn Amendments von 1791 mit den wichtigsten Grund- u. Freiheitsrechten.
**Amendola, 1.** Giorgio, Sohn von 2), italien. Politiker (Kommunist), *21. 11. 1907 Rom, †5. 6. 1980 Rom; seit 1929 Mitgl. der KP, seit 1946 in der Parteiführung; Hauptvertreter der Politik des „histor. Kompromisses", Wegbereiter des „Eurokommunismus".
**2.** Giovanni, italien. Politiker, *15. 4. 1882 Neapel, †7. 4. 1926 Cannes; 1922 Kolonial-Min.; nach dem „Marsch auf Rom" führende in der Opposition gegen Mussolini; starb in der Emigration an den Folgen eines faschist. Attentats.
**Amenemhet,** grch. *Ammenemes,* ÄGYPTISCHE KÖNIGE:
**1. Amenemhet I.,** 1991–1971(1962) v. Chr.; Begründer der 12. Dynastie. A. gründete als neue Residenz *Jtj-towi* südl. von Memphis. Er reorganisierte die Beamtenschaft u. sicherte die asiat. Grenze mit einem Festungsgürtel, den sog. „Mauern des Herrschers". A. wurde in einer Pyramide bei Lischt bestattet.
**2. Amenemhet II.,** 1929–1897(1892) v. Chr.; unterhielt enge Handelsbeziehungen zu Asien u. Syrien. Er wurde in einer Pyramide bei *Dahschur* bestattet. Im Grab seiner Tochter Jta wurde kostbarer Goldschmuck (heute im Museum in Kairo) gefunden.
**3. Amenemhet III., Marres,** 1842–1798 v. Chr.; kolonisierte die mit dem Niltal verbundene Oasenlandschaft Faiyum, wo er beim heutigen Hawara einen weitläufigen Tempel, das *Labyrinth,* erbaute. Seine Pyramide ließ er bei *Dahschur* errichten. In den Gräbern seiner Töchter wurde wertvoller Schmuck gefunden (heute in Kairo u. New York). Unter seiner Herrschaft gelangten Kunst, Literatur u. Wissenschaft zu neuer Blüte.
**Amenemope,** altägypt. Verfasser (20. Dynastie) einer Weisheitslehre, in deren Mittelpunkt Gottesdienst u. Sittlichkeit stehen; dt. „Das Weisheitsbuch des A." 1925.
**Amenophis,** ägypt. *Amen-hotep,* ÄGYPTISCHE KÖNIGE:
**1. Amenophis I.,** 1529(1526)–1508(1505) v. Chr.; erster bedeutender Herrscher der 18. Dynastie. Er unterwarf Nubien u. sicherte die nubische Goldvorkommen für Ägypten. Sein Beamter Amenemhet erfand die Wasseruhr, wodurch zum ersten Mal Zeitmessung unabhängig von den Gestirnen möglich wurde. A. I. wurde in der 20. Dynastie in Theben als Halbgott verehrt.
**2. Amenophis II.,** 1439–1413 v. Chr.; schlug mehrere Aufstände in Syrien u. Palästina nieder u. konnte den Besitz der Handelsstädte *Kadesch* u. *Ugarit* für Ägypten behaupten. A. II. rühmte sich besonderer Leistungen im Bogenschießen, Wagenlenken u. Rudern. Sein Grab befindet sich im Tal der Könige in Theben-West.
**3. Amenophis III.,** 1403–1365 v. Chr.; friedliebender König, der Ägyptens Macht durch Verträge mit der asiat. Königen sicherte. Zur Besiegelung des Vertrages mit dem Reich *Mitanni* nahm er eine mitannische Prinzessin in seinen Harem auf. Er unterhielt intensive Handelsbeziehungen zu Syrien u. Kreta. A. III. ließ in ganz Ägypten gewaltige Tempelanlagen erbauen, sein Totentempel in Theben-West steht heute bis auf die sog. „Memnonskolosse" zerstört. Er heiratete eine „bürgerliche" Frau namens Teje, deren Sohn A. IV. (Echnaton) sein Nachfolger wurde.
**4. Amenophis IV.** → Echnaton.
**Amenorrhöe** [-røː; die; grch.], *Amenorrhö,* das Ausbleiben bzw. Fehlen der Menstruation bei der geschlechtsreifen Frau; normal bei Schwangerschaft u. Wochenbett, oft auch noch während der Stillzeit *(physiologische A.);* Krankheitszeichen bei seelischen Störungen, Gebärmutter- u. Eierstockserkrankungen *(pathologische A.).*
**Amentet,** altägypt. Totenreich, → Imentet.
**Amentia** [die; lat.], akuter Verwirrtheitszustand, symptomat. Psychose.
**Amentotaxus** → Kätzcheneibe.
**Amer,** *Amir,* Mohammed Abd Al Hakim, ägypt. Offizier u. Politiker, *11. 12. 1919 Istal, Prov. Minya, †14. 9. 1967 Kairo (Selbstmord); absolvierte die Militärakademie. gehörte 1943 zusammen mit *Nasser* u. a. zu den Gründern des Geheimbunds der Freien Offiziere. 1948/49 kämpfte er in Palästina, nach dem Staatsstreich 1952

# Amerbach

wurde er Mitgl. des Revolutionsrats u. Oberbefehlshaber der ägypt. Streitkräfte. 1957 beförderte Nasser ihn zum Marschall, 1958 nach der Vereinigung Ägyptens u. Syriens ernannte er ihn zum 2. Vize-Präs. u. Kriegs-Min. der Vereinigten Arab. Republik (VAR). Obwohl A. als engster Freund u. Mitarbeiter Nassers galt, wurde ihm die Verantwortung für die Niederlage gegen Israel im Juni 1967 auferlegt; A. verlor seine Ämter u. wurde am 27. 8. 1967 verhaftet.

**Amerbach, 1.** Basilius, schweiz. Jurist u. Kunstsammler, *1. 12. 1533 Basel, †25. 4. 1591 Basel; Sohn des Basler Rechtsgelehrten Bonifacius A. (*1496, †1562); berühmt durch das von seinen Vorfahren begründete „Amerbach'sche Kabinett", eine Sammlung von Kunstschätzen, u. a. mit Gemälden H. Holbeins d. J., die den Grundstock der öffentl. Kunstsammlung Basel bildet.
**2.** Johannes, dt. Drucker u. Verleger, *um 1445 Amorbach, Odenwald, †25. 12. 1513 Basel; ursprünglich Korrektor bei A. Koberger in Nürnberg; wirkte im humanist. Sinne in Basel (seit 1477) u. druckte viele klassische wie humanist. Werke.

**American Abstract Artists** [ə'mɛrikən 'æbstrækt 'ɑːtists], Künstlervereinigung, die 1936 von den Malern Josef *Albers* u. Ilya *Bolotowsky* sowie dem Bildhauer Ibram *Lassaw* gegründet wurde u. im Zusammenschluss mit den amerikan. Vertretern der abstrakten Kunst dieser Richtung größere Beachtung verschaffen wollte. Sie demonstrierte 1940 gegen die konservative Haltung des Museum of Modern Art.

**American Accounting Association** [ə'mɛrikən ə'kauntiŋ ə'sousiɛiʃən] → A. A. A.

**American Ballet Theatre** [ə'mɛrikən 'bælɛt

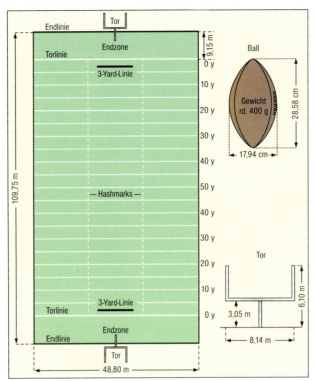

American Football: Spielfeld

'θiətər], neben dem New York City Ballet die bedeutendste Ballettkompanie Amerikas; 1939 mit dem Namen „Ballet Theatre" (bis 1957) in New York gegr.; breites Repertoire von Balletten verschiedenster Stilrichtungen.

**American Bankers Association** [ə'mɛrikən 'bæŋkərz ə'sousiɛiʃən], Abk. *ABA*, Washington, 1875 gegründete bundesweite Vereinigung amerikan. Banken, der etwa 93 % aller Banken der USA angehören. Zielsetzung ist die Interessenvertretung, die Weiterbildung der Nachwuchskräfte sowie die Ausarbeitung von Gesetzesvorschlägen auf dem Bankensektor.

**American Broadcasting Company** [ə'mɛrikən 'brɔːdkɑːstiŋ 'kʌmpəni], Abk. *ABC*, 1943 gegr. kommerzielle amerikan. Rundfunkgesellschaft, 1985 mit *Capital Cities Communications* zu *Capital Cities/ABC*, Sitz New York, fusioniert.

**American dance** [ə'mɛrikən'dæns; engl.], moderne Form des Balletts, die sich in den USA im modernen Tanztheater darstellt. Beim A. d. sollen Seelenerlebnisse u. Körpergefühl des Tanzenden, dargeboten im stummen u. kraftvollen Tanz, zum Ausdruck kommen.

**American Depository Receipts**, Abk. *ADR*, ursprünglich von US-amerikan. Banken geschaffene Form, den Handel von nichtamerikan. Titeln, die nicht direkt an den US-Börsen zulassungsfähig waren, überhaupt zu ermöglichen; heute Zertifikate über bei Banken hinterlegte ausländ. Ak-

tien, um deren Handel zu erleichtern, zu verbilligen u. zu beschleunigen.

**American dream** [ə'mɛrikən 'driːm], vielschichtiger Begriff, der in alle Lebensbereiche der amerikan. Gesellschaft hineinspielt; man verbindet damit etwa Grundwerte der Unabhängigkeitserklärung (1776) wie Freiheit u. das Streben nach Glück; die materialist. Auslegung definiert Amerika als das „Land der unbegrenzten Möglichkeiten", in dem jeder die Chance hat, „vom Tellerwäscher zum Millionär" aufzusteigen.

**American Express** [ə'mɛrikən iks'prɛs], US-amerikan., auch in Deutschland arbeitende Kreditkartenorganisation; → Kreditkarte.

**American Federation of Labor** [ə'mɛrikən fɛdə'rɛiʃən əv 'lɛibə], Abk. *AFL*, 1881 gegründeter Spitzenverband US-amerikan. Gewerkschaften, die nach dem Fachprinzip aufgebaut sind; nicht antikapitalistisch u. nicht klassenkämpferisch, arbeitet mit Staat u. Unternehmern zusammen, beschränkt sich darauf, die Interessen der Arbeitnehmer gegenüber beiden zu vertreten. 1955 schloss sich die AFL mit der *CIO*(→ Congress of Industrial Organizations) zur *AFL/CIO* zusammen.

◆ **American Football** [ə'mɛrikən 'futbɔːl], amerikan. Variante des Rugby, hauptsächl. in den USA, in geringerem Umfang auch in Japan u. Europa gespielt; zwei Mannschaften von je 11 Spielern (u. Auswechselspielern) versuchen, den eiförmigen Lederhohlball (rd. 400 g schwer) in die gegner. Endzone zu legen (*Touch-down*, zählt 6 Punkte) bzw. weitere Punkte durch einen aus dem Spiel über die Querlatte des Tores geschossenen Ball *(Field-Goal)* oder durch Tragen des Balles hinter die Endlinie zu erzielen. Das Spielfeld ist 109,75 m lang u. 48,80 m breit, die Tore sind 6,10 m hoch, 7,10 m breit u. haben in 3,05 m eine Querlatte; Spielzeit: 4 × 15 min. In Dtschld. gelten die angepassten Regeln des College-Football (Spielfeld: 120 × 50 m; Spielzeit: 4 × 12 min). Wegen der erlaubten Härte des Spiels tragen die Spieler Helme mit Gesichtsschutz sowie Kleidung mit Polsterungen für Schultern u. Unterleib. In den USA besteht als Profiverband die *National Football League* (NFL); dort wird die beste Mannschaft im sog. *Super Bowl* ermittelt. 1991 nahm eine Profi-Weltliga (WLAF) mit Mannschaften aus Europa u. Nordamerika den Spielbetrieb auf.

**American Institute of Banking** [ə'mɛrikən 'institjuːt əv 'bæŋkiŋ], ein von der → American Bankers Association geführtes Aus- u. Weiterbildungszentrum für Nachwuchskräfte u. Manager im Bankwesen.

**Americanismo**, lateinamerikan. literar. Bewegung, → Criollismo.

American Football: Wettkampfszene, die deutlich die Härte dieses Sports zeigt; Schutzhelm und gepolsterte Kleidung sind deswegen unbedingt notwendig

**American Legion** [ə'mɛrɪkən 'liːdʒən], Organisation der ehemaligen US-amerikan. Soldaten; wurde nach dem 1. Weltkrieg unter dem Motto gegründet, „die Verfassung aufrechtzuerhalten, zu verteidigen u. einen 100%igen Amerikanismus zu pflegen".

**American Scene** [ə'mɛrɪkən 'siːn], eine Gruppe US-amerikan. Maler der 1930er u. 1940er Jahre in der Tradition der *Ash-Can-School*; es entstanden veristische Bilder, mit provinziellen Aspekten des amerikan. Lebens. Hauptvertreter wurde E. *Hopper*. Im Süden, Westen u. Mittelwesten entwickelte sich gleichzeitig eine heroisch-patriot. Malerei – der Regionalismus – als Opposition zur Kunstmetropole New York; er blieb aber provinziell beengt.

**American Stock Exchange** [ə'mɛrɪkən - ɪks'tʃɛɪndʒ], Abk. *Amex*, New York, 1921 gegr. Börsenhaus. An der A.S.E. werden vorwiegend Aktien gehandelt, die noch keine Zulassung für die Hauptbörse New Yorks, der *New York Stock Exchange (NYSE)*, besitzen.

**American Tobacco Company** [ə'mɛrɪkən tə'bækəʊ kʌmpəni], von J. *Buchanan Duke* 1890 in New Jersey gegr. Gesellschaft, die 80 % der gesamten Tabakindustrie der USA beherrschte u. auf Beschluss des amerikan. obersten Bundesgerichts 1911 in 14 Einzelunternehmen aufgelöst wurde. Eines der Unternehmen führte den Namen weiter u. zählt zu den führenden amerikan. Zigaretten-Herstellungsunternehmen.

◆ **America's Cup** [ə'mɛrɪkəz 'kʌp], 1851 in England gestifteter Pokal im Segelsport, der im gleichen Jahr von den Amerikanern gewonnen u. seitdem von US-amerikan. Jachten gegen Herausforderer aus Großbritannien, Frankreich, Schweden u. Australien bis 1983 erfolgreich verteidigt wurde. Der Pokal, die berühmte „alte Kanne", befand sich während dieser 132 Jahre (angeschraubt) in einer Vitrine des „New York Yacht Club". Sieger der alle 3–4 Jahre durchgeführten Herausforderungsrunde ist diejenige Jacht, die zuerst 4 der 7 möglichen Wettfahrten gewonnen hat.
Nach dem Sieg des austral. Bootes „Australia II" 1983 holten sich die US-amerikan. Segler den Pokal 1987 zurück u. verteidigten ihn 1992 erfolgreich durch die „America 3". 1995 gewann Neuseeland den A.C.

**American way of life** [ə'mɛrɪkən 'wɛɪ əv 'laɪf], Lebensart, Lebensstil der US-Amerikaner.

**America Online Inc.** [ə'mɛrɪkə 'ɔnlaɪn], Abk. *AOL*, Dulles, Virginia; gegr. 1985; der weltweit größte Anbieter von Internet-Diensten mit rd. 22 Mio. Teilnehmern; 1997 Übernahme von Compuserve (2,5 Mio. Teilnehmer) sowie 1999 des Software-Unternehmens Netscape.

**Americium**, chem. Zeichen Am, 1945 von G. T. *Seaborg* u. Mitarbeitern durch Neutronenbeschuss erzeugtes u. nachgewiesenes Transuranmetall. A. gilt mit der Kernladung 95 als Homologes des Europiums (Eu). Das langlebigste Isotop Am-243 hat eine Halbwertszeit von 7950 Jahren.

**Amerigo Vespucci** [-tʃi], italien. Seefahrer, → Vespucci.

**Amerika** [benannt nach Amerigo *Vespucci*],

America's Cup: Die neuseeländische Mannschaft auf ihrem Boot während der Wettfahrten 1995

◆ **1.** der (nach Asien) zweitgrößte Kontinent der Erde, ein Doppelkontinent, bestehend aus → Nordamerika u. → Südamerika, welche durch die Landbrücke → Zentralamerikas miteinander verbunden sind. Ferner zählt zu A. die Inselwelt von → Westindien. Mit rd. 42,1 Mio. km² bedeckt A. (einschl. Grönland) 28 % der festen Erdoberfläche, mit 803 Mio. Ew. beherbergt es knapp 14 % der Erdbevölkerung. Der im Gegensatz zur „Alten Welt" (Eurasien-Afrika) „Neue Welt" genannte Doppelkontinent erstreckt sich sowohl auf der Nord- als auch auf der Südhalbkugel über sämtliche Klimazonen. Mit den im N vorgelagerten Inseln stößt er weiter als jeder andere Erdteil in die Arktis vor. Im S reicht A. zwar nur bis 55° südl. Breite, doch herrscht hier auf Feuerland wegen der Nähe der Antarktis schon subpolares Klima. Drei Viertel Nordamerikas haben gemäßigtes Klima, drei Viertel Südamerikas haben tropisches Klima.
Kennzeichnend für den Oberflächenbau ist die meridionale Dreigliederung in junge,

## Amerika: Staaten

| Staat | Hauptstadt |
|---|---|
| Antigua und Barbuda | St. John's |
| Argentinien | Buenos Aires |
| Bahamas | Nassau |
| Barbados | Bridgetown |
| Belize | Belmopan |
| Bolivien | Sucre/La Paz |
| Brasilien | Brasília |
| Chile | Santiago de Chile |
| Costa Rica | San José |
| Dominica | Roseau |
| Dominikanische Republik | Santo Domingo |
| Ecuador | Quito |
| El Salvador | San Salvador |
| Grenada | St. George's |
| Guatemala | Guatemala |
| Guyana | Georgetown |
| Haiti | Port-au-Prince |
| Honduras | Tegucigalpa |
| Jamaika | Kingston |
| Kanada | Ottawa |
| Kolumbien | Bogotá |
| Kuba | Havanna |
| Mexiko | México |
| Nicaragua | Managua |
| Panama | Panamá |
| Paraguay | Asunción |
| Peru | Lima |
| Saint Kitts und Nevis | Basseterre |
| Saint Lucia | Castries |
| Saint Vincent | Kingstown |
| Suriname | Paramaribo |
| Trinidad und Tobago | Port of Spain |
| Uruguay | Montevideo |
| Venezuela | Caracas |
| Vereinigte Staaten | Washington |

vulkanisch rege Faltengebirge im W, niedrigere, alte, stark abgetragene Rumpfgebirge im O u. weite Tiefebenen mit mächtigen Strömen in der Mitte.
Die Artenfülle der Vegetation ist in Südamerika größer als in Nordamerika; sie übertrifft im ganzen diejenige Europas bei weitem u. schließt noch tertiäre Formen (Mammutbaum) ein. Ähnliches gilt für die Tierwelt.
In beiden Erdteilhälften lebte vor der Erschließung durch die Europäer eine *Urbevölkerung* mit mongol. Einschlägen: im hohen Norden die Eskimos, im übrigen A. die Indianer. Sie waren wahrscheinlich über eine während der Eiszeit im Bereich der Beringstraße bestehende Landbrücke von Asien her eingewandert. Die Hochlandbewohner Mexikos *(Azteken)*, Yucatáns *(Maya)* u. Peru-Boliviens *(Inka)* hatten schon vor Kolumbus hohe Kulturen entwickelt. Während die Indianer in weiten Teilen Nord- wie auch Südamerikas (Argentinien) fast völlig ausgerottet wurden, blieben sie in Mittel- u. Südamerika teilweise erhalten
Durch die *Einwanderer* erhielt Nordamerika ein vorwiegend brit. Gepräge *(Anglo-Amerika)*; Mittel- u. Südamerika wurden kulturell von Spaniern u. Portugiesen geformt *(Ibero-Amerika)*. Der Sklavenhandel mit Afrika, der im Lauf der wirtschaftl. Erschließung des Landes betrieben wurde, brachte noch die schwarze Rasse nach A. Mischungen zwischen Weißen, Schwarzen u. Indianern sowie die starke Einwanderung europ. u. asiat. Volksgruppen (Chinesen, Japaner, Filippinos) ergaben das farbige Bevölkerungsbild des heutigen A. Dank seiner reichen u. verschiedenartigen Bodenschätze sowie der klimatisch bedingten zahlreichen Möglichkeiten landwirtschaftl. Nutzung ist A. heute einer der wichtigsten Wirtschaftsräume der Erde. Auf der breiten Rohstoffbasis hat sich bes. in Nordamerika eine vielseitige u. hochleistungsfähige Großindustrie entwickelt. Die Industrieerzeugung überschreitet 40 % der Weltproduktion.
*Entdeckung:* Schon im 6. Jh. hat der irische Mönch *Brandan* zwei Fahrten zur amerikan. Ostküste durchgeführt. Wikinger unter *Leif Eriksson* erreichten von Grönland her um 1000 die Küsten von Labrador u. Neufundland. Doch die abenteuerl. Fahrten der Nordmänner u. a. (z. B. des dt. Admirals *Pining*) gerieten in Vergessenheit, so dass *Kolumbus* allgemein als Entdecker Amerikas gilt. Er betrat am 12. 10. 1492 die Bahamainsel San Salvador u. entdeckte schließlich Kuba u. Haiti, auf späteren Reisen auch die Kleinen Antillen, Jamaika, Trinidad, die Orinocomündung u. die Küsten Mittelamerikas. G. *Caboto* entdeckte 1497 die Ostküste Nordamerikas Im April 1500 erreichte der Portugiese P. Á. *Cabral* die Küste Brasiliens. Im 16. Jh. eroberten vor allem Spanier weite Gebiete Süd- u. Mittelamerikas (H. *Cortéz*, F. *Pizarro*). 1513 erreichte V. M. de *Balboa* über die Landenge von Panama den Pazif. Ozean. F. *de Magalhães* entdeckte 1519/20 die nach ihm benannte Straße zwischen Südamerika u. Feuerland. In Nordamerika drangen zunächst Holländer u. Franzosen, später Engländer weiter ins Innere vor (A. MacKenzie durchquerte 1792/93 Nordamerika). Der dt. Kartograph M. *Waldseemüller* schlug 1507 auf einer Weltkarte vor, den neu entdeckten Erdteil nach Amerigo *Vespucci* zu benennen, einem italien. Seefahrer, der um 1500 mehrfach die Küsten Amerikas bereist hatte u.

## Amerika: Gliederung

| | Fläche (in km²) | Ew. (in Mio.) |
|---|---|---|
| Nordamerika (Kanada, USA, Bermuda) | 19 334 183 | 302 |
| Grönland | 2 175 600 | 0,06 |
| Mexiko | 1 958 201 | 96 |
| Zentralamerika (ohne Mexiko) | 521 326 | 36 |
| Westindien | 234 880 | 37 |
| Südamerika (mit Falklandinseln) | 17 867 324 | 332 |

dessen Entdeckungsberichte in Europa weite Verbreitung gefunden hatten.
*Geschichte:* → Lateinamerika (Geschichte), → Nordamerika (Geschichte).
**2.** ungenaue Bez. für → Vereinigte Staaten von Amerika.
**Amerikana,** Bücher, die Amerika behandeln, in Amerika gedruckt oder von amerikan. Autoren verfasst sind.
**amerikanisch,** die englische Sprache in den USA; auch → Amerikanismus.
**amerikanische Kunst** → altamerikanische Kulturen, → iberoamerikanische Kunst, → mittelamerikanische Kulturen, → südamerikanische Kulturen, → Vereinigte Staaten von Amerika (Kunst).
**amerikanische Literatur** → iberoamerikanische Literatur, → Vereinigte Staaten von Amerika (Literatur).
**amerikanische Musik** → altamerikanische Musik, → iberoamerikanische Musik, → indianische Musik, → Vereinigte Staaten von Amerika (Musik).
**amerikanische Philosophie** → Vereinigte Staaten von Amerika (Philosophie).
**Amerikanischer Dachs** → Silberdachs.
**Amerikanischer Mastixstrauch** → Pfefferstrauch.
**Amerikanische Schabe,** *Periplaneta americana,* bis 45 mm lange, weltweit verschleppte rotbraune Schabe, mit langen Flügeln, vor allem in Gewächshäusern, Speichern, Zuckerfabriken, zoolog. Gärten; Bekämpfung mit Berührungsgiften auf DDVP-Grundlage u. durch Köderdosen.
**Amerikanisches Mittelmeer,** die von Mittelamerika u. den Westind. Inseln umschlossenen Meeresteile des Atlant. Ozeans: der Golf von Mexiko, das Yucatánmeer u. das Karib. Meer; tiefste Stelle im Caymangraben, 7680 m.
**amerikanische Sprachen,** die *Indianersprachen* Nord-, Mittel- u. Südamerikas; nur teilweise untereinander verwandt, gesprochen von etwa 22 Mio. Menschen. Die amerikan. Sprachen gliedern sich in 125 Sprachfamilien. *Nordamerika* (58 Sprachfamilien): Na-Déné, Algonkin, Uto-Aztekisch, Penuti, Hoka-Coahuiltecа, Sioux-Yuchi, Caddo-Irokesisch, Golfküstensprachen u. a.; *Mittelamerika*: Maya, Zapotekisch, Mixtekisch, Totonakisch u. a.; *Südamerika*: Ketschua, Araukanisch, Aymará, Arawakisch, Karibisch u. a. Die Anzahl u. die Verwandtschaftsbeziehungen der Indianersprachen Mittel- u. Südamerikas sind bisher wenig erforscht. Vor allem in Südamerika wurde span. u. portugies. Lehnwortgut aufgenommen.
**Amerikanisch-Samoa** → Samoa.
**amerikanisieren,** nach (US-)amerikan. Vorbild einrichten.
**Amerikanismus, 1.** *Politische Ideologie:* die in den USA entstandene Überzeugung, dass der Amerikaner dank seiner demokrat. Lebensordnung befähigt sei, ein vollkommenes Menschentum zu entwickeln, u. dass es somit notwendig sei, amerikan. Tendenzen im Gegensatz zu der als rückständig empfundenen eu-

rop. Tradition zu pflegen (so genannter American Way of Life).
2. *Sprachwissenschaft:* Spracheigentümlichkeit des in den USA gesprochenen Englisch (auch unzutreffend „Amerikanisch" genannt), z. B. Aufnahme indian., dt., französ. u. span. Wörter, Bedeutungswandel engl. Wörter, Unterschiede in der Schreibweise (z. B. Endsilbe -or statt -our) u. Aussprache.
3. *Theologie:* Reformbewegung in der kath. Kirche, die im 19. Jh. in den USA entstand. Der A. fußte auf Ideen von I. T. Hecker, förderte moderne Ansichten in der Kirche (z. B. Abbau der kirchl. Autorität) u. wurde 1899 von Papst Leo XIII. verurteilt (Apostol. Schreiben „Testem benevolentiae"). Der A. gehört in den Bereich des → Modernismus.

**Amerikanistik,** 1. Studium der vorkolumbischen Indianervölker Amerikas u. ihrer Kulturen; untergliedert in Spezialgebiete: Studium der materiellen Kultur, Entzifferung der Bilderhandschriften u. Hieroglyphen, Linguistik, physische Anthropologie, Soziologie, Ethnohistorie, Religionswissenschaft.
2. Studium der Literatur, Sprache u. Kultur der USA.

**Amerling,** Friedrich von, österr. Maler, * 14. 4. 1803 Wien, † 14. 1. 1887 Wien; nach Studium an der Wiener Akademie Schüler von H. *Vernet* in Paris, beeinflusst durch den engl. Porträtmaler Sir T. *Lawrence;* malte anfangs Historienbilder, später Bildnisse mit treffender Charakterisierung als Auftragsarbeiten der Wiener Aristokratie.

**Amerongen** → Wolff von Amerongen.

**Amersfoort,** alte niederländ. Stadt im NO von Utrecht, 110 000 Ew.; Handel, Metallverarbeitung, Automontage.

**Amery,** Carl, eigentl. Christian Anton *Mayer,* dt. Erzähler u. Essayist, * 9. 4. 1922 München; wurde besonders durch seine krit. Stellungnahmen zu aktuellen polit. Themen populär; gehörte der „Gruppe 47" an; 1989–1991 Präs. des dt. PEN-Zentrums. Romane: „Der Wettbewerb" 1954; „Die große dt. Tour" 1958; „Das Königsprojekt" 1974; „Die Wallfahrer" 1986; „Das Geheimnis der Krypta" 1990; Essays: „Das Ende der Vorsehung" 1972; „Natur als Politik" 1976; „Hitler als Vorläufer. Auschwitz – der Beginn des 21. Jh.?" 1999; Hör- u. Fernsehspiele.

◆ **Améry,** Jean, eigentl. Hans *Maier,* österr. Schriftsteller, * 31. 10. 1912 Wien, † 17. 10. 1978 Salzburg (Selbstmord); 1943–1945 Häftling in deutschen Konzentrationslagern; schrieb danach v. a. für schweiz. Zeitungen. Amérys Artikel u. Essays über tagespolit., kulturelle u. literarische Themen zielen auf Aufklärung u. humane Emanzipation ab. Im Freitod sah A. die äußerste Manifestation menschl. Würde. Essays: „Jenseits von Schuld u. Sühne" 1966; „Hand an sich legen. Diskurs über den Freitod" 1976; Autobiografie „Unmeisterliche Wanderjahre" 1971; neben anderen Ehrungen Lessingpreis der Stadt Hamburg 1977.

Jean Améry

**Amery-Eisschelf** ['ɛiməri-], Eistafel vor MacRobertson-Land, in der Ostantarktis, rd. 40 000 km²; gespeist vom *Lambert-Gletscher.*

**Amesha Spenta** [-ʃa; Pl.; pers., „die heiligen Unsterblichen"], personifizierte Mächte wie Wahrheit, gute Gesinnung, Vollkommenheit, Ergebenheit im *Parsismus;* es handelt sich um Potenzen *Ahura Mazdas* selbst, die ihn umgeben; sie haben die spätjüd. Engellehre beeinflusst.

**Amesit** [der], Mineral der Chloritgruppe, enthält Magnesium, Aluminium u. Silicium, grün; $Mg_3Al_2[(OH)_8Al_2Si_2O_{10}]$.

**Ames-Test** ['ɛims-], das Testverfahren nach B. N. *Ames* zur Prüfung der Kanzerogenität oder Mutagenität eines chemischen Stoffes an Bakterien.

**a metà** [ital., „zur Hälfte"], (Gewinn u. Verlust) geteilt.

**amethodisch** [grch.], ohne feste Methode, planlos.

**Amethyst** [der; grch. *amethystos,* „gegen die Trunkenheit"], violetter Bergkristall, Abart des Quarzes, Vorkommen in Drusen *(Geoden)* u. Gängen; Fundorte in Europa sind Idar-Oberstein u. Südtirol *(Theiserkugeln),* sonst bes. in Brasilien; wird durch Glühen gelb (Zitrin).

**Ametrie** [die; grch.], Mangel an Gleichmäßigkeit, Missverhältnis.

**Ameublement** [amøblə'mã; das; frz.], Möblierung, Zimmereinrichtung.

**Amfissa,** Stadt in Mittelgriechenland, westl. von Levadeia, Hauptort des Verw.-Bez. Fokis, 7200 Ew.; Mittelpunkt einer agrarisch intensiv genutzten Ebene (Oliven, Agrumen, Wein, Gemüse); Bauxitlager, Lederverarbeitung.

**Amfortas,** *Anfortas,* Gralskönig in Wolfram von Eschenbachs Epos „Parzival". Der dahinsiechende A. wird von Parzival von seinen Leiden erlöst; → Parzival.

**Amhara,** die eigentl. *Äthiopier,* das vorwiegend hamit. ehemalige Staatsvolk Äthiopiens mit semit. Sprache; 11 Mio. im äthiop. Hochland, in Schoa u. Somalia; stellten z. Zt. der Monarchie die Beamten, Priester u. Soldaten; kopt. Christen; zeigen eine große berufl. Spezialisierung u. kennen Pflugbau, Terrassen- u. Bewässerungsanbau. Schon früh öffneten sie sich südarab. u. röm.-griech. Einflüssen.

**Amhara,** Gebirgslandschaft im nördl. Äthiopien, um den Tanasee; Hauptort *Gondar.*

**amharische Sprache,** vom Kuschitischen beeinflusste äthiopische Sprache, „Sprache der Könige", 1270 durch die salomonische Dynastie zur Staatssprache erhoben; älteste Dichtung aus dem 14./15. Jh.; von rd. 11 Mio. Menschen gesprochen; wird noch heute in Verwaltung u. Presse gebraucht.

**Amherst** ['æməst], Universitätsstadt in Zentral-Massachusetts, 33 000 Ew.; Sitz der Staatsuniversität von Massachusetts (gegr. 1863 als College, seit 1947 Universität).

**Ami,** Kurzwort für Nordamerikaner, bes. als Besatzungssoldat.

**Amiandos,** Dorf in Zypern inmitten der Passlandschaft des *Troodosgebirges,* Übergang von Limassol nach Lefka; Serpentinlandschaft; ausgedehnter Asbesttagebau.

**Amiant** [der; grch.], *Strahlsteinasbest, Bergflachs,* langfaseriges, grasgrünes, seidenglänzendes Mineral, monoklin; Härte 5–6; in Chloritschiefer, Kalkschiefer, Serpentin.

**Amiata,** *Monte Amiata,* Vulkanberg in der italien. Region Toskana, 1738 m; am Ostfuß große Zinnobergruben.

**Amicis,** Edmondo de, italien. Schriftsteller, → De Amicis.

**Amicus** [lat.], Freund.

**Amida,** japan. Name des Buddha → Amitabha.

**Amide,** 1. *Säureamide,* organisch-chemische Verbindungen, die die Säureamidgruppe $-CO-NH_2$ tragen; A. entstehen z. B. aus Säurechloriden u. Ammoniak, sie sind chemisch neutral. Mit Ausnahme von → Formamid sind sie feste kristalline Verbindungen. – 2. salzartige Metallverbindungen mit dem Anion $NH_2^-$, z. B. Natriumamid ($NaNH_2$).

**Amido...,** in anorgan. Verbindungen Bez. für die Gruppierung $-NH_2$, z. B. Amidoschwefelsäure.

**Amidol** [das], *2,4-Diaminophenol-dihydrochlorid,* aromat. Verbindung; als fotograf. Entwicklersubstanz verwendet.

**Amiel,** Henri Frédéric, schweiz. Dichter, Schriftsteller u. Philosoph, * 27. 9. 1821 Genf, † 11. 5. 1881 Genf; Lyriker (u. a. das Nationallied der französ. Schweiz „Roulez tambours" 1857), bekannt durch seine Tagebücher, die neben Betrachtungen über Literatur, Theater u. Musik tiefdringende Selbstanalysen enthalten: „Fragments d'un journal intime" (postum) 1847–1881, dt. „Tagebücher" 1905.

◆ **Amiens** [a'mjɛ̃], nordfranzös. Stadt an der

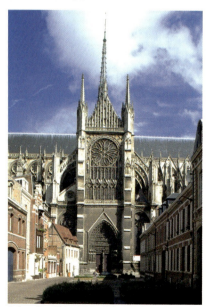

Amiens: Das Südportal der Kathedrale Notre-Dame, die als bedeutendes Zeugnis gotischer Baukunst gilt

Somme, alte Hptst. der *Picardie*, Sitz des Dép. Somme, 136 000 Ew.; Bischofssitz, got. Kathedrale (13. Jh.; Weltkulturerbe seit 1981), Universität (gegr. 1965); im 14. Jh. wichtiger Handel mit England u. Portugal, danach auch mit Spanien u. der Türkei, ab 18. Jh. mit Westindien u. Südamerika; bedeutende Textilindustrie (Wollwebereien seit dem 12. Jh.) mit Schwerpunkt Spinnerei; außerdem Schuh-, Leisten- u. Nahrungsmittelindustrie, Goldplattierung. – Am 27. 3. 1802 wurde im 2. Koalitionskrieg zwischen Frankreich u. England der *Friede von A.* geschlossen; nach starken Zerstörungen während des 2. Weltkrieges Wiederaufbau.

**Amiet** [a'mjɛ], Cuno, schweiz. Maler u. Grafiker, *28. 3. 1868 Solothurn, †6. 7. 1961 Oschwand, Kanton Bern; studierte 1884–1891 in München u. Paris, dort beeinflusst von den Malern des Nachimpressionismus, u.a. von P. *Gauguin*, E. *Bernard* u. P. *Sérusier*; schuf Landschafts- u. Figurenbilder, Stillleben u. Porträts in dekorativer Farbigkeit.

**Amiga**, US-amerikan. Unternehmen, das Anfang der 1980er Jahre einen Kleincomputer gleichen Namens entwickelte, mit dem erstmals multimediale Daten verarbeitet werden konnten. Eine für den damaligen Zeitpunkt weit fortgeschrittene Grafik machte die Amiga-Modelle (500, 600, 1000, 4000) zu den meistverkauften Spielecomputern. 1984 wurde das Unternehmen von Commodore übernommen.

**Amik Gölü**, 60 km² großer See im SO der Türkei (Prov. Hatay), nördl. der Stadt Antakya; ausgedehnte angrenzende Sumpfgebiete (über 100 km²).

**Amikt** [der; lat.], *Humerale*, unter der Albe getragenes Schultertuch; rechteckiges Ornatstück des kath. Priesters aus Leinen, früher meist mit Zierbesatz (Seiden- u. Perlenstickereien), das mit Bändern um Nacken, Schultern u. Brust befestigt wird.

Idi Amin; 1976

**Amin**, ◆ **1.** Idi, ugandischer Offizier u. Politiker, *Januar 1925 (nach anderen Angaben 1928) Arua, Norduganda; Moslem; diente in der brit. Kolonial-Armee; 1966 Oberbefehlshaber der Streitkräfte des unabhängigen Uganda; stürzte 1971 Präs. *Obote*; errichtete als Präs. ein despot. Regime, das mehrere 100 000 Todesopfer forderte; wurde 1979 durch Truppen des Nachbarlandes Tansania u. der ugand. Befreiungsbewegung gestürzt; ging zunächst ins libysche, dann ins saudi-arab. Exil. **2.** Samir, ägypt. Wirtschaftswissenschaftler, *4. 9. 1931 Kairo; Studium in Paris; Prof. an den Universitäten von Poitiers, Paris u. Dakar; seit 1970 Direktor des Instituts für wirtschaftl. Entwicklung u. Planung in Afrika, Sitz: Dakar; Hptw.: „L'accumulation à l'échelle mondiale" 1970.

**Amindiven**, engl. *Amindivi Islands*, Gruppe flacher Koralleninseln im Arab. Meer, rd. 300 km vor der südwestind. Malabarküste, bilden zusammen mit den südlich gelegenen *Lakkadiven* u. der Insel *Minikoy* das 1973 in *Lakshadweep* umbenannte ind. Unionsterritorium.

**Amine**, *Aminoverbindungen*, aliphat. oder aromat. chem. Verbindungen, die sich formal vom Ammoniak, $NH_3$, ableiten, indem dessen Wasserstoffatome teilweise oder ganz durch Alkyle bzw. Aryle ersetzt sind. Je nach Substitutionsgrad unterscheidet man *primäre, sekundäre* u. *tertiäre* A. Darstellung der aliphat. A. durch Umsetzung von Aldehyden oder Ketonen mit Ammoniak in Gegenwart eines Reduktionsmittels, der aromat. A. durch Reduktion der entsprechenden Nitroverbindungen. *Niedere A.* sind Gase, *mittlere A.* Flüssigkeiten mit ammoniakähnlichem Geruch u. brennbar. Beispiel: Methylamin, $CH_3-NH_2$ oder → Anilin, $C_6H_5-NH_2$.

**Amin Ibn Harun Ar Raschid**, *Al A.*, Abbasidenkalif 809–813, *787, †813; Sohn Harun Ar Raschids, fiel am Ende eines Bürgerkrieges gegen seinen Bruder Ma'mun.

**Amino...**, Vorsilbe in den Namen stickstoffhaltiger organischer Verbindungen, die auf die Gruppe $-NH_2$ hinweist, z.B. in den Aminosäuren $HOOC-CH(NH_2)-R$.

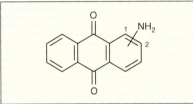
Aminoanthrachinone

◆ **Aminoanthrachinone**, Derivate des Anthrachinons, die aus Anthrachinonsulfosäure u. Ammoniak hergestellt werden. Das *2-Aminoanthrachinon* ist z.B. Grundstoff der Indanthren- u. Flavanthren-Baumwoll-Küpenfarbstoffe. Derivate des Aminoanthrachinons mit Sulfosäure- oder Halogengruppen sind wichtige echte → Säurefarbstoffe für Wolle.

**Aminoazobenzol**, bei der Kupplung von Diazoniumsalzen mit Aminen sich bildende aromat. Verbindung, die in Form des p-Aminoazobenzols Ausgangsprodukt für Diazofarbstoffe ist. Induline u.a. wird beispielsweise als Anilingelb zum Färben von Acetatseide benutzt. Formel: $C_6H_5-N=N-C_6H_4-NH_2$.

**Aminobenzoesäure** [-tso:e:-], chemische Formel: $NH_2-C_6H_4-COOH$; eine aromat. Aminocarbonsäure, die in Ortho(o-), Meta(m-) u. Para(p-)- Form vorkommt. Am wichtigsten ist die o-Aminobenzoesäure *(Anthranilsäure)*, die früher Ausgangspunkt für die Indigosynthese war u. deren Methylester als synthet. Neroliöl in der Parfümerie verwendet wird. Die p-Aminobenzoesäure (Abk. *PAB*) ist ein Bakterienwuchsstoff mit Vitamincharakter (Vitamin H) u. dient als Grundstoff für Heilmittelsynthesen, z.B. von Novocain u. Procain. Die m-Aminobenzoesäure wird zur Herstellung von Azofarbstoffen verwendet.

**Aminobenzol** → Anilin.
**Aminoessigsäure** → Glycin.
**Aminoglutarsäure** → Glutaminsäure.
**Aminogruppe**, die chem. Atomgruppierung $-NH_2$.

**Aminophenol**, $NH_2-C_6H_4-OH$, Aminoderivat des Phenols, bei dem ein Wasserstoffatom des Phenylrests durch die Aminogruppe ersetzt ist. Darstellung z.B. des *para-Aminophenols* durch saure Reduktion von Nitrobenzol; als Entwicklersubstanz (z.B. im *Rodinal*) verwendet, außerdem zur Haar- u. Pelzfärbung u. für Synthesen von Heilmitteln, Farbstoffen u.a. Das meta-Aminophenol ist Ausgangsprodukt zur Herstellung von Rhodaminfarbstoffen. Das ortho-Aminophenol ist Ausgangsprodukt für viele Azo- u. Schwefelfarbstoffe.

**Aminoplaste**, eine Gruppe von Kunststoffen, die durch Polykondensation von Aminoverbindungen, insbes. Harnstoff, Thioharnstoff (Harnstoffharze, Carbamidharze) oder Melamin (Melaminharze) mit Formaldehyd hergestellt werden. Herstellung, Verarbeitung u. Eigenschaften sind ähnlich wie bei den Phenolharzen, von denen sich die A. durch ihre helle Farbe unterscheiden. Die Melaminharze sind härter u. temperaturbeständiger als die Harnstoffharze, aber auch teurer. – A. werden verwendet für techn. Formteile, zur Herstellung von Haushaltsgegenständen, Beleuchtungskörpern, Gehäusen, sanitären Artikeln; auch für die Verleimung von Holz, für die Ausrüstung von knitterfesten Baumwoll- u. Kunstseidegeweben u. von Papier, dessen Festigkeit dadurch stark erhöht wird. Melaminharze werden bes. für die Herstellung von Essgeschirr u. von Platten für Tisch- u. Wandbeläge (→ Resopal) verwendet.

**Aminosäureanalyse**, Nachweismethode zur Bestimmung von → Aminosäuren; elegantestes Verfahren über verteilungschromatograph. Auftrennung der Säuren mit anschließender Farbreaktion *(Ninhydrinreaktion)* u. photometrischer Messung der Reaktionsprodukte. Die A. wird in der klinischen Chemie, Lebensmittel- u. Biochemie meist mit automatisierten Aminosäureanalysatoren angewandt.

◆ **Aminosäuren**, chem. Verbindungen, die neben der Amino-(-$NH_2$) eine Carboxylgruppe (-COOH) enthalten. Je nach der Stellung beider Gruppen zueinander unterscheidet man α-, β-, γ-... Aminosäuren. Allgemeine Form R–CH(NH$_2$)–COOH (R = Alkyl, Aryl oder heterozykl. Rest). Bisher sind über 200 A. bekannt, 20 von ihnen sind Bestandteile der → Proteine u. damit die verbreitetsten Naturstoffe. Die häufigsten, wichtigsten A. sind aliphat. Natur, z.B. Glycin u. Alanin; zu den aromat. A. gehört u.a. Tyrosin. Auch → essenzielle Aminosäuren.

**Aminotriazol** [das], *Amitrol*, *3-Amino-1H-1,2,4-triazol*, beeinflusst die Histidinbildung in Pflanzen u. wirkt als Unkrautvernichter gegen Huflattich, Quecken, Farne u. Schachtelhalm. A. hat sich im Tierversuch als Krebs auslösend erwiesen.

**Aminoverbindungen** → Amine.
**Aminozucker,** Derivate der → Monosaccharide, bei denen eine alkoholische Hydroxylgruppe (keine glykosidische) durch eine Aminogruppe –NH$_2$ ersetzt ist. Wichtigste A., deren N-Acetylderivate als Polysaccharidbausteine vorkommen, sind D-Glucosamin (im Chitin) u. D-Galactosamin (in Knorpelgeweben).

**Amir,** ägypt. Politiker, → Amer.

**Amiranten,** *Admiranten, Almiranten, Admiralitätsinseln,* Inselgruppe im westlichen Indischen Ozean mit zusammen 83 km$^2$; 1502 entdeckt, seit 1814 britisch, seit 1976 Teil der Republik Seychellen.

**Amirantenbecken,** Becken des Indischen Ozeans südl. der Amiranten u. Seychellen, bis 4069 m tief.

**Amis** [ˈɛimis], Sir Kingsley, engl. Erzähler, *16. 4. 1922 London, †22. 10. 1995 London; Verfasser des gesellschaftskrit. Romans „Glück für Jim" 1954, dt. 1957, u. der Sciencefiction-Romane „Zum grünen Mann" 1969, dt. 1973; „Die Falle am Fluss" 1973, dt. 1974; „Die Augen des Basilisken" 1981, dt. 1984; „The old devils" 1986.

**Amîs,** *Pfaffe Amîs,* mittelhochdeutsche Schwanksammlung, → Stricker.

**Amish-Brüder** [æmiʃ], *Amische Mennoniten,* 1693 eine durch Jakob *Am(m)ann* im Berner Emmental hervorgerufene Absplitterung von den dortigen Mennoniten. Die A. zeichnen sich durch ethischen Rigorismus („Gebannte" werden auch durch die eigenen Familien gemieden, strenge Gemeindezucht), technischen Konservatismus (Ablehnung von Maschinen, Elektrizität) u. strenge Kleidertradition aus; sie sprechen alten dt. Dialekt (pfälzisch). Ihr Siedlungsgebiet ist vor allem Pennsylvania, Ohio u. Indiana (USA); rd. 60000 Mitgl.

**Amitabha** [sanskr., „der unermesslich Glänzende"], *Amitayus,* bedeutendster der fünf → Tathagatas oder transzendenten Buddhas des Mahayana-Buddhismus; lebt im Sukhavati-Himmel oder westl. Paradies. Die Ver-

Aminosäuren: Chemische Formeln der wichtigsten Verbindungen

**Amitayus** [sanskr., „dessen Lebenszeit unendlich ist"], Name des Buddha → Amitabha.
**Amitose** [die; grch.], direkte → Mitose.
**Amitrol** → Aminotriazol.
**Amlasch-Kultur,** altpersische Kultur des 9.–8. Jh. v. Chr.; Fundgebiet um *Amlasch* im Elburs: Megalithgräber mit Gold- u. Tongerät, Gefäße in Mensch- u. Tierform.
**Amman, 1.** jordan. Governorat, 10 612 km², 1,6 Mio. Ew.; Verwaltungssitz A. (2).
◆ **2.** Hptst. von Jordanien, nordöstl. der Nordspitze des Toten Meers, in der Gebirgslandschaft Ammon, 730–835 m ü. M., 965 000 Ew., mit Vororten 1,2 Mio. Ew.; moderne Handels- u. Industriestadt (40 % der Industrie: Chemikalien, Maschinen, Baustoffe, Nahrungsmittel, Textilien); Flughafen; Königspalast, Regierungsgebäude, Universität (1962); ausgedehnte Siedlungen von Palästina-Arabern; Altstadt mit röm. Amphitheater.

Amman: Das römische Amphitheater wird heute noch für Veranstaltungen genutzt

Hptst. der Ammoniter als *Rabbath Ammon*, in hellenist. Zeit *Philadelphia*; an der Handelsstraße von Damaskus nach Arabien (Mekka). 13.–19. Jh. verödet; 1905 von der Hedjasbahn erreicht; rascher Aufschwung als Hptst. (1905: 2000, 1938: 20 000, 1958: 200 000 Ew.).
**Amman, 1.** Johann Conrad, niederländ. Arzt schweiz. Herkunft, *1669 Schaffhausen, †1724 Gut Warmond bei Leiden; führte als Erster wissenschaftl. Untersuchungen der Sprach- u. Tonbildung beim Menschen durch u. entwickelte eine Methode für den Taubstummenunterricht. Mit seinen Schriften „Surdus loquens" 1692, dt. 1747 u. 1828, u. „Dissertatio de loquela" 1700 wurde A. der unmittelbare Vorläufer Samuel *Heinickes*.
**2.** *Ammann, Amann,* Jost, schweiz.-dt. Holzschnittkünstler, Zeichner u. Radierer, getauft 13. 6. 1539 Zürich, begraben 17. 3. 1591 Nürnberg; trat während seiner Tätigkeit in Nürnberg hauptsächlich mit Buchillustrationen u. aquarellierten Zeichnungen hervor. Sein dekorativer Stil beeinflusste entscheidend das süddt. Kunsthandwerk des 16. Jh.
**Ammanati,** Bartolomeo, italien. Bildhauer u. Architekt, *18. 6. 1511 Settignano bei Florenz, †13. 4. 1592 Florenz; bei Baccio *Bandinelli* (*1493, †1560) u. J. *Sansovino* ausgebildet u. an *Michelangelo* geschult, war A. als Architekt zahlreicher Palazzi in Rom u. Florenz ein Mittler zwischen Spätrenaissance u. Frühbarock. Als Bildhauer schuf er u. a. den Neptunsbrunnen auf der Piazza della Signoria, Florenz, 1563–1575.
**Ammann,** der Bezirks- u. Gemeindevorsteher in mehreren schweiz. Kantonen.
**Ammarfjäll,** bis 1609 m hohes Bergmassiv in Nordschweden, trägt kleine Kargletscher; von *Ammarnäs* am oberen Vindelälv aus touristisch erschlossen.
**Amme, 1.** eine Mutter, die ein fremdes Kind stillt bzw. ihre Milch für ein fremdes Kind spendet.
**2.** eine Tiermutter, die ein oder mehrere fremde Tiersäuglinge ihrer eigenen oder auch einer fremden Art annimmt u. ernährt. – Bei der Heterogonie von Insekten werden Weibchen als A. bezeichnet, die im → Generationswechsel unbefruchtete Eier zur Entwicklung bringen; sie können in ihrer Gestalt den Weibchen der zweigeschlecht-

Ammenhaie: Gewöhnlicher Ammenhai, Neprius zerogineus

lichen Generationen gleichen, oft liegen aber zwei verschiedene Gestalttypen vor. Auch → Blattläuse.
**Ammeister,** ein Titel, den in mehreren elsäss. Städten die Ratsmitglieder führten u. der sich dann auf den Vorsteher des Rats beschränkte.
**Ammelkorn,** *Emmer,* im mittleren u. südlichen Europa angebaute, zur Gattung *Weizen* gehörige u. dem → Dinkel ähnelnde Getreideart.
**Ammenemes,** ägyptische Könige, → Amenemhet.
◆ **Ammenhaie,** *Orectolobidae,* Familie der *Echten Haie* (→ Haie) in den Küstengewässern der warmen Zonen, nicht im Mittelmeer. Nasengruben u. Mund verbindet eine Nasolabialrinne. Der Kopf trägt seitl. Fransen als Tast- u. Geschmacksorgane u. als Tarnung auf dem Meeresgrund; lebend gebärend oder Eier legend. Bekannte Vertreter sind der bis 4,50 m lange *Atlantische Ammenhai, Ginglymostoma cirratum,* u. die *Wobbegongs, Orectolobus,* der austral. Küsten, die Schwimmern gefährlich werden.
**Ammer,** linker Nebenfluss der Isar, 186 km; entspringt als *Amber* an der tirol. Grenze, durchbricht von Ettal an das über 2000 m hohe *Ammergebirge*, fließt durch den Ammergau u. den *Ammersee* (46,6 km²), den er als *Amper* verlässt, dann am Dachauer Moos entlang, mündet bei Schloss Isareck.
**Ammergebirge,** Teil der Bayer. Alpen zwischen Lech u. Loisach, in der Kreuzspitze 2185 m.
**Ammerland, 1.** Geestlandschaft in Norddeutschland, im westl. Oldenburg mit Viehwirtschaft u. Geflügelzucht.
**2.** Ldkrs. in Niedersachsen, Reg.-Bez. Weser-Ems, 728 km², 105 000 Ew.; Verw.-Sitz *Westerstede*.
**Ammern** [Pl.; Sg. *die,* fachsprachl. auch *der Ammer*], *Emberizinae,* eine Unterfamilie der Singvögel, mit über 200 Arten fast weltweit verbreitet (außer in Australien u. auf Madagaskar); größer als Sperlinge u. kräftig, meist in offenem Gelände. In Dtschld. sind heimisch: die gelblich-bräunl. *Goldammer, Emberiza citrinella;* die *Grauammer, Emberiza calandra;* die graubraune *Gartenammer* oder der *Ortolan, Emberiza hortula;* außerdem die schwarzköpfige *Rohrammer, Emberiza schoeniclus*.
**Ammerseestadium** [nach dem *Ammersee*],

zweite große Stillstandslage der Alpengletscher am Ende der Würmeiszeit.
**Ammers-Küller,** Jo(hanna) van, niederländ. Erzählerin, *13. 8. 1884 Delft, †23. 1. 1966 Bakel, Nordbrabant; schrieb Gesellschafts- u. Familienromane: „Die Frauen der Coornvelts" 1925, dt. 1926; „Die Treue der Tavelincks" 1938, dt. 1938.
**Ammi** → Knorpelmöhre.
**Ammiaceae** → Doldengewächse.
**Ammianus Marcellinus,** röm. Historiker, * um 330 Antiochia, † um 395 Rom; diente als Offizier im röm. Heer; nach seiner Übersiedlung nach Rom in den Kreise des *Symmachus,* verfasste eine röm. Geschichte, die stark an Tacitus orientiert war; von dieser ist etwa die Hälfte erhalten, sie bildet unsere wichtigste Quelle für die Zeit der Kaiser Constantius II. u. Julian.
**Ammon,** altägypt. Orakelgott der Oase Siwa, dessen Heiligtum auch Alexander d. Gr. aufsuchte. *Amun* wird mit ihm in Verbindung gebracht.
**Ammonchlorid** → Ammoniumchlorid.
**Ammoniak** [das; grch., nach dem ägypt. Gott *Amun*], farbloses, stechend riechendes, in Wasser gut lösl. Gas; Formel: $NH_3$, Dichte 0,235 g/cm³. A. entsteht bei der Fäulnis pflanzl. u. tier. Substanzen durch Zersetzung der Eiweißstoffe u. ist Endbauprodukt beim Stoffwechsel stickstoffhaltiger organischer Körpersubstanz; kommt auch in Form von Ammonsalzen vor. Die wässrige Lösung (Salmiakgeist) reagiert durch Aufnahme von Protonen ($NH_3 + H^+ \to NH_4^+$, → Brønsted'sche Säure-Base-Theorie) alkalisch.
*Gewinnung:* A. fällt als Nebenprodukt bei der Leuchtgas- u. Koksfabrikation an *(Ammoniakwasser).* Weitaus größere Mengen werden jedoch heute durch Synthese aus den Elementen nach dem *Haber-Bosch-Verfahren* erhalten, bei dem aus der Luft gewonnener Stickstoff mit Wasserstoff unter erhöhtem Druck u. erhöhter Temperatur bei Anwesenheit von Katalysatoren reagiert.
*Verwendung:* A. als Kühlmittel in Kältemaschinen, zur Herstellung von Kunstdünger u. (nach Verbrennung zu Stickoxiden) von Salpetersäure, zur Sodaherstellung. A. kommt komprimiert in Stahlflaschen bzw. als wässrige Lösung in den Handel. – Mit Säuren bildet A. die *Ammoniumsalze,* z.B. → Ammoniumchlorid; *Ammoniumcarbonat,* $(NH_4)_2CO_3$, wird als Hirschhornsalz (ein Gemisch aus Ammoniumcarbonat, Ammoniumhydrogencarbonat u. Ammoniumcarbamat) zum Backen verwendet; *Ammoniumnitrat (Ammonsalpeter, Ammonsalpeter),* $NH_4NO_3$, dient als Sicherheitssprengstoff im Bergbau; *Ammoniumsulfat (Ammonsulfat),* $(NH_4)_2SO_4$, ist Düngemittel. Auch → Exkrete.
**Ammoniakvergiftung,** *Salmiakvergiftung.* Verätzungen der Mund- u. der Nasen-Rachenschleimhäute u.a. durch Trinken von Salmiakgeist oder Einatmen von Ammoniakdämpfen; erste Hilfe: Trinken von Milch oder schwachsauren Flüssigkeiten (Zitronensaft, verdünnter Essig).
**Ammonios Sakkas** [grch., „der Sackträger"], griech. Philosoph, ca. 175–242 n. Chr.; im Christentum erzogen u. zum hellenischen Glauben zurückgekehrt; wurde als Lehrer in Alexandria zum Begründer des *Neuplatonismus;* Nachrichten über seine Lehre durch seine Schüler Origenes, Herennios u. Plotin.
**Ammoniten** [grch., nach dem ägypt. Gott *Amun*], *Ammonshörner, Ammonoidea,* ausgestorbene Gruppe der *Kopffüßer (Cephalopoda)* mit zumeist spiralig aufgerollten u. gekammerten Kalkgehäusen von wenigen bis 250 cm Durchmesser; Verbreitung: Obersilur-Oberkreide, hervorragende *Leitfossilien;* wichtige Untergruppen: *Bactriten* (Obersilur-Oberperm), *Goniatiten* (Devon-Perm), *Ceratiten* (Trias) u. *Neoammonoideen* (Jura-Kreide).
**Ammoniter,** semitisches Volk im Ostjordanland, mit den Israeliten verwandt, aber verfeindet (Richter 10,6–11, 40; 1. Samuel 11; 2. Samuel 10; 12,26–31).
**Ammonium,** das durch Anlagerung eines Protons nach der Gleichung $H^+ + NH_3 \to NH_4^+$ entstehende komplexe Kation, wobei das Stickstoffatom eine positive formale Ladung trägt. Ammoniumionen wandern zwar in der Elektrolyse zur Kathode, können dort jedoch nur als Amalgam mit Quecksilber entladen werden u. existieren nicht als $NH_4$-Radikal. Wegen der Polarisierbarkeit des $NH_4^+$ ähnelt A. in der Ionengröße oftmals dem Kaliumion, u. Ammoniumsalze haben nicht selten eine vergleichbare Schwerlöslichkeit. Im Sodaprozess nach → Solvay ist dies entscheidend. Ammoniumsalze entwickeln in Kontakt mit starken Basen Ammoniak u. sind thermisch zersetzlich.
**Ammoniumchlorid,** *Salmiakstein, Ammonchlorid, Salmiak, Chloroammonium,* $NH_4Cl$, das aus Chlorwasserstoff, HCl, u. Ammoniak, $NH_3$, auch in der wasserfreien Gasphase gebildete Salz. Es sublimiert in der Hitze unter Zersetzung nach der Gleichung $NH_4Cl \to NH_3 + HCl$ u. kann insofern zur Beseitigung von Metalloxidschichten beim Löten dienen *(Lötstein),* weil der Chlorwasserstoff Metalloxide angreift.
**Ammoniumhydrogenkarbonat,** *Ammoniumbicarbonat, doppelt-kohlensaures Ammonium,* $NH_4HCO_3$, kristallisiert aus einer wässrigen Lösung von Ammoniak nach der Sättigung durch Kohlendioxid, $CO_2$, auch neben ggf. Ammoniumcarbaminat, $(NH_4)(OOCNH_2)$; → Hirschhornsalz. Das Ammoniumcarbonat, $(NH_4)_2CO_3$, wird dabei nicht gebildet. Hirschhornsalz u. $NH_4HCO_3$ eignen sich als Backtriebmittel wegen der in der Hitze entstehenden Gase nach der Gleichung $NH_4HCO_3 \to NH_3 + H_2O + CO_2$.
**Ammoniumnitrat,** *Ammonsalpeter,* $NH_4NO_3$, ein im Bergbau verwendeter relativ milder Sprengstoff wegen der explosiven Zersetzung nach der Gleichung $NH_4NO_3 \to 2 H_2O + N_2O$. A. galt als Doppelsalz mit Kaliumnitrat ($KNO_3 \cdot NH_4NO_3$) für nicht explosiv. Möglicherweise hat jedoch eine Entmischung dieser Düngesalze zur Explosionskatastrophe von Oppau (1922) geführt. A. stammt heute aus der Ammoniaksynthese nach *Haber-Bosch* u. der Ammoniakverbrennung nach dem *Ostwald-Verfahren.* Es ist auch im *Mauersalpeter* enthalten.
**Ammoniumoxidierer** → Nitrifikanten.
**Ammoniumsulfat,** *Ammonsulfat,* $(NH_4)_2SO_4$, ein früher in der Steinkohleverkokung anfallendes Ammoniumsalz, das noch heute als Düngemittel für saure Böden Verwendung findet.
**Ammoniumsuperphosphat,** Kunstdüngergemisch aus Superphosphat u. Ammoniumsulfat.
**Ammon-Orakel,** nach *Delphi* die berühmteste griech. Orakelstätte, in der Oase Siwa gelegen *(Ammoneion).* Auch → Ammon.
**Ammonoxidation** → Ammoxidation.
**Ammonsalpeter** → Ammoniumnitrat.
**Ammonshorn,** *Gyrus hippocampi,* ein hornartig gekrümmter Hirnteil im Großhirn (Riechrinde) bei Reptilien u. Säugern.
**Ammonshörner** → Ammoniten.
**Ammophila,** Gattung der *Süßgräser,* → Strandhafer.
**Ammoxidation** [die], *Ammonoxidation, oxidative Ammonolyse,* Herstellung von Nitrilen, z. B. Blausäure aus Methan, Acrylnitril aus Propen, Phthalodinitril aus Xylol. Die Kohlenwasserstoffe werden dabei katalytisch bei 300–600 °C mit Ammoniak u. Luft (oder Sauerstoff) nach der allg. Formel umgesetzt: $R-CH_3 + NH_3 + 1,5 O_2 \to R-CN + 3 H_2O$.
**Amnesie** [grch.], *Erinnerungsverlust,* Störung oder Ausfall von Erinnerungsbildern, zeitlich begrenzter Gedächtnisausfall. Bezieht sich die A. auf die Zeit vor Eintritt der Störung, so spricht man von *retrograder* („rückschreitender") A.
**Amnestie** [grch.], allg. Straferlass für eine unbestimmte Zahl von rechtskräftig verhängten, aber noch nicht vollstreckten Strafen; nur durch Gesetz zulässig; meist mit der Niederschlagung anhängiger oder bevorstehender Strafverfahren (→ Abolition) verbunden. Auch → Begnadigung.
**amnestisches Syndrom** [grch.], das *Korsakow-Syndrom;* → Korsakow.
**Amnesty International** ['æmnəsti intə-'næʃnəl], Abk. *ai,* 1961 gegr. internationale Organisation, die unabhängig von Regierungen, polit. Parteien, Ideologien, wirtschaftl. Interessen u. religiösen Bekenntnissen arbeitet. Sie setzt sich für die Freilassung von Gefangenen ein, die wegen ihrer Gesinnung, Hautfarbe, Volkszugehörigkeit, Sprache oder Religion inhaftiert sind, vorausgesetzt, sie haben weder Gewalt angewendet noch zur Anwendung von Gewalt aufgerufen. A. I. wendet sich in jedem Fall u. ohne Einschränkung gegen Folter u. Todesstrafe.
Sitz der internationalen Sektion ist London, Sitz der deutschen Sektion ist Bonn. A. I. zählte 1999 rd. 1 Mio. Mitgl. u. Förderer in über 160 Staaten.
Einmal jährlich organisiert A. I. eine Woche des polit. Gefangenen, die unter einem bes. Thema steht. Die Organisation finanziert sich aus Mitgliedsbeiträgen u. Spenden. Sie gibt Jahresberichte u. Berichte über Einzelprobleme (Folter, Todesstrafe, Gefangene in bestimmten Ländern) heraus. 1977 erhielt A. I. den Friedensnobelpreis.
**Amnion** [das; grch.], *Schafhaut,* die innere gefäßlose → Embryonalhülle der höheren

## Amnionhöhle

Wirbeltiere (Reptilien, Vögel, Säugetiere), in der sich der Embryo entwickelt u. frei beweglich im *Amnionwasser (Fruchtwasser, Liquor amnii)* schwimmend gehalten wird. Auch → Allantois, → Chorion, → Serosa.

**Amnionhöhle,** ein nach der Verschmelzung der Amnionfalten entstandener u. flüssigkeitsgefüllter Hohlraum um den Embryo. Er gewährleistet Schutz vor Austrocknung, Erschütterung u. Ä.

**Amniontiere,** *Amnioten,* die Wirbeltiergruppen, die in ihrer Embryonalentwicklung ein *Amnion* ausbilden: Reptilien, Vögel u. Säugetiere. Die übrigen Wirbeltiere (Fische u. Amphibien) werden im Gegensatz dazu als *Anamnier* (amnionlose Tiere) bezeichnet. → Embryonalhüllen.

**Amnioskopie** [grch.], Untersuchungsverfahren zur vorbeugenden Überwachung der Leibesfrucht vor der Geburt, um etwaige Schädigungen bzw. eine Gefährdung rechtzeitig erkennen u. behandeln zu können. Mit einem bes. Endoskop, dem *Amnioskop,* das durch den Gebärmutterhals eingeführt wird, kann der Frauenarzt durch die Eihüllen hindurch das Fruchtwasser besichtigen u. aus dessen Färbung diagnost. Schlüsse ziehen. Die A. wurde von E. *Saling* begründet.

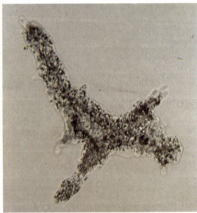

Amöben: zu den Nacktamöben gehörende Amoeba proteus

**Amniozentese** [grch.], Untersuchungsverfahren zur Schwangerschaftsvorsorge, bei dem eine Fruchtwasserprobe aus der Fruchtblase genommen wird. Die darin enthaltenen Zellen des Feten werden einer Chromosomenanalyse zur Feststellung genetischer Schäden unterzogen. Durchführung zwischen der 16. u. 18. Schwangerschaftswoche; nur empfohlen für Schwangere über 35 oder bei bekannten Risiken für einen Gendefekt. Auch → Chorionzotten-Biopsie.

**Amnisos,** *Amnissos,* ehem. minoischer Hafenort an der Nordküste Kretas; bes. Bedeutung haben die Fresken in der sog. „Villa des Hafenkommandanten" (1600 bis 1400 v. Chr.; älteste Liliendarstellung); aus griech.-röm. Zeit ein Zeusheiligtum; in der Nähe die *Eileithyia-Höhle* (Tropfsteinhöhle), die älteste bekannte Kulthöhle mit Spuren von Bewohnern seit der neolith. Zeit bis zum 5. Jh. n. Chr.

**Amo,** Anthony William, afrikan. Philosoph; * um 1700, † um 1750; ging aus Ghana zum Studium an die Universitäten Halle u. Wittenberg; Autor einer Studie über das röm. Afrika u. – 1738 – eines Werkes über Logik u. Metaphysik.

Amöben: zu den beschalten Amöben gehörende Difflugia

◆ **Amöben** [grch., „Wechselnde"], *Amoebina,* zu den *Wurzelfüßern (Rhizopoda)* gehörende Gruppe der *Protozoen.* Hierher gehören beschalte *(Thekamöben)* u. unbeschalte Formen *(Nacktamöben).* A. verändern dauernd ihre Gestalt, indem ihr Protoplasma nach allen Richtungen fließen kann. So werden die sog. Scheinfüßchen *(Pseudopodien)* ausgebildet. Die Nahrung wird durch Umfließen der Beute (Algen, organisches Material) aufgenommen, verdaut und der Rest an beliebiger Stelle wieder ausgeschieden. Zellmund u. -after sind nicht vorhanden.

**Amöbenruhr,** *Amöbiasis,* durch die Ruhramöbe *(Entamoeba histolytica)* verursachte Form der *Ruhr,* die im Gegensatz zur Bakterienruhr oft schleichend beginnt, sehr hartnäckig verläuft u. zu Leberabszessen führen kann; überwiegend eine Krankheit trop. Länder mit niedrigen Hygienestandards. Die Ansteckung erfolgt meist über verunreinigtes Trinkwasser oder Lebensmittel. Die Krankheit verläuft mit schweren anhaltenden Durchfällen u. blutigem, schleimigem Kot. Wichtig ist, den Flüssigkeitsverlust auszugleichen. Zur Behandlung stehen Medikamente wie Metronidazol, Trinidazol u.a. zur Verfügung.

**Amoklauf,** [mal. *Amok,* „Wut"], das blindwütige Niederstechen oder -schießen aller Personen, die einem in den Weg kommen; ursprüngl. eine in Indonesien häufige Geistesstörung, übertragen auch für andere entsprechende Tobsuchts- u. Zerstörungswut-Anfälle.

**a-Moll,** mit keinem Vorzeichen versehene Tonart, deren Leiter a, h, c′, d′, e′, f′, g′, a′ ist. Paralleltonart: C-Dur.

**Amomum** [das; grch.], eine Gattung südostasiat. Gewürzpflanzen, zu den Ingwergewächsen (Zingiberaceae) gehörend; verschiedene Teile werden für die indones. Reistafel genutzt. *A. cardamom* liefert *Siam-Kardamom.*

**Amöneburg,** Stadt in Hessen, Ldkrs. Marburg-Biedenkopf, auf einem Basaltkegel an der Ohm, 5300 Ew.; erstes hess. Kloster 722 bis um 1150, von Bonifatius gegr.

**Amonn,** Alfred, österr.-schweiz. Nationalökonom, * 1. 6. 1883 Bruneck, † 2. 11. 1963 Bern; Arbeiten zu Grundsatzfragen der theoret. Volkswirtschaftslehre u. Finanzwissenschaft. Hptw.: „Objekt u. Grundbegriffe der theoret. Nationalökonomie" 1911; „Grundzüge der Volkswohlstandslehre" 1926; „Grundzüge der Finanzwissenschaft" Bd. I 1947, Bd. II 1953; „Nationalökonomie u. Philosophie" 1961.

**Amor,** dem griech. → Eros entsprechender röm. Gott.

**Amoralismus** [lat.], früher auch *Immoralismus,* in einem neutralen Sinn das Denken oder Handeln, das außerhalb des Moralischen liegt, also ethisch neutral ist. Im „moralischen" Sinn ist A. die Leugnung der Verbindlichkeit moral. Gesetze, weil das Recht des Stärkeren entscheidet (antike Sophisten), weil der Einzelne seine Vorstellungen absolut setzen sollte (M. *Stirner*) oder weil die Moral als Wille zur Macht zu denunzieren ist (F. *Nietzsche*).

**Amorbach,** Stadt u. Luftkurort in Unterfranken (Bayern), im Ldkrs. Miltenberg im östl. Odenwald, 168–505 m ü. M., 4300 Ew.; Herstellung von Faserplatten; 734 Gründung des Benediktinerklosters A.; Barockkirche u. -orgel; Stahlquelle (Jordansbad); Stammsitz der Fürsten von Leiningen; westl. der Wallfahrtsort *Amorsbrunn.*

**Amoretten,** *Eroten,* in der bildenden Kunst seit hellenist. u. röm. Zeit Darstellungen geflügelter Knaben in Abwandlung des Amormotivs; bes. beliebt im 18. Jh.

**Amor fati** [lat., „Liebe des Geschicks"], Schicksalsergebenheit, vorbehaltlose Bejahung des Daseins, was auch immer es bringe. Auch → Fatalismus.

**Amorgos,** griech. Kykladeninsel, 121 km², rd. 1800 Ew.; Hauptort A.; aus einem bis 781 m hohen Gebirgsrücken aus metamorphem Sedimentgestein bestehend; zurückgehende Landwirtschaft, Schaf- u. Ziegenhaltung, Fischfang.

**Amorim,** Enrique, uruguay. Schriftsteller, * 25. 7. 1900 Salto, † 28. 7. 1960 Salto; schrieb Romane aus der Welt der Gauchos („Die Carreta" 1931, dt. 1937; „Das Pferd u. sein Schatten" 1941), die bereits Elemente des magischen Realismus beinhalten; auch Schauspiele u. Filmdrehbücher.

**Amoris vulnus nemo sanat** [lat.], „Die Wunden der Liebe kann nur heilen, wer sie zugefügt hat" (Publius Syrus).

**Amoriter,** *Amurru,* nach 2000 v. Chr. über Nordsyrien nach Mesopotamien eingedrungene semit. Nomaden; beherrschten bis etwa 1530 v. Chr. Babylonien; bedeutend vor allem unter ihrem Herrscher *Hammurapi* (1728–1686 v. Chr.).

**amoroso** [ital.], musikal. Vortragsbez.: lieblich u. gesangsmäßig.

**amorph** [grch.], gestaltlos; Zwischenstufe zwischen festem u. flüssigem Aggregatzustand (z. B. Glas). Als amorph werden

Stoffe bezeichnet, die zwar im Allg. als fest empfunden werden, deren Atome aber nicht in regelmäßigen Kristallgittern angeordnet sind, sondern eine sog. Nahordnung aufweisen; amorph heißt auch eine nichtkristalline Gesteinsmasse, die oft → Einsprenglinge enthält.

**Amorphophallus,** Gattung der *Aronstabgewächse.* In Gewächshäusern Deutschlands wird die *Knollenwurz, A. bulbifer,* kultiviert, die an den Blättern Adventivknollen bildet. In Südasien dient die Knolle der *Glockenwurz, A. campanulatus,* den Einwohnern gelegentlich als Nahrungsmittel.

**Amort,** Eusebius, Augustiner-Chorherr in Polling, Oberbayern, *15. 11. 1692, †5. 2. 1775; angesehener u. für seine Zeit moderner Theologe, der das geistige u. religiöse Leben Bayerns stark beeinflusste; schrieb rd. 80 Werke.

**Amortisation** [lat.], **1.** allmähl. Abtragung *(Tilgung)* einer Schuld nach festem Plan, bes. von öffentl. Anleihen, Obligationen, Hypotheken. Dabei kann Rückzahlung erfolgen: 1. in festgelegter Höchstfrist, in der das Kapital zurückgezahlt werden muss (entweder nach Tilgungsplan oder nach freiem Ermessen des Schuldners); 2. in Annuitäten (→ Annuität).
**2.** amtl. Kraftloserklärung von (verlorenen) Wertpapieren nach → Aufgebot (2).
**3.** die Einziehung von Geschäftsanteilen durch die GmbH zum Zweck der Kapitalverminderung (§34 GmbHG); darf nur erfolgen, soweit sie im Gesellschaftsvertrag zugelassen ist.

**Amor tollit timorem** [lat.], „Die Liebe nimmt die Furcht hinweg" (Bernhard von Clairvaux).

**Amor und Psyche,** Märchen des L. *Apuleius* (2. Jh. n. Chr.); zeigt das Vorhandensein des Motivs vom *Tierbräutigam* im klass. Altertum.

**Amos,** einer der sog. kleinen Propheten des AT, der um 750 v. Chr. in Bethel u. in anderen Orten des Nordreichs Israel wirkte, obwohl er Judäer war.

**Amosis,** ägypt. König, → Amasis.

**Amotio retinae,** die → Netzhautablösung.

**Amour** [a'mu:r; frz.], Liebe; *Amouren,* Liebschaften, Liebeleien.

**Amour** [a'mu:r; frz.], *Djebel Amour,* alger. Gebirgszug, → Amur (2).

**amourös** [amu'røs], eine Liebschaft betreffend, verliebt.

**Amoy,** südchines. Hafenstadt, → Xiamen.

**Amparai,** Stadt im östl. Tiefland Sri Lankas u. Verwaltungssitz des gleichnamigen Distrikts, 16 500 Ew.; landwirtschaftl. Zentrum des jungen *Gal-Oya-Agrarkolonisationsprojektes* am künstl. Senanayake-Samudra (-Stausee); insbes. Reisbau.

**Ampato,** *Nudo de Ampato,* Andenvulkan in der südperuan. Westkordillere, 6300 m; vergletschert; war im Quartär tätig.

**Ampelographie** [grch.], Traubensortenkunde, Rebsortenkunde.

**Ampelpflanzen,** Zierpflanzen mit hängend wachsenden Trieben, bes. geeignet zum Bepflanzen von Blumenampeln, z. B. Hängebegonien, Fuchsien, Geranien, Efeu, Judenbart, Grünlilie u. Farnarten.

**Ampere** [-'pɛːr], Kurzzeichen A, nach A. M. *Ampère* benannte Einheit der elektr. Stromstärke; eine der Basiseinheiten des SI-Systems. Das A. ist die Stärke eines konstanten elektrischen Stromes, der durch zwei parallele, geradlinige, unendlich lange u. im Vakuum im Abstand von einem Meter voneinander angeordnete Leiter von vernachlässigbar kleinem, kreisförmigem Querschnitt fließend, zwischen diesen Leitern je 1 m Länge die Kraft $2 \cdot 10^{-7}$ Newton hervorrufen würde. Unter *Amperesekunde (Coulomb)* versteht man die Ladung, die transportiert wird, wenn ein Strom von 1 A 1 s lang fließt.

◆ **Ampère** [ã'pɛːr], André Marie, französ. Mathematiker u. Physiker, *22. 1. 1775 Poleymieux bei Lyon, †10. 6. 1836 Marseille; entdeckte die magnet. Wirkungen in der Umgebung stromdurchflossener Drähte, erklärte den Magnetismus durch Molekularströme, unterschied zwischen Elektrostatik u. Elektrodynamik.

André Marie Ampère

**amperometrische Titration,** *Amperometrie,* titrimetr. Analyseverfahren, das auf elektrochem. Grundlagen beruht u. die Bestimmung der oxidierenden u. reduzierenden Stoffe ermöglicht; auch → Konduktometrie, → Polarographie.

**Ampexverfahren,** von C. *Ginsberg* 1956 entwickeltes magnet. Aufzeichnungsverfahren (MAZ), das mit 4 rotierenden Lese-Schreib-Köpfen in Querschrift arbeitet; gilt für Bildsignale bis 5 MHz u. Bandgeschwindigkeiten von 38 cm/s; Einsatz beim Fernsehen.

**Ampezzo,** italien. Tallandschaft in den Dolomiten, am Oberlauf des Bòite, eines rechten Nebenflusses der Piave, durch die *Ampezzostraße* mit dem Pustertal verbunden; Hauptort *Cortina d'Ampezzo;* Fremdenverkehr.

◆ **Ampfer** [der], *Rumex,* artenreiche Gattung (Mitteleuropa rd. 50, weltweit 200 Arten) der *Knöterichgewächse* (Polygonaceae). Von den dt. Arten sind bes. der *Sauerampfer, Rumex acetosa,* u. der *Feldampfer, Rumex acetosella,* zu erwähnen. Beide sind reich an Oxalsäure u. dienen daher zur Herstellung von Sauerkleesalzen. Der *Garten-* oder *Gemüseampfer, Rumex patentia,* aus Südosteuropa wird als Gemüse angebaut.

**Ampferer,** Otto, österr. Geologe, *1. 12. 1875 Hötting bei Innsbruck, †9. 7. 1947 Innsbruck; über 40 Jahre Alpenarbeit, bes. in den Nördl. Kalkalpen; hat die *Deckenlehre* entscheidend ausgebaut; Begründer der *Unterströmungstheorie;* schuf viele geolog. Karten der Alpen.

**Amphetamin,** *ß-Phenylisopropylamin,* ein Aufputschmittel oder Psychostimulans, unterliegt dem Betäubungsmittelgesetz, gehört zusammen mit seinen Abkömmlingen *(Derivaten)* zu den → Weckaminen. Ähnlich wie das körpereigene Adrenalin wirkt es über das vegetative Nervensystem *(Sympathikus)* allg. stimulierend u. leistungssteigernd. Die anfängl. euphorisierende Wirkung von A. führt schnell zu psych. Abhängigkeit. Die *Weltgesundheitsorganisation (WHO)* klassifiziert den Amphetaminabhängigen als zwar körperl. wenig, aber psych. stark abhängig, mit einer geringen Toleranz, auf die Droge zu verzichten. Da die Müdigkeit unterdrückt wird, entfällt bei Einnahme von A. das Schlafbedürfnis. Diese Störung der Ermüdungswahrnehmung führt bei längerer Einnahme zu schwerer körperl. u. geist. Erschöpfung, Auszehrung u. gefährl. Kreislaufstörungen. Früher wurde A. therapeutisch gegen Depressionen u. als Appetitzügler gegen Adipositas eingesetzt.

**amphi...** [grch.], Wortbestandteil mit der Bedeutung „beid(seitig), um... herum".

**Amphiareion,** Heiligtum des griech. Helden *Amphiaraos* bei Oropos in Attika; galt im Altertum als heilkräftig.

◆ **Amphibien,** *Amphibia,* Klasse wechselwarmer *Wirbeltiere,* die nahezu weltweit verbreitet sind u. nur in Gebieten mit ewigem Schnee fehlen. Etwa 4500 Arten sind weltweit bekannt, u. immer noch werden neue entdeckt. Die größte Formenfülle existiert in den Tropen. Da ihre nackte, feuchte Haut wenig Schutz vor Austrocknung bietet, besiedeln die A. überwiegend feuchte Landbiotope u. Süßgewässer.

*Fortsetzung S. 263*

Ampfer: Sauerampfer, Rumex acetosa, ist eine typische Pflanze nährstoffreicher Wiesen und gilt daher als Stickstoffzeiger

# Amphibien

Mit dem Verschwinden oder Verschmutzen von Feuchtgebieten verschwinden auch die Amphibien. Straßen, die ihre Wanderrouten zerschneiden, tun ein Übriges. So sind unsere heimischen Amphibien alle im Rückgang begriffen und von 20 einheimischen Arten sind 13 gefährdet. Als besonders bedroht werden Kammmolch *(unten)*, Rotbauchunke, Gelbbauchunke *(rechts)*, Laubfrosch und Springfrosch eingestuft

Die meisten Amphibien müssen zur Fortpflanzung ins Wasser zurückkehren, wo es zu einer äußeren Befruchtung kommt. Das Krötenmännchen umklammert das Weibchen und stimuliert es so zur Eiabgabe. Gleichzeitig gibt es sein Sperma auf die Eier ab

Die warzige Haut einer Kröte wird von einem Sekret aus zahlreichen Schleimdrüsen ständig feucht gehalten. Sie übernimmt einen Teil der Atmung, ist mehr oder weniger wasserdurchlässig und so an der Aufrechterhaltung des Wasserhaushalts beteiligt und sie ist eine perfekte Schutzhülle gegen Mikroorganismen und manchmal sogar gegen Fressfeinde

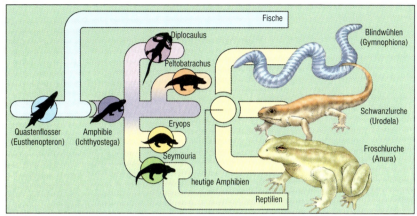

Amphibien: Stammbaum

Anders als bei den anderen Landwirbeltieren haben ihre Eier (Laich) noch kein Amnion (innere Embryonalhülle), das den Embryo mit seinem Amnionwasser schützend umgibt. Sie werden daher meist im Wasser abgelegt. Aus ihnen schlüpfen im Wasser lebende u. mit Kiemen atmende Larven (Kaulquappen), die sich über eine → Metamorphose in die landlebende, lungenatmende Erwachsenenform verwandeln. Bei einigen Arten der Schwanzlurche kann die Umwandlung unterbleiben u. die Larve geschlechtsreif werden *(Neotenie).* Bei anderen Arten findet die Eiablage an Land statt u. die Larven gelangen nach dem Schlüpfen ins Wasser u. wandeln sich noch im Ei um. Wieder andere Arten sind lebend gebärend. Viele betreiben Brutpflege. Es existieren heute 3 Ordnungen der A.: *Blindwühlen, Schwanzlurche* u. *Froschlurche.* S t a m m e s g e s c h i c h t e : A. entstanden als erste Landwirbeltiere im Devon, vor etwa 360 Mio. Jahren, aus Fischen, genauer gesagt aus → Quastenflossern. Bis zur Entwicklung der Dinosaurier beherrschten sie das Land. Ihre größten Vertreter erreichten bis zu 4 m Länge. Vor etwa 135 Mio. Jahren waren die meisten Gruppen wieder ausgestorben. Die genaue stammesgeschichtliche Herleitung der heutigen A. ist nicht bekannt. → Seite 262.
**Amphibienfahrzeuge,** Fahrzeuge, die sich durch bootsartige, wasserdichte Konstruktion der unteren Karosseriehälfte auf dem Land fahrend oder auf dem Wasser schwimmend fortbewegen können.
**Amphibienflugzeug,** ein Flugzeug, das sowohl auf Land- als auch auf Wasserflächen starten u. niedergehen (landen oder wassern) kann. Die Schwimmfähigkeit wird durch Ausführung als → Wasserflugzeug erreicht; das für den Landeinsatz erforderl. → Fahrwerk wird beim Wassereinsatz in den Bootsrumpf eingezogen.
**Amphibische Gruppe,** in der Marine der BR Dtschld. ein Landungsgeschwader mit Mehrzwecklandungsbooten, Strandmeister- u. Kampfschwimmerkompanien.
**amphibische Operation,** *Militärwesen:* kombinierter Einsatz von Land- u. Seestreitkräften zur Erkämpfung eines Landekopfes als Ausgangsbasis für weitere Operationen. Die zusätzl. Unterstützung durch Luftstreitkräfte wird *triphibische Operation* genannt.
**amphibische Pflanzen,** als „Wasserform" im Wasser u. mit einem Teil ihrer Sprosse als „Landform" über dem Wasser lebende Pflanzen, z. B. der Wasserknöterich.
**amphibol** [grch.], zweideutig, wechselnd.
**Amphibol** [der; grch.], Gruppe weit verbreiteter gesteinsbildender Minerale mit komplizierter Kristallchemie, z. B. *Hornblende:* (Ca, Fe, Na, K)$_2$ (MgFeAl)$_5$ [(OH,F)$_2$ (Si,Al)$_8$O$_{22}$]; Dichte: 2,99–3,6, Härte: 5–6. Man unterscheidet monokline Amphibole (Tremolit, Aktinolith, Arfvedsonit, Riebeckit, Glaukophan) u. die selteneren rhombischen Amphibole (Antophyllit). Amphibole sind hauptsächl. in Eruptivgesteinen oder Metamorphiten vertreten.
**Amphibolie** [grch.], Mehrdeutigkeit eines Begriffswortes u. die sich daraus ergebende Möglichkeit, die Begriffe zu verwechseln.
**Amphibolit,** ein Gestein, das überwiegend aus gemeiner Hornblende *(Amphibol)* u. Plagioklas besteht.
**Amphibrachys** [der; grch., „der beiderseits Kurze"], in der antiken Metrik jener Rhythmus (∪ — ∪), der als selbständiger Versfuß nicht vorkommt.
**Amphidromie** [die; grch.], Drehwelle im Meer; entsteht durch Überlagerung von *Gezeitenwellen* in Meeresbecken. Sie ist an einer minimalen Gezeitenamplitude im Zentrum u. sternförmig verlaufenden *Flutstundenlinien* erkennbar.
**Amphigonie** [die; grch.], *Gamonogie* (bei → Metazoen), geschlechtliche, generative, sexuelle → Fortpflanzung; Entwicklung einer Pflanze oder eines Tieres aus einer Vereinigung von zwei geschlechtlich differenzierten Zellen (→ Keimzellen). Im deutlichsten Fall ist der Unterschied dieser Zellen morphologisch erkennbar, in anderen Fällen liegen nur physiolog. Unterschiede vor.
**Amphiktyonie** [die; grch., „Umwohnerschaft"], Staaten- oder Stammesbund um ein gemeinsames Heiligtum zur Pflege seines Kultes, zu Festversammlungen u. regelmäßiger Beratung u. Beschlussfassung über gemeinsame Angelegenheiten. Wichtig war neben der A. der Inselgriechen um den Apollontempel auf *Delos* vor allem die pyläisch-delphische A., die seit dem 8. Jh. v. Chr. die Stämme Thessaliens u. Mittelgriechenlands sowie die Dorier des Peloponnes mit dem Apollonheiligtum von

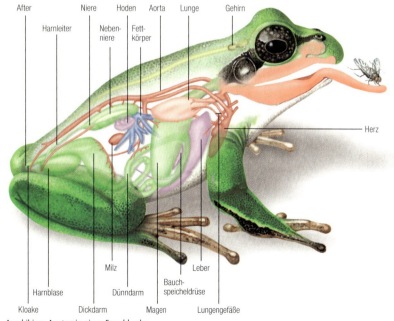

Amphibien: Anatomie eines Froschlurchs

*Delphi* als Mittelpunkt vereinigte u. in der griech. Geschichte mehrmals politisch missbraucht wurde. Im Krieg gegen die *Phoker* um die Unabhängigkeit Delphis Mitte des 4. Jh. v. Chr. gelang es *Philipp II.* von Makedonien, in Mittelgriechenland Fuß zu fassen.

**Amphimacer,** *Amphimazer* [der; grch.‑lat.; „beiderseits lang"], in der antiken Metrik dreisilbiger Versfuß (— ∪ —).

**Amphimixis** [grch.], Verschmelzung der *Gameten* getrennt geschlechtl. Individuen u. Vereinigung väterl. u. mütterl. Erbguts in der *Zygote*; geschlechtl. → Fortpflanzung; auch → Keimzellen.

**Amphiprostylos** [der; Pl. *Amphiprostyloi*; grch.], umgangloser kleiner Tempel mit Säulenstellung vor beiden Fronten.

◆ **Amphitheater** [grch.], röm. Theater mit meist ovaler Arena u. rings oder im Halbrund umlaufenden, ansteigenden Sitzreihen; zunächst aus Holz, dann als Monumentalbau ganz aus Stein oder Ziegeln. Hier fanden die Gladiatoren- u. Wasserspiele, Fecht- u. Tierkämpfe statt. Das älteste erhaltene A. wurde 70 v. Chr. in Pompeji gebaut u. hatte ein Fassungsvermögen von rd. 20000 Zuschauern. Das größte A. wurde 80 n. Chr. in Rom *(Kolosseum)* eingeweiht. Auch außerhalb Italiens sind noch Überreste röm. A. zu finden, so z. B. in Nîmes u. Trier. Im modernen Theaterbau hat das Rangtheater mit seinen Logen die ansteigende Anordnung der Sitzreihen verdrängt.

**Amphitrite,** eine griech. Meeresgöttin, Gemahlin Poseidons.

### Amphitheater: Bedeutende Theater

| Land | Ort | Entstehungszeit |
| --- | --- | --- |
| Deutschland | Trier | 2. Jh. n. Chr. |
| Frankreich | Arles | um 46 v. Chr. |
| | Nîmes | 1. Jh. v. Chr. |
| Italien | Cagliari | 2. Jh. n. Chr. |
| | Pompeji | um 70 v. Chr. |
| | Rom (Kolosseum) | 80 n. Chr. geweiht |
| | Santa Maria Capua Vetere | 1. Jh. n. Chr. |
| | Syrakus | 2. Jh. n. Chr. |
| | Verona | 1. Jh. n. Chr. |
| Schweiz | Augst | 2. Jh. n. Chr. |
| Spanien | Merida | 1. Jh. v. Chr. |

**Amphitryon,** *Amphitruo,* altthebanischer Sagenheld, Gemahl der *Alkmene*; die Sage des A. wurde zuerst bei *Hesiod* erzählt: Alkmene wird von Zeus in Gestalt ihres Gatten besucht u. zur Mutter des *Herakles* gemacht; mehrfach als Drama gestaltet: als drast. Posse bei *Plautus,* als höfisch-galantes Lustspiel bei *Molière,* als dem Tragischen nahe stehendes Spiel zwischen Gott u. Mensch bei H. v. *Kleist;* voll Esprit bei J. *Giraudoux* („Amphitryon 38" 1929, dt. 1931), pazifist. gewendet bei G. *Kaiser* („Zweimal Amphitryon" 1948), in neuer, humanist.-idealist. Deutung bei P. *Hacks* (1968).

**Ampholyte,** gelöste Moleküle oder Komplex-Ionen, die sowohl Protonen aufnehmen als auch abgeben können. Die Phosphorsäure bildet z. B. während der Neutralisation die A. $(H_2PO_4)^-$ u. $(HPO_4)^{2-}$, die durch Aufnahme von $H^+$ bzw. $2\,H^+$ wieder in $H_3PO_4$ übergehen, durch Abgabe von $H^+$ bzw. $2\,H^+$ aber auch die korrespondierende Base $PO_4^{3-}$ liefern können. Auch Wassermoleküle sind insofern A., als sie Protonen abgeben, z. B. bei Korrosion eines Metalls, oder auch gegenüber stark starken Säuren als Base fungieren: $HClO_4 + H_2O \to (OH_3)^+ + (ClO_4)^-$.

◆ **Amphora** [die; Pl. *Amphoren;* grch.], bauchiges Ton- oder Bronzegefäß mit Fuß, Halsrand u. zwei gegenständigen Henkeln; erstes Vorkommen in der griech. Keramik des 11. Jh. v. Chr. mit geometrisch-ornamentaler Bemalung. Unter hellenist. Einfluss bis nach China verbreitet; diente zu Transport u. Aufbewahrung von Wein u. Öl, in der antiken Seefahrt als Transportbehälter schlechthin; auch als Grabbeigabe u. Aschengefäß verwendet. Andere griech. Gefäßformen waren z. B. *Alabastron, Hydria, Pithos, Krater, Stamnos* u. *Pelike.*

**amphoter** [grch., „zu beiden Seiten"], **1.** *C h e m i e :* a) *Säure-Base-Amphoterie:* die Eigenschaft eines Metallhydroxids, sich sowohl als Säure wie auch als Base zu verhalten. $Al(OH)_3$ löst sich z. B. in einer Säure zum Aluminiumsalz, reagiert jedoch mit der sehr starken Natronlauge zum Natriumaluminat, $Na(Al(OH)_4)$.
b) *Redox-Amphoterie:* die Eigenschaft eines Stoffes, sich sowohl wie ein Oxidationsmittel als auch wie ein Reduktionsmittel zu verhalten. Das bekannte Oxidationsmittel Wasserstoffperoxid, $H_2O_2$, kann mit einem stärkeren Oxidationsmittel wie ein Reduktionsmittel wirken.
**2.** *G e o l o g i e :* Bez. für Sedimente, die zwar im Wasser abgesetzt wurden, ihren Ursprung aber in der Tätigkeit eines Vulkans haben, z. B. → Tuff.

**amplifizieren,** erweitern, ausführen.

**Amplitude** [die; lat.], **1.** *G e o g r a p h i e :* die Differenz zwischen dem höchsten u. niedrigsten Messwert einer klimatischen, hydrologischen oder ozeanographischen Erscheinung in einem bestimmten Zeitraum u. Ort.
**2.** *P h y s i k :* Schwingungsweite, größter Ausschlag eines Schwingungsvorgangs, z. B. beim Pendel.

**Amplitudenmodulation** [lat.], Abk. *AM,* bes. Art einer Modulation, bei der die Amplitude einer Trägerwelle im Rhythmus der zu übertragenden Nachricht (Sprache, Musik, Bild) verändert wird. Die Intensität dieser Änderung wird durch den Modulationsgrad gekennzeichnet. Bei A. wird die doppelte → Bandbreite der Nachricht zur Übertragung benötigt. Die A. wird häufig bei Rundfunkdiensten im Lang-, Mittel- u. Kurzwellenbereich u. bei der Übertragung von Fernsehbildern eingesetzt.

**Amplitudensieb,** elektron. Schaltungsanordnung in Fernsehempfängern zum Abtrennen der → Synchronimpulse vom → Videosignal.

**Ampulle** [die; lat.]. **1.** *A n a t o m i e : Ampulla,* bauchig oder kolbig erweiterte Abschnitte von Hohlorganen; z. B. der unterste Teil des Mastdarms beim Menschen (Mastdarm-

Amphitheater in Verona; im 1 Jh. erbaut

Ampulle, *Ampulla recti*) oder der Bogengänge im Ohr.
**2.** *Pharmazie:* kleines zugeschmolzenes Glasfläschchen zur sterilen oder luftdichten Aufbewahrung von festen oder flüssigen Chemikalien oder Arzneimitteln, dessen Hals zur Entleerung abgebrochen wird;

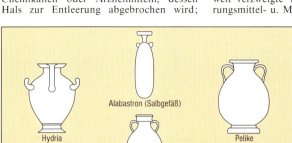

Amphora: schematische Darstellung verschiedener Formen

Benennung 1886 durch den Pariser Apotheker *Limousin*.
**Ampurdán,** span. Landschaft, → El Ampurdán.
**Ampurias,** am Golf von Rosas in Katalonien (Spanien) von phokäischen Griechen aus Massilia (Marseille) im 6. Jh. v. Chr. gegründete Handelskolonie (griech. *Emporion*), die ihre größte Blüte in hellenistisch-römisch Zeit erlebte; die Ausgrabungen sind heute im Freilichtmuseum, die Funde in den Museen Barcelona und Gerona zu sehen.
**Amputation** [lat.], chirurg. Abtrennung eines Körperteils.
**Amraoti** → Amaravati.
**Amras,** Schloss in Tirol, → Ambras.
**Amratien** [-'tjɛ̃], *Amratian, Amratium,* Bez. für die prädynastische Kulturausprägung Oberägyptens, die dem älteren Abschnitt der Negade-Kultur (→ Negade I) entspricht; benannt nach dem Fundort Al Amrah bei Abydos.
**Amravati** → Amaravati.
**Amri,** Ruinenstätte im westl. Pakistan, Fundort einer nach A. benannten besonderen Art von Keramik, älter als die von *Harappa*; ausgegraben 1927–1931 von N. G. *Majumdar.*
**Amrilkais,** altarab. Dichter, → Imrulkais.
**Amriswil,** Industrieort in der Schweiz, im Kanton Thurgau, 10 100 Ew.; Trikotagenfabriken.
**Amritsar,** nordindische Distrikt-Hauptstadt und größte Stadt in Punjab, im Himalayavorland, 30 km vor der pakistanischen Grenze, 709 000 Ew.; Haupttheiligtum der Sikhs mit dem „Goldenen Tempel" (1764 nach Zerstörung neu aufgebaut); Forschungsinstitut für Bewässerung u. Wasserkraftnutzung; traditioneller Warenumschlag- u. -lagerplatz nach Kaschmir; weit verzweigte Textil-, Maschinen-, Nahrungsmittel- u. Metall verarbeitende Industrie; 1577 gegr.
**Amroha,** ind. Stadt im Bundesstaat Uttar Pradesh, 130 km nördlich von Delhi am Rande der Gangesebene, 137 000 Ew.; landwirtschaftl. Marktzentrum (Weizen), Textilindustrie.
**Amrum,** eine der Nordfries. Inseln, 20 km², mit den Seebädern Wittdün, Nebel u. Norddorf, 2400 Ew.; im O Marsch-, im W Dünenlandschaft u. feinkörniger Sandstrand (Kniepsand); Fährschiff von Dagebüll.
**Amsberg,** Claus von → Claus, Prinz der Niederlande.
**Amsdorf,** Nikolaus von, dt. luth. Theologe, *3. 12. 1483 Torgau, †14. 5. 1565 Eisenach; Reformator aus dem engeren Kreis Luthers, der erste ev. Bischof von Naumburg (1541). A. hat nach Luthers Tod wie kaum ein anderer Luthers Werk durch alle Wirren rein zu erhalten versucht.
◆ **Amsel,** *Merle, Turdus merula,* einheim. Singvogel; Männchen schwarz mit gelbem Schnabel (daher auch *Schwarzdrossel*), Weibchen unscheinbar braun; Bodenvogel, der sich von Würmern, Insekten u. Früchten ernährt; früher scheuer Wald- u. Parkvogel, heute sogar inmitten der Großstädte heimisch; Männchen mit melod. pfeifendem Gesang.

**Amselfeld,** serb. *Kosovo polje,* von Gebirgen umgebene, fruchtbare Ebene im Sitnicatal, in der Prov. Kosovo (Jugoslawien), 70 km lang, bis 15 km breit; Blei-, Zink- u. Eisenerzlager, Tabak- u. Weinbau.
Am 15. 6. 1389 entscheidender Sieg der Türken über die Serben (Herrschaft der Türkei auf dem Balkan); am 19. 10. 1448 wurde der ungar. Reichsverweser Johann *Hunyadi* hier von den Türken geschlagen.
**Amsoldingen,** Ort in der Schweiz im Kanton Bern, im Gürbetal westl. des Thuner Sees, 710 Ew. Die roman. Propsteikirche St. Mauritius geht auf ein Chorherrenstift, wohl des 12. Jh., zurück.
**Amstelveen,** niederländ. Stadt, südl. Wohn- u. Villenvorort von Amsterdam, 74 100 Ew.; ursprüngl. ein Teil der Gemeinde *Nieuwer-Amstel;* westl. von A. liegt der Amsterdamer Großflughafen Schiphol.
◆ **Amsterdam,** das „holländische Venedig", wie Amsterdam auch genannt wird, wird von zahlreichen Kanälen, den Grachten, durchzogen. Mit 724 000 Ew., als Agglomeration 1,1 Mio. Ew., ist Amsterdam die größte Stadt der Niederlande. Sie ist zwar die Hauptstadt, doch Regierungssitz ist *Den Haag.* Die an der Mündung der Amstel in das IJ (eine abgeschlossene IJsselmeerbucht) gelegene Stadt ist ein wichtiger Handelsplatz u. hat den zweitgrößten Hafen der Niederlande. Amsterdam hat eine ringförmig umbaute, gut erhaltene Altstadt.
Sehenswürdigkeiten sind das Königliche Schloss (früher Rathaus, 17. Jh.), Kirchen: Oude u. Nieuwe (14./15. Jh.), Zuider- u. Westerkerk (17. Jh.) sowie zahlreiche Museen (u.a. *Rijksmuseum, Stedelijk Museum*). Wichtigste Bildungseinrichtungen sind 2 Universitäten sowie die Kunstakademie. Wirtschaftlich bedeutend sind Diamantenschleifereien, Werften, Maschinenbau u. der Überseehandel (Tabak, Kaffee, Tee, Kakao, Reis, Kautschuk, Erdöl u. a.).
Wichtige Verkehrseinrichtungen sind der Flughafen Schiphol, Nordsee- u. Nordholländischer Kanal (von Seeschiffen genutzt) u. die Kanalverbindungen nach Rotterdam u. zum Niederrhein.

Amsel, Turdus merula, Männchen

Amsel, Turdus merula, Weibchen

# Amsterdam-Rhein-Kanal

Amsterdam: Die „Magere Brug", eine rekonstruierte hölzerne Zugbrücke über die Amstel, ist die meistfotografierte der vielen hundert Brücken der Stadt

*Geschichte:* Amsterdam entstand durch den Bau von Schleusen an der Mündung der Amstel u. erhielt um 1300 Stadtrecht. Seit 1369 Mitglied der Hanse, nahm Amsterdam Aufschwung als Zwischenhandelsplatz. 1578 schloss es sich dem Aufstand Hollands gegen Spanien an. Die Übersiedlung kapitalkräftiger Kaufleute mit weit reichenden Verbindungen nach der Blockade Antwerpens machte Amsterdam im 17. Jh. zur führenden Handelsstadt Europas, die allein ein Drittel der Steuerlast der Niederlande trug. Um die Mitte des 18. Jh. begann jedoch ein wirtschaftlicher Niedergang der Stadt. 1810 wurde Amsterdam von Napoleon I. Frankreich einverleibt u. zur „Dritten Stadt des Kaiserreichs" (nach Paris u. Rom) erklärt. Im 19. Jh. bekam Amsterdam infolge einiger Kanalbauten neuen Aufschwung, als führender niederländischer Hafen wurde es jedoch von Rotterdam überflügelt. 1940–1945 stand Amsterdam unter deutscher Besatzung (Judenverfolgungen, Ende 1944 Blockade wegen Streiks). In der Nachkriegszeit wurde es ein Zentrum jugendlicher Protestströmungen in Westeuropa.

**Amsterdam-Rhein-Kanal,** 72 km langer, 100 m breiter, 6 m tiefer Schifffahrtsweg mit 4 Schleusen, verbindet Amsterdam mit den Rheinarmen Lek u. Waal; bedeutendster Kanal Westeuropas mit der größten Binnenschifffahrtsschleuse (bei Tiel) der Welt; 1952 eröffnet, bis 1981 erweitert.

**Amsterdamer Vertrag,** am 2. 10. 1997 in Amsterdam von den 15 EU-Staaten unterzeichneter Vertrag zur Reform des Maastrichter Vertrages über die Europäische Union. Vertragsinhalte sind u. a. die Übernahme des Schengener Abkommens über den Abbau der Grenzkontrollen an den Binnengrenzen, die Überführung des Visa- u. Asylrechts in Gemeinschaftsrecht sowie der Ausbau der europ. Polizeibehörde (EUROPOL).

**Amstetten,** Bezirksstadt in Niederösterreich, 281 m ü. M., an der Ybbs, 22 800 Ew.; Metall-u. Zementwarenerzeugnisse, Büromöbelherstellung.

**Amt, 1.** der auf eine Person bezogene, institutionell aber von ihr getrennte Kreis fester u. dauernder Aufgaben im Dienste des eigentl. Trägers der anvertrauten Geschäfte (z. B. Ministeramt) oder auch im Interesse Dritter bzw. der Allgemeinheit (z. B. A. des Vormunds, des Insolvenzverwalters). Je nach dem Rechtscharakter der dazu bestellenden Institution unterscheidet man öffentl. u. private Ämter; erstere umfassen hauptsächl. Aufgaben der → Staatsgewalt u. sind dann häufig mit Hoheitsbefugnissen *(Amtsgewalt)* ausgestattet. Ämter können hauptamtl., nebenamtl. (gegen Entgelt) oder ehrenamtl. (unentgeltl.) ausgeübt werden; ehrenamtl. Ausübung ist als Laienbeteiligung an der Ausübung der Staatsgewalt, bes. im Strafprozess, bedeutsam (→ Geschworene, → Schöffen, ferner in zahlreichen Fällen kommunaler u. sonstiger Selbstverwaltung.
**2.** Bez. für staatliche Behörden (→ Behörde), z. B. Auswärtiges Amt, Finanzamt, Standesamt, sowie umgangssprachl. für die Gebäude, in denen sie untergebracht sind.
**3.** in Schleswig-Holstein unterster → Gemeindeverband (Rechtsgrundlage: *Amtsordnung* in der Fassung vom 19. 1. 1994). Organe des Amts sind der *Amtsausschuss* sowie der *Amtsvorsteher.*
**4.** *kirchliches Amt, geistliches Amt,* zusammenfassende Bez. für die Funktionen, die die christl. Kirche zur Erweckung u. Gestaltung des Glaubenslebens wahrnimmt; i. e. S. die Berufstätigkeit der durch die Kirche bes. beauftragten Personen (z. B. in der kath. Kirche durch Priesterweihe, in der ev. durch Ordination).
Das christl. A. gliedert sich in eine Mehrheit von Ämtern mit verschiedenen Bezeichnungen u. Aufgabenbereichen. Nach der kath. Theologie besteht es darin, dass die Kirche in eins Mittlerin ist für das weisende Wort Gottes (im *Hirten-* u. *Lehramt*) u. für die im Opfer bezeugte Antwort des Menschen (im *Priesteramt*); konkretes Organ des kirchl. Amts ist die Leitungs- u. Weihehierarchie (auch → Kirchengewalt). – Nach luth. Lehre besteht dieses kirchl. A. in Wortverkündigung u. Sakramentsverwaltung. Zum kirchl. A. ist nach ev. Auffassung grundsätzlich jeder getaufte mündige Christ befähigt; es bedarf zur Wahrnehmung geordneten Dienstes jedoch bes. Ausbildung u. Berufung. Auch → Kirchenamt.

**Ämterhandel,** Vergabe von Ämtern durch Verkauf, Verpfändung oder Forderung finanzieller Vorschüsse seitens des künftigen Amtsträgers; vom späten MA bis zur Französ. Revolution in Europa, vor allem in Frankreich, weit verbreitet. In Frankreich wurden die seit 1604 erbl. Ämter 1789 abgeschafft.

**Ämterlaufbahn** [lat. *cursus honorum*], in Rom zunächst allein durch Herkommen, seit dem 2. Jh. v. Chr. gesetzlich geordnete Reihenfolge für die Bekleidung der höheren Ämter (Quästur, Ädilität oder Volkstribunat, Prätur, Konsulat).

**amtliche Kartographie,** die Gesamtheit aller kartograph. Tätigkeiten zur Herausgabe amtl. Karten. In Dtschl. handelt es sich z. Z. um folgende Kartenwerke: Dt. Grundkarte 1:5000, Topographh. Karte (TK) 1:25000, TK 1:50 000, TK 1:100 000, Topograph. Übersichtskarte (TÜK) 1:200 000, TÜK 1:500 000, Internationale Weltkarte (IWK) 1:1 Mio. – Ältere Kartenwerke sind: Karte des Dt. Reiches 1:100 000, Topograph. Übersichtskarte 1:200 000, Übersichtskarte von Mitteleuropa 1:300 000.

**amtlicher Markt,** der unter amtl. Kontrolle stehende Wertpapierhandel an den *Börsen.* Die auf dem amtl. Markt gehandelten Wertpapiere müssen zum Börsenhandel zugelassen werden. Ihre *Kurse* werden an jedem Börsentag von vereidigten Kursmaklern amtl. notiert.

**Amtmann, 1.** Amtsbezeichnung für Beamte des gehobenen Dienstes (z. B. *Justiz-, Regierungs-, Stadtamtmann*); oberste Stufe *Amtsrat (Oberamtmann).*
**2.** im Burgenland (Österreich) Amtsbezeichnung für den Gemeindesekretär.

**Amtsanmaßung,** unbefugte Ausübung eines

öffentl. Amts oder die Vornahme einer Handlung, die nur kraft eines öffentl. Amts vorgenommen werden kann; strafbar nach § 132 StGB; in *Österreich* nach § 314 StGB, in der *Schweiz* nach Art. 287 StGB.

**Amtsanwalt,** Beamter der Staatsanwaltschaft, der die Funktionen eines Staatsanwalts nur beim Amtsgericht ausüben darf.

**Amtsarzt,** der Leiter des Gesundheitsamts eines Kreises *(Kreisarzt)* oder Bezirks *(Bezirksarzt);* Staats- oder Kommunalbeamter aufgrund einer amtsärztl. Prüfung, die nach der Approbation als Arzt u. nach Ausbildung auf einer staatsmedizin. Akademie abgelegt wird. Dem A. obliegen die Überwachung des Gesundheitswesens in seinem Bereich, die Bekämpfung der Infektionskrankheiten, gewisse staatl. Fürsorgemaßnahmen (Kinderverschickung u. Ä.), die Ausstellung amtsärztl. Atteste u. a.

**Amtsbetrieb,** *Offizialbetrieb,* Verfahrensgrundsatz im Straf- u. Verwaltungsprozess, nach dem die Einleitung u. Fortführung eines Prozesses von Amts wegen erfolgt, d. h. unabhängig von Anträgen der Beteiligten. Den Gegensatz bildet der → Parteibetrieb mit dem *Verfügungsgrundsatz;* auch → Amtsermittlungsgrundsatz.

**Amtsblätter,** Publikationsorgane, in denen Verwaltungsbehörden Verw.-Vorschriften sowie Einzelanordnungen ihres Zuständigkeitsbereichs, gelegentl. auch Rechtsvorschriften (z. B. Satzungen) veröffentlichen, die ggf. dadurch zu rechtl. Wirksamkeit gelangen. A. sind z. B. die *Ministerialblätter* von Bundes- u. Landesministerien sowie die „Amtsblätter" der Regierungsbezirke, Kreise u. Gemeinden.

**Amtsdelikte,** *Amtsverbrechen, Amtsvergehen,* Straftaten im Amte (§§ 331-358 StGB), Verbrechen u. Vergehen eines Amtsträgers, die durch eine Verletzung des Treueverhältnisses zum Staat oder des Vertrauens der Öffentlichkeit in die Integrität des Beamtenapparats gekennzeichnet sind. Bei echten Amtsdelikten (z. B. Vorteilsannahme, Bestechlichkeit, Aussageerpressung, Falschbeurkundung) begründet die Eigenschaft als Amtsträger die Strafbarkeit, andere Täter sind straflos. Unechte A. (z. B. Körperverletzung im Amt) können auch von anderen als Amtsträgern begangen werden, sind aber beim Amtsträger mit höherer Strafe bedroht. - *Österreich:* §§ 302 ff. StGB, *Schweiz:* Art. 312 ff. StGB.

**Amtseid,** vom Bundes-Präs., Bundeskanzler u. den Bundes-Min. zu leistendes feierl. Gelöbnis, die Verfassung zu achten u. die Amtspflichten treu zu erfüllen; entspr. bei Beamten u. Soldaten → Diensteid.

**Amtsentsetzung,** im schweiz. Strafrecht → Nebenstrafe gegen amtsunwürdige Beamte (Art. 51 StGB).

**Amtsermittlungsgrundsatz,** *Offizialmaxime, Inquisitionsmaxime,* Verpflichtung einer Behörde oder eines Gerichts, für eine Entscheidung wesentl. Sachverhalt von Amts wegen, d. h. unabhängig vom Antrag eines Beteiligten, aufzuklären; gilt insbes. im Verwaltungsverfahren u. im Verwaltungs- sowie Strafprozess.

**Amtserschleichung,** Erlangung einer Beamtenstellung durch unwahre Angaben; u. U. als Anstellungsbetrug strafbar. - *Österreich:* § 315 StGB.

**Amtsgeheimnis,** *Dienstgeheimnis,* eine öffentl. Angelegenheit, über die der mit ihr befasste Personenkreis Stillschweigen zu bewahren hat *(Amtsverschwiegenheit).* Unbefugte Preisgabe eines Amtsgeheimnisses u. a. durch einen (auch früheren) Amtsträger oder für den öffentl. Dienst besonders Verpflichteten ist bei Gefährdung wichtiger öffentlicher Interessen nach § 353b,c StGB strafbar, außerdem disziplinarrechtlich als Dienstvergehen; ähnlich in der *Schweiz* (Art. 320 StGB); in *Österreich* nach § 310 StGB mit Freiheitsstrafe bis zu 3 Jahren zu bestrafen.

**Amtsgericht,** unterste Instanz der → ordentlichen Gerichtsbarkeit, entscheidet durch *Einzelrichter* oder → Rechtspfleger, in bestimmten Fällen durch den Urkundsbeamten, in Strafsachen unter Mitwirkung ehrenamtl. Richter auch als kollegiales → Schöffengericht. Der Leiter des Amtsgerichts führt die Amtsbez. Direktor, in Großstädten Präs. des Amtsgerichts. Das A. war als Gericht für die Rechtsangelegenheiten des täglichen Lebens gedacht, hat heute eine weit reichende Zuständigkeit: Zivilrechtsstreitigkeiten bis 10 000 DM, Miet-, Familien-, Kindschafts-, Unterhalts-, Vollstreckungs-, Konkurs- u. Versteigerungssachen. Es ist → Nachlassgericht, → Vormundschaftsgericht → Registergericht, auch → Grundbuchamt. In Strafsachen ist es auch → Schöffengericht u. → Jugendgericht.

**Amtshaftung,** Haftung für die Verletzung einer → Amtspflicht; konstruiert als persönl. Haftung des Beamten. Deshalb entstehen Amtshaftungsansprüche nur, wenn der Beamte *schuldhaft* seine Amtspflicht verletzt (§ 839 BGB, Art. 34 GG). Im Fall hoheitl. Handelns ist Anspruchsgegner jedoch nicht der Beamte, sondern die Körperschaft des öffentl. Rechts, deren Aufgaben der Beamte wahrnimmt. Ein großzügiger Reformversuch (Staatshaftungsgesetz 1981) ist durch das Bundesverfassungsgericht 1982 für nichtig erklärt worden. Auch → Staatshaftung.

**Amtshauptmann,** früher leitender Beamter 1. des unterstem staatl. Verwaltungsbezirks im Freistaat Sachsen, der *Amtshauptmannschaft* (am 1. 1. 1939 reichseinheitl. umbenannt in Landkreis, A. in Landrat), 2. des (staatl.) Amtsbezirks im Land Oldenburg, 3. des (kommunalen) Amtes im Land Mecklenburg-Schwerin.

**Amtshilfe,** Hilfe, die eine Behörde einer anderen auf deren Ersuchen zuteil werden lässt, um diese bei der Durchführung ihrer Aufgaben zu unterstützen. Hilfe der Gerichte wird als → Rechtshilfe bezeichnet (z. B. Handlungen in anderen Gerichtsbezirken wie Zeugenvernehmungen, Beschlagnahmen). A. i. w. S. ist die Unterstützung der behördl. Tätigkeit durch Amtsstellen anderer Verwaltungszweige: zwischen Justiz u. Verwaltung, allg. Verwaltung u. Sonderverwaltung, Bund u. Ländern. Verfassungsrechtl. Grundlage sind Art. 35 u. 44 GG (dieser für parlamentar. Untersuchungsausschüsse). Die Durchführung ist in §§ 4-8 Verwaltungsverfahrensgesetz näher geregelt. - In *Österreich* ist das B-Verfassungsgesetz Rechtsgrundlage für die A.

**Amtspflicht,** Pflichten, die dem Beamten bei der Erfüllung seiner Aufgaben gegenüber Dritten obliegen (z. B. richtige Auskunftserteilung, Gewährung rechtl. Gehörs, nur rechtmäßige Eingriffe in Rechte der Bürger); ausdrückl. in § 839 BGB u. Art. 34 GG genannt, die mit In-Kraft-Treten des Staatshaftungsgesetzes am 1. 1. 1982 vorübergehend bis zum Urteil des Bundesverfassungsgerichts vom 19. 10. 1982 außer Kraft waren. Auch → Staatshaftung.

**Amtssprache,** die für gerichtliche u. behördliche Verfahren vorgeschriebene Sprache. In Deutschland ist die A. deutsch. Alle Verfahrenshandlungen der Behörden u. Gerichte (z. B. Mitteilungen, Bescheide) sowie der Beteiligten diesen gegenüber (z. B. Widerspruch, Klage) sind in der A. abzufassen, wogegen in der Verwaltungspraxis auch die Verwendung anderer Sprachen zulässig ist.

**Amtsstil** → Kanzleistil.

**Amtstracht,** feierliche Kleidung bestimmter Berufs- und Standesgruppen (Richter, Professoren oder Geistliche) bei der Wahrnehmung von Amtshandlungen in der Öffentlichkeit.

**Amtsträger,** im dt. Strafrecht jeder, der nach Bundes- oder Landesrecht Beamter oder Richter ist, in einem sonstigen öffentl.-rechtl. Dienstverhältnis steht oder auf andere Weise dazu bestellt ist, bei einer Behörde oder bei einer sonstigen Stelle oder in deren Auftrag Aufgaben der öffentl. Verwaltung wahrzunehmen (§ 11 Abs. 1 Ziff. 2 StGB); als strafschärfende Eigenschaft bei den sog. unechten Amtsdelikten u. als strafbegründendes Merkmal bei den echten Amtsdelikten von Bedeutung. Auch → Amtsdelikte.

**Amtsunfähigkeit,** Unfähigkeit zur Bekleidung öffentlicher Ämter (z. B. als Beamter oder Richter), Nebenstrafe im Strafrecht (§ 45 StGB); automatische Folge für die Dauer von 5 Jahren bei Verurteilung wegen eines Verbrechens zu Freiheitsstrafe von mindestens einem Jahr. Bei anderen Strafen kann das Gericht die Amtsfähigkeit für 2-5 Jahre aberkennen, wenn dies im StGB ausdrücklich vorgesehen ist. Mit der Aberkennung der Amtsfähigkeit verliert der Verurteilte zugleich die Ämter, die er innehat. - *Österreich:* § 27 StGB. - *Schweiz:* → Amtsentsetzung.

**Amtsunterschlagung,** früherer Sondertatbestand der → Unterschlagung in amtl. Eigenschaft. Seit 1. 4. 1974 ist A. wie jede andere Unterschlagung strafbar nach § 246 StGB, kann aber strafschärfend behandelt werden.

**Amtsvergehen** → Amtsdelikte.

**Amtsverschwiegenheit** → Amtsgeheimnis.

**Amtsverteidiger** → Offizialverteidiger.

**Amtsvormundschaft,** die → Vormundschaft des Jugendamts; neu geregelt im Gesetz zur Abschaffung der gesetzlichen Amtspflegschaft u. zur Neuordnung des Rechts der

Beistandschaft (Beistandschaftgesetz) vom 4. 12. 1997.

**Amudarja,** der antike *Oxus*, Strom in Mittelasien, in Turkmenistan u. Usbekistan, 2620 km lang; entspringt als *Däryaye Wakhan* am Wakhdschirpass zwischen Pamir u. Karakorum, z. T. von Hindukuschgletschern gespeist, bildet als *Pjandsch* die Grenze zu Afghanistan, durchfließt die Wüsten der Turanischen Senke, verliert viel Wasser durch Verdunstung; Ableitungen (Karakumkanal) für Bewässerungsfeldbau, mündet nur noch in niederschlagsreichen Jahren von S in den Aralsee; auf einer Länge von 1600 km schiffbar.

**Amuesha,** Indianer der Aruak-Sprachfamilie in den Anden (Zentralperu); früher Jäger u. Sammler, heute Bauern bzw. Landarbeiter; Ende des 19. Jh. nach erbittertem Widerstand unterworfen.

**Amulett** [das; lat.], ein an einer Kette oder einem Band, auch auf der Krone der Braut getragener Anhänger, mit Bestandteilen, die die eigene Lebenskraft stärken u. schädigende Einflüsse abwehren sollen. Dafür eignen sich besonders bestimmte Körperteile, die als Sitz solcher magischen Kräfte gedacht werden (Herz, Stirn, Haare, Blut u. a.), oder besonders gestaltete Dinge (Steine u. a.), die in einem bestimmten Verhältnis zum Träger stehen. Eine sehr verbreitete Amulettform ist das Horn (Tierhorn, Eberzahn, Bandsichel), das zur Abwehr des bösen Blicks als bes. geeignet gilt. In Kulturen, die eine Schrift besitzen, gelten auch Papierstreifen mit Zaubersprüchen oder Zitaten aus heiligen Schriften (Koran) als A.

**Amulettmünzen,** Bez. für Münzen, die als Schutzmittel gegen Krankheit u. Unfall getragen werden. Die ältesten A. trugen Tierkreiszeichen, geometr. Figuren oder ähnl., neuere Heiligenabbildungen.

**Amun,** altägypt. Urgott von Hermopolis. Sein heiliges Tier ist der Widder. Seit der 11. Dynastie (um 2050 v. Chr.) hatte er in Theben wachsende Bedeutung als Reichsgott; sein Haupttempel in Karnak gehört zu den größten des Altertums. Doppelnamen zeigen die Verschmelzung des A. mit anderen Göttern an (Amun-Re, Min-Amun), die Bez. „König der Götter" bekundet seine überragende Bedeutung. A. wurde als Fruchtbarkeits- u. Orakelgott verehrt. Darstellungen zeigen ihn in Menschengestalt, aber auch als Widder, Gans oder Schlange. Seit der 22./23. Dynastie regierten die Priester des A. den sog. „Gottesstaat" u. beherrschten Oberägypten u. Nubien. Die Griechen glichen A. dem Zeus an, die Römer dem Jupiter.

**Amund-Ringnes-Insel,** Insel im N des kanad.-arkt. Archipels, westlich der Axel-Heiberg-Insel, nicht vergletschert, 5255 km².

**Amundsen,** *Mount Amundsen,* 1380 m hoher Einzelberg östlich des Denmangletschers, Königin-Mary-Land, in der Antarktis.

✦ **Amundsen,** Roald, norweg. Polarforscher, *16. 7. 1872 Borge, †Juni 1928; durchfuhr mit dem Schiff „Gjöa" als Erster die Nordwestpassage (1903–1906), erreichte am 15. 12. 1911, 4 Wochen vor der Expedition des Engländers Scott, als Erster den Südpol. Auf dem Rückmarsch entdeckte er das 4500 m hohe Königin-Maud-Gebirge; 99 Tage war er unterwegs. A. überflog 1926 zusammen mit U. *Nobile* u. L. *Ellsworth* mit dem Luftschiff „Norge" das Polargebiet u. den Nordpol, bei einem Rettungsflug für die Nobile-Expedition verunglückte er u. blieb verschollen. Er schrieb „Mein Leben als Entdecker" (1929).

**Amundsengolf,** Einbuchtung der Beaufortsee zwischen der Küste Nordkanadas einerseits u. Banks- u. Victoriainsel andererseits; südwestl. Teil der „Nordwestpassage".

**Amundsenmeer,** südpolares Randmeer des Pazif. Ozeans, Westantarktis, mit dichtem Packeis bedeckt.

**Amundsen-Scott,** antarkt. Station der USA am Südpol, 1957 gegr.

**Amuq,** Sumpfebene im heutigen Südzipfel der Türkei, östl. von *Antiochia;* die Ausgrabungen auf mehreren Tells (Ruinenhügel) der Amuq-Ebene erbrachten u. a. wichtige Funde vom Neolithikum bis in die Bronzezeit.

**Amur,** 1. chines. *Heilongjiang,* ostasiat. Strom, entsteht aus *Argun* u. *Schilka* (Quellgebiet in der Inneren u. Äußeren Mongolei), 4416 km lang, 1 855 000 km² Einzugsgebiet, 500–2000 m breit, im Überschwemmungsgebiet bis 30 km, mündet am Seehafen Nikolajewsk-na-Amure in das Ochotskische Meer (Amur-Golf), auf gesamter Länge schiffbar; 5–6 Monate Eisführung; im Ober- u. Mittellauf über 1900 km Grenzfluss zwischen der Mandschurei (China) u. Russland. Nebenflüsse: links Seja, Bureja, Argun, rechts Sungari u. Ussuri; sehr fischreich (bes. Lachsfang). – Die 1908 erbaute *Amur-Bahn* führt als Teil der Transsibir. Eisenbahn auf russ. Boden nach Chabarowsk (von dort die Ussuribahn nach Wladiwostok). Auch → Aihun.
2. *Jabal Amur, Djebel Amour,* Gebirgszug in Algerien, im mittleren Teil des Saharaatlas.

**Amurru,** syr. Staat, seit Mitte des 2. Jahrtausends v. Chr. nachweisbar; seit ca. 1380 v. Chr. unter ägypt. Verwaltung, danach selbständiges Königreich unter ägypt. Oberhoheit. König *Aziru* von A. unterwarf sich um 1350 v. Chr. dem Hethiterkönig Schupiluliuma I. u. wurde hethitischer Vasall. Um 1290 v. Chr. wurde A. wieder von Ägypten beherrscht, konnte aber von den Hethitern jedoch zurückgewonnen werden. König *Bentesina* von A. geriet dabei in hethit. Gefangenschaft. Um 1190 v. Chr. wurde A. wie auch *Alalach* von den Seevölkern zerstört.

**Amurru,** auch *Martu,* syr. Steppengott der Nomaden mit Charakterzügen einer Wettergottheit, → Adad.

**Amursk,** russ. Stadt am Amur, 54 000 Ew.; bedeutendstes Zentrum der Holzverarbeitung im Fernen Osten: Cellulose, Pappe, Möbel.

**amüsant** [frz. *amusant*], unterhaltend, lustig.

**amusisch** [grch.], ohne Sinn für Kunst.

**ÂMV,** Abk. für → Atemminutenvolumen.

**Amy** [a'mi], Gilbert, französ. Komponist, *29. 8. 1936 Paris; Schüler von D. Milhaud, O. Messiaen u. P. Boulez. Werke: „Diaphonies pour double ensemble de 12 instruments" 1962; „Antiphonie" für 2 Orchester 1963; „Chant pour grand orchestre" 1968; „Cette étoile enseigne à s'incliner" 1970.

**Amygdalin** [das; grch.], blausäurehaltiges Glucosid, das durch Einwirkung von Enzymen (z. B. *Emulsin*) Blausäure freisetzt; kommt z. B. in Kernen von bitteren Mandeln, Aprikosen u. Pfirsichen vor.

**Amyklai,** alte achäische Stadt 5 km südl. vom Zentrum Spartas, seit dem 8. Jh. v. Chr. eines der 5 „Dörfer" der Stadt Sparta, mit Heiligtum u. Grab des vordorischen Heros *Hyakinthos* u. dann des *Apollon,* dessen 13 m hohes Kultbild von einem thronartigen, reich geschmückten Bau umgeben war.

**Amyl...,** in der chem. Nomenklatur Bez. für *Pentyl...*

**Amylacetat,** *Birnenäther, Birnenöl, Fruchtäther,* fachsprachl. *Pentylacetat,* $CH_3-CO-OC_5H_{11}$, Essigsäureester des Isoamylalkohols; mit birnenartigem Geruch; Herstellung aus Calciumacetat u. Amylalkohol (Fuselöl); Verwendung als Lösungsmittel für Collodiumwolle, Chlor- u. Naturkautschuk, für Parfüme, Schuhcreme, Bonbons, Liköre, Fruchtessenzen u. als Bestandteil von Abbeizmitteln.

**Amylalkohole,** fachsprachl. *Pentylalkohole* oder *Pentanole,* aliphatische Alkohole mit 5 Kohlenstoffatomen, die in 8 isomeren Formen bekannt sind. Wichtigste A. sind: *1-Pentanol n-Amylalkohol* $CH_3-(CH_2)_3-CH_2OH$, stärker giftig u. mehr berauschend als Ethylalkohol, u. *Gärungsamylalkohol,* der hauptsächl. aus der isomeren Form $(CH_3)_2CH-CH_2-CH_2OH$, *Isoamylalkohol,* besteht. Letzterer entsteht in einem besonderen Gärungsprozess bei der alkohol. Gärung aus Aminosäuren u. findet sich in den Fuselölen von Melasse u. Kartoffeln. A. werden verwendet als wichtige Lösungs-

Roald Amundsen auf dem Rückweg vom Südpol

mittel (auch in Form der Ester) z. B. für Fette, Öle, Harze, Nitrocellulose sowie zur Herstellung von Fruchtessenzen u. Farbstoffen.

**Amylasen** [grch.], *Diastasen*, verbreitete Enzyme, die Stärke u. Glykogen spalten. A. werden unterschieden nach der Art der Spaltung: α-Amylasen bauen die langkettigen Stärkemoleküle in kleinere Bruchstücke (Dextrine) ab (*dextrinogene A. oder Endo-Amylasen*). Die β-Amylasen spalten von den Stärkemolekülen vom Ende her jeweils eine Maltoseeinheit ab (*saccharogene A.*). Die γ-Amylasen setzen Glucoseeinheiten frei. β-Amylasen u. γ-Amylasen sind *Exo-Amylasen*, weil sie die Stärke vom Molekülende her angreifen. Während die β-Amylasen nur in Pflanzensamen vorkommen, sind dagegen α- u. γ-Amylasen sowohl tierischen als auch pflanzlichen Ursprungs. β-Amylasen sind sehr wichtig für die Bier- u. Brotherstellung. In einigen Ländern setzt man zur Malzgewinnung der ungekeimten Gerste gentechnisch erzeugte Amylasen zu. In Dtschld. ist dieses Verfahren aufgrund des dt. Reinheitsgebotes, welches nur die Bestandteile Wasser, Malz, Hopfen u. Hefe erlaubt, nicht zulässig.

**Amylnitrit**, *Salpetrigsäureamylester*, *Isoamylnitrit*, Ester der salpetrigen Säure mit dem Amylalkohol, eine gelbliche, fruchtartig riechende Flüssigkeit; bewirkt Blutdrucksenkung infolge Gefäßerweiterung; zur akuten Behandlung von Angina pectoris u. Asthma nur noch selten im Gebrauch.

**Amyloid** [das; grch.], eiweißartiger Stoff, der sich als Zeichen der Gewebsentartung *(Amyloidose)* in Bindegewebs- u. Gefäßapparat der Milz, Niere *(Amyloidnephrose)* u. Leber bei schweren Ernährungsstörungen, chron. Eiterungen, Tuberkulose, Tumoren u. a. findet.

**Amylopektin**, in der Hülle von Stärkekörnern vorkommendes, verzweigtes Polysaccharid; aufgebaut aus Glucosemolekülen. A. ergibt mit heißem Wasser hochviskose Kleister.

**Amyloplast** [grch.] → Plastiden.

**Amylose**, im Kern von Stärkekörnern vorkommende wasserlösliche Mischung von unverzweigten Polysachariden. A. baut sich ebenso wie → Amylopektin aus Glucose auf, ergibt aber mit heißem Wasser keine Kleister.

**Amylum** [das; grch., lat.] → Stärke.

**Amyntas**, 1. mehrere makedon. Könige; so *A. III.*, 393–370 v. Chr., Vater *Philipps II.*, Großvater *Alexanders d. Gr.*
2. Minister des Königs *Deiotaros* von Galatien, † 25 v. Chr.; im röm. Bürgerkrieg Befehlshaber der galatischen Hilfstruppen bei Philippi (42 v. Chr.); für seinen Übertritt zu *Antonius* von diesem nach Deiotaros' Tod mit der galatischen Königswürde belohnt; vor Aktium (31 v. Chr.) ging A. zu Octavian über, wofür dieser ihm die Herrschaft bis zum Tode ließ.

**Amyot** [ami'oː], Jacques, französ. Humanist, * 30. 10. 1513 Melun, † 6. 2. 1593 Auxerre; machte durch seine Übersetzungen griech.-röm. Klassiker deren Werke einem größeren Publikum zugänglich (z. B. Plutarchs „Lebensläufe"); bereicherte den französ. Wortschatz um viele neue Ausdrücke u. lieferte Beiträge zur Stilistik der Erzählkunst („In-medias-res-Technik").

**amyotrophe Lateralsklerose**, fortschreitende, meist einseitige Muskellähmung mit Verkrampfung u. Muskelschwund vor allem der Hand-, Arm- u. Schultermuskulatur infolge Degeneration der die Muskulatur versorgenden zentralen Nervenbahnen. Beginn zwischen dem 40. u. 65. Lebensjahr. Die Ursache ist unbekannt, eine wirksame Behandlung gibt es nicht.

**an...**, 1. → a...; 2. → ad...

**Ana** [die; nach der Endung *ana*], veraltete Bez. für eine Sammlung von Aussprüchen oder kleineren Beiträgen zur Charakteristik berühmter Männer.

**Anabaptisten** [grch.] → Wiedertäufer.

**Anabasis** [die; grch., „Hinaufmarsch", d. i. der Heereszug von der kleinasiat. Westküste zu dem vorderasiat. Hochland], Titel zweier griech. Geschichtswerke: 1. die „Anabasis" des *Xenophon*: Kriegszug der 10 000 von dem pers. Thronbewerber *Kyros* geworbenen Söldner gegen dessen Bruder Artaxerxes II. bis zur Schlacht bei Kunaxa (401 v. Chr.), in der Kyros fiel, u. Rückzug unter Führung des Xenophon zur Schwarzmeerküste; 2. die Anabasis des *Arrianus* („Anabasis Alexanders d. Gr."): der Indienzug bis zum Tod Alexanders.

**Anabiose** [die; grch.], „Wiederaufleben", die Fähigkeit vieler Tiere u. Pflanzenkeime, nach einem Zustand äußerl. völliger Leblosigkeit aufgrund von Wassermangel oder extremen Temperaturen wieder zum aktiven Leben zurückzukehren; bes. bei Wasserzutritt; Bekannt ist A. z. B. bei Samen, Sporen, Bärtierchen u. Rädertierchen.

**anabole Wirkung**, Bez. für die wachstumsfördernde Wirkung der → Anabolika.

**Anabolika** [grch.], *anabole Hormone*, i. e. S. körpereigene Steroidhormone bzw. von den Androgenen (männliche Sexualhormone) abgeleitete Substanzen, die den Aufbaustoffwechsel (*Anabolismus*) fördern, d. h. die Proteinbiosynthese u. allg. das Gewebewachstum positiv beeinflussen; A. haben sowohl anabole (den Ansatz fördernde) wie androgene (vermännlichende, virilisierende) Wirkung, wobei künstlich hergestellte (synthetische) A. eine hohe anabole u. eine geringe androgene Wirkung besitzen.
In der medizinischen Praxis werden A. bei ausgeprägten Schwäche- u. Erschöpfungszuständen, Auszehrung u. Kräfteverfall, bei Wachstums- u. Entwicklungsstörungen sowie bei verschiedenen spezif. Krankheiten angewendet; sie weisen aber viele Nebenwirkungen auf: bei Frauen vor allem Vermännlichungserscheinungen (Virilisierung), bei Männern Störungen der Hirnanhangsdrüsenfunktion; bes. gefährdet sind Jugendliche. – Wegen der muskelansatzfördernden Wirkung ist Anabolika-Missbrauch im Hochleistungssport weit verbreitet. A. stehen jedoch seit 1976 auf der Dopingliste des Internationalen Olympischen Komitees (→ Doping).
In der Tierernährung werden A. zur Verbesserung des Masterfolgs verabreicht. In Dtschld. ist ihr Einsatz als Masthilfsmittel verboten.

**Anabolismus**, Teilgebiet des Stoffwechsels, das alle Aufbau- u. Synthesereaktionen des Körpers umfasst. Bausteine u. Energie werden durch *katabole* Reaktionen (→ Katabolismus, → Energie) bereitgestellt.

**Anacardiaceae** → Sumachgewächse.

**Anacardium** → Acajoubaum.

**Anacharsis**, skythischer Reisender fürstl. Geschlechts, dem Weisheitssprüche u. Erfindungen (Anker, Blasebalg, Töpferscheibe) zugeschrieben werden. Urtyp des klugen, kulturhungrigen, doch unbefangen-kritischen Barbaren, der sich mit der griech. Kultur auseinandersetzt; soll in Athen mit *Solon* in Verbindung getreten sein u. wird den *Sieben Weisen* zugerechnet. Nach Skythien zurückgekehrt u. im Begriff, griech. Bräuche einzuführen, soll A. von seinem Bruder auf der Jagd erschossen oder von Landsleuten erschlagen worden sein.

**Anachoret** [grch., „der Entwichene"], *Einsiedler, Eremit*, frühchristliche Bez. für Einsiedler, die sich manchmal zu Anachoretenkolonien zusammenschlossen (Übergang zum Klosterleben). Prototyp des altkirchl. Anachoretentums ist → Antonius d. Gr. in Ägypten.

**Anachronismus** [grch.], Zeitwidrigkeit; das Verlegen von Erscheinungen der Gegenwart in die Vergangenheit.

**anachronistisch** [grch.], zeitlich falsch eingeordnet, in den betreffenden Zeitabschnitt nicht hineingehörend.

**Anaco**, Stadt im N des venezolan. Staats Anzoátegui, 44 000 Ew.; Zentrum eines Erdölgebietes, Raffinerie (seit 1952).

**Anaconda** [ænə'kɒndə], Stadt im SW des Staats Montana (USA), in den Rocky Mountains, 10 300 Ew.; Kupferhütte der *A. Copper*, des 1895 gegr. größten Kupferkonzerns der Welt.

**Anacyclus** → Bertramswurzel.

**Anadiplose**, *Anadiplosis* [die; grch.], *R h e t o r i k :* die Wiederholung der letzten oder letzten Wörter eines Satzes oder Verses zu Beginn des folgenden Satzes oder Verses.

**anadrom** [grch., „aufsteigend"], Bez. für Fischwanderungen, die zu den Laichgewässern stromaufwärts führen (z. B. Lachs, Stör). Gegensatz: *katadrom*.

**Anadyr**, 1. früher *Nowo-Mariinsk*, Hauptort des autonomen Kreises der Tschuktschen, im Fernen Osten Russlands, an der Mündung des A. (2) in den *Anadyrgolf*, 10 000 Ew.; Braunkohlenbergbau, Fischkonservenfabrik; Luftstützpunkt, Seehafen.
2. nordostsibir. Strom, im Fernen Osten Russlands, 1145 km; entspringt im *Anadyrhochland*, mündet in den *Anadyrgolf* des Beringmeers, 570 km schiffbar ab Markowo, jährlich 6 Monate eisfrei.

**anaerob** [-aːer-; grch.], 1. *B i o l o g i e :* ohne Sauerstoff lebend oder lebensfähig, → Anaerobier.
2. *H y d r o l o g i e :* ohne Sauerstoffzufuhr ablaufend. Steht für den Abbau von Wasserbeimengungen nicht genügend Sauerstoff zur Verfügung, so kommt es unter Giftgasbildung zu anaeroben Fäulnis- u. Zersetzungsprozessen.

## anaerobe Atmung

**anaerobe Atmung**, ein Stoffwechselprozess, bei dem der von Wasserstoffdonatoren (organisch oder anorganisch) abgespaltene Wasserstoff zur Reduktion von bestimmten Verbindungen (Wasserstoff- bzw. Elektronenakzeptoren) benutzt wird. Formal entspricht dieser Vorgang der Atmung mit Sauerstoff (= *aerobe Atmung*), bei der Sauerstoff der letzte Elektronenakzeptor einer Reaktionskette ist. Die anaerobe Atmung erfolgt unter anaeroben Bedingungen, d. h. in Abwesenheit von Sauerstoff, und dient wie die aerobe Atmung zur Energiegewinnung. Man unterscheidet nach der reduzierten Verbindung die *Nitrat-Atmung* ($NO_3^-$ → $NO_2^-$, $N_2O$, $N_2$), die *Sulfat-Atmung* ($SO_4^{2-}$ → $S^{2-}$, *Desulfurikanten*), die *Schwefel-Atmung* ($S$ → $S^{2-}$), die *Carbonat-Atmung* ($CO_2$, $HCO_3^-$ → $CH_3-COOH$, *acetogene Bakterien* und $CO_2$, $HCO_3^-$ → $CH_4$, *methanogene Bakterien*), die *Fumarat-Atmung* (Fumarat → Succinat, *Succinogene Bakterien*) und die *Eisen-Atmung* ($Fe^{3+}$ → $Fe^{2+}$). Die zur Nitrat-, Sulfat- u. Carbonat-Atmung befähigten Bakterien spielen sowohl im Naturhaushalt (Stoffkreisläufe) als auch in der Wirtschaft (z. B. Essigsäureherstellung, Biogasbildung) eine bedeutende Rolle.

**anaerobe Glykolyse**, chem. Abbau des Zuckers *(Glucose, Glykose)* zur Energiegewinnung bei Fehlen von elementarem Sauerstoff (→ Gärung), ein Seitenweg der häufigeren *aeroben Glykolyse* (*Dissimilation*, → Glykolyse).

**anaerober Stoffwechsel**, der Stoffwechsel in Abwesenheit von Sauerstoff. Dabei werden energiereiche organische Substanzen unter Gewinnung von ATP zu energieärmeren Produkten umgesetzt. Teilweise entsteht außerdem Kohlendioxid. Auch → alkoholische Gärung, → Gärung, → Glykolyse.

**Anaerobier** [Pl.; grch.], *Anaerobionten, Anoxybionten*, heterotrophe Organismen, die ohne Sauerstoffzufuhr den Stoffabbau (*Dissimilation*, → anaerobe Glykolyse) vornehmen, z. B. *Milchsäurebakterien, Hefepilze*. Die Energieausbeute ist geringer, als wenn die Verbindungen unter Sauerstoffzufuhr über den → Citronensäurezyklus u. die Atmungskette abgebaut werden. Gegensatz: *Aerobier*.

**Anaerobiose**, Lebensf. in Abwesenheit von molekul. Sauerstoff; Gegensatz: *Aerobiose*.

**Anafi**, griech. Insel östlich von Santorin, zur Gruppe der → Kykladen gehörig, 38 km², rd. 350 Ew., gebirgig (584 m ü. M.).

**Anagarika** [pali, „der kein Zuhause besitzt"], im → Theravada Bez. für buddhist. Asketen, die ein mönchisches Leben führen, ohne formal in die buddhist. Mönchsgemeinde aufgenommen worden zu sein.

**Anagenese**, die Höherentwicklung der Lebewesen im Verlauf der → Evolution, die zu neuen Bauplänen u. immer komplexeren Formen geführt hat. Dies zeigt sich z. B. eindrucksvoll an der Entwicklung von den Einzellern zu den höheren Tieren oder an der zunehmenden Komplexität des Gehirns innerhalb der Wirbeltierklasse, angefangen bei den Fischen bis hin zu den Säugetieren u. an deren Spitze bis zum Menschen.

**Anaglypha Traiani**, Bez. für zwei 1872 auf

Anakonda, Eunectes murinus

dem → Forum Romanum gefundene Marmorschranken, die Trajan beim Opfer u. Verbrennen von Steuerurkunden anlässlich des Steuererlasses 108 n. Chr. darstellen. Die Anaglypha Traiani geben den Hintergrund des Forum Romanums von West nach Ost wieder; jetzt in der Curia auf dem Forum Romanum.

**Anaglyphenbilder**, komplementär gefärbte, übereinander projizierte oder gedruckte Teilbilder, die bei der Betrachtung durch komplementär gefärbte Gläser einen räuml. Eindruck erwecken.

**Anaglyphenverfahren** [grch.], einfaches Verfahren für stereoskop. Wiedergabe (Raumbild): Die beiden Stereoteilbilder bestehen aus zueinander komplementären Farben (Rot u. Blaugrün) u. werden durch entsprechend gefärbte Brillengläser (oder Farbfolien) betrachtet, so dass jedem Auge nur ein Teilbild sichtbar ist; bei der Photogrammmetrie angewendet (Multiplex), ermöglicht den Druck von Stereo-Luftbildern.

**Anagni** [a'nanji], italien. Stadt in Latium an der Autostrada Rom–Neapel, 18 500 Ew.; bedeutender roman. Dom (11. Jh.); elektrotechn. u. pharmazeut. Industrie. Am 7. 9. 1303 wurde im Auftrag des französ. Königs Philipp IV. das *Attentat von A.* auf Papst Bonifatius VIII. verübt, der vorübergehend festgesetzt wurde. Zu den Folgen des Attentats, das als tiefe Demütigung des Papsttums galt, zählte die Übersiedlung der Kurie nach Avignon 1309.

**Anagramm** [das; grch.], **1.** *allg.*: Wortumbildung durch Buchstaben- oder Silbenversetzung; für Wortspiele, Pseudonyme (z. B. F. von *Logau*: Golaw, F. M. *Arouet*: Voltaire) u. a. genutzt.
**2.** *Spiele*: ein Umstellrätsel bzw. Wortspiel: Aus einem vorgegebenen Wort oder Satz muss durch Umstellung der Buchstaben ein neues Wort oder ein neuer Satz gebildet werden (z. B. Erbgut/Geburt/Betrug).

**Anaheim** ['ænəhaim], Stadt in California (USA), südl. von Los Angeles, 291 000 Ew., Teil der *Santa Ana-Garden Grove Metropolitan Area*, 2,2 Mio. Ew.; Industriezentrum: Eisen-, Textil- u. Möbelindustrie, Herstellung von Elektrogeräten u. Flugzeugteilen; Obstbau. 1955 Anlage von *Disneyland* (Vergnügungspark). – 1857 von 50 dt. Einwanderern gegr., seit 1888 Stadt.

**Anaimalai**, *Anaimalai Hills*, ind. Gebirgsmassiv, → Anamalai.

**Anai Mudi**, *Anaimudi*, höchste Erhebung der südind. Anamalais u. zugleich des ind. Dekanhochlandes, 2695 m; auf der Grenze der Bundesstaaten Kerala u. Tamil Nadu.

**Anak**, *Anhakkun*, nordkorean. Ort im Schutz der Bergfestung Taesongsan im früheren Königreich Koguryo; erstreckte sich vormals über 8 ha, umgeben von 8 km Mauer. Gut erhaltene Wandmalereien (357 n. Chr.) im Grab eines chines. Ministers Tung Shou mit Wiedergabe einer Begräbnisprozession, u. a. früheste Darstellung gepanzerter Pferde in Ostasien.

**Anakiter** → Enakiter.

**Anaklet**, PÄPSTE:
**1. Anaklet I.**, *Anenkletos, Cletus*, wahrscheinlich 2. Nachfolger Petri, lebte im 3. Viertel des 1. Jh. (79–90?); wohl Märtyrer; Heiliger. Fest: 26. 4.
**2. Anaklet (II.)**, Gegenpapst 1130–1138, eigentl. Petrus *Pierleone*, Römer, *um 1090, †25. 1. 1138 Rom; stammte aus vornehmer, mit der kirchl. Reformbewegung verbundener Familie jüd. Herkunft; nach Studium in Paris wurde er Mönch in Cluny, 1116 Kardinal. A., der reformeifrig u. hoch gebildet war, wurde in gespaltener Wahl neben Papst *Innozenz II.* gewählt u. konnte

sich bis zu seinem Tod in Rom behaupten. Sein Charakterbild ist von seinen Gegnern entstellt worden.

**Anakoluth** [das; grch.], *Satzbruch,* ein Satz, dessen folgerechter Aufbau durch einen unvermutet einbrechenden Gedanken gestört ist.

◆ **Anakonda** [die], *Eunectes murinus,* 8–9 m lange *Riesenschlange* in den Gewässern des nördl. Südamerika; Nahrung: Reptilien, Vögel, Säugetiere bis zur Größe eines Wasserschweines.

**Anakreon**, grech. Dichter, * um 580 v. Chr. Teos, Ionien, † nach 495 v. Chr.; besingt in graziösen Liedern, von denen nur 3 vollständig erhalten sind, Liebe, Freundschaft u. Wein. Spätere Nachahmungen nennt man „Anakreontika".

**Anakreontik**, Stilrichtung des literar. Rokoko um die Mitte des 18. Jh., benannt nach dem griech. Lyriker *Anakreon;* ihre Themen sind die Freuden der Liebe, des Weins, der Geselligkeit. Hauptvertreter in Dtschld.: F. von *Hagedorn,* J. W. L. *Gleim,* J. P. *Uz,* J. N. *Götz,* der junge *Lessing* u. der junge *Goethe.*

**anal** [lat.], den After *(Anus)* betreffend, am After gelegen, zum After gehörig.

**Analbeutel** → Afterdrüsen.

**Analcim**, hydrothermal in Ergussgesteinen (Basalten) u. auf Erzgängen vorkommendes Mineral; weiß, grau, gelblich, fleischig rot, durchsichtig, auch trüb; Glasglanz, kubisch, Härte 5,5; chem. Formel: $Na(AlSi_2O_6) \cdot H_2O$. Bekannte Fundorte im Harz u. in Südtirol (Seiser Alm).

**Analdrüsen** → Afterdrüsen.

**Analekten** [grch., „Auslese"], Sammlung von Auszügen aus literar. oder wissenschaftl. Werken.

**anale Phase**, *analsadistische Phase,* in der Psychoanalyse die an die → orale Phase anschließende zweite Phase der seelischen Entwicklung des Menschen, die sich über das 2. u. 3. Lebensjahr erstreckt. In dieser Phase ist der Afterbereich die dominierende erogene Zone, Lustgewinn wird bei den Ausscheidungsvorgängen erlangt; dominierende Motive in der analen Phase sind „Ausstoßen" u. „Zurückhalten".

**Analeptika** [Pl., Sg. *Analeptikum;* grch.], *Excitantia, Stimulantia, Belebungsmittel,* Anregungsmittel für den Kreislauf, z. B. Alkohol, Campher, Coffein. A. i. e. S. sind therapeutisch wirksame Stoffe, die das Zentralnervensystem u. das Atem- u. Kreislaufzentrum im verlängerten Mark des Gehirns anregen, z. B. *Pentetrazol* (Cardiazol) oder *Diethylamide* (Coramin, Vandid); in hohen Dosen Krampfgifte. Sie sind heute weitgehend durch *Sympathikomimetika* (das sympathische Nervensystem anregende Mittel) ersetzt.

**Analgesie** [grch.], Aufhebung des Schmerzgefühls, Betäubung.

**Analgetika** [Pl., Sg. *Analgetikum;* grch.], schmerzstillende bzw. schmerzlindernde Mittel. Die 3 Hauptgruppen der meistgebrauchten A. sind chemisch die Pyrazolon-, Phenazetin- u. Acetylsalicylsäure-Mittel. Alle A. können, bes. bei häufiger bzw. dauernder Anwendung, zu Nebenwirkungen u. Schädigungen führen.

**analog** [grch.], entsprechend, sinngemäß. Als analoge Darstellung von Daten bezeichnet man die Darstellung durch eine kontinuierlich veränderliche physikalische Größe, die direkt proportional zu den Daten ist; z. B. die Darstellung der Stromstärke durch den Zeigerausschlag auf einem Messinstrument. Gegensatz: *digital.* – Eine *Analoguhr* ist eine Uhr mit Zifferblatt und Zeigern.

◆ **Analog-Digital-Wandler**, *Analog-Digital-Umsetzer,* Hardwaremodul zur Umwandlung eines analogen Eingangssignals in ein digitales Ausgangssignal. Der A. wird zur Auswertung u. Weiterverarbeitung analoger Messdaten, z. B. in Prozessrechnern, verwendet.

Analog-Digital-Wandler: Prinzip der AD/DA-Umwandlung

**analoge Organe**, Körperteile u. Organe, die bei gleicher Leistung oder Ausgestaltung auf verschiedene entwicklungsgeschichtl. Anlagen zurückgehen (z. B. Flügel der Insekten u. Flügel der Vögel); → Analogie (1); Gegensatz: *homologe Organe.*

**Analogie** [grch.], **1.** *Biologie: Konvergenz,* Ähnlichkeit von Organen u. Verhaltensweisen verschiedener Arten von Organismen, die nicht auf einer gemeinsamen Abstammung beruhen, sondern aufgrund von ähnlichen ökolog. Zwängen als Anpassungen durch natürl. Selektion entstanden sind. So kommt es zur Ausbildung analoger Merkmale bei Lebewesen verschiedener systemat. Stellung, die also miteinander nicht näher verwandt sind (z. B. Vogelflügel – Fledermausflügel – Insektenflügel); die A. wird der → Homologie gegenübergestellt. **2.** *Philosophie:* die Ähnlichkeit, Entsprechung, Übereinstimmung gewisser Merkmale, so dass ein Verhältnis, eine Proportion, entsteht. Erfahrung ist nur möglich, wenn Ähnliches wiederkehrt u. die Dinge vergleichbar sind (Kant: *Analogien der Erfahrung*). Schließt man aufgrund der Ähnlichkeit von Verhältnissen, von denen eines bekannt ist, auf ein unbekanntes Glied der anderen Verhältnisse, so entsteht ein *Analogieschluss,* der vor allem im Bereich der Grammatik u. Rhetorik eine Rolle spielt, aber auch im alltägl. Leben sowie für das Finden von Gesetzmäßigkeiten in den Wissenschaften gebraucht wird, wenn ihm auch keine strenge Beweiskraft zukommt. – *Analogia entis* (A. des Seins) ist ein Grundbegriff der mittelalterl. Philosophie: Gott ist das Sein, alle anderen Dinge haben nur teil an diesem Sein, u. zwar nach Maßgabe ihres Wesens. Da aufgrund der Analogia entis Gott u. Welt in bestimmter Weise im Sein übereinkommen, ist eine – wenn auch unvollkommene – Erkenntnis Gottes gewährleistet. **3.** *R e c h t :* eine Art der *Rechtsfindung,* bei der eine Rechtsnorm auf einen ähnlichen – im Gesetz selbst nicht geregelten – Sachverhalt angewendet wird *(Gesetzesanalogie).* Im Gesetz wird oft die Möglichkeit einer „entsprechenden Anwendung" eröffnet. Voraussetzung für A. ist die gleiche Interessenlage, Zweck- u. Wertvorstellung des geregelten Sachverhalts mit dem nicht geregelten Fall. Im Strafrecht ist die A. nicht zulässig. Die *Rechtsanalogie* findet aus mehreren Rechtssätzen ein gemeinsames zugrunde liegendes Prinzip u. wendet dieses auf andere gleichgelagerte Fälle an. A. ist zu unterscheiden von der → Auslegung eines Gesetzes.

**Analogiebildung**, *G r a m m a t i k :* Bildung einer neuen sprachl. Form aufgrund von mindestens 3 bekannten Größen nach der Proportionsformel a : b = c : x, z. B. tragen : trug = fragen : frug (statt fragte).

**Analogiezauber**, ein „Ähnlichkeitszauber", der durch die Ähnlichkeit zwischen der magischen Handlung u. dem erwünschten Vorgang wirken soll. So soll z. B. durch A. bei abnehmendem Mond eine bestimmte Krankheit abnehmen, oder die Verletzung eines Bildes soll die Verletzung der darauf dargestellten Person bewirken. Auch → Bildzauber.

**Analogisten**, philosoph. Schule in Griechenland (ca. ab 2. Jh. v. Chr.), die versuchte, Modelle zu entwickeln, nach denen sich die Wörter einer Sprache regelhaft erfassen ließen. Die Modelle der Analogisten lassen sich nur ungenau u. auch erst später bei dem röm. Grammatiker *Varro* erschließen; auch → Anomalisten.

**Analogrechner** → Computer.

**Analogsignal**, ein zeit- u. wertkontinuierlicher Verlauf eines elektrischen Signals, wie es z. B. am Ausgang eines Mikrofons oder einer Fernsehkamera entsteht.

◆ **Analphabetismus** [der; grch.], unzureichende oder fehlende Beherrschung des Lesens u. Schreibens bei Erwachsenen. – Die Zahl der Analphabeten lag nach UNESCO-Angaben Ende der 1990er Jahre weltweit bei rund 1 Mrd., davon waren zwei Drittel Frauen. In fast der Hälfte aller Staaten sind mehr als 50 % der Erwachsenen Analphabeten, in Afrika über 60 %, in Asien 50,5 %, in Lateinamerika 27 %, Nordamerika rd. 10 %, Ozeanien 8,5 %, Europa mit ehem. UdSSR ca. 5 %. Auch in Dtschld. gibt es mehrere 100 000 Erwachsene, die zwar einzelne Buchstaben kennen, aber keinen zusammenhängenden Text lesen oder schreiben können. *Karte S. 272*

**Analverkehr**, Form des Geschlechtsverkehrs, bei der der Penis in den After eingeführt wird; wird vor allem in gleichgeschlechtl. Beziehungen von Männern, aber auch (seltener) in heterosexuellen Beziehungen praktiziert.

**Analysator** [grch., lat.], **1.** *M a t h e m a t i k :* → harmonische Analyse.

# Analyse

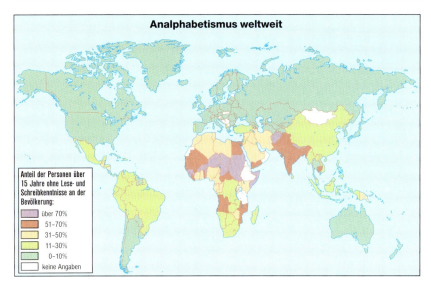

2. *Optik:* ein Gerät zum Nachweis der → Polarisation.
**Analyse** [die; grch.], ◆ 1. *Chemie:* Bestimmung der Zusammensetzung eines Stoffs oder Gemisches hinsichtlich der Art *(qualitative Analyse)* oder der Menge *(quantitative Analyse)* seiner Bestandteile durch chemische oder physikalische Methoden; auch → Chromatographie, → Colorimetrie, → Differenzialthermoanalyse, → Elementaranalyse, → Elektroanalyse, → Gewichtsanalyse, → Maßanalyse, → Potentiometrie, → Röntgenspektroskopie, → Spektralanalyse; Gegensatz: *Synthese.*
2. *Meteorologie:* auf den aktuellen, großräumig gleichzeitig durchgeführten Wetterbeobachtungen fußende Aufgliederung des Zustandes der Atmosphäre in Komponenten (Wind, Luftdruck, Temperatur, Bewölkung u. a.) sowie deren meist kartenmäßige Darstellung (→ Wetterkarte). Die A. liefert so die Unterlagen für die *Diagnose* des Wetters.
3. *Philosophie:* Zerlegung, Auflösung eines zusammengesetzten Sachverhalts (Begriffs) in seine Bestandteile. Durch die *elementare A.* wird ein Ganzes in seine Elemente zerlegt, ohne Rücksicht auf die ursächl. Beziehungen, in denen die Teile zueinander u. zum Ganzen stehen. Die *log. A.* zerlegt ein Ganzes mit Rücksicht auf die log., die *kausale A.* mit Rücksicht auf die ursächl. Beziehungen. Die *phänomenolog. A.* arbeitet die Bedeutung von Bewusstseinsinhalten heraus (→ Phänomenologie), während die *psycholog. A.* die Bewusstseinsinhalte in ihre Elemente zerlegt. – *Analyt. Urteile* sind nach Kant Erläuterungsurteile, d. h. solche, bei denen das Prädikat im Subjekt bereits enthalten ist, z. B.: „Alle Körper sind ausgedehnt." Gegensatz: *synthetische Urteile.*
4. *Psychologie:* i.w.S. alle analyt. vorgehenden Richtungen, → Daseinsanalyse, → Psychoanalyse, → Schicksalsanalyse, → Tiefenpsychologie.
**analysieren** [grch.], untersuchen, zergliedern.
**Analysis** [die; grch.], *Mathematik:* 1. Sammelbez. für ein Teilgebiet der Mathematik; hierzu rechnet man die → Differenzialrechnung u. die Integralrechnung, die → Funktionentheorie, die Theorie der Differenzial- u. der Integralgleichungen, die Variationsrechnung, die Differenzialgeometrie sowie die Funktionalanalysis – 2. Suchen des Weges u. Plan zur Lösung geometrischer Konstruktionsaufgaben.
**Analyst,** bei Banken u. Investmentgesellschaften tätiger *Analytiker,* der für die Anlagepolitik die Qualität von Wertpapieren, deren inneren u. möglichen Wert sowie Kurschancen beurteilt.
**analytisch** [grch.], zergliedernd, auflösend.
**analytische Chemie,** Teilgebiet der Chemie, → Analyse (1).
**analytische Funktion,** *Mathematik: reguläre, holomorphe Funktion,* beliebig oft → differenzierbare Funktion mit komplexem Argument.
◆ **analytische Geometrie,** *Koordinatengeometrie,* Teilgebiet der Mathematik, das geometr. Gebilde wie Kurven u. Flächen untersucht u. mit Hilfe von Gleichungen darstellt; z. B. kann eine Gerade durch eine lineare Gleichung mit 2 Veränderlichen wiedergegeben werden. Begründer der analyt. Geometrie war R. *Descartes.*
**analytische Malerei,** ein Stil der Malerei in den 1970er Jahren. Künstler analysieren methodisch die Malerei: nicht der schöpfer. Akt steht im Vordergrund, sondern der kontrollierbare Arbeitsprozess bei der Bildentstehung sowie die Mittel u. Wege der Ausdrucksmöglichkeiten. Vertreter: R. *Gierke,* G. *Griffa,* R. *Ryman* u. a.
**analytische Philosophie,** 1. in methodolog. Sinne: einflussreiche Strömung in der gegenwärtigen dt. Philosophie, die alle traditionellen Bereiche der Philosophie betrifft, insbes. aber Logik, Wissenschaftstheorie u. Erkenntnistheorie. Ihre Aufgabe sieht die a. P. in einer log. Klärung der philosoph. Begriffe u. Argumente u. der systemat. Beschreibung begriffl. Zusammenhänge; Fragestellungen der Metaphysik werden als Scheinprobleme enthüllt; – 2. in histor. Sinne: zusammenfassende Bez. für die sprachtheoret. Ansätze des *log. Atomismus Russells* u. des frühen *Wittgenstein* sowie der *Ordinary Language Philosophy* in den angelsächs. Ländern. Vorläufer u. Wegbereiter der analyt. Philosophie in Dtschld. waren G. *Frege,* die Mitglieder des *Wiener Kreises* u. der *Berliner Schule.*

analytische Geometrie: Parabelgleichungen

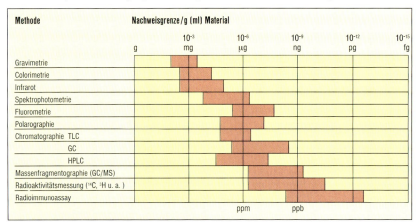

Analyse (1): Nachweisgrenzen verschiedener Analyseverfahren

**analytische Psychologie**, Bez. für den psycholog. Ansatz von C. G. *Jung*. Die a. P. ist neben der → Psychoanalyse (S. *Freud*) u. der → Individualpsychologie (A. *Adler*) eine der drei großen klass. tiefenpsycholog. Schulen. Neben einer zweidimensionalen Typenlehre der Persönlichkeit enthält die a. P. als zentrale Konzepte das kollektive → Unbewusste u. die → Archetypen. Aufgrund der großen Bedeutung, die die a. P. dem Unbewussten beimisst, nutzt sie als therapeut. Methode insbes. die Traumarbeit, d. h. die Analyse u. Auseinandersetzung mit der Symbolik der Trauminhalte.

**Analytischer Kinder- und Jugendlichenpsychotherapeut**, *Analyt. K.-u. J.-Psychotherapeutin*, auch *Psychagoge* oder ungenau *Kindertherapeut*, bemüht sich um psychol. Hilfe für seelisch gefährdete u. entwicklungsgestörte Kinder u. Jugendliche; ist u. a. in Erziehungsberatungsstellen, in Heimen oder in Fachabteilungen von Krankenhäusern tätig. Die Ausbildung erfolgt berufsbegleitend an privaten Instituten für Psychagogik oder Psychotherapie u. dauert 4 Jahre. Voraussetzungen sind eine medizin., pädagog. oder sozialorientierte Hochschulausbildung u. prakt. Erfahrung in der Arbeit mit Kindern u. Jugendlichen.

**analytisches Drama**, Drama, bei dem die Ursachen, die den Konflikt in dem Drama bestimmen, in der Vergangenheit liegen, vor dem Einsetzen der Handlung; sie werden daher auf der Bühne nicht gezeigt. Die Spannung im analyt. Drama entsteht u. a. dadurch, dass jene Ursachen den Figuren, u. damit dem Publikum, langsam bewusst (gemacht) werden. Diese Dramenform blieb vor allem der Tragödie vorbehalten, wurde aber auch in der Komödie immer wieder erfolgreich angewandt (z. B. Kleists „Der zerbrochene Krug", Lessings „Minna erste u. zugleich berühmtestes analyt. Drama ist Sophokles' „König Ödipus" (ca. 429 v. Chr.), in dem der unwissende König daran zerbricht, sich selbst des Frevels gegen die Götter und die Menschheit für schuldig erkennen zu müssen. Das analytische Drama argumentiert psychologisch, wenn es verborgene Ursachen für aktuelles menschliches Handeln aufdeckt, und es erlaubt so eine besonders differenzierte Figurenschilderung. Daher bedienten sich vor allem auch Naturalisten und Dramatiker des psychologischen Realismus wie Henrik Ibsen, Gerhart Hauptmann oder später der Amerikaner Arthur Miller dieser Form.

**analytische Sprachen** → Sprache.

**Anamalai**, *Anamalai Hills*, Gebirgsmassiv (Granit u. Gneis) innerhalb des südlichen Teils der indischen Westghats mit dem *Anai Mudi* als höchster Erhebung (2695 m); im N durch den *Palghat-Graben* begrenzt, nach S Übergang in das *Cardamomgebirge* u. die *Palni Hills*, nach W u. O steiler Gebirgsabfall ins Tiefland; an der beregneten Westflanke wichtige Kautschuk- u. Teeplantagen sowie Teakwälder; höhere Regionen von tropischem Wald überzogen.

**Anambasinseln**, indones. Inselgruppe im Südchines. Meer, zwischen Borneo u. Malakka.

**Anämie**, [grch.] *Humanmedizin: Blutarmut*, Verminderung der roten Blutkörperchen oder des Blutfarbstoffgehalts. Die Anzeichen reichen von blasser bis gelbl. Hautfarbe, über rasche Ermüdbarkeit, bis hin zu mehr oder minder stark ausgeprägter Kurzatmigkeit. Die Diagnose wird durch eine Blutuntersuchung gestellt. Eine A. kann die Folge anderer Erkrankungen, etwa einer Krebserkrankung, sein oder aber ein eigenständiges Krankheitsbild. Die Ursachen können vielfältig sein: akute oder chronische Blutverluste, etwa durch akute Verletzungen oder ständige, unbemerkte Blutungen (z. B. Magenblutungen) oder bei Frauen häufig durch zu starke, lang andauernde Menstruationsblutungen; verminderte oder fehlerhafte Bildung roter Blutkörperchen, z. B. aufgrund von Eisenmangel (*Eisenmangelanämie*); eine Reifungshemmung der roten Blutkörperchen im Knochenmark infolge von Vitamin-B12-Mangel

Ananas: Frucht der Ananasstaude, Ananas sativus

(*perniziöse A.*); vermehrter oder vorzeitiger Abbau der roten Blutkörperchen (*hämolytische A.*), hervorgerufen durch Autoantikörper, einen erblichen Enzymdefekt (→ Thalassämie) oder andere Anomalien der roten Blutkörperchen bzw. des Hämoglobins → Sichelzellen-Anämie.

*Therapie*: Die Behandlung richtet sich nach den Ursachen der A. u. reicht von der Einnahme von Eisenpräparaten bis zu Bluttransfusionen bei schweren Formen von A.

**Anamnese** [die; grch., „Wiedererinnerung"], 1. *Medizin u. Psychotherapie*: meist unerlässliches diagnostisches Hilfsmittel: Im Gespräch mit dem Arzt oder dem Psychotherapeuten wird die Vorgeschichte der Erkrankung des Patienten bzw. seine Lebensentwicklung erfragt.

2. *Philosophie*: → Anamnesis.

3. *Theologie*: Gebet in den ostkirchl. Liturgien (→ Chrysostomosliturgie) u. in der latein. Eucharistiefeier nach der Konsekration, in dem des Erlösungswerkes Christi gedacht wird.

**Anamnesis** [die; grch.], bei Platon die von der Philosophie zu weckende → Erinnerung an das in der Seele liegende apriorische Wissen von den *Ideen*, das als eine vorgeburtl. Schau dieser Urgestalten vorgestellt wird. Auch → Idee.

**Anamorphose** [grch., „Umgestaltung"], eine absichtliche, auf den Gesetzen der Perspektive beruhende verzerrte Darstellung, auch „Versteckung" genannt. Sie wird verwendet, um bei stark erhöht angebrachten Darstellungen einen natürl. Eindruck vom Standpunkt des Betrachters zu erhalten. Schon im Altertum bei der Untersicht von Statuen berücksichtigt, wurde die A. vor allem in der illusionist. Deckenmalerei des Barocks unentbehrl. Hilfsmittel der optischen Korrektur, um sphärische Unebenheiten des Bildträgers auszugleichen. Daneben gibt es die A. als bewusst eingesetzte Detailverzerrung wie etwa auf dem Bild „Die Gesandten" von Holbein, wo das zunächst undefinierbare Gebilde im Vordergrund sich bei starker diagonaler Schrägsicht als Totenschädel entzerrt.

**Anamorphot** [grch., „Entzerrer"], *Fotografie*: Spezial-Objektiv oder -Vorsatz für Breitwandsysteme, mit dem die Bildbreite bei der Aufnahme zusammengedrückt (Kompressionsfaktor 1,25–2) u. dann bei der Wiedergabe auch wieder gedehnt wird. → CinemaScope, → Film.

◆ **Ananas** [die; indian., portug.], die Frucht der *Ananasstaude, A. sativus*, einer zu den *Ananasgewächsen* gehörenden Pflanze, die in Westindien u. Zentralamerika beheimatet ist. Die harten, bis 80 cm langen u. 8 cm breiten Blätter sind in Rosettenform angeordnet. In der Mitte dieser Rosette wächst der etwa 30 cm lange Fruchtstiel empor, an dem später die A. reift. Die Ananasstaude wird heute in allen warmen Zonen in Plantagen angebaut.

◆ **Ananasgewächse**, *Bromeliaceae*, Familie der zu den *Monokotylen* gehörenden Ordnung der *Bromeliales (Farinosae)*, krautige, stammlose, niedrige Gewächse; Hauptver-

Ananasgewächse: Aechmea fasciata ist eine beliebte Zimmerpflanze, die aus dem brasilianischen Urwald stammt

breitung in Amerika. Die meisten Arten leben als Epiphyten (Baumaufsitzer) in trop. Gebieten. Die auf der Erde wachsenden 1400 Arten bevorzugen offene, lichte, oftmals felsige Standorte. Viele Arten haben Wasserspeichergewebe, andere sammeln das Wasser in den Trichtern, die von den ineinander greifenden steifen Blattspreiten gebildet werden. In Gewächshäusern kultivierte Zierpflanzen sind u.a. *Aechmea, Billbergia, Tillandsia, Vrisea.*

**Ananaskirsche** → Physalis.

**Anand**, Mulk Raj, ind. Erzähler, *12. 12. 1905 Peschawar, Pandschab; kritisiert das ind. Kastensystem, schreibt englisch; Romane: „Der Unberührbare" 1935, dt. 1954 u.ö.; „Kuli" 1936, dt. 1954; „Gauri" 1960, dt. 1986. Autobiografie „Confession of a Lover" 1976.

**Ananda**, Vetter u. Jünger des histor. → Buddha; begleitete den Buddha meist u. trug beim ersten buddhist. Konzil in Râjagriha aus dem Gedächtnis die Predigten des Buddha vor. Der Name A. ist bis heute beliebter buddhist. Mönchsname.

**Ananda Marga Pracharaka Samgha**, 1955 in Indien von dem Buchhalter P. R. *Sarkar* (Shri Anandamurti, *1921, †1990) gegr. neohinduist. Sekte mit dem Ziel, alle Weltprobleme durch Befolgung der Anweisungen Sarkars zu lösen. Nach Inhaftierung des Gründers 1971 u. anschließenden Pressionen durch die ind. Regierung verbreitete A.M.P.S. sich durch Flüchtlinge in der westl. Welt. Terrorakte u. Selbstverbrennungen erregten weltweites Aufsehen. Mit dem Streben nach innerer Erleuchtung durch Yoga ist das soziale Engagement verknüpft.

**Anandavardhana**, ind. Poetiker aus dem 9. Jh. In seinem Werk „Dhvanyaloka" erhob A. den „Ton" *(dhvani),* d. h. das, was unausgesprochen hinter dem dichterischen Wort fühlbar wird, zum eigentl. Stilmerkmal der Dichtung.

**Ananias** → Hananias.

**Ananke** [grch.], der 12. Jupitermond. Der Durchmesser beträgt etwa 16 km.

**Anapa**, Stadt u. Seebad in Russland, an der Nordostküste des Schwarzen Meeres, 23 000 Ew.

**Anapäst** [der; grch.], Versfuß aus 2 Kürzen u. 1 Länge (∪ ∪ —), in Dtschld. durch die Romantik verbreitet.

**Anaphase** [die; grch.], eine Phase der → Mitose.

**Anaphora** [die; grch.], **1.** *Literatur: Anapher,* Beginn mehrerer Sätze (Satzteile) mit dem gleichen Wort. **2.** *ostkirchliche Liturgie:* Hochgebet vor der Eucharistie; dann auch die Eucharistie selbst als Hauptteil der orthodoxen Liturgie.

**Anaphorese** [die] → Elektrophorese zur Anode hin.

**Anaphylaxie** [grch.], eine → Allergie gegen eingespritztes artfremdes Eiweiß; äußert sich bei wiederholter Injektion u. tritt im Tierversuch als *anaphylaktischer Schock* auf mit oft tödl. Ausgang, beim Menschen meist als → Serumkrankheit.

**Anaplasmose** [die; grch.], durch Zecken übertragene u. durch Blutparasiten (Viren) der Gattung *Anaplasma* hervorgerufene Erkrankung der Rinder vor allem in Südafrika, Argentinien, Chile u. Australien, aber auch in den USA, in trop. Teilen Asiens u. in den europ. Mittelmeerländern. Die Krankheit ruft schwerste *Anämie,* Gelbfärbung der Schleimhäute u. Ernährungsstörungen hervor. Die Morbidität kann bis zu 100% betragen.

**Anápolis**, brasilian. Stadt in Goiás, nordöstl. von Goiânia, 114 000 Ew.; Bischofssitz; Handelsplatz für Agrarprodukte; Leder- u. Textilindustrie.

**Anapsida** [grch. *an* „ohne" u. *apsis* „Wölbung"], die ursprünglichste Unterklasse der Reptilien, ohne → Schläfenöffnungen im Schädel. Hierher gehören neben den *Schildkröten* die ausgestorbenen *Cotylosauria* u. die *Mesosauria.*

**Anapurna**, Himalayagipfel, → Annapurna.

**Anarchie** [grch., „Herrschaftslosigkeit"], ein polit. Zustand, in dem Verfassung, Recht u. Gesetz ihre Geltung verloren haben. In der *allgemeinen Staatslehre:* ein Zustand, in dem alle Herrschaft von Menschen über Menschen aufgehoben ist (Marxismus: Absterben des Staates); jeder Zwang u. jede rechtl. Ordnung sind aufgehoben zugunsten einer absoluten Freiheit. Die A. ist Bestandteil utopischer Staatstheorien (idealistischer, religiöser, materialistischer Anarchismus, Syndikalismus).

**anarchisch**, gesetzlos, jede Staatsordnung verneinend.

**Anarchismus** [grch.], eine polit. Lehre, die jede staatl. Gewalt ablehnt u. das menschl. Zusammenleben rein vom Willen u. der Einsicht des Einzelnen bestimmt. Der A. ist deswegen die einzige uneingeschränkt staatsfeindl. Bewegung u. unterscheidet sich darin vom *Sozialismus* u. *Kommunismus,* mit denen er sonst vieles in den Voraussetzungen u. Zielsetzungen gemeinsam hat. Doch ist der A. viel weniger theoretisch durchdacht u. in wichtigen Fragen auch nicht einheitlich. So unterscheiden sich in der Frage des Privateigentums eine individualist. (Anarcho-Liberalismus) u. eine kollektivist. (Anarcho-Kommunismus) Richtung. Der A. lehnt die allmähliche Reform als Mittel staatl. Fortentwicklung ab; er erwartet alles von der radikalen Zerstörung der staatl. Ordnung, die durch Attentate („Propaganda der Tat") als direkte Aktionen in Gang gebracht werden soll. Angestrebt werden individuelle Freiheit, soziale Gleichheit, Abschaffung aller Herrschaftssysteme, -institutionen u. -instrumente wie Militär, Polizei, Justiz, Kirche, Regierung, abgelehnt wird die → Diktatur des Proletariats. Der Marxismus-Leninismus bekämpfte den A. deswegen als kleinbürgerlich u. pseudorevolutionär.

Ihre stärksten Anhänger fand die von dem engl. Dissidentenpfarrer William *Godwin* u. dem jungen *Proudhon* entwickelte, von Max *Stirner* philosophisch unterbaute Lehre bei den früheren russ. Sozialrevolutionären (auch *Nihilismus*). Hier wurde der A. vor allem durch *Bakunin* u. den Fürsten *Kropotkin* vertreten, in religiöser Richtung durch L. *Tolstoi.* In Frankreich unterstützten Anarchisten die Pariser Kommune von 1871 (z. B. E. *Réclus*), in Dtschld. war der A. niemals sehr einflussreich (J. Most, G. Landauer). In anderen roman. u. lateinamerikanischen Ländern, bes. in Spanien, fand der A. weite Verbreitung in der Form des *Anarchosyndikalismus,* der die Gesellschaft nicht in Staat u. Klassen, sondern in

Anasazi-Kultur: Mesa Verde, Cliff Palace in Colorado. Die größte der indianischen Felssiedlungen mit über 200 Wohnräumen; um 1200 entstanden

Anasazi-Kultur: die große Kiva, eine kreisrunde Versammlungsstätte für Zeremonien in Pueblo Bonito, einer Festungsanlage im Chaco Canyon, New Mexico

revolutionären, selbstverwalteten Berufsverbänden (Syndikaten) organisieren wollte. Der A. ist neben dem Kommunismus eine Ausprägung des Linksextremismus. Allerdings wurde er in größerem Maße niemals relevant für die Praxis.

**Anarchist,** Anhänger des → Anarchismus; *anarchistisch,* den Anarchismus betreffend.
**Anarrhinum,** Gattung der Rachenblütler, → Lochschlund.
**Anasarka** [die; grch.], *Hautwassersucht, Hautödem,* krankhafte Ansammlung größerer Flüssigkeitsmengen im Unterhautzellgewebe, kenntlich an einer „teigigen" Schwellung.
◆ **Anasazi-Kultur** [Anasazi: Navajowort für „die Alten"], prähistorische (vorkolumbische) Indianerkultur im SW Nordamerikas, deren ältester Zeitabschnitt als „Basketmaker" (Korbmacher) bezeichnet wird. Blütezeit zwischen 1100 u. 1300 n. Chr.; Vorläuferin der heutigen Pueblo-Kultur. Typisch ist der Hausbau in Felsspalten u. natürl. Höhlungen (→ Cliffdwellings) oder in engen Canyons, wo Hunderte von Einzelräumen zu einem großen Baukomplex zusammengefasst wurden.
**Anastasia** [grch., „die Auferstandene"], weibl. Vorname.
**Anastasia,** Heilige, Märtyrerin; in der diokletianischen Christenverfolgung in Sirmium hingerichtet. Im Osten viel verehrt; ihr Kult wurde auch in die lateinische Kirche übernommen; Fest: 25. 12. – Mit ihr identisch ist wohl die hl. Anastasia von Rom.
**Anastasija,** jüngste Tochter des Zaren Nikolaus II., * 18. 6. 1901 Peterhof; wahrscheinl. am 16. 7. 1918 in Jekaterinburg zusammen mit der Zarenfamilie von den Bolschewiki ermordet. – Anna *Anderson* († 12. 2. 1984) behauptete, A. zu sein.

**Anastasius,** Päpste:
1. **Anastasius I.,** 399–402, Römer, Heiliger, † 19. (?) 12. 402 Rom; befreundet mit Hieronymus, bekämpfte die Donatisten. Fest: 27.4.
2. **Anastasius II.,** 496–498, Römer, † 17. 11. 498 Rom; um Versöhnung zwischen der Kurie u. dem byzantin. Kaisertum bemüht. Sein Glückwunschschreiben zur Taufe des fränk. Königs Chlodwig ist eine späte Fälschung.
3. **Anastasius (III.), Anastasius Bibliothecarius,** Gegenpapst 855, Römer (?), * vor 817 (811/12?), † 879; Gegenpapst gegen → Benedikt III., bald nach seiner Unterwerfung wegen seiner Griechischkenntnisse an der Kurie wieder sehr einflussreich; übersetzte griech. Konzilsakten, Heiligenleben u. theolog. Werke.
4. **Anastasius III.,** 911–913, Römer; wenig bedeutend, da ganz abhängig von Herzog Alberich I. von Spoleto u. vom röm. Adel.
5. **Anastasius IV.,** 1153–1154, eigentl. *Konrad von Suburra,* Römer, † 3. 12. 1154 Rom; in hohem Alter Papst, mildtätig u. nachgiebig, auch Friedrich I. Barbarossa gegenüber kompromissbereit.

**Anastatica** → Rose von Jericho (1).
**anastatisch** [grch.], wieder auffrischend, neubildend.
**anastatischer Druck,** Nachdruckverfahren für den Neudruck früherer Auflagen, wenn sich ein Neusatz nicht lohnt. Umdruck des alten Drucks auf Stein nach chem. Vorbehandlung des Druckbogens; heute durch fotograf. Verfahren ersetzt.
◆ **Anästhesie** [grch.], Schmerzausschaltung; Unempfindlichkeit, tritt durch Unterbrechung der schmerzleitenden Nervenbahnen infolge Verletzung oder Krankheit auf, kann aber auch künstlich durch *Anästhetika* erzeugt werden oder durch Ausschalten des Bewusstseins bei der *Narkose.* – *Lokalanästhesie* ist örtl. Betäubung u. kann als eigentl. Lokalanästhesie, als → Leitungsanästhesie u. als → Periduralanästhesie durchgeführt werden.
**Anästhesiologie** [grch.], Lehre u. Wissenschaft von der *Anästhesie,* bes. auch *Narkoselehre;* Fachgebiet der Medizin.
**Anästhesist,** Arzt für → Anästhesie.
**Anastigmat** [der; grch.], Linsenkombination für Fotoobjektive, die von allen → Abbildungsfehlern weitgehend frei ist. Es gibt *unsymmetrische Anastigmate, Triplets* (1894 von *Cooke/Taylor;* 1890 Protar, 1902 Tessar von *Rudolph/Zeiss*) u. *symmetr.,* sog. *Doppel-Anastigmate* (1896 Planar von *Rudolph/Zeiss;* 1900 Dagor von *Hoegh/Goerz;* heute Symmar von *Schneider*). Erweiterungen u. Verbesserungen der ursprüngl. aus 3–4 Linsen bestehenden Kombinationen nennt man Varianten oder modifizierte Typen.
**Anastomose** [die; grch.], **1.** *natürliche Anastomose,* Verbindung zwischen Gefäßen (Blut-, Lymphgefäße) oder Nerven. Gefäß-Anastomosen sind bes. wichtig als *arterielle Anastomosen,* die die Blutversorgung bestimmter Gewebeteile sichern, wenn das zuleitende Gefäß irgendwie ausfällt, sowie als *arteriovenöse Anastomosen,* die als Kurzschlussbahnen vor den Haargefäßnetzen (Kapillargebieten) liegen. **2.** *künstliche Anastomose,* vom Chirurgen operativ hergestellte Verbindung zwischen Blutgefäßen (Gefäß-Anastomosen) oder anderen Hohlorganen (z. B. Magen u. Darmschlinge: *Gastroenterostomie*).
**Anastrophe** [die; grch.], Wortumstellung, bes. die Stellung des Verhältniswortes hinter seinem zugehörigen Hauptwort, z. B. „in jeder Freuden Fülle aufgewachsen".
**Anatas,** natürliche, tetragonale Modifikation des Minerals *Titandioxid* ($TiO_2$), die auch bei der Hydrolyse der sauren Titan(IV)-lösung anfällt, Dichte 3,9, Härte 5,5–6. A. wird aufgrund seiner recht hohen Brechkraft als Weißpigment in → Titanweiß verwendet.

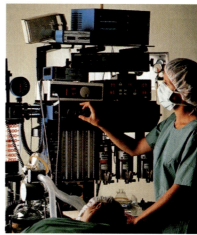

Anästhesie: Narkoseärztin prüft die Kreislaufstabilität der Patientin am Monitor

**Anatexis** [die; grch.], Wiederaufschmelzen eines Gesteins in größerer Krustentiefe zu flüssigem Magma *(Kontaktanatexis)* oder durch Ultrametamorphose *(regionale A.)*.

**Anath,** Schwester u. Gemahlin des westsemit. Vegetationsgottes → Baal, trägt als wichtigste Göttin im westsemit. Pantheon Charakterzüge der Mutter- (Macht für Fortpflanzung von Pflanze, Tier, Mensch) u. Kriegsgottheit; verwandt mit Astarte, Ischtar.

**Anathema** [das, Pl. *Anathemata*; grch.], *Anathem,* das der Gottheit Geweihte, auch das ihr Preisgegebene. Seit den Anfängen des christl. Bußverfahrens eine feierliche verwünschende Form des Ausschlusses aus der kirchl. (insbes. Abendmahls-)Gemeinschaft; im kath. Kirchenrecht heute gleichbedeutend mit Exkommunikation (= Kirchenbann).

**Anathema sit!** [lat.], „Er sei verflucht!" (nach 1. Kor. 16, 22 in der Vulgata).

**Anatol** [grch., „aus Anatolien, dem Morgenland"], männl. Vorname, frz. *Anatole*.

Anatolien: Bergdorf in Ostanatolien

◆ **Anatolien,** türk. *Anadolu* [„Morgenland"], *Kleinasien,* i.e.S. (Inner-Anatolien) das trockene, z.T. abflusslose Hochland zwischen Pontus u. Taurus; bildet den Haupt- u. Kernteil des türkischen Staats, von jeher Übergangs- u. Durchgangsland zwischen Europa u. Asien; i.w.S. schließt A. auch Armenien u. Kurdistan ein; 755 688 km².

**Anatolische Bahn,** türk. Eisenbahn von Istanbul nach Aleppo (Syrien), 1250 km als *Bagdadbahn* zum Pers. Golf; erbaut 1889–1896 z.T. von dt. Firmen.

**Anatomie** [grch.], 1. *Biologie:* Wissenschaft vom Bau der Organismen, die sich mit der Struktur des Körpers, seiner Organe, Gewebe u. Zellen u. ihrem Zusammenspiel befasst, wobei man die A. der Pflanzen u. die A. der Tiere unterscheidet, welch letztere wiederum die A. des Menschen umfasst. Die *makroskopische A.* untersucht die Organe, während die *mikroskopische A.* mit Hilfe von Licht- u. Elektronenmikroskop deren Feinstrukturen erforscht. Die *topographische A.* beschäftigt sich wiederum mit der Lage der Organe zueinander. Über die rein *beschreibende A.* hinaus versucht die *vergleichende A.* Gemeinsamkeiten u. Unterschiede im Bau von Organismengruppen zu erkennen u. so Verwandtschaftsverhältnisse zwischen den Lebewesen aufzudecken. Während sich die „normale" A. mit den Strukturen des gesunden Körpers befasst, untersucht die *pathologische A.* krankhafte Veränderungen von Körperteilen u. Organen. Die A. des Menschen bildet eine der Grundlagen der Medizin.
*Geschichte:* Die Schriften des *Aristoteles* u. des C. *Galenus* blieben über ein Jahrtausend bestimmend. Erst 1543 begründete A. *Vesalius* durch Beschreibung des menschl. Körpers die moderne Anatomie. W. *Harvey* beschrieb 1628 den Blutkreislauf; G. *Bartholin* (*1585, †1629) u. O. *Rudbeck* entdeckten unabhängig voneinander das Lymphgefäßsystem.
Mit der Erfindung des *Mikroskops* im 16. Jh. wurde der Forschung eine neue Dimension eröffnet. M. *Malpighi* untersuchte den Feinbau zahlreicher Organe im Tierreich u. wurde damit der Begründer der mikroskop. Anatomie. A. van *Leeuwenhoek* baute die besten Mikroskope seiner Zeit (bis 270fach vergrößernd) u. erforschte damit bis dahin unbekannte Struktur, u.a. die roten Blutkörperchen.
Das 18. Jh. brachte eine Weiterarbeit auf allen Gebieten der A. Die Methode der *vergleichenden A.* wurde von G. *Cuvier* zu wahrer Meisterschaft entwickelt. M. F. *Bichat* widmete sich bes. der Erforschung von Gewebesystemen. Einen wichtigen Fortschritt erreichte R. *Owen* durch die Definierung der Begriffe „Homologie" u. „Analogie". S. *Schwendener* begründete mit der *funktionellen A.* eine Betrachtungsweise, die den Zusammenhang zwischen Bau u. Funktion zu ergründen sucht. Durch die Entwicklung des modernen Elektronenmikroskops konnte man im 20. Jh. noch tiefer in die Feinstrukturen von Zellen u. Geweben eindringen.
*Kunst:* Die ältesten erhaltenen Beispiele anatom. Darstellungen finden sich in byzantin. u. mittelalterl. Handschriften (anatom. Illustrationsholzschnitte von *Berengario da Carpi*). In der Renaissance nahm das Interesse der Künstler an der A. zu (anatom. Studien *Leonardos* aufgrund eigener Forschungen u. der Sektion von Leichen). Künstler u. Wissenschaftler arbeiteten bei der Erstellung anatom. Atlanten eng zusammen (z.B. Andreas *Vesalius* mit *Joest van Kalkar*). Das holländ. Anatomiebild als eigene Bildgattung stellt als Operations- oder Sektionsbild den Anatomen zusammen mit Helfern u. Studenten dar (*Rembrandts* „Anatomische Vorlesung des Dr. Tulp" 1632). Verwandt damit ist der Typus des amphitheatralisch angelegten *Anatomischen Theaters* (Kupferstich des Leydener anatom. Theaters von Swanenburg 1610).
Die A. als akadem. Studiendisziplin beschäftigt sich mit Problemen der Proportion u. des Schönheitskanons.
2. *Hochschulen:* wissenschaftl. Institut für anatom. Studien. In der A. werden Lehrveranstaltungen für Medizinstudenten abgehalten (Präparierübungen), aber auch Forschungsarbeiten zu Fragen der A. des Menschen durchgeführt.

**Anatomiegesetze,** landesrechtl. Vorschriften, die für bestimmte Fälle die Überführung menschl. Leichen an anatom. Institute zu wissenschaftl. (nicht gerichtl.) Zwecken gestatten. Das fortwirkende Persönlichkeitsrecht schließt es aus, die Leiche gegen den früher geäußerten Willen des Verstorbenen oder gegen den Willen der Angehörigen einem anatom. Institut zu überlassen.

**Anatoxin** → Toxoid.

**Anatozismus** [grch.], Zinseszins; → Zins.

**Anaxagoras,** griech. Philosoph aus Klazomenai (Kleinasien), *um 499 v.Chr., †427 v.Chr. Lampsakos; lebte als Freund des Perikles 30 Jahre in Athen. A. behauptete, die Sonne sei eine glühende Masse, wurde deshalb der Gottlosigkeit angeklagt u. floh nach Lampsakos. Das Werden u. Vergehen erklärte er durch Annahme unendlich vieler, qualitativ verschiedener Teilchen (Samen, Homöomerien). Rein u. ohne Beimischung sei nur der Geist *(nous),* der die Bewegung bewirkt u. alles in der Ordnung hält. Platon u. Aristoteles lobten A. wegen seines Geistprinzips, tadelten ihn jedoch, weil er dieses Prinzip nicht teleologisch durchführe.

**Anaximander,** *Anaximandros,* Naturphilosoph aus Milet (Kleinasien), *um 610 v.Chr., †um 546 v.Chr.; der erste philosoph. Schriftsteller überhaupt u. Schüler des Thales. A. nimmt als Ursprung u. Prinzip alles Seienden das Grenzenlose oder Unendliche (→ Apeiron) an, das unvergänglich, ohne Tod u. Verderben sei. In der Kosmologie lehrt A. eine Periodizität von Welten; er stellt sich die Erde als freischwebende Walze vor.

**Anaximenes,** Naturphilosoph aus Milet (Kleinasien), *585 v.Chr., †um 525 v.Chr.; gilt als Schüler von Anaximander; erklärte die Luft als Prinzip des Werdens u. Vergehens durch Verdichtung u. Verdünnung. Seine Lehre wurde im 5. Jh. durch *Idaios von Himera* u. *Diogenes von Apollonia* weitergeführt.

**Anazidität,** [grch. lat.] *Medizin:* Fehlen oder Mangel an Salzsäure im Magen; mitunter Ursache von Appetitlosigkeit.

**anazyklisch** [grch., „umwendbar"], Bez. für Verse, die von hinten wie von vorn gelesen gleichlauten, von den Griechen auch *Krebsverse* genannt. Auch → Palindrom.

**Anbaugrenzen,** Grenzen der Bodenbewirtschaftung, die im Allgemeinen vom Klima (Höhen-, Polar-, Trockengrenzen) oder von

Anchorage: Geschäftszentrum

der Bodenqualität gesetzt werden. Der Verlauf der A. ist nicht starr, sondern durch Anbaumethoden, Sortenwahl der Agrarpflanzen (auch Züchtung), Ent- oder Bewässerung, Windschutz, Düngung u.a. zu beeinflussen u. zu verschieben. Unsachgemäße Bebauung u. Bearbeitung des Bodens (Raubbau) kann zu einer negativen Verschiebung, d.h. zu einer Einengung der Landnutzungsfläche, führen.

**Anbauverhältnis,** der prozentuale Anteil der einzelnen Kulturpflanzenarten an der gesamten Ackerfläche.

**Anbetung,** kath. Andachtsform zur Verehrung der Gegenwart Christi in der Eucharist. Gestalt (Hostie). Verschiedene Ordensgemeinschaften pflegen diese Andacht besonders (als ununterbrochene, „ewige" A.) u. nennen sich nach dieser Aufgabe, die mit anderen Tätigkeiten verbunden wird: Benediktinerinnen von der Ewigen A., Franziskanerinnen von der Ewigen A.; Karmelitinnen von der Ewigen A.; Anbetungsschwestern u. a.

**anbluten,** ausgelaufene Farben durch weiße oder anders gefärbte Textilien aufnehmen; auch → Farbechtheit.

**anbraten,** größere Fleischstücke bei starker Hitzezufuhr unter mehrmaligem Wenden in heißem Fett bräunen, damit sich die Fleischporen schnell schließen u. kein Saftverlust stattfindet.

**Anbruch,** 1. *Bergbau:* Stelle, an der eine Lagerstätte (bes. ein *Gang*) angetroffen wird. 2. *Jagd:* in Fäulnis übergehendes Wildbret.

**Ancash** [ˈaŋkaʃ], nordperuan. Anden-Departamento am Huascarán, 36 308 km², 940 000 Ew.; Hptst. *Huaráz*; Anthrazitabbau.

**anceps,** *anzeps* [lat., „schwankend"], *Verslehre:* lang oder kurz bemessen; gilt von der Schlusssilbe im antiken Vers.

**Ančerl** [ˈantʃɛrl], Karel, tschech. Dirigent, * 11. 4. 1908 Tučapy, Böhmen, † 3. 7. 1973 Toronto (Kanada); Opern- u. Orchesterleiter in Prag, u. a. Chefdirigent der Tschechischen Philharmonie; seit 1969 Leiter des Sinfonieorchesters Toronto.

**Anchises,** im Epos Fürst der *Dardaner* nahe Troja, Vater des *Äneas,* der ihn aus dem brennenden Troja trägt.

◆ **Anchorage** [ˈæŋkərɪdʒ], größte, rasch wachsende Stadt Alaskas, am Cook Inlet, 254 000 Ew.; wichtiger internationaler Flughafen (Polroute), bedeutender Luftwaffen- und Heeresstützpunkt seit dem 2. Weltkrieg; Versorgungszentrum für das Mattanuskatal; Verkehrs- und Touristenzentrum, Fischereihafen. 1915 gegründet als Verw.-Sitz und Arbeiterlager an der Alaskabahn nach Fairbanks.

**Anchosen** [aus *Anchovis*], Sprotten u. Heringe, die in einer Salz- u. Zuckerlake einen Reifungsprozess durchmachen u. mit einem gewürzten Aufguss in den Handel kommen. Der reifungsbedingte Eiweißabbau verleiht den A. das typische kräftige Aroma. Man unterscheidet Anchovis, Appetitsild u. Gabelbissen.

**Anchovis,** *Anschovis,* 1. ein Fisch, → Sardellen.
2. Handelsbez. für Halbkonserven aus fetten *Sprotten, Clupea sprattus,* u. Heringsfischen (Sardellen); auch → Anchosen.

**Anchusa** → Ochsenzunge (2).

**anchylo...** → ankylo...

**Anciennität** [ãˈsjɛn-; frz.], Dienstalter, Dienstfolge. Das Ancienitätsprinzip liegt verschiedent. dem System der Ämterbesetzung (z.B. im Bereich des Korporationsrechts der Hochschulen) oder auch beamtenrechtl. Beförderungsregelungen zugrunde; von Bedeutung ist es auch im Völkerrecht (→ Doyen).

**Ancien Régime** [ãˈsjɛ̃ reˈʒiːm; das; frz., „alte Ordnung"], die gesellschaftl. u. polit. Verhältnisse in Europa zur Zeit des Absolutismus (17. u. 18. Jh.), bes. in Frankreich vor der Revolution von 1789.

**Ancohuma** [-ˈuːma], zweithöchster Gipfel der bolivian. *Cordillera Real,* 6427 m; vergletschert (Gletscher San Francisco an der Südflanke bis 4500 m).

**Ancona,** 1. italien. Prov., 1940 km², 439 000 Ew.; Hptst. *A.* (2).

◆ 2. Stadt in Mittelitalien, Hptst. der Region *Marken* u. der Provinz A., 101 000 Ew.; Kriegshafen; Autofähren nach Kroatien u. Griechenland; Handel, Schiffbau, Textil- u. chem. Industrie, Maschinenbau, Sägewerke, Fischerei; Fremdenverkehr; roman.-byzantin. Dom (11.–13. Jh.). – Um 390 v. Chr. von Syrakus gegr., im Mittelalter selbständige Seerepublik, gehörte 1532–1860 zum Kirchenstaat.

Ancona (2): In der Krypta des Doms sind die Gebeine des heiligen Cyriakus bestattet

**Ancre** [ãkr], Marquis d', eigentl. *Concino Concini,* französ. Politiker, † 24. 4. 1617 Paris; Florentiner, Günstling der Maria Medici, die ihn während ihrer Regentschaft für Ludwig XIII. mit der Staatsleitung betraute; mit Wissen des Königs ermordet.

**Ancus Marcius,** nach der Sage als Enkel des *Numa Pompilius* der 4. König Roms, soll die erste Tiberbrücke gebaut haben.

**Ancylostoma** → Hakenwurm.

**Ancyluszeit,** Periode der Nacheiszeit (ca. 6200 bis 5500 v. Chr.), die ihren Namen nach dem gehäuften Auftreten von Flussnapfschnecken (Gattung *Ancylus*) in Sedimenten des Ostseeraums aus dieser Zeit erhielt.

◆ **Anda** [ˈɔndɔ], Géza, schweiz. Pianist ungar. Herkunft, * 19. 11. 1921 Budapest, † 13. 6. 1976 Zürich; Schüler von E. von *Dohnányi*; universaler, techn. vollendeter Pianist, der bes. für B. *Bartók* eintrat.

Géza Anda

**Andacht,** die Hinwendung von Geist, Wille u. Gemüt auf religiöse Wirklichkeiten, zunächst als Gott zugewandte Haltung der inneren Hingabe u. Bereitschaft, dann gemeinsame Gebetsfor-

277

## Andachtsbild

men volkstüml. Art. Andachtsformen: Privat-, Haus-, Schul-, Volks- oder Gemeindeandacht; im Gang des Tages oder Kirchenjahrs: Morgen- u. Abendandacht, Passions-, Kreuzweg-, Adventsandacht u. a.

◆ **Andachtsbild,** Bild meist religiösen Inhalts, das Andacht erweckt oder erwecken kann (oder aber seine Entstehung oder seinen Erwerb einer andächtigen Situation verdankt); um 1300 unter dem Einfluss der dt. Mystik entstandener Typus religiöser Darstellung zur privaten Erbauung; repräsentiert die Individualisierung der Frömmigkeit im aufsteigenden Bürgertum. Die christl. Andachtsbilder zeigen göttl. Personen, bibl. Stoffe, Heilige oder heiligmäßige Personen, symbol. oder allegor. Motive (Christus-Johannesgruppe, Vesperbild, Schmerzensmann); auch scheinbar weltl. Erinnerungsbilder können gelegentl. als Andachtsbilder bezeichnet werden, wenn sie Andacht hervorrufen oder fördern. Kirchl. u. häusl. Wandschmuck, Buchillustrationen u. Einlegebilder in Erbauungs- u. Gesangbüchern („kleines A.") können die Funktion eines Andachtsbildes haben.

**Andalsnes** [oːndalsnɛs], Ort im inneren *Romsdalsfjord*, Westnorwegen, 3000 Ew.; Endpunkt einer Eisenbahnlinie von Oslo. Die besonderen landschaftlichen Reize von *Romsdal, Romsdalsfjord, Romsdalshorn* u. der *Trolltinder* (1795 m) führten zu weltweiter Bekanntheit als Touristenort.

Andalusien: Jaén ist ein Zentrum des Olivenanbaus

Andachtsbild: Lucas Cranach d. Ä.: Schmerzensmann; 1538. Sevilla, Museo Provincial de Bellas Artes

◆ **Andalusien,** span. *Andalucía*, histor. Landschaft u. Region in Südspanien, umfasst die 8 Provinzen *Almería, Cádiz, Córdoba, Granada, Huelva, Jaén, Málaga* u. *Sevilla*, zusammen 87 599 km², 7,2 Mio. Ew.; Hptst. *Sevilla*; besteht aus zwei gegensätzl. Naturräumen: im NW das durch die *Sierra Morena* im N abgeschlossene u. vom *Guadalquivir* durchströmte Andalus. Tiefland, ein welliges Hügel- u. Terrassenland u. ausgedehnte Sümpfe im Mündungsgebiet (Marismas), durch eine sandige Nehrungsküste vom Meer getrennt; im SO das Andalus. Gebirgsland oder die *Betische Kordillere*, ein bis 150 km breites u. 600 km langes Kettengebirge mit eingelagerten Hochbecken, in der *Sierra Nevada* 3478 m; milde Winter, afrikan. heiße Sommer, geringe Niederschläge, subtrop. u. trop. Vegetation; fruchtbares, gut bewässertes Gartenland (Vegas) neben Steppe; die Landwirtschaft (Großgrundbesitz) erzeugt Oliven, Wein, Weizen, Mais, Gemüse, Südfrüchte, Baumwolle, Reis u. Zuckerrohr; daneben Sonnenblumenanbau, Korkeichenwälder u. Kastanienhaine (Schweinemast); auf den Steppen Viehzucht (Schafe, Pferde, Rinder, Kampfstiere); der Bergbau liefert Kupfer, Zink, Blei, Silber u. Eisen; beachtl. Fremdenverkehr an der Mittelmeerküste (Costa del Sol) und am Atlant. Ozean (Costa de la Luz).

Andalusien

*Geschichte:* In A. ist das vorgeschichtl. Reich von *Tartessos* zu suchen. Die Phönizier gründeten Niederlassungen, bes. Gades (Cádiz). 206 v. Chr. kam A. zur röm. Provinz *Baetica*. 429 wurde es von den Westgoten, 711 von den Arabern erobert. Die arab. Bez. *Al Andalus* bezog sich ursprüngl. auf ganz Spanien. Nach dem Sturz des letzten Omajjaden (1031) zerfiel A. in Kleinstaaten, wurde aber durch die Almoraviden u. Almohaden wieder geeint. Seit 1212 unternahm Kastilien Eroberungsversuche, denen das Königreich Granada noch über zwei Jahrhunderte standhielt. Mit der Eroberung Granadas durch die Kath. Könige (1492) endete die Maurenherrschaft in Spanien; A. wurde Kastilien angeschlossen. In der Entdeckungszeit wurde Sevilla Verwaltungs- u. Handelszentrum für das Überseereich Spaniens. 1641 kam es zur „Verschwörung von A." als Reaktion auf die zentralist. Politik des Herzogs von Olivares. A. gehört zu den histor. Provinzen Spaniens, denen die demokrat. Verfassung von 1978 Autonomie gewährt.

**Andalusierhuhn,** leichteres Huhn von blauer Farbe aus Spanien. Die Nachkommenschaft spaltet sich bei jeder Brut in Schwarz, Weiß u. Blau auf.

**Andalusit** [nach seinem Vorkommen in *Andalusien*], gesteinsbildendes Mineral, $Al_2SiO_5$, nicht metallisch glänzend, grau, rötl., weißl., grün; Härte 7,5, Dichte 3,1–3,2; in metamorph überprägten Gesteinen.

**Andaman,** nahezu ausgestorbene drawidische Sprache auf den Andamanen (1931 noch 460 Sprecher).

◆ **Andamanen,** *Andaman Islands,* rd. 350 km lange, 6500 km² große Inselkette im O des Golfs von Bengalen, bilden mit den südlich gelegenen Nikobaren ein ind. Unionsterritorium mit 8249 km², 322 000 Ew. Die A. bestehen aus 4 größeren (Nord-, Mittel- u. Südandaman sowie – durch die Duncanpassage getrennt – Kleinandaman) u. 200 kleineren Inseln; überwiegend bergiger, stark zertalter, buchtenreicher u. mit Wäldern überzogener Landschaftscharakter, höchste Erhebung *Saddle Peak* 738 m (auf Nordandaman); Hptst. u. einzige Stadt *Port Blair* (auf Südandaman, Flugplatz); die fast ausgestorbenen Ureinwohner sind Negritos u. leben von Jagd u. Fischfang; 1858 ind. Strafkolonie (bis 1945), 1947 zu Indien u. danach Ansiedlung vieler Flüchtlinge aus Ostbengalen; Kokospalmen, Reisbau, Holzgewinnung.

**Andamanensee,** Nebenmeer des Ind. Ozeans, zwischen der Malakkahalbinsel u. den Andamanen, im N u. O flaches Schelfmeer, im W im Andamanenbecken bis 4198 m tief; geht im S in die Malakkastraße über.

**Andamaner,** die pygmäischen Bewohner der Andamanen, zu den Negritos gerechnet; mit eigener Sprache; Wildbeuter mit Pfeil u. Bogen, Töpferei, leben unter Windschirmen, in Pultdach- oder Rundhütten.

**andante** [ital.], musikal. Tempobezeichnung: „gehend", mäßig bewegt; häufige Satzbezeichnung in der Instrumentalmusik.

**andantino** [ital.], musikal. Vortragsbezeichnung für ein (meist kürzeres) Musikstück in mäßig „gehender" Bewegung; Verkleinerungsform von *andante.*

**Andau,** Angerdorf im burgenländ. Seewinkel, nahe der ungar. Grenze, 120 m ü. M., 2600 Ew.; landwirtschaftl. Industrie; südöstl. von A. liegt mit 112 m der geographisch tiefste Punkt Österreichs.

**Anday,** Melih Cevdet, türk. Schriftsteller, *1915 Istanbul; zählt zu den Erneuerern der türk. Literatur; verhalf dem freien Vers in

Andamanen: Auf den Inseln werden Hart- und Weichhölzer geschlagen und nach Indien verschifft

der Lyrik zum Durchbruch; schrieb auch Dramen u. Romane.

**Andechs** ['andɛks], *Erling-Andechs,* Gemeinde u. Wallfahrtsort in Oberbayern, Ldkrs. Starnberg, am Ammersee, 3000 Ew.; Max-Planck-Institut.

**Andelys,** [ã'dli] *Les Andelys,* westfranzös. Kleinstadt im Dép. Eure, entstanden aus *Le Petit Andely* u. *Le Grand Andely,* 8600 Ew.; oberhalb A. Ruine des *Chateau-Gaillard* (12. Jh.), das von Richard Löwenherz erbaut wurde; heute beliebter Ausflugsort.

◆ **Anden,** span. *Cordillera de los Andes,* daher auch *Kordillere,* junges, mächtiges Kettengebirge am Westrand des südamerikan. Kontinents, von Kap Hoorn bis Trinidad 7300 km lang, 200–700 km breit, im *Aconcagua* 6960 m hoch; größte Breite in Höhe der Bucht von Arica; zahlreiche Vulkane. Der westl. Steilabfall setzt sich im Meer fort (Fjorde in Südchile). Der Längserstreckung des Gebirgssystems entspr. werden verschiedene Klimazonen gequert; dadurch bedingt ein Nord-Süd-Wandel der Vegetation, zugleich aber auch West-Ost-Unterschiede: im trop. Bereich auf der West- u. Ostseite Regenwald, weiter nach S an den Hängen im W Nebel- u. Bergwald (Lomavegetation, Ceja de la Montaña), im O trocken (Klimascheide); zwischen parallelen Bergketten steppenhafte Hochtäler u. -flächen (*Punas,* im feuchteren N *Páramos* genannt) mit abflusslosen Salzpfannen *(Salaren)* im N, im S gemäßigt bis subpolar. Noch wenig erschlossene, reiche Erzlager: Gold, Silber, Kupfer, Zinn; zwecks Abbau Siedlungen bis 5000 m; Landwirtschaft bis über 4000 m; klimat. bedingte Höhenstufen: Tierra caliente, Tierra templada, Tierra fria, Tierra helada. Sie setzen sich in den mittel- u. nordamerikan. Kordilleren (Rocky Mountains) sowie nach S in der Antarkt. Halbinsel u. dem westantarkt. Byrdland fort.

*V e r k e h r :* Die älteste der transandinen Schmalspurbahnen, 1910 eröffnet, verkehrt von Mendoza nach Valparaiso u. überwindet die Grenzketten in einem 3190 m hoch gelegenen, 4,5 km langen Tunnel unter dem Paso de la Cumbre hindurch; eine zweite Strecke führt über Tucumán-Jujuy in Richtung La Paz. Die dritte Andenbahn, 1948 eröffnet, verbindet Salta über den 3857 m hohen Socompapass mit Antofagasta, erreicht im Abra-Chorillos-Tunnel 4475 m Höhe (Transandino del Norte); die Südstrecke (Transandino del Sur) führt von Neuquén über Zapala nach Concepción. – Außerhalb der dem Überlandverkehr dienenden Passstraßen sind hauptsächl. Lamas u. Maultiere die Verkehrsmittel, daneben Geländefahrzeuge.

**Andenbär** → Brillenbär.

**Andenhirsche,** *Hippocamelus,* Gattung der *Trughirsche,* die 2 Arten umfasst: *Nördlicher Andenhirsch* oder *Huemul* (Hippocamelus

Anden: Unterhalb des vergletscherten Gipfels des Huayana-Potosí (Bolivien) liegt in 5900 m Höhe das höchst gelegene Skigebiet der Erde

*antisienis*) u. *Südlicher Andenhirsch* oder *Huemul (Hippocamelus bisulcus)*. Die A. erinnern an Steinböcke u. sind Hochgebirgstiere. Sie haben ein raues, graubraunes Fell u. eine Widerristhöhe von 70–80 cm. Das Geweih der A. bildet eine einfache Gabel. Sie äsen Gräser, Kräuter u. Laub aller Art in ihren bis zu 3000 m hohen Biotopen. Während Nördliche A. als ungefährdet eingestuft werden, sind Südliche A. selten.

**Andenken Verstorbener,** *Verunglimpfung des Andenkens Verstorbener,* nach § 189 StGB strafbare Verletzung der Ehre Verstorbener, die juristisch eine Nachwirkung des Schutzes der Persönlichkeit ist. – *Österreich:* § 117 StGB, *Schweiz:* Art. 175 StGB.

**Andenleuchten,** halbkreisförmige Lichtbüschel bis 30-mal je min über den Andengipfeln, stille elektr. Entladung an Eisteilchen; selten über den Alpen.

**Andenpakt,** span. *Pacto Andino,* Zusammenschluss lateinamerikan. Staaten durch die am 26. 5. 1969 unterzeichnete Charta von Cartagena (Kolumbien); als subregionale Staatengemeinschaft im Rahmen der Asociación Latinoamericana de Libre Comercio von Bolivien, Chile (1976 ausgetreten), Kolumbien, Ecuador, Peru (1997 vorübergehend ausgetreten) gegr.; 1974 trat Venezuela bei. Bereits verwirklichte oder angestrebte Ziele der Organisation: Schaffung eines gemeinsamen Marktes, Abbau von Zöllen, Koordinierung der industriellen Entwicklung u. Planung, Harmonisierung der Wirtschafts- u. Sozialpolitik, Realisierung einer gemeinsamen Außenpolitik u. a. Das oberste zwischenstaatl. Organ des Andenpakts ist die Kommission, in die jedes Mitgliedsland 2 Vertreter entsendet. Das ständige Sekretariat hat seinen Sitz in Lima. Der Rat der Außenminister (Consejo Andino) tagt zweimal jährlich. Als Repäsentativorgan fungiert das Andenparlament, in das jeder Mitgliedstaat fünf gewählte Vertreter entsendet.

**Andentanne** → Araukarie.

**Andergeschwisterkind,** Verwandte, deren Großväter oder Großmütter Geschwister waren.

**Anderkonto,** Treuhandkonto, das bes. Rechtsanwälte, Notare u. Wirtschaftsprüfer zu Gunsten von Dritten unterhalten.

**Anderlecht,** Industrievorort im SW von Brüssel, mit Eingemeindungen 87 900 Ew.

**Andermatt,** Luftkurort u. Wintersportplatz in der Schweiz im Kanton Uri, Kreuzungspunkt der Gotthardstraße u. Furka-Oberalp-Straße, 1447 m ü. M., 1300 Ew.; roman. Kirche St. Kolumban (13. Jh.), barocke Pfarrkirche (1695).

◆ **Andernach,** Stadt in Rheinland-Pfalz, Ldkrs. Mayen-Koblenz, im Rheintal, 29 500 Ew.; alte Bauten (Mariendom, 12. Jh.; Runder Turm, 15. Jh.; Alter Rheinkran, 16. Jh.); ehem. Reichsstadt; Mälzereien, Kunststoff- u. Maschinenindustrie, Blechwalzwerk; Hafen; Fremdenverkehr. – 12 n. Chr. als römisches Kastell *Antunnacum* gegründet.

**Andernos-les-Bains** [ãdεr'nεlε'bɛ̃], Bade- u. Luftkurort in der *Bucht von Arcachon* im SW Frankreichs, 7200 Ew.; Reste einer galloroman. Basilika (4. Jh.); Austernfischerei, gemeinsam mit *Arès* Zentrum des Fremdenverkehrs.

**Anders, 1.** Günther, eigentl. Günther *Stern,* dt.-jüd. Philosoph u. Essayist, * 12. 7. 1902 Breslau, † 17. 12. 1992 Wien; Sohn von W. Stern, durchreiste die Welt, Emigrant, seit 1950 in Wien. Für sein Denken sind die Traumata von Auschwitz u. Hiroshima bestimmend. „Kafka – Pro und contra" 1951; „Die Antiquiertheit des Menschen" (2 Bde. 1956 u. 1980); Tagebücher „Der Mann auf der Brücke" 1959 u. „Die Schrift an der Wand" 1967; „Wir Eichmannsöhne" 1964; „Endzeit u. Zeitenende" 1972; „Besuch im Hades" 1979; „Mensch ohne Welt" 1984; „Tagebücher u. Gedichte" 1985; „Lieben gestern" 1986.

◆ **2.** Peter, dt. Opernsänger (lyrischer Tenor), * 1. 7. 1908 Essen, † 10. 9. 1954 Hamburg (Autounfall); wirkte u. a. in München, Berlin, Hamburg u. Salzburg.

Peter Anders

**3.** ['ændəz], William, US-amerikan. Astronaut, * 17. 10. 1933 Hongkong; flog als Navigator des Raumschiffs „Apollo 8" zum Mond (21. 12. bis 27. 12. 1968).

**4.** Władysław, poln. General, * 11. 8. 1892 Blonie bei Warschau, † 12. 5. 1970 London; kämpfte im 1. Weltkrieg auf russ. Seite, nach 1917 u. im poln.-sowjet. Krieg 1920/21 gegen die Rote Armee, 1939 gegen Dtschld. u. die Sowjetunion. 1939–1941 in Moskau inhaftiert, stellte er im 2. Weltkrieg mit Unterstützung eine poln. Armee auf u. kommandierte poln. Truppen in Iran, Irak u. Italien. A. vertrat nach dem 2. Weltkrieg politisch das Exilpolentum in London.

◆ **Andersch,** Alfred, dt. Schriftsteller, * 4. 2. 1914 München, † 21. 2. 1980 Berzona, Tessin; kam vom nationalist. Elternhaus zu den Jungkommunisten, war 1933 ein halbes Jahr in Dachau gefangen, lief 1944 als Soldat in Italien zu den Amerikanern über; 1946 Mitgründer der Zeitschrift „Der Ruf", dann der „Gruppe 47", 1955–1957 Hrsg. der Zeitschrift „Texte u. Zeichen"; Rundfunkautor. Erzählwerke: „Die Kirschen der Freiheit" 1952; „Sansibar oder der letzte Grund" 1957; „Geister u. Leute" 1958; „Die Rote" 1960; „Efraim" 1967; „Tochter" 1970; „Winterspelt" 1974; „Der Vater eines Mörders" 1980. Reisebilder: „Wanderungen im Norden" 1962; „Aus einem römischen Winter" 1966; „Hohe Breitengrade oder Nachrichten von der Grenze" 1969; „Mein Verschwinden in Providence" 1971.

Alfred Andersch

Hans-Christian-Andersen-Denkmal in Kopenhagen

**Andersen,** ◆ **1.** Hans Christian, dän. Dichter, * 2. 4. 1805 Odense, † 4. 8. 1875 Kopenhagen; weltberühmt durch seine Kunstmärchen, die oft autobiograf. Züge tragen („Die Prinzessin auf der Erbse", „Der standhafte Zinnsoldat", „Das hässliche Entlein" u. a.); zeichnet stille Stimmungen, schlicht u. melancholisch auch in dem Prosagedicht „Bilderbuch ohne Bilder" 1840, dt. 1841; Romane: „Der Improvisator" 1835, dt. 1909; „Nur ein Spielmann" 1837, dt. 1847; seine die feinsinnige, aber verstörende Erlebnisse verschweigende Lebensgeschichte „Das Märchen meines Lebens", dän. 1845 f., dt. 1855, 1978; Tagebücher, Auswahl in 2 Bänden, dt. 1979.

**2.** Tryggve, norweg. Erzähler, * 27. 9. 1866 Ringerike, † 10. 4. 1920 Gran; Neuromantiker, geistvoll u. fantasiebegabt, schilderte in der klassisch gewordenen Szenenfolge „Aus den Tagen des Kanzleirats" 1897, dt. 1904, den ursprüngl. Gegensatz von Beamten- u. Bauernkultur vor dem geschichtlichen Hintergrund der Zeit um 1800 u. schrieb gesellschaftskritische Romane mit ähnlicher Thematik.

◆ **Andersen-Nexö,** Martin, dän. Dichter, * 26. 6. 1869 Kopenhagen, † 1. 6. 1954 Dresden; ursprünglich Sozialist, zuletzt Kommunist, entwickelte sich vom düsteren Weltverneiner zum warmherzi-

Martin Andersen-Nexö

Andernach

gen Optimisten. Nach Erzählungen u. Romanen („Überfluss" 1902, dt. 1914; „Bornholmer Novellen" 1913, dt. 1914) verfasste er als „Epos des Proletariats" die Roman-Tetralogie „Pelle der Eroberer" 1906–1910, dt. 1912, u. „Ditte Menneskebarn" 1917–1921, dt. „Stine Menschenkind" 1918 ff. (dt. „Ditte Menschenkind" 1948). Der Roman „Morten der Rote" 1945–1947, dt. 1950, zeigt kommunistische Tendenz. Kindheitserinnerungen 1932–1939, dt. 1946–1948.

**Anderslieferung** → Aliudlieferung.

**Anderson** ['ændəsn], Stadt in Indiana (USA), 59 500 Ew.

Carl David Anderson

**Anderson,** ◆ 1. ['ændəsn], Carl David, US-amerikan. Physiker, *3. 9. 1905 New York, †11. 1. 1991 San Marino; entdeckte das Positron u. das Myon; 1936 Nobelpreis für Physik zusammen mit V. F. *Heß.*
2. ['ændəsn], James, schott. Nationalökonom, *1739 Hermiston, †15. 10. 1808 West Ham; Begr. der klass. Grundrentenlehre. Hptw.: „Drei Schriften über Korngesetze u. Grundrente" 1777, dt. 1893.
3. ['ændəsn], Lindsay, brit. Film- u. Theaterregisseur, *17. 4. 1923 Bangalore (Indien), †30. 8. 1994 Périgord (Frankreich); Regisseur des „Free cinema", drehte u. a. „If..." 1968; „Britannia hospital" 1982; „Wale im August" 1987.
4. ['ændəsn], Marian, afroamerikan. Sängerin (Alt), *17. 2. 1902 Philadelphia, †8. 4. 1993 Portland, Oreg.; seit 1925 Konzertreisen in Amerika, seit 1932 Erfolge auch in Europa. Autobiografie: „My Lord, what a Morning" 1957.
5. ['ændəsn], Maxwell, US-amerikan. Dramatiker, *15. 12. 1888 Atlantic, Pa., †28. 2. 1959 Stamford, Conn.; unter seinen Versdramen ragen „Rivalen" 1924, dt. 1929, „Wintertag" 1935, dt. 1954, durch expressive Sprache u. tragische Elemente hervor, während die histor. Stücke („Maria von Schottland" 1933, dt. 1947) Anregungen aus modernen Dramen enthalten. Außerdem schrieb er die (von K. Weill vertonte) musikal. Komödie „Knickerbocker" u. Film- u. Fernsehdrehbücher.
6. Oskar Johann Viktor, dt. Statistiker u. Nationalökonom, *2. 8. 1887 Minsk, †12. 2. 1960 München; Mitbegr. der Econometric Society (1930); 1947–1960 Prof. in München; Wegbereiter der modernen analyt. Statistik, insbes. der mathemat. Statistik in den Wirtschaftswissenschaften.
7. ['ændəsn], Philip Warren, US-amerikan. Physiker, *13. 12. 1923 Indianapolis; 1949–1984 stellvertr. Leiter der Bell Telephone Laboratorys; erhielt 1977 den Nobelpreis für Physik.
8. ['ændəsn], Sherwood, US-amerikan. Schriftsteller, *13. 9. 1876 Camden, Ohio, †8. 3. 1941 Colón (Panama); vertrat eine psycholog.-sozialkrit. Richtung u. beschrieb Probleme der amerikan. Gesellschaft, den Zusammenprall der unterdrückten Gefühle des Einzelnen mit der Enge u. Sterilität des amerikan. Kleinstadtlebens; bedeutsam sind seine Kurzgeschichten „Winesburg, Ohio" 1919, dt. 1958, sowie sein Roman „Dunkles Lachen" 1925, dt. 1962; Autobiografie: „Eines Geschichten-Erzählers Geschichte" 1924, dt. 1963.

**Andersonkop,** südafrikan. Gipfel in der Prov. Mpumalanga, in den nördl. Drakensbergen, 2285 m.

**Anderssen,** Adolf, dt. Schachspieler, *6. 7. 1818 Breslau, †13. 3. 1879 Breslau; Mathematik-Professor; galt 1851–1866 als Weltmeister, mit Unterbrechung des Jahres 1858, in dem P. *Morphy* ihn schlug.

**Andersson,** Dan, schwed. Arbeiterdichter, *6. 4. 1888 Skattlösberg, †16. 9. 1920 Stockholm; Holzfäller u. Vagabund, durch Erlebnis der Wildnis zu myst. Betrachtungen angeregt; Erzählungen u. Lyrik, in denen er seine Solidarität mit den Ausgestoßenen u. Unterdrückten bekundet; Lyrik: „Kolvaktarens visor" 1915; „Svarta ballader" 1917; autobiograf. Romane: „De tre hemlösa" 1918; „David Ramms arv" 1919 u. Novellen: „Kolarhistorier" 1914.

**Anderten,** Industrieort in Niedersachsen, östl. Stadtteil von Hannover, Celluloidwaren u. chem. Industrie; bei A. die Hindenburgschleuse am Mittellandkanal (15 m Höhenausgleich).

**Änderungskündigung,** die → Kündigung des bestehenden Arbeitsvertrags bei gleichzeitigem Angebot an den Arbeitnehmer, einen neuen → Arbeitsvertrag mit veränderten Arbeitsbedingungen abzuschließen.

**Andesin** [der; nach den *Anden*], ein Kalknatronfeldspat-Mineral.

**Andesit** [der; nach den *Anden*], Ergussgestein, entspricht dem Tiefengestein *Diorit.* In einer feinkörnigen Grundmasse aus Plagioklas u. dunklen Bestandteilen befinden sich Einsprenglinge von Plagioklas, Amphibol, Biotit oder Pyroxen. Je nach Mineralbestand existieren Übergänge zu den Basalten u. Daziten. Auch → Gesteine.

**Andhra Pradesh** [-deʃ], Bundesstaat im SO Indiens, 275 068 km², 71,8 Mio. Ew.; Hptst. *Hyderabad;* A. erstreckt sich von der Coromandelküste über die fruchtbaren Flussdeltas von Godavari, Krishna u. Penner auf das östl. Dekanhochland; landwirtschaftl. Überschussräume in den bewässerten Deltalandschaften (vor allem Reis, daneben Tabak, Ölsaaten, Baumwolle, Zuckerrohr); auf dem trockeneren Dekanhochland vor allem Hirseanbau, Viehzucht (Rinder, Ziegen); reiche Bodenschätze (Steinkohle, Eisen-, Manganerze, Baryt, Glimmer, Graphit); Industrie, vor allem um Hyderabad u. Vishakhapatnam (Textil-, Nahrungsmittel-, pharmazeut. u. chem. Industrie, Maschinen- u. Schiffbau); wichtigste Häfen sind Vishakhapatnam, Kakinada u. Machhalipattanam.

**Andide,** südamerikan. Rasse aus der Gruppe der → Indianiden.

**Andienung,** *Seeversicherung:* Erklärung des Versicherungsnehmers an den Versicherer, dass er Ersatz wegen eines Versicherungsfalls beansprucht; Frist 15 Monate (§ 42 ADS).

**Andienungspflicht,** *Umweltschutz:* die obligator. Meldung der beabsichtigten Entsorgung von besonders überwachungsbedürftigen Abfällen an eine durch Landesrecht bestimmte Sonderabfallagentur, welche den weiteren Entsorgungsweg verbindlich festlegt. Mit der A. wird in einigen Bundesländern die Warenverkehrsfreiheit des EG-Vertrages wegen zwingender Erfordernisse des Umweltschutzes außer Kraft gesetzt, sonst wird lediglich die vom Abfallerzeuger selbst getroffene Auswahl auf Ordnungsmäßigkeit geprüft u. bestätigt.

**Andishan,** *Andižan,* Stadt im O Usbekistans, im Ferganatal, 298 000 Ew.; Baumwollzentrum, Textil-, Nahrungsmittel-, Baustoffindustrie; Maschinenbau; Wasserkraftwerk; Bahnknotenpunkt.

**Ando,** Tadao, japan. Architekt, *13. 10. 1941 Osaka; seine Bauten zeugen durch einfache geometr. Formen aus Beton u. Wiederholung ident. Raumteile von Askese; die Räume strahlen Ruhe durch Lichtschlitze über den Wänden, die je nach Tageszeit die Helligkeit variieren; größere Öffnungen beziehen die Landschaft mit ein. Hptw.: Bigi Atelier Building, Tokyo, 1983; Kapelle auf dem Rokko-Berg, Kobe, 1986; Meditation Space, UNESCO, Paris, 1994/95.

**Andoas,** Ölfelder in Nordperu zwischen Rio Marañón u. Condorgebirge, 450 km nordwestlich von Iquitos; 1971 entdeckt; Pipeline zur Pazifikküste (860 km).

**Andokidesmaler,** griech. Maler, um 530–500 v. Chr.; war in Athen für den Töpfer Andokides tätig; vollzog den Übergang vom schwarz- zum rotfigurigen Stil der griech. Vasenmalerei. Hptw.: Amphora in München, Antikensammlung.

**Andong,** 1. südkorean. Stadt südöstlich von Seoul, 117 000 Ew.; Staudamm, Verkehrsknotenpunkt, Agrarzentrum.
2. chines. Stadt, → Dandong.

**Andorn,** 1. *Falscher Andorn,* → Katzenschwanz (1).
◆ 2. *Gewöhnl. Andorn, Marrubium vulgare,* ein Lippenblütler *(Labiatae)*; 30–80 cm ho-
*Fortsetzung S. 283*

Andorn (2): Marrubium supinum ist eine niedrige, Polster bildende Art mit stark filzigen Blättern

# Andorra

**Offizieller Name:**
Fürstentum Andorra

**Autokennzeichen:** AND

**Fläche:** 468 km²

**Einwohner:** 75 000

**Hauptstadt:** Andorra la Vella

**Sprache:** Katalanisch

**Währung:** 1 Euro = 100 Cent

**Bruttosozialprodukt/Einw.:** über 9360 US-Dollar

**Regierungsform:** Parlamentarisches Fürstentum

**Religion:** Katholiken

**Nationalfeiertag:** 8. September

**Zeitzone:** Mitteleuropäische Zeit

**Grenzen:** Im N und O Frankreich, im S und W Spanien

**Lebenserwartung:** 77 Jahre

Der andorranische Regierungschef Marc Forné Molne (links) mit dem französischen Premierminister Lionel Jospin; 1998

In den östl. Pyrenäen zwischen Spanien u. Frankreich liegt der Kleinstaat Andorra. Von hohen Felsbergen (Coma Pedrosa, 2946 m) umgeben, haben die eiszeitlich geformten Hochtäler ein schneereiches, wintermildes Klima (Pässe unpassierbar), aber kühle u. feuchte Sommer; Ackerbau tritt zurück, Viehwirtschaft (bes. Schafzucht) ist Haupterwerb der katalanisch sprechenden, kath. Bewohner; Handel u. Fremdenverkehr sind von zunehmender Bedeutung (feste Straßen nach Seo de Urgel u. ins französ. Ariègetal); wichtigste Stadt ist die am Valira gelegene Hauptstadt *Andorra la Vella*, 22 400 Ew. Der Badeort *Les Escaldes* zählt 13 200 Ew.

**Geschichte** Ab etwa 200 v. Chr. gehörte die Pyrenäengegend des heutigen A. zum Röm. Reich, bis sie um 400 n. Chr. an die Westgoten fiel. Im frühen 8. Jh. besetzten die Araber das Land, im 9. Jh. verleibte es Karl der Große dem Frankenreich ein. In der Folge stritten kirchl. u. weltl. Feudalherren um den Besitz. Der span. Bischof von Seo de Urgel u. die französ. Grafen von Foix schlossen am 8. 9. 1278 einen Vertrag über eine gemeinsame Herrschaftsausübung in A. Dieser Vertrag wurde 1282 vom Papst bestätigt. Die Rechte der Grafen von Foix gingen später an die Könige von Navarra u. dann an die französ. Krone über. Frankreich verzichtete 1793 auf die Rechte, Napoleon I. stellte sie 1806 wieder her. 1934 ließ sich der russ. Emigrant Boris von Skossyrew zum König ausrufen u. proklamierte die Unabhängigkeit, scheiterte jedoch am span. u. französ. Widerstand. Erst durch die 1993 verabschiedete demokrat. Verfassung erhielt das Land die volle staatl. Souveränität. Es wurde Mitgl. der UNO u. des Europarates. Regierungschef (Cap de Govern) ist seit 1994 M. *Forné Molne*.

**Politik** Nach der Verfassung vom 4. 5. 1993 ist A. ein parlamentar. Coprincipat. Staatsoberhäupter sind die beiden „Co-Fürsten", der span. Bischof von Seo de Urgel u. in der Rechtsnachfolge der französ. Krone der französ. Staats-Präs. Das Einkammerparlament, der Generalrat, hat mindestens 28 Abg., die für einen Zeitraum von vier Jahren direkt gewählt werden. Der Regierungs-Präs. (Cap de Govern) als Chef der Exekutive wird vom Parlament gewählt. Wichtigste Parteien sind die Liberale Partei (Partit Liberal), die Sozialdemokraten (Partit Socialdemòcrata) sowie die Demokrat. Partei (Partit Demòcrata). Das Verfassungsgericht (Tribunal Constitucional) ist höchste Autorität in konstitutionellen Fragen.

Die Kirche San Miguel d'Engolasters (12. Jh.) überragt das Schwefelbad Les Escaldes

her Stängel, wollig; Blüten klein, weiß; in ganz Europa auf Schutt u. Trockenhalden. Die Blätter werden als Tee arzneilich gegen Verschleimung der Lunge u. des Darms verwendet. Aus dem Mittelmeerraum wurde der größere, reich verzweigte *Wanderandorn, Marrubium peregrinum,* stellenweise eingebürgert.

**Andorra,** Kleinstaat in Südwesteuropa, → Seite 282.

**Andosol** [jap. *ando,* „schwarz"], Boden, der aus vulkan. Aschen u. Tuffen besteht; A-C-Profil.

**Andouille,** [ã'duːjə; die; frz.], elsäss. Schweinswurst aus Speck, Rauchfleisch u. klein geschnittenen Schweinsdärmen, gewürzt mit Schalotten, Petersilie u. Salz. Die in Schweinsdärme gefüllte Wurstmasse wird 4 Std. in einer mit Zwiebeln gewürzten Flüssigkeit aus Wasser u. Milch gekocht u. dann gebraten; *Andouillettes* sind kleine, fertig zu kaufende Schweinswürste.

**Andøy** ['andœi; „Enteninsel"], norweg. Insel, nördlichste der → Vesterålen, 489 km², rd. 6600 Ew.; Kohle führende Tonschiefer; Schafzucht, Fischerei.

**Andrade, 1.** Antonio de, portugies. Jesuit, * 1580 Oleiros, † 19. 3. 1634 Goa (Indien); überquerte 1625 als erster Europäer den Himalaya.
**2.** Carlos Drummond de → Drummond de Andrade.
**3.** Francisco d', portugies. Sänger (Bariton), * 11. 1. 1859 Lissabon, † 8. 2. 1921 Berlin; berühmt in der Rolle des Don Giovanni.

Mário de Andrade

◆ **4.** Mário Raúl de Morais, brasilian. Schriftsteller u. Kulturpolitiker, * 9. 10. 1893 São Paulo, † 25. 2. 1945 São Paulo; als Lyriker der Hauptvertreter des brasilian. Modernismus („Pauliceía desvairada" 1922); experimentelle, symbolhafte Romane: „Macunaíma" 1928, dessen „Held ohne jeden Charakter" (dt. 1982) auf burleske Art das Wesen des Brasilianers personifiziert; verfasste auch Novellen, Essays.

**5.** *Andrade,* Oswald de, brasilian. Schriftsteller, * 11. 1. 1890 São Paulo, † 22. 10. 1954 São Paulo; Mitbegründer des brasilian. Modernismus; schrieb zwei poetische Manifeste (1924 u. 1928), deren avantgardist. Forderungen er in seinen Werken zu erfüllen suchte; Romane: „Memórias sentimentais de João Miramar" 1924; „Serafim Ponte Grande" 1933; Gedichtbände: „Pau Brasil" 1925; „I.° Caderno do Aluno de Poesia O. de A." 1927.

**Andrae,** Ernst Walter, dt. Archäologe, * 18. 2. 1875 Anger bei Leipzig, † 28. 7. 1956 Berlin; nahm an der Ausgrabung von Babylon teil u. war Ausgrabungsleiter in Assur (1903–1914), machte sich als Direktor der heutigen Staatlichen Museen zu Berlin (Aufbau der Vorderasiatischen Abteilung) einen Namen und publizierte eine Reihe von Ausgrabungsberichten, Museumsinventaren u. Handbüchern zum Thema „Alter Orient".

**Andragoge** [grch.], *Andragogin,* haupt- oder nebenamtlich tätiger Lehrer bzw. Lehrerin in der Erwachsenenbildung.

**Andral** [ãd-], Gabriel, französ. Kliniker u. Pathologe, * 6. 11. 1797 Paris, † 13. 2. 1876 Châteauvieux; unter seinen wissenschaftl. Arbeiten war die „Clinique médicale" 5 Bde. 1823–1827, eine method. Darstellung des gesamten Gebiets der inneren Medizin, besonders bedeutungsvoll für die Entwicklung der naturwissenschaftl. begründeten Medizin.

Gyula Graf Andrássy der Ältere

**Andrássy** ['ɔndraːʃi], ◆ **1.** Gyula (Julius) d. Ä., Graf, österr.-ungar. Politiker, * 3. 3. 1823 Oláhpatak, † 18. 2. 1890 Volosca; nahm 1848 am ungar. Freiheitskampf teil; während der Emigration in Frankreich zum Tod verurteilt; trat nach einer Amnestie gemeinsam mit F. *Deák* für den *österr.-ungar. Ausgleich*; 1867–1871 erster ungar. Min.-Präs., 1871 bis 1879 österr.-ungar. Außen-Min., schloss für Österreich als Partner des *Dreikaiserabkommen* (1873) u. das dt.-österr. Bündnis (*Zweibund* 1879) ab. Auf dem Berliner Kongress 1878 erreichte er mit dt. u. engl. Hilfe das Zugeständnis Russlands zur Okkupation u. Verwaltung Bosniens u. der Herzegowina.

**2.** Gyula d. J., Sohn von 1), ungar. Politiker, * 30. 6. 1860 Tőketerebes, † 11. 6. 1929 Budapest; 1906–1910 ungar. Innen-Min., 24. 10. bis 1. 11. 1918 letzter österr.-ungar. Außen-Min.; war für den Fortbestand der österr.-ungar. Doppelmonarchie; als Führer der royalist. Partei 1921 am Putsch für König Karl beteiligt.

**Andre** ['ændri], Carl, US-amerikan. Objektkünstler, * 16. 9. 1935 Quincy, Mass.; Vertreter des so genannten *Minimal Art,* lebt in New York; arbeitete bei der Eisenbahn als Bremser u. Schaffner, schrieb tausend Gedichte in serieller Form u. versucht durch Auslegen quadratischer Stahl- oder Zementplatten Räumlichkeit bewusst zu machen.

**André** [ã'dreː], französ. für → Andreas.

**André** [ã'dreː], Maurice, französ. Trompeter, * 21. 5. 1933 Alès; Professor am Pariser Conservatoire; spielt hauptsächl. Barockmusik (Bach), aber auch moderne Werke (Jolivet).

**Andrea** [æn'driə], John de, US-amerikan. Bildhauer, * 1941 Denver, Col.; gehört zu den amerikan. Hyperrealisten; erstellt lebensgroße echt wirkende Menschenabbilder durch Gummihautabdrücke, Ausgießen mit Vinylacetat sowie anschließender Bemalung; schuf in den 1970er Jahren hauptsächlich Gruppenakte, ging seit den 1980er Jahren zu Einzelfiguren über, die er im Raum positioniert.

**Andreä, 1.** Jakob, deutscher lutherischer Theologe, * 25. 3. 1528 Waiblingen, † 7. 1. 1590 Tübingen; seine „Schwäbische Konkordie" gehört zu den Grundlagen der Konkordienformel, die in weiten Gebieten Deutschlands im 16. Jh. das Luthertum einigte.

**2.** Johann Valentin, dt. luth. Theologe, * 17. 8. 1586 Herrenberg, † 27. 6. 1654 Stuttgart; gilt als Initiator der Rosenkreuzerbewegung, der er durch anonym gedruckte Traktate den Namen gab; beeinflusste durch seine Schriften nicht unwesentlich den werdenden Pietismus.

**Andrea da Barberino,** italien. Dichter u. Spielmann, * um 1370 Barberino, Val d'Elsa, † zwischen 1431 u. 1433 Florenz; übersetzte u. kompilierte französ. Ritterromane aus dem Sagenkreis um Karl d. Gr. und brachte sie in eine Volkssprache.

**Andreae,** Volkmar, schweizerischer Komponist und Dirigent, * 5. 7. 1879 Bern, † 18. 6. 1962 Zürich; leitete jahrzehntelang den Gemischten Chor, das Tonhalle-Orchester u. das Konservatorium in Zürich; dirigierte 1911 die erste Aufführung der Matthäus-Passion in Italien; schrieb Kammermusik, Lieder, Chorwerke, 2 Opern.

**Andreas** [grch., „mannhaft, tapfer"], männl. Vorname; französ. *André,* engl. *Andrew,* russ. *Andrej,* ungar. *Endre.*

**Andreas,** Apostel, begegnet außer in den Zwölferlisten (Markus 3,13–19 u. Apg. 1,13) zusammen mit Petrus, seinem Bruder, der mit ihm in die Nachfolge gerufen wird (Markus 1,16 ff.). A. war Fischer u. besaß ein Haus in Kapernaum. Eusebius bezeichnet Skythien als sein Predigtgebiet. Alte Überlieferungen erzählen, A. habe den Kreuzestod erlitten. A. gilt als Patron Russlands. Fest: 30. 11.

**Andreas,** ungar. *András, Endre,* KÖNIGE VON UNGARN:
**1. Andreas I.,** König 1046–1060, * um 1014, † Dez. 1060 Zirc; wehrte Versuche Kaiser Heinrichs III. ab, die Lehnsabhängigkeit Ungarns vom Reich wiederherzustellen; förderte die Ausbreitung des Christentums; wurde 1060 von seinem Bruder Béla I. geschlagen u. entmachtet.

**2. Andreas II.,** König 1205–1235, * um 1177, † 1235 Ofen; betrieb eine abenteuerliche, in einem Kreuzzug u. der Kandidatur für den byzantin. Kaiserthron gipfelnde Außenpolitik; musste nach dadurch erzwungenen Reformen der Staatsfinanzen durch Verpachtungen 1222 in der sog. Goldenen Bulle die Rechte des ungar. Adels garantieren; gewährte 1224 auch den deutschen Kolonisten in Siebenbürgen *(Siebenbürger Sachsen)* einen Freibrief, während im Gegenzug der von A. 1211 nach Siebenbürgen berufene Deutsche Ritterorden wieder vertrieben wurde.

**3. Andreas III.,** Enkel von 2), König 1290 bis 1301, * um 1270, † 14. 1. 1301; setzte seine Thronansprüche gegen die Habsburger durch; musste dem Adel ein Mitspracherecht einräumen.

**Andreaskreuz, 1.** *bildende Kunst:* schräg liegendes griech. Kreuz; in der bildenden Kunst Attribut des Apostels

Andreas, der den Martertod an einem solchen Kreuz erlitten haben soll.
2. *Heraldik:* der Ausdruck für zwei diagonal verlaufende, sich kreuzende Balken; auch *Schrägkreuz* genannt.
3. *Verkehr:* Vorrangzeichen für den Schienenverkehr gegenüber dem Straßenverkehr; Straßenfahrzeuge haben bei Annäherung eines Zuges, beim gelben oder roten Lichtzeichen oder bei Absenkung einer Schranke in sicherer Entfernung vor dem Bahnübergang zu warten.

**Andreasorden,** der bis 1917 höchste in Rußland verliehene. Orden.

Lou Andreas-Salomé

◆ **Andreas-Salomé,** Lou, Pseudonym *Henry Lou,* dt. Schriftstellerin u. Psychoanalytikerin, *12. 2. 1861 Sankt Petersburg, †5. 2. 1937 Göttingen; Tochter eines russ. Generals französ. Abkunft; verheiratet mit dem Orientalisten Friedrich Carl Andreas (*1846, †1930); Freundin von F. Nietzsche, R. M. Rilke, S. Freud. Schriften: „F. Nietzsche in seinen Werken" 1894; „Im Zwischenland" 1902; „Lebensrückblick" 1951; „In der Schule bei Freud" 1958.

**Andree,** Karl, dt. geograph. Schriftsteller, *20. 10. 1808 Braunschweig, †10. 8. 1875 Bad Wildungen; schrieb länder- u. völkerkundl. Werke, gründete die geograph. Ztschr. „Globus". Sein Sohn Richard (*1835, †1912) gab als Leiter der Kartographischen Anstalt des Verlages Velhagen & Klasing u. a. „Andrees Allgemeinen Handatlas" heraus.

◆ **Andrée** [-'dreː], Salomon, schwed. Ingenieur u. Polarforscher, *18. 10. 1854 Grenna, †1897 bei dem Versuch, den Nordpol mit einem Ballon zu erreichen. 1930 wurden Überreste der Expedition auf der Insel Kvitöya (Spitzbergen) gefunden.

**Andrej,** russ. für → Andreas.

**Andrejew,** *Andreev,* Leonid Nikolajewitsch, russ. Erzähler u. Dramatiker, *21. 8. 1871 Orel, †12. 9. 1919 bei Mustamäggi (Finnland); 1917 emigriert; Hptw.: „Der Gedanke" (Drama) 1902, dt. 1914; „Das Joch des Krieges" (Roman) 1915, dt. 1918; „Erzählungen" dt. 1974.

**Andreotti,** Giulio, italien. Politiker (Democrazia Cristiana), *14. 1. 1919 Rom; seit 1954 mehrere Min.-Ämter (Innen-, Finanz-, Schatz-, Verteidigungs-, Industrie- u. Außen-Min.), 1970, 1972/73, 1976–1979 u. 1989–1992 Min.-Präs. 1995 erhoben die Justizbehörden Anklage gegen A. (u. a. wegen Mord u. Zusammenarbeit mit der Mafia). 1999 wurde er freigesprochen.

◆ **Andres,** Stefan, dt. Schriftsteller, *26. 6. 1906 Dhrönchen bei Breitwies, Ldkrs. Trier, †29. 6. 1970 Rom; Jesuitenzögling. Seine Erzählungen u. Romane beschwören Konfliktsituationen, in denen die Protagonisten ihre Glaubenskraft unter Beweis stellen: „El Greco malt den Großinquisitor" 1936;

Stefan Andres

„Moselländ. Novellen" 1937; „Der Mann von Asteri" 1939; „Wir sind Utopia" 1943 (als Drama 1950); „Die Hochzeit der Feinde" 1947; „Die Sintflut" (Romantrilogie) 1949–1959) „Der Knabe im Brunnen" 1953; „Ägypt. Tagebuch" 1967; „Die Versuchung des Synesios" 1971. Lyrik: „Der Granatapfel" 1950.

**Andresen,** Momme, dt. Chemiker, *17. 10. 1857 Risum, †12. 1. 1951 Königsteinhof; grundlegende Arbeiten in der fotograf. Entwickler- u. Fixiertechnik, klärte die Struktur des Safranins auf, entdeckte die Andresen'sche Säure; Mitgründer der späteren Agfa.

**Andresen,** Sophia de Mello Breyner, portugies. Schriftstellerin, *6. 9. 1919 Porto; eine der beliebtesten zeitgenöss. Lyrikerinnen Portugals: „Obra poética" 1990–91; daneben Kurzgeschichten, Kinderbücher, Übersetzungen.

**Andrew** ['ændruː], engl. für *Andreas;* Koseform *Andy.*

**Andrews** ['ændruːz], Thomas, irischer Physiker u. Chemiker, *19. 12. 1813 Belfast, †26. 11. 1885 Belfast; untersuchte die Verflüssigung von Kohlensäure, entdeckte die kritische Temperatur (→ kritische Zustandsgrößen).

**Andrewsit** [ændruːˈziːt; der], hellgrünes, triklines Mineral; Eisenphosphat mit Tonerde u. Kupfer; Fundort: Phönix-Grube in Cornwall.

**Andrian-Werburg,** Viktor Frhr. von, österr. Politiker u. Publizist, *17. 9. 1813 Görz, †25. 11. 1858 Wien; 1834–1846 im österr. Staatsdienst; 1848 Mitgl. u. Vize-Präs. der Frankfurter Nationalversammlung, Mitgl. des Verfassungsausschusses, trat für die Vormachtstellung Österreichs im Dt. Bund ein; 1848/49 Reichsgesandter in London; lehnte nach der Etablierung des neoabsolutist. Regimes in Österreich die Rückkehr in den Staatsdienst ab.

**Andrias scheuchzeri,** ausgestorbener, über 1 m langer → Riesensalamander aus dem miozänen Kalkschiefer von Oeningen am Bodensee, verwandt mit den heutigen asiat. Riesensalamandern.

Ivo Andrić

◆ **Andrić** [-dritç], Ivo, jugoslaw. Lyriker u. Erzähler, *10. 10. 1892 bei Travnik, Bosnien, †13. 3. 1975 Belgrad; von 1924 bis zum 2. Weltkrieg Diplomat; beschrieb in realist. Novellen u. Romanen die Geschichte Bosniens mit seinen verschiedenen Kulturen, Nationalitäten u. Religionen: „Wesire u. Konsuln" 1945, dt. 1961; „Die Brücke über die Drina" 1945, dt. 1959; „Das Fräulein" 1945, dt. 1959; „Der verdammte Hof" 1954, dt. 1957; „Omer-Pascha Latas. Der Marschall des Sultans" 1973, dt. 1979; „Liebe in einer kleinen Stadt", dt. 1996. Nobelpreis 1961.

**Andriessen,** 1. Hendrik Franciscus, niederländ. Organist, Komponist u. Musikwissenschaftler, *17. 9. 1892 Haarlem, †12. 4. 1981 Haarlem; 1949–1957 Leiter des Königl.

Salomon Andrée: der Ballon „Adler" unmittelbar nach einer geglückten Landung

**Andria,** italienische Stadt im mittleren Apulien mit 91 400 Ew.; Landwirtschaftszentrum; Marmorbrüche; in der Nähe von Castel del Monte, die Residenz Kaiser Friedrichs II.

Konservatoriums in Den Haag; komponierte Opern, 5 Sinfonien, Kammermusik, Messen u. Orgelmusik.
**2.** Juriaan, Sohn von 1), niederländ. Komponist, *15. 11. 1925 Haarlem; Schüler

seines Vaters; schrieb über 400 Werke; darunter Opern, Sinfonien (2. Sinfonie für Blechbläser 1962, 4. Sinfonie „Aves" mit Chor nach „Die Vögel" von Aristophanes) u. Kammermusik.

**Andrijevica** [-tsa], Bergdorf in Montenegro, 800 m ü. M., 1600 Ew., liegt im Lim-Tal in der Nähe der alban. Grenze; Passfußort für die Verkehrsverbindung in die Provinz *Kosovo,* nach Serbien u. Makedonien.

**Andringitra,** 100 km langes Gebirgsmassiv im SO Madagaskars, im *Pic Boby* 2666 m hoch.

**Andritsaina,** maler. Bergstädtchen auf dem Peloponnes im Verw.-Bez. Elis, 650 m ü. M., rd. 1000 Ew., starke Bevölkerungsabwanderung; oberhalb A. im Gebirge der berühmte Tempel von Bassai (Phigalia).

**andro...** [grch.], Wortbestandteil mit der Bedeutung „Mann".

**Androclus,** nach A. *Gellius* ein röm. Sklave (1. Jh. n.Chr.), der vor seinem Herrn in die afrikan. Wüste geflohen war u. dort einem Löwen einen Dorn auszog; später gefangen, wurde er in der Arena einem Löwen ausgesetzt, der ihn wieder erkannte u. verschonte.

**Androgene,** Bez. für eine Gruppe von männl. Keimdrüsenhormonen. Von den bisher über 30 bekannten natürlich vorkommenden Androgenen sind die in den Zwischenzellen des Hodens gebildeten Hauptvertreter → Testosteron, → Androsteron u. Androstenolon zu nennen. Daneben werden weniger stark wirksame A. in der Nebennierenrinde bei beiden Geschlechtern gebildet (z. B. → Adrenosteron). A. sind für die Ausbildung der sekundären männl. Geschlechtsmerkmale, für die Reifung der Spermien u. für die Tätigkeit der akzessor. Drüsen des Genitaltraktes von Bedeutung. Außerdem fördern sie den Proteinaufbau (anabole Wirkung). Hochwirksame synthet. A. sind z. B. *Mesterolon* u. *Methyltestosteron.* A. werden therapeutisch bei hormonell bedingter Impotenz, bei peripheren Durchblutungsstörungen u. a. angewandt. Auch → männl. → Sexualhormone.

**Androgeos,** Sohn des Minos u. der Pasiphaë, wurde in Athen getötet. Minos eroberte darauf in der Rachezug Megara u. verpflichtete Athen zu dem Tribut, dem *Minotauros* jährlich 7 junge Mädchen u. Männer zu opfern. Auch → Minos, → Theseus.

**Androgynie** [grch.], 1. *Botanik:* 1. Einhäusigkeit *(Monözie),* d. h. das gleichzeitige Auftreten rein männl. u. rein weibl. Blüten auf einer Pflanze. – 2. das Vorkommen männl. Blüten an sonst rein weibl. Blütenständen. – 3. das Hintereinanderauftreten von männl. u. weibl. Blüten am gleichen Blütenstand.
2. *Esoterik:* in den Parawissenschaften Bez. für ein Wesen, das die Dualität der polaren Welten überwunden hat u. männl. u. weibl. Qualitäten harmonisch in sich vereinigt; in der Alchemie chymische Hochzeit genannt. Theorien gehen davon aus, dass der Mensch ursprünglich ein ungeteiltes Doppelwesen war, das im Zuge seiner Entwicklung in die Zweigeschlechtlichkeit

Andromedanebel: Das spiralförmig aufgebaute Sternsystem im Sternbild Andromeda ist etwa 2,4 Mio. Lichtjahre von der Erde entfernt. Sein Durchmesser beträgt etwa 100 000 Lichtjahre. es besitzt einen besonders dichten Kern im Zentrum und hat drei nahezu kugelförmige Zwerggalaxien als Begleiter

gefallen ist u. dessen höchstes Ziel die Rückführung in die Einheit ohne Gegensätze ist.
3. *Medizin:* männlicher → Pseudohermaphroditismus.

**androidisch** [grch.], menschenähnlich.

**Andrologie** [grch.], ein medizin. Spezialgebiet, das sich mit der Erforschung, Erkennung u. Behandlung von Störungen u. Erkrankungen der männl. Fortpflanzungsorgane u. der Zeugungsfähigkeit des Mannes befasst („Männerheilkunde").

**Andromache,** in der griech. Sage Gemahlin Hektors, Mutter des Astyanax.

**Andromeda,** 1. *Astronomie:* Sternbild des nördl. Himmels; Hauptstern: → Alpheratz.
2. *Botanik:* → Rosmarinheide.

**Andromeda,** in der griech. Sage Gattin des *Perseus,* der sie von einem Meerungeheuer befreit hatte. Mit Perseus u. ihrer Mutter *Kassiopeia* als Sternbild an den Himmel versetzt.

◆ **Andromedanebel,** großer Spiralnebel in der *Andromeda,* einziger mit bloßem Auge sichtbarer Spiralnebel, eines der nächsten aller außergalakt. Sternsysteme; Entfernung etwa 2,4 Mio. Lichtjahre, Durchmesser 100 000 Lichtjahre. 1925 gelang die teilweise Auflösung der Randgebiete u. 1944 der zentralen Region in einzelne Sterne. Die Masse des Andromedanebels beträgt 370 Mrd. Sonnenmassen. Der Kern des Andromedanebels enthält einen weiteren sternartig erscheinenden Kern von 25–30 Lichtjahren Durchmesser u. 10 Mio. Sonnenmassen. Der A. besitzt mehrere Begleiter, darunter vor allem die ellipt. Nebel M 32 u. NGC 205 mit 2500 bzw. 5500 Lichtjahren Durchmesser.

**Andromediden,** Meteorstrom aus dem Sternbild Andromeda, Sternschnuppenfälle zwischen 18. u. 26. November; Rest des zerfallenen Kometen *Biela,* bes. stark in den Jahren 1872, 1885, 1892 u. 1899; heute nur noch sehr schwach.

**Andronikos,** *Andronikos III. Palaiologos,* byzantin. Kaiser 1328–1341, *1295 Konstantinopel, †1341 Konstantinopel; stürzte seinen Großvater *A. II.;* verlor fast alle kleinasiat. Besitzungen an die Osmanen.

**Andronikos von Rhodos,** griech. Philosoph, um 70 v.Chr., Leiter der *peripatetischen Schule* (→ Peripatetiker); sammelte u. ordnete die aristotel. Schriften. trug damit wesentlich zur Überlieferung der aristotel. Philosophie bei.

**Andronowo-Kultur,** bronzezeitl. Viehzüchter- u. Ackerbaukultur zwischen Uralfluss u. Jenissej. Die Siedlungen lagen an den Flussufern; die Grubenhäuser waren mit einer Fläche von 8 × 4 m klein, ein Viehpferch grenzte an. Die Toten wurden in Flachgräbern mit runden oder viereckigen Steinsetzungen oder kleinen Hügelgräbern (Kurganen) in Hockerstellung oder verbrannt beigesetzt. Die unterschiedlich reichen Beigaben (Schmuck u. Geräte aus Gold oder Bronze, mit geometr. Mustern verzierte Keramik) zeugen von sozialer Differenzierung. Meist befand sich zwischen Gräberfeld u. Siedlung ein Kultplatz.

**Andropogon,** 1. alter Name für *Bothriochloa,* → Bartgras.

Jurij Wladimirowitsch Andropow

2. Gattung subtrop. bis trop. *Süßgräser;* etwa 160 Arten.

**Andropow** [nach J. *Andropow*], *Andropov,* 1984–1989 Name der russ. Stadt → Rybinsk.

◆ **Andropow,** *Andropov,* Jurij Wladimirowitsch, sowjet. Politiker, *15. 6. 1914 Nagutskaja, Gebiet Stawropol, †9. 2.

1984 Moskau; Telegrafenarbeiter; 1936 bis 1944 Komsomol-, danach Parteifunktionär; 1953 bis 1957 Botschafter in Ungarn; 1957–1962 Abteilungsleiter im zentralen Parteiapparat der KPdSU; seit 1961 Mitglied des Zentralkomitees der KPdSU, 1962–1967 Sekretär des ZK, 1967 bis 1973 Kandidat u. seit 1973 Mitglied des Politbüros; 1967–1982 Vorsitzender des Komitees für Staatssicherheit (KGB). Im Mai 1982 wurde A. erneut Sekretär des ZK u. im November des gleichen Jahres als Nachfolger des verstorbenen L. I. *Breschnew* Generalsekretär des ZK der KPdSU (Parteichef). 1983 wurde er zum Vorsitzenden des Präsidiums des Obersten Sowjets der UdSSR gewählt.

**Andros,** gebirgige, vor allem aus kristallinen Schiefern aufgebaute, bis 994 m hohe griech. Insel, nördlichste der Kykladen, 380 km², 9000 Ew.; Anbau von Oliven, Getreide u. Agrumen; Hauptort A., 1900 Ew.; Fremdenverkehr.

**Androsace,** Primelgewächs, → Mannsschild.

**Androsch,** Hannes, österr. Politiker (SPÖ), *18. 4. 1938 Wien; Volkswirt; 1970–1981 Finanz-Min., 1976–1981 zugleich Vizekanzler; 1981–1988 Bankdirektor.

**Andros Island** ['ændrɔs 'ailənd], größte Insel der Bahamas, 5957 km², 8200 Ew.

**Androsteron,** ein in den Zwischenzellen des Hodens gebildetes steroides Hormon. A. ist 7-mal schwächer androgen wirksam als das → Testosteron. A. wurde von *Butenandt* 1931 aus Harn erstmals isoliert. Auch → Androgene.

**Andrözeum** [das; grch.], männl. Geschlechtsorgan der → Blüte, Gesamtheit der → Staubblätter.

**Andruck, 1.** *Drucktechnik:* Probeabdruck von Druckformen jeder Art zur Feststellung der Druckqualität u. Richtigkeit; dient nach Genehmigung durch den Besteller als Vorlage beim → Fortdruck.
**2.** *Raumfahrt:* die Kraft, die bei Beschleunigung wirksam wird, insbes. bei Schubbeschleunigung in der angetriebenen Phase eines Raumfluges, durch die Mensch u. Material entgegen der Beschleunigungsrichtung gegen ihre Unterlagen (Sitz, Montagegestell) gedrückt werden.
Andruckkräfte bis zu $8 \cdot g$ ($g$ = Erdbeschleunigung) sind bei den Raumflügen der Apollo-Astronauten beim Start u. bis zu $9g$ bei der Reibungsabbremsung während des Wiedereintritts in die Erdatmosphäre aufgetreten. Beim → Raumtransporter sind es nur noch maximal $3g$. A. kann mit einer → Zentrifuge simuliert werden.

**Andrussowo,** *Andrusovo,* Dorf in der Nähe von Smolensk. Der *Waffenstillstand von Andrussowo* am 30. 1. 1667 beendete den russ.-poln. Krieg (1654–1667) u. sicherte Russland auf Kosten Polens die östl. Ukraine einschl. Kiew bis zum Dnjepr, Smolensk u. Tschernigow.

**Andrussow-Verfahren,** nach dem Chemiker L. *Andrussow* benanntes Verfahren zur Herstellung von Blausäure aus Ammoniak, Methan u. Luft bei etwa 1000 °C an einem Platin-Rhodium-Katalysator, nach der Gleichung $NH_3 + CH_4 + 1 1/2 O_2 \rightarrow HCN + 3 H_2O$. Reine Blausäure wird zur Herstellung von Kunststoffen u. Chemiefasern (z. B. Polyacrylnitril) benötigt.

**Andrzejewski** [andʒɛ'jɛfski], Jerzy, poln. Schriftsteller, *19. 8. 1909 Warschau, †19. 4. 1983 Warschau; seinen Erzählungen ist die Suche nach dauerhaften moralischen Werten gemeinsam; später setzte sich A. mit dem Stalinismus in Polen auseinander. Romane: „Asche und Diamant" 1947, dt. 1960, verfilmt 1958; „Siehe, er kommt hüpfend über die Berge" 1963, dt. 1966; „Appellation" 1968, dt. 1968; „Jetzt kommt über mich das Ende" 1976, dt. 1977.

**Andújar** [-xa:r], alte südspan. Stadt in Andalusien, am Guadalquivir, 35 800 Ew.; maur. Burg; Wärmekraftwerk; Uranaufbereitungsanlage, Tonwarenindustrie; in der Nähe Mineralquellen.

**andünsten,** Nahrungsmittel (Gemüse, Zwiebeln, Fleisch oder Fisch) in leicht erhitztem Fett, bei milder Hitzezufuhr ohne Bräunung vorgaren.

**Äneas,** sagenhafter Sohn des Anchises u. der Aphrodite; in der *Ilias* als Führer der *Dardaner* einer der trojan. Helden; Hauptgestalt der „Äneis" von → Vergil; rettete nach der Zerstörung Trojas seinen Vater u. seinen Sohn *Ascanius* u. gelangte nach langen Irrfahrten nach Italien. Sein Sohn gründete angeblich *Alba longa,* die Mutterstadt Roms.

**Anécho** [a'neʃɔː], *Aného,* Hafenstadt im westafrikan. Togo, 16 000 Ew.; landwirtschaftl. Zentrum.

**Anegada,** eine der brit. → Jungferninseln, 39 km², 160 Ew.

**Aneignung,** ein Eigentumserwerb dadurch, dass eine *herrenlose Sache* in → Eigenbesitz genommen wird. Das Eigentum wird nicht erworben, wenn die A. gesetzl. verboten ist oder wenn durch die Besitzergreifung das Aneignungsrecht (z. B. das Jagd- oder Fischereirecht) eines anderen verletzt wird (§§ 958 ff. BGB). – Ähnl. in der *Schweiz* (Art. 718 f. ZGB) sowie in *Österreich* (*Zueignung,* §§ 381 ff. ABGB).

**Aneirin,** [ə'nairin] *Aneurin,* kymrisch-walis. Dichter, Anfang des 7. Jh., umstrittener Autor des Epos „Gododdin", das die Niederlage der Urbevölkerung in der Schlacht gegen die Angeln um 600 bei Catraeth zum Inhalt hat.

**Anekdote** [grch.], kurze u. unterhaltende, witzige oder belehrende Erzählung über merkwürdige histor. Ereignisse oder bezeichnende Handlungen, Taten oder Worte geschichtl. Persönlichkeiten. Auf die histor. Wahrheit kommt es dabei nicht in erster Linie an. Als Kunstform wurde die A. in der italien. Renaissance entwickelt; in der dt. Literatur sind bes. die Anekdoten von H. v. *Kleist* u. J. P. *Hebel* bekannt.

**Anemochorie** [grch.], die Verbreitung pflanzl. Früchte, Sporen oder Pollen durch den Wind.

**Anemogamie** [grch.], Windblütigkeit, Übertragung der Pollenkörner durch den Wind (→ Windbestäuber).

**Anemometer** [das], Gerät zur Messung der Windgeschwindigkeit. Man unterscheidet *Rotations-Anemometer (Schalenkreuz-, Flügelrad-Anemometer),* mit denen die momentane oder die mittlere, u. *Staudruck-Anemometer* (Prandtlrohr), mit denen nur die momentane Windgeschwindigkeit (Böen) gemessen werden kann. Früher auch *Druckplatten-Anemometer* (Wild'sche Fahne). Auch → Wind.

◆ **Anemone,** *Windröschen,* Gattung der *Hahnenfußgewächse (Ranunculaceae),* mit weltweit 120 Arten; meist Kräuter; Blüten einzeln, mit 3 quirlständigen Hüllblättern, Blütenhülle einfach. Arten: *A. nemorosa, Buschwindröschen,* 6–7 Blütenblätter, weiß, ganz Europa; ähnlich *A. ranunculoides, Gelbes Windröschen,* Blüten gelb, ganz Europa; beide Arten haben ein waagerecht kriechendes Rhizom; *A. sylvestris, Großes* oder *Waldwindröschen,* auf Kalkböden weit verbreitet mit weißen Blüten; *A. blanda* u. *A. apennina* aus Südosteuropa, mit blauen

Anemone nemorosa, das Buschwindröschen, fällt durch die im Frühjahr erscheinenden weißen Blüten auf

Blüten, bei uns ausdauernde Gartenpflanzen; ebenso einige weitere mediterrane Arten *(A. coronaria, A. hortensis, A. pavonia, A. palmata)* mit roten, blauen oder gelben Blüten sowie deren japan. Verwandte, *A. japonica,* die eine große, weiße bis rosafarbene Blüte an einem bis zu 1 Meter hohen Stängel entfaltet. Früher zählten zur Gattung A. auch das → Leberblümchen u. die → Kuhschelle, die heute aber jeweils eine eigene Gattung bilden.

◆ **Anemonenfische,** *Clownfische, Harlekinfische, Amphiprioninae,* Unterfamilie der *Korallenbarsche, Pomacentridae.* A. sind kleinwüchsige Fische trop. Meere (Korallenfische), die im Schutz des Tentakelkranzes von Riesen-Seeanemonen leben können, ohne gefressen zu werden. Stücke toter A. werden verschmäht, was auf chem. Hemmstoffe hindeutet. Am bekanntesten sind die 12 (nach anderen 26) Arten der Gattung *Amphiprion* (einschl. *Premnas*); mehrere werden als Aquarienfische gehalten.

Anemonenfische, Amphiprion ocellaris, zwischen den Tentakeln einer Seeanemone

**Anemotaxis,** Orientierungsreaktion eines Tieres mit gleichzeitiger Fortbewegung zur Windrichtung; verläuft die Orientierungsreaktion in einer transversalen Ebene, so liegt *Anemomenotaxis* vor. Auch → Orientierung (4).

**Anenkletos,** Papst, → Anaklet (1).

**Äneolithikum** → Kupferzeit.

**Anerbenrecht,** vom allg. Erbrecht abweichende Form der gesetzl. Erbfolge im bäuerl. Grundbesitz: Der Hof geht ungeteilt auf den *Anerben* über, dessen Geschwister nur eine Abfindung im Rahmen der Leistungsfähigkeit des Hofes erhalten. Das A. soll die Zersplitterung u. Überschuldung des bäuerl. Grundbesitzes verhindern.

In bestimmten Gegenden Nord- u. Westdeutschlands war das A. bis ins 18. Jh. zwingendes Sondererbrecht für bäuerl. Grundbesitz. Das Einführungsgesetz zum BGB räumt den Ländern auch heute einen Gesetzesvorbehalt für das A. ein (Art. 64 EGBGB), der in Form von Anerbengesetzen u. Höfeordnungen wahrgenommen wird (Baden-Württemberg, Bremen, Hessen, Rheinland-Pfalz).

**Anergie** [grch.], **1.** *allg.:* Energielosigkeit. **2.** *Medizin:* fehlende Reaktionsbereitschaft bei spezif. Reizen.

**Anerio, 1.** Felice, Bruder von 2), italien. Komponist, *1560 Rom, †26. 9. 1614 Rom; leitete seit 1594 als Nachfolger Palestrinas die päpstl. Kapelle in Rom.
**2.** Giovanni Francesco, Bruder von 1), italien. Komponist, *um 1567 Rom, †1630 Rom; wirkte als Kapellmeister in Rom, in Verona u. wieder in Rom, wo er 1616 die Priesterweihe empfing. – Die Brüder A. standen seit ihrer Jugend unter dem Einfluss *Palestrinas.* In ihren Messen, Motetten, geistl. Konzerten u. Madrigalen spiegelte sich die Glaubensinbrunst der Gegenreformation.

**Anerkenntnis** [das], **1.** *bürgerl. Recht:* Anerkennung des Bestehens einer Verbindlichkeit; → Schuldanerkenntnis.
**2.** *Zivilprozess:* das Zugeben *(Anerkennen)* der Berechtigung des Klageanspruchs durch den Beklagten; führt auf Antrag des Klägers zu einem Anerkenntnisurteil (§ 307 ZPO). Vom A. zu unterscheiden ist das → Geständnis.

**Anerkenntnisurteil,** das aufgrund eines *Anerkenntnisses* des Beklagten auf Antrag des Klägers ergehende, der Klage stattgebende Endurteil (§ 307 ZPO). Es wird ohne Sachprüfung erlassen. Das Gericht prüft nur, ob die Prozessvoraussetzungen vorliegen u. ob das Anerkenntnis zulässig ist; Letzteres ist nicht der Fall, wenn eine Rechtsfolge anerkannt werden soll, die es ihrer Art nach im geltenden Recht nicht gibt, oder wenn das Anerkenntnis gegen zwingende, im öffentlichen Interesse erlassene Vorschriften verstößt. In Ehe-, Personenstands- u. Entmündigungssachen ist ein A. nicht zulässig (§§ 617, 640 ZPO). – Ähnlich in *Österreich* (§ 395 ZPO).

**Anerkennung, 1.** *Philosophie:* ein zentraler Begriff der Sozialphilosophie im dt. Idealismus *(Fichte, Hegel)* u. in der Existenzphilosophie *(Sartre),* bei dem es um das Verhalten des Subjekts zum Sein des anderen geht: Selbst u. anderer haben nicht das Verhältnis von Subjekt u. Objekt, auch nicht das voneinander getrennte Sein zweier für sich seiender Subjekte, sondern stehen ursprünglich in der Beziehung des Anerkennens; jeder wird durch die A. des anderen das, was er ist.
**2.** *Völkerrecht:* Erklärung eines Staates oder eines anderen Völkerrechtssubjekts als Ausdruck des Willens (konstruktiv oder deklaratorisch), eine strittige Tatsache oder rechtl. Lage als bestehend oder rechtmäßig anzusehen.
1. A. von *Staaten* zum Zweck der → Aufnahme völkerrechtl. (diplomat.) Beziehungen; meist bei neugegründeten Staaten; ein Sonderfall ist die A. von Gliedstaaten, die, ohne aus dem Gesamtstaat herauszutreten, einzelnen Rechtssubjekten des Völkerrechts gegenüber kraft deren A. in unmittelbare völkerrechtl. Beziehungen (mit sog. partieller Völkerrechtssubjektivität) gelangen.
2. A. von *Regierungen,* d. h. der obersten Vertretungsmacht des Staates, meist bei Regierungswechsel, Revolutionen u. a.;
3. A. von *Aufständischen,* einer Krieg führenden Partei als partielles Völkerrechtsobjekt. Dagegen ist keine A. des Erwerbs der Gebietsherrschaft, die ein Staat mittels orginärer → Okkupation erlangt, durch andere Staaten, durch die Mehrheit der Staatengemeinschaft oder durch irgendeine internationale Organisation zur Wirksamkeit des Erwerbs erforderlich, auch keine Bekanntgabe (Notifikation) an andere Staaten oder Gremien. –

Die A. wird meist ausdrücklich ausgesprochen, kann aber auch im Rahmen eines anderen Rechtsakts erfolgen („implied recognition"), auch – teilweise bestritten – im Wege des Beitritts zu internationalen Organisationen. Die A. kann de jure (endgültig) oder nur de facto („vorläufig", unter Bedingungen, sogar unter Widerrufsvorbehalt) erfolgen. Zur endgültigen Wirksamkeit der A. ist die Effektivität des anerkannten Zustandes erforderlich, nicht generell die Legitimität.

**Anerkennungslehre,** gründet die Geltung des Rechts im Gegensatz zur *Machttheorie* auf die Anerkennung durch die Rechtsunterworfenen. Ähnlich der Lehre vom Staatsvertrag argumentiert die A. mit dem wahren Interesse der Rechtsunterworfenen an einer nicht bloß unterstellten Geltung des Rechts (histor.-soziolog. Geltungslehre) u. begegnet so dem Einwand psycholog. oder sonstiger Abhängigkeit der rechtl. Bindung vom Belieben des Einzelnen.

**Aneroidbarometer** [das; grch.], ein → Barometer mit Druckdose.

Claude Anet

**Anet** [a'nɛ], ◆ **1.** Claude, eigentl. Jean *Schopfer,* schweiz. Schriftsteller u. Journalist, *28. 5. 1868 Morges (Schweiz), †9. 1. 1931 Paris; schrieb Reiseberichte („Voyage idéal en Italie" 1899; „La Perse en automobile" 1906), Romane („Kleinstadt" 1901, dt. 1927; „Les bergeries" 1904; „Ariane, jeune fille russe" 1920, dt. „Ariane" 1924, 1931 verfilmt), Berichte über die russ. Revolution u. psycholog. Dramen.
**2.** Jean-Baptiste, französ. Komponist u. Violinist, getauft 2. 1. 1676 Paris, †14. 8. 1755 Lunéville; bekannt sind seine Violinsonaten.

**Anethol** [das; grch.], Methylether des p-Propenylphenols, $CH_3–CH=CH–C_6H_4–O–CH_3$; Vorkommen in äther. Ölen (z. B. Anisöl, Fenchelöl); kann auch künstlich hergestellt werden; Verwendung in der Parfümerie- u. Likörfabrikation, Kosmetik u. Farbenfotografie.

**Aneto,** *Pico de Aneto,* frz. *Pic de Néthou,* der höchste Berg der Pyrenäen, im Granitstock der Maladetagruppe auf spanischem Gebiet, 3404 m; auf der Nordseite stellenweise vergletschert.

**Aneuploidie,** Abweichung von der normalen Chromosomenzahl, d. h. einzelne Chromosomen sind überzählig oder fehlen. Bei → diploiden Organismen spricht man von Monosomie bzw. Nullisomie, falls ein Chromosom in einem Exemplar bzw. beiden Exemplaren fehlt; ist ein Chromosom zuviel vorhanden, spricht man von → Trisomie. Fehlende oder überzählige Chromosomen entstehen bei fehlerhafter → Meiose. Der Verlust eines Chromosoms ist meist tödlich. Auch → Turner-Syndrom.

**Aneurin** [das; grch.], alte Bez. für Thiamin oder → Vitamin $B_1$, → Enzyme.

**Aneurin** [ə'naɪrɪn; engl., aus irisch *Aneirin,* vermutlich abgeleitet von lat. *Honorius,* zu *honor,* „Ehre, Ansehen"], männl. Vorname.

**Aneurinpyrophosphat** → Thiaminpyrophosphat.

**Aneurysma** [-ɔɪˈris-; das, Pl. *Aneurysmen;* grch.], krankhafte ballonartige Erweiterung eines Blutgefäßes oder der Herzwand nach einem Infarkt. Häufig tritt ein A. in der Aorta auf. Ursache ist eine Gefäßwandschwäche aufgrund einer bestehenden *Arteriosklerose.* Hingegen beruht ein A. im Bereich der Hirnbasisarterien meist auf einer angeborenen Fehlbildung. Eine Gefahr besteht darin, dass das A. reißt, was zum Verbluten führen kann. Platzt ein A. in den Gehirnarterien, kann es zu schweren Hirnschäden kommen bis hin zum Tod. Ein *unechtes A.* entsteht, wenn durch Verletzung einer Arterie Blut austritt u. einen Bluterguss im Gewebe bildet. Ein A. kann durch Angiographie diagnostiziert werden, ein Gehirn-Aneurysma am besten durch Computer- bzw. Kernspintomographie. Die Behandlung erfolgt meistens operativ.

**Aneusomie,** Abweichung von der normalen Anwesenheit homologer Chromosomenabschnitte.

**Anfall, 1.** *bürgerl. Recht:* → Erbanfall.
**2.** *Medizin:* Insult, plötzl. Auftreten von Anzeichen einer Krankheit, z. B. Schmerzen, Krämpfe, Bewusstlosigkeit.

**Anfangsgeschwindigkeit,** Abk. $V_0$ („Vaunull"), die (Mündungs-)Geschwindigkeit, mit der ein Geschoss das Rohr (den Lauf) einer Waffe verlässt, also seine Flugbahn beginnt. Sie wird in Meter pro Sekunde (m/s) gemessen.

**Anfangskurs,** auch *Eröffnungskurs,* der Betrag, zu dem Wertpapiere bei Öffnung der Börse gehandelt werden. Anfangskurse existieren nur für Wertpapiere, deren Kurse laufend notiert werden, weil größere Mengen pro Tag umgesetzt werden. Auch → Kurs.

**Anfangsreim** → Endreim.

**Anfangstermin,** rechtsgeschäftl. Zeitbestimmung, nach der die Wirkung eines Rechtsgeschäfts erst von einem bestimmten Zeitpunkt an, A. genannt, beginnen soll. In diesem Fall gelten die Vorschriften über die aufschiebende Bedingung entsprechend (§ 163 BGB).

**Anfangsunterricht,** auf die kindl. Lernfähigkeit der Schulanfänger ausgerichteter, meist ungefächerter Gesamtunterricht, der nicht nur Lesen, Rechnen u. Schreiben beibringen, sondern alle intellektuellen, emotionalen, sozialen u. körperl. Kräfte des Kindes üben soll.

**Anfangsvermögen,** Rechnungsposten bei der Ermittlung des *Zugewinns;* A. ist das Vermögen, das einem Ehegatten nach Abzug der Verbindlichkeiten bei Eintritt des Güterstandes der *Zugewinngemeinschaft* gehört (§ 1374 BGB). Da die Verbindlichkeiten nur bis zur Hälfte des Vermögens abgezogen werden können, kann dieses niemals negativ sein. Dem A. ist das Vermögen hinzuzurechnen, das ein Ehegatte nach Eintritt des Güterstandes der Zugewinngemeinschaft durch Erbschaft, auf ein künftiges Erbrecht, durch Schenkung oder als Ausstattung erwirbt. Die Verbindlichkeiten werden wiederum abgezogen. Das A. wird mit dem Wert zugrunde gelegt, den es im Zeitpunkt des Eintritts des Güterstandes hatte, das hinzuzurechnende Vermögen mit dem Wert, den es zur Zeit des Erwerbes hatte. Ist über das A. in Bestandsverzeichnis errichtet worden, so wird dessen Richtigkeit vermutet (§ 1377 BGB).

**Anfechtung, 1.** *bürgerl. Recht:* Herbeiführen der Nichtigkeit einer zunächst wirksamen eigenen Willenserklärung des Anfechtenden durch einfache Erklärung gegenüber demjenigen, der aus ihr ein Recht oder einen rechtl. Vorteil herleiten kann, wegen Irrtums (§ 119 BGB), Übermittlungsfehler (§ 120 BGB), arglistiger Täuschung oder widerrechtl. Drohung (§ 123 BGB). Die Anfechtungserklärung muss den Grund der A. erkennen lassen u. in den Fällen der §§ 119 u. 120 BGB unverzüglich (§ 121 BGB), im Falle des § 123 BGB binnen Jahresfrist erfolgen (§ 124 BGB). Die angefochtene Willenserklärung gilt als von Anfang an nichtig. Der wegen Irrtums oder Übermittlungsfehler Anfechtende hat dem Erklärungsgegner den Schaden zu ersetzen, den dieser im Vertrauen auf die Wirksamkeit der angefochtenen Erklärung erlitten hat (§ 122 BGB). Die A. der Annahme oder Ausschlagung einer *Erbschaft* muss gegenüber dem Nachlassgericht in der Form der öffentl. Beglaubigung erfolgen (§§ 1955, 1945 BGB).
**2.** *Erbrecht:* Herbeiführen der Unwirksamkeit einer letztwilligen Verfügung durch Anfechtungserklärung gegenüber dem Nachlassgericht binnen Jahresfrist wegen Irrtums oder Bedrohung des Erblassers (§ 2078 BGB) u. Übergehung eines Pflichtteilsberechtigten (§ 2079 BGB), durch Anfechtungsklage (§§ 2340 ff. BGB) wegen Erbunwürdigkeit.
**3.** *Familienrecht:* Geltendmachen der Berechtigung, die Vaterschaft eines Kindes anzufechten bei dessen Lebzeiten durch *Anfechtungsklage,* nach seinem Tod durch Antrag beim Familiengericht (§§ 1591 ff. BGB).
**4.** *Gesellschaftsrecht:* Herbeiführen der Nichtigkeit von Beschlüssen von Kapitalgesellschaften u. Genossenschaften durch *Anfechtungsklage* (der Mitglieder).
**5.** *Insolvenzrecht:* Vorgehen von Gläubigern eines Gemeinschuldners gegen dessen sie benachteiligende Rechtshandlungen; geregelt in §§ 129 ff. Insolvenzordnung.

Auch außerhalb der Insolvenz können benachteiligende Rechtshandlungen eines Schuldners durch einen Gläubiger nach dem *Anfechtungsgesetz* vom 5. 10. 1994 angefochten werden. Voraussetzung ist, dass der Gläubiger einen → Vollstreckungstitel besitzt u. dass die → Zwangsvollstreckung in das Vermögen des Schuldners nicht zu einer vollständigen Befriedigung des Gläubigers geführt hat oder anzunehmen ist, dass sie nicht zu einer solchen führen wird. Anfechtbar sind Rechtshandlungen, die der Schuldner in der dem anderen Teile bekannten Absicht, seine Gläubiger zu benachteiligen, vorgenommen hat, binnen 10 Jahren; entgeltliche Verträge, die der Schuldner in den letzten zwei Jahren vor der A. mit seinem Ehegatten oder nahen Verwandten geschlossen hat, ebenso unentgeltliche Verfügungen, die er in den letzten vier Jahren vor der A. vorgenommen hat. A. kann geltend gemacht werden durch Klage oder durch Einrede gegenüber der Drittwiderspruchsklage des Erwerbers.
**6.** *Theologie:* in der Bibel eine Prüfung, die den Glauben gefährden kann. Ihr Urheber kann Gott sein (1. Mose 22,1; Ijob 1,12), aber auch der Satan oder „die Welt" (Markus 1,13; 1. Korinther 15,33), nicht verstandenes Leid oder eigene Schuld. Nach Luther gibt es keinen Glauben ohne A., denn am Kreuz Christi entstehe neben dem Glauben auch die A.
**7.** *Verwaltungsrecht:* förml. Rechtsbehelf, gerichtet auf die Aufhebung eines *fehlerhaften Verwaltungsakts.* A. im Verwaltungsverfahren durch → Widerspruch, im Verwaltungsprozess durch → Anfechtungsklage (4).

**Anfechtungsklage, 1.** *Erbrecht:* Klage vor dem ordentl. Gericht, die darauf gerichtet ist, den Erben für *erbunwürdig* zu erklären. Anfechtungsberechtigt ist jeder, dem der Wegfall des Erbunwürdigen zustatten kommt (§§ 2340 ff. BGB).
**2.** *Familienrecht:* Klage des Mannes auf Feststellung, dass er nicht Vater eines Kindes ist, das während der Ehe oder innerhalb von 302 Tagen nach Auflösung oder Nichtigerklärung der Ehe geboren ist. Die Anfechtungsfrist beträgt 2 Jahre; es besteht auch ein Anfechtungsrecht der Mutter u. des Kindes selbst. Ist das Kind gestorben oder ficht das Kind die Vaterschaft nach dem Tod des Mannes an, so erfolgt die Anfechtung durch Antrag beim Familiengericht (§§ 1591 ff. BGB).
**3.** *Gesellschaftsrecht:* die Herbeiführung der Nichtigkeit von Hauptversammlungsbeschlüssen der Aktiengesellschaft u. von Generalversammlungsbeschlüssen der eingetragenen Genossenschaft.
**4.** *Verwaltungsrecht:* die „klass." Klageart der *Verwaltungsgerichtsbarkeit.* Mit der A. begehrt der Kläger die Aufhebung eines Verwaltungsakts, der ihn belastet u. dessen Fehlerhaftigkeit oder Nichtigkeit ihn in eigenen Rechten verletzt. Der Anwendungsbereich der A. ist die *Eingriffsverwaltung* (Polizei- u. Ordnungsverwaltung, Steuerverwaltung).

Christian B. Anfinsen

**Anfinsen** ['ænfinzən], Christian Boehmer, US-amerikan. Biochemiker, * 26. 3. 1916 Monessen, Pa., † 14. 5. 1995 Randallstown, Md.; seit 1982 Prof. in Baltimore, Md.; forschte über die Struktur u. Funktion der *Ribonucleasen*; erhielt 1972 den Nobelpreis für Chemie zusammen mit S. *Moore* u. W. *Stein*.

**Anflug**, *Forstwirtschaft:* Bestand in jugendl. Alter (Jungwuchs), der durch Naturverjüngung aus flugfähigen Samen entstanden ist (z. B. Ahorn, Birke, Kiefer, Fichte). Gegensatz: *Aufschlag* bei Eiche oder Buche.

**Anfrage**, *parlamentarische A.*, von einer Gruppe von Abgeordneten an die Regierung gerichtete Bitte um Aufklärung in bestimmten Angelegenheiten. Sie dient der parlamentar. Kontrolle. Die Geschäftsordnung des Bundestages unterscheidet die *Große A.* (§§ 100–103) u. die *Kleine A.* (§ 104) u. regelt die Einreichung, Zahl der Mitglieder, die jeweils unterzeichnen müssen, u. die Beratung im Bundestag. Jeder Abgeordnete ist berechtigt, in der Fragestunde kurze Einzelfragen (§ 105) an die Regierung zu richten u. Zusatzfragen zu stellen.

**Anführungszeichen** → Zeichensetzung.

**Angakok**, Schamane der Eskimo.

**Angami**, Stamm der → Naga; betreiben Reisbau auf Terrassen.

**Angang**, die erste Begegnung am Morgen, die im Volksglauben eine Vorbedeutung für die kommende Unternehmung haben soll. So gelten z. B. eine alte Frau oder eine schwarze Katze als böser, junge Mädchen oder ein Schornsteinfeger als guter A. Sehr bedeutsam ist der A. bei entscheidenden Lebensereignissen wie Hochzeit, Tauftag, Begräbnis. Auch die Begegnung mit Tieren hat eine günstige (Pferd) oder ungünstige (Fuchs, Maus, Wiesel, Spinne) Vorbedeutung. – Zur Abwehr des bösen Einflusses soll man ausspucken, sich dreimal umdrehen usw.

**Angara**, Fluss in Mittelsibirien, 1854 km; Einzugsgebiet 1 039 000 km²; Abfluss des Baikalsees, mündet ca. 100 km oberhalb von Jenissejsk in den Jenissej; mehrere Wasserkraftwerke in Betrieb, im Unterlauf schiffbar bis Bogutschany, im Oberlauf ab Ust-Ilimsk, fischreich (Sterlet, Stör, Weißlachs); 6 Monate eisfrei.

**Angarabecken**, veraltete Bez. für das Nordpolarmeer östlich des Lomonossowrückens; durch den Mittelozeanischen Rücken längsgeteilt in das polnahe *Eurasiabecken* u. das polfernere *Frambecken*. In der *Litketiefe*, nördlich von Spitzbergen, bis −5449 m.

**Angaria**, *Angaraland* [nach dem Fluss *Angara*], ein Urkontinent seit Beginn des Präkambriums, umfasste den Nordteil des heutigen Sibirien.

**Angarsk**, Stadt in Ostsibirien, an der Mündung des Kitoj in die Angara u. an der Transsibir. Bahn, 269 000 Ew.; petrochem. Industrie, Maschinenbau, Holzverarbeitung. – 1951 gegründet.

**Angaur**, die südlichste der Palauinseln im Pazif. Ozean; Phosphatlager 1955 erschöpft.

**Ånge** ['ɔŋə], geographischer Mittelpunkt Schwedens, als Großgemeinde 3090 km², 13 500 Ew.; wichtiger Eisenbahnknotenpunkt im Güterverkehr zwischen dem südl. u. nördl. Schweden u. nach Norwegen.

**Angebinde**, ursprüngl. ein Geschenk, das dem Beschenkten an den Arm oder dem Täufling vom Paten ins Bett gebunden wurde (Eingebinde); durch das Anbinden gehen die guten Wünsche des Schenkenden auf den Beschenkten über; jetzt auch kleines Geschenk.

**angeboren**, bei der Geburt bereits vorhanden. Merkmale wie Fehlbildungen oder Krankheiten können genetisch bedingt, also erblich (hereditär) oder während der Schwangerschaft entstanden sein.

**angeborener Auslösemechanismus**, Abk. *AAM*, in der Verhaltensforschung die genetisch fixierte, im Laufe der Stammesentwicklung erworbene Verknüpfung zwischen einem → Kennreiz u. einer spezif. Handlung. Der AAM kann im Laufe der Individualentwicklung verändert werden, er wird dann als *durch Erfahrung ergänzter Auslösemechanismus (EAAM)* bezeichnet. Oft zählt nur das Grundschema zum angeborenen Verhalten. So picken Hühner zunächst nach allen Flecken einer bestimmten Größe, bis der Auslösemechanismus durch Erfahrung auf Körner eingeschränkt wird. Der Nachweis über einen AAM kann im → Kaspar-Hauser-Versuch, d. h. an isoliert aufgezogenen Tieren, geführt werden; Gegensatz: → erworbener Auslösemechanismus (EAM).

**angeborenes Verhalten**, das Verhalten eines Tieres, das zum Zeitpunkt der Geburt vorhanden ist, d. h. im → Genom fest eingespeichert wurde. Es kann nicht erlernt oder erworben werden, muss jedoch nicht unmittelbar aktionsfähig sein. Häufig tritt es erst im Laufe der Individualentwicklung in Erscheinung. Es kann auch nur aus einem Grundschema bestehen, das erst durch Erfahrung eingeengt oder erweitert wird. Die Feststellung erfolgt durch Untersuchungen nach isolierter Aufzucht im → Kaspar-Hauser-Versuch oder durch Kreuzungsversuche; durch sozialen Erfahrungsentzug kann es jedoch zu Verhaltensstörungen kommen.

**Angebot**, Güter oder Leistungen, die auf einem Markt zum Verkauf dargeboten werden. Im Regelfall steigt (sinkt) das Mengenangebot mit steigenden (sinkenden) Preisen (*Angebotsfunktion* bzw. *Angebotskurve*), je stärker sich die Angebotsmenge im Verhältnis zur verursachenden Preissteigerung erhöht, um so elastischer ist das A. (*Angebotselastizität*).

**Angebotselastizität** → Elastizität (3).

**Angebotsmonopol** → Monopol.

**Angebotspolitik**, *angebotsorientierte Wirtschaftspolitik*, wirtschaftspolit. Strömung, die Gründe für Störungen des gesamtwirtschaftl. Gleichgewichts, insbes. für die hohe Arbeitslosigkeit u. die niedrigen Wachstumsraten seit Anfang der 1970er Jahre, in Störungen der Angebotsbedingungen für die Produktionsunternehmen sieht. A. entstand als Gegenbewegung zum klass. Keynesianismus u. der damit verbundenen Nachfragepolitik. Das Konzept vertraut auf die systemimmanente Stabilität der Marktwirtschaft u. ist an „mehr Markt" u. „weniger Staat" orientiert. A. ist in den USA mit dem Begriff „Reagonomics", in Großbritannien mit „Thatcherismus" verknüpft, in Deutschland im Wesentlichen auch vom Sachverständigenrat zur Begutachtung der gesamtwirtschaftl. Entwicklung vertreten. Wichtige vorgeschlagene Maßnahmen insbes. zur Steigerung der privaten Investitionen: Deregulierung von Produkt- u. Faktormärkten, Vereinfachung des Steuersystems u. Senkung direkter Steuern, Senkung der Staatsquote z. B. durch Abbau von Subventionen, Kürzung sozialer Leistungen u. Privatisierung öffentl. Dienstleistungen.

**Ange d'or** [ãʒ'dɔːr; der; frz., „goldener Engel"], 1341 erstmals in Frankreich geprägte Goldmünze von 7,42 g Feingold mit der Darstellung des hl. Michael.

**Angehörige**, nach § 11 Abs. 1 Nr. 1 StGB die Verwandten u. Verschwägerten auf- u. absteigender Linie, Adoptiv- u. Pflegeeltern u. -kinder, Ehegatten u. deren Geschwister, Verlobte, Geschwister u. deren Ehegatten. Manche Straftaten gegen A. (z. B. Betrug) sind nur auf deren → Strafantrag hin verfolgbar. In *Österreich* kommt der Begriff A. im Zivilrecht (§ 1409 ABGB) u. in einigen Sondergesetzen vor, ferner auch im Strafrecht: Begriffsbestimmungen in § 72 StGB (weiter gefasst als in Dtschld.). In der *Schweiz:* A. im Sinne des StGB (Art. 110 Ziff. 2) sind Ehegatten, Verwandte in gerader Linie, Geschwister u. Halbgeschwister, Adoptiveltern u. Adoptivkinder.

**Angeklagter**, im Strafprozess der

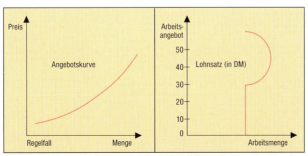
Angebot: bei Gütern oder Leistungen steigt im Regelfall das Angebot mit steigenden Preisen (links); beim Arbeitsangebot steigt zunächst bei steigendem Lohnsatz die angebotene Arbeitsmenge, ab einem bestimmten Einkommen wird wieder mehr Freizeit bevorzugt (rechts)

# Angel

Ángel: Der höchste Wasserfall der Erde wurde erst 1937 entdeckt

Beschuldigte, gegen den die Eröffnung des Hauptverfahrens beschlossen ist (§ 157 StPO). In *Österreich* der Beschuldigte, gegen den eine Hauptverhandlung angeordnet worden ist (§ 38 Abs. 2 österr. StPO), in bezirksgerichtl. Verfahren der Beschuldigte im Rechtsmittelverfahren (§§ 465 ff. österr. StPO).

**Angel, 1.** *Bauwesen:* veraltete Bez. für Tür- u. Fensterbänder. – **2.** *Fischen:* Gerät zum Fang von Fischen; besteht in der einfachsten Ausführung aus der Angelschnur mit am Ende befestigten Angelhaken als Anbissstelle für den Fisch. Der Angelhaken kann mit einem Köder versehen sein. Angeln gibt es in einer Vielzahl von Formen u. Materialien, die den jeweiligen Angeltechniken oder der zu fangenden Fischart angepasst sind (→ Angelfischerei, → Angelgeräte).

**Angel,** tschech. *Úhlava,* Fluss in Westböhmen, entspringt im Böhmerwald südl. von Klatovy.

◆ **Ángel** [ˈaŋxɛl], *Salto (San) Ángel,* nach dem Entdecker (J. *Ángel*) benannter Wasserfall des Río Churún, im Bergland von Guyana (Venezuela), 978 m hoch, höchster Wasserfall der Erde.

**Angela** [ital. ˈandʒela; zu grch. *angelos,* „Bote, Engel"], weibl. Vorname.

**Angela Merici** [ˈandʒela merˈitʃi], Heilige, *1. 3. 1474 Desenzano, †27. 1. 1540 Brescia; gründete in Brescia den Orden der → Ursulinen; Heiligsprechung 1807; Fest: 27. 1.

**Angela von Foligno,** Heilige, Franziskanerterziarin, *1248 Foligno, †4. 1. 1309 Foligno; Büßerin u. Mystikerin, die bedeutende theolog. Werke verfasste. Fest (im Franziskanerorden): 4. 1.

**Angeld,** *Draufgabe, Draufgeld, Handgeld, Aufgeld, Heuergeld, Mietstaler,* Nebenabrede eines schuldrechtl. Vertrags, meist auf Geld gerichtet, mit dem Zweck, einen Vertragsschluss zu bestätigen; keine Teilerfüllung wie die *Anzahlung* (§§ 336–338 BGB).

**Ángel de la Guarda** [ˈaŋxɛl-], unbewohnte Insel (Fischereibasis) im Golf von Kalifornien (Mexiko), 855 km², bis 1320 m hoch.

**Angeles, 1.** [aŋxɛlɛs], philippin. Stadt auf Luzon, nordwestl. von Manila, Provinz Pampanga, 236 000 Ew.; größter Luftwaffenstützpunkt (Clark Air Base) der USA in Südostasien.
**2.** *Los Angeles,* Stadt im Südwesten der USA, → Los Angeles.

**Angelfischerei,** der Fang von Fischen mit der Angel. Im Unterschied zur berufl. Fischerei benutzt der Angler in der Regel Angelruten mit Rolle, Schnur u. Haken sowie speziell auf die Angelart abgestimmte dazugehörige Kleinteile: 1. Zum *Grundangeln* (auf Aale, Karpfen, Barben u. a.) wird eine Angelrute mit Schnur, Schwimmer, Vorfach, Blei, Haken u. Köder (Mais, Käse, Brot u. Ä.) benutzt. Der beköderte Haken liegt auf Grund. – 2. Beim *Aalangeln* liegt der Köder ebenfalls auf Grund. Auch hier benutzt der Angler Angelruten mit Schnur u. Haken, der mit totem Köderfisch oder Tauwurm beködert ist. – 3. Beim *Schleppangeln* (auf Hechte, Zander, Seeforellen u. a. Raubfische) wird der beköderte Angelhaken oder ein Kunstköder (Blinker, Wobbler) an einer an Bord befestigten Rute hinter dem Boot hergeschleppt; seltener in Binnenseen (in Deutschland nicht überall erlaubt), öfter auf hoher See oder in Küstennähe. – 4. Beim *Spinnangeln* werden Reizköder (Blinker, Spinner, Wobbler) aus Metall, Kunststoff oder Holz benutzt, die durch drehende u. taumelnde Bewegung dem Raubfisch einen lebenden Beutefisch vortäuschen. – 5. Beim *Fliegenfischen* werden vor allem Forellen u. Äschen aber auch Meerforellen, Lachse, Döbel u. Rotaugen durch Fliegenimitationen, die auf oder unter der Wasseroberfläche schwimmen, zum Anbiss gereizt.

◆ **Angelgeräte,** für die *Angelfischerei* meist industriell hergestellte Gerätschaften: *Angelruten (Angelstöcke),* heute vielfach aus Glasfiber oder Kohlefaser in verschiedenen Längen u. Stärken hergestellt; *Angelschnüre* aus Kunstfasern (Perlon, Nylon), wenig noch aus Naturfasern (Baumwolle, Seide) gesponnen oder drahtartig (monofil); *Angelhaken* mit u. ohne Widerhaken, einfache, Zwillings- oder Drillingshaken für Raubfische; *Schwimmer,* um Köder in bestimmter Wassertiefe zu halten; eine Vielzahl von *Kunstködern* wie *Kunstfliegen, Blinker, Spinner, Wobbler* u. a. Auch → Angelfischerei.
**Angelhaken** → Angelgeräte.
**Ängelholm,** südschwed. Stadt an der *Skälderbucht,* 9 700 Ew., wichtiges Handels- u.

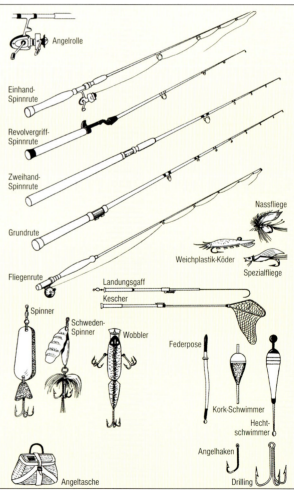

Angelgeräte

Industriezentrum im nördl. Schonen, Leder u. Metall verarbeitende Betriebe, Garnisonsstadt.

**Angelica, 1.** [andʒˈɛlika; ital.], auch *Engelsharfe* genannt, eine Laute in Form eines *Theorbe* mit 17 Saiten, von denen 9 *Spielsaiten* u. 8 *Bordunsaiten* sind. Sie sind nicht wie üblich in Terz- oder Quartstimmung gestimmt, sondern *diatonisch*, d. h. in Ganz- u. Halbtonabstand zueinander wie die C-Dur-Tonleiter.
**2.** ein → Register der Orgel: *vox angelica*.
◆ **Angelico** [anˈdʒɛː-], *Fra Angelico*, eigentl. *Guido di Pietro*, als Mönch *Fra Angelico da Fiesole*, italien. Maler, *1387 Vicchio di Mugello, †18. 2. 1455 Rom; Dominikanermönch. Seine Werke (ausschl. religiösen Inhalts), in denen sich Wesenszüge der Gotik mit dem Naturalismus der Frührenaissance vereinigen, zeichnen sich durch verklärte Innigkeit aus; Fresken in Fiesole (1418–1436), im Kloster von S. Marco, Florenz (1436–1445), in Orvieto u. Rom (1445–1455); Tafelbilder: Verkündigung Mariä, zwei Marienkrönungen (Paris u. Florenz), Weltgericht u. a. – Angelico wurde 1983 von Papst Johannes Paul II. selig gesprochen.

**Angelicum**, bis 1963 Name der päpstlichen → Thomas-Universität.
**Angelika** [die; grch.], *Angelica* → Engelwurz.
**Angelika** [grch. *angelikos*, „engelhaft, engelgleich"], *Angelika*, weibl. Vorname; frz. *Angélique*.
**Angell** [ˈɛindʒəl], Sir Norman Lane, eigentl. *Ralph Norman Angell Lane*, engl. Politiker u. Schriftsteller, *26. 12. 1874 Holbeach, †7. 10. 1967 Croydon; sozial-liberaler u. pazifist. Schriftsteller; 1914 Mitgründer der Reformbewegung „Union für demokrat. Kontrolle", 1929–1931 Abg. der Labour Party u. gleichzeitig Hrsg. der Zeitschrift „Foreign Affairs". Hptw.: „The great illusion" 1910; „Peace with the dictators?" 1938. Friedensnobelpreis 1933.
**angeln**, Fische mit der → Angel fangen.
**Angeln**, german. Volksstamm im östl. Schleswig-Holstein; zuerst erwähnt bei Tacitus; zog im 5. u. 6. Jh. mit den Jüten u. Sachsen nach Britannien, wo sich die Jüten in Kent, die Sachsen im südl. u. mittleren Teil u. die A. im N niederließen. Von den A. erhielt das ganze Land seinen Namen, da die normann. Eroberer die Unterworfenen als „englisch" bezeichneten, wenn die A. auch selbst den Namen *Britannien* vorzogen. Mit König Heinrich I. (1100–1135) setzte sich die Bez. *Anglia* (England) endgültig durch. – Die archäol. Funde, kontinuierlich seit der röm. Kaiserzeit im angenommenen Ursprungsgebiet nachzuweisen, brechen größtenteils um 500 n. Chr. ab. Die jüngsten Funde, vor allem Keramik u. Fibeln, weisen starke Ähnlichkeit mit den ältesten angelsächs. Funden in *East Anglia* (England) auf. Die geschichtl. Überlieferungen von A. in Thüringen, südl. der Unstrut, werden durch neue Ergebnisse der Ortsnamenforschung unterstützt. Ein Königtum, das in den Schriftquellen erwähnt wird, kann archäologisch nicht nachgewiesen werden. Die wichtigsten archäol. Quellen bilden große Urnenfriedhöfe u. Moorfunde, deren bedeutendster der von Thorsberg ist. Auch → Angelsachsen.

**Angeln**, nach dem germanischen Stamm der A. genannte Landschaft im östl. Schleswig-Holstein, zwischen Schlei u. Flensburger Förde.
**Angelo** [ˈandʒəlo; ital.; grch. *angelos*, „Bote, Engel"], männl. Vorname.
**Angeloi**, Herrscherdynastie, 1185–1204 in Byzanz, dann in Westgriechenland (sog. Despotat Epiros) bis Mitte des 13. Jh.
**Angelolatrie** [die; grch.], Engelverehrung; → Engel.
**Angelologie** [grch.], die theolog. Lehre von den Engeln.
**Angelopoulos** [-ˈlɔpulɔs], Theo, eigentlich Todros A., griech. Filmregisseur, *27. 4. 1936 Athen; zunächst Filmkritiker; reflektiert in seinen Werken in poet. Stilisierung die griech. Zeitgeschichte; Filme u. a.: „Die Wanderschauspieler" 1975; „Die Reise nach Kythera" 1984; „Der Bienenzüchter" 1986; „Der schwebende Schritt des Storches" 1992; „Die Ewigkeit und ein Tag" 1998.
**Angelot** [aʒəˈlo; der; frz., „Engel"], in der Zeit des Hundertjährigen Krieges geprägte engl.-französ. Goldmünze mit Engelsbrustbild über 2 Wappen.
**Angelrolle**, eine Rolle, die bis mehrere hundert Meter Angelschnur aufnimmt u. somit die Reichweite der Angel verlängert.
**Angelrute** → Angelgeräte.
**Angelsachsen, 1.** im 16. Jh. aufkommende Bez. für die Völkerschaften, die sich im 5./6. Jh. in England festsetzten u. bis zur normann. Eroberung 1066 herrschten. Im MA taucht die Bez. „Angli Saxones" nur bei Paulus Diaconus (Historia Langobardorum) auf, vermutlich um die in England lebenden Sachsen von denen des Kontinents abzugrenzen.
**2.** zusammenfassende Bez. für die Englisch sprechenden Bewohner des Brit. Commonwealth u. der USA.
**angelsächsische Sprache**, *Altenglisch*, älteste Stufe der → englischen Sprache.
**Angelschnur** → Angelgeräte.
**Angelsport**, überholte Bezeichnung für das → Angeln als Freizeitbeschäftigung, meist vereinsmäßig organisiert. Auch → Casting, Turnierwurfsport.
**Angelus** [grch., lat., „Bote"], *Engel*, Bez. für Boten Gottes. Als „Engel des Herrn" oder A. auch Bez. für volkstüml. Gebet aus drei Ave u. jeweils vorangestellten Versikeln von der Menschwerdung Christi (seit 16. Jh.). Mit diesem Gebet verbindet sich das *Angelusläuten* am Morgen, Mittag u. Abend.

Angelus Silesius

◆ **Angelus Silesius**, eigentlich Johann *Scheffler*, dt. Dichter, Arzt u. Priester, *Dezember 1624 Breslau, †9. 7. 1677 Breslau; Priesterweihe 1661; formte das Gedankengut der Mystik in meist zweizeiligen, antithetisch zugespitzten „Geistreichen Sinn- u. Schlußreimen" 1657 (spätere Ausgabe als „Cherubinischer Wandersmann" 1674); veröffentlichte viele polem. Schriften gegen protestant. Theologen. Seine Lieder im Stil der Schäferpoesie der Barockzeit („Heilige Seelenlust oder geistl. Hirtenlieder der in ihren Jesum verliebten Psyche" 1657) wirkten auf die religiöse Dichtung beider Konfessionen ein. Kirchenlieder („Ich will dich lieben, meine Stärke").

**Angenehmes**, in der antiken griech. Philosophie z. T. Ziel des ethischen Handelns (Sophisten, Epikureer), bei Platon, Aristoteles u. den Stoikern untergeordnete Folge, als Ziel des Handelns nicht zugelassen; spielt in diesem letzten Verständnis auch bei *Kant* eine Rolle, der ihm allerdings in subjektiver Hinsicht für die ästhet. Betrachtung eine Bedeutung zuweist.
**Anger**, Gemeindeweide in oder bei einem Dorf. Der *Schindanger* war früher Richt- u. Abdeckplatz.
**Angerapp**, russ. *Angrapa*, poln. *Wegorapa*, Abfluss des Mauersees in Ostpreußen, 169 km; nimmt Goldap u. Pissa auf u. vereinigt sich bei Tschernjachowsk mit der Inster zum *Pregel*.
**Angerburg**, ostpreuß. Stadt, → Wegorzewo.
**Angerdorf**, planmäßige Dorfanlage, deren bestimmendes Merkmal eine zentrale Grünfläche, der sog. *Anger*, ist. Der Anger, ursprünglich im Allgemeinbesitz, wurde später vielfach bebaut. Häufige Ortsform in den deutschen Kolonisationsgebieten des östl. Mitteleuropas u. Südosteuropas.
**Angerer**, Paul, österr. Komponist, Dirigent u. Violinist, *16. 5. 1927 Wien; 1967–1972 Opernchef am Landestheater in Salzburg; 1971–1982 Leiter des Südwestdeutschen Kammerorchesters in Pforzheim; schrieb die Fernsehoper „Paßkontrolle" 1959, das Musical „Hotel Comédie" 1970, eine Sinfo-

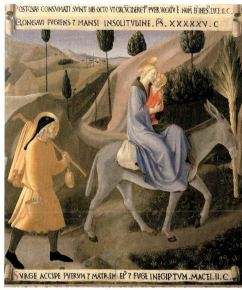

Fra Angelico: Die Flucht aus Ägypten (Detail); Florenz, Museo di San Marco

## Ångermanälven

nie u. die dramatische Kantate „Agamemnon muß sterben" 1955.
**Ångermanälven** [ˈɔŋərmanɛlvən], Fluss in Nordschweden, 450 km, Einzugsbereich 31 890 km²; durchfließt das *Ångermanland* u. mündet bei *Härnösand* in den Bottn. Meerbusen; zahlreiche Wasserkraftwerke.
**Ångermanland** [ˈɔŋərmanland], wald- u. seenreiches Bergland in Mittelschweden, zwischen Indalsälven u. Ume Älv; siedlungsarm, an der Küste siedlungsreicher; größter Ort *Härnösand*.
**Angermünde**, Stadt in Brandenburg, Ldkrs. Uckermark, am Mündesee, 10 400 Ew.; Marienkirche (13. Jh.), Klosterkirche (13. Jh.); Stanz- u. Emaillierwerk, Baustoff- u. Nahrungsmittelindustrie. – Im 13. Jh. Stadtrecht.

Angers: Die wehrhafte Schlossmauer wird von 17 massiven, über 60 m hohen Rundtürmen flankiert

◆ **Angers** [ãˈʒeː], westfranzös. Stadt an der schiffbaren Maine, alte Hptst. des *Anjou*, Sitz des Dép. Maine-et-Loire, 146 000 Ew.; kath. Akademie; got. Kathedrale (12./13. Jh.), Schloss aus dem 13. Jh.; Baumschulen, Schieferbrüche, Metall-, Textil- u. Elektroindustrie.
**Angeschuldigter**, im Strafprozess der Beschuldigte, gegen den die öffentliche Klage erhoben ist (§ 157 StPO).
**Angestellte**, überwiegend nichtkörperliche, verwaltende Tätigkeiten ausübende → Arbeitnehmer. Gewisse Berufe werden herkömmlich ohne weiteres als *Angestelltenberufe* angesehen, so alle mit Buchführung oder unmittelbar mit dem kaufmänn. Umsatz zusammenhängenden Tätigkeiten. Zum Teil gelten für A. andere gesetzl. Vorschriften u. Tarifverträge als für Arbeiter. Die Entlohnung *(Gehalt)* ist regelmäßig monatlich. Die Angestelltenversicherung erfolgte bis 1992 nach dem *Angestelltenversicherungsgesetz*, seitdem ist sie Teil der Rentenversicherung nach dem Sozialgesetzbuch VI. Träger ist die Bundesversicherungsanstalt für A. in Berlin. In den Gewerkschaften des DGB sind die Angestellten einheitlich mit den Arbeitern organisiert. In der DAG haben sie eine eigene Gewerkschaft gebildet. → Leitende Angestellte bilden eine Sondergruppe.
Ähnlich ist die Stellung der Angestellten in *Österreich* nach dem Angestellten-Gesetz von 1921. Sie sind in einzelnen Gewerkschaftsverbänden der freien Wirtschaft u. des öffentlichen Dienstes organisiert. – In der *Schweiz* gibt es gewisse Sondervorschriften für A. Dachverband ist die *Vereinigung Schweizerischer Angestelltenverbände (VSA)*.
**Angestelltenfachschule**, ein von den Arbeitnehmerkammern errichtetes Berufsfort- u. Ausbildungszentrum für Angestellte.
**Angestelltengewerkschaft**, Organisation zur Wahrung der Berufsinteressen der Angestellten. Angestelltengewerkschaften wurden später als die der Arbeiter egegründet (nach 1900) u. waren ebenso wie diese parteilich oder konfessionell gebunden. Zum Teil wurden die Angestellten auch in schon bestehenden Arbeitergewerkschaften organisiert. Spitzenorganisationen nach dem 1. Weltkrieg: Allg. Freier Angestelltenbund (AfA-Bund, gegr. 1919), Gesamtverband dt. A. (GedAg), Gewerkschaftsbund der Angestellten (GdA). Sie wurden 1933 verboten oder in die Dt. Arbeitsfront aufgenommen.
Nach 1945 wurden die Interessen der Angestellten, außer von den nach dem Prinzip der Einheitsgewerkschaft gegründeten Industriegewerkschaften des Deutschen Gewerkschaftsbundes (DGB), auch von den Berufsverbänden der Deutschen A. (DAG) u. des Christlichen Gewerkschaftsbundes (CGB) vertreten. Bei relativ wenig Neigung zu gewerkschaftl. Organisierung überhaupt (Organisationsgrad Ende der 90er Jahre rd. 23 %) bevorzugen die Angestellten vor DAG u. den Berufsverbänden des CGB an erster Stelle eine der 12 Industriegewerkschaften des DGB. – *Österreich:* Gewerkschaft der Privatangestellten im Österr. Gewerkschaftsbund mit 6 Sektionen. – *Schweiz:* Die Vereinigung Schweizer Angestelltenverbände. – Internationale Organisationen: Internationaler Bund der Privatangestellten (Amsterdam), Internationaler Bund Christl. Angestelltenverbände (Paris).
**Angestelltenversicherung**, *Angestelltenrentenversicherung*, eine öffentl.-rechtl. Zwangsversicherung, die Teil der dt. → Sozialversicherung ist. Aufgabe: die Versorgung der Angestellten im Alter u. bei Erwerbs- u. Berufsunfähigkeit sowie die Sicherstellung der Hinterbliebenen, ferner Gesundheitsfürsorge zur Erhaltung u. Wiederherstellung der Erwerbsfähigkeit. Für die A. galten die allg. Grundsätze der dt. Sozialversicherung. 1911 erging das Versicherungsgesetz für Angestellte, das 1924 als *Angestelltenversicherungsgesetz* u. 1957 durch das *Angestelltenversicherungs-Neuregelungsgesetz* neu gefasst wurde. Wichtige Änderungen u. Ergänzungen brachten die *Rentenreformgesetze* von 1972 u. 1992. 1992 wurde die bisher selbstständige Zweig der A. in die Rentenversicherung nach dem Sozialgesetzbuch VI überführt. Einheitlicher Träger der A. war die *Reichsversicherungsanstalt* u. ist seit 1953 die *Bundesversicherungsanstalt für Angestellte* in Berlin.
**Angevinisches Reich**, ein unter den Königen Heinrich II., Richard Löwenherz u. Johann von 1154–1204 bestehendes Reich ohne Land; Ausgangszentrum war die französische Grafschaft *Anjou* (Hauptstadt Angers); es umfasste England sowie fast die Hälfte Frankreichs.
**angewandte Biologie**, der Teil der biolog. Wissenschaften, der sich nicht mit zweckfreier Forschung, sondern mit den für den Menschen praktisch bedeutsamen Pflanzen u. Tieren beschäftigt. Die angewandte Biologie erarbeitet die Grundlagen der Haltung u. Ausnutzung von Nutzpflanzen u. -tieren bzw. der Bekämpfung von Schädlingen.
**angewandte Botanik**, der Teil der Botanik, der sich mit wirtschaftl.-prakt. Problemen u. entsprechender Grundlagenforschung befasst, z. B. Züchtung von Kulturpflanzen, land- u. forstwissenschaftl. Botanik, Gärtnerei, Arzneipflanzen u. Pflanzendrogen, Giftpflanzen, pflanzl. Genussmittel, Pflanzenkrankheiten sowie deren Bekämpfung.
**angewandte Geographie**, befasst sich unter Verwendung der Methoden der allg. → Geographie mit der Raumordnung, der Stadt-, Regional- u. Landesplanung, dem Landschaftsschutz sowie anderen Bereichen der räuml. Nutzung u. Entwicklung.
**angewandte Geologie**, umfasst die Nutzbarmachung der geolog. Erkenntnisse u. Methoden zum Aufspüren u. zur Erforschung von Lagerstätten (Erze, Salze, Metalle, Minerale, fossile Brennstoffe, Wasser). Zur angewandten Geologie gehören auch die Ingenieurgeologie u. die techn. Gesteinskunde.
**angewandte Geomorphologie**, Anwendung geomorpholog. Methoden u. Forschungsergebnisse bei Planungen zur Lösung techn., wirtschaftl. u. geoökolog. Probleme. Davon ausgehend, dass relief- u. formenbildende Prozesse von entscheidendem Einfluss auf den Lebensraum u. auf die Nutzung natürl. Ressourcen sind, ergeben sich Aufgaben der angewandten Geomorphologie in Land- u. Forstwirtschaft, im Wasserbau (Küstenschutz, Flussregulierung, Kanal-, Hafen- u. Staudammbau), im Städtebau u. im Bau von Verkehrseinrichtungen. Im Rahmen von Planungsaufgaben leistet die a. G. diagnostische (Analyse der Formen- u. Formungskomplexe), prognostische (Vorausschau morpholog. Entwicklung als Folge menschl. Steuerung) u. kontrollierende Beiträge (Überwachung u. Anpassung des geomorphol. Formungskomplexes an Erfordernisse des Planungsziels). Die zunehmende Bedeutung der a.G. ist u. a. in der Erkenntnis begründet, dass sich bei Vorhaben häufig Fehlentwicklungen einstellten, wenn geomorpholog. Zusammenhänge außer Acht blieben.
**angewandte Geophysik**, Teilgebiet der Geophysik; bedient sich geophysikal. Verfahren zur Erforschung des Untergrundes nach Bodenschätzen oder für Ingenieuraufgaben, z. B. Baugrundforschung. Eingesetzt werden geoelektrische, geothermische, gravimetrische, magnetische, radiometrische u. die wichtigen seismischen Verfahren, u. zwar an der Erdoberfläche, in Bohrungen, teilweise auch auf See oder vom Flugzeug aus.
**angewandte Karten** → thematische Karten.
**angewandte Kunst**, ein Gestaltungsbereich, der im Gegensatz zu den freien Künsten an

einem praktischen Zweck orientiert ist. Auch → dekorative Kunst, → Kunstgewerbe, → Kunsthandwerk.

**angewandte Linguistik** → Sprachwissenschaft.

**angewandte Psychologie,** *praktische Psychologie,* Sammel-Bez. für die verschiedenen Anwendungsbereiche psycholog. Erkenntnisse u. Verfahren im gesellschaftl. bzw. kulturellen Leben (im Unterschied zur theoret. allg. Psychologie). Der Aufgabenkreis der angewandten Psychologie vergrößert sich ständig, doch geht es immer um die Abstimmung der Persönlichkeit u. des menschl. Leistungsverhaltens mit bestimmten Anforderungen der Umwelt, u. umgekehrt um die Gestaltung von Umweltverhältnissen, die der psychosomat. u. psychosozialen Struktur des Menschen entgegenkommen. Große Bedeutung kommt daher innerhalb der angewandten Psychologie der Eignungsdiagnostik u. der Schaffung psycholog. günstiger Verhältnisse zu. Bes. wichtige Gebiete sind Arbeits- u. Betriebspsychologie, Berufs- u. Erziehungsberatung, Schulpsychologie, Verkehrspsychologie, Wirtschaftspsychologie (Werbepsychologie, Marktforschung, Motivforschung), gerichtl. (forensische) Psychologie, Wehrpsychologie, klin. Psychologie (Psychodiagnostik, Psychotherapie).

**Angewende,** *Anwand, Gewende, Vorgewende,* Feldstück zum Wenden des Pfluges als Schutzstreifen gegen das Nachbargrundstück, wird zuletzt bearbeitet.

**Anghel** ['aŋgel], Dimitrie, rumän. Schriftsteller, *28. 7. 1872 Cornești bei Iași, †13. 11. 1914 Buciumeni (Selbstmord); symbolist. Lyriker; übersetzte J. Moréas u. P. Verlaine; schrieb darüber hinaus (teilweise zusammen mit S. O. *Iosif*) Prosa u. Dramen.

**Angina,** [die; grch., lat., „Enge"] allg. Bez. für eine Erkrankung, die mit einem Engegefühl verbunden ist, z. B. → Angina pectoris. Außerdem die mit einer Verengung des Halses u. Rachens einhergehenden entzündl. Erkrankungen der Mandeln u. des Rachenrings (→ Mandelentzündung).

**Angina pectoris** [die; lat.], *Stenokardie, Brustenge,* eine Unterdurchblutung des Herzmuskels durch Krämpfe oder Verengung der Herzkranzgefäße (nervös oder organisch bedingt). Sie äußert sich in anfallsweise auftretenden Schmerzzuständen u. Beengungsgefühlen hinter dem Brustbein, meist in den linken Arm ausstrahlend, mit schweren Angstgefühlen, Schweißausbruch, Atemnot (Herzasthma) u. a. Symptomen. Meist stellen sich die Schmerzen bei körperl. Anstrengung, unter Stress oder unter hohen Temperaturen ein. Zur Vorbeugung, aber auch bei einem akuten Anfall werden Nitropräparate verabreicht, die die Durchblutung des Herzmuskels steigern. Auch → Herzinfarkt.

**Angiographie** [grch.], ein Untersuchungsverfahren zur Sichtbarmachung von Blutgefäßen im Röntgenbild durch Einspritzung von Röntgenkontrastmitteln; dient der Erkennung von Krankheiten, die die Beschaffenheit der Blutgefäße verändern, beispielsweise → Aneurysma u. → Arteriosklerose.

**Angiokardiographie** [grch.], der *Angiographie* entsprechendes Verfahren zur röntgenolog. Darstellung der Herzinnenräume u. der großen herznahen Gefäßstämme. Das zuerst von W. *Forßmann* angegebene Verfahren ist von größter prakt. Bedeutung für die Erkennung angeborener Herzfehler u. wird in der Regel mit dem *Herzkatheterismus* kombiniert.

**Angiokardiologie** [grch.], Lehre von der Erforschung, Erkennung u. Behandlung der Erkrankungen der Blutgefäße *(Angiologie)* u. des Herzens *(Kardiologie)* sowie des Blutkreislaufs.

**angiokarp** [grch.], Bez. für Früchte oder Fruchtkörper (Pilze), die bis zur Samen- oder Sporenreife geschlossen bleiben.

**Angiologie** [grch.], *Gefäßheilkunde* → Angiokardiologie.

**Angiom** [grch.], von Blut- oder Lymphgefäßen ausgehende gutartige Geschwulstbildung *(Hämangiom, Lymphangiom).*

**Angiopathien** [grch.], *Gefäßleiden,* Oberbegriff für verschiedene Erkrankungen der Blutgefäße, die zu Funktionsstörungen wie Gefäßerweiterung oder Gefäßverengung bis hin zum Gefäßverschluss führen. Hierzu zählen Gefäßentzündungen ebenso wie Arterienverkalkung (→ Arteriosklerose). Sind nur kleine Blutgefäße betroffen, handelt es sich um eine *Mikro-Angiopathie,* bei großen Blutgefäßen spricht man von *Makro-Angiopathie.* Bei Diabetes kommt es häufig zu *diabetischen Angiopathien.*

**Angioplastie** [grch.], Verfahren zur Erweiterung von Blutgefäßen, → Ballondilatation.

**Angioskop** [grch.], zur Untersuchung u. Behandlung von Blutgefäßen dienendes → Endoskop.

**Angiospasmus** [grch.], *Gefäßkrampf,* funktionelle, krampfhafte Verengung der (kleinen u. kleinsten) Arterien, beispielsweise an Fingern u. Zehen, auch an den Herzkranzgefäßen *(Koronarspasmus).*

**Angiospermen** [Pl., grch.], *Bedecktsamer, Magnoliophytina,* wie die Gymnospermen eine Unterabteilung der → Blütenpflanzen; Kennzeichen: Fruchtknotenbildung. Die A. sind die höchst entwickelte Pflanzengruppe; seit der Kreidezeit nachweisbar.

**Angiostatin,** ein Protein, das die Neubildung von Blutgefäßen hemmt. Im Tierversuch konnte durch A. das weitere Wachstum von Tumoren verhindert, teilweise auch eine Rückbildung erzielt werden, weil die Versorgung des Tumors mit Nährstoffen u. Sauerstoff nicht mehr gewährleistet ist. A. soll in der Krebstherapie angewendet werden. Einen ähnl. Effekt hat → Endostatin.

**Angiotensin,** *Angiotonin, Hypertensin,* ein blutdrucksteigerndes, aus acht Aminosäuren bestehendes Gewebshormon.

**Angklung,** javan. Musikinstrument; in einem Rahmen werden 2–3 meist in Oktavabstand zueinander gestimmte Bambusröhren aufgehängt, die beim Schütteln an den unteren Teil des Rahmens schlagen u. leise klingen.

◆ **Angkor** [„die Stadt"], Residenz- u. Tempelstadt der Khmer-Könige von Kambodscha, um das Jahr 1000 mit über 1 Mio. Ew. die größte Stadt der Welt, wurde von *Jaschovarman I.* (889–900) gegr., 1117 von den Cham zerstört u. während der Regierungszeit des buddhist. Königs *Jayavarman VII.* (1181–1218) als A. *Thom* mit dem Tempelbezirk des Bayon wieder aufgebaut. Der Reichstempel Bayon trägt auf seinen 54

*Fortsetzung S. 296*

Angkor: Angkor Vat, Gesamtaufnahme aus der Luft; 1. Hälfte des 12. Jh. n. Chr. Kambodscha, Khmer

# Angkor

 **Angkor**

**Kulturdenkmal:** überragendes Zeugnis der Khmer-Kultur des 9. bis 15. Jh.; weltberühmte Tempelanlage von Angkor Vat und Angkor Thom; Angkor Vat mit ausgedehnter Säulenhalle von 235 m; Tempelfassade von 187 m Breite und Reliefs mit Darstellungen u. a. von Apsara-Paaren, nymphengleichen Himmelswesen, und der Schlacht von Kuruksetra; das 9 km² große Angkor Thom mit der skulptierten »Straße der Riesen« und 54 Türmen mit je 4 Bildnissen des Königs Jayavarman VII.

**Kontinent:** Asien

**Land:** Kambodscha

**Ort:** Angkor, nordwestlich von Phnom Penh

**Ernennung:** 1992

**Bedeutung:** die ehemalige Hauptstadt des Reiches der Khmer als eine der wichtigsten Sehenswürdigkeiten Südostasiens

**Zur Geschichte:**

*um 889/90* Gründung der Hauptstadt Yashodharapura

*1002–50* König Suryavarman I.

*1113–50* unter König Suryavarman II. Anlage von Angkor Vat im südöstlichen Viertel von Yashodharapura

*1177–81* Kampf der Cham gegen die Khmer, Eroberung von Angkor durch die Cham

*1181* Vertreibung der Cham durch die Krieger von Jayavarman VII.

*um 1200* Anlage der »großen königlichen Stadt«, Angkor Thom

*1353, 1393 und 1431* Brandschatzung und Plünderung der Königsstadt Angkor; nachfolgend Aufgabe und Verfall der Stadt

*1907* Gründung der Conservation d'Angkor

*1998* unter Ägide der UNESCO internationale Hilfe zum Erhalt von Angkor

Grandios, fantastisch, atemberaubend: Nur mit Superlativen lässt sich der erste Eindruck von Angkor Vat beschreiben, jener Tempelanlage, die sich mit dunkler Majestät über einer Ebene erhebt. Nein, der französische Forscher François Henri Mouhot übertrieb nicht, als er um die Mitte des 19. Jahrhunderts nach der Wiederentdeckung der vom Dschungel verschlungenen Kultburg der Khmer-Könige schwärmte: »Größer als alles, was uns die Römer und Griechen hinterließen.«

Die Fantasie wird beim Rundgang durch eine perfekte Dramaturgie beflügelt, die das Kolossale und das Filigrane, die Vergangenheit und die Gegenwart ständig mischt. Die gewaltige Steinbrücke und der an ihrem Ende jäh aufsteigende Tempel vermitteln einen Eindruck von der historischen Dimension des im 12. Jahrhundert entstandenen Areals. Eine Stadt von über einer Million Einwohnern war hier das Zentrum einer Hochkultur, deren Bewässerungssystem und deren Reisanbau weltweit einmalig waren. Von Angkor Vat aus wurde ein Gebiet regiert, das außer dem heutigen Kambodscha auch Teile von Laos, Myanmar (Birma), Vietnam und Thailand einschloss.

Dass sich die Könige des Khmer-Reiches in diesem zunächst hinduistischen Tempel, so die Mythologie, Nacht für Nacht mit einer neunköpfigen Schlange vermählten, dass die Bauern des Landes ihre schönsten Töchter als Tänzerinnen nach Angkor Vat schickten, das als Mittelpunkt des Universums galt, solche romantischen Vorstellungen werden abrupt unterbrochen, wird man wieder einmal von einem der vielen zerlumpten, über das heilige Gelände streunenden Knaben am Arm gezupft: »Postcards one dollar … Coca-Cola one dollar … cigarettes one dollar« lauten ihre Angebote.

Auf den Stufen, die zu den wie Lotosblumen geformten Türmen hinaufführen, haben einige Familien ihre Habseligkeiten ausgebreitet. Sie sind – welch ein Kontrast zur Pracht verlorener Zeiten – vor einem der Scharmützel geflohen, die noch immer in einem Staat aufflackern, der seinen Tiefpunkt unter der Herrschaft des Terrors der Roten Khmer erlebte. Aber handelt nicht auch das Relief dort vom Krieg, auf dem, in feinster Ziselierung, ein Knäuel von Kämpfern um den Sieg ringt? Und wurden nicht aus den Heeren der Verlierer jene Millionen von Sklaven rekrutiert, ohne deren Ausbeutung dieses architektonische Meisterwerk niemals hätte entstehen können?

Im Komplex von Angkor Vat sind die Linien selbst bei der Darstellung des Gemetzels zart. Angkor Thom, der benachbarte historische Stadtbezirk mit seinem Tempel Bayon, beeindruckt dagegen durch die monumentale Wucht der Skulpturen. Bis zu zweieinhalb Meter hoch sind die Steinköpfe der 52 viereckigen Türme des Areals. Ein suggestiver, fast schon süchtig machender Reiz geht von diesen Göttern und Dämonen aus. Mit unwiderstehlicher Kraft ha-

Detailreiche Reliefs zieren den Shiva-Tempel Banteay Srei

ben sich die dicken Wurzeln der Würgefeigen wie die Arme eines Kraken um das düstere Gemäuer gelegt.

Die zerstörerische Energie dieser riesigen Bäume verschlimmert noch die Schäden, die bereits marodierende Soldaten während der vielen Bürgerkriege oder lokale Banden diesem größten Tempelbezirk Asiens zugefügt haben. Über verschlungene Pfade fanden erbeutete kulturhistorische Güter von unschätzbarem Wert ihren Weg in die Antiquitätenläden von Hongkong, Bangkok oder Singapur.

Am Tempelberg von Bayon zirpen, im Schwellton der Sirene, Schwärme von Zikaden. Die Männer, deren Aktivitäten die Insekten nervös machen, sind Wissenschaftler aus Frankreich, der früheren Kolonialmacht in Kambodscha. Sie legen Reliefs frei und suchen nach weiteren Zeugnissen der Vergangenheit, die sie mithilfe von Computerprogrammen erfassen, um als Simulation ein komplettes Bild der im Jahr 1432 verlassenen Anlage entstehen zu lassen und dadurch die Grundlage für deren weitere Restaurierung zu ermöglichen.

War man eben noch über ordinärste Zerstörungswut erschüttert, so staunt man nun über die Kreativität moderner Technik. Der Gegensatz, auf den man schon bei der Annäherung an Angkor Vat stieß, hat bis zum Abschied Bestand.

Jürgen Bertram

König Jayavarman VII. war Modell für die Bodhisattva-Antlitze an den Steintürmen des Bayon-Tempels von Angkor Thom

Apsara, nymphengleiche Tänzerinnen, schmücken den Sockel des Tempels Angkor Vat

## Angleichung

Türmen über 200 monumentale Steingesichter, in denen sich der Herrscher als zukünftiger Buddha darstellen ließ. Unter *Suryavarman II.* (1113–1150) entstand im Südosten des alten Stadtbezirks von A. Thom mit *Angkor Vat* (= Hauptstadt-Kloster) das größte Bauwerk Südostasiens (rechteckige Umfassungsmauer 1000 × 800 m, Zentralbausockel 215 × 187 m, Mittelturm 65 m). Es symbolisiert den fünfgipfligen Weltberg Meru, den Mittelpunkt des hinduist. Universums. Die Relieffriese zeigen Hindugottheiten u. Szenen aus den ind. Epen Mahabharata u. Ramayana.
A. wurde zwischen 1353 u. 1431 von den Thai zerstört. Es zerfiel in den folgenden Jahrhunderten u. wurde erst 1858 von dem franzöz. Forscher Henri *Mouhot* (* 1826, † 1861) wiederentdeckt. Während des Bürgerkrieges u. unter dem Pol-Pot-Regime in den 1970er Jahren erlitten die Bauten von A. schwere Schäden. → Seite 294.

**Angleichung,** sinnesphysiol. Verschmelzung früher wahrgenommener Elemente mit neu hinzutretenden.

**Angler, 1.** *A n g e l f i s c h e r e i :* der Fischer, der Fische nicht erwerbsmäßig mit der Angel fängt; auch → Angelfischerei.
**2.** *Z o o l o g i e :* Seeteufel, Lophius piscatorius, zu den *Armflossern* gehöriger Seefisch mit angelköderartigem Kopfanhängsel zum Anlocken von Beutetieren; riesiges Maul, der Kopf wiegt etwa 50% des Gesamtfisches; Nahrung: Bodentiere aller Art, vorzugsweise Fische; Verbreitung: Ostatlantik mit Nordsee von der Küste bis 1000 m Tiefe. Enthäutet u. ohne Kopf wird der A. als „Forellenstör" gehandelt. Aus seiner Bauchspeicheldrüse wurde erstmalig Insulin gewonnen.

**Anglerfische,** Ceratioidei, Unterordnung der *Armflosser* mit 11 Familien in warmen Teilen des Atlantischen, Stillen u. Indischen Ozeans; bes. Formenreichtum im Karib. Meer u. im Golf von Panama; etwa seit der 2. Hälfte des Tertiär bekannt. Die Geschlechter sind in Größe, Lebensweise u. Ernährung häufig stark voneinander unterschieden: Das Weibchen ist ein großer Raubfisch mit mächtigen Zähnen u. stark dehnbarem Magen; es kann Beute verschlingen, die seinen Körper an Größe übertrifft. Bei den Weibchen ist der 1. Strahl der Rückenflosse zu einem Angelfaden mit endständigem Köder (meist ein Leuchtorgan) umgebildet. Die Männchen meist klein, leben dann als Schmarotzer am Weibchen (→ Zwergmännchen) oder nähren sich von kleinen Wasserorganismen. Oft sind mehrere an einem Weibchen angesaugt; bei bestimmten Arten (z. B. *Linophryne argyresca*) wachsen die Männchen an den Weibchen fest u. werden als Parasiten miternährt (z. B. beim *Seeteufel*). Die A. haben geringe wirtschaftl. Bedeutung.

**Anglerrind,** Angler Rotvieh, mittelgroßes, einfarbig rotes Rind der Milchleistungsrichtung; herausgezüchtet vor ca. 150 Jahren aus der einheimischen alten Landrasse der Halbinsel *Angeln*; auch → Niederungsvieh.

**Angler Sattelschwein,** auf der Halbinsel *Angeln* gezüchtetes mittelgroßes Schwein mit besonderer Farbausprägung (mehr oder weniger breiter weißer Sattel an der Schulter); heute nur noch vereinzelte Bestände im Raum Thüringen.

**Anglés,** Higino, span. Musikwissenschaftler, * 1. 1. 1888 Maspujols, Tarragona, † 8. 12. 1969 Rom; studierte bei W. Gurlitt u. F. Ludwig; seit 1947 Leiter der päpstlichen Hochschule für Kirchenmusik in Rom; Herausgeber älterer span. Musik.

**Anglesey** [ˈæŋlsɪ], *Anglesea*, walis. Insel in der Irischen See, durch die Menai-Straße von Nordwales getrennt, 715 km², 65000 Ew.; gehört zur Grafschaft Gwynedd; Hauptort *Llangefni*; Viehzucht; Raketenversuchsgelände; vorgeschichtl. Steindenkmäler.

**Anglesit** [der], Mineral, Vitriolbleierz, chem. Formel: $PbSO_4$, hell, muscheliger Bruch, Härte 3; Dichte 6,3.

**anglikanische Kirche,** *Anglican Church, Church of England, Established Church*, in den USA → Episkopalkirche, die engl. Staatskirche.
*G e s c h i c h t e  u n d  E i g e n a r t :* 9 Jahrhunderte lang war die a. K. eine romtreue Kirche. Im 16. Jh. (Heinrich VIII.) brach sie mehr aus polit. als aus religiösen Gründen mit Rom u. wurde unabhängig. Statt des Papstes nannte sich der engl. König Oberhaupt der anglikanischen Kirche. Die engl. Reformation war daher zunächst ein Akt des Staates. Gottesdienst u. Lehre wurden in diesem Stadium nicht geändert. Eine Gottesdienstreform wurde erst unter Edward VI. durchgeführt (*Book of common prayer* von 1549 u. 1552), in der durch den Straßburger Reformator M. *Bucer* vermittelte Einflüsse der kontinentalen Reformation feststellbar sind. Nach dem Tod Edwards VI. führte seine Schwester Maria (die Blutige) die a. K. in die Gemeinschaft mit Rom zurück. Nach ihrem Tod (1558) entstand unter der Herrschaft der Königin *Elisabeth I.* die a. K. so, wie sie in ihrer Grundverfassung noch heute vorhanden ist. Zwei Parlamentsgesetze von 1559 (Act of Supremacy u. Act of Uniformity) gaben der Kirche ihre Selbständigkeit zurück. 1563 erhielt die Kirche in den 39 Artikeln ihre gültige Lehrgrundlage.
Zwischen 1650 u. 1660 kam die prot. Partei der Puritaner zur Herrschaft u. setzte in der anglikanischen Kirche eine presbyterianisch-republikan. Herrschaftsform durch. Unter Karl II. (1660–1685) wurde zwar die Monarchie u. mit ihr die alte Verfassungsform der anglikanischen Kirche wiederhergestellt, aber die Kirche gewährte den Nonkonformisten weiterhin innerhalb der Kirche Lebensrecht, verwehrte ihnen jedoch den Zugang zu Universitäts- u. Staatsstellen. Im 18. Jh. erlebte das Land eine Erweckungsbewegung, als deren Ergebnis sich die methodist. Bewegung von der anglikanischen Kirche trennte. Im 19. Jh. kam es erneut zu einer Frömmigkeitsbewegung (Oxford-Bewegung).
Man kann in der anglikanischen Kirche drei Gruppen unterscheiden: 1. die hochkirchl. Gruppe *(High Church)*, stark kath., mit aristokrat. Element; 2. die niederkirchl. Gruppe (*Evangelicals*, früher *Low Church*), vom Methodismus beeinflusst, legt bes. Gewicht auf tätige Frömmigkeit; 3. die breitkirchl. Gruppe (modernist. Richtung, früher *Broad Church*), die der krit. Bibelforschung u. sozialethischen Fragen bes. offen ist.
1888 formulierten die Bischöfe der anglikanischen Kirche auf der 3. Lambeth-Konferenz (genannt nach dem Versammlungsort: Lambeth-Palast in London, → Lambeth-Konferenzen) im sog. Lambeth-Quadrilateral die Grundlagen der anglikanischen Kirche: 1. Bibel, 2. das Nicänische Glaubensbekenntnis, 3. die ev. Sakramente: Taufe u. Abendmahl u. 4. der histor. Episkopat.
Die a. K. ist auch heute noch die engl. Volkskirche, zu der sich die Mehrheit des engl. Volks zählt. – 1991 wurde die „Meißener Erklärung" unterzeichnet, in der sich die a. K. von England u. die dt. ev. Kirchen erstmals seit dem 16. Jh. als Kirchen anerkennen. Trotz heftiger Proteste von konservativen Geistlichen u. Gläubigen öffnete die Generalsynode der Kirche von England mit knapper Mehrheit 1992 das Priesteramt für Frauen. 1994 wurden erstmals Frauen zu Priesterinnen geweiht.
*V e r f a s s u n g  u n d  M i s s i o n :* Die a. K. in England zerfällt in zwei Provinzen (Canterbury u. York) mit je einem Erzbischof an der Spitze. Der Erzbischof von Canterbury ist Primas von ganz England. Seine Stellung im Land ist sehr einflussreich. Er hat den Vorrang vor dem gesamten Adel mit Ausnahme der Herzöge u. des Königshauses. Die Provinzen sind in Diözesen aufgeteilt (insges. in England: 43 Diözesen), an deren Spitze je ein Bischof steht. Seit dem 13. Jh. wählen Laien Kirchenvorsteher *(Churchwardens)* als ihre Vertreter, denen die Verwaltung der finanziellen Angelegenheiten obliegt.
Im 17. Jh. begann eine starke Ausbreitung der anglikanischen Kirche nach Übersee. Die *Society for promoting Christian knowledge* (seit 1698) u. die *Society for the propagation of the Gospel* (seit 1701) befassten sich vorwiegend mit der Mission in Amerika u. Westindien. Seit 1799 setzte sich die *Church Missionary Society* für die freigelassenen Sklaven in Westafrika ein, später weitete diese Gesellschaft ihre Arbeit auf ganz Afrika u. Asien aus.
Der *Overseas Council of the National Assembly* der anglikanischen Kirche versucht, die Arbeit der 12 großen u. vielen kleinen Missionsgesellschaften zu koordinieren. Als Folge der Missionsarbeit, aber auch als Folge mehrerer Auswanderungsbewegungen existiert die a. K. heute in vielen Teilen der Welt. Es gibt weltweit 37 Kirchenprovinzen, die in der *anglikanischen Kirchengemeinschaft* vereinigt sind. Das anglikan. Prinzip in der Entwicklung der Mission besteht darin, zu einer einheim. Leitung u. zur Bildung autonomer anglikanischer Kirchen zu kommen, die untereinander u. mit Canterbury verbunden sind.

**Anglist,** Wissenschaftler auf dem Gebiet der Anglistik.

**Anglistik,** Wissenschaft von der engl. Sprache u. Literatur unter Einschluss der Literaturen der nichtbrit. Völker engl. Sprache. Die A. entwickelte sich im 19. Jh. von Deutschland aus als Seitenzweig der german. Philologie mit Schwerpunkt auf Sprachwissenschaft u. Textkritik. Selbständige Entfaltung im 20. Jh. durch Entwicklung literarhistor., -krit. u. -soziolog. Forschung unter führender Teilnahme engl. u. US-amerikan. Wissenschaftler.

**Anglizismus,** engl. Spracheigentümlichkeit, bes. deren Vorkommen in einer anderen Sprache; z. B. im Dt. „Job" für „Arbeit".

**Angloägyptischer Sudan,** 1899–1956 als britisch-ägypt. Kondominium bestehender Teil des heutigen Sudan.

**Angloamerika,** der Englisch sprechende Teil

Angorakatze

Amerikas: → Nordamerika. Gegensatz: *Lateinamerika*.

**Angloamerikaner,** Amerikaner, deren Muttersprache Englisch ist oder die engl. Abstammung sind.

**Angloaraber,** Kreuzung aus Engl. Vollblut u. Araberpferden; Zuchten in Frankreich u. England.

**Anglokatholiken,** eine Richtung innerhalb der anglikan. Kirche, die sich im Ritus an die röm.-kath. Kirche anlehnt u. das Amt u. die Sakramente betont. Sie bleibt aber in der anglikan. Kirche u. tritt für die Annäherung der Kirchen ein.

**Anglonormannisch,** das am engl. Königshof seit Eduard dem Bekenner (1042–1066) gesprochene *Altfranzösisch*; erhielt mit Wilhelm dem Eroberer (1066–1087) bestimmenden Einfluss u. war bis Ende des 14. Jh. die Sprache des engl. Hofs (neben Latein.), der Verwaltung u. Literatur (bis Mitte des 13. Jh.). Auch → englische Sprache.

**anglophil** [lat., grch.], englandfreundlich.

**Anglophobie** [lat., grch.], Abneigung, Widerwille gegen England u. die Engländer.

**Angmagssalik** [am'masalik], *Ammassalik*, Stadt auf der Angmagssalik-Insel im SO Grönlands, 2900 Ew.; 1894 als Handels- u. Missionsstation gegr.

**Ango,** germanisch-merowingerzeitl. Kampfspeer mit Widerhaken an der Spitze u. langem Schaft (oft über 1 m).

**Angol,** Stadt im südl. Mittelchile, Verw.-Sitz der Prov. Malleco, 46 000 Ew.

**Angola,** Staat in Südwestafrika, → Seite 298.

**Angolabecken,** Tiefseebecken im südl. Atlant. Ozean, vor der Küste Angolas, zwischen Guineaschwelle, Walfischrücken, der Küste von Angola u. dem Mittelatlant. Rücken, bis 6013 m tief; am Westrand liegt die Insel Sankt Helena.

**Angolaerbse,** *Cajanus indicus*, ein *Schmetterlingsblütler (Papilionaceae)*; in den Tropen ein beliebtes Hülsengemüse.

**Angolagras,** *Angola, Panicum spectabile*, in Brasilien viel angebautes Futtergras.

**Angora,** alter Name für → Ankara.

**Angora…,** Haustierrassen mit langem, seidigem Haar.

◆ **Angorakatze,** aus dem Rassekreis der → Perserkatzen stammende, große *Hauskatze* mit langem, seidigem Fell; gilt als behäbig u. eigensinnig, aber klug; meistens weiß, selten mehrfarbig.

**Angorawolle,** Wolle aus dem Haar von Angorakaninchen.

**Angoraziege,** ursprünglich in Kleinasien beheimatete Ziege, mit Hängeohren; Böcke mit großen, spiralförmig gedrehten Hörnern. Das 16 cm lange seidige Wollhaar liefert die *Kämelwolle* (fälschlich *Kamelhaar*), die als *Mohair* in den Handel kommt.

**Angosturabaum,** *Cusparia trifoliata*, südamerikan. Art der *Rautengewächse (Rutaceae)*, von der wahrscheinlich die früher als Chininersatz gebrauchte *Angosturarinde* stammt (oder von der verwandten Gattung *Galipea*); Rohstoff für *Angosturabitter*.

**Angosturabitter,** ein Bitterlikör mit ca. 45 % Alkoholgehalt, der als Cocktailzutat u. Apéritifgrundlage verwendet wird. Die leuchtend braunrote Farbe entsteht durch Beigabe von Sandelholz. Der A. wurde 1824 von dem dt. Arzt Siegert in der venezolan. Stadt *Angostura* (jetzt Ciudad Bolívar) erfunden.

**Angoulême** [ãguˈlɛm], westfranzös. Stadt über den Tälern der Charente u. der Anguienne, alte Hauptstadt des *Angoumois*, Sitz des Dép. Charente, 50 200 Ew.; roman. Kathedrale (12. Jh.); Papier-, Waffen-, Wachs- u. Schuherzeugung, Weinhandel.

**Angoumois** [ãguˈmwa], histor. Landschaft (ehem. Grafschaft) im westl. Frankreich, das heutige Dép. Charente, Zentrum *Angoulême*, mildes Klima; Landwirtschaft (Weinbau in den Tälern) u. Viehzucht; seit 1515 Herzogtum.

**Angra do Heroismo** [-ðu eruˈiːʃmu], Hafenstadt u. Hauptort der portugies. Azoreninsel *Terceira*, 11 700 Ew.; histor. Stadtzentrum (Weltkulturerbe seit 1983); Ausfuhr von Wein u. Ananas.

**Angra dos Reis,** brasilian. Hafenstadt im Staat Rio de Janeiro, 47 000 Ew., zahlreiche Kolonialbauten; seit 1978 erstes Kernkraftwerk Brasiliens; Schiffsbau.

**Angra Mainyu,** der böse Geist im Parsismus, → Ahriman.

**Angrand** [ãˈgrã], Charles, französ. Maler, *19. 4. 1854 Criquetot-sur-Ouville, Normandie, †1. 4. 1926 Rouen; malte zunächst im Stil des Pointillismus Bilder mit ländl. Motiven, betonte nach 1900 wieder stärker die traditionelle Malweise.

**Angren,** Stadt im O Usbekistans, am Achangaran (auch A. genannt), 133 000 Ew.; Braunkohlenabbau, Kohlengasgewinnung, Zementfabrik; Gummiwerk; Wärmekraftwerke.

**Angriff,** *Militär:* offensive, die Initiative ergreifende Gefechtsart, bei der die angreifenden Streitkräfte gegen einen sich verteidigenden oder sich zurückziehenden Gegner agieren. Der Vorteil des Angreifers ist es, Ort u. Zeitpunkt der militär. Handlung bestimmen zu können. Das Ziel des Angriffs besteht darin, gegner. Kräfte unter Raumgewinn zu zerschlagen oder zurückzuwerfen. Der A. wird in engem Zusammenwirken mit allen Teilstreitkräften durchgeführt.

**Angriffsmimikry** → Mimikry.

**Angriffsverhalten,** Sammelbegriff für phänomenologisch vergleichbare Verhaltensabläufe mit unterschiedlicher → Motivation, heute meist als → agonistisches Verhalten bezeichnet. Um ein anderes Tier als Störgröße auszuschalten, kann es zu einem → Beschädigungskampf (Ernstkampf), einem → Kommentkampf nach formalisierten Regeln oder einem ritualisierten Kampf mit → Signalaustausch kommen. Auch → Aggression (3).

**Angriwarier,** german. Stamm zu beiden Seiten der mittleren Weser, nördlich der Cherusker, von diesen durch einen Wall getrennt. Später schlossen sie sich dem Sachsenbund an. Darin bildeten sie eine Heerschaft als *Angrarii, Angrii* (Engern).

**Angry young men** [ˈæŋgri jʌŋ mɛn] → Zornige junge Männer.

◆ **Angst,** ein Affekt, der sich von der *Furcht* durch fehlende oder unbestimmte Gegenstandsbeziehung unterscheidet. Die A. ist
*Fortsetzung S. 300*

Angst: In den Entstehungsjahren der Psychoanalyse versuchte der norwegische Maler Edvard Munch Menschen im Banne quälender Angst ohne für sie erkennbare Ursachen darzustellen. 1894. Oslo, Munch-Museet

# Angola

**Offizieller Name:** Republik Angola

**Autokennzeichen:** ANG

**Fläche:** 1 246 700 km²

**Einwohner:** 12,5 Mio.

**Hauptstadt:** Luanda

**Sprache:** Portugiesisch

**Währung:** Kwanza

**Bruttosozialprodukt/Einw.:** 340 US-Dollar

**Regierungsform:** Präsidiale Republik

**Religion:** Überwiegend Christen

**Nationalfeiertag:** 11. November

**Zeitzone:** Mitteleuropäische Zeit

**Grenzen:** Im N Rep. Kongo, im N und NO Demokrat. Rep. Kongo, im SO Sambia, im S Namibia, im W Atlantischer Ozean

**Lebenserwartung:** 47 Jahre

**Landesnatur** Angola ist zum größten Teil Hochland, das an seiner westl. Kante, der sog. Randschwelle, seine höchsten Erhebungen hat (*Moco* 2610 m), meist in Stufen zum schmalen Küstenvorland abfällt u. sich nach O langsam abdacht. Das innere Flächenhochland (Planalto) liegt über 1000 m hoch, steigt im Bereich der WSW–ONO streichenden *Lundaschwelle* auf 1800 m an u. wird stellenweise von bis zu 2300 m hohen Inselbergen überragt. Nach SO senkt es sich zur *Kalahari*, nach N zum *Kongobecken*. Die Küste bildet meist ein bis 40 m hohes Kliff mit cañonartigen Quertälern. Der nordwärts gerichtete → Benguelastrom hat durch Strandversetzung lange Nehrungen aufgebaut, hinter denen die besten Naturhäfen des Landes liegen. Die meisten Flüsse Angolas entspringen im zentralen Hochland u. fließen radial nach allen Richtungen ab: Kunene u. Cuanza münden in den Atlantik, Kuango u. Kasai in den Kongo (Zaire), der Cuando in den Sambesi u. der Cubango in den Ngamisee.

*Klima und Vegetation:* A. hat tropisch-wechselfeuchtes Klima, das im Inneren durch die Höhenlage u. an der Küste durch den kühlen Benguelastrom gemilderte Temperaturen zeigt. Nur der äußerste NW ist feuchtheiß. Die Regenzeit im Südsommer dauert von 8 Monaten im N bis zu 4 Monaten im S mit Ausnahme des vollariden SW, ebenso nehmen die Niederschlagsmengen von N nach S ab. Dementsprechend wachsen im NW nahe der Küste Regenwald u. Mangrove, sonst vor allem Trockenwald (Miombo) u. Savannen. Im SO u. SW breitet sich Dornsavanne aus, u. an der Küste dringt die Vollwüste der Namib im Gefolge des kalten Benguelastromes noch bis gegen Namibe (Moçamedes) vor.

**Bevölkerung** Mit 9 Ew./km² ist A. dünn besiedelt, jedoch ist die Bevölkerung ungleichmäßig verteilt. Dichter bewohnt sind Teile der Randschwelle u. der westl. Teil des zentralen Hochlandes, der O, SO u. S sind dünn besiedelt. Die städt. Bevölkerung beträgt 32 % u. verteilt sich zum größten Teil auf die Hafenstädte Luanda, Lobito u. Benguela sowie Huambo (Nova Lisboa). – Die Bevölkerung besteht überwiegend aus Bantuvölkern, die etwa 120 verschiedenen Stämmen angehören, einzelnen Gruppen von Buschmännern im äußersten S u. rd. 150 000 Mulatten. Von den meist portugies. Europäern sind nach der Entlassung in die Unabhängigkeit 1975 etwa 40 000 im Lande geblieben. – Der größte Teil der Afrikaner spricht Bantusprachen. Amts- u. Verkehrssprache ist weiterhin Portugiesisch, das infolge des sich ausweitenden Schulunterrichts auch als Umgangssprache zunimmt. – Es gibt eine große Zahl Christen im Land: 65 % gehören zur röm.-kath. Kirche, 20 % sind Protestanten; der Rest der Bevölkerung hängt Naturreligionen an.

**Wirtschaft** Mehr als die Hälfte der Bevölkerung arbeitet in der Landwirtschaft. Dieser Erwerbszweig wird teils in modernen Großplantagen (von denen fast alle verstaatlicht wurden), teils in kleineren Privatbetrieben, teils in traditioneller, afrikan. Weise betrieben u. liefert Kaffee (A. war bis zur Unabhängigkeit einer der größten Kaffeeproduzenten der Welt), Sisal, Zucker u. Tabak größtenteils für den Export sowie für den Eigenbedarf Zuckerrohr, Erdnüsse, Reis, Hirse u. trop. Knollenfrüchte, wie Maniok u. Bataten. – Die reichen Bodenschätze sind erst zum Teil erschlossen. Das Erdöl, vorwiegend aus Cabinda, macht 90 % der Exportgüter aus, gefolgt von Diamanten, Mangan, Kupfer, Gold, Silber, Eisen u. Asphalt. Die Industrie hat durch den Bürgerkrieg starke Einbußen erlitten u. umfasst vor allem die Verarbeitung der landwirtschaftl. Produkte, der Bodenschätze (Ölraffinerien), der Fischfangprodukte u. die Herstellung von Getränken, Papier u. Baumaterialien. Die Wasserkraft der Flüsse wird zunehmend durch den Bau von Talsperren genutzt.

Typisches Dorf; die einräumigen Häuser bestehen aus lehmverputzten Holzwänden mit Strohdächern

# Angola

Ausrufung der Volksrepublik Angola in Luanda 1975 mit MPLA-Führer Neto als Präsidenten

**Verkehr** Von dem ca. 77 000 km langen Straßennetz in A. sind gegenwärtig etwa 19 000 km asphaltiert. Bes. im O sind die Straßenverhältnisse während der Regenzeiten schlecht. Relativ gut ist die Erschließung des Landes durch drei große u. mehrere kleinere Eisenbahnen. Die bedeutendste ist die Benguela-Bahn von Lobito nach Katanga mit Verbindung über Sambia u. Simbabwe bis nach Beira in Mosambik. Sie ist wegen der Guerillatätigkeit der UNITA noch geschlossen. Der Inlandluftverkehr hat erhebl. Bedeutung. Die Haupthäfen Luanda, Lobito u. Namibe sind modern ausgebaut, Benguela ist der größte Fischereihafen.

**Geschichte** Als portugies. Seefahrer 1491 die Küste des heutigen A. erreichten, gehörte der NW zum Kongo-Königreich. Um 1600 entstand landeinwärts, bis in das spätere Katanga ausgedehnt, das Reich der Lunda. Die portugies. Kolonialherrschaft beschränkte sich bis 1880 auf die Küste; 1576 wurde Luanda gegr., bis etwa 1860 war A. das wichtigste Sklavengebiet für die Transporte nach Brasilien. 1898 u. 1914 einigten sich das Dt. Reich u. Großbritannien über eine Aufteilung Angolas, jedoch blieb die Kolonie durch den 1. Weltkrieg Portugal erhalten. Eine bescheidene moderne wirtschaftl. Erschließung begann erst nach dem Regierungsantritt A. de Salazars mit dem Kolonialgesetz von 1930. Nach 1945 lenkte Portugal weiße Siedler in großer Zahl nach A., 1951 wurde A. (wie alle portugies. Kolonien) zum Bestandteil des Mutterlandes erklärt.
Seit 1956 wurden afrikan. Nationalbewegungen in A. aktiv, zunächst vor allem die auf die Bakongo gestützte *Union der Völker Angolas (UPA)*. Größere Aktivität entfalteten später andere Organisationen, bes. die von Brazzaville aus operierende *Volksbefreiungsbewegung (MPLA)*, die *Front für die Nationale Befreiung Angolas (FNLA)* u. die in Sambia auftretende *Nationale Union für die totale Unabhängigkeit (UNITA)*. Schon vor der Proklamierung der Unabhängigkeit am 11. 11. 1975 begann der Bürgerkrieg zwischen den drei Befreiungsbewegungen. Die marxistisch-leninistische MPLA siegte mit Hilfe kuban. Truppen gegen die beiden anderen Bewegungen. Die MPLA rief die Volksrepublik A. aus. Erster Staats-Präs. wurde A. *Neto*. Die MPLA reorganisierte sich 1978 als marxistisch-leninistische Einheitspartei. Nach Netos Tod (1979) übernahm dessen Amt J. E. *dos Santos*. Die UNITA setzte mit südafrikan. Unterstützung im Süden Angolas ihre Guerillatätigkeit fort. An der Grenze zu Namibia kam es häufig zu Zusammenstößen zwischen angolanisch-kuban. u. südafrikan. Truppen.
1988 einigten sich A., Kuba u. Südafrika auf den Abzug der kuban. Truppen aus A., um den Bürgerkrieg zu beenden. 1990 wurde die Umwandlung der Volksrepublik in die demokrat. Republik A. beschlossen. 1991 kam es zum Friedensschluss zwischen der UNITA u. der Regierung. Nach dem Sieg der MPLA bei den Parlamentswahlen 1992, den die UNITA wegen angebl. Wahlbetrugs nicht anerkannte, brachen neue schwere Kämpfe aus. Im Nov. 1994 unterzeichneten die Konfliktparteien in der sambischen Hptst. Lusaka eine neue Friedensvereinbarung. Eine endgültige Beilegung der militär. Auseinandersetzungen gelang jedoch nicht. Anfang Dez. 1998 ordnete Präs. dos Santos eine neue Offensive der Armee gegen die UNITA an, der es im Verlauf des Jahres 1999 gelang, weite Teile des Landes unter ihre Kontrolle zu bringen. Die Regierung erklärte inzwischen das Friedensabkommen von 1994 für ungültig. Hunderttausende flohen aus den umkämpften Gebieten.

„grundlos", insofern keine bes. Gründe für sie angegeben werden können oder der Gegenstand, auf den sie sich richtet, der Stärke des Affekts nicht entspricht. In der Psychoanalyse wird die A. als *Trennungsangst* (des Säuglings von der Mutter) bestimmt. Die A. kann – wie andere Affekte – in das Gegenteil umschlagen, z. B. in Aggression. Auch ist man bei der Erklärung des Phänomens A. auf die Instinktausstattung des Menschen zurückgegangen u. hat die A. als einen „Gefahrenschutzinstinkt" erklärt. Bei der Mannigfaltigkeit der Angstzustände, von der „schleichenden" bis zur panischen A., ist eine eindeutige Erklärung aller Phänomene der A. nicht möglich.

Aus der Sicht der *Philosophie* kann A. bestimmt werden als „Möglichkeit der Freiheit" (Kierkegaard); in ihr zeigen sich die menschl. Möglichkeiten in zweideutiger Weise: einerseits positiv als Auszeichnung des Menschseins, Ausdruck seiner Freiheit, andererseits negativ als Verlust von Geborgenheit, als Ausgeliefertsein an die Freiheit. Der grundsätzliche Aspekt der A., auch *Welt-Angst* genannt, ist nach Böhme u. Schelling vor allem in den verschiedenen Ausprägungen der Existenzphilosophie (Kierkegaard, Heidegger, Jaspers, Sartre) betont worden.

**Angster, 1.** [mhd., „Angesicht"], volkstümlich für „Baseler Hohlpfennig", Baseler Kleinmünze des 14. Jh., seit 1424 im Gesamtgebiet der Schweiz geprägt, um 1800 nur noch kleine Kupfermünze in der Zentralschweiz.
**2.** [der; lat. *angustus*, „eng"], *Kuttrolf, Zwiebelglas,* Flasche in Zwiebelform mit engem, gebogenem, langem Hals, der aus mehreren Röhren gebildet ist; als Scherzglas in Dtschld. im 16. u. 17. Jh. verbreitet.
**Angstklausel,** ein Vermerk „ohne Obligo" oder „ohne Gewährleistung" auf einem → Wechsel. Den *Indossanten* kann die A. von der Haftung für die Annahme u. die Zahlung befreien (→ Indossament), den *Aussteller* dagegen nur von der Haftung für die Annahme; darüber hinaus gilt sie als nicht geschrieben (Art. 9 Abs. 2 WG).
**Angstreiser** → Angsttrieb.

Anders Jonas Ångström

**Ångström** [ˈɔŋ-], Anders Jonas, schwedischer Physiker u. Astronom, *13. 8. 1814 Lögdö (Westnorrland), †21. 6. 1874 Uppsala; untersuchte die Spektren der Elemente u. das Sonnenspektrum, in dem er u. a. den Wasserstoff entdeckte.
**Ångströmeinheit** [benannt nach A. J. Ångström], Zeichen Å, Längenmaß (1 Å = $10^{-10}$ m) zur Spezifizierung von Atomabständen in einem Kristallgitter u. der Wellenlänge von Lichtstrahlen. Seit 1. 1. 1978 amtlich nicht mehr zulässig; stattdessen *Nanometer:* 1 nm = 10 Å.
**Angsttrieb,** *Angstreiser, Ersatztrieb,* Notreaktion eines durch Umwelteinflüsse geschädigten Baumes. Nach Absterben von Trieben entwickeln sich Angsttriebe als Ersatz- u. Regenerationstriebe aus Seitensprossanlagen; Angsttriebbildung führt zu buschförmigen Verzweigungsgebilden.

**Anguier** [ãˈgje:] **1.** François, Bruder von 2), französ. Bildhauer, *1604 Eu, Normandie, †9. 8. 1669 Paris; 1641–1643 im Atelier von A. Algardi in Rom. Grabmäler im italien. Stil. Hptw.: Grabmal des Gaspard de la Châtre, Louvre.
**2.** [ãˈgje:] Michel, französ. Bildhauer, *28. 9. 1612 Eu, †11. 7. 1686 Paris; zuerst in Paris tätig, danach in Rom u. Moulins, 1671 Rektor der Pariser Académie des Beaux-Arts. Einer der Hauptmeister der französ. Plastik im 17. Jh., seine Begabung lag hauptsächlich auf dekorativem Gebiet. Hptw.: Porte Saint-Denis in Paris.

◆ **Anguilla** [aŋˈgilja], Insel in der Gruppe der brit. Leeward Islands, Kleine Antillen, 96 km², 11 100 Ew.; Hauptort The Valley; Fischfang, Finanzzentrum, Fremdenverkehr. 1967–1969 als → Saint Kitts, Nevis and Anguilla Glied der Westind. Assoziierten Staaten, 1971 nach Unruhen der brit. Krone direkt unterstellt; seit 1980 mit innerer Selbstverwaltung.

Anguilla

**Anguissola** [aŋgwi-], Sofonisba, italien. Malerin, *um 1530/1540 Cremona, †November 1625 wahrscheinl. Palermo; war Porträtmalerin am Hofe Philipps II. in Madrid u. erlangte als erste Malerin der Renaissance überregionale Bedeutung.

**Angus** [ˈæŋəs], Distrikt in Ostschottland, in der *Tayside Region,* 2265 km², 92 900 Ew.; Verw.-Sitz *Forfar.*

**Anh.,** Abk. für *Anhang.*

**Anhalt,** ehem. Land des Dt. Reiches, rd. 2320 km², 430 000 Ew.; Hptst. *Dessau*; bestand aus 2 größeren Teilen u. 5 Exklaven zwischen Unterharz u. Fläming.
*Geschichte:* Das Gebiet des späteren Anhalt wurde seit etwa 1000 beherrscht von den *Askaniern,* von denen sich als Erster der Sachsenherzog *Albrecht* III. (*1100, †1212) „Graf von Anhalt" nannte; mit Fürst Heinrich I. (*um 1170, †1252) begann die Selbständigkeit Anhalts.
Heinrichs Söhne teilten das väterliche Erbe: Heinrich II. (†1266) begründete die *Aschersleber Linie* (Aschersleben u. Harz), Bernhard I. (†1286/87) die *Bernburger Linie* (Bernburg u. Ballenstedt) u. Siegfried I. (†1298) die *ältere Zerbster Linie* (Dessau, Köthen, Coswig u. Rosslau). Diese Linie spaltete sich 1396 wieder in eine *Albrecht'sche Linie* (Albrecht IV., †1423): Zerbst u. Köthen, u. in eine *Siegmund'sche Linie* (Siegmund I., †1405): Dessau. 1468 starben die Bernburger aus, ihr Besitz fiel an die Siegmund'sche Linie, die 1508 auch die Albrecht'schen Lande erbte. Georg I., ein Sohn Siegmunds I., überließ sein gestärktes u. vereinigtes Land 1473 seinen Söhnen Ernst (†1516) *(ältere Dessauer Linie)* u. Waldemar VI. (†1508) *(ältere Köthener Linie).* Die Köthener Linie führte unter Wolfgang, der kinderlos starb, 1527 die Reformation ein u. fiel dann an die Dessauer Linie, die 1534 unter Georg III. die luth. Lehre erlaubte.
1570 erfolgte unter Joachim Ernst von Anhalt-Dessau die Vereinigung aller anhalt. Länder. Seine Söhne teilten jedoch das Land von neuem; es entstanden die *jüngere Dessauer,* die *jüngere Bernburger,* die *jüngere Zerbster* u. die *jüngere Köthener Linie.* Die anhalt. Fürsten wählten ab 1635 den jeweils Ältesten zum Sprecher für das Gesamthaus. Das *Erstgeburtsrecht* wurde (um weitere Teilungen zu vermeiden) in allen Linien eingeführt (von Anhalt-Bernburg trennte sich vorübergehend 1635–1709 die *Harzgeröder Linie* ab). Der „Alte Dessauer" Leopold I. von Anhalt-Dessau zeichnete sich im preuß. Heeresdienst aus. Die Zerbster Linie starb 1793 aus; des letzten Fürsten Schwester, Zarin Katharina II., erbte daraufhin Jever (das zu Zerbst seit 1667 gehörte). Die anhalt. Fürstentümer traten 1806/07 dem Rheinbund bei u. bekamen dafür von Napoleon den Herzogstitel verliehen. 1815 schlossen sich dem Dt. Bund u. 1822 dem Dt. Zollverein an. 1847 starb die Köthener Linie aus, ihr Land fiel durch Vertrag (1853) an Anhalt-Dessau. Die Bernburger Linie erlosch 1863, u. so vereinigte Leopold IV. Friedrich (1817–1871) von Anhalt-Dessau das ganze Land u. nahm den Titel „Herzog von Anhalt" an. 1871–1904 regierte Herzog Friedrich I., 1904–1918 Friedrich II. das Land.
1919 wurde A. Freistaat. 1933–1945 war es zusammen mit Braunschweig einem Reichsstatthalter unterstellt. 1945 wurde es mit der Provinz Sachsen zur Provinz Sachsen-Anhalt (seit 1947 Land Sachsen-Anhalt) vereinigt. Nach Aufhebung der Länder in der DDR (1952–1990) gehörte der größere Teil Anhalts zum Bezirk Halle, der kleinere zum Bezirk Magdeburg. Seit 1990 ist A. Teil von Sachsen-Anhalt.

**Anhalteweg,** der zum Anhalten eines Fahrzeugs erforderl. Weg; setzt sich zusammen aus *Reaktionsweg* (der in der Reaktionszeit durchfahrenen Strecke) u. *Bremsweg*; Faustformel für die A.: Der A. in Meter ergibt sich als $1/100 \ v^2 + 3/10 \ v$, wobei der Wert der Geschwindigkeit $v$ in km/h eingesetzt wird. (Zugrunde gelegt ist eine → Abbremsung von 40 % u. eine Reaktionszeit von 1,08 Sekunden.)

**Anhalt-Zerbst,** Ldkrs. in Sachsen-Anhalt, Reg.-Bez. Dessau, 1225 km², 79 400 Ew.; Verw.-Sitz ist *Zerbst.*

**Anhang,** der Teil des → Jahresabschlusses von Kapitalgesellschaften, der die Erläuterungen u. Ergänzungen zu den Positionen der → Bilanz u. → Gewinn- und Verlustrechnung enthält.

**Anhänger,** Fahrzeuge ohne eigenes Triebwerk, die zum Betrieb hinter einem Kraftfahrzeug bestimmt sind. Man unterscheidet gewöhnliche A. mit zwei oder mehr Achsen, *Einachsanhänger,* die nur durch die Anlenkung an das ziehende Fahrzeug betriebsfähig sind, u. *Sattelanhänger,* die einen großen Teil ihres Gewichts auf das ziehende Fahrzeug übertragen.

**Anhängerlenkung,** die Lenkung, die ein Anhänger (außer Einachsanhänger u. Sattelanhänger) benötigt, um in der Kurvenfahrt dem ziehenden Fahrzeug folgen zu können. Man verwendet häufig die Drehschemelanordnung. Der *Drehschemel* ist ein Teilfahrzeug, das meistens eine Achse mit zwei Rädern sowie die Zugdeichsel enthält u. mit Hilfe eines Drehzapfens u. eines Drehkranzes mit dem Fahrzeughauptteil verbunden ist. Da diese Bauart eine verhältnismäßig große Bauhöhe verlangt, wird bei Omnibusanhängern u. Fahrzeugen mit niedriger Plattform- oder Fußbodenhöhe die Achsschenkellenkung vorgezogen. Hierbei greift die Zugdeichsel an der Spurstange an u. stellt so die Achsschenkel der gelenkten (Vorder-)Räder ein. Auch → Lenkung.

**anheuern,** einen → Heuervertrag abschließen.

**Anhieb,** *Forstwirtschaft:* erster Hieb einer in mehrmaligen Hieben vorgesehenen Endnutzung eines Hochwaldbestandes zur Eröffnung einer Schlagreihe. Auch → Hiebsart, → Hochwald.

**Anholt,** dän. Insel im Kattegat (Amtskommune Århus), 23 km², 250 Ew.; Naturschutzgebiet; Ort: A.; Leuchtturm.

**Anhui,** mittelchines. Provinz, westl. von Shanghai, 139 900 km², 58,3 Mio. Ew.; Hptst. *Hefei;* Anbau von Weizen, Reis, Ölfrüchten, Baumwolle, Tee, Tabak u.a.; reiche Steinkohlen-, Eisen-, Kupfer- u. Pyritlagerstätten; Kohlen- u. Eisenbergbau, Maschinenbau-, Chemie-, Textil- u. Tabakindustrie.

**Anhydride** [grch. *an-hydros,* „ohne Wasser"], chem. Verbindungen, die durch Abspaltung von einem oder mehreren Wassermolekülen unter der Einwirkung von Wärme oder bestimmten Chemikalien aus einem oder mehreren Molekülen eines Stoffes entstehen. Bei Zugabe von Wasser werden die Ausgangsprodukte zurückgebildet. Es wird unterschieden zwischen *Säure-Anhydriden* (z.B. $SO_3$ aus $H_2SO_4 - H_2O$; $P_2O_5$ aus $2H_3PO_4 - 3H_2O$) u. *Basen-Anhydriden* (z.B. BaO aus $Ba(OH)_2 - H_2O$; oder $Na_2O$ aus $2NaOH - H_2O$). Durch Aufnahme von Wasser gehen die Metall- oder Nichtmetalloxide in eine Base [z.B.: $CaO + H_2O \rightarrow Ca(CO)_2$] oder in eine Säure ($SO_3 + H_2O \rightarrow H_2SO_4$) über. Für das wässrige System gilt die Regel: Metalloxide bilden mit Wasser eine Base; Nichtmetalloxide dagegen eine Säure.

**Anhydrit** [der; grch.], *Calciumsulfat,* wasserfreier Gips, chem. Formel: $CaSO_4$, typ. Mineral von Salzlagerstätten, kommt zusammen mit Gips u. Steinsalz vor; Verwendung für die Herstellung von Estrichgips.

**Anhydritbinder,** Bindemittel *(Luftmörtelbildner)* aus natürl. oder synthet. → Anhydrit u. Anregern wie Baukalk, Portlandzement; salzartige Stoffe, die zusammen mit dem Anmachwasser das Erstarren ermöglichen. Als nicht hydraul. Bindemittel dürfen sie nicht für der Feuchtigkeit ausgesetzte Bauteile verwendet werden.

◆ **Ani,** *Madenhackerkuckucke, Crotophaga,* Gattung elstergroßer *Kuckucke,* die in 3 Arten Westindien, Mittel- u. Südamerika bewohnen; suchen, kopfabwärts an Baumstämmen herablaufend, Insekten u. lesen Parasiten von Haustieren ab; bilden Brutgemeinschaften von 4–6 Paaren, die in ein gemeinsames Nest Eier ablegen u. abwechselnd brüten.

Ani: Riefenschnabel-Ani, Crotophaga sulcirostris

**Ani,** türk. Ruinenstadt bei Kars im NO Anatoliens; Hptst. der Bagratiden im 10. Jh.

**Anié,** Stadt in der Plateauregion von Togo, Handels- u. Forschungszentrum eines Baumwollanbaugebiets.

**Aniene,** der antike *Anio,* linker Nebenfluss des Tiber, 110 km; entspringt in den Simbruinibergen, bildet bei Tivoli 108 m hohe Wasserfälle, mündet oberhalb von Rom; dient der Wasser- u. Stromversorgung Roms.

**änigmatisch** [grch.], veraltete Bezeichnung für rätselhaft.

**Aniketos, Anicetus,** Papst 155(?)–166; wohl Syrer, Heiliger; Martyrium schlecht bezeugt. Fest: 17. 4.

**anikonisch,** [grch.], religionswissenschaftl. Bez. für Kultformen, in denen die Gottheit nicht in bildhafter Form dargestellt werden darf.

**Anilide,** allg. Formel: $C_6H_5-NH-CO-R$, aromat. Aminoverbindungen, bei denen im Anilinmolekül ein Wasserstoffatom der Aminogruppe durch einen Säurerest ersetzt ist, z.B. → Acetanilid $C_6H_5-NH-CO-CH_3$.

**Anilin** [das; sanskr., arab., portug.], *Aminobenzol,* primäres aromat. Amin, bei dem die Aminogruppe direkt mit dem Benzolkern verbunden ist. A. war als Bestandteil des Steinkohlenteers der erste technisch hergestellte Grundstoff für Teerfarben. A. lässt sich synthetisch durch saure Reduktion von Nitrobenzol mittels Eisenspänen oder durch Hydrierung von Nitrobenzol am Kupferkontakt gewinnen u. ist eine ölige, farblose Flüssigkeit, die sich an der Luft durch Selbstoxidation bald braun färbt. Die Dämpfe sind giftig, Zerstörung der Erythrocyten. A. bildet mit Säuren unter Anlagerung Salze, z.B. salzsaures A. Auch heute noch ist A. ein wichtiges Ausgangsprodukt für die Herstellung von Anilinfarbstoffen u. Arzneimitteln.

**Anilinblau,** *Spritblau, Triphenylparafuchsin,* Färbezusatz zu Firnissen u. zur Einfärbung von Mikroskop-Präparaten, säurebeständig, aber nur wenig lichtecht, wird daher heute nicht mehr zur Textilfärbung verwendet. Alkalimonosulfonate des A. sind wasserlöslich (→ Alkaliblau) u. werden als blaue Druckfarbstoffe verwendet. Die Trisulfonate *(Wasserblau)* dienen zum „Bläuen" von Wäsche u. Papier u. die Tetrasulfonate als Tintenblau.

**Anilindruck** → Hochdruck.

**Anilingelb** = Aminoazobenzol.

**Anilinöl,** das Rohanilin.

**Anilinschwarz,** eine aus 11 Benzolkernen bestehende Verbindung, die wahrscheinlich durch eine entsprechende Zahl von Stickstoffbrücken (−N= u. −NH−) verbunden sind. Wichtiger schwarzer → Entwicklungsfarbstoff, der ein schönes echtes Schwarz liefert.

**Anima** [die; lat.], **1.** *Philosophie:* Seele; die Scholastik unterscheidet nach Aristoteles *anima vegetativa, sensitiva* u. *rationalis,* gemäß den Körper-, Sinnes- u. Verstandesfunktionen der Seele.

**2.** *Psychologie:* bei C. G. *Jung* das unbewusste Urbild vom weibl. Wesen, das dem Mann in seiner Persönlichkeitsentwicklung erscheint; entsprechend *Animus* bei der Frau.

**animal,** *animalisch* [lat.], tierisch.

**animalisieren,** mit Wollfarbstoffen anfärbbar machen, durch chem. Behandlung; a. lässt sich z.B. Baumwolle.

**Animalismus** [lat.], bei vielen Jägervölkern magisch-mystische Vorstellungen über das Jagdwild; oft verbunden mit dem Glauben an ein → alter ego u. Ritualen zur Versöhnung mit dem Geist der bei der Jagd getöteten Tiere. Aus dem A. hat sich der *Totemismus* entwickelt.

**Animals** ['ænɪməls], engl. Rockgruppe, die 1962 in Newcastle mit blues- u. soulgefärbtem Repertoire begann. Prominenteste Mitglieder: Eric *Burdon,* Alan *Price;* 1964 Welterfolg mit „House of the rising sun".

**Animateur** [-'tø:r; frz.] → Animation (2).

**Animation, 1.** *Datenverarbeitung:* Abfolge von Bildern, die beim Ablauf den Eindruck von bewegten Bildern entstehen lassen. Von einem Bild zum nächsten werden immer nur Details verändert, um einen möglichst flüssigen Übergang zu erhalten. Animationen dienen zur Visualisierung von Abläufen u. zur Simulation. Ein einfaches Verfahren zur Erzeugung von Animationen ist das Color Cycling, bei dem der Eindruck einer Bewegung durch zykl. Rotieren der Bildschirmfarben erzielt wird. Komplexere Bewegungsabläufe lassen sich mit speziellen Animationsprogrammen erzeugen, die jedoch hohe Anforderungen an die → Hardware stellen.

2. *Tourismus:* eine Serviceleistung, die vielfältige Anregungen, Hinweise u. Anstöße zur Gestaltung von Freizeit u. Urlaub gibt. *Animateure* regen zu Tätigkeiten u. Aktivitäten an, die spielerischer, sportl., handwerkl., schöpferischer u. geselliger Art sein können; insgesamt soll dadurch ein höherer Grad von Urlaubszufriedenheit bewirkt werden.

**Animationsfilm** → Trickfilm.

**Animatismus** [lat.], die Vorstellung, dass alle Dinge u. Naturerscheinungen der Umwelt belebt seien.

**animato** [ital.], musikal. Vortragsbez.: beseelt; auch *con anima* („mit Seele").

**animieren** [frz.], anregen, aufheitern. – *animiert,* angeregt, lebhaft, heiter.

**Animismus** [lat.], Seelenglaube, nach E. B. Tylor („Die Anfänge der Kultur" 1873) die Urform menschl. Religiosität, aus der sich der → Ahnenkult, der Glaube an Geister u. schließlich an Götter entwickelt habe. Diese evolutionist. Theorie hat sich als nicht haltbar erwiesen u. spielt heute in der Völkerkunde keine Rolle mehr.

**animistisch, 1.** den Animismus betreffend. **2.** den Animismus betreffend.

**Animo** [das; lat.], *österr.:* Schwung, Lust.

Anis, Pimpinella anisum

**animos** [lat.], veraltete Bez. für widerwillig, erbittert. – *Animosität,* feindselige Haltung, Erbitterung.

**animoso** [ital.], musikal. Vortragsbezeichnung: erregt.

**animpfen,** einbringen bzw. aufbringen einer kleinen Mikroorganismen-Kultur in eine Nährlösung bzw. auf einen Nährboden zu deren Vermehrung. Ziel ist meist die Gewinnung eines Stoffwechselproduktes (oft ein Protein) bzw. die Identifizierung des Mikroorganismus.

**Animus** [der; lat.], Seele, Geist; auch Neigung, Ahnung.

**Animus naturaliter Christiana** [lat.], „Die Seele (ist) von Natur aus christlich" (Tertullian).

**Anina,** Stadt im SW Rumäniens, Kreis Caraș-Severin, 11 700 Ew.; altes Bergbauzentrum mit Braunkohlevorkommen; Holzabbau u. -verarbeitung.

**Anion** [das, Pl. *Anionen*; grch.], negativ geladenes Teilchen (Ion), das bei elektrostat. Anziehung zum positiven Pol, der *Anode,* wandert.

**Anionenaustauscher,** ein → Ionenaustauscher, der positive Gruppen auf seiner stationären Phase trägt u. folglich negative Ionen *(Anionen)* binden kann. Die positiven Ladungen können z. B. durch fixierte Ammoniumgruppen am Kunstharz zur Verfügung gestellt werden:

– C – C – C – C – C (Kunstharzgerüst)
  |        |        |
  $NH_3^+$   $NH_3^+$   $NH_3^+$  Ammoniumgruppen

A. werden bevorzugt eingesetzt, wenn es sich um die Abtrennung von komplexen Säureresten aus der Lösung handelt. Auch → Ionenaustauscher.

◆ **Anis** [auch 'a:nis; der; grch., lat.], *Pimpinella anisum,* ein *Doldenblütler (Umbelliferae),* dessen Samen als Geruchs- u. Geschmackskorrigens in der Süß- u. Backwarenindustrie u. als Husten lösendes Mittel verwendet werden. Wirkstoff ist das vorwiegend aus *Anethol* bestehende *Anisöl.* A. dient bes. im Mittelmeerraum zur Herstellung von Anisbranntwein, der, mit Wasser verdünnt, milchig trübe wird, z. B. griech. *Ouso,* türk. *Raki,* arab. *Zibib.* Heute verwendet man vielfach das Öl aus den Früchten des Sternanisbaums (*Illicium verum*) aus Indo- u. Südchina, eines Magnoliengewächses.

**Anis** [das; lat. Name der *Enns*], *Geologie:* Stufe der pelag. Trias.

**Anisaldehyd,** *Aubepine, p-Methoxybenzaldehyd,* $CH_3 – O – C_6H_4 – CHO$, ein Phenoletheraldehyd, der im Anis- u. Fenchelöl vorkommt, aber auch synthetisch hergestellt wird. A. wird in der Parfümerie verwendet. Auch der *Anisalkohol* wird zur Fabrikation von Riechstoffen benutzt.

**Anisette** [-'zεt; frz.], Anislikör, mit einem Alkoholgehalt von mindestens 30 Vol. %.

**Anisogamie** [grch.], *Anisogametie,* Vorliegen von ungleich großen Gameten, wobei die größeren als weiblich gelten; → Keimzellen.

**Anisokorie** [grch.], ungleiche Weite der Pupillen; Folge von Augenerkrankungen oder Symptom bei Nervenkrankheiten.

**Anisol,** *Phenylmethylether,* $C_6H_5 – O – CH_3$, ein Phenolether, der durch Veretherung des Phenols mit Diazomethan u. Alkalien dargestellt werden kann; wohlriechende ether. Flüssigkeit, wird als Lösungsmittel u. Parfümeriegrundstoff verwendet.

**Anisometropie** [grch.], verschiedene Brechkraft der beiden Augen; z. B. ein Auge normalsichtig, das andere über- oder kurzsichtig, ein Auge kurz-, das andere übersichtig; meist sind beide Augen kurz- oder übersichtig, aber in ungleichem Maße. Entspr. verordnet der Augenarzt ungleiche Brillengläser.

**Anisotropie** [grch.]. **1.** *Biologie:* die ungleichmäßige Verteilung des Dotters im Ei; bei anisotropen Eiern ist ein *animaler Pol* (Keimanlage) u. ein *vegetativer Pol* (Dotter) zu unterscheiden.
**2.** *Physik:* die in verschiedenen Raumrichtungen unterschiedlichen physikalischen Eigenschaften der kristallinen Materie. Es wird eine Anisotropie beobachtet bezüglich der *mechanischen Eigenschaften,* der *thermischen Ausdehnung,* der *Wärmeleitung* und insbesondere der *optischen Eigenschaften* von Kristallen (→ Doppelbrechung). Gegensatz: *Isotropie.*

**Anita,** weibl. Vorname, Kurzform von span. *Juanita* = Johanna; auch → Johannes.

**Anja,** weibl. Vorname; russische Form von → Anna.

**Anjalabund,** ein 1788 in *Anjala* (Finnland) geschlossenes Bündnis (Bundesakte von Anjala) zwischen schwedischen und finnischen Offizieren, mit dessen Hilfe die Schweden König Gustaf III. zwingen wollten, den Krieg gegen Russland abzubrechen, die Finnen dagegen die Selbständigkeit ihres Landes zu erreichen suchten. Die Mitglieder des A.s wurden 1789 verhaftet und verurteilt.

**Anjou** [ã'ʒu:], historische Landschaft (ehem. Grafschaft) im nordwestlichen Frankreich, umfasst das heutige Département *Maine-et-Loire* u. Teile der Départements *Mayenne* u. *Sarthe* im N und *Indre-et-Loire* im O; alte Hptst. *Angers;* die breiten, fruchtbaren Tallandschaften der *Loire* und *Maine* und die sie begrenzenden welligen Hochflächen, deren Hänge ausgedehnte Weinberge tragen; mildes und feuchtes Klima; Wein-, Gemüse- und Obstanbau, Blumenzucht, Viehzucht; Eisenerzbergbau im NW; Textilindustrie.
*Geschichte:* A. wurde im 10. Jh. selbständige Grafschaft. Die Grafen von A. erwarben in der Mitte des 11. Jh. Touraine, 1110 Maine, im 12. Jh. die Normandie, 1152 Guyenne. Heinrich von Anjou-Plantagenet bestieg als Heinrich II. den engl. Thron. 1204 eroberte der französ. König Philipp II. August das *Angevinische Reich* für Frankreich zurück. Ludwig IX. belehnte 1246 seinen Bruder Karl mit A.; dieser erwarb die Provence u. wurde 1265 mit Neapel-Sizilien belehnt. Diese *ältere Linie Anjou-Neapel* saß 1308–1382 auf dem ungar., 1370–1382 (bzw. 1399) auch auf dem poln. Thron, verlor aber 1282 (Sizilianische Vesper) Sizilien an Aragón. Durch Heirat erwarb Karl von Valois A., dessen Sohn

Ankara: Hochhäuser prägen die zentralen Stadtviertel

Philipp wurde 1328 als Philipp VI. König von Frankreich. Johann II. (*1319, †1364) erhob A. u. Maine 1360 zum Herzogtum. 1380 wurde die *jüngere Linie A.* begründet, sie starb 1481 aus. Seitdem diente A. als Apanage für königl. Prinzen.

**Anjou** [ã'ʒu:], François-Hercule de Valois, Herzog von, 4. Sohn Heinrichs II. von Frankreich, *18. 3. 1556 Paris, †10. 6. 1584 Château-Thierry, Département Aisne; erhielt 1576 die Herrschaft über Holland und Seeland. Bekam 1578 die „Schirmherrschaft über die Niederlande gegen die spanische Tyrannei" angetragen und schloss 1580 mit den Generalstaaten den Vertrag von Plessis-les-Tours, worin er als Landesherr anerkannt wurde. 1582/83 residierte er vor allem in Antwerpen. Wegen seiner schwankenden Politik verlor er seinen Anhang und musste die Niederlande verlassen.

**Anjouan** [an'ʒwan], früherer Name der Komoreninsel → Nzwani.

**Anjou-Plantagenet** [ã'ʒu: plæn'tædʒinit] → Plantagenet.

**Ank.,** Abk. für *Ankunft.*

**Anka,** weibl. Vorname; polnische Form von → Anna.

**Anka** ['æŋkə], Paul, kanad. Popsänger, *30. 7. 1941 Ottawa; wurde bereits als 16-Jähriger mit der Ballade „Diana" weltberühmt; in den 1980er Jahren auch als Schauspieler u. Entertainer aktiv.

◆ **Ankara,** früher neugriech. *Angora, A. Suyu,* Hptst. der Türkei seit 1923 u. der Provinz A., in Anatolien an der Ankara, 851 m ü. M., 2,56 Mio. Ew.; moderne Groß- u. Gartenstadt, Verwaltungs-, Bildungs- u. Verkehrsmittelpunkt der Türkei; 3 Universitäten, technische Hochschule, Hethiter- u. Ethnographisches Museum. Industriell ragen hervor die Metall-, Elektro-, Papier- u. Nahrungsmittelbranche. – A. hat eine klimatisch begünstigte Lage, Niederschläge meist im Frühling und Winter und für den Vegetationszyklus ausreichend; kontinentale, sonnige, trockene und warme Sommer. Die Stadt liegt innerhalb der Weizenanbauzone, an die sich im SW eine Zuckerrübenanbaufläche anschließt. – A. hat ein Wärmekraftwerk u. ist Straßen-, Flug- und Eisenbahnknotenpunkt mit Verbindungen nach Istanbul, Europa, Bagdad u. a. sowie modernem internationalem Flughafen. *Geschichte:* An der Stelle des heutigen A. befand sich um 1000 v. Chr. eine phryg. Stadt. Das antike *Ankyra (Ancyra)* wurde 25 v. Chr. Hptst. der röm. Provinz Galatien. An der Mauer eines damals errichteten Tempels erhielt sich das *Monumentum Ancyranum,* ein Rechenschaftsbericht des röm. Kaisers Augustus. 654 erstmals von Arabern erobert, war A. in den folgenden Jahrhunderten wechselnden Herrschern untertan (Seldschuken, Kreuzfahrer, Ilchane u. a.). Im 14. Jh. kam es zum Osman. Reich. 1402 besiegte Timur bei A. den osman. Sultan Bajezid I. Bis ins 20. Jh. war A. eine kleine Provinzstadt. M. Kemal (der spätere *Atatürk*) machte A. 1920 mit der Einberufung einer Nationalversammlung zum Zentrum der Bewegung für die nationale Erneuerung der Türkei. 1923 wurde A. Hauptstadt der Türkei.

**Ankara-Katze,** türkische → Angorakatze.

**Ankaran,** ital. *Ancarano,* Badeort in Slowenien, nördl. von Koper gelegen; 2600 Ew.; moderne Hotel- u. Bungalowsiedlungen; Obstbau, Salzgewinnung.

**Ankaratra,** Gebirge im Inneren Madagaskars, im *Tsiafajavona* 2638 m hoch, aus basaltisch-vulkanischen Gesteinen aufgebaut; Quellgebiet mehrerer großer Flüsse.

**Anke,** Werkzeug mit halbkugelförmiger Schlagfläche zum Heraustreiben von kugeligen Vertiefungen in Blechen.

**Anke,** weibl. Vorname; niederdeutsche Form von → Anna.

**Ankel,** Cornelius, dt. Prähistoriker, *31. 7. 1930 Gießen, †10. 1. 1976 Duisburg; einer der ersten, die die EDV zur Bearbeitung von archäologischen Funden anwandten; Begründer der Zeitschrift „Archaeographie"; seit 1968 Direktor des Niederrheinischen Museums in Duisburg.

**Anker,** 1. *Bauwesen:* Bauelement aus Stahl zur Aufnahme von Zugkraft: Sicherung des Zusammenhalts von Bauteilen, Sicherung gegen Verschieben oder Abheben, Aufnahme des Horizontalabschubs bei Gewölben, Verbindung von Verblendsteinen mit der Hintermauerung, Aufnahme des Erddrucks bei Spundwänden u. a. Auch → Ringanker.
2. *Elektrotechnik:* 1. Teil von elektr. Maschinen (Motor, Generator): ein mit Nuten versehenes Blechpaket, das die Ankerwicklung aufnimmt; in dieser Wicklung wird vom magnet. Feld eine Spannung induziert. Bei Gleichstrommaschinen ist es meist (*Außenpolmaschine*) der Läufer, dessen Wicklung über den Kommutator mit dem Gleichstromnetz verbunden wird, bei Synchronmaschinen (*Innenpolmaschinen*) meist der Ständer, dessen Wicklung mit dem Wechsel- oder Drehstromnetz verbunden wird. Bei Asynchronmaschinen liegt die mit dem Netz verbundene Wicklung (*Primär-Anker*) meist im Ständer, während die Läuferwicklung (*Sekundär-Anker*) meist betriebsmäßig kurzgeschlossen ist. – 2. Teil von Elektromagneten, der bei stromdurchflossener Erregerspule (Feldspule) angezogen wird u. dabei eine Arbeit verrichten kann, z. B. bei Relais, Hubmagneten u. Ä.
3. *Feinmechanik:* Teil der Steigradhemmung bei Uhren.
4. *Maschinenbau:* verspannter Stahlbolzen bei Pressen im Gestell zur Verringerung der Auffederung; Stahlbolzen zum Befestigen von Maschinen in Grundmauern, an Mauern oder Decken.
5. *Maße u. Gewichte:* altes dt. u. ausländ. Flüssigkeitsmaß (Wein), je nach Land rd. 33 bis 45,4 l, meist um 37 l.
◆ 6. *Schifffahrt:* meist Doppelhaken zum Ortsfesthalten von schwimmenden Körpern im Wasser. Beim *Stock-Anker (Admiralitäts-Anker)* bewirkt ein Zug auf die Ankerkette, dass sich der Ankerstock flach legt u. eine Ankerflunke sich in den Grund eingräbt. Der stocklose *Patent-Anker (Hall-Anker, Inglefield-Anker* u. a.) hat zwei bewegl. Flunken, die sich in jeder Stellung festhaken. *Pilz-* oder *Schirm-Anker* werden für Daueranlieger wie Feuerschiffe, Minen u. a. verwendet. Auch → Dragge.

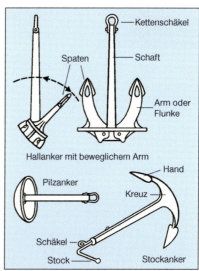

Anker (6): verschiedene Ankertypen

Albert Anker: Der Seifenbläser, 1873; Bern, Kunstmuseum

**Anker,** ◆ **1.** Albert, schweiz. Maler u. Grafiker, * 1. 4. 1831 Ins, Kanton Bern, † 16. 7. 1910 Ins; schuf Genredarstellungen aus dem schweiz. Volksleben, illustrierte ferner Werke von J. *Gotthelf,* seit 1870 auch Historienbilder („Pestalozzi").
**2.** Nini, geb. Roll, norweg. Schriftstellerin, * 3. 5. 1873 Molde, † 19. 5. 1942 Asker; schrieb i. d. Nachfolge von Camilla Collett u. Bertha Amalie Skram psycholog. Frauenromane („Das schwache Geschlecht" 1915), ferner unter dem Pseud. *Kaare P.* Kinderbücher u. Schriften über Jugendprobleme
**Ankerausbau** → Streckenausbau.
**Ankerkreuz,** seit dem frühen Christentum Sinnbild christl. Hoffnung, bildlich vom 5. bis 15. Jh. nicht dargestellt.
**Anker Larsen,** Johannes, dän. Erzähler, * 18. 9. 1874 Heminge, Insel Langeland, † 12. 2. 1957 Kopenhagen; von S. Kierkegaard beeinflusst, schrieb er myst. Romane: „Der Stein der Weisen" 1923, dt. 1924; „Ich will, was ich soll" 1931, dt. 1933; „Olsens Torheit" 1941, dt. 1943; Memoiren „Bei offener Tür" 1926, dt. 1926.
**Ankerwicklung** → Elektromotor; auch → Anker (2).
**Anklage,** Einleitung eines strafgerichtl. Verfahrens (→ Strafprozess) durch Erhebung der → öffentlichen Klage oder einer → Privatklage.
**Anklagegrundsatz,** *Akkusationsprinzip* → Strafprozess.
**Anklageschrift,** Schriftstück, durch dessen Einreichung bei Gericht die Staatsanwaltschaft die → Anklage erhebt.

**Anklam,** Hafenstadt in Mecklenburg-Vorpommern, an der schiffbaren Peene, 16 800 Ew.; Marienkirche (14. Jh.), Nikolaikirche (14. Jh.), Steintor (15. Jh.); Zuckerfabrik, Metallverarbeitung, Baustoff- u. Möbelindustrie, Konfektionsbetriebe, Verw.-Sitz des Ldkrs. *Ostvorpommern.* – Ehem. Hansestadt; 1264 Stadtrecht.
**Ankober,** Stadt in der Landschaft *Shoa* in Äthiopien, 2760 m ü. M., 8000 Ew.; bis zum 17. Jh. Hptst. des äthiop. Reiches.
**Ankogel,** nach der Hochalmspitze (3360 m) der höchste Gipfel im östl. Teil der *Hohen Tauern* (Österreich); 3246 m.
**Ankreis,** ein Kreis, der eine Seite u. die Verlängerungen der anderen beiden Seiten eines Dreiecks berührt.
**Ankylostomiasis** → Hakenwurmkrankheit.
**ankylo…,** *anchylo…* [grch.], Wortbestandteil, bedeutet „Bogen, Krümmung".
**Ankylose** [grch.], knöcherne, feste Gelenkversteifung, entweder infolge von Krankheitsprozessen im oder am Gelenk, z. B. bei arthrotischen Prozessen, oder künstl. (operativ) zur Ruhigstellung eines kranken, schmerzenden Gelenks.
**Ankyra** → Ankara.
**Anlage, 1.** *Psychologie:* die Gesamtheit der bei der Geburt bereitstehenden, ererbten Dispositionen. Die Auffassung, dass Individuen sich ausschließl. im Rahmen ihrer A. entwickeln, ist überholt (Vererbungstheorie). Heute erklärt man die Unterschiede zwischen Individuen aus dem Wechselwirkungen von A. u. Umwelteinflüssen.
**2.** *Verwaltungsrecht:* Begriff, mit dem in verschiedenen Gesetzen bestimmte technische, bauliche oder andere Einrichtungen bezeichnet werden.
**3.** *Wirtschaft:* → Anlagevermögen.
**Anlageinvestition** → Investition.
**Anlagekapital** → Anlagevermögen.
**Anlagekredit** → Kredit.
**Anlagen,** *Umweltschutz:* nach dem → Bundes-Immissionsschutzgesetz jene Betriebsstätten u. andere ortsfeste Einrichtungen, Maschinen, Geräte, Fahrzeuge oder andere ortsveränderl. techn. Einrichtungen sowie Grundstücke, auf denen mit → Emissionen verbundene Arbeiten durchgeführt oder Stoffe gelagert bzw. abgelagert werden. Die unterschiedl. Anforderungen für die Genehmigung u. den Betrieb von A. werden in spezielleren, dem Gesetz nachgeschalteten Verordnungen geregelt; dabei wird unter dem Gesichtspunkt potenzieller Gefahren in genehmigungsbedürftige u. nicht genehmigungsbedürftige A. unterschieden.
**Anlagenberater,** *Anlagenberaterin,* Berater bzw. Beraterin für günstige Kapitalanlagen im Wertpapier-, Kredit-, Grundstücks- u. Wohnungsgeschäft u. Ä.; Berufstätigkeit ohne vorgeschriebenen Ausbildungsweg.
**Anlagenmechaniker,** *Anlagenmechanikerin,* anerkannter Ausbildungsberuf in der Metallindustrie, in dem die vor 1987 als *Betriebs-, Blech-* u. *Hochdruckrohrschlosser, Kessel-* u. *Behälterbauer* sowie *Rohrinstallateur* u. *Rohrnetzbauer* bezeichneten Tätigkeiten aufgegangen sind; Ausbildungsdauer dreieinhalb Jahre. Der Beruf ist in die Fachrichtungen Apparatetechnik u. Versorgungstechnik gegliedert. In der Fachrichtung *Apparatetechnik* arbeiten A. vor allem in den Bereichen der Verfahrens-, Nahrungsmittel-, Energie- u. Versorgungstechnik. Sie fertigen, warten u. reparieren Apparate. In der Fachrichtung *Versorgungstechnik* stellen A. Rohrleitungssysteme sowie rohrleitungs- u. lüftungstechn. Anlagen her. Weiterbildung ist durch ein Studium z. B. der *Versorgungs-* oder *Anlagenbetriebstechnik* (Dipl.-Ing.) möglich.
**Anlagerungskomplexe,** veraltete Bez. für kinetisch wenig stabile Metallkomplexe, deren Zusammensetzung mit der Anlagerung von Ionen oder Neutralmolekülen an ein zentrales Metall-Ion erklärt wurde. Die Metall-Hydrate wie z. B. Kupfervitriol, $(Cu(H_2O)_4)SO_4 \cdot H_2O$, geben das *Hydratwasser* in der Hitze mehr oder minder vollständig ab, können es jedoch auch wieder anlagern. A. werden heute als labile Komplexe aufgefasst.
**Anlagerungsverbindung,** *Additionsverbindung, Molekülverbindung,* chem. Verbindung, die einfach durch Zusammenlagerung von Molekülen entsteht. Viele Hydrate können z. B. als A. verstanden werden, wenn sie sich reversibel in die wasserfreien Verbindungen umsetzen lassen. Auch die Addition einer Lewis-Säure (z. B. $SO_3$) mit einer Lewis-Base (z. B. $NH_3$) führt zu einer A., dem Lewis-Salz (hier $O_3S–NH_3$).
**Anlagespiegel,** eine bis 1986 von Aktiengesellschaften im Jahresabschluss zu publizierende tabellarische Darstellung der Buchwertveränderungen des Anlagevermögens. Der A. entsteht durch die spaltenweise Darstellung der Werte aus der Eröffnungsbilanz, Zu- u. Abgängen, Zu- u. Abschreibungen, Umbuchungen u. den Schlussbilanzwerten; die Verpflichtung zur Erstellung des Anlagespiegels war in § 152 AktG geregelt. Seit 1987 gilt die in angelsächsischen Ländern übliche direkte Bruttomethode *(Anlagegitter).* Ausgehend von den gesamten Anschaffungskosten oder Herstellungskosten sind Zugänge, Abgänge, Umbuchungen u. Zuschreibungen des Geschäftsjahres sowie kumulierte Abschreibungen (Abschreibungen aus Vorjahren u. des Geschäftsjahres) in ihrer gesamten Höhe aufzuführen. Die Abschreibungen des Geschäftsjahres sind entweder in der Bilanz bei dem betreffenden Posten zu vermerken oder im Anhang in einer der Gliederung des Anlagevermögens entsprechenden Aufgliederung anzugeben (§ 268 II HGB).
**Anlage-Umwelt-Formel,** auf Franz von *Liszt* zurückgehende Ursachenerklärung der → Kriminalität, wonach jedes Verbrechen das Produkt aus der Eigenart des Verbrechers einerseits u. den ihn Verbrecher im Augenblick der Tat umgebenden gesellschaftl. Verhältnissen andererseits ist. Da die gesellschaftl. Faktoren des Verbrechens für Liszt ungleich bedeutsamer waren als der individuelle Faktor, ergab sich daraus die Folgerung, dass die → Kriminologie die gesellschaftl. Ursachen des Verbrechens erforschen u. die → Kriminalpolitik durch Umgestaltung der ausschlaggebenden ge-

sellschaftl. Verhältnisse die Kriminalität beeinflussen könne.

**Anlagevermögen,** die Teile des Vermögens eines Betriebes, die zur dauernden Benutzung, nicht aber zum Verbrauch oder zum Verkauf bestimmt sind. Das *materielle A.* besteht aus dem *Sach-Anlagevermögen* (Grundstücke mit u. ohne Gebäude, grundstücksgleiche Rechte, Maschinen, Betriebs- u. Geschäftsausstattung, Anlagen im Bau u. Anzahlungen auf Anlagen) u. dem *Finanz-Anlagevermögen* (Beteiligungen u.a. Wertpapiere, sofern nicht zum baldigen Verkauf bestimmt sind, u. Ausleihungen mit einer Laufzeit von mindestens vier Jahren); hinzu tritt das *immaterielle A.*, bestehend aus Konzessionen, Patenten, Lizenzen u. Markenrechten. Nach dem Finanzierungsprinzip der Fristengleichheit soll das A. mit *langfristigem Kapital* (z. B. Grundkapital, Rücklagen u. langfristigem Fremdkapital) finanziert werden.

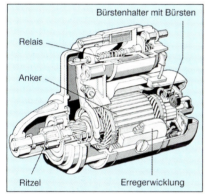

Anlasser (2) eines Personenkraftwagens: Schnittbild

**Anlagewerte,** Wertpapiere *(Anlagepapiere)* u. Beteiligungen, die eine sichere Kapitalanlage gewährleisten sollen.

**anlassen, 1.** *Elektrotechnik:* Elektromotoren mit Hilfe von Zusatzeinrichtungen einschalten; → Anlasser (1).
**2.** *Metallurgie:* Metalllegierungen, die durch → Abschrecken zu hart bzw. zu spröde geworden sind, einer gezielten Heißbehandlung unterwerfen. Die beim Abschrecken entstandenen Spannungen werden beim A. durch eine gewisse Homogenisierung ausgeglichen. Die beim A. auf blanken Stahlflächen erkennbaren *Anlassfarben* sind auf Interferenzen an dünnen Oxidschichten zurückzuführen. Sie lassen die augenblicklich erreichten Anlasstemperaturen erkennen, z.B. Anlassfarbe Gelbbraun: ca. 240 °C; Anlassfarbe Violettblau: 280–310 °C.

**Anlasser, 1.** *Elektrotechnik:* eine Vorrichtung, um Elektromotoren an das Netz anschließen zu können. Sie besteht meist aus einer Reihe von Widerständen, oft als Drahtspirale gewickelt, die beim Anlassen nach u. nach überbrückt u. aus dem Stromkreis herausgenommen werden. Das geschieht mit Hilfe spezieller Schalter, bei denen die Kontakte meist auf einer Kreisbahn oder auf einer Walze angeordnet sind, oder durch elektromagnet. betätigte Schaltschütze. Bei *Flüssigkeits-Anlassern* wird der Widerstand dadurch verringert, dass Elektroden (meist Metallplatten) allmählich in eine Flüssigkeit (wässrige Lösung) getaucht werden (stetige Widerstandsverringerung). Durch Einschalten eines Anlassers werden unzulässig hohe Ströme, die beim direkten Einschalten Motor u. Netz gefährden würden, sowie die entsprechend hohen Drehmomente, die Kupplungen, Getriebe u. Wellen zerstören könnten, vermieden. Kleine Anlassschalter werden von Hand betätigt, größere durch einen Hilfsmotor, der auch aus größerer Entfernung geschaltet werden kann. Bei Drehstrommotoren wird auch über vorgeschaltete Transformatoren oder Drosselspulen (Anlasstrafo, -drossel) oder durch Wicklungsumschaltung (Stern-Dreieck-Schaltung, Y-Δ-Schaltung) angelassen.
◆ **2.** *Kraftfahrzeugwesen:* elektr. Hilfsmotor, um einen Verbrennungsmotor, der nicht aus eigener Kraft anlaufen kann, in Gang zu setzen. Er wird von der Batterie gespeist. Das von ihm erzeugte Drehmoment wird durch ein Ritzel auf einen Zahnkranz am Schwungrad des Verbrennungsmotors übertragen.

Anlasser (2) eines Personenkraftwagens

**Anlassfarben,** *Anlauffarben,* durch Interferenz farbig erscheinende Oxidschichten, die sich beim Erhitzen auf blankem Stahl bilden u. beim → Anlassen (2) als Maß für die Temperatur dienen: strohgelb (220 °C), purpur (260 °C), violett (280 °C), kornblumenblau (300 °C), grau (400 °C).

**Anlasssprödigkeit,** Versprödung einzelner Stahlsorten nach dem → Anlassen (2) auf 450–600 °C.

**anlaufen,** Bez. für die Reaktion von Metalloberflächen mit Gasen unter Entstehung von Oxidhäuten, die je nach Dicke eine Verfärbung hervorrufen.

**Anlaufglas,** ein Farbglas, bei dem die Färbung beim Abkühlen der Schmelze oder durch nachträgl. Wärmebehandlung durch Ausscheiden von Edelmetallkolloiden erzeugt wird. Am bekanntesten sind die → Goldrubingläser.

**Anlaufkosten,** die nach Errichtung oder Umstellung eines Betriebes entstehenden Ausgaben für das Anlernen von Arbeitskräften, das Erproben u. Umstellen von Anlagen, das Erschließen von Bezugsquellen u. Absatzmärkten sowie den Aufbau der Organisation. Sie sind in der Kostenrechnung u. auf mehrere Perioden zu verteilen. A. sind als Bilanzierungshilfen aktivierungsfähig u. gesondert vor dem Anlagevermögen auszuweisen u. im Anhang zu erläutern; sie sind in jedem folgenden Geschäftsjahr zu mindestens einem Viertel durch Abschreibungen zu tilgen; Ausschüttungssperre (§§ 269, 282 HGB).

**Anlaut,** Anfangslaut (-phonem bzw. Gruppe von Anfangsphonemen) eines Wortes (Wort-Anlaut) oder einer Silbe (Silben-Anlaut). *Absoluter A.* heißt der A. nach längerer Pause oder zu Beginn eines Satzes.

**Anlegemaschine,** Maschine in der Bastfaserspinnerei (Langfaser) für das Anordnen der gekämmten Faserbärte zu einem fortlaufenden Faserband. Eine entsprechende Maschine *(Spreader)* wird auch in der Schappespinnerei verwendet.

**Anleger,** *Druckereiwesen:* Teil der Bogendruckmaschine. Der A. transportiert den Druckbogen vom Bogenstapel in die Druckmaschine.

**Anleihe,** langfristige u. meist festverzinsl. Geldbeschaffung durch Staaten, Gemeinden u.a. öffentl.-rechtl. Körperschaften *(öffentliche A.),* Aktiengesellschaften u.a. *(Industrieanleihe, Industrieobligation).* Entweder in der Form der *direkten Begebung,* indem die A. unter Bekanntgabe der Anleihebedingungen öffentlich zur Zeichnung aufgelegt wird, oder im Wege der *indirekten Begebung,* wenn der Kreditnehmer das Darlehen bei einer Bank aufnimmt, die zunächst das benötigte Geld vorschießt u. dann ihrerseits die einzelnen Schuldurkunden *(Teilschuldverschreibungen)* beim Publikum unterbringt. Die *Tilgung* der A. erfolgt entweder für die ganze A. geschlossen zu einem festgelegten Zeitpunkt (am Ende der *Laufzeit* der A.) oder nach einem *Tilgungsplan* zu verschiedenen Zeitpunkten. Dabei können die einzelnen Anleiheserien, die getilgt werden sollen, ausgelost, gekündigt oder freihändig zurückgekauft werden. Anleihen waren in der Vergangenheit gewöhnlich mit fester Verzinsung ausgestattet. Heute sind auch Anleihen mit variabler Verzinsung *(floating rate notes)* keine Seltenheit mehr. Auch → Auslandsanleihe.

**Anleimer,** Leisten zum Abdecken von porösen Schnittkanten bei flächigen Teilen von Furniertischler- oder Spanplatten; auch *Umleimer.*

**Anlernberuf,** überholte Bez. für eine berufl. Tätigkeit, die einer kurzen geregelten Ausbildung unterliegt; heute gibt es in Dtschld. nur anerkannte Ausbildungsberufe *(Berufsbildungsgesetz* der BR Dtschld. vom 14. 8. 1969). Außerhalb der Berufsausbildung, wie sie vom Gesetz definiert ist (§ 1 Abs. 2), wird aber in der Praxis das sog. kurzfristige Anlernen für bestimmte Tätigkeiten weitergeführt. Hierfür treffen die gesetzl. Kriterien des Berufsbildungsgesetzes nicht zu.

**Anlieger, 1.** *Verkehrsrecht:* die Anwohner einer Straße (z.B. „Durchfahrt verboten außer für A.").
**2.** *Verwaltungsrecht:* im Gemeinde- u. Verwaltungsrecht die Eigentümer oder Besitzer von Grundstücken an öffentl. Stra-

**Anliegerbeitrag**

ßen, Plätzen oder Gewässern. Die A. sind verpflichtet, *Anliegerbeiträge (Erschließungsbeiträge)* u. gewisse Naturaldienste (z.B. Reinigung) hinsichtlich der genannten öffentl. Sache zu leisten, u. berechtigt, diese in gesteigertem Umfang zu benutzen. Auch → Anliegergebrauch, → Gemeingebrauch.
**Anliegerbeitrag,** die Zahlungspflicht des Grundstückseigentümers beim Ausbau von Straßen, die an sein Grundstück grenzt. Für die erstmalige Herstellung von Verkehrsanlagen wird ein einmaliger *Erschließungsbeitrag* nach dem Baugesetzbuch gefordert; für deren Verbesserung, Erweiterung u. Unterhaltung sowie für die Errichtung von Versorgungs- u. Entsorgungsanlagen (oft als *Kanalbeitrag* bezeichnet) können die Gemeinden einen Beitrag nach den Kommunalabgabengesetzen der Bundesländer verlangen. Der A. wird mit der Wertsteigerung begründet, die ein Grundstück durch die Anbindung an eine ausgebaute Straße u. an die kommunalen Versorgungsleitungen erfährt.
**Anliegergebrauch,** bes. Recht des Anliegers, die an sein Grundstück angrenzenden Wegeteile zu seinen Zwecken zu nutzen. Der A. geht damit über den → Gemeingebrauch hinaus. Er muss durch Gesetz eingeräumt sein. In Dtschld. ist der A. nur in einigen Bundesländern rechtlich geregelt, in den übrigen Bundesländern haben die Anlieger kein rechtlich selbständiges Benutzungsrecht, sondern ein Recht auf *gesteigertem Gemeingebrauch.*

Heilige Anna Selbdritt. Gemälde von Leonardo da Vinci. Paris, Louvre

**An Lushan,** chines. General u. Rebell, \*um 703, †757 n.Chr.; Statthalter des chines. Kaisers in Nordchina, erhob sich 755 mit den Armeen, die ihm unterstanden, verwüstete von O her Nordchina u. besetzte 756 die Hptst. Changan (heute Xian). Nach dem Aufstand, der mit nichtchines. Truppen unterdrückt wurde, führten zunehmende Unruhen durch immer selbständiger werdende Militärgouverneure den Untergang der Tang-Dynastie herbei.
**Anm.,** Abk. für *Anmerkung.*
**Anmalzen,** *Forstwirtschaft:* Warmnass-Vorbehandlung der Saatgutes zur Verkürzung der Zeitspanne zwischen Aussaat u. Auflaufen (Aufgehen der Samen).
**Anmerkungen,** nähere Erläuterungen, früher den Text in Handschriften u. Drucken umrahmend, dann oft am Schluss eines Abschnitts oder einer Schrift, manchmal auch in bes. Band beigegeben; A. am Fuß einer Seite nennt man auch → Fußnoten; auch → Marginalien.
**Anmoor,** feuchte Humusform durch hoch stehendes Grundwasser; gehemmte Verwesung; leitet über zum *Torf.*
**Anmusterung,** gesetzlich vorgeschriebene Verhandlung vor dem *Seemannsamt* über die Eintragung einer als Mitglied der Schiffsbesatzung angeheuerten Person in die → Musterrolle des Schiffs. Die A. wird im *Seefahrtbuch* vermerkt.
**Ann** [æn], engl. für → Anna.
**Anna** [der; hind.], bis 1955 ind. Kupfer- oder Silbermünze; 1 A. = Rupie.
**Anna,** *Anne* [hebr. *channah,* „Gnade, Huld"], weibl. Vorname; ndt. *Anke, Antje;* engl. *Ann,* Koseformen: *Nanny, Nancy;* frz. *Annette, Nonon, Ninon;* poln. *Anka;* russ. *Anja, Nina.*
◆ **Anna,** Heilige, Mutter Marias, der Mutter Jesu; in der Bibel nicht erwähnt; Name u. legendäres Leben schon seit dem 2. Jh. bekannt, Kult im Orient seit dem 6. Jh., im Abendland seit dem 8. Jh. nachweisbar; gegen Ende des MA Hochblüte der Anna-Verehrung (bildl. Darstellung der hl. A. mit Maria u. dem Jesusknaben als *Anna Selbdritt*); Patronin der Frauen, Bergleute, Schiffer; Fest: 26. 7.
**Anna,** FÜRSTINNEN:
*Byzanz:* **1. Anna Komnena,** Tochter des Kaisers Alexios I., \*1083, †nach 1148; beschrieb die Regierungszeit ihres Vaters in der „Alexias" in verherrlichender Form.
**2. Anna Porphyrogenita,** Prinzessin aus der Makedonen-Dynastie, \*963, †1011; Schwester Basileios' II. Bulgaroktonos, der sie dem Großfürsten Wladimir von Kiew zur „purpurgeborenen" Frau gab. Diese Verbindung leitete die Christianisierung Russlands (in orthodoxer Form) ein; Russland beanspruchte daraufhin nach dem Fall von Konstantinopel (1453), das „Dritte Rom" zu sein.
*Frankreich:* **3. Anna von Beaujeu,** \*1461, †14. 11. 1522 Chantelle, Dép. Allier; Tochter Ludwigs XI., führte 1483–1491 für ihren Bruder Karl VIII. die Regentschaft u. bekämpfte energisch die Adelsopposition.
**4. Anna von Bretagne,** Königin, \*25. 1. 1477 Nantes, †9. 1. 1514 Blois; Erbin des Herzogtums Bretagne; musste, obwohl 1489 dem dt. König Maximilian vermählt, Karl VIII. von Frankreich († 1498) heiraten; nach dessen Tod heiratete sie den französ. Thronfolger Ludwig XII. Ihre Tochter vermählte sie mit Franz I. von Frankreich. Die Bretagne kam durch diese Heiratspolitik an die französ. Krone.
**5. Anna Maria (Anna von Österreich),** Königin, \*22. 9. 1601 Valladolid, †20. 1. 1666 Paris; 1615 Gattin Ludwigs XIII., führte nach dessen Tod 1643–1651 die Regentschaft für ihren Sohn Ludwig XIV.; ihr Vertrauter u. polit. Ratgeber war *Mazarin.*

*Großbritannien:*

Anna Boleyn

◆ **6. Anna Boleyn,** \*1507, †19. 5. 1536 London; Geliebte u. 1533 zweite Frau Heinrichs VIII., Mutter der Königin Elisabeth I., vermutlich zu Unrecht des Ehebruchs angeklagt u. deshalb enthauptet.
**7. Anna von Kleve,** engl. Königin 1540, \*22. 9. 1515 Kleve, †28. 7. 1557 Chelsea; 4. Gattin Heinrichs VIII., der die Ehe aus Enttäuschung über Annas Aussehen noch im Jahr der Heirat 1540 für nichtig erklären ließ.
**8. Anna Stuart,** Königin von Großbritannien u. Irland 1702–1714, \*6. 2. 1665 Wickenham, †1. 8. 1714 Kensington; 2. Tochter Jakobs II. u. Gattin des Prinzen Georg von Dänemark († 1708), letzte Vertreterin des Hauses Stuart auf dem engl. Thron; Nachfolgerin Wilhelms III., der nach dem Tod seiner Mitkönigin Maria, der älteren Schwester Annas, allein regiert hatte. Annas Regierungszeit war außenpolitisch von Englands Verwicklung in den span. Erbfolgekrieg, innenpolitisch von heftigen Parteikämpfen der Whigs u. Torys gekennzeichnet. Bis 1710 musste A. mit Whig-Ministern regieren, danach stützte sie sich auf ein Tory-Kabinett, das ihren protestant.-hochkirchl. Anschauungen besser entsprach.
**9. Anne, Anne Elizabeth Louise,** Prinzessin von Großbritannien, \*15. 8. 1950 London; Tochter der brit. Königin Elisabeth II.
*Preußen:* **10. Anna Amalia,** Prinzessin, \*9. 11. 1723 Berlin, †30. 9. 1787 Berlin; Schwester Friedrichs d. Gr., 1744 Koadjutorin, 1745 Äbtissin von Quedlinburg. A. war wissenschaftlich interessiert u. komponierte; ihre Sammlung von Kompositionen des 18. Jh. war die Grundlage der Bach-Renaissance im Berlin des 19. Jh.
*Russland:* **11. Anna Iwanowna,** Zarin 1730–1740, \*28. 1. 1693 Moskau, †17. 10. 1740 St. Petersburg; Nichte Peters d. Gr.; ihre korrupte Regierung war als „Deutschenherrschaft" verrufen. Die Außenpolitik leitete Heinrich *Ostermann,* das Kriegswesen B. Graf *Münnich.*
**12. Anna Leopoldowna,** Herzogin Elisabeth von Mecklenburg, Regentin für ihren einjährigen Sohn Iwan VI. 1740/41, \*18. 12. 1718 Rostock, †18. 3. 1746 Cholmogory bei

Archangelsk; Enkelin Iwans V., wurde mit ihrem Sohn von Zarin Elisabeth gestürzt u. verbannt.

*Sachsen-Weimar:* **13. Anna Amalia,** Herzogin von Sachsen-Weimar, *24. 10. 1739 Wolfenbüttel, †10. 4. 1807 Weimar; Nichte Friedrichs d. Gr.; führte für ihren Sohn *Karl August* 1758–1775 die Regentschaft. Schöngeistig-künstlerisch veranlagt, machte sie Weimar in der Goethezeit zu einem kulturellen Mittelpunkt. Ihre Tafelrunde war das gesellschaftl. u. intellektuelle Zentrum der kleinen Residenzstadt.

**Annaba,** arab. *Annabah,* bis 1963 *Bône,* gut geschützte Hafenstadt, Bez.-Hptst. an der östl. alger. Küste, im W des Golfs von A., 228 000 Ew.; wichtiger Handelsplatz u. Ausfuhrhafen für Eisenerze u. Phosphate, Hochofenwerk, Waggonfabrik, Kunstdüngerfabrik; Seebad. – In der Nähe die Ruinen des röm. *Hippo Regius,* das bis zum Ende der Pun. Kriege die Hptst. des Königreiches Numidien war. Von 396 bis 430 war der Kirchenvater *Augustinus* Bischof von Hippo Regius.

**Annaberg, 1.** Landkreis in Sachsen, Reg.-Bez. Chemnitz, 438 km², 91 500 Ew.; Verw.-Sitz ist *Annaberg-Buchholz.* **2.** *Chelmberg,* poln. *Góra Świętej Anny,* Basaltberg in Oberschlesien, 400 m ü. M., nördl. der Stadt Leschnitz; geolog. Naturschutzgebiet; Amphitheater (160 000 Plätze); am Hang das Dorf A. mit Franziskanerkirche (15.–17. Jh.) u. Kloster. – 1919 bis 1921 von dt. u. poln. Verbänden umkämpft.

♦ **Annaberg-Buchholz,** Kreisstadt in Sachsen, im mittleren Erzgebirge, am 832 m hohen Pöhlberg, 610 m ü. M., 23 600 Ew.; St.-Annen-Kirche (15./16. Jh.), Rathaus (16. Jh.); Spitzenklöppelei, Posamentenindustrie, Elektroindustrie. – 1497 Stadtrecht; durch Zusammenlegung von Annaberg u. Buchholz 1945 entstanden.

Wappen von Annaberg    Wappen von Buchholz

**Annabergit** [der], *Nickelblüte,* monoklines Mineral, Ni₃(AsO₄)₂ · 8H₂O, apfelgrün flockig, Härte 2; Dichte 3; Verwitterungsprodukt auf Nickelerzen.

**Annaburg,** Stadt in Sachsen-Anhalt, Ldkrs. Wittenberg, zwischen Elbe u. Schwarzer Elster, 3700 Ew.; Schloss (16. Jh.); Keramik- u. Fahrzeugindustrie. – 1678 Stadtrecht.

**Annahme, 1.** *allg. bürgerl. Recht:* Willenserklärung, die als Antwort auf ein vorangegangenes Vertragsangebot (Vertragsantrag, Offerte) den Vertrag zu Stande bringt; bei der A. an Erfüllungs Statt nimmt der Gläubiger eine andere als die geschuldete Leistung als Vertragserfüllung an (§ 364 Abs. 1 BGB). Gegensatz: A. erfüllungshalber; Schuldner geht zur Befriedigung des Gläubigers eine neue Verbindlichkeit ein (§ 364 Abs. 2 BGB). Das Schuldverhältnis erlischt erst, wenn die neue Verbindlichkeit erfüllt wird. **2.** *Erbrecht:* Die A. einer Erbschaft durch den Erben bzw. eines Vermächtnisses durch den Vermächtnisnehmer beseitigt dessen Recht zur → Ausschlagung der Erbschaft bzw. des Vermächtnisses. **3.** *Wechselrecht:* → Akzept.

**Annahme als Kind** → Adoption.
**Annahmeverzug** → Gläubigerverzug.
**Annalen** [lat. *annus,* „Jahr"], jahrweise fortlaufende histor. Aufzeichnungen im alten Rom u. im MA. Zunächst wurde an den Rand der röm. Konsularverzeichnisse, in der Karolingerzeit an den Rand der sog. Ostertafeln knapp notiert, was der Überlieferung wert befunden wurde. Gesondert abgeschrieben, wurden die A. immer ausführlicher u. von Kloster zu Kloster weitergereicht. Bes. bekannt sind die *Reichs-Annalen.* (741–829) u. das Annalenwerk des *Lampert von Hersfeld* (11./12. Jh.).

**„An Mein Volk",** Aufruf des preuß. Königs Friedrich Wilhelm III. vom 17. 3. 1813 in Breslau zu Beginn des Befreiungskrieges gegen Napoleon; verfasst vom Staatsrat Theodor Gottlieb von *Hippel* d. J. (*1775, †1843).

**„Annales"** [a'nal], seit 1929, gegenwärtig unter dem Titel *A. Economies – Sociétés – Civilisations* erscheinende französ. Zeitschrift mit vorwiegend wirtschafts- u. sozialgeschichtl. Fragestellungen; Organ eines wesentl. Teils der Geschichtswissenschaft in Frankreich.

**Annalin** [das; engl.], sehr feinpulvrig gefälltes *Calciumsulfat,* Verwendung als Zusatz zu weißen Pigmentfarben u. in der Papierherstellung.

**Annalist,** Verfasser von Annalen.

**Annam,** schmaler Landstreifen an der Ostküste Hinterindiens, 150 000 km²; Gebirgsland (Annamitische Kordillere) mit schmalen fruchtbaren Küstenstreifen; Monsunklima, bei Monsunwechsel z. T. heftige Zyklone; Haupthafen ist *Da Nang,* ehem. Hptst. *Hué.* – Bis 1428 chines., von 1802 an Kaiserreich, von 1883 bis 1946 französ. Protektorat, bis 1950 Kaiserreich; 1954 bis 1976 aufgeteilt unter Nord- u. Südvietnam.

**Annamiten,** Hauptvolk der Vietnamesen in Hinterindien (20 Mio.), das im 2.–10. Jh. n. Chr. unter chines. Oberhoheit im Mündungsgebiet des Roten Flusses von chines. Kultur u. Religion beeinflusst wurde; wohl einst Träger der ersten bronzezeitl. Kultur Hinterindiens, südwärts bis Kambodscha vordringend, im 15. Jh. das Reich Champa. Die A. sind Ackerbauern der Ebene u. geschickte Händler mit vielen städt. Siedlungen.

**annamitische Sprache** → vietnamesische Sprache.

**Annan,** Kofi, ghanaischer Politiker, *8. 4. 1938 Kumasi; Betriebswirt; ist seit 1962 bei der UNO in verschiedenen Funktionen tätig, u. a. zuständig für Budget u. Finanzen sowie für Friedenssicherung (Koordination der sog. Blauhelmeinsätze); seit 1997 Generalsekretär der UNO. 2001 wurde A. mit dem Friedensnobelpreis ausgezeichnet (gemeinsam mit der Organisation der Vereinten Nationen).

**Annandale & Eksdale** ['ænəndeɪl ənd ɛskdɛil], Distrikt in der südwestschottischen *Dumfries and Galloway Region,* 36 800 Ew.; seit den 1950er Jahren ist ein Atomreaktor bei *Chapel Cress* in Betrieb.

Annaberg-Buchholz: Die spätgotische St.-Annen-Kirche ist die größte Hallenkirche in Sachsen

Annapolis: Das Capitol ist eines von zahlreichen historischen Gebäuden der Hauptstadt von Maryland

Annona: Besonders schmackhaft sind die Früchte von Annona cherimola

**Annapolis** [əˈnæpəlis], ◆ **1.** Hptst. (seit 1694) des US-Staates Maryland, am Westufer der Chesapeake Bay in der Metropolitan Area von Baltimore, 33 200 Ew.; Museum, Marineakademie (gegr. 1845), Austernfang u. -versand, internationaler Flughafen für Washington u. Baltimore. – Gegr. 1649 durch Puritaner als Providence, 1694 A., Stadtrecht 1708; vor 1780 Seehafen; 1783/84 u. 1786 Tagungsort des amerikan. Kongresses. A. ist eine der ältesten u. schönsten Städte der USA.
**2.** Fluss in der kanad. Prov. Neuschottland, 120 km; im Tal aufgrund bes. Klimagunst ausgedehnte landwirtschaftliche Sonderkulturen.
**Annapurna**, *Anapurna*, Gipfel im Himalaya, im mittleren Nepal, *A. I* (im W) 8091 m, *A. II* (im O) 7937 m. A. I wurde am 3. 6. 1950 als erster Achttausender von einer französ. Expedition (u. a. dem späteren Min. M. Herzog) erstiegen.
**Ann Arbor** [æn ˈɑːbər], Stadt im SO Michigans (USA), westl. von Detroit, 260 m ü. M., 110 000 Ew.; Universitätsstadt u. Forschungszentrum, Staatsuniversität von Michigan (ab 1841), mehrere Museen; etwas Industrie, Handelsplatz. – Gegr. 1824, seit 1851 Stadt.
**Annaten** [lat.], *Jahresgelder,* nach kath. Kirchenrecht Abgabe des ersten (Halb-)Jahreseinkommens aus einem vom Papst verliehenen Amt an die röm. Kurie; heute nur noch in wenigen Gegenden (z. B. Italien) als Halb-Annaten im Gebrauch.
**Anne**, *Änne* → Anna.
**Annealing**, Rückbildung doppelsträngiger Nucleinsäurebereiche.
**Annecy** [-nəˈsi], ostfranzös. Stadt an der Nordspitze des *Lac d'Annecy* (27 km²), Verw.-Sitz des Dép. Haute-Savoie, 51 100 Ew.; Schloss, Bischofssitz, got. Kathedrale (16. Jh.); Industriestadt, traditionell Baumwollspinnerei u. -weberei, Gerbereien, Seidenfabriken, heute zusätzlich Elektro- u. Maschinenindustrie u. Herstellung von Präzisionsinstrumenten; Luftkurort. Zeitweilig Sitz der Bischöfe von Genf, seit 1822 selbständiges Bistum.
**Anneke**, Mathilde Franziska, dt. Redakteurin, Journalistin u. Pionierin für Frauenrechte, * 3. 4. 1817 Gut Ober-Levringhausen bei Blankenstein in Westf., † 25. 11. 1884 Milwaukee (USA); publizierte in der von Karl Marx herausgegebenen „Neuen Rheinischen Zeitung"; führte selbständig die „Neue Kölnische Zeitung". Nach ihrer Emigration in die USA pflegte sie Kontakte zur amerikan. Frauenbewegung. Seit 1852 gab sie die „Deutsche Frauenzeitung" heraus u. gründete 1866 eine Schule für Mädchen, die sie bis zu ihrem Tode leitete.
**Anneliden** [lat., grch.], *Annelida* → Ringelwürmer.
**Annenskij**, Innokentij Fjodorowitsch, russ. symbolist. Schriftsteller, * 1. 9. 1856 Omsk, † 13. 12. 1909 St. Petersburg; schrieb pessimist. Gedichte, übersetzte griech. Tragödien, beeinflusste u. a. die Dichter des *Akmeismus.*
**Annette** [frz.], weibl. Vorname; Koseform zu → Anna.
**Annex** [der; lat.], Anhängsel, Nebenraum.
**Annexion** [lat.], die einseitige, nicht nur wie die → Okkupation rein tatsächlich, sondern mit Rechtserwerbswillen vorgenommene Eingliederung bisher unter fremder Gebietshoheit stehender Territorien. Der Rechtserwerbswillen führt bei Eingliederung eines ganzen Staates zu dessen rechtl. Untergang. Unterschieden wird hiervon der Gebietswechsel kraft Vertrags *(Abtretung).* Vom *Begriff* der A. ist die Frage ihrer *Rechtmäßigkeit* zu unterscheiden. Nach klass. Völkerrecht konnte ein Staat nach militär. Niederringung des Gegners (Eroberung) dessen Gebiet ganz oder teilweise durch einseitige Erklärung *(Annexionserklärung)* seinem Staatsgebiet einverleiben (z. B. die A. von Hannover, Kurhessen, Frankfurt durch Preußen 1866, der Burenstaaten durch Großbritannien 1900, Polens im September 1939 durch das damalige Dt. Reich u. die Sowjetunion). Der Kriegsfreiheit entsprach die Annexionsfreiheit. Für den Rechtsbestand der A. war auch die Effektivität der Eingliederung maßgebend.
Das moderne Völkerrecht mit seinem Verbot des Angriffskrieges u. überhaupt der Gewaltanwendung zum Gebietserwerb (Briand-Kellogg-Pakt vom 27. 8. 1928, Art. 2 der Satzung der Vereinten Nationen) sowie den entsprechenden Verfassungsbestimmungen (z. B. Art. 26 des Grundgesetzes für Dtschld.) erkennen die A. als rechtsgültigen Erwerbstitel nicht mehr an. Dem Kriegsverbot entspricht das *Annexionsverbot.* Gebietserwerbungen unter Bruch dieses Grundsatzes sind schon nach der *Stimson-Doktrin* seit 1932 – mit Ausnahmen – von den USA nicht mehr anerkannt worden.
Strittig ist, ob dieser außenpolit. Grundsatz Bestandteil des Völkergewohnheitsrechts geworden ist. Als A. erscheint daher jeder nicht auf vertragl. Einigung beruhende Gebietswechsel, auch wenn der annektierende Staat zunächst rechtsgültig in den Besitz der Gebiete gelangt ist (etwa im Verlauf eines Krieges). Die endgültige Regelung muss dann in einem Friedensvertrag oder in einem zweiseitigen Vertrag, d. h. durch → Adjudikation u. → Abtretung erfolgen, nicht durch einseitige Eingliederung der Gebiete in den besetzenden Staat.
**anni** [lat.], des Jahres. – *anni currentis,* Abk. *a. c.,* des laufenden Jahres. – *anni futuri,* Abk. *a. f.,* des künftigen Jahres.
**Annigoni**, Pietro, italien. Maler, * 7. 6. 1910 Mailand, † 29. 10. 1988 Florenz; realist. Andachtsbilder u. Porträts, z. T. in Anlehnung an Vorbilder aus der Malerei des 17. Jh.; seit 1949 mehrmals in England tätig, malte u. a. auch Bildnisse der königlichen Familie.
**annihilieren** [lat.], für ungültig erklären.
**Anninger**, Bergrücken im Wienerwald, südwestl. von Wien, 674 m; an seinem Fuß der Weinort Gumpoldskirchen.
**anni praeteriti** [lat.], Abk. *a. p.,* vorigen Jahres.
**Annius Milo** → Milo, Titus Annius.
**Anniversalienbuch** → Nekrolog.
**Anniviers**, Val d'A. [-aniˈvjeː], dt. *Ei[n]fischtal* oder *Eivischtal,* südl. Seitental des Rhônetals im schweiz. Kanton Wallis, 35 km langes, schmales Hochtal, von der Navigence (Navisense) oder Usenz durchflossen, Hauptort *Vissoie,* 1202 m ü. M., mit 370 Ew.; alpine Viehwirtschaft; Fremdenverkehr, bes. in Zinal; in einem Seitental der Stausee *Lac de Moiry* (72 Mio. m³, 1,34 km², 2249 m ü. M.), Kraftwerke.
**anno** [lat.], im Jahre.
**Annobón**, früherer Name der Insel → Pagalu (Äquatorialguinea).
**anno currente** [lat.], Abk. *a. c.,* im laufenden Jahr.
**Anno Domini** [lat.], Abk. *A. D.,* im Jahre des Herrn.
**Annolied**, eine der ältesten dt. Geschichtsdichtungen, frühmittelhochdeutsches Versepos, entstand um 1085 im Kloster Siegburg bei Bonn zu Ehren des Erzbischofs *Anno*

*von Köln;* das erste zeitbiograf. Werk der dt. Literatur; stark idealisierend.

**Annomination** [die; lat.], Häufung lautlich ähnlicher Wortformen.

◆ **Annona,** *Anone, Annone,* Gattung der *Annonengewächse (Annonaceae);* etwa 120 Arten in den Tropen Amerikas u. Afrikas. Die saftreichen Sammelfrüchte einer Reihe von Arten werden in den Tropen als Obst kultiviert. Eine der besten trop. Obstfrüchte ist die *A. cherimola* (Jamaika-Apfel, Cherimoja) aus Südamerika; die Früchte sind graugrün, rundlich oval u. erreichen 20 cm im Durchmesser, das Fruchtfleisch ist weißlich u. schmeckt nach Erdbeeren u. Ananas. – *A. reticulata* (Ochsenherz, Netzannone, Custard Apple), hat eine violette Schale u. sehr süßes, nach Schwarzen Johannisbeeren schmeckendes Fleisch. – *A. squamosa* (Zimtapfel, Corossol, Caneel-Apfel, Süßsack, Rahmapfel, Sugar apple) hat orangengroße Früchte, die nach Birne u. Zimt schmecken. – *A. muricata* (Sauersack, Stachelannone, Soursop) hat bis 2 kg schwere, süßsäuerliche Früchte mit einem Geschmacksgemisch von Zimt, Ananas u. Erdbeeren.

**Annonaceae** → Annonengewächse.

**Annonce** [a'nõsə; die; frz.] → Anzeige.

**Annoncenexpedition,** veraltet für Handelsgewerbe, das Anzeigenaufträge entgegennimmt u. an Zeitungs- oder Zeitschriftenverlage weiterleitet.

**Annonengewächse,** *Rahmapfelgewächse, Annonaceae,* Pflanzenfamilie der *Polycarpicae;* etwa 120 Gattungen mit 2100 Arten, vorzugsweise in den trop. Regenwäldern; Bäume, Sträucher, auch Lianen (Gattung *Fissistigma* aus Australien, Ostasien); Blätter meist einfach, ganzrandig. Die zwittrigen Blüten stehen in dreizähligen Wirteln, einzeln oder in Blütenständen. Wichtige trop. Obstpflanzen. Zu den Annonengewächsen gehört die Gattung → Annona.

**Annotata** [Sg. *Annotatum;* das; lat.], Anmerkungen.

**Annotation** [lat.], veraltete Bez. für Aufzeichnung, Vermerk, Anmerkung.

**anno urbis conditae** [lat.], Abk. *a. u. c.,* im Jahre nach der Gründung der Stadt (Rom).

◆ **Anno von Köln,** *Anno II.,* Erzbischof von Köln seit 1056, * um 1010 in Schwaben, † 4. 12. 1075 Siegburg; förderte die Reform der Kirchen u. Klöster, erweiterte das Kölner Territorium beträchtlich, gründete die Stifte St. Maria ad gradus u. St. Georg in Köln sowie die Klöster Siegburg, Grafschaft u. Saalfeld; durch den Staatsstreich von Kaiserswerth bemächtigte er sich des jungen Königs Heinrich IV. (1062), beendete so die Regentschaft der Kaiserin Agnes u. wurde der eigentl. Herr des Reiches; seit 1063 in seinem Einfluss stark durch Erzbischof Adalbert von Bremen zurückgedrängt. A. wurde in seiner Stiftung Siegburg beigesetzt. Sein Lob singt das bald nach seinem Tod entstandene *Annolied.* – Heiligsprechung 1183; Fest: 4. 12.

**Annuario Pontificio** [-'fi:tʃo; ital.], päpstl. Jahresbuch; erscheint seit 1912, verzeichnet u. a. die Namen der Päpste, Kardinäle, Erzbischöfe u. Bischöfe u. bringt Angaben über die röm. Kurie, die Diözesen u. die Orden.

**Annuarium** [das; Pl. *Annuarien;* lat.], Jahrbuch, Kalender.

**annuell** [lat.], Bez. für → einjährige Pflanzen; weiter: *bienne Pflanzen* = zweijährige Pflanzen, *perennierende Pflanzen* = mehrjährige Stauden.

**Annuität** [lat.], **1.** *röm. Recht:* im alten Rom u. in Stadtstaaten des Altertums entwickeltes Prinzip, durch Befristung der Amtszeit wichtiger Positionen (Magistrat) auf ein Jahr Machtzuwachs einzuschränken. Auch → Kollegialität.
**2.** *Wirtschaft:* Jahresrate der Tilgung u. Verzinsung einer Schuld, wird auch als *Rente* bezeichnet. Üblich ist die für den ganzen Tilgungszeitraum Jahr für Jahr gleichbleibende A. nach der Formel:

$$A = \frac{K \cdot q^n (q-1)}{q^n - 1}$$

($q$ = Zinsfaktor $1 + \frac{p}{100}$, $n$ = Zahl der Jahre, $K$ = Kapital, Schuld).

**annullieren** [lat.], für nichtig erklären.

**Annunziata** [lat., „die Verkündigte"], weibl. Vorname, ursprünglich Beiname der Jungfrau Maria (nach dem Fest Mariä Verkündigung, 25. März).

**Annunziaten,** kath. Orden, die sich der Verkündigung Mariens weihen: **1.** Frauenorden in Belgien u. Frankreich, 1501 gegr.; Tracht: graues Kleid, rotes Skapulier, weißer Mantel. – Im 17. u. 18. Jh. auch im Rheinland u. in Westfalen mit Klöstern in Düren, Aachen, Andernach, Coesfeld u. Wiedenbrück verbreitet.
**2.** Frauenorden in Italien u. Frankreich, 1604 gegr.; Tracht: weißes Kleid, blaues Skapulier, blauer Mantel.

**Annunziatenorden,** italien. Orden, gestiftet 1364 als „Orden vom Halsband".

**Annunzio,** Gabriele d' → d'Annunzio, Gabriele.

**Annus** [der; lat.], Jahr; *A. civilis,* das bürgerl. Jahr; *A. communis,* das Gemeinjahr; *A. ecclesiasticus,* das Kirchenjahr; *A. fictus* („festgesetztes Jahr"), astronom. Jahreszählung. Das bürgerl. Jahr ist von ungleicher Länge (365 oder 366 Tage) u. beginnt in verschiedenen Ländern verschieden wegen der Unterschiede der Zonenzeit. Der *A. fictus* hat genau 365,2422 Tage u. beginnt, wenn die Rektaszension der Sonne 280 Grad beträgt; das ist stets am 31. Dezember oder 1. Januar.

**Annweiler,** Markward von → Markward von Annweiler.

**Annweiler am Trifels,** Stadt in Rheinland-Pfalz, Südl. Weinstraße, im Queichtal, 7400 Ew.; Luftkurort; Herstellung von Messwerkzeugen, Glühlampen, Kartonagen, Schuhindustrie. – 1219 Reichsstadt; in der Nähe Burgruine *Trifels.*

**Anoa** [der [sic]; der; indones.], *Gämsbüffel,* kommt in 2 Arten auf der Insel Celebes vor: *Tieflandanoa (Bubalus depressicornis)* u. *Berganoa (Bubalus quarlesi).* Es sind die kleinsten heute noch lebenden Wildrinder; antilopenähnlich, mit schlanken Beinen u. einem zur Schnauze hin verschmälerten Schädel. Das Fell ist dunkelbraun bis schwarz mit weißen Abzeichen an Kopf, Hals, Rumpf u. Beinen. Beide Arten sind gefährdet.

**Anobien,** Nage-, Poch- oder Klopfkäfer, gefährl. Schädlinge für verarbeitetes Holz (Möbel, Treppen, Dachgebälk); der Schaden entsteht durch die Fraßtätigkeit der etwa 6 mm langen Larven, im Volksmund als „kleiner Holzwurm" bezeichnet.

**ANOC,** Abk. für engl. *Association of National Olympic Committees,* die internationale Vereinigung der nationalen olymp. Komitees. Auch → Nationales Olympisches Komitee.

**Anode** [grch., „Aufstieg"], positiver Pol einer elektrischen Stromquelle oder positive Elektrode (Metall) in einem Stromkreis, an der negative Ladungsträger (Ionen, Elektronen) aus Flüssigkeiten oder Gasen auf den festen Leiter übertreten (treffen) oder aus der positive Ladungsträger austreten.

**anodische Oxidation,** bei einer Elektrolyse an der Anode ablaufende Oxidationsprozess von Atomen oder Ionen. Gegensatz: *kathodische Reduktion.* Die anodische Oxidation wird zur Erzeugung von oxid. Schutzschichten auf Metallen (Anodisieren) eingesetzt. Insbes. lassen sich diese porösen Deckschichten anfärben u. nach entsprechender Behandlung fixieren. Eine Variante der anodischen Oxidation ist das Eloxieren (→ Eloxalverfahren) von Aluminium zur Erzeugung einer harten, korrosionsbeständigen Oxidschicht. Die a. O. wird auch in der Synthese von organ. Stoffen eingesetzt.

*Anno von Köln: Einsetzung des ersten Siegburger Abtes Erpho durch Anno von Köln. Pergamenthandschrift Vita Annonis Major aus dem 12. Jh. Halle, Universitäts- u. Landesbibliothek*

**Anökumene** [die; grch.], im Gegensatz zur *Ökumene* die nicht vom Menschen besiedelten Gebiete der Erde.

◆ **Anolis** [der oder das; indian.], *Leguangattung*, über 150 Arten, bis 25 cm lange, sehr lebhafte Baumbewohner aus dem trop. u. subtrop. Amerika, mit auffälligem Farbwechsel; durch Haftlamellen an den Unterseiten der Finger u. Zehen ausgezeichnet; im Verhalten den *Geckos* ähnlich. Die Eier werden im Boden verscharrt. Nahrung: Insekten u. a. Kleintiere. Die Männchen tragen aufrichtbare Kehlsäcke; z. B. *Ritter-Anolis, Rotkehl-Anolis*.

Anolis: Anolis grahami iodurus, aus Jamaika

**anomal** [grch.], **1.** *allg.:* von der Regel abweichend, abartig; neuerdings auch *anormal*. **2.** *Medizin:* seelisch oder körperlich gestört, vom Normalen abweichend, als Folge seelischer oder körperl. Störungen auftretend; bes. auch im Sinn von *krankhaft*.

**anomale Dispersion**, *Physik:* starke Frequenzabhängigkeit des Absorptionskoeffizienten; entsteht dadurch, dass die Primärstrahlenergie sich der Ionisationsenergie bestimmter Elektronenzustände einzelner Atomarten nähert.

**Anomalie, 1.** *allg.:* Regelwidrigkeit.
◆ **2.** *Astronomie:* der Winkel, der die Stellung eines Planeten zu seinem Perihel kennzeichnet. Die *wahre A.* v bezeichnet den Winkel zwischen Sonne–Planet und Sonne–Perihel. Die *exzentrische A.* E ist der Winkel zwischen Ellipsenmittelpunkt M–Perihel u. Ellipsenmittelpunkt M–Punkt P″. Man erhält P″, wenn man um M einen Kreis mit dem Radius des größten Ellipsenhalbmessers zieht. Fällt man von der wahren Planetenposition eine Senkrechte auf den großen Ellipsendurchmesser, so schneidet diese Gerade den vorher konstruierten Kreis in P″. Die *mittlere A.* M erhält man, indem man einen fiktiven Planeten gleichmäßig auf der Ellipsenbahn laufen lässt. Dabei sollen der wahre Planet u. der mitt-

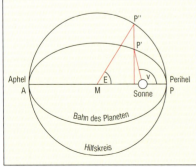
Anomalie (2): Wahre Anomalie v und exzentrische Anomalie E (Schema)

lere (fiktive) Planet jeweils gleichzeitig das Perihel durchlaufen.
**3.** *Biologie u. Medizin:* von der normalen Ausbildung (Morphologie) oder Funktion (Physiologie) abweichender Zustand oder Vorgang.
**4.** *Geophysik:* regionale Abweichung geophysikal. Daten von einem Mittelwert oder einer regelmäßigen Folge: 1. *Schwere-Anomalie*, Abweichung der Schwerkraft an Stellen unausgeglichener Massenverhältnisse im Erdinnern, z. B. in Faltengebirgen. – 2. *magnetische A.*, Abweichung des Erdmagnetfeldes, z. B. durch unterschiedl. Gesteinsmagnetisierung von Erzlagerstätten oder des Meeresbodens.
**5.** *Meteorologie:* Unregelmäßigkeit, Abweichung von den aus vieljährigen Messungen ermittelten Normalwerten eines Klimaelements in einem bestimmten geograph. Bereich.

**Anomalie des Wassers**, der vom normalen Verhalten abweichende Zusammenhang zwischen Dichte u. Temperatur beim Wasser: Während bei den meisten Stoffen die Dichte mit abnehmender Temperatur stets zunimmt, ist dies bei Wasser nur oberhalb von +4 °C der Fall. Wird Wasser unter 4 °C weiter abgekühlt, so nimmt die Dichte wieder ab. Infolge dieser Eigenschaft gefriert in stehenden Gewässern im Winter das Wasser zunächst an der Oberfläche; die Temperatur nimmt mit der Wassertiefe zu u. beträgt in der Schicht am Boden 4 °C. Für das pflanzliche u. tierische Leben im Wasser ist diese Tatsache von entscheidender Bedeutung.

**Anomalisten**, philosophische Schule in Griechenland (ca. ab 2. Jh. v. Chr.), die den → *Analogisten* gegenüberstand. Die A. betonten, dass es in der Struktur einer Sprache nicht nur logisch-modellhafte, sondern auch irrationale Elemente gebe.

**Anomie** [grch., „Gesetzlosigkeit"], eine → *Sozialstruktur*, die 1. entweder durch einen Mangel an geltenden Verhaltensnormen oder 2. durch einander widersprechende Verhaltensnormen nicht stabil ist oder 3. ein (Ausnahme-)Zustand, in dem sich die Glieder einer Gesellschaft nicht mehr normgerecht verhalten, weil die Normen den einzelnen nicht mehr die erwartete Verhaltenssicherheit bieten können (z. B. Naturkatastrophen, Wirtschaftskrisen, Glaubenskrisen, Revolutionen). Der Begriff wurde von E. *Durkheim* in die soziolog. Fachsprache eingeführt. In seiner Untersuchung über die Arbeitsteilung wird A. zur Erklärung der pathologischen Auswirkungen menschl. u. soz. Arbeitsteilung in der Frühphase der Industrialisierung herangezogen.

**Anomietheorie**, kriminalsoziologische Erklärung abweichenden Verhaltens aus der Kluft zwischen kulturell bestimmten Zielen (z. B. Erfolg u. Wohlstand) u. den sozial unterschiedlichen Zugangschancen (z. B. Vermögen, Status, Ausbildung), die bei den Benachteiligten das Normbewusstsein schwächen u. diese zur Zielerreichung mit unzulässigen Mitteln drängen.

**Anon** → Cyclohexanon.
**Anone** → Annona.
**anonym** [grch.], ohne Namen; ohne Unterschrift.
**Anonyme Alkoholiker**, engl. *Alcoholics Anonymous*, Abk. *AA*, eine Gemeinschaft von Männern u. Frauen mit der Zielsetzung, das gemeinsame Problem der Alkoholabhängigkeit zu lösen u. anderen zur Genesung von der Alkoholkrankheit zu verhelfen; 1935 in den USA von W. G. *Wilson* u. R. H. *Smith* gegr.; heute in über 100 Ländern verbreitet.
**anonymer Verband**, eine Form der Tiergesellschaften, bei der sich die Mitglieder des Verbands nicht kennen; es wird unterschieden zwischen dem *offenen anonymen Verband*, bei dem die Individuen beliebig austauschbar sind, ohne dass das Gesamtverhalten der Gruppe beeinflusst wird (z. B. Fische, Insekten), u. dem *geschlossenen anonymen Verband*, bei dem es Unterschiede im Verhalten der Gruppenmitglieder u. artgleichen Gruppenfremden gibt.
**Anonymität**, Namenlosigkeit; Nichtangabe, Verschweigen des Namens.
**Anonymus**, Ungenannter, Geheimnisvoller.
**Anopheles** [die; grch.] → Malariamücken.
**Anopla**, Gruppe der → *Schnurwürmer*, deren Rüssel keinen Stachel trägt.
**Anorak** [der; eskim.], wind- u. wasserdichte Jacke, an Handgelenk u. Taille oft mit Gummizug (als Windschutz), meist mit Kapuze; bes. als Teil der Wintersportkleidung gebräuchlich.
**Anoratha**, *Anawrahta, Anirudha*, König von Pagan 1044–1077; Gründer des ersten birman. Reiches von Pagan; eroberte 1057 das Mon-Reich von Thaton in Südbirma, übernahm dessen Theravada-Buddhismus u.

Architektur; erbaute die Shwezigon-Pagode in Pagan.

**Anorexia nervosa** [grch. + lat.] → Magersucht.

**Anorexie** [grch.], (krankhafte) Appetitlosigkeit bzw. Widerwille gegen Speisen u. Nahrungsmittelaufnahme, z. B. bei Magen- u. Darmkrankheiten oder Infektionskrankheiten. Auch → Magersucht.

**anorganische Chemie,** Fachgebiet der Chemie, das die Eigenschaften der NichtKohlenstoffelemente u. die stoffl. Umwandlungen der daraus zusammengesetzten chem. Verbindungen beschreibt. Chem. Verbindungen, die weniger Kohlenstoffatome als sonstige Elemente enthalten, können noch in diesem Rahmen behandelt werden, z. B. Carbonate, Metallcarbide u. Harnstoff. Die a. C. wird auch als *Chemie der Mineralstoffe* bezeichnet, im Gegensatz zur → organischen Chemie.

◆ **anorganisches Benzol,** *Borazol,* eine von E. Wiberg vorgeschlagene Bez. für *Triborintriamin,* $B_3N_3H_6$, dessen Moleküle, wie Benzol, einen Sechsring bilden. A. B. ist eine aromatisch riechende, giftige Flüssigkeit u. kann nur formal aufgrund der Gesamtzahl der Elektronen mit Benzol ($C_6H_6$) verglichen werden.

**anormal,** häufig für → anomal.

**Anorthit** [der; grch.], Abk. *An,* ein Mineral, Kalkfeldspat, $Ca[AlSi_2O_8]$, → Feldspat.

**Anorthoploidie,** Auftreten eines ungeraden Vielfachen eines kompletten Chromosomensatzes. Es treten Störungen der *Meiose* auf, d. h. führt zu nicht fortpflanzungsfähigen Organismen.

**Anosmie** [grch.], vollständiger Ausfall des Geruchsvermögens.

Jean Anouilh; 1960

◆ **Anouilh** [a'nuj], Jean, französ. Dramatiker, *23. 6. 1910 Bordeaux, †3. 10. 1987 Lausanne; angeregt bes. durch J. Giraudoux, bearbeitete mehrfach griech. Mythenstoffe. Seine Helden scheitern im Kampf gegen eine korrumpierte Welt u. gegen ihr eigenes Temperament. „Ernste" Stücke *(Pièces noires):* „Der Reisende ohne Gepäck" 1936, dt. 1946; „Eurydike" 1942, dt. 1946; „Antigone" 1944, dt. 1946; „Medea" 1946, dt. 1948; „Ardèle oder Das Gänseblümchen" 1948, dt. 1950; „Becket oder Die Ehre Gottes" 1959, dt. 1960; „heitere" Stücke *(Pièces roses):* „Der Ball der Diebe" 1932, dt. 1946; „Einladung ins Schloss" 1947, dt. 1948; „Der Walzer der Toreros" 1952, dt. 1957; „Der Herr Ornifle" 1955, dt. 1956; „Der arme Bitos" 1956, dt. 1959; „Wecken Sie Madame nicht auf" 1970, dt. 1971. Im Spätwerk erscheint auch der Typ des skurrilen Menschenfeindes: „Seltsame Vögel" 1977, dt. 1977, „Le nombril" 1981. Erinnerungen „Das Leben ist

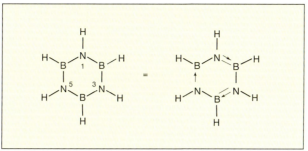
anorganisches Benzol

unerhört" 1987, dt. 1987. Dramen, 7 Bde, dt. 1956 ff.

**anovulatorischer Zyklus,** Menstruationszyklus ohne vorherigen Eisprung (Ovulation) u. Gelbkörperbildung; geht mit periodischer Abbruchblutung einher; kann bei Sterilität, bei den ersten Regelblutungen nach der Geschlechtsreife sowie den letzten Regelblutungen im Klimakterium auftreten.

**Anoxybionten** [Pl., grch.] → Anaerobier.

**anoxygene Photosynthese** → phototrophe Bakterien.

**Anpassung,** 1. *Biologie: Adaptation, Adaption,* 1. die auf die jeweiligen Umweltbedingungen abgestimmte Zweckmäßigkeit in der Organisation aller Lebewesen. *Lamarck* wollte die A. durch direkte, bisher nicht bewiesene Vererbung erworbener Eigenschaften erklären. *Darwin* geht von der erbl. Varianten (heute: *Mutationen*) aus, von denen innerhalb einer großen Zahl von Nachkommen die zweckmäßigsten durch natürl. Auslese *(Selektion)* erhalten bleiben, während die ungeeigneten aussterben. Dies führt zu einer allmähl. Umbildung der Lebewesen im Sinn einer sich stetig vervollkommnenden A. an die Umwelt. Auch → Darwinismus. – 2. *individuelle A.,* die Eigenschaft der einzelnen Lebewesen, sich veränderten Umweltbedingungen durch Änderung in Verhaltens- u. Lebensweise u. z. T. auch in Körperbau u. -funktionen einzufügen. – 3. A. des Auges an Helligkeitsänderungen, → Anpassung (3).   e

2. *Elektrotechnik:* Angleichung eines Widerstandes an einen anderen, um bes. Signalübertragungseigenschaften zu erzielen.
Man unterscheidet: 1. *Leistungs-Apassung,* 2. *Wellenwiderstands-Anpassung,* 3. *Rausch-Anpassung.* Bei Leistungs-Anpassung wird ein Verbrauchswiderstand so an den Innenwiderstand einer Strom- oder Spannungsquelle angeglichen, dass die größtmögliche Leistung an den Verbraucher abgegeben wird. Bei der Wellenwiderstands-Anpassung wird der Verbrauchswiderstand an den → Wellenwiderstand eines Filters oder einer Leitung angeglichen, um damit kleinste Verzerrungen des übertragenen Signals zu erreichen. Bei Rausch-Anpassung wird der Eingangswiderstand eines Verstärkers so an den Innenwiderstand der Quelle angepasst, dass der → Störabstand am Ausgang des Verstärkers maximal wird.

3. *Reizphysiologie:* A. der Sinnesorgane an bestimmte Reizstärken. *Physiologische A.* beruht auf einer Empfindlichkeitsänderung der Sinneszellen (Erhöhung oder Senkung der → Reizschwelle). Bei der *physikalischen A.* wird die Menge des auszuwertenden Reizes verändert, z. B. beim Auge des Wirbeltiers durch Schließen u. Öffnen der Pupille oder durch Wanderungen von Pigmenten, die bei zu starker Helligkeit die Sehzellen abdecken. Die Lichtempfindlichkeit des menschl. Auges kann durch beide Möglichkeiten der A. um das 1500 bis 8000fache gesteigert werden.

4. *Soziologie:* i. w. S. der bewusste oder unbewusste Prozess der Annäherung des sozialen Verhaltens an das in bisher nicht vertrauten sozialen Bereichen, Schichten oder Gebilden herrschende Verhalten; i. e. S. → Sozialisation.

5. *Stoffwechselphysiologie: Adaption, Adaptation,* funktionelle Anpassungsfähigkeit von Organen, Geweben u. Zellen auf veränderte Außenbedingungen.

6. *Verhaltensforschung: afferente Drosselung,* Abnahme der Reaktionsbereitschaft infolge eines bestimmten, sich rasch wiederholenden Reizes; dadurch wird die Reizschwelle angehoben, kann aber in Reizpausen wieder absinken.

**Anpassungsflexibilität,** Fähigkeit einer Unternehmung, schnell u. effizient auf Veränderungen im Beschaffungs-, Produktions- u. Absatzbereich zu reagieren. Man unterscheidet *operative A.* (Reaktion auf quantitative Veränderung der Nachfrage), *strategische A.* (Reaktion auf qualitative Veränderung der Nachfrage) u. *strukturelle A.* (Fähigkeit der Unternehmung, ihre → Organisation zu verändern).

**Anpassungsinterventionen** → Interventionismus.

**Anpassungsstörung,** Sammelbez. für psychische Erkrankungen, deren Hauptmerkmal eine fehlangepasste Reaktion auf bestimmbare psychosoziale Belastungsfaktoren ist. Dabei können sowohl die berufl. Leistungsfähigkeit, die gewohnten sozialen Handlungen oder die Beziehungen zu anderen beeinträchtigt sein.

**Anplatten,** Veredlungsart für Obst- u. Ziergehölze.

**Anpressdruck,** die für den unmittelbaren Druckvorgang, d. h. für die Übertragung des eingefärbten Druckbilds auf den Bedruckstoff erforderl. Kraft. Der A. wird manuell, mechanisch oder hydraulisch erzeugt u. im Moment der Berührung von Druckform u. Gegendruckplatte oder -zylinder wirksam.

**Anqing** [an'tɕiŋ], *Huaining,* chines. Stadt in der Provinz Anhui, am Chang Jiang, 441 000 Ew.; ehem. Prov.-Hptst. u. altes Handelszentrum (Getreide, Baumwolle, Textilien).

**Anquetil-Duperron** [ãk'til dypɛ'rɔ̃], Abraham Hyacinthe, französ. Orientalist, *7. 12. 1731 Paris, †17. 1. 1805 Paris; machte die europ. Religionsforschung mit dem Zend-Avesta des Zoroastrismus (1769 ff.) bekannt u.

übersetzte eine pers. Übertragung der ind. Upanishaden ins Lateinische. In dieser Form lernte der dt. Philosoph A. *Schopenhauer* als einer der Ersten im Abendland die Philosophie der Upanishaden kennen.

◆ **Anquetin** [ãk'tɛ̃; frz.], Louis, französ. Maler, *26. 1. 1861 Étrépagny (Eure), †19. 8. 1932 Paris; war mit E. *Bernard* u. *Toulouse-Lautrec* befreundet u. gilt als Mitschöpfer des *Cloisonnismus* u. der *Plakatkunst*. Seine Bildvorstellung geht von Erlebnis des japan. Farbholzschnitts aus u. ist durch kühn angeschnittene Motive u. die Aussagekraft klar begrenzter Farbflächen bei einheitlicher Grundstimmung charakterisiert.

**anrechnungsfähige Versicherungsjahre**, ein Faktor in der Rentenberechnung. Die Höhe der Renten, der Altersruhegelder usw. richtete sich in der Rentenversicherung nach der Versicherungsdauer. A. V. waren → Beitragszeiten, → Ersatzzeiten, → Ausfallzeiten u. Zurechnungszeiten, soweit sie sich nicht deckten. Das nach dem Rentenreformgesetz 1992 geänderte Rentenrecht verwendet den Begriff nicht mehr. Inhaltlich wird die Zahl jener Jahre, die sich rentensteigernd auswirken, aber bei Bestimmung der *persönlichen Entgeltpunkte* weiter berücksichtigt.

**Anrechnungsverfahren**, 1. durch die Reform der → Körperschaftsteuer 1977 eingeführtes steuerl. Verfahren der Vermeidung einer Doppelbesteuerung ausgeschütteter Gewinne bei der ausschüttenden Körperschaft u. dem Ausschüttungsempfänger; auf Gewinnausschüttungen der Kapitalgesellschaft entfallende Körperschaftsteuer wird als Steuergutschrift auf die Einkommen- bzw. Körperschaftsteuer des Ausschüttungsempfängers (Aktionärs) angerechnet. – 2. Methode der Vermeidung internationaler → Doppelbesteuerung durch Anrechnung der auf die ausländ. Einkünfte u. Vermögenswerte entfallenden ausländ. Steuern auf die inländ. Steuern, die die ausländ. Einkünfte u. Vermögenswerte betreffen (§ 34 c Einkommensteuergesetz, § 26 Körperschaftsteuergesetz).

**Anrechnungszeiten**, in der gesetzl. Rentenversicherung Zeitabschnitte, in denen keine versicherungspflichtige Tätigkeit ausgeübt wurde (Arbeitslosigkeit, Krankheit, Schwangerschaft), die aber unter bestimmten Voraussetzungen bei der Rentenberechnung als beitragslose Zeit angerechnet werden konnte; mit dem Rentenreformsetz 1992 von *Ausfallzeiten* in A. umbenannt. Auch → Beitragszeiten, → Ersatzzeiten.

**Anregung**, *Physik:* durch Energiezufuhr (z. B. Licht) bewirkte Veränderung der Elektronenlage innerhalb der Atomhüllen in einen höheren, im Allg. instabilen Zustand. Die Elektronen können aus dem angeregten Zustand in den Grundzustand zurückfallen, womit Strahlungsenergie emittiert wird; → Fluoreszenz u. → Phosphoreszenz.

**Anregungsmittel**, Mittel zur Belebung, bes. des Kreislaufs. Auch → Stimulantia, → Analeptika.

**Anregungsspannung**, elektr. Spannung zum Einleiten elektr. Vorgänge, z. B. der Lichtemission von Atomen in Leuchtröhren.

**Anregungszustand**, *angeregter Zustand*, Zustand eines Atoms (oder Atomkerns) mit höherer Energie, aus dem es durch spontane Aussendung eines Lichtquants (oder eines Partikels) in niedere Energiezustände übergehen kann.

**Anreiben**, 1. bei der Herstellung der Druckfarben das intensive Vermischen der Farbpigmente mit den Bindemitteln.
2. in der buchbinderischen Weiterverarbeitung das Schaffen eines innigen Kontaktes beim Verkleben zweier Materialien durch Reiben unter leichtem Druck.

**anreichern**, 1. *allg.:* Stoffe durch chemische oder physikalische Verfahren aufkonzentrieren; Verwendung in der techn. Chemie *(Eindampfen, Extrahieren, Flotieren, Destillieren, Schlämmen)*, Spurenanalyse *(Chromatographie, Ionenaustausch, Verdampfung, Mitfällung, Extraktion)* u. Kerntechnik (→ anreichern [2]).
2. *Kerntechnik:* den Anteil eines bestimmten Isotops (z. B. in einem Elementgemisch) erhöhen. Dazu werden kleine Unterschiede in den physikalischen Eigenschaften oder im Verhalten der einzelnen Isotope ausgenutzt, z. B. in Zentrifugen, in Diffusionsanlagen oder bei der → Thermodiffusion. Natürliches Uran enthält z. B. 0,7 % des spaltbaren Isotops 235; für die Verwendung im → Kernreaktor ist häufig eine Anreicherung dieses Isotops zweckmäßig; 10 % angereichertes Uran enthält 10 % des Isotops 235. Auch → Isotopentrennung.
3. *Mikrobiologie:* eine bestimmte Mikroorganismenart aus einer Mischkultur gezielt vermehren; durch mehrfaches Überimpfen auf einen Selektivnährboden unter den für die anzureichernde Art günstigen Umweltbedingungen (in Bezug auf Licht, Temperatur, Sauerstoffangebot u. a.) werden die unerwünschten Begleitarten zurückgedrängt.
4. *Umweltschutz:* langlebige Giftstoffe (z. B. chlorierte Kohlenwasserstoffe wie → DDT) im Boden oder über Nahrungsketten in bestimmten Organismen konzentrieren. In Organismen können dadurch so hohe Konzentrationen erreicht werden, dass eine Schädigung hervorgerufen wird (z. B. bei Greifvögeln oder Fisch fressenden Vögeln als Endglieder von Nahrungsketten). Durch Anreichern in einem anderen Medium können aber auch Schadstoffe, z. B. aus dem Abwasser, entfernt werden.

**Anreicherungskultur**, *Elektivkultur*, Verfahren zur Isolierung oder Anreicherung von bestimmten Mikroorganismen oder Zellen aus einer Mischkultur, das auf deren selektiven Wachstum beruht. Dazu werden optimale Kulturbedingungen bezüglich Energieversorgung (Licht, Nährstoffe u. Temperatur) u. pH-Wert geschaffen. Gegebenfalls können auch Hemmstoffe hinzugegeben werden, die das Wachstum der anderen Zellen unterdrücken. Auch → anreichern (3).

Louis Anquetin: Der Windstoß auf der Seine-Brücke; 1889. Bremen, Kunsthalle

**Anreicherungssystem,** Vorrichtung im Vergaser zur Vergrößerung des Kraftstoffanteils am zu verbrennenden Kraftstoff-Luft-Gemisch, z. B. für den Kaltstart oder den Beschleunigungsvorgang.

**anreißen,** *Technik:* eine Linie auf Metall oder Holz vorzeichnen, einritzen.

**Anreißer,** ein Arbeiter, der durch Aufzeichnen u. Einritzen von Linien u. Merkpunkten als Arbeitshilfe für die maschinelle Verformung Metall anreißt; verwendet Reißnadel, Stechzirkel, Mikrometer. Qualifizierter Metallarbeiter, der in der Regel eine abgeschlossene Ausbildung, z. B. als Dreher, hat.

**Anrichte,** auch *Büfett,* halbhoher Schrank zum Abstellen u. Anrichten von Speisen u. Getränken u. zur Aufbewahrung von Geschirr. Demselben Zweck dienten auch die → Kredenz u. der → Stollenschrank. Bei modernen Einrichtungen spricht man von *Sideboard.*

**Anröchte,** Gemeinde in Nordrhein-Westfalen, Ldkrs. Soest, südl. von Lippstadt, an der Haar, 10 500 Ew.; Wasserburg (1379), Hallenkirche (13. Jh.); Natursteinindustrie.

**Anrudern,** *Rudersport:* die erste gemeinsame Fahrt eines Vereins am Anfang der Saison; entspr. *Ansegeln* beim Segel- u. *Anpaddeln* beim Kanusport.

**Anrufbeantworter,** *automatischer A.,* private Zusatzeinrichtung (Gerät mit digitalen oder analogen Speichermöglichkeiten) zum Fernsprechanschluss, mit der der Anschlussinhaber während seiner Abwesenheit den Anrufern eine kurze Nachricht mitteilen kann (z. B. wann er wieder erreichbar sein wird). Bei den meisten Anrufbeantwortern kann danach der Anrufende eine Nachricht hinterlassen. Viele A. bieten dem Anschlussinhaber auch die Möglichkeit, durch → Decoder die Nachrichten telefonisch abzufragen. Die gleichen Aufgaben wie ein A. nimmt der Fernsprechauftragsdienst der Dt. Telekom wahr.

**ANSA,** Abk. für *Agenzia Nazionale Stampa Associata,* als Nachfolgerin der Agenzia Stefani 1945 gegr. italien. Nachrichtenagentur, Sitz: Rom; genossenschaftl. Eigentum der italien. Tageszeitungen; eigener Bilderdienst.

**Ansager, 1.** bei Hörfunk u. Fernsehen Sprecher oder Sprecherin, die die einzelnen Sendungen des Programms ankündigen u. absagen.
**2.** ein Künstler, der in Unterhaltungsveranstaltungen oder -sendungen die einzelnen Nummern des Programms ansagt, d. h. dem Publikum bekanntgibt. Er beschränkt sich im Gegensatz zum *Conférencier* auf die Mitteilung der Darbietung u. kurze Hinweise zur Person des Künstlers.

**Ansaldo,** Andrea, italien. Maler, getauft 24. 9. 1584 Voltri bei Genua, † 18. 9. 1638 Genua; Vertreter der genuesischen Barockmalerei in der Nachfolge von *Caravaggio, Rubens, van Dyck* u. *Veronese.* Virtuose Kuppelfresken (SS. Annunziata in Genua).

**Ansatz,** Bildung fester Reaktionsprodukte auf der feuerfesten Auskleidung metallurgischer Öfen. Durch Ansatzbildung wird einerseits die feuerfeste Auskleidung vor raschem Verschleiß geschützt, andererseits der Ofenquerschnitt verringert.

**Ansaverbindungen** [lat. *ansa,* „Henkel"], organisch-chem. Verbindungen, die aus aromat. Systemen (z. B. Benzol, Naphthalin) bestehen, in denen an ungewöhnl. Molekülstellen ein oder mehrere andere Ringsysteme in Brückenform angebaut sind. Reine Cycloparaffine dieser Art werden auch als *Cyclophane* bezeichnet. Ausgehend von doppelhenkligen A., wurde eine Gruppe organischer Verbindungen, die → Catenane, synthetisiert.

Ansbach

**Ansbach,** ◆ **1.** Hptst. des bayer. Reg.-Bez. *Mittelfranken,* an der Rezat, 409 m ü. M., 39 900 Ew.; St. Gumbertuskirche mit roman. Krypta, Schwanenritterkapelle (16. Jh.) u. Dreiturmfassade (16. Jh.); Ansbacher Schloss (1705–1736) mit Museum (Ansbacher Fayencen); Kunststoff-, Elektro-, Metallindustrie. Verw.-Sitz des Ldkrs. A.
*Geschichte:* Die Ortschaft bildete sich neben dem Benediktinerkloster am Onoldisbach (daher Stadtname bis ins 17. Jh.: *Onolzbach*). 1288 erhielten die Grafen von Öttingen A., während Bayreuth seit etwa 1260 im Besitz der (hohen-)zollernschen Burggrafen von Nürnberg war. Diese kauften 1331 A. u. erbten 1341 Kulmbach. Friedrich V. teilte 1391 seine Lande in die Fürstentümer Kulmbach (später Bayreuth) u. A. Seit 1415 wurden die fränk. Fürstentümer *Markgrafschaft Brandenburg* genannt. Aufgrund der → Dispositio Achillea hinterließ der brandenburg. Kurfürst Albrecht Achilles beide fränk. Markgrafschaften 1474 seinem Sohn Friedrich V. dem Alten. Aufgrund des → Geraischen Hausvertrags (1603) erbten die jüngeren Söhne des Kurfürsten Johann Georg nach dem Tod des Markgrafen Georg Friedrich Bayreuth. Markgraf Friedrich von Bayreuth war vermählt mit Wilhelmine, der Schwester Friedrichs d. Gr. 1768 wurden beide Gebiete als *Fürstentum Ansbach-Bayreuth* unter Fürst Karl Alexander von A. vereinigt, der zugunsten Preußens 1791 verzichtete. Fürst Hardenberg ließ das Gebiet als selbständige Provinz vorbildlich reorganisieren. 1805 erhielt Bayern A. aufgrund des Schönbrunner Vertrags, Bayreuth kam 1810 ebenfalls an Bayern.
**2.** Ldkrs. in Bayern, Reg.-Bez. Mittelfranken, 1972 km², 180 000 Ew.; Verw.-Sitz ist *A.* (1).

**Anschaffungsdarlehen,** mittelfristiger Ratenkredit bis zu meist 25 000 Euro mit der Verpflichtung zur regelmäßigen Tilgung innerhalb einer Frist von zwei bis sechs Jahren. Das A. dient zur Finanzierung der Anschaffung von Konsumgütern privater Haushalte u. von Anlagen in Kleinbetrieben.

**Anschaffungskosten,** Betrag, der für den Erwerb eines Gegenstandes gezahlt wurde. Die A. enthalten außer dem Rechnungsbetrag auch die *Nebenkosten* (Transport-, Versicherungs- u. Installationskosten), die bis zur Inbetriebnahme des gekauften Gutes anfallen. A. sind gemäß §253 HGB Grundlage u. Obergrenze für die Bewertung in der → Handelsbilanz sowie gemäß §6 EStG für die Bewertung in der → Steuerbilanz.

**Anschaffungswert,** zum Erwerb eines Vermögensgegenstandes aufgewendete → Anschaffungskosten. Der A. gilt als Grundlage für die → Bewertung in der Handels- u. Steuerbilanz.

**Anschäften,** Veredlungsart für Obst- u. Ziergehölze.

**Anschauung,** unmittelbare Erkenntnis sinnl. Gegenstände nach ihrer raumzeitl. Beschaffenheit u. ihren Gestaltqualitäten, zumeist auf den Gesichtssinn, sekundär aber auch

Ansbach (1): Dreiturmfassade der St. Gumbertuskirche

auf andere Sinne bezogen u. dann gleichbedeutend mit *Wahrnehmung.*
*Innere A.* meint im Gegensatz zu *äußerer A.* eine unmittelbare Erfassung seel. Zustände u. Prozesse. Schon früh ist behauptet worden, dass es auch eine A. übersinnl. Gegenstände gebe (Ideenanschauung, Wesensschau), u. dass das Denken nicht nur diskursiv (begrifflich), sondern auch intuitiv (anschauend) sei; dies wäre *intellektuelle* oder *intellektuale A.,* die außerhalb des menschl. Denkvermögens liegt u. nur Gott zukommt. Für *Kant* ist die menschl. A. jederzeit sinnlich, niemals intellektuell; aber die empirische sinnl. A. setzt eine reine, von den Inhalten der Empfindung freie A.

## Anschauungsunterricht

(nämlich Raum u. Zeit als Formen der A.) voraus.

**Anschauungsunterricht,** bes. Stunden in den ersten Jahrgängen der Grundschule, in denen an Bildern u. Sachen das sinnl. Erkennen geübt u. sprachlich gestaltet werden soll. Davon zu unterscheiden: *anschauliches Unterrichten,* das in allen Lebensaltern notwendig ist.

**Anscheinsbeweis,** Erleichterung der Beweisführung durch Sätze allg. Lebenserfahrung; auch *prima-facie-Beweis* genannt. Die Erfahrungssätze müssen geeignet sein, die volle Überzeugung des Gerichts von der Wahrheit einer Tatsachenbehauptung zu begründen. Erfahrungssätze müssen sich aus einem gleichmäßigen, sich immer wiederholenden Hergang (typischer Geschehensablauf) ergeben, dem neuesten Stand der Erfahrung entsprechen sowie eindeutig u. in jederzeit überprüfbarer Weise formulierbar sein. Die Anwendung des Anscheinsbeweises ist beschränkt auf die Feststellung der Fahrlässigkeit u. den Kausalzusammenhang im Schadensrecht. Ein A. kann erschüttert werden durch die Behauptung des Gegners, dem vom Gericht angenommene Erfahrungssatz existiere nicht, die tatsächl. Voraussetzungen für die Anwendung eines existierenden Erfahrungssatzes seien nicht gegeben, oder konkrete Umstände des Falles ließen den Erfahrungsschluss nicht zu.

**Anschero-Sudschensk,** *Anžero-Sudžensk,* Stadt in Russland, im N des Kusnezker Beckens, 108 000 Ew.; Steinkohlenförderung, Maschinenbau, chem. u. petrochem., Baustoffindustrie; Wärmekraftwerk; Eisenbahnknoten an der Transsibir. Bahn.

**Anschlag, 1.** *Bauwesen:* im (vornehmlich) Umfassungsmauerwerk der seitliche u. obere Vorsprung bei Fenster- u. Türöffnungen zum Anschlagen (Befestigen) der Tür- oder Fensterrahmen (Blendrahmen).
**2.** *Bergbau:* die Stelle, an der eine → Sohle oder → Teilsohle auf einen Schacht trifft. Am A. können Förderwagen auf- u. abgeschoben, Fördergefäße beladen oder entleert werden u. Personen das Fördergestell betreten oder verlassen. Auch → Füllort.
**3.** *Strafrecht:* → Attentat.

**Anschlagwinkel,** rechter Winkel aus Holz oder Stahl zum Anreißen von Linien in der Werkstatt.

**Anschliff,** gesägte u. polierte Oberfläche von Gesteinen, Mineralen oder Metallen für mikroskop. Untersuchungen.

**Anschluss, 1.** *Astronomie:* Messungen, die relativ zu einer anderen bekannten Größe durchgeführt wurden, bes. Positionsbestimmungen eines Sterns bezüglich eines Nachbarsterns; Gegensatz: Absolutbeobachtungen bzw. -messungen.
**2.** *Geschichte:* das Programm politischer Kräfte in Österreich nach dem 1. Weltkrieg, das deutschsprachige Österreich mit dem Dt. Reich zu vereinigen, u. der Zusammenschluss Österreichs mit dem Dt. Reich 1938. Die an ältere Bestrebungen (G. von *Schönerer*) anknüpfende Anschlussbewegung begann in Österreich nach dem Zusammenbruch der österr.-ungar. Monarchie 1918, als alle Parteien nur im A. eine sinngemäße Fortführung der Existenz des dt.-österr. Restbestands der Habsburgermonarchie sahen. So wurde durch Beschluss der österr. Provisorischen Nationalversammlung vom 12. 11. 1918 Österreich als Bestandteil der dt. Republik erklärt. Die Verwirklichung dieses Beschlusses wurde jedoch durch die Entente verhindert, die in den Pariser Vorortverträgen von 1919 den A. von der Zustimmung des Völkerbunds abhängig machte. In Deutschland wurde die Anschlussbewegung u. a. von dem von Paul *Löbe* geführten Österr.-dt. Volksbund betrieben. Das Verbot des Anschlusses ließ auch zu einem Programm- u. Propagandapunkt der Nationalsozialisten werden u. trug dazu bei, ihren in Österreich allerdings erst seit 1930 ins Gewicht fallenden Aufstieg zu fördern. Die von Hitler nach dem Einmarsch der deutschen Truppen in Österreich am 12. 3. 1938 für den 10. 4. 1938 angesetzte Volksabstimmung brachte die in demokratischen Wahlen nicht mögliche Mehrheit (99%) für den A. Nach dem 2. Weltkrieg wurde der A. durch österreichische Gesetze u. den Staatsvertrag von 1955 untersagt.

**Anschlussberufung,** in Dtschld. das Recht des Berufungsbeklagten, sich der vom Gegner eingelegten Berufung anzuschließen, selbst wenn er vorher auf die Berufung verzichtet hat oder die Berufungsfrist verstrichen ist (§§ 521 ff. ZPO). – *Schweiz:* Unselbständiges Rechtsmittel, mit dem der Berufungsbeklagte in einem bereits eingeleiteten Berufungsverfahren beantragt, das angefochtene Urteil sei zugunsten des Berufungsklägers abzuändern.

**Anschlusseisen,** Bewehrungseisen, die über das gefertigte Bauteil hinausragen.

**Anschlussgleis,** Gleis eines Eisenbahnkunden, das über eine Weiche, die *Anschlussweiche,* mit einem Bahnhofsgleis verbunden ist. Die Zuführung u. Abholung von Güterwagen nach u. von den Anlagen des Kunden ermöglicht. Ein A. kann auch von einem Gleis der freien Strecke abzweigen. Die Einrichtung eines Anschlussgleises setzt die Genehmigung der Eisenbahn mit Vertragsabschluss voraus.

**Anschlusskanal,** in der Abwasserbeseitigung Kanal vom Straßenkanal bis zur Grundstücksgrenze oder bis zum ersten Reinigungsschacht auf dem Grundstück.

**Anschlussleitung,** in der Trinkwasserversorgung Leitung von der Versorgungsleitung in der Straße (→ Rohrnetz) bis zum Wasserzähler oder bis zum Hauptabsperrorgan im Grundstück. In der Abwasserbeseitigung Leitung vom Entwässerungsgegenstand zum Abfallrohr und zur Grundleitung.

**Anschlussnetz,** *Fernmeldetechnik:* alle Kabel-, Verteiler- u. Fernmeldeeinrichtungen zwischen dem Hauptverteiler der Ortsvermittlungsstelle u. den Teilnehmerapparaten.

**Anschlusspfändung,** Pfändung einer bereits gepfändeten Sache für eine weitere Geldforderung desselben oder, was häufiger ist, eines anderen Gläubigers (§ 826 ZPO). Das spätere Pfandrecht hat Nachrang (§ 804 ZPO).

**Anschluss- und Benutzungszwang,** nach den Gemeindeordnungen können die Gemeinden aus Gründen des öffentl. Wohls *Satzungen* erlassen, wonach die Grundstücke im Gemeindegebiet an bestimmte Einrichtungen der → Daseinsvorsorge (z. B. Wasserversorgung, Kanalisation) zwingend anzuschließen sind *(Anschlusszwang)* u. die Benutzung dieser sowie anderer Einrichtungen (z. B. Schlachthöfe) vorgeschrieben ist *(Benutzungszwang).*

◆ **Anschlusswert,** bei elektr. Geräten u. Maschinen die maximale Leistungsaufnahme in Watt (W) oder Kilowatt (kW), auch die Summe der Nennleistungen (installierte elektr. Leistung) in der Anlage eines Abnehmers. Da im Allg. die in Anspruch genommene Leistung nicht der Summe der Einzel-Anschlusswerte entspricht, weil nicht alle Geräte gleichzeitig in Betrieb sind, ist ein *Gleichzeitigkeitsfaktor* zu berücksichtigen. Der A. ist vor allem wichtig für die Abmessungen von elektr. Leitungen.

**Anschnitt, 1.** *Hüttenwesen:* Kanal, durch den flüssiges Metall in die Form fließt.
**2.** *Tiefbau:* die Lage einer

### Anschlusswerte der wichtigsten Hausgeräte

| Gerät | | Watt |
|---|---|---|
| Bügeleisen | | 500–1000 |
| Durchlauferhitzer | | 12 000–21 000 |
| Einzelkochplatte | | 1500 |
| Farbfernseher | | 500 |
| Gefrierschrank | | 120–200 |
| Geschirrspüler | | 3000 |
| Haartrockner | | 350–1000 |
| Heißwasserboiler | 80 l | 4000 u. 6000 |
| Heißwasserspeicher | 5 u. 8 l | 2000 |
| | 15 l | 1000 u. 4000 |
| | 80 l | 1000–6000 |
| Heizkissen | | 60 |
| Hi-Fi-Musikanlage | | 150–300 |
| Kleinherd | | 2500–3500 |
| Kaffeemühle | | 40–200 |
| Küchenmaschine | | 300–450 |
| Kühlschrank | | 100–130 |
| Mixer | | 350–500 |
| Quirl | | 50–150 |
| Radiogerät | | 50–80 |
| Rasierer | | 15 |
| Staubsauger | | 300–1000 |
| Tauchsieder | | 700 u. 1000 |
| Toaster | | 400–900 |
| Vollherd | | 7000–10 000 |
| Wäschetrockner | | 3000–3600 |
| Waschmaschine (Wechselstrom) | | 2000–3300 |
| Waschmaschine (Drehstrom) | | 4000–6000 |
| Wasserkocher | | 700 u. 1600 |

Straße o. Ä. in geneigtem Gelände in der Art, dass ein Teil des Querschnitts im Abtrag (Aushub), der übrige Teil auf einer Anschüttung verläuft. Bei der Trassierung ist danach zu trachten, dass ein möglichst großer Teil des Baukörpers im A. verläuft, da dann die Böschungen kurz, der Bedarf an Grundstücken klein u. die Erdbewegungen u. die Förderweiten am geringsten sind. Ein Großteil des Bodens kann vom Bagger allein, ohne Zwischenschaltung eines Fördermittels, von der Bergseite zur Talseite geschafft werden.

**Anschoppung,** *Tiermedizin:* Ansammlung von Organ- oder Gewebsinhalt in Organen, z. B. von Darminhalt im Darm *(Obstipation)* oder von Blut in der Lunge im ersten Stadium der → Lungenentzündung, generell infolge eines gestörten Weitertransports.

**Anschovis,** eingedeutschte Form von → Anchovis.

**Anschuinseln** [an'ʒu:-], Gruppe der Neusibir. Inseln (Russland) im Nordpolarmeer, besteht aus der Kotelnyj-Insel, Faddejewinsel u. Neusibirien; bis 320 m hoch; 77 mm Jahresniederschlag u. eine Julitemperatur von 3 °C.

**Anschuldigung** → falsche Anschuldigung.

**Anschüttung,** *Auftrag,* die Bodenmassen, die zur Erhöhung des Geländes aufgebracht werden müssen; Gegensatz: *Aushub.*

**Anschütz, 1.** Gerhard, dt. Staatsrechtslehrer, * 10. 1. 1867 Halle, † 14. 4. 1948 Heidelberg; Prof. in Tübingen, Berlin u. Heidelberg; führender Kommentator der preuß. Verfassung von 1850 u. der Weimarer Reichsverfassung. Hptw.: „Die Verfassung des Dt. Reiches" (Kommentar) 1933; „Handbuch des Dt. Staatsrechts" (Hrsg.) 1930–1932.
**2.** Heinrich, dt. Theaterschauspieler, * 8. 2. 1785 Luckau, Niederlausitz, † 29. 12. 1865 Wien; wirkte seit 1821 am Burgtheater Wien, berühmt als Heldendarsteller (z. B. als König Lear).

Ottomar Anschütz

♦ **3.** Ottomar, dt. Fotograf, * 16. 5. 1846 Lissa (Polen) † 30. 5. 1907 Berlin; führte den → Schlitzverschluss mit verstellbarer Spaltbreite ein u. gab ihm seinen Platz direkt vor der fotograf. Platte. Internationale Anerkennung durch seine Bewegungsstudien in Reihenfotos mit extrem kurzen Belichtungszeiten (fliegende Störche 1884).

**Ansegis,** Abt von Fontenelle 822–833, † 20. 7. 833 Fontenelle; war vor 822 im Hofdienst u. an verschiedenen Klöstern, wurde durch seine Sammlung königl. Gesetze (Kapitularien) berühmt.

**Anselm** [ahd. *ans,* „Ase, Gottheit", *helm,* „Helm, Schutz"], männl. Vorname.

**Anselmo,** Giovanni, italien. Materialkünstler, * 5. 8. 1934 Borgofranco d'Ivrea; Vertreter der *Arte Povera;* A. schafft zunächst titellose, dreidimensionale Objekte aus oft gegensätzl. Materialien; ab 1969 Einbeziehung von Licht, Fotografie u. Papier zur Darstellung des Unendlichen u. der Unsichtbarkeit; ab Mitte der 1970er Jahre bezieht er den ganzen Raum in das Kunstwerk ein.

**Anselm von Canterbury** [-'kæntəbəri], Theologe, „Vater der Scholastik", * 1033 Aosta, Piemont, † 21. 4. 1109 Canterbury; Benediktiner, seit 1093 Erzbischof von Canterbury. Er entwickelte den *ontolog.* Gottesbeweis, der noch die neuere Philosophie bis zu Hegel beeinflusst hat. Sein Glaubensbegriff (der Glaube verlangt nach vernünftiger Einsicht, „Credo, ut intelligam") wurde bedeutsam für die Entwicklung der scholast. Theologie. Sein Hauptwerk „Cur deus homo" („Warum Gott Mensch geworden ist") enthält eine systematische Begründung der Lehre von der stellvertretenden Genugtuung im Opfertod Christi. Gesamtausgabe 6 Bde., herausgegeben von F. S. Schmitt. 1938–1961. – Heiliger; Fest: 21. 4.; Erhebung zum Kirchenlehrer 1720.

Ernest Ansermet

♦ **Ansermet** [ãsɛr'mɛ], Ernest, schweiz. Dirigent u. Komponist, * 11. 11. 1883 Vevey, † 20. 2. 1969 Genf; Lieder, Klavier- u. sinfon. Werke; gründete 1918 das Orchestre de la Suisse Romande, dessen Leiter er bis 1967 war; Vorkämpfer zeitgenöss. Musik, bes. von I. Strawinsky. „Die Grundlagen der Musik im menschl. Bewusstsein" dt. 1965.

**ansetzen,** die Früchte zur Herstellung von Bowlen vorbereitend behandeln.

**Ansfelden,** Stadt im Linzer Industrierevier (Oberösterreich), 275 m ü. M., 15 100 Ew.; Papiererzeugung.

**Ansgar** [ahd. *ans,* „Ase, Gottheit", *ger,* „Wurfspeer"], männl. Vorname.

Ansgar

♦ **Ansgar,** *Anskar, Anscharius,* Heiliger, erster Erzbischof von Hamburg-Bremen, * um 801 in der Picardie, † 3. 2. 865 Bremen; Benediktiner in Corbie, später in Corvey; missionierte 827–830 in Dänemark u. Schweden, seit 831 Bischof. Trotz vieler Fehlschläge gab er die Missionierung nicht auf („Apostel des Nordens"). Nach der Zerstörung Hamburgs durch die Dänen 845 verlegte er seinen Sitz nach Bremen. Fest: 3. 2.

**Anshan,** chinesische Stadt in der südlichen Mandschurei, 1,39 Millionen Einwohner; eines der wichtigsten Schwerindustriezentren Chinas: Eisen/Stahlkombinat mit Kokereien, Gießereien u. Walzwerken; chemische, Zement- u. a. Industrie; Bergbau seit 1917.

**an sich,** ein Begriff, der ausdrücken soll, wie etwas „an ihm selbst" ohne Rücksicht auf anderes ist; so z. B. die → Idee bei *Platon.* Bei *Kant* ist damit etwas gemeint, das absolut, ohne Rücksicht auf unser Erkennen ist, bei *Hegel* die abstrakte Möglichkeit, die erst noch Wirklichkeit im „Fürsichsein" u. schließlich Absolutheit im „Anundfürsichsein" des Begriffs gewinnen muss.

**Ansingelied,** Lied einer Gruppe junger Leute (meist Kinder), das an bestimmten Festtagen dargebracht wird, z. B. am Hochzeitstag für die Braut. Das A. wird mit kleinen Gaben belohnt.

**Ansitz** → Anstand.

**An-Ski,** S., eigentl. Solomon Zainwil *Rappoport,* jidd. Schriftsteller u. Ethnograph, * 1863 Tschaschniki (Weißrussland), † 8. 11. 1920 Warschau; verfasste die Hymne der sozialist.-jüd. Arbeiterpartei Bund: „Die Schwue" (Der Schwur) 1902; sein auf einer mystischen chassid. Erzählung beruhendes Drama „Der Dibbuk" 1919, dt. 1921, wurde auch als Film weltbekannt.

**Ansorge,** Conrad, dt. Komponist u. Pianist, * 15. 10. 1862 Buchwald bei Liebau, Schlesien, † 13. 2. 1930 Berlin; Schüler Liszts, ab 1920 Leiter der Meisterklasse für Klavier an der Dt. Akademie für Musik u. darstellende Kunst in Prag; Orchesterkompositionen, ein Klavierkonzert, Kammermusik u. ein Requiem für Männerchor u. Orchester.

**Ansprechdauer,** die Zeit, die vom Beginn der Betätigung des Bremspedals bis zum Einsetzen der Bremskraft an den Rädern vergeht (sehr kurz bei mechan. u. hydraul. Bremsen, länger – ca. 0,2 Sekunden – bei Druckluftbremsanlagen).

**ansprechen,** *Jagd:* das Wild auf Art u. Jagdbarkeit hin beobachten.

**Anspruch,** das Recht, von einem anderen ein Tun oder Unterlassen zu verlangen (§ 194 BGB). Es gibt *schuldrechtl.* Ansprüche (→ Forderung), z. B. aus einem Kaufvertrag, u. *dingl. Ansprüche,* z. B. aus dem Eigentum, auf Herausgabe einer Sache.

**Anspruchshäufung,** *Klagehäufung,* Geltendmachung mehrerer Ansprüche in einer Klage (§ 260 ZPO).

**Anspruchswappen,** ein Wappen, das durch bestimmte Bildinhalte den Anspruch des Wappenträgers auf Gebiete u. Rechtstitel ausdrücken soll, die er gegenwärtig nicht verwirklichen kann.

**Anstalt, 1.** *allg.:* Einrichtung.
**2.** *öffentliches Recht:* institutionell von der allg. Verwaltung abgehobene, mit personellen u. sächl. Mitteln ausgestattete Funktionseinheit zur dauerhaften Verfolgung eines bestimmten öffentl. (Verwaltungs-)Zwecks des jeweiligen Anstaltsträgers (Bund, Land, Gemeinde), z. B. Kranken-Anstalten, Schulen, Bibliotheken, Museen, Versicherungs-Anstalten, öffentl. Kreditinstitute, Rundfunk-Anstalten. Die A. des *öffentl. Rechts* (öffentl.-rechtl. A.) wird im Unterschied zur Körperschaft nicht verbandsmäßig von Mitgliedern getragen, sondern kennt nur Benutzer. Sie kann rechtsfähig oder nicht-rechtsfähig organisiert sein u. ist häufig mit Hoheitsbefugnissen betraut.

**Anstaltserziehung,** Ersatz oder Ergänzung

der Familienerziehung; aus polit.-ideolog. Gründen im Lauf der Geschichte manchmal über die Familienerziehung gestellt. Die Schüler leben entweder ganz in Heimen, von denen ihre Schulausbildung geleitet wird, oder sie kehren über Nacht in die elterl. Wohnung zurück.

**Anstaltsunterbringung,** *Strafrecht:* Maßregel der Sicherung u. Besserung von auffällig gewordenen Personen (A. in psychiatr. Krankenhäusern, Entziehungsanstalten, sozialtherapeutischen Anstalten).

**Anstand,** *Ansitz,* eine Jagdart, bei der der Jäger sich an einer verdeckten Stelle, dem A., aus auflauert, z. B. hinter einem Schirm aus belaubten Zweigen oder auf einem Hochsitz (Wildkanzel).

**Anstandsschenkung,** eine Schenkung, die auf einer sittl. Pflicht oder Anstandspflicht beruht. Sie unterliegt weder der Rückforderung noch dem → Widerruf (§ 534 BGB).

**ansteckende Krankheiten** → Infektionskrankheiten.

**Ansteckung,** 1. *Medizin:* Kontagion → Infektion. 
2. *Verhaltensforschung:* Stimmungsübertragung zwischen den Individuen einer sozial lebenden Tiergesellschaft, die zu einer Synchronisation von Verhaltensweisen (z. B. Gruppenflucht) führen kann.

**anstehend,** *Geologie:* Bez. für an die Erdoberfläche heraustretende Schichten in unberührtem Lagerungsverband. Das Anstehende ist das unter der Pflanzendecke u. dem Verwitterungsschutt vorhandene Gestein in seiner ursprüngl. Beschaffenheit; eine Erdschicht „steht an".

**Anstellhefe,** *Stellhefe, Impfhefe,* Reinkultur von speziellen Heferassen zur Animpfung von Kulturen z. B. bei der industriellen Erzeugung von Backhefe, Futterhefe u. beim Bierbrauen.

**Anstellungsbetrug,** das Erschleichen einer Anstellung trotz fehlender Vorbildung u. nachgewiesener Qualifikation (z. B. Staatsexamen, Approbation). Trotz zufrieden stellender Leistungen als Betrug (§ 263 StGB) strafbar, wenn die gestellten Aufgaben bes. Vertrauenswürdigkeit u. Zuverlässigkeit erfordern oder wenn eine Anstellung u. Höhe der Bezüge – wie bei Beamten – eine abgeschlossene Ausbildung voraussetzen oder von Art u. Dauer früherer Beschäftigungen abhängig sind.

**Anstiftung,** Teilnahme an vorsätzl. Straftat eines anderen durch dessen vorsätzl. Bestimmung zur Tat, nach § 26 StGB (Schweiz: Art. 24 StGB) strafbar wie die Tat selbst. In Österreich gilt A. als Fall der Täterschaft (§ 12 StGB). Strafbar ist in Dtschld. auch erfolglose A. zu Verbrechen (§ 30 StGB) u. zu vorsätzl. Eidesdelikten (§ 159 StGB); in Österreich allg. Strafbarkeit auch bei Erfolglosigkeit (§ 15 StGB). → Akzessorietät der Anstiftung.

**Anstoß,** *Fußball:* Beginn des Spiels vom Mittelpunkt des Spielfelds aus. Kein Spieler darf vorher die Mittellinie überschreiten, u. die gegnerischen Spieler dürfen nicht näher als 9 m an den Ball herankommen.

**Anstreicher** → Maler.

**Anstrichmittel,** *Anstrichstoffe,* flüssige bis pastöse Gemische aus Bindemitteln, Farbmitteln sowie ggf. Lösungsmitteln, Füllstoffen u. sonstigen Zusätzen. Sie dienen zum Schutz des jeweiligen Untergrundes vor äußeren Einflüssen, wie Nässe, Schmutz, Korrosion, Feuer u. zur Verschönerung. A. werden durch Streichen, Spritzen, Tauchen, Gießen u. andere Verfahren aufgetragen u. passen sich in flüssigem Zustand der Oberfläche des Untergrundes an. Hierbei verbindet das nichtflüchtige Bindemittel die farbgebenden Stoffteilchen, nämlich unlösl. Pigmente oder lösl. Farbstoffe organischer oder anorganischer Art untereinander u. mit dem Untergrund. Nach Trocknung durch Verdunsten von Lösungsmitteln, auch Wasseranteilen, oder chem. Reaktion bildet sich ein fester Anstrich.
Anstrichmittel werden üblicherweise nach ihrem Bindemittel oder auch Verwendungszweck unterschieden u. in Wortzusammensetzungen als Farbe bezeichnet, zum Beispiel *Kalkfarben, Ölfarben, Kunststoffdispersionsfarben* beziehungsweise *Innenfarben.*

**Antagonismus,** [grch.] 
1. *allg.:* Widerstreit, (unversöhnlicher) Gegensatz. 
◆ 2. *Biologie:* Prinzip der Zusammengehörigkeit zweier funktioneller Einheiten (Agonist u. Antagonist) im Sinne von Wirkung u. Gegenwirkung, z. B. Muskeln (Beuger [1] u. Strecker [2]) oder Nerven (Sympathikus u. Parasympathikus). 
3. *Mikrobiologie:* ein- oder wechselseitige Hemmung oder Schädigung von Mikroorganismen, etwa durch Bildung spezieller Stoffwechselprodukte (z. B. Antibiotika). 
4. *Umweltschutz:* die Gesamtwirkung zweier oder mehrerer Schadstoffe, die geringer als die Summe der Einzelwirkungen ist. Auch → Kombinationswirkungen.

Antagonismus (2)

**Antagonist** [grch.], 1. *allg.:* Gegner, Widersacher. 
2. *Ökologie:* Bez. für einen Feind, eine lebensbedrohende Störgröße (Räuber, Parasit, Krankheitserreger). 
3. *Toxikologie:* Gegenspieler einer Substanz (des *Agonisten*), dessen Rezeptor er blockiert. Auch → Hemmstoffe.

**Antaios,** *Antäos* [„Begegner"], in der griech. Sage ein Riese in Libyen, Sohn des Poseidon u. der Gäa (Mutter Erde), aus deren Berührung er stets neue Kraft empfing; daher unbesiegbar, solange er stand; von *Herakles,* der ihn in die Luft hob, besiegt.

**Antakya,** das alte → Antiochia, Hptst. der südtürk. Prov. Hatay, am Orontes, 123 000 Ew.; Mosaikenmuseum; Wein- u. Olivenbau, Citrusfrüchte; Wasserkraftwerk. Zur Zeit der Kreuzzüge Festung u. Zentrum des Levantehandels mit 200 000 Ew.

**Antalkidas,** *Antialkidas,* spartan. Offizier u. Diplomat, schloss 386 v. Chr. mit dem Perserkönig Artaxerxes II. einen Frieden (*Antalkidas-* oder *Königsfriede*), der die Griechenstädte Kleinasiens den Persern auslieferte.

**Antall** [ˈɔntɔl], József, ungar. Politiker (Demokrat. Forum), * 7. 4. 1932 Budapest, † 12. 12. 1993 Budapest; Historiker; ab 1989 Vors. des Demokrat. Forums; ab 1990 Min.-Präs.

**Antalya,** *Adalia,* das antike *Attaleia,* die Hptst. Pamphyliens; heute türk. Hafen- u. Prov.-Hptst. an der Südküste Kleinasiens (*Golf von A.*), 378 000 Ew.; Textilindustrie, Rosenölgewinnung; internationaler Flugplatz, Pipeline.

◆ **Antananarivo,** *Tananarive,* Hptst. von Madagaskar, im Zentrum der Insel, ca. 1300 m ü. M., 1,05 Mio. Ew.; Universität (gegr. 1947); aufstrebende Industrie (bes. Nahrungsmittel u. Lederverarbeitung); Verkehrs-, Verwaltungszentrum, internationaler Flughafen.

**Antapex** [der, Pl. *Antapizes;* grch., lat.], der Punkt, von dem sich in einem bestimmten Zeitpunkt ein Himmelskörper wegbewegt. Der A. der Sonne liegt im Sternbild Taube. Auch → Apex (1).

**Antara Ibn Schaddad,** vorislam. arab. Dichter, 6. Jh.; Verfasser von Liebesgedichten, von denen nur Fragmente erhalten sind; wurde wegen seiner Tapferkeit zum Helden des volkstüml. Antar-Romans.

**Antares,** *Gegenmars,* α *Scorpii,* Hauptstern im *Skorpion;* rötl. Färbung wie der Mars. Der Stern 1. Größenklasse ist 600 Lichtjahre entfernt. Sein Durchmesser ist 700-mal größer als der Sonnendurchmesser.

**Antarktia** [grch., lat.], Urkontinent seit Beginn des Präkambriums, umfasste den Kern der heutigen *Antarktis.*

**Antarktika** [grch., lat.], wissenschaftl. Bez. für den antarkt. Kontinent, Teil der → Antarktis.

**Antarktis** [grch., lat.], das Südpolargebiet, → Seite 318.

**Antarktische Halbinsel,** *Grahamland,* die größte Halbinsel der Antarktis, zwischen Weddell- u. Bellingshausenmeer, südlich von Südamerika in der Westantarktis, 1200 km lang, jedoch stellenweise nur 40 km breit, gebirgig, mit Plateauvergletscherung (höchster Berg Mount Coman 3657 m). Die Vegetation ist dürftig (nur 2 Blütenpflanzen), jedoch das Tierleben an der Küste reich. Die A. H. wird von Großbritannien (*British Antarctic Territory*), Argentinien u. Chile beansprucht; Forschungsstationen.

**Antarktis-Vertrag,** auf Betreiben der USA 1959 zwischen den in der Antarktis forschenden Nationen Argentinien, Australien, Belgien, Chile, Frankreich, Großbritannien, Japan, Neuseeland, Norwegen, Südafrika, UdSSR u. USA geschlossener Vertrag (1961 ratifiziert), der alle militärisch-strategischen Operationen verbietet, wirtschaftl. Spekulationen ausschließt u. den Kontinent allein

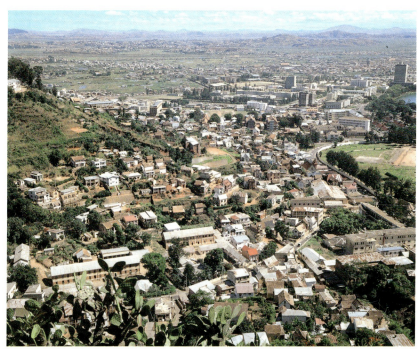
Antananarivo: Die Hauptstadt Madagaskars liegt im zentralen Hochland in 1200–1400 m Höhe

der freien wissenschaftl. Forschung vorbehält; durch zahlreiche spätere Abkommen zum Umweltschutz ergänzt. Seit 1961 traten weitere zusätzl. Staaten (u.a. die BR Dtschld., 1979) dem A. bei. 1991 unterzeichneten die 27 Konsultativstaaten des Antarktis-Vertrages das Umweltschutzprotokoll, das die Antarktis für mindestens 50 Jahre, vor allem vor der Rohstoffausbeutung, schützen soll.

**Antártica Chilena** [-tʃi-], Region im äußersten S Chiles, umfasst die Südspitze Feuerlands beiderseits des Beagle-Kanals u. den von Chile beanspruchten Teil der Antarktis (umstritten), 143 000 Ew.; Hptst. *Punta Arenas.*

**Antazida,** *Antacida* [grch., lat.], Arzneimittel gegen überschüssige Magensäure, saures Aufstoßen, Sodbrennen usw.; wirken durch Neutralisierung der Säure u. Überziehen der Schleimhaut mit einem schützenden Film; wird nach ärztl. Verordnung z. B. bei Magengeschwür oder Reizgastritis angewendet.

**Ante** [die; lat. *antae*, Pl.], pfeilerartig ausgestaltete Stirn der Längswände der *Cella* im griech. u. röm. → Tempel.

**ante Christum,** *ante Christum natum* [lat.], Abk. *a. Chr. (n.),* vor Christi Geburt.

**antediluvianisch** [lat.], vor der Eiszeit.

**Antedon,** ein freischwimmender Haarstern (→ Komet).

**Antegnati** [antɛn'jati], italien. Orgelbauerfamilie des 15. bis 17. Jh., deren Instrumente bes. der Musik G. *Frescobaldis* entsprachen: Constanzo, *1549 Brescia, †14. (16.?) 11. 1624 Brescia; war auch als Organist u. Komponist tätig; schrieb Messen, Motetten u. Madrigale; in seiner Schrift „L'arte organica" gibt er im Hauptteil Anweisungen zum Registrieren (→ Register).

**Anteilfläche,** *Forstwirtschaft:* eine ideelle Teilfläche, z. B. der rechnerisch ermittelte Anteil einer Baumart oder Altersklasse am Gesamtbestand.

**Anteilschein,** verbrieftes → Wertpapier, das den Anspruch des Anteilinhabers gegenüber einer Gesellschaft, i.e.S. einer → Kapitalgesellschaft, dokumentiert. Anteilscheine können als Inhaber- oder als Namenspapiere ausgegeben werden.

**Anteilzoll,** bes. Zoll, der im Verkehr zwischen der EU u. neuen Mitgliedern oder assoziierten Staaten, mit denen ein Zollabbau vereinbart ist, während einer Übergangsperiode bei der Ausfuhr erhoben wird, wenn die ausgeführte Ware im zollbegünstigten → Veredelungsverkehr aus drittländ. Vorprodukten hergestellt worden ist. Der A. gleicht damit Zollbegünstigungen aus, die Vorprodukten aus Drittländern bei Veredelungsverkehren auf dem Umweg über die den veredelten Erzeugnissen gewährte Präferenzzollbehandlung zuteil würden. Der A. entspricht einem bestimmten Prozentsatz des Zolles, der nach dem Gemeinsamen Zolltarif der EU bei Einfuhr der verwendeten drittländ. Ware zu erheben wäre. Der Prozentsatz bemisst sich nach dem Grad der Zollsenkung, die für die entsprechende veredelte Ware im Einfuhrland gewährt wird; in der Endphase des gegenseitigen Zollabbaus betrüge der A. 100 %, was der Erhebung des vollen Außenzolls für drittländ. Vorprodukte entspräche.

Anteilzölle wurden z. B. 1973–1977 im Verkehr zwischen den Ländern der ursprüngl. Sechsergemeinschaft u. den neuen Mitgliedsländern Dänemark, Großbritannien u. Irland erhoben.

**Anteklise,** Unterlagerung einer geringmächtigen Sedimentdecke durch einen weit ausladenden, aufgewölbten kristallinen Sockel, dessen Wölbung in der Sedimentdecke nachgezeichnet sein kann. Strukturen dieser Art können mehrere 100 km umspannen wie die *Wolga-Ural-Anteklise.*

**Antelami,** Benedetto, italien. Bildhauer, *um 1150, †um 1220; Hauptmeister der norditalien. Plastik des roman. MA. Hptw.: Portalfiguren des Baptisteriums in Parma (1196 ff.), Skulpturen des Doms von Borgo S. Donnino; bischöfl. Thronsitz u. Chorschrankenreliefs im Dom zu Parma.

**ante meridiem** [lat.], Abk. *a. m.,* vormittags, vor Mittag.

**Anten,** wahrscheinlich ein slawischer Stammesverband, von russ. Forschern als Vorgänger des Kiewer Reichs angesehen, ab 4.–6. Jh. am mittleren u. unteren Dnjepr u. östl. des Dnjestr schriftlich erwähnt. Burgwälle im Dnjeprraum werden ihnen zugeschrieben. Nach anderer Meinung waren die A. ein alanischer Stamm, der wahrscheinlich nach dem 7. u. 8. Jh. von Awaren u. Chariern zersprengt wurde.

**Antennaria** → Katzenpfötchen.

**Antenne,** 1. *Fernmeldetechnik:* bes. Ausführung eines elektromagnet. Schwingkreises, z. B. als *Sende-Antenne* zur Ausstrahlung größerer Leistungen in Form wechselnder elektrischer u. magnetischer Felder (Wellen), die in der *Empfangs-Antenne* die Elektronen zum Schwingen anregen u. damit drahtlos Leistungen übertragen; bester Wirkungsgrad im Fall der → Resonanz.

Für den Mittel- u. Langwellenbereich werden isoliert aufgestellte Stahlmasten bestimmter Länge als Sende-Antenne benutzt *(Einmast-Antenne).* Ferner werden auch horizontal verspannte Drähte verwendet, denen die Sendeenergie in der Mitte oder an der Seite durch Speiseleitungen zugeführt wird *(T- bzw. L-Antenne).*

Als Sende-Antennen für kurze u. ultrakurze Wellen sind großenteils Dipole oder Dipolgruppen mit Zusatzelementen *(Direktor, Reflektor)* in Gebrauch. Durch geeignete Anordnung lässt sich eine ausgeprägte Richtwirkung oder Rundstrahlcharakteristik erreichen. UKW- u. Fernsehsende-Antennen sollen möglichst hoch stehen, damit die Reichweite vergrößert wird.

Die Sendeenergie wird den Strahlern durch Hochfrequenzkabel spezieller Bauart zugeführt. Für den Nachrichtenverkehr im Dezimeterwellengebiet verwendet man Antennen mit bes. starker Richtwirkung, z. B. *Parabol-Antennen* (Wirkung wie Scheinwerfer) u. *Hornstrahler.*

Zum Empfang von Lang-, Mittel- u. Kurzwellen eignen sich Drähte oder Stäbe verschiedener Länge, während für den UKW- u. Fernsehempfang abgestimmte (halbe Wellenlänge) Dipole mit Zusatzelementen verwendet werden, die eine Richtcharakteristik besitzen u. höhere Spannun-

*Fortsetzung S. 320*

# Antarktis

Die Antarktis umfasst das Südpolargebiet etwa südl. von 55° südl. Breite, bestehend aus dem antarkt. Kontinent *(Antarktika)*, Inseln u. Meeren.
Argentinien, Australien, Chile, Frankreich, Großbritannien, Neuseeland u. Norwegen erheben territoriale Ansprüche auf die A.; die USA u. Russland erkennen keine Ansprüche anderer Staaten an. – Die A. hat einschl. einiger vorgelagerter Inseln eine Fläche von 13,98 Mio. km².
Die wichtigsten dieser Inselgruppen sind Südgeorgien, Südsandwich, Südorkney u. Südshetland, die sämtlich brit. Besitz sind. Mit Ausnahme der ehem. Walfangstation *Grytviken* auf Südgeorgien (früher 600–1200 Ew.) sind sie ebenso unbewohnt geblieben wie das ganze Südpolargebiet; die Besat-

Pinguine verlassen ihre angestammten Brutgebiete auch während des unwirtlichen antarktischen Winters nicht

Die ehemalige Walfangstation Grytviken auf Südgeorgien wird heute nur noch von Kreuzfahrtschiffen besucht. Bereits 1965 wurden die Walfangstationen aufgegeben

Die US-amerikanische McMurdo-Station wurde 1956 gegründet. Sie ist die größte Versorgungs- und Forschungsstation in der Antarktis

Am 18. 1. 1912 standen Scott und seine Leute vor dem Zelt Amundsens, der bereits am 15. 12. 1911 den Pol vor ihnen erreicht hatte

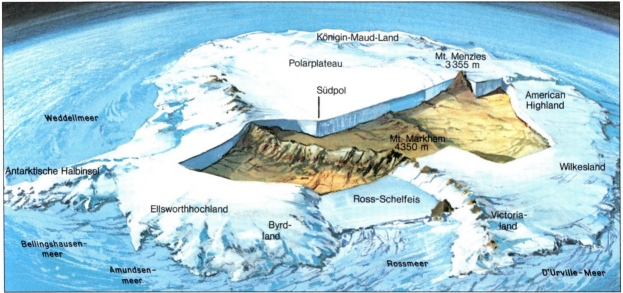

Schnitt durch die Eisschicht

# Antarktis

zungen von wissenschaftl. Beobachtungsstationen sind die einzige Bevölkerung. Durch den Vertrag von Washington (*Antarktis-Vertrag*, 1959) wurde die A. der freien internationalen Forschung geöffnet.

Nur die Ost-Antarktis ist ein echter Kontinent, die West-Antarktis dagegen ein aus einer Reihe mehr oder weniger großer Inseln bestehender Archipel; beide werden von einer Inlandeismasse bedeckt, die eine mittlere Höhe von 2000–2500 m aufweist, in der Ost-Antarktis aber bedeutend höher als in der West-Antarktis liegt. Weddell- u. Rossmeer greifen mit großen Buchten weit in den „Kontinent" ein. Diese Gebiete sind von Schelfeistafeln erfüllt; am Rand entstehen die Tafeleisberge. Die Mächtigkeit des Eises überschreitet teilweise 4700 m. Die

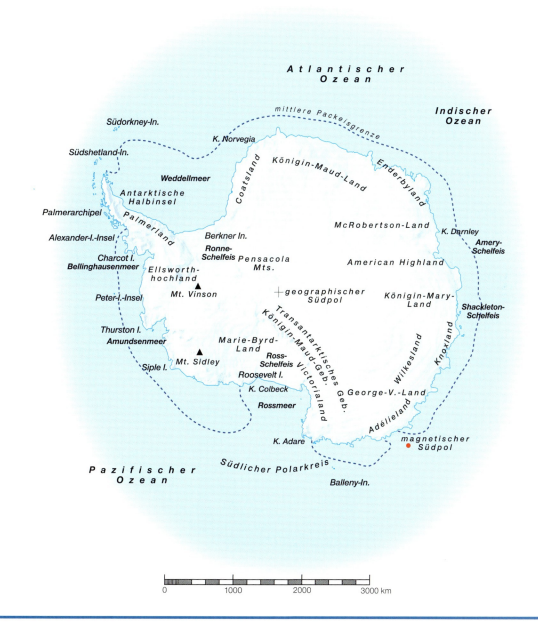

# Antennendolch

Die 1992 fertig gestellte deutsche Neumayer-Station bei 70° 15' S und 8° 15' W am Rande des Neuschwabenlandes ist ganzjährig mit Wissenschaftlern besetzt. Die Station besteht aus zwei 90 m langen Stahlröhren, die vollständig mit Schnee bedeckt sind

Temperaturen des sommerkalten Kontinentalklimas steigen selten über 0 °C; die A. ist das kälteste Gebiet der Erde mit Minimalwerten bis −88 °C; 30–600 mm Niederschläge jährlich fallen meist im Sommer als Schnee. Stürme mit bis zu 90 m/s Geschwindigkeit wurden gemessen. Nur einzelne Gipfel, schmale Küstenstreifen u. Inseln sind eisfrei. Auf diesen Flächen kann sich unter dem extrem kalten u. z. T. sehr trockenen Polarklima nur eine sehr dürftige Vegetation vorwiegend aus Moosen u. Flechten entwickeln. Landtiere fehlen fast völlig, dagegen kommen Pinguine, Robben u. Wale in großer Zahl vor. Der Walfang war lange Zeit die einzige wirtschaftl. Nutzung der A., ist aber stark zurückgegangen (Dezimierung der Bestände) u. ab 1985 untersagt. Auf den Abbau der Bodenschätze soll laut Antarktis-Vertrag bis zum Jahr 2041 verzichtet werden.

Am geographischen Südpol befindet sich die US-amerikanische Amundsen-Scott-Station. Die 1956 gegründete Forschungsstation liegt in 2804 m Höhe auf dem circa 2700 m mächtigen Inlandeis. Der eigentliche Südpol ist mit einem Pfosten markiert, der regelmäßig versetzt werden muss, da er mit dem Eis mehrere Meter pro Jahr in Richtung Südamerika wandert

gen liefern *(Yagi-Antenne)*. Antennen mit Richtwirkung *(Peil-Antennen)* für längere Wellen sind z. B. *Rahmen-Antennen* oder *Ferrit-Antennen*. Sollen mehrere Verbraucher von einer A. aus versorgt werden, so wird ihnen meistens über einen Antennenverstärker ausreichende Spannung zugeführt *(Gemeinschaftsantennenanlagen)*.

**2.** *Zoologie:* Fühler der Krebse u. der sog. Antennentiere *(Antennata = Tracheata:* Tausendfüßer u. Insekten), außerdem bei Stummelfüßern *(Onychophoren)*; Kopfgliedmaßen, die bei Krebstieren in zwei Paaren, bei Onychophoren u. Tracheaten in einem Paar vorhanden sind. Die Antennen sind Träger von Sinnesorganen des Tast-, Geruchs- u. Geschmackssinns. Bei den Männchen der Insekten, die Duftstoffe der Weibchen oft auf mehrere 100 m wahrnehmen können, sind die Antennen häufig verbreitert oder gefächert.

**Antennendolch,** Dolch der späten Hallstattzeit mit antennenartigem Griffknauf, oft zierliche Scheide. Die Funde stammen aus reich ausgestatteten Hügelgräbern.

**Antennengewinn,** Bezugsmaß zur Charakterisierung der Bündelwirkung einer → Antenne (1). Dabei wird die einer Antenne zugeführte oder abgegebene Leistung mit der entsprechenden Leistung eines Kugelstrahlers verglichen.

**Antennenschwert,** Bronzeschwert mit antennenartigem Griffknauf, seit der frühen bis mittleren Hallstattzeit, etwa 9.–8. Jh. v. Chr., bekannt; vom Baltikum bis Mittelitalien u. im Karpatenbecken verbreitet.

**Antennenwahlschalter,** bei Funksende- u. -empfangsstellen Einrichtung zum schnellen Umschalten zwischen mehreren Antennen u. Sendern bzw. Empfängern.

**Antenor,** athen. Bildhauer, tätig zwischen 530 u. 480 v. Chr.; schuf um 500 v. Chr. die später von Xerxes entführte Bronzegruppe der Tyrannenmörder (nicht erhalten), etwa 20 Jahre früher eine Kore auf der Akropolis von Athen.

**Antentempel** → Tempel.

**Antepänultima** [die; lat.], drittletzte Silbe eines Worts.

**Antependium** [das, Pl. *Antependien*; lat., „das Davorzuhängende"], *Frontale,* Verkleidung des Altars an dessen Vorderseite durch einen von der Altarplatte herabhängenden Stoffbehang; *i. w. S.* auch die Altarbekleidung an den Schmalseiten u. die als *Altarvorsatz* bezeichnete Bekleidung aus Metall, Holz, Elfenbein, Textilien u. a.; bes. im MA in reicher künstler. Durchbildung (Beispiel: Pala d'oro, Venedig, S. Marco; Klosterneuburger Altar des Nikolaus von Verdun); zu unterscheiden vom weißen *Altartuch.*

**Antequera** [-'kɛːra], südspan. Stadt am Rand einer Hochtalebene des Andalusischen Berglands, 35 km nordwestl. von Málaga, 38 800 Ew.; Textil-, Nahrungsmittelindustrie. Unweit der Stadt die Dolmenstätte *Cueva de Menga.*

**Anteros,** Papst 235/36, wahrscheinlich Grieche, Heiliger, † 3. 1. 236 Rom; Fest: 3. 1.

◆ **Antes,** Horst, dt. Maler u. Grafiker, * 28. 10. 1936 Heppenheim an der Bergstraße, Hessen; 1957–1959 Schüler von HAP Grieshaber an der Akademie Karlsruhe, wo er 1967 Prof. wurde; bekannt durch die „Antes-Figur", ein zyklopenäugiges Monstrum. A. schuf auch skulpturale Dekorationen u. gehörte schon in den 1960er Jahren zu den ersten Vertretern einer neuen figurativen Malerei.

**antezedentes Tal,** ein Tal, das sich während der Hebung eines Gebirges in gleichem Maß wie die Hebung in dieses einschneidet; der Fluss erfährt während der Gebirgsbildung keine Laufverlegung, ist also älter in seiner Anlage als das Gebirge (z.B. Rheintal bei Bingen).

**Antezedenz** [die; lat.], das *Antezedens*, „das Vorangehende"; so bei der Wirkung die Ursache, im Beweis die Voraussetzung, im Schluss jede *Prämisse*.

George Antheil

◆ **Antheil** ['æntil], George, US-amerikan. Komponist u. Pianist, *8. 7. 1900 Trenton, New Jersey, †12. 2. 1959 New York; einer der ersten amerikan. Avantgardisten. Opern „Transatlantic" 1930, „Volpone" 1950; „Ballet mécanique" 1927; Jazz-Sinfonie 1926; Filmmusiken u. Kammermusik; Autobiografie „Bad boy of music" 1945, dt. „Enfant terrible der Musik" 1960.

**Anthelmintika** [grch.], *Wurmmittel,* Medikamente gegen Wurmbefall, zur Behandlung von Wurmkrankheiten (des Menschen).

**Anthem** ['ænθəm; engl.], seit der engl. Reformation eine geistl., meist über einen Bibeltext komponierte Chormusik in engl. Sprache. *Full Anthem* ist ein Werk, das ganz vom Chor ausgeführt wird, *Verse Anthem* eine Komposition, in der Abschnitte von Solostimmen gesungen werden.

**Anthemion** [das, Pl. *Anthemien;* grch., „Blütenschmuck"], ein Ornament, oft aus wechselnden Palmetten u. Lotosblüten, am Fuß durch Ranken verbunden; häufig in der antiken Vasenmalerei u. Architektur.

**Anthemios von Tralles,** griech.-byzantin. Architekt u. Mathematiker, *2. Hälfte des 5. Jh. Tralleis (Ort im kleinasiatischen Lydien), † um 534 wahrscheinl. Konstantinopel. Mit Sicherheit kann ihm nur die Hagia Sophia in Konstantinopel (532–537) zusammen mit *Isidor von Milet* zugeschrieben werden; der Kuppelbau gilt als techn. Glanzleistung.

**Anthemis** → Färberkamille, → Hundskamille.

**Anthere** [die; grch.], Staubbeutel der → Staubblätter.

**Anthericum,** Gattung der *Liliengewächse,* → Graslilie.

**Antheridium** [das, Pl. *Antheridien;* grch.], Bildungsorgan für die männlichen Geschlechtszellen bei Moosen, Farnpflanzen, Algen und Pilzen.

**Anthoceros** → Hornmoose.

**Anthocyane** [grch.], Farbstoffe des pflanzl. Zellsaftes. Sie bewirken die rote u. blaue Färbung der Blüten. Es ist immer derselbe Farbstofftyp, der einmal rote, ein anderes Mal blaue Blütenfarben hervorruft. Die Farbe ist abhängig vom Säuregrad des Zellsafts. Ist der Zellsaft sauer, so sind die Blüten rot; ist er neutral, dann sind sie violett; blaue Blüten entstehen durch alkal. Zellsaft. Beispiele: Pelargonien, Rosen. Den Anthocyanen verdanken nicht nur die Blüten, sondern auch die Blattvarietäten (Blutbirke, Blutbuche, Bluthasel, Rotkohl) ihre Färbung, ohne dass der Gehalt an → Chlorophyll dadurch beeinträchtigt wird. Rote Verfärbung mancher Blätter im Herbst vor dem Blattfall ist auch durch A. bedingt. – Die A. sind *Glykoside,* Verbindungen eines Zuckers mit einer aromat. Farbstoffkomponente, dem Anthocyanidin. Auch → Delphinidin.

**Anthologie** [grch., „Blütenlese"], Sammlung von Dichtungen verschiedener Verfasser; i.e.S. der Name zweier antiker Gedichtsammlungen: *Anthologia Graeca (Palatina)* u. *Anthologia Latina* (6. Jh. n. Chr.).

**anthologisch,** ausgewählt.

**Anthony** ['æntəni], engl. für → Anton.

**Anthoons,** Willy, belgischer Bildhauer und Zeichner, *25. 3. 1911 Mechelin; fertigte seit den 1940er Jahren abstrakte Werke in kompakter Geschlossenheit und ruhiger, weicher Flächenbehandlung; bevorzugt Stein und Holz; Themen: Religion, Mystik, menschliche Hoffnungen und Konflikte.

**Anthophyllit** [der; grch.], rhomb. Amphibolmineral in Olivingesteinen u. Schiefern, (MgFe)$_7$(OH)$_2$Si$_8$O$_{22}$, bräunl., breitstängelige Aggregate, Härte 5,5; Dichte 2,9–3,2.

**Anthophyta** → Blütenpflanzen.

**Anthoxanthum** → Ruchgras.

**Anthozoen** → Blumentiere.

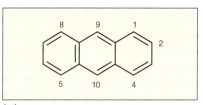
Anthracen

◆ **Anthracen** [grch.], kondensierter, fester aromat. Kohlenwasserstoff, der im Steinkohlenteer vorkommt u. Bestandteil des Anthracenöls ist. Man gewinnt A. sowohl aus dem Steinkohlenteer als auch synthetisch aus Ethylen u. Benzol im Glührohr. Es ist durch katalytische Oxidation mit Luftsauerstoff in Anthrachinon überführbar. Wichtiges Ausgangsprodukt zur Herstellung von Alizarin- u. Indanthrenfarbstoffen; auch für Szintillationszähler verwendet. *Anthracenöl* heißt die bei der Teerdestillation zwischen ca. 280–400 °C anfallende Fraktion.

**Anthrachinon** [das], *Diphenylenketon,* aromat. Diketon, dargestellt durch Chromsäureoxidation von Anthracen oder durch Kondensation von Phthalsäureanhydrid mit Benzol; wichtiges Ausgangsmaterial für Alizarin- u. Indanthrenfarbstoffe.

**Anthracosauria** [grch. *anthrax,* „glühende Kohle" u. *sauros,* „Echse"], eine ausgestorbene Ordnung der → Labyrinthodontia, Stammgruppe der *Reptilien;* Lebenszeit → Karbon.

**Anthracycline,** Gruppe von Antibiotika; mit den *Tetracyclinen* verwandt. Einige Vertreter werden bei der Therapie von Leukämie, Lymphome u. Hodentumoren eingesetzt.

**Anthrakose** [die; grch.], *Kohlenstaublunge,* Schwarzfärbung der Lungen- u. Lungenlymphgewebe durch Eindringen u. Ablagerung von Ruß u. Kohlenstaub auf dem Atemweg; in schweren Fällen mit bindegewebiger Verhärtung des Gewebes einhergehend *(pathologische A.).* – Bei Stubentieren häufig, meist ohne Krankheitserscheinungen.

**Anthranilsäure** → Aminobenzoesäure.

**Anthrax** [grch.], der → Milzbrand.

**Anthrazit** [der; grch.], Steinkohle mit über 90% Kohlenstoff u. (bezogen auf wasser- u. aschefreie Substanz) 6–10% flüchtigen Bestandteilen; bei geringstem Wasser- u. Aschegehalt höchster Kohlenstoffgehalt aller Kohlen; unterer Heizwert der Reinsubstanz rd. 35 300 kJ/kg.

**Anthriscus** → Kerbel.

**anthropisches Prinzip,** *Kosmologie:* eine Methode, mit der durch die Existenz des menschl. Lebens die Menge der physikal. Anfangsbedingungen im Universum eingeschränkt wird.

**anthropo...** [grch.], Wortbestandteil mit der Bedeutung „Mensch".

**Anthropochorie** [grch.], passive

Horst Antes: Figur auf Steinwellen; 1969. München, Neue Staatsgalerie

# Anthropogeographie

→ Ausbreitung von Organismen durch Menschen, menschl. Einrichtungen, Geräte usw.

**Anthropogeographie,** häufig auch *Kulturgeographie*, von *F. Ratzel* begründete geograph. Teildisziplin, die zunächst die Frage nach der Abhängigkeit des Menschen von der Natur in den Vordergrund stellte. Um 1900 verlagerte sich der Schwerpunkt auf die Erforschung der Kulturlandschaft, später wurden bes. die funktionalen Aspekte u. die Fragen nach den Trägern der Funktionen in der Sozialgeographie betont. Hauptzweige der A.: Siedlungs-, Wirtschafts-, Verkehrs-, Bevölkerungs-, Sozial- u. Politische Geographie. In der *Biologischen (Physischen) A.* soll der Mensch als Naturwesen im Rahmen einer ökologischen Betrachtung untersucht werden.

**Anthropologie** [grch.], 1. *biologische A.:* sie befasst sich mit Beschreibung u. Ursachen der Variabilität innerhalb der → Hominiden sowie mit dem Vergleich von Mensch u. Tier. Dabei beschränkt sich die A. auf nicht-patholog. u. mit naturwissenschaftl. Methoden fassbare Merkmale. Sie umfasst die Abstammung u. geograph. Differenzierung des Menschen (→ Mensch [Evolution]), den Vergleich des Menschen mit nicht-hominiden Arten, insbes. den Tierprimaten, die Vererbung menschl. Merkmale (→ Humangenetik) u. das Studium der individuellen u. geschlechtl. Differenzierung des Menschen. Im angelsächs. Sprachgebrauch werden auch die Kultur- und Sozialwissenschaften in den Begriff der A. einbezogen. Methoden der A.: 1. → Anthropometrie; 2. beschreibende Erfassung körperl. Merkmale (Morphognostik); 3. Analyse der Hautleisten an Händen und Füßen (Dermatoglyphik); 4. physiolog. Messungen (z. B. von Atemvolumen, Kraft); 5. biochem. Bestimmungen an Knochen, Blut, Urin; 6. immunolog. u. elektrophoret. Bestimmungen von Blutmerkmalen; 7. cytogenet. Verfahren zur Analyse der Chromosomen; 8. molekularbiol. Analyse der Erbsubstanz DNA; 9. populationsgenet. Analyse bevölkerungsbiol. Prozesse; 10. psycholog. Tests; 11. biostatist. Analyseverfahren.

2. *philosophische A.:* eine bes. Disziplin der Philosophie, die den Menschen nach seiner menschl. Natur betrachtet, im Unterschied zu Metaphysik, Geschichtsphilosophie u. vor allem Theologie, die den Menschen in einen umfassenderen Zusammenhang einordnen. Innerhalb dieser Disziplin wird der Mensch daher in seiner körperl. Natur erforscht u. seine Bestimmtheit durch Geschlecht, Alter, Charakter u. Rasse untersucht. Die philosoph. A. entstand als eigene Wissenschaft im 17. Jh. im Zusammenhang mit der aufklärerischen Emanzipation von der theolog. Metaphysik, erlebte eine Blüte in der Folge der romant. Naturphilosophie zu Beginn des 19. Jh. u. gewann ihre gegenwärtige Gestalt in krit. Auseinandersetzung mit der Geschichtsphilosophie. Als Begründer gilt M. *Scheler* mit dem Werk „Die Stellung des Menschen im Kosmos" 1928, weiter H. *Plessner* („Die Stufen des Organischen u. der Mensch" 1928) u. A. *Gehlen* („Der Mensch, seine Natur u. seine Stellung im Weltall" 1940). Der Mensch wird hier allein aus seinen natürl. Voraussetzungen verstanden, die Kultur gilt als Kompensation seiner biolog. Mängel. – *I. w. S.* kann alle Philosophie als A. bezeichnet werden, weil sie vom Menschen ausgeht.

3. *theologische A.:* fragt nach der Stellung des Menschen vor Gott, seiner ursprüngl. Bestimmung (Geschöpf, Bild Gottes) u. der Wiederherstellung des menschl. Bildes in Christus. Die Ergebnisse der auf Tatsachenforschung gerichteten A. werden berücksichtigt. Der Mensch wird als Einheit verstanden, wobei heute die Beziehung zum Nächsten, Sprache, Psychologie, Soziologie, Kultur u. Politik bes. wichtig sind.

**Anthropometrie** [grch.], Methodik der Anthropologie zur Vermessung des menschl. Körpers. Wesentl. Anliegen der A. ist die *Standardisierung* von Messungen durch definierte Messpunkte, Maße u. Messtechniken. Die A. umfasst die *Osteometrie* (Messungen am Skelett) mit dem Teilgebiet der *Kraniometrie* (Messungen am Schädel), die *Somatometrie* (Messungen am Körper) einschl. der *Kephalometrie* (Messungen am Kopf) sowie die *Odontometrie* (Messungen an den Zähnen). Zu dem umfangreichen Messinstrumentarium gehören Gleit-, Taster- und Koordinatenzirkel, Ansteckgoniometer u. Uhrmessschieber. Die A. findet in der Paläoanthropologie, prähistorischen Anthropologie, Wachstums- u. Konstitutionsforschung u. Bevölkerungsbiologie Anwendung. Anthropometrische Daten werden im Allgemeinen mittels biostatist. Methoden analysiert.

**anthropomorph** [grch.], menschenähnlich.

**Anthropomorphismus,** 1. *Biologie:* Vermenschlichung, die Übertragung menschl. Eigenschaften u. Verhaltensweisen auf das Verhalten von Tieren; verstellt den Blick auf die eigentl. Antriebe tier. Verhaltens, zu denen die → Verhaltensforschung eine Fülle fundierter Erkenntnisse geliefert hat. A. wird oft bewusst in der Literatur verwendet, um menschl. Eigenschaften darzustellen.

2. *Religion:* die Übertragung menschl. Eigenschaften auf die Gottheit, die sowohl physisch als auch psychisch vielfach nach dem Bild des Menschen vorgestellt wird. Schon *Xenophanes* kritisierte den A. der homerischen Gottesvorstellungen. Obwohl in späteren Entwicklungsstadien überall in den Religionen der A. zu vermeiden gesucht wird, ist er doch nie völlig zu überwinden, da menschl. Vorstellungen von der Gottheit notwendigerweise aus dem irdisch-menschl. Erfahrungsbereich genommen werden.

**Anthroponosen** [grch.], Krankheiten (bes. Infektionskrankheiten), die im Gegensatz zu den *Zoonosen* ausschließl. oder vorwiegend den Menschen befallen.

**Anthropophage** [der; grch.], Kannibale, Menschenfresser.

**Anthropophagie** [grch., „Menschenfresserei"] → Kannibalismus.

**Anthropophobie** [grch.], Menschenscheu.

**Anthroposophie** [grch., „Menschenweisheit"], von R. Steiner 1912 begründete, aus der Theosophie hervorgegangene, christl. orientierte Weltanschauung, die den Anspruch auf wissenschaftl. Erforschung der übersinnl. Welt erhebt. Neben spekulativ-myst. Elementen sind in der A. vor allem Goethes Naturauffassung u. die idealist. Geistlehre (Wirklichkeit als stufenweise Selbstoffenbarung des Geistes) eingegangen, aus der auch die Reinkarnation des menschl. Geistes abgeleitet wird. Die A. versucht eine umfassende Deutung aller Natur- u. Kulturbereiche sowie eine freiheitl. u. ganzheitl. Lösung der polit. u. wirtschaftl. Probleme der Gegenwart. Sie nahm Einfluss auf die ganzheitliche Medizin u. kreativ therapeutische Verfahren (z. B. Musiktherapie). Als geistiges Zentrum der anthroposoph. Bewegung gründete Steiner das *Goetheanum*, Freie Hochschule für Geisteswissenschaft, in Dornach bei Basel. Ein weiteres Zentrum anthroposoph. Arbeit ist die 1982 gegründete Privatuniversität Witten-Herdecke. Von pädag. Bedeutung sind die Freien → Waldorfschulen. Der A. verpflichtet ist auch die biolog.-dynam. Landwirtschaft.

**anthroposophische Medizin,** in den 1920er Jahren von dem Geisteswissenschaftler R. *Steiner* und der Ärztin I. *Wegmann* begründete Erweiterung der naturwissenschaftl. Medizin um die geisteswissenschaftl. Ebene des Menschen. Neben moderner Medizin und Pharmazie kommen auch übersinnl. Fähigkeiten wie Imagination und Intuition sowie verschiedenste Naturheilverfahren (→ Naturheilkunde) wie künstler. Therapien (z. B. → Eurythmie), Massagen, Gesprächstherapien, Wickel, Bäder, pflanzenheilkundl., homöopath. Mittel (→ Homöopathie) u. Diäten zur therapeut. Anwendung.

**anthroposophischer Landbau** → biologisch-dynamischer Landbau.

**Anthroposphäre,** der vom Menschen gestaltete Lebensraum in der → Biosphäre.

**anthropozentrische Weltanschauung** [grch.], Auffassung, nach der der Mensch Mittelpunkt der Welt ist, u. weiterhin, dass auch die Welt selbst nur auf den Menschen zu beziehen sei (der Gegensatz zu dieser zweiten Bedeutung: theozentrisch).

**Anthurium** [das; grch. + lat.], *Schweif-, Schwanz-, Flamingoblume,* artenreiche Gattung der *Aronstabgewächse,* in den tropischen Regenwäldern Amerikas, mit meist roter, wächserner Spatha; im Handel vor allem *A. scherzianum;* andere Arten in Gewächshäusern.

**Anthyllis** → Wundklee.

**anti...** [grch.], Vorsilbe mit der Bedeutung „gegen"; wird zu ant... vor einem Vokal u. vor h.

**Antiallergika** [grch.], Heilmittel zur Bekämpfung allergischer Erscheinungen; neben Adrenalin u. Novocain vor allem die *Antihistaminika* (→ Allergie) u. Calcium.

**Antiandrogene,** eine Gruppe von Substanzen, die die biolog. Wirkung der → Androgene hemmen oder aufheben.

**Antiarin** [das; javan.], aus dem als Pfeilgift verwendeten Milchsaft des malaiischen *Upasbaums (Antiaris toxicaria)* isoliertes Cardenolid-Glykosid mit der Summenformel $C_{29}H_{42}O_{11}$.

**Antiaris** → Upasbaum.

**Antiarrhythmika** [grch. + lat.], *Antiarrhythmica*, herzwirksame Arzneimittel verschiedener chem. Struktur, die Störungen des normalen, regelmäßigen Herzschlagrhythmus *(Arrhythmien)* sowie Herzbeschleunigungen *(Tachykardien)* oder Verlangsamungen *(Bradykardien)* ausgleichend beeinflussen.

◆ **Antiatlas**, *Al Atlas As Saghir*, Gebirgszug in Marokko zwischen Hohem Atlas u. Sahara, im *Adrar Aklim* 2531 m hoch. Der A. wird in seinem Kern aus präkambrischen u. paläozoischen Gesteinen aufgebaut u. ist ein Teil der alten afrikanischen Masse, gehört also nicht zu dem im Tertiär gefalteten Atlassystem. Mit ausgedehnten Rumpfflächen hat er Mittelgebirgscharakter. Auf den Hochflächen des westl. Teils finden sich lichte Wälder von Euphorbien u. Eisenholzbäumen, in den Tälern Feigen- u. Ölbaumhaine sowie Bewässerungsanbau der ansässigen Berber; der östl. Teil ist trockene Gebirgssteppe. In *Bou Azzer* wird Kobalterz gefördert.

**antiautoritäre Bewegungen**, seit Ende der 1960er Jahre Bez. für polit. Gruppierungen von meist Jugendlichen, die den Anpassungszwängen der Gesellschaft entgehen wollen u. überzeugt sind, dass eine Gesellschaft ohne Zwänge u. Repressionen geschaffen werden könne u. müsse. Ihre Ablehnung richtet sich gegen → Autorität, 1. allg. gegen *Herrschaft* u. *Macht*, gegen die Gewalt von Menschen über Menschen (in Staat, Familie, Ausbildung u.a.), insbes. gegen den Krieg; 2. gegen den *Leistungsdruck* im Berufssystem u. Wirtschaftsmechanismus; 3. gegen den *Konsumzwang*, den die soziale Schichtung mit sich bringe. Der Begriff der antiautoritären Bewegungen bezieht sich i. e. S. auf die Zeit der → Außerparlamentarischen Opposition.

Die *Hippies* wandten sich in den 1960er Jahren in „demonstrativer Verweigerung" von der bestehenden Gesellschaft ab u. entwickelten abseits eine eigene Subkultur, wo sie ihr Ideal eines gewaltfreien Zusammenlebens in Kommunen zu verwirklichen suchten; im Übrigen beschränkten sie sich darauf, traditionelle Autoritäten lächerlich zu machen. Die *Yippies* in den USA u. die *Provos (Kabouters)* in den Niederlanden beteiligten sich darüber hinaus aktiv am öffentl. Leben u. wollten es durch tätiges Vorbild u. gelegentlich spektakuläre, aber gewaltlose Aktionen in ihrem Sinn umformen.

Bei den *antiautoritären Linksgruppen* stand die revolutionäre Praxis im Mittelpunkt ihrer Ideologien u. Aktivität. In der BR Dtschld. entwickelten die des *Sozialist. Dt. Studentenbund* (SDS), dann auch *Kommunen, Basisgruppen* u. *Rote Zellen* Formen der demonstrativen Aktion: Gewalt gegen Sachen u. zur Einschüchterung von Personen bis hin zu bewaffneten Auseinandersetzungen. Beliebte Formen der Versammlungen waren *Go-in, Sit-in, Teach-in*. Als Vorbilder galten neben den Klassikern des *Anarchismus* die chinesische „Kulturrevolution" u. die Guerilla-Bewegungen der Dritten Welt.

Auch bei den Gruppierungen der 1970er u. 1980er Jahre zeigten sich Elemente der antiautoritären Bewegung. Als Gegengewicht zu orthodoxen marxistischen Gruppen, die ihrerseits neue Autoritätsmuster bildeten, verstand sich die *undogmatische Linke (Spontigruppen)*. Sie lehnte eine strenge, organisator. Reglementierung ab, trat für Spontaneität, Autonomie, Selbstorganisation unterdrückter Gesellschaftsgruppen ein u. wandte sich, geprägt von der Emanzipations- u. „Psycho"-Bewegung, eher den Vorstellungen der → alternativen Bewegung zu. Neuere Formen des *Eskapismus* als Reaktion gegen Verhaltensmuster der Konsumgesellschaft *(Aussteiger, Punker, Generation X)* u. Formen mit starker Wohlstandsidentifikation mit Hang zum demonstrativen Konsum *(Disco-Generation, Popper)* bilden die eher unpolitischen Randerscheinungen der antiautoritären Bewegung.

**antiautoritäre Erziehung**, *nichtrepressive Erziehung*. Ausgehend von der Psychoanalyse *Freuds*, wurden seit etwa 1925 die pauschale Triebunterdrückung u. der nichtbegründete Gehorsamszwang im herkömml. Stil der Erziehung kritisiert, weil sie nach Meinung der Kritiker zu neurotischen u. autoritären Persönlichkeitsstrukturen führen mit Eigenschaften wie Kritiklosigkeit, Unterwürfigkeit u. Aggressivität (z. B. polit. Aggressivität gegen Minderheiten, aber auch Aggressivität gegen Abhängige oder Untergeordnete).

Antiatlas: Der südlichste Gebirgszug Marokkos leitet mit seinen dürren Gebirgssteppen zu den Trockenräumen der Sahara über

Namhafte Praktiker u. Theoretiker der antiautoritären Erziehung waren z. B. A. S. *Neill* u. W. *Reich*. Auf deren Ansätze griff die student. Protestbewegung zurück, die seit Ende der 1960er Jahre erneut die antiautoritäre Erziehung propagierte. Ihr Ziel war, das nicht notwendige Maß an Triebunterdrückung, Repression u. autoritärem Verhalten auf Seiten der Erzieher abzubauen, um selbstbewusste, kritische, sensible, nicht-aggressive Persönlichkeiten heranzubilden. Auch → Kinderläden.

**Antibabypille**, umgangssprachl. Bez. für orale Ovulationshemmer zur hormonalen → Empfängnisverhütung.

**antibakterielle Ausrüstung**, Schutz von Fasern vor Mikroorganismen durch entspr. Mittel.

**Anti-Ballistic-Missile** ['ænti bə'listik'misail] → ABM.

**Antibarbarus** [grch.], im 19. Jh. übl. Titel für Bücher, welche die Vermeidung von sprachl. Unreinheiten lehrten.

**Antibase**, ein von Niels *Bjerrum* (1879–1958) vorgeschlagener Begriff, um die Brønsted'sche Säure-Basis-Theorie auch auf protonenfreie Lösungsmittel auszudehnen. Der Begriff A. konnte sich nicht durchsetzen, weil eine A. nach *Bjerrum* im Prinzip einer → Lewis-Säure gleichkommt.

**Antiberiberifaktor** → Vitamin $B_1$.

◆ **Antibes** [ã'tib], südfranzös. Stadt u. Seebad an der Côte d'Azur, im Dép. Alpes-Maritimes, zwischen Cannes u. Nizza, 70 700 Ew.; befestigter Hafen, Spielkasino, Seewasseraquarium; Blumenzucht u. -export, Gartenbauschule; das *Cap d'Antibes* ist Winterkurort. – Gegr. 340 v.Chr., später röm. Municipium. *Bild S. 324*

# Antibiogramm

Antibes: Im milden Klima gedeihen auch Palmen

**Antibiogramm,** Verfahren zur Resistenzprüfung von Krankheitserregern gegen Antibiotika.
**Antibiose, 1.** *Biologie:* Wachstumshemmung durch bestimmte wachstumshemmende Faktoren (z. B. Strahlen, → Antibiotika, genetische Steuerung), bei → Mikroorganismen weit verbreitet. A. ist beteiligt bei der Ausdifferenzierung von Geweben, Organen u. Körperstrukturen innerhalb der Individualentwicklung von Organismen.
**2.** *Ökologie:* Bez. für zwischenartl. Beziehungen, die für einen der Partner mit Nachteilen oder Schäden verbunden sind; → Feindwirkung, → Konkurrenz, → Interferenz.
◆ **Antibiotika,** *Pharmazie:* [Pl., Sg. das *Antibiotikum*; grch.], Stoffwechselprodukte von Bakterien oder niederen Pilzarten, die auf bestimmte Krankheitserreger wachstumshemmend oder abtötend wirken; so sterben Kolibakterien in natürl. Erde schneller als in steriler Erde ab. Die A. gewannen, wenn sie auch vorher schon bekannt waren, ihre große Bedeutung bes. für die Medizin, als es dem engl. Bakteriologen A. *Fleming* 1939 gelang, das → Penicillin in größeren Mengen herzustellen, so dass es schon während des 2. Weltkrieges gegen Gonorrhö u. bei der Wundbehandlung verwendet werden konnte. Die danach in großem Maßstab einsetzende Forschung entdeckte seitdem viele weitere A., zu denen *Streptomycin, Aureomycin, Chloramphenicol, Tetracyclin (Oxy-, Chlortetracyclin, Doxycyclin), Oleandomycin, Kanamycin* u. a. gehören. Die Antibiotika-Therapie ist heute zu einem unentbehrl. Bestandteil der therapeutischen Medizin geworden.
In der Schlachttiermast werden A. als Futterzusatz zur Wachstumsbeschleunigung verwendet. Um die Entstehung resistenter Krankheitserreger zu verhindern, dürfen nur solche A. eingesetzt werden, die in der Humanmedizin keine Rolle spielen. Dosierung u. Absetzfristen sind geregelt, um Antibiotikarückstände im Fleisch zu vermeiden.
**Anti-Blockier-System,** Abk. *ABS,* ein mit Sensoren u. einem elektron. Steuergerät arbeitendes Bremssystem, das das Blockieren der Räder von Kraftfahrzeugen auch bei mit größter Kraft betätigter Bremse verhindert.

**Antichambre** [-'ʃãbrə; das; frz.], veraltete Bez. für Vorzimmer.
**antichambrieren** [-ʃã-; frz.], im Vorzimmer warten, dienern.
**Antichrese** [-'kreː-; die; lat. + grch.], ein Nutzungspfandrecht, aufgrund dessen der Pfandgläubiger berechtigt ist, die Nutzungen des Pfands zu ziehen, z. B. den Mietzins verpfändeter Möbel oder den Milchertrag einer verpfändeten Kuh. Der Reinertrag der Nutzungen wird auf die geschuldete Leistung angerechnet (§§ 1213, 1214 BGB).
**Antichrist,** *Widerchrist,* der teufl. Widersacher des Messias. Die Vorstellung vom A. findet sich als spätjüd. Erbe auch in den Qumran-Texten u. im NT. Hier wird sogar jeder, der leugnet, dass Jesus der Christus sei, als A. bezeichnet (1. Joh. 2,22). In den endgeschichtl. Spielen des MA vom A. machen sich alte myth. Elemente bemerkbar. Unter den Versuchen, Jesu Weissagung vom A. (Markus 13,22) zeitgeschichtlich zu deuten, ist *Luthers* Deutung auf das Papsttum als Institution hervorzuheben.
**Antichthone** [-'çtoːnə; der; grch.] → Antipode.
**Anticodon,** im *genetischen Code* die Gruppe von 3 Basen (→ Nucleinsäuren) auf der tRNA (Transfer-RNA), die ein Codon aus 3 Basen auf der mRNA (Messenger-RNA) erkennt u. sich mit ihm paart. Dadurch wird die korrekte Position einer → Aminosäure in einem sich bildenden → Protein bestimmt.
**Anticosti Island** [ænti'kɔsti ailənd], *Île d'Anticosti,* kanad. Insel im Sankt-Lorenz-Golf, Provinz Quebec, 7940 km², zahlreiche Wälder u. Seen; Hauptort ist *Port Menier.*
**Antidepressiva** [grch. + lat.], *Thymo(ana)leptika, Thymoplegika,* zur Gruppe der Psychopharmaka gehörende Arzneimittel, die zur Behandlung von (endogenen) Depressionen u. depressiven Zuständen (depressive Verstimmung, depressive Reaktion, depressives Syndrom) angewendet werden; die A. haben vor allem stimmunghebende Wirkung u. sind z. T. antriebssteigernd, z. T. beruhigend. Die A. sind verschreibungspflichtig u. müssen genau nach ärztl. Verordnung angewendet werden.
**Antidiabetika,** Arzneimittel, die den Blutzuckerspiegel senken u. zur Behandlung der → Zuckerkrankheit eingesetzt werden. Insulinpräparate als Ersatz für fehlendes Insulin müssen gespritzt werden, orale A. zur Anregung der Insulinproduktion in der Bauchspeicheldrüse werden in Tablettenform geschluckt.
**Antidiarrhoika** [Pl., Sg. das *Antidiarrhoikum;* grch.], Mittel gegen Durchfall *(Diarrhö),* stopfende Mittel.
**Antidiuretin** → Vasopressin.
**Antidot** [-'doːt; grch. + lat.; das] → Gegenmittel, Gegengift.
**Antidumpingzoll** [-'dʌm-], ein Einfuhrzoll, dessen Erhebung Wettbewerbsverfälschungen durch ausländisches Dumping ausgleichen soll. Antidumpingzölle sollen nach dem Antidumping-Kodex 1979 des GATT u. nach der EWG-Antidumping-Verordnung vom 20. 12. 1979 nur unter ganz bestimmten Voraussetzungen u. nur bis zur Höhe des Unterschiedes zwischen dem „normalen" Preis u. dem niedrigeren Ausfuhrpreis der ausländischen Ware (so genannte *Dumpingspanne*) erhoben werden.
**antifa,** Kurzwort für *antifaschistisch.*
**Antifaschismus,** Bez. für eine polit. Richtung, die sich gegen tatsächl. oder vermeintl. Formen des Faschismus richtet. Der A. kann demokratisch oder undemokratisch motiviert sein. Im kommunist. Sinne diente er zur Ausschaltung aller anderen polit. Richtungen bzw. der Aufrechterhaltung des Herrschaftsmonopols. Die Mauer firmierte deshalb in der DDR als „antifaschist. Schutzwall".
**Antifebrin** [das] → Acetanilid.
**Antifer** [ãti'fɛːr], Neuausbau des Hafens von *Le Havre,* am *Kap A.,* an der Seinemündung

| | Sulfonamide | Penicillin | Oxytetracyclin | Chlortetracyclin | Streptomycin | Chloramphenicol |
|---|---|---|---|---|---|---|
| schwach | | | | | | |
| mittel | | | | | | |
| stark | | | | | | |
| Amöbenruhr 1 | | | | | | |
| Toxoplasmose | | | | | | |
| Bacterium coli 2 | | | | | | |
| Bakt.-Pneumonie | | | | | | |
| Bakterienruhr | | | | | | |
| Brucellosen | | | | | | |
| Brustentzündung | | | | | | |
| Diphtherie | | | | | | |
| Endokarditis | | | | | | |
| Enterokokken | | | | | | |
| epidem. Meningitis | | | | | | |
| Fleckfieber | | | | | | |
| Gonorrhö | | | | | | |
| Keuchhusten | | | | | | |
| Kindbettfieber | | | | | | |
| Leptospirosen | | | | | | |
| Lungenabszess | | | | | | |
| Magen-Darmentz. | | | | | | |
| Paratyphus B | | | | | | |
| Q-Fieber | | | | | | |
| Rickettsiosen | | | | | | |
| Salmonellen | | | | | | |
| Scharlach | | | | | | |
| Staphylokokken | | | | | | |
| Streptokokken | | | | | | |
| Syphilis | | | | | | |
| Tuberkulose | | | | | | |
| Typhus | | | | | | |
| Weicher Schanker | | | | | | |
| grippaler Infekt 3 | | | | | | |
| Gürtelrose | | | | | | |
| Leberentzündung | | | | | | |
| Mononukleose | | | | | | |
| Mumps | | | | | | |
| Ornithose | | | | | | |
| Virus-Pneumonie | | | | | | |

Antibiotika: Wirksamkeit von Sulfonamiden und Breitspektrum-Antibiotika gegen Infektionskrankheiten (Erreger: 1 = Sporentierchen, 2 = Bakterien, 3 = Viren)

im Dép. Seine-Maritimes; Standort für Schwerindustrie u. Raffinerien, Anlagekais für Großtanker bis 400000 t, einer der wichtigsten Erdölimporthäfen Frankreichs.

**Antiferroelektrizität,** Eigenschaft mancher Festkörper in bestimmten Temperaturbereichen; ähnl. dem → Antiferromagnetismus, jedoch ausgelöst durch Ausrichtung der elektr. Dipole, → Ferroelektrizität.

**Antiferromagnetismus,** das Verhalten mancher Stoffe, der sog. *Antiferromagnetika* (z. B. Eisenoxid, Manganoxid, Nickeloxid), die in ihrem kristallinen Aufbau zwei Untergitter aufweisen. Diese haben parallele, aber einander entgegengesetzte Spinrichtungen (Antiparallelstellung der Spins). Die Untergitter sind gegeneinander verschoben u. heben sich in ihrer Wirkung nach außen hin auf. Die antiferromagnet. *Suszeptibilität* fällt unterhalb der sog. *Néel-Temperatur* ab; sie liegt z. B. für Manganoxid bei 130 °C.

**Antifilzausrüstung,** eine chem. Behandlung, durch die die abstehenden Schuppenenden der Wolle entfernt werden, wodurch man ein Verfilzen beim Waschen mit der Waschmaschine vermeidet.

**Antifouling-Produkte,** Farben oder andere Zubereitungen zur Bekämpfung des Wachstums u. der Ansiedlung von bewuchsbildenden Organismen (Mikroben u. höhere Pflanzen- u. Tierarten) an Wasserfahrzeugen, Ausrüstung für die Aquakultur u. andere im Wasser eingesetzten Bauten. Die Verwendung von zinnorganischen Verbindungen (z. B. Tributylzinn) in Antifouling-Produkten wurde zur Vermeidung von Risiken für Mensch, Tier u. Umwelt gesetzlich eingeschränkt. Die *Biozidrichtlinie* der EU (98/8/EG) vom 16. 2. 1998 trifft einheitl. Regelungen zum Inverkehrbringen von Antifouling-Produkten u. anderen Biozid-Produkten, die künfig einem Zulassungsverfahren unterliegen.

**Antigen** [das; grch.], Substanzen mit hohem Molekulargewicht, die – unter Umgehen des Verdauungstrakts einverleibt – im Blut oder Gewebe die Bildung von streng spezif. *Antikörpern* hervorrufen oder mit bereits vorhandenen Antikörpern reagieren. Für die Spezifität sind determinante Gruppen auf der Moleküloberfläche verantwortlich. Chemisch sind antigene Eiweiße verschiedenster Stoffgruppen, deren antigene Wirksamkeit von bestimmten niedermolekularen Gruppen im Antigenmolekül ausgeht. Zu den Antigenen gehören zahlreiche gelöste u. zellgebundene Stoffe; fast alle artfremden Proteine des Tier- u. Pflanzenreiches haben antikörperbildende Eigenschaften. Bei den Infektionskrankheiten ist die antigene Wirkung der Erreger oder ihrer Ausscheidungen von hres. medizin. Bedeutung.

**Antigen-Antikörper-Reaktion,** Abk. *AAR*, *Ag-Ak-Reaktion*, die Bindung eines Antigens an den zugehörigen Antikörper, wodurch der *Antigen-Antikörper-* oder *Immunkomplex* entsteht. Die AAR bildet die Voraussetzung für die wichtigsten Abwehrmechanismen des Organismus u. als solche zum einen die Grundlage der natürl. u. künstl. Immunität, zum andern auch verschiedenster Krankheitsvorgänge (z. B. Allergosen, Serumkrankheit, Transfusionszwischenfälle bei Blutgruppenunverträglichkeit). Im Labor dient die AAR, z. T. in Verbindung mit anderen Methoden, als höchst empfindliches u. genaues Analyseverfahren.

**Antigenschema,** die mit serologischen Methoden identifizierbaren Antigenstrukturen von Mikroorganismen in einer tabellarischen Darstellung. Das A. ist eine wichtige Grundlage zur Mikroorganismenklassifizierung. Bei der Gattung *Salmonella* kann man gegenwärtig z. B. nach dem *Kauffmann-White-Schema* 1700 verschiedene Serotypen (Spezies) unterscheiden.

**Antigone,** in der griech. Sage Tochter des Ödipus u. der Iokaste; wurde durch König Kreon lebendig in ein Felsengrab eingeschlossen, weil sie ihren Bruder Polyneikes, der gegen seine Vaterstadt Theben kämpfte, bestattete u. sich damit gegen das Gebot des Königs für das Gesetz der Menschlichkeit einsetzte u. den Göttern gehorchte. Tragödien von Sophokles (441 v.Chr., 1804 deutsche Übersetzung durch F. Hölderlin), J. Anouilh, W. Hasenclever u.a.; Oper von C. Orff („Antigonae" Salzburg 1949) nach der Übersetzung von F. Hölderlin.

**Antigonos,** MAKEDON. KÖNIGE:
**1. Antigonos I., Antigonos Monophthalmos,** („der Einäugige"), *um 382 v.Chr., † 301 v.Chr.; makedonischer Feldherr, seit 333 v.Chr. Satrap von Phrygien, einer der Nachfolger *Alexanders d.Gr.*, strebte nach einer Wiedervereinigung des Alexanderreichs in seiner Hand; eroberte 316 v.Chr. die östl. Satrapie, die er 312 v.Chr. teilweise wieder verlor, unterwarf 307 v.Chr. Athen u. vereinigte bald darauf einen Großteil von Griechenland in einem von ihm geführten Bund. A. fiel im Verlauf der Diadochenkämpfe 301 v.Chr. in der Schlacht bei Ipsos, sein Reich wurde unter die Sieger aufgeteilt. Seine Nachfolger hießen *Antigoniden*, ihr makedonisches Reich *Antigonidenreich*.
**2. Antigonos II., Antigonos Gonatas,** *um 319 v.Chr., † 239 v.Chr.; seit 276 v.Chr. Herrscher von Makedonien, verbündete sich 272 v.Chr. mit Sparta, dehnte seine Herrschaft über weite Teile Mittelgriechenlands aus u. trug entscheidend zur Abwehr der eingedrungenen Kelten in Griechenland bei (277 v.Chr.).
**3. Antigonos III., Antigonos Doson,** *um 263/62 v.Chr., † 221 v.Chr.; übernahm 229 v.Chr. als Reichsverweser für den unmündigen *Philipp V.* die Herrschaft über Makedonien; vereinigte 224 v.Chr. die griech. Stämme in einem hellenischen Bund u. sicherte nach seinem Sieg über Sparta bei Sellasia 222 v.Chr. die makedon. Hegemonie in Griechenland.

**Antigravitation,** Bezeichnung für die gedankliche Möglichkeit, dass die Schwerkraft beispielsweise zwischen einem Proton u. einem Antiproton abstoßend wirken könnte. Experimentell wurde die A. bisher nicht nachgewiesen; nach der allgemeinen Relativitätstheorie sollte es keine A. geben. → Gravitation.

**Antigua, 1.** Insel in der Gruppe der Kleinen Antillen, wichtigste Insel des Staates *Antigua u. Barbuda,* 280 km², 65500 Ew.; Hauptort *St. John's,* 36000 Ew.
**2.** Dep.-Hptst., ehem. Hptst. Guatemalas, 26600 Ew., im 18. Jh. 80000 Ew.; von Vulkanen umgeben; 1773 u. 1874 durch Erdbeben zerstört; Barockbauten; Weltkulturerbe seit 1979.

**Antigua und Barbuda,** Staat in Westindien, → Seite 326.

**antihämorrhagisches Vitamin** → Vitamin K.

**Antiheld,** Hauptfigur eines Dramas, einer epischen Dichtung oder eines Films, die im Gegensatz zum *Helden* nicht handelt. Der A. erscheint apathisch u. gelangweilt u. reagiert ausschließlich auf das, was seine Umwelt an ihn heranträgt. Bes. Bedeutung hatte der A. für den französ. *Nouveau Roman,* in dem er als Mittel für die Auflösung traditioneller Erzählformen benutzt wurde.

**Antihistaminika** [Pl., Sg. das *Antihistaminikum*; grch.], Arzneimittel, die der Wirkung von Histamin u. histaminähnl. Stoffen (H-Substanzen) entgegenwirken u. bes. zur Behandlung von allerg. Erscheinungen angewendet werden.

**Antihydrotica** [grch., *anti,* „entgegen" + *hidros,* „Schweiß"], Mittel gegen übermäßige Schweißabsonderungen, meist Aluminiumsalze in Aerosol-, Creme- u. Gel-Form.

**Antiintellektualismus,** eine seit dem betonten Rationalismus der Frühaufklärung im 18. Jh. artikulierende Gegenströmung, die weniger auf die Kräfte des Verstandes, sondern bei der Urteilsfindung auf Gefühl, Intuition u. Empfindungen baut (A. *Shaftesbury:* Gefühl als Erkenntnisquelle). Vertreter des A. waren u.a. *Rousseau* u. Literaten des → Sturm und Drang. – Im 20. Jh. machten Vertreter des A. oft im Bund mit konservativen gesellschaftl. Gruppen u. Parteien Front gegen den im Gewand der Wissenschaftlichkeit u. Aufklärung argumentierenden Sozialismus u. Kommunismus. Besonders militante Formen der Auseinandersetzung wurden während der Zeit des Nationalsozialismus entwickelt, dessen A. sich in der Blut-und-Boden-Bewegung ausdrückte. Nach dem Abklingen der Studentenbewegung der 1960er Jahre wurde der angeblich „kalte" Intellektualismus ihrer Wortführer heftiger Kritik unterzogen. Vorher als „bürgerlich" denunzierte Gefühlswerte wurden jetzt wieder positiv bewertet, z. B. Liebe, Treue, „Zweierbeziehungen", Familie, Mütterlichkeit. Die in dieser Phase entwickelte Trennung von sog. „Kopf-" und „Bauchmenschen" fiel mit der Bewegung, die sich in den 1970er u. 1980er Jahren weniger intolerant äußerte als in der Weimarer Republik u. im Nationalsozialismus. Er weist meist auch positive Zielsetzungen u. prakt. Bemühungen um neue Lebensformen auf, z. B. Wohngemeinschaften, Landkommunen u. alternative Produktionsweisen.

**Antijapanische nationale Einheitsfront,** das 1937 geschlossene Bündnis zwischen den chines. Nationalisten (Guomindang) u. Kommunisten zur Bekämpfung der eingedrungenen Japaner. Seiner Auflösung 1945
*Fortsetzung S. 327*

# Antigua und Barbuda

**Autokennzeichen:** AG

**Fläche:** 442 km²

**Einwohner:** 67 000

**Hauptstadt:** St. John's

**Sprache:** Englisch

**Währung:** 1 Ostkaribischer Dollar = 100 Cents

**Offizieller Name:** Antigua und Barbuda

**Bruttosozialprodukt/Einw.:** 7380 US-Dollar

**Regierungsform:** Parlamentarische Monarchie

**Religion:** Überwiegend Anglikaner; Katholiken

**Nationalfeiertag:** 1. November

**Zeitzone:** Mitteleuropäische Zeit −5 Std.

**Grenzen:** Inseln im Karibischen Meer, im nördlichen Bereich der Kleinen Antillen

**Lebenserwartung:** 76 Jahre

Antigua u. Barbuda setzt sich zusammen aus der Hauptinsel *Antigua*, auf der sich auch die Hptst. *St. John's* befindet, u. den schwach bzw. nicht besiedelten Inseln *Barbuda* u. *Redonda*. Alle 3 Inseln befinden sich im nördl. Abschnitt der Inselgruppe der Kleinen Antillen.

**Landesnatur** Die Küsten sind meist flach, buchtenreich u. von Korallenriffen gesäumt. Im Südwesten erhebt sich ein tief zerschnittenes, vulkanisches Bergland aus Andesit u. Tuffen, das im Boggy Peak 403 m hoch ist. Ansonsten herrschen flache Kalktafelländer vor. Niederschläge fallen meist in den Monaten Mai bis November, während die übrigen Monate sehr trocken sind. Die Temperaturschwankungen zwischen kühler u. heißer Jahreszeit sind recht gering. Insgesamt werden die tropischen Temperaturen durch den Seewind gemildert.

**Bevölkerung und Wirtschaft** Die Bevölkerung setzt sich aus 92 % Schwarzen u. 3,5 % Mischlingen, den Nachfahren der früheren Sklaven, sowie aus 1,3 % Weißen zusammen. Grundlage der Wirtschaft ist der Fremdenverkehr. Die landwirtschaftl. Produktion reicht zur Eigenversorgung nicht aus. Der früher dominierende Zuckerrohranbau ist stark zurückgegangen. Die wichtigsten Agrarprodukte sind Baumwolle, Gemüse u. Obst. Die Industrie stellt vor allem Textilien, Spirituosen (bes. Rum) u. Haushaltsgeräte her.
Auf Antigua gibt es 240 km befestigte Straßen sowie den internationalen Flughafen Coolidge Airport. In St. John's ist der einzige Tiefwasserhafen dieses Staates.

**Geschichte** Ab 1632 wurden die Inseln durch die Engländer kolonialisiert. Die Siedler bauten mit Hilfe afrikan. Sklaven Tabak u. Zuckerrohr an. Die Engländer benutzten A. u. B. in den Kolonialkriegen gegen Frankreich als Hauptstützpunkt ihrer Flotte im karibischen Raum.
Zu Beginn des 20. Jh. wurde der Bevölkerung eine stark eingeschränkte Selbstverwaltung zugebilligt. 1967 erhielt A. u. B. innere Autonomie im Rahmen der Westindischen Assoziierten Staaten. Seit dem 1. 11. 1981 sind die drei Inseln ein unabhängiger Staat, der dem Commonwealth angehört. Erster Premier-Min. wurde V. C. *Bird* von der Antigua Labour Party (ALP). 1994 übernahm sein Sohn L. B. *Bird* (ALP) das Amt des Regierungschefs.

Der Naturhafen English Harbour liegt im Süden der Insel Antigua

folgte ein Bürgerkrieg zwischen den beiden Parteien, der mit dem Sieg der Kommunisten endete.

**antik** [lat., frz.], die Antike betreffend, altertümlich.

**Antikathode,** die Anode der → Röntgenröhre, an der die auftreffenden Elektronen die Röntgenstrahlen erzeugen.

◆ **Antike** [die; lat., frz.], das griech.-röm. Altertum als Grundlage der abendländ. Kultur. (Die von O. *Spengler* u. a. versuchte Übertragung des Begriffs auf Frühformen anderer Kulturen hat sich nicht durchgesetzt.) Humanismus u. Neuhumanismus haben die A. als schlechthin vorbildl. u. ewig gültige Ausprägung des Menschentums gesehen. Der Begriff A. als Epochenbezeichnung bildet sich jedoch erst im 19. Jh. heraus. Im Bild des Humanismus liegt eine Beschränkung auf die klass. Zeit *(Phidias, Platon, Aristoteles, Sophokles),* wobei die archaische Zeit u. der Hellenismus zurücktreten bzw. nur als Vorstufe u. Verfall gewertet werden. Gegen die einseitige Hervorhebung des abgeklärt Harmonischen (des „Apollinischen") hat schon *Nietzsche* protestiert u. auf das Rauschhaft-Leidenschaftliche (das „Dionysische") der A. als Gegenpol hingewiesen. Trotz dieser Einschränkung eine ungeschichtl. Idealisierung bleiben die hohen Leistungen der A. in Kunst, Literatur, Geschichtsschreibung u. Wissenschaft unangefochten. Aus dem griech. Bemühen um rationales Verständnis von Welt u. Mensch hat sich seit dem sechsten vorchristl. Jh. nicht nur die Philosophie (→ griechische Philosophie) entwickelt, sondern sind der wissenschaftl. Geist überhaupt sowie die wissenschaftl.

Antikensammlung: Saal der Berliner Antikensammlung mit hellenistischen und römischen Kopien von berühmten Meisterwerken der griechischen Antike, deren Originale nicht überliefert sind

Methode erwachsen (→ Wissenschaft). Medizin, Mathematik, Astronomie, Zoologie, Botanik u. Geographie entwickelten sich bereits in Griechenland als selbständige Disziplinen, während im röm. A., die das Erbe des Griechentums übernahm, die Rechtswissenschaft hinzufügte. Als Ende der A. wird im Allg. die Absetzung des letzten röm. Kaisers 476 angesehen.

**Antiken** [Pl.], seit der Renaissance Bez. für die Denkmäler des griech. u. röm. Altertums, auch wenn diese ohne künstler. Wert sind; daher heute *Antikenmuseum, Antikensammlung* u. Ä.

◆ **Antikensammlung,** Museum mit Gegenständen des griech.-röm. Altertums *(Antiken).* Antikensammlungen gab es bereits in hellenist. (Pergamon) u. röm. Zeit. In der Renaissance führten die Antikenfunde in Rom zu den ersten Privat- u. bald auch öffentl. Sammlungen: Kapitolinische Museen (1471), Vatikan, Belvedere (um 1500). Große Antikensammlungen entstanden seit der Mitte des 18. Jh.: Dresden (1728), London, Brit. Museum (1759), Paris, Musée Napoléon (Louvre, 1793), München, Glyptothek (1830), Boston (1870), New York (1905).

**antikes Theater,** im engeren Sinne Bez. für die Dramatik der griech. Hochklassik (ca. 500–400 v. Chr.) mit den Tragödien von Äschylus, Sophokles u. Euripides, den Komödien von Aristophanes u. der Dramentheorie von Aristoteles (um 350 v. Chr.). Im weiteren Sinne Sammelbezeichnung für die Entwicklung des Theaterwesens von den Ursprüngen in Griechenland bis zu dessen Zerfall gegen Ende des Römischen Reichs als Grundlage des abendländischen Theaters. Aus religiös-kultischen Zeremonien entwickelte sich im 6. Jh. v. Chr. in Griechenland ein eigenständiges Theater, dessen Aufführungen sich an die Öffentlichkeit der „Polis" wendeten u. politisch Stellung nahmen. Gespielt wurde zunächst auf dem Marktplatz, dann in offenen Freilichtarenen, deren berühmteste das Theater von Epidauros aus dem 3. Jh. v. Chr. ist. Bühnenbild, Bühnenmalerei u. Bühnenmaschinerie entwickelten sich in dem Maße, in dem die Stücke der Hochklassik kompliziertere Inszenierungen verlangten. Der Aufführungsstil erinnerte in seiner typisierenden Art an kultische Vorformen: Gestik, Kostüm u. Maske wie das dramaturg. Element des Chors zielten stets auf das Exemplarische, nicht das individuell Gestaltende. Das röm. Theater blieb im Vergleich zum griech. Vorbild eher epigonal. Herausragend sind vor allem die Komödien von Plautus u. Terenz (250–159 v. Chr.). Ab ca. 55 v. Chr. entstanden erste überdachte Monumentaltheater, die eine aufwendigere Bühnentechnik erlaubten.

**Antiklase** [die; grch.], eine Gesteinsspalte, die nachträglich wieder mit Gesteinstrümmern oder magmat. Material gefüllt worden ist. Das Ausfüllungsmaterial wird als *Gang* bezeichnet.

**Antiklimax** [die; grch.], *Stilistik:* Übergang vom stärkeren zum schwächeren Ausdruck; Gegensatz: *Klimax.*

**Antiklinale** [die; grch.], *Geologie:* Sattel bei Faltung von Schichtgesteinen; häufiger Erdöllagerstättentyp. Auch → Falte. – Gegensatz: *Synklinale.*

**Antiklopfmittel,** *Klopfbremsen,* chem. Verbindungen (meist organ. Metallverbindungen wie *Bleitetraethyl* u. *Metallcarbonyle* sowie *aromat. Amine* u. deren N-Methylderivate), die bei Verwendung bestimmter Kraftstoffarten das im Ottomotor auftretende Klopfen verhindern sollen. Die A. zerfallen beim Verbrennungsvorgang; der dabei entstehende sehr feine Metallstaub aus den organischen Metallverbindungen

Antike: Schlangengöttin aus Knossos, Fayence; um 1700 v. Chr. Iraklion, Archäologisches Museum

**wirkt** als verbrennungshemmender Katalysator. Zur Entfernung der im Zylinder zurückbleibenden Bleioxidreste wird dem Kraftstoff außerdem noch *Ethylendibromid* zugesetzt, das das Bleioxid in das leicht flüchtige *Bleibromid* überführt. Wegen der Belastung der Umwelt mit Blei wurde das *Benzinbleigesetz* erlassen. Zudem schädigen Bleiverbindungen den → Katalysator (2). Daher werden bleihaltige A. zunehmend durch andere Substanzen ersetzt *(bleifreies Benzin)*.

**Antikoagulantien**, blutgerinnungshemmende Arzneimittel, vom Arzt bes. zur Vorbeugung u. Behandlung von Thrombose (u. Embolie) u. Nachbehandlung von Infarkten angewendet.

**Antikominternpakt**, am 25. 11. 1936 in Berlin unterzeichneter Vertrag zwischen Japan u. dem Dt. Reich, „gemeinsam zur Abwehr gegen die kommunist. Zersetzung zusammenzuarbeiten". Das Abkommen war nominell gegen die Kommunistische Internationale *(Komintern)* gerichtet. Es sah u. a. vor: gegenseitige Unterrichtung über die Tätigkeit der Komintern, Bekämpfung ihrer Agenten u. Einladung weiterer „bedrohter" Staaten zum Beitritt.

Die Initiative zum A. ging aus vom japan. Heer, das seine Position in der Mandschurei sichern wollte u. innerjapan. Veränderungen nach faschist. Vorbildern anstrebte, u. vom „Büro Ribbentrop", einer an Hitler u. die NSDAP gebundenen Konkurrenzorganisation zur traditionellen dt. Diplomatie. Bei den im Sommer 1935 aufgenommenen Verhandlungen wurden die beiden auswärtigen Ämter übergangen. Ein erster, von japan. Seite unterbreiteter Entwurf wurde Ende Nov. 1935 von Hitler gebilligt. Der endgültige Vertrag erhielt durch geheime Zusatzabkommen stärker den Charakter einer Defensivallianz gegen die Sowjetunion. Diese antisowjet. Ausrichtung des Antikominternpakts entsprach den Vorstellungen Hitlers u. der japan. Armee, während Ribbentrop durch den von ihm betriebenen Beitritt Italiens (6. 11. 1937) dem Pakt eine antibrit. Stoßrichtung gab. Weiter traten dem A. bis 1941 bei: Mandschukuo, Ungarn, Spanien, Bulgarien, Kroatien, Dänemark, Finnland, Nanking-China, Rumänien u. die Slowakei. Im Hitler-Stalin-Pakt (23. 8. 1939) u. im japan.-sowjet. Nichtangriffspakt (13. 4. 1941) verstießen sowohl Dtschld. als auch Japan gegen den A.

**Antikommunismus**, die Gegnerschaft zu Theorie u. Praxis des Kommunismus. Wie der Antifaschismus kann der A. demokrat. Ursprungs sein, muss es aber nicht. Im polit. Sprachgebrauch der SED galt A. als „grundlegender Wesenszug der imperialist. Ideologie u. Politik, der alle ihre Formen durchdringt." Als A. wurde nicht nur offene Gegnerschaft zum kommunist. Sytem bekämpft, sondern auch partielle Kritik, wie sie z. B. von Verfechtern eines „demokrat. Sozialismus" geübt wurde. In westl. links orientierten Kreisen wurde A. zeitweise als abwertendes Schlagwort gegen Konservative gebraucht.

**Antikonzeption** [grch. + lat.], *Kontrazeption*, die Schwangerschafts-, die Empfängnisverhütung durch sog. *Antikonzeptiva, antikonzeptionelle Mittel* oder *Kontrazeptiva*, d. h. empfängnisverhütende Mittel; *hormonale A.* erfolgt durch Ovulationshemmer („Antibabypille"); → Empfängnisverhütung.

**antikonzeptionelle Mittel** [lat.], empfängnisverhütende Mittel; → Empfängnisverhütung.

**Anti-Kornzoll-Liga**, engl. *Anti-Corn Law League*, 1839 von R. *Cobden* gegr. Organisation, die für die Abschaffung der Kornzölle in Großbritannien eintrat. Diese Zölle hielten im Interesse der Agrarier den Inlandspreis für Getreide hoch u. benachteiligten dadurch die neuen industriellen Mittel- sowie die Unterschichten, weil sie die Lohnkosten der einen steigerten u. den Lebensstandard der anderen senkten. Die A. wurde 1849 aufgelöst.

**Antikorodal** [das], Aluminiumlegierung mit wenig Magnesium u. 2–5 % Silicium, korrosionsbeständig.

**Antikörper**, im Blutserum höherer Tiere vorkommende Proteine mit der Fähigkeit, bestimmte physiologisch aktive Substanzen (→ Antigen) auf spezif. Weise zu binden oder zu inaktivieren. Sie gehören zur Klasse der *Immunglobuline*; diese finden sich bei speziellen Trennungsmethoden des Blutserums in der $\gamma$-Globulinfraktion. Sie bestehen aus zwei schweren (H-Ketten) u. zwei leichten (L-Ketten) identischen Polypeptidketten. Jede Kette besteht aus einem konstanten u. einem variablen Teil, der an seiner Spitze den *Antigenbindungsort* [engl. *combining site*] trägt, der zur entsprechenden *determinanten Gruppe* eines Antigens „passt". Sie werden in thymusabhängigen Lymphocyten *(T-Lymphocyten)* für die zelluläre Immunität u. in thymusunabhängigen Lymphocyten *(B-Lymphocyten)* für die humorale Immunität gebildet. Hat ein Organismus genügend A. gegen ein bestimmtes Antigen gebildet, ist Immunität vorhanden. Allergische Reaktionen können durch A. gegen z. B. längere Zeit im Organismus fortbestehende Antigene entstehen.

**Antilibanon**, ein im Tertiär entstandenes Gebirge im syrisch-libanesischen Grenzgebiet. Die Bergketten sind stark verkarstet und weitgehend entwaldet. Spärliche Niederschläge, Landnutzung nur stellenweise (Terrassenkulturen). Höchste Erhebung ist der *Talaat Musa* (2629 m). Südlich setzt sich der A. im Hermongebirge fort. Der *Hermon* (2814 m) ist der höchste Berg Syriens.

**Antillen**, die Inselwelt Mittelamerikas (mit Ausnahme der Bahamas); die A. begrenzen die Karibische See nach N u. O, insges. 225 450 km². *Große A.*: Kuba, Haiti, Jamaika, Puerto Rico; *Kleine A.*: Kette kleiner Inseln zwischen Puerto Rico u. Venezuela; setzen sich zusammen aus den → Inseln über dem Winde u. den → Inseln unter dem Winde. Auch → Westindien.

**Antillenkirsche** → Malpighia.

**Antillenstrom**, warme Meeresströmung nordöstl. der Antillen, Fortsetzung eines nördl. Astes des Nordäquatorialstroms, vereinigt sich nördl. der Bahamas mit dem Floridastrom zum Golfstrom.

Antilopen: Hornformen bei verschiedenen Antilopen, der Rappenantilope (1), dem Ellipsenwasserbock (2), dem Klippspringer (3) und dem Hartebeest (4)

**Antilopen** [grch. *anthólops*, „Blumenauge"], zusammenfassende Bezeichnung für eine Vielzahl von Arten aus der Familie der Hornträger *(Bovidae)*. Die Unterfamilie der *Antilopinae* (Gazellenartige) umfasst nur einen kleinen Teil der als A. bezeichneten Hornträger. Folgende Unterfamilien der Hornträger bezeichnet man als A.: Ducker *(Cephalophinae)*, Böckchen *(Neotraginae)*, Waldböcke *(Tragelaphinae)*, Kuhantilopen *(Alcelaphinae)*, Pferdeböcke *(Hippotraginae)*, Riedböcke *(Reduncinae)*, Gazellenartige *(Antilopinae)*, Saigaartige *(Saiginae)*.

**Antilopenkänguru** → Bergkängurus.

**Antilymphocytenserum** [grch. + lat.], Abk. *ALS*, *heterologes ALS*, durch Immunisierung von Tieren (Kaninchen, Pferden) gegen menschliche Lymphocyten (Lymphzellen) gewonnenes Serum, das nach entspr. Bearbeitung (Adsorption von Agglutininen, Lysinen u. a.) konzentriert wirksame Lymphocyten-Antikörper enthält. Da die Lymphocyten einen großen Anteil an dem immunolog. Abwehrmechanismen des Organismus gegen körperfremde Gewebe (z. B. Organtransplantate) haben, wird heterologes (artfremdes) ALS vor allem zur Unterdrückung von Abstoßungsreaktionen *(Immunsuppression)* bei Organtransplantationen angewendet, ferner auch bei → Autoimmunerkrankungen.

**„Antimachiavell"** [-makja'vɛl], Titel einer Schrift *Friedrichs d. Gr.* von 1739 (dt. 1922) in französ. Sprache zur Widerlegung der Staatsphilosophie *Machiavellis*. Antimachiavellismus ist zum Schlagwort jener Staatstheorie u. -philosophie geworden, die Machiavellis Lehre (vor allem des „Principe") ablehnt.

**Antimachos**, griech. Dichter aus Kolophon, um 400 v.Chr.; schrieb ein Epos „Thebais" (Geschichten um Theben) u. einen Elegienzyklus auf den Tod seiner Geliebten „Lyde"; nur fragmentarisch erhalten.

◆ **Antimaterie,** Atome, die aus *Antiprotonen* u. *Antineutronen* im Kern u. *Positronen* in der Hülle aufgebaut sind, bzw. Materie, die aus derartigen Atomen besteht. A. zeigt nach dem → CPT-Theorem dasselbe physikal. u. chem. Verhalten wie „normale" Materie. In Gegenwart normaler Materie existiert A. nur kurzzeitig, da sie mit dieser zusammen infolge *Paarvernichtung* zerstrahlt. 1965 wurde der Kern des schweren Antiwasserstoffs nachgewiesen. 1995 gelang erstmals die Synthese von Antiwasserstoff-Atomen. Es ist möglich, dass andere Milchstraßensysteme im Weltall aus A. bestehen. Auch → Antiteilchen.

**Antimension** [das; grch.], ein bei der Feier der orth. Liturgie gebrauchtes seidenes Altartuch mit eingenähten Reliquien, auf das Kelch u. eucharistisches Brot gestellt werden.

**Antimodernisteneid,** von Papst Pius X. 1910 für den gesamten kath. Klerus vorgeschriebene Absage an den *Modernismus*; wurde 1967 abgeschafft, 1989 abgelöst durch einen Treueeid gegenüber dem kirchl. Lehramt.

**Antimon** [das; arab.], *Stibium,* chem. Zeichen Sb, silberweißes, sprödes, 3- u. 5-wertiges Halbmetall, Dichte 6,68, Schmelzpunkt 630 °C, Atommasse 121,75, Ordnungszahl 51. A. tritt in zwei Modifikationen als *gelbes* u. *graues* A. auf. Es wird zur Herstellung von Legierungen, bes. solcher des Bleis u. Zinns, die dadurch bedeutend gehärtet werden, verwandt. Eine Blei-Antimon-Legierung ist das *Letternmetall,* eine Zinn-Antimon-Legierung das *Britanniametall.* Sowohl Blei- als auch Zinn-Antimon-Legierungen werden verwendet als → Lagermetalle. A. kommt in Form von Sulfiden, Metallantimoniden u. Oxiden hauptsächlich in China u. Japan vor. Antimonverbindungen: *Antimonate,* die Salze der *Antimonsäure,* entstehen durch Zusammenschmelzen von Metalloxiden mit *Antimonpentoxid,* $Sb_2O_5$; *Antimonpentasulfid,* $Sb_2S_5$, wird zum Vulkanisieren von Kautschuk, dem es die rote Farbe verleiht, verwendet. Ferner dienen Antimonverbindungen als Beizen beim Färben mit Beizfarbstoffen; verschiedene organ. Antimonverbindungen haben pharmakolog. Bedeutung (Protozoen-Erkrankungen).

**Antimonblüte,** farbloses bis gelbl. Mineral, → Valentinit.

**Antimonbutter,** *Antimon(III)-chlorid,* $SbCl_3$, weiße, weiche Masse, zum Beizen von Textilien u. zum Brünieren von Eisen verwendet.

**Antimonit** [der; lat.], *Antimonglanz, Grauspießglanz, Stibnit,* bleigraues, metallglänzendes Mineral; rhombisch; Härte 2; bildet säulige oder spießige Kristalle; mit Quarz, Blei u. Silber in Erzgängen; $Sb_2S_3$.

**Antimonsilber,** *Dyskrasit,* hydrothermal auf silber-, antimon- u. arsenführenden Erzgängen vorkommendes Mineral; silberweiß, grau oder braun angelaufen, Metallglanz, orthorhombisch, Härte 3,5; $Ag_3Sb$.

**Antimonwasserstoff** → Stibin.

**Antimykotika** [Pl., Sg. das *Antimykotikum;* grch.], Mittel gegen → Pilzkrankheiten.

**Antineuralgika** [Pl., Sg. das *Antineuralgikum;* grch.], Arzneimittel gegen Nervenschmerzen, auch allg. schmerzstillende Mittel.

**antineuritisches Vitamin** → Vitamin $B_1$.

**Antineutrino** → Neutrino.

**Antineutron,** ein Elementarteilchen mit Neutronenmasse, Antiteilchen zum *Neutron,* von dem es sich durch ein entgegengesetztes magnet. Moment unterscheidet. Das A. wurde 1958 experimentell nachgewiesen; Erzeugung u. Vernichtung wie beim *Antiproton.*

**Antinomerstreit,** 1527 von Johannes *Agricola* gegen Melanchthon, 1537 gegen Luther ausgelöst: Agricola bestritt die reformatorische Verbindung von Gesetz u. Evangelium, erklärte das Gesetz als beseitigt u. erblickte allein im Evangelium die Grundlage für Buße u. Vergebung im Leben des Christen.

**Antinomie** [die; grch.], Widerstreit zwischen mehreren Sätzen, wobei jedem für sich Gültigkeit zukommt. Die A. ist anders als der scheinbare Widerspruch, die *Paradoxie,* immer auf einen log. Widerspruch zurückzuführen. Nach H. *Meschkowski* ist sie ganz allg. eine in sich widerspruchsvolle Behauptung, die formal als eine Äquivalenz zwischen einer Aussage u. ihrer Negation dargestellt werden kann („p gleich nicht p"). I. e. S. ein mit rein logischen Mitteln herleitbarer Widerspruch der Form „p und nicht p". Man unterscheidet logische Antinomien, wie sie z. B. von B. *Russell* in der Mengenlehre entdeckt wurden, u. semantische, z. B. die A. des Lügners, der zugleich Wahres u. Falsches behaupten muss, wenn der von ihm gesprochene Satz „Ich lüge jetzt" selbst gelogen ist. Nach *Kant* ist der Mensch ein antinomisches Wesen, das zu widersprüchl. Behauptungen neigt, wenn es die Grenzen des Erfahrbaren überschreitet. So lässt sich zugleich beweisen, dass die Welt endlich u. dass sie unendlich, dass die Materie bis ins Unendliche teilbar ist u. dass sie aus letzten Atomen besteht u. Ä. Nach Kant lassen sich nicht beweisbare Sachverhalte unwidersprochen zugleich behaupten u. negieren.

**Antinomismus** [grch.], grundsätzl. Gegnerschaft gegen Gesetz u. Gesetzlichkeit.

**Antinoos,** in Bithynien geborener Liebling des röm. Kaisers *Hadrian,* * 110, † 130 (im Nil ertrunken); Hadrian nahm ihn unter die Götter auf u. ließ zahlreiche Statuen herstellen, die heute in vielen Museen zu sehen sind.

**Antinoosporträt,** in zahlreichen idealisierenden Kopien überliefertes Porträt des aus Bithynien stammenden Lieblings des Kaisers Hadrian, letzte große Schöpfung der griech.-röm. Idealplastik.

**antiochenische Schule,** theolog. Richtung im 4. u. 5. Jh., die gegenüber der allegor. Methode der *alexandrinischen Schule* die grammat.-histor. Erklärung der Bibel vertrat; eigentl. Begründer: *Lukian von Antiochia* († um 250, † 312).

**Antiochia,** grch. *Antiocheia* (heute → Antakya), von *Seleukos I. Nikator* 300 v. Chr. gegründet, am *Orontes* gelegene Hauptstadt des Seleukidenreichs; unter den röm. Kaisern als Hauptstadt der Provinz Syrien eine der bedeutendsten Städte des Altertums.

**Antiochos,** KÖNIGE DER SELEUKIDENDYNASTIE:
◆ **1. Antiochos I., Antiochos Soter,** 281–261 v. Chr., * 324/23 v. Chr., † 261 v. Chr.; Sohn Seleukos' I.; den Beinamen *Soter* („Retter") erhielt er nach dem Sieg über die in Kleinasien eingedrungenen *Galater.*

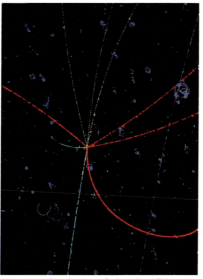

Antimaterie: Blasenkammeraufnahme der Kollision eines Antiprotons (hellblaue Spur) mit einem Proton (ohne Spur). Die bei der Vernichtung freigesetzte Energie materialisierte in vier positiven (rot) u. vier negativen Pionen (grün)

„Antimachiavell": Titelblatt

Kopf einer Kolossalstatue Antiochos' I. auf dem Nemrut Daği in der Türkei

**2. Antiochos III., Antiochos der Große,** 223 bis 187 v. Chr., * 243/42 v. Chr., † 187 v. Chr.; Bruder Seleukos' III.; neben Seleukos I. der bedeutendste Seleukide; er führte das zerfallende Reich zur alten Größe, konnte es aber nicht festigen; stieß 212–205 v. Chr. bis nach Indien vor; eroberte Thrakien u. Teile von Griechenland, wodurch er mit den Römern in Konflikt geriet u. von diesen bei Magnesia (Kleinasien) 190 v. Chr. entscheidend besiegt wurde. Er starb bei der Plünderung des Beltempels in der Nähe von Susa, von den aufgebrachten Einwohnern erschlagen.

**3. Antiochos IV., Antiochos Epiphanes,** 175 bis 163 v. Chr., †163 v. Chr.; lebte 189 v. Chr. als Geisel in Rom, wurde 175 v. Chr. König, eroberte 168 v. Chr. Ägypten, wurde jedoch vom röm. Konsular Popillius Laenas vor Alexandria zum Abzug gezwungen. Er unternahm danach den Versuch, die Juden gewaltsam zu hellenisieren, u. entfachte dadurch die Aufstände unter Führung des Priestergeschlechts der *Makkabäer*.

**Antioquia** [-kia], **1.** kolumbian. Departamento, 63 612 km², 4,5 Mio. Ew.; Hptst. *Medellín.*
**2.** bis 1826 Hptst. von 1), als Munizip rd. 18 000 Ew.; Anbau von Kaffee, Kakao, Zuckerrohr, Bohnen, Mais; Kaffeemarkt; Gold- u. Silbergewinnung; Verkehrsknotenpunkt an der Straße Medellín–Turbo. – 1541 gegründet.

**Antioxidantien** [Pl., Sg. *Antioxidans*; grch.], *Oxidationsinhibitoren,* Substanzen, die nicht erwünschte, durch Sauerstoff u. andere oxidative Prozesse hervorgerufene Veränderungen unterbinden, denen die verschiedensten Materialien ausgesetzt sind. Als A. eingesetzt werden u. a. substituierte Phenole mit tertiären Butyl-Resten, aromatische Amine u. deren Metallkomplexe. A. werden u. a. in Alterungsschutzmitteln für Kautschuk u. Kunststoffe, in Benzinen, Düsentreibstoffen u. Ölen gegen Verharzung, in Fetten u. Lebensmitteln gegen Ranzigwerden (z. B. Vitamin C u. E) verwendet.
A. wirken meist als sog. Radikalfänger u. unterbinden somit durch die Radikale eingeleiteten Reaktionen.
Die in Lebensmitteln natürlich vorkommenden Vitamine C u. E, Provitamin A (ß-Carotin), Flavonoide oder die als Zusatzstoffe den Lebensmitteln u. Kosmetika beigemengten A. verhindern deren Alterung. Diese antioxidativ wirksamen Stoffe sollen auch die durch freie Radikale eingeleitete Zellalterung u. -entartung (Krebsrisiko) mindern, weshalb in einer gesunden Ernährung diese Vitamine enthalten sein sollten.

**Antipasti** [Pl., Sg. der *Antipasto*; ital.], Vorspeisen, z. B. Oliven, Sardellen, Essiggurken, Salami oder Schinken.

**Antipater,** *Antipatros,* Statthalter von Makedonien 334–319 v. Chr., † 319 v. Chr.; nach dem Tod Alexanders d. Gr. Verwalter des europ. Teils des Alexanderreichs, 321 v. Chr. Reichsverweser.

**Antipathie** [grch.], Abneigung, Widerwille; Gegensatz zur *Sympathie.* Im sozialen Bereich oft nicht begründbares Vorurteil.

**antipathisch,** mit Abneigung, Widerwillen erfüllt.

**Antiperistaltik** [grch.], Umkehr der natürl. Richtung von Kontraktionswellen muskulöser Hohlorgane (→ Peristaltik), wie sie u. U. beim Dünndarm u. Dickdarm des Menschen beobachtet werden kann (z. B. vom Darm zum Magen). Normal sind antiperistalt. Bewegungen beim Herzen des Manteltiers *Cionia* u. bei einigen Insektenherzen.

**Antiphlogistika** [Pl., Sg. das *Antiphlogistikum;* grch.], Mittel zur Bekämpfung von Entzündungen, entzündungswidrige Mittel.

**Antiphon** [die; grch., „Gegengesang"], **1.** Wechselgesang von Psalmen zwischen zwei Chören oder zwischen Vorsänger u. Gemeinde, der an keine bestimmte musikal. Form gebunden ist.
**2.** ein Rahmengesang, der in der röm.-kath. Liturgie einen Psalm einleitet, abschließt u. zwischen den Versen als Kehrreim gesungen werden kann. Durch den Gesang im → Officium bekam die A. größere Formen, bis sie schließl. in der heutigen Kirchenmusik zum selbständigen Gesang wurde.

**Antiphonar** [das], *Antiphonale,* im MA Sammlung von liturg. Rahmengesängen für Messe oder Stundengebet; heute auch Bez. für eine Sammlung der Gesänge des → Officiums, Psalmen u. a.

**Antiphonie,** Wechselgesang zwischen Artgenossen, meist zwischen Partnern. Diese antworten auf den Gesang des anderen nicht mit den gleichen Lautmustern, sondern bedienen sich anderer (antiphoner) Lautmuster. Dabei können sich die von beiden Partnern vorgetragenen Lautmuster aneinander schließen, so dass der Eindruck eines einzigen Lautmusters entsteht, oder aber es liegen zwischen den Lautmustern kurze Pausen (0,3–0,7 s). Auch → Duettgesang.

**Antiphrase** [die; grch., „Gegensinn"], *Stilistik:* iron. Verkehrung in das Gegenteil,

Der Antiquar. Aquarell von Georg E. Opiz; 1825

z. B. „das ist eine schöne Bescherung" (für eine üble Überraschung).

**Antipilling-Ausrüstung,** Aufbringen von filmbildenden Substanzen auf der Faseroberfläche zur Verminderung des Ablösens von kleinen Faserknötchen (→ Pilling).

**Antipode** [grch., „Gegenfüßer"], Bewohner des gegenüberliegenden Punktes der Erdoberfläche; auch: Mensch, der eine gegenteilige Meinung vertritt.

**Antipoden** → Enantiomere.

**Antipodeninseln,** unbewohnte Basaltfelsengruppe südöstl. von Neuseeland, 62 km²; nahezu antipodisch zu London; 1998 von der UNESCO zum Weltnaturerbe erklärt.

**Antiproton** [das], 1955 experimentell nachgewiesenes negativ elektrisch geladenes Proton, das beim Stoß sehr energiereicher Protonen auf Atomkerne zusammen mit einem (positiven) Proton als Paar erzeugt wird; Vernichtung des Antiprotons beim Stoß auf ein Proton, wobei die Massen des Paares in Pi-Mesonen mit hoher kinet. Energie u. Lichtquanten umgesetzt werden; daher im Laboratorium sehr kurzlebig.

**Antipyretika** [Pl., Sg. das *Antipyretikum*; grch.], Mittel gegen Fieber, fiebersenkende Mittel.

**Antipyrin** [das], *Phenazon*, synthet. Mittel zur Fiebersenkung. Schmerzstillung u. gegen rheumat. Beschwerden; chem. Phenyl-dimethyl-pyrazolon; greift unmittelbar am Wärmeregulierungszentrum im Zwischenhirn u. am Gefäßnervenzentrum an, wodurch es zur Erweiterung der Hautblutgefäße kommt.

# Abcde
# Abcde

Antiqua: Times (oben) und Bodoni (unten)

◆ **Antiqua** [lat. *antiquus,* „alt"], Lateinschrift, Altschrift, aus der latein. Quadrat- u. der Humanistenschrift abgeleitete Druckschrift; Gegensatz: *Fraktur*.

◆ **Antiquar,** Bez. für einen Buchhändler, der mit alten Büchern handelt. Antiquare sind den buchhändler. Berufsorganisationen angeschlossen, haben sich in der *International League of Antiquarian Booksellers* organisiert u. arbeiten nach deren Richtlinien. In Dtschld. sind im *Verband Deutscher Antiquare e. V.* Buchantiquare, Autographen- u. Grafikhändler vereinigt.

**Antiquariat,** Handel mit alten Büchern: mit Büchern aus früheren Jahrhunderten (insbes. Frühdrucke) oder mit solchen, die neueren Datums, aber gebraucht sind; weiter mit solchen, für die der Verleger – soweit Preisbindung besteht – den Ladenpreis aufgehoben hat *(modernes A.),* sowie mit eigens für das A. hergestellten Nachdrucken. Das A. hat keine festen Ladenpreise.

**Antiquarium** [lat.], ältere Bez. für *Antikensammlung*.

**antiquiert,** veraltet.

**Antiquitäten,** alte Kunst- oder Kulturdenkmäler von dokumentar. oder künstler. Wert; i. e. S. kunsthandwerkl. Arbeiten aus Holz, Edelmetallen, Keramik u. a. Materialien; auch alte Bücher u. Grafiken; An- u. Verkauf durch den *Antiquitätenhändler*.

**antirachitisches Vitamin** → Vitamin D.

**Antireflexbelag,** Verbesserung fotograf. Objektive durch hauchdünn aufgedampfte Metalloxidschichten; blauvioletter oder bräunl. Belag. 1937 von Optiker *Smakula* (Zeiss/Jena) erfunden. Jede Glas-Luft-Fläche einer Linsenkombination verursacht 5–8 % Lichtverlust durch Streuung, d. i. bei einem unverkitteten Vierlinser 40–65 %; nach Vergütung nur 1 % je Fläche, mithin nur 8 % Gesamtverlust. Moderne Objektive sind stets vergütet, bei älteren ist dies nachträglich durchführbar, auch bei Spiegeln, Prismen, Linsen u. Filtern.

**Anti-Revolutionäre Partei,** Abk. *ARP*, 1879 gegr. älteste Partei der Niederlande, eine der beiden größeren prot. Parteien des Landes; Wähler u. Mitglieder gehören vorwiegend den „Reformierten Kirchen in den Niederlanden" an. Die ARP bildete 1975 gemeinsam mit den anderen christl. Parteien den *Christlich-Demokratischen Appell (CDA).*

**Antirheumatika** [Pl., Sg. das *Antirheumatikum*; grch.], Mittel gegen rheumatische Erkrankungen, Rheumamittel.

**Antirrhinum** → Löwenmaul.

**Antisana,** zweigipfliger Vulkan (5756 u. 5620 m) in der ecuadorian. Ostkordillere, südöstlich von Quito; Gletscher; rezente Lavaströme, Schwefeldämpfe.

◆ **Antisemitismus,** vermutlich auf W. *Marr* („Semitismus" 1879) zurückgehender Begriff für Judengegnerschaft aus sog. rass. Gründen. Die Bez. ist irreführend, da die Antisemiten nicht die Angehörigen der semit. Sprachfamilie (Bewohner Nordostafrikas u. Vorderasiens) bekämpfen, sondern allein die Anhänger der jüd. Religion u. Nachkommen von solchen, die die Religion nicht mehr praktizieren. Diese Menschen werden fälschlich als einheitl. Rassengruppe angesehen.

Der A. setzt die *Judenverfolgungen* der Geschichte unter neuen Vorzeichen fort. Seit der Mitte des 19. Jh. betonten die Judengegner unter Verfälschung wissenschaftl. Theorien die Ungleichwertigkeit der menschl. Rassen. Der A. führte das Anderssein der Juden auf ihre Rasse zurück, obgleich die Juden ein Rassengemisch außereurop. u. europ. Herkunft sind. In den Veröffentlichungen des ausgehenden 19. Jh. wurde die jüd. „Rasse" als minderwertig bezeichnet. Die argumentative Koppelung des A. mit → Antikommunismus, Antisozialismus u. → Antiintellektualismus machten ihn bes. in weiten Kreisen des Kleinbürgertums zu einer bevorzugten Form der negativen Abgrenzung. Auf den Werken J. A. de *Gobineaus,* H. S. *Chamberlains,* R. *Wagners* fußend, erhielt der A. durch E. *Drumont,* W. *Marr,* E. *Dühring,* T. *Fritsch* u. a. publizistische, durch zahlreiche antisemit. Organisationen („Deutsche Antisemitenliga", „Deutsche Antisemitische Vereinigung") u. Parteien („Christlich soziale Arbeiterpartei", „Christlich Soziale Partei") politisches Gewicht.

Im Deutschen Reichstag saßen 1893 erstmals 18 antisemit. Abgeordnete; in Russland kam es seit 1881 zu Pogromen; die Verfolgung des Juden A. *Dreyfus* erschüt-
terte ab 1894 Frankreich u. hatte weltweites Echo; bes. starke antisemit. Strömungen gab es in Osteuropa. In Deutschland erlebte der A. durch den *Nationalsozialismus* einen nie geahnten Aufschwung u. fand hier seine konsequenteste Ausprägung. *Hitler* lernte den A. in Wien durch K. *Lueger* u. G. von *Schönerer* kennen; nach dem 1. Weltkrieg schloss er sich den Thesen des „Deutschvölkischen Schutz- u. Trutzbundes" u. E. *Ludendorffs* an, die Juden seien an der dt. Niederlage schuld.

Unter Hitlers Einfluss steuerte die NSDAP einen scharf antisemit. Kurs. Die Punkte 4, 5 u. 6 des Parteiprogramms von 1920 (...kein Jude kann Volksgenosse sein..., er muss unter Fremdengesetzgebung stehen, er darf kein öffentl. Amt bekleiden) u. die Äußerungen Hitlers (...Kampf, bis der letzte Jude aus Deutschland entfernt ist...) bereiteten eine schrankenlose antisemit. Rassenpolitik vor. In A. *Rosenbergs* „Der Mythus des 20. Jh." u. J. *Streichers* „Der Stürmer" sowie in der von H. *Himmler* aufgebauten SS fand Hitler extreme u. fanatische Anschauungen zur Praktizierung des A. nach der Machtergreifung. Die Judenverfolgung durch Boykott u. Sondergesetze (u. a. *Nürnberger Gesetze*) erreichte

Antisemitismus: Grabbeschmierung auf dem Friedhof einer jüdischen Gemeinde

schließlich ihren Höhepunkt mit der systemat. Massenvernichtung aller Juden Europas, deren die Nationalsozialisten habhaft werden konnten.

Auch nach 1945 lebt der A. fort, allerdings seltener als offen propagierte Ideologie. Meist äußert er sich verdeckt u. indirekt: in Russland u. anderen osteurop. Staaten in Form von Benachteiligungen u. neuerdings auch parteipolit. A., in Dtschld. in Form von Vorurteilen u. Schändungen jüd. Gräber durch Rechtsextremisten, in den

**antisense**, *Biologie*: jede Basensequenz eines Nucleinsäurestranges, die komplement. zu einem vorgegebenen sense-Strang ist.

**antisense-RNA**, *Biologie*: RNA-Fragment aus 20–30 Nucleotiden, das die *Genexpression* ausschaltet, indem es spezifisch die → Proteinbiosynthese auf der mRNA-Ebene verhindert. Die antisense-RNA bindet sich durch Basenpaarung an den Teil der messenger-RNA oder Boten-RNA (mRNA), der eine komplementäre Sequenz aufweist. An der codierenden Region der mRNA gebundene antisense-RNA kann eine Blockade der Proteinbiosynthese am *Ribosom* bewirken. Man nutzt diese Technik zur selektiven Hemmung der Genexpression, um physiolog. u. pathophysiolog. Prozesse auf molekularer Ebene zu untersuchen. Der Einsatz von antisense-RNA zur Verhinderung der Expression eines einzelnen Gens wurde ursprünglich von *Zamecnik* u. *Stephenson* eingeführt. 1978 veröffentlichten sie ihre Ergebnisse zur Blockierung der Replikation des Rous-Sarkom-Virus (RSV) in infizierten Hühnerzellen, denen sie synthet. antisense-RNA zugaben. Die Untersuchung der Genfunktion durch Analyse des Funktionsverlusts u. die Entwicklung von antisense-Therapeutika (z. B. gegen ausgewählte Erbkrankheiten u. HIV) sind bedeutende Anwendungsgebiete dieser Technik.

**Antisepsis**, *Antiseptik* [die; grch.], Anwendung von keimtötenden chem. Mitteln zur Vernichtung von Krankheitserregern bei der Wundbehandlung u. zur Operationsvorbereitung. Die A. geht auf J. *Lister* zurück. Auch → Asepsis.

**antiskorbutisches Vitamin** → Vitamin C.

**Antisnagausrüstung** [-'snæg-; engl.], Polyacrylat- bzw. Silikonesterbehandlung, um die Bildung von sog. Zugmaschen zu vermeiden, z. B. bei Nylon.

**Antispasmodika** [Pl., Sg. das *Antispasmodikum*; grch.], *Antispastika*, *Spasmolytika*, krampflösende Mittel, Arzneimittel gegen schmerzhafte Krampfzustände innerer Org.

**antistatische Ausrüstung**, nachträgl. Behandlung von Textilien mit Chemikalien zur Verbesserung der elektr. Leitfähigkeit der Oberfläche u. dadurch Verminderung der elektrostat. Aufladung und Staubanziehung.

**Antisterilitätsfaktor** → Vitamin E.

Antisthenes von Athen

◆**Antisthenes von Athen**, griechischer Philosoph, *um 445 v. Chr., †nach 366 v. Chr.; Sokratiker und Begründer der Schule der *Kyniker*; in seiner Kritik an der Religion und am menschlichen Zusammenleben viel radikaler als Sokrates, lehrte die äußerste Bedürfnislosigkeit als ethisch. Ideal.

**Antistrophe** [grch.], im griech. Drama die von der zweiten Chorhälfte gesungene „Gegenstrophe".

**Antitaurus** → Taurus.

**Antiteilchen**, zu jedem Elementarteilchen das komplementäre (paarweise zugeordnete) Teilchen von gleicher Masse, aber entgegengesetzter elektr. Ladung bzw. entgegengesetztem magnet. Moment. Es wird mit diesem zusammen als Paar erzeugt u. kann mit ihm vernichtet werden. In diesem Sinn ist z. B. das Positron das A. zum Elektron u. umgekehrt das Elektron das A. zum Positron. Auch zu elektr. neutralen Teilchen gibt es A. Auch → Antimaterie, → Antineutron, → Antiproton.

**Anti-Terror-Gesetze**, 1976 geschaffene bzw. erweiterte Gesetze zur Bekämpfung des → Terrorismus mit Änderung des Strafgesetzbuches, der Strafprozessordnung, des Gerichtsverfassungsgesetzes, der Bundesrechtsanwaltsordnung u. des Strafvollzugsgesetzes. Mit der „terrorist. Vereinigung" u. der „Befürwortung u. Propagierung terrorist. Straftaten" wurden neue Straftatbestände begründet, ferner durch Einschränkung von Verfahrensrechten eine erleichterte Inhaftierung u. Überwachung des Verteidigerverkehrs ermöglicht. Eine Änderung des Einführungsgesetzes zum Gerichtsverfassungsgesetz 1977 (Kontaktsperregesetz) gestattet bei ernsthaften Gefahrenlagen, den Verkehr von Gefangenen untereinander u. mit der Außenwelt zu unterbinden (so im Herbst 1977, als selbst Verteidiger ausgeschlossen u. jegliche Informationsübermittlungen untersagt wurden).

**Antitheater**, eine Bez., die zusammenfassend für alle Aufführungsformen des experimentellen Theaters gebraucht u. auf *Ionescos* „Kahle Sängerin", die im Untertitel Anti-Stück heißt, zurückgeführt wird. Im A. vermeidet man die Anwendung der sonst üblichen illusionist., psycholog. u. realist. Formen des Theaters. Auch → absurdes Theater.

**Antithese**, *Antithesis* [die; grch.], ein Satz, der zu einem anderen, der *These*, im Gegensatz steht.

**Antithetik** [grch.], allg. das Denken in Gegensätzen, ohne sie in eine höhere Einheit aufzuheben (→ Dialektik); bei *Kant* die Lehre von den *Antinomien*.

**antithetisch** [grch., „entsprechend"], *Geologie*: Bez. für kleinere Verwerfungen an Störungslinien im Gestein, die eine entgegengesetzte Richtung zur tekton. Hauptrichtung zeigen.

**Antitoxine** [grch.], nach vorhergehender → Sensibilisierung im Blut von Mensch u. Tier vorkommende *Antikörper*, die Toxine pflanzl., tierischer u. bakterieller Herkunft künstlich oder im Tierkörper binden u. neutralisieren. Durch Übertragung von Serum eines immunisierten Tieres kann man gesunde Tiere u. Menschen vor dem dazugehörigen Toxin schützen oder vergiftete Tiere u. Menschen durch Einspritzen von Antitoxinen (antitoxische Heilsera z. B. gegen Spinnen- u. Schlangengifte) vor dem Tod retten.

**Antitranspirantien** → Antihydrotica.

**Antitrinitarier** [grch. + lat.], seit der Reformationszeit auftretende Gegner der Lehre von der Dreieinigkeit *(Trinität)*, z. B. die *Sozinianer* u. die *Unitarier*.

**Antitrustgesetze** [-trʌst-; engl.], gegen die Bildung von *Trusts* gerichtete Gesetze in den USA.

**Antivergenz** → Vergenz.

**Antivitamin**, *Antimetabolit*, ein chem. Stoff, der die Wirkung eines Vitamins aufhebt bzw. dessen Aufnahme im Magen-Darm-Kanal verhindert. So wird z. B. Biotin durch in Roheiweiß enthaltenes Avidin unlöslich u. damit unresorbierbar gemacht; Folsäureantimetaboliten (Folsäureantagonisten, Anticitrovorumfaktoren: Aminopterin, Adenopterin, Methotrexat) machen die Folinsäure (= Citrovorumfaktor) unwirksam u. wirken dadurch zellwachstumshemmend (cytostatisch). Antivitamine verdrängen die Vitamine aus ihrer Stoffwechselfunktion u. können schwere Vitaminmangelerscheinungen (Avitaminosen) hervorrufen. Als A. wirken zahlreiche natürl. Nahrungsbestandteile u. einige Antibiotika. Die Antivitamine sind meist hitzelabil u. werden bei der Nahrungszubereitung zerstört.

**antizipando** [lat.], veraltete Bez. für vorwegnehmend, im Voraus.

**Antizipation** [die; lat., „Vorausnahme"], **1.** *allg.*: gedankl. Vorwegnahme zukünftigen Geschehens, auch wissenschaftl. Voraussage.

**2.** *Genetik*: zunehmender Schweregrad einer Erbkrankheit bei der betroffenen nachfolgenden Generation.

**3.** *Musik*: beim Akkordwechsel die Vorausnahme eines oder mehrerer Töne des nächsten wichtigen Akkords.

**4.** *Philosophie*: die Vorwegnahme des begriffl. Allgemeinen in der Wahrnehmung, bei den Stoikern u. Epikureern gleichbedeutend mit *angeborenen Ideen*. Kant versteht unter *Antizipationen der Wahrnehmung* das apriorische Moment der Erkenntnis, d. h. dasjenige, was sich an der Empfindung ohne Erfahrung vorwegnehmen lässt (nämlich ihre Eigenschaft, Intensität oder einen Grad zu haben).

**5.** *Sport*: gedankl. Vorwegnahme einer Eigen- bzw. Fremdbewegung oder von zu erwartenden Situationen, wodurch eigene zukünftige Verhaltensweisen beeinflusst werden. So stellt sich z. B. ein Turner bei einer Geräteübung bewusst auf den nachfolgenden Übungsteil ein u. verbessert dadurch den Bewegungsfluss. Bes. häufig kommen Bewegungs-Antizipationen in Sportspielen vor, wenn sich z. B. Verteidiger oder Torhüter auf das takt. Verhalten der Angriffsspieler vorbereiten.

**antizyklische Wirtschaftspolitik**, wirtschaftspolit. Maßnahmen, die das Ziel haben, konjunkturelle Schwankungen der Volkswirtschaft zu dämpfen bzw. zu verhindern. Dazu gehören geld- u. kreditpolit. Maßnahmen, z. B. Diskontpolitik, Offen-Markt-Politik, Mindestreservenpolitik, u. fiskalische Maßnahmen wie Steuererhöhungen bzw. -senkungen, Verzicht auf jährl. Ausgleich des Staatshaushalts u. a.

**Antizyklone** [die; grch., „Gegenwirbel"], Hochdruckgebiet mit absinkender Luftbewegung, dadurch bedingter Wolkenauflösung u. allseitigem Ausfließen der Luft in den unteren Schichten. Infolge der *Corioliskraft* wird die A. auf der Nordhalbkugel im Uhrzeigersinn (antizyklonal) umströmt, auf der Südhalbkugel im Gegenuhrzeigersinn. Charakterist. Witterung in der A.: im Sommer trocken u. warm, im Herbst wolkigtrüb u. im Winter kalt.

**Antje**, weibl. Vorname; niederdeutsche Form von → Anna.

**Antofagasta**, 1. *Region Antofagasta,* nordchilen. Region, 126 444 km², 407 000 Ew.; Hptst. A. (2); früher bedeutende Salpetergewinnung, heute Zentrum des Kupferbergbaus. In Gebirgsfußoasen wichtige Funde aus der Atacameño-Kultur.
◆ 2. Hafenstadt u. Hptst. der nordchilen. Region A., 228 000 Ew.; Universität (gegr. 1956); Ausfuhr von Salpeter u. Erzen, Fischfang, Gießereien, Werft, Industrie; Wärmekraftwerk; Eisenbahndurchgangsverkehr nach Bolivien u. Salta in Argentinien, Seebad, Fremdenverkehr. – Gegr. 1870; 1884 von Bolivien an Chile abgetreten.

Antofagasta ist Chiles wichtigster Exporthafen für Bergbauprodukte

**Antoine** [ã'twa:n], frz. für → Anton.

**Antoine** [ã'twa:n], André, französ. Theaterleiter, *31. 1. 1858 Limoges, †19. 10. 1943 Le Pouliguen; 1887 Gründung des „Théâtre Libre", 1896 Eröffnung des „Théâtre Antoine"; 1906 Ernennung zum Direktor des „Odéon"; verhalf dem Naturalismus zum Durchbruch auf der französ. Bühne.

**Antoine de la Sale** [ãt'wa:n də la 'sal], französ. Dichter, *1388 Arles (?), †1464; seit 1432 Fürstenerzieher, seit 1458 im Dienst Philipps des Guten von Burgund; verfasste neben einigen Erziehungsschriften den Entwicklungsroman „Le petit Jehan de Saintré" 1456–1461, der die Ideale des Rittertums im Spät-MA als bereits überkommene Klischees entlarvt u. sich durch scharfe psycholog. Beobachtung u. treffsichere Satire auszeichnet. Für die Novellensammlung „Cent nouvelles nouvelles" ist seine Autorschaft nicht gesichert.

**Anton** [lat. *Antonius*, Weiterbildung vom röm. Geschlechternamen *Antius*, Bedeutung ungeklärt], männl. Vorname; rhein. *Tünnes*, engl. *Anthony*, frz. *Antoine.*

**Anton,** Fürsten:

*Braunschweig-Wolfenbüttel:*
**1. Anton Ulrich,** Herzog von Braunschweig-Wolfenbüttel 1704–1714, *4. 10. 1633 Hitzacker, †27. 3. 1714 Salzdahlum; seit 1685 Mitregent seines Bruders Rudolf August, 1704 Alleinherrscher; war im Spanischen Erbfolgekrieg zunächst Parteigänger Ludwigs XIV., schwenkte dann ins kaiserl. Lager u. vermählte seine Enkelin mit dem späteren Karl VI.; wurde 1710 kath. Geistlicher; trat bes. als Barockdichter hervor; Lieder: „Christfürstl. Davids-Harfenspiel" 1667; heroisch-galante Barockromane: „Die Durchleuchtige Syrerin Aramena", 5 Bde. 1669–1673; „Octavia, Röm. Geschichte" 6 Bde. 1677–1707; auch Opern u. Singspiele.

*Frankreich:* **2. Anton von Bourbon,** König von Navarra 1555–1562, *22. 4. 1518 La Fère-en-Tardenois, †17. 11. 1562 Andelys; Gatte der Johanna *d'Albret*, der Erbin Navarras; Vater Heinrichs IV. von Frankreich. A. war zuerst Führer der Hugenotten, wurde aber 1561 wieder Katholik u. fiel als Heerführer gegen die Hugenotten.

*Sachsen:* **3. Anton Klemens Theodor,** König 1827–1836, *27. 12. 1755 Dresden, †6. 6. 1836 Pillnitz; kam hochbetagt durch den Tod seines Bruders König Friedrich August (*1750, †1827) zur Regierung; setzte nach der Julirevolution 1830, durch seine konservative Haltung mitverursacht, seinen Neffen Friedrich August II. (*1797, †1854) zum Mitregenten u. eigentl. Herrscher ein, gewährte 1831 eine Verfassung.

◆ **Antonello da Messina**, italien. Maler, *wahrscheinl. vor 1430 Messina, †zwischen 14. u. 25. 2. 1479 Messina; ausgebildet in Neapel, trug seine als Gehilfe des *Colantonio* erworbenen Kenntnisse von Technik (Ölmalerei) u. Formengut der altniederländ. Malerei während eines Aufenthalts in Venedig (1475/76) in die oberitalien. Kunst. Im Jugendwerk finden sich stilist. Anleihen bei Petrus Christus, später machen sich Einflüsse von Masaccio u. Piero della Francesca bemerkbar. Seine kleinformatigen Bilder wirken erstaunlich monumental, insbes. seine realist. Bildnisse. Hptw.: Kreuzigung (Sibiu in Rumänien, Bruckenthal-Museum); Der hl. Hieronymus im Gehäus, um 1456 (London, National Gallery); Das Gregorspolyptychon, 1473 (Messina, Museo Nazionale); Verkündigung, 1474 (Syracus, Museo Nazionale); Condottiere, 1475 (Paris, Louvre); Hl. Sebastian, um 1476 (Dresden, Gemäldegalerie).

Antonello da Messina: Hl. Sebastian; von Holz auf Leinwand übertragen. Dresden, Gemäldegalerie Alte Meister

Ion Antonescu; 1940

◆ **Antonescu,** Ion, rumän. Marschall, *2. 6. 1882 Pitești, Karpaten, †1. 6. 1946 Bukarest (hingerichtet); 1933/34 Chef des Generalstabs, 1937/38 Verteidigungs-Min.; nach der sowjet. Besetzung Bessarabiens u. der Nordbukowina u. dem Wiener Schiedsspruch zugunsten Ungarns (Gebietsabtretungen in Siebenbürgen) am 4. 9. 1940 zum „Staatsführer" Rumäniens ausgerufen; führte an der Seite Hitlers 1941–1944 Krieg gegen die Sowjetunion, wurde am 23. 8. 1944 von König Michael gestürzt u. von einem „Volkstribunal" als Kriegsverbrecher verurteilt.

**Antongil** [ãtɔ̃'ʒil; frz.], *Baie d'Antongil*, Bucht an der Nordostküste Madagaskars.

◆ **Antonia,** Burg in Jerusalem an der Nordwestecke des Tempelplatzes, von Herodes I. zum Schutz des Tempelplatzes umgebaut u. zu Ehren des → Antonius so genannt. *Bild S. 334*

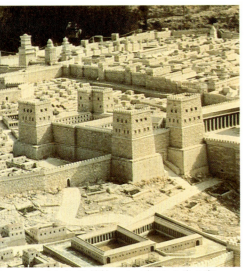

Antonia: Stadtbild von Jerusalem im 1. Jh. v. Chr. während der 2. Tempelperiode. Rekonstruktion im Garten des Hotels Holyland bei Jerusalem

**Antonianer,** ein katholischer Mönchsorden, → Antoniter.

**Antonie,** weibl. Form von *Anton*.

**Antonij der Heilige,** *982, †1073, russ. Asket, der sich um die Mitte des 11. Jh. in einer Höhle bei Kiew niederließ u. als Begründer des dortigen Höhlenklosters → *Lavra* gilt.

**Antoninian** [lat.], 214 n. Chr. von Kaiser Caracalla (Antoninus) eingeführte antike Silbermünze; 1 A. = 2 Denare.

**Antoninus Pius** [lat., „Antoninus der Fromme"], eigentl. Name Titus Aurelius Antonius, röm. Kaiser 138–161, *19. 9. 86 Lanuvium, †7. 3. 161 Lanuvium; von *Hadrian* adoptiert; Kennzeichen seiner Regierungszeit: bewusste Friedenspolitik u. kulturelle Blüte der Provinzen; 139 durch Verhandlungen Beilegung des langwierigen Streits mit den Parthern um Armenien; 143 Anlage eines Grenzwalls nördl. des Hadrianwalls im nördl. Britannien (Antoninuswall); in Germanien Verstärkung des Limes, Ausbau der Kastelle Saalburg u. Lorch, Erweiterung der Befestigungen nach Osten.

**Antoninussäule,** von *Marc Aurel* u. *Lucius Verus* für *Antoninus Pius* nach dessen Tod im Marsfeld von Rom errichtete Ehrensäule; erhalten ist der reliefgeschmückte Sockel (Rom, Vatikanische Museen).

**António,** João, brasilian. Erzähler, *27. 1. 1937 São Paulo, †November 1996 Rio de Janeiro; beschrieb in meisterhaften Erzählungen das Leben in den brasilian. Metropolen aus der Randgruppen-Perspektive; Werke: „Malagueta, Perus e Bacanaço" 1963; „Calvário e Porres do Pingente Afonso Henriques de Lima Barreto" 1977; „Meninão do caixote" 1983; „Abraçado ao meu rancor" 1986.

**António Enes** [-'nɛʃ], *Angoche, Angoje,* Stadt an der Küste von Mosambik südl. der Stadt Mosambik, 20 000 Ew.; Fischerei, Flugplatz; südlich davon die Angoche-Inseln.

Michelangelo Antonioni

◆ **Antonioni,** Michelangelo, italien. Filmregisseur, *29. 9. 1912 Ferrara; Journalist, Mitautor u. Regisseur von Dokumentarfilmen, arbeitete zusammen mit Marcel *Carné,* Spielfilmregie u. a. bei „Le amiche" („Die Freundinnen") 1955; „Die mit der Liebe spielen" 1959; „Die Nacht" 1960; „L'eclisse" („Liebe 1962") 1961; „Blow up" 1966; „Zabriskie Point" 1969; „Beruf: Reporter" 1975; „Identifikation einer Frau" 1982; „Jenseits der Wolken" 1995 (mit W. Wenders).

**Antoniou,** Theodore, griech. Komponist, *10. 2. 1935 Athen; studierte u. a. bei G. *Bialas* in München; 1964–1966 Arbeit im elektron. Studio des Bayerischen Rundfunks; wurde 1979 Professor an der Boston University; in seinen Kompositionen finden sich serielle u. aleatorische Elemente; neben Werken für kleinere Besetzungen, Bühnen-, Film- u. Fernsehmusiken schrieb er griech. Volkslieder für gemischten Chor 1962, Violinkonzert 1965, „Klytemnestra" Klangaktion für eine Schauspielerin, Ballett u. Orchester 1968.

**Antoniter,** *Antonianer, Antoniusorden,* kath. Mönchsorden, vor allem im Orient, die sich nach *Antonius d. Gr.* benannt haben, z. B. die Chaldäischen u. die Maronitischen A.; bis zum Beginn des 19. Jh. bestand im Abendland die Kongregation der Hospitaliter vom hl. Antonius (gegr. 1095).

Marcus Antonius

◆ **Antonius,** Marcus, röm. Staatsmann, *82 v. Chr., †30 v. Chr.; Anhänger *Cäsars;* sicherte sich nach dessen Ermordung Testament u. Staatsschatz u. wiegelte das Volk gegen die Mörder auf; 43 v. Chr. von dem mit dem Senat verbündeten *Octavian* (Augustus) bei Mutina geschlagen. Durch Vermittlung des Marcus *Aemilius Lepidus* schloss A. mit diesem u. Octavian das *2. Triumvirat* zur Neuordnung des Staates. 42 v. Chr. wurden die Mörder Cäsars von A. in der Schlacht bei Philippi geschlagen. Nach erneuten Auseinandersetzungen mit Octavian kam es durch Vermittlung des Maecenas 40 v. Chr. zwischen den Triumvirn zum Vertrag von Brundisium. A. erhielt bei der dort beschlossenen Teilung des Reiches den Osten. Er führte Krieg gegen die Parther u. Armenien u. vermählte sich in Ägypten mit der Königin *Kleopatra.* Ihr u. den gemeinsamen Kindern schenkte er im Stil oriental. Herrscher ganze Provinzen. Der Senat erklärte Kleopatra den Krieg. Sie u. A. wurden 31 v. Chr. von Octavian in der Schlacht bei Aktium geschlagen, A. beging Selbstmord.

◆ **Antonius der Große,** Heiliger, *251/252 Kome, Mittelägypten, †356; einer der ersten christl. Einsiedlermönche in Ägypten („Vater des Mönchtums"); war kein Ordensgründer, sondern galt den Eremiten als Vorbild, bes. wirksam durch das von Athanasius geschriebene „Antoniusleben". Schutzheiliger gegen Feuer, Pest u. Seuchen; Fest: 17. 1. Nach ihm wurden mehrere Mönchsorden benannt.

**Antoniuskreuz,** *Heraldik:* ein Kreuz in der Form eines T.

◆ **Antonius von Padua,** Heiliger, *1195 Lissabon, †13. 6. 1231 Arcella bei Padua; wurde 1220 Franziskaner. Franz von Assisi ernannte ihn zum ersten Theologen seines Ordens, erfolgreicher Prediger; bes. seit dem 15. Jh. in der Volksfrömmigkeit sehr verehrt, dargestellt häufig mit Lilie u. dem Jesuskind auf dem Arm; Patron der Armen u. Eheleute; Heiligsprechung bereits 1232 (Fest: 13. 6.), Erhebung zum Kirchenlehrer 1946.

Antonius von Padua; Tempera auf Holz (Detail) um 1480 von Alvise Vivarini. Venedig, Museo Correr

**Antonomasie** [grch.], kennzeichnende Benennung als umschreibender Ersatz für einen Eigennamen, z. B. „der Auferstandene" für „Christus".

**Anton Ulrich,** Herzog von Braunschweig-Wolfenbüttel, → Anton (1).

**Antonym** [das; grch.], ein Wort, das das Gegenteil eines anderen bedeutet, z. B. „hässlich" gegenüber „schön".

**Antrag, 1.** *bürgerliches Recht: Angebot (Offerte),* zum Abschluss eines Vertrags (§§ 145 ff. BGB).

**2.** *öffentliches Recht:* Begehren nach einer bestimmten behördl. Tätigkeit, z. B. nach Vornahme eines Verwaltungsakts, nach Erlass einer bestimmten gerichtl. Entscheidung (z. B. durch den *Klageantrag* im Zivilprozess), nach Einleitung eines Strafverfahrens oder nach Ergehen eines Parlamentsbeschlusses. Ein → Strafantrag (regelmäßig des Verletzten oder Geschädigten) ist Voraussetzung für die Verfolgung bestimmter Straftaten (→ Antragsdelikt). Ein

Antonius der Große, von Dämonen gepeinigt. Gemälde von Max Ernst; 1945. Duisburg, Lehmbruck-Museum

bes. A. erübrigt sich, soweit Behörden u. Gerichte „von Amts wegen" zu handeln haben.

**Antragsdelikt,** eine Straftat, die die Staatsanwaltschaft nicht von Amts wegen, sondern nur auf einen → Strafantrag des Verletzten hin verfolgt (z. B. Hausfriedensbruch, Beleidigung, gewisse Körperverletzungen).

**Antragsveranlagung,** bis 1991 *Lohnsteuer-Jahresausgleich,* steuertechn. Verfahren zum Ausgleich zu viel einbehaltener → Lohnsteuer durch das Finanzamt; stellt den Lohnsteuerpflichtigen hinsichtlich des Steuerausgleichsverfahrens dem zur Einkommensteuer Veranlagten gleich. A. ist vor allem dann sinnvoll, wenn im Kalenderjahr zuviel Lohnsteuer einbehalten wurde, da z. B. nicht das ganze Jahr über ein Beschäftigungsverhältnis bestand u. auf das Jahresmittel bezogen Lohnsteuerrückzahlungen zu erwarten sind. A. kann innerhalb von zwei Jahren nach Ablauf des entsprechenden Kalenderjahres gewählt werden; bei unvermuteter Steuernachzahlung kann der Antrag zurückgezogen werden.

**Antrieb, 1.** *Physik:* der einem Körper (z. B. einer Rakete) zugeführte → Impuls.
**2.** *Psychologie:* seelische Funktion, die zur Durchführung einer bestimmten Handlung anregt. Elementare Antriebe sind die unmittelbare Neugierde, Entdeckungs- u. Orientierungslust; sie sind außer dem Menschen auch höheren Tieren eigen. Die Antriebserlebnisse haben emotionalen Charakter, sie sind von Stimmungen, Gefühlen, Affekten begleitet oder bestehen überhaupt darin. Antriebsmangel kann auf krankhaften Störungen psych. oder organ. Art beruhen, aber auch die Folge einer Überforderungssituation sein.
**3.** *Technik:* Teile einer Maschine, die die Bewegung erzeugen oder übertragen. Beim *Gruppen-Antrieb* wurden früher mehrere Maschinen über eine → Transmission angetrieben. Heute hat jede Maschine ihren eigenen A.

**Antriebsachsgetriebe,** eine Vorrichtung zur Anpassung des nutzbaren Motordrehzahlbereichs an den Fahrzeuggeschwindigkeitsbereich, muss aus konstruktiven Gründen (Zahnraddurchmesser im Schaltgetriebe, Drehzahl-Drehmoment-Probleme im Antriebsstrang) zusätzl. zum Schaltgetriebe noch als eine konstante Untersetzung vor den Antriebsrädern liegen. Diese Untersetzung wird meistens durch den Kegeltrieb der Antriebsachse gebildet (zusammen als Einheit mit dem → Differenzial), bei Nutzfahrzeugen auch zusätzl. A. als Vorgelege vor den Antriebsrädern.

**Antriebsregelung,** ein Vorgang, der bei automat. Betrieb einer Maschine oder eines Geräts die Drehzahl (eventuell auch das Drehmoment) dauernd misst u. den vorgegebenen Wert herstellt.

**Antrim** ['æntrim], **1.** Distrikt im NO von Nordirland, 563 km², 44 300 Ew.; bis 1973 Grafschaft; die Hptst. *Belfast* gehört nicht zu A. Das *Antrimplateau* liegt zwischen Belfast u. der Nordküste.
**2.** ehem. nordostirische Grafschafts-Hptst., 20 900 Ew.; Ruinen des A. Castle (1622), Rundturm; Flachsspinnerei.

**Antrotomie** [lat. + grch.], operative Öffnung des Warzenfortsatzes hinter der Ohrmuschel u. Ausräumung vereiterter Zellen bei Warzenfortsatzentzündung u. -vereiterung *(Mastoiditis).*

**Antrustionen** [ahd., lat.], Angehörige der königl. Gefolgschaft in der Merowingerzeit, aus Freien bestehend, die vor allem militär. Dienste am Hof übernahmen u. dafür eine bes. Rechtsstellung erhielten.

**Antsing** → Huainan.

**Antsirabé,** Stadt im inneren Madagaskar, südwestl. von Antananarivo, 1500 m ü. M., 120 000 Ew.; Nahrungsmittel- u. Textilindustrie, Ziegeleien; Thermalbad, Luftkurort.

**Antsiranana,** früher *Diégo-Suarez,* Provinz-Hptst. nahe der Nordspitze von Madagaskar, 100 000 Ew.; Handelszentrum (bes. Kaffee u. Erdnüsse), zweitgrößter Hafen des Landes, Flugplatz.

**Antuco,** tätiger Vulkan im S Mittelchiles (2985 m), sehr steile Kegelform, Hänge vergletschert, Erstbesteigung durch E. Poeppig 1828.

**Antunes,** António Lobo, portugies. Romancier, *1. 9. 1942 Lissabon; sein Einsatz als Soldat im portugies. Kolonialkrieg in Angola schlägt sich in seinem Werk nieder; Romane: „Der Judaskuß" 1979, dt. 1987; „Die Vögel kommen zurück" 1981, dt. 1996; „Auto dos danados" 1985, dt. 1997 „Das Handbuch der Inquisitoren" 1996, dt. 1997; „Portugals strahlende Größe" 1997, dt. 1998; „Der Tod des Carlos Gardel" 1994, dt. 2000.

**Antung,** chines. Stadt, → Dandong.

**Antwerpen,** französ. *Anvers,* **1.** Prov. in Belgien, 2867 km², 1,63 Mio. Ew.
◆ **2.** Wirtschaftsmetropole, Haupthafen u.

Antwerpen (2): Die gotische Liebfrauenkathedrale ist die größte gotische Kirche Belgiens. Im Inneren hängen mehrere Meisterwerke von Peter Paul Rubens

zweitgrößte Stadt Belgiens, am Ostufer der Schelde, 78 km von der offenen See entfernt, 459 000 Ew., im Ballungsgebiet A. in 14 Gemeinden 932 000 Ew.; got. Kathedrale (1352–1616), Renaissance-Rathaus (1561 bis 1565), königl. Palast (1745); Kunstakademie; kultureller Mittelpunkt des Flamentums mit Theatern u. Museen, zahlreiche Kunstwerke in Kirchen; kath. Bischofssitz. Der Hafen bewältigt 91 % des belg. Hafenverkehrs, ist aber auch Durchgangshafen für Luxemburg, Deutschland, das nördl. Frankreich u. die Schweiz. Eingeführt werden bes. Massengüter, ausgeführt Stückgüter; letzter Stand: 10 km² Hafengebiet; eine der größten Schleusen der Erde (500 × 57 × 18,5 m, 100 000 t Tragfähigkeit) verbindet die Hafenbecken mit der Schelde. 1975 Öffnung des Rhein-Schelde-Kanals (900 t Tragfähigkeit). Die Industrie umfasst Raffinerien, Schiffsreparatur- u. Automontagewerke im Hafenviertel; Werften, Metall-, Chemie- u. Zementwerke südlich von A. an der Schelde; vielseitige Metallindustrie, Sägewerke, Nahrungsmittel- u. Tabakfabriken, Elektrotechnik u. Diamantenschleifereien im Zentrum; große fotochem. Fabrik südöstlich der Stadt.

*Geschichte:* Im 9. Jh. befestigte Siedlung, 1291 Stadtrecht, 1315 Mitgl. der Hanse. Infolge des Niedergangs von Brügge seit dem 16. Jh. führender europ. Handelsplatz. 1585 von Alessandro Farnese erobert u. danach von der Flotte der Republik der Niederlande blockiert. Vom Niedergang Antwerpens profitierte Amsterdam. Neuer Aufschwung als Hafen im Kaiserreich Napoleons I. Seit 1859 als Festung ausgebaut, im 1. Weltkrieg von den Deutschen erobert, danach geschleift. In neuerer Zeit auch Zentrum der Flämischen Bewegung.

**Antwortschein, 1.** im Telegrammverkehr die Berechtigung für den Empfänger eines Telegramms, ein Antworttelegramm in Höhe der bezahlten Antwortgebühr aufzugeben; Kennzeichnung „RP".
**2.** *Internationaler Antwortschein,* die Vorauszahlung der Briefgebühr für Antwortbriefe im Verkehr mit den Ländern des Weltpostvereins.

**Anu** [sumer., „Himmel"], sumer.-babylon. Hauptgott mit Sitz in Uruk u. Göttervater, dessen Haltung häufig menschenfeindlich ist.

**Anubis,** oberägypt. Gott der Einbalsamierung u. Herr der Totenstadt; verehrt als schwarzes hundsköpfiges Wesen; wirkt im Totenreich zusammen mit → Thot; wurde im Laufe der Zeit als Sohn des Osiris angesehen.

**Anubispavian** → Paviane.

**ANUGA,** Abk. für *Allgemeine Nahrungs- u. Genussmittel-Ausstellung.*

**Anukis,** altägypt. Göttin beim 1. Nilkatarakt; Erscheinungsweise: Menschengestalt, Federn als Kopfputz; heiliges Tier: Gazelle; Funktion: Herrin des Nilwassers (gemeinsam mit *Chnum* u. *Satet*).

**Anulus** [der; lat.], Zellreihe der Farnsporangien mit stark verdickten Innen- u. Seitenwänden; bewirkt beim Austrocknen *(Kohäsionsmechanismus)* das Öffnen des Sporangiums u. das Ausschleudern der Sporen.

Anuradhapura: Die Ruwanweli-Dagoba aus dem 2. Jh. v. Chr. wurde im 19. Jh. gründlich renoviert. Der Tempelbau ist heute 110 m hoch

◆ **Anuradhapura,** histor. wichtigste Stadt Sri Lankas, im nördl. Inseltiefland, am Aruvi-Aru-Fluss, Verwaltungssitz der Nordzentralprovinz u. des Distriktes A., 46 000 Ew.; Verkehrsknotenpunkt an der Straße u. Eisenbahnlinie Colombo–Jaffna, landwirtschaftl. Markt inmitten einer überwiegend stauteich-bewässerten Reisbaulandschaft. A. war die erste Hptst. des singhales. Königreiches (rd. 250 v. Chr. – 1000 n. Chr.); bis heute religiöser (buddhist.) Mittelpunkt Sri Lankas u. Pilgerziel. Vielzahl sehenswerter, historisch wertvoller Palast- u. Kultbauten in gut erhaltenem u. restauriertem Zustand u. hoher künstler. Blüte im heiligen Teil von A. Bedeutendste buddhist. Kultbauten sind die Thuparama-Dagoba, die älteste Dagoba Anuradhapuras (3. Jh. v. Chr., wiederholt umgebaut u. restauriert), die Ruwanweli-Dagoba (2. Jh. v. Chr.), der Felstempel Isurumuniya mit berühmter Steinplastik (3. Jh. v. Chr.) u. der sitzende Buddha-Koloss (6./7. Jh. n. Chr.). An die jahrhundertelange Königsherrschaft erinnern die Überreste, meist in Form stelzenartiger Granitsäulen, alter Palastanlagen, vor allem der Bronzepalast (mit 1600 Steinpfeilern, 2. Jh. v. Chr.) sowie die königl. Lustgärten u. der Doppelteich. Heutiges Pilger- u. religiöses Zentrum ist der als ältester Baum der Erde verehrte heilige Bo-Baum *(Ficus religiosa),* angeblich 2000 Jahre alt, ein Ableger des Baumes in Nordindien, unter dem Buddha seine Erleuchtung empfing.

**Anurie** [grch.], fehlende Harnabsonderung; *falsche A.* bei Verschluss des Harnleiters durch Steine, Knickung u. a., *echte A.* durch Nierenerkrankungen.

**Anus** [der; lat., „Ring"], After.

**Anus praeternaturalis** [lat.], Kurzform: *Anus praeter,* Abk. *A. p.,* künstl. After, chirurgisch angelegter Darmausgang, meistens entweder unterhalb des Kreuzbeins *(A. p. sacralis)* oder am Unterbauch *(A. p. abdominalis, A. p. iliacus),* wenn der natürl. Darmausgang nicht mehr möglich ist. Auch → ILCO.

**Anuszkiewicz** [-witʃ], Richard, US-amerikan. Maler, * 23. 5. 1930 Erie, Pa.; Schüler von J. *Albers,* Vertreter der Op-Art, dessen Bilder von opt. Irritation leben.

**Anwachsung,** *Akkreszenz,* **1.** *E r b r e c h t :* Erhöhung des Erbteils von Testamentserben bei Wegfall eines Miterben (§§ 2094, 2095 BGB; *Ö s t e r r e i c h :* §§ 560 ff. ABGB).
**2.** *G e s e l l s c h a f t s r e c h t :* Erhöhung des Gesellschaftsanteils von Gesellschaftern bei Ausscheiden eines Gesellschafters um dessen Anteil (§ 738 BGB).
**3.** *S t a a t s - u. V ö l k e r r e c h t :* die auf Naturvorgängen beruhende Vergrößerung des Landgebiets durch Anlandungen an der Küste, Bildung von Inseln in Flüssen, Seen u. Ä.

**Anwalt,** allg. Sachwalter, Parteivertreter vor Gericht oder Behörden, bes. → Rechtsanwalt u. → Patentanwalt.
**Anwaltskammer** → Rechtsanwaltskammer.
**Anwaltsnotar,** ein Rechtsanwalt, der das Amt des Notars im Nebenberuf ausübt.
**Anwaltsplanung,** *Advokatenplanung,* engl. *advocacy planning,* ein in den USA entwickeltes Modell der kommunalen → Bürgerbeteiligung bei der Planung. Den Bürgern steht zur Beratung, Artikulation u. Durchsetzung ihrer Interessen ein Planungsfachmann *(Anwaltsplaner)* zur Seite. Hauptanliegen ist die Einbeziehung auch unterprivilegierter Interessen in den Planungsprozess.
**Anwaltsprozess,** ein gerichtl. Verfahren, in dem sich die Prozessparteien kraft Gesetzes durch einen *Rechtsanwalt* vertreten lassen müssen (sog. *Anwaltszwang*). A. ist der Eheprozess, außerdem der sonstige Zivilprozess vom Landgericht an aufwärts, der Arbeitsgerichtsprozess vom Landesarbeitsgericht an aufwärts, das Verfahren vor dem Bundesverwaltungsgericht sowie in der Regel die mündl. Verhandlung vor dem Bundesverfassungsgericht. – In *Österreich* gibt es den A. bei den Gerichtshöfen 1. u. höherer Instanz, nur ausnahmsweise bei Bezirksgerichten. In der *Schweiz* ist der A. unbekannt.
**Anwaltszwang** → Anwaltsprozess.
**Anwand** → Angewende.
**Anwander,** Johann, dt. Maler, *7. 2. 1715 Rappen, †16. 11. 1770 Lauingen; schuf unter dem Einfluss von M. *Günther* u. P. *Troger* erzählfreudige Rokokofresken im schwäb. u. fränk. Raum.
**Anwari,** Auhad Ad Din Mohammad, pers. Dichter u. Astrologe, †um 1170 Balkh, Afghanistan; Panegyriker, der bes. die Form der Kasside bevorzugte; sein Diwan enthält 10 000 Verse. In Europa ist er vor allem durch einen Trauergesang über den Türkeneinfall in Ostpersien 1153 bekannt (von W. Kirkpatrick 1785 unter dem Titel „The tears of Khorasan" ins Engl. übersetzt).
**Anwartschaft,** die rein tatsächl. Aussicht auf den Erwerb eines Rechts. Diese Aussicht kann sich jedoch so verdichten, dass bereits ein Anspruch auf den künftigen Erwerb des Rechts besteht. Beispiele: Rechtsstellung desjenigen, der bei Eintritt einer Bedingung ein Recht erhalten soll; der Eigentumsvorbehalt; Anwartschaftsrecht des Nacherben, des Ehegatten auf Versorgungsausgleich. Die A. ist im Gesetz nicht geregelt, aber in Literatur u. Rechtsprechung allg. anerkannt. A. ist übertragbar u. vererblich. Auch im öffentl. Recht bestehen Anwartschaftsrechte z. B. in der Arbeitslosenversicherung, Ruhegehalts- u. Hinterbliebenenversorgung des öffentl. Dienstes, Kranken- u. Rentenversicherung.
**Anweisung,** *Assignation,* ein Auftrag, durch den jemand (der *Assignant*) einen anderen (den *Assignaten*) anweist u. ermächtigt, eine Leistung an einen Dritten (den *Assignatar*) zu bewirken, u. den Dritten ermächtigt, die Leistung zu erheben. Wechsel, Scheck u. Akkreditiv sind Arten der A.
**Anwender,** ein Benutzer eines Rechnersystems, der weder das System bedient noch programmiert. Der einzige Kontakt des Anwenders zum Rechnersystem ist das *Anwendungsprogramm.*
**Anwendungsprogramm,** *Anwendung, Anwenderprogramm,* Computerprogramm, das für einen bestimmten Anwendungsbereich konzipiert ist, beispielsweise ein Textverarbeitungsprogramm (z. B. Word), ein Tabellenkalkulationsprogramm (z. B. Excel) oder ein Datenbankprogramm.
**Anwendungsverbote,** durch die Pflanzenschutz-Anwendungsverordnung seit 1971 stufenweise fortgeschriebene Beschränkungen oder totale Verbote bei der Anwendung von bes. umweltschädigenden Pflanzenschutzmitteln. Das Risikopotenzial wird über das obligator. Zulassungsverfahren durch das Pflanzenschutzgesetz geregelt. So ist z. B. die Zahl der zugelassenen Pflanzenschutzmittel mit Anwendungsverboten für Wasserschutzgebiete von 484 Mitteln (1988) auf 57 (1997) zurückgegangen. Neben etwa 50 schon frühzeitig ausgesprochenen Anwendungsverboten sind inzwischen auch Pflanzenschutzmittel mit den Wirkstoffen Atrazin, DDT, Dieldrin, Endrin, Pentachlorphenol, Dichlorphos, Endosulfan, Hexachlorbenzol, Lindan, Malathion u. Simazin in Deutschland mit einem totalen Anwendungsverbot belegt oder nicht mehr zugelassen, weil sie nach jahrzehntelanger Anwendung durch ihre Persistenz, Toxizität oder Neigung zur Bioakkumulation bes. auffällig wurden. Generell ist die Anwendung auch bei zugelassenen chem. Pflanzenschutzmitteln auf das notwendige Maß zu beschränken. Für bestimmte Wirkstoffe bleiben beschränkte A. in abgegrenzten Einzugsgebieten als Auflage bestehen.
**Anyang,** früher *Chang-te,* chines. Stadt in Nordhenan, östl. des Taihang Shan, landwirtschaftl. Handelszentrum. In der Nähe viele Fundplätze der Shang-Dynastie (ca. 1700–1100 v. Chr.); besondere Berühmtheit erlangten 11 Gräber, die seit ca. 1300 v. Chr. in A. regierten. Als Grabbeigaben wurden Bronzearbeiten, Kleinplastiken, Knochen u. Schildkrötenschalen gefunden. Ihre Inschriften, oft mit Königsnamen, sind die frühesten Schriftzeugnisse einer chines. Hochkultur. Viele Opfergräber, davon mehrere mit separaten Bestattungen von Kopf u. Körper. Manche Experten vermuten wegen der riesigen Gräberfelder in A. eine Totenstadt.
**Anyathian,** Geröllgerätekomplex der Altsteinzeit in Südostasien. Der Name wurde vom birman. *An-ya-tha* (= Oberbirmane) abgeleitet. Charakteristisch sind Geräte aus verkieselten Hölzern u. vulkan. Tuffen, Faustkeile fehlen. Die frühesten Funde, das sog. „Basische A." aus Oberbirma, stammen wahrscheinlich aus dem oberen Altpleistozän, während das „Früh-Anyathian" bis ans Ende des Mittelpleistozäns fortdauert. Es zeichnet sich durch kratzartige „handadzes" aus: meist einflächig, gelegentlich auch zweiflächig bearbeitete asymmetr. Steingeräte.
**Anyi,** Völkergruppe der Rep. Côte d'Ivoire, hervorgegangen aus Mischungen von Akangruppen mit Senufo, Kru u. Lagunenvölkern; bes. bekannt sind die → Baule.
**Anzahlung,** die Zahlung eines Teils einer vertraglich vereinbarten Vergütung sofort bei Vertragsschluss, vor allem bei Ratenkäufen.
**Anzapfturbine,** eine Dampfturbine, deren Dampfstrom an einer Zwischenstufe angezapft wird, um Dampf bes. zur Speisewasser-Vorwärmung zu entnehmen. Bei der A. ist der Anzapfdruck abhängig von der Turbinenleistung u. der Anzapfmenge.
**Anzapfung,** die geograph. Erscheinung, dass ein Fluss durch *rückschreitende Erosion* eine Wasserscheide durchbricht u. einen benachbarten Fluss von der Quelle her in umgekehrte Richtung lenkt; z. B. in der Schwäb. Alb die A. des Donausystems durch das Rheinsystem, wobei es zu durchgehenden Talungen mit Talpässen kommt. Ursache von Anzapfungsvorgängen ist unterschiedl. → Reliefenergie. Der Fluss mit der größeren Reliefenergie erweitert dabei sein Einzugsgebiet auf Kosten des Flusses mit geringerer Reliefenergie.
**Anzeige,** 1. *allg.:* Mitteilung eines rechtlich erhebl. Vorganges oder Zustandes.
2. *Gesundheitsrecht:* gesundheitspolizeiliche A. von Tierseuchen an die Polizeibehörde oder an den beamteten Tierarzt. *Anzeigepflicht* besteht nach dem Tierseuchengesetz in der Fassung vom 11. 4. 2001 u. a. tierseuchenbestimmungen für den Besitzer von Tieren, den Tierarzt, den Schlachter sowie jeden, der als Hirte, Transporteur u. dgl. den Gewahrsam über Tiere hat (§9 TierSG). Sie richtet sich auf die in einer Rechtsverordnung genannten Krankheiten. Die A. ist unverzüglich der zuständigen Veterinärbehörde zu erstatten, damit diese die notwendigen Maßnahmen unternimmt, eine Ausbreitung der Krankheit zu verhindern *(Gehöftsperre).*
Für menschliche Krankheiten: → Meldepflicht; auch → meldepflichtige Krankheiten.
3. *Presse: Annonce, Inserat,* eine von einem Dritten in Auftrag gegebene Bekanntmachung (häufig werbender Art), die gegen Bezahlung im Anzeigenteil von Zeitungen, Zeitschriften u. auch Büchern veröffentlicht wird. Das Anzeigengeschäft ist die wichtigste Einnahmequelle der meisten Zeitungen u. Zeitschriften. Anzeigenaufträge werden oft von *Anzeigenakquisiteuren* eingeholt. Zahlreiche Geschäftsunternehmen vertrauen die Anzeigenvergabe als Teil ihrer Werbung Werbeagenturen oder Anzeigenmittlern (Annoncenexpeditionen) an.
4. *Strafrecht:* → Strafanzeige.
5. *Verwaltungsrecht:* Mitteilung gegenüber einer Verwaltungsbehörde. Verschiedene Gesetze stellen eine Anzeigepflicht auf.
**Anzeigefrist,** Zeitraum von 2 Tagen, der sich einer gesetzl. oder vertragl. → Gewährfrist anschließt. In spätestens dieser Zeit muss der Käufer den Verkäufer von dem Mangel in Kenntnis gesetzt oder Klage erhoben haben. Die Frist verlängert sich

bei Sonn- u. Feiertagen sowie Samstagen um einen Tag.

**Anzeigenblätter,** unentgeltlich verbreitete Zeitungen, vor allem der Werbung dienend u. durch Anzeigenaufkommen finanziert. Die A. enthalten als Leseanreiz zusätzlich redaktionelle Beiträge.

**Anzeigepflicht, 1.** *Baurecht:* bestimmte geringfügige Bauvorhaben anzeigen; sie sind nicht genehmigungspflichtig.
**2.** *Gesundheitsrecht:* → Anzeige (2).
**3.** *Gewerberecht:* A. bei Beginn, Verlegung, Wechsel des Gegenstands u. Beendigung eines selbständigen Gewerbebetriebs des stehenden Gewerbes (anders beim → Reisegewerbe) nach §14 der Gewerbeordnung; diese A. besteht auch für Arzneimittelhandel, Automatenaufstellung u. Handel mit Lotterielosen u. Lottoscheinen. Wer den Betrieb eines Handwerks oder eines handwerksähnl. Gewerbes beginnt oder beendet, hat dies gleichzeitig auch der → Handwerkskammer anzuzeigen (§§16,18 HandwO).
**4.** *Personenstandsrecht:* Geburts- u. Sterbefälle anzeigen, → Personenstandsanzeige.
**5.** *Strafrecht:* A. für jedermann bei bestimmten geplanten Verbrechen (→ unterlassene Verbrechensanzeige); bei begangenen Verbrechen besteht eine A. nur für Strafverfolgungsbeamte, die bei Verletzung wegen → Strafvereitelung im Amt strafbar sind. Bei außerdienstl. Kenntnis braucht auch der Verfolgungsbeamte nur dann Anzeige zu erstatten, wenn es sich um Verbrechen oder um Straftaten handelt, die Belange der Rechtsordnung oder der Öffentlichkeit in besonderem Maße berühren.

◆ **Anzengruber,** Ludwig, österr. Dramatiker u. Erzähler, *29. 11. 1839 Wien, †10. 12. 1889 Wien; Buchhändler, Schauspieler an

Ludwig Anzengruber

Wanderbühnen u. Polizeikanzlist; von É. Zola naturalistisch beeinflusst, knüpfte A. an das Wiener Volksstück an. Als liberaler Aufklärer wandte er sich mit seinen bäuerlichen Volksstücken („Der Pfarrer von Kirchfeld" 1871; „Das vierte Gebot" 1877) gegen moralische u. religiöse Engherzigkeit. Lebensechte Darstellung der Figuren sowie Situationskomik machen seine Stücke bühnenwirksam. Seine realistischen Romane („Der Schandfleck" 1876; „Der Sternsteinhof" 1885) u. Kalendergeschichten („Märchen des Steinklopferhans" 1872–1875) lassen bereits naturalist. Tendenzen erkennen. – Sämtliche Werke. 15 Bde. hrsg. von R. Latzke u. O. Rommel. 1976.

**Anziehung,** *Anziehungskraft,* die Kraft, die den Abstand zweier Körper zu verkleinern sucht. Auch → Gravitation, → Elektrizität, → Magnetismus.

**Anzin** [ã'zɛ̃], französ. Industriestadt im Dép. Nord, 14 200 Ew.; Kohlenbergbau, Eisen- u. Stahlindustrie, Maschinenbau.

◆ **Anzinger,** Siegfried, österr. Maler u. Bildhauer, *25. 2. 1953 Weyr an der Enns, Oberösterreich; seit 1982 in Köln; verbindet in seinem Werk informelle, surreale u. expressionistische Elemente; die Bilder sind kraftvoll, dynamisch, farbig, aber nicht aggressiv; Themen: Liebe, Tod, Schmerz, Angst; oft als Zyklen. Die gegenständl. Bilder zeigen eine spontane Formensprache mit z.T. grotesk wirkender Figuration. Werke: „Das pissende Kind" 1982; „Monika" 1994.

**Ànzio,** das antike *Antium,* italien. Seebad in Latium, 27 800 Ew.; Fundort berühmter antiker Kunstwerke; Agrumenanbau; 1944 Landung engl.-amerikan. Invasionstruppen.

**Anzoátegui** [anso'atɛgi], Küstenstaat in Nordostvenezuela, 43 300 km², 860 000 Ew.; Hptst. *Barcelona* (3); Agrar- u. Erdölgebiet.

**Anzucht,** erste Stufe der Zellvermehrung von Mikroorganismen in vitro; → Anzuchtmedium.

**Anzuchtmedium,** Abk. *AZM,* Nährmedium für die Anzucht von Zellkulturen. Zur Vermeidung des Bakterienwachstums werden den meisten Antibiotika zugesetzt. Nach der Anzucht wird das AZM durch das *Erhaltungsmedium* ersetzt. Viele Anzuchtmedien können als Fertigmedien erworben werden.

**ANZUS-Pakt,** *Pazifik-Pakt,* zwischen Australien, Neuseeland u. den USA am 28. 4. 1952 gleichzeitig mit dem japan. Friedensvertrag in Kraft getretenes Bündnis zur kollektiven Sicherung des pazif. Raums, ursprünglich vor allem gegen eine erneut mögl. japan. Aggression im Fernen Osten. Ergänzt wird der Pakt durch den gleichzeitig in Kraft getretenen bilateralen Verteidigungspakt USA–Philippinen und den *Südostasienpakt.* Organ ist der im August 1952 geschaffene *ANZUS-Rat,* der aus den drei Außenministern oder deren Stellvertretern besteht. 1986 zogen die USA ihre Sicherheitsgarantien für Neuseeland zurück, da die neuseeländ. Regierung eine antinukleare Politik verfolgte.

**ao., a. o.,** Abk. für *außerordentlich* (z.B. ao. Prof.).

**Ao,** Stamm der → Naga in Assam; mit Schlitztrommeln, Männer- u. Mädchenhaus, Schädelkult, Tatauierung.

**Ao,** chines. Ort in Nordhenan, ehem. Hptst. des 10. Shang-Herrschers Zhong Ding (etwa 2. Hälfte des 15. Jh. v. Chr.) u. damit eine der ältesten Hauptstädte Chinas. Die Ruinen von A. vermutet man in denen des heutigen Yingze 15 km nordwestlich von Zheng-zhou.

**AO, 1.** Abk. für → Abgabenordnung.
**2.** Abk. für → autonome Oblast.

**Aoba,** Insel der Neuen Hebriden *(Vanuatu),* seit etwa 1000 v. Chr. bewohnt, 7800 Ew.; Kopraproduktion.

**AOD-Verfahren,** Abk. für *Argon-Oxygen-Decarburisation-Verfahren,* Stahlerzeugungsverfahren unter Verwendung eines Konverters, durch dessen Boden oder Seitenwände Argon u. Sauerstoff eingeblasen werden. Das Verfahren eignet sich bes. zur Erzeugung von hochchromhaltigen Edelstählen.

**Aoji** [-dʒi], nordkoreanische Stadt nahe der russisch-chines. Grenze, 70 000 Ew.; chem. Industrie, Braunkohlenflöze; Bahnstation.

**AOK,** Abk. für → Allgemeine Ortskrankenkasse.

**Äoler,** *Aioler,* im Altertum Griechen Nordwestkleinasiens u. der Insel Lesbos, die sich von der Bevölkerung Böotiens u. Thessaliens in mykenischer Zeit herleiteten; später wurden alle nichtdorischen u. nichtionischen Griechen so bezeichnet.

**Äoline** [die], ein im 19. Jh. erfundenes *Harmonium* mit flötenartigem Klang; die

Siegfried Anzinger: Todesengel/Roter Schädel; 1982. Basel, Galerie Buchmann

Töne werden durch Metallzungen erzeugt, die durch den Wind eines Blasebalgs in Schwingungen geraten.

**äolisch** [grch.], **1.** *Geomorphologie:* durch Windwirkung erzeugte Formen der Abtragung (auch → Deflation, → Korrasion, → Windschliff) u. Ablagerung (→ Akkumulation, → Sedimentation).
**2.** *Musik:* Bezeichnung für eine der 12 Kirchentonarten (a–a'), aus der sich das heutige *Moll* entwickelte.

**Äolisch,** altgriech. Dialekt der achäischen Dialektgruppe, auf Lesbos u. in Kleinasien; literarisch bes. durch *Sappho* bedeutsam.

**Äolische Inseln,** italien. Inselgruppe, → Liparische Inseln.

**äolisches Kapitell,** im NW Kleinasiens in archaisch-griech. Zeit häufige Form des Säulenkapitells mit großen, auswärts gedrehten Voluten über einem Blattkranz; von phöniz. Vorbildern (bes. Hazor, Megiddo) angeregt.

äolisches Kapitell

**äolische Verse,** in der antiken Metrik Verse aus gemischten Versmaßen, zuerst von *Sappho* u. *Alkaios* auf der Insel Lesbos verwendet.

**Äolsharfe,** *Wind-, Wetter-, Geisterharfe,* ein eckiger oder halbrunder hölzerner Resonanzkasten mit mehreren im Einklang gestimmten Darmsaiten von gleicher Länge, aber verschiedener Stärke u. Spannung, die nur unter Ausnutzung des Windzugs zum Schwingen gebracht werden; beliebtes Klanggerät der Romantik.

**Äolus,** *Aiolos,* griech. Sagengestalten: **1.** bei Homer der König der Winde auf der Insel Äolia.

**2.** Stammvater der *Äoler,* zu dessen Söhnen *Sisyphos* gehörte.

**Aomen,** chines. Name für → Macau.

**Aomori,** *Awomori,* japan. Hafen- u. Hptst. der Präfektur A. an der Nordküste von Honshu, 292 000 Ew.; Fischereihafen; Bahnknotenpunkt, Fähre nach Hokkaido.

**Äon** [der; grch.], *Aion,* ein Zeitalter, das als göttliches Wesen oder mythisches Weltzeitalter vorgestellt wurde. Im NT steht der gegenwärtige Äon (als Weltzeit) dem zukünftigen Äon (als Gotteszeit) gegenüber.

**aorgisch** [grch., „unbegrenzt"], unbegreiflich.

**Aorist** [der; grch.], Zeitstufe im Griechischen, die sowohl Vollzug einer Handlung in der Vergangenheit als auch Eintritt u. Abschluss einer Handlung ausdrücken kann (punktueller Aspekt).

**Aorit,** Mischform zwischen festem Gestein u. Gesteinsschmelze in größerer Erdtiefe; die Aufschmelzung ist noch unvollständig, die Entwicklung zum Magmatit (→ Magma) dagegen vorgezeichnet. Entsprechend der chemischen Zusammensetzung werden Granit-, Diorit- u. Syenit-Aorite unterschieden.

**Aorta** [die, Pl. *Aorten;* grch.], die *Hauptkörperschlagader* der höheren Wirbeltiere u. des Menschen, die das Blut von der (linken) Herzkammer zu den Körperorganen führt; von ihr zweigen alle Schlagadern *(Arterien)* ab. Entwicklungsgeschichtlich ist die A. aus dem 2. u. 3. der vier → Arterienbögen (Kiemenarterien) der Fische entstanden. Bei den Schwanzlurchen sind beidseits noch zwei Aortenbögen, bei den Fröschen u. Reptilien nur noch ein paariger (ursprüngl. der 3.) Aortenbogen erhalten. Von diesem Paar wird bei den Vögeln der linke, bei den Säugetieren der rechte Aortenbogen zurückgebildet. Die A. des Menschen ist die größte Körperschlagader. Sie führt von der linken Herzkammer in einem Bogen nach links hinten abwärts in den Brust- u.

Aostatal: Blick zum Großen Sankt Bernhard

Bauchraum. Die A. speichert in ihrer Wand vorübergehend einen Teil der Herzarbeit als potenziale Energie, die während der Diastole (Ausdehnungsphase des Herzens) das Blut weitertreibt. Auch → Blutkreislauf, → Herz.

**Aortitis** [grch.], Entzündung der Aorta, Aortenentzündung.

**Aosta,** norditalien. Stadt an der Dora Bàltea, Hptst. der autonomen Region Aostatal, 35 800 Ew.; Hauptknotenpunkt der Passstraßen über den Großen u. Kleinen St. Bernhard u. zum Mont-Blanc-Tunnel; Eisenbahn; Fremdenverkehr; das antike *Augusta Praetoria* mit röm. Bauwerken.

**Aosta, 1.** Aimone, Herzog von, italien. Admiral, * 3. 9. 1900 Turin, † 1948 Buenos Aires; 1941 als *Tomislav II.* zum König von Kroatien proklamiert, nahm den Thron nicht an.
**2.** Amadeo, Herzog von, König *Amadeus I.* von Spanien, → Amadeus (4).
**3.** Amadeo, Herzog von, italien. General, * 21. 10. 1898 Turin, † 3. 3. 1942 Nairobi; 1937 Vizekönig von Italienisch-Ostafrika, musste im Mai 1941 kapitulieren.

**Aostatal,** ital. *Valle d'Aosta,* frz. *Val d'Aoste,* autonome Region (seit 1947) in Norditalien, mit spürbaren Einflüssen aus Frankreich, 3264 km², 118 000 Ew.; Hptst. *Aosta,* vorwiegend Hochgebirge, durch die Dora Bàltea u. ihre Nebenflüsse gegliedert; über den Großen u. Kleinen Sankt Bernhard sowie durch den Mont-Blanc-Tunnel mit der Schweiz u. Frankreich verbunden; Wasserkraftnutzung, Fremdenverkehr.

**AOX,** Abk. für an Aktivkohle adsorbierbare organische Halogene, Summenparameter für Chlor-, Brom- u. Iod-Verbindungen in Wasser. Der AOX spiegelt u. a. den Gehalt an hochgiftigen u. umweltgefährl. Chlorkohlenwasserstoffen wider u. ist mit einer *Abwasserabgabe* belegt.

**a. p.,** Abk. für → anni praeteriti.

Äolsharfe: Instrument um 1800

**AP** [ei: pi:], Abk. für → Associated Press.
**A. p.**, Abk. für → Anus praeternaturalis.
**Apa**, Ort im Bezirk Satu Mare (Rumänien); 3 km westlich bedeutendster Bronzedepotfund der rumän. Mittelbronzezeit: 2 kurze Vollgriffschwerter, 3 Äxte, 1 Handschutzspirale, teilweise reich verziert; als Fund wichtig für die Chronologie der Bronzezeit.
**Apachen**, *Apatschen*, Indianerstamm der Athapaskengruppe im SW der USA; einst ein krieger. Jäger- u. Reitervolk, das die Pueblo-Indianer überfiel; heute in Reservationen. – Die Romanfigur Winnetou von K. May gehört zum Stamm der A.
**Apadana** [die; iran.], die Audienzhalle (Säulensaal mit Portiken) der achämenid. Palastarchitektur; Beispiele in Pasargadae, Susa u. Persepolis.
**Apahida**, Ort bei Cluj in Siebenbürgen, Fund von zwei bes. reich ausgestatteten Fürstengräbern des 5. Jh. (1889 u. 1968 entdeckt). Beide Gräber ähneln in der Ausstattung dem *Childerichgrab*.
**apallisches Syndrom**, Funktionsausfall der Großhirnrinde (Pallium) bei intaktem Stammhirn. Ursachen sind: schwere Schädel-Hirn-Verletzungen nach einem Unfall, Sauerstoffmangel im Gehirn, z. B. nach Kreislaufstillstand, Vergiftungen, Schock, ausgeprägtem Hirnödem oder weit fort-

Apatit: Die Kristalle können unterschiedlich gefärbt sein, und zwar farblos bis gelb, grün, braun, seltener rot oder blau. Trotz ihrer geringen Härte werden klare, schön gefärbte Varietäten in der Schmuckindustrie verwendet

geschrittener Gefäßsklerose des Gehirns. Das apallische Syndrom ist gekennzeichnet durch eine tief greifende Bewusstseinsstörung, wobei sich der Patient mit offenen Augen in einem schlafähnl. Zustand befindet (Coma vigile, Wachkoma), nicht adäquat auf Reize reagieren kann, lediglich einfache Reflexe möglich sind, während Herz- u. Kreislauffunktionen erhalten bleiben. Rückbildungen des apallischen Syndroms sind möglich, insbesondere durch spezielle, intensive Rehabilitationsmaßnahmen, häufig aber ist ein a. S. irreversibel u. der Patient braucht dauerhaft Pflege.
**Apanage** [-'na:ʒə; die; frz.], Unterhalt für nicht regierende Mitglieder der Herrscherfamilie.
**A part** [-'par; das; frz., „beiseite"], *Beiseitgespräch*, Bemerkungen, die von einer Bühnenfigur beiseite gesprochen werden, wobei andere Figuren diese Ausführungen im Gegensatz zum Publikum scheinbar nicht hören können. In der Antike, bei *Shakespeare* u. im volkstüml. Lustspiel häufig zu finden; im epischen u. absurden Theater als Mittel der Verfremdung eingesetzt.
**Apartheid** [afrikaans, von *apart*, „einzeln, besonders"], die Politik der Rassentrennung in Südafrika. Durch polit., soziale, wirtschaftl. u. räuml. Trennung der Rassen sollte eine getrennte Entwicklung in allen Bereichen herbeigeführt werden. Die Politik der A. wurde nahezu auf der ganzen Welt angefochten, da sie zur Diskriminierung aller „nicht-weiß" genannten Südafrikaner führte u. die Vorherrschaft der weißen Minderheit zementierte. Die A. verursachte die außenpolit. Isolierung Südafrikas. Die polit. Organisationen der Schwarzafrikaner bekämpften die A. von Beginn an. 1990/91 wurden unter Präsident de Klerk alle Apartheidgesetze aufgehoben; 1993/94 erhielten alle Rassen volle polit. Gleichberechtigung.
**Apastron** [das; grch.], der Punkt in der ellipt. Umlaufbahn eines Partners in einem → Doppelstern, der dem Hauptstern am nächsten ist.
**Apatami**, Stamm der → Nordassam-Völker.
**Apathie** [grch.], Empfindungslosigkeit, Teilnahmslosigkeit; oft Erschöpfungserscheinung; Symptom bei vielen Erkrankungen.
◆ **Apatit** [der; grch.], glas- bis fettglänzendes, verschieden gefärbtes Mineral, Härte 5, Dichte 3,16–3,22; $Ca_5[(F,Cl,OH)(PO_4)_3]$, hexagonal säulige, nadelige oder tafelige Kristalle. A. ist Ausgangsmaterial zur Gewinnung von Phosphatdünger, Phosphaten u. Phosphor.
**Apatity**, Industriestadt auf der Halbinsel Kola (Russland), 80 000 Ew.; Anreicherungsanlage für Apatit u. Nephelin, das in der Nähe gewonnen wird; Baustoffindustrie.
**Apatschen** → Apachen.
**Apayo**, *Apayao*, altmalaiischer Stamm mit Negrito-Einfluss in Nordwestluzon (Philippinen).
**APEC**, Abk. für engl. *Asian-Pacific Economic Cooperation, Asiatisch-Pazifische Wirtschaftliche Zusammenarbeit*; 1989 in Canberra von Australien, Brunei, Indonesien, Japan, Kanada, Malaysia, Neuseeland, den Philippinen, Singapur, Südkorea, Thailand u. den USA gegr. Organisation zur Koordinierung der wirtschaftl. Zusammenarbeit im asiatisch-pazif. Raum. Später hinzugekommene Mitglieder sind: Chile, VR China, Hongkong, Mexiko, Papua-Neuguinea, Peru, Russland, Taiwan, Vietnam. Das APEC-Sekretariat befindet sich in Singapur.
Das 1996 in Manila beschlossene Programm zur Schaffung einer Freihandelszone bis 2020 überlässt den Mitgliedern die Handelsliberalisierung. Aufgrund der heterogenen Interessen der APEC-Staaten gelang bisher kaum ein gemeinsames Vorgehen.
**Apeiron** [das; grch., „unbegrenzt, unendlich"], **1.** *Elementarteilchenphysik:* nach M. Born ein hypothet. Grundgebilde, dessen verschiedene Energiezustände die Elementarteilchen sein könnten.
**2.** *Philosophie:* bei *Anaximander* (5.

Jh. vor Chr.) als das Unendliche Ursprung u. Prinzip aller Dinge. Es ist der Urstoff, das Göttliche, woraus alle vergänglichen Dinge entstehen u. wohinein alles vergeht. Sonst aber versteht die griech. Philosophie, die nur in begrenzten Gestalten wahres Sein erblickt, das A. als negatives Moment, als Unordnung, die keinen eigenen Bestand hat. Erst seit der spätantiken Philosophie wird Unendlichkeit als Vollkommenheit, auch als die entscheidende Eigenschaft Gottes aufgefasst.

Hans Apel

**Apel**, ◆ **1.** Hans, dt. Politiker (SPD), * 25. 2. 1932 Hamburg; Volkswirt; 1965–1990 MdB; 1972 bis 1974 Parlamentar. Staatssekretär des Bundesaußen-Minister, 1974 bis 1978 Bundesfinanz-Minister, 1978 bis 1982 Bundesverteidigungs-Minister; schrieb „Der Abstieg" 1990; „Die deformierte Demokratie" 1991.
**2.** Karl-Otto, dt. Philosoph, * 15. 3. 1922 Düsseldorf; Prof. in Kiel, Saarbrücken, seit 1972 in Frankfurt a. M.; versucht hermeneut. u. analyt. Philosophie zu verbinden; Hptw.: „Die Idee der Sprache in der Tradition des Humanismus von Dante bis Vico" 1963; „Transformation der Philosophie" 2 Bde. 1973.
**3.** Willi, US-amerikan. Musikwissenschaftler dt. Herkunft, * 10. 10. 1893 Konitz, Westpreußen, † 14. 3. 1988 Bloomington, Ill.; emigrierte 1938 in die USA; 1950–1963 Prof. für Musikwissenschaft an der University of Indiana in Bloomington; arbeitete bes. auf dem Gebiet der alten Musik („Die Notation der polyphonen Musik" 1942, dt. 1962; „Geschichte der Orgel- u. Klaviermusik bis 1700" 1967) u. gab ein Musiklexikon heraus.
**Apeldoorn**, niederländ. Stadt in der Prov. Gelderland, 149 000 Ew.; am Ostrand der Veluwe; Papierfabriken, Wäschereien, Farben- u. Netzfabriken; Fremdenverkehr; in der Nähe das königl. Schloss Het Loo, ehem. Sitz der Königinmutter Wilhelmina.
**Apella** [grch.], richtiger *Apellai*, im alten Sparta Bez. für die Versammlung der Spartiaten.
**Apelles**, griech. Maler, * zwischen 375 u. 370 v. Chr. Kolophon (?), † 4. Jh. v. Chr. Kos (?); Hofmaler Alexanders d. Gr.; gilt neben *Polygnot* als berühmtester Maler des griech. Altertums. Alle seine Werke sind verloren.
**Apen**, Gemeinde in Niedersachsen, Ldkrs. Ammerland, nordwestl. von Oldenburg, 10 300 Ew.; Fleischwarenfabrik, Stahlwerk.
◆ **Apennin**, ital. *L'Appenini*, das die italien. Halbinsel durchziehende tertiäre Kettengebirge, fast 1500 km lang; zieht als Fortsetzung der Seealpen bei Savona beginnend, an Breite zunehmend, nach SO zur Adria, biegt dann nach S u. erreicht in den Abruzzen im *Gran Sasso d'Itàlia* (2914 m) die größten Höhen; weiter südlich löst er sich in einzelne Gebirgsstöcke auf u. reicht

bis zum Südende der Kalabrischen Halbinsel. Die Gebirge an der Nordseite Siziliens gelten als Fortsetzung des Apennins.
Gegliedert wird der A. in den *Nördl. A.* (Ligur., Etrusk. u. Umbrischer A.), der aus sandig-tonigen Ablagerungen besteht u. im *Monte Cimone* (2165 m) seine größte Höhe erreicht, den *Mittleren A.* der Kalkmassive, vorwiegend in den Abruzzen (bis 2914 m), u. den *Südl. A.* (Kampan., Lukan. A.), der noch einzelne Kalkmassive aufweist u. im Kalabrischen A. in den kristallinen Massiven der Sila (1930 m) u. des Aspromonte (1956 m) endet.
Fast überall hat der A. eine steil abfallende tyrrhenische u. eine sanft abfallende adriatische Seite; viele Binnenbecken, Spuren ehem. Vergletscherung, Karsterscheinungen u. häufige Erdrutsche („Frane"). Hauptwasserscheide Italiens; der Nördl. A. ist die Klimascheide zwischen mediterranem Bereich u. gemäßigtem Klima der Poebene. Die Höhenstufen der Vegetation zeigen übereinander mediterran-immergrüne Vegetation, die Edelkastanien-Eichen-Stufe u. die Buchen-Nadelwald-Stufe; der Mittlere u. Südl. A. ist stark entwaldet; der gesamte A. erfuhr seit 1950 eine starke Entvölkerung; die wirtschaftl. Nutzung beschränkt sich auf Land- u. Forstwirtschaft; Bodenschätze sind kaum vorhanden.
**Apenninkultur,** *Apenninische Kultur,* bronzezeitl. Kultur Mittel- u. Süditaliens mit jungsteinzeitl. Tradition, die sich in der Siedlungsform (Rundhütten u. Höhlen), in Geräten u. der Art der Keramik äußert; land- u. weidewirtschaftl. Kultur; auch Beziehungen zur myken. Kultur.
**Apenrade,** dän. *Åbenrå,* dän. Hafenstadt in Nordschleswig, an der *Apenrader Förde,* Hptst. der dän. Amtskommune Südjütland, 21 900 Ew.; Ostseebad; 1920 vom Deutschen Reich an Dänemark; Zentrum der dt. Minorität. – seit 1335 Stadt; Nikolauskirche aus dem 13. Jh.

Apennin: Der Gran Sasso d'Itàlia bei Assegni

**Aperçu** [apɛr'sy:; frz.], geistreiche Bemerkung.
**Aperitif** [der; frz.], ein alkohol. Getränk, das vor dem Essen zum Appetitanregen getrunken wird, z. B. Vermouth, Sherry, Portwein.
**Aperitiva** [Pl., Sg. das *Aperitivum*; lat.], *Aperentia,* 1. leichte Abführmittel.
2. appetitanregende (Arznei-)Mittel.
**Apertur** [lat.], 1. *Medizin:* Öffnung.
2. *Optik:* bei opt. Systemen (Linse, Hohlspiegel) der Sinus des Winkels, der von der Hauptachse u. einem Randstrahl gebildet wird. Die *numerische A.* ist das Produkt aus A. u. dem Brechungsindex des vor dem Objektiv liegenden Mediums; sie ist dem Auflösungsvermögen des Objektivs umgekehrt proportional, ihr Quadrat der Bildhelligkeit proportional.
**Apertursynthese,** ein in der Radioastronomie benutztes Verfahren, das → Auflösungsvermögen dadurch zu steigern, dass mehrere kleinere Antennen zu einem System zusammengesetzt werden. Dabei ist zumindest eine der beteiligten Antennen gegenüber den anderen frei beweglich.
**Apetalae** [grch.], *Monochlamydeae,* zweikeimblättrige Pflanzen (→ Dikotyledonen) mit keiner oder nur mit einer hochblattartigen, gleichartigen Blütenhülle *(Perigon),* die auch nachträglich (sekundär) zurückgebildet sein kann *(Apopetalae).* Hierher gehören die Ordnungen: *Fagales, Myricales, Juglandales, Salicales, Piperales, Urticales, Tricoccae, Proteales, Santalales, Polygonales* u. *Centrospermae.* Apetale Pflanzen gibt es in mehreren natürl. Verwandtschaftsgruppen.
**Apex,** 1. *Astronomie:* Zielpunkt der Sonnenbewegung in Bezug auf das System der Fixsterne; liegt im Sternbild Herkules südwestlich des Sterns Wega in der Leier. Die Sonne bewegt sich in Richtung des A. u. in Bezug auf die Nachbarsterne mit einer Geschwindigkeit von 19,4 km/s. Dabei legt sie jährlich rd. 600 Mio. km zurück. Auch → Antapex.

2. *Grammatik:* das Längenzeichen über einem Vokal (ā, â, í).
**Apfel,** *Apfelbaum, Pirus malus,* weit verbreitete Gattung der *Rosengewächse (Rosaceae).* Der Speiseapfel ist aus Arten entwickelt worden, die ihre Heimat vor allem in West- u. Zentralasien haben. Von diesen Wildformen stammt auch der *Holzapfel, Pirus silvestris,* ab, der als direkte Stammpflanze für einige Apfelsorten anzusehen ist; er wurde in Westeuropa schon in der Bronzezeit als Kulturapfel angebaut. Der Kulturapfel hat eiförmige, kerbt-gesägte, kurzstielige Blätter u. im Mai in den Blättern erscheinende, rötlich-weiße Blüten mit gelben Staubblättern. Er wird bis zu 10 m hoch. Die Früchte werden als Tafelobst, für die Herstellung von *Apfelkraut* (Fruchtgallert), vergoren als *Apfelwein* u. bes. als *Apfelmost* (unvergorener Fruchtsaft) u. gedörrt als Dörrobst verwendet. Wichtige Kulturapfelsorten sind: *Klarapfel, Gravensteiner, Goldparmäne, Cox' Orangenrenette, Laxtons Superb, Schöner von Boskoop, Ontarioapfel* u. a. –
Der A. ist auch als Symbol von Bedeutung. So deutet der *Reichsapfel* auf die Machtvollkommenheit der Herrscher hin.
**Apfelbaumgespinstmotte,** *Yponomeuta malinellus,* schädl. Kleinschmetterling aus der Familie der *Gespinstmotten.* Die Raupen überziehen Blätter u. Zweige der Apfelbäume mit einem Nestgespinst und rufen bei Massenauftreten Kahlfraß hervor. Bekämpfung durch Winterspritzung mit Gelbmitteln u. Frühjahrsspritzung mit Insektiziden.
**Apfelblattsauger,** *Psylla mali,* bis 3,5 mm langer Blattsauger aus der Gruppe der → Blattflöhe. Die Junglarven zerstören Blütenknospen u. Blätter der Obstbäume u. bedecken sie mit klebrigen Exkrementen, wodurch beträchtl. Schäden entstehen.
**Apfelblütenstecher,** *Anthonomus pomorum,* zu den *Rüsselkäfern* gehöriger, rostroter, etwa 5 mm langer Käfer, der in Apfelblüten seine Eier ablegt. Bekämpfung mit Gelbspritzmitteln.
**Apfelbranntwein,** ein aus Äpfeln hergestellter Branntwein; bekannteste Sorte: Calvados aus der Normandie (Frankreich).
**Apfeldiät,** *Apfelkur, Apfeltage,* eine Diät aus rohen geriebenen Äpfeln (1–1,5 kg) zur Durchfallstillung bei Darmkatarrhen, Ruhr u. a. Erkrankungen. Zur Gewichtsabnahme ist die A. als einseitige Mangeldiät ungeeignet.
**Apfelessig,** aus Apfelwein hergestellter Gärungsessig (→ Essig) mit fruchtiger Note; enthält neben Essigsäure im Wesentlichen Mineralstoffe, Pektine u. Carotine des Apfels. Die dem A. zugeschriebene Heilwirkung ist wissenschaftl. nicht belegt. Gewichtsreduktionen durch Apfelessig-Diäten sind auf die einhergehende Ernährungsumstellung zurückzuführen.
**Apfelmango** → Mombinpflaume.
**Apfelmehltau,** durch den Pilz *Podosphaera leucotricha* (Ascomycetes) hervorgerufene Krankheit an Apfelbäumen. Auch → Mehltau.
**Apfelmoose,** *Bartramiaceae,* weit verbreitete → Laubmoose. Die Rhizoide der hellgrünen

Moospolster sind starr ineinander verflochten.
**Apfelmosaik** → pflanzenpathogene Viren.
**Apfelsaft**, alkoholfreies, erfrischendes Getränk, das durch Auspressen von rohen Äpfeln gewonnen u. geklärt oder naturtrüb genossen wird.
**Apfelsäure**, *Monohydroxybernsteinsäure*, Butanoldisäure, chemische Formel: HOOC–CH(OH)–CH$_2$–COOH; eine Oxidicarbonsäure, die optisch aktiv (→ optische Aktivität) u. eine der am häufigsten vorkommenden Pflanzensäuren ist; als schimmelverhinderndes Imprägnierungsmittel verwendet.
**Apfelschnecke** → Blasenschnecken.
**Apfelschorf**, häufigste Pilzerkrankung der Äpfel durch *Venturia inaequalis*. Auf Ober- u. Unterseite der Blätter bilden sich rundlich olivbraune Flecken; auf Früchten Flecken u. Rissbildung.

Apfelsine, Citrus aurantium var. sinensis

◆ **Apfelsine** [„Apfel aus China"], *süße Orange, Citrus aurantium var. sinensis*, beliebte Frucht der Gattung *Citrus* aus der Familie der *Rautengewächse (Rutaceae)*, wahrscheinlich chines. Herkunft; Hauptanbaugebiete sind die Mittelmeerländer, Brasilien, USA (Kalifornien, Florida) sowie China. *Blutorangen* sind Apfelsinen mit dunkelrotem Fleisch u. rötlicher Schale.
**Apfelwein**, bes. in Süddeutschland beliebtes alkohol. Getränk, hergestellt durch Vergären von Apfelmost, der durch Keltern gewonnen wird.
◆ **Apfelwickler**, *Cydia pomonella*, zu den *Wicklern* gehörender Schmetterling, dessen Raupen das Kernhaus der Äpfel zerfressen; in Europa häufig; Vorkommen in Gärten; Flugzeit von Mai bis August.
**Aphakie** [grch.], Fehlen der Augenlinse.
**Aphanomyces**, zu den *Oomycetes* gehörender Pilz, der in Algen, Wassertierchen u. Wurzeln höherer Pflanzen parasitiert.
**Aphärese** [die; grch., „Wegnahme"], der Wegfall eines oder mehrerer Phoneme am Wortanfang (z. B. prov. *gleisa*, „Kirche" aus lat. *ecclesia*).
**Aphasie** [grch.], die Unfähigkeit, zu sprechen (*motor. A., Wortstummheit*), Gesprochenes zu verstehen (*sensor. A., Worttaubheit*) oder ein gesuchtes Wort zu finden (*amnestische A.*); Folge von Hirnerkrankungen. Auch → Agnosie, → Apraxie.
**Aphel** [das; grch.], *Aphelium*, sonnenfernster Punkt der ellipt. Bahn eines Himmelskörpers.
**aphonematische Unterscheidungsmittel**, die Tonhöhenbewegung u. der Akzent in manchen Sprachen, die nicht als *Phoneme* bezeichnet werden können.
**Aphonie** [grch.], *Stimmlosigkeit*, das Unvermögen, laut zu sprechen; beruht auf nervöser oder organ. Stimmbanderkrankung.
**Aphorismus** [Pl. *Aphorismen*; grch.], schlagkräftig zugespitzter Denkspruch als Kleinform der Kunstprosa; oft in Form von Antithesen, Paradoxon, Hyperbel. Aphorismen finden sich bereits in der Antike in *Hippokrates'* medizin. Lebensregeln („Corpus Hippocraticum"); Meister des A. waren F. *Bacon*, B. *Gracián*, F. de *La Rochefoucauld* (Maximen), J. de *La Bruyère*, *Vauvenargues* u. in der dt. Literatur G. C. *Lichtenberg*, *Goethe*, F. von *Schlegel*, A. *Schopenhauer*, F. *Nietzsche*, Marie von *Ebner-Eschenbach*, T. *Fontane* u. K. *Kraus*.
**Aphoristik** [die; grch.], die Kunst, Aphorismen zu schreiben; Adj.: aphoristisch.
**Aphoristiker**, Verfasser von Aphorismen.
**aphoristisch**, im Stil des Aphorismus; geistreich zugespitzt, prägnant im Ausdruck.
**aphotische Zone** [grch.], lichtlose Zone im Meer, etwa ab 200 m; in dieser Zone ist kein pflanzl. Leben mehr möglich. Die Organismen dieser Zone sind auf herabsinkende oder schwimmende Lebewesen u. Partikel angewiesen. Auch → Tiefsee.
**Aphraates**, ostsyrischer Bischof u. Theologe → Afrahat.
**Aphrodisiaka** [Pl., Sg. das *Aphrodisiakum*; grch., „Liebesmittel"; nach der griech. Göttin Aphrodite], Mittel zur Anregung u. Steigerung des Geschlechtstriebes; neben Hormonpräparaten aus den Keimdrüsen auch Tier- u. Pflanzengifte, z. B. *Kantharidin* aus span. Fliegen (gefährlich) oder *Yohimbin*, die eine Blutüberfüllung der Geschlechtsorgane hervorrufen u. die Geschlechtszentren erregen; i. w. S. allgemein anregende Mittel u. Gewürze.
◆ **Aphrodite**, griech. Göttin der Liebe u. der Schönheit; Tochter des Zeus u. der Dione; Gemahlin des Hephaistos; Söhne: Eros (von Ares) u. Äneas (von Anchises); Kult von Asien nach Griechenland gelangt. A.

Apfelwickler, Cydia pomonella

Aphrodite von Knidos des Bildhauers Praxiteles, um 340 v. Chr.

schützt die Liebenden u. straft Verächter der Liebe; wurde allgemein verehrt, zahlreiche Kultstätten, vor allem auf Zypern u. Kythera (Beinamen *Kypris* u. *Kythereia*). Name etymologisch von grch. *aphros* („Schaum") abgeleitet, Vorstellung der aus dem Schaum des Meeres geborenen A. Der griech. A. entspricht die röm. Venus.
**aphroditisch**, auf Aphrodite bezüglich, reizend.
**Aphthen** [grch.], *Schwämmchen*, *Mundfäule*, bläschen- u. geschwürförmiger Ausschlag verschiedener Ursache an der Mundschleimhaut.
**Aphthenseuche** → Maul- und Klauenseuche.
**A. P. I.**, Abk. für → Association phonétique internationale.
**Apia**, Hptst. u. Hafenstadt der Rep. Samoa, auf Upolu, 34 100 Ew.; Werft, Überseehandel; Observatorium, Rundfunkstation.
**Apiaceae** → Doldengewächse.
**a piacere** [a pi̯aˈtʃeːrə; ital.] → ad libitum.
**Apianus**, eigentl. *Bienewitz* oder *Bennewitz*,
1. **Petrus**, dt. Mathematiker, Astronom u. Geograph, *1501 Leisnig, Sachsen, †21. 4. 1552 Ingolstadt; erforschte Kometen, schlug die Messung von Mondentfernungen zur Bestimmung geograph. Längen vor.
2. **Philipp**, Sohn von 1), dt. Geograph, Kartograph u. Mathematiker, *14. 9. 1531 Ingolstadt, †14. 11. 1589 Tübingen; schuf u. a. das erste große Kartenwerk von Bayern in 24 Blättern.
**Apicius**, röm. Kochbuchautor, *42 v. Chr., †37 n. Chr.
**Apiculatus-Hefen**, Trivialbez. für Hefen mit zugespitzten Zellen, die eine niedrigere Gärleistung haben.

**Apikoalveolar** [der; lat.], ein Laut, bei dem die Zunge gegen den Zahndamm stößt, beispielsweise [l].

**Apikodental** [der; lat.], ein Laut, bei dem die Zungenspitze gegen die oberen Schneidezähne stößt, z. B. engl. [θ].

**Apis,** altägypt. Stiergott in Memphis, Vermittler der Fruchtbarkeit des Landes. Mit → *Ptah* verbunden, auch mit Osiris verschmolzen zu *Apis-Osiris.* Seit Psammetich I. (7. Jh. v.Chr.) Bestattung der mumifizierten Stiere im Serapeum in Saqqara.

**Apiserum,** *Gelée Royale, Weiselfuttersaft,* Futtersaft für die Bienenkönigin; enthält ein Gemisch sehr verschiedener chem. Verbindungen, z. B. Aminosäuren, Proteine, Fette, Zucker u. Vitamine. A. soll anregend u. leistungsfördernd wirken.

**Apitz,** Bruno, dt. Schriftsteller, *28. 4. 1900 Leipzig, †7. 4. 1979 Berlin (Ost); als Kommunist 8 Jahre im KZ Buchenwald, schrieb den um das Schicksal eines Lagerkinds aufgebauten Roman „Nackt unter Wölfen" 1958, der in der DDR als Musterbeispiel des „sozialist. Realismus" galt.

**Apium** → Sellerie.

**apl.,** Abk. für *außerplanmäßig.*

**Aplanat** [der; grch.], ein Doppelobjektiv, bei dem chromat. u. sphär. Seiten- u. Längenabweichungen korrigiert sind; wurde 1866 von H. A. *Steinheil* erfunden.

**Aplanosporen** → Sporen.

**Aplasie** [grch.], fehlende oder unvollständige Entwicklung eines Organs oder Körperteils trotz vorhandener Anlage im Embryo.

**Aplazentalier** [lat.], die niederen Säugetiere, bei deren Entwicklung kein Mutterkuchen *(Plazenta)* gebildet wird: Kloakentiere u. Beuteltiere; Gegensatz: Plazentalier.

**Aplit** [der; grch.], helles, feinkörniges Ganggestein aus Quarz u. Feldspat; häufiges Vorkommen in Granitgebieten.

**Aplomb** [aˈplɔ̃; frz.], 1. *allg.:* gewichtiges (dreistes) Auftreten; Nachdruck. 2. *Tanz:* beim Ballett das Abfangen einer Bewegung in den unbewegten Stand.

**APN,** Abk. für *Agenstwo Petschati Nowosti* [russ., „Pressenachrichtenagentur"], 1961 gegr. zweite (neben *TASS*) sowjet. Nachrichtenagentur zur Verbreitung kultureller Informationen; Sitz: Moskau.

**Apnoë** [die; grch.], Atemstillstand, Atemlähmung.

**Apo,** *Mount Apo,* höchster Berg der Philippinen, aktiver Vulkan auf Mindanao, 2954 m; 500 m weiter Krater; Schwefelquellen.

**APO,** Abk. für → Außerparlamentarische Opposition.

**Apochromate** [grch.], Spezialobjektive, die für drei Linien des Spektrums korrigiert sind u. den hohen Anforderungen der Reprotechnik genügen.

**Apocrita,** Unterordnung der *Hautflügler,* im Gegensatz zu den *Pflanzenwespen* eine einheitl. Verwandtschaftsgruppe, gekennzeichnet durch die sog. „Wespentaille", eine Einschnürung zwischen Brust u. Hinterleib. Die A. werden nach der Ausbildung des Legerohrs unterteilt in die Gall- u. Schlupfwespen oder → *Legimmen (Terebrantes)* u. die → *Stechimmen (Aculeata).*

**Apocynaceae** → Hundsgiftgewächse.

**Apodiktik** [die; grch.], *Apodeiktik,* Lehre vom → Beweis.

**apodiktisch** [grch.], unwiderleglich, unumstößlich; keinen Widerspruch duldend.

**Apodosis** [die, Pl. *Apodosen;* grch.], Folgesatz eines Bedingungssatzes („dann..." in „wenn..., dann..."). Der Wenn-Teilsatz heißt *Protasis.*

**Apogamie** [grch.], Form der sekundär geschlechtl. Fortpflanzung ohne Befruchtung *(Apomixis),* bei der der Embryo aus unbefruchteten Zellen des Gametophyten entsteht; bei einigen Farnen u. Blütenpflanzen.

**à point** [aˈpwɛ̃; frz.], auf den Punkt gebraten, bis auf einen rosa Kern in der Mitte durchgebraten.

◆ **Apokalypse** [die; grch., „Enthüllung"], *Offenbarung,* das letzte Buch der Bibel. Der Verfasser nennt sich Johannes (1,9), es weist jedoch nichts darauf hin, dass es sich um den Apostel handelt. Kein Zweifel besteht darüber, dass der Verfasser Jude ist. Als Entstehungszeit kommt die Regierungszeit Domitians (81–96 n. Chr.) in Frage, als Entstehungsort Kleinasien. Die Inhalte der Schrift gliedern sich in den Visionsbericht, Sendschreiben an sieben Gemeinden u. breit ausgeführte Bilder von dem, was geschehen soll (Kapitel 4–22). Die Absicht des Verfassers ist es, die Christenheit anhand der dargestellten Schreckensvision für ihr Leben heute u. morgen vorzubereiten, zu mahnen u. zu stärken.

Die Visionen der A. sind in der bildenden Kunst seit dem 4. Jh. vielfach dargestellt worden (Bamberger A., um 1000 Reichenau, A. Dürers Holzschnittfolge der A., 1498 u. a.).

Apokalypse: Johannes, die vier Reiter, der ins Meer stürzende brennende Berg. Gemälde von Hans Memling. Brügge, Memlingmuseum

## Apokalyptik

Apokalypse: Beim Klang der zweiten Posaune stürzt der brennende Berg ins Meer. Miniatur aus der Normandie; um 1325. New York, The Metropolitan Museum of Art, The Cloisters Collection

**Apokalyptik,** die Literatur über den nahenden Weltuntergang u. den Anbruch des Gottesreichs in den verschiedenen Religionen. Das Weltende wird in fantast. Bildern, die überall eine Gleichheit typischer Formen aufweisen, ausgemalt. Die fantast. Gestalt der A. ging auch in die *Apokalypse* des Johannes ein.

**apokarp** → Fruchtblatt.

**Apokoinu** [grch.], Konstruktion eines Satzes, in der ein Satzglied sowohl Subjekt wie auch Objekt sein kann (bes. im Altfranzös.).

**Apokope** [die; grch.], der Wegfall eines oder mehrerer Phoneme am Wortende (z. B. italien. *amar,* „lieben", für *amare*).

**apokrine Drüsen** [grch.], Drüsen, die Zellteile u. geformte Elemente absondern, z. B. Milch- u. Schweißdrüsen.

**Apokrisiar** [grch.], Gesandtentitel im byzantin. Reich, bes. für den ständigen Vertreter des Papstes am Kaiserhof.

**Apokryphen** [grch., „Verborgene"], im hebr. AT fehlende Schriften, die in den griech. u. latein. Übersetzungen vorhanden sind, darunter die *Makkabäer-Bücher, Judit, Tobias, Jesus Sirach* u. die *Weisheit Salomos.* Die röm.-kath. Kirche wertet sie seit dem Tridentinum als kanonisch; Luther bezeichnete sie als „der Hl. Schrift nicht gleichgehalten u. doch nützlich u. gut zu lesen". Analog zu den A. des AT spricht man auch von A. des NT (Evangelien, Briefe, Apostelgeschichten u. Apokalypsen).

**Apokryphon Johannis,** gnostisches Werk aus der 1945 entdeckten Bibliothek von *Nag Hammadi.*

◆ **Apolda,** Kreis- u. Industriestadt in Thüringen, nordöstlich von Weimar, 27 700 Ew.; Rathaus (16. Jh.); Nahrungsmittel-, Leder- u. Strickwarenindustrie, Apparatebau; Verw.-Sitz des Ldkrs. *Weimarer Land.*

Apolda

**apolid** [grch., „ohne Staat"], heimat-, staatenlos.

**apolitisch** [grch.], unpolitisch, der Politik abgeneigte u. am öffentl. Leben desinteressierte Grundeinstellung; apolitisches Verhalten wird teils gefördert (Herrschafts- u. Machtsicherung), teils bekämpft (→ Bürgerbeteiligung, → Demokratisierung).

◆ **Apollinaire** [-'nɛːr], Guillaume, eigentl. Wilhelm *Apollinaris de Kostrowitski,* franzö́s. Dichter u. Maler, * 26. 8. 1880 Rom, † 9. 11. 1918 Paris; schrieb Gedichte, Dramen u. Romane; stark verbunden mit der künstler. Avantgarde seiner Zeit (Picasso, Matisse, Dufy); Wegbereiter des Futurismus

Guillaume Apollinaire

(Manifest „L'antitradition futuriste") u. des Kubismus („Die Maler des Kubismus" 1913); propagierte den Surrealismus. Lyrik „Alcools" 1913; „Calligrammes" 1918; Drama: „Die Brüste des Tiresias" 1917 (als Oper 1947); Roman „Das sitzende Weib" 1920, dt. 1967. – Poet. Werke, dt. 1969.

**Apollinaris,** Heiliger, Bischof von Ravenna, † um 200 Ravenna, wahrscheinlich als Märtyrer (Grabeskirche S. Apollinare in Classe); nach der Legende sollen Reliquien nach Remagen (Apollinarisberg) gebracht worden sein, daher noch heute Wallfahrtsort. – Fest: 23. 7.

**Apollinaris,** Schriftsteller, → Sidonius Apollinaris.

**Apollinarisbrunnen,** alkalisch-salin. Quelle im Ahrtal bei Bad Neuenahr-Ahrweiler; weltbekanntes Tafelwasser.

**apollinisch und dionysisch** [grch.], von den Gottheiten *Apollon* u. *Dionysos* abgeleitetes, aus der Romantik stammendes Begriffspaar für gegensätzl. (harmonisch-zuchtvoll-geistig bzw. rauschhaft-leidenschaftlich) Kunst- u. Lebensanschauung, von *Nietzsche* aufgegriffen („Geburt der Tragödie" 1871). Der Gegensatz findet sich in anderer Bedeutung auch bei R. *Wagner.* O. *Spengler* unterscheidet apollinisch u. faustisch.

**Apollo,** 1. *Astronomie:* einer der → Planetoiden; A. kann der Erde auf etwa 5 Mio. km nahe kommen u. überkreuzt dabei die Erd- u. Venusbahn nach innen. Allg. versteht man unter der *Apollo-Gruppe* der Planetoiden solche, deren → Perihel innerhalb der Erdbahn liegt.

2. *Zoologie:* → Apollofalter.

**Apollo,** griech. Gott, → Apollon.

**Apollodoros,** 1. griech. Maler, tätig im letzten Drittel des 5. Jh. v. Chr.; erster Tafelmaler des griech. Altertums, übertrug nach antiker Überlieferung die illusionist., mit Licht- u. Schattenwiedergabe arbeitende Malweise des *Agatharchos* auf die Figurenmalerei.

2. *Apollodoros aus Athen,* griechischer Geschichtsschreiber u. Gelehrter im 2. Jh. v. Chr., schrieb u. a. Chroniken, eine Götterlehre in 24 Bänden u. ein mythograph. Handbuch, die sog. „Bibliothek" des A.; alle seine Werke sind nur in Fragmenten erhalten.

3. *Apollodoros von Damaskus,* röm. Architekt, * um 65 n. Chr. wahrscheinl. Damaskus, † um 125 n. Chr.; führte unter Trajan zahlreiche Staatsaufträge (Donaubrücke unterhalb des „Eisernen Tores", 104/05, Odeion u. Forum Traiani in Rom u. a.) aus u. galt als genialster Baumeister der röm. Kaiserzeit; fiel bei Hadrian in Ungnade u. wurde hingerichtet.

◆ **Apollofalter,** *Parnassius apollo,* großer Schmetterling, Flügel weiß mit schwarzer Zeichnung u. roten Punkten; Vorkommen in ganz Eurasien, im Norden in den Ebenen, in Mittel- u. Südeuropa im Gebirge. A. sind vom Aussterben bedroht u. stehen unter Naturschutz.

Apollofalter, Parnassius apollo

Apokalypse: Das Weib flieht in die Wüste, während die Erde das Wasser des Drachen schluckt. Bamberger Apokalypse um 1000. Bamberg, Staatsbibliothek

# Apolloprogramm

Apollon: lebensgroße etruskische Statue aus dem 6. Jh. vom First des Apollon-Tempels in Veji. Rom, Villa Giulia

Apolloprogramm: Kommandokapsel des Raumschiffs Apollo 10 über dem Mond

◆ **Apollon**, auch *Phoibos*, Sohn des Zeus u. der Leto, Zwillingsbruder der Artemis, Vater des Heilgottes Asklepios u. des Sängers Orpheus. Vorgriech., asiatische Herkunft; seit myken. Zeit Verbreitung des Kults von einigen Zentren (vor allem Delphi u. Delos) aus in der ganzen griechischen Welt. Schutzgott von Haus, Familie u. Landwirtschaft. Zerstörer u. Heiler: Mit seinen Attributen Pfeil u. Bogen brachte er Krankheit u. Tod, konnte aber auch heilen. Gott der Weissagung mit zahlreichen Orakelstätten (bes. Delphi); von dort großer Einfluss auf die politische u. sittliche Ordnung der griechischen Staaten. Gott der Ordnung u. Harmonie, bes. der Musik (sein Attribut die Leier), leitet im Mythos den Musenchor (Beiname *Musagetes*, „Musenführer"). Im 5. Jh. v. Chr. wurde der Apollon-Kult von den Römern übernommen.

**Apollo-Nachfolgeprogramm**, *Post-Apolloprogramm*, zusammenfassender Begriff für das US-amerikanische (NASA-)Raumfahrt-Programm der 1970er, 80er u. 90er Jahre. Hierzu gehören die Projekte → Raumstation *(Space Station)*, Raumtransporter *(Spaceshuttle)*, Raumschlepper *(Spacetug)*.

**Apollonia**, 1. Name mehrerer antiker Städte, z. B. in Mysien, Phrygien, am Pontos. 2. antike Ruinenstadt in Albanien, westlich von Fier; 588 v. Chr. von Korkyräern gegr. Stadt im S Illyriens; in röm. Zeit bedeutender Ort an der *Via Egnatia*. Die Umgebung Apollonias war in osman. Zeit Zentrum des Großgrundbesitzes; heute Bodenverbesserungsgebiet mit Be- u. Entwässerung, Tabak- u. Weinanbau.

**Apollonia**, Heilige, Märtyrerin in Alexandria 249; vom Pöbel wurden ihr alle Zähne ausgeschlagen; Patronin der Zahnärzte. Fest: 9. 2.

**Apollonios**, athen. Bildhauer, tätig im 1. Jh. v. Chr.; Meister des sog. Torso von Belvedere (Rom, Vatikan. Museen).

**Apollonios Dyskolos**, griech. Grammatiker im 2. Jh. n. Chr. aus Alexandria; Verfasser der ersten griech. Syntax; der größte Teil seiner Studien über alle Gebiete der Grammatik ist verloren; er wirkte trotzdem mit seinen Darstellungen auf spätere Systeme; A. D. analysierte hauptsächlich die Schriftsprache u. vernachlässigte die gesprochene Sprache.

**Apollonios von Perge**, griech. Mathematiker, *um 262 v. Chr. Perge, †um 190 v. Chr.; lehrte in Alexandria; stellte vermutlich als Erster die → Epizykeltheorie der Planetenbewegung auf, berechnete die Zahl π. Sein mathemat. Hptw. behandelt „Die Kegelschnitte".

**Apollonios von Rhodos**, *Apollonios Rhodios*, griech. Dichter u. Bibliothekar aus Alexandria, *um 295 v. Chr., †um 215 v. Chr.; lebte eine Zeit lang auf Rhodos, wo das Epos „Argonautika" (4 Bücher) entstand, das die Sage der *Argonauten* behandelt.

**Apollonischer Kreis**, nach *Apollonios von Perge* benannter Kreis, der durch seine besondere Lage bezüglich eines Dreiecks ABC eine bestimmte Bedingung erfüllt: Der Apollon. Kreis, mit Mittelpunkt auf der Geraden AB, geht durch die Ecke C, u. seine Durchmesserendpunkte E u. D teilen die Seite AB harmonisch (→ harmonische Teilung) im Verhältnis CA : CB der beiden anderen Seiten. – *Apollonisches Problem*, Aufgabe, diejenigen Kreise zu finden, die 3 gegebene Kreise berühren.

◆ **Apolloprogramm**, ziviles Raumfahrtprogramm der USA, das am 29. 7. 1960 von der NASA bekannt gegeben wurde. Es wurden drei Hauptziele angestrebt: 1. Mondflüge mit drei Astronauten, 2. Bau von erdnahen Raumstationen, 3. Start unbemannter Sonden zu Mars u. Venus.

*Apollo-Raumfahrzeug:* Die Mondflüge wurden mit Hilfe der 110 m hohen Saturn 5, einer dreistufigen → Rakete, durchgeführt. Sie diente als Trägerrakete für das Apollo-Raumfahrzeug, das aus drei Teilen bestand. 1. *Kommandokapsel* (CM = Command Module): Sie nahm die drei Astronauten auf u. enthielt die Navigations- u. Nachrichtengeräte. 2. *Versorgungs- u. Geräteteil* (SM = Service Module): Er enthielt die für die Atmung nötigen Sauerstoffgeräte. Außerdem befanden sich hier die elektr. Energiequellen u. die Steuerraketensysteme zur Lage- u. Geschwindigkeitsänderung. 3. *Mondlandefähre* (LM = Lunar Module): zweisitzige Fähre, mit der die Astronauten auf dem Mond landeten. Die Fähre bestand aus zwei Teilen; in dem einen flogen die Astronauten zum Mutter-

Apolloprogramm: Bergung der Kapsel von Apollo 12 im Pazifik

schiff zurück, der zweite wurde auf dem Mond zurückgelassen u. diente als Startrampe.

Das Apollo-Raumfahrzeug hatte eine Gesamtmasse von rd. 43 t, wovon 6 t auf die Kommandokapsel mit den Astronauten, 4 t auf den *Fluchtturm*, der nach dem Start abgeworfen wurde, u. 18 t auf die Treibstoffe (Aerozin/Stickstofftetroxid) entfielen. Die Mondlandefähre hatte beim Anflug eine Masse von 15 t; bei Rückkehr verblieben 2 t.

*Phasen eines Mondfluges:* Das Raumschiff startete nach Zündung der ersten Raketenstufe u. erreichte nach einer Brenndauer von 2,5 min eine Geschwindigkeit von 978 km/h. Dann wurde die ausgebrannte erste Stufe abgeworfen u. die zweite Stufe gezündet; das Raumfahrzeug erhielt dann eine Geschwindigkeit von 24 600 km/h. Mit der dritten Stufe erreichte es eine Geschwindigkeit von 28 200 km/h. Das Apollo-Fahrzeug bog zuerst in eine Wartebahn um die Erde ein, um dann, nach erneuter Zündung, auf die Flugbahn zum Mond einzuschwenken. Dann löste sich das Apollo-Fahrzeug von der dritten Stufe u. legte innerhalb von rd. drei Tagen die 380 000 km bis zum Mond unter Ausnutzung seiner kinet. Energie antriebslos zurück. In der Nähe des Mondes ging das Raumfahrzeug in eine Satellitenumlaufbahn um den Erdbegleiter über. Hier begaben sich zwei Piloten in das Mondlandegerät. Mit Hilfe von dessen Triebwerk stiegen sie aus der Satellitenumlaufbahn auf die Mondoberfläche ab, landeten dort, verweilten für einige Stunden oder Tage u. kehrten schließlich in die Mondumlaufbahn zum Mutterschiff zurück. Nach dem Zusammenführen der beiden Geräte (*Rendezvous* u. *Docking*), wechselten die beiden Piloten in den Apollo-Kommandoteil u. flogen mit diesem im Verlauf von wiederum drei Tagen zur Erde zurück. Das A. stellte hinsichtlich des techn. Geräts u. des organisator. Aufwandes höchste Anforderungen.

*Testflüge:* Bevor die eigentl. Mondflüge möglich waren, mussten zahlreiche Probeflüge absolviert werden. In den Jahren 1964-1968 fanden zunächst mit Apollo 1-6 unbemannte Testflüge statt. Es folgten 1968/69 die bemannten Missionen (Mondumkreisungen) Apollo 7-10.

*Bemannte Mondflüge:* Die bemannten Mondflüge begannen mit dem Start von Apollo 11 am 16. 7. 1969. An Bord waren die drei Astronauten N. A. Armstrong, E. E. Aldrin u. M. Collins. Nach einem normalen Flug des Raumschiffs „Columbia" begann am 20. 7. um 21.05 Uhr (MEZ) das Mondlandefahrzeug „Eagle" (Adler) mit Armstrong u. Aldrin an Bord den Landeanflug u. setzte 13 Minuten später auf dem Mond auf. Am 21. 7. 1969, 3.56 Uhr, betrat als erster Mensch Neil Armstrong den Mondboden; 13 Minuten später folgte der zweite Pilot, Aldrin. Millionen von Menschen verfolgten die Tätigkeit der zwei Astronauten auf dem Mond in einer Fernsehdirektübertragung. Die Astronauten sammelten Gesteinsproben ein, stellten einen Reflektor für Laserstrahlen u. ein Seismometer auf u. setzten ein Segel zum Einfangen von Sonnenmaterie. Nach etwa 2 Stunden war ihre Mission abgeschlossen, u. die beiden Piloten kehrten in das LM zurück. Um 18.45 Uhr hob das Oberteil der Landefähre mit den beiden Piloten vom Mond ab zum Dockingmanöver mit der Apollo-Kommandokapsel, die mit Collins den Mond auf einer Parkbahn weiter umkreiste. Zurück blieben auf dem Mond die aufgestellte US-amerikan. Flagge neben den wissenschaftl. Instrumenten u. der Landeteil des LM mit einer Plakette, die die Inschrift trägt: „Wir kamen in Frieden, stellvertretend für die ganze Menschheit". Das Unternehmen Apollo 11 endete mit der Landung am 24. 7. 1969 im Pazifik 400 km südöstlich von Johnston Island.

Apolloprogramm: Apollo-17-Astronaut Jack Schmitt auf dem Mond

Auch die nächsten Raumschiffe der Apollo-Serie landeten erfolgreich auf dem Mond, mit Ausnahme von Apollo 13, dessen Mission wegen schwerer Havarie des Versorgungsteils abgebrochen werden musste. Daten der weiteren bemannten Mondflüge: *Apollo 12:* Start 14. 11. 1969, Landung 24. 11. 1969 (Astronauten: C. Conrad, R. Gordon, A. Bean). *Apollo 13:* Start 11. 4. 1970, Landung 17. 4. 1970 (Astronauten: J. Lovell, F. Haise, J. Swigert). *Apollo 14:* Start 31. 1. 1971, Landung 9. 2. 1971 (Astronauten: A. Shepard, E. Mitchell, S. Roosa). *Apollo 15:* Start 26. 7. 1971, Landung 7. 8. 1971 (Astronauten: D. Scott, J. Irwin, A. Worden). *Apollo 16:* Start 16. 4. 1972, Landung 27. 4. 1972 (Astronauten: J. Young, T. Mattingly, C. Duke). *Apollo 17:* Start 7. 12. 1972, Landung 19. 12. 1972 (Astronauten: E. Cernan, R. Evans, J. Schmitt).

*Kosten:* Die Gesamtkosten des Apolloprogramms beliefen sich auf rd. 25 Mrd. US-Dollar. Darin sind Entwicklung u. Bau der Apollo-Raumfahrzeuge (18 Stück), der Trägerraketen (Saturn IB u. Saturn 5; 27 Stück) u. des Mondlandefahrzeugs LM inbegriffen. Jeder Mondflug kostete etwa 400 Mio. Dollar. Das Projekt lag in Händen der US-Raumfahrtbehörde NASA *(National Aeronautics and Space Administration)*, die für alle zivilen Raumflugunternehmen in den USA zuständig ist.

**Apollos,** alexandrin. Jude, wirkte als frühchristl. Missionar in Ephesos u. Korinth (Apg. 18,24–19,1; 1. Kor. 1,12; 3,4–8; 3,22; 4,6). Seine Anhänger bildeten in Korinth eine eigene Gruppe.

**Apollo-Sojus-Unternehmen,** im Juli 1975 durchgeführtes, gekoppeltes Raumfahrtunternehmen zwischen Apollo 18 u. Sojus 19; wurde als erstes von einer US-amerikan.-sowjet. Raumfahrtmannschaft verwirklicht.

**Apollo vom Belvedere,** Marmorstatue (Kopie) eines bogenschießenden Apollon, allgemein *Leochares* zugeschrieben; seit 1503 im Belvedere des Vatikan.

**Apoll von Veji,** vollständig erhaltene Terrakottaplastik vom First des Portonaccio-Tempels in → Veji; stammt aus einer Gruppe, die den Streit des Apoll mit Herakles um die Kerynitische Hirschkuh darstellt (um 600 v. Chr.); jetzt Rom, Villa Giulia.

**Apolog** [der; grch.], märchenhafte Erzählung, bes. Lehrfabel.

**Apologeten** [grch.], Gruppe frühchristl. Autoren des 2.–4. Jh., die das Christentum gegen nichtchristl. Polemik u. Unkenntnis verteidigten. Die A. bilden den Beginn einer mit philosoph. Begriffen arbeitenden Theologie. Hauptvertreter: Quadratus, Aristeides, Justin, Tatian, Athenagoras u.a. aus dem 2. Jh., Arnobius, Klemens von Alexandria, Origenes, Apollinaris von Laodicea, Kyrill von Alexandria aus dem 3.-5. Jh.

**Apologetik** [grch.], Auseinandersetzung insbes. des Christentums mit weltanschaul. Gegnern (1. Petr. 3,15); Zweig der ev. Systemat. Theologie bzw. der kath. Fundamentaltheologie.

**Apologie** [grch.], Verteidigung, Verteidigungsrede oder -schrift. Berühmt sind die „A. des Sokrates" (von Platon überliefert) u. Melanchthons 1531 veröffentlichte A. des Augsburg. Bekenntnisses, mit der er auf die kath. Konfutation (lat., „Widerlegung") der Augsburg. Konfession von 1530 beantwortete. Diese A. gehört zu den Bekenntnisschriften der luther. Kirche.

**Apolyont Gölü,** türk. See, → Ulubat Gölü.

**Apolysis** [die; grch.] → Chrysostomosliturgie.

**Apomixis** [grch.], geschlechtl. Fortpflanzung, die sekundär ohne Befruchtung erfolgt; kommt vor als *Adventivembryonie, Apogamie, Parthenogenese.*

**Apomorphin** [grch.], aus Morphin durch Abspaltung eines Moleküls Wasser gewonnenes Alkaloid; in der Medizin als Brechmittel verwendet.

**Apophansis** [grch.], nach *Aristoteles* ein sprachl. Gebilde, das wahr oder falsch sein kann; stand in der traditionellen Logik für Urteil, in der modernen Logik hat sich der Terminus Aussage eingebürgert. – *Apophantik* ist bei E. *Husserl* diejenige Disziplin der

Logik, die sich mit prädikativen Aussagen beschäftigt.

**Apophis** [der], altägypt., schlangengestaltiger Feind des Sonnengottes. Er kann nicht absolut vernichtet werden u. muss deshalb immer wieder vom Sonnenschiff abgewehrt werden. Helfer des Sonnengottes ist hier → Seth. Aus der Spätzeit ist ein Ritual zur Abwehr des A. überliefert.

**Apophthegma** [das; grch.], prägnanter Ausspruch.

**Apophyse** [die; grch.], Knochenfortsatz, Knochenvorsprung in unterschiedlichster Form, der bes. dem Ansatz von Muskeln u. Sehnen dient; Apophysen sind z. B. die Rollhügel am Oberschenkelbein, die Dornfortsätze der Wirbel u. die Schienbeinrauigkeit.

**Apoplexie** [grch.] → Schlaganfall.

**Apoptose**, Form des genetisch festgeschriebenen u. daher programmierten Zelltodes; während bei der Nekrose der Zelltod ein patholog. Vorgang ist, der mit Entzündungsreaktionen einhergeht, zerfallen Apoptose-Zellen in Bläschen (Vesikel), die von Makrophagen u. Nachbarzellen abgebaut werden. Die A. ist bes. gut während der Embryonalentwicklung zu beobachten, wo ganze Zellpopulationen in einer bestimmten Entwicklungsphase wieder eliminiert werden. Unbekannt ist, welche Signale die A. auslösen.

**Aporem** [das; grch., „Streitfrage"], dialekt. Schluss bei der Untersuchung einer Aporie.

**Aporetik** [grch.], die Lehre von den Aporien.

**Aporie** [grch., „Ausweglosigkeit"], 1. *Philosophie:* nach Platon die Situation, in der sich der Unwissende seiner Unwissenheit bewusst wird u. zum zielbewussten Suchen ansetzt (sokratische Methode). Dementsprechend stellte dann Aristoteles Aporien an den Anfang seiner Untersuchungen. In Anknüpfung daran entwickelte N. Hartmann eine Aporetik als Problemwissenschaft.
2. *Rhetorik:* als redner. Mittel der Ausdruck von Zweifel oder Verlegenheit.

**Aposeris**, Pflanze, → Hainsalat.

**Aposiopese** [die; grch., „das Verstummen"], Abbrechen mitten im Satz (als Stilmittel).

**Apostasie** [grch., „Abfall"], Preisgabe eines bestimmten Glaubens; nach kanon. Recht, wenn der christl. Glaube als ganzer aufgegeben oder eine für den christl. Glauben fundamentale Wahrheit abgelehnt wird, im Gegensatz zu Häresie u. → Schisma.

**Apostat** [der; grch.], nach dem Kirchenrecht jemand, der einen bestimmten Glauben verliert.

◆ **Apostel** [grch.], im Urchristentum die Träger des Predigtamtes für vom Evangelium noch nicht erreichte Gebiete. Sie repräsentieren den erhöhten Christus (2. Kor. 5,20) u. gelten als „Fundament" der Kirche (Epheser 2,20). In der Reihenfolge der Ämter stehen sie an der Spitze vor „Propheten" u. „Lehrern" (1. Kor. 12,28). Ursprünglich war der Kreis der A. offen: Zu ihm zählten neben Paulus u. Petrus (Galater 2,8) auch Junias u. Andronikus (Römer 16,7). Lukas dagegen spricht von 12 Aposteln, die von Jesus ernannt worden sind (Lukas 6,13). Sie bilden die erste Kirchenleitung in Jerusalem u. gewährleisten die Verbindung der Kirche mit dem irdischen Jesus. Das ist jedoch eine theolog. Konstruktion, um in einem späteren Zeitpunkt die Reinheit der Lehre (apostol. Tradition) u. die Rechtmäßigkeit des Amtes (apostol. Sukzession) zu sichern. Nach Lukas gehören zu den Aposteln Petrus, Andreas, Jakobus, Sohn des Zebedäus, Johannes, Jakobus, Sohn des Alphäus, Philippus, Bartholomäus, Matthäus, Thomas, Thaddäus, Simon u. Judas Iskariot. Auch → Bibel.

**Apostel**, Hans Erich, österr. Komponist, * 22. 1. 1901 Karlsruhe, † 30. 11. 1972 Wien; Schüler von A. Schönberg u. A. Berg; schrieb hauptsächlich Kammermusik u. Lieder; für Orchester: Haydn-Variationen Teil I: 1949, Teil II: 1969; „Ballade" 1955; Kammersinfonie 1968.

**Apostelbriefe**, 21 Schriften des NT, die der Form nach Briefe sind u. denen die Kirche des 3. Jh. apostol. Würde zugeschrieben hat (14 Briefe werden Paulus zugeschrieben, 2 Petrus, 3 einem Johannes, je einer Jakobus u. dem Bruder Jesu, Judas). Bei allen diesen Schriften handelt es sich nicht um wirkl. Briefe (bei bestimmter Gelegenheit an bestimmte Personenkreise gerichtete Schreiben). So sind z. B. der Brief des Jakobus u. der Brief an die Hebräer Mahnreden, der Brief an die Kolosser u. an die Epheser, der 1. Brief des Petrus u. der 1. Brief des Johannes Predigten, der 1. u. der 2. Brief an Timotheus Sammlungen von Gemeinderegeln u. der Brief des Judas Ketzerpolemik. Apostolizität kann ohne Einschränkung nur für sieben Paulusbriefe in Anspruch genommen werden (Brief an die Römer, 1. u. 2. Brief an die Korinther, Brief an die Galater, Brief an die Philipper, 1. Brief an die Thessalonicher, Brief an Philemon).

**Apostelgeschichte**, Buch des NT, beschreibt als Fortsetzung (2. Teil) des Lukasevangeliums die „Taten der Apostel" (*Acta Apostolorum* – so der herkömml. Name), nämlich den Weg des Evangeliums von Jerusalem nach Rom unter ihrem Wirken. Die A. enthält wertvolle alte Überlieferungen u. beruht in der Darstellung der Reisen u. des Wirkens des Paulus z. T. möglicherweise auf Berichten von Augenzeugen. Auch → Bibel.

**Apostelkonzil**, Zusammenkunft der Urapostel mit Paulus u. Barnabas (Datum unsicher, zwischen 45 u. 50 n. Chr.) in Jerusalem, wo festgelegt wurde, dass aus dem Heidentum kommende Christen an die Beachtung der Bestimmungen des mosaischen Gesetzes u. dessen Forderung der Beschneidung nicht gebunden seien; damit billigte das A. die Missionsmethode des Paulus u. öffnete dem Christentum den Weg in die Heidenwelt (vgl. Apg. 15 u. Galater 1–2).

**Apostelkrug**, Steinzeugkrug mit Aposteldarstellungen in bunt bemalter Reliefauflage, hergestellt im 17. Jh. in Creußen bei Bayreuth.

**Apostellehre**, grch. *Didache*, älteste, noch aus dem 1. Jh. oder der 1. Hälfte des 2. Jh. stammende, vielleicht im Ostjordanland entstandene Kirchenordnung mit Anweisungen für Lebensführung u. Gottesdienst; seit 1883 wieder bekannt.

**Apostelväter** → apostolische Väter.

**a posteriori** [lat., „vom Späteren her"], aus der Erfahrung gewonnen, durch sie bedingt. Bei *Kant* erkenntnistheoret. Begriff in seiner *Transzendentalphilosophie:* a posteriori werden diejenigen Empfindungen u. Erkenntnisse genannt, die keine Allgemeingültigkeit beanspruchen (→ a priori).

**Apostolat** [das; lat.], 1. Sendung u. Amt der urchristl. Apostel zur Verbreitung des Evangeliums.
2. kirchl. Amt in der kathol. Kirche: die sich aufgrund der *apostol. Nachfolge* von den Aposteln herleitende Sendung der Bischöfe zum Dienst der Leitung, Verkündigung u. Sakramentenspendung; auch der missionar. Dienst aller Christen, z. T. in der besonderen Form des *Laienapostolats*.

**Apostolikumstreit**, seit dem 17. Jh. Auseinandersetzungen im dt. Protestantismus um die verbindl. Geltung des Apostol. Glaubensbekenntnisses (Apostolikum). Dieser Kampf rückte auf eine neue Ebene, als das Apostolikum im 19. Jh. nicht nur bei Ordination u. Taufe, sondern in jedem Hauptgottesdienst zu sprechen war. Bei der Weigerung, dieses Bekenntnis aufzunehmen, waren Amtsenthebungen in der Regel die Folge.

**apostolisch**, 1. von den Aposteln Jesu herrührend.
2. mit dem Apostel Petrus u. den Päpsten zusammenhängend.

**Apostolische Kammer** → Camera Apostolica.

**Apostolische Kanzlei**, Amt an der röm. Kurie, das seit 1968 allein zuständig ist für die Ausstellung u. Versendung der päpstl. Urkunden (an der Spitze der *Kardinalkanzler*); 1973 in das Staatssekretariat eingegliedert.

Apostel: Christus und die zwölf Apostel; romanische Tafelmalerei, 11. Jh. Barcelona, Katalanisches Nationalmuseum

**Apostolische Konstitutionen, 1.** umfangreichste, um 380 in Syrien entstandene Kirchenordnung, bereits 692 als häretisch verfälscht bezeichnet. Das 8. Buch enthält die älteste vollständig erhaltene Messliturgie („Klementinische") u. die 85 Apostolischen Kanones.
**2.** bes. wichtige päpstl. Erlasse in Form einer Bulle, z. B. ein neues Gesetz, Errichtung eines Bistums (Constitutio Apostolica).
**Apostolische Majestät,** *Apostolischer König,* Ehrentitel der ungar. Könige seit 1758.
**apostolische Nachfolge,** *apostolische Sukzession,* die ununterbrochene, auf die Apostel Jesu zurückzuführende Weitergabe des bischöfl. u. päpstl. Amts u. seiner Vollmachten von Bischof zu Bischof. Die a. N. ist eine entscheidende Trennlinie zwischen den Konfessionen.
**Apostolische Paenitentiarie,** päpstl. „Gerichtshof" in Fragen des Gewissens; seine Ursprünge liegen im 12. Jh.; schon damals wird ein *Großpänitentiar* erwähnt, der heute ein Kardinal sein muss. Seit dem 13. Jh. sind diesem einige Beamte zugeordnet. Der Kardinal-Großpänitentiar, der seine Entscheidungen allein trifft, kann Absolutionen u. Dispense erteilen sowie Gelübde u. Versprechungen aufheben, außerdem entscheidet er über Gewissensprobleme von Einzelpersonen.
**Apostolischer Administrator, 1.** vom Papst bei Behinderung des Bischofs eingesetzter Verwalter eines Bistums.
**2.** Leiter einer Apostol. Administratur, der apostol. Verwalter eines Bistums oder des Teilgebiets eines Bistums. Er hat die Rechtsstellung eines Bischofs.
**Apostolischer Delegat,** ständiger Gesandter des Papstes ohne diplomat. Charakter; zur Aufsicht über das kirchl. Leben in einem bestimmten Land, das keine diplomat. Beziehungen zum Apostol. Stuhl unterhält.
**Apostolischer Legat,** *Legatus natus,* Ehrentitel mancher Bischöfe aufgrund der Bedeutung ihrer Bischofssitze (z. B. Köln, Salzburg, Prag). Auch → Legat.
**Apostolischer Nuntius,** diplomat. Vertreter des Hl. Stuhls im Rang eines Botschafters. An Orten mit Nuntien ist der Apostolische Nuntius der „geborene" Doyen, d. h. den übrigen Botschaftern rangmäßig vorgehender Sprecher des diplomat. Korps, wenn dieses bei feierl. Anlässen oder gemeinsamen Äußerungen („Demarchen") einheitlich auftritt.
**Apostolischer Präfekt,** dem Papst direkt unterstellter Vorsteher eines in der Entwicklung stehenden bistumsähnl. Verwaltungsbezirks in Missionsgebieten.
**apostolischer Segen,** *päpstlicher Segen,* vom Papst erteilter Segen, mit dem ein Ablass verbunden ist; kann auch von dazu vom Papst bevollmächtigten Bischöfen u. Priestern gespendet werden.
**Apostolischer Stuhl,** *Sedes Apostolica* → Heiliger Stuhl.
**Apostolischer Vikar,** dem Papst direkt unterstellter Vorsteher, der einen bereits entwickelten Missionssprengel leitet.
**Apostolisches Glaubensbekenntnis,** *Apostolikum,* das auf Traditionen des 2. Jh. zurück-

Apotheke: Giftschrank einer alten Apotheke

gehende dreigliedrige christl. Bekenntnis, das sich seit dem 8. Jh. im Abendland allgemein durchgesetzt hat; in den Kirchen des Ostens ist es nicht bekannt. Luther hat das Apostolische Glaubensbekenntnis im 2. Hauptteil seines Großen Katechismus ausgelegt. Es ist weniger eine Lehraussage als vielmehr ein Lobpreis der Gemeinde für den handelnden Gott.
**Apostolische Signatur,** höchstes päpstl. Gericht. Ihre jetzige Form erhielt diese Behörde 1908 durch Papst Pius X. Das eigentl. Kollegium besteht ausschl. aus Kardinälen, von denen einer als Präfekt amtiert. Beratende Richter u. richterl. Hilfskräfte erledigen die laufenden Geschäfte. Ihre Aufgabe ist die Überwachung der Gerichtsverfahren vor der Rota, wobei sie auf die Rechtmäßigkeit des Verfahrens achtet.
**apostolisches Zeitalter,** die Zeit der frühesten Zeugen der Lehre u. des Lebens Jesu, deren Verkündigung sich in den Schriften des Neuen Testaments niedergeschlagen hat u. für die spätere Kirche verbindlich blieb, also zwischen 30 u. 120 n. Chr.
**apostolische Väter,** eine Gruppe christl. Schriftsteller des 2. Jh., die noch unmittelbare Schüler der Apostel der 1. Generation waren oder dafür galten. Gewöhnl. zählt man zu ihnen Barnabas, Hermas, Klemens von Rom, Ignatius von Antiochia, Polykarp von Smyrna u. die Verfasser der Apostellehre u. des Diognetbriefes. Unter ihren Werken finden sich neben situationsgebundenen Briefen auch eine Kirchenordnung (Apostellehre) u. eine apokalypt. Bußpredigt (Hirt des Hermas).
**Apostolizität,** *Apostolizität der Kirche,* der ununterbrochene Zusammenhang der Kirche mit den Aposteln, auf deren ursprüngl. Zeugnis sich die Kirche gründet u. an deren Verkündigung sie die ihre misst. Im Apostol. Glaubensbekenntnis wird der Glaube an die A. der Kirche ausgesprochen. Die kath. Kirche lehrt die Notwendigkeit der apostol. Sukzession der Hirten der Kirche.
**Apostroph** [der; grch.], Auslassungszeichen für einen Vokal, → Zeichensetzung.

**Apostropha** [die], einer der Grundzüge der älteren Notenschrift, der sog. Haken-Neumen; in Form eines Apostrophs mit der Bedeutung eines Einzeltons.
**Apostrophe** [grch.], *i. e. S.* die Anrede an andere als die, die der Redner bisher angesprochen hatte, auch an Abwesende, als seien sie zugegen (z. B. Tote, Götter); *i. w. S.* allg. feierliche Anrede.
**apostrophieren, 1.** jemanden (feierlich) anreden.
**2.** ein Substantiv mit einem Apostroph versehen.
**apothecaries system** [æpɔˈθekəriːz ˈsɪstəm], neben dem System → Avoirdupois existierendes US-amerikan. u. brit. System für das Wägen von Drogen u. Arzneimitteln; der Einheit wird die Abkürzung ap. nachgestellt, z. B. 1 grain ap. = 0,065 g; 1 pound ap. = 373,242 g; 1 ounce ap. = 31,1035.

Apotheke: Verkaufstheke und Gerätschaften einer Apotheke aus der Zeit des Barocks. Deutsches Apotheken-Museum, Heidelberg

**Apothecium** [Sg., Pl. *Apothecien*], typische Fruchtkörperform der → Discomycetes. Das A. ist becher- bis scheibenförmig u. trägt an der Oberfläche das aus *Asci* u. den haploiden *Paraphysen* bestehende *Hymenium*.

◆ **Apotheke** [die; grch.], Gewerbebetrieb für die Zubereitung u. den Verkauf von Arzneien nach ärztl. Vorschrift, aber auch im Handverkauf. Der Arzneimittelverkehr ist in allen Kulturländern gesetzlich geregelt. (Deutschland: 2. Gesetz über den Verkehr mit Arzneimitteln [„Arzneimittelgesetz", AMG II] vom 24. 8. 1976, in Kraft seit 1. 1. 1978; Gesetz über das Apothekenwesen in der Fassung vom 15. 10. 1980; Verordnung über den Betrieb der Apotheken [„Apothekenbetriebsordnung"] vom 9. 2. 1987 mit mehrfachen Änderungen). Die Herstellung u. Prüfung der wichtigsten Arzneimittel sind im dt. → Arzneibuch festgelegt.
Der Leiter einer A. muss ein staatlich geprüfter → Apotheker sein, der für das Führen einer A. eine Erlaubnis *(Konzession)* benötigt, die aber dem Grundsatz der auch für Apotheken geltenden Niederlassungsfreiheit unterliegt. – Apotheken sind in Dtschld. seit dem 13. Jh. in einer Reihe von Städten nachweisbar. In Heidelberg befindet sich das Deutsche Apotheken-Museum.
**Apothekenhelfer** → pharmazeutisch-kaufmännischer Angestellter.
**Apotheker**, *Apothekerin*, eine durch staatl. Genehmigung (Approbation) zur Führung einer Apotheke berechtigte Person. A. bedienen Menschen mit ärztlich verordneten Arzneimitteln, die als Fertigware oder selbst hergestellte Arzneimittel ausgegeben werden u. erteilen Ratschläge hinsichtlich rezeptfreier Medikamente u. Körperpflegeartikel. Der Leiter einer Apotheke ist als Besitzer, Pächter oder Verwalter an die Apothekenbetriebsordnung gebunden u. wird von pharmazeutisch-techn. Assistenten oder Apothekenhelferinnen unterstützt.
Die Genehmigung zur Berufsausübung wird nach einem sieben Semester umfassenden Pharmaziestudium, einem einjährigen Praktikum u. einer staatl. Abschlußprüfung erteilt. Eine fachl. Fortbildung aufgrund der Zunahme technolog. u. wissenschaftl. Erkenntnisse ist unabdingbar. Berufsvertretungen bzw. wissenschaftl. Vereinigungen der A. sind die Apothekerverbände.
**Apothekergefäß**, keram. Gefäß zur Aufnahme von Pharmazeutika. Haupttyp ist neben den seit dem MA in Tiegel-, Kannen- oder Vasenform hergestellten Apothekergefäßen der *Albarello* mit zylindr., in der Mitte leicht eingezogener Laibung, der in Italien seit dem 15. Jh. gebräuchlich war u. auch in der niederländ., französ. u. dt. Fayence, vereinzelt im rhein. Steinzeug, vorkommt.
◆ **Apothekerskink**, *Sandfisch, Scincus scincus,* bis 20 cm langer, Sand bewohnender Skink Nordafrikas u. Südwestasiens; mit abgeplatteter, schaufelförmiger Schnauze; Finger u. Zehen seitlich gezähnt, grabschaufelartig. Früher wurden ihm Heilkräfte angedichtet u. er wurde zur Herstellung von Liebestränken verwendet. Der A. kann

Apothekerskink, Scincus scincus; ein Tier „schwimmt" förmlich durch den Sand

sich äußerst gewandt im losen Sand bewegen. Nahrung: Insekten u. a. Gliedertiere.
**Apothekerverbände**, Berufsvertretungen bzw. wissenschaftl. Vereinigungen der Apotheker; in Dtschld. wurden der „Dt. Apothekerverein" (gegr. 1821) u. der „Verband dt. Apotheker" (gegr. 1864) 1935 in der „Dt. Apothekerschaft" zusammengeschlossen. Die nach 1945 gegründeten Apothekerkammern der Bundesländer sind in der „Arbeitsgemeinschaft Dt. Apothekerkammern (Bundesapothekerkammer)" (gegr. 1956) zusammengefasst, deren Arbeitsgebiet alle Fragen des Apothekerstands sind. Die Dachorganisation der Berufsvertretungen der Apotheker ist die „Arbeitsgemeinschaft der Berufsvertretungen Dt. Apotheker (ABDA)" (gegr. 1950), deren Mitglieder die dt. Apothekerkammern u. Apothekervereine sind.
Die ABDA (Sitz: Frankfurt a. M.) beschäftigt sich mit allen Fragen des Apothekerstandes u. des Arzneimittelwesens; ihre Veröffentlichungen erscheinen in der „Pharmazeutischen Zeitung". – Daneben besteht die 1890 gegr. „Deutsche Pharmazeutische Gesellschaft", eine wissenschaftl. Vereinigung der Apotheker.
In *Österreich* gibt es den „Österr. Apothekerverein" (gegr. 1861) u. den „Pharmazeut. Reichsverband" (gegr. 1891). – In der *Schweiz* bestehen der „Schweizerische Apothekerverein" (gegr. 1843) sowie verschiedene (wissenschaftl.) „Pharmazeutische Gesellschaften", z. B. „Zürcher Pharmazeut. Gesellschaft" (gegr. 1950).
**Apotheose** [grch.], **1.** *allg.:* Vergöttlichung, Verherrlichung.
**2.** *Religionsgeschichte:* Vergöttlichung des röm. Kaisers nach dessen Tod (berühmte Darstellung des Antoninus Pius), später auch zu Lebzeiten (Commodus, Aurelian); hat seine Vorbilder im oriental. Herrscherkult u. in der griech. Heroenverehrung; lebt in der gottnahen Stellung christl. Herrscher späterer Zeit nach.
**3.** *Theater:* wirkungsvolles Schlussbild eines Theaterstücks; bes. beliebt im Barock.
**Apoxyomenos** [grch., „der sich Abschabende"], im Altertum berühmte Statue eines sich vom Staub der Arena reinigenden Athleten, Hptw. des → Lysippos; in einer Marmorkopie in Rom (Vatikan. Museen) erhalten.
**apo**... [grch.], Wortbestandteil mit der Bedeutung „von weg – nach"; wird vor Selbstlauten u. vor h zu *ap*...
**APP**, Abk. für *Aneurinpyrophosphat*, → Thiaminpyrophosphat.
◆ **Appalachen**, engl. *Appalachians*, waldreiches paläozoisches Faltenrumpfgebirge mit Mittelgebirgscharakter im östl. Nordamerika, vom Sankt-Lorenz-Strom bis fast an den Golf von Mexiko, nahezu 3000 km lang, bis 600 km breit, im Mt. Mitchell 2037 m hoch. Durch Hudson-Mohawk-Furche in nördl. A. (glazial überformtes Bergland) u.

Appalachen: Der Great Smoky Mountains Nationalpark erstreckt sich in den Bundesstaaten Tennessee und North Carolina

südl. A. getrennt. Die südl. A. haben eine O-W-Gliederung. Sie umfassen das *Piedmont Plateau,* den *Blue Ridge* oder die A. i. e. S., das *Appalachenlängstal* u., durch den Allegheny-Steilabfall getrennt, das kaum gefaltete *Appalachenplateau* (*Allegheny* im N u. *Cumberland* im S). Der Blue Ridge wird auch als Ridge and Valley Country bezeichnet, da diese Landschaft aus einer Abfolge parallel verlaufender, gegeneinander versetzter u. ineinander verschachtelter, bewaldeter Bergrücken u. Täler besteht. Reich an Bodenschätzen (Kohle, Erdöl); weite Teile sind wirtschaftlich unterentwickelt u. werden gefördert.

**Appaloosa** [æpəl'usə], aus Nordamerika stammende, ursprüngl. von den Nez Percé-Indianern gezüchtete Pferderasse, die sich besonders für das Westernreiten eignet. Charakteristisch ist die gesprenkelte Fellzeichnung.

**Apparat** [lat. *apparatus,* „Zubereitung"], **1.** ein aus vielen Einzelteilen zusammengesetztes techn. Werkzeug.
**2.** die Gesamtheit planmäßiger Hilfsmittel zur Durchführung einer Aufgabe in Wirtschaft, Politik, Heerwesen u. a.
In der *Staatsrechtslehre* ist der Behörden- u. Machtapparat seit der *Apparatlehre* von *Machiavelli* von besonderer Bedeutung. Hiernach hat nicht nur der Staat einen Behörden- u. Machtapparat (wie der Genossenschaftsstaat oder die abstrakte

Karel Appel: Schrei nach Freiheit, 1948; Amsterdam, Koninklijke Bijenkorf Beheer

jurist. Staatsperson), sondern es ist der Staat identisch mit dem Behörden- u. Machtapparat seines jeweiligen Inhabers, mag dieser eine Einzelperson (absoluter Herrscher oder dessen Missform: Diktator), eine Personengruppe (Exponenten eines herrschenden Standes), oder eine politisch oder weltanschaulich sog. staatstragende Partei oder eine Einheitspartei im sog. Einparteienstaat sein. In Parteien mit Tendenz zur gesellschaftl. Neugestaltung von möglichst großen Teilen der Menschheit gilt der Staat, dessen Träger jene Tendenz mitverfolgen oder übernommen haben, nicht als Nationalstaat eigenständiger Art, sondern als A., dessen Träger von Partei wegen auswechselbar sind, wenn sie sich von der Parteilinie entfernen oder ihr nach Meinung der Parteimächtigen nicht mehr entsprechen.

**Apparatschik** [der, Pl. *Apparatschiks* oder *Apparatschiki*; russ.], Bez. für einen Partei- oder Verbandsfunktionär, der rücksichtslos Beschlüsse der Partei- oder Verbandsführung durchsetzt; i. e. S. Bez. für kommunist. Funktionär, der Weisungen der vorgesetzten Dienststellen (des sog. *Apparats*) mit bürokrat. Mitteln ohne Rücksicht auf bes. Umstände u. unter Missachtung der Interessen der Bevölkerung durchsetzt.

**Appartement** [apart(ə)'mã; das, frz.], **1.** größeres Zimmer oder kleine Wohnung mit Bad, WC u. Kochgelegenheit. – **2.** Zimmerflucht, Raumfolge in Schlössern, Hotels usw. seit der Barockzeit.

**appassionato** [ital.], musikal. Vortragsbez.: leidenschaftlich. – „Appassionata", die Klaviersonate in f-Moll (op. 57) von Beethoven, wurde nicht von ihm so benannt.

**Appeasement** [ə'piːzmənt; das; engl., „Beschwichtigung"], der Grundsatz der Politik des engl. Kabinetts N. *Chamberlain,* Hitler durch Gewährung seiner Forderungen für eine Friedensordnung in Europa zu gewinnen. Das Münchner Abkommen von 1938 war der Höhepunkt dieser Politik.

◆ **Appel,** Karel, niederländ. Maler, *25. 4. 1921 Amsterdam; lebt seit 1950 in Paris; Mitgründer der „Cobra"-Gruppe; abstrakte, oft doch gegenständl. Motive angeregte Bilder von expressionist. Wirkung; Hauptwerke: Wandbilder im Rathaus von Amsterdam (1949) u. im UNESCO-Gebäude Paris (1958).

**Appell** [der; frz.], **1.** *allg.:* Aufruf, Mahnruf.
**2.** *Jagd:* Gehorsam des Jagdhunds.
**3.** *Militärwesen:* Antreten militärischer Einheiten oder Verbände zur Bekanntgabe eines Tagesbefehls oder zur Vollständigkeits- u. Zustandskontrolle, z. B. *Waffenappell.*
**4.** *Sprachwissenschaft:* → Konnotation.

**Appellation** [die; lat.] → Berufung.

**Appellation contrôlée** [apɛlɑ'sjɔ̃ kɔ̃tro'leː; frz., „kontrollierte Herkunftsbezeichnung"], Abk. *AC,* Kennzeichnung für französ. Weine, deren Herkunft aus bestimmten Anbaugebieten nachgewiesen ist.

**Appellativum** [das, Pl. *Appellativa*; lat.], Gattungsname; Gegensatz: *Eigenname.* Auch → Name.

**appellieren, 1.** *allg.:* anrufen; sich an jemanden wenden.
**2.** *schweiz. Rechtswesen:* → Berufung einlegen.

**Appen,** Karl von, dt. Bühnenbildner, *12. 5. 1900 Düsseldorf, †22. 8. 1981 Ostberlin; bekannt durch seine Ausstattungen am Staatstheater Dresden u. seit 1954 beim „Berliner Ensemble".

**Appendektomie** [grch.], Wurmfortsatzentfernung (fälschl. *Blinddarmoperation*), chirurg. Entfernung der entzündeten (vereiterten) *Appendix.*

◆ **Appendicularia,** *Copelata,* Klasse der *Manteltiere* mit von einer Chorda gestütztem Schwanz. Der meist nur 1–2 mm lange Vorderkörper sitzt in einem weitaus größeren glasig-durchsichtigen Gehäuse. Die Tiere schwimmen frei als schwebende Strudler des Planktons u. sehen, geschlechtsreif geworden, *Seescheidenlarven* ähnlich. Sie haben, wie die *Salpen,* die freie Lebensweise offenbar nachträglich wiedergewonnen.

Appendicularia: Die winzigen Tiere kommen besonders in den wärmeren Meeren in unvorstellbar großer Zahl vor

**Appendix** [Pl. *Appendices*; lat., „Anhang"], **1.** [der] *allg.:* Anhang, Anhängsel; Füllansatz von Luftballons.
**2.** [die] *Medizin:* Wurmfortsatz (*A. vermiformis*) des Blinddarms. Seine Entzündl. Erkrankung, *Appendizitis,* wird allgemein fälschlich als Blinddarmentzündung bezeichnet, seine operative Entfernung, *Appendektomie,* als Blinddarmoperation.

**Appendizitis** [lat.], *Appendicitis,* fälschlich *Blinddarmentzündung,* → Wurmfortsatzentzündung.

**Appenwihr,** Platz im Kastenwald bei Colmar, Dép. Haute-Rhin, kleines Gräberfeld der Bronze- u. Hallstattzeit, u. a. besonders reich ausgestattetes Skelettgrab der älteren Hallstattzeit mit etruskischem Import.

**Appenzell,** ◆ **1.** Kanton in der Nordostschweiz, besteht (seit 1597) aus 2 politisch selbständigen Halbkantonen: → Appenzell-Außerrhoden u. → Appenzell-Innerrhoden. Das Land A. umfasst hauptsächlich den Nordteil der Appenzeller Alpen u. ihr westl. Vorland u. wird ringsum vom Kanton St. Gallen umschlossen. Höchste Erhebung ist der *Säntis. Appenzell-Innerrhoden* ist das Talgebiet der oberen Sitter, begrenzt vom Säntis im S u. den Kammlinien der über dem Rhein aufragenden Bergzüge im O;

Lage des Kantons Appenzell

Appenzell: Blick auf den Hauptort des Halbkantons Appenzell-Innerrhoden

*Appenzell-Außerrhoden* legt sich vor allem im W u. N um dieses Gebiet u. ist ein hügeliges Mittelgebirgsland.
*Geschichte:* → Appenzell (2).

◆ **2.** Hauptort des Halbkantons *Appenzell-Innerrhoden*, an der Sitter, 775 m ü. M., 6200 Ew.; Textilindustrie; Fremdenverkehr; hölzerne Bürgerhäuser, Pfarrkirche St. Mauritius (gegr. 1061), Schloss (1563 bis 1570). Der Name wird abgeleitet von *abbatis cella* („Zelle des Abts"), einem vor 1071 gegr. Hof des Klosters St. Gallen.
*Geschichte:* Spuren vorgeschichtl. Siedlungen finden sich im Alpstein-Gebirge; das durch Einzelhöfe u. Hofgruppen spät besiedelte voralpine Hügelland stand im hohen MA unter der Herrschaft des Klosters St. Gallen, von der es sich im 14.–16. Jh. im Zuge der kommunalen Verselbständigung wie auch der Eingliederung in die Eidgenossenschaft löste (1377 Bündnis mit dem Schwäb. Städtebund, 1401 bis 1429 Appenzeller Kriege, 1411 Burg- u. Landrecht mit den Eidgenossen, 1452 Bündniserneuerung, 1513 Aufnahme in die Eidgenossenschaft als letzter der sog. 13 alten Orte, 1566 Ablösung der letzten Rechte des Abts); nachdem die Reformation die Trennung in zwei konfessionelle Lager gebracht hatte, erfolgte während der Gegenreformation 1597 die sog. Landteilung in die Halbkantone *Appenzell-Innerrhoden* (katholisch) u. *Appenzell-Außerrhoden* (reformiert); neben der Vieh- u. Milchwirtschaft beherrschte vom 15. Jh. an immer mehr das Leinwandgewerbe die Wirtschaft u. Gesellschaft von A., vor allem in Appenzell-Außerrhoden entstanden zahlreiche Textilfabriken; Molkenkuren u. Heilbäder lockten bereits im 18. Jh. Touristen nach A.; erst 1990 führte Appenzell-Innerrhoden aufgrund einer Entscheidung des schweiz. Bundesgerichts das Stimm- u. Wahlrecht für Frauen ein; 1997 schaffte Appenzell-Außerrhoden die Landsgemeinde ab.

◆ **Appenzell-Außerrhoden,** Halbkanton in der Nordostschweiz im Land *Appenzell*. Im Gegensatz zu Appenzell-Innerrhoden sind die Bewohner vorwiegend Protestanten u. der Kanton ist weniger landwirtschaftlich ausgerichtet. Seit dem 16. Jh. Textilindustrie; aufgrund der Abhängigkeit vom Auslandsabsatz traten einige neue Branchen hinzu; reger Fremdenverkehr. *Bild S. 352*

◆ **Appenzell-Innerrhoden,** Halbkanton in der Nordostschweiz, im Land *Appenzell*. A. ist der am stärksten noch landwirtschaftlich orientierte Kanton der Schweiz; die Landwirtschaft (überwiegend Viehwirtschaft) beschäftigt noch 24 % der vorwiegend kath. Bewohner; reger Fremdenverkehr.

**Appertinenzien** [Pl., Sg. das *Appertinens*; lat.], Zubehör.

**Apperzeption** (lat., „Auffassung"], Eingliederung eines Wahrgenommenen in den vorliegenden Vorstellungszusammenhang; oft auch mit *Aufmerksamkeit* oder in der Psychologie mit *Wahrnehmung* gleichbedeutend. Der Begriff hat eine lange Geschichte u. ist von schwankendem Gebrauch. *Transzendentale A.* (Gegensatz: *empirische A.*) ist bei Kant das aller Einzelerfahrung vorausgehende Selbstbewusstsein, die letzte Voraussetzung aller Erfahrungserkenntnis.

**Appetenz** [lat., „Trieb"], *Verhaltensforschung:* der Zustand der aktiven Suche nach *Kennreizen,* die über den → Auslösemechanismus zur angestrebten → Endhandlung führt.

**Appetenzverhalten,** 1. *Verhaltensphysiologie:* ein spezif. Suchverhalten nach einer Reizsituation, die die angestrebte → Endhandlung auslöst. Dem A. liegt ein Trieb oder Drang zugrunde, der die innere Handlungsbereitschaft begründet. Das A. wird mit erreichter Endhandlung eingestellt, z. B. durch das Auffinden eines geeigneten Brutplatzes in der Brutzeit. Bleibt die erstrebte Reizsituation aus, kann es durch Ersatzreize oder spontan zu einer Endhandlung kommen.
2. *Verhaltenspsychologie:* Handlung, die mittelbar oder unmittelbar auf Bedürfnisbefriedigung abzielt.

Appenzell-Innerrhoden: Landsgemeinde; Zeichnung aus dem 18. Jh. Historisches Museum Appenzell

Appenzell-Außerrhoden: Titelseite des Landbuchs von 1632

**Appetit** [der; lat.], Esslust, Verlangen nach einer bestimmten Speise. Der A. wird durch Sinnesreize, die z. B. vom Wohlgeschmack u. -geruch von Speisen ausgehen, angeregt; er wird aber auch durch die Stimmungslage beeinflusst. Der A. ist vom Hunger nur bedingt zu trennen (→ Hunger-Sättigungsregelung).

**appetitanregende Mittel,** grch. *Stomachika*, lat. *Aperitiva*, Mittel, die den Appetit durch

Appische Straße in Rom

Anregung der Magensaftbildung fördern; hauptsächlich Bittermittel (z. B. Wermut, Enzian), die zusammen mit anderen Kräutern in alkohol. Getränken (Aperitif) beliebt sind, ferner Röststoffe, die beim Braten entstehen, u. Fleischextrakt.

**Appetitlosigkeit,** der Verlust der Bereitschaft zur Nahrungsaufnahme, Begleiterscheinung vieler organ. u. seel. Erkrankungen; entweder nur Mangel an Appetit oder ausgesprochene Abneigung gegen Speisen; normalerweise bei Sättigung oder bei starker seelischer Inanspruchnahme (hierbei aber oft auch gesteigerter Appetit); als Krankheitszeichen bei Verdauungsstörungen, vielen Allgemeinkrankheiten, bei Fieber u. bei depressiven Gemütsstörungen. In akuten Fällen ist die A. eine zweckvolle Maßnahme des Organismus, der alle Kräfte zur Überwindung der Krankheit braucht u. keine für die Nahrungsverarbeitung frei hat bzw. die Verdauungsorgane schonen will. Wenn eine Überwindung der A. geboten ist, so empfiehlt sich neben der Anwendung appetitanregender Mittel eine bes. ansprechende Auswahl u. Zubereitung der Speisen.

**Appetitzügler,** Arzneimittel, die das Hungergefühl dämpfen u. daher im Rahmen einer Reduktionsdiät zur Behandlung eines massiven Übergewichts eingesetzt werden können. A. wirken auf das im Hypothalamus gelegene appetitregulierende Zentrum. Als Nebenwirkungen können Herzklopfen, Nervosität, Schwindel u. Einschlafstörungen auftreten. A. sollten nur kurze Zeit u. unter ärztl. Kontrolle eingenommen werden, da sie zu Abhängigkeit führen können.

**Appia** [ap'ja], Adolphe, schweiz. Bühnenbildner u. Theatertheoretiker, * 1. 9. 1862 Genf, † 29. 2. 1928 Nyon; neben E. G. Craig u. A. Roller ein Erneuerer des Bühnenbilds des 20. Jh.; schrieb u. a.: „Die Musik u. die Erziehung" 1899; „L'Œuvre d'art vivant" 1921.

**Appian,** griech. Historiker, * wohl vor 100 in Alexandria; bekleidete dort unter Hadrian ein höheres Amt in der städt. Verwaltung, nach Erhalt des röm. Bürgerrechts einige bedeutende ritterl. Ämter unter den Kaisern Antoninus Pius u. Marcus Aurelius; verfasste eine röm. Geschichte in griech. Sprache, von deren erhaltenen Teilen die 5 Bücher „Bürgerkriege" über das letzte Jh. der röm. Republik bes. wichtig sind.

◆ **Appische Straße,** lat. *Via Appia*, alte Römerstraße von Rom über Terracina nach Capua, 312 v. Chr. von dem röm. Zensor Appius *Claudius Caecus* begonnen; 267 v. Chr. über Benevent u. Tarent nach Brindisi verlängert, etwa 240 km lang.

**Appius Claudius** → Claudius Caecus.

**applanieren** [lat., frz.], ebnen; ausgleichen.

**applaudieren** [lat.], Beifall klatschen.

**Applaus** [der; lat.], das Beifallspenden; der Beifall.

**Apple** [æpl], Name eines indischen experimentellen Nachrichtensatelliten, der mit der Trägerrakete → Ariane gestartet wurde u. in eine → geostationäre Umlaufbahn gelangte.

**Applebroog** [ˈæplbruːg], Ida H., US-amerikan. Malerin, *11. 11. 1929 New York; sozialkrit. Künstlerin mit polit. Engagement; A. schafft Bildserien mit gesellschaftl. u. emanzipator. Themen aus dem tägl. Leben, oft ironisch u. humorvoll; durch strukturelle Minimierung erreicht sie Trostlosigkeit u. Öde.

**Appleton** [ˈæpltən], Stadt im östl. Wisconsin (USA), nahe der Green Bay am Fox-River, 220 m ü. M., 65 700 Ew.; Universität; Papier- u. Holzindustrie.

Sir Edward Victor Appleton

◆ **Appleton** [ˈæpltən], Sir Edward Victor, engl. Physiker, *6. 9. 1892 Bradford, †21. 4. 1965 Edinburgh; arbeitete auf dem Gebiet der Radiotelegrafie, beteiligte sich im 2. Weltkrieg an der Entwicklung des Radar; 1947 Nobelpreis für Physik für die Erforschung der Ionosphäre *(Appleton-Schichten)*.

**Appleton-Schichten** [ˈæpltən-; nach Sir E. V. *Appleton*], ältere Bez. für die → F-Schichten der *Ionosphäre*; Bereiche hoher Elektronenkonzentration in 160–250 bzw. 250–400 km Höhe.

**Applikant** [der; lat.], veraltete Bez. für Bewerber.

**Applikation, 1.** *Religion:* in der kath. Kirche die Darbringung des Messopfers für bestimmte Personen oder Anliegen.

**2.** *Medizin:* Verabreichung von Arzneimitteln.

**3.** *Textilkunst:* eine Aufnäharbeit, bei der aus Stoff geschnittene oder aus Band, Perlen, Leder u. Ä. gefertigte Ornamente als Verzierung auf ein Gewebe genäht werden.

**Applikatur** [die; lat.], *Musik:* → Fingersatz.

**applizieren** [lat.], ein Arzneimittel verabreichen, eine Heilmaßnahme anwenden.

**Appoint** [aˈpwɛ̃; der; frz.], ein Wechsel, der eine Restschuld vollständig (*à point*, „auf den Punkt") begleicht; allg.: jedes Gelddokument, Devise, Wertpapier, bes. das ausländische.

**Appomattox Courthouse** [æpəˈmætəks kɔːthaus], Dorf in Virginia, USA, wo General R. E. *Lee,* der militär. Befehlshaber der Südstaaten, am 9. 4. 1865 mit dem Rest seiner Truppen vor General U. S. *Grant,* dem Befehlshaber der Unionstruppen, kapitulierte. Die Kapitulation mit A. C. beendete den amerikan. Sezessionskrieg.

**apponieren** [lat.], veraltete Bez. für beifügen.

**Apponyi** [ˈɔponji], Albert Georg Graf, ungar. Politiker, *29. 5. 1846 Wien, †7. 2. 1933 Genf; 1906–1910 u. 1917/18 Kultus-Min.; suchte mit den Schulgesetzen von 1907/08 *(Lex A.)* den Schulunterricht in den Dienst einer Magyarisierungspolitik zu stellen; 1920 Führer der ungar. Friedensdelegation bei den Pariser Friedensverhandlungen, dann beim Völkerbund.

**Apport, 1.** *Jägersprache:* Herbeibringen des erlegten Wildes durch den Hund.

**2.** *Parapsychologie:* Herbeischaffen von Gegenständen durch übernatürl. Kräfte (bzw. ein Medium).

**apportieren** [frz.], das erlegte Wild oder Gegenstände herbeibringen (vom Hund).

**Apposition** [lat.], *Beisatz, Beifügung,* die nähere Bestimmung eines nominalen Ausdrucks (Substantiv mit oder ohne Attribut) durch einen anderen im gleichen Kasus,

z. B. „Mutter Erde", „der Löwe, der König der Wüste".

**Appositionsauge,** Form des Komplexauges der Insekten; → Lichtsinnesorgane.

**Appositionswachstum** → Dickenwachstum (1).

**appretbrechen,** bei Baumwoll- u. Chemiefasergeweben die beim Trocknen steif gewordene Appretur auf einer Maschine mit spiralförmigen oder genoppten Walzen zerbrechen, um die Ware geschmeidig zu machen.

**Appretur** [die; frz.], engl. *Finish,* Zurichten von Geweben u. Papieren für den gebrauchs- u. verkaufsfertigen Zustand, z. B. durch Bleichen, Aufrauhen, Walken, Glätten, Behandeln mit Klebstoffen oder Füllstoffen. Als Appreturmittel werden verwendet: pflanzliche u. tierische Leime, Stärken, Stärkederivate u. Ä., eventuell unter Mitverwendung von Pigmenten. – Verb: *appretieren.*

**Approbation** [lat.], 1. *kath. Kirchenrecht:* die Ermächtigung durch kirchl. Vorgesetzte zur Ausübung kirchl. Tätigkeiten; auch zur kirchl. Genehmigung zur Drucklegung eines theolog. Werks. 2. *Humanmedizin:* die staatl. Genehmigung zur Ausübung eines akadem. Heilberufs nach Abschluss der vorgeschriebenen Ausbildung. 3. *Veterinärmedizin:* Bestallung, die staatl. erteilte Genehmigung zur eigenverantwortl. Ausübung des tierärztl. Berufs in Dtschld.; Erteilung, Versagung, Entzug u. Ruhen der A. sind gesetzlich geregelt.

**approbatur** [lat., „es wird gebilligt"], Formel zur Druckerlaubnis von Seiten der kath. Kirche, auch *„imprimatur".*

**Approximation** [lat.], Annäherung; *Mathematik:* → Näherung.

**approximativ** [lat.], annähernd, angenähert, ungefähr.

**Appuleius Saturninus,** Lucius, röm. Volkstribun, † 10. 12. 100 v. Chr., nahm die Politik der *Gracchen* wieder auf u. arbeitete mit *Marius* zusammen. In seinen beiden Volkstribunaten (103 u. 100 v. Chr.) brachte er vor allem Ackergesetze zur Versorgung von dessen Veteranen ein. In Unruhen bei Ausrufung des Staatsnotstandes wurde A. S. nach seiner Wiederwahl zum Volkstribunen für das Jahr 99 v. Chr. getötet.

**Appun,** Karl Ferdinand, dt. Naturforscher u. Maler, *24. 5. 1820 Bunzlau, †18. 7. 1872 Britisch-Guayana; bereiste 1849–1868 die Urwälder von Guyana u. Nordbrasilien, deren Landschaft er durch eindrucksvolle Schilderungen u. Gemälde beschrieb.

**Apr.,** Abk. für *April.*

**Apra,** großer Marine- u. Handelshafen auf der US-amerikan. Pazifikinsel Guam.

**APRA,** Abk. für span. *Alianza Popular Revolucionaria Americana,* proindianische, sozialist. u. antiimperialist. Erneuerungsbewegung in Peru; 1924 von Víctor Raúl Haya de la Torre gegr. Ab 1930 wurde sie trotz langjähriger Illegalisierung zur ersten Massenpartei des Kontinents u. zur wichtigsten Perus. Wichtigste Ziele der APRA: Emanzipation der Indianer u. deren Eingliederung in die moderne Zivilisation, Zusammenschluss der lateinamerikan. Staaten zu einem „Indoamérica".

**Apraxie** [die; grch., „Handlungsunfähigkeit"], das Unvermögen, bei voll erhaltener Beweglichkeit aller Glieder bestimmte Tätigkeiten richtig durchzuführen. Ursache der sich in verschiedenen Formen äußernden A. ist der Ausfall bestimmter Bezirke der Hirnrinde. Auch → Agnosie u. → Aphasie.

**après la lettre** [a'prɛ la 'lɛtr; frz.] → avec la lettre.

**Après-Ski** [aprɛː 'ʃiː; das; frz.], 1. bequeme, mod. Kleidung, die nach dem Skilaufen getragen wird. – 2. geselliges Beisammensein nach dem Skilaufen.

**après nous le déluge** [aprɛː 'nuː lə de:'ly:ʒ; frz.], „nach uns die Sintflut", angebl. Ausspruch der Madame de *Pompadour.*

**Aprikose,** *Prunus armeniaca, Marille, Barille, Alberge,* Obstbaum aus der Familie der Rosengewächse *(Rosaceae);* bis 5 m hoch, mit großen hellrosa Blüten u. breiten, zugespitzten Blättern; aus Turkistan u. der Mongolei stammend, in Dtschld. nur in den wärmeren Gebieten angebaut; größere Anbaugebiete im östl. Mittelmeergebiet. Die Frucht wird zu Marmelade, Konserven u. Trockenobst verarbeitet.

**aprikotieren,** Kuchen, Hefegebäck oder anderes Backwerk mit warmer Aprikosenmarmelade überziehen.

**April** [lat.], *Ostermond, Wandelmonat,* der 4. Monat des rom. Kalenders.

**Aprilow,** Wasil Ewstatiew, bulgar. Kaufmann, *21. 7. 1789 Gabrowo, † 2. 10. 1847 Galatz (Rumänien); seit 1811 in Odessa ansässig, wandelte sich von einem der griech. Kulturwelt verbundenen levantin. Handelsagenten zu einem glühenden Verfechter des bulgar. Nationalbewusstseins; Gründer des modernen Schulwesens in Bulgarien (1835 Schule in seiner Geburtsstadt Gabrowo).

**Aprilscherze,** Possen, die man am 1. April mit anderen treibt; Herkunft ungeklärt; in Dtschld. seit 1631 bezeugt; in manchen Gegenden werden die gleichen Bräuche am 1. Mai oder auch am 31. Mai ausgeübt.

**a prima vista** [ital., „auf den ersten Blick"], *Musik:* unbekannte Stücke vom Blatt spielen oder singen.

**a priori** [lat., „vom Früheren"], 1. *allg.:* von vornherein, grundsätzlich. 2. *Philosophie:* angeborene, von Erfahrung u. Wahrnehmung unabhängige Erkenntnis (Apriorismus). In Kants transzendentaler Logik sind Begriffe (Urteile, Grundsätze) a priori solche von strenger Allgemeingültigkeit, die nicht aus der Erfahrung stammen, obgleich sie mit der Erfahrung „anheben". Es gibt auch *Anschauungen a priori* (Raum u. Zeit), mit deren Hilfe jedoch ohne Hinzutreten von Wahrnehmungen keine Erkenntnis erzielt werden kann. – *Apriorititätstheorie:* Die in der Philosophie seit Platon unternommenen Versuche, die Allgemeingültigkeit mathemat., log. u. metaphys. Einsichten zu erklären.

**à propos** [apro'po:; frz.], nebenher bemerkt.

**aprotische Lösungsmittel,** nichtwässerige Lösungsmittel, die kein Wasserstoffion (Proton) abspalten können. Polare a. L. sind z. B. Ketone, Nitroalkane, Nitrile, Sulfoxide u. Sulfone; unpolar dagegen sind aliphat. u. aromat. Kohlenwasserstoffe u. tertiäre Amine. A. L. finden Verwendung in der Synthesechemie.

**Apsaras** [sanskr.], in der ind. Mythologie nymphenähnl. Halbgöttinnen von verführerischer Schönheit, bewohnen den Himmels- u. Luftraum.

**Apscheron,** *Apşeron,* Halbinsel an der Westseite des Kasp. Meers, in Aserbaidschan, 70 km lang; Erdöl- u. Erdgasvorkommen im Küstenbereich, Mineralquellen; Schlammvulkane; Wein- u. Melonenanbau.

**Apsiden** [grch.], die Punkte der ellipt. Bahn eines Himmelskörpers, in denen er am entferntesten bzw. nächsten zum Zentralstern steht. Im Falle der Planeten sind dies das *Perihel* u. das *Aphel;* auch Bez. für die entsprechenden Punkte der Mond- oder Doppelsternbahn. – *Apsidenlinie,* große Achse der Bahn eines Himmelskörpers. Durch Störungen der anderen Planeten beschreiben die Apsidenlinien aller Planeten eine langsame Drehung. Teilweise ist dieser Effekt aber auch eine Folge der Raumkrümmung. Auch → Relativitätstheorie.

**Apsis** [die, Pl. *Apsiden;* grch.], auch *Concha, Exedra, Tribuna,* halbkreisförmiger oder vieleckiger nischenartiger Anbau an röm. öffentl. Bauten; ursprünglich Gerichtsraum, dann Chorabschluss in röm. Basiliken (Sitz des Kirchenvorstands) u. christl. Kirchenbauten. Man unterscheidet zwischen der *Hauptapsis* u. den kleineren *Nebenapsiden* an den Chorumgängen u. den Seiten der Kreuzarme.

**Apt,** *Geologie: Aptien,* Stufe der Unteren Kreide.

**Apt,** Markt- u. Industrieort im südfranzös. Dép. Vaucluse; 11 700 Ew.; bis 1720 Bischofssitz; Markt für Trüffeln, Obstverarbeitung, Lavendelöl- u. Arzneimittelerzeugung, Ockergewinnung.

**Apt,** Ulrich d. Ä., dt. Maler, *1460 Augsburg, †1532 Augsburg; folgte in seiner detailfreudigen Malerei mehr der niederländ. als der oberdt. Schule. Ausgezeichnete Porträts. Möglicherweise ist das große Christophorusfresko im Augsburger Dom sein Werk.

**Apterygota** → Urinsekten.

**Aptidon,** Hassan Gouled, Politiker in Djibouti, *1916 Djibouti; vor der Unabhängigkeit Djiboutis 1977 zum ersten Präsidenten der Republik gewählt; 1981, 1987 u. 1993 wieder gewählt; suchte die polit. Unabhängigkeit seines Landes durch Freundschaft zu den Nachbarstaaten sowie Mitgliedschaft in der Arabischen Liga zu wahren; verzichtete bei den Präsidentschaftswahlen 1999 aus Altersgründen auf eine erneute Kandidatur.

**Aptychus** [grch. *a,* „nicht" u. *ptysso,* „falten"], der schaufelförmige Unterkiefer der *Neoammonoideen* (→ Ammoniten); diente dazu, die Nahrung vom Boden einzusammeln, zum Beißen nicht geeignet.

**Apuanische Alpen,** ital. *Alpi Apuane,* Bergland im NW der italien. Region Toskana,

## Apuleius

dem Etrusk. Apennin angelagerte, tief zertalte Gebirgsgruppe; im *Monte Pisanino* 1945 m; berühmte Marmorbrüche von Carrara u. Massa.

**Apuleius,** Lucius, röm. Dichter aus Nordafrika, \* um 125, † um 180; Anwalt, später Wanderredner, verfasste in geistreichem Stil den fantastisch-satir. Sittenroman „Metamorphosen" (auch „Der goldene Esel"), in dem er u.a. das Märchen von *Amor u. Psyche* überlieferte, sowie eine Apologie (Selbstverteidigung) gegen die Anklage wegen Zauberei; auch philosoph. Schriften.

**Apuler,** in der Antike die oskischen Bewohner der süditalien. Landschaft zwischen Apennin u. Adria bis in die Gegend von Tarent.

**Apulien,** ital. *Pùglia,* südostitalien. Region zwischen Adriat. Meer u. Ionischem Meer, 19 361 km², 4,07 Mio. Ew.; Hptst. *Bari;* umfasst die Provinzen *Foggia, Bari, Brindisi, Lecce* u. *Taranto;* dicht bevölkerte, fruchtbare Küstenzonen, stark verkarstetes Kalkplateau (650 m) im Innern; im Bergland Schafweidewirtschaft (Wanderherden); im Tiefland Gemüse-, Tabak-, Obst-, Weinsowie Getreidebau, Olivenkulturen; seit 1925 Trockenlegung von Küstensümpfen, Bewässerungsanlagen, Bodenreform; wenig Industrie; im N Bauxitlager; die wichtigsten (Hafen-)Städte sind: Bari, Brìndisi, Tarent.

**apulische Vasen,** führende unteritalien.-rotfigurige Vasengattung, ca. 430–300 v.Chr. Herstellungszentrum Tarent. Typisch für die apulischen Vasen sind pflanzliche Motive, bunte Bemalung u. locker gefügte, schwerelos wirkende Figurengruppen. Bedeutende Maler: der „Sisyphosmaler" (420 v. Chr.) u. der „Dareiosmaler" (330 v. Chr.).

**Apure, 1.** Staat im W von Venezuela, 76 500 km², 285 000 Ew.; Hptst. *San Fernando de A.;* in den Llanos; Agrarland. **2.** *Rio Apure,* linker Orinoco-Nebenfluss, entspringt in Westvenezuela, mündet bei Caicara, 815 km; schiffbar.

**Apurímac, 1.** Dep. in Südperu, 20 655 km², 375 000 Ew.; Hptst. *Abancay;* Landwirtschaft, etwas Bergbau. **2.** westl. Quellfluss des Ucayali in Peru, 500 km.

**Aq. dest.,** Abk. für → Aqua destillata.

◆ **Aqaba,** *Al Aqabah,* das bibl. *Ezyon Gever,* jordan. Hafenort am Nordende des *Golfs von A.,* des nordöstl. Armes des Roten Meeres, 64 300 Ew.; der einzige Hafen Jordaniens, unmittelbar dem israel. *Elat* benachbart; seit 1975 Eisenbahnverbindung mit Amman; Flughafen; Phosphatexport, Kunstdüngerproduktion, Fremdenverkehr.

**Aqua bidestillata** [lat.], Abk. *Aq. bidest.,* → Aqua destillata.

**Aqua destillata** [lat.], Abk. *Aq. dest.,* durch Destillation gereinigtes Wasser. Für bes. hohe Anforderungen wird die Destillation mehrfach wiederholt *(Aqua bidestillata)*. Ein Maß für die Reinheit des Wassers ist der elektr. Leitwert ($4 \cdot 10^{-8}$ Siemens), der schon durch geringe Zusätze, etwa durch die Aufnahme von Kohlendioxid aus der Luft, erheblich verändert wird. Vermehrt wird entsalztes Wasser verwendet *(Aqua demineralisata)*, das in einem → Ionenaustauscher gereinigt wird u. den Reinheitsanforderungen für viele Zwecke in Labor u. Betrieb genügt.

◆ **Aquädukt** [das oder der; lat.], eine Brücke für Wasserleitungen, bes. die Talbrücken für die altröm. Wasserleitungen, ursprünglich diese selbst. Die Aquädukte führten das in großen Mengen benötigte Wasser oft über weite Strecken an die Städte heran u. überqueren Täler u. Flüsse auf großzügig gebauten Brücken.

Erstes röm. A. war die 312 v. Chr. von Appius Claudius erbaute *Aqua Appia* mit oberirdisch gemauerter Kanalleitung über Haustein- u. Ziegelbögen bei *Porta Capena.* Gut erhaltene Reste von Aquädukten befinden sich u.a. bei Mérida, Nîmes *(Pont du Gard),* Rom u. Segovia. Heute sind Aquädukte zur Überführung von Bächen u. Kanälen über Straßen gebräuchlich.

**Aquae Sextiae,** lat. Name von → Aix-en-Provence.

◆ **Aquakultur,** Kultur von nutzbaren Wasserorganismen unter möglichst kontrollierten Umweltbedingungen. Ein- oder wenigzellige mikroskop. *Algen* werden in Bassins kultiviert, in denen durch Nährstoffzusätze zum Wasser, durch Beheizung auf konstante Temperatur u. durch Beleuchtung optimale Wachstumsbedingungen geschaffen werden; die Algen werden zu *Algenmehl* verarbeitet, das als hochwertiger Bestandteil menschl. Nahrungsmitteln zugesetzt werden kann oder tier. Futtermitteln beigemischt wird; lebende Algenkulturen dienen als Nahrung für tier. Plankton. Größere, vielzellige Algen werden in Ostasien in Küstengewässern kultiviert, wo sie an Tauen oder Netzen wachsen, von denen sie abgeerntet werden; sie sind ein wichtiges vitamin- u. jodreiches Nahrungsmittel *(Nori)* in Japan. *Tier. Plankton* (Rädertiere, Kleinstkrebse) wird ähnlich den einzelligen Algen in Bassins kultiviert, verschiedene *Großkrebse* u. große Garnelenarten in Salzwasserteichen oder -bassins. Einige Arten werden als Jungtiere ins Meer freigelassen, um die

Aquädukt: Pont du Gard bei Nîmes, Frankreich; 1. Jh. v. Chr.

Aqaba: Blick vom Stadtgebiet auf den Reedehafen; im Hintergrund Elat

natürl. Bestände zu vermehren oder um neue Arten einzubürgern; einige Arten werden aber auch bis zum ausgewachsenen Tier großgezogen u. als Speisekrebse verkauft.

Ein wichtiger Zweig der A. ist die *Muschelzucht*. *Miesmuscheln* werden an senkrecht ins Wasser gehängten Leinen gezogen (vertikale Muschelzucht), an denen sie sich festspinnen; diese Muscheln wachsen besser u. sind sandfrei. Ähnlich werden in Küstengewässern auch *Austern* gezogen. Ein bes. Zweig der Muschelzucht ist die Zucht von *Perlaustern*. Zuchtperlen aus Japan zählen zu den bekanntesten Produkten der A.

Wichtigster Zweig der A. i. w. S. ist die → Fischzucht, in Dtschld. vor allem bekannt in Form der → Karpfenteichwirtschaft u. → Forellenteichwirtschaft. Man unterscheidet Gehege- u. Beckenhaltung; bei beiden Formen ist es möglich, je nach Fischart zwischen 20 u. über 100 kg Speisefische pro m$^3$ u. Zuchtperiode zu produzieren. Wichtige Voraussetzungen für die Intensivhaltung von Fischen sind optimierte Lebensbedingungen in Bezug auf Sauerstoffversorgung, Temperatur, Hygiene des Betriebswassers u. Futtermittel. Die Intensivhaltung von Fischen kann weitgehend mechanisiert u. automatisiert werden u. ist nur für hochwertige Fische u. Wasserorganismen rentabel.

Beispiele sind: die *Muschelkulturen* (z. B. Spanien, Portugal, Japan), die *Garnelenzucht* (USA, Japan), die *Karpfen-* u. *Forellenzucht* (Amerika, Europa, Asien, Afrika), die Lachshaltung (Norwegen) u. die *Welsteichwirtschaft* (USA).

**Aquamanile**, mittelalterl. Gießgefäß in Tierform für die Handwaschung des kath. Priesters bei der Messe. Vorformen gab es bereits im 2. Jahrtausend in Vorderasien u. im islam. Kulturkreis.

**Aquamarin** [der], ein Schmuckstein, durch Eisenbeimengung meergrün-blau gefärbte Abart des → Beryll. Bekannte Fundorte sind Brasilien u. Madagaskar.

**Aquametrie**, Verfahren zur quantitativen Bestimmung von Wasser mit chem. (z. B. durch Karl-Fischer-Titration) oder physikal. Methoden; von *Mitchell* u. *Smith* 1948 eingeführt.

◆ **Aquaplaning** [lat. + engl.], *Wassergleiten*, das Gleiten eines Autoreifens auf einer Wasserschicht. Antriebs-, Brems- u. Lenkkräfte werden dabei nicht mehr auf die Fahrbahn übertragen u. der Wagen gerät ins Schleudern. Die Geschwindigkeit, bei der A. auftritt, hängt stark von Reifenprofilgestalt u. -tiefe ab.

**Aquarellfarben**, *Wasserfarben*, mit Wasser angeriebene Lasurfarben für die Aquarellmalerei.

◆ **Aquarellmalerei**, Malerei mit wasserlösl. Lasurfarben, die mit Pinsel oder Schwämmchen dünn auf den Grund (meist Papier) aufgetragen werden u. ihn durchscheinen lassen. A. gibt es seit dem 2. Jahrtausend v. Chr. (ägypt. Totenbücher). Größere Bedeutung gewann sie seit der Verbreitung des Papiers im 15. Jh., u. zwar zunächst bei der Kolorierung von Holzschnitten. Als selbständige Gattung zeigte sich die A. erstmalig in den Landschaftsaquarellen A. *Dürers* sowie bei A. *Altdorfer*. Im 18. u. 19. Jh. wurde die A. bes. in England gepflegt (T. *Girtin*, J. M. W. *Turner*); in Frankreich von T. *Géricault*, E. *Delacroix* u. H. *Daumier*, in Dtschld. von C. D. *Friedrich*, K. *Blechen*, A. von *Menzel*, R. von *Alt*. Von den Expressionisten bevorzugten sie C. *Rohlfs*, A. *Macke*, P. *Klee*, E. *Nolde* u. die Künstler der „Brücke".

**Aquariden** [lat. *aquarius*, „Wassermann"], zwei Sternschnuppenschwärme, die alljährlich auftreten. Die η-Aquariden treten vom 28. 4. bis 21. 5. (Maximum: 4. 5. mit 120 Sternschnuppen pro Stunde) auf u. gehen auf den Halley'schen Kometen zurück. Die δ-Aquariden treten vom 22. 7. bis 10. 8. (Maximum: 3. 8. mit 40 Sternschnuppen pro Stunde) auf. Hier ist ein Ursprungskomet unbekannt. Der Ausstrahlungspunkt beider Schwärme liegt im Sternbild Wassermann.

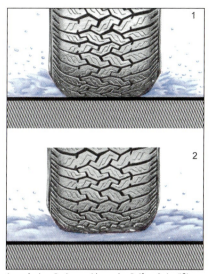

Aquaplaning: Drainagewirkung des Reifens bei mäßigem Regen (1); Aquaplaning auf stehender Wasserschicht (2)

Aquakultur: Anlage zur Züchtung der Rotalge Porphyra spec. auf Netzen in Japan

Aquarellmalerei: August Macke, Markt in Tunis I; 1914. Bonn, Privatbesitz

# Aquarienfische

Aquarellmalerei: Caspar David Friedrich, Riesengebirge; Dresden, Kupferstichsammlung König Friedrich August II. von Sachsen

◆ **Aquarienfische,** Süß- oder Seewasserfische, meist wärmerer Regionen, die sich zur Haltung in einem *Aquarium* eignen. Aus dem Süßwasser: Ährenfische, *Atherinidae,* Eier legende Zahnkarpfen, *Cyprinodontinae,* Salmler, *Characinidae,* Barben, *Cyprinidae,* Buntbarsche, *Cichlidae* u. a.; aus dem Seewasser: Borstenzähner, *Chaetodontidae,* Demoisellen, *Pomacentriden,* Drückerfische, Feuerfische u. a. → Seite 358.

◆ **Aquarium** [das, Pl. *Aquarien;* lat.], Wasserbehälter aus Glas oder Kunststoff zur Haltung u. Beobachtung lebender Wassertiere (Fische, Krebse, Schnecken, Insektenlarven u. a.) u. Wasserpflanzen.

Aquarienfische: Der Diskus, Symphysodon aequifasciata, ein Buntbarsch aus dem Amazonas, gilt vielen als der König unter den Aquarienfischen. Er kommt in verschiedenen Farbvarianten vor

Aquarien lassen sich nach Wassertemperatur u. -art klassifizieren. Die Temperatur im *Kaltwasser-Aquarium* soll 10–15 °C betragen. Es dient zur Haltung vorwiegend einheim. Wassertiere. Das *Warmwasser-Aquarium* mit Temperaturen von 20-30 °C, in dem in der Regel tropische Zierfische gehalten werden, erfordert zusätzlich eine Heizpatrone mit thermostat. Regelung. Zur Sauerstoffversorgung dient eine Membranluftpumpe mit einem Ausströmer im A. Sie betreibt auch einen Außen- oder Innenfilter aus Kohle, Torf oder Kunststoffwatte, der das Wasser chemisch u. physikalisch reinigt.

Das *Seewasser-Aquarium* zur Haltung von Lebewesen wärmerer Meere (Korallenfische, Stachelhäuter, Blumentiere u. a.) muss aus seewasserfestem Material bestehen. Es enthält nur etwas Sand oder Kies als Bodenbelag. Der Salzgehalt des Wassers muss stetig überprüft werden. Große Meeresaquarien *(Ozeanarien)* ermöglichen das Halten u. Beobachten größerer Meerestiere (z. B. Delphine). Als A. i. w. S. bezeichnet man auch die in bes. Gebäuden zusammengefassten, meist an zoolog. Gärten angeschlossenen Sammlungen lebender Aquarien- u. Terrarien-Tiere.

**Aquatinta** [die; lat., ital.], *Lavismanier,* um 1760 von J. B. *Leprince* in Frankreich erfundene Art der *Radierung* mit feiner Tonabstufung u. maler. Wirkung, bes. zur Wiedergabe von Tuschzeichnungen: Auf die Kupfer- oder Zinkplatte wird ein säurebeständiger Belag von Kolophoniumstaub aufgeschmolzen, so dass beim Ätzen die Säure nur in die Zwischenräume zwischen den Staubpartikeln des Kolophoniums dringen kann. Durch wiederholtes Ätzen u. Abdecken einzelner Partien, die dadurch weiß oder heller im Abdruck erscheinen sollen, lässt sich der Reichtum der Tonabstufungen beliebig vergrößern, ohne dass weiche Übergänge wie bei der Schabkunst erzielt werden. Das Aquatintaverfahren wird meist mit Linienzeichnungen im Sinne der echten Radierung kombiniert, auch farbige A. ist möglich (bes. 18. Jh.). Erster Hauptmeister war F. *Goya;* neue künstler. Möglichkeiten erschlossen E. *Manet,* P. *Picasso,* G. *Rouault* u. a.

**Äquationsteilung** [lat.] → Mitose.

**aquatisch** [lat. *aqua,* „Wasser"], im Wasser befindlich, dort entstanden. Aquatische Bildungen sind alle Sedimente mit Ausnahme der äolischen Sedimente u. der Fanglomerate. Charakteristisch für aquat. Sedimente ist deren Schichtung durch Sortierung des Materials nach Korngrößen.

**Äquator** [lat., „Gleicher"], Verbindungslinie derjenigen Punkte der Oberfläche eines rotierenden Himmelskörpers, die von den Polen gleich weit entfernt sind. Der *Erdäquator* (seemännisch „Linie") ist der größte Kugelkreis der Erde, dessen Ebene senkrecht zur Erdachse steht, die Teilungslinie zwischen nördl. u. südl. Halbkugel. Der *Himmelsäquator* ist der entsprechende Kreis des Himmelsgewölbes.

**Äquatoreal,** *Äquatorial,* Gerät zur Messung von Rektaszension u. Deklination, bes. zur Positionsbestimmung von Sternen; Fernrohr mit äquatorealer (parallaktischer) Montierung, d. h. drehbar um eine der Erdachse parallele Achse (Stundenachse) u. eine zweite (Deklinationsachse), die dazu

### Aquarien in Deutschland, Österreich und der Schweiz

**Deutschland**

| | |
|---|---|
| Berlin | Berliner Aquarium |
| Bremerhaven | Zoo am Meer, Nordsee-Aquarium |
| Düsseldorf | Löbbecke Museum & Aquazoo |
| Hamburg | Troparium in Hagenbecks Tierpark |
| Kiel | Institut für Meereskunde, Aquarium |
| Köln | Aquarium am Zoo |
| Leipzig | Zooaquarium |
| München | Aquarium im Tierpark Hellabrunn |
| Stralsund | Meeresmuseum Stralsund, Nordsee-Aquarium |
| Stuttgart | Wilhelma, Aquarium |

**Österreich**

| | |
|---|---|
| Innsbruck | Alpenzoo, Aquarium |
| Salzburg | Haus der Natur |
| Wien | Haus des Meeres |
| | Zoo Schönbrunn, Aquarium |

**Schweiz**

| | |
|---|---|
| Basel | Zoo Basel, Aquarium |
| Bern | Dälhölzli Aquarium |
| Zürich | Zoo Zürich, Aquarium |

Aquarium: Beispiel für ein tropisches Meerwasseraquarium

senkrecht steht. Durch eine gleichförmige, mittels eines Uhrwerks oder elektr. Motors regulierte Drehung um die Stundenachse lässt sich die Ä. der tägl. Drehung des Himmels nachführen, so dass ein einmal eingestellter Stern dauernd im Gesichtsfeld bleibt.

**Äquatorialafrika,** die beiderseits des Äquators liegenden Gebiete Afrikas mit feuchtheißem Tropenklima: die beiden Kongorepubliken, Gabun, die Zentralafrikan. Republik, Äquatorialguinea u. Kamerun.

**äquatoriale Luftmassen,** sehr warme u. feuchte Luft in Äquatornähe; infolge labiler Schichtung häufige Schauer u. Gewitter; ihr Einflussbereich über Land ist durch immergrüne trop. Regenwälder (Amazonas- u. Kongobecken, Indonesien) gekennzeichnet.

**Äquatorialer Unterstrom,** in 50-200 m Tiefe gelegener Unterstrom in den Ozeanen entlang des Äquators, etwa 200 km breit, mit einer Strömungsgeschwindigkeit von 1 m/s nach Osten. Teil des Äquatorialen Stromsystems.

**Äquatoriales Stromsystem,** System von Meeresströmungen in den trop. Ozeanen zwischen 20° N u. 10° S, bestehend aus Oberflächenströmungen *(Nord-, Südäquatorialstrom* u. *Nordäquatorialer Gegenstrom)* u. Unterströmen *(Äquatorialer Unterstrom* u. *Südäquatorialer Gegenstrom);* entsteht infolge von Passatwinden; stark beeinflusst von der ablenkenden Kraft der Erdrotation.

**äquatoriale Tiefdruckrinne,** Zone tiefen Luftdrucks, deren Lage sich mit dem Höchststand der Sonne verschiebt; liegt im Durchschnitt wenig nördl. des Äquators; aus ihrer Verlagerung resultieren die *Regenzeiten.*

**äquatoriale Westwinde,** gelegentlich auftretende westl. Winde in den Tropen. Sie entstehen, wenn durch Aufspaltung der → innertrop. Konvergenzzone ein Druckgefälle vom Äquator nach Norden bzw. Süden hin entsteht.

**Äquatorialguinea,** Staat in Zentralafrika, → Seite 360.

**Äquatorial-Horizontal-Parallaxe,** der Erdradius in Winkelmaß, beobachtet vom Mond (3422,45″) oder der Sonne (8,790″) aus.

**Äquatorialplatte,** *Äquatorialebene,* Bez. für den Bereich, der sich durch die Anordnung der Chromosomen in der Mitte der teilungsbereiten Zelle zu einer oft sternförmigen Figur ergibt. Wichtig in der Genetik zur Bestimmung der Chromosomenzahl eines Objektes.

**Äquatortaufe,** ein seemännischer Brauch, → Linientaufe.

**Aquavit** [lat.], Kartoffel- oder Kornbranntwein mit Kümmeldestillat u.a. Aromastoffen.

**Aquaviva,** Claudio → Acquaviva.

**äqui...** [lat.], Wortbestandteil mit der Bedeutung „gleich".

**Aquiclude** [lat.], relativ wasserundurchlässiger Gesteinskörper, der zwar Wasser aufnehmen, aber nicht genügend durchlassen kann, um eine Quelle oder einen Brunnen zu speisen; treten Aquicluden flächenhaft auf, spricht man von *Aquitarden.* Auch → Grundwasser.

**Äquidensiten,** Linien oder Flächen gleicher Schwärzung (oder gleicher Farbdichte) bei einer fotograf. Vorlage. Diese Bildstellen sind durch das menschl. Auge nicht definierbar. Auch → Agfacontour.

**Äquidistanz,** gleicher Abstand (z.B. der Höhenlinien).

**Äquidistanzregel,** *Botanik:* Regel, die eine gleiche Blattstellung anzeigt, wobei eine konstante Blattzahl pro → Wirtel sowie gleiche Winkel zwischen den Wirtelgliedern bestehen.

**äquifacial** [lat.], *Botanik:* beidseitig gleich gebaut; bei Blättern die Ober- u. Unterseite.

**Aquifer** [lat., „Wasserträger"], ein grundwassererfüllter Gesteinskörper, der über ausreichendes Porenvolumen verfügt u. genügend durchlässig ist, um Grundwasser aufzunehmen, u. aus dem an Entnahmestellen Wasser entnommen werden kann.

**Aquifoliaceae** → Stechpalmengewächse.

**Aquila** [der; lat.] → Adlerpult.

**Aquila,** Region in den Abruzzen, → L'Àquila.

**Aquila und Prisca,** ein aus Pontus stammendes judenchristl. Ehepaar, das aus Rom vertrieben nach Korinth kam u. dort mit Paulus als Zeltmacher arbeitete (Apg. 18,2f.). Mit Paulus nach Ephesos gelangt, hat das Ehepaar den Apollos im Christentum unterwiesen (Apg. 18,26). Nach 54 ist das Ehepaar wieder in Rom (Römer 16,3 f.).

**Aquilegia,** Gattung der Hahnenfußgewächse, → Akelei.

**Aquileia,** *Aquileja,* slaw. *Oglej,* italien. Stadt im S der Region Friaul-Julisch-Venetien, nahe der Adriaküste, 3300 Ew.; roman. Dom (11. Jh.) über konstantin. Doppelbasilika mit gut erhaltenem Mosaikfußboden (Weltkulturerbe seit 1998).

*Geschichte:* A. wurde 181 v.Chr. röm. Kolonie; bis in die Spätantike Handelsstadt mit etwa 100 000 Ew., von der große Teile ausgegraben wurden; 452 durch Attila zerstört, seit dem späten MA verödet; seit Mitte des 6. Jh. Sitz eines Patriarchen, der 568 nach Grado übersiedelte. Später gab es zwei Patriarchen, die 1180 von Rom anerkannt wurden. Seit 1421 gehörte A. zu Venedig. Das Patriarchat, zu dessen Amtsbereich auch habsburg. Gebiet gehörte, wurde auf Bitten der Habsburger 1751 von Papst Benedikt XIV. aufgelöst.

Zwei Fahrradakrobatinnen als Äquilibristen

◆ **Äquilibrist** [lat. *aequilibritas,* „Gleichgewicht"], *Équilibrist,* ein Gleichgewichtskünstler, der Hand-, Kopf- u. Fußbalancen ausführt u. durch das Einbeziehen von Requisiten wie Leitern, Stühle, rollende Kugeln u.a. die Schwierigkeitsgrade erhöht, z.B. als Kunstradfahrer, Jongleur.

**Aquinas,** Thomas → Thomas von Aquin.

**Aquino,** italien. Stadt im südl. Latium, 4800 Ew. Auf der nahe gelegenen Burg Roccasecca wurde Thomas von *Aquin* geboren.

Corazón Aquino

◆ **Aquino,** Corazón, philippin. Politikerin, *25. 1. 1933 Tarlac; Witwe des 1983 ermordeten Oppositionspolitikers Benigno A.; trat an die Spitze der Oppositionsbewegung gegen Präsident F. *Marcos,* nach dessen Sturz von 1986 bis 1992 Präsidentin.

*Fortsetzung S. 359*

# Aquarienfische

Die Keilfleckbarbe, *Rasbora heteromorpha*, fühlt sich im Schwarm am wohlsten

Der Mosaikfadenfisch, *Trichogaster leeri*, gehört zu den Labyrinthfischen. Das Männchen baut aus Blasen ein Schaumnest für die Brut

Ein Schwarm männlicher Guppys, *Poecilia reticulata*, zeigt die Farbenvielfalt dieser Lebend gebärenden Zahnkarpfen. Die Weibchen sind unscheinbar

Bei den Schwertträgern, *Xiphophorus helleri*, tragen nur die Männchen den schwertförmigen Fortsatz der Schwanzflosse

Segelflosser oder Skalare, *Pterophyllum scalare*, die ruhig ihre Bahnen ziehen, sind eine elegante Erscheinung im Aquarium

**Äquinoktialstürme,** mit starken Gewitterregen *(Äquinoktialregen)* verbundene Stürme in den Tropen zur Zeit der Tagundnachtgleiche.

**Äquinoktium** [lat.], (Zeit der) Tagundnachtgleiche; Zeit des Durchgangs der Sonne durch die beiden *Äquinoktialpunkte: Frühlings-Äquinoktium* (20. oder 21. März) und *Herbst-Äquinoktium* (22. oder 23. September), in denen Ekliptik u. Himmelsäquator sich schneiden.

**Äquipartitionssatz** → Gleichverteilungssatz.

**Äquipotenzialfläche,** *Physik:* Fläche gleichen (zeitlich konstanten) *Potenzials* in einem Feld, auf der die Feldlinien senkrecht stehen. Auch → Feld.

**Aquitan,** *Geologie: Aquitanien, Aquitanium,* nach der französ. Landschaft Aquitanien benannte Stufe im Miozän. Auch → Tertiär.

**Aquitanien,** frz. *Aquitaine, Guyenne,* französische Landschaft zwischen Pyrenäen, Cevennen und Loire; umfasst als Region die Départements Dordogne, Gironde, Landes, Lot-et-Garonne und Pyrénées-Atlantiques, 41 308 km², 2,9 Mio. Ew., Hauptstadt *Bordeaux.*
*Geschichte:* A. wurde Ende des 1. Jh. n. Chr. röm. Provinz, seit 418 Kerngebiet des westgot. Reichs von Toulouse; 507 von den Franken erobert, blieb jedoch selbständiges Herzogtum bis 771. Seit 1152 unter den Grafen von Anjou u. seit 1154 zur englischen Krone gehörig, kam A. erst 1453 endgültig zu Frankreich.

◆ **Aquitanisches Becken,** südwestfranzös. Landschaft zwischen der Schwelle des Poitou, dem Zentralplateau, den Pyrenäen u. dem Golf von Biscaya; im Pyrenäenvorland über die aquitan. Schwelle *(Seuil de Lauragais)* mit dem mediterranen Frankreich verbunden. Zum Aquitan. Becken gehören mehrere Teillandschaften, u.a. die *Landes,* das *Périgord,* die *Gascogne,* die *Charentes* u. die *Guyenne.* Klimatisch wird das Aquitan. Becken stark durch den ozean. Einfluss geprägt. Die bedeutendsten Städte sind *Toulouse* u. *Bordeaux.* Die Wirtschaft beruht vor allem auf dem Weinbau um Bordeaux sowie auf industriellen Klein- u. Mittelbetrieben. In Toulouse hat sich Rüstungsindustrie niedergelassen. Im Randbereich des Aquitan. Beckens lagern teilweise reiche Rohstoffvorkommen. Die Küste zwischen *Biarritz* u. *Arcachon* ist seit dem 19. Jh. ein bedeutendes Fremdenverkehrsgebiet.

**äquivalent** [lat.], **1.** *allg.:* gleichwertig.
**2.** *Mathematik:* 1. die Eigenschaft von Mengen. Zwei Mengen M und N heißen ä., wenn es eine eindeutige → Abbildung (1) von M auf N gibt; → endliche Mengen sind ä. *(gleichmächtig),* wenn sie die gleiche Anzahl von Elementen haben. – 2. → Aussagenlogik.

**Äquivalent** [lat.], *Chemie:* Abk. *Val,* Symbol *val,* formaler Bruchteil $1/z$ eines Teilchens (Atom, Ion, Molekül u.Ä.), wobei sich die natürl. Zahl z aus der Ionenladung oder der Anzahl Säureprotonen ergibt. Das Ä. wird heute kaum noch benutzt. Auch → Normalität.

**Äquivalentdosis,** Symbol H, das Produkt aus der Energiedosis D u. einem dimensionslosen Bewertungsfaktor q zur Berücksichtigung der unterschiedlichen biolog. Wirkung verschiedener Strahlenarten. SI-Einheit der Ä. ist das *Sievert* (Sv): 1 Sv = 1 J/kg, sie ersetzt die ältere Einheit Rem (rem), 1 rem = 0,01 Sv.

**äquivalenter Rauschwiderstand,** gedachter Widerstand am Eingang eines Verstärkers, mit dem das thermische Rauschen des Verstärkers beschrieben wird. Der Verstärker selbst wird dabei als rauschfrei betrachtet.

**Äquivalentgewicht,** *Äquivalentmasse,* die Menge eines Elements, einer Verbindung oder einer Atomgruppe (z. B. Säurerest), die 1 *Grammäquivalent* (Abk. *Val*) Wasserstoff (1,008 g) oder Sauerstoff (8,0 g) ersetzen oder abgeben kann; entspricht dem durch die jeweilige *Wertigkeit* dividierten *Atom-* bzw. *Molekulargewicht.* Äquivalentgewichte spielten früher in der Maßanalyse eine wichtige Rolle (→ Normalität). – *Elektrochemisches Äquivalent* ist die für die elektrolyt. Abscheidung eines Grammäquivalents eines Elektrolyten erforderl. Menge elektr. Stroms, = 96 494 Coulomb *(Faraday'sche Zahl).*

**Äquivalenthärte** → Härte des Wassers.

**Äquivalenz** [die; lat., „gleiche Geltung"], **1.** *allg.:* Gleichwertigkeit. Ä. besteht zwischen Aussagen, die den gleichen Wahrheitswert haben u. zwischen Klassen, die dieselben Elemente haben. Wenn die Klassen gleich viele Elemente haben, besteht *extensionale Ä.*

**2.** *Mengenlehre:* Äquivalenzrelation, → Relation (2).

**Äquivalenzprinzip, 1.** *Finanzwissenschaft:* ein Grundsatz für die Erhebung öffentl. Abgaben, nach dem die Bürger entsprechend den von ihnen empfangenen Staatsleistungen finanziell in Anspruch genommen werden sollen. Kann das Ä. heute allenfalls bei Gebühren u. Beiträgen als maßgeblich angesehen werden, so wird es im Fall von Steuern zugunsten des *Leistungsfähigkeitsprinzips* verworfen.

**2.** *Relativitätstheorie:* Einstein'sches Ä., das der allg. → Relativitätstheorie zugrunde liegende Prinzip, wonach schwere u. träge → Masse einander äquivalent (gleich) sind, was experimentell sehr genau bestätigt wurde. Aus dem Ä. folgt, dass die Wirkung eines Schwerefelds (Gravitationsfelds) von der einer gleichförmigen Beschleunigung nicht zu unterscheiden ist.

**3.** *Versicherungswirtschaft:* ein Grundsatz der *Individualversicherung:* Jeder Versicherte trägt im Rahmen der Gefahrengemeinschaft entsprechend seinem speziellen Risiko, ausgedrückt durch die → Prämie, zur Versicherung bei, so dass die Summe der Prämien aller Versicherten dem gesamten geschätzten Schadensaufwand entspricht. Dieser Grundsatz von der Äquivalenz zwischen Beitragsleistung u. Versicherungsleistung wird in der *Sozialversicherung* durch das *Solidaritätsprinzip* ergänzt.

**Äquivalenztheorie,** *Bedingungstheorie,* jurist. Theorie über die Zurechenbarkeit des Er-
*Fortsetzung S. 361*

Aquitanisches Becken: Flusslandschaft in der Dordogne

# Äquatorialguinea

**Autokennzeichen:** GQ

**Fläche:** 28 051 km²

**Einwohner:** 442 000

**Hauptstadt:** Malabo

**Sprache:** Spanisch

**Währung:** CFA-Franc

**Offizieller Name:** Republik Äquatorialguinea

**Bruttosozialprodukt/Einw.:** 1500 US-Dollar

**Regierungsform:** Präsidiale Republik

**Religion:** Überwiegend Katholiken

**Nationalfeiertag:** 12. Oktober

**Zeitzone:** Mitteleuropäische Zeit

**Grenzen:** Im N Kamerun, im O und S Gabun, im W Atlantischer Ozean

**Lebenserwartung:** 50 Jahre

Teodoro Obiang Nguema Mbasogo nach seiner Machtübernahme in Äquatorialguinea 1979

Der westafrikan. Staat am Golf von Biafra besteht aus dem Festlandsgebiet *Mbini* (früher Río Muni; 26 017 km², Hauptort *Bata*) sowie den Inseln *Bioko* (früher Fernando Póo, 2017 km²) u. *Pagalu* (früher Annobón, 17 km²).

**Landesnatur** Die Inseln sind vulkan. Ursprungs (auf Bioko bis 3008 m hoch) u. bei trop., feuchtheißem Klima ebenso von Regenwald überzogen wie auch das Festland Mbini, das hinter einer 15–25 km breiten Küstenebene bis auf 1000 m Höhe ansteigt.

**Bevölkerung und Wirtschaft** Die Bevölkerung besteht überwiegend aus Bantu. Sie bauen Kakao, Kaffee, Bananen, Zuckerrohr, Sisal u. Baumwolle an, erzeugen Palmprodukte u. gewinnen Edelhölzer. Die Viehzucht ist wegen des Klimas unbedeutend, wichtig dagegen ist der Fischfang. Die Industrie beschränkt sich auf einige Sägewerke in Mbini u. mehrere Kraftwerke, u. a. ein Wasserkraftwerk bei Malabo (früher Santa Isabel).

**Geschichte** Die Inseln, von Portugiesen entdeckt, gingen 1778 in span. Besitz über. Spanien vereinigte sie 1909 mit dem festländ. Besitz Río Muni zu Spanisch-Guinea. Die span. Regierung gewährte 1963 Autonomie u. am 12. 10. 1968 die Unabhängigkeit. Staats-Präs. wurde F. *Macías Nguema*. Er hob 1969 die Verfassung auf u. errichtete eine terrorist. Diktatur. Zehntausende angeblicher Gegner wurden ermordet; die kleine Intelligenzschicht wurde fast völlig ausgerottet. Nach Schätzungen von Beobachtern floh ein Drittel der Bevölkerung ins Ausland. Nahezu alle Beziehungen zur Außenwelt wurden abgebrochen. 1979 wurde Macías von einer Offiziersgruppe unter Führung von T. *Obiang Nguema Mbasogo* gestürzt u. wenig später hingerichtet. Der neue Machthaber etablierte mit der PDGE (Demokrat. Partei von Äquatorialguinea) eine repressive Einparteienherrschaft. 1991 sprach sich die Bevölkerung in einem Referendum für eine Verfassung mit einem Mehrparteiensystem aus, die im selben Jahr in Kraft trat. Trotzdem unterdrückte das Regime weiterhin die demokrat. Kräfte des Landes. Deshalb boykottierten die wichtigen Oppositionsparteien die Parlamentswahlen im Nov. 1993, die ersten seit der Unabhängigkeit. Bei Präsidentschaftswahlen 1996 wurde Obiang Nguema Mbasogo im Amt bestätigt. Die Regierungspartei PDGE gewann bei den Parlamentswahlen 1999 75 von 90 Mandaten.

Das Rathaus in Malabo ist im spanischen Kolonialstil erbaut worden

Arabien: Der überwiegende Teil der Arabischen Halbinsel ist Wüste oder Halbwüste. Die breiten Wadis führen nur episodisch Wasser, entsprechend spärlich ist die Vegetation

folgs zur Handlung (Kausalzusammenhang). Nach der Ä. ist jedes Handeln oder Unterlassen dann für den Erfolg kausal, wenn es nicht hinweg- bzw. hinzugedacht werden kann, ohne dass der Erfolg entfiele. Jede Bedingung ist mithin der anderen gleichwertig. Die Ä. gilt im *Strafrecht* mit Ausnahme der Fahrlässigkeitsdelikte, wo der Ursachenzusammenhang nur bejaht wird, wenn der Erfolg gerade auf der Pflichtwidrigkeit des Verhaltens beruhte u. bei pflichtgemäßem Verhalten nicht eingetreten wäre. Im *Zivilrecht* gilt die *Adäquanztheorie*, die solche Bedingungen für die Erfolgszurechnung außer Betracht lässt, die erfahrungsgemäß zur Verursachung nicht geeignet sind u. nur durch ungewöhnliche Verkettungen zum Erfolg geführt haben.

**äquivok** [lat.], doppeldeutig; Wörter oder Ausdrücke mit mehrfachem Sinn betreffend.

**ar...** → ad...

**Ar, 1.** [das, auch der; lat., frz.], Zeichen *a*, gesetzl. Name für die Flächeneinheit 100 m², 1 a = 100 m²; 100 Ar = 1 Hektar. **2.** chem. Zeichen für → Argon.

**AR,** Abk. für *autonome Republik*.

**Ara,** ein Papagei, → Aras.

**Ära** [die; lat.], eine Jahreszählung, die von einem wichtigen (wirklichen oder fiktiven) Ereignis ausgeht; z. B. christl. Ä. (Ausgangspunkt: Christi Geburt). Als Ä. bezeichnet man auch ein von einer bestimmten Persönlichkeit geprägtes Zeitalter, z. B. die *Ära Bismarck*. Auch → Zeitrechnung.

**Arab,** ein Stamm des Turkvolkes der Usbeken.

**Araba,** arab. *Arba,* im Orient zwei-, oder auch vierrädriger Wagen mit oder ohne Verdeck.

**Arabah,** *Wadi Al Arabah,* südliche Jordanfurche, → Aravah.

**Arabella** [Herkunft u. Bedeutung ungeklärt], weibl. Vorname.

**Araber,** *Arabisches Vollblut,* Pferderasse mit Ursprung in Mittel- u. Nordarabien. Gezielte Zucht seit dem 7. Jh. Harmonisch gebaut, widerstandsfähig, ausdauernd, genügsam; kleiner Kopf mit konkaver Nasenlinie (Araberknick); Quadratpferd, Stockmaß 145–155 cm.

**Araber,** i. e. S. die Bewohner der Arabischen Halbinsel, i. w. S. alle Menschen, die Arabisch als Muttersprache sprechen (weit über 200 Mio.). Letztere finden sich nicht nur in Arabien, sondern bedingt durch die islam. Eroberungen auch im Gebiet des fruchtbaren Halbmondes (Irak, Syrien, Libanon, Jordanien, Palästina), Ägypten u. ganz Nordafrika bis in den Sudan. Als Minderheiten leben A. an der afrikan. Ostküste, in Amerika, in Europa, den mittelasiat. Teilen der ehem. Sowjetunion sowie im indo-malaiischen Gebiet. Aufgrund dieser weiten geograph. Verbreitung u. der Verschiedenheit der Völker, auf die der arabisch-islam. Eroberer trafen, lassen sich Gemeinsamkeiten nur schwer festmachen. Abgesehen von der gemeinsamen Sprache, ist dies der Islam als vorherrschende Religion. Als weiteres einendes Element kommt eine Identifizierung mit dem kulturellen Erbe u. den Wertvorstellungen, die das Arabertum ausmachen, hinzu.

Die *arabische Kultur* entstand auf der Arab. Halbinsel, geprägt von den harten Lebensbedingung der Wüstenbewohner. Der nomadisierende Beduine verkörpert traditionell das Ideal eines Arabers. Die altarab. Beduinengesellschaft ist gekennzeichnet durch eine vaterrechtl. Stammesstruktur, deren Abstammungslinie nur über die Väter führt. Die kleinste Einheit bildet das *bayt*, in dem ein Ehepaar mit seinen ledigen Kindern u. den verheirateten Söhnen mit deren Frauen u. Nachkommen zusammenlebt. Mehrere solcher Einheiten bilden einen Clan, der sich mit anderen zu einem Stamm zusammenschließt. Arab. Geneaologen des MA haben ein weit verzweigtes Abstammungsschema entwickelt, an dessen Spitze die sagenumwobenen Stammväter der Nord- u. Südaraber Adnan u. Kahtan stehen.

Ein wichtiger Wert für die altarab. Gesellschaft ist die Bewahrung der Ehre. Mehr als von einem würdevollen Verhalten des Mannes hängt diese von dem untadeligen Verhalten der Frauen seiner Familie ab. Die sprichwörtliche arab. Gastfreundschaft, der enge Familienzusammenhalt u. die Rolle der Frau lassen sich u. a. auf die Normen u. Werte der altarab. Gesellschaft zurückführen. Islam. Regeln decken sich dabei oft mit traditionellen arab. Werten. Seit dem Ende des 18. Jh. hat sich die arab. Gesellschaft zunehmend europ. Einflüssen geöffnet. Dabei griff die Idee des Nationalismus auf den arab. Raum über u. gewann im Laufe des 20. Jh. immer mehr an Bedeutung. Der A. von heute identifiziert sich mehr mit seiner Nation als mit seinem Stamm. Arab. Nationalisten propagieren gar die Idee der A. in ihrer Gesamtheit als Nation *(Al umma Al'arabiya)*. Die arab. Gesellschaft hat in diesem Jh. unter dem Druck von Verstädterung u. Industrialisierung tief greifende Veränderungen erfahren: Männer wie auch Frauen sind besser ausgebildet u. haben mehr Arbeitsmöglichkeiten, die Frauenrolle wird neu bewertet, Familienstrukturen lösen sich auf. Nach wie vor ist die arab. Gesellschaft gekennzeichnet durch einen starken Gegensatz von Stadt- u. Landbevölkerung. Auf dem Lande werden traditionelle Werte u. Lebensführung eher beibehalten. Die Zahl der nomadisierenden Beduinen liegt bei knapp 5%. Auch → Arabien (Geschichte).

**Araberkopftuch** → Keffijeh.

**Arabeske** [die; ital.], **1.** *Ballett:* waagerechte Körperhaltung auf einem gestreckten Standbein.

Arabeske

**2.** *Kunst:* Ein Bandmuster aus stilisierten Ranken u. Blättern; bes. in der Antike, in der Renaissance, im Rokoko u. im Klassizismus zur Füllung langrechteckiger Architekturteile (Pilaster, Friese, Sockel) verwendet; in islamischen Kunst seit dem 10. Jh. kennzeichnendes Ornamentsystem mit sich gabelnden Blättern, abstrahiert aus der spätantiken Akanthusranke. Die Arabeske ist zu unterscheiden von der *Mureske* u. der *Groteske*.

**3.** *Musik:* umfangreiche Verzierung einer Melodie; im 19. Jh. auch als Titel für Musikstücke gebräuchlich.

**Arabien,** *Arabische Halbinsel,* größte Halbinsel Asiens u. der Welt, zwischen

Rotem Meer u. Pers. Golf, Brücke zwischen Nordafrika u. Vorderasien, etwa 3,0 Mio. km², rd. 38,5 Mio. meist arab. Bewohner; wüstenhaftes, im W steil bis über 3000 m ansteigendes, nach O allmählich gegen Mesopotamien u. den Persischen Golf abfallendes Tafelland mit meist trockenliegenden, tief eingeschnittenen Flusstälern (Wadis); trocken- bis feuchtheißes Klima; starker Tag-Nacht-Temperaturgegensatz; nomadische Viehzucht; Oasenwirtschaft, im SW Regenfeldbau.
Seit dem 2. Weltkrieg wird die *Wirtschaft* überwiegend durch die reichen Erdölvorkommen bestimmt. Die Rohölausfuhr erbringt so hohe Deviseneinnahmen, dass davon modernste westl. Industrieausstattungen u. Konsumgüter importiert werden können. Auch → Jemen, → Saudi-Arabien.

*Geschichte:* 854 v. Chr. traten die Araber erstmals als Gegner der Assyrerkönige auf. In Südarabien entstanden die blühenden Reiche der Sabäer (Saba) u. Minäer sowie die Reiche Kataban u. Hadramaut, die von der Mitte des 1. Jahrtausends v. Chr. teils nach-, teils nebeneinander bis ins 1. Jh. v. Chr. dauerten. Ein gut funktionierendes Bewässerungssystem war die Grundlage ihrer Kultur. Sie kontrollierten den Handel mit Indien u. den Weihrauchhandel in die Mittelmeerländer. Die Sabäer kolonisierten Eritrea u. Äthiopien u. schoben ihre Kolonien weit nach Nordarabien vor. Im 1. Jh. n. Chr. kamen die Himjaren im Jemen zur Macht. Die inzwischen unabhängig gewordenen Äthiopier unterwarfen Südarabien im 4. Jh. u. nochmals 530, bis sie 570 von den Persern vertrieben wurden. Bis zum Sieg des Islams war Südarabien pers. Provinz.
Im von Nomaden (Beduinen) bevölkerten Nordarabien dagegen kam es zu keinen dauerhaften Staatengründungen. In den letzten Jahrhunderten v. Chr. besiedelten die Araber Randgebiete Palästinas, Syriens u. Mesopotamiens. Im 2. Jh. v. Chr. gründeten sie in Petra das Reich der Nabatäer, das 106 n. Chr. von Trajan als Provincia Arabia dem Röm. Reich einverleibt wurde. In der minäischen Kolonie Dedan entstand etwas später das Königreich der Lihjan. Im 3. Jh. herrschten Araber in Palmyra; unter Odenat u. seiner ihm folgenden Gattin Zenobia dehnte sich ihre Macht über ganz Syrien aus, bis 273 Aurelian Palmyra zerstörte. Als Vasallen der Perser herrschten seit dem Ende des 3. Jh. die Lachmiden in Hira im Irak; 602 ließ Chosrau II. den letzten von ihnen, Numan III., beseitigen. Im 5. u. 6. Jh. schufen dem Byzantiner in Syrien u. Palästina einen Vasallenstaat unter den arab. Ghassaniden. Das einzige unabhängige arab. Königreich in Nordarabien schufen die aus dem Jemen stammenden Kinda um 450 in Nadjd. Sie besiegten 503 die Lachmiden, doch endete ihre Herrschaft schon um 535. Der letzte Kindafürst Imra'ulkais versuchte mit byzantin. Hilfe, seine Macht zu erneuern.
Mit den Erfolgen Mohammeds u. der Ausbreitung des Islams wurde A. der Ausgangspunkt der islam. Reiche (→ Islam).

Um 635 war ganz A. unter islam. Herrschaft. Mit den Eroberungszügen der Kalifen drangen Araber in alle Länder des Vorderen Orients u. nach Nordafrika vor. 656 verlegte der 4. Kalif Ali die Residenz des Reichs von Medina nach Kufa, u. 660 wurde unter den Omajjaden Damaskus die polit. Mittelpunkt. A. sank damit zur Randprovinz herab. Um 895 gründeten die Karmaten in Nordostarabien einen Staat. In den folgenden Jahrhunderten bemühten sich die in Ägypten herrschenden Dynastien um den Besitz von Mekka u. Medina sowie des Jemens. Im 16. u. 17. Jh. unterhielten die Portugiesen Kolonien in Oman. Nach 1517 wurden die osman. Türken in A. Beschützer der heiligen Städte u. brachten auch den Jemen unter ihre Oberhoheit, jedoch konnten sie ihre Positionen nicht lange behaupten.
Mitte des 18. Jh. schloss sich Ibn Saud in Riad den Wahhabiten an; sein Sohn Abd Al Aziz I. einte die Beduinen des Nadjd u. eroberte 1803 Mekka. 1811 beherrschten die Wahhabiten ganz Nordarabien bis an den Pers. Golf u. stießen in den Irak u. nach Syrien vor, was 1803–1814 zum Krieg mit dem osman. Statthalter in Ägypten führte. 1818 wurde Sauds Nachfolger Abdallah gefangen genommen u. in Istanbul enthauptet. Die Randgebiete Arabiens kamen nun unter türk. Oberhoheit. 1847 übernahm in Hail (Nadjd) die Dynastie der Raschid die Herrschaft; Ibn Abdallah ibn Raschid (1872–1897) enthronte die Sauditen 1883 in Riad. Abd Al Aziz III. ibn Saud (1902–1953) eroberte 1902 Riad zurück, 1904 hatte er seine Macht im Nadjd gefestigt. Er belebte die Wahhabiten-Bewegung neu durch Gründung einer Bruderschaft (Ichwan).
Im 1. Weltkrieg mussten die Türken ihre Macht in A. aufgeben. Mit engl. Unterstützung, die der Oberst T. E. Lawrence organisierte, entstand unter dem Haschimi-

arabische Literatur: Der Fuchs und die leere Trommel. Buchmalerei um 1350. Paris, Bibliothèque Nationale

den-Scherifen von Mekka, Hussain, 1916 das Königreich Hedjas. Schon 1909 hatte sich Asir im südl. Hedjas unabhängig gemacht. 1921 begann Ibn Saud seine Herrschaft auszudehnen; er eroberte Hail, 1924 Medina u. 1925 Mekka; 1926 stellte sich Asir unter seinen Schutz. Ibn Saud wurde 1927 König des Saudi-Arab. Königreichs in Nadjd u. Hedjas, das er bis zu seinem Tod 1953 regierte. Ihm folgten seine Söhne Saud (1953–1964), Faisal (1964 bis 1975), Chaled (1975–1982) u. Fahd (seit 1982).
Jemen konnte sich 1905–1918 von den Türken befreien u. wurde 1962 Republik. Aden wurde 1839 brit. Kolonie, seit 1967 gehörte es zur Volksrepublik (Süd-)Jemen. Die beiden jemenit. Staaten vereinigten sich 1990.
Die südl. u. östl. Küstengebiete Arabiens standen seit dem späten 19. bzw. frühen 20. Jh. unter brit. Verwaltung. Sie erlangten zwischen 1961 u. 1971 ihre Unabhängigkeit.

**Arabinose** [die], ein Monosaccharid (Aldopentose) mit fünf Kohlenstoffatomen; Vorkommen in vielen Pflanzen, so auch im arab. Gummi.

**Arabis** → Gänsekresse.

**Arabische Halbinsel,** die größte Halbinsel der Erde, → Arabien.

**Arabische Liga,** polit. Zusammenschluss der arab. Staaten, gegr. am 22. 3. 1945 von Ägypten, Irak, Jemen, Jordanien, Libanon, Saudi-Arabien, Syrien; später kamen hinzu: 1953 Libyen, 1956 Sudan, 1958 Marokko u. Tunesien, 1961 Kuwait, 1962 Algerien, 1967 Südjemen, 1971 Bahrain, Katar, Oman, Vereinigte Arab. Emirate, 1973 Mauretanien, 1974 Somalia, 1976 die PLO, 1977 Djibouti, 1993 Komoren. Ziel der Arabischen Liga ist die weit gehende Zusammenarbeit der Mitgliedsstaaten. Leitendes Organ ist der Rat der Liga; seine Beschlüsse sind jedoch für die Mitglieder nicht bindend. Einzelne Mitglieder haben die Arbeit der Liga zeitweise boykottiert. Nach dem Friedensschluss mit Israel (1979) wurde die Mitgliedschaft Ägyptens bis 1989 suspendiert.

◆ **arabische Literatur.** Die a. L. umfasst das ges. schöngeistige u. gelehrte Schrifttum, das in arab. Sprache sowohl von Arabern als auch von Nicht-Arabern verfasst wurde. Man unterscheidet grob zwei Perioden: die klassische (von den Anfängen bis ins 19. Jh.) u. die moderne (19. Jh. bis heute).
*Klassische Periode:* Die Poesie der Araber stand schon im 5. Jh. auf einem hohen Niveau, wurde aber erst dem 8. Jh. aufgezeichnet u. ist überliefert in Diwanen u. Anthologien (Hamasa, Muallaqat). Ihre Themen bezieht sie aus dem Leben der Beduinen. Die → Kasside blieb lange Zeit die bestimmende Form für die arab. Dichtung. In der Zeit nach Mohammed u. mit der Ausbreitung des islam. Reiches entstand eine mehr urbane Poesie. Zu der Kasside trat das → Ghasel. *Omar Ibn abi Rabia* († 719) war mit seiner Liebesdichtung einer der Hauptvertreter dieser Gattung, die zu voller Entfaltung gebracht wurde durch die anakreont. Wein- u. Jagdlieder des *Abu*

# arabische Musik

*Nuwas* († um 813). In Andalusien wurde das Ghasel zu einem in umgangssprachl. Arabisch abgefassten Strophengedicht weiterentwickelt (*Ibn Kuzman*, † 1160), das deutl. Anklänge an den roman. Minnesang aufweist. Daneben entwickelte sich eine eher philosophisch-mystisch orientierte Dichtung (*Abul-Ala Al Maarri*, † 1057; *Ibn Al Arabi*, † 1240; *Ibn Al Farid*, † 1235).

An Prosa aus vorislam. Zeit ist wenig überliefert. Ihr „goldenes Zeitalter" erlebte die arab. Prosa, beeinflusst von pers. u. griech. Elementen, unter den Abbasiden im 9.–11. Jh. Im 9. Jh. bildete sich die schöngeistige arab.-islam. Adab-Literatur heraus (*Dschahiz*, † 869; *Ibn Kutaiba*, † 885). Aus dem Kanzleistil hervorgegangen ist die in Reimprosa verfasste Gattung der *Makame*. Begründet wurde sie von *Al Hamadhani* († 1007) u. weiterentwickelt von *Al Hariri* († 1122). In diesem goldenen Zeitalter finden auch indische u. pers. Märchenstoffe Eingang in die a. L., die sich mit arab. Erzählgut mischen („1001 Nacht").

Die gelehrte Prosa nahm ihren Ausgang vom Koran. Durch die islam. Eroberung wuchs die Zahl der Muslime, denen der Inhalt des Korans u. das Wesen ihrer neuen Religion näher gebracht werden musste. Daraus entwickelte sich neben einer reichen philolog. Literatur auch eine einzigartige biograf. u. meist annalist. Geschichtsschreibung sowie eine umfangreiche Literatur zum islam. Recht. Das erste Wörterbuch entstand Ende des 8. Jh. (*Khalil*, † 791). Der Perser *Sibaway* († 796) legte mit der ersten arab. Grammatik einen Standard für die arab. Sprache fest, der bis heute unverändert Gültigkeit hat. Die im 9. Jh. einsetzende Welle von Übersetzungen griech. Werke legte den Grundstein für die Ausprägung weiterer, weniger religiös motivierter Wissenschaften. Übersetzungen der Werke des Ptolemäus ließen eine wissenschaftl. Erdkunde entstehen (*Al Balkhi*, † 934; *Mukaddasi*, † um 1000; *Idrisi*, † 1166; *Ibn Battuta*, † 1377). Auch auf den Gebieten der Philosophie, der Alchemie, Astronomie u. Astrologie (*Al Battani*, † 929; *Al Kindi*, † nach 870; *Biruni*, † nach 1050) sowie der Mathematik (*Al Chwarismi*, † nach 846) u. besonders der Medizin (*Al Razi*, † um 925; *Ibn Ishaq*, † 875; *Avicenna*, † 1037; *Maimonides*, † 1204; *Averroes*, † 1198) wurde Großes geleistet. Der Niedergang der arab. Literatur setzte mit der Mongolenherrschaft (Eroberung Bagdads 1258) ein. Die klass. Werke wurden meist verkürzt, exzerpiert, kommentiert u. mit Glossen versehen. Eigenes Gedankengut wurde nur ab u. zu noch entwickelt. Die einzigartige Weltgeschichte des *Ibn Chaldun* († 1406) gehört zu den wenigen Ausnahmen.

*Moderne Literatur:* Erst im 19. Jh. mit Napoleons Ägyptenfeldzug erwachte die a. L. aus der Jahrhunderte langen Lethargie. Neue Impulse brachte die Auseinandersetzung mit europ. Einflüssen, die zu einer allg. Erneuerungsbewegung *(al-Nahda)* führte, in deren Rahmen auch die literar. Erneuerung zu sehen ist. Federführende Reformer waren Mohammad *Abduh*

arabische Musik: Militärkapelle mit Bläsern und Trommlern. Illustration aus einer mittelalterlichen islamischen Handschrift. Paris, Bibliothèque Nationale

(† 1905) u. *Al Afghani* († 1897). Die literar. Entwicklung wurde stark begünstigt durch ein verbessertes Schulwesen sowie durch das Aufkommen einer modernen Presse, die ein Forum allen literar. Schaffens werden sollte.

Die Poesie veränderte nur langsam ihr traditionelles Gesicht, widmete sich aber schon bald modernen Themen. Ahmad *Shauki* (* 1868, † 1932) versuchte neue Versmaße, eigentl. Wegbereiter der neuen Poesie war jedoch Khalil *Matran* (* 1872, † 1949). Angeregt durch zahlreiche Übersetzungen aus dem Englischen u. Französischen entstanden neue Genres: Drama, Roman, Kurzgeschichte, Essay. Ein bis heute ungelöstes Problem der modernen arabischen Literatur ist der große Unterschied zwischen gesprochener u. geschriebener Sprache. So wirken Dialoge im Schriftarabischen oft unrealistisch. Bedeutende Literaten waren Hussain *Haikal* (* 1888, † 1956, Roman), Mahmud *Taimur* (* 1894, † 1973, Kurzgeschichte), Taufik *Al Hakim* (* 1902, † 1987, Theater), Abbas Mahmud *Al Akkad* (* 1889, † 1964, Essay) u. Taha *Hussain* (* 1889, † 1973), der als Schriftsteller u. als Reformer großen Einfluss ausübte. Themen der modernen Literatur, bes. im 20. Jh., sind die polit. u. sozialen Umwälzungen in der arab. Welt u. die daraus resultierenden Probleme. Kasim *Amin* (* 1863, † 1908) wurde mit seinen Schriften zur Frauenfrage ein erster Befürworter der weibl. Emanzipationsbestrebungen, in deren Zuge eine oft feministisch orientierte, von Frauen verfasste Literatur entstand (Nawal *As Sadawi*, Laila *Baalbaki*, Fatima *Mernissi*). Die größte internationale Anerkennung erfuhr die a. L. der Moderne 1988 durch die Verleihung des Nobelpreises an Nagib *Mahfuz*.

◆ **arabische Musik.** Der arab. Musiker ist vor allem Sänger, das instrumentale Solo kommt erst in zweiter Linie. Die Musik ist rein monodisch. Nur selten finden sich Ansätze zu einer primitiven Mehrstimmigkeit in Form von instrumentalen u. vokalen Bordunen, jedoch steigert sich die Improvisationsfreudigkeit des Einzelmusikers bis zur Heterophonie im Zusammenspiel mit anderen in kleinen Gruppen (gleichzeitiges, jeweils instrumentengerechtes, d. h. voneinander abweichendes Ausspinnen der gleichen Melodie).

Von den *Instrumenten* der arabischen Musik ist die Knickhalslaute Ud das wichtigste. Sie spielt in der Konzertmusik eine überragende Rolle. Arab.-pers. Ursprungs sind die gestrichenen, fidelartigen Saiteninstrumente der Märchenerzähler, Rebab u. Kamangha, heute immer mehr von der europ. Violine verdrängt. Zu ihnen treten Qanun u. Santur, zwei Zitherinstrumente, u. die Längsflöte (Nay). Volkstüml. Blasinstrumente sind die scharf klingenden Oboen (Ghaita im Maghreb, Uffatah, bes. in Ägypten verbreitet), die Doppelklarinetten (Zummara u. Mashura sowie der bordunierende Arghul), Sackpfeife u. primitive Blockflöte.

Der *Rhythmus* wird in der Kunstmusik vom Tamburin, in der Volksmusik von einer größeren Rahmentrommel gespielt. Zwischen beiden steht die Darabukka, eine tönerne Gefäßtrommel. Trompeten u. Hörner sowie kleine u. große Kesselpauken treten heute zurück u. werden durch europ. Instrumente ersetzt. Schlagstäbe u. kleine, paarig wie Kastagnetten gespielte Metallstäbe dienen bes. zur Begleitung des Tanzes. Altarab. Perkussionsinstrument ist die viereckige Rahmentrommel Daff (auch Duff).

Die *Melodik* ist an formelhafte, traditionelle Strukturmodelle (Maqam) gebunden, von denen es mehr als 70 gibt, denen jeweils eine eigene Gefühlsstimmung zugrunde liegt; die Rhythmik basiert auf periodisch aufgebauten rhythm. Formeln u. Reihungen (Wazn). Diese Vorlagen werden vom Künstler je nach Belieben, Können, aber auch nach bestimmten Vorschriften verziert u. variiert. Von wenigen mittelalterl. Versuchen abgesehen, haben sich die Araber nie einer Notenschrift bedient, so dass die mündl. Überlieferung auf den mündl. Unterricht angewiesen ist. Erst in letzter Zeit hat man die abendländ. Notation eingeführt. Sie ist aber wegen ihres Verlaufs von links nach rechts zur Notierung von Gesängen mit Liedtexten in arab. Sprache schwer anwendbar, da die arab. Schrift von rechts nach links verläuft.

Das *arab. Musiksystem* ist die Verbindung eines arab.-pers. Fundus mit der griech. Musiktheorie. Es basiert auf einer Grundskala, die aus zwei gleichen, durch einen Ganztonschritt getrennten Tetrachorden besteht. Diese enthalten je einen Ganztonschritt ($^9/_8$) sowie zwei in vier Vierteltöne teilbare kleinere Intervalle ($^{12}/_{11}$). Das System ist nach griech. Vorbild auf zwei Oktaven erweitert worden. Viertel-

# arabische Philosophie

bzw. Dreivierteltöne werden im modernen Orient grafisch durch ein halbiertes Kreuz bzw. durch ein durchstrichenes B-Vorzeichen gekennzeichnet. – Die sog. andalusische Musik der im W Nordafrikas lebenden Araber kennt vorzugsweise fünfteilige Vokal- u. Instrumentalsuiten (Nauba), die dem altarab. Dor ähneln, während der Vordere Orient die Formen Dor, Samai u. Baschrat (türk. Ursprungs), Tahmila, bes. aber den Taqsim (Instrumentalsolo), in der Vokalmusik die Muwaschat, die Qasidah oder den Mauwal vorzieht. Letztere stammen aus dem andalus. Bereich.

Die *Geschichte* der arabischen Musik zerfällt in eine vorislamisch-beduinische Periode, eine zweite frühislamische (bereits von außen kommende Einflüsse durch Kontakte mit Nachbarvölkern) u. eine dritte, die äußerlich durch die Herrschaft der Omajjaden in Damaskus (661) u. den Machthöhepunkt der Abbasiden in Bagdad (833) begrenzt ist. Berühmte Musiker dieser Zeit waren z. B. *Maussili* u. *Zalzal.*

Die vierte Periode umfasst die am Omajjadenhof bei Córdoba lebenden Künstler (z. B. *Zirjab*), während im Osten die Gelehrten *Al Kindi* († nach 870), *Alfârâbi* († 950) u. *Avicenna* († 1037) an der wissenschaftl. Darstellung der musiktheoret. Grundlagen der arabischen Musik arbeiteten u. dazu auch die griech. Musiktheorie hinzuzogen. Diese Periode wurde durch die Rückeroberung Granadas durch die Christen (1492) abgeschlossen. In dem fünften Zeitabschnitt bildeten sich die eigentl. Traditionen der arabischen Musik heraus, gleichzeitig aber auch eine gewisse Erstarrung, die sich erst im sechsten u. letzten Abschnitt infolge neuzeitlicher, von Europa kommender Einflüsse gelockert hat.

Noch heute wird in der arabischen Musik in sehr verschiedenen Stilbereichen musiziert. Den höchsten Rang nimmt die „klassische" Kammermusik ein, die sich im Westen auf die bereits erwähnte andalus. Überlieferung beruft. In den städt. Cafés werden als Unterhaltungsmusik in der Regel „Suiten" von Romanzen u. Liebesliedern geboten. Das große Orchester der „modernen" arab. Musik vermengt arab. u. europ. Instrumente u. Elemente u. trägt so zur Nivellierung der traditionellen arab. Musik bei. Es ist die Musik, die über Radio, Fernsehen u. Kino verbreitet u. vom überwiegenden Teil des Publikums favorisiert wird. Sängerinnen wie Umm *Kulthum* (*1908,†1975), der „Stern des Orients" u. *Fairuz,* „Türkis" (eigentl. Nuhad *Haddad*), errangen in der arab. Welt unvergleichl. Popularität. Seit Brian *Jones* 1971 unter dem Titel „The Pipes of Pan" berberische Trancemusik aus Jajouka bekannt gemacht hat, sind auch andere marokkan. Bruderschaften wie die Jilala u. Gnawa ins Blickfeld gerückt. Vergleichbares gilt auch für die Musik der Mehlewi-Derwische. Internationaler Star ist der Sufi-Sänger Nusrat Fateh Ali *Khan* aus Pakistan. Inzwischen hat in allen islam. Ländern der militante Fundamentalismus zahlreiche Opfer selbst unter den musikal. Publikumslieblingen gefordert. So wurden 1994 zwei der populärsten Sänger ermordet, der alger. Pop-Star Shab *Hasani* u. der Sudanese Khogali *Osman* in Khartum. Viele alger. Protestsänger wie der Rai-Sänger Cheb *Mami* emigrierten nach Paris.

**arabische Philosophie,** die unter griech. Einfluss sich entwickelnde Weltbetrachtung in den von den Arabern beherrschten Gebieten. Von 750 bis 850 übersetzten syrische Christen eine große Anzahl von Werken der griech. Wissenschaft ins Arabische. Die Araber bildeten die so erhaltenen Anregungen weiter u. brachten die mathemat., astronom. u. medizin. Studien zu hoher Blüte. Unter den Werken griech. Philosophie wurden bes. die Schriften des Aristoteles u. seines griech. Kommentators *Alexander von Aphrodisias* gelesen u. führten zur Ausbildung einer hellenisierenden Philosophie, die aber auch neuplaton. Anschauungen aufnahm.

Der älteste unter den griech. beeinflussten Philosophen im Raum des Islam ist *Al Kindi*

arabische Schrift: Miniatur des 10.–12. Jahrhunderts. Kairo, Museum für Islamische Kunst

(† nach 870); durch die Pflege der aristotel. Logik wurde *Alfârâbi* (* um 870, † 950) für die arab. Wissenschaft bedeutsam, so dass man ihn neben Aristoteles den zweiten Lehrer nannte. Der umfassendste u. wirksamste Vermittler griech. Denkens wurde der Perser *Avicenna*. Sein Landsmann *Algazel* suchte die Erfolglosigkeit alles philosophischen Bemühens nachzuweisen u. mahnte dagegen zum Glauben. Infolgedessen verlor die Philosophie im arab. Orient an Bedeutung, wurde auch z. T. verfolgt. Im arab. Spanien, bes. in Córdoba, gelangte die aristotel. Philosophie im 12. Jh. zur Blüte. *Avempaces* (* Ende 11. Jh., † 1138) Spekulation eines stufenweisen Aufstiegs der Erkenntnis bis zur mystischen Einigung mit Gott führte *Abubacer* (* um 1100, † 1185) weiter. Der bedeutendste Denker aber war *Averroës*. Eine aus neuplaton., neupythagoreischen u. aristotel. Elementen aufgebaute Popularphilosophie pflegten die „Getreuen von Basra", die Ende des 10. Jh. das gesamte Wissen in einer großen Enzyklopädie zusammenfassten. Die hellenisierende a. P. wurde von der islam. Theologie u. Mystik als Fremdkörper empfunden. Mit dem Tod des Averroës erlosch deshalb diese Philosophie, die vom 9. bis zum 12. Jh. eine Reihe bedeutender Leistungen hervorgebracht hatte. Im 12. u. 13. Jh. wurden Werke der arab. Wissenschaft ins Lateinische übersetzt u. übten – auch über die jüd. Philosophie – großen Einfluss auf das latein. Abendland aus, das auf diesem Weg viele Originaltexte der griech. Wissenschaft zum ersten Mal kennen lernte.

**Arabischer Golf** → Persischer Golf.

**Arabischer Gummi,** *Gummi arabicum,* bis zu 80 % Arabinsäure enthaltender Pflanzengummi; Verwendung als Klebstoff u. Appreturmittel.

**Arabischer Windhund,** *Slughi* → Windhund.

**Arabisches Becken** → Arabisches Meer.

◆ **arabische Schrift,** von rechts nach links zu lesende Schrift aus 28 Zeichen für die Konsonanten, die je nach ihrer Stellung im Wort verschieden geformt sind; Großbuchstaben gibt es nicht. Die Vokale bleiben gewöhnlich unbezeichnet, es besteht aber die Möglichkeit, sie durch diakrit. Zeichen darzustellen. Die bis heute übliche arab. Buchschrift *(Neschi)* ging aus einer älteren runden Form hervor. Aus dem Neschi haben sich einige Nebenformen entwickelt, z. B. die maghrebin. Schrift in Nordafrika u. eine elegant wirkende pers. Schrift, das „Talik", die bei der Abfassung von Dokumenten verwendet wird. Neben ihnen bestand noch eine eckige Schrift, die *Kufische*.

**Arabisches Meer,** der nordwestl. Teil des Ind. Ozeans zwischen Arabien u. Vorderindien; Buchten sind im N der Golf von Oman, im W der Golf von Aden; im Arab. Becken bis 5875 m tief.

**arabische Sprache,** eine semit. Sprache, die sich mit dem Islam von der Arab. Halbinsel bis zum Irak sowie in ganz Nordafrika bis Mauretanien verbreitete; sehr laut- u. formenreich, mit umfangreichem Wortschatz; gliedert sich in viele Mundarten mit einer recht einheitl. Schriftsprache, die eine Verständigung zwischen allen arab. Sprechenden ermöglicht. Der Einfluss der arabischen Sprache reicht ins Persische, Hindi, ins Türkische u. a. in die europ. Sprachen (im Dt. z. B. Lehnwörter wie Admiral, Alkoven, Aprikose, Chemie). Mischsprache: *Maltesisch* (auf Malta, mit Italienisch).

**Arabische Vertragsstaaten** → Vereinigte Arabische Emirate.

**Arabische Wüste,** zwischen dem Nil u. dem Roten Meer gelegene Gebirgswüste in Ägypten, im *Jabal Sha'ib Al Banat* (Etbai) 2187 m, geht nach S in die Nub. Wüste über. Die A. W. ist der westl. Teil der geolog. Aufwölbung, in die das Rote Meer als Graben eingebrochen ist. Das Gebirge ist durch steilen Abfall gegen das Rote Meer gekennzeichnet u. besteht aus kristallinen Gesteinen. Es ist durch zahlreiche Wadis eng zerschnitten. Weite Teile sind vegetationslose Wüste, nur die höheren Lagen weisen halbwüstenhafte Vegetation auf, die Lebensgrundlage für Nomaden mit Kamelen, Ziegen u. Schafen. Im N sind es arab. Beduinen, im S, im Grenzgebiet zum Sudan, hamit. Bedja. Im Altertum wurden in der Arabischen Wüste Gold u. Edelsteine gefunden. Heute baut man u.a. Wolfram, Chrom, Uran u. Phosphat ab. An der Küste wird Erdöl gefördert.

**arabische Ziffern,** die ursprünglich ind., seit Ende des MA statt der röm. Zahlzeichen verwendeten Ziffernzeichen des Dezimalsystems: 0, 1, 2, ... 9.

**Arabisch-Indischer Rücken,** *Nordwestindischer Rücken, Carlsbergrücken,* der Nordteil des mittelozean. Rückens im Ind. Ozean, geht südwestlich der Chagosinseln in den Zentralind. Rücken über, bis 3500 m Tiefe, trennt das Arab. Becken vom Somalibecken.

**Arabisch-Persischer Golf** → Persischer Golf.

**Arabistan,** frühere pers. Bez. von → Khusestan; gelegentlich auch pers. Name von Arabien.

**Arabistik,** die Wissenschaft von der Sprache, Literatur u. Kultur der Araber. Auch → Orientalistik.

**Aracaju** [araka'ʒu], Hptst. des nordostbrasilian. Staats Sergipe, 401 000 Ew.; wissenschaftl. Institute; Nahrungsmittel- u. Textilindustrie; Meersalzgewinnung u. Erdöl; Hafen u. Flughafen. – 1855 gegr.

**Araçatuba,** brasilian. Stadt im Inneren des Staats São Paulo, 105 000 Ew.; landwirtschaftl. Handel; Nahrungsmittel- u. Möbelindustrie.

**Araceae** → Aronstabgewächse.

**Arachidonsäure** → Fette und fette Öle.

**Arachis** → Erdnuss.

**Arachne,** griechische mythologische Frauenfigur; wird nach einem Webwettkampf mit Athene von dieser in eine Spinne verwandelt, so dass sie immer weben muss.

**Arachnida** → Spinnentiere.

**Arachosien,** östliche Satrapie (Provinz) des achämenid. Reiches, umfasste das heutige Afghanistan südlich des Hindukusch mit *Kandahar* als Hauptort.

**Arachthos,** Fluss im westl. Mittelgriechenland, 122 km, bildet im Unterlauf die fruchtbare Schwemmlandebene südl. von Arta.

**Arad, 1.** 1962 gegr. israel. Stadt im nordöstl. Negev, unweit des Toten Meers, 641 m ü.M., 11 400 Ew.; chem. Industrie; Fremdenverkehr. – Ausgrabungen aus kanaanit. u. frühisraelit. Zeit (12./11. Jh. v.Chr.).
**2.** Verw.-Sitz des rumän. Kreises A., an der Mureş, 190 000 Ew.; Staatstheater, Geschichts- u. Kunstmuseum, Staatsphilharmonie; Textil-, Lebensmittel-, Holz-, chem. Industrie; Waggon- u. Maschinenbau. – Ersterwähnung 1156 (als Stadt 1329); orthodoxe Kathedrale, Festung (18. Jh.); 1848/49 vorübergehend Regierungssitz, bis 1918 zu Ungarn.
**3.** rumän. Kreis, 7652 km², 487 000 Ew.; Verw.-Sitz A. (2).

**Arad,** Ron, israel. Architekt, Designer u. Bildhauer, *1951 Tel Aviv; gründete in London die Designergruppe u. -galerie „One Off Ltd.", die für die Erneuerung des engl. Designs wegweisend wurde. Er experimentiert mit Metall, Industrieglas, Beton, Holz u. Textilien. 1986/87 entwarf er für die Firma Vitra den „Well-tempered chair" aus gefaltetem Stahlblech. 1990 gestaltete A. zusammen mit A. Brooks den Innenraum der Oper in Tel Aviv. Er entwirft individuelle Einzelstücke, Möbelserien u. arbeitet als Interieur-Designer.

**Arados,** *Arvad,* heute *Ruâd,* phöniz. Handelsstadt an der syrischen Küste, nördl. von Beirut.

**Arafat,** Jasir, arab. Politiker, *21. 3. 1929 Jerusalem; Ingenieur; Gründer u. Führer der palästinens. Untergrundorganisation *Al Fatah;* seit 1969 zugleich Vors. des Exekutivkomitees der „Palästinens. Befreiungsorganisation" (PLO); wurde 1989 Präs. des 1988 von den Palästinensern proklamierten Staates Palästina; erhielt 1994 gemeinsam mit S. *Peres* u. I. *Rabin* den Friedensnobelpreis; 1996 zum „Ra'is" des palästinens. Autonomierates gewählt.

**Arafurasee,** Nebenmeer des Pazif. Ozeans, der Ostteil der zwischen der südostasiat. Inselwelt u. Australien liegenden Flachsee, im O durch die Torresstraße mit dem Korallenmeer verbunden; im W schließt sich die Timorsee an.

**Aragaz,** *Alagös,* erloschener Vulkan in Nordwestarmenien, höchster Berg Transkaukasiens, 4095 m, z.T. vergletschert; Tuffabbau; Sternwarte.

**Arago,** Dominique François, französ. Physiker, *26. 2. 1786 Estagel bei Perpignan, †2. 10. 1853 Paris; Direktor der Pariser Sternwarte, mit J. B. *Biot* an Meridianbogenmessungen beteiligt, arbeitete über das opt. Verhalten von Quarz, die Wellentheorie des Lichts sowie die Magnetisierung des Eisens durch elektr. Strom.

Louis Aragon

♦ **Aragon** [-'gɔ̃], Louis, französ. Schriftsteller, *3. 10. 1897 Paris, †24. 12. 1982 Paris; seit 1927 Kommunist, führend in der französ. Widerstandsbewegung; schrieb Lyrik, Dramen, Essays; war zunächst Vorkämpfer des Surrealismus, verfasste dann realist., politisch engagierte Romane, von denen er sich ab Mitte der 1950er Jahre wieder löste. Werke u.a. „Pariser Landleben" 1925, dt. 1969; „Die wirkliche Welt", 4 Bde. 1934 bis 1944, dt. 1948–1953; „Die Kommunisten", 5 Bde. 1949–1951, dt. 1953–1961; „Blanche oder das Vergessen" 1967, dt. 1972; „Theater" 1974, dt. 1977; „Das Wahr-Lügen" 1981, dt. 1983.

**Aragón,** ♦ **1.** *Aragonien,* histor. Landschaft u. Region im nordöstl. Spanien, umfasst die Provinzen *Huesca, Saragossa* u. *Teruel,* zusammen 47 720 km², 1,2 Mio. Ew.; Hptst. *Saragossa,* lässt sich in drei Großlandschaften unterteilen: Der Nordteil (Alto A.) umfasst die span. Abdachung der Zentralpyrenäen mit im N hohen, nach S abnehmenden Niederschlägen. Der Mittel-

Aragón (1)

teil, die Zone der Sierren, wird durch meist von W nach O verlaufende Gebirgszüge gekennzeichnet, die in extensiver Schaf- u. Ziegenhaltung genutzt werden (z.T. Transhumanz). An zahlreichen Talsperren wird Strom erzeugt. Der S, der Kernbereich des Ebrobeckens, ist trocken mit z.T. steppenartiger Vegetation. In ganz A. herrscht ein kontinentales Klima mit trockenen Sommern. Während im N noch Regenfeldbau betrieben werden kann, ist im Ebrobecken der Anbau nur mit Bewässerung möglich (Zuckerrüben, Kartoffeln, Baumwolle, Mais, Gemüse, Wein). Im Ebrobecken wird Braunkohle gefördert. Die Industrie verarbeitet hauptsächlich die Produkte der Landwirtschaft.
*Geschichte:* Nach dem 2. Punischen Krieg römisch, nach 415 westgotisch, im 8. Jh. arabisch, wurde A. als selbständige Grafschaft im 10. Jh. mit anderen Gebieten zum Königreich *Navarra* zusammengefasst. Durch die Erbteilung Sanchos d. Ä. (1000 bis 1035) wurde es ein selbständiges Königreich, das Ramiro I. (1035–1063) um die Grafschaften Sobrarbe u. Ribagorza erweiterte. Alfons I. entriss den Mauren die spätere Hauptstadt Saragossa. Aragóns Einfluss u. Besitz dehnte sich dann auch auf Gebiete nördl. der Pyrenäen aus. Während sich Navarra abtrennte, wurde durch die Heirat der Tochter Ramiros II. (*1094, †1154) mit Graf Ramón Berengar IV. (*1115, †1176) von Barcelona das binnenländische A. mit Katalonien vereinigt. 1238 kam Valencia u. 1282 Sizilien dazu. Peter (Pedro) III. musste den Ständen in A. wegen seiner Kriege um Sizilien bes. Privilegien zubilligen, u. Peter (Pedro) IV. (*1319, †1387) kämpfte erfolgreich gegen die Union der Stände. Alfons V. (1416–1458) erhielt durch Erbschaft Neapel. Johann II. (*1397, †1479), auch König von Navarra, strebte die Stärkung der königl. Gewalt an. Sein Sohn Ferdinand der Katholische, Gatte der Isabella I. von Kastilien, wurde 1474 König in Kastilien u. trat 1479 seine Herrschaft in A. an. Mit dieser Vereinigung von Kastilien u. A. begann die spanische Geschichte.
**2.** *Rio Aragón,* linker Nebenfluss des Ebro in Nordostspanien, 197 km; entspringt in den Zentralpyrenäen, mündet südöstl. von Calahorra; bei Yesa durch eine Talsperre (470 Mio. m³) gestaut; speist Bewässerungskanäle.

**Aragonien** → Aragón (1).

**Aragonit** [der; nach *Aragón*], rhomb. Abart des Kalkspats; Härte 3½–4; auf Klüften u. Hohlräumen in magmat. Gesteinen, Erzlagerstätten, in Ton, als Sinterbildung.

**Aragua,** Bundesstaat im N Venezuelas, westlich von Caracas, 7014 km², 1,1 Mio. Ew., Hptst. *Maracay*; Viehzucht u. Plantagen; Henri-Pittier-Nationalpark.
**Araguaia,** linker u. längster Quellfluss des Tocantins in Brasilien, 2200 km (1300 km schiffbar).
**Arahat,** buddhist. Heiliger, → Arhat.
**Ara'ish** [ar'aiʃ], *Al Ara'ish,* marokkanische Stadt, → Larache.
**Arak,** früher *Soltanabad, Hajjiabad,* iran. Stadt südwestl. von Qom, 331 000 Ew.; Handelszentrum, Metallverarbeitung, Teppichindustrie, Töpferei.
**Arakakadu** → Kakadus.
**Arakan,** *Rakhine,* Prov. in Myanmar (Hinterindien), 36 778 km², 2,44 Mio. Ew.; am Golf von Bengalen, reicht östl. bis an das 700 km lange Gebirge *Arakan Yoma* (im Mount Victoria bis 3053 m); Hptst.: *Akyab.*
**Arakanga,** Papagei, → Aras.
**Arakawa,** Shusaku, japan. Maler, * 6. 7. 1936 Nagoya; lebt in New York; seit den 1960er Jahren gegenstandslose Malerei mit Zeichen u. Sprachelementen; dabei wird die Spannung zwischen Begriff u. Vorstellung deutlich; Gedanken erscheinen optisch sichtbar. Die Ursprünge seiner Kunst liegen im Dadaismus von M. Duchamps u. im Zen-Buddhismus.
**Araki,** Nobuyoshi, japan. Fotograf, *25. 5. 1940 Tokyo; schafft fremdartige Mischungen aus Aktfotos u. Stadtansichten, die er zu Fotoromanen zusammenstellt u. mit Titeln wie „Tokyo Elegy" oder „Tokyo Novel" versieht. Die Fotos liegen in einem Spannungsfeld zwischen Tradition u. Provokation. Themen sind die Stadt Tokyo u. Liebe u. Tod.
**Araks,** Fluss in Transkaukasien, → Aras.
**Araktschejew,** *Arakčeev,* Alexej Andrejewitsch Graf, russ. General u. Politiker, *4. 10. 1769 Gouvernement Twer, † 3. 5.1834 Grusino bei Nowgorod; 1808 Kriegs-Min., 1810 Präs. des Militärdepartements des Reichsrats, 1817 Chef der Militärkolonien. Als enger Vertrauter Alexanders I. errichtete A. seit 1817 einen brutalen Militärdespotismus.
**Araldit,** Marke für → Epoxidharze.
**Araliaceae** → Efeugewächse.
**Aralie,** Handelsname verschiedener Zierpflanzen aus der Familie der Efeugewächse *(Araliaceae)*; Herkunft: Süd- u. Ostasien.
**Aral-Pokal,** *Pferdesport:* jährlich in Gelsenkirchen ausgetragenes Galopprennen für 3-jährige u. ältere Vollblüter über die Distanz von 2400 m, startberechtigt sind nur inländ. Pferde; der A. wurde 1957 von der Firma Aral AG gestiftet.
**Aralsee,** See in den Wüsten Kasachstans u. Usbekistans, ehemals mit rd. 68 000 km² der viertgrößte Binnensee der Erde, jetzt rd. 32 000 km², im Mittel 10–15 m tief, 36 m ü. M.; abflusslos, über 2,7 % Salzgehalt; wegen Verdunstung, geringer Niederschläge u. hoher Wasserentnahme aus den beiden Zuflüssen Amudarja u. Syrdarja sinkt der Wasserspiegel; drohende Austrocknung zu einem Salzsumpf; Salzgewinnung am Nordufer bei *Aralsk;* Fischerei u. Schifffahrt sind inzwischen eingestellt.

**Aralsk,** ehemalige Hafenstadt in Kasachstan, am jetzt verlandeten Nordufer des Aralsees, 25 000 Ew.; Nahrungsmittel-, Baustoff- u. chem. Industrie, Steinsalzgewinnung; an der Transuranischen Bahn.
**Aramäer,** semit. Stämme, die seit der Mitte des 2. Jahrtausends v. Chr. aus der nordarab. Wüste in den Raum Syriens u. Nordwestmesopotamiens einwanderten u. seit etwa 1000 v.Chr. kleine Staaten bildeten, z. T. unter Vorherrschaft von Damaskus. Zwischen dem 9. u. 7. Jh. v.Chr. krieger. Auseinandersetzungen mit den Assyrern u. Israel.
**aramäische Schrift,** nordsemit. Schrift des 9.–2. Jh. v.Chr.; eine Konsonantenschrift, die in Nordsyrien entstand u. sich über ganz Vorderasien ausbreitete; bes. in Ägypten (Elephantine) wurden zahlreiche Papyri mit aramäischer Schrift gefunden.
**aramäische Sprache,** die Sprache der Aramäer, eine semit. Sprache. Erste Zeugnisse der aramäischen Sprache gibt es seit dem 8.Jh. v.Chr. Die a.S. verdrängte so die in den nördl. Gebieten heimischen semit. Sprachen, wurde in Vorderasien Amts- u. Handelssprache u. behauptete sich gegen das Griechische. Aramäische Texte im AT („Bibelaramäisch") sind vor allem Esra 4,8–6,18; 7, 12–26 u. Daniel 2, 4b–7, 28; Jesus sprach einen aramäischen Dialekt. Seit 650 vom Arabischen durch den Islam verdrängt; heute bis auf wenige Reste im nördl. Irak u. Iran ausgestorben. Die a.S. hat besonders den arab. Wortschatz beeinflusst.
**Aramburu,** Pedro Eugenio, argentin. Politiker, *21.5.1903 Río Cuarto, Prov. Córdoba, †1.(?)6.1970 Carlos Tejedor (von Extremisten entführt u. ermordet); seit 1919 in der militär. Laufbahn, 1951 Divisionsgeneral u. Direktor der argentin. Kriegsschule; 1955 führte er im Norden des Landes den Aufstand gegen J. D. *Perón;* auch später blieb er Gegner Peróns u. der Peronisten; 1955–1958 war er Staats-Präs., leitete ein wirtschaftl. Stabilisierungsprogramm ein.
**Aramon** [-'mɔ̃], *blauer Aramon,* Rebsorte, die bes. im südl. Frankreich angebaut wird, ergibt einen blassen Rotwein von geringerer Qualität.
**Aranda,** *Arunta,* zentralaustralischer Stamm; Wildbeuter mit kompliziertem Heiratsklassensystem.

Ararat (2): Der höchste Berg der Türkei ragt über 3000 m aus dem über 2000 m hohen Hochland von Armenien auf

**Aranda de Duero,** span. Stadt in Altkastilien, östl. von Valladolid am Oberlauf des Duero, 27 800 Ew.; Verarbeitung landwirtschaftlicher Produkte, Leinen- u. Wollindustrie.
**Arangzib** → Aurangseb.
**Aranha** [a'ranja], José Pereira da Graça, brasilian. Schriftsteller u. Diplomat, *21. 6. 1868 São Luís de Maranhão, †26. 1. 1931 Rio de Janeiro; Romancier, Dramatiker, Essayist; einer der Wortführer des Modernismus; Romane: „Canaã" 1902; „A viagem maravilhasa" 1929. Essays: „O Espírito Moderno" 1925.
**Araninseln** [ˈærən-], Inselgruppe an der Nordwestküste Irlands, in der *Galway Bay;* gehören administrativ zur irischen Provinz Connaught, 47 km², 1400 Ew.; größte Insel *Aran,* 31 km².
**Aranjuez** [-xuˈɛθ], span. Stadt auf der Hoch-

fläche Neukastiliens, 50 km südlich von Madrid, im Tal des Tajo, 35 600 Ew.; einst Sommerresidenz der span. Könige mit prunkvollen Bauten (Königspalast), Parkanlagen u. Wasserspielen; Spargel- u. Erdbeerzucht, Zuckerrübenanbau; Herstellung von pharmazeut. u. chem. Produkten, Fotomaterial, Telefonkabel.

**Arany** ['ɔrɔnj], János, ungar. Dichter, * 2. 3. 1817 Nagyszalonta (heute Salonta, Rumänien), † 22. 10. 1882 Budapest; Generalsekretär der Ungar. Akademie der Wissenschaften; gilt als Meister der Ballade. Mit der „Toldi-Trilogie" 1846–1879, dt. 1855, u. a. Epen („König Budas Tod" 1863, dt. 1879) versuchte A. einen ungar. Sagenkreis zu schaffen; übersetzte Aristophanes u. Shakespeare; Ausgewählte Gedichte dt. 1908.

**Aranyakas** [sanskr., „Waldtexte"], zu den späteren Texten des → Veda gehörige Werke mit Opferspekulationen.

**Arányi** ['ɔraːɲi], Jelly d'A., engl. Violinistin ungar. Herkunft, * 30. 5. 1893 Budapest, † 30. 3. 1966 Florenz; Schülerin von J. Hubay in Budapest; lebte seit 1923 in London. B. Bartók schrieb für sie zwei Violinsonaten, M. Ravel widmete ihr „Tzigane" für Violine u. Klavier.

**Aräometer** [grch.], *Densimeter, Senkwaage, Spindel,* Gerät zur Bestimmung des spezifischen Gewichts von Flüssigkeiten *(Skalenaräometer)* und festen Stoffen *(Gewichtsaräometer).* Das Skalenaräometer hat am unteren Ende ein mit Quecksilber oder Bleikugeln gefülltes Glasröhrchen mit normierter Gewichtsskala, das senkrecht in die Flüssigkeit eintaucht; je tiefer das Aräometer versinkt, um so geringer ist die Dichte der Flüssigkeit; Anwendung im Labor und bei der Materialkontrolle, z. B. Alkoholspindeln *(Alkoholometer),* Feststellen des Zuckergehaltes *(Saccharimeter)* oder Fettgehaltes in Milch *(Milcharäometer),* des Ladezustandes von Batterien. – Das Gewichtsaräometer besteht aus einem Hohlzylinder mit einer Auflagevorrichtung für die Aufnahme des Körpers. Durch Eintauchen in Wasser wird das spezifische Gewicht gemessen.

**Ara Pacis Augustae,** Friedensaltar des Augustus am Marsfeld in Rom, am 30. 1. 9 v. Chr. nach vierjähriger Bauzeit eingeweiht. Wegen seines reichen, von der Staatssymbolik des Prinzipats geprägten Reliefschmucks der Umfassungsmauern (Prozessionsszenen, Opfer des Äneas, Mars mit Romulus u. Remus, Italia, Roma) wichtigstes Denkmal der augusteischen Kunst; 1938 aus den antiken Resten in der Nähe des Augustus-Mausoleums am Tiber wieder errichtet.

**Arapaho,** Prärie-Indianerstamm der Algonkin, einst Bisonjäger; seit etwa 1830 gespalten in zwei Gruppen: die nördliche lebte in Wyoming, die südliche in Oklahoma.

**Arapaima,** *Arapaima gigas,* größter Süßwasserfisch des trop. Amerika, aus der Ordnung der *Knochenzüngler,* lebt in Brasilien u. Peru im Flussgebiet des Amazonas; Schwimmblase als zusätzl. Atmungsorgan; über 2 m lang u. mehr als 150 kg schwer; Laichablage auf sandigem Boden in Nestmulde, Laichpflege; Raubfisch; schmackhaftes Fleisch, im Fanggebiet wichtiges Nahrungsmittel (getrocknet); von der Ausrottung bedroht.

**Arara,** Karaiben-Indianerstamm am Xingu, Nordwestbrasilien; Maniokpflanzer, Fischer u. Jäger.

**Araraquara** [-ku'ara], brasilian. Stadt in São Paulo, 113 000 Ew.; landwirtschaftl. Markt, Nahrungsmittel-, Metall- u. chemische Industrie.

**Ararat,** 1. ['ærəræt], Stadt in Victoria, Australien, nordöstl. von Melbourne, 8000 Ew.; Weizenanbauzentrum der fruchtbaren Wimmera-Region, Weinbau; Maschinenbau, Goldbergbau 1854–1856.
◆ 2. [hebr.], türk. *Büyük Ağri Daği,* armen. *Masis,* erloschener Vulkan im Hochland von Armenien (östl. Türkei), im türk.-armen.-iran. Grenzgebiet; höchster Berg der Türkei, zweigipflig, *Großer A.* 5165 m, *Kleiner A.* 3925 m; 1829 erstmals erstiegen; in der weiteren Umgebung des A. soll die Arche Noach gelandet sein.

**Aras,** *Araras,* Bez. für 2 Gattungen *(Ara, Anodorhynchus)* großer bis sehr großer, langschwänziger, leuchtend bunt gefärbter *Papageien* des trop. Amerika; beliebte Zoovögel, als Stubenvögel wegen ihres gefährl. Schnabels und ihres Geschreis ungeeignet; u. a. *Grünflügelara, Ara chloroptera,* dunkelrot-blaugrün; *Hellroter Ara oder Arakanga, Ara macao,* scharlachrot u. gelb; *Ararauna, Ara ararauna,* blau-gelb; *Hyazinthara, Anodorhynchus hyacinthinus,* kobaltblau u. mit 1 m Länge der größte Ara. A. sind in ihrem Bestand durch Lebensraumzerstörung u. Fänge für den Tierhandel bedroht u. stehen unter Schutz.

**Aras,** *Araks,* armen. *Erasch,* im Altertum *Araxes,* größter rechter Nebenfluss der Kura in Transkaukasien, 1070 km; entspringt in den Karasu-Aras Daǧlari, bildet im Mittellauf die Grenze der Türkei u. des Iran zu Armenien u. Aserbaidschan, mündet bei Sabirabad in der Kuranieđerung.

**Aratos von Sikyon,** griech. Feldherr u. Staatsmann, * um 271 v. Chr., † 213 v. Chr.; Führer des *Achäischen Bundes,* Vorkämpfer für die Befreiung des Peloponnes von der makedon. Hegemonie; unterstellte später den Achäischen Bund König *Antigonos III. Doson.*

**Arauca,** 1. ostkolumbianische Departamento, 23 818 km², 98 000 Ew.; Hptst. *A.;* Rinderzucht in den Feuchtsavannen.
2. *Río Arauca,* linker Nebenfluss des Orinoco, im nördl. Kolumbien u. in Venezuela, 1000 km lang; 700 km schiffbar; Überschwemmungssavanne.

**Araucanía,** Region im Süden Mittelchiles, 31 858 km², 775 000 Ew., Hauptstadt *Temuco;* Weizenanbau, Verarbeitung landwirtschaftlicher Produkte, bedeutende Holzwirtschaft (Naturwald mit Araukarien in der Kordillere). Die Region ist auch als *Frontera* bekannt, die wegen der kriegerischen Auseinandersetzungen mit den Araukaner-Indianern erst Ende des 19. Jh. in Chile eingegliedert werden konnte. In rund 1200 Reservationen leben heute noch 200 000 Araukaner (vor allem Mapuches).

Araukanerin mit traditionellem Silberschmuck

**Arauco,** mittelchilen. Prov., 5240 km², rd. 113 000 Ew.; Verw.-Sitz *Lebu;* bedeutende Aufforstungen mit verschiedenen Kiefernarten.

◆ **Araukaner,** indian. Bevölkerung Chiles, seit dem 18. Jh. auch der westargentin. Pampa; Stämme: *Picunche, Mapuche, Huiliche, Pehuenche,* lebten früher vom Einsammeln der Araukariensamen, heute vom Anbau von Mais, Bohnen, Kartoffeln; Zucht von Hund u. Lama, später auch von Rindern u. Schafen; in der Pampa nach Übernahme des Pferdes ein gefürchtetes Reitervolk, erst Ende des 19. Jh. „befriedet"; bekannt durch seinen Silberschmuck; eine Art Hockey ist Nationalsport.

**araukanische Sprachen,** eine Familie südamerikan. Indianersprachen in u. um Chile.

**Araukarie,** *Araucaria, Schmucktanne,* Gattung der *Araukariengewächse* (Araucariaceae), auf die südl. Erdhälfte beschränkte Bäume mit schraubig gestellten, manchmal gabelnervigen Nadeln u. sehr verschiedenem Wuchs. Die *Norfolk-Schmucktanne, Araucaria excelsa,* wird in der Heimat, der Insel Norfolk, bis zu 60 m hoch u. hat einen regelmäßig pyramidalen Wuchs; bei uns als *Zimmertanne* bekannt. Die *Brasilian. Schmucktanne (Pinheiro), Araucaria brasiliensis,* ist ein Charakterbaum des südl. Brasilien u. hat bei einer Höhe bis zu 50 m ein kiefernartiges Aussehen. Im südl. Chile wächst die regelmäßig pyramidenförmig gebaute, bis 45 m hohe *Chilenische Schmucktanne, Araucaria imbricata,* auch als *Schuppentanne, Andentanne* oder *Chiletanne* bekannt. – Eine andere Gattung der Araukariengewächse ist *Agathis* oder *Dammaratanne* (Malai. Archipel, Ostaustralien u. Neuseeland); die sehr harzreichen Bäume liefern verschiedene *Kopalsorten.*

**Arausio,** (heute *Orange*), kelt. Siedlung an der unteren Rhône, bei der die Römer im

Jahr 105 v. Chr. eine vernichtende Niederlage gegen die *Kimbern* erlitten. Unter *Cäsar* Besiedlung mit Veteranen u. damit röm. Kolonie *(Colonia Firma Iulia Secundanorum A.)*. Bedeutende Überreste: Triumphbogen, Theater sowie die Bruchstücke einer Katasterinschrift.

**Arava,** arab. *Wadi Al Arabah,* südl. Jordanfurche, vom Toten zum Roten Meer, 175 km lang, 6 bis 20 km breit, zwischen den Bergen von Edom u. der Negev-Wüste; auf jordan. Seite unbesiedelt, auf israel. Seite einige Grenzkibbuzzim auf bewässertem Land (Dattelpalmen, Viehzucht, Gemüse); am Westrand nördl. von Elat die Kupfervorkommen von Timna.

◆ **Aravalligebirge,** *Arravalligebirge, Aravalli Range,* von SW nach NO verlaufendes, geolog. altes Faltengebirge im nordwestl. Indien (Rajasthan), rd. 700 km lang, 80 km breit, im *Guru Sikar* (Mount Abu) 1722 m; zerklüftet, schwer zugänglich u. dünn besiedelt; Klima- u. Kulturscheide zwischen fruchtbarem Land im Süden u. der Wüste Thar im Nordwesten.

Aravalligebirge: Landschaft nördlich von Jaipur

**Arawana,** *Osteoglossum bicirrhosum,* ein *Knochenzüngler,* naher Verwandter des → *Arapaima;* lebt wie dieser im Amazonasgebiet, bleibt aber mit etwa 50 cm bedeutend kleiner; 2 Barteln am Unterkiefer; kein Nestbau, trägt die Eier während der Entwicklung wahrscheinlich im Maul; guter Speise- u. beliebter Sportfisch.

**Araxá** [araˈʃa], Schwefelthermalbad in Minas Gerais, Brasilien, 36 000 Ew.; Abbau von Niobit.

**Arbaud** [arˈbo], Joseph d'A., französ. Schriftsteller, * 6. 10. 1874 Meyrargues, † 2. 3. 1950 Aix-en-Provence; seine Lyrik (z. B. „Li cant palustre" 1919) u. Prosa (z. B. „La caraco" 1937) beschreibt seine Heimat Südfrankr.

**Arbe** → Arve.

**Arbeit, 1.** *Physik:* das Produkt aus der an einem Körper angreifenden Kraft u. dem in Kraftrichtung zurückgelegten Weg. Wirkt die Kraft F in Richtung des Weges s, so gilt für die Arbeit W:

$$W = \vec{F} \cdot \vec{s}.$$

Schließen Kraft u. Weg einen Winkel α ein, so gilt:

$$W = F \cdot s \cdot \cos\alpha.$$

A. wird in Joule gemessen (1 Joule = 1 Newtonmeter = 1 Wattsekunde). Auch → Kraft.

**2.** *Technik:* das *Arbeiten des Holzes,* Veränderung von Abmessungen u. Form des Holzes durch Abgabe beziehungsweise Aufnahme von Feuchtigkeit; wird durch das Übereinanderleimen von Holzlagen, in denen die Fasern in verschiedenen Richtungen verlaufen, verhindert. Auch → Sperrholz.

◆ **3.** *Wirtschaft:* jede meist zweckgerichtete Tätigkeit zur Befriedigung materieller oder geistiger Bedürfnisse des Einzelnen oder der Allgemeinheit. Aus der Notwendigkeit der menschl. A. für die Erhaltung der Gesellschaft wird die *Pflicht zur A.,* aus der Notwendigkeit zur Erhaltung des eigenen Lebens u. der Befriedigung der eigenen Bedürfnisse das *Recht auf A.* abgeleitet. Die einzelnen Staaten haben z. T. in ihren Verfassungen, z. T. in sonstigen Gesetzen Recht u. Pflicht auf A. anerkannt.

Die alten Kulturen des Mittelmeerraums schätzten die Handarbeit gering und überließen sie grundsätzl. Sklaven. Im christl. Verständnis erscheint die A. als ein gottgegebener Auftrag zur Bewahrung der göttl. Schöpfung. Der Gedanke der *Berufung* nahm in der frühchristl. Phase in der vocatio-Vorstellung des Mönchstums eine besondere Prägung an. Die ursprüngl., universelle Einheit von *ora et labora* lockerte sich aber im Hoch- u. Spät-MA weiter im Sinn der Höherschätzung geistiger u. der relativen Geringschätzung manueller A., zugleich wurde die Verbindung von A. u. Berufung standesgebunden ausgeweitet. Die unterschiedl. Bewertung der Menschen nach Stand u./oder Beruf wurde durch das luther. Verständnis standesunabhängigen Dienstes (A. als Stand) am Nächsten u. vor Gott (Berufung) teilweise überwunden. Im *Calvinismus* spielte die Arbeitsgesinnung (innerweltl. Askese) bzw. der Berufserfolg eine wichtige Rolle, auf die etwa Max *Weber* großenteils den „Geist des Kapitalismus" zurückführte. Der Übergang zur Neuzeit war gekennzeichnet durch die Herausbildung eines aufklärerisch-idealist. Arbeits- u. Berufsgedankens (A. u. Beruf als Medien der Persönlichkeitsentfaltung). Mit der Entstehung der modernen Volkswirtschaften setzte sich zunehmend als herrschender Arbeitstypus die abhängige *Lohnarbeit* durch („Vierter Stand", Proletariat, Arbeiterschaft, Arbeitnehmerschaft). A. begründete also eine bestimmte gesellschaftl. u. polit. Lage (u. a. von *Hegel* erkannt, der A. als verbindendes gesellschaftl. Prinzip u. als Grundlage des individuellen u. allgemeinen Reichtums sah; von K. *Marx* als durch den Gegensatz von Kapital u. A. begründetes Klassenverhältnis angesehen). Versuche der Integration der „arbeitenden Klasse" in Staat, Wirtschaft u. Gesellschaft fanden ihren Ausdruck z. B. in der Gewährung des vollen Wahlrechts, der Koalitionsfreiheit u. einer bemerkenswerten sozialen Besserstellung. Im Kapitalismus wie Sozialismus ist die A. ein hier stärker individualistisch, dort stärker kollektivistisch orientierter Selbst- u. wirtschaftl. Wert, dem besondere soziale Bedeutung zukommt.

In der *Volkswirtschaftstheorie* ist A. einer der drei klassischen → Produktionsfaktoren bei der Erzeugung von Waren u. Diensten. Sie wird im Produktionsprozess mit den beiden anderen Produktionsfaktoren → Boden u. → Kapital kombiniert. Wie der Anteil des Produktionsfaktors A. am Arbeitsergebnis bestimmt u. entgolten

Arbeit (3): Halbleiterfertigung an staubfreien Arbeitsplätzen

werden kann, ist immer wieder Streitfrage der Wirtschaftstheorie. Politisch bedeutsam wurde die von K. Marx im Anschluss an D. Ricardo entwickelte Theorie, wonach die A. allein den Gesamtertrag schafft (Lohntheorie). – Das Arbeitspotenzial einer Volkswirtschaft hängt wesentlich ab von der effizienten Steuerung von Angebot u. Nachfrage an Arbeitsleistungen auf dem Arbeitsmarkt. – Die Produktivität der A. hängt ab von ihrer wirtschaftl. optimalen Kombination mit den anderen Produktionsfaktoren, aber auch von ordnungspolit. Maßnahmen des Staates, die der Arbeitsvermittlung, dem Arbeitsschutz, auch dem Schutz vor → Arbeitslosigkeit u. Ä. dienen.

**Arbeiter,** *i. w. S.* jeder beruflich tätige Mensch; *i. e. S.* alle → Arbeitnehmer, d. h. die im fremden Dienst zur unselbständigen Arbeit gegen Entgelt Beschäftigten. Man unterscheidet unter ihnen nochmals zwischen → Angestellten, die überwiegend *Kopfarbeiter,* u. Arbeitern im engeren Sinn, die überwiegend *Handarbeiter,* sind. Doch ist das Unterscheidungsmerkmal mit Rücksicht auf die erhebl. Anforderungen, die vor allem an einen *Facharbeiter* gestellt werden, sehr zweifelhaft. Die A. bildeten bis Mitte der 1980er Jahre noch die Mehrzahl aller Arbeitnehmer. Heute gibt es rund 3 Mio.

# Arbeiterbewegung

Arbeit (3): In der Phase der Industrialisierung bedeutete Arbeit äußerste Anstrengung ohne Schutzvorrichtung und Unfallversicherung; Adolph von Menzel „Im Eisenwerk" (Ausschnitt); 1875. Berlin, Alte Nationalgalerie

mehr Angestellte als A. in Deutschland. Die rechtl. Ausgestaltung ihres Arbeitsverhältnisses unterscheidet sich nur noch geringfügig von dem der Angestellten. Im Gegensatz zu den Angestellten wird das Entgelt der A. bei Zeitlohn grundsätzlich noch nach Stunden berechnet. Man unterscheidet zwischen ungelernten, angelernten u. Facharbeitern je nach Ausbildung u. Qualifikation, nach dem Wirtschaftszweig, in dem sie tätig sind, zwischen Land-, Forst- u. Industriearbeitern, Textil-, Metall-, Transport-, Bergarbeitern u. a. Rechtlich vor allem bedeutungsvoll ist die Unterscheidung zwischen gewerbl. Arbeitern, die in einem unter die Gewerbeordnung fallenden Betrieb tätig sind, u. Bergarbeitern, für die die Berggesetze maßgebend sind; die besondere Regelung für land- u. forstwirtschaftl. A. in der Vorläufigen Landarbeitsordnung besteht seit dem 1. 9. 1969 nicht mehr. A. der Seeschiffahrt heißen Schiffsmänner; für sie gilt das Seemannsgesetz vom 26. 7. 1957.
Die industrielle Entwicklung im 19. Jh. in Europa u. Nordamerika führte dazu, dass ein immer größerer Teil der Bevölkerung A. wurde. In den anderen Ländern setzte die Entwicklung später ein. Grundlage war der Übergang der Fabrikationsweise zum Großbetrieb u. damit die Verdrängung der handwerkl. u. kleineren Unternehmungen, verbunden mit einer immer weiter fortschreitenden Arbeitsteilung. Aus der völlig unzulängl. wirtschaftl. u. sozialen Lage haben sich die A. im Lauf des 19. u. 20. Jh. emporgekämpft u. mit Erfolg Anteil am wirtschaftl. Ertrag u. am polit. Geschehen errungen. Auch → Arbeiterbewegung.

**Arbeiterausschüsse,** von Arbeitern gewählte Körperschaften zur Förderung des guten Einvernehmens zwischen Arbeitern u. Unternehmern. In der Diskussion über Maßnahmen zur Verbesserung des Arbeitnehmerschutzes spielte bereits gegen Ende des 19. Jh. die Frage eine bes. Rolle, wie berechtigte Wünsche u. Bedürfnisse der Arbeiter erkannt u. Differenzen rechtzeitig besprochen u. ausgeglichen werden könnten. So erörterten Sozialreformer wie Ernst Abbe (Gründer der Carl-Zeiss-Stiftung) u. a. die Aufgabenstellung für A. Die Novellierung der Gewerbeordnung im Jahre 1891 schuf die Möglichkeit, in Fabrikbetrieben A. zu bilden; ihre Meinung sollte bei der Festsetzung von Arbeitsbedingungen gehört werden. Mit dem ab 1. 1. 1893 rechtsgültigen Berggesetz verankerte die preuß. Regierung die Mitwirkung der Bergarbeiterschaft bei der Gestaltung der Arbeitsverhältnisse durch A. Als weiterer Meilenstein auf dem Weg zur gesetzl. Ausgestaltung der Betriebsverfassung gilt das so genannte Hilfsdienstgesetz aus dem Jahre 1916, durch das A. (u. die Angestelltenausschüsse) für alle Hilfsdienstbetriebe mit mindestens 50 Beschäftigten obligatorisch gemacht wurden. Das Betriebsrätegesetz von 1920 führte den → Betriebsrat als Vertretung der Arbeitnehmer ein.

◆ **Arbeiterbewegung,** der Machtkampf der industriellen Arbeiter zur Umgestaltung der gesellschaftlichen u. staatl. Ordnung. Nachdem der 3. Stand der Bürger im Zusammenhang mit der Französ. Revolution seine Gleichberechtigung erkämpft hatte, setzte ein Menschenalter später die A. ein (die Arbeiterschaft als 4. Stand). Ausgangspunkt war die schnelle wirtschaftl. Entwicklung u. damit zusammenhängend das schnelle zahlenmäßige Anwachsen der Arbeiterschaft, bes. im Zusammenhang mit der völlig unzureichenden wirtschaftl. u. sozialen Lage zu Beginn des 19. Jh. Die herrschende Schicht u. der Staat standen damals den Problemen der Arbeiterschaft verständnislos u. ablehnend gegenüber. Zunächst war der Kampf der Arbeiter gegen die Zustände völlig ungeregelt u. wirkte sich in Maschinenstürmerei, z. T. auch in rückschrittl. Forderungen, wie z. B. einer Rückführung auf eine Agrarwirtschaft, aus. Erst im Zusammenhang mit den Revolutionen 1830 u. 1848 gewann die A. politisch u. wirtschaftlich feste Zielrichtung u. auf der Grundlage des theoret. Sozialismus u. des Kommunistischen Manifests von 1848 auch eine ideolog. Grundlage, die im grundsätzl. Widerspruch zum herrschenden Liberalismus des Bürgertums stand. Zur Durchsetzung ihrer wirtschaftl. Bestrebungen, vor allem zum Ausgleich ihrer wirtschaftl. Unterlegenheit gegenüber dem Arbeitgeber, schlossen sich die Arbeiter zu Gewerkschaften zusammen, um mit deren Hilfe eine Verbesserung der Arbeitsbedingungen zu erreichen, in England schon zu Beginn des 19. Jh. in den Trade Unions, in Dtschld. später in den Arbeitervereinen (F. Lassalle). Auch das Genossenschaftswesen, bes. die

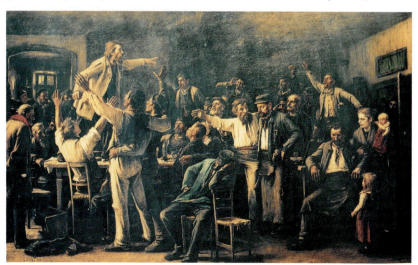

Arbeiterbewegung: „Vor dem Streik"; Gemälde von Michael von Munkacsy. Budapest, Ungarische Nationalgalerie

## Arbeiterbildungsvereine

*Konsumgenossenschaften*, war ihnen Mittel zur Besserung ihrer Lage. In der 2. Hälfte des 19. Jh. kam es zur Bildung von *Arbeiterparteien*, nachdem eine Trennung von den fortschrittl. bürgerl. Parteien stattgefunden hatte. 1875 schlossen sich die verschiedenen sozialist. beeinflussten Parteien zur *Sozialistischen Arbeiterpartei Deutschlands*, seit 1890 *SPD*, zusammen. Nach dem 1. Weltkrieg übernahmen die Arbeiterparteien, z. T. allein, z. T. in Koalitionen mit bürgerl. Parteien, die Regierungsgewalt, nicht nur in Dtschld., sondern in vielen Staaten Europas, z. B. in Schweden, Frankreich, Großbritannien. Nach der bolschewist. Revolution 1917 in Russland spaltete sich die gesamte polit. A. in sozialist. u. kommunist. Arbeiterparteien.

Die Beteiligung der Arbeiterparteien an der Regierung, die Anerkennung der Gewerkschaften als Partner beim Abschluss von Tarifverträgen u. die Mitbestimmung der Arbeiter in den Betrieben kennzeichnen den Anteil, den die Arbeiterschaft heute an der Gestaltung des staatl. u. wirtschaftl. Lebens erlangt hat. Ein Vergleich der heutigen Arbeitsbedingungen u. Löhne, der sozialpolit. Maßnahmen des Staates u. der sozialen Einrichtungen der Betriebe mit denen des vorigen Jahrhunderts lässt erkennen, dass die Ziele der A. in weitem Umfang erreicht worden sind.

**Arbeiterbildungsvereine**, Mitte des 19. Jh. gegr. → Arbeitervereine mit dem Ziel, den Arbeitern die geistigen u. kulturellen Voraussetzungen für den sozialen u. wirtschaftl. Aufstieg zu verschaffen.

**Arbeiterbund für Sport und Körperkultur in Österreich** → Arbeitsgemeinschaft für Sport und Körperkultur in Österreich.

**Arbeiterdichtung**, soziale Literatur, die den Arbeiter u. seine Welt zum Gegenstand hat. Der Begriff A. war einem starken Bedeutungswandel unterworfen, wobei die Form meist der sozioökonomischen bzw. polit. Thematik gegenüber eine untergeordnete Rolle spielte. Die Verfasser waren oft selbst Arbeiter oder Intellektuelle, die sich mit den Zielen u. Interessen der Arbeiterklasse solidarisiert hatten.

I. e. S. bezeichnet A. das vornehmlich lyrische Werk einiger dt. Dichter (Max *Barthel*, K. *Bröger*, A. *Petzold*, A. *Winnig*, P. *Zech*), die politisch vorwiegend der SPD, literar. dem *Expressionismus* nahestanden u. z. T. von R. *Dehmel* u. den *Werkleuten auf Haus Nyland* (J. *Kneip*, J. *Winckler*) gefördert wurden (H. *Lersch*, G. *Engelke*); ihr gefühlsbedingtes polit. u. soziales Engagement, die Ästhetisierung des „Rhythmus der Arbeit" sowie militarist. u. bürgerlich-chauvinist. Züge, die eine Absorption durch die ideologisch pervertierte A. des Nationalsozialismus ermöglichten (Barthel, Lersch), lassen sie heute nur sehr bedingt als Arbeiterdichter erscheinen.

I. w. S. bezeichnet A. die im Zusammenhang mit der Arbeiterbewegung entstandene Literatur, deren Anfänge in Dtschl. z. Z. der Weberaufstände von 1844, des *Vormärz* u. der bürgerl. Revolution von 1848 liegen (H. *Heine*, G. *Herwegh*, F. *Freiligrath*, G. *Weerth*, Wilhelm *Wolff*, Robert *Schweichel*); daraus entwickelte sich in der 2. Hälfte des 19. Jh. eine reiche sozialist. Liedproduktion mit aktualitätsbezogenen agitatorischen Inhalten (u. a. Jakob *Audorfs* „Arbeiter-Marseillaise", 1864; Max *Kegels* „Sozialistenmarsch" 1891), die z. Z. des *Sozialistengesetzes* illegal verbreitet wurde (Anthologien: „Vorwärts!" 1884; „Dt. Arbeiter-Dichtung" 1893).

Um die Jahrhundertwende geriet die A. als soziale Dichtung in den Sog des *Naturalismus*, andererseits liegen gerade in dieser Zeit im Zusammenhang mit der *Freien Volksbühne* (F. *Mehring*) die Anfänge einer proletar. Dramatik (Ernst *Preczang*, Otto *Krille*, Emil *Rosenow*, Robert *Nespital* u. Franz *Starosan*) für Berufstheater, vor allem E. *Piscators* Agitproptheater. Ab etwa 1903 erschienen die ersten, stark dokumentar. Arbeiterautobiografien (Carl *Fischer*, M.W.T. *Bromme*, Wenzel *Holek*, Josef *Peukert* u. a.), die am Beginn der sozialist. Arbeiterprosa stehen. Beide, die realist. Prosa u. das Drama, wurden dann in der Weimarer Republik zu den führenden Gattungen der proletarisch-revolutionären Literatur, deren Tradition sich nach den Exiljahren in der DDR-Literatur, insbes. im sog. *Bitterfelder Weg*, fortsetzte (→ deutsche Literatur). Der A. vergleichbare Bewegungen in der bundesdt. Literatur sind die *Gruppe 61* (1961–1970) u. der 1970 gegründete *Werkkreis Literatur der Arbeitswelt*.

◆ **Arbeiterfrage**, vor allem seit Mitte des 19. Jh. in den Mittelpunkt gerückte sozialpolit. Überlegungen u. Aktivitäten, obwohl noch um 1850 das Schwergewicht (über 50 %) der arbeitenden Bevölkerung bei den in der Landwirtschaft Tätigen lag u. weniger als 10 % der Fabrikarbeiterschaft zuzurechnen waren. Für diese aber galt nach zeitgenöss. Beobachtungen, dass sie bei geringerer Arbeitszeit weit höhere Verdienste als die ländl. Arbeiter erzielten. Daher sollten vornehmlich zur Verbesserung der Lebensverhältnisse der Landarbeiterschaft Maßnahmen des Arbeiterschutzes, des Vertragsschutzes sowie des Arbeiterwohnstättenbaus, aber auch Einrichtungen wie Kranken-, Sterbekassen sowie Altersversicherung eingeführt werden. Dennoch wurde die Zielsetzung der Förderung der Lebensbedingungen der industriellen Arbeiterschaft für die sich anbahnende staatl. Sozialpolitik dominierend. Sie entfaltete sich bes. unter dem polit. Aspekt, zur Milderung der Klassengegensätze zwischen Arbeit u. Kapital beitragen zu wollen. Das Arbeitsverhältnis, der freie Arbeitsvertrag wurde zum Begründungsargument für umfassende sozialpolit. Aktivitäten. Dieser ausgeprägte Zuschnitt der Sozialpolitik auf die A. in der Zeit der beginnenden Industrialisierung, der sich in Teilen der Theorie – vor allem aber in der Praxis – der Sozialpolitik bis zur Gegenwart erhalten hat, wird wegen der Veränderungen in den Lebensverhältnissen heute als unzureichend angesehen. Nicht die in festen Arbeitsverhältnissen stehenden Personen, sondern die außerhalb Befindlichen (Alte, Kinder u. Ehefrauen) lebten – so heißt es – so lange in Unsicherheit, als es der Sozialpolitik nicht gelinge, wirksame Hilfe zu leisten bei der hier notwendigen Anpassung an neue Lebensformen.

**Arbeiterjugendbewegung**, in Dtschld. gleichzeitig mit der bürgerl. *Jugendbewegung* um die Jahrhundertwende entstandene Bewegung mit dem Ziel, soziale u. polit. Gleichberechtigung für die Arbeiterjugend zu erkämpfen; stand in enger Verbindung mit der Sozialdemokratischen Partei. Die Spaltung der Sozialdemokratie während des 1. Weltkriegs u. die Gründung der Kom-

Arbeiterfrage: Industriearbeiterfamilie in ihrer Wohnküche, Berlin 1903

munistischen Partei Deutschlands lösten auch die Einheit der A. auf; ab 1920 bestanden: die Sozialistische Arbeiterjugend (SAJ, der SPD verbunden), der Kommunist. Jugendverband Deutschlands (KJVD) u. verschiedene unabhängige Arbeiterjugendgruppen; daneben begannen die Gewerkschaften eigene Jugendarbeit. Gleichzeitig fanden Lebensformen der zunächst bürgerl. Jugendbewegung auch in den Arbeiterjugendverbänden Eingang. Aus der *Kinderfreundeorganisation* entwickelte sich unter dem Einfluss der Pfadfinderbewegung eine neue Form der Arbeiterjugendgruppe, die „Roten Falken", die 1928 der SAJ eingegliedert wurden. 1930 spaltete sich der linke Teil der SAJ unter dem Einfluss der neu gegr. „Sozialistischen Arbeiterpartei" als „Sozialistischer Jugendverband" ab. Nach 1945 nahm in den westl. Besatzungszonen die der SPD nahe stehende „Sozialistische Jugend Deutschlands – Die Falken" die Tradition der SAJ wieder auf. Neben den „Falken" bestehen heute in Deutschland als Arbeiterjugendverbände die „Naturfreundejugend Deutschlands", die „Gewerkschaftsjugend", die „Sozialistische Deutsche Arbeiterjugend" (SDAJ), die der DKP nahe steht, sowie die „Christliche Arbeiterjugend" (CAJ; kath.; gegr. 1947). – In Dortmund besteht ein „Archiv A."

**Arbeiterklasse** → Klasse (4).

**Arbeiterkontrolle,** das in der Arbeiterbewegung, insbes. der in der Rätebewegung (1918/19) angestrebte Ziel, die überkommene betriebl. Leitung durch Vertreter der Arbeiter (Räte) abzulösen, die alle Vorgänge der Produktion entscheiden und kontrollieren sollten (Investitionen, Kalkulation, Planung, Verkauf, Arbeitszeit usw.). A. in diesem umfassenden Sinn wurde nie verwirklicht. Auch → Mitbestimmung, → Demokratisierung.

**Arbeiterlied** → Volkslied.

**Arbeiteropposition,** Bewegung in der KP u. in der mit der schlechten Versorgung unzufriedenen Arbeiterschaft Russlands, die unter Führung von Alexandra *Kollontaj* u. des Metallarbeiterführers A. G. *Schljapnikow* 1920–1922 die Kontrolle der Industrie durch die Gewerkschaften statt durch die Partei forderte. Der Standpunkt der A. wurde auf Antrag Lenins 1921 u. 1922 verurteilt; die meisten ihrer Anhänger wurden infolgedessen aus der Partei ausgeschlossen.

**Arbeiterpriester,** frz. *prêtres au travail,* früher *prêtres-ouvriers,* Bewegung unter französ. kath. Priestern (ab 1941), die als Fabrikarbeiter für die Kirche tätig sind; seit 1954 kirchlich verboten, seit 1965 wieder zugelassen.

**Arbeiterrentenversicherung,** die öffentlichrechtliche Zwangsversicherung, Teil der dt. → Sozialversicherung.
*Aufgabe:* Versorgung der Arbeiter im Alter u. bei Erwerbs- u. Berufsunfähigkeit sowie die Sicherstellung der Hinterbliebenen, ferner Gesundheitshilfe sowie Erhaltung u. Wiederherstellung der Erwerbsfähigkeit. 1889 als Invaliditäts- u. Altersversicherung aufgrund der Kaiserlichen Botschaft von 1881 eingeführt, 1911 als Teil (→ Invalidenversicherung) in der *Reichsversicherungsordnung* zusammengefasst; Neuregelung als A. 1957 aufgrund der Rentenreform durch das *Arbeiterrentenversicherungs-Neuregelungsgesetz,* in §§ 1226 ff. RVO geregelt. Wichtige Änderungen brachten die *Rentenreformgesetze* von 1972 u. 1992. Seit 1992 ist die A. Teil des Sozialgesetzbuchs VI. Träger sind die → Landesversicherungsanstalten. Versicherungspflichtig sind Arbeiter, soweit sie nicht in der Knappschaftsversicherung versicherungspflichtig sind; ferner Hausgewerbetreibende u. Heimarbeiter, Küstenschiffer u. Küstenfischer. Versicherungspflicht u. Versicherungsfreiheit sind durch die gemeinsame Gesetzesgrundlage wie in der Angestelltenversicherung geregelt, ebenso Mittelaufbringung u. Leistungen. Auch → Angestelltenversicherung.

**Arbeiterselbstverwaltung,** der Versuch der Selbstbestimmung in Wirtschaftsunternehmen im sozialist. Jugoslawien. Hauptmerkmale: von der Belegschaft eines Betriebes gewählter Arbeiterrat (Parteieinfluss bei der Kandidatenauswahl); Zuständigkeit bzw. Teilzuständigkeit des Arbeiterrats für alle innerbetriebl. Fragen u. die Festlegung der Geschäftspolitik. Das System der A. verhinderte nicht den Niedergang der jugoslaw. Wirtschaft in den 1980er Jahren.

**Arbeiter-Turn- und Sportbund,** 1893 gegr. dt. Sport-Dachorganisation (Name „A." seit 1919), in der die meisten dt. Arbeiter-Turn- u. Sportvereine zusammengeschlossen waren; 1933 aufgelöst.

**Arbeiter- und Angestelltenbund,** *Österreichischer Arbeiter- und Angestelltenbund,* Abk. *ÖAAB,* 1945 gegr. Arbeitnehmerorganisation der → Österreichischen Volkspartei; rd. 200 000 Mitglieder in 1500 Ortsgruppen.

**Arbeiter- und Bauern-Fakultät,** Abk. *ABF,* in der SBZ nach 1946 geschaffene, in der DDR bis 1964 bestehende Einrichtung, die Jugendlichen aus Arbeiter- u. Bauernfamilien die Erlangung der Hochschulreife ohne Besuch der höheren Schule ermöglichte.

**Arbeiter-und-Bauern-Inspektion** → Kontrollkommission (3).

**Arbeiter- und Soldatenräte,** gewählte Organe der revolutionären Bewegung vor allem in Russland. 1905 traten in Petersburg zum ersten Mal Arbeiter- u. Soldatenräte (*Sowjets*) als Streik- u. Revolutionsleitungen auf. 1917 übernahmen in Russland (zunächst örtl.) Arbeiter-, Bauern- u. Soldatenräte die Macht. 1918–1936 traten in der UdSSR *Rätekongresse* der Sowjetrepubliken, seit 1922 auch *Allunionskongresse* der Sowjets der Arbeiter- u. Bauerndeputierten zusammen; für die Zeit zwischen den Kongressen wählten sie Zentralexekutivkomitees, die Parlamentsfunktionen ausübten. Seit 1936/37 waren die Räte (Sowjets) direkt gewählte Volksvertretungen auf mehreren Ebenen (Gemeinde-, Bezirks-, Republik-, Oberster Sowjet der UdSSR). Nach russ. Vorbild bildeten sich 1918/19 auch in Dtschld. Arbeiter- u. Soldatenräte, doch fiel bereits auf deren 1. Kongress im Dez. 1918 die Entscheidung gegen das → Rätesystem. Die Arbeiter- u. Soldatenräte wurden 1922 endgültig aufgelöst. Das *Betriebsrätesystem* von 1920 kannte Arbeiterräte als Vertreter der Arbeiterschaft der Betriebe. Sie bildeten zusammen mit dem Angestelltenrat den Betriebsrat.

**Arbeitervereine,** im Gegensatz zu den Arbeiterparteien reine Standesorganisationen mit religiös-sittlicher oder kultureller Zielsetzung. Ihre Vorläufer waren die vom liberalen Bürgertum der Mitte des 19. Jh. gegründeten *Arbeiterbildungsvereine.* Ihnen folgten seit den 1880er Jahren die nur von der Arbeiterschaft getragenen sozialist. Wander-, Sport- u. kulturellen A. u. die konfessionellen A., von denen die katholischen 1929 im *Reichsverband der kath. Arbeiter- u. Arbeiterinnenvereine Deutschlands* (3000 Vereine mit über 300 000 Mitgliedern) zusammengefasst wurden. Gleichzeitig gab es etwa 750 ev. Vereine mit rd. 100 000 Mitgliedern. Die A. wurden 1933 aufgelöst, ihre Aufgaben teilweise von der Dt. Arbeitsfront übernommen. Nach 1945 reorganisiert; 1952 wurde als Gesamtverband der ev. A. die *Ev. Arbeiterbewegung* (Abk. *EAB*) gegründet. Die kath. A. schlossen sich 1947 zur *Kath. Arbeiter-Bewegung,* seit 1968 *Kath. Arbeitnehmer-Bewegung* (Abk. *KAB*), zusammen.

**Arbeiterversicherung,** ursprünglich Bez. der Versicherung der Arbeiter u. ihrer Familienangehörigen gegen die aus Arbeitsunfähigkeit u. aus Arbeitslosigkeit entstehenden Gefahren; Ausgangspunkt der *Sozialversicherung.*

**Arbeiterwohlfahrt,** Abk. *AWO,* SPD-nahestehende Organisation. u. Spitzenverband der freien Wohlfahrtspflege, unterhält auf überpolit. Ebene Heime, Kindergärten, Kleiderstuben, Beratungsstellen; der Bundesverband hat seinen Sitz in Bonn; 2000 rd. 650 000 Mitglieder u. rd. 80 000 haupt- u. 100 000 ehrenamtl. Mitarbeiter.

**Arbeitgeber,** jede juristische oder natürliche Person, in deren Diensten – unabhängig von der Gültigkeit des Arbeitsvertrages – ein Arbeitnehmer tätig ist. Besteht ein wirksamer Arbeitsvertrag, ist der A. Partner des Arbeitsvertrages. Er hat Anspruch auf die Dienste des Arbeitnehmer; er ist Schuldner ihres Lohnanspruchs. Er hat das sog. *Weisungsrecht* gegenüber dem Arbeitnehmer, bezüglich dessen der A. Vertreter des Arbeitgebers, z. B. Vorstandsmitglieder einer Aktiengesellschaft, dem A. gleichgestellt sind. Jeder A. kann über Arbeitsverträge hinaus auch Betriebsvereinbarungen u. Tarifverträge abschließen.

**Arbeitgeberanteil,** Beitragsanteil zur gesetzl. *Sozialversicherung,* den der Arbeitgeber für versicherungspflichtige Arbeitnehmer aufzubringen hat. In der Kranken-, Renten- u. Arbeitslosenversicherung sind die Beiträge je zur Hälfte vom Arbeitgeber u. vom Arbeitnehmer zu entrichten, in der *knappschaftl. Rentenversicherung* knapp ½ vom Arbeitgeber, gut ⅓ vom Arbeitnehmer.

**Arbeitgeberverbände,** Zusammenschlüsse von Arbeitgebern zum Zweck der Beeinflussung der Arbeitsbedingungen, bes. beim

# Arbeitnehmer

Abschluss von Tarifverträgen (Koalitionen im Sinne von Art. 9 Abs. 3 GG). Ihnen obliegt zusammen mit den *Gewerkschaften* als den sog. *Sozialpartnern* die Selbstverwaltung im Bereich des Arbeitsrechts. Sie sind jünger als die wirtschaftl. Vereinigungen der Unternehmer u. auch als die Gewerkschaften. Sie traten erst nach 1900 hervor. 1913 Zusammenschluss auf Reichsebene als *Vereinigung deutscher A.*, 1933 aufgelöst. Nach 1945 wurden sie zunächst zögernd von den Besatzungsmächten in den Westzonen wieder zugelassen, in der DDR blieben sie verboten. Zusammenschluss der A. der Westzonen 1949 in der *Vereinigung der A.*, jetzt *Bundesvereinigung der Dt. A.* (Abk. *BDA*), Köln.

**Arbeitnehmer,** jeder, der aufgrund eines privatrechtl. Vertrags zur Leistung von Arbeit in fremden Diensten (des Arbeitgebers) verpflichtet ist *(unselbständige Arbeit).* In der Unselbständigkeit (persönl., nicht notwendig wirtschaftl. Abhängigkeit) liegt der entscheidende Unterschied zum selbständigen Dienstverpflichteten, z. B. Handelsvertreter; sie ist das Spiegelbild des Weisungsrechts des Arbeitgebers. Man spricht deshalb auch von *fremdbestimmter* im Gegensatz zu *selbstbestimmter Arbeit.* – In Dtschld. waren 1998 knapp 90 % der Erwerbstätigen A.; der Anteil der A. steigt allmählich weiter an, da unter anderem kleine Handwerksbetriebe ihre Selbständigkeit angesichts der übermächtigen Konkurrenz der Großindustrie einbüßen.

**Arbeitnehmeranteil,** der vom Arbeitnehmer zu tragende Beitragsanteil (50 %) zur gesetzl. Kranken-, Renten- u. Arbeitslosenversicherung; in der *knappschaftl. Rentenversicherung* gut ein Drittel des Beitragsanteils. Der Arbeitgeber behält den A. direkt vom Lohn ein u. führt ihn mit seinem Beitragsanteil (→ Arbeitgeberanteil) an die Krankenkasse ab. Die Abzüge sind gleichmäßig auf die Entgeltzeiten zu verteilen; rückwirkender Abzug ist nur möglich, wenn den Arbeitgeber am Unterbleiben des Abzugs keine Schuld trifft.

**Arbeitnehmereinkommen** → Einkommen.

**Arbeitnehmererfindung,** eine Erfindung, die ein Arbeitnehmer, auch Beamter oder Soldat, im Zusammenhang mit seiner Dienstausübung oder seiner Betriebskenntnis macht *(Diensterfindung)* u. die durch → Patent oder → Gebrauchsmuster geschützt werden kann. Maßgeblich ist das *Gesetz über Arbeitnehmererfindungen* vom 25. 7. 1957. Der Arbeitnehmer hat die Erfindung unverzüglich dem Arbeitgeber schriftlich zu melden; dieser kann sie durch eine binnen 4 Monaten abzugebende Erklärung für sich in Anspruch nehmen, hat jedoch dem Erfinder eine angemessene Vergütung zu zahlen. Ähnliches gilt für nicht schutzfähige techn. Verbesserungsvorschläge. Für Erfindungen, die von einem Arbeitnehmer unabhängig von Dienstausübung oder der Betriebskenntnis gemacht werden *(freie Erfindungen),* besteht *Anbietungspflicht* gegenüber dem Arbeitgeber. Der Arbeitgeber muss die in Anspruch genommene Diensterfindung im Inland schützen lassen. Er kann sie dem Arbeitnehmer auch wieder freigeben.

In *Ö s t e r r e i c h* gewährt das Patentgesetz von 1970 dem Dienstnehmer den Anspruch auf das Patent, außer, es ist vertraglich etwas anderes vereinbart, oder es handelt sich um ein öffentl.-rechtl. Dienstverhältnis. In letzteren Fällen sichert das Gesetz dem Dienstnehmer eine angemessene Vergütung.

**Arbeitnehmer-Freibetrag,** bis 1990 ein Betrag von 480 DM vom Arbeitslohn, der jährlich im Rahmen des Lohnsteuerabzugs u. der Einkommensteuerveranlagung steuerfrei blieb (§ 19 Abs. 4 EStG). Der A. sollte Ausgleich dafür sein, dass Arbeitnehmer durch die Lohnsteuer als Quellenabzugsteuer die Steuer zeitnäher entrichteten als *Veranlagte*; seit 1990 durch jährl. Arbeitnehmer-Pauschbetrag von 2000 DM bzw. 1044 Euro ersetzt (§ 9a EStG).

**Arbeitnehmer-Sparzulage,** Förderung der Vermögensbildung durch Arbeitgeber u. Staat nach dem *5. Vermögensbildungsgesetz.* Arbeitnehmer erhalten innerhalb bestimmter Einkommensgrenzen (17 900 bzw. 35 800 Euro bei Zusammenveranlagung) steuer- u. sozialversicherungsfreie A., die 10 % eines Betrags von max. 480 Euro pro Jahr für Aufwendungen der Wohnspar- u. Wohnungsbauförderung beträgt, ferner seit 1999 zusätzlich 20 % (25 % neue Bundesländer) von max. 408 Euro für die Sparanlage in Aktienfonds.

**Arbeitnehmerüberlassung,** *gewerbsmäßige Arbeitnehmerüberlassung,* auch *Leiharbeit, Zeitarbeit* oder *Personal-Leasing,* Bez. für eine in Dtschld. seit 1967 verstärkt auftretende Erscheinungsform des Arbeits- u. Wirtschaftslebens, bei der ein Unternehmer Arbeitnehmer ausschl. zu dem Zweck einstellt, sie gewerbsmäßig anderen Unternehmern zu überlassen. Das *Arbeitnehmerüberlassungsgesetz* in der Fassung vom 24. 3. 1997 enthält im Interesse der Leiharbeitnehmer Schutzbestimmungen.

**Arbeitsamt,** für die unteren Verwaltungsbezirke zuständige Behörde der → Arbeitsverwaltung. Dem A. obliegt vor allem die Arbeitsvermittlung einschl. der Berufsberatung u. -förderung sowie die Arbeitslosenversicherung.

**Arbeitsanalyse,** systemat. Beschreibung der Anforderungen, die die Arbeit an den Menschen stellt. Sie bezieht sich auf die objektiven Anforderungen (Vorgänge bei der Durchführung der Arbeit) u. die subjektiven Anforderungen (psychophysische Voraussetzungen beim Arbeitenden).

**Arbeitsbehörden** → Arbeitsverwaltung.

**Arbeitsberater,** *Arbeitsberaterin,* berät vor allem erwachsene Arbeitnehmer in Fragen der berufl. Fortbildung, der Umschulung, der Arbeitsbeschaffung oder der Wahl eines (neuen) Arbeitsplatzes. → Berufsberater.

**Arbeitsberatung,** ein mit der Arbeitsvermittlung eng verbundener, aber eigenständiger Aufgabenbereich, neu geregelt durch das Arbeitsförderungs-Reformgesetz vom 24. 3. 1997 im Sozialgesetzbuch III (§§ 29 ff.). Mit der A. sollen vor allem Orientierungshilfen für den Bereich der Arbeitsplatz-, Bildungs- u. Berufswahl angeboten werden. Die gesellschaftspolit. Bedeutung solcher Beratung ist vor dem Hintergrund des Verfassungsverbots der Berufs- u. Arbeitskräftelenkung zu sehen. Sie ist ein wichtiger Bestandteil der Arbeitsverfassung, die freie Wahlmöglichkeiten durch die Betroffenen höher schätzt als staatl. Zwang.

**Arbeitsbeschaffung,** alle Maßnahmen u. Einrichtungen, die der Wiedereingliederung von Arbeitslosen in den Wirtschaftsprozess dienen u. (durch Steigerung der effektiven monetären Nachfrage) einen allg. wirtschaftl. Aufschwung anregen u. herbeiführen sollen; entweder unmittelbare A. durch Finanzierung von Bauarbeiten usw. aus öffentl. Mitteln oder mittelbare A. durch wirtschafts- u. steuerpolit. Maßnahmen.

**Arbeitsbeschaffungsmaßnahmen,** *ABM,* aus Mitteln der Bundesanstalt für Arbeit geförderte Maßnahmen zur Schaffung von Arbeitsplätzen, die für eine begrenzte Zeit, in der Regel 1 Jahr, mit Arbeitslosen besetzt werden sollen, wobei schwer Vermittelbare wie ältere, behinderte u. Langzeitarbeitslose den Vorzug haben. Die Arbeit sollte gemeinnützig u. zusätzlich sein, d. h. nicht mit bestehenden Arbeitsplätzen konkurrieren. Ziel ist die Umwandlung in Dauerarbeitsplätze bzw. die Erhaltung der Qualifikation der Beschäftigten. Für Arbeitslose werden zunehmend Beschäftigungsgesellschaften gegründet, die neben Qualifizierungsmaßnahmen auch A. anbieten. – *Österreich:* ähnlich geregelt im Arbeitsmarkt-Förderungsgesetz.

**Arbeitsbewertung,** Messung der Arbeitsschwierigkeit an den einzelnen Arbeitsplätzen zum Zwecke einer leistungsgerechten Arbeitsentlohnung nach objektiven, von den persönl. Fähigkeiten des einzelnen Arbeiters unabhängigen Anforderungsmerkmalen, wie Fachkenntnisse, Geschicklichkeit, körperl. u. geistige Anstrengung, Verantwortung, Umwelteinflüsse (z. B. Hitze, Staub, Lärm). Die Arbeitsplätze werden nach einer summarischen Bewertung oder nach einem Punktsystem für die Anforderungsmerkmale den Lohn- u. Gehaltsstufen zugeordnet.

**Arbeitsblende,** die Blendenöffnung des Kameraobjektivs während der Aufnahme.

**Arbeitsbörse,** Einrichtung zum Nachweis von Arbeitsmöglichkeiten; in den roman. Ländern verbreitet; in Dtschld. wegen des bis 1995 geltenden Arbeitsvermittlungsmonopols der *Arbeitsämter* unbekannt.

**Arbeitsbuch,** ein amtl. Ausweis, der über die berufl. Ausbildung u. Beschäftigung eines Berufstätigen Auskunft gab; 1935 für alle Arbeitnehmer vornehmlich zum Zweck der behördlichen Arbeitslenkung eingeführt; nach 1945 abgeschafft.

**Arbeitsdienst,** eine Organisation männl. u. weibl. Jugend zur freiwilligen oder pflichtmäßigen Ableistung öffentl. oder im öffentl. Interesse liegender Arbeiten ohne die übl. Entlohnung. Derartige Einrichtungen gab es in unterschiedl. Ausgestaltung in mehreren Ländern, bes. in den 1920er u. 1930er Jahren. Mit der Errichtung von Arbeitsdiensten verfolgte man verschiedene Zwecke: Bekämpfung der Arbeitslosigkeit, stärkere Lenkung der Jugendlichen, Bewältigung großer öffentl. Arbeitsvorhaben wie Kultivierung von Ödland, Bau von Straßen, Kanälen u. militär. Anlagen, Beseitigung von Katastrophenschäden. Eine staatl. *Arbeitsdienstpflicht* wurde zuerst in Bulgarien 1921 eingeführt. In Dtschld. entstand in den 1920er Jahren ein *freiwilliger A.*, der von verschiedenen Verbänden, später von den Kirchen gefördert wurde u. 1931 eine gesetzl. Grundlage erhielt. Das nat.-soz. Regime schuf 1935 den halbmilitär. → Reichsarbeitsdienst.

**Arbeitsdirektor,** nach dem *Montanmitbestimmungsgesetz* von 1951 ist der A. ein gleichberechtigtes Vorstandsmitglied in allen Gesellschaften des Bergbaus sowie Unternehmen der Kohle-, Eisen- u. Stahlindustrie. Der A. kann nur mit der Mehrheit der Stimmen der Arbeitnehmervertreter im Aufsichtsrat gewählt werden. Seine Aufgaben sind vor allem die Bearbeitung von Personalangelegenheiten. Aufgrund des *Mitbestimmungsgesetzes* vom 4. 5. 1976 wird ein A. auch in bestimmten weiteren Großunternehmen bestellt, z. B. Aktiengesellschaften, GmbH sowie Erwerbs- u. Wirtschaftsgenossenschaften mit mehr als 2000 beschäftigten Arbeitnehmern.

**Arbeitsdruck,** der auf den Kolben eines Verbrennungsmotors während des *Expansionstaktes* wirkende Druck.

**Arbeitseinkommen,** Einkommen des Produktionsfaktors *Arbeit*, genauer das *Bruttoeinkommen* aus rechtlich unselbständiger Arbeit der Arbeiter (einschl. Auszubildende), Angestellten u. Beamten. Zum *Bruttoverdienst* (vor Abzug der Steuern u. Sozialabgaben) zählen neben den tariflich oder frei vereinbarten Löhnen u. Gehältern gesetzl. Sozialzulagen sowie bes. tarifl. u. außertarifl. Leistungs-, Sozial- u. sonstige Zulagen (Tarif- u. Effektivlöhne u. -gehälter). Auch → Lohn.

**Arbeitseinsatz,** Erscheinung der Planwirtschaft auf dem Gebiet des Arbeitsmarktes, will unter Ausschaltung marktmäßiger Bedingungen (Angebot u. Nachfrage) die Arbeitskräfte dort einsetzen, wo sie für die Allgemeinheit den größten Nutzen bringen, z. T. mit *Dienstverpflichtung* verbunden.

**Arbeitserlaubnis,** Gestattung der Aufnahme u. Ausübung einer entgeltl. Beschäftigung. Ausländische Arbeitnehmer bedürfen in Dtschld. einer A., soweit zwischenstaatl. nichts anderes vereinbart ist (§§ 284 ff. Sozialgesetzbuch III vom 24. 3. 1997). Die EU-Vereinbarungen haben Vorrang. Die Erteilung der A. ist bei dem Arbeitsamt zu beantragen, in dessen Bez. der Arbeitnehmer seinen gewöhnl. Aufenthalt hat oder nehmen will. – Ähnl. in *Österreich*; *Schweiz*: → Aufenthaltsgenehmigung.

**Arbeitserzieher,** *Arbeitserzieherin,* auch *Erzieher/in am Arbeitsplatz,* anerkannter Ausbildungsberuf mit 2-jähriger Ausbildungsdauer u. einjährigem Praktikum; Voraussetzung: 2-jährige Berufsausbildung. A. sind in sozialpädagog. Einrichtungen tätig, die sich um Erziehung, Pflege, Resozialisierung u. Rehabilitation bemühen.

**Arbeitserziehungsanstalt,** Einrichtung des schweiz. Strafvollzugs zur → Resozialisierung 18- bis 25-jähriger Täter. Die Einweisung in eine A. dient der Erziehung zur Arbeit; der Insasse soll befähigt werden, in der Freiheit seinen Unterhalt zu erwerben (Art. 100, 100bis StGB).

**Arbeitsflugzeuge,** gewerblich genutzte Starr- oder Drehflügelflugzeuge zur Bewältigung von Aufgaben der Lohn- oder Arbeitsfliegerei: Landwirtschafts-, Luftbild-, Vermessungsfliegerei, Luftwerbung, Luftrettung, geologische Prospektion, Luftüberwachung, Luftbauwesen, Lufttransport und -versorgung. Robustheit und Wirtschaftlichkeit sind die Hauptforderungen. Bevorzugt werden Flugzeuge mit Mehrzweckeignung.

**Arbeitsförderung,** Oberbegriff für alle Maßnahmen, die darauf gerichtet sind, einen hohen Beschäftigungsstand zu gewährleisten, die Beschäftigungsstruktur laufend zu verbessern, die berufl. Eingliederung körperlich oder geistig Behinderter u. älterer Arbeitnehmer zu fördern u. nachteilige Folgen, die sich für die Erwerbstätigen aus der techn. Entwicklung oder aus wirtschaftl. Strukturwandlungen ergeben, zu vermeiden oder zu beseitigen. Gesetzl. Grundlage für die A. in Dtschld. war bis 1997 das *Arbeitsförderungsgesetz* vom 25. 6. 1969; seit 1. 1. 1998 gilt durch das Arbeitsförderungs-Reformgesetz vom 24. 3. 1997 das Sozialgesetzbuch III.

**Arbeitsgemeinschaft, 1.** *allg.:* nach dem 1. Weltkrieg entstandene Bez. für eine Arbeitsform, in der anstelle des Vortrags in kleinen Kreisen gemeinsam eine Aufgabe bearbeitet wird; als Methode nicht nur in Schulen u. in der Erwachsenenbildung gebräuchlich, sondern auch im polit. u. wirtschaftl. Bereich eine oft angewendete Form der Bearbeitung von Problemen.
**2.** *Bauwesen:* bei größeren Bauvorhaben der Zusammenschluss mehrerer Bauunternehmer zu einer A. (→ Arge) als Gesellschaft des bürgerl. Rechts. Sie verpflichten sich, im Verhältnis ihrer Beteiligung ihre volle unternehmer. Leistung zur Erreichung des gesellschaftl. Zweckes einzusetzen u. sich hierbei gegenseitig zu unterstützen.

**Arbeitsgemeinschaft Christlicher Kirchen in Deutschland,** Abk. *ACK,* 1948 gegr., in Zusammenschluss von Kirchen u. kirchl. Gemeinschaften in Dtschld.; dient der ökumen. Zusammenarbeit durch gegenseitige Information, Beratung, Zeugnis sowie durch Wahrnehmung gemeinsamer Anliegen in der Öffentlichkeit. Nach der polit. Wende 1989 wurde die ACK neu konstituiert. Ab 1992 gehören ihr folgende Kirchen an: Ev. Kirche in Deutschland, Römisch-kath. Kirche, Griechisch-Orthodoxe Metropolie von Deutschland, Ev.-methodistische Kirche, Bund Ev.-Freikirchl. Gemeinden in Deutschland, Kath. Bistum der Alt-Katholiken in Deutschland, Arbeitsgemeinschaft Mennonitischer Gemeinden in Deutschland, Europäisch-Festländische Brüder-Unität (Herrnhuter Brüdergemeine), Selbständige Ev.-Lutherische Kirche, Ev.-altreformierte Kirche in Niedersachsen, Armenische Apostolische Kirche in Deutschland, Russische Orthodoxe Kirche in Deutschland, Syrisch-Orthodoxe Kirche von Antiochien in Deutschland, Heilsarmee.

**Arbeitsgemeinschaft der Evangelischen Jugend,** Abk. *AEJ,* Zusammenschluss der Ev. Jugend in Dtschld., darunter die Jugendarbeiten der Landeskirchen der EKD, die Jugendarbeiten der Freikirchen, die großen Verbände wie *CVJM,* Verband Christlicher Pfadfinderinnen u. Pfadfinder sowie der Jugendverband „Entschieden für Christus". Als Dachorganisation vertritt die AEJ die Interessen der ev. Jugend auf Bundesebene gegenüber Bundesministerien, Fachorganisationen u. internationalen Partnern. Die AEJ repräsentiert 1,2 Mio. Mitglieder; Geschäftsstelle: Hannover.

**Arbeitsgemeinschaft der Großforschungseinrichtungen,** Abk. *AGF,* → Hermann-von-Helmholtz-Gemeinschaft-Deutscher-Forschungszentren.

**Arbeitsgemeinschaft der öffentlich-rechtlichen Rundfunkanstalten der Bundesrepublik Deutschland** → ARD.

**Arbeitsgemeinschaft der Sportpsychologen in der Bundesrepublik Deutschland,** Abk. *ASP,* 1970 vollzogener Zusammenschluss von Personen, die auf dem Gebiet der Sportpsychologie in Forschung oder Lehre wissenschaftlich arbeiten. Ziele der ASP sind die Förderung der Sportpsychologie, die Koordination von Forschungsprojekten, die Organisation von Kongressen sowie die Herausgabe von Fachliteratur.

**Arbeitsgemeinschaft der Verbraucherverbände,** Abk. *AgV,* Verband mit Sitz in Bonn, der die Interessen der Verbraucher als Gesprächspartner der Bundesregierung vertritt. Die AgV unterhält in zahlreichen Städten Verbraucherberatungen, die Verbrauchern mit Einkaufs-, Ernährungs-, Energieberatung u. a. zur Verfügung stehen. 1953 als Selbsthilfeorganisation der Verbraucher gegr.

**Arbeitsgemeinschaft deutscher wirtschaftswissenschaftlicher Forschungsinstitute e. V.,** eine Vereinigung aller bedeutenden wirtschaftswissenschaftl. Forschungsinstitute in Dtschld. mit Sitz in Essen. In der Öffentlichkeit ist die Arbeitsgemeinschaft vor allem bekannt geworden durch die Gemeinschaftsgutachten zur Beurteilung der Wirtschaftslage in Dtschld., die durch folgende Mitglieder erstellt werden: Deutsches Institut für Wirtschaftsforschung, Berlin; HWWA-Institut für Wirtschaftsforschung, Hamburg; IFO-Institut für Wirtschaftsforschung, München; Institut für Weltwirtschaft an der Universität Kiel; Institut für Wirtschaftsforschung Halle; Rheinisch-Westfälisches Institut für Wirtschaftsforschung, Essen.

**Arbeitsgemeinschaft Friedhof und Denkmal,** Abk. *AFD,* Zentralinstitut für Sepulkralkultur mit Sitz in Kassel, gegr. 1951. Die AFD ist ein interdisziplinär arbeitendes Forschungsinstitut mit Archiv, das sich mit Friedhofsanlagen, Grabmalen u. Bestattungsbräuchen in Geschichte u. Gegenwart befasst, Ausstellungen veranstaltet u. die Zeitschrift „Friedhof und Denkmal" herausgibt.

**Arbeitsgemeinschaft für Entwicklungshilfe e. V.,** Abk. AGEH, Dachverband der kath.

# Arbeitsgemeinschaft für Sport und Körperkultur in Österreich

Arbeitsgestaltung: Modellfabrik für Montage und Logistik am Fraunhofer-Institut für Arbeitswirtschaft und Organisation in Stuttgart

Organisationen u. Institutionen im Bereich der Entwicklungshilfe; Sitz: Köln.
**Arbeitsgemeinschaft für Sport und Körperkultur in Österreich,** Abk. *ASKÖ*, gegr. 1892, bis 1971 *Arbeiterbund für Sport u. Körperkultur in Österreich,* Sitz: Wien; einer der drei Sport-Dachverbände Österreichs, der seinen Ursprung in den Arbeiterturn- u. Sportvereinen der 1. österr. Republik hat; zählt rd. 1,1 Mio. Mitglieder (in rd. 4050 Vereinen), die in den einzelnen Fachverbänden an Meisterschaften teilnehmen.
**Arbeitsgemeinschaft Hauswirtschaft e. V.,** Abk. *AGH*, 1952 gegr. Verband mit Sitz in Bonn, der den Stellenwert der Hauswirtschaft im Rahmen der Gesamtwirtschaft verdeutlichen will.
**Arbeitsgemeinschaft Industrieller Forschungsvereinigungen,** Abk. *AIF*, fasst etwa 80 industrielle Forschungsvereinigungen zusammen, vertritt deren Interessen u. fördert Forschungsvorhaben; gegr. 1954; Sitz: Köln.
**Arbeitsgemeinschaft Kirchlicher Entwicklungsdienst,** Abk. *AG KED*, 1970 gegr., ev. Koordinierungsgremium für Entwicklungshilfe, Mitglieder: Evangelische Kirche in Deutschland (EKD), Diakonisches Werk der EKD für „Brot für die Welt", „Dienste in Übersee", Zentralstelle für Entwicklungshilfe sowie das Ev. Missionswerk; Sitz: Stuttgart.
**Arbeitsgenauigkeit,** die bei der Fertigung auf einer Werkzeugmaschine erzielbare Toleranz; abhängig von Ausführungsqualität und Größe der Maschine sowie von Werkzeug, Werkstoff und Form der Werkstücke.
**Arbeitsgericht,** erste Instanz innerhalb der *Arbeitsgerichtsbarkeit.* Diese ist die Sondergerichtsbarkeit zur Entscheidung von bürgerl. Rechtsstreitigkeiten arbeitsrechtl. Natur, vor allem zwischen Arbeitgebern u. Arbeitnehmern aus dem Arbeitsverhältnis. Darüber hinaus entscheidet das A. über rechtl. Streitigkeiten zwischen den → Tarifvertragsparteien aus Tarifverträgen oder über das Bestehen bzw. Nichtbestehen von Tarifverträgen. Die Arbeitsgerichte sind auch zuständig für die Entscheidung von Rechtsstreitigkeiten aus der Betriebsverfassung; diese Streitigkeiten werden im *Beschlussverfahren* entschieden. Die Arbeitsgerichtsbarkeit unterscheidet sich von der *Schlichtung*, die Hilfe zum Abschluss von Tarifverträgen u. Betriebsvereinbarungen gewährt. Vorgänger der Arbeitsgerichtsbarkeit waren die Gewerbe- u. Kaufmannsgerichte. Grundlage ist das Gesetz vom 3. 9. 1953 in der Fassung vom 2. 7. 1979, das das Gesetz vom 23. 12. 1926 ablöste. Seit 1946 sind die Arbeitsgerichte aus der Justiz ausgegliedert u. unterstehen seit 1953 der Dienstaufsicht der obersten Arbeitsbehörden der Länder im Einvernehmen mit den Landesjustizverwaltungen.
Erste Instanz ist, unabhängig vom Streitwert, das A., dessen einzelne Kammern besetzt sind mit einem Vorsitzenden Richter, der die Fähigkeit zum Richteramt haben muss, u. je einem ehrenamtl. Richter aus den Kreisen der Arbeitnehmer u. Arbeitgeber. Zweite Instanz ist das → Landesarbeitsgericht (Präs. des LAG, Vorsitzende Richter am LAG u. ehrenamtl. Richter am LAG), dritte Instanz ist das → Bundesarbeitsgericht (Präs. des BAG, Vorsitzende Richter am BAG, Richter am BAG u. ehrenamtl. Richter am BAG). 1998 bestanden in Dtschld. 19 *Landesarbeitsgerichte* u. das *Bundesarbeitsgericht (BAG)* in Kassel (ab 2000 Erfurt). –
Für die *österr.* Arbeitsgerichte ist das Bundesgesetz vom 7. 3. 1985 verbindlich. Für Arbeits- u. Sozialrechtssachen sind die ordentl. Gerichte zuständig. In Wien besteht ein Gerichtshof erster Instanz (Arbeits- u. Sozialgericht Wien). Die Arbeits- u. Sozialgerichtsbarkeit wird unter Vorsitz eines Berufsrichters in Senaten ausgeübt. – *S c h w e i z:* Arbeitsgerichte, Gewerbegerichte, gewerbliche Schiedsgerichte, nur in den Kantonen; Zuständigkeit beschränkt, bes. durch niedrigen Streitwert; daher sind sie für Angestellte fast ohne Bedeutung.
**Arbeitsgesetzbuch, 1.** sowjet. Gesetzbuch (1918), das u.a. die Arbeitspflicht aller Bürger ausspricht.
**2.** Kodifikation aller arbeitsrechtlich wichtigen Bestimmungen, z. B. die italien. *Carta del Lavoro* von 1927 u. das A. der DDR. In Österreich u. im wieder vereinigten Dtschl. ist ebenfalls die Schaffung eines einheitl. Arbeitsgesetzbuchs in der Diskussion.
◆ **Arbeitsgestaltung,** Einführung von Bedingungen u. Voraussetzungen für ein optimales Zusammenwirken der an der betriebl. Leistungserstellung beteiligten Personen, Betriebsmittel u. Werkstoffe. Mittel der A. sind *Arbeitsstudien*, die ein Arbeitssystem zu finden suchen, das unter Berücksichtigung der Eigenarten der Arbeitnehmer ihre Leistungsfähigkeit optimiert (→ REFA, → Akkordlohn, Prämienlohn).
**Arbeitshaus,** in der BR Dtschld. als Einrichtung des Strafvollzugs (seit 1. 9. 1969) sowie als Anstalt mit Arbeitszwang durch das Bundessozialhilfegesetz abgeschafft. – In *Österreich* wurde das A. ebenso abgeschafft. – *S c h w e i z:* → Arbeitserziehungsanstalt.

Arbeitsgestaltung: Lager mit automatisiertem Lagervorfeld und fahrerlosem Transportsystem aus der Modellfabrik für Montage und Logistik am Fraunhofer-Institut für Arbeitswirtschaft und Organisation in Stuttgart

**Arbeitshygiene,** früher: *Gewerbehygiene,* die Bekämpfung der mit der Arbeit verbundenen Gefahren durch vorbeugende Maßnahmen, Erforschung der gesundheitlich zweckmäßigen Arbeitsräume, Arbeitsgeräte und Arbeitsmethoden. Das erste deutsche „Lehrbuch" der A. stammt von dem Arzt Ullrich *Ellenbog* (* 1440, † 1499) u. erschien 1524 in Augsburg. Auch → Ramazzini.

**Arbeitsinspektorat,** in Österreich staatliche Behörde zur Überwachung der Vorschriften über den → Arbeitsschutz; ähnlich der dt. → Gewerbeaufsicht. 1883 in Österreich als Gewerbeinspektorat eingeführt, jetzt durch das Arbeitsinspektorats-Gesetz von 1956 geregelt. Das A. erstreckt sich auf gewerbliche u. industrielle Betriebe. Daneben gibt es land- u. forstwirtschaftliche Arbeitsinspektorate, ein Verkehrsinspektorat u. die Bergbehörde.

**Arbeitsjubiläum,** Jahrestag des Beginns einer langen Tätigkeit bei ein u. derselben Firma; Jubiläumszuwendungen des Arbeitgebers an den Arbeitnehmer anlässlich eines Arbeitsjubiläums unterliegen seit 1999 wieder in voller Höhe dem Lohnsteuerabzug.

**Arbeitskammer,** auch *Arbeiterkammer* oder *Arbeitnehmerkammer,* öffentl.-rechtl. Berufsvertretung der Arbeitnehmer mit gesetzlich umschriebener Befugnis zur Wahrung der Arbeitnehmerinteressen; in Bremen u. im Saarland, seit langem auch in Österreich (→ Österreichischer Arbeiterkammertag) eingeführt.

**Arbeitskampf,** die von den Parteien des Arbeitslebens vorgenommene Störung des Arbeitsfriedens, um durch einen Druck auf den Gegner ein bestimmtes Ziel zu erreichen oder zu proklamieren; in erster Linie mit dem Ziel, den Willen des Sozialpartners als Vertragskontrahenten zu beugen, bewilligung der angestrebten Arbeitsbedingungen eines Tarifvertrages oder einer Betriebsvereinbarung zu erreichen, aber auch um einzelne Maßnahmen zu erzwingen, z. B. Entlassung eines missliebigen Arbeitnehmers; auch Bedrängung des Gegners durch Unterstützung im Kampf stehender anderer Arbeitnehmer oder Arbeitgeber *(Sympathiestreik),* ebenso, um einen Druck auf den Dritten oder die Staatsgewalt *(politischer Streik)* auszuüben.

**Arbeitskosten,** alle Kosten, die im Unternehmen im Zusammenhang mit dem Einsatz menschlicher Arbeit anfallen. Neben Löhnen u. Gehältern (Lohnkosten) enthalten A. die auf gesetzlichen und freiwilligen Regelungen beruhenden Sozialkosten, Zuschläge, Urlaubsgelder, Unterstützungsbeihilfen u. a.

**Arbeitskräftebilanz,** der Versuch, die Höhe des jeweils gegebenen Erwerbspersonenpotenzials im Sinne des langfristig erwarteten Angebots an Arbeitskräften zu ermitteln. Dabei geht es vor allem um eine Vorausschätzung der Bevölkerungsentwicklung sowie der Erwerbsquote der Wohnbevölkerung, d. h. des Anteils an Frauen u. Männern, die erwerbstätig sind bzw. es für bestimmte Lebensabschnitte sein möchten; hinzuzurechnen ist die jeweilige Ausländerbeschäftigung.

**Arbeitskurve,** *Psychologie:* graf. Darstellung des Arbeitsverlaufs. E. *Kraepelin* hat den Verlauf des Arbeitsprozesses beim Addieren von Zahlen zum ersten Mal in einer Kurve dargestellt, R. *Pauli* baute sie zu einem Testmittel aus, das auch die Charakterstruktur darlegen soll. Gewöhnlich steigt die A. zu Anfang an (Übung) u. fällt gegen Ende der Untersuchungszeit wieder ab (Ermüdung).

**Arbeitslehre,** ein Unterrichtsfach der Hauptschule, das dem Schüler die notwendigen Kenntnisse und Fertigkeiten zum Einstieg in die Berufs- und Arbeitswelt vermitteln soll; gliedert sich in 3 Bereiche: Technisches Werken, Wirtschaftslehre und Hauswirtschaftslehre. Die Gewichtung dieser Teilbereiche in den Lehrplänen ist recht unterschiedlich.

**Arbeitslenkung,** Maßnahmen – meist staatliche –, die bei Versagen des Arbeitsmarkts ergriffen werden, um die fehlenden Arbeitskräfte an den Ort des derzeitigen Bedarfs zu bringen. Die wirkungsvollste Lenkungsmaßnahme ist die Aufhebung der freien Arbeitsplatzwahl u. Ersatz derselben durch die *Dienstverpflichtung.* Der Erfolg solch schwerwiegender Eingriffe wird jedoch meist mit einem erhebl. Absinken der Arbeitsintensität erkauft.

**Arbeitslohn,** Vergütung für die Arbeitsleistung durch die Arbeitgeber. Die Zahlung des Arbeitslohns ist die Hauptpflicht der Arbeitgeber gegenüber den Arbeitnehmern. Der A. ist gemäß § 614 BGB grundsätzlich nachträglich zu zahlen. Der A. ist weitgehend durch → Tarifverträge bestimmt. Ist kein Tarifvertrag vorhanden oder sind die Parteien des Arbeitsvertrages nicht an einen bestehenden Tarifvertrag gebunden, wird der A. regelmäßig im Einzelarbeitsvertrag vereinbart. Wurde im Arbeitsvertrag eine solche Vereinbarung nicht getroffen, schuldet der Arbeitgeber den Arbeitnehmern die übliche Vergütung. Üblich ist die Vergütung, die für entsprechende Arbeit im gleichen oder ähnlichen Gewerbe an dem betreffenden Ort gezahlt wird. Ist eine „Üblichkeit" nicht feststellbar, bestimmt der Arbeitgeber den A. gemäß § 316 BGB nach eigenem Ermessen. – Der A. ist entweder → Zeitlohn oder → Akkordlohn; oft ist beides gekoppelt, so dass dem Arbeitnehmer auf jeden Fall ein Zeitlohn, bei Überschreitung einer Mindestleistung darüber hinaus noch ein Akkordlohn zusteht. Die zeitliche Einheit, von der bei Arbeitern ausgegangen wird, ist regelmäßig die Stunde, bei Angestellten der Monat. *Leistungslohn* (Akkord-, Prämienlohn) wird allein durch die Leistung bestimmt. Der so genannte *Familienlohn* berücksichtigt die Belastung des Arbeitnehmers durch Unterhaltsansprüche oder erhöhte Bedürfnisse *(Soziallohn),* meistens in Form von Zuschlägen. Darüber hinaus gibt es weitere Sonderformen der Entlohnung. So werden teilweise vor allem an leitende Angestellte, selten auch an sonstige Arbeitnehmer, Gewinnbeteiligungen in Form von Tantiemen oder Provisionen ausgezahlt. Außerdem werden von vielen Arbeitgebern einmalige Zahlungen, die *Gratifikationen,* getätigt, die in der Regel freiwillig vorgenommen werden u. auf die die Arbeitnehmer nur in Sonderfällen einen Anspruch haben.

Der Lohnanspruch ist durch Beschränkung der Pfändungsmöglichkeit besonders gesichert.

**Arbeitslose** → Arbeitslosigkeit.

◆ **Arbeitslosengeld,** Versicherungsleistung der → Arbeitslosenversicherung. Anspruch auf A. hat nach Sozialgesetzbuch III vom 24. 3. 1997, wer arbeitslos ist, der Arbeitsvermittlung zur Verfügung steht, die *Anwartschaftszeit* erfüllt (d. h. versicherungspflichtige Tätigkeit von mindestens 12 Monaten während der letzten 3 Jahre), sich beim Arbeitsamt arbeitslos gemeldet u. A. beantragt hat.

Die Höhe des Arbeitslosengeldes beträgt für Arbeitslose mit mindestens einem Kind 67 %, für die übrigen Arbeitslosen 60 % des letzten Nettoentgelts. Die Dauer des Anspruchs hängt von der Länge der versicherungspflichtigen Beschäftigung ab. Der Anspruch ist bei einer Mindestbeschäftigung von 12 Monaten nach 6 Monaten erschöpft u. verlängert sich bis zu einer Höchstdauer von 1 Jahr nach einer Beschäftigung von 2 Jahren. Ab einem Alter von 45 Jahren erhöht sich die Dauer des Anspruchs auf A. mit zunehmender vorheriger versicherungspflichtiger Beschäftigung von 14 Monaten Anspruchsdauer (bei 2,33 Jahren versicherungspflichtiger Beschäftigung) auf 32 Monate bei einem Alter von 57 Jahren u. einer vorherigen versicherungspflichtigen Beschäftigung von 64 Monaten. Nach der Erschöpfung *(Aussteuerung)* entsteht ein Anspruch

### Arbeitslosengeld: Abhängigkeit von Alter und Beschäftigungsdauer

| nach Versicherungspflichtverhältnissen mit einer Dauer von insgesamt ... Monaten | und nach Vollendung des ... Lebensjahres | Anspruchsdauer ... Monate |
|---|---|---|
| 12 |  | 6 |
| 16 |  | 8 |
| 20 |  | 10 |
| 24 |  | 12 |
| 28 | 45. | 14 |
| 32 | 45. | 16 |
| 36 | 45. | 18 |
| 40 | 47. | 20 |
| 44 | 47. | 22 |
| 48 | 52. | 24 |
| 52 | 52. | 26 |
| 56 | 57. | 28 |
| 60 | 57. | 30 |
| 64 | 57. | 32 |

## Arbeitslosenhilfe

erst, wenn die Anwartschaft von neuem erfüllt ist. Der Arbeitslose erhält in diesem Fall, u. wenn er bedürftig ist, *Arbeitslosenhilfe*.
Eine Wartezeit für den Erwerb des Arbeitslosengelds besteht nicht mehr. Die Leistung kann für 12 Wochen verweigert werden, wenn der Arbeitslose sein Arbeitsverhältnis gelöst oder durch vertragswidriges Verhalten Anlass für die Kündigung des Arbeitgebers gegeben u. dadurch die Arbeitslosigkeit vorsätzlich oder grob fahrlässig herbeigeführt hat oder wenn er einen angebotenen Arbeitsplatz oder eine Ausbildung ablehnt (Verhängung einer *Sperrfrist*). Durch die Gewährung von A. darf nicht in *Arbeitskämpfe* eingegriffen werden; der Anspruch ruht bis zur Beendigung des Arbeitskampfes, wenn der Arbeitnehmer sich an ihm beteiligt. Bei nur mittelbar durch Arbeitskampf verursachter Arbeitslosigkeit ruht grundsätzlich auch der Anspruch auf A., wenn es sich um einen Teilstreik handelt oder die Gewährung des Arbeitslosengelds den Arbeitskampf beeinflussen würde.

**Arbeitslosenhilfe,** in Dtschld. eine aus dem Bundeshaushalt aufzubringende Lohnersatzleistung nach dem Sozialgesetzbuch III in Höhe eines bestimmten Prozentsatzes des Nettoarbeitsentgelds. A. wird gewährt an arbeitsfähige u. -willige bedürftige Arbeitslose, deren Eigenschaft als Arbeitnehmer erwiesen ist u. die ferner entweder die Voraussetzungen für die Gewährung des *Arbeitslosengeldes* nicht erfüllen oder den Anspruch aus der *Arbeitslosenversicherung* erschöpft haben (Aussteuerung) sowie ein Jahr vor der Arbeitslosmeldung Arbeitslosengeld bezogen haben oder mindestens 150 Tage entgeltlich beschäftigt waren. Die A. beträgt für Arbeitslose mit mindestens einem Kind 57% des letzten Nettoentgelts, für die übrigen Arbeitslosen 53%. Es besteht keine Rückzahlungspflicht.

**Arbeitslosenquote,** Prozentanteil der Arbeitslosen an den (inländischen) abhängigen Erwerbspersonen (abhängige Erwerbstätige plus Arbeitslose) als Maßzahl für die Höhe des Beschäftigungsstandes in einer Volkswirtschaft. Die A. erreichte in der BR Dtschld. mit 0,7% noch 1970 den Tiefstand der Nachkriegszeit. Seitdem stieg sie auf 4,8% im Jahresdurchschnitt 1975 u. auf 10,5% (Mitte 1998) in Gesamtdtschld. an. Als „arbeitslos" im Sinne der amtl. Statistik gelten dabei Arbeit Suchende zwischen 15 u. 65 Jahren, die vorübergehend nicht in einem Beschäftigungsverhältnis stehen oder nur eine geringfügige Beschäftigung ausüben, sich persönlich beim Arbeitsamt als Arbeit Suchende gemeldet haben, sofort zur Verfügung stehen u. eine ständige Tätigkeit von mindestens 16 Stunden in der Woche als Arbeitnehmer suchen. Nicht enthalten sind Erwerbslose, die in Berufsausbildung oder Umschulung stehen bzw. als Kurzarbeiter oder längerfristig Erkrankte geführt werden. Bei internationalen Vergleichen der Höhe des Beschäftigungsstandes bereiten die unterschiedl. Begriffe u. Erhebungsarten Schwierigkeiten. Die Gesamtzahl, zu der

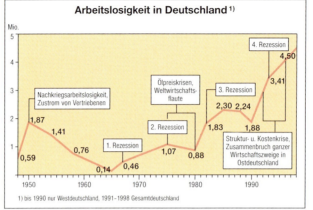

Arbeitslosigkeit: Arbeitslose in Deutschland 1948–1998

die Zahl der Arbeitslosen in Beziehung gesetzt wird, sollte eigentl. die Zahl der Personen wiedergeben, die überhaupt arbeitslos werden können. Tatsächlich verwendet man neben den abhängigen Erwerbspersonen auch alle Erwerbspersonen (abhängige u. selbständige Erwerbspersonen, mit oder ohne Soldaten) oder nur die gegen Arbeitslosigkeit Versicherten (wie in Belgien oder Dänemark).

**Arbeitslosenversicherung,** Teil der → *Sozialversicherung*, in Dtschld. neu durch das Arbeitsförderungs-Reformgesetz vom 24. 3. 1997 geregelt, mit den wichtigsten Bestimmungen im Sozialgesetzbuch III; zuvor durch das *Arbeitsförderungsgesetz (AFG)* vom 25. 6. 1969 geregelt, das an die Stelle des Gesetzes über Arbeitsvermittlung u. A. (AVAVG) vom 16. 7. 1927 getreten war. Träger der A. war 1927–1938 die *Reichsanstalt für Arbeitsvermittlung u. A.,* seit 1938 der Reichsarbeitsminister. Nach dem 2. Weltkrieg führten zunächst die Länder die A. in ihrem Bereich durch. 1952 wurde in Dtschld. die *Bundesanstalt für Arbeitsvermittlung u. A.* in Nürnberg gegründet, der die Landesarbeitsämter u. Arbeitsämter unterstellt wurden u. die seit 1969 *Bundesanstalt für Arbeit* heißt. Zur Aufbringung der Mittel für die A. erhebt die Bundesanstalt für Arbeit Beiträge von Arbeitnehmern u. Arbeitgebern. Der Beitragssatz ist für Arbeitnehmer u. Arbeitgeber gleich. Beitragspflichtig sind in der Regel alle Personen, die als Arbeiter oder Angestellte gegen Entgelt oder zu ihrer Berufsausbildung beschäftigt sind (Arbeitnehmer) sowie alle Arbeitgeber, die mindestens einen beitragspflichtigen Arbeitnehmer beschäftigen. Beitragsfrei sind u. a. Arbeitnehmer, die das 65. Lebensjahr vollendet haben, Arbeitnehmer in unständigen u. geringfügigen Beschäftigungen. Leistungen der A. sind u. a. *Arbeitslosengeld* u. Lohnausfallvergütungen (*Kurzarbeitergeld, Wintergeld*). Auch die → Arbeitslosenhilfe zählt zu den Leistungen der A., wird jedoch aus dem Bundeshaushalt aufgebracht. – Ähnl. in *Österreich* u. bundeseinheitlich seit 1.4.1977 in der *Schweiz*.

◆ **Arbeitslosigkeit,** der Mangel an Erwerbsgelegenheit für arbeitswillige u. arbeitsfähige Personen, insbes. Arbeitnehmer (*unfreiwillige A.*). Von *freiwilliger A.* spricht man, wenn Arbeit Suchende angebotene Stellen ablehnen, z. B. in der Hoffnung auf attraktivere Angebote. – Gemessen wird das Ausmaß der A. mit der → *Arbeitslosenquote*. Nach den *Ursachen* der A. unterscheidet man *konjunkturelle A.,* die bestimmt wird durch eine allg. Schwäche der wirtschaftl. Entwicklung; *strukturelle A.,* die ihre Ursache in Veränderungen der Wirtschaftsstruktur hat, z.B. dem nachlassenden Arbeitskräftebedarf eines Wirtschaftszweiges (Bergbau in den 1950er u. 60er Jahren); *saisonale A.,* die auf dem regelmäßig wiederkehrenden Unterschied des Arbeitskräftebedarfs eines Wirtschaftszweiges (z. B. Bau, Fremdenverkehr); *friktionelle A.,* die bedingt ist durch permanenten Wechsel von Arbeitskräften u. die Übergangsphase, die diesen Wechsel umfasst. Die A. wird durch Maßnahmen der → *Arbeitsmarktpolitik* bekämpft.

Nach dem 1. Weltkrieg trat in fast allen Ländern der Erde eine krisenhafte A. ein. Sie war bedingt durch die Umstellung der Wirtschaft von Kriegs- auf Friedensproduktion, durch Umschichtung des internationalen Handels u. der Kreditverhältnisse, z.T. auch durch die Inflation. Besonders in Dtschld. führte die A. zu einer schweren wirtschaftlichen Krise, die 1932 mit über 6 Mio. Arbeitslosen ihren Höchststand erreichte. Nach vielen Jahren der Vollbeschäftigung stieg die Zahl der Arbeitslosen in der BR Dtschld. 1975 auf über eine Mio. an (4,8%) u. erhöhte sich in den 1980er Jahren auf über zwei Mio. (rd. 10%). In der DDR, wo früher keine Arbeitslosen registriert wurden, nahm die Zahl der Arbeitslosen seit Einführung der Marktwirtschaft am 1.7. 1990 im Verlauf der 1990er Jahre drastisch zu. Mitte 1998 betrug die Arbeitslosenzahl im gesamten Bundesgebiet rund 4,1 Mio., davon 2,8 Mio. in den alten u. 1,3 Mio. in den neuen Bundesländern. Die gesamtdt. Arbeitslosenquote stieg auf 10,5%. In den neuen Bundesländern war die Arbeitslosenquote mit 17,2% deutlich höher als in den alten (8,9%).

**Arbeitsmarkt,** Markt für den Produktionsfaktor *Arbeit.* Die Arbeitsmarktlage ist allgemein gekennzeichnet durch das Verhältnis von Arbeit Suchenden u. nicht besetzten Arbeitsplätzen. Der deutsche A. wird bestimmt durch die Normen des Grundgesetzes (freie Entfaltung der Persönlichkeit, freie Arbeits- u. Berufswahl, Freizügigkeit), die Arbeits- u. Sozialgesetzgebung u. durch die *Arbeitgeberverbände* u. *Gewerkschaften* (Aushandeln der Tariflöhne u. -gehälter durch die *Tarifpartner*; dazu gehören außerdem die Körperschaften öffentl. Rechts, die Länder u. der Bund). Aber auch durch normsetzende öffentlich-rechtl. bzw. unabhängige Institutionen wie Industrie- u. Handelskammern, Handwerkskammern u. Berufsverbände wird die Struktur des Arbeitsmarktes geprägt. Die Allokation der Arbeit (Mobilität) hängt im Wesentlichen ab vom Lohn (Einkommen), sozialen Faktoren u. den rechtlich-institutionellen Rahmenbedingungen.

**Arbeitsmarktforschung,** systematische Untersuchung von Arbeitsmärkten zur Gewinnung von Informationen; zu unterscheiden ist *überbetriebliche A.*, die meist von der → Bundesanstalt für Arbeit zur Fundierung wirtschaftspolit. Entscheidungen durchgeführt wird, von der *betrieblichen A.*, die für bestimmte Arbeitsmärkte von den Unternehmen selbst betrieben wird u. bei personalpolit. Entscheidungen Verwendung findet.

**Arbeitsmarktpolitik,** *i. w. S.* alle Maßnahmen zur Beeinflussung des Arbeitsmarktes, vor allem zur Bekämpfung der → Arbeitslosigkeit, auch durch Maßnahmen der Globalpolitik (auch *Beschäftigungspolitik* genannt); *i. e. S.* alle Maßnahmen der Arbeitsbehörden u. -ministerien, in Dtschld. der *Bundesanstalt für Arbeit* (BA). Die wichtigsten Maßnahmen sind laut Sozialgesetzbuch III vom 24. 3. 1997: Arbeitsvermittlung u. -beratung, Förderung berufl. Wiedereingliederung u. der Aufnahme einer selbständigen Tätigkeit, Förderung der Berufsausbildung, Weiterbildung u. der berufl. Eingliederung Behinderter, Mobilitätshilfen, finanzielle Absicherung (Arbeitslosengeld, Arbeitslosenhilfe, Kurzarbeitsgeld, Unterhalts- u. Übergangsgeld).

**Arbeitsmarktverfassung** → Arbeitsverfassung.

**Arbeitsmaschinen,** Maschinen, die durch Zufuhr von mechan. Energie (Antrieb durch → Kraftmaschinen, selten von Hand) menschl. Arbeitskraft ersetzen können. Die zugeführte mechan. Energie wird entweder in eine andere Energieform umgewandelt oder dient zur Umformung oder zum Transport eines Stoffs. Beispiele: Pumpen, Verdichter, elektr. Generatoren, Werkzeugmaschinen, Textilmaschinen, Landmaschinen u. a.

**Arbeitsmedizin,** Fachgebiet der Medizin, das sich mit dem arbeitenden Menschen u. den Auswirkungen der Arbeit auf Gesundheit, Befinden u. Leistungsfähigkeit der Menschen beschäftigt. Teilgebiete der A. sind die → Arbeitshygiene, die sich bes. mit den Einflüssen der Arbeit auf den Menschen u. mit vorbeugenden Maßnahmen des Arbeitsschutzes beschäftigt, die → Arbeitsphysiologie, die die Lebensfunktionen unter Arbeitsbedingungen erforscht, u. die → Arbeitspathologie, deren Gegenstand die *Berufskrankheiten* sind.

**Arbeitsministerium** → Bundesministerium für Arbeit und Sozialordnung.

**Arbeitsnachweis,** Einrichtung zum Nachweis offener Arbeitsstellen u. zur allg. Unterrichtung über die Lage u. die Bewegung auf dem Arbeitsmarkt; im 19. Jh. vor allem auf privater Grundlage gestaltet. Von Arbeitgebern u. -nehmern betrieben, dienten die Arbeitsnachweisstellen manchmal als Arbeitskampfmaßnahmen. Bis 1995 war die Arbeitsvermittlung in Dtschld. den *Arbeitsämtern* vorbehalten; seitdem ist auch Privatvermittlung zulässig.

**Arbeitsnorm,** die Menge der Produkte, die in einer bestimmten Zeit erarbeitet werden muss. Nach ihr richtet sich die Bezahlung im Stücklohn.

**Arbeitspapiere,** Urkunden, die über ein Arbeitsverhältnis Auskunft geben oder kraft gesetzliche Bestimmung dem Arbeitgeber vorgelegt werden müssen. Dazu gehören vor allem die *Lohnsteuerkarte* und die *Versicherungspapiere.* Die Lohnsteuerkarte wird von der Gemeindebehörde ausgestellt. Ist der Arbeitnehmer in mehreren Arbeitsverhältnissen tätig, erhält er auf Antrag entsprechend mehrere Lohnsteuerkarten. Das Versicherungsnachweisheft, in dem der Arbeitgeber am Ende eines jeden Kalenderjahres die Höhe des Arbeitslohnes einträgt, da an diesem die Rentenversicherungsbeiträge bemessen werden, wird vom Rentenversicherungsträger ausgegeben. Nach Ende des Arbeitsverhältnisses muss der Arbeitgeber die Versicherungspapiere dem Arbeitnehmer wieder aushändigen, was auch für die anderen Arbeitspapiere gilt. Des Weiteren erhält der Arbeitnehmer nach Ende des Arbeitsverhältnisses eine *Arbeitsbescheinigung,* deren Vorlage beim Arbeitsamt Voraussetzung für die Zahlung von Arbeitslosenunterstützung ist. I. w. S. gehören zu den Arbeitspapieren auch Schriftstücke, die über die Person des Arbeitnehmers Auskunft geben, z. B. Zeugnisse.

**Arbeitsparese,** unvollständige Lähmung, Bewegungsschwäche u. Atrophie einzelner Muskeln bei berufl. Überbeanspruchung.

**Arbeitspass** → Arbeitsbuch.

**Arbeitspathologie,** Teilgebiet der Arbeitsmedizin, das sich mit Erforschung, Erkennung u. Behandlung der arbeitsbedingten Erkrankungen *(Berufskrankheiten)* u. Gesundheitsstörungen befasst.

**Arbeitspflicht,** Verpflichtung zur Arbeitsleistung; sie folgt für den Arbeitnehmer aus dem Arbeitsverhältnis. Dabei ist der Arbeitnehmer verpflichtet, seine Arbeit entsprechend den Weisungen des Arbeitgebers zu verrichten, die allerdings nicht im Widerspruch zu gesetzl. Regelungen oder arbeitsvertragl. Vereinbarungen stehen dürfen. Unter A. wird auch eine Verpflichtung gegenüber dem Staat verstanden (z. T. gleichbedeutend mit *Arbeitsdienstpflicht).* Auch → Dienstverpflichtung.

**Arbeitsphysiologie,** Erforschung der biologischen Voraussetzungen u. Wirkungen der menschlichen Arbeit, vor allem der zweckmäßigen Ausgestaltung der Arbeitsweise, der Hilfsmittel u. Maschinen u. des Verhaltens der Arbeitenden. Die Arbeitsphysiologie erstrebt größtmöglichen Arbeitserfolg bei geringster Kraftaufwendung. – *Institut für Arbeitsphysiologie:* → Max-Planck-Gesellschaft.

**Arbeitsplatzbewertung,** Bewertung aller Arbeitsplätze eines Betriebes nach den Arbeitsbedingungen u. notwendigen Arbeitsleistungen. Die A. erfolgt mit Hilfe eines Punktsystems u. dient als Grundlage der Entlohnung sowie der Feststellung der Leistungsmöglichkeiten der Abteilungen. Auch → Arbeitsbewertung.

**Arbeitsplatzkonzentration** → maximale Arbeitsplatzkonzentration.

**Arbeitsplatzschutzgesetz,** Gesetz über den Schutz des Arbeitsplatzes bei Einberufung zum Wehrdienst; wird ein Arbeitnehmer zum Grundwehrdienst oder zu einer Wehrübung einberufen, so ruht das Arbeitsverhältnis während des Wehrdienstes (§ 1 Abs. 1 A.). Nach § 2 Abs. 1 A. darf der Arbeitgeber das Arbeitsverhältnis von der Zustellung des Einberufungsbescheides bis zur Beendigung des Wehrdienstes sowie während einer Wehrübung nicht kündigen. Nimmt der Arbeitnehmer nach Ableistung der Wehrpflicht die Arbeit wieder auf, darf ihm aus der Abwesenheit, die durch den Wehrdienst veranlasst war, in beruflicher Hinsicht kein Nachteil entstehen.

**Arbeitsplatztoleranzwert (BAT)** → Biologischer Arbeitsplatztoleranzwert.

**Arbeitsplatzwechsel,** Wechsel des Arbeitnehmers von einem Arbeitsplatz zum anderen; auch Versetzung innerhalb des Betriebs oder Unternehmens. Während des 2. Weltkriegs u. während der ersten Nachkriegszeit war A. von staatl. Genehmigung abhängig.

◆ **Arbeitsproduktivität,** das Verhältnis von durchschnittl. Ausbringungsmenge zum Arbeitseinsatz pro Periode. Die gesamtwirt-

### Arbeitsproduktivität und -kosten

| Land | Produktivität[1] | Kosten[2] | Arbeitslosenquote[3] |
|---|---|---|---|
| Belgien | 97,6 | 107,6 | 9,2 |
| Deutschland | 92,9 | 95,3 | 9,7 |
| - West | 100,0 | 100,0 | 8,3 |
| - Ost | 60,4 | 74,4 | 15,7 |
| Finnland | 81,4 | 93,8 | 14,0 |
| Frankreich | 95,3 | 95,6 | 12,4 |
| Großbritannien | 71,7 | 68,0 | 7,1 |
| Irland | 69,5 | 71,8 | 10,2 |
| Italien | 85,3 | 79,9 | 12,1 |
| Niederlande | 85,4 | 94,4 | 5,2 |
| Österreich | 90,9 | 89,5 | 8,7 |
| Portugal | 34,5 | 37,4 | 6,8 |
| Spanien | 62,0 | 66,9 | 20,8 |

Stand: 1997; berechnet mit aktuellen ECU-Leitkursen
[1] BIP je Erwerbstätigkeiten in % von Westdeutschland (=100%)
[2] Bruttoeinkommen aus unselbständiger Arbeit je abhängig Beschäftigten in % von Westdeutschland (=100%)
[3] Standardisierte OECD-Raten, Kieler Berechnungen
Quelle: Kieler Institut für Weltwirtschaft; Handelsblatt

## Arbeitspsychologie

schaftl. A. wird gemessen als reales Bruttoinlandsprodukt (in konstanten Preisen) je durchschnittlich im Inland Erwerbstätigen. Die A. wird oft als Index, bezogen auf ein Basisjahr, ausgewiesen; so stieg der *Index der A. für den Bergbau u. das Verarbeitende Gewerbe* in der BR Dtschd. von 1995 = 100 auf 1999 = 115,2 je Beschäftigten. Es werden auch Produktivitätsberechnungen für die einzelnen Wirtschaftszweige vorgenommen. Neben der Zunahme der Zahl der Erwerbstätigen gilt die Steigerung der A. als Hauptquelle wirtschaftl. Wachstums.

**Arbeitspsychologie,** Teilgebiet der Psychologie, in dem der individuelle Arbeitsprozess in seinen psychologischen Voraussetzungen u. Auswirkungen untersucht wird. Die A. beschäftigt sich u. a. mit der Arbeitsleistung, den Anforderungen am Arbeitsplatz, der Einstellung zur Arbeit, den Unfallvoraussetzungen, der Zusammenarbeit in Gruppen. Methoden der A. sind die Arbeitsanalyse, die Ermüdungsforschung, die Eignungsuntersuchung u. a.

**Arbeitspunkt,** charakterist. Punkt auf der → Kennlinie einer Röhren- oder Transistorstufe, der durch einen Ruhestrom festgelegt wird. Vom A. aus erfolgt die → Aussteuerung durch einen Wechselstrom.

**Arbeitsrecht,** Sonderrecht der Arbeitnehmer und Arbeitgeber; gekennzeichnet durch die bes. rechtliche und wirtschaftliche Lage der Arbeitnehmer. Mit der Entwicklung der Industrie in den europäischen Ländern bildete sich ein bes. Stand der Arbeitnehmer heraus, dessen Lage vor allem zu Beginn des 19. Jh. wirtschaftlich und sozial außerordentlich ungünstig war. Anfangs schritt der Staat nur ein, wenn die Unzulänglichkeiten bes. in Erscheinung traten, mit dem Ergebnis einer Zufallsgesetzgebung. Auch heute gibt es in Deutschland noch kein einheitliches und zusammenhängendes Arbeitsgesetzbuch, wenn auch gewisse Grundprinzipien – größtenteils außerhalb des Gesetzes – entwickelt worden sind. Als selbständige Disziplin wird das Arbeitsrecht in Deutschland erst seit dem 1. Weltkrieg behandelt und gelehrt. Die Schaffung einer besonderen Gerichtsbarkeit (→ Arbeitsgericht) hat diese Entwicklung stark gefördert. Kennzeichnend ist überall eine Tendenz, den Arbeitnehmer zu schützen.

Das Arbeitsrecht umfasst vor allem: 1. das *Arbeitsvertragsrecht*, d.h. die Regelung des Rechtsverhältnisses zwischen dem einzelnen Arbeitnehmer u. dem einzelnen Arbeitgeber; 2. das *Betriebsverfassungsrecht*, das mit der rechtl. Ausgestaltung der betriebl. Ordnung, bes. der Stellung u. Aufgabe des Betriebsrats, zu tun hat; 3. das *Tarifvertragsrecht,* die vertragl. Gestaltung der Arbeitsbedingungen durch die Verbände der Arbeitnehmer u. Arbeitgeber; 4. das *Schlichtungsrecht,* das Recht der staatlichen Hilfe zum Abschluss von Kollektivvereinbarungen, vor allem von Tarifverträgen; 5. das *Arbeitskampfrecht,* das Recht des Arbeitskampfes, insbes. der Aussperrung und des Streiks; 6. das *Koalitionsrecht,* das Recht der Verbände, d.h. der Gewerkschaften und der Arbeitgeberverbände; 7. die *Arbeitsgerichtsbarkeit;* 8. das *Arbeitsschutzrecht,* d.h. öffentlich-rechtlichen Vorschriften zum Schutze der Arbeitnehmer. In einem weiteren Sinne wird 9. auch das *Sozialversicherungsrecht* dazu gerechnet, vor allem das Recht der Arbeitsvermittlung u. Arbeitslosenversicherung.

**Arbeitsrichter,** ehrenamtl. Beisitzer am Arbeitsgericht. Sie werden auf die Dauer von vier Jahren berufen u. setzen sich zu gleichen Teilen aus Arbeitnehmer- u. Arbeitgebervertretern zusammen.

**Arbeitsschule,** eine pädagog. Methode, die bes. die individuelle Aktivität des Schülers, im Gegensatz zur reinen *Lernschule,* betont. Die A. erstrebt eigene Mitarbeit des Schülers beim Erwerb von Wissen, „schaffendes Lernen", Selbständigkeit durch Selbsttätigkeit u. Urteilsfähigkeit im eigenen Werk des Schülers. Die A. wurde 1908 unter Berufung auf *Pestalozzi* von G. *Kerschensteiner* gefordert („Begriff der A." 1911). Während dieser besonderes Gewicht auf Handarbeit legte, betonte H. *Gaudig* gleichzeitig „freie geistige Tätigkeit in der Schule" (1922). Früher verstand man unter A. eine Schule mit Handfertigkeits- oder Werkunterricht.

**Arbeitsschutz,** *Arbeitnehmerschutz,* Gesamtheit der öffentl.-rechtl. Vorschriften, die dem Arbeitgeber Maßnahmen im Interesse des Arbeitnehmers vorschreiben, insbesondere das Arbeitsschutzgesetz vom 7. 8. 1996. Das Gesetz sieht Maßnahmen vor zur Verhütung von Unfällen bei der Arbeit u. arbeitsbedingten Gesundheitsgefahren einschließlich Maßnahmen der menschengerechten Gestaltung der Arbeit. Die Einhaltung der Vorschriften wird regelmäßig durch staatliche Behörden überwacht u. durch Strafandrohung sichergestellt. Das Arbeitsschutzgesetz regelt den betriebl. A. erstmalig u. einheitlich für alle Tätigkeitsbereiche u. Beschäftigtengruppen. Es übernimmt die materiellen Regelungen der EU-Rahmenrichtlinie u. hebt die alten Vorschriften der Gewerbeordnung auf.

**Arbeitsserum,** für die virolog. Arbeit verwendetes Serum mit nicht völlig charakterisierten Antikörpern von gesunden Tieren.

**Arbeitsspeicher,** Hauptspeicher in einem Computer, der aus RAM-Chips (→ RAM) besteht. Der A. ist ein flüchtiger Speicher, dessen Inhalt beim Ausschalten des Computers gelöscht wird. Im A. laufen → Anwendungsprogramme ab u. die bearbeiteten Daten sowie Programmcodes werden dort zwischengelagert.

**Arbeitsstatistik,** eine Geschäftsstatistik der Bundesanstalt für Arbeit u. der ihr zugeordneten Arbeitsämter; sie informiert über Arbeitslosenzahlen, offene Stellen, Arbeitsvermittlung, Kurzarbeit, Berufsberatung, ausländ. Arbeitnehmer, Heimarbeit, Förderungs- u. Umschulungsmaßnahmen u. dgl.

**Arbeitsstätte,** örtl. Einheit, in der mindestens eine Person haupt- oder nebenberufl. tätig ist (unter Einschluss des Leiters); an deren Einrichtung u. Größe im gewerbl. Bereich stellt in Dtschld. die *Arbeitsstättenverordnung* Mindestbedingungen zum Schutz der Beschäftigten (Verordnung vom 20. 3. 1975); die Einhaltung wird durch die → Gewerbeaufsicht überwacht.

**Arbeitsstättenzählung** → Betriebszählung.

**Arbeitsstrom,** *Nachrichtentechnik:* Strom, der beim Betätigen eines Kontakts einen Schaltvorgang auslöst, fließt nicht im Ruhezustand. Gegensatz: *Ruhestrom,* der ständig fließt u. bei dessen Unterbrechung ein Schaltvorgang ausgelöst wird.

**Arbeitsteilung, 1.** *Biologie:* 1. die Differenzierung ursprünglich gleichartiger u. gleich funktionierender Organe durch Übernahme verschiedener Funktionen, wenn z. B. von ursprünglich gleichartigen Beinpaaren das eine zum Greifen von Beute, das andere zum Gehen dient; 2. bei Tierstaaten die Übertragung verschiedener Funktionen auf verschiedene Individuengruppen (Kasten) des Staates, z. B. im Staat der Termiten auf einen „König" u. eine „Königin" u. unfruchtbare Kastentiere beiderlei Geschlechts („Arbeiter", „Soldaten"); 3. bei Zellen die Differenzierung ursprünglich gleicher Zelltypen verschiedener Funktion (→ Gewebe).

**2.** *Soziologie:* bes. von u. seit E. *Durkheim* hervorgehobenes Mittel sozialer Differenzierung; bereits in der Antike u. im Mittelalter finden sich Hinweise zur A., bei *Platon* u. *Aristoteles* auf philosoph. Ebene, bei *Thomas von Aquin* in ähnlich engem Rahmen als Erklärung des mittelalterl. Ständesystems. Die eigentl. Auseinandersetzung mit A. beginnt mit A. *Smith,* der am berühmten Beispiel der Stecknadelfabrik das produktionspolit. Erfordernis der A. betont. Sein Zeitgenosse A. *Ferguson* weist jedoch schon auf die mit der A. verbundene Berufsdifferenzierung hin. Die soziolog. Theoriebildung zur A. entwickelt sich seitdem zweigleisig. Einerseits wird der A. die Funktion zugeschrieben, die soziale Einheit komplexer Gesellschaften, Solidarität u. Gruppenbeziehungen zu stärken (A. Ferguson, K. *Bücher,* E. *Durkheim*), andererseits soziale Konflikte, Herrschafts- u. Ständebildung zu fördern (G. *Schmoller,* K. *Marx*).

**3.** *Völkerkunde:* die vor allem körperlich u. kulturgeschichtlich bedingte, in der jeweiligen Überlieferung verankerte u. zuweilen religiös untermauerte Aufteilung der Arbeiten u. Fertigkeiten auf Mann (Jagd, Viehzucht, Waffendienst, polit. Verwaltung, Schmiedekunst, Holzschnitzkunst, Steinbearbeitung, Rodung, Pflugbau, Feuererzeugung, entwickeltere Handwerke) u. Frau (Aufzucht der Kinder, Nahrungs-, Wohn- u. Lagerstättenbereitung, Kleidung, Sammeln von Pflanzen u. Kleintieren, Wasserholen, Töpferei, Knüpf- u. Flechtarbeiten). Teilweise spiegeln sich in der A. wirtschaftsgeschichtl. Vorgänge (Getreideanbau ist Männer-, Knollengewächse sind Frauensache. Weben ist teils reine Frauen-, teils reine Männerarbeit. In Afrika ist der Kleinhandel Sache der Frauen, der Fernhandel aber ausschl. Männerarbeit. Die Beseitigung der Überreste der A. bildet einen Teil der Forderung nach *Gleichberechtigung* zwischen Mann u. Frau.

**4.** *Wirtschaft:* bes. Merkmal der entwickelteren Gesellschaften, d. h. wichtiges

Gliederungsprinzip ihrer Wirtschafts- u. Sozialordnung. Die *gesellschaftl. A. (soziale A.)* kann grundsätzlich gedacht werden als ursprünglich hervorgegangen aus der natürl. Verschiedenheit der Menschen, der Geschlechter u. Lebensalter in Verbindung mit bestimmten (historischen) wirtschaftl. Entwicklungsstadien. Hauptelement der gesellschaftl. A. ist die *berufl. A.*, d.h. die *Berufsbildung* (z. B. Beruf des Schmieds, Bäckers, Schneiders), die in unserem Kulturraum bes. eng verbunden war mit der Verselbständigung u. Differenzierung handwerkl.-gewerbl. Arbeit u. ihrer örtl. Konzentration (seit dem MA in den Städten) sowie mit der Bildung von eigenen ständischen Organisationen (Zünfte, Gilden), die in der mittelalterl. Sozialordnung einen festen Platz hatten (heute z. T. noch erhalten in der Form von Innungen, Kammern u. „mittelständischen" Institutionen). Neben der Berufsbildung können die *Berufsspaltung* (z. B. Aufspaltung des Schmiedeberufs in die Berufe des Huf-, Nagel- u. Kesselschmieds) oder berufl. *Spezialisierung* u. die *Vereinigung* spezialisierter *Tätigkeiten* zu einem neuen Beruf unterschieden werden. Gesellschaftl. A. im allgemeinen Verständnis bezieht sich auf Berufsbildung u. berufl. Differenzierung als Prozesse bzw. Kategorien, die die Organisation einer Gesellschaft im ganzen, ihren Zusammenhalt u. ihre Entwicklung mitbestimmen. Hier ist auch die ökonomische A. von Bedeutung, die *Produktionsteilung* (A. in Urproduktion, Gewerbe, Industrie, Handel, Verkehr u. a.), als *internationale* A. (z. B. Herausbildung von Agrar- u. Industriestaaten) u. als *techn. A.* gesehen werden kann. Die techn. ist primär aus dem Interesse erwachsen, mehr u. rationeller zu produzieren (Erhöhung der Produktivität). Sie ist ein zentrales Merkmal der Industrialisierung: Ein Arbeitsvorgang wird innerhalb eines Betriebs in mehrere Teilverrichtungen zerlegt *(Arbeitszerlegung)*; gleichzeitig ist die Zusammenfassung mehrerer verwandter Arbeitsakte möglich geworden *(Arbeitsvereinigung)*. Berufliche u. allgemeine ökonom. A. sind wichtige Voraussetzungen der techn. A.; die techn. A. wirkt generell auf die gesellschaftl. A. zurück (z. B. Bildung von Industriearbeiterschaft u. Angestelltenschaft als soziale Schichten; u. beeinflusst speziell die berufl. A. (Aufhebung von Berufen u. Schaffung neuer Tätigkeiten oder Berufe im betriebl. u. außerbetriebl. Bereich).

**Arbeitstherapie,** Krankenbehandlung durch systemat. Beschäftigung mit sinnvoller Arbeit oder das gezielte Training von Einzelleistungen, um die Einordnung vor allem von seel. Kranken oder Körperbehinderten ins tägl. Leben vorzubereiten u. zu fördern *(Rehabilitation)*. Schwerpunktmäßig werden Fähigkeiten wie Ausdauer, Konzentration, Zeiteinteilung, Kooperation, Grob- u. Feinmotorik geschult. Auch → Beschäftigungstherapie.

**Arbeitsunfähigkeit,** insbes. auf Krankheit beruhende Unfähigkeit des Arbeitnehmers, seine Arbeitsleistung zu verrichten; A. liegt auch vor, wenn der Erkrankte nur mit Gefahr, seinen Zustand zu verschlimmern, fähig ist, seiner bisher ausgeübten Erwerbstätigkeit nachzugehen. A. ist Voraussetzung für den Anspruch auf *Krankengeld* aus der *Krankenversicherung*, u. für den Anspruch auf → Lohnfortzahlung nach dem Lohnfortzahlungsgesetz. – Vom Arbeitnehmer selbst verschuldete A. gibt dem Arbeitgeber das Recht, das Arbeitsverhältnis zu kündigen. Ein Verschulden ist gegeben, wenn der Arbeitnehmer erheblich gegen ein im eigenen Interesse zu erwartendes Verhalten verstößt, in dessen Folge die Krankheit oder Verletzung, die zur A. führt, entsteht.

**Arbeitsunfähigkeitsbescheinigung,** ärztlich ausgestellter Nachweis über die Arbeitsunfähigkeit des versicherten Arbeitnehmers als Voraussetzung für den Anspruch auf Krankengeld. Die A. muss Beginn und Ende der Arbeitsunfähigkeit datieren. Für den Anspruch auf *Lohnfortzahlung* muss der Arbeitnehmer dem Arbeitgeber bei einer Krankheit von mehr als drei Kalendertagen spätestens am darauf folgenden Arbeitstag, also in der Regel am 4. Kalendertag nach Beginn der Arbeitsunfähigkeit, eine A. vorlegen, die Durchschrift ist der Krankenkasse zuzuleiten (§ 5 Entgeltfortzahlungsgesetz vom 26. 5. 1994).

**Arbeitsunfall,** ein auf äußerer Einwirkung beruhendes, plötzliches, örtlich u. zeitlich bestimmbares, einen Körperschaden verursachendes Ereignis, das im Zusammenhang mit der Arbeitstätigkeit steht, wozu auch der Weg von der Wohnung zum Arbeitsplatz u. zurück gehört. Für Schäden haftet in der Regel die *gesetzliche Unfallversicherung*; der Arbeitgeber nur, soweit er den A. vorsätzlich hervorgerufen hat.

**Arbeitsunterricht,** ein allgemeines Unterrichtsprinzip, das die Selbsttätigkeit der Schüler fordert. Auch → Arbeitsschule.

**Arbeitsvereinigung** → Arbeitsteilung (4).

**Arbeitsverfassung,** *Arbeitsmarktverfassung*, gründet sich in Dtschld. vor allem auf die Grundrechte nach dem *Grundgesetz* u. die Prinzipien des demokrat. Rechts- u. Sozialstaats: Die Freiheit der Wahl von Beruf, Arbeitsplatz u. Ausbildungsstätte bei Verbot der Zwangsarbeit (Art. 12 GG) u. bei Eigentumsgarantie (Art. 14 GG), die Handlungsfreiheit (Art. 2 Abs. 1 GG), das Recht, zur Wahrung u. Förderung der Arbeits- u. Wirtschaftsbeziehungen Vereinigungen zu bilden (Art. 9 GG) sowie das Recht auf Freizügigkeit (Art. 11 GG) u. die Gleichheitsgarantie (Art. 3 GG) sind die Kernstücke dieser freiheitl.-demokrat. Arbeitsordnung. Obwohl die A. zunächst grundsätzlich die Autonomie der Gesellschaft u. ihrer Institutionen festschreibt, wird gleichzeitig über den Ordnungsauftrag des sozialen Rechtsstaates dem Staat auferlegt, für gerechte u. soziale Arbeitsbedingungen zu sorgen. Die Überzeugung, dass der freie Arbeitsmarkt u. die koalitionsrechtl. Arbeitsordnung grundsätzlich funktionsfähig sind, hat alle bisherigen Bundesregierungen veranlasst, sich hinsichtlich einer gesetzl. Weiterentwicklung des Arbeitsrechts zurückzuhalten. Durch Richterrecht, insbes. durch die Rechtsprechung des *Bundesarbeitsgerichts*, ist eine elast. Anpassung des rechtl. Rahmens an veränderte Arbeitsmarktbedingungen weitgehend gelungen. Gleichwohl setzt der Freiheitsspielraum im Arbeitsmarktgeschehen die Existenz eines funktionsfähigen Systems sozialer Absicherung voraus, dessen Schwerpunkte im Anwendungsbereich des *Sozialgesetzbuchs* u. des *Stabilitätsgesetzes* liegen.

**Arbeitsverhältnis,** das Rechtsverhältnis zwischen dem einzelnen Arbeitnehmer u. dem einzelnen Arbeitgeber, aufgrund dessen der Arbeitnehmer dem Arbeitgeber zur Leistung von Arbeit u. der Arbeitgeber dem Arbeitnehmer zur Zahlung des Arbeitslohns verpflichtet ist. Das A. wird grundsätzlich durch den → Arbeitsvertrag begründet u. kann jederzeit unter Zustimmung beider Vertragsparteien aufgelöst werden. Ein A., das aufgenommen ist, kann nicht rückwirkend durch Anfechtung aufgehoben werden. Eine erfolgreiche Anfechtung führt lediglich zu einer Nichtigkeit des Arbeitsverhältnisses für die Zukunft. Auf Antrag des Arbeitgebers oder des Arbeitnehmers kann auch das Arbeitsgericht das A. auflösen. Der Antrag des Arbeitnehmers ist begründet, wenn ihm eine Fortsetzung des Arbeitsverhältnisses unzumutbar ist, der Antrag des Arbeitgebers ist begründet, wenn er Tatsachen vorlegen kann, aufgrund derer eine an den Betriebszwecken orientierte weitere Zusammenarbeit mit dem betroffenen Arbeitnehmer nicht möglich ist. Auch → Abfindung (2), → faktisches Arbeitsverhältnis, → fehlerhaftes Arbeitsverhältnis.

**Arbeitsvermittlung,** Hilfe zur Erlangung eines Arbeitsplatzes, vor allem durch Nachweis eines solchen, aber auch durch Beratung; in Dtschld. nach dem Sozialgesetzbuch III vom 24. 3. 1997 Aufgabe der → Bundesanstalt für Arbeit. Seit 1994 können neben der Bundesanstalt für Arbeit private Vermittler für sämtl. Berufs- u. Personengruppen tätig werden. Sie benötigen dafür eine Erlaubnis der Bundesanstalt für Arbeit. – *Österreich:* A. nur durch die Arbeitsämter; *Schweiz:* Regelung durch Bundesgesetz über die A. Die A. obliegt den von den Kantonen einzurichtenden Arbeitsämtern; private Arbeitsvermittlungsstellen benötigen eine Erlaubnis der kantonalen Behörden.

**Arbeitsvermögen,** der Teil des Volksvermögens, der seinen Ausdruck findet in den Kenntnissen, Fähigkeiten u. Motivationen der Personen, die als Arbeitskräfte in den Produktionsprozess eintreten. In der sozialpolit. Diskussion wird A. entweder gleichgesetzt mit → Humanvermögen *(Humankapital)* oder als Teilmenge des Humanvermögens angesehen, das aus A. u. *Vitalvermögen* (Handlungspotenzial, das Verhaltenssicherheit auch außerhalb des Produktionsprozesses begründet) besteht.

**Arbeitsvertrag,** Vertrag über die Begründung eines *Arbeitsverhältnisses*. Es ist umstritten, ob für die Begründung des Arbeitsverhältnisses der Abschluss des Arbeitsvertrages allein ausreicht oder ob nicht zusätzlich die Arbeit aufgenommen sein muss.

## Arbeitsverwaltung

Während beim Abschluss eines Arbeitsvertrages auf der Arbeitnehmerseite nur einzelne Arbeitnehmer den Vertrag schließen dürfen, kann auf der Arbeitgeberseite jede natürliche oder juristische Person handeln. Grundsätzlich sind nur Geschäftsfähige zum Abschluss eines Arbeitsvertrages berechtigt. Ermächtigt aber der gesetzl. Vertreter einen Minderjährigen, in Arbeit zu treten, ist auch der Minderjährige berechtigt, einen A. abzuschließen (§ 113 BGB). Sofern durch → Tarifvertrag nichts anderes zwingend geregelt ist, bedarf der A. keiner Schriftform. Einschlägige Vorschriften des Bürgerl. Gesetzbuches sind insoweit anwendbar, als sie nicht im Widerspruch zum Wesen des Arbeitsvertrages stehen. So ist zwar in A. grundsätzlich anwendbar, bei Erfolg der Anfechtung führt dies aber nicht zur rückwirkenden Nichtigkeit, sondern nur zur Nichtigkeit für die Zukunft, so dass der Arbeitgeber den geschuldeten Lohn für bereits geleistete Arbeit nicht einbehalten bzw. zurückfordern kann. Der Inhalt des Arbeitsvertrages wird außer durch Gesetz weit gehend durch Tarifvertrag u. auch durch Betriebsvereinbarung bestimmt.

**Arbeitsverwaltung,** der Gesamtbereich der staatl. Maßnahmen auf dem Gebiet des sozialen Rechts, der Sozialhilfe, des Arbeitsrechts, vor allem des Tarifvertragsrechts (Allgemeinverbindlichkeitserklärung), des Arbeitsschutzrechts, des Schlichtungsrechts, des Siedlungswesens; i.e.S. durchgeführt von den *Arbeitsbehörden*: Arbeitsämter, Landesarbeitsämter u. Bundesanstalt für Arbeit.

**Arbeitsverweigerung,** die Weigerung des Arbeitnehmers, die übernommene Arbeit auszuführen. Das Recht zur A. ist nur gegeben, wenn der Arbeitgeber seinen Verpflichtungen aus dem Arbeitsvertrag nicht nachkommt, z.B. nicht die erforderl. Sicherungsmaßnahmen trifft; aber auch, wenn die Arbeit nicht zumutbar ist. Ungerechtfertigte A. gibt dem Arbeitgeber das Recht zur fristlosen Kündigung. Die A. ist dann ungerechtfertigt, wenn sie auf Seiten des Arbeitnehmers schuldhaft erfolgte.

**Arbeitsvorbereitung,** Gesamtheit der zum möglichst rationellen Verlauf des industriellen Produktionsprozesses getroffenen planer. Maßnahmen. Zur A. gehören: *1. Fertigungsprogrammplanung* zur Bestimmung der in einer Planungsperiode herzustellenden Produkte nach Art u. Menge; *2. Verfahrensplanung,* die das kostenoptimale Verfahren für die Ausführung des Fertigungsprogramms festsetzt; *3. Bereitstellungsplanung,* die für die Bereitstellung der produktionsnotwendigen Betriebsmittel, Arbeitskräfte u. Werkstoffe sorgt; *4. Arbeitsablaufplanung,* die die Herstellungsfolge der Produktsorten, die Auswahl der Maschinen, die Reihenfolge ihrer Beanspruchung u. ihre Belegungsdauer bestimmt sowie durch zeitl. Koordination *(Terminplanung)* die Leer- u. Wartezeiten zu minimieren sucht, um Materialdurchlaufzeiten mit Bearbeitungs- u. Förderzeiten in Übereinstimmung zu bringen.

**Arbeitswerttheorie,** eine volkswirtschaftl. Theorie, nach der die zur Produktion erforderl. Arbeitsmenge der Maßstab u. die Ursache für den Tauschwert der Waren ist (D. *Ricardo,* C. *Rodbertus*) oder bei der sich der Tauschwert ausschl. nach der gesellschaftlich notwendigen Menge der Arbeit richtet (K. *Marx*).

**Arbeitswissenschaft,** eine mit der modernen Industrie entstandene Wissenschaft, die sich mit der konkreten menschl. Arbeit (z.B. an der Maschine, im Büro, in einer Gruppe u.a.) befasst. Sie sucht Verfahren der Leistungssteigerung sowie der Arbeitserleichterung. Teildisziplinen sind: → Arbeitsmedizin, → Arbeitspsychologie, Arbeitspädagogik (→ Automation).

**Tarifliche Jahressollarbeitszeit 1997 für Industriearbeiter (in Stunden)**

| Land | Stunden |
|---|---|
| Japan | 1966 |
| USA | 1904 |
| Schweiz | 1844 |
| Griechenland | 1840 |
| Portugal | 1823 |
| Irland | 1802 |
| Luxemburg | 1784 |
| Spanien | 1782 |
| Großbritannien | 1774 |
| Frankreich | 1771 |
| Schweden | 1752 |
| Italien | 1736 |
| Norwegen | 1733 |
| Ostdeutschland | 1720 |
| Finnland | 1716 |
| Niederlande | 1715 |
| Österreich | 1713 |
| Belgien | 1702 |
| Dänemark | 1665 |
| Westdeutschland | 1573 |

Arbeitszeit: Jahressollarbeitszeit in der Industrie

◆ **Arbeitszeit,** die der Leistungserstellung im Arbeits- u. Berufsleben vorbehaltene Zeit. Sie kann mehr oder weniger, z.B. durch organisator. Regelung, selbstbestimmt sein. Die Bestrebungen zur Beschränkung der A. stehen am Anfang des modernen Arbeitsrechts. Grundsatz in beinahe allen Ländern ist der *8-Stunden-Tag,* in Auswirkung eines Washingtoner Abkommens von 1919. Die daraus sich ergebende 48-Stunden-Woche überwiegt (noch) in den meisten Industrieländern. Bereits 1935 hat die Internationale Arbeitsorganisation (ILO) eine Konvention verabschiedet, die vom Grundsatz der *40-Stunden-Woche* ausgeht; diese Konvention haben bisher aber nur 4 Staaten ratifiziert (UdSSR, Weißrussland, Ukraine u. Neuseeland). Frankreich hat 1936 die 40-Stunden-Woche prinzipiell festgelegt. In den USA u. in Australien ist die 40-Stunden-Woche weit verbreitet. In Österreich wurde die 40-Stunden-Woche schrittweise eingeführt u. ist seit 1975 endgültig in Kraft. In der Schweiz beträgt die wöchentl. Höchstarbeitszeit (gemäß Arbeitsgesetz von 1964) für die meisten Arbeitnehmer 46 Stunden (für andere höchstens 50 Stunden).

In Deutschland ist gesetzl. Grundlage für die A. das *Arbeitszeitgesetz* (ArbZG) vom 6. 6. 1994. Es setzt den *8-Stunden-Tag* fest, lässt aber eine Verlängerung auf 10 Stunden zu, wenn innerhalb von 6 Kalendermonaten oder 24 Wochen im Durchschnitt 8 Stunden werktäglich nicht überschritten werden. Das ArbZG regelt die tägl. Ruhepausen (mindestens 30 Minuten), den Arbeitsrahmen von Nacht- u. Schichtarbeit, den Bereitschaftsdienst, die Ausnahmen vom Arbeitsverbot an Sonn- u. Feiertagen (z.B. für Not- u. Rettungsdienste, Krankenhauspersonal, Landwirte, Seeleute). Anders als die *Arbeitszeitordnung* vom 30. 4. 1938 sieht das ArbZG einen bes. Frauenschutz nicht mehr vor.

Für Jugendliche gilt das *Jugendarbeitsschutzgesetz* (→ Jugendarbeitsschutz) mit der grundsätzl. Beschränkung der tägl. A. auf 8 Stunden ohne andere Verteilung innerhalb einer Woche; Wochenarbeitszeit 40 Stunden. – Auch in Dtschld. ist aufgrund von Tarifverträgen in den meisten Wirtschaftszweigen die A. unter 40 Stunden pro Woche gesenkt worden. Die Gewerkschaften strebten seit Ende der 1970er Jahre die schrittweise Einführung der 35-Stunden-Woche mit vollem Lohnausgleich an. Nach Arbeitskämpfen wurde 1984 für die Metall- u. Druckindustrie die 38,5-Stunden-Woche, 1990 auch in anderen Bereichen die 37-Stunden-Woche erreicht. In einigen Tarifbereichen wurde für 1994/1996 die 35-Stunden-Woche vereinbart (ein Viertel der Beschäftigten). Darüber hinaus besteht vielfach schon seit längerem die gleitende A., bei der der Arbeitnehmer Beginn u. Ende der tägl. A. in bestimmten Grenzen selbst festlegen kann. In den neuen Bundesländern wurde 1990 für die meisten Branchen eine tarifl. A. von 40–42 Std. pro Woche vereinbart, sie liegt heute durchschnittlich zwischen 39 u. 40 Stunden.

**Arbeitszeitflexibilisierung,** verschiedene Modelle zur Abkehr von starren Arbeitszeiten, im Wesentlichen in den Formen Gleitzeit (*gleitende Arbeitszeit*), Schichtarbeit u. Teilzeitarbeit. A. dient Form der Schichtarbeit der besseren Auslastung des Produktionsfaktors Kapital u. damit der Senkung der Kapitalkosten. Als Teilzeitarbeit ermöglicht sie auch den Erwerbsfähigen, die nicht ganztägig zur Verfügung stehen, eine Teilnahme am Erwerbsleben. A. als Gleitzeit entbindet von einem starren Zeitzwang. Sie ermöglicht die Entkoppelung von persönl. u. betriebl. Arbeitszeiten u. die Differenzierung der Wochenarbeitszeiten, z. B. durch längere Arbeitszeiten für besonders Qualifizierte, variable Verteilung der Arbeitszeiten nach Arbeitstagen oder -wochen. Überstunden u. Kurzarbeit sind i. w. S. auch Formen der A.

**Arbeitszeitkonto**, ein Konto zur Erfassung der → Arbeitszeit, das in vielen Betrieben, vor allem im Zusammenhang mit Gleitzeitregelungen, geführt wird. Es verzeichnet die Soll-Arbeitszeit, die tatsächlich geleistete Arbeitszeit, die daraus entstehenden Plus- u. Minuszeiten, krankheitsbedingte Fehlzeiten, Urlaubstage u. a. Tarifliche Regelungen bzw. Gleitzeitvereinbarungen legen die zu buchenden Arbeitszeiten, die zulässigen Arbeitszeitguthaben bzw. zulässigen Minusstunden sowie die Modalitäten des Abbaus von Zeitguthaben fest.

**Arbenz Guzmán**, Jacobo, guatemaltek. Politiker (Sozialist) schweiz. Herkunft, * 14. 9. 1913 Quezaltenango, † 27. 1. 1971 México; 1951–1954 Staats-Präs.; wegen der 1954 vorgenommenen Bodenreform u. Enteignung der United Fruit Co. mit Billigung der USA von einer Offiziersjunta gestürzt; lebte im Exil.

**Arber**, höchster Berg des Böhmerwalds (auch als höchster Berg des Bayerischen Walds angesehen), bei Bayerisch-Eisenstein: *Großer Arber* 1456 m, *Kleiner Arber* 1384 m; 2 Karseen (*Großer* u. *Kleiner Arbersee*).

**Arber**, Werner, schweizer Mikrobiologe, * 3. 6. 1929 Gränichen, Aargau; erhielt 1978 zusammen mit D. *Nathans* und H. O. *Smith* den Nobelpreis für Medizin für die Entdeckung der *Restriktionsenzyme* und deren Verwendung in der Molekulargenetik (von Bedeutung für die Genmanipulation).

**Arberg**, Peter von, spätmittelalterl. Dichter, → Peter von Arberg.

**Arbil**, 1. irak. Provinz, 14 471 km², 743 000 Ew.; Hptst. *A.* (2).
2. das antike *Arbela, Erbil*, Hptst. der gleichn. irak. Prov., östl. von Mosul, 334 000 Ew.; Handelsort; Sitz des kurd. Regionalparlaments.

**Arbiter** [der; lat.], Zeuge; Schiedsrichter im röm. Zivilprozess.

**Arbitrage** [-'tra:ʒə; die; frz.]. 1. *Börsenwesen*: die Ausnutzung der Unterschiede gleichzeitig genannter Preise oder Kurse (meist an verschiedenen Plätzen) für eine gleiche Menge gleichwertiger Güter durch zu gleicher Zeit vorgenommenen Einkauf zu niedrigeren und Verkauf zu höheren Marktpreisen. Man kennt *Arbitragegeschäfte* für Waren, Wertpapiere (*Effektenarbitrage*), Devisen (*Devisenarbitrage*) u. Geld (hier aus-gelöst durch die Verschiedenheit des Zinsfußes). Die A. wirkt kursausgleichend.
2. *Handelsrecht: Hamburger Arbitrage,* Schiedsgerichtsklausel für alle Streitigkeiten aus dem Warenhandel unabhängig von der Gültigkeit des Vertrages im Übrigen; bei Überseegeschäften, im Osthandel. → Schiedsgerichtsbarkeit (1).

**Arbitragegeschäft** [-'tra:ʒə-] → Arbitrage (1).

**Arbitration** [a:bi'treɪʃən; engl.] → Schiedsgerichtsbarkeit (1).

**Arboga**, schwed. Industriestadt u. Verkehrsknotenpunkt am See *Hjälmaren*, 12 200 Ew.; Verschiffung des Erzes aus Bergslagen; im Mittelalter die bedeutendste Stadt Schwedens, 1435 erster schwed. Reichstag.

**Arbogast**, fränkischer Heerführer, † 8. 9. 394; trat 381 in die Dienste des röm. Kaisers

Diane Arbus: König und Königin eines Seniorentanzabends; 1970

*Gratian* (367–383), war als Berater *Valentinians II.* der eigentl. Regent Galliens. Nach dessen Selbstmord erhob A. den Kanzler *Eugenius* zum Kaiser des Westens (392 bis 394), dem jedoch Theodosius d. Gr. die Anerkennung verweigerte. Am 6. 9. 394 kam es beim Fluss Frigidus in der Nähe von Aquileia zur Schlacht; Eugenius wurde von Theodosius geschlagen u. fiel; A. endete durch Selbstmord.

**Arbon**, Stadt im schweiz. Kanton Thurgau am Südufer des Bodensees, 11 000 Ew.; Schloss (10.–16. Jh.), Martinskirche (Chor 1490), roman. Galluskapelle (10. Jh., Fresken 14. Jh.); Textil- u. Maschinenindustrie, Lastwagen- u. Autobusfabrik.

**Arbor Day** ['ɑ:bər 'deɪ], Volksfeiertag in den USA, an dem Schulkinder Bäume pflanzen; anderen Ländern nachgeahmt; in Dtschld.: → Tag des Baumes; in Österreich: „Woche des Waldes" (im April).

**Arboreal** [das; lat., aus *arbor,* „Baum", u. *area,* „Fläche"], Lebensbereich der Wald- u. Kulturlandschaft im weitesten Sinn.

**Arboretum** [das, Pl. *Arboreten*; lat. *arbor,* „Baum"], Parkanlage mit einem ausgesuchten Bestand verschiedenartiger Baum- u. Straucharten zu deren wissenschaftl. Beobachtung; bes. Universitätsinstituten angegliedert.

**Arborol** [lat. *arbor* = Baum] → Dendrimer.

**Arbor porphyriana** [lat., „porphyrischer Baum"] → Porphyrios.

**Arboviren** [Kurzwort für arthropod-borne viruses = in Arthropoden geborene Viren], ehem. *Arborviren,* Gruppe der → RNA-Viren, die aufgrund ihrer physikal.-chem. Eigenschaften auch anderen Virusgruppen zugeordnet werden, z. B. den Toga-, Arena-, Reo- u. Picorna-Viren. Den A. ist gemeinsam, dass sie durch den Biss Blut saugender Insekten von Wirbeltieren auf Wirbeltiere übertragen werden. Von den A. können sämtl. Säugetiere, Vögel u. Reptilien befallen werden.

**Arbroath** ['ɑ:brəυθ], mittelschott. Nordseebad, in der Tayside Region, 24 000 Ew.; Hafen- u. Industriestadt (Jute, Maschinen), von W. *Scott* in seinem Roman „Der Antiquar" beschrieben; 1178 gegr.

◆ **Arbus** ['a:bəs], Diane, US-amerikan. Fotografin, * 14. 3. 1923 New York, † 26. 7. 1971 New York (Selbstmord); begann als Modefotografin, wurde vor allem wegen ihrer z. T. schockierenden Aufnahmen von Randgruppen bekannt.

**Arbusow**, *Arbuzov,* Alexej Nikolajewitsch, russ. Dramatiker, * 26. 5. 1908 Moskau, † 20. 4. 1986 Moskau; wichtiges u. erfolgreiches Drama der Nachstalinzeit: „Irkutsker Geschichte" 1960, dt. 1960.

**Arbuthnot** [a:'bʌθnət], John, schott. Arzt, Mathematiker u. Satiriker, * 29. 4. 1667 Arbuthnot, Kincardineshire, † 27. 2. 1735 London; mit J. *Swift* u. A. *Pope* befreundet; in „History of John Bull" 1712 schuf er die Gestalt des den typischen Engländer darstellenden *John Bull*; schrieb die Satire „Kunst der polit. Lüge" 1713.

**Arbutin** [das; lat.], Glykosid aus den Blättern von *Ericaceen* u. *Pirolaceen,* bes. in Bärentraubenarten; Verwendung als Farbstabilisator in der Fotografie, früher auch als harntreibendes Mittel in der Heilkunde gebräuchlich.

**Arbutus** → Erdbeerbaum.

**Arc**, linker Nebenfluss der Isère in Savoyen, 150 km; aus den Grajischen Alpen, durchfließt westwärts das Maurienne (elektrometallurgische sowie chemische Industrie), mündet südwestlich von Albertville; Wasserkraftwerke (1300 Mio. kWh).

**Arcachon** [-ka'ʃɔ̃], Stadt im südwestfranzös. Dép. Gironde, 12 200 Ew.; seit 1823 Seebad u. Winterluftkurort an der Dünenküste der *Landes.* Im Bassin d'Arcachon (155 km²), einem mit dem Ozean in Verbindung stehenden Strandsee, befinden sich über 4000 Austerngärten; günstige Gezeitenverhältnisse und die Süßwasserzufuhr durch zahlreiche in das Becken mündende Flüsse begünstigen die Austernzucht; seit der Antike sind die natürl. Austernbänke bekannt, seit 1848 werden die Austern in Kulturen gezogen; heute über ein Drittel der französ. Gesamtproduktion; Fischerei, Konservenfabriken; Fremdenverkehr.

**Arcadelt**, Jakob, niederländ. Komponist, * um 1514, † zwischen 1562 u. 1572 Paris; Kapellmeister der Capella Sixtina in Rom u. Mitglied der französ. Hofkapelle. Neben einzelnen kirchl. Werken schrieb er rd. 120 französ. Chansons u. wurde mit über 200

italien. Madrigalen einer der ersten großen Meister dieser Gattung.

**Arcadia-Konferenz,** Deckname einer Konferenz zwischen dem US-amerikan. Präs. F. D. *Roosevelt* u. dem brit. Premier-Min. W. *Churchill* im Dez. 1941/Jan. 1942 in Washington zur Koord. der Kriegsanstrengungen. Es wurde beschlossen, das Schwergewicht a. den europ. Kriegsschauplatz zu legen u. im Pazifik gegen Japan defensiv zu operieren.

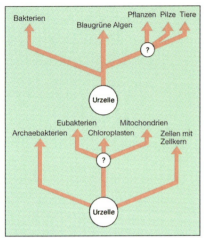

Archaebakterien: Im Vergleich zum früher vertretenen Evolutionsschema (oben) geht man heute davon aus, dass die Archaebakterien von Anfang an einen eigenen Entwicklungsgang genommen haben und nicht von den Eubakterien abzuleiten sind (unten)

**Arcadius-Säule,** in den Jahren 402/03 n. Chr. von Kaiser Arcadius auf dem Arcadiusforum in Konstantinopel errichtete Säule. Der aus 21 Marmorblöcken bestehende Schaft wurde 1717 abgerissen. Die drei Reliefseiten der Basis feiern Arcadius unter dem Christusmonogramm, die vierte diente als Aufgang.

**Arcana** [lat., „das Eingeschlossene, das Geheime"], *Arkana,* in den Parawissenschaften Bez. für den innersten Kern des Einweihungswissens, z. B. in der Alchemie das „Elixier", der „Stein der Weisen"; im Tarot bezeichnet man die Kartensätze auch als großes bzw. kleines Arkanum.

**Arcandisziplin** [„Pflicht zur Geheimhaltung"], in esoter. Gemeinschaften die Vereinbarung, inneres Wissen nur durch entsprechende Einweihung erwerben zu können; wurde zum Schutz oft verschlüsselt, in Symbole, Mythen oder Rätsel gekleidet. Rituale waren nur für Teilnehmer zugänglich, die sich entsprechend qualifiziert u. vorbereitet hatten.

**Arcangelo** [aːˈkændʒəloʊ], Allan d', US-amerikan. Maler, *19. (16.?) 6. 1930 Buffalo; Vertreter der Pop-Art, dessen Hauptthemen Verkehrszeichen u. -signale sind.

**Arcatom-Schweißen,** *Lichtbogenschweißen,* Schweißverfahren, welches mit atomarem Wasserstoff arbeitet. Dieser wird erzeugt, indem molekularer Wasserstoff einen Lichtbogen zwischen zwei Wolframelektroden (*Langmuir-Fackel*) durchläuft. Am zu schweißenden Metall vereinigen sich die Wasserstoffatome wieder unter Wärmefreisetzung zu Molekülen, so dass Temperaturen bis 4000 °C entstehen. Eine Oxidation der Metalloberfläche wird durch die Wasserstoffumspülung ebenfalls verhindert. Das Arcatom-Schweißen wurde 1924 von I. *Langmuir* entwickelt.

**Arcella** → Uhrgläschen.

◆ **Archaebakterien,** von C. *Woese* 1977 geprägter Begriff für eine Gruppe von Bakterien, die unter sehr extremen Bedingungen, wie sie auch in der Frühzeit der Erde geherrscht haben könnten, wachstumsfähig sind.

Zu den A. zählen: 1. methanbildende anaerobe *Methanbakterien*; 2. *schwefeloxidierende Bakterien,* die in heißem (bis zu 85°C), schwefelhaltigem Wasser bei pH-Werten von 1 bis 2 leben; 3. *Halobakterien,* die bei extrem hohen Salzkonzentrationen wachsen; 4. ein in brennenden Kohleabraumhalden gefundener Organismus, der bei 55–65°C u. pH-Werten von 2 bis 3 lebt. A. unterscheiden sich von den → Eubakterien durch verschiedene Merkmale (z. B. andersartiger Zellwand- u. Lipid-Aufbau). A. werden nicht als die „Vorfahren" der Bakterien u. Eukaryonten betrachtet, sondern sollen sich parallel zu diesen in einer geringeren Formenvielfalt auf extreme ökolog. Bedingungen beschränkt haben.

**Archaeocyathen** [grch., lat.], *Paläontologie:* im Unter- u. Mittelkambrium verbreitete *Riffbildner* aus der Verwandtschaft der → Schwämme. Im Gegensatz zu diesen sind sie doppelwandig u. haben *Pseudosepten* zwischen den beiden Wänden ausgebildet; älteste tierische Riffbildner der Erdgeschichte.

**Archaeopteryx** [die; grch.], *Urvogel,* taubengroßes Verbindungsglied zwischen Vögeln u. Reptilien; Vogelmerkmale: Federkleid, Flügelbildung, große Augenhöhlen; Reptilienmerkmale: bezahnte Kiefer, Gehirnbau, freie u. bekrallte Finger, lange Schwanzwirbelsäule. Vom A. wurden mehrere relativ vollständige Exemplare u. eine Feder aus dem Malm der Solnhofener Plattenkalke gefunden.

**Archaeozyten** [grch.] → Schwämme.

**Archaic stage** [aːˈkeɪik ˈsteɪdʒ; engl.], die archäologisch fassbaren Hinterlassenschaften der neolith. Kulturgruppen in den amerikan. Kontinent vom Ende des Pleistozäns bis zum 7. Jahrtausend v. Chr. in Mesoamerika; in Nordamerika teilweise bis um Christi Geburt.

Charakteristisch sind geschliffene Steingegenstände wie Mahlsteine, Steinnäpfe u. -gefäße, Stößel, Beile, halbmondförmige Messer, in Nordamerika auch Steinwaffen; nichtagrarische Lebensweise, Teilnomadismus, spezialisiertes Sammeln bestimmter Samen (wilder Wasserreis) u. Früchte bildeten die Nahrungsgrundlage; die Jagd war nur im arktischen Norden u. auf den Prärien von großer Bedeutung.

Die einzelnen Kulturen dieses Zeitraumes werden anhand der für sie typischen Pfeil- u. Speerspitzen aus Stein unterschieden;

archaische Kunst: Göttin mit dem Granatapfel; 580 v. Chr., Keratea. Berlin, Antikensammlung

bekannteste Typen sind *Clovis-* (12000 v. Chr.) u. *Folsomspitzen* (10000 v. Chr.). Siedlungsreste treten vielfach in Form von Muschelhaufen ähnlich den nordeurop. *Kökkenmöddingern* auf. Die Muschelhaufen an der brasilian. Küste werden *Sambaqui* genannt.

**Archaiden** [grch.], die Gebirgsfaltungen des *Archaikums.*

**Archaikum** [das; grch.], *Altpräkambrium,* ältestes geolog. Erdzeitalter vor 4000–2800 Mio. Jahren, Bildung der festen Erdkruste u. des Meeres; Beginn der Erosion; Vorkommen archaischer Gesteine in Fennoskandia, Böhmen, französ. Zentralplateau, Bretagne, Kanada, Brasilien, Nordsibirien, Zentralafrika u. Westaustralien; vorherrschend sind Gneise, Glimmerschiefer, Phyllite; überall stark gestört u. gefaltet. Aus dem ältesten A. („Azoikum") sind bislang keine Fossilien bekannt, doch müssen tier. Lebewesen („Chemofossilien") existiert haben, da den bekannten Tierformen des Kambriums lange Entwicklungsreihen niederer Tiere vorausgegangen sein müssen (daher auch „Archäozoikum" genannt). → Geologie.

**archaisch** [grch.], altzeitlich; vorklassisch.

**archaische Gesellschaft,** *Völkerkunde:* Gesellschaftsform, in der so genannte *Naturvölker* bzw. Völker geringerer Naturbeherrschung oder schriftlose Völker leben.

◆ **archaische Kunst,** *i. w. S.* die Anfänge einer jeden künstler. Stilepoche, die – im Gegensatz zu deren Blütezeit u. Spätphase – gekennzeichnet sind durch äußerste Sparsamkeit in der Verwendung der formalen Mittel u. eine entspr. Intensität des künstler. Ausdrucks; *i. e. S.* in der *griech. Kunst* die Frühstufe der Entwicklung in Architektur, Plastik u. Vasenmalerei (650–480 v.Chr.) bis zum Beginn der klass. Periode. – Werden Archaismen in entwickelte Stilformen rückgreifend übernommen, spricht man von einem *archaisierenden* oder *archaistischen* Stil, im Unterschied zum echt archaischen; Beispiel: die Gegenströmungen zur klassischen Kunst in Griechenland im 4. Jh. v. Chr. u. in röm. Zeit.

**Archaismus** [der, Pl. *Archaismen*; grch.],
**1.** der Gebrauch veralteter Wörter u. Wendungen als Stilmittel.
**2.** altertüml. Wort, altertüml. Sprachform; z. B. „itzo" für „jetzt".

**archaistische Kunst,** archäolog. Bez. für die Nachahmung *archaischer Kunst* bzw. Anlehnung an diese. Die ersten Werke der archaistischen Kunst entstanden bereits am Ende des 5. Jh. v. Chr. (z. B. Hermes Propylaios des → Alkamenes); noch in der röm. Kaiserzeit beliebt.

**Archangelsk,** Stadt im NW Russlands, an der Mündung der Sewernaja Dwina ins Weiße Meer, 414 000 Ew.; wichtiger Hafen (6 Monate eisfrei), Sägewerke, Holzausfuhr, Schiffswerften, Fischverarbeitung, Leder- u. Pelzindustrie, Wärmekraftwerk, Flugplatz.

**Archäologe,** *Archäologin,* Wissenschaftler, der die Überlieferungen der Vorgeschichte auswertet. Der A. erforscht vornehmlich die materiellen Hinterlassenschaften der alten oriental., griech.-röm., bibl. u. frühchristl. Kulturen. Das Studium der Archäologie umfasst 9–10 Semester u. wird mit Magisterprüfung bzw. Promotion abgeschlossen. Tätigkeitsfelder bestehen in Museen, bei der Vorbereitung von Ausstellungen, an der Hochschule in Forschung u. Lehre. Auch → Archäologie.

◆ **Archäologie** [grch.], *Altertumskunde,* die Wissenschaft von den aus Denkmälern u. Bodenfunden erschlossenen Altertümern, die heute alle materiellen Hinterlassenschaften vergangener Kulturen mit Ausnahme der Schriftquellen erfasst. Die A. entstand als Zweig der Altertumswissenschaft aus dem Interesse an den Kultur- u. Kunstdenkmälern der griech. u. röm. Antike. Ihre Anfänge reichen in das 16. Jh. zurück. Der eigentl. Begründer der *klass. A.* war J. J. Winckelmann. Er erkannte die antiken Kunstdenkmäler als Quellen histor. u. philolog. Überlieferung, unterschied verschiedene Stilstufen der antiken Kunst u. strebte aufgrund stilkrit. Vergleiche eine chronol. Auswertung u. Zuweisung an. – Die *oriental. A.* begann mit dem Feldzug Napoleons I. nach Ägypten (1798–1801), wo ihn eine französ. Gelehrtenkommission begleitete, die ihre Forschungsergebnisse in 36 Bänden veröffentlichte. Forschungen in den übrigen Ländern des Alten Orients brachten Kunde von den Kulturen der Sumerer, Babylonier, Assyrer, Hethiter u. a. Die Entdeckung der Maya-Ruinen von Palenque lenkte das Interesse auf die altamerikan. Kulturen (u. a. *Azteken, Inka*). Bes. erfolgreiche Ausgrabungen des 19. u. 20. Jh. in Italien, Griechenland u. Vorderasien (Pompeji, Herculaneum, Olympia, Mykene, Troja, Babylon, Assur, Boğazköy) führten zu einer Erweiterung der Arbeitsgebiete u. zu einer Verfeinerung der Methoden. Heute gibt es neben der *klass.* u. *oriental. A.* eine *christl., biblische* oder *hebräische, islamische, indische, chines., amerikan., provinzialröm., vorgeschichtl.* u. *mittelalterl. A.*, u. man beschränkt sich längst nicht mehr nur auf die Erforschung der Bau- u. Kunstdenkmäler, sondern erfasst alle Lebensbereiche u. materiellen Hinterlassenschaften vergangener Kulturen, die es aufzufinden, festzuhalten, zu beschreiben, zu erklären u. zu datieren gilt. Insbesondere beschäftigt sich die *Siedlungsarchäologie,* die vor allem durch H. Jankuhn weiter entwickelt wurde, durch die Integration verschiedener Nachbarwissenschaften mit der Erfassung von Besiedlungsvorgängen in bestimmten Gebieten u. den sich daraus ergebenden Fragen.

Die Arbeitsweise des Archäologen kann in zwei getrennte Bereiche unterteilt werden: die Datenerfassung u. darauf aufbauend die Rekonstruktion histor. Verhältnisse. Die Datenerfassung besteht einmal aus der Auffindung archäologischer Bodendenkmäler mit Hilfe von zufälligen Fundmeldungen, der *archäolog. Landesaufnahme,* der *Luftbildforschung* u. *Unterwasserarchäologie.* Neben verfeinerten Ausgrabungsmethoden kommen verschiedene naturwissenschaftl. Fächer zur Hilfe, die *C-14-Methode* u. die *Dendrochronologie* bei der Datierung; Geologie, Pollenanalyse, Botanik u. Zoologie bei der Rekonstruktion früherer Landschafts- u. Klimaverhältnisse u. der Nahrungsmittel; Röntgenuntersuchungen u. a. bei stark verrosteten Gegenständen zur Rekonstruktion ihrer ursprüngl. Form u. Verzierung; Spektralanalysen zur Bestimmung von Metalllegierungen, chem. Untersuchungen zur Analyse von Gefäßinhalten, anthropolog. Untersuchungen menschlicher Skelette, Textilanalysen u. a.

Bei der Deutung der Befunde unter histor. Fragestellungen ist man vor allem auf Erkenntnisse aus geisteswissenschaftl. Fächern, wie z. B. Völkerkunde, Soziologie, Philologie u. Geschichte, angewiesen. Die neueren Impulse entstammen u. a. der amerikan. *New Archaeology;* so werden mehr u. mehr statist. Methoden u. der Einsatz von Computern *(Archaeographie)* bei der Auswertung eingeführt. Eine weitere neue Richtung ist die heute vor allem in Skandinavien u. England betriebene *Experimentelle Archäologie.*

Private u. staatl. Förderungsgemeinschaften widmen sich der finanziellen u. materiellen Unterstützung archäolog. Forschungen. Das *Dt. Archäolog. Institut,* 1828 in Rom gegr., unterhält Zweigstellen in mehreren Ländern u. hat großen Anteil an den Ergebnissen der internationalen Forschung. – Neben den Ausgrabungen ist die Pflege der erhaltenen Denkmäler von gleicher Bedeutung. Vorbildlich war die internationale Aktion zur Rettung der durch den Staudamm von Assuan bedrohten ägypt. Altertümer (z. B. *Abu Simbel*). In archäolog. Museen u. Sammlungen werden die archäolog. Funde erfasst, registriert, restauriert u. in Ausstellungen der Öffentlichkeit zugänglich gemacht. Auch → Ausgrabung, → Vorgeschichte.

**archäologische Landesaufnahme,** Inventarisationsvorhaben mit möglichst vollständiger Erfassung aller archäolog. Bodendenkmäler (Funde aus Museen, Sammlungen, Privatbesitz, Fundnotizen aus histor. Überlieferungen, insbes. über verloren gegangene Objekte) aus einem vorher abgesteckten Gebiet. Die a. L. bildet vor allem eine Grundlage der *Siedlungsarchäologie.* Ihre

Archäologie: Vermessung von Mayaruinen mit Meridianfernrohr und Senkblei

Ergebnisse werden in Fundkarten u. Katalogen festgehalten.
**Archäometrie,** Sammelbegriff für alle messenden Verfahren in den archäolog. Disziplinen. Die Arbeitsmethode der A. wird in vier Schritte eingeteilt: 1. Herausarbeitung einer archäolog. Fragestellung, 2. Übersetzung dieser Fragestellung in eine naturwissenschaftl. Aufgabe, 3. Lösung der naturwissenschaftl. Aufgabe, 4. Übersetzung des naturwissenschaftl. Ergebnisses in eine archäolog. relevante Antwort. Typische Verfahren der A. sind z.B. die radioaktive Altersbestimmung (C-14-Methode), Pollenanalyse, Thermolumineszenz-Methode u. chem. Analysen (z.B. von verkohlten Speiseresten). Der Name A. wurde von der seit 1958 an der Universität von Oxford erscheinenden Zeitschrift „Archeometry" übernommen.
**Archäopteryx,** Urvogel, → Archaeopteryx.
◆ **Arche** [die; lat., „Kasten"], das auf Gottes Geheiß von → Noach gebaute kastenförmige Schiff, in dem er sich, seine Familie u. je ein Paar aller Tierarten (Gen. 6,19; nach Gen. 7, 2 von den „reinen" Tierarten je sieben Paare) vor der Sintflut rettete.

Arche Noach: Die Taube kehrt mit dem Olivenzweig zurück. Holzschnitt von Gerhard Marcks

**Archeget** [grch., „Urheber", „oberster Führer"], *Archegetes,* Bez. für einen Gott oder Heros als myth. Ahnherr bzw. Stadtgründer; ursprüngl. auch der Titel der Könige Spartas.
**Archegoniaten** [Pl., grch.], in der pflanzl. Systematik Moos- u. Farnpflanzen.
**Archegonium** [das, Pl. *Archegonien;* grch.], weibl. Geschlechtsorgan bei Moosen u. Farnpflanzen *(Archegoniaten);* flaschenförmiger Gewebekörper, der nur eine Eizelle enthält. Im A. wird die Eizelle von den durch den Hals wandernden Spermatozoiden befruchtet.
**Archelaos,** König von Makedonien um 413 bis 399 v. Chr.; kam als Sohn des *Perdikkas II.* u. einer Sklavin durch rücksichtslose Gewalt zur Macht; förderte die innere Entwicklung des Landes (Heerwesen, Handel, Verkehr) u. durch Bindung hervorragender Männer an seinen Hof (u.a. Euripides) die Pflege griech. Kultur; wurde ermordet. Sokrates u. Platon prangerten ihn als Tyrannen an.
**Archelaos,** griech. Bildhauer aus Priene, tätig im 2. Jh. v.Chr.; Hptw. ist die sog. Apotheose des Homer, ein im 17. Jh. an der Via Appia aufgefundenes Relief (London, Brit. Museum).
**Archenmuscheln,** *Arcidae,* Meeresmuschel mit Fadenkiemen. Die *Arche Noach, Arca noae,* bis 10 cm, sitzt auf Hartböden im Atlantik u. Mittelmeer meist mit Byssusfäden fest. A. haben zwei Schließmuskeln u. sind deshalb urtümlich.
**Arche Noach,** 1. *Religion:* → Arche.
2. *Zoologie:* → Archenmuscheln.
**Archer** ['aːtʃə], Frederick Scott, engl. Silberschmied, Bildhauer u. Fotograf, *1814 Bishop's Stortford, †Mai 1857 London; erfand 1848 das → Kollodium-Verfahren (veröffentlicht 1851). Er verzichtete auf die Patentierung u. starb verarmt.
**Archermos,** griech. Bildhauer aus Chios, tätig um die Mitte des 6. Jh. v. Chr.; Hptw.: Nike aus Delos (Athen, Nationalmuseum).
**Arches National Park** [aːtʃiz 'næʃnəl paːk], rd. 140 km² großer Nationalpark (seit 1971) in Ost-Utah (USA), mit über 80 Naturbrücken *(arches)* u. -türmen aus rotem Sandstein.
**archetypisch,** einer Urform entsprechend.
**Archetypus** [grch., „das zuerst Geprägte"], 1. *allg.:* Urbild, Urtypus; neuplatonischer Begriff; bei C. G. *Jung:* Symbole (z.B. Kreuz) u. Bilder (z.B. strahlender Held, Anima, Animus, der alte Weise, das Kind) des kollektiven Unbewussten, Ergebnisse der im Menschen angelegten Bereitschaft, bildhaft hervortreten zu lassen, was an Ideen, Vorstellungen, Instinkten entscheidend wirksam war.
2. *Buchwesen:* älteste Handschrift oder ältester Druck eines Schriftwerkes, oft nur hypothetisch rekonstruierbar (z.B. beim Nibelungenlied).
**Archeuropa,** *Ureuropa,* nach H. *Stille* Teile Nord- u. Nordosteuropas, die schon (tektonisch beständig) in vorkambrischer Zeit konsolidiert waren u. seitdem keine Faltung mehr erfahren haben. Einen großen Teil von A. nimmt *Fennoskandia* ein.
**Archibald** [ahd. *Erchanbald; erchan,* „echt, rein", *bald,* „kühn"], männl. Vorname.
**Archibenthal** [das; grch.], der → Lebensbereich des Meeresbodens in der Zone des Kontinentalabhanges (zwischen Schelf u. Tiefseeboden).
**Archibenthalzone,** Bathyalzone, → Bathyal.
**Archicoelomata** → Urleibeshöhlentiere.
**Archidamos,** SPARTAN. KÖNIGE AUS DEM HAUS DER EURYPONTIDEN:
**1. Archidamos II.,** König etwa 476–427 v. Chr.; war nach Thukydides bei den Verhandlungen vor dem Ausbruch des Peloponnesischen Krieges Sprecher der zur Vorsicht mahnenden Partei in Sparta, führte 431 v.Chr. das Bundesheer der Peloponnesier nach Attika, weshalb der 1. Teil dieses Krieges der „Archidamische" heißt.
**2. Archidamos III.,** Sohn u. Nachfolger *Agesilaos' II.,* König 360–338 v. Chr., *um 400 v. Chr., †338 v.Chr.; ein typischer Söldnerführer des 4. Jh. v.Chr. Nach Spartas Niederlage bei Leuktra 371 v.Chr. konnte er trotz einzelner Erfolge den Niedergang der spartan. Macht auf dem Peloponnes nicht aufhalten. 343 v.Chr. kam er mit einem Söldnerheer *Tarent* gegen die Lukaner u. Messapier zu Hilfe, wurde aber von diesen 338 v.Chr. bei Mandonion geschlagen und fiel.
**Archidiakon** [grch.], *Erzdiakon,* in der alten christl. Kirche Vorsteher des Klerus u. Vertreter des Bischofs; im MA, teilweise auch noch später, ein mächtiger, mit dem Bischof rivalisierender Prälat; heute im Allg. nur noch ein Ehrentitel.
**Archil,** Farbstoff aus der Färberflechte, → Orseille.
**Archilochos von Paros,** griech. Lyriker, *um 700 v.Chr., †um 645 v.Chr.; gestaltete die Erfahrungen seines abenteuerl. Wander- u. Kampflebens in leidenschaftl. Gedichten (etwa 150 Verse erhalten); entwickelte den Jambus.
**Archimandrit** [der; grch.], in den orthodoxen Kirchen früher der Vorsteher einer größeren Klosteranlage, heute vielfach ein Ehrentitel für verdiente Mönche u. Priester mit besonderen Aufgaben.

Archimedes

◆ **Archimedes,** Mathematiker, Physiker u. Techniker der griech. Antike, *um 285 v.Chr. Syrakus, †212 v.Chr. Syrakus (bei der Eroberung der Stadt von röm. Soldaten erschlagen); lehrte u.a. die Berechnung von Quadratwurzeln, bestimmte den Kreisumfang beliebig genau, ermittelte Näherungswerte der Zahl π, löste kubische Gleichungen mit Hilfe von Kegelschnitten. Auf dem Gebiet der Physik fand er die Gesetze des Schwerpunkts, der schiefen Ebene, des Hebels u. des Auftriebs. Auch Brennspiegel, Wurfmaschinen, eine mechan. Bewässerungsanlage u. Flaschenzüge werden ihm zugeschrieben. – *archimedisches Prinzip:* → Auftrieb.
**archimedische Körper,** *archimedische Polyeder,* Körper, die von regelmäßigen ebenen Vielecken (gleichseitiges Dreieck, Quadrat usw.) derart begrenzt werden, dass in einer Ecke Vielecke unterschiedl. Eckenzahl zusammenstoßen; man nennt sie auch *halbregelmäßige Polyeder;* Gegensatz: *regelmäßige Polyeder,* in deren Ecken nur kongruente (→ Kongruenz) regelmäßige Vielecke zusammenstoßen. Auch → platonische Körper.
**archimedische Spirale** → Spirale.

**Archimycetes,** *Archimyzeten, Urpilze,* ehem. Klasse der Pilze. Sie umfaßte miteinander nicht verwandte Organismen mit nackten Thalli. Die Bez. A. wird oft für Pilze verwendet, die in der vegetativen Phase keine Zellwand haben.

## Archimedes ~ 285–212 v. Chr.

| | | |
|---|---|---|
| A., Sohn des Astronomen Pheidias, in Syrakus geboren | ~ 285 | Ptolemaios II. Philadelphos wird König von Ägypten (bis 247) / Chares von Lindos gießt das 34 m hohe Erzbild des Gottes Helios („Koloss von Rhodos", eines der sieben Weltwunder des Altertums) |
| | 279 | Sostratos von Knidos baut den angeblich 100 m hohen Leuchtturm auf Pharos (eines der sieben Weltwunder des Altertums) |
| | 275 | Eratosthenes aus Kyrene, griechischer Gelehrter und Bibliotheksleiter, in Alexandria geboren / Hieron II. wird Diktator von Syrakus |
| | 270 | Aristarchos begründet das heliozentrische Weltbild, das sich aber nicht durchsetzt |
| | 269 | Der babylonische Astrologe Bessos konstruiert eine Sonnenuhr / In Indien wird Ashoka König eines Großreiches, das fast den ganzen Subkontinent umfasst; Blütezeit des Buddhismus u. seiner Kunst |
| | 266 | Rom herrscht über ganz Mittel- und Süditalien; gerät dadurch in engeren Kontakt mit der griechischen Kultur. Davon profitieren besonders Architektur und Medizin |
| | 264 | Beginn des Ersten Punischen Krieges |
| Studium in Alexandria. A. hält auch nach seiner Rückkehr nach Syrakus engen brieflichen Kontakt mit den dortigen Wissenschaftlern. So schickt er z. B. seine Methodenlehre an Eratosthenes / A. erfindet die sog. archimedische Wasserschnecke (auch ägyptische Schraube), baut ein wassergetriebenes Planetarium und erfindet den Flaschenzug | ~ 260 ~ | Blütezeit des Museions in Alexandria, das von den Ptolemäern großzügig gefördert wird und Mathematik und Mechanik (Ingenieurswesen) weit entwickelt |
| Rückkehr nach Syrakus / Freundschaftliche Verbindung zu König Hieron II. und dessen Sohn Gelon | ~ 255 | |
| | 250 ~ | Ktesibios, griechischer Ingenieur, erfindet Windbüchse, Druckpumpe, Wasserorgel und eine Wasseruhr mit Zahnradgetriebe |
| | 247 | Ptolemaios III. Euergetes wird König von Ägypten (bis 221) |
| | 246 ~ | Philon von Byzanz, griechischer Ingenieur, verfasst eine Mechanik (Kriegstechnik) / Hannibal, karthagischer Feldherr, geboren |
| | 221 | Abschluss der Einigung Chinas unter Qin Shihuangdi; Bau der „Chinesischen Mauer" |
| | 219 | Hannibal erobert das mit Rom verbündete Sagunt; Anlass des Zweiten Punischen Krieges |
| A. beteiligt sich an der Verteidigung von Syrakus durch die Konstruktion und den Bau neuartiger Kriegsmaschinen | 218 | |
| | 217 | Hannibal siegt am Trasimenischen See / Quintus Fabius Maximus („Der Zauderer") wird zum Diktator ernannt |
| | 216 | Sieg Hannibals bei Cannae |
| A. wird trotz ausdrücklichen Verbots des Belagerers Marcellus bei der Eroberung von Syrakus von römischen Soldaten erschlagen | 212 | |

**Archipel,** *Archipelagos* [der; grch., „Urmeer"], ursprünglich die griechisch-kleinasiatische Inselwelt; heute allgemein Inselgruppe.

◆ **Archipenko,** Alexander, russ. Bildhauer, *30. 5. 1887 Kiew, †25. 2. 1964 New York; lebte seit 1923 in den USA; Lehrer am New Bauhaus, Chicago, u. an einer von ihm 1939 gegr. Bildhauerschule in New York. Seit 1910 vom Kubismus angeregt, suchte A. durch die „Skulptomalerei" (Einbeziehung von Hohlformen) neue plast. Ausdrucksmöglichkeiten. Im letzten Lebensjahrzehnt entstanden abstrakte Skulpturen, durchsichtige Hohlplastiken aus Kunststoff u. Bewegungsobjekte. A. schrieb „Fifty creative years" 1960.

Alexander Archipenko: Carrousel Pierrot; 1913. New York, The Salomon R. Guggenheim Museum

**Archipiélago de las Perlas,** *Perlen-Archipel,* Inselgruppe im Golf von Panama (Pazifik), ehem. Zentrum der Perlenfischerei; Fremdenverkehr.

**Archipoēta** [lat.], Deckname eines unbekannten Dichters latein. Vagantenlieder, *um 1135; ritterl. Herkunft u. geistlich wie klassisch gebildet; von Rainald von Dassel gefördert, verherrlichte den Staufer Barbarossa. Am bekanntesten ist seine „Vagantenbeichte" mit „Meum est propositum in taberna mori" („Mir ist beschieden, in der Schenke zu sterben"). – Textausgaben: „Die Gedichte". Bearb. H. Watenphul. Hrsg. H. Krefeld. 1958.

**Archipresbyter** [grch.], *Erzpriester,* im MA ein Geistlicher, der vom Bischof mit der Aufsicht über die Geistlichen u. Laien eines Sprengels beauftragt war; seit dem 9. Jh. auch *Dekan (Dechant)* genannt; heute in der kath. Kirche Ehrentitel.

**Archipterygium** [grch.], ein Bautyp der paarigen Flosse mit knöcherner Hauptachse u. davon abzweigenden Seitenstrahlen, von dem aus sich die Extremitäten der Landwirbeltiere entwickelt haben; ausgebildet bei *Quastenflossern* u. *Lungenfischen*.

**Architekt** [grch.], *Architektin,* plant u. entwirft Bauwerke, Stadtteile, Städte, Land-

# Architektonik

schaften sowie Umbaumaßnahmen. Architekten fertigen Zeichnungen vom Entwurf bis zu den Details an, stellen Kostenberechnungen, Leistungsverzeichnisse u. Baubeschreibungen auf, beraten treuhänderisch den Bauherrn in Fragen des Baurechts, des Baumaterials u. der Bautechniken, führen in seinem Namen Verhandlungen mit amtl. Stellen u. Ausführenden, überwachen die Bauduchführung u. prüfen Abrechnungen. Architekten arbeiten als Freiberufler, Angestellte oder Beamte. Sie werden bei einer Architektenkammer in der Architektenliste geführt. Die Ausbildung erfolgt an Fachhochschulen (6–8 Semester u. Praxisphasen), Universitäten u. Kunsthochschulen (10–12 Semester).

**Architektonik, 1.** *allg.:* Wissenschaft von der Baukunst.

**2.** *Kunst:* künstler. Aufbau von Werken der Dichtung u. Tonkunst.

◆ **Architektur,** *Baukunst,* die profanen wie sakralen Zwecken dienende älteste aller bildenden Künste, deren Ergebnis die Behausung im weitesten Sinn ist. Baukünstlerische Betätigung setzt Sesshaftigkeit voraus; nomadische Völker haben keine A. geschaffen, doch sind Höhle, Hütte u. Zelt als entwicklungsgeschichtl. Urformen der A. anzusehen. Das Bestreben, Bauwerke außer nach Zweckbestimmung, materiellen u. klimat. Gegebenheiten auch nach ästhet. Grundsätzen zu gestalten, zeichnet sich in den Baustilen aller Länder u. Völker ab. In der Ausbildung ihrer Formen folgt die A. weit gehend den jeweiligen sozialen, gesellschaftl. u. religiösen Verhältnissen, dem Wandel der Schönheitsideale u. der Erfindung neuer Mittel. Heute wird zwischen A. im eigentl. Sinn u. Ingenieurarchitektur unterschieden.

Der Begriff A. ist seit dem MA gebräuchl., als sich Baumeister u. -handwerker zu Werkstattgemeinschaften zusammenschlossen (*Bauhütten*). Die Teilung in Profanbauten (weltl. Zweck) u. Sakralbauten (Tempel, Kirchen, Grabarchitektur) hat die Entwicklung der A. von ihren Ursprüngen an in allen Kulturen bestimmt. Neben dem Wohnhaus traten, durch architekton. Besonderheiten hervorgehoben, das in mannigfachen Formen als göttl. Wohn- oder Verehrungsstätte gedachte Kulthaus u. das Grabgebäude auf, meist aus gebrannten Ziegeln oder aus Steinen errichtet u. damit den aus religiösen Vorstellungen gewonnenen Ewigkeitsanspruch manifestierend, der der mittelalterl. Sakralarchitektur ebenso innewohnt wie den ägypt. Pyramiden. Eine Zwischenstellung nimmt der *Palastbau* ein, bei dem sich als Wohnsitz u. Residenz eines Herrschers, zumal im Altertum, religiösmyth. Vorstellungen mit weltl. Macht- u.

Architektur: Fachwerkhäuser

Repräsentationsgedanken verbinden u. zu entspr. Formen führen. Während die griech. A. vor allem auf den Sakralbau (Tempel) ausgerichtet war, gab die A. der Römer dem reinen, oft monumental gebildeten Zweckbau den Vorrang u. schuf mit dem Einsatz neuer techn. Mittel die Grundlagen für die spätere Entwicklung der Ingenieurarchitektur Im europ. MA bestanden Zweck- u. Sakralarchitektur fast gleichrangig nebeneinander; wechselseitige Einflüsse lassen sich bes. im Kirchen- u. Burgenbau erkennen. Das künstler. Schmuckbedürfnis erstreckte sich auch auf Brücken- u. Torbauten, auf Wohnhäuser u. öffentl. Gebäude. Während der Renaissance u. des Barocks war außer der Kirche der Palast das vom Schmuck- u. Ordnungswillen bevorzugte Objekt der A.

Neue Aufgaben stellten sich der A. um die Wende zum 20. Jh., als nach dem Rückgriff auf histor. Baustile u. mit der Verwendung neuer Konstruktionsmittel, wie Stahl u. Stahlbeton, die Neigung zum baustoffgerechten u. ornamentlosen Gestalten wuchs. Anregend wirkten dabei der Ingenieurbau u. die Erkenntnis, dass auch in ihm ästhet. Gesetze wirksam werden können. Die neue Richtung wurde nach dem von L. H. *Sullivan* geprägten Wort „form follows function" („Form folgt Funktion") auch → Funktionalismus genannt. Auch → moderne Baukunst.

◆ **Architekturbild,** Gemälde mit exakter Wiedergabe von Bauwerken um ihrer selbst willen. Von der → Vedute durch Beschränkung auf meist ein Bauwerk oder Teil desselben unterschieden, geben Architekturbilder entweder Innen- oder Außenansichten wieder. Früheste Beispiele mit dekorativer Funktion sind Werke der antiken Wandmalerei (Pompeji). Nach der Entdeckung der Perspektive wurden Architekturen weitgehend in Bildhandlung u. Komposition einbezogen; zu einer autonomen Gattung der Malerei wurde das A. erst nach 1600 in den Niederlanden ausgebildet (Hauptmeister des 17. Jh.: J. *Vermeer,* P. *Saenredam,* E. *de Witte* u. a.). Im 18. Jh. dominierten die Italiener (*Canaletto,* B. *Belotto,* F. *Guardi,* G. B. *Piranesi*). Im 19. Jh. näherte sich das A., verbunden mit der Darstellung von Landschaftsteilen oder Stadtansichten, der *Landschaftsmalerei.* Im Vordergrund der Darstellung standen rein künstler. Probleme, während die Aufgabe der naturgetreuen Abbildung von der Fotografie übernommen wurde.

**Architomie,** *Postregeneration,* Methode der vegetativen (ungeschlechtl.) → Fortpflanzung, Teilung von Individuen, im einfachsten Fall in zwei Teilstücke, deren hinteres ein Vorderende u. deren vorderes ein Hinterende regeneriert, z. B. bei manchen Borstenwürmern (→ Polychäten); A. bei den Strudelwürmern: Das Tier heftet sich mit dem hinteren Ende an den Untergrund, u. das Vorderteil kriecht weiter, bis das Tier in der Mitte reißt; durch Regeneration werden die fehlenden Organe u. Körperteile der beiden Hälften ergänzt, so dass aus dem einen Individuum zwei hervorgehen.

**Architrav** [der; grch. + lat.], *Epistyl,* bei antiken Bauten u. in den der Antike nachempfundenen Stilrichtungen der auf Säulen oder Pfeilern waagerecht aufliegende Balken, der den Oberbau trägt.

**Archiv** [das; grch. *archeion,* „Amtshaus"], geordnete Sammlung von Schrift-, Bild- u. Tongut einer Person oder Institution. Anders als eine Bibliothek oder ein Museum ist ein A. nicht planmäßig zusammengestellt worden, sondern aus der Tätigkeit des Archivbesitzers organisch gewachsen. A. heißt sowohl der Aufbewahrungsort als auch die Behörde, die die *Archivalien* verwaltet. Man unterscheidet je nach Ursprung u. Besitzer des Archivs Staats-, Stadt-, Kloster-, Wirtschafts-, Familien-, Firmen- oder Privatarchive. Die Existenz von Archiven setzt eine schriftl. Überlieferung voraus, wie sie bei den alten Kulturen des Orients begann. Ausgrabungen haben Palast- u. Tempelarchive in Mesopotamien u. Syrien freigelegt, in denen sich eine große Menge von Tontäfelchen mit keilschriftl. Texten befanden. Die Griechen u. Römer besaßen ebenfalls umfangreiche Archive. Im frühen

Archivolte: Ornamentierte Archivolten in einem romanischen Gewändeportal; 12. Jh. Saintes, Frankreich

Architekturbild: Antonio Canaletto, S. Maria della Salute in Venedig vom Canal Grande aus; um 1730. Berlin, Gemäldegalerie

MA gehörte Karl d. Gr. zu den ersten weltl. Herrschern, die sich mit der Schaffung eines Archivs beschäftigten.
Die Grundlage für größere Archive entstand allerdings erst mit der Einrichtung eines geordneten Registerwesens u. mit der Ausbildung einer Behördenorganisation seit dem 14. Jh. Die Archive dienten zu dieser Zeit praktischen Verwaltungszwecken des Archivbesitzers. Seit dem 19. Jh. werden Archive in steigendem Maße zur geschichtlichen Forschung genutzt.
Die Benutzung der Archive wird durch Benutzerordnungen der Archiveigentümer geregelt. Gewöhnlich ist die Einsicht in neuere Archivalien durch Sperrfristen (zwischen 50 u. 30 Jahre) u. Vorschriften zum Persönlichkeitsschutz eingeschränkt. Die Fülle der von modernen Verwaltungen prod. Akten, Sicherheitsprobleme u. Datenschutzmaßnahmen stellen den Bau u. die Verwaltung von Archiven vor neue Probleme.
**Archivalien,** Akten u. Dokumente aus einem Archiv.
**Archivar,** *Archivarin,* Verwalter oder Beamter eines Archivs, der Amtsschriften, Dokumente oder Urkunden verwaltet. *Archivare im mittleren Dienst* (Archivassistenten) wirken u. a. bei der Übernahme u. Ordnung von Behördenschriftgut mit. *Archivare des gehobenen Dienstes* (Diplomarchivare) erfassen, ordnen, verzeichnen u. werten Archivgüter (auch Film-, Bild-, Tonmaterialien u. EDV-Materialien) aus. *Archivare des höheren Dienstes* benötigen ein Hochschulstudium. Die Bearbeitung von älteren Archivalien erfordert Kenntnisse alter Schriften u. Sprachen sowie der früheren Rechts-, Verfassungs- u. Verwaltungsverhältnisse.

◆ **Archivolte** [die; ital.], *Baukunst:* die profilierte Stirnseite eines Bogens; beim mittelalterl. Portal jedes architektonisch hervorgehobene Bogenglied. In Portalen französ. Kathedralen ist die A., die die Gewändegliederung nach oben fortsetzt, mit sog. *Archivoltenfiguren* geschmückt.
**Archivwissenschaft,** eine historische Hilfswissenschaft; legt als *praktische A.* oder *Archivtechnik* die wissenschaftl. Grundlagen für die Aufnahme, Aufbewahrung, Konservierung u. Restaurierung von Archivalien u. befasst sich als *Archivtheorie* oder *Archivkunde* mit der Geschichte u. dem Aufbau von Archiven, um sie nutzbar zu machen. A. wird zur fachl. Ausbildung der Archivare an Archivschulen (z. B. München) gelehrt.
**Archon** [der, Pl. *Archonten*; grch.], in einigen altgriech. Stadtstaaten, bes. in Athen, Mitglied des Kollegiums der obersten Staatsbeamten, i. e. S. dessen höchster Vertreter; ein mit fortschreitender Demokratisierung *(Kleisthenes)* in seiner Bedeutung immer mehr eingeschränktes Staatsamt; in Anlehnung daran auch Titel des Hauptvertreters anderer Gemeinschaften u. Verbände.
**Archosauria** [grch.], die bedeutendste Unterklasse der *Reptilien,* zu der die *Saurischia* u. *Ornithischia* (oft als → Dinosaurier zusammengefasst), die → Pterosaurier (Flugechsen) u. die → Krokodile gehören; von primitiven A. stammen ebenfalls die Vögel ab. Verbreitung: Trias bis Kreide (vor 220–65 Mio. Jahren).

◆ **Arcimboldi** [artʃimˈbɔldi], *Arcimboldo,* Giuseppe, italien. Manierist, *1527 Mailand, †11. 7. 1593 Mailand; Maler, Ingenieur, Kostümzeichner u. Musiker; begann als Glasmaler im Mailänder Dom u. wurde von Kaiser Ferdinand I. als Hofmaler nach Prag berufen, wo er bis 1587 blieb; A. wurde bekannt durch seine skurrilen Porträts u. allegor. Landschaften, die aus Blumen, Früchten oder Tieren zusammengesetzt sind.
**Arcipreste de Hita,** span. Kleriker u. Dichter, → Ruiz (2)
**Arco** [ital.], **1.** *allg.:* Bogen. **2.** *Musik:* → coll'arco.

Giuseppe Arcimboldi: Der Gemüsegärtner. Cremona, Museo Civico

387

**Arco,** Stadt u. Kurort in Südtirol (Italien), an der Sarca, nördlich des Gardasees, 11 600 Ew.; barocker Dom (17. Jh.).
**Arco,** Georg Graf von, dt. Funktechniker, *30. 8. 1869 Großgorschütz bei Ratibor, †5. 5. 1940 Berlin; 1903–1932 Direktor der Telefunken-Gesellschaft; schuf entscheidende Neuerungen auf dem Gebiet der drahtlosen Telegrafie.
**Arcos de la Frontera** ['arkɔs ðə la frɔn'tera], südspan. Stadt in der Prov. Cádiz, hoch über dem Rio Guadalete gelegen, 26 500 Ew.; u.a. Korkindustrie.
**Arctic Bay** [-'bɛi], kanad. Eskimosiedlung auf Baffinland, 420 Ew.; 20 km nördlich liegt die *Nanisivik-Grube* (Blei, Zink).
**Arcus** → Arkus.
**ARD,** Abk. für *Arbeitsgemeinschaft der öffentl.-rechtl. Rundfunkanstalten der Bundesrepublik Deutschland,* 1950 gegr. Zusammenschluss der Rundfunkanstalten Deutschlands zur Wahrnehmung der gemeinsamen Interessen der Anstalten u. zur Bearbeitung gemeinsamer Fragen des Programms, der Technik sowie rechtl. u. betriebswirtschaftl. Art. Im „Fernsehvertrag" von 1953 wurde vereinbart, ein gemeinsames Fernsehprogramm zu veranstalten. Dieses Gemeinschaftsprogramm wurde am 1. 11. 1954 offiziell unter dem Namen „Deutsches Fernsehen" eröffnet; seit 1. 10. 1984 „Erstes Deutsches Fernsehen". Zur ARD gehören die 10 Landesrundfunkanstalten, die Deutsche Welle u. das Deutschlandradio. Die einzelnen Anstalten sind dreigliedrig aufgebaut (Rundfunkrat, Verwaltungsrat, Intendant). Die Geschäftsführung der ARD wechselt jährlich zwischen den einzelnen Anstalten.
**Ardabil,** *Ardåbil, Erdebil,* nordiran. Stadt u. Festung in Aserbaidschan, Hptst. der Prov. Ostaserbaidschan, 1100 m ü. M., 311 000 Ew.; mohammedan. Wallfahrtsort; Straßenknotenpunkt u. Handelsplatz; Obstkulturen (Bewässerung) u. Weizenanbau; Textil- u. Konservenfabrik, Tabakverarbeitung.
**Ardagger,** Marktgemeinde an der Donau in Niederösterreich, 250 m ü.M., 3100 Ew.; Sommerfrische, mit ehem. Weltpriester-Kollegiatsstift (1040–1784), bedeutende got ische Kirchenanlage, Glasmalerei.
**Ardal** ['ɔːr-], mittelnorweg. Ort am *Årdalsfjord,* einem Seitenarm des Sognefjords, gleichnamige Großgemeinde mit 988 km²; 6300 Ew.; Kraftwerk, Aluminiumhütte.
**Ardant** [arˈdã], Fanny, französ. Schauspielerin, *22. 3. 1949 Saumur; bekannt durch ihre Rolle in F. Truffauts „Die Frau nebenan" 1981; arbeitete unter A. Resnais, C. Lelouch, E. Scola, V. Schlöndorff, wichtige Rollen: „Auf Liebe und Tod" 1983; „Jenseits der Wolken" 1995; „Ridicule" 1996; auch Theaterrollen.
**Ardaschir,** SASSANIDISCHE KÖNIGE:
**1. Ardaschir I.,** Großkönig („König der Könige") des Iran 226–242; Begründer des Sassaniden-Reiches, anfangs Vasall des letzten parthischen Großkönigs *Artabanos V.,* den er 224 besiegte.
**2. Ardaschir II.,** Sohn oder Bruder *Schapurs II.,* Großkönig 379–383.
**3. Ardaschir III.,** Sohn *Kavads II.,* war am

Ardennen: im Hochmoorgebiet Hohes Venn

Ende des Sassanidenreiches als Kind nominell König 628/29, wurde durch Aufstand getötet.
**Ardeal,** rumän. Name für Siebenbürgen.
**Ardèche** [arˈdɛːʃ], **1.** französ. Dép. am Ostrand des Zentralplateaus, 5529 km², 283 000 Ew.; Verw.-Sitz *Privas*; Teil der Landschaft *Vivarais.*
**2.** rechter Nebenfluss der Rhône im südl. Frankreich, 120 km; entspringt in den Cevennen, durchbricht in seinem unteren Lauf die Montagne de Berg (720 m), mündet nördlich von Pont-Saint-Esprit; beliebter Fluss für Kanusportler.
**Ardemans,** Teodoro, span. Maler, Bildhauer u. Baumeister, *1644 Madrid, †15. 2. 1726 Madrid; Schüler von C. *Coello;* schuf den Plan des Schlosses La Granja (Segovia) u. leitete den Bau des Palastes von Aranjuez.
**Arden** [aːdn], ◆ **1.** Elizabeth, eigentlich Elizabeth Florence Nightingale *Graham,* US-amerikan. Kosmetikerin, *1891 Woodbridge bei Toronto, †18. 10. 1966 New York; baute in New York die *Elizabeth A. Inc., Cosmetics* auf.
**2.** John, engl. Dramatiker, *26. 10. 1930 Barnsley, Yorkshire; seine Stücke zeichnen sich durch eine Verbindung realist. u. fantast. Elemente aus: „Leben u. leben lassen" 1958, dt. 1966; „Armstrong sagt der Welt Lebwohl" 1965, dt. 1967; „Das Erbe von Ballygombeen" 1972, dt. 1975. Romane: „Silence among the weapons" 1982; „Books of bale" 1988.

Elizabeth Arden

Manfred von Ardenne

◆ **Ardenne,** Manfred Baron von, dt. Physiker, *20. 1. 1907 Hamburg, †26. 5. 1997 Dresden; 1945 bis 1955 in der UdSSR, seit 1955 Leiter des Forschungsinstituts „Manfred von A." in Dresden; machte zahlreiche Erfindungen auf den Gebieten der Funktechnik, des Fernsehens, der Elektronenoptik u. der angewandten Kernphysik; arbeitete auch über Krebsbehandlung (Sauerstoffmehrschritt-Therapie).
◆ **Ardennen,** in Luxemburg *Ösling,* waldreiches, gering besiedeltes, von der Eifel durch Südostbelgien u. Luxemburg bis Nordfrankreich ziehendes Mittelgebirge, Westflügel des Rhein. Schiefergebirges; in der Botrange (Hohes Venn) 694 m, mittlere Höhe 500 m; tiefe Durchbruchstäler von Maas, Semois, Ourthe, Amblève, Vesdre, Sauer u. Clerf. Der Untergrund besteht aus harten, im Paläozoikum stark gefalteten Sandsteinen (Grauwacken) u. Tonschiefern. Vorkommen von Erzen (Eisen, Zink, Blei, Kupfer, Antimon) u. am Nordrand Steinkohle; Viehzucht; Fremdenverkehr (Spa, Malmédy, la Roche, St.-Hubert, Bouillon).
**Ardennenkanal,** verbindet die Maas mit der *Aisne,* 99 km; Transport von Kohlen, Eisenerz u. Holz; 1883 eröffnet.
**Ardennenoffensive,** die letzte große Angriffsoperation der dt. Wehrmacht im 2. Weltkrieg; ein Versuch, die Initiative zurückzugewinnen u. die Kriegsbereitschaft bes. Großbritanniens entscheidend zu schwächen. Geplant war, die alliierte Front in den Ardennen zu durchbrechen u. bis

Arekapalme, Areca catechu

Antwerpen vorzustoßen. Der am 16. 12. 1944 unternommene Angriff blieb aufgrund alliierter Luftüberlegenheit nach wenigen Tagen stecken u. wurde ab 3. 1. 1945 von Gegenangriffen abgelöst.

**Ardennes** [-'dɛn], nordfranzös. Dép. in der nördl. Champagne, 5229 km², 292 000 Ew.; Verw.-Sitz *Charleville-Mézières*.

**Ardez**, schweiz. Gemeinde im Unterengadin (Graubünden), 1435 m ü. M., 390 Ew.; eines der ursprünglichsten Dörfer des Engadin mit zahlreichen Bürger- u. Bauernhäusern des 17. Jh., mit Erkern, Fassadenmalereien u. Sgraffiti.

**Ardila**, linker Nebenfluss des Guadiana im SW der Iberischen Halbinsel, 116 km; entspringt in der Sierra de Tudia, 1110 m hoch (Sierra Morena), bildet auf 22 km die Grenze zwischen Spanien u. Portugal, mündet nordwestl. von *Moura* in Portugal.

**Ardschuna**, Hauptgestalt des ind. Epos Mahabharata, → Arjuna.

**Arduin**, Markgraf von Ivrea (seit 989), † 14. 12. 1015 Kloster Fruttuaria; war 1002–1015 König von Italien, konnte sich aber gegen Kaiser Heinrich II. nicht durchsetzen.

**Åre** ['oːrə], Ort am oberen Indalsälv (Schweden), als Großgemeinde 7640 km², 9200 Ew.; der bedeutendste Touristenort im schwed. Gebirge für Winter- u. Sommertourismus; Wintersporteinrichtungen, Ausgangspunkt für Gebirgswanderungen.

**Arealfunktionen** [lat.], Umkehrfunktionen der → Hyperbelfunktionen: Areasinus, Areakosinus, Areatangens u. Areakotangens.

**Areal** [das; lat.], 1. *allg.*: Gebiet, Bodenfläche, Grundstück.
2. *Biogeographie*: Verbreitungsgebiet einer monophylet. Tier- od. Pflanzengruppe.

**Arealkarte**, thematische Karte, auf der die Verbreitung bestimmter flächenhafter Erscheinungen (z. B. Wald) dargestellt ist. Werden punktförmig gedachte Objekte (z. B. Fundorte vorgeschichtl. Kulturreste) mit Hilfe von Signaturen wiedergegeben, spricht man von Standort- oder Fundortkarte. Wird ihre Verbreitung durch Grenzlinien oder Farbflächen dargestellt, handelt es sich nicht um Areale, sondern um Pseudoareale.

**Arealkunde** → Chorographie.

**Arecibo** [-'siboʊ], Hafenstadt in Puerto Rico, 93 400 Ew. Standort eines Radioteleskops mit einer Öffnung von 305 m.

**Arecidae**, Unterklasse der einkeimblättrigen Pflanzen, → Spadiciflorae.

◆ **Arekapalme** [drawid., portug.], *Betelnuss-, Pinangpalme, Areca catechu*, 10–15 m hohe *Palme* Südostasiens. Die *Arekanuss* (Betelnuss) ist ein in Südostasien beliebtes Genussmittel; auch → Betel. Die Samen werden als schweiß- u. speicheltreibendes Heilmittel benutzt *(Arekolin).*

**Arekuna**, Indianerstamm der Karaiben in Guyana.

**Arelat**, *Arelatischer Bund*, burgund. Königreich, gegr. 879 als Königreich *Niederburgund* (auch *Zisjuranisches Burgund* oder *Königreich Provence* genannt), 934 mit Hochburgund zum Königreich Burgund vereinigt, auf das der Name A. überging. Das A. umfasste das Gebiet zwischen Reuss, Rhein, Saône, Rhône, Mittelmeer u. Alpen mit der Hauptstadt *Arles*.

**Aremonie**, *Aremonia*, Gattung der Rosengewächse (Rosaceae); bis 40 cm, Blätter doppelt fiederteilig, Blüten gelb in Doldentrauben; Südosteuropa; in Dtschld. nur durch *Aremonia agrimonioides* in den Laubwäldern des Oberrheintals vertreten.

**Arena** [die, Pl. *Arenen*; lat.], Kampfplatz des röm. Amphitheaters, dann allg. Kampfstätte für (sportl.) Spiele, bes. die mit Sand oder Sägemehl bestreute Fläche für Zirkusveranstaltungen.

**Arenaria**, eine Gattung der Nelkengewächse, → Sandkraut.

**Arenarium** [lat., „Sandgrube"], Gräberort innerhalb der röm. Katakomben.

**Arenas**, Reinaldo, kuban. Schriftsteller, * 16. 7. 1943 Holguin, † 7. 12. 1990 New York (Selbstmord); übte heftige Kritik an kuban. Kommunismus, lebte seit 1980 in New York im Exil. International bekannt wurde A. durch den Roman „Der Palast der blütenweißen Stinktiere" 1975, dt. 1977, eine Familiensaga über 3 Generationen, die den inneren Zustand Kubas vor der Revolution schildert; in Kuba ist das Werk verboten. Weitere Romane: „Wahnwitzige Welt" 1969, dt. 1982; „Reise nach Havanna" 1990, dt. 1994. Autobiografie „Bevor es Nacht wird" 1992, dt. 1993.

**Arenaviren**, Gruppe der → RNA-Viren. Ein Vertreter der A. ist der Erreger der *lymphocytären Choriomeningitis* (LCM-Virus), einer weit verbreiteten Krankheit unter Wild- u. Laboratoriumsmäusen. Die Erreger können auch den Menschen befallen (antibakterielle Meningitis). Weitere, meist örtlich begrenzt auftretende Erreger sind: Ampari-, Juni-, Lassa-, Latino-, Parana-, Pistillo-Virus u. a.

**Arendal**, südnorweg. Hafenstadt am Skagerrak, Hptst. der Prov. (Fylke) Aust-Agder, 38 500 Ew.; zentrale Schul- u. Handelsstadt; Holz- u. Elektroindustrie.

**Arendsee**, 1. *Arendsee (Altmark)*, Stadt in Sachsen-Anhalt, Altmarkkreis Salzwedel, am Südufer des *Arendsees*, 3000 Ew.; Luftkurort; Holzverarbeitung, Getränkeherstellung. – Benediktinerinnenkloster von 1183.
2. See im N der Altmark; 5,4 km², bis 49,5 m tief.

**Arendt**, 1. Erich, dt. Lyriker, * 15. 4. 1903 Neuruppin, † 25. 9. 1984 Wilhelmshorst bei Potsdam; ging 1933 in die Emigration (u. a.

Arekapalme: Areka- oder Betelnüsse

nach Kolumbien), seit 1950 in der DDR. Seine Gedichte spiegeln das Zeitgeschehen u. die südl. u. trop. Welt, bes. Südamerikas, dessen Dichtung (vor allem P. Neruda) er übertragen hat: „Trug doch die Nacht den Albatros" 1951; „Bergwindballade" 1952; „Über Asche und Zeit" 1957; „Flug-Oden" 1959; „Ägäis" 1967; „Memento u. Bild" 1976; „Zeitsaum" 1978; „Starrend von Zeit u. Helle" 1980; „Das zweifingrige Lachen" 1981.

Hannah Arendt

◆ 2. Hannah, dt. Philosophin, Soziologin u. Politologin, * 14. 10. 1906 Hannover, † 4. 12. 1975 New York; Schülerin von Karl *Jaspers*; emigrierte 1933 nach Frankreich, 1940 in die USA, betätigte sich dort als Verlagslektorin sowie als freie Schriftstellerin u. lehrte an verschiedenen Universitäten, seit 1967 an der New School of Social Research in New York; widmete sich der polit. Soziologie u. der Politikwissenschaft, insbes. Fragen der totalitären Herrschaft u. des Antisemitismus. Hptw.: „Elemente u. Ursprünge totalitärer Herrschaft" 1951, dt. 1955; „Eichmann in Jerusalem" 1963, dt. 1964; „Macht u. Gewalt" 1970 u. a.

3. Walter, dt. Politiker, * 17. 1. 1925 Heessen, Westf.; 1964–1969 Vors. der IG Bergbau u. Energie; 1961–1980 MdB (SPD), 1969–1976 Bundesminister für Arbeit u. Sozialordnung.

**Arene Candide**, Höhle an der ligur. Steilküste bei Finale Lìgure (Italien), etwa 40 m hoch; 1940 von L. *Bernabò-Brea* ausgegraben; erste Stratigraphie für westmediterranes Neolithikum. Es wurde Material folgender Kulturstufen gefunden: Jungpaläolithikum (italien. Gravettien), Epipaläolithikum, Neolithikum (Abdruckkeramik, Gefäße mit viereckiger Mündung, sog. Bocca Quadrata), Spätneolithikum, sowie unbedeutende Funde aus der Bronze-, Eisen- u. Römerzeit. Reiche Bestattungen befanden sich im ersten, zweiten u. vierten → Horizont.

**Arenenberg,** *Arenaberg,* Schloss am Untersee im schweiz. Kanton Thurgau (Gemeinde Mannenbach), im 16. Jh. erbaut, 1842 erneuert; 1830–1837 Wohnsitz der Königin Hortense von Holland u. ihres Sohnes, des späteren Kaisers Napoleon III., sowie der Kaiserin Eugenie, die das Schloss 1906 dem Kanton Thurgau schenkte; jetzt Napoleon-Museum.

**Arenga** [mlat.], Einleitungsformel der mittelalterl. Urkunden, worin allg. Gründe für deren Ausstellung in rhetorischen Formulierungen genannt werden.

**Arengapalme,** *Sagwire, Zuckerpalme, Arenga saccharifera,* in Hinterindien u. im Malaiischen Archipel vorkommende Palme; Hauptlieferant für Palmsaft, Palmwein u. Palmzucker. Aus den Blattscheiden wird Fasermaterial *(Gomuti, Goafaser, Kitool)* gewonnen.

**Arenig** [das; engl.], *Skiddav,* Stufe im → Ordovizium.

**Arensburg,** dt. Name der estn. Stadt → Kuressaare.

**Arenskij,** Anton Stepanowitsch, russ. Komponist, *12. 7. 1861 (?) Nowgorod, †25. (12.) 2. 1906 Terioki, Finnland; Schüler von N. *Rimskij-Korsakow;* 1883–1895 Prof. am Moskauer Konservatorium; komponierte Opern, das Ballett „Ägypt. Nacht" (1908), Sinfonien, Klaviermusik, Kammermusik u. Lieder; verfasste u. a. eine Harmonielehre u. ein Handbuch der Formenlehre.

**Areopag** [der; grch., „Ares-" oder „Mordhügel", auch als „Fluch-" oder „Sühnehügel" gedeutet], Hügel westlich der Akropolis von Athen, Tagungsstätte des gleichfalls A. genannten, aus ehem. hohen Staatsbeamten (→ Archon) bestehenden Rates u. Gerichtshofs der Athener. Ephialtes schränkte die Befugnisse des Areopags 462 v. Chr. ein, die Blutgerichtsbarkeit blieb ihm jedoch erhalten.

**Areopagrede,** auf dem *Areopag* in Athen nach Lukas vom Apostel *Paulus* gehaltene Rede an Philosophen, mit der er auf Ablehnung stieß (Apg. 17,16 ff.).

**Arequipa** [-'ki-], **1.** Dep. in Peru, 63 528 km², 925 000 Ew.
**2.** Hptst. des gleichnamigen Dep. in Peru, am Fuß des Misti in einer Bewässerungsoase (Anbau von Weizen, Mais, Hülsenfrüchten), 620 000 Ew.; zwei Universitäten (Nationaluniversität, gegr. 1828), Wollhandel, Textil- u. Lebensmittelindustrie. A. wurde 1540 im Auftrag von F. *Pizarro* an Stelle einer alten Inkastadt gegründet. Trotz mehrfacher Erdbebenschäden sind kolonialzeitl. Gebäude im Stadtbild noch bestimmend. Baumaterial bildet im Wesentlichen der weiße Tuff des nahe gelegenen Vulkans Misti; A. wird daher auch *Ciudad Blanca* (Weiße Stadt) genannt.

**Ares,** griech. Kriegsgott, Sohn des Zeus u. der Hera, thrakischer Herkunft; im Mythos Geliebter der Aphrodite. Ihre Söhne Phobos („Furcht") u. Deimos („Grauen") sowie die Göttin Eris (Göttin der Zwietracht) sind seine Begleiter in der Schlacht. A. gilt als Vertreter des alles vernichtenden Angriffskriegs u. steht somit im Gegensatz zur besonnenen u. defensiven Kriegführung der Athene. Obwohl er zu den zwölf olymp. Hauptgöttern gehört, genoss er keine große kult. Verehrung. A. entspricht dem röm. → Mars.

**Åreskutan** ['ɔːrə-], 1430 m hohes, durch Seilbahnen erschlossenes Bergmassiv bei Åre, Schweden.

**Aretino, 1.** Leonardo, italien. Humanist, → Bruni.
◆ **2.** Pietro, italien. Schriftsteller, *20. 4. 1492 Arezzo, †21. 10. 1556 Venedig; brachte es durch die Gunst von Fürsten, die seine

Pietro Aretino

Zunge u. seine Erpressungen fürchteten, zu Wohlstand; geißelte boshaft-witzig u. einfallsreich die Sittenverderbnis seiner Zeit, doch erhob er sich nie über sie, sondern war nur ihr Nutznießer; in viele Skandale verwickelt. Komödien „Il filosofo" 1546 u. a., „L'Oratia" 1546 (Tragödie); Briefe, Satiren, „Ragionamenti" 1533–1536, dt. „Kurtisanengespräche" 1924.

**Aretologie** [grch.], Lehre von den Tugenden.

**Areus I.,** König von Sparta, etwa 309–265 v. Chr.; führte im *Chremonideischen Krieg* das Heer der Peloponnesier u. wurde bei Korinth getötet.

**Arévalo Bermejo** [-bɛr'mexo], Juan José, guatemaltek. Politiker, *10. 9. 1904 Taxisco, †6. 10. 1990 Guatemala City; 1945–1951 Staats-Präs., führte zahlreiche Sozialreformen durch.

**Arévalo Martínez** [-nɛθ], Rafael, guatemaltek. Schriftsteller, *25. 7. 1884 Quezaltenango, †13. 6. 1975 Guatemala; anfangs in der Nachfolge von R. *Darío* mit romant.-modernist. Versen, dann aber weit in das Gebiet des Unbewussten, Irrealen, Alptraumhaften vorstoßende Novellen: „El hombre que parecía un caballo" 1914 u. „El Señor Monitot" 1922, die eine Parallele zu Kafka bieten; verarbeitete aber auch aktuelle polit. Probleme in seinen Romanen, zuletzt in den beiden utop. Romanen „El mundo de los maharachías" 1938 u. „Viaje a Ipanda" 1939.

**Arezzo, 1.** italien. Provinz in der Region Toskana, 3232 km², 316 000 Ew.; Hptst. ist A. (2).
◆ **2.** im Altertum *Arretium,* italien. Stadt in der östl. Toskana, Hptst. der Provinz A., 91 400 Ew.; Kunststadt mit vielen bedeutenden Bauwerken: got. Dom (13. Jh.),

Arezzo: Piazza Grande mit der Kirche Pieve di Santa Maria, der ältesten und berühmtesten Kirche der Stadt

Kirche San Francesco (14. Jh.) u. a.; Metall-, Möbel- u. Textilindustrie (Teppiche). – Alte Etruskerstadt (Mitglied des *Zwölfstädtebundes*), seit dem 3. Jh. v. Chr. römisch; Geburtsstadt des C. Cilnius *Maecenas*, des Freundes von Augustus u. Horaz; Produktionszentrum der *arretin. Gefäße.*

**Arfe,** span. Goldschmiedefamilie, wahrscheinlich aus Flandern eingewandert:
**1.** Antonio de, Sohn von 2), *um 1510 León, †nach 1566; gab als Erster in Spanien den got. Stil auf u. bediente sich dafür einer mit arabisch-gotischen Elementen durchsetzten italien. Manier, die als *Platereskstil* bezeichnet wird.
**2.** Enrique de, *um 1470 Harff bei Köln, †nach 1543 wahrscheinlich León; seit 1506 in Spanien; schuf Tabernakel u. liturg. Kleingerät im spätgot. Stil.
**3.** *Arfe y Villafañe,* Juan de, Sohn von 1), *1535 León, †1. 4. 1603 Madrid; schuf Custodien (Hptw. 1580–1587 Sevilla) u. Bronzestatuen für die Klosterkirche San Pablo in Valladolid (1602) im Stil der span. Hochrenaissance; verfasste auch kunsttheoret. Schriften, u. a. „De varia commensuración" 1585– 1587, über die Proportionen in Bildhauerei u. Baukunst.

**Arfvedsonit** [der; nach dem schwed. Chemiker J. A. *Arfvedson*], Mineral der Natronhornblende oder Alkaliamphibole, eisenreich; Härte 5,5–6, Dichte 3,4; tief blauschwarz.

**ARG,** Abk. für → Autoradiographie.

**Argali** [der oder das; mongol.], *Riesenwildschaf, Ovis ammon,* mit 120 cm Schulterhöhe größte Rasse des *Wildschafs,* aus den Gebirgen Zentral- u. Ostasiens.

Giulio Carlo Argan

◆ **Argan,** Giulio Carlo, italien. Kunsthistoriker u. -kritiker, *17. 5. 1909 Turin, †11. 11. 1992 Rom; promovierte 1931 bei Lionello Venturi, war Direktor der „Galleria Estense" in Modena (1933–1936) u. Generaldirektor der Altertümer u. Schönen Künste beim Ministerium für Unterricht (1936–1955), dann Prof. in Palermo (1955 bis 1959) u. Rom (seit 1959); 1976–1979 Bürgermeister von Rom. A. verfasste Werke vor allem zur Architektur von der Renaissance bis zur Gegenwart („Walter Gropius e la Bauhaus" 1951) sowie kunstkrit. Aufsätze („Studi e note" 1955); Hrsg. der Zeitschrift „Storia dell'Arte".

**Argand** [-'gã], Emile, schweiz. Geologe, *6. 1. 1879 Genf, †14. 9. 1940 Neuenburg; 1911 Prof. in Neuenburg; Arbeiten über Gebirgsbau, die Geologie Asiens u. a.

**Argania,** *Argania sideroxylon,* aus Marokko kommende Gattung der *Sapotazeen,* liefert ein bes. hartes Holz, das *Eisenholz,* u. ölreiche Samen.

**Argar-Kultur,** *El-Argar-Kultur,* frühbronzezeitliche Kultur im SO der Iberischen Halbinsel mit ostmediterranen Einflüssen, benannt nach dem Fundort *Argar* (bei Antas, Prov. Almería, Spanien); meist Höhensiedlungen, teilweise mit Ringmauern, Bewaffnung u. Schmuck aus Kupfer, Bronze, Silber u. Gold; Gräber meist innerhalb der Siedlungen, oft in großen Gefäßen oder kleinen Steinkisten; in Argar selbst wurden über 1000 Bestattungen gefunden. Typische Gefäßformen sind beispielsweise Knickwandgefäße, Pokale ohne Verzierungen. Datierung: Beginn etwa um 1800 v. Chr., Fortleben bis in die Mittelbronzezeit, bis ca. 1300 v. Chr.

**Arge,** Abk. für Arbeitsgemeinschaften, in denen sich selbständige Unternehmen vertraglich zusammenschließen, um gemeinsam einen oder mehrere Bauaufträge zu erhalten u. auszuführen. Unternehmen gleicher Fachrichtung bilden die horizontale A., Unternehmen verschiedener Fachrichtungen eine vertikale A. Die A. ist eine Gesellschaft des bürgerl. Rechts ohne eigene Rechtspersönlichkeit. Ihre Ausgestaltung im Einzelnen bestimmt sich nach dem jeweiligen Gesellschaftsvertrag; zumeist werden für Bauvorhaben gemeinsame Leitungsorgane (Aufsichtsstelle, Geschäftsführung, Bauleitung) gebildet. Die typischen Regelungen für die A. haben die Deutsche Bauindustrie u. das Deutsche Baugewerbe in einem Mustervertrag zusammengestellt. Auch → Arbeitsgemeinschaft (2).

**Arge Alp,** Abk. für die 1972 gegr. *Arbeitsgemeinschaft Alpenländer.* Mitglieder sind die österr. Bundesländer Vorarlberg, Tirol u. Salzburg sowie Bayern u. Baden-Württemberg, die schweiz. Kantone Graubünden, Sankt Gallen u. Tessin sowie die italien. Regionen Bozen-Südtirol, Lombardei und Trient. Aufgabe der A. A. ist es, für grenzüberschreitende u. alpenspezif. Problembereiche, wie z. B. Berglandwirtschaft, Gewässerschutz, Fremdenverkehrserschließung oder alpenüberquerenden Straßenbau, Konzeptionen zu erarbeiten, die z. T. als Empfehlungen an die betr. nationalen Regierungen weitergeleitet werden. Rechtlich bindende Beschlüsse kann die A. A. nicht fassen.

Friedrich Wilhelm Argelander

◆ **Argelander,** Friedrich Wilhelm, dt. Astronom, *22. 3. 1799 Memel, †17. 2. 1875 Bonn; 1823 bis 1837 Leiter der Sternwarte in Turku u. (ab 1832) Helsinki, ab 1837 in Bonn; besonders bekannt wurde er durch die „Bonner Durchmusterung" u. die *Argelander'sche Stufenschätzungsmethode* zur Bestimmung von Sternhelligkeiten.

**Argelès-Gazost** [arʒə'lɛs ga'zoː], Stadt im südfranzös. Dép. Hautes-Pyrénées, 463 m ü. M., 3400 Ew.; Thermalbad zwischen Lourdes u. Gavarnie.

**Argelès-sur-Mer** [arʒə'lɛs syr 'mɛr], Fremdenverkehrsort an der Küste des *Roussillon* im südfranzös. Dép. Pyrénées-Orientales, 7200 Ew.; Teil des modernen Seebadkomplexes von *Saint-Cyprien,* Beginn der Küstenstraße entlang der Côte Vermeille.

**Argen** [die], Zufluss des Bodensees, 23 km, entsteht aus der *Oberen* (51 km) u. der *Unteren A.* (66 km).

**Argensola** [arx-], **1.** Bartolomé Leonardo de, Bruder von 2), span. Historiker u. Dichter, *26. 8. 1562 Barbastro, †4. 2. 1631 Saragossa; von *Horaz* inspirierter Sonettist u. Epigrammatiker; Chronist von Aragonien. – „Historia de la conquista de las islas Molucas" 1609; „Obras poéticas" 1634 (mit seinem Bruder; Neuausgabe „Rimas" 1950/51).
**2.** Lupercio, Leonardo de, span. Chronist u. Dichter, *Dez. 1559 Barbastro, †März 1613 Neapel; dichtete wie sein Bruder Sonette nach klass. Vorbild; verfasste auch Chroniken über die Geschichte Aragoniens.

**Argenson** [arʒã'sɔ̃], seit dem 13. Jh. nachweisbares französ. Adelsgeschlecht aus der Touraine:
**1.** Marc Pierre de Voyer Marquis d', Sohn von 2), französ. Politiker, *16. 8. 1696 Paris, †22. 8. 1764 Paris; 1743–1757 Staatssekretär für das Kriegswesen, reorganisierte das Heer u. gründete 1751 in Paris die École militaire; befreundet mit Voltaire sowie mit Diderot u. d'Alembert, die ihm ihre „Encyclopédie" widmeten.
**2.** Marc René de Voyer Marquis d', französ. Politiker, *4. 11. 1652 Venedig, †8. 5. 1721 Paris; 1697–1718 u. 1720 Leiter der Pariser Polizei, führte die *Lettres de cachet* (Geheimbefehle der französ. Könige) ein; 1718 kurzfristig Präs. des Finanzrats (Finanz-Min.).
**3.** René Louis de Voyer Marquis d', Sohn von 2), französ. Politiker, *18. 10. 1694 Paris, †26. 1. 1757 Paris; 1744–1747 Staatssekretär des Äußeren, Verfechter einer französ.-preuß. Allianz; als Schriftsteller Kritiker des Ancien régime, schrieb „Considérations sur le gouvernement ancien et présent de la France" 1764.

**Argenta** [-'dʒɛn-], italien. Stadt in der Region Emilia-Romagna, südöstlich von Ferrara, 24 200 Ew.; landwirtschaftl. Markt (Obst).

**Argentan** [das] → Neusilber.

**Argentario** [-dʒɛn-], *Monte Argentario,* vor der südl. Küste Italiens gelegene ehem. Insel, 635 m hoch, die durch zwei Nehrungen u. einen Straßendamm mit dem Festland verbunden ist.

**Argentera** [-dʒɛn-], italien. Gipfel in den Meeralpen, 3297 m hoch.

**Argenteuil** [arʒã'tœj], nordwestl. Industrievorstadt von *Paris,* an der Seine, 94 200 Ew.; Holz verarbeitende, metallurg. u. chem. Industrie, Film-, Parfüm- u. Lackerzeugung; Weingärten.

**Argenteus** [lat., „Silberner"], verschiedene Silbermünzen der röm. Kaiserzeit, bes. der unter Diokletian eingeführte *Denar;* Prägungsende im 4. Jh. n. Chr.

**Argentière** [arʒã'tjɛr], französ. Alpendorf im Mont-Blanc-Gebiet, 1253 m ü. M., am *Glacier d'Argentière (Argentiérgletscher)* u. an der *Aiguille d'Argentière* (3901 m); Wintersport, Luftkurort.

**Argentière-la-Bessée** [-'seː], französ. Stadt im
*Fortsetzung S. 396*

# Argentinien

**Offizieller Name:** Argentinische Republik

**Autokennzeichen:** RA

**Fläche:** 2 780 400 km²

**Einwohner:** 36,6 Mio.

**Hauptstadt:** Buenos Aires

**Sprache:** Spanisch

**Währung:** 1 Argentinischer Peso = 100 Centavos

**Bruttosozialprodukt/Einw.:** 8970 US-Dollar

**Regierungsform:** Präsidiale Republik

**Religion:** Überwiegend Katholiken

**Nationalfeiertag:** 25. Mai

**Zeitzone:** Mitteleuropäische Zeit – 4 Std.

**Grenzen:** Im W Chile, im N Bolivien und Paraguay, im NO Brasilien und Uruguay, im O Atlantischer Ozean

**Lebenserwartung:** 73 Jahre

**Landesnatur** Argentinien ist nach Brasilien flächenmäßig der zweitgrößte Staat Südamerikas, der im W u. O von den *Anden* bzw. dem Pazifik begrenzt wird u. sich von N nach S über rd. 3700 km bis nach Feuerland, der Südspitze des amerikan. Kontinents, erstreckt. Die Anden, deren Kamm die Westgrenze zu Chile bildet, steigen mit ihren teilweise vergletscherten Gipfeln von N her bis Mendoza u. Santiago de Chile auf nahezu 7000 m an (*Ojos del Salado* 6880 m, *Aconcagua* 6960 m) u. sinken dann nach S auf etwa 3000 m Höhe ab. Dem mächtigen Gebirgswall sind im O parallel laufende, niedrigere Kettengebirge, die *Pampinen Sierren* (Sierra de Córdoba 2884 m), vorgelagert, zwischen denen sich z. T. abflusslose Längstäler erstrecken. Zwischen den nördl. argentin. Anden u. dem brasilian. Bergland liegt das zentrale Tiefland, eine überwiegend lößbedeckte Senkungszone, die von 500 m am Andenrand nach SO auf 25 m am Paraná u. im S auf Meeresspiegelniveau abfällt u. vom Paraguay-Paraná entwässert wird. Den Kernraum der Ebene bildet die ursprünglich grasbewachsene *Pampa* mit ihrem fruchtbaren Steppenboden um den Río de la Plata (Mündungstrichter des Paraná u. Uruguay). An die Pampa schließt sich nach NO das Zwischenstromland des Paraná u. Uruguay, das argentin. *Mesopotamia* an, ein ursprünglich feuchtes Waldgebiet, das inzwischen landwirtschaftlich intensiv genutzt wird. Im äußersten NO geht dieses Gebiet in das bewaldete Bergland von Misiones über u. steigt auf 800 m an. Nach N folgt auf die Pampa die Ebene des *Gran Chaco*, der an seinen Randzonen noch offene Grasfluren aufweist. Sie dienen heute vorwiegend dem Baumwollanbau. Wegen der heißen Sommer u. geringen Niederschläge trägt der Gran Chaco jedoch gegen W nur noch Trockenwald u. Dornbuschvegetation. Im S geht die Pampa in das trockene Tafelland *Patagonien* über, das aufgrund beständig wehender Winde u. Geröllbodens eine schüttere Gras- u. Strauchvegetation trägt, die der Schafwirtschaft dient.

*Klima:* Im N ist es subtropisch warm u. in der Pampa gemäßigt kontinental. Nach S wird es bei sinkenden Temperaturen kühlgemäßigt, auf Feuerland herrscht subpolares Klima. Im Regenschatten der Anden erhält der zentrale Teil Argentiniens nur relativ geringe Niederschläge.

Gauchos bei der Arbeit mit Brahman- und Zeburindern

Verpackung von Gefrierfleisch für den Export

**Bevölkerung** A. ist nach Brasilien der volkreichste Staat Südamerikas, liegt jedoch mit einem jährl. Bevölkerungswachstum von 1,5 % (1990–1998) mit an letzter Stelle in Lateinamerika. 95 % der Bevölkerung sind Weiße vorwiegend span. u. italien. Herkunft, daneben rd. 55 000 Deutschstämmige. Maximal werden 2 Mio. Mestizen u. 40 000 Indianer geschätzt, wobei die Indianer vorwiegend im Gran Chaco u. in der Gebirgsregion leben. 90 % der Argentinier sind katholisch. Obwohl die Landwirtschaft noch relativ bedeutend ist, leben 88 % der Einwohner in Städten. Etwa 70 % der Bevölkerung leben in Zentralargentinien auf

# Argentinien

Die Iguaçufälle gelten als eindrucksvollstes Naturwunder Südamerikas

nur 22 % der Gesamtfläche des Landes (im Bundesdistrikt u. in den Provinzen Buenos Aires, Santa Fé u. Córdoba).

**Bildungswesen** Es gibt eine allg. Schulpflicht zwischen dem 6. u. 14. Lebensjahr, außer für Kinder, die zu weit vom Schulort entfernt wohnen. Auf dem Land absolvieren 52 % die Grundschulausbildung. Neben öffentl. Schulen besteht ein differenziertes Privatschulwesen, das sowohl allgemein bildende als auch berufsbildende Schulen umfasst. An öffentl. Schulen ist der Unterricht im Allgemeinen kostenlos. Auf der siebenjährigen Grundschule bauen alle weiterführenden Schulen auf. Die allgemein bildende Sekundarschule dauert sechs Jahre. Sie gliedert sich in verschiedene Zweige. Das Abschlussexamen führt zur Hochschulreife. Daneben besteht ein differenziertes System von berufsbildenden Schulen u. Fachschulen mit Ausbildungsgängen zwischen vier u. sechs Jahren Dauer. Es gibt 31 Universitäten und darüber hinaus Hoch- u. Fachschulen.

Der Anteil der Analphabeten an den über 15-Jährigen betrug Ende der 90er Jahre 4 %.

**Medien** 1983 wurde in A. die Zensur aufgehoben. Heute bestehen neben auflagenstarken überregionalen Tageszeitungen wie *Clarín*, *Crónica* u. *Página 12* über 20 Tageszeitungen in den Provinzen. Es gibt rd. 125 staatl. oder private Radiostationen insbes. *Radio Argentina* u. *Radio Ciudad de Buenos Aires* sowie über 40 Fernsehsender, die vom Staat, privat oder von Universitäten betrieben werden. Das nationale Fernsehen wird vom Ministerium für Bildung u. Kultur kontrolliert. Nachrichtenagenturen sind *Agencia TELAM (Telenoticias Americanas)*, *Diarios y Noticias (DYN)* u. *Noticias Argentinas (NA)*.

**Wirtschaft** Die Agrarproduktion ist für die argentin. Volkswirtschaft nach wie vor von großer Bedeutung u. hat einen Anteil von 23 % am Exportumsatz. Von der Gesamtfläche des Landes sind 13 % Ackerland, 51 % Dauerweiden u. 18 % Wald. Sie befinden sich zu mehr als drei Vierteln in Händen von Großgrundbesitzern u. werden von Pächtern bewirtschaftet. Vorwiegend in der Pampa entwickelte sich die für A. wichtige Viehzucht. Mit seinen Beständen an hochwertigen Rindern (51 Mio.), Pferden (3,3 Mio.) u. Schafen (22 Mio.) steht A. mit an der Spitze der für die Viehzucht bedeutenden Länder. A. gehört zu den größten Fleischexporteuren der Welt. Zwei Drittel des argentin. Viehs weiden in der Pampa. Hier liegen auch 90 % der Ackerflächen des Landes.

Neben Mais, Sorghum, Soja u. Ölsaat wird hauptsächlich Weizen angebaut (A. zählt zu den größten Weizenexporteuren der Welt). Die bewässerten Gebirgsfußoasen im Andenvorland, das Zwischenstromland u. das Paranádelta liefern außerdem Wein, Obst, Südfrüchte u. Zuckerrohr. In Misiones gedeihen die Sonderkulturen von Mate, Tee u. Tungbäumen. Über die Funktion als

# Argentinien

Die Schafzucht ist ein wichtiger Erwerbszweig im kargen Feuerland

agrarwirtschaftlicher Kernraum hinaus ist die Pampa der dominierende Wirtschaftsraum, auf den mehr als drei Viertel der industriellen Produktion entfallen. Obwohl die Landwirtschaft noch eine relativ große Bedeutung für die argentin. Wirtschaft hat, sind nur etwa 10 % der Erwerbspersonen im land- u. forstwirtschaftl. Bereich, im produzierenden Gewerbe jedoch über 30 % tätig. Die verarbeitende Industrie erzeugt Nahrungsmittel, Textil-, Leder- u. Holzwaren. Die Metallverarbeitung u. der Maschinen- u. Fahrzeugbau haben sich zu wichtigen Wirtschaftszweigen entwickelt. Der Aufbau der chem. u. Schwerindustrie lässt das Interesse an Bodenschätzen wachsen. – A. besitzt reiche, meist noch unerschlossene Bodenschätze. Steinkohle u. Eisenerz werden bereits in größerem Umfang abgebaut. Vorkommen von Zink, Zinn, Blei, Kupfer, Wolfram, Asbest, Mangan, Uran, Silber u. Gold werden nur z. T. genutzt. Die Erdölreserven werden auf rd. 1 Mrd. m³, die Erdgasreserven auf 740 Mrd. m³ geschätzt. Am ergiebigsten sind die Felder von *Comodoro Rivadavia*. – An erster Stelle der Energieträger stehen gegenwärtig Erdöl u. -gas. Zur Deckung des wachsenden Bedarfs wurden vor allem Wasserkraftwerke erbaut, die heute schon 48 % der elektr. Energie liefern; weitere 9 % stammen aus zwei Kernkraftwerken.

**Verkehr** In der Pampa u. dem zentralen Andenvorland ist das Verkehrsnetz dicht u. gut ausgebaut, in den übrigen Teilen aber ausbaubedürftig. Die Eisenbahn ist mit einem Streckennetz von 38 326 km (1999) ein wichtiger Verkehrsträger. Die Binnenschifffahrt beschränkt sich im Wesentlichen auf das Flusssystem des Paraná u. den Uruguay. Wichtigster Hafen im Überseeverkehr ist Buenos Aires. Eine große Bedeutung kommt dem Luftverkehr zu. Buenos Aires verfügt neben mehreren Flugplätzen auch über den internationalen Flughafen Ezeiza.

**Geschichte** Die Mündung des Río de la Plata wurde 1515 von dem Spanier Juan Díaz de Solís entdeckt. 1536 nahm Pedro de Mendoza das Gebiet für Spanien in Besitz u. gründete Buenos Aires (1541 aufgegeben, 1580 neu gegr.), das zur Hptst. des 1776 errichteten Vizekönigreichs *Río de la Plata* wurde. 1810–1813 wurden die Spanier vertrieben. Am 9. 7. 1816 wurde die Unabhängigkeit Argentiniens verkündet. Bürgerkriege zwischen Unitariern (Zentralisten) u. Föderalisten bestimmten die Innenpolitik, bis Juan Manuel de *Rosas* (* 1793, † 1877) die Föderalisten 1835 zum Sieg führte. Eine starke innere Opposition u. Kriege gegen Uruguay, Paraguay u. Brasilien, in die auch England u. Frankreich eingriffen, führten 1852 zu Rosas' Sturz u. Flucht nach England. Neue Bürgerkriege wurden durch die Präsidentschaft von Bartolomé *Mitre* (* 1821, † 1906) u. den Krieg gegen Paraguay (1865–1870) unterbrochen, lebten aber danach wieder auf, bis es Präs. J. *Roca* (* 1843, † 1914) gelang, den Gegensatz zwischen Unitariern u. Föderalisten zu beenden. Eine starke europäische Einwanderung förderte den Ausbau zu einem modernen Staat. Um die Jahrhundertwende kam es zu erhebl. Spannungen mit Chile, die aber friedlich beigelegt wurden. Danach wurde die Zusammenarbeit der *ABC-Staaten* (Argentinien, Brasilien, Chile) richtunggebend. Im 1. Weltkrieg blieb A. unter dem Präsidenten Hipólito *Irigoyen* neutral. 1943 wurde die konservative Regierung mit Hilfe des Heeres durch Juan *Perón* gestürzt. Perón wurde 1946 zum Präsident gewählt u. führte zusammen mit seiner Gattin Eva (Evita) Perón († 1952) u. gestützt auf die besitzlosen Schichten (*Descamisados*, „Ohnehemden") wirtschaftliche u. soziale Reformen durch, die jedoch an der falschen Einschätzung der wirtschaftl. Möglichkeiten Argentiniens scheiterten. Die autoritären Herrschaftsmethoden Peróns stießen auf zunehmenden Widerstand. Wegen der Trennung von Staat u. Kirche kam es 1955 zum Konflikt mit Rom. 1955 wurde Perón durch einen Militärputsch gestürzt. In der folgenden Periode war das Militär die bestimmende Kraft. Versuche, zur Zivilregierung zurückzukehren (Präsident A. *Frondizi* 1958–1962, U. *Illia* 1963–1966), endeten mit neuen Putschen. Unstimmigkeiten innerhalb der herrschenden Militärkreise führten in der Folge zu häufigen Machtwechseln. Eine

Auf der Pferderennbahn in Buenos Aires. Fußball und die verschiedenen Pferdesportarten sind die beliebtesten Freizeitaktivitäten der Argentinier

# Argentinien

In Salta, der Hauptstadt der gleichnamigen Provinz, sind noch viele kolonialzeitliche Bauwerke erhalten, wie z. B. die barocke Kirche San Francisco

Stabilisierung der Wirtschaft wurde nicht erreicht. Die peronist. Bewegung durfte sich zwar nicht als Partei betätigen, blieb aber ein wichtiger politischer Faktor, vor allem in den Gewerkschaften. Die 1973 vom Militär zugelassenen Wahlen gewann der Peronist H. *Cámpora*, der nach wenigen Wochen zurücktrat, um Neuwahlen zu ermöglichen. In diesen siegte der aus dem Exil zurückgekehrte Perón; er wurde erneut Staats-Präsident.
Peróns Versuch, durch einen „Sozialpakt" eine soziale Befriedung herbeizuführen, scheiterte. Er starb 1974. Seine dritte Frau, Isabel *Perón*, die bereits Vizepräsidentin war, folgte ihm als Präsidentin. Es gelang ihr nicht, die peronist. Bewegung zusammenzuhalten u. den zunehmenden Terrorismus rechts- u. linksextremer Gruppen (Stadtguerilla) einzudämmen. 1976 wurde sie vom Militär gestürzt. Erklärtes Ziel des Militärregimes war die Vernichtung der Stadtguerilla u. die Schaffung eines marktwirtschaftl. Systems. Diese Politik wurde mit einer für A. beispiellosen Härte verfolgt. Es gelang jedoch nicht, die zerrüttete Wirtschaft zu sanieren u. die Verschlechterung des allg. Lebensstandards zu verhindern. An der Spitze der Militärjunta standen nacheinander die Generale J. *Videla* (1976 bis 1981), R. *Viola* (1981/82) u. L. *Galtieri* (1982).
Am 2. 4. 1982 besetzten argentin. Truppen die seit 1833 in brit. Besitz befindl. Falklandinseln (Malwinen), die A. stets für sich beansprucht hatte. Dieses Unternehmen verschaffte dem Militärregime vorübergehend auch die Unterstützung oppositioneller Kreise. Nach vergebl. Vermittlungsversuchen der USA u. der UN wurden die Inseln von brit. Truppen zurückerobert; am 15. 6. 1982 kapitulierte das argentin. Expeditionskorps. Zwei Tage später musste Galtieri zurücktreten. Die oppositionelle Bewegung lebte auf, so dass die Junta freie Wahlen ausschreiben musste. Am 30. 10. 1983 gewann die sozialdemokratisch eingestellte *Radikale Bürgerunion* mit 52 % der Stimmen die Parlamentswahlen. Ihr Führer Raúl *Alfonsín* wurde Staatspräsident. Mehrere Mitglieder des Militärregimes der Jahre 1976–1982 wurden 1985 wegen Menschenrechtsverletzungen zu hohen Haftstrafen verurteilt. Die schlechte Wirtschaftslage führte 1989 zu einem Wahlsieg der Peronisten. Neuer Staats-Präs. wurde C. *Menem*, der eine neoliberale Wirtschaftspolitik verfolgte. Eine Amnestie für inhaftierte ehemalige Junta-Mitglieder stieß auf scharfe öffentliche Kritik. Seit 1992 verbesserte sich die ökonomische Lage Argentiniens zunehmend. Der wirtschaftl. Erfolg wurde jedoch mit großen sozialen Härten erkauft. Die Aufdeckung zahlreicher Korruptionsfälle in Politik u. Verwaltung konnte die starke innenpolit. Position Menems nicht erschüttern. Nach der Verfassungsreform 1994 wurde er bei den Wahlen 1995 in seinem Amt bestätigt. Die Präsidentschaftswahlen 1999 gewann F. de la *Rúa*, Kandidat des von der Radikalen Bürgerunion dominierten linksliberalen Parteienbündnisses Allianz für Arbeit, Gerechtigkeit u. Bildung (Alianza para el Trabajo, la Justicia y la Educación). Die neue Regierung sah sich mit einer schweren wirtschaftl. Rezession konfrontiert, das Land bis in die Zahlungsunfähigkeit führte. Parlamentswahlen im Oktober 2001 gewannen die Peronisten. Nach schweren Unruhen trat Staatspräsident de la Rúa im Dezember 2001 zurück. Am 1. 1. 2002 wählte der Kongress den Peronisten E. *Duhalde* zum neuen Staatschef.

**Politik** Nach der am 24. 8. 1994 in Kraft getretenen Verfassung (Revision des Grundgesetzes von 1853) ist A. präsidiale Republik. Der Staatspräsident ist Chef der Exekutive u. Oberbefehlshaber der Armee. Er wird für eine Amtszeit von vier Jahren direkt vom Volk gewählt. Eine einmalige Wiederwahl ist seit der Verfassungsreform möglich. Die Legislative wird vom Kongress ausgeübt, der aus zwei Kammern (Senat u. Abgeordnetenhaus) besteht. Die stärksten Parteien sind die Radikale Bürgerunion (Unión Cívica Radical) u. die Peronisten (Partido Justicialista). Die Rechtsprechung orientiert sich vorwiegend am französ. Code civil.

Dép. Hautes-Alpes, 2200 Ew.; Observatorium für kosm. Strahlenforschung; Abbau silberhaltiger Bleiglanzerze.

**Argentin** [das], zur Herstellung von Metall-(Silber-) Papier verwendetes Zinnpulver.

◆ **Argentina** [-xɛn-], Imperio, eigentl. Magdalena Nile del Río, span. Sängerin u. Schauspielerin, *26. 12. 1906 Buenos Aires; Hauptrolle der Carmen im Film „Andalusische Nächte", 1938 in Berlin gedreht, sowie tänzerische Hauptrolle im Film „Goyescas" 1942.

Imperio Argentina als Carmen und Friedrich Benfer als Don José, Filmszene aus „Andalusische Nächte", 1938

**Argentinien**, südamerikan. Staat, → Seite 392.

**argentinische Kunst** → iberoamerikanische Kunst.

**argentinische Literatur** → iberoamerikanische Literatur.

**argentinische Musik** → iberoamerikanische Musik.

**Argentinisches Becken**, Tiefseebecken im südl. Atlant. Ozean, zwischen der Rio-Grande-Schwelle u. dem Südantillenrücken, bis 6212 m tief; im Zentrum Kuppen bis −14 m.

**Argentino** [arxɛn'tinɔ], *Lago Argentino*, See im südl. Argentinien, 1415 km², bis 300 m tief, von Gletschern gespeist (Eisberge) u. von hohen Gipfeln umgeben; der Ort *Lago A.* am Südosufer ist Touristenzentrum; am Ufer Schafzucht.

**Argentit** [der; lat.], graues, rhomb. Mineral, → Silberglanz.

**Argentometrie**, Verfahren der → Maßanalyse, verwendet eine Silbernitrat- bzw. Kochsalzlösung zur Bestimmung von Halogen- bzw. Silberionen.

**Argentum** [das; lat.] → Silber.

**Argerich**, Martha, argentin. Pianistin, *5. 6. 1941 Buenos Aires; 1949 Beginn ihrer internationalen Karriere. Berühmt wurde sie durch die Interpretationen romantischer Klaviermusik.

**Ärgernis**, *Erregung öffentlichen Ärgernisses*, nach §183a StGB strafbare Verletzung des Scham- u. Sittlichkeitsempfindens durch Vornahme sexueller Handlungen in der Öffentlichkeit, wenn ein anderer daran Anstoß nimmt; zu unterscheiden vom *Exhibitionismus*, von der *Ruhestörung* u. *grobem Unfug*. − Entsprechend in *Österreich*: §§218, 208 StGB.

**Argeş** ['ardʒeʃ], **1.** südrumänischer Kreis, 6801 km², 681 000 Ew.; Verwaltungs-Sitz *Piteşti*.
**2.** linker Nebenfluss der Donau in der Walachei, 322 km; entspringt in den Südkarpaten, mündet bei Oltenita; Wasserkraftwerk bei Vidraru (220 MW).

Tudor Arghezi

◆ **Arghezi** [-'gezi], Tudor, eigentl. Jon Josif N. *Theodorescu*, rumän. Dichter, *21. 5. 1880 Bukarest, †14. 7. 1967 Bukarest; Spracherneurer, bes. durch seine Lyrik, Romane u. Pamphlete; seine Hauptstilmittel sind Satire u. Ironie.

**Arghul** [der; arab.], *Argul*, ein Blasinstrument mit geringem Tonumfang, ähnlich der Schalmei, mit zwei Röhren, wovon eine keine Grifflöcher hat u. zur Bordunbegleitung dient. Der A. stammt aus dem alten Ägypten u. ist heute über Niltal u. -delta mit einer Gruppe von Varianten vertreten.

**Arginin** [das], eine Aminosäure, die in fast allen Proteinen vorkommt u. für den menschl. Stoffwechsel bedeutsam ist. Sie wird aber im menschl. Organismus nicht synthetisiert. A. bildet mit Säurefarbstoffen schwer lösl. Salze u. ist deshalb wichtig für die Wollfärberei.

**Arginusen**, drei kleine Inseln zwischen Lesbos u. der Küste der Aiolis, wo die Athener 406 v. Chr. einen Seesieg über die Spartaner errangen.

**Argissa-Magula**, thessalische Siedlung bei Larissa (Griechenland); Ausgrabung durch V. Milojčić (1956–1958); Schichtenfolge vom Frühneolithikum bis in die Bronzezeit; erster bekannter Fundort mit einem sog. *akeramischen Neolithikum* in Europa.

**Argiver**, grch. *Argeîoi*, lat. *Argivi*, Bewohner von Argos; bei Homer Bez. für alle Griechen.

**Arglist**, *Dolus*, Herbeiführen einer Rechtswirkung oder Berufung auf eine Rechtsanspruch wider → Treu und Glauben; nach §242 BGB unzulässig, führt nach §826 BGB unter Umständen zu Schadensersatzpflicht.

**arglistige Täuschung**, im bürgerl. Recht böswillige Erregung oder Aufrechterhaltung eines Irrtums durch Vorspiegelung falscher oder Unterdrückung wahrer Tatsachen, mit dem Vorsatz, den Getäuschten zur Abgabe einer Willenserklärung zu bestimmen; berechtigt zur → Anfechtung der Willenserklärung. Die Anfechtung wegen arglistiger Täuschung ist nur binnen Jahresfrist möglich, sie ist ausgeschlossen, wenn seit der Abgabe der Willenserklärung 30 Jahre verstrichen sind (§§123 ff. BGB). Im Eherecht kann bei arglistiger Täuschung die → Aufhebung der Ehe begehrt werden. − Ähnl. in *Österreich* nach §§870 ff. ABGB.

**Argo**, **1.** *Astronomie: Schiff Argo*, Sternbild am südl. Himmel, besteht aus vier Teilen: Segel *(Vela)*, Kompass *(Pyxis)*, Hinterdeck *(Puppis)*, Kiel *(Carina)*.
**2.** *griech. Sage:* das Schiff der → Argonauten.

**Argolis**, regenarme Landschaft u. Verw.-Bez. im nordöstl. Peloponnes. Sie gliedert sich in die heute mit Hilfe von Bewässerung intensiv durch Citrusfrüchte- u. Gemüseanbau genutzte Ebene von → Argos, die sie umgebenden, aus Kalken aufgebauten Randgebirge u. die östl., vom Arachnaion- u. Didymon-Gebirge gebildete Halbinsel; Hauptort Navplion. Bedeutende antike Stätten: Mykene, Tiryns, Argos. Schauplatz der griech. Sagen von den Atriden, Danaiden u. Herakles.

**Argon** [das; grch. *anergos*, „träge"], chem. Zeichen Ar, Atommasse 39,948, Ordnungszahl 18; ein in der irdischen Atmosphäre auffallend häufiges → Edelgas (0,9325 Volumenprozent). Ursache: das auf der Erde z. T. vorkommende Kalium-40 ($^{40}_{19}$K) erleidet einen unaufhörlichen K-Einfang (Elektronen-Einfang) u. verwandelt sich damit in Argon-40 ($^{40}_{18}$Ar). − A. wurde 1894 von W. *Ramsay* u. R. J. *Rayleigh* als Bestandteil der Luft entdeckt u. spektroskopisch charakterisiert. Verwendung: Schutzgas bei chemischen Reaktionen, beim Metallspritzen, in Glühbirnen statt Stickstoff.

◆ **Argonauten**, in der griech. Sage 50 nach ihrem Schiff *Argo* benannte Helden, darunter Herakles, die unter Iasons Führung nach Kolchis fuhren, um das von einem Drachen bewachte → Goldene Vlies zu holen. Die Sage erhielt durch Apollonios von Rhodos im 3. Jh. v. Chr. dichterische Gestalt.

**Argonnen**, *Argonner Wald*, frz. *Argonne*, dicht bewaldeter u. stark zerschluchteter Sandsteinrücken in Nordostfrankreich, zwischen oberer Aisne im W u. Maas im O, 357 m; trennt das Maastal von der Champagne u. geht nach N in die *Ardennen* über; i. e. S.

Argonauten: Szene aus der Argonautensage. Iason wird von Athene aus dem Maul des Drachen gerettet, der das Goldene Vlies bewacht. Schale des Duris. Rom, Vatikanische Museen

nur der Höhenzug zwischen Aisne u. ihrem rechten Nebenfluss Aire.

**Argoropuro,** Vulkan auf Ostjava, 3088 m.

**Argos,** griech. Stadt am Rande der fruchtbaren Ebene der Landschaft *Argolis,* 20 700 Ew.; von mittelalterl. Festung überragt, an der Stelle des antiken A., von dem noch bedeutende Reste (Theater) erhalten sind; Handelsort, Nahrungsmittel- u. Textilindustrie; Neuanlage der Stadt mit regelmäßigem Grundriss nach 1870.
*Geschichte:* A. war zunächst eine mykenische Burg, im Mythos Sitz des Diomedes, nach der Einwanderung der *Dorier* beherrschende Stadt auf dem östl. Peloponnes. Im 6. Jh. v. Chr. wurde A. als führende Stadt der Dorier von Sparta abgelöst, was zu einer bis ins 4. Jh. v. Chr. dauernden Feindschaft zwischen beiden führte. Trotz Verwüstung durch die Goten 395 n. Chr. bestand es im MA u. in der Neuzeit weiter.

**Argos,** *Argus,* griech. Sagengestalten; vor allem ein hundertäugiger, alles bemerkender Riese (danach *Argusaugen*); von Hera zum Wächter der Io bestellt, von Hermes getötet; Hera versetzte seine Augen an die Federn des Pfaus.

**Argostolion,** Hauptort der westgriech. Insel und des Verw.-Bez. Kefallinía, an der Westküste an einer tief in die Insel hineinreichenden Bucht gelegen, 7300 Ew.; Anbau von Oliven, Wein, Obst; Töpferwaren, Seebad; 1863 u. 1953 durch Erdbeben schwer zerstört.

**Argot** [-'goː; das; frz.], ursprünglich nur die Sondersprache sozial niedriger Schichten (Bettler, Gauner), später auch für die Sondersprachen kultivierter Gruppen (Künstler, Studenten, Gelehrte).

**Argote y Góngora,** span. Dichter, → Góngora y Argote.

**Arguedas** [ar'gedas], **1.** Alcides, bolivian. Schriftsteller, *15. 7. 1879 La Paz, †6. 5. 1946 Santiago de Chile; literar. Begründer des modernen Indigenismus; wurde vor allem bekannt durch den Roman „Raza de bronce" (Menschen aus Erz) 1919, in dem die Unterdrückung der Indios durch die weißen Großgrundbesitzer geschildert wird. **2.** José Maria, peruan. Schriftsteller, *18. 1. 1911 Andahuaylas, †2. 12. 1969 Lima (Selbstmord); wuchs in einem Ketschuadorf auf, lernte erst mit 18 Jahren Spanisch; bemühte sich in seinen Werken um die Schaffung einer literar. Kunstsprache, die sich aus Spanisch u. Ketschua zusammensetzte. In seinem Hauptwerk, dem Roman „Die tiefen Flüsse" 1958, dt. 1965, gibt er ein eindrucksvolles Bild vom Leben u. Denken der Indios.

**Argument** [lat.], **1.** *allg.:* Beweismittel, Grund. *Argumentum ad hominem,* Beweis aus menschl., d. h. subjektiven Gründen; Gegensatz: *argumentum ad veritatem,* der Wahrheitsbeweis; *argumentum e consensu gentium,* Beweis aus der Übereinstimmung der Völker; *argumentum e contrario,* Beweis aus dem Gegenteil, in der Mathematik u. Rechtswissenschaft vielfach geübtes Verfahren, eine These durch den Beweis der Unwahrheit des Gegenteils zu verteidigen (→ Umkehrschluss).

Århus (2): im Freilichtmuseum „Den gamle By"

**2.** *Logik:* der Ausdruck, der durch den *Funktor* näher bestimmt wird.
**3.** *Mathematik:* **1.** in der Darstellung
$$z = r (\cos \varphi + i \cdot \sin \varphi)$$
heißt $r$ der (absolute) Betrag und $\varphi$ das A. der → komplexen Zahl $z$. – **2.** unabhängige Variable einer Funktion bzw. Eingangswerte von tabellierten Funktionen, z. B. ist in (cos x) x das A. des Cosinus.

**argumentum e contrario** [lat.] → Argument (1).

**Argun,** im Oberlauf *Chajlar,* rechter Quellfluss des Amur, Grenzfluss zwischen Russland u. China, 1580 km; schiffbar, Holzflößerei, sechs Monate vereist.

**Argus,** griech. Sagengestalten, → Argos.

**Argusfasan,** *Argusianus argus,* im männl. Geschlecht prachtvoller *Hühnervogel* mit sehr langem, sichelförmigem Schwanz u. Augenflecken auf den Flügelfedern; Heimat: Malakka, Sumatra, Borneo.

**Argusfische,** *Scatophagidae,* eine Familie der *Barschartigen* aus dem Indo-Pazifik; etwa sechs Arten, Brackwasserfische, die leicht im Süß- sowie im Salzwasseraquarium zu halten sind; bes. beliebt sind die lebhaft gezeichneten Jungtiere der Art *Scatophagus argus*; Fische mit scheibenförmigem Leib; buntes Jugendkleid, Allesfresser, (wie der wissenschaftl. Name besagt) auch Kotfresser; in Südostasien beliebte Speisefische.

**Argyll and Bute** [a:'gail ənd bju:t], Distrikt in Westschottland, in der Strathclyde Region, gebirgig; mit den Inseln Bute, Mull, Jura, Islay u. a. 6755 km², 67 000 Ew.; Verw.-Sitz *Lochgilphead.*

**Arhat** [sanskr., „würdig"], *Arahant,* (pali), buddhist. Heiliger, der durch Befolgung der Lehre des Buddha das → Nirvana erreicht hat; im Unterschied dazu gewinnt ein Buddha die erlösende Erkenntnis selbständig ohne fremde Anleitung. Im ostasiat. Buddhismus werden häufig 16 A., dort *Lo-han* genannt, bildlich dargestellt.

**Århus** ['ɔːr-], *Aarhus,* **1.** dän. Amtskommune, 4561 km², 614 000 Ew.; Verw.-Sitz *A.* (2).
◆ **2.** zweitgrößte Stadt Dänemarks, Verwaltungssitz der Amtskommune A., an der Ostküste Jütlands (Kattegat), 275 000 Ew.; got. Dom (gegr. 1201); Universität (gegr. 1928); Handelsmittelpunkt; nach Kopenhagen wichtigste Industriestadt mit Fett-, Maschinen-, Zement- u. Textilindustrie.

**Arhythmie** → Arrhythmie.

**Ari,** Kurzwort für Artillerie.

**Ariadne,** griech. Sagengestalt, Tochter des *Minos.* Sie gab *Theseus* ein Garnknäuel *(Ariadnefaden),* mit dem er nach Tötung des *Minotauros* aus dem Labyrinth fand, u. folgte ihm nach Naxos, wo er sie verließ. Auf Naxos wurde A. dann nach *Hesiod* Gattin des *Dionysos* (Bacchus). – „*A. auf Naxos*", Oper von Richard *Strauss* (1. Fassung: Stuttgart 1912, 2. Fassung: Wien 1916), Text von Hugo von *Hofmannsthal.*

**Ariald,** Reformprediger, *um 1010 bei Como, †28. 6. 1066 am Lago Maggiore; gründete u. leitete als Diakon in Mailand seit 1057 die Reformbewegung der Pataria, wurde deswegen ermordet; 1904 heilig gesprochen.

◆ **Ariane,** ab 1973 entwickelte Trägerrakete der Europäischen Weltraumorganisation ESA für den Start unbemannter Nutz- u. Forschungssatelliten; der erste erfolgreiche Probestart fand am 24. 12. 1979 statt. Das Grundmodell (Ariane 1) wurde im Laufe der Zeit zwecks Leistungssteigerung weiter entwickelt. Bei Ariane 2 wurden die Treibstofftanks der 3. Stufe etwas vergrößert, bei Ariane 3 (Jungfernflug 1984) kamen erst-

# Arianer

Ariane: Aufbau der Europarakete Ariane 5. Sie besteht aus zwei Stufen sowie zwei Feststoff-Boostern u. kann Nutzlasten bis zu 20,5 t in eine niedrige Erdumlaufbahn befördern.

mals Feststoff-Zusatzantriebe (Feststoff-Booster) zum Einsatz, um den Startschub zu erhöhen; bei Ariane 4 (Erstflug 1988) wurden die Treibstofftanks der 1. Stufe erheblich verlängert u. zum ersten Mal Flüssigkeits-Booster zur Schubsteigerung verwendet. Die letzte Version, Ariane 5, besteht aus zwei Stufen sowie zwei Feststoff-Boostern u. kann Nutzlasten bis zu 20,5 t in eine niedrige u. 6,8 t in eine höhere Erdumlaufbahn befördern; der erste Startversuch der Ariane 5 am 4. 6. 1996 schlug fehl. Ursache war ein fehlerhaftes Steuerungsprogramm; im zweiten Versuch konnte Ariane 5 am 30. 10. 1997 erstmals erfolgreich gestartet werden. Startplatz für Arianeraketen ist das französ. Raumfahrtzentrum Kourou im südamerikan. Französisch-Guyana. Auch → Arianespace.

**Arianer,** Anhänger der von *Arius* vertretenen Lehre *(Arianismus).*

**Arianespace** [-ɛsˈpas], kommerzielle Gesellschaft für Finanzierung, Produktion, Verkauf u. Start der Rakete → Ariane, im März 1980 gegründet. Eigentümer (Aktionäre) sind 36 führende Raumfahrtfirmen Europas, elf europ. Banken u. die französ. Weltraumbehörde CNES; Grundkapital: 120 Mio. Franc, der französ. Anteil beträgt 59,25 %, der deutsche 19,6 %.

**Arianismus,** Lehre des alexand. Presbyters → Arius, wonach Christus nicht wesensgleich mit dem Vater, sondern ein Geschöpf des Vaters aus dem Nichts ist; vom Konzil zu Nicäa 325 verurteilt. Kaiser Constantius II. (337–361), Anhänger des A., verhalf der Lehre zu weiter Verbreitung. Der A. verfiel dann jedoch durch Spaltung in strenge Arianer u. Halbarianer sowie durch Verlust der staatlichen Unterstützung. Die Goten, Wandalen, Burgunder u. Langobarden lernten das Christentum in der Form des A. kennen; hier erlebte der A. eine Nachblüte, allerdings eigener u. nur auf die Germanen selbst beschränkter Art. Das polit. Übergewicht der Franken, die sich zur röm.-kath. Kirche hinwandten, verdrängte im 7. Jh. auch im W den A.

**Ariano Irpino,** italien. Stadt im östl. Kampanien, 21 600 Ew.; Fremdenverkehr.

**Ariaramnes** [grch.], altpers. *Aryaramna,* d. h. „der die Iraner befriedet", Sohn des *Teispes,* jüngerer Bruder des *Kyros I.,* * ca. 650 v. Chr., † ca. 590 v. Chr.; teilte sich nach seines Vaters Tod mit seinem Bruder die Herrschaft u. regierte als Vasall der Meder im Osten der → Persis.

Oscar Arias Sánchez

◆ **Arias Sánchez** [ˈsantʃɛs], Oscar, costarican. Politiker, * 13. 9. 1941 Heredia; Führer des sozialdemokratisch orientierten *Partido Liberación Nacional*; 1986 bis 1990 Staatspräsident; erhielt für den Mittelamerika-Friedensplan 1987 den Friedensnobelpreis.

**Aribert,** aus dem Französischen übernommene Form von → Herbert.

**Arica,** Hafenstadt in Nordchile (im Jahr 1883 von Peru abgetreten, bis 1929 umstritten), 207 000 Ew.; Obstbau; Ausfuhr von Salpeter u. Erz; bolivian. Transithandel; Kraftwerk, Automobilindustrie. Seit Mitte des 16. Jh. von Spaniern besiedelt.

**arides Klima** [lat. *aridus,* „trocken"], ein Klimabereich, in dem im Ablauf eines Jahres die potenzielle Verdunstung größer ist als der Niederschlag. Im ariden Klimabereich tritt das Pflanzenkleid zurück, in extremen Fällen fehlt es ganz (Vollwüste). In Trockengebieten mit aridem Klima gibt es keine Dauerflüsse außer den *Fremdlingsflüssen*. Eine Sonderform ist das *semiaride Klima,* in dem in weniger als der Hälfte des Jahres die Niederschläge größer als die Verdunstung sein können. Vollarides Klima hat meist 100 mm Jahresniederschlag u. weniger sowie ständig aride Verhältnisse. Gegensatz: *humides Klima*.

**Arie** [die; ital. *aria,* frz. *air*], Sologesang in Oper u. Oratorium mit Instrumentalbegleitung, auch selbständig als Konzert-Arie, ursprünglich jede sangbare Melodie in geschlossener, nicht liedhaft-stroph. Form (z. B. A. für Instrumente); bei Bach (Kantaten) u. Händel (Oratorien) als Da-capo-Arie in dreiteiliger Form (Schema *a-b-a*), später bei Mozart, Beethoven, Verdi in zweiteiliger Form mit Schlussteil *(stretta),* zuweilen auch in Sonaten- oder Rondoform. Gegen Ende des 18. Jh. entwickelte sich in der Oper die Form der geschlossenen *Szene u. A.,* auch *Gesangsszene.* Sie berücksichtigte mehr als die Da-capo-Arie den dramatischen Handlungsablauf. – *Bravour-* oder *Koloratur-Arie*: A. für virtuosen Gesang.

**Ariège** [aˈriɛʒ], 1. südfranzös. Département beiderseits der oberen A., 4890 km², 137 000 Ew.; Verw.-Sitz *Foix*.
2. rechter Nebenfluss der Garonne in Südfrankreich, 170 km lang; entspringt in den Pyrenäen, durchbricht die Kreidehöhen der Montagnes du Plantaurel (934 m) bei Foix, mündet südlich von Toulouse; Wasserkraftanlagen.

**Ariel,** 1. *Astronomie:* einer der vier großen Monde des → Uranus, entdeckt 1851, Durchmesser 1174 km, Umlaufzeit 2,52 Tage.
2. *Religion:* biblische u. jüdische symbolische Bez. für Jerusalem bzw. den Jerusalemer Tempelaltar (Ezechiel 43,15–16; Jesaja 29,1).

**Ariel,** Dämonen- bzw. Engelname in antiken magischen Texten. In der → Gnosis z. T. der löwenköpfige Jaldabaoth, der böse Weltschöpfer. Im MA jüd. Engelname; auch außerjüdisch als Wasser- u. Windgeist bekannt (Shakespeares „Sturm", Goethes „Faust II").

**Arier** [sanskr. *ârya,* „der Edle"], im Altertum Selbstbezeichnung von Völkern in Indien u. Iran mit eng verwandten indoeurop. Sprachen *(Arisch)*. Das Wort A. kam im 18. Jh. in Westeuropa als sprachwissenschaftl. Ausdruck in Gebrauch; z. T. wurde es gleichbedeutend mit „Indogermanen" verwendet. Die im 19. Jh. aufkommende Rassenideologie prägte den Begriff „arische Rasse", die mit der „nordischen Rasse" gleichgesetzt wurde. Im Sprachgebrauch der Antisemiten, bes. der Nationalsozialisten, verengte sich die Bedeutung von A. auf „Nichtjude".

**Arietiden,** ein Sternschnuppenschwarm, der alljährlich zwischen dem 29. 3. u. 17. 6. (Maximum: 8. 6. mit 40 Sternschnuppen pro Stunde) auftritt. Der Ausstrahlungspunkt liegt im Sternbild Widder (lat. aries).

**Arif,** Ahmed, türk. Lyriker, * 1925 Diyarbakir, † 1991 Istanbul; seine direkten, realitätsnahen Gedichte beeinflussten die zeitgenössische türk. Lyrik nachhaltig, einige erreichten den Rang von Volksliedern. Dt. Übersetzungen liegen in Anthologien vor.

**Arikara,** nordamerikan. Indianer der Caddo-Sprachfamilie, am oberen Missouri River, heute in der Fort Berthold Reservation, North Dakota. Die A. gehörten mit den → Hidatsa u. den → Mandan zu den sog. „Dorfstämmen", die in befestigten Siedlungen lebten. Wegen ihrer Friedfertigkeit sehr oft als Scouts beschäftigt.

**Arikha,** Avigdor, israelischer Maler, rumänischer Herkunft, * 28. 4. 1929 Radautz, Bukowina; ging anfänglich vom Gegenständlichen aus, wandte sich dann aber einer abstrahierenden Formensprache zu. A. beschäftigte sich auch mit Glasmalerei, Buchillustrationen u. Bildteppichen.

**Aril,** die Adelsklasse in Polynesien.

**Arillus** [der, Pl. *Arilli*; lat.], ein der Verbreitung des pflanzl. Samens dienender *Samenmantel*, z. B. bei der Seerose ein lufthaltiger Sack, der die Samen schwimmfähig macht; bei der Eibe ein fleischiges, rotes Gewebe, das von Vögeln verzehrt wird.

**Arima,** Stadt auf Trinidad (Westindien), 29 500 Ew.

**Arioi** [Pl.], religiöser Bund auf Tahiti.

**Arion,** griech. Dichter u. Sänger aus Methymna auf Lesbos, um 600 v. Chr.; schuf den für die Entwicklung der Tragödie wichtigen chorlyrischen Dithyrambos; Einfluss auf *Goethes* Sturm- u. Drang-Lyrik (Wanderers Sturmlied), *Hölderlins* u. *Nietzsches* Dichtungen.

**Arioso** [das; ital.], arienartiger, kürzerer Sologesang, Mittelding zwischen Rezitativ u. Arie, besonders beliebt in der Oper der 1. Hälfte des 17. Jh.

Ludovico Ariosto

◆ **Ariosto,** Ludovico, italien. Dichter, * 8. 9. 1474 Reggio nell'Emilia, † 6. 7. 1533 Ferrara; in Diensten des Kardinals Ippolito d'Este, später des Herzogs Alfonso II. d'Este; mit ihm wird der Beginn der Renaissance-Komödien gesetzt, die nach den Vorbildern von Plautus u. Terenz entstanden, ferner schrieb er antikisierende Episteln, Satiren u. Lyrik; gilt als der Vollender der italien. Renaissance; bedeutendstes Werk ist der „Orlando furioso" 1516–1532, dt. „Der rasende Roland" 1631–1636, eine Fortsetzung des „Orlando innamorato" von M. M. Boiardo; die Liebesleidenschaft Rolands erscheint hier als Wahnsinn, wird aber heiter, ja komisch behandelt; der Ernst wird immer wieder in Ironie u. Parodie aufgelöst.

**Ariovist,** König der Sweben; ging etwa 71 v. Chr. über den Rhein, um die Sequaner gegen die Häduer zu unterstützen, besiegte diese 61 v. Chr. u. siedelte seine Germanen im Elsass, in der Pfalz u. in Rheinhessen an. Seinen Absichten auf die röm. Provinzen in Gallien trat *Cäsar* entgegen; er schlug ihn 58 v. Chr. in der Nähe des heutigen Belfort. A. floh über den Rhein u. starb bald darauf.

**Aripuanã** [-'nä], rechter Nebenfluss des Rio Madeira in Brasilien, rd. 900 km, mündet südlich von Manaus.

**Arisch,** *Al Arish,* Hauptort des nördl. Sinai an der Mündung des Wadi Al A. ins Mittelmeer, 67 600 Ew.; Oasenkulturen (Dattelpalmen); schon in der Pharaonenzeit als der Verbannungsort *Rhinocolura* bekannt.

**Arishima** [-'riʃi-], Takeo, japan. Schriftsteller, * 4. 2. 1878 Tokyo, † 9. 6. 1923 Karuizawa (Selbstmord); europäisch erzogen, Philanthrop u. Christ, Verehrer von L. N. Tolstoj, behandelte in seinen Romanen soziale Probleme mit nihilist.-sentimentalem Unterton. Hptw.: „Eine Frau" 1911–1919; „Die Nachkommen von Kain" 1917; auch Dramatiker u. Essayist.

**Arisierung,** unter dem nat.-soz. Regime die Übernahme jüdischer Wirtschaftsunternehmen durch Nichtjuden („Arier"). Da die Juden durch staatl. Verfolgungsmaßnahmen zum Verkauf ihrer Vermögenswerte gezwungen u. auf vielfältige Weise benachteiligt waren, brachte die A. den Käufern erhebl. Gewinne.

**Aristagoras,** als Bevollmächtigter des Perserkönigs *Dareios I.* Ende des 16. Jh. v. Chr. Tyrann von Milet während der Abwesenheit seines Vetters *Histiaios*; Urheber des Ionischen Aufstands, nach dessen Misslingen er in Thrakien fiel.

**Aristarchos,** *Aristarch,* **1.** *Aristarchos von Samos,* griech. Astronom, * um 320 v. Chr., † 250 v. Chr.; versuchte, die Entfernung der Sonne u. des Mondes zu bestimmen; lehrte um 260 v. Chr. als Erster die Bewegung der Erde um die Sonne, ohne jedoch Anhänger für diese Auffassung zu finden.
**2.** *Aristarchos von Samothrake,* antiker Philologe u. Grammatiker, * um 217 v. Chr., † um 145 v. Chr. (wahrscheinlich auf Zypern); unter Ptolemaios VI. Vorsteher des Museions u. Erzieher des Prinzen; klärte die noch heute maßgebenden grammatischen Begriffe u. Fachbezeichnungen u. verfasste kommentierte Textausgaben von Homer, Herodot u. a.

**Aristeides,** „Philosoph" aus Athen, der um 125 n. Ch. eine an Hadrian gerichtete → Apologie des Christentums verfasst hat. Bissiger Polemik gegen die Religion der Griechen u. Barbaren folgt eine Darstellung der christl. Lehre.

**Aristides, 1.** *Aristides der Gerechte,* konservativer athenischer Staatsmann, Archon von Athen 489/88 v. Chr., * nach 550 v. Chr., um † 467 v. Chr.; anfangs Gegner der Seemachtpläne des Themistokles u. wohl deshalb 482–480 v. Chr. verbannt. In den Perserkriegen war er 490 v. Chr. bei Marathon Stratege, nahm 480 v. Chr. an der Seeschlacht bei Salamis teil, kommandierte 479 v. Chr. die athenischen Truppen bei Plataä u. wirkte 477 v. Chr. maßgeblich an der Gründung des 1. Attischen Seebundes mit. Seine Festsetzung der jährl. Zahlungen der Mitglieder in die Bundeskasse brachte ihm den Beinamen „der Gerechte".
**2.** *Publius Älius Aristides,* griech. Rhetor, * 117 oder 129, † 189; lebte zeitweise in Ägypten, in Rom, meist in Smyrna; erhalten sind 55 kulturgeschichtlich interessante Reden in ausgefeiltem Stil.

**Aristidia,** *Borstengras,* Gattung der Süßgräser.

**Aristion-Stele,** *Marathon-Stele,* 1839 in Attika gefundene Grabstele mit Darstellung des Kriegers Aristion, Werk des athen. Bildhauers *Aristokles.* Die Stele entstand um 510 v. Chr. im archaischen Stil; dargestellt ist Aristion als stehender bärtiger Krieger mit Lanze, ursprünglich blau, rot u. gelb bemalt. Die A. befindet sich im Nationalmuseum in Athen.

**Aristippos,** *Aristipp,* griech. Philosoph, * um 435 v. Chr. Kyrene, † 355 v. Chr.; Schüler des Sokrates, Begründer der Schule der *Kyrenaiker* u. der Ethik des *Hedonismus.* A. lehrte, dass nur subjektive Empfindungen erkennbar seien, nicht aber die Gegenstände. Im Gegensatz zu Sokrates versteht er *Eudämonie* (Glück, Glückseligkeit) nicht mehr als Begleiterscheinung der Tugend, sondern als Bewusstsein der Selbstbeherrschung in der Lust.

**Aristobulos von Kassandreia,** griech. Historiker; schrieb um 300 v. Chr. ein Geschichtswerk über Alexander d. Gr., an dessen Zügen er teilgenommen hatte. Seine Schrift wurde von den griech. Historikern *Arrian, Plutarch* u. *Strabo* als Quelle benutzt.

**Aristodemos,** sagenhafter Held des 1. Messenischen Kriegs.

**Aristogeiton,** Freiheitsheld des antiken Athen, der mit *Harmodios* 514 v. Chr. *Hipparch,* den Bruder des Tyrannen *Hippias,* ermordete u. danach gefoltert u. hingerichtet wurde. Diese politisch wirkungslose Tat wurde später im demokrat. Athen wie eine Befreiung von der Tyrannis gefeiert.

◆ **Aristokles,** griech. Bildhauer, Ende der 2. Hälfte des 6. Jh. in Attika nachgewiesen; von ihm stammt die attische → Aristion-Stele.

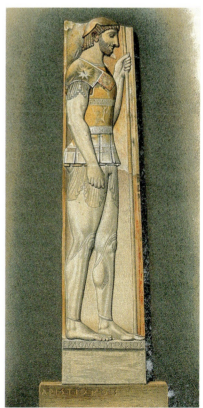

Aristokles: Grabstele des Aristion; ca. 510 v. Chr., spätarchaische Farblithografie nach dem Original in Athen, Nationalmuseum

# Aristokrat

**Aristokrat** [grch.], Angehöriger der *Aristokratie*.

**Aristokratie** [grch., „Bestenherrschaft"], 1. eine Staatsform, in der bestimmte Geburts-, Besitz- oder Bildungsstände Träger u. Ausübende der Staatsgewalt sind. Nach den ethischen Maßstäben der aristotelischen Staatsformenlehre liegt im Fall einer solchen Minderheitsherrschaft eine A. nur dann vor, wenn die Herrschaft im Interesse des Gemeinwohls ausgeübt wird; bei selbstsüchtiger Herrschaft handelt es sich dagegen um die Entartung der A., die → Oligarchie. Auch → Monarchie, → Demokratie. 2. die herrschenden Stände einer Aristokratie, der → Adel (Geburtsadel); übertragen auch: die Gebildeten.

**Aristolochia** [grch.], Kletterpflanzen, → Osterluzei.

**Aristolochiasäuren**, aromat. Nitroverbindungen aus Aristolochia-Arten, z.B. Osterluzei *(Aristolochia clematis)*. Aristolochiasäuren-Präparate gehören zu den ältesten Arzneimitteln. In der Antike wurde Osterluzei bei Ägyptern u. Griechen zur Wundheilung angewandt. Durch die hohe Toxizität der A. hat die Droge an Bedeutung verloren.

**Aristomenes**, sagenumwobener messenischer Held im 2. Messenischen Krieg.

**Aristonikos**, unehel. Sohn *Attalos' II.* von Pergamon, †129 v. Chr.; beanspruchte das pergamen. Reich, das *Attalos III.* nach seinem Tod den Römern vermacht hatte, für sich, fand aber bei den Bürgern Pergamons wenig Anklang. So rief er, die damaligen starken sozialen Gegensätze ausnutzend, die Landbevölkerung u. Sklaven zum Freiheitskampf auf mit dem utop. Ziel eines auf Freiheit u. Brüderlichkeit gegr. Staates, in dem alle „Sonnenbürger" *(Heliopoliten)* sein sollten. Der Aufstand erfasste bald ganz Kleinasien u. machte den kleinasiat. Städten, den Königen Kleinasiens u. den Römern schwer zu schaffen. Erst 130 v. Chr. schlugen die Römer den Aufstand nieder; nach Rom deportiert, wurde A. 129 v. Chr. im Gefängnis erdrosselt.

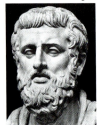
Aristophanes

◆ **Aristophanes**, griech. Komödiendichter in Athen, Hauptvertreter der alten attischen Komödie, *um 445 v. Chr., †um 385 v. Chr.; von seinen rd. 40 Stücken sind elf erhalten, die hinter fantast. u. derbdrastischen Handlungen handfeste polit., literar. u. moral. Zeitkritik erkennen lassen (z. B. „Die Ritter" gegen Kleon, „Die Wolken" gegen Sokrates, „Die Frösche" gegen Euripides, „Lysistrata" u. „Die Vögel" gegen Krieg u. politische Weltfremdheit).

◆ **Aristoteles**, griech. Philosoph, *384 v. Chr. Stagira, Thrakien, † 322 v. Chr. Chalkis; entstammte einem Ärztegeschlecht, wurde in Athen Schüler Platons u. gehörte 20 Jahre zu dessen Schule, der Akademie. Nach dem Tode Platons (347 v. Chr.) begab

## Aristoteles 384–322 v. Chr.

| | | |
|---|---|---|
| Geboren in Stagira (Thrakien) | 384 | Demosthenes geboren |
| | 382 | Philipp II. geboren |
| | 379 | Platon schreibt „Phaidon" / Krieg zwischen Theben und Sparta (bis 362); Athen kämpft auf der Seite Thebens |
| | 371 | In der Schlacht bei Leuktra besiegen die Thebaner unter Epaminondas Sparta. Vorstoß der Thebaner nach Lakonien. Beginn der thebanischen Hegemonie |
| A. kommt in die Akademie Platons nach Athen | ~367 | |
| | 362 | Epaminondas fällt in der siegreichen Schlacht bei Mantinea gegen König Agesilaos II. von Sparta. Ende der thebanischen Hegemonie |
| | 359 | Philipp II. wird König von Makedonien |
| | 357 | Im „Bundesgenossenkrieg" (bis 355) zerfällt der zweite attische Seebund |
| | 356 | Alexander der Große geboren / Philipp II. führt den „Heiligen Krieg" gegen die Phoker (bis 346), die Delphi ausgeraubt hatten |
| | 350 ~ | Allmählicher Übergang von Bronze- zu Eisengeräten und zur Mehrfachfelderwirtschaft / Die keltische Latène-Kultur erstreckt sich von Nordfrankreich bis Mittelungarn |
| A. verlässt die Akademie und gründet mit Xenokrates eine platonische Schule in Assos. Er heiratet Pythias, die Nichte des Hermias | 347 | Tod Platons / Demosthenes hält in Athen die ersten Reden gegen Philipp II. („Philippika") |
| Sturz des Hermias. A. geht nach Mytilene | 345 | |
| | 344 ~ | Zweite Philippika des Demosthenes gegen Philipp II. |
| A. kommt auf Philipps II. Wunsch als Hauslehrer Alexanders nach Pella | ~343 | Unterwerfung Ägyptens durch Artaxerxes III. |
| | 340 | Nach der dritten „Philippika" erklärt der „Hellenenbund", Philipp II. den Krieg |
| Entfremdung von der Athener Akademie, deren Leitung Xenokrates übernimmt | 338 | Sieg Philipps II. über die Griechen in der Schlacht bei Chaironeia. Ende der selbständigen Außenpolitik der Staaten Griechenlands |
| | 337 | Philipp II. einigt alle griechischen Staaten außer Sparta |
| | 336 | Philipp II. ermordet / Alexander der Große wird König von Makedonien / Zenon, Begründer der Stoa, geboren |
| Entstehung der Katharsis-Lehre und der Lehre von der Entelechie | ~335 | Alexander der Große gewinnt durch die Zerstörung Thebens die griechische Vorherrschaft |
| A. geht nach Athen und lehrt zusammen mit Theophrast im Lykeion | 334 | Alexander der Große beginnt seinen Zug gegen Persien, auf dem er ein Weltreich erobert und mehr als 70 Städte gründet |
| | 332 | Eroberung Ägyptens durch Alexander den Großen / Gründung von Alexandria |
| A. versucht, die geringe Wertschätzung von Frauen, Handwerkern und Sklaven philosophisch zu rechtfertigen | ~325 | |
| Prozess gegen A. wegen „Gottlosigkeit"; A. geht nach Chalkis auf Euböa ins Exil / A. stellt die Fallgesetze auf | 323 | Alexander der Große gestorben |
| A. verfasst eine Staatslehre und die „Poetik" / Gestorben in Chalkis / Die endgültige Auswahledition seiner Schriften erscheint erst 250 Jahre später | 322 | Demosthenes gestorben |

er sich nach Assos, wo er mit anderen Platonikern in dem Fürsten Hermias einen persönl. Freund u. Förderer seiner Philosophie fand. 343 v. Chr. wurde er an den makedon. Hof zum Erzieher Alexanders d. Gr. berufen. Nach dessen Thronbesteigung ging A. wieder nach Stageira u. ein Jahr später (334 v. Chr.) nach Athen, wo er zusammen mit Theophrast am staatl. Gymnasium, dem Lykeion, unterrichtete. Erst Theophrast hat 318 v. Chr. daraus die aristotel. Schule, die als Schule der *Peripatetiker* (nach den Wandelgängen, den *peripatoi*) bekannt wurde, gemacht. Nach dem Tode Alexanders 323 v. Chr. erhoben sich die Athener gegen die makedon. Herrschaft. A. als Freund des Königshauses musste fliehen u. siedelte nach Chalkis auf Euböa über, wo er ein Jahr später starb.

Die meisten erhaltenen Schriften des A. sind Vorlesungskonzepte aus der Zeit der Lehrtätigkeit in Athen. Ihre Anordnung u. Herausgabe erfolgte zum großen Teil erst durch seine Schüler. Die überlieferten Werke sind vor allem Lehrschriften für den inneren Kreis der von A. geleiteten Schule; sie umfassen Logik, Metaphysik, Naturphilosophie, Ethik, Politik, Psychologie, Poetik u. Kunsttheorie, wobei für A. selbst eine solche Auffächerung der Philosophie noch nicht vorlag, vielmehr ist diese erst durch seine Problem- u. Themenstellung entstanden. Die Titel der Schriften sind also oft spätere Bezeichnungen, z. B. die „Metaphysik". Ebenso bestehen die heute vorliegenden Bücher oft aus ganz verschiedenen, später nach dem Thema einander zugeordneten Vorlesungen oder Entwürfen.

Die *Logik* (sechs Schriften, die später im „Organon" zusammengebracht sind) befasst sich mit der allg. Bestimmung der Dinge (→ Begriff, → Kategorie) sowie mit den Grundbegriffen u. Regeln der richtigen Urteilsbildung u. der richtigen Schlussfolgerung (→ Schluss). A. war der Begründer der wissenschaftl. → Logik.

Die *Metaphysik* (14 Bücher, nach A. die „erste Philosophie") hat das Seiende als Seiendes u. das höchste Seiende zum Thema. In ihr werden die Prinzipien aller Dinge untersucht: Stoff, Materie (als Möglichkeit), → Form (als Verwirklichung, → Entelechie), Zweck u. Wirkursache (→ Grund). Gott als erste Ursache ist reine Form ohne Stoff, ewiges reines Denken seiner selbst u. unbewegter Beweger der Welt. Oberster Grundsatz für Denken u. Sein ist der Satz vom → Widerspruch.

Die *Natur-Philosophie*, befasst sich mit den Grundbegriffen Raum, Zeit u. Bewegung, mit den Elementen u. der Zweckmäßigkeit der Natur, aber schließt auch die Lehre von der Seele als Prinzip des Lebendigen ein.

Die *Ethik* (insgesamt drei Schriften, bes. die sog. Nikomachische Ethik) bestimmt die vernunftmäßige Tätigkeit (→ Tugend) als höchste Gut, in dem die Glückseligkeit des Menschen besteht. Vollkommenste Lebensform ist das reine Anschauen *(Theoria)*.

Die *Politik* bestimmt den Menschen als ein von Natur aus soziales staatenbildendes Lebewesen; eine Herleitung der Staatsformen gipfelt im Bild der „besten Polis".

Aus anderen Gebieten sind nur einzelne Bemerkungen oder Bruchstücke überliefert; wichtig ist die *Poetik*, die bes. die Tragödie analysiert und Ansätze zu einer → Ästhetik enthält.

Aristoteles-Statue in Stageira

Die Philosophie des Aristoteles ist aus der Auseinandersetzung mit Platon hervorgegangen. Hatte die platonische Ideenlehre die Gesamtheit dessen, was ist, zerteilt in die eigentl. Wirklichkeit der nur im Denken vernehmbaren Ideen u. in die uneigentl. Seinssphäre der Sinnendinge als bloßer Schattenbilder (→ Höhlengleichnis), so überwand A. diesen ontologischen Dualismus, indem er das *Eidos* (= Idee) als die strukturprägende Seinsmacht im erscheinenden Seienden begriff. Der platon. Trennung *(chorismos)* von Idee u. Sinnending setzte er die „Anwesung" *(parousia)* der Idee im Sinnending entgegen u. deutete die Idee als Wirkkraft, als *Entelechie*: Alle Dinge seien unterwegs zur Verwirklichung ihres einwohnenden Wesens.

Entscheidende Bedeutung gewannen für A. vor allem zwei Denkmodelle: die Techne u. die Sprache. An der *Techne*, der handwerkl. Verfertigung, unterschied er viererlei: den *Stoff*, die einzuprägende *Form*, das *Woher* u. das *Ziel* der Fertigungsbewegung. Wie der schöpferische Mensch zusammenfügt, so ist schon jedes Seiende ein Gefüge aus Form u. Stoff u. steht im Bewegungsgeschehen. Die Struktur des Dings überhaupt, sein ontologischer Bau, wird in Analogie zum kunstvollen Menschenwerk (Artefakt) interpretiert. – Ebenso kennzeichnend für das denkerische Vorgehen des A. ist seine Benutzung der *Sprache* als eines methodischen Leitfadens: Die mannigfaltigen analogen Weisen, wie vom Seienden gesprochen u. dessen Sein ausgesagt wird, führten ihn zur Aufstellung der kategorialen Grundbestimmungen aller Dinge (→ Kategorie). Die *Analogie* wurde für A. nicht nur zu einem Erkenntnismittel ersten Ranges, sondern zum Gliederungsprinzip des Seins selbst.

Schließlich ist Aristoteles' *Theorie der Bewegung*, die vier Arten unterscheidet (Entstehen-Vergehen, Zunehmen-Schwinden, qualitative Veränderung u. Ortsbewegung), die spekulative Krönung seiner Philosophie. Sie mündet mit dem Begriff „des unbewegten Bewegenden" in eine *Theologie*.

Der Gegensatz zwischen platonischem Idealismus u. aristotelischem Realismus durchzieht die gesamte spätere Philosophie. Zu besonderer Bedeutung kam A. in der christl. Philosophie des MA (→ Scholastik). Seit Mitte des 19. u. v. a. im 20. Jh. ist aufgrund exakter philolog. Vorarbeiten eine breite Aristoteles-Forschung (bes. auch in England) entstanden, die zugleich auch den Einfluss von A. auf das europ. Denken gewürdigt hat. – Aristotelis Opera 5 Bde., 1831–1870.

**Aristoteleshirsch** → Sambarhirsche.
**Aristotelia** → Jasmin (2).
**Aristotelismus**, *i. e. S.* die Weiterbildung der aristotel. Lehren in der Schule der → Peripatetiker. Die Wirkungsgeschichte der aristotel. Philosophie ist jedoch nicht auf den jahrhundertelangen Weg des Peripatos beschränkt. Die aristotel. Schriften waren bis zum 1. Jh. v. Chr. verschollen, bis sie *Andronikos von Rhodos* wieder sammelte. Durch Vermittlung des Neuplatonismus in Alexandria, durch die syrischen Philosophenschulen u. die Araber wirkte das Denken des Aristoteles in der Spätantike u. im Mittelalter fort. *I. w. S.* bedeutet A. so die Aufnahme u. Umbildung aristotel. Denkens in der Philosophie der Araber *(Avicenna, Averroës)* u. – durch Übersetzungen aus dem Arabischen, dann aus dem Griechischen – im 12. u. 13. Jh. in der scholast. Philosophie u. Theologie. Zu einer eigenen Gestalt ist der A. durch *Thomas von Aquin* geworden, u. er ist dadurch in der dominikan. Theologie bis heute herrschend. Die „Nuova scienza", die neuzeitl. Naturwissenschaft, formiert sich bei Galilei, Kepler u. Newton im geistigen Kampf mit den Prinzipien der aristotel. Naturphilosophie. – Die „Poetik" des Aristoteles hat in der Renaissance u. Aufklärung einen eigenen A. begründet: Scaliger, Corneille, Gottsched, Lessing; im 19. Jh. ist in der Nachwirkung der Logik u. der Metaphysik des Aristoteles ein A. entstanden (Trendelenburg, Brentano), der die Phänomenologie u. Heidegger stark beeinflusst hat.

**Aristoxenos**, griech. Philosoph u. Musikschriftsteller, * 354 v. Chr. Tarent, † um 300 v. Chr.; Schüler des Aristoteles; ergänzte in den „Elementen der Harmonik" die pythagoreische Spekulation, das Wesen der Musik bestehe in einfachen Zahlenverhältnissen, indem er das empirische Urteil des Gehörs als ebenso entscheidend anerkannte. In seinen „Elementen der Rhythmik" entwickelte er als Erster eine systematische Rhythmuslehre.

**Arita-Porzellan** → Imari-Porzellan.
**Arithmetik** [grch., „Zahlenlehre"], Teilgebiet der Mathematik, das sich mit den Zahlen, ihren → Verknüpfungen durch die → Rechenoperationen sowie mit den dabei geltenden Rechengesetzen u. ihren Folgerungen (z. B. → binomischer Lehrsatz) beschäftigt. Die Gesetze umfassen die die Operationen 1. u. 2. Stufe definierenden Grundgesetze der A. sowie auf der Grundlage des

Potenz-, Wurzel- u. Logarithmusbegriffs die Potenz-, Wurzel- u. Logarithmengesetze. – Die Anwendung der A. erfolgt überall dort, wo „gerechnet" wird, also bei der Umformung von Termen, in der Algebra (Lösen von Gleichungen), Analysis, Wirtschaftsmathematik, Physik usw.
**arithmetische Reihe** → Reihe.
**arithmetisches Mittel,** Durchschnittswert von n Zahlen, errechnet sich durch Summieren u. anschließendes Dividieren durch n; das arithmet. Mittel von 5, 8 u. 11 z. B. ist $(5 + 8 + 11) : 3 = 8$. Auch → Mittelwert.
**Arius,** Presbyter in Alexandria, * um 260 in Libyen, † 336 Konstantinopel; lehrte, Christus sei nicht wesensgleich mit dem Vater, sondern ein Geschöpf des Vaters aus dem Nichts. Der → Arianismus wurde mehrfach verurteilt, besonders auf dem Konzil zu Nicäa. Kaiser Konstantin verbannte A. nach Illyrien, doch wurde er 328 zurückberufen; er starb am Tag vor der feierlichen Wiederaufnahme in die Kirche.
**Ariz.,** Abk. für den USA-Staat Arizona.

Arizona

◆ **Arizona** [æriˈzounə], Abk. *Ariz.*, Gebirgsstaat im SW der USA, zwischen California u. New Mexico; 295 259 km², 3,94 Mio. Ew., darunter 204 000 Indianer, die meist in Reservationen leben; Hptst. *Phoenix*.
A. gehört landschaftlich ganz in den Bereich der Intramontanbecken der Kordilleren. Im N von A. erstreckt sich das 1500–2500 m hohe Colorado Plateau, von tiefen Canyons (Grand Canyon bis 1800 m tief) zerschnitten. Den Südteil kennzeichnet eine *Basin-and-Range-Struktur* mit 600–1500 m hohen Becken zwischen nordsüdlich verlaufenden, bis über 300 m hohen, schmalen Gebirgszügen. Im SW liegt das Becken des *Gila Desert* (um 600 m), einer kakteenreichen Halbwüste, vom Colorado u. seinem Nebenfluss Gila randlich entwässert. In A. herrscht trockenheißes Klima; ab 1500 m Höhe offener Nadelwald mit Grasunterwuchs. 85 % der Fläche sind Weideland; Wasserversorgung aus zahlreichen Stauseen u. Tiefbrunnen; geringe landwirtschaftl. Nutzung, bes. Anbau von Baumwolle u. Kopfsalat. Bedeutend ist die seit 1950 stark entwickelte Industrie (Luftfahrt, Elektronik) um Phoenix u. Tucson; es folgen der Kupferbergbau (40 % des Kupfererzes der USA) u. die Gewinnung von Blei, Zink, Silber, Gold; ferner Fremdenverkehr u. Landwirtschaft. – A. wurde 1848 von Mexiko an die USA abgetreten, 1863 Territorium, 1912 der 48. Staat der USA.
**Arizona-Gruppe,** alltägl. Name für eine umfangreiche Gruppe gramnegativer, stäbchenförmiger Bakterien, die zur Familie der *Enterobacteriaceae* gezählt werden. Sie sind fakultativ anaerob. Bakterien der A. lösen beim Menschen Magen-Darm-Erkrankungen aus.
**Arjäng** [oˈrjɛŋ], Großgemeinde im W Schwedens mit 1417 km², 9700 Ew.; intensive Landwirtschaft; chem. Industrie.
**Arjuna** [ˈardʒuna], dritter Sohn des altind. myth. Königs Pandu u. eine der Hauptgestalten des altind. Epos Mahabharata; Krishna verkündet ihm die → Bhagavadgita.
**Arjuno** [-ˈdʒu-], *Ardjuno,* Vulkan auf Ostjava in der Nähe von Surabaya, 3339 m hoch; bildet mit drei weiteren, z. T. noch aktiven Vulkanen ein mächtiges Bergmassiv.
**Ark.,** Abk. für den Staat → Arkansas im zentralen W der USA.
◆ **Arkade** [die; lat.], ein auf Pfeilern oder Säulen ruhender Bogen (sog. offene Bogenstellung), auch eine Reihe von Bögen als einseitige Begrenzung eines Bogengangs. Sonderformen u. Mittel der Wandgliederung u. -verzierung sind die Blendarkade u. die Zwergarkade.

Arkade: Arkaden am romanischen Außenbau von St. Apostel in Köln; begonnen 1. Hälfte 11. Jh.

**Arkadien,** neugrch. *Arkadia,* schwer zugängliche, überwiegend aus Kalkgestein (Karst) aufgebaute, z. T. noch waldreiche Gebirgslandschaft u. Verw.-Bez. des zentralen Peloponnes (Griechenland), bis 2376 m ü. M.; mehrere, oberirdisch abflusslose Becken; größtes ist das Becken von Tripolis mit dem Hauptort Tripolis; Anbau von Getreide; Weidewirtschaft.
*Geschichte:* Vom Ende des 6. Jh. v. Chr. bis 369 v. Chr. Rückzugsgebiet myken. Griechen. Mitglied von Spartas Peloponnesischem Bund. Die bedeutendsten Städte waren *Tegea, Mantineia, Orchomenos* u. das 366 v. Chr. als Bollwerk gegen Sparta gegründete *Megalopolis.* Mitte des 3. Jh. v. Chr. wurde A. nach Abschüttelung der makedonischen Herrschaft ein wichtiger Teil des *Achäischen Bundes.* – In der hellenist. u. röm. Dichtung galt A. als Schauplatz eines idyllischen Landlebens.
**Arkadier,** die Mitglieder einer 1690 in Rom gegr. nationalen Akademie (Accademia letteraria italiana dell' Arcadia), die heute noch besteht.
**Arkanist** [von lat. *arcanum,* „Geheimnis"], Mitarbeiter einer Glashütte oder Keramikmanufaktur, insbes. derjenige, der über das im 18. Jh. geheim gehaltene Mischungsverhältnis der Porzellanherstellung Bescheid wusste. Die Verbreitung des *Arkanums* ging Hand in Hand mit Spionage u. Bestechung u. hatte meist Neugründungen von Konkurrenzunternehmungen zur Folge.

Arkansas

◆ **Arkansas** [engl. ˈɑːkənsɔː], Abk. *Ark.,* Staat der USA am Westufer des unteren Mississippi, 137 754 km², 2,42 Mio. Ew., davon 17 % Nichtweiße; Hptst. *Little Rock.* Im NW waldreiches Mittelgebirge des Ozark Plateaus u. der Ouachita Mountains (400 bis 800 m); das Schwemmland des Mississippi im O ist wichtiges Baumwoll- u. Reisanbaugebiet, im SW waldbestandene Ausläufer der sandigen Küstenebene. A. liegt im Übergangsgebiet zum subtrop. Klima. Vielseitige Landwirtschaft, bes. Baumwolle, Sojabohnen, Reis (zweitwichtigster Produzent der USA), bedeutende Holz verarbeitende u. Papierindustrie; Abbau von Kohle, Bauxit (97 % der USA-Produktion), Baryt, Mangan, Erdöl u. Erdgas. – Ein Gebiet mit dem heutigen A. wurde 1813 im *Louisiana Purchase* von Frankreich gekauft; 1819 Errichtung des Territoriums A., 1836 der 25. Staat der USA.
**Arkansas River** [ˈɑːkənsɔː ˈrivə], einer der großen rechten Nebenflüsse des Mississippi (USA), 2333 km lang; entspringt in der Sawatch Range der Rocky Mountains; Nebenflüsse sind Cimarron u. Canadian River (von rechts) sowie Neosho (von links); Bewässerungsoasen nach Austritt aus dem Gebirge; sechs große Staudämme; schiffbar bis nahe Muskogee (Oklahoma); im Unterlauf häufig Überschwemmungen; im 19. Jh. wichtiger Verkehrsweg bei der Erschließung des Westens.
**Arkansit** [der], gelbl., rotes, schwarzbraunes Mineral von metallartigem Diamantglanz, rhombisch; Härte 5½–6; $TiO_2$.
**Arkanum** [das; lat.], **1.** Geheimnis, geheime Lehren u. Kultübungen in religiösen Gemeinschaften. Die Pflicht zur Geheimhaltung religiöser Lehren u. Kultübungen *(Arkandisziplin)* bestand in den hellenist. Mysterien u. während des 4. u. 5. Jh. auch in der christl. Kirche für die Taufe u. das Abendmahl.
**2.** Geheimrezept oder Geheimmittel in der *Alchemie.*
**Arkebuse** [die; ital., frz.], ursprünglich eine

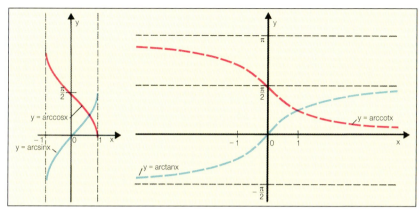

Arkusfunktionen

**Armbrust,** seit dem 15. Jh. eine Handfeuerwaffe (Hakenbüchse) mit Luntenschloss (→ Lunte); ein am Lauf angebrachter Haken diente zum Auffangen des starken Rückstoßes. – *Arkebusier,* der mit einer A. bewaffnete Soldat.

**Arkesilaos,** *Arkesilas,* Name mehrerer Könige der altgriech. Kolonie → Kyrene in Libyen im 6. u. 5. Jh. v. Chr. *A. II.* (um 560 v. Chr.) ist bekannt durch seine Darstellung auf einer Trinkschale *(Arkesilas-Schale).*

**Arkesilaos,** griech. Bildhauer cäsar. Zeit, tätig in Rom 1. Hälfte 1. Jh. v. Chr. bis 42 v. Chr.; schuf das Kultbild der Venus Genetrix im gleichnam. Tempel auf dem Cäsarforum in Rom.

**Arkesilas-Schale,** in Vulci gefundene Trinkschale, um 560 v. Chr. entstanden, mit Darstellung des Königs Arkesilaos II. von Kyrene bei der Verladung der Heil- und Würzpflanze Silphion (Paris, Nationalbibliothek).

**Arkona,** Nordkap der Insel Rügen (Halbinsel Wittow); 45 m hoher Kreidefelsen. Hier befand sich die Tempelburg mit dem Standbild des slaw. Gottes *Swantewit;* 1168 vom dän. König Waldemar I. zerstört.

**Arkose** [die; frz.], hellgraue bis rötliche, meist kaolinitführende feldspatreiche Sandsteine mit wechselndem Gehalt an Gesteinsbruchstücken.

**Arkosolium** [lat.], bogenüberwölbtes Nischengrab, das in die Wand eingelassen u. mit einer Steinplatte verschlossen wurde. Der Grabtypus kam aus dem Vorderen Orient, war seit dem 3. Jh. bes. bei den röm. Katakomben gebräuchlich u. bestand weiter im „Heiligen Grab" des Mittelalters.

**Arktikluft** → Polarluft.

**Arktis,** Landgebiete und Meere um den Nordpol, → Seite 404.

**arktische Kultur,** *i. w. S.* die Kultur aller im arkt. Gebiet der Erde lebenden halbsesshaften Völker wie Lappen, Samojeden, Tschuktschen oder Eskimo (Inuit); *i. e. S.* die Kultur der nordamerikan. Indianer, die neben der Jagd vor allem auf den Fang von Seesäugetieren spezialisiert waren. Auch → Eisjagd-Kultur, → Schneeschuhkultur.

**Arktischer Rat,** 1996 in Ottawa (Sitz des Sekretariats) von Dänemark, Finnland, Island, Kanada, Norwegen, Russland, Schweden u. den USA gegr. Dachorganisation für zwischenstaatl. Vorhaben in der Nordpolregion. Dazu gehören u. a. die Koordinierung des Umweltschutzes, die Durchführung von Forschungs- u. Verkehrsprojekten sowie die Nutzung von Rohstoffvorkommen. Dabei besitzen die Ureinwohner der Arktis ein Mitspracherecht.

**arktischer Seerauch,** Nebelbildung beim Überströmen kalter Luft über eine relativ warme Wasserfläche oder sonstige nasse Oberfläche *(Dampfnebel,* z. B. über regennasser Straße); tritt häufig über eisfreien Teilen arkt. Gewässer auf.

**Arktische Steinzeitkultur,** Steinzeitkultur in Nordskandinavien nördl. des Polarkreises bis ins subarkt. Waldgebiet, deren Wirtschaft hauptsächlich aus Jagd u. Fischfang bestand; Werkstoffe waren vorwiegend Schiefer, Quarz u. Quarzite; zeitl. Einteilung in vier Stufen: Die 1. Stufe wird auch als ältere Steinzeit bezeichnet mit mesolith. Zügen; Stufen 2–4 gehören der sog. jüngeren Steinzeit an, in der Schafzucht, Gerstenbau u. Keramikherstellung aufkommen. Am Ende, etwa um 1500 v. Chr., wird im ganzen Gebiet die *Asbestkeramik* verbreitet.

**Arktur,** *Arkturus, Arcturus, α Bootis,* hellster Stern (1. Größe) im Sternbild *Bootes.* Der Stern 0. Größenklasse ist 37 Lichtjahre entfernt u. im Durchmesser 22-mal größer als die Sonne.

**Arkus,** *Arcus* [lat., „Bogen"], Zeichen *arc,* → Bogenmaß eines Winkels.

◆ **Arkusfunktionen,** *Kreisfunktionen, zyklometrische Funktionen,* Funktionen, die man nach Beschränkung auf Eineindeutigkeitsintervalle durch Umkehrung der Winkelfunktionen erhält; z. B. hat $y = \sin x$ im Intervall $[-\pi/2, \pi/2]$ die Umkehrfunktion $x = \sin y$, d. h. $y$ ist derjenige Winkel im Bogenmaß, dessen Sinus gleich $x$ ist; damit endgültige Schreibweise: $y = \arcsin x$. Analog: $y = \arccos x$, $y = \arctan x$, $y = \arccot x$.

Sir Richard Arkwright

◆ **Arkwright** [ˈɑːkrait], Sir Richard, engl. Erfinder, *23. 12. 1732 Preston, †3. 8. 1792 Cromford; baute Spinnereimaschinen, begründete in England die Industrialisierung der Textilverarbeitung.

**Arland** [arˈlɑ̃], Marcel, französischer Schriftsteller u. Kritiker, *5. 7. 1899 Varennes, †12. 1. 1986 Saint-Sauveur-sur-École; schrieb vor allem betont ethische Zeitromane: „Heilige Ordnung" 1929, dt. 1932; „Heimaterde" 1938, dt. 1942; Novellen: „A perdre haleine" 1960; Essays u. Literaturkritik („La prose française" 1951). 1929 erhielt A. den Prix Goncourt, 1952 den Literaturpreis der Académie française.

**Arlanda,** intern. Flughafen Stockholms.

**Arlberg,** 1793 m hoher Pass zwischen Klostertal u. Stanzer Tal, an der Grenze zwischen Vorarlberg u. Tirol (Österreich). Die 1978 eröffnete *Arlbergstraße* unterfährt den Pass im 14 km langen *Arlbergtunnel* (Scheitelhöhe 1318 m). Die 1884 erbaute *Arlbergbahn* unterfährt den Pass zwischen Langen u. St. Anton in einem 10,3 km langen Bahntunnel (Scheitelhöhe 1310 m).

**Arlberg-Kandahar-Skirennen** → Kandahar.

**Arlbergschule,** *Arlbergtechnik,* nach dem 1. Weltkrieg vor allem durch H. *Schneider* in St. Anton verbreitete alpine Skitechnik: engspuriges Fahren, Schwünge in Vorlage, Steilhangtechnik u. a.

◆ **Arlecchino** [arleˈkino; ital.], dt. *Harlekin,* komische Figur der Commedia dell'Arte: Hanswurst, gekennzeichnet durch ein mit bunten Flicken besetztes Trikot. Der A. hatte einen geschorenen Kopf u. trug eine dunkle Halbmaske; er sprach Bergamasker Dialekt.

*Fortsetzung S. 406*

Arlecchino: Harlekin. Fayence, um 1750 in Braunschweig entstanden

# Arktis

Die Arktis umfasst die Meere u. Landgebiete um den Nordpol jenseits der Baum- u. der südlichsten Treibeisgrenze; das Nordpolargebiet schließt das Nordpolarmeer ein (19 Mio. km², bis 5000 m tief) u. umfasst eine Landfläche von 11 Mio. km²; davon entfallen 5 Mio. km² auf Kanada, je 2,2 Mio. km² auf Russland u. Grönland, 1,5 Mio. km² auf Alaska u. auf einige Inselgruppen, u. a. das norweg. Svalbard (Spitzbergen).

Durch den Einfluss des Nordpolarmeers ist das Klima gemäßigter als in der Antarktis, so dass die tiefsten Temperaturen der Nordhalbkugel nicht im eigentl. Polargebiet, sondern im ostsibir. Waldland bei Ojmjakon (→ Kältepole) gemessen wurden. Nur 100–250 mm Niederschlag jährlich fallen überwiegend als Schnee. Der Dauerfrostboden ist ausgeprägt entwickelt. Ebenfalls im Gegensatz zum *Südpolargebiet* ist die Arktis bewohnt. Es leben dort neben einigen zehntausend Angehörigen der eingeborenen Polarvölker, der *Eskimo* (Inuit) u. der *nordasiat. Stämme*, einige hunderttausend Menschen aus gemäßigten Breiten, die insbes. Bergbau, Fischfang u. Jagd betreiben.

Jakobshavn, grönländisch Ilulissat, liegt an der Südwestküste der Insel. Hier leben etwa 5000 Menschen

Packeis im Nordpolarmeer

Moderne Technik hat auch in der Arktis Einzug gehalten. Schneemobile haben weitgehend die traditionellen Hundeschlitten und Motorboote die Kajaks ersetzt

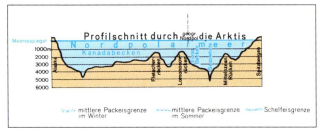
Der Profilschnitt verläuft von Kap Barrow (Alaska) nach Spitzbergen

# Arktis

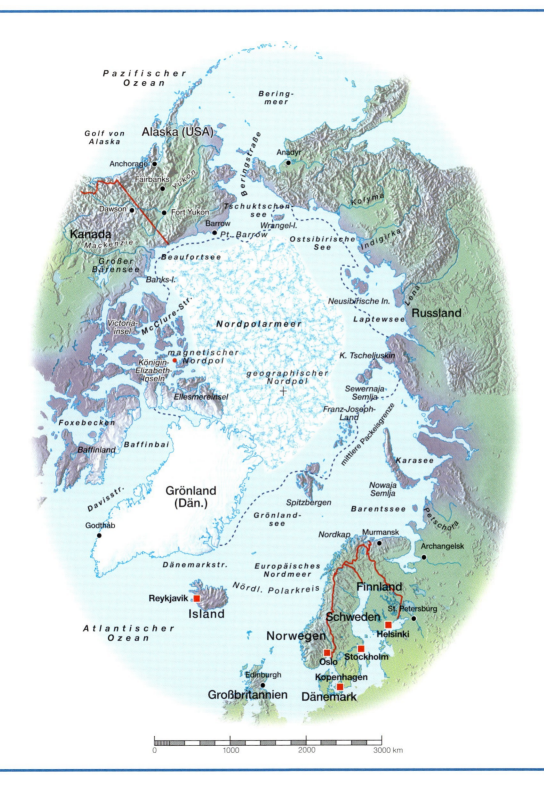

# Arles

Die Transalaska-Pipeline verläuft über 1287 km von der Prudhoe Bay an der Beaufortsee nach Valdez am Golf von Alaska. Damit der Dauerfrostboden durch die aufliegende Rohrleitung nicht auftauen konnte und sie somit im Schlamm versunken wäre, musste über die Hälfte der Pipeline auf Pfeiler über dem Boden verlegt werden

Meist ausdauernde, aber kleine Pflanzen bilden die artenarme, spärliche Vegetation der eisfreien Gebiete (Polarweide, Zwergbirke, Flechten u. Moose der Polarsteppe). Auf ihrer Grundlage leben Moschusochse, Ren (Hauptnutztier), Eisfuchs, Wolf, Polarhase, Eisbär u. zahlreiche Vogelarten. Im Meer leben u. a. Wale, Robben, Dorsche. Die wichtigsten Bodenschätze sind Kohle auf Svalbard, Kryolith und Graphit auf Grönland, Uran, Gold, Erdöl u. a. in der amerikanischen Arktis sowie Kohle, Erdöl, Nickel und Apatit in Nordasien. Neben den Bergbausiedlungen entstanden in der amerikanischen und russischen Arktis zahlreiche Eis-, Wetterbeobachtungs- und Radarstationen, Flugstützpunkte und Häfen, letztere vor allem entlang des nördlichen Seewegs an der Küste Nordasiens.

Franz-Joseph-Land ist die nördlichste russische Inselgruppe im Nordpolarmeer. Bis auf einzelne Steilhänge und Küstenstreifen sind die Inseln gänzlich von Eis bedeckt

Im kurzen arktischen Sommer verleihen zahlreiche Blütenpflanzen dem Vegetationsteppich der Tundra ein buntes Gepräge

Ein Eskimo beim Errichten eines Iglus, der ihm als Unterkunft während eines Jagdzuges dienen soll

Eisbären sind die größten Landtiere der Arktis. Sie überwintern in selbstgegrabenen Schneehöhlen

◆ **Arles,** [arl], *Arles-sur-Rhône,* das alte *Arelat,* südfranzös. Kreisstadt im Dép. Bouches-du-Rhône, an der Spitze des Rhônedeltas, 52 600 Ew.; röm. Bauten (Amphitheater u. a.), roman. Kathedrale, seit 1981 Weltkulturerbe; chem. u. metallurg. Industrie, Reisschälereien, Papiererzeugung; Hafen. Ab 406 Hptst. der Präfektur Gallien, 879 Hptst. des südburgund. Königreichs → Arelat. Schon in röm. Zeit als Ort von Synoden u. als zeitweilige Residenz röm. Kaiser von Bedeutung; seit dem MA wichtigster Ort der Provence. 1481 fiel A. mit der Grafschaft Provence an die französ. Zentralgewalt. → Seite 408.

**Arlesheim, 1.** Bezirk im schweiz. Kanton Basel-Land, 96 km², 140 000 Ew.
**2.** schweiz. Bez.-Hptst. im Kanton Basel-Land, im südl. Vorortbereich von Basel, 8300 Ew.; 1678–1793 Sitz des Basler Domkapitels; barocker Dom (1680/81). Schloss Birseck (17. Jh.); vielseitige Industrie.

**Arletty** [arlɛ'ti], eigentl. Arlette Léonie Bathiat, französ. Schauspielerin, *15. 5. 1898 Courbevoie, †23. 7. 1992 Paris; Komödienu. Revuestar; sowohl auf der Bühne als auch im Film (u. a. „Kinder des Olymp" 1945) erfolgreich.

**Arlington** [ˈaːlɪŋtən], Verw.-Bez. (County) in Nordvirginia, Wohnvorort von Washington, D.C., südlich des Potomac, 262 000 Ew.; Standort des US-Verteidigungs-Ministeriums (Pentagon); seit 1864 größter Ehrenfriedhof der USA (*Arlington National Cemetery*); Washington National Airport.

**Arlit,** Bergbaustadt im N Nigers, 28 000 Ew.; Uranförderung.

**Arlon** [ar'lɔ̃], fläm. *Aarlen,* dt. *Arel,* Hptst. u. wirtschaftl. Zentrum der südostbelg. Prov. Luxemburg, 24 200 Ew.; archäolog. Museum; einst röm. Siedlungsstätte *(Orolaunum);* Ruinen, im 10. Jh. Grafschaftssitz, 1214 an Luxemburg, 1839 an Belgien; durch S. *Vauban* befestigt; maler. Altstadt.

**Arlt,** Roberto, argentin. Schriftsteller, *2. 4. 1900 Buenos Aires, †26. 6. 1942; übte in seinen erzählenden u. dramat. Werken, in denen sich Fantasie u. Wirklichkeit mischen, scharfe Kritik an den sozialen Missständen in seinem Land; er schrieb u. a. die Romane „Die sieben Irren" 1929, dt. 1942; „Die Flammenwerfer" 1931, dt. 1973.

**Arm,** Vorderextremität der Wirbeltiere, besteht beim Menschen aus Oberarm, Unterarm u. Hand. Das Knochengerüst des Arms besteht aus dem Oberarmknochen *(Humerus),* den beiden Unterarmknochen (Elle, *Ulna,* u. Speiche, *Radius),* acht Handwurzelknochen *(Carpalia),* fünf Mittelhandknochen *(Metacarpalia)* u. 14 Fingerknochen *(Phalangen).* Die den Oberarm bewegenden Muskeln gehen von Brust, Rücken u. Schulter aus (Hebung, Ein- u. Auswärtsdrehung des Oberarms). Am Oberarm liegen die Muskeln, die den Unterarm bewegen: innen die Beuger (der *Bizeps),* außen die Strecker. Die Beuger u. Strecker der Hand u. der Finger liegen am Unterarm. Blutgefäßversorgung durch die Armschlagader, die sich in der Ellenbeuge in zwei Äste aufteilt, an denen an der Beugeseite des Handgelenks der Puls gefühlt werden kann.

Arles: Der Kreuzgang der romanischen Kathedrale Sainte-Trophime gilt als einer der schönsten der Provence. Er hat romanische und gotische Stilelemente

◆ **Armada** [die; span., „bewaffnete Macht"], die erste große Seekriegsflotte der Spanier in der Neuzeit, bestehend aus 130 Schiffen mit rd. 30 000 Mann Besatzung u. 2630 Kanonen. Die A. (unter dem Herzog von *Medina Sidonia*) wurde von *Philipp II.* von Spanien 1588 mit dem Ziel einer Invasion in England ausgesandt. In den Kanalgefechten wurde sie jedoch durch die beweglicheren engl. Schiffe (unter Lord *Howard*, mit *Drake, Hawkins* u. *Frobisher*) u. durch Stürme angeschlagen, auf der Heimfahrt durch Orkane zur Hälfte vernichtet. Damit begann der Aufstieg Englands zur Weltseemacht. – Als A. wurden bis zum Beginn des 18. Jh. allg. auch Landstreitkräfte bezeichnet.

**Armadille** [span.] → Gürteltiere.

**Armageddon** → Harmagedon, → Megiddo.

**Armagh** [a:ma:], **1.** ehem. Grafschaft, jetzt Distrikt im südl. Nordirland, 675 km², 51 300 Ew.
**2.** Distrikthauptort im südl. Nordirland, am Callan, 14 600 Ew.; anglikan. u. kath. Erzbischofssitz, zwei Kathedralen (12. u. 19. Jh.); Leinenindustrie; Viehmarkt.

**Armagnac** [arma'njak], Weinbrand (Eau d'A.) aus den Weinen der französ. Dép. Gers, Lot u. Garonne, der ehem. Grafschaft A. Nach den verschiedenen Lagen unterscheidet man *Bas-Armagnac, Haut-Armagnac* u. *Ténarèze*.

**Armagnac** [arma'njak], südfranzös. Landschaft (ehem. Grafschaft) in der *Gascogne*, das heutige Dép. Gers; das Gebiet eines großen Schuttkegels, in den sich fächerförmig die vom Plateau de Lannemezan kommenden Flüsse eingeschnitten haben; Getreide- u. Weinbau, Branntweinbrennerei.
Die *Armagnaken (Armegekken)*, zügellose Söldner (seit 1410) des Grafen von A., wurden 1444 von Karl VII. von Frankreich gegen die Eidgenossen geschickt, schlugen diese am 26. 8. bei St. Jakob an der Birs, zogen sich aber wegen starker eigener Verluste zurück.

**Armah**, Ayi Kwei, ghanaischer Schriftsteller, *Okt. 1939 Takoradi; schildert in seinem ersten Roman „Die Schönen sind noch nicht geboren" 1968, dt. 1979, beispielhaft Fehlentwicklungen im unabhängig gewordenen Afrika; weitere Romane: „Why are we so blest?" 1972; „The healers" 1978; „Osiris rising" 1995.

◆ **Arman** [ar'mã], Fernandez, französ. Materialkünstler, *17. 11. 1928 Nizza; gehört mit J. *Tinguely*, M. *Raysse*, Y. *Klein*, P. *Restany* u. *César* zu den Begründern der Gruppe der „Nouveaux Réalistes" (1960); verwandte als Erster die „Accumulations", Anhäufungen von gleichartigen Gegenständen (z. B. emaillierten Waschkrügen oder Gasmasken), arbeitete aber auch mit Autoschrott u. Fertigteilen u. übertrug seine Gestaltungsprinzipien auf Aquarell, Lithographie u. Serigraphie.

Fernandez Arman: Torso mit Handschuhen; 1967. Köln, Museum Ludwig

**Armand** [ar'mã; frz.] → Hermann.

**Armande** [ar'mãd; frz.], weibl. Form von *Armand*.

**Armando**, niederländ. Maler, Bildhauer u. Schriftsteller, *18. 9. 1929 Amsterdam; seit 1979 in Berlin; die Farbe Schwarz dominiert seit den 1950er Jahren seine Werke ebenso, wie schwere, düstere Formen; Prägung durch Kriegserlebnisse u. dt. Besatzung, später durch allgemein reflektierte Auseinandersetzung mit Gewalt, Bedrohung, Machtmissbrauch; A. schafft Serien im expressiven Stil.

*Fortsetzung S. 410*

Armada: Die spanische Armada im Kampf mit der englischen Flotte

# Arles

 Arles

**Kulturdenkmal:** römische Monumente wie der Römische Zirkus, das Amphitheater, das Antike Theater, die unterirdischen, als Vorratsräume genutzten Kryptoportiken und die Thermen Kaiser Konstantins sowie innerhalb der mittelalterlichen Stadtmauern die romanische Kathedrale Sainte-Trophime

**Kontinent:** Europa

**Land:** Frankreich, Provence

**Ort:** Arles, an einer Gabelung des Mündungsarms der Rhône

**Ernennung:** 1981

**Bedeutung:** eines der bedeutenden Beispiele der harmonischen Verschmelzung von antiker und mittelalterlicher Stadtarchitektur

**Zur Geschichte:**

*1. Jh.* Gründung von Arelate (46 v. Chr.), Bau des Amphitheaters (Les Arènes) und des Antiken Theaters (Théâtre Antique)

*150* Römischer Zirkus (Cirque Romain)

*3.–12. Jh.* römische und frühchristliche Nekrologe Alyscamps

*308* Residenz von Kaiser Konstantin dem Großen

*11./12. Jh.* Bau der romanischen Kathedrale Sainte-Trophime

*1888/89* Schaffenszeit von Vincent van Gogh (1853–90), u. a. das als »Brücke von Arles« berühmt gewordene Gemälde »Le pont de l'Anglois aux lavandières«

Die blutigen Spektakel römischer Gladiatorenkämpfe im Amphitheater sind längst Geschichte; heute lassen während der Corridas stattdessen die Kampfstiere ihr Blut

Eine der klassischen provenzalischen Städte verdankt ihren Aufstieg vom unbedeutenden kelto-ligurischen Handelsplatz zur antiken Weltmetropole keinem Geringeren als Julius Cäsar, dem die Stadt als militärische Ausgangsbasis im Kampf gegen seinen von Marseille unterstützten Rivalen Pompeius diente. Nach gewonnener Schlacht siedelte Cäsar die Veteranen seiner sechsten Legion in Arles an. Die zur römischen Kolonie Colonia Julia Paterna Arelate Sextanorum erhobene Stadt erlebte innerhalb weniger Jahrzehnte einen ungeahnten Aufstieg und löste Marseille als bedeutendstes Wirtschaftszentrum der Provence ab. Gleichzeitig setzte eine rege Bautätigkeit ein: Tempel, Theater, Thermen, Zirkus, Amphitheater, Triumphbögen und gepflasterte Straßen wurden errichtet. Es entstanden all jene städtebaulichen Attribute, die nach Meinung des römischen Baumeisters Vitruv, der mit »Zehn Büchern über Architektur« das einzige Lehrbuch der antiken Architektur schrieb, eine römische Stadt erst ausmachten.

Als »Gallula Roma«, das kleine »gallische Rom«, rühmten zeitgenössische Autoren die damals rund 100 000 Einwohner zählende Stadt, deren antiker Grundriss sich noch heute am Verlauf zweier Straßen ausmachen lässt: Die von Westen nach Osten führende Rue de la Calade markiert den »Decumanus« (Längsachse), die Rue de l'Hôtel de Ville die einstige Querachse,

Das Antike Theater diente mittelalterlichen Baumeistern als Steinbruch, doch verzeiht man ihnen gern …

den »Cardo«. Ungeachtet innenpolitischer Machtkämpfe nahmen Ansehen und Reichtum von Arles in der Spätantike noch zu: Constantius III., Kaiser des Weströmischen Reiches, erkor Arles zu seiner Residenzstadt, in der er sich einen weitläufigen Palast mit einer großen Thermenanlage erbauen ließ.

Die Grundmauern der konstantinischen Thermen sind zwar noch erhalten, doch gibt es weitaus prachtvollere Bauten, die an die glorreiche römische Vergangenheit erinnern, wie die mächtige Arena und das einst vor den Toren der Stadt gelegene Gräberfeld »Les Alyscamps«. Während die von Pappeln beschatteten Sarkophage der

Alyscamps noch immer eine gewisse Beschaulichkeit ausstrahlen, dient die Arena, nachdem sie im Mittelalter mit Häusern bebaut worden war, heute wie in der Antike als Ort von »Brot und Spielen«. Wenn bei den spanischen Corridas der Sand des ovalen Runds wieder mit Blut getränkt wird, fühlt man sich unweigerlich an die römischen Gladiatorenkämpfe erinnert: Erlaubt ist halt, was dem Volk gefällt.

Spuren der antiken Geschichte lassen sich selbst unter der Erde ausmachen, wie die als Kornspeicher genutzten, monumentalen Cryptoportiques eindrucksvoll beweisen. Nicht zu vergessen ist das Théâtre Antique, das den französischen Schriftsteller Gustave Flaubert, der durch »Madame Bovary« (1857) bekannt wurde, derart in seinen Bann gezogen hatte, dass er das verlockende Angebot eines erotischen Abenteuers ausschlug: »Ich habe mich dann mit einer Dirne aus dem Bordell unterhalten, das gegenüber dem Theater liegt, folgte ihr jedoch nicht in die Gemächer. Ich wollte diese Poesie nicht verlassen.«

Im Mittelalter wurde das Theater unter anderem für den Bau der Kathedrale Sainte-Trophime als Steinbruch genutzt. Den Baumeistern des Bischofs sei ihre mangelnde Rücksichtnahme auf die Antike verziehen, schufen sie doch im Geiste der Romanik ein formvollendetes Gotteshaus, das dem Stadtheiligen von Arles geweiht ist. Wahre Schmuckstücke sind der Kreuzgang und das Westportal, das den Gläubigen in einer versteinerten Bilderbibel die Heilsgeschichte vor Augen führt: Josephs Traum und die Geburt Christi, der Kindermord von Bethlehem, Jesus, das Buch mit den sieben Siegeln haltend, die Verdammten, die ihren höllischen Qualen zugeführt werden... Das Portal sei bewundernswert, aber so grausam und ungeheuerlich wie ein chinesischer Alptraum, befand der »Meister des Impressionismus«, Vincent van Gogh, den das heitere Arles mit seinen pittoresken Szenen und verborgenen Winkeln sowie das satte Licht der Provence so sehr begeisterten, dass er in einer recht kurzen Schaffenszeit Hunderte von Gemälden schuf, die sich so tief im allgemeinen Kunstverständnis verankern sollten, dass eine Kunstgeschichte ohne van Goghs Sonnenblumen, ohne seine wogenden Kornfelder, Zypressen oder die berühmte »Brücke von Arles« undenkbar ist.

Ralf Nestmeyer

... schufen sie doch so die wunderschöne Kathedrale Sainte-Trophime. Ein glanzvolles Meisterwerk ihrer Künste ist das Hauptportal, das in detailvergnügten Reliefs dem Jüngsten Gericht bildhaften Ausdruck verleiht

**Armani**, Giorgio, italienischer Modeschöpfer u. Unternehmer, *11. 7. 1934 Piacenza; als Couturier Autodidakt; arbeitete ab 1957 zunächst als Dekorateur u. Modeeinkäufer für Herrenmode u. gründete 1975 sein eigenes Modeunternehmen. Armanis Entwürfe bestechen durch ungezwungene Eleganz, neutrale Farben (beispielsweise grau, beige, weiß), perfekte Schnitte u. edle Stoffe. Seit Anfang der 1980er Jahre entwarf er Accessoires, Hüte, Krawatten, Lederwaren, Schuhe, Schmuck u. Brillen sowie Parfüms.

**Armansperg**, Josef Ludwig Graf von, bayerischer Politiker, *28. 2. 1787 Kötzting, †3. 4. 1853 München; 1826–1831 Minister des Innern, des Äußern und der Finanzen; 1832–1835 Präsident des dreiköpfigen Regentschaftsrates in Griechenland, nach der Volljährigkeit König Ottos 1835–1837 Staatskanzler.

**Armarium** [das, Pl. *Armarien*; lat.], Wandschrank zur Aufnahme liturg. Geräte u. Paramente, auch Bücherschrank; im MA Bibliothek u. Archiv.

**Armatolen** [neugrch., „Bewaffnete"], Angehörige einer milizartigen Hilfsorganisation während der Türkenzeit, die von den osman. Behörden unter den christl. Balkanvölkern vornehmlich in schwer zugängl. Bergregionen aufgestellt wurde; mit fließenden Übergängen zu Freibeutern u. Freiheitskämpfern *(Klephten, Haiduken)*. Einzelne ihrer Führer *(Kapetane)*, die teilweise ausgedehnte Autonomiebezirke (in Südalbanien, im Peloponnes u. in Westrumelien) kontrollierten, spielten während des griech. Freiheitskampfes 1821–1829 eine herausragende Rolle.

**Armaturen**, Zubehörteile von Maschinen; bes. in Wasserversorgungs- u. Abwasserbeseitigungsanlagen Bestandteile der hydraulischen, maschinellen u. messtechn. Ausrüstung (Absperrorgane, Rückschlagklappen, Rohrbelüfter u. a.).

**Armaturenbrett**, Anzeigetafel mit den Messgeräteanzeigern u. Bedienungselementen *(Armaturen)* einer Maschine (z. B. beim Automobil oder Flugzeug). Die Armaturen sind auf einem Brett zusammen übersichtlich angeordnet, um die Handhabung u. Überwachung zu erleichtern.

**Armaturenmessing**, Kupfer-Zink-Gusslegierung zur Herstellung gas- u. flüssigkeitsdichter Armaturen.

**Arma virumque cano** [lat.], „Ich besinge die Waffen(taten) u. den Helden" (Anfangsworte der *Aeneis* von Vergil).

**Armawir**, *Armavir*, Stadt in Russland, an der Kaukasus-Nordflanke, am Kuban, 178 000 Ew.; Landwirtschaftszentrum; Landmaschinen- u. Maschinenbau, Nahrungsmittelindustrie; Erdöl- u. Erdgasvorkommen; Wärmekraftwerk.

**Armbrust** [lat. *arcuballista*, „Bogenschleuder"], *Armburst, Armborst, Armst*, alte Schusswaffe aus der Zeit vor den Feuerwaffen, aus Bogen mit Sehne u. Schaft mit Kolben bestehend, in Europa vermutl. zur Zeit der Kreuzzüge aufgekommen; zum Verschießen von Bolzen oder Pfeilen, später auch Kugeln, bis ins 15. Jh. in Gebrauch. Die *große A.*, 7–9 m lang, diente zur Verteidigung oder zur Beschießung von Festungen. Auch → Armbrustschießen.

**Armbrustschießen**, der Schießsport mit der *Armbrust*, einer aus dem Bogen entwickelten Schusswaffe für Bolzen (auf Hochziele) u. Pfeile (auf Scheiben); die 9–10 kg schwere Sportwaffe besteht aus einem Holzschaft mit Kolben u. Drücker, einem Bügel aus elastischem Federstahl (Zuggewicht bis 150 kg), einer Stahlsehne, der Pfeilbahn mit Schlitten u. dem Visier. – Schützengilden, die das A. pflegten, bildeten sich im 14. Jh. Heute wird A. bes. in Süddeutschland u. der *Schweiz* ausgeübt. Bei internationalen Wettbewerben wird auf eine 20 × 20 cm große Ringscheibe, Entfernung 30 m, stehend (30 Schuss) u. kniend (30 Schuss) freihändig geschossen. Europameisterschaften werden alle zwei Jahre ausgetragen. Die Armbrustschützen Deutschlands sind im *Dt. Schützenbund* organisiert, die österr. im *Österr. Schützenbund*. – In der *Schweiz* gibt es den *Eidgenöss. Armbrust-Schützenverband*, Diessenhofen. – Die *Internationale Armbrustschützen Union, IAU*, gegr. 1956, Sitz: Vaumarcus, hat 56 nationale Verbände als Mitglieder.

**Armco-Eisen**, technisch reines Eisen mit bis zu 99,9 % Fe-Gehalt, mit relativ hohem Korrosionswiderstand; kann bei sehr hohem Reinheitsgrad als Ersatz für Kupfer dienen.

**Armdornenfrösche** → Glasfrösche.

**Armee** [frz.], i. w. S. die Landstreitkräfte, das Heer eines Staates; *i. e. S.* großer Verband des Heeres, der aus mehreren Korps besteht; dazu kommen eigene *Armeetruppen* (Artillerie-, Fernmelde-, Flugabwehr-, Pionier- u. Versorgungstruppen). – Eine *Armeegruppe* ist die Zusammenfassung mehrerer Armeen, bei der NATO z. B. CENTAG. In Deutschland hieß der entsprechende Verband früher *Heeresgruppe*.

**Armeekorps** → Korps.

**Arme Klarissen**, weibl. Orden, → Colettanerinnen.

**Ärmel**, der den Arm bedeckende Teil des Gewandes. Die einfachste u. älteste Form ist der waagerecht angeschnittene Ä. (heute Kimonoärmel). Im 11. Jh. kamen Hängeärmel, im 13. Jh. extrem eng anliegende, mit einer Armkugel geschnittene Ä., im 15. Jh. weite, vom Ellenbogen bis zum Boden herabhängende Flügelärmel, weite Tüten-, Trichter- u. Sackärmel auf, um 1500 geschlitzte Ä., im 16. Jh. Schulterwülste u. Puffärmel, im 17. Jh. Bausch- oder Keulenärmel u. dreiviertellange konische Pagodenärmel, im Frühbiedermeier (1820–1830) Keulen- oder Schinkenärmel, später bei den Herren Manschettenärmel u. Raglanärmel, im 20. Jh. Fledermausärmel; 1938 bis 1945 u. 1976–1980 Oberarmpuffe oder Schulterpolster.

**Ärmelkanal**, *Der Kanal*, Meeresenge zwischen Frankreich u. England; → Kanal.

**Armenbibel**, lat. *Biblia pauperum*, im späten MA verbreitete, meist illustrierte Handschriften mit ausgewählten bibl. Texten, die nach den Gesichtspunkten der Einprägsamkeit u. der typolog. Entsprechung von AT u. NT zusammengestellt wurden. Sie sollten die christolog. Deutung des AT verbreiten u. dienten als Hilfsmittel für Prediger. Ihre antihärät. u. moraltheolog. Tendenzen sprechen dafür, dass die Bezeichnung A. eher auf die „apostolische Armut" der Mönchsorden hinweisen soll als auf die im bibl. Sinn „geistig Armen" (Ungebildeten), die eine vollständige Bibel nicht lesen oder verstehen, bzw. auf die materiell Armen, die sich eine solche nicht kaufen können. Form u. Umfang der Armenbibeln variieren sehr. Ihr Grundgedanke scheint schon um 1250 fest ausgeprägt zu sein. Als Herkunftsgebiet wird Ostbayern angenommen.

**Armenfürsorge**, *Armenpflege*, im Altertum u. im MA aufgrund religiöser Verpflichtungen Hilfe für Arme, Alte und Gebrechliche, die nicht in der Lage waren, ihren Lebensunterhalt selbst zu bestreiten (z. B. 1522 *Armenordnung* von Nürnberg). In neuerer Zeit Aufgabe des Staates und der Gemeinden; daneben Bereiche karitativer Tätigkeit.

**Armenhaus**, ursprünglich Unterkunft für Arme; seit dem 17. Jh. Anstalten zur Aufnahme arbeitsfähiger Armer; teilweise Einrichtungen mit Arbeitszwang für Asoziale.

**Armenia**, kolumbian. Stadt im Caucatal, Hptst. des Dep. Quindío, Universität, 215 000 Ew.; Kaffeeanbau, Verkehrs- u. Handelszentrum. Die Stadt wurde am 25. 1. 1999 durch ein Erdbeben stark zerstört.

**Armenien**, Staat im Kaukasus, → Seite 412.

**Armenien**, stark zerklüftetes, von Gebirgen durchzogenes, von Becken u. großen Seen (*Van-, Sewansee*) aufgelockertes, größtenteils 1500–2000 m hohes Hochland in Vorderasien, südlich des Kaukasus; im W an das Hochland von Anatolien, im S an Kurdistan, im O an Aserbaidschan angrenzend; Quellgebiet von Aras, Kura, Euphrat u. Tigris; höchster Berg: der von ewigem Schnee bedeckte Vulkankegel des Ararat (5165 m). Raues Hochgebirgsklima mit schneereichen Wintern u. trocken-heißen Sommern. Obst- u. Gemüsekulturen in den Tälern, Weinbau an den Hängen, Baumwollanbau; Schaf- u. Ziegenzucht in den Steppen der Hochflächen. Die Bevölkerung (über 3 Mio. Ew., davon fast die Hälfte in Eriwan) setzt sich zusammen aus Armeniern, Kurden (bes. im S, *Kurdistan*), Osmanen im W u. Tataren im O. Als Durchgangsland im Dreiländereck zwischen Türkei, Iran u. der Republik Armenien stark umkämpft.

**Armenier**, Volk mit indoeuropäischer Sprache (8 Mio.) im Kaukasusgebiet, im Iran u. weit verstreut als Kaufleute u. Handwerker über das östliche Mittelmeergebiet, ferner in den USA, Australien u. Frankreich; bis zum 1. Weltkrieg auch in Türk.-Armenien, wo sie durch Verfolgungen (insbesondere während des 1. Weltkriegs) stark dezimiert wurden; vom 2. Jh. v. Chr. an mit eigenem Reich, mit eigener Schrift u. Literatur; in der Heimat Bauern mit vaterrechtliche Sippen; gelten als hervorragende Händler.

# armenische Kunst

**armenisch-apostolische Kirche** → armenische Kirche.

**armenische Kirche,** 1. *armenisch-gregorianische* (auch *armenisch-apostolisch-orthodoxe*) *Kirche*, älteste der fünf orientalisch-orthodoxen, autokephalen (seit 374) Kirchen des Ostens (→ morgenländ. Kirchen), begründet von *Gregor dem Erleuchter* († um 320). Dogmatisch bekennt sich die a. K. zu einer nichtchalcedonensischen Lehrtradition (→ Monophysitismus). Unmittelbar nach Schaffung der armenischen Schrift durch den Mönch *Mesrop* wurde die Bibel ins Armenische übersetzt. Die seit dem 5. Jh. national bestimmte a. K. hat sich um die Pflege der armen. Sprache u. armen. Literatur bedeutende Verdienste erworben. Die Liturgiesprache ihres armen. (bzw. gregorian.) Ritus ist das Altarmenische. Während Armeniens langer, leidvoller Geschichte (Pogrome, Deportationen, Vertreibungen, Massaker) – als Pufferstaat zwischen röm., pers., byzantin., osman.-türk. u. russ. Herrschaft – blieb die a. K. ein Zentrum des armen. Nationalbewusstseins. Oberhaupt der heute rd. 6 Mio. Gläubigen ist der (seit 1443) in Etschmiadsin residierende Katholikos, dessen Amt seit 1995 der „Oberste Patriarch u. Katholikos aller Armenier" Karekin I. Sarkissian (* 1932) innehat. Neben ihm amtieren noch – eine Folge der Vertreibungen – (seit 1921 mit Sitz in Antelias/Libanon der „Katholikos von Kilikien" (seit 1995) Aram Keshishian (* 1947) sowie je ein Patriarch in Jerusalem u. Istanbul (Konstantinopel). Für die in Dtschld. lebenden Armenier besteht eine Diözese in Köln (seit 1992). – 2. *armenisch-katholische Kirche.* Nach vorübergehenden Unionserfolgen Roms (→ unierte Kirchen) mit Teilen der armenisch-gregorian. Kirche (im 12.–14. Jh. im „kleinarmen." Kilikien; im 14.–16. Jh. unter dem Unionsorden der „Fratres Unitores" in Aserbaidschan u. auf der Krim) entstand endgültig 1742 ein uniertes „Patriarchat Kilikien" (mit Sitz im Libanon) u. daneben 1830 ein Erzbistum Konstantinopel, die 1866 miteinander vereinigt wurden. Die heute rd. 280 000 unierten Armenier leben in Russland (120 000–150 000), im Nahen Osten, in Europa (z. B. Polen, Frankreich, Griechenland, Rumänien) u. in den USA. Oberhaupt ist der in Beirut (seit 1928) residierende „Armen. Patriarch von Kilikien", dessen Amt seit 1982 Jean Pierre Kasparian (* 1927) innehat. – 3. *armenisch-evangel. Gemeinden* bildeten sich aus dem Bestand der armenisch-gregorian. Kirche (zuerst 1846 in Konstantinopel) u. bestehen heute in weit verstreuter Diaspora (ohne gemeinsame organisator. Spitze) in Nordamerika, Frankreich u. im Nahen Osten.

◆ **armenische Kunst.** Die wechselvolle Geschichte des Landes behinderte die Ausbildung eigenständiger Kunstzentren u. eine kontinuierl. Entwicklung. Die frühesten Zeugnisse der Kunst auf armen. Boden reichen bis ins 3. Jahrtausend zurück (bemalte Keramik, Megalithbauten). Für das Ende des 1. Jh. n. Chr. sind in Tigranakest u. Garni hellenist. Einflüsse nachweisbar (Reliefs u. Mosaiken). Die mittelalterl. *Baukunst* entwickelte – von iran. Kuppelbauten ausgehend – schon im 6. u. 7. Jh. Bautypen, die den späteren romanischen des Westens vergleichbar sind (Zentralkuppelkirchen in Etschmiadsin); in der Verwendung voll ausgebildeter Pfeilerbündel werden im 10. u. 11. Jh. gotische Ansätze vorweggenommen (Kathedrale in Ani, Palast Aghthamar). Vom 12. Jh. an findet sich im Profanbau der Typus eines Hauses mit Vorhalle („gawit"). Die weitere Entwicklung der Baukunst brachte mit der Eingliederung ins russ. Reich den russ. Klassizismus, der im 20. Jh. von Industriebauten verdrängt wurde.

In der *Malerei* dominiert Wand- u. Buchmalerei, während figürl. Arbeiten selten sind u. auf Reliefs beschränkt bleiben. Die armen. Buchmalerei war im MA ein wichtiges Bindeglied zwischen dem islam. Osten u. dem christl. Westen. Sie erlebte ihren Höhepunkt in Kilikien, wohin zahlreiche Armenier vor den Türken geflohen waren. Ihr Hauptrepräsentant war Toros Roslin, dessen Gestalten durch manierist. Übercharakterisierung der Gesichter gekennzeichnet sind. Ein weiteres Zentrum bildete sich im 14. Jh. am Vansee. Um diese Zeit entwickelte sich auch die profane Buchillustration. Das 17. Jh. brachte in Stil u. Ikonographie italien. Einflüsse, im 19. Jh. passte sich die Malerei rasch dem russ.

*Fortsetzung S. 413*

armenische Kunst: Fassadenrelief der Kreuzkirche auf der Insel Achtamar (Türkei); 915–921. Die drei Jünglinge im Feuerofen und Daniel in der Löwengrube

# Armenien

**Offizieller Name:** Republik Armenien

**Autokennzeichen:** ARM

**Fläche:** 29 800 km²

**Einwohner:** 3,5 Mio.

**Hauptstadt:** Eriwan

**Sprache:** Armenisch

**Währung:** 1 Dram = 100 Luma

**Bruttosozialprodukt/Einw.:** 480 US-Dollar

**Regierungsform:** Präsidiale Republik

**Religion:** Überwiegend armenisch-orthodoxe Christen

**Nationalfeiertag:** 21. September

**Zeitzone:** Mitteleuropäische Zeit +2 Std.

**Grenzen:** Im W Türkei, im N Georgien, im O Aserbaidschan, im S Iran

**Lebenserwartung:** 71 Jahre

**Landesnatur** Die Republik ist die südlichste u. kleinste der drei Kaukasusrepubliken Armenien, Aserbaidschan u. Georgien. Der N des Landes besteht aus den z. T. stark zerklüfteten Gebirgsketten des Kleinen Kaukasus, an die sich nach S das durchschnittlich 1000 m hohe Armen. Hochland anschließt. Das Hochland ist in zahlreiche Beckenlandschaften gegliedert, von denen einige mit Seen, wie dem rd. 1256 km² großen Sewansee, gefüllt sind. A. liegt in einer tektonisch äußerst unruhigen Region. Das letzte schwere Erdbeben war im Dez. 1988 u. kostete über 20 000 Menschen das Leben. Das Klima ist in den Beckenlandschaften streng kontinental mit kalten, relativ schneearmen Wintern u. trockenheißen Sommern. In höheren Lagen nimmt die Kontinentalität ab. 14 % des Landes sind bewaldet, sonst überwiegt eine spärl. Steppenvegetation. Der Ackerbau bedarf zumeist der künstl. Bewässerung.

**Bevölkerung** Die Bewohner Armeniens sind ethnisch relativ homogen. 93 % sind Armenier, 3 % Aserbaidschaner, 2 % Russen u. 2 % Kurden. Die Armenier sind Christen u. gehören zum überwiegenden Teil der armenisch-gregorian. Kirche an. Amtssprache ist Armenisch, eine indoeurop. Sprache mit eigener Schrift. Wichtigste Handels- u. Verkehrssprache ist Russisch, das nahezu von der Hälfte der Bevölkerung gesprochen wird. Die Bevölkerungsverteilung ist ausgesprochen ungleichmäßig. Besonders dicht bevölkert sind die Beckenlandschaften u. Flusstäler. Über ein Drittel der Armenier lebt in der Hauptstadt Eriwan.

**Wirtschaft** Auf der Nutzung der Rohstoffe (Kupfer, Bauxit, Gold u. Molybdän) basiert die Wirtschaft des Landes. Die Energieversorgung beruht nur zu einem kleinen Teil auf den heim. Wasserkraftwerken am Rasdan, dem Abfluss des Sewansees; der größte Teil muss importiert werden. Die Industrie ist wenig entwickelt. Ihre wichtigsten Zweige sind Maschinenbau, chem., Textil-, Metall-, Nahrungsmittel- u. Aluminiumindustrie. Die Landwirtschaft betreibt Viehzucht (vor allem Rinder u. Schafe) auf Gebirgsweiden u. Getreideanbau auf den Hochlandsteppen. Auf bewässerten Feldern werden auch Zuckerrüben, Tabak, Wein u. Baumwolle angebaut. Das Straßennetz ist mit 16 000 km asphaltierter Straßen für einen Gebirgsstaat relativ engmaschig. Das Schienennetz (825 km) orientiert sich an den Flussläufen. Eriwan verfügt über den wichtigsten Flughafen des Landes.

**Geschichte** A., eines der ältesten Zentren menschl. Zivilisation, war gegen Ende des 3. Jahrtausends v. Chr. Ziel altbabylon. Feldzüge. Von etwa 900 v. Chr. an gehörte es zum Reich von Urartu. Seit der Eroberung Armeniens durch die Meder um 600 v. Chr. ist das Volk der Armenier nachweisbar. Um 550 v. Chr. wurde A. als pers. Provinz (Satrapie) dem Achämenidenreich einverleibt. Zur Zeit des Alexanderreiches u. der ersten Seleukiden machten sich armen. Fürstentümer selbständig. Aus einer Sammlungs- u. Expansionsbewegung um die zentral- u. südarmen. Gebiete entstand gegen Ende des 3. Jh. v. Chr. Großarmenien; das westlich des Euphrat gelegene Kleinarmenien blieb selbständig u. wurde unter Vespasian Teil des Röm. Reichs. 189 v. Chr. erlangte A. die Unabhängigkeit. Unter der von *Artaxias* begründeten Dynastie (189 v. Chr.–1 v. Chr.) erlebte Großarmenien einen steilen polit. u. kulturellen Aufstieg, auf dessen Höhepunkt unter *Tigranes II.* es von den Römern besiegt wurde u. 66 v. Chr. die röm. Oberhoheit anerkennen musste. Seitdem bildete A. die Pufferzone zwischen dem Röm. u. dem Partherreich, bis es in der 2. Hälfte des 3. Jh. unter der Arsakiden-Dynastie in Abhängigkeit von den Sassaniden geriet. 301 wurde das Christentum Staatsreligion in A., das 387 zwischen den Persern u. Ostrom aufgeteilt wurde. Von der andauernden kulturellen Entwicklung zeugte die 393 eingeführte armen. Schrift.
Seit der 2. Hälfte des 7. Jh. war A. zum größten Teil arab. Oberhoheit unterstellt. Durch die Politik der Bagratiden konnte es 885 eine gewisse Selbständigkeit erreichen. Bis zur Mitte des 11. Jh. eroberten die Byzantiner erneut fast ganz A., danach die

Die Staatsoper in der Hauptstadt Eriwan

# armenische Musik

Türken. Ein großer Teil des armen. Volkes wanderte nach Kilikien ab; dort bildeten die Rubeniden ein neues, von Byzanz unabhängiges kleinarmen. Königreich, das durch die Kreuzzüge weiterreichende Bedeutung gewann. Kleinarmenien wurde 1375 von Ägypten erobert, 1403 von den Turkmenen, 1508 zuerst von den Persern, dann von den Türken. Großarmenien wurde 1242 von den Mongolen unterworfen, 1472 von den Persern. Seitdem war es jahrhundertelang Streitobjekt zwischen Osman. u. Pers. Reich.

1828 eroberte Russland von Persien große Teile Armeniens um Eriwan, 1878 von den Türken Batumi, Kars u. Ardahan. In den beim Osman. Reich verbliebenen Gebieten erhob sich eine armen. Befreiungsbewegung. 1895/96 u. bes. 1915/16 fielen dort mehrere hunderttausend Armenier Massakern u. Deportationen zum Opfer. Das russ. A. erklärte sich am 26. 5. 1918 für unabhängig. Nach dem Einmarsch der Roten Armee wurde am 29. 11. 1920 die *Armenische Sozialistische Volksrepublik* ausgerufen, die Türkei erhielt Kars u. Ardahan zurück. Nachdem 1921 eine nationale Revolte blutig unterdrückt worden war, wurde A. 1922 Teilrepublik der Transkaukasischen Sozialistischen Föderativen Sowjetrepublik. 1936 wurde A. Unionsrepublik. Im Reformklima der Gorbatschow-Zeit lebten neben dem Streben nach nationaler Eigenständigkeit auch alte regionale Gegensätze wieder auf. Es kam zu militär. Auseinandersetzungen mit der Nachbarrepublik Aserbaidschan um das Gebiet von Bergkarabach. Am 23. 8. 1991 erklärte A. seine Unabhängigkeit, die es am 21. 9. 1991 per Referendum in Kraft setzte. A. wurde Mitgl. der *GUS*. Die Präsidentschaftswahlen 1991 gewann L. *Ter-Petrosjan*. Durch russ. Vermittlung kam es im blutigen Krieg um Bergkarabach 1994 zu einem Waffenstillstandsabkommen mit Aserbaidschan. 1995 fanden freie Parlamentswahlen statt. Außerdem trat eine neue Verfassung in Kraft. Staats-Präs. L. *Ter-Petrosjan* trat im Febr. 1998 zurück. Neuer Präs. wurde R. *Kotscharjan*. Bei den Parlamentswahlen im Mai 1999 gewann die Wahlallianz *Einheit* die meisten Stimmen. W. *Sarkisjan* übernahm das Amt des Min.-Präs. Eine Gruppe von Attentätern ermordete ihn u. mehrere andere Politiker während einer Parlamentssitzung im Oktober 1999. Neuer Regierungschef wurde A. *Sarkisjan*, ein Bruder des Ermordeten. Er wurde 2000 von A. Markarjan im Amt abgelöst.

1998 wurde Robert Kotscharjan neuer Staatspräsident Armeniens

Einfluss an u. vollzog die Wandlung über die Porträt- u. Landschaftsmalerei bis zur Agitationskunst.

**armenische Literatur.** Die a. L. begann nach der Einführung der armen. Schrift durch Mesrop. Spärliche Reste vorchristl. Heldenlieder sind bei alten Schriftstellern (z. B. *Moses von Choren*, 6. Jh.?) erhalten. Am Beginn der altarmen., hauptsächlich kirchl. Literatur stehen Übersetzungen der Bibel u. wichtiger altchristl. Werke, meist aus dem Griechischen, durch *Mesrop* u. die sog. „heiligen Übersetzer" (5. Jh., „goldenes Zeitalter", Höhepunkt der klass. armen. Sprache). Unter den Originalwerken ist neben der Theologie auch die Geschichtsschreibung stark vertreten.

Nach langsamem Niedergang folgte im kleinarmen. Reich von Kilikien unter byzantin. u. latein. Einfluss eine Epoche des Klassizismus (*Nerses Schnorhali*, *1102, †1173; *Nerses von Lambron*, †1196 u. a.). Nach neuerl. Niedergang kam es seit 1701 durch die Tätigkeit der *Mechitaristen* zu einer gewissen Renaissance der armenischen Literatur. – Seit dem 12. Jh. ist eine volkstümlich-weltliche Literatur in mittelarmen. Volkssprache (Lieder der „Aschughen" genannten Volkssänger) greifbar, die zur modernen armenischen Literatur überleitet.

Die im 19. Jh. entstehende moderne a. L. (C. *Abowjan*) erhob das Neuarmenische zur Literatursprache, stand zunächst stark unter dt. u. russ., später sowjet. Einfluss u. nahm einen raschen Aufschwung durch Schriftsteller wie *Raffi*, Gabriel *Sundukjanz*, A. *Schirwansade*, Owhannes *Thumanjan*, Jerische *Tscharenz*, A. *Hakobjan*, Awetik *Issahakjan*.

Auch bei den Westarmeniern (Türkei) entstand in der zweiten Hälfte des 19. Jh. unter französ. u. italien. Einfluss eine neuarmen. Literatur, als deren bedeutendste Vertreter Hakob *Paronjan*, Petros *Durjan* u. Grigor *Sohrab* zu nennen sind. Nach dem Genozid von 1915 erholte sich die a. L. in der Türkei nur allmählich (*Sahrat*; Sareh *Chrachuni*; Raffi *Kantian*).

Nach der Gründung der unabhängigen Republik Armenien 1991 kam es hier auf Grund der desolaten polit. u. wirtschaftl. Situation insbes. auf Grund von persönl. Armut, Zensur u. polit. Verfolgung zu einem Niedergang der armenischen Literatur. Die Stimmen armenischer Literaten der Gegenwart wie die von Ruben *Howsepjan* dringen kaum ins Ausland vor.

**armenische Musik.** Die Melodien der armen. Volkslieder tragen den Stempel spontaner Schöpfungen von Hirten u. Bergbewohnern u. üben in ihrer Mischung europanaher u. oriental., bes. türk. Prägung einen eigentüml. Reiz aus. Auch die armen. Kunstmusik bezieht sich nahezu ausschließl. auf das Volkslied. Volkstümliche Saiteninstrumente sind der gezupfte Tar u. die gestrichene Kamangha, beide iran.-arab. Herkunft. Flöten- (düdük) u. Rohrblattinstrumente (z. B. zurna) wie auch Membranophone (kleine Doppelpauken u. runde Rahmentrommel) entsprechen der türk. Volksmusik; kult. Geräte wie rasselartige Scheiben u. die von außen angeschlagenen Stielglocken (naqus) gehen auf altoriental. Klangwerkzeuge zurück. – Armen. Kunstmusik wurde dem Abendland bes. durch den großen Komponisten u. Musikwissenschaftler Komitas Vartabed nahe gebracht. Sie kann bis ins 4. Jh. zurückverfolgt werden. Die liturg. Musik ist von Byzanz beeinflusst worden. Sie hat eine für den Orient seltene neumatische Notation zunächst ekphonet. Natur (Sprechgesangakzentuierung), die sich im Lauf der Zeit wandelte u. dann um 1820 durch Baba Hampartsum († 1831) endgültig reformiert wurde. Die religiöse Tradition wurde vor allem in den Klöstern des hl. Lazarus (Venedig) u. des hl. Mechitar (Wien) gepflegt. Bekanntester armen. Komponist des 20. Jh. war A. I. *Chatschaturjan*; *A. Hovhaness* lebt in den USA.

**armenische Schrift**, aus der semit. u. griech. Schrift im 5. Jh. von *Mesrop* entwickelte Buchstabenschrift; Mesrop bediente sich der neuen Schrift bei seiner Übersetzung der Bibel; dadurch verbreitete sie sich rasch u. wird noch heute in drei Formen verwendet.

Beginn von Hartmanns von Aue „Der arme Heinrich". Handschrift, 14. Jh., Heidelberg, Universitätsbibliothek

**armenische Spitze**, *Smyrna-Spitze*, Nadelarbeit, meist aus bunter Seide gefertigt. Charakteristisch ist der von rechts nach links gehende Schlingstich.

**armenische Sprache**, im Bergland von Mesopotamien, dem südl. Kaukasus u. an der Südostküste des Schwarzen Meers verbreitete indoeuropäische Sprache, seit dem 5. Jh. n.Chr. überliefert (zunächst als Bibelübersetzung); erste Handschriften aus dem 9. Jh.; bis zum 15. Jh. *Altarmenisch* (klass. Armenisch), danach das in mehreren Mundarten noch heute gesprochene *Neuarmenisch* (ca. 8 Mio. Menschen).

**Armenpflege** → Armenfürsorge.
**Armenrecht**, das Recht mitteloser Prozessparteien auf vorläufige Befreiung von gerichtl. Kosten u. auf Beiordnung von Gerichtsvollziehern u. Rechtsanwälten; bei hinreichender Erfolgsaussicht ihres Prozesses auf Antrag (unter Vorlage eines behördl. Armutszeugnisses) vom Prozessgericht zu gewähren; befreit nicht von der Leistung beim Verlust des Prozesses (§§ 114 ff. ZPO); mit Wirkung vom 1. 1. 1981 völlig neu geregelt durch das Gesetz über die → Prozesskostenhilfe; dieser Begriff ersetzt nunmehr den des Armenrechts. Dem A. ähnl. Regelung in der *Schweiz* (Art. 4 der Bundesverfassung u. kantonales Zivilprozessrecht) u. in *Österreich*, jedoch hier nur Ermessenssache.

**Armenschulen**, zuerst im 16. Jh. von einzelnen Wohltätern gegr., dann von Stiftungen getragene schulgeldfreie Unterrichtsanstalten für Waisen u. Verwahrloste, in denen Lesen u. Schreiben gelehrt wurde, bestanden bis zu Beginn des 19. Jh.

**Armentières** [armã'tjɛːr], französische Stadt im Dép. Nord, an der Lys, 26 200 Ew.; Kupferhütte, Metallindustrie, Leinen- u. Juteherstellung, Seilereien u. Brauereien.

◆ **Armer Heinrich**, „Der arme Heinrich", Verslegende *Hartmanns von Aue* (entstanden um 1200), in der eine Jungfrau für ihren kranken Herrn ihr Herzblut hingeben will; modern abgewandelt als Drama von G. Hauptmann (1902), als Erzählung von R. Huch (1898), als Oper von H. Pfitzner (1895).

**Armeria** → Grasnelke.
**arme Ritter**, ostdt. Gericht, in Notzeiten entstanden: in gesüßter Milch aufgeweichte Weißbrotschnitten werden in Semmelmehl gebacken u. mit Zucker u. Zimt bestreut.

**Armer Konrad**, Vereinigung württemberg. Bauern, die 1514 in einem Aufstand gegen die Einführung einer von Herzog Ulrich verhängten indirekten Steuer vorgingen; Vorläufer des → Bauernkriegs.

**Armero**, Stadt im mittleren Kolumbien mit rd. 25 000 Ew.; 1985 beim Ausbruch des Vulkans *Nevado del Ruiz* von einer Schlammlawine verschüttet u. seither für Friedhof erklärt.

**arme Seelen**, nach kath. Lehre die büßenden Seelen im *Fegefeuer*, die aber bereits wissen, dass sie der Anschauung Gottes teilhaftig werden.

**Armfelt**, *Armfeldt*, **1.** Gustav Mauritz, Urenkel von 2), schwed. Politiker, *31. 1. 1757 St. Mårten (Finnland), †19. 8. 1814 St. Petersburg; unter Gustav III. in hohen Hofämtern, nach dessen Tod wegen einer Verschwörung gegen die Regentschaft zum Tod verurteilt, floh nach Russland, kehrte unter Gustav IV. Adolf zurück, floh 1809 erneut.
**2.** Karl Gustav, schwed. General, *1666 Ingermanland, †1736 Isnäs (Finnland); verteidigte Finnland im Großen Nordischen Krieg.

**Armflosser**, *Lophiiformes*, Ordnung der *Echten Knochenfische*, umfasst drei Unterordnungen: *Seeteufel, Fühlerfische, Anglerfische*. Die Bauchflossen sind kehlständig; bes. gestaltete Brustflossen dienen dem Kriechen am Boden; Rippen fehlen; der erste Strahl der Rückenflosse ist zum Angelorgan umgewandelt; seit dem Unteren Eozän bekannt, heute in trop., subtrop. u. gemäßigten Breiten des Weltmeers. Die A. stammen vermutlich von den *Barschfischen* ab.

◆ **Armfüßer**, *Brachiopoda*, zu den *Tentakeltieren* zählende Klasse festsitzender Meerestiere, die ausgezeichnet sind durch einen hufeisenförmigen Tentakelträger, dessen Arme eingerollt werden können, u. durch eine zweiklappige Schale, die das Tier von der Rücken- u. der Bauchseite her (bei Muscheln dagegen von links u. rechts) umhüllt. Von der Rückenschale geht meist ein Armskelett aus, das den Tentakelträger stützt. Hauptentwicklung der A. in früheren Erdepochen, Schalen von Armfüßern sind wichtige Leitfossilien; die heute noch lebende Gattung → *Lingula* z. B. hatte schon Vertreter im Silur.

Armfüßer: Terebratula vitrea aus dem Mittelmeer aus 100–200 m Tiefe; 3–4 cm lang

**Armgard**, weibl. Vorname, → Irmgard.
**Armidale** ['ɑːmidɛil], Stadt in Neusüdwales (Australien), 21 600 Ew.; ländl. Handels- u. Kulturzentrum (University of New England, gegr. 1954); anglikan. u. kath. Kathedrale.

**Armierte Fürsten**, seit dem 17. Jh. Bez. für die Landesherren, die ein stehendes Heer besaßen.

**Armierung, 1.** *Elektrotechnik:* Metallteile zur Befestigung eines Isolators; auch Schutzeinrichtung für Kabel u. Leitungen.
**2.** *Kriegswesen:* die Bewaffnung von Festungen, Kriegsschiffen, Flugzeugen.
**3.** *Stahlbetonbau:* → Bewehrung (1).
**4.** *Technik:* allg. die Ausrüstung von Maschinen u. Ä. mit *Armaturen* (Hilfsgeräten).

**Armillarsphäre** [lat.], *Armille*, im Altertum u. MA gebräuchl. Instrument zu astronom. Messungen (Stundenwinkel u. Deklination eines Gestirns); bestand aus mehreren, miteinander teils fest, teils drehbar verbundenen u. mit Gradeinteilung versehenen Kreisen, die den Fundamentalkreisen der Himmelskugel (Horizont, Meridian, Himmelsäquator, Ekliptik) entsprechend eingestellt wurden; Beobachtung durch Visiereinrichtung (→ Diopter).

**Armin** [vermutl. zu german. *irmin-*, *ermin-*, „groß, allumfassend"], männl. Vorname.

**Armin**, Cheruskerfürst, → Arminius.

**Arminianer**, *Remonstranten*, Anhänger des Predigers Jakob *Arminius* (*1560, †1609), die sich 1610 in den Niederlanden wegen der starren Prädestinationslehre von der reformierten Kirche trennten. Sie milderten diese Lehre ab: Gott „bestimme" nicht des Menschen Heil oder Verdammnis voraus, sondern er „sehe" lediglich seine Glaubensentscheidung voraus. So konnte an dem Gedanken vom allgemeinen Heilsangebot Gottes u. von der Freiheit des Menschen festgehalten werden. Einer der Führer der A. war Hugo *Grotius*. Die Lehre wurde durch die Synode von Dordrecht 1618/19 verworfen. Es bestehen aber noch heute, auch in England u. den USA, Arminianergemeinden.

**Arminius**, fälschlich *Hermann*, Cheruskerfürst, *um 18 oder 16 v. Chr., †um 21 n. Chr.; Führer germanischer Truppen in römischen Dienst, erlernte die römische Kriegstechnik und war römischer Bürger und Ritter. 7 n. Chr. in die Heimat zurückgekehrt, entfachte er einen Aufstand der Cherusker sowie benachbarter Stämme und vernichtete 9 n. Chr. (→ Varusschlacht) drei römische Legionen unter dem Feldherrn *Publius Quinctilius Varus*. Die Römer mussten ihre Kastelle zwischen Rhein u. Weser aufgeben. *Germanicus* konnte A. zwar 16 n. Chr. an der Weser schlagen, musste aber dennoch Germanien räumen. Der röm.ische Kaiser *Tiberius* verzichtete auf die Wiedereroberung Germaniens. A. wandte sich dann an der Spitze einer Koalition von Stämmen gegen den Markomannenfürsten *Marbod* und schlug ihn 17 n. Chr. Wenig später wurde er von Verwandten, die offenbar seine Machtstellung fürchteten, ermordet.

In der Literatur ist A. seit dem 17. Jh. häufig – unhistorisch – als dt. Nationalheld dargestellt worden (u. a. von Lohenstein, Klopstock, Kleist, Grabbe). Ihm zu Ehren wurde im 19. Jh. im Teutoburger Wald das → Hermannsdenkmal errichtet.

**Arminius**, Jakob, niederländ. reformierter Theologe, *10. 10. 1560 Oudewater an der IJssel, †19. 10. 1609 Leiden; Führer der nach ihm benannten religiösen Gruppen der *Arminianer*.

**Armitage** [ˈɑːmɪtɪdʒ], Kenneth, engl. Bildhauer, *18. 7. 1916 Leeds; 1946–1956 Leiter der Abteilung Bildhauerei an der Bath Academy of Art, arbeitet ausschließlich in Bronze u. bevorzugt für seine flächenhaften Gruppendarstellungen Situationen des Alltagslebens.

**Armleuchteralgen**, *Charophyceae*, eine Gruppe der Grünalgen; die A. sind regelmäßig quirlig verzweigt. Der 0,1–1 m lange Thallus ist im Schlamm von Seen oder Bächen verankert.

**Armmolche**, *Sirenidae*, Familie der *Schwanzlurche*. Die Armmolche muten durch drei Paar äußerer Kiemen und das Fehlen von Hinterbeinen larvenartig an. Es liegt jedoch keine → Neotenie vor; Hormongaben führen nicht zur Weiterentwicklung. Zwei Arten im SO der USA: der bis 20 cm lange *Zwerg-Armmolch (Pseudobranchus striatus)* im Schwimmteppich der Wasserhyazinthen und der bis 80 cm lange *Große Armmolch (Siren lacertina)* am Boden verschiedenster Gewässer. Er kann Trockenperioden auch an Land im Schlamm überstehen.

Armmolche: Großer Armmolch, Siren lacertina

**Armoracia** → Meerrettich.

**Armorial** [das; frz.] → Wappenbuch.

**Armorikanisches Gebirge**, zentraler Teil des alten varisk. Kettengebirges, das sich vom Zentralplateau in nordwestl. Streichrichtung über die Bretagne (*armorikanische Halbinsel*, von breton. *armor*, „Küstenland", im Gegensatz zu *argoat*, „Waldland") bis zu den südl. Brit. Inseln (Cornwall) erstreckt.

**Armory Show** [ˈɑːməri ˈʃəʊ], eine 1913 in New York, danach in Chicago u. Boston gezeigte Ausstellung moderner europ. Malerei, benannt nach der Kaserne, in der sie stattfand. Die A.S. machte die USA erstmals mit der modernen europ. Kunst bekannt u. war von großer Wirkung auf die Entwicklung der US-amerikan. Kunst.

**Armstrong**, 1. Louis Daniel, „Satchmo" genannt, afroamerikan. Jazzmusiker (Trompeter u. Sänger), *4. 8. 1900 New Orleans, †6. 7. 1971 New York; zunächst Kornettist, spielte bei King *Oliver*, Fletcher *Henderson* u. a.; Höhepunkt als Leader der „Hot Five" u. „Hot Seven" (reine Platten-Ensembles) 1925–1928 u. der „All Stars", seit 1947 in wechselnder Besetzung. 1944 gab er als erster Jazzmusiker ein Konzert in der Metropolitan Opera in New York. Später wandte er sich der Unterhaltungsmusik zu. A. ist eine der zentralen Figuren der Jazzgeschichte. Autobiografie: „Mein Leben" 1952, dt. 1953.

◆ 2. Neil Alden, US-amerikan. Astronaut, *5. 8. 1930 Wapakoneta, Ohio (USA); betrat im Rahmen der Apollo-11-Mission (→ Apolloprogramm) als erster Mensch am 20. 7. 1969 den Mond; führte vorher als Kommandant von Gemini 8 das erste erfolgreiche Rendezvous- u. Docking-Manöver durch.

Neil Armstrong

**Armstrong-Jones** [-ˈdʒəʊnz], Anthony, engl. Fotograf, → Snowdon.

**Armut**, Zustand, in dem Menschen wegen fehlender Mittel ihre Grundbedürfnisse nicht voll befriedigen können. Da es keine Übereinkunft gibt, was zu den Grundbedürfnissen zählt, allein das zum physischen Überleben Notwendige oder auch noch das, was gesellschaftsüblichen Mindeststandards entspricht, ist A. ein vieldeutiger Begriff u. lässt deshalb kaum eine Operationalisierung zu. Während es individuelle A. immer u. überall gegeben hat, kann massenhaft auftretende A. vor allem als Begleiterscheinung sich wandelnder Gesellschafts- u. Wirtschaftsformen gewertet werden, sie wird jedoch nicht immer zwingend von ihr hervorgerufen. Die Meinung, dass die A. im beginnenden Industriezeitalter durch das aufkommende Maschinenwesen verursacht worden sei, ist weit verbreitet. Dennoch deckt sie sich nicht mit den Erkenntnissen der modernen Geschichtsforschung. Übersehen wurde, dass die Lebenslagen der Menschen in der vorindustriellen Zeit weitgehend von Ernte- u. Bevölkerungsschwankungen bestimmt worden sind, dass Massenarmut u. Hungerkrisen im vorindustriellen Dtschld. wie auch in Mitteleuropa herrschten. In durch Missernten verursachten Teuerungszeiten reichte oftmals die Kaufkraft der unteren Schichten der Bevölkerung nicht einmal zur Deckung des lebensnotwendigen Bedarfs an Nahrungsmitteln, u. Teuerung bewirkte stets auch Massenarbeitslosigkeit. Mit der im 18. Jh. einsetzenden Bevölkerungsexplosion sank bei nicht in gleicher Weise vermehrbaren Ernteerträgen die Kaufkraft der

Masseneinkommen auf sehr niedrige Niveaus. Ausbleibende Ernten in den siebziger Jahren des 18. Jh. u. zu Beginn des 19. Jh. (1803/04; 1816/17) führten zu jenem Massenelend, das mit dem Begriff *Pauperismus* umschrieben wurde. Nach inzwischen herrschender Meinung schuf erst die Industrialisierung jene Arbeitsplätze (u. bewirkte zugleich die Verbesserung der Produktivität in der Landwirtschaft), die vor einer Verelendungskatastrophe bedeuteten, wenngleich auch hier zunächst nur Einkommens- u. Arbeitsverhältnisse möglich wurden, die eine Lebensführung am Rande des Existenzminimums gestatteten.

In der sozialpolit. Diskussion der Gegenwart werden Armutsfragen vornehmlich auf zwei Ebenen erörtert: 1. A. in Entwicklungsländern, 2. A. im Wohlfahrtsstaat. Die Bekämpfung von A. in *Entwicklungsländern* ist zu einem bes. Schwerpunkt der Aktivitäten der *Weltbank* geworden. Sie fordert Maßnahmen zur Förderung des Wirtschaftswachstums in jenen Ländern u. macht auf die Bedeutung von Erziehung u. Ausbildung, besserer Gesundheit u. Ernährung sowie einer Senkung der Fruchtbarkeit zur Lösung dieses Armutsproblems aufmerksam.

Im *Wohlfahrtsstaat* werden als Maß für die Grenze der (absoluten) A. die Regelsätze der Sozialhilfe genannt. Neben diesem (noch weitgehend monetäre) Konzept tritt ein anderes, das auf ein im Vergleich zur „Normalsituation" verringertes Niveau an Chancengleichheit u. Möglichkeiten zur Gestaltung der individuellen Lebenslage bezogen ist. Unter diesem Aspekt werden Alter u. Kinderreichtum ebenso wie niedrige berufl. Qualifikation als mögliche Armutsmerkmale bezeichnet.

**Armutsbewegung,** um 1100 im Abendland einsetzende Bewegung, die nach dem Vorbild Jesu u. der Apostel (Luk. 9,1–6) neben der Wanderpredigt die evangel. Armut anstrebte. Aus der A. erwuchsen als Orden alter Art (mit begrenztem Besitz) die Prämonstratenser u. Zisterzienser, als Laienbewegung die Beginen, als ausgesprochene Bettelorden die Franziskaner, Dominikaner, Karmeliter, Augustiner-Eremiten, deren Dritte Orden den Laien offenstanden; einige Richtungen der A., z. B. die Katharer u. z. T. die Waldenser, traten in offenen Gegensatz zur kath. Kirche.

**Armutsstreit,** Auseinandersetzungen innerhalb des Franziskanerordens über die volle Verbindlichkeit des Testaments u. der Regel des *Franz von Assisi* in Bezug auf die absolute Besitzlosigkeit des Ordens. Trotz päpstl. Entscheidungen von 1230, 1279 u. 1323 zugunsten einer laxeren Auffassung führte der A. zu einer Spaltung im Franziskanerorden zwischen *Konventualen* u. den strengeren *Spiritualen* u. *Observanten*.

**Armutszeugnis,** behördl. Bescheinigung über das Unvermögen einer Partei zur Bestreitung der Prozesskosten im Zivilprozess gemäß §118 ZPO; zur Erlangung des *Armenrechts* bis zum 31. 12. 1980 erforderlich. Ausstellende Behörde war die Ortspolizei- oder Gemeindebehörde des Wohnsitzes oder Aufenthaltsorts der das Armenrecht beantragenden Partei; mit Wirkung vom 1. 1. 1981 neu geregelt durch das Gesetz über die → Prozesskostenhilfe. In Österreich: Armenrechtszeugnis.

**Arnald von Villanova** [vilja-], *Arnau de Vilanova,* span. Arzt, * um 1235 Katalonien, †1311 oder 1313 im Hafen von Genua auf einer Schiffsreise nach Avignon; Leibarzt von Königen u. Päpsten, schrieb u. a. „Breviarium practicae", ein prakt. Handbuch der gesamten Medizin (4 Bücher).

**Arnas Daği** [-da:i], *Arnas Daği,* Gebirge im Antitaurus, südl. des Vansees, 3550 m.

**Arnau,** Frank, dt. Schriftsteller, * 9. 3. 1894 Wien, † 11. 2. 1976 München; schrieb Sachbücher („Jenseits der Gesetze" 1960; „Macht u. Geheimnis der Magie" 1965); Kriminalromane („Nur tote Zeugen schweigen" 1959; „Das andere Gesicht" 1961), Reiseberichte („Der verchromte Urwald". Brasilienbericht. 1956).

**Arnauld** [ar'no:], französ. Familie, deren Angehörige führende Vertreter des → Jansenismus waren:
**1.** Antoine, Anwalt der Universität Paris im Parlament, *1560, †1619; Gegner der Jesuiten.
**2.** Antoine, jüngster Sohn von 1) , Theologe u. Philosoph, * 5. 2. 1612 Paris, † 8. 8. 1694 Brüssel; verteidigte in Wort u. Schrift den *Jansenismus,* bekämpfte die Jesuiten, trat für die kath. Eucharistielehre gegen die Calvinisten ein, von seinen Anhängern „der Große" genannt. – A. war Anhänger *Descartes',* obwohl er ihn kritisierte. Er verfasste zusammen mit Pierre *Nicole* die Logik von Port-Royal, „La logique, ou l'art de penser" 1662, die, ganz in cartesian. Geist, von erhebl. Einfluss auf die Aufklärung war. Zudem griff er die negativen theolog. Konsequenzen der Erkenntnistheorie von *Malebranche* an.
**3.** Jacqueline, *Mère Angélique,* Tochter von 1), * 8. 9. 1591 Paris, † 6. 8. 1661 Paris; seit 1602 Äbtissin des Zisterzienserinnenklosters *Port-Royal* bei Versailles, das sie 1625 in eine Vorstadt von Paris verlegte; wurde 1635 für den Jansenismus gewonnen, unterwarf sich mit ihren Nonnen nicht der päpstl. Verurteilung des Jansenismus.

**Arnaut Daniel** [ar'no-], provençal. Troubadour, * um 1150 Ribérac, Dordogne; wirkte zwischen 1180 u. 1200 am Hof Richards I. von England u. in Südfrankreich; erfand die Gedichtform der → Sestine; von Dante u. F. Petrarca geschätzt.

**Arnauten,** bulgar. u. türk. Name für die → Albaner.

**Arnauti,** makedorumän. Stämme der → Aromunen.

**Arnd,** *Arndt,* Johann, dt. luth. Theologe, * 27. 12. 1555 Edderitz bei Köthen, † 11. 5. 1621 Celle; Generalsuperintendent für Lüneburg; bekannt durch sein Erbauungsbuch „4 (später 6) Bücher vom wahren Christentum" 1606 u. sein „Paradiesgärtlein aller christlichen Tugenden" 1612. Sein „Wahres Christentum" war eines der ersten dt. ev. Erbauungsbücher, das Anregungen mittelalterl. Theologen verarbeitete u. auf die Reformorthodoxie, das luth. Gesangbuch, die luth. Gebetsliteratur u. den luth. Pietismus, aber ebenfalls auf Sekten seiner Zeit großen Einfluss ausübte. Durch Arnds naturwissenschaftl. Interessen u. rationale Züge in seinem Denken hat er auch auf die Aufklärung gewirkt.

**Arndt, 1.** Adolf, dt. Politiker, * 12. 3. 1904 Königsberg, † 13. 2. 1974 Kassel; Jurist; 1949–1969 MdB (SPD), Rechtsexperte seiner Partei; 1963/64 Senator für Wissenschaft u. Kunst von Berlin (West).

Ernst Moritz Arndt

**2.** Ernst Moritz, dt. Historiker, Politiker und Dichter, * 26.12.1769 Groß Schoritz auf Rügen, † 29.1.1860 Bonn; Sohn eines Pächters, durchwanderte Europa, floh 1806 vor Napoleon nach Schweden, ging 1812 mit dem Frhr. vom Stein nach Russland; wurde durch seine „Lieder für Teutsche" 1813 u. seine Flugschriften („Der Rhein, Teutschlands Strom, aber nicht Teutschlands Grenze" 1813) zu einer Volksgestalt der Freiheitskriege; seit 1818 Prof. in Bonn, zeitweilig als „Demagoge" amtsenthoben, 1848 Mitglied der Nationalversammlung. Mit seinem „Geist der Zeit" (4 Bde. 1806–1818) wollte er, anknüpfend an J.G. von Herders „Ideen", das polit. Gewissen der Deutschen wecken u. zu bäuerlich empfundener Demokratie u. allg. Wehrpflicht erziehen. „Märchen u. Jugenderinnerungen" 1818–1843; „Erinnerungen aus Schweden" 1918. – *Arndthaus* (Museum) in Bonn. Sämtl. Werke, 6 Bde. 1892–1903.

**3.** Fritz Georg, dt. Chemiker, * 6. 7. 1885 Hamburg, † 8. 12. 1969 Hamburg; Prof. in Breslau u. Istanbul; einer der Begründer der *Mesomerielehre;* Forschungsarbeiten über die chem. Bindung.

**4.** Günther, dt. Dirigent, * 1. 4. 1907 Berlin, † 25. 12. 1976 Berlin; 1949–1965 beim RIAS Berlin tätig; seit 1965 Universitätsmusikdirektor der Freien u. der Technischen Universität Berlin.

**Arneburg,** Stadt in Sachsen-Anhalt, Ldkrs. Stendal, in der Altmark, 1800 Ew.; Georgenkirche (13. Jh.); Lebensmittelindustrie.

**Arnegunde,** merowing. Königin, * um 520, † um 565; zweite Gemahlin des merowing. Königs *Chlotar I.* (511–561) u. Mutter von König *Chilperich I.* (561–584). Ihr bes. reich mit Beigaben ausgestattetes Grab wurde 1959 von M. Fleury in der Basilika von St-Denis (Dép. Seine, Frankreich) entdeckt; u.a. befand sich darin ein goldener Siegelring mit der Aufschrift: ARNEGVNDIS REGINE; erstes Grab, das Auskunft über Schmuck u. Tracht einer merowing. Königin liefert; seine ziemlich genaue Datierung auf einen Zeitpunkt zwischen 565 u. 570 bildet eine wichtige Grundlage zur Chronologie der Merowingerzeit.

**Arnér,** Ernst Nils Sivar, schwed. Erzähler, * 13. 3. 1909 Arby, † 1997; gilt mit seinen expressiv-symbolist. Novellen als Erneuerer der schwed. Prosa; im Mittelpunkt seiner Werke stehen der Kampf zwischen Macht u. Recht u. das Verhältnis zwischen Mann u. Frau. Hptw.: „Querbalken" 1963, dt. 1973.

**Arneth, 1.** Alfred Ritter von, österr. Historiker, *10. 7. 1819 Wien, †30. 7. 1897 Wien; 1868 Direktor des Haus-, Hof- u. Staatsarchivs, dessen Quellen er der Wissenschaft erschloss; 1879 Präs. der kaiserl. Akademie der Wissenschaften in Wien, 1896 Präs. der Münchener Histor. Kommission; politisch tätig als Abg. der Frankfurter Nationalversammlung, des niederösterr. Landtags u. des österr. Herrenhauses; liberaler Großdeutscher u. Josephinist. Werke: „Prinz Eugen von Savoyen" 3 Bde. 1858; „Geschichte Maria Theresias" 10 Bde. 1863–1879.

**2.** Joseph, dt. Internist u. Hämatologe, *13. 9. 1873 Burgkunstadt, Oberfranken, †16. 11. 1955 Münster; nach ihm benannt ist das Arneth-Leukozytenschema zur Einteilung der granulopoet. Reifungsreihe in Myelozyten, leicht u. stark eingebuchtete, nicht segmentierte u. segmentierte Granulozyten u. in zahlreiche Untergruppen. Dieses dient bei Blutuntersuchungen zur Erkennung von Erkrankungen des blutbildenden Systems.

◆ **Arnheim**, *Arnhem*, Hauptstadt der niederländ. Provinz Gelderland, zwischen Veluwe u. dem Niederrhein, 134 000 Ew.; Museen; Verkehrsknotenpunkt am Neder-Rijn; Metallverarbeitung, Feinmechanik, Kunstseidenspinnerei; Schiffbau; Eisenbahnknotenpunkt sowie Handels- u. Fremdenverkehrszentrum; in der Umgebung Zinngießereien, Ziegeleien u. Kautschukindustrie. – 1233 Stadt, bis 1829 Festung; die Altstadt wurde im 2. Weltkrieg zerstört.

**Arnhemland** ['a:nəmlænd], Gebiet im Nordosten des Nordterritoriums (Australien), westlich des Carpentariagolfs; im Innern von Savannen bestandenes, von bewaldeten Schluchten durchzogenes Tafelland, an den Küsten Regen- u. Mangrovewälder bei tropischem Klima; mit 80 800 km² (einschließlich der vorgelagerten Inseln) größtes austral. Eingeborenenreservat (rd. 4000 nomadische Jäger u. Sammler); Bauxitgewinnung bei Gove an der Golfküste. A. wurde nach dem holländ. Forschungsschiff *Arnhem* benannt, das 1623 erstmals die Küste von A. befuhr.

◆ **Arnica** [die; grch.], *Arnika, Bergwohlverleih, Arnica montana*, gelbblühender *Korbblütler (Compositae)* des Gebirges u. der nordwestdt. Heiden. Blüten u. Wurzel der A. werden als Wundheilmittel verwendet.

Arnica montana

**Arnicaextrakt,** Auszüge aus Arnicablüten *(Arnica montana)*, enthalten Arnicaflavon, Gerbstoffe, Bitterstoffe; der Extrakt hat durchblutungsfördernde Eigenschaften.

**Arniches y Barrera** [-'nitʃɛs i-], Carlos, span. Dramatiker, *11. 10. 1866 Alicante, †16. 4. 1943 Madrid; schrieb Theaterstücke voller Sprachwitz u. z. T. grotesk verzerrter Darstellung der span. Gesellschaft. Hauptwerke: „El santo de la Isidra" 1898; „La

Arnheim: Das „Niederländische Freilichtmuseum" wurde 1912 gegründet. Es bietet einen einzigartigen Überblick über die niederländische Bauernbaukunst und das bäuerliche Kunsthandwerk

# Arnim

señorita de Trevélez" 1916; „Los caciques" 1920; „El último mono" 1925; „El tío Miserias" 1941.

**Arnim,** nach einem altmärk. Dorf benanntes, erstmals 1204 erwähntes brandenburg.-preuß. Geschlecht.

Achim von Arnim

**Arnim,** 1. Achim von, eigentl. Ludwig Joachim von, verheiratet mit 3), dt. Dichter, *26. 1. 1781 Berlin, †21. 1. 1831 Gut Wiepersdorf in der Mark; Freund u. seit 1811 Schwager von C. Brentano; mit diesem Hrsg. von „Des Knaben Wunderhorn" (1806 bis 1808; Studienausg. in 9 Bden. 1979), der einflussreichen Sammlung alter dt. Volkslieder; Mitbegründer der „Heidelberger Romantik" u. Erneuerer der Dichtung („Zeitung für Einsiedler", als Buch „Trösteinsamkeit" 1808; Novellensammlg. „Der Wintergarten" 1809; „Die Schaubühne" 1813); Mitarbeiter am „Rheinischen Merkur" von J. von Görres. In seiner eigenen Dichtung wirkt das Barock nach (Schauspiel „Halle u. Jerusalem" 1811, nach A. Gryphius). Romantisch verschlungen sind seine Romane („Armut, Reichtum, Schuld u. Buße der Gräfin Dolores" 1810; „Die Kronenwächter" 1817, 2. Bd. 1854, histor. Roman aus dem späten MA); am meisten abgerundet sind seine oft hintergründigen Novellen: „Isabella von Ägypten" 1812; „Der tolle Invalide auf dem Fort Ratonneau" 1818; „Die Majoratsherren" 1819. – Sämtl. Werke (Vorwort von W. Grimm), 19 Bde. 1839–1846; Sämtl. Romane u. Erzählungen, 3 Bde. 1974/75.

2. Adolf Heinrich Graf von *Arnim-Boitzenburg,* preuß. Beamter und Politiker, *10. 4. 1803 Berlin, †8. 1. 1868 Schloss Boitzenburg; 1842–1845 Minister des Innern, bemühte sich vergeblich um Einführung einer Verfassung; im März 1848 Übergangs-Minister-Präsident, dann Mitglied der Frankfurter Nationalversammlung; später gemäßigter Vorkämpfer des Großgrundbesitzes im „Junkerparlament" u. in den preuß. Kammern.

3. Bettina von, eigentl. Anna Elisabeth von, verheiratet mit 1), dt. Dichterin, *4. 4. 1785 Frankfurt a. M., †20. 1. 1859 Berlin; Schwester von C. *Brentano;* leidenschaftlich von allen Zeitfragen bewegt, erregte durch Übersteigerungen oft Anstoß (1811 Bruch mit J. W. von Goethe); in Briefdichtungen verklärte sie zeitgenöss. Dichtergestalten („Goethes Briefwechsel mit einem Kinde" 1835; „Die Günderode" 1840; „C. Brentanos Frühlingskranz" 1844); später freisin-

Bettina von Arnim

nig-sozialist. Gedanken: „Dies Buch gehört dem König" 1843; „Gespräche mit Dämonen" 1852. – Sämtl. Werke, 11 Bde. 1853.

4. Hans Georg von *Arnim-Boitzenburg,* *1583, †28. 4. 1641 Dresden; dt. Heerführer u. Politiker im Dreißigjährigen Krieg; seit 1613 in schwed., 1621 in poln., 1626 in kaiserl. Diensten; wandte sich als überzeugter Lutheraner nach Erlass des Restitutionsedikts 1629 dem Kurfürsten von Sachsen zu, der wie A. Treue zum Reich u. zum ev. Glauben zu verbinden suchte. A. bemühte sich vergeblich, Wallenstein für seine Friedenspläne zu gewinnen mit dem Ziel, die Schweden aus dem Reich zu vertreiben. Nach dem Prager Frieden 1635 schied A. aus den sächs. Diensten aus.

5. Harry Graf von, dt. Diplomat, *3. 10. 1824 Moitzelfitz, Krs. Kolberg-Köslin (Pommern), †19. 5. 1881 Nizza; 1862 Gesandter in Lissabon, 1864 beim Vatikan, 1872–1874 Botschafter in Paris. Weil A. die Politik Bismarcks durch die Unterstützung monarchist. Kräfte in Frankreich zu durchkreuzen suchte, wurde er abberufen u. auf Bismarcks Betreiben zu Gefängnis verurteilt, da er wichtige dienstl. Papiere nicht herausgab. A. floh ins Ausland u. setzte seinen Kampf gegen den Reichskanzler in Broschüren fort, die 1876 eine (rechtlich zweifelhafte) Verurteilung zu fünf Jahren Gefängnis in Abwesenheit zur Folge hatten.

6. Heinrich Alexander Frhr. von *Arnim-Suckow,* preuß. Diplomat u. Politiker, *13. 2. 1798 Berlin, †5. 1. 1861 Düsseldorf; liberaler Anhänger F. Lists; Gesandter in Brüssel u. Paris; 1848 Berater Friedrich Wilhelms IV. März–Juli 1848 Außen-Min.; scheiterte beim Versuch einer Neuordnung Europas nach revolutionären liberalen u. nationalen Prinzipien.

**Arnimparagraph,** § 353a StGB, benannt nach dem Diplomaten Harry Graf von *Arnim.* Strafbar ist danach die Nichterfüllung dienstlicher Anweisungen u. unwahre Berichterstattung im diplomatischen Dienst.

**Arnis,** Stadt in Schleswig-Holstein, Ldkrs. Schleswig-Flensburg, 360 Ew.; kleinste Stadt Deutschlands.

**Arno,** der antike *Arnus,* mittelitalienischer Fluss, 241 km; entspringt im Etrusk. Apennin, durchfließt die Toskana u. mündet bei Pisa in das Ligurische Meer; bei Arezzo durch den Chianakanal mit dem Tiber verbunden.

**Arnold** [aus *Arneald,* ahd. *aro,* „Adler", u. *walan,* „walten, herrschen"], männl. Vorname. Kurzformen *Arnd, Arno.*

**Arnold,** 1. Gottfried, dt. prot. Theologe u. Dichter geistl. Lieder, *5. 9. 1666 Annaberg, Sachsen, †30. 5. 1714 Perleberg; durch P. J. Spener zum Pietismus bekehrt; schrieb die gegen starre Orthodoxie gerichtete „Unparteiische Kirchen- u. Ketzerhistorie" 1699 bis 1715 sowie mystisch beseelte Kirchenlieder („O Durchbrecher aller Bande").

2. Johann Georg Daniel, elsäss. Mundartdichter, *18. 2. 1780 Straßburg, †18. 2. 1829 Straßburg; Professor für Geschichte u. Jura. Sein Volksstück „Der Pfingstmontag" 1816 fand auch Goethes Beifall.

3. Karl, dt. Maler u. Karikaturist, *1. 4. 1883 Neustadt bei Coburg, †29. 11. 1953 München; seit 1907 sozialkrit. Mitarbeiter der Zeitschriften „Simplicissimus", „Jugend" u. „Lustige Blätter", daneben tätig als Gebrauchsgrafiker; Buchillustrationen: „Berliner Bilder" 1924; „Das Schlaraffenland von Hans Sachs mit Bildern von Karl A." 1925.

4. Karl, dt. Politiker, *21. 3. 1901 Herrlishöfen, Biberach, †29. 6. 1958 Düsseldorf; seit 1920 in der christl. Gewerkschaftsbewegung tätig, 1945 Mitgründer der CDU, 1946 Oberbürgermeister von Düsseldorf, 1947 bis 1956 Min.-Präs. von Nordrhein-Westfalen, 1957/58 MdB.

5. Matthew, engl. Lyriker, Kultur- u. Literaturkritiker, *24. 12. 1822 Lalaheim, †15. 4. 1888 Liverpool; stärker als seine Dichtung („New Poems" 1867) wirkten seine Aufsätze, in denen er für die Bewahrung des humanist. Erbes eintrat u. für eine idealistische Lebensauffassung kämpfte: „Culture and anarchy" 1869; „Literature and dogma" 1873; „Civilisation in the United States" 1885.

6. Walter, dt. Plastiker, *27. 8. 1909 Leipzig, †11. 7. 1979 Dresden; begann im expressionistischen, der Kunst H. *Hallers* verpflichteten Stil und übernahm in den 1950er Jahren öffentliche Aufträge (Thälmann-Denkmal 1958 in Weimar); daneben zahlreiche Plaketten u. Bildnisbüsten, vor allem von Musikern.

Ernst Wilhelm Arnoldi

**Arnoldi,** Ernst Wilhelm, dt. Großkaufmann, *21. 5. 1778 Gotha, †27. 5. 1841 Gotha; gründete die Gothaer Versicherungsbanken als erste moderne deutsche Versicherungsvereine auf Gegenseitigkeit mit überlokalem Charakter (Feuerversicherung 1821, Lebensversicherung 1827).

**Arnoldshainer Konferenz,** 1967 entstandene Arbeitsgemeinschaft von Kirchenleitungen mit dem Ziel, zusammenzuarbeiten u. damit die Einheit der Ev. Kirche Deutschlands (EKD) zu stärken. In Anknüpfung an die *Arnoldshainer Abendmahlsthesen* von 1958 wurde 1969 von den Kirchen der A. K. eine Vereinbarung über volle Kanzel- u. Abendmahlsgemeinschaft beschlossen. Mitglieder der A. K. sind die Vertreter von 16 Kirchenleitungen.

**Arnoldstein,** österr. Markt in Kärnten, im Tal der Gail, 578 m ü. M., 6900 Ew.; Grenzbahnhof nach Italien; ehem. Benediktinerabtei; im Ortsteil *Gailitz* Bleiaufbereitungswerk.

**Arnold von Brescia** [-'brɛʃʃa], italien. Augustiner-Chorherr, *um 1100 Brescia, †1155 Rom; trat gegen die Verweltlichung u. den Güterbesitz der Kirche auf u. forderte für alle Geistlichen ein Leben in Frömmigkeit u. Armut. Arnold, in Paris Schüler Abälards, lehrte keine Häresien, wandte sich aber gegen die weltl. Herrschaft des Papstes

u. wurde während einer Pilgerfahrt in Rom seit 1145 der natürliche Verbündete der römischen Stadtopposition gegen die päpstliche Herrschaft. Arnold fiel nach der Verständigung Kaiser Friedrichs I. mit Papst Hadrian IV. in die Hände seiner Gegner u. wurde hingerichtet.

**Arnold von Lübeck,** Geistlicher und Chronist, Benediktinerabt in Lübeck, †1212; schrieb die Fortsetzung der „Chronica Slavorum" Helmold von Bosaus für die Jahre 1171 bis 1209, schilderte u. a. die Geschichte Holsteins und das Leben Heinrichs des Löwen.

◆ **Arnolfo di Cambio,** *Arnolfo di Firenze,* italien. Bildhauer u. Architekt, * um 1240/1245 Colle di Val d'Elsa, †8. 3. zwischen 1302 u. 1310 Florenz; Schüler von N. *Pisano,* dessen Stil er in der Hinwendung auf die Antike in großen plastischen Formen fortführte. Hptw.: Neubau Sta. Croce u. Mitarbeit am Domneubau (Sta. Maria del Fiore) in Florenz, Tabernakel in S. Paolo fuori le mura (1285) u. Sta. Cecilia (1293), Rom.

**Arnoseris** → Lämmersalat.

**Arnoux** [ar'nu:], Alexandre Paul, französischer Lyriker und Dramatiker, * 27. 11. 1884 Digne, † 5. 1. 1973 Paris; Erzähler folkloristischer Stoffe („La belle et la bête" 1913; „Le rossignol napolitain" 1937; „Roi d'un jour" 1955); Theaterstücke: „Huon de Bordeaux" 1922; „L'amour des trois oranges" 1947; Übersetzer von Goethe und Calderón.

**Arnøy** ['arnœj], 276 km² große nordnorwegische Insel, nördlich von Tromsø, bis 1168 m hoch, Fischersiedlungen.

**Arns,** Paulo Evaristo, brasilian. Kardinal, *14. 9. 1921 Forquilhinha; 1970–1989 Erzbischof von São Paulo, seit 1973 Kardinal. A. gilt als einer der profilierten Vertreter der Theologie der Befreiung in Südamerika.

**Arnsberg,** ◆ 1. Hptst. des Reg.-Bez. A. in Nordrhein-Westfalen, an der oberen Ruhr, 180–240 m ü. M., 78 900 Ew.; Luftkurort am *Arnsberger Wald;* Altstadt mit Stadtmauer u. Befestigungsturm (Glockenturm), Fachwerkhäuser (18. Jh.); Schlossruine auf dem Schlossberg; Papierfabrik, Metallindustrie. 2. Reg.-Bez. in Nordrhein-Westfalen, 8002 km², 3,8 Mio. Ew.; umfasst die Ldkrs. Ennepe-Ruhr-Kreis, Hochsauerlandkreis, Märkischer Kreis, Olpe, Siegen, Soest, Unna u. die kreisfreien Städte Bochum, Dortmund, Hagen, Hamm, Herne.

**Arnsberger Wald,** Hochfläche im nördlichen Sauerland zwischen Ruhr und Möhne, bis 585 m; Naturpark Homert, Möhnestausee.

**Arnsdorf,** *Arnsdorf bei Dresden,* Gemeinde in Sachsen, Ldkrs. Kamenz, östlich von Dresden, 3900 Ew.; Krankenhaus für Psychiatrie und Neurologie; Holz- und Metallwarenindustrie.

◆ **Arnstadt,** Kreis- u. Industriestadt in Thüringen, an der Gera, südlich von Erfurt, 26 400 Ew.; Liebfrauenkirche (13. Jh.), Oberkirche (13./14. Jh.), Bachkirche (17. Jh.), Rathaus (16. Jh.), Neues Palais (18. Jh., Puppen- u. Porzellansammlung, Brüsseler Bildteppiche); Nahrungsmittel-, Elektro- u. Maschinenindustrie, Herstellung von Puppen, Fremdenverkehr; Eisenbahnknotenpunkt; Verw.-Sitz des *Ilm-Kreises.* – Arnstadt wurde erstmals 704 urkundlich erwähnt. 1266 Stadtrecht. – J. S. Bach wirkte von 1703–1707 in Arnstadt

**Arnstein,** Stadt in Unterfranken (Bayern), Ldkrs. Main-Spessart, 8100 Ew.; maler. Stadtbild, Schloss (1554), Pfarrkirche (17. Jh.) sowie got. Wallfahrtskirche.

**Arnsteiner Patres,** in Deutschland übliche Benennung der *Ordensgemeinschaft von den Heiligsten Herzen Jesu und Mariae* nach dem Kloster Arnstein/Lahn, ehem. Prämonstratenserkloster, seit 1919 im Besitz der Ordensgemeinschaft.

**Arnswalde,** poln. Stadt, → Choszczno.

**Arnulf,** FÜRSTEN:

**1. Arnulf von Kärnten,** ostfränk. König u. röm. Kaiser 887–899, * um 850 Moosburg, Kärnten, †8. 12. 899 Regensburg; natürl. Sohn des ostfränk. Karolingers Karlmann, 887 durch Wahl gegen Karl III., den Dicken, zum König erhoben. Als tatkräftiger u. vorsichtiger Herrscher gewann A. auch Oberitalien u. verteidigte erfolgreich die Ostgrenze seines Reichs. Vom Papst gegen Markgraf Guido aus Spoleto zur Hilfe gerufen, zog er 894 über die Alpen u. erhielt 896 die Kaiserkrone. In Arnulfs Regierungszeit zerfiel endgültig das Karolingerreich u. wandelte sich das ostfränkische zum dt. Reich.

Arnsberg

**2. Arnulf „der Böse",** Herzog von Bayern 907–937, †14. 7. 937 Regensburg; schlug 909, 910 u. 913 die Ungarn, kämpfte als Vertreter einer erstarkten Herzogsgewalt gegen Konrad I. u. Heinrich I., der ihm 921 wichtige Hoheitsrechte (u. a. freie Bischofsernennungen) zugestand, nachdem die Bayern 920 A. zum Gegenkönig erhoben hatten.

**Arnulfinger** → Karolinger.

**Arnulf von Metz,** Heiliger, Bischof von Metz 614–629, * Lay-Saint-Christophe bei Nancy, † 18. 7. 640 (?) Remiremont (obere Mosel); regierte Austrasien unter dem Merowinger Dagobert I. zusammen mit dem Hausmeier Pippin I. Durch die Ehe seines Sohns Ansegisel mit Pippins Tochter Begga wurde A. Stammvater der *Karolinger.* 629 zog er sich als Einsiedler in die Vogesen zurück; Fest: 19.8.

Arnstadt

---

Arnolfo di Cambio: Marientod; um 1300. Marmorskulptur von der Domfassade in Florenz. Berlin, Skulpturensammlung; Zustand vor 1945, danach zerstört

**Arnuwanda**, HETHITISCHE KÖNIGE:
1. **Arnuwanda I.**, um 1400 v. Chr., einer der Begründer des hethit. Großreichs, das er durch einige Feldzüge sicherte.
2. **Arnuwanda II.**, 1320–1318 v. Chr., kämpfte als Kronprinz gegen die Churriter u. Ägypter, starb sehr bald nach seiner Inthronisierung.
3. **Arnuwanda III.**, nach 1215 v. Chr., in seine Zeit fiel der Niedergang des hethit. Reiches, das unter seinem Nachfolger Suppiluliuma II. zerschlagen wurde.

**Arolsen**, seit 1997 *Bad A.*, Stadt u. Heilbad in Hessen, Ldkrs. Waldeck-Frankenberg, westlich von Kassel, 286 m ü. M., 16 800 Ew.; Schloss (18. Jh.), ehem. Residenz der Fürsten von Waldeck u. Pyrmont, bis 1929 Hptst. des Fürstentums Waldeck; nahebei Stausee im Twistetal.

**Aroma** [das; grch.], Wohlgeruch oder Wohlgeschmack von Lebensmitteln, durch flüchtige ätherische Öle oder chemische Riech- und Geschmacksstoffe verursacht. → Aromastoffe.

**Aromagewinnung**, *Entaromatisierung*, bei Fruchtsäften ein Verfahren zur Abtrennung der Aromastoffe vor dem Konzentrieren. Auch → Fruchtsaftkonzentrat.

**Aromastoffe**, *Aromen*, Sammelbez. für chemisch recht unterschiedliche Substanzen, die einen angenehmen Geschmack oder Geruch hervorrufen; natürliche A. werden durch Pressung, → Destillation oder → Extraktion aus den Naturstoffen gewonnen. Synthetische A. sind auf chemischem Wege gewonnene Substanzen. Sie werden Lebens- u. Genussmitteln zugesetzt, um diesen einen bestimmten, aromat. Geschmack u. Geruch zu verleihen.

**Aromatherapie**, *Dufttherapie*, eine in den 20er Jahren geprägte, meist zur Vorbeugung eingesetzte, naturheilkundl. Behandlungsmethode, bei der dem Körper durch Inhalation („Duftlampe"), über die Haut (Massagen, Bäder) oder durch orale Einnahme ätherische Pflanzenöle zugeführt werden. Diese sollen die Selbstheilungskräfte anregen. Es konnten zentralnervöse u. endokrine Wirkungen verschiedener aromatischer Verbindungen nachgewiesen werden, dennoch ist die Aromatherapie wissenschaftlich umstritten.

**aromatisch**, voller Aroma, wohlriechend, wohlschmeckend.

**aromatischer Essig**, durch Geschmacksstoffe verschiedener Pflanzen verfeinerter Essig, zum Beispiel Kräuter-, Senfgewürz-, Estragon-Essig.

**aromatische Verbindungen**, *Aromate*, i. e. S. Kohlenwasserstoffe, die sich vom → Benzol als dem einfachsten Vertreter ableiten. Gegensatz: *aliphatische Verbindungen*. I. w. S. versteht man unter aromatischen Verbindungen ringförmige, ebene, auch heterocyclische Verbindungen, deren Anzahl von π-Elektronen der Hückel-Regel gehorcht u.

Aronstab: Arum maculatum, Fruchtstand mit reifen Beeren

die ein typisch aromatisches Reaktionsverhalten analog zum Benzol aufweisen.

**Aromunen**, *Makedorumänen, Walachen, Arnauti*, in Thessalien, Albanien, Makedonien u. im Epirus verstreut lebende rumän. Stämme oder Bruderschaften (rd. 300 000), jetzt größtenteils sesshaft *(Karaguni)*. Die *Farscherioten* sind z. T. noch nomad. oder halbnomad. Viehhirten.

**Aromunisch**, Dialekt des *Rumänischen* in Albanien, Thessalien u. Makedonien.

**Aron** → Aaron.

Raymond Aron

◆ **Aron** [a'rõ], Raymond, französ. Soziologe, Philosoph u. Publizist, *14. 3. 1905 Paris, †17. 10. 1983 Paris; 1956 Prof. an der Sorbonne, 1970 am Collège de France; beschäftigte sich bes. mit der Industriegesellschaft, der Soziologie des 20. Jh. u. mit Marxismuskritik; schrieb bis 1977 Leitartikel für die Zeitung „Le Figaro", seitdem für „L'Express". Hptw.: „Die dt. Soziologie der Gegenwart" 1935, dt. 1969; „Opium für Intellektuelle" 1955, dt. 1957; „Frieden u. Krieg" 1962, dt. 1963; „Plädoyer für das dekadente Europa" 1977, dt. 1978. Erinnerungen: „Erkenntnis u. Verantwortung" 1983, dt. 1985.

**Arona**, 1. italien. Stadt in Piemont, am Lago Maggiore, 16 200 Ew.; Fremdenverkehr, Textilindustrie; bis 1801 Festung.
2. Stadt auf der Kanareninsel *Teneriffa*, 41 600 Ew.

**Aron ha-kodesch** [hebr., „heiliger Schrein"], Wandschrank in der Synagoge, in dem die biblischen Schriftrollen aufbewahrt werden.

◆ **Aronstab**, *Arum maculatum*, Giftpflanze schattiger Laubwälder mit häufig braungefleckten Blättern u. scharlachroten Beeren. Das innen grüne, zuweilen purpurgefleckte Hüllblatt *(Spatha)* überragt den an der Spitze braunroten bis violetten Kolben, der als Reuse ausgebildet ist u. Insekten zur Bestäubung festhält: eine → Kesselfallenblume.

**Aronstabgewächse**, *Arongewächse, Araceae*, Familie der zu den *Monokotyledonen* gehörenden Ordnung der → Spathiflorae; Bestäubung vor allem durch Zweiflügler; meist trop. Pflanzen; in Dtschld. nur die Gattungen: *Aronstab, Arum; Schlangenwurz, Calla; Kalmus, Acorus*.

**Arosa**, internationaler Sommer- u. Winterkurort im Plessurtal, im schweiz. Kanton Graubünden, 1720 bis 1820 m ü. M., 2300 Ew.; lichtklimatisches Observatorium, spätgotische Bergkirche (um 1500).

**Arosenius**, Ivar, schwed. Maler, *8. 10. 1878 Göteborg, †1. 1. 1909 Älvängen, Göteborg; die von ihm bevorzugten meist kleinformatigen Aquarelle u. Gouachen sind vom Symbolismus der Jahrhundertwende geprägt, den er um märchenhafte u. volkstüml. Elemente bereicherte; daneben auch an E. *Munch* orientierte expressionist. Werke.

**Arouet** [aru'ɛ], François-Marie, eigentl. Name von → Voltaire.

◆ **Arp**, Hans (Jean), deutsch-französischer Maler, Grafiker, Bildhauer u. Dichter, *16. 9. 1886 Straßburg, †7. 6. 1966 Basel; nach Studium in Weimar u. Paris 1912 Verbindung zum „Blauen Reiter", 1916 Mitbegründer der Dada-Bewegung in Zürich, 1919/20 Zusammenarbeit mit M. Ernst; zuerst Farbholzschnitte und Holz-Klebebilder in ungegenständliche Formgebung; seit 1930 auch Plastiken, die bei starker Abstraktion die Erinnerung an Organisches bewahren. Arp schrieb auch Collage-Gedichte sowie die Hauptschrift: „On my way" 1948.

**Arpad**, Hptst. des nordsyr. Aramäerstaats *Bit-Agusi*, Blütezeit bis zum 1. Jahrtausends v. Chr.; Grabungen 1960.

**Árpád** ['a:rpa:d], erster Großfürst der Magyaren, ca. 890–907, die er aus dem sog. Lebedien (Südrussland) an die untere Donau (Etelköz) u. 895/896 unter dem Druck der nachdrängenden Petschenegen nach Pannonien führte (sog. magyarische Landnahme). A. begründete die Dynastie der *Árpáden* in Ungarn, die 1301 im Mannesstamm erlosch.

**Arpeggio** [ar'pɛdʒo; das; ital. *arpa*, „Harfe"],

harfenähnliches Nacheinander-Erklingen der Töne eines Akkords auf Tasten- u. Streichinstrumenten.

**Arpeggione** [arpɛˈdʒoːnə], eine 6-saitige Gitarre in Violoncello-Größe, die mit einem Bogen gespielt wird; von G. Stauffer 1823 erfunden. F. *Schubert* schrieb eine Sonate für A. u. Klavier.

**Arpino**, 1. Cavaliere d', italien. Maler, → Cesari, Giuseppe.
2. Giovanni, italienischer Schriftsteller, *21. 1. 1927 Pola, †10. 12. 1987 Turin; in seinen Romanen und Erzählungen steht meist der Konflikt zwischen Individuum und Gesellschaftsstrukturen im Mittelpunkt: „Ein ungleiches Paar" 1959, dt. 1969; „Aus gekränkter Ehre" 1961, dt. 1964; „Im Schatten der Hügel" 1964, dt. 1966.

◆ **Arrabal**, Fernando, span. Schriftsteller, *11. 8. 1932 Melilla (Marokko); übersiedelte wegen der span. Zensur 1955 nach Paris; schrieb surrealist.-absurde Stücke in französ. Sprache („Picknick im Felde" 1952, dt. 1961; „Baal Babylon" 1959, dt. 1964, 1971 von Arrabal auch verfilmt; „Guernica" 1960, dt. 1963; „Der tausendjährige Krieg" 1972); daneben auch Romane („Hohe Türme trifft der Blitz" 1983, dt. 1986) u. Gedichte.

Fernando Arrabal, 1983

**Arrah**, ind. Distrikt-Hptst. in Bihar in der Gangesebene, 50 km westlich von Patna, 157 000 Ew.; Zentrum eines ausgedehnten Bewässerungsgebietes (Reis, Zuckerrohr); chem. u. pharmazeut. Industrie.

**Arrak** [der; arab.], aus Rohrzuckermelasse oder Palmenzuckersaft u. Reis gewonnener starker Branntwein (55–60 Vol. %). A. wird bes. in Java, Sri Lanka u. Thailand hergestellt.

**Arran** [ˈærən], schott. Insel, gehört zur Strathclyde Region, 460 km², 3600 Ew.; Hauptort ist *Brodick*; beliebtes Fremdenverkehrsgebiet.

**Arrangement** [arãʒəˈmã; das; frz.], 1. *allgemein*: Anordnung, Zusammenstellung; Übereinkunft.
2. *Musik*: Einrichtung eines Musikstücks für eine andere als die originale Besetzung. Auch → Instrumentation, → Orchestrierung, → Transkription.

**Arrangierprobe**, Stellprobe im Theater, bei der die Bewegungsabläufe der Inszenierung festgelegt werden.

**Arras** [frz. aˈraːs], fläm. *Atrecht*, nordfranzös. Stadt rechts der ab A. schiffbaren Scarpe, alte Hptst. des *Artois*, jetzt Sitz des Dép. Pas-de-Calais, 42 700 Ew.; Grand-Place mit Stadthaus u. Bergfried; Kathedrale (18./19. Jh.); Landmaschinenbau; Metall- u. Lebensmittelindustrie, Getreide- u. Ölhandel. Der *Friede von A.* wurde am 23. 12. 1482 zwischen Ludwig XI. von Frankreich u. Maximilian von Österreich (dem späteren Kaiser Maximilian I.) als Regenten der Niederlande abgeschlossen. Maximilian versprach, seine Tochter Margarethe mit dem Dauphin zu verheiraten u. sie mit dem Artois u. der Franche-Comté als Mitgift auszustatten.
In der *Union von A.* schlossen sich am 6. 1. 1579 die Stände des Artois u. von Hennegau zusammen, die sich damit der Herrschaft des span. Königs unterwarfen u. dafür ihre Sonderrechte bestätigt erhielten; hiermit begann die Trennung der südl. von den nördl. Niederlanden. Auch → Utrechter Union.

◆ **Arrau**, Claudio, chilen. Pianist, *6. 2. 1903 Chillán (Chile), †9. 6. 1991 Mürzzuschlag (Österreich); studierte in Berlin u. gewann zahlreiche internationale Preise; bekannt für sein vielseitiges Repertoire, gilt aber bes. als Interpret der Klassik u. Romantik (Beethoven, Chopin, Schumann).

Claudio Arrau

**Arrauschildkröte**, *Podocnemis expansa*, bis 75 cm lange Schienenschildkröte an Flüssen des trop. Südamerika; Eigelege im Sand der Uferbänke, von Indianern zur Gewinnung von Öl gesammelt. Die *Terekay-Schildkröte*, *Podocnemis unifilis* ist kleiner, aus dem Oberlauf der Ströme.

**Arravalligebirge** → Aravalligebirge.

**Array** [əˈreɪ; das; engl.], *seismisches Array*, ein über eine größere Geländefläche (etwa 100 × 100 km) verteiltes Netzwerk von Seismometern mit zentraler Registrierung; wirkt als Richtantenne für seismische Wellen.

**Arrecife** [arːeˈθife], Hauptort der span. Kanar. Insel *Lanzarote*, 33 400 Ew.; Fischereihafen, Fischkonservenfabriken.

**Arrée**, *Monts d'Arée* [mõdaˈreː], alte eingerumpfte Gebirgskette an der Nordwestküste der Bretagne, höchster Punkt der Bretagne (391 m) im *Mont Saint-Michel d'Arrée*; Teil des armorikan. Massivs.

**Arreola**, Juan José, mexikan. Schriftsteller, *21. 9. 1918 Ciudad Guzmán; wichtigster Klassiker der zeitgenöss. mexikan. Erzählung; schrieb die einaktige Komödie „La hora de todos" 1954 u. den Roman „La feria" 1963. In seinem Hptw. „Confabulario total" 1961, dt. „Confabularium" 1980, sind Erzählungen, Skizzen, Reklametexte, Tagebuchblätter u. Dialoge aus allen Schaffensperioden Arreolas versammelt, in denen er die lateinamerikan. Wirklichkeit mit dem abendländ. Kulturanspruch konfrontiert.

**Arrest**, 1. *Militär*: einfache militär. Disziplinarstrafe: Freiheitsentzug von mindestens 3 Tagen u. höchstens 3 Wochen; als *„Strafarrest"* Strafart des Wehrstrafrechts: Freiheitsentzug durch strafgerichtl. Urteil von 1 Tag bis zu 6 Monaten.
2. *Strafrecht*: in Dtschld. *Jugendarrest*, Freiheitsentzug als Zuchtmittel des Jugendstrafrechts für jugendl. Straftäter; Arten: *Dauerarrest* (1–4 Wochen), *Freizeitarrest* (1–2 Freizeiten), *Kurzarrest* (bis zu 4 Tagen). In *Österreich* bis 1974 als *einfacher A.* oder *strenger A.* leichte Form der jetzt einheitlichen → Freiheitsstrafe; in der *Schweiz Schularrest* als Maßregel bei Kindern zwischen 6 u. 14 Jahren gebräuchlich.
3. *Zivilprozeßrecht*: gerichtl. Sicherung von Geldforderungen bei Gefährdung der künftigen → Zwangsvollstreckung im Wege eines bes. *Arrestverfahrens (Arrestprozeß)*; erfolgt aufgrund eines gerichtl. *Arrestbefehls* durch Pfändung bewegl. Sachen oder Eintragung einer Sicherungshypothek *(dinglicher A., Realarrest)* oder durch Beschränkung der persönl. Freiheit des Schuldners *(persönlicher A., Personalarrest)*; geregelt in §§ 916 ff. ZPO. – Im *österr*. Zivilprozess wird der Begriff A. unbekannt; das *schweiz*. Zivilprozeßrecht kennt nur die Form des *Vermögensarrests* (Realarrest).

**Arrestbruch** → Verstrickungsbruch.

**arretieren** [frz.], festnehmen, verhaften; bewegliche Teile eines Gerätes blockieren.

**Arretierung**, 1. *Strafrecht*: Festnahme; → Arrest.
2. *Technik*: Anhalte- u. Feststellvorrichtung in u. an Geräten u. Maschinen.

**Arretierungsklausel**, Vermerk auf Wechselabschrift: „bis hierher Abschrift" gem. Art. 67 Abs. 2 Wechselgesetz, um kenntlich zu machen, wieweit die Abschrift reicht.

**arretinische Gefäße**, ziegelrote, häufig mit Reliefs verzierte Tongefäße *(terra sigillata)*; bes. in *Arezzo* (lat. *Arretium*) hergestellt u. von 30 v. Chr. bis 60 n. Chr. im Röm. Reich verbreitet.

**Arretium**, antiker Name von → Arezzo.

◆ **Arrhenius**, Svante August, schwed. Chemiker und Physiker,

Svante August Arrhenius

Hans Arp in seinem Atelier

**Arrhenius-Gleichung**

*19. 2. 1859 Gut Wyk bei Uppsala, †2. 10. 1927 Stockholm; ab 1909 Direktor des Nobelinstitutes für physikal. Chemie; stellte die Theorie der elektrolyt. Dissoziation auf, leistete fundamentale Arbeiten auf dem Gebiet der Reaktionskinetik *(Arrhenius-Gleichung)* u. beschäftigte sich mit Problemen der kosmischen Physik; Nobelpreis für Chemie 1903.

**Arrhenius-Gleichung,** die von Svante *Arrhenius* hergestellte Beziehung zwischen der chem. Reaktionsgeschwindigkeit u. der Temperatur, aus der sich später der Begriff der *Aktivierungsenergie* entwickelte.

**Arrhythmie** [grch.]. **1.** *allg.:* Störung der regelmäßigen Aufeinanderfolge. **2.** *Medizin:* Unregelmäßigkeit der Herztätigkeit u. damit der Pulsfrequenz.

**Arrianus,** *Arrian,* Flavius, Geschichtsschreiber aus Nikomedeia (Bithynien), \*95, †175; Grieche mit röm. Bürgerrecht, Konsul, später Statthalter von Kappadokien; verfaßte Schriften über Indien („Indika"), Bithynien, die Parther, das Schwarze Meer u. eine Geschichte des Feldzugs Alexanders d. Gr. nach Persien („Anabasis"; bes. wertvoll, da sie sich auf verlorene, geschichtlich zuverlässige Quellen stützt). A. war ein Schüler des griechischen Philosophen Epiktet u. überlieferte durch seine Nachschriften der Gespräche Epiktets dessen Lehren.

**Arrièregarde** [ariɛrˈgard; die; frz.] → Nachhut.

**Arringatore** [ital. „Redner"], bronzene Ehrenstatue des *Avle Metele* (Aulus Metellus), eines städt. Beamten von Perùgia (lat. Perusia), um 90 v. Chr. geschaffen, 1566 wiederentdeckt; beispielhaft für die gegenseitige Durchdringung etrusk. u. röm. Kunst; Florenz, Archäol. Museum.

**arrivieren** [frz.], anerkannt; emporgekommen.
**Ar Riyad** → Riad.
**Arroganz** [lat.], Dünkelhaftigkeit. – *arrogant,* anmaßend, eingebildet.

**Aromanches-les-Bains** [aroˈmɑ̃ʃləˈbɛ̃], Fischerhafen u. Badeort an der Nordküste der Halbinsel *Cotentin* in der Normandie, 410 Ew.; hatte große Bedeutung bei der Landung der Alliierten im Jahre 1944; über 1 Mio. Soldaten u. täglich bis zu 20 000 t Material wurden bei A. in einem künstl. Hafen (Port Winston) an Land gesetzt; Museum über Invasion u. Landungsmanöver.

**arrondieren** [frz.], abrunden; zusammenlegen.
**Arrondissement** [arɔ̃disˈmã; das], unterer Verwaltungsbezirk in Frankreich, Teil eines Départements, von einem Unterpräfekten geleitet.

Kenneth Joseph Arrow

◆ **Arrow** [ˈærəʊ], Kenneth Joseph, US-amerikan. Nationalökonom, \*23. 8. 1921 New York; 1968 bis 1979 Prof. an der Harvard University in Cambridge (USA), seit 1979 Prof. an der Stanford University; Arbeiten zur allg. Theorie des ökonom. Gleichgewichts, zur Wohlfahrtstheorie u. zur Theorie der öffentlichen Wirtschaft. Hptw.: „Social choice and individual values" 1951; „The economic implication of learning by doing" 1962; (mit H. Raymond) „Social Choice and multicriterion decision-making" 1986. Zusammen mit J. *Hicks* Nobelpreis für Wirtschaftswissenschaften 1972.

**Arrowroot** [ˈærəurut; das; engl. „Pfeilwurzel"], verschiedene trop. Stärkearten, die vorwiegend aus unterirdischen Pflanzenteilen gewonnen werden; bes. für Kinder- u. Diätkost verwendet. Hierin gehören u. a. *Marantastärke (westindisches, Jamaika-, Bermudas-, St.-Vincent-, Natalarrowroot)* aus den Rhizomen verschiedener Pfeilwurzelarten (*Maranta arundinacea, Maranta indica, Maranta nobilis*), *Cannastärke (Queensland-* oder *Neusüdwalesarrowroot)* aus den Rhizomen von *Canna edulis, Batatenstärke (Brasilian. A.)* aus den Knollen von *Batatas edulis* sowie *Manihotstärke (Brasilian., Bahia-, Rio-, Paraarrowroot)* aus den Wurzelknollen von *Manihot utilissima.*

**Arroyo, 1.** Eduardo, span. Maler u. Bühnenbildner, \*26. 2. 1937 Madrid; begann als Reporter, wandte sich dann der Kunst zu u. lebte 1958–1968 in Paris, wo er 1960 zu den ersten Vertretern der *Neuen Figuration* gehörte. Die unmittelbare Wirkung mit einfachsten Mitteln, die er in seiner aggressiven Malerei anstrebt, erzielte er in Bühnenbildern zu Theaterstücken von Adamov, Euripides u. Brecht. Aufsehen erregte auch seine Konzeption der „Walküre" von R. Wagner (in Zusammenarbeit mit dem Regisseur K. M. *Grüber*) in Paris (1976).
**2.** Gloria, G. *Macapagal-Arroyo,* philippin. Politikerin, \*5. 4. 1947 Manila; Wirtschaftswissenschaftlerin; Tochter des früheren philippin. Präs. Diosdado *Macapagal;* 1992 zur Senatorin u. 1998 zur Vizepräsidentin gewählt; seit dem vorzeitigen Ende der Präsidentschaft J. Estradas im Januar 2001 Staatspräsidentin der Philippinen.
**3.** Martina, US-amerikan. Sängerin (Sopran), \*2. 2. 1936 New York; war nach ihrem Debüt an der Metropolitan Opera (1959) dort jahrelang führende Sopranistin; später in Europa vor allem als hervorragende Verdi- u. Mozart-Interpretin bekannt.

**Arruns,** lat. Form eines verbreiteten etrusk. Vornamens. Aus der frühen röm. Sage ist A., Sohn des etrusk. Königs *Porsenna,* bekannt.
**Arrupe,** Pedro, span. kath. Theologe, \*14. 11. 1907 Bilbao, †5. 2. 1991 Rom; 1965 bis 1981 der 28. General der Jesuiten.
**Ars** [die; Pl. *Artes;* lat.], Kunst; Wissenschaft.
**Arsakes,** König des Iran 247(?)–217 v. Chr.; Begründer der Dynastie der Arsakiden u. des Partherreiches (→ Parther); wurde in Asaak (heute Turkmenistan) zum König gekrönt. Um 238 eroberte er die seleukidische Satrapie Parthien, östlich des Kaspischen Meers; er starb nach 217 v. Chr.
**Arsakiden** → Parther.
**Ars amatoria** [lat.], „Liebeskunst", Lehrgedicht von *Ovid* um 1 v. Chr.
**Arsames** [grch.], altpers. *Rschama,* d. h. „der Heldenstarke", Sohn des *Ariaramnes,* Großvater des *Dareios I.,* ca. 590–559 v. Chr.; übernahm die Herrschaft von seinem Vater, bis *Kyros II.* die Meder besiegte u. die alleinige Herrschaft über das von ihm begründete große Achämenidenreich antrat.

**Arsanilsäure,** *p-Aminophenylarsinsäure,* Formel $H_2N-C_6H_4-AsO_3H_2$, organische Arsenverbindung, die durch Erhitzen von arsensaurem Anilin hergestellt werden kann. Das Natriumsalz der A. *(Atoxyl)* diente als Mittel gegen die Schlafkrankheit, wird aber heute nicht mehr häufig verwendet; Ausgangsprodukt zur Herstellung von *Salvarsan, Neosalvarsan* u. a.

**Ars antiqua** [lat., „alte Kunst"], musikgeschichtlich die Epoche mensuraler Mehrstimmigkeit zwischen 1230 u. 1320. Sie ging von der Notre-Dame-Schule aus u. mündete in die → Ars nova. Ihre Hauptform war die dreistimmige Motette für instrumental auszuführenden Tenor u. zwei solist. Männerstimmen. Dem Tenor lag eine gregorianische oder eine weltl. Weise zugrunde. Die beiden „freien" u. textierten Stimmen hießen *Duplum* bzw. *Motetus* u. *Triplum.* Die gegenüber der Notre-Dame-Schule gesteigerte Beweglichkeit der „Ober"-Stimmen u. ihre zunehmende kontrapunkt. Unabhängigkeit voneinander u. von dem ruhigen Tenorfundament sowie eine neue Rhythmik erforderten eine neue „mensurale" Notation mit genau bezeichnete Notenwerten.

**Arschin** [der; russ.], altes russ. Längenmaß; 1 A. =16 Werschok = 71,12 cm.
**Arschleder,** schurzartiger, lederner Gesäßschutz für liegend oder hockend arbeitende Bergleute; in nassen Betrieben auch Schutz der Nieren gegen Tropfwasser.

**Ars combinatoria** [lat., „Kunst des Zusammensetzens"], Versuch des Raimundus *Lullus* (\*1232, †1316), ein umfassendes Erkenntnissystem mit Hilfe einer nach logischen Gesetzen vollzogenen Begriffskombinatorik konstruktiv zu entwickeln. Der Gedanke wurde später von *Leibniz* wieder aufgegriffen mit dem Ziel, für alle menschl. Begriffe charakteristische Zahlen festzustellen, um dann nach dem Vorbild eines mathemat. Kalküls als logisches Kalkül eine Art Algebra der Begriffe zu entwickeln; ein Vorhaben, das bis heute Programm geblieben ist u. es wegen der unerfüllbaren erkenntnistheoret. Voraussetzungen auch bleiben wird.

◆ **Arsen** [das; grch.], chem. Zeichen As, stahlgraues, metallisch glänzendes, sprödes, dem Phosphor in seinen Eigenschaften ähnliches, 3- u. 5-wertiges Halbmetall; tritt in zwei monotropen Modifikationen als gelbes (nicht metallisches) u. graues (metallisches) A. auf; Dichte 5,73, Sublimationspunkt 613 °C, Atommasse 74,92, Ordnungszahl 33. Als Metall keine großtechn. Verwendung. In der Eisenhüttentechnik ein gefürchtetes Stahlgift. Vorkommen: gelegentlich rein als Scherbenkobalt, hauptsächlich jedoch in Form von Metallarseniden, Sulfiden u. als Arsenoxid.
*Darstellung:* durch Erhitzen von *Arsenkies (Eisenarsensulfid)* oder *Arsennickelkies (Nickelarsensulfid)* unter Luftabschluß, wobei das A. absublimiert u. sich in kalten Vorlagen wieder niederschlägt.

*Verbindungen: Arsenide* leiten sich vom Arsenwasserstoff, $AsH_3$, bei Ersatz von Wasserstoff durch Metall ab (z. B. Zinkarsenid, $Zn_3As_2$); *Arsenate* (z. B. *Natriumarsenat*, $Na_3AsO_4$) sind die Salze der *Arsensäure*. *Arsenwasserstoff* ist ein sehr giftiges Gas; beim Durchleiten durch ein erhitztes Rohr schlägt sich an den kälteren Stellen des Rohrs elementares A. nieder *(Marsh'sche Probe, Arsenspiegel).* Die organischen Derivate des Arsenwasserstoffs sind die *Arsine. Arsentrioxid (Arsenik*, $As_2O_3$) ist ein starkes Gift; seine wässrige Lösung ist die *arsenige Säure* ($H_3AsO_3$), deren Natriumsalze früher der Pflanzenschädlingsbekämpfung dienten. Von den *Arsensulfiden* (Schwefelarsen) wird *Realgar* ($As_4S_4$), das durch Zusammenschmelzen von A. u. Schwefel entsteht, für *Rotglas* zur Enthaarung von Fellen verwandt; *Arsentrisulfid* ($As_2S_3$) ist die Malerfarbe *Königsgelb (Operment); Arsenpentasulfid* ($As_2S_5$) ist wie Arsentrisulfid eine gelbe Verbindung, die zur analytischen Bestimmung von A. verwandt wird. Organische Arsenverbindungen wurden in der Syphilistherapie benutzt (→ Salvarsan). Siehe auch → Kakodylverbindungen.
Die erste organische Arsenverbindung fand R. *Bunsen* 1837.

**Arsenal** [arab., ital., „Haus der Handwerker"], *i. w. S.* Gebäude zur Lagerung von Waffen; *i. e. S.* nur für die Marine (z. B. in Venedig).

**Arsenije**, *Arsenije III. Crnojević*, serb. Patriarch 1674–1690 in Péc, * um 1633 Bajice, † 27. 10. 1706 Wien; unterstützte den Kampf der Heiligen Liga gegen das osman. Reich u. organisierte 1689 die serb. Erhebung. 1690 schloss er sich mit rd. 70 000 Serben den abziehenden kaiserl. Truppen an u. gründete mit Billigung Kaiser Leopolds in Südungarn (Syrmien) ein autonomes orth. Kirchenzentrum (Metropolie von Karlowitz).

**Arsenik**, *Arsen(III)oxid, Arsentrioxid, Weißarsenik*, $As_2O_3$, wichtigste Verbindung des Arsens u. Hauptverbrennungsprodukt organ. Arsenverbindungen. Weißes Pulver oder porzellanartige Stücke; starkes Gift, geringste Spuren von A. können mit der *Marsh'schen Probe* nachgewiesen werden. In geringen ärztlich verordneten Dosen wurde A. als Mittel gegen Bleichsucht, Rachitis, körperl. Schwäche u. a. eingesetzt. Selten wird A. noch als Mäusegift verwendet; es dient zur Herstellung von Blaukreuzkampfstoffen u. zur Konservierung von Häuten.

**Arsenkies**, *Arsenopyrit, Giftkies,* monoklines Mineral, FeAsS, hellgrau bis zinnweiß, spröde, Härte 5,5–6.

**Arsentrioxid** → Arsenik.

**Arsenvergiftung**, Vergiftung mit Arsenverbindungen; Giftaufnahme meistens durch die Verdauungswege, seltener über die Atemwege (Dämpfe, Staub) u. über Haut u. Schleimhäute. *Akute A.:* Trockenheit u. Brennen im Rachen, Durst, Übelkeit, Erbrechen, Galle-Blut-Brechen, dünnwässrige Durchfälle, Koliken, Angstgefühle, Lähmungen, Krämpfe. Der Tod kann eintreten nach einigen Stunden bis Tagen, je nach Giftmenge u. Empfindlichkeit.
Wiederholte Aufnahme kleiner Mengen führt zur *chronischen A.,* die sich durch Magen-Darm-Störungen, Hautausschläge u. Lähmungen äußert. Chronische A. tritt auf als Berufskrankheit bei Berg- u. Hüttenarbeitern sowie bei Gewerben u. Berufen, die mit arsenhaltigen Farbstoffen oder Schädlingsbekämpfungsmitteln umgehen (Weinbau, Forstwirtschaft).

**Arsine**, Derivate des Arsenwasserstoffs $AsH_3$, bei denen ein, zwei oder drei Wasserstoffatome durch *Alkyl-* oder *Arylgruppen* ersetzt sind. Meist sind es leichtflüchtige wasserunlösliche, farblose, giftige, schleimhautreizende Flüssigkeiten unangenehmen, knoblauchartigen Geruchs. *Diphenylarsinchlorid* u. *Diphenylarsincyanid* wurden im ersten Weltkrieg als Blaukreuzkampfstoffe verwendet.

**Arsinoë**, ÄGYPTISCHE KÖNIGINNEN AUS DEM PTOLEMÄERHAUS:
**1. Arsinoë II.**, Tochter des Ptolemaios I. Soter, * 316 v. Chr., † 270 v. Chr.; lebte seit 278 v. Chr. in Geschwisterehe mit ihrem Bruder, König Ptolemaios II. Philadelphos; nach ihr wurde der neuerschlossene *Arsinoitische Gau* im Faiyum-Gebiet benannt.
**2. Arsinoë III.**, Tochter des Ptolemaios III. Euergetes u. der Berenike II.; † 204 v. Chr. (ermordet); lebte in Geschwisterehe mit ihrem Bruder Ptolemaios IV. Philopator; war 217 v. Chr. am ägyptischen Sieg über Antiochos III. bei *Raphia* beteiligt.

**Ars longa, vita brevis** [lat.], „Die Kunst (ist) lang, das Leben kurz" (nach Hippokrates).

**Ars moriendi** [lat.], die Kunst, (fromm) zu sterben; Erbauungsbuch des MA.

**Ars musica** [lat., „Musikkunst"], 1. im MA die Disziplin der Musik gegenüber den übrigen der „sieben freien Künste" (Arithmetik, Geometrie, Astronomie, Grammatik, Dialektik, Rhetorik). – 2. die „Kunst" der Musik im Sinne von *usus* (Gebrauch) u. *scientia* (Wissen), d. h. die Praxis u. Theorie der Musiklehre.

**Ars nova** [lat., „neue Kunst"], musikgeschichtliche Epoche von etwa 1320 bis 1420 v. a. in Frankreich u. Italien; löste die → Ars antiqua ab. Den Namen prägte P. de Vitry (um 1320), der damit eine verfeinerte Art der musikalischen Notation bezeichnete. Diese eröffnete dem Komponieren zahlreiche neue rhythmische Möglichkeiten. Von den deutschen Musikern der Ars-nova-Epoche ist allein der „Minnesänger" Oswald von Wolkenstein näher bekannt. – In England fand die weltliche Kunst keinen Eingang. Hier blieb man den einfachen, vollklingenden kirchl. Stil bemüht.

**Ars poetica** [lat., „Dichtkunst"], dichtungstheoret. Werk des *Horaz.*

**Art**, 1. *allg.:* das Eigentümliche, die Weise.
2. *Biologie: Species, Spezies,* die grundlegende systemat. Kategorie der Biologie, ursprünglich rein morphologisch definiert nach äußerl. Merkmalen als einheitl. Gruppe. Sie unterscheidet sich stets deutlich von den nächsten Verwandten (andere Arten der gleichen Gattung) u. ist in sich nicht weiter zu gliedern. Als wichtigste taxonomische Einheit im System der Pflanzen u. Tiere bezeichnet der Begriff A. damit die Gesamtheit aller Individuen, die eine potenzielle Fortpflanzungsgemeinschaft bilden. Die A. ist daher die kleinste natürl. Einheit, die alle Individuen umfasst, die sich fruchtbar miteinander kreuzen können. Eine Kreuzung mit anderen Arten ist nicht möglich, bzw. es entstehen in seltenen Fällen nur unfruchtbare Nachkommen. Diese einseitige Festlegung wurde biologisch erweitert, etwa für die Botanik durch O. von *Wettstein* als „Gesamtheit aller Individuen, die in allen wesentl. Merkmalen untereinander und mit ihren Nachkommen übereinstimmen", und für die Zoologie durch Art *Remane*, der als Art eine natüriche., kontinuierliche Fortpflanzungsgemeinschaft mit harmonische aufeinander abgestimmten Erbanlagen bezeichnet. Auch diese erweiterten Artbegriffe sind jedoch keine allumfassenden Definitionen u. nur bedingt anwendbar, etwa bei Organismen mit Selbstbefruchtung. Eine Art wird nach der binären Nomenklatur immer mit dem Gattungsnamen u. dem eigentlichen Artnamen bezeichnet (z. B. *Abies alba,* Weißtanne).
3. *Logik:* formaler Ordnungs- u. Klassifikationsbegriff, der aus den gemeinsamen Merkmalen von Individualbegriffen gebildet wird. Da er selbst mit anderen Artbegriffen gemeinsame Merkmale hat, kann aus ihm ein höherer, nämlich der *Gattungsbegriff,* gebildet werden. Die A. wird bestimmt als klassische Definition: Angabe der nächsthöheren Gattung u. der „spezif." Differenz.

**Arta**, das antike *Ambrakia,* westgriech. Stadt am Rande einer größeren vom Árachthos gebildeten Schwemmlandebene, 20 100 Ew.; Hauptort des Verw.-Bez. A.; Zentrum eines landwirtschaftlich intensiven Anbaugebietes (Citrusfrüchte, Oliven). Konserven- u. Fruchtsaftfabriken; mittelalterl. Festungsanlagen, byzantin. Kirchen u. Klöster.

**Artabanos**, PARTHISCHE KÖNIGE:
**1. Artabanos I.**, parth. Großkönig, um 127 – um 124/23 v. Chr.; fiel im Kampf gegen die Nomaden im Osten des Partherreiches.

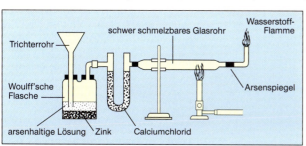

Arsen: Nachweis von Arsen durch die Marsh'sche Probe

**2. Artabanos II.,** parth. Großkönig, 10/11 bis um 38 n. Chr.; wurde vom parthischen Adel auf den Thron gesetzt u. konnte das in dieser Zeit durch innere Wirren geschwächte Reich wieder stärken.

**3. Artabanos III.,** parth. Thronanwärter, der mit anderen Anwärtern zwischen 79–81 n. Chr. um die Macht kämpfte, aber unterlag. Manchmal wird in der Literatur auch A. II. als A. III. geführt, in der Annahme, dass vorher um 88–78 v. Chr. ein weiterer A. als König geherrscht hat.

**4. Artabanos IV.,** letzter parth. Großkönig, 216–224 n. Chr., kämpfte gegen den röm. Kaiser Caracalla u. konnte 217/18 die Römer besiegen; unterlag dann dem Begründer der Sassanidendynastie *Ardaschir*.

Antonin Artaud

◆ **Artaud** [ar'to], Antonin, französischer Schriftsteller, *4. 9. 1896 Marseille, †4. 3. 1948 Ivry-sur-Seine (lebte seit 1939 in einer Heilanstalt). A. war anfangs surrealist. Lyriker („L'ombilic des Limbes" 1925; „Le pèse-nerfs" 1927), wandte sich danach vom Surrealismus ab („A la grande nuit ou le bluff surréaliste" 1927); als Dramatiker traditionsfeindlich, forderte er, dass das Theater ein „Fest der Zerstörung" sein solle, u. gründete 1935 das „Theater der Grausamkeit" („Le manifeste du théâtre de la cruauté" 1932). Essays: „Das Theater u. sein Double" 1938, dt. 1969; „Die Tarahumaras. Revolutionäre Botschaften" 1945, dt. 1975.

**Artaxerxes** [grch., lat. von altpers. *Artachschasa*, „dessen Reich die rechte Ordnung ist"], ALTPERS. KÖNIGE AUS DEM GESCHLECHT DER ACHÄMENIDEN:

**1. Artaxerxes I. Artaxerxes Longimanus** 465 bis 424 v. Chr., jüngerer Sohn Xerxes' I., Vater Xerxes' II.; schloss mit Athen den sog. *Kalliasfrieden* 449 v. Chr., der die Perserkriege beendete.

**2. Artaxerxes II., Artaxerxes Mnemon,** 405 bis 359 v. Chr., Sohn des Dareios II., Bruder des jüngeren Kyros; schloss den Frieden des *Antalkidas* (386 v. Chr.), der ihn zum Protektor der Autonomie der griechischen Staaten machte u. ihm damit weitgehende Einspruchsrechte in Griechenland sicherte.

**3. Artaxerxes III., Artaxerxes Ochos,** 358 bis 337 v. Chr., Sohn von 2); eroberte das seit 404 v. Chr. verlorene Ägypten für Persien zurück.

**4. Artaxerxes IV.,** nannte sich der Satrap *Bessos*, der den letzten Achämeniden, Dareios III., tötete.

**Art Brut** [ar'bryt; frz.] → Dubuffet, Jean.

◆ **Art Déco** [ar'deːko; Abk. für frz. *art décoratif*, „dekorative Kunst"], auf die Ausstellung „Exposition Internationale des Arts Décoratifs et Industriels Modernes" 1925 in Paris anspielende Bezeichnung für künstler. Produkte (bes. Kunsthandwerk) aus der Zeit zwischen den Weltkriegen. Der Stil der A. D. prägte neben Inneneinrichtungsgegen-

Art Déco: Anhänger mit Saphiren, Diamanten und Gold

ständen auch Skulpturen, Bühnenbilder u. Plakate sowie Architektur u. Fotografie. In ihm fließen verschiedene Stilelemente zusammen (Jugendstil, Futurismus, Funktionalismus), u. außer Einflüssen z. B. des Bauhauses sind auch ostasiat. Formen vertreten. Wichtige Künstler der A. D. sind u. a. die Maler L. *Bakst*, G. *Braque* u. T. de *Lempicka*, die Bühnenbildnerin N. *Gontscharowa* u. der Architekt M. *Breuer* mit seinen Möbelentwürfen.

**Art-Direktor,** Sachgebietsleiter einer Werbeagentur für alle graf. Tätigkeiten im Bereich der visuellen Kommunikation (z. B. Stilwahl, Bilderwahl, Schrifttypen, Farbwahl); gehört zu den gehobenen Kräften im graf. Bereich. Erforderlich ist der Besuch einer Akademie oder Fachhochschule. Auch → Designer.

**ARTE,** Abk. für *Association Relative à la Télévision Européenne*, europäischer Kulturkanal mit Sitz in Straßburg unter Beteiligung der französ. Fernsehgesellschaft *La Sept*, Paris, u. der *ARTE Deutschland TV GmbH*, Baden-Baden, deren Gesellschafter zu je 50 % die ARD u. das ZDF sind; gegr. 1991; seit 1993 ist das französischsprachige belg. Fernsehen RTBF assoziiertes Mitglied; Sendebetrieb seit Mai 1992.

◆ **Arte Cifra** ['tʃi-], eine Richtung der italien. Kunst seit Mitte der 1970er Jahre als Gegenreaktion auf → Conceptual Art u. → Arte Povera. Die Künstler gestalten sehr persönl., eigene Bildwelten durch symbol., mehrdeutige Verschlüsselung von Dingen, Zeichen u. Figuren. Vertreter sind S. *Chia*, E. *Cucchi*, M. *Paladino* u. F. *Clemente*.

**Artefakt** [lat., „künstliches Gebilde"], allg. jedes künstlich Hergestellte; in der Urgeschichte ein von Menschenhand hergestelltes Werkzeug, speziell Steine, die durch Bearbeitung Werkzeugcharakter erhalten haben.

**Artemia** → Salzkrebschen.

◆ **Artemis,** Tochter des Zeus und der Leto, Zwillingsschwester Apollons. In der grie-

Artemis (rechts) und Hekate im Kampf gegen die Giganten. Ausschnitt aus dem Ostfries des Pergamonaltars. Berlin, Pergamonmuseum

# Arte Povera

Arte Cifra: Mimmo Paladino, Ciclope (Zyklop); 1980–1983, dreiteilig. Öl, Holz, Papier und Stoff auf Leinwand. Wien, Museum moderner Kunst, Stiftung Ludwig

chischen Mythologie jungfräulichen Jagdgöttin, die in Begleitung ihrer Nymphen durch die Wälder zieht. Beliebteste Göttin der Griechen mit zahlreichen Beinamen, Kultstätten und Kultformen. Ihr Einflussgebiet ist die freie Natur: Herrin der Tiere (Verbindung bes. zu Bär u. Hirsch), Jagdgöttin (ihr Attribut ist der Bogen), Vegetations- und Fruchtbarkeitsgöttin (Heiligtümer oft in feuchtem und sumpfigem Gelände). Hat auch Einfluss auf die Menschen: sendet mit ihren Pfeilen plötzlichen Tod, beschützt Eheschließung und hilft bei der Geburt. Artemis wurde später gleichgesetzt mit der Mondgöttin Selene. Die römischen Entsprechung ist Diana.

**Artemisia** → Beifuß, → Absinth.

**Artemisia,** Schwester u. Gattin des → Mausolos, die nach dessen Tod 351 v. Chr. die Herrschaft über Karien u. Rhodos übernahm; ließ für ihren Gatten in *Halikarnassos* (heute türk. Bodrum) ein etwa 35 m hohes, prunkvolles Grabmal errichten (nicht erhalten), das Vorbild u. Namengeber für jede prächtige Grabstätte (→ Mausoleum) wurde u. als eines der sieben Weltwunder der Antike galt.

**Artemision,** lat. *Artemisium,* Heiligtum der Artemis, bes. das *A. von Ephesos,* das um die Mitte des 6. Jh. v. Chr. errichtet wurde u. als eines der sieben Weltwunder gerühmt wurde. Nach einem Brand 356 v. Chr. wurde es durch einen Neubau ersetzt. Von der 262 n.Chr. von den Goten zerstörten Kultstätte sind nur geringe Reste erhalten.

**Artemision,** *Kap Artemision,* an der Nordspitze Euböas (Griechenland); die griech. Flotte hielt hier Xerxes' Schiffe 480 v. Chr. bis zum Fall der griech. Stellung bei den Thermopylen auf.

**Artendiversität,** Artenvielfalt; → Diversität.

**Artenschutz,** *Naturschutz:* Schutz u. Pflege wild wachsender Pflanzen u. wild lebender Tiere u. ihrer Entwicklungsstadien (z.B. Schutz von Schmetterlingen durch Schutz der Futterpflanzen ihrer Raupen). Der A. schließt den Schutz der Lebensstätten *(Biotopschutz)* u. die Wiederansiedlung gefährdeter Arten in ihrem natürl. Verbreitungsgebiet ausdrücklich ein (Bundesnaturschutzgesetz in der Fassung vom 21. 9. 1998). Das Aussetzen gebietsfremder Tiere dagegen ist verboten.

Das *Bundesnaturschutzgesetz* bietet ganz allg. Schutz allen wild wachsenden Pflanzen u. wild lebenden Tieren, die nicht mutwillig u. sinnlos vernichtet, getötet, gesammelt oder beunruhigt werden dürfen. Unter bes. Schutz werden gefährdete einheimische u. europ. Pflanzen u. Tiere durch die *Artenschutzverordnung* (Bundesartenschutzverordnung) von 1980/1989 gestellt. Die betroffenen Arten werden in dieser Verordnung namentlich genannt (→ geschützte Pflanzen und Tiere). Das Washingtoner *Artenschutzübereinkommen* von 1973, für die Bundesrepublik Dtschld. durch entsprechendes Gesetz 1975 übernommen, verbietet den Handel mit u. den Erwerb von namentlich genannten Tier- u. Pflanzenarten – lebend oder tot (eingeschlossen sind auch „ohne weiteres erkennbare Teile" davon, etwa Felle, Kleidungsstücke u. Gegenstände, wie Taschen, Zähne, Gehörne, Pflanzenteile).

◆ **Arte Povera** [ital., „armselige Kunst"], Oberbegriff für eine Reihe seit etwa 1968 aufgekommener Kunstbestrebungen wie *Conceptual Art, Land-Art* u. *Minimal Art,* die herkömml. edle Materialien wie Bronze u. Marmor, aber weitgehend auch Kunststoffe verschmähen u. die Formen auf ihren

Arte Povera: Mario Merz, Objet cache toi; 1968, Metalldrahtgitter, Stoffe und Neon. New York, Sammlung Ilena und Michael Sonnabend

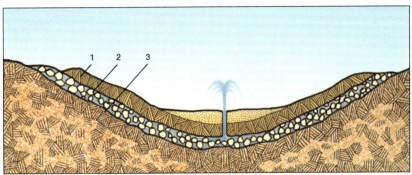

artesischer Brunnen: Profil der Gesteinsschichten im Gebiet eines artesischen Brunnens. Die Schichten 1 und 3 sind wasserundurchlässig, während 2 eine Wasser führende Geröll- und Sandschicht ist

Elementarzustand zurückführen. Im engeren Sinn versteht man darunter eine im Gegensatz zur Pop-Art deutlich antizivilatorisch eingestellte Kunstrichtung, die in der Anhäufung von unscheinbaren Dingen (wie z. B. Erde, Moos, Schnee, Backstein, Kalk, Sägespäne, Seil, Rosshaar) eine Antiformtendenz propagiert. Als Anreger wirkten R. *Morris* mit seinen Filzobjekten, die sich bei jeder Hängung verändern, C. *Oldenburg* mit seinen schlaffen Skulpturen aus Sackleinen u. J. *Beuys* mit seinen auf Bewusstseinsveränderung abzielenden „Aktionen". Vertreter der Arte Povera sind u. a. der Italiener G. *Zorio* (Arbeiten aus Feuer, Abfall, Glas u. Zement), in Amerika A. *Saret* (Hühnerdrahtplastiken), in Dtschld. R. *Ruthenbeck* (Aschehaufen).

**Arterenol** → Noradrenalin.

**Arterien**, i. w. S. *Schlagadern*, die vom Herzen fortführenden Blutgefäße, die über ihre Kapillargefäße (Haargefäße) den Kontakt mit den Gewebszellen finden. In den Organen (z. B. Haut, Lunge) sind ihnen die *Arteriolen* (kleine Arterien) vorgeschaltet, die über Kurzschlussverbindungen *(ateriovenöse Anastomosen)* mit den *Venolen* (kleinen Venen) in Verbindung stehen. Diese Verbindungen können je nach Bedarf geöffnet oder gesperrt werden. Nur die Arterien führen hellrotes, sauerstoffreiches Blut (ausgenommen der Lungenkreislauf).

**Arterienbögen**, die ursprünglich vier Kiemenarterien der Fische, die bei den lungenatmenden Wirbeltieren um- u. rückgebildet werden: Bei diesen bildet der erste Arterienbogen die beiderseitigen Kopfarterien *(Carotiden)*, der vierte die paarigen Lungenarterien. Der zweite u. dritte Arterienbogen sind bei den Schwanzlurchen als doppelter Aortenbogen erhalten. Die Frösche u. die Reptilien haben nur noch ein (das zweite) Aortenbogenpaar. Von diesem wird bei Vögeln u. Säugetieren jeweils eine Seite zurückgebildet, bei den Vögeln bleibt der rechte, bei den Säugetieren der linke Aortenbogen erhalten. Auch → Aorta, → Blutkreislauf.

**Arterienverkalkung** → Arteriosklerose.

**Arteriographie** [grch.] → Angiographie.

**Arteriolen** [grch.], feinste Verzweigungen der Schlagader-(Arterien-)Äste.

**Arteriosklerose**, *Atherosklerose, Arterienverkalkung*, mit zunehmendem Alter fortschreitender degenerativer Prozess in den Arterien. Je nach Ausmaß kann die A. zu schwerwiegenden Erkrankungen bis hin zum → Herzinfarkt u. zum → Schlaganfall führen. Bei der A. kommt es zu Veränderungen der Blutgefäßwände; sie verlieren ihre Elastizität, u. es kommt zu Verdickungen der Gefäßwände. Fettsäuren, Calciumsalze u. Cholesterin sammeln sich an. Dadurch wird der Blutdurchfluss mehr u. mehr behindert, was zu einer Mangeldurchblutung von Organen führt. Außerdem können an der veränderten Gefäßwand Gerinnungsprozesse auftreten, so dass ein Blutpfropf entsteht, der die Arterie vollständig verschließen kann. Risikofaktoren sind familiäre Veranlagung, angeborene Hyperlipidämie, Bluthochdruck, Diabetes mellitus, Rauchen. Männer haben ein höheres Erkrankungsrisiko als Frauen. Die lange als gesichert geltende Hypothese, dass erhöhte Cholesterinwerte eine A. hervorrufen, ist heute unter Medizinern umstritten. Neuerdings wird als mögliche Ursache auch eine bakterielle Infektion mit Chlamydien diskutiert. Eine der wichtigsten vorbeugenden Maßnahmen ist, nicht zu rauchen. Die Behandlung richtet sich nach der durch A. hervorgerufenen Erkrankung.

**Artern**, *Artern/Unstrut*, Stadt in Thüringen, Kyffhäuserkreis, in der Goldenen Aue, an der Unstrut, 7200 Ew.; Solbad, Maschinenfabrik, Brauerei.

**artesische Becken**, ausgedehnte geolog. Becken mit muldenförmiger Schichtenlagerung, die große Wasservorräte bergen, die durch *artes. Brunnen* erschlossen werden. A. B. haben bes. in Australien, wo allein die acht wichtigsten artesischen Becken ein Drittel der Fläche des Kontinents einnehmen, entscheidende wirtschaftl. Bedeutung. Das artes. Wasser ist zwar oft leicht bis stark salzhaltig, aber gut verwendbar, bes. zur Viehtränke, weniger zur Bewässerung oder zum menschl. Gebrauch. Allein im *Großen Artesischen Becken* liefern 1500 Bohrlöcher täglich mehr als 1,5 Mio. m³ Wasser. Unkontrollierte Wasserentnahme hat die Vorräte bereits merklich verringert, doch ist eine vollständige Erschöpfung der austral. artesischen Becken nicht zu befürchten.

◆ **artesischer Brunnen**, künstlich geschaffene Quelle, bei der das Wasser infolge Überdrucks selbständig aufsteigt. Voraussetzung ist, dass sich Grundwasser zwischen zwei undurchlässigen, muldenförmig gelagerten Schichten sammelt u. an einer Stelle angebohrt wird, die tiefer als der Zufluss liegt. Die artesischen Brunnen sind in trockenen Gebieten der Erde wirtschaftlich bedeutend; sie wurden zuerst 1126 in der französischen Grafschaft Artois (lat. *Artesium*) angelegt u. danach benannt.

◆ **Artes liberales** [Pl.; lat.], *Artes ingenuae, Artes bonae*, die *Freien Künste*, sieben Lehrdisziplinen, die seit der hellenist. Epoche u. speziell im MA als „allgemeine Bildung" für jeden „Freien" verbindlich waren u. bis in die Gegenwart hinein den Fächerplan der Gymnasien beeinflussen; *Trivium*: Grammatik, Rhetorik, Dialektik (wozu die Philosophie – speziell die Logik – zählt); *Quadrivium*: Arithmetik, Geometrie, Musik (Musiktheorie), Astronomie (Sphärik).

Artes liberales: Allegorie der Philosophie mit den sieben freien Künsten; oben: die vier Kirchenväter; unten: Aristoteles und Seneca. Straßburg 1504

**Artevelde** ['artevɛldə], Philipp van, fläm. Volksführer, → Philipp van Artevelde.

**Artevelde** ['artevɛldə], Jacob van, flandrischer Volksführer, *um 1290 Gent, †17. 7. 1345 Gent; 1338 Stadthauptmann von Gent, vertrieb die Grafen von Flandern u. beherrschte danach Flandern; bei einem Aufstand erschlagen.

**artgemäßes Verhalten**, im Verlauf der Stammesgeschichte entstandenes, für eine Art spezif. Verhalten, das zum genetisch determinierten (erblichen) Merkmalsbestand einer Art gehört; a. V. kann bei der Erforschung von verwandtschaftlichen Beziehungen zwischen mehreren Arten herangezogen werden; es spiegelt sich wider in typischen *Verhaltensformen*, die im Lauf der Entwicklung oft noch zäher festgehalten werden als verwandte Körperformen oder -merkmale.

**Arth,** schweiz. Ort im Kanton Schwyz, am Südende des Zuger Sees, 8400 Ew.; alter Handelsplatz; Maschinen- u. Textilindustrie; von Arth-Goldau Zahnradbahn auf die *Rigi.* Bei Goldau 1806 Bergsturz vom Roßberg; 40–50 Mio. m³ Erdmassen bedeckten 6 km² bis 30 m hoch (457 Tote).

**Arthashastra,** altind. Lehre von der Regierungskunst u. Lebensklugheit; das Hauptwerk zum Thema wurde um 300 v. Chr. verfasst von Kautilya (Chanakya), Minister des Chandragupta Maurya. Wegen seiner detaillierten Anweisungen zum skrupellosen Einsatz aller dem eigenen Wohle dienenden Machtmittel gilt das A. als ind. Gegenstück zum „Principe" des Machiavelli. Dt. Übers. von J. J. Meyer: „Das altindische Buch vom Welt- u. Staatsleben" 1926.

**Arthritis** [die; grch.], Gelenkentzündung; schmerzhafte Gelenkschwellung durch Ergussbildung u. Überwärmung des Gelenks u. seiner benachbarten Strukturen. Wichtigstes gemeinsames Symptom der meist durch das Immunsystem bedingten entzündlich-rheumat. Erkrankungen (→ Rheuma), aber auch durch Stoffwechselerkrankungen (z. B. → Gicht) oder selten durch Infektionen verursacht. Abzugrenzen von der verschleißbedingten → Arthrose. Die ärztl. Behandlung richtet sich nach Art u. Ursache der A.

**Arthrodira** [grch.], *Paläontologie:* Untergruppe der → Placodermi.

**Arthrographie,** durch Einspritzen von Kontrastmittel, durch Gaseinblasung oder durch Kombination von beiden *(Doppelkontrast-Arthrographie)* ermöglichte Röntgendarstellung des Gelenkinnenraums.

**Arthropoden,** *Arthropoda* → Gliederfüßer.

**Arthrose** [die; grch.], ein über das durch die normale Alterung bedingte Maß hinausgehender Gelenkverschleiß. Meist durch übermäßige Belastung (z. B. Übergewicht), Fehlstellung der Gelenke (angeboren oder durch Verletzung) oder Knochenerkrankungen (z. B. → Osteoporose) bedingt u. mit knöcherner Deformierung der (primär nicht entzündeten) Gelenke einhergehend *(Arthrosis deformans).* Auch als Spätfolge der → Arthritis *(sekundäre A.)* u. bei Überbeanspruchung mit Ergussbildung u. (sekundärer) Entzündung einhergehend *(aktivierte A.).*

**Arthroskopie,** Untersuchung von Gelenkinnenräumen sowie chirurg. Eingriffe im Gelenk mit einem speziellen → Endoskop.

**Arthur,** *Artur* [vermutlich aus einem röm. Geschlechternamen *Artorius, Arctorius* (Bedeutung ungeklärt)], männl. Vorname.

◆ **Arthur** ['ɑːθə], Chester Alan, US-amerikan. Politiker (Republikaner), *5. 10. 1830 North Fairfield, †18. 11. 1886 New York; Rechtsanwalt; 1880 Vize-Präs.; wurde 1881 nach dem Tod J. A. Garfields, der an den Folgen eines Attentats starb, 21. Präs. der USA; reformierte in seiner Amtszeit (bis 1885) den öffentl. Dienst.

Chester Alan Arthur

**Articulata** [Pl.; lat.] → Gliedertiere.

**Artigas,** Dep.-Hptst. in Norduruguay, 34 600 Ew.

**Artigas,** José Gervasio, uruguayischer Unabhängigkeitskämpfer, *19. 6. 1764 Montevideo, †23. 9. 1850 Asunción; span. Milizoffizier, kämpfte 1811–1820 für die Freiheit Uruguays gegen Spanier, Portugiesen u. Argentinier. Mehrfach besiegt, ging er ins Exil nach Paraguay, wo er bis zu seinem Tod blieb. In Uruguay wird er als Nationalheld verehrt.

**Artikel** [der; lat.], **1.** *Grammatik:* Geschlechtswort, durch formale Übereinstimmung auf ein Substantiv bezogene Wortklasse (z. B. das Haus), die nicht in allen Sprachen vorkommt (z. B. Latein, Russisch). Im Deutschen unterscheidet man *bestimmten A.* (der, die, das) u. *unbestimmten A.* (einer, eine, eines), im Französischen auch Teilungsartikel (du lait = Milch). Der A. dient der Kennzeichnung von Substantiven an sich u. bestimmter grammatischer Kategorien wie Genus, Kasus, Numerus.
**2.** *Handel:* Warensorte.
**3.** *Publizistik: i. w. S.* jeder in einer Zeitung oder Zeitschrift abgedruckte Beitrag; *i. e. S.* der meinungsvertretende oder meinungsbildende publizistische Aufsatz. Auch → Leitartikel.
**4.** *Recht:* Abschnitt (einzelne Vorschrift) eines Gesetzes, Vertrags u. Ä.; bes. üblich bei Verfassungen.

**Artikulaten** [Pl.; lat.] → Gliedertiere.

**Artikulation** [die; lat., „Gliederung"],
**1.** *Anatomie:* gelenkige Verbindung.
**2.** *Grammatik:* 1. Bildung der Sprachlaute mit Hilfe der Sprechwerkzeuge, an der bes. die Artikulationsstellen (Lippen, Zähne u. a.) u. die Artikulationsweisen (verschieden nach Art u. Öffnungsgrad des Wegs, auf dem der Luftstrom entweicht) beteiligt sind. – 2. deutliche Aussprache der Sprachlaute.
**3.** *Musik:* die verschiedenen Arten des Bindens und Trennens von Tönen.
**4.** *Zahnmedizin:* die Gegeneinanderbewegung von oberer u. unterer Zahnreihe.

**Artillerie** [lat., frz.], die mit Geschützen aller Art ausgerüsteten Teile des Heeres u. der Kriegsmarine, soweit die Geschütze nicht zu anderen Waffengattungen gehören (wie Panzerabwehrgeschütze der Infanterie). Beim Heer unterschied man früher *Feldartillerie* und *Fußartillerie. Feldartillerie*: bis zum 1. Weltkrieg die *leichte, fahrende* oder *reitende A.,* mit *Feldkanonen* [Kaliber 7,7 cm] als *Flachfeuergeschütze* u. *leichten Feldhaubitzen* [Kaliber 10,5 cm] als Geschütze für Flach- u. Steilfeuer. *Fußartillerie*: die *Festungsartillerie* u. [seit 1891] die durch Bespannung beweglich gemachte *schwere A.* des Feldheeres mit Flachfeuergeschützen von 10 cm u. Steilfeuergeschützen von 15 cm Kaliber an aufwärts). Die moderne A. ist motorisiert u. durch Atomkanonen u. Raketenwaffen ergänzt. In der Bundeswehr ist die *schießende A.* eine Waffengattung des Heeres, ausgerüstet mit Feld- u. Panzerhaubitzen *(Rohrartillerie)* sowie Mehrfachraketenwerfern *(Raketenartillerie).*
*Moderne Definition:* A. ist eine je nach ihren bes. Aufgaben in takt. Einheiten gegliederte, mit Abschusseinrichtungen versehene Waffengattung. Sie soll 1. mit atomaren, Brisanz- u. Sondergeschossen Boden- u. Wasserziele bekämpfen oder vernichten, 2. im Gefecht Hauptträger des Feuerkampfes sein, 3. durch Feuerzusammenfassungen u. durch den Einsatz von Atomsprengkörpern eine Schwerpunktbildung in der Hand des Truppenführers ermöglichen sowie 4. die Führung u. die Kampftruppen durch Lageorientierung, Zielortung u. Aufklärung *(aufklärende A.)* unterstützen.

**Artin,** Emil, dt. Mathematiker, *3. 3. 1898 Wien, †20. 12. 1962 Hamburg; emigrierte 1937 in die USA, kehrte aber 1958 nach Hamburg zurück. Er arbeitete maßgeblich mit an der Entwicklung der modernen Algebra u. Topologie.

◆ **Artischocke,** *Cynara scolymus,* ein *Korbblütler (Compositae);* distelähnliche Kräuter mit sehr großen Blütenköpfen; in Nordafrika u. Südeuropa. Die unteren Teile der Blütenhüllblätter u. die ebenfalls fleischigen Blütenböden werden gekocht oder roh gegessen.

Artischocke, Cynara scolymus

**Artist** [frz.], ursprüngl. jeder Künstler; seit dem 19. Jh. eingeengt auf den Zirkus- u. Varieté-Künstler.

**Artistenfakultät,** an den Universitäten des MA die Fakultät der *Artes liberales,* Vorläufer der heutigen philosoph. Fakultät.

**Artjom,** *Artem,* Stadt im Fernen Osten Russlands, nordöstlich von Wladiwostok, 73 000 Ew.; Holz-, Baustoff-, Porzellanindustrie, Braunkohlenabbau; Wärmekraftwerk.

**Artjomowsk,** ukrain. *Artemivs'k,* früher *Bachmut,* Stadt im O der Ukraine, im Donezbecken, 91 000 Ew., Steinsalzabbau; Buntmetallhütte u. -walzwerk.

**Artland,** Landschaft an der mittleren Hase, im südwestl. Niedersachsen; sehr fruchtbar.

H. C. Artmann

◆ **Artmann,** H(ans) C(arl), österreichischer Schriftsteller, *12. 6. 1921 Wien; virtuoser Sprachartist, gehörte zur *Wiener Gruppe;* Artmann wurde durch seine Wiener Dialektgeschichte „med ana schwoazzn dintn" (1958) bekannt. Lyrik: „Verbarium" 1966; „Gedichte über die Liebe u. über die Lasterhaftigkeit" 1975; „gedichte von der wollust des dichtens in worte gefaßt" 1989. Prosa: „Von denen Husaren u. anderen Seil-Tänzern..." 1959; „der handcolorierte menschenfresser" 1968; „Grammatik der Rosen" 1979; „das prahlen des urwaldes im dschungel" 1983. Theaterstücke: „die fahrt zur insel nantucket" 1969. 1997 Georg-Büchner-Preis.

**Art Nouveau** [-nu'vo] → Jugendstil.

**Artocarpus** → Brotfruchtbaum.

**Artois** [ar'twa; der oder das], histor. Landschaft (ehem. Grafschaft) in Nordfrankreich, hauptsächlich das heutige Dép. Pas-de-Calais; alte Hptst. *Arras;* vorwiegend ein breiter, flachwelliger Landrücken; von den Quellen der Schelde in nordwestl. Richtung bis zum Steilrand des Boulonnais (212 m) ziehend; milde Winter, kühle u. feuchte Sommer, hohe Niederschläge; leistungsfähige Landwirtschaft mit Ackerbau (bes. Weizen, Zuckerrüben, Futter- u. Textilpflanzen) u. Viehzucht (Stallfütterung); Abbau ausgedehnter Kohlenlager zwischen Béthune u. Douai; Eisen-, Metall- u. chem. Industrie, Zement- u. Zuckerfabriken. *Geschichte:* 863–1180 im Besitz der Grafen von Flandern, kam als flandrische Grafschaft 1191 zu Frankreich, 1222 an die französische Krone, 1384 durch Heirat an Burgund; 1493 habsburgisch, nach dem Pyrenäenfrieden endgültig französisch.

**Artothek** [lat. + grch.], Leihstätte für Werke der bildenden Kunst (Grafiken, Gemälde, Plastiken, Multiples), in den Vereinigten Staaten schon seit Ende des vergangenen Jahrhunderts den Büchereien angegliedert. Man unterscheidet Artotheken, die die unverkäufliche Werke unentgeltlich oder gegen eine geringe Leihgebühr ausleihen, u. kommerzielle Unternehmen, bei denen die Leihgebühr im Falle eines Kaufs als Anzahlung verrechnet wird. In Deutschland eröffnete – Anregungen aus dem skandinav. Raum u. England folgend – 1968 in Berlin-Tegel eine *Graphothek;* zahlreiche Städte folgten diesem Beispiel, wobei die A. häufig der Stadtbücherei angegliedert ist. In einigen Fällen sind auch Museen dazu übergegangen, Werke aus ihren überfüllten Archiven unentgeltlich an öffentliche, soziale u. edukative Einrichtungen auszuleihen.

**arts and crafts** ['a:ts ənd 'kra:fts; engl.], von W. *Morris* 1861 ins Leben gerufene Bewegung, die sich gegen die maschinelle u. für die handwerkl. Herstellung kunstgewerbl. Gegenstände einsetzte. Anstelle mechan. Fertigkeit sollte wie im Mittelalter gelerntes Handwerk treten. Hauptvertreter waren Morris Charles *Ashbee* u. Walter *Crane.*

**Artschwager,** Richard, US-amerikan. Objektkünstler, Maler, Grafiker u. Möbelkünstler, *26. 12. 1924 Washington; Erfinder der *Fotoraster-Malerei,* mit der er beträchtl. Einfluss auf die amerikan. Fotorealisten ausübte. Mit seinen leblosen, vor allem in marmorierten Grautönen gehaltenen Resopalskulpturen, mit denen er ein „zielloses Sehen" hervorrufen möchte, ist er sparsamer in seinen Effekten als die Künstler der Pop-Art. In den 1980er u. frühen 1990er Jahren folgten Werke mit *Trompe-l'œil-Effekten,* die einen Widerspruch zwischen Form u. Material deutlich machen.

**Artus,** halblegendärer brit. König, der aus einem heldenhaften, aber unterliegenden Verteidiger seiner Heimat (um 500 n. Chr.) zum glänzenden Vorbild tapferen Rittertums wurde. Der Sagenkreis um A. wurde zuerst schriftlich überliefert von *Nennius* in der „Historia Britonum" (9. Jh.), bekannt durch die „Historia regum Britanniae" um 1135 des *Geoffrey von Monmouth* u. durch *Chrétien de Troyes* in den Mittelpunkt der höf. Epik gerückt. Hauptmotive der Artussage, die in Geschichtsschreibung u. Dichtung entwickelt wurde: geheimnisvolle Geburt, Schützling des Zauberers *Merlin,* tapferer Kämpfer, Eroberer eines Weltreichs, Kaiser, als Verwundeter von den Feen im Wunderreich Avalon gepflegt; nicht gestorben, sondern entrückt, Verheißung seiner Wiederkehr. Zur *Tafelrunde* des A. gehören berühmte Helden, deren geschichtl. Vorbilder wohl in verschiedenen Jahrhunderten lebten: *Erec (Erek), Iwein (Ivain, Yvain), Gawein (Gawa[i]n), Lanzelot* u.a. Auch *Tristan, Parzival* u. *Lohengrin* (aus dem Sagenzyklus um den *Gral*) werden mit der Artussage in Verbindung gebracht. Die Artussage wurde in der Lit. bis ins 20. Jh. immer wieder aufgegriffen, z. B. durch Marion Zimmer Bradley „Die Nebel von Avalon" (1982).

**Artushöfe,** mittelalterl. Festvereinigungen, die sich seit dem 14. Jh. nach Art der Tafelrunde des Königs *Artus* versammelten. Zunächst in ritterl. Kreisen gepflegt, gab es A. später bes. in den Hansestädten des dt. Ostens. A. werden auch die Versammlungshäuser (u. a. in Riga, Danzig, Königsberg) solcher Vereinigungen genannt.

**Artvin,** Hptst. der türk. Provinz A. *(Çoruh)* am Çoruh im Ostpontus, 20 300 Ew.; Kupfer-, Blei-, Zinkbergbau; Wasserkraftwerk.

**Artwärme,** spezif. Wärme; → Wärme.

**Aruak,** weit verbreitete südamerikan. indian. Sprachfamilie (342 000), vielfach von den Karaiben verdrängt; bes. im westl. Amazonasbecken u. im Orinocotiefland, isoliert auch im Bergland von Guyana *(Wapishana);* Maniokpflanzer, Fischer u. Jäger.

Aruba

◆ **Aruba** [a'ryba:], Insel u. Teil der Niederländ. Antillen vor der Nordküste Venezuelas, 193 km², 98 000 Ew., meist Mestizen; Hptst. *Oranjestad;* elektrotechn. Industrie, Erdölraffinerie, Schiffswerften, Meerwasserentsalzungsanlage; Fremdenverkehr. – Seit 1986 separater Status in der autonomen Inselgemeinschaft; eigene Währung u. Post.

**Arucas,** Stadt auf der Kanareninsel *Gran Canaria,* 26 000 Ew.

**Aruinseln,** fruchtbarer, vogelreicher, wegen Korallenriffen schwer zugängl. indones. Archipel der Südmolukken, in der Arafurasee; Hauptinseln *Trangan, Kobror, Wokam;* südlich von Irian Jaya, rd. 8600 km², rd. 40 000 Ew., Hauptort *Dobo;* Perlmutt-, Perlen- u. Schildpattgewinnung.

**Arunachal Pradesh** [-tʃal-], ind. Bundesstaat (seit 1987) im äußersten NO Indiens, bis 1972 *North East Frontier Agency (NEFA),* umschließt hufeisenförmig das Brahmatratal von Assam u. grenzt an Bhutan, China (Tibet) u. Myanmar, 83 743 km², 965 000 Ew.; Hptst. *Itanagar;* verkehrsentlegen u. aufgrund der überwiegend schwer zugängl. Gebirgsnatur (Himalaya bzw. ind.-birman. Grenzgebirge) kaum erschlossen; größtenteils waldbedeckt u. von isoliert lebenden mongoliden Bergvölkern bewohnt; hauptsächlich Brandrodungsfeldbau (unter dem lokalen Namen „Jhuming' bekannt): Hirse, Reis; nur stellenweise Terrassen-Reisbau. – Grenze gegen China (Tibet) seit der Konferenz von Simla (1913/14) von der McMahon-Linie gebildet, von China jedoch nie akzeptiert, deshalb Grenzübergriffe durch chines. Soldaten 1959 u. 1963.

**Aruncus,** Rosengewächs, → Geißbart.

**Arundel** ['ærəndl], alte Stadt in Südengland, Grafschaft West Sussex, 2200 Ew.; *A. Castle* (11. Jh.).

**Arusha** [-ʃa], Distrikt-Hptst. am Meru im nördl. Tansania, Landwirtschaftszentrum u. Markt, durch Bahnen mit Tanga u. Mombasa verbunden, 1380 m ü. M., 87 000 Ew., Fremdenverkehrszentrum.

**Arusha-Erklärung** [-ʃa-], im Februar 1967 von der tansan. Staatspartei TANU in der Stadt Arusha verabschiedete Grundsatzerklärung mit der Zielsetzung, in Tansania einen sozialist. Staat aufzubauen; weitgehend vom Denken des tansan. Präs. *Nyerere* geprägt, der einen eigenen afrikan. Weg zum Sozialismus beschritten hatte.

**Arussi,** *Arusi,* Provinz in Äthiopien, 23 675 km², 1,9 Mio. Ew.; Hauptort *Asela;* Wohnsitz der A., eines Stammes der → Galla.

**Aruvi Aru,** zweitlängster Fluss in Sri Lanka, entspringt in den nördl. Ausläufern des zentralen Hochlandes (nahe Dambulla) u. mündet bei Mannar in den *Golf von Mannar,* 163 km lang; im Mittellauf (Anuradhapura) wichtige Bewässerungsanlagen.

**Aruwimi,** rechter Nebenfluss des Kongo, 1300 km, reich an Stromschnellen u. Wasserfällen.

**Arva,** slowak. *Orava,* poln. *Orawa,* linker Nebenfluss der Waag, 112 km; Quellflüsse *Weiße A.* (auf slowak. Gebiet) u. *Schwarze A.* (auf poln. Gebiet), an deren Zusammenfluss aufgestaut, mündet westlich von Rosenberg.

**Arve,** *Arbe, Zirbe, Zirbelkiefer, Pinus cembra,* bis 20 m hohe u. im Alter mit unregelmäßiger Krone ausgestattete *Kiefer,* deren Kurztriebe jeweils fünf Nadeln tragen. Die Samen sind als *Zirbelnüsse* bekannt. Die A. liefert wertvolles Holz. Heimat: Alpen, Karpaten, Ural u. Sibirien.

**Arve,** 100 km langer Fluss in den Westalpen; entspringt im oberen Chamonixtal am Col de Balme (2204 m), mündet bei Genf in die Rhône.

**Arvida,** großzügig angelegte kanad. Industriestadt am Saguenay (Quebec), rd. 18 000 Ew.; Aluminiumhütte.

**Arvidsjaur,** Zentralort der gleichnamigen schwed. Großgemeinde in Norbotten an der Inlandbahn, Großgemeinde A. 5708 km², 7200 Ew.; Holz- u. Kleinindustrie; Zentrum lappländ. Kultur, Wintertourismus.

**Arvika,** Industrie- u. Handelszentrum im westl. Schweden, als Großgemeinde A. 1660 km², 27 000 Ew.; Binnenhafen mit Verbindung zum Vänern über den Säffle-Kanal.

**Arwed** [schwed., „Sturmadler"], männlicher Vorname.

**Arx,** Caesar von, schweizer. Dramatiker, *23. 5. 1895 Basel, †14. 7. 1949 Niedererlinsbach (Selbstmord); u. a. 20 Dramen: „Der Verrat von Novara" 1934; „Brüder in Christo" 1947; auch schweiz. Festspiele.

**Arya Samaj,** 1875 von *Svami Dayananda* (*1824, †1883) gegründete hinduist. Reformgesellschaft; ihre Forderung nach nationaler Selbstbesinnung hatte starken Einfluss auf die ind. Unabhängigkeitsbewegung. A. erhebt die alten Schriften der Veda zur absoluten Autorität auch für den Bereich des weltlichen Lebens, lehnt Kastenwesen u. Bilderverehrung ab.

**Aryballos** [grch.], standflächenloses Salbgefäß mit kugeliger Laibung, engem Hals u. breitem, abgeflachtem Halsrand, bes. verbreitet in der griech. Keramik des 7. u. 6. Jh. v. Chr.

**Arylamidasen,** weit verbreitete Enzyme (Aminopeptidasen), die vorwiegend an Membranen gebunden sind. Sie kommen hauptsächlich in den Bürstensäumen der Darmschleimhaut, den Nierentubuli u. auf Plasmamembranen der Leber vor. A. sollen beim Proteintransport eine wichtige Rolle spielen u. bei der Endphase des Proteinabbaus mitwirken.

**Aryle,** die aromatischen Kohlenwasserstoffradikale (-reste), z. B. *Phenyl* $C_6H_5-$ oder *Naphthyl* $C_{10}H_7-$.

**Arylenrest,** Bez. für aromatische Kohlenwasserstoffsysteme, bei denen an zwei Kohlenstoffatomen je ein Wasserstoffatom abgespalten ist, z. B. Phenylen $-C_6H_4-$.

**Aryssee,** poln. *Jezioro Orzysz,* See in Masuren, östlich des Spirdingsees, 10,85 km², bis 36 m tief.

**Arzberg,** Stadt in Oberfranken (Bayern), im Ldkrs. Wunsiedel im Fichtelgebirge, 479 m ü. M., 6700 Ew.; Porzellanindustrie, Großkraftwerk „Oberfranken".

**Arzew** [ərˈzɛu], Industrie- u. Hafenstadt in Algerien, 40 km nordöstlich von Oran an der Westseite der Bucht von A., rd. 22 000 Ew.; Endpunkt der Erdgasleitung von Hassi R'Mel, Gasverflüssigungsanlage, Kunstdüngerfabrik.

**Arznei,** *Medikament, Remedium, Pharmakon, Arzneimittel,* aus der belebten u. unbelebten Natur gewonnene oder künstlich hergestellte Stoffe, die in fester, flüssiger oder gasförmiger Form, einzeln oder in Zusammensetzung an oder im menschl. oder tier. Körper zum Zweck der Heilung, der Vorbeugung oder der Diagnose angewendet werden.
Die Herstellung, Zulassung, Registrierung, Abgabe u. Kontrolle von Arzneimitteln ist in Dtschld. streng geregelt durch das *Arzneimittelgesetz* in der Fassung vom 11. 12. 1998 u. zahlreichen Verordnungen über verschreibungspflichtige Arzneien. Mehr als 97 % der in der Dtschld. hergestellten Arzneimittel werden industriell erzeugt. In den 1990er Jahren gab es in Dtschld. Arzneispezialitäten in etwa 100 000 Darreichungsformen (Schweiz etwa 5000, Österreich etwa 7500). Seit 1989 gelten in Dtschld. für zahlreiche Gruppen von Arzneimitteln sog. Festbeträge. Sie bilden für Arzneimittelgruppen gleicher oder ähnlicher Wirkstoffzusammensetzung die finanzielle Richtgröße, die die Krankenkassen bei ärztlich verordneten Arzneimitteln übernehmen. Seit 1. 7. 1991 gilt für rd. 2500 Arzneimittel die sog. Negativliste. Sie enthält Präparate, die wegen nicht bewiesener Wirksamkeit nicht mehr von den Krankenkassen bezahlt werden. – *Österreich:* Arzneimittelgesetz vom 2. 3. 1983 (neugefasst zuletzt 1996), Arzneibuchgesetz vom 17. 4. 1980 mit mehreren Nachträgen. – *Schweiz:* interkantonale Vereinbarung von 1971 über Kontrolle der Heilmittel; Bundesgesetz zu Betäubungsmitteln (1951) mit Ausführungsverordnung (1951) u. from 1975.

**Arzneibuch,** *Pharmakopöe,* die gesetzl. Vorschriften, nach denen der Apotheker die Arzneien u. ihre Grundstoffe vorrätig halten, zubereiten, prüfen u. aufbewahren muss, sowie die Mindestanforderungen, die an ihre Beschaffenheit gestellt werden müssen, mit den dazu notwendigen Vorschriften, chem. Tabellen u. der Beschreibung der nötigen Reagenzien u. Geräte. In Dtschld. sind durch Rechtsverordnungen aufgrund des §55 des Arzneimittelgesetzes in der Fassung vom 11. 12. 1998 festgelegt: das *Europäische A. 1997 (Ph. Eur. 1997),* das *Deutsche Arzneibuch 1997 (DAB 1997),* das *Homöopathische A. (HAB)* in der 1985 ergänzten 1. Ausgabe, gemäß Arzneibuchverordnung sämtlich zu beziehen beim Dt. Apotheker Verlag (Stuttgart). – In *Österreich* ist durch die Arzneibuch-Verordnung von 1981 neben dem österreichischen auch das Europäische A. eingeführt. In der *Schweiz* gilt die *Pharmacopoea Helvetica,* wobei jeweils auf Angaben im Europäischen A. Bezug genommen wird.

**Arzneikostenbeitrag,** Betrag, der bei Abnahme von Arznei-, Verbands- u. Heilmitteln vom Versicherten an die abgebende Stelle (z. B. die Apotheke) zu entrichten ist; beträgt 4 Euro für kleine Packungen, 4,50 Euro für mittlere u. 5 Euro für große Packungen.

**Arzneimittelausschlag,** *Arzneimittelexanthem,* abnorme Hauterscheinungen sehr verschiedener Art, Form u. Ausdehnung nach innerlicher oder äußerlicher Arzneimittelanwendung infolge einer *Arzneimittelüberempfindlichkeit* (→ Allergie). Grundsätzlich kann jedes Arzneimittel zu einem A. führen, doch kommt dies bei bestimmten Arzneimitteln bes. häufig vor, u. bestimmte Personen sind bes. zu Arzneimittelallergien veranlagt. Beim Auftreten eines Arzneimittelausschlags ist sofortige ärztliche Beratung u. Behandlung erforderlich.

**Arzneipflanzen** → Heilpflanzen.

**Arzneitaxe,** Abk. *AT,* amtl. Preisverzeichnis u. Berechnungsgrundlage für die in der Apotheke angefertigten u. verkauften Arzneien.

**Arzt,** Heilbehandler u. Sachverständiger auf dem Gebiet des Gesundheitswesens mit staatl. Approbation (Bestallung) nach abgeschlossenem Hochschulstudium u. praktischer Ausbildung. Die Führung einer ärztl. Praxis ist nach der Niederlassung möglich. Zur Ausübung der Tätigkeit als A. im Rahmen der gesetzl. Krankenversicherung ist die Zulassung als Kassenarzt nötig. Die Niederlassung ist entweder als „Allgemeinarzt" („Arzt für Allgemeinmedizin", früher „Praktischer Arzt") oder „Facharzt" möglich. Der A. unterliegt in seiner ärztl. Tätigkeit der Schweigepflicht. Es gibt Ärzte, die ausschließlich öffentlich-rechtliche Aufgaben auf dem Gebiet des Gesundheitswesens wahrnehmen, z. B. die *Amtsärzte,* die eine bes. Staatsprüfung ablegen müssen, aber auch die *Vertrauensärzte* der Versicherungskörperschaften. Die Grundsätze des ärztl. Berufs werden von der *Bundesärzteordnung* in der Neufassung vom 16. 4. 1987 geregelt. Daneben ist das Recht des Arztes in der *Bestallungsordnung für Ärzte,* der *Approbationsordnung für Ärzte* u. der *Gebührenordnung für Ärzte* zusammengefasst, wobei die Approbationsordnung die Bestallungsordnung weitgehend ersetzt hat.
Ärzte sind durch Berufsvertretungen in Kreisverbände, Bezirksverbände und auf Landesebene in Ärztekammern zusammen-

geschlossen. Die Regelungen erfolgen landesrechtlich. Ärzte unterliegen ferner Standespflichten, die auf Landesebene in Berufsordnungen ihren Eingang finden. – Der Patient hat *freie Arztwahl*, wobei für Kassenpatienten die Einschränkung besteht, dass er die freie Wahl seines Arztes nur unter den Kassenärzten hat.

Die Zahl der Ärzte in Deutschland betrug 1998 rd. 280 000; davon waren rd. 120 000 frei praktizierend, 130 000 in Krankenhäusern u. 30 000 in der Verwaltung u. Forschung tätig. Auch → Facharzt.

**Ärztekammern**, in den einzelnen Bundesländern bestehende Berufs- u. Standesvertretungen der Ärzte. Alle Ärzte eines Landes sind Pflichtmitglieder in einer der zuständigen 17 *Landesärztekammern* (in jedem Bundesland eine, in Nordrhein-Westfalen zwei). Die Landesärztekammern sind in der *Bundesärztekammer* zusammengeschlossen, deren Hauptversammlung der *Dt. Ärztetag* ist. Die Landesärztekammern sind Körperschaften des öffentl. Rechts, die Bundesärztekammer ist als nicht rechtsfähiger Verein öffentl.-rechtl. Körperschaften anzusehen. Sitz der Bundesärztekammer ist Köln.

Zu den Aufgaben der Landesärztekammern gehören vor allem die Sorge für das wissenschaftl. u. sittl. Ansehen des Ärztestands, die Überwachung der ärztl. Berufsehre u. Erfüllung der ärztl. Berufspflichten, die Sorge für eine zweckentsprechende Verteilung der Ärzte, die Förderung ärztl. Fortbildung u. Nachwuchsschulung, die Schaffung von Fürsorgeeinrichtungen für Ärzte u. die Schlichtung von Streitigkeiten.

Aufgabe der Bundesärztekammer ist der ständige Erfahrungsaustausch unter den Ä. u. die gegenseitige Abstimmung ihrer Ziele u. Tätigkeit. Hierzu unterrichtet die Bundesärztekammer die Ä. über alle für die Ärzte wichtigen Vorgänge auf dem Gebiet des Gesundheits- u. Sozialwesens; sie unternimmt es, eine möglichst einheitl. Regelung der ärztl. Berufspflichten u. der Grundsätze für die ärztl. Tätigkeit auf allen Gebieten zu bewirken. Ferner fördert sie die ärztl. Fortbildung in allen über die Landeszuständigkeit hinausgehenden Angelegenheiten; sie wahrt die Berufsbelange der Ärzteschaft und veranstaltet Tagungen zur öffentl. Erörterung gesundheitl. Probleme. Schließlich stellt sie Beziehungen zur ärztl. Wissenschaft u. zu ärztl. Vereinigungen des Auslands her.

**Ärzte ohne Grenzen**, *Médecins Sans Frontières,* 1971 in Paris gegr. private, unabhängige Hilfsorganisation, die heute ein internationales Netzwerk darstellt, das weltweit Opfern von kriegerischen Auseinandersetzungen und Naturkatastrophen medizin. Hilfe leistet. 1999 erhielt sie für ihre Arbeit den Friedensnobelpreis.

**Arzthelfer**, *Arzthelferin*, anerkannter Ausbildungsberuf; Ausbildungsdauer drei Jahre. A. betreuen Patienten vor, während u. nach der Behandlung durch einen Arzt. Sie arbeiten sowohl im Behandlungszimmer als auch in der Organisation u. Verwaltung der Praxis. Je nach Größe u. Art der Praxis ergeben sich unterschiedliche Tätigkeitsschwerpunkte. Verwandt sind die Berufe des *Zahnarzthelfers* u. der des *Tierarzthelfers.*

**ärztliche Gebührenordnung**, *Gebührenordnung für Ärzte,* amtl. Richtlinien für die Bezahlung der ärztl. Leistungen in der Kassen- u. Privatpraxis; vorgesehen sind im Allgemeinen Mindest- u. Höchstsätze für die jeweiligen Leistungen mit der Maßgabe, außer der Schwierigkeit der Leistung u. dem entsprechenden Zeitaufwand auch die Vermögenslage des Zahlungspflichtigen zu berücksichtigen.

**Arzú Irigoyen**, Alvaro, guatemaltek. Politiker (Partido de Avanzada Nacional), *14. 3. 1946 Guatemala; 1986–1990 Bürgermeister von Guatemala, seit 1996 Staats-Präs.

**Arz von Straussenburg**, Arthur Frhr., österr. General, *16. 6. 1857 Hermannstadt (Sibiu), †1. 7. 1935 Budapest; 1917/18 Chef des österr.-ungar. Generalstabs.

**Arzybaschew**, *Arcybašev,* Michail Petrowitsch, russ. Schriftsteller, *6. 11. 1878 Achtyrka, †3. 3. 1927 Warschau; bekannt durch den umstrittenen Roman „Sanin" 1907, dt. 1909, in dem er u. a. Themen wie Mord u. Selbstmord behandelt.

**as**, *Musik:* Halbton unter a, dargestellt durch die Note a mit einem ♭.

**as.**, Abk. für → Altsächsisch.

**as…** → ad…

**a. S.**, Abk. für *auf Sicht* (bei Wechseln).

**As, 1.** *Chemie:* chem. Zeichen f. → Arsen.

**2.** *Maßeinheiten:* altrömische Einheit, die erst unabhängig von der gemessenen Größe das Ganze bezeichnete; später als Gewicht 1 As = 327,45 g.

**3.** *Münzwesen:* [der; lat.], eine Einheit der röm. Münzrechnung. Als → Aes grave ursprünglich ca. 270 g schwer; später in Kupfer geprägt; anfangs 1 Denar = 10 Asses, später 1 Denar = 16 Asses u. 1 Sesterz = 4 Asses; bis zum Ende des 3. Jh. n. Chr. blieb der A. die gebräuchlichste röm. Kupfermünze.

**Aš**, dt. *Asch*, tschech. Stadt in Westböhmen, im Grenzzipfel südöstlich von Hof, 13 400 Ew.; Textilindustrie, Maschinenbau.

**Ås** [oːs; das], schwed. Name für → Os (2).

**Ås** [oːs; dän., norweg., schwed.], Bestandteil geograph. Namen: Höhenrücken, Hügel.

**ASA, 1.** Abk. für engl. *American Standards Association,* dem deutschen Normenausschuss (DNA) entsprechender amerikan. Ausschuss. *ASA-Werte* für die Empfindlichkeit fotograf. Schichten:

 50 ASA = 18 DIN
100 ASA = 21 DIN
200 ASA = 24 DIN
400 ASA = 27 DIN

Bei Verdoppelung der Empfindlichkeit erhöht sich der DIN-Wert um 3, der ASA-Wert verdoppelt sich.

**2.** Abk. für engl. *Association of South East Asia* → ASEAN.

**Asadi**, wahrscheinlich Pseudonym zweier in Tus (Ostiran) geb. Dichter des 11. Jh.: *Abu*

Egid Quirin Asam: S. Maria Victoria in Ingolstadt; 1732–1736 erbauter Betsaal der marianischen Studentenkongregation. Deckenfresko von Cosmas Damian Asam, Stukkaturen von Egid Quirin Asam

*Nasr Ahmad Ibn Mansur Al-Tusi* und sein Sohn *Ali Ibn Ahmad*; Abu Nasr gilt als Begründer des Wettstreitgedichts *(Munasare)*; Ali Ibn Ahamd ist bekannt für seine Epik u. Verfasser des ältesten pers. Wörterbuchs.

**Asahi-dake,** höchster Berg auf der japan. Insel Hokkaido, 2290 m, Nationalpark.

**Asahigawa,** *Asahikawa,* japan. Stadt im Inneren der Insel Hokkaido, am Ishikari, 360 000 Ew.; Baumwoll-, Cellulose-, Nahrungsmittel u. Papierindustrie; landwirtschaftliches Handelszentrum.

**„Asahi Shimbun"** [jap., „Die Morgensonne"], 1879 gegr., heute größte japan. Tageszeitung (Tokyo, mehrere Nebenausgaben); Auflage 8,2 Mio. (Morgenausgabe) bzw. 4,5 Mio. (Abendausgabe).

**Asair,** *Asayr, Kap Asir, Kap Guardafui,* Spitze des afrikan. Osthorns in Somalia, südlich des Golfs von Aden.

**Asalto** [span.], Brettspiel für zwei Personen; in Frankreich bekannt als *Jeu d'assault* oder *La Forteresse,* in England als *Assault game*; → Belagerungsspiel.

**Asam, 1.** Cosmas Damian, Bruder von 2), dt. Maler u. Baumeister, *wahrscheinl. 27. 9. 1686 Benediktbeuren, †10. 5. 1739 München; Hauptmeister der bayer. Hochbarockmalerei; Studien in Rom, als Maler entscheidend von P. da Cortona beeinflusst; setzte in Dtschld. den Illusionismus A. *Pozzos* fort, indem er bei der Ausführung von Deckengemälden diese als Fortsetzung der Architektur erscheinen ließ.
◆ **2.** Egid Quirin, Bruder von 1), dt. Bildhauer u. Stuckateur, getauft 1. 9. 1692 Tegernsee, †29. 4. 1750 Mannheim; führender Meister der südd. Barockplastik; ausgebildet bei A. *Faistenberger* in München, während eines längeren Romaufenthalts u. a. von L. *Bernini* beeinflusst. Ihre besten Werke schufen die Brüder A. in gemeinsamer Arbeit; sie verwirklichten die barocke Forderung nach dem „Gesamtkunstwerk" durch vollkommenes Verschmelzen von Architektur, Plastik u. Malerei. Gemeinsame Hptw.: Ausschmückung (Stuckaturen, Plastiken, Altar- u. Deckengemälde) der Wallfahrtskirche Einsiedeln 1724–1726, der Kirche St. Anna am Lehel in München 1729, der Stiftskirche St. Emmeran in Regensburg ab 1733, der Klosterkirche Weltenburg 1717–1721, Deckenfresko der Kirche S. Maria Victoria in Ingolstadt 1736 u. die an das Wohnhaus der Künstler angrenzende Münchner Johann-Nepomuk-Kirche 1733 bis 1735.

**Asamankese,** Stadt in Südghana, 23 000 Ew.; Handels- u. Verwaltungszentrum eines Kakao- u. Kolanussanbaugebiets.

**Asamayama,** höchster u. leichtest zugängl. tätiger Vulkan Japans, 2530 m, im mittleren Honshu.

**Asanas** [sanskr., „ruhige Haltung"], Bestandteil der Disziplinen des Yoga u. Körperhaltungen, in denen innere Ruhe u. dadurch höhere Konzentration des Geistes erreicht werden sollen. Durch A. soll die im Körper fließende Lebenskraft (Prana) gebündelt, kanalisiert u. gehalten werden. Ziel ist es, die Aufmerksamkeit weg vom äußeren Geschehen auf die Innenschau zu lenken, um das Bewusstsein zu steigern. Am bekanntesten ist unter den A. der Lotussitz.

**Asande,** schwarzafrikan. Volk, → Azande.

**Asansol,** ind. Industriestadt in Westbengalen, am Austritt des Damodar aus dem Bergland von Chota Nagpur, 262 000 Ew.; ursprünglich Bergbaustadt auf der Grundlage reicher Kohlevorkommen, danach Übergang zur Schwerindustrie, später auch chem. u. keram. Industrie; wichtiger Eisenbahnknotenpunkt.

**Asarhaddon,** assyr. *Aschschur-ach-iddina,* König von Assyrien 680–669 v. Chr., eroberte Unterägypten (Memphis) und kämpfte gegen die Phönizier, Kimmerier und Skythen.

**Asarum** → Haselwurz.

**ASAT,** Abk. für engl. *Anti-Satellite Activities,* Sammelbezeichnung für Systeme zur Bekämpfung von Satelliten u. Raketen im Weltraum mittels sog. Killersatelliten.

**Asben,** ein Stamm der → Tuareg.

**Asbest** [der; grch., „unverbrennbar"], feinfaseriges, seidenartig glänzendes Mineral von verschiedener Farbe, das seit mehr als 2000 Jahren bekannt ist u. das in Russland, Kanada u. Südafrika überwiegend im Tagebau gewonnen wird. Nach dem Muttergestein unterscheidet man Hornblendeasbest *(Amiant, Bergflachs, Byssolith)* u. Serpentinasbest *(Chrysotil, Laukotil)*; letzterer kommt häufiger vor u. hat eine weichere Faser. Langfaseriger A. wird unter Zusatz organ. Tragfasern, z. B. Baumwolle, zu Garnen versponnen, aus denen Bänder, Gewebe u. Gewirke hergestellt werden. Kurzfaseriger A. wird zu Papier, Pappe, → Asbestzement u., mit einem Bindemittel (Magnesiumchlorid, Kunstharz) gemischt, zu Pressformteilen verarbeitet. A. wurde wegen seiner Feuerbeständigkeit, Unempfindlichkeit gegen Laugen und Säuren, seines hohen thermischen u. elektrischen Isoliervermögens in der Technik viel verwendet.
Vor einer sorglosen Verarbeitung von Asbestfasern wird wegen der Gesundheitsgefährdung (→ Asbestose, → Staublunge u. Bronchialkarzinome) dringlich gewarnt. Auf europ. Ebene gibt es Verwendungsbeschränkungen, in Dtschld. ein Herstellungs- u. Verwendungsverbot (Gefahrstoffverordnung vom 26. 10. 1993 mit späteren Änderungen). Als alternative Werkstoffe können je nach erforderlichem Temperaturbereich Aramidfasern, Glasfasern, reine Keramikfasern u. Graphitfasern verwendet werden.

**Asbest,** früher *Kudelka,* Stadt in Russland, am Ostrand des Mittleren Ural, im NO von Jekaterinburg, 83 000 Ew.; größtes russ. Asbestvorkommen u. -verarbeitungsgebiet; bedeutendes Kohlekraftwerk.

**Asbestkeramik,** Keramikart mit Asbestbeimischung, die in Ost- u. Nordfinnland am Ende der Steinzeit auftritt u. auf der gesamten Nordkalotte bis in die Bronzezeit fortbesteht; in Savo reiche Asbestnaturvorkommen.

**Asbestos** [æs'bɛstəs], kanad. Stadt in Quebec, 8000 Ew.; große Asbestgruben, Holzverarbeitung, Textilindustrie.

**Asbestose** [grch.], eine Staublungenerkrankung *(Pneumokoniose),* die durch Einatmen von Asbeststaub (Asbestfasern) verursacht wird u. zu Lungenkrebs führen kann; auch die Entstehung von Geschwülsten des Rippen- u. Bauchfells *(Mesotheliomen)* kommt vor. Die Asbestose ist seit 1977 anerkannte Berufskrankheit. Eine allgemeine Gesundheitsgefährdung geht von asbesthaltigen Baumstoffen aus, die früher bei Dachabdeckungen oder in Innenräumen verwendet wurden.

**Asbestos Hill** [æs'bɛstəs-], kanad. Bergwerksort im arktischen N Quebecs; Straßenverbindung (67 km) zum Hafen *Deception Bay* an der Hudsonstraße; Verschiffung von Asbestkonzentraten.

**Asbestverbot,** Verbot der Herstellung, Verwendung u. des Inverkehrbringens von asbesthaltigen Produkten zur Vermeidung einer gesundheitsschädigenden Asbestfaserexposition mit Ausnahme der ordnungsgemäßen Abfallentsorgung; seit 1993 durch die Gefahrstoffverordnung bzw. die Chemikalien-Verbots-Verordnung geregelt. Die Gewinnung von mineral. Rohstoffen, die in dt. Steinbrüchen weniger als 0,1 % Asbestfasern enthalten, ist vom A. nicht erfasst. Bei erhöhten Asbestfaserkonzentrationen in der Innenraumluft, die meist auf eine frühere Verwendung von Spritzasbest oder leichtgebundene Bauteile zurückgehen, kann eine aufwändige Asbestsanierung oder der komplette Gebäudeabriss erforderlich werden. Vor dem Abriss sind alle asbestbelasteten Teile zu erfassen, unter entsprechenden Sicherheitsvorkehrungen zu entfernen u. von sonstigem Bauschutt getrennt zu entsorgen. Dagegen besteht kein Sanierungsgebot für die bes. langlebigen Bauteile aus Asbestzement (bekannt als Eternit) zur Vermeidung von Außenluftbelastungen, weil hier allein durch Witterungseinflüsse keine erhebl. Gesundheitsschäden erwartet werden. Die mechan. Bearbeitung, u. a. intensive Reinigungsmaßnahmen, ist jedoch untersagt. Während im gewerblichen Bereich eine Sachkunde für den Umgang mit Asbest nachgewiesen werden muss, bestehen im privaten Bereich noch große Unsicherheiten. Regelungen in der EU: Richtlinie (87/217/EWG v. 19. 3. 1987) zur Verhütung u. Verringerung der Umweltverschmutzung durch Asbest, Übereinkommen u. Begrenzung von Gesundheitsgefahren infolge der beruflichen Exposition gegenüber Asbest.

**Asbestzement,** Baustoff aus einem innigen Gemisch aus Asbestfasern, Zement und Wasser, das in einem der Papierindustrie entlehnten Verfahren zu breiiges Vlies auf eine Walze bis zur gewünschten Dicke aufgewickelt und weiterverformt wird, insbes. zu Wellplatten, ebenen Tafeln, Dach- und Fassadenplatten, Rohren u. a. Die durch das Herstellverfahren eben ausgerichteten Asbestfasern sorgen für erhöhte Zug- und Biegefestigkeit. Asbestzement kann durch Sägen, Schneiden, Bohren u. a. bearbeitet werden. Wegen der Krebs erregenden Wirkung von Asbestfasern wurde die Verwendung von Asbestzement stark eingeschränkt und um-

**Asbjörnsen,** Peter Christen, norweg. Volkskundler u. Naturforscher, *15.1.1812 Kristiania, †6.1.1885 Kristiania; sammelte gemeinsam m. dem Lyriker J. Moe (die „norweg. Brüder Grimm") norweg. Volksmärchen.

**Ascaridol,** $C_{10}H_{16}O_2$, bizyklisches Peroxid-Derivat des Terpenethers → Cineol, kommt im Chenopodiumöl vor u. wurde früher als Antihelminticum (Wurmmittel) benutzt. Synthese aus α-Terpinen u. Sauerstoff unter der photosensibilisierenden Wirkung von Chlorophyll (G.O. *Schenk* 1953).

**Ascaris** → Spulwürmer.

**Ascension** [ə'sɛnʃən], *Himmelfahrtsinsel,* kleine brit. Insel im nördl. Südatlantik, 88 km², 1200 Ew., Hauptort *Georgetown.* Die Insel ist vulkan. Ursprungs, bis 859 m hoch u. grasbewachsen; Gemüse- u. Obstanbau, Viehzucht; Hafen, Flugplatz; Militärstützpunkt; Wetterstation. A. ist Kabel- u. Beobachtungsstation für US-amerikan. Raketenversuche. – Am Himmelfahrtstag 1501 von Portugiesen entdeckt; von 1815 an britisch, seit 1922 Dependenz von Sankt Helena.

Schalom Asch

◆ **Asch,** Schalom, jidd. Erzähler u. Dramatiker, *1. 1. 1880 Kutno (Polen), †10. 7. 1957 London; lebte seit 1906 in Polen, Palästina, den USA, Frankreich u. England; schilderte in romantischem Stil die ostjüd. Welt in „Das Schtetl" 1904; schrieb soziale Dramen („Vor der Sintflut" 1927–1932, dt. 1929 ff.) u. histor. Romane aus der Zeit Christi („Der Nazarener" 1939, dt. 1950; „Maria" 1949, dt. 1990), die in der jüd. Presse Polemik hervorriefen; unter dem Eindruck der ukrainischen Pogrome schuf A. 1919 den Klassiker der jidd. Lit. „Kiddusch Ha-Schem". A. schrieb vor dem 1. Weltkrieg auch einige Schauspiele über soziale Probleme, die damals als Höhepunkt des jidd. Theaters galten, z.B. „Der Gott der Rache" 1907. Aschs Verdienst war es, die jidd. Literatur ins öffentl. Bewusstsein gerückt zu haben.

**Ascha,** *Al Ascha,* arab. Dichter am Ende der vorislamischen Zeit, †nach 625 Durna; bekannt sind seine Lob- u. Weinlieder.

**Aschach,** Marktgemeinde an der Donau in Oberösterreich, 268 m ü. M., 2100 Ew.; das *Donaukraftwerk A.* ist mit maximal 282 000 kW das leistungsstärkste der Kraftwerkskette an der Donau.

Aschaffenburg (1)

Aschaffenburg (1): Schloss Johannisburg

**Aschaffenburg,** ◆ **1.** kreisfreie Stadt in Unterfranken (Bayern), am Main, 66 200 Ew.; Renaissanceschloss Johannisburg (1605 bis 1614, bayerische Staatsgalerie, Hof- und Staatsbibliothek), romanisch-gotische Stiftskirche (12./13. Jh.); Papier-, Maschinen-, Textilindustrie; Umschlaghafen.
**2.** Landkreis in Bayern, im Regierungs-Bezirk Unterfranken, 699 km², 172 000 Ew.; Verw.-Sitz ist *Aschaffenburg.* (1).

**Aschanti,** Volk in Ghana, → Ashanti.

**Aschau,** *Aschau im Chiemgau,* Gemeinde in Oberbayern, Ldkrs. Rosenheim, am Fuß der Kampenwand (1669 m), 4900 Ew.; Luftkurort.

**Aschchabad,** *Ašchabad,* turkmen. *Aschghabat,* Hptst. Turkmenistans, am Nordrand des Kopet-Dag, 517 000 Ew.; Kultur- u. Industriezentrum; Akademie der Wissenschaften, Universität (gegr. 1950), Maschinenbau, Baumwoll-, Seiden-, Glasindustrie; zwei Wärmekraftwerke; in der Nähe Erdgasvorkommen. – Aschchabad wurde 1881 als russische Festung *Poltorazk* gegründet; 1948 nach einem Erdbeben nach histor. Vorbild neu aufgebaut.

**Asche, 1.** anorganischer (mineralischer) Rückstand bei restloser Verbrennung organischer Stoffe, z. B. *Pottasche* ($K_2CO_3$) aus Pflanzenteilen, *Kesselasche* aus Steinkohle. Insbes. versteht man darunter nicht geschmolzene Bestandteile von Brennstoffen. Brennstoffasche besteht vor allem aus den Oxiden von Aluminium, Calcium, Eisen, Kalium, Magnesium, Natrium und Silicium.
**2.** *Vulkanische Asche,* staubförmiges bis feinkörniges Lockerprodukt vulkan. Ausbrüche; → Tuff.

◆ **Äsche,** *Thymallus thymallus,* in Dtschld. einziger Vertreter der Familie der *Äschen.* 30–40 cm langer, bis 1,5 kg schwerer Fisch sauerstoffreicher, rasch fließender Bäche u. Flüsse, in Nordeuropa auch in einigen Seen, zieht dann zum Laichen in Zuflüsse; empfindlich gegen Abwässer. Die Laichplätze sind häufig durch Ausbau der Flüsse zerstört, sodass die Ä. nur noch in wenigen Gewässern natürlich vorkommt. Die Laichzeit ist im April/Mai. Nebenfisch in einigen Forellenzuchten, wird dort bis zum einsömmerigen Jungfisch aufgezogen zum Besatz von Naturgewässern. Kleintierfresser; ein beliebter Fisch der Sportfischerei.

**Ascheberg,** Gemeinde in Nordrhein-Westfalen, Ldkrs. Coesfeld, im Münsterland, 14 200 Ew.; Hallenkirche (1524); Brotfabrik; in der Nähe Naturpark *Davert.* – Altsächsische Siedlung „Askarberge".

**aschefreies Papier,** ein Papier, das nach dem Verbrennen eine vernachlässigbar geringe Menge Asche zurücklässt (z. B. Filtrierpapier für quantitative Analysen).

**Aschelminthes** → Hohlwürmer.

**Äschen,** *Thymallidae,* artenarme Familie der *Lachsverwandten.* Bewohner kühler Bäche u. Flüsse. In Europa die → Äsche, *Thymallus thymallus,* in nördl. Regionen Amerikas u. Asiens die *Arktische Äsche, Thymallus arcticus.*

**Aschenbahn,** im Sport meist 400 m lange, ovale Laufbahn mit Schotter- oder Schlackenpackung sowie einer Deckschicht aus rotem oder schwarzem Aschen- oder Sandgemisch; in der Leichtathletik heute weitgehend durch → Kunststoffbahnen ersetzt.

**Aschenbrödel,** *Aschenputtel, Aschengrittel,* Märchengestalt; geplagtes Mädchen in nie-

deren Diensten, das als schönste Braut vom erlösenden Prinzen geheiratet wird.
**Aschenkiste,** Aschenbehältnis in Kistenform, Gegenstand der etrusk. Feuerbestattung, zur Aufstellung in Grabkammern bestimmt. Die A. des 6. u. 5. Jh. v. Chr. bestand aus Kalk- oder Sandstein, hatte einen dachförmigen Deckel u. war mit Reliefs (Tanzszenen, Totenklagen u. a.) geschmückt. Die hellenist. A. war geringeren Ausmaßes, zeigte auf ihren Reliefs Themen der griech. Mythologie u. auf dem Deckel die Skulptur des Verstorbenen (oft mit Ehegatten) in ursprünglich liegender, dann immer aufrechterer Haltung des Oberkörpers.
**Aschenpflanze,** *Cineraria,* Gattung der *Korbblütler (Compositae)* aus Südafrika; Zimmerpflanze; nicht zu verwechseln mit der sog. → Cinerarie.
**Äschenregion,** an die *Forellenregion* sich talabwärts anschließende Fischregion; typisch sind: rasche Strömung, breitere Bäche u. kleinere Flüsse; Boden sandig-kiesig; sauerstoffgesättigtes Wasser, Unterschied zwischen Sommer u. Winter in der Wassertemperatur größer als in der Forellenregion; neben *Äschen* strömungsliebende *Weißfische* wie *Döbel, Nase, Hasel.* An die Ä. schließt sich die *Barbenregion* an.
**Aschera,** westsemit. Muttergottheit, die in Ugarit als Gemahlin Els u. sonst als die Baals auf Kulthöhen in der Gestalt eines Baums oder eines Holzpfahls verehrt wurde.
**Aschermittwoch,** der 7. Mittwoch vor Ostern; Beginn der Fasten- oder Bußzeit. Am A. wird den kath. Gläubigen zum Zeichen ihrer Bußgesinnung mit geweihter Asche ein Kreuz, das sog. Aschenkreuz, auf die Stirn gezeichnet. Auch → Fastenzeit.
Der *politische* A. ist eine bayerische Besonderheit der parteipolit. Auseinandersetzung. Am A. veranstalten die CSU in Passau (früher in Vilshofen) u. die bayer. SPD in Vilshofen Versammlungen, in denen mit den gegnerischen Parteien hart u. eingängig „abgerechnet" wird. Mittlerweile machen auch andere Parteien davon Gebrauch.
**äschern,** *Gerberei:* die Rohhaut mit einem alkal. Bad zur Entfernung der Haare u. nichtkollagener (→ Kollagen) Eiweißstoffe behandeln.

Aschersleben

**Aschersleben,** ◆ 1. Kreis- u. Industriestadt in Sachsen-Anhalt, nordöstlich vom Harz, 29 600 Ew.; Stephanskirche (15. Jh.), Marktkirche (13. Jh.), Rathaus (1517), alte Stadtbefestigung (mit 15 erhaltenen Türmen); Samenzucht, Maschinenbaubetriebe, Papierwarenfabrik; Verkehrsknotenpunkt. – 1266 Stadtrecht, 1426–1518 Hansestadt.

Äsche, Thymallus thymallus

2. *Aschersleben-Staßfurt,* Ldkrs. in Sachsen-Anhalt, Reg.-Bez. Magdeburg, 655 km², 109 000 Ew.
**aschgraues Mondlicht,** fahles Leuchten der Nachtseite des Mondes, bes. deutl. zu erkennen bei sichelförm. Mondphase; entsteht durch Sonnenlicht, das v. der Erde reflekt. wird u. die Nachtseite des Mondes schwach erhellt. Die Erde erscheint v. Mond aus bis zu 100-mal heller als der Mond v. der Erde aus. Mit Hilfe des aschgrauen Mondlichts konnte auch die → Albedo der Erde (0,37) ermittelt werden.
**Aschheim-Zondek'sche Reaktion,** Abk. *AZR,* heute nicht mehr gebräuchl. biolog. Nachweisreaktion zur Frühdiagnose der Schwangerschaft, die auf dem Nachweis in der Schwangerschaft gebildetem Choriongonadotropin im Tierversuch (an infantilen weibl. Mäusen) beruhte, heute aber durch immunolog. Schwangerschaftstests ersetzt wird. – Die AZR wurde 1927 von den Gynäkologen Selmar *Aschheim* u. Bernhard *Zondek* angegeben.
**Aschines,** *Aischines,* athen. Redner, * 390/389 v. Chr. Athen, † 315/314 v. Chr. Samos; makedonierfreundl. Gegner des Demosthenes, verlor 330 die Klage gegen die Ehrung des Demosthenes u. ging ins Exil. Drei Reden sind überliefert.
**Aschkenasim** [hebr.], *Ostjuden,* die Nachkommen der Juden, die seit dem Spät-MA aus Dtschld. nach Osteuropa (bes. Polen, Litauen, Russland) auswanderten. Ihre Sprache war *Jiddisch.* – Im heutigen Israel bezeichnet man als A. die aus Europa stammenden Juden, im Unterschied zu den aus nordafrikan. u. nahöstl. Ländern kommenden *Sephardim.*
**Aschmun,** *Asmun, Ashmûn,* unterägypt. Stadt im S des Nildeltas, 35 000 Ew.; Baumwollverarbeitung, Zigarettenfabrikation.

Ludwig Aschoff

◆ **Aschoff,** Ludwig, dt. Pathologe, * 10. 1. 1866 Berlin, † 24. 6. 1942 Freiburg i. Br.; bekannt durch den Nachweis spezif. Granulome bes. im Herzmuskel als Ausdruck frischer rheumat. Entzündungsprozesse *(Aschoff'sche Knötchen).* Forschungen über das „Reizleitungssystem des Herzens" (1906).
**Aschram,** religiöse Stätte im Hinduismus → Ashram.
**Aschschur,** assyr. Stadt, → Assur.
**Aschtoret,** semit. Göttin, → Astarte.
**Aschur,** Schwalbenwurzelgewächs, → Calotropis.

Äschylus

◆ **Äschylus,** *Aischylos,* der älteste der großen griechischen Tragödiendichter, * 525/524 v. Chr. Eleusis, † 456/455 v. Chr. Gela, Sizilien; kämpfte in den Perserkriegen mit, Liebling der Athener (oftmaliger Sieger im Wettkampf der Tragiker). Von den über 70 dem Titel nach bekannten Stücken sind sieben ganz, von dreien größere Bruchstücke erhalten; sie zeigen in kühner, bilderreicher Sprache die Gerechtigkeit der gött-

lichen Weltordnung: „Orestie" (Trilogie), „Der gefesselte Prometheus", „Die Perser", „Sieben gegen Theben", „Die Schutzflehenden".
**Ascidia** → Seescheiden.
**ASCII,** *ASCII-Code,* Abk. für engl. *American Standard Code for Information Interchange,* Amerikan. Standardcode für den Informationsaustausch. ASCII ist der am häufigsten verwendete Zeichensatz für die binäre Darstellung von Daten. Der ASCII-Zeichensatz besteht aus den Ziffern 0 bis 9, den Groß- u. Kleinbuchstaben des Alphabets, den Satzzeichen und verschiedenen Sonderzeichen. Jedem Zeichen wird eine bestimmte Folge von 7 Bit zugeordnet. Damit sind $2^7 = 128$ verschiedene Zeichen darstellbar. Die ersten 32 Zeichen sind dabei Steueranweisungen für die Datenübertragung. Der 7-Bit-ASCII-Code ist auf allen modernen Rechenanlagen gleich. Um auch landesspezifische Zeichen darstellen zu können, wie die deutschen Umlaute, wird der erweiterte 8-Bit-ASCII-Code verwendet (für Deutschland als DIN 66003 genormt). Mit ihm sind $2^8 = 256$ Zeichen darstellbar. Die Belegung der zusätzlichen 128 Zeichen kann von Rechner zu Rechner unterschiedlich sein.
**Ascites** [grch.], Wassersucht, → Aszites.
**Asclepiadaceae** → Seidenpflanzengewächse.
**Asclepias,** Bastfasern der Seidenpflanzengewächse.
**Ascoli,** Graziadio Isaia, italien. Sprachforscher, *16. 7. 1829 Görz, †21. 1. 1907 Mailand; Studien zur indogerman.-semit. Sprachverwandtschaft; 1873 gründete er für die Erforschung der italien. Dialekte, die er mit der Arbeit „Saggi ladini" 1873 bis 1883 einleitete, die Zeitschrift *Archivio Glottologico Italiano;* er begründete die *Substrattheorie.* Werke (Auswahl): „Studi orientali e linguistici" 1854/55; „Lettere glottologiche" 1886.
**Ascolichenes,** Bez. der Mehrzahl der Flechten; der Flechtenpilz bildet Fruchtkörper, die denen der *Ascomycetes* entsprechen. Sie bilden *Asci* (Sporenschläuche), die von sterilen Fäden umgeben sind.
**Ascoli Piceno** [-pi'tʃeno], **1.** mittelitalienische Provinz, 2087 km², 364 000 Ew.; Hptst. *Ascoli Piceno*
**2.** italienische Stadt im Süden der Region *Marken,* Hauptstadt der Provinz Ascoli Piceno, 53 000 Ew.; römische und mittelalterliche Bauwerke; chem. und Papierindustrie.
**Ascomycetes** [grch.], *Askomyzeten, Schlauchpilze,* Klasse der höheren → Pilze *(Eumycotina);* mit Ascusschläuchen, in denen sich die Sporen (Ascosporen) entwickeln; bei vielen niederen Ascomycetes erfolgt außerdem noch eine ungeschlechtliche Fortpflanzung durch Bildung von *Konidien.* Zu den Ascomyceten gehören in ihrer Größe recht unterschiedl. Formen wie die *Hefen, Morcheln, Trüffeln* und *Becherpilze;* viele Ascomycetes sind Erreger von Pflanzenkrankheiten.
◆ **Ascona,** Luftkur- u. Badeort in der Schweiz, am nördl. Westufer des *Lago Maggiore,* im Kanton Tessin, 4500 Ew.; malerischer südländ. Ortskern, subtropische Parks u. Gärten; Kirche S. Maria della Misericordia (1399–1442), Collegio Papio (16. Jh.); Künstlerkolonie.
**Ascorbinsäure** → Vitamin C.
◆ **Ascot** ['æskət], engl. Dorf bei Windsor, in der Grafschaft Berkshire; rd. 7800 Ew.; bekannt durch die 1711 von Königin Anne begründeten und seit 1825 regelmäßig im Juni durchgeführten Pferderennen auf der Galopprennbahn von Ascot *(Ascot-Rennwoche).*

Queen Elizabeth II. und ihr Ehemann Philipp auf der traditionellen Kutschfahrt nach Ascot

**Ascus** [Sg., Pl. *Asci*], schlauchförmiges Gebilde einiger Pilze *(Ascomycetes)* u. Flechten *(Ascolichenes).* Im A. werden durch Reduktionsteilung (Meiose) eine bestimmte Anzahl von → Sporen *(Meiosporen)* gebildet. Die Asci sind meist in besonderen Fruchtkörpern *(Apothecium, Kleistothecium, Perithecium)* vereinigt.
**ASDEX,** ein → Tokamak-Experiment im Max-Planck-Institut für Plasmaphysik in Garching.
**Asdscher,** *Asdier,* ein Stamm der → Tuareg.
**As-Dur,** mit 4♭ vorgezeichnete Tonart, deren Leiter as, b, c', des', es', f', g', as' ist. Paralleltonart: f-Moll.
**Asea Brown Boveri AG** [-braun-], Abk. *ABB AG,* Zürich, schwed.-schweiz. Elektrokonzern, 1988 aus der Fusion der *Asea AB,* Stockholm, u. der *BBC Brown Boveri AG,* Baden (Schweiz), hervorgegangen; stellt Elektro- u. Automationsanlagen her; Konzernumsatz 2000: 22,97 Mrd. Euro; zahlreiche Tochtergesellschaften, u. a. die deutsche *ABB AG,* Mannheim.
**ASEAN,** Abk. für engl. *Association of South East Asian Nations* (Verband Südostasiatischer Staaten), am 8. 8. 1967 in Bangkok gegründete Organisation (an Stelle der von Malaysia, den Philippinen u. Thailand 1961 gegr. *Association of South East Asia, ASA);* Mitglieder (Stand: 2001): Brunei, Indonesien, Kambodscha, Laos, Malaysia, Myanmar, Philippinen, Singapur, Thailand, Vietnam. Ziel ist die Förderung gemeinsamer politischer, wirtschaftlicher, technischer, kultureller u. sozialer Interessen. Höchstes Organ der ASEAN ist die Gipfelkonferenz der Staats- u. Regierungschefs, die in unregelmäßigen Abständen tagt. Einmal jährlich findet die Außenministerkonferenz statt, auf der gemeinsame politische Leit-

Ascona: Durch die Lage in einer von Nordwinden geschützten Bucht konnte sich die Stadt zu einem beliebten Ferienzentrum entwickeln

Ascot: Haupttribüne der berühmten Galopprennbahn

linien erarbeitet werden. Das Generalsekretariat befindet sich in Jakarta (Indonesien). Die ASEAN plant bis zum Jahr 2002 die Schaffung einer Freihandelszone.
**ASEA-SKF-Verfahren,** ein Nachbehandlungsverfahren des flüssigen Stahls vor dem Vergießen.
**Aseb** → Assab.
**Asebie** [grch.], Gottlosigkeit; der Begriff wurde von den Griechen auch auf öffentlich nicht zugelassene Kulte angewandt. Sokrates z. B. wurde in einem Asebie-Prozess zum Tod verurteilt.
**Asega,** ständiger Urteilsfinder in den Gerichtsversammlungen der alten Friesen.
**Asegabuch,** Sammlung altfries. Rechts aus dem 13. bis 15. Jh.
**Asela,** *Aselle,* Stadt im zentralen Äthiopien, Verwaltungssitz der Prov. *Arussi,* 2182 m ü. M., 36 700 Ew., Handelsplatz.
**ASEM,** Abk. für engl. *Asia Europe Meeting, Asien-Europa-Gipfel,* interregionales Gipfeltreffen der Staats- u. Regierungschefs der asiat. Schwellen- bzw. Industrienationen (ASEAN-Staaten, VR China, Japan, Südkorea) u. der EU-Mitglieder zur ökonom. u. polit. Kooperation. Gipfeltreffen: 1996 Bangkok, 1998 London.
**Asen,** nord. Göttergeschlecht, dem außer Odin Gottheiten wie Frigg, Thor, Tyr angehören.
**Asena, 1.** Duygu, türk. Schriftstellerin, * 1946 Istanbul; die als Journalistin arbeitende Autorin mehrerer Romane vertritt die neue türk. Frauenliteratur. „Die Frau hat keinen Namen" 1987, dt.1992; „Meine Liebe, deine Liebe" 1989, dt. 1994.
**2.** Orhan, türk. Dramatiker, * 1922 Diyarbakir; bearbeitet neben histor. Stoffen („Götter und Menschen – Gilgamesch" 1959;

„Scheich Bedreddin" 1969) auch aktuelle polit. Themen („Jagd in Chile" 1974).
**Aseniden,** bulgar. Herrscherdynastie 1187–1277. Die Brüder *Asen* u. *Peter* begründeten im Aufstand gegen den byzantin. Kaiser 1185–1187 das 2. bulgar. Reich. Auch → Bulgarien (Geschichte).
**Asenovgrad** [ass-], *Asenowgrad,* bulgar. Stadt südl. von Plovdiv, 60 800 Ew.; Festung *Asen;* Holz verarbeitende, Nahrungs- u. chem. Industrie.
**Asepsis** [grch.], *Aseptik,* bei Wundbehandlung u. Operationen angewandtes Verfahren, die Wunde u. alle Gegenstände, die mit ihr in Berührung kommen, weitgehend keimfrei zu machen, um das Eindringen von Krankheitserregern zu vermeiden; die A. geht auf J. P. *Semmelweis* zurück.
**aseptisches Fieber,** Fieber ohne bakterielle Infektion, z. B. bei Schädeltraumen, Anämie oder durch Resorption von Blutergüssen u. Nekrosen.
**Aserbaidschan,** Staat im Kaukasus, → Seite 436.
**Aserbaidschan** [-'dʒa:n], **1.** vorderasiatische Landschaft, südwestl. des Kasp. Meers, vom Turkvolk der *Aserbaidschaner* bewohnt.
**2.** *Azerbayijan, Aserbeidschan,* nordwestl. Landschaft des Iran, 103 441 km², in drei Provinzen gegliedert: Westaserbaidschan, 2,3 Mio. Ew., Hauptstadt *Reza'iyeh;* Ostaserbaidschan, 1,1 Mio. Ew., Hptst. *Ardabil;* Zentralaserbaidschan, 3,3 Mio. Ew., Hptst. *Tabriz;* A. ist neben der Südküste des Kasp. Meeres das dichtest besiedelte Gebiet des Iran mit den besten Anbaubedingungen (Reis, Baumwolle, Früchte) vor allem in Tälern u. Becken (Urmiasee) des gebirgigen Landes (bis 4821 m); Mineralquellen, Marmorbrüche, Silber-, Kupfer-, Eisen-, Kohle-,

Erdöl- und Erdgasvorkommen, Teppichknüpferei.
**Aserbaidschaner** [-'dʒa:-], *Aseri,* Turkvolk (12 Mio.) südlich des Kaukasus, in Iran u. in Aserbaidschan, großenteils turkmen. Herkunft; schiit. Moslems mit westl. Lebensformen.
**aserbaidschanische Sprache** [-'dʒa:-], eine Turksprache, in Nordiran, im Irak u. einem Teil des Kaukasus, in Aserbaidschan, von etwa 16 Mio. gesprochen.
**Asfi,** marokkan. Hafenstadt, → Safi.
**Asgard,** in der nord. Mythologie der Wohnsitz der Götter *(Asen),* liegt über *Midgard,* der Menschenwelt, u. *Utgard,* der Riesenwelt.
**Asgardsweg,** der Zerstörungsstreifen einer Windhose.
**Asgeirsson** ['ausɡjɛirsɔn], Asgeir, ísländ. Politiker, * 13. 5. 1894 Kóranes, † 15. 9. 1972 Reykjavík; 1932–1934 Minister-Präs., 1952–1968 Staats-Präs.
**Ashab** [arab., „Genosse"], in der islam. Religion die Begleiter des Propheten *Mohammed.*
**Ashanti** [aʃ-], *Aschanti, Ashante,* krieger., selbstbewusstes Volk (mit Mutterrecht) der Akangruppe im Inland von Ghana (Prov. A.); Gewerbe (Gilde der Schmiede; Goldschmiede: Goldschmuck u. figürl. Goldgewichte) u. Handel waren hoch angesehen. Ihre traditionellen Bauten sind seit 1980 Weltkulturerbe. Die A. sind heute Bauern, Kakaopflanzer, Händler, Handwerker u. Angestellte.
**Ashanti** [aʃ-], seit dem 17. Jh. westafrikan. Königreich an der Goldküste, im 19. Jh. von England erobert u. brit. Protektorat (1901); heute Teil Ghanas.
**Ashbee** ['æʃbiː], Charles Robert, engl. Architekt, Kunsthandwerker u. Sozialreformer, * 17. 5. 1863 Isleworth bei London, † 23. 5. 1942 Godden Green, Kent; Gründung der Lehrwerkstätte für Architektur u. Einrichtung u. der „Guild of Handcraft" in London (1888, 1902 nach Campden verlegt), Gründung der „Essex Press" (1896), Prof. für engl. Literatur in Kairo (1915), Zivilberater der britischen Verwaltung in Palästina (1919–1923). A., dessen größtes Vorbild W. *Morris* war, beschäftigte sich als Architekt vor allem mit dem Stadtwohnhaus u. der Einfamilienwohnung (Häuser am Chelsea Embankment, London u. a.).
**Ashburton River** ['æʃbəːtn 'rivə], episod. Fluss in Westaustralien, 750 km; entspringt in der östl. Hamersley Range, mündet südl. von Onslow in den Ind. Ozean; tief eingeschnitten; durchfließt das *Ashburton-Goldfeld,* das 1890 erschlossen wurde.
**Ash Can School** ['æʃ kæn 'skuːl; die; engl., „Mülleimerschule"], krit.-ironische Bez. für die impressionist. malenden Großstadtrealisten, die unter Leitung von Robert *Henri* 1908 in der Macbeth Gallery, New York, ausstellten. Ihr gehörten u. a. W. *Glackens,* G. *Lucks,* J. *Sloan* u. Everett *Shinn* an. Die Bilder der Ash Can School bilden eine Parallele zum literarischen Realismus in den USA.
**Ashcroft** ['æʃkrɔft], Dame Peggy (geadelt 1956), engl. Theaterschauspielerin, * 22. 12.
*Fortsetzung S. 437*

# Aserbaidschan

**Autokennzeichen:** AZ

**Fläche:** 86 600 km²

**Einwohner:** 7,7 Mio.

**Hauptstadt:** Baku

**Sprache:** Aserbaidschanisch

**Währung:** 1 Aserbaidschan-Manat = 100 Gepik

**Offizieller Name:** Aserbaidschanische Republik

**Bruttosozialprodukt/Einw.:** 490 US-Dollar

**Regierungsform:** Präsidiale Republik

**Religion:** Überwiegend Moslems (Schiiten, Sunniten)

**Nationalfeiertag:** 28. Mai

**Zeitzone:** Mitteleuropäische Zeit +3 Std.

**Grenzen:** Im W Armenien, im NW Georgien, im N Russland, im O Kaspisches Meer, im S Iran

**Lebenserwartung:** 70 Jahre

Aserbaidschan ist die östlichste der drei Kaukasusrepubliken. Zu A. gehören auch die im Armen. Hochland gelegene Republik *Nachitschewan* u. das vorwiegend von christl. Armeniern bewohnte autonome Gebiet der *Bergkarabachen*.

**Landesnatur** Der N u. W des Landes wird von den südöstl. Ausläufern des Kleinen u. Großen Kaukasus eingenommen. In der Mitte erstreckt sich das breite Tal der Kura mit dem Tiefland von Lenkoran u. den nördl. Ausläufern des Talyschgebirges im SO. Nördlich der Kuramündung liegt die Halbinsel Apscheron mit der Hptst. Baku. Das Klima im Tal der Kura u. an der Küste ist heiß u. trocken u. lässt Ackerbau nur bei künstl. Bewässerung zu. An den Gebirgshängen fallen dagegen in den nur mäßig heißen Sommern ausreichend Niederschläge; im Tiefland von Lenkoran herrscht subtrop. Klima.

**Bevölkerung** In A. leben rund 85% Aserbaidschaner (Aseri), 2% Armenier u. 4% Russen, darüber hinaus noch kleine Gruppen von Tataren, Lesgiern, Awaren, Kurden u. a. Im Gegensatz zu den Aserbaidschanern, die sich mehrheitlich zum Islam schiitischer Ausrichtung bekennen, gehören die Armenier u. ein Teil der Russen dem Christentum an.

**Wirtschaft und Verkehr** Aserbaidschans Wirtschaft beruht vor allem auf den reichen Bodenschätzen (u. a. Erdöl u. Erdgas im Offshore-Bereich des Kasp. Meeres sowie Eisen-, Zink- u. Kupfererze). Die wichtigsten Industriezweige sind die petrochem. u. die Hüttenindustrie sowie der Maschinenbau. Die Stauanlage von Mingetschaur u. ein weit verzweigtes Bewässerungssystem ermöglichen intensiven Ackerbau in der Trockensteppe (Anbau von Baumwolle, Getreide u. Gemüse). Im wesentlich feuchteren Tiefland von Lenkoran gedeihen Tee u. Zitrusfrüchte, in den Vorbergen u. Tälern Obst, Wein u. Tabak. Wichtigste Außenhandelspartner sind Russland u. die Ukraine. Dem Verkehr steht ein Straßennetz von 24 300 km u. ein Eisenbahnnetz von 2070 km zur Verfügung. Das Verkehrsnetz ist stark auf die Hptst. Baku ausgerichtet mit dem wichtigsten Seehafen des Landes u. einem internationalen Flughafen.

Aserbaidschanische Flüchtlinge aus Bergkarabach 1992

**Geschichte** A. ist seit der Steinzeit von Menschen besiedelt. Aus der transkaukas. Mischbevölkerung gingen vom 7.–15. Jh. unter starkem türk. Einfluss (seit dem 10. Jh.) die Aserbaidschaner hervor. Seit dem 7. Jh. v. Chr. gehörte A. wechselnd zum Pers. oder zum Mederreich. Nach der Eroberung durch die Araber im 7. Jh. nahm A. den Islam als Staatsreligion an. Das in zahlreiche Regionalstaaten aufgesplitterte A. wurde im 11. Jh. von den Türken unterworfen, im 13. Jh. von den Mongolen u. zu Beginn des 14. Jh. von den Persern.

1813 u. 1823 wurde der nördl. Teil Aserbaidschans von Russland erobert u. als Provinz eingegliedert. Dank der Entwicklung der Erdölindustrie um Baku stieg Russisch-Aserbaidschan bis zur Jahrhundertwende zum damals größten Ölproduzenten der Welt auf. Zugleich wurde die

Das Tiefland von Lenkoran ist Hauptanbaugebiet für Tee

Arbeiterschaft von Baku zu einer wichtigen Zielgruppe revolutionärer Agitation. Hier wirkten später führende Bolschewiki wie Stalin u. Woroschilow. Unmittelbar nach der Oktoberrevolution 1917 übernahmen zunächst die Bolschewiki die Macht in Russisch-Aserbaidschan. Am 28. 5. 1918 wurde es vorübergehend unabhängig. Nach Verdrängung der türk., dann der brit. Truppen durch die Rote Armee wurde A. 1920 Sowjetrepublik, 1922 Teilrepublik der Transkaukasischen SFSR, 1936 Unionsrepublik. 1941 besetzten sowjet. Truppen den iran. Teil Aserbaidschans. Der Versuch, ihn von Iran zu lösen, schlug fehl; 1946 zogen die Truppen ab. Als sich im Zuge der Reformpolitik der 1980er Jahre wieder nationale Bestrebungen artikulieren konnten, brachen auch uralte Gegensätze zwischen Aserbaidschanern u. Armeniern auf. Der Konflikt entzündete sich an der mehrheitlich von Armeniern bewohnten, aber seit 1920 zu A. gehörenden autonomen Oblast Bergkarabach. Diese erklärte 1988 ihren Anschluss an die Armen. SSR. Sowohl die Moskauer Zentralregierung als auch der aserbaidschan. Oberste Sowjet erklärten diesen Beschluss für ungültig. In der Folgezeit kam es zu militär. Auseinandersetzungen. Im Zuge des Zerfalls der UdSSR erklärte A. am 30. 8. 1991 seine Unabhängigkeit. Nach inneren Machtkämpfen wurde 1993 der Altkommunist G. *Alijew* Staatschef. Der Streit um Bergkarabach entwickelte sich zu einem Krieg mit Armenien. Russ. Vermittlungsbemühungen führten 1994 zu einem Waffenstillstandsabkommen. 1995 fanden Parlamentswahlen statt. Außerdem wurde eine neue Verfassung verabschiedet. Bei den Präsidentschaftswahlen 1998 bestätigten die Wähler Alijew im Amt.

1907 London, †14. 6. 1991 London; Mitgl. der Royal Shakespeare Company.

**Ashdod** [aʃ'dɔd], neue Hafenstadt in Israel, südlich von Tel Aviv, 90 100 Ew.; für 250 000 Ew. vorgesehen; 1956 gegründet in der Nähe des Platzes einer gleichnamigen Philisterstadt des 12. Jh. v. Chr. als Hafen für das sich rasch entwickelnde Agrargebiet des nördlichen Negev und den Export der Bergbauprodukte des Negev; Hafen 1965 eröffnet; vielseitige Industrie (Kunstfasern, Lastkraftwagen, Lebensmittel); Erdölraffinerie, Großkraftwerk.

**Asheville** ['æʃvil], Stadt und Luftkurort in North Carolina (USA) in der Blue Ridge-Kette der Appalachen, 61 600 Ew.; landwirtschaftliches Zentrum *(Asheville-Becken)*, Holz- u. Textilindustrie; bedeutender Fremdenverkehrs- und Kurort (seit 1824), zahlreiche Sanatorien; gegründet 1794, seit 1835 Stadt.

**Ashikaga** [aʃi-], japan. Stadt im N der Kantoebene, nördlich von Tokyo, 168 000 Ew.; Seidenindustrie; alter Konfuziustempel u. Bibliothek.

**Ashikaga** [aʃi-], altjapanisches Adelsgeschlecht, Zweig der *Minamoto*, stellte von 1338 bis ca. 1573 die Shogune (Militärstatthalter). Diese Zeit wird auch *Ashikaga-Zeit* oder → Muromachi-Zeit genannt.

**Ashisee** ['aʃi-], Gebirgssee im Hakone-Gebiet (Fuji-Hakone-Izu-Nationalpark), östlich des Fuji, im Osten der Insel Honshu, 723 m ü. M., 6,9 km², 42 m tief; einer der schönsten Seen Japans; fischreich; an seinem Ostufer Ferienorte.

◆ **Ashkenazy** [aʃke'naːzi], Vladimir, isländischer Pianist und Dirigent russischer Herkunft, *6. 7. 1937 Gorkij; lebt seit 1963 in England, 1968 in Island, 1982 in der Schweiz; ab 1989 Chefdirigent des Deutschen Symphonie-Orchesters Berlin; ab 1998 künstlerischer Leiter der Tschechischen Philharmonie (Prag); umfangreiches Repertoire.

**Ashley** ['æʃli], Sir William James, brit. Wirtschaftshistoriker, *25. 2. 1860 London, †23. 7. 1927 Canterbury; lehrte an der Harvard-Universität in Cambridge u. in Birmingham;

Vladimir Ashkenazy

# Ashqelon

Ashoka: Löwenkapitell der Ashoka-Säule; 3. Jh. v. Chr.

Vertreter der Histor. Schule; Hptw.: „Introduction to English economic history and theory" 2 Bde. 1888 u. 1893, dt. 1896.

**Ashmore and Cartier Islands** ['æʃmɔː ənd 'kaːtiə 'ailəndz], austral. Territorium in der Timorsee des Ind. Ozeans, 560 km nördlich von Derby, Westaustralien; 3 km², Wetterstation, gelegentl. Luftüberwachung u. ozeanograph. Beobachtungen. – 1931 von Großbritannien an Australien abgetreten; Unterstellung unter westaustralische Verwaltung (1934) gescheitert, seit 1938 vom Nordterritorium aus verwaltet.

◆ **Ashoka**, *Açoka, Aschoka,* Maurya-Kaiser etwa 270–232 v. Chr., * um 290 v. Chr., †232 v. Chr.; Enkel *Chandraguptas,* einigte Indien zum ersten Mal in seiner Geschichte; förderte eine universelle buddhist. Mission u. sandte Botschafter in den Vorderen Orient, nach Griechenland u. Ägypten. Sein Sohn *Mahinda* gewann Ceylon für den Buddhismus. A. richtete Hospitäler für Menschen u. Tiere ein; das Löwenkapitell von Sarnath (Staatswappen Indiens) dokumentiert die Hochblüte der Kunst unter Ashokas Herrschaft. In der buddhist. Überlieferung gilt A. als Idealherrscher. – Lebensdatentabelle S. 444.

**Ashqelon, 1.** israel. Unterdistrikt, 1272 km², 221 000 Ew.; Verw.-Sitz A. (2).
**2.** *Askalon, Migdal Ashqelon,* Hafen im südl. Israel, nördlich von Gaza, 64 200 Ew.; Eisenbahnverbindung mit Haifa, Pipeline von Elat; Holzverarbeitung, Maschinenbau, Baumaterialien; Fremdenverkehr. A. existierte schon vor der Einwanderung der Philister (12. Jh. v. Chr.), von denen es zu einem der fünf Zentren ihrer Herrschaft gemacht wurde (Ruinen von *Askalân*; auch *Fortsetzung S. 444*

# Asien

Asien umfasst die größte Kontinentalmasse der Erde mit 44,7 Mio. km² (2/7 der Land- u. 1/12 der gesamten Erdoberfläche) u. reicht mit den dazugehörenden Inselgruppen von 82° n. Br. (Sewernaja Semlja/Russland) bis 11° s. Br. (Insel Roti bei Timor). Die N-S-Spanne des Festlands (zwischen Kap Tscheljuskin an der russischen Halbinsel Tajmyr u. Kap Buru bei Singapur) beträgt 8600 km, die W-O-Entfernung von Kap Baba in Kleinasien (26° ö. L.) bis Kap Deschnew/Russland (170° w. L.) rd. 11 000 km. Die Küsten sind stark gegliedert, z. T. in Inselbögen oder Halbinselblöcke aufgelöst. A. ist gegen Amerika durch die Beringstraße, gegen Australien durch die Molukken- u. Bandasee u. gegen Afrika durch die Landenge von Suez abgegrenzt. Eine natürliche Grenze gegen Europa fehlt dagegen *(Eurasiatischer Kontinent)*; meist werden das Uralgebirge, der Uralfluss u. die Manytschniederung als Grenze betrachtet.

**Landesnatur** *Oberflächengestalt*: A. ist durch einen reichen, vielseitigen Formenschatz gekennzeichnet. Fast 1/4 der Gesamtfläche Asiens entfällt auf die subkontinentalen Halbinseln u. Inseln. Nur 1/4 des Kontinents besteht aus Tiefland, über 1/6 liegt mehr als 2000 m ü. M. Ausgesprochener Tieflandcharakter herrscht vor allem im westl. Sibirien. Zwischen alten Tafelländern im Süden (Arabien, Dekan) u. der sibirischen Masse im Norden liegen tertiäre Faltengebirge. Sie schließen die meist abflusslosen Hochländer von Anatolien u. Iran ein, scharen sich in mächtigen Gebirgsknoten (Armenien, Hochland von Pamir), erreichen ihre größte Höhe im *Himalaya* (im *Mount Everest* 8846 m) u. biegen, durch tiefe Talschluchten voneinander getrennt, über Hinterindien nach Süden um; in Indonesien z. T. vom Meer überflutet; heute noch in Bewegung (Erdbeben, Vulkanismus); tertiär sind auch die japan. Inselbögen bis Kamtschatka. Der Himalaya, paläozoische Faltengebirge (Tian Shan, Altai) u. die Schollen der sibir. Masse (Khangai-, Jablonowyj-, Khingan- u. Sajanisches Gebirge) schließen die innerasiat. Hochländer (Tibet, Hanhai) mit ihren Steppen u. Wüsten (Tarimbecken, Gobi) ein.

*Klima*: Der Gegensatz zwischen dieser größten Landmasse der Erde u. den sie umgebenden Ozeanen bestimmt das Klima in A. Durch starke Ein- u. Ausstrahlung im Binnenland werden heiße Sommer u. strenge Winter hervorgerufen. Ausgedehnte winterl. Hochdruckgebiete im Innern u. im N sowie sommerl. Tiefdruckgebiete in den inner-, vorder- u. südasiat. Binnenräumen verursachen in Süd- u. Ostasien durch jahreszeitl. Verschiebung im System der atmosphär. Zirkulation die im Winter meerwärts, im Sommer landeinwärts wehenden Monsunwinde. Monsunklima kennzeichnet die Küstenländer u. Gebirgsränder im S u. O (hohe Sommerniederschläge). Steppen- u. Wüstenklima bestimmen den großen asiat. Trockengürtel, der sich von Kleinasien u. Arabien bis nach Innerasien u. zur Mongolei erstreckt. An den Westrändern Vorderasiens überwiegt subtrop. Mittelmeerklima. Der größte Teil Sibiriens u. die nördl. Mandschurei haben ausgesprochen kontinentales Klima. Bei Ojmjakon in NO Sibiriens liegt der Kältepol der Nordhalbkugel mit durchschnittl. Tiefstwerten bis –69,8 °C u. einem absoluten Minimum von –78 °C.

Die klimat. Gegensätze spiegeln sich in der Bevölkerungsdichte: 9/10 der 3,6 Mrd. Ew. Asiens leben in den Küstenländern im S, SO u. O (z. T. über 1000 Ew./km² im Gangesgebiet, in der Huang He- u. Chang Jiang-Ebene u. in Südjapan), in den Regionen Nordsibiriens sinkt die Bevölkerungsdichte dagegen auf 0,01 Ew./km².

Kunstvoll angelegte und künstlich überflutete Reisterrassen bestimmen vor allem in Südostasien, Hinterindien und Ostasien das Landschaftsbild. Reis ist in vielen Staaten Asiens das Hauptnahrungsmittel

# Asien

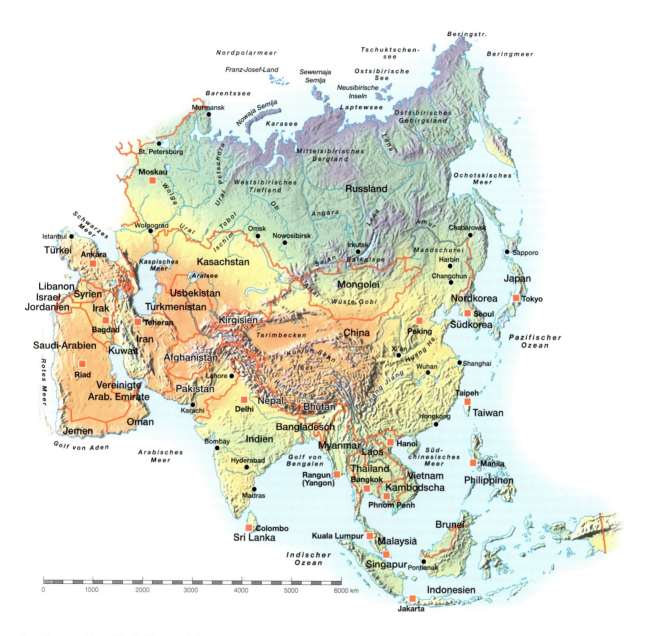

*Gewässer:* Zum Nördl. Eismeer ziehen die sibir. Riesenströme *Ob* (4330 km), *Jenissej* (4130 km) u. *Lena* (4270 km), deren Schiffbarkeit durch gewaltige Hochwasser, Verwilderung u. lange Eisbedeckung stark behindert ist. Zum Einzugsbereich des Pazif. Ozeans gehören *Amur* (4416 km), *Huang He* (4875 km) u. *Chang Jiang* (6300 km), zu dem des Ind. Ozeans *Euphrat* (2700 km), *Tigris* (1950 km), *Indus* (3190 km), *Ganges* (2700 km) u. *Brahmaputra* (2900 km) sowie die hinterindischen Ströme *Mekong* (4500 km), *Saluen* (3200 km) u. *Irrawaddy* (2150 km).
Eine riesige Fläche im Innern hat keinen Abfluss zum Meer; ihre Flüsse enden in großen Binnenseen, z. B. *Amudarja* (2620 km) und *Syrdarja* (3078 km) im *Aralsee* (allerdings nur noch in niederschlagsreichen Jahren), der *Tarim* (2000 km) im *Lop Nur.* Größtes Binnengewässer Asiens u. der Erde überhaupt ist das *Kaspische Meer* (371 800 km²), das tiefste (1620 m) der *Baikalsee.*
*Pflanzen- u. Tierwelt:* Den verschiedenen Klimazonen entspricht die Pflanzenwelt, doch ist in weiten Gebieten infolge der uralten Besiedlung die ursprüngl. Vegetation stark zurückgegangen oder vernichtet worden. Im Malaiischen Archipel ist trop. Regenwald von großer

# Asien

Üppigkeit weit verbreitet; hier leben noch Elefanten u. Nashörner, Tiger u. Menschenaffen. Erst in Höhen oberhalb von 2000 m geht der Regen- in Nebelwald über, der in noch höheren Lagen von Krummholz u. Matten abgelöst wird. Laub abwerfende Monsunwälder finden sich in großer Ausdehnung in den monsuntrop. Landstrichen im Süden u. Südosten Asiens; hier fallen geringere Niederschläge u. die Trockenzeit ist länger. In den regenarmen Gebieten dieses Bereichs herrschen Savannen vor. In Ostasien sind teilweise noch prachtvolle Laub- u. Mischwälder mit großem Artenreichtum erhalten. Der Westen Kleinasiens wird durch Mittelmeervegetation bestimmt. Der asiat. Trockengürtel ist durch Steppen gekennzeichnet; Kamele, Wildesel, Antilopen, Wölfe, Nagetiere u. Steppenvögel bilden die Tierwelt dieser trockenen Gebiete. In Sibirien dehnt sich das größte Waldgebiet der Erde, die *Taiga*, aus, in der im versumpften Westen Birken, im Übrigen aber Nadelwälder aus Lärchen, Fichten, Kiefern u. Tannen vorherrschen; Hirsche, Elche u. Pelztiere haben in diesen Wäldern noch eine weite Verbreitung. Im nördlichsten Streifen von A. wachsen Zwergsträucher, Flechten u. Moose der *Tundra*; dort leben vor allem Rentier, Lemming, Schneehase, Eisfuchs u. Vielfraß.
A. ist die Heimat der meisten Kulturpflanzen (Getreide, Obst, Wein, Citrusfrüchte, Ölbaum, Mohn, Lein, Hanf, Hülsenfrüchte, Tee, Zuckerrohr, Banane) u. Haustiere (Pferd, Rind, Schaf, Ziege, Schwein, Huhn, Kamel; Seidenraupe).

**Völker und Kulturen** In A. leben rd. 3,6 Mrd. Menschen u. damit knapp $3/5$ der Erdbevölkerung. Die Wachstumsraten verschiedener Länder sind aufgrund hoher Geburtenraten bes. groß; insbes. die Länder Südasiens sind mit den gravierenden sozialen Problemen der Bevölkerungsexplosion (Unterbeschäftigung, Arbeitslosigkeit, Analphabetentum u. a.) schwer belastet. Das zahlenmäßig stärkste Volk Asiens u. der Erde überhaupt sind die Chinesen, die mehr als $1/5$ der Menschheit ausmachen, dicht gefolgt von den Indern. Zahlreiche frühmenschl. Knochenreste sind auf asiat. Boden gefunden worden, so der Pithecanthropus auf Java u. der Sinanthropus in China. – Die *Rassengliederung* ist nur ungenügend geklärt, da die zahlreichen Wanderungen u. jahrtausendealten Vermischungen schwer zu entwirrende Verhältnisse geschaffen haben. A. gilt als die Heimat der *Mongoliden*, die in mehrere Untergruppen zerfallen. Unter ihnen sind zu nennen: die Tungiden (die eigentl. Mongolen, die Mandschu u. Tungusen), die jungmongoliden Siniden (Großteil der Chinesen u. Koreaner sowie ein Teil der Japaner) u. die Palämongoliden (andere Teile der Koreaner, Japaner u. Chinesen, zahlreiche Völker Hinterindiens u. Indonesiens). Als mongolid-europide Mischformen gelten die Sibiriden (nordasiat. Völker) u. die Turaniden (bes. die Turkvölker). Zum Rassenkreis der *Europiden* zählen vor allem die slaw. Siedler in Sibirien u. die Indiden in Vorderindien. In Vorderasien sind *Armenide, Orientalide* u. *Mediterranide* vorherrschend. Neben dunkelhäutigen Zwergvölkern leben in Rückzugsgebieten auch Vertreter einer einst weit verbreiteten Menschengruppe, z. B. die Weddas in Sri Lanka, die Kubu auf Sumatra u. die Senoi auf der Malaiischen Halbinsel.

Händler in Dubai

Der weite, dünn besiedelte N ist das Gebiet der Jäger u. Fischervölker, die heute stark mit russ. Kolonisten durchsetzt sind. In den Stromtiefländern des O bildete sich das Volk der *Chinesen* heraus, sog ihn umwohnenden Stämme allmählich auf u. legte den Keim zur Entstehung der korean. u. der japan. Kultur. Auch nach S strahlte die chines. Kultur aus u. traf in Hinterindien auf den ind. Kultureinfluss *(Khmer, Cham)*, der bis nach Indonesien hinein zu finden ist (Java, Bali), dem Siedlungsgebiet der Malaien. Indien ist ein altes Kulturland (Induskultur), in dem mehrere Bevölkerungsschichten einander abgelöst u. verdrängt haben. Die in Südostasien noch in wenigen Resten vorhandene Negritoschicht wurde durch kleinwüchsige Menschen abgelöst (Ceylon, Hinterindien), denen die Gruppe der *Dravidavölker* folgte (Südindien). Diese dunkelhäutigen Menschen wurden durch die von NW einwandernden Indogermanen *(Hindu)* verdrängt, die das heutige Gesicht Indiens bestimmen. Das Völkerbild Westasiens weist eine Gruppe indogerman. Völker (*Perser* u. a.) neben dem Block der *Semiten* (Araber) auf, der bis nach Iran u. Nordindien ausstrahlte. Innerasien, das Gebiet der Turk- u. Mongolenstämme, ist eine Völkerwiege, aus der in mehreren Wellen Stämme nach China, Indien, Kleinasien u. bis nach Europa vordrangen. Den alten, weit gehend voneinander unabhängigen Kulturzentren in Mesopotamien, Indien u. Ostasien entstammen auch die

Unberührte Naturlandschaften wie auf der thailändischen Insel Ko Phi-Phi und die zahllosen Kulturschätze ziehen viele Touristen nach Asien

# Asien

Asien ist die Heimat des Teestrauches. Abgebildet sind Teepflückerinnen auf einer Plantage in Sri Lanka

drei großen *Religionsgruppen*; in Vorderasien: Christentum, Judentum, Islam (bis nach Innerasien u. Indonesien ausgebreitet); in Indien: Hinduismus u. der bis weit nach Ost- u. Nordasien verbreitete Buddhismus; in China u. Japan: Konfuzianismus, Taoismus u. Shintoismus.

**Wirtschaft** A. gehört zu den rohstoffreichsten Erdteilen. Die Bodenschätze sind sehr ungleich verteilt, so dass zwischen den Ländern eine gegenseitige Abhängigkeit besteht. Nur China u. Russland haben – ähnlich wie die USA – große Reserven an fast allen wichtigen Rohstoffen bzw. Energiequellen (Eisenerz, Kohle, Wasserkraft, Erdöl, Erdgas). Die Ausbeutung der Bodenschätze ist örtlich zwar schon vor Jahrtausenden begonnen worden, jedoch ist die zielbewusste Nutzung in größerem Umfang erst eine Folge abendländ. Einflusses. Die Industrialisierung ist heute schon stark genug, um in vielen Gebieten eine entscheidende Änderung des sozialen Gefüges herbeizuführen, dennoch liegt noch in vielen Ländern das Schwergewicht auf der Landwirtschaft. So rasch auch oft die Ausdehnung des Kulturlands gewesen ist, so war die Bevölkerungszunahme doch meist noch größer, so dass nur in wenigen Fällen eine Hebung des Lebensstandards u. eine ausreichende Versorgung mit Nahrungsmitteln erzielt werden konnte. Die reichen Tropen- u. Monsunländer erweckten frühzeitig das Interesse der Europäer, die den größten Teil der wirtschaftlich wertvollen Gebiete in Besitz nahmen. Mitte der 1990er Jahre zählten viele Staaten Ost- u. Südostasiens (z. B. China, Singapur, Südkorea, Malaysia) zu den Ländern mit dem weltweit höchsten Wirtschaftswachstum. Hochwertige Hightech-Produkte gelangen vor allem aus Japan, Singapur u. Hongkong auf den Weltmarkt. – Landwirtschaftl. Produkte u. Bodenschätze machen A. zu einem Schwerpunkt der Weltwirtschaft; zu den wichtigsten Gütern zählen Reis (Süd- u. Südostasien), Kautschuk (Malaysia, Sri Lanka, Indonesien), Jute (Bangladesch), Baumwolle (Südasien, Westturkistan), Seide (Ostasien), Sojabohnen (Mandschurei), Tee (Südkaukasien, Indien, Sri Lanka, Indonesien, China), Tabak (Südkaukasien, Indien, Indonesien, China, Philippinen), Weizen (Südwestsibirien, Pakistan, Indien, Nordostchina, Mandschurei), Erdöl u. Erdgas (Vorderasien, Westsibirien, Kaukasus, südl. Ural, Indonesien), Zinn (Malaysia, Indonesien), Mangan (Indien, Kaukasus), Wolfram (China, Hinterindien).

**Erforschung** Der asiat. Kontinent wurde von Europa aus wohl zunächst durch phöniz. Seefahrer erforscht, die als Erste eine engere Verbindung zwischen der Mittelmeerkultur u. dem westl. A. herstellten. Vom 7. Jh. v. Chr. an wurden durch griech. Kolonisten in Kleinasien weitere Einzelheiten bekannt. Die Feldzüge *Alexanders d. Gr.* brachten im 4. Jh. v. Chr. eine starke Erweiterung der Kenntnisse. Aber noch im Kartenwerk des *Ptolemäus* (2. Jh. n. Chr.), das bis ins MA grundlegend blieb, war von Nordasien nichts, von Zentral- u. Ostasien nur wenig bekannt, u. selbst über Indien bestanden nur unklare Vorstellungen. Die Araber erweiterten zwar die Kenntnisse über A. beachtlich, doch erhielt Europa erst spät von diesem Wissen Kunde. Im 13. Jh. kam es mit der Errichtung des Mongolenreichs zu einer ersten unmittelbaren Berührung zwischen Europa u. dem Fernen Osten. Reisende, wie *Marco Polo* (in China von 1271–1295), schilderten dem staunenden Abendland den Glanz bisher unbekannter Kulturen. Ein entscheidender Fortschritt trat erst ein, als durch *Vasco da Gama* 1497/98 der Seeweg von Europa nach Indien entdeckt wurde. Mit dem seit dem ausgehenden 16. Jh. beginnenden russischen Vorstoß nach Sibirien (J. *Timofejew* 1580; S. I. *Deschnew* umfuhr 1648 das Ostkap Asiens, V. *Bering* entdeckte 1728 die Beringstraße) kam auch der bis dahin fast unbekannte N des Erdteils deutlicher in den europ. Gesichtskreis. Am spätesten, mit Beginn des 19. Jh., wurde Innerasien in die Erforschung einbezogen (A. von *Humboldt* 1829, Gebr. *Schlagintweit* 1855/56, N. *Prschewalskij* 1870–1885, F. von *Richthofen* 1868–1872, S. *Hedin* durch vier Reisen zwischen 1894 u. 1935, W. *Filchner* 1900–1938).

**Geschichte** Um 3000 v. Chr. entstand in A., im Süden Mesopotamiens, die erste Hochkultur der Geschichte: das Reich der Sumerer. Sie gründeten die ersten Städte, pflegten Beziehungen zur Indus-Kultur *(Mohenjo-Daro)* u. entwickelten die erste Schrift. Ihr Reich ging Ende des 3. Jahrtausends v. Chr. in dem der Akkader auf, das später unter die Herrschaft der Babylonier fiel.
In der 1. Hälfte des 6. Jh. v. Chr. dehnten die Perser ihre Herrschaft über ganz Kleinasien u. 517 v. Chr. bis ins Industal hinein aus, wo es bereits um 1500 v. Chr. eine asiat. Hochkultur *(Indushochkultur)* gab.
Die Perser wurden im 4. Jh. v. Chr. von Alexander d. Gr. unterworfen. Eine dritte asiat. Hochkultur entstand in China um 1500 v. Chr. in den Flussebenen des mittleren Huang He unter der Herrschaft der *Shang-Dynastie*. Im 4. Jh. n. Chr. begannen krieger. Nomadenvölker aus Innerasien in die Hochkulturen der Stromländer einzubrechen. Die aus der Mongolei kommenden Hunnen eroberten Nordchina u. wandten sich, nachdem sie durch die chines. Han-Dynastie zurückgedrängt worden waren, seit 375 nach Europa. Ihr Eindringen löste die german. Völkerwanderung u. damit den Untergang des Weströmischen Reichs aus. Ihr folgte später die Ausbreitung der Slawen.
Im 7. Jh. wurde das durch die islam. Araber geeinte Vorderasien zum Ausgangspunkt für die Eroberungszüge des *Islams*. 751 siegten islam. Truppen unter Sijad Ibn Salich im Gebiet des Talas über chines. Streitkräfte u. entschieden damit die künftige Zugehörigkeit Innerasiens zum islam., nicht zum chines.-buddhist. Kulturkreis. 712 begann

# Asien

die Islamisierung Indiens durch die Araber, die Ende des 12. Jh. mit der Einnahme von Bihar (1194) ihren ersten Höhepunkt erreichte.

China erlebte unter der *Tang-Dynastie* (618–906) eine Epoche der kulturellen Blüte, in der chines. Institutionen, Kunstformen u. Literatur von den Nachbarn nachgeahmt oder übernommen wurden. 1206 wurde in der Mongolei Tschingis Chan zum obersten Herrscher ausgerufen. Unter ihm u. seinen Nachfolgern eroberten die Mongolen China, Nordindien, Persien sowie weite Teile Osteuropas u. griffen Ende des 13. Jh. bis nach Korea, Hinterindien u. Indonesien aus. Der Zerfall des Mongolenreichs begann Mitte des 14. Jh. In China wurden die Mongolen 1368 vom Begründer der *Ming-Dynastie* besiegt. In Kleinasien traten die Türken unter Osman I. (1288–1326) die Nachfolge der mongol. Oberherren an u. schufen bis zum 16. Jh. im Mittelmeerraum das vom Islam geprägte *Osmanische Reich*. Nur in Nordindien gelang türkisierten Mongolen noch eine Staatsgründung: 1526 entstand das Reich der Großmogul.

Durch die Eroberungskriege der Türken wurden bereits im 15. Jh. die Mittelmeerwege u. die alten Karawanenstraßen, auf die sich die direkten Handelsbeziehungen zwischen dem Abendland u. dem Orient stützten, unpassierbar. Die auf den Seehandel angewiesenen Staaten Spanien u. Portugal begannen nach neuen Seewegen um Afrika herum zu suchen, vor allem für den Handel mit Indien, u. leiteten damit das Zeitalter der europ. Entdeckungs- u. Eroberungsexpeditionen ein. Die Portugiesen sicherten sich die Vorherrschaft im Indischen Ozean; die Spanier begannen um 1565 mit den Philippinen Handel zu treiben; die Briten u. Holländer nahmen um 1600 den Asienhandel auf; um 1600 eroberten die Holländer Java u. nahmen um 1640 den Portugiesen Malakka ab.

China erlebte unter der *Qing-(Mandschu-)Dynastie* (1644–1911) einen neuen Höhepunkt seiner Macht. Die Berichte europ. Missionare über die hohe Kultur Chinas erregten in Europa Aufsehen u. Bewunderung. Das europ. Kultur- u. Geistesleben wurde in jener Zeit stark von China beeinflusst *(Chinoiserie)*, während sich der europ. Einfluss in China zunächst auf einzelne Küstenstädte, wie Canton, Macau u. Ningbo, beschränkte.

In Japan setzte nach dem ersten Eindringen des Christentums eine heftige nationale Reaktion ein. Von 1633 ab sperrte sich das Land gegen alle kulturellen Einflüsse von außen. Nach diesen Misserfolgen in Ostasien wandten die Holländer u. Briten sich Süd- u. Südostasien zu. So bauten die Holländer in Indonesien, die Briten in Indien ihre Handelsniederlassungen aus. In Indonesien übernahm Anfang des 17. Jh. die Niederländisch-Ostindische Kompanie alle bereits vorhandenen Handelsniederlassungen. In Indien setzte die brit. Ostindische Kompanie im 17. Jh. ihren Einfluss durch.

Zur Wahrung ihrer polit. u. wirtschaftl. Interessen in den innenpolitisch zerrissenen süd- u. südostasiat. Staaten begannen die europ. Regierungen Ende des 18. Jh. die Kontrolle über die Handelsniederlassungen zu übernehmen. Damit setzte die koloniale

Japan ist das wirtschaftlich stärkste Land Asiens. Symbol des modernen Japan ist der Hochgeschwindigkeitszug Shinkansen, der 1964 in Betrieb genommen wurde

Expansionspolitik der europ. Mächte u. die Aufteilung Asiens in europäische Interessensphären ein. Die Holländer dehnten im 19. Jh. ihre Herrschaft über den gesamten indones. Archipel aus. Die brit. Machtsphäre in Indien wuchs in dem Maße, in dem das Reich der Mogulen zerfiel, dessen Souveränität Großbritannien 1858 offiziell übernahm. Zum brit. Kolonialreich in A. kamen außerdem Hongkong, Birma (Myanmar), Malaya, Singapur u. Teile von Borneo hinzu. Die Franzosen unterstellten Ende des 19. Jh. Tonkin, Cochinchina, Kambodscha u. Annam als Französisch-Indochina einem Generalgouverneur u. zwangen Siam zur Abtretung des Gebiets von Laos.

Russland schloss 1895 die Eroberung Zentralasiens ab u. drang in Ostsibirien (seit Mitte des 17. Jh.) bis zur Nordgrenze Chinas vor. Mit dem Vertrag von Kiachta (1728), der den Russen in Peking eine Gesandtschaft, eine Handelsniederlassung u. eine Kirche zugestand, wurden die Russen führend in der Chinapolitik der europ. Mächte. Die durch Volksaufstände geschwächte Qing-Regierung wurde seit Mitte des 19. Jh. von den europ. Mächten zum Abschluss der sog. *ungleichen Verträge* gezwungen. Dass China keine Kolonie wurde, ist einerseits der Größe des Reichs, andererseits der Rivalität der Großmächte untereinander zuzuschreiben.

Japan wurde 1854 von den USA zum Abschluss eines Handelsvertrags gezwungen. Diesem folgten Handelsverträge Japans mit anderen Westmächten. Unter der Führung des seit 1868 regierenden Kaisers Meiji wurden polit., wirtschaftl. u. soziale Reformen durchgeführt, die Japan befähigen sollten, einen Platz unter den Großmächten einzunehmen. 1894/95 kam es zum *japanisch-chines. Krieg*, in dem Japan durch seinen Sieg den chines. Einfluss in Korea zurückdrängte u. Formosa (Taiwan) u. die Pescadores erhielt. Aufgrund seiner Erfolge im *japanisch-russischen Krieg* (1904/05) erhielt Japan die Schutzherrschaft über Korea zugesprochen, eroberte Port Arthur u. gewann damit freie Hand zur Annexion Koreas 1910.

Die Zeit bis zum Ende des 2. Weltkriegs war einerseits geprägt durch das wirtschaftl. u. militär. Expansionsstreben Japans in Ost- u. Südostasien, dessen Ziel die Schaffung einer

# Asien

Dorf in Sibirien. Die Menschen im Nordteil Asiens sind außergewöhnlichen Klimaextremen ausgesetzt. Im Winter kann das Thermometer bis unter –40 °C sinken, im Sommer dagegen auf über 20 °C ansteigen

Pakistan-Frage (Krieg um Bangladesch 1971, Kaschmirkonflikt) explosiv. Vietnam unterwarf sich trotz eines chines. Angriffs auf seine Nordgrenze Anfang 1979 Kambodscha, während die Sowjetunion von 1979 bis 1989 Afghanistan besetzte. In vielen asiat. Staaten kam es wiederholt zu Militärputschen u. Machtwechseln, so in der Türkei (September 1980) u. in Iran, wo der Schah das Land im Januar 1979 verlassen musste. Zwischen Iran u. Irak brach 1980 der Golfkrieg aus, in dem erst 1988 ein Waffenstillstandsabkommen geschlossen wurde. Der Abzug der Sowjetunion aus Afghanistan sowie der Abzug Vietnams aus Kambodscha 1989 beseitigte nicht das Krisenpotenzial dieser Länder. Im selben Jahr verschärften sich die innenpolit. Konflikte in Sri Lanka u. auf den Philippinen. In Birma (Myanmar) formierte sich seit 1988 eine starke Demokratiebewegung, die – ebenso wie in China 1989 – blutig unterdrückt wurde. Auch in Nepal kam es 1990 zu gewalttätigen Demonstrationen für mehr Demokratie. Durch den Golfkrieg 1991 eskalierte das Kurdenproblem in Irak. Das Ende der UdSSR im Dez. 1991 brachte gravierende Änderungen für die polit. Landschaft Asiens. Vor allem die Türkei u. der Iran bemühten sich um eine Kooperation mit den neuen mittelasiatischen Republiken. Neue Konfliktherde entstanden (Tadschikistan, Tschetschenien). In Afghanistan übernahmen die radikalislamischen Taliban die Macht. Neben der Wirtschaftsvormacht Japan gerieten die Länder Indonesien, Malaysia, Singapur, Südkorea, Taiwan u. Thailand, die sich in den 1980er Jahren ein zunehmend schnelleres industrielles Wachstum vorgelegt hatten, 1997/98 in eine schwere wirtschaftl. Krise, die in Indonesien zum Sturz des Suharto-Regimes beitrug. In Pakistan, dessen Beziehungen zu Indien nach wie vor gespannt blieben, putschte 1999 das Militär. Eine endgültige Lösung des Koreaproblems war auch 2001 noch nicht in Sicht.

„Gemeinsamen Großostasiatischen Wohlstandssphäre" war, andererseits durch die Schwäche Chinas, in dem seit der Revolution von 1911/12 Bürgerkrieg herrschte. Seit der russ. Oktoberrevolution von 1917 gewannen die Ideologien vom Nationalismus bis zum Kommunismus im polit. Geschehen Asiens zunehmend an Wirksamkeit.
Das Osman. Reich zerfiel bereits nach dem 1. Weltkrieg in ein türk. Kerngebiet (Kleinasien) u. national-arabische Staaten, während aus den asiat. Kolonialreichen nach dem 2. Weltkrieg die heutigen Nationalstaaten hervorgingen. 1949 begann mit der Ausrufung der chines. Volksrepublik eine Periode der inneren Festigung u. des Neuerstarkens Chinas.
Die Unabhängigkeit brachte den meisten asiat. Staaten polit. u. vor allem wirtschaftl. Probleme. Der europ. Einfluss wurde durch den US-amerikan. Einfluss abgelöst. Das Zentrum des ideolog. Ost-West-Konflikts u. damit des weltpolit. Geschehens hatte sich (wie zunächst der Korea-Krieg u. dann der Vietnam-Krieg bewiesen) zunehmend nach A. verlagert. Kennzeichnend wurde das Bestreben, internationale Konflikte durch Konferenzen u. Verträge zu lösen oder ihnen durch Zusammenschlüsse vorzubeugen. So entstand 1967 die ASEAN. Trotz dieser Bemühungen blieben sowohl die vorderasiat. Krisenherde (Zypern-Frage, arab.-israel. Konflikt) als auch die Indien-

Asien ist nicht nur der größte Kontinent, sondern auch der Kontinent mit den höchsten Erhebungen. Abgebildet ist der Annapurna, der mit 8091m der zehnthöchste der 14 Achttausender des Himalaya ist

## Ashoka ~ 290–232 v. Chr.

| | | |
|---|---|---|
| Ashoka, Sohn des Kaisers Bindusara aus der Maurya-Dynastie, geboren | ~ 290 | |
| | 285 | Patroklos, griechischer Gesandter des Seleukos in Indien, umfährt das Kaspische Meer (die nördlichste Reise der Antike in Asien) |
| | 280 ~ | Aus den Kämpfen der Diadochen (Feldherren Alexanders) seit 323 sind drei hellenistische Reiche entstanden: Ägypten unter den Ptolemäern, Syrien unter den Seleukiden, Makedonien unter den Antigoniden |
| Tod des Vaters; vermutlich Interregnum mit Auseinandersetzungen um die Thronfolge | 272 | |
| A. ist Kaiser des Großreichs, das nahezu den ganzen indischen Subkontinent umfasst | 270 | Der griechische Astronom Aristarchos begründet das heliozentrische Weltbild, das sich aber nicht durchsetzt |
| | 266 | Rom herrscht über ganz Mittel- und Süditalien |
| | 264 | Beginn des ersten der drei Punischen Kriege, an deren Ende (146) Rom die wirtschaftliche und politische Macht Karthagos bricht |
| Grausamer Feldzug gegen Kalinga an der Ostküste bewirkt Gesinnungswandel Ashokas: Er wendet sich der Idee des Dharma zu (Gewaltlosigkeit und Toleranz), propagiert den Buddhismus, aber mit Toleranz für andere Religionen. Beginn 30-jähriger Friedensherrschaft in einem großen Reich von Völkern verschiedener Rassen, Sprachen, Kulturstufen und Sekten / Freundschaftliche Beziehungen zu den Völkern des Südens und der hellenistischen Welt | 260 | |
| | 256 | Einigung Chinas unter Qin Shihuangdi, der das feudale Lehnswesen der Zhou-Dynastie beseitigt; erster eigentlicher Kaiser Chinas; Sicherung der Nordgrenze: Unter Verwendung älterer Befestigungen wird die „Chinesische Mauer" gebaut |
| Drittes buddhistisches Konzil in Pataliputra. Ashokas Sohn Mahinda wird als Missionar nach Ceylon entsandt und bekehrt den dortigen König Tissa, der sich A. zum Vorbild nimmt | 251 | |
| | 247 | Die älteste Übersetzung des Alten Testaments ins Griechische, die Septuaginta, ist abgeschlossen |
| | 246 | Ptolemaios III. Euergetes wird König von Ägypten (bis 221) / Hannibal geboren |
| A. erlässt eine Reihe von Edikten mit Ideen und Theorien des Dharma | ~ 243 | |
| Asandhimitta, Ashokas Hauptgemahlin, gestorben; A. macht die junge Tissarakha zu seiner Hauptfrau | 240 ~ | Das irano-persische Reitervolk der Parther gründet unter Arsakes ein Reich zwischen Euphrat, Indus, Kaspischem Meer und Indischem Ozean |
| Unter A. wird an der Stelle der ersten Predigt Buddhas ein Säulenkapitell aus Granit aufgestellt | ~ 237 | |
| | 235 ~ | Publius Cornelius Scipio Africanus (der Ältere), römischer Feldherr und Politiker, geboren |
| A. gestorben / Politischer Verfall setzt ein; die meisten Gebiete gehen der Maurya-Herrschaft verloren / A. und seine Edikte gerieten in Vergessenheit. Die Brahmischrift wurde erst 1837 wieder entziffert | 232 | |

→ Pentapolis); 1153–1247 mit Unterbrechungen Kreuzfahrerstützpunkt, 1270 endgültig zerstört. 1949 neu gegründet.

**Ashram**, *Aschram*, in Indien ursprüngl. Bez. für den weltabgeschiedenen Aufenthalt eines Asketen oder eines Brahmanen, der sein weiteres Leben der Meditation widmen will (etwa: „Einsiedelei"); später Begriff für religiöse Zentren mit kommunitärem Leben, meist auf hinduist. oder buddhist. Grundlage.

**Ashton** [ˈæʃtən], Sir Frederick, brit. Tänzer, Choreograf u. Ballett-Direktor, *17. 9. 1904 Guayaquil (Ecuador), †18. 8. 1988 Suffolk; Schüler von L. Massine; seit 1935 Chefchoreograf, seit 1963 Direktor des *Royal Ballet* in London; legte 1970 die Leitung der Kompanie nieder, wirkte aber weiter als Choreograf; schuf zahlreiche international bekannte Ballette.

**Ashton-under-Lyne** [ˈæʃtən ʌndəˈlain], engl. Industriestadt u. Verwaltungssitz des Distrikts *Tameside*, gehört zum Metropolitan County Greater Manchester, am Tame, 44 700 Ew.; Kohlengruben, Eisenindustrie; Kirche St. Michael (1413).

**Ashvaghosha**, *Aśvaghoṣa*, *Aschwaghoscha*, buddhist. ind. Dichter, um 100 n. Chr.; verfasste u. a. eine poet. Lebensgeschichte *Buddhas* im Stil der klass. Kunstdichtung u. das Epos „Saundarananda" über die Liebe zwischen Sundari u. Nanda, dem Halbbruder des Buddha. – Gesamtausgabe von E. H. Johnston, 2 Bde. 1935/36, Nachdr. 1975.

**Ashvin** [ˈaʃvin; sanskr., „Pferde besitzend"], in der vedischen u. hinduist. Mythologie das Zwillingspaar der göttl. Ärzte, die die Rosse vor dem Himmelswagen lenken; als Nothelfer verehrt.

**Asiago**, italien. Fremdenverkehrsort in den Lessin. Alpen (1000 m) nördlich von Vicenza, 6800 Ew. – Die Sperrfestung Asiago wurde am 31. 5. 1916 von den österreichisch-ungarischen Truppen genommen („Durchbruch von Asiago").

**Asianismus**, ein Stil der griechischen Rhetorik, der sich im 3. Jh. v. Chr. in den Städten Kleinasiens entwickelte (als Begründer gilt *Hegesias von Magnesia*). Im Gegensatz zum klassischen Redestil des 4. Jh. in Athen pflegte er einerseits kurze, möglichst antithetisch gebaute, geistreiche Sätze, anderseits brachte er schwülstige Wendungen hervor; auch wurden rhythmische Klangwirkungen beachtet. Eine Gegenbewegung entstand später im *Attizismus*.

**Asiatische Birne**, *Pyrus serotina* → Birne.

**Asiatische Entwicklungsbank**, 1966 gegründete Bank, Sitz: Manila (Philippinen), mit 46 Mitgliedern, darunter Deutschland Aufgabe der Asiatischen Entwicklungsbank ist die Förderung staatlicher und privater Investitionen, die Finanzierung regionaler und nationaler Entwicklungsvorhaben in asiatischen Entwicklungsländern sowie die Unterstützung der Koordination nationaler Entwicklungspläne.

**Asiatische Hirse**, *Sorghum vulgare* → Kaoliang.

**asiatische Musik**, die Musik Asiens (als rein

geograph. Begriff). Der Kontinent Asien wird von einer Vielzahl von Völkerschaften bewohnt, die z.T. sehr stark voneinander abweichende Kulturen u. Traditionen aufweisen. Dies gilt bes. auch für die Musik des Kontinents. Auf Verwandtschaften u. Wechselbeziehungen wird in den Artikeln afghanische, arabische, armenische, chinesische, Eskimo-, indische, indonesische, japanische, jüdische, koreanische, persische, russische, tibetische, türkische u. vietnamesische Musik hingewiesen.

**Asien** [assyr. *açu*, „Sonnenaufgang"], größter Erdteil der Erde → Seite 438.

**Asienspiele**, 1950 eingeführte Sportwettkämpfe für alle asiatische Staaten; sie sollen die Tradition der „Fernöstlichen Spiele" (1913–1934) fortsetzen; Austragungsorte: 1951 Delhi, 1954 Manila, 1958 Tokyo, 1962 Jakarta, 1966 Bangkok, 1970 Bangkok, 1974 Teheran, 1978 Bangkok, 1982 Neu-Delhi, 1986 Seoul, 1990 Peking, 1994 Hiroshima, 1998 Bangkok. 1962 wurden Taiwan und Israel aus politischen Gründen nicht eingeladen, daraufhin verweigerte das Internationale Olympische Komitee (IOK) die Schirmherrschaft. Aus Protest gegen diese Maßnahme fanden 1963 in Jakarta die → Ganefo-Spiele statt. In der Folge sperrte das IOC alle Teilnehmer an diesen Spielen für die Olympischen Spiele 1964 in Tokyo. 1970 übernahm Bangkok kurzfristig die Austragung der Asienspiele, da Seoul aus innenpolitischen Gründen zurücktrat, ebenso 1978 von Islamabad, da Pakistan aus finanziellen Gründen verzichten musste. China war bis 1970 durch Taiwan vertreten, seit 1976 durch die Volksrepublik China. Sportarten: Badminton, Basketball, Bogenschießen, Boxen, Fechten, Fußball, Gewichtheben, Handball, Hockey, Judo, Kanu, Leichtathletik, moderner Fünfkampf, Radsport, Ringen, Rudern, Schießsport, Schwimmen, Tennis, Tischtennis, Turnen, Volleyball, Wasserball und Wasserspringen.

**Asiento** [span., „Vertrag"], *Asiento de negros*, ein Kontrakt, mit dem die spanische Regierung Anfang des 16. Jh. das Monopol des Sklaventransports ins spanische Amerika vergab. Zuletzt erhielt England dieses Monopol 1713 im Frieden von Utrecht; es verzichtete jedoch 1750 im Vertrag von Madrid gegen Geldabfindung auf Erneuerung.

# Mitarbeiterverzeichnis

Adam, Adolf, Prof. Dr. (Theologie)
Altenkirch, Wolfgang, Dr. (Ökologie, Zoologie)
Aretin, Karl Otmar Freiherr von, Prof. Dr. Dr. h. c. (Geschichte)
Bähr, Jürgen, Prof. Dr. (Geographie)
Bannenberg, Norbert (Werkstoffe, Hüttenwesen)
Barn, Gerd, Prof. Dr. (Lebensmittel, Genussmittel)
Bartenschlager, Rita (Literatur)
Barth, Hans-Karl, Prof. Dr. (Geographie)
Bechert, Heinz, Prof. Dr. (Religionswissenschaft)
Bellinger, Gerhard J., Prof. Dr. (Religionswissenschaft)
Benecke, Gerhard (Elektrotechnik)
Benecke, Gisela, Dr. (Chemie, Biologie)
Bernecker, Walther L., Dr. (Geschichte)
Beuth, Reinhard (Tanz)
Bhattacharya, Gourishwar, Dr. (Kunst)
Blanchard, Olivier, Dr. (Literatur)
Böcker, Ulrich (Religionswissenschaft)
Böhm, Hans, Prof. Dr. (Geographie)
Böhm, Wolfgang, Dr. Dr. (Landwirtschaft)
Bormann, Claus von, Dr. (Philosophie)
Bormann, Werner, Dr. (Kartographie) †
Borowsky, Peter, Dr. (Geschichte)
Borsdorf, Axel, Dr. (Geographie)
Bosse, Rolf, Dr. (Technik)
Bräuer, Günter, Prof. Dr. (Anthropologie)
Bronger, Arnt, Prof. Dr. (Bodenkunde)
Brumby, Gesine (Literatur)
Buchheim, Cornelia, Dr. (Veterinärmedizin)
Buck, Elmar, Prof. Dr. (Theater)
Büdeler, Werner (Raumfahrt)
Bulka, Heinz Dieter (Sprachwissenschaft)
Burghause, Frank, Dr. (Zoologie)
Busse von Colbe, Walther, Prof. Dr. (Wirtschaft)
Campenhausen, Axel Freiherr von, Prof. Dr. (Theologie)
Clemen, Günther, Dr. (Zoologie)
Cölln, Klaus, Dr. (Zoologie)
Czwalinna, Jürgen (Bergbau)
Dahms, Hellmuth G., Dr. (Geschichte)
Denkinger, Rainer (Maschinenbau)
Dietrich, Manfried, Prof. Dr. (Religionswissenschaft)
Dietrich, Margot (Kartenspiele)
Dittrich, Edith, Dr. (Kunst)
Domrös, Manfred, Prof. Dr. (Geographie)
Dörner, Hans Helmut, Dr. (Religionswissenschaft)
Dülffer, Jost, Prof. Dr. (Geschichte)
Dunand, Emile (Politik) †
Eckstein, Dieter, Prof. Dr. (Technik)
Eggeling, Willi Johannes, Dr. (Geographie)
Ehrhardt, Klaus-Dieter, Dr. (Physik)
Eilrich, Thomas (Numismatik)
Einnatz, H.-Joachim, Prof. (Bauwesen)
Eisleb, Dieter, Dr. (Archäologie)
Elble, Rolf, Dr. (Wehrwesen)
Engelhardt, Gunther, Prof. Dr. (Wirtschaft)
Erbe, Michael, Prof. Dr. (Geschichte)
Erz, Marina (Technik)
Fahrbach, Eberhard, Dr. (Meereskunde)
Faßhauer, Peter, Prof. Dr. (Elektrotechnik)
Fiswick, Andreas (Börsenwesen, Banken)
Frank, Karl Suso, Prof. Dr. (Theologie)
Frevel, Stefan (Kulturgeschichte)
Fries, Edwin, Dr. (Physik)
Fugmann-Heesing, Annette, Dr. (Recht)
Gauer, Walter (Publizistik)
Gehrke, Hans-Joachim, Dr. (Geschichte)
Glonegger, Erwin (Gesellschaftsspiele)
Gnielinski, Stefan von, Dr. (Geographie)
Grau, Werner (Verlagswesen)
Gudemann, Wolf-Eckhard (Geographie)
Gundermann, Iselin, Dr. (Geschichte)
Gutgesell, Manfred, Dr. (Geschichte)
Haack, Friedrich-W. (Theologie)
Haas, Hans-Dieter, Prof. Dr. (Geographie)
Haberstumpf, Helmut, Dr. (Recht)
Hage, Wolfgang, Prof. Dr. (Theologie)
Hahn, Gerhard, Prof. Dr. (Paläontologie)
Hahn, Renate, Dr. (Paläontologie)
Hamann, Ilse, Dr. (Meeresforschung)
Hannß, Christian, Prof. Dr. (Geographie)
Hansen, Ralph, Dr. (Geologie, Mineralogie)
Hansmeier, Antonia (Geographie)
Hardt, Horst-Dietrich, Prof. Dr. (Chemie)
Hartmann, Wilfried, Prof. Dr. (Theologie)
Hartmann, Wolfgang (Sport)
Haschke, Claudia (Literatur)
Haße, Arnim, Dr. (Umweltschutz, Zoologie)
Haupt, Joachim, Dr. (Zoologie)
Haupt-Nakada, Hiroko (Zoologie)
Haussig, Hans Wilhelm, Prof. Dr. (Religionswissenschaft)
Hawig, Peter (Religionswissenschaft)
Hecker, Hans, Prof. Dr. (Geschichte)
Helmentag, Wolfgang (Gastronomie)
Hempel, Lena, Dr. (Geographie)
Hempel, Ludwig, Prof. Dr. (Geographie)
Hensel, Georg, Prof. (Verkehr)
Hentschke, Richard, Prof. Dr. (Theologie)
Heppel, Thomas (Umweltschutz)
Herrmann, Joachim (Astronomie)
Herrmann, Konrad, Prof. (Bauwesen)
Heydte, Friedrich August Freiherr von der, Prof. Dr. Dr. (Recht) †
Heyer, Gerhard, Dr. (Philosophie)
Hilden, Gregor (Theater)
Hilz, Wolfram, Dr. (Politikwissenschaft)
Hippen, Reinhard, Dr. (Kleinkunst)
Hoffmann, Gert, Prof. Dr. (Meteorologie)
Hohl, Siegmar, Dr. (Kunst, Musik)
Hohnholz, Jürgen, Dr. (Geographie)
Hösch, Edgar, Prof. Dr. (Geschichte)
Hubmann, Heinrich, Prof. Dr. (Recht)
Hummel, Karl-Heinz (Wehrwesen)
Jäger, Helmut, Dr. (Maschinenbau)
Jakobi, Thomas (Medizin)
Jaschinski, Andreas, Dr. (Musik)
Jensen, Helmut, Dr. (Soziologie)
Jeschke, Hubert (Wehrwesen)
Jesse, Eckhard, Prof. Dr. (Politikwissenschaft)
Johanek, Ingeborg, Dr. (Recht)
Jordecki, Sophia (Geographie)
Jung, Dieter, Dr. (Zoologie)
Jung, Irmgard, Dr. (Zoologie)
Jürgensen, Harald, Prof. Dr. (Wirtschaft)
Kämper, Angela, Dr. (Medizin)
Kaestner, Jan, Dr. (Theater)
Karger, Adolf, Prof. Dr. (Geographie) †
Keitz, Günter, Prof. Dr. (Fischerei)
Kettrup, Antonius, Prof. Dr. (Chemie)
Kiechle, Franz, Prof. Dr. (Geschichte)
Kirchhof, Ferdinand, Prof. Dr. (Recht)
Kirsch, August, Prof. Dr. (Sport) †
Klaus, Dieter, Prof. Dr. (Geographie)
Klaus, Rainer (Musik)
Kleinelümern-Depping, Antje (Pädagogik)
Klug, Heinz, Prof. Dr. (Geographie)
Kohlhepp, Gerd, Prof. Dr. (Geographie)
Kohl, Rainer (Literatur)
Koops, Harald (Fischerei, Zoologie)
Koppitz, Hans-Joachim, Prof. Dr. (Buch- u. Bibliothekswesen)
Kracke, Rolf, Prof. Dr. (Verkehr)
Krebs, Gerhard, Dr. (Geschichte)
Krüsselberg, Hans-Günter, Prof. Dr. (Wirtschaft)
Krutz, Michael, Dr. (Chemie)
Küchenhoff, Günther, Prof. Dr. (Recht, Staatslehre) †
Küchle, Hans Joachim, Prof. Dr. (Medizin)
Küchler, Johannes, Dr. (Geographie)
Kuhlmann, Birgit (Technik)
Kuhlmann, Dieter, Prof. Dr. (Zoologie)
Kühne, Ingo, Prof. Dr. (Geographie)
Kulke, Hermann, Prof. Dr. (Geschichte)
Kuls, Wolfgang, Prof. Dr. (Geographie)
Kulwicki, Hiltrud (Esoterik)
Kunst, Michael, Dr. (Archäologie)
Kurth, Ulrich, Dr. (Musik)
Lamberty, Barbara (Soziologie)
Lang, Robert, Dr. (Geographie)
Laux, Hans-Dieter, Dr. (Geographie)
Lechner, Hans H., Prof. Dr. (Wirtschaft)
Lennartz, Barbara (Mathematik, Physik)
Lennartz, Didier (Mathematik)
Lenz, Rolf (Musik)
Lenz-Aktaş, Ingrid (Literatur)
Lerg, Winfried B., Prof. Dr. (Publizistik)
Leuschner, Ulrike (Geschichte)
Liebmann, Claus, Dr. (Geographie)
Lienau, Cay, Prof. Dr. (Geographie)
Lindemann, Rolf, Dr. (Geographie)
Loschek, Ingrid, Dr. (Mode)
Lottes, Günther, Dr. (Geschichte)
Ludewig, Rita (Geographie)
Ludewig, Werner Prof. Dr. (Botanik)
Lütz, Cornelius, Dr. (Botanik)
Magnusson, Thomas, Dr. (Geschichte)
Maier, Johann, Prof. Dr. Dr. (Judentum)
Maler-Sieber, Gisela (Völkerkunde)
Malina, Peter, Dr. (Geschichte)
Mannesmann, Rolf, Prof. Dr. (Zoologie)
Martin, Bernd, Prof. Dr. (Geschichte)

Martin, Helmut, Prof. Dr. (Geschichte)
Matei, Horia C. (Geographie)
Meincke, Jens, Dr. (Meereskunde)
Menzel-Tettenborn, Helga, Dr. (Ökologie, Allgemeiner Wortschatz) †
Mertins, Günter, Prof. Dr. (Geschichte)
Meuer, Gerd (Geschichte, Politik)
Michel, Hans-Georg (Politik, Soziologie)
Miotke, Franz-Dieter, Prof. Dr. (Geographie)
Motischke, Lothar, Dr. (Kosmetik)
Müller, Hans-Martin, Dr. (Geographie)
Müller, Joachim, Prof. Dr. (Mathematik)
Niebuhr-Timpe, Petra (Literatur)
Niemeyer, Hans Georg, Prof. Dr. (Archäologie)
Oldiges, Martin, Prof. Dr. (Recht)
Park, Sung-Jo, Prof. Dr. (Geographie)
Partmann, Walter, Dr. (Ernährung) †
Pintér, Éva, Dr. (Musik)
Pletsch, Alfred, Prof. Dr. (Geographie)
Pleyer, Peter, Prof. Dr. (Film)
Pruys, Karl Hugo (Publizistik)
Rainer, Rudolf (Forstwissenschaft)
Ratenhof, Gabriele, Dr. (Geschichte)
Reckmann, Susanne (Kunst)
Reuther, Ernst-Ulrich, Prof. Dr. (Bergbau)
Ribbens, Annette (Physik)
Richter, Helmut (Datenverarbeitung)
Richter, Peter-Cornell (Fotografie)
Riedl, Helmut, Prof. Dr. (Geographie)
Römer, Karl (Geschichte) †
Ruempler, Götz, Dr. (Zoologie)
Ruhbach, Gerhard, Prof. Dr. (Theologie)
Rühmkorf, Ernst, Dr. (Zoologie)
Ruiz, José Manuel, Prof. Dr. (Politik)
Rupp, Alfred, Prof. Dr. (Religionswissenschaft)
Ruwe, Wolfgang, Dr. (Recht)
Schaaf, Joachim (Maschinenbau)
Schaaf, Raimund (Elektrotechnik)
Scharf, Helmut, Dr. (Kunst)
Scheer, Christian, Prof. Dr. (Wirtschaft)
Schenzle, Peter (Verkehr)
Scheuerbrandt, Arnold, Dr. (Geographie)
Schippmann, Klaus, Prof. Dr. (Geschichte)
Schlegel, Walter, Prof. Dr. (Geographie)
Schmidt, Christian, Dr. (Meeresbiologie)
Schmidt, Hans-Joachim (Geographie)
Schmidt, Karl-Heinz, Dr. (Technik)
Schmöle, Peter (Werkstoffe, Hüttenwesen)
Schneider, Hans, Prof. Dr. (Recht)
Schneider, Manfred (Geographie)
Schönmann, Gerd (Literatur)
Schreiber, Oswald (Textiltechnik)
Schricker, Burkhard, Prof. Dr. (Zoologie)
Schröder, Johannes, Dr. (Wirtschaft)
Schröder, Peter (Geographie)
Schulze, Georg Wilhelm (Bauwesen)
Schurdel, Harry D. (Heraldik)
Schwind, Margarete (Politik)
Seidel, Karl Josef, Prof. Dr. (Geschichte)
Seitz, Paul, Dr. (Obst- und Gartenbau)
Senger, Klaus-Peter (Theater)
Silbermann, Alphons, Prof. Dr. (Soziologie) †
Sittard, Matthias (Werkstoffe, Hüttenwesen)
Soeder, Carl Johannes, Prof. Dr. (Botanik)
Spann, Gustav, Dr. (Geschichte)
Specker, Christof, Dr. (Medizin)
Spuler, Bertold, Prof. Dr. Dr. h.c. (Geschichte)
Stehr, Herwart (Biologie) †
Steincke, Heinz, Dr. (Technik)
Steinecke, Günter (Post)
Steinhilper, Ellen (Musik)
Steinmann, Peter K. (Kleinkunst)
Stengl, Christian (Literatur)
Steuer, Heinz (Geographie)
Stiewe, Martin, Dr. (Theologie)
Stingl, Josef, Dr. h. c. (Wirtschaft)
Straub, Heidrun, Dr. (Zoologie)
Stricker, Carsten (Gentechnik, Technische Chemie)
Strobach, Klaus, Prof. Dr. (Geophysik)
Teckentrup, Konrad H. (Verlagswesen)
Thannheiser, Dietbert, Prof. Dr. (Geographie)
Themann, Ludger (Ernährung)
Thieme, Karlheinz (Geographie)
Thierfelder, Helmut, Prof. Dr. (Geschichte) †
Thiessen, Roland (Psychologie)
Thomas, Georg, Dr. (Geschichte)
Tiggemann, Rolf, Dr. (Geographie)
Timmermann, Vincenz, Prof. Dr. (Wirtschaft)
Treude, Erhard, Prof. Dr. (Geographie)
Tyrell, Albrecht, Dr. (Geschichte)
Unger, Monika (Geographie)
Vaupel, Mareike (Theater)
Voges, Ernst (Genussmittel)
Voßmeier, Reinhard (Feuerwehr)
Wachsmann, Constanze (Literatur)
Wagner, Adolf, Prof. Dr. (Wirtschaft)
Walhorn, Manfred (Politik)
Wandrey, Rüdiger, Dr. (Zoologie)
Wassen, Peter (Recht, Politik, Soziologie)
Wassermann, Rudolf, Dr. (Recht, Kriminologie)
Wegenast, Klaus, Prof. Dr. (Theologie)
Weisel, Annabella (Literatur)
Weismantel, Wolfgang (Politik)
Weiß, Joachim (Theologie)
Weitnauer, Hermann, Prof. Dr. (Recht) †
Wellershaus, Julia (Literatur)
Wend, Rainer, Dr. (Recht, Gewerkschaften)
Wendler, Gernot, Prof. Dr. (Zoologie)
Willam, Johanna (Geographie)
Wolcke-Renk, Irmtraut D., Dr. (Geschichte)
Wolffsohn, Michael, Prof. Dr. (Geschichte)
Wollstein, Günter, Prof. Dr. (Geschichte)
Wülker, Hans-Detlef, Dr. (Wirtschaft)
Zangger, Alfred, Dr. (Geschichte)
Zimmermann, Harald, Prof. Dr. Dr. (Geschichte)
Zittlau, Dieter, Dr. (Philosophie)
Zscharschuch, Friedel (Kleinkunst)
Zullei, Ninette (Chemie)

# Abbildungsnachweis

Adams, Ansel Adams, Carmel (1); Agence photographique Réunion des Musées Nationaux, Paris (1); aisa, Barcelona (107); Alfred-Weger-Institut für Polar- und Meeresforschung, Bremerhaven (1); Alinari, Florenz (1); Toni Angermayer, Holzkirchen (1) - Reinhard (1); Archiv für Kunst und Geschichte, Berlin (30); Artothek, Peissenberg (1); Associated Press GmbH, Frankfurt (3) - Karpukhin (1) - Merliac (1) - Rietschel (1) - Sambucetti (1) - Zemlianichenk (1); B & U Beeldbank & Uitgeefprojekten, Diemen (2); BASF, Limburgerhof (1); Bavaria Bildagentur, Gauting - Hardt (1) - Hubert (1) - Kempter (1) - Manfred (1) - Meier (1) - Paysan (1) - Reinhard - Scholz (1); Bayer AG Leverkusen (1); Dr. Gisela Benecke, Gütersloh (16); Bertelsmann Lexikon Verlag, Gütersloh (74); Bildarchiv Preußischer Kulturbesitz, Berlin (23); BMW AG, München (1); Bongarts Sportfotografie, Hamburg (5) - Hecht (1); Bosch, Stuttgart (1);Botschaft der Republik Argentinien, Bonn (4); Botschaft des Haschemitischen Königsreichs Jordanien, Bonn (1); California Inst. of Technology and Carnegie Institution, Pasadena (1); Chester Beatty Library and Gallery of Oriental Art, Dublin (1); Christoph & Friends Das Fotoarchiv, Essen (6); Cinetext, Frankfurt (5); Corbis-Bettmann, New York (6) - Reuters (4) Springer (1) - UPI (20); B. & C. Desjeux (1); Deutsche Fotothek, Dresden (1); Deutsches Apothekenmuseum, Heidelberg (2); Deutsches Historisches Museum, Berlin (1); Deutsches Museum, München (3); Document-Vortragsring e.V., München - Blasy (4) - Fiebrandt (1) - Haberland (4) - Hermann-S. Göhler (4) - Hey (3) - Kremnitz (4) - Matthäi-Latocha (6) - Rieber (1) - Trippmacher (1) - Utzerath (7); dpa, Frankfurt (4); Durán, J. A. Fdez. Durán (2); Prof. Dr. I. Eibl-Eibesfeld, Andechs (6); Dr. Horst Eichler, Heidelberg (1); Klaus Eschen, Berlin (1); Werner Forman Archive Ltd., London (2); Franckesche Stiftungen, Halle (1); Fraunhofer Institut für Arbeitswirtschaft und Organisation, Stuttgart (2); Galerie Buchmann, Basel (1); Galerie Wolfgang Wittrock, Düsseldorf (1); Leif Geiges, Staufen (2); Guggenheim Museum, New York (1); Dr. Joachim Haupt, Berlin (1); Heinz Held, Köln (1); Herzog August Bibliothek, Wolfenbüttel (1); Hirmer Verlag, München (1); Honorarkonsulat der Republik Äquatorialguinea, Düsseldorf (1); Hulton Getty Picture Coll. Ltd., London (1); IFA-Bilderteam GmbH, München - Aberham (1) - BCI (1) - Cassio (1) - Diaf (1) - Eichler (1) - Gottschalk (1) - Hunter (1) - Schmidt (1) - Interfoto, München (2); Internationales Bildarchiv Horst von Irmer, München (1); Jürgens Ost + Europa-Photo, Berlin (1); Kanton Appenzel-Außerrhoden, Herisau (1); Florian Karly, München - Prof. G. Wanner (1); Keystone Pressedienst GmbH, Hamburg (1); Prof. Wilfried Koch, Rietberg (5); Kodak AG, Stuttgart (1); Birger Kohnert, Lübeck (1); Dr. Rudolf König, Kiel (3); Koninklikje Bijenkorf Beheer KBB, Amsterdam (1); Kulturgeschichtliches Bildarchiv Hansmann, München (4); Kunsthalle Bremen (1); Kunsthistorisches Museum, Wien (1); Kunstmuseum Düsseldorf (1); Helga Lade Fotoagentur, Frankfurt (1); Laenderpress, Mainz - Borchers (1) - Crone (1) - Rose (1) - WMB (1) - WOT (1); Danny Lehmann Photography, Santa Fe (1); Prof. Ingrid Loschek, Krailling (1); Aldo Margiocco, Campomorone (3); Dr. Guiseppe Mazza, Monte Carlo (1); Federico Arborio Mella, Mailand (1); Memlingmuseum, Brügge - Blanck (1); Metropolitan Museum of Art, New York (1); Prof. Dr. Franz-Dieter Miotke, Garbsen (1); Munch-Museet Oslo Kommunes Kunstsamlingen, Oslo (1); Museum Appenzell (1); Rosemarie Nohr, München (1); Okapia KG, Frankfurt (1) - Freund (1) - Scharf/P. Arnold (1) - Walker/Science Source (1); Österreichische Nationalbibliothek, Wien (4); Erhard Pansegrau, Berlin (1); Picture Press, Hamburg (1); Piper Verlag GmbH, München (1); PIX Giraudon, Paris (1); Public Address, Hamburg (1); Punktum Bildarchiv, Zürich (1); Erika Rabau, Berlin (1); Rapho, Paris (1); Roebild Kurt Röhrig, Braunfels (2); Roger Viollet, Paris (1); SCALA, Antella (1); Toni Schneiders, Lindau (1); Silvestris, Kastl (1) - A.N.T. (4) - Aitken (1) - Bechtel (1) - Beck (2) - Cramm (2) - Danegger (2) - Dani/Jeske (1) - Edmaier (1) - Fischer (1) - Galan (3) - Gerard (1) - Gross (1) - Günter (1) - Heine (4) - Höfels (1) - Hollweck (1) - Klose (1) - Korall (1) - Lacz (9) - Lane (1) - Layer (1) - Lenz (3) - Lindenburger (1) - Martinez (2) - Meyers (2) - NHPA (1) - Nill (1) - Ramstetter (1) - Rohdich (2) - Schlingen (1) - Schmidt (1) - Schulte (1) - Schwirtz (1) - Stadler (1) - The Telegraph Colour (1) - Tschanz-Hoffmanns (1) - Unbescheid (1) - Ungarisches Werbefoto (1) - Wendler (3) - Willner (2); Sipa Press, Paris (3) - Darde (1) - Efe (1) - Facelly (1) - Milliyet (1) - Mingam (2) - Ozkok (1) - Simon (1) - Vieljieux (1); Sportimage, Hamburg (1) - Barry (1); Staatsbibliothek, Bamberg (1); Stadtgeschichtliches Museum, Leipzig (1); Städtisches Reiss-Museum, Mannheim (1); Sulzer AG, Winterthur (1); Tiroler Landesmuseum Ferdinandeum, Innsbruck (1); Touristikbüro Südafrika Satour, Frankfurt (2); Transglobe Agency, Hamburg (1) - Deterding (1) - Friedrichsmeier (1) - Harris (1) - Hetzel (1) - Krüger (1) - Otto (1) - Setboun (1) - Spreckels (1) - Zapf (1); Ullstein Bilderdienst, Berlin (1); Universitätsbibliothek, Heidelberg (1); Vatikanische Museen, Citta del Vaticano (1); Westfälisches Landesmuseum für Kunst und Kulturgeschichte, Münster (1); ZEFA, Düsseldorf (1) - Boutin (1) - Damm - Orion-Press (1).

© Willi Baumeister, Linien-Figur - VG Bild-Kunst, Bonn 2000
© Horst Antes, Figur auf Steinwellen - VG Bild-Kunst, Bonn 2000
© Fernandez Arman, Torso mit Handschuhen - VG Bild-Kunst, Bonn 2000
© Josef Albers, Salute - VG Bild-Kunst, Bonn 2000
© Willem de Kooning, Frau I - Willem de Kooning Revocable Trust/VG Bild-Kunst, Bonn 2000
© Edvard Munch, Angst - The Munch Museum/The Munch Ellingson Group/VG Bild-Kunst, Bonn 2000
© Karel Appel, Schrei nach Freiheit - K. Appel Foundation/VG Bild-Kunst, Bonn 2000
© Alexander Archipenko, Carrousel Pierrot - VG Bild-Kunst, Bonn 2000